THE AMERICAN EPHEMERIS

1901 to 1930

Compiled and Programed by
Neil F. Michelsen

Published by
Astro Computing Services
129 Secor Lane
Pelham, New York 10803

Distributed by
Para Research, Inc.
Whistlestop Mall
Rockport, Massachusetts 01966

International Standard Book Number:
0-917086-11-2 (Cloth); 0-917086-12-0 (Paperback)

Published by Astro Computing Services
129 Secor Lane
Pelham, New York 10803

Printed by Nimrod Press

Distributed by Para Research, Inc.
Whistlestop Mall
Rockport, Massachusetts 01966

Manufactured in the United States of America

First printing, March 1977, 5000 copies

KEY TO THE EPHEMERIS
EPHEMERIDEN-SCHLÜSSEL
COMMENT COMPRENDRE L'ÉPHÉMÉRIDE
LLAVE DE LA ÉFEME

Planets	**Planeten**	**Planètes**	**Planetas**
☉ Sun	☉ Sonne	☉ Soleil	☉ Sol
☽ Moon	☽ Mond	☽ Lune	☽ Luna
☊ Moon's node	☊ Knotenpunkt des Mondes	☊ Le noeud lunaire	☊ Nodo lunar
☿ Mercury	☿ Merkur	☿ Mercure	☿ Mercurio
♀ Venus	♀ Venus	♀ Vénus	♀ Venus
♂ Mars	♂ Mars	♂ Mars	♂ Marte
♃ Jupiter	♃ Jupiter	♃ Jupiter	♃ Jupiter
♄ Saturn	♄ Saturn	♄ Saturne	♄ Saturno
♅ Uranus	♅ Uranus	♅ Uranus	♅ Urano
♆ Neptune	♆ Neptun	♆ Neptune	♆ Neptuno
♇ Pluto	♇ Pluto	♇ Pluton	♇ Pluton

Signs	**Tierkreiszeichen**	**Signes**	**Signos**
♈ Aries	♈ Widder	♈ Bélier	♈ Aries
♉ Taurus	♉ Stier	♉ Taureau	♉ Tauro
♊ Gemini	♊ Zwillinge	♊ Gémeaux	♊ Géminis
♋ Cancer	♋ Krebs	♋ Cancer	♋ Cáncer
♌ Leo	♌ Löwe	♌ Lion	♌ Leo
♍ Virgo	♍ Jungfrau	♍ Viérge	♍ Virgo
♎ Libra	♎ Waage	♎ Balance	♎ Libra
♏ Scorpio	♏ Skorpion	♏ Scorpion	♏ Escorpio
♐ Sagittarius	♐ Schütze	♐ Sagittaire	♐ Sagitario
♑ Capricorn	♑ Steinbock	♑ Capricorne	♑ Capricornio
♒ Aquarius	♒ Wasserman	♒ Verseau	♒ Acuario
♓ Pisces	♓ Fische	♓ Poissons	♓ Piscis

Major Aspects			**Wichtige Aspekte**	**Aspects Principaux**	**Aspectos Mayores**
☌	0°	conjunction	☌ Konjunktion	☌ conjonction	☌ conjunción
⚹	60°	sextile	⚹ Sextaler	⚹ sextil	⚹ sextil
□	90°	square	□ Quadratisch	□ carré	□ cuadratura
△	120°	trine	△ Trigon	△ trine	△ trigono
☍	180°	opposition	☍ Opposition	☍ opposition	☍ oposición

Minor Aspects			**Unwichtige Aspekte**	**Aspects Mineurs**	**Aspectos Menores**
⚼	135°	sesquare	⚼ Anderthalb quadratisch	⚼ six carrés	⚼ sesquicuadratura
⚻	150°	quincunx	⚻ Quincunx	⚻ quinconce	⚻ quinconce
⚺	30°	semisextile	⚺ Halbsextal	⚺ semisextil	⚺ semisextil
∠	45°	semisquare	∠ Halbquadratisch	∠ semicarré	∠ semicuadratura

Aspects in Declination	**Aspekte in Deklination**	**Aspects en declination**	**Aspectos en declinación**
∥ parallel	∥ Parallel	∥ parallèle	∥ paralelo
∦ contraparallel	∦ Gegenparallel	∦ contraparallèle	∦ contraparalelo

D	Direct	Direkt	Direct	Directo
R	Retrograde	Rückläufig	Rétrograde	Retrógrado
SD	Stationary going direct	Stationär gleichläufig	Stationnaire allant directement	Estacionario hacia directo
SR	Stationary going retrograde	Stationär rückläufig	Stationnaire allant en retrogradant	Estacionario hacia retrógrado
☉♒	Sun enters Aquarius	Sonne tritt in Wassermann-Zeichen ein	Le Soleil entre dans Aquarius	Sol entra en Acuario

Moon Phenomena	Monderscheinungen	Phénomènes Lunaires	Fenómeno Lunar
● new Moon	Neumond	nouvelle Lune	Luna nueva
☽ first quarter	erstes Viertel	premier quartier	creciente
○ full	Vollmond	pleine Lune	llena
☾ third quarter	letztes Viertel	dernier quartier	menguante
Sun eclipse	Sonnenfinsternis	Éclipse Solaire	Eclipse Solar
Moon eclipse	Mondfinsternis	Éclipse de la Lune	Eclipse Lunar

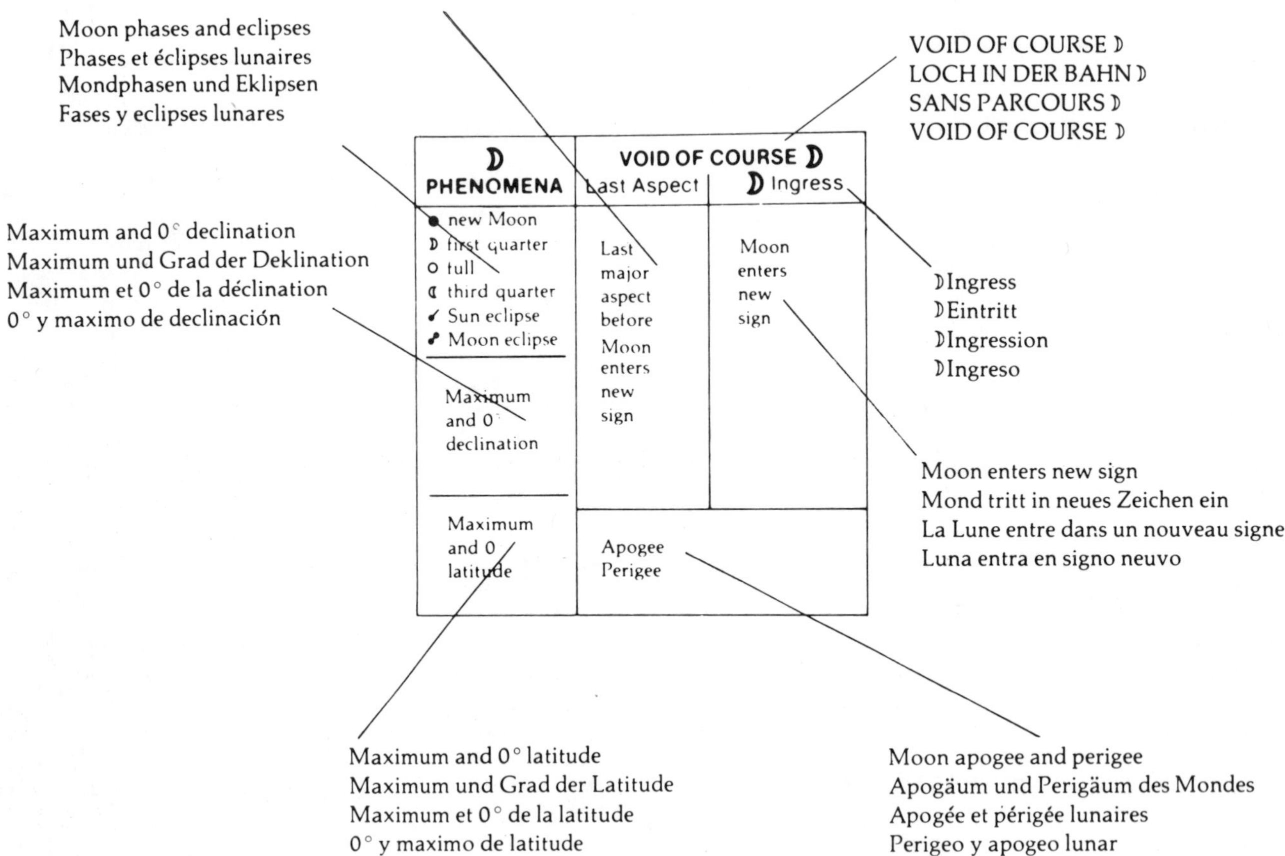

Sidereal Times are given for midnight (Oh) Universal Time at 0° longitude (Greenwich).
All planetary positions are given for midnight (Oh) Ephemeris Time except 12 Hour positions which are given for noon Ephemeris Time.
Aspect and Moon phenomena times are given in Ephemeris Time.

Sternzeiten sind für Null Uhr Mitternacht (Oh) Universalzeit bei 0° geographische Länge (Greenwich) angegeben.
Alle Stellungen der Gestirne für O Uhr Mitternacht Ephemeriden-Zeit mit Ausnahme der ☽ 12-Stunden Positionen, die für 12 Uhr mittags Ephemeriden- Zeit angegeben sind.
Aspekt- und Monderscheinungszeiten in Ephemeriden-Zeit angabe.

Horaires astrals donnés pour minuit (Oh) Temps Universel a 0° de longitude (Greenwich).
Toutes les positions planétaires sont données pour minuit (Oh) Temps Ephéméride, sauf pour les positions ☽ de 12 Heures indiquées pour midi, Temps Ephemeride.
Les horaires pour 1'aspect et les phénomènes lunaires sont donnés dans les normes de 1'Ephéméride.

Tiempo Sideral dada para media noche (Oh) Tiempo Universal a 0° de longitude (Greenwich).
Todas las posiciones planetarias estan dadas para media noche (Oh) Tiempo Efémeride con la excepción de posiciónes ☽ de 12 horas que estan dadas para Tiempo Efémeride a medio dia.
Tiempos de aspectos y fenómenos lunares estan dadas en Tiempo Efémeride.

JANUARY 1901

LONGITUDE Länge Longitude Longitude

DAY	SID. TIME	☉	☽	☽ 12 Hour	MEAN ☊	TRUE ☊	☿	♀	♂	♃	♄	♅	♆	♇
	h m s	° ' "	° ' "	° ' "	° '	° '	° '	° '	° '	° '	° '	° '	° '	° '
1	6 39 48	9♑54 33	18♉19 2	25♉22 9	29♏50	1♐18R	27♐41	10♐45	11♍39	25♐57	7♑42	14♐18	27♊31R	16♊16R
2	6 43 44	10 55 42	2♊24 11	9♊24 45	29 47	1 19	29 12	12 0	11 47	26 11	7 49	14 22	27 29	16 15
3	6 47 41	11 56 51	16 23 30	23 20 1	29 43	1 17	0♑44	13 14	11 54	26 24	7 56	14 25	27 28	16 14
4	6 51 37	12 58 0	0♋13 55	7♋4 47	29 40	1 14	2 17	14 29	12 1	26 38	8 3	14 29	27 26	16 12
5	6 55 34	13 59 9	13 52 14	20 35 54	29 37	1 9	3 49	15 43	12 8	26 51	8 10	14 32	27 25	16 11
6	6 59 31	15 0 17	27 15 30	3♌50 48	29 34	1 2	5 22	16 58	12 13	27 5	8 18	14 35	27 23	16 10
7	7 3 27	16 1 25	10♌21 37	16 47 54	29 31	0 53	6 56	18 12	12 18	27 18	8 25	14 39	27 21	16 9
8	7 7 24	17 2 34	23 9 38	29 26 56	29 27	0 45	8 30	19 27	12 22	27 31	8 32	14 42	27 20	16 8
9	7 11 20	18 3 42	5♍39 59	11♍49 4	29 24	0 37	10 4	20 41	12 26	27 45	8 39	14 45	27 18	16 8
10	7 15 17	19 4 50	17 54 32	23 56 48	29 21	0 31	11 39	21 56	12 29	27 58	8 46	14 48	27 17	16 7
11	7 19 13	20 5 58	29 56 23	5♎53 48	29 18	0 26	13 14	23 11	12 31	28 11	8 53	14 51	27 15	16 6
12	7 23 10	21 7 6	11♎49 39	17 44 33	29 15	0 24D	14 49	24 25	12 32	28 24	9 0	14 55	27 14	16 5
13	7 27 6	22 8 14	23 39 10	29 34 9	29 12	0 23	16 26	25 40	12 33R	28 37	9 7	14 58	27 12	16 4
14	7 31 3	23 9 21	5♏30 12	11♏27 57	29 8	0 24	18 2	26 55	12 33	28 50	9 14	15 1	27 11	16 3
15	7 35 0	24 10 29	17 28 4	23 31 13	29 5	0 25	19 39	28 10	12 32	29 4	9 21	15 4	27 9	16 2
16	7 38 56	25 11 36	29 37 57	5♐48 51	29 2	0 26R	21 17	29 24	12 30	29 17	9 27	15 7	27 8	16 1
17	7 42 53	26 12 43	12♐4 22	18 24 55	28 59	0 25	22 55	0♑39	12 28	29 30	9 34	15 10	27 6	16 0
18	7 46 49	27 13 50	24 50 49	1♑22 15	28 56	0 22	24 33	1 54	12 24	29 43	9 41	15 13	27 5	15 59
19	7 50 46	28 14 56	7♑59 20	14 41 59	28 53	0 17	26 13	3 8	12 20	29 55	9 48	15 16	27 3	15 59
20	7 54 42	29 16 2	21 30 3	28 23 12	28 49	0 9	27 52	4 23	12 15	0♑8	9 55	15 19	27 2	15 58
21	7 58 39	0♒17 7	5♒21 2	12♒22 57	28 46	29♏59	29 33	5 38	12 10	0 21	10 2	15 22	27 1	15 57
22	8 2 35	1 18 11	19 28 21	26 36 30	28 43	29 49	1♒14	6 53	12 3	0 34	10 9	15 24	26 59	15 56
23	8 6 32	2 19 15	3♓46 39	10♓58 4	28 40	29 39	2 55	8 8	11 56	0 46	10 15	15 27	26 58	15 55
24	8 10 29	3 20 17	18 10 1	25 21 50	28 37	29 30	4 37	9 22	11 48	0 59	10 22	15 30	26 57	15 55
25	8 14 25	4 21 19	2♈32 54	9♈42 45	28 33	29 23	6 20	10 37	11 39	1 12	10 29	15 33	26 55	15 54
26	8 18 22	5 22 19	16 50 57	23 57 13	28 30	29 20	8 3	11 52	11 29	1 24	10 35	15 35	26 54	15 53
27	8 22 18	6 23 18	1♉1 19	8♉3 9	28 27	29 18D	9 47	13 7	11 19	1 37	10 42	15 38	26 53	15 53
28	8 26 15	7 24 16	15 2 37	21 59 43	28 24	29 18	11 31	14 22	11 8	1 49	10 49	15 41	26 52	15 52
29	8 30 11	8 25 13	28 54 29	5♊46 55	28 21	29 19R	13 16	15 36	10 55	2 1	10 55	15 43	26 50	15 51
30	8 34 8	9 26 8	12♊37 3	19 24 53	28 18	29 18	15 2	16 51	10 43	2 14	11 2	15 46	26 49	15 51
31	8 38 4	10♒27 2	26♊10 25	2♋53 36	28♏14	29♏15	16♒47	18♑6	10♍29	2♑26	11♑8	15♐48	26♊48	15♊50

DECLINATION and LATITUDE Deklination und Breite Déclinaison et Latitude Declinación y Latitude

DAY	☉ DECL	☽ DECL	☽ LAT	☽ 12hr DECL	☿ DECL	☿ LAT	♀ DECL	♀ LAT	♂ DECL	♂ LAT	♃ DECL	♃ LAT	♄ DECL	♄ LAT
1	23S 5	18N25	1N10	19N38	23S60	0S34	20S48	1N16	10N10	3N13	23S 5	0N18	22S38	0N36
2	23 0	20 33	0S 6	21 9	24 7	0 40	21 1	1 14	10 9	3 15	23 5	0 18	22 37	0 36
3	22 55	21 25	1 21	21 21	24 14	0 47	21 13	1 12	10 8	3 17	23 6	0 18	22 37	0 36
4	22 49	20 57	2 30	20 14	24 19	0 53	21 24	1 9	10 7	3 19	23 6	0 18	22 37	0 36
5	22 43	19 15	3 30	17 60	24 23	0 59	21 35	1 7	10 6	3 21	23 7	0 18	22 36	0 36
6	22 36	16 31	4 17	14 51	24 25	1 5	21 45	1 5	10 6	3 23	23 7	0 18	22 36	0 36
7	22 29	13 1	4 49	11 3	24 26	1 10	21 54	1 2	10 6	3 25	23 8	0 18	22 36	0 36
8	22 22	8 60	5 5	6 52	24 26	1 16	22 3	0 60	10 6	3 27	23 8	0 18	22 35	0 36
9	22 14	4 41	5 7	2 29	24 25	1 21	22 11	0 57	10 7	3 29	23 8	0 18	22 35	0 35
10	22 6	0 16	4 54	1S55	24 22	1 26	22 18	0 54	10 7	3 31	23 8	0 18	22 34	0 35
11	21 57	4S 5	4 28	6 11	24 18	1 31	22 25	0 52	10 9	3 33	23 9	0 18	22 34	0 35
12	21 48	8 14	3 51	10 11	24 12	1 35	22 31	0 49	10 10	3 35	23 9	0 18	22 34	0 35
13	21 38	12 3	3 5	13 48	24 5	1 39	22 36	0 47	10 12	3 37	23 9	0 18	22 33	0 35
14	21 28	15 24	2 10	16 52	23 56	1 43	22 41	0 44	10 13	3 39	23 9	0 17	22 33	0 35
15	21 17	18 10	1 9	19 16	23 46	1 47	22 45	0 41	10 16	3 41	23 10	0 17	22 32	0 35
16	21 6	20 9	0 4	20 49	23 35	1 50	22 48	0 39	10 18	3 43	23 10	0 17	22 32	0 35
17	20 55	21 14	1N 2	21 22	23 22	1 53	22 51	0 36	10 21	3 45	23 10	0 17	22 31	0 35
18	20 43	21 14	2 7	20 49	23 7	1 56	22 53	0 33	10 24	3 47	23 10	0 17	22 31	0 35
19	20 31	20 6	3 7	19 6	22 51	1 58	22 54	0 30	10 27	3 49	23 10	0 17	22 31	0 35
20	20 19	17 49	3 58	16 16	22 34	2 0	22 55	0 28	10 31	3 51	23 10	0 17	22 30	0 35
21	20 6	14 28	4 36	12 27	22 15	2 2	22 55	0 25	10 35	3 53	23 10	0 17	22 30	0 35
22	19 53	10 15	4 59	7 54	21 54	2 3	22 54	0 22	10 39	3 55	23 10	0 17	22 29	0 35
23	19 39	5 25	5 3	2 52	21 32	2 4	22 53	0 20	10 44	3 57	23 10	0 17	22 29	0 35
24	19 25	0 16	4 48	2N20	21 8	2 5	22 50	0 17	10 49	3 58	23 10	0 17	22 28	0 35
25	19 11	4N54	4 15	7 24	20 43	2 5	22 48	0 14	10 54	4 0	23 10	0 17	22 28	0 35
26	18 56	9 47	3 26	12 2	20 16	2 5	22 44	0 11	10 59	4 2	23 10	0 17	22 27	0 35
27	18 41	14 6	2 25	15 57	19 48	2 4	22 40	0 9	11 5	4 4	23 10	0 17	22 27	0 35
28	18 26	17 33	1 15	18 54	19 18	2 3	22 35	0 6	11 11	4 5	23 10	0 16	22 26	0 34
29	18 10	19 58	0 2	20 43	18 47	2 1	22 29	0 3	11 17	4 7	23 10	0 16	22 26	0 34
30	17 54	21 10	1S10	21 17	18 14	1 59	22 23	0 1	11 23	4 9	23 10	0 16	22 25	0 34
31	17S38	21N 6	2S17	20N37	17S39	1S56	22S16	0S 2	11N30	4N10	23S10	0N16	22S25	0N34

DAY	♅ DECL	♅ LAT	♆ DECL	♆ LAT	♇ DECL	♇ LAT
1	22S31	0N 0	22N11	1S15	13N16	9S32
5	22 33	0 0	22 11	1 15	13 16	9 31
9	22 34	0 0	22 11	1 15	13 16	9 31
13	22 36	0 0	22 11	1 15	13 16	9 30
17	22 37	0 0	22 11	1 15	13 17	9 29
21	22 39	0 0	22 11	1 14	13 17	9 28
25	22 40	0 0	22 11	1 14	13 18	9 28
29	22S41	0N 0	22N11	1S14	13N18	9S27

☽ PHENOMENA

d	h	m	
5	0	13	○
12	20	38	☾
20	14	36	●
27	9	52	☽

d	h	° '
3	3	21N25
10	1	0
17	12	21S22
24	1	0
30	11	21N17

d	h	° '
1	22	0
8	14	5S 8
16	2	0
22	17	5N 4
29	1	0

VOID OF COURSE ☽

LAST ASPT		☽ INGRESS		
31	12pm33	1	♊	7pm54
3	7pm 8	3	♋	11pm36
5	0am13	6	♌	4am59
8	8am27	8	♍	1pm 4
10	8pm25	11	♎	0am 7
13	10am16	13	♏	12pm52
15	2pm30	16	♐	0am43
18	9am 6	18	♑	9am29
20	2pm36	20	♒	2pm47
22	12pm37	22	♓	5pm41
24	2pm37	24	♈	7pm44
26	4pm58	26	♉	10pm16
27	10pm42	29	♊	1am54
31	1am 7	31	♋	6am49

d	h	
12	11	APOGEE
24	12	PERIGEE

DAILY ASPECTARIAN Taglicher Aspekt Aspect Quotidien Aspectario Diario

1 T	☽⚼♄	7am31
	☉⚼☽	12pm 5
	☽⚻♃	1 13
	☽⚺♆	3 38
	☽⚻☿	5 53
	♀□♂	7 24
2 W	☽⚻♄	9am21
	☽#♀	10 52
	☿ ♑	12pm27
	☉⚻☽	3 45
	☽□♂	4 13
	☽☍♀	6 2
	☽☍♅	8 36
	☉△♂	10 55
	☽☌♇	11 43
3 Th	☽#♀	1pm 8
	☽☍♃	5 37
	☽☌♆	7 8
	♀☌♅	11 59
4 F	☽☍☿	4am 2
	☽☍♄	1pm50
	☽⚹♂	8 53
5 S	☉☍☽	0am13
	☽⚻♅	1 11
	☽⚻♀	3 37
	☽⚺♇	4 7
	♀☍♇	9 0
	☉⚺♅	1pm37
	☽⚻♃	11 40
	☽∠♂	11 56
6 Su	☽⚺♆	0am14
	☉∥♄	1 51
	☽⚼♅	4 15
	☽∠♇	7 7
	☽⚼♀	9 27
	☉∥♅	10 18
	☽⚻☿	4pm48
	☽⚻♄	[illegible] 22
	☽∥♇	10 26
7 M	☉⚻♇	3am 7
	☽⚺♂	3 38
	☽⚼♃	3 40
	☽∠♆	3 42
	♃☍♆	5 28
	☽△♅	8 0
	☽⚹♇	10 47
	☉⚻☽	11 28
	☽△♀	4pm13
	☽∥♂	5 37
8 T	☿☌♄	0am31
	☽⚼♄	0 42
	☽⚼☿	0 44
	☽⚹♆	7 55
	☽△♃	8 27
	☉⚼☽	6pm30
9 W	♀#♆	0am17
	☉∥♀	5 3
	☽△♄	5 51
	☉#♆	9 28
	☽△☿	9 50
	♄∥♅	10 33
	☽☌♂	1pm16
	☽□♅	5 51
	☽□♇	8 27
10 Th	☉△☽	2am32
	☽□♀	8 55
	☿△♂	12pm56
	☽□♆	6 37
	☽□♃	8 25
11	☽□♄	6pm12
12 S	☿⚺♅	1am18
	☽⚺♂	1 26
	☽⚹♅	6 17
	☽□☿	7 2
	☽△♇	8 37
	♀∥♄	10 48
	☽#♂	11 57
	☿⚻♇	6pm37
	☉□☽	8 38
	♀∥♅	10 8
13 Su	☽⚹♀	4am34
	♂SR	7 2
	☽△♆	7 11
	☽∠♂	7 54
	☽#♇	8 20
	☽⚹♃	10 16
	☽∠♅	12pm51
	☽⚼♇	3 0
14 M	♀☍♆	4am57
	☽⚹♄	7 34
	☽⚼♆	1pm24
	☽⚹♂	2 9
	☽∠♀	2 24
	☽∠♃	5 4
	☽⚺♅	7 11
	☽⚻♇	9 9
15 T	☽⚹☿	5am 1
	☽∠♄	1pm45
	☉⚹☽	2 30
	☽⚻♆	7 6
	♀☌♃	9 1
	☽⚺♃	11 18
	☽⚺♀	11 30
16 W	♀ ♑	11am29
	☽∠☿	2pm50
	☉∥☽	4 6
	☽⚺♄	7 11
	☉∠☽	10 13
17 Th	☽□♂	0am44
	☽☌♅	5 54
	☽☍♇	7 27
	☿∥♃	7pm51
	☉⚻♆	8 30
	☽⚺☿	11 23
18 F	☉⚼♂	3am51
	☽☍♆	4 7
	☉⚺☽	4 47
	☽☌♃	9 6
	☽☌♀	2pm19
	☉∥☽	4 21
	☿∥♀	7 50
19 S	☽☌♄	3am17
	☽△♂	7 45
	♃ ♑	8 32
	☿⚻♆	12pm 2
	☽⚺♅	1 3
	☽⚻♇	2 15
	☿⚼♂	3 32
	☿∥♅	6 9
20 Su	☿∥♄	4am56
	☽⚻♆	9 38
	☽⚼♂	9 58
	☽☌☿	12pm38
	☉☌☽	2 36
	☽⚺♃	3 16
	☽∠♅	3 23
	☽⚼♇	4 26
	☉ ♒	5 17
21 M	☽⚺♀	0am32
	☉∠♅	1 51
	☉⚺♃	1 58
	☿#♆	4 52
	☿ ♒	6 30
	☽#♇	7 12
	☽⚺♄	8 4
	☽⚼♆	11 21
	☽⚻♂	11 32
	☿∠♅	11 59
	☿⚺♃	1pm11
	☉⚼♇	3 27
	☽⚹♅	5 6
	☽∠♃	5 18
	☽△♇	6 2
	☿⚼♇	7 54
	☽#♂	9 55
22 T	☉☌☿	2am44
	☽∠♀	4 27
	☽∠♄	9 37
	☽△♆	12pm37
	☽⚹♃	6 54
	☉⚺☽	9 23
	☽⚺☿	10 22
23 W	☽⚹♀	7am57
	☽⚹♄	10 54
	☽☍♂	1pm29
	☽□♅	7 33
	☽□♇	8 15
24 Th	☉∠☽	0am18
	☽∠☿	2 45
	☽□♆	2pm37
	♀☌♄	9 2
	☽□♃	9 42
25 F	☉⚹☽	3am15
	☽⚹☿	7 12
	☽□♄	1pm23
	☽□♀	2 49
	☽⚻♂	3 5
	♀△♂	5 34
	☽△♅	9 52
	☽⚹♇	10 23
26 S	☽∥♂	6am26
	☽⚼♂	4pm 6
	☽⚹♆	4 58
	☽∥♇	7 14
	♀∥♅	8 15
	☽⚼♅	11 20
	☽∠♇	11 45
27 Su	☽△♃	1am 1
	☉□☽	9 52
	☿⚺♄	1pm32
	☽△♄	4 40
	☽□☿	5 5
	☽△♂	5 21
	☽∠♆	6 32
	☿⚻♂	7 5
	☽△♀	10 42
28 M	☽⚻♅	1am 6
	☽⚺♇	1 25
	☽⚼♃	3 6
	☿⚼♆	4 35
	☉#☽	6 51
	☽#☿	1pm11
	☽⚼♄	6 46
	☽⚺♆	8 24
29 T	♂△♄	0am21
	♀⚺♅	2 20
	☽⚼♀	3 15
	♀⚻♇	4 44
	☽⚻♃	5 31
	♀∥♄	1pm44
	☉△☽	5 57
	☽□♂	8 42
	☽⚻♄	9 11
30 W	☽△☿	4am53
	☽☍♅	5 34
	☽☌♇	5 41
	☽⚻♀	8 13
	☿⚹♅	10 18
	☿△♇	11 3
	☉⚼☽	10pm36
31 Th	☉⚻♂	0am41
	☽☌♆	1 7
	☉∥☿	1 59
	☿∠♃	9 50
	☽☍♃	11 21
	☽⚼☿	11 33
	♅☍♇	12pm 0
	♀#♆	3 51
	☉⚺♄	6 10

FEBRUARY 1901

LONGITUDE

DAY	SID. TIME	☉	☽	☽ 12 Hour	MEAN ☊	TRUE ☊	☿	♀	♂	♃	♄	♅	♆	♇
	h m s	° ' "	° ' "	° ' "	° '	° '	° '	° '	° '	° '	° '	° '	° '	° '
1	8 42 1	11♒27 56	9♋34 20	16♋12 32	28♏11	29♏ 9R	18♒34	19♑21	10♍15R	2♑38	11♑15	15♐51	26♊47R	15♊49R
2	8 45 58	12 28 47	22 48 2	29 20 43	28 8	29 1	20 20	20 36	10 0	2 50	11 21	15 53	26 46	15 49
3	8 49 54	13 29 38	5♌50 25	12♌16 59	28 5	28 49	22 7	21 50	9 44	3 2	11 28	15 56	26 45	15 48
4	8 53 51	14 30 27	18 40 17	25 0 15	28 2	28 36	23 54	23 5	9 28	3 14	11 34	15 58	26 44	15 48
5	8 57 47	15 31 15	1♍16 49	7♍30 0	27 59	28 23	25 41	24 20	9 11	3 26	11 40	16 0	26 43	15 47
6	9 1 44	16 32 2	13 39 51	19 46 32	27 55	28 9	27 27	25 35	8 53	3 38	11 46	16 3	26 42	15 47
7	9 5 40	17 32 48	25 50 15	1♎51 16	27 52	27 58	29 13	26 50	8 34	3 50	11 53	16 5	26 41	15 46
8	9 9 37	18 33 32	7♎49 56	13 46 40	27 49	27 49	0♓59	28 4	8 15	4 1	11 59	16 7	26 40	15 46
9	9 13 33	19 34 16	19 41 57	25 36 17	27 46	27 43	2 44	29 19	7 56	4 13	12 5	16 9	26 39	15 45
10	9 17 30	20 34 59	1♏30 17	7♏24 33	27 43	27 40	4 27	0♒34	7 36	4 24	12 11	16 11	26 38	15 45
11	9 21 27	21 35 40	13 19 44	19 16 33	27 39	27 39	6 9	1 49	7 15	4 36	12 17	16 13	26 37	15 44
12	9 25 23	22 36 20	25 15 40	1♐17 48	27 36	27 38	7 48	3 4	6 54	4 47	12 23	16 15	26 36	15 44
13	9 29 20	23 36 59	7♐23 38	13 33 52	27 33	27 38	9 25	4 18	6 32	4 58	12 29	16 17	26 36	15 44
14	9 33 16	24 37 38	19 49 6	26 9 56	27 30	27 37	10 59	5 33	6 10	5 9	12 35	16 19	26 35	15 43
15	9 37 13	25 38 14	2♑36 50	9♑10 13	27 27	27 33	12 30	6 48	5 48	5 21	12 41	16 21	26 34	15 43
16	9 41 9	26 38 50	15 50 20	22 37 18	27 24	27 27	13 56	8 3	5 25	5 31	12 46	16 23	26 33	15 43
17	9 45 6	27 39 24	29 31 4	6♒31 25	27 20	27 18	15 18	9 18	5 2	5 42	12 52	16 25	26 33	15 42
18	9 49 2	28 39 57	13♒37 54	20 49 55	27 17	27 7	16 33	10 32	4 39	5 53	12 58	16 26	26 32	15 42
19	9 52 59	29 40 28	28 6 42	5♓27 18	27 14	26 55	17 43	11 47	4 15	6 4	13 3	16 28	26 32	15 42
20	9 56 56	0♓40 58	12♓50 42	20 15 47	27 11	26 43	18 46	13 2	3 51	6 15	13 9	16 30	26 31	15 42
21	10 0 52	1 41 26	27 41 29	5♈ 6 40	27 8	26 32	19 41	14 17	3 27	6 25	13 14	16 31	26 31	15 42
22	10 4 49	2 41 52	12♈30 24	19 51 47	27 5	26 24	20 28	15 32	3 4	6 35	13 20	16 33	26 30	15 41
23	10 8 45	3 42 16	27 10 5	4♉24 45	27 1	26 19	21 6	16 46	2 40	6 46	13 25	16 34	26 30	15 41
24	10 12 42	4 42 39	11♉35 22	18 41 41	26 58	26 16	21 35	18 1	2 16	6 56	13 31	16 35	26 29	15 41
25	10 16 38	5 42 59	25 43 33	2♊40 59	26 55	26 16D	21 55	19 16	1 52	7 6	13 36	16 37	26 29	15 41
26	10 20 35	6 43 18	9♊34 3	16 22 54	26 52	26 16R	22 5R	20 31	1 28	7 16	13 41	16 38	26 28	15 41
27	10 24 31	7 43 34	23 7 44	29 48 44	26 49	26 15	22 5	21 45	1 5	7 26	13 46	16 39	26 28	15 41
28	10 28 28	8♓43 49	6♋26 10	13♋ 0 13	26♏45	26♏13	21♓55	23♒ 0	0♍42	7♑36	13♑51	16♐41	26♊28	15♊41D

DECLINATION and LATITUDE

DAY	☉ DECL	☽ DECL	☽ LAT	☽ 12hr DECL	☿ DECL	☿ LAT	♀ DECL	♀ LAT	♂ DECL	♂ LAT	♃ DECL	♃ LAT	♄ DECL	♄ LAT
1	17S21	19N51	3S16	18N48	17S 3	1S53	22S 8	0S 5	11N37	4N12	23S 9	0N16	22S24	0N34
2	17 4	17 31	4 4	16 1	16 26	1 49	21 60	0 7	11 44	4 13	23 9	0 16	22 24	0 34
3	16 47	14 20	4 37	12 30	15 47	1 44	21 51	0 10	11 51	4 15	23 9	0 16	22 23	0 34
4	16 29	10 32	4 56	8 29	15 7	1 39	21 41	0 13	11 58	4 16	23 9	0 16	22 23	0 34
5	16 11	6 21	5 0	4 10	14 26	1 33	21 31	0 15	12 6	4 17	23 9	0 16	22 22	0 34
6	15 53	1 58	4 50	0S14	13 43	1 27	21 20	0 18	12 14	4 18	23 8	0 16	22 22	0 34
7	15 35	2S25	4 26	4 34	12 60	1 20	21 8	0 20	12 22	4 19	23 8	0 16	22 21	0 34
8	15 16	6 39	3 51	8 40	12 15	1 12	20 56	0 23	12 30	4 20	23 8	0 16	22 21	0 34
9	14 57	10 35	3 6	12 24	11 30	1 3	20 43	0 25	12 38	4 21	23 7	0 16	22 20	0 34
10	14 38	14 6	2 14	15 39	10 43	0 54	20 29	0 28	12 47	4 22	23 7	0 16	22 20	0 34
11	14 19	17 2	1 15	18 16	9 57	0 44	20 15	0 30	12 55	4 23	23 7	0 15	22 19	0 34
12	13 59	19 18	0 13	20 7	9 10	0 33	20 1	0 33	13 4	4 24	23 7	0 15	22 19	0 34
13	13 39	20 43	0N51	21 4	8 23	0 22	19 45	0 35	13 12	4 24	23 6	0 15	22 18	0 34
14	13 19	21 9	1 55	20 59	7 36	0 10	19 30	0 37	13 21	4 25	23 6	0 15	22 18	0 34
15	12 59	20 32	2 54	19 48	6 50	0N 3	19 13	0 39	13 30	4 25	23 5	0 15	22 17	0 34
16	12 38	18 47	3 46	17 29	6 4	0 16	18 56	0 42	13 39	4 26	23 5	0 15	22 17	0 34
17	12 18	15 55	4 26	14 7	5 20	0 30	18 39	0 44	13 47	4 26	23 5	0 15	22 16	0 34
18	11 57	12 4	4 52	9 50	4 37	0 45	18 21	0 46	13 56	4 26	23 4	0 15	22 16	0 34
19	11 36	7 26	5 0	4 55	3 56	0 60	18 2	0 48	14 5	4 26	23 4	0 15	22 15	0 34
20	11 14	2 18	4 49	0N22	3 18	1 15	17 43	0 50	14 13	4 26	23 3	0 15	22 15	0 34
21	10 53	3N 1	4 18	5 38	2 42	1 30	17 23	0 52	14 22	4 25	23 3	0 15	22 14	0 34
22	10 31	8 9	3 29	10 33	2 10	1 45	17 3	0 54	14 30	4 25	23 3	0 15	22 14	0 34
23	10 9	12 46	2 27	14 46	1 41	2 0	16 43	0 56	14 38	4 25	23 2	0 15	22 13	0 33
24	9 47	16 32	1 17	18 2	1 16	2 15	16 21	0 58	14 47	4 24	23 2	0 15	22 13	0 33
25	9 25	19 15	0 3	20 9	0 55	2 29	15 60	0 60	14 55	4 23	23 1	0 15	22 12	0 33
26	9 3	20 45	1S10	21 1	0 39	2 43	15 38	1 2	15 2	4 23	23 1	0 14	22 12	0 33
27	8 41	20 60	2 17	20 40	0 27	2 56	15 16	1 3	15 10	4 22	23 0	0 14	22 11	0 33
28	8S18	20N 2	3S16	19N 9	0S21	3N 7	14S53	1S 5	15N18	4N21	22S60	0N14	22S11	0N33

DAY	♅ DECL	♅ LAT	♆ DECL	♆ LAT	♇ DECL	♇ LAT
1	22S42	0N 0	22N11	1S14	13N19	9S26
5	22 43	0 0	22 11	1 14	13 19	9 25
9	22 44	0 0	22 11	1 14	13 20	9 24
13	22 45	0 0	22 11	1 14	13 21	9 24
17	22 45	0S 0	22 11	1 13	13 22	9 23
21	22 46	0 0	22 11	1 13	13 22	9 22
25	22S47	0S 0	22N11	1S13	13N23	9S21

☽ PHENOMENA			
d	h	m	
3	15	30	○
11	18	12	☾
19	2	45	●
25	18	38	☽
d	h	°	'
6	11	0	
13	22	21S10	
20	10	0	
26	17	21N 3	
4	19	5S 1	
12	5	0	
18	22	5N 0	
25	1	0	

VOID OF COURSE ☽ LAST ASPT		☽ INGRESS		
1	7pm33	2	♌	1pm12
4	3pm16	4	♍	9pm33
7	2am11	7	♎	8am18
9	2pm 6	9	♏	8pm56
11	6pm12	12	♐	9am26
14	12pm46	14	♑	7pm10
15	8pm12	17	♒	0am50
19	2am45	19	♓	3am 6
20	10pm 5	21	♈	3am44
22	10pm53	23	♉	4am41
24	5pm21	25	♊	7am21
27	5am59	27	♋	12pm20

d	h	
9	7	APOGEE
21	3	PERIGEE

DAILY ASPECTARIAN

Day	Aspect	Time
1 F	☽⚹♂	1am12
	☽☍♄	3 3
	☉⚻☽	3 42
	☉⚼♆	7 21
	☽⚺♇	11 17
	☽⚻♅	11 23
	☽⚻☿	6pm48
	☽☍♀	7 33
2 S	☽∠♂	3am56
	☉#☽	4 12
	☽⚺♆	7 15
	☽#☿	11 8
	☿⚺♀	11 29
	☽∠♇	2pm42
	☽⚼♅	2 53
	☽⚻♃	6 44
3 Su	☽∥♇	6am48
	☽⚺♂	7 6
	☽⚻♄	10 33
	☽∠♆	10 59
	☉☍☽	3pm30
	☽#♂	3 34
	☽⚹♇	6 35
	☽△♅	6 54
	☽⚼♃	11 10
4 M	☽⚻♀	9am16
	☽☍☿	11 31
	☽⚼♄	3pm 6
	☽⚹♆	3 16
	♀⚼♂	9 35
5 T	☽△♃	4am13
	☉△♇	6 13
	☉⚹♅	11 55
	☿△♆	1pm50
	☿∠♄	2 13
	☽☌♂	2 54
	☽⚼♀	5 18
	☽△♄	8 17
6 W	☽□♇	4am 8
	☽□♅	4 40
	☉⚻☽	6 8
	☿#♇	1pm11
	♀⚻♆	9 13
7 Th	☽□♆	1am40
	☽△♀	2 11
	☽⚻☿	7 54
	☿ ♓	10 34
	☉⚼☽	2pm37
	☽□♃	4 13
	☿#♂	5 13
8 F	☽⚺♂	0am50
	☽□♄	8 26
	☉∠♃	1pm31
	☽△♇	4 0
	☽⚹♅	4 47
	☽⚼☿	7 18
	☉△☽	11 43
9 S	☽∥☿	4am53
	☽∠♂	6 23
	♀ ♒	1pm 6
	☽△♆	2 6
	☽#♂	2 12
	☽#♇	6 30
	☽□♀	9 52
	☽⚼♇	10 28
	☿⚹♃	11 19
	☽∠♅	11 21
10 Su	♀⚼♇	3am28
	☉∥☽	3 42
	☽⚹♃	6 0
	☽△☿	7 0
	☽⚹♂	12pm 2
	♀∠♅	12 17
	☽⚼♆	8 33
	☽⚹♄	9 52
11 M	☽⚻♇	4am52
	☽⚺♅	5 52
	☽∠♃	12pm51
	☿☍♂	1 9
	☉□☽	6 12
12 T	☽⚻♆	2am41
	☽∠♄	4 16
	☽∥♀	8 50
	☽⚹♀	5pm15
	☽⚺♃	7 10
	☽□♂	10 22
13 W	☽□☿	4am33
	☽⚺♄	9 59
	♀⚺♃	3pm 2
	☽☍♇	4 10
	☽☌♅	5 17
	☉#♇	9 59
	☉#♂	10 26
	♂∥♇	11 30
14 Th	☽∠♀	1am33
	♀⚻♂	9 7
	☉⚹☽	9 53
	☽☍♆	12pm46
15 F	☿⚹♄	3am 8
	☽☌♃	5 5
	☽△♂	5 41
	☽⚺♀	8 29
	☉∠☽	3pm52
	☽☌♄	6 28
	♂△♃	7 21
	☽⚹☿	8 12
	☉△♆	9 54
	☽∥♀	10 5
	☽⚻♇	11 46
16 S	☽⚺♅	0am58
	☽⚼♂	7 54
	☽⚻♆	6pm51
	☉⚺☽	8 32
17 Su	☽∠☿	1am28
	☽⚼♇	2 3
	☽∠♅	3 16
	☉∠♄	5 36
	☿□♇	7 39
	☽⚻♂	9 12
	☽⚺♃	10 45
	☽#♂	1pm28
	☽#♇	4 33
	☽☌♀	6 18
	☽⚼♆	8 29
	☿□♅	9 36
	☽⚺♄	10 52
18 M	☉∥☽	0am47
	☽△♇	3 28
	☽⚹♅	4 42
	☽⚺☿	5 20
	☽∠♃	12pm14
	♀⚼♆	7 0
	☽△♆	9 24
	☽∠♄	11 55
19 T	☉☌☽	2am45
	☉ ♓	7 45
	☽☍♂	9 46
	☽⚹♃	1pm 9
	☽∥☿	6 47
20 W	☽⚺♀	0am20
	☽⚹♄	0 30
	♀⚺♄	2 23
	☽□♇	4 37
	☽□♅	5 55
	☽☌☿	10 14
	☽□♆	10pm 5
	☽#☿	10 43
21 Th	☽∠♀	2am48
	☉⚺☽	6 56
	☽⚻♂	9 5
	☽□♃	2pm17
22 F	☽□♄	1am21
	♀△♇	3 7
	☽⚹♇	5 11
	☽⚹♀	5 23
	☉☍♂	6 11
	☽△♅	6 35
	☽⚼♂	8 49
	☉∠☽	9 5
	☉#☽	11 1
	☽⚺☿	1pm36
	♀⚹♅	7 57
	☽⚹♆	10 53
23 S	☽∥♇	3am35
	☽∠♇	5 49
	☽⚼♅	7 17
	☽△♂	8 51
	☽∥♂	11 37
	☉⚹☽	11 38
	☽∠☿	3pm22
	☽△♃	4 7
	☽#♀	10 49
	☽∠♆	11 50
24 Su	☽△♄	3am15
	☽⚺♇	6 54
	☽⚻♅	8 27
	☽□♀	11 54
	☽⚹☿	5pm21
	☽⚼♃	5 43
25 M	☽⚺♆	1am18
	☽⚼♄	4 58
	☽□♂	10 18
	☉□☽	6pm38
	☽⚻♃	7 56
26 T	☽⚻♄	7am17
	☽☌♇	10 46
	☿SR	12pm23
	☽☍♅	12 28
	♄#♆	12 40
	☉⚹♃	3 37
	☽△♀	9 18
	☽□☿	10 8
27 W	♀#♂	4am19
	☿⚺♀	5 44
	☽☌♆	5 59
	☽⚹♂	1pm53
	♀∠♃	2 57
28 Th	☽☍♃	2am 8
	☽⚼♀	3 9
	☉△☽	4 32
	☽☍♄	1pm39
	☽∠♂	4 27
	☽⚺♇	4 55
	♇SD	6 22
	☽⚻♅	6 47

LONGITUDE

DAY	SID. TIME	☉	☽	☽ 12 Hour	MEAN ☊	TRUE ☊	☿	♀	♂	♃	♄	♅	♆	♇
	h m s	° ' "	° ' "	° ' "	° '	° '	° '	° '	° '	° '	° '	° '	° '	° '
1	10 32 25	9♓ 44 1	19♋ 31 4	25♋ 58 54	26♏ 42	26♏ 8R	21♓ 36R	24♒ 15	0♍ 18R	7♑ 45	13♑ 56	16♐ 42	26♊ 27R	15♊ 41
2	10 36 21	10 44 12	2♌ 23 52	8♌ 46 3	26 39	25 59	21 9	25 30	29♌ 56	7 55	14 1	16 43	26 27	15 41
3	10 40 18	11 44 20	15 5 33	21 22 26	26 36	25 49	20 33	26 44	29 33	8 4	14 6	16 44	26 27	15 41
4	10 44 14	12 44 26	27 36 44	3♍ 48 30	26 33	25 36	19 50	27 59	29 11	8 14	14 11	16 45	26 27	15 41
5	10 48 11	13 44 30	9♍ 57 47	16 4 39	26 30	25 22	19 1	29 14	28 50	8 23	14 15	16 46	26 27	15 41
6	10 52 7	14 44 33	22 9 10	28 11 28	26 26	25 9	18 7	0♓ 28	28 28	8 32	14 20	16 47	26 27	15 41
7	10 56 4	15 44 33	4♎ 11 41	10♎ 10 0	26 23	24 58	17 10	1 43	28 8	8 41	14 25	16 48	26 27	15 41
8	11 0 0	16 44 32	16 6 42	22 2 3	26 20	24 49	16 10	2 58	27 47	8 50	14 29	16 48	26 27D	15 41
9	11 3 57	17 44 29	27 56 25	3♏ 50 11	26 17	24 42	15 10	4 12	27 28	8 59	14 33	16 49	26 27	15 42
10	11 7 53	18 44 25	9♏ 43 48	15 37 47	26 14	24 39	14 11	5 27	27 9	9 7	14 38	16 50	26 27	15 42
11	11 11 50	19 44 18	21 32 41	27 29 5	26 10	24 38D	13 13	6 42	26 50	9 16	14 42	16 51	26 27	15 42
12	11 15 47	20 44 10	3♐ 27 37	9♐ 28 56	26 7	24 38	12 19	7 56	26 32	9 24	14 46	16 51	26 27	15 42
13	11 19 43	21 44 0	15 33 41	21 42 33	26 4	24 38R	11 28	9 11	26 15	9 32	14 50	16 52	26 27	15 43
14	11 23 40	22 43 49	27 56 12	4♑ 15 16	26 1	24 39	10 42	10 26	25 58	9 40	14 54	16 52	26 27	15 43
15	11 27 36	23 43 36	10♑ 40 20	17 11 56	25 58	24 37	10 2	11 40	25 42	9 48	14 58	16 53	26 27	15 43
16	11 31 33	24 43 21	23 50 28	0♒ 36 14	25 55	24 33	9 27	12 55	25 27	9 56	15 2	16 53	26 28	15 43
17	11 35 29	25 43 4	7♒ 29 25	14 29 57	25 51	24 28	8 59	14 10	25 13	10 4	15 6	16 53	26 28	15 44
18	11 39 26	26 42 46	21 37 37	28 52 0	25 48	24 20	8 37	15 24	24 59	10 11	15 10	16 54	26 28	15 44
19	11 43 22	27 42 26	6♓ 12 26	13♓ 38 5	25 45	24 11	8 21	16 39	24 46	10 19	15 13	16 54	26 29	15 45
20	11 47 19	28 42 3	21 7 55	28 40 44	25 42	24 2	8 11	17 53	24 34	10 26	15 17	16 54	26 29	15 45
21	11 51 16	29 41 39	6♈ 15 18	13♈ 50 18	25 39	23 54	8 8D	19 8	24 22	10 33	15 20	16 54	26 29	15 45
22	11 55 12	0♈ 41 13	21 24 29	28 56 37	25 36	23 48	8 10	20 22	24 11	10 40	15 24	16 54R	26 30	15 46
23	11 59 9	1 40 45	6♉ 25 39	13♉ 50 41	25 32	23 45	8 18	21 37	24 1	10 47	15 27	16 54	26 30	15 46
24	12 3 5	2 40 14	21 10 58	28 25 57	25 29	23 43D	8 31	22 52	23 52	10 54	15 30	16 54	26 31	15 47
25	12 7 2	3 39 41	5♊ 35 17	12♊ 38 45	25 26	23 44	8 50	24 6	23 44	11 0	15 33	16 54	26 31	15 47
26	12 10 58	4 39 6	19 36 20	26 28 6	25 23	23 45	9 13	25 21	23 36	11 7	15 36	16 54	26 32	15 48
27	12 14 55	5 38 29	3♋ 14 13	9♋ 54 56	25 20	23 46R	9 42	26 35	23 30	11 13	15 39	16 54	26 33	15 48
28	12 18 51	6 37 49	16 30 34	23 1 27	25 16	23 45	10 14	27 50	23 24	11 19	15 42	16 53	26 33	15 49
29	12 22 48	7 37 7	29 27 57	5♌ 50 24	25 13	23 43	10 51	29 4	23 19	11 25	15 45	16 53	26 34	15 50
30	12 26 45	8 36 23	12♌ 9 9	18 24 32	25 10	23 39	11 32	0♈ 18	23 14	11 30	15 47	16 53	26 35	15 50
31	12 30 41	9♈ 35 36	24♌ 36 52	0♍ 46 26	25♏ 7	23♏ 33	12♓ 16	1♈ 33	23♌ 11	11♑ 36	15♑ 50	16♐ 52	26♊ 35	15♊ 51

DECLINATION and LATITUDE

DAY	☉ DECL	☽ DECL	☽ LAT	☽ 12hr DECL	☿ DECL	☿ LAT	♀ DECL	♀ LAT	♂ DECL	♂ LAT	♃ DECL	♃ LAT	♄ DECL	♄ LAT
1	7S55	18N 2	4S 3	16N41	0S19	3N17	14S30	1S 7	15N25	4N20	22S59	0N14	22S10	0N33
2	7 33	15 9	4 36	13 26	0 22	3 26	14 6	1 8	15 32	4 18	22 59	0 14	22 10	0 33
3	7 10	11 36	4 56	9 38	0 29	3 32	13 42	1 10	15 39	4 17	22 58	0 14	22 9	0 33
4	6 47	7 36	5 1	5 29	0 42	3 37	13 18	1 11	15 45	4 16	22 58	0 14	22 9	0 33
5	6 24	3 20	4 52	1 10	0 58	3 40	12 53	1 12	15 52	4 14	22 57	0 14	22 8	0 33
6	6 1	1S 0	4 29	3S 9	1 18	3 41	12 28	1 14	15 58	4 13	22 57	0 14	22 8	0 33
7	5 37	5 15	3 54	7 18	1 42	3 40	12 2	1 15	16 3	4 11	22 56	0 14	22 7	0 33
8	5 14	9 16	3 10	11 8	2 8	3 36	11 36	1 16	16 9	4 10	22 56	0 14	22 7	0 33
9	4 51	12 53	2 17	14 30	2 36	3 31	11 10	1 17	16 14	4 8	22 55	0 14	22 7	0 33
10	4 27	15 59	1 19	17 18	3 6	3 24	10 44	1 19	16 19	4 6	22 55	0 14	22 6	0 33
11	4 4	18 26	0 17	19 22	3 36	3 15	10 17	1 20	16 24	4 4	22 54	0 14	22 6	0 33
12	3 40	20 5	0N47	20 35	4 6	3 5	9 50	1 20	16 28	4 2	22 54	0 14	22 5	0 33
13	3 17	20 51	1 50	20 52	4 36	2 53	9 23	1 21	16 32	4 0	22 53	0 13	22 5	0 33
14	2 53	20 38	2 48	20 8	5 5	2 40	8 56	1 22	16 36	3 58	22 53	0 13	22 4	0 33
15	2 30	19 22	3 41	18 19	5 33	2 26	8 28	1 23	16 39	3 56	22 52	0 13	22 4	0 33
16	2 6	17 2	4 23	15 29	5 59	2 12	8 0	1 24	16 43	3 54	22 52	0 13	22 4	0 33
17	1 42	13 42	4 52	11 41	6 23	1 58	7 32	1 24	16 45	3 52	22 51	0 13	22 3	0 33
18	1 18	9 29	5 5	7 7	6 46	1 43	7 4	1 25	16 48	3 49	22 51	0 13	22 3	0 33
19	0 55	4 36	4 59	2 0	7 5	1 28	6 35	1 25	16 50	3 47	22 50	0 13	22 2	0 33
20	0 31	0N39	4 32	3N19	7 23	1 13	6 6	1 26	16 52	3 45	22 50	0 13	22 2	0 33
21	0 7	5 57	3 47	8 30	7 38	0 58	5 38	1 26	16 54	3 42	22 49	0 13	22 2	0 33
22	0N16	10 54	2 45	13 7	7 51	0 43	5 9	1 27	16 55	3 40	22 49	0 13	22 1	0 33
23	0 40	15 7	1 32	16 51	8 1	0 29	4 39	1 27	16 56	3 38	22 48	0 13	22 1	0 33
24	1 4	18 17	0 14	19 25	8 9	0 15	4 10	1 27	16 57	3 35	22 48	0 13	22 1	0 33
25	1 27	20 12	1S 4	20 40	8 14	0 2	3 41	1 27	16 58	3 33	22 47	0 13	22 0	0 33
26	1 51	20 48	2 15	20 37	8 17	0S11	3 11	1 27	16 58	3 30	22 47	0 13	21 60	0 33
27	2 15	20 8	3 17	19 22	8 18	0 24	2 42	1 27	16 58	3 28	22 46	0 12	21 60	0 33
28	2 38	18 22	4 6	17 7	8 17	0 36	2 12	1 27	16 57	3 25	22 46	0 12	21 59	0 33
29	3 1	15 41	4 42	14 4	8 14	0 47	1 42	1 27	16 57	3 23	22 45	0 12	21 59	0 33
30	3 25	12 19	5 3	10 26	8 8	0 58	1 12	1 27	16 56	3 20	22 45	0 12	21 59	0 33
31	3N48	8N28	5S 9	6N26	8S 1	1S 8	0S43	1S27	16N55	3N18	22S45	0N12	21S58	0N33

DAY	♅ DECL	♅ LAT	♆ DECL	♆ LAT	♇ DECL	♇ LAT
1	22S47	0S 0	22N12	1S13	13N24	9S20
5	22 48	0 0	22 12	1 13	13 25	9 19
9	22 48	0 0	22 12	1 12	13 26	9 18
13	22 48	0 0	22 12	1 12	13 27	9 17
17	22 49	0 0	22 12	1 12	13 28	9 16
21	22 49	0 0	22 13	1 12	13 30	9 15
25	22 49	0 0	22 13	1 12	13 31	9 14
29	22S49	0S 0	22N13	1S11	13N32	9S13

☽ PHENOMENA

d	h	m	
5	8	4	○
13	13	6	☾
20	12	53	●
27	4	39	☽

d	h	° '
5	18	0
13	7	20S54
19	21	0
25	23	20N48

d	h	° '
3	20	5S 1
11	6	0
18	4	5N 5
24	4	0
30	22	5S 9

d	h	
9	0	APOGEE
21	10	PERIGEE

VOID OF COURSE ☽

LAST ASPT		☽ INGRESS	
1	3am45	1 ♌	7pm30
4	2am57	4 ♍	4am37
6	8am31	6 ♎	3pm37
8	11pm 3	9 ♏	4am11
11	10am25	11 ♐	5pm 4
13	9pm 9	14 ♑	3am56
16	1am42	16 ♒	10am36
18	8am 3	18 ♓	1pm52
20	12pm53	20 ♈	2pm 6
22	8am 6	22 ♉	1pm41
24	4am23	24 ♊	2pm37
26	12pm 7	26 ♋	6pm15
28	11pm10	29 ♌	1am 0
31	3am51	31 ♍	10am29

DAILY ASPECTARIAN

1 F	☽△☿	3am45
	☽⚻♀	9 43
	☉⚼☽	10 29
	☽⊻♆	12pm53
	☽⊻♂	7 30
	♂ ♌	7 30
	☽∠♇	8 47
	☽∥♂	9 13
	☽⚼♅	10 43
2 S	☽⚼☿	6am46
	☽#♀	8 28
	☽⚻♃	10 31
	☽∥♇	12pm12
	☽∠♆	5 5
	☉⚻☽	5 5
	♀△♆	6 27
	☽⚻♄	10 6
3 Su	☽⚹♇	1am 7
	☽△♅	3 8
	☽⚻☿	9 53
	☽⚼♃	3pm27
	♀#♇	4 42
	☽⚹♆	9 45
4 M	♂⚼♄	0am29
	☽☍♀	0 48
	☽☌♂	2 57
	☽⚼♄	3 3
	☉#☽	5 8
	♀☍♂	5pm57
	☽△♃	8 52
5 T	♀∠♄	0am33
	☉☍☽	8 4
	☽△♄	8 28
	☽□♇	11 14
	☽#☿	12pm10
	☽□♅	1 22
	☉⚹♄	1 23
	♀ ♓	2 51
	☽☍☿	4 35
6 W	☽∥☿	1am50
	☽□♆	8 31
	☽⊻♂	12pm13
	☽⚻♀	6 28
	☉⊐♇	10 42
7 Th	☉∥☽	1am58
	☿□♅	8 53
	☽□♃	9 8
	☉☌☿	5pm10
	☽∠♂	5 28
	☽□♄	8 41
	☽△♇	11 9
8 F	☽⚻☿	0am 7
	☉⚻☽	1 24
	☽⚹♅	1 25
	☉□♅	1 35
	☽⚼♀	4 11
	♆SD	6 19
	☿□♇	11 29
	☽∥♀	1pm34
	☽△♆	8 57
	☽⚹♂	11 3
9 S	☽#♇	4am 1
	☽⚼☿	4 11
	☽⚼♇	5 36
	☽∠♅	7 54
	☉⚼☽	10 41
	☿⚹♄	1pm44
	☽△♀	2 16
	☽⚹♃	10 45
10 Su	☽#♂	3am 2
	☽⚼♆	3 29
	☽△☿	8 22
	☽⚹♄	10 2
	☽⚻♇	12pm 8
	☽⊻♅	2 27
	☉△☽	8 0
11 M	☽∠♃	5am34
	☽⚻♆	9 54
	☽□♂	10 25
	☉∥☿	12pm32
	☽∠♄	4 33
12 T	♂⚹♆	7am13
	☽□♀	9 58
	☽⊻♃	11 59
	☽□☿	4pm26
	☽⊻♄	10 34
13 W	☽☍♇	0am17
	☽☌♅	2 33
	♀⚹♃	7 39
	☉□☽	1pm 6
	☽△♂	8 19
	☽☍♆	9 9
14 Th	☿☌♀	3am23
	☽☌♃	10pm23
	☽⚹☿	10 52
15 F	☽⚼♂	0am 4
	☽⚹♀	2 3
	☿⚹♃	7 18
	☽☌♄	7 58
	☽⚻♇	9 18
	☽⊻♅	11 25
16 S	☽∠☿	1am 4
	☉⚹☽	1 42
	☽#♂	2 35
	☽⚻♂	2 49
	☽⚻♆	4 40
	☽∠♀	7 59
	☽⚼♇	12pm13
	☉⚻♂	2 7
	☽∠♅	2 15
17 Su	☽#♇	1am22
	☽⊻☿	2 30
	☽⊻♃	4 28
	☉∠☽	5 58
	☽⚼♆	6 50
	♂⚼♃	9 42
	☽⊻♀	12pm31
	☽⊻♄	1 5
	☽△♇	2 5
	☽⚹♅	4 3
	☉□♆	6 7
	♀⚹♄	7 6
18 M	☽☍♂	5am30
	☽∠♃	5 59
	♀□♇	6 28
	☽△♆	8 3
	☿∥♀	8 53
	☉⊻☽	9 4
	☽∥☿	12pm50
	☽∥♀	1 33
	☽∠♄	2 11
19 T	☽☌☿	3am25
	♀□♅	4 49
	☽⚹♃	6 42
	☽⚹♄	2pm36
	☽□♇	3 23
	☽□♅	5 14
	☉∥☽	6 18
	☽☌♀	6 21
	☉#☽	11 25
20 W	☽⚻♂	5am23
	☽□♆	8 31
	☉☌☽	12pm53
	☽#♀	10 37
21 Th	☿SD	2am29
	☽⊻☿	2 58
	☽⚼♂	4 52
	☽□♃	6 51
	☉ ♈	7 23
	☽#☿	8 15
	☽□♄	2pm26
	☽⚹♇	3 3
	♃∥♅	3 7
	☽△♅	4 51
	☽⊻♀	10 13
22 F	☽∠☿	2am48
	☽△♂	4 22
	☽⚹♆	8 6
	♄SR	11 26
	☽∥♇	2pm12
	☽∠♇	2 55
	☉⊻☽	3 50
	☽⚼♅	4 44
23 S	☽∠♀	0am20
	☽⚹☿	3 3
	☽△♃	7 5
	☽∠♆	8 12
	☽∥♂	12pm46
	☽△♄	2 40
	☽⊻♇	3 9
	☽⚻♅	4 59
	☉∠☽	5 49
24 Su	☽⚹♀	3am 1
	☽□♂	4 23
	☽⚼♃	7 51
	☽⊻♆	8 49
	☽⚼♄	3pm31
	♀⚻♂	5 35
	☉⚹☽	8 31
25 M	☽□☿	5am38
	☽⚻♃	9 16
	☽⚻♄	5pm 4
	☽☌♇	5 25
	☽☍♅	7 19
26 T	☽⚹♂	6am55
	☽□♀	11 1
	☽☌♆	12pm 7
	♀□♆	11 12
27 W	☉□☽	4am39
	☽∠♂	9 22
	☽△☿	12pm 5
	☉#♀	12 14
	☽☍♃	2 28
	☽☍♄	10 31
	☽⊻♇	10 44
28 Th	☽⚻♅	0am42
	☽⊻♂	12pm36
	☽∥♂	1 30
	☽⚼☿	4 54
	☽⊻♆	6 35
	☽△♀	11 10
29 F	☽∠♇	2am33
	☽⚼♅	4 32
	☉⚼♂	3pm37
	☽∥♇	3 45
	☉△☽	4 40
	♀ ♈	6 3
	☽⚻☿	10 44
	☽⚻♃	10 46
	☽∠♆	10 54
	☿⚹♃	11 15
30 S	☽⚼♀	6am42
	☽⚻♄	6 59
	☽⚹♇	7 4
	☽△♅	9 3
	☽☌♂	9pm13
	☉⚼☽	11 57
31 Su	☽#☿	2am48
	☽⚹♆	3 51
	☽⚼♃	3 53
	♄⚻♇	10 43
	☽⚼♄	12pm10
	☽⚻♀	3 2

APRIL 1901

LONGITUDE

DAY	SID. TIME	☉	☽	☽ 12 Hour	MEAN ☊	TRUE ☊	☿	♀	♂	♃	♄	♅	♆	♇
	h m s	° ' "	° ' "	° ' "	° '	° '	° '	° '	° '	° '	° '	° '	° '	° '
1	12 34 38	10♈ 34 46	6♍ 53 30	12♍ 58 18	25♏ 4	23♏ 25R	13♓ 4	2♈ 47	23♌ 8R	11♑ 42	15♑ 53	16♐ 52R	26♊ 36	15♊ 52
2	12 38 34	11 33 55	19 1 4	25 2 0	25 1	23 17	13 55	4 2	23 6	11 47	15 55	16 51	26 37	15 52
3	12 42 31	12 33 2	1♎ 1 18	6♎ 59 11	24 57	23 9	14 50	5 16	23 4	11 52	15 57	16 51	26 38	15 53
4	12 46 27	13 32 6	12 55 50	18 51 28	24 54	23 2	15 47	6 30	23 4D	11 57	15 59	16 50	26 39	15 54
5	12 50 24	14 31 8	24 46 18	0♏ 40 36	24 51	22 57	16 47	7 45	23 4	12 2	16 2	16 49	26 40	15 54
6	12 54 20	15 30 9	6♏ 34 37	12 28 41	24 48	22 53	17 50	8 59	23 5	12 6	16 4	16 49	26 41	15 55
7	12 58 17	16 29 8	18 23 7	24 18 17	24 45	22 52D	18 55	10 13	23 6	12 11	16 5	16 48	26 42	15 56
8	13 2 14	17 28 4	0♐ 14 36	6♐ 12 31	24 42	22 52	20 3	11 28	23 9	12 15	16 7	16 47	26 43	15 57
9	13 6 10	18 26 59	12 12 31	18 15 5	24 38	22 53	21 13	12 42	23 12	12 19	16 9	16 46	26 44	15 57
10	13 10 7	19 25 52	24 20 45	0♑ 30 6	24 35	22 55	22 26	13 56	23 15	12 23	16 11	16 45	26 45	15 58
11	13 14 3	20 24 44	6♑ 43 40	13 2 0	24 32	22 57	23 41	15 11	23 20	12 27	16 12	16 44	26 46	15 59
12	13 18 0	21 23 33	19 25 40	25 55 9	24 29	22 57R	24 57	16 25	23 25	12 30	16 14	16 43	26 47	16 0
13	13 21 56	22 22 21	2♒ 30 54	9♒ 13 16	24 26	22 57	26 16	17 39	23 31	12 34	16 15	16 42	26 48	16 1
14	13 25 53	23 21 7	16 2 33	22 58 52	24 22	22 55	27 37	18 54	23 37	12 37	16 16	16 41	26 49	16 2
15	13 29 49	24 19 51	0♓ 2 12	7♓ 12 21	24 19	22 53	29 0	20 8	23 44	12 40	16 17	16 40	26 50	16 3
16	13 33 46	25 18 34	14 28 57	21 51 25	24 16	22 49	0♈ 24	21 22	23 51	12 43	16 18	16 39	26 52	16 4
17	13 37 42	26 17 15	29 18 59	6♈ 50 42	24 13	22 45	1 51	22 36	24 0	12 45	16 19	16 38	26 53	16 5
18	13 41 39	27 15 54	14♈ 25 28	22 2 4	24 10	22 42	3 19	23 50	24 9	12 48	16 20	16 36	26 54	16 6
19	13 45 36	28 14 31	29 39 16	7♉ 15 45	24 7	22 40	4 49	25 5	24 18	12 50	16 21	16 35	26 55	16 6
20	13 49 32	29 13 6	14♉ 50 18	22 21 47	24 3	22 38D	6 21	26 19	24 28	12 52	16 22	16 34	26 57	16 7
21	13 53 29	0♉ 11 39	29 49 10	7♊ 11 36	24 0	22 38	7 54	27 33	24 39	12 54	16 22	16 32	26 58	16 8
22	13 57 25	1 10 11	14♊ 28 25	21 39 7	23 57	22 39	9 30	28 47	24 50	12 56	16 23	16 31	27 0	16 10
23	14 1 22	2 8 40	28 43 23	5♋ 41 4	23 54	22 41	11 7	0♉ 1	25 2	12 58	16 23	16 29	27 1	16 11
24	14 5 18	3 7 7	12♋ 32 9	19 16 46	23 51	22 42	12 45	1 15	25 14	12 59	16 23	16 28	27 2	16 12
25	14 9 15	4 5 32	25 55 9	2♌ 27 37	23 48	22 43R	14 26	2 30	25 27	13 0	16 23	16 26	27 4	16 13
26	14 13 11	5 3 55	8♌ 54 32	15 16 20	23 44	22 43	16 8	3 44	25 40	13 1	16 24R	16 25	27 5	16 14
27	14 17 8	6 2 16	21 33 27	27 46 22	23 41	22 42	17 52	4 58	25 54	13 2	16 23	16 23	27 7	16 15
28	14 21 5	7 0 34	3♍ 55 34	10♍ 1 28	23 38	22 41	19 38	6 12	26 8	13 3	16 23	16 21	27 9	16 16
29	14 25 1	7 58 50	16 4 33	22 5 15	23 35	22 39	21 25	7 26	26 23	13 3	16 23	16 19	27 10	16 17
30	14 28 58	8♉ 57 5	28♍ 3 58	4♎ 1 5	23♏ 32	22♏ 37	23♈ 14	8♉ 40	26♌ 38	13♑ 3R	16♑ 23	16♐ 18	27♊ 12	16♊ 18

DECLINATION and LATITUDE

DAY	☉ DECL	☽ DECL	☽ LAT	☽ 12hr DECL	☿ DECL	☿ LAT	♀ DECL	♀ LAT	♂ DECL	♂ LAT	♃ DECL	♃ LAT	♄ DECL	♄ LAT
1	4N11	4N20	5S 0	2N13	7S52	1S18	0S13	1S26	16N53	3N15	22S44	0N12	21S58	0N33
2	4 35	0 5	4 39	2S 3	7 40	1 27	0N17	1 26	16 52	3 13	22 44	0 12	21 58	0 33
3	4 58	4S 9	4 5	6 12	7 27	1 36	0 47	1 25	16 50	3 10	22 43	0 12	21 58	0 32
4	5 21	8 11	3 20	10 5	7 12	1 44	1 17	1 25	16 47	3 8	22 43	0 12	21 57	0 32
5	5 44	11 53	2 27	13 34	6 56	1 51	1 47	1 24	16 45	3 5	22 43	0 12	21 57	0 32
6	6 6	15 6	1 28	16 29	6 38	1 58	2 17	1 24	16 42	3 3	22 42	0 12	21 57	0 32
7	6 29	17 42	0 25	18 44	6 18	2 5	2 47	1 23	16 40	3 0	22 42	0 12	21 57	0 32
8	6 52	19 34	0N40	20 10	5 57	2 11	3 16	1 22	16 37	2 58	22 42	0 12	21 57	0 32
9	7 14	20 33	1 44	20 42	5 34	2 16	3 46	1 21	16 33	2 55	22 41	0 12	21 56	0 32
10	7 36	20 36	2 44	20 16	5 9	2 21	4 16	1 21	16 30	2 53	22 41	0 11	21 56	0 32
11	7 59	19 40	3 37	18 49	4 44	2 25	4 45	1 20	16 26	2 51	22 41	0 11	21 56	0 32
12	8 21	17 44	4 22	16 24	4 16	2 28	5 15	1 19	16 22	2 48	22 41	0 11	21 56	0 32
13	8 43	14 50	4 54	13 3	3 48	2 31	5 44	1 18	16 18	2 46	22 40	0 11	21 56	0 32
14	9 5	11 5	5 11	8 55	3 18	2 34	6 13	1 17	16 14	2 44	22 40	0 11	21 56	0 32
15	9 26	6 36	5 11	4 10	2 47	2 36	6 43	1 15	16 9	2 41	22 40	0 11	21 56	0 32
16	9 48	1 37	4 52	0N58	2 15	2 37	7 11	1 14	16 4	2 39	22 40	0 11	21 55	0 32
17	10 9	3N35	4 13	6 11	1 41	2 38	7 40	1 13	15 59	2 37	22 40	0 11	21 55	0 32
18	10 30	8 41	3 15	11 4	1 6	2 39	8 9	1 12	15 54	2 34	22 39	0 11	21 55	0 32
19	10 51	13 17	2 3	15 16	0 31	2 38	8 37	1 10	15 49	2 32	22 39	0 11	21 55	0 32
20	11 12	16 59	0 43	18 24	0N 6	2 38	9 6	1 9	15 44	2 30	22 39	0 11	21 55	0 32
21	11 33	19 29	0S39	20 13	0 44	2 37	9 34	1 7	15 38	2 28	22 39	0 10	21 55	0 32
22	11 53	20 36	1 58	20 38	1 24	2 35	10 1	1 6	15 32	2 25	22 39	0 10	21 55	0 32
23	12 13	20 21	3 6	19 44	2 4	2 32	10 29	1 4	15 26	2 23	22 39	0 10	21 55	0 32
24	12 34	18 51	4 2	17 42	2 45	2 30	10 56	1 3	15 20	2 21	22 39	0 10	21 55	0 32
25	12 53	16 21	4 42	14 46	3 27	2 26	11 24	1 1	15 14	2 19	22 39	0 10	21 55	0 32
26	13 13	13 6	5 7	11 16	4 9	2 22	11 50	0 59	15 7	2 17	22 39	0 10	21 55	0 32
27	13 32	9 20	5 16	7 19	4 53	2 18	12 17	0 57	15 0	2 15	22 39	0 10	21 55	0 32
28	13 52	5 15	5 10	3 9	5 38	2 13	12 43	0 56	14 53	2 13	22 39	0 10	21 55	0 32
29	14 11	1 2	4 50	1S 5	6 23	2 8	13 9	0 54	14 47	2 11	22 39	0 10	21 55	0 32
30	14N29	3S11	4S18	5S14	7N 9	2S 2	13N35	0S52	14N39	2N 9	22S39	0N10	21S55	0N32

DAY	♅ DECL	♅ LAT	♆ DECL	♆ LAT	♇ DECL	♇ LAT
1	22S49	0S 0	22N13	1S11	13N33	9S12
5	22 48	0 0	22 14	1 11	13 34	9 11
9	22 48	0 1	22 14	1 11	13 35	9 10
13	22 48	0 1	22 14	1 11	13 36	9 10
17	22 47	0 1	22 14	1 11	13 37	9 9
21	22 47	0 1	22 15	1 10	13 38	9 8
25	22 46	0 1	22 15	1 10	13 40	9 7
29	22S46	0S 1	22N15	1S10	13N41	9S 7

☽ PHENOMENA	
d h m	
4 1 20	○
12 3 57	☾
18 21 37	●
25 16 15	☽
d h ° '	
2 0	0
9 13	20S42
16 8	0
22 7	20N40
29 6	0
7 9	0
14 12	5N14
20 12	0
27 2	5S16

VOID OF COURSE ☽ LAST ASPT	☽ INGRESS
2 3pm11	2 ♎ 9pm57
5 3am51	5 ♏ 10am37
7 9am36	7 ♐ 11pm31
10 4am42	10 ♑ 11am 2
12 11am22	12 ♒ 7pm27
14 6pm35	14 ♓ 11pm56
16 8pm 5	17 ♈ 1am 6
18 9pm37	19 ♉ 0am33
20 3pm33	21 ♊ 0am18
22 9pm 5	23 ♋ 2am11
24 6am50	25 ♌ 7am28
27 10am45	27 ♍ 4pm20
29 10pm15	30 ♎ 3am54

d h	
5 7	APOGEE
18 21	PERIGEE

DAILY ASPECTARIAN

1 M	☉∥☽	0am45
	☉⊼☽	7 55
	☽△♃	9 32
	☽☍☿	1pm 6
	☽□♇	5 44
	☽△♄	5 49
	☽□♅	7 42
	☽∥♀	10 56
2 T	☽#♀	2am19
	☉□♃	5 43
	☽⊻♂	8 7
	☽□♆	3pm11
3 W	☉#☽	5am14
	☽☍♀	9 32
	☽∠♂	2pm11
	☽∥☿	6 26
	☽□♃	10 0
4 Th	☉☍☽	1am20
	☿□♇	2 46
	☿*♄	5 16
	☽△♇	6 0
	☽□♄	6 13
	☽⊼☿	6 18
	♂SD	6 52
	☽*♅	7 53
	☽*♂	8pm32
5 F	☿□♅	0am51
	☽△♆	3 51
	♀⚼♂	6 14
	☽#♇	12pm 4
	☽⚼♇	12 29
	☽∠♅	2 19
	☽⚼☿	3 38
6 S	☽⊼♀	5am28
	☉*♇	10 17
	☽⚼♆	10 23
	☽*♃	11 19
	☽#♂	1pm48
	☉□♄	2 2
	☉#☿	5 46
	☽⊼♇	7 1
	☽*♄	7 20
	☉⊼☽	7 48
	☽⊻♅	8 47
7 Su	☽△☿	1am12
	☉△♅	7 31
	☽□♂	9 36
	☽⚼♀	3pm29
	☽⊼♆	4 51
	☽∠♃	5 55
8 M	☽∠♄	1am46
	☉⚼☽	4 53
	♀□♃	4pm 7
9 T	☽⊻♃	0am13
	☽△♀	1 6
	☽☍♇	7 28
	☽⊻♄	7 51
	☽☌♅	9 3
	☉△☽	1pm29
	☽□☿	7 50
	☽△♂	9 51
10 W	☽☍♆	4am42
	☿⊼♂	4pm57
	☿#♀	11 13
11 Th	☽⚼♂	3am 5
	☽☌♃	10 56
	♀*♇	3pm49
	☽⊼♇	5 35
	☽□♀	5 46
	☽☌♄	6 0
	☽⊻♅	6 57
	♀□♄	8 15
12 F	☉□☽	3am57
	♀△♅	5 49
	☽⊼♂	7 27
	☽*☿	11 22
	☽#♂	12pm29
	☽⊼♆	1 36
	☽⚼♇	9 17
	☽∠♅	10 32
13 S	☽#♇	8am25
	☿□♆	9 39
	☽⚼♆	4pm35
	☽∠☿	5 20
	☽⊻♃	5 58
	☽△♇	11 59
14 Su	☽⊻♄	0am24
	☽*♅	1 7
	☽*♀	5 26
	☉△♂	7 18
	☉#☽	10 18
	☽☍♂	1pm12
	☉*☽	1 35
	☽△♆	6 35
	☽∠♃	7 59
	☽⊻☿	10 3
	☽#♀	11 31
15 M	☽∠♄	2am 7
	☽∠♀	9 21
	☉∠☽	4pm39
	☿ ♈	5 10
	☽∥☿	8 44
	☽*♃	9 5
16 T	☽□♇	2am35
	☽*♄	2 59
	☽□♅	3 32
	☽⊻♀	12pm14
	☽⊼♂	3 22
	☽#☿	4 7
	☉⊻☽	6 48
	☽□♆	8 5
17 W	☽☌☿	4am28
	☉*♆	2pm54
	☽⚼♂	3 34
	☽∥♀	9 7
	☽□♃	9 26
18 Th	☽*♇	2am38
	☽□♄	3 1
	☽△♅	3 26
	♀△♂	6 41
	☉∥☽	9 49
	☽△♂	3pm29
	☽☌♀	4 9
	☽*♆	7 42
	☉☌☽	9 37
19 F	☽∥♇	2am 2
	☽∠♇	2 18
	☽⚼♅	3 2
	☽⊻☿	9 3
	☽∥♂	3pm17
	☽∠♆	7 24
	☽△♃	8 52
20 S	☽⊻♇	2am 3
	☽△♄	2 25
	☽⊼♅	2 44
	☽∠☿	11 34
	♀*♆	12pm31
	☽□♂	3 33
	☉ ♉	7 13
	☽⊻♆	7 24
	☽⊻♀	8 0
	☽⚼♃	8 54
21 Su	☉⊻☽	0am39
	☽⚼♄	2 31
	☽*☿	2pm46
	☽⊼♃	9 27
	☽∠♀	10 45
	☉∠♇	11 43
22 M	☽☌♇	2am48
	☉∠☽	3 1
	☽⊼♄	3 10
	☽☍♅	3 23
	☿⚼♂	5 43
	☉⚼♅	8 13
	☽*♂	5pm37
	☽☌♆	9 5
	♀ ♉	11 34
23 T	☽*♀	2am26
	☉*☽	6 19
	☽∠♂	7pm53
	♀∠♇	10 44
24 W	☽□☿	0am27
	☽☍♃	0 48
	☿□♃	3 20
	♀⚼♅	3 52
	☽⊻♇	6 30
	☽☍♄	6 50
	☽⊼♅	6 57
	☽⊻♂	11pm 7
25 Th	☽⊻♆	2am 6
	☽∥♂	9 9
	☽∠♇	9 43
	☽⚼♅	10 5
	☽□♀	1pm20
	☉□☽	4 15
	☽∥♇	8 7
	☉∥☽	11 15
26 F	☿*♇	1am20
	☿□♄	3 36
	☿△♅	3 46
	♄SR	4 33
	☽∠♆	6 0
	☽∥♀	7 26
	☽⊼♃	7 45
	☽*♇	1pm50
	☽△♅	2 8
	☽⊼♄	2 8
	♄⊻♅	2 37
	☽△☿	3 48
27 S	☽☌♂	8am31
	☉∥♇	9 45
	☽*♆	10 45
	☽⚼♃	12pm31
	☽⚼♄	7 2
	☽∥☿	10 11
28 Su	☽⚼☿	1am37
	☽△♀	4 58
	☉△☽	6 35
	☽△♃	5pm59
29 M	☽□♇	0am25
	☽□♅	0 30
	☽△♄	0 37
	☽⊼☿	12pm34
	☽⚼♀	2 9
	☉⚼☽	3 0
	♅☍♇	7 47
	☽⊻♂	9 4
	☽□♆	10 15
30 T	♀∥♇	5am59
	☉∥♂	9 18
	♃SR	8pm41
	☽⊼♀	11 53
	☉⊼☽	11 56

LONGITUDE

DAY	SID. TIME	☉	☽	☽ 12 Hour	MEAN ☊	TRUE ☊	☿	♀	♂	♃	♄	♅	♆	♇
	h m s	° ' "	° ' "	° ' "	° '	° '	° '	° '	° '	° '	° '	° '	° '	° '
1	14 32 54	9♉ 55 17	9♎ 56 59	15♎ 51 59	23♏ 28	22♏ 35R	25♈ 5	9♉ 54	26♌ 54	13♑ 3R	16♑ 22R	16♐ 16R	27♊ 13	16♊ 19
2	14 36 51	10 53 28	21 46 25	27 40 36	23 25	22 33	26 58	11 8	27 10	13 3	16 22	16 14	27 15	16 20
3	14 40 47	11 51 37	3♏ 34 48	9♏ 29 18	23 22	22 32	28 53	12 22	27 27	13 3	16 21	16 12	27 17	16 22
4	14 44 44	12 49 44	15 24 24	21 20 20	23 19	22 31D	0♉ 49	13 36	27 44	13 3	16 21	16 10	27 18	16 23
5	14 48 40	13 47 49	27 17 24	3♐ 15 51	23 16	22 31	2 47	14 50	28 1	13 2	16 20	16 8	27 20	16 24
6	14 52 37	14 45 53	9♐ 15 59	15 18 6	23 13	22 32	4 47	16 4	28 19	13 1	16 19	16 6	27 22	16 25
7	14 56 34	15 43 55	21 22 31	27 29 32	23 9	22 32	6 48	17 18	28 38	13 0	16 18	16 4	27 24	16 26
8	15 0 30	16 41 56	3♑ 39 32	9♑ 52 50	23 6	22 33	8 51	18 32	28 56	12 59	16 17	16 2	27 25	16 28
9	15 4 27	17 39 56	16 9 49	22 30 51	23 3	22 34	10 55	19 46	29 16	12 57	16 16	16 0	27 27	16 29
10	15 8 23	18 37 54	28 56 18	5♒ 26 31	23 0	22 34	13 1	21 0	29 35	12 56	16 14	15 58	27 29	16 30
11	15 12 20	19 35 50	12♒ 1 49	18 42 30	22 57	22 34R	15 9	22 13	29 55	12 54	16 13	15 56	27 31	16 31
12	15 16 16	20 33 46	25 28 47	2♓ 20 51	22 54	22 34	17 17	23 27	0♍ 15	12 52	16 12	15 54	27 33	16 33
13	15 20 13	21 31 40	9♓ 18 45	16 22 27	22 50	22 34	19 26	24 41	0 36	12 50	16 10	15 52	27 34	16 34
14	15 24 9	22 29 33	23 31 48	0♈ 46 29	22 47	22 34D	21 37	25 55	0 57	12 47	16 8	15 50	27 36	16 35
15	15 28 6	23 27 25	8♈ 6 2	15 29 53	22 44	22 34	23 48	27 9	1 18	12 45	16 7	15 48	27 38	16 37
16	15 32 3	24 25 15	22 57 16	0♉ 27 18	22 41	22 34	25 59	28 23	1 40	12 42	16 5	15 45	27 40	16 38
17	15 35 59	25 23 5	7♉ 59 0	15 31 19	22 38	22 34	28 10	29 37	2 2	12 39	16 3	15 43	27 42	16 39
18	15 39 56	26 20 52	23 3 8	0♊ 33 22	22 34	22 34R	0♊ 21	0♊ 51	2 24	12 36	16 1	15 41	27 44	16 40
19	15 43 52	27 18 39	8♊ 0 55	15 24 49	22 31	22 34	2 32	2 4	2 47	12 33	15 59	15 39	27 46	16 42
20	15 47 49	28 16 24	22 44 11	29 58 17	22 28	22 34	4 42	3 18	3 10	12 29	15 57	15 36	27 48	16 43
21	15 51 45	29 14 8	7♋ 6 31	14♋ 8 28	22 25	22 33	6 50	4 32	3 33	12 26	15 54	15 34	27 50	16 44
22	15 55 42	0♊ 11 50	21 3 51	27 52 36	22 22	22 33	8 58	5 46	3 57	12 22	15 52	15 32	27 52	16 46
23	15 59 38	1 9 31	4♌ 34 43	11♌ 10 22	22 19	22 32	11 4	7 0	4 21	12 18	15 50	15 29	27 54	16 47
24	16 3 35	2 7 10	17 39 51	24 3 30	22 15	22 31	13 8	8 13	4 45	12 14	15 47	15 27	27 56	16 48
25	16 7 32	3 4 48	0♍ 21 47	6♍ 35 10	22 12	22 31D	15 10	9 27	5 9	12 10	15 45	15 24	27 58	16 50
26	16 11 28	4 2 24	12 44 12	18 49 25	22 9	22 31	17 10	10 41	5 34	12 5	15 42	15 22	28 0	16 51
27	16 15 25	4 59 58	24 51 23	0♎ 50 41	22 6	22 31	19 8	11 55	5 59	12 1	15 39	15 20	28 2	16 53
28	16 19 21	5 57 32	6♎ 47 51	12 43 27	22 3	22 32	21 4	13 8	6 24	11 56	15 36	15 17	28 4	16 54
29	16 23 18	6 55 4	18 37 59	24 31 58	21 59	22 33	22 57	14 22	6 50	11 51	15 33	15 15	28 7	16 55
30	16 27 14	7 52 34	0♏ 25 52	6♏ 20 6	21 56	22 35	24 47	15 36	7 16	11 46	15 30	15 12	28 9	16 57
31	16 31 11	8♊ 50 4	12♏ 15 6	18♏ 11 13	21♏ 53	22♏ 36	26♊ 35	16♊ 50	7♍ 42	11♑ 41	15♑ 27	15♐ 10	28♊ 11	16♊ 58

DECLINATION and LATITUDE

DAY	☉ DECL	☽ DECL	☽ LAT	☽ 12hr DECL	☿ DECL	☿ LAT	♀ DECL	♀ LAT	♂ DECL	♂ LAT	♃ DECL	♃ LAT	♄ DECL	♄ LAT
1	14N48	7S14	3S35	9S10	7N55	1S56	14N 0	0S50	14N32	2N 7	22S39	0N10	21S55	0N32
2	15 6	10 60	2 42	12 44	8 42	1 49	14 25	0 48	14 25	2 5	22 39	0 9	21 55	0 32
3	15 24	14 20	1 43	15 48	9 30	1 41	14 50	0 46	14 17	2 3	22 39	0 9	21 56	0 32
4	15 42	17 6	0 39	18 13	10 18	1 34	15 14	0 44	14 9	2 1	22 40	0 9	21 56	0 32
5	15 59	19 8	0N26	19 51	11 6	1 25	15 38	0 42	14 1	1 59	22 40	0 9	21 56	0 32
6	16 17	20 21	1 32	20 36	11 55	1 17	16 1	0 40	13 53	1 57	22 40	0 9	21 56	0 32
7	16 33	20 37	2 34	20 23	12 43	1 8	16 24	0 38	13 45	1 55	22 40	0 9	21 56	0 32
8	16 50	19 55	3 29	19 12	13 32	0 58	16 47	0 36	13 37	1 53	22 40	0 9	21 56	0 32
9	17 7	18 14	4 16	17 3	14 20	0 49	17 9	0 33	13 28	1 51	22 41	0 9	21 56	0 32
10	17 23	15 38	4 51	14 0	15 8	0 39	17 31	0 31	13 20	1 49	22 41	0 9	21 57	0 31
11	17 39	12 11	5 13	10 12	15 56	0 29	17 52	0 29	13 11	1 48	22 41	0 9	21 57	0 31
12	17 54	8 3	5 17	5 46	16 43	0 18	18 13	0 27	13 2	1 46	22 41	0 8	21 57	0 31
13	18 9	3 23	5 4	0 55	17 29	0 8	18 33	0 24	12 53	1 44	22 42	0 8	21 57	0 31
14	18 24	1N36	4 33	4N 8	18 13	0N 3	18 53	0 22	12 44	1 42	22 42	0 8	21 57	0 31
15	18 39	6 38	3 43	9 3	18 57	0 13	19 13	0 20	12 35	1 41	22 42	0 8	21 58	0 31
16	18 53	11 22	2 37	13 31	19 39	0 24	19 32	0 17	12 26	1 39	22 43	0 8	21 58	0 31
17	19 7	15 27	1 20	17 7	20 19	0 34	19 50	0 15	12 16	1 37	22 43	0 8	21 58	0 31
18	19 21	18 30	0S 3	19 33	20 57	0 44	20 8	0 13	12 7	1 35	22 43	0 8	21 58	0 31
19	19 34	20 16	1 25	20 36	21 34	0 54	20 25	0 10	11 57	1 34	22 44	0 8	21 59	0 31
20	19 47	20 36	2 40	20 14	22 8	1 3	20 42	0 8	11 47	1 32	22 44	0 8	21 59	0 31
21	19 60	19 33	3 43	18 34	22 39	1 12	20 58	0 6	11 37	1 30	22 45	0 7	21 59	0 31
22	20 12	17 20	4 31	15 53	23 8	1 21	21 14	0 3	11 27	1 29	22 45	0 7	21 60	0 31
23	20 24	14 14	5 2	12 26	23 35	1 29	21 29	0 1	11 17	1 27	22 46	0 7	22 0	0 31
24	20 36	10 31	5 16	8 31	23 59	1 36	21 43	0N 2	11 6	1 26	22 46	0 7	22 0	0 31
25	20 47	6 26	5 14	4 20	24 20	1 43	21 57	0 4	10 56	1 24	22 47	0 7	22 1	0 31
26	20 58	2 12	4 58	0 3	24 38	1 49	22 10	0 6	10 45	1 23	22 47	0 7	22 1	0 31
27	21 9	2S 4	4 28	4S 9	24 54	1 54	22 22	0 9	10 35	1 21	22 48	0 7	22 1	0 31
28	21 19	6 11	3 48	8 9	25 7	1 59	22 34	0 11	10 24	1 20	22 48	0 7	22 2	0 31
29	21 29	10 2	2 57	11 50	25 18	2 2	22 46	0 14	10 13	1 18	22 49	0 7	22 2	0 31
30	21 38	13 30	1 60	15 2	25 26	2 5	22 56	0 16	10 2	1 17	22 49	0 6	22 3	0 31
31	21N47	16S26	0S57	17S39	25N32	2N 7	23N 6	0N18	9N51	1N15	22S50	0N 6	22S 3	0N31

DAY	♅ DECL	♅ LAT	♆ DECL	♆ LAT	♇ DECL	♇ LAT
1	22S45	0S 1	22N15	1S10	13N41	9S 6
5	22 45	0 1	22 16	1 10	13 42	9 6
9	22 44	0 1	22 16	1 10	13 43	9 5
13	22 43	0 1	22 16	1 10	13 44	9 5
17	22 42	0 1	22 17	1 9	13 45	9 4
21	22 41	0 1	22 17	1 9	13 46	9 4
25	22 40	0 1	22 17	1 9	13 47	9 3
29	22S39	0S 1	22N17	1S 9	13N48	9S 3

☽ PHENOMENA

d	h	m	
3	18	19	○
11	14	38	☾
18	5	37	●
25	5	39	☽

d	h	° '
6	19	20S38
13	16	0
19	17	20N38
26	12	0

d	h	° '
4	14	0
11	19	5N18
17	23	0
24	9	5S17
31	21	0

VOID OF COURSE ☽

LAST ASPT	☽ INGRESS
2 12pm35	2 ♏ 4pm43
5 1am31	5 ♐ 5am27
7 2pm35	7 ♑ 4pm54
9 7am33	10 ♒ 1am58
12 3am38	12 ♓ 7am55
14 6am47	14 ♈ 10am43
16 7am34	16 ♉ 11am16
18 5am37	18 ♊ 11am 7
20 8am24	20 ♋ 12pm 3
21 3pm 0	22 ♌ 3pm47
24 7pm25	24 ♍ 11pm18
27 6am23	27 ♎ 10am18
29 7pm20	29 ♏ 11pm 7

d	h	
2	8	APOGEE
17	7	PERIGEE
29	18	APOGEE

DAILY ASPECTARIAN

Day	Aspect	Time
1 W	☉☌♀	2am 3
	☽∠♂	4 3
	☽#☿	5 18
	☽□♃	6 18
	☽⚹♅	12pm47
	☽△♇	12 57
	☽□♄	1 1
	♀∥♂	11 44
2 Th	☿△♂	2am58
	☿⚹♆	3 37
	♂⚹♆	7 50
	☽△♆	11 10
	☽⚹♂	11 14
	☽☍☿	12pm35
	♄⚻♇	6 51
	☽#♇	7 6
	☽∠♅	7 11
	☽⚼♇	7 29
	♀∠♆	10 15
	☽#♂	11 37
3 F	☽#♀	4am31
	☉#☽	9 39
	☉∠♆	10 39
	♀△♃	1pm16
	☿ ♉	1 57
	☽⚼♆	5 42
	☉☍☽	6 19
	☽⚹♃	7 13
	☽☍♀	7 55
4 S	☽⚺♅	1am33
	☽⚹♄	1 54
	☽⚻♇	1 59
	☿⚼♅	4 19
	☉△♃	5 15
	☿∠♇	7 1
5 Su	☽⚻♆	0am 5
	♂⚼♃	0 41
	☽∠♃	1 29
	☽□♂	1 31
	☽∠♄	8 7
	☽⚻☿	1pm14
6 M	♀⚻♅	0am49
	♀△♄	4 49
	♀⚺♇	7 3
	☽⚺♃	7 27
	☉⚻☽	11 53
	☽☌♅	1pm34
	☽⚺♄	1 59
	☽☍♇	2 14
	☽⚻♀	3 2
7 T	☽⚼☿	1am 0
	♂∥♇	6 37
	☉⚻♅	8 12
	☽☍♆	11 50
	☉△♄	1pm48
	☽△♂	2 35
	☉⚺♇	5 58
	☉⚼☽	7 52
	☽⚼♀	11 43
8 W	☿∥♂	2am 3
	☿∥♇	5 31
	☽△☿	12pm 0
	☉∥♀	1 46
	☽☌♃	5 54
	☽⚼♂	8 17
	☽⚺♅	11 42
9 Th	☽☌♄	0am11
	☽⚻♇	0 36
	☉△☽	3 5
	☽△♀	7 33
	☽#♀	9 37
	☉#☽	10 18
	☿∠♆	5pm46
	☽⚻♆	9 17
	☿△♃	10 57
10 F	☽⚻♂	1am14
	☽#☿	3 1
	☽∠♅	3 45
	☽⚼♇	4 45
	☽#♇	1pm54
	☽#♂	5 17
11 S	☽⚼♆	0am52
	☽⚺♃	1 34
	♂ ♍	6 5
	☽□☿	6 41
	☽⚹♅	7 1
	☽⚺♄	7 32
	☽△♇	8 6
	☿⚻♅	8 46
	☿△♄	11 55
	☉□☽	2pm38
	☿⚺♇	3 39
	☽□♀	8 5
12 Su	☽△♆	3am38
	☽∠♃	4 11
	☽☍♂	8 34
	☽∠♄	9 58
13 M	☽⚹♃	5am59
	☽□♅	11 7
	☽⚹♄	11 38
	☽□♇	12pm20
	☽⚹☿	8 14
	☉⚹☽	10 9
14 T	☽⚹♀	4am20
	☽□♆	6 47
	☉∥☿	8 57
	♂⚼♄	12pm 6
	☽⚻♂	12 35
	☉☌☿	5 23
15 W	☉∠☽	0am37
	☽∠☿	1 19
	☽∠♀	7 11
	☽□♃	7 32
	♃∥♅	8 2
	♀⚺♆	9 45
	♀⚼♃	11 14
	☽△♅	12pm27
	☽□♄	12 58
	☽⚼♂	1 38
	☽⚹♇	1 49
	☿∥♀	4 23
16 Th	☉⚺☽	2am31
	☽∥♂	5 36
	☽⚺☿	5 40
	☽⚹♆	7 34
	☽⚺♀	9 28
	☽⚼♅	12pm27
	☽∥♇	1 26
	☽∠♇	1 54
	☽△♂	2 16
	☿⚼♃	6 30
	☿⚺♆	6 50
17 F	☽△♃	7am25
	☽∠♆	7 32
	♀ ♊	7 34
	☽⚻♅	12pm17
	☽△♄	12 49
	☽⚺♇	1 49
	☿ ♊	8 8
18 S	♀⚼♄	3am15
	☉☌☽	5 37
	☿⚼♄	7 11
	☽⚼♃	7 15
	☽⚺♆	7 30
	☉∥☽	10 34
	☿☌♀	12pm27
	☽⚼♄	12 42
	☽☌♀	1 35
	☽☌☿	1 40
	☽□♂	3 21
19 Su	☿□♂	3am23
	☉⚼♃	5 35
	☽⚻♃	7 19
	☉⚺♆	11 48
	☽☍♅	12pm20
	☽⚻♄	12 54
	☽☌♇	2 7
	☿#♄	5 47
	♀□♂	8 0
20 M	☿∥♆	6am46
	☽☌♆	8 24
	☉⚺☽	9 50
	☉∥☽	5pm44
	☽⚹♂	5 50
	☽⚺♀	7 15
	☽⚺☿	11 28
21 T	☿#♅	1am34
	☿#♃	4 34
	☽☍♃	9 1
	☉∠☽	1pm 4
	☽⚻♅	2 25
	☽☍♄	3 0
	☽⚺♇	4 31
	☉ ♊	7 4
	☽∠♂	8 12
	☽∠♀	11 25
22 W	☽∠☿	6am 1
	☽⚺♆	12pm 1
	☉⚼♄	4 3
	☽⚼♅	4 40
	☉⚹☽	5 23
	☽∠♇	6 58
	☽⚺♂	11 34
23 Th	☽∥♇	3am 9
	☽⚹♀	4 49
	☿⚻♃	1pm51
	☽⚻♃	2 0
	☽⚹☿	2 2
	☽∠♆	3 13
	☽△♅	7 54
	☽∥♂	8 16
	☽⚻♄	8 31
	☽⚹♇	10 24
24 F	☽⚼♃	5pm55
	☽⚹♆	7 25
25 S	☽⚼♄	0am43
	☿☍♅	2 45
	☉□☽	5 39
	☿⚻♄	6 39
	♀#♄	7 23
	☽☌♂	9 33
	☽□♀	7pm32
	☿☌♇	8 5
	☽△♃	10 44
26 Su	☽□♅	5am 9
	☽△♄	5 48
	☽□♇	8 7
	☽□☿	10 26
	♀∥♆	1pm38
27 M	♀⚻♃	1am50
	☽□♆	6 23
	☉△☽	10pm 9
	☽⚺♂	11 11
28 T	☽□♃	10am19
	♀#♅	10 23
	☽△♀	2pm20
	☽⚹♅	5 9
	☽□♄	5 47
	☉□♂	8 11
	☽△♇	8 31
29 W	☽#♂	1am 6
	☽∠♂	6 45
	☉⚼☽	7 16
	♀#♃	7 40
	☽△☿	10 24
	♀☍♅	4pm36
	☽△♆	7 20
	♀⚻♄	10 20
	☽∠♅	11 33
30 Th	☽⚼♀	0am23
	☽#♇	2 17
	☽⚼♇	3 5
	☽⚹♂	2pm25
	☉⚻☽	4 28
	☽⚼☿	10 24
	☽⚹♃	10 51
31 F	☽⚼♆	1am53
	♀☌♇	2 49
	☽⚺♅	5 53
	☽⚹♄	6 28
	☽⚻♇	9 33
	☽⚻♀	10 19
	☿☌♆	10pm26

JUNE 1901

LONGITUDE

DAY	SID. TIME	☉	☽	☽ 12 Hour	MEAN ☊	TRUE ☊	☿	♀	♂	♃	♄	♅	♆	♇
	h m s	° ' "	° ' "	° ' "	° '	° '	° '	° '	° '	° '	° '	° '	° '	° '
1	16 35 7	9♊ 47 32	24♏ 8 47	0♐ 8 7	21♏ 50	22♏ 36R	28♊ 20	18♊ 3	8♍ 8	11♑ 35R	15♑ 24R	15♐ 7R	28♊ 13	16♊ 59
2	16 39 4	10 44 59	6♐ 9 29	12 13 8	21 47	22 36	0♋ 2	19 17	8 35	11 30	15 21	15 5	28 15	17 1
3	16 43 1	11 42 25	18 19 16	24 28 6	21 44	22 34	1 41	20 31	9 2	11 24	15 18	15 3	28 17	17 2
4	16 46 57	12 39 51	0♑ 39 46	6♑ 54 28	21 40	22 32	3 18	21 44	9 29	11 19	15 15	15 0	28 19	17 4
5	16 50 54	13 37 15	13 12 18	19 33 24	21 37	22 29	4 52	22 58	9 56	11 13	15 11	14 58	28 22	17 5
6	16 54 50	14 34 39	25 57 55	2♒ 25 56	21 34	22 26	6 22	24 11	10 23	11 7	15 8	14 55	28 24	17 6
7	16 58 47	15 32 2	8♒ 57 35	15 32 58	21 31	22 23	7 50	25 25	10 51	11 1	15 4	14 53	28 26	17 8
8	17 2 43	16 29 24	22 12 11	28 55 19	21 28	22 20	9 15	26 39	11 19	10 54	15 1	14 50	28 28	17 9
9	17 6 40	17 26 46	5♓ 42 28	12♓ 33 39	21 25	22 19	10 38	27 52	11 47	10 48	14 57	14 48	28 30	17 11
10	17 10 36	18 24 7	19 28 54	26 28 12	21 21	22 18D	11 57	29 6	12 16	10 41	14 54	14 45	28 33	17 12
11	17 14 33	19 21 28	3♈ 31 28	10♈ 38 33	21 18	22 18	13 13	0♋ 20	12 44	10 35	14 50	14 43	28 35	17 13
12	17 18 30	20 18 48	17 49 14	25 3 11	21 15	22 20	14 26	1 33	13 13	10 28	14 46	14 40	28 37	17 15
13	17 22 26	21 16 8	2♉ 20 1	9♉ 39 12	21 12	22 21	15 36	2 47	13 42	10 21	14 42	14 38	28 39	17 16
14	17 26 23	22 13 28	17 0 8	24 22 7	21 9	22 22R	16 42	4 0	14 11	10 15	14 38	14 35	28 41	17 18
15	17 30 19	23 10 47	1♊ 44 22	9♊ 6 3	21 5	22 22	17 46	5 14	14 40	10 8	14 34	14 33	28 44	17 19
16	17 34 16	24 8 5	16 26 18	23 44 15	21 2	22 20	18 46	6 28	15 10	10 0	14 30	14 31	28 46	17 20
17	17 38 12	25 5 23	0♋ 59 3	8♋ 9 55	20 59	22 17	19 42	7 41	15 40	9 53	14 26	14 28	28 48	17 22
18	17 42 9	26 2 41	15 16 9	22 17 10	20 56	22 12	20 35	8 55	16 10	9 46	14 22	14 26	28 50	17 23
19	17 46 6	26 59 58	29 12 31	6♌ 1 54	20 53	22 7	21 25	10 8	16 40	9 39	14 18	14 23	28 53	17 24
20	17 50 2	27 57 14	12♌ 45 7	19 22 9	20 50	22 2	22 11	11 22	17 10	9 32	14 14	14 21	28 55	17 26
21	17 53 59	28 54 30	25 53 7	2♍ 18 12	20 46	21 58	22 53	12 35	17 41	9 24	14 10	14 19	28 57	17 27
22	17 57 55	29 51 45	8♍ 37 45	14 52 11	20 43	21 54	23 30	13 49	18 11	9 17	14 6	14 16	28 59	17 29
23	18 1 52	0♋ 48 59	21 1 58	27 7 40	20 40	21 52D	24 4	15 2	18 42	9 9	14 2	14 14	29 1	17 30
24	18 5 48	1 46 13	3♎ 9 52	9♎ 9 10	20 37	21 51	24 34	16 16	19 13	9 2	13 57	14 12	29 4	17 31
25	18 9 45	2 43 26	15 6 13	21 1 39	20 34	21 52	25 0	17 29	19 44	8 54	13 53	14 9	29 6	17 33
26	18 13 41	3 40 38	26 56 6	2♏ 50 11	20 31	21 53	25 21	18 43	20 16	8 46	13 49	14 7	29 8	17 34
27	18 17 38	4 37 50	8♏ 44 30	14 39 38	20 27	21 55	25 37	19 56	20 47	8 39	13 44	14 5	29 10	17 35
28	18 21 34	5 35 2	20 36 6	26 34 25	20 24	21 55R	25 50	21 10	21 19	8 31	13 40	14 3	29 13	17 37
29	18 25 31	6 32 13	2♐ 35 1	8♐ 38 17	20 21	21 55	25 57	22 23	21 51	8 23	13 36	14 0	29 15	17 38
30	18 29 28	7♋ 29 25	14♐ 44 35	20♐ 54 11	20♏ 18	21♏ 53	26♋ 0R	23♋ 37	22♍ 23	8♑ 16	13♑ 31	13♐ 58	29♊ 17	17♊ 39

DECLINATION and LATITUDE

DAY	☉ DECL	☽ DECL	☽ LAT	☽ 12hr DECL	☿ DECL	☿ LAT	♀ DECL	♀ LAT	♂ DECL	♂ LAT	♃ DECL	♃ LAT	♄ DECL	♄ LAT
1	21N56	18S41	0N 8	19S31	25N35	2N 9	23N15	0N21	9N40	1N14	22S51	0N 6	22S 3	0N31
2	22 4	20 8	1 14	20 31	25 37	2 10	23 24	0 23	9 28	1 12	22 51	0 6	22 4	0 30
3	22 12	20 39	2 17	20 33	25 36	2 9	23 32	0 25	9 17	1 11	22 52	0 6	22 4	0 30
4	22 20	20 12	3 15	19 36	25 33	2 8	23 39	0 28	9 5	1 9	22 52	0 6	22 5	0 30
5	22 27	18 45	4 4	17 40	25 28	2 7	23 46	0 30	8 54	1 8	22 53	0 6	22 5	0 30
6	22 34	16 21	4 42	14 49	25 22	2 4	23 52	0 32	8 42	1 7	22 54	0 6	22 6	0 30
7	22 40	13 6	5 6	11 12	25 14	2 1	23 57	0 35	8 30	1 5	22 54	0 5	22 6	0 30
8	22 46	9 9	5 15	6 58	25 4	1 57	24 1	0 37	8 18	1 4	22 55	0 5	22 6	0 30
9	22 52	4 40	5 6	2 18	24 54	1 52	24 5	0 39	8 7	1 2	22 56	0 5	22 7	0 30
10	22 57	0N 8	4 40	2N35	24 41	1 47	24 8	0 41	7 54	1 1	22 56	0 5	22 7	0 30
11	23 2	5 2	3 57	7 26	24 28	1 41	24 11	0 44	7 42	0 60	22 57	0 5	22 8	0 30
12	23 6	9 45	2 59	11 57	24 13	1 34	24 12	0 46	7 30	0 59	22 58	0 5	22 8	0 30
13	23 10	13 59	1 48	15 48	23 58	1 26	24 13	0 48	7 18	0 57	22 58	0 5	22 9	0 30
14	23 13	17 24	0 29	18 42	23 42	1 18	24 13	0 50	7 5	0 56	22 59	0 4	22 9	0 30
15	23 17	19 41	0S51	20 20	23 24	1 9	24 13	0 52	6 53	0 55	22 60	0 4	22 10	0 30
16	23 19	20 38	2 8	20 35	23 7	0 59	24 12	0 54	6 40	0 53	23 0	0 4	22 10	0 30
17	23 22	20 11	3 16	19 28	22 48	0 49	24 10	0 56	6 27	0 52	23 1	0 4	22 11	0 30
18	23 24	18 27	4 10	17 9	22 30	0 38	24 7	0 58	6 15	0 51	23 2	0 4	22 11	0 30
19	23 25	15 38	4 47	13 56	22 11	0 26	24 4	0 60	6 2	0 50	23 2	0 4	22 12	0 29
20	23 26	12 4	5 8	10 5	21 51	0 14	23 60	1 2	5 49	0 48	23 3	0 4	22 12	0 29
21	23 27	8 1	5 11	5 53	21 32	0 1	23 55	1 4	5 36	0 47	23 4	0 4	22 13	0 29
22	23 27	3 43	4 59	1 33	21 12	0S12	23 49	1 5	5 23	0 46	23 4	0 3	22 13	0 29
23	23 27	0S37	4 32	2S45	20 53	0 26	23 43	1 7	5 9	0 45	23 5	0 3	22 14	0 29
24	23 26	4 51	3 54	6 52	20 34	0 40	23 36	1 9	4 56	0 44	23 6	0 3	22 14	0 29
25	23 25	8 49	3 7	10 41	20 15	0 55	23 28	1 11	4 43	0 42	23 6	0 3	22 15	0 29
26	23 24	12 26	2 12	14 4	19 56	1 10	23 20	1 12	4 30	0 41	23 7	0 3	22 15	0 29
27	23 22	15 33	1 11	16 52	19 38	1 25	23 11	1 14	4 16	0 40	23 7	0 3	22 16	0 29
28	23 20	18 2	0 7	18 59	19 21	1 41	23 2	1 15	4 3	0 39	23 8	0 3	22 16	0 29
29	23 17	19 45	0N57	20 17	19 4	1 56	22 51	1 17	3 49	0 38	23 9	0 2	22 17	0 29
30	23N14	20S35	2N 0	20S38	18N48	2S12	22N40	1N18	3N35	0N37	23S 9	0N 2	22S17	0N29

DAY	♅ DECL	♅ LAT	♆ DECL	♆ LAT	♇ DECL	♇ LAT
1	22S38	0S 1	22N17	1S 9	13N49	9S 3
5	22 37	0 1	22 18	1 9	13 49	9 3
9	22 36	0 1	22 18	1 9	13 50	9 2
13	22 35	0 1	22 18	1 9	13 51	9 2
17	22 34	0 1	22 18	1 9	13 51	9 2
21	22 33	0 1	22 18	1 9	13 52	9 2
25	22 32	0 1	22 18	1 9	13 52	9 2
29	22S31	0S 1	22N18	1S 9	13N53	9S 2

☽ PHENOMENA

d	h	m	
2	9	53	○
9	22	0	☾
16	13	33	●
23	20	59	☽

d	h	° '
3	1	20S39
9	23	0
16	4	20N39
22	21	0
30	9	20S39

d	h	° '
8	0	5N15
14	9	0
20	17	5S12
28	3	0

VOID OF COURSE ☽

LAST ASPT	☽ INGRESS
31 6am28	1 ♐ 11am44
3 7pm28	3 ♑ 10pm43
5 3am44	6 ♒ 7am30
8 11am13	8 ♓ 1pm55
10 3pm35	10 ♈ 6pm 1
12 5pm56	12 ♉ 8pm10
13 11pm28	14 ♊ 9pm10
16 8pm22	16 ♋ 10pm22
18 9am40	19 ♌ 1am23
21 6am 5	21 ♍ 7am40
23 3pm49	23 ♎ 5pm42
26 4am29	26 ♏ 6am14
28 10am38	28 ♐ 6pm51

d	h	
14	11	PERIGEE
26	9	APOGEE

DAILY ASPECTARIAN

Day	Aspect	Time
1 S	☽∠♃	4am52
	☽⚻♆	8 11
	☽⚻☿	9 47
	☽∠♄	12pm29
	☉∥♄	10 50
	☿ ♋	11 35
2 Su	☽□♂	4am59
	☉☍☽	9 53
	☽⚺♃	10 30
	☉⚻♃	5pm 8
	☽☌♅	5 35
	☽⚺♄	6 6
	☽☍♇	9 29
3 M	☽☍♀	4am45
	☉∥♆	4pm58
	☽☍♆	7 28
4 T	☽☍☿	5am48
	☽△♂	5pm33
	☽☌♃	8 15
5 W	☉⚻☽	0am51
	☽⚺♅	3 19
	☽☌♄	3 44
	☽⚻♇	7 21
	☽⚻♀	8pm20
	☽⚼♂	10 53
6 Th	☽⚻♆	4am32
	☉⚼☽	7 15
	☽∠♅	7 20
	☉☍♅	8 14
	☽⚼♇	11 25
	☉∥♅	12pm17
	☉⚻♄	1 6
	☽∥♇	7 6
	☽⚻☿	9 42
7 F	☽⚼♀	2am56
	☽⚻♂	3 35
	☽⚺♃	3 43
	♂△♃	6 41
	☽⚼♆	8 11
	☽⚹♅	10 45
	☽⚺♄	11 5
	☉△☽	12pm54
	☽△♇	2 53
8 S	☽⚼☿	4am 6
	☽∥♂	4 56
	☽∠♃	6 35
	☽△♀	8 45
	☽△♆	11 13
	☽∠♄	1pm53
	☉☌♇	5 2
9 Su	☿☍♃	2am52
	☽⚹♃	8 51
	☽△☿	9 33
	☽☍♂	11 2
	♀☌♆	12pm46
	☽□♅	3 50
	☽⚹♄	4 5
	☽□♇	8 3
	☉∥♃	9 28
	☉□☽	10 0
10 M	☿⚹♂	9am20
	☽□♆	3pm35
	♀ ♋	5 37
	☽□♀	6 3
11 T	☽□♃	11am48
	☽∥♂	12pm51
	☽⚻♂	4 3
	☽□☿	5 50
	☽△♅	6 46
	☽□♄	6 56
	☽⚹♇	11 2
12 W	☿∥♀	1am33
	☉⚹☽	4 26
	☿⚻♅	4 47
	☿☍♄	6 31
	☽⚼♂	5pm49
	☽⚹♆	5 56
	☽⚼♅	7 34
	☽∥♇	11 10
	☽∠♇	11 54
13 Th	☽⚹♀	0am48
	☉∠☽	6 55
	☽△♃	1pm 3
	☽∠♆	6 35
	☽△♂	7 15
	☽⚻♅	8 5
	☽△♄	8 10
	☽⚹☿	11 28
14 F	☽⚺♇	0am28
	☽∠♀	3 34
	☉⚺☽	9 6
	☽⚼♃	1pm19
	☿⚺♇	1 30
	♂□♅	6 28
	☽⚺♆	7 5
	♂△♄	7 43
	☽⚼♄	8 29
15 S	☽∠☿	1am47
	☽⚺♀	6 12
	☉∥☿	9 13
	☽⚻♃	1pm34
	☽⚻♄	8 51
	☽☍♅	8 51
	♄⚺♅	9 29
	☽□♂	9 51
16 Su	☽☌♇	1am29
	☽⚺☿	4 5
	☿∥♃	8 12
	☉☌☽	1pm33
	☽☌♆	8 22
17 M	☽☌♀	12pm15
	☽☍♃	2 47
	☿∥♅	6 38
	☽☍♄	10 29
	☽⚻♅	10 35
18 T	☽⚹♂	1am34
	☽⚺♇	3 36
	☽☌☿	9 40
	☿∥♆	2pm39
	♀☍♃	3 18
	☉⚺☽	7 52
	☿∥♄	10 37
	☽⚺♆	11 25
19 W	☽⚼♅	0am19
	☽∠♂	4 28
	☽∠♇	5 37
	☽∥♇	12pm30
	☽⚻♃	6 16
	☽⚺♀	9 15
20 Th	☉∠☽	0am23
	☽∠♆	2 6
	☽⚻♄	2 40
	☽△♅	2 52
	☽⚺♂	8 19
	☽⚹♇	8 29
	♂□♇	12pm55
	☽⚺☿	6 8
	☽⚼♃	9 17
21 F	☉☌♆	1am 6
	☽∠♀	3 30
	☽⚹♆	5 43
	☽⚼♄	6 5
	☉⚹☽	6 5
	☽∥♂	2pm21
	☽∠☿	11 45
22 S	☽△♃	1am14
	☉ ♋	3 28
	♀☍♄	5 16
	♀⚻♅	8 42
	☽△♄	10 27
	☽□♅	10 49
	☽⚹♀	11 3
	☽□♇	5pm 5
	☽☌♂	7 15
23 Su	☽⚹☿	6am14
	☽□♆	3pm49
	☉□☽	8 59
24 M	☽∥♂	0am31
	☽□♃	11 37
	☽□♄	9pm33
	☽⚹♅	10 5
25 T	♀⚺♇	1am 7
	☽△♇	4 57
	☽□♀	5 23
	☽⚺♂	9 49
	☉∥♀	10 36
	☽□☿	8pm41
26 W	☽∠♅	4am25
	☽△♆	4 29
	☽∥♇	10 34
	☽⚼♇	11 28
	☉△☽	2pm55
	☽∠♂	5 43
	☽⚹♃	11 48
27 Th	♀∥♃	8am47
	☽⚹♄	10 5
	☽⚺♅	10 47
	☽⚼♆	11 3
	☽⚻♇	5pm57
	☉⚼☽	11 58
28 F	☽△♀	1am15
	☽⚹♂	1 30
	♀⚹♂	5 20
	☽∠♃	5 48
	☽△☿	10 38
	☽∥☿	2pm34
	☽∠♄	4 6
	☽⚻♆	5 20
29 S	☉⚻☽	8am31
	☽⚼♀	10 36
	☽⚺♃	11 23
	☽⚼☿	4pm38
	☽⚺♄	9 38
	☽☌♅	10 29
30 Su	☿SR	2am52
	☽☍♇	5 42
	☽□♂	3pm32
	☉☍♃	5 9
	☽⚻♀	7 7
	♀∥♅	8 10
	☽⚻☿	9 48

LONGITUDE

DAY	SID. TIME	☉	☽	☽ 12 Hour	MEAN ☊	TRUE ☊	☿	♀	♂	♃	♄	♅	♆	♇
	h m s	° ' "	° ' "	° ' "	° '	° '	° '	° '	° '	° '	° '	° '	° '	° '
1	18 33 24	8♋ 26 35	27♐ 7 18	3♑ 24 5	20♏ 15	21♏ 48R	25♋ 58R	24♋ 50	22♍ 55	8♑ 8R	13♑ 27R	13♐ 56R	29♊ 19	17♊ 41
2	18 37 21	9 23 46	9♑ 44 37	16 8 57	20 11	21 42	25 52	26 3	23 27	8 0	13 23	13 54	29 22	17 42
3	18 41 17	10 20 56	22 37 2	29 8 48	20 8	21 34	25 41	27 17	24 0	7 53	13 18	13 52	29 24	17 43
4	18 45 14	11 18 7	5♒ 44 8	12♒ 22 52	20 5	21 26	25 26	28 30	24 32	7 45	13 14	13 50	29 26	17 45
5	18 49 10	12 15 18	19 4 49	25 49 49	20 2	21 18	25 6	29 44	25 5	7 37	13 9	13 48	29 28	17 46
6	18 53 7	13 12 29	2♓ 37 39	9♓ 28 8	19 59	21 11	24 43	0♌ 57	25 38	7 30	13 5	13 45	29 30	17 47
7	18 57 4	14 9 40	16 21 5	23 16 21	19 56	21 6	24 16	2 10	26 11	7 22	13 1	13 43	29 32	17 48
8	19 1 0	15 6 52	0♈ 13 47	7♈ 13 16	19 52	21 3	23 45	3 24	26 44	7 15	12 56	13 41	29 35	17 50
9	19 4 57	16 4 3	14 14 39	21 17 50	19 49	21 2D	23 12	4 37	27 17	7 7	12 52	13 39	29 37	17 51
10	19 8 53	17 1 16	28 22 41	5♉ 29 2	19 46	21 2	22 36	5 50	27 51	6 59	12 47	13 38	29 39	17 52
11	19 12 50	17 58 29	12♉ 36 42	19 45 26	19 43	21 3R	21 59	7 4	28 24	6 52	12 43	13 36	29 41	17 53
12	19 16 46	18 55 42	26 54 58	4♊ 4 55	19 40	21 3	21 20	8 17	28 58	6 45	12 39	13 34	29 43	17 55
13	19 20 43	19 52 56	11♊ 14 51	18 24 18	19 37	21 2	20 41	9 30	29 32	6 37	12 34	13 32	29 45	17 56
14	19 24 39	20 50 11	25 32 41	2♋ 39 26	19 33	20 58	20 2	10 44	0♎ 6	6 30	12 30	13 30	29 48	17 57
15	19 28 36	21 47 26	9♋ 43 56	16 45 34	19 30	20 51	19 24	11 57	0 40	6 23	12 25	13 28	29 50	17 58
16	19 32 33	22 44 41	23 43 45	0♌ 37 55	19 27	20 43	18 47	13 10	1 14	6 16	12 21	13 27	29 52	17 59
17	19 36 29	23 41 57	7♌ 27 37	14 12 27	19 24	20 33	18 12	14 23	1 48	6 9	12 17	13 25	29 54	18 1
18	19 40 26	24 39 13	20 52 10	27 26 35	19 21	20 22	17 41	15 37	2 23	6 2	12 13	13 23	29 56	18 2
19	19 44 22	25 36 30	3♍ 55 39	10♍ 19 27	19 17	20 13	17 12	16 50	2 58	5 55	12 8	13 22	29 58	18 3
20	19 48 19	26 33 46	16 38 11	22 52 6	19 14	20 5	16 48	18 3	3 32	5 48	12 4	13 20	0♋ 0	18 4
21	19 52 15	27 31 3	29 1 36	5♎ 7 8	19 11	19 59	16 27	19 16	4 7	5 41	12 0	13 19	0 2	18 5
22	19 56 12	28 28 20	11♎ 9 13	17 8 27	19 8	19 55	16 12	20 30	4 42	5 35	11 56	13 17	0 4	18 6
23	20 0 8	29 25 38	23 5 27	29 0 51	19 5	19 54D	16 2	21 43	5 17	5 28	11 52	13 16	0 6	18 7
24	20 4 5	0♌ 22 56	4♏ 55 19	10♏ 49 34	19 2	19 54	15 57D	22 56	5 52	5 22	11 48	13 14	0 8	18 9
25	20 8 2	1 20 14	16 44 15	22 40 2	18 58	19 54R	15 58	24 9	6 28	5 16	11 44	13 13	0 10	18 10
26	20 11 58	2 17 33	28 37 34	4♐ 37 28	18 55	19 53	16 5	25 22	7 3	5 9	11 40	13 11	0 12	18 11
27	20 15 55	3 14 53	10♐ 40 19	16 46 37	18 52	19 52	16 18	26 35	7 39	5 3	11 36	13 10	0 14	18 12
28	20 19 51	4 12 13	22 56 49	29 11 18	18 49	19 48	16 36	27 48	8 15	4 58	11 32	13 9	0 16	18 13
29	20 23 48	5 9 33	5♑ 30 23	11♑ 54 15	18 46	19 41	17 1	29 2	8 50	4 52	11 28	13 8	0 18	18 14
30	20 27 44	6 6 54	18 23 1	24 56 40	18 42	19 32	17 33	0♍ 15	9 26	4 46	11 24	13 7	0 20	18 15
31	20 31 41	7♌ 4 16	1♒ 35 5	8♒ 18 5	18♏ 39	19♏ 21	18♋ 10	1♍ 28	10♎ 2	4♑ 41	11♑ 20	13♐ 5	0♋ 22	18♊ 16

DECLINATION and LATITUDE

DAY	☉ DECL	☽ DECL	☽ LAT	☽ 12hr DECL	☿ DECL	☿ LAT	♀ DECL	♀ LAT	♂ DECL	♂ LAT	♃ DECL	♃ LAT	♄ DECL	♄ LAT
1	23N11	20S27	2N59	19S60	18N33	2S28	22N29	1N20	3N22	0N36	23S10	0N 2	22S18	0N29
2	23 7	19 17	3 49	18 20	18 18	2 44	22 16	1 21	3 8	0 35	23 11	0 2	22 18	0 28
3	23 3	17 8	4 29	15 42	18 5	2 59	22 8	1 22	2 54	0 33	23 11	0 2	22 19	0 28
4	22 58	14 4	4 56	12 14	17 53	3 14	21 50	1 23	2 40	0 32	23 12	0 2	22 19	0 28
5	22 53	10 15	5 7	8 7	17 42	3 28	21 36	1 24	2 26	0 31	23 12	0 2	22 20	0 28
6	22 48	5 52	5 1	3 31	17 33	3 42	21 21	1 25	2 12	0 30	23 13	0 1	22 21	0 28
7	22 42	1 7	4 38	1N19	17 25	3 55	21 5	1 26	1 58	0 29	23 14	0 1	22 21	0 28
8	22 36	3N44	3 58	6 8	17 18	4 7	20 49	1 27	1 44	0 28	23 14	0 1	22 22	0 28
9	22 29	8 27	3 4	10 40	17 13	4 18	20 33	1 28	1 30	0 27	23 15	0 1	22 22	0 28
10	22 22	12 45	1 59	14 39	17 9	4 28	20 16	1 29	1 15	0 26	23 15	0 1	22 23	0 28
11	22 15	16 21	0 45	17 48	17 6	4 37	19 58	1 30	1 1	0 25	23 16	0 1	22 23	0 28
12	22 7	18 58	0S31	19 50	17 5	4 44	19 40	1 31	0 47	0 24	23 16	0 1	22 24	0 28
13	21 59	20 23	1 46	20 36	17 6	4 49	19 21	1 31	0 32	0 23	23 17	0 0	22 24	0 27
14	21 50	20 29	2 54	20 2	17 8	4 53	19 1	1 32	0 18	0 22	23 17	0 0	22 25	0 27
15	21 41	19 17	3 50	18 13	17 11	4 55	18 42	1 32	0 3	0 21	23 18	0 0	22 26	0 27
16	21 32	16 55	4 31	15 22	17 15	4 55	18 21	1 33	0S11	0 20	23 18	0 0	22 26	0 27
17	21 22	13 38	4 56	11 45	17 21	4 54	18 0	1 33	0 26	0 19	23 19	0S 0	22 27	0 27
18	21 12	9 45	5 4	7 39	17 28	4 51	17 39	1 33	0 40	0 18	23 19	0 0	22 27	0 27
19	21 2	5 29	4 55	3 18	17 36	4 47	17 17	1 34	0 55	0 17	23 20	0 0	22 27	0 27
20	20 51	1 6	4 32	1S 5	17 45	4 41	16 55	1 34	1 10	0 16	23 20	0 1	22 28	0 27
21	20 40	3S14	3 57	5 19	17 55	4 33	16 32	1 34	1 25	0 15	23 20	0 1	22 28	0 27
22	20 29	7 21	3 11	9 17	18 5	4 25	16 9	1 34	1 39	0 14	23 21	0 1	22 28	0 27
23	20 17	11 7	2 18	12 50	18 17	4 15	15 45	1 34	1 54	0 13	23 21	0 1	22 29	0 27
24	20 5	14 25	1 19	15 51	18 28	4 3	15 21	1 34	2 9	0 12	23 22	0 1	22 29	0 26
25	19 52	17 7	0 17	18 13	18 40	3 51	14 57	1 33	2 24	0 11	23 22	0 1	22 30	0 26
26	19 40	19 7	0N46	19 48	18 52	3 38	14 32	1 33	2 39	0 10	23 22	0 1	22 30	0 26
27	19 26	20 16	1 48	20 31	19 4	3 25	14 7	1 33	2 54	0 9	23 23	0 1	22 31	0 26
28	19 13	20 30	2 46	20 14	19 16	3 11	13 41	1 32	3 8	0 8	23 23	0 2	22 31	0 26
29	18 59	19 43	3 37	18 57	19 28	2 56	13 15	1 32	3 23	0 8	23 24	0 2	22 32	0 26
30	18 45	17 55	4 18	16 39	19 39	2 41	12 49	1 31	3 38	0 7	23 24	0 2	22 32	0 26
31	18N31	15S 9	4N47	13S26	19N49	2S25	12N22	1N31	3S53	0N 6	23S24	0S 2	22S32	0N26

DAY	♅ DECL	♅ LAT	♆ DECL	♆ LAT	♇ DECL	♇ LAT
1	22S30	0S 1	22N18	1S 9	13N53	9S 2
5	22 29	0 1	22 18	1 9	13 53	9 2
9	22 29	0 1	22 18	1 9	13 53	9 3
13	22 28	0 1	22 18	1 9	13 54	9 3
17	22 27	0 2	22 18	1 9	13 54	9 3
21	22 26	0 2	22 18	1 9	13 54	9 3
25	22 25	0 2	22 18	1 9	13 54	9 4
29	22S25	0S 2	22N18	1S 9	13N54	9S 4

☽ PHENOMENA

d	h	m	
1	23	18	○
9	3	20	☾
15	22	10	●
23	13	58	☽
31	10	34	○

d	h	° '
7	6	0
13	14	20N36
20	6	0
27	18	20S32

d	h	° '
5	4	5N 7
11	14	0
17	23	5S 4
25	6	0

d	h	
12	0	PERIGEE
24	3	APOGEE

VOID OF COURSE ☽

LAST ASPT	☽ INGRESS
1 4am14	1 ♑ 5am31
3 9am28	3 ♒ 1pm34
5 6pm29	5 ♓ 7pm22
7 10pm52	7 ♈ 11pm36
10 2am 9	10 ♉ 2am45
12 3am34	12 ♊ 5am10
14 7am11	14 ♋ 7am31
15 10pm10	16 ♌ 10am54
18 4pm38	18 ♍ 4pm43
20 8pm48	21 ♎ 1am55
23 1pm58	23 ♏ 2pm 0
25 4pm42	26 ♐ 2am45
28 10am22	28 ♑ 1pm33
29 10pm23	30 ♒ 9pm 9

DAILY ASPECTARIAN

1 M	☽☍♆	4am14
	☉#♃	5 29
	♄#♆	6pm38
	♀#♄	8 4
	♀∥♆	8 7
	☿☌♀	8 35
	☽☌♃	8 45
	☉☍☽	11 18
2 T	☽☌♄	6am47
	☽⚺♅	7 46
	☽#☿	1pm36
	☽⚻♇	2 55
3 W	☽△♂	2am39
	☽☍☿	5 33
	☽☍♀	9 28
	☽∠♅	11 27
	☽⚻♆	12pm29
	☽⚼♇	6 33
4 Th	☽#♇	1am16
	☽⚺♃	3 37
	♀⚼♅	6 10
	☽⚼♂	7 10
	☉⚻☽	10 50
	☽⚺♄	1pm27
	☽⚹♅	2 34
	☽⚼♆	3 44
	♀⚺♆	6 47
	☽△♇	9 39
5 F	☿⚹♂	0am32
	♀ ♌	5 22
	☽∠♃	6 15
	☽⚻☿	10 25
	☽⚻♂	11 7
	☉⚼☽	3pm37
	☽∠♄	4 2
	☽△♆	6 29
	☽⚻♀	8 45
	☉☍♄	9 5
6 S	☽⚹♃	8am28
	☽⚼☿	12pm 2
	☉⚻♅	1 22
	☽⚹♄	6 13
	☽□♅	7 26
	☽#♂	7 35
	☉△☽	7 54
7 Su	☽⚼♀	1am34
	☽□♇	2 32
	♀∠♇	12pm42
	☽△☿	1 14
	☽∥♂	2 31
	☽☍♂	5 44
	☽□♆	10 52
8 M	☽△♀	5am58
	☽□♃	11 56
	☽□♄	9pm39
	☽△♅	11 0
9 T	☉#♅	1am56
	☉□☽	3 20
	☽⚹♇	6 9
	☽□☿	2pm37
	☉#♄	10 26
	☽⚻♂	11 4
10 W	☽⚼♅	0am25
	☽⚹♆	2 9
	☽∥♇	7 2
	☽∠♇	7 36
	☉∥♆	12pm 4
	☽□♀	1 47
	☽△♃	2 25
	♀⚻♃	8 32
	☉⚺♇	9 51
11 Th	☽△♄	0am10
	☽⚼♂	1 23
	☽⚻♅	1 39
	☽∠♆	3 30
	☽∥☿	5 57
	☽⚺♇	8 53
	☉⚹☽	9 39
	☽⚹☿	3pm 3
	☽⚼♃	3 24
12 F	☽⚼♄	1am13
	☽△♂	3 34
	☽⚺♆	4 43
	☽∥♀	7 42
	☉∠☽	12pm35
	☽∠☿	3 5
	☽⚻♃	4 19
	☽⚹♀	8 49
13 S	☽⚻♄	2am12
	☽☍♅	3 49
	♂□♆	10 19
	☽☌♇	11 13
	☉☌☿	11 58
	☽⚺☿	3pm 8
	☉⚺☽	3 31
	♂ ♎	7 59
14 Su	☽∠♀	0am20
	☽☌♆	7 11
	☽□♂	7 59
	☽☍♃	6pm21
15 M	☽⚺♀	4am 8
	☽☍♄	4 34
	☽⚻♅	6 22
	☽∥♀	8 17
	♀⚻♄	8 50
	☽⚺♇	2pm 6
	☽☌☿	3 50
	☽∥☿	9 8
	☉☌☽	10 10
16 T	♀△♅	5am16
	☽⚼♅	8 10
	☽⚺♆	10 41
	☽⚹♂	1pm37
	☽∠♇	4 9
	☽⚻♃	9 42
	☽∥♇	10 19
17 W	☿⚺♇	8am19
	☽⚻♄	8 31
	♀∠♆	10 14
	☽△♅	10 34
	☽∠♆	1pm16
	☽☌♀	1 34
	☽∠♂	5 25
	☽⚺☿	6 27
	☽⚹♇	6 52
18 Th	☽⚼♃	0am17
	♄∥♅	3 43
	☉⚺☽	7 26
	☿∥♀	8 47
	☽⚼♄	11 31
	☽⚹♆	4pm38
	☽∠☿	8 54
	☽⚺♂	10 7
19 F	☽△♃	3am40
	☿⚺♀	5 22
	☉∠☽	1pm33
	☽△♄	3 21
	☽□♅	5 43
	☽#♂	11 39
	♆ ♋	11 59
20 S	☽⚹☿	0am18
	♀⚹♇	0 18
	☽□♇	2 45
	☽⚺♀	3 1
	☽∥♂	1pm11
	♀∠♂	6 10
	☉⚹☽	8 48
21 Su	☽□♆	1am59
	☽☌♂	10 32
	☽∠♀	11 29
	☽□♃	1pm 1
	☉⚼♅	7 24
22 M	☽□♄	1am32
	♀⚼♃	1 32
	☽⚹♅	4 15
	☽□☿	9 57
	☽△♇	1pm58
	☽⚹♀	8 54
23 T	♂□♃	6am21
	☽∠♅	10 27
	☉□☽	1pm58
	☽△♆	2 15
	☉ ♌	2 24
	☉⚺♆	5 33
	☽#♇	8 0
	☽⚼♇	8 23
24 W	☽⚹♃	0am53
	☽⚺♂	2 2
	☽#♀	6 47
	☿SD	8 14
	☽⚹♄	1pm53
	☽⚺♅	4 52
	☽⚼♆	8 48
	☽△☿	10 26
25 Th	☽⚻♇	2am53
	☽∠♃	7 4
	☽∠♂	10 4
	☽□♀	4pm42
	☽#☿	8 0
	☽∠♄	8 4
26 F	☽⚻♆	3am10
	☽⚼☿	4 59
	☉#☽	7 51
	☉△☽	7 59
	☽⚺♃	12pm57
	☽⚹♂	5 42
	☉∠♇	10 39
27 S	♀⚼♄	0am 4
	☽⚺♄	1 48
	☽☌♅	4 55
	☽⚻☿	11 19
	♀∥♇	12pm 7
	☽☍♇	2 47
	☉⚼☽	4 7
	☉∥☿	9 12
28 Su	☽△♀	10am22
	☽☍♆	2pm 5
	☉⚻♃	5 16
	☽☌♃	10 48
	☉⚻☽	11 17
29 M	☽#☿	4am 0
	☽□♂	6 34
	☽☌♄	11 7
	☉#☽	1pm 8
	☽⚺♅	2 15
	☽⚼♀	5 36
	♀ ♍	7 13
	☽☍☿	10 23
	☽⚻♇	11 45
30 T	♀⚹♆	1am43
	☽∠♅	5pm43
	☽⚻♆	9 47
	☽⚻♀	11 45
31 W	☽⚼♇	3am 1
	☿⚺♇	3 31
	☽⚺♃	5 31
	☽#♇	8 55
	☉☍☽	10 34
	☽△♂	3pm47
	☽⚺♄	5 18
	☽⚹♅	8 27
	☽#♀	9 18

AUGUST 1901

LONGITUDE

DAY	SID. TIME	☉	☽	☽ 12 Hour	MEAN ☊	TRUE ☊	☿	♀	♂	♃	♄	♅	♆	♇
	h m s	° ' "	° ' "	° ' "	° '	° '	° '	° '	° '	° '	° '	° '	° '	° '
1	20 35 37	8♌ 1 39	15♒ 5 21	21♒ 56 30	18♏ 36	19♏ 9R	18♋ 53	2♍ 41	10♎ 38	4♑ 35R	11♑ 17R	13♐ 4R	0♋ 23	18♊ 17
2	20 39 34	8 59 2	28 51 6	5♓ 48 38	18 33	18 57	19 43	3 54	11 15	4 30	11 13	13 3	0 25	18 18
3	20 43 31	9 56 26	12♓ 48 35	19 50 28	18 30	18 47	20 38	5 7	11 51	4 25	11 9	13 2	0 27	18 19
4	20 47 27	10 53 52	26 53 46	3♈ 58 2	18 27	18 39	21 40	6 20	12 27	4 20	11 6	13 1	0 29	18 20
5	20 51 24	11 51 19	11♈ 2 52	18 7 55	18 23	18 34	22 47	7 33	13 4	4 16	11 2	13 0	0 31	18 20
6	20 55 20	12 48 47	25 12 55	2♉ 17 37	18 20	18 32D	23 59	8 45	13 41	4 11	10 59	13 0	0 32	18 21
7	20 59 17	13 46 16	9♉ 21 53	16 25 32	18 17	18 31	25 17	9 58	14 17	4 7	10 55	12 59	0 34	18 22
8	21 3 13	14 43 47	23 28 30	0♊ 30 40	18 14	18 32R	26 40	11 11	14 54	4 2	10 52	12 58	0 36	18 23
9	21 7 10	15 41 19	7♊ 31 56	14 32 10	18 11	18 31	28 8	12 24	15 31	3 58	10 49	12 57	0 38	18 24
10	21 11 6	16 38 53	21 31 12	28 28 53	18 8	18 29	29 41	13 37	16 8	3 54	10 46	12 57	0 39	18 25
11	21 15 3	17 36 28	5♋ 24 56	12♋ 19 6	18 4	18 23	1♌ 18	14 50	16 45	3 51	10 43	12 56	0 41	18 26
12	21 19 0	18 34 4	19 11 5	26 0 31	18 1	18 15	2 59	16 3	17 23	3 47	10 40	12 56	0 43	18 26
13	21 22 56	19 31 42	2♌ 47 6	9♌ 30 27	17 58	18 5	4 44	17 15	18 0	3 44	10 37	12 55	0 44	18 27
14	21 26 53	20 29 21	16 10 15	22 46 15	17 55	17 53	6 32	18 28	18 38	3 40	10 34	12 55	0 46	18 28
15	21 30 49	21 27 1	29 18 12	5♍ 45 56	17 52	17 40	8 23	19 41	19 15	3 37	10 31	12 54	0 47	18 29
16	21 34 46	22 24 42	12♍ 9 24	18 28 33	17 48	17 28	10 17	20 54	19 53	3 34	10 28	12 54	0 49	18 29
17	21 38 42	23 22 25	24 43 31	0♎ 54 26	17 45	17 18	12 12	22 6	20 31	3 32	10 26	12 54	0 50	18 30
18	21 42 39	24 20 9	7♎ 1 36	13 5 20	17 42	17 10	14 10	23 19	21 9	3 29	10 23	12 53	0 52	18 31
19	21 46 35	25 17 53	19 6 3	25 4 13	17 39	17 5	16 8	24 32	21 47	3 27	10 21	12 53	0 53	18 31
20	21 50 32	26 15 40	1♏ 0 24	6♏ 55 9	17 36	17 2	18 8	25 44	22 25	3 25	10 18	12 53	0 55	18 32
21	21 54 29	27 13 27	12 49 7	18 42 57	17 33	17 1D	20 8	26 57	23 3	3 23	10 16	12 53	0 56	18 33
22	21 58 25	28 11 15	24 37 20	0♐ 32 57	17 29	17 1R	22 8	28 10	23 41	3 21	10 14	12 53D	0 58	18 33
23	22 2 22	29 9 5	6♐ 30 29	12 30 37	17 26	17 1	24 9	29 22	24 20	3 19	10 11	12 53	0 59	18 34
24	22 6 18	0♍ 6 56	18 34 2	24 41 19	17 23	16 59	26 9	0♎ 35	24 58	3 18	10 9	12 53	1 0	18 34
25	22 10 15	1 4 48	0♑ 53 4	7♑ 9 47	17 20	16 56	28 9	1 47	25 37	3 17	10 7	12 53	1 2	18 35
26	22 14 11	2 2 42	13 31 54	19 59 45	17 17	16 50	0♍ 8	3 0	26 16	3 16	10 6	12 53	1 3	18 35
27	22 18 8	3 0 36	26 33 31	3♒ 13 20	17 14	16 42	2 6	4 12	26 54	3 15	10 4	12 53	1 4	18 36
28	22 22 4	3 58 32	9♒ 59 7	16 50 40	17 10	16 32	4 4	5 24	27 33	3 14	10 2	12 53	1 6	18 36
29	22 26 1	4 56 30	23 47 39	0♓ 49 35	17 7	16 21	6 1	6 37	28 12	3 14	10 0	12 54	1 7	18 37
30	22 29 57	5 54 29	7♓ 55 52	15 5 48	17 4	16 10	7 56	7 49	28 51	3 14D	9 59	12 54	1 8	18 37
31	22 33 54	6♍ 52 30	22♓ 18 35	29♓ 33 25	17♏ 1	16♏ 0	9♍ 51	9♎ 1	29♎ 30	3♑ 13	9♑ 57	12♐ 55	1♋ 9	18♊ 38

DECLINATION and LATITUDE

DAY	☉ DECL	☽ DECL	☽ LAT	☽ 12hr DECL	☿ DECL	☿ LAT	♀ DECL	♀ LAT	♂ DECL	♂ LAT	♃ DECL	♃ LAT	♄ DECL	♄ LAT
1	18N16	11S32	5N 0	9S27	19N59	2S10	11N55	1N30	4S 8	0N 5	23S25	0S 2	22S33	0N26
2	18 1	7 14	4 57	4 55	20 7	1 54	11 28	1 29	4 23	0 4	23 25	0 2	22 33	0 25
3	17 46	2 31	4 35	0 4	20 15	1 38	11 1	1 28	4 38	0 3	23 25	0 2	22 34	0 25
4	17 30	2N24	3 57	4N50	20 21	1 23	10 33	1 27	4 53	0 2	23 25	0 3	22 34	0 25
5	17 15	7 12	3 4	9 29	20 25	1 7	10 5	1 26	5 9	0 1	23 26	0 3	22 35	0 25
6	16 58	11 37	2 0	13 36	20 28	0 52	9 36	1 25	5 24	0 0	23 26	0 3	22 35	0 25
7	16 42	15 23	0 48	16 56	20 29	0 37	9 8	1 24	5 39	0S 0	23 26	0 3	22 35	0 25
8	16 25	18 14	0S26	19 15	20 27	0 23	8 39	1 23	5 54	0 1	23 27	0 3	22 36	0 25
9	16 8	19 57	1 39	20 21	20 24	0 9	8 10	1 21	6 9	0 2	23 27	0 3	22 36	0 25
10	15 51	20 26	2 45	20 12	20 17	0N 4	7 41	1 20	6 24	0 3	23 27	0 3	22 36	0 25
11	15 34	19 40	3 41	18 50	20 9	0 16	7 11	1 19	6 39	0 4	23 27	0 3	22 37	0 25
12	15 16	17 44	4 23	16 24	19 58	0 28	6 41	1 17	6 54	0 5	23 27	0 4	22 37	0 24
13	14 58	14 50	4 50	13 6	19 44	0 39	6 12	1 15	7 9	0 5	23 28	0 4	22 37	0 24
14	14 40	11 13	5 0	9 13	19 27	0 50	5 42	1 14	7 24	0 6	23 28	0 4	22 38	0 24
15	14 22	7 7	4 54	4 58	19 8	0 59	5 12	1 12	7 39	0 7	23 28	0 4	22 38	0 24
16	14 3	2 47	4 34	0 36	18 46	1 8	4 41	1 10	7 54	0 8	23 28	0 4	22 38	0 24
17	13 44	1S34	3 60	3S42	18 21	1 16	4 11	1 8	8 9	0 9	23 29	0 4	22 39	0 24
18	13 25	5 47	3 15	7 46	17 54	1 22	3 40	1 6	8 24	0 9	23 29	0 4	22 39	0 24
19	13 6	9 41	2 22	11 28	17 25	1 28	3 10	1 4	8 39	0 10	23 29	0 4	22 39	0 24
20	12 46	13 8	1 24	14 40	16 53	1 33	2 39	1 2	8 54	0 11	23 29	0 5	22 40	0 23
21	12 27	16 3	0 22	17 15	16 19	1 37	2 8	1 0	9 9	0 12	23 29	0 5	22 40	0 23
22	12 7	18 17	0N40	19 7	15 44	1 41	1 37	0 58	9 24	0 13	23 29	0 5	22 40	0 23
23	11 47	19 44	1 42	20 8	15 6	1 43	1 6	0 56	9 39	0 13	23 30	0 5	22 41	0 23
24	11 26	20 19	2 39	20 15	14 27	1 45	0 35	0 54	9 53	0 14	23 30	0 5	22 41	0 23
25	11 6	19 56	3 31	19 22	13 47	1 46	0 4	0 51	10 8	0 15	23 30	0 5	22 41	0 23
26	10 45	18 34	4 13	17 30	13 5	1 46	0S27	0 49	10 23	0 16	23 30	0 5	22 41	0 23
27	10 24	16 12	4 44	14 40	12 22	1 46	0 58	0 46	10 38	0 16	23 30	0 5	22 42	0 23
28	10 3	12 56	5 0	10 59	11 39	1 45	1 29	0 44	10 52	0 17	23 30	0 5	22 42	0 23
29	9 42	8 53	4 60	6 37	10 54	1 43	1 60	0 41	11 7	0 18	23 30	0 6	22 42	0 22
30	9 21	4 15	4 41	1 48	10 9	1 41	2 31	0 38	11 22	0 19	23 30	0 6	22 42	0 22
31	8N60	0N41	4N 4	3N11	9N23	1N38	3S 2	0N36	11S36	0S19	23S31	0S 6	22S43	0N22

DAY	♅ DECL	♅ LAT	♆ DECL	♆ LAT	♇ DECL	♇ LAT
1	22S24	0S 2	22N18	1S 9	13N54	9S 4
5	22 24	0 2	22 18	1 9	13 54	9 5
9	22 24	0 2	22 18	1 9	13 53	9 5
13	22 23	0 2	22 18	1 9	13 53	9 6
17	22 23	0 2	22 18	1 9	13 53	9 6
21	22 23	0 2	22 18	1 9	13 52	9 7
25	22 23	0 2	22 17	1 9	13 52	9 7
29	22S23	0S 2	22N17	1S10	13N52	9S 8

☽ PHENOMENA			
d	h	m	
7	8	2	☾
14	8	27	●
22	7	52	☽
29	20	21	○
d	h	°	'
3	12	0	
9	21	20N27	
16	15	0	
24	3	20S19	
30	21	0	
1	7	5N 1	
7	16	0	
14	3	5S 0	
21	9	0	
28	11	5N 2	

VOID OF COURSE ☽ LAST ASPT		☽ INGRESS		
1	5am36	2	♓	1am59
3	2pm23	4	♈	5am16
5	9pm43	6	♉	8am 7
8	6am 4	8	♊	11am 8
9	6pm39	10	♋	2pm37
11	8pm41	12	♌	7pm 3
14	8am27	15	♍	1am17
16	6pm25	17	♎	10am14
19	1pm33	19	♏	9pm58
22	7am59	22	♐	10am53
24	5pm42	24	♑	10pm18
27	0am40	27	♒	6am13
29	7am54	29	♓	10am36
30	5pm53	31	♈	12pm44

d	h	
6	8	PERIGEE
20	22	APOGEE

DAILY ASPECTARIAN

Day	Aspect	Time
1 Th	☽⚼♆	0am32
	☽△♇	5 36
	☽⚻☿	7 4
	☽∠♃	7 51
	☽⚼♂	7pm16
	☽∠♄	7 27
	♂□♄	10 58
2 F	☽△♆	2am43
	☽☍♀	9 32
	☽✶♃	9 42
	☽⚼☿	10 49
	♀△♃	11 16
	☽∥♂	1pm55
	☉⚻☽	6 44
	☽✶♄	9 11
	☽⚻♂	10 17
3 S	☽□♅	0am24
	☽□♇	9 24
	☽△☿	2pm23
	☉⚼☽	10 11
4 Su	☉⚻♄	4am40
	☽□♆	6 6
	☽□♃	12pm34
	☽#♂	12 59
	☽⚻♀	5 30
	♂✶♅	9 49
	☽□♄	11 59
5 M	☉△☽	1am28
	☽△♅	3 19
	☽☍♂	3 34
	☽✶♇	12pm22
	☽∥♀	1 47
	☽⚼♀	9 18
	☽□☿	9 43
6 T	☉△♅	4am28
	☽⚼♅	4 42
	☽✶♆	9 3
	☽∠♇	1pm49
	☽∥♇	1 51
	☽△♃	3 8
7 W	☽△♀	1am 8
	☽△♄	2 38
	☽⚻♅	6 8
	☉□☽	8 2
	☽⚻♂	8 45
	☉∥☽	9 12
	☽∠♆	10 34
	☽⚺♇	3pm19
	☽⚼♃	4 29
	♀△♄	6 0
8 Th	☽⚼♄	4am 4
	☽✶☿	6 4
	☽⚼♂	11 28
	☽⚺♆	12pm10
	☉✶♂	12 10
	☽⚻♃	5 56
	☿⚼♅	9 5
	☉∠♆	10 26
9 F	☽⚻♄	5am36
	☽□♀	9 8
	☽☍♅	9 17
	☽∠☿	10 47
	♀□♅	10 52
	☽∥☿	11 48
	☽△♂	2pm19
	☉✶☽	3 0
	☽☌♇	6 39
10 S	☿ ♌	4am45
	☽∥☿	11 3
	☿⚺♆	2pm46
	☽☌♆	3 47
	☽⚺☿	3 55
	☉∠☽	6 46
	☽☍♃	9 17
11 Su	☽☍♄	9am10
	☽⚻♅	1pm 4
	♀#♂	5 20
	☽✶♀	5 58
	☽□♂	8 41
	☉✶♇	8 44
	☽⚺♇	10 41
	☉⚺☽	10 50
12 M	☉⚼♃	5am 5
	☿∠♇	6 18
	☿⚻♃	10 39
	☽⚼♅	3pm23
	☽⚺♆	8 21
	☉∥☽	10 56
	☽∠♀	10 58
13 T	☽∠♇	1am11
	☽⚻♃	1 40
	☽☌☿	4 0
	☽∥♇	6 44
	☽⚻♄	1pm56
	♂△♇	5 35
	☽△♅	6 7
	☽∠♆	11 16
	♀□♇	11 53
14 W	☽✶♇	4am10
	☽⚼♃	4 31
	☽⚺♀	4 35
	☽✶♂	4 41
	♀⚺♂	6 30
	☉☌☽	8 27
	☽⚼♄	5pm 3
	☽#♂	9 10
15 Th	☽✶♆	2am45
	☽△♃	7 58
	☽∠♂	9 39
	☽∥♀	12pm11
	☽⚺☿	7 50
	☽△♄	8 50
16 F	☽□♅	1am24
	☿⚻♄	2 21
	☽□♇	12pm 2
	☉∥♇	12 54
	☽⚺♂	3 28
	☽☌♀	6 25
	☉⚺☽	9 11
17 S	☽∠☿	5am42
	☿△♅	8 26
	☽□♆	11 54
	☽#♀	1pm 9
	☽□♃	5 4
18 Su	☉∠☽	4am57
	☽□♄	6 37
	☽✶♅	11 36
	☽✶☿	4pm54
	☽∥♂	5 0
	☿∠♆	9 0
	☽△♇	10 50
19 M	☉⚼♄	1am 5
	☽☌♂	5 41
	☽⚺♀	12pm 9
	☉✶☽	1 33
	☽∠♅	5 41
	☉#☽	9 30
	☽△♆	11 49
20 T	☿⚼♃	3am21
	☽✶♃	4 52
	☿✶♇	4 53
	☽⚼♇	5 8
	☽#♇	5 37
	☽✶♄	6pm49
	☽∠♀	10 2
21 W	☽⚺♅	0am 7
	☽#☿	2 6
	☽⚼♆	6 22
	☽∠♃	11 17
	☽⚻♇	11 39
	☽□☿	5pm55
	☽⚺♂	10 0
22 Th	☽∠♄	1am13
	☉⚺♀	2 48
	☉□☽	7 52
	☽✶♀	7 59
	☽⚻♆	12pm52
	♅SD	1 58
	☽⚺♃	5 37
23 F	☿✶♂	3am15
	☽∠♂	5 58
	☽⚺♄	7 21
	☿⚼♄	12pm19
	♀ ♎	12 33
	☽☌♅	12 44
	☉ ♍	9 7
24 S	☽☍♇	0am 1
	♀□♆	8 42
	☽✶♂	1pm14
	☽△☿	5 42
	☿∥♇	8 54
	☉✶♆	10 42
25 Su	☽☍♆	0am17
	☉△☽	0 24
	☽□♀	1 55
	☽☌♃	4 35
	☽☌♄	5pm33
	☿ ♍	10 24
	☽⚺♅	10 47
26 M	☽⚼☿	3am32
	♀□♃	5 18
	☉⚼☽	7 4
	☽⚻♇	9 25
	☿✶♆	11 16
	☉#♂	2pm55
27 T	☽□♂	0am40
	☽∠♅	2 24
	☉△♃	5 52
	☽⚻♆	8 9
	☽⚻☿	11 43
	☽⚺♃	12pm 2
	☉⚻☽	12 31
	☽⚼♇	12 41
	☿△♃	1 52
	☽△♀	3 6
	☽#♇	5 44
	☉☌☿	9 46
28 W	☽⚺♄	0am 5
	☽✶♅	5 6
	☽#☿	9 53
	☽⚼♆	10 42
	☽∥♂	11 56
	♂∠♅	12pm38
	☽∠♃	2 25
	☽△♇	3 4
	☿#♂	6 49
	☉#☽	6 59
	☽⚼♀	7 54
29 Th	☽∠♄	2am 4
	☽△♂	7 54
	☽△♆	12pm30
	☽✶♃	4 4
	☿⚺♀	7 57
	☉☍☽	8 21
	☽⚻♀	11 48
30 F	☽☍☿	0am 1
	☽✶♄	3 26
	☽∥♀	7 43
	☽□♅	8 20
	☽⚼♂	10 24
	☽□♇	5pm53
	♃SD	9 45
31 S	☿△♄	1am22
	☽⚻♂	12pm28
	☽#♀	12 33
	☽□♆	2 39
	☽□♃	6 4
	♂ ♏	6 13
	♀□♄	6 16
	☉∥☿	11 22

LONGITUDE

DAY	SID. TIME	☉	☽	☽ 12 Hour	MEAN ☊	TRUE ☊	☿	♀	♂	♃	♄	♅	♆	♇
	h m s	° ' "	° ' "	° ' "	° '	° '	° '	° '	° '	° '	° '	° '	° '	° '
1	22 37 51	7♍ 50 32	6♈ 49 30	14♈ 6 0	16♏ 58	15♏ 53R	11♍ 44	10♎ 14	0♏ 9	3♑ 14	9♑ 56R	12♐ 55	1♋ 10	18♊ 38
2	22 41 47	8 48 36	21 22 13	28 37 29	16 54	15 48	13 36	11 26	0 49	3 14	9 55	12 55	1 11	18 38
3	22 45 44	9 46 42	5♉ 51 15	13♉ 3 2	16 51	15 46D	15 28	12 38	1 28	3 14	9 54	12 56	1 12	18 39
4	22 49 40	10 44 50	20 12 31	27 19 24	16 48	15 46	17 17	13 50	2 8	3 15	9 53	12 57	1 13	18 39
5	22 53 37	11 43 1	4♊ 23 33	11♊ 24 50	16 45	15 46R	19 6	15 2	2 47	3 16	9 52	12 57	1 14	18 39
6	22 57 33	12 41 13	18 23 12	25 18 39	16 42	15 46	20 54	16 15	3 27	3 17	9 51	12 58	1 15	18 40
7	23 1 30	13 39 27	2♋ 11 11	9♋ 0 47	16 39	15 45	22 40	17 27	4 7	3 18	9 50	12 59	1 16	18 40
8	23 5 26	14 37 43	15 47 30	22 31 17	16 35	15 41	24 25	18 39	4 47	3 20	9 49	13 0	1 17	18 40
9	23 9 23	15 36 2	29 12 9	5♌ 50 2	16 32	15 35	26 9	19 51	5 26	3 21	9 49	13 0	1 18	18 41
10	23 13 20	16 34 22	12♌ 24 54	18 56 40	16 29	15 27	27 52	21 3	6 6	3 23	9 48	13 1	1 19	18 41
11	23 17 16	17 32 45	25 25 17	1♍ 50 39	16 26	15 17	29 33	22 15	6 47	3 25	9 48	13 2	1 20	18 41
12	23 21 13	18 31 9	8♍ 12 45	14 31 32	16 23	15 6	1♎ 14	23 27	7 27	3 27	9 47	13 3	1 21	18 41
13	23 25 9	19 29 35	20 47 0	26 59 11	16 20	14 57	2 53	24 38	8 7	3 30	9 47	13 4	1 21	18 41
14	23 29 6	20 28 3	3♎ 8 12	9♎ 14 9	16 16	14 48	4 32	25 50	8 47	3 32	9 47D	13 6	1 22	18 41
15	23 33 2	21 26 33	15 17 16	21 17 46	16 13	14 42	6 9	27 2	9 28	3 35	9 47	13 7	1 23	18 41
16	23 36 59	22 25 4	27 15 57	3♏ 12 13	16 10	14 38	7 45	28 14	10 9	3 38	9 47	13 8	1 23	18 41
17	23 40 55	23 23 38	9♏ 6 57	15 0 39	16 7	14 37D	9 20	29 26	10 49	3 41	9 47	13 9	1 24	18 42
18	23 44 52	24 22 13	20 53 48	26 46 58	16 4	14 37	10 55	0♏ 37	11 30	3 44	9 48	13 11	1 25	18 42
19	23 48 49	25 20 50	2♐ 40 45	8♐ 35 46	16 0	14 38	12 28	1 49	12 11	3 48	9 48	13 12	1 25	18 42R
20	23 52 45	26 19 28	14 32 39	20 32 5	15 57	14 39R	14 0	3 1	12 52	3 51	9 49	13 13	1 26	18 42
21	23 56 42	27 18 8	26 34 43	2♑ 41 13	15 54	14 39	15 31	4 12	13 33	3 55	9 49	13 15	1 26	18 42
22	0 0 38	28 16 51	8♑ 52 11	15 8 14	15 51	14 39	17 1	5 24	14 14	3 59	9 50	13 16	1 27	18 41
23	0 4 35	29 15 34	21 29 54	27 57 38	15 48	14 36	18 30	6 35	14 55	4 3	9 51	13 18	1 27	18 41
24	0 8 31	0♎ 14 19	4♒ 31 50	11♒ 12 44	15 45	14 32	19 58	7 47	15 36	4 8	9 51	13 19	1 27	18 41
25	0 12 28	1 13 7	18 0 27	24 54 57	15 41	14 26	21 25	8 58	16 17	4 12	9 52	13 21	1 28	18 41
26	0 16 24	2 11 56	1♓ 56 2	9♓ 3 20	15 38	14 20	22 51	10 9	16 59	4 17	9 54	13 23	1 28	18 41
27	0 20 21	3 10 46	16 16 18	23 34 12	15 35	14 13	24 16	11 21	17 40	4 22	9 55	13 25	1 28	18 41
28	0 24 18	4 9 39	0♈ 56 13	8♈ 21 23	15 32	14 8	25 40	12 32	18 22	4 27	9 56	13 26	1 29	18 41
29	0 28 14	5 8 33	15 48 39	23 16 57	15 29	14 3	27 3	13 43	19 3	4 32	9 57	13 28	1 29	18 41
30	0 32 11	6♎ 7 30	0♉ 45 15	8♉ 12 33	15♏ 26	14♏ 1	28♎ 24	14♏ 54	19♏ 45	4♑ 37	9♑ 59	13♐ 30	1♋ 29	18♊ 40

DECLINATION and LATITUDE

DAY	☉ DECL	☽ DECL	☽ LAT	☽ 12hr DECL	☿ DECL	☿ LAT	♀ DECL	♀ LAT	♂ DECL	♂ LAT	♃ DECL	♃ LAT	♄ DECL	♄ LAT
1	8N38	5N39	3N12	8N 1	8N37	1N35	3S33	0N33	11S51	0S20	23S31	0S 6	22S43	0N22
2	8 16	10 17	2 6	12 24	7 51	1 31	4 4	0 30	12 5	0 21	23 31	0 6	22 43	0 22
3	7 54	14 18	0 53	15 60	7 4	1 27	4 34	0 27	12 20	0 22	23 31	0 6	22 43	0 22
4	7 32	17 26	0S24	18 35	6 17	1 22	5 5	0 24	12 34	0 22	23 31	0 6	22 43	0 22
5	7 10	19 26	1 38	19 58	5 30	1 17	5 36	0 21	12 48	0 23	23 31	0 6	22 44	0 22
6	6 48	20 12	2 45	20 7	4 43	1 12	6 6	0 18	13 3	0 24	23 31	0 6	22 44	0 22
7	6 26	19 45	3 42	19 4	3 56	1 7	6 37	0 15	13 17	0 24	23 31	0 7	22 44	0 21
8	6 3	18 8	4 25	16 57	3 9	1 1	7 7	0 12	13 31	0 25	23 31	0 7	22 44	0 21
9	5 41	15 33	4 53	13 58	2 22	0 55	7 37	0 9	13 45	0 26	23 31	0 7	22 44	0 21
10	5 18	12 13	5 4	10 20	1 36	0 49	8 7	0 6	13 59	0 26	23 31	0 7	22 44	0 21
11	4 55	8 20	5 0	6 16	0 49	0 42	8 37	0 3	14 13	0 27	23 31	0 7	22 45	0 21
12	4 33	4 9	4 41	2 0	0 3	0 36	9 7	0S 0	14 26	0 28	23 32	0 7	22 45	0 21
13	4 10	0S 9	4 8	2S17	0S42	0 29	9 36	0 4	14 40	0 28	23 32	0 7	22 45	0 21
14	3 47	4 22	3 24	6 24	1 28	0 22	10 6	0 7	14 54	0 29	23 32	0 7	22 45	0 21
15	3 24	8 21	2 31	10 12	2 13	0 15	10 35	0 10	15 7	0 30	23 32	0 7	22 45	0 21
16	3 1	11 56	1 32	13 33	2 58	0 8	11 4	0 13	15 21	0 30	23 32	0 7	22 45	0 20
17	2 37	15 1	0 30	16 19	3 42	0 0	11 32	0 17	15 34	0 31	23 32	0 8	22 45	0 20
18	2 14	17 27	0N34	18 23	4 26	0S 7	12 1	0 20	15 47	0 32	23 32	0 8	22 45	0 20
19	1 51	19 8	1 36	19 40	5 9	0 14	12 29	0 24	16 1	0 32	23 32	0 8	22 45	0 20
20	1 28	19 60	2 35	20 5	5 52	0 22	12 57	0 27	16 14	0 33	23 32	0 8	22 45	0 20
21	1 4	19 57	3 27	19 35	6 34	0 29	13 24	0 30	16 27	0 34	23 32	0 8	22 46	0 20
22	0 41	18 58	4 12	18 7	7 15	0 37	13 52	0 34	16 40	0 34	23 32	0 8	22 46	0 20
23	0 18	17 2	4 45	15 44	7 56	0 44	14 19	0 37	16 52	0 35	23 32	0 8	22 46	0 20
24	0S 6	14 12	5 5	12 28	8 37	0 52	14 45	0 41	17 5	0 35	23 31	0 8	22 46	0 19
25	0 29	10 32	5 9	8 26	9 17	0 60	15 12	0 44	17 18	0 36	23 31	0 8	22 46	0 19
26	0 52	6 11	4 55	3 50	9 56	1 7	15 38	0 48	17 30	0 37	23 31	0 8	22 46	0 19
27	1 16	1 23	4 23	1N 7	10 34	1 15	16 3	0 51	17 42	0 37	23 31	0 9	22 46	0 19
28	1 39	3N38	3 33	6 6	11 12	1 22	16 29	0 55	17 55	0 38	23 31	0 9	22 46	0 19
29	2 3	8 30	2 28	10 46	11 49	1 29	16 54	0 58	18 7	0 38	23 31	0 9	22 46	0 19
30	2S26	12N52	1N12	14N45	12S25	1S37	17S18	1S 2	18S18	0S39	23S31	0S 9	22S46	0N19

DAY	♅ DECL	♅ LAT	♆ DECL	♆ LAT	♇ DECL	♇ LAT
1	22S24	0S 2	22N17	1S10	13N51	9S 9
5	22 24	0 2	22 17	1 10	13 51	9 9
9	22 24	0 2	22 17	1 10	13 50	9 10
13	22 25	0 2	22 17	1 10	13 50	9 10
17	22 25	0 2	22 17	1 10	13 49	9 11
21	22 26	0 2	22 16	1 10	13 48	9 12
25	22 27	0 2	22 16	1 10	13 48	9 12
29	22S28	0S 2	22N16	1S10	13N47	9S13

☽ PHENOMENA				VOID OF COURSE ☽ LAST ASPT		☽ INGRESS	
d	h	m					
5	13	27	☾	1	7pm29	2 ♉	2pm17
12	21	18	●	3	6pm23	4 ♊	4pm32
21	1	33	☽	6	4am58	6 ♋	8pm11
28	5	36	○	8	5pm41	9 ♌	1am26
				10	5pm30	11 ♍	8am33
				12	9pm18	13 ♎	5pm52
				16	2am10	16 ♏	5am31
d	h	° '		18	7am43	18 ♐	6pm33
6	3	20N13		21	1am33	21 ♑	6am44
12	23	0		23	3pm33	23 ♒	3pm45
20	11	20S 5		25	6am38	25 ♓	8pm43
27	7	0		27	3am58	27 ♈	10pm29
				29	7pm51	29 ♉	10pm47
3	17	0					
10	6	5S 5		d	h		
17	11	0		1	19	PERIGEE	
24	18	5N10		17	16	APOGEE	
30	21	0		29	18	PERIGEE	

DAILY ASPECTARIAN

1 Su	☉⚻☽	1am48
	☽□♄	5 7
	☽☍♀	6 7
	☽⚻☿	9 18
	☽△♅	10 3
	☽∥☿	12pm56
	☉∥☽	2 3
	☿□♅	3 10
	☽✶♇	7 29
2 M	☉⚼☽	4am19
	☽#♂	10 50
	☽⚼♅	10 51
	☽⚼☿	1pm44
	♂△♆	2 6
	☽✶♆	4 16
	☽☍♂	4 22
	☽△♃	7 39
	☽∠♇	8 20
	☽∥♇	9 1
3 T	☉△♄	2am49
	♀✶♅	6 1
	☽△♄	6 43
	☉△☽	7 1
	☽⚻♅	11 49
	☽⚻♀	12pm20
	☽∠♆	5 18
	☽△☿	6 23
	☿∠♂	8 39
	☽⚼♃	8 43
	☽⚺♇	9 23
4 W	☽⚼♄	7am51
	☽⚼♀	3pm55
	☿□♇	6 5
	☽⚺♆	6 38
	☽⚻♂	9 8
	☽⚻♃	10 5
	☿#♀	10 15
5 Th	☽⚻♄	9am20
	☉□☽	1pm27
	☽☍♅	2 39
	♂✶♃	5 51
	☽△♀	7 57
6 F	☽⚼♂	0am 7
	☽☌♇	0 29
	☽□☿	4 58
	☉□♅	7 1
	♂⚼♇	7 49
	☉#♀	6pm58
	☽☌♆	10 24
7 S	☽☍♃	1am58
	☽△♂	3 33
	☽☍♄	1pm26
	☽⚻♅	7 2
	☉✶☽	9 47
8 Su	♀△♇	0am32
	☽⚺♇	5 8
	☽□♀	5 34
	☽✶☿	5pm41
	☽⚼♅	9 51
9 M	☉∠☽	2am43
	☽⚺♆	3 48
	☽⚻♃	7 31
	☽∠♇	8 5
	♂#♇	9 15
	☽□♂	11 53
	☽#♂	12pm41
	☽∥♇	12 55
	☽⚻♄	7 14
10 T	☽∠☿	0am56
	☽△♅	1 7
	☽∠♆	7 10
	☉⚺☽	8 15
	☽⚼♃	11 0
	☽✶♇	11 31
	☽✶♀	5pm30
	☽#♀	10 31
	☽⚼♄	10 50
11 W	☿ ♎	6am21
	☽⚺☿	8 53
	☽✶♆	11 3
	☽△♃	3pm 0
	☉∥☽	9 34
	☽✶♂	10 28
12 Th	☽∠♀	0am29
	☿□♆	1 37
	☽△♄	2 59
	☉□♇	4 5
	☽□♅	9 13
	☽#☿	7pm57
	☽□♇	7 58
	☉☌☽	9 18
13 F	☽∥☿	3am49
	☽∠♂	4 46
	☽⚺♀	8 15
	☿□♃	9 5
	☽□♆	8pm32
	☉#☽	8 53
14 S	☽□♃	0am47
	☽☌☿	3 9
	☽⚺♂	11 47
	☽□♄	1pm 5
	♄SD	2 6
	☽✶♅	7 40
15 Su	☽△♇	6am47
	♂✶♄	11 21
	☉⚺☽	1pm23
	☽∥♀	4 52
	♀∠♅	9 58
16 M	☉#☿	1am 5
	☽∠♅	1 45
	☽☌♀	2 10
	☽△♆	8 20
	☽✶♃	12pm55
	☽⚼♇	12 59
	☽#♇	2 9
	☉∠☽	10 24
17 T	☽⚺☿	0am32
	☽✶♄	1 22
	☽☌♂	3 41
	☽∥♂	5 26
	☿□♄	6 53
	☽⚺♅	8 14
	♀ ♏	11 29
	☽⚼♆	2pm51
	☽⚻♇	7 30
	☽∠♃	7 35
18 W	☉✶☽	7am43
	☽∠♄	7 57
	☽∠☿	11 47
	♀△♆	3pm56
	☿⚺♂	4 10
	☽⚻♆	9 26
	☽⚺♀	10 3
19 Th	♇SR	0am29
	☽⚺♃	2 17
	☿✶♅	11 40
	☽⚺♄	2pm27
	☽⚺♂	8 24
	☽☌♅	9 20
	☽✶☿	10 44
20 F	☽∠♀	7am43
	☽☍♇	8 19
	♂⚺♅	1pm11
	♀⚼♇	1 43
	♀✶♃	5 59
21 S	☉□☽	1am33
	☽∠♂	4 6
	☽☍♆	9 34
	☽☌♃	2pm29
	☽✶♀	4 34
	♀#♇	9 1
22 Su	☽☌♄	1am51
	☽⚺♅	8 28
	☽✶♂	10 52
	☽□☿	5pm38
	☽⚻♇	6 44
23 M	☽∥♂	1am30
	☿△♇	3 5
	☽∠♅	12pm39
	☉△☽	3 33
	☉ ♎	6 9
	☽⚻♆	6 25
	☽∥♀	8 19
	☽⚼♇	10 28
	☽⚺♃	11 16
24 T	☽#♇	2am52
	☽□♀	6 26
	☽⚺♄	9 36
	☽✶♅	3pm47
	☉⚼☽	8 37
	☽□♂	8 49
	☽⚼♆	9 17
25 W	☽△♇	1am11
	☽∠♃	2 6
	☉∠♂	5 49
	☉□♆	6 2
	♂⚼♆	6 7
	☽∥☿	6 18
	☽△☿	6 38
	☽∠♄	11 57
	♀✶♄	6pm35
	☽△♆	11 13
26 Th	☉⚻☽	0am29
	☽✶♃	4 0
	☽⚼☿	11 5
	☽✶♄	1pm25
	☽△♀	3 5
	☽□♅	7 15
27 F	☉∥☽	0am30
	☽△♂	2 25
	☽□♇	3 58
	☉#☽	1pm45
	☽⚻☿	2 32
	☽⚼♀	5 59
28 S	☽□♆	0am53
	☽⚼♂	4 7
	☉☍☽	5 36
	☽□♃	5 43
	☉□♃	7 43
	♂⚻♇	10 54
	☽□♄	2pm34
	♀⚺♅	6 51
	☽△♅	8 14
	☽⚻♀	8 21
29 Su	☽✶♇	4am36
	☽⚻♂	5 28
	♂∠♃	7pm 1
	☽☍☿	7 51
	☽⚼♅	8 22
	☽#☿	8 55
30 M	☽✶♆	1am11
	☿∠♅	1 45
	☽∠♇	4 41
	☽∥♇	5 41
	☽△♃	6 16
	☉⚻☽	9 15
	☽△♄	2pm53
	☽⚻♅	8 36

OCTOBER 1901

LONGITUDE

DAY	SID. TIME	☉	☽	☽ 12 Hour	MEAN ☊	TRUE ☊	☿	♀	♂	♃	♄	♅	♆	♇
	h m s	° ' "	° ' "	° ' "	° '	° '	° '	° '	° '	° '	° '	° '	° '	° '
1	0 36 7	7♎ 6 29	15♉ 37 54	23♉ 0 32	15♏ 22	14♏ 0D	29♎ 45	16♏ 5	20♏ 27	4♑ 43	10♑ 0	13♐ 32	1♋ 29	18♊ 40R
2	0 40 4	8 5 30	0♊ 19 44	7♊ 35 0	15 19	14 1	1♏ 4	17 16	21 9	4 49	10 2	13 34	1 29	18 40
3	0 44 0	9 4 34	14 45 54	21 52 10	15 16	14 2	2 22	18 27	21 51	4 55	10 4	13 36	1 29	18 39
4	0 47 57	10 3 40	28 53 38	5♋ 50 16	15 13	14 3R	3 39	19 38	22 33	5 1	10 6	13 38	1 30	18 39
5	0 51 53	11 2 48	12♋ 42 4	19 29 8	15 10	14 3	4 54	20 49	23 15	5 7	10 8	13 40	1 30R	18 39
6	0 55 50	12 1 58	26 11 37	2♌ 49 41	15 6	14 2	6 7	22 0	23 57	5 13	10 10	13 42	1 30	18 38
7	0 59 46	13 1 11	9♌ 23 32	15 53 22	15 3	14 0	7 20	23 11	24 39	5 20	10 12	13 45	1 30	18 38
8	1 3 43	14 0 27	22 19 25	28 41 52	15 0	13 56	8 30	24 21	25 21	5 26	10 14	13 47	1 29	18 38
9	1 7 40	14 59 44	5♍ 0 56	11♍ 16 48	14 57	13 52	9 39	25 32	26 4	5 33	10 16	13 49	1 29	18 37
10	1 11 36	15 59 3	17 29 39	23 39 40	14 54	13 47	10 45	26 43	26 46	5 40	10 19	13 51	1 29	18 37
11	1 15 33	16 58 25	29 47 2	5♎ 51 55	14 51	13 43	11 49	27 53	27 29	5 47	10 21	13 54	1 29	18 36
12	1 19 29	17 57 49	11♎ 54 30	17 54 59	14 47	13 39	12 52	29 4	28 12	5 54	10 24	13 56	1 29	18 36
13	1 23 26	18 57 15	23 53 34	29 50 29	14 44	13 36	13 51	0♐ 14	28 54	6 2	10 26	13 59	1 29	18 35
14	1 27 22	19 56 43	5♏ 46 0	11♏ 40 22	14 41	13 35D	14 48	1 24	29 37	6 9	10 29	14 1	1 28	18 35
15	1 31 19	20 56 13	17 33 56	23 27 1	14 38	13 35	15 41	2 35	0♐ 20	6 17	10 32	14 4	1 28	18 34
16	1 35 15	21 55 45	29 20 0	5♐ 13 19	14 35	13 36	16 32	3 45	1 3	6 25	10 35	14 6	1 28	18 34
17	1 39 12	22 55 19	11♐ 7 23	17 2 43	14 31	13 37	17 18	4 55	1 46	6 33	10 38	14 9	1 27	18 33
18	1 43 9	23 54 55	22 59 49	28 59 12	14 28	13 38	18 1	6 5	2 29	6 41	10 41	14 11	1 27	18 33
19	1 47 5	24 54 32	5♑ 1 27	11♑ 7 9	14 25	13 40	18 39	7 15	3 12	6 49	10 45	14 14	1 26	18 32
20	1 51 2	25 54 12	17 16 51	23 31 8	14 22	13 41R	19 12	8 25	3 56	6 57	10 48	14 17	1 26	18 31
21	1 54 58	26 53 53	29 50 32	6♒ 15 36	14 19	13 41	19 39	9 35	4 39	7 6	10 51	14 19	1 25	18 31
22	1 58 55	27 53 35	12♒ 46 47	19 24 28	14 16	13 40	20 1	10 44	5 22	7 15	10 55	14 22	1 25	18 30
23	2 2 51	28 53 20	26 8 57	3♓ 0 24	14 12	13 39	20 15	11 54	6 6	7 23	10 58	14 25	1 24	18 29
24	2 6 48	29 53 6	9♓ 58 52	17 4 14	14 9	13 38	20 23R	13 3	6 49	7 32	11 2	14 28	1 24	18 29
25	2 10 44	0♏ 52 54	24 16 12	1♈ 34 19	14 6	13 36	20 23	14 13	7 33	7 41	11 6	14 31	1 23	18 28
26	2 14 41	1 52 43	8♈ 57 53	16 26 7	14 3	13 35	20 15	15 22	8 16	7 50	11 9	14 34	1 22	18 27
27	2 18 38	2 52 35	23 58 2	1♉ 32 30	14 0	13 34	19 58	16 31	9 0	8 0	11 13	14 37	1 22	18 26
28	2 22 34	3 52 28	9♉ 8 23	16 44 26	13 57	13 33D	19 32	17 40	9 44	8 9	11 17	14 40	1 21	18 26
29	2 26 31	4 52 23	24 19 28	1♊ 52 19	13 53	13 33	18 56	18 49	10 28	8 18	11 21	14 43	1 20	18 25
30	2 30 27	5 52 21	9♊ 21 55	16 47 23	13 50	13 34	18 12	19 58	11 12	8 28	11 26	14 46	1 19	18 24
31	2 34 24	6♏ 52 20	24♊ 7 54	1♋ 22 53	13♏ 47	13♏ 34	17♏ 18	21♐ 7	11♐ 56	8♑ 38	11♑ 30	14♐ 49	1♋ 19	18♊ 23

DECLINATION and LATITUDE

DAY	☉ DECL	☽ DECL	☽ LAT	☽ 12hr DECL	☿ DECL	☿ LAT	♀ DECL	♀ LAT	♂ DECL	♂ LAT	♃ DECL	♃ LAT	♄ DECL	♄ LAT
1	2S49	16N23	0S 9	17N45	13S 0	1S44	17S42	1S 5	18S30	0S40	23S31	0S 9	22S46	0N19
2	3 13	8 48	1 28	19 32	13 35	1 51	18 6	1 9	18 42	0 40	23 31	0 9	22 46	0 19
3	3 36	19 56	2 40	20 0	14 9	1 58	18 29	1 12	18 53	0 41	23 31	0 9	22 46	0 18
4	3 59	19 46	3 41	19 13	14 41	2 5	18 52	1 16	19 5	0 41	23 31	0 9	22 46	0 18
5	4 22	18 24	4 28	17 20	15 13	2 11	19 14	1 19	19 16	0 42	23 30	0 9	22 46	0 18
6	4 46	16 2	4 58	14 33	15 44	2 18	19 36	1 23	19 27	0 42	23 30	0 9	22 46	0 18
7	5 9	12 54	5 12	11 6	16 14	2 24	19 58	1 26	19 38	0 43	23 30	0 9	22 46	0 18
8	5 32	9 11	5 10	7 12	16 42	2 30	20 19	1 29	19 49	0 43	23 30	0 9	22 46	0 18
9	5 55	5 8	4 52	3 3	17 10	2 35	20 39	1 33	19 60	0 44	23 30	0 10	22 45	0 18
10	6 18	0 56	4 21	1S10	17 36	2 41	20 59	1 36	20 10	0 44	23 29	0 10	22 45	0 18
11	6 40	3S15	3 38	5 17	18 1	2 46	21 19	1 39	20 20	0 45	23 29	0 10	22 45	0 18
12	7 3	7 15	2 46	9 8	18 25	2 51	21 38	1 43	20 30	0 45	23 29	0 10	22 45	0 18
13	7 26	10 55	1 46	12 36	18 47	2 55	21 56	1 46	20 40	0 46	23 29	0 10	22 45	0 17
14	7 48	14 8	0 43	15 31	19 8	2 59	22 14	1 49	20 50	0 47	23 29	0 10	22 45	0 17
15	8 11	16 44	0N22	17 46	19 27	3 2	22 31	1 52	20 60	0 47	23 28	0 10	22 45	0 17
16	8 33	18 37	1 26	19 16	19 45	3 5	22 48	1 55	21 9	0 48	23 28	0 10	22 45	0 17
17	8 55	19 42	2 27	19 55	20 0	3 8	23 4	1 58	21 19	0 48	23 28	0 10	22 45	0 17
18	9 17	19 55	3 21	19 41	20 14	3 9	23 20	2 1	21 28	0 48	23 27	0 10	22 44	0 17
19	9 39	19 14	4 8	18 33	20 25	3 10	23 35	2 4	21 37	0 49	23 27	0 10	22 44	0 17
20	10 1	17 38	4 44	16 31	20 35	3 10	23 49	2 7	21 45	0 49	23 27	0 10	22 44	0 17
21	10 22	15 11	5 8	13 38	20 42	3 9	24 3	2 10	21 54	0 50	23 26	0 11	22 44	0 17
22	10 44	11 55	5 17	10 1	20 46	3 8	24 16	2 13	22 2	0 50	23 26	0 11	22 44	0 16
23	11 5	7 57	5 10	5 45	20 47	3 5	24 28	2 16	22 10	0 51	23 25	0 11	22 44	0 16
24	11 26	3 26	4 44	1 3	20 45	3 1	24 40	2 18	22 18	0 51	23 25	0 11	22 43	0 16
25	11 47	1N25	4 1	3N53	20 40	2 55	24 51	2 21	22 26	0 52	23 25	0 11	22 43	0 16
26	12 8	6 19	3 1	8 42	20 31	2 48	25 2	2 24	22 33	0 52	23 24	0 11	22 43	0 16
27	12 29	10 57	1 47	13 3	20 18	2 40	25 12	2 26	22 41	0 53	23 24	0 11	22 43	0 16
28	12 49	14 56	0 25	16 34	20 1	2 30	25 21	2 29	22 48	0 53	23 23	0 11	22 43	0 16
29	13 9	17 54	0S60	18 55	19 40	2 18	25 29	2 31	22 55	0 53	23 23	0 11	22 42	0 16
30	13 29	19 35	2 19	19 54	19 15	2 4	25 37	2 33	23 1	0 54	23 22	0 11	22 42	0 16
31	13S49	19N52	3S27	19N31	18S45	1S49	25S44	2S35	23S 8	0S54	23S22	0S11	22S42	0N16

DAY	♅ DECL	♅ LAT	♆ DECL	♆ LAT	♇ DECL	♇ LAT
1	22S28	0S 2	22N16	1S10	13N47	9S13
5	22 29	0 2	22 16	1 11	13 46	9 14
9	22 30	0 2	22 16	1 11	13 45	9 14
13	22 32	0 2	22 16	1 11	13 45	9 15
17	22 33	0 2	22 16	1 11	13 44	9 15
21	22 34	0 2	22 16	1 11	13 43	9 16
25	22 35	0 2	22 15	1 11	13 43	9 16
29	22S37	0S 2	22N15	1S11	13N42	9S17

☽ PHENOMENA	VOID OF COURSE ☽ LAST ASPT	☽ INGRESS
d h m	1 8am13	1 ♊ 11pm28
4 20 52 ☾	3 6am33	4 ♋ 1am54
12 13 11 ●	5 7pm45	6 ♌ 6am52
20 17 58 ☽	8 6am 2	8 ♍ 2pm28
27 15 6 ○	10 7pm52	11 ♎ 0am26
	12 1pm22	13 ♏ 12pm19
	14 7pm52	16 ♐ 1am22
d h ° '	18 2am 1	18 ♑ 2pm 1
3 9 20N 1	20 5pm58	21 ♒ 0am18
10 5 0	23 5am12	23 ♓ 6am46
17 18 19S57	24 5pm34	25 ♈ 9am26
24 17 0	26 3pm13	27 ♉ 9am34
30 17 19N56	28 3pm49	29 ♊ 9am 1
	30 6pm38	31 ♋ 9am42
7 8 5S13	d h	
14 16 0	15 7 APOGEE	
22 2 5N17	28 3 PERIGEE	
28 7 0		

DAILY ASPECTARIAN

Day	Aspect	Time
1 T	☽☍♀	0am48
	☽∠♆	1 23
	☿ ♏	4 35
	☽⚺♇	4 56
	☽⚼♃	6 41
	♀⚼♆	8 7
	☽☍♂	8 13
	☉⚼☽	11 17
	☽⋕♀	1pm58
	☽⚼♄	3 18
	☽⋕♂	10 35
2 W	☽⚻☿	1am20
	☽⚺♆	1 55
	☽⚻♃	7 27
	☿△♆	7 47
	☿⋕♇	8 11
	☉△☽	1pm47
	☽⚻♄	4 7
	☽☍♅	10 2
3 Th	♀⚻♇	4am 6
	☽⚼☿	4 49
	☽☌♇	6 33
	☽⚻♀	6 47
	☽⚻♂	12pm35
4 F	☿⚼♇	0am12
	☉□♄	0 50
	☽☌♆	4 28
	♀∠♃	8 18
	☽△☿	9 1
	☽☍♃	10 38
	☽⚼♀	10 50
	☽⋕♂	12pm42
	☽⋕♀	2 13
	☽⚼♂	3 46
	☽☍♄	7 28
	☉□☽	8 52
5 S	☽⚻♅	1am43
	♀∥♂	3 33
	☿⚹♃	4 35
	♆SR	6 53
	☽⚺♇	10 30
	☽△♀	3pm45
	☽△♂	7 45
6 Su	☽⋕☿	2am13
	☽⚼♅	4 32
	☽⚺♆	9 34
	☽∠♇	1pm28
	☽⚻♃	4 29
	☽∥♇	5 50
	☽□☿	7 50
7 M	☽⚻♄	1am29
	☉⚹☽	7 14
	☽△♅	8 3
	☽∠♆	1pm 7
	☽⚹♇	5 6
	☉⚹♅	6 14
	♂∠♄	7 30
	☽⚼♃	8 26
8 T	☽□♀	4am12
	☽⚼♄	5 29
	☽□♂	6 2
	☉∠☽	1pm39
	☽⚹♆	5 17
	♀∠♄	6 29
	☉⋕☽	7 55
9 W	☽△♃	1am 2
	☽⚹☿	9 43
	☽△♄	10 6
	☿⚹♄	2pm 2
	☽□♅	4 56
	☉⚺☽	8 49
10 Th	☽□♇	2am10
	♀☌♂	3 17
	☽∠☿	5pm38
	☽⚹♂	7 12
	☽⚹♀	7 52
11 F	☽□♆	3am21
	☽□♃	11 58
	☽□♄	8pm59
	☉∥☽	10 37
12 S	☽⚺☿	2am 4
	☽∠♂	2 43
	☽⚹♅	4 3
	☽∠♀	4 45
	☉☌☽	1pm11
	☽△♇	1 22
	☉△♇	3 16
	♀ ♐	7 15
13 Su	☿⚺♅	3am14
	☽∠♅	10 17
	☽⚺♂	10 45
	☽⚺♀	2pm12
	☽△♆	3 18
	☽⚼♇	7 34
	☽⋕♇	8 53
14 M	☽⚹♃	0am48
	♀⚻♆	1 22
	♀⋕♆	2 25
	☽⚹♄	9 38
	♂ ♐	12pm48
	☽⚺♅	4 50
	☽☌☿	7 52
	☽⚼♆	9 46
15 T	♀∥♅	1am25
	☽⚻♇	2 3
	☉⚺☽	7 30
	☽∠♃	7 40
	☽∠♄	4pm19
	♀∥♄	7 21
	☿⚼♆	10 1
16 W	☽☌♂	3am44
	☽⚻♆	4 20
	☽☌♀	9 59
	♂⚻♆	1pm38
	☽⚺♃	2 35
	☉∠☽	4 54
	☽⚺♄	11 0
17 Th	☽☌♅	6am 9
	☽⚺☿	1pm20
	☽☍♇	3 2
18 F	☉⚹☽	2am 1
	♀∥♃	11 55
	♀⚺♃	1pm57
	☽☍♆	4 54
	☿⚻♇	7 42
	☽⚺♂	8 10
	☽∠☿	9 7
19 S	☽☌♃	3am35
	☽⚺♀	4 51
	☽☌♄	11 19
	☽⚺♅	6pm 9
20 Su	☽⚻♇	2am24
	☽∠♂	3 22
	☽⚹☿	3 51
	☽∠♀	1pm 0
	☉□☽	5 58
	☽∠♅	11 1
21 M	☽⚻♆	2am58
	☽⚼♇	6 53
	☽⚹♂	9 32
	☽⋕♇	11 23
	☽⚺♃	1pm42
	☽⚹♀	7 54
	☽⚺♄	8 34
22 T	☽⚹♅	2am54
	♀⚺♄	3 49
	☽⚼♆	6 36
	☉∥☽	6 55
	☽△♇	10 22
	☽□☿	1pm21
	☽∠♃	5 15
	☽∠♄	11 41
23 W	☉△☽	5am12
	☽△♆	9 12
	☉∠♅	1pm21
	♂⋕♆	3 53
	☽□♂	6 17
	☽⚹♃	7 46
24 Th	☽⚹♄	1am48
	☉ ♏	2 46
	☽□♀	5 41
	☽□♅	7 38
	☉⚼☽	8 57
	☿SR	12pm14
	☽□♇	2 21
	☽△☿	5 34
25 F	♂⚺♃	5am50
	♀☌♅	6 28
	☉⚻☽	11 40
	☽□♆	11 41
	☉△♆	11 58
	☽⚼☿	6pm 4
	☽□♃	10 10
	☽△♂	10 50
26 S	☽□♄	3am33
	♂∥♅	8 20
	☽△♅	9 2
	☽△♀	11 9
	☽⚹♇	3pm13
	☽⚻☿	5 47
27 Su	☽⚼♂	0am 4
	♂∥♄	6 41
	☽⚼♅	8 58
	☉⋕☽	9 22
	☽⚹♆	11 42
	☽⚼♀	12pm57
	☉⚼♇	1 25
	☽∠♇	2 59
	☉☍☽	3 6
	☽∥♇	3 59
	☽△♃	10 25
28 M	☽⚻♂	0am59
	☽△♄	3 25
	☽⚻♅	8 44
	☽∠♆	11 22
	☽⚻♀	2pm35
	☽⚺♇	2 39
	♀☍♇	3 35
	☽☍☿	3 49
	☽⚼♃	10 22
29 T	☿⚺♀	1am33
	☽⚼♄	3 14
	☽⚺♆	11 8
	☿⚻♇	5pm43
	☉⚻☽	6 0
	☽⋕☿	7 2
	☽⚻♃	10 33
30 W	☽☍♂	3am 6
	☽⚻♄	3 20
	♂⚺♄	8 20
	☽☍♅	8 44
	☽⚻☿	1pm30
	☽☌♇	2 37
	☉⋕♇	3 10
	☽☍♀	6 38
	☉⚼☽	8 1
31 Th	☽☌♆	11am52
	☽⚼☿	12pm39
	☉△☽	10 48
	☿⚼♆	11 28

LONGITUDE

DAY	SID. TIME	☉	☽	☽ 12 Hour	MEAN ☊	TRUE ☊	☿	♀	♂	♃	♄	♅	♆	♇
	h m s	° ' "	° ' "	° ' "	° '	° '	° '	° '	° '	° '	° '	° '	° '	° '
1	2 38 20	7♏ 52 22	8♋ 31 54	15♋ 34 39	13♏ 44	13♏ 35	16♏ 16R	22♐ 16	12♐ 40	8♑ 48	11♑ 34	14♐ 52	1♋ 18R	18♊ 22R
2	2 42 17	8 52 26	22 31 3	29 21 5	13 41	13 35	15 8	23 24	13 24	8 58	11 38	14 55	1 17	18 22
3	2 46 13	9 52 31	6♌ 4 55	12♌ 42 44	13 37	13 35R	13 53	24 33	14 8	9 8	11 43	14 58	1 16	18 21
4	2 50 10	10 52 39	19 14 53	25 41 42	13 34	13 35	12 36	25 41	14 52	9 18	11 47	15 1	1 15	18 20
5	2 54 7	11 52 50	2♍ 3 35	8♍ 20 57	13 31	13 35D	11 17	26 49	15 37	9 28	11 52	15 4	1 14	18 19
6	2 58 3	12 53 2	14 34 15	20 43 53	13 28	13 35	10 0	27 57	16 21	9 39	11 57	15 8	1 13	18 18
7	3 2 0	13 53 16	26 50 19	2♎ 53 55	13 25	13 35	8 46	29 5	17 6	9 49	12 1	15 11	1 12	18 17
8	3 5 56	14 53 32	8♎ 55 6	14 54 14	13 22	13 35	7 39	0♑ 13	17 50	10 0	12 6	15 14	1 11	18 16
9	3 9 53	15 53 50	20 51 40	26 47 43	13 18	13 36	6 40	1 21	18 35	10 10	12 11	15 17	1 10	18 15
10	3 13 49	16 54 10	2♏ 42 43	8♏ 36 56	13 15	13 36R	5 50	2 28	19 19	10 21	12 16	15 21	1 9	18 14
11	3 17 46	17 54 31	14 30 39	20 24 10	13 12	13 36	5 12	3 35	20 4	10 32	12 21	15 24	1 8	18 13
12	3 21 42	18 54 55	26 17 43	2♐ 11 35	13 9	13 36	4 45	4 43	20 49	10 43	12 26	15 27	1 7	18 12
13	3 25 39	19 55 20	8♐ 6 2	14 1 22	13 6	13 35	4 30D	5 50	21 34	10 54	12 31	15 31	1 5	18 11
14	3 29 36	20 55 47	19 57 51	25 55 49	13 3	13 34	4 26	6 56	22 19	11 5	12 36	15 34	1 4	18 10
15	3 33 32	21 56 15	1♑ 55 35	7♑ 57 31	12 59	13 33	4 34	8 3	23 4	11 17	12 42	15 38	1 3	18 9
16	3 37 29	22 56 45	14 1 58	20 9 21	12 56	13 31	4 51	9 9	23 49	11 28	12 47	15 41	1 2	18 8
17	3 41 25	23 57 16	26 20 4	2♒ 34 33	12 53	13 30	5 19	10 16	24 34	11 40	12 52	15 44	1 1	18 7
18	3 45 22	24 57 48	8♒ 53 13	15 16 31	12 50	13 29	5 55	11 22	25 19	11 51	12 58	15 48	0 59	18 6
19	3 49 18	25 58 21	21 44 52	28 18 39	12 47	13 29D	6 38	12 28	26 4	12 3	13 3	15 51	0 58	18 5
20	3 53 15	26 58 56	4♓ 58 15	11♓ 43 56	12 43	13 29	7 29	13 33	26 49	12 15	13 9	15 55	0 57	18 4
21	3 57 11	27 59 32	18 35 56	25 34 22	12 40	13 30	8 25	14 39	27 35	12 26	13 15	15 58	0 55	18 3
22	4 1 8	29 0 9	2♈ 39 13	9♈ 50 21	12 37	13 31	9 27	15 44	28 20	12 38	13 20	16 2	0 54	18 2
23	4 5 5	0♐ 0 47	17 7 28	24 30 4	12 34	13 32	10 34	16 49	29 6	12 50	13 26	16 5	0 52	18 1
24	4 9 1	1 1 27	1♉ 57 30	9♉ 28 57	12 31	13 33R	11 44	17 54	29 51	13 2	13 32	16 9	0 51	18 0
25	4 12 58	2 2 8	17 3 26	24 39 50	12 28	13 33	12 58	18 58	0♑ 37	13 14	13 38	16 13	0 50	17 59
26	4 16 54	3 2 50	2♊ 16 56	9♊ 53 29	12 24	13 32	14 14	20 2	1 22	13 27	13 44	16 16	0 48	17 58
27	4 20 51	4 3 33	17 28 13	24 59 55	12 21	13 30	15 33	21 6	2 8	13 39	13 50	16 20	0 47	17 56
28	4 24 47	5 4 18	2♋ 27 30	9♋ 49 58	12 18	13 28	16 55	22 10	2 53	13 51	13 56	16 23	0 45	17 55
29	4 28 44	6 5 4	17 6 33	24 16 36	12 15	13 25	18 18	23 13	3 39	14 4	14 2	16 27	0 44	17 54
30	4 32 40	7♐ 5 51	1♌ 19 44	8♌ 15 43	12♏ 12	13♏ 22	19♏ 42	24♑ 16	4♑ 25	14♑ 16	14♑ 8	16♐ 31	0♋ 42	17♊ 53

DECLINATION and LATITUDE

DAY	☉ DECL	☽ DECL	☽ LAT	☽ 12hr DECL	☿ DECL	☿ LAT	♀ DECL	♀ LAT	♂ DECL	♂ LAT	♃ DECL	♃ LAT	♄ DECL	♄ LAT
1	14S 9	18N50	4S21	17N53	18S11	1S32	25S51	2S37	23S14	0S55	23S21	0S11	22S41	0N15
2	14 28	16 41	4 57	15 16	17 34	1 14	25 56	2 39	23 20	0 55	23 20	0 11	22 41	0 15
3	14 47	13 40	5 15	11 55	16 53	0 55	26 2	2 41	23 26	0 55	23 20	0 12	22 41	0 15
4	15 6	10 2	5 17	8 4	16 10	0 35	26 6	2 43	23 31	0 56	23 19	0 12	22 41	0 15
5	15 24	6 3	5 2	3 58	15 27	0 14	26 10	2 45	23 36	0 56	23 19	0 12	22 40	0 15
6	15 43	1 53	4 33	0S13	14 43	0N 7	26 13	2 47	23 41	0 57	23 18	0 12	22 40	0 15
7	16 1	2S18	3 52	4 20	14 0	0 27	26 15	2 48	23 46	0 57	23 17	0 12	22 40	0 15
8	16 19	6 19	3 1	8 14	13 20	0 46	26 17	2 49	23 51	0 57	23 16	0 12	22 39	0 15
9	16 36	10 3	2 3	11 46	12 44	1 4	26 18	2 51	23 55	0 58	23 16	0 12	22 39	0 15
10	16 54	13 22	1 0	14 49	12 13	1 20	26 18	2 52	23 59	0 58	23 15	0 12	22 39	0 15
11	17 11	16 7	0N 5	17 15	11 46	1 35	26 17	2 53	24 3	0 58	23 14	0 12	22 38	0 15
12	17 27	18 12	1 10	18 57	11 26	1 47	26 16	2 54	24 7	0 59	23 13	0 12	22 38	0 14
13	17 44	19 30	2 12	19 50	11 11	1 58	26 14	2 55	24 10	0 59	23 13	0 12	22 37	0 14
14	17 60	19 56	3 9	19 49	11 1	2 7	26 12	2 56	24 13	0 59	23 12	0 12	22 37	0 14
15	18 16	19 29	3 58	18 55	10 57	2 13	26 8	2 56	24 16	0 60	23 11	0 12	22 37	0 14
16	18 31	18 8	4 36	17 8	10 58	2 18	26 5	2 57	24 18	1 0	23 10	0 13	22 36	0 14
17	18 46	15 56	5 3	14 32	11 4	2 22	26 0	2 57	24 21	1 0	23 9	0 13	22 36	0 14
18	19 1	12 57	5 16	11 12	11 14	2 24	25 55	2 58	24 23	1 1	23 8	0 13	22 35	0 14
19	19 16	9 18	5 14	7 16	11 28	2 25	25 49	2 58	24 25	1 1	23 7	0 13	22 35	0 14
20	19 30	5 6	4 55	2 51	11 44	2 24	25 42	2 58	24 26	1 1	23 6	0 13	22 34	0 14
21	19 43	0 32	4 20	1N51	12 4	2 23	25 35	2 58	24 27	1 2	23 5	0 13	22 34	0 14
22	19 57	4N14	3 28	6 36	12 26	2 20	25 27	2 57	24 28	1 2	23 4	0 13	22 34	0 14
23	20 10	8 54	2 21	11 6	12 49	2 17	25 19	2 57	24 29	1 2	23 3	0 13	22 33	0 13
24	20 22	13 10	1 4	15 1	13 15	2 13	25 10	2 56	24 29	1 2	23 2	0 13	22 33	0 13
25	20 35	16 38	0S19	17 57	13 41	2 9	25 0	2 56	24 30	1 3	23 1	0 13	22 32	0 13
26	20 47	18 58	1 42	19 38	14 9	2 4	24 50	2 55	24 30	1 3	22 60	0 13	22 32	0 13
27	20 58	19 56	2 57	19 52	14 37	1 58	24 39	2 54	24 29	1 3	22 58	0 13	22 31	0 13
28	21 9	19 27	3 58	18 43	15 6	1 53	24 28	2 52	24 29	1 3	22 57	0 13	22 30	0 13
29	21 20	17 41	4 43	16 23	15 35	1 46	24 16	2 51	24 28	1 4	22 56	0 14	22 30	0 13
30	21S30	14N51	5S 8	13N 9	16S 4	1N40	24S 3	2S50	24S26	1S 4	22S55	0S14	22S29	0N13

DAY	♅ DECL	♅ LAT	♆ DECL	♆ LAT	♇ DECL	♇ LAT
1	22S38	0S 2	22N15	1S11	13N41	9S17
5	22 39	0 2	22 15	1 12	13 41	9 17
9	22 41	0 2	22 15	1 12	13 40	9 18
13	22 42	0 2	22 15	1 12	13 40	9 18
17	22 44	0 3	22 15	1 12	13 39	9 18
21	22 45	0 3	22 15	1 12	13 39	9 18
25	22 47	0 3	22 15	1 12	13 38	9 18
29	22S48	0S 3	22N15	1S12	13N38	9S18

☽ PHENOMENA				VOID OF COURSE ☽ LAST ASPT	☽ INGRESS
d	h	m		1 12pm13	2 ♌ 1pm 9
3	7	24	☾	4 1pm 9	4 ♍ 8pm 6
11	7	34	●	7 4am54	7 ♎ 6am15
19	8	23	☽	8 7pm 5	9 ♏ 6pm30
26	1	17	○	11 7am34	12 ♐ 7am32
				14 5am 3	14 ♑ 8pm 9
				16 6pm59	17 ♒ 7am 4
d	h	° '		19 8am24	19 ♓ 3pm 4
6	11	0		21 5pm22	21 ♈ 7pm31
14	0	19S56		23 8pm26	23 ♉ 8pm52
21	3	0		25 3am15	25 ♊ 8pm24
27	4	19N57		27 0am45	27 ♋ 8pm 2
				29 11am 1	29 ♌ 9pm43
3	14	5S18		d h	
10	22	0		11 12 APOGEE	
18	9	5N17		25 16 PERIGEE	
24	18	0			
30	21	5S15			

DAILY ASPECTARIAN

Day	Aspect	Time
1 F	☽☍♃	0am27
	☽☍♄	5 11
	☽⚻♂	7 24
	☽⚻♅	10 49
	☽#☿	12pm 4
	☽△☿	12 13
	☽⚺♇	4 48
2 S	☽⚻♀	1am41
	♂∥♃	1 57
	☉⚹♃	2 30
	☿⚺♅	4 5
	☽⚼♂	10 55
	☽⚼♅	1pm 3
	☽⚺♆	3 24
	☉#☽	4 31
	☽∠♇	7 6
	☿⚺♂	9 3
	☽∥♇	11 50
3 Su	☽⚻♃	5am34
	☽⚼♀	6 50
	☉□☽	7 24
	☽⚻♄	10 15
	☽□☿	12pm53
	☽△♂	3 28
	☽△♅	4 11
	☽∠♆	6 29
	☽⚹♇	10 19
4 M	♂☌♅	5am 4
	☽⚼♃	9 31
	☽△♀	1pm 9
	☿⚹♄	1 55
	☽⚼♄	2 8
	☉☌☿	5 48
	☿∠♀	6 44
	☽⚹♆	10 26
	☉⚹♄	11 38
5 T	☉∥☿	0am48
	☉∠♀	11 1
	☽△♃	2pm21
	☽⚹☿	3 59
	☽△♄	6 53
	☉⚹☽	8 27
6 W	☽□♅	1am 5
	☽□♂	3 41
	☿⚹♃	5 53
	☽□♇	7 15
	♄∥♅	8 0
	☽∠☿	6pm30
7 Th	☉∠☽	4am25
	☽□♀	4 54
	☽□♆	8 37
	☿#♇	11 44
	♀ ♑	7pm25
	☽⚺☿	9 40
8 F	☽□♃	2am11
	☽□♄	6 25
	☉⚺♅	8 38
	☽⚹♅	12pm43
	☉⚺☽	1 5
	♂☍♇	1 45
	☽△♇	6 45
	☽⚹♂	7 5
	♀☍♆	8 18
9 S	☉⚼♆	6am19
	☽∥☿	4pm25
	☽∠♅	7 10
	☽△♆	8 50
	☽⚹♀	11 27
10 Su	☽⚼♇	1am 4
	☽#♇	2 25
	☽∠♂	3 30
	☽☌☿	6 0
	☽⚹♃	3pm47
	☽⚹♄	7 34
11 M	☽⚺♅	1am49
	☿∠♂	2 26
	☽⚼♆	3 17
	☉⚻♇	7 22
	☽⚻♇	7 33
	☉☌☽	7 34
	☽∠♀	9 11
	☽⚺♂	12pm 5
	☉∥☽	12 53
	☽∠♃	10 49
12 T	☿⚹♀	0am41
	☽∠♄	2 20
	☽⚻♆	9 47
	☽⚺☿	4pm48
	☽⚺♀	6 54
13 W	☽⚺♃	5am47
	☽⚺♄	9 2
	☽☌♅	3pm 5
	☿SD	7 53
	☽☍♇	8 24
	☽∠☿	10 56
14 Th	☉⚺☽	2am 8
	☽☌♂	5 3
	☽☍♆	10pm15
15 F	☽⚹☿	5am21
	☉∠☽	10 53
	☽☌♀	1pm25
	☽☌♃	6 52
	☉∥☽	7 13
	☽☌♄	9 31
16 S	☽⚺♅	3am16
	☽⚻♇	8 3
	☉⚹☽	6pm59
	☽⚺♂	8 21
17 Su	☽∠♅	8am31
	☽⚻♆	8 59
	☽⚼♇	1pm 2
	☽□☿	6 3
	☽#♇	6 52
18 M	☽∠♂	2am52
	☽⚺♀	5 7
	☽⚺♃	5 41
	☽⚺♄	7 44
	☽∥☿	11 10
	♀☌♃	1pm 1
	☽⚹♅	1 2
	☽⚼♆	1 18
	☽△♇	5 14
19 T	☉□☽	8am23
	☽⚹♂	8 24
	☉⚺♂	9 7
	☽∠♃	9 51
	☽∠♀	11 24
	☽∠♄	11 37
	♀☌♄	2pm17
	☽△♆	4 47
20 W	☽△☿	4am48
	☉∠♃	7 42
	☽⚹♃	1pm 5
	☽⚹♄	2 36
	☽⚹♀	4 31
	☽□♅	7 25
	☽□♇	11 3
21 Th	☉∠♄	6am37
	☽⚼☿	8 58
	☽□♂	4pm17
	☉△☽	5 22
	☽□♆	9 3
22 F	♀⚺♅	7am 3
	☽⚻☿	12pm17
	☽□♃	4 52
	☽□♄	5 54
	☉⚼☽	8 17
	☽△♅	10 18
	☽□♀	11 27
	☉ ♐	11 41
23 S	☽⚹♇	1am27
	☉⚻♆	7pm58
	☽△♂	8 26
	☽⚹♆	10 14
	☉⚻☽	10 24
	☽⚼♅	10 42
24 Su	☽#☿	0am36
	☽∠♇	1 39
	♀⚻♇	2 16
	☽∥♇	2 58
	♂ ♑	4 44
	☽☍☿	4pm56
	☽△♃	5 53
	☽△♄	6 33
	☿#♇	9 13
	☽⚼♂	9 35
	☽∠♆	10 3
	☽⚻♅	10 39
25 M	☽⚺♇	1am27
	☽△♀	3 15
	☿⚹♃	6 21
	♂☍♆	6 40
	☿⚹♄	1pm43
	☽⚼♃	5 52
	☽⚼♄	6 22
	☽⚺♆	9 40
	☽⚻♂	10 29
26 T	☉☍☽	1am17
	☽⚼♀	4 40
	☽⚻♃	5pm52
	☽⚻♄	6 11
	☽⚻☿	8 40
	☽☍♅	10 11
27 W	☽☌♇	0am45
	☿⚼♆	3 52
	☽⚻♀	6 13
	☿⚺♅	2pm24
	☽☌♆	9 15
	♀∥♂	10 20
	☽⚼☿	11 2
28 Th	☽☍♂	0am44
	☉⚻☽	4 33
	♃☌♄	4pm32
	☿⚻♇	5 19
	☽☍♄	6 52
	☽☍♃	6 53
	☽⚻♅	10 54
29 F	☽⚺♇	1am19
	☽△☿	2 11
	☉⚼☽	7 8
	☽☍♀	11 1
	☿∠♂	1pm19
	☽#☿	3 56
	☽⚺♆	10 56
30 S	☽⚼♅	0am19
	☽∠♇	2 40
	☽⚻♂	5 38
	☽∥♇	8 46
	☉△☽	10 46
	☽⚻♄	10pm30
	☽⚻♃	10 56

DECEMBER 1901

LONGITUDE

DAY	SID. TIME	☉	☽	☽ 12 Hour	MEAN ☊	TRUE ☊	☿	♀	♂	♃	♄	♅	♆	♇
	h m s	° ' "	° ' "	° ' "	° '	° '	° '	° '	° '	° '	° '	° '	° '	° '
1	4 36 37	8♐ 6 40	15♌ 4 30	21♌ 46 11	12♏ 9	13♏ 19R	21♏ 8	25♑ 18	5♑ 11	14♑ 29	14♑ 14	16♐ 34	0♋ 41R	17♊ 52R
2	4 40 34	9 7 31	28 21 2	4♍ 49 25	12 5	13 17D	22 35	26 21	5 57	14 41	14 20	16 38	0 39	17 51
3	4 44 30	10 8 23	11♍ 11 46	17 28 37	12 2	13 17	24 3	27 23	6 43	14 54	14 26	16 42	0 38	17 50
4	4 48 27	11 9 16	23 40 31	29 48 4	11 59	13 18	25 32	28 24	7 29	15 7	14 33	16 45	0 36	17 48
5	4 52 23	12 10 10	5♎ 51 52	11♎ 52 30	11 56	13 19	27 1	29 26	8 15	15 20	14 39	16 49	0 34	17 47
6	4 56 20	13 11 6	17 50 34	23 46 38	11 53	13 21	28 31	0♒ 26	9 1	15 32	14 45	16 53	0 33	17 46
7	5 0 16	14 12 3	29 41 13	5♏ 34 50	11 49	13 23	0♐ 1	1 27	9 47	15 45	14 52	16 56	0 31	17 45
8	5 4 13	15 13 1	11♏ 27 56	17 20 58	11 46	13 24R	1 32	2 27	10 33	15 58	14 58	17 0	0 30	17 44
9	5 8 9	16 14 0	23 14 19	29 8 19	11 43	13 23	3 3	3 27	11 19	16 11	15 5	17 3	0 28	17 43
10	5 12 6	17 15 1	5♐ 3 17	10♐ 59 29	11 40	13 21	4 35	4 26	12 6	16 25	15 11	17 7	0 26	17 41
11	5 16 3	18 16 2	16 57 11	22 56 34	11 37	13 17	6 6	5 25	12 52	16 38	15 18	17 11	0 25	17 40
12	5 19 59	19 17 4	28 57 51	5♑ 1 11	11 34	13 11	7 38	6 23	13 38	16 51	15 24	17 15	0 23	17 39
13	5 23 56	20 18 7	11♑ 6 44	17 14 40	11 30	13 4	9 10	7 21	14 25	17 4	15 31	17 18	0 21	17 38
14	5 27 52	21 19 11	23 25 9	29 38 19	11 27	12 57	10 42	8 18	15 11	17 17	15 38	17 22	0 20	17 37
15	5 31 49	22 20 15	5♒ 54 21	12♒ 13 28	11 24	12 49	12 15	9 15	15 58	17 31	15 44	17 25	0 18	17 36
16	5 35 45	23 21 19	18 35 51	25 1 43	11 21	12 44	13 47	10 11	16 44	17 44	15 51	17 29	0 16	17 34
17	5 39 42	24 22 24	1♓ 31 20	8♓ 4 57	11 18	12 39	15 20	11 7	17 31	17 58	15 58	17 33	0 15	17 33
18	5 43 38	25 23 30	14 42 48	21 25 10	11 15	12 37D	16 53	12 2	18 17	18 11	16 5	17 36	0 13	17 32
19	5 47 35	26 24 35	28 12 15	5♈ 4 15	11 11	12 37	18 26	12 56	19 4	18 25	16 12	17 40	0 11	17 31
20	5 51 32	27 25 41	12♈ 1 18	19 3 30	11 8	12 38	19 59	13 50	19 51	18 38	16 18	17 44	0 9	17 30
21	5 55 28	28 26 47	26 10 46	3♉ 23 0	11 5	12 39	21 33	14 43	20 37	18 52	16 25	17 47	0 8	17 29
22	5 59 25	29 27 54	10♉ 39 53	18 0 59	11 2	12 39R	23 6	15 35	21 24	19 5	16 32	17 51	0 6	17 28
23	6 3 21	0♑ 29 0	25 25 43	2♊ 53 18	10 59	12 39	24 40	16 27	22 11	19 19	16 39	17 55	0 4	17 26
24	6 7 18	1 30 7	10♊ 22 52	17 53 22	10 55	12 35	26 14	17 18	22 58	19 33	16 46	17 58	0 3	17 25
25	6 11 14	2 31 14	25 23 41	2♋ 52 40	10 52	12 30	27 48	18 8	23 44	19 47	16 53	18 2	0 1	17 24
26	6 15 11	3 32 21	10♋ 19 9	17 42 0	10 49	12 23	29 22	18 57	24 31	20 0	17 0	18 5	29♊ 59	17 23
27	6 19 7	4 33 29	25 0 14	2♌ 12 59	10 46	12 14	0♑ 57	19 45	25 18	20 14	17 7	18 9	29 58	17 22
28	6 23 4	5 34 37	9♌ 19 32	16 19 23	10 43	12 5	2 32	20 33	26 5	20 28	17 14	18 12	29 56	17 21
29	6 27 1	6 35 45	23 12 12	29 57 53	10 40	11 57	4 7	21 19	26 52	20 42	17 21	18 16	29 54	17 20
30	6 30 57	7 36 54	6♍ 36 28	13♍ 8 11	10 36	11 51	5 43	22 5	27 39	20 56	17 28	18 19	29 52	17 19
31	6 34 54	8♑ 38 3	19♍ 33 20	25♍ 52 25	10♏ 33	11♏ 47	7♑ 19	22♒ 49	28♑ 26	21♑ 10	17♑ 35	18♐ 23	29♊ 51	17♊ 18

DECLINATION and LATITUDE

DAY	☉ DECL	☽ DECL	☽ LAT	☽ 12hr DECL	☿ DECL	☿ LAT	♀ DECL	♀ LAT	♂ DECL	♂ LAT	♃ DECL	♃ LAT	♄ DECL	♄ LAT
1	21S40	11N18	5S15	9N20	16S33	1N33	23S50	2S48	24S25	1S 4	22S54	0S14	22S29	0N13
2	21 50	7 17	5 4	5 12	17 2	1 27	23 37	2 46	24 23	1 4	22 52	0 14	22 28	0 13
3	21 59	3 4	4 39	0 57	17 31	1 20	23 23	2 44	24 21	1 4	22 51	0 14	22 28	0 13
4	22 8	1S10	4 0	3S15	17 59	1 12	23 8	2 42	24 19	1 5	22 50	0 14	22 27	0 13
5	22 16	5 16	3 12	7 13	18 27	1 5	22 53	2 39	24 16	1 5	22 48	0 14	22 26	0 12
6	22 24	9 6	2 16	10 52	18 54	0 58	22 37	2 37	24 14	1 5	22 47	0 14	22 26	0 12
7	22 31	12 32	1 15	14 4	19 20	0 51	22 21	2 34	24 11	1 5	22 45	0 14	22 25	0 12
8	22 38	15 27	0 11	16 40	19 46	0 43	22 5	2 31	24 7	1 5	22 44	0 14	22 25	0 12
9	22 44	17 44	0N54	18 35	20 11	0 36	21 48	2 28	24 3	1 6	22 42	0 14	22 24	0 12
10	22 50	19 15	1 56	19 42	20 36	0 29	21 30	2 25	23 60	1 6	22 41	0 14	22 23	0 12
11	22 56	19 56	2 53	19 57	20 59	0 22	21 13	2 21	23 55	1 6	22 39	0 14	22 23	0 12
12	23 1	19 44	3 43	19 17	21 21	0 14	20 55	2 18	23 51	1 6	22 38	0 15	22 22	0 12
13	23 6	18 36	4 24	17 43	21 43	0 7	20 36	2 14	23 46	1 6	22 36	0 15	22 21	0 12
14	23 10	16 37	4 53	15 19	22 4	0 0	20 17	2 10	23 41	1 6	22 35	0 15	22 21	0 12
15	23 14	13 50	5 8	12 10	22 23	0S 7	19 58	2 5	23 36	1 6	22 33	0 15	22 20	0 12
16	23 17	10 22	5 9	8 25	22 42	0 14	19 38	2 1	23 30	1 7	22 31	0 15	22 19	0 12
17	23 20	6 22	4 54	4 12	22 59	0 20	19 19	1 56	23 24	1 7	22 30	0 15	22 18	0 11
18	23 22	1 59	4 23	0N18	23 15	0 27	18 59	1 51	23 18	1 7	22 28	0 15	22 18	0 11
19	23 24	2N37	3 37	4 55	23 30	0 34	18 38	1 46	23 12	1 7	22 26	0 15	22 17	0 11
20	23 26	7 11	2 38	9 23	23 44	0 40	18 18	1 41	23 5	1 7	22 24	0 15	22 16	0 11
21	23 27	11 29	1 28	13 26	23 57	0 46	17 57	1 35	22 58	1 7	22 23	0 15	22 15	0 11
22	23 27	15 12	0 11	16 45	24 9	0 52	17 36	1 29	22 51	1 7	22 21	0 15	22 15	0 11
23	23 27	18 1	1S 9	18 60	24 19	0 58	17 14	1 23	22 44	1 7	22 19	0 15	22 14	0 11
24	23 27	19 39	2 24	19 56	24 28	1 4	16 53	1 17	22 36	1 7	22 17	0 16	22 13	0 11
25	23 26	19 53	3 30	19 28	24 36	1 10	16 31	1 11	22 28	1 7	22 15	0 16	22 12	0 11
26	23 24	18 43	4 20	17 40	24 42	1 15	16 10	1 4	22 20	1 7	22 13	0 16	22 12	0 11
27	23 22	16 20	4 53	14 46	24 47	1 20	15 48	0 57	22 11	1 7	22 11	0 16	22 11	0 11
28	23 20	13 0	5 6	11 5	24 51	1 25	15 26	0 50	22 3	1 7	22 9	0 16	22 10	0 11
29	23 17	9 3	5 1	6 56	24 53	1 30	15 4	0 42	21 54	1 7	22 7	0 16	22 9	0 11
30	23 14	4 46	4 39	2 35	24 54	1 34	14 42	0 34	21 45	1 7	22 5	0 16	22 8	0 10
31	23S10	0N25	4S 3	1S44	24S54	1S39	14S20	0S26	21S35	1S 7	22S 3	0S16	22S 7	0N10

DAY	♅ DECL	♅ LAT	♆ DECL	♆ LAT	♇ DECL	♇ LAT
1	22S49	0S 3	22N15	1S12	13N38	9S18
5	22 51	0 3	22 15	1 12	13 37	9 18
9	22 52	0 3	22 15	1 12	13 37	9 18
13	22 53	0 3	22 15	1 12	13 37	9 18
17	22 55	0 3	22 15	1 12	13 37	9 18
21	22 56	0 3	22 15	1 12	13 36	9 18
25	22 58	0 3	22 15	1 12	13 36	9 17
29	22S59	0S 3	22N15	1S12	13N36	9S17

☽ PHENOMENA				VOID OF COURSE ☽ LAST ASPT		☽ INGRESS		
d	h	m		1	12pm11	2	♍	3am 2
2	21	49	☾	4	10am 6	4	♎	12pm23
11	2	53	●	5	11pm51	7	♏	0am38
18	20	35	☽	8	9am22	9	♐	1pm45
25	12	16	○	11	2am53	12	♑	2am 3
				13	11am52	14	♒	12pm42
d	h	°	'	16	9am39	16	♓	9pm12
3	17	0		18	8pm35	19	♈	3am 9
11	6	19S58		21	4am 5	21	♉	6am23
18	10	0		22	6pm28	23	♊	7am22
24	16	19N57		25	7am28	25	♋	7am23
31	2	0		27	0am31	27	♌	8am18
				29	11am52	29	♍	12pm 4
				31	7pm36	31	♎	7pm56
8	4	0		d	h			
15	13	5N10		8	14	APOGEE		
22	3	0		24	3	PERIGEE		
28	5	5S 7						

DAILY ASPECTARIAN

1 Su	☽∠♆	1am 4
	☽△♅	2 41
	☽✶♇	4 58
	☽⚼♂	9 41
	☽□☿	12pm11
	☽⚻♀	8 1
2 M	☽⚼♄	1am50
	☽⚼♃	2 30
	☽✶♆	4 14
	☽△♂	3pm 0
	☉□☽	9 49
3 T	☽⚼♀	2am27
	☽△♄	6 14
	☽△♃	7 11
	☽□♅	10 33
	☽□♇	12pm39
	♃∥♅	3 2
4 W	☽✶☿	4am 7
	☽△♀	10 6
	☽□♆	1pm33
	☉#♆	9 57
5 Th	♀∥♅	3am26
	☽□♂	5 4
	♀∥♃	7 56
	♀ ♒	1pm32
	☉✶☽	1 45
	☽∠☿	2 3
	☽□♄	5 44
	☽□♃	7 17
	☽✶♅	10 2
	☽△♇	11 51
6 F	♀⚻♆	2am25
	☉∥♄	6 29
	☉∥♀	1pm59
	♀∥♄	5 51
	☿∠♄	9 16
	☉∠☽	10 55
	☿ ♐	11 38
7 S	☽⚺☿	0am47
	☽△♆	1 41
	☽□♀	3 55
	☽∠♅	4 36
	☽⚼♇	6 13
	☿⚻♆	7 45
	☽#♇	8 25
	♀#♆	8 55
	♀∠♅	12pm23
	☿∠♃	1 36
	☉⚺♄	5 30
	☽✶♂	10 0
8 Su	♀⚼♇	6am34
	☽✶♄	7 13
	☽⚼♆	8 12
	☉⚺☽	8 22
	☽✶♃	9 22
	☽⚺♅	11 20
	☽⚻♇	12pm45
	☉∥♃	5 56
	☉⚺♃	10 43
9 M	☽∠♂	6am43
	☽∠♄	2pm 2
	☽⚻♆	2 40
	☽∠♃	4 28
	☿✶♀	5 39
	☉☌♅	8 43
	☽✶♀	10 38
	☽☌☿	10 53
10 T	☉∥♅	8am48
	☉☍♇	10 13
	☽⚺♂	3pm12
	☽⚺♄	8 39
	☽⚺♃	11 20
11 W	☽☌♅	0am28
	☽☍♇	1 26
	☉☌☽	2 53
	☽∠♀	7 33
	☿∥♀	8 5
12 Th	☽☍♆	2am49
	☽⚺♀	3pm58
	☽⚺☿	7 38
13 F	☽☌♂	6am54
	☽☌♄	8 43
	☽☌♃	11 52
	☽⚺♅	12pm10
	☽⚻♇	12 44
	☉⚺☽	7 34
14 S	☽∠☿	5am 3
	♃⚺♅	10 50
	☽⚻♆	1pm18
	☿#♆	2 6
	♂☌♄	4 4
	☽∠♅	5 19
	☽⚼♇	5 41
	☿∥♄	8 4
15 Su	☽#♇	1am39
	☉∠☽	2 58
	☽☌♀	6 52
	♃⚻♇	8 1
	☿∥♃	11 37
	☽✶☿	1pm42
	☽⚼♆	5 46
	☽⚺♄	6 48
	☽⚺♂	8 17
	☽✶♅	9 54
	☽△♇	10 5
	☽⚺♃	10 21
16 M	☉✶☽	9am39
	☿∥♅	6pm 7
	☽△♆	9 39
	☽∠♄	10 58
17 T	♂⚺♅	1am10
	♂⚻♇	1 20
	☽∠♂	1 56
	☽∠♃	2 41
	♅☍♇	2 47
	☿⚺♄	10 34
	☉∥♂	12pm26
	☽⚺♀	6 48
	♂☌♃	7 31
18 W	☽✶♄	2am29
	☿∥♂	3 18
	☽□☿	4 24
	☽□♇	5 4
	☽□♅	5 13
	☽✶♃	6 20
	☽✶♂	6 48
	☿☍♇	10 1
	☿☌♅	11 41
	☉∥☿	12pm39
	☉□☽	8 35
	☽∠♀	11 30
	☿⚺♃	11 36
19 Th	☽□♆	3am28
	☿⚺♂	7pm36
20 F	☽✶♀	3am19
	☽□♄	7 23
	☽✶♇	9 20
	☽△♅	9 47
	☽□♃	11 28
	☽□♂	2pm 6
	☽△☿	3 15
21 S	☉△☽	4am 5
	☽✶♆	6 35
	♂∥♅	6 41
	♄#♆	7 44
	☽∠♇	10 29
	♀⚼♆	10 56
	☽⚼♅	11 4
	☽∥♇	1pm 8
	☽⚼☿	7 17
22 Su	☉⚼☽	6am41
	☽∠♆	7 14
	☽□♀	8 33
	☽△♄	9 40
	☽⚺♇	11 5
	☽⚻♅	11 46
	☉ ♑	12pm36
	☽△♃	1 57
	☉☍♆	2 35
	☽#♀	5 17
	☽△♂	6 28
	☽⚻☿	10 37
23 M	♀⚺♄	6am33
	☽⚺♆	7 28
	☉⚻☽	8 44
	☽⚼♄	10 5
	☽⚼♃	2pm31
	☽⚼♂	7 55
24 T	♀△♇	3am32
	☽⚻♄	10 17
	☽☌♇	11 14
	☽△♀	11 42
	☽☍♅	12pm10
	☽⚻♃	2 52
	♀✶♅	8 50
	☽⚻♂	9 13
	♃#♆	10 14
25 W	☽☍☿	4am18
	☽☌♆	7 23
	☉☍☽	12pm16
	☽⚼♀	1 8
	♆ ♊	1 25
26 Th	☿☍♆	9am10
	☿ ♑	9 31
	☽☍♄	10 56
	☽⚺♇	11 28
	☽⚻♅	12pm41
	♂#♆	1 18
	☽⚻♀	2 52
	☽☍♃	4 2
27 F	☽☍♂	0am31
	♂∥♃	0 53
	♂∥♄	2 12
	☽#♀	4 54
	☽⚺♆	8 13
	♃∥♄	9 40
	☽⚻☿	11 7
	☽∠♇	12pm14
	☽⚼♅	1 37
	☉⚻☽	5 10
	☽∥♇	8 2
	♀⚺♃	8 35
	☉∠♀	8 41
28 S	☽∠♆	9am35
	☽⚻♄	1pm41
	☽✶♇	1 46
	☽△♅	3 20
	☽⚼☿	3 56
	☽⚻♃	7 32
	☽☍♀	8 30
	☉⚼☽	8 57
	♄⚻♇	9 0
29 Su	☽⚻♂	6am53
	☽✶♆	11 52
	☽⚼♄	4pm26
	☽△☿	10 9
	☽⚼♃	10 44
30 M	☉△☽	2am 0
	☽⚼♂	11 49
	☽□♇	7pm45
	☽△♄	8 15
	☽□♅	9 47
31 T	☽△♃	3am 5
	☽⚻♀	6 33
	☿∠♀	1pm56
	☽△♂	6 3
	☽□♆	7 36

LONGITUDE

DAY	SID. TIME	☉	☽	☽ 12 Hour	MEAN ☊	TRUE ☊	☿	♀	♂	♃	♄	♅	♆	♇
	h m s	° ' "	° ' "	° ' "	° '	° '	° '	° '	° '	° '	° '	° '	° '	° '
1	6 38 50	9♑ 39 13	2♎ 5 57	8♎ 14 33	10♏ 30	11♏ 45D	8♑ 55	23♒ 32	29♑ 13	21♑ 23	17♑ 42	18♐ 26	29♊ 49R	17♊ 17R
2	6 42 47	10 40 22	14 18 52	20 19 35	10 27	11 44	10 31	24 15	0♒ 0	21 37	17 49	18 30	29 47	17 16
3	6 46 43	11 41 32	26 17 24	2♏ 13 0	10 24	11 45	12 8	24 56	0 47	21 51	17 56	18 33	29 46	17 14
4	6 50 40	12 42 43	8♏ 7 3	14 0 12	10 20	11 46R	13 45	25 36	1 34	22 5	18 3	18 37	29 44	17 13
5	6 54 36	13 43 53	19 53 6	25 46 17	10 17	11 45	15 23	26 15	2 22	22 19	18 10	18 40	29 42	17 12
6	6 58 33	14 45 4	1♐ 40 20	7♐ 35 42	10 14	11 43	17 1	26 52	3 9	22 33	18 17	18 44	29 41	17 11
7	7 2 30	15 46 15	13 32 49	19 32 4	10 11	11 38	18 39	27 28	3 56	22 47	18 24	18 47	29 39	17 10
8	7 6 26	16 47 26	25 33 44	1♑ 38 6	10 8	11 31	20 18	28 3	4 43	23 1	18 32	18 50	29 38	17 9
9	7 10 23	17 48 36	7♑ 45 20	13 55 34	10 5	11 21	21 57	28 37	5 30	23 16	18 39	18 54	29 36	17 8
10	7 14 19	18 49 46	20 8 52	26 25 15	10 1	11 9	23 37	29 8	6 18	23 30	18 46	18 57	29 34	17 7
11	7 18 16	19 50 57	2♒ 44 45	9♒ 7 17	9 58	10 56	25 17	29 39	7 5	23 44	18 53	19 0	29 33	17 6
12	7 22 12	20 52 6	15 32 48	22 1 15	9 55	10 43	26 57	0♓ 7	7 52	23 58	19 0	19 3	29 31	17 5
13	7 26 9	21 53 15	28 32 32	5♓ 6 38	9 52	10 32	28 38	0 34	8 40	24 12	19 7	19 7	29 30	17 5
14	7 30 5	22 54 24	11♓ 43 30	18 23 7	9 49	10 23	0♒ 19	0 59	9 27	24 26	19 14	19 10	29 28	17 4
15	7 34 2	23 55 32	25 5 31	1♈ 50 46	9 46	10 17	2 0	1 23	10 14	24 40	19 21	19 13	29 27	17 3
16	7 37 59	24 56 39	8♈ 38 54	15 30 2	9 42	10 14	3 41	1 44	11 2	24 54	19 28	19 16	29 25	17 2
17	7 41 55	25 57 45	22 24 14	29 21 36	9 39	10 14D	5 23	2 4	11 49	25 8	19 35	19 19	29 24	17 1
18	7 45 52	26 58 51	6♉ 22 11	13♉ 25 57	9 36	10 14R	7 5	2 21	12 36	25 22	19 42	19 23	29 22	17 0
19	7 49 48	27 59 56	20 32 50	27 42 41	9 33	10 13	8 46	2 37	13 24	25 37	19 50	19 26	29 21	16 59
20	7 53 45	29 0 59	4♊ 55 14	12♊ 10 3	9 30	10 11	10 28	2 50	14 11	25 51	19 57	19 29	29 19	16 58
21	7 57 41	0♒ 2 2	19 26 40	26 44 25	9 26	10 7	12 9	3 1	14 59	26 5	20 4	19 32	29 18	16 58
22	8 1 38	1 3 4	4♋ 2 33	11♋ 20 15	9 23	9 59	13 50	3 10	15 46	26 19	20 11	19 35	29 16	16 57
23	8 5 34	2 4 5	18 36 38	25 50 46	9 20	9 49	15 31	3 16	16 33	26 33	20 18	19 38	29 15	16 56
24	8 9 31	3 5 6	3♌ 1 45	10♌ 8 47	9 17	9 37	17 10	3 20	17 21	26 47	20 25	19 41	29 14	16 55
25	8 13 28	4 6 5	17 11 6	24 8 5	9 14	9 24	18 48	3 21R	18 8	27 1	20 32	19 43	29 12	16 54
26	8 17 24	5 7 4	0♍ 59 16	7♍ 44 20	9 11	9 12	20 25	3 21	18 56	27 15	20 39	19 46	29 11	16 54
27	8 21 21	6 8 1	14 23 8	20 55 41	9 7	9 2	22 0	3 17	19 43	27 29	20 46	19 49	29 10	16 53
28	8 25 17	7 8 59	27 22 6	3♎ 42 42	9 4	8 54	23 33	3 11	20 31	27 43	20 52	19 52	29 8	16 52
29	8 29 14	8 9 55	9♎ 57 50	16 8 2	9 1	8 50	25 3	3 3	21 18	27 57	20 59	19 55	29 7	16 52
30	8 33 10	9 10 50	22 13 50	28 15 53	8 58	8 47	26 30	2 52	22 6	28 11	21 6	19 57	29 6	16 51
31	8 37 7	10♒ 11 46	4♏ 14 50	10♏ 11 22	8♏ 55	8♏ 47	27♒ 52	2♓ 38	22♒ 53	28♑ 25	21♑ 13	20♐ 0	29♊ 5	16♊ 50

DECLINATION and LATITUDE

DAY	☉ DECL	☽ DECL	☽ LAT	☽ 12hr DECL	☿ DECL	☿ LAT	♀ DECL	♀ LAT	♂ DECL	♂ LAT	♃ DECL	♃ LAT	♄ DECL	♄ LAT
1	23S 6	3S50	3S16	5S52	24S52	1S43	13S58	0S18	21S25	1S 7	22S 1	0S16	22S 7	0N10
2	23 1	7 50	2 22	9 41	24 48	1 47	13 36	0 9	21 15	1 7	21 59	0 16	22 6	0 10
3	22 56	11 26	1 22	13 3	24 43	1 50	13 14	0 0	21 5	1 7	21 57	0 16	22 5	0 10
4	22 51	14 32	0 20	15 52	24 37	1 53	12 52	0N 9	20 55	1 7	21 55	0 16	22 4	0 10
5	22 45	17 1	0N43	18 1	24 29	1 56	12 30	0 18	20 44	1 7	21 52	0 17	22 3	0 10
6	22 38	18 48	1 44	19 24	24 20	1 59	12 8	0 28	20 33	1 7	21 50	0 17	22 2	0 10
7	22 31	19 46	2 41	19 56	24 9	2 1	11 46	0 38	20 22	1 7	21 48	0 17	22 1	0 10
8	22 24	19 51	3 31	19 33	23 56	2 3	11 25	0 48	20 11	1 7	21 46	0 17	22 0	0 10
9	22 16	19 2	4 12	18 16	23 42	2 4	11 3	0 58	19 59	1 7	21 43	0 17	21 60	0 10
10	22 8	17 17	4 42	16 6	23 27	2 6	10 42	1 9	19 48	1 7	21 41	0 17	21 59	0 10
11	21 59	14 42	4 59	13 8	23 10	2 6	10 21	1 20	19 36	1 7	21 39	0 17	21 58	0 10
12	21 50	11 23	5 1	9 30	22 51	2 7	10 1	1 31	19 23	1 7	21 36	0 17	21 57	0 10
13	21 40	7 29	4 47	5 23	22 31	2 7	9 40	1 43	19 11	1 7	21 34	0 17	21 56	0 9
14	21 30	3 11	4 19	0 56	22 9	2 6	9 20	1 55	18 58	1 7	21 32	0 17	21 55	0 9
15	21 20	1N20	3 35	3N37	21 45	2 5	9 1	2 7	18 45	1 7	21 29	0 17	21 54	0 9
16	21 9	5 52	2 39	8 4	21 20	2 3	8 42	2 19	18 32	1 7	21 27	0 18	21 53	0 9
17	20 58	10 10	1 33	12 9	20 54	2 1	8 23	2 32	18 19	1 7	21 24	0 18	21 52	0 9
18	20 46	13 58	0 20	15 37	20 26	1 59	8 5	2 45	18 6	1 6	21 22	0 18	21 51	0 9
19	20 34	17 1	0S54	18 11	19 56	1 56	7 47	2 58	17 52	1 6	21 19	0 18	21 50	0 9
20	20 22	19 3	2 7	19 37	19 25	1 52	7 30	3 11	17 38	1 6	21 17	0 18	21 49	0 9
21	20 9	19 51	3 12	19 45	18 52	1 47	7 13	3 25	17 24	1 6	21 14	0 18	21 48	0 9
22	19 56	19 19	4 4	18 34	18 19	1 42	6 57	3 38	17 10	1 6	21 12	0 18	21 47	0 9
23	19 43	17 32	4 41	16 12	17 44	1 36	6 42	3 52	16 56	1 6	21 9	0 18	21 46	0 9
24	19 29	14 39	4 59	12 53	17 7	1 30	6 27	4 6	16 41	1 6	21 7	0 18	21 45	0 9
25	19 14	10 58	4 58	8 55	16 30	1 22	6 14	4 21	16 26	1 5	21 4	0 18	21 44	0 9
26	18 60	6 46	4 39	4 35	15 52	1 14	6 1	4 35	16 11	1 5	21 1	0 19	21 43	0 9
27	18 45	2 22	4 6	0 9	15 13	1 6	5 49	4 49	15 56	1 5	20 59	0 19	21 42	0 8
28	18 30	2S 1	3 21	4S 9	14 33	0 56	5 37	5 3	15 41	1 5	20 56	0 19	21 42	0 8
29	18 14	6 11	2 26	8 9	13 53	0 45	5 27	5 18	15 26	1 5	20 53	0 19	21 41	0 8
30	17 58	9 60	1 27	11 44	13 13	0 34	5 18	5 32	15 10	1 4	20 51	0 19	21 40	0 8
31	17S42	13S19	0S24	14S46	12S33	0S22	5S 9	5N46	14S54	1S 4	20S48	0S19	21S39	0N 8

DAY	♅ DECL	♅ LAT	♆ DECL	♆ LAT	♇ DECL	♇ LAT
1	22S60	0S 3	22N15	1S12	13N37	9S16
5	23 1	0 3	22 15	1 12	13 37	9 16
9	23 2	0 3	22 15	1 12	13 37	9 15
13	23 3	0 3	22 16	1 12	13 37	9 15
17	23 4	0 3	22 16	1 11	13 37	9 14
21	23 5	0 3	22 16	1 11	13 38	9 13
25	23 6	0 3	22 16	1 11	13 38	9 13
29	23S 7	0S 3	22N16	1S11	13N39	9S12

☽ PHENOMENA

d	h	m	
1	16	8	☾
9	21	14	●
17	6	38	☽
24	0	6	○
31	13	8	☾

d	h	° '
7	14	19S56
14	17	0
21	3	19N51
27	13	0

d	h	° '
4	7	0
11	15	5N 2
18	7	0
24	11	5S 1
31	9	0

VOID OF COURSE ☽

LAST ASPT		☽ INGRESS		
3	7am 1	3	♏	7am30
5	1pm42	5	♐	8pm36
8	8am 1	8	♑	8am47
10	7am39	10	♒	6pm48
13	1am45	13	♓	2am40
15	7am44	15	♈	8am44
17	12pm 2	17	♉	1pm 6
19	1pm26	19	♊	3pm49
21	4pm11	21	♋	5pm21
23	1pm23	23	♌	6pm56
25	8pm50	25	♍	10pm16
28	3am20	28	♎	4am57
30	1pm39	30	♏	3pm28

d	h	
5	4	APOGEE
21	6	PERIGEE

DAILY ASPECTARIAN

Day	Aspect	Time
1 W	☽⚼♀	1pm22
	☽□☿	3 21
	☉□☽	4 8
	♂⚻♆	5 43
	♀#♇	10 56
	♂ ♒	11 53
2 Th	☉∥♅	5am27
	☽△♇	5 51
	☉☌☿	6 8
	☽□♄	7 3
	☽✶♅	8 23
	☽□♃	2pm54
	☽△♀	9 6
3 F	☽△♆	7am 1
	☽□♂	9 45
	☽∥♀	11 57
	☽⚼♇	12pm 2
	☽∠♅	2 47
	☽#♇	4 25
4 S	☉✶☽	10am15
	☽✶☿	1pm20
	☽⚼♆	1 28
	☽⚻♇	6 33
	♂⚼♇	7 25
	☽✶♄	8 28
	☽⊻♅	9 31
5 Su	☽✶♃	5am 4
	☽□♀	1pm42
	☉∠☽	7 44
	☽⚻♆	7 58
6 M	☽∠☿	0am49
	☿⚻♇	2 32
	☽✶♂	3 12
	☽∠♄	3 19
	☽∠♃	12pm10
	♂∠♅	7 4
	☿☌♄	8 6
7 T	☿⊻♅	1am56
	☉⊻☽	4 53
	☽☍♇	7 16
	☽⊻♄	9 51
	☽☌♅	10 33
	☽∠♂	11 33
	☽⊻☿	11 52
	☽⊻♃	6pm52
8 W	☽✶♀	5am10
	☽☍♆	8 1
	☉⚻♇	8 28
	☽⊻♂	7pm18
9 Th	☉#♆	1am30
	☽∠♀	11 54
	☽⚻♇	6pm11
	☉☌☽	9 14
	☽☌♄	9 19
	☽⊻♅	9 41
	☿☌♃	10 1
	☉☌♄	10 13
10 F	☉⊻♅	2am59
	☽☌♃	6 32
	☽☌☿	7 39
	☽⊻♀	5pm53
	☽⚻♆	5 57
	♀△♆	7 32
	☽⚼♇	10 48
11 S	☽∠♅	2am23
	☉∥♄	3 41
	☽#♇	8 25
	☽☌♂	8 43
	☿∥♅	8 54
	♀ ♓	5pm46
	☽⚼♆	10 6
12 Su	☽△♇	2am52
	☽⊻♄	6 28
	☽✶♅	6 33
	☽∥♀	9 43
	☉⊻☽	10 43
	☽⊻♃	3pm52
	♄⊻♅	10 11
13 M	☽⊻☿	0am11
	☽△♆	1 45
	☽☌♀	3 50
	☽∠♄	10 17
	☿⚻♆	12pm12
	☉∠☽	4 30
	☿#♆	4 44
	☿ ♒	7 35
	☽⊻♂	7 37
	☉∥♃	7 42
	☽∠♃	7 47
14 T	☽∠☿	7am24
	☽□♇	9 37
	☿⊻♀	12pm40
	☽□♅	1 27
	☽✶♄	1 39
	☿∥♄	2 51
	☉✶☽	9 45
	☽✶♃	11 14
15 W	☽∠♂	0am17
	☿⚼♇	0 41
	☽□♆	7 44
	☽⊻♀	11 29
	☽✶☿	2pm 1
	☿∥♃	5 7
	☉☌♃	10 46
16 Th	☽✶♂	4am26
	☿∠♅	8 32
	☽#♀	2pm29
	☽∠♀	2 30
	☽✶♇	2 39
	☉∥☿	5 29
	☽△♅	6 38
	☽□♄	7 5
17 F	☽□♃	4am49
	☉□☽	6 38
	☽✶♆	12pm 2
	☽∠♇	4 32
	☽✶♀	5 0
	☽⚼♅	8 35
	☽∥♇	9 38
18 S	☽□☿	1am22
	☽□♂	11 14
	☽∠♆	1pm34
	☽⊻♇	6 1
	☽⚻♅	10 7
	☽△♄	10 47
19 Su	☽#♂	7am42
	☽△♃	8 38
	☉△☽	1pm26
	☽⊻♆	2 42
	☽□♀	8 29
20 M	☽⚼♄	0am 2
	♂⚼♆	3 58
	☽#☿	4 48
	☉⚻♆	7 1
	☽⚼♃	9 58
	☽△☿	10 24
	☉⚼☽	4pm11
	☽△♂	4 13
	☽☌♇	7 55
	☉ ♒	11 12
21 T	☽☍♅	0am 8
	☽⚻♄	1 1
	☽⚻♃	11 6
	☽⚼☿	2pm20
	☽☌♆	4 11
	☽⚼♂	6 19
	☉⚻☽	6 43
	☽△♀	10 32
22 W	☿⚼♆	6am10
	☽⚻☿	6pm13
	☽⚻♂	8 25
	☉⚼♇	8 51
	☽#☿	9 11
	☽⊻♇	9 14
	☽⚼♀	11 26
23 Th	☽⚻♅	1am41
	☽☍♄	2 49
	☽#♂	6 18
	♂△♇	11 14
	☽☍♃	1pm23
	☽⊻♆	5 39
	☿△♇	8 27
	☽∠♇	10 9
24 F	☉☍☽	0am 6
	☽⚻♀	0 31
	☽⚼♅	2 46
	☿☌♂	5 4
	☉⊻♀	6 4
	☽∥♇	7 1
	☽∠♆	6pm55
	☽✶♇	11 32
25 S	☽☍♂	1am44
	♀SR	3 3
	☽☍☿	3 9
	☿∥♂	3 58
	☽△♅	4 23
	☽⚻♄	5 48
	☿✶♅	2pm 1
	☉∠♅	3 24
	☽⚻♃	5 20
	☽✶♆	8 50
26 Su	☿⊻♄	3am38
	☽☍♀	4 9
	☽#♀	4 23
	☉⚻☽	7 55
	☽⚼♄	8 20
	☽⚼♃	8pm30
27 M	♂✶♅	3am 9
	☽□♇	4 33
	☽□♅	9 59
	☽⚻♂	10 24
	☽△♄	11 48
	☉⚼☽	1pm26
	☽⚻☿	3 54
28 T	☽△♃	0am40
	☽□♆	3 20
	☽⚻♀	10 53
	♂⊻♄	12pm56
	☽⚼♂	4 29
	☽∥♀	7 47
	☉△☽	8 13
29 W	☽⚼☿	0am11
	☿#♇	8 40
	☽△♇	1pm25
	☽⚼♀	3 31
	☽✶♅	7 29
	☽□♄	9 45
	☽△♂	11 42
30 Th	☽△☿	9am35
	☽□♃	12pm 5
	☽△♆	1 39
	☽∥☿	7 9
	☽⚼♇	7 10
	☽△♀	8 50
31 F	☽∠♅	1am31
	☽#♇	2 40
	☿⊻♃	12pm 0
	☽∥♂	12 6
	☉□☽	1 8
	☽⚼♆	7 51
	☿△♆	9 47

FEBRUARY 1902

LONGITUDE

DAY	SID. TIME h m s	☉ ° ' "	☽ ° ' "	☽ 12 Hour ° ' "	MEAN ☊ ° '	TRUE ☊ ° '
1	8 41 3	11♒ 12 40	16♏ 6 12	22♏ 0 4	8♏ 52	8♏ 47R
2	8 45 0	12 13 33	27 53 38	3♐ 47 36	8 48	8 46
3	8 48 57	13 14 26	9♐ 42 36	15 39 17	8 45	8 44
4	8 52 53	14 15 17	21 38 10	27 39 48	8 42	8 39
5	8 56 50	15 16 8	3♑ 44 36	9♑ 52 57	8 39	8 31
6	9 0 46	16 16 58	16 5 9	22 21 22	8 36	8 21
7	9 4 43	17 17 46	28 41 45	5♒ 6 20	8 32	8 9
8	9 8 39	18 18 34	11♒ 35 3	18 7 46	8 29	7 55
9	9 12 36	19 19 20	24 44 17	1♓ 24 21	8 26	7 42
10	9 16 32	20 20 5	8♓ 7 39	14 53 53	8 23	7 30
11	9 20 29	21 20 48	21 42 44	28 33 51	8 20	7 20
12	9 24 26	22 21 30	5♈ 26 57	12♈ 21 47	8 17	7 14
13	9 28 22	23 22 10	19 18 7	26 15 48	8 13	7 10
14	9 32 19	24 22 49	3♉ 14 41	10♉ 14 40	8 10	7 9D
15	9 36 15	25 23 25	17 15 41	24 17 39	8 7	7 9R
16	9 40 12	26 24 1	1♊ 20 30	8♊ 24 9	8 4	7 9
17	9 44 8	27 24 34	15 28 28	22 33 15	8 1	7 8
18	9 48 5	28 25 5	29 38 16	6♋ 43 12	7 58	7 5
19	9 52 1	29 25 35	13♋ 47 40	20 51 12	7 54	6 58
20	9 55 58	0♓ 26 3	27 53 21	4♌ 53 33	7 51	6 50
21	9 59 55	1 26 29	11♌ 51 15	18 45 55	7 48	6 39
22	10 3 51	2 26 53	25 37 3	2♍ 24 11	7 45	6 28
23	10 7 48	3 27 15	9♍ 6 55	15 44 59	7 42	6 17
24	10 11 44	4 27 36	22 18 11	28 46 25	7 38	6 8
25	10 15 41	5 27 56	5♎ 9 43	11♎ 28 12	7 35	6 1
26	10 19 37	6 28 13	17 42 6	23 51 44	7 32	5 57
27	10 23 34	7 28 29	29 57 30	5♏ 59 52	7 29	5 55D
28	10 27 30	8♓ 28 44	11♏ 59 23	17♏ 56 37	7♏ 26	5♏ 55

DAY	☿ ° '	♀ ° '	♂ ° '	♃ ° '	♄ ° '	♅ ° '	♆ ° '	♇ ° '
1	29♒ 11	2♓ 22R	23♒ 40	28♑ 39	21♑ 20	20♐ 3	29♊ 4R	16♊ 50R
2	0♓ 24	2 4	24 28	28 53	21 27	20 5	29 2	16 49
3	1 31	1 43	25 15	29 7	21 34	20 8	29 1	16 49
4	2 31	1 20	26 3	29 21	21 40	20 10	29 0	16 48
5	3 24	0 55	26 50	29 35	21 47	20 13	28 59	16 47
6	4 8	0 28	27 38	29 49	21 54	20 15	28 58	16 47
7	4 43	29♒ 59	28 25	0♒ 3	22 0	20 18	28 57	16 46
8	5 8	29 28	29 13	0 16	22 7	20 20	28 56	16 46
9	5 24R	28 55	0♓ 0	0 30	22 14	20 22	28 55	16 45
10	5 28	28 21	0 48	0 44	22 20	20 25	28 54	16 45
11	5 22	27 46	1 35	0 58	22 27	20 27	28 53	16 45
12	5 5	27 10	2 23	1 11	22 33	20 29	28 52	16 44
13	4 38	26 34	3 10	1 25	22 40	20 31	28 51	16 44
14	4 1	25 56	3 57	1 39	22 46	20 33	28 51	16 43
15	3 16	25 19	4 45	1 52	22 53	20 35	28 50	16 43
16	2 23	24 42	5 32	2 6	22 59	20 37	28 49	16 43
17	1 23	24 5	6 20	2 19	23 5	20 39	28 48	16 42
18	0 20	23 28	7 7	2 33	23 11	20 41	28 48	16 42
19	29♒ 13	22 52	7 54	2 46	23 18	20 43	28 47	16 42
20	28 6	22 18	8 42	2 59	23 24	20 45	28 46	16 42
21	26 59	21 44	9 29	3 13	23 30	20 47	28 46	16 41
22	25 55	21 13	10 16	3 26	23 36	20 48	28 45	16 41
23	24 54	20 42	11 3	3 39	23 42	20 50	28 45	16 41
24	23 58	20 14	11 51	3 52	23 48	20 52	28 44	16 41
25	23 8	19 47	12 38	4 5	23 54	20 53	28 44	16 41
26	22 24	19 23	13 25	4 18	24 0	20 55	28 43	16 41
27	21 47	19 1	14 12	4 31	24 6	20 56	28 43	16 41
28	21♒ 18	18♒ 41	14♓ 59	4♒ 44	24♑ 11	20♐ 58	28♊ 42	16♊ 41

DECLINATION and LATITUDE

DAY	☉ DECL	☽ DECL	☽ LAT	☽ 12hr DECL	☿ DECL	☿ LAT	♀ DECL	♀ LAT	♂ DECL	♂ LAT	♃ DECL	♃ LAT	♄ DECL	♄ LAT
1	17S25	16S 3	0N39	17S10	11S54	0S 9	5S 2	5N60	14S39	1S 4	20S45	0S19	21S38	0N 8
2	17 8	18 5	1 39	18 49	11 16	0N 5	4 55	6 14	14 23	1 4	20 42	0 19	21 37	0 8
3	16 51	19 21	2 36	19 40	10 38	0 20	4 50	6 27	14 6	1 4	20 40	0 19	21 36	0 8
4	16 34	19 46	3 26	19 38	10 3	0 35	4 46	6 40	13 50	1 3	20 37	0 19	21 35	0 8
5	16 16	19 16	4 8	18 41	9 29	0 51	4 43	6 53	13 34	1 3	20 34	0 20	21 34	0 8
6	15 58	17 52	4 39	16 50	8 58	1 7	4 41	7 5	13 17	1 3	20 31	0 20	21 33	0 8
7	15 40	15 35	4 57	14 9	8 30	1 23	4 40	7 17	13 0	1 3	20 28	0 20	21 32	0 8
8	15 21	12 31	4 60	10 43	8 5	1 40	4 40	7 28	12 44	1 2	20 26	0 20	21 31	0 8
9	15 2	8 46	4 48	6 41	7 44	1 57	4 41	7 38	12 27	1 2	20 23	0 20	21 30	0 8
10	14 43	4 31	4 19	2 16	7 27	2 13	4 44	7 48	12 10	1 2	20 20	0 20	21 29	0 8
11	14 24	0N 1	3 36	2N19	7 14	2 29	4 47	7 57	11 52	1 2	20 17	0 20	21 28	0 7
12	14 4	4 36	2 40	6 51	7 7	2 44	4 52	8 5	11 35	1 1	20 14	0 20	21 27	0 7
13	13 44	8 60	1 33	11 2	7 4	2 58	4 57	8 12	11 18	1 1	20 11	0 20	21 26	0 7
14	13 24	12 56	0 21	14 38	7 5	3 10	5 3	8 18	11 0	1 1	20 8	0 21	21 25	0 7
15	13 4	16 8	0S53	17 24	7 11	3 21	5 10	8 23	10 43	1 0	20 5	0 21	21 24	0 7
16	12 43	18 24	2 5	19 7	7 22	3 30	5 18	8 28	10 25	1 0	20 3	0 21	21 23	0 7
17	12 23	19 32	3 9	19 38	7 37	3 37	5 27	8 31	10 7	0 60	19 60	0 21	21 22	0 7
18	12 2	19 26	4 1	18 55	7 55	3 41	5 36	8 34	9 49	0 59	19 57	0 21	21 21	0 7
19	11 41	18 7	4 39	17 2	8 15	3 44	5 46	8 35	9 31	0 59	19 54	0 21	21 20	0 7
20	11 20	15 42	4 59	14 9	8 39	3 44	5 57	8 36	9 13	0 59	19 51	0 21	21 19	0 7
21	10 58	12 25	5 2	10 31	9 3	3 41	6 7	8 35	8 55	0 58	19 48	0 21	21 18	0 7
22	10 36	8 29	4 46	6 23	9 29	3 37	6 19	8 34	8 37	0 58	19 45	0 22	21 17	0 7
23	10 15	4 13	4 15	2 1	9 55	3 31	6 30	8 32	8 19	0 58	19 42	0 22	21 16	0 7
24	9 53	0S11	3 31	2S20	10 21	3 22	6 42	8 29	8 0	0 57	19 39	0 22	21 15	0 7
25	9 31	4 27	2 37	6 29	10 46	3 13	6 53	8 25	7 42	0 57	19 36	0 22	21 14	0 7
26	9 9	8 26	1 36	10 16	11 11	3 2	7 5	8 20	7 24	0 57	19 33	0 22	21 13	0 6
27	8 46	11 58	0 32	13 31	11 34	2 50	7 17	8 15	7 5	0 56	19 30	0 22	21 12	0 6
28	8S24	14S55	0N33	16S10	11S55	2N38	7S28	8N 9	6S46	0S56	19S27	0S22	21S11	0N 6

DAY	♅ DECL	♅ LAT	♆ DECL	♆ LAT	♇ DECL	♇ LAT
1	23S 8	0S 3	22N16	1S11	13N39	9S11
5	23 9	0 3	22 16	1 11	13 40	9 10
9	23 10	0 3	22 16	1 11	13 41	9 9
13	23 10	0 3	22 16	1 10	13 41	9 9
17	23 11	0 3	22 17	1 10	13 42	9 8
21	23 11	0 4	22 17	1 10	13 43	9 7
25	23S12	0S 4	22N17	1S10	13N44	9S 6

☽ PHENOMENA			
d	h	m	
8	13	21	●
15	14	56	☽
22	13	3	○
d	h	° '	
3	23	19S45	
11	0	0	
17	10	19N38	
23	23	0	
7	17	5N 1	
14	7	0	
20	15	5S 3	
27	12	0	

VOID OF COURSE ☽ LAST ASPT		☽ INGRESS		
2	2am 4	2	♐	4am17
4	2pm38	4	♑	4pm37
6	11am13	7	♒	2am27
9	7am32	9	♓	9am29
11	12pm33	11	♈	2pm30
13	4pm27	13	♉	6pm26
15	2pm56	15	♊	9pm43
17	10pm34	18	♋	0am37
19	4pm17	20	♌	3am37
22	5am32	22	♍	7am44
24	11am55	24	♎	2pm18
26	9pm33	27	♏	0am 5

d	h	
2	0	APOGEE
16	18	PERIGEE

DAILY ASPECTARIAN

Day	Aspect	Time
1 S	☽⚻♇	1am28
	☽⚺♅	8 3
	☽∗♄	10 45
	☉∥☽	1pm17
	☿ ♓	3 59
	☽□♂	4 31
2 Su	☽∗♃	2am 4
	☽⚻♆	2 20
	☽□☿	5 39
	☽□♀	8 15
	♃⚻♆	2pm46
	☽∠♄	5 33
3 M	☿☌♀	3am31
	☉⚺☽	7 48
	☽∠♃	9 5
	☽☍♇	2pm19
	☉⚼♅	6 9
	☽☌♅	9 4
4 T	☽⚺♄	0am 4
	☽∗♂	9 25
	☽☍♆	2pm38
	♂#♇	2 57
	☽⚺♃	3 38
	☉∠☽	4 32
	☽∗♀	6 38
	☽∗☿	11 16
5 W	☽∠♂	4pm53
	☽∠♀	10 51
6 Th	☉⚺☽	0am25
	☽⚻♇	1 20
	☽∠☿	6 10
	☽⚺♅	8 1
	☽☌♄	11 13
	☉△♇	11 42
	♃ ♒	7pm32
	♀⚺♃	9 50
	♀ ♒	10 52
	☉∥☽	11 19
	☽⚺♂	11 27
7 F	☽⚻♆	0am29
	☽⚺♀	2 19
	☽☌♃	2 35
	☽⚼♇	5 46
	☽⚺☿	11 42
	☽∠♅	12pm23
	☽#♇	3 35
	♂△♆	3 43
	☽∥♂	10 20
8 S	☽⚼♆	4am19
	♀☌♂	4 32
	☽△♇	9 30
	☉☌☽	1pm21
	☽∗♅	4 4
	☽⚺♄	7 25
	♂ ♓	11 53
9 Su	♀△♆	0am 9
	☽∥☿	6 31
	☽☌♀	7 14
	☽△♆	7 32
	☽☌♂	10 5
	☽⚺♃	10 34
	☽☌☿	7pm16
	♂⚺♃	9 20
	☿SR	10 27
	☽∠♄	10 35
	☽∥♀	10 51
10 M	☉∗♅	1am51
	☽∠♃	1pm42
	☽□♇	3 16
	☽□♅	9 46
	☉⚺☽	11 18
11 T	☽∗♄	1am18
	☽⚺♀	10 11
	☽□♆	12pm33
	☽∗♃	4 27
	☽⚺♂	6 19
	☽⚺☿	11 23
12 W	☽#♀	1am22
	☉∠☽	3 35
	☉⚺♄	5 14
	☽∠♀	11 11
	☽#☿	1pm15
	☽∗♇	7 33
	☽∠♂	9 55
13 Th	☽∠☿	0am33
	☽△♅	2 6
	☉#♇	3 18
	☽□♄	5 51
	☉∗☽	7 34
	☽∗♀	11 59
	☽#♂	12pm39
	☽∗♆	4 27
	☽□♃	9 12
	☽∠♇	9 23
14 F	☿☌♀	1am 4
	☽∗☿	1 16
	☽∗♂	1 18
	☉∥♇	2 55
	☽⚼♅	3 58
	☽∥♇	5 13
	♃⚻♆	8 21
	☽∠♆	6pm 9
	☉☌♀	10 57
	☽⚺♇	11 4
15 S	☽⚻♅	5am42
	☽△♄	9 39
	☽□♀	1pm10
	☉□☽	2 56
	☽⚺♆	7 43
16 Su	☽△♃	1am18
	☽□☿	1 39
	♀⚺♄	5 45
	☽□♂	7 33
	☽⚼♄	11 22
17 M	☽⚻♀	2am 5
	☽⚼♃	3 11
	☽☍♅	8 48
	☽⚻♄	1pm 0
	☽△♀	1 59
	☉△☽	9 47
	☽☌♆	10 34
18 T	☽△☿	1am 5
	☽⚻♃	5 0
	☽⚻♄	7 0
	☉△♆	8 52
	☿⚺♄	9 32
	☽△♂	1pm25
	☽⚼♀	2 22
	☉⚼♆	9 40
19 W	☽⚺♆	0am40
	☉⚼☽	1 9
	☽⚺♇	4 56
	☿△♆	9 24
	☽⚻♅	11 48
	☉ ♓	1pm40
	♂∠♄	1 40
	☽⚻♀	2 50
	☽⚻♃	4 17
	☽☍♄	4 25
20 Th	☽⚺♆	0am20
	☽⚻♂	1 31
	☉⚻☽	4 41
	☽∠♇	6 31
	☽⚼♃	8 52
	☽⚼♅	1pm30
	☽∥♇	3 6
	☿∥♂	7 31
	☽⚺♂	7 39
21 F	☽∠♆	3am18
	☽⚺♇	8 23
	☉∥☽	10 7
	☽△♃	3pm33
	☽⚻♀	4 33
	☽⚻♄	6 44
	☽⚺♄	8 26
	☽#♂	11 12
22 S	☽☍♀	0am29
	☽∗♆	5 32
	☽#♀	11 52
	☉☍☽	1pm 3
	☽⚻♃	2 4
	♀∗♅	5 59
	☽⚼♄	11 15
23 Su	☽☍♂	3am43
	☉⚺♃	6 0
	☉∥♀	9 47
	☽□♇	1pm42
	☽⚼♃	5 35
	☽⚻♀	8 19
	☽□♅	9 21
24 M	☽△♄	2am47
	☽⚻☿	2 53
	☿⚺♄	4 7
	☽□♆	11 55
	☽△♃	9pm56
	☽⚼♀	11 19
25 T	☉⚻☽	0am37
	☽⚼♆	5 19
	☽∥♀	3pm11
	☽⚻♂	3 11
	☽∥♂	6 0
	☽△♇	10 1
26 W	☽△♀	3am10
	☉∥☽	4 10
	☽∗♅	6 15
	☉⚼☽	7 59
	☽△♃	8 41
	☽□♄	12pm22
	♀∥♂	2 46
	☽∥☿	8 43
	☽△☿	9 33
	☽⚼♂	10 24
27 Th	☽⚼♇	3am24
	☽□♃	9 14
	☽∠♅	11 54
	☽#♇	1pm48
	☉△☽	4 19
28 F	☽⚻♆	3am27
	☽△♂	6 28
	☽⚻♇	9 26
	☽□♀	1pm11
	☽□☿	6 9
	☽⚺♅	6 11
	☉∠♄	6 47
	☿∗♅	7 28

LONGITUDE

DAY	SID. TIME	☉	☽	☽ 12 Hour	MEAN ☊	TRUE ☊	☿	♀	♂	♃	♄	♅	♆	♇
	h m s	° ' "	° ' "	° ' "	° '	° '	° '	° '	° '	° '	° '	° '	° '	° '
1	10 31 27	9♓ 28 57	23♏ 52 13	29♏ 46 47	7♏ 23	5♏ 56	20♒ 55R	18♒ 24R	15♓ 47	4♒ 57	24♑ 17	20♐ 59	28♊ 42R	16♊ 41R
2	10 35 24	10 29 9	5♐ 41 2	11♐ 35 37	7 19	5 56R	20 40	18 9	16 34	5 10	24 23	21 1	28 42	16 41D
3	10 39 20	11 29 18	17 31 13	23 28 30	7 16	5 56	20 31D	17 57	17 21	5 23	24 28	21 2	28 41	16 41
4	10 43 17	12 29 27	29 28 6	5♑ 30 38	7 13	5 54	20 29	17 47	18 8	5 35	24 34	21 3	28 41	16 41
5	10 47 13	13 29 34	11♑ 36 39	17 46 41	7 10	5 51	20 34	17 39	18 55	5 48	24 39	21 4	28 41	16 41
6	10 51 10	14 29 39	24 1 8	0♒ 20 24	7 7	5 45	20 44	17 34	19 42	6 1	24 45	21 5	28 41	16 41
7	10 55 6	15 29 43	6♒ 44 43	13 14 15	7 4	5 37	21 1	17 32D	20 29	6 13	24 50	21 6	28 41	16 41
8	10 59 3	16 29 45	19 49 5	26 29 8	7 0	5 29	21 22	17 32	21 16	6 26	24 55	21 8	28 41	16 41
9	11 2 59	17 29 45	3♓ 14 14	10♓ 4 7	6 57	5 20	21 49	17 34	22 3	6 38	25 1	21 8	28 41	16 41
10	11 6 56	18 29 43	16 58 23	23 56 36	6 54	5 12	22 21	17 39	22 50	6 50	25 6	21 9	28 40D	16 41
11	11 10 53	19 29 39	0♈ 58 12	8♈ 2 38	6 51	5 6	22 57	17 46	23 37	7 3	25 11	21 10	28 40	16 41
12	11 14 49	20 29 34	15 9 18	22 17 36	6 48	5 2	23 37	17 55	24 24	7 15	25 16	21 11	28 40	16 42
13	11 18 46	21 29 26	29 26 58	6♉ 36 51	6 44	5 0D	24 20	18 6	25 11	7 27	25 21	21 12	28 41	16 42
14	11 22 42	22 29 16	13♉ 46 47	20 56 18	6 41	5 0	25 8	18 20	25 58	7 39	25 26	21 13	28 41	16 42
15	11 26 39	23 29 4	28 5 4	5♊ 12 46	6 38	5 1	25 59	18 35	26 44	7 51	25 31	21 13	28 41	16 42
16	11 30 35	24 28 50	12♊ 19 8	19 23 58	6 35	5 3	26 53	18 53	27 31	8 3	25 35	21 14	28 41	16 43
17	11 34 32	25 28 34	26 27 5	3♋ 28 20	6 32	5 3R	27 50	19 12	28 18	8 14	25 40	21 14	28 41	16 43
18	11 38 28	26 28 15	10♋ 27 34	17 24 39	6 29	5 3	28 49	19 33	29 5	8 26	25 45	21 15	28 41	16 43
19	11 42 25	27 27 53	24 19 27	1♌ 11 49	6 25	5 0	29 52	19 56	29 51	8 38	25 49	21 15	28 42	16 44
20	11 46 22	28 27 30	8♌ 1 36	14 48 37	6 22	4 56	0♓ 57	20 21	0♈ 38	8 49	25 54	21 16	28 42	16 44
21	11 50 18	29 27 4	21 32 43	28 13 43	6 19	4 51	2 4	20 48	1 24	9 1	25 58	21 16	28 42	16 45
22	11 54 15	0♈ 26 36	4♍ 51 28	11♍ 25 49	6 16	4 45	3 13	21 16	2 11	9 12	26 3	21 16	28 43	16 45
23	11 58 11	1 26 6	17 56 38	24 23 51	6 13	4 39	4 25	21 45	2 57	9 23	26 7	21 17	28 43	16 45
24	12 2 8	2 25 34	0♎ 47 22	7♎ 7 14	6 9	4 34	5 39	22 16	3 44	9 34	26 11	21 17	28 43	16 46
25	12 6 4	3 24 59	13 23 27	19 36 9	6 6	4 31	6 54	22 49	4 30	9 45	26 15	21 17	28 44	16 46
26	12 10 1	4 24 23	25 45 28	1♏ 51 37	6 3	4 29D	8 12	23 23	5 17	9 56	26 19	21 17	28 44	16 47
27	12 13 57	5 23 44	7♏ 54 54	13 55 36	6 0	4 29	9 31	23 58	6 3	10 7	26 23	21 17R	28 45	16 47
28	12 17 54	6 23 4	19 54 8	25 50 55	5 57	4 30	10 52	24 35	6 50	10 18	26 27	21 17	28 46	16 48
29	12 21 50	7 22 23	1♐ 46 24	7♐ 41 8	5 54	4 31	12 15	25 13	7 36	10 29	26 31	21 17	28 46	16 49
30	12 25 47	8 21 39	13 35 38	19 30 28	5 50	4 33	13 39	25 52	8 22	10 39	26 34	21 17	28 47	16 49
31	12 29 44	9♈ 20 53	25♐ 26 16	1♑ 23 36	5♏ 47	4♏ 35	15♓ 5	26♒ 32	9♈ 8	10♒ 50	26♑ 38	21♐ 17	28♊ 47	16♊ 50

DECLINATION and LATITUDE

DAY	☉ DECL	☽ DECL	☽ LAT	☽ 12hr DECL	☿ DECL	☿ LAT	♀ DECL	♀ LAT	♂ DECL	♂ LAT	♃ DECL	♃ LAT	♄ DECL	♄ LAT
1	8S 1	17S13	1N35	18S 5	12S15	2N25	7S40	8N 2	6S28	0S55	19S24	0S22	21S10	0N 6
2	7 38	18 45	2 33	19 13	12 32	2 11	7 51	7 55	6 9	0 55	19 21	0 23	21 9	0 6
3	7 16	19 28	3 24	19 30	12 48	1 58	8 2	7 48	5 50	0 55	19 18	0 23	21 8	0 6
4	6 53	19 19	4 8	18 55	13 2	1 44	8 12	7 40	5 32	0 54	19 15	0 23	21 7	0 6
5	6 30	18 17	4 40	17 26	13 13	1 30	8 23	7 31	5 13	0 54	19 12	0 23	21 6	0 6
6	6 6	16 23	5 1	15 6	13 23	1 16	8 33	7 22	4 54	0 53	19 9	0 23	21 5	0 6
7	5 43	13 38	5 7	11 59	13 31	1 3	8 42	7 13	4 35	0 53	19 6	0 23	21 5	0 6
8	5 20	10 10	4 58	8 12	13 36	0 50	8 51	7 4	4 16	0 53	19 3	0 23	21 4	0 6
9	4 57	6 6	4 32	3 53	13 40	0 37	8 59	6 54	3 57	0 52	19 0	0 23	21 3	0 6
10	4 33	1 37	3 50	0N42	13 42	0 24	9 7	6 44	3 38	0 52	18 57	0 24	21 2	0 6
11	4 10	3N 2	2 54	5 21	13 41	0 12	9 15	6 34	3 19	0 51	18 54	0 24	21 1	0 6
12	3 46	7 36	1 46	9 45	13 39	0S 0	9 22	6 24	3 0	0 51	18 51	0 24	21 0	0 6
13	3 23	11 45	0 30	13 36	13 36	0 11	9 28	6 14	2 41	0 50	18 48	0 24	20 59	0 5
14	2 59	15 14	0S47	16 38	13 30	0 22	9 34	6 4	2 22	0 50	18 45	0 24	20 59	0 5
15	2 35	17 46	2 2	18 37	13 23	0 33	9 39	5 53	2 3	0 49	18 43	0 24	20 58	0 5
16	2 12	19 10	3 9	19 25	13 14	0 43	9 44	5 43	1 44	0 49	18 40	0 24	20 57	0 5
17	1 48	19 21	4 3	18 59	13 3	0 53	9 48	5 32	1 25	0 49	18 37	0 25	20 56	0 5
18	1 24	18 20	4 43	17 25	12 51	1 2	9 52	5 22	1 6	0 48	18 34	0 25	20 55	0 5
19	1 1	16 15	5 6	14 51	12 38	1 11	9 54	5 12	0 47	0 48	18 31	0 25	20 55	0 5
20	0 37	13 16	5 11	11 31	12 22	1 19	9 57	5 1	0 28	0 47	18 28	0 25	20 54	0 5
21	0 13	9 37	4 58	7 37	12 6	1 27	9 58	4 51	0 9	0 47	18 25	0 25	20 53	0 5
22	0N11	5 33	4 30	3 26	11 47	1 34	9 59	4 40	0N10	0 46	18 22	0 25	20 52	0 5
23	0 34	1 17	3 47	0S52	11 28	1 41	9 60	4 30	0 29	0 46	18 19	0 26	20 52	0 5
24	0 58	2S58	2 54	5 2	11 6	1 47	9 60	4 20	0 48	0 45	18 17	0 26	20 51	0 5
25	1 22	7 1	1 53	8 55	10 44	1 53	9 59	4 10	1 7	0 45	18 14	0 26	20 50	0 5
26	1 45	10 42	0 48	12 21	10 20	1 59	9 57	3 60	1 25	0 44	18 11	0 26	20 49	0 4
27	2 9	13 52	0N19	15 12	9 55	2 4	9 55	3 50	1 44	0 44	18 8	0 26	20 49	0 4
28	2 32	16 23	1 24	17 22	9 28	2 8	9 52	3 40	2 3	0 43	18 5	0 26	20 48	0 4
29	2 56	18 10	2 24	18 46	9 0	2 12	9 49	3 30	2 22	0 43	18 3	0 26	20 48	0 4
30	3 19	19 9	3 19	19 20	8 31	2 16	9 45	3 21	2 41	0 42	18 0	0 27	20 47	0 4
31	3N42	19S18	4N 5	19S 3	8S 1	2S19	9S41	3N11	2N59	0S42	17S57	0S27	20S46	0N 4

DAY	♅ DECL	♅ LAT	♆ DECL	♆ LAT	♇ DECL	♇ LAT
1	23S12	0S 4	22N17	1S10	13N45	9S 5
5	23 13	0 4	22 17	1 10	13 46	9 4
9	23 13	0 4	22 17	1 9	13 47	9 3
13	23 13	0 4	22 18	1 9	13 48	9 2
17	23 14	0 4	22 18	1 9	13 49	9 1
21	23 14	0 4	22 18	1 9	13 50	8 60
25	23 14	0 4	22 18	1 9	13 51	8 59
29	23S14	0S 4	22N18	1S 8	13N52	8S58

☽ PHENOMENA

d	h	m	
2	10	39	☾
10	2	50	●
16	22	13	☽
24	3	21	○

d	h	° '
3	8	19S31
10	8	0
16	16	19N25
23	7	0
30	16	19S21
6	22	5N 7
13	9	0
19	19	5S11
26	17	0

VOID OF COURSE ☽

LAST ASPT		☽ INGRESS		
1	0am51	1	♐	12pm27
3	10pm26	4	♑	1am 4
6	1am24	6	♒	11am21
8	3pm54	8	♓	6pm16
10	8pm 5	10	♈	10pm21
12	10pm42	13	♉	0am55
14	9pm37	15	♊	3am13
17	3am49	17	♋	6am 3
19	5am54	19	♌	9am54
21	12pm52	21	♍	3pm12
23	8pm 7	23	♎	10pm31
26	5am51	26	♏	8am20
28	1pm17	28	♐	8pm24
31	6am46	31	♑	9am12

d	h	
1	21	APOGEE
13	21	PERIGEE
29	16	APOGEE

DAILY ASPECTARIAN

Day	Aspect	Time
1 S	☽*♄	0am51
	☽⊼♆	9 48
	☉∥♀	3pm11
	☽*♃	10 56
2 Su	♇SD	1am 4
	♂□♇	3 26
	☽∠♄	7 34
	☉□☽	10 39
	☽∥♃	3pm38
	☽☍♇	10 18
	☽□♂	11 38
3 M	☽*♀	0am51
	☽∠♃	5 53
	☽*☿	6 1
	☽☌♅	7 6
	☽⊻♄	2pm 7
	♀⊻♂	2 56
	☿SD	6 54
	☽☍♆	10 26
4 T	☽∥♃	2am54
	☽∠♀	6 31
	☽∠☿	12pm 0
	☽⊻♃	12 22
5 W	☉*☽	4am 0
	☽⊼♇	9 52
	☽⊻♀	11 40
	☽*♂	3pm 9
	☽⊻☿	5 36
	☽⊻♅	6 23
6 Th	☽☌♄	1am24
	☽⊼♆	8 52
	♃∠♅	9 48
	☉∠☽	11 18
	☽⚼♇	2pm31
	☽∠♂	9 30
	☽∠♅	10 49
	☽#♇	10 58
	☽☌♃	11 0
7 F	☽∥☿	0am57
	☿*♅	7 22
	☽⚼♆	12pm48
	♀SD	12 55
	☉⊻☽	5 28
	☽△♇	6 18
	♂□♅	7 30
	☽☌♀	7 50
8 S	☽*♅	2am22
	☽⊻♂	2 47
	☽☌☿	2 54
	☉□♇	4 28
	♂∠♃	6 38
	☿⊻♂	6 49
	☽∥♀	7 48
	☽⊻♄	9 16
	☽△♆	3pm54
9 Su	☉⊻♀	1am49
	☽⊻♃	6 5
	☉∥☽	6 56
	☽∠♄	11 58
	☽∥♂	12pm32
	☽□♇	11 30
10 M	☽⊻♀	1am10
	☉☌☽	2 50
	☽□♅	7 13
	☽∠♃	8 31
	☽⊻☿	9 39
	☽☌♂	10 42
	☽*♄	2pm 4
	♆SD	6 7
	☽□♆	8 5
11 T	☽#♂	1am22
	☽∠♀	3 4
	☉#☽	5 21
	☽*♃	10 27
	☽∠☿	12pm24
12 W	☽*♇	2am35
	☽*♀	4 42
	☉⊻☽	9 39
	☽#♀	10 7
	☽△♅	10 9
	☽*☿	2pm58
	☽⊻♂	4 26
	☉□♅	4 52
	☽□♄	5 5
	☽*♆	10 42
13 Th	☽∠♇	3am46
	♂*♄	5 52
	☽⚼♅	11 19
	☽#☿	11 43
	☉∠☽	12pm41
	☽∥♇	1 26
	☽□♃	1 35
	☽∠♂	7 0
	☽∠♆	11 50
14 F	☉∠♃	4am49
	☽⊻♇	4 54
	☽□♀	7 45
	☿⊻♄	9 34
	☽⊼♅	12pm28
	☉*☽	3 42
	☽△♄	7 39
	☽□☿	8 14
	☽*♂	9 37
15 S	☽⊻♆	1am 0
	☽#♃	1pm15
	☽△♃	4 41
	☽⚼♄	9 4
16 Su	☽☌♇	7am27
	☽△♀	11 22
	☽☍♅	3pm 7
	☽⚼♃	6 27
	☉□☽	10 13
	☽⊼♄	10 40
17 M	☽△☿	2am31
	☽□♂	3 20
	☽☌♆	3 49
	☉*♄	5 4
	♂□♆	12pm 1
	☽⚼♀	1 35
	☽#♃	8 13
	☽⊼♃	8 28
	☿△♆	8 48
18 T	☽⚼☿	6am16
	☽⊻♇	10 49
	☽⊼♀	4pm 9
	☽⊼♅	6 40
	☿⊻♂	11 8
19 W	☽☍♄	2am37
	☿ ♓	3 4
	♂ ♈	4 31
	☉△☽	5 54
	☽⊻♆	7 37
	☽△♂	10 14
	☽⊼☿	10 29
	☽∠♇	12pm56
	☽∥♇	7 53
	☽⚼♅	8 54
20 Th	☽☍♃	1am25
	☉□♆	5 51
	☽#☿	6 45
	☽∠♆	10 2
	☉⚼☽	10 22
	☽⚼♂	2pm17
	☽*♇	3 26
	☽#♀	9 50
	☽☍♀	10 36
	☽△♅	11 30
21 F	☽⊼♄	7am59
	☉#♂	12pm32
	☽*♆	12 52
	☉ ♈	1 16
	☉⊼☽	3 21
	☽⊼♂	6 51
	☉∥♂	7 55
	☽☍☿	8 44
22 S	♀*♅	0am44
	☽⊼♃	8 2
	☽⚼♄	11 21
	☽□♇	9pm48
23 Su	☉∥☽	3am38
	☽∥♂	4 11
	☽□♅	6 11
	☽⊼♀	7 22
	☽#♂	10 38
	☉#☽	11 26
	☽⚼♃	12pm10
	☽△♄	3 18
	☽□♆	8 7
24 M	☉☍☽	3am21
	☽☍♂	5 56
	☽⊼☿	10 12
	☽⚼♀	12pm50
	☽△♃	4 56
25 T	☽△♇	6am31
	☽*♅	3pm16
	☽⚼☿	6 24
	☽∥♀	6 54
	☽△♀	7 8
	☽∥☿	9 44
26 W	☽□♄	1am 6
	☽△♆	5 51
	☽⚼♇	11 51
	☉⊼☽	6pm33
	☽⊼♂	8 3
	☽∠♅	8 46
	☿∥♀	11 44
27 Th	☽#♇	0am 1
	☽△☿	3 35
	♅SR	3 50
	☽□♃	4 28
	☽⚼♆	11 39
	☿⊻♃	12pm33
	☽⊼♇	5 45
28 F	☽⊻♅	2am47
	☉⚼☽	3 15
	☽⚼♂	4 9
	☽□♀	9 58
	☿∠♄	10 43
	☽*♄	1pm17
	☽⊼♆	5 54
	☽∥♃	10 0
29 S	☉△☽	12pm24
	☽△♂	12 39
	☽*♃	5 57
	☽∠♄	7 52
30 Su	☽□☿	0am 8
	☉☌♂	0 45
	☽☍♇	6 33
	☽☌♅	3pm36
31 M	☽∠♃	0am48
	☽*♀	2 21
	☽⊻♄	2 25
	♀⊻♄	3 49
	☽☍♆	6 46

APRIL 1902

LONGITUDE

DAY	SID. TIME	☉	☽	☽ 12 Hour	MEAN ☊	TRUE ☊	☿	♀	♂	♃	♄	♅	♆	♇
	h m s	° ' "	° ' "	° ' "	° '	° '	° '	° '	° '	° '	° '	° '	° '	° '
1	12 33 40	10♈ 20 6	7♑ 23 6	13♑ 25 23	5♏ 44	4♏ 36R	16♓ 33	27♒ 13	9♈ 54	11♒ 0	26♑ 41	21♐ 17R	28♊ 48	16♊ 50
2	12 37 37	11 19 17	19 31 2	25 40 39	5 41	4 35	18 2	27 56	10 41	11 10	26 45	21 16	28 49	16 51
3	12 41 33	12 18 26	1♒ 54 45	8♒ 13 50	5 38	4 34	19 33	28 39	11 27	11 21	26 48	21 16	28 50	16 52
4	12 45 30	13 17 33	14 38 19	21 8 32	5 35	4 32	21 5	29 23	12 13	11 31	26 52	21 16	28 50	16 52
5	12 49 26	14 16 38	27 44 45	4♓ 27 6	5 31	4 29	22 39	0♓ 9	12 59	11 41	26 55	21 15	28 51	16 53
6	12 53 23	15 15 42	11♓ 15 35	18 10 5	5 28	4 26	24 14	0 55	13 45	11 50	26 58	21 15	28 52	16 54
7	12 57 19	16 14 43	25 10 20	2♈ 15 58	5 25	4 24	25 51	1 42	14 31	12 0	27 1	21 14	28 53	16 55
8	13 1 16	17 13 43	9♈ 26 25	16 41 3	5 22	4 22	27 29	2 29	15 17	12 10	27 4	21 14	28 54	16 55
9	13 5 13	18 12 41	23 59 7	1♉ 19 48	5 19	4 21D	29 9	3 18	16 2	12 19	27 7	21 13	28 55	16 56
10	13 9 9	19 11 37	8♉ 42 13	16 5 29	5 15	4 21	0♈ 50	4 7	16 48	12 29	27 9	21 12	28 56	16 57
11	13 13 6	20 10 30	23 28 44	0♊ 51 7	5 12	4 21	2 33	4 57	17 34	12 38	27 12	21 11	28 57	16 58
12	13 17 2	21 9 22	8♊ 11 52	15 30 17	5 9	4 22	4 18	5 48	18 20	12 47	27 15	21 11	28 58	16 59
13	13 20 59	22 8 11	22 45 48	29 57 56	5 6	4 24	6 4	6 39	19 5	12 56	27 17	21 10	28 59	16 59
14	13 24 55	23 6 58	7♋ 6 16	14♋ 10 33	5 3	4 24	7 51	7 31	19 51	13 5	27 19	21 9	29 0	17 0
15	13 28 52	24 5 43	21 10 34	28 6 14	5 0	4 25R	9 40	8 24	20 37	13 14	27 22	21 8	29 1	17 1
16	13 32 48	25 4 25	4♌ 57 31	11♌ 44 26	4 56	4 25	11 31	9 17	21 22	13 22	27 24	21 7	29 2	17 2
17	13 36 45	26 3 6	18 27 4	25 5 31	4 53	4 24	13 23	10 11	22 8	13 31	27 26	21 6	29 4	17 3
18	13 40 42	27 1 44	1♍ 39 56	8♍ 10 26	4 50	4 23	15 16	11 5	22 53	13 39	27 28	21 5	29 5	17 4
19	13 44 38	28 0 19	14 37 13	21 0 27	4 47	4 22	17 12	12 0	23 38	13 47	27 30	21 4	29 6	17 5
20	13 48 35	28 58 52	27 20 17	3♎ 36 54	4 44	4 21	19 8	12 56	24 24	13 55	27 32	21 3	29 7	17 6
21	13 52 31	29 57 24	9♎ 50 30	16 1 14	4 41	4 21	21 7	13 52	25 9	14 3	27 34	21 2	29 9	17 7
22	13 56 28	0♉ 55 54	22 9 18	28 14 53	4 37	4 21D	23 7	14 48	25 54	14 11	27 35	21 0	29 10	17 8
23	14 0 24	1 54 21	4♏ 18 12	10♏ 19 27	4 34	4 20	25 8	15 45	26 39	14 19	27 37	20 59	29 11	17 9
24	14 4 21	2 52 47	16 18 52	22 16 43	4 31	4 21	27 11	16 42	27 25	14 26	27 38	20 58	29 13	17 10
25	14 8 17	3 51 11	28 13 17	4♐ 8 52	4 28	4 21	29 15	17 40	28 10	14 34	27 39	20 56	29 14	17 11
26	14 12 14	4 49 33	10♐ 3 48	15 58 26	4 25	4 21R	1♉ 20	18 38	28 55	14 41	27 41	20 55	29 16	17 12
27	14 16 10	5 47 54	21 53 11	27 48 27	4 21	4 21	3 27	19 37	29 40	14 48	27 42	20 53	29 17	17 13
28	14 20 7	6 46 13	3♑ 44 42	9♑ 42 24	4 18	4 21	5 34	20 36	0♉ 25	14 55	27 43	20 52	29 19	17 14
29	14 24 4	7 44 30	15 42 3	21 44 11	4 15	4 20	7 42	21 35	1 10	15 2	27 44	20 50	29 20	17 15
30	14 28 0	8♉ 42 46	27♑ 49 20	3♒ 58 2	4♏ 12	4♏ 20	9♉ 51	22♓ 35	1♉ 54	15♒ 8	27♑ 45	20♐ 49	29♊ 22	17♊ 16

DECLINATION and LATITUDE

DAY	☉ DECL	☽ DECL	☽ LAT	☽ 12hr DECL	☿ DECL	☿ LAT	♀ DECL	♀ LAT	♂ DECL	♂ LAT	♃ DECL	♃ LAT	♄ DECL	♄ LAT
1	4N 6	18S35	4N41	17S54	7S29	2S21	9S35	3N 2	3N18	0S41	17S55	0S27	20S46	0N 4
2	4 29	17 0	5 4	15 55	6 56	2 23	9 30	2 53	3 36	0 40	17 52	0 27	20 45	0 4
3	4 52	14 37	5 15	13 9	6 22	2 25	9 23	2 44	3 55	0 40	17 49	0 27	20 44	0 4
4	5 15	11 30	5 10	9 41	5 47	2 26	9 17	2 35	4 14	0 39	17 47	0 27	20 44	0 4
5	5 38	7 43	4 50	5 38	5 10	2 27	9 9	2 26	4 32	0 39	17 44	0 28	20 43	0 4
6	6 1	3 27	4 13	1 11	4 33	2 27	9 1	2 17	4 50	0 38	17 42	0 28	20 48	0 4
7	6 24	1N 8	3 20	3N28	3 54	2 27	8 53	2 8	5 9	0 38	17 39	0 28	20 42	0 4
8	6 46	5 47	2 14	8 3	3 14	2 26	8 44	2 0	5 27	0 37	17 36	0 28	20 42	0 4
9	7 9	10 12	0 57	12 12	2 33	2 25	8 34	1 52	5 45	0 37	17 34	0 28	20 41	0 4
10	7 31	14 2	0S24	15 38	1 51	2 23	8 24	1 44	6 3	0 36	17 32	0 29	20 41	0 3
11	7 53	16 58	1 44	18 2	1 8	2 21	8 13	1 35	6 21	0 35	17 29	0 29	20 40	0 3
12	8 15	18 47	2 57	19 12	0 24	2 18	8 2	1 28	6 39	0 35	17 27	0 29	20 40	0 3
13	8 37	19 18	3 57	19 5	0N21	2 15	7 50	1 20	6 57	0 34	17 24	0 29	20 40	0 3
14	8 59	18 34	4 42	17 46	1 7	2 11	7 38	1 12	7 15	0 34	17 22	0 29	20 39	0 3
15	9 21	16 42	5 9	15 24	1 54	2 6	7 25	1 5	7 32	0 33	17 20	0 29	20 39	0 3
16	9 43	13 54	5 17	12 14	2 41	2 2	7 12	0 57	7 50	0 33	17 17	0 30	20 38	0 3
17	10 4	10 25	5 8	8 30	3 30	1 56	6 59	0 50	8 8	0 32	17 15	0 30	20 38	0 3
18	10 25	6 29	4 42	4 26	4 19	1 50	6 45	0 43	8 25	0 31	17 13	0 30	20 38	0 3
19	10 46	2 20	4 2	0 13	5 9	1 44	6 30	0 36	8 42	0 31	17 11	0 30	20 38	0 3
20	11 7	1S52	3 11	3S55	5 60	1 37	6 15	0 29	8 60	0 30	17 9	0 30	20 37	0 3
21	11 28	5 55	2 12	7 51	6 51	1 30	6 0	0 23	9 17	0 30	17 6	0 31	20 37	0 3
22	11 48	9 40	1 7	11 23	7 43	1 22	5 44	0 16	9 34	0 29	17 4	0 31	20 37	0 3
23	12 9	12 58	0 0	14 24	8 35	1 14	5 28	0 10	9 51	0 28	17 2	0 31	20 37	0 3
24	12 29	15 40	1N 6	16 46	9 27	1 5	5 12	0 4	10 7	0 28	17 0	0 31	20 36	0 2
25	12 49	17 41	2 9	18 24	10 20	0 56	4 55	0S 2	10 24	0 27	16 58	0 31	20 36	0 2
26	13 8	18 54	3 6	19 13	11 13	0 47	4 37	0 8	10 41	0 27	16 56	0 32	20 36	0 2
27	13 28	19 18	3 55	19 11	12 5	0 37	4 20	0 14	10 57	0 26	16 54	0 32	20 36	0 2
28	13 47	18 50	4 34	18 18	12 58	0 27	4 2	0 20	11 14	0 25	16 53	0 32	20 36	0 2
29	14 6	17 33	5 1	16 36	13 49	0 17	3 44	0 25	11 30	0 25	16 51	0 32	20 36	0 2
30	14N25	15S27	5N16	14S 7	14N40	0S 6	3S25	0S31	11N46	0S24	16S49	0S32	20S35	0N 2

DAY	♅ DECL	♅ LAT	♆ DECL	♆ LAT	♇ DECL	♇ LAT
1	23S14	0S 4	22N19	1S 8	13N53	8S57
5	23 14	0 4	22 19	1 8	13 54	8 57
9	23 14	0 4	22 19	1 8	13 55	8 56
13	23 14	0 4	22 19	1 8	13 56	8 55
17	23 13	0 4	22 19	1 8	13 58	8 54
21	23 13	0 4	22 20	1 7	13 59	8 53
25	23 13	0 4	22 20	1 7	13 60	8 53
29	23S12	0S 4	22N20	1S 7	14N 1	8S52

☽ PHENOMENA

d	h	m	
1	6	24	☾
8	13	50	●♂
15	5	25	☽
22	18	49	○☍
30	22	58	☾

d	h	° '
6	18	0
12	22	19N18
19	13	0
26	23	19S18

d	h	° '
3	5	5N15
9	17	0
15	23	5S17
23	0	0
30	13	5N18

VOID OF COURSE ☽

LAST ASPT		☽ INGRESS		
2	2pm 8	2	♒	8pm20
5	2am 0	5	♓	4am 3
7	6am18	7	♈	8am11
9	8am 4	9	♉	9am50
11	6am 4	11	♊	10am37
13	10am22	13	♋	12pm 4
15	10am44	15	♌	3pm18
17	7pm16	17	♍	8pm57
20	3am25	20	♎	5am 5
22	1pm51	22	♏	3pm28
24	10pm52	25	♐	3am36
27	3pm 1	27	♑	4pm26
29	11pm51	30	♒	4am16

d	h	
10	13	PERIGEE
26	7	APOGEE

DAILY ASPECTARIAN

1 T	☿□♇	4am50
	☽□♂	5 22
	☉□☽	6 24
	☽⚺♃	7 18
	☽∠♀	10 13
	☽∥♃	12pm 7
	☽⚻♇	6 46
	☉⚹♃	7 42
	☽⚹☿	8 41
2 W	☽⚺♅	3am26
	☽☌♄	2pm 8
	☽⚺♀	5 21
	☽⚻♆	6 5
	♂⚹♃	7 58
	☽⚼♇	11 54
3 Th	☽∠☿	5am42
	♀△♆	5 56
	☽#♇	6 6
	☽∠♅	8 17
	☽☌♃	6pm 5
	☽⚹♂	7 11
	☉⚹☽	9 17
	☽⚼♆	10 31
4 F	☿□♅	2am45
	☽△♇	4 9
	☽⚹♅	12pm12
	☉#☿	12 51
	☽⚺☿	1 29
	☽∥♀	3 2
	♀ ♓	7 31
	☽⚺♄	10 29
5 S	☽∠♂	0am27
	☽△♆	2 0
	☉∠☽	2 58
	☽☌♀	4 34
	☉#☽	11 2
	☿#♂	4pm27
	☽#♂	4 55
	☽∥☿	5 2
6 Su	☽⚺♃	1am 2
	☽∠♄	1 14
	☽⚺♂	4 36
	☉⚺☽	7 30
	☽□♇	9 49
	☽□♅	5pm17
7 M	☽☌☿	1am18
	☽∠♃	3 9
	☽⚹♄	3 9
	☽□♆	6 18
	☽⚺♀	11 41
	☽#☿	12pm25
	☉⚹♇	4 25
	☿⚹♄	5 40
	☿∠♃	6 48
	☽∥♂	10 6
8 T	☽⚹♃	4am34
	☉∥☽	5 39
	☽☌♂	10 13
	☽⚹♇	12pm24
	☉☌☽	1 50
	☽∠♀	2 7
	☽#♀	3 11
	☽△♅	7 28
	☿□♆	8 36
9 W	☽□♄	5am 8
	☽⚹♆	8 4
	☽⚺☿	9 32
	☿ ♈	12pm 7
	☉∠♀	12 57
	☽∠♇	1 0
	☽⚹♀	4 6
	☽⚼♅	7 56
	☽∥♇	11 17
10 Th	♂⚹♇	4am37
	☽□♃	6 12
	☽∠♆	8 30
	☽∠☿	1pm 6
	☽⚺♇	1 24
	☽⚺♂	1 52
	☉⚺☽	6 15
	☽⚻♅	8 17
11 F	☽#♃	5am19
	☽△♄	6 4
	☽⚺♆	8 55
	☉#♀	2pm15
	☽∠♂	3 36
	☽⚹☿	4 45
	☽□♀	7 50
	☉∠☽	8 25
12 S	☉△♅	0am33
	☽⚼♄	6 39
	☽△♃	7 36
	☽☌♇	2pm26
	☽⚹♂	5 35
	☽☍♅	9 21
	☉⚹☽	10 53
13 Su	☽⚻♄	7am33
	☽⚼♃	8 42
	☽☌♆	10 22
	☿⚺♀	3pm35
14 M	☽△♀	0am45
	☽□☿	1 27
	☽⚻♃	10 15
	☽⚺♇	4pm51
	☽#♃	5 7
	♀#♂	6 30
	☽□♂	10 58
	☽⚻♅	11 56
15 T	☽⚼♀	4am 6
	☉□☽	5 25
	☽☍♄	10 44
	☽⚺♆	1pm37
	♂△♅	4 14
	☽∠♇	6 52
	☽∥♇	11 36
16 W	☽⚼♅	2am 2
	☽⚻♀	8 11
	☽△☿	1pm27
	☽☍♃	3 4
	☽∠♆	4 7
	☽⚹♇	9 29
17 Th	☿⚹♃	1am52
	☉∥☽	2 4
	☽△♅	4 46
	☽△♂	7 2
	☽∥♂	1pm17
	☉△☽	2 51
	☽⚻♄	4 18
	☽⚹♆	7 16
	☽⚼☿	9 1
	☽#♀	10 24
18 F	☽∥☿	10am31
	☉□♄	11 10
	☽⚼♂	12pm11
	☽☍♀	6 45
	☽⚼♄	8 2
	☉⚼☽	8 44
	☽⚻♃	10 26
	☿⚹♇	10 37
19 S	☽□♇	4am37
	☽⚻☿	5 41
	☽□♅	12pm 5
	♀∠♄	1 19
	☽⚻♂	6 3
20 Su	☽△♄	0am22
	☽⚼♃	3 3
	☉⚻☽	3 24
	☽□♆	3 25
	☉⚹♆	3 34
	☿#♀	5 39
	☿△♅	10pm58
21 M	☽∥♀	0am27
	☉ ♉	1 4
	♀⚺♃	5 48
	☽#☿	7 23
	☽△♃	8 16
	☽⚻♀	8 26
	☽△♇	2pm 9
	♃⚼♆	7 47
	☽⚹♅	9 45
	☽#♂	11 12
22 T	☽☍☿	2am15
	☽☍♂	7 52
	☽□♄	10 43
	☽△♆	1pm51
	☽⚼♀	4 21
	☉#☽	4 52
	☉☍☽	6 49
	☽⚼♇	7 43
23 W	☽∠♅	3am20
	☉∠♇	6 6
	☽#♇	8 26
	☽⚼♆	7pm47
	☽□♃	8 12
24 Th	☽△♀	0am51
	☽⚻♇	1 43
	☿☌♂	4 16
	☿□♄	5 23
	♂□♄	7 25
	☽⚺♅	9 20
	♀□♇	11 47
	☽∥♃	2pm38
	☽⚹♄	10 52
	☽⚻♂	11 52
	☿⚹♆	11 53
25 F	☽⚻♆	2am 3
	☽⚻☿	2 31
	☿∥♂	2 44
	☿ ♉	8 41
	☉⚻☽	12pm25
26 S	☽∠♄	5am19
	☽⚼♂	8 21
	☽⚹♃	9 29
	☿∠♇	9 58
	♂⚹♆	11 30
	☽☍♇	2pm31
	☽⚼☿	3 30
	☽□♀	6 58
	☉⚼☽	9 36
	☽☌♅	9 59
27 Su	☉⚼♅	2am14
	♂ ♉	10 49
	☽⚺♄	11 48
	☽☍♆	3pm 1
	☽∠♃	4 12
	☽△♂	4 49
28 M	☿∠♀	0am32
	☿⚼♅	3 18
	☽△☿	4 29
	♀□♅	6 27
	☉△☽	6 38
	☉∥♇	5pm25
	☽⚺♃	10 39
29 T	☉☌☿	0am43
	☽⚻♇	3 6
	☿∥♇	5 24
	☽∥♃	9 9
	☽⚺♅	10 12
	☉∥☿	12pm18
	☽⚹♀	12 44
	☽☌♄	11 51
30 W	☽⚻♆	3am 1
	☽#☿	5 28
	☽□♂	8 30
	☉#☽	8 33
	☽⚼♇	8 43
	♂∠♇	12pm 7
	☽#♇	12 52
	☽∠♅	3 33
	☽∠♀	8 39
	☉□☽	10 58

LONGITUDE

DAY	SID. TIME	☉	☽	☽ 12 Hour	MEAN ☊	TRUE ☊	☿	♀	♂	♃	♄	♅	♆	♇
	h m s	° ' "	° ' "	° ' "	° '	° '	° '	° '	° '	° '	° '	° '	° '	° '
1	14 31 57	9♉ 41 0	10♒ 10 50	16♒ 28 14	4♏ 9	4♏ 20D	12♉ 1	23♓ 35	2♉ 39	15♒ 15	27♑ 46	20♐ 47R	29♊ 23	17♊ 18
2	14 35 53	10 39 13	22 50 45	29 18 50	4 6	4 20	14 10	24 35	3 24	15 21	27 46	20 46	29 25	17 19
3	14 39 50	11 37 24	5♓ 52 52	12♓ 33 13	4 2	4 20	16 20	25 36	4 9	15 28	27 47	20 44	29 26	17 20
4	14 43 46	12 35 34	19 20 4	26 13 32	3 59	4 21	18 29	26 37	4 53	15 34	27 47	20 42	29 28	17 21
5	14 47 43	13 33 42	3♈ 13 38	10♈ 20 10	3 56	4 22	20 37	27 38	5 38	15 39	27 48	20 40	29 30	17 22
6	14 51 39	14 31 49	17 32 48	24 51 2	3 53	4 22	22 45	28 40	6 22	15 45	27 48	20 39	29 31	17 23
7	14 55 36	15 29 54	2♉ 14 14	9♉ 41 32	3 50	4 23R	24 51	29 42	7 7	15 51	27 48	20 37	29 33	17 25
8	14 59 33	16 27 58	17 12 0	24 44 33	3 47	4 22	26 56	0♈ 44	7 51	15 56	27 48R	20 35	29 35	17 26
9	15 3 29	17 26 0	2♊ 18 3	9♊ 51 21	3 43	4 22	28 59	1 46	8 36	16 1	27 48	20 33	29 36	17 27
10	15 7 26	18 24 1	17 23 17	24 52 46	3 40	4 20	0♊ 59	2 49	9 20	16 6	27 48	20 31	29 38	17 28
11	15 11 22	19 22 0	2♋ 18 48	9♋ 40 33	3 37	4 19	2 58	3 52	10 4	16 11	27 48	20 29	29 40	17 30
12	15 15 19	20 19 57	16 57 18	24 8 31	3 34	4 17	4 54	4 55	10 49	16 16	27 47	20 27	29 42	17 31
13	15 19 15	21 17 52	1♌ 13 50	8♌ 13 2	3 31	4 16	6 47	5 58	11 33	16 21	27 47	20 25	29 44	17 32
14	15 23 12	22 15 46	15 6 3	21 52 57	3 27	4 15D	8 38	7 2	12 17	16 25	27 46	20 23	29 46	17 33
15	15 27 8	23 13 37	28 33 55	5♍ 9 12	3 24	4 15	10 25	8 6	13 1	16 29	27 46	20 21	29 47	17 35
16	15 31 5	24 11 27	11♍ 39 7	18 4 4	3 21	4 15	12 10	9 10	13 45	16 33	27 45	20 19	29 49	17 36
17	15 35 2	25 9 15	24 24 27	0♎ 40 40	3 18	4 16	13 51	10 14	14 29	16 37	27 44	20 17	29 51	17 37
18	15 38 58	26 7 1	6♎ 53 9	13 2 19	3 15	4 18	15 29	11 19	15 13	16 41	27 43	20 15	29 53	17 39
19	15 42 55	27 4 46	19 8 34	25 12 17	3 12	4 19	17 4	12 23	15 57	16 44	27 42	20 12	29 55	17 40
20	15 46 51	28 2 30	1♏ 13 50	7♏ 13 34	3 8	4 20R	18 36	13 28	16 41	16 47	27 41	20 10	29 57	17 41
21	15 50 48	29 0 11	13 11 47	19 8 48	3 5	4 20	20 4	14 33	17 24	16 51	27 40	20 8	29 59	17 43
22	15 54 44	29 57 52	25 4 53	1♐ 0 17	3 2	4 18	21 28	15 38	18 8	16 53	27 39	20 6	0♋ 1	17 44
23	15 58 41	0♊ 55 31	6♐ 55 17	12 50 8	2 59	4 16	22 49	16 44	18 52	16 56	27 38	20 3	0 3	17 45
24	16 2 37	1 53 9	18 45 4	24 40 20	2 56	4 12	24 7	17 49	19 35	16 59	27 36	20 1	0 5	17 47
25	16 6 34	2 50 46	0♑ 36 14	6♑ 33 1	2 53	4 7	25 21	18 55	20 19	17 1	27 35	19 59	0 7	17 48
26	16 10 31	3 48 21	12 30 59	18 30 28	2 49	4 2	26 31	20 1	21 2	17 3	27 33	19 57	0 9	17 49
27	16 14 27	4 45 56	24 31 48	0♒ 35 22	2 46	3 57	27 38	21 7	21 46	17 6	27 31	19 54	0 11	17 51
28	16 18 24	5 43 30	6♒ 41 33	12 50 48	2 43	3 53	28 41	22 13	22 29	17 7	27 29	19 52	0 13	17 52
29	16 22 20	6 41 3	19 3 31	25 20 11	2 40	3 50	29 40	23 19	23 12	17 9	27 28	19 50	0 15	17 53
30	16 26 17	7 38 34	1♓ 41 14	8♓ 7 10	2 37	3 48D	0♋ 35	24 26	23 56	17 11	27 26	19 47	0 17	17 55
31	16 30 13	8♊ 36 5	14♓ 38 23	21♓ 15 19	2♏ 33	3♏ 48	1♋ 27	25♈ 32	24♉ 39	17♒ 12	27♑ 23	19♐ 45	0♋ 19	17♊ 56

DECLINATION and LATITUDE

DAY	☉ DECL	☽ DECL	☽ LAT	☽ 12hr DECL	☿ DECL	☿ LAT	♀ DECL	♀ LAT	♂ DECL	♂ LAT	♃ DECL	♃ LAT	♄ DECL	♄ LAT
1	14N43	12S38	5N16	10S58	15N31	0N 4	3S 6	0S36	12N 2	0S24	16S47	0S33	20S35	0N 2
2	15 2	9 9	5 1	7 13	16 20	0 15	2 47	0 41	12 18	0 23	16 46	0 33	20 35	0 2
3	15 20	5 10	4 31	3 0	17 8	0 25	2 27	0 46	12 33	0 22	16 44	0 33	20 35	0 2
4	15 38	0 46	3 45	1N30	17 55	0 36	2 7	0 51	12 49	0 22	16 42	0 33	20 35	0 2
5	15 55	3N48	2 44	6 5	18 40	0 46	1 47	0 55	13 4	0 21	16 41	0 33	20 35	0 2
6	16 12	8 19	1 32	10 27	19 23	0 56	1 27	0 60	13 20	0 20	16 39	0 34	20 35	0 2
7	16 29	12 27	0 12	14 16	20 4	1 6	1 6	1 4	13 35	0 20	16 38	0 34	20 35	0 1
8	16 46	15 51	1S11	17 11	20 43	1 16	0 45	1 8	13 50	0 19	16 37	0 34	20 35	0 1
9	17 3	18 12	2 29	18 54	21 19	1 25	0 24	1 13	14 5	0 19	16 35	0 34	20 35	0 1
10	17 19	19 16	3 36	19 17	21 53	1 33	0 3	1 16	14 20	0 18	16 34	0 34	20 36	0 1
11	17 35	18 57	4 29	18 19	22 25	1 41	0N19	1 20	14 34	0 17	16 33	0 35	20 36	0 1
12	17 50	17 23	5 2	16 11	22 54	1 48	0 40	1 24	14 49	0 17	16 31	0 35	20 36	0 1
13	18 6	14 45	5 16	13 8	23 21	1 55	1 2	1 28	15 3	0 16	16 30	0 35	20 36	0 1
14	18 21	11 22	5 11	9 28	23 45	2 1	1 24	1 31	15 17	0 15	16 29	0 35	20 36	0 1
15	18 35	7 28	4 48	5 25	24 6	2 6	1 46	1 34	15 31	0 15	16 28	0 36	20 36	0 1
16	18 50	3 19	4 11	1 13	24 25	2 10	2 8	1 38	15 45	0 14	16 27	0 36	20 37	0 1
17	19 4	0S53	3 23	2S57	24 42	2 14	2 31	1 41	15 59	0 13	16 26	0 36	20 37	0 1
18	19 18	4 58	2 26	6 55	24 56	2 17	2 53	1 43	16 12	0 13	16 25	0 36	20 37	0 1
19	19 31	8 47	1 23	10 32	25 7	2 19	3 16	1 46	16 26	0 12	16 24	0 36	20 37	0 0
20	19 44	12 11	0 17	13 41	25 17	2 20	3 39	1 49	16 39	0 12	16 24	0 37	20 38	0 0
21	19 57	15 2	0N49	16 14	25 24	2 20	4 2	1 51	16 52	0 11	16 23	0 37	20 38	0 0
22	20 9	17 14	1 52	18 4	25 30	2 19	4 24	1 54	17 5	0 10	16 22	0 37	20 38	0 0
23	20 21	18 41	2 50	19 7	25 33	2 18	4 47	1 56	17 17	0 10	16 22	0 37	20 39	0 0
24	20 33	19 19	3 40	19 19	25 35	2 16	5 10	1 58	17 30	0 9	16 21	0 38	20 39	0 0
25	20 44	19 6	4 21	18 40	25 35	2 12	5 33	2 0	17 42	0 8	16 21	0 38	20 39	0S 0
26	20 55	18 2	4 51	17 12	25 33	2 8	5 57	2 2	17 54	0 8	16 20	0 38	20 40	0 0
27	21 6	16 10	5 8	14 57	25 29	2 3	6 20	2 4	18 6	0 7	16 20	0 38	20 40	0 0
28	21 16	13 34	5 12	12 2	25 24	1 58	6 43	2 6	18 18	0 6	16 19	0 39	20 41	0 0
29	21 26	10 20	5 2	8 31	25 18	1 51	7 6	2 7	18 30	0 6	16 19	0 39	20 41	0 0
30	21 36	6 34	4 36	4 32	25 10	1 43	7 29	2 9	18 41	0 5	16 19	0 39	20 42	0 0
31	21N45	2S25	3N57	0S14	25N 2	1N35	7N52	2S10	18N52	0S 4	16S19	0S39	20S42	0S 1

DAY	♅ DECL	♅ LAT	♆ DECL	♆ LAT	♇ DECL	♇ LAT
1	23S12	0S 4	22N20	1S 7	14N 1	8S52
5	23 12	0 4	22 20	1 7	14 2	8 51
9	23 11	0 5	22 20	1 7	14 3	8 50
13	23 11	0 5	22 21	1 7	14 4	8 50
17	23 10	0 5	22 21	1 6	14 5	8 49
21	23 10	0 5	22 21	1 6	14 6	8 49
25	23 9	0 5	22 21	1 6	14 7	8 49
29	23S 8	0S 5	22N21	1S 6	14N 8	8S48

☽ PHENOMENA

d	h	m	
7	22	45	●
14	13	40	☽
22	10	46	○
30	12	0	☾

d	h	° '
4	4	0
10	7	19N19
16	19	0
24	6	19S21
31	13	0

d	h	° '
7	3	0
13	5	5S16
20	6	0
27	19	5N12

VOID OF COURSE ☽

LAST ASPT	☽ INGRESS
2 12pm12	2 ♓ 1pm16
4 5pm37	4 ♈ 6pm29
6 7pm38	6 ♉ 8pm23
8 5pm54	8 ♊ 8pm21
10 7pm43	10 ♋ 8pm15
12 6pm 9	12 ♌ 9pm54
15 2am13	15 ♍ 2am36
17 10am26	17 ♎ 10am42
19 9pm26	19 ♏ 9pm33
22 5am11	22 ♐ 9am58
24 12pm 9	24 ♑ 10pm47
27 5am55	27 ♒ 10am50
29 8am57	29 ♓ 8pm50

d	h	
8	19	PERIGEE
23	15	APOGEE

DAILY ASPECTARIAN

1 Th	☽#♂	4am 6
	☽□☿	4 14
	☽⚼♆	8 3
	☽☌♃	9 46
	☽△♇	1pm35
	☽✶♅	8 6
2 F	☿∠♆	2am43
	☽⚺♀	3 31
	☽⚺♄	9 9
	☽△♆	12pm12
	☿#♃	12 16
	☿□♃	1 50
	☽✶♂	8 39
3 S	☉✶☽	11am 8
	☿⚺♇	11 16
	☽∠♄	12pm25
	☽∥♀	4 13
	☽⚺♃	5 18
	☽□♇	8 30
	☽✶☿	10 13
4 Su	☽∠♂	1am 2
	☽□♅	2 24
	☽☌♀	1pm40
	☽#♀	2 11
	☽✶♄	2 42
	☉∠☽	3 26
	☽□♆	5 37
	☽∠♃	7 35
5 M	☿⚻♅	0am34
	♂⚼♅	1 17
	♀✶♄	3 41
	☽⚺♂	4 18
	☽∠☿	4 47
	☉⚺☽	6pm38
	☽✶♃	9 1
	☽✶♇	11 45
	☉∠♆	11 48
6 T	☽△♅	5am 6
	☽⚺☿	10 0
	☽□♄	4pm48
	☽⚺♀	7 34
	☽✶♆	7 38
	♀□♆	8 33
7 W	☽∠♇	0am17
	☽⚼♅	5 26
	♀ ♈	7 4
	☽∥♂	7 56
	☽☌♂	8 16
	☉□♃	9 29
	☽∥♇	10 33
	☉#♃	11 16
	☿#♄	7pm25
	☽∠♆	7 49
	☽∠♀	9 29
8 Th	☽⚺♇	0am22
	♀∠♃	5 9
	☽⚻♅	5 22
	♄SR	6 14
	☽#♃	6 31
	☉∥☽	9 3
	☿△♄	10 12
	☽△♄	4pm51
	☽☌☿	5 54
	☽⚺♆	7 43
	♂∥♇	9 28
	☽✶♀	11 6
9 F	☉⚺♇	0am28
	☿⚺♆	7 36
	☽⚺♂	10 31
	☿ ♊	12pm 9
	☽⚼♄	4 41
	☽△♃	9 57
10 S	☽☌♇	0am 8
	☉⚺☽	1 44
	☽☍♅	5 0
	☽∠♂	11 42
	☽⚻♄	4pm42
	☽☌♆	7 43
	☿∥♆	8 27
	☽⚼♃	10 10
11 Su	☽⚺☿	1am13
	☽□♀	2 43
	☉∠☽	3 34
	☽✶♂	1pm20
	☉∥☽	7 11
	☽⚻♃	10 51
12 M	☿✶♀	0am33
	☽⚺♇	0 56
	☉⚻♅	2 53
	☽∠☿	5 39
	☽⚻♅	5 48
	☉✶☽	6 1
	☽#♃	8 53
	☿#♅	2pm56
	☽☍♄	6 9
	☽⚺♆	9 26
	☽∥♂	9 50
13 T	☽∠♇	2am14
	☽∥♇	5 13
	☽⚼♅	7 9
	☽△♀	8 48
	☽✶☿	11 0
	☽□♂	6pm47
	☽∠♆	11 24
14 W	☽☍♃	2am19
	☽✶♇	4 20
	☽△♅	9 19
	☽⚼♀	1pm20
	☉□☽	1 40
	☽⚻♄	10 33
15 Th	☽✶♆	2am13
	☽⚻♀	6pm59
16 F	☽□☿	1am 6
	☽⚼♄	2 3
	☽△♂	4 9
	☉∠♀	5 44
	☽∥♀	6 10
	☿⚼♄	8 14
	☽⚻♃	9 12
	☽□♇	11 8
	☽□♅	4pm12
17 S	☉△☽	1am32
	☽△♄	6 21
	☽⚼♂	10 19
	☽#♀	10 24
	☽□♆	10 26
	♂∠♆	12pm37
	☽⚼♃	1 52
	☿⚺♂	4 37
18 Su	☉⚼☽	8am57
	☽☍♀	9 27
	☽⚻♂	5pm18
	☿△♃	6 40
	☽△♃	7 14
	☽△☿	7 19
	☽△♇	9 5
	♂#♃	10 13
19 M	☽✶♅	2am 6
	☿☌♇	9 25
	☉△♄	3pm24
	☽□♄	4 57
	☉⚻☽	5 5
	☽△♆	9 26
20 T	☽⚼♇	2am55
	♂□♃	4 2
	☽⚼☿	5 23
	☽∠♅	7 51
	☽#♇	3pm35
21 W	☿☍♅	1am11
	☽⚻♀	3 0
	☽⚼♆	3 36
	☽□♃	7 23
	☽☍♂	9 2
	☽⚻♇	9 7
	♂⚺♇	10 18
	♆ ♋	1pm34
	☽∥♃	1 40
	☽⚺♅	1 57
	☽⚻☿	3 44
	☽#♂	9 40
22 Th	☉ ♊	0am53
	☉⚺♆	1 18
	☽✶♄	5 11
	☽⚻♆	10 1
	☉☍☽	10 46
	☽⚼♀	12pm24
23 F	♀✶♃	4am52
	☽∠♄	11 33
	☽✶♃	8pm24
	☽△♀	9 55
	☽☍♇	10 1
	♀✶♇	11 3
24 S	☽⚻♂	1am48
	☽☌♅	2 34
	☽☍☿	12pm 9
	☉#♄	1 5
	♂⚻♅	1 37
	☽⚺♄	5 54
	☽☍♆	11 1
25 Su	☽∠♃	2am52
	☉⚻☽	4 56
	☽⚼♂	10 7
	♀△♅	10pm35
26 M	☽#♂	1am50
	☽⚺♃	9 8
	☽⚻♇	10 39
	☉⚼☽	1pm41
	☽⚺♅	2 49
	☽□♀	4 31
	☽△♂	6 8
	☿⚻♄	9 34
	☽∥♃	10 14
27 T	☽☌♄	5am55
	☽⚻☿	6 45
	☽⚻♆	11 14
	☽⚼♇	4pm28
	☽#♇	7 20
	☽∠♅	8 26
	☉△☽	9 57
28 W	☽⚼☿	2pm49
	☽⚼♆	4 38
	♀⚺♂	4 53
	☽☌♃	8 19
	☽△♇	9 45
29 Th	☽✶♅	1am28
	☽□♂	8 26
	☿ ♋	8 27
	☽✶♀	8 57
	☿☌♆	3pm36
	☽⚺♄	3 59
	☽#♀	6 58
	☽△♆	9 22
	☽△☿	9 47
30 F	☉□☽	12pm 0
	☽∠♀	3 46
	☽∠♄	7 54
31 S	☽⚺♃	4am40
	☽□♇	6 1
	☽□♅	9 15
	☽✶♂	7pm 6
	☽⚺♀	9 27
	☽✶♄	10 55
	☿⚼♃	11 27

JUNE 1902

LONGITUDE

DAY	SID. TIME	☉	☽	☽ 12 Hour	MEAN ☊	TRUE ☊	☿	♀	♂	♃	♄	♅	♆	♇
	h m s	° ' "	° ' "	° ' "	° '	° '	° '	° '	° '	° '	° '	° '	° '	° '
1	16 34 10	9♊ 33 36	27♓ 58 19	4♈ 47 40	2♏ 30	3♏ 49	2♋ 14	26♈ 39	25♉ 22	17♒ 13	27♑ 21R	19♐ 42R	0♋ 21	17♊ 57
2	16 38 6	10 31 5	11♈ 43 34	18 46 4	2 27	3 50	2 57	27 46	26 5	17 14	27 19	19 40	0 24	17 59
3	16 42 3	11 28 34	25 55 7	3♉ 10 27	2 24	3 51R	3 36	28 53	26 48	17 14	27 17	19 38	0 26	18 0
4	16 46 0	12 26 2	10♉ 31 39	17 58 6	2 21	3 51	4 11	0♉ 0	27 31	17 15	27 14	19 35	0 28	18 2
5	16 49 56	13 23 29	25 29 0	3♊ 3 21	2 18	3 50	4 41	1 7	28 14	17 15	27 12	19 33	0 30	18 3
6	16 53 53	14 20 56	10♊ 40 1	18 17 43	2 14	3 47	5 7	2 15	28 57	17 15R	27 9	19 30	0 32	18 4
7	16 57 49	15 18 22	25 55 8	3♋ 30 57	2 11	3 42	5 28	3 22	29 40	17 15	27 7	19 28	0 34	18 6
8	17 1 46	16 15 47	11♋ 3 53	18 32 45	2 8	3 36	5 45	4 30	0♊ 23	17 15	27 4	19 25	0 36	18 7
9	17 5 42	17 13 10	25 56 32	3♌ 14 24	2 5	3 30	5 58	5 38	1 5	17 15	27 1	19 23	0 39	18 9
10	17 9 39	18 10 33	10♌ 25 42	17 30 3	2 2	3 24	6 5	6 45	1 48	17 14	26 58	19 20	0 41	18 10
11	17 13 35	19 7 55	24 27 12	1♍ 17 9	1 58	3 20	6 8R	7 53	2 31	17 13	26 55	19 18	0 43	18 11
12	17 17 32	20 5 16	8♍ 0 2	14 36 7	1 55	3 17	6 7	9 1	3 13	17 12	26 52	19 15	0 45	18 13
13	17 21 29	21 2 35	21 5 48	27 29 32	1 52	3 17D	6 1	10 9	3 56	17 11	26 49	19 13	0 47	18 14
14	17 25 25	21 59 54	3♎ 47 53	10♎ 1 22	1 49	3 17	5 51	11 18	4 38	17 10	26 46	19 11	0 50	18 16
15	17 29 22	22 57 12	16 10 37	22 16 11	1 46	3 18	5 37	12 26	5 20	17 8	26 43	19 8	0 52	18 17
16	17 33 18	23 54 29	28 18 40	4♏ 18 37	1 43	3 19R	5 19	13 34	6 3	17 6	26 39	19 6	0 54	18 18
17	17 37 15	24 51 45	10♏ 16 33	16 12 58	1 39	3 19	4 57	14 43	6 45	17 4	26 36	19 3	0 56	18 20
18	17 41 11	25 49 1	22 8 18	28 3 0	1 36	3 17	4 32	15 51	7 27	17 2	26 33	19 1	0 58	18 21
19	17 45 8	26 46 15	3♐ 57 25	9♐ 51 53	1 33	3 13	4 4	17 0	8 9	17 0	26 29	18 58	1 1	18 23
20	17 49 4	27 43 30	15 46 43	21 42 9	1 30	3 7	3 33	18 9	8 52	16 57	26 26	18 56	1 3	18 24
21	17 53 1	28 40 44	27 38 26	3♑ 35 47	1 27	2 58	3 1	19 18	9 34	16 55	26 22	18 54	1 5	18 25
22	17 56 58	29 37 57	9♑ 34 23	15 34 24	1 24	2 48	2 27	20 27	10 16	16 52	26 18	18 51	1 7	18 27
23	18 0 54	0♋ 35 10	21 36 3	27 39 28	1 20	2 37	1 52	21 36	10 58	16 49	26 15	18 49	1 10	18 28
24	18 4 51	1 32 23	3♒ 44 52	9♒ 52 28	1 17	2 27	1 17	22 45	11 39	16 45	26 11	18 46	1 12	18 29
25	18 8 47	2 29 35	16 2 28	22 15 8	1 14	2 18	0 43	23 54	12 21	16 42	26 7	18 44	1 14	18 31
26	18 12 44	3 26 48	28 30 45	4♓ 49 37	1 11	2 10	0 9	25 3	13 3	16 38	26 3	18 42	1 16	18 32
27	18 16 40	4 24 0	11♓ 12 4	17 38 28	1 8	2 6	29♊ 37	26 13	13 45	16 34	25 59	18 39	1 19	18 34
28	18 20 37	5 21 12	24 9 10	0♈ 44 32	1 4	2 3D	29 6	27 22	14 27	16 31	25 55	18 37	1 21	18 35
29	18 24 33	6 18 25	7♈ 24 56	14 10 42	1 1	2 3	28 39	28 32	15 8	16 26	25 51	18 35	1 23	18 36
30	18 28 30	7♋ 15 37	21♈ 2 5	27♈ 59 18	0♏ 58	2♏ 3R	28♊ 14	29♉ 41	15♊ 50	16♒ 22	25♑ 47	18♐ 32	1♋ 25	18♊ 38

DECLINATION and LATITUDE

DAY	☉ DECL	☽ DECL	☽ LAT	☽ 12hr DECL	☿ DECL	☿ LAT	♀ DECL	♀ LAT	♂ DECL	♂ LAT	♃ DECL	♃ LAT	♄ DECL	♄ LAT
1	21N54	1N60	3N 3	4N14	24N52	1N26	8N15	2S11	19N 3	0S 4	16S19	0S40	20S43	0S 1
2	22 2	6 27	1 58	8 37	24 41	1 16	8 38	2 12	19 14	0 3	16 19	0 40	20 43	0 1
3	22 10	10 41	0 43	12 38	24 29	1 5	9 1	2 13	19 25	0 2	16 19	0 40	20 44	0 1
4	22 18	14 25	0S36	15 59	24 16	0 53	9 23	2 14	19 35	0 2	16 19	0 40	20 44	0 1
5	22 25	17 17	1 55	18 18	24 3	0 41	9 46	2 15	19 46	0 1	16 19	0 40	20 45	0 1
6	22 32	18 59	3 7	19 19	23 49	0 28	10 9	2 15	19 56	0 0	16 19	0 41	20 45	0 1
7	22 38	19 18	4 5	18 56	23 34	0 14	10 31	2 16	20 6	0N 0	16 19	0 41	20 46	0 1
8	22 45	18 14	4 46	17 14	23 19	0S 0	10 53	2 16	20 15	0 1	16 20	0 41	20 47	0 1
9	22 50	15 57	5 7	14 25	23 4	0 16	11 16	2 16	20 25	0 2	16 20	0 41	20 47	0 1
10	22 56	12 43	5 6	10 50	22 48	0 31	11 38	2 17	20 34	0 2	16 20	0 42	20 48	0 1
11	23 0	8 50	4 49	6 46	22 31	0 47	11 59	2 17	20 43	0 3	16 21	0 42	20 49	0 1
12	23 5	4 38	4 15	2 29	22 15	1 4	12 21	2 17	20 52	0 3	16 21	0 42	20 49	0 2
13	23 9	0 20	3 28	1S47	21 59	1 20	12 43	2 17	21 1	0 4	16 22	0 42	20 50	0 2
14	23 13	3S51	2 33	5 51	21 42	1 37	13 4	2 16	21 9	0 5	16 23	0 43	20 51	0 2
15	23 16	7 46	1 31	9 36	21 26	1 54	13 25	2 16	21 18	0 5	16 23	0 43	20 51	0 2
16	23 19	11 18	0 27	12 53	21 10	2 11	13 46	2 16	21 26	0 6	16 24	0 43	20 52	0 2
17	23 21	14 19	0N37	15 36	20 54	2 28	14 6	2 15	21 34	0 7	16 25	0 43	20 53	0 2
18	23 23	16 43	1 40	17 38	20 39	2 44	14 27	2 15	21 41	0 7	16 26	0 44	20 53	0 2
19	23 25	18 23	2 37	18 55	20 24	2 60	14 47	2 14	21 49	0 8	16 27	0 44	20 54	0 2
20	23 26	19 13	3 28	19 22	20 10	3 15	15 7	2 13	21 56	0 9	16 28	0 44	20 55	0 2
21	23 27	19 17	4 9	18 58	19 56	3 29	15 26	2 12	22 3	0 9	16 29	0 44	20 56	0 2
22	23 27	18 27	4 40	17 43	19 44	3 42	15 46	2 11	22 10	0 10	16 30	0 45	20 57	0 2
23	23 27	16 48	4 59	15 41	19 32	3 54	16 5	2 10	22 17	0 11	16 31	0 45	20 57	0 3
24	23 27	14 23	5 4	12 56	19 22	4 5	16 23	2 9	22 23	0 11	16 32	0 45	20 58	0 3
25	23 26	11 20	4 56	9 35	19 12	4 15	16 42	2 8	22 29	0 12	16 34	0 45	20 59	0 3
26	23 24	7 43	4 33	5 46	19 4	4 23	16 60	2 7	22 35	0 13	16 35	0 46	20 60	0 3
27	23 23	3 43	3 57	1 36	18 57	4 30	17 17	2 5	22 41	0 13	16 36	0 46	21 1	0 3
28	23 21	0N33	3 8	2N44	18 52	4 35	17 34	2 4	22 47	0 14	16 38	0 46	21 1	0 3
29	23 18	4 54	2 8	7 2	18 48	4 39	17 51	2 2	22 52	0 15	16 39	0 46	21 2	0 3
30	23N15	9N 7	0N59	11N 6	18N45	4S41	18N 8	2S 1	22N57	0N15	16S41	0S46	21S 3	0S 3

DAY	♅ DECL	♅ LAT	♆ DECL	♆ LAT	♇ DECL	♇ LAT
1	23S 8	0S 5	22N21	1S 6	14N 8	8S48
5	23 7	0 5	22 21	1 6	14 9	8 48
9	23 6	0 5	22 21	1 6	14 10	8 47
13	23 6	0 5	22 21	1 6	14 10	8 47
17	23 5	0 5	22 21	1 6	14 11	8 47
21	23 4	0 5	22 21	1 6	14 12	8 47
25	23 3	0 5	22 21	1 6	14 12	8 47
29	23S 3	0S 5	22N21	1S 6	14N12	8S47

☽ PHENOMENA	
d h m	
6 6 11	●
12 23 54	☽
21 2 17	○
28 21 52	☾
d h ° '	
6 18 19N21	
13 2 0	
20 13 19S22	
27 21 0	
3 30 19	
9 12 5S 9	
10 0 5S 6	
10 1 5S 7	
16 10 0	

VOID OF COURSE ☽ LAST ASPT	☽ INGRESS
31 10pm55	1 ♈ 3am35
3 5am20	3 ♉ 6am46
5 4am35	5 ♊ 7am10
6 1pm52	7 ♋ 6am26
9 1am45	9 ♌ 6am39
10 3pm 7	11 ♍ 9am44
13 10am41	13 ♎ 4pm45
15 8pm43	16 ♏ 3am22
18 8am54	18 ♐ 3pm58
21 2am17	21 ♑ 4am46
23 9am 9	23 ♒ 4pm37
25 4pm43	26 ♓ 2am50
28 8am43	28 ♈ 10am39
30 12pm 7	30 ♉ 3pm26

d h	
5	PERIGEE
19 17	APOGEE

DAILY ASPECTARIAN

Day	Aspect	Time
1 Su	☽□♆	4am14
	☽∠♃	7 29
	☽□☿	7 57
	♀□♄	2pm42
	☉⚹☽	9 46
	☽∠♂	10 50
2 M	☽⚹♃	9am24
	☽⚹♇	10 41
	☽∥♀	1pm17
	☽△♅	1 29
3 T	☉∠☽	1am 0
	☽⚺♂	1 33
	☽□♄	2 15
	☽☌♀	5 20
	☽⚹♆	7 30
	☽∠♇	11 44
	☽⚹☿	1pm14
	☽⚼♅	2 20
	♂△♄	3 9
	☉⚼♄	7 20
	☽∥♇	10 7
	♀ ♉	11 59
4 W	☉⚺☽	3am18
	☽∠♆	7 59
	♀⚹♆	10 13
	☉∥♆	10 26
	☽□♃	10 51
	☽⚺♇	12pm 7
	☽∠☿	2 26
	☽⚻♅	2 33
	☽#♃	2 52
5 Th	☽△♄	2am43
	☽☌♂	4 35
	☽⚺♆	7 58
	☽⚺♀	9 39
	☽⚺☿	3pm 1
6 F	☽⚼♄	2am20
	♃SR	4 29
	☉☌☽	6 11
	☽△♃	10 22
	☽∠♀	11 10
	☽☌♇	11 40
	☽☍♅	1pm52
	♀∠♇	6 4
7 S	☽⚻♄	1am52
	☽⚺♂	6 12
	☽☌♆	7 22
	☽⚼♃	10 0
	♂ ♊	11 19
	☽⚹♀	12pm43
	☽☌☿	3 24
	♀⚼♅	10 29
8 Su	☽∠♂	7am15
	♂⚺♆	8 11
	☉⚺☽	8 54
	☽⚻♃	9 55
	☽⚺♇	11 20
	☽⚻♅	1pm23
	☿#♅	7 27
	☽#♃	8 38
9 M	☉△♃	0am38
	☽☍♄	1 45
	☽⚺♆	7 44
	☿⚹♀	8 13
	☽⚹♂	8 53
	☉∠☽	11 2
	☽∠♇	11 52
	☽⚼♅	1pm51
	☽∥♇	1 58
	☉∥☿	2 59
	☽⚺☿	4 41
	☽□♀	5 19
	☉☌♇	11 47
10 T	☽∥♀	6am28
	☽∠♆	8 55
	☽☍♃	11 32
	☽⚹♇	1pm10
	☉⚹☽	2 7
	☽△♅	3 7
	☽∠☿	6 15
11 W	☉☍♅	4am 2
	☽⚻♄	4 18
	☿SR	4 41
	☽⚹♆	11 1
	☽□♂	2pm58
	☿∥♆	3 5
	♂#♄	3 28
	☽⚹☿	8 38
12 Th	☽△♀	2am 1
	☉#♅	5 32
	☽⚼♄	6 59
	☽⚻♃	4pm46
	☽□♇	6 41
	☽□♅	8 31
	☉□☽	11 54
13 F	☽⚼♀	8am20
	☽△♄	10 41
	☽□♆	6pm19
	☽⚼♃	8 52
14 S	☽△♂	1am42
	☽□☿	3 53
	☽⚻♀	3pm56
15 Su	☽△♃	1am52
	☽△♇	4 9
	☽⚹♅	5 48
	☿⚺♂	6 39
	☿∥♂	8 13
	☽⚼♂	8 42
	☉△☽	2pm30
	☽□♄	8 43
16 M	☽△♆	5am11
	☽⚼♇	10 0
	☽∠♅	11 32
	☽△☿	1pm37
	☽⚻♂	4 28
	☽#♀	9 55
	☽#♇	10 50
	☉⚼☽	11 6
17 T	☿#♄	2am 1
	♀∥♇	5 25
	☽☍♀	9 55
	☽⚼♆	11 28
	☽□♃	1pm41
	☽⚻♇	4 19
	☽⚺♅	5 41
	☽⚼☿	6 54
	☽∥♃	8 48
18 W	♀∠♆	2am34
	☉⚻☽	8 7
	☽⚹♄	8 54
	☉⚻♄	5pm15
	☽⚻♆	6 0
	♀□♃	11 54
19 Th	☽⚻☿	0am12
	☽☍♂	9 4
	☽∠♄	3pm13
20 F	☽⚹♃	2am22
	☽⚻♀	5 19
	☽☍♇	5 19
	♀⚺♇	5 24
	☿∠♀	5 51
	☽☌♅	6 22
	♀⚻♅	3pm53
	☽⚺♄	9 26
21 S	☉☍☽	2am17
	☽☍♆	6 58
	☽∠♃	8 34
	☽☍☿	10 21
	☽⚼♀	2pm50
22 Su	☽⚻♂	1am28
	☉ ♋	9 15
	☽⚺♃	2pm30
	☽⚻♇	5 46
	☽⚺♅	6 28
	☽△♀	11 59
23 M	☿⚼♃	2am47
	☽∥♃	3 10
	☽#♀	7 1
	♂⚼♄	8 57
	☽☌♄	9 9
	☽⚼♂	9 10
	☉☌♆	3pm 3
	♂∥♆	4 52
	☽⚻♆	6 58
	☉⚻☽	7 17
	☽⚻☿	7 23
	☉☌☿	8 4
	☽⚼♇	11 30
24 T	☽∠♅	0am 3
	☽#♇	1 40
	☿☌♆	3 28
	☉⚼♃	5 8
	♀#♃	12pm45
	☽△♂	4 25
	☽⚼☿	11 23
25 W	☽⚼♆	0am23
	☽☌♃	1 16
	☉⚼☽	3 3
	☽△♇	4 48
	☽⚹♅	5 12
	☽□♀	4pm43
	☽⚺♄	7 19
26 Th	☽△☿	2am59
	☽△♆	5 16
	☿ ♊	6 43
	☉△☽	10 9
	♀△♄	7pm37
	☽∠♄	11 36
27 F	☽□♂	5am 2
	☽⚺♃	9 58
	☽□♇	1pm43
	☽□♅	1 50
28 S	☽⚹♄	3am13
	☽⚹♀	6 26
	☽□☿	8 43
	☽□♆	1pm 8
	☽∠♃	1 19
	♅☍♇	1 21
	☉□☽	9 52
29 Su	☿⚺♀	1am50
	☽∠♀	11 52
	♃⚼♆	12pm33
	☽⚹♂	2 25
	☽⚹♃	3 54
	☽△♅	7 40
	☽⚹♇	7 48
30 M	♀ ♊	6am28
	☽□♄	8 11
	☽⚹☿	12pm 7
	☽⚺♀	4 15
	♂△♃	4 54
	☽∠♂	5 43
	☽⚹♆	5 55
	☽⚼♅	9 24
	☽∠♇	9 38

JULY 1902

LONGITUDE

DAY	SID. TIME	☉	☽	☽ 12 Hour	MEAN ☊	TRUE ☊	☿	♀	♂	♃	♄	♅	♆	♇
	h m s	° ' "	° ' "	° ' "	° '	° '	° '	° '	° '	° '	° '	° '	° '	° '
1	18 32 27	8♋ 12 50	5♉ 2 26	12♉ 11 28	0♏ 55	2♏ 4R	27♊ 53R	0♊ 51	16♊ 31	16♒ 18R	25♑ 43R	18♐ 30R	1♋ 27	18♊ 39
2	18 36 23	9 10 3	19 26 12	26 46 17	0 52	2 3	27 36	2 1	17 13	16 13	25 39	18 28	1 30	18 40
3	18 40 20	10 7 16	4♊ 11 9	11♊ 40 5	0 49	1 59	27 23	3 11	17 54	16 8	25 35	18 26	1 32	18 42
4	18 44 16	11 4 30	19 12 8	26 46 12	0 45	1 54	27 15	4 20	18 36	16 3	25 31	18 23	1 34	18 43
5	18 48 13	12 1 43	4♋ 21 5	11♋ 55 28	0 42	1 45	27 11D	5 30	19 17	15 58	25 26	18 21	1 36	18 44
6	18 52 9	12 58 57	19 28 3	26 57 34	0 39	1 36	27 12	6 40	19 58	15 53	25 22	18 19	1 39	18 45
7	18 56 6	13 56 10	4♌ 22 49	11♌ 42 49	0 36	1 26	27 19	7 51	20 39	15 48	25 18	18 17	1 41	18 47
8	19 0 3	14 53 24	18 56 41	26 3 50	0 33	1 16	27 30	9 1	21 21	15 42	25 14	18 15	1 43	18 48
9	19 3 59	15 50 37	3♍ 3 50	9♍ 56 30	0 30	1 8	27 46	10 11	22 2	15 36	25 9	18 13	1 45	18 49
10	19 7 56	16 47 50	16 41 49	23 19 58	0 26	1 3	28 8	11 21	22 43	15 31	25 5	18 11	1 47	18 51
11	19 11 52	17 45 4	29 51 15	6♎ 16 8	0 23	1 0	28 35	12 32	23 24	15 25	25 0	18 9	1 49	18 52
12	19 15 49	18 42 17	12♎ 35 7	18 48 48	0 20	0 59D	29 7	13 42	24 5	15 18	24 56	18 7	1 52	18 53
13	19 19 45	19 39 30	24 57 50	1♏ 2 51	0 17	0 59R	29 44	14 53	24 45	15 12	24 52	18 5	1 54	18 54
14	19 23 42	20 36 43	7♏ 4 32	13 3 32	0 14	0 59	0♋ 26	16 3	25 26	15 6	24 47	18 3	1 56	18 56
15	19 27 38	21 33 56	19 0 29	24 56 0	0 10	0 58	1 14	17 14	26 7	14 59	24 43	18 1	1 58	18 57
16	19 31 35	22 31 10	0♐ 50 40	6♐ 44 59	0 7	0 55	2 6	18 25	26 48	14 53	24 38	17 59	2 0	18 58
17	19 35 32	23 28 23	12 39 27	18 34 31	0 4	0 49	3 4	19 35	27 28	14 46	24 34	17 57	2 2	18 59
18	19 39 28	24 25 37	24 30 32	0♑ 27 52	0 1	0 40	4 6	20 46	28 9	14 39	24 30	17 55	2 4	19 0
19	19 43 25	25 22 52	6♑ 26 46	12 27 28	29♎ 58	0 29	5 13	21 57	28 50	14 33	24 25	17 53	2 7	19 2
20	19 47 21	26 20 6	18 30 11	24 35 2	29 55	0 17	6 25	23 8	29 30	14 26	24 21	17 52	2 9	19 3
21	19 51 18	27 17 21	0♒ 42 8	6♒ 51 35	29 51	0 3	7 42	24 19	0♋ 11	14 19	24 16	17 50	2 11	19 4
22	19 55 14	28 14 37	13 3 27	19 17 47	29 48	29♎ 50	9 3	25 30	0 51	14 11	24 12	17 48	2 13	19 5
23	19 59 11	29 11 53	25 34 41	1♓ 54 11	29 45	29 38	10 29	26 41	1 31	14 4	24 7	17 47	2 15	19 6
24	20 3 7	0♌ 9 10	8♓ 16 24	14 41 26	29 42	29 29	11 59	27 52	2 12	13 57	24 3	17 45	2 17	19 7
25	20 7 4	1 6 27	21 9 25	27 40 33	29 39	29 22	13 34	29 4	2 52	13 49	23 59	17 43	2 19	19 8
26	20 11 1	2 3 46	4♈ 15 0	10♈ 53 0	29 36	29 19	15 12	0♋ 15	3 32	13 42	23 54	17 42	2 21	19 9
27	20 14 57	3 1 5	17 34 46	24 20 31	29 32	29 17D	16 54	1 26	4 12	13 34	23 50	17 40	2 23	19 10
28	20 18 54	3 58 26	1♉ 10 28	8♉ 4 49	29 29	29 17R	18 40	2 38	4 52	13 27	23 46	17 39	2 25	19 11
29	20 22 50	4 55 47	15 3 39	22 7 1	29 26	29 17	20 29	3 49	5 32	13 19	23 41	17 37	2 27	19 12
30	20 26 47	5 53 10	29 14 52	6♊ 27 1	29 23	29 16	22 21	5 1	6 12	13 12	23 37	17 36	2 29	19 14
31	20 30 43	6♌ 50 34	13♊ 43 6	21♊ 2 40	29♎ 20	29♎ 12	24♋ 16	6♋ 12	6♋ 52	13♒ 4	23♑ 33	17♐ 35	2♋ 31	19♊ 15

DECLINATION and LATITUDE

DAY	☉ DECL	☽ DECL	☽ LAT	☽ 12hr DECL	☿ DECL	☿ LAT	♀ DECL	♀ LAT	♂ DECL	♂ LAT	♃ DECL	♃ LAT	♄ DECL	♄ LAT
1	23N12	12N58	0S16	14N39	18N44	4S42	18N24	1S59	23N 2	0N16	16S42	0S47	21S 4	0S 3
2	23 8	16 8	1 31	17 23	18 45	4 41	18 40	1 57	23 7	0 17	16 44	0 47	21 5	0 3
3	23 4	18 20	2 42	18 59	18 46	4 39	18 55	1 55	23 11	0 17	16 45	0 47	21 6	0 3
4	22 59	19 18	3 43	19 17	18 50	4 36	19 10	1 54	23 16	0 18	16 47	0 47	21 6	0 4
5	22 54	18 54	4 29	18 11	18 54	4 31	19 24	1 52	23 20	0 19	16 49	0 48	21 7	0 4
6	22 49	17 10	4 56	15 51	19 0	4 25	19 38	1 50	23 24	0 19	16 51	0 48	21 8	0 4
7	22 43	14 17	5 2	12 31	19 8	4 18	19 51	1 48	23 27	0 20	16 52	0 48	21 9	0 4
8	22 37	10 35	4 48	8 32	19 16	4 10	20 4	1 46	23 31	0 21	16 54	0 48	21 10	0 4
9	22 31	6 23	4 17	4 12	19 25	4 1	20 17	1 43	23 34	0 21	16 56	0 48	21 11	0 4
10	22 24	1 60	3 32	0S12	19 35	3 51	20 29	1 41	23 37	0 22	16 58	0 49	21 12	0 4
11	22 16	2S21	2 37	4 26	19 46	3 40	20 40	1 39	23 40	0 22	17 0	0 49	21 13	0 4
12	22 9	6 27	1 36	8 22	19 58	3 29	20 51	1 37	23 42	0 23	17 2	0 49	21 13	0 4
13	22 1	10 10	0 32	11 50	20 10	3 17	21 2	1 34	23 45	0 24	17 4	0 49	21 14	0 4
14	21 52	13 22	0N32	14 45	20 22	3 5	21 12	1 32	23 47	0 24	17 6	0 50	21 15	0 4
15	21 43	15 58	1 34	17 1	20 35	2 52	21 21	1 29	23 49	0 25	17 8	0 50	21 16	0 5
16	21 34	17 52	2 31	18 32	20 48	2 38	21 30	1 27	23 51	0 26	17 10	0 50	21 17	0 5
17	21 25	18 60	3 21	19 15	21 0	2 25	21 38	1 24	23 52	0 26	17 13	0 50	21 18	0 5
18	21 15	19 17	4 3	19 7	21 12	2 11	21 46	1 22	23 53	0 27	17 15	0 50	21 19	0 5
19	21 4	18 44	4 34	18 8	21 24	1 57	21 53	1 19	23 54	0 28	17 17	0 50	21 20	0 5
20	20 54	17 19	4 54	16 19	21 35	1 43	21 60	1 17	23 55	0 28	17 19	0 51	21 20	0 5
21	20 43	15 8	4 60	13 46	21 45	1 29	22 6	1 14	23 56	0 29	17 21	0 51	21 21	0 5
22	20 31	12 14	4 52	10 33	21 54	1 15	22 11	1 11	23 57	0 30	17 24	0 51	21 22	0 5
23	20 20	8 45	4 30	6 51	22 2	1 1	22 16	1 8	23 57	0 30	17 26	0 51	21 23	0 5
24	20 8	4 50	3 55	2 46	22 8	0 47	22 20	1 6	23 57	0 31	17 28	0 51	21 24	0 5
25	19 55	0 39	3 7	1N30	22 13	0 33	22 24	1 3	23 57	0 32	17 31	0 52	21 25	0 5
26	19 43	3N39	2 8	5 47	22 15	0 20	22 27	1 0	23 56	0 32	17 33	0 52	21 26	0 5
27	19 30	7 51	1 2	9 51	22 16	0 7	22 29	0 57	23 56	0 33	17 35	0 52	21 26	0 6
28	19 16	11 44	0S10	13 29	22 14	0N 5	22 31	0 54	23 55	0 34	17 38	0 52	21 27	0 6
29	19 3	15 3	1 22	16 25	22 10	0 17	22 32	0 52	23 54	0 34	17 40	0 52	21 28	0 6
30	18 49	17 32	2 31	18 24	22 4	0 28	22 33	0 49	23 53	0 35	17 42	0 52	21 29	0 6
31	18N34	18N57	3S32	19N12	21N55	0N39	22N33	0S46	23N52	0N35	17S45	0S53	21S30	0S 6

DAY	♅ DECL	♅ LAT	♆ DECL	♆ LAT	♇ DECL	♇ LAT
1	23S 2	0S 5	22N21	1S 6	14N13	8S47
5	23 2	0 5	22 21	1 6	14 13	8 47
9	23 1	0 5	22 21	1 6	14 13	8 47
13	23 0	0 5	22 21	1 6	14 13	8 48
17	22 59	0 5	22 21	1 6	14 14	8 48
21	22 59	0 5	22 20	1 6	14 14	8 48
25	22 58	0 5	22 20	1 6	14 14	8 48
29	22S58	0S 5	22N20	1S 6	14N14	8S49

☽ PHENOMENA			
d	h	m	
5	12	59	●
12	12	46	☽
20	16	45	○
28	5	15	☾
d	h	° '	
4	5	19N20	
10	11	0	
17	20	19S18	
25	4	0	
31	15	19N12	
6	19	5S 2	
13	12	0	
20	23	4N60	
27	21	0	

VOID OF COURSE ☽ LAST ASPT		☽ INGRESS		
2	10am 7	2	♊	5pm14
4	12pm41	4	♋	5pm 7
6	9am24	6	♌	4pm54
8	2pm43	8	♍	6pm43
10	9pm33	11	♎	0am16
12	11pm48	13	♏	9am55
15	11am29	15	♐	10pm17
18	7am47	18	♑	11am 4
20	4pm45	20	♒	10pm38
23	2am20	23	♓	8am24
25	3pm59	25	♈	4pm15
27	11am 2	27	♉	9pm57
29	2pm35	30	♊	1am15

d	h	
4	14	PERIGEE
17	1	APOGEE

DAILY ASPECTARIAN

Day	Aspect	Time
1	♂⋕♅	1am14
T	☉⚹☽	5 44
	☽∥♇	8 45
	☽∠☿	12pm54
	♀⚺♆	1 0
	☽□♃	6 43
	☽∠♆	7 8
	☽⚺♂	8 9
	☽⚻♅	10 24
	☽⚺♇	10 44
2	☉∥♂	3am44
W	☽⋕♃	5 30
	☉∠☽	8 18
	☿∥♀	8 40
	☽△♄	10 7
	☽⚺☿	1pm 9
	☽⚺♆	7 42
	☽☌♀	10 14
3	☽∥☿	7am40
Th	☉⚺☽	10 10
	☽⚼♄	10 13
	☉⋕♅	11 26
	☽∥♀	1pm49
	♂☍♅	5 16
	☽△♃	7 1
	☽☍♅	10 43
	☽☌♂	10 59
	☽☌♇	11 13
4	♂☌♇	4am23
F	☽⚻♄	9 58
	☽∥♀	11 47
	☽☌☿	12pm41
	☽⚼♃	6 41
	☽☌♆	7 39
	☽∥☿	11 56
5	☽⚺♀	1am59
S	☿SD	6 23
	☉☌☽	12pm59
	☽⚻♃	6 19
	☽⚻♅	10 10
	☽⚺♇	10 52
6	☽⚺♂	0am50
Su	☽⋕♃	3 6
	☽∠♀	3 49
	☽☍♄	9 24
	☽⚺☿	12pm28
	☽⚺♆	7 36
	☽⚼♅	10 13
	☽∠♇	11 1
7	☽∥♇	0am29
M	☽∠♂	2 11
	☽⚹♀	6 8
	☽∠☿	1pm 8
	☉⚺☽	4 47
	☽☍♃	6 38
	☽∠♆	8 16
	☽△♅	10 50
	☽⚹♇	11 46
8	☽⚹♂	4am13
T	☽⚻♄	10 32
	☽⚹☿	2pm43
	☉⚻♃	6 34
	☉∠☽	7 54
	☽⚹♆	9 44
	♀⚼♄	11 25
9	☽⚼♄	12pm19
W	☽□♀	1 36
	☽⚻♃	9 53
10	☉⚹☽	0am12
Th	☽□♅	2 39
	☽□♇	3 52
	☉∥♆	10 1
	☽□♂	11 28
	☽△♄	3pm 7
	☽□☿	9 33
11	☽⚼♃	1am 1
F	☽□♆	3 41
	☉⚻♅	9 31
12	☽△♀	2am22
S	☉⚺♇	4 38
	☽△♃	5 11
	☽⚹♅	10 36
	☽△♇	12pm10
	☉□☽	12 46
	☽△♂	11 34
	☽□♄	11 48
13	♂⚻♄	3am19
Su	♀△♃	6 8
	☿ ♋	9 31
	☽△☿	9 57
	☽⚼♀	10 43
	☽△♆	1pm44
	☿⚼♃	2 20
	☽∠♅	3 59
	☽⚼♇	5 42
14	☽⚼♂	7am 8
M	☽⋕♇	7 13
	♀⋕♄	9 4
	☽□♃	3pm58
	☽⚼☿	5 58
	☽⚼♆	7 52
	☽⚻♀	8 1
	☽⚺♅	9 59
	☽⚻♇	11 52
15	☉△☽	5am38
T	☽⚹♄	11 29
	☽∥♃	1pm51
	☽⚻♂	3 17
	♀☍♅	3 30
	☿☌♆	9 20
16	☽⚻♆	2am22
W	☽⚻☿	2 46
	☉∥♀	5 22
	♀☌♇	11 32
	☉⚼☽	2pm45
	☽∠♄	5 46
17	☽⚹♃	4am15
Th	☽☌♅	10 42
	☽☍♇	12pm51
	☉⋕♄	3 14
	☽☍♀	3 36
	☉⚻☽	11 49
	☽⚺♄	11 58
18	☉☍♄	1am33
F	☉∥☿	2 33
	☽☍♂	7 47
	☽∠♃	10 17
	☿⋕♄	1pm54
	☽☍♆	3 17
	☽☍☿	9 17
19	☽⚺♃	4pm 0
S	♂⚼♃	9 43
	☽⚺♅	10 44
20	☽∥♃	0am 1
Su	☽⚻♇	1 4
	☽⚻♀	10 7
	☽☌♄	11 28
	☉☍☽	4pm45
	♂ ♋	5 43
	☽⚻♂	10 55
	♀⚻♄	11 10
21	☽⚻♆	2am53
M	☽∠♅	4 9
	☽⚼♇	6 34
	☽⋕♇	8 4
	☽⚻☿	3pm17
	☽⚼♀	6 32
22	☽☌♃	2am10
T	☽⚼♂	5 41
	☽⚼♆	8 1
	☽⚹♅	9 7
	☽△♇	11 36
	☽⚺♄	9pm15
	☽⚼☿	11 48
23	☽△♀	2am20
W	☉⚻☽	7 26
	☽△♂	11 55
	☽△♆	12pm41
	☉ ♌	8 10
	♀∥♆	10 42
24	☽∠♄	1am27
Th	♂☌♆	3 16
	☽△☿	7 55
	☽⚺♃	10 31
	☉⚼☽	1pm53
	☽□♅	5 39
	♀⚼♃	7 41
	☽□♇	8 15
25	☿⚻♃	3am39
F	☽⚹♄	5 11
	☽∠♃	1pm58
	☽□♀	3 59
	♀ ♋	6 59
	☉△☽	7 42
	☽□♆	8 32
	☽□♂	10 38
26	☉⚺♆	7am24
S	☉⚼♅	3pm32
	☽⚹♃	4 54
	☽□☿	10 37
27	☽△♅	0am10
Su	☽⚹♇	2 51
	☿⚻♅	10 26
	☽□♄	11 2
	♀☌♆	7pm31
28	☽⚹♆	2am10
M	☽⚼♅	2 34
	☽⚹♀	2 47
	☉□☽	5 15
	☽∠♇	5 16
	☉∠♇	5 33
	☽⚹♂	6 46
	☿⚺♇	7 5
	☽∥♇	5pm32
	☽□♃	9 3
29	☽∠♆	4am 5
T	☽⚻♅	4 22
	☽∠♀	7 0
	☽⚺♇	7 5
	☽∠♂	9 47
	☽⚹☿	10 37
	☽△♄	2pm35
30	☽⋕♃	2am 7
W	☽⚺♆	5 24
	☽⚺♀	10 29
	☉⚹☽	11 51
	☽⚺♂	12pm 9
	☿☍♄	3 22
	☽⚼♄	3 31
	☽∠☿	3 32
	☉∥☽	4 41
	☽△♃	10 56
31	☉⚺♂	2am20
Th	☽☍♅	6 19
	☽☌♇	9 4
	☉∠☽	2pm14
	☽⚻♄	4 0
	☽⚺☿	7 53
	☽⚼♃	11 14

AUGUST 1902

LONGITUDE

DAY	SID. TIME	☉	☽	☽ 12 Hour	MEAN ☊	TRUE ☊	☿	♀	♂	♃	♄	♅	♆	♇
	h m s	° ' "	° ' "	° ' "	° '	° '	° '	° '	° '	° '	° '	° '	° '	° '
1	20 34 40	7♌ 47 59	28♊ 25 3	5♋ 49 29	29♎ 16	29♎ 6R	26♋ 13	7♋ 24	7♋ 32	12♒ 56R	23♑ 29R	17♐ 33R	2♋ 33	19♊ 16
2	20 38 36	8 45 25	13♋ 15 0	20 40 37	29 13	28 57	28 12	8 36	8 12	12 48	23 24	17 32	2 34	19 16
3	20 42 33	9 42 52	28 5 14	5♌ 27 46	29 10	28 47	0♌ 13	9 48	8 52	12 41	23 20	17 31	2 36	19 17
4	20 46 30	10 40 20	12♌ 47 7	20 2 22	29 7	28 36	2 16	11 0	9 31	12 33	23 16	17 30	2 38	19 18
5	20 50 26	11 37 49	27 12 37	4♍ 17 11	29 4	28 26	4 19	12 12	10 11	12 25	23 12	17 29	2 40	19 19
6	20 54 23	12 35 18	11♍ 15 34	18 7 24	29 1	28 17	6 23	13 24	10 51	12 17	23 8	17 28	2 42	19 20
7	20 58 19	13 32 49	24 52 33	1♎ 31 1	28 57	28 11	8 27	14 36	11 30	12 9	23 4	17 27	2 44	19 21
8	21 2 16	14 30 21	8♎ 2 59	14 28 44	28 54	28 7	10 32	15 48	12 10	12 2	23 0	17 26	2 45	19 22
9	21 6 12	15 27 53	20 48 41	27 3 20	28 51	28 6D	12 36	17 0	12 49	11 54	22 56	17 25	2 47	19 23
10	21 10 9	16 25 26	3♏ 13 16	9♏ 19 6	28 48	28 6	14 39	18 12	13 29	11 46	22 52	17 24	2 49	19 24
11	21 14 5	17 23 0	15 21 29	21 21 4	28 45	28 6R	16 43	19 24	14 8	11 38	22 48	17 23	2 51	19 25
12	21 18 2	18 20 35	27 18 33	3♐ 14 34	28 42	28 6	18 45	20 36	14 47	11 30	22 44	17 22	2 52	19 25
13	21 21 59	19 18 11	9♐ 9 47	15 4 47	28 38	28 4	20 46	21 49	15 27	11 23	22 41	17 22	2 54	19 26
14	21 25 55	20 15 48	21 0 11	26 56 29	28 35	27 59	22 47	23 1	16 6	11 15	22 37	17 21	2 56	19 27
15	21 29 52	21 13 26	2♑ 54 11	8♑ 53 44	28 32	27 53	24 46	24 14	16 45	11 8	22 33	17 20	2 57	19 28
16	21 33 48	22 11 5	14 55 30	20 59 47	28 29	27 44	26 44	25 26	17 24	11 0	22 30	17 20	2 59	19 28
17	21 37 45	23 8 45	27 6 52	3♒ 16 55	28 26	27 33	28 40	26 39	18 3	10 52	22 26	17 19	3 0	19 29
18	21 41 41	24 6 26	9♒ 30 5	15 46 26	28 22	27 22	0♍ 36	27 51	18 42	10 45	22 23	17 19	3 2	19 30
19	21 45 38	25 4 9	22 6 0	28 28 47	28 19	27 11	2 30	29 4	19 21	10 38	22 20	17 18	3 3	19 31
20	21 49 34	26 1 53	4♓ 54 42	11♓ 23 42	28 16	27 1	4 22	0♌ 17	20 0	10 30	22 16	17 18	3 5	19 31
21	21 53 31	26 59 38	17 55 42	24 30 36	28 13	26 53	6 13	1 30	20 39	10 23	22 13	17 17	3 6	19 32
22	21 57 27	27 57 25	1♈ 8 19	7♈ 48 47	28 10	26 48	8 3	2 42	21 17	10 16	22 10	17 17	3 8	19 32
23	22 1 24	28 55 13	14 31 56	21 17 44	28 7	26 45D	9 52	3 55	21 56	10 9	22 7	17 17	3 9	19 33
24	22 5 21	29 53 3	28 6 11	4♉ 57 17	28 3	26 44	11 39	5 8	22 35	10 2	22 4	17 17	3 11	19 34
25	22 9 17	0♍ 50 55	11♉ 51 2	18 47 27	28 0	26 45	13 24	6 21	23 13	9 55	22 1	17 16	3 12	19 34
26	22 13 14	1 48 48	25 46 31	2♊ 48 11	27 57	26 46R	15 9	7 34	23 52	9 48	21 58	17 16	3 14	19 35
27	22 17 10	2 46 44	9♊ 52 22	16 58 55	27 54	26 46	16 52	8 47	24 30	9 42	21 55	17 16D	3 15	19 35
28	22 21 7	3 44 42	24 7 36	1♋ 18 6	27 51	26 44	18 34	10 1	25 9	9 35	21 52	17 16	3 16	19 36
29	22 25 3	4 42 41	8♋ 30 1	15 42 51	27 47	26 40	20 14	11 14	25 47	9 29	21 50	17 16	3 17	19 36
30	22 29 0	5 40 42	22 56 0	0♌ 8 50	27 44	26 34	21 53	12 27	26 26	9 23	21 47	17 16	3 19	19 37
31	22 32 56	6♍ 38 44	7♌ 20 37	14♌ 30 37	27♎ 41	26♎ 27	23♍ 31	13♌ 40	27♋ 4	9♒ 16	21♑ 45	17♐ 17	3♋ 20	19♊ 37

DECLINATION and LATITUDE

DAY	☉ DECL	☽ DECL	☽ LAT	☽ 12hr DECL	☿ DECL	☿ LAT	♀ DECL	♀ LAT	♂ DECL	♂ LAT	♃ DECL	♃ LAT	♄ DECL	♄ LAT
1	18N20	19N 7	4S19	18N43	21N43	0N49	22N32	0S43	23N50	0N36	17S47	0S53	21S30	0S 6
2	18 5	17 59	4 50	16 57	21 29	0 58	22 31	0 40	23 49	0 37	17 49	0 53	21 31	0 6
3	17 50	15 38	5 1	14 5	21 12	1 6	22 28	0 37	23 47	0 37	17 52	0 53	21 32	0 6
4	17 34	12 19	4 52	10 22	20 52	1 14	22 26	0 34	23 44	0 38	17 54	0 53	21 33	0 6
5	17 18	8 18	4 24	6 9	20 30	1 21	22 23	0 31	23 42	0 39	17 56	0 53	21 34	0 6
6	17 2	3 56	3 41	1 42	20 5	1 27	22 19	0 28	23 40	0 39	17 59	0 53	21 34	0 6
7	16 46	0S31	2 47	2S41	19 38	1 32	22 14	0 25	23 37	0 40	18 1	0 53	21 35	0 6
8	16 29	4 48	1 44	6 49	19 9	1 36	22 9	0 22	23 34	0 41	18 3	0 54	21 36	0 7
9	16 12	8 44	0 39	10 31	18 38	1 40	22 3	0 19	23 31	0 41	18 5	0 54	21 37	0 7
10	15 55	12 10	0N27	13 40	18 4	1 42	21 56	0 17	23 28	0 42	18 8	0 54	21 37	0 7
11	15 38	15 0	1 31	16 10	17 30	1 44	21 49	0 14	23 24	0 42	18 10	0 54	21 38	0 7
12	15 20	17 9	2 29	17 57	16 53	1 45	21 42	0 11	23 21	0 43	18 12	0 54	21 39	0 7
13	15 2	18 32	3 20	18 56	16 15	1 46	21 33	0 8	23 17	0 44	18 14	0 54	21 39	0 7
14	14 44	19 6	4 3	19 5	15 36	1 46	21 24	0 5	23 13	0 44	18 17	0 54	21 40	0 7
15	14 26	18 50	4 35	18 23	14 55	1 45	21 15	0 2	23 9	0 45	18 19	0 54	21 41	0 7
16	14 7	17 43	4 56	16 51	14 14	1 43	21 4	0N 1	23 4	0 46	18 21	0 54	21 42	0 7
17	13 49	15 47	5 3	14 32	13 31	1 41	20 54	0 4	22 60	0 46	18 23	0 54	21 42	0 7
18	13 30	13 7	4 56	11 32	12 48	1 39	20 42	0 6	22 55	0 47	18 25	0 55	21 43	0 7
19	13 10	9 48	4 35	7 57	12 5	1 36	20 30	0 9	22 50	0 48	18 27	0 55	21 43	0 7
20	12 51	5 59	4 0	3 56	11 20	1 32	20 18	0 12	22 45	0 48	18 29	0 55	21 44	0 8
21	12 31	1 50	3 12	0N19	10 36	1 28	20 4	0 15	22 40	0 49	18 31	0 55	21 45	0 8
22	12 11	2N29	2 13	4 38	9 51	1 24	19 51	0 17	22 35	0 49	18 33	0 55	21 45	0 8
23	11 51	6 44	1 5	8 46	9 5	1 19	19 36	0 20	22 29	0 50	18 35	0 55	21 46	0 8
24	11 31	10 42	0S 7	12 29	8 20	1 14	19 21	0 23	22 24	0 51	18 37	0 55	21 46	0 8
25	11 11	14 8	1 20	15 34	7 34	1 8	19 6	0 25	22 18	0 51	18 39	0 55	21 47	0 8
26	10 50	16 48	2 29	17 46	6 49	1 2	18 50	0 28	22 12	0 52	18 41	0 55	21 47	0 8
27	10 29	18 29	3 30	18 54	6 3	0 56	18 33	0 30	22 6	0 53	18 43	0 55	21 48	0 8
28	10 8	19 1	4 19	18 49	5 17	0 50	18 16	0 33	21 59	0 53	18 45	0 55	21 49	0 8
29	9 47	18 20	4 52	17 32	4 32	0 43	17 59	0 35	21 53	0 54	18 46	0 55	21 49	0 8
30	9 26	16 28	5 6	15 8	3 47	0 36	17 41	0 38	21 46	0 55	18 48	0 55	21 50	0 8
31	9N 5	13N35	5S 1	11N50	3N 1	0N29	17N22	0N40	21N39	0N55	18S50	0S55	21S50	0S 8

DAY	♅ DECL	♅ LAT	♆ DECL	♆ LAT	♇ DECL	♇ LAT
1	22S57	0S 5	22N20	1S 6	14N14	8S49
5	22 57	0 5	22 20	1 6	14 13	8 50
9	22 57	0 5	22 19	1 6	14 13	8 50
13	22 56	0 5	22 19	1 6	14 13	8 50
17	22 56	0 5	22 19	1 6	14 13	8 51
21	22 56	0 5	22 19	1 6	14 12	8 52
25	22 56	0 5	22 19	1 6	14 12	8 52
29	22S56	0S 5	22N18	1S 6	14N12	8S53

☽ PHENOMENA

d	h	m	
3	20	17	●
11	4	24	☽
19	6	3	○
26	11	4	☾

d	h	° '
6	21	0
14	4	19S 7
21	10	0
27	23	19N 1

d	h	° '
3	1	5S 1
9	14	0
17	1	5N 3
23	22	0
30	6	5S 7

VOID OF COURSE ☽

LAST ASPT	☽ INGRESS
31 9am 4	1 ♋ 2am34
2 4pm20	3 ♌ 3am 6
4 10am48	5 ♍ 4am43
6 8pm47	7 ♎ 9am15
9 4am 2	9 ♏ 5pm43
11 2pm50	12 ♐ 5am26
14 4am19	14 ♑ 6pm10
16 10pm59	17 ♒ 5am38
19 6am 3	19 ♓ 2pm51
21 7am48	21 ♈ 9pm57
23 1pm47	24 ♉ 3am20
25 8pm34	26 ♊ 7am13
27 4pm24	28 ♋ 9am50
30 6am 5	30 ♌ 11am45

d	h	
1	18	PERIGEE
13	16	APOGEE
29	8	PERIGEE

DAILY ASPECTARIAN

Day	Aspect	Time
1 F	♀☌♂	6am 1
	☽☌♆	6 42
	☽☌♂	3pm27
	☽☌♀	3 50
	☉⚺☽	4 14
	☿#♄	8 12
	☉∥☽	10 24
	☽⚻♃	11 17
2 S	☽#♃	2am 5
	☽⚻♅	6 55
	☽⚺♇	9 45
	☉⚺♀	3pm54
	☽☍♄	4 20
	☉#♃	9 20
	☿ ♌	9 21
3 Su	☽☌☿	4am 1
	☽⚼♅	7 11
	☽⚺♆	7 21
	☽∠♇	10 6
	☽∥♇	10 56
	☽⚺♂	6pm24
	☉☌☽	8 17
	☽⚺♀	8 48
	☽☍♃	11 37
4 M	☿⚼♅	2am45
	☿⚺♆	4 27
	☽△♅	7 46
	☽∠♆	8 2
	☽✱♇	10 48
	☽⚻♄	5pm18
	☽∠♂	8 26
	☽∠♀	11 58
5 T	☿∠♇	0am 4
	♀⚻♃	4 3
	☽✱♆	9 16
	☽⚺☿	2pm 8
	☉☍♃	5 20
	♀∥♆	6 3
	☽⚼♄	6 37
	☽✱♂	11 15
6 W	☽⚻♃	1am46
	☉⚺☽	2 29
	☽✱♀	4 4
	☽□♅	10 49
	☽□♇	2pm10
	☽△♄	8 47
	☽∠☿	9 0
7 Th	☽⚼♃	4am 3
	☉∠☽	7 7
	☽□♆	2pm14
	♂⚻♃	7 46
8 F	☽✱☿	5am29
	☽△♃	7 19
	☽□♂	8 4
	☉✱☽	1pm 2
	☽□♀	4 0
	☿☍♃	4 21
	☽✱♅	5 33
	☽△♇	9 16
9 S	☿⚺♂	3am51
	☽□♄	4 2
	♀⚻♅	8 13
	☿#♃	9pm50
	☽∠♅	10 24
	☽△♆	11 12
10 Su	☽⚼♇	2am18
	☽□♃	4pm40
	☽#♇	4 46
	☽△♂	9 25
11 M	☉△♅	0am 1
	♀⚺♇	0 7
	☽□☿	3 15
	☽⚺♅	4 3
	☉□☽	4 24
	☽⚼♆	4 59
	☉#☽	5 32
	☿△♅	7 52
	☽⚻♇	8 7
	☽△♀	9 0
	☉∠♆	11 50
	☿∠♆	1pm30
	☽✱♄	2 50
	☉☌☿	2 57
	☽#☿	9 21
12 T	☽⚼♂	5am18
	♀#♄	7 40
	☿✱♇	8 2
	☽⚻♆	11 16
	☽∥♃	5pm19
	☽⚼♀	6 42
	☽∠♄	9 0
13 W	☉✱♇	3am23
	☽✱♃	4 27
	☽⚻♂	1pm29
	♀☍♄	4 22
	☽☌♅	4 36
	☽☍♇	8 51
	☿⚻♄	10 9
	☉△☽	10 22
14 Th	☽⚺♄	3am15
	☽△☿	4 19
	☽⚻♀	4 33
	☿⚺♀	7 30
	☽∠♃	10 30
15 F	☽☍♆	0am 6
	☉⚼☽	7 14
	☽∥♃	12pm58
	☽⚺♃	4 17
	☽⚼☿	4 25
	☉∥♇	5 3
	♂⚻♅	9 19
16 S	☿∥♇	0am34
	☽⚺♅	4 45
	☽☍♂	5 11
	☉∥☿	6 34
	☉⚻♄	7 22
	☽⚻♇	9 0
	☽☌♄	2pm53
	☉⚻☽	3 34
	☽☍♀	10 59
17 Su	☽⚻☿	3am36
	☽∠♅	10 7
	☽⚻♆	11 29
	☽⚼♇	2pm21
	☽#♇	2 54
	☿ ♍	4 34
	♂#♅	7 30
	☉#☽	8 35
18 M	☽☌♃	2am23
	☽#☿	3 12
	☽✱♅	2pm55
	☽⚼♆	4 20
	☽⚻♂	6 31
	☽△♇	7 6
19 T	☽⚺♄	0am25
	☉☍☽	6 3
	♂⚺♇	6 3
	☿✱♆	7 19
	☽⚻♀	2pm28
	♀ ♌	6 28
	☽△♆	8 36
	☽☍☿	10 49
20 W	☽⚼♂	0am10
	☽∠♄	4 22
	☽⚺♃	10 16
	☿∠♂	12pm26
	☽⚼♀	9 6
	☽□♅	10 50
21 Th	☽□♇	2am56
	☽△♂	5 13
	☽✱♄	7 48
	☿⚼♄	12pm38
	☽∠♃	1 28
	♀⚼♅	3 40
	☉⚻☽	5 48
22 F	☽△♀	3am 7
	☽□♆	3 36
	♀⚺♆	8 35
	☽⚻☿	2pm22
	☽✱♃	4 15
	☉⚼☽	10 50
23 S	☿⚻♃	3am39
	☽△♅	4 53
	♂☍♄	6 7
	☽✱♇	8 55
	☽∥☿	11 45
	♀∠♇	12pm33
	☽□♄	1 24
	☽□♂	1 47
	☽⚼☿	9 3
24 Su	☉ ♍	2am53
	☉△☽	3 22
	☉∥☽	4 56
	☽⚼♅	7 19
	☽✱♆	8 55
	☽∠♇	11 19
	☽□♀	1pm31
	☽□♃	8 41
	♂∥♆	8 44
25 M	☽∥♇	0am34
	☽△☿	3 5
	☽⚻♅	9 23
	☽∠♆	11 0
	☽⚺♇	1pm21
	☽△♄	5 29
	☽✱♂	8 34
26 T	☉□☽	11am 4
	♀#♃	11 42
	☽⚺♆	12pm44
	☽⚼♄	7 0
	☽✱♀	10 0
	☽∠♂	11 21
	☽△♃	11 42
27 W	☽∥♀	1am25
	☿□♅	5 43
	☽#♃	6 3
	♅SD	10 21
	☉✱♆	11 55
	☽☍♅	12pm29
	☽□☿	1 24
	☽☌♇	4 24
	♀☍♃	4 24
	☽⚻♄	8 14
28 Th	☽⚼♃	0am46
	☽∠♀	1 37
	☽⚺♂	1 47
	☽#♃	1pm53
	☿□♇	2 53
	☽☌♆	3 18
	☉✱☽	5 14
29 F	☽⚻♃	1am37
	☽⚺♀	4 58
	☽∥♀	7 8
	♂#♄	12pm58
	☽⚻♅	2 35
	☽⚺♇	6 29
	☉∠☽	7 59
	☽✱☿	10 2
	☽☍♄	10 6
	☿△♄	10 30
30 S	☽☌♂	6am 5
	☽⚼♅	3pm33
	☽⚺♆	5 18
	☽∠♇	7 27
	☽∥♇	7 31
	☉⚺☽	10 45
31 Su	☽∠☿	2am13
	☉⚼♄	2 18
	☽☍♃	3 12
	☿⚼♃	10 32
	☽☌♀	11 35
	☽△♅	4pm39
	☽∠♆	6 27
	☽✱♇	8 37

SEPTEMBER 1902

LONGITUDE

DAY	SID. TIME	☉	☽	☽ 12 Hour	MEAN ☊	TRUE ☊	☿	♀	♂	♃	♄	♅	♆	♇
	h m s	° ' "	° ' "	° ' "	° '	° '	° '	° '	° '	° '	° '	° '	° '	° '
1	22 36 53	7♍ 36 49	21♌ 38 7	28♌ 42 23	27♎ 38	26♎ 19R	25♍ 8	14♌ 54	27♋ 42	9♒ 10R	21♑ 42R	17♐ 17	3♋ 21	19♊ 38
2	22 40 50	8 34 55	5♍ 42 49	12♍ 38 49	27 35	26 12	26 43	16 7	28 20	9 5	21 40	17 17	3 22	19 38
3	22 44 46	9 33 3	19 29 56	26 15 51	27 32	26 6	28 17	17 21	28 58	8 59	21 38	17 17	3 23	19 38
4	22 48 43	10 31 13	2♎ 56 20	9♎ 31 18	27 28	26 2	29 50	18 34	29 37	8 53	21 35	17 18	3 25	19 39
5	22 52 39	11 29 24	16 0 48	22 24 57	27 25	25 59D	1♎ 22	19 48	0♌ 15	8 48	21 33	17 18	3 26	19 39
6	22 56 36	12 27 37	28 44 1	4♏ 58 22	27 22	25 59	2 53	21 1	0 53	8 42	21 31	17 19	3 27	19 39
7	23 0 32	13 25 51	11♏ 8 23	17 14 36	27 19	26 0	4 22	22 15	1 30	8 37	21 29	17 19	3 28	19 40
8	23 4 29	14 24 7	23 17 32	29 17 45	27 16	26 1	5 50	23 29	2 8	8 32	21 28	17 20	3 29	19 40
9	23 8 25	15 22 25	5♐ 15 54	11♐ 12 34	27 13	26 3R	7 16	24 42	2 46	8 27	21 26	17 20	3 30	19 40
10	23 12 22	16 20 44	17 8 25	23 4 4	27 9	26 3	8 42	25 56	3 24	8 23	21 24	17 21	3 31	19 41
11	23 16 19	17 19 4	29 0 8	4♑ 57 13	27 6	26 2	10 6	27 10	4 1	8 18	21 23	17 22	3 31	19 41
12	23 20 15	18 17 26	10♑ 55 54	16 56 43	27 3	25 59	11 29	28 24	4 39	8 14	21 21	17 22	3 32	19 41
13	23 24 12	19 15 50	23 0 10	29 6 41	27 0	25 56	12 50	29 38	5 17	8 10	21 20	17 23	3 33	19 41
14	23 28 8	20 14 16	5♒ 16 39	11♒ 30 23	26 57	25 50	14 10	0♍ 51	5 54	8 6	21 19	17 24	3 34	19 41
15	23 32 5	21 12 42	17 48 8	24 10 4	26 53	25 45	15 29	2 5	6 32	8 2	21 18	17 25	3 35	19 41
16	23 36 1	22 11 11	0♓ 36 18	7♓ 6 50	26 50	25 39	16 46	3 19	7 9	7 58	21 16	17 26	3 35	19 42
17	23 39 58	23 9 42	13 41 37	20 20 32	26 47	25 34	18 2	4 33	7 46	7 55	21 15	17 27	3 36	19 42
18	23 43 54	24 8 14	27 3 22	3♈ 49 54	26 44	25 30	19 16	5 48	8 23	7 51	21 15	17 28	3 37	19 42
19	23 47 51	25 6 48	10♈ 39 50	17 32 52	26 41	25 28	20 28	7 2	9 1	7 48	21 14	17 29	3 37	19 42
20	23 51 48	26 5 24	24 28 38	1♉ 26 49	26 38	25 27D	21 39	8 16	9 38	7 45	21 13	17 30	3 38	19 42R
21	23 55 44	27 4 3	8♉ 27 4	15 29 2	26 34	25 27	22 48	9 30	10 15	7 43	21 13	17 32	3 39	19 42
22	23 59 41	28 2 44	22 32 24	29 36 51	26 31	25 28	23 54	10 44	10 52	7 40	21 12	17 33	3 39	19 42
23	0 3 37	29 1 26	6♊ 42 7	13♊ 47 55	26 28	25 29	24 59	11 59	11 29	7 38	21 12	17 34	3 40	19 42
24	0 7 34	0♎ 0 11	20 54 0	28 0 5	26 25	25 30R	26 1	13 13	12 6	7 36	21 11	17 36	3 40	19 42
25	0 11 30	0 58 59	5♋ 5 55	12♋ 11 15	26 22	25 30	27 1	14 27	12 43	7 34	21 11	17 37	3 41	19 41
26	0 15 27	1 57 49	19 15 48	26 19 17	26 19	25 30	27 59	15 42	13 19	7 32	21 11D	17 39	3 41	19 41
27	0 19 23	2 56 41	3♌ 21 23	10♌ 21 49	26 15	25 28	28 53	16 56	13 56	7 30	21 11	17 40	3 41	19 41
28	0 23 20	3 55 35	17 20 13	24 16 16	26 12	25 25	29 45	18 11	14 33	7 29	21 11	17 42	3 42	19 41
29	0 27 16	4 54 31	1♍ 9 39	8♍ 0 1	26 9	25 22	0♏ 33	19 25	15 9	7 28	21 11	17 43	3 42	19 41
30	0 31 13	5♎ 53 30	14♍ 47 6	21♍ 30 37	26♎ 6	25♎ 19	1♏ 18	20♍ 40	15♌ 46	7♒ 27	21♑ 12	17♐ 45	3♋ 42	19♊ 41

DECLINATION and LATITUDE

DAY	☉ DECL	☽ DECL	☽ LAT	☽ 12hr DECL	☿ DECL	☿ LAT	♀ DECL	♀ LAT	♂ DECL	♂ LAT	♃ DECL	♃ LAT	♄ DECL	♄ LAT
1	8N43	9N55	4S38	7N52	2N16	0N22	17N 3	0N42	21N33	0N56	18S51	0S55	21S50	0S 8
2	8 21	5 44	3 58	3 33	1 32	0 15	16 43	0 45	21 26	0 56	18 53	0 55	21 51	0 9
3	7 60	1 20	3 4	0S52	0 47	0 7	16 23	0 47	21 18	0 57	18 55	0 55	21 51	0 9
4	7 38	3S 2	2 1	5 7	0 3	0S 0	16 3	0 49	21 11	0 58	18 56	0 55	21 52	0 9
5	7 16	7 8	0 54	9 2	0S40	0 8	15 42	0 51	21 4	0 58	18 57	0 55	21 52	0 9
6	6 53	10 48	0N15	12 25	1 23	0 16	15 20	0 53	20 56	0 59	18 59	0 55	21 53	0 9
7	6 31	13 53	1 21	15 11	2 6	0 24	14 58	0 55	20 48	0 60	19 0	0 55	21 53	0 9
8	6 9	16 18	2 23	17 14	2 48	0 32	14 36	0 57	20 40	1 0	19 2	0 55	21 53	0 9
9	5 46	17 57	3 17	18 29	3 30	0 40	14 13	0 59	20 32	1 1	19 3	0 55	21 54	0 9
10	5 23	18 48	4 2	18 55	4 11	0 48	13 50	1 1	20 24	1 1	19 4	0 55	21 54	0 9
11	5 1	18 50	4 37	18 31	4 52	0 57	13 27	1 3	20 16	1 2	19 5	0 55	21 54	0 9
12	4 38	18 1	5 0	17 18	5 32	1 5	13 3	1 5	20 8	1 3	19 6	0 55	21 55	0 9
13	4 15	16 23	5 11	15 17	6 12	1 13	12 39	1 6	19 59	1 3	19 7	0 55	21 55	0 9
14	3 52	13 60	5 7	12 32	6 50	1 21	12 14	1 8	19 50	1 4	19 8	0 55	21 55	0 9
15	3 29	10 55	4 49	9 10	7 28	1 29	11 49	1 10	19 42	1 5	19 9	0 55	21 55	0 9
16	3 6	7 17	4 16	5 17	8 6	1 37	11 24	1 11	19 33	1 5	19 10	0 55	21 56	0 10
17	2 43	3 12	3 29	1 4	8 42	1 45	10 58	1 13	19 24	1 6	19 11	0 55	21 56	0 10
18	2 20	1N 7	2 29	3N18	9 18	1 53	10 32	1 14	19 15	1 7	19 12	0 55	21 56	0 10
19	1 57	5 27	1 20	7 33	9 52	2 1	10 6	1 15	19 6	1 7	19 13	0 55	21 56	0 10
20	1 33	9 34	0 5	11 28	10 26	2 9	9 39	1 17	18 56	1 8	19 13	0 55	21 56	0 10
21	1 10	13 13	1S11	14 46	10 59	2 16	9 13	1 18	18 47	1 8	19 14	0 55	21 56	0 10
22	0 47	16 6	2 23	17 12	11 31	2 24	8 46	1 19	18 37	1 9	19 15	0 55	21 57	0 10
23	0 23	18 2	3 27	18 35	12 1	2 31	8 18	1 20	18 28	1 10	19 15	0 55	21 57	0 10
24	0S 0	18 50	4 19	18 47	12 31	2 38	7 51	1 21	18 18	1 10	19 16	0 55	21 57	0 10
25	0 23	18 27	4 55	17 49	12 59	2 45	7 23	1 22	18 8	1 11	19 16	0 55	21 57	0 10
26	0 47	16 54	5 13	15 45	13 26	2 51	6 55	1 23	17 58	1 12	19 17	0 55	21 57	0 10
27	1 10	14 22	5 12	12 46	13 51	2 58	6 27	1 24	17 48	1 12	19 17	0 55	21 57	0 10
28	1 34	11 0	4 52	9 6	14 15	3 4	5 58	1 24	17 38	1 13	19 17	0 55	21 57	0 10
29	1 57	7 5	4 16	4 59	14 37	3 9	5 30	1 25	17 28	1 13	19 18	0 55	21 57	0 10
30	2S20	2N50	3S25	0N41	14S58	3S14	5N 1	1N26	17N18	1N14	19S18	0S55	21S57	0S10

DAY	♅ DECL	♅ LAT	♆ DECL	♆ LAT	♇ DECL	♇ LAT
1	22S56	0S 5	22N18	1S 6	14N11	8S53
5	22 56	0 5	22 18	1 6	14 11	8 54
9	22 56	0 5	22 18	1 7	14 10	8 54
13	22 57	0 6	22 18	1 7	14 10	8 55
17	22 57	0 6	22 17	1 7	14 9	8 55
21	22 58	0 6	22 17	1 7	14 9	8 56
25	22 58	0 6	22 17	1 7	14 8	8 57
29	22S59	0S 6	22N17	1S 7	14N 7	8S57

☽ PHENOMENA

d	h	m	
2	5	19	●
9	22	15	☽
17	18	23	○
24	16	31	☾

d	h	° '
3	7	0
10	13	18S55
17	18	0
24	4	18N51
30	16	0

d	h	° '
5	19	0
13	6	5N11
20	2	0
26	11	5S15

VOID OF COURSE ☽

LAST ASPT		☽ INGRESS		
31	8pm37	1	♍	2pm12
3	5pm42	3	♎	6pm42
5	10am21	6	♏	2am25
8	0am24	8	♐	1pm25
10	7pm51	11	♑	2am 1
12	8pm42	13	♒	1pm44
15	3am34	15	♓	10pm53
17	6pm23	18	♈	5am14
19	6pm40	20	♉	9am31
22	10am 2	22	♊	12pm39
24	9am19	24	♋	3pm23
26	3pm52	26	♌	6pm16
28	4am 3	28	♍	9pm58

d	h	
10	11	APOGEE
23	13	PERIGEE

DAILY ASPECTARIAN

1 M	☽⚻♄	0am 7
	☽⚺☿	6 41
	☉∥☽	7 47
	☽⚺♂	10 47
	☽⚹♆	7pm58
2 T	☽⚼♄	1am38
	☉☌☽	5 19
	☽⚻♃	5 46
	☉⚻♃	11 8
	☽∠♂	1pm51
	☽⚺♀	7 50
	☽□♅	8 7
	♀△♅	10 57
3 W	☽□♇	0am15
	☽∥☿	3 34
	☽△♄	3 45
	☽⚼♃	7 53
	☽#☿	9 56
	☽☌☿	5pm41
	☽⚹♂	5 42
	☿⚹♂	5 54
	♀∠♆	8 50
4 Th	☽□♆	0am51
	☽∠♀	1 15
	☿ ♎	2 30
	☽△♃	10 46
	♂ ♌	2pm47
	☉⚺☽	2 57
	♀⚹♇	9 14
5 F	☉#☽	0am43
	☽⚹♅	2 24
	☽△♇	6 48
	☽⚹♀	7 49
	☽□♄	10 21
	☉∠☽	9pm22
6 S	☽□♂	4am19
	☽∠♅	6 52
	☽⚺☿	9 2
	☽△♆	9 4
	☿□♆	9 15
	♀⚻♄	9 34
	☽⚼♇	11 24
	☽□♃	7pm 7
7 Su	☽#♇	2am31
	☉⚹☽	4 53
	☽#♀	8 38
	☽⚺♅	12pm10
	☽⚼♆	2 26
	☽⚻♇	4 48
	☽∠☿	6 26
	☽⚹♄	8 22
8 M	☽□♀	0am24
	♂⚼♅	7 23
	☽△♂	6pm42
	☽⚻♆	8 26
9 T	☽∠♄	2am21
	♀∥♇	3 17
	☽⚹☿	4 36
	☽⚹♃	6 24
	☿△♃	6pm52
	☉□☽	10 15
10 W	☽☌♅	0am26
	☽⚼♂	2 41
	♂⚺♆	4 25
	☽☍♇	5 8
	☽⚺♄	8 37
	☽∠♃	12pm33
	☽△♀	7 51
11 Th	☉□♅	1am 6
	☉#☿	3 17
	☽☍♆	9 8
	☽⚻♂	10 41
	☽⚺♃	6pm37
12 F	☽□☿	1am14
	♂∠♇	1 14
	☽⚼♀	5 29
	☽⚺♅	12pm52
	☉△☽	3 57
	☽⚻♇	5 26
	☽☌♄	8 42
13 S	♀ ♍	7am18
	☉□♇	10 25
	☽⚻♀	2pm27
	☽∠♅	6 25
	☽⚻♆	8 41
	☽#♇	10 32
	☽⚼♇	10 51
	☉⚼☽	11 55
14 Su	☽☍♂	1am16
	☽☌♃	5 25
	☽#♀	4pm30
	☽△☿	7 6
	☽⚹♅	11 16
15 M	☽⚼♆	1am28
	☉△♄	1 56
	☽△♇	3 34
	☽⚺♄	6 35
	☉⚻☽	6 59
	☽∥☿	7pm37
	☉∠♂	9 24
16 T	☽⚼☿	2am24
	♀⚹♆	5 15
	☽△♆	5 32
	☽☍♀	5 33
	☽∠♄	10 27
	☽⚻♂	12pm40
	☿⚹♅	12 44
	☽⚺♃	1 31
	☉⚼♃	6 13
17 W	☉#☽	3am 3
	♂☍♃	5 4
	☽□♅	6 48
	☽⚻☿	8 39
	☽□♇	10 50
	☽⚹♄	1pm38
	☽∠♃	4 32
	☽⚼♂	5 9
	☉☍☽	6 23
18 Th	☉∥☽	6am 9
	♂#♃	6 38
	☿△♇	8 26
	♀⚼♄	8 40
	☽□♆	11 37
	☽⚻♀	4pm59
	☽⚹♃	7 1
	☽△♂	8 58
19 F	☿#♀	5am26
	☽△♅	11 55
	♀⚻♃	2pm33
	☿□♄	3 13
	☽⚹♇	3 44
	☽□♄	6 22
	☽☍☿	6 40
	☽⚼♀	9 42
20 S	☽∥♀	0am28
	☉⚻☽	3 0
	☽#☿	6 15
	♇SR	6 51
	☽⚼♅	1pm51
	☽⚹♆	3 46
	☽∠♇	5 34
	☽□♃	10 44
21 Su	☽△♀	1am58
	☽□♂	3 13
	☉⚼☽	6 38
	☽∥♇	6 59
	☽⚻♅	3pm30
	☽∠♆	5 23
	☽⚺♇	7 10
	☽△♄	9 44
22 M	☽⚻☿	2am31
	♀⚺♂	4 54
	☉△☽	10 2
	☽⚺♆	6pm51
	☽⚼♄	11 9
23 T	☽△♃	1am34
	☽⚼☿	6 0
	☽∥♂	7 38
	☽⚹♂	8 27
	☽□♀	9 46
	☽☍♅	6pm24
	☽☌♇	9 58
	☉ ♎	11 55
24 W	☽⚻♄	0am29
	☽⚼♃	2 51
	☽△☿	9 19
	☽∠♂	10 57
	☉□☽	4pm31
	☽☌♆	9 36
25 Th	☽⚻♃	4am10
	☽∥♂	7 23
	☽⚺♂	1pm28
	☽⚹♀	5 22
	☽⚻♅	9 15
26 F	☽⚺♇	0am43
	☽☍♄	3 16
	♄SD	10 55
	☽□☿	3pm52
	☽∠♀	9 20
	☽⚼♅	10 49
	☉⚹☽	11 15
27 S	☽⚺♆	0am34
	☽∥♇	1 52
	☽∠♇	2 16
	☽#☿	3 32
	☽☍♃	7 5
	♀□♅	2pm29
	☿#♇	4 19
	☉□♆	6 21
	☽☌♂	6 58
28 Su	☽△♅	0am37
	☽⚺♀	1 35
	☽∠♆	2 21
	☉∠☽	2 57
	☽⚹♇	4 3
	☽⚻♄	6 39
	☿ ♏	7 21
	☽⚹☿	10pm52
29 M	☽⚹♆	4am27
	♀□♇	5 4
	☉⚺☽	7 4
	☽⚼♄	8 49
	☽∥♀	10 17
	☽⚻♃	11 2
30 T	☽⚺♂	1am50
	☉#☽	2 33
	☽∠☿	2 50
	☽□♅	5 17
	☽□♇	8 43
	♀△♄	10 22
	☽△♄	11 26
	☽☌♀	11 33
	☽⚼♃	1pm40

OCTOBER 1902

LONGITUDE

DAY	SID. TIME	☉	☽	☽ 12 Hour	MEAN ☊	TRUE ☊	☿	♀	♂	♃	♄	♅	♆	♇
	h m s	° ' "	° ' "	° ' "	° '	° '	° '	° '	° '	° '	° '	° '	° '	° '
1	0 35 10	6♎ 52 30	28♍ 10 21	4♎ 46 6	26♎ 3	25♎ 17R	1♏ 58	21♍ 54	16♌ 22	7♒ 26R	21♑ 12	17♐ 47	3♋ 43	19♊ 40R
2	0 39 6	7 51 33	11♎ 17 45	17 45 16	25 59	25 16	2 35	23 9	16 59	7 25	21 13	17 48	3 43	19 40
3	0 43 3	8 50 38	24 8 38	0♏ 27 55	25 56	25 16D	3 7	24 23	17 35	7 25	21 13	17 50	3 43	19 40
4	0 46 59	9 49 45	6♏ 43 15	12 54 52	25 53	25 16	3 34	25 38	18 11	7 25D	21 14	17 52	3 43	19 40
5	0 50 56	10 48 54	19 3 1	25 8 1	25 50	25 17	3 55	26 53	18 48	7 25	21 15	17 54	3 43	19 39
6	0 54 52	11 48 4	1♐ 10 15	7♐ 10 9	25 47	25 18	4 11	28 8	19 24	7 25	21 16	17 56	3 43	19 39
7	0 58 49	12 47 17	13 8 12	19 4 53	25 44	25 19	4 20R	29 22	20 0	7 25	21 17	17 58	3 43R	19 39
8	1 2 45	13 46 31	25 0 45	0♑ 56 22	25 40	25 20	4 22	0♎ 37	20 36	7 26	21 18	18 0	3 43	19 38
9	1 6 42	14 45 47	6♑ 52 18	12 49 10	25 37	25 21R	4 17	1 52	21 12	7 27	21 19	18 2	3 43	19 38
10	1 10 39	15 45 5	18 47 32	24 48 0	25 34	25 21	4 5	3 7	21 48	7 28	21 20	18 4	3 43	19 38
11	1 14 35	16 44 25	0♒ 51 9	6♒ 57 31	25 31	25 20	3 44	4 22	22 23	7 29	21 22	18 6	3 43	19 37
12	1 18 32	17 43 46	13 7 39	19 21 59	25 28	25 20	3 15	5 36	22 59	7 30	21 23	18 8	3 43	19 37
13	1 22 28	18 43 9	25 40 58	2♓ 4 56	25 25	25 19	2 38	6 51	23 35	7 32	21 25	18 11	3 43	19 36
14	1 26 25	19 42 34	8♓ 34 10	15 8 51	25 21	25 18	1 52	8 6	24 10	7 34	21 26	18 13	3 43	19 36
15	1 30 21	20 42 1	21 49 4	28 34 48	25 18	25 18	0 59	9 21	24 46	7 36	21 28	18 15	3 42	19 35
16	1 34 18	21 41 30	5♈ 25 55	12♈ 22 10	25 15	25 18	29♎ 59	10 36	25 21	7 38	21 30	18 18	3 42	19 35
17	1 38 14	22 41 0	19 23 11	26 28 31	25 12	25 18	28 53	11 51	25 56	7 40	21 32	18 20	3 42	19 34
18	1 42 11	23 40 33	3♉ 37 36	10♉ 49 47	25 9	25 18	27 42	13 6	26 32	7 43	21 34	18 22	3 42	19 34
19	1 46 8	24 40 8	18 4 24	25 20 42	25 5	25 17	26 28	14 21	27 7	7 46	21 36	18 25	3 41	19 33
20	1 50 4	25 39 45	2♊ 37 56	9♊ 55 24	25 2	25 17	25 14	15 36	27 42	7 49	21 39	18 27	3 41	19 32
21	1 54 1	26 39 24	17 12 21	24 28 10	24 59	25 17	24 1	16 51	28 17	7 52	21 41	18 30	3 40	19 32
22	1 57 57	27 39 6	1♋ 42 16	8♋ 54 7	24 56	25 17	22 51	18 6	28 52	7 55	21 43	18 33	3 40	19 31
23	2 1 54	28 38 50	16 3 18	23 9 29	24 53	25 17D	21 47	19 21	29 27	7 59	21 46	18 35	3 39	19 30
24	2 5 50	29 38 35	0♌ 12 24	7♌ 11 51	24 50	25 17	20 51	20 36	0♍ 2	8 2	21 49	18 38	3 39	19 30
25	2 9 47	0♏ 38 23	14 7 44	20 59 57	24 46	25 17	20 4	21 52	0 36	8 6	21 51	18 41	3 38	19 29
26	2 13 43	1 38 14	27 48 31	4♍ 33 25	24 43	25 17	19 27	23 7	1 11	8 10	21 54	18 43	3 38	19 28
27	2 17 40	2 38 7	11♍ 14 42	17 52 25	24 40	25 18	19 1	24 22	1 45	8 15	21 57	18 46	3 37	19 28
28	2 21 37	3 38 1	24 26 39	0♎ 57 28	24 37	25 19	18 46D	25 37	2 20	8 19	22 0	18 49	3 37	19 27
29	2 25 33	4 37 58	7♎ 24 57	13 49 10	24 34	25 20	18 44	26 52	2 54	8 24	22 3	18 52	3 36	19 26
30	2 29 30	5 37 57	20 10 14	26 28 12	24 31	25 20R	18 52	28 8	3 29	8 28	22 6	18 55	3 35	19 25
31	2 33 26	6♏ 37 58	2♏ 43 12	8♏ 55 20	24♎ 27	25♎ 20	19♎ 11	29♎ 23	4♍ 3	8♒ 33	22♑ 10	18♐ 58	3♋ 34	19♊ 24

DECLINATION and LATITUDE

DAY	☉ DECL	☽ DECL	☽ LAT	☽ 12hr DECL	☿ DECL	☿ LAT	♀ DECL	♀ LAT	♂ DECL	♂ LAT	♃ DECL	♃ LAT	♄ DECL	♄ LAT
1	2S44	1S29	2S24	3S35	15S16	3S18	4N32	1N26	17N 8	1N15	19S18	0S54	21S57	0S11
2	3 7	5 39	1 16	7 36	15 32	3 22	4 3	1 27	16 57	1 15	19 18	0 54	21 57	0 11
3	3 30	9 28	0 6	11 12	15 47	3 26	3 34	1 27	16 47	1 16	19 18	0 54	21 57	0 11
4	3 54	12 46	1N 3	14 12	15 58	3 28	3 5	1 28	16 36	1 17	19 18	0 54	21 57	0 11
5	4 17	15 27	2 8	16 30	16 7	3 30	2 35	1 28	16 25	1 17	19 18	0 54	21 57	0 11
6	4 40	17 22	3 6	18 2	16 13	3 31	2 6	1 28	16 15	1 18	19 18	0 54	21 57	0 11
7	5 3	18 30	3 55	18 45	16 16	3 31	1 36	1 28	16 4	1 19	19 18	0 54	21 57	0 11
8	5 26	18 48	4 34	18 38	16 16	3 29	1 6	1 28	15 53	1 19	19 18	0 54	21 57	0 11
9	5 49	18 16	5 1	17 42	16 12	3 27	0 37	1 28	15 42	1 20	19 17	0 54	21 57	0 11
10	6 12	16 56	5 15	15 59	16 4	3 23	0 7	1 28	15 31	1 21	19 17	0 54	21 56	0 11
11	6 35	14 50	5 16	13 32	15 52	3 18	0S23	1 28	15 20	1 21	19 17	0 54	21 56	0 11
12	6 58	12 3	5 2	10 26	15 35	3 11	0 53	1 28	15 9	1 22	19 16	0 54	21 56	0 11
13	7 20	8 40	4 34	6 47	15 14	3 2	1 23	1 28	14 58	1 23	19 16	0 54	21 56	0 11
14	7 43	4 47	3 51	2 42	14 49	2 51	1 53	1 27	14 47	1 23	19 15	0 54	21 56	0 11
15	8 5	0 34	2 55	1N37	14 18	2 39	2 23	1 27	14 35	1 24	19 15	0 54	21 56	0 11
16	8 28	3N49	1 48	5 59	13 44	2 25	2 52	1 27	14 24	1 24	19 14	0 53	21 55	0 11
17	8 50	8 6	0 33	10 7	13 5	2 9	3 22	1 26	14 13	1 25	19 13	0 53	21 55	0 12
18	9 12	12 1	0S46	13 44	12 24	1 51	3 52	1 25	14 1	1 26	19 13	0 53	21 55	0 12
19	9 34	15 15	2 3	16 32	11 39	1 3[illegible]	4 22	1 25	13 50	1 26	19 12	0 53	21 55	0 12
20	9 55	17 33	3 13	18 16	10 54	1 1[illegible]	4 51	1 24	13 38	1 27	19 11	0 53	21 54	0 12
21	10 17	18 41	4 10	18 48	10 8	0 52	5 21	1 23	13 27	1 28	19 10	0 53	21 54	0 12
22	10 39	18 36	4 51	18 5	9 23	0 31	5 50	1 22	13 15	1 28	19 9	0 53	21 54	0 12
23	10 60	17 18	5 13	16 15	8 40	0 11	6 19	1 22	13 4	1 29	19 8	0 53	21 53	0 12
24	11 21	14 58	5 16	13 28	8 0	0N 9	6 48	1 21	12 52	1 30	19 7	0 53	21 53	0 12
25	11 42	11 48	5 0	9 59	7 25	0 28	7 18	1 20	12 40	1 30	19 6	0 53	21 52	0 12
26	12 3	8 3	4 28	6 1	6 55	0 46	7 46	1 18	12 29	1 31	19 5	0 53	21 52	0 12
27	12 24	3 57	3 41	1 50	6 30	1 2	8 15	1 17	12 17	1 32	19 4	0 53	21 52	0 12
28	12 44	0S17	2 43	2S23	6 11	1 16	8 44	1 16	12 5	1 32	19 2	0 53	21 51	0 12
29	13 4	4 26	1 38	6 26	5 58	1 29	9 12	1 15	11 53	1 33	19 1	0 52	21 51	0 12
30	13 24	8 20	0 29	10 7	5 51	1 40	9 40	1 14	11 42	1 34	18 60	0 52	21 50	0 12
31	13S44	11S47	0N41	13S18	5S49	1N49	10S 8	1N12	11N30	1N34	18S58	0S52	21S50	0S12

DAY	♅ DECL	♅ LAT	♆ DECL	♆ LAT	♇ DECL	♇ LAT
1	22S59	0S 6	22N17	1S 7	14N 7	8S58
5	22 60	0 6	22 17	1 7	14 6	8 58
9	23 0	0 6	22 17	1 7	14 5	8 59
13	23 1	0 6	22 16	1 8	14 5	8 59
17	23 2	0 6	22 16	1 8	14 4	8 60
21	23 3	0 6	22 16	1 8	14 4	9 0
25	23 4	0 6	22 16	1 8	14 3	9 1
29	23S 5	0S 6	22N16	1S 8	14N 2	9S 1

☽ PHENOMENA			VOID OF COURSE ☽ LAST ASPT		☽ INGRESS	
d	h	m				
1	17	9 ●	30	11am33	1 ♎	3am19
9	17	21 ☽	2	6pm29	3 ♏	11am 7
17	6	1 ○°	5	5pm14	5 ♐	9pm40
23	22	58 ☾	7	2pm35	8 ♑	10am 6
31	8	13 ●°	10	5am 6	10 ♒	10pm19
			12	7pm49	13 ♓	8am 7
d	h	° '	14	11pm23	15 ♈	2pm30
7	21	18S48	17	2pm50	17 ♉	5pm36
15	3	0	19	3pm32	19 ♊	7pm40
21	10	18N48	21	7pm 5	21 ♋	9pm10
27	22	0	23	10pm58	23 ♌	11pm39
			25	2pm53	26 ♍	3am53
			27	7pm30	28 ♎	10am14
			30	4pm52	30 ♏	6pm46
3	2	0		d h		
10	13	5N17		8 6	APOGEE	
17	10	0		20 2	PERIGEE	
23	16	5S17				
30	10	0				

DAILY ASPECTARIAN

Day	Aspect	Time
1 W	☽∠♂	6am 5
	☽⊻☿	7 15
	☉∥☽	7 48
	☽□♆	10 4
	♀⚼♃	10 8
	☉△♃	1pm28
	☽#♀	3 38
	☽△♃	4 52
	☉☌☽	5 9
2 Th	☿∠♅	10am17
	☽⚹♂	11 5
	☽⚹♅	12pm 8
	☽△♇	3 35
	☽□♄	6 29
3 F	☽⊻♀	0am31
	☉#♀	1 32
	♂△♅	10 29
	☽∠♅	4pm35
	☽☌☿	5 43
	☽△♆	6 14
	☽⚼♇	8 2
4 S	☽□♃	1am20
	☉⊻☽	6 32
	☽∠♀	8 25
	☿△♆	9 50
	☽#♇	11 13
	♃SD	11 14
	♂∠♆	9pm 5
	☽⊻♅	9 44
	☽⚼♆	11 21
	☽□♂	11 28
5 Su	☽⊼♇	1am11
	☽⚹♄	4 19
	☽∥☿	7 53
	☽#♂	10 7
	☉∠☽	2pm32
	☽⚹♀	5 14
6 M	☿#♂	2am 8
	☽⊼♆	5 6
	☽⊻☿	6 6
	♂⚹♇	10 4
	☽∠♄	10 11
	☽⚹♃	12pm30
	☉⚹☽	11 14
7 T	☽☌♅	9am46
	♀ ♎	12pm 6
	☽∠☿	12 35
	☽☍♇	1 8
	☽△♂	2 35
	☽⊻♄	4 28
	♆SR	5 32
	☽∠♃	6 47
	☿SR	8 3
8 W	☽□♀	12pm41
	☽☍♆	5 38
	☽⚹☿	6 50
	☽⚼♂	10 34
9 Th	☽⊻♃	1am10
	♂⊼♄	5 0
	☉□☽	5pm21
	☽⊻♅	10 33
10 F	☽⊼♇	1am40
	☽☌♄	5 6
	☽⊼♂	6 19
	♀□♆	11 43
	☽∥☿	12pm 3
	☿⊻♀	2 49
	☽#♂	6 33
11 S	☿△♆	0am48
	☽∠♅	4 27
	☽□☿	5 29
	☽⊼♆	5 39
	☽#♇	7 5
	☽⚼♇	7 25
	☽△♀	7 41
	☽☌♃	1pm 3
12 Su	☿∠♅	4am26
	☉△☽	9 38
	☽⚹♅	9 41
	☉⚹♅	10 22
	☽⚼♆	10 45
	☽△♇	12pm28
	☽⊻♄	3 53
	☽⚼♀	3 57
	☽☍♂	7 49
13 M	☉∥☽	7am45
	☽△☿	12pm20
	♀△♃	1 23
	☽△♆	3 2
	☉⚼☽	4 17
	☽∠♄	8 4
	☉△♇	9 14
	☽⊻♃	10 9
	☽⊼♀	11 3
14 T	☿#♂	2am32
	☽⚼☿	2pm12
	☽∥♀	2 55
	☽□♅	5 35
	☽□♇	8 0
	☉⊼☽	9 50
	☽⚹♄	11 23
15 W	☽∠♃	1am24
	☽⊼♂	5 29
	☿#♇	9 53
	♀∠♂	2pm55
	☽⊼☿	3 9
	☽#♀	6 11
	☉□♄	7 14
	☽□♆	8 59
	☿ ♎	11 35
16 Th	☽⚹♃	3am50
	☽⚼♂	8 54
	☽☍♀	9 50
	☽△♅	10pm12
17 F	☽⚹♇	0am19
	☽□♄	3 39
	☉#☽	4 42
	☉☍☽	6 1
	☽△♂	11 35
	☽☍☿	2pm50
	♂∥♇	6 12
	☽⚼♅	11 35
18 S	☽⚹♆	0am 7
	☽∠♇	1 33
	☽#☿	2 8
	☽□♃	6 51
	☽∥♂	1pm23
	☽∥♇	2 31
	☿⚹♂	3 31
	☽⊼♀	5 16
19 Su	☽⊼♅	0am34
	☽∠♆	1 1
	☽⊻♇	2 26
	☽△♄	5 51
	☉⊼☽	11 41
	☽⊼☿	12pm46
	☽□♂	3 32
	☉☌☿	7 20
	☽⚼♀	8 21
20 M	☽⊻♆	1am43
	☽⚼♄	6 37
	☽△♃	8 33
	☽⚼☿	11 32
	☉⚼☽	2pm11
	☉∥☿	8 37
	☽△♀	11 22
21 T	☽☍♅	2am 9
	☽☌♇	3 50
	☽⊼♄	7 25
	☽⚼♃	9 23
	☽△☿	10 24
	☉△☽	4pm46
	☽⚹♂	7 5
22 W	☽☌♆	3am16
	♀⚹♅	8 44
	☽⊼♃	10 24
	☽∠♂	9pm11
23 Th	☿□♄	0am25
	♀△♇	2 52
	☽⊼♅	4 17
	☽⊻♇	5 49
	☽□♀	6 6
	☽□☿	9 3
	☽☍♄	9 40
	♂ ♍	10pm54
	☉□☽	10 58
	☽⊻♂	11 41
24 F	☿☌♀	2am41
	☽⚼♅	5 53
	☽⊻♆	5 54
	☽∠♇	7 21
	☽∥♇	7 31
	☉ ♏	8 36
	☽☍♃	1pm31
	☽∥♂	5 30
	☉⚹♂	10 0
	♀□♄	11 53
25 S	☉#☽	0am37
	☿∥♀	2 53
	☽∠♆	7 52
	☽△♅	7 58
	☽⚹♇	9 20
	☽⚹☿	9 52
	☽⊼♄	1pm33
	☽⚹♀	2 53
	☿△♇	10 42
26 Su	☽#♀	1am29
	☽☌♂	6 15
	☉⚹☽	7 20
	☽#☿	7 38
	☽⚹♆	10 20
	☽∠☿	11 24
	☽⚼♄	4pm15
	☽⊼♃	6 34
	☉#♂	7 5
	☽∠♀	8 16
27 M	☉∠☽	12pm31
	☽□♅	1 41
	☽⊻☿	1 47
	☽□♇	2 52
	☽△♄	7 30
	☿⚹♅	7 34
	☽⚼♃	9 55
	☉△♆	11 25
28 T	☽⊻♀	2am23
	☉∠♅	4 35
	☽⊻♂	3pm13
	☽□♆	4 54
	☿SD	5 58
	☉⊻☽	6 23
	☉⚼♇	7 17
29 W	☽△♃	1am50
	☽∥☿	8 50
	☽∠♂	8pm38
	☽☌☿	9 29
	☽⚹♅	9 36
	☽△♇	10 35
30 Th	☽□♄	3am41
	♂⚹♆	4 33
	☿⚹♅	5 19
	☽∥♀	10 15
	☽☌♀	4pm52
	☽#♂	9 59
31 F	☽△♆	1am39
	☽∠♅	2 24
	☽⚹♂	2 41
	☽⚼♇	3 15
	☉☌☽	8 13
	☽□♃	11 22
	♀ ♏	11 51
	☿△♇	12pm 4
	☉∥☽	5 49
	☽#♇	6 17
	☉#♇	9 36

NOVEMBER 1902

LONGITUDE

DAY	SID. TIME	☉	☽	☽ 12 Hour	MEAN ☊	TRUE ☊	☿	♀	♂	♃	♄	♅	♆	♇
	h m s	° ' "	° ' "	° ' "	° '	° '	° '	° '	° '	° '	° '	° '	° '	° '
1	2 37 23	7♏ 38 1	15♏ 4 44	21♏ 11 33	24♎ 24	25♎ 19R	19♎ 39	0♏ 38	4♍ 37	8♒ 39	22♑ 13	19♐ 0	3♋ 34R	19♊ 24R
2	2 41 19	8 38 6	27 15 57	3♐ 18 9	24 21	25 18	20 17	1 53	5 11	8 44	22 16	19 3	3 33	19 23
3	2 45 16	9 38 13	9♐ 18 22	15 16 54	24 18	25 15	21 3	3 9	5 45	8 49	22 20	19 6	3 32	19 22
4	2 49 12	10 38 21	21 14 2	27 10 9	24 15	25 13	21 57	4 24	6 18	8 55	22 23	19 9	3 31	19 21
5	2 53 9	11 38 31	3♑ 5 36	9♑ 0 49	24 11	25 10	22 57	5 39	6 52	9 1	22 27	19 13	3 30	19 20
6	2 57 5	12 38 42	14 56 16	20 52 26	24 8	25 8	24 2	6 55	7 26	9 7	22 31	19 16	3 29	19 19
7	3 1 2	13 38 55	26 49 51	2♒ 49 3	24 5	25 6	25 13	8 10	7 59	9 13	22 35	19 19	3 28	19 18
8	3 4 59	14 39 10	8♒ 50 38	14 55 8	24 2	25 5D	26 28	9 25	8 33	9 20	22 39	19 22	3 27	19 17
9	3 8 55	15 39 26	21 3 10	27 15 19	23 59	25 5	27 46	10 41	9 6	9 26	22 43	19 25	3 26	19 17
10	3 12 52	16 39 43	3♓ 32 6	9♓ 54 5	23 56	25 6	29 7	11 56	9 39	9 33	22 47	19 28	3 25	19 16
11	3 16 48	17 40 3	16 21 43	22 55 25	23 52	25 8	0♏ 31	13 11	10 12	9 40	22 51	19 31	3 24	19 15
12	3 20 45	18 40 23	29 35 30	6♈ 22 12	23 49	25 9	1 57	14 27	10 45	9 47	22 55	19 35	3 23	19 14
13	3 24 41	19 40 45	13♈ 15 36	20 15 37	23 46	25 11R	3 25	15 42	11 18	9 54	23 0	19 38	3 22	19 13
14	3 28 38	20 41 8	27 22 3	4♉ 34 31	23 43	25 11	4 55	16 57	11 51	10 1	23 4	19 41	3 21	19 12
15	3 32 34	21 41 33	11♉ 52 26	19 15 4	23 40	25 10	6 25	18 13	12 23	10 8	23 9	19 45	3 20	19 11
16	3 36 31	22 42 0	26 41 31	4♊ 10 45	23 36	25 8	7 57	19 28	12 56	10 16	23 13	19 48	3 19	19 10
17	3 40 28	23 42 28	11♊ 41 40	19 13 6	23 33	25 4	9 29	20 43	13 28	10 24	23 18	19 51	3 17	19 9
18	3 44 24	24 42 57	26 43 52	4♋ 12 52	23 30	25 0	11 2	21 59	14 1	10 32	23 23	19 55	3 16	19 8
19	3 48 21	25 43 29	11♋ 39 4	19 1 33	23 27	24 56	12 36	23 14	14 33	10 40	23 27	19 58	3 15	19 7
20	3 52 17	26 44 2	26 19 35	3♌ 32 35	23 24	24 52	14 10	24 30	15 5	10 48	23 32	20 1	3 14	19 6
21	3 56 14	27 44 37	10♌ 40 9	17 42 3	23 21	24 49	15 44	25 45	15 37	10 56	23 37	20 5	3 12	19 4
22	4 0 10	28 45 14	24 38 10	1♍ 28 34	23 17	24 48D	17 18	27 1	16 8	11 5	23 42	20 8	3 11	19 3
23	4 4 7	29 45 52	8♍ 13 23	14 52 53	23 14	24 48	18 52	28 16	16 40	11 13	23 47	20 12	3 10	19 2
24	4 8 3	0♐ 46 32	21 27 20	27 57 7	23 11	24 50	20 27	29 31	17 12	11 22	23 52	20 15	3 8	19 1
25	4 12 0	1 47 14	4♎ 22 34	10♎ 44 5	23 8	24 52	22 2	0♐ 47	17 43	11 31	23 58	20 19	3 7	19 0
26	4 15 57	2 47 57	17 2 1	23 16 44	23 5	24 53R	23 36	2 2	18 14	11 40	24 3	20 22	3 6	18 59
27	4 19 53	3 48 42	29 28 34	5♏ 37 49	23 2	24 53	25 11	3 18	18 46	11 49	24 8	20 26	3 4	18 58
28	4 23 50	4 49 29	11♏ 44 47	17 49 41	22 58	24 51	26 45	4 33	19 16	11 59	24 14	20 29	3 3	18 57
29	4 27 46	5 50 16	23 52 47	29 54 15	22 55	24 47	28 20	5 49	19 47	12 8	24 19	20 33	3 1	18 56
30	4 31 43	6♐ 51 5	5♐ 54 18	11♐ 53 6	22♎ 52	24♎ 41	29♏ 54	7♐ 4	20♍ 18	12♒ 18	24♑ 25	20♐ 36	3♋ 0	18♊ 54

DECLINATION and LATITUDE

DAY	☉ DECL	☽ DECL	☽ LAT	☽ 12hr DECL	☿ DECL	☿ LAT	♀ DECL	♀ LAT	♂ DECL	♂ LAT	♃ DECL	♃ LAT	♄ DECL	♄ LAT
1	14S 4	14S40	1N47	15S50	5S53	1N57	10S36	1N11	11N18	1N35	18S57	0S52	21S49	0S12
2	14 23	16 50	2 48	17 38	6 2	2 3	11 3	1 9	11 6	1 36	18 56	0 52	21 49	0 12
3	14 42	18 14	3 40	18 37	6 13	2 8	11 30	1 8	10 54	1 37	18 54	0 52	21 48	0 13
4	15 1	18 48	4 22	18 47	6 32	2 11	11 57	1 6	10 42	1 37	18 52	0 52	21 48	0 13
5	15 20	18 33	4 52	18 6	6 52	2 13	12 24	1 5	10 31	1 38	18 51	0 52	21 47	0 13
6	15 38	17 28	5 10	16 39	7 16	2 14	12 50	1 3	10 19	1 39	18 49	0 52	21 47	0 13
7	15 57	15 38	5 15	14 28	7 41	2 13	13 16	1 1	10 7	1 39	18 47	0 52	21 46	0 13
8	16 15	13 7	5 6	11 38	8 10	2 12	13 42	0 60	9 55	1 40	18 46	0 52	21 46	0 13
9	16 32	10 0	4 44	8 15	8 39	2 10	14 7	0 58	9 43	1 41	18 44	0 52	21 45	0 13
10	16 50	6 22	4 7	4 24	9 11	2 7	14 32	0 56	9 31	1 41	18 42	0 52	21 44	0 13
11	17 7	2 21	3 18	0 14	9 43	2 4	14 57	0 54	9 19	1 42	18 40	0 52	21 44	0 13
12	17 23	1N55	2 16	4N 5	10 17	2 0	15 21	0 52	9 7	1 43	18 38	0 51	21 43	0 13
13	17 40	6 14	1 5	8 20	10 51	1 56	15 45	0 50	8 56	1 44	18 36	0 51	21 42	0 13
14	17 56	10 21	0S12	12 15	11 26	1 51	16 8	0 48	8 44	1 44	18 34	0 51	21 42	0 13
15	18 12	13 58	1 30	15 29	12 0	1 46	16 31	0 46	8 32	1 45	18 32	0 51	21 41	0 13
16	18 27	16 46	2 44	17 45	12 35	1 40	16 54	0 44	8 20	1 46	18 30	0 51	21 40	0 13
17	18 43	18 26	3 48	18 48	13 10	1 34	17 16	0 42	8 8	1 46	18 28	0 51	21 40	0 13
18	18 57	18 49	4 36	18 31	13 45	1 28	17 38	0 40	7 57	1 47	18 26	0 51	21 39	0 13
19	19 12	17 53	5 4	16 58	14 20	1 22	17 59	0 38	7 45	1 48	18 23	0 51	21 38	0 13
20	19 26	15 47	5 12	14 22	14 54	1 15	18 20	0 36	7 33	1 49	18 21	0 51	21 37	0 13
21	19 40	12 44	5 1	10 58	15 28	1 8	18 40	0 33	7 21	1 49	18 19	0 51	21 36	0 14
22	19 54	9 3	4 31	7 3	16 1	1 2	18 60	0 31	7 10	1 50	18 16	0 51	21 36	0 14
23	20 7	4 58	3 47	2 52	16 34	0 55	19 19	0 29	6 58	1 51	18 14	0 51	21 35	0 14
24	20 19	0 45	2 52	1S21	17 6	0 48	19 38	0 27	6 46	1 52	18 11	0 51	21 34	0 14
25	20 32	3S25	1 50	5 25	17 37	0 41	19 56	0 24	6 35	1 52	18 9	0 51	21 33	0 14
26	20 44	7 21	0 43	9 11	18 8	0 34	20 13	0 22	6 23	1 53	18 6	0 51	21 32	0 14
27	20 55	10 54	0N25	12 30	18 38	0 27	20 30	0 20	6 12	1 54	18 4	0 51	21 31	0 14
28	21 7	13 56	1 30	15 13	19 7	0 20	20 47	0 17	6 0	1 55	18 1	0 51	21 31	0 14
29	21 17	16 19	2 31	17 14	19 35	0 13	21 2	0 15	5 49	1 55	17 58	0 50	21 30	0 14
30	21S28	17S58	3N24	18S29	20S 2	0N 6	21S18	0N13	5N37	1N56	17S56	0S50	21S29	0S14

DAY	♅ DECL	♅ LAT	♆ DECL	♆ LAT	♇ DECL	♇ LAT
1	23S 6	0S 6	22N16	1S 8	14N 2	9S 1
5	23 7	0 6	22 16	1 8	14 1	9 2
9	23 8	0 6	22 16	1 8	14 1	9 2
13	23 9	0 6	22 16	1 8	14 0	9 2
17	23 10	0 6	22 16	1 8	13 60	9 2
21	23 11	0 6	22 16	1 8	13 59	9 3
25	23 12	0 6	22 16	1 9	13 59	9 3
29	23S13	0S 6	22N16	1S 9	13N58	9S 3

☽ PHENOMENA

d	h	m	
8	12	30	☽
15	17	6	○
22	7	47	☾
30	2	4	●

d	h	° '
4	4	18S49
11	13	0
17	19	18N51
24	4	0

d	h	° '
6	21	5N15
13	20	0
19	22	5S12
26	15	0

VOID OF COURSE ☽

LAST ASPT	☽ INGRESS
1 2pm 5	2 ♐ 5am26
4 1am34	4 ♑ 5pm44
6 8pm23	7 ♒ 6am22
9 2pm33	9 ♓ 5pm16
11 11am56	12 ♈ 0am44
13 4pm43	14 ♉ 4am24
15 6pm23	16 ♊ 5am19
17 1pm 4	18 ♋ 5am14
20 0am43	20 ♌ 6am 5
22 7am47	22 ♍ 9am24
24 4am29	24 ♎ 3pm49
26 1pm35	27 ♏ 1am 1
29 10am11	29 ♐ 12pm11

d	h	
5	2	APOGEE
17	3	PERIGEE

DAILY ASPECTARIAN

1 S	☽⚼♆	6am49
	☽⊻♅	7 44
	☽⚻♇	8 27
	☽⊻☿	9 26
	☽⚹♄	2pm 5
2 Su	♀#♂	1am53
	☉□♃	2 33
	☽⊻♀	10 15
	☽⚻♆	12pm28
	☽□♂	4 31
	☽∠☿	5 2
	☽∠♄	8 2
	☽⚹♃	11 2
3 M	☉⊻☽	0am43
	♀△♆	7 21
	♀∠♅	7pm12
	☽☌♅	7 48
	☽∠♀	7 52
	☽☍♇	8 12
	♀⚼♇	11 6
4 T	☽⚹☿	1am34
	☽⊻♄	2 21
	☽∠♃	5 28
	☉∠☽	9 44
	☿□♄	11 41
5	☽☍♆	0am50
W	☽⚹♀	5 48
	☽△♂	8 2
	☽⊻♃	12pm 6
	☉⚹☽	6 56
6 Th	♂⚼♄	4am14
	☽⊻♅	8 47
	☽⚻♇	8 51
	☽☌♄	3pm24
	☽⚼♂	3 53
	♀⚹♂	5 54
	☽□☿	8 23
	☉∥☽	9 2
	♅☍♇	10 1
7 F	☽⚻♆	1pm17
	☽⚼♇	2 57
	☽∠♅	3 3
	☽#♇	4 11
	☽∥♀	7 43
	♀□♃	10 1
	☽⚻♂	11 23
8 S	☽☌♃	0am58
	☽□♀	1 17
	☉□☽	12pm30
	♀#♇	5 55
	☽⚼♆	6 55
	☽△♇	8 32
	☽⚹♅	8 48
9 Su	☽#♂	2am 7
	☽⊻♄	3 15
	☽∥☿	8 4
	☽△☿	2pm33
	♂⚻♃	6 13
	☽△♆	11 47
10 M	☽∠♄	8am 4
	☿#♂	11 5
	☽⊻♃	11 26
	☽☍♂	12pm 3
	☿ ♏	3 7
	☽△♀	5 30
	☽⚼☿	10 16
11 T	☉△☽	2am36
	☽□♇	5 17
	☽□♅	5 50
	☽⚹♄	11 56
	☽∠♃	3pm17
	☉⚼♆	5 18
	☽⚼♀	11 42
12 W	☽⚻☿	4am43
	☽□♆	6 44
	☉⚼☽	7 50
	☉⚻♇	1pm 2
	☽⚹♃	6 7
	☽⚻♂	8 28
	☉⊻♅	10 50
	☿△♆	11 7
13 Th	☽⚻♀	4am37
	☽⚹♇	10 12
	☽△♅	10 58
	☉⚻☽	11 51
	☿⚼♇	12pm37
	☽∥♂	2 43
	☽□♄	4 43
	☿∠♅	8 16
	☽⚼♂	11 5
14 F	☽#☿	7am54
	☽⚹♆	9 57
	☽∠♇	11 21
	☽⚼♅	12pm14
	☽☍☿	2 1
	☽□♃	9 8
15 S	☽∥♇	0am12
	☽△♂	0 52
	♀⚼♆	2 14
	☽∠♆	10 30
	☽☍♀	11 16
	☽⊻♇	11 52
	☽⚻♅	12pm51
	☉☍☽	5 6
	♀⚻♇	6 13
	☽△♄	6 23
16 Su	☽#♀	1am46
	☉∥♃	3 36
	♀⊻♅	6 37
	☽⊻♆	10 36
	☉⚹♄	1pm25
	☽⚼♄	6 33
	☽⚻☿	8 5
	☽△♃	9 55
17 M	☽#♃	0am35
	☽□♂	2 56
	☽☌♇	11 52
	☽☍♅	1pm 4
	☿□♃	3 24
	☽⚻♀	3 43
	☽⚻♄	6 37
	☉⚻☽	8 33
	☽⚼♃	10 4
	☽⚼☿	10 46
18 T	☿#♇	9am52
	☽☌♆	10 28
	☽#♃	2pm33
	☽⚼♀	5 58
	☽⚻♃	10 23
	☉⚼☽	10 23
	☽#♀	10 48
19 W	☽△☿	1am43
	♀⚹♄	4 27
	☽⚹♂	4 52
	☽⊻♇	12pm 7
	☽⚻♅	1 36
	☽☍♄	7 23
	☽△♀	8 42
20 Th	☉△☽	0am43
	♀∥♃	1 25
	☽#☿	6 23
	☽∠♂	6 28
	☽⊻♆	11 27
	☽∠♇	12pm54
	☽⚼♅	2 32
	☽∥♇	2 54
	☿⚹♂	9 17
21 F	☽☍♃	0am28
	☽⊻♂	8 45
	☽□☿	9 42
	☽∠♆	12pm51
	☽⚹♇	2 21
	☽△♅	4 10
	☽⚻♄	10 22
22 S	☽□♀	4am34
	☉□☽	7 47
	☽∥♂	11 53
	☿⚼♆	1pm17
	☽⚹♆	3 0
23 Su	☽⚼♄	1am 1
	☿⚻♇	2 28
	☽⚻♃	5 27
	☉ ♐	5 35
	☽☌♂	3pm53
	☽□♇	7 33
	☿⊻♅	8 55
	☽□♅	9 47
	☽⚹☿	9 54
24 M	☽△♄	4am29
	♀ ♐	9 6
	☽⚼♃	9 10
	☽⚹♀	4pm32
	☉⚹☽	6 44
	☽□♆	9 38
25 T	☽∠☿	5am41
	☽△♃	1pm39
	☽#♂	6 13
	☿∥♃	10 45
26 W	☽∠♀	0am 1
	☉∠☽	1 36
	☽⊻♂	2 25
	☽△♇	3 44
	☽⚹♅	6 26
	☉⚻♆	6 47
	☿⚹♄	7 11
	☽□♄	1pm35
	☽⊻☿	2 27
	♀⚻♆	7 44
27 Th	☽△♆	6am59
	☽⊻♀	8 17
	☽∠♂	8 42
	☽⚼♇	8 44
	☉⊻☽	9 12
	♂□♇	9 14
	☽∠♅	11 40
28 F	☽#♇	0am22
	☽□♃	0 28
	☽⚼♆	12pm24
	☽⚻♇	2 11
	☽⚹♂	3 31
	☽⊻♅	5 21
29 S	☽⚹♄	0am53
	☉☌♀	2 35
	☽☌☿	10 11
	☽⚻♆	6pm11
	☽∥♃	11 24
30 Su	☿ ♐	1am30
	☉∥♄	1 45
	☉☌☽	2 4
	☽☌♀	2 36
	☽∠♄	7 5
	☽⚹♃	1pm 0
	♂□♅	4 25
	♀∥♄	5 7

DECEMBER 1902

LONGITUDE

DAY	SID. TIME	☉	☽	☽ 12 Hour	MEAN ☊	TRUE ☊	☿	♀	♂	♃	♄	♅	♆	♇
	h m s	° ' "	° ' "	° ' "	° '	° '	° '	° '	° '	° '	° '	° '	° '	° '
1	4 35 39	7♐ 51 56	17♐ 50 50	23♐ 47 40	22♎ 49	24♎ 34R	1♐ 28	8♐ 20	20♍ 49	12♒ 27	24♑ 30	20♐ 40	2♋ 58R	18♊ 53R
2	4 39 36	8 52 48	29 43 49	5♑ 39 28	22 46	24 25	3 3	9 35	21 19	12 37	24 36	20 44	2 57	18 52
3	4 43 32	9 53 40	11♑ 34 51	17 30 16	22 42	24 15	4 37	10 51	21 49	12 47	24 41	20 47	2 55	18 51
4	4 47 29	10 54 33	23 25 59	29 22 22	22 39	24 7	6 11	12 6	22 19	12 57	24 47	20 51	2 54	18 50
5	4 51 26	11 55 28	5♒ 19 46	11♒ 18 38	22 36	23 59	7 46	13 22	22 49	13 7	24 53	20 54	2 52	18 49
6	4 55 22	12 56 23	17 19 24	23 22 35	22 33	23 54	9 20	14 37	23 19	13 18	24 59	20 58	2 51	18 48
7	4 59 19	13 57 19	29 28 43	5♓ 38 21	22 30	23 51	10 54	15 52	23 48	13 28	25 5	21 2	2 49	18 46
8	5 3 15	14 58 15	11♓ 52 4	18 10 27	22 27	23 50D	12 28	17 8	24 18	13 38	25 11	21 5	2 47	18 45
9	5 7 12	15 59 13	24 34 5	1♈ 3 31	22 23	23 50	14 2	18 23	24 47	13 49	25 17	21 9	2 46	18 44
10	5 11 8	17 0 11	7♈ 39 15	14 21 44	22 20	23 51	15 36	19 39	25 16	14 0	25 23	21 13	2 44	18 43
11	5 15 5	18 1 9	21 11 19	28 8 11	22 17	23 52R	17 11	20 54	25 45	14 11	25 29	21 16	2 42	18 42
12	5 19 1	19 2 8	5♉ 12 24	12♉ 23 52	22 14	23 51	18 45	22 10	26 14	14 22	25 35	21 20	2 41	18 41
13	5 22 58	20 3 8	19 42 12	27 6 52	22 11	23 48	20 19	23 25	26 42	14 33	25 41	21 24	2 39	18 39
14	5 26 55	21 4 9	4♊ 37 4	12♊ 11 45	22 8	23 43	21 54	24 41	27 10	14 44	25 48	21 27	2 38	18 38
15	5 30 51	22 5 10	19 49 45	27 29 40	22 4	23 35	23 28	25 56	27 38	14 55	25 54	21 31	2 36	18 37
16	5 34 48	23 6 12	5♋ 10 3	12♋ 49 27	22 1	23 26	25 3	27 12	28 6	15 6	26 0	21 35	2 34	18 36
17	5 38 44	24 7 15	20 26 24	27 59 37	21 58	23 16	26 38	28 27	28 34	15 18	26 7	21 38	2 33	18 35
18	5 42 41	25 8 18	5♌ 27 56	12♌ 50 25	21 55	23 8	28 13	29 43	29 2	15 29	26 13	21 42	2 31	18 34
19	5 46 37	26 9 22	20 6 22	27 15 18	21 52	23 0	29 48	0♑ 58	29 29	15 41	26 19	21 45	2 29	18 32
20	5 50 34	27 10 27	4♍ 17 0	11♍ 11 25	21 48	22 56	1♑ 23	2 14	29 56	15 53	26 26	21 49	2 27	18 31
21	5 54 31	28 11 33	17 58 41	24 39 6	21 45	22 53D	2 59	3 29	0♎ 23	16 5	26 32	21 53	2 26	18 30
22	5 58 27	29 12 39	1♎ 13 4	7♎ 41 4	21 42	22 53	4 35	4 44	0 50	16 17	26 39	21 56	2 24	18 29
23	6 2 24	0♑ 13 46	14 3 37	20 21 18	21 39	22 53R	6 10	6 0	1 16	16 29	26 46	22 0	2 22	18 28
24	6 6 20	1 14 54	26 34 42	2♏ 44 22	21 36	22 53	7 46	7 15	1 42	16 41	26 52	22 4	2 21	18 27
25	6 10 17	2 16 3	8♏ 50 50	14 54 38	21 33	22 52	9 23	8 31	2 8	16 53	26 59	22 7	2 19	18 26
26	6 14 13	3 17 12	20 56 13	26 56 3	21 29	22 49	10 59	9 46	2 34	17 5	27 6	22 11	2 17	18 24
27	6 18 10	4 18 22	2♐ 54 29	8♐ 51 52	21 26	22 42	12 36	11 2	2 59	17 17	27 12	22 14	2 16	18 23
28	6 22 6	5 19 32	14 48 30	20 44 38	21 23	22 33	14 13	12 17	3 24	17 30	27 19	22 18	2 14	18 22
29	6 26 3	6 20 42	26 40 29	2♑ 36 15	21 20	22 20	15 49	13 33	3 49	17 42	27 26	22 22	2 12	18 21
30	6 30 0	7 21 53	8♑ 32 5	14 28 9	21 17	22 6	17 26	14 48	4 14	17 55	27 33	22 25	2 10	18 20
31	6 33 56	8♑ 23 4	20♑ 24 36	26♑ 21 35	21♎ 14	21♎ 52	19♑ 3	16♑ 3	4♎ 38	18♒ 7	27♑ 40	22♐ 29	2♋ 9	18♊ 19

DECLINATION and LATITUDE

DAY	☉ DECL	☽ DECL	☽ LAT	☽ 12hr DECL	☿ DECL	☿ LAT	♀ DECL	♀ LAT	♂ DECL	♂ LAT	♃ DECL	♃ LAT	♄ DECL	♄ LAT
1	21S38	18S48	4N 7	18S54	20S29	0S 1	21S32	0N10	5N26	1N57	17S53	0S50	21S28	0S14
2	21 48	18 47	4 40	18 29	20 54	0 7	21 46	0 8	5 15	1 58	17 50	0 50	21 27	0 14
3	21 57	17 58	4 60	17 16	21 18	0 14	21 59	0 6	5 4	1 58	17 47	0 50	21 26	0 14
4	22 5	16 22	5 7	15 18	21 42	0 21	22 12	0 3	4 52	1 59	17 44	0 50	21 25	0 14
5	22 14	14 4	5 1	12 41	22 4	0 27	22 24	0 1	4 41	2 0	17 41	0 50	21 24	0 14
6	22 22	11 10	4 42	9 31	22 25	0 34	22 35	0S 2	4 30	2 1	17 38	0 50	21 23	0 14
7	22 29	7 45	4 10	5 53	22 45	0 40	22 46	0 4	4 19	2 2	17 35	0 50	21 22	0 14
8	22 36	3 56	3 26	1 55	23 4	0 46	22 56	0 6	4 8	2 2	17 32	0 50	21 21	0 15
9	22 43	0N 9	2 31	2N15	23 22	0 52	23 5	0 9	3 58	2 3	17 29	0 50	21 20	0 15
10	22 49	4 21	1 26	6 27	23 38	0 58	23 14	0 11	3 47	2 4	17 26	0 50	21 19	0 15
11	22 55	8 30	0 14	10 28	23 54	1 4	23 22	0 14	3 36	2 5	17 23	0 50	21 18	0 15
12	22 60	12 19	1S 0	14 1	24 8	1 10	23 29	0 16	3 25	2 6	17 20	0 50	21 17	0 15
13	23 5	15 31	2 14	16 48	24 21	1 15	23 36	0 18	3 15	2 7	17 16	0 50	21 16	0 15
14	23 9	17 48	3 20	18 29	24 33	1 20	23 41	0 21	3 4	2 7	17 13	0 50	21 14	0 15
15	23 13	18 51	4 13	18 52	24 43	1 26	23 46	0 23	2 54	2 8	17 10	0 50	21 13	0 15
16	23 16	18 32	4 49	17 52	24 52	1 30	23 51	0 25	2 44	2 9	17 6	0 50	21 12	0 15
17	23 19	16 53	5 4	15 37	24 60	1 35	23 54	0 28	2 33	2 10	17 3	0 50	21 11	0 15
18	23 22	14 6	4 57	12 23	25 6	1 39	23 57	0 30	2 23	2 11	16 59	0 50	21 10	0 15
19	23 24	10 30	4 31	8 29	25 11	1 44	23 59	0 32	2 13	2 12	16 56	0 50	21 9	0 15
20	23 25	6 23	3 49	4 14	25 14	1 48	24 0	0 34	2 3	2 12	16 52	0 50	21 8	0 15
21	23 26	2 4	2 55	0S 5	25 16	1 51	24 1	0 37	1 53	2 13	16 49	0 50	21 6	0 15
22	23 27	2S13	1 53	4 17	25 17	1 55	24 1	0 39	1 43	2 14	16 45	0 50	21 5	0 15
23	23 27	6 16	0 47	8 10	25 16	1 58	23 60	0 41	1 34	2 15	16 42	0 50	21 4	0 15
24	23 27	9 57	0N20	11 37	25 14	2 0	23 58	0 43	1 24	2 16	16 38	0 49	21 3	0 15
25	23 26	13 8	1 24	14 30	25 10	2 3	23 56	0 45	1 15	2 17	16 34	0 49	21 2	0 16
26	23 25	15 42	2 23	16 43	25 4	2 5	23 53	0 47	1 5	2 18	16 31	0 49	21 0	0 16
27	23 23	17 34	3 15	18 12	24 58	2 7	23 49	0 49	0 56	2 19	16 27	0 49	20 59	0 16
28	23 21	18 38	3 58	18 52	24 49	2 8	23 44	0 51	0 47	2 20	16 23	0 49	20 58	0 16
29	23 18	18 54	4 31	18 43	24 39	2 9	23 39	0 53	0 38	2 20	16 19	0 49	20 57	0 16
30	23 15	18 19	4 52	17 44	24 28	2 10	23 33	0 55	0 29	2 21	16 15	0 49	20 55	0 16
31	23S11	16S57	4N60	15S60	24S14	2S10	23S26	0S57	0N20	2N22	16S11	0S49	20S54	0S16

DAY	♅ DECL	♅ LAT	♆ DECL	♆ LAT	♇ DECL	♇ LAT
1	23S13	0S 6	22N17	1S 9	13N58	9S 3
5	23 14	0 6	22 17	1 9	13 58	9 3
9	23 15	0 6	22 17	1 9	13 58	9 3
13	23 16	0 6	22 17	1 9	13 57	9 2
17	23 17	0 6	22 17	1 9	13 57	9 2
21	23 18	0 6	22 17	1 9	13 57	9 2
25	23 19	0 6	22 17	1 9	13 57	9 2
29	23S20	0S 6	22N17	1S 9	13N57	9S 1

☽ PHENOMENA

d	h	m	
8	6	27	☽
15	3	47	○
21	20	0	☾
29	21	25	●

d	h	° '
1	12	18S54
8	23	0
15	7	18N54
21	12	0
28	19	18S54

d	h	° '
4	1	5N 7
11	5	0
17	4	5S 4
23	17	0
31	3	4N60

VOID OF COURSE ☽

LAST ASPT		☽ INGRESS		
1	6am14	2	♑	0am33
4	2am45	4	♒	1pm16
6	7am16	7	♓	1am 1
9	1am20	9	♈	10am 3
11	7am30	11	♉	3pm11
13	11am42	13	♊	4pm38
15	12pm37	15	♋	3pm55
17	1pm20	17	♌	3pm13
19	10am56	19	♍	4pm40
21	8pm 0	21	♎	9pm46
24	0am34	24	♏	6am39
26	12pm26	26	♐	6pm 9
28	3pm13	29	♑	6am44
31	2pm46	31	♒	7pm20

d	h	
2	16	APOGEE
15	14	PERIGEE
29	19	APOGEE

DAILY ASPECTARIAN

Day	Aspect	Time
1 M	☽☍♇	2am 6
	☽☌♅	5 43
	☽□♂	6 14
	☽⊻♄	1pm32
	☽∠♃	7 40
	☿⊼♆	10 28
2 T	♀∠♄	0am13
	☽☍♆	6 30
	☽⊻☿	7 44
	☉∥♀	8 1
	☉∠♄	6pm40
	☉⊻☽	8 16
	☽⊻♀	10 20
3 W	☽⊻♃	2am28
	☽∥♃	3 31
	☿∥♄	7 23
	☽⊼♇	2pm42
	☽⊻♅	6 45
	☽∠☿	6 46
	☽△♂	9 39
4 Th	☽☌♄	2am45
	☉∠☽	5 28
	☽∠♀	8 18
	♀#♆	8 48
	♀*♃	6pm46
	☽⊼♆	7 3
	☽⚼♇	8 57
5 F	☽#♇	0am57
	☽∠♅	1 10
	☽⚼♂	5 13
	☽*☿	5 37
	☉#♆	8 21
	☿#♆	2pm18
	☉*☽	2 27
	☽☌♃	3 51
	☉∥☿	5 52
	☽*♀	5 59
6 S	☽⚼♆	1am 2
	☽△♇	2 55
	☽*♅	7 16
	☉*♃	10 4
	☿∠♄	10 38
	☽⊼♂	12pm23
	☽⊻♄	3 17
7 Su	☿∥♀	2am39
	☽△♆	6 30
	☽∠♄	8pm44
	☽#♂	10 43
8 M	☽□☿	1am19
	☽⊻♃	3 26
	☉□☽	6 27
	☽□♀	11 8
	☽□♇	1pm 5
	☿∥♅	2 56
	☽□♅	5 35
	☿*♃	8 14
9 T	☽☍♂	0am25
	☽*♄	1 20
	♀☍♇	6 28
	☽∠♃	7 59
	☽□♆	3pm 5
	☽∥♂	8 51
10 W	♀∥♅	4am48
	♂△♄	7 5
	☽*♃	11 30
	☽△☿	4pm 4
	☉△☽	6 1
	☽*♇	7 39
	☽△♀	11 28
11 Th	☽△♅	0am 9
	♀☌♅	7 19
	☽□♄	7 30
	☽⊼♂	8 11
	☉☍♇	3pm41
	☽*♆	7 45
	☽⚼☿	9 14
	☽∠♇	9 25
	☉⚼☽	9 52
	☿☍♇	10 54
12 F	☽⚼♅	1am54
	☽⚼♀	3 36
	☽⚼♂	10 24
	☽∥♇	11 34
	☉☌☿	12pm21
	☽□♃	3 26
	☽∠♆	8 39
	☽⊻♇	10 18
13 S	☉⊼☽	0am37
	☽⊼☿	1 8
	☽⊼♅	2 46
	☽⊼♀	6 36
	☽△♄	9 46
	☽△♂	11 42
	☽#♃	4pm52
	☿☌♅	4 58
	☽⊻♆	8 50
14 Su	☉☌♅	9am39
	☽⚼♄	9 51
	☽△♃	4pm11
	☽☌♇	10 6
	♀⊻♄	11 10
15 M	☽☍♅	2am39
	☉☍☽	3 47
	☽☍☿	6 22
	☽⊼♄	9 34
	☽☍♀	10 25
	☽□♂	12pm37
	☽⚼♃	3 59
	☽☌♆	7 57
16 T	☉∥♅	6am35
	☿⊻♄	3pm29
	☽⊼♃	3 47
	☽⊻♇	9 4
	☽#♃	10 15
17 W	☽⊼♅	1am54
	♀□♂	3 29
	☉⊼☽	6 15
	☽☍♄	9 4
	☽⊼☿	10 59
	☽*♂	1pm20
	☽⊼♀	1 54
	☽⊻♆	7 15
	☽∠♇	8 56
18 Th	☽∥♇	1am 8
	☽⚼♅	2 0
	♀ ♑	5 32
	☉⚼☽	8 9
	☽⚼☿	2pm 9
	☽∠♂	2 24
	☽⚼♀	4 30
	☽☍♃	4 35
	☿□♂	5 15
	♀∠♃	5 37
	☽∠♆	7 40
	☽*♇	9 24
19 F	☽△♅	2am46
	☿ ♑	3 1
	☉⊻♄	4 26
	☽⊼♄	10 30
	☉△☽	10 56
	☿∠♃	3pm14
	☽⊻♂	4 18
	☽△☿	6 24
	☽△♀	8 7
	☽*♆	8 52
20 S	♂ ♎	3am33
	♀☍♆	4 21
	☽⚼♄	12pm32
	☿☍♆	3 50
	☽⊼♃	8 34
21 Su	☽□♇	0am56
	☽∥♂	1 4
	☽□♅	7 1
	☽△♄	3pm34
	☉□☽	8 0
	☽#♂	9 20
	☽☌♂	11 15
22 M	☽⚼♃	0am 6
	☽□♆	2 11
	☽□☿	7 5
	☽□♀	7 13
	☿☌♀	11 38
	☉ ♑	6pm36
23 T	☽△♃	4am40
	☽△♇	8 22
	☽*♅	3pm14
	♂⚼♃	9 27
24 W	☽□♄	0am34
	☉*☽	9 54
	☽⊻♂	10 20
	☽△♆	11 12
	☉∠♃	12pm36
	☽⚼♇	1 22
	☉□♂	6 33
	☽∠♅	8 35
	☽*♀	11 16
25 Th	☉☍♆	1am 7
	☽*☿	1 12
	☽#♇	7 1
	♂□♆	9 34
	☽□♃	4pm11
	☽⚼♆	4 45
	☽∠♂	5 1
	☉∠☽	6 14
	☽⊼♇	6 58
26 F	☽⊻♅	2am30
	☽∠♀	8 34
	☽∥♃	9 1
	☽∠☿	11 40
	☽*♄	12pm26
	♃⚼♆	5 57
	☽⊼♆	10 42
27 S	☽*♂	0am10
	☉⊻☽	3 5
	☽⊻♀	6pm18
	☽∠♄	6 56
	☽⊻☿	10 36
28 Su	☽*♃	5am32
	☉∥♅	7 1
	☽☍♇	7 11
	☽☌♅	3pm13
29 M	☽⊻♄	1am33
	☽☍♆	11 10
	☽∠♃	12pm25
	☽□♂	2 59
	☉☌☽	9 25
30 T	☿⊻♃	8am 5
	☿⊼♇	1pm 8
	☽☌♀	2 10
	☽⊻♃	7 18
	☽⊼♇	7 47
	☽☌☿	8 50
31 W	☽⊻♅	4am12
	☽∥♃	10 4
	☽☌♄	2pm46
	♀∥♅	4 51
	♃△♇	8 0
	☽⊼♆	11 36

LONGITUDE

DAY	SID. TIME	☉	☽	☽ 12 Hour	MEAN ☊	TRUE ☊	☿	♀	♂	♃	♄	♅	♆	♇
	h m s	° ' "	° ' "	° ' "	° '	° '	° '	° '	° '	° '	° '	° '	° '	° '
1	6 37 53	9♑ 24 15	2♒ 19 18	8♒ 17 54	21♎ 10	21♎ 38R	20♑ 40	17♑ 19	5♎ 2	18♒ 20	27♑ 47	22♐ 32	2♋ 7R	18♊ 18R
2	6 41 49	10 25 25	14 17 38	20 18 44	21 7	21 25	22 17	18 34	5 26	18 33	27 53	22 36	2 5	18 17
3	6 45 46	11 26 36	26 21 31	2♓ 26 20	21 4	21 15	23 54	19 50	5 50	18 46	28 0	22 39	2 4	18 16
4	6 49 42	12 27 47	8♓ 33 32	14 43 34	21 1	21 8	25 31	21 5	6 13	18 59	28 7	22 43	2 2	18 15
5	6 53 39	13 28 57	20 56 55	27 14 3	20 58	21 5	27 7	22 21	6 36	19 12	28 14	22 46	2 0	18 14
6	6 57 35	14 30 7	3♈ 35 30	10♈ 1 49	20 54	21 3D	28 43	23 36	6 58	19 25	28 21	22 50	1 59	18 13
7	7 1 32	15 31 16	16 33 31	23 11 7	20 51	21 3R	0♒ 18	24 51	7 21	19 38	28 28	22 53	1 57	18 12
8	7 5 29	16 32 25	29 55 2	6♉ 45 40	20 48	21 3	1 52	26 7	7 43	19 51	28 35	22 57	1 55	18 11
9	7 9 25	17 33 33	13♉ 43 16	20 47 57	20 45	21 1	3 25	27 22	8 4	20 4	28 42	23 0	1 54	18 10
10	7 13 22	18 34 42	27 59 39	5♊ 18 7	20 42	20 58	4 57	28 37	8 25	20 18	28 49	23 3	1 52	18 9
11	7 17 18	19 35 49	12♊ 42 49	20 13 3	20 39	20 51	6 26	29 53	8 46	20 31	28 57	23 7	1 51	18 8
12	7 21 15	20 36 56	27 47 49	5♋ 25 57	20 35	20 42	7 54	1♒ 8	9 7	20 44	29 4	23 10	1 49	18 7
13	7 25 11	21 38 3	13♋ 6 5	20 46 44	20 32	20 31	9 20	2 23	9 27	20 58	29 11	23 13	1 47	18 6
14	7 29 8	22 39 9	28 26 24	6♌ 3 36	20 29	20 19	10 42	3 39	9 47	21 11	29 18	23 17	1 46	18 5
15	7 33 4	23 40 15	13♌ 36 56	21 5 13	20 26	20 8	12 1	4 54	10 7	21 25	29 25	23 20	1 44	18 4
16	7 37 1	24 41 20	28 27 25	5♍ 42 47	20 23	19 58	13 15	6 9	10 26	21 38	29 32	23 23	1 43	18 3
17	7 40 58	25 42 25	12♍ 50 47	19 51 8	20 20	19 51	14 25	7 25	10 44	21 52	29 39	23 27	1 41	18 2
18	7 44 54	26 43 30	26 43 48	3♎ 28 54	20 16	19 47	15 29	8 40	11 3	22 6	29 46	23 30	1 40	18 1
19	7 48 51	27 44 35	10♎ 6 44	16 37 45	20 13	19 45D	16 26	9 55	11 21	22 20	29 53	23 33	1 38	18 0
20	7 52 47	28 45 39	23 2 26	29 21 24	20 10	19 45R	17 16	11 10	11 38	22 33	0♒ 0	23 36	1 37	17 59
21	7 56 44	29 46 42	5♏ 35 16	11♏ 44 42	20 7	19 45	17 58	12 26	11 55	22 47	0 8	23 39	1 35	17 59
22	8 0 40	0♒ 47 46	17 50 20	23 52 48	20 4	19 44	18 31	13 41	12 12	23 1	0 15	23 42	1 34	17 58
23	8 4 37	1 48 49	29 52 45	5♐ 50 43	20 0	19 41	18 55	14 56	12 28	23 15	0 22	23 45	1 32	17 57
24	8 8 33	2 49 51	11♐ 47 16	17 42 53	19 57	19 35	19 7R	16 11	12 44	23 29	0 29	23 48	1 31	17 56
25	8 12 30	3 50 53	23 37 59	29 33 0	19 54	19 27	19 9	17 26	12 59	23 43	0 36	23 51	1 30	17 55
26	8 16 27	4 51 54	5♑ 28 14	11♑ 24 0	19 51	19 15	18 59	18 42	13 14	23 57	0 43	23 54	1 28	17 55
27	8 20 23	5 52 55	17 20 32	23 18 2	19 48	19 2	18 37	19 57	13 28	24 11	0 50	23 57	1 27	17 54
28	8 24 20	6 53 55	29 16 41	5♒ 16 37	19 45	18 48	18 5	21 12	13 42	24 25	0 58	24 0	1 26	17 53
29	8 28 16	7 54 53	11♒ 17 59	17 20 52	19 41	18 34	17 22	22 27	13 55	24 39	1 5	24 3	1 24	17 52
30	8 32 13	8 55 51	23 25 25	29 31 45	19 38	18 22	16 29	23 42	14 8	24 53	1 12	24 6	1 23	17 52
31	8 36 9	9♒ 56 48	5♓ 39 59	11♓ 50 19	19♎ 35	18♎ 12	15♒ 29	24♒ 57	14♎ 20	25♒ 8	1♒ 19	24♐ 9	1♋ 22	17♊ 51

DECLINATION and LATITUDE

DAY	☉ DECL	☽ DECL	☽ LAT	☽ 12hr DECL	☿ DECL	☿ LAT	♀ DECL	♀ LAT	♂ DECL	♂ LAT	♃ DECL	♃ LAT	♄ DECL	♄ LAT
1	23S 7	14S52	4N55	13S34	23S60	2S10	23S18	0S59	0N11	2N23	16S 7	0S49	20S53	0S16
2	23 3	12 8	4 37	10 34	23 43	2 9	23 10	1 1	0 3	2 24	16 3	0 49	20 51	0 16
3	22 58	8 52	4 6	7 5	23 26	2 7	23 1	1 3	0S 6	2 25	15 59	0 49	20 50	0 16
4	22 52	5 12	3 24	3 16	23 6	2 5	22 51	1 4	0 14	2 26	15 55	0 49	20 49	0 16
5	22 46	1 16	2 32	0N46	22 45	2 3	22 41	1 6	0 22	2 27	15 51	0 49	20 47	0 16
6	22 40	2N49	1 31	4 52	22 23	1 60	22 30	1 8	0 30	2 28	15 47	0 49	20 46	0 16
7	22 33	6 53	0 24	8 50	21 59	1 56	22 18	1 9	0 38	2 29	15 43	0 49	20 45	0 16
8	22 26	10 43	0S47	12 29	21 34	1 52	22 6	1 11	0 46	2 30	15 39	0 49	20 43	0 16
9	22 18	14 6	1 57	15 33	21 8	1 46	21 53	1 12	0 54	2 31	15 35	0 49	20 42	0 17
10	22 10	16 46	3 2	17 44	20 40	1 41	21 39	1 14	1 1	2 32	15 30	0 49	20 41	0 17
11	22 1	18 25	3 57	18 47	20 11	1 34	21 25	1 15	1 8	2 33	15 26	0 49	20 39	0 17
12	21 52	18 49	4 37	18 31	19 41	1 26	21 10	1 17	1 16	2 34	15 22	0 49	20 38	0 17
13	21 43	17 52	4 58	16 54	19 11	1 18	20 54	1 18	1 23	2 35	15 18	0 49	20 36	0 17
14	21 33	15 38	4 57	14 6	18 40	1 9	20 38	1 19	1 30	2 36	15 13	0 49	20 35	0 17
15	21 23	12 21	4 36	10 24	18 8	0 58	20 21	1 20	1 36	2 37	15 9	0 49	20 34	0 17
16	21 12	8 20	3 56	6 10	17 36	0 47	20 3	1 21	1 43	2 38	15 5	0 49	20 32	0 17
17	21 1	3 56	3 2	1 42	17 4	0 35	19 45	1 22	1 49	2 39	15 0	0 49	20 31	0 17
18	20 49	0S31	1 59	2S41	16 33	0 22	19 27	1 23	1 55	2 40	14 56	0 49	20 29	0 17
19	20 37	4 47	0 51	6 48	16 2	0 8	19 8	1 24	2 2	2 41	14 51	0 49	20 28	0 17
20	20 25	8 42	0N17	10 28	15 33	0N 7	18 48	1 25	2 7	2 42	14 47	0 49	20 26	0 17
21	20 12	12 5	1 23	13 34	15 5	0 23	18 28	1 26	2 13	2 43	14 42	0 49	20 25	0 17
22	19 59	14 52	2 23	16 0	14 39	0 40	18 7	1 27	2 19	2 44	14 38	0 49	20 24	0 17
23	19 46	16 57	3 15	17 43	14 16	0 57	17 45	1 27	2 24	2 45	14 33	0 49	20 22	0 17
24	19 32	18 16	3 58	18 38	13 55	1 15	17 24	1 28	2 29	2 46	14 29	0 49	20 21	0 18
25	19 18	18 47	4 31	18 44	13 37	1 33	17 1	1 29	2 34	2 47	14 24	0 49	20 19	0 18
26	19 4	18 28	4 52	18 1	13 23	1 51	16 39	1 29	2 39	2 48	14 19	0 49	20 18	0 18
27	18 49	17 22	5 0	16 31	13 13	2 8	16 15	1 30	2 44	2 49	14 15	0 50	20 16	0 18
28	18 33	15 29	4 56	14 18	13 7	2 25	15 52	1 30	2 48	2 50	14 10	0 50	20 15	0 18
29	18 18	12 52	4 38	11 27	13 5	2 41	15 28	1 30	2 52	2 51	14 5	0 50	20 13	0 18
30	18 2	9 50	4 7	8 6	13 6	2 56	15 3	1 31	2 56	2 52	14 1	0 50	20 12	0 18
31	17S46	6S16	3N25	4S22	13S12	3N 9	14S38	1S31	2S60	2N53	13S56	0S50	20S10	0S18

DAY	♅ DECL	♅ LAT	♆ DECL	♆ LAT	♇ DECL	♇ LAT
1	23S21	0S 6	22N18	1S 9	13N57	9S 1
5	23 22	0 6	22 18	1 8	13 57	9 0
9	23 22	0 6	22 18	1 8	13 58	8 60
13	23 23	0 6	22 18	1 8	13 58	8 59
17	23 24	0 6	22 18	1 8	13 58	8 59
21	23 24	0 6	22 18	1 8	13 59	8 58
25	23 25	0 7	22 19	1 8	13 59	8 57
29	23S26	0S 7	22N19	1S 8	13N60	8S56

☽ PHENOMENA			VOID OF COURSE ☽ LAST ASPT		☽ INGRESS	
d	h	m	2	4pm37	3 ♓	7am12
6	21	57 ☽	5	2pm 2	5 ♈	5pm14
13	14	17 ○	7	9pm38	8 ♉	0am 9
20	11	49 ☾	10	1am23	10 ♊	3am19
28	16	38 ●	11	4pm39	12 ♋	3am28
			14	1am21	14 ♌	2am27
			15	3pm42	16 ♍	2am32
d	h	° '	18	5am26	18 ♎	5am47
5	7	0	20	11am49	20 ♏	1pm14
11	19	18N51	22	10am29	23 ♐	0am15
17	21	0	25	0am27	25 ♑	12pm55
25	3	18S47	26	4pm 1	28 ♒	1am27
			30	2am57	30 ♓	12pm55
7	8	0				
13	11	4S60	d h			
19	18	0	13 3	PERIGEE		
27	3	5N 1	25 22	APOGEE		

DAILY ASPECTARIAN

1 Th	☽⚼♇	1am58
	☽△♂	5 39
	☽⋕♇	8 33
	☽∠♅	10 32
	☉⊻☽	3pm32
	♀⚻♇	6 30
	♀⊻♃	11 29
2 F	☿⊻♅	4am43
	☽⚼♆	5 34
	☽△♇	7 57
	☽☌♃	8 39
	☽⊻♀	9 32
	☽⚼♂	12pm40
	☽⚹♅	4 37
	☽⊻☿	6 23
3 S	☉∠☽	0am11
	☽⊻♄	3 18
	☿∥♅	5 36
	☽△♆	11 14
	☽∠♀	6pm36
	☽⚻♂	7 16
	☉∥♀	8 37
4 Su	☽∠☿	4am23
	☉⚹☽	8 18
	☽∠♄	8 58
	☽□♇	6pm46
	☽⊻♃	8 34
	☉∥☿	10 49
5 M	☽⚹♀	2am58
	☽□♅	3 31
	☽∥♂	5 7
	♀⊻♅	8 35
	☿∥♀	9 19
	☽⋕♂	9 59
	☽⚹☿	1pm29
	☽⚹♄	2 2
	☿☌♄	6 12
	☽□♆	8 59
6 T	☽∠♃	1am34
	☿⋕♆	5 23
	☽☍♂	6 31
	☿ ♒	7pm31
	☉□☽	9 57
7 W	♀⋕♆	0am50
	☽⚹♇	2 58
	☽⚹♃	5 41
	☽△♅	11 31
	☽□♀	4pm33
	☽□♄	9 38
8 Th	☿⚻♆	0am54
	☽⚹♆	3 32
	☽□☿	3 53
	☽∠♇	5 44
	☽⚻♂	2pm 1
	☽⚼♅	2 7
	☿⚼♇	8 4
	☽∥♇	10 51
	☉⋕♆	11 58
9 F	☽∠♆	5am24
	☉△☽	7 2
	☽⊻♇	7 32
	☽□♃	10 57
	☽⋕♃	11 58
	☉⚻♇	1pm54
	☽⚻♅	3 45
	☽⚼♂	4 12
	☿∥♄	11 27
10 S	☽△♀	1am 8
	☽△♄	1 23
	♀☌♄	4 14
	☽⊻♆	6 22
	☉⚼☽	9 52
	☽△☿	12pm43
	☽△♂	5 29
11 Su	☽⚼♄	1am59
	♀ ♒	2 18
	☽⚼♀	3 48
	☽☌♇	8 39
	☉⚻☽	11 48
	☽△♃	12pm40
	☽⚼☿	3 27
	☽☍♅	4 39
12 M	☽⚻♄	2am 0
	☉∠♃	3 44
	☿∠♅	4 35
	☽⚻♀	5 44
	☽☌♆	6 19
	☽⚼♃	12pm40
	♀⚻♆	12 46
	☽⚻☿	5 30
	☽□♂	6 10
13 T	☿△♂	2am53
	☽⊻♇	7 48
	☽⚻♃	12pm28
	♀⚼♇	1 18
	☉☍☽	2 17
	☽⚻♅	3 53
14 W	☽☍♄	1am21
	☽⋕♃	3 29
	♀∥♄	4 17
	☽⊻♆	5 13
	☽∠♇	7 17
	☽☍♀	8 56
	☽∥♇	12pm57
	☽⚼♅	3 34
	☉⊻♅	3 - 37
	☽⚹♂	6 18
	☽☍☿	9 12
15 Th	☽∠♆	4am59
	☽⚹♇	7 7
	☽☍♃	12pm44
	☽△♅	3 42
	☉⚻☽	5 23
	☽∠♂	6 57
16 F	☽⚻♄	1am47
	☽⚹♆	5 21
	☽⚻♀	1pm58
	☉⚼☽	8 6
	☽⊻♂	8 22
17 S	☽⚻☿	2am54
	☽⚼♄	3 6
	☽□♇	8 51
	☽⋕♂	11 8
	☽⚻♃	3pm45
	☽⚼♀	6 5
	☽□♅	6 19
	♀∠♅	8 38
	☉△☽	11 59
18 Su	☽△♄	5am26
	☽⚼☿	7 10
	☽∥♂	7 57
	☽□♆	8 44
	☽⚼♃	6pm51
	☽△♀	11 37
19 M	☽☌♂	2am18
	☿⚼♆	5 14
	☽△☿	12pm29
	☽△♇	2 33
	☉∥♄	9 10
	♄ ♒	10 19
	☽△♃	11 4
20 T	☽⚹♅	1am 4
	♀△♂	11 31
	☉□☽	11 49
	☽□♄	1pm23
	☽△♆	4 18
	☽⚼♇	6 57
21 W	☿△♇	0am 4
	☉ ♒	5 14
	☽∠♅	5 59
	☉☌♄	9 19
	☽⊻♂	12pm38
	☽□♀	2 52
	☽⋕♇	3 38
	☽⚼♆	9 29
	☽∥♃	9 43
	☽∥☿	10 9
22 Th	☽⚻♇	0am15
	☽□☿	1 25
	☿∥♃	1 34
	☽□♃	10 29
	☽⊻♅	11 42
	☉⚻♆	5pm41
	☽∠♂	7 4
23 F	☽⚹♄	0am59
	☽⚻♆	3 20
	☉⚹☽	4 15
	☽∥♀	10 6
	☿⋕♇	6pm58
24 S	☽⚹♂	1am57
	☉⚼♇	2 26
	♀⚼♆	6 10
	☽∠♄	7 33
	☽⚹♀	9 58
	☽☍♇	12pm26
	☉∠☽	1 23
	☽⚹☿	2 55
	☿SR	3 6
25 Su	☽⚹♃	0am10
	☽☌♅	0 27
	♀△♇	9 7
	☽⊻♄	2pm17
	☽☍♆	3 54
	♃⚹♅	6 37
	☽∠♀	7 59
	☽∠☿	9 3
	☉⊻☽	10 39
26 M	☿☌♀	4am29
	☽∠♃	7 11
	☽□♂	4pm 1
27 T	☽⚻♇	1am 7
	☽⊻☿	2 29
	☽⊻♀	5 52
	☽⊻♅	1pm22
	☽⊻♃	2 3
	☽∥♀	6 55
28 W	☽☌♄	3am24
	☽⚻♆	4 18
	☽⚼♇	7 13
	☿△♇	7 18
	☽∥♃	1pm36
	☽⋕♇	2 48
	☉☌☽	4 38
	☽∠♅	7 31
	☽∥☿	10 52
29 Th	☽△♂	5am18
	☽⚼♆	10 7
	☽☌☿	11 16
	☽△♇	1pm 2
30 F	☽☌♀	0am37
	☽⚹♅	1 21
	☿⚼♆	2 49
	☽☌♃	2 57
	☉∠♅	4 15
	♃⋕♇	4 35
	♀⚹♅	7 56
	☽⚼♂	11 25
	☽⊻♄	3pm25
	☽△♆	3 36
31 S	♀☌♃	4am 2
	♄⚻♆	8 2
	☉⊻☽	9 5
	☽⚻♂	5pm 6
	☽⊻☿	5 30
	☽∥♂	8 3
	☽∠♄	8 51
	☿△♂	9 8
	☽□♇	11 36

FEBRUARY 1903

LONGITUDE

DAY	SID. TIME	☉	☽	☽ 12 Hour	MEAN ☊	TRUE ☊	☿	♀	♂	♃	♄	♅	♆	♇
	h m s	° ' "	° ' "	° ' "	° '	° '	° '	° '	° '	° '	° '	° '	° '	° '
1	8 40 6	10♒57 43	18♓ 2 57	24♓18 5	19♎32	18♎ 5R	14♒22R	26♒12	14♎32	25♒22	1♒26	24♐12	1♋20R	17♊50R
2	8 44 2	11 58 38	0♈36 2	6♈57 4	19 29	18 1	13 11	27 27	14 43	25 36	1 33	24 14	1 19	17 50
3	8 47 59	12 59 31	13 21 32	19 49 48	19 25	18 0D	11 58	28 43	14 53	25 50	1 40	24 17	1 18	17 49
4	8 51 56	14 0 23	26 22 15	2♉59 14	19 22	18 0	10 44	29 58	15 3	26 5	1 47	24 20	1 17	17 49
5	8 55 52	15 1 13	9♉41 8	16 28 16	19 19	18 1R	9 33	1♓13	15 13	26 19	1 54	24 23	1 16	17 48
6	8 59 49	16 2 1	23 20 53	0♊19 9	19 16	18 0	8 25	2 28	15 22	26 33	2 1	24 25	1 15	17 47
7	9 3 45	17 2 49	7♊23 9	14 32 47	19 13	17 58	7 23	3 43	15 30	26 47	2 8	24 28	1 13	17 47
8	9 7 42	18 3 35	21 47 47	29 7 44	19 10	17 54	6 26	4 57	15 37	27 2	2 15	24 30	1 12	17 46
9	9 11 38	19 4 19	6♋32 0	13♋59 47	19 6	17 48	5 37	6 12	15 44	27 16	2 22	24 33	1 11	17 46
10	9 15 35	20 5 2	21 30 4	29 1 47	19 3	17 39	4 56	7 27	15 51	27 31	2 29	24 35	1 10	17 45
11	9 19 31	21 5 43	6♌33 40	14♌ 4 30	19 0	17 30	4 23	8 42	15 56	27 45	2 36	24 38	1 9	17 45
12	9 23 28	22 6 23	21 33 1	28 58 3	18 57	17 21	3 58	9 57	16 1	27 59	2 43	24 40	1 8	17 45
13	9 27 25	23 7 1	6♍18 34	13♍33 41	18 54	17 14	3 41	11 12	16 6	28 14	2 50	24 42	1 8	17 44
14	9 31 21	24 7 38	20 42 40	27 45 3	18 51	17 9	3 32D	12 26	16 9	28 28	2 56	24 45	1 7	17 44
15	9 35 18	25 8 14	4♎40 31	11♎28 57	18 47	17 6	3 30	13 41	16 12	28 43	3 3	24 47	1 6	17 43
16	9 39 14	26 8 48	18 10 26	24 45 9	18 44	17 5D	3 35	14 56	16 15	28 57	3 10	24 49	1 5	17 43
17	9 43 11	27 9 21	1♏13 29	7♏35 50	18 41	17 5	3 46	16 11	16 16	29 11	3 17	24 51	1 4	17 43
18	9 47 7	28 9 53	13 52 44	20 4 47	18 38	17 7	4 4	17 25	16 17R	29 26	3 23	24 53	1 3	17 42
19	9 51 4	29 10 24	26 12 34	2♐16 43	18 35	17 7R	4 28	18 40	16 17	29 40	3 30	24 55	1 3	17 42
20	9 55 0	0♓10 54	8♐17 54	14 16 43	18 31	17 7	4 57	19 55	16 16	29 55	3 37	24 57	1 2	17 42
21	9 58 57	1 11 22	20 13 49	26 9 46	18 28	17 5	5 30	21 9	16 15	0♓ 9	3 43	24 59	1 1	17 42
22	10 2 54	2 11 48	2♑ 5 9	8♑ 0 27	18 25	17 1	6 9	22 24	16 13	0 24	3 50	25 1	1 1	17 41
23	10 6 50	3 12 14	13 56 10	19 52 45	18 22	16 55	6 51	23 38	16 10	0 38	3 57	25 3	1 0	17 41
24	10 10 47	4 12 38	25 50 33	1♒49 55	18 19	16 48	7 37	24 53	16 6	0 53	4 3	25 5	0 59	17 41
25	10 14 43	5 13 0	7♒51 8	13 54 27	18 16	16 39	8 27	26 7	16 2	1 7	4 10	25 7	0 59	17 41
26	10 18 40	6 13 20	20 0 2	26 8 4	18 12	16 31	9 20	27 22	15 57	1 21	4 16	25 9	0 58	17 41
27	10 22 36	7 13 39	2♓18 40	8♓31 54	18 9	16 24	10 16	28 36	15 51	1 36	4 22	25 10	0 58	17 41
28	10 26 33	8♓13 57	14♓47 51	21♓ 6 34	18♎ 6	16♎18	11♒15	29♓51	15♎44	1♓50	4♒29	25♐12	0♋57	17♊41

DECLINATION and LATITUDE

DAY	☉ DECL	☽ DECL	☽ LAT	☽ 12hr DECL	☿ DECL	☿ LAT	♀ DECL	♀ LAT	♂ DECL	♂ LAT	♃ DECL	♃ LAT	♄ DECL	♄ LAT
1	17S29	2S24	2N32	0S23	13S20	3N20	14S13	1S31	3S 3	2N54	13S51	0S50	20S 9	0S18
2	17 13	1N38	1 31	3N39	13 32	3 28	13 47	1 31	3 7	2 55	13 46	0 50	20 7	0 18
3	16 55	5 39	0 25	7 36	13 46	3 35	13 21	1 31	3 10	2 56	13 42	0 50	20 6	0 18
4	16 38	9 29	0S45	11 16	14 3	3 39	12 54	1 31	3 13	2 57	13 37	0 50	20 4	0 18
5	16 20	12 56	1 53	14 26	14 20	3 40	12 28	1 31	3 15	2 58	13 32	0 50	20 3	0 18
6	16 2	15 46	2 57	16 52	14 39	3 39	12 1	1 30	3 18	2 59	13 27	0 50	20 1	0 19
7	15 44	17 44	3 52	18 20	14 57	3 36	11 33	1 30	3 20	3 0	13 22	0 50	19 60	0 19
8	15 26	18 38	4 34	18 38	15 16	3 31	11 5	1 30	3 22	3 1	13 17	0 50	19 58	0 19
9	15 7	18 19	4 59	17 41	15 35	3 24	10 37	1 29	3 24	3 2	13 12	0 50	19 57	0 19
10	14 48	16 44	5 4	15 29	15 53	3 15	10 9	1 29	3 25	3 3	13 8	0 50	19 55	0 19
11	14 28	13 59	4 48	12 16	16 10	3 6	9 40	1 28	3 27	3 4	13 3	0 50	19 54	0 19
12	14 9	10 20	4 13	8 16	16 26	2 56	9 12	1 28	3 28	3 5	12 58	0 50	19 52	0 19
13	13 49	6 6	3 21	3 51	16 40	2 44	8 43	1 27	3 28	3 6	12 53	0 50	19 51	0 19
14	13 29	1 35	2 17	0S40	16 54	2 33	8 13	1 26	3 29	3 7	12 48	0 50	19 49	0 19
15	13 9	2S52	1 6	5 0	17 6	2 21	7 44	1 25	3 29	3 8	12 43	0 50	19 48	0 19
16	12 49	7 2	0N 6	8 57	17 17	2 8	7 14	1 24	3 29	3 9	12 38	0 50	19 46	0 19
17	12 28	10 44	1 15	12 21	17 27	1 56	6 44	1 23	3 29	3 10	12 33	0 50	19 45	0 19
18	12 7	13 48	2 19	15 4	17 35	1 43	6 14	1 22	3 28	3 11	12 28	0 50	19 43	0 20
19	11 46	16 9	3 15	17 3	17 41	1 31	5 44	1 21	3 28	3 11	12 23	0 51	19 42	0 20
20	11 25	17 44	4 1	18 14	17 46	1 18	5 13	1 20	3 27	3 12	12 18	0 51	19 40	0 20
21	11 3	18 31	4 35	18 36	17 50	1 6	4 43	1 19	3 25	3 13	12 13	0 51	19 39	0 20
22	10 42	18 28	4 58	18 8	17 52	0 54	4 12	1 17	3 24	3 14	12 8	0 51	19 38	0 20
23	10 20	17 37	5 8	16 54	17 53	0 43	3 41	1 16	3 22	3 15	12 3	0 51	19 36	0 20
24	9 58	15 60	5 5	14 55	17 52	0 31	3 11	1 15	3 20	3 15	11 58	0 51	19 35	0 20
25	9 36	13 41	4 48	12 17	17 50	0 20	2 40	1 13	3 18	3 16	11 53	0 51	19 33	0 20
26	9 14	10 44	4 18	9 4	17 47	0 9	2 9	1 12	3 15	3 17	11 47	0 51	19 32	0 20
27	8 52	7 18	3 36	5 26	17 42	0S 1	1 38	1 10	3 12	3 17	11 42	0 51	19 30	0 20
28	8S29	3S30	2N42	1S30	17S35	0S11	1S 6	1S 8	3S 9	3N18	11S37	0S51	19S29	0S20

DAY	♅ DECL	♅ LAT	♆ DECL	♆ LAT	♇ DECL	♇ LAT
1	23S26	0S 7	22N19	1S 8	14N 0	8S56
5	23 27	0 7	22 19	1 8	14 1	8 55
9	23 27	0 7	22 19	1 7	14 1	8 54
13	23 28	0 7	22 20	1 7	14 2	8 53
17	23 28	0 7	22 20	1 7	14 3	8 52
21	23 28	0 7	22 20	1 7	14 4	8 51
25	23S29	0S 7	22N20	1S 7	14N 5	8S50

☽ PHENOMENA

d	h	m	
5	10	12	☽
12	0	58	○
19	6	23	☾
27	10	19	●

d	h	° '
1	14	0
8	6	18N41
14	8	0
21	11	18S35
28	21	0

d	h	° '
3	9	0
9	18	5S 5
15	22	0
23	6	5N 8

VOID OF COURSE ☽

LAST ASPT	☽ INGRESS
1 11am50	1 ♈ 10pm52
3 11pm27	4 ♉ 6am36
6 5am38	6 ♊ 11am27
8 8am43	8 ♋ 1pm25
9 2pm54	10 ♌ 1pm33
12 10am35	12 ♍ 1pm41
14 6am52	14 ♎ 3pm53
16 8pm 8	16 ♏ 9pm43
19 6am58	19 ♐ 7am29
21 9am39	21 ♑ 7pm46
23 9pm51	24 ♒ 8am20
26 10am 5	26 ♓ 7pm31

d	h	
10	13	PERIGEE
22	13	APOGEE

DAILY ASPECTARIAN

Day	Aspect	Time
1 Su	♀#♇	11am49
	☽□♅	11 50
	☽⚺♃	2pm18
	☉∠☽	4 30
	☽⚺♀	5 22
	☽∠☿	7 49
2 M	♀∥♃	0am40
	☽□♆	1 22
	☽⚹♄	1 49
	☽#♂	8 53
	☿∥♀	8 59
	☉☌☿	12pm59
	☿∥♃	6 10
	☽∠♃	7 12
	☽⚹☿	9 37
	☉⚹☽	11 15
3 T	☽∠♀	0am43
	☽☍♂	2 53
	☽⚹♇	8 17
	☽△♅	8pm16
	☿#♇	8 58
	☽⚹♃	11 27
4 W	♀ ♓	0am46
	♀⚼♂	2 9
	☽⚹♀	7 12
	☽⚹♆	8 54
	☽□♄	9 55
	☽∠♇	11 40
	☽#♀	8pm54
	☽⚼♅	11 27
	☽□☿	11 47
5 Th	♀△♆	0am59
	☿∠♅	3 27
	☽#♃	4 29
	☉△♂	5 23
	☽∥♇	8 26
	☽⚻♂	9 54
	☉□☽	10 12
	☽∠♆	11 37
	☽#☿	12pm27
	☽⚺♇	2 19
	♀⚺♄	2 40
6 F	☽⚻♅	1am52
	☉#☽	2 27
	☉⚼♆	4 52
	☽□♃	5 38
	☽⚼♂	12pm11
	☽⚺♆	1 34
	☽△♄	3 1
	☽□♀	5 10
	☽△☿	11 59
7 S	☽△♂	1pm42
	☽⚼♄	4 26
	☉△♇	5 16
	☉△☽	5 22
	☽☌♇	5 22
	☽⚼☿	11 27
8 Su	☽☍♅	4am27
	☉∥☿	5 56
	☽△♃	8 43
	☽☌♆	3pm22
	☿⚺♀	5 5
	☽⚻♄	5 12
	☉⚼☽	7 44
	☽⚻☿	10 36
	☽△♀	11 25
9 M	☽⚼♃	9am23
	☽□♂	2pm54
	☽⚺♇	6 1
	☉⚻☽	9 34
10 T	☽⚼♀	1am39
	☽⚻♅	4 56
	☽#☿	7 39
	☽⚻♃	9 44
	☽⚺♆	3pm24
	☽☍♄	5 38
	☽∠♇	5 56
	☉#☽	7 54
	☽☍☿	8 38
	☽∥♇	11 43
11 W	☽⚻♀	3am43
	☽⚼♅	4 54
	☽#♃	6 53
	☽⚹♂	3pm 4
	☽∠♆	3 19
	☽⚹♇	5 53
12 Th	☉☍☽	0am58
	☽△♅	5 3
	♄⚼♇	5 57
	☽#♀	7 37
	☉#♇	8 32
	☽☍♃	10 35
	☽∠♂	3pm25
	☽⚹♆	3 31
	☽⚻♄	6 15
	☽⚻☿	7 46
13 F	☽☍♀	8am50
	☽#♂	2pm 0
	☽⚺♂	4 18
	☽□♇	6 59
	☽⚼♄	7 18
	☽⚼☿	8 21
14 S	☉⚻☽	6am15
	☽□♅	6 52
	☽⚻♃	1pm28
	☉⚹♅	3 12
	☽□♆	5 47
	☿SD	6 24
	☽△♄	9 9
	☽△☿	9 56
15 Su	☽∥♂	3am25
	☉⚼☽	10 23
	☽⚼♃	4pm16
	☽⚻♀	5 34
	☽☌♂	8 31
	☽△♇	11 11
16 M	☽∥♀	1am 3
	☽⚹♅	12pm 9
	☉△☽	3 48
	☉∥♃	4 24
	☽△♃	8 8
	☽△♆	11 43
	☽⚼♀	11 54
17 T	♀⚻♂	1am48
	☽⚼♇	2 47
	☽□♄	3 53
	☽□☿	4 53
	☉∥☽	11 38
	☽∥♃	1pm14
	☽∠♅	4 20
18 W	☽#♇	2am16
	☽⚼♆	4 11
	☽⚺♂	4 38
	♀□♇	5 28
	☽⚻♇	7 23
	☽△♀	7 36
	♂SR	3pm37
	♀∠♄	8 32
	☽⚺♅	9 28
19 Th	☉□☽	6am23
	☽□♃	6 58
	☽⚻♆	9 32
	☽∠♂	10 1
	☽⚹♄	2pm34
	☉☌♃	3 37
	☽⚹☿	5 0
	☉ ♓	7 40
20 F	☽∥☿	0am44
	☿∠♀	1 9
	♃ ♓	8 34
	☽⚹♂	3pm59
	☽☍♇	6 53
	☉△♆	8 1
	☽∠♄	8 56
21 S	☽∠☿	0am35
	☉⚼♂	1 27
	☽□♀	2 5
	☽☌♅	9 39
	☽⚹♃	8pm30
	☽☍♆	9 49
22 Su	☉⚹☽	0am15
	☽⚺♄	3 35
	☽⚺☿	8 44
	☽∥☿	6pm28
23 M	☽∠♃	3am30
	☽□♂	4 29
	☽⚻♇	7 35
	☉∠☽	9 25
	♀∥♂	4pm 7
	☉⚺♄	7 46
	☽⚹♀	9 51
	☽⚺♅	10 28
24 T	♀□♅	4am 3
	☽⚺♃	10 18
	☽⚻♆	10 18
	♃△♆	10 43
	☽⚼♇	1pm42
	☽☌♄	4 35
	♂⚼♃	5 32
	☉⚺☽	6 17
	☽#♇	8 19
25 W	☽☌☿	1am17
	☽∠♅	4 30
	☽∠♀	7 14
	☽∥♃	3pm40
	☽△♂	4 5
	☽⚼♆	4 5
	☽△♇	7 26
26 Th	☽⚹♅	10am 5
	☉∥☽	12pm12
	☽⚺♀	4 0
	☽⚼♂	9 11
	☽△♆	9 23
	☿∠♅	9 24
	☽☌♃	10 36
27 F	☽⚺♄	4am 1
	☉☌☽	10 19
	☽⚺☿	4pm39
28 S	☽⚻♂	1am46
	☽∥♂	2 6
	♀ ♈	3 3
	☽□♇	5 29
	☽∠♄	8 59
	☽∥♀	4pm27
	☽□♅	7 46
	♀□♆	9 25
	☽∠☿	11 37

MARCH 1903

LONGITUDE

DAY	SID. TIME	☉	☽	☽ 12 Hour	MEAN ☊	TRUE ☊	☿	♀	♂	♃	♄	♅	♆	♇
	h m s	° ' "	° ' "	° ' "	° '	° '	° '	° '	° '	° '	° '	° '	° '	° '
1	10 30 29	9♓ 14 12	27♓ 28 5	3♈ 52 28	18♎ 3	16♎ 15R	12♒ 17	1♈ 5	15♎ 36R	2♓ 5	4♒ 35	25♐ 14	0♋ 57R	17♊ 40R
2	10 34 26	10 14 26	10♈ 19 47	16 50 3	18 0	16 13D	13 21	2 19	15 28	2 19	4 41	25 15	0 56	17 40D
3	10 38 22	11 14 37	23 23 23	29 59 51	17 57	16 13	14 28	3 34	15 19	2 33	4 48	25 17	0 56	17 40
4	10 42 19	12 14 47	6♉ 39 33	13♉ 22 36	17 53	16 14	15 36	4 48	15 9	2 48	4 54	25 18	0 56	17 40
5	10 46 16	13 14 55	20 9 6	26 59 8	17 50	16 16	16 47	6 2	14 58	3 2	5 0	25 20	0 55	17 40
6	10 50 12	14 15 0	3♊ 52 45	10♊ 50 1	17 47	16 17R	18 0	7 16	14 47	3 17	5 6	25 21	0 55	17 41
7	10 54 9	15 15 4	17 50 51	24 55 11	17 44	16 18	19 14	8 30	14 34	3 31	5 12	25 22	0 55	17 41
8	10 58 5	16 15 5	2♋ 2 49	9♋ 13 28	17 41	16 17	20 30	9 44	14 21	3 45	5 18	25 24	0 55	17 41
9	11 2 2	17 15 4	16 26 44	23 42 9	17 37	16 14	21 48	10 58	14 8	3 59	5 24	25 25	0 55	17 41
10	11 5 58	18 15 1	0♌ 59 6	8♌ 16 54	17 34	16 11	23 8	12 12	13 53	4 14	5 30	25 26	0 55	17 41
11	11 9 55	19 14 55	15 34 49	22 52 1	17 31	16 7	24 29	13 26	13 38	4 28	5 36	25 27	0 54	17 41
12	11 13 51	20 14 48	0♍ 7 41	7♍ 21 0	17 28	16 3	25 51	14 40	13 22	4 42	5 41	25 28	0 54	17 41
13	11 17 48	21 14 38	14 31 12	21 37 34	17 25	16 0	27 15	15 54	13 6	4 56	5 47	25 29	0 54D	17 41
14	11 21 45	22 14 26	28 39 31	5♎ 36 32	17 22	15 58	28 41	17 8	12 49	5 10	5 53	25 30	0 54	17 42
15	11 25 41	23 14 13	12♎ 28 13	19 14 21	17 18	15 57D	0♓ 8	18 22	12 31	5 24	5 58	25 31	0 54	17 42
16	11 29 38	24 13 58	25 54 48	2♏ 29 34	17 15	15 57	1 36	19 35	12 13	5 39	6 4	25 32	0 54	17 42
17	11 33 34	25 13 40	8♏ 58 46	15 22 37	17 12	15 59	3 6	20 49	11 54	5 53	6 9	25 33	0 55	17 43
18	11 37 31	26 13 21	21 41 26	27 55 36	17 9	16 0	4 36	22 3	11 35	6 7	6 15	25 33	0 55	17 43
19	11 41 27	27 13 1	4♐ 5 34	10♐ 11 51	17 6	16 2	6 9	23 16	11 15	6 21	6 20	25 34	0 55	17 43
20	11 45 24	28 12 38	16 14 58	22 15 31	17 3	16 3	7 42	24 30	10 54	6 35	6 26	25 35	0 55	17 44
21	11 49 20	29 12 14	28 14 4	4♑ 11 14	16 59	16 3R	9 17	25 43	10 33	6 49	6 31	25 35	0 55	17 44
22	11 53 17	0♈ 11 48	10♑ 7 35	16 3 43	16 56	16 3	10 53	26 57	10 12	7 2	6 36	25 36	0 56	17 44
23	11 57 14	1 11 20	22 0 13	27 57 36	16 53	16 2	12 31	28 10	9 50	7 16	6 41	25 36	0 56	17 45
24	12 1 10	2 10 51	3♒ 56 24	9♒ 57 6	16 50	16 0	14 9	29 24	9 28	7 30	6 46	25 37	0 56	17 45
25	12 5 7	3 10 19	16 0 9	22 5 55	16 47	15 59	15 49	0♉ 37	9 6	7 44	6 51	25 37	0 57	17 46
26	12 9 3	4 9 46	28 14 45	4♓ 26 58	16 43	15 57	17 31	1 50	8 43	7 58	6 56	25 37	0 57	17 46
27	12 13 0	5 9 11	10♓ 42 46	17 2 20	16 40	15 55	19 13	3 4	8 20	8 11	7 1	25 38	0 58	17 47
28	12 16 56	6 8 34	23 25 47	29 53 10	16 37	15 54	20 58	4 17	7 57	8 25	7 6	25 38	0 58	17 47
29	12 20 53	7 7 55	6♈ 24 28	12♈ 59 39	16 34	15 53D	22 43	5 30	7 34	8 38	7 10	25 38	0 59	17 48
30	12 24 49	8 7 13	19 38 36	26 21 9	16 31	15 53	24 30	6 43	7 10	8 52	7 15	25 38	0 59	17 48
31	12 28 46	9♈ 6 30	3♉ 7 9	9♉ 56 21	16♎ 28	15♎ 53	26♓ 18	7♉ 56	6♎ 47	9♓ 5	7♒ 20	25♐ 38R	1♋ 0	17♊ 49

DECLINATION and LATITUDE

DAY	☉ DECL	☽ DECL	☽ LAT	☽ 12hr DECL	☿ DECL	☿ LAT	♀ DECL	♀ LAT	♂ DECL	♂ LAT	♃ DECL	♃ LAT	♄ DECL	♄ LAT
1	8S 7	0N32	1N40	2N34	17S28	0S21	0S35	1S 7	3S 6	3N18	11S32	0S51	19S27	0S20
2	7 44	4 35	0 32	6 34	17 19	0 31	0 4	1 5	3 2	3 19	11 27	0 51	19 26	0 21
3	7 21	8 29	0S39	10 19	17 8	0 40	0N27	1 3	2 58	3 19	11 22	0 51	19 25	0 21
4	6 58	12 2	1 49	13 35	16 56	0 48	0 58	1 1	2 54	3 20	11 17	0 51	19 23	0 21
5	6 35	14 59	2 55	16 11	16 43	0 57	1 30	0 59	2 49	3 20	11 12	0 52	19 22	0 21
6	6 12	17 9	3 51	17 52	16 28	1 5	2 1	0 57	2 45	3 20	11 7	0 52	19 20	0 21
7	5 49	18 20	4 35	18 30	16 12	1 12	2 32	0 55	2 40	3 21	11 2	0 52	19 19	0 21
8	5 26	18 23	5 3	17 58	15 55	1 19	3 3	0 53	2 35	3 21	10 57	0 52	19 18	0 21
9	5 2	17 16	5 13	16 16	15 36	1 26	3 34	0 51	2 29	3 21	10 51	0 52	19 16	0 21
10	4 39	15 1	5 3	13 32	15 16	1 32	4 5	0 48	2 24	3 21	10 46	0 52	19 15	0 21
11	4 15	11 50	4 33	9 57	14 55	1 38	4 36	0 46	2 18	3 21	10 41	0 52	19 14	0 21
12	3 52	7 55	3 45	5 47	14 32	1 44	5 7	0 44	2 12	3 21	10 36	0 52	19 12	0 22
13	3 28	3 34	2 44	1 20	14 8	1 49	5 37	0 41	2 5	3 21	10 31	0 52	19 11	0 22
14	3 5	0S54	1 34	3S 6	13 43	1 54	6 8	0 39	1 59	3 21	10 26	0 52	19 10	0 22
15	2 41	5 13	0 19	7 15	13 17	1 58	6 38	0 37	1 52	3 20	10 21	0 52	19 8	0 22
16	2 18	9 10	0N55	10 56	12 49	2 2	7 9	0 34	1 46	3 20	10 16	0 53	19 7	0 22
17	1 54	12 33	2 4	13 59	12 20	2 6	7 39	0 31	1 39	3 20	10 11	0 53	19 6	0 22
18	1 30	15 14	3 4	16 17	11 50	2 9	8 9	0 29	1 32	3 19	10 6	0 53	19 5	0 22
19	1 6	17 7	3 55	17 46	11 18	2 12	8 38	0 26	1 24	3 19	10 0	0 53	19 3	0 22
20	0 43	18 12	4 34	18 25	10 45	2 14	9 8	0 24	1 17	3 18	9 55	0 53	19 2	0 22
21	0 19	18 26	5 1	18 14	10 11	2 16	9 37	0 21	1 9	3 17	9 50	0 53	19 1	0 22
22	0N 5	17 51	5 14	17 15	9 36	2 17	10 6	0 18	1 2	3 16	9 45	0 53	18 60	0 23
23	0 28	16 29	5 14	15 32	8 60	2 18	10 35	0 15	0 54	3 15	9 40	0 53	18 59	0 23
24	0 52	14 24	5 1	13 7	8 22	2 19	11 4	0 13	0 46	3 14	9 35	0 53	18 57	0 23
25	1 16	11 41	4 34	10 7	7 43	2 19	11 32	0 10	0 39	3 13	9 30	0 54	18 56	0 23
26	1 39	8 26	3 54	6 38	7 3	2 18	12 1	0 7	0 31	3 12	9 25	0 54	18 55	0 23
27	2 3	4 44	3 3	2 46	6 22	2 17	12 28	0 4	0 23	3 11	9 20	0 54	18 54	0 23
28	2 26	0 45	2 1	1N18	5 40	2 16	12 56	0 1	0 15	3 10	9 15	0 54	18 53	0 23
29	2 50	3N21	0 52	5 23	4 57	2 14	13 23	0N 2	0 7	3 8	9 10	0 54	18 52	0 23
30	3 13	7 22	0S21	9 17	4 12	2 12	13 50	0 5	0N 1	3 7	9 5	0 54	18 51	0 23
31	3N37	11N 5	1S34	12N45	3S26	2S 9	14N17	0N 7	0N 8	3N 5	9S 0	0S54	18S50	0S23

DAY	♅ DECL	♅ LAT	♆ DECL	♆ LAT	♇ DECL	♇ LAT
1	23S29	0S 7	22N20	1S 7	14N 5	8S50
5	23 29	0 7	22 21	1 6	14 6	8 49
9	23 29	0 7	22 21	1 6	14 7	8 48
13	23 30	0 7	22 21	1 6	14 8	8 47
17	23 30	0 7	22 21	1 6	14 9	8 46
21	23 30	0 7	22 21	1 6	14 10	8 45
25	23 30	0 7	22 21	1 5	14 11	8 44
29	23S30	0S 7	22N22	1S 5	14N13	8S43

☽ PHENOMENA			
d	h	m	
6	19	14	☽
13	12	13	○
21	2	8	☾
29	1	26	●
d	h	° '	
7	13	18N30	
13	19	0	
20	19	18S27	
28	4	0	
2	11	0	
9	0	5S13	
15	6	0	
22	12	5N16	
29	17	0	

VOID OF COURSE ☽ LAST ASPT		☽ INGRESS		
28	7pm46	1	♈	4am45
3	3am27	3	♉	12pm 0
4	5pm28	5	♊	5pm16
7	12pm47	7	♋	8pm34
9	1am26	9	♌	10pm23
11	4pm17	11	♍	11pm47
13	6pm35	14	♎	2am18
15	11pm18	16	♏	7am26
18	9am28	18	♐	4pm 1
21	2am 8	21	♑	3am33
23	1pm51	23	♒	4pm 6
25	6pm54	26	♓	3am24
28	4am 6	28	♈	12pm13
30	10am44	30	♉	6pm29

d	h	
10	13	PERIGEE
22	9	APOGEE

DAILY ASPECTARIAN

Day	Aspect	Time
1 Su	☽#♀	0am19
	☽□♆	6 32
	☽☌♀	7 30
	☽⚺♃	8 49
	☽⚹♄	1pm26
	☽#♂	2 55
	☉⚺☽	11 49
	♀⚺♃	11 58
2 M	☽⚹☿	6am 6
	☽☍♂	9 22
	☽∠♃	1pm 8
	☽⚹♇	1 33
	☉#☽	5 30
3 T	☽△♅	3am27
	☉∠☽	5 37
	♇SD	7 0
	☽⚹♆	1pm41
	☿△♂	3 41
	☽∠♇	4 50
	☽⚹♃	4 56
	☽#♃	6 48
	☽⚺♀	8 19
	☽□♄	8 49
4 W	♀⚹♄	2am 7
	☽⚼♅	6 32
	☿⚼♆	6 38
	☉⚹☽	10 47
	☽⚻♂	2pm57
	☽∥♇	4 15
	☽∠♆	4 32
	☽□☿	5 28
	☽⚺♇	7 37
5 Th	☽∠♀	1am42
	☽⚻♅	9 7
	☽#☿	4pm18
	☽⚼♂	4 58
	☿△♇	5 44
	☽⚺♆	6 52
	☽□♃	10 56
6 F	☽△♄	2am 8
	☽⚹♀	6 26
	☉⚻♂	10 31
	☽△♂	6pm29
	☉□☽	7 14
	☽☌♇	11 43
7 S	☽△☿	2am36
	☽⚼♄	4 2
	♀#♂	5 11
	☽☍♅	12pm47
	☽☌♆	10 6
8 Su	☽△♃	2am54
	☽⚻♄	5 29
	☽⚼☿	6 22
	☽□♀	2pm 4
	☽□♂	8 13
9 M	☉△☽	1am26
	☽⚺♇	2 3
	☽⚼♃	4 17
	☽⚻☿	9 45
	☉□♇	10 20
	☽⚻♅	2pm50
	☽#☿	9 28
	☽⚺♆	11 52
10 T	☽∠♇	2am48
	☉⚼☽	4 0
	☽⚻♃	5 25
	☽∥♇	7 24
	☽☍♄	7 28
	☉#♀	2pm57
	☽⚼♅	3 33
	☽△♀	8 9
	☽⚹♂	8 52
11 W	☽∠♆	0am32
	♀☍♂	3 12
	☽⚹♇	3 28
	☉⚻☽	6 29
	☽#♃	7 33
	☽☍☿	4pm11
	☽△♅	4 17
	☿⚹♅	5 10
	☽∠♂	9 9
	☽⚼♀	11 10
12 Th	☽⚹♆	1am17
	☽☍♃	7 43
	☽⚻♄	9 18
	☉∠♄	11 49
	☽∥♀	2pm 1
	☽⚺♂	9 40
13 F	☿#♇	0am 4
	☉#☽	0 35
	☽⚻♀	2 33
	☽□♇	5 21
	♆SD	5 26
	☽#♂	8 9
	☽⚼♄	10 39
	☿⚼♂	11 55
	☉☍☽	12pm13
	☽□♅	6 35
14 S	☽⚻☿	0am 3
	☽□♆	3 52
	☽∥♂	5 45
	☉∥☽	10 56
	♀⚹♇	11 2
	☽⚻♃	11 26
	☽△♄	12pm33
	☿ ♓	9 52
15 Su	☽☌♂	0am 5
	☽⚼☿	5 16
	☽△♇	9 16
	☽#♀	9 29
	☽☍♀	11 29
	☿△♆	12pm45
	☽⚼♃	2 21
	☉⚻☽	8 43
	☽⚹♅	11 18
16 M	☽∥♃	7am 8
	☽△♆	9 6
	☽△☿	11 41
	☽⚼♇	12pm24
	☽△♃	6 8
	☽□♄	6 43
	☽∥☿	10 33
17 T	♀∠♃	1am25
	☉⚼☽	2 31
	☽∠♅	2 55
	☽⚺♂	5 20
	☉□♅	7 42
	☽⚼♆	1pm 1
	☽#♇	1 37
	☽⚻♇	4 25
	☉∥♂	9 59
18 W	☽⚻♀	0am45
	☽⚺♅	7 26
	☽∠♂	9 9
	☉△☽	9 28
	☽⚻♆	5pm48
	♃⚺♄	10 54
19 Th	☿⚺♄	3am11
	☿☌♃	3 38
	☽⚹♄	4 26
	☽□♃	4 30
	☽□☿	4 36
	☽⚼♀	9 7
	☽⚹♂	1pm41
20 F	☽☍♇	2am57
	☽∠♄	10 25
	☽△♀	6pm23
	☽☌♅	6 40
	♀△♅	9 19
21 S	☉□☽	2am 8
	☽☍♆	5 25
	♀#♃	9 8
	☿#♀	12pm45
	☿⚻♂	3 36
	☽⚺♄	4 49
	☿∥♃	4 49
	☽⚹♃	5 38
	☉ ♈	7 15
22 Su	☽□♂	0am 8
	☽⚹☿	1 47
	☽⚻♇	3pm24
	☉□♆	5 46
23 M	☽∠♃	0am33
	☽⚺♅	7 16
	☽∠☿	12pm52
	☽□♀	1 51
	☽⚻♆	5 59
	☉#♂	7 39
	☉⚹☽	8 9
	☽⚼♇	9 37
24 T	☽#♇	2am 9
	☽☌♄	5 42
	☽⚺♃	7 15
	☽△♂	10 42
	♀ ♉	11 53
	☿∠♀	1pm 0
	☽∠♅	1 19
	☽⚺☿	11 35
	☽⚼♆	11 53
25 W	☽#♀	1am 2
	☽△♇	3 28
	☉∠☽	4 40
	♀⚹♆	6 29
	☽⚼♂	3pm26
	☽∥♃	4 53
	☽⚹♅	6 54
26 Th	☿□♇	3am38
	☽△♆	5 15
	☽⚹♀	7 43
	☽∥☿	11 17
	☉⚺☽	12pm26
	☽⚺♄	4 53
	♀∠♇	6 26
	☽☌♃	7 5
	☽⚻♂	7 35
27 F	♂⚻♃	5am45
	☽□♇	1pm24
	☉#☽	2 52
	☽∠♀	3 24
	☽☌☿	6 39
	☽∠♄	9 29
28 S	☽∥♂	3am 4
	☽□♅	4 6
	☽#♂	5 43
	☽□♆	2pm 0
	☿∠♄	4 18
	☉∥☽	8 40
	☽⚺♀	10 10
29 Su	☉⚹♄	1am 6
	☽⚹♄	1 25
	☉☌☽	1 26
	☽☍♂	2 3
	☽⚺♃	4 9
	☉☍♂	7 30
	☽#☿	7 57
	♂△♄	8pm 2
	☽⚹♇	8 42
30 M	♀⚻♂	6am52
	☽∠♃	7 42
	☽⚺☿	10 1
	☽#♃	10 32
	☽△♅	10 44
	♀□♄	11 17
	☿□♅	3pm16
	☽⚹♆	8 14
	☉#☿	8 27
	♀∥♇	8 42
	☽∠♇	11 28
	☉⚺♃	11 29
31 T	☽⚻♂	6am17
	☽□♄	7 27
	☽☌♀	9 18
	☽⚹♃	10 41
	☉⚺☽	11 22
	☽⚼♅	1pm13
	☽∠☿	4 35
	♅SR	5 48
	☽∠♆	10 36
	☽∥♇	11 42

APRIL 1903

LONGITUDE

DAY	SID. TIME	☉	☽	☽ 12 Hour	MEAN ☊	TRUE ☊	☿	♀	♂	♃	♄	♅	♆	♇
	h m s	° ' "	° ' "	° ' "	° '	° '	° '	° '	° '	° '	° '	° '	° '	° '
1	12 32 42	10♈ 5 45	16♉ 48 33	23♉ 43 27	16♎ 24	15♎ 54	28♓ 7	9♉ 9	6♎ 24R	9♓ 19	7♒ 24	25♐ 38R	1♋ 0	17♊ 50
2	12 36 39	11 4 57	0♊ 40 49	7♊ 40 21	16 21	15 55	29 58	10 22	6 1	9 32	7 29	25 38	1 1	17 50
3	12 40 36	12 4 7	14 41 48	21 44 52	16 18	15 55	1♈ 50	11 35	5 37	9 46	7 33	25 38	1 2	17 51
4	12 44 32	13 3 16	28 49 17	5♋ 54 46	16 15	15 55R	3 44	12 47	5 14	9 59	7 37	25 38	1 2	17 51
5	12 48 29	14 2 21	13♋ 1 1	20 7 45	16 12	15 55	5 39	14 0	4 51	10 12	7 41	25 38	1 3	17 52
6	12 52 25	15 1 24	27 14 39	4♌ 21 24	16 9	15 55	7 35	15 13	4 29	10 25	7 45	25 38	1 4	17 53
7	12 56 22	16 0 25	11♌ 27 40	18 33 7	16 5	15 55	9 33	16 26	4 7	10 38	7 49	25 37	1 5	17 54
8	13 0 18	16 59 23	25 37 22	2♍ 40 5	16 2	15 55D	11 32	17 38	3 45	10 51	7 53	25 37	1 6	17 54
9	13 4 15	17 58 20	9♍ 40 53	16 39 23	15 59	15 55	13 33	18 51	3 23	11 4	7 57	25 37	1 6	17 55
10	13 8 11	18 57 13	23 35 13	0♎ 28 3	15 56	15 55	15 34	20 3	3 2	11 17	8 1	25 36	1 7	17 56
11	13 12 8	19 56 5	7♎ 17 34	14 3 29	15 53	15 55R	17 37	21 15	2 41	11 30	8 5	25 36	1 8	17 57
12	13 16 5	20 54 55	20 45 32	27 23 34	15 49	15 55	19 41	22 28	2 21	11 43	8 8	25 35	1 9	17 58
13	13 20 1	21 53 43	3♏ 57 25	10♏ 27 2	15 46	15 55	21 46	23 40	2 1	11 56	8 12	25 34	1 10	17 58
14	13 23 58	22 52 28	16 52 25	23 13 38	15 43	15 55	23 51	24 52	1 41	12 8	8 15	25 34	1 11	17 59
15	13 27 54	23 51 12	29 30 49	5♐ 44 10	15 40	15 54	25 58	26 4	1 23	12 21	8 19	25 33	1 12	18 0
16	13 31 51	24 49 54	11♐ 53 57	18 0 29	15 37	15 53	28 4	27 16	1 4	12 33	8 22	25 32	1 13	18 1
17	13 35 47	25 48 35	24 4 9	0♑ 5 23	15 34	15 52	0♉ 11	28 28	0 47	12 46	8 25	25 32	1 15	18 2
18	13 39 44	26 47 13	6♑ 4 39	12 2 27	15 30	15 51	2 18	29 40	0 30	12 58	8 28	25 31	1 16	18 3
19	13 43 40	27 45 50	17 59 19	23 55 50	15 27	15 50	4 25	0♊ 52	0 14	13 11	8 31	25 30	1 17	18 4
20	13 47 37	28 44 26	29 52 33	5♒ 50 4	15 24	15 50D	6 31	2 4	29♍ 58	13 23	8 34	25 29	1 18	18 5
21	13 51 34	29 42 59	11♒ 48 58	17 49 49	15 21	15 50	8 36	3 15	29 43	13 35	8 37	25 28	1 19	18 6
22	13 55 30	0♉ 41 31	23 53 12	29 59 39	15 18	15 51	10 40	4 27	29 29	13 47	8 40	25 27	1 21	18 7
23	13 59 27	1 40 1	6♓ 9 40	12♓ 23 44	15 14	15 52	12 42	5 38	29 15	13 59	8 43	25 26	1 22	18 8
24	14 3 23	2 38 30	18 42 13	25 5 30	15 11	15 53	14 43	6 50	29 3	14 11	8 45	25 25	1 23	18 9
25	14 7 20	3 36 57	1♈ 33 49	8♈ 7 22	15 8	15 54	16 41	8 1	28 51	14 23	8 48	25 23	1 25	18 10
26	14 11 16	4 35 22	14 46 13	21 30 21	15 5	15 55R	18 37	9 13	28 39	14 34	8 50	25 22	1 26	18 11
27	14 15 13	5 33 45	28 19 37	5♉ 13 47	15 2	15 54	20 30	10 24	28 29	14 46	8 53	25 21	1 27	18 12
28	14 19 9	6 32 7	12♉ 12 30	19 15 18	14 59	15 53	22 20	11 35	28 19	14 58	8 55	25 20	1 29	18 13
29	14 23 6	7 30 27	26 21 38	3♊ 30 54	14 55	15 51	24 7	12 46	28 11	15 9	8 57	25 18	1 30	18 14
30	14 27 3	8♉ 28 45	10♊ 42 26	17♊ 55 32	14♎ 52	15♎ 48	25♉ 51	13♊ 57	28♍ 3	15♓ 21	8♒ 59	25♐ 17	1♋ 32	18♊ 15

DECLINATION and LATITUDE

DAY	☉ DECL	☽ DECL	☽ LAT	☽ 12hr DECL	☿ DECL	☿ LAT	♀ DECL	♀ LAT	♂ DECL	♂ LAT	♃ DECL	♃ LAT	♄ DECL	♄ LAT
1	4N 0	14N16	2S43	15N34	2S40	2S 5	14N43	0N10	0N16	3N 4	8S55	0S54	18S49	0S24
2	4 23	16 39	3 44	17 30	1 52	2 1	15 9	0 13	0 24	3 2	8 50	0 55	18 48	0 24
3	4 46	18 5	4 31	18 23	1 3	1 57	15 34	0 16	0 31	3 0	8 46	0 55	18 47	0 24
4	5 9	18 24	5 3	18 7	0 14	1 52	15 60	0 19	0 39	2 58	8 41	0 55	18 46	0 24
5	5 32	17 34	5 17	16 44	0N37	1 47	16 24	0 22	0 46	2 56	8 36	0 55	18 45	0 24
6	5 55	15 38	5 11	14 18	1 28	1 41	16 49	0 25	0 53	2 54	8 31	0 55	18 44	0 24
7	6 18	12 46	4 46	11 2	2 20	1 34	17 13	0 28	1 0	2 52	8 26	0 55	18 43	0 24
8	6 41	9 9	4 4	7 9	3 13	1 27	17 36	0 31	1 7	2 50	8 21	0 55	18 42	0 24
9	7 3	5 3	3 8	2 53	4 7	1 20	17 59	0 34	1 13	2 48	8 16	0 56	18 41	0 24
10	7 26	0 42	2 1	1S29	5 1	1 12	18 22	0 37	1 20	2 46	8 12	0 56	18 40	0 25
11	7 48	3S38	0 48	5 42	5 56	1 4	18 44	0 40	1 26	2 43	8 7	0 56	18 39	0 25
12	8 10	7 42	0N27	9 34	6 51	0 55	19 6	0 43	1 32	2 41	8 2	0 56	18 38	0 25
13	8 32	11 18	1 38	12 53	7 47	0 46	19 27	0 46	1 38	2 39	7 57	0 56	18 38	0 25
14	8 54	14 17	2 43	15 29	8 42	0 36	19 48	0 49	1 43	2 36	7 53	0 56	18 37	0 25
15	9 16	16 30	3 39	17 18	9 38	0 26	20 8	0 52	1 48	2 34	7 48	0 57	18 36	0 25
16	9 37	17 53	4 23	18 16	10 33	0 16	20 27	0 55	1 53	2 31	7 43	0 57	18 35	0 25
17	9 59	18 26	4 54	18 23	11 28	0 5	20 47	0 58	1 58	2 29	7 39	0 57	18 35	0 25
18	10 20	18 7	5 12	17 40	12 22	0N 6	21 5	1 1	2 2	2 26	7 34	0 57	18 34	0 25
19	10 41	17 1	5 16	16 11	13 15	0 16	21 23	1 4	2 6	2 24	7 30	0 57	18 33	0 26
20	11 2	15 11	5 7	14 1	14 8	0 27	21 41	1 7	2 10	2 21	7 25	0 57	18 33	0 26
21	11 23	12 42	4 45	11 14	14 59	0 38	21 58	1 10	2 14	2 18	7 21	0 58	18 32	0 26
22	11 43	9 38	4 9	7 56	15 48	0 49	22 14	1 13	2 17	2 16	7 16	0 58	18 31	0 26
23	12 4	6 7	3 22	4 13	16 36	0 60	22 30	1 15	2 20	2 13	7 12	0 58	18 31	0 26
24	12 24	2 15	2 25	0 14	17 23	1 10	22 45	1 18	2 22	2 10	7 7	0 58	18 30	0 26
25	12 44	1N49	1 18	3N53	18 7	1 20	22 59	1 21	2 25	2 8	7 3	0 58	18 30	0 26
26	13 3	5 55	0 6	7 55	18 49	1 30	23 13	1 24	2 27	2 5	6 59	0 58	18 29	0 26
27	13 23	9 50	1S 8	11 38	19 29	1 39	23 27	1 26	2 28	2 2	6 54	0 59	18 29	0 27
28	13 42	13 17	2 20	14 46	20 6	1 48	23 39	1 29	2 30	1 60	6 50	0 59	18 28	0 27
29	14 1	16 2	3 25	17 4	20 41	1 56	23 51	1 32	2 31	1 57	6 46	0 59	18 28	0 27
30	14N20	17N49	4S17	18N17	21N13	2N 3	24N 3	1N34	2N32	1N54	6S41	0S59	18S27	0S27

DAY	♅ DECL	♅ LAT	♆ DECL	♆ LAT	♇ DECL	♇ LAT
1	23S30	0S 8	22N22	1S 5	14N13	8S42
5	23 30	0 8	22 22	1 5	14 14	8 41
9	23 30	0 8	22 22	1 5	14 16	8 41
13	23 30	0 8	22 22	1 5	14 17	8 40
17	23 30	0 8	22 22	1 4	14 18	8 39
21	23 30	0 8	22 22	1 4	14 19	8 38
25	23 30	0 8	22 23	1 4	14 20	8 38
29	23S30	0S 8	22N23	1S 4	14N21	8S37

☽ PHENOMENA	VOID OF COURSE ☽ LAST ASPT	☽ INGRESS
d h m	1 10pm35	1 ♊ 10pm50
5 1 51 ☽	3 6pm36	4 ♋ 2am 0
12 0 18 ○	5 1am51	6 ♌ 4am39
19 21 30 ☾	7 11pm59	8 ♍ 7am27
27 13 31 ●	10 3am30	10 ♎ 11am11
	12 8am43	12 ♏ 4pm45
d h ° '	14 4pm43	15 ♐ 0am56
3 19 18N25	17 3am46	17 ♑ 11am49
10 4 0	20 0am11	20 ♒ 0am15
17 3 18S26	22 3am 4	22 ♓ 12pm 1
24 13 0	24 7pm 3	24 ♈ 9pm 7
	26 6pm47	27 ♉ 2am55
	29 3am 1	29 ♊ 6am 7
5 5 5S17	d h	
11 15 0	5 19 PERIGEE	
18 20 5N16	19 5 APOGEE	
26 2 0		

DAILY ASPECTARIAN

Day	Aspect	Time
1 W	☽⚺♇	1am46
	♀✶♃	4 3
	☽∥♀	4 46
	☽⚼♂	7 45
	☽⚻♅	3pm18
	☉∠☽	3 28
	☽✶☿	10 35
2 Th	☿ ♈	0am25
	☽⚺♆	0 35
	♀⚼♅	5 25
	☽△♂	8 54
	☽△♄	11 43
	☿□♆	1pm34
	☽□♃	3 26
	☽⚺♀	6 10
	☉✶☽	7 11
3 F	☽☌♇	5am22
	☽⚼♄	1pm26
	☿#♂	1 35
	☽☍♅	6 36
	☽∠♀	10 5
4 S	☽☌♆	3am46
	☽□☿	9 36
	☽□♂	10 35
	☽⚻♄	2pm57
	☿☍♂	3 45
	☽△♃	7 10
5 Su	☽✶♀	1am49
	☉□☽	1 51
	☉⚺♀	3 46
	☿∥♂	5 1
	☽⚺♇	8 12
	☽∥♀	1pm11
	☽⚼♃	8 53
	☽⚻♅	9 16
6 M	☿✶♄	2am 8
	☽⚺♆	6 27
	☽∠♇	9 31
	☽✶♂	11 54
	☽∥♇	12pm28
	♀∠♆	5 3
	☽☍♄	5 50
	☽△☿	8 15
	☽⚻♃	10 35
	☽⚼♅	10 35
7 T	☽∠♆	7am49
	☉△☽	8 16
	☽□♀	9 11
	☽✶♇	10 54
	☽∠♂	12pm37
	☿⚺♃	2 48
	☽△♅	11 59
8 W	☽⚼☿	1am49
	☽#♃	4 56
	♀⚺♇	5 27
	☽✶♆	9 19
	☉⚼☽	11 39
	☉∥☽	1pm28
	☽⚺♂	1 29
	♀⚼♂	4 57
	☽⚻♄	9 2
	☉✶♇	10 41
9 Th	☽☍♃	2am26
	☽∥☿	4 16
	☽⚻☿	7 46
	☽□♇	2pm12
	☉⚻☽	3 21
	☽△♀	5 17
	☽∥♂	8 37
	☽⚼♄	11 0
10 F	☽□♅	3am30
	☽#♂	11 26
	☽□♆	1pm10
	☽☌♂	4 5
	♀#♄	6 59
	☽⚼♀	10 0
11 S	☽△♄	1am24
	☿✶♇	3 50
	☽⚻♃	7 35
	☉#♃	4pm56
	☽#☿	5 19
	☽△♇	6 58
	☽☍☿	9 43
12 Su	☉☍☽	0am18
	☽∥♃	2 5
	☉#☽	3 16
	☽⚻♀	3 22
	☽✶♅	8 43
	☽⚼♃	10 57
	☽△♆	6pm53
	☽⚺♂	8 31
	☽⚼♇	10 11
13 M	☉☌☿	2am51
	☿#♃	4 15
	☽□♄	7 52
	☽∠♅	12pm13
	☽△♃	3 0
	☽⚼♆	10 43
	☽∠♂	11 40
14 T	☽#♇	0am 3
	☽⚻♇	2 6
	☉∥☿	8 18
	☉⚻☽	12pm17
	♀⚻♅	1 47
	☽⚻☿	3 50
	☽⚺♅	4 26
	☽☍♀	4 43
	☿△♅	7 21
15 W	☿⚺♀	2am49
	☽⚻♆	3 15
	☽✶♂	3 30
	♂□♆	12pm38
	☽✶♄	5 5
	☿∠♃	5 30
	☉⚼☽	7 37
16 Th	☽□♃	1am19
	☽⚼☿	2 47
	☽☍♇	12pm 2
	☉△♅	5 8
	☿ ♉	9 51
	☽∠♄	10 43
17 F	☽☌♅	2am54
	☉△☽	3 46
	☿⚻♂	5 54
	☽⚻♀	9 44
	☿✶♆	12pm 3
	☽□♂	1 4
	☽☍♆	2 20
	☽△☿	2 49
18 S	☽⚺♄	4am50
	♀ ♊	6 41
	☿∠♇	8 29
	♀△♂	1pm33
	☽✶♃	2 7
	☽⚼♀	7 14
19 Su	☽⚻♇	0am 9
	♀⚺♆	8 32
	☉∠♃	12pm49
	☽⚺♅	3 9
	♂ ♍	8 53
	☽∠♃	8 56
	☉□☽	9 30
20 M	☽△♂	0am11
	☽⚻♆	2 53
	☽△♀	4 54
	☿∥♇	5 3
	☽⚼♇	6 28
	☽#☿	8 3
	☽#♇	9 7
	☽□☿	4pm12
	☽☌♄	5 34
	☽∠♅	9 18
21 T	☉⚻♂	0am 1
	☿□♄	0 14
	☽⚺♃	3 36
	☽⚼♂	5 41
	☉ ♉	6 58
	☽⚼♆	9 1
	☉#☽	9 44
	☽△♇	12pm33
	☿⚼♅	9 27
22 W	☽✶♅	3am 4
	☽⚻♂	10 48
	♀∥♆	12pm52
	☉✶☽	2 31
	☽△♆	2 40
	☉✶♆	4 23
	☽∥♃	4 48
	☽□♀	10 53
23 Th	☽⚺♄	4am57
	☽✶☿	3pm 0
	☽☌♃	3 17
	☿⚼♂	4 41
	☿✶♃	4 53
	☉∠☽	9 49
	☽□♇	10 57
	☽#♂	11 16
24 F	☽∠♄	9am32
	☽□♅	12pm35
	☉∠♇	12 37
	☽☍♂	7 3
	☿∠♆	8 33
	☽□♆	11 43
25 S	☽∠☿	0am16
	☽∥♂	3 28
	☉⚺☽	4 4
	☿#♄	12pm43
	☽✶♀	12 59
	☽✶♄	1 16
	♀△♄	4 11
	☿⚺♇	6 26
	☽⚺♃	11 39
26 Su	☽✶♇	6am 6
	☽#♃	6 11
	☽⚺☿	8 0
	☽∠♀	6pm23
	☽△♅	6 47
27 M	☽⚻♂	0am16
	☽∠♃	2 33
	☽✶♆	5 28
	♀#♅	6 35
	☽∠♇	8 29
	☉☌☽	1pm31
	☽□♄	6 20
	☽⚼♅	8 47
	☽⚺♀	10 50
28 T	☽⚼♂	1am53
	☉∥☽	3 37
	☽✶♃	4 46
	☽∠♆	7 18
	☽∥♇	8 25
	☽⚺♇	10 15
	☽☌☿	7pm42
	☽⚻♅	10 14
29 W	☽△♂	3am 1
	☽⚺♆	8 39
	☿⚻♅	4pm10
	☉⚺☽	8 1
	☽△♄	9 7
30 Th	☉∥♇	1am10
	☽☌♀	5 53
	☽□♃	7 49
	☽☌♇	12pm34
	☉□♄	12 51
	☽#♄	8 54
	☽⚼♄	10 6
	☉∠☽	10 44

LONGITUDE

DAY	SID. TIME	☉	☽	☽ 12 Hour	MEAN ☊	TRUE ☊	☿	♀	♂	♃	♄	♅	♆	♇
	h m s	° ' "	° ' "	° ' "	° '	° '	° '	° '	° '	° '	° '	° '	° '	° '
1	14 30 59	9♉ 27 1	25♊ 9 29	2♋ 23 37	14♎ 49	15♎ 45R	27♉ 31	15♊ 8	27♍ 55R	15♓ 32	9♒ 1	25♐ 16R	1♋ 33	18♊ 16
2	14 34 56	10 25 15	9♋ 37 18	16 49 55	14 46	15 42	29 7	16 19	27 49	15 43	9 3	25 14	1 35	18 17
3	14 38 52	11 23 27	24 0 59	1♌ 10 3	14 43	15 40	0♊ 40	17 30	27 43	15 54	9 4	25 13	1 36	18 19
4	14 42 49	12 21 37	8♌ 16 46	15 20 52	14 40	15 39D	2 8	18 41	27 39	16 5	9 6	25 11	1 38	18 20
5	14 46 45	13 19 45	22 22 8	29 20 27	14 36	15 39	3 32	19 51	27 35	16 16	9 8	25 9	1 39	18 21
6	14 50 42	14 17 51	6♍ 15 42	13♍ 7 50	14 33	15 40	4 53	21 2	27 31	16 27	9 9	25 8	1 41	18 22
7	14 54 38	15 15 55	19 56 52	26 42 47	14 30	15 42	6 9	22 12	27 29	16 37	9 10	25 6	1 43	18 23
8	14 58 35	16 13 57	3♎ 25 35	10♎ 5 18	14 27	15 43R	7 21	23 22	27 27	16 48	9 12	25 5	1 44	18 24
9	15 2 32	17 11 57	16 41 55	23 15 28	14 24	15 43	8 28	24 33	27 26D	16 58	9 13	25 3	1 46	18 26
10	15 6 28	18 9 56	29 45 56	6♏ 13 20	14 20	15 42	9 31	25 43	27 26	17 9	9 14	25 1	1 48	18 27
11	15 10 25	19 7 53	12♏ 37 40	18 58 56	14 17	15 40	10 30	26 53	27 27	17 19	9 15	24 59	1 49	18 28
12	15 14 21	20 5 48	25 17 10	1♐ 32 26	14 14	15 36	11 24	28 3	27 28	17 29	9 16	24 57	1 51	18 29
13	15 18 18	21 3 41	7♐ 44 46	13 54 19	14 11	15 30	12 13	29 12	27 30	17 39	9 17	24 56	1 53	18 31
14	15 22 14	22 1 34	20 1 12	26 5 36	14 8	15 24	12 58	0♋ 22	27 33	17 49	9 17	24 54	1 55	18 32
15	15 26 11	22 59 25	2♑ 7 46	8♑ 7 58	14 5	15 18	13 38	1 32	27 37	17 59	9 18	24 52	1 57	18 33
16	15 30 7	23 57 14	14 6 32	20 3 51	14 1	15 11	14 14	2 41	27 41	18 9	9 18	24 50	1 58	18 34
17	15 34 4	24 55 3	26 0 20	1♒ 56 28	13 58	15 6	14 44	3 51	27 46	18 18	9 19	24 48	2 0	18 36
18	15 38 1	25 52 50	7♒ 52 43	13 49 40	13 55	15 3	15 10	5 0	27 52	18 28	9 19	24 46	2 2	18 37
19	15 41 57	26 50 36	19 47 51	25 47 54	13 52	15 1D	15 31	6 9	27 58	18 37	9 19	24 44	2 4	18 38
20	15 45 54	27 48 21	1♓ 50 25	7♓ 56 0	13 49	15 0	15 47	7 18	28 5	18 46	9 19R	24 42	2 6	18 40
21	15 49 50	28 46 4	14 5 16	20 18 49	13 46	15 1	15 58	8 27	28 13	18 56	9 19	24 39	2 8	18 41
22	15 53 47	29 43 47	26 37 13	3♈ 0 58	13 42	15 2	16 4R	9 36	28 21	19 5	9 19	24 37	2 10	18 42
23	15 57 43	0♊ 41 28	9♈ 30 31	16 6 15	13 39	15 4R	16 5	10 45	28 30	19 13	9 19	24 35	2 12	18 44
24	16 1 40	1 39 9	22 48 24	29 37 6	13 36	15 3	16 2	11 53	28 40	19 22	9 19	24 33	2 14	18 45
25	16 5 36	2 36 48	6♉ 32 20	13♉ 33 55	13 33	15 2	15 55	13 2	28 50	19 31	9 18	24 31	2 16	18 46
26	16 9 33	3 34 27	20 41 29	27 54 30	13 30	14 58	15 43	14 10	29 1	19 39	9 18	24 29	2 18	18 48
27	16 13 29	4 32 4	5♊ 12 16	12♊ 33 56	13 26	14 52	15 27	15 18	29 12	19 47	9 17	24 26	2 20	18 49
28	16 17 26	5 29 40	19 58 31	27 24 57	13 23	14 45	15 7	16 26	29 24	19 56	9 17	24 24	2 22	18 50
29	16 21 23	6 27 15	4♋ 52 8	12♋ 18 58	13 20	14 37	14 44	17 34	29 37	20 4	9 16	24 22	2 24	18 52
30	16 25 19	7 24 49	19 44 23	27 7 27	13 17	14 30	14 18	18 42	29 50	20 12	9 15	24 20	2 26	18 53
31	16 29 16	8♊ 22 21	4♌ 27 21	11♌ 43 23	13♎ 14	14♎ 24	13♊ 49	19♋ 50	0♎ 4	20♓ 19	9♒ 14	24♐ 17	2♋ 28	18♊ 55

DECLINATION and LATITUDE

DAY	☉ DECL	☽ DECL	☽ LAT	☽ 12hr DECL	☿ DECL	☿ LAT	♀ DECL	♀ LAT	♂ DECL	♂ LAT	♃ DECL	♃ LAT	♄ DECL	♄ LAT
1	14N39	18N28	4S54	18N20	21N43	2N10	24N13	1N37	2N32	1N52	6S37	0S59	18S27	0S27
2	14 57	17 55	5 12	17 12	22 11	2 16	24 23	1 39	2 32	1 49	6 33	0 60	18 27	0 27
3	15 15	16 13	5 11	14 59	22 36	2 21	24 33	1 41	2 32	1 46	6 29	0 60	18 26	0 27
4	15 33	13 32	4 50	11 54	22 58	2 25	24 42	1 44	2 32	1 44	6 25	0 60	18 26	0 27
5	15 51	10 5	4 12	8 9	23 18	2 29	24 50	1 46	2 31	1 41	6 21	1 0	18 26	0 28
6	16 8	6 8	3 20	4 2	23 36	2 31	24 57	1 48	2 30	1 39	6 17	1 0	18 25	0 28
7	16 25	1 53	2 17	0S15	23 51	2 33	25 4	1 51	2 28	1 36	6 13	1 1	18 25	0 28
8	16 42	2S23	1 7	4 28	24 4	2 33	25 10	1 53	2 27	1 33	6 9	1 1	18 25	0 28
9	16 59	6 29	0N 5	8 24	24 15	2 33	25 15	1 55	2 25	1 31	6 5	1 1	18 25	0 28
10	17 15	10 13	1 16	11 53	24 23	2 32	25 20	1 57	2 22	1 28	6 1	1 1	18 24	0 28
11	17 31	13 23	2 22	14 43	24 30	2 30	25 23	1 59	2 20	1 26	5 57	1 1	18 24	0 28
12	17 47	15 52	3 19	16 50	24 35	2 26	25 27	2 0	2 17	1 23	5 54	1 2	18 24	0 28
13	18 2	17 34	4 6	18 6	24 37	2 22	25 29	2 2	2 14	1 21	5 50	1 2	18 24	0 29
14	18 17	18 25	4 40	18 31	24 38	2 17	25 31	2 4	2 10	1 19	5 46	1 2	18 24	0 29
15	18 32	18 24	5 2	18 5	24 36	2 10	25 32	2 6	2 7	1 16	5 42	1 2	18 24	0 29
16	18 46	17 34	5 10	16 52	24 33	2 3	25 33	2 7	2 3	1 14	5 39	1 3	18 24	0 29
17	19 0	15 58	5 4	14 55	24 29	1 55	25 32	2 9	1 59	1 11	5 35	1 3	18 24	0 29
18	19 14	13 42	4 46	12 20	24 22	1 45	25 32	2 10	1 54	1 9	5 32	1 3	18 24	0 29
19	19 28	10 51	4 15	9 14	24 14	1 35	25 30	2 11	1 50	1 7	5 28	1 3	18 24	0 29
20	19 41	7 31	3 33	5 42	24 5	1 24	25 27	2 13	1 45	1 5	5 25	1 3	18 24	0 29
21	19 54	3 48	2 40	1 51	23 54	1 11	25 25	2 14	1 40	1 2	5 22	1 4	18 24	0 30
22	20 6	0N 9	1 38	2N11	23 41	0 58	25 21	2 15	1 34	1 0	5 18	1 4	18 25	0 30
23	20 18	4 14	0 30	6 15	23 27	0 44	25 16	2 16	1 29	0 58	5 15	1 4	18 25	0 30
24	20 30	8 14	0S42	10 8	23 12	0 29	25 11	2 17	1 23	0 56	5 12	1 4	18 25	0 30
25	20 42	11 55	1 53	13 34	22 56	0 14	25 5	2 18	1 17	0 54	5 9	1 5	18 25	0 30
26	20 53	15 3	2 60	16 18	22 39	0S 3	24 59	2 18	1 11	0 51	5 6	1 5	18 26	0 30
27	21 3	17 18	3 56	18 1	22 20	0 19	24 52	2 19	1 4	0 49	5 3	1 5	18 26	0 30
28	21 14	18 27	4 38	18 33	22 1	0 36	24 45	2 19	0 58	0 47	4 60	1 5	18 26	0 31
29	21 24	18 20	5 2	17 48	21 41	0 54	24 36	2 20	0 51	0 45	4 57	1 6	18 26	0 31
30	21 34	16 58	5 5	15 51	21 21	1 11	24 27	2 20	0 44	0 43	4 54	1 6	18 27	0 31
31	21N43	14N30	4S48	12N55	21N 0	1S29	24N18	2N20	0N36	0N41	4S51	1S 6	18S27	0S31

DAY	♅ DECL	♅ LAT	♆ DECL	♆ LAT	♇ DECL	♇ LAT
1	23S30	0S 8	22N23	1S 4	14N21	8S37
5	23 30	0 8	22 23	1 4	14 22	8 36
9	23 30	0 8	22 23	1 4	14 23	8 35
13	23 29	0 8	22 23	1 3	14 24	8 35
17	23 29	0 8	22 23	1 3	14 25	8 34
21	23 29	0 8	22 23	1 3	14 26	8 34
25	23 29	0 8	22 23	1 3	14 27	8 33
29	23S28	0S 8	22N23	1S 3	14N28	8S33

☽ PHENOMENA

d	h	m	
4	7	26	☽
11	13	18	○
19	15	18	☾
26	22	50	●

d	h	° '
1	1	18N28
7	11	0
14	12	18S31
21	23	0
28	10	18N33

d	h	° '
2	10	5S14
8	22	0
16	2	5N10
23	10	0
29	16	5S 6

VOID OF COURSE ☽

LAST ASPT		☽ INGRESS		
1	4am33	1	♋	8am 2
3	6am10	3	♌	10am 2
5	4am47	5	♍	1pm 8
7	1pm20	7	♎	5pm52
9	3pm47	10	♏	0am26
12	4am12	12	♐	9am 2
14	2pm58	14	♑	7pm46
17	3am35	17	♒	8am 5
19	3pm18	19	♓	8pm21
22	6am20	22	♈	6am22
24	3am 5	24	♉	12pm40
26	2pm 0	26	♊	3pm27
28	3pm25	28	♋	4pm10
30	4pm41	30	♌	4pm42

d	h	
1	5	PERIGEE
16	23	APOGEE
28	21	PERIGEE

DAILY ASPECTARIAN

Day	Aspect	Time
1 F	☽☍♅	0am10
	☽#♄	0 49
	☽⚺☿	4 24
	☽□♂	4 33
	☿△♂	5 37
	♀□♃	9 30
	☽☌♆	10 37
	☉⚼♅	7pm32
	☽⚻♄	11 2
2 S	☉⚹☽	1am25
	☽∠☿	8 23
	☽△♃	10 16
	☿∥♆	11 14
	☽⚺♀	12pm 8
	☿ ♊	1 36
	☽⚺♇	2 27
3 Su	☽⚻♅	2am 0
	☽⚹♂	6 10
	☉∥☽	8 33
	☽⚼♃	11 42
	☽⚹☿	12pm27
	☽⚺♆	12 46
	☿⚺♆	3 31
	☽∠♀	3 31
	☽∠♇	3 38
	♀☌♇	4 48
	☽∥♇	5 19
4 M	☽☍♄	1am24
	☽⚼♅	3 13
	☉⚼♂	6 30
	☽∠♂	7 22
	☉□☽	7 26
	☽⚻♃	1pm26
	☽∠♆	2 13
	☽⚹♇	5 6
	☽⚹♀	7 18
5 T	☽△♅	4am47
	☽⚺♂	8 55
	☿#♅	3pm30
	☽⚹♆	4 2
	☽□☿	9 21
	☽#♃	11 6
6 W	☽⚻♄	5am 3
	☉△☽	3pm 7
	☽☍♃	6 4
	☽∥♂	8 44
	☽□♇	9 14
7 Th	☽□♀	4am22
	☽⚼♄	7 30
	☽□♅	9 7
	☽☌♂	1pm20
	☉⚼☽	7 46
	☽□♆	8 58
8 F	☽#♂	0am19
	☽△☿	7 43
	☽△♄	10 24
	☉∠♆	12pm57
	♀⚼♄	5 10
	☉⚹♃	5 13
	☽∥♃	9 36
9 S	☽⚻♃	0am31
	☉⚻☽	0 59
	☽△♇	3 9
	♀☍♅	10 5
	☽⚼☿	1pm30
	☽⚹♅	3 15
	♂SD	3 27
	☽△♀	3 47
	☿△♄	5 7
	☽⚺♂	7 42
10 Su	☽△♆	3am46
	☽⚼♃	4 29
	☽⚼♇	6 51
	☉⚺♇	7 10
	☽□♄	5pm39
	☽∠♅	7 3
	☽⚻☿	7 41
	☽⚼♀	10 27
	☽∠♂	11 40
11 M	☽⚼♆	7am56
	☽#♇	8 56
	☽△♃	8 58
	☽⚻♇	11 3
	♀□♂	11 57
	☉☍☽	1pm18
	☽⚺♅	11 22
12 T	☽⚹♂	4am12
	☽⚻♀	5 49
	☽⚻♆	12pm38
13 W	☽⚹♄	2am59
	☽☍☿	9 18
	☉#☽	2pm36
	♀ ♋	4 23
	☽□♃	7 37
	☽☍♇	9 4
	☽∥♄	11 14
14 Th	☉⚻☽	4am18
	☽∠♄	8 26
	☽☌♅	9 36
	☉#♄	11 24
	☽□♂	2pm58
	☉#☽	6 49
	☽☍♀	10 41
	☽☍♆	11 38
15 F	☽∥♄	0am 8
	♀☌♆	8 48
	☉⚼☽	12pm44
	☽⚺♄	2 21
16 S	☽⚻☿	0am15
	☽⚹♃	8 15
	☽⚻♇	9 1
	☉⚻♅	9pm 4
	☽⚺♅	9 34
	☉△☽	9 36
17 Su	☽△♂	3am35
	☽⚼☿	7 51
	☽⚻♆	12pm10
	☽∠♃	2 58
	☽⚼♇	3 22
	☽#♇	5 2
	☽⚻♀	5 33
18 M	☽☌♄	2am54
	☽∠♅	3 48
	☽⚼♂	10 9
	☽△☿	3pm 9
	☽⚼♆	6 30
	☽⚺♃	9 36
	☽△♇	9 40
19 T	☽⚼♀	3am 0
	♃□♇	3 16
	☽⚹♅	9 50
	☉□☽	3pm18
	☽⚻♂	4 29
20 W	☽△♆	0am31
	☉△♂	8 2
	☽△♀	11 53
	♄SR	12pm10
	☽∥♃	2 2
	☽⚺♄	2 43
21 Th	☽□☿	3am40
	☽□♇	6 53
	☽☌♃	9 27
	☽#♂	1pm24
	♀⚻♄	6 13
	☽∠♄	7 39
	☽□♅	8 14
22 F	☽☍♂	3am18
	☉⚹☽	6 20
	☉ ♊	6 45
	☽∥♂	8 11
	☽□♆	10 26
	☿SR	7pm42
	☿#♅	9 36
	☽⚹♄	11 39
23 S	☽□♀	2am28
	☽#♃	5 57
	☽⚹☿	11 57
	☉∠☽	12pm 8
	☽⚹♇	4 45
	☽⚺♃	5 48
24 Su	☽△♅	3am 5
	☽⚻♂	10 27
	☽∠☿	2pm22
	☉⚺♆	2 53
	☽⚹♆	4 35
	☉⚺☽	4 42
	☽∠♇	7 13
	☽∠♃	8 28
25 M	☽□♄	4am45
	☽⚼♅	5 5
	☽⚹♀	12pm 3
	☽⚼♂	12 37
	☽⚺☿	3 46
	☽∠♆	6 17
	☽∥♇	6 58
	☽⚺♇	8 49
	☽⚹♃	10 15
26 T	☽⚻♅	6am18
	☽△♂	2pm 0
	☽∠♀	3 16
	☽⚺♆	7 16
	☿∥♆	8 43
	☉☌☽	10 50
27 W	☿⚺♀	2am25
	☽△♄	6 40
	☽☌☿	4pm19
	☽⚺♀	5 48
	☽☌♇	10 10
	☽#♄	11 29
	☽□♃	11 55
28 Th	☽#♄	2am26
	☽⚼♄	6 56
	☽☍♅	7 8
	☽□♂	3pm25
	☽☌♆	8 1
29 F	☉⚺☽	2am44
	☽⚻♄	7 4
	☉∥☿	1pm55
	☽⚺☿	3 28
	☽☌♀	10 11
	☽⚺♇	10 37
30 S	☽△♃	0am45
	♀⚺♇	4 2
	☉∠☽	4 38
	☽⚻♅	7 26
	☽∠☿	3pm 4
	☽⚹♂	4 41
	♂ ♎	5 20
	☽⚺♆	8 43
	☽∠♇	11 6
31 Su	☽∥♇	0am12
	☽⚼♃	1 26
	☉⚹☽	6 55
	☽☍♄	7 52
	☽⚼♅	7 57
	♀△♃	11 55
	☽⚹☿	2pm58
	☽∠♂	5 51
	☉△♄	9 10
	☽∠♆	9 37

JUNE 1903

LONGITUDE

DAY	SID. TIME	☉	☽	☽ 12 Hour	MEAN ☊	TRUE ☊	☿	♀	♂	♃	♄	♅	♆	♇
	h m s	° ′ ″	° ′ ″	° ′ ″	° ′	° ′	° ′	° ′	° ′	° ′	° ′	° ′	° ′	° ′
1	16 33 12	9♊ 19 52	18♌ 55 4	26♌ 2 1	13♎ 11	14♎ 20R	13♊ 19R	20♋ 57	0♎ 18	20♓ 27	9♒ 13R	24♐ 15R	2♋ 30	18♊ 56
2	16 37 9	10 17 21	3♍ 4 3	10♍ 1 6	13 7	14 19D	12 47	22 5	0 33	20 34	9 12	24 13	2 32	18 57
3	16 41 5	11 14 50	16 53 11	23 40 28	13 4	14 18	12 13	23 12	0 48	20 42	9 11	24 10	2 34	18 59
4	16 45 2	12 12 17	0♎ 23 8	7♎ 1 27	13 1	14 19	11 40	24 19	1 4	20 49	9 9	24 8	2 36	19 0
5	16 48 59	13 9 42	13 35 41	20 6 7	12 58	14 20R	11 6	25 26	1 21	20 56	9 8	24 5	2 38	19 1
6	16 52 55	14 7 7	26 33 1	2♏ 56 41	12 55	14 19	10 34	26 32	1 38	21 3	9 6	24 3	2 40	19 3
7	16 56 52	15 4 30	9♏ 17 21	15 35 14	12 52	14 17	10 2	27 39	1 55	21 10	9 5	24 1	2 43	19 4
8	17 0 48	16 1 53	21 50 31	28 3 22	12 48	14 11	9 33	28 45	2 13	21 16	9 3	23 58	2 45	19 6
9	17 4 45	16 59 14	4♐ 13 57	10♐ 22 23	12 45	14 3	9 6	29 51	2 31	21 23	9 1	23 56	2 47	19 7
10	17 8 41	17 56 35	16 28 46	22 33 15	12 42	13 53	8 41	0♌ 57	2 50	21 29	8 59	23 53	2 49	19 8
11	17 12 38	18 53 55	28 35 56	4♑ 36 58	12 39	13 42	8 20	2 3	3 9	21 35	8 57	23 51	2 51	19 10
12	17 16 34	19 51 14	10♑ 36 30	16 34 42	12 36	13 30	8 3	3 9	3 29	21 41	8 55	23 48	2 53	19 11
13	17 20 31	20 48 33	22 31 50	28 28 7	12 32	13 18	7 49	4 14	3 49	21 47	8 53	23 46	2 56	19 13
14	17 24 28	21 45 51	4♒ 23 53	10♒ 19 28	12 29	13 8	7 39	5 19	4 9	21 52	8 51	23 44	2 58	19 14
15	17 28 24	22 43 8	16 15 17	22 11 46	12 26	13 0	7 34D	6 24	4 30	21 58	8 49	23 41	3 0	19 15
16	17 32 21	23 40 25	28 9 25	4♓ 8 46	12 23	12 55	7 33	7 29	4 51	22 3	8 46	23 39	3 2	19 17
17	17 36 17	24 37 42	10♓ 10 22	16 14 51	12 20	12 52	7 36	8 34	5 13	22 8	8 44	23 36	3 4	19 18
18	17 40 14	25 34 58	22 22 49	28 34 54	12 17	12 51D	7 44	9 38	5 35	22 13	8 41	23 34	3 7	19 20
19	17 44 10	26 32 14	4♈ 51 45	11♈ 13 57	12 13	12 51R	7 57	10 42	5 57	22 18	8 38	23 31	3 9	19 21
20	17 48 7	27 29 30	17 42 5	24 16 39	12 10	12 51	8 14	11 46	6 20	22 23	8 36	23 29	3 11	19 22
21	17 52 3	28 26 46	0♉ 58 5	7♉ 46 41	12 7	12 50	8 36	12 50	6 43	22 27	8 33	23 26	3 13	19 24
22	17 56 0	29 24 1	14 42 37	21 45 51	12 4	12 47	9 3	13 53	7 7	22 31	8 30	23 24	3 16	19 25
23	17 59 57	0♋ 21 17	28 56 11	6♊ 13 11	12 1	12 41	9 34	14 56	7 31	22 35	8 27	23 22	3 18	19 27
24	18 3 53	1 18 32	13♊ 36 11	21 4 19	11 58	12 33	10 10	15 59	7 55	22 39	8 24	23 19	3 20	19 28
25	18 7 50	2 15 47	28 36 30	6♋ 11 31	11 54	12 24	10 50	17 2	8 20	22 43	8 21	23 17	3 22	19 29
26	18 11 46	3 13 2	13♋ 48 0	21 24 35	11 51	12 13	11 34	18 4	8 45	22 47	8 18	23 14	3 25	19 31
27	18 15 43	4 10 16	28 59 54	6♌ 32 39	11 48	12 3	12 23	19 7	9 10	22 50	8 15	23 12	3 27	19 32
28	18 19 39	5 7 30	14♌ 1 42	21 26 5	11 45	11 54	13 16	20 8	9 36	22 53	8 11	23 10	3 29	19 33
29	18 23 36	6 4 44	28 45 3	5♍ 58 3	11 42	11 48	14 14	21 10	10 2	22 56	8 8	23 7	3 31	19 35
30	18 27 32	7♋ 1 57	13♍ 4 45	20♍ 5 1	11♎ 38	11♎ 45	15♊ 15	22♌ 11	10♎ 28	22♓ 59	8♒ 5	23♐ 5	3♋ 33	19♊ 36

DECLINATION and LATITUDE

DAY	☉ DECL	☽ DECL	☽ LAT	☽ 12hr DECL	☿ DECL	☿ LAT	♀ DECL	♀ LAT	♂ DECL	♂ LAT	♃ DECL	♃ LAT	♄ DECL	♄ LAT
1	21N52	11N 9	4S13	9N15	20N39	1S46	24N 8	2N20	0N29	0N39	4S48	1S 6	18S27	0S31
2	22 0	7 14	3 22	5 9	20 19	2 3	23 57	2 20	0 21	0 37	4 45	1 7	18 28	0 31
3	22 8	3 0	2 22	0 51	19 58	2 19	23 46	2 20	0 13	0 35	4 43	1 7	18 28	0 31
4	22 16	1S17	1 14	3S23	19 38	2 35	23 34	2 20	0 5	0 34	4 40	1 7	18 29	0 31
5	22 23	5 26	0 4	7 23	19 19	2 50	23 21	2 20	0S 3	0 32	4 38	1 7	18 29	0 32
6	22 30	9 14	1N 5	10 58	19 0	3 4	23 8	2 19	0 11	0 30	4 35	1 8	18 30	0 32
7	22 37	12 33	2 9	13 59	18 43	3 17	22 54	2 19	0 20	0 28	4 33	1 8	18 30	0 32
8	22 43	15 14	3 6	16 19	18 27	3 29	22 40	2 18	0 29	0 26	4 30	1 8	18 31	0 32
9	22 49	17 11	3 53	17 51	18 12	3 40	22 26	2 17	0 38	0 24	4 28	1 9	18 32	0 32
10	22 54	18 18	4 29	18 33	17 59	3 49	22 10	2 16	0 47	0 23	4 26	1 9	18 32	0 32
11	22 59	18 35	4 52	18 24	17 48	3 58	21 54	2 15	0 56	0 21	4 24	1 9	18 33	0 32
12	23 4	18 1	5 2	17 26	17 38	4 4	21 38	2 14	1 5	0 19	4 22	1 9	18 33	0 32
13	23 8	16 40	4 58	15 43	17 31	4 10	21 21	2 13	1 15	0 18	4 20	1 10	18 34	0 33
14	23 12	14 36	4 42	13 20	17 25	4 14	21 4	2 11	1 24	0 16	4 18	1 10	18 35	0 33
15	23 15	11 56	4 13	10 25	17 21	4 17	20 47	2 10	1 34	0 14	4 16	1 10	18 36	0 33
16	23 18	8 46	3 34	7 2	17 20	4 19	20 28	2 8	1 44	0 13	4 14	1 10	18 36	0 33
17	23 21	5 13	2 44	3 20	17 20	4 19	20 10	2 6	1 54	0 11	4 12	1 11	18 37	0 33
18	23 23	1 24	1 47	0N35	17 22	4 18	19 51	2 4	2 4	0 10	4 11	1 11	18 38	0 33
19	23 24	2N35	0 42	4 35	17 26	4 16	19 31	2 2	2 15	0 8	4 9	1 11	18 39	0 33
20	23 26	6 33	0S26	8 29	17 31	4 13	19 11	2 0	2 25	0 7	4 7	1 12	18 40	0 33
21	23 27	10 20	1 34	12 6	17 39	4 9	18 51	1 58	2 36	0 5	4 6	1 12	18 40	0 34
22	23 27	13 42	2 40	15 9	17 48	4 4	18 30	1 55	2 46	0 4	4 4	1 12	18 41	0 34
23	23 27	16 23	3 38	17 22	17 58	3 59	18 9	1 53	2 57	0 2	4 3	1 13	18 42	0 34
24	23 27	18 5	4 24	18 29	18 10	3 52	17 48	1 50	3 8	0 1	4 2	1 13	18 43	0 34
25	23 26	18 34	4 52	18 20	18 23	3 44	17 26	1 47	3 19	0S 1	4 1	1 13	18 44	0 34
26	23 25	17 45	5 1	16 51	18 37	3 36	17 4	1 44	3 30	0 2	3 59	1 13	18 45	0 34
27	23 23	15 40	4 48	14 13	18 52	3 27	16 42	1 41	3 41	0 4	3 58	1 14	18 46	0 34
28	23 21	12 33	4 15	10 41	19 8	3 18	16 19	1 38	3 53	0 5	3 57	1 14	18 47	0 34
29	23 19	8 41	3 26	6 35	19 24	3 8	15 56	1 34	4 4	0 6	3 57	1 14	18 48	0 35
30	23N16	4N25	2S25	2N13	19N42	2S57	15N33	1N31	4S16	0S 8	3S56	1S15	18S49	0S35

DAY	♅ DECL	♅ LAT	♆ DECL	♆ LAT	♇ DECL	♇ LAT
1	23S28	0S 8	22N23	1S 3	14N28	8S33
5	23 28	0 8	22 23	1 3	14 29	8 33
9	23 27	0 8	22 23	1 3	14 30	8 32
13	23 27	0 9	22 22	1 3	14 30	8 32
17	23 26	0 9	22 22	1 3	14 31	8 32
21	23 26	0 9	22 22	1 3	14 31	8 32
25	23 25	0 9	22 22	1 3	14 32	8 32
29	23S25	0S 9	22N22	1S 3	14N32	8S32

☽ PHENOMENA

d	h	m	
2	13	24	☽
10	3	8	○
18	6	44	☾
25	6	11	●

d	h	° ′
3	17	0
10	20	18S35
18	8	0
24	21	18N35

d	h	
5	1	0
12	6	5N 2
19	15	0
25	22	5S 1

VOID OF COURSE ☽

LAST ASPT		☽ INGRESS		
1	8am57	1	♍	6pm45
3	12pm51	3	♎	11pm18
5	11pm59	6	♏	6am28
8	2pm40	8	♐	3pm46
10	2pm36	11	♑	2am47
12	10pm28	13	♒	3pm 6
15	2pm57	16	♓	3am42
18	6am44	18	♈	2pm43
20	7pm 9	20	♉	10pm17
22	1pm21	23	♊	1am46
24	3pm33	25	♋	2am12
26	2pm13	27	♌	1am35
28	2pm47	29	♍	2am 4

d	h	
13	13	APOGEE
26	3	PERIGEE

DAILY ASPECTARIAN

1 M	☽✶♇	0am 1
	☽⊼♃	2 36
	☽⊻♀	3 43
	☽△♅	8 57
	☽⊻♂	7pm37
	☽✶♆	11 5
2 T	☽∠♀	7am31
	☽⊼♄	10 34
	☉□☽	1pm24
	☽#♃	2 20
	♄∠♅	4 6
	☽□☿	4 9
3 W	☽□♇	3am41
	☽☍♃	6 47
	☽✶♀	12pm 9
	☽□♅	12 51
	☽⚼♄	12 52
	☉☌☿	3 25
	☽∥♂	4 3
	☽#♂	5 28
	♀⊼♅	8 12
4 Th	☽☌♂	1am15
	☽□♆	4 0
	♀#♅	11 41
	☽△♄	3pm51
	☽∥♃	7 18
	☽△☿	7 37
	☉∥♆	9 27
	☉△☽	11 9
5 F	☿∠♀	9am47
	☽△♇	10 1
	☽⊼♃	1pm40
	☽✶♅	7 21
	☽⚼☿	10 14
	☽□♀	11 59
6 S	☉⚼☽	5am12
	☽⊻♂	9 44
	☽△♆	11 31
	☽⚼♇	2pm 6
	☽⚼♃	6 1
	☽∠♅	11 28
	☽□♄	11 36
7 Su	☽⊼☿	1am22
	☉⊼☽	11 56
	☽∠♂	2pm54
	☽⚼♆	4 7
	☽#♇	4 39
	☿#♄	5 37
	☽⊼♇	6 43
	☉∥♀	8 37
	☽△♃	10 53
8 M	☽⊻♅	4am 5
	☽△♀	2pm40
	☽✶♂	8 34
	☽⊼♆	9 10
9 T	♀ ♌	3am 7
	☿△♄	4 39
	♀∥♆	4 44
	☽☍☿	9 11
	☽✶♄	9 19
	☽#☿	4pm38
	☽⚼♀	10 52
	♂□♆	11 4
10 W	☉☍☽	3am 8
	☽☍♇	5 16
	☽□♃	9 58
	☽☌♅	2pm36
	☽∠♄	2 48
	☽∥♄	9 16
11 Th	☽∥♄	3am14
	☉☌♇	6 51
	☽⊼♀	7 34
	☽☍♆	8 30
	☽□♂	9 19
	♀⊻♆	6pm11
	☽⊼☿	6 58
	☽⊻♄	8 37
12 F	☽#☿	9am 7
	♀✶♂	10 25
	☽⊼♇	5pm17
	☉⊼☽	8 13
	☽✶♃	10 28
	♀∠♇	11 24
13 S	☽⚼☿	0am34
	☽⊻♅	2 29
	☽⊼♆	9pm 5
	☽△♂	11 29
	☽⚼♇	11 40
14 Su	☽#♇	0am58
	☽☍♀	2 4
	☉□♃	3 4
	☽∠♃	5 3
	☉⚼☽	5 13
	☽△☿	6 31
	☽∠♅	8 44
	☽☌♄	8 59
15 M	☽⚼♆	3am32
	☽△♇	6 5
	☽⚼♂	6 45
	☽⊻♃	11 37
	♀⚼♃	1pm30
	☉△☽	2 12
	☽✶♅	2 57
	☿SD	5 26
	☉☍♅	11 18
16 T	☿✶♀	1am18
	☉⚼♄	2 17
	☽△♆	9 49
	☽⊼♂	1pm50
	☽□☿	6 51
	☽⊼♀	8 30
	☽⊻♄	9 8
17 W	♀⚼♅	0am52
	♀☍♄	3 32
	☽∥♃	6 34
	☽□♇	6pm 2
	☽∥♂	8 1
	☽☌♃	11 41
18 Th	☽□♅	2am17
	☽∠♄	2 32
	☽⚼♀	4 48
	☉□☽	6 44
	☽□♆	8pm44
	☽#♂	9 53
19 F	☽☍♂	2am 8
	☽✶☿	5 58
	☽✶♄	7 7
	☽#♃	9 20
	☽△♀	12pm 1
20 S	☽✶♇	3am 5
	☉#♅	8 16
	☽⊻♃	8 36
	☽∠☿	10 23
	☽△♅	10 31
	☉✶☽	7pm 9
	☿△♄	8 54
21 Su	☽✶♆	4am 0
	☽∠♇	6 5
	☽⊼♂	10 27
	☽∠♃	11 29
	♀#♄	11 55
	☽⚼♅	1pm 7
	☽□♄	1 18
	☽⊻☿	1 53
	☽□♀	10 28
	☉∠☽	11 26
22 M	☽∠♆	6am 5
	☽∥♇	6 36
	☽⊻♇	8 3
	☽⚼♂	12pm57
	☽✶♃	1 21
	☽⊼♅	2 43
	☉ ♋	3 5
23 T	☉⊻☽	2am31
	☽⊻♆	7 13
	☿∥♀	8 31
	☽△♂	2pm31
	☽△♄	3 35
	☽☌☿	6 11
	☽∥♀	7 48
24 W	☽∥☿	2am14
	☽✶♀	4 8
	☽☌♇	9 27
	☽□♃	2pm35
	☽☍♅	3 33
	☽⚼♄	3 40
25 Th	♂△♄	1am 3
	☽∠♀	5 50
	☉☌☽	6 11
	☽☌♆	7 34
	☽∥☿	7 43
	☉#♅	10 59
	☽⊼♄	3pm21
	☽□♂	3 48
	☽⊻☿	8 18
26 F	☉☌♆	5am 1
	☽⊻♀	7 14
	♀∠♆	8 3
	☽⊻♇	9 1
	☽∥♀	11 33
	☽△♃	2pm13
	☿#♄	2 20
	☽⊼♅	2 51
	☽∠☿	9 18
27 S	☽⊻♆	7am 5
	☉⊻☽	8 46
	☽∠♇	8 49
	☽∥♇	9 35
	♀✶♇	10 8
	☽⚼♃	2pm 7
	☽⚼♅	2 36
	☽☍♄	2 40
	☽✶♂	4 40
	☉∠♀	7 27
	☽✶☿	10 42
28 Su	☽∠♆	7am13
	☽✶♇	8 58
	♂∥♃	9 7
	☉∠☽	10 33
	☽☌♀	10 38
	☽⊼♃	2pm25
	☽△♅	2 47
	☽∠♂	5 41
29 M	☽✶♆	7am56
	☉✶☽	1pm 3
	☽⊼♄	3 34
	♄∠♅	7 0
	☽⊻♂	7 26
30 T	☽#♂	0am48
	☽#♃	2 41
	☽□☿	4 0
	☽□♇	11 11
	☽⊻♀	4pm53
	☽☍♃	5 5
	☽⚼♄	5 7
	☽□♅	5 9
	♀⊼♃	7 45
	♀△♅	8 22
	♃∠♄	9 32

LONGITUDE

DAY	SID. TIME	☉	☽	☽ 12 Hour	MEAN ☊	TRUE ☊	☿	♀	♂	♃	♄	♅	♆	♇
	h m s	° ' "	° ' "	° ' "	° '	° '	° '	° '	° '	° '	° '	° '	° '	° '
1	18 31 29	7♋ 59 10	26♍ 58 52	3♎ 46 28	11♎ 35	11♎ 43D	16♊ 20	23♌ 12	10♎ 54	23♓ 2	8♒ 1R	23♐ 2R	3♋ 36	19♊ 38
2	18 35 26	8 56 22	10♎ 28 7	17 4 10	11 32	11 43R	17 30	24 13	11 21	23 4	7 57	23 0	3 38	19 39
3	18 39 22	9 53 33	23 35 1	0♏ 1 8	11 29	11 43	18 43	25 13	11 48	23 6	7 54	22 58	3 40	19 40
4	18 43 19	10 50 45	6♏ 22 58	12 40 57	11 26	11 42	20 1	26 13	12 16	23 8	7 50	22 55	3 42	19 42
5	18 47 15	11 47 56	18 55 31	25 7 6	11 23	11 39	21 22	27 12	12 44	23 10	7 46	22 53	3 45	19 43
6	18 51 12	12 45 8	1♐ 16 2	7♐ 22 41	11 19	11 32	22 47	28 11	13 12	23 12	7 43	22 51	3 47	19 44
7	18 55 8	13 42 18	13 27 19	19 30 13	11 16	11 23	24 16	29 10	13 40	23 13	7 39	22 49	3 49	19 45
8	18 59 5	14 39 29	25 31 37	1♑ 31 41	11 13	11 12	25 48	0♍ 8	14 8	23 15	7 35	22 46	3 51	19 47
9	19 3 1	15 36 40	7♑ 30 38	13 28 37	11 10	10 58	27 24	1 6	14 37	23 16	7 31	22 44	3 53	19 48
10	19 6 58	16 33 52	19 25 48	25 22 21	11 7	10 44	29 4	2 4	15 6	23 17	7 27	22 42	3 56	19 49
11	19 10 55	17 31 3	1♒ 18 26	7♒ 14 16	11 3	10 31	0♋ 47	3 1	15 36	23 17	7 23	22 40	3 58	19 51
12	19 14 51	18 28 14	13 10 3	19 6 4	11 0	10 19	2 34	3 57	16 5	23 18	7 19	22 38	4 0	19 52
13	19 18 48	19 25 26	25 2 34	0♓ 59 55	10 57	10 10	4 23	4 53	16 35	23 18	7 15	22 36	4 2	19 53
14	19 22 44	20 22 38	6♓ 58 30	12 58 42	10 54	10 3	6 16	5 49	17 5	23 18R	7 11	22 34	4 4	19 54
15	19 26 41	21 19 51	19 1 1	25 5 57	10 51	10 0	8 11	6 44	17 35	23 18	7 7	22 32	4 6	19 56
16	19 30 37	22 17 4	1♈ 14 1	7♈ 25 49	10 48	9 58D	10 9	7 39	18 6	23 18	7 2	22 30	4 9	19 57
17	19 34 34	23 14 18	13 41 54	20 2 54	10 44	9 58R	12 9	8 33	18 37	23 18	6 58	22 28	4 11	19 58
18	19 38 30	24 11 33	26 29 21	3♉ 1 49	10 41	9 58	14 11	9 26	19 8	23 17	6 54	22 26	4 13	19 59
19	19 42 27	25 8 48	9♉ 40 47	16 26 38	10 38	9 57	16 15	10 19	19 39	23 16	6 50	22 24	4 15	20 0
20	19 46 24	26 6 4	23 19 40	0♊ 20 2	10 35	9 55	18 20	11 12	20 10	23 15	6 45	22 22	4 17	20 2
21	19 50 20	27 3 21	7♊ 27 40	14 42 20	10 32	9 50	20 26	12 4	20 42	23 14	6 41	22 20	4 19	20 3
22	19 54 17	28 0 39	22 3 34	29 30 41	10 29	9 43	22 33	12 55	21 14	23 12	6 37	22 18	4 21	20 4
23	19 58 13	28 57 57	7♋ 2 43	14♋ 38 34	10 25	9 34	24 40	13 45	21 46	23 11	6 32	22 16	4 23	20 5
24	20 2 10	29 55 16	22 16 56	29 56 24	10 22	9 24	26 48	14 35	22 18	23 9	6 28	22 14	4 25	20 6
25	20 6 6	0♌ 52 36	7♌ 35 31	15♌ 12 52	10 19	9 15	28 55	15 24	22 51	23 7	6 23	22 13	4 28	20 7
26	20 10 3	1 49 57	22 47 7	0♍ 17 5	10 16	9 7	1♌ 2	16 13	23 23	23 5	6 19	22 11	4 30	20 8
27	20 13 59	2 47 18	7♍ 41 46	15 0 25	10 13	9 1	3 9	17 0	23 56	23 2	6 15	22 9	4 32	20 9
28	20 17 56	3 44 39	22 12 28	29 17 35	10 9	8 58	5 14	17 47	24 29	23 0	6 10	22 8	4 34	20 10
29	20 21 53	4 42 1	6♎ 15 39	13♎ 6 42	10 6	8 57D	7 19	18 33	25 3	22 57	6 6	22 6	4 36	20 12
30	20 25 49	5 39 24	19 50 58	26 28 45	10 3	8 57	9 23	19 18	25 36	22 54	6 1	22 4	4 38	20 13
31	20 29 46	6♌ 36 46	3♏ 0 27	9♏ 26 33	10♎ 0	8♎ 58R	11♌ 25	20♍ 3	26♎ 10	22♓ 51	5♒ 57	22♐ 3	4♋ 40	20♊ 14

DECLINATION and LATITUDE

DAY	☉ DECL	☽ DECL	☽ LAT	☽ 12hr DECL	☿ DECL	☿ LAT	♀ DECL	♀ LAT	♂ DECL	♂ LAT	♃ DECL	♃ LAT	♄ DECL	♄ LAT
1	23N13	0N 1	1S17	2S 9	19N59	2S46	15N10	1N27	4S27	0S 9	3S55	1S15	18S50	0S35
2	23 9	4S15	0 7	6 16	20 17	2 35	14 46	1 23	4 39	0 10	3 54	1 15	18 51	0 35
3	23 5	8 12	1N 2	9 60	20 36	2 23	14 22	1 19	4 51	0 12	3 54	1 16	18 52	0 35
4	23 1	11 40	2 6	13 11	20 54	2 11	13 58	1 15	5 3	0 13	3 53	1 16	18 53	0 35
5	22 56	14 32	3 3	15 42	21 12	1 59	13 33	1 10	5 15	0 14	3 53	1 16	18 54	0 35
6	22 50	16 40	3 50	17 27	21 29	1 46	13 9	1 6	5 27	0 15	3 52	1 16	18 55	0 35
7	22 45	18 2	4 25	18 24	21 46	1 34	12 44	1 1	5 39	0 17	3 52	1 17	18 56	0 36
8	22 39	18 34	4 49	18 31	22 2	1 21	12 19	0 57	5 51	0 18	3 52	1 17	18 57	0 36
9	22 32	18 16	4 59	17 48	22 18	1 8	11 54	0 52	6 3	0 19	3 52	1 17	18 59	0 36
10	22 25	17 9	4 56	16 19	22 32	0 55	11 28	0 47	6 16	0 20	3 51	1 18	18 60	0 36
11	22 18	15 19	4 41	14 9	22 45	0 42	11 3	0 41	6 28	0 21	3 51	1 18	19 1	0 36
12	22 11	12 50	4 13	11 23	22 56	0 30	10 37	0 36	6 41	0 22	3 52	1 18	19 2	0 36
13	22 3	9 49	3 34	8 9	23 5	0 17	10 12	0 30	6 53	0 24	3 52	1 19	19 3	0 36
14	21 54	6 24	2 45	4 34	23 13	0 5	9 46	0 25	7 6	0 25	3 52	1 19	19 4	0 36
15	21 46	2 41	1 49	0 45	23 18	0N 6	9 20	0 19	7 18	0 26	3 52	1 19	19 5	0 36
16	21 36	1N12	0 46	3N 9	23 21	0 18	8 54	0 13	7 31	0 27	3 53	1 19	19 7	0 36
17	21 27	5 6	0S20	7 1	23 22	0 28	8 28	0 6	7 44	0 28	3 53	1 20	19 8	0 37
18	21 17	8 53	1 26	10 40	23 20	0 39	8 2	0 0	7 56	0 29	3 54	1 20	19 9	0 37
19	21 7	12 20	2 31	13 53	23 16	0 48	7 36	0S 7	8 9	0 30	3 54	1 20	19 10	0 37
20	20 56	15 15	3 29	16 25	23 9	0 57	7 10	0 13	8 22	0 31	3 55	1 21	19 11	0 37
21	20 45	17 22	4 16	18 2	22 59	1 6	6 44	0 20	8 35	0 32	3 56	1 21	19 13	0 37
22	20 34	18 25	4 48	18 29	22 46	1 13	6 18	0 27	8 48	0 33	3 57	1 21	19 14	0 37
23	20 23	18 14	5 2	17 39	22 31	1 20	5 52	0 34	9 1	0 34	3 57	1 22	19 15	0 37
24	20 11	16 46	4 55	15 33	22 13	1 26	5 26	0 42	9 14	0 35	3 58	1 22	19 16	0 37
25	19 58	14 5	4 27	12 22	21 53	1 31	4 60	0 49	9 27	0 36	3 59	1 22	19 17	0 37
26	19 46	10 28	3 40	8 24	21 30	1 36	4 34	0 57	9 40	0 37	4 1	1 22	19 18	0 37
27	19 33	6 14	2 38	4 0	21 5	1 40	4 8	1 5	9 53	0 38	4 2	1 23	19 20	0 38
28	19 20	1 45	1 28	0S30	20 37	1 42	3 43	1 13	10 6	0 39	4 3	1 23	19 21	0 38
29	19 6	2S42	0 14	4 50	20 8	1 45	3 17	1 21	10 19	0 40	4 5	1 23	19 22	0 38
30	18 52	6 52	0N58	8 47	19 37	1 46	2 52	1 29	10 32	0 41	4 6	1 24	19 23	0 38
31	18N38	10S34	2N 5	12S11	19N 4	1N47	2N27	1S38	10S45	0S42	4S 7	1S24	19S24	0S38

DAY	♅ DECL	♅ LAT	♆ DECL	♆ LAT	♇ DECL	♇ LAT
1	23S25	0S 9	22N22	1S 3	14N32	8S32
5	23 24	0 9	22 21	1 3	14 33	8 32
9	23 24	0 9	22 21	1 3	14 33	8 32
13	23 23	0 9	22 21	1 3	14 33	8 32
17	23 23	0 9	22 21	1 3	14 33	8 33
21	23 23	0 9	22 20	1 3	14 33	8 33
25	23 22	0 9	22 20	1 3	14 33	8 33
29	23S22	0S 9	22N20	1S 3	14N33	8S33

☽ PHENOMENA

d	h	m	
1	21	2	☽
9	17	43	○
17	19	24	☾
24	12	46	●
31	7	14	☽

d	h	° '
1	0	0
8	3	18S34
15	17	0
22	9	18N30
28	9	0

d	h	
2	2	0
9	7	4N60
16	17	0
23	4	5S 2
29	5	0

VOID OF COURSE ☽

LAST ASPT	☽ INGRESS
30 5pm 9	1 ♎ 5am19
3 3am17	3 ♏ 11am58
5 5pm27	5 ♐ 9pm31
8 0am38	8 ♑ 8am56
10 7am47	10 ♒ 9pm21
12 7pm 4	13 ♓ 9am59
15 8am28	15 ♈ 9pm36
17 7pm24	18 ♉ 6am28
20 5am 7	20 ♊ 11am26
22 1am51	22 ♋ 12pm47
24 8am18	24 ♌ 12pm 6
26 1am 0	26 ♍ 11am33
28 1am19	28 ♎ 1pm13
30 10am52	30 ♏ 6pm27

d	h	
10	20	APOGEE
24	12	PERIGEE

DAILY ASPECTARIAN

1 W: ☉⚻♄ 0am44; ♃□♅ 3 41; ☽□♆ 11 43; ☽△♄ 7pm30; ☉□☽ 9 2; ☽∠♀ 9 33; ☽∥♃ 10 1

2 Th: ☽☌♂ 1am39; ☽∥♂ 2 28; ♀∥♇ 1pm25; ☽△☿ 2 5; ☽△♇ 4 46; ☽✶♅ 10 51; ☽⚻♃ 11 7

3 F: ☽✶♀ 3am17; ☿☌♇ 6pm 5; ☽△♆ 6 55; ☽⚼♇ 8 48; ☽⚼☿ 9 6

4 S: ☽□♄ 2am45; ☽∠♅ 2 55; ☽⚼♃ 3 21; ☉△☽ 9 11; ☽⚺♂ 11 38; ☽#♀ 4pm20; ☽⚼♆ 11 39

5 Su: ☽#♇ 0am11; ☽⚻♇ 1 31; ☽⚻☿ 5 19; ☽⚺♅ 7 38; ☽△♃ 8 14; ☉⚼☽ 4pm33; ☽□♀ 5 27; ☽∠♂ 5 45; ☿⚼♄ 10 53

6 M: ♀∠♂ 0am18; ☿☍♅ 1 5; ☽⚻♆ 4 56; ☿□♃ 7 0; ☽✶♄ 12pm35; ☉□♂ 9 57

7 T: ☽✶♂ 0am26; ☉⚻☽ 0 32; ☽☍♇ 12pm32; ☽∠♄ 6 10; ☽☌♅ 6 32; ☽□♃ 7 27; ♀ ♍ 8 36

8 W: ☽☍☿ 0am38; ☽△♀ 10 1; ☽☍♆ 4pm43

9: ☽⚺♄ 0am 1

Th: ☿∥♆ 5 49; ☽□♂ 2pm54; ☉∥☿ 4 39; ☉☍☽ 5 43; ☽⚼♀ 6 48

10 F: ☽⚻♇ 0am48; ☽⚺♅ 6 35; ☽✶♃ 7 47; ☿ ♋ 1pm 8; ☉∥♆ 2 40; ☽⚻☿ 10 46

11 S: ☽⚻♀ 3am45; ☽⚻♆ 5 23; ☽⚼♇ 7 10; ☽#♇ 8 1; ☽☌♄ 12pm14; ☽∠♅ 12 50; ☽∠♃ 2 9

12 Su: ♀✶♆ 1am13; ☽△♂ 6 10; ☽⚼☿ 10 29; ☉⚻☽ 11 40; ☽⚼♆ 11 50; ☽△♇ 1pm34; ☽✶♅ 7 4; ☿☌♆ 7 23; ☽⚺♃ 8 30; ☽#♀ 8 47

13 M: ☉⚺♇ 11am51; ☿✶♀ 12pm58; ☽⚼♂ 1 45; ☽△♆ 6 10; ☽∥♂ 7 34; ☉⚼☽ 8 31; ☽☍♀ 9 29; ☽△☿ 10 18

14 T: ☽⚺♄ 0am25; ♃SR 4 20; ☿⚻♄ 11 10; ☽∥♃ 4pm30; ☽⚻♂ 9 3

15 W: ☽□♇ 1am48; ☉△☽ 4 58; ☽∠♄ 6 5; ☽□♅ 6 55; ☽☌♃ 8 28; ♀⚻♄ 9 9

16 Th: ☉⚻♅ 5am 3; ☽□♆ 5 40; ☽✶♄ 11 11; ☽⚻♀ 1pm23; ☽#♃ 4 27; ☽□☿ 8 29

17 F: ☉△♃ 1am25; ☽☍♂ 9 41; ☽✶♇ 11 52; ☽△♅ 4pm28; ☽#♂ 5 30; ☽⚺♃ 6 3; ☽∥♀ 7 4; ☉□☽ 7 24; ☽⚼♀ 7 55

18 S: ♀#♂ 3am33; ☽✶♆ 2pm11; ☽∠♇ 3 34; ☽□♄ 6 54; ☽⚼♅ 7 54; ☽∠♃ 9 29

19 Su: ☽△♀ 1am14; ☽✶☿ 1pm44; ☽∠♆ 4 58; ♂△♇ 5 10; ☽∥♇ 5 44; ☽⚺♇ 6 16; ☽⚻♂ 6 18; ☽⚻♅ 10 20; ☽✶♃ 11 52

20 M: ☉✶☽ 5am 7; ☽⚺♆ 6pm43; ☿⚺♇ 7 32

☽∠☿ 8 1; ☽⚼♂ 8 56; ☽△♄ 10 42

21 T: ☉∠♀ 0am58; ☿□♂ 4 0; ☽□♀ 8 7; ☉∠☽ 8 10; ☽☌♇ 8pm45; ☿⚻♅ 9 12; ☽△♂ 10 36; ☽⚼♄ 11 16

22 W: ☽☍♅ 0am23; ☽⚺☿ 0 56; ☽□♃ 1 51; ☿△♃ 7 21; ☉⚺☽ 10 15; ☽☌♆ 7pm46; ☽⚻♄ 11 12

23 Th: ☽✶♀ 11am13; ☿∥♆ 2pm43; ☽⚺♇ 8 35; ♂✶♅ 9 24; ☽⚻♅ 11 56

24 F: ☽□♂ 0am 2; ☽△♃ 1 22; ☉ ♌ 1 59; ☽☌☿ 8 13; ☽∠♀ 12pm 6; ☉☌☽ 12 46; ☽⚺♆ 7 4; ☽∠♇ 8 7; ☽∥♇ 8 22; ☽☍♄ 10 7; ☽⚼♅ 11 24

25 S: ☽⚼♃ 0am49; ♂⚻♃ 11 17; ☿ ♌ 12pm11; ☽⚺♀ 1 0; ☽∠♆ 6 46; ☽✶♇ 7 47; ☽△♅ 11 3

26 Su: ☽⚻♃ 0am28; ☽✶♂ 1 0; ☿∠♀ 3 7; ☽#♂ 4 32; ☽⚺☿ 3pm24; ☉⚺☽ 3 29; ☉☌☿ 4 28; ☽✶♆ 6 50; ☽⚻♄ 9 39

27 M: ☽∠♂ 2am 6; ♀#♃ 5 50; ☽#♃ 11 49; ☽∥♀ 12pm28; ☿⚺♆ 4 2; ☽☌♀ 4 12; ☉∠☽ 5 48; ☽∠☿ 8 9; ☽□♇ 8 35; ☉#♄ 9 45; ☽⚼♄ 10 16; ☿∠♇ 11 14; ☽□♅ 11 52

28 T: ☽☍♃ 1am19; ☽⚺♂ 4 0; ☿☍♄ 10 18; ☉✶☽ 9pm 6; ☽□♆ 9 6; ☉⚺♆ 9 13; ☿⚼♅ 9 30; ☽△♄ 11 43

29 W: ☽✶☿ 2am10; ☽#♀ 2 56; ☿⚼♃ 7 10; ☽∥♃ 7 42; ☉∠♇ 12pm35; ☽⚺♀ 10 58

30 Th: ☽△♇ 0am39; ☽✶♅ 4 0; ☽⚻♃ 5 29; ☉☍♄ 8 26; ☿#♄ 9 56; ☽☌♂ 10 52

31 F: ☽∥♂ 1am25; ☽△♆ 3 4; ☽∠♀ 4 1; ☽⚼♇ 4 8; ☽□♄ 5 26; ♀□♇ 6 6; ☉□☽ 7 14; ☽∠♅ 7 30; ☽⚼♃ 8 58; ☉⚼♅ 10 41; ☽□☿ 6pm41

AUGUST 1903

LONGITUDE

DAY	SID. TIME	☉	☽	☽ 12 Hour	MEAN ☊	TRUE ☊	☿	♀	♂	♃	♄	♅	♆	♇
	h m s	° ' "	° ' "	° ' "	° '	° '	° '	° '	° '	° '	° '	° '	° '	° '
1	20 33 42	7♌ 34 10	15♏ 47 34	22♏ 4 2	9♎ 57	8♎ 58R	13♌ 26	20♍ 46	26♎ 44	22♓ 48R	5♒ 52R	22♐ 1R	4♋ 41	20♊ 15
2	20 37 39	8 31 34	28 16 29	4♐ 25 26	9 54	8 56	15 26	21 29	27 18	22 44	5 48	22 0	4 43	20 16
3	20 41 35	9 28 59	10♐ 31 23	16 34 49	9 50	8 51	17 24	22 10	27 52	22 40	5 43	21 59	4 45	20 17
4	20 45 32	10 26 24	22 36 10	28 35 50	9 47	8 45	19 20	22 50	28 27	22 36	5 39	21 57	4 47	20 18
5	20 49 28	11 23 51	4♑ 34 12	10♑ 31 34	9 44	8 36	21 15	23 30	29 1	22 32	5 34	21 56	4 49	20 19
6	20 53 25	12 21 18	16 28 15	22 24 30	9 41	8 26	23 9	24 8	29 36	22 28	5 30	21 55	4 51	20 19
7	20 57 22	13 18 46	28 20 34	4♒ 16 39	9 38	8 15	25 1	24 45	0♏ 11	22 24	5 26	21 53	4 53	20 20
8	21 1 18	14 16 15	10♒ 12 57	16 9 41	9 35	8 5	26 51	25 21	0 46	22 19	5 21	21 52	4 55	20 21
9	21 5 15	15 13 45	22 7 1	28 5 11	9 31	7 56	28 40	25 55	1 21	22 14	5 17	21 51	4 56	20 22
10	21 9 11	16 11 16	4♓ 4 22	10♓ 4 50	9 28	7 49	0♍ 27	26 29	1 57	22 9	5 13	21 50	4 58	20 23
11	21 13 8	17 8 48	16 6 50	22 10 39	9 25	7 45	2 13	27 1	2 32	22 4	5 8	21 49	5 0	20 24
12	21 17 4	18 6 22	28 16 37	4♈ 25 5	9 22	7 42D	3 57	27 31	3 8	21 59	5 4	21 48	5 2	20 25
13	21 21 1	19 3 56	10♈ 36 27	16 51 8	9 19	7 42	5 40	28 0	3 44	21 54	5 0	21 47	5 3	20 26
14	21 24 57	20 1 33	23 9 33	29 32 9	9 15	7 43	7 21	28 28	4 20	21 48	4 55	21 46	5 5	20 26
15	21 28 54	20 59 11	5♉ 59 25	12♉ 31 46	9 12	7 44	9 1	28 54	4 57	21 43	4 51	21 45	5 7	20 27
16	21 32 51	21 56 50	19 9 37	25 53 19	9 9	7 45R	10 39	29 18	5 33	21 37	4 47	21 44	5 9	20 28
17	21 36 47	22 54 31	2♊ 43 9	9♊ 39 18	9 6	7 44	12 16	29 41	6 10	21 31	4 43	21 44	5 10	20 29
18	21 40 44	23 52 13	16 41 48	23 50 35	9 3	7 42	13 51	0♎ 2	6 46	21 25	4 39	21 43	5 12	20 29
19	21 44 40	24 49 58	1♋ 5 21	8♋ 25 39	9 0	7 38	15 25	0 21	7 23	21 18	4 35	21 42	5 13	20 30
20	21 48 37	25 47 44	15 50 49	23 20 1	8 56	7 33	16 58	0 38	8 0	21 12	4 31	21 42	5 15	20 31
21	21 52 33	26 45 31	0♌ 52 14	8♌ 26 19	8 53	7 27	18 29	0 54	8 37	21 6	4 27	21 41	5 17	20 31
22	21 56 30	27 43 20	16 1 3	23 35 9	8 50	7 22	19 58	1 7	9 15	20 59	4 23	21 40	5 18	20 32
23	22 0 26	28 41 10	1♍ 7 21	8♍ 36 30	8 47	7 17	21 26	1 19	9 52	20 52	4 19	21 40	5 20	20 33
24	22 4 23	29 39 2	16 1 30	23 21 28	8 44	7 14	22 53	1 28	10 30	20 45	4 15	21 39	5 21	20 33
25	22 8 20	0♍ 36 55	0♎ 35 40	7♎ 43 34	8 41	7 12D	24 18	1 36	11 7	20 38	4 11	21 39	5 22	20 34
26	22 12 16	1 34 50	14 44 48	21 39 13	8 37	7 13	25 41	1 41	11 45	20 31	4 8	21 39	5 24	20 35
27	22 16 13	2 32 46	28 26 49	5♏ 7 45	8 34	7 14	27 3	1 43R	12 23	20 24	4 4	21 38	5 25	20 35
28	22 20 9	3 30 43	11♏ 42 17	18 10 46	8 31	7 15	28 23	1 44	13 2	20 17	4 1	21 38	5 27	20 36
29	22 24 6	4 28 41	24 33 39	0♐ 51 26	8 28	7 16R	29 42	1 42	13 40	20 9	3 57	21 38	5 28	20 36
30	22 28 2	5 26 41	7♐ 4 39	13 13 50	8 25	7 16	0♎ 59	1 38	14 18	20 2	3 54	21 38	5 29	20 37
31	22 31 59	6♍ 24 42	19♐ 19 34	25♐ 22 23	8♎ 21	7♎ 15	2♎ 14	1♎ 32	14♏ 57	19♓ 55	3♒ 50	21♐ 38	5♋ 31	20♊ 37

DECLINATION and LATITUDE

DAY	☉ DECL	☽ DECL	☽ LAT	☽ 12hr DECL	☿ DECL	☿ LAT	♀ DECL	♀ LAT	♂ DECL	♂ LAT	♃ DECL	♃ LAT	♄ DECL	♄ LAT
1	18N23	13S39	3N 3	14S56	18N30	1N47	2N 2	1S47	10S58	0S42	4S 9	1S24	19S26	0S38
2	18 8	16 1	3 52	16 55	17 54	1 46	1 37	1 55	11 11	0 43	4 11	1 24	19 27	0 38
3	17 53	17 36	4 29	18 6	17 16	1 45	1 12	2 4	11 25	0 44	4 12	1 25	19 28	0 38
4	17 38	18 22	4 53	18 27	16 40	1 43	0 48	2 14	11 38	0 45	4 14	1 25	19 29	0 38
5	17 22	18 19	5 4	17 59	16 1	1 41	0 24	2 23	11 51	0 46	4 16	1 25	19 30	0 38
6	17 6	17 27	5 2	16 43	15 21	1 38	0S 0	2 33	12 4	0 47	4 18	1 26	19 31	0 38
7	16 50	15 49	4 46	14 45	14 40	1 34	0 24	2 42	12 17	0 48	4 20	1 26	19 33	0 38
8	16 33	13 32	4 19	12 10	13 59	1 30	0 47	2 52	12 30	0 48	4 22	1 26	19 34	0 39
9	16 17	10 41	3 40	9 4	13 17	1 26	1 10	3 2	12 43	0 49	4 24	1 26	19 35	0 39
10	15 60	7 22	2 51	5 35	12 35	1 21	1 32	3 12	12 56	0 50	4 26	1 27	19 36	0 39
11	15 42	3 44	1 54	1 50	11 52	1 16	1 54	3 23	13 9	0 51	4 28	1 27	19 37	0 39
12	15 25	0N 5	0 51	2N 2	11 9	1 10	2 16	3 33	13 22	0 52	4 31	1 27	19 38	0 39
13	15 7	3 58	0S16	5 52	10 26	1 4	2 37	3 44	13 35	0 52	4 33	1 27	19 39	0 39
14	14 49	7 44	1 23	9 31	9 43	0 58	2 58	3 54	13 48	0 53	4 36	1 28	19 40	0 39
15	14 31	11 13	2 27	12 48	8 59	0 51	3 18	4 5	14 1	0 54	4 38	1 28	19 42	0 39
16	14 12	14 14	3 25	15 30	8 16	0 45	3 38	4 16	14 14	0 55	4 41	1 28	19 43	0 39
17	13 53	16 34	4 14	17 24	7 32	0 37	3 57	4 27	14 27	0 55	4 43	1 28	19 44	0 39
18	13 34	17 59	4 49	18 18	6 49	0 30	4 16	4 38	14 40	0 56	4 46	1 28	19 45	0 39
19	13 15	18 19	5 7	18 2	6 6	0 22	4 34	4 49	14 53	0 57	4 48	1 29	19 46	0 39
20	12 56	17 26	5 6	16 32	5 23	0 15	4 51	5 1	15 5	0 57	4 51	1 29	19 47	0 39
21	12 36	15 21	4 44	13 53	4 40	0 7	5 8	5 12	15 18	0 58	4 54	1 29	19 48	0 39
22	12 16	12 11	4 2	10 17	3 57	0S 2	5 23	5 23	15 31	0 59	4 57	1 29	19 49	0 39
23	11 56	8 13	3 4	6 2	3 15	0 10	5 38	5 35	15 43	0 59	4 59	1 29	19 50	0 40
24	11 36	3 47	1 53	1 30	2 33	0 18	5 52	5 46	15 56	0 60	5 2	1 30	19 51	0 40
25	11 16	0S47	0 36	3S 1	1 51	0 27	6 5	5 57	16 8	1 1	5 5	1 30	19 52	0 40
26	10 55	5 11	0N41	7 14	1 10	0 36	6 18	6 9	16 20	1 1	5 8	1 30	19 53	0 40
27	10 34	9 10	1 53	10 56	0 30	0 44	6 29	6 20	16 33	1 2	5 11	1 30	19 54	0 40
28	10 13	12 32	2 57	13 58	0S10	0 53	6 40	6 31	16 45	1 2	5 14	1 30	19 54	0 40
29	9 52	15 12	3 50	16 14	0 50	1 2	6 49	6 42	16 57	1 3	5 17	1 30	19 55	0 40
30	9 31	17 3	4 31	17 40	1 29	1 11	6 57	6 53	17 9	1 4	5 20	1 31	19 56	0 40
31	9N10	18S 5	4N58	18S16	2S 7	1S20	7S 4	7S 3	17S21	1S 4	5S23	1S31	19S57	0S40

DAY	♅ DECL	♅ LAT	♆ DECL	♆ LAT	♇ DECL	♇ LAT
1	23S22	0S 9	22N20	1S 3	14N33	8S34
5	23 21	0 9	22 19	1 3	14 33	8 34
9	23 21	0 9	22 19	1 3	14 33	8 34
13	23 21	0 9	22 19	1 3	14 33	8 35
17	23 21	0 9	22 18	1 3	14 32	8 35
21	23 20	0 9	22 18	1 3	14 32	8 36
25	23 20	0 9	22 18	1 3	14 32	8 36
29	23S20	0S 9	22N17	1S 3	14N31	8S37

☽ PHENOMENA

d	h	m	
8	8	54	○
16	5	22	☾
22	19	51	●
29	20	34	☽

d	h	° '
4	10	18S27
11	23	0
18	19	18N21
24	20	0
31	17	18S17

d	h	° '
5	8	5N 5
12	18	0
19	11	5S 9
25	11	0

d	h	
6	23	APOGEE
21	21	PERIGEE

VOID OF COURSE ☽

LAST ASPT	☽ INGRESS
1 1pm20	2 ♐ 3am21
4 12pm17	4 ♑ 2pm49
6 4pm20	7 ♒ 3am21
9 3pm29	9 ♓ 3pm50
11 10pm27	12 ♈ 3am23
13 9pm22	14 ♉ 12pm52
16 6pm32	16 ♊ 7pm15
18 12pm54	18 ♋ 10pm12
20 8am32	20 ♌ 10pm37
22 7pm51	22 ♍ 10pm13
24 12pm25	24 ♎ 11pm 0
26 11am59	27 ♏ 2am46
28 3pm47	29 ♐ 10am21
31 4am34	31 ♑ 9pm14

DAILY ASPECTARIAN

Day	Aspect	Time
1 S	♀⚼♄	3am 4
	☉⚼♃	5 16
	☽⚼♆	7 28
	☉∥☿	8 3
	☽#♇	8 20
	☽⊼♇	8 31
	☽⚹♀	10 5
	☽⊻♅	11 54
	☽△♃	1pm20
	☽⊻♂	10 1
2 Su	☽⊼♆	12pm37
	☽⚹♄	2 36
	♀□♅	5 34
	☽#☿	8 1
	☉△☽	9 46
3 M	☽∠♂	4am52
	☉#☽	5 3
	☽△☿	4pm14
	♀☍♃	4 21
	☽☍♇	7 23
	☽∠♄	8 7
	☽☌♅	10 43
4 T	☽□♃	0am 0
	☽□♀	0 30
	☿∠♆	5 42
	☉⚼☽	6 10
	☿⚹♇	12pm 2
	☽⚹♂	12 17
5 W	☽☍♆	0am30
	☽⊻♄	2 1
	☽⚼☿	4 2
	☿△♅	8 28
	☉⊼☽	2pm58
	☿⊼♃	3 41
6 Th	☉#☽	7am25
	☽⊼♇	7 48
	☽⊻♅	10 59
	☽⚹♃	12pm 3
	☽⊼☿	4 1
	☽△♀	4 20
	♂ ♏	4 27
	☿⊻♀	6 56
7 F	☽□♂	3am55
	☿∥♇	4 9
	☽⊼♆	1pm15
	☽#♇	2 9
	☽⚼♇	2 10
	☽☌♄	2 14
	☽∠♅	5 15
	☽#☿	6 9
	☽∠♃	6 11
	♄⚼♇	11 51
8 S	☽⚼♀	0am17
	☽∥♂	8 31
	☉☍☽	8 54
	☽⚼♆	7pm36
	☽△♇	8 29
	☽⚹♅	11 28
9 Su	☽⊻♃	0am15
	☽⊼♀	8 2
	☿#♂	2pm41
	☽☍☿	3 29
	☿ ♍	5 51
	☽△♂	7 31
10 M	☽△♆	1am48
	☽⊻♄	2 16
	☽∥♃	7pm17
11 T	☉⊼☽	2am13
	☽⚼♂	2 59
	☿⚹♂	6 44
	☽∠♄	7 55
	☽□♇	8 30
	☽∥♀	10 34
	☽□♅	11 16
	☽☌♃	11 43
	☽☍♀	10pm27
12 W	♄⊼♆	8am51
	☽⊼♂	9 59
	☉⚼☽	10 14
	☽⊼☿	12pm54
	☽⚹♄	1 11
	☽□♆	1 13
	☽#♀	2 51
	☿⊼♄	2 54
	☿⚹♆	3 16
13 Th	☽#♃	3am44
	☉△☽	5pm34
	☽⚹♇	6 50
	☽△♅	9 22
	☽⊻♃	9 27
	☽⚼☿	10 15
14 F	☉∠♆	1am33
	☽⊼♀	10 21
	☉⚹♇	10 29
	☽∥☿	11 3
	♃□♅	11 5
	♂□♄	8pm52
	☉∥♇	9 17
	☽□♄	9 55
	☽☍♂	9 58
	☽⚹♆	10 23
	☽∠♇	11 0
15 S	☽∠♃	1am19
	☽⚼♅	1 24
	☽△☿	6 23
	♂△♆	7 9
	☽⚼♀	2pm57
	☉⊼♃	4 25
	☉△♅	6 53
	♂⚼♇	8 38
	☉#♂	10 24
	☉∥☽	11 45
16 Su	☽#♂	0am 2
	☽∠♆	1 46
	☽⊻♇	2 21
	☽∥♇	2 48
	☽⚹♃	4 22
	☽⊼♅	4 37
	☉□☽	5 22
	☽△♀	6pm32
17 M	☽△♄	3am27
	☽⊻♆	4 16
	☽⊼♂	6 15
	♂#♇	10 15
	♂⚼♃	11 56
	☽□☿	6pm34
	♂∠♅	9 51
	♀ ♎	9 51
18 T	☽⚼♄	4am57
	☽☌♇	6 24
	☽□♃	7 53
	☽☍♅	8 26
	☽⚼♂	8 55
	☉⚹☽	12pm54
	☽□♀	10 45
19 W	☽⊼♄	5am42
	☽☌♆	6 47
	☽△♂	10 45
	☉∠☽	3pm16
20 Th	♀∥♃	0am 2
	☽⚹☿	2 0
	☽⊻♇	7 30
	☽△♃	8 32
	☽⊼♅	9 22
	☿#♀	12pm42
	☿#♃	4 35
	☉⊻☽	5 1
21 F	☽⚹♀	0am 3
	☽#♂	0 24
	☽∠☿	4 36
	☽☍♄	5 39
	☽∥♇	6 54
	☽⊻♆	7 0
	☽∠♇	7 23
	☽⚼♃	8 13
	☽⚼♅	9 13
	☽□♂	12pm49
	☿⚼♄	2 55
	☉∥☽	11 22
22 S	☽∠♀	0am10
	☽∠♆	6 48
	☽⊻☿	6 56
	☽⚹♇	7 10
	☽⊼♃	7 49
	☽△♅	8 58
	☿□♇	9 18
	☿☍♃	3pm22
	☉☌☽	7 51
23 Su	☽⊻♀	0am19
	☿□♅	3 48
	☽⊼♄	5 5
	☽⚹♆	6 44
	☽#♀	1pm26
	☽⚹♂	2 39
	☽#♃	5 26
24 M	☽⚼♄	5am15
	☽□♇	7 24
	☽∥☿	7 39
	☽☍♃	7 40
	☉ ♍	8 42
	☽□♅	9 12
	☽☌☿	12pm25
	☽∠♂	4 14
25 T	☉⊻☽	0am 2
	☽☌♀	1 41
	☽#☿	4 57
	☽△♄	6 0
	☽□♆	8 2
	♃□♇	1pm36
	☽⊻♂	6 37
	☽∥♃	11 44
26 W	☉⊻♀	2am35
	☉∠☽	3 24
	☽∥♀	6 47
	☽⊼♃	9 56
	☽△♇	10 7
	☽⚹♅	11 59
	☽⊻☿	9pm14
27 Th	☽⊻♀	5am52
	☉⚹☽	7 55
	☉#☽	8 36
	☽□♄	10 2
	☿∠♂	11 32
	☽⚼♃	12pm23
	☽△♆	12 33
	☽⚼♇	12 50
	☽∠♅	2 44
	♀SR	5 35
28 F	☽☌♂	2am34
	☽∠☿	3 27
	☽∠♀	9 18
	☉⊼♄	11 38
	☽△♃	3pm47
	☽⚼♆	4 16
	☽⊼♇	4 32
	☽#♇	5 13
	☽⊻♅	6 29
29 S	☿ ♎	5am36
	☽⚹☿	10 54
	☽⚹♀	1pm34
	☽⚹♄	5 52
	☉□☽	8 34
	☽⊼♆	8 55
30 Su	☉⚹♆	1am 7
	☽∥♂	1 57
	☿☌♀	11 32
	☽⊻♂	2pm53
	☽∠♄	11 2
31 M	☽□♃	1am 8
	☽☍♇	2 34
	☽☌♅	4 34
	☽∠♂	10pm20
	☽□♀	11 59

SEPTEMBER 1903

LONGITUDE

DAY	SID. TIME h m s	☉ ° ' "	☽ ° ' "	☽ 12 Hour ° ' "	MEAN ☊ ° '	TRUE ☊ ° '	☿ ° '	♀ ° '	♂ ° '	♃ ° '	♄ ° '	♅ ° '	♆ ° '	♇ ° '
1	22 35 55	7♍ 22 45	1♑ 22 50	7♑ 21 27	8♎ 18	7♎ 13R	3♎ 27	1♎ 23R	15♏ 36	19♓ 47R	3♒ 47R	21♐ 38D	5♋ 32	20♊ 38
2	22 39 52	8 20 49	13 18 42	19 15 4	8 15	7 10	4 39	1 11	16 14	19 39	3 44	21 38	5 33	20 38
3	22 43 49	9 18 54	25 10 58	1♒ 6 48	8 12	7 5	5 49	0 58	16 53	19 32	3 40	21 38	5 34	20 38
4	22 47 45	10 17 1	7♒ 2 57	12 59 43	8 9	7 1	6 56	0 41	17 32	19 24	3 37	21 38	5 35	20 39
5	22 51 42	11 15 9	18 57 24	24 56 16	8 6	6 56	8 1	0 23	18 12	19 16	3 34	21 38	5 37	20 39
6	22 55 38	12 13 19	0♓ 56 34	6♓ 58 31	8 2	6 52	9 4	0 2	18 51	19 8	3 31	21 38	5 38	20 40
7	22 59 35	13 11 31	13 2 18	19 8 7	7 59	6 50	10 5	29♍ 39	19 30	19 0	3 28	21 39	5 39	20 40
8	23 3 31	14 9 45	25 16 9	1♈ 26 35	7 56	6 48D	11 3	29 14	20 10	18 52	3 25	21 39	5 40	20 40
9	23 7 28	15 8 0	7♈ 39 36	13 55 22	7 53	6 48	11 58	28 47	20 50	18 45	3 23	21 39	5 41	20 40
10	23 11 24	16 6 17	20 14 5	26 35 58	7 50	6 48	12 51	28 19	21 29	18 37	3 20	21 40	5 42	20 41
11	23 15 21	17 4 36	3♉ 1 12	9♉ 30 2	7 46	6 49	13 40	27 48	22 9	18 29	3 17	21 40	5 43	20 41
12	23 19 17	18 2 58	16 2 40	22 39 18	7 43	6 50	14 26	27 16	22 49	18 21	3 15	21 41	5 44	20 41
13	23 23 14	19 1 21	29 20 8	6♊ 5 21	7 40	6 52	15 9	26 43	23 30	18 13	3 12	21 41	5 45	20 41
14	23 27 11	19 59 46	12♊ 55 5	19 49 22	7 37	6 52R	15 47	26 8	24 10	18 5	3 10	21 42	5 46	20 42
15	23 31 7	20 58 14	26 48 15	3♋ 51 38	7 34	6 52	16 22	25 33	24 50	17 57	3 8	21 43	5 47	20 42
16	23 35 4	21 56 44	10♋ 59 21	18 11 6	7 31	6 51	16 52	24 56	25 31	17 49	3 6	21 43	5 47	20 42
17	23 39 0	22 55 16	25 26 29	2♌ 44 58	7 27	6 50	17 17	24 20	26 11	17 41	3 4	21 44	5 48	20 42
18	23 42 57	23 53 50	10♌ 5 54	17 28 33	7 24	6 49	17 37	23 43	26 52	17 33	3 2	21 45	5 49	20 42
19	23 46 53	24 52 26	24 52 6	2♍ 15 38	7 21	6 47	17 52	23 6	27 33	17 25	3 0	21 46	5 50	20 42
20	23 50 50	25 51 5	9♍ 38 15	16 59 0	7 18	6 46	18 1R	22 29	28 14	17 17	2 58	21 47	5 50	20 42
21	23 54 46	26 49 45	24 17 2	1♎ 31 31	7 15	6 46D	18 4	21 53	28 55	17 9	2 56	21 48	5 51	20 42R
22	23 58 43	27 48 27	8♎ 41 44	15 47 3	7 12	6 46	18 0	21 17	29 36	17 2	2 54	21 49	5 52	20 42
23	0 2 40	28 47 12	22 47 0	29 41 13	7 8	6 46	17 49	20 43	0♐ 17	16 54	2 53	21 50	5 52	20 42
24	0 6 36	29 45 58	6♏ 29 30	13♏ 11 47	7 5	6 46	17 32	20 9	0 59	16 46	2 51	21 51	5 53	20 42
25	0 10 33	0♎ 44 46	19 48 5	26 18 34	7 2	6 47	17 7	19 37	1 40	16 39	2 50	21 52	5 53	20 42
26	0 14 29	1 43 36	2♐ 43 31	9♐ 3 15	6 59	6 47	16 34	19 6	2 22	16 31	2 49	21 53	5 54	20 42
27	0 18 26	2 42 27	15 18 12	21 28 49	6 56	6 48	15 55	18 37	3 4	16 24	2 48	21 55	5 54	20 42
28	0 22 22	3 41 21	27 35 39	3♑ 39 14	6 52	6 48R	15 8	18 10	3 45	16 17	2 47	21 56	5 55	20 42
29	0 26 19	4 40 16	9♑ 40 7	15 38 53	6 49	6 48	14 15	17 45	4 27	16 10	2 46	21 57	5 55	20 42
30	0 30 15	5♎ 39 12	21♑ 36 7	27♑ 32 23	6♎ 46	6♎ 48D	13♎ 16	17♍ 22	5♐ 9	16♓ 3	2♒ 45	21♐ 59	5♋ 55	20♊ 41

DECLINATION and LATITUDE

DAY	☉ DECL	☽ DECL	☽ LAT	☽ 12hr DECL	☿ DECL	☿ LAT	♀ DECL	♀ LAT	♂ DECL	♂ LAT	♃ DECL	♃ LAT	♄ DECL	♄ LAT
1	8N48	18S16	5N11	18S 3	2S45	1S29	7S10	7S13	17S33	1S 5	5S26	1S31	19S58	0S40
2	8 27	17 38	5 11	17 1	3 21	1 38	7 15	7 23	17 45	1 5	5 30	1 31	19 59	0 40
3	8 5	16 14	4 58	15 16	3 57	1 48	7 18	7 33	17 57	1 6	5 33	1 31	19 59	0 40
4	7 43	14 9	4 31	12 52	4 32	1 57	7 20	7 42	18 8	1 6	5 36	1 31	20 0	0 40
5	7 21	11 27	3 53	9 55	5 6	2 5	7 21	7 51	18 20	1 7	5 39	1 31	20 1	0 40
6	6 59	8 16	3 5	6 32	5 39	2 14	7 20	7 59	18 31	1 8	5 42	1 31	20 2	0 40
7	6 37	4 43	2 7	2 50	6 11	2 23	7 18	8 7	18 43	1 8	5 45	1 31	20 2	0 40
8	6 14	0 55	1 3	1N 2	6 42	2 32	7 15	8 14	18 54	1 9	5 48	1 32	20 3	0 40
9	5 52	2N58	0S 5	4 54	7 12	2 40	7 10	8 20	19 5	1 9	5 52	1 32	20 4	0 40
10	5 29	6 47	1 13	8 36	7 40	2 48	7 3	8 26	19 16	1 10	5 55	1 32	20 4	0 40
11	5 6	10 20	2 20	11 58	8 6	2 56	6 56	8 31	19 27	1 10	5 58	1 32	20 5	0 40
12	4 44	13 27	3 20	14 47	8 31	3 4	6 47	8 35	19 37	1 11	6 1	1 32	20 6	0 40
13	4 21	15 56	4 11	16 52	8 55	3 12	6 37	8 38	19 48	1 11	6 4	1 32	20 6	0 40
14	3 58	17 35	4 49	18 2	9 16	3 19	6 25	8 40	19 59	1 11	6 8	1 32	20 7	0 40
15	3 35	18 14	5 11	18 8	9 36	3 25	6 12	8 42	20 9	1 12	6 11	1 32	20 7	0 40
16	3 12	17 45	5 15	17 6	9 53	3 31	5 59	8 42	20 19	1 12	6 14	1 32	20 8	0 40
17	2 49	16 9	4 60	14 56	10 8	3 37	5 44	8 42	20 29	1 13	6 17	1 32	20 8	0 41
18	2 25	13 28	4 25	11 47	10 20	3 42	5 28	8 41	20 39	1 13	6 20	1 32	20 9	0 41
19	2 2	9 55	3 32	7 53	10 30	3 46	5 11	8 38	20 49	1 14	6 23	1 32	20 9	0 41
20	1 39	5 43	2 25	3 30	10 36	3 50	4 54	8 35	20 59	1 14	6 26	1 32	20 10	0 41
21	1 16	1 13	1 9	1S 3	10 40	3 52	4 36	8 31	21 8	1 14	6 29	1 32	20 10	0 41
22	0 52	3S17	0N11	5 27	10 40	3 54	4 18	8 26	21 18	1 15	6 32	1 32	20 11	0 41
23	0 29	7 30	1 28	9 26	10 36	3 54	3 59	8 20	21 27	1 15	6 35	1 32	20 11	0 41
24	0 6	11 13	2 38	12 48	10 28	3 53	3 39	8 13	21 36	1 15	6 38	1 32	20 11	0 41
25	0S18	14 13	3 37	15 25	10 16	3 50	3 20	8 6	21 45	1 16	6 41	1 32	20 12	0 41
26	0 41	16 25	4 23	17 11	9 60	3 46	3 1	7 57	21 53	1 16	6 44	1 32	20 12	0 41
27	1 5	17 45	4 55	18 5	9 39	3 40	2 41	7 49	22 2	1 16	6 47	1 32	20 12	0 41
28	1 28	18 13	5 13	18 7	9 14	3 32	2 22	7 39	22 10	1 17	6 50	1 32	20 13	0 41
29	1 51	17 50	5 17	17 20	8 44	3 23	2 3	7 29	22 18	1 17	6 52	1 32	20 13	0 41
30	2S15	16S40	5N 7	15S49	8S11	3S11	1S44	7S18	22S26	1S17	6S55	1S32	20S13	0S41

DAY	♅ DECL	♅ LAT	♆ DECL	♆ LAT	♇ DECL	♇ LAT
1	23S20	0S 9	22N17	1S 3	14N31	8S37
5	23 20	0 9	22 17	1 3	14 31	8 38
9	23 20	0 9	22 17	1 3	14 30	8 39
13	23 20	0 9	22 16	1 3	14 30	8 39
17	23 21	0 9	22 16	1 4	14 29	8 40
21	23 21	0 9	22 16	1 4	14 28	8 40
25	23 21	0 9	22 16	1 4	14 28	8 41
29	23S21	0S 9	22N15	1S 4	14N27	8S41

☽ PHENOMENA	VOID OF COURSE ☽ LAST ASPT	☽ INGRESS
d h m	2 12pm41	3 ♒ 9am45
7 0 20 ○	5 5am23	5 ♓ 10pm 7
14 13 14 ☾	8 7am28	8 ♈ 9am12
21 4 31 ●	10 2am42	10 ♉ 6pm22
28 13 8 ☽	12 7pm29	13 ♊ 1am11
	14 9pm56	15 ♋ 5am27
	17 1am18	17 ♌ 7am30
d h ° '	19 4am34	19 ♍ 8am20
8 6 0	21 8am 3	21 ♎ 9am28
15 2 18N14	22 10pm21	23 ♏ 12pm33
21 6 0	24 11pm40	25 ♐ 6pm53
28 1 18S12	27 12pm52	28 ♑ 4am45
	29 3pm43	30 ♒ 4pm59
1 12 5N13	d h	
8 22 0	3 7 APOGEE	
15 17 5S16	19 2 PERIGEE	
21 21 0	30 23 APOGEE	
28 18 5N17		

DAILY ASPECTARIAN

1 T	♅SD	4am22
	☽□☿	4 38
	☽⚺♄	4 47
	☿△♄	6 9
	☽☍♆	8 21
	☉△☽	1pm 6
	☽∥♂	9 32
	♀∠♂	10 30
2 W	☽*♂	6am15
	☽*♃	12pm41
	☽⚻♇	2 48
	☽⚺♅	4 49
	☿□♆	6 57
	☉⚼☽	10 5
3 Th	☽△♀	11am26
	☽☍♄	5pm 6
	☽∠♃	6 42
	☽#♇	8 14
	☽⚻♆	9 3
	☽⚼♇	9 10
	☽∠♅	11 10
	☽△☿	11 45
4 F	☉⚻☽	7am 7
	☽⚼♀	5pm 0
	☽□♂	10 23
5 S	☉#♀	0am 9
	☽⚺♃	0 37
	☽⚼♆	3 20
	☽△♇	3 25
	☽*♅	5 28
	☽⚼☿	8 57
	☽⚻♀	10pm15
6 Su	♀ ♍	2am16
	☿∥♃	2 19
	☽⚺♄	5 7
	☽∥♀	6 33
	♂△♃	8 46
	☽△♆	9 21
	☉#☽	9 59
	☽∥☿	3pm31
	☽∥♃	5 15
	☽⚻☿	5 38
7 M	☉☍☽	0am20
	☽∠♄	10 39
	☉#☿	11 20
	☽☌♃	11 37
	☽△♂	1pm27
	☽□♇	3 0
	☽□♅	4 55
8 T	☽☍♀	7am28
	☽*♄	3pm46
	♂⚻♇	6 24
	♂⚼♆	6 35
	☽□♆	8 11
	☽⚼♂	8 17
	☿∥♀	10 43
	☉#♃	11 58
9 W	☽☍☿	8am54
	☉⚻☽	3pm30
	☉∥☽	4 29
	☽#♃	6 23
	☽⚺♃	8 57
10 Th	☽*♇	0am50
	☽#♀	1 45
	☽⚻♂	2 31
	☽△♅	2 42
	♂⚺♅	6 15
	☽#☿	6 34
	☽⚻♀	2pm38
	☉⚼☽	10 6
11 F	☽□♄	0am30
	☽∠♃	0 50
	☽∠♇	4 57
	☽*♆	5 1
	☽⚼♅	6 47
	☽⚼♀	5pm22
	☽⚻☿	8 53
12 S	☉△☽	3am57
	☽*♃	4 9
	☉⚼♄	4 42
	☉☍♃	6 23
	☽⚺♇	8 26
	☽∠♆	8 32
	☽∥♇	9 15
	☽⚻♅	10 15
	☽☍♂	12pm57
	☽△♀	7 29
13 Su	♃∠♄	0am56
	☽⚼☿	1 31
	☽△♄	6 52
	☽⚺♆	11 24
14 M	☽△☿	5am14
	☽□♃	8 54
	☽⚼♄	9 7
	☉□☽	1pm14
	☽☌♇	1 30
	☽☍♅	3 15
	☉□♇	5 12
	♂∥♄	8 19
	☽⚻♂	8 28
	☽□♀	9 56
15 T	♀∥♃	2am30
	☽⚻♄	10 44
	♀*♂	1pm15
	☽☌♆	3 15
	☉□♅	6 27
	☽⚼♂	11 10
16 W	☽□☿	10am 7
	☽△♃	11 17
	☽⚺♇	4pm10
	☽⚻♅	5 53
	☉*☽	7 33
	☽*♀	10 14
17 Th	☽△♂	1am18
	☽⚼♃	11 47
	☽☍♄	12pm29
	☽∥♇	3 54
	☽∠♇	4 50
	☽⚺♆	5 0
	☽⚼♅	6 32
	☿⚻♃	7 58
	☉☌♀	9 12
	☽∠♀	9 50
	☉∠☽	9 54
18 F	☽⚻♃	12pm 1
	☽*☿	12 28
	☽*♇	5 14
	☽∠♆	5 26
	☽△♅	6 57
	☽#☿	8 29
	☽⚺♀	9 14
19 S	☉⚺☽	0am 1
	☽□♂	4 34
	☽∠☿	1pm 8
	☽⚻♄	1 10
	☽*♆	5 49
	☽#♃	8 8
20 Su	☽#♀	4am47
	☽☍♃	12pm23
	☽⚼♄	1 35
	☽⚺☿	1 46
	☽□♇	6 6
	☽□♅	7 54
	☽☌♀	8 12
	☿SR	10 23
	☉∥☽	11 46
21 M	♀□♅	3am14
	☉☌☽	4 31
	☽*♂	8 3
	☉#☽	12pm 5
	♇SR	12 50
	☽△♄	2 19
	☽□♆	7 14
22 T	☽∥♀	5am10
	☽∠♂	10 30
	♂ ♐	1pm52
	☽⚻♃	2 0
	☽☌☿	3 37
	☽∥♃	6 29
	☽△♇	8 25
	☽⚺♀	8 34
	☽*♅	10 21
23 W	♀□♇	0am18
	☉⚺☽	11 14
	☽⚺♂	1pm45
	☽⚼♃	3 44
	☽□♄	5 35
	☽∥☿	7 3
	☽∠♀	9 43
	☽⚼♇	10 36
	☽△♆	10 55
24 Th	☽∠♅	0am38
	☉ ♎	5 44
	☉∠☽	4pm 1
	☽△♃	6 18
	☽⚺☿	7 15
	☽*♀	11 40
25 F	☽⚻♇	1am39
	☽⚼♆	2 0
	☽#♇	2 19
	☽⚺♅	3 48
	☿∠♂	8 48
	☽∠☿	9pm55
	☉*☽	9 58
	☽☌♂	11 17
26 S	☽*♄	0am10
	☿⚻♃	2 15
	☽⚻♆	6 0
	♂*♄	3pm 2
27 Su	☽*☿	1am 6
	☉△♄	2 4
	☽□♃	2 6
	☽∠♄	4 49
	☽□♀	6 12
	☽☍♇	10 28
	☽☌♅	12pm52
28 M	☉*♂	5am48
	☽⚺♄	10 15
	☽⚺♂	12pm57
	☉□☽	1 8
	♂#♆	3 6
	☽☍♆	4 30
	♀⚼♄	11 25
29 T	☉∥♀	6am29
	☽□☿	8 30
	☽*♃	12pm54
	☽△♀	3 43
	☽∠♂	8 54
	☽⚻♇	10 10
30 W	☽⚺♅	0am46
	☉□♆	6 38
	☽∠♃	6pm54
	☽⚼♀	9 8
	☽☌♄	10 30

OCTOBER 1903

LONGITUDE

DAY	SID. TIME	☉	☽	☽ 12 Hour	MEAN ☊	TRUE ☊	☿	♀	♂	♃	♄	♅	♆	♇
	h m s	° ' "	° ' "	° ' "	° '	° '	° '	° '	° '	° '	° '	° '	° '	° '
1	0 34 12	6♎ 38 11	3♒ 28 14	9♒ 24 12	6♎ 43	6♎ 48	12♎ 12R	17♍ 1R	5♐ 51	15♓ 56R	2♒ 44R	22♐ 0	5♋ 56	20♊ 41R
2	0 38 9	7 37 12	15 20 47	21 18 28	6 40	6 48	11 5	16 42	6 34	15 49	2 43	22 2	5 56	20 41
3	0 42 5	8 36 14	27 17 42	3♓ 18 52	6 37	6 48	9 57	16 26	7 16	15 42	2 43	22 3	5 56	20 41
4	0 46 2	9 35 18	9♓ 22 21	15 28 27	6 33	6 48	8 48	16 12	7 58	15 35	2 42	22 5	5 57	20 41
5	0 49 58	10 34 24	21 37 26	27 49 32	6 30	6 49	7 40	16 1	8 41	15 29	2 42	22 7	5 57	20 40
6	0 53 55	11 33 31	4♈ 4 56	10♈ 23 46	6 27	6 49R	6 37	15 52	9 23	15 22	2 42	22 9	5 57	20 40
7	0 57 51	12 32 41	16 46 7	23 12 1	6 24	6 49	5 38	15 45	10 6	15 16	2 41	22 10	5 57	20 40
8	1 1 48	13 31 53	29 41 29	6♉ 14 31	6 21	6 49	4 47	15 41	10 49	15 10	2 41D	22 12	5 57	20 39
9	1 5 44	14 31 7	12♉ 51 1	19 30 55	6 18	6 48	4 4	15 40D	11 32	15 4	2 41	22 14	5 57	20 39
10	1 9 41	15 30 24	26 14 8	3♊ 0 31	6 14	6 47	3 31	15 40	12 15	14 58	2 41	22 16	5 57R	20 39
11	1 13 37	16 29 42	9♊ 49 57	16 42 16	6 11	6 45	3 8	15 43	12 58	14 52	2 42	22 18	5 57	20 38
12	1 17 34	17 29 3	23 37 20	0♋ 34 58	6 8	6 44	2 56D	15 49	13 41	14 47	2 42	22 20	5 57	20 38
13	1 21 31	18 28 26	7♋ 34 59	14 37 11	6 5	6 44D	2 55	15 57	14 24	14 41	2 42	22 22	5 57	20 37
14	1 25 27	19 27 52	21 41 23	28 47 19	6 2	6 43	3 4	16 7	15 7	14 36	2 43	22 24	5 57	20 37
15	1 29 24	20 27 20	5♌ 54 43	13♌ 3 18	5 58	6 44	3 24	16 19	15 50	14 31	2 43	22 26	5 57	20 36
16	1 33 20	21 26 50	20 12 44	27 22 38	5 55	6 45	3 55	16 33	16 34	14 26	2 44	22 28	5 57	20 36
17	1 37 17	22 26 22	4♍ 32 34	11♍ 42 7	5 52	6 46	4 34	16 49	17 17	14 22	2 45	22 30	5 56	20 35
18	1 41 13	23 25 57	18 50 46	25 58 2	5 49	6 47	5 22	17 8	18 1	14 17	2 46	22 33	5 56	20 35
19	1 45 10	24 25 34	3♎ 3 23	10♎ 6 18	5 46	6 48R	6 17	17 28	18 45	14 13	2 47	22 35	5 56	20 34
20	1 49 6	25 25 13	17 6 17	24 2 50	5 43	6 48	7 20	17 50	19 29	14 8	2 48	22 37	5 56	20 34
21	1 53 3	26 24 54	0♏ 55 33	7♏ 44 2	5 39	6 46	8 29	18 14	20 12	14 4	2 49	22 40	5 55	20 33
22	1 57 0	27 24 37	14 28 0	21 7 14	5 36	6 44	9 43	18 40	20 56	14 1	2 51	22 42	5 55	20 32
23	2 0 56	28 24 22	27 41 35	4♐ 11 2	5 33	6 41	11 1	19 7	21 40	13 57	2 52	22 44	5 54	20 32
24	2 4 53	29 24 9	10♐ 35 38	16 55 32	5 30	6 37	12 24	19 36	22 25	13 53	2 54	22 47	5 54	20 31
25	2 8 49	0♏ 23 58	23 10 57	29 22 13	5 27	6 34	13 50	20 7	23 9	13 50	2 55	22 49	5 54	20 30
26	2 12 46	1 23 49	5♑ 29 41	11♑ 33 49	5 24	6 31	15 18	20 39	23 53	13 47	2 57	22 52	5 53	20 30
27	2 16 42	2 23 41	17 35 6	23 34 4	5 20	6 29	16 49	21 12	24 37	13 44	2 59	22 55	5 52	20 29
28	2 20 39	3 23 34	29 31 19	5♒ 27 25	5 17	6 28D	18 22	21 47	25 22	13 41	3 1	22 57	5 52	20 28
29	2 24 35	4 23 30	11♒ 23 0	17 18 41	5 14	6 28	19 56	22 23	26 6	13 39	3 3	23 0	5 51	20 28
30	2 28 32	5 23 27	23 15 5	29 12 49	5 11	6 29	21 32	23 1	26 51	13 37	3 5	23 3	5 51	20 27
31	2 32 29	6♏ 23 26	5♓ 12 29	11♓ 14 37	5♎ 8	6♎ 31	23♎ 9	23♍ 40	27♐ 35	13♓ 35	3♒ 7	23♐ 5	5♋ 50	20♊ 26

DECLINATION and LATITUDE

DAY	☉ DECL	☽ DECL	☽ LAT	☽ 12hr DECL	☿ DECL	☿ LAT	♀ DECL	♀ LAT	♂ DECL	♂ LAT	♃ DECL	♃ LAT	♄ DECL	♄ LAT
1	2S38	14S47	4N44	13S36	7S33	2S58	1S26	7S 7	22S34	1S18	6S58	1S32	20S13	0S41
2	3 2	12 17	4 9	10 49	6 53	2 43	1 8	6 56	22 42	1 18	7 0	1 31	20 13	0 41
3	3 25	9 15	3 22	7 34	6 11	2 26	0 51	6 44	22 49	1 18	7 3	1 31	20 14	0 41
4	3 48	5 48	2 27	3 57	5 27	2 8	0 34	6 32	22 57	1 19	7 5	1 31	20 14	0 41
5	4 11	2 3	1 23	0 6	4 43	1 49	0 19	6 19	23 4	1 19	7 8	1 31	20 14	0 41
6	4 34	1N51	0 15	3N49	3 59	1 29	0 4	6 7	23 10	1 19	7 10	1 31	20 14	0 41
7	4 58	5 45	0S55	7 38	3 17	1 8	0N11	5 54	23 17	1 19	7 12	1 31	20 14	0 41
8	5 21	9 27	2 2	11 9	2 38	0 48	0 24	5 41	23 24	1 20	7 15	1 31	20 14	0 41
9	5 44	12 44	3 7	14 10	2 2	0 28	0 37	5 28	23 30	1 20	7 17	1 31	20 14	0 41
10	6 6	15 25	4 1	16 28	1 31	0 8	0 48	5 15	23 36	1 20	7 19	1 31	20 14	0 41
11	6 29	17 17	4 42	17 51	1 5	0N11	0 59	5 2	23 42	1 20	7 21	1 30	20 14	0 41
12	6 52	18 10	5 8	18 12	0 44	0 28	1 9	4 49	23 47	1 21	7 23	1 30	20 14	0 41
13	7 15	17 58	5 17	17 27	0 29	0 44	1 18	4 36	23 53	1 21	7 25	1 30	20 14	0 41
14	7 37	16 40	5 6	15 37	0 19	0 59	1 26	4 24	23 58	1 21	7 27	1 30	20 14	0 41
15	7 60	14 20	4 37	12 49	0 15	1 12	1 33	4 11	24 3	1 21	7 29	1 30	20 14	0 41
16	8 22	11 7	3 50	9 14	0 17	1 23	1 39	3 58	24 7	1 21	7 30	1 30	20 13	0 41
17	8 44	7 13	2 49	5 4	0 23	1 33	1 44	3 46	24 12	1 21	7 32	1 30	20 13	0 41
18	9 6	2 55	1 38	0 42	0 34	1 42	1 48	3 33	24 16	1 22	7 34	1 29	20 13	0 41
19	9 28	1S32	0 21	3S43	0 50	1 49	1 52	3 21	24 20	1 22	7 35	1 29	20 13	0 41
20	9 50	5 51	0N57	7 53	1 10	1 54	1 54	3 9	24 24	1 22	7 37	1 29	20 13	0 41
21	10 12	9 47	2 9	11 32	1 33	1 59	1 56	2 58	24 27	1 22	7 38	1 29	20 12	0 41
22	10 33	13 7	3 13	14 30	1 59	2 2	1 57	2 46	24 30	1 22	7 39	1 29	20 12	0 41
23	10 55	15 41	4 5	16 39	2 28	2 4	1 56	2 35	24 33	1 22	7 41	1 28	20 12	0 41
24	11 16	17 23	4 43	17 54	2 59	2 5	1 55	2 23	24 36	1 22	7 42	1 28	20 11	0 41
25	11 37	18 11	5 6	18 15	3 33	2 5	1 54	2 12	24 39	1 22	7 43	1 28	20 11	0 41
26	11 58	18 6	5 14	17 45	4 8	2 4	1 51	2 2	24 41	1 22	7 44	1 28	20 11	0 41
27	12 19	17 12	5 8	16 28	4 44	2 2	1 47	1 51	24 43	1 23	7 45	1 28	20 10	0 41
28	12 39	15 33	4 49	14 28	5 21	1 60	1 43	1 41	24 45	1 23	7 46	1 27	20 10	0 41
29	12 59	13 14	4 18	11 52	5 60	1 57	1 38	1 30	24 46	1 23	7 46	1 27	20 9	0 41
30	13 20	10 23	3 35	8 47	6 39	1 53	1 33	1 21	24 48	1 23	7 47	1 27	20 9	0 41
31	13S39	7S 4	2N43	5S17	7S18	1N49	1N26	1S11	24S49	1S23	7S48	1S27	20S 8	0S41

DAY	♅ DECL	♅ LAT	♆ DECL	♆ LAT	♇ DECL	♇ LAT
1	23S22	0S 9	22N15	1S 4	14N27	8S42
5	23 22	0 9	22 15	1 4	14 26	8 42
9	23 22	0 9	22 15	1 4	14 26	8 43
13	23 23	0 9	22 15	1 4	14 25	8 43
17	23 23	0 9	22 15	1 4	14 24	8 44
21	23 24	0 9	22 15	1 4	14 24	8 44
25	23 24	0 9	22 15	1 5	14 23	8 45
29	23S25	0S 9	22N15	1S 5	14N23	8S45

☽ PHENOMENA

d	h	m	
6	15	23	☉☍
13	19	57	☾
20	15	30	●
28	8	33	☽

d	h	° '
5	13	0
12	8	18N13
18	16	0
25	10	18S15

d	h	° '
6	5	0
12	23	5S17
19	6	0
26	2	5N14

VOID OF COURSE ☽

LAST ASPT		☽ INGRESS		
2	1pm29	3	♓	5am24
5	0am57	5	♈	4pm11
7	10am 7	8	♉	0am34
9	5am 4	10	♊	6am41
11	9pm45	12	♋	11am 0
13	7pm57	14	♌	2pm 3
16	3am47	16	♍	4pm23
18	6am14	18	♎	6pm49
20	3pm30	20	♏	10pm23
22	7am49	23	♐	4am15
24	11pm55	25	♑	1pm14
27	7am37	28	♒	0am58
30	7am43	30	♓	1pm35

d	h	
16	15	PERIGEE
28	18	APOGEE

DAILY ASPECTARIAN

1 Th	♂⚻♆	2am27
	☽#♇	3 35
	☽⚼♇	4 29
	☽⚻♆	4 59
	☽✶♂	5 8
	☉△☽	6 59
	☽∠♅	7 10
	☽△☿	4pm 9
	☿∥♃	8 13
2 F	☽⊻♃	0am56
	☽⚻♀	2 41
	☽△♇	10 45
	☽⚼♆	11 15
	☽✶♅	1pm29
	☉⚼☽	3 57
	☽⚼☿	7 42
3 S	☽⊻♄	10am48
	☉☌☿	3pm 2
	☽∥♃	3 24
	☽△♆	5 13
	☽□♂	9 4
	☽⚻☿	10 57
4 Su	☉⚻☽	0am28
	☽∥☿	2 52
	☿✶♂	10 42
	☉∥☽	11 44
	☽☌♃	12pm 7
	☽☍♀	1 13
	☽∠♄	4 21
	☽□♇	10 9
5 M	☽□♅	0am57
	☉∥☿	11 13
	☽∥♀	11 29
	☽#♀	1pm39
	☽✶♄	9 21
6 T	☽□♆	3am33
	☽☍☿	4 28
	☽△♂	10 42
	☽#☿	11 2
	☉☍☽	3pm23
	☿□♆	4 4
	☉#☽	6 32
	☽⊻♃	9 12
	☽⚻♀	10 7
7 W	☽✶♇	7am16
	☽#♃	9 21
	☽△♅	10 7
	☽⚼♂	4pm26
	♂∥♅	7 24
8 Th	☽∠♃	0am52
	☽⚼♀	1 49
	☽□♄	5 30
	♄SD	8 5
	☽⚻☿	8 50
	☽∠♇	10 55
	☽✶♆	11 28
	☽⚼♅	1pm47
	☽⚻♂	9 28
9 F	☉⚻☽	3am15
	☽✶♃	3 58
	♀SD	4 29
	☽△♀	5 4
	☽⚼☿	10 43
	☉⚻♃	12pm 6
	☽⊻♇	2 1
	☽∥♇	2 23
	☽∠♆	2 34
	☽⚻♅	4 54
10 S	☉⊻♀	4am 9
	♆SR	6 32
	☉⚼☽	8 10
	☽△♄	11 26
	☽△☿	12pm30
	☽⊻♆	5 11
11 Su	☿#♀	4am16
	☽☍♂	5 46
	☽□♃	8 45
	☽□♀	10 21
	☉△☽	12pm32
	☽⚼♄	1 44
	☽☌♇	6 49
	☽☍♅	9 45
12 M	☿SD	2pm48
	☽⚻♄	3 39
	☽□☿	3 59
	☽☌♆	9 12
13 T	♂□♃	8am44
	☉∥♃	12pm 1
	☽△♃	12 3
	☽⚻♂	12 15
	☽✶♀	2 25
	☉□☽	7 57
	☽⊻♇	10 11
14 W	☽⚻♅	1am12
	☽⚼♃	1pm18
	☽⚼♂	3 0
	☽∠♀	4 8
	☽☍♄	6 38
	☽✶☿	7 40
	☽∥♇	11 19
	☽∠♇	11 29
15 Th	☽⊻♆	0am 3
	☽⚼♅	2 34
	☉△♇	3 36
	☽⚻♃	2pm22
	☽△♂	5 34
	☽⊻♀	5 45
	☽∠☿	9 43
	♀□♂	11 13
16 F	☽✶♇	0am39
	☽∠♆	1 14
	☉✶☽	2 13
	☽△♅	3 47
	☉#☽	3pm49
	☽⚻♄	9 0
	☽#♃	10 12
17 S	☽⊻☿	0am 2
	☉✶♅	1 40
	☽✶♆	2 20
	☉∠☽	5 13
	♂∠♄	3pm30
	☽☍♃	4 22
	☽☌♀	9 3
	☽⚼♄	10 11
	☽□♂	10 32
18 Su	☽□♇	2am55
	☽∥♀	5 55
	☽□♅	6 14
	☉⊻☽	8 18
	☽#☿	11 59
	☿□♆	3pm10
	☽∥☿	7 58
	☽△♄	11 32
19 M	☽#♀	1am49
	☽□♆	4 53
	☽☌☿	5 55
	☽⚻♃	6pm56
	♀⚼♄	9 51
20 T	☽⊻♀	1am18
	☽✶♂	4 19
	☽△♇	5 57
	☽✶♅	9 33
	☽∥♃	10 27
	☉☌☽	3pm30
	☽⚼♃	8 46
21 W	☉∥☽	3am 3
	☽□♄	3 20
	☽∠♀	4 11
	☽∠♂	7 58
	☽⚼♇	8 8
	☽△♆	8 47
	♂☍♇	11 3
	☽∠♅	11 54
	☽⊻☿	2pm38
	☿#♀	9 54
	☽△♃	11 11
22 Th	☽✶♀	7am49
	☽⚻♇	10 56
	☽#♇	11 2
	☽⚼♆	11 37
	☽⊻♂	12pm22
	☽⊻♅	2 55
	☽∠☿	8 35
23 F	☉⊻☽	1am25
	☽✶♄	9 34
	☉⚼♃	12pm20
	☽⚻♆	3 12
24 S	☽✶☿	3am49
	☽□♃	6 12
	☉∠☽	7 49
	♂☌♅	12pm53
	☽∠♄	1 53
	☉ ♏	2 23
	☽□♀	5 50
	☽☍♇	6 51
	☽☌♅	11 18
	☽☌♂	11 55
25 Su	☿⚻♃	0am 9
	☉✶☽	3pm15
	♀□♇	5 34
	☽⊻♄	6 59
26 M	☽☍♆	0am46
	☽✶♃	4pm21
	☽□☿	10 15
27 T	☽⚻♇	5am48
	☽△♀	7 37
	☽⊻♅	10 43
	☉□♄	2pm32
	☽⊻♂	3 3
	☽∠♃	10 20
28 W	☽☌♄	7am 4
	☉□☽	8 33
	☽⚼♇	12pm 1
	☽⚻♆	12 49
	☽#♇	12 55
	☽⚼♀	3 28
	☽∠♅	5 7
	☽∠♂	11 24
29 Th	☉∥☽	2am 1
	☽⊻♃	4 35
	☿△♇	7 46
	☽△♇	6pm20
	☽⚼♆	7 9
	☽△☿	8 0
	☽⚻♀	11 30
	☽✶♅	11 35
30 F	♀□♅	1am12
	☉⚼♇	1 17
	☽✶♂	7 43
	☉△♆	10 47
	☽∥♃	6pm59
	☽⊻♄	7 49
	☽∥☿	10 39
	☿✶♅	11 11
31 S	☽△♆	1am15
	☉△☽	2 34
	☽⚼☿	6 45
	☿⊻♀	1pm 3
	☽☌♃	4 34
	☿∥♃	6 4

NOVEMBER 1903

LONGITUDE

DAY	SID. TIME	☉	☽	☽ 12 Hour	MEAN ☊	TRUE ☊	☿	♀	♂	♃	♄	♅	♆	♇
	h m s	° ' "	° ' "	° ' "	° '	° '	° '	° '	° '	° '	° '	° '	° '	° '
1	2 36 25	7♏ 23 26	17♓ 19 47	23♓ 28 26	5♎ 4	6♎ 32	24♎ 46	24♏ 20	28♐ 20	13♓ 33R	3♒ 9	23♐ 8	5♋ 49R	20♊ 25R
2	2 40 22	8 23 28	29 41 1	5♈ 57 54	5 1	6 34R	26 23	25 1	29 5	13 31	3 12	23 11	5 49	20 24
3	2 44 18	9 23 32	12♈ 19 21	18 45 36	4 58	6 34	28 2	25 43	29 50	13 30	3 14	23 14	5 48	20 23
4	2 48 15	10 23 38	25 16 43	1♉ 52 45	4 55	6 32	29 40	26 27	0♑ 35	13 28	3 17	23 17	5 47	20 23
5	2 52 11	11 23 45	8♉ 33 37	15 19 7	4 52	6 29	1♏ 18	27 11	1 20	13 27	3 19	23 20	5 46	20 22
6	2 56 8	12 23 54	22 8 58	29 2 48	4 49	6 24	2 57	27 57	2 5	13 26	3 22	23 22	5 45	20 21
7	3 0 4	13 24 5	6♊ 0 11	13♊ 0 37	4 45	6 18	4 35	28 43	2 50	13 26	3 25	23 25	5 44	20 20
8	3 4 1	14 24 18	20 3 33	27 8 26	4 42	6 12	6 13	29 30	3 35	13 25	3 28	23 28	5 44	20 19
9	3 7 58	15 24 33	4♋ 14 42	11♋ 21 49	4 39	6 6	7 51	0≏ 19	4 20	13 25D	3 31	23 31	5 43	20 18
10	3 11 54	16 24 50	18 29 18	25 36 42	4 36	6 2	9 29	1 8	5 5	13 25	3 34	23 35	5 42	20 17
11	3 15 51	17 25 9	2♌ 43 36	9♌ 49 43	4 33	5 59	11 7	1 58	5 51	13 25	3 38	23 38	5 41	20 16
12	3 19 47	18 25 29	16 54 46	23 58 33	4 30	5 58D	12 44	2 49	6 36	13 25	3 41	23 41	5 40	20 15
13	3 23 44	19 25 52	1♍ 0 54	8♍ 1 41	4 26	5 59	14 21	3 40	7 21	13 26	3 44	23 44	5 39	20 14
14	3 27 40	20 26 17	15 0 48	21 58 8	4 23	6 0	15 58	4 33	8 7	13 27	3 48	23 47	5 38	20 13
15	3 31 37	21 26 44	28 53 37	5♎ 47 7	4 20	6 1R	17 34	5 26	8 52	13 28	3 51	23 50	5 36	20 12
16	3 35 33	22 27 12	12♎ 38 31	19 27 39	4 17	6 1	19 11	6 20	9 38	13 29	3 55	23 53	5 35	20 11
17	3 39 30	23 27 42	26 14 22	2♏ 58 26	4 14	5 59	20 47	7 14	10 24	13 30	3 59	23 57	5 34	20 10
18	3 43 26	24 28 14	9♏ 39 41	16 17 53	4 10	5 55	22 23	8 9	11 9	13 32	4 3	24 0	5 33	20 9
19	3 47 23	25 28 48	22 52 50	29 24 22	4 7	5 48	23 58	9 5	11 55	13 34	4 6	24 3	5 32	20 8
20	3 51 20	26 29 23	5♐ 52 19	12♐ 16 35	4 4	5 39	25 34	10 1	12 41	13 36	4 10	24 7	5 31	20 7
21	3 55 16	27 30 0	18 37 6	24 53 53	4 1	5 29	27 9	10 58	13 27	13 38	4 15	24 10	5 29	20 6
22	3 59 13	28 30 38	1♑ 6 59	7♑ 16 35	3 58	5 19	28 44	11 55	14 13	13 40	4 19	24 13	5 28	20 5
23	4 3 9	29 31 17	13 22 52	19 26 8	3 55	5 10	0♐ 18	12 53	14 59	13 43	4 23	24 17	5 27	20 4
24	4 7 6	0♐ 31 58	25 26 45	1♒ 25 7	3 51	5 2	1 53	13 52	15 45	13 46	4 27	24 20	5 25	20 3
25	4 11 2	1 32 39	7♒ 21 44	13 17 7	3 48	4 57	3 27	14 51	16 31	13 49	4 32	24 23	5 24	20 2
26	4 14 59	2 33 22	19 11 50	25 6 32	3 45	4 54	5 1	15 50	17 17	13 52	4 36	24 27	5 23	20 1
27	4 18 56	3 34 6	1♓ 1 51	6♓ 58 26	3 42	4 53D	6 35	16 50	18 3	13 55	4 41	24 30	5 21	20 0
28	4 22 52	4 34 51	12 56 59	18 58 9	3 39	4 53	8 9	17 51	18 50	13 59	4 45	24 34	5 20	19 59
29	4 26 49	5 35 37	25 2 38	1♈ 11 4	3 35	4 54R	9 43	18 51	19 36	14 3	4 50	24 37	5 19	19 57
30	4 30 45	6♐ 36 24	7♈ 24 3	13♈ 42 7	3♎ 32	4♎ 54	11♐ 17	19≏ 53	20♑ 22	14♓ 7	4♒ 55	24♐ 41	5♋ 17	19♊ 56

DECLINATION and LATITUDE

DAY	☉ DECL	☽ DECL	☽ LAT	☽ 12hr DECL	☿ DECL	☿ LAT	♀ DECL	♀ LAT	♂ DECL	♂ LAT	♃ DECL	♃ LAT	♄ DECL	♄ LAT
1	13S59	3S25	1N43	1S30	7S58	1N45	1N19	1S 1	24S49	1S23	7S48	1S27	20S 8	0S41
2	14 19	0N27	0 38	2N25	8 38	1 40	1 11	0 52	24 50	1 23	7 49	1 26	20 7	0 41
3	14 38	4 23	0S31	6 20	9 18	1 35	1 3	0 43	24 50	1 23	7 49	1 26	20 7	0 41
4	14 57	8 14	1 40	10 2	9 58	1 30	0 53	0 34	24 50	1 23	7 49	1 26	20 6	0 41
5	15 15	11 45	2 46	13 19	10 37	1 24	0 44	0 26	24 50	1 23	7 50	1 26	20 5	0 41
6	15 34	14 43	3 43	15 56	11 17	1 18	0 33	0 17	24 49	1 23	7 50	1 26	20 5	0 41
7	15 52	16 55	4 28	17 39	11 56	1 12	0 22	0 9	24 48	1 23	7 50	1 25	20 4	0 41
8	16 10	18 8	4 58	18 19	12 34	1 5	0 11	0 1	24 47	1 23	7 50	1 25	20 3	0 41
9	16 28	18 13	5 10	17 50	13 12	0 59	0S 1	0N 7	24 46	1 23	7 50	1 25	20 3	0 41
10	16 45	17 10	5 3	16 15	13 50	0 53	0 14	0 14	24 44	1 23	7 49	1 25	20 2	0 41
11	17 2	15 4	4 37	13 39	14 26	0 46	0 27	0 21	24 42	1 23	7 49	1 24	20 1	0 41
12	17 19	12 3	3 55	10 16	15 3	0 39	0 41	0 28	24 40	1 23	7 49	1 24	20 0	0 41
13	17 36	8 21	2 58	6 19	15 38	0 32	0 55	0 35	24 37	1 23	7 48	1 24	19 60	0 41
14	17 52	4 12	1 51	2 2	16 13	0 26	1 10	0 42	24 35	1 23	7 48	1 24	19 59	0 41
15	18 8	0S 9	0 39	2S19	16 47	0 19	1 25	0 49	24 32	1 22	7 47	1 23	19 58	0 41
16	18 24	4 27	0N36	6 31	17 20	0 12	1 40	0 55	24 28	1 22	7 47	1 23	19 57	0 41
17	18 39	8 28	1 47	10 19	17 52	0 5	1 56	1 1	24 25	1 22	7 46	1 23	19 56	0 41
18	18 54	12 0	2 51	13 32	18 24	0S 1	2 13	1 7	24 21	1 22	7 45	1 23	19 55	0 41
19	19 8	14 52	3 45	16 1	18 54	0 8	2 29	1 12	24 17	1 22	7 44	1 22	19 54	0 41
20	19 23	16 56	4 26	17 38	19 24	0 15	2 47	1 18	24 12	1 22	7 43	1 22	19 54	0 41
21	19 37	18 6	4 53	18 21	19 53	0 21	3 4	1 23	24 8	1 22	7 42	1 22	19 53	0 41
22	19 50	18 22	5 5	18 10	20 20	0 28	3 22	1 28	24 3	1 22	7 41	1 22	19 52	0 41
23	20 4	17 46	5 3	17 9	20 47	0 34	3 40	1 33	23 57	1 21	7 40	1 22	19 51	0 41
24	20 16	16 22	4 47	15 24	21 13	0 41	3 58	1 38	23 52	1 21	7 38	1 21	19 50	0 41
25	20 29	14 16	4 19	12 60	21 37	0 47	4 17	1 42	23 46	1 21	7 37	1 21	19 49	0 41
26	20 41	11 36	3 40	10 4	22 1	0 53	4 36	1 47	23 40	1 21	7 36	1 21	19 47	0 41
27	20 53	8 27	2 51	6 44	22 24	0 59	4 55	1 51	23 34	1 21	7 34	1 21	19 46	0 41
28	21 4	4 56	1 55	3 5	22 45	1 5	5 14	1 55	23 27	1 21	7 32	1 20	19 45	0 41
29	21 15	1 10	0 53	0N47	23 5	1 11	5 33	1 59	23 21	1 20	7 31	1 20	19 44	0 41
30	21S25	2N44	0S13	4N41	23S24	1S16	5S53	2N 2	23S14	1S20	7S29	1S20	19S43	0S41

DAY	♅ DECL	♅ LAT	♆ DECL	♆ LAT	♇ DECL	♇ LAT
1	23S25	0S 9	22N15	1S 5	14N22	8S45
5	23 26	0 9	22 15	1 5	14 22	8 46
9	23 27	0 9	22 15	1 5	14 21	8 46
13	23 27	0 9	22 15	1 5	14 21	8 46
17	23 28	0 9	22 15	1 5	14 20	8 47
21	23 29	0 9	22 15	1 5	14 20	8 47
25	23 29	0 9	22 15	1 5	14 19	8 47
29	23S30	0S 9	22N16	1S 5	14N19	8S47

☽ PHENOMENA

d	h	m	
5	5	27	○
12	2	46	☾
19	5	10	●
27	5	36	☽

d	h	° '
1	21	0
8	14	18N19
14	23	0
21	19	18S23
29	7	0

d	h	° '
2	13	0
9	3	5S10
15	12	0
22	8	5N 6
29	19	0

VOID OF COURSE ☽

LAST ASPT		☽ INGRESS		
1	10pm46	2	♈	0am36
3	8pm19	4	♉	8am36
6	10am41	6	♊	1pm39
8	5am49	8	♋	4pm50
9	8pm14	10	♌	7pm24
12	11am32	12	♍	10pm16
14	3pm12	15	♎	1am55
16	7pm55	17	♏	6am41
19	5am10	19	♐	1pm 6
21	10am39	21	♑	9pm50
23	3am23	24	♒	9am 9
26	10am43	26	♓	9pm55
28	11pm10	29	♈	9am42

d	h	
10	14	PERIGEE
25	15	APOGEE

DAILY ASPECTARIAN

1 Su: ☽∠♄ 1am37; ☽□♇ 6 2; ☉☍☽ 10 46; ☽□♅ 11 23; ☽∥♀ 1pm37; ☽☍♀ 2 27; ☽⚹☿ 4 42; ☉∠♄ 6 45; ☽□♂ 10 46

2 M: ☉∥♇ 4am18; ☽∥♀ 4 20; ☽⚹♄ 6 45; ☽□♆ 11 42; ☉⚻☽ 6pm 1

3 T: ☽⚹♃ 2am11; ♂ ♑ 5 31; ☿⚺♃ 6 46; ☽⚹♇ 3pm 0; ☽△♅ 8 19; ☽∥♃ 9 24

4 W: ☽⚹♀ 2am15; ☿ ♏ 4 56; ☽∠♃ 5 49; ☽☍☿ 9 7; ☽△♂ 10 13; ☽∥☿ 2pm 7; ☽□♄ 2 35; ☽∠♇ 6 17; ☽⚹♆ 7 1; ☽□♅ 11 35

5 Th: ☿⚹♂ 0am37; ☉☍☽ 5 27; ☽□♀ 6 50; ☽⚹♃ 8 41; ☽□♂ 2pm35; ☽∥♇ 8 43; ☽⚻♇ 8 51; ☽∠☿ 9 34

6 F: ☽⚻♅ 2am 9; ☽□☿ 6 28; ☉∥☽ 9 22; ☽△♀ 10 41; ☽⚻♂ 6pm13; ☽△♄ 7 32; ☽□♃ 9 14; ☽⚻☿ 11 33

7 S: ☉△♃ 0am39; ☿□♇ 10 56; ☽☌♃ 12pm42; ☉⚹☽ 1 38; ☽⚻♅ 4 51; ♂⚹♄ 8 13; ☽□♄ 9 17

8 Su: ☽☌♇ 0am26; ☽□☿ 2 13; ☽□♅ 5 49; ☉∠♀ 12pm13; ♀ ♐ 2 43; ☽□☿ 4 58; ☉□☽ 5 2; ☽⚻♄ 10 46

9 M: ☽☍♂ 0am 9; ☽☌☿ 2 28; ☽△☿ 6 52; ☿∠♅ 10 13; ☽△♃ 3pm27; ♃SD 5 32; ☉△☽ 8 14

10 T: ☽⚻♇ 3am 2; ☉∥☽ 5 1; ☽⚻♅ 8 36; ☽□♃ 4pm44; ☽☍♀ 6 54; ☿∥♇ 8 17; ☽⚹♀ 10 38

11 W: ☽☍♄ 1am31; ☽☍☿ 4 18; ☽∥☿ 4 31; ☽⚻♀ 4 59; ☽⚻♂ 5 33; ☽∥♇ 6 19; ☽□♅ 10 0; ☽□☿ 4pm 0; ☽⚻♃ 6 5

12 Th: ☽∠♀ 1am38; ☉□☽ 2 46; ☽⚹♇ 5 40; ☽∠☿ 6 21; ☽□♂ 8 25; ☿△♃ 10 19; ☽△♅ 11 32

13 F: ☿△♄ 1am52; ☽∥♃ 3 14; ☽⚻♄ 4 40; ☽⚹☿ 4 51; ☽⚹♅ 7 54; ☽△♂ 11 28; ☉⚻♇ 6pm58; ☽☍♄ 9 18

14 S: ☽⚹☿ 1am51; ☽□♃ 4 24; ☽□♀ 6 33; ☽□♇ 8 58; ☉⚹☽ 10 5; ☽□♅ 3pm12; ☽∥♀ 3 52

15 Su: ♀□♆ 4am39; ☽∠♄ 7 15; ☽∥♀ 7 26; ☽△♄ 8 40; ☽□♆ 11 40; ☽☍♀ 12pm10; ☉∠☽ 2 12; ☽□♂ 6 25

16 M: ☽⚻♃ 1am29; ☽⚹☿ 1pm 2; ☽△♇ 1 16; ☿⚹♇ 2 59; ☉⚹☽ 6 41; ☽∥♃ 7 36; ☽⚹♅ 7 55; ☿□♆ 8 52

17 T: ☽□♃ 4am 2; ☉⚻♃ 12pm10; ☽□♄ 1 52; ☽□♇ 3 55; ☽△☿ 4 37; ☽△♀ 9 5; ☽∠♂ 10 48

18 W: ☽⚹♂ 2am52; ☽△♃ 7 0; ☽∥♇ 6pm56; ☽⚻♇ 7 0; ☽□♆ 7 43

19 Th: ☿⚹♅ 1am19; ☽⚹♅ 2 10; ☽□☿ 2 16; ☽∠♀ 2 22; ☿∠♀ 4 5; ☉□☽ 5 10; ☽∠♂ 7 53; ☽⚹♄ 8pm49; ☉∥☿ 10 2; ☽⚻☿ 11 20

20 F: ☽⚹♀ 8am23; ☽⚹♂ 1pm35; ☽□♃ 2 32; ☿∥♄ 11 55

21 S: ☽∠♄ 1am12; ☽☍♇ 2 49; ♂⚹♃ 6 2; ☽□♄ 10 39; ☉⚻☿ 2pm55; ☉⚹☽ 6 31; ☽□♀ 6 42

22 Su: ☉∥♄ 2am12; ☽⚻♄ 6 15; ☽□♅ 8 27; ☿∠♂ 2pm28; ☿ ♐ 7 22; ☽□♀ 10 57

23 M: ☽⚹♃ 0am40; ☉∠☽ 2 27; ☽☍♂ 3 23; ☽□♀ 4 22; ☉ ♐ 11 21; ☽⚻♇ 1pm14; ☿⚻♃ 9 23; ☽⚹☿ 9 46

24 T: ☽∠♃ 6am41; ☉⚹☽ 11 10; ☽□♀ 2pm54; ☽☍♄ 6 14; ☽□♇ 7 18; ☽⚹♅ 8 3; ☉∠♂ 9 26; ☽∥♇ 11 29

25 W: ☽∠♅ 4am 8; ☽⚹♃ 1pm 8; ☽△♀ 4 33; ☽△♄ 5 16; ☽⚹♂ 7 51

26 Th: ☽△♇ 1am39; ☽□☿ 2 24; ☽⚹☿ 5 23; ☽⚹♅ 10 43; ☿∥♆ 3pm16

27 F: ☽□♀ 1am47; ☽∠♂ 4 23; ☉□☽ 5 36; ☽∥♄ 6 17; ☽⚻♄ 7 25; ☽△☿ 8 43; ☽□☿ 12pm56; ♂∥♅ 4 34; ☽∥♀ 10 12

28 S: ☽☌♃ 2am 5; ☉⚹♄ 4 31; ☽⚻♀ 10 39; ☽⚹♂ 12pm31; ☽∠♄ 1 39; ☽□♇ 1 59; ☉⚹☿ 5 26; ☽□♅ 11 10

29 Su: ☉⚹♇ 10am54; ☿∥♂ 2pm12; ☽⚹♄ 7 11; ☽□♆ 7 57; ☉△☽ 10 20

30 M: ☉△♇ 1am28; ☽⚻♇ 5 49; ☿∥♅ 7 32; ☽△☿ 8 28; ☽⚺♃ 12pm51; ☽∥♀ 9 14; ☽⚹♇ 11 40

DECEMBER 1903

LONGITUDE

DAY	SID. TIME	☉	☽	☽ 12 Hour	MEAN ☊	TRUE ☊	☿	♀	♂	♃	♄	♅	♆	♇
	h m s	° ' "	° ' "	° ' "	° '	° '	° '	° '	° '	° '	° '	° '	° '	° '
1	4 34 42	7♐ 37 12	20♈ 5 47	26♈ 35 24	3♎ 29	4♎ 52R	12♐ 51	20♎ 54	21♑ 9	14♓ 11	5♒ 0	24♐ 44	5♋ 16R	19♊ 55R
2	4 38 38	8 38 1	3♉ 11 15	9♉ 53 28	3 26	4 49	14 24	21 56	21 55	14 15	5 5	24 48	5 14	19 54
3	4 42 35	9 38 50	16 42 3	23 36 50	3 23	4 43	15 58	22 59	22 41	14 20	5 10	24 51	5 13	19 53
4	4 46 31	10 39 42	0♊ 37 29	7♊ 43 30	3 20	4 34	17 32	24 1	23 28	14 25	5 15	24 55	5 11	19 52
5	4 50 28	11 40 34	14 54 13	22 8 52	3 16	4 24	19 5	25 4	24 14	14 30	5 20	24 58	5 10	19 51
6	4 54 25	12 41 27	29 26 31	6♋ 46 14	3 13	4 12	20 39	26 8	25 1	14 35	5 25	25 2	5 8	19 49
7	4 58 21	13 42 21	14♋ 7 1	21 27 53	3 10	4 2	22 12	27 12	25 47	14 40	5 30	25 6	5 7	19 48
8	5 2 18	14 43 16	28 47 55	6♌ 6 20	3 7	3 53	23 46	28 16	26 34	14 45	5 36	25 9	5 5	19 47
9	5 6 14	15 44 13	13♌ 22 23	20 35 33	3 4	3 46	25 19	29 20	27 21	14 51	5 41	25 13	5 4	19 46
10	5 10 11	16 45 10	27 45 22	4♍ 51 35	3 1	3 43	26 52	0♏ 25	28 7	14 57	5 46	25 16	5 2	19 45
11	5 14 7	17 46 9	11♍ 54 2	18 52 39	2 57	3 41D	28 26	1 30	28 54	15 3	5 52	25 20	5 0	19 44
12	5 18 4	18 47 9	25 47 29	2♎ 38 38	2 54	3 41R	29 59	2 36	29 41	15 9	5 58	25 24	4 59	19 42
13	5 22 0	19 48 10	9♎ 26 14	16 10 28	2 51	3 42	1♑ 32	3 41	0♒ 27	15 15	6 3	25 27	4 57	19 41
14	5 25 57	20 49 12	22 51 29	29 29 27	2 48	3 40	3 5	4 47	1 14	15 22	6 9	25 31	4 55	19 40
15	5 29 54	21 50 16	6♏ 4 32	12♏ 36 48	2 45	3 37	4 38	5 53	2 1	15 28	6 15	25 34	4 54	19 39
16	5 33 50	22 51 20	19 6 22	25 33 16	2 41	3 30	6 11	7 0	2 48	15 35	6 20	25 38	4 52	19 38
17	5 37 47	23 52 25	1♐ 57 31	8♐ 19 8	2 38	3 20	7 44	8 6	3 35	15 42	6 26	25 42	4 51	19 37
18	5 41 43	24 53 31	14 38 4	20 54 19	2 35	3 8	9 16	9 13	4 22	15 49	6 32	25 45	4 49	19 35
19	5 45 40	25 54 37	27 7 52	3♑ 18 42	2 32	2 54	10 48	10 20	5 9	15 57	6 38	25 49	4 47	19 34
20	5 49 36	26 55 44	9♑ 26 53	15 32 28	2 29	2 39	12 19	11 28	5 55	16 4	6 44	25 53	4 46	19 33
21	5 53 33	27 56 52	21 35 34	27 36 21	2 26	2 25	13 50	12 35	6 42	16 12	6 50	25 56	4 44	19 32
22	5 57 29	28 58 0	3♒ 35 3	9♒ 31 56	2 22	2 14	15 20	13 43	7 29	16 20	6 56	26 0	4 42	19 31
23	6 1 26	29 59 8	15 27 21	21 21 43	2 19	2 4	16 49	14 51	8 16	16 28	7 3	26 4	4 40	19 30
24	6 5 23	1♑ 0 16	27 15 28	3♓ 9 9	2 16	1 58	18 16	15 59	9 3	16 36	7 9	26 7	4 39	19 29
25	6 9 19	2 1 25	9♓ 3 20	14 58 36	2 13	1 55	19 43	17 7	9 50	16 44	7 15	26 11	4 37	19 27
26	6 13 16	3 2 33	20 55 37	26 55 3	2 10	1 53	21 7	18 16	10 38	16 52	7 21	26 14	4 35	19 26
27	6 17 12	4 3 42	2♈ 57 37	9♈ 4 0	2 7	1 53	22 30	19 24	11 25	17 1	7 28	26 18	4 34	19 25
28	6 21 9	5 4 51	15 14 55	21 31 1	2 3	1 53	23 50	20 33	12 12	17 9	7 34	26 22	4 32	19 24
29	6 25 5	6 5 59	27 52 56	4♉ 21 14	2 0	1 51	25 8	21 42	12 59	17 18	7 41	26 25	4 30	19 23
30	6 29 2	7 7 8	10♉ 56 22	17 38 43	1 57	1 48	26 22	22 51	13 46	17 27	7 47	26 29	4 29	19 22
31	6 32 58	8♑ 8 16	24♉ 28 27	1♊ 25 38	1♎ 54	1♎ 41	27♑ 32	24♏ 1	14♒ 33	17♓ 36	7♒ 54	26♐ 32	4♋ 27	19♊ 21

DECLINATION and LATITUDE

DAY	☉ DECL	☽ DECL	☽ LAT	☽ 12hr DECL	☿ DECL	☿ LAT	♀ DECL	♀ LAT	♂ DECL	♂ LAT	♃ DECL	♃ LAT	♄ DECL	♄ LAT
1	21S36	6N37	1S20	8N30	23S42	1S22	6S13	2N 6	23S 6	1S20	7S27	1S20	19S42	0S41
2	21 45	10 19	2 25	12 1	23 59	1 27	6 33	2 9	22 59	1 20	7 25	1 19	19 41	0 41
3	21 55	13 35	3 23	14 59	24 14	1 32	6 53	2 12	22 51	1 20	7 23	1 19	19 40	0 42
4	22 3	16 12	4 11	17 10	24 28	1 37	7 14	2 15	22 43	1 19	7 21	1 19	19 38	0 42
5	22 12	17 52	4 45	18 18	24 41	1 41	7 34	2 18	22 34	1 19	7 19	1 19	19 37	0 42
6	22 20	18 26	5 1	18 15	24 53	1 46	7 55	2 21	22 26	1 19	7 17	1 18	19 36	0 42
7	22 27	17 46	4 58	16 59	25 3	1 50	8 15	2 23	22 17	1 19	7 15	1 18	19 35	0 42
8	22 35	15 56	4 34	14 37	25 12	1 54	8 36	2 25	22 8	1 18	7 12	1 18	19 33	0 42
9	22 41	13 5	3 54	11 21	25 19	1 57	8 57	2 27	21 59	1 18	7 10	1 18	19 32	0 42
10	22 48	9 28	2 58	7 27	25 26	2 1	9 18	2 29	21 49	1 18	7 8	1 18	19 31	0 42
11	22 53	5 22	1 53	3 13	25 30	2 4	9 38	2 31	21 39	1 17	7 5	1 17	19 29	0 42
12	22 59	1 2	0 42	1S 8	25 34	2 7	9 59	2 33	21 29	1 17	7 2	1 17	19 28	0 42
13	23 4	3S17	0N30	5 21	25 35	2 9	10 20	2 34	21 19	1 17	6 60	1 17	19 27	0 42
14	23 8	7 21	1 40	9 14	25 36	2 11	10 41	2 36	21 8	1 17	6 57	1 17	19 25	0 42
15	23 12	10 60	2 42	12 37	25 35	2 13	11 1	2 37	20 58	1 16	6 54	1 16	19 24	0 42
16	23 16	14 3	3 35	15 19	25 32	2 14	11 22	2 38	20 47	1 16	6 51	1 16	19 22	0 42
17	23 19	16 22	4 17	17 13	25 28	2 15	11 43	2 39	20 35	1 16	6 48	1 16	19 21	0 42
18	23 21	17 51	4 45	18 16	25 22	2 15	12 3	2 40	20 24	1 15	6 46	1 16	19 19	0 42
19	23 23	18 27	4 58	18 25	25 15	2 15	12 23	2 40	20 12	1 15	6 42	1 16	19 18	0 42
20	23 25	18 10	4 58	17 42	25 6	2 14	12 44	2 41	20 0	1 15	6 39	1 15	19 16	0 42
21	23 26	17 3	4 43	16 13	24 56	2 13	13 4	2 41	19 48	1 14	6 36	1 15	19 15	0 42
22	23 27	15 12	4 17	14 2	24 45	2 11	13 24	2 42	19 36	1 14	6 33	1 15	19 13	0 42
23	23 27	12 43	3 39	11 17	24 31	2 9	13 43	2 42	19 23	1 13	6 30	1 15	19 12	0 42
24	23 27	9 44	2 52	8 5	24 17	2 6	14 3	2 42	19 10	1 13	6 26	1 15	19 10	0 42
25	23 26	6 22	1 58	4 34	24 1	2 2	14 22	2 42	18 58	1 13	6 23	1 14	19 9	0 42
26	23 25	2 43	0 58	0 49	23 44	1 58	14 42	2 41	18 44	1 12	6 20	1 14	19 7	0 42
27	23 23	1N 5	0S 6	3N 1	23 25	1 52	15 0	2 41	18 31	1 12	6 16	1 14	19 6	0 42
28	23 21	4 56	1 10	6 49	23 5	1 46	15 19	2 40	18 17	1 11	6 12	1 14	19 4	0 42
29	23 19	8 39	2 13	10 25	22 45	1 39	15 38	2 40	18 4	1 11	6 9	1 14	19 2	0 42
30	23 16	12 5	3 11	13 38	22 23	1 31	15 56	2 39	17 50	1 11	6 5	1 13	19 1	0 42
31	23S12	15N 1	4S 0	16N12	22S 1	1S22	16S14	2N38	17S36	1S10	6S 1	1S13	18S59	0S42

DAY	♅ DECL	♅ LAT	♆ DECL	♆ LAT	♇ DECL	♇ LAT
1	23S30	0S 9	22N16	1S 5	14N19	8S47
5	23 31	0 9	22 16	1 5	14 18	8 47
9	23 31	0 9	22 16	1 5	14 18	8 47
13	23 32	0 9	22 16	1 5	14 18	8 47
17	23 32	0 9	22 17	1 5	14 18	8 46
21	23 33	0 9	22 17	1 5	14 18	8 46
25	23 33	0 9	22 17	1 5	14 18	8 46
29	23S34	0S 9	22N17	1S 5	14N18	8S45

☽ PHENOMENA		VOID OF COURSE ☽ LAST ASPT	☽ INGRESS
d h m		1 8am38	1 ♉ 6pm14
4 18 13	○	3 11am 1	3 ♊ 10pm56
11 10 53	☾	5 6pm 8	6 ♋ 0am55
18 21 26	●	7 11pm 3	8 ♌ 1am58
27 2 22	☽	9 10pm20	10 ♍ 3am47
d h	° '	12 7am12	12 ♎ 7am21
5 23	18N26	14 4am49	14 ♏ 12pm55
12 6	0	15 5pm26	16 ♐ 8pm19
19 4	18S28	18 9pm27	19 ♑ 5am34
26 17	0	20 1pm11	21 ♒ 4pm48
6 8	5S 2	23 9pm40	24 ♓ 5am35
12 14	0	26 10am42	26 ♈ 6pm 8
19 11	4N60	28 9pm15	29 ♉ 3am57
26 22	0	31 5am46	31 ♊ 9am33
		d h	
		7 9	PERIGEE
		23 10	APOGEE

DAILY ASPECTARIAN

1 T	☽☍♀	1am38
	☽□♂	2 4
	☉⚼☽	5 5
	☽∥♃	5 12
	☽△♅	8 38
	☽□♆	4pm14
	☽∠♃	4 50
	♀⊼♃	9 33
	♀□♂	10 10
2 W	☽∠♇	3am 5
	☽□♄	3 25
	☽⚹♆	3 41
	☉⊼☽	10 33
	☽⚼♅	11 53
	☽⚹♃	7pm49
	☽⊼♂	10 33
3 Th	☽⊻♇	5am32
	☽∥♇	5 59
	☽∠♆	6 6
	☽△♂	11 1
	♄⊼♆	11 30
	☽⊼♀	11 47
	☽⊼♅	2pm12
4 F	☽⊻♆	7am43
	☽△♄	7 52
	♀∥♃	8 0
	☽⚼♀	2pm 0
	☽⚼♀	3 18
	☉☍☽	6 13
	☽☍♅	9 35
	☽□♃	11 19
5 S	☽☍♅	7am46
	☽☌♇	8 11
	☽⊼♆	9 3
	♀⊼♇	11 32
	☉∥♅	12pm 5
	☽⊼♂	4 19
	☽☍♅	4 44
	☽△♀	6 8
	♀⊻♄	8 18
6 Su	♂⊻♅	0am39
	☉∥♂	8 49
	☽☌♆	9 19
	☽⊼♄	9 51
	☉⊼☽	11pm17
7 M	☽△♃	0am54
	♂⚹♃	2 48
	☽⊻♇	9 17
	☽⊼♅	2pm46
	☽⚹♄	6 0
	☽☍♂	8 8
	☽□♀	11 3
8 T	☉□♃	0am54
	☽⚼♃	1 35
	☉⚼☽	1 38
	☽∠♇	9 49
	☽⊻♆	10 18
	☽⚼♅	11 14
	☽∥♇	2pm35
	☽⚼♆	6 20
	☽⚼♅	6 45
	♀⊼♅	10 20
9 W	☽⊼♃	2am28
	☉△☽	4 13
	☽⚹♇	10 37
	☽∠♆	11 5
	♀⚼♃	12pm28
	♀ ♏	2 42
	☽△♅	7 49
	☽△♅	10 20
10 Th	☽⊼♂	0am39
	☽∥♀	0 59
	☽⚹♀	4 51
	☽⚹♅	12pm16
	☽∥♃	1 39
	☽∥♃	2 5
11 F	☽⚼♂	3am38
	☽⚹♀	5 26
	☽∠♇	8 34
	☉□☽	10 53
	☽□♇	1pm27
	☿⊻♂	2 29
	☽⊼♄	3 33
	☽□♅	11 18
12 S	☿ ♑	0am14
	☽△♂	7 12
	☽⚹♆	8 16
	♂ ♒	9 57
	☽⊻♀	12pm57
	☽□♆	4 5
	♂∠♃	4 46
	☽△♄	5 58
	☉☍♇	9 21
13 Su	☽⊼♃	10am26
	☽△♇	6pm16
	☉⚹☽	8 2
	♀⚼♇	9 30
	☽∥♃	9 34
14 M	♀△♃	2am57
	☽⚹♅	4 49
	☉∠♄	8 32
	☽□♄	1pm42
	☽□♂	4 8
	☽△♆	9 2
	☽⊼♇	9 24
	☽⚹♆	9 51
	☽☌♀	11 38
15 T	☽∥♀	0am11
	☽⚼♃	0 19
	☉∠☽	1 31
	☿☍♆	3 54
	☽∠♅	8 17
	☽□♄	8 27
	☽△♃	5pm26
16 W	☽☍♇	0am58
	☽⚼♆	1 25
	☽∥♇	2 13
	☽⊻♄	2 32
	☽∠♆	4 23
	☉⊻☽	7 34
	☽⊻♅	12pm12
17 Th	☽⚹♂	3am15
	☽⊼♆	5 25
	☽⚹♄	8 31
	☽□♃	12pm23
	☽⊻♀	12 43
	♅⊼♆	9 19
18 F	☽□♃	2am17
	♂⊼♇	6 55
	☽☍♇	9 28
	☽∠♂	9 38
	☽∠♄	1pm19
	♂⊼♆	1 28
	☽∠♀	8 12
	☉☌☽	9 26
	☽☌♅	9 27
	☉☌♅	9 39
19 S	♀∠♅	10am47
	☽☍♆	2pm51
	☽⊻♂	4 38
	☽⊻♄	6 39
20 Su	☽⚹♀	4am22
	☽⚹♆	6 27
	☽⚹♃	1pm11
	☽☍♇	7 55
21 M	♂⚹♅	4am38
	☽⊻♅	8 42
	☉⊻☽	1pm52
	☽∠♃	7 25
22 T	☽⚼♇	1am52
	☽⊼♆	2 15
	☽☌♄	6 49
	☽☌♂	8 26
	☽∥♇	9 23
	☽□♀	3pm 3
	☽∥♀	3 57
	♅⊻♃	5 43
	☽□♀	10 38
	☉∠☽	10 57
23 W	☉ ♑	0am20
	☽⊻♃	2 4
	☽⚹♅	3 9
	☽△♇	8 11
	☽⚼♆	8 33
	☽⚹♅	9pm40
24 Th	♂∥♄	0am21
	☉∠♀	4 14
	☉⚹☽	8 21
	☽□♅	1pm57
	♀△♃	2 39
	☽△♆	3 0
	♀∥♇	6 15
	☿⊼♇	7 45
	☽⊻♄	8 18
	☽∥♃	11 51
25 F	☽⊻♂	1am43
	☽☌♃	3pm44
	☽△♀	6 4
	☽□♇	9 1
26 S	☽⚹♆	0am27
	☽∠♄	2 54
	☽∠♂	10 5
	☽□♅	10 42
	♀∥♅	1pm30
	♂⊻♃	8 22
27 Su	♀⊼♇	0am15
	☉□☽	2 22
	☉∥♀	2 28
	♀⚼♆	3 8
	☽□♆	3 9
	☽⚹♄	8 56
	☉☍♆	11 26
	☽⚹♂	5pm41
28 M	☽⊻♃	3am43
	☽⚹♇	7 57
	☽∥♃	7 58
	☽⊼♀	11 11
	☽□♆	6pm16
	☽△♅	9 15
29 T	☽∠♃	8am19
	☽∠♇	12pm 2
	☽⚹♆	12 15
	☉△☽	4 29
	☽□♄	6 14
30 W	☽⚼♅	0am59
	♅⊼♆	2 29
	☽□♂	5 24
	♅∥♆	6 3
	☽⚹♃	11 47
	☽☍♀	3pm 1
	☽∠♆	3 12
	☉⊻♄	5 35
	☽∥♇	5 36
	☉⊼☽	9 29
	☽⊻♇	11 7
31 Th	☽⊼♅	3am36
	☽△☿	5 46
	☽∥♀	2pm16
	☽⊻♆	5 7
	☽△♄	11 9

JANUARY 1904

LONGITUDE

DAY	SID. TIME	☉	☽	☽ 12 Hour	MEAN ☊	TRUE ☊	☿	♀	♂	♃	♄	♅	♆	♇
	h m s	° ' "	° ' "	° ' "	° '	° '	° '	° '	° '	° '	° '	° '	° '	° '
1	6 36 55	9♑ 9 25	8♊ 30 3	15♊ 41 21	1♎ 51	1♎ 32R	28♑ 38	25♏ 10	15♒ 20	17♓ 46	8♒ 0	26♐ 36	4♋ 25R	19♊ 20R
2	6 40 52	10 10 34	22 58 54	0♋ 21 55	1 47	1 21	29 38	26 20	16 7	17 55	8 7	26 40	4 23	19 19
3	6 44 48	11 11 42	7♋ 49 23	15 20 8	1 44	1 9	0♒ 32	27 29	16 54	18 4	8 13	26 43	4 22	19 17
4	6 48 45	12 12 50	22 52 55	0♌ 26 24	1 41	0 58	1 20	28 39	17 41	18 14	8 20	26 47	4 20	19 16
5	6 52 41	13 13 59	7♌ 59 19	15 30 25	1 38	0 48	1 59	29 49	18 29	18 24	8 27	26 50	4 18	19 15
6	6 56 38	14 15 7	22 58 39	0♍ 23 3	1 35	0 41	2 30	0♐ 59	19 16	18 34	8 34	26 54	4 17	19 14
7	7 0 34	15 16 16	7♍ 42 55	14 57 40	1 32	0 36	2 52	2 10	20 3	18 44	8 40	26 57	4 15	19 13
8	7 4 31	16 17 24	22 6 57	29 10 36	1 28	0 34D	3 3R	3 20	20 50	18 54	8 47	27 1	4 13	19 12
9	7 8 27	17 18 33	6♎ 8 36	13♎ 1 2	1 25	0 34	3 3	4 30	21 37	19 4	8 54	27 4	4 12	19 11
10	7 12 24	18 19 42	19 48 6	26 30 5	1 22	0 34R	2 51	5 41	22 24	19 14	9 1	27 8	4 10	19 10
11	7 16 21	19 20 50	3♏ 7 17	9♏ 40 4	1 19	0 33	2 28	6 52	23 12	19 25	9 8	27 11	4 8	19 9
12	7 20 17	20 21 59	16 8 47	22 33 46	1 16	0 31	1 52	8 3	23 59	19 35	9 15	27 15	4 7	19 8
13	7 24 14	21 23 8	28 55 21	5♐ 13 48	1 13	0 25	1 6	9 13	24 46	19 46	9 22	27 18	4 5	19 7
14	7 28 10	22 24 17	11♐ 29 25	17 42 24	1 9	0 17	0 10	10 24	25 33	19 57	9 29	27 21	4 4	19 6
15	7 32 7	23 25 25	23 52 58	0♑ 1 17	1 6	0 7	29♑ 5	11 36	26 20	20 8	9 36	27 25	4 2	19 5
16	7 36 3	24 26 33	6♑ 7 29	12 11 43	1 3	29♍ 54	27 53	12 47	27 7	20 19	9 43	27 28	4 0	19 4
17	7 40 0	25 27 41	18 14 5	24 14 44	1 0	29 41	26 37	13 58	27 55	20 30	9 50	27 31	3 59	19 3
18	7 43 56	26 28 48	0♒ 13 46	6♒ 11 21	0 57	29 29	25 18	15 9	28 42	20 41	9 57	27 35	3 57	19 3
19	7 47 53	27 29 55	12 7 39	18 2 53	0 53	29 18	24 1	16 21	29 29	20 53	10 4	27 38	3 56	19 2
20	7 51 50	28 31 1	23 57 16	29 51 7	0 50	29 9	22 45	17 32	0♓ 16	21 4	10 11	27 41	3 54	19 1
21	7 55 46	29 32 6	5♓ 44 44	11♓ 38 32	0 47	29 4	21 35	18 44	1 3	21 16	10 18	27 44	3 53	19 0
22	7 59 43	0♒ 33 10	17 32 55	23 28 22	0 44	29 1D	20 31	19 56	1 50	21 27	10 25	27 48	3 51	18 59
23	8 3 39	1 34 14	29 25 24	5♈ 24 35	0 41	29 0	19 34	21 8	2 37	21 39	10 32	27 51	3 50	18 58
24	8 7 36	2 35 16	11♈ 26 31	17 31 49	0 38	29 0	18 47	22 19	3 25	21 51	10 39	27 54	3 48	18 57
25	8 11 32	3 36 17	23 41 8	29 55 7	0 34	29 1R	18 7	23 31	4 12	22 3	10 46	27 57	3 47	18 57
26	8 15 29	4 37 18	6♉ 14 24	12♉ 39 34	0 31	29 2	17 37	24 43	4 59	22 15	10 53	28 0	3 45	18 56
27	8 19 25	5 38 17	19 11 11	25 49 44	0 28	29 1	17 17	25 55	5 46	22 27	11 1	28 3	3 44	18 55
28	8 23 22	6 39 15	2♊ 35 34	9♊ 28 56	0 25	28 58	17 4D	27 7	6 33	22 39	11 8	28 6	3 43	18 54
29	8 27 19	7 40 12	16 29 52	23 38 17	0 22	28 53	17 0	28 19	7 20	22 51	11 15	28 9	3 41	18 54
30	8 31 15	8 41 8	0♋ 53 48	8♋ 15 52	0 19	28 46	17 4	29 31	8 7	23 4	11 22	28 12	3 40	18 53
31	8 35 12	9♒ 42 3	15♋ 43 41	23♋ 16 16	0♎ 15	28♍ 38	17♑ 15	0♑ 44	8♓ 54	23♓ 16	11♒ 29	28♐ 15	3♋ 39	18♊ 52

DECLINATION and LATITUDE

DAY	☉ DECL	☽ DECL	☽ LAT	☽ 12hr DECL	☿ DECL	☿ LAT	♀ DECL	♀ LAT	♂ DECL	♂ LAT	♃ DECL	♃ LAT	♄ DECL	♄ LAT
1	23S 8	17N10	4S37	17N53	21S38	1S12	16S31	2N37	17S21	1S10	5S58	1S13	18S57	0S42
2	23 4	18 19	4 58	18 26	21 14	1 1	16 49	2 36	17 7	1 9	5 54	1 13	18 56	0 42
3	22 59	18 15	4 59	17 44	20 51	0 49	17 5	2 35	16 52	1 9	5 50	1 13	18 54	0 42
4	22 53	16 55	4 39	15 48	20 28	0 36	17 22	2 34	16 37	1 8	5 46	1 13	18 52	0 42
5	22 48	14 24	4 0	12 47	20 5	0 22	17 38	2 33	16 22	1 8	5 42	1 12	18 51	0 42
6	22 41	10 57	3 5	8 58	19 43	0 6	17 54	2 31	16 7	1 8	5 38	1 12	18 49	0 43
7	22 35	6 51	1 58	4 40	19 22	0N10	18 10	2 29	15 52	1 7	5 34	1 12	18 47	0 43
8	22 27	2 27	0 45	0 13	19 3	0 27	18 25	2 28	15 37	1 7	5 30	1 12	18 45	0 43
9	22 20	1S59	0N29	4S 8	18 45	0 46	18 40	2 26	15 21	1 6	5 26	1 12	18 44	0 43
10	22 12	6 12	1 40	8 10	18 29	1 4	18 54	2 24	15 5	1 6	5 21	1 11	18 42	0 43
11	22 3	9 60	2 44	11 41	18 16	1 23	19 8	2 22	14 49	1 5	5 17	1 11	18 40	0 43
12	21 54	13 13	3 37	14 34	18 6	1 42	19 21	2 20	14 33	1 5	5 13	1 11	18 38	0 43
13	21 45	15 43	4 18	16 41	17 58	2 1	19 34	2 18	14 17	1 4	5 8	1 11	18 37	0 43
14	21 35	17 26	4 46	17 59	17 52	2 18	19 46	2 16	14 1	1 4	5 4	1 11	18 35	0 43
15	21 25	18 18	5 1	18 25	17 50	2 35	19 58	2 14	13 44	1 3	4 60	1 11	18 33	0 43
16	21 15	18 18	5 1	17 59	17 49	2 50	20 10	2 12	13 27	1 3	4 55	1 11	18 31	0 43
17	21 4	17 28	4 47	16 45	17 51	3 3	20 21	2 9	13 11	1 2	4 51	1 10	18 29	0 43
18	20 52	15 52	4 21	14 48	17 55	3 13	20 31	2 7	12 54	1 2	4 46	1 10	18 27	0 43
19	20 40	13 36	3 43	12 17	18 1	3 21	20 41	2 4	12 37	1 1	4 41	1 10	18 26	0 43
20	20 28	10 47	2 56	9 12	18 8	3 27	20 51	2 2	12 20	1 1	4 37	1 10	18 24	0 43
21	20 16	7 32	2 1	5 47	18 16	3 30	20 60	1 59	12 2	1 0	4 32	1 10	18 22	0 43
22	20 3	3 59	1 1	2 8	18 25	3 30	21 8	1 57	11 45	0 59	4 27	1 10	18 20	0 43
23	19 49	0 16	0S 2	1N37	18 35	3 29	21 16	1 54	11 28	0 59	4 23	1 10	18 18	0 43
24	19 36	3N31	1 6	5 23	18 45	3 25	21 23	1 51	11 10	0 58	4 18	1 9	18 16	0 43
25	19 21	7 12	2 9	8 59	18 55	3 20	21 30	1 48	10 52	0 58	4 13	1 9	18 14	0 43
26	19 7	10 40	3 7	12 16	19 6	3 13	21 36	1 45	10 35	0 57	4 8	1 9	18 12	0 44
27	18 52	13 44	3 57	15 3	19 16	3 6	21 41	1 42	10 17	0 57	4 3	1 9	18 11	0 44
28	18 37	16 11	4 36	17 6	19 26	2 57	21 46	1 39	9 59	0 56	3 58	1 9	18 9	0 44
29	18 22	17 47	5 0	18 12	19 36	2 47	21 50	1 36	9 41	0 56	3 53	1 9	18 7	0 44
30	18 6	18 20	5 7	18 9	19 46	2 37	21 54	1 33	9 23	0 55	3 48	1 9	18 5	0 44
31	17S50	17N39	4S54	16N51	19S55	2N26	21S57	1N30	9S 5	0S54	3S43	1S 9	18S 3	0S44

DAY	♅ DECL	♅ LAT	♆ DECL	♆ LAT	♇ DECL	♇ LAT
1	23S34	0S 9	22N18	1S 5	14N18	8S45
5	23 34	0 10	22 18	1 5	14 18	8 45
9	23 35	0 10	22 18	1 5	14 18	8 44
13	23 35	0 10	22 18	1 5	14 18	8 44
17	23 35	0 10	22 19	1 5	14 19	8 43
21	23 36	0 10	22 19	1 5	14 19	8 42
25	23 36	0 10	22 19	1 5	14 20	8 42
29	23S36	0S10	22N20	1S 5	14N20	8S41

☽ PHENOMENA

d	h	m	
3	5	47	○
9	21	10	☾
17	15	47	●
25	20	41	☽

d	h	° '
2	11	18N26
8	13	0
15	12	18S25
23	2	0
29	23	18N20

d	h	° '
2	13	5S 1
8	14	0
15	12	5N 2
22	23	0
29	21	5S 7

VOID OF COURSE ☽

LAST ASPT		☽ INGRESS		
2	6am 1	2	♋	11am24
4	9am56	4	♌	11am18
6	6am22	6	♍	11am23
8	8am20	8	♎	1pm25
10	1pm11	10	♏	6pm19
12	3pm38	13	♐	2am 3
15	6am55	15	♑	11am57
17	3pm47	17	♒	11pm32
20	7am38	20	♓	12pm18
22	8pm49	23	♈	1am10
25	8am16	25	♉	12pm 9
27	6am 1	27	♊	7pm26
29	9pm33	29	♋	10pm32
31	12pm10	31	♌	10pm37

d	h	
4	12	PERIGEE
19	23	APOGEE

DAILY ASPECTARIAN

Day	Aspect	Time
1 F	☉⚻☽	1am11
	☽#♂	2 24
	☽⚼☿	9 14
	☽△♂	12pm 4
	☽□♃	3 35
	☽☌♇	5 59
2 S	☽⚼♄	0am13
	☽⚻♀	5 55
	☽☍♅	6 1
	♀⚺♅	7 15
	☿ ♒	9 25
	☽⚻☿	11 32
	☽⚼♂	1pm57
	♀∥♂	1 58
	☽☌♆	6 27
3 Su	☽⚻♄	0am39
	☉☍☽	5 47
	☽⚼♀	8 5
	☽⚻♂	3pm18
	☽△♃	4 32
	☽⚺♇	6 16
	☽#♀	6 48
4 M	☽#♂	3am53
	☽⚻♅	6 13
	☽△♀	9 56
	☽☍☿	2pm 3
	☽⚼♃	4 37
	☽∠♇	6 4
	☽⚺♆	6 9
	♂⚺♃	8 55
5 T	☽☍♄	0am44
	☽∥♇	0 50
	♀ ♐	3 43
	☽⚼♅	6 10
	☉⚻☽	8 58
	☽⚻♃	4pm49
	☽☍♂	5 42
	☽⚹♇	5 59
	☽∠♆	6 4
	♂△♇	11 14
6 W	♂⚼♆	0am28
	☽△♅	6 22
	☉⚼☽	10 55
	☽□♀	2pm 6
	☽⚻☿	3 53
	☽⚹♆	6 20
7 Th	☽⚻♄	1am35
	☽#♃	7 14
	☉△☽	1pm28
	☽⚼☿	5 6
	☿⚹♀	5 33
	☽☍♃	6 31
	☽□♇	7 6
	☽⚻♂	9 43
8 F	☽⚼♄	2am51
	☽□♅	8 20
	☿SR	12pm 6
	♀⚻♆	5 48
	☽△☿	6 41
	☽□♆	8 38
	☽⚹♀	8 54
9 S	☽⚼♂	0am53
	☿∥♄	1 56
	☿∥♀	4 10
	☽△♄	4 50
	☉#♆	5 10
	♀∥♄	6 10
	♃□♇	3pm 1
	☽∥♃	7 7
	☉□☽	9 10
	☽△♇	10 53
	☽⚻♃	10 59
10 Su	☽∠♀	1am43
	☽△♂	4 56
	☽⚹♅	1pm11
	☉⚻♇	7 29
	☽□☿	10 50
11 M	☽△♆	1am51
	☽⚼♇	1 53
	☉⚹♃	1 55
	☽⚼♃	2 24
	☽⚺♀	7 31
	☽□♄	11 6
	☽∠♅	4pm43
12 T	☽⚼♆	5am31
	☽⚻♇	5 34
	☽△♃	6 31
	☉⚹☽	8 34
	☽#♇	9 37
	☽∥♂	10 46
	☽□♂	3pm38
	☽⚺♅	8 55
	♂#♇	9 41
13 W	♀⚹♄	3am 3
	☽⚹☿	3 52
	☽⚻♆	9 48
	☉∠☽	3pm28
	☽⚹♄	8 6
	☽☌♀	9 42
14 Th	☿ ♑	3am24
	☽∠☿	6 32
	☽∥☿	8 37
	☽☍♇	2pm41
	☽□♃	4 36
	☉⚺☽	11 2
15 F	☽∠♄	1am24
	☽⚹♂	5 7
	☽☌♅	6 55
	☽⚺☿	9 16
	☽☍♆	7pm50
16 S	☿∠♀	1am 0
	☽⚺♄	7 9
	☿⚺♅	7 37
	☿⚺♂	8 56
	♂⚹♅	11 17
	☽∠♂	12pm41
	☽⚺♀	2 36
	☽∥☿	3 55
17 Su	☽⚻♇	1am38
	☽⚹♃	4 35
	☉☌☿	11 54
	☽☌☿	3pm 6
	☉☌☽	3 47
	☽⚺♅	6 39
	☽⚺♂	8 42
	☽∠♀	11 50
18 M	☽⚻♆	7am29
	☽⚼♇	7 40
	☽∠♃	11 10
	☽#♇	5pm 2
	☽☌♄	7 47
	☉∥♀	10 52
19 T	☽∠♅	1am 2
	☉⚺♅	3 20
	☽⚹♀	9 31
	☽∥♂	9 51
	☽⚼♆	1pm46
	☽△♇	1 58
	♂ ♓	3 50
	☽⚺♃	6 2
	☽⚺☿	9 48
20 W	☽⚹♅	7am38
	☉⚺☽	10 10
	☽☌♂	1pm46
	☽△♆	8 13
21 Th	☽∠☿	1am33
	♀☍♇	5 14
	☿⚹♃	5 55
	☽⚺♄	9 21
	☉ ♒	10 58
	☿∥♄	1pm 2
	☉∠☽	7 34
	☽∥♃	8 50
22 F	☽□♇	2am55
	☽□♀	5 22
	☽⚹☿	5 33
	☿⚺♀	6 26
	☽☌♃	8 3
	☽∠♄	4pm 5
	☽□♅	8 49
23 S	☉⚹☽	4am43
	☽⚺♂	6 53
	☽□♆	8 49
	♀□♃	12pm37
	☿⚻♇	6 3
	☽⚹♄	10 25
24 Su	☽#♃	4am56
	☿∠♂	5 53
	♂△♆	11 47
	☽□☿	1pm41
	☽∠♂	2 40
	☽⚹♇	2 47
	☽⚺♃	8 46
	☽△♀	11 39
25 M	☉⚻♆	4am 5
	☉⚼♇	7 54
	☽△♅	8 16
	☽⚹♆	7pm19
	☽∠♇	7 39
	☉□☽	8 41
	☽⚹♂	9 28
	☽#♂	11 23
26 T	☉∥☿	1am21
	☽∠♃	1 55
	☽⚼♀	7 12
	☽□♄	8 48
	☽⚼♅	12pm41
	☽△☿	8 35
	☽∠♆	11 11
	☽⚺♇	11 31
27 W	♀∠♄	2am 2
	☽∥♇	5 17
	☽⚹♃	6 1
	☉⚺♂	12pm54
	☽⚻♀	1 21
	☽⚻♅	4 2
	☽⚼☿	11 6
28 Th	☽⚺♆	1am58
	☽□♂	7 20
	☉△☽	7 40
	☽△♄	2pm58
	♀☌♅	8 33
	☿SD	11 52
29 F	☽⚻☿	0am52
	☽☌♇	4 3
	☉∠♃	5 29
	☽#♄	8 17
	☽□♃	10 51
	☉⚼☽	11 10
	☉#☽	12pm58
	☽⚼♄	4 28
	☽☍♅	7 34
	☽☍♀	9 33
30 S	☉∥♄	2am 0
	☽☌♆	4 31
	♀ ♑	9 28
	☽△♂	12pm25
	☉⚻☽	1 37
	☽#♄	2 48
	☽⚻♄	5 9
	☉#☽	7 21
31 Su	☽☍☿	2am29
	☽⚺♇	5 0
	☽△♃	12pm10
	☽⚼♂	1 42
	☽⚻♅	7 56

FEBRUARY 1904

LONGITUDE

DAY	SID. TIME	☉	☽	☽ 12 Hour	MEAN ☊	TRUE ☊	☿	♀	♂	♃	♄	♅	♆	♇
	h m s	° ' "	° ' "	° ' "	° '	° '	° '	° '	° '	° '	° '	° '	° '	° '
1	8 39 8	10♒ 42 56	0♌ 52 24	8♌ 30 48	0♎ 12	28♍ 30R	17♑ 33	1♑ 56	9♓ 41	23♓ 29	11♒ 36	28♐ 18	3♋ 37R	18♊ 52R
2	8 43 5	11 43 48	16 10 4	23 48 47	0 9	28 23	17 57	3 8	10 28	23 41	11 44	28 21	3 36	18 51
3	8 47 1	12 44 40	1♍ 25 37	8♍ 59 20	0 6	28 18	18 27	4 21	11 15	23 54	11 51	28 24	3 35	18 50
4	8 50 58	13 45 30	16 28 51	23 53 15	0 3	28 16D	19 2	5 33	12 2	24 7	11 58	28 27	3 34	18 50
5	8 54 54	14 46 19	1♎ 11 52	8♎ 24 11	29♍ 59	28 15	19 42	6 46	12 49	24 19	12 5	28 30	3 32	18 49
6	8 58 51	15 47 7	15 29 56	22 29 0	29 56	28 16	20 26	7 58	13 35	24 32	12 12	28 32	3 31	18 48
7	9 2 48	16 47 55	29 21 26	6♏ 7 25	29 53	28 17	21 14	9 11	14 22	24 45	12 20	28 35	3 30	18 48
8	9 6 44	17 48 41	12♏ 47 12	19 21 10	29 50	28 18R	22 6	10 23	15 9	24 58	12 27	28 38	3 29	18 47
9	9 10 41	18 49 26	25 49 42	2♐ 13 16	29 47	28 18	23 1	11 36	15 56	25 11	12 34	28 40	3 28	18 47
10	9 14 37	19 50 11	8♐ 32 19	14 47 18	29 44	28 17	23 59	12 49	16 43	25 24	12 41	28 43	3 27	18 46
11	9 18 34	20 50 54	20 58 40	27 6 51	29 40	28 13	25 0	14 2	17 29	25 38	12 48	28 46	3 26	18 46
12	9 22 30	21 51 37	3♑ 12 16	9♑ 15 16	29 37	28 8	26 3	15 14	18 16	25 51	12 55	28 48	3 25	18 45
13	9 26 27	22 52 18	15 16 13	21 15 26	29 34	28 2	27 9	16 27	19 3	26 4	13 2	28 51	3 24	18 45
14	9 30 23	23 52 58	27 13 13	3♒ 9 51	29 31	27 55	28 17	17 40	19 50	26 18	13 10	28 53	3 23	18 45
15	9 34 20	24 53 36	9♒ 5 33	15 0 34	29 28	27 49	29 27	18 53	20 36	26 31	13 17	28 56	3 22	18 44
16	9 38 17	25 54 13	20 55 8	26 49 28	29 24	27 43	0♒ 39	20 6	21 23	26 44	13 24	28 58	3 21	18 44
17	9 42 13	26 54 49	2♓ 43 48	8♓ 38 23	29 21	27 39	1 53	21 19	22 9	26 58	13 31	29 0	3 20	18 43
18	9 46 10	27 55 23	14 33 27	20 29 17	29 18	27 36	3 8	22 32	22 56	27 12	13 38	29 3	3 19	18 43
19	9 50 6	28 55 56	26 26 11	2♈ 24 28	29 15	27 35D	4 25	23 45	23 43	27 25	13 45	29 5	3 18	18 43
20	9 54 3	29 56 26	8♈ 24 30	14 26 40	29 12	27 35	5 44	24 58	24 29	27 39	13 52	29 7	3 18	18 42
21	9 57 59	0♓ 56 55	20 31 23	26 39 5	29 9	27 37	7 4	26 11	25 16	27 53	13 59	29 9	3 17	18 42
22	10 1 56	1 57 23	2♉ 50 15	9♉ 5 22	29 5	27 39	8 25	27 24	26 2	28 6	14 6	29 11	3 16	18 42
23	10 5 52	2 57 48	15 24 54	21 49 21	29 2	27 40	9 47	28 37	26 48	28 20	14 13	29 14	3 15	18 42
24	10 9 49	3 58 11	28 19 10	4♊ 54 47	28 59	27 41R	11 11	29 50	27 35	28 34	14 20	29 16	3 15	18 42
25	10 13 46	4 58 33	11♊ 36 34	18 24 47	28 56	27 41	12 36	1♒ 4	28 21	28 48	14 27	29 18	3 14	18 41
26	10 17 42	5 58 53	25 19 38	2♋ 21 9	28 53	27 40	14 2	2 17	29 8	29 2	14 33	29 20	3 14	18 41
27	10 21 39	6 59 10	9♋ 29 14	16 43 37	28 50	27 38	15 30	3 30	29 54	29 16	14 40	29 21	3 13	18 41
28	10 25 35	7 59 26	24 3 51	1♌ 29 17	28 46	27 36	16 58	4 43	0♈ 40	29 30	14 47	29 23	3 12	18 41
29	10 29 32	8♓ 59 39	8♌ 59 5	16♌ 32 16	28♍ 43	27♍ 33	18♒ 28	5♒ 56	1♈ 26	29♓ 44	14♒ 54	29♐ 25	3♋ 12	18♊ 41

DECLINATION and LATITUDE

DAY	☉ DECL	☽ DECL	☽ LAT	☽ 12hr DECL	☿ DECL	☿ LAT	♀ DECL	♀ LAT	♂ DECL	♂ LAT	♃ DECL	♃ LAT	♄ DECL	♄ LAT
1	17S33	15N44	4S20	14N21	20S 4	2N15	21S59	1N27	8S47	0S54	3S38	1S 8	18S 1	0S44
2	17 17	12 42	3 28	10 50	20 11	2 4	22 1	1 24	8 28	0 53	3 33	1 8	17 59	0 44
3	16 60	8 47	2 20	6 37	20 19	1 53	22 2	1 21	8 10	0 53	3 28	1 8	17 57	0 44
4	16 42	4 22	1 3	2 4	20 25	1 42	22 3	1 18	7 51	0 52	3 23	1 8	17 55	0 44
5	16 25	0S14	0N16	2S30	20 30	1 31	22 2	1 14	7 33	0 51	3 18	1 8	17 53	0 44
6	16 7	4 41	1 32	6 47	20 35	1 20	22 2	1 11	7 14	0 51	3 13	1 8	17 51	0 44
7	15 49	8 45	2 41	10 34	20 39	1 9	22 0	1 8	6 56	0 50	3 7	1 8	17 49	0 44
8	15 30	12 13	3 38	13 41	20 41	0 58	21 58	1 5	6 37	0 50	3 2	1 8	17 47	0 44
9	15 11	14 58	4 23	16 3	20 43	0 47	21 56	1 1	6 18	0 49	2 57	1 8	17 45	0 45
10	14 52	16 55	4 53	17 34	20 43	0 37	21 52	0 58	5 60	0 48	2 51	1 7	17 43	0 45
11	14 33	18 1	5 8	18 14	20 42	0 27	21 48	0 55	5 41	0 48	2 46	1 7	17 41	0 45
12	14 14	18 15	5 10	18 3	20 40	0 17	21 44	0 51	5 22	0 47	2 41	1 7	17 40	0 45
13	13 54	17 39	4 57	17 4	20 37	0 7	21 39	0 48	5 3	0 47	2 35	1 7	17 38	0 45
14	13 34	16 17	4 32	15 20	20 33	0S 2	21 33	0 45	4 44	0 46	2 30	1 7	17 36	0 45
15	13 14	14 13	3 55	12 58	20 28	0 11	21 26	0 41	4 25	0 45	2 25	1 7	17 34	0 45
16	12 53	11 34	3 7	10 4	20 21	0 20	21 19	0 38	4 6	0 45	2 19	1 7	17 32	0 45
17	12 33	8 27	2 12	6 45	20 13	0 29	21 11	0 35	3 47	0 44	2 14	1 7	17 30	0 45
18	12 12	4 59	1 11	3 10	20 4	0 37	21 3	0 31	3 28	0 43	2 8	1 7	17 28	0 45
19	11 51	1 19	0 6	0N33	19 54	0 45	20 54	0 28	3 9	0 43	2 3	1 7	17 26	0 45
20	11 30	2N26	0S59	4 18	19 42	0 53	20 44	0 25	2 50	0 42	1 57	1 7	17 24	0 45
21	11 9	6 7	2 3	7 54	19 29	1 0	20 34	0 22	2 31	0 42	1 52	1 7	17 22	0 45
22	10 47	9 37	3 2	11 14	19 15	1 7	20 24	0 18	2 12	0 41	1 46	1 6	17 20	0 46
23	10 25	12 44	3 54	14 6	18 59	1 14	20 12	0 15	1 53	0 40	1 41	1 6	17 18	0 46
24	10 3	15 19	4 35	16 21	18 43	1 20	20 0	0 12	1 34	0 40	1 35	1 6	17 16	0 46
25	9 41	17 11	5 3	17 46	18 25	1 26	19 48	0 9	1 15	0 39	1 29	1 6	17 14	0 46
26	9 19	18 7	5 15	18 11	18 5	1 32	19 34	0 5	0 56	0 38	1 24	1 6	17 12	0 46
27	8 57	17 59	5 9	17 28	17 45	1 37	19 21	0 2	0 37	0 38	1 18	1 6	17 10	0 46
28	8 35	16 40	4 43	15 34	17 23	1 42	19 7	0S 1	0 18	0 37	1 13	1 6	17 9	0 46
29	8S12	14N12	3S57	12N35	16S60	1S47	18S52	0S 4	0N 1	0S36	1S 7	1S 6	17S 7	0S46

DAY	♅ DECL	♅ LAT	♆ DECL	♆ LAT	♇ DECL	♇ LAT
1	23S36	0S10	22N20	1S 4	14N21	8S40
5	23 37	0 10	22 20	1 4	14 21	8 39
9	23 37	0 10	22 20	1 4	14 22	8 39
13	23 37	0 10	22 21	1 4	14 23	8 38
17	23 37	0 10	22 21	1 4	14 23	8 37
21	23 37	0 10	22 21	1 4	14 24	8 36
25	23 37	0 10	22 21	1 4	14 25	8 35
29	23S37	0S10	22N21	1S 3	14N26	8S34

☽ PHENOMENA	VOID OF COURSE ☽ LAST ASPT	☽ INGRESS
d h m	2 7pm12	2 ♍ 9pm45
1 16 33 ○	4 7pm32	4 ♎ 10pm 1
8 9 56 ☾	6 10pm38	7 ♏ 1am 8
16 11 5 ●	8 10pm47	9 ♐ 7am49
24 11 8 ☽	11 3pm17	11 ♑ 5pm40
	14 2am23	14 ♒ 5am36
	16 4pm24	16 ♓ 6pm27
d h ° '	19 5am20	19 ♈ 7am10
4 23 0	21 4pm55	21 ♉ 6pm31
11 19 18S16	24 3am 4	24 ♊ 3am 4
19 8 0	26 6am53	26 ♋ 8am 0
26 9 18N12	28 8am56	28 ♌ 9am36
4 19 0		
11 14 5N11	d h	
19 2 0	2 0 PERIGEE	
26 4 5S16	16 0 APOGEE	

DAILY ASPECTARIAN

Day	Aspect	Time
1 M	☽⚻♀	1am49
	☽⚺♆	4 19
	☽∠♇	4 41
	☽∥♇	11 58
	☽⚼♃	12pm 6
	☽⚻♂	2 35
	☉☍☽	4 33
	☽☍♄	4 59
	☽⚼♅	7 34
	☉☌♄	11 56
2 T	☽⚻☿	2am54
	☽⚼♀	3 21
	☽∠♆	3 49
	☽⚹♇	4 12
	♀☍♆	9 3
	☽⚻♃	11 58
	☽△♅	7pm12
3 W	☽⚼☿	3am20
	☽⚹♆	3 24
	☽#♂	3 48
	☽△♀	5 1
	☿⚻♇	3pm50
	☉∠♅	4 17
	☽☍♂	4 28
	☽⚻♄	4 42
	☉⚻☽	7 18
	♂⚺♄	9 50
4 Th	☽□♇	3am47
	☽△☿	4 19
	☽#♃	5 15
	☽☍♃	12pm33
	☽⚼♄	5 11
	☽□♅	7 32
	☉⚼☽	9 28
5 F	☽□♆	3am53
	☽□♀	10 6
	☽∥♃	4pm 2
	☽△♄	6 22
	☽⚻♂	8 34
6 S	☉△☽	0am32
	☽△♇	5 39
	☽□☿	8 58
	☽∥♂	1pm42
	☽⚻♃	3 49
	☽⚹♅	10 38
7 Su	☽⚼♂	0am 2
	☽△♆	7 19
	☽⚼♇	7 51
	☽⚼♃	6pm49
	☽⚹♀	7 14
	☽□♄	11 23
8 M	☽∠♅	1am32
	☽△♂	4 34
	☉□☽	9 56
	☽⚼♆	10 23
	☽⚻♇	10 57
	☉⚼♆	3pm39
	☽#♇	6 6
	☽⚹☿	6 22
	☽△♃	10 47
	☉△♇	10 59
9 T	☽∠♀	1am36
	☉∥☽	2 1
	☽⚺♅	5 21
	☽⚻♆	2pm20
	♀⚺♄	9 7
10 W	☽∠☿	0am56
	☽⚹♄	8 1
	☽⚺♀	9 5
	☽∥♄	3pm 0
	☽□♂	4 46
	☽☍♇	7 42
	☉⚹☽	11 44
11 Th	☽⚺☿	8am35
	☽□♃	9 15
	☉#♇	1pm26
	☽∠♄	1 29
	☽☌♅	3 17
	☿⚹♃	6 2
12 F	☽☍♆	0am25
	☉∠☽	7 54
	♂□♇	2pm52
	☽⚺♄	7 30
13 S	☽∥♄	0am44
	☽☌♀	2 38
	☽⚻♇	6 58
	☽⚹♂	8 6
	☉⚺☽	4pm39
	☽⚹♃	10 6
14 Su	☽☌☿	2am23
	☽⚺♅	3 22
	☽⚻♆	12pm25
	☿⚺♅	12 51
	☽⚼♇	1 10
	☽∠♂	4 26
	♀⚻♇	9 4
	☽#♇	10 20
15 M	☽∠♃	5am 0
	☽☌♄	8 34
	☽∠♅	9 50
	☉∥☽	10 56
	☿ ♒	10 59
	☽⚼♆	6pm47
	☽△♇	7 33
	☽⚺♀	10 9
16 T	☽⚺♂	1am 0
	☉☌☽	11 5
	☽⚺♃	12pm 4
	☽⚹♅	4 24
	☽⚺☿	10 4
17 W	☽△♆	1am14
	☉⚺♃	1 37
	☽∠♀	8 7
	☽⚺♄	10pm 6
18 Th	☿⚻♆	3am24
	☽∠☿	8 7
	☽□♇	8 25
	☿⚼♇	10 52
	☽∥♂	11 0
	☽⚹♀	5pm58
	☽☌♂	6 7
	☽∥♃	7 12
	♀⚹♂	9 49
19 F	☽☌♃	2am 1
	☉⚹♅	3 42
	☽∠♄	4 42
	☽□♅	5 20
	☉⚺☽	5 29
	☽□♆	1pm47
	☽⚹☿	5 59
	☽#♃	9 1
20 S	☉ ♓	1am24
	☽#♂	2 25
	☽⚹♄	10 57
	☉∠☽	2pm10
	☽⚹♇	8 25
21 Su	☽⚺♂	9am55
	☽□♀	12pm19
	☽⚺♃	2 40
	☽△♅	4 55
	☉⚹☽	10 9
22 M	☽⚹♆	0am50
	☽∠♇	1 40
	☉#☽	7 45
	☽□☿	12pm 1
	☽∠♂	4 44
	♀⚹♃	5 6
	☽∠♃	8 0
	☽□♄	9 43
	☽⚼♅	9 45
23 T	♄∠♅	3am36
	☽∠♆	5 20
	☽⚺♇	6 10
	☉△♆	6 55
	♀⚺♅	12pm13
	☽∥♇	2 51
	♂∥♃	10 25
	☽⚹♂	10 34
24 W	☽⚹♃	0am28
	☽⚻♅	1 44
	☽△♀	3 4
	♀ ♒	3 7
	☽⚺♆	8 58
	☉□☽	11 8
25 Th	☽#♄	1am 1
	☽△☿	1 58
	☽△♄	5 4
	☽⚼♀	8 39
	☽☌♇	12pm29
	♂☌♃	7 54
	☽#☿	11 8
	☿∠♃	11 51
26 F	☿∠♂	2am59
	☿∠♅	4 48
	☽□♃	6 28
	♂□♅	6 29
	☽☍♅	6 52
	☽□♂	6 53
	☽⚼☿	7 6
	☽⚼♄	7 18
	☿☌♄	9 16
	☽⚻♀	1pm 0
	☽☌♆	1 28
	♂∠♄	3 47
	♀⚻♆	6 27
	☉△☽	7 30
27 S	♂ ♈	3am12
	♀⚼♇	3 38
	☽⚻♄	8 41
	☽#☿	9 18
	♃□♅	10 38
	☽⚻☿	11 6
	☽⚺♇	3pm13
	☽#♄	5 14
	☉⚼☽	10 8
28 Su	☽⚻♅	8am38
	☽△♃	8 56
	☽△♂	11 16
	☽⚺♆	2pm45
	☽∠♇	3 31
	☿∥♄	4 7
	☽☍♀	6 43
	☿⚼♆	7 42
	☽∥♇	10 10
29 M	☉⚻☽	0am 1
	☿△♇	3 23
	☽⚼♅	8 39
	☽⚼♃	9 17
	☽☍♄	9 28
	☽⚼♂	12pm28
	☽∠♆	2 37
	☽⚹♇	3 24
	☽☍☿	4 43

LONGITUDE

DAY	SID. TIME	☉	☽	☽ 12 Hour	MEAN ☊	TRUE ☊	☿	♀	♂	♃	♄	♅	♆	♇
	h m s	° ' "	° ' "	° ' "	° '	° '	° '	° '	° '	° '	° '	° '	° '	° '
1	10 33 28	9♓ 59 51	24♌ 7 44	1♍ 44 15	28♍ 40	27♍ 31R	19♒ 59	7♒ 10	2♈ 12	29♓ 58	15♒ 1	29♐ 27	3♋ 11R	18♊ 41R
2	10 37 25	11 0 1	9♍ 20 34	16 55 27	28 37	27 30	21 31	8 23	2 59	0♈ 12	15 7	29 29	3 11	18 41
3	10 41 21	12 0 8	24 27 42	1♎ 56 13	28 34	27 29D	23 4	9 36	3 45	0 27	15 14	29 30	3 11	18 41D
4	10 45 18	13 0 14	9♎ 20 2	16 38 23	28 30	27 29	24 38	10 50	4 31	0 41	15 21	29 32	3 10	18 41
5	10 49 14	14 0 18	23 50 39	0♏ 56 23	28 27	27 30	26 13	12 3	5 17	0 55	15 27	29 33	3 10	18 41
6	10 53 11	15 0 21	7♏ 55 21	14 47 27	28 24	27 31	27 50	13 16	6 3	1 9	15 34	29 35	3 10	18 41
7	10 57 8	16 0 22	21 32 44	28 11 24	28 21	27 32	29 27	14 30	6 49	1 23	15 40	29 36	3 9	18 41
8	11 1 4	17 0 22	4♐ 43 45	11♐ 10 9	28 18	27 33	1♓ 6	15 43	7 34	1 38	15 47	29 38	3 9	18 41
9	11 5 1	18 0 20	17 31 2	23 46 55	28 15	27 33R	2 45	16 56	8 20	1 52	15 53	29 39	3 9	18 41
10	11 8 57	19 0 16	29 58 19	6♑ 5 45	28 11	27 33	4 26	18 10	9 6	2 6	16 0	29 41	3 9	18 41
11	11 12 54	20 0 11	12♑ 9 46	18 10 54	28 8	27 33	6 8	19 23	9 52	2 21	16 6	29 42	3 8	18 41
12	11 16 50	21 0 3	24 9 40	0♒ 6 35	28 5	27 32	7 51	20 37	10 38	2 35	16 13	29 43	3 8	18 42
13	11 20 47	21 59 55	6♒ 2 5	11 56 40	28 2	27 31	9 35	21 50	11 23	2 50	16 19	29 44	3 8	18 42
14	11 24 43	22 59 44	17 50 42	23 44 37	27 59	27 30	11 21	23 4	12 9	3 4	16 25	29 45	3 8D	18 42
15	11 28 40	23 59 32	29 38 46	5♓ 33 28	27 56	27 30	13 7	24 17	12 55	3 18	16 31	29 47	3 8	18 42
16	11 32 37	24 59 17	11♓ 29 1	17 25 44	27 52	27 29	14 55	25 30	13 40	3 33	16 38	29 48	3 8	18 42
17	11 36 33	25 59 1	23 23 51	29 23 37	27 49	27 29D	16 44	26 44	14 26	3 47	16 44	29 49	3 8	18 43
18	11 40 30	26 58 43	5♈ 25 16	11♈ 29 2	27 46	27 29	18 35	27 57	15 11	4 2	16 50	29 50	3 8	18 43
19	11 44 26	27 58 22	17 35 7	23 43 46	27 43	27 29R	20 26	29 11	15 57	4 16	16 56	29 50	3 9	18 43
20	11 48 23	28 57 59	29 55 11	6♉ 9 35	27 40	27 29	22 19	0♓ 24	16 42	4 31	17 2	29 51	3 9	18 44
21	11 52 19	29 57 35	12♉ 27 13	18 48 19	27 36	27 29	24 13	1 38	17 27	4 45	17 8	29 52	3 9	18 44
22	11 56 16	0♈ 57 8	25 13 7	1♊ 41 51	27 33	27 29	26 8	2 51	18 13	5 0	17 14	29 53	3 9	18 45
23	12 0 12	1 56 39	8♊ 14 45	14 52 2	27 30	27 28	28 5	4 5	18 58	5 14	17 19	29 53	3 9	18 45
24	12 4 9	2 56 8	21 33 55	28 20 32	27 27	27 28	0♈ 2	5 18	19 43	5 29	17 25	29 54	3 10	18 45
25	12 8 6	3 55 34	5♋ 12 2	12♋ 8 26	27 24	27 28D	2 1	6 32	20 28	5 44	17 31	29 55	3 10	18 46
26	12 12 2	4 54 58	19 9 45	26 15 50	27 21	27 28	4 1	7 46	21 13	5 58	17 37	29 55	3 10	18 46
27	12 15 59	5 54 20	3♌ 26 29	10♌ 41 23	27 17	27 28	6 1	8 59	21 58	6 13	17 42	29 56	3 11	18 47
28	12 19 55	6 53 39	18 0 3	25 21 55	27 14	27 29	8 3	10 13	22 44	6 27	17 48	29 56	3 11	18 47
29	12 23 52	7 52 56	2♍ 46 19	10♍ 12 25	27 11	27 30	10 5	11 26	23 28	6 42	17 53	29 56	3 12	18 48
30	12 27 48	8 52 11	17 39 22	25 6 12	27 8	27 30R	12 8	12 40	24 13	6 56	17 59	29 57	3 12	18 49
31	12 31 45	9♈ 51 23	2♎ 31 56	9♎ 55 37	27♍ 5	27♍ 30	14♈ 11	13♓ 53	24♈ 58	7♈ 11	18♒ 4	29♐ 57	3♋ 13	18♊ 49

DECLINATION and LATITUDE

DAY	☉ DECL	☽ DECL	☽ LAT	☽ 12hr DECL	☿ DECL	☿ LAT	♀ DECL	♀ LAT	♂ DECL	♂ LAT	♃ DECL	♃ LAT	♄ DECL	♄ LAT
1	7S49	10N45	2S54	8N43	16S35	1S51	18S36	0S 7	0N20	0S36	1S 1	1S 6	17S 5	0S46
2	7 27	6 33	1 39	4 16	16 9	1 55	18 20	0 10	0 39	0 35	0 56	1 6	17 3	0 46
3	7 4	1 57	0 17	0S24	15 42	1 59	18 4	0 13	0 58	0 34	0 50	1 6	17 1	0 47
4	6 41	2S42	1N 5	4 56	15 14	2 2	17 47	0 16	1 17	0 34	0 44	1 6	16 59	0 47
5	6 18	7 4	2 21	9 4	14 44	2 4	17 30	0 19	1 36	0 33	0 38	1 6	16 57	0 47
6	5 55	10 54	3 26	12 34	14 13	2 7	17 12	0 22	1 54	0 32	0 33	1 6	16 55	0 47
7	5 31	14 1	4 17	15 16	13 41	2 9	16 53	0 25	2 13	0 32	0 27	1 6	16 54	0 47
8	5 8	16 18	4 53	17 6	13 7	2 10	16 34	0 28	2 32	0 31	0 21	1 6	16 52	0 47
9	4 45	17 41	5 13	18 2	12 32	2 11	16 15	0 30	2 51	0 30	0 16	1 6	16 50	0 47
10	4 21	18 10	5 17	18 5	11 56	2 12	15 55	0 33	3 9	0 30	0 10	1 6	16 48	0 47
11	3 58	17 48	5 7	17 18	11 19	2 12	15 35	0 36	3 28	0 29	0 4	1 6	16 46	0 47
12	3 34	16 38	4 44	15 46	10 40	2 12	15 14	0 39	3 46	0 28	0N 2	1 5	16 44	0 47
13	3 11	14 45	4 9	13 35	10 1	2 12	14 53	0 41	4 5	0 28	0 7	1 5	16 43	0 48
14	2 47	12 16	3 23	10 50	9 19	2 11	14 32	0 44	4 23	0 27	0 13	1 5	16 41	0 48
15	2 23	9 17	2 29	7 38	8 37	2 9	14 10	0 46	4 42	0 26	0 19	1 5	16 39	0 48
16	1 60	5 54	1 28	4 7	7 54	2 7	13 47	0 49	5 0	0 26	0 25	1 5	16 37	0 48
17	1 36	2 16	0 23	0 24	7 9	2 4	13 24	0 51	5 18	0 25	0 30	1 5	16 36	0 48
18	1 12	1N29	0S44	3N22	6 23	2 1	13 1	0 53	5 37	0 24	0 36	1 5	16 34	0 48
19	0 48	5 13	1 49	7 2	5 36	1 58	12 38	0 56	5 55	0 24	0 42	1 5	16 32	0 48
20	0 25	8 47	2 51	10 27	4 48	1 54	12 14	0 58	6 13	0 23	0 48	1 5	16 31	0 48
21	0 1	12 1	3 45	13 27	3 58	1 49	11 50	0 60	6 31	0 22	0 54	1 5	16 29	0 49
22	0N23	14 44	4 29	15 50	3 8	1 44	11 25	1 2	6 49	0 22	0 59	1 5	16 27	0 49
23	0 46	16 45	5 0	17 27	2 16	1 39	11 1	1 4	7 6	0 21	1 5	1 5	16 26	0 49
24	1 10	17 56	5 16	18 9	1 24	1 33	10 36	1 6	7 24	0 20	1 11	1 5	16 24	0 49
25	1 34	18 6	5 15	17 48	0 31	1 26	10 10	1 8	7 42	0 20	1 17	1 5	16 22	0 49
26	1 57	17 12	4 55	16 21	0N23	1 19	9 45	1 10	7 59	0 19	1 22	1 5	16 21	0 49
27	2 21	15 13	4 17	13 51	1 18	1 11	9 19	1 12	8 17	0 18	1 28	1 5	16 19	0 49
28	2 44	12 14	3 22	10 25	2 14	1 3	8 52	1 13	8 34	0 18	1 34	1 5	16 17	0 49
29	3 8	8 25	2 13	6 17	3 10	0 54	8 26	1 15	8 52	0 17	1 40	1 5	16 16	0 50
30	3 31	4 3	0 54	1 45	4 7	0 45	7 59	1 16	9 9	0 16	1 45	1 5	16 14	0 50
31	3N54	0S35	0N28	2S53	5N 3	0S35	7S32	1S18	9N26	0S16	1N51	1S 5	16S13	0S50

DAY	♅ DECL	♅ LAT	♆ DECL	♆ LAT	♇ DECL	♇ LAT
1	23S37	0S10	22N22	1S 3	14N26	8S34
5	23 37	0 10	22 22	1 3	14 27	8 33
9	23 38	0 10	22 22	1 3	14 28	8 32
13	23 38	0 11	22 22	1 3	14 29	8 31
17	23 38	0 11	22 22	1 3	14 30	8 30
21	23 38	0 11	22 22	1 2	14 31	8 29
25	23 38	0 11	22 23	1 2	14 32	8 28
29	23S38	0S11	22N23	1S 2	14N33	8S27

☽ PHENOMENA

d	h	m	
2	2	48	○
9	1	1	☾
17	5	39	●
24	21	37	☽
31	12	44	○

d	h	° '
3	10	0
10	1	18S10
17	15	0
24	16	18N10
30	21	0
3	5	0
9	19	5N17
17	8	0
24	10	5S18
30	16	0

VOID OF COURSE ☽

LAST ASPT		☽ INGRESS		
1	8am24	1	♍	9am16
2	8am 6	3	♎	8am53
5	9am40	5	♏	10am24
6	1pm29	7	♐	3pm18
9	11pm25	10	♑	0am 3
11	5pm 4	12	♒	11am47
15	0am16	15	♓	0am43
17	12pm51	17	♈	1pm13
19	11pm52	20	♉	0am 9
22	2am 1	22	♊	8am52
24	2pm45	24	♋	2pm55
26	3am41	26	♌	6pm16
28	7pm25	28	♍	7pm31
30	7pm49	30	♎	7pm54

d	h	
1	13	PERIGEE
14	6	APOGEE
29	22	PERIGEE

DAILY ASPECTARIAN

1 T
♃ ♈ 2am58
♃∠♄ 7 53
☽△♅ 8 24
☽⊼♃ 9 22
☽⊼♂ 1pm25
☽✶♆ 2 17
☉∥☽ 6 38
☽⊼♀ 10 21

2 W
☉☍☽ 2am48
☉□♆ 6 25
☽⊼♄ 9 13
☽□♇ 2pm47
♂∥♃ 4 16
☽⊼☿ 9 31

3 Th
☽∥♀ 0am15
☽∥♂ 4 43
☽∥♃ 5 50
☽□♀ 8 6
☽☍♆ 9 20
☽☍♃ 9 45
♇SD 1pm24
☽∥♃ 1 58
☽□♆ 2 0
☽☍♂ 3 44
☽∥♂ 4 2

4 F
☽∥♀ 0am33
☽△♀ 2 40
☉⊼☽ 6 27
☽△♄ 9 56
☽△♇ 3pm23
☉∥☽ 7 56

5 S
☽△☿ 4am30
☉Q☽ 9 22
☽⊼♅ 9 40
☽⊼♃ 12pm10
☿∥♇ 1 13
☽△♆ 3 48
☽∥♄ 4 41
☽⊼♂ 8 34

6 Su
☽□♀ 10am15
☽∠♅ 11 39
☉△☽ 1pm22
☽□♄ 1 29
☽□♃ 2 40
☽□♂ 3 5
☽∥♆ 5 57
☽⊼♇ 6 53
☽∥♆ 9 32
♀∥♃ 11 41

7 M
☽□☿ 0am30
☽∠♅ 2 19
☿✶♅ 2 22
☽∥♇ 4 0
☿ ♓ 8 5
☽⊻♅ 2pm37
☽□☿ 4 20
☽△♃ 6 11
☽⊼♆ 9 5

8 T
♀☌♄ 1am28
☽∥♀ 3 13
☽△♂ 5 37
☽∥♄ 7 58
☿⊻♃ 9 6
☽✶♄ 8pm53
☉∠♃ 10 16
☽✶♀ 10 47

9 W
☉□☽ 1am 1
☽☍♇ 2 10
☿△♆ 2 33
☉□♇ 4pm21
☽☍♆ 11 25
♀Q♆ 11 38

10 Th
☽∠♄ 2am 1
☽□♃ 4 15
☽✶♆ 6 12
☽∠♀ 6 56
☽✶♃ 10 8
☽△♇ 10 19
☽□♂ 7pm 8

11 F
☽⊻♄ 7am55
☽⊼♇ 1pm 1
☽⊻♀ 4 3
☉∥♂ 5 0
☉✶☽ 5 4
☽∠♆ 8 55
☽∥♄ 10 11

12 S
☽⊻♅ 11am14
☽✶♃ 5pm22
☽✶♆ 6 8
☽□♇ 7 15
☽∥☿ 10 16

13 Su
☉∠☽ 2am 8
☽∥♇ 2 55
☽⊻♆ 8 28
☽✶♂ 11 37
☉⊻♀ 5pm22
☽□♆ 5 43
☽☍♄ 9 5

14 M
☽∠♃ 0am28
☽□♅ 0 36
☽△♇ 1 44
☽∥♇ 2 34
♃□♆ 7 1
☉✶☽ 11 27
☽☍♀ 11 50
♆SD 4pm59
☿⊻♂ 6 59
☽∠♂ 8 14

15 T
☽✶♅ 0am16
☽∥♆ 6 15
☽△♆ 7 5
☽⊻♃ 7 35

16 W
☽⊻♂ 4am43
☽△♆ 5 38
☽☍♀ 8 12
☽⊼♄ 10 28
☽□♇ 2pm35
♀⊼♄ 11 50

17 Th
☉∥☽ 4am52
☉☌☽ 5 39
☽☍♆ 7 26
☽∥♃ 11 3
☽□♅ 12pm51
☽∠♄ 4 48
☽∥♆ 6 16
☽∥☿ 7 28
☽☌♃ 9 11
☉∥☽ 10 23

18 F
☽□♀ 1am48
☽∠♀ 4pm34
♃∥♂ 5 6
☽☍♂ 8 34
☽✶♄ 10 42

19 S
☽∥☿ 2am 2
☽✶♇ 2 14
☽∥♂ 4 57
☉∥♃ 5 13
☽⊼♆ 6 35
♀✶♅ 1pm 2
♀ ♓ 4 1
☉⊻☽ 10 0
☽△♅ 11 52

20 Su
☽✶♀ 1am 3
☽✶♆ 6 13
☽∠♇ 7 21
☽⊻♃ 9 1
♂✶♄ 12pm 2
☽∠☿ 4 45
☉□♅ 9 43
☽∥♀ 10 45

21 M
☉ ♈ 0am58
☉∠☽ 4 35
☽☌♃ 5 9
☽☌♂ 8 55
☽⊼♂ 10 3
☽⊻♆ 10 46
☽⊻♇ 11 53
☽∠♃ 2pm 3
☽∥♇ 9 58

22 T
☽✶☿ 2am 1
♀△♆ 5 48
☽✶♄ 8 39
☉✶☽ 11 30
☽✶♆ 2pm41
☽□♀ 3 36
☽∠♂ 3 42
♂✶♇ 5 4
♀∠♂ 6 2
☽□☿ 6 24
☽∥♄ 7 28

23 W
☉∠♄ 10am10
☽△♄ 4pm32
☽☌♀ 6 59
☽✶♂ 8 31
☽□♅ 10 20
☿ ♈ 11 33

24 Th
☉∥♃ 1am 0
♀⊻♃ 4 16
☽△♀ 4 22
♂∥♃ 5 23
☉Q♅ 5 53
☽☍♅ 2pm45
☽□♃ 5 30
☽✶♄ 7 17
☽☌♆ 8 27
☉□☽ 9 37

25 F
☽□♃ 0am56
☽△♀ 2 32
♀⊻♄ 6 21
☿□♆ 1pm57
☽⊼♄ 9 20
☽⊻♇ 11 20

26 S
☽□♂ 3am41
☽□♀ 6 40
☽∥♄ 12pm10
☽⊼♅ 6 8
☉☍♆ 9 20
☽⊻♆ 11 34

27 Su
☽∠♇ 0am34
♀☍♃ 2 34
☉△☽ 4 23
☽△♃ 4 40
☿∥♃ 4 42
☽△♀ 4 58
☽∥♇ 6 9
☉☍♃ 9 46
☽⊼♀ 10 2
☽∥♅ 6pm58
☽☍♆ 11 40

28 M
☽∠♆ 0am18
☽✶♇ 1 17
☽∥♃ 5 44
☉∥☽ 6 49
☽△♂ 8 7
☽□♆ 9 33
♀∥♂ 10 1
☽△♅ 7pm25
☽∥♂ 9 36
☉∥♆ 10 17
☽∥♀ 11 55

29 T
☽✶♆ 0am41
☽⊼♆ 6 26
☉⊼☽ 8 50
☽☍♀ 9 42
☽⊼♆ 1pm41
☽☍♀ 3 14
☽∥♆ 11 43

30 W
☽⊼♄ 0am31
☽□♇ 1 51
☽□♃ 2 33
☽⊼♂ 11 8
☽∥♃ 11 42
☽⊻♆ 3pm17
☽⊼♀ 7 49

31 Th
☽☍♅ 0am52
☽□♆ 1 6
☽∥♃ 6 43
☽⊼♀ 7 39
☉☍☽ 12pm44
☉∥☽ 7 3
☽⊼♀ 8 8
☽☍♆ 10 3

APRIL 1904

LONGITUDE

DAY	SID. TIME	☉	☽	☽ 12 Hour	MEAN ☊	TRUE ☊	☿	♀	♂	♃	♄	♅	♆	♇
	h m s	° ' "	° ' "	° ' "	° '	° '	° '	° '	° '	° '	° '	° '	° '	° '
1	12 35 41	10♈ 50 34	17♎ 16 19	24♎ 33 8	27♍ 2	27♍ 30R	16♈ 15	15♓ 7	25♈ 43	7♈ 25	18♒ 9	29♐ 57	3♋ 13	18♊ 50
2	12 39 38	11 49 42	1♏ 45 20	8♏ 52 16	26 58	27 28	18 18	16 20	26 28	7 40	18 14	29 57	3 14	18 50
3	12 43 34	12 48 49	15 53 24	22 48 24	26 55	27 27	20 22	17 34	27 13	7 54	18 19	29 57	3 15	18 51
4	12 47 31	13 47 53	29 37 3	6♐ 19 17	26 52	27 25	22 24	18 47	27 57	8 9	18 25	29 57R	3 15	18 52
5	12 51 28	14 46 56	12♐ 55 9	19 24 53	26 49	27 23	24 26	20 1	28 42	8 23	18 30	29 57	3 16	18 52
6	12 55 24	15 45 57	25 48 44	2♑ 7 7	26 46	27 21	26 27	21 14	29 26	8 38	18 35	29 57	3 17	18 53
7	12 59 21	16 44 57	8♑ 20 30	14 29 23	26 42	27 20D	28 26	22 28	0♉ 11	8 52	18 39	29 57	3 17	18 54
8	13 3 17	17 43 54	20 34 20	26 35 56	26 39	27 20	0♉ 23	23 42	0 55	9 7	18 44	29 57	3 18	18 55
9	13 7 14	18 42 50	2♒ 34 48	8♒ 31 31	26 36	27 20	2 18	24 55	1 40	9 21	18 49	29 57	3 19	18 55
10	13 11 10	19 41 44	14 26 43	20 20 59	26 33	27 21	4 10	26 9	2 24	9 35	18 54	29 57	3 20	18 56
11	13 15 7	20 40 36	26 14 53	2♓ 8 58	26 30	27 23	5 59	27 22	3 9	9 50	18 58	29 56	3 21	18 57
12	13 19 3	21 39 26	8♓ 3 44	13 59 42	26 27	27 24	7 45	28 36	3 53	10 4	19 3	29 56	3 22	18 58
13	13 23 0	22 38 15	19 57 16	25 56 51	26 23	27 26R	9 28	29 49	4 37	10 18	19 7	29 55	3 23	18 59
14	13 26 57	23 37 2	1♈ 58 48	8♈ 3 26	26 20	27 26	11 6	1♈ 3	5 21	10 33	19 12	29 55	3 24	18 59
15	13 30 53	24 35 47	14 10 58	20 21 39	26 17	27 25	12 40	2 17	6 5	10 47	19 16	29 54	3 25	19 0
16	13 34 50	25 34 29	26 35 37	2♉ 52 59	26 14	27 22	14 10	3 30	6 50	11 1	19 20	29 54	3 26	19 1
17	13 38 46	26 33 10	9♉ 13 50	15 38 11	26 11	27 19	15 35	4 44	7 34	11 16	19 24	29 53	3 27	19 2
18	13 42 43	27 31 49	22 6 2	28 37 22	26 8	27 14	16 55	5 57	8 18	11 30	19 28	29 53	3 28	19 3
19	13 46 39	28 30 26	5♊ 12 7	11♊ 50 14	26 4	27 9	18 11	7 11	9 2	11 44	19 32	29 52	3 29	19 4
20	13 50 36	29 29 1	18 31 37	25 16 13	26 1	27 4	19 21	8 24	9 45	11 58	19 36	29 51	3 30	19 5
21	13 54 32	0♉ 27 34	2♋ 3 56	8♋ 54 40	25 58	27 1	20 27	9 38	10 29	12 12	19 40	29 50	3 31	19 6
22	13 58 29	1 26 4	15 48 22	22 44 55	25 55	26 58	21 27	10 52	11 13	12 27	19 44	29 49	3 33	19 7
23	14 2 26	2 24 33	29 44 13	6♌ 46 10	25 52	26 57D	22 21	12 5	11 57	12 41	19 48	29 49	3 34	19 8
24	14 6 22	3 22 59	13♌ 50 37	20 57 23	25 48	26 57	23 10	13 19	12 41	12 55	19 51	29 48	3 35	19 9
25	14 10 19	4 21 22	28 6 16	5♍ 16 58	25 45	26 58	23 54	14 32	13 24	13 9	19 55	29 47	3 36	19 10
26	14 14 15	5 19 44	12♍ 29 10	19 42 26	25 42	26 59R	24 32	15 46	14 8	13 23	19 58	29 46	3 38	19 11
27	14 18 12	6 18 4	26 56 19	4♎ 10 16	25 39	27 0	25 5	16 59	14 51	13 37	20 1	29 44	3 39	19 12
28	14 22 8	7 16 22	11♎ 23 40	18 35 53	25 36	26 59	25 32	18 13	15 35	13 51	20 5	29 43	3 41	19 13
29	14 26 5	8 14 37	25 46 15	2♏ 54 4	25 33	26 56	25 53	19 26	16 18	14 4	20 8	29 42	3 42	19 14
30	14 30 1	9♉ 12 51	9♏ 58 41	16♏ 59 30	25♍ 29	26♍ 52	26♉ 9	20♈ 40	17♉ 1	14♈ 18	20♒ 11	29♐ 41	3♋ 43	19♊ 15

DECLINATION and LATITUDE

DAY	☉ DECL	☽ DECL	☽ LAT	☽ 12hr DECL	☿ DECL	☿ LAT	♀ DECL	♀ LAT	♂ DECL	♂ LAT	♃ DECL	♃ LAT	♄ DECL	♄ LAT
1	4N18	5S 8	1N47	7S17	6N 0	0S25	7S 5	1S19	9N43	0S15	1N57	1S 5	16S11	0S50
2	4 41	9 18	2 59	11 9	6 57	0 15	6 38	1 21	9 60	0 14	2 2	1 5	16 10	0 50
3	5 4	12 49	3 57	14 17	7 54	0 4	6 11	1 22	10 16	0 14	2 8	1 5	16 8	0 50
4	5 27	15 31	4 40	16 32	8 50	0N 7	5 43	1 23	10 33	0 13	2 14	1 5	16 7	0 50
5	5 50	17 18	5 6	17 50	9 46	0 18	5 15	1 25	10 50	0 12	2 20	1 5	16 6	0 50
6	6 12	18 7	5 16	18 11	10 40	0 30	4 47	1 26	11 6	0 12	2 25	1 5	16 4	0 51
7	6 35	18 2	5 10	17 39	11 34	0 41	4 19	1 27	11 22	0 11	2 31	1 5	16 3	0 51
8	6 58	17 5	4 51	16 20	12 26	0 52	3 51	1 28	11 38	0 10	2 37	1 5	16 1	0 51
9	7 20	15 24	4 18	14 18	13 17	1 4	3 22	1 29	11 54	0 10	2 42	1 5	16 0	0 51
10	7 42	13 4	3 36	11 42	14 5	1 15	2 54	1 29	12 10	0 9	2 48	1 6	15 59	0 51
11	8 5	10 12	2 44	8 37	14 52	1 26	2 25	1 30	12 26	0 8	2 53	1 6	15 57	0 51
12	8 27	6 56	1 45	5 10	15 37	1 36	1 57	1 31	12 42	0 8	2 59	1 6	15 56	0 51
13	8 49	3 21	0 41	1 29	16 20	1 46	1 28	1 31	12 57	0 7	3 5	1 6	15 55	0 52
14	9 10	0N24	0S25	2N18	16 60	1 56	0 59	1 32	13 13	0 6	3 10	1 6	15 54	0 52
15	9 32	4 12	1 31	6 4	17 38	2 5	0 30	1 32	13 28	0 6	3 16	1 6	15 52	0 52
16	9 54	7 53	2 33	9 37	18 13	2 13	0 2	1 33	13 43	0 5	3 21	1 6	15 51	0 52
17	10 15	11 16	3 29	12 48	18 45	2 21	0N27	1 33	13 58	0 4	3 27	1 6	15 50	0 52
18	10 36	14 11	4 16	15 24	19 15	2 28	0 56	1 33	14 13	0 4	3 32	1 6	15 49	0 52
19	10 57	16 25	4 50	17 14	19 43	2 34	1 25	1 34	14 28	0 3	3 38	1 6	15 48	0 53
20	11 18	17 50	5 9	18 10	20 7	2 39	1 54	1 34	14 42	0 3	3 43	1 6	15 47	0 53
21	11 38	18 15	5 11	18 4	20 29	2 43	2 23	1 34	14 57	0 2	3 49	1 6	15 46	0 53
22	11 59	17 37	4 56	16 54	20 48	2 46	2 52	1 34	15 11	0 1	3 54	1 6	15 45	0 53
23	12 19	15 56	4 23	14 43	21 4	2 48	3 21	1 34	15 25	0 0	3 60	1 6	15 44	0 53
24	12 39	13 16	3 34	11 37	21 18	2 49	3 49	1 33	15 39	0N 0	4 5	1 6	15 43	0 53
25	12 59	9 47	2 31	7 47	21 29	2 49	4 18	1 33	15 53	0 1	4 11	1 6	15 42	0 53
26	13 18	5 40	1 18	3 28	21 38	2 48	4 47	1 33	16 7	0 2	4 16	1 6	15 41	0 54
27	13 38	1 13	0 0	1S 4	21 43	2 46	5 15	1 33	16 20	0 2	4 21	1 6	15 40	0 54
28	13 57	3S19	1N18	5 31	21 47	2 42	5 44	1 32	16 33	0 3	4 27	1 6	15 39	0 54
29	14 16	7 38	2 30	9 38	21 47	2 37	6 12	1 32	16 47	0 3	4 32	1 6	15 38	0 54
30	14N34	11S28	3N32	13S 7	21N45	2N31	6N40	1S31	16N60	0N 4	4N37	1S 7	15S37	0S54

DAY	♅ DECL	♅ LAT	♆ DECL	♆ LAT	♇ DECL	♇ LAT
1	23S38	0S11	22N23	1S 2	14N34	8S27
5	23 38	0 11	22 23	1 2	14 35	8 26
9	23 38	0 11	22 23	1 2	14 36	8 25
13	23 38	0 11	22 23	1 1	14 37	8 24
17	23 38	0 11	22 23	1 1	14 38	8 23
21	23 38	0 11	22 23	1 1	14 39	8 23
25	23 38	0 11	22 23	1 1	14 40	8 22
29	23S39	0S11	22N23	1S 1	14N41	8S21

☽ PHENOMENA

d	h	m	
7	17	53	☾
15	21	53	●
23	4	54	☽
29	22	36	○

d	h	° '
6	9	18S11
13	21	0
20	22	18N15
27	6	0

d	h	° '
6	3	5N16
13	15	0
20	15	5S12
27	0	0

VOID OF COURSE ☽

LAST ASPT		☽ INGRESS		
1	8pm59	1	♏	9pm 4
3	4am14	4	♐	0am41
6	7am52	6	♑	7am57
8	6am54	8	♒	6pm49
11	7am30	11	♓	7am38
13	7pm54	13	♈	8pm 4
16	6am19	16	♉	6am31
17	7pm 7	18	♊	2pm31
20	8pm 5	20	♋	8pm22
22	10am27	23	♌	0am27
25	2am48	25	♍	3am10
27	4am39	27	♎	5am 5
29	6am36	29	♏	7am 6

d	h	
10	21	APOGEE
26	19	PERIGEE

DAILY ASPECTARIAN

1 F ☽△♄ 1am27; ☽△♇ 2 34; ☽#♀ 6 11; ☽∥♀ 9 52; ☽☍♂ 2pm42; ☿#♀ 6 32; ☽✶♅ 8 59; ♄⊻♆ 9 56; ☿✶♄ 10 11; ☽□♀ 11 14

2 S ☽△☿ 2am29; ☽□♇ 3 30; ☽∥♂ 4 45; ☿✶♇ 6 15; ☽⊼♃ 10 7; ☉⊼☽ 6pm19; ☽∠♅ 10 24

3 Su ☽△♀ 3am10; ☽□♆ 4 4; ☽□♄ 4 14; ☽✶♂ 5 7; ☽⊼☿ 9 5; ☽□♃ 12pm23; ☽#♇ 2 42; ☽✶♄ 4 2; ☽⊼♂ 8 53; ☉☍☽ 10 26

4 M ☽⊻♅ 0am36; ♀□♇ 1 26; ☽⊼♆ 6 30; ☽∥♄ 6 42; ☉#♀ 7 39; ♅SR 9 8; ☽△♃ 3pm35; ☽#☿ 4 30

5 T ☽△♂ 1am31; ☉△☽ 3 42; ☽✶♄ 10 21; ☽☍♇ 11 0; ☽□♀ 2pm30

6 W ☽△☿ 1am26; ☽△♂ 7 19; ☽☌♅ 7 52; ☽☍♆ 2pm14; ☽∠♄ 2 54; ☿∥♂ 4 32; ♂△♅ 4 35; ♂ ♉ 6 5

7 Th ☽□♃ 1am 2; ☉□☽ 5pm53; ☿△♅ 6 36; ☿ ♉ 7 13; ☽✶♄ 8 21; ☽⊼♇ 8 42

8 F ☽✶♀ 6am54; ☽✶♂ 10 53; ☽∥♄ 4pm22; ☽⊻♅ 6 43; ☽□♂ 10 2; ☽□☿ 11 20

9 S ☽⊼♆ 1am29; ☽□♇ 2 42; ☉✶♄ 2 45; ☉#♇ 5 9; ☽#♇ 8 54; ♃✶♆ 1pm 5; ☽✶♃ 1 57; ☽∠♀ 4 32; ☽#♆ 4 38; ♀∠♇ 8 55

10 Su ☽∠♃ 1am 1; ☽#♃ 4 19; ☽#♂ 7 15; ☽□♆ 7 54; ☽✶♄ 9 6; ☽△♇ 9 8; ☉✶☽ 11 38; ♄∠♇ 2pm44; ♆∥♇ 3 44; ☽∠♃ 9 3

11 M ☽✶♀ 2am33; ♂✶♆ 6 45; ☽✶♅ 7 30; ☉∥☽ 2pm18; ☽△♆ 2 27; ☽✶♂ 2 57; ☉∠☽ 8 54; ☽#☿ 11 16

12 T ☿∠♇ 2am39; ☽☌♃ 4 9; ♃∥♄ 10 13; ☽□♇ 10pm 2; ☽✶♄ 10 19; ☽∠♂ 11 17

13 W ☽∥♃ 1am43; ☽✶♅ 1 57; ♀ ♈ 3 27; ☉✶☽ 5 52; ☽∠☿ 10 28; ☽∥♀ 1pm33; ♅⊻♃ 2 25; ☽✶♄ 9 6; ☽□♅ 9 57

14 Th ☽□♀ 2am48; ☽#♀ 3 16; ☽∠♄ 4 25; ☽⊼♂ 7 6; ☽☌♃ 5pm14; ☽∥♃ 5 54; ☽✶☿ 8 37

15 F ☽✶♇ 9am23; ☽✶♄ 9 56; ☉☌☽ 9pm53; ♀□♆ 10 33

16 S ☽△♅ 6am19; ♀#♅ 12pm11; ☽✶♆ 1 3; ☽∠♇ 2 10; ☽□♇ 2 35; ☉∥☽ 3 35; ♀∠♄ 5 20; ☽☌♂ 8 40

17 Su ☽⊼♃ 3am53; ☽□♅ 10 36; ☽☌☿ 1pm18; ☽∥♄ 5 15; ☽✶♇ 6 21; ☽⊼♀ 7 7; ☽∠♀ 9 40

18 M ☽∥♂ 0am25; ☽∥♀ 4 21; ☽∠♄ 8 15; ☉✶☽ 10 48; ☽⊼♅ 2pm17; ☽∥♄ 4 29; ☽✶☿ 8 52

19 T ☽✶♀ 3am57; ♀✶♆ 6 8; ☽✶♂ 7 20; ☽✶♄ 12pm 2; ☉∠☽ 4 11; ♂∥♇ 5 55; ♀✶♇ 6 10

20 W ☽☍♇ 0am59; ☽✶☿ 1 37; ☽∥♀ 1 56; ☽△♄ 5 42; ☉△♅ 8 56; ☽∠♂ 11 43; ☉ ♉ 12pm42; ☉✶☽ 8 57

21 Th ☽☍♅ 2am34; ☽∥♄ 4 36; ☽□♀ 6 25; ☽△♇ 2pm33; ☽✶♂ 3 35; ☽□♃ 6 3

22 F ☽⊼♇ 5am44; ☽⊼♄ 6 50; ☽✶♆ 10 27; ♀⊼♂ 5pm22

23 S ☽⊼♅ 0am 7; ☽#♄ 2 12; ☽∥♂ 4 50; ☉∥☽ 4 54; ☽⊻♆ 6 33; ☽✶♆ 7 31; ☽∥♇ 12pm27; ♀⊻♃ 2 23; ☽□♂ 9 55; ☽△♃ 10 24; ☽△♀ 11 1

24 Su ☽□♅ 1am36; ☉∥☽ 4 13; ☉✶♆ 5 7; ♂#♄ 5 32; ☽∠♆ 8 1; ☽✶♄ 8 58; ☽✶♇ 10 11; ♂⊻♃ 11 32; ♀∥♃ 4pm22; ☽□♆ 4 36; ☉∠♇ 7 11

25 M ☽∥♃ 0am 4; ☽□♀ 2 37; ☽∠♅ 2 48; ☽✶♆ 9 13; ☉△☽ 11 13

26 T ☽⊼♃ 1am31; ☽△♂ 2 53; ☽∥♀ 4 27; ☽⊼♀ 5 57; ☽∥♃ 7 33; ☽□♇ 11 8; ☽⊼♄ 12pm29; ☉∥☽ 1 58; ☉#♅ 8 21; ☽△♀ 8 49

27 W ☽□♅ 4am39; ☽□♂ 5 5; ☽□♀ 11 9; ☽#♄ 1pm28; ☉⊼☽ 4 39; ☽□♀ 10 31

28 Th ☽☍♄ 4am 8; ☽#♃ 6 12; ☽⊼♂ 7 20; ☽☍♇ 12pm25; ☽△♇ 1 3; ☽⊼♂ 2 32; ☽#♀ 2 45; ♀✶♇ 7 59

29 F ☽⊼☿ 0am12; ☽✶♅ 6 36; ☽△♀ 1pm22; ♀✶♄ 2 12; ☽□♇ 2 16; ☉☍☽ 10 36

30 S ☽⊼♃ 7am31; ☽∠♅ 8 1; ☉∥♇ 9 11; ☽☍♂ 12pm43; ☽□♆ 3 0; ☽⊼♇ 3 55; ☽□♄ 5 34; ☽⊼♀ 8 6

LONGITUDE

DAY	SID. TIME	☉	☽	☽ 12 Hour	MEAN ☊	TRUE ☊	☿	♀	♂	♃	♄	♅	♆	♇
	h m s	° ' "	° ' "	° ' "	° '	° '	° '	° '	° '	° '	° '	° '	° '	° '
1	14 33 58	10♉ 11 4	23♏ 55 57	0♐ 47 35	25♏ 26	26♏ 45R	26♉ 19	21♈ 53	17♉ 45	14♈ 32	20♒ 14	29♐ 40R	3♋ 45	19♊ 16
2	14 37 55	11 9 14	7♐ 34 1	14 15 2	25 23	26 38	26 24R	23 7	18 28	14 46	20 17	29 38	3 46	19 18
3	14 41 51	12 7 23	20 50 30	27 20 24	25 20	26 31	26 23	24 20	19 11	15 0	20 20	29 37	3 48	19 19
4	14 45 48	13 5 30	3♑ 44 52	10♑ 4 7	25 17	26 24	26 18	25 34	19 54	15 13	20 22	29 36	3 49	19 20
5	14 49 44	14 3 36	16 18 28	22 28 19	25 13	26 19	26 7	26 47	20 38	15 27	20 25	29 34	3 51	19 21
6	14 53 41	15 1 41	28 34 9	4♒ 36 30	25 10	26 15	25 52	28 1	21 21	15 40	20 28	29 33	3 52	19 22
7	14 57 37	15 59 44	10♒ 35 57	16 33 9	25 7	26 13D	25 33	29 14	22 4	15 54	20 30	29 31	3 54	19 23
8	15 1 34	16 57 45	22 28 42	28 23 18	25 4	26 13	25 9	0♉ 28	22 47	16 7	20 32	29 30	3 56	19 25
9	15 5 30	17 55 46	4♓ 17 35	10♓ 12 12	25 1	26 14	24 43	1 41	23 30	16 21	20 35	29 28	3 57	19 26
10	15 9 27	18 53 44	16 7 48	22 5 0	24 58	26 15R	24 13	2 55	24 12	16 34	20 37	29 26	3 59	19 27
11	15 13 24	19 51 42	28 4 23	4♈ 6 27	24 54	26 16	23 41	4 9	24 55	16 47	20 39	29 25	4 1	19 28
12	15 17 20	20 49 38	10♈ 11 44	16 20 37	24 51	26 15	23 7	5 22	25 38	17 1	20 41	29 23	4 2	19 29
13	15 21 17	21 47 33	22 33 29	28 50 35	24 48	26 12	22 32	6 36	26 21	17 14	20 43	29 21	4 4	19 31
14	15 25 13	22 45 26	5♉ 12 8	11♉ 38 13	24 45	26 6	21 56	7 49	27 3	17 27	20 45	29 20	4 6	19 32
15	15 29 10	23 43 18	18 8 52	24 43 59	24 42	25 59	21 21	9 3	27 46	17 40	20 46	29 18	4 8	19 33
16	15 33 6	24 41 9	1♊ 23 25	8♊ 6 56	24 39	25 50	20 46	10 16	28 29	17 53	20 48	29 16	4 10	19 35
17	15 37 3	25 38 58	14 54 11	21 44 51	24 35	25 40	20 12	11 30	29 11	18 6	20 49	29 14	4 11	19 36
18	15 40 59	26 36 46	28 38 30	5♋ 34 43	24 32	25 30	19 41	12 43	29 54	18 19	20 51	29 12	4 13	19 37
19	15 44 56	27 34 32	12♋ 33 5	19 33 12	24 29	25 22	19 11	13 57	0♊ 36	18 32	20 52	29 10	4 15	19 38
20	15 48 53	28 32 17	26 34 41	3♌ 37 11	24 26	25 16	18 45	15 10	1 18	18 44	20 53	29 8	4 17	19 40
21	15 52 49	29 30 0	10♌ 40 25	17 44 8	24 23	25 12	18 21	16 24	2 1	18 57	20 54	29 6	4 19	19 41
22	15 56 46	0♊ 27 41	24 48 9	1♍ 52 15	24 19	25 11D	18 1	17 37	2 43	19 10	20 55	29 4	4 21	19 42
23	16 0 42	1 25 21	8♍ 56 20	16 0 14	24 16	25 11	17 45	18 51	3 25	19 22	20 56	29 2	4 23	19 44
24	16 4 39	2 22 59	23 3 50	0♎ 6 59	24 13	25 11R	17 34	20 4	4 7	19 35	20 57	29 0	4 25	19 45
25	16 8 35	3 20 36	7♎ 9 30	14 11 9	24 10	25 11	17 26	21 18	4 50	19 47	20 58	28 58	4 27	19 46
26	16 12 32	4 18 10	21 11 43	28 10 52	24 7	25 9	17 22D	22 31	5 32	20 0	20 59	28 56	4 29	19 48
27	16 16 28	5 15 44	5♏ 8 16	12♏ 3 33	24 4	25 4	17 24	23 45	6 14	20 12	20 59	28 54	4 31	19 49
28	16 20 25	6 13 17	18 56 19	25 46 9	24 0	24 56	17 29	24 58	6 56	20 24	21 0	28 51	4 33	19 51
29	16 24 22	7 10 48	2♐ 32 40	9♐ 15 31	23 57	24 46	17 39	26 12	7 38	20 36	21 0	28 49	4 35	19 52
30	16 28 18	8 8 18	15 54 22	22 28 59	23 54	24 34	17 54	27 25	8 19	20 48	21 0	28 47	4 37	19 53
31	16 32 15	9♊ 5 47	28♐ 59 10	5♑ 24 51	23♏ 51	24♏ 22	18♉ 13	28♉ 39	9♊ 1	21♈ 0	21♒ 0R	28♐ 45	4♋ 39	19♊ 55

DECLINATION and LATITUDE

DAY	☉ DECL	☽ DECL	☽ LAT	☽ 12hr DECL	☿ DECL	☿ LAT	♀ DECL	♀ LAT	♂ DECL	♂ LAT	♃ DECL	♃ LAT	♄ DECL	♄ LAT
1	14N53	14S34	4N20	15S47	21N40	2N24	7N 8	1S30	17N12	0N 5	4N43	1S 7	15S36	0S54
2	15 11	16 47	4 52	17 32	21 33	2 16	7 36	1 30	17 25	0 5	4 48	1 7	15 36	0 55
3	15 29	18 2	5 7	18 17	21 24	2 6	8 4	1 29	17 38	0 6	4 53	1 7	15 35	0 55
4	15 47	18 18	5 6	18 5	21 12	1 55	8 31	1 28	17 50	0 7	4 58	1 7	15 34	0 55
5	16 4	17 39	4 50	17 1	20 58	1 43	8 59	1 27	18 2	0 7	5 3	1 7	15 34	0 55
6	16 21	16 11	4 21	15 12	20 42	1 30	9 26	1 26	18 14	0 8	5 8	1 7	15 33	0 55
7	16 38	14 2	3 41	12 44	20 24	1 16	9 53	1 25	18 26	0 9	5 14	1 7	15 32	0 55
8	16 55	11 19	2 52	9 47	20 3	1 1	10 20	1 24	18 37	0 9	5 19	1 7	15 32	0 56
9	17 11	8 9	1 56	6 25	19 42	0 46	10 46	1 23	18 49	0 10	5 24	1 7	15 31	0 56
10	17 27	4 38	0 54	2 48	19 19	0 29	11 12	1 22	19 0	0 10	5 29	1 7	15 31	0 56
11	17 43	0 55	0S10	0N59	18 54	0 12	11 38	1 21	19 11	0 11	5 34	1 7	15 30	0 56
12	17 58	2N54	1 14	4 48	18 29	0S 5	12 4	1 19	19 22	0 12	5 39	1 8	15 30	0 56
13	18 13	6 40	2 16	8 29	18 3	0 22	12 30	1 18	19 33	0 12	5 44	1 8	15 29	0 56
14	18 28	10 14	3 13	11 52	17 37	0 40	12 55	1 17	19 43	0 13	5 49	1 8	15 29	0 57
15	18 43	13 23	4 1	14 44	17 11	0 57	13 20	1 15	19 53	0 13	5 54	1 8	15 28	0 57
16	18 57	15 55	4 37	16 54	16 45	1 14	13 44	1 14	20 4	0 14	5 58	1 8	15 28	0 57
17	19 11	17 39	4 59	18 9	16 20	1 31	14 9	1 12	20 13	0 15	6 3	1 8	15 28	0 57
18	19 24	18 23	5 4	18 21	15 56	1 47	14 33	1 11	20 23	0 15	6 8	1 8	15 27	0 57
19	19 38	18 2	4 51	17 27	15 34	2 3	14 56	1 9	20 33	0 16	6 13	1 8	15 27	0 57
20	19 51	16 35	4 20	15 29	15 12	2 17	15 19	1 7	20 42	0 16	6 18	1 8	15 27	0 58
21	20 3	14 8	3 34	12 34	14 53	2 31	15 42	1 5	20 51	0 17	6 22	1 8	15 27	0 58
22	20 15	10 50	2 35	8 56	14 35	2 44	16 5	1 4	21 0	0 18	6 27	1 9	15 27	0 58
23	20 27	6 54	1 26	4 46	14 20	2 56	16 27	1 2	21 9	0 18	6 32	1 9	15 26	0 58
24	20 39	2 35	0 11	0 21	14 6	3 6	16 48	0 60	21 17	0 19	6 36	1 9	15 26	0 58
25	20 50	1S52	1N 3	4S 4	13 55	3 16	17 10	0 58	21 26	0 19	6 41	1 9	15 26	0 58
26	21 1	6 12	2 14	8 15	13 46	3 24	17 30	0 56	21 34	0 20	6 45	1 9	15 26	0 59
27	21 11	10 10	3 15	11 56	13 39	3 31	17 51	0 54	21 42	0 21	6 50	1 9	15 26	0 59
28	21 21	13 32	4 5	14 56	13 35	3 37	18 11	0 52	21 50	0 21	6 54	1 9	15 26	0 59
29	21 31	16 6	4 40	17 3	13 33	3 42	18 30	0 50	21 57	0 22	6 59	1 9	15 26	0 59
30	21 41	17 46	4 58	18 13	13 33	3 46	18 49	0 48	22 4	0 22	7 3	1 10	15 26	0 59
31	21N50	18S26	5N 1	18S25	13N36	3S49	19N 7	0S46	22N12	0N23	7N 7	1S10	15S27	0S60

DAY	♅ DECL	♅ LAT	♆ DECL	♆ LAT	♇ DECL	♇ LAT
1	23S39	0S11	22N23	1S 1	14N42	8S21
5	23 39	0 12	22 23	1 1	14 43	8 20
9	23 39	0 12	22 23	1 0	14 43	8 20
13	23 39	0 12	22 23	1 0	14 44	8 19
17	23 39	0 12	22 23	1 0	14 45	8 19
21	23 39	0 12	22 23	1 0	14 46	8 18
25	23 39	0 12	22 23	0 60	14 47	8 18
29	23S39	0S12	22N23	0S60	14N48	8S18

☽ PHENOMENA	VOID OF COURSE ☽ LAST ASPT	☽ INGRESS
d h m	1 4am12	1 ♐ 10am36
7 11 50 ☾	3 4pm13	3 ♑ 4pm58
15 10 58 ●	5 10pm47	6 ♒ 2am50
22 10 18 ☽	8 2pm13	8 ♓ 3pm17
29 8 55 ○	11 2am40	11 ♈ 3am50
	13 12pm56	13 ♉ 2pm12
	15 6pm28	15 ♊ 9pm30
d h °	18 0am58	18 ♋ 2am21
3 19 18S19	20 3am35	20 ♌ 5am50
11 6 0	22 7am14	22 ♍ 8am49
18 4 18N24	24 10am 5	24 ♎ 11am48
24 14 0	26 1pm15	26 ♏ 3pm 8
31 5 18S27	28 11am39	28 ♐ 7pm29
	30 11pm34	31 ♑ 1am53
3 10 5N 9	d h	
10 20 0	8 16 APOGEE	
17 19 5S 4	22 22 PERIGEE	
24 4 0		
30 16 5N 2		

DAILY ASPECTARIAN

Day	Aspect	Time
1 Su	☽#♇	1am11
	☉#☽	3 17
	☽☍☿	4 12
	☽⚼♃	9 57
	☽⚺♅	10 0
	☽∥♄	10 2
	☽⚻♆	5pm15
2 M	☽⚼♀	1am 4
	☉⚻☽	6 55
	☿SR	9 36
	♂∠♆	10 29
	☽#♂	11 57
	☽△♃	1pm 9
	☽⚻♂	8 48
	☽☍♇	9 12
	☽✶♄	11 3
3 T	♂⚺♇	4am12
	☽△♀	7 7
	☉#♄	7 54
	☽⚻☿	10 11
	☉⚼☽	12pm32
	☽☌♅	4 13
4 W	☽☍♆	0am 8
	☽⚼♂	2 19
	☽∠♄	3 5
	☿⚺♀	12pm41
	☽⚼☿	2 10
	☽#♂	3 53
	♂□♄	4 34
	☉△☽	7 18
	☽□♃	10 18
5 Th	☽⚻♇	5am55
	☽⚺♄	8 1
	☽△♂	8 55
	☉⚼♅	12pm19
	☽△☿	6 47
	☉#☽	10 8
	☽□♀	10 47
6 F	☽⚺♅	1am56
	☽∥♄	7 58
	☽⚻♆	10 34
	☽⚼♇	11 33
	☽#♇	5pm 8
	☉⚺♃	8 51
7 S	♀△♅	5am21
	☽∠♅	7 53
	☽✶♃	10 53
	☉□☽	11 50
	♀ ♉	2pm52
	☽⚼♆	4 47
	☽△♇	5 46
	☽☌♄	8 3
8	☽□♂	0am39
Su	☽□☿	5 15
	☽#♀	6 50
	☽✶♅	2pm13
	☽∠♃	5 54
	☽✶♀	6 6
	☽△♆	11 19
9	☽#♃	6pm32
10 T	☿☌♂	0am 8
	☽⚺♃	0 54
	☉∠♆	2 16
	☽∠♀	4 1
	☉✶☽	6 5
	☽□♇	6 43
	☽⚺♄	9 4
	☿∥♂	12pm36
	☉⚺♇	2 4
	☽✶☿	3 35
	☽✶♂	5 18
	♀✶♆	9 23
11 W	☽□♅	2am40
	♀∠♇	6 32
	☽□♆	11 50
	☽⚺♀	1pm26
	☉∠☽	2 39
	☽∠♄	3 5
	☽∠☿	8 6
	☉□♄	8 16
12 Th	☽∠♂	0am55
	☽☌♃	1pm32
	☽∥♃	5 47
	☉∥☿	6 1
	☽✶♇	6 7
	☽✶♄	8 27
	☉⚺☽	10 24
	☽⚺☿	11 57
13 F	☽⚺♂	7am41
	☉☌☿	11 25
	☽△♅	12pm56
	☽✶♆	9 55
	☽∠♇	10 45
14 S	☽☌♀	5am25
	☽⚼♅	4pm56
	☽⚺♃	11 6
	☽∥♀	11 32
15 Su	☽∠♆	1am48
	☽⚺♇	2 35
	☽□♄	4 48
	☽☌☿	5 36
	☉☌☽	10 58
	☽∥♇	12pm 6
	☽☌♂	6 28
	☽#♄	7 11
	☽⚻♅	8 11
	☿□♄	10 44
16 M	☽∠♃	2am43
	☽⚺♆	4 58
	☽∥☿	8 15
	☽⚺♀	5pm23
17 T	♂⚻♅	1am32
	☽✶♃	5 42
	☽☌♇	8 15
	☽⚺☿	8 57
	☽△♄	10 24
	☉⚺☽	8pm13
	☽∠♀	10 15
18 W	☽☍♅	0am58
	☽⚺♂	2 17
	☿⚺♇	2 40
	♂ ♊	3 35
	☽☌♆	9 41
	☽∠☿	10 5
	☽⚼♄	12pm29
	♀∥♇	1 9
	☿∠♆	9 0
19 Th	☉∠☽	0am 3
	☽✶♀	2 37
	♀⚼♅	4 16
	☽∠♂	5 31
	☿#♄	7 11
	☽□♃	10 24
	☽✶☿	11 1
	☽⚺♇	12pm10
	☽⚻♄	2 16
	☿∥♀	8 8
20 F	☿⚺♃	0am 6
	☉✶☽	3 35
	☽⚻♅	4 21
	♀#♄	7 49
	☽✶♂	8 29
	☽∥♀	11 40
	☽#♄	12pm16
	☽⚺♆	1 9
	☽∠♇	1 48
	☉⚻♅	2 27
	☽∥☿	4 41
	☽∥♇	6 34
21 S	☽⚼♅	5am49
	☿∥♇	8 43
	☽□♀	10 39
	☉ ♊	12pm29
	☽□☿	12 44
	☽△♃	2 17
	☽∠♆	2 43
	☽✶♇	3 20
	☽☍♄	5 25
22 Su	☿☌♀	6am21
	☽△♅	7 14
	☉□☽	10 18
	☽□♂	2pm 9
	☽⚼♃	4 8
	☽✶♆	4 14
23 M	☽∥♃	2am 7
	♀∠♆	10 40
	♀⚺♃	12pm24
	☽△☿	2 45
	♀⚺♇	5 36
	☽⚻♃	5 59
	☽□♇	6 22
	☽△♀	6 26
	☽⚻♄	8 25
24 T	☽□♅	10am 5
	♂⚺♆	10 14
	☽⚼☿	4pm 0
	☉△☽	5 1
	♀□♄	5 26
	☽□♆	7 22
	☽△♂	7 49
	☽⚼♄	9 58
	♂∠♃	10 5
	♃✶♇	10 21
	☽⚼♀	10 24
25 W	☽⚻☿	5pm28
	☉⚼☽	8 31
	☽△♇	9 36
	☽☍♃	9 54
	☽⚼♂	10 48
	☽△♄	11 37
26 Th	☽⚻♀	2am30
	☽#♃	3 13
	☉⚺♆	4 28
	☿SD	5 56
	☽✶♅	1pm15
	☉∠♃	9 55
	☽△♆	10 55
	☽⚼♇	11 27
27 F	☉⚻☽	0am14
	☽⚻♂	1 59
	☽∠♅	3pm 9
	☽☍☿	9 26
28 S	☽#☿	0am24
	☽⚼♆	1 4
	☽⚻♇	1 35
	☽⚻♃	2 36
	☽□♄	3 36
	☽#♇	10 46
	☽☍♀	11 39
	☽∥♄	4pm56
	☽⚺♅	5 25
29 Su	☽⚻♆	3am38
	☽⚼♃	5 32
	☉☍☽	8 55
	☽☍♂	9 34
30 M	☽⚻☿	3am42
	☽☍♇	7 16
	☽△♃	9 3
	☽✶♄	9 17
	☉☌♂	5pm 5
	☽⚻♀	11 19
	☽☌♅	11 34
31 T	♃✶♄	0am30
	♀⚻♅	1 52
	☽⚼☿	8 7
	☽☍♆	10 35
	☽∠♄	1pm 7
	☽⚻♂	7 53
	☉⚻☽	8 29
	♄SR	11 25

JUNE 1904

LONGITUDE

DAY	SID. TIME	☉	☽	☽ 12 Hour	MEAN ☊	TRUE ☊	☿	♀	♂	♃	♄	♅	♆	♇
	h m s	° ' "	° ' "	° ' "	° '	° '	° '	° '	° '	° '	° '	° '	° '	° '
1	16 36 11	10♊ 3 15	11♑ 46 1	18♑ 2 46	23♍ 48	24♍ 11R	18♉ 36D	29♉ 52	9♊ 43D	21♈ 12	21♒ 0R	28♐ 43R	4♋ 41D	19♊ 56
2	16 40 8	11 0 43	24 15 17	0♒ 23 50	23 45	24 2	19 4	1♊ 6	10 25	21 24	21 0	28 40	4 43	19 57
3	16 44 4	11 58 9	6♒ 28 46	12 30 32	23 41	23 55	19 36	2 20	11 6	21 35	21 0	28 38	4 45	19 59
4	16 48 1	12 55 35	18 29 38	24 26 35	23 38	23 50	20 12	3 33	11 48	21 47	21 0	28 36	4 47	20 0
5	16 51 57	13 53 0	0♓ 22 0	6♓ 16 32	23 35	23 48	20 52	4 47	12 30	21 58	21 0	28 33	4 49	20 2
6	16 55 54	14 50 24	12 10 49	18 5 33	23 32	23 47	21 36	6 0	13 11	22 10	20 59	28 31	4 51	20 3
7	16 59 51	15 47 48	24 1 25	29 59 5	23 29	23 47	22 24	7 14	13 53	22 21	20 59	28 29	4 53	20 4
8	17 3 47	16 45 11	5♈ 59 15	12♈ 2 32	23 25	23 46	23 16	8 27	14 34	22 32	20 58	28 26	4 55	20 6
9	17 7 44	17 42 33	18 9 33	24 20 51	23 22	23 45	24 11	9 41	15 16	22 44	20 57	28 24	4 58	20 7
10	17 11 40	18 39 55	0♉ 36 54	6♉ 58 8	23 19	23 41	25 10	10 54	15 57	22 55	20 56	28 22	5 0	20 9
11	17 15 37	19 37 17	13 24 51	19 57 13	23 16	23 34	26 12	12 8	16 38	23 6	20 55	28 19	5 2	20 10
12	17 19 33	20 34 37	26 35 20	3♊ 19 6	23 13	23 25	27 18	13 22	17 20	23 16	20 54	28 17	5 4	20 11
13	17 23 30	21 31 58	10♊ 8 20	17 2 43	23 10	23 14	28 28	14 35	18 1	23 27	20 53	28 14	5 6	20 13
14	17 27 26	22 29 18	24 1 45	1♋ 4 53	23 6	23 2	29 40	15 49	18 42	23 38	20 52	28 12	5 8	20 14
15	17 31 23	23 26 37	8♋ 11 27	15 20 44	23 3	22 51	0♊ 56	17 2	19 23	23 48	20 51	28 9	5 11	20 16
16	17 35 20	24 23 55	22 31 58	29 44 25	23 0	22 41	2 15	18 16	20 4	23 59	20 49	28 7	5 13	20 17
17	17 39 16	25 21 13	6♌ 57 22	14♌ 10 10	22 57	22 33	3 38	19 30	20 45	24 9	20 48	28 5	5 15	20 18
18	17 43 13	26 18 30	21 22 13	28 33 4	22 54	22 28	5 3	20 43	21 26	24 19	20 46	28 2	5 17	20 20
19	17 47 9	27 15 46	5♍ 42 18	12♍ 49 38	22 51	22 26D	6 32	21 57	22 7	24 30	20 45	28 0	5 19	20 21
20	17 51 6	28 13 1	19 54 52	26 57 50	22 47	22 26	8 4	23 10	22 48	24 40	20 43	27 57	5 22	20 23
21	17 55 2	29 10 16	3♎ 58 29	10♎ 56 45	22 44	22 26R	9 38	24 24	23 29	24 49	20 41	27 55	5 24	20 24
22	17 58 59	0♋ 7 30	17 52 38	24 46 7	22 41	22 25	11 16	25 38	24 10	24 59	20 39	27 52	5 26	20 25
23	18 2 55	1 4 43	1♏ 37 10	8♏ 25 47	22 38	22 23	12 57	26 51	24 51	25 9	20 37	27 50	5 28	20 27
24	18 6 52	2 1 56	15 11 52	21 55 22	22 35	22 17	14 41	28 5	25 31	25 18	20 35	27 47	5 31	20 28
25	18 10 49	2 59 8	28 36 10	5♐ 14 9	22 31	22 9	16 28	29 19	26 12	25 28	20 33	27 45	5 33	20 30
26	18 14 45	3 56 20	11♐ 49 9	18 21 2	22 28	21 59	18 18	0♋ 32	26 53	25 37	20 30	27 43	5 35	20 31
27	18 18 42	4 53 31	24 49 40	1♑ 14 55	22 25	21 47	20 10	1 46	27 33	25 46	20 28	27 40	5 37	20 32
28	18 22 38	5 50 42	7♑ 36 44	13 55 3	22 22	21 35	22 6	3 0	28 14	25 55	20 26	27 38	5 39	20 34
29	18 26 35	6 47 53	20 9 52	26 21 15	22 19	21 23	24 3	4 13	28 54	26 4	20 23	27 35	5 42	20 35
30	18 30 31	7♋ 45 4	2♒ 29 20	8♒ 34 18	22♍ 16	21♍ 13	26♊ 3	5♋ 27	29♊ 35	26♈ 13	20♒ 20	27♐ 33	5♋ 44	20♊ 36

DECLINATION and LATITUDE

DAY	☉ DECL	☽ DECL	☽ LAT	☽ 12hr DECL	☿ DECL	☿ LAT	♀ DECL	♀ LAT	♂ DECL	♂ LAT	♃ DECL	♃ LAT	♄ DECL	♄ LAT
1	21N58	18S 9	4N48	17S40	13N40	3S51	19N25	0S44	22N18	0N24	7N12	1S10	15S27	0S60
2	22 6	16 59	4 21	16 6	13 47	3 52	19 43	0 42	22 25	0 24	7 16	1 10	15 27	0 60
3	22 14	15 3	3 43	13 51	13 55	3 52	19 60	0 39	22 32	0 25	7 20	1 10	15 27	1 0
4	22 22	12 30	2 56	11 2	14 6	3 51	20 16	0 37	22 38	0 25	7 24	1 10	15 27	1 0
5	22 29	9 28	2 1	7 48	14 18	3 49	20 32	0 35	22 44	0 26	7 28	1 10	15 28	1 0
6	22 35	6 3	1 1	4 15	14 32	3 46	20 47	0 33	22 50	0 26	7 33	1 11	15 28	1 1
7	22 42	2 24	0S 1	0 30	14 48	3 43	21 2	0 30	22 55	0 27	7 37	1 11	15 28	1 1
8	22 48	1N24	1 4	3N18	15 5	3 38	21 16	0 28	23 1	0 28	7 41	1 11	15 29	1 1
9	22 53	5 12	2 5	7 3	15 23	3 33	21 29	0 26	23 6	0 28	7 45	1 11	15 29	1 1
10	22 58	8 51	3 2	10 35	15 42	3 28	21 42	0 23	23 11	0 29	7 49	1 11	15 29	1 1
11	23 3	12 12	3 51	13 42	16 3	3 21	21 55	0 21	23 16	0 29	7 53	1 11	15 30	1 1
12	23 7	15 3	4 29	16 12	16 25	3 14	22 6	0 19	23 20	0 30	7 56	1 12	15 30	1 2
13	23 11	17 9	4 53	17 52	16 48	3 7	22 17	0 16	23 25	0 30	8 0	1 12	15 31	1 2
14	23 14	18 19	5 1	18 29	17 11	2 58	22 28	0 14	23 29	0 31	8 4	1 12	15 31	1 2
15	23 17	18 22	4 50	17 58	17 35	2 50	22 38	0 12	23 33	0 31	8 8	1 12	15 32	1 2
16	23 20	17 16	4 21	16 18	17 60	2 41	22 47	0 9	23 37	0 32	8 11	1 12	15 33	1 2
17	23 22	15 4	3 36	13 35	18 25	2 31	22 55	0 7	23 40	0 32	8 15	1 12	15 33	1 2
18	23 24	11 55	2 36	10 4	18 50	2 21	23 3	0 4	23 43	0 33	8 19	1 13	15 34	1 3
19	23 25	8 4	1 27	5 58	19 16	2 11	23 10	0 2	23 46	0 34	8 22	1 13	15 35	1 3
20	23 26	3 48	0 13	1 34	19 41	1 60	23 17	0N 0	23 49	0 34	8 26	1 13	15 35	1 3
21	23 27	0S39	1N 1	2S51	20 7	1 49	23 23	0 3	23 52	0 35	8 29	1 13	15 36	1 3
22	23 27	5 0	2 10	7 5	20 32	1 38	23 28	0 5	23 54	0 35	8 32	1 13	15 37	1 3
23	23 27	9 3	3 12	10 53	20 57	1 26	23 32	0 8	23 57	0 36	8 36	1 13	15 38	1 3
24	23 26	12 33	4 1	14 3	21 21	1 14	23 36	0 10	23 59	0 36	8 39	1 14	15 39	1 4
25	23 25	15 22	4 37	16 27	21 44	1 2	23 39	0 12	24 0	0 37	8 42	1 14	15 39	1 4
26	23 24	17 19	4 57	17 57	22 6	0 51	23 42	0 15	24 2	0 37	8 46	1 14	15 40	1 4
27	23 22	18 20	5 1	18 30	22 27	0 39	23 43	0 17	24 3	0 38	8 49	1 14	15 41	1 4
28	23 19	18 25	4 50	18 6	22 46	0 27	23 44	0 19	24 5	0 38	8 52	1 14	15 42	1 4
29	23 17	17 34	4 25	16 50	23 4	0 15	23 45	0 22	24 6	0 39	8 55	1 15	15 43	1 4
30	23N13	15S55	3N48	14S50	23N20	0S 4	23N44	0N24	24N 6	0N39	8N58	1S15	15S44	1S 5

DAY	♅ DECL	♅ LAT	♆ DECL	♆ LAT	♇ DECL	♇ LAT
1	23S39	0S12	22N22	0S60	14N48	8S17
5	23 39	0 12	22 22	0 60	14 49	8 17
9	23 39	0 12	22 22	0 60	14 49	8 17
13	23 38	0 12	22 22	0 60	14 50	8 17
17	23 38	0 12	22 21	0 59	14 51	8 17
21	23 38	0 12	22 21	0 59	14 51	8 16
25	23 38	0 12	22 21	0 59	14 51	8 16
29	23S38	0S12	22N20	0S59	14N52	8S16

☽ PHENOMENA	VOID OF COURSE ☽ LAST ASPT	☽ INGRESS
d h m	1 6pm22	2 ♒ 11am13
6 5 53 ☾	4 8pm20	4 ♓ 11pm15
13 21 10 ●	7 8am57	7 ♈ 12pm 2
20 15 10 ☽	9 7pm43	9 ♉ 10pm50
27 20 23 ○	12 1am24	12 ♊ 6am 6
	14 7am 5	14 ♋ 10am10
	16 2am27	16 ♌ 12pm26
d h ° '	18 11am 6	18 ♍ 2pm26
7 15 0	20 3pm10	20 ♎ 5pm11
14 13 18N29	22 5pm23	22 ♏ 9pm 9
20 20 0	24 9am34	25 ♐ 2am31
27 14 18S30	27 5am22	27 ♑ 9am39
	29 11am35	29 ♒ 7pm 7
7 0 0	d h	
13 22 5S 1	5 11 APOGEE	
20 4 0	17 13 PERIGEE	
26 18 5N 1		

DAILY ASPECTARIAN

Day	Aspect	Time
1 W	♀ ♊	2am28
	☽⚼♀	6 34
	☽△☿	1pm34
	♂∥♆	2 3
	☽⚻♇	3 40
	☽⚺♄	5 42
	☽□♃	6 22
2 Th	☽⚼♂	2am23
	☉⚼☽	3 43
	☽⚺♅	8 35
	☽△♀	2pm53
	☽∥♄	7 43
	☽⚻♆	8 34
	☽⚼♇	9 2
3 F	☽#♇	2am36
	☿∠♆	6 27
	☽△♂	9 46
	☽#☿	10 38
	☉△☽	11 52
	☽∠♅	2pm12
	☿⚺♇	4 4
4 S	☉∥♆	2am 1
	☽⚼♆	2 36
	☽△♇	3 3
	☽□☿	3 38
	☽☌♄	5 3
	☽✶♃	6 44
	☽✶♅	8pm20
5 Su	♀⚺♆	0am49
	☿□♄	4 5
	☽△♆	9 4
	☽□♀	9 59
	☽∠♃	1pm38
	☽#♃	1 58
6 M	☽□♂	2am10
	☉□☽	5 53
	☽□♇	4pm 0
	☽⚺♄	5 51
	☽✶☿	8 29
	☽⚺♃	8 34
	☿⚺♃	10 11
7 T	☿∥♇	2am25
	♀∠♃	2 54
	☽□♅	8 57
	☽□♆	9pm52
	☽∠♄	11 57
8 W	☽∠☿	4am53
	☽✶♀	5 27
	☽✶♂	5pm59
	☉✶☽	11 3
9	☽✶♇	3am50
Th	☽✶♄	5 26
	☿#♄	7 56
	☽☌♃	9 0
	☽⚺☿	12pm40
	☽∠♀	2 1
	☽∥♃	4 53
	☽△♅	7 43
10 F	☽∠♂	0am40
	☉∠☽	6 15
	☽✶♆	8 19
	☽∠♇	8 35
	☽⚺♀	9pm23
	☽⚼♅	11 49
11 S	☽⚺♂	6am16
	☽∠♆	12pm10
	☉⚺☽	12 17
	☽⚺♇	12 25
	☽□♄	1 45
	☉☌♇	2 4
	☽⚺♃	5 57
	☽∥♇	10 1
12 Su	☽☌☿	1am24
	☽⚻♅	3 1
	☽#♄	4 36
	☉△♄	8 8
	☽⚺♆	3pm 8
	☽∥☿	5 55
	☿⚻♅	7 39
	☽∠♃	9 1
13 M	☽☌♀	8am30
	♀∥♆	9 44
	☽☌♂	2pm23
	☽☌♇	5 29
	☽△♄	6 35
	☉☌☽	9 10
	☽✶♃	11 19
14 T	☿ ♊	6am23
	☽☍♅	7 5
	☽⚺☿	10 32
	☽☌♆	6pm55
	☽⚼♄	8 3
15 W	☉✶♃	11am10
	☽∠☿	2pm17
	☽∥☿	2 36
	☽⚺♀	4 13
	☽⚺♂	7 41
	☽⚺♇	8 15
	☽⚻♄	9 9
16 Th	☽□♃	2am27
	☉⚺☽	3 20
	♂☌♇	7 45
	☽⚻♅	9 16
	♂#♅	12pm 8
	☽✶☿	5 52
	☽#♄	7 28
	☽∠♀	7 31
	☽⚺♆	9 9
	☽∠♇	9 15
	☽∠♂	9 54
17 F	♂△♄	1am27
	☽∥♇	1 54
	☉∠☽	6 3
	☽⚼♅	10 9
	♀☌♇	4pm15
	☽∠♆	10 11
	☽✶♇	10 16
	☽✶♀	10 49
	☽☍♄	11 0
18 S	☽✶♂	0am 7
	♀△♄	0 59
	☿⚺♆	3 59
	☽△♃	4 59
	☉✶☽	8 50
	☽△♅	11 6
	☽∥♃	10pm16
	☽✶♆	11 21
19 Su	☽□☿	1am33
	☽⚼♃	6 27
	♀☌♂	7 41
	☉☍♅	5pm39
20 M	☽□♇	0am47
	☽⚻♄	1 21
	☽□♂	5 10
	☽□♀	6 4
	☽⚻♃	8 10
	☽□♅	1pm39
	☉□☽	3 10
21 T	☽□♆	2am27
	☽⚼♄	2 56
	☿∠♃	3 1
	♀✶♃	9 32
	☽△☿	11 2
	☉∥♀	8pm 6
	☉ ♋	8 51
22 W	☽△♇	4am26
	☽△♄	4 49
	☽△♂	11 31
	☽☍♃	12pm32
	☽△♀	2 50
	☽⚼☿	4 40
	☽✶♅	5 23
	☽#♃	9 9
	☉△☽	10 59
23 Th	☽⚼♇	6am45
	☽△♆	6 48
	♂✶♃	1pm59
	☽⚼♂	3 16
	♀☍♅	6 28
	☽∠♅	7 44
	☽⚼♀	7 52
	☽⚻☿	10 58
24 F	☉⚼☽	3am31
	☽⚻♇	9 25
	☽⚼♆	9 30
	☽□♄	9 34
	♀#♅	3pm10
	☽⚻♃	6 17
	☽#♇	7 9
	☽⚻♂	7 27
	☽⚺♅	10 28
	♄⚼♆	11 34
25 S	☽⚻♀	1am24
	☽∥♄	3 4
	☉⚻☽	8 32
	☽⚻♆	12pm36
	♀ ♋	1 28
	♄△♇	8 5
	☽⚼♃	9 47
26 Su	☽☍☿	1pm54
	☽✶♄	3 56
	☽☍♇	4 2
	☿∥♆	5 0
27	☽△♃	1am47
M	☿△♄	3 37
	♂☍♅	3 49
	☿☌♇	4 40
	☽☌♅	5 17
	☽☍♂	5 22
	☉⚼♄	1pm54
	☽☍♀	2 21
	☉☌♆	7 6
	☽∠♄	7 53
	☽☍♆	8 18
	☉☍☽	8 23
29 W	☽⚺♄	0am25
	☽⚻♇	0 49
	☽⚻☿	8 58
	☽□♃	11 35
	☽⚺♅	2pm22
	☉∥☿	3 51
	☽⚻♂	5 58
	♀⚼♄	9 56
30 Th	☿✶♃	2am 6
	☽∥♄	2 8
	♀☌♆	5 41
	☽⚼♇	6 9
	☽⚻♆	6 24
	☽⚻♀	6 29
	☉⚻☽	11 16
	☽#♇	11 35
	♂ ♋	2pm56
	☿☍♅	5 21
	☽∠♅	7 50
	☽⚼☿	8 21

JULY 1904

LONGITUDE

DAY	SID. TIME	☉	☽	☽ 12 Hour	MEAN ☊	TRUE ☊	☿	♀	♂	♃	♄	♅	♆	♇
	h m s	° ' "	° ' "	° ' "	° '	° '	° '	° '	° '	° '	° '	° '	° '	° '
1	18 34 28	8♋ 42 15	14♒ 36 25	20♒ 36 0	22♍ 12	21♍ 5R	28♊ 5	6♋ 41	0♋ 15	26♈ 22	20♒ 18R	27♐ 31R	5♋ 46	20♊ 38
2	18 38 24	9 39 25	26 33 26	2♓ 29 10	22 9	21 0	0♋ 9	7 54	0 56	26 30	20 15	27 28	5 48	20 39
3	18 42 21	10 36 36	8♓ 23 41	14 17 33	22 6	20 58	2 15	9 8	1 36	26 39	20 12	27 26	5 51	20 40
4	18 46 18	11 33 48	20 11 21	26 5 42	22 3	20 57D	4 22	10 22	2 16	26 47	20 9	27 23	5 53	20 42
5	18 50 14	12 30 59	2♈ 1 15	7♈ 58 40	22 0	20 57R	6 30	11 36	2 57	26 55	20 6	27 21	5 55	20 43
6	18 54 11	13 28 10	13 58 39	20 1 51	21 57	20 57	8 39	12 49	3 37	27 3	20 3	27 19	5 57	20 44
7	18 58 7	14 25 22	26 8 56	2♉ 20 33	21 53	20 57	10 49	14 3	4 17	27 11	20 0	27 16	6 0	20 46
8	19 2 4	15 22 35	8♉ 37 15	14 59 34	21 50	20 54	12 59	15 17	4 57	27 19	19 57	27 14	6 2	20 47
9	19 6 0	16 19 48	21 27 57	28 2 42	21 47	20 49	15 9	16 31	5 37	27 26	19 53	27 12	6 4	20 48
10	19 9 57	17 17 1	4♊ 44 2	11♊ 32 1	21 44	20 43	17 18	17 44	6 17	27 34	19 50	27 10	6 6	20 50
11	19 13 53	18 14 14	18 26 33	25 27 21	21 41	20 34	19 28	18 58	6 57	27 41	19 47	27 7	6 8	20 51
12	19 17 50	19 11 29	2♋ 33 59	9♋ 45 51	21 37	20 25	21 36	20 12	7 37	27 48	19 43	27 5	6 11	20 52
13	19 21 47	20 8 43	17 2 12	24 22 8	21 34	20 16	23 43	21 26	8 17	27 55	19 40	27 3	6 13	20 53
14	19 25 43	21 5 58	1♌ 44 42	9♌ 8 53	21 31	20 8	25 49	22 40	8 57	28 2	19 36	27 1	6 15	20 55
15	19 29 40	22 3 13	16 33 42	23 58 8	21 28	20 2	27 54	23 54	9 37	28 8	19 32	26 59	6 17	20 56
16	19 33 36	23 0 28	1♍ 21 19	8♍ 42 25	21 25	19 58	29 58	25 8	10 17	28 15	19 29	26 57	6 19	20 57
17	19 37 33	23 57 43	16 0 48	23 15 53	21 22	19 57D	2♌ 0	26 21	10 57	28 21	19 25	26 54	6 21	20 58
18	19 41 29	24 54 58	0♎ 27 17	7♎ 34 43	21 18	19 57	4 0	27 35	11 36	28 27	19 21	26 52	6 24	21 0
19	19 45 26	25 52 14	14 37 59	21 37 2	21 15	19 58R	5 59	28 49	12 16	28 33	19 17	26 50	6 26	21 1
20	19 49 22	26 49 30	28 31 52	5♏ 22 32	21 12	19 58	7 56	0♌ 3	12 56	28 39	19 13	26 48	6 28	21 2
21	19 53 19	27 46 46	12♏ 9 8	18 51 49	21 9	19 57	9 52	1 17	13 36	28 45	19 9	26 46	6 30	21 3
22	19 57 16	28 44 2	25 30 42	2♐ 5 56	21 6	19 54	11 45	2 31	14 15	28 51	19 5	26 44	6 32	21 4
23	20 1 12	29 41 19	8♐ 37 40	15 6 1	21 2	19 49	13 37	3 45	14 55	28 56	19 1	26 42	6 34	21 5
24	20 5 9	0♌ 38 37	21 31 7	27 53 2	20 59	19 42	15 27	4 59	15 34	29 1	18 57	26 41	6 36	21 7
25	20 9 5	1 35 54	4♑ 11 54	10♑ 27 47	20 56	19 34	17 16	6 13	16 14	29 6	18 53	26 39	6 38	21 8
26	20 13 2	2 33 12	16 40 47	22 51 0	20 53	19 25	19 3	7 27	16 53	29 11	18 49	26 37	6 40	21 9
27	20 16 58	3 30 31	28 58 33	5♒ 3 33	20 50	19 17	20 48	8 40	17 33	29 16	18 44	26 35	6 42	21 10
28	20 20 55	4 27 51	11♒ 6 10	17 6 36	20 47	19 11	22 31	9 54	18 12	29 20	18 40	26 33	6 44	21 11
29	20 24 51	5 25 11	23 5 2	29 1 46	20 43	19 6	24 12	11 8	18 51	29 25	18 36	26 32	6 46	21 12
30	20 28 48	6 22 32	4♓ 57 6	10♓ 51 21	20 40	19 3	25 52	12 22	19 30	29 29	18 32	26 30	6 48	21 13
31	20 32 45	7♌ 19 54	16♓ 44 56	22♓ 38 16	20♍ 37	19♍ 2D	27♌ 30	13♌ 36	20♋ 10	29♈ 33	18♒ 27	26♐ 28	6♋ 50	21♊ 14

DECLINATION and LATITUDE

DAY	☉ DECL	☽ DECL	☽ LAT	☽ 12hr DECL	☿ DECL	☿ LAT	♀ DECL	♀ LAT	♂ DECL	♂ LAT	♃ DECL	♃ LAT	♄ DECL	♄ LAT
1	23N10	13S35	3N 1	12S12	23N34	0N 7	23N43	0N26	24N 7	0N40	9N 1	1S15	15S45	1S 5
2	23 6	10 42	2 6	9 5	23 45	0 18	23 41	0 28	24 7	0 40	9 4	1 15	15 46	1 5
3	23 2	7 24	1 6	5 38	23 55	0 29	23 39	0 31	24 7	0 41	9 7	1 15	15 47	1 5
4	22 57	3 50	0 4	1 58	24 2	0 39	23 36	0 33	24 7	0 41	9 9	1 16	15 48	1 5
5	22 52	0 6	0S59	1N48	24 6	0 48	23 32	0 35	24 7	0 42	9 12	1 16	15 49	1 5
6	22 46	3N41	1 60	5 32	24 7	0 57	23 27	0 37	24 6	0 42	9 15	1 16	15 51	1 6
7	22 40	7 22	2 56	9 8	24 6	1 6	23 22	0 39	24 6	0 43	9 17	1 16	15 52	1 6
8	22 34	10 49	3 46	12 24	24 2	1 13	23 16	0 41	24 5	0 43	9 20	1 16	15 53	1 6
9	22 27	13 51	4 26	15 10	23 55	1 20	23 9	0 43	24 4	0 44	9 22	1 17	15 54	1 6
10	22 20	16 18	4 53	17 13	23 46	1 26	23 2	0 45	24 2	0 44	9 25	1 17	15 55	1 6
11	22 13	17 54	5 4	18 19	23 33	1 32	22 53	0 47	24 1	0 45	9 27	1 17	15 56	1 6
12	22 5	18 28	4 58	18 19	23 18	1 36	22 45	0 49	23 59	0 45	9 30	1 17	15 58	1 6
13	21 56	17 52	4 32	17 7	23 1	1 40	22 35	0 51	23 57	0 46	9 32	1 17	15 59	1 7
14	21 48	16 4	3 49	14 45	22 41	1 44	22 25	0 53	23 55	0 46	9 34	1 18	16 0	1 7
15	21 39	13 12	2 49	11 25	22 19	1 46	22 14	0 55	23 53	0 47	9 36	1 18	16 1	1 7
16	21 29	9 28	1 38	7 23	21 55	1 48	22 3	0 57	23 50	0 47	9 38	1 18	16 3	1 7
17	21 20	5 12	0 21	2 57	21 29	1 49	21 51	0 59	23 47	0 48	9 40	1 18	16 4	1 7
18	21 9	0 41	0N56	1S35	21 2	1 49	21 38	1 0	23 44	0 48	9 42	1 19	16 5	1 7
19	20 59	3S47	2 9	5 56	20 32	1 49	21 25	1 2	23 41	0 48	9 44	1 19	16 7	1 7
20	20 48	7 58	3 12	9 52	20 1	1 48	21 11	1 4	23 38	0 49	9 46	1 19	16 8	1 8
21	20 37	11 37	4 3	13 13	19 29	1 46	20 57	1 5	23 35	0 49	9 48	1 19	16 9	1 8
22	20 25	14 37	4 40	15 48	18 56	1 44	20 42	1 7	23 31	0 50	9 50	1 20	16 11	1 8
23	20 14	16 47	5 2	17 32	18 21	1 41	20 26	1 8	23 27	0 50	9 51	1 20	16 12	1 8
24	20 1	18 4	5 7	18 22	17 46	1 37	20 9	1 10	23 23	0 51	9 53	1 20	16 14	1 8
25	19 49	18 26	4 58	18 16	17 9	1 34	19 53	1 11	23 19	0 51	9 55	1 20	16 15	1 8
26	19 36	17 53	4 34	17 17	16 32	1 29	19 35	1 12	23 14	0 52	9 56	1 20	16 16	1 8
27	19 23	16 30	3 58	15 32	15 54	1 24	19 17	1 14	23 10	0 52	9 58	1 21	16 18	1 8
28	19 9	14 23	3 11	13 6	15 16	1 19	18 59	1 15	23 5	0 53	9 59	1 21	16 19	1 8
29	18 55	11 41	2 16	10 9	14 37	1 13	18 40	1 16	22 60	0 53	10 0	1 21	16 21	1 9
30	18 41	8 31	1 16	6 49	13 57	1 7	18 20	1 17	22 55	0 53	10 1	1 21	16 22	1 9
31	18N27	5S 3	0N12	3S13	13N18	1N 1	17N60	1N18	22N50	0N54	10N 3	1S22	16S24	1S 9

DAY	♅ DECL	♅ LAT	♆ DECL	♆ LAT	♇ DECL	♇ LAT
1	23S38	0S12	22N20	0S59	14N52	8S16
5	23 38	0 12	22 20	0 59	14 52	8 16
9	23 38	0 12	22 20	0 59	14 53	8 17
13	23 37	0 12	22 19	0 59	14 53	8 17
17	23 37	0 12	22 19	0 59	14 53	8 17
21	23 37	0 12	22 18	0 59	14 53	8 17
25	23 37	0 12	22 18	0 59	14 53	8 17
29	23S37	0S12	22N17	0S59	14N53	8S18

☽ PHENOMENA			
d	h	m	
5	22	54	☾
13	5	27	●
19	20	48	☽
27	9	42	○
d	h	°	'
5	1	0	
12	0	18N28	
18	4	0	
24	21	18S26	
4	2	0	
11	4	5S 4	
17	7	0	
23	21	5N 7	
31	5	0	

VOID OF COURSE ☽ LAST ASPT		☽ INGRESS	
2	1am50	2 ♓	6am58
4	2pm35	4 ♈	7pm55
7	2am11	7 ♉	7am29
8	9pm 7	9 ♊	3pm32
11	3pm54	11 ♋	7pm41
13	5pm55	13 ♌	9pm10
15	6pm55	15 ♍	9pm48
17	6pm45	17 ♎	11pm14
20	0am13	20 ♏	2am34
22	6am19	22 ♐	8am10
24	2pm15	24 ♑	4pm 1
27	0am34	27 ♒	2am 1
29	12pm51	29 ♓	1pm58

d	h	
3	5	APOGEE
15	4	PERIGEE
30	20	APOGEE

DAILY ASPECTARIAN

Day	Aspect	Time
1 F	☽⚼♂	1am22
	☿#♅	8 8
	☽☌♄	11 21
	☽△♇	12pm 5
	☽⚼♆	12 23
	☽⚼♀	3 48
	☿∥♀	4 17
	☉⚼☽	7 50
	☿ ♋	10 13
	☽⚹♃	11 53
2 S	☽⚹♅	1am50
	☽△☿	8 50
	☽△♂	9 22
	☽#♃	12pm 1
	☿☌♂	1 7
	☽△♆	6 48
3 Su	☽△♀	1am41
	☉△☽	4 54
	☽∠♃	6 41
	♀#♅	6 59
	☽⚺♄	11pm56
4 M	☽□♇	1am 2
	☿⚼♄	8 38
	☽⚺♃	1pm33
	☽□♅	2 35
	☿☌♆	5 19
5 T	☽□♂	1am58
	☽∠♄	6 11
	☽□♆	7 53
	☿∥♂	9 5
	☽□☿	11 1
	☽□♀	9pm26
	☉□☽	10 54
6 W	☽⚹♄	11am59
	☽⚹♇	1pm25
7 Th	☽☌♃	2am 2
	☽△♅	2 11
	☿∥♂	4 22
	☽∥♃	1pm18
	♃△♅	1 26
	☽⚹♂	4 37
	☽∠♇	6 35
	☽⚹♆	7 3
	♂⚼♄	11 46
8 F	☽⚼♅	6am49
	☉☌♀	8 14
	☽⚹☿	9 55
	☉⚹☽	1pm44
	☽⚹♀	1 52
	☽□♄	9 7
	☽∠♂	10 22
	☽⚺♇	10 47
	☽∠♆	11 16
9 S	☽∥♇	9am12
	☽⚻♅	10 26
	☽⚺♃	11 0
	♂☌♆	4pm54
	☽∠☿	6 50
	☉∠☽	7 17
	☽#♄	7 46
	☽∠♀	8 5
	☉☌☿	11 31
10 Su	☉∥♆	1am56
	☽⚺♆	2 26
	☽⚺♂	2 54
	☿☌♀	11 17
	☽∠♃	1pm55
	☿#♅	4 5
	☉⚺☽	11 37
11 M	☽⚺♀	1am 0
	☽⚺☿	2 4
	☽△♄	2 17
	☿⚻♄	3 29
	☽☌♇	4 8
	☽☍♅	2pm47
	♀⚻♄	3 1
	☿⚺♇	3 45
	☽⚹♃	3 54
12 T	☽⚼♄	3am35
	☽☌♆	6 3
	☽☌♂	8 51
	☉⚻♄	12pm31
	♀⚺♇	1 15
13 W	☽⚻♄	4am17
	☉☌☽	5 27
	☽⚺♇	6 20
	☽☌♀	7 52
	☽☌☿	12pm46
	☽⚻♅	4 20
	☽□♃	5 55
	☉⚺♇	7 11
14 Th	☽#♄	0am38
	☽∠♇	6 46
	☽⚺♆	7 19
	☽∥♇	10 55
	☽⚺♂	12pm14
	☿⚻♅	1 29
	♀∥♆	2 5
	☽⚼♅	4 36
15 F	☿∥♆	0am26
	☿□♃	2 53
	☽☍♄	4 48
	☽⚹♇	7 5
	☽∠♆	7 40
	☉⚺☽	9 30
	☿∥♀	9 36
	☽⚺♀	12pm58
	☽∠♂	1 40
	☽△♅	4 51
	☽△♃	6 55
	☽⚺☿	9 22
	☽∥♃	11 0
16 S	☿ ♌	0am26
	☽⚹♆	8 7
	☉∠☽	11 37
	☽⚹♂	3pm16
	☽∠♀	3 38
	☽⚼♃	7 36
17 Su	☽∠☿	1am53
	☽⚻♄	5 36
	☽□♇	8 13
	♀⚻♅	10 27
	☉∥☿	1pm39
	☉⚹☽	2 6
	☽□♅	6 1
	☽⚹♀	6 45
	☽⚻♃	8 38
18 M	☽⚼♄	6am31
	☽⚹☿	6 56
	☽□♆	10 1
	♀□♃	6pm28
	☽□♂	7 46
19 T	☿∠♇	0am21
	☿⚺♆	5 31
	☽△♄	7 57
	☽△♇	10 58
	☉□☽	8pm48
	☽⚹♅	9 0
	♀ ♌	11 1
	☉⚻♅	11 32
20 W	☽☍♃	0am13
	☽□♀	2 55
	♂#♅	6 42
	☽#♃	11 28
	☽⚼♇	1pm11
	☽△♆	1 57
	☽□☿	7 15
	☽∠♅	11 20
21 Th	☽△♂	2am42
	☽□♄	12pm28
	☽⚻♇	3 58
	☽⚼♆	4 47
	☿⚼♅	11 49
22 F	☽⚺♅	2am13
	☽#♇	2 34
	☉□♃	3 2
	☽⚻♃	6 6
	☉△☽	6 19
	☽⚼♂	7 10
	☽△♀	2pm 5
	☽∥♄	4 31
	☽⚻♆	8 12
23 S	☉ ♌	7am49
	☽⚼♃	9 54
	☽△☿	10 47
	☉⚼☽	12pm 8
	☽⚻♂	12 16
	☽#☿	7 8
	☽⚹♄	7 13
	☽⚼♀	8 48
	☽☍♇	11 14
24 Su	☿⚺♂	2am20
	☽☌♅	9 42
	☽△♃	2pm15
	☉⚻☽	6 39
	☽⚼☿	7 42
	♀∠♇	10 23
	☽∠♄	11 24
25 M	☽⚻♀	4am16
	☽☍♆	4 40
	♀⚺♆	8 34
	☉∥♀	7pm45
	☿☍♄	8 58
26 T	☽☍♂	0am25
	☽⚺♄	4 7
	☽⚻☿	5 21
	☽⚻♇	8 41
	☿#♄	9 29
	☽⚺♅	7pm19
27 W	☽□♃	0am34
	☽∥♄	2 37
	☿⚹♇	5 12
	☉☍☽	9 42
	☽#☿	11 5
	☿∠♆	12pm55
	☽⚼♇	2 13
	☽⚻♆	3 18
	☽#♇	7 0
	☽☍♀	9 21
28 Th	☽∠♅	0am54
	☿∥♇	2pm 2
	☽⚻♂	3 0
	☽☌♄	3 2
	♂⚻♄	3 36
	☽△♇	8 12
	☽⚼♆	9 21
29 F	☽☍☿	2am38
	☽⚹♅	6 56
	♀⚼♅	7 23
	☽⚹♃	12pm51
	☽#♃	1 3
	☉∠♇	7 58
	☽⚼♂	11 3
30 S	☉⚻☽	3am 9
	☽△♆	3 47
	☿△♅	9 0
	☉⚺♆	11 13
	☽⚻♀	4pm51
	☽∠♃	7 29
31 Su	☽⚺♄	3am27
	☽△♂	7 22
	☽□♇	9 9
	☉⚼☽	12pm23
	☽□♅	7 46

AUGUST 1904

LONGITUDE

DAY	SID. TIME	☉	☽	☽ 12 Hour	MEAN ☊	TRUE ☊	☿	♀	♂	♃	♄	♅	♆	♇
	h m s	° ' "	° ' "	° ' "	° '	° '	° '	° '	° '	° '	° '	° '	° '	° '
1	20 36 41	8♌ 17 17	28♓ 31 49	4♈ 26 7	20♍ 34	19♍ 2	29♌ 7	14♌ 50	20♋ 49	29♈ 37	18♒ 23R	26♐ 27R	6♋ 52	21♊ 15
2	20 40 38	9 14 41	10♈ 21 41	16 19 6	20 31	19 4	0♍ 42	16 4	21 28	29 40	18 18	26 25	6 54	21 16
3	20 44 34	10 12 6	22 18 59	28 21 55	20 28	19 5	2 15	17 18	22 7	29 44	18 14	26 23	6 56	21 17
4	20 48 31	11 9 33	4♉ 28 33	10♉ 39 29	20 24	19 6R	3 46	18 32	22 46	29 47	18 10	26 22	6 58	21 18
5	20 52 27	12 7 1	16 55 18	23 16 35	20 21	19 6	5 16	19 46	23 26	29 50	18 5	26 21	7 0	21 19
6	20 56 24	13 4 29	29 43 49	6♊ 17 27	20 18	19 5	6 43	21 0	24 5	29 53	18 1	26 19	7 2	21 20
7	21 0 20	14 2 0	12♊ 57 49	19 45 8	20 15	19 2	8 10	22 14	24 44	29 56	17 56	26 18	7 4	21 21
8	21 4 17	14 59 32	26 39 28	3♋ 40 45	20 12	18 58	9 34	23 28	25 23	29 58	17 52	26 16	7 6	21 22
9	21 8 14	15 57 5	10♋ 48 42	18 2 53	20 8	18 54	10 57	24 42	26 2	0♉ 0	17 47	26 15	7 8	21 23
10	21 12 10	16 54 39	25 22 41	2♌ 47 16	20 5	18 49	12 17	25 57	26 40	0 2	17 43	26 14	7 9	21 24
11	21 16 7	17 52 15	10♌ 15 43	17 46 56	20 2	18 45	13 36	27 11	27 19	0 4	17 38	26 13	7 11	21 25
12	21 20 3	18 49 52	25 19 49	2♍ 53 9	19 59	18 42	14 53	28 25	27 58	0 6	17 34	26 11	7 13	21 25
13	21 24 0	19 47 30	10♍ 25 48	17 56 41	19 56	18 41D	16 8	29 39	28 37	0 8	17 29	26 10	7 15	21 26
14	21 27 56	20 45 8	25 24 47	2♎ 49 14	19 53	18 41	17 21	0♍ 53	29 16	0 9	17 25	26 9	7 16	21 27
15	21 31 53	21 42 46	10♎ 9 20	17 24 30	19 49	18 42	18 32	2 7	29 55	0 10	17 20	26 8	7 18	21 28
16	21 35 49	22 40 30	24 34 20	1♏ 38 35	19 46	18 43	19 41	3 21	0♌ 33	0 11	17 16	26 7	7 20	21 29
17	21 39 46	23 38 12	8♏ 37 7	15 29 55	19 43	18 44	20 47	4 35	1 12	0 12	17 11	26 6	7 22	21 29
18	21 43 43	24 35 55	22 17 6	28 58 50	19 40	18 45R	21 51	5 49	1 51	0 12	17 7	26 5	7 23	21 30
19	21 47 39	25 33 39	5♐ 35 20	12♐ 6 54	19 37	18 44	22 53	7 3	2 29	0 13	17 3	26 4	7 25	21 31
20	21 51 36	26 31 25	18 33 49	24 56 26	19 34	18 43	23 52	8 17	3 8	0 13R	16 58	26 4	7 26	21 31
21	21 55 32	27 29 11	1♑ 15 4	7♑ 30 4	19 30	18 40	24 48	9 32	3 46	0 13	16 54	26 3	7 28	21 32
22	21 59 29	28 26 59	13 41 43	19 50 22	19 27	18 37	25 41	10 46	4 25	0 12	16 49	26 2	7 30	21 33
23	22 3 25	29 24 48	25 56 18	1♒ 59 49	19 24	18 34	26 31	12 0	5 3	0 12	16 45	26 1	7 31	21 33
24	22 7 22	0♍ 22 38	8♒ 1 10	14 0 39	19 21	18 32	27 18	13 14	5 42	0 11	16 41	26 1	7 33	21 34
25	22 11 18	1 20 30	19 58 30	25 54 59	19 18	18 29	28 2	14 28	6 20	0 11	16 37	26 0	7 34	21 35
26	22 15 15	2 18 23	1♓ 50 21	7♓ 44 52	19 14	18 28	28 42	15 42	6 58	0 9	16 32	26 0	7 36	21 35
27	22 19 12	3 16 18	13 38 49	19 32 29	19 11	18 27D	29 18	16 56	7 37	0 8	16 28	25 59	7 37	21 36
28	22 23 8	4 14 14	25 26 10	1♈ 20 12	19 8	18 28	29 50	18 10	8 15	0 7	16 24	25 59	7 38	21 36
29	22 27 5	5 12 12	7♈ 14 54	13 10 41	19 5	18 28	0♎ 18	19 24	8 53	0 5	16 20	25 58	7 40	21 37
30	22 31 1	6 10 12	19 7 55	25 7 3	19 2	18 29	0 41	20 38	9 32	0 3	16 16	25 58	7 41	21 37
31	22 34 58	7♍ 8 13	1♉ 8 30	7♉ 12 46	18♍ 59	18♍ 30	0♎ 59	21♍ 53	10♌ 10	0♉ 1	16♒ 12	25♐ 58	7♋ 42	21♊ 38

DECLINATION and LATITUDE

DAY	☉ DECL	☽ DECL	☽ LAT	☽ 12hr DECL	☿ DECL	☿ LAT	♀ DECL	♀ LAT	♂ DECL	♂ LAT	♃ DECL	♃ LAT	♄ DECL	♄ LAT
1	18N12	1S22	0S52	0N30	12N38	0N54	17N39	1N19	22N44	0N54	10N 4	1S22	16S25	1S 9
2	17 57	2N22	1 54	4 13	11 58	0 47	17 18	1 20	22 38	0 55	10 5	1 22	16 27	1 9
3	17 42	6 2	2 52	7 49	11 17	0 39	16 57	1 21	22 33	0 55	10 6	1 22	16 28	1 9
4	17 26	9 31	3 43	11 9	10 37	0 31	16 34	1 22	22 27	0 56	10 7	1 23	16 30	1 9
5	17 10	12 40	4 25	14 3	9 57	0 23	16 12	1 23	22 20	0 56	10 8	1 23	16 31	1 9
6	16 54	15 18	4 55	16 22	9 17	0 15	15 49	1 23	22 14	0 56	10 8	1 23	16 32	1 9
7	16 38	17 14	5 11	17 52	8 37	0 6	15 26	1 24	22 7	0 57	10 9	1 23	16 34	1 10
8	16 21	18 15	5 10	18 22	7 57	0S 3	15 2	1 24	22 1	0 57	10 10	1 24	16 35	1 10
9	16 4	18 11	4 50	17 43	7 17	0 12	14 38	1 25	21 54	0 58	10 10	1 24	16 37	1 10
10	15 47	16 57	4 12	15 53	6 38	0 21	14 13	1 25	21 47	0 58	10 11	1 24	16 38	1 10
11	15 29	14 33	3 15	12 57	5 59	0 31	13 48	1 26	21 40	0 59	10 11	1 24	16 40	1 10
12	15 11	11 8	2 5	9 7	5 20	0 40	13 23	1 26	21 33	0 59	10 12	1 25	16 41	1 10
13	14 53	6 58	0 45	4 42	4 42	0 50	12 57	1 26	21 25	0 59	10 12	1 25	16 43	1 10
14	14 35	2 23	0N37	0 3	4 5	0 60	12 31	1 26	21 17	0 60	10 12	1 25	16 44	1 10
15	14 17	2S15	1 55	4S30	3 28	1 10	12 4	1 27	21 10	1 0	10 12	1 25	16 46	1 10
16	13 58	6 39	3 5	8 41	2 52	1 20	11 38	1 27	21 2	1 1	10 12	1 26	16 47	1 10
17	13 39	10 34	4 1	12 17	2 17	1 30	11 11	1 27	20 54	1 1	10 12	1 26	16 48	1 10
18	13 20	13 48	4 42	15 7	1 42	1 40	10 43	1 27	20 45	1 1	10 12	1 26	16 50	1 10
19	13 0	16 12	5 7	17 5	1 8	1 50	10 16	1 26	20 37	1 2	10 12	1 26	16 51	1 10
20	12 41	17 43	5 15	18 8	0 36	2 1	9 48	1 26	20 29	1 2	10 12	1 27	16 53	1 10
21	12 21	18 19	5 8	18 16	0 4	2 11	9 20	1 26	20 20	1 3	10 12	1 27	16 54	1 11
22	12 1	18 0	4 46	17 32	0S26	2 21	8 51	1 25	20 11	1 3	10 11	1 27	16 55	1 11
23	11 41	16 51	4 11	15 60	0 56	2 31	8 23	1 25	20 2	1 3	10 11	1 27	16 57	1 11
24	11 21	14 58	3 25	13 46	1 24	2 41	7 54	1 25	19 53	1 4	10 11	1 28	16 58	1 11
25	11 0	12 26	2 31	10 59	1 50	2 51	7 25	1 24	19 44	1 4	10 10	1 28	16 59	1 11
26	10 40	9 25	1 31	7 45	2 15	3 1	6 55	1 23	19 35	1 5	10 10	1 28	17 1	1 11
27	10 19	6 1	0 27	4 14	2 38	3 10	6 26	1 23	19 25	1 5	10 9	1 28	17 2	1 11
28	9 58	2 24	0S39	0 33	2 59	3 19	5 56	1 22	19 16	1 5	10 8	1 29	17 3	1 11
29	9 36	1N19	1 42	3N10	3 18	3 28	5 26	1 21	19 6	1 6	10 7	1 29	17 5	1 11
30	9 15	4 60	2 42	6 47	3 34	3 36	4 56	1 20	18 56	1 6	10 7	1 29	17 6	1 11
31	8N54	8N30	3S36	10N10	3S49	3S44	4N26	1N19	18N46	1N 7	10N 6	1S29	17S 7	1S11

DAY	♅ DECL	♅ LAT	♆ DECL	♆ LAT	♇ DECL	♇ LAT
1	23S37	0S12	22N17	0S59	14N53	8S18
5	23 36	0 12	22 17	0 59	14 53	8 18
9	23 36	0 12	22 16	0 59	14 53	8 19
13	23 36	0 12	22 16	0 59	14 52	8 19
17	23 36	0 12	22 15	0 60	14 52	8 20
21	23 36	0 12	22 15	0 60	14 52	8 20
25	23 36	0 12	22 15	0 60	14 51	8 21
29	23S36	0S12	22N14	0S60	14N51	8S21

☽ PHENOMENA

d	h	m	
4	14	3	☾
11	12	58	●
18	4	27	☽
26	1	2	○

d	h	° '
1	9	0
8	11	18N22
14	12	0
21	4	18S19
28	16	0

d	h	° '
7	11	5S12
13	13	0
20	0	5N15
27	10	0

VOID OF COURSE ☽

LAST ASPT		☽ INGRESS		
31	7pm46	1	♈	2am59
3	2pm45	3	♉	3pm13
5	12pm56	6	♊	0am30
8	5am42	8	♋	5am44
10	2am12	10	♌	7am30
12	5am20	12	♍	7am25
14	6am31	14	♎	7am25
16	2am36	16	♏	9am12
18	4am27	18	♐	1pm50
20	4pm14	20	♑	9pm37
23	1am14	23	♒	8am 2
25	12pm10	25	♓	8pm16
28	1am 6	28	♈	9am17
30	1pm42	30	♉	9pm44

d	h	
12	9	PERIGEE
27	4	APOGEE

DAILY ASPECTARIAN

Day	Aspect	Time
1 M	☽⚻☿	1am22
	☽⚺♃	2 12
	☽⚼♀	2 58
	☿△♃	7 48
	☽∠♄	9 48
	☿ ♍	1pm25
	♂⚺♇	4 27
	☽□♆	4 59
	☉△☽	9 33
2 T	☽⚼☿	12pm21
	☽△♀	12 50
	☽⚹♄	3 54
	☽⚹♇	9 57
	☽□♂	11 35
3 W	☽△♅	8am 5
	☽☌♃	2pm45
	♀☍♄	5 5
	☽△☿	10 25
4 Th	☽∠♇	3am34
	☽∥♃	4 18
	☽⚹♆	4 52
	♀#♄	4 58
	☉⚼♅	5 4
	☽∥☿	6 38
	☽⚼♅	1pm20
	☉□☽	2 3
	☿∥♃	5 43
5 F	☽□♄	2am12
	☽□♀	5 59
	☽⚺♇	8 20
	☽∠♆	9 38
	☽⚹♂	12pm56
	♂∥♆	2 4
	☽⚻♅	5 41
	☽∥♇	7 45
6 S	☽⚺♃	0am17
	☽∥♀	4 44
	☿⚹♆	5 15
	♀⚹♇	6 29
	☽⚺♆	1pm23
	☽□☿	2 21
	☽#♄	2 26
	☉∥☽	4 30
	☽∠♂	5 54
	♀∠♆	8 31
7 Su	☉⚹☽	2am 3
	☽∠♃	3 30
	☉#♄	4 48
	☽△♄	8 46
	☽☌♇	2pm48
	☽⚹♀	5 57
	☽⚺♂	9 41
	☽☍♅	11 20
8 M	☽⚹♃	5am42
	☉∠☽	6 8
	♀∥♇	9 14
	☽⚼♄	10 33
	☽☌♆	5pm48
	♃ ♉	8 16
	☽∠♀	9 59
9 T	☽⚹☿	0am14
	☿∠♂	2 50
	♂⚻♅	8 3
	☉⚺☽	9 9
	☽⚻♄	11 31
	☽⚺♇	5pm29
10 W	☽⚺♀	1am 0
	☽⚻♅	1 23
	☽☌♂	2 12
	☽∠☿	3 25
	☽#♄	3 49
	♀△♅	5 30
	☽□♃	7 35
	☉∥☽	2pm47
	☽∠♇	5 49
	☉☍♄	6 38
	☽⚺♆	7 4
	☽∥♇	9 15
11 Th	☽⚼♅	1am31
	☽⚺☿	5 50
	♀⚺♂	5 59
	☽∥♀	6 41
	☽☍♄	11 43
	☉☌☽	12pm58
	☽⚹♇	5 47
	☽∠♆	7 3
12 F	☽△♅	1am22
	☿⚼♃	4 12
	☽⚺♂	4 23
	☽☌♀	5 20
	☽∥♃	5 41
	☽△♃	7 36
	☽⚹♆	6pm55
13 S	☉∥♇	1am16
	☽∠♂	5 19
	♀ ♍	6 53
	☽⚼♃	7 30
	♀△♃	9 32
	☽☌☿	9 55
	☽⚻♄	11 13
	☽∥☿	1pm53
	☉⚺☽	3 59
	☽□♇	5 37
14 Su	☿⚻♄	1am10
	☽□♅	1 12
	☽⚹♂	6 31
	☽⚻♃	7 40
	☽⚺♀	9 39
	☽⚼♄	11 17
	☉⚹♇	5pm41
	☉∠☽	5 57
	☽□♆	7 19
15 M	♂ ♌	3am22
	☽#☿	5 40
	♂□♃	9 52
	☽△♄	11 50
	☽∠♀	12pm36
	☽⚺☿	3 5
	☉∠♆	3 10
	☽△♇	6 48
	☉⚹☽	8 35
16 T	☽⚹♅	2am36
	☽☍♃	9 31
	☽□♂	10 38
	☽⚹♀	4pm22
	☽∠☿	6 41
	☽⚼♇	8 19
	☽#♃	9 36
	☽△♆	9 49
17 W	☽#♀	3am39
	☽∠♅	4 19
	☽□♄	2pm54
	☿□♇	3 54
	☉#☽	8 31
	☽⚻♇	10 36
	☽⚹☿	11 10
18 Th	☽⚼♆	0am11
	☉□☽	4 27
	☽⚺♅	6 47
	☽#♇	9 37
	☽⚻♃	2pm13
	☽△♂	6 4
19 F	☽□♀	2am58
	♀∥♃	3 1
	☽⚻♆	3 21
	♀⚹♆	7 7
	☽∥♄	8 42
	☉△♅	12pm36
	☽⚼♃	5 45
	☽⚹♄	9 2
	☽⚼♂	11 9
20 S	♃SR	5am26
	☽☍♇	5 34
	☽□☿	10 46
	☽☌♅	2pm 6
	☉△☽	4 14
	☽△♃	10 1
21 Su	☽∠♄	1am14
	☽⚻♂	5 5
	☽☍♆	11 58
	☽△♀	5pm40
	☉⚼☽	11 29
22 M	☽⚺♄	6am 4
	☿□♅	9 41
	☽⚻♇	3pm22
	☽∥♄	10 37
23 T	☽⚺♅	0am10
	☽△☿	1 14
	☽⚼♀	2 19
	☉⚻☽	7 28
	☽□♃	8 26
	☉ ♍	2pm36
	☽☍♂	7 6
	☉△♃	7 24
	☽⚼♇	9 6
	☽⚻♆	11 3
24 W	☽#♇	1am 6
	☽∠♅	5 59
	☽⚼☿	9 9
	☽⚻♀	11 38
	☽☌♄	5pm16
25 Th	☽△♇	3am14
	☽⚼♆	5 15
	♂∠♇	9 16
	☽⚹♅	12pm10
	☉#☽	1 18
	♀⚼♃	1 37
	☽⚻☿	5 16
	☽#♃	6 21
	☽⚹♃	8 36
26 F	☉☍☽	1am 2
	☽⚻♂	11 1
	☽△♆	11 43
	♀⚻♄	3pm24
	☽#♀	8 45
27 S	♂⚺♆	0am 9
	☽∠♃	3 2
	☽⚺♄	5 43
	☽☍♀	7 29
	☉∥♃	11 36
	☽□♇	4pm12
	☽⚼♂	7 18
	☽∥☿	8 35
28 Su	☽□♅	1am 6
	☿ ♎	8 16
	☽☍☿	9 20
	☽⚺♃	9 30
	☽∠♄	12pm 3
	☿⚻♃	1 23
	☉⚻☽	7 29
29 M	☽□♆	0am51
	☽△♂	3 31
	☽#☿	1pm56
	☽⚹♄	6 15
	☽∥♀	11 42
30 T	☽⚻♀	3am23
	☉⚼☽	4 27
	☽⚹♇	5 0
	☽△♅	1pm42
	♀□♇	7 13
	☽☌♃	9 47
	☽⚻☿	11 40
31 W	☉∥☽	2am30
	☽∠♇	10 52
	☽∥♃	11 27
	☽⚼♀	12pm37
	☉△☽	12 52
	☽⚹♆	1 0
	♃ ♈	1 17
	☉⚹♆	2 30
	☿⚼♄	5 59
	☽□♂	6 46
	☽⚼♅	7 21
	☿#♀	9 21

LONGITUDE

DAY	SID. TIME h m s	☉ ° ' "	☽ ° ' "	☽ 12 Hour ° ' "	MEAN ☊ ° '	TRUE ☊ ° '	☿ ° '	♀ ° '	♂ ° '	♃ ° '	♄ ° '	♅ ° '	♆ ° '	♇ ° '
1	22 38 54	8♍ 6 17	13♉ 20 19	19♉ 31 39	18♍ 55	18♍ 31	1♎ 11	23♍ 7	10♌ 48	29♈ 59R	16♒ 8R	25♐ 58R	7♋ 44	21♊ 38
2	22 42 51	9 4 22	25 47 16	2♊ 7 39	18 52	18 32R	1 19R	24 21	11 26	29 57	16 4	25 57	7 45	21 39
3	22 46 47	10 2 29	8♊ 33 17	15 4 36	18 49	18 32	1 20	25 35	12 4	29 54	16 0	25 57	7 46	21 39
4	22 50 44	11 0 38	21 41 58	28 25 42	18 46	18 32	1 16	26 49	12 42	29 51	15 56	25 57D	7 48	21 40
5	22 54 40	11 58 50	5♋ 16 2	12♋ 13 2	18 43	18 31	1 5	28 3	13 20	29 48	15 52	25 57	7 49	21 40
6	22 58 37	12 57 4	19 16 41	26 26 47	18 40	18 31	0 48	29 17	13 58	29 45	15 48	25 57	7 50	21 40
7	23 2 34	13 55 19	3♌ 42 59	11♌ 4 45	18 36	18 30	0 25	0♎ 31	14 36	29 42	15 45	25 57	7 51	21 41
8	23 6 30	14 53 36	18 31 23	26 2 1	18 33	18 30	29♍ 55	1 46	15 14	29 38	15 41	25 57	7 52	21 41
9	23 10 27	15 51 55	3♍ 35 38	11♍ 11 9	18 30	18 30D	29 19	3 0	15 52	29 34	15 37	25 58	7 53	21 41
10	23 14 23	16 50 17	18 47 20	26 23 0	18 27	18 30	28 37	4 14	16 30	29 30	15 34	25 58	7 54	21 42
11	23 18 20	17 48 39	3♎ 56 57	11♎ 28 4	18 24	18 30R	27 49	5 28	17 8	29 26	15 30	25 58	7 55	21 42
12	23 22 16	18 47 4	18 55 18	26 17 47	18 20	18 30	26 56	6 42	17 46	29 22	15 27	25 58	7 56	21 42
13	23 26 13	19 45 30	3♏ 34 48	10♏ 45 45	18 17	18 30	25 59	7 56	18 24	29 17	15 24	25 59	7 57	21 42
14	23 30 9	20 43 59	17 50 18	24 48 12	18 14	18 30	24 58	9 10	19 2	29 13	15 21	25 59	7 58	21 42
15	23 34 6	21 42 28	1♐ 39 24	8♐ 24 0	18 11	18 29	23 56	10 24	19 39	29 8	15 17	26 0	7 59	21 43
16	23 38 3	22 40 59	15 2 10	21 34 13	18 8	18 29D	22 53	11 38	20 17	29 3	15 14	26 0	8 0	21 43
17	23 41 59	23 39 33	28 0 31	4♑ 21 30	18 5	18 29	21 51	12 53	20 55	28 58	15 11	26 1	8 1	21 43
18	23 45 56	24 38 7	10♑ 37 37	16 49 23	18 1	18 29	20 52	14 7	21 32	28 52	15 8	26 2	8 2	21 43
19	23 49 52	25 36 43	22 57 17	29 1 50	17 58	18 30	19 56	15 21	22 10	28 47	15 5	26 2	8 2	21 43
20	23 53 49	26 35 21	5♒ 3 32	11♒ 2 50	17 55	18 31	19 6	16 35	22 47	28 41	15 3	26 3	8 3	21 43
21	23 57 45	27 34 1	17 0 13	22 56 7	17 52	18 32	18 22	17 49	23 25	28 35	15 0	26 4	8 4	21 43R
22	0 1 42	28 32 43	28 50 56	4♓ 45 3	17 49	18 33	17 46	19 3	24 2	28 29	14 57	26 5	8 4	21 43
23	0 5 38	29 31 26	10♓ 38 50	16 32 36	17 46	18 33R	17 19	20 17	24 40	28 23	14 55	26 6	8 5	21 43
24	0 9 35	0♎ 30 11	22 26 39	28 21 19	17 42	18 34	17 1	21 31	25 17	28 17	14 52	26 6	8 6	21 43
25	0 13 32	1 28 58	4♈ 16 50	10♈ 13 28	17 39	18 33	16 53D	22 45	25 55	28 11	14 50	26 7	8 6	21 43
26	0 17 28	2 27 48	16 11 30	22 11 9	17 36	18 32	16 56	23 59	26 32	28 4	14 48	26 9	8 7	21 43
27	0 21 25	3 26 39	28 12 41	4♉ 16 21	17 33	18 30	17 8	25 13	27 9	27 57	14 45	26 10	8 7	21 43
28	0 25 21	4 25 32	10♉ 22 25	16 31 8	17 30	18 27	17 30	26 27	27 47	27 51	14 43	26 11	8 8	21 43
29	0 29 18	5 24 28	22 42 49	28 57 45	17 26	18 25	18 2	27 41	28 24	27 44	14 41	26 12	8 8	21 43
30	0 33 14	6♎ 23 26	5♊ 16 13	11♊ 38 34	17♍ 23	18♍ 22	18♍ 43	28♎ 55	29♌ 1	27♈ 37	14♒ 39	26♐ 13	8♋ 9	21♊ 42

DECLINATION and LATITUDE

DAY	☉ DECL	☽ DECL	☽ LAT	☽ 12hr DECL	☿ DECL	☿ LAT	♀ DECL	♀ LAT	♂ DECL	♂ LAT	♃ DECL	♃ LAT	♄ DECL	♄ LAT
1	8N32	11N43	4S20	13N 9	4S 1	3S51	3N56	1N18	18N36	1N 7	10N 5	1S29	17S 8	1S11
2	8 10	14 28	4 53	15 37	4 10	3 58	3 26	1 17	18 26	1 7	10 4	1 30	17 10	1 11
3	7 48	16 35	5 13	17 22	4 16	4 4	2 55	1 16	18 16	1 8	10 2	1 30	17 11	1 11
4	7 26	17 55	5 17	18 13	4 18	4 9	2 25	1 15	18 6	1 8	10 1	1 30	17 12	1 11
5	7 4	18 17	5 4	18 3	4 18	4 13	1 54	1 14	17 55	1 8	9 60	1 30	17 13	1 11
6	6 42	17 33	4 33	16 46	4 14	4 15	1 23	1 12	17 44	1 9	9 59	1 31	17 14	1 11
7	6 20	15 42	3 44	14 21	4 6	4 17	0 53	1 11	17 34	1 9	9 57	1 31	17 15	1 11
8	5 57	12 45	2 39	10 56	3 54	4 17	0 22	1 10	17 23	1 9	9 56	1 31	17 17	1 11
9	5 35	8 55	1 22	6 45	3 38	4 15	0S 9	1 8	17 12	1 10	9 54	1 31	17 18	1 11
10	5 12	4 28	0N 2	2 6	3 18	4 12	0 40	1 6	17 1	1 10	9 53	1 31	17 19	1 11
11	4 49	0S16	1 25	2S38	2 54	4 7	1 11	1 5	16 50	1 11	9 51	1 32	17 20	1 11
12	4 26	4 56	2 41	7 7	2 27	4 0	1 42	1 3	16 38	1 11	9 49	1 32	17 21	1 11
13	4 3	9 11	3 46	11 4	1 56	3 51	2 12	1 1	16 27	1 11	9 48	1 32	17 22	1 11
14	3 40	12 46	4 34	14 16	1 22	3 40	2 43	0 60	16 16	1 12	9 46	1 32	17 23	1 11
15	3 17	15 32	5 4	16 34	0 46	3 28	3 14	0 58	16 4	1 12	9 44	1 32	17 24	1 11
16	2 54	17 21	5 17	17 54	0 8	3 13	3 45	0 56	15 53	1 12	9 42	1 32	17 25	1 11
17	2 31	18 13	5 14	18 17	0N31	2 57	4 15	0 54	15 41	1 13	9 40	1 33	17 25	1 11
18	2 8	18 8	4 55	17 46	1 11	2 40	4 46	0 52	15 29	1 13	9 38	1 33	17 26	1 11
19	1 45	17 11	4 22	16 25	1 49	2 21	5 17	0 50	15 17	1 13	9 36	1 33	17 27	1 11
20	1 21	15 28	3 39	14 22	2 27	2 2	5 47	0 48	15 5	1 14	9 34	1 33	17 28	1 11
21	0 58	13 6	2 47	11 43	3 2	1 42	6 17	0 46	14 53	1 14	9 32	1 33	17 29	1 11
22	0 35	10 12	1 47	8 36	3 35	1 22	6 47	0 44	14 41	1 14	9 29	1 33	17 30	1 11
23	0 11	6 54	0 44	5 9	4 4	1 2	7 17	0 41	14 29	1 15	9 27	1 33	17 30	1 11
24	0S12	3 20	0S22	1 29	4 29	0 42	7 47	0 39	14 17	1 15	9 25	1 34	17 31	1 11
25	0 35	0N23	1 26	2N15	4 49	0 23	8 17	0 37	14 4	1 15	9 22	1 34	17 32	1 11
26	0 59	4 6	2 27	5 55	5 5	0 5	8 46	0 35	13 52	1 16	9 20	1 34	17 32	1 11
27	1 22	7 41	3 22	9 23	5 16	0N12	9 16	0 32	13 39	1 16	9 17	1 34	17 33	1 11
28	1 46	10 60	4 9	12 30	5 22	0 28	9 45	0 30	13 27	1 16	9 15	1 34	17 34	1 11
29	2 9	13 52	4 45	15 5	5 23	0 42	10 14	0 27	13 14	1 17	9 12	1 34	17 34	1 11
30	2S32	16N 9	5S 8	17N 1	5N19	0N56	10S43	0N25	13N 1	1N17	9N10	1S34	17S35	1S11

DAY	♅ DECL	♅ LAT	♆ DECL	♆ LAT	♇ DECL	♇ LAT
1	23S36	0S12	22N14	0S60	14N51	8S22
5	23 36	0 12	22 14	0 60	14 50	8 22
9	23 36	0 12	22 13	0 60	14 50	8 23
13	23 36	0 12	22 13	1 0	14 49	8 23
17	23 36	0 12	22 13	1 0	14 49	8 24
21	23 36	0 12	22 12	1 0	14 48	8 24
25	23 36	0 12	22 12	1 0	14 48	8 25
29	23S36	0S12	22N12	1S 0	14N47	8S25

☽ PHENOMENA

d	h	m	
3	2	58	☾
9	20	43	●
16	15	13	☽
24	17	50	○

d	h	° '
4	20	18N17
10	23	0
17	10	18S17
24	22	0

d	h	° '
3	18	5S18
10	0	0
16	6	5N18
23	16	0

d	h	
9	19	PERIGEE
23	6	APOGEE

VOID OF COURSE ☽

LAST ASPT	☽ INGRESS
1 8pm57	2 ♊ 7am59
4 2pm28	4 ♋ 2pm46
6 5pm24	6 ♌ 5pm53
8 5pm39	8 ♍ 6pm18
10 2pm46	10 ♎ 5pm44
12 4pm57	12 ♏ 6pm 5
14 11am27	14 ♐ 9pm 5
17 1am46	17 ♑ 3am45
19 11am25	19 ♒ 1pm55
21 11pm16	22 ♓ 2am20
24 7am27	24 ♈ 3pm20
26 11pm30	27 ♉ 3am33
29 11am30	29 ♊ 1pm59

DAILY ASPECTARIAN

Day	Aspect	Time
1 Th	☽□♄	5am24
	☽⚼☿	5 37
	♂⚼♅	6 1
	☽⚺♇	4pm 4
	☽∠♆	6 11
	☽△♀	8 57
2 F	☽⚻♅	0am19
	☽∥♇	3 46
	☽⚺♃	7 51
	☽△☿	10 31
	☿SR	6pm39
	☽⚺♆	10 33
3 S	☉□☽	2am58
	☽⚹♂	6 49
	♀□♅	7 15
	☽#♄	9 2
	☽∠♃	11 38
	☽△♄	1pm37
	☽☌♇	11 56
4 Su	☽∥♂	4am32
	☽☍♅	7 36
	☽□♀	10 4
	☽∠♂	11 15
	☽⚹♃	2pm28
	☽⚼♄	4 20
	☽□☿	4 48
	♅SD	11 14
5 M	☽☌♆	4am25
	♀∠♂	11 30
	☉⚹☽	12pm27
	☽⚺♂	2 35
	☽⚻♄	6 9
	☽∥♂	7 33
6 T	☿⚼♄	0am 8
	☽⚺♇	4 2
	☽#♄	5 15
	♀⚻♃	8 34
	☽⚻♅	11 11
	♀ ♎	1pm50
	☉∠☽	3 32
	☽□♃	5 24
	☽⚹♀	6 16
	☽⚹☿	6 44
	☿☌♀	10 29
7 W	♀⚼♄	4am 6
	☽∠♇	4 51
	☽⚺♆	6 46
	☽∥♇	7 57
	☽⚼♅	11 48
	☿∠♂	5pm24
	☉⚺☽	5 45
	☉⚼♃	5 56
	☽∠☿	6 24
	☽☌♂	6 29
	☽☍♄	7 27
	☿ ♍	7 44
	☽∠♀	8 55
8 Th	☽⚹♇	5am 4
	☽∠♆	6 58
	☽△♅	11 53
	♂#♄	12pm32
	☿⚻♃	1 16
	♂☍♄	3 22
	☽⚺☿	5 30
	☽△♃	5 39
	☽∥♃	6 13
	☉⚻♄	6 23
	☽⚺♀	10 58
9 F	☉⚺♂	0am32
	☽⚹♆	6 48
	☽⚼♃	5pm16
	☽⚻♄	6 56
	☉∥☽	7 50
	☽⚺♂	8 14
	☉☌☽	8 43
10 S	☽□♇	4am35
	☽#☿	6 27
	☽□♅	11 20
	☽☌☿	2pm46
	☽⚻♃	4 52
	☽#♀	5 24
	☽⚼♄	6 33
	☽∠♂	9 0
11 Su	☽☌♀	2am38
	☽∥♀	5 10
	☽□♆	6 20
	☽∥☿	12pm16
	☽△♄	6 25
	☉#☽	9 37
	☽⚹♂	10 3
	☉⚺☽	11 46
12 M	☽△♇	4am30
	☽⚹♅	11 29
	☽⚺☿	12pm15
	☽☍♃	4 57
	☿∥♀	5 49
	☿□♅	11 56
13 T	♀□♆	0am23
	☉∠☽	2 6
	☽#♃	3 45
	☽⚼♇	5 12
	☽△♆	7 18
	☽⚺♀	7 56
	☽∠☿	11 34
	☽∠♅	12pm23
	☽□♄	7 46
14 W	☽□♂	2am 8
	☉⚹☽	5 20
	☽⚻♇	6 39
	☽⚼♆	8 50
	☽⚹☿	11 27
	☽∠♀	11 58
	☽⚺♅	2pm 4
	☽#♇	4 59
	☽⚻♃	7 35
15 Th	☉□♇	0am 3
	☉#♀	1 29
	☽#♂	5 26
	☽⚻♆	11 16
	☽⚹♀	5pm12
	☽⚼♃	10 12
16 F	☽⚹♄	0am22
	☽∥♄	1 3
	☉☌☿	2 27
	☽△♂	10 7
	☽☍♇	12pm16
	☽□☿	1 22
	☉□☽	3 13
	☽☌♅	8 16
17 S	☽△♃	1am46
	☿□♇	3 21
	☽∠♄	4 5
	☿⚺♂	1pm54
	☽⚼♂	3 45
	☽☍♆	7 0
18 Su	♂⚹♇	6am50
	☽□♀	7 28
	☽⚺♄	8 41
	☽△☿	6pm29
	☽∥♄	6 57
	♀△♄	7 15
	☽⚻♇	9 34
	☉∥☿	10 10
	☽⚻♂	10 22
19 M	☉△☽	5am42
	☽⚺♅	6 5
	☉□♅	10 35
	☽□♃	11 25
	☽⚼☿	10pm12
20 T	☽⚼♇	3am19
	☽#♂	4 45
	☽⚻♆	6 0
	☽#♇	7 22
	♂∠♆	10 13
	☽∠♅	12pm 1
	☉⚼☽	2 15
	☽☌♄	7 58
21 W	☽△♀	1am49
	☽⚻☿	2 37
	☿⚺♀	7 5
	☽△♇	9 32
	♂∥♇	10 1
	☽⚼♆	12pm16
	☽☍♂	1 42
	☽⚹♅	6 22
	♇SR	8 48
	☉⚻♃	10 43
	☽⚹♃	11 16
	☉⚻☽	11 20
22 Th	☽#♃	5am29
	☽⚼♀	11 48
	☽△♆	6pm47
	☽∥♀	9 39
23 F	☽∠♃	5am32
	☽⚺♄	8 39
	☉⚼♄	9 8
	☉ ♎	11 40
	☽☍☿	1pm12
	☽#☿	5 10
	☽⚻♀	9 54
	☽□♇	10 31
24 S	♀△♇	3am56
	☽⚻♂	6 6
	☽□♅	7 27
	☽⚺♃	11 45
	☽∠♄	3pm 1
	☉☍☽	5 50
	☉∥☽	6 20
25 Su	☉#☽	1am28
	☿SD	6 38
	☽□♆	7 44
	♂△♅	8 24
	☽⚼♂	2pm 7
	☽⚹♄	9 12
26 M	☽⚻☿	1am30
	☽∥☿	6 50
	☽⚹♇	11 4
	☽☍♀	5pm22
	☽△♅	7 55
	☽△♂	9 48
	☽☌♃	11 30
27 T	♀#♃	1am12
	☽⚼☿	7 59
	☽∥♃	11 10
	☉⚻☽	11 16
	☽#♀	1pm 2
	☽∠♇	4 49
	♀⚹♅	6 39
	☽⚹♆	7 36
28 W	☽⚼♅	1am35
	♂△♃	2 4
	☽□♄	8 28
	☽△☿	2pm30
	☽∥♂	6 45
	☉⚼☽	7 10
	☽⚺♇	10 4
29 Th	♀☍♃	0am47
	☽∠♆	0 49
	☽⚻♅	6 43
	☽∥♇	8 52
	☽⚺♃	9 33
	☽⚻♀	10 36
	☽□♂	11 30
30 F	☉△☽	2am18
	♀⚹♂	4 5
	☽⚺♆	5 26
	☽∠♃	1pm41
	☽△♄	5 35
	☽⚼♀	5 58
	♀ ♏	9 4
	☽#♄	10 11

OCTOBER 1904

LONGITUDE

DAY	SID. TIME	☉	☽	☽ 12 Hour	MEAN ☊	TRUE ☊	☿	♀	♂	♃	♄	♅	♆	♇
	h m s	° ' "	° ' "	° ' "	° '	° '	° '	° '	° '	° '	° '	° '	° '	° '
1	0 37 11	7♎ 22 26	18♊ 5 5	24♊ 36 5	17♍ 20	18♍ 20R	19♍ 32	0♏ 9	29♌ 39	27♈ 30R	14♒ 37R	26♐ 15	8♋ 9	21♊ 42R
2	0 41 7	8 21 28	1♋ 11 53	7♋ 52 45	17 17	18 19D	20 30	1 23	0♍ 16	27 22	14 36	26 16	8 9	21 42
3	0 45 4	9 20 33	14 38 54	21 30 31	17 14	18 19	21 34	2 37	0 53	27 15	14 34	26 17	8 10	21 42
4	0 49 1	10 19 40	28 27 43	5♌ 30 30	17 11	18 20	22 45	3 51	1 30	27 8	14 32	26 19	8 10	21 42
5	0 52 57	11 18 50	12♌ 38 47	19 52 20	17 7	18 22	24 2	5 5	2 7	27 0	14 31	26 20	8 10	21 41
6	0 56 54	12 18 1	27 10 48	4♍ 33 38	17 4	18 23	25 24	6 19	2 44	26 53	14 30	26 22	8 11	21 41
7	1 0 50	13 17 15	12♍ 0 12	19 29 41	17 1	18 24R	26 50	7 33	3 21	26 45	14 28	26 23	8 11	21 41
8	1 4 47	14 16 32	27 1 7	4♎ 33 28	16 58	18 24	28 20	8 47	3 58	26 37	14 27	26 25	8 11	21 40
9	1 8 43	15 15 50	12♎ 5 37	19 36 24	16 55	18 23	29 53	10 1	4 35	26 29	14 26	26 27	8 11	21 40
10	1 12 40	16 15 10	27 4 42	4♏ 29 27	16 51	18 20	1♎ 28	11 15	5 12	26 21	14 25	26 28	8 11	21 40
11	1 16 36	17 14 33	11♏ 49 40	19 4 31	16 48	18 16	3 6	12 29	5 49	26 14	14 24	26 30	8 11R	21 39
12	1 20 33	18 13 57	26 13 21	3♐ 15 39	16 45	18 11	4 45	13 43	6 26	26 6	14 23	26 32	8 11	21 39
13	1 24 29	19 13 24	10♐ 11 6	16 59 36	16 42	18 7	6 26	14 57	7 2	25 58	14 23	26 34	8 11	21 38
14	1 28 26	20 12 52	23 41 8	0♑ 15 54	16 39	18 4	8 7	16 11	7 39	25 50	14 22	26 36	8 11	21 38
15	1 32 23	21 12 22	6♑ 44 13	13 6 28	16 36	18 1	9 50	17 24	8 16	25 41	14 22	26 38	8 11	21 37
16	1 36 19	22 11 53	19 23 8	25 34 48	16 32	18 0D	11 32	18 38	8 53	25 33	14 21	26 40	8 11	21 37
17	1 40 16	23 11 27	1♒ 42 1	7♒ 45 26	16 29	18 1	13 15	19 52	9 29	25 25	14 21	26 42	8 11	21 36
18	1 44 12	24 11 2	13 45 40	19 43 20	16 26	18 2	14 58	21 6	10 6	25 17	14 21	26 44	8 10	21 36
19	1 48 9	25 10 39	25 39 4	1♓ 33 27	16 23	18 4	16 41	22 20	10 42	25 9	14 21D	26 46	8 10	21 35
20	1 52 5	26 10 17	7♓ 27 4	13 20 26	16 20	18 5R	18 24	23 34	11 19	25 1	14 21	26 48	8 10	21 35
21	1 56 2	27 9 58	19 14 3	25 8 23	16 17	18 6	20 7	24 48	11 56	24 53	14 21	26 50	8 10	21 34
22	1 59 58	28 9 40	1♈ 3 50	7♈ 0 46	16 13	18 5	21 50	26 1	12 32	24 45	14 21	26 53	8 9	21 33
23	2 3 55	29 9 24	12 59 31	19 0 20	16 10	18 2	23 32	27 15	13 8	24 37	14 21	26 55	8 9	21 33
24	2 7 52	0♏ 9 10	25 3 28	1♉ 9 5	16 7	17 57	25 13	28 29	13 45	24 29	14 22	26 57	8 9	21 32
25	2 11 48	1 8 58	7♉ 17 21	13 28 22	16 4	17 50	26 55	29 43	14 21	24 21	14 22	27 0	8 8	21 31
26	2 15 45	2 8 48	19 42 15	25 59 2	16 1	17 42	28 35	0♐ 57	14 57	24 13	14 23	27 2	8 8	21 31
27	2 19 41	3 8 40	2♊ 18 47	8♊ 41 34	15 57	17 33	0♏ 16	2 10	15 34	24 5	14 24	27 4	8 7	21 30
28	2 23 38	4 8 35	15 7 25	21 36 23	15 54	17 25	1 55	3 24	16 10	23 57	14 25	27 7	8 7	21 29
29	2 27 34	5 8 31	28 8 32	4♋ 43 58	15 51	17 18	3 35	4 38	16 46	23 49	14 25	27 9	8 6	21 29
30	2 31 31	6 8 29	11♋ 22 45	18 5 0	15 48	17 13	5 14	5 51	17 22	23 41	14 27	27 12	8 5	21 28
31	2 35 27	7♏ 8 30	24♋ 50 49	1♌ 40 19	15♍ 45	17♍ 11D	6♏ 52	7♐ 5	17♍ 58	23♈ 33	14♒ 28	27♐ 15	8♋ 5	21♊ 27

DECLINATION and LATITUDE

DAY	☉ DECL	☽ DECL	☽ LAT	☽ 12hr DECL	☿ DECL	☿ LAT	♀ DECL	♀ LAT	♂ DECL	♂ LAT	♃ DECL	♃ LAT	♄ DECL	♄ LAT
1	2S56	17N40	5S16	18N 7	5N11	1N 8	11S11	0N22	12N49	1N17	9N 7	1S34	17S35	1S11
2	3 19	18 19	5 8	18 16	4 58	1 18	11 39	0 20	12 36	1 18	9 4	1 34	17 36	1 11
3	3 42	17 57	4 43	17 22	4 41	1 27	12 7	0 17	12 23	1 18	9 2	1 34	17 36	1 11
4	4 5	16 32	4 2	15 25	4 20	1 35	12 35	0 15	12 10	1 18	8 59	1 35	17 37	1 11
5	4 29	14 4	3 5	12 28	3 56	1 42	13 2	0 12	11 57	1 19	8 56	1 35	17 37	1 11
6	4 52	10 40	1 54	8 40	3 28	1 47	13 29	0 9	11 44	1 19	8 54	1 35	17 37	1 11
7	5 15	6 31	0 35	4 15	2 58	1 51	13 56	0 7	11 31	1 19	8 51	1 35	17 38	1 11
8	5 38	1 55	0N47	0S28	2 25	1 54	14 22	0 4	11 18	1 20	8 48	1 35	17 38	1 11
9	6 1	2S50	2 7	5 9	1 50	1 56	14 49	0 1	11 4	1 20	8 45	1 35	17 38	1 11
10	6 24	7 23	3 17	9 28	1 13	1 58	15 14	0S 2	10 51	1 20	8 42	1 35	17 39	1 11
11	6 46	11 23	4 13	13 6	0 34	1 58	15 40	0 4	10 38	1 21	8 39	1 35	17 39	1 11
12	7 9	14 36	4 51	15 52	0S 6	1 57	16 5	0 7	10 25	1 21	8 37	1 35	17 39	1 11
13	7 32	16 52	5 10	17 37	0 47	1 56	16 29	0 10	10 11	1 21	8 34	1 35	17 39	1 11
14	7 54	18 7	5 12	18 21	1 29	1 54	16 53	0 13	9 58	1 21	8 31	1 35	17 39	1 11
15	8 17	18 20	4 57	18 6	2 11	1 51	17 17	0 15	9 44	1 22	8 28	1 35	17 39	1 11
16	8 39	17 38	4 28	16 58	2 54	1 48	17 40	0 18	9 31	1 22	8 25	1 35	17 39	1 11
17	9 1	16 6	3 47	15 4	3 38	1 45	18 3	0 21	9 17	1 22	8 22	1 35	17 39	1 10
18	9 23	13 53	2 57	12 33	4 21	1 41	18 26	0 24	9 4	1 23	8 19	1 35	17 40	1 10
19	9 45	11 6	1 59	9 32	5 5	1 36	18 48	0 27	8 50	1 23	8 16	1 35	17 39	1 10
20	10 7	7 53	0 58	6 9	5 49	1 31	19 9	0 30	8 36	1 23	8 13	1 35	17 39	1 10
21	10 28	4 22	0S 6	2 31	6 32	1 26	19 30	0 32	8 23	1 24	8 10	1 35	17 39	1 10
22	10 50	0 39	1 10	1N14	7 15	1 21	19 50	0 35	8 9	1 24	8 7	1 34	17 39	1 10
23	11 11	3N 7	2 11	4 59	7 58	1 15	20 10	0 38	7 55	1 24	8 5	1 34	17 39	1 10
24	11 32	6 48	3 7	8 34	8 41	1 9	20 30	0 41	7 42	1 24	8 2	1 34	17 39	1 10
25	11 53	10 15	3 55	11 50	9 23	1 3	20 48	0 44	7 28	1 25	7 59	1 34	17 39	1 10
26	12 14	13 18	4 32	14 37	10 5	0 57	21 7	0 46	7 14	1 25	7 56	1 34	17 39	1 10
27	12 34	15 46	4 57	16 45	10 46	0 51	21 24	0 49	7 0	1 25	7 53	1 34	17 38	1 10
28	12 54	17 31	5 8	18 5	11 27	0 44	21 42	0 52	6 47	1 26	7 50	1 34	17 38	1 10
29	13 15	18 24	5 3	18 28	12 7	0 38	21 58	0 54	6 33	1 26	7 48	1 34	17 38	1 10
30	13 34	18 18	4 41	17 51	12 47	0 31	22 14	0 57	6 19	1 26	7 45	1 34	17 37	1 10
31	13S54	17N10	4S 4	16N13	13S26	0N25	22S29	0S60	6N 5	1N26	7N42	1S34	17S37	1S10

DAY	♅ DECL	♅ LAT	♆ DECL	♆ LAT	♇ DECL	♇ LAT
1	23S36	0S12	22N12	1S 0	14N47	8S26
5	23 36	0 12	22 12	1 1	14 46	8 26
9	23 37	0 12	22 11	1 1	14 46	8 27
13	23 37	0 12	22 11	1 1	14 45	8 27
17	23 37	0 12	22 11	1 1	14 44	8 28
21	23 37	0 12	22 11	1 1	14 44	8 28
25	23 37	0 12	22 11	1 1	14 43	8 29
29	23S38	0S12	22N11	1S 1	14N43	8S29

☽ PHENOMENA

d	h	m	
2	13	52	☾
9	5	25	●
16	5	54	☽
24	10	56	○
31	23	13	☾

d	h	° '
2	4	18N19
8	10	0
14	18	18S22
22	4	0
29	10	18N28

d	h	° '
1	0	5S16
7	10	0
13	14	5N13
20	22	0
28	4	5S 8

VOID OF COURSE ☽

LAST ASPT		☽ INGRESS		
1	5pm 7	1	♋	9pm50
3	9pm44	4	♌	2am38
5	11pm30	6	♍	4am36
8	2am19	8	♎	4am45
9	11pm 1	10	♏	4am43
11	4am15	12	♐	6am25
14	5am18	14	♑	11am31
16	11am49	16	♒	8pm39
19	2am16	19	♓	8am50
21	3pm30	21	♈	9pm51
24	3am45	24	♉	9am44
25	2pm24	26	♊	7pm38
28	10pm12	29	♋	3am24
30	9pm45	31	♌	9am 4

d	h	
8	6	PERIGEE
20	14	APOGEE

DAILY ASPECTARIAN

Day	Aspect	Time
1 S	☽□☿	2am54
	☽☌♇	6 41
	♂ ♍	1pm52
	☽☍♅	3 1
	☽⚹♃	5 7
	☉□♆	7 6
	☽⚼♄	9 6
	☽⚹♂	10 13
2 Su	☽△♀	0am22
	☽☌♆	12pm30
	☉□☽	1 52
	☽⚻♄	11 51
3 M	☽∠♂	2am16
	☿□♇	2 34
	☽#♄	7 49
	♀#♂	9 18
	☽⚺♇	12pm19
	☽⚹☿	1 13
	☽⚻♅	8 18
	☽□♃	9 44
4 T	☽⚺♂	5am26
	☉#☿	7 30
	☽□♀	10 4
	☽∠♇	2pm 0
	☽⚺♆	4 30
	☽∠☿	5 20
	☽∥♇	6 3
	☉⚹☽	9 36
	☽⚼♅	9 48
5 W	☽☍♄	3am 7
	☽#♀	6 58
	☽⚹♇	2pm59
	☽∥♂	4 37
	☽∠♆	5 26
	☽⚺☿	8 47
	☽△♅	10 40
	☽△♃	11 30
6 Th	☉∠☽	0am13
	♀⚼♇	7 6
	☽☌♂	9 26
	☽∥♃	10 49
	☽⚹♀	4pm11
	☿□♅	4 32
	☽⚹♆	5 50
	☿⚻♃	10 43
	☽⚼♃	11 36
7 F	☉⚺☽	2am12
	☽⚻♄	3 57
	☉#☽	6 16
	♀△♆	12pm17
	☽□♇	3 29
	☽∠♀	6 23
	☽∥☿	9 5
	☽□♅	11 2
	☽⚻♃	11 22
8 S	☽☌☿	2am19
	☽⚼♄	3 52
	☉△♄	4 13
	☽⚺♂	11 32
	☿⚼♄	5pm15
	☽□♆	5 46
	☽#☿	7 27
	☽⚺♀	8 23
	♀#♇	9 15
9 Su	☿ ♎	1am50
	☽△♄	3 44
	☉☌☽	5 25
	♃△♅	6 52
	☽∠♂	12pm29
	☽△♇	3 18
	☉∥☽	6 8
	☽☍♃	10 51
	☽⚹♅	11 1
10 M	♀∠♅	4am30
	☽#♃	7 27
	☽⚺☿	7 58
	☽⚹♂	1pm44
	☽⚼♇	3 32
	☽△♆	6 2
	☽#♂	7 26
	☽∠♅	11 28
11 T	☽☌♀	1am10
	☽□♄	4 15
	☉⚺☽	9 37
	☽∠☿	11 43
	☽⚻♇	4pm18
	♆SR	5 44
	☽⚼♆	6 53
	☽⚻♃	11 47
12 W	☽⚺♅	0am32
	☽#♇	1 18
	☉∠☽	12pm52
	♀□♄	1 5
	☽⚹☿	4 34
	☽∥♀	5 48
	☽□♂	6 17
	☽⚻♆	8 31
13 Th	☽⚼♃	1am21
	☽⚹♄	7 22
	☽⚺♀	9 12
	☽∥♄	12pm41
	☿⚺♂	1 40
	☉⚹☽	5 15
	☽☍♇	8 18
14 F	☿□♆	0am53
	☽△♃	3 51
	☽☌♅	5 18
	☽∠♄	10 21
	☽∠♀	3pm 6
	♂⚹♆	8 41
15 S	☽☍♆	2am42
	☽△♂	3 0
	☽□☿	6 42
	☉△♇	10 0
	☉#♃	10 40
	☽⚺♄	2pm22
	☽⚹♀	10 24
	♀∥♄	11 1
	☽∥♀	11 22
	☽∥♄	11 29
16 Su	☽⚻♇	4am18
	☉□☽	5 54
	☽⚼♂	9 8
	☽□♃	11 49
	☽⚺♅	2pm 9
17 M	☽⚼♇	9am42
	☉#♂	10 59
	☽⚻♆	12pm50
	☿△♄	3 16
	☽#♇	3 32
	☽⚻♂	4 17
	☽∠♅	7 55
18 T	☽☌♄	1am10
	☽△☿	2 51
	♂⚼♃	6 2
	♀⚻♇	9 35
	☽△♇	3pm46
	☽□♀	4 30
	☽⚼♆	6 58
	☉△☽	10 57
	☽⚹♃	11 0
	☉☍♃	11 26
19 W	☽⚹♅	2am16
	♄SD	6 56
	☉∥☽	9 22
	☽⚼☿	2pm22
	♀⚼♆	4 17
	☽#♂	6 27
	☽#♃	9 35
20 Th	☽△♆	1am27
	☽∠♃	5 10
	☉⚼☽	8 17
	☽☍♂	8 18
	☉∠♂	9 3
	☽∥☿	11 53
	☽⚺♄	2pm 3
	☉⚹♅	3 47
21 F	♀⚻♃	1am32
	☽⚻☿	2 6
	☽□♇	4 44
	☽⚺♃	11 21
	☽△♀	12pm36
	☽□♅	3 30
	☉⚻☽	5 35
	☿△♇	8 14
	☽∠♄	8 32
22 S	♂∥♃	3am45
	☽□♆	2pm17
	♀⚺♅	5 10
	☽⚼♀	10 21
	☿#♂	10 42
23 Su	☽⚻♂	0am19
	☽⚹♄	2 44
	☿#♃	3 11
	☿☍♃	2pm12
	☽⚹♇	5 2
	☉ ♏	8 19
	☽☌♃	10 52
24 M	☽☍☿	0am23
	☽△♅	3 45
	☽∥♂	5 40
	☽⚻♀	7 31
	☽⚼♂	7 39
	☽∥♃	8 12
	☉☍☽	10 56
	☽#☿	4pm12
	☽∠♇	10 31
25 T	♂⚻♄	0am51
	☿⚹♅	1 13
	☽⚹♆	1 39
	♀ ♐	5 37
	☽⚼♅	9 10
	☽□♄	1pm45
	☉#☽	1 59
	☽△♂	2 24
26 W	☽⚺♇	3am28
	☽∠♆	6 33
	☽⚺♃	8 32
	☽∥♇	12pm59
	☽⚻♅	2 2
	☽⚻☿	7 32
	☿ ♏	8 15
	☽☍♀	11 42
27 Th	☉⚻☽	1am42
	☿∠♂	6 47
	☽⚺♆	10 55
	☽∠♃	12pm35
	☽△♄	10 40
28 F	☽□♂	2am 2
	☽#♄	2 3
	☽⚼☿	3 50
	☉⚼☽	8 4
	☽☌♇	11 46
	☽⚹♃	4pm 9
	☽☍♅	10 12
29 S	☽⚼♄	2am21
	☽△☿	11 19
	☽⚻♀	1pm 1
	☉△☽	1 47
	☽☌♆	6 5
	♀#♆	7 48
30 Su	☽⚻♄	5am30
	☉⚼♇	7 38
	☽⚹♂	11 14
	☽#♄	4pm38
	☿⚼♇	5 56
	☽⚺♇	6 0
	☽⚼♀	6 38
	☽□♃	9 45
31 M	☽⚻♅	4am14
	☉⚺♀	5 58
	☉☌☿	10 23
	☿⚺♀	12pm53
	☽∠♂	2 56
	☿△♆	5 44
	♀⚻♆	7 18
	☽∠♇	8 19
	☉△♆	10 18
	☽⚺♆	11 9
	☉□☽	11 13
	☽△♀	11 32
	☽□☿	11 53

NOVEMBER 1904

LONGITUDE

DAY	SID. TIME	☉	☽	☽ 12 Hour	MEAN ☊	TRUE ☊	☿	♀	♂	♃	♄	♅	♆	♇
	h m s	° ' "	° ' "	° ' "	° '	° '	° '	° '	° '	° '	° '	° '	° '	° '
1	2 39 24	8♏ 8 33	8♌ 33 35	15♌ 30 43	15♍ 42	17♍ 10	8♏ 30	8♐ 19	18♍ 34	23♈ 26R	14♒ 29	27♐ 17	8♋ 4R	21♊ 26R
2	2 43 21	9 8 38	22 31 42	29 36 33	15 38	17 11	10 7	9 32	19 10	23 18	14 30	27 20	8 4	21 25
3	2 47 17	10 8 44	6♍ 45 7	13♍ 57 12	15 35	17 12R	11 44	10 46	19 46	23 11	14 32	27 23	8 3	21 25
4	2 51 14	11 8 54	21 12 29	28 30 32	15 32	17 12	13 21	12 0	20 22	23 3	14 33	27 25	8 2	21 24
5	2 55 10	12 9 5	5♎ 50 46	13♎ 12 31	15 29	17 10	14 57	13 13	20 58	22 56	14 35	27 28	8 1	21 23
6	2 59 7	13 9 18	20 34 57	27 57 11	15 26	17 6	16 33	14 27	21 34	22 49	14 37	27 31	8 1	21 22
7	3 3 3	14 9 33	5♏ 18 17	12♏ 37 16	15 23	17 0	18 8	15 41	22 10	22 42	14 38	27 34	8 0	21 21
8	3 7 0	15 9 50	19 53 11	27 5 8	15 19	16 51	19 43	16 54	22 46	22 35	14 40	27 37	7 59	21 20
9	3 10 56	16 10 9	4♐ 12 19	11♐ 14 4	15 16	16 41	21 18	18 8	23 21	22 28	14 42	27 40	7 58	21 19
10	3 14 53	17 10 29	18 9 52	24 59 21	15 13	16 31	22 52	19 21	23 57	22 22	14 45	27 43	7 57	21 18
11	3 18 50	18 10 51	1♑ 42 20	8♑ 18 47	15 10	16 22	24 26	20 35	24 33	22 15	14 47	27 46	7 56	21 17
12	3 22 46	19 11 15	14 48 50	21 12 45	15 7	16 15	26 0	21 48	25 8	22 9	14 49	27 49	7 55	21 16
13	3 26 43	20 11 40	27 30 53	3♒ 43 45	15 3	16 10	27 34	23 2	25 44	22 2	14 52	27 52	7 54	21 16
14	3 30 39	21 12 6	9♒ 51 52	15 55 52	15 0	16 7	29 7	24 15	26 19	21 56	14 54	27 55	7 53	21 15
15	3 34 36	22 12 33	21 56 24	27 54 9	14 57	16 7D	0♐ 39	25 29	26 54	21 50	14 57	27 58	7 52	21 14
16	3 38 32	23 13 2	3♓ 49 49	9♓ 44 5	14 54	16 7R	2 12	26 42	27 30	21 44	15 0	28 1	7 51	21 13
17	3 42 29	24 13 33	15 37 39	21 31 11	14 51	16 7	3 44	27 56	28 5	21 39	15 2	28 4	7 50	21 12
18	3 46 25	25 14 4	27 25 17	3♈ 20 35	14 48	16 7	5 17	29 9	28 40	21 33	15 5	28 7	7 49	21 11
19	3 50 22	26 14 36	9♈ 17 38	15 16 54	14 44	16 4	6 48	0♑ 22	29 16	21 28	15 8	28 10	7 47	21 9
20	3 54 19	27 15 11	21 18 51	27 23 50	14 41	15 59	8 20	1 36	29 51	21 23	15 11	28 14	7 46	21 8
21	3 58 15	28 15 46	3♉ 32 10	9♉ 44 3	14 38	15 50	9 51	2 49	0♎ 26	21 18	15 15	28 17	7 45	21 7
22	4 2 12	29 16 23	15 59 40	22 19 4	14 35	15 40	11 23	4 2	1 1	21 13	15 18	28 20	7 44	21 6
23	4 6 8	0♐ 17 1	28 42 15	5♊ 9 10	14 32	15 27	12 53	5 15	1 36	21 8	15 21	28 23	7 43	21 5
24	4 10 5	1 17 40	11♊ 39 40	18 13 36	14 29	15 14	14 24	6 29	2 11	21 4	15 25	28 27	7 41	21 4
25	4 14 1	2 18 22	24 50 44	1♋ 30 51	14 25	15 1	15 55	7 42	2 45	20 59	15 28	28 30	7 40	21 3
26	4 17 58	3 19 4	8♋ 13 44	14 59 7	14 22	14 50	17 25	8 55	3 20	20 55	15 32	28 33	7 39	21 2
27	4 21 54	4 19 48	21 46 49	28 36 39	14 19	14 42	18 54	10 8	3 55	20 51	15 36	28 37	7 37	21 1
28	4 25 51	5 20 33	5♌ 28 29	12♌ 22 11	14 16	14 36	20 24	11 21	4 30	20 47	15 39	28 40	7 36	21 0
29	4 29 48	6 21 20	19 17 42	26 14 59	14 13	14 33	21 53	12 34	5 4	20 44	15 43	28 43	7 35	20 59
30	4 33 44	7♐ 22 9	3♍ 14 1	10♍ 14 47	14♍ 9	14♍ 33	23♐ 21	13♑ 47	5♎ 39	20♈ 41	15♒ 47	28♐ 47	7♋ 33	20♊ 57

DECLINATION and LATITUDE

DAY	☉ DECL	☽ DECL	☽ LAT	☽ 12hr DECL	☿ DECL	☿ LAT	♀ DECL	♀ LAT	♂ DECL	♂ LAT	♃ DECL	♃ LAT	♄ DECL	♄ LAT
1	14S14	15N 2	3S13	13N37	14S 4	0N18	22S44	1S 2	5N51	1N27	7N40	1S33	17S37	1S10
2	14 33	11 59	2 9	10 10	14 41	0 11	22 58	1 5	5 37	1 27	7 37	1 33	17 36	1 10
3	14 52	8 10	0 56	6 3	15 18	0 4	23 11	1 8	5 23	1 27	7 34	1 33	17 36	1 10
4	15 11	3 49	0N22	1 31	15 53	0S 2	23 24	1 10	5 10	1 28	7 32	1 33	17 35	1 10
5	15 29	0S49	1 39	3S 9	16 28	0 9	23 36	1 13	4 56	1 28	7 29	1 33	17 35	1 10
6	15 48	5 26	2 49	7 38	17 3	0 16	23 47	1 15	4 42	1 28	7 27	1 33	17 34	1 10
7	16 6	9 42	3 48	11 37	17 36	0 22	23 58	1 18	4 28	1 28	7 24	1 32	17 33	1 10
8	16 24	13 21	4 32	14 51	18 8	0 29	24 8	1 20	4 14	1 29	7 22	1 32	17 33	1 9
9	16 41	16 7	4 58	17 8	18 40	0 35	24 17	1 22	4 0	1 29	7 20	1 32	17 32	1 9
10	16 58	17 52	5 4	18 20	19 11	0 42	24 26	1 25	3 46	1 29	7 17	1 32	17 32	1 9
11	17 15	18 33	4 54	18 29	19 40	0 48	24 34	1 27	3 32	1 30	7 15	1 32	17 31	1 9
12	17 32	18 11	4 28	17 39	20 9	0 54	24 41	1 29	3 18	1 30	7 13	1 31	17 30	1 9
13	17 48	16 55	3 49	15 59	20 37	1 1	24 47	1 32	3 5	1 30	7 11	1 31	17 29	1 9
14	18 4	14 53	3 1	13 37	21 3	1 7	24 53	1 34	2 51	1 30	7 9	1 31	17 29	1 9
15	18 20	12 13	2 5	10 43	21 29	1 13	24 58	1 36	2 37	1 31	7 7	1 31	17 28	1 9
16	18 35	9 6	1 5	7 24	21 54	1 18	25 2	1 38	2 23	1 31	7 5	1 30	17 27	1 9
17	18 50	5 38	0 3	3 48	22 17	1 24	25 6	1 40	2 9	1 31	7 3	1 30	17 26	1 9
18	19 5	1 57	0S60	0 3	22 39	1 29	25 9	1 42	1 56	1 31	7 1	1 30	17 25	1 9
19	19 19	1N51	2 0	3N44	23 1	1 35	25 11	1 44	1 42	1 32	6 59	1 30	17 24	1 9
20	19 33	5 36	2 56	7 26	23 21	1 40	25 12	1 45	1 28	1 32	6 57	1 30	17 23	1 9
21	19 47	9 11	3 44	10 52	23 40	1 45	25 12	1 47	1 14	1 32	6 56	1 29	17 22	1 9
22	20 0	12 27	4 22	13 54	23 58	1 49	25 12	1 49	1 1	1 32	6 54	1 29	17 21	1 9
23	20 13	15 11	4 48	16 19	24 14	1 54	25 11	1 50	0 47	1 33	6 53	1 29	17 20	1 9
24	20 26	17 14	5 0	17 56	24 29	1 58	25 9	1 52	0 33	1 33	6 51	1 28	17 19	1 9
25	20 38	18 25	4 57	18 38	24 43	2 2	25 7	1 53	0 20	1 33	6 50	1 28	17 18	1 9
26	20 50	18 36	4 37	18 17	24 56	2 5	25 4	1 55	0 6	1 33	6 49	1 28	17 17	1 9
27	21 1	17 43	4 1	16 54	25 8	2 9	24 60	1 56	0S 7	1 34	6 47	1 28	17 16	1 9
28	21 12	15 49	3 11	14 31	25 18	2 12	24 55	1 57	0 21	1 34	6 46	1 27	17 15	1 9
29	21 23	12 60	2 9	11 17	25 26	2 15	24 49	1 59	0 35	1 34	6 45	1 27	17 13	1 9
30	21S33	9N24	0S60	7N23	25S34	2S17	24S43	1S60	0S48	1N34	6N44	1S27	17S12	1S 9

DAY	♅ DECL	♅ LAT	♆ DECL	♆ LAT	♇ DECL	♇ LAT
1	23S38	0S12	22N11	1S 1	14N42	8S29
5	23 38	0 12	22 11	1 1	14 42	8 30
9	23 38	0 12	22 11	1 1	14 41	8 30
13	23 38	0 12	22 12	1 1	14 41	8 30
17	23 39	0 12	22 12	1 2	14 40	8 30
21	23 39	0 12	22 12	1 2	14 40	8 30
25	23 39	0 12	22 12	1 2	14 39	8 31
29	23S39	0S12	22N13	1S 2	14N39	8S31

☽ PHENOMENA	VOID OF COURSE ☽ LAST ASPT	☽ INGRESS
d h m	2 8am11	2 ♍ 12pm40
7 15 37 ●	4 10am15	4 ♎ 2pm27
15 0 35 ☽	6 11am19	6 ♏ 3pm20
23 3 12 ○	8 4am59	8 ♐ 4pm54
30 7 38 ☾	10 4pm54	10 ♑ 8pm56
	13 0am 6	13 ♒ 4am47
	15 12pm10	15 ♓ 4pm14
d h ° '	18 3am55	18 ♈ 5am14
4 20 0	20 1pm41	20 ♉ 5pm 6
11 3 18S33	21 10pm40	23 ♊ 2am25
18 12 0	25 6am37	25 ♋ 9am17
25 16 18N39	26 10pm23	27 ♌ 2pm26
	29 4pm19	29 ♍ 6pm27
3 17 0		
9 21 5N 5	d h	
17 1 0	5 12 PERIGEE	
24 6 5S 1	17 7 APOGEE	
30 19 0		

DAILY ASPECTARIAN

Day	Aspect	Time
1 T	♀⚼♃	2am 5
	☽∥♇	2 56
	☉#☽	6 17
	☽⚼♅	6 28
	☽#☿	6 53
	☽☍♄	10 15
	☉∥☿	1pm18
	☽⊻♂	6 1
	☽✶♇	10 7
2 W	☿#♇	0am41
	☽∠♆	0 54
	☽△♃	1 19
	☽△♅	8 11
	☉#♇	11 17
3 Th	☽✶♆	2am10
	☽⚼♃	2 22
	☽∥♃	3 30
	☉✶☽	6 5
	☽□♀	7 20
	☽✶☿	9 22
	☿∠♅	9 45
	☽⊼♄	12pm59
	☽∥♂	4 26
	☽☌♂	10 34
4 F	☽□♇	0am19
	☽⊼♃	3 1
	☉∠☽	8 43
	☽□♅	10 15
	☽∠☿	1pm11
	☽⚼♄	1 44
	☿□♄	6 19
5 S	☽□♆	3am33
	♀∥♅	4 1
	☉∠♅	7 58
	☉⊻☽	11 2
	☽✶♀	1pm 7
	☽△♄	2 16
	♂□♇	4 8
	☽⊻☿	4 39
	☽#♂	8 18
6 Su	☽△♇	1am17
	☽⊻♂	1 40
	♀✶♄	3 13
	☽☍♃	3 37
	☽#♃	10 53
	☽✶♅	11 19
	☽∠♀	3pm45
	☿∥♄	10 14
7 M	☽⚼♇	1am43
	☽∠♂	3 10
	☽△♆	4 24
	☉□♄	11 54
	☽∠♅	11 57
	☽□♄	3pm22
	☉☌☽	3 37
	♂⊼♃	6 4
	☽⊻♀	6 36
	☽☌☿	11 42
8 T	☽⊼♇	2am24
	☽⊼♃	4 27
	☽✶♂	4 59
	☽⚼♆	5 8
	☽#♇	10 34
	☽⊻♅	12pm56
9 W	☿⊼♇	0am19
	☽⚼♃	5 31
	☽⊼♆	6 24
	☉∥☽	7 25
	☿⊼♃	4pm40
	☽∥♄	5 57
	☽✶♄	6 2
	☉⊻☽	10 8
10 Th	☿⚼♆	1am10
	☽☌♀	2 17
	☽☍♇	5 30
	☽△♃	7 18
	☽⊻☿	9 20
	☽□♂	10 38
	☽☌♅	4pm54
	☽∠♄	8 32
11 F	☿✶♂	2am33
	☉∠☽	2 53
	☽☍♆	11 18
	♀☍♇	1pm43
	☽∠☿	3 59
	☉∥♄	9 35
12 S	☽⊻♄	0am 1
	♀△♃	6 4
	☉✶☽	8 53
	☉∥☽	11 51
	☽⊼♇	12pm 6
	☽□♃	1 39
	☽⊻♀	2 32
	☽∥♄	2 58
	☽△♂	8 25
13 Su	☽✶☿	0am 6
	☽⊻♅	0 40
	☿⊻♅	4 48
	☽⚼♇	4pm55
	☽⊼♆	8 7
	☽∠♀	10 40
14 M	☉⊼♇	0am57
	☽#♇	2 2
	☽⚼♂	3 1
	☽∠♅	6 2
	☽☌♄	10 0
	☿ ♐	1pm47
	☉⊼♃	3 55
	☽△♇	10 34
	☽✶♃	11 48
15 T	☉□☽	0am35
	☽⚼♆	1 51
	☽✶♀	7 56
	☽⊼♂	10 31
	☽✶♅	12pm10
	☉⚼♆	3 23
	☽□☿	8 12
16 W	☽∠♃	5am52
	☽△♆	8 9
	☽#♃	2pm20
	☿#♆	6 31
	☽⊻♄	10 48
	♂□♅	11 9
17 Th	♀☌♅	2am50
	♀□♂	5 56
	☽□♇	11 19
	☽⊻♃	12pm10
	☉△☽	7 8
18 F	☽#♂	0am 7
	☽□♅	1 25
	☽☍♂	2 40
	☽□♀	3 55
	☽∠♄	5 26
	♀ ♑	4pm40
	☽△☿	6 15
	☿⚼♃	6 55
	♀∠♄	7 11
	☽□♆	8 59
	☽∥♂	11 7
19 S	☉⚼☽	4am17
	☽✶♄	11 46
	☿⊼♆	3pm17
	☽✶♇	11 39
20 Su	☽☌♃	0am 7
	☽⚼☿	4 34
	♂ ♎	6 24
	☽∥♃	8 48
	☉⊼☽	12pm46
	☽△♅	1 41
	♂⚼♄	3 36
	☽⊼♂	5 38
	☽△♀	10 27
	☿∥♅	10 36
21 M	☉⊻♅	0am25
	☽∠♇	5 1
	☽✶♆	8 10
	☽⊼☿	1pm56
	☽⚼♅	6 54
	☽□♄	10 40
22 T	☽⚼♂	0am 2
	☽⚼♀	6 24
	☽⊻♇	9 42
	☽⊻♃	9 51
	☽∠♆	12pm45
	☉ ♐	5 16
	☽∥♇	6 56
	☽⊼♅	11 24
23 W	☉☍☽	3am12
	☽△♂	5 39
	☽⊼♀	1pm28
	☽∠♃	1 44
	☽⊻♆	4 42
	♃✶♇	8 9
24 Th	☽#♄	1am15
	☽☍☿	5 40
	☽△♄	6 54
	☿✶♄	4pm43
	☽✶♃	5 3
	☽☌♇	5 8
	♀☍♆	11 25
25 F	☽☍♅	6am37
	☽⚼♄	10 10
	☉⊼☽	2pm31
	☽□♂	2 52
	☽☌♆	10 58
26 S	☉✶♂	1am 6
	☽☍♀	1 21
	☿∥♀	11 29
	☽⊼♄	1pm 2
	☽⊼☿	6 18
	☉⚼☽	7 20
	☽□♃	10 23
	☽⊻♇	10 39
27 Su	☽#♄	7am11
	☽⊼♅	12pm 3
	☽✶♂	10 13
	☉△☽	11 45
	☽⚼☿	11 51
28 M	☽∠♇	0am54
	☽⊻♆	3 42
	☿△♃	6 8
	☿☍♇	9 33
	☉⚼♃	10 2
	☽∥♇	10 48
	☽⊼♀	11 13
	☽⚼♅	2pm19
	☽☍♄	5 47
29 T	☽∠♂	1am24
	☽△♃	2 28
	☽✶♇	2 54
	☽△☿	5 0
	☽∠♆	5 40
	☽⚼♀	3pm38
	☽△♅	4 19
30 W	☽⚼♃	4am10
	☉⊼♆	4 16
	☽⊻♂	4 19
	☽✶♆	7 23
	☉□☽	7 38
	☽∥♃	3pm43
	☽△♀	7 45
	☽⊼♄	9 33

DECEMBER 1904

LONGITUDE

DAY	SID. TIME	☉	☽	☽ 12 Hour	MEAN ☊	TRUE ☊	☿	♀	♂	♃	♄	♅	♆	♇
	h m s	° ' "	° ' "	° ' "	° '	° '	° '	° '	° '	° '	° '	° '	° '	° '
1	4 37 41	8♐ 22 58	17♍ 17 13	24♍ 21 17	14♍ 6	14♍ 33R	24♐ 49	15♑ 0	6♎ 13	20♈ 37R	15♒ 51	28♐ 50	7♋ 32R	20♊ 56R
2	4 41 37	9 23 50	1♎ 26 51	8♎ 33 45	14 3	14 32	26 17	16 13	6 48	20 34	15 55	28 54	7 30	20 55
3	4 45 34	10 24 42	15 41 44	22 50 27	14 0	14 30	27 44	17 26	7 22	20 32	16 0	28 57	7 29	20 54
4	4 49 30	11 25 36	29 59 29	7♏ 8 18	13 57	14 24	29 9	18 39	7 56	20 29	16 4	29 1	7 27	20 53
5	4 53 27	12 26 32	14♏ 16 20	21 22 56	13 54	14 16	0♑ 34	19 52	8 31	20 27	16 8	29 4	7 26	20 52
6	4 57 23	13 27 28	28 27 25	5♐ 29 7	13 50	14 5	1 58	21 4	9 5	20 25	16 13	29 8	7 24	20 51
7	5 1 20	14 28 26	12♐ 27 21	19 21 32	13 47	13 52	3 21	22 17	9 39	20 23	16 17	29 11	7 23	20 49
8	5 5 17	15 29 25	26 11 9	2♑ 55 47	13 44	13 39	4 42	23 30	10 13	20 21	16 22	29 15	7 21	20 48
9	5 9 13	16 30 24	9♑ 35 8	16 9 1	13 41	13 27	6 1	24 42	10 47	20 19	16 27	29 18	7 20	20 47
10	5 13 10	17 31 25	22 37 25	29 0 24	13 38	13 16	7 19	25 55	11 21	20 18	16 31	29 22	7 18	20 46
11	5 17 6	18 32 26	5♒ 18 10	11♒ 31 3	13 35	13 9	8 34	27 8	11 54	20 17	16 36	29 26	7 17	20 45
12	5 21 3	19 33 27	17 39 27	23 43 52	13 31	13 4	9 46	28 20	12 28	20 16	16 41	29 29	7 15	20 44
13	5 24 59	20 34 29	29 44 51	5♓ 43 2	13 28	13 2	10 55	29 32	13 2	20 15	16 46	29 33	7 13	20 42
14	5 28 56	21 35 32	11♓ 39 3	17 33 37	13 25	13 1	12 0	0♒ 45	13 35	20 15	16 51	29 36	7 12	20 41
15	5 32 52	22 36 35	23 27 24	29 21 8	13 22	13 1	13 1	1 57	14 9	20 15D	16 56	29 40	7 10	20 40
16	5 36 49	23 37 39	5♈ 15 31	11♈ 11 14	13 19	13 1	13 58	3 9	14 42	20 14	17 2	29 43	7 9	20 39
17	5 40 46	24 38 43	17 8 57	23 9 17	13 15	12 58	14 48	4 22	15 15	20 15	17 7	29 47	7 7	20 38
18	5 44 42	25 39 47	29 12 49	5♉ 20 4	13 12	12 54	15 32	5 34	15 48	20 15	17 12	29 51	7 5	20 37
19	5 48 39	26 40 52	11♉ 31 28	17 47 23	13 9	12 47	16 9	6 46	16 22	20 15	17 17	29 54	7 4	20 35
20	5 52 35	27 41 57	24 8 6	0♊ 33 46	13 6	12 37	16 38	7 58	16 55	20 16	17 23	29 58	7 2	20 34
21	5 56 32	28 43 2	7♊ 4 26	13 40 3	13 3	12 25	16 57	9 9	17 27	20 17	17 28	0♑ 2	7 0	20 33
22	6 0 28	29 44 8	20 20 29	27 5 25	13 0	12 13	17 7R	10 21	18 0	20 18	17 34	0 5	6 59	20 32
23	6 4 25	0♑ 45 14	3♋ 54 32	10♋ 47 24	12 56	12 0	17 6	11 33	18 33	20 20	17 40	0 9	6 57	20 31
24	6 8 21	1 46 21	17 43 29	24 42 18	12 53	11 50	16 54	12 45	19 6	20 21	17 45	0 12	6 55	20 30
25	6 12 18	2 47 27	1♌ 43 18	8♌ 45 58	12 50	11 41	16 29	13 56	19 38	20 23	17 51	0 16	6 53	20 28
26	6 16 15	3 48 35	15 49 48	22 54 21	12 47	11 36	15 54	15 8	20 11	20 25	17 57	0 20	6 52	20 27
27	6 20 11	4 49 43	29 59 14	7♍ 4 8	12 44	11 33D	15 6	16 19	20 43	20 27	18 3	0 23	6 50	20 26
28	6 24 8	5 50 51	14♍ 8 48	21 13 2	12 40	11 32	14 8	17 30	21 15	20 30	18 9	0 27	6 48	20 25
29	6 28 4	6 52 0	28 16 40	5♎ 19 36	12 37	11 33R	13 1	18 41	21 48	20 32	18 15	0 31	6 47	20 24
30	6 32 1	7 53 9	12♎ 21 44	19 22 57	12 34	11 33	11 47	19 52	22 20	20 35	18 21	0 34	6 45	20 23
31	6 35 57	8♑ 54 19	26♎ 23 12	3♏ 22 19	12♍ 31	11♍ 32	10♑ 28	21♒ 3	22♎ 51	20♈ 38	18♒ 27	0♑ 38	6♋ 43	20♊ 22

DECLINATION and LATITUDE

DAY	☉ DECL	☽ DECL	☽ LAT	☽ 12hr DECL	☿ DECL	☿ LAT	♀ DECL	♀ LAT	♂ DECL	♂ LAT	♃ DECL	♃ LAT	♄ DECL	♄ LAT
1	21S43	5N15	0N14	3N 2	25S40	2S19	24S36	2S 1	1S 1	1N35	6N43	1S26	17S11	1S 9
2	21 52	0 46	1 28	1S30	25 44	2 20	24 29	2 2	1 15	1 35	6 42	1 26	17 10	1 8
3	22 1	3S46	2 37	5 59	25 47	2 21	24 20	2 3	1 28	1 35	6 42	1 26	17 8	1 8
4	22 10	8 7	3 36	10 7	25 49	2 22	24 11	2 3	1 41	1 35	6 41	1 26	17 7	1 8
5	22 18	11 59	4 21	13 39	25 49	2 22	24 2	2 4	1 55	1 36	6 40	1 25	17 6	1 8
6	22 26	15 7	4 49	16 21	25 48	2 22	23 51	2 5	2 8	1 36	6 40	1 25	17 4	1 8
7	22 33	17 20	5 0	18 4	25 45	2 21	23 40	2 5	2 21	1 36	6 39	1 25	17 3	1 8
8	22 40	18 31	4 53	18 42	25 41	2 19	23 28	2 6	2 34	1 36	6 39	1 24	17 2	1 8
9	22 46	18 37	4 30	18 17	25 35	2 17	23 15	2 6	2 47	1 37	6 39	1 24	17 0	1 8
10	22 52	17 43	3 53	16 56	25 28	2 14	23 2	2 6	3 0	1 37	6 39	1 24	16 59	1 8
11	22 57	15 57	3 6	14 48	25 20	2 10	22 48	2 6	3 13	1 37	6 38	1 23	16 57	1 8
12	23 2	13 29	2 10	12 2	25 11	2 5	22 34	2 6	3 26	1 37	6 38	1 23	16 56	1 8
13	23 7	10 29	1 10	8 49	24 60	1 60	22 19	2 6	3 39	1 37	6 38	1 23	16 54	1 8
14	23 11	7 5	0 7	5 17	24 48	1 53	22 3	2 6	3 52	1 38	6 38	1 23	16 53	1 8
15	23 15	3 27	0S55	1 34	24 34	1 46	21 47	2 6	4 5	1 38	6 39	1 22	16 51	1 8
16	23 18	0N20	1 55	2N14	24 20	1 38	21 30	2 6	4 17	1 38	6 39	1 22	16 49	1 8
17	23 21	4 7	2 51	5 58	24 5	1 28	21 12	2 5	4 30	1 38	6 39	1 22	16 48	1 8
18	23 23	7 47	3 39	9 32	23 49	1 17	20 54	2 5	4 42	1 39	6 40	1 21	16 46	1 8
19	23 25	11 12	4 19	12 45	23 33	1 5	20 36	2 4	4 55	1 39	6 40	1 21	16 44	1 8
20	23 26	14 11	4 46	15 28	23 17	0 52	20 16	2 3	5 7	1 39	6 41	1 21	16 43	1 8
21	23 27	16 34	5 0	17 28	22 60	0 37	19 57	2 3	5 20	1 39	6 41	1 20	16 41	1 8
22	23 27	18 8	4 59	18 34	22 43	0 22	19 36	2 2	5 32	1 39	6 42	1 20	16 39	1 8
23	23 27	18 43	4 40	18 37	22 26	0 5	19 15	2 1	5 44	1 40	6 43	1 20	16 38	1 8
24	23 26	18 13	4 5	17 33	22 10	0N13	18 54	1 59	5 57	1 40	6 44	1 19	16 36	1 8
25	23 25	16 37	3 15	15 25	21 54	0 32	18 32	1 58	6 9	1 40	6 45	1 19	16 34	1 8
26	23 24	13 59	2 12	12 21	21 39	0 52	18 10	1 57	6 21	1 40	6 46	1 19	16 32	1 8
27	23 22	10 32	1 1	8 33	21 25	1 11	17 47	1 55	6 33	1 40	6 47	1 18	16 30	1 8
28	23 19	6 27	0N14	4 16	21 12	1 31	17 24	1 54	6 45	1 41	6 48	1 18	16 29	1 8
29	23 16	2 2	1 28	0S14	20 59	1 50	17 0	1 52	6 56	1 41	6 49	1 18	16 27	1 8
30	23 13	2S29	2 37	4 42	20 48	2 8	16 36	1 50	7 8	1 41	6 51	1 18	16 25	1 8
31	23S 9	6S50	3N35	8S53	20S38	2N24	16S12	1S48	7S20	1N41	6N52	1S17	16S23	1S 8

DAY	♅ DECL	♅ LAT	♆ DECL	♆ LAT	♇ DECL	♇ LAT
1	23S39	0S12	22N13	1S 2	14N39	8S31
5	23 39	0 12	22 13	1 2	14 39	8 31
9	23 39	0 12	22 13	1 2	14 39	8 30
13	23 40	0 13	22 14	1 2	14 38	8 30
17	23 40	0 13	22 14	1 2	14 38	8 30
21	23 40	0 13	22 14	1 2	14 38	8 30
25	23 40	0 13	22 15	1 2	14 38	8 30
29	23S40	0S13	22N15	1S 2	14N38	8S29

☽ PHENOMENA			
d	h	m	
7	3	46	●
14	22	7	☽
22	18	1	○
29	15	46	☾
d	h	°	'
2	4	0	
8	14	18S42	
15	22	0	
23	1	18N43	
29	11	0	
7	2	5N 0	
14	8	0	
21	10	5S 2	
27	20	0	

VOID OF COURSE ☽ LAST ASPT		☽ INGRESS		
1	7pm40	1	♎	9pm33
3	10pm27	4	♏	0am 1
5	10am18	6	♐	2am38
8	5am27	8	♑	6am46
10	6am49	10	♒	1pm53
12	11pm36	13	♓	0am30
15	12pm42	15	♈	1pm19
18	1am15	18	♉	1am33
19	11am 8	20	♊	10am57
22	0am20	22	♋	5pm 8
24	4am33	24	♌	9pm 4
26	7am50	27	♍	0am 1
28	10am38	29	♎	2am56
30	5pm43	31	♏	6am12

d	h	
3	0	PERIGEE
15	4	APOGEE
27	17	PERIGEE

DAILY ASPECTARIAN

Day	Aspect	Time
1 Th	☽⚻♃	5am39
	☽□♇	6 12
	☽□☿	2pm16
	♀⚺♄	5 50
	☽□♅	7 40
	☽#♂	9 37
	☽⚼♄	11 7
2 F	☽☌♂	9am24
	☽□♆	10 12
	☽∥♂	11 10
	☉✶☽	2pm26
3 S	☽△♄	0am30
	☽□♀	3 11
	♂□♆	4 32
	☽☍♃	8 5
	☽△♇	8 44
	☽#♃	3pm55
	☉∠☽	5 34
	☿☌♅	9 27
	☽✶♅	10 21
	☽✶☿	10 27
4 Su	☉#♆	9am 6
	☽⚼♇	9 52
	☽△♆	12pm31
	☽⚺♂	1 54
	☿ ♑	2 14
	☉⚺☽	8 41
	☽∠♅	11 40
5 M	☽∠☿	2am26
	☽□♄	3 10
	☿∠♄	10 11
	☽✶♀	10 18
	☽⚻♃	10 23
	☽⚻♇	11 6
	♀□♃	11 14
	☽⚼♆	1pm45
	☽∠♂	4 15
	♀⚻♇	7 31
	☽#♇	7 55
6 T	☽⚺♅	1am 9
	☽⚺☿	6 39
	☽⚼♃	11 51
	☽∠♀	2pm15
	☽⚻♆	3 16
	☽✶♂	6 57
	☽∥♄	8 11
7 W	♀∥♅	0am57
	☉☌☽	3 46
	☽✶♄	6 41
	☽△♃	1pm45
	☽☍♇	2 33
	☽⚺♀	6 48
8 Th	☽☌♅	5am27
	☽∠♄	9 15
	☽☌☿	4pm52
	☽☍♆	7 55
	☉✶♄	10 23
9 F	☽□♂	2am16
	☽⚺♄	12pm37
	☉⚺☽	1 44
	☽□♃	7 41
	☽⚻♇	8 33
	☿☍♆	11 48
10 S	☽☌♀	6am49
	☽∥♄	11 33
	☽⚺♅	12pm44
	☉∥♀	12 55
	☉∠☽	8 20
11 Su	☽⚼♇	0am51
	☽⚻♆	3 47
	☽⚺☿	6 58
	☽△♂	1pm22
	☽#♇	1 29
	☽∠♅	5 45
	☽☌♄	10 5
12 M	☉✶☽	4am 5
	☽✶♃	5 8
	☽△♇	6 2
	☽⚼♆	9 3
	☽∠☿	3pm33
	☉△♃	4 31
	☽⚼♂	8 24
	☽⚺♀	11 32
	☽✶♅	11 36
13 T	♀⚺♅	0am 6
	☉☍♇	3 3
	♀#♆	8 7
	♀ ♒	9 8
	☽∠♃	11 4
	☽△♆	3pm 0
14 W	☽✶☿	0am48
	☽#♃	3 0
	☽⚻♂	4 7
	☽∠♀	9 16
	☽⚺♄	10 38
	☽⚺♃	5pm27
	☽□♇	6 20
	☽∥♂	8 8
	☉□☽	10 7
15 Th	☽□♅	12pm42
	☽∠♄	5 23
	☽✶♀	7 15
	♃SD	7 57
16 F	☽□♆	3am49
	☽□☿	6pm57
	☽☍♂	8 1
	☽✶♄	11 56
17 S	☽#♂	2am38
	☽☌♃	6 12
	☽✶♇	6 57
	☉△☽	4pm20
	☽∥♃	4 32
18 Su	♀⚼♇	0am58
	☽△♅	1 15
	☽∠♇	12pm31
	☽□♀	1 47
	☿∥♅	2 34
	☽✶♆	3 23
19 M	☉⚼☽	0am20
	♀⚻♆	5 51
	☽⚼♅	6 31
	☽△☿	9 15
	☽⚻♂	9 42
	☽□♄	11 8
	☉∥☿	11 26
	☽⚺♃	4pm42
	☽⚺♇	5 17
	☽∠♆	8 3
20 T	☽∥♇	4am 4
	☉⚻☽	7 15
	☽⚻♅	10 57
	♅ ♑	1pm42
	☽⚼☿	2 22
	☽⚼♂	3 8
	☽∠♃	8 43
	☽⚺♆	11 52
21 W	♂△♄	0am51
	☽#♄	1 25
	☽△♀	4 11
	☽⚻☿	6pm11
	☽△♄	7 0
	☽△♂	7 38
	☽✶♃	11 56
22 Th	☽☌♇	0am20
	☉ ♑	6 14
	☉☌♅	8 48
	☿SR	9 39
	☽⚼♀	9 47
	☽☍♅	5pm22
	☉☍☽	6 1
	☽⚼♄	9 48
23 F	☽☌♆	5am18
	☽⚻♀	2pm35
	☿#♆	4 58
	☽☍☿	10 36
24 S	☽⚻♄	0am 3
	☽□♂	2 27
	☽□♃	4 33
	☽⚺♇	4 46
	☽⚻♅	9pm30
25 Su	☽#♄	0am33
	☉∠♄	1 37
	☉⚻☽	1 58
	☽∠♇	6 23
	☽⚺♆	8 48
	☽∥♇	6pm48
	☽☍♀	10 42
	☽⚼♅	11 9
26 M	☽⚻☿	0am 6
	☽☍♄	3 37
	♀∠♅	4 18
	☉⚼☽	5 27
	☽✶♂	7 40
	☽△♃	7 48
	☽✶♇	7 50
	☿⚺♀	9 34
	☽∠♆	10 13
	♂☍♃	11 29
	♂△♇	11 54
	♃✶♇	3pm36
27 T	☽⚼☿	0am11
	☽△♅	0 41
	☉△☽	8 50
	☽⚼♃	9 18
	☽∠♂	10 6
	☽✶♆	11 35
	☽∥♃	10pm 3
	☽#♂	10 28
	☽△☿	11 59
28 W	☽⚻♀	6am13
	☽⚻♄	6 50
	♂#♃	8 22
	☽□♇	10 38
	☽⚻♃	10 49
	☽⚺♂	12pm33
	♀☌♄	2 13
	☉☍♆	9 58
29 Th	☽□♅	3am49
	☽⚼♄	8 31
	☽⚼♀	10 3
	☽□♆	2pm27
	☉□☽	3 46
	☽□☿	11 6
30 F	♀△♇	10am 8
	☽△♄	10 18
	♀∥♄	12pm21
	☽△♇	1 41
	☽△♀	2 1
	☽☍♃	2 7
	♀✶♃	3 6
	☽☌♂	5 43
31 S	☽#♃	0am11
	☽∥♂	2 58
	☽✶♅	7 19
	♀⚼♆	1pm11
	☽⚼♇	3 24
	☉☌☿	3 45
	☽△♆	5 44
	☽✶☿	10 4
	☉✶☽	11 14

JANUARY 1905

LONGITUDE

DAY	SID. TIME	☉	☽	☽ 12 Hour	MEAN ☊	TRUE ☊	☿	♀	♂	♃	♄	♅	♆	♇
	h m s	° ' "	° ' "	° ' "	° '	° '	° '	° '	° '	° '	° '	° '	° '	° '
1	6 39 54	9♑55 29	10♏20 10	17♏16 34	12♍28	11♍28R	9♑6R	22♒14	23♎23	20♈41	18♒33	0♑41	6♋42R	20♊21R
2	6 43 50	10 56 40	24 11 16	1♐4 0	12 25	11 22	7 45	23 25	23 55	20 45	18 39	0 45	6 40	20 20
3	6 47 47	11 57 51	7♐54 28	14 42 22	12 21	11 13	6 27	24 36	24 27	20 48	18 45	0 48	6 38	20 18
4	6 51 44	12 59 2	21 27 20	28 9 6	12 18	11 3	5 15	25 46	24 58	20 52	18 52	0 52	6 36	20 17
5	6 55 40	14 0 13	4♑47 20	11♑21 47	12 15	10 53	4 9	26 57	25 29	20 56	18 58	0 56	6 35	20 16
6	6 59 37	15 1 24	17 52 15	24 18 36	12 12	10 43	3 12	28 7	26 1	21 0	19 5	0 59	6 33	20 15
7	7 3 33	16 2 34	0♒40 46	6♒58 45	12 9	10 34	2 25	29 17	26 32	21 5	19 11	1 3	6 31	20 14
8	7 7 30	17 3 45	13 12 41	19 22 42	12 6	10 28	1 47	0♓27	27 3	21 9	19 17	1 6	6 30	20 13
9	7 11 26	18 4 55	25 29 6	1♓32 11	12 2	10 24	1 19	1 37	27 34	21 14	19 24	1 10	6 28	20 12
10	7 15 23	19 6 5	7♓32 23	13 30 8	11 59	10 23D	1 2	2 47	28 4	21 19	19 30	1 13	6 26	20 11
11	7 19 19	20 7 14	19 25 59	25 20 29	11 56	10 23	0 53D	3 57	28 35	21 24	19 37	1 17	6 25	20 10
12	7 23 16	21 8 23	1♈14 15	7♈7 55	11 53	10 24	0 54	5 6	29 5	21 29	19 44	1 20	6 23	20 9
13	7 27 13	22 9 30	13 2 8	18 57 35	11 50	10 26R	1 3	6 16	29 36	21 35	19 50	1 24	6 22	20 8
14	7 31 9	23 10 38	24 54 57	0♉54 53	11 46	10 26	1 19	7 25	0♏6	21 40	19 57	1 27	6 20	20 7
15	7 35 6	24 11 44	6♉58 2	13 5 1	11 43	10 25	1 42	8 34	0 36	21 46	20 4	1 30	6 18	20 6
16	7 39 2	25 12 50	19 16 26	25 32 45	11 40	10 22	2 12	9 43	1 6	21 52	20 11	1 34	6 17	20 5
17	7 42 59	26 13 55	1♊54 27	8♊21 51	11 37	10 17	2 48	10 51	1 35	21 58	20 17	1 37	6 15	20 4
18	7 46 55	27 15 0	14 55 12	21 34 37	11 34	10 11	3 28	12 0	2 5	22 5	20 24	1 41	6 14	20 4
19	7 50 52	28 16 4	28 20 5	5♋11 27	11 31	10 4	4 14	13 8	2 34	22 11	20 31	1 44	6 12	20 3
20	7 54 48	29 17 7	12♋8 25	19 10 34	11 27	9 57	5 3	14 16	3 3	22 18	20 38	1 47	6 10	20 2
21	7 58 45	0♒18 8	26 17 20	3♌28 4	11 24	9 50	5 56	15 24	3 32	22 25	20 45	1 51	6 9	20 1
22	8 2 42	1 19 10	10♌42 0	17 58 21	11 21	9 46	6 53	16 32	4 1	22 32	20 52	1 54	6 7	20 0
23	8 6 38	2 20 10	25 16 18	2♍35 0	11 18	9 43	7 53	17 40	4 30	22 39	20 59	1 57	6 6	19 59
24	8 10 35	3 21 11	9♍53 42	17 11 40	11 15	9 42D	8 56	18 47	4 59	22 46	21 6	2 0	6 4	19 58
25	8 14 31	4 22 10	24 28 15	1♎42 55	11 12	9 42	10 1	19 54	5 27	22 54	21 13	2 4	6 3	19 58
26	8 18 28	5 23 8	8♎55 12	16 4 43	11 8	9 44	11 9	21 1	5 55	23 1	21 20	2 7	6 2	19 57
27	8 22 24	6 24 7	23 11 12	0♏14 29	11 5	9 45	12 18	22 7	6 23	23 9	21 27	2 10	6 0	19 56
28	8 26 21	7 25 4	7♏14 23	14 10 52	11 2	9 46R	13 30	23 14	6 51	23 17	21 34	2 13	5 59	19 55
29	8 30 17	8 26 1	21 3 53	27 53 26	10 59	9 45	14 43	24 20	7 19	23 25	21 41	2 16	5 57	19 55
30	8 34 14	9 26 57	4♐39 32	11♐22 12	10 56	9 43	15 58	25 26	7 46	23 33	21 48	2 19	5 56	19 54
31	8 38 11	10♒27 53	18♐1 29	24♐37 24	10♍52	9♍40	17♑15	26♓32	8♏13	23♈42	21♒55	2♑22	5♋55	19♊53

DECLINATION and LATITUDE

DAY	☉ DECL	☽ DECL	☽ LAT	☽ 12hr DECL	☿ DECL	☿ LAT	♀ DECL	♀ LAT	♂ DECL	♂ LAT	♃ DECL	♃ LAT	♄ DECL	♄ LAT
1	23S 5	10S47	4N21	12S33	20S30	2N39	15S47	1S46	7S31	1N41	6N54	1S17	16S21	1S 8
2	23 0	14 7	4 51	15 29	20 22	2 52	15 22	1 44	7 43	1 41	6 55	1 17	16 19	1 8
3	22 55	16 38	5 4	17 32	20 16	3 2	14 56	1 42	7 54	1 42	6 57	1 16	16 17	1 8
4	22 49	18 12	4 60	18 35	20 12	3 9	14 30	1 40	8 6	1 42	6 59	1 16	16 15	1 8
5	22 43	18 43	4 39	18 36	20 9	3 14	14 4	1 37	8 17	1 42	7 0	1 16	16 13	1 8
6	22 36	18 14	4 4	17 38	20 8	3 17	13 37	1 35	8 28	1 42	7 2	1 15	16 11	1 8
7	22 29	16 49	3 17	15 48	20 9	3 17	13 10	1 32	8 39	1 42	7 4	1 15	16 9	1 8
8	22 22	14 37	2 21	13 16	20 11	3 15	12 43	1 30	8 50	1 42	7 6	1 15	16 7	1 8
9	22 14	11 47	1 19	10 12	20 14	3 12	12 15	1 27	9 1	1 43	7 8	1 15	16 5	1 8
10	22 5	8 30	0 15	6 45	20 19	3 7	11 47	1 24	9 12	1 43	7 10	1 14	16 3	1 8
11	21 57	4 56	0S49	3 5	20 25	3 2	11 19	1 21	9 22	1 43	7 12	1 14	16 1	1 8
12	21 47	1 12	1 50	0N42	20 32	2 55	10 51	1 18	9 33	1 43	7 15	1 14	15 59	1 8
13	21 38	2N35	2 47	4 27	20 40	2 47	10 22	1 14	9 43	1 43	7 17	1 13	15 57	1 8
14	21 28	6 17	3 37	8 3	20 48	2 38	9 53	1 11	9 54	1 43	7 19	1 13	15 55	1 8
15	21 17	9 46	4 19	11 24	20 57	2 29	9 24	1 7	10 4	1 43	7 22	1 13	15 53	1 8
16	21 6	12 55	4 49	14 18	21 6	2 20	8 55	1 4	10 14	1 44	7 24	1 12	15 50	1 8
17	20 55	15 33	5 6	16 37	21 15	2 10	8 26	1 0	10 25	1 44	7 27	1 12	15 48	1 8
18	20 43	17 29	5 8	18 8	21 24	2 1	7 56	0 56	10 35	1 44	7 29	1 12	15 46	1 8
19	20 31	18 32	4 54	18 41	21 32	1 51	7 26	0 52	10 45	1 44	7 32	1 12	15 44	1 8
20	20 19	18 32	4 23	18 7	21 41	1 41	6 56	0 48	10 54	1 44	7 35	1 11	15 42	1 8
21	20 6	17 24	3 34	16 24	21 48	1 31	6 26	0 44	11 4	1 44	7 38	1 11	15 40	1 8
22	19 53	15 8	2 31	13 37	21 56	1 21	5 56	0 40	11 14	1 44	7 41	1 11	15 37	1 8
23	19 39	11 53	1 18	9 57	22 2	1 11	5 26	0 36	11 23	1 44	7 43	1 11	15 35	1 8
24	19 25	7 53	0N 1	5 41	22 8	1 1	4 55	0 31	11 33	1 44	7 46	1 10	15 33	1 8
25	19 11	3 25	1 20	1 7	22 13	0 51	4 25	0 27	11 42	1 45	7 49	1 10	15 31	1 8
26	18 56	1S12	2 33	3S28	22 17	0 42	3 54	0 22	11 51	1 45	7 52	1 10	15 29	1 8
27	18 41	5 40	3 36	7 47	22 21	0 32	3 24	0 17	12 0	1 45	7 56	1 9	15 26	1 8
28	18 26	9 46	4 24	11 36	22 23	0 23	2 53	0 13	12 9	1 45	7 59	1 9	15 24	1 8
29	18 10	13 15	4 57	14 43	22 24	0 14	2 22	0 8	12 18	1 45	8 2	1 9	15 22	1 8
30	17 54	15 58	5 12	16 59	22 24	0 5	1 51	0 3	12 27	1 45	8 5	1 9	15 20	1 8
31	17S37	17S46	5N10	18S18	22S23	0S 3	1S21	0N 2	12S36	1N45	8N 9	1S 8	15S17	1S 8

DAY	♅ DECL	♅ LAT	♆ DECL	♆ LAT	♇ DECL	♇ LAT
1	23S40	0S13	22N15	1S 2	14N38	8S29
5	23 40	0 13	22 16	1 2	14 39	8 28
9	23 40	0 13	22 16	1 2	14 39	8 28
13	23 39	0 13	22 17	1 1	14 39	8 27
17	23 39	0 13	22 17	1 1	14 39	8 27
21	23 39	0 13	22 17	1 1	14 40	8 26
25	23 39	0 13	22 18	1 1	14 40	8 25
29	23S39	0S13	22N18	1S 1	14N41	8S25

☽ PHENOMENA

d	h	m	
5	18	17	●
13	20	11	☽
21	7	14	○
28	0	20	☾

d	h	° '
5	0	18S43
12	8	0
19	12	18N41
25	18	0

d	h	° '
2	30	9 N
2	1	4N51
3	6	5N 5
10	6	0
17	15	5S10

VOID OF COURSE ☽

LAST ASPT		☽ INGRESS		
1	10pm32	2	♐	10am 8
4	8am28	4	♑	3pm20
6	3pm50	6	♒	10pm43
9	4am17	9	♓	8am57
11	1am32	11	♈	9pm29
13	8pm11	14	♉	10am11
16	12pm22	16	♊	8pm25
18	1pm 0	19	♋	2am56
20	5pm25	21	♌	6am13
22	7pm39	23	♍	7am46
24	4pm34	25	♎	9am 9
26	11pm57	27	♏	11am35
29	6am14	29	♐	3pm44
31	4pm53	31	♑	9pm51

d	h	
13	1	APOGEE
23	19	PERIGEE

DAILY ASPECTARIAN

Day	Aspect	Time
1 Su	☽∠♅	9am17
	☽□♄	2pm19
	☽⚻♇	5 18
	☿∠♀	5 43
	☽⚻♃	6 0
	☽⚼♆	7 37
	☽∠☿	9 44
	☽□♀	10 32
	☽⚺♂	11 31
2 M	☉∠☽	3am18
	☽#♇	4 20
	☽∥♀	9 17
	☽⚺♅	11 30
	♀△♂	6pm26
	☽∥♄	8 7
	☽⚼♃	8 17
	☿☍♆	8 32
	☽⚺☿	9 40
	☽⚻♆	9 46
3 T	☽∠♂	2am49
	☉⚺☽	7 44
	♀#♇	4pm20
	☽⚹♄	7 21
	☽☍♇	9 55
	☽△♃	10 57
4 W	☽⚹♂	6am32
	☽⚹♀	8 28
	☽☌♅	4pm58
	☽∠♄	10 30
	☽☌☿	10 56
5 Th	☽☍♆	3am15
	☿∠♄	3 56
	☽∠♀	2pm21
	☉☌☽	6 17
6 F	☽⚺♄	2am15
	☽⚻♇	4 25
	☽□♃	5 52
	☽□♂	3pm50
	☽⚺♀	9 6
7 S	☽⚺♅	0am42
	☽⚺☿	3 7
	☽∥♄	8 12
	☽⚼♇	8 39
	☽⚻♆	11 6
	♀ ♓	2pm39
	☽#♇	11 40
8 Su	☽∠♅	5am38
	☽∠☿	6 39
	☉⚺☽	8 9
	☽☌♄	11 56
	☽△♇	1pm38
	♀⚹♅	2 3
	☽⚹♃	3 35
	☽⚼♆	4 7
	☉#♆	5 0
	☿⚹♀	7 24
	☽∥♀	7 38
9 M	☽△♂	4am17
	☿☌♅	9 29
	☽⚹☿	11 15
	☽⚹♅	11 19
	☽☌♀	1pm28
	☉∠☽	4 29
	☽∥♂	7 26
	☽∠♃	9 32
	☽△♆	9 48
10 T	☽#♃	9am 4
	☉⚺♄	10 44
	☽⚼♂	11 38
11 W	☽⚺♄	0am23
	☉⚻♇	1 8
	☽□♇	1 29
	☉⚹☽	1 32
	☽⚺♃	4 1
	☿SD	10 21
	☽⚻♂	7pm26
	☽□☿	11 18
12 Th	☽□♅	0am12
	☽∠♄	7 11
	☽⚺♀	8 44
	☉□♃	9 3
	☽□♆	10 28
13 F	♀△♆	2am 1
	♀∠♃	7 16
	☽⚹♄	1pm54
	☽⚹♇	2 21
	☽☌♃	5 26
	☽∠♀	6 26
	♂ ♏	7 26
	☉□☽	8 11
	♀∥♂	11 39
14 S	☽∥♃	7am 5
	☿☌♅	10 40
	☽☍♂	10 49
	☽△♅	1pm 8
	☽△☿	1 12
	☽∠♇	8 19
	☽#♀	9 43
	☽⚹♆	10 42
15 Su	☽#♂	2am18
	☽⚹♀	3 28
	♄△♇	7 40
	☽⚼♅	6pm45
	☽⚼☿	7 49
16 M	☉∥☿	0am17
	☽⚺♇	1 34
	☽□♄	1 45
	☽∠♆	3 51
	☽⚺♃	5 2
	☉△☽	12pm22
	☽∥♇	3 13
	☽⚻♂	11 23
	☽⚻♅	11 28
17 T	☽⚻☿	1am45
	♂⚹♅	1 53
	☽#♄	2 39
	☽⚺♆	8 5
	☽∠♃	9 30
	☽□♀	6pm10
	☉⚼☽	6 44
18 W	☽⚼♂	4am 4
	☽☌♇	9 16
	☽△♄	9 59
	☽⚹♃	1pm 0
	♀#♃	7 32
	☉⚻☽	11 52
19 Th	☽☍♅	6am 0
	☽△♂	7 42
	☽☍☿	10 58
	☽⚼♄	12pm40
	☽☌♆	1 44
20 F	☉∠♀	2am35
	☽△♀	3 58
	☽⚺♇	1pm26
	☽⚻♄	2 35
	☉ ♒	4 52
	☽□♃	5 25
	☿∠♄	6 11
21 S	☿☍♆	5am15
	☉☍☽	7 14
	☽⚼♀	7 29
	☽⚻♅	9 20
	☽□♂	12pm32
	☽∠♇	2 34
	☽⚺♆	4 26
	☽⚻☿	5 14
	☽#♄	7 33
22 Su	☽∥♇	3am53
	☽⚼♅	10 16
	☽⚻♀	10 26
	☉⚺♅	2pm26
	☽⚹♇	3 19
	☽☍♄	4 54
	☽∠♆	5 9
	☽△♃	7 39
	☽⚼☿	7 47
23 M	☽#♂	3am 2
	☽△♅	11 0
	☉⚻☽	12pm28
	☽⚹♂	3 39
	☽⚹♆	5 44
	♄⚼♆	8 10
	☽⚼♃	8 29
	☽△☿	10 18
	♂⚼♇	11 50
24 T	☽∥♃	0am35
	☉⚼☽	2pm57
	☽☍♀	3 50
	☽□♇	4 34
	☽∠♂	5 8
	☽#♀	6 7
	☽⚻♄	6 35
	☽⚻♃	9 23
25 W	♀□♇	1am17
	☽□♅	12pm37
	☉⚼♇	1 45
	☉△☽	5 39
	☽⚺♂	6 50
	☽□♆	7 11
	☽⚼♄	7 39
	♀⚼♂	8 28
26 Th	☿#♆	2am54
	☽□☿	4 3
	♂△♆	5 13
	♀⚺♄	7 40
	☽∥♀	12pm52
	☉⚻♆	2 47
	☽△♇	6 30
	☽△♄	9 2
	☽⚻♀	10 3
	☉□♂	11 19
	☽☍♃	11 57
27 F	☽#♃	1pm 1
	☽⚹♅	3 21
	☽⚼♇	8 1
	☽△♆	9 50
	☽☌♂	11 18
28 S	☉□☽	0am20
	♀⚺♃	1 19
	☽⚼♀	1 51
	☽⚹☿	11 52
	☽∥♂	4pm38
	☽∠♅	5 21
	☽⚻♇	9 59
	☽⚼♆	11 49
29 Su	☽□♄	1am 6
	☽⚻♃	4 10
	☽△♀	6 14
	☽#♇	11 41
	☽∠☿	4pm47
	☽∥♄	5 41
	☽⚺♅	7 50
30 M	☽⚻♆	2am16
	☽⚺♂	5 44
	☽⚼♃	7 2
	☉⚹☽	9 15
	☉∥☽	9pm55
	☽⚺☿	10 27
31 T	☽☍♇	3am22
	☽⚹♄	7 9
	☽∠♂	9 47
	☽△♃	10 25
	☉∠☽	2pm40
	☽□♀	4 53

FEBRUARY 1905

LONGITUDE

DAY	SID. TIME	☉	☽	☽ 12 Hour	MEAN ☊	TRUE ☊	☿	♀	♂	♃	♄	♅	♆	♇
	h m s	° ' "	° ' "	° ' "	° '	° '	° '	° '	° '	° '	° '	° '	° '	° '
1	8 42 7	11♒ 28 48	1♑ 9 58	7♑ 39 14	10♍ 49	9♍ 35R	18♑ 33	27♓ 37	8♏ 40	23♈ 50	22♒ 3	2♑ 25	5♋ 53R	19♊ 52R
2	8 46 4	12 29 42	14 5 12	20 27 56	10 46	9 30	19 52	28 42	9 7	23 59	22 10	2 28	5 52	19 52
3	8 50 0	13 30 35	26 47 27	3♒ 3 48	10 43	9 26	21 13	29 47	9 34	24 8	22 17	2 31	5 51	19 51
4	8 53 57	14 31 27	9♒ 17 4	15 27 20	10 40	9 22	22 35	0♈ 52	10 0	24 17	22 24	2 34	5 49	19 51
5	8 57 53	15 32 17	21 34 45	27 39 27	10 37	9 20	23 58	1 56	10 26	24 26	22 31	2 37	5 48	19 50
6	9 1 50	16 33 7	3♓ 41 39	9♓ 41 35	10 33	9 19D	25 22	3 0	10 52	24 35	22 38	2 40	5 47	19 49
7	9 5 46	17 33 54	15 39 31	21 35 48	10 30	9 18	26 47	4 3	11 18	24 44	22 46	2 43	5 46	19 49
8	9 9 43	18 34 41	27 30 46	3♈ 24 51	10 27	9 19	28 13	5 7	11 43	24 54	22 53	2 46	5 45	19 48
9	9 13 40	19 35 27	9♈ 18 29	15 12 9	10 24	9 21	29 40	6 10	12 8	25 3	23 0	2 48	5 44	19 48
10	9 17 36	20 36 10	21 6 23	27 1 43	10 21	9 23	1♒ 8	7 12	12 33	25 13	23 7	2 51	5 42	19 47
11	9 21 33	21 36 52	2♉ 58 44	8♉ 58 2	10 18	9 24	2 36	8 15	12 57	25 23	23 15	2 54	5 41	19 47
12	9 25 29	22 37 33	15 0 12	21 5 51	10 14	9 25R	4 6	9 16	13 22	25 33	23 22	2 56	5 40	19 46
13	9 29 26	23 38 12	27 15 35	3♊ 29 57	10 11	9 25	5 37	10 18	13 46	25 43	23 29	2 59	5 39	19 46
14	9 33 22	24 38 49	9♊ 49 31	16 14 45	10 8	9 25	7 9	11 19	14 10	25 53	23 36	3 2	5 38	19 45
15	9 37 19	25 39 24	22 46 4	29 23 47	10 5	9 24	8 41	12 20	14 33	26 3	23 44	3 4	5 37	19 45
16	9 41 15	26 39 58	6♋ 8 9	12♋ 59 14	10 2	9 22	10 15	13 20	14 56	26 14	23 51	3 7	5 36	19 45
17	9 45 12	27 40 30	19 56 59	27 1 13	9 58	9 21	11 49	14 19	15 19	26 24	23 58	3 9	5 35	19 44
18	9 49 9	28 41 1	4♌ 11 34	11♌ 27 28	9 55	9 19	13 24	15 19	15 42	26 35	24 5	3 12	5 34	19 44
19	9 53 5	29 41 29	18 48 16	26 13 7	9 52	9 18	15 0	16 18	16 4	26 46	24 13	3 14	5 34	19 44
20	9 57 2	0♓ 41 56	3♍ 41 4	11♍ 11 6	9 49	9 18D	16 37	17 16	16 26	26 56	24 20	3 16	5 33	19 43
21	10 0 58	1 42 22	18 42 7	26 13 2	9 46	9 18	18 15	18 14	16 48	27 7	24 27	3 19	5 32	19 43
22	10 4 55	2 42 45	3♎ 42 48	11♎ 10 26	9 43	9 18	19 54	19 11	17 9	27 18	24 34	3 21	5 31	19 43
23	10 8 51	3 43 7	18 35 1	25 55 49	9 39	9 19	21 34	20 7	17 30	27 30	24 41	3 23	5 30	19 43
24	10 12 48	4 43 28	3♏ 12 10	10♏ 23 35	9 36	9 19	23 15	21 4	17 51	27 41	24 49	3 25	5 30	19 42
25	10 16 44	5 43 48	17 29 45	24 30 26	9 33	9 20	24 57	21 59	18 11	27 52	24 56	3 28	5 29	19 42
26	10 20 41	6 44 6	1♐ 25 34	8♐ 15 9	9 30	9 20R	26 40	22 54	18 31	28 4	25 3	3 30	5 28	19 42
27	10 24 38	7 44 22	14 59 19	21 38 15	9 27	9 20	28 23	23 48	18 51	28 15	25 10	3 32	5 28	19 42
28	10 28 34	8♓ 44 37	28♐ 12 12	4♑ 41 25	9♍ 24	9♍ 20	0♓ 8	24♈ 42	19♏ 10	28♈ 27	25♒ 17	3♑ 34	5♋ 27	19♊ 42

DECLINATION and LATITUDE

DAY	☉ DECL	☽ DECL	☽ LAT	☽ 12hr DECL	☿ DECL	☿ LAT	♀ DECL	♀ LAT	♂ DECL	♂ LAT	♃ DECL	♃ LAT	♄ DECL	♄ LAT
1	17S21	18S35	4N51	18S38	22S21	0S12	0S50	0N 8	12S44	1N45	8N12	1S 8	15S15	1S 9
2	17 4	18 25	4 18	17 59	22 18	0 20	0 19	0 13	12 53	1 45	8 15	1 8	15 13	1 9
3	16 47	17 19	3 33	16 27	22 14	0 28	0N11	0 18	13 1	1 45	8 19	1 8	15 10	1 9
4	16 29	15 24	2 38	14 11	22 8	0 35	0 42	0 24	13 10	1 45	8 22	1 7	15 8	1 9
5	16 11	12 48	1 36	11 18	22 2	0 43	1 13	0 29	13 18	1 45	8 26	1 7	15 6	1 9
6	15 53	9 41	0 31	7 58	21 54	0 50	1 43	0 35	13 26	1 45	8 29	1 7	15 3	1 9
7	15 35	6 12	0S35	4 22	21 44	0 57	2 14	0 40	13 34	1 45	8 33	1 7	15 1	1 9
8	15 16	2 30	1 39	0 37	21 34	1 3	2 44	0 46	13 41	1 45	8 37	1 6	14 59	1 9
9	14 57	1N16	2 38	3N 8	21 22	1 10	3 15	0 52	13 49	1 45	8 40	1 6	14 57	1 9
10	14 38	4 59	3 31	6 46	21 9	1 16	3 45	0 58	13 57	1 45	8 44	1 6	14 54	1 9
11	14 18	8 31	4 15	10 10	20 54	1 21	4 15	1 4	14 4	1 45	8 48	1 6	14 52	1 9
12	13 59	11 44	4 49	13 12	20 39	1 27	4 45	1 10	14 11	1 45	8 52	1 6	14 50	1 9
13	13 39	14 31	5 10	15 42	20 22	1 32	5 15	1 16	14 19	1 45	8 56	1 5	14 47	1 9
14	13 19	16 43	5 17	17 31	20 3	1 37	5 45	1 22	14 26	1 45	8 60	1 5	14 45	1 9
15	12 58	18 7	5 8	18 29	19 44	1 41	6 14	1 29	14 33	1 45	9 4	1 5	14 43	1 9
16	12 38	18 36	4 43	18 26	19 23	1 46	6 43	1 35	14 40	1 45	9 8	1 5	14 40	1 9
17	12 17	17 60	4 1	17 16	19 0	1 50	7 13	1 42	14 46	1 45	9 12	1 4	14 38	1 9
18	11 56	16 15	3 3	14 58	18 37	1 53	7 42	1 48	14 53	1 44	9 16	1 4	14 35	1 10
19	11 35	13 26	1 51	11 39	18 12	1 56	8 10	1 55	14 59	1 44	9 20	1 4	14 33	1 10
20	11 14	9 41	0 31	7 32	17 45	1 59	8 39	2 1	15 6	1 44	9 24	1 4	14 31	1 10
21	10 52	5 16	0N52	2 55	17 18	2 2	9 7	2 8	15 12	1 44	9 28	1 4	14 28	1 10
22	10 31	0 32	2 12	1S51	16 48	2 4	9 35	2 15	15 18	1 44	9 32	1 3	14 26	1 10
23	10 9	4S11	3 22	6 26	16 18	2 5	10 3	2 21	15 24	1 44	9 36	1 3	14 24	1 10
24	9 47	8 33	4 17	10 32	15 46	2 7	10 31	2 28	15 30	1 44	9 40	1 3	14 21	1 10
25	9 25	12 20	4 55	13 56	15 13	2 8	10 58	2 35	15 36	1 43	9 45	1 3	14 19	1 10
26	9 3	15 19	5 15	16 28	14 38	2 8	11 25	2 42	15 42	1 43	9 49	1 3	14 17	1 10
27	8 40	17 22	5 16	18 1	14 3	2 8	11 51	2 49	15 47	1 43	9 53	1 2	14 14	1 10
28	8S18	18S25	5N 1	18S35	13S25	2S 8	12N18	2N56	15S53	1N43	9N57	1S 2	14S12	1S10

DAY	♅ DECL	♅ LAT	♆ DECL	♆ LAT	♇ DECL	♇ LAT
1	23S39	0S13	22N18	1S 1	14N41	8S24
5	23 39	0 13	22 19	1 1	14 42	8 23
9	23 39	0 13	22 19	1 1	14 42	8 22
13	23 38	0 13	22 19	1 1	14 43	8 22
17	23 38	0 13	22 20	1 0	14 44	8 21
21	23 38	0 13	22 20	1 0	14 45	8 20
25	23S38	0S13	22N20	1S 0	14N46	8S19

☽ PHENOMENA

d	h	m	
4	11	6	●
12	16	20	☽
19	18	52	○
26	10	4	☾

d	h	° '
1	8	18S38
8	16	0
15	23	18N36
22	3	0
28	14	18S35

d	h	° '
6	11	0
13	23	5S17
20	9	0
26	14	5N18

VOID OF COURSE ☽

LAST ASPT		☽ INGRESS		
2	6pm53	3	♒	6am 8
5	5am41	5	♓	4pm39
8	1am37	8	♈	5am 3
10	8am27	10	♉	6pm 0
12	4pm36	13	♊	5am17
15	6am 3	15	♋	1pm 5
17	11am 6	17	♌	5pm 0
19	1pm 2	19	♍	6pm 5
21	1am37	21	♎	6pm 3
23	2pm46	23	♏	6pm42
25	2pm33	25	♐	9pm31
28	0am27	28	♑	3am19

d	h	
8	20	APOGEE
21	0	PERIGEE

DAILY ASPECTARIAN

1 W	☽☌♅	2am19
	☽☍♆	8 43
	☽∠♄	10 58
	☽⚹♂	2pm23
	☉⚺☽	8 46
	☿#♆	10 43
	☿⚻♇	11 51
2 Th	☽⚻♇	10am51
	☽☌☿	12pm10
	☽⚺♄	3 21
	☽□♃	6 53
3 F	♀ ♈	4am49
	☽⚹♀	6 15
	☉∥☽	9 23
	☽⚺♅	11 0
	☽⚼♇	3pm26
	☽⚻♆	5 20
	☿⚺♄	8 37
4 S	☽□♂	1am26
	☽∥♄	2 48
	☽#♇	7 6
	☉☌☽	11 6
	☽∠♀	2pm 1
	☽∠♅	4 12
	☽∥♂	8 1
	☽△♇	8 34
	☽⚼♆	10 29
5 Su	☽☌♄	1am52
	☽⚺☿	5 18
	☽⚹♃	5 41
	☿□♃	9 3
	♀□♅	4pm12
	☽⚹♅	9 57
	☽⚺♀	10 28
6 M	☽△♆	4am10
	☽#♃	8 16
	☽∠♃	11 56
	☽△♂	2pm53
	☽∠☿	3 8
7 T	☉∠♅	3am42
	☉⚺☽	4 12
	☽□♇	8 23
	☽⚺♄	2pm31
	☽⚺♃	6 37
	☽⚼♂	10 19
	☽#♀	10 40
8 W	☽⚹☿	1am37
	☽□♅	10 43
	☉∠☽	1pm30
	♀□♆	2 11
	☽□♆	4 43
	☽☌♀	4 58
	☽∠♄	9 19
9 Th	☉∥♄	0am45
	☉△♇	4 48
	☿ ♒	5 35
	☽⚻♂	5 58
	☽∥♀	2pm43
	☉#♇	6 7
	☽⚹♇	9 19
	☉⚹☽	10 53
10 F	☉⚼♆	2am25
	☽⚹♄	4 8
	☽☌♃	8 27
	☽□☿	11pm 9
	☽△♅	11 50
11 S	♀∠♄	0am 3
	☽∥♃	2 6
	☽∠♇	3 37
	☿⚺♅	4 48
	☽⚹♆	5 26
	☽⚺♀	11 33
	☉∥♂	12pm49
	☽☍♂	8 38
12 Su	☽⚼♅	5am49
	☽⚺♇	9 23
	☿⚼♇	10 32
	☽∠♆	11 9
	☉□☽	4pm20
	☽□♄	4 36
	☉#☽	4 49
	☽∠♀	7 51
	☉☌♄	7 56
	☽⚺♃	8 58
	☽#♂	9 52
13 M	☿⚻♆	0am35
	☽∥♇	1 53
	☽#♄	2 29
	☽⚻♅	11 3
	☽⚺♆	4pm 5
	☽△☿	6 14
14 T	☽∠♃	2am 1
	☽⚹♀	3 2
	☽⚻♂	8 23
	♄#♇	2pm21
	☽☌♇	6 28
15 W	☽△♄	1am46
	☽⚼☿	1 54
	☉△☽	5 41
	☽⚹♃	6 3
	☉⚹♃	11 26
	☽⚼♂	12pm39
	☽☍♅	6 37
	☽☌♆	11 4
16 Th	♂∥♄	1am45
	☽⚼♄	4 49
	☽⚻☿	8 9
	☉⚼☽	10 28
	☽□♀	1pm34
	♂#♇	3 22
	☽△♂	3 49
	☽⚺♇	11 38
17 F	☽⚻♄	6am54
	☽□♃	11 6
	☉⚻☽	2pm 6
	☽⚻♅	10 20
18 S	☽∠♇	0am54
	☽⚺♆	2 17
	☽#♂	12pm16
	☽∥♇	1 56
	☽#♄	3 19
	♀⚻♂	3 19
	☽☍☿	5 3
	☽□♂	7 26
	☽△♀	7 37
	☽⚼♅	11 4
19 Su	☽⚹♇	1am30
	☽∠♆	2 51
	☉ ♓	7 21
	☽☍♄	8 50
	☽△♃	1pm 2
	☉#☽	1 42
	☉☍☽	6 52
	☿□♂	8 32
	☽⚼♀	9 34
	☽△♅	11 20
20 M	☽∥♃	1am36
	☽⚹♆	2 59
	☽∥♀	5 17
	☽⚼♃	1pm22
	☽⚹♂	8 53
	☿⚹♀	11 2
	☽⚻♀	11 11
	☽⚻☿	11 12
21 T	☿∠♅	0am52
	☽□♇	1 37
	☽⚻♄	9 15
	☽⚻♃	1pm37
	♀∥♃	8 46
	☿△♇	9 15
	☽∠♂	9 27
	☉⚻☽	10 17
	☽□♅	11 25
22 W	☽⚼☿	2am 9
	☽□♆	2 54
	☿⚼♆	8 52
	☽⚼♄	9 29
	♀⚹♇	1pm27
	☉⚹♅	3 47
	☽⚺♂	10 13
23 Th	☉⚼☽	0am14
	☽△♇	1 50
	☽☍♀	2 41
	☉#♀	2 53
	☽△☿	5 29
	☽△♄	10 3
	☽☍♃	2pm46
24 F	☽⚹♅	0am22
	☽⚼♇	2 30
	☉△☽	2 43
	☽△♆	3 49
	☉#♃	6 2
	☉∥☽	6 43
	☽#♃	6 47
	☿∥♂	9 57
	☽#♀	1pm29
	☉△♆	6 12
	☿☌♄	11 45
25 S	☽☌♂	1am13
	☽∠♅	1 39
	☽⚻♇	3 46
	☽⚼♆	5 6
	☽⚻♀	8 12
	☽□♄	12pm50
	☽□☿	2 33
	☽∥♄	2 59
	☽⚻♃	6 4
	☽#♇	6 59
	☽∥☿	6 59
	☿#♇	7 3
	♂∠♅	9 36
26 Su	☽⚺♅	3am38
	☽∥♂	3 53
	☽⚻♆	7 5
	☉□☽	10 4
	☽⚼♀	12pm12
	☿∥♄	3 35
	☽⚼♃	8 51
	☿⚹♃	9 52
27 M	☽⚺♂	7am 7
	☽☍♇	8 29
	☽△♀	5pm 7
	☽⚹♄	6 36
	☿ ♓	10 8
28 T	☽△♃	0am27
	☽⚹☿	4 7
	☽☌♅	9 56
	☽∠♂	11 19
	☽☍♆	1pm25
	♀⚹♄	6 20
	☉⚹☽	9 14
	☽∠♄	10 40
	☽⚺♅	7 50

MARCH 1905

LONGITUDE

DAY	SID. TIME	☉	☽	☽ 12 Hour	MEAN ☊	TRUE ☊	☿	♀	♂	♃	♄	♅	♆	♇
	h m s	° ' "	° ' "	° ' "	° '	° '	° '	° '	° '	° '	° '	° '	° '	° '
1	10 32 31	9♓ 44 51	11♑ 6 15	17♑ 26 59	9♍ 20	9♍ 20D	1♓ 54	25♈ 35	19♏ 29	28♈ 38	25♒ 24	3♑ 36	5♋ 27R	19♊ 42R
2	10 36 27	10 45 3	23 43 57	29 57 30	9 17	9 20	3 41	26 27	19 47	28 50	25 31	3 38	5 26	19 42
3	10 40 24	11 45 14	6♒ 7 54	12♒ 15 29	9 14	9 20	5 29	27 19	20 5	29 2	25 38	3 39	5 26	19 41
4	10 44 20	12 45 23	18 20 32	24 23 20	9 11	9 20	7 18	28 10	20 23	29 14	25 45	3 41	5 25	19 41D
5	10 48 17	13 45 30	0♓ 24 8	6♓ 23 12	9 8	9 20R	9 8	29 0	20 40	29 26	25 52	3 43	5 25	19 41
6	10 52 13	14 45 35	12 20 46	18 17 6	9 4	9 20	10 59	29 49	20 57	29 38	25 59	3 45	5 24	19 41
7	10 56 10	15 45 38	24 12 26	0♈ 7 2	9 1	9 20	12 52	0♉ 37	21 13	29 51	26 6	3 47	5 24	19 42
8	11 0 7	16 45 40	6♈ 1 11	11 55 9	8 58	9 19	14 45	1 25	21 29	0♉ 3	26 13	3 48	5 24	19 42
9	11 4 3	17 45 40	17 49 15	23 43 47	8 55	9 18	16 39	2 12	21 44	0 15	26 20	3 50	5 23	19 42
10	11 8 0	18 45 37	29 39 8	5♉ 35 40	8 52	9 17	18 34	2 57	21 59	0 28	26 27	3 51	5 23	19 42
11	11 11 56	19 45 32	11♉ 33 48	17 33 56	8 49	9 16	20 31	3 42	22 14	0 40	26 34	3 53	5 23	19 42
12	11 15 53	20 45 25	23 36 33	29 42 7	8 45	9 14	22 28	4 26	22 28	0 53	26 41	3 54	5 23	19 42
13	11 19 49	21 45 17	5♊ 51 8	12♊ 4 6	8 42	9 13	24 25	5 8	22 41	1 5	26 48	3 56	5 23	19 42
14	11 23 46	22 45 5	18 21 32	24 43 55	8 39	9 13D	26 24	5 50	22 54	1 18	26 55	3 57	5 22	19 42
15	11 27 42	23 44 52	1♋ 11 44	7♋ 45 24	8 36	9 13	28 23	6 30	23 6	1 31	27 1	3 58	5 22	19 43
16	11 31 39	24 44 37	14 25 18	21 11 43	8 33	9 14	0♈ 22	7 9	23 18	1 44	27 8	4 0	5 22	19 43
17	11 35 35	25 44 19	28 4 52	5♌ 4 49	8 29	9 15	2 22	7 47	23 29	1 57	27 15	4 1	5 22D	19 43
18	11 39 32	26 43 58	12♌ 11 29	19 24 40	8 26	9 16	4 21	8 24	23 40	2 10	27 21	4 2	5 22	19 43
19	11 43 29	27 43 36	26 43 55	4♍ 8 41	8 23	9 17R	6 20	8 59	23 50	2 23	27 28	4 3	5 22	19 44
20	11 47 25	28 43 11	11♍ 38 10	19 11 26	8 20	9 17	8 19	9 33	24 0	2 36	27 34	4 4	5 22	19 44
21	11 51 22	29 42 45	26 47 22	4♎ 24 47	8 17	9 16	10 17	10 6	24 9	2 49	27 41	4 5	5 23	19 44
22	11 55 18	0♈ 42 16	12♎ 2 25	19 38 58	8 14	9 14	12 13	10 37	24 17	3 2	27 47	4 6	5 23	19 45
23	11 59 15	1 41 45	27 13 12	4♏ 43 55	8 10	9 12	14 8	11 6	24 25	3 15	27 54	4 7	5 23	19 45
24	12 3 11	2 41 12	12♏ 10 7	19 30 55	8 7	9 9	16 1	11 34	24 32	3 29	28 0	4 8	5 23	19 46
25	12 7 8	3 40 38	26 45 39	3♐ 53 48	8 4	9 6	17 51	12 0	24 38	3 42	28 7	4 9	5 23	19 46
26	12 11 4	4 40 2	10♐ 55 5	17 49 24	8 1	9 3	19 39	12 24	24 44	3 55	28 13	4 9	5 24	19 47
27	12 15 1	5 39 24	24 36 46	1♑ 17 24	7 58	9 2D	21 23	12 47	24 50	4 9	28 19	4 10	5 24	19 47
28	12 18 58	6 38 44	7♑ 51 36	14 19 44	7 55	9 1	23 4	13 8	24 54	4 22	28 26	4 11	5 24	19 47
29	12 22 54	7 38 3	20 42 17	26 59 44	7 51	9 2	24 40	13 27	24 58	4 36	28 32	4 11	5 25	19 48
30	12 26 51	8 37 19	3♒ 12 37	9♒ 21 29	7 48	9 3	26 12	13 44	25 1	4 50	28 38	4 12	5 25	19 49
31	12 30 47	9♈ 36 34	15♒ 26 50	21♒ 29 13	7♍ 45	9♍ 5	27♈ 39	13♉ 59	25♏ 3	5♉ 3	28♒ 44	4♑ 12	5♋ 26	19♊ 49

DECLINATION and LATITUDE

DAY	☉ DECL	☽ DECL	☽ LAT	☽ 12hr DECL	☿ DECL	☿ LAT	♀ DECL	♀ LAT	♂ DECL	♂ LAT	♃ DECL	♃ LAT	♄ DECL	♄ LAT
1	7S55	18S30	4N31	18S10	12S47	2S 7	12N44	3N 3	15S58	1N43	10N 2	1S 2	14S10	1S10
2	7 32	17 38	3 48	16 53	12 7	2 6	13 9	3 10	16 3	1 42	10 6	1 2	14 8	1 10
3	7 9	15 56	2 54	14 49	11 26	2 4	13 35	3 17	16 8	1 42	10 11	1 2	14 5	1 11
4	6 47	13 32	1 54	12 6	10 43	2 2	13 60	3 24	16 13	1 42	10 15	1 2	14 3	1 11
5	6 23	10 34	0 50	8 55	9 59	1 59	14 24	3 31	16 18	1 41	10 19	1 1	14 1	1 11
6	6 0	7 11	0S17	5 24	9 14	1 56	14 49	3 38	16 23	1 41	10 24	1 1	13 58	1 11
7	5 37	3 33	1 22	1 41	8 28	1 52	15 13	3 45	16 27	1 41	10 28	1 1	13 56	1 11
8	5 14	0N12	2 23	2N 5	7 40	1 48	15 36	3 52	16 32	1 40	10 33	1 1	13 54	1 11
9	4 50	3 57	3 18	5 46	6 51	1 43	15 59	3 59	16 36	1 40	10 37	1 1	13 52	1 11
10	4 27	7 32	4 5	9 14	6 1	1 38	16 22	4 7	16 40	1 39	10 42	1 0	13 49	1 11
11	4 3	10 51	4 41	12 22	5 10	1 32	16 44	4 14	16 44	1 39	10 46	1 0	13 47	1 11
12	3 40	13 45	5 5	15 0	4 18	1 25	17 5	4 21	16 48	1 38	10 51	1 0	13 45	1 11
13	3 16	16 6	5 16	17 1	3 25	1 18	17 27	4 28	16 52	1 38	10 55	0 60	13 43	1 12
14	2 53	17 45	5 13	18 16	2 31	1 11	17 47	4 35	16 56	1 37	10 60	0 60	13 40	1 12
15	2 29	18 33	4 54	18 35	1 36	1 2	18 7	4 42	16 60	1 37	11 4	0 60	13 38	1 12
16	2 5	18 22	4 19	17 54	0 40	0 54	18 27	4 49	17 3	1 36	11 9	0 60	13 36	1 12
17	1 42	17 9	3 29	16 7	0N16	0 44	18 46	4 56	17 6	1 36	11 14	0 59	13 34	1 12
18	1 18	14 50	2 24	13 18	1 12	0 35	19 5	5 3	17 10	1 35	11 18	0 59	13 32	1 12
19	0 54	11 32	1 9	9 33	2 9	0 24	19 23	5 9	17 13	1 35	11 23	0 59	13 29	1 12
20	0 31	7 24	0N13	5 7	3 5	0 14	19 40	5 16	17 16	1 34	11 27	0 59	13 27	1 12
21	0 7	2 44	1 35	0 18	4 2	0 3	19 57	5 23	17 19	1 33	11 32	0 59	13 25	1 13
22	0N17	2S 8	2 51	4S32	4 58	0N 9	20 13	5 29	17 22	1 32	11 37	0 59	13 23	1 13
23	0 40	6 50	3 55	9 1	5 53	0 20	20 29	5 36	17 24	1 32	11 41	0 58	13 21	1 13
24	1 4	11 2	4 41	12 51	6 48	0 32	20 43	5 42	17 27	1 31	11 46	0 58	13 19	1 13
25	1 28	14 27	5 8	15 48	7 42	0 44	20 58	5 48	17 29	1 30	11 51	0 58	13 17	1 13
26	1 51	16 54	5 15	17 44	8 34	0 57	21 11	5 54	17 31	1 29	11 55	0 58	13 15	1 13
27	2 15	18 17	5 3	18 35	9 24	1 9	21 24	6 0	17 33	1 28	11 60	0 58	13 13	1 13
28	2 38	18 36	4 36	18 25	10 13	1 21	21 35	6 6	17 35	1 27	12 5	0 58	13 10	1 13
29	3 2	17 59	3 55	17 19	10 60	1 33	21 47	6 11	17 37	1 26	12 9	0 58	13 8	1 14
30	3 25	16 27	3 5	15 25	11 44	1 44	21 57	6 17	17 39	1 25	12 14	0 58	13 6	1 14
31	3N49	14S12	2N 6	12S51	12N26	1N55	22N 6	6N22	17S41	1N24	12N19	0S57	13S 4	1S14

DAY	♅ DECL	♅ LAT	♆ DECL	♆ LAT	♇ DECL	♇ LAT
1	23S38	0S14	22N20	0S60	14N46	8S18
5	23 38	0 14	22 21	0 60	14 47	8 17
9	23 37	0 14	22 21	0 60	14 48	8 16
13	23 37	0 14	22 21	0 59	14 49	8 15
17	23 37	0 14	22 21	0 59	14 50	8 14
21	23 37	0 14	22 22	0 59	14 51	8 14
25	23 37	0 14	22 22	0 59	14 52	8 13
29	23S37	0S14	22N22	0S59	14N53	8S12

☽ PHENOMENA

d	h	m	
6	5	19	●
14	8	59	☽
21	4	55	○
27	21	35	☾

d	h	° '
7	23	0
15	8	18N36
21	13	0
27	20	18S38
5	18	0
13	7	5S17
19	20	0
25	21	5N15

VOID OF COURSE ☽

LAST ASPT	☽ INGRESS
2 10am 0	2 ♒ 12pm 5
4 10pm 2	4 ♓ 11pm12
6 5pm48	7 ♈ 11am46
9 5pm28	10 ♉ 0am42
12 6am 7	12 ♊ 12pm35
14 5pm51	14 ♋ 9pm48
16 7pm37	17 ♌ 3am18
19 1am12	19 ♍ 5am18
21 4am55	21 ♎ 5am 3
23 1am 5	23 ♏ 4am26
25 2am16	25 ♐ 5am25
27 6am42	27 ♑ 9am40
29 8am37	29 ♒ 5pm47

d	h	
8	7	APOGEE
21	11	PERIGEE

DAILY ASPECTARIAN

1 W	☿#♀	1am 5
	☽∠☿	12pm45
	♂⚻♇	4 14
	☽⚹♂	4 16
	☽⚻♇	4 16
	☿⚹♅	11 13
2 Th	☽⚺♄	3am28
	☉∠☽	4 13
	☽□♀	5 37
	☽□♃	10 0
	☽⚺♅	7pm10
	☽⚼♇	9 12
	☽∥♂	9 40
	☽⚺☿	10 31
	☽⚻♆	10 38
	☿△♆	11 14
3 F	☉⚺☽	12pm 0
	☽#♇	12 15
	☽∥♄	7 12
	☽#♀	8 20
4 S	☽∠♅	0am41
	☽△♇	2 40
	♀#♄	2 45
	♂⚼♆	2 50
	☽⚼♆	4 7
	☽□♂	4 9
	☿#♃	2pm 2
	☽☌♄	2 52
	♇SD	6 19
	☽⚹♀	8 59
	☽⚹♃	10 2
5 Su	☽#♃	1am46
	☽∥☿	5 34
	☽⚹♅	6 40
	☽△♆	10 2
	♀☌♃	5pm 4
	☉∠♃	8 22
	☽☌☿	8 46
	♀∥♇	10 49
6 M	☽∠♃	4am43
	☉☌☽	5 19
	☽∠♀	5 21
	♀ ♉	5 26
	☉∠♀	7 10
	☉∥☽	8 55
	☽□♇	2pm51
	☽△♂	5 48
7 T	☽⚺♄	3am54
	☽⚺♃	11 39
	☽⚺♀	1pm58
	♃ ♉	6 29
	☽□♅	7 29
	☽□♆	10 44
8 W	☽⚼♂	0am58
	☿∠♃	4 13
	☽∠♄	10 41
	☽⚺☿	9pm10
	☉⚺☽	11 52
9 Th	☽⚹♇	3am48
	☉#☽	5 17
	☽⚻♂	8 8
	☿∠♀	11 13
	☽#☿	3pm38
	☽⚹♄	5 28
10 F	☽☌♃	1am40
	☉☌☿	4 46
	☽☌♀	7 7
	☽△♅	8 31
	☉∠☽	9 4
	☽∠☿	9 28
	☽∠♇	10 11
	☽⚹♆	11 35
	☿□♇	1pm56
	☉□♇	10 32
	☽∥♃	11 22
11 S	♀#♂	1am 1
	♀△♅	6 8
	☽⚼♅	2pm39
	☽⚺♇	4 15
	☽∠♆	5 36
	☉⚹☽	5 50
	☽⚹☿	9 17
	☽☍♂	9 41
	☽#♄	11 57
	☿△♂	11 58
12 Su	☽□♄	6am 7
	♀∠♇	9 11
	☽∥♇	10 7
	☽⚺♃	2pm33
	☽⚻♅	8 15
	☽⚺♀	10 32
	☽⚺♆	11 5
13 M	☉∥☿	6am42
	♀⚹♆	8 9
	☽#♂	10 18
	☽∠♃	8pm 2
14 T	☽∥♀	1am12
	☽☌♇	2 33
	☉△♂	4 25
	☽∠♀	4 56
	☿⚺♄	6 34
	☽⚻♂	8 42
	☉□☽	8 59
	☽△♄	4pm12
	☽□☿	5 51
15 W	☽⚹♃	0am36
	☽☍♅	5 7
	☽☌♆	7 40
	☽⚹♀	10 14
	☽⚼♂	12pm49
	☿ ♈	7 33
	☽⚼♄	7 52
	☽∥♀	10 3
16 Th	☽⚺♇	9am24
	☽△♂	3pm54
	☿⚺♃	6 22
	☉△☽	7 37
	☽⚻♄	10 32
17 F	☽#♂	0am27
	♆SD	2 36
	☽□♃	6 45
	☽△☿	8 35
	☽⚻♅	10 12
	☽∠♇	11 23
	☽⚺♆	12pm30
	☽□♀	5 21
	☿□♅	8 6
	☉⚼☽	11 10
	☽∥♇	11 58
18 S	☉#☿	1am48
	☽#♄	10 26
	☽⚼♅	11 23
	☿□♆	12pm18
	☽⚹♇	12 31
	☽∠♆	1 35
	☽⚼☿	1 47
	☉⚺♄	4 54
	☽□♂	7 13
19 Su	☽∥♃	0am56
	☽☍♄	1 12
	☉⚻☽	1 44
	☽△♃	9 17
	☽△♅	11 52
	☽⚹♆	1pm58
	☽⚻☿	5 53
	☽△♀	8 33
20 M	☿⚼♂	8am58
	☽⚼♃	9 37
	☽□♇	12pm52
	☽∥☿	6 35
	☽⚹♂	7 47
	☿⚺♀	8 56
	☽⚼♀	9 14
21 T	☽⚻♄	1am25
	☉☍☽	4 55
	☉ ♈	6 57
	☽⚻♃	9 38
	☽□♅	11 30
	☉∥☽	1pm 0
	☽□♆	1 31
	☉#☽	2 3
	☽∠♂	7 37
	☽⚻♀	9 40
22 W	☽☍☿	0am19
	☽⚼♄	1 11
	☿∠♄	7 34
	☽△♇	12pm10
	☽#☿	5 46
	☽⚺♂	7 30
23 Th	☽△♄	1am 5
	☉⚻☽	7 39
	☽☍♃	9 47
	☽⚹♅	11 1
	☽⚼♇	12pm 2
	☽△♆	1 3
	☽☍♀	10 59
24 F	☽#♃	4am46
	☽⚻☿	7 10
	☉⚼☽	9 39
	☽∠♅	11 23
	☽⚻♇	12pm25
	☽⚼♆	1 26
	☽∥♄	3 8
	☽☌♂	8 27
25 S	☉⚺♃	0am44
	☽□♄	2 16
	☽#♇	3 30
	☉□♅	11 28
	☽⚼☿	11 44
	☽⚻♃	11 51
	☽⚺♅	12pm26
	☉△☽	12 30
	☽⚻♆	2 32
26 Su	☿⚹♇	1am45
	☽⚻♀	2 39
	☽∥♂	8 51
	☽⚼♃	2pm10
	☽☍♇	3 26
	☽△☿	5 26
	☉□♆	5 42
27 M	☽⚺♂	0am23
	♃△♅	2 12
	☽⚼♀	5 50
	☽⚹♄	6 42
	☽☌♅	5pm15
	☽△♃	5 30
	☽☍♆	7 30
	☉□☽	9 35
28 T	☽∠♂	3am47
	☽△♀	10 1
	☽∠♄	10 24
	☽⚻♇	10pm17
29 W	☿⚻♂	4am44
	☽∥♂	6 45
	☽⚹♂	8 9
	☽□☿	8 37
	☽⚺♄	3pm 4
	♃∠♇	10 10
30 Th	☽⚺♅	1am55
	☽⚼♇	3 7
	☽□♃	3 12
	☽⚻♆	4 18
	☉⚹☽	11 29
	☽#♇	5pm19
	☿∥♃	6 59
	☽□♀	9 2
31 F	☽∠♅	7am28
	☽△♇	8 41
	☽⚼♆	9 53
	☽∥♄	10 10
	☉⚼♂	11 17
	☽#☿	12pm30
	☽#♃	4 0
	☽□♂	7 11
	☉∠☽	7 52
	☿⚹♄	8 22
	☿#♄	10 9

APRIL 1905

LONGITUDE

DAY	SID. TIME	☉	☽	☽ 12 Hour	MEAN ☊	TRUE ☊	☿	♀	♂	♃	♄	♅	♆	♇
	h m s	° ' "	° ' "	° ' "	° '	° '	° '	° '	° '	° '	° '	° '	° '	° '
1	12 34 44	10♈ 35 47	27♒ 29 8	3♓ 27 2	7♍ 42	9♍ 6R	29♈ 1	14♉ 11	25♏ 5	5♉ 17	28♒ 50	4♑ 13	5♋ 26	19♊ 50
2	12 38 40	11 34 59	9♓ 23 22	15 18 32	7 39	9 7	0♉ 18	14 22	25 6R	5 31	28 56	4 13	5 27	19 50
3	12 42 37	12 34 8	21 12 55	27 6 50	7 35	9 6	1 28	14 31	25 6	5 44	29 2	4 13	5 27	19 51
4	12 46 33	13 33 15	3♈ 0 38	8♈ 54 34	7 32	9 3	2 33	14 37	25 6	5 58	29 8	4 14	5 28	19 52
5	12 50 30	14 32 20	14 48 54	20 43 53	7 29	8 59	3 32	14 41	25 5	6 12	29 14	4 14	5 28	19 52
6	12 54 26	15 31 24	26 39 44	2♉ 36 40	7 26	8 54	4 24	14 42R	25 3	6 26	29 19	4 14	5 29	19 53
7	12 58 23	16 30 25	8♉ 34 55	14 34 42	7 23	8 47	5 10	14 42	25 0	6 40	29 25	4 14	5 30	19 54
8	13 2 20	17 29 24	20 36 15	26 39 50	7 20	8 40	5 49	14 38	24 57	6 54	29 31	4 14R	5 30	19 54
9	13 6 16	18 28 21	2♊ 45 42	8♊ 54 9	7 16	8 33	6 22	14 33	24 52	7 8	29 36	4 14	5 31	19 55
10	13 10 13	19 27 16	15 5 31	21 20 7	7 13	8 27	6 48	14 24	24 47	7 22	29 42	4 14	5 32	19 56
11	13 14 9	20 26 8	27 38 20	4♋ 0 32	7 10	8 23	7 7	14 14	24 42	7 36	29 47	4 14	5 33	19 57
12	13 18 6	21 24 59	10♋ 27 7	16 58 28	7 7	8 20D	7 20	14 1	24 35	7 50	29 53	4 14	5 34	19 57
13	13 22 2	22 23 47	23 34 58	0♌ 16 58	7 4	8 20	7 26R	13 45	24 28	8 4	29 58	4 14	5 34	19 58
14	13 25 59	23 22 33	7♌ 4 47	13 58 37	7 1	8 20	7 26	13 27	24 20	8 18	0♓ 3	4 14	5 35	19 59
15	13 29 55	24 21 16	20 58 39	28 4 53	6 57	8 21	7 20	13 7	24 11	8 32	0 9	4 13	5 36	20 0
16	13 33 52	25 19 57	5♍ 17 12	12♍ 35 19	6 54	8 22R	7 8	12 44	24 1	8 46	0 14	4 13	5 37	20 1
17	13 37 49	26 18 36	19 58 47	27 26 56	6 51	8 21	6 50	12 19	23 51	9 0	0 19	4 13	5 38	20 2
18	13 41 45	27 17 13	4♎ 58 55	12♎ 33 44	6 48	8 19	6 28	11 52	23 40	9 14	0 24	4 12	5 39	20 3
19	13 45 42	28 15 47	20 10 12	27 47 3	6 45	8 14	6 0	11 23	23 28	9 29	0 29	4 12	5 40	20 4
20	13 49 38	29 14 20	5♏ 22 57	12♏ 56 36	6 41	8 8	5 29	10 52	23 16	9 43	0 34	4 11	5 41	20 4
21	13 53 35	0♉ 12 51	20 26 44	27 52 13	6 38	8 0	4 55	10 20	23 2	9 57	0 38	4 11	5 42	20 5
22	13 57 31	1 11 21	5♐ 12 5	12♐ 25 32	6 35	7 52	4 18	9 46	22 48	10 11	0 43	4 10	5 44	20 6
23	14 1 28	2 9 48	19 32 2	26 31 13	6 32	7 45	3 38	9 11	22 34	10 25	0 48	4 9	5 45	20 7
24	14 5 24	3 8 14	3♑ 22 56	10♑ 7 16	6 29	7 39	2 58	8 35	22 19	10 40	0 53	4 9	5 46	20 8
25	14 9 21	4 6 38	16 44 23	23 14 39	6 26	7 35	2 17	7 58	22 3	10 54	0 57	4 8	5 47	20 9
26	14 13 18	5 5 1	29 38 32	5♒ 56 34	6 22	7 34D	1 37	7 21	21 46	11 8	1 2	4 7	5 48	20 10
27	14 17 14	6 3 22	12♒ 9 21	18 17 31	6 19	7 33	0 57	6 43	21 29	11 22	1 6	4 6	5 50	20 11
28	14 21 11	7 1 41	24 21 43	0♓ 22 35	6 16	7 34	0 19	6 5	21 11	11 37	1 10	4 5	5 51	20 13
29	14 25 7	7 59 59	6♓ 20 48	12 16 57	6 13	7 35R	29♈ 44	5 27	20 53	11 51	1 14	4 4	5 52	20 14
30	14 29 4	8♉ 58 16	18♓ 11 38	24♓ 5 24	6♍ 10	7♍ 34	29♈ 11	4♉ 50	20♏ 34	12♉ 5	1♓ 19	4♑ 3	5♋ 54	20♊ 15

DECLINATION and LATITUDE

DAY	☉ DECL	☽ DECL	☽ LAT	☽ 12hr DECL	☿ DECL	☿ LAT	♀ DECL	♀ LAT	♂ DECL	♂ LAT	♃ DECL	♃ LAT	♄ DECL	♄ LAT
1	4N12	11S22	1N 3	9S46	13N 6	2N 6	22N15	6N26	17S42	1N23	12N23	0S57	13S 2	1S14
2	4 35	8 5	0S 1	6 19	13 42	2 16	22 22	6 31	17 43	1 22	12 28	0 57	13 1	1 14
3	4 58	4 30	1 6	2 38	14 16	2 25	22 29	6 35	17 45	1 21	12 33	0 57	12 59	1 14
4	5 21	0 45	2 7	1N 9	14 46	2 34	22 34	6 39	17 46	1 20	12 37	0 57	12 57	1 14
5	5 44	3N 2	3 3	4 53	15 14	2 42	22 39	6 42	17 47	1 18	12 42	0 57	12 55	1 15
6	6 7	6 42	3 50	8 27	15 38	2 49	22 42	6 45	17 48	1 17	12 47	0 57	12 53	1 15
7	6 30	10 8	4 28	11 42	15 59	2 55	22 44	6 48	17 48	1 16	12 51	0 57	12 51	1 15
8	6 52	13 10	4 55	14 30	16 17	2 59	22 45	6 50	17 49	1 14	12 56	0 57	12 49	1 15
9	7 15	15 41	5 8	16 41	16 32	3 3	22 45	6 52	17 49	1 13	13 1	0 56	12 47	1 15
10	7 37	17 31	5 8	18 9	16 43	3 6	22 44	6 53	17 49	1 11	13 5	0 56	12 46	1 15
11	7 59	18 33	4 53	18 44	16 50	3 7	22 41	6 54	17 49	1 10	13 10	0 56	12 44	1 15
12	8 21	18 40	4 23	18 22	16 54	3 7	22 38	6 54	17 49	1 8	13 14	0 56	12 42	1 16
13	8 43	17 48	3 39	16 59	16 55	3 5	22 32	6 53	17 49	1 6	13 19	0 56	12 40	1 16
14	9 5	15 55	2 41	14 36	16 52	3 2	22 26	6 52	17 49	1 5	13 24	0 56	12 39	1 16
15	9 27	13 3	1 33	11 17	16 46	2 58	22 18	6 51	17 49	1 3	13 28	0 56	12 37	1 16
16	9 48	9 19	0 17	7 11	16 36	2 52	22 8	6 48	17 48	1 1	13 33	0 56	12 35	1 16
17	10 10	4 56	1N 2	2 34	16 24	2 44	21 57	6 45	17 47	0 59	13 38	0 56	12 34	1 16
18	10 31	0 8	2 19	2S18	16 8	2 36	21 45	6 41	17 46	0 57	13 42	0 56	12 32	1 17
19	10 52	4S42	3 26	7 3	15 49	2 26	21 31	6 36	17 45	0 55	13 47	0 55	12 30	1 17
20	11 13	9 15	4 19	11 19	15 28	2 14	21 17	6 31	17 44	0 53	13 51	0 55	12 29	1 17
21	11 33	13 10	4 53	14 47	15 4	2 2	21 0	6 25	17 43	0 51	13 56	0 55	12 27	1 17
22	11 54	16 9	5 6	17 15	14 39	1 48	20 43	6 18	17 41	0 49	14 0	0 55	12 26	1 17
23	12 14	18 3	5 0	18 34	14 12	1 33	20 24	6 10	17 40	0 47	14 5	0 55	12 24	1 17
24	12 34	18 48	4 37	18 46	13 43	1 17	20 4	6 2	17 38	0 45	14 9	0 55	12 23	1 18
25	12 54	18 28	3 58	17 55	13 14	1 1	19 43	5 52	17 36	0 43	14 14	0 55	12 21	1 18
26	13 13	17 9	3 9	16 11	12 44	0 44	19 21	5 42	17 34	0 40	14 18	0 55	12 20	1 18
27	13 33	15 3	2 12	13 44	12 14	0 27	18 59	5 32	17 32	0 38	14 23	0 55	12 18	1 18
28	13 52	12 18	1 10	10 45	11 45	0 10	18 36	5 21	17 30	0 36	14 27	0 55	12 17	1 18
29	14 11	9 5	0 7	7 21	11 16	0S 7	18 12	5 9	17 27	0 33	14 32	0 55	12 16	1 19
30	14N30	5S32	0S56	3S41	10N49	0S24	17N47	4N57	17S25	0N31	14N36	0S55	12S14	1S19

DAY	♅ DECL	♅ LAT	♆ DECL	♆ LAT	♇ DECL	♇ LAT
1	23S37	0S14	22N22	0S59	14N54	8S11
5	23 37	0 14	22 22	0 58	14 55	8 10
9	23 37	0 14	22 22	0 58	14 56	8 9
13	23 37	0 14	22 22	0 58	14 57	8 9
17	23 38	0 15	22 22	0 58	14 58	8 8
21	23 38	0 15	22 22	0 58	14 59	8 7
25	23 38	0 15	22 22	0 58	14 60	8 6
29	23S38	0S15	22N22	0S57	15N 1	8S 6

☽ PHENOMENA			
d	h	m	
4	23	23	●
12	21	41	☽
19	13	38	○
26	11	13	☾
d	h	°	'
4	5	0	
11	15	18N44	
18	1	0	
24	4	18S49	
1	23	0	
9	11	5S10	
16	5	0	
22	4	5N 7	
29	3	0	

VOID OF COURSE ☽ LAST ASPT		☽ INGRESS		
1	3am28	1	♓	5am 3
3	7am55	3	♈	5pm52
6	5am25	6	♉	6am44
8	5pm45	8	♊	6pm35
11	4am 6	11	♋	4am28
13	1am34	13	♌	11am30
15	6am 9	15	♍	3pm13
17	6am 9	17	♎	4pm 4
19	1pm38	19	♏	3pm30
21	4am 7	21	♐	3pm28
23	1am 0	23	♑	6pm 4
25	9am34	26	♒	0am41
27	5pm52	28	♓	11am15

d	h	
4	9	APOGEE
18	22	PERIGEE

DAILY ASPECTARIAN

1 S	☽☌♄	2am44
	☽*☿	3 28
	☽*♅	1pm33
	☽*♃	4 0
	☽△♆	4 1
	♃*♆	4 37
	☿ ♉	6 20
	♀∥♆	11 21
2 Su	☉⊻☽	4am51
	☽*♀	10 13
	☽∠☿	1pm19
	♂SR	8 45
	☉#☽	9 11
	☽□♇	9 13
	☽∠♃	11 1
3 M	☽△♂	7am55
	☽⊻♄	4pm 2
	☽∠♀	5 2
	☽⊻☿	10 59
4 T	☽□♅	2am29
	☽□♆	4 59
	☽⊻♃	6 8
	☿∥♇	6 56
	☽⚼♂	2pm24
	☉∠♄	3 33
	☽∠♄	10 48
	☉☌☽	11 23
	☽⊻♀	11 44
5 W	☉⊻♀	3am36
	☽*♇	10 16
	☿△♅	7pm13
	☉∥☽	7 36
	☽⊼♂	8 45
6 Th	♀SR	3am50
	☽*♄	5 25
	☿∠♇	2pm55
	☽△♅	3 16
	☽∠♇	4 35
	☽☌☿	4 42
	☽*♆	5 48
	☽☌♃	8 4
	♃#♄	11 1
7 F	☿*♆	11am42
	☽☌♀	12pm11
	☉⊻☽	5 15
	☽#♄	9 4
	☽⚼♅	9 17
	☽∥♃	9 56
	☽⊻♇	10 37
	☽∠♆	11 48
8 S	☽☍♂	8am33
	☽∥♇	4pm13
	☽□♄	5 45
	♅SR	9 20
9 Su	☉∠☽	1am31
	☽⊼♅	2 54
	☽⊻♆	5 24
	☽⊻☿	7 20
	☽⊻♃	8 42
	☽∥☿	11 5
	☽⊻♀	10pm42
10 M	☽#♂	5am24
	☉*☽	9 7
	☽☌♇	9 19
	☉*♇	11 48
	☽∠☿	1pm15
	☽∠♃	2 13
	☽⊼♂	6 27
11 T	☽∠♀	2am58
	☽△♄	4 6
	☽☍♅	12pm26
	☽☌♆	2 53
	☽*☿	6 8
	☽*♃	7 2
	☽⚼♂	10 24
12 W	☽*♀	6am27
	☽⚼♄	8 13
	☽⊻♇	5pm27
	☉□☽	9 41
	☽#♂	11 37
13 Th	☽△♂	1am34
	♄ ♓	8 39
	☽⊼♄	11 31
	☿SR	11 37
	☽∥☿	1pm 4
	☽⊼♅	6 59
	☽∠♇	8 19
	☽⊻♆	9 23
14 F	☽□☿	0am37
	☽□♃	2 10
	☽∥♇	8 54
	☽□♀	10 50
	♀∥♆	11 23
	☉⊼♂	8pm18
	☽∥♃	8 56
	☽⚼♅	9 1
	☽*♇	10 20
	☽∠♆	11 22
15 S	☽#♄	3am 5
	☽□♂	5 22
	☉△☽	6 9
	☽☍♄	3pm33
	☉∥☽	9 22
	☽△♅	10 14
16 Su	☽*♆	0am33
	☽△☿	3 0
	☽△♃	5 50
	☉⚼☽	8 54
	☽△♀	11 54
17 M	☽□♇	0am 5
	☽⚼☿	2 56
	☽*♂	6 9
	☽⚼♃	6 35
	☉⊼☽	10 53
	☽⚼♀	11 27
	☽⊼♄	4pm40
	☽□♅	10 46
18 T	☽□♆	1am 4
	☽⊼☿	2 17
	☽∠♂	5 46
	☽⊼♃	6 51
	☽⊼♀	10 34
	☽⚼♄	4pm34
	☽△♇	11 49
19 W	☽⊻♂	5am 8
	☉☍☽	1pm38
	☿*♆	3 22
	☽△♄	4 20
	☽*♅	10 7
	☽⚼♇	11 31
20 Th	☽☍☿	0am10
	☽△♆	0 29
	☽☍♃	6 58
	☽☍♀	8 25
	☉#☽	12pm29
	☿∠♇	5 1
	☉ ♉	6 44
	☽∥♄	7 16
	☽∠♅	9 58
	☽⊼♇	11 26
21 F	☽⚼♆	0am25
	☽☌♂	4 7
	☿∥♇	5 9
	☽#♃	5 35
	☉*♄	11 28
	♀☌♃	11 37
	☽#☿	12pm34
	☽#♇	1 38
	☽□♄	4 37
	☉⊼☽	4 57
	☽⊻♅	10 18
	☽⊼☿	10 34
22 S	☽⊼♆	0am52
	☿△♅	4 45
	☽⊼♀	7 17
	☽⊼♃	8 24
	☽∥♂	5pm50
	☉⚼☽	7 41
	☽⚼☿	10 33
23 Su	☽☍♇	1am 0
	☿∥♃	4 57
	☽⊻♂	5 5
	☽⚼♀	7 38
	☽⚼♃	10 17
	☉#♄	11 26
	☽*♄	7pm34
	☉☌☿	9 31
	☽△☿	11 18
	☉△☽	11 32
24 M	☽☌♅	1am21
	☽☍♆	4 14
	☽∠♂	6 50
	☽△♀	8 50
	☽△♃	1pm12
	☽∠♄	10 33
25 T	☉△♅	0am29
	☽⊼♇	6 17
	☽*♂	9 34
	☉∥☿	9 45
	☽∥♂	5pm44
26 W	☉∠♇	2am16
	☽⊻♄	2 38
	☽□☿	3 32
	☽⊻♅	8 30
	☽⚼♇	10 32
	☉□☽	11 13
	☽⊼♆	11 46
	☽□♀	1pm59
	☉*♆	6 17
	☿*♄	7 5
	☿#♄	8 32
	☽□♃	10 27
27 Th	☽#♇	0am21
	☽#♃	6 6
	☉☌♀	9 50
	☉#☽	12pm16
	☽∠♅	1 35
	☽△♇	3 46
	☽⚼♆	5 2
	☽□♂	5 52
28 F	☽∥♄	0am 8
	☽#☿	5 9
	♀*♆	8 31
	☽*☿	11 19
	☿ ♈	1pm10
	☽☌♄	1 40
	☽*♅	7 25
	☽*♀	10 18
	☽△♆	11 3
29 S	♂⚼♆	0am52
	☉*☽	3 38
	♀∠♇	8 33
	☽*♃	11 21
	☽∠☿	4pm12
30 Su	☽∠♀	3am10
	☽□♇	4 11
	☽△♂	4 43
	☉∥♃	11 5
	☉∠☽	12pm49
	☽∠♃	6 29
	☽⊻☿	9 29
	♂⊼♇	11 16

LONGITUDE

DAY	SID. TIME	☉	☽	☽ 12 Hour	MEAN ☊	TRUE ☊	☿	♀	♂	♃	♄	♅	♆	♇
	h m s	° ' "	° ' "	° ' "	° '	° '	° '	° '	° '	° '	° '	° '	° '	° '
1	14 33 0	9♉ 56 30	29♓ 58 45	5♈ 52 10	6♍ 7	7♍ 32R	28♈ 42R	4♉ 14R	20♏ 15R	12♉ 20	1♓ 23	4♑ 2R	5♋ 55	20♊ 16
2	14 36 57	10 54 43	11♈ 46 4	17 40 48	6 3	7 27	28 16	3 38	19 55	12 34	1 27	4 1	5 57	20 17
3	14 40 53	11 52 55	23 36 42	29 34 2	6 0	7 19	27 54	3 3	19 35	12 48	1 31	4 0	5 58	20 18
4	14 44 50	12 51 5	5♉ 33 2	11♉ 33 54	5 57	7 9	27 37	2 30	19 15	13 3	1 34	3 59	6 0	20 19
5	14 48 47	13 49 13	17 36 47	23 41 48	5 54	6 58	27 24	1 59	18 54	13 17	1 38	3 57	6 1	20 20
6	14 52 43	14 47 20	29 49 6	5♊ 58 46	5 51	6 45	27 16	1 29	18 33	13 31	1 42	3 56	6 3	20 22
7	14 56 40	15 45 25	12♊ 10 54	18 25 36	5 47	6 33	27 13D	1 0	18 12	13 45	1 45	3 55	6 4	20 23
8	15 0 36	16 43 28	24 43 0	1♋ 3 14	5 44	6 23	27 14	0 34	17 50	14 0	1 49	3 54	6 6	20 24
9	15 4 33	17 41 30	7♋ 26 28	13 52 52	5 41	6 14	27 20	0 10	17 29	14 14	1 52	3 52	6 7	20 25
10	15 8 29	18 39 29	20 22 41	26 56 7	5 38	6 9	27 30	29♈ 48	17 7	14 28	1 56	3 51	6 9	20 26
11	15 12 26	19 37 27	3♌ 33 26	10♌ 14 54	5 35	6 6	27 46	29 28	16 45	14 43	1 59	3 49	6 11	20 28
12	15 16 22	20 35 23	17 0 45	23 51 13	5 32	6 5D	28 5	29 11	16 23	14 57	2 2	3 48	6 12	20 29
13	15 20 19	21 33 17	0♍ 46 30	7♍ 46 42	5 28	6 5R	28 29	28 56	16 1	15 11	2 5	3 46	6 14	20 30
14	15 24 16	22 31 9	14 51 52	22 1 53	5 25	6 5	28 57	28 43	15 40	15 25	2 8	3 45	6 16	20 31
15	15 28 12	23 29 0	29 16 33	6♎ 35 29	5 22	6 4	29 30	28 33	15 18	15 40	2 11	3 43	6 17	20 33
16	15 32 9	24 26 49	13♎ 58 9	21 23 50	5 19	6 0	0♉ 6	28 25	14 57	15 54	2 14	3 41	6 19	20 34
17	15 36 5	25 24 36	28 51 39	6♏ 20 37	5 16	5 53	0 46	28 20	14 35	16 8	2 16	3 39	6 21	20 35
18	15 40 2	26 22 21	13♏ 49 37	21 17 30	5 13	5 44	1 30	28 17D	14 15	16 22	2 19	3 38	6 23	20 36
19	15 43 58	27 20 5	28 43 4	6♐ 5 14	5 9	5 33	2 18	28 16	13 54	16 36	2 22	3 36	6 24	20 38
20	15 47 55	28 17 48	13♐ 22 56	20 35 19	5 6	5 22	3 9	28 18	13 34	16 50	2 24	3 34	6 26	20 39
21	15 51 51	29 15 30	27 41 40	4♑ 41 26	5 3	5 11	4 3	28 22	13 14	17 4	2 26	3 32	6 28	20 40
22	15 55 48	0♊ 13 10	11♑ 34 18	18 20 9	5 0	5 3	5 1	28 28	12 54	17 19	2 29	3 30	6 30	20 42
23	15 59 45	1 10 49	24 59 1	1♒ 31 5	4 57	4 57	6 2	28 37	12 35	17 33	2 31	3 29	6 32	20 43
24	16 3 41	2 8 28	7♒ 56 43	14 16 21	4 53	4 53	7 6	28 48	12 16	17 47	2 33	3 27	6 34	20 44
25	16 7 38	3 6 5	20 30 31	26 39 50	4 50	4 51	8 13	29 0	11 58	18 1	2 35	3 25	6 36	20 46
26	16 11 34	4 3 41	2♓ 44 57	8♓ 46 31	4 47	4 51	9 23	29 15	11 41	18 15	2 37	3 23	6 38	20 47
27	16 15 31	5 1 16	14 45 15	20 41 48	4 44	4 51	10 36	29 32	11 24	18 29	2 38	3 21	6 39	20 48
28	16 19 27	5 58 51	26 36 52	2♈ 31 5	4 41	4 50	11 51	29 51	11 8	18 43	2 40	3 19	6 41	20 50
29	16 23 24	6 56 24	8♈ 25 3	14 19 21	4 38	4 47	13 10	0♉ 11	10 52	18 57	2 42	3 16	6 43	20 51
30	16 27 20	7 53 57	20 14 32	26 11 2	4 34	4 42	14 31	0 33	10 37	19 10	2 43	3 14	6 45	20 52
31	16 31 17	8♊ 51 28	2♉ 9 18	8♉ 9 40	4♍ 31	4♍ 33	15♉ 55	0♉ 57	10♏ 23	19♉ 24	2♓ 45	3♑ 12	6♋ 47	20♊ 54

DECLINATION and LATITUDE

DAY	☉ DECL	☽ DECL	☽ LAT	☽ 12hr DECL	☿ DECL	☿ LAT	♀ DECL	♀ LAT	♂ DECL	♂ LAT	♃ DECL	♃ LAT	♄ DECL	♄ LAT
1	14N48	1S48	1S57	0N 7	10N23	0S40	17N23	4N44	17S22	0N28	14N41	0S55	12S13	1S19
2	15 6	2N 1	2 52	3 55	9 59	0 57	16 58	4 31	17 19	0 26	14 45	0 55	12 12	1 19
3	15 24	5 46	3 40	7 35	9 37	1 12	16 34	4 17	17 16	0 23	14 49	0 54	12 11	1 19
4	15 42	9 19	4 18	10 58	9 17	1 27	16 9	4 3	17 13	0 20	14 54	0 54	12 9	1 19
5	15 60	12 31	4 45	13 57	8 59	1 41	15 45	3 49	17 10	0 18	14 58	0 54	12 8	1 20
6	16 17	15 14	4 60	16 21	8 43	1 55	15 21	3 35	17 7	0 15	15 3	0 54	12 7	1 20
7	16 34	17 18	5 1	18 2	8 31	2 7	14 58	3 21	17 4	0 12	15 7	0 54	12 6	1 20
8	16 51	18 34	4 47	18 52	8 20	2 19	14 35	3 6	17 0	0 9	15 11	0 54	12 5	1 20
9	17 7	18 56	4 19	18 45	8 12	2 29	14 13	2 52	16 57	0 7	15 15	0 54	12 4	1 20
10	17 23	18 19	3 37	17 39	8 7	2 39	13 52	2 37	16 53	0 4	15 20	0 54	12 3	1 21
11	17 39	16 43	2 44	15 33	8 4	2 48	13 31	2 23	16 50	0 1	15 24	0 54	12 2	1 21
12	17 54	14 10	1 39	12 34	8 4	2 55	13 12	2 9	16 46	0S 2	15 28	0 54	12 1	1 21
13	18 10	10 46	0 28	8 48	8 6	3 2	12 53	1 55	16 43	0 5	15 32	0 54	12 0	1 21
14	18 25	6 41	0N46	4 26	8 11	3 8	12 36	1 41	16 39	0 7	15 36	0 54	11 59	1 21
15	18 39	2 7	1 60	0S16	8 17	3 13	12 20	1 28	16 36	0 10	15 41	0 54	11 58	1 22
16	18 54	2S39	3 6	5 1	8 26	3 17	12 5	1 14	16 32	0 13	15 45	0 54	11 58	1 22
17	19 7	7 19	4 1	9 30	8 37	3 21	11 50	1 1	16 29	0 16	15 49	0 54	11 57	1 22
18	19 21	11 33	4 40	13 24	8 49	3 23	11 38	0 49	16 25	0 19	15 53	0 54	11 56	1 22
19	19 34	15 1	4 59	16 24	9 4	3 25	11 26	0 36	16 22	0 21	15 57	0 54	11 55	1 22
20	19 47	17 29	4 58	18 17	9 21	3 26	11 15	0 24	16 18	0 24	16 1	0 54	11 55	1 23
21	20 0	18 48	4 38	18 60	9 39	3 26	11 6	0 12	16 15	0 27	16 5	0 54	11 54	1 23
22	20 12	18 55	4 3	18 34	9 59	3 25	10 57	0 1	16 11	0 30	16 9	0 54	11 53	1 23
23	20 24	17 57	3 14	17 7	10 20	3 24	10 50	0S10	16 8	0 32	16 13	0 54	11 53	1 23
24	20 36	16 5	2 17	14 51	10 43	3 22	10 44	0 21	16 5	0 35	16 17	0 54	11 52	1 23
25	20 47	13 28	1 15	11 57	11 7	3 19	10 39	0 31	16 2	0 38	16 21	0 54	11 52	1 24
26	20 58	10 20	0 11	8 36	11 32	3 16	10 35	0 41	15 59	0 41	16 25	0 53	11 51	1 24
27	21 9	6 49	0S52	4 57	11 58	3 12	10 32	0 50	15 57	0 43	16 29	0 53	11 51	1 24
28	21 19	3 4	1 53	1 9	12 26	3 7	10 30	0 59	15 54	0 46	16 33	0 53	11 50	1 24
29	21 29	0N46	2 48	2N41	12 55	3 2	10 29	1 8	15 52	0 48	16 36	0 53	11 50	1 24
30	21 38	4 35	3 36	6 27	13 24	2 56	10 28	1 17	15 49	0 51	16 40	0 53	11 50	1 25
31	21N47	8N15	4S14	9N59	13N54	2S49	10N29	1S25	15S47	0S53	16N44	0S53	11S49	1S25

DAY	♅ DECL	♅ LAT	♆ DECL	♆ LAT	♇ DECL	♇ LAT
1	23S38	0S15	22N22	0S57	15N 1	8S 5
5	23 38	0 15	22 22	0 57	15 2	8 5
9	23 39	0 15	22 22	0 57	15 3	8 4
13	23 39	0 15	22 21	0 57	15 4	8 4
17	23 39	0 15	22 21	0 57	15 5	8 3
21	23 39	0 15	22 21	0 57	15 6	8 3
25	23 40	0 15	22 21	0 57	15 7	8 2
29	23S40	0S15	22N20	0S57	15N 7	8S 2

☽ PHENOMENA				VOID OF COURSE ☽ LAST ASPT		☽ INGRESS		
d	h	m		30	4am43	1	♈	0am 3
4	15	50	●	3	8am26	3	♉	12pm52
12	6	46	☽	5	2am29	6	♊	0am21
18	21	36	○	8	4am48	8	♋	10am 1
26	2	50	☾	10	4pm47	10	♌	5pm34
				12	8pm52	12	♍	10pm40
				14	1pm44	15	♎	1am12
d	h	°		16	11pm 9	17	♏	1am50
1	11	0		18	9pm36	19	♐	2am 5
8	21	18N56		21	1am 9	21	♑	3am56
15	11	0		23	6am44	23	♒	9am12
21	15	19S 0		25	4pm57	25	♓	6pm34
28	19	0		27	12pm15	28	♈	6am53
				30	1am17	30	♉	7pm41
6	13	5S 2			d	h		
13	9	0			1	15	APOGEE	
19	11	5N 1			17	5	PERIGEE	
26	4	0			29	6	APOGEE	

DAILY ASPECTARIAN

1 M	♀#♂	1am 4
	☽⚺♄	2 52
	♀△♅	7 49
	☽⚺♀	8 14
	☽□♅	8 15
	☽⚼♂	10 27
	☽□♆	12pm 8
	☉∥♇	5 35
	☉⚺☽	10 6
2 T	☽⚺♃	1am39
	☽∠♄	9 33
	☽⚻♂	4pm 6
	☽✶♇	5 18
3 W	☽☌☿	8am26
	☽✶♄	3pm59
	☽☌♀	6 10
	☽△♅	8 52
	☽∠♇	11 32
	☽∥☿	11 44
4 Th	☽✶♆	0am53
	☉☌♃	6 17
	☽☌♃	3pm14
	☉∥♀	3 26
	☉☌☽	3 50
	♂∠♅	7 53
	☽#♄	8 57
5 F	☽☍♂	2am29
	☽⚼♅	2 39
	☽⚺♇	5 24
	☽∠♆	6 44
	♀✶♄	2pm23
	☽⚺☿	7 3
	☽∥♃	10 3
	☽∥♇	10 7
6 S	♃∥♇	0am30
	☽∥♀	1 0
	☽⚺♀	3 7
	☽□♄	3 41
	☽⚻♅	8 1
	☽⚺♆	12pm 9
	☉∥☽	12 57
	♀∥♃	4 0
	♀∥♇	6 43
	☽#♂	8 53
7 Su	☽∠☿	0am 3
	☽⚺♃	3 6
	☿SD	5 34
	☽∠♀	7 6
	☉⚺☽	7 27
	☽⚻♂	11 14
	☽☌♇	3pm45
8 M	☽✶☿	4am48
	☽∠♃	8 16
	☽✶♀	10 44
	☉#♂	11 48
	☽△♄	1pm30
	☉∠☽	2 21
	☽⚼♂	2 56
	☽☍♅	5 19
	☉☍♂	8 7
	☽☌♆	9 31
9 T	♀ ♈	11am14
	☽✶♃	12pm53
	☽⚼♄	5 37
	☽△♂	6 9
	☉✶☽	8 35
10 W	☽⚺♇	0am 7
	☉⚼♅	4 32
	☽□☿	1pm17
	☉∥☽	1 33
	☽□♀	4 47
	☽⚻♄	9 9
	☽#♂	10 37
11 Th	☽⚻♅	0am28
	☽∠♇	3 26
	☽⚺♆	4 43
	☽∥♃	1pm 5
	☽∥♇	4 27
	☽□♃	8 17
	☉⚺♇	9 12
	☽□♂	10 55
12 F	☽⚼♅	3am 8
	☽✶♇	6 6
	☉□☽	6 46
	☽∠♆	7 23
	☽∥♀	8 12
	☉∠♆	3pm42
	☽#♄	3 50
	☽△☿	7 55
	☽△♀	8 52
13 S	☽☍♄	2am16
	☽△♅	5 8
	☽✶♆	9 23
	☽∥☿	3pm45
	☿☌♀	3 48
	☽⚼♀	10 6
	☽⚼☿	10 25
14 Su	☽△♃	0am57
	☽✶♂	1 18
	☽□♇	9 30
	♂☍♃	9 36
	☉△☽	1pm44
	☽⚻♀	10 49
15 M	☽⚻☿	0am23
	☽∠♂	1 39
	☽⚼♃	2 19
	☽⚻♄	4 48
	☽□♅	7 17
	☽□♆	11 32
	☉⚼☽	4pm 8
	☿ ♉	8 6
16 T	☽⚺♂	1am33
	☽⚻♃	3 10
	☽⚼♄	5 17
	☽△♇	10 40
	♀#♄	12pm24
	☉⚻☽	6 4
	☽☍♀	11 9
17 W	☽☍☿	3am13
	☽△♄	5 29
	☽#☿	7 21
	☽✶♅	7 41
	☽⚼♇	10 48
	☽△♆	12pm 2
18 Th	☽#♀	0am28
	☽☌♂	0 39
	☽∥♄	2 24
	☽☍♃	4 9
	☽∠♅	7 42
	☽⚻♇	10 55
	☽⚼♆	12pm10
	♀SD	6 10
	☉☍☽	9 36
	☽⚻♀	11 17
19 F	☽#♇	0am33
	☿✶♄	1 53
	☽□♄	5 56
	☽⚻☿	6 10
	☽⚺♅	7 55
	☽#♃	8 5
	☽∥♂	11 26
	☽⚻♆	12pm33
	☽⚼♀	11 52
20 S	☉⚺♀	0am 8
	☽⚺♂	0 17
	☽⚻♃	5 50
	☽⚼☿	8 27
	☿△♅	10 57
	☽☍♇	12pm 7
21 Su	☽∠♂	0am53
	☽△♀	1 9
	☉⚻☽	2 52
	☽⚼♃	7 37
	☽✶♄	8 8
	☽☌♅	9 59
	☽△☿	11 42
	☽☍♆	3pm 7
	☉ ♊	6 31
22 M	☽✶♂	2am17
	☉⚼☽	6 56
	♂#♃	7 56
	☽△♃	10 21
	☽∠♄	10 30
	☽⚻♇	4pm16
	☿∠♇	4 30
23 T	☽□♀	6am44
	☿✶♆	11 41
	☉△☽	12pm17
	☽⚺♄	1 53
	☽⚺♅	3 36
	☽⚼♇	7 51
	☽⚻♆	9 24
	☽#♃	9 51
	☽□☿	10 16
	☽∥♂	11 54
24 W	☿∥♀	1am 6
	☽□♂	8 0
	☽#♇	9 38
	☉□♄	10 30
	☽□♃	7pm 5
	☽∠♅	7 57
25 Th	☽△♇	0am29
	☽⚼♆	2 7
	☉⚻♅	7 29
	☽∥♄	12pm45
	☽#☿	4 13
	☽✶♀	4 57
	☽#♀	10 9
	☽☌♄	11 44
26 F	☽✶♅	1am15
	☉□☽	2 50
	☽△♆	7 44
	♃⚼♅	11 54
	☽✶☿	2pm41
	☿#♄	5 11
	☽△♂	5 24
	☽∠♀	11 33
27 S	☽✶♃	7am40
	☽□♇	12pm15
	☿☍♂	12 38
	☽⚼♂	11 2
28 Su	☽∠☿	0am33
	☽⚺♀	6 45
	♀ ♉	11 16
	☽⚺♄	12pm20
	☽□♅	1 34
	☽∠♃	2 43
	☉⚺♆	6 24
	☽□♆	8 33
	☉✶☽	8 44
29 M	☽⚻♂	4am52
	☽⚺☿	10 53
	☽∠♄	6pm53
	☽⚺♃	9 48
30 T	☽✶♇	1am17
	☉∠☽	5 51
	☽☌♀	9pm30
31 W	☽✶♄	1am11
	☽△♅	2 6
	☽∠♇	7 30
	☽✶♆	9 18
	☉⚺☽	2pm32
	☽∥♀	3 46
	☽☍♂	4 6

JUNE 1905

LONGITUDE

DAY	SID. TIME	☉	☽	☽ 12 Hour	MEAN ☊	TRUE ☊	☿	♀	♂	♃	♄	♅	♆	♇
	h m s	° ' "	° ' "	° ' "	° '	° '	° '	° '	° '	° '	° '	° '	° '	° '
1	16 35 14	9♊ 48 59	14♉ 12 28	20♉ 17 56	4♍ 28	4♍ 23R	17♉ 21	1♉ 23	10♏ 9R	19♉ 38	2♓ 46	3♑ 10R	6♋ 49	20♊ 55
2	16 39 10	10 46 29	26 26 14	2♊ 37 30	4 25	4 10	18 50	1 50	9 56	19 52	2 47	3 8	6 52	20 57
3	16 43 7	11 43 58	8♊ 51 48	15 9 9	4 22	3 57	20 22	2 19	9 44	20 6	2 48	3 6	6 54	20 58
4	16 47 3	12 41 27	21 29 34	27 53 0	4 18	3 44	21 57	2 49	9 33	20 19	2 49	3 3	6 56	20 59
5	16 51 0	13 38 54	4♋ 19 24	10♋ 48 43	4 15	3 33	23 34	3 21	9 22	20 33	2 50	3 1	6 58	21 1
6	16 54 56	14 36 20	17 20 53	23 55 52	4 12	3 24	25 13	3 54	9 12	20 47	2 51	2 59	7 0	21 2
7	16 58 53	15 33 45	0♌ 33 39	7♌ 14 14	4 9	3 18	26 55	4 28	9 3	21 0	2 52	2 57	7 2	21 4
8	17 2 49	16 31 9	13 57 40	20 43 59	4 6	3 14	28 40	5 3	8 55	21 14	2 52	2 54	7 4	21 5
9	17 6 46	17 28 32	27 33 15	4♍ 25 33	4 3	3 13D	0♊ 27	5 40	8 48	21 27	2 53	2 52	7 6	21 6
10	17 10 43	18 25 54	11♍ 20 58	18 19 32	3 59	3 14R	2 17	6 18	8 41	21 41	2 53	2 50	7 8	21 8
11	17 14 39	19 23 14	25 21 15	2♎ 26 4	3 56	3 14	4 9	6 57	8 36	21 54	2 53	2 47	7 10	21 9
12	17 18 36	20 20 34	9♎ 33 52	16 44 24	3 53	3 13	6 3	7 37	8 31	22 8	2 54	2 45	7 13	21 11
13	17 22 32	21 17 53	23 57 22	1♏ 12 16	3 50	3 9	8 0	8 18	8 27	22 21	2 54R	2 43	7 15	21 12
14	17 26 29	22 15 11	8♏ 28 35	15 45 36	3 47	3 3	9 59	9 0	8 24	22 34	2 54	2 40	7 17	21 13
15	17 30 25	23 12 28	23 2 36	0♐ 18 44	3 44	2 55	12 1	9 43	8 22	22 47	2 54	2 38	7 19	21 15
16	17 34 22	24 9 44	7♐ 33 8	14 44 58	3 40	2 45	14 4	10 27	8 20	23 1	2 53	2 36	7 21	21 16
17	17 38 18	25 7 0	21 53 24	28 57 41	3 37	2 35	16 9	11 12	8 20D	23 14	2 53	2 33	7 23	21 18
18	17 42 15	26 4 15	5♑ 57 11	12♑ 51 23	3 34	2 25	18 16	11 58	8 20	23 27	2 53	2 31	7 26	21 19
19	17 46 12	27 1 30	19 39 55	26 22 32	3 31	2 17	20 24	12 44	8 21	23 40	2 52	2 28	7 28	21 21
20	17 50 8	27 58 44	2♒ 59 10	9♒ 29 53	3 28	2 12	22 33	13 31	8 22	23 53	2 52	2 26	7 30	21 22
21	17 54 5	28 55 58	15 54 51	22 14 22	3 24	2 8	24 43	14 20	8 25	24 6	2 51	2 23	7 32	21 23
22	17 58 1	29 53 12	28 28 51	4♓ 38 46	3 21	2 7D	26 54	15 8	8 28	24 19	2 50	2 21	7 34	21 25
23	18 1 58	0♋ 50 25	10♓ 44 40	16 47 8	3 18	2 7	29 6	15 58	8 32	24 31	2 49	2 19	7 37	21 26
24	18 5 54	1 47 38	22 46 48	28 44 20	3 15	2 8R	1♋ 17	16 48	8 37	24 44	2 49	2 16	7 39	21 28
25	18 9 51	2 44 52	4♈ 40 22	10♈ 35 34	3 12	2 8	3 28	17 39	8 43	24 57	2 47	2 14	7 41	21 29
26	18 13 47	3 42 5	16 30 36	22 26 5	3 9	2 7	5 39	18 31	8 49	25 9	2 46	2 11	7 43	21 30
27	18 17 44	4 39 18	28 22 38	4♉ 20 48	3 5	2 4	7 50	19 23	8 56	25 22	2 45	2 9	7 46	21 32
28	18 21 41	5 36 32	10♉ 21 6	16 24 0	3 2	1 59	9 59	20 16	9 4	25 34	2 44	2 6	7 48	21 33
29	18 25 37	6 33 45	22 29 56	28 39 14	2 59	1 52	12 7	21 9	9 13	25 47	2 42	2 4	7 50	21 34
30	18 29 34	7♋ 30 58	4♊ 52 10	11♊ 8 56	2♍ 56	1♍ 44	14♋ 14	22♉ 3	9♏ 22	25♉ 59	2♓ 41	2♑ 1	7♋ 52	21♊ 36

DECLINATION and LATITUDE

DAY	☉ DECL	☽ DECL	☽ LAT	☽ 12hr DECL	☿ DECL	☿ LAT	♀ DECL	♀ LAT	♂ DECL	♂ LAT	♃ DECL	♃ LAT	♄ DECL	♄ LAT
1	21N56	11N37	4S42	13N 9	14N25	2S42	10N31	1S33	15S45	0S56	16N48	0S53	11S49	1S25
2	22 4	14 32	4 58	15 47	14 57	2 35	10 33	1 40	15 43	0 58	16 51	0 53	11 49	1 25
3	22 12	16 52	4 59	17 45	15 29	2 27	10 36	1 47	15 42	1 1	16 55	0 53	11 49	1 26
4	22 20	18 25	4 46	18 52	16 2	2 18	10 40	1 54	15 40	1 3	16 59	0 53	11 48	1 26
5	22 27	19 4	4 19	19 2	16 35	2 10	10 45	2 1	15 39	1 5	17 2	0 53	11 48	1 26
6	22 34	18 44	3 37	18 11	17 8	2 0	10 50	2 7	15 38	1 7	17 6	0 53	11 48	1 26
7	22 40	17 22	2 44	16 20	17 41	1 51	10 56	2 13	15 37	1 10	17 10	0 53	11 48	1 26
8	22 46	15 3	1 40	13 33	18 14	1 41	11 2	2 18	15 37	1 12	17 13	0 53	11 48	1 27
9	22 52	11 51	0 30	9 59	18 47	1 30	11 10	2 24	15 36	1 14	17 17	0 53	11 48	1 27
10	22 57	7 58	0N43	5 50	19 19	1 20	11 17	2 29	15 36	1 16	17 20	0 53	11 48	1 27
11	23 2	3 36	1 55	1 18	19 51	1 9	11 25	2 33	15 36	1 18	17 24	0 53	11 48	1 27
12	23 6	1S 2	3 0	3S22	20 23	0 58	11 34	2 38	15 37	1 20	17 27	0 53	11 48	1 27
13	23 10	5 39	3 55	7 53	20 53	0 47	11 43	2 42	15 37	1 22	17 30	0 53	11 49	1 28
14	23 13	9 59	4 35	11 57	21 22	0 36	11 53	2 46	15 38	1 24	17 34	0 53	11 49	1 28
15	23 17	13 44	4 58	15 18	21 50	0 25	12 3	2 50	15 39	1 26	17 37	0 53	11 49	1 28
16	23 19	16 37	5 1	17 41	22 17	0 13	12 13	2 53	15 40	1 27	17 40	0 53	11 49	1 28
17	23 22	18 27	4 46	18 56	22 42	0 2	12 24	2 56	15 42	1 29	17 44	0 53	11 50	1 29
18	23 24	19 6	4 13	18 60	23 4	0N 9	12 35	2 59	15 43	1 31	17 47	0 53	11 50	1 29
19	23 25	18 37	3 26	17 58	23 25	0 19	12 46	3 2	15 45	1 32	17 50	0 53	11 50	1 29
20	23 26	17 5	2 29	15 60	23 44	0 29	12 58	3 5	15 47	1 34	17 53	0 53	11 51	1 29
21	23 27	14 43	1 25	13 17	24 0	0 39	13 10	3 7	15 50	1 36	17 57	0 53	11 51	1 29
22	23 27	11 42	0 19	10 1	24 14	0 49	13 22	3 9	15 52	1 37	17 60	0 53	11 52	1 30
23	23 27	8 15	0S46	6 25	24 25	0 58	13 34	3 11	15 55	1 39	18 3	0 53	11 52	1 30
24	23 26	4 31	1 48	2 36	24 33	1 6	13 47	3 13	15 58	1 40	18 6	0 53	11 53	1 30
25	23 25	0 40	2 45	1N16	24 38	1 14	13 60	3 14	16 1	1 42	18 9	0 53	11 53	1 30
26	23 24	3N11	3 35	5 5	24 41	1 21	14 12	3 16	16 4	1 43	18 12	0 53	11 54	1 30
27	23 22	6 56	4 15	8 43	24 41	1 28	14 25	3 17	16 8	1 44	18 15	0 54	11 55	1 31
28	23 20	10 26	4 44	12 2	24 38	1 33	14 38	3 18	16 12	1 46	18 18	0 54	11 55	1 31
29	23 17	13 32	5 2	14 54	24 32	1 38	14 52	3 19	16 16	1 47	18 21	0 54	11 56	1 31
30	23N14	16N 7	5S 5	17N 9	24N23	1N42	15N 5	3S19	16S20	1S48	18N24	0S54	11S57	1S31

DAY	♅ DECL	♅ LAT	♆ DECL	♆ LAT	♇ DECL	♇ LAT
1	23S40	0S15	22N20	0S56	15N 8	8S 2
5	23 40	0 15	22 20	0 56	15 8	8 1
9	23 41	0 16	22 19	0 56	15 9	8 1
13	23 41	0 16	22 19	0 56	15 10	8 1
17	23 41	0 16	22 19	0 56	15 10	8 1
21	23 41	0 16	22 18	0 56	15 11	8 1
25	23 42	0 16	22 18	0 56	15 11	8 1
29	23S42	0S16	22N17	0S56	15N11	8S 1

☽ PHENOMENA	VOID OF COURSE ☽ LAST ASPT	☽ INGRESS
d h m	1 10am54	2 ♊ 6am55
3 5 56 ●	3 11pm 3	4 ♋ 3pm57
10 13 4 ☽	6 4pm27	6 ♌ 10pm59
17 5 51 ○	8 1pm 6	9 ♍ 4am17
24 19 46 ☾	10 6pm 2	11 ♎ 7am53
	12 7pm25	13 ♏ 10am 0
	14 11pm35	15 ♐ 11am29
d h ° '	17 5am51	17 ♑ 1pm46
5 4 19N 5	19 7am15	19 ♒ 6pm34
11 19 0	22 2am57	22 ♓ 2am57
18 1 19S 6	24 4am 0	24 ♈ 2pm33
25 4 0	26 10am 8	27 ♉ 3am16
	29 6am31	29 ♊ 2pm37
2 15 5S 0		
9 10 0	d h	
15 16 5N 2	14 1 PERIGEE	
22 7 0	26 0 APOGEE	
29 18 5S 6		

DAILY ASPECTARIAN

1 Th	☽#♄	1am32
	☉⚻♂	6 46
	☽☌☿	7 4
	☽⚼♅	7 47
	☽☌♃	10 54
	☿⚼♅	12pm54
	☽⚺♇	1 15
	☽∠♆	3 2
2 F	☽∥☿	4am49
	☽∥♇	5 31
	☿∥♇	8 8
	☽⚺♀	10 53
	☽#♂	11 12
	☽□♄	12pm20
	☽⚻♅	12 56
	☿☌♃	6 58
	☽⚺♆	8 13
3 S	☽∥♃	0am44
	☽⚻♂	1 38
	☉☌☽	5 56
	☿#♂	8 45
	☿⚺♇	9 19
	☽∠♀	4pm46
	☽⚺♃	9 45
	☽☌♇	11 3
	☿∠♆	11 45
4 Su	☉∥♆	0am 7
	♀⚹♄	0 9
	☽⚺☿	0 58
	☽⚼♂	5 40
	♀△♅	10 24
	☽△♄	9pm14
	☽☍♅	9 35
	☽⚹♀	10 6
5 M	☽∠♃	2am19
	☽☌♆	4 54
	☽∠☿	8 59
	☽△♂	9 13
	☉⚺☽	6pm35
	☿∥♃	10 30
6 T	☽⚼♄	0am55
	☽⚹♃	6 22
	☽⚺♇	6 45
	☽⚹☿	4pm27
	☽∥☿	8 50
7 W	☉∠☽	0am 0
	☽∥♃	2 37
	☽⚻♄	4 9
	☽⚻♅	4 17
	♃⚺♇	6 34
	☽□♀	7 21
	☽∠♇	9 55
	☽⚺♆	11 40
	☽□♂	3pm 6
	☽#♂	6 55
	☽∥♇	11 7
8 Th	☉⚹☽	4am53
	☽⚼♅	6 59
	☽⚹♇	12pm39
	☽□♃	1 6
	☽∠♆	2 23
	☿ ♊	6 0
	♄⚹♅	6 39
9 F	☽#♄	0am22
	☽∥♀	4 28
	☽□☿	5 50
	☽△♅	9 16
	☽☍♄	9 19
	☽△♀	2pm50
	☽⚹♆	4 41
	♀∠♇	5 29
	☽⚹♂	7 26
10 S	☿⚻♅	6am59
	☿□♄	7 53
	☉□☽	1pm 4
	☽□♇	4 50
	☽⚼♀	5 55
	☽△♃	6 2
	☽∠♂	9 2
11 Su	♀⚹♆	8am40
	☽□♅	12pm34
	☽⚻♄	12 46
	☽△☿	5 11
	☽⚼♃	7 51
	☽□♆	8 2
	☽⚻♀	8 34
	☽⚺♂	10 15
12 M	♃∠♆	10am29
	☽⚼♄	1pm55
	☿⚺♆	2 32
	☉△☽	7 16
	☽△♇	7 25
	☽⚻♃	9 18
	☉☌♇	9 31
	☽⚼☿	10 10
13 T	♀☍♂	4am53
	☿⚻♂	5 18
	☿⚺♀	5 33
	♀#♄	1pm43
	☽⚹♅	2 27
	☽△♄	2 48
	♄SR	3 10
	☽⚼♇	8 17
	☉⚼☽	9 50
	☽△♆	10 1
	☽☌♂	11 52
14 W	☽☍♀	0am54
	☽⚻☿	2 53
	☉⚺♃	10 24
	☽∥♄	11 9
	☽#♀	12pm 6
	☽∠♅	3 6
	☽⚻♇	9 2
	☽⚼♆	10 48
	☽☍♃	11 35
15 Th	☉⚻☽	0am17
	☉⚼♂	3 45
	☽#♇	10 54
	☽∥♂	3pm 5
	☽⚺♅	3 48
	☽□♄	4 16
	☽⚻♆	11 40
16 F	☽⚺♂	1am18
	☿∥♆	1 53
	☽⚻♀	5 5
	☽#♃	12pm21
	☽☍☿	12 42
	☽☍♇	11 0
17 S	☽⚻♃	2am18
	☽∠♂	2 26
	☉☍☽	5 51
	♂SD	7 25
	☽⚼♀	7 43
	☽☌♅	6pm 6
	☽⚹♄	6 43
18 Su	☽☍♆	2am33
	☽⚹♂	4 7
	☽⚼♃	4 23
	☽△♀	11 3
	☽∠♄	8pm50
	☉∥☿	11 39
19 M	☽⚻☿	1am33
	☽⚻♇	2 59
	☽△♃	7 15
	☿☌♇	10 40
	☽#♃	1pm31
	☉⚻☽	2 11
	☿#♅	8 28
	☽⚺♅	10 59
	☽⚺♄	11 47
20 T	☽⚼♇	6am13
	☽⚻♆	8 19
	☿⚼♂	9 16
	☽□♂	9 57
	☽⚼☿	10 5
	☽∥♂	1pm49
	☿⚺♃	4 19
	☽#♇	7 51
	☉⚼☽	7 59
	☽□♀	8 49
21 W	☽∠♅	2am47
	☽△♇	10 24
	☽#♀	12pm 4
	☽⚼♆	12 36
	☽□♃	3 50
	☽△☿	8 19
	☽∥♄	10 51
22 Th	☉ ♋	2am51
	☉△☽	2 57
	☽⚹♅	7 29
	☽☌♄	8 28
	☽△♆	5pm48
	☽△♂	7 37
23 F	☿ ♋	9am54
	☽⚹♀	11 8
	☽□♇	9pm21
24 S	☽⚼♂	1am42
	☉∠♀	2 7
	☽⚹♃	4 0
	☿∠♀	9 14
	☉☌☿	9 51
	☿☍♅	10 34
	☉☍♅	11 27
	♀⚼♅	12pm35
	☿△♄	4 34
	☽□♅	7 4
	☽∠♀	7 36
	☉□☽	7 46
	☽⚺♄	8 12
	☽□☿	9 2
25 Su	☉△♄	1am 4
	☽□♆	6 7
	☽⚻♂	8 16
	☽∠♃	10 53
26 M	☽∠♄	2am33
	☽⚺♀	4 23
	☽⚹♇	10 8
	☽⚺♃	5pm49
	☿☌♆	11 15
27 T	☽△♅	7am34
	☽⚹♄	8 47
	☿△♂	1pm 9
	☉⚹☽	1 43
	☽∠♇	4 24
	☽⚹♆	6 53
	☽☍♂	9 25
	☽⚹☿	11 6
28 W	☿∠♃	7am22
	☽#♄	11 7
	☽⚼♅	1pm21
	☽☌♀	9 9
	☉∠☽	10 0
	☽⚺♇	10 11
29 Th	☽∠♆	0am39
	☽☌♃	6 31
	☽∠☿	10 53
	♀⚺♇	11 42
	☽∥♀	12pm40
	☽∥♇	2 42
	☽⚻♅	6 32
	☽□♄	7 48
30 F	☽#♂	2am25
	☉⚺☽	5 29
	☽⚺♆	5 46
	☽⚻♂	8 43
	☉☌♆	9 17
	♀∥♇	12pm12
	☽⚺☿	9 21
	♀∠♆	10 46

LONGITUDE

DAY	SID. TIME	☉	☽	☽ 12 Hour	MEAN ☊	TRUE ☊	☿	♀	♂	♃	♄	♅	♆	♇
	h m s	° ' "	° ' "	° ' "	° '	° '	° '	° '	° '	° '	° '	° '	° '	° '
1	18 33 30	8♋ 28 12	17♊ 29 40	23♊ 54 25	2♍ 53	1♍ 34R	16♋ 19	22♉ 57	9♏ 32	26♉ 11	2♓ 39R	1♑ 59R	7♋ 54	21♊ 37
2	18 37 27	9 25 25	0♋ 23 10	6♋ 55 49	2 50	1 25	18 23	23 52	9 43	26 24	2 37	1 57	7 57	21 39
3	18 41 23	10 22 39	13 32 14	20 12 14	2 46	1 17	20 25	24 47	9 54	26 36	2 36	1 54	7 59	21 40
4	18 45 20	11 19 52	26 55 34	3♌ 42 0	2 43	1 11	22 26	25 43	10 6	26 48	2 34	1 52	8 1	21 41
5	18 49 16	12 17 5	10♌ 31 16	17 23 7	2 40	1 7	24 24	26 40	10 19	27 0	2 32	1 49	8 3	21 43
6	18 53 13	13 14 19	24 17 16	1♍ 13 30	2 37	1 5D	26 21	27 36	10 32	27 12	2 30	1 47	8 6	21 44
7	18 57 10	14 11 32	8♍ 11 37	15 11 23	2 34	1 5	28 16	28 34	10 46	27 24	2 27	1 45	8 8	21 45
8	19 1 6	15 8 44	22 12 40	29 15 16	2 30	1 6	0♌ 9	29 31	11 1	27 35	2 25	1 42	8 10	21 47
9	19 5 3	16 5 57	6♎ 19 2	13♎ 23 48	2 27	1 7R	2 0	0♊ 29	11 16	27 47	2 23	1 40	8 12	21 48
10	19 8 59	17 3 10	20 29 23	27 35 32	2 24	1 8	3 49	1 27	11 32	27 59	2 20	1 38	8 15	21 49
11	19 12 56	18 0 22	4♏ 42 3	11♏ 48 36	2 21	1 6	5 36	2 26	11 48	28 10	2 18	1 35	8 17	21 50
12	19 16 52	18 57 34	18 54 51	26 0 24	2 18	1 3	7 21	3 25	12 5	28 21	2 15	1 33	8 19	21 52
13	19 20 49	19 54 47	3♐ 4 51	10♐ 7 43	2 15	0 59	9 4	4 25	12 23	28 33	2 13	1 31	8 21	21 53
14	19 24 45	20 51 59	17 8 32	24 6 48	2 11	0 53	10 45	5 25	12 41	28 44	2 10	1 29	8 23	21 54
15	19 28 42	21 49 12	1♑ 2 3	7♑ 53 52	2 8	0 47	12 24	6 25	13 0	28 55	2 7	1 26	8 26	21 55
16	19 32 39	22 46 25	14 41 50	21 25 37	2 5	0 41	14 2	7 25	13 19	29 6	2 4	1 24	8 28	21 57
17	19 36 35	23 43 38	28 5 0	4♒ 39 46	2 2	0 37	15 37	8 26	13 39	29 17	2 1	1 22	8 30	21 58
18	19 40 32	24 40 52	11♒ 9 52	17 35 17	1 59	0 34	17 10	9 27	13 59	29 28	1 58	1 20	8 32	21 59
19	19 44 28	25 38 6	23 56 7	0♓ 12 34	1 56	0 32D	18 42	10 28	14 19	29 39	1 55	1 18	8 34	22 0
20	19 48 25	26 35 21	6♓ 24 53	12 33 23	1 52	0 32	20 11	11 30	14 41	29 49	1 52	1 15	8 36	22 2
21	19 52 21	27 32 36	18 38 29	24 40 38	1 49	0 34	21 38	12 32	15 2	0♊ 0	1 49	1 13	8 38	22 3
22	19 56 18	28 29 52	0♈ 40 20	6♈ 38 8	1 46	0 35	23 4	13 34	15 25	0 10	1 45	1 11	8 41	22 4
23	20 0 14	29 27 9	12 34 35	18 30 17	1 43	0 37	24 27	14 37	15 47	0 21	1 42	1 9	8 43	22 5
24	20 4 11	0♌ 24 27	24 25 51	0♉ 21 54	1 40	0 38R	25 48	15 40	16 10	0 31	1 38	1 7	8 45	22 6
25	20 8 8	1 21 45	6♉ 19 2	12 17 51	1 36	0 37	27 7	16 43	16 34	0 41	1 35	1 5	8 47	22 7
26	20 12 4	2 19 5	18 18 56	24 22 51	1 33	0 36	28 24	17 46	16 58	0 51	1 31	1 3	8 49	22 9
27	20 16 1	3 16 26	0♊ 30 6	6♊ 41 8	1 30	0 34	29 39	18 50	17 22	1 1	1 28	1 1	8 51	22 10
28	20 19 57	4 13 48	12 56 24	19 16 12	1 27	0 30	0♍ 52	19 53	17 47	1 11	1 24	0 59	8 53	22 11
29	20 23 54	5 11 10	25 40 48	2♋ 10 24	1 24	0 27	2 2	20 58	18 12	1 20	1 20	0 57	8 55	22 12
30	20 27 50	6 8 34	8♋ 45 4	15 24 47	1 21	0 23	3 9	22 2	18 38	1 30	1 16	0 56	8 57	22 13
31	20 31 47	7♌ 5 58	22♋ 9 28	28♋ 58 54	1♍ 17	0♍ 20	4♍ 15	23♊ 6	19♏ 4	1♊ 40	1♓ 12	0♑ 54	8♋ 59	22♊ 14

DECLINATION and LATITUDE

DAY	☉ DECL	☽ DECL	☽ LAT	☽ 12hr DECL	☿ DECL	☿ LAT	♀ DECL	♀ LAT	♂ DECL	♂ LAT	♃ DECL	♃ LAT	♄ DECL	♄ LAT
1	23N11	17N59	4S54	18N36	24N12	1N46	15N18	3S20	16S24	1S49	18N26	0S54	11S57	1S32
2	23 7	18 59	4 28	19 7	23 59	1 49	15 31	3 20	16 29	1 50	18 29	0 54	11 58	1 32
3	23 3	18 60	3 47	18 36	23 43	1 51	15 44	3 20	16 33	1 52	18 32	0 54	11 59	1 32
4	22 58	17 57	2 53	17 2	23 25	1 52	15 57	3 20	16 38	1 53	18 35	0 54	11 60	1 32
5	22 53	15 52	1 49	14 28	23 6	1 52	16 11	3 20	16 43	1 54	18 38	0 54	12 1	1 32
6	22 48	12 51	0 37	11 3	22 44	1 52	16 24	3 20	16 48	1 55	18 40	0 54	12 2	1 33
7	22 42	9 6	0N38	6 60	22 20	1 52	16 37	3 19	16 54	1 56	18 43	0 54	12 3	1 33
8	22 35	4 48	1 52	2 32	21 55	1 50	16 50	3 18	16 59	1 57	18 45	0 54	12 4	1 33
9	22 29	0 14	2 59	2S 5	21 29	1 48	17 2	3 18	17 5	1 58	18 48	0 54	12 5	1 33
10	22 22	4S22	3 55	6 36	21 1	1 45	17 15	3 17	17 11	1 59	18 51	0 54	12 6	1 33
11	22 14	8 44	4 38	10 45	20 32	1 42	17 27	3 16	17 17	1 59	18 53	0 54	12 7	1 33
12	22 7	12 36	5 3	14 16	20 1	1 38	17 40	3 15	17 23	2 0	18 56	0 54	12 8	1 34
13	21 58	15 43	5 9	16 56	19 30	1 34	17 52	3 13	17 29	2 1	18 58	0 54	12 9	1 34
14	21 50	17 54	4 57	18 35	18 58	1 29	18 4	3 12	17 35	2 2	19 0	0 54	12 10	1 34
15	21 41	18 59	4 28	19 6	18 25	1 23	18 16	3 11	17 42	2 3	19 3	0 54	12 12	1 34
16	21 32	18 56	3 43	18 30	17 52	1 17	18 27	3 9	17 48	2 3	19 5	0 54	12 13	1 34
17	21 22	17 49	2 47	16 54	17 18	1 11	18 38	3 7	17 55	2 4	19 7	0 54	12 14	1 35
18	21 12	15 46	1 44	14 27	16 43	1 4	18 49	3 6	18 2	2 5	19 10	0 54	12 15	1 35
19	21 2	12 59	0 36	11 23	16 8	0 57	19 0	3 4	18 8	2 5	19 12	0 54	12 17	1 35
20	20 51	9 40	0S32	7 51	15 33	0 49	19 10	3 2	18 15	2 6	19 14	0 54	12 18	1 35
21	20 40	5 59	1 37	4 5	14 57	0 41	19 21	2 59	18 22	2 7	19 16	0 54	12 19	1 35
22	20 28	2 8	2 37	0 12	14 21	0 33	19 30	2 57	18 30	2 7	19 19	0 55	12 21	1 35
23	20 17	1N45	3 30	3N40	13 45	0 24	19 40	2 55	18 37	2 8	19 21	0 55	12 22	1 36
24	20 4	5 33	4 13	7 22	13 9	0 15	19 49	2 53	18 44	2 8	19 23	0 55	12 23	1 36
25	19 52	9 8	4 46	10 48	12 34	0 5	19 58	2 50	18 51	2 9	19 25	0 55	12 25	1 36
26	19 39	12 23	5 7	13 50	11 58	0S 4	20 6	2 48	18 59	2 9	19 27	0 55	12 26	1 36
27	19 26	15 9	5 14	16 19	11 23	0 14	20 14	2 45	19 6	2 10	19 29	0 55	12 28	1 36
28	19 13	17 18	5 6	18 5	10 48	0 25	20 22	2 42	19 14	2 10	19 31	0 55	12 29	1 36
29	18 59	18 39	4 44	18 59	10 13	0 35	20 29	2 39	19 21	2 11	19 33	0 55	12 31	1 37
30	18 45	19 4	4 6	18 53	9 39	0 46	20 36	2 37	19 29	2 11	19 34	0 55	12 32	1 37
31	18N30	18N26	3S15	17N42	9N 5	0S57	20N43	2S34	19S36	2S12	19N36	0S55	12S34	1S37

DAY	♅ DECL	♅ LAT	♆ DECL	♆ LAT	♇ DECL	♇ LAT
1	23S42	0S16	22N17	0S56	15N11	8S 1
5	23 42	0 16	22 17	0 56	15 12	8 1
9	23 42	0 16	22 16	0 56	15 12	8 1
13	23 42	0 16	22 15	0 56	15 12	8 1
17	23 42	0 16	22 15	0 56	15 12	8 1
21	23 43	0 16	22 14	0 56	15 12	8 1
25	23 43	0 16	22 14	0 56	15 12	8 2
29	23S43	0S16	22N13	0S56	15N12	8S 2

☽ PHENOMENA	VOID OF COURSE ☽ LAST ASPT	☽ INGRESS
d h m	1 7am45	1 ♋ 11pm17
2 17 50 ●	3 11pm46	4 ♌ 5am27
9 17 46 ☽	6 6am10	6 ♍ 9am53
16 15 32 ○	8 9am18	8 ♎ 1pm16
24 13 8 ☾	10 2am15	10 ♏ 4pm 4
	12 4pm12	12 ♐ 6pm46
	14 8am12	14 ♑ 10pm12
d h ° '	17 2am13	17 ♒ 3am29
2 12 19N 7	19 11am 4	19 ♓ 11am36
9 1 0	21 7pm16	21 ♈ 10pm39
15 11 19S 6	24 3am 8	24 ♉ 11am16
22 13 0	26 10pm 9	26 ♊ 11pm 1
29 22 19N 4	28 5pm29	29 ♋ 8am 0
	30 6pm20	31 ♌ 1pm47
6 12 0	d h	
12 20 5N10	10 5 PERIGEE	
19 13 0	23 18 APOGEE	
27 0 5S14		

DAILY ASPECTARIAN

1 S	☽☌♇	7am45
	☽∥♃	8 52
	☽⚺♀	11 0
	☽⚼♂	1pm21
	☿⚼♄	3 14
	☽⚺♃	4 30
2 Su	☽☍♅	2am52
	☽△♄	4 6
	☉△♂	8 57
	☽☌♆	1pm53
	☽∠♀	4 42
	☽△♂	5 19
	☉☌☽	5 50
	☽∠♃	8 26
3 M	☿#♅	1am48
	☽⚼♄	7 18
	☽∥♃	12pm57
	☽☌☿	2 35
	☽⚺♇	2 38
	☿⚺♇	2 59
	☽⚹♀	9 42
	☽⚹♃	11 46
4 T	☽⚻♅	8am44
	☽⚻♄	9 58
	☉∠♃	2pm52
	☽#♂	3 47
	☽∠♇	5 18
	☽⚺♆	7 40
	☽∥♀	9 16
	☽□♂	11 38
5 W	☉⚺☽	3am19
	☽∥♇	5 59
	♀☌♃	10 53
	☽⚼♅	10 59
	☉∥☿	6pm44
	☽⚹♇	7 33
	☽∠♆	9 55
6 Th	☽⚺☿	4am 9
	☽□♃	5 7
	☽#♄	5 38
	☽□♀	6 10
	☉∠☽	7 21
	☿⚹♃	11 45
	☽△♅	12pm56
	☽☍♄	2 9
	☽⚹♆	11 54
7 F	☿∥♆	4am 5
	☽⚹♂	4 30
	☿⚹♀	7 31
	☽∠☿	10 4
	☉⚹☽	11 3
	☿ ♌	10pm 7
	☽□♇	11 15
8 S	☽∠♂	6am36
	☽△♃	9 18
	♀ ♊	11 59
	☽△♀	1pm22
	☽⚹☿	3 34
	☽□♅	4 7
	☽⚻♄	5 20
	☿⚻♅	7 47
9 Su	☽□♆	3am13
	☿⚻♄	4 57
	☽⚺♂	8 33
	♀#♂	8 42
	☽⚼♃	11 7
	☽⚼♀	4pm41
	☉□☽	5 46
	☽⚼♄	6 41
10 M	☽△♇	2am15
	♀⚻♅	4 3
	☉⚼♄	6 58
	☽⚻♃	12pm49
	☽⚹♅	6 46
	☉∥♆	7 36
	☽⚻♀	7 54
	☽△♄	7 58
	♀□♄	8 48
11 T	☽□☿	1am44
	☽⚼♇	3 37
	☽△♆	6 3
	☽☌♂	12pm14
	☿∠♇	5 12
	☽∠♅	8 1
	☽∥♄	8 52
12 W	☉△☽	0am 5
	☽⚻♇	4 59
	☽⚼♆	7 28
	☿⚺♆	1pm45
	☽☍♃	4 12
	☽#♇	7 30
	☽⚺♅	9 21
	☽□♄	10 32
13 Th	☽☍♀	2am26
	☉⚼☽	3 20
	☽⚻♆	9 0
	☽△☿	11 35
	☽⚺♂	4pm11
	☽∥♂	7 29
	☿∥♃	10 26
14 F	☽#♀	2am55
	☉⚻☽	6 52
	☽☍♇	8 12
	☽#☿	1pm47
	☽⚼☿	4 51
	☽∠♂	6 36
	☽⚻♃	8 16
15 S	☽☌♅	0am42
	☽⚹♄	1 53
	☉⚺♇	2 41
	☿∥♀	5 13
	☽⚻♀	10 8
	☿□♂	10 43
	☽☍♆	12pm58
	☽⚹♂	9 29
	☽⚻☿	10 39
	☽⚼♃	10 56
16 Su	☿#♂	2am 7
	☽∠♄	4 12
	☽#♀	11 15
	☽⚻♇	12pm57
	☽⚼♀	2 55
	☉☍☽	3 32
	☽∥♂	10 41
17 M	♀⚺♆	1am37
	☽△♃	2 13
	☽⚺♅	5 57
	☽⚺♄	7 8
	☽#☿	10 16
	☿⚼♅	11 13
	☽⚼♇	4pm16
	☽⚻♆	7 7
	☽△♀	8 33
18 T	☽□♂	5am23
	☽#♇	5 23
	☽∠♅	9 36
	☽☍☿	12pm45
	☽△♇	8 20
	☽⚼♆	11 18
19 W	☉⚻☽	3am30
	☽∥♄	5 22
	☽□♃	11 4
	☽⚹♅	2pm 3
	☽☌♄	3 14
20 Th	☽△♆	4am17
	☽□♀	10 51
	☉⚼☽	10 57
	♀∥♃	11 7
	☿∥♇	1pm38
	☽△♂	4 40
21 F	♃ ♊	0am23
	☉∠♀	2 20
	☽⚻☿	6 45
	☽□♇	6 46
	☿⚹♇	6 53
	☉△☽	7pm16
	☽⚹♃	10 59
	☽⚼♂	11 27
22 S	☽□♅	1am 2
	☽⚺♄	2 10
	☿∠♆	10 49
	☽□♆	4pm10
	☽⚼☿	4 51
23 Su	☽⚹♀	4am31
	☽∠♃	5 41
	☽⚻♂	6 43
	☽∠♄	8 18
	☉ ♌	1pm45
	☽⚹♇	7 17
	♂∠♅	8 56
24 M	☽△☿	3am 8
	☉⚹♃	3 17
	☽⚺♃	12pm29
	☉□☽	1 8
	☽△♅	1 29
	☽∠♀	1 49
	☽⚹♄	2 30
	☉∥♀	5 15
	☉⚻♅	5 16
	♀⚻♂	6 35
25 T	☽∠♇	1am37
	☽⚹♆	4 58
	☉⚻♄	5 10
	☿#♄	5 48
	☽⚼♅	7pm31
	☽☍♂	9 13
	☽∥☿	9 19
	☽⚺♀	10 48
26 W	☽#♄	0am28
	☽⚺♇	7 36
	☽∠♆	10 55
	☉∥♃	7pm49
	☽□☿	10 9
27 Th	♃⚻♅	0am25
	☽∥♇	0 32
	☽⚻♅	1 0
	☽☌♃	1 1
	☽□♄	1 52
	☉⚹☽	5 51
	☿ ♍	6 50
	☽⚺♆	4pm13
	☉#♂	10 49
28 F	☿△♅	2am32
	☿□♃	7 32
	☽⚻♂	9 31
	☿☍♄	10 25
	☉∠☽	12pm53
	☽☌♀	2 22
	☽☌♇	5 29
	♃□♄	11 18
29 S	☉∥☽	8am 9
	☽☍♅	9 44
	☽△♄	10 24
	☽⚺♃	10 36
	☽⚹☿	12pm51
	☽⚼♂	2 22
	☉⚺☽	6 53
30 Su	☽☌♆	0am22
	♀☌♇	4 14
	☽⚼♄	1pm28
	☽∠♃	2 7
	☽△♂	6 20
	☽∠☿	6 23
	☉∥☽	9 50
	♂#♃	11 19
31 M	☽⚺♇	0am 8
	☽⚺♀	1 49
	☉∠♇	3 25
	☽⚻♅	3pm18
	☽⚻♄	3 49
	☽⚹♃	4 52
	☽⚺☿	10 53

AUGUST 1905

LONGITUDE

DAY	SID. TIME	☉	☽	☽ 12 Hour	MEAN ☊	TRUE ☊	☿	♀	♂	♃	♄	♅	♆	♇
	h m s	° ' "	° ' "	° ' "	° '	° '	° '	° '	° '	° '	° '	° '	° '	° '
1	20 35 43	8♌ 3 24	5♌ 52 46	12♌ 50 43	1♍ 14	0♍ 18R	5♍ 17	24♊ 11	19♏ 31	1♊ 49	1♓ 8R	0♑ 52R	9♋ 1	22♊ 15
2	20 39 40	9 0 50	19 52 18	26 57 1	1 11	0 16D	6 17	25 16	19 58	1 58	1 4	0 50	9 3	22 16
3	20 43 37	9 58 17	4♍ 4 18	11♍ 13 37	1 8	0 16	7 14	26 21	20 25	2 7	1 0	0 48	9 5	22 17
4	20 47 33	10 55 45	18 24 24	25 36 4	1 5	0 17	8 8	27 26	20 52	2 16	0 56	0 47	9 7	22 18
5	20 51 30	11 53 14	2♎ 48 6	10♎ 0 0	1 1	0 18	8 59	28 32	21 21	2 25	0 52	0 45	9 9	22 19
6	20 55 26	12 50 43	17 11 17	24 21 33	0 58	0 19	9 47	29 37	21 49	2 34	0 48	0 44	9 11	22 20
7	20 59 23	13 48 13	1♏ 30 25	8♏ 37 33	0 55	0 20R	10 31	0♋ 43	22 18	2 42	0 44	0 42	9 13	22 21
8	21 3 19	14 45 44	15 42 41	22 45 33	0 52	0 20	11 12	1 49	22 47	2 51	0 40	0 40	9 15	22 22
9	21 7 16	15 43 16	29 45 56	6♐ 43 38	0 49	0 19	11 48	2 55	23 16	2 59	0 35	0 39	9 17	22 23
10	21 11 12	16 40 48	13♐ 38 30	20 30 23	0 46	0 18	12 21	4 2	23 46	3 7	0 31	0 37	9 19	22 24
11	21 15 9	17 38 22	27 19 8	4♑ 4 39	0 42	0 17	12 50	5 8	24 16	3 15	0 27	0 36	9 21	22 25
12	21 19 6	18 35 57	10♑ 46 49	17 25 32	0 39	0 15	13 14	6 15	24 46	3 23	0 22	0 35	9 22	22 26
13	21 23 2	19 33 32	24 0 46	0♒ 32 27	0 36	0 14	13 34	7 22	25 17	3 31	0 18	0 33	9 24	22 26
14	21 26 59	20 31 8	7♒ 0 33	13 25 4	0 33	0 13	13 49	8 29	25 48	3 39	0 13	0 32	9 26	22 27
15	21 30 55	21 28 46	19 46 4	26 3 35	0 30	0 13D	13 59	9 36	26 19	3 46	0 9	0 31	9 28	22 28
16	21 34 52	22 26 25	2♓ 17 45	8♓ 28 42	0 27	0 13	14 3R	10 43	26 51	3 54	0 5	0 30	9 29	22 29
17	21 38 48	23 24 5	14 36 37	20 41 44	0 23	0 13	14 3	11 51	27 23	4 1	0 0	0 28	9 31	22 30
18	21 42 45	24 21 47	26 44 20	2♈ 44 43	0 20	0 13	13 56	12 59	27 55	4 8	29♒ 56	0 27	9 33	22 30
19	21 46 41	25 19 30	8♈ 43 16	14 40 21	0 17	0 14	13 44	14 6	28 27	4 15	29 51	0 26	9 35	22 31
20	21 50 38	26 17 15	20 36 24	26 31 54	0 14	0 14	13 26	15 14	29 0	4 22	29 47	0 25	9 36	22 32
21	21 54 35	27 15 1	2♉ 27 21	8♉ 23 15	0 11	0 15R	13 3	16 23	29 33	4 28	29 42	0 24	9 38	22 33
22	21 58 31	28 12 48	14 20 11	20 18 40	0 7	0 15	12 33	17 31	0♐ 6	4 35	29 38	0 23	9 40	22 33
23	22 2 28	29 10 38	26 19 18	2♊ 22 38	0 4	0 15	11 59	18 39	0 40	4 41	29 33	0 22	9 41	22 34
24	22 6 24	0♍ 8 30	8♊ 29 15	14 39 41	0 1	0 14D	11 19	19 48	1 13	4 47	29 28	0 22	9 43	22 35
25	22 10 21	1 6 23	20 54 28	27 14 3	29♌ 58	0 14	10 35	20 57	1 47	4 53	29 24	0 21	9 44	22 35
26	22 14 17	2 4 18	3♋ 38 54	10♋ 9 21	29 55	0 15	9 46	22 5	2 22	4 59	29 19	0 20	9 46	22 36
27	22 18 14	3 2 14	16 45 41	23 28 3	29 52	0 15	8 54	23 14	2 56	5 5	29 15	0 19	9 47	22 36
28	22 22 10	4 0 13	0♌ 16 33	7♌ 11 5	29 48	0 15	8 0	24 24	3 31	5 10	29 10	0 19	9 49	22 37
29	22 26 7	4 58 13	14 11 28	21 17 23	29 45	0 16	7 5	25 33	4 6	5 15	29 6	0 18	9 50	22 38
30	22 30 4	5 56 15	28 28 20	5♍ 43 43	29 42	0 16R	6 9	26 42	4 41	5 21	29 1	0 17	9 52	22 38
31	22 34 0	6♍ 54 19	13♍ 2 49	20♍ 24 47	29♌ 39	0♍ 16	5♍ 13	27♋ 52	5♐ 17	5♊ 26	28♒ 57	0♑ 17	9♋ 53	22♊ 39

DECLINATION and LATITUDE

DAY	☉ DECL	☽ DECL	☽ LAT	☽ 12hr DECL	☿ DECL	☿ LAT	♀ DECL	♀ LAT	♂ DECL	♂ LAT	♃ DECL	♃ LAT	♄ DECL	♄ LAT
1	18N16	16N42	2S10	15N27	8N32	1S 8	20N49	2S31	19S44	2S12	19N38	0S55	12S35	1S37
2	18 1	13 58	0 57	12 15	7 59	1 19	20 54	2 28	19 52	2 12	19 40	0 55	12 37	1 37
3	17 45	10 21	0N21	8 17	7 28	1 31	20 60	2 25	19 60	2 13	19 42	0 55	12 38	1 37
4	17 30	6 6	1 39	3 49	6 57	1 42	21 4	2 21	20 7	2 13	19 43	0 55	12 40	1 37
5	17 14	1 29	2 50	0S52	6 27	1 54	21 8	2 18	20 15	2 13	19 45	0 55	12 41	1 38
6	16 58	3S12	3 51	5 28	5 58	2 5	21 12	2 15	20 23	2 14	19 47	0 56	12 43	1 38
7	16 42	7 40	4 37	9 44	5 31	2 17	21 15	2 12	20 31	2 14	19 48	0 56	12 45	1 38
8	16 25	11 40	5 6	13 25	5 5	2 29	21 18	2 8	20 38	2 14	19 50	0 56	12 46	1 38
9	16 8	14 58	5 16	16 17	4 40	2 40	21 20	2 5	20 46	2 14	19 51	0 56	12 48	1 38
10	15 51	17 21	5 8	18 11	4 17	2 52	21 22	2 1	20 54	2 15	19 53	0 56	12 50	1 38
11	15 33	18 44	4 42	19 0	3 55	3 3	21 23	1 58	21 1	2 15	19 54	0 56	12 51	1 38
12	15 16	19 1	4 1	18 45	3 36	3 14	21 24	1 54	21 9	2 15	19 56	0 56	12 53	1 38
13	14 58	18 15	3 7	17 29	3 18	3 25	21 24	1 51	21 17	2 15	19 57	0 56	12 55	1 39
14	14 39	16 31	2 5	15 20	3 3	3 36	21 24	1 47	21 25	2 15	19 58	0 56	12 56	1 39
15	14 21	13 59	0 58	12 29	2 50	3 46	21 23	1 44	21 32	2 16	19 60	0 56	12 58	1 39
16	14 2	10 51	0S12	9 6	2 39	3 55	21 21	1 40	21 40	2 16	20 1	0 56	12 60	1 39
17	13 44	7 17	1 19	5 24	2 31	4 4	21 19	1 36	21 47	2 16	20 2	0 56	13 1	1 39
18	13 24	3 28	2 22	1 31	2 26	4 12	21 17	1 33	21 55	2 16	20 3	0 56	13 3	1 39
19	13 5	0N26	3 18	2N22	2 24	4 20	21 14	1 29	22 2	2 16	20 5	0 57	13 5	1 39
20	12 46	4 16	4 5	6 8	2 25	4 26	21 10	1 25	22 9	2 16	20 6	0 57	13 6	1 39
21	12 26	7 56	4 41	9 39	2 30	4 31	21 6	1 22	22 17	2 16	20 7	0 57	13 8	1 39
22	12 6	11 17	5 5	12 48	2 37	4 35	21 1	1 18	22 24	2 16	20 8	0 57	13 10	1 39
23	11 46	14 12	5 17	15 28	2 48	4 37	20 56	1 14	22 31	2 16	20 9	0 57	13 11	1 39
24	11 26	16 34	5 14	17 29	3 2	4 38	20 50	1 10	22 38	2 16	20 10	0 57	13 13	1 40
25	11 5	18 12	4 57	18 42	3 20	4 37	20 43	1 7	22 45	2 16	20 11	0 57	13 15	1 40
26	10 45	18 59	4 25	19 1	3 41	4 34	20 36	1 3	22 52	2 16	20 12	0 57	13 16	1 40
27	10 24	18 47	3 39	18 17	4 4	4 29	20 29	0 59	22 59	2 16	20 13	0 57	13 18	1 40
28	10 3	17 31	2 39	16 29	4 30	4 23	20 21	0 55	23 6	2 16	20 14	0 57	13 20	1 40
29	9 42	15 11	1 28	13 38	4 59	4 14	20 12	0 52	23 12	2 16	20 15	0 57	13 21	1 40
30	9 20	11 51	0 10	9 53	5 29	4 4	20 3	0 48	23 19	2 16	20 16	0 58	13 23	1 40
31	8N59	7N45	1N10	5N29	6N 0	3S52	19N53	0S44	23S25	2S16	20N16	0S58	13S24	1S40

DAY	♅ DECL	♅ LAT	♆ DECL	♆ LAT	♇ DECL	♇ LAT
1	23S43	0S16	22N13	0S56	15N12	8S 2
5	23 43	0 16	22 12	0 56	15 12	8 2
9	23 43	0 16	22 12	0 56	15 12	8 3
13	23 43	0 16	22 11	0 56	15 12	8 3
17	23 43	0 16	22 11	0 56	15 12	8 4
21	23 43	0 16	22 10	0 56	15 11	8 4
25	23 43	0 16	22 10	0 56	15 11	8 4
29	23S43	0S16	22N 9	0S56	15N11	8S 5

☽ PHENOMENA			
d	h	m	
1	4	2	●
7	22	16	☽
15	3	31	○☍
23	6	10	☾
30	13	13	●☌
d	h	°	'
5	8	0	
11	18	19S	3
18	21	0	
26	7	19N	2
2	18	0	
9	1	5N16	
15	20	0	
23	8	5S17	
30	3	0	

VOID OF COURSE ☽ LAST ASPT		☽ INGRESS		
2	9am54	2	♍	5pm 9
4	4pm18	4	♎	7pm20
6	8am37	6	♏	9pm28
8	12pm28	9	♐	0am24
10	3pm20	11	♑	4am45
13	2am25	13	♒	11am 0
15	1pm 3	15	♓	7pm34
18	2am27	18	♈	6am30
20	6pm27	20	♉	7pm 2
23	6am22	23	♊	7am18
25	3pm58	25	♋	5pm12
27	12pm40	27	♌	11pm31
30	0am55	30	♍	2am32

d	h	
4	20	PERIGEE
20	13	APOGEE

DAILY ASPECTARIAN

1 T	☽∠♇	2am22
	☉☌☽	4 2
	☽⚺♆	5 26
	☽∠♀	6 11
	☽∥♇	2pm 8
	☽⚼♅	5 8
2 W	☽□♂	0am 9
	☉⚺♆	1 4
	☽⚹♇	4 5
	☽∠♆	7 7
	☽⋕♄	9 30
	☽⚹♀	9 54
	☽△♅	6pm31
	☽☍♄	6 52
	☽□♃	8 41
3 Th	☽☌☿	5am40
	☽⚹♆	8 26
	☉⚺☽	10 36
	☽∥☿	6pm49
4 F	☽⚹♂	4am15
	☽□♇	6 30
	☉∠☽	1pm26
	☽□♀	4 18
	☽□♅	8 35
	☽⚻♄	8 48
	☽△♃	11 21
5 S	☿⚹♆	5am15
	☽∠♂	6 6
	☽□♆	10 37
	☽⚺☿	10 55
	☉⚹☽	4pm14
	☽⚼♄	9 42
6 Su	☽⚼♃	0am38
	☽⚺♂	8 0
	♀ ♋	8 17
	☽△♇	8 37
	☽⋕☿	1pm18
	☽∠☿	1 24
	☽△♀	10 34
	☽⚹♅	10 39
	☽△♄	10 42
	♀☍♅	11 35
7 M	♀△♄	0am15
	☽⚻♃	2 2
	♂⚻♇	2 55
	☽⚼♇	9 51
	☽△♆	1pm 2
	☽⚹☿	3 58
	♄⚹♅	5 0
	☉□☽	10 16
	☽∠♅	11 56
8 T	☽⚼♀	2am 2
	☽∥♄	7 30
	☽⚻♇	11 20
	☽☌♂	12pm28
	☽⚼♆	2 35
	☉⚼♅	10 14
9 W	☽□♄	1am24
	☽⚺♅	1 31
	♀⚺♃	1 35
	☽⋕♇	2 2
	☽☍♃	5 36
	☽⚻♀	5 54
	☉⋕☽	9 27
	☽⚻♆	4pm28
	☽□☿	9 40
10 Th	☉△☽	5am42
	☽☍♇	3pm20
	☽⚺♂	6 24
11 F	♂⚼♆	3am56
	☽⚹♄	5 30
	☽☌♅	5 48
	☉⚼☽	10 10
	☽⚻♃	10 39
	☽☍♀	3pm 9
	☽☍♆	9 28
	☽∠♂	10 7
12 S	☽△☿	4am33
	☉∥♇	5 4
	☽∠♄	8 14
	☽⚼♃	1pm53
	☉⚻☽	3 14
	☽⚻♇	9 7
13 Su	☽⚹♂	2am25
	☽⚼☿	8 33
	☽⚺♄	11 29
	☽⚺♅	12pm 0
	☽△♃	5 41
	♀⋕♂	9 45
14 M	☽⚼♇	0am50
	☽⚻♀	3 1
	☽⚻♆	4 32
	☽⚻☿	12pm56
	☽⋕♇	1 20
	☽∠♅	3 58
	☉⋕☽	8 30
	♀☌♆	8 57
15 T	☉☍☽	3am31
	☽△♇	5 8
	☽∥♄	8 10
	☽⚼♆	8 58
	☽⚼♀	10 7
	☽□♂	1pm 3
	☽☌♄	7 45
	☽⚹♅	8 32
16 W	☉⚹♇	1am 1
	☽□♃	3 7
	☿SR	8 24
	☽△♆	2pm 1
	☽△♀	6 2
	☽☍☿	10 53
17 Th	♄ ♒	0am28
	☽□♇	3pm35
	☉⚻☽	6 52
	♀⚼♂	9 26
18 F	☽△♂	2am27
	☉∠♆	4 47
	☽⚺♄	6 19
	☽⋕☿	6 27
	☽□♅	7 24
	☽⚹♃	2pm55
	☿⚹♀	5 26
19 S	☉⋕♄	0am41
	☽□♆	1 44
	☉⚼☽	3 31
	☽⚻☿	9 53
	☽⚼♂	10 0
	☽□♀	12pm 0
	☽∥☿	12 16
	☽∠♄	12 17
	♀⚼♄	2 47
	☽∠♃	9 27
20 Su	♂⋕♆	2am29
	☽⚹♇	3 54
	☉△☽	12pm31
	☽⚼☿	3 22
	☽⚻♂	5 50
	☽⚹♄	6 27
	☽△♅	7 51
21 M	☽⚺♃	4am 7
	♂□♄	5 49
	☽∠♇	10 18
	☽⚹♆	2pm33
	♂ ♐	7 33
	☽△☿	8 34
22 T	☽⚼♅	2am 7
	☉∥☽	5 42
	☽⚹♀	7 4
	♂⚺♅	11 58
	☽⋕♄	3pm 4
	☽⚺♇	4 30
	☽∠♆	8 44
23 W	☉□☽	6am10
	☽□♄	6 22
	☽⚻♅	8 2
	☉☍♄	8 37
	☽☍♂	9 2
	☽∥♇	9 13
	☽∠♀	4pm 1
	☽☌♃	4 41
	☉ ♍	8 29
	♀∠♃	11 43
24 Th	☽⚺♆	2am24
	☽□☿	5 13
	☉△♅	5 21
25 F	☽⚺♀	0am 4
	☽☌♇	3 12
	☽△♄	3pm58
	☽☍♅	5 50
	☉⚹☽	8 50
	☽⚻♂	9 30
26 S	☿⚹♆	0am11
	☽⚺♃	2 30
	☽⚹☿	10 36
	♀⚺♇	10 40
	☽☌♆	11 18
	☉□♂	5pm46
	☽⚼♄	7 29
27 Su	☽⚼♂	2am13
	☉∠☽	2 29
	☽∠♃	6 0
	☿∠♀	7 50
	☽⚺♇	10 29
	☽∠☿	11 59
	☽☌♀	12pm40
	☽⚻♄	10 5
28 M	☽⚻♅	0am 4
	☽△♂	5 54
	☉⚺☽	6 59
	☽⚹♃	8 34
	☽⚺☿	12pm35
	☽∠♇	12 45
	☽⚺♆	4 33
	♀∥♃	4 59
	☽∥♇	12 0
29 T	☽⚼♅	1am53
	☉□♃	7 50
	☽⋕♄	1pm51
	☽⚹♇	2 15
	☽∠♆	5 58
	☽⚺♀	8 48
30 W	☽☍♄	0am55
	☉☌☿	2 36
	☽△♅	3 1
	☽□♂	10 43
	☽□♃	11 26
	☽☌☿	11 55
	☉☌☽	1pm13
	☉∥☽	4 32
	☽⚹♆	6 49
	☿□♃	7 5
	☿□♂	11 9
	☽∠♀	11 40
31 Th	♂☍♃	7am 3
	☽∥☿	8 19
	☽□♇	3pm38
	♀⚻♄	9 10

LONGITUDE

DAY	SID. TIME	☉	☽	☽ 12 Hour	MEAN ☊	TRUE ☊	☿	♀	♂	♃	♄	♅	♆	♇
	h m s	° ' "	° ' "	° ' "	° '	° '	° '	° '	° '	° '	° '	° '	° '	° '
1	22 37 57	7♍ 52 24	27♍ 48 44	5♎ 13 44	29♌ 36	0♍ 16R	4♍ 20R	29♋ 1	5♐ 52	5♊ 30	28♒ 52R	0♑ 17R	9♋ 54	22♊ 39
2	22 41 53	8 50 30	12♎ 38 50	20 3 7	29 33	0 15	3 30	0♌ 11	6 28	5 35	28 48	0 16	9 56	22 40
3	22 45 50	9 48 38	27 25 41	4♏ 45 47	29 29	0 14	2 45	1 21	7 4	5 39	28 44	0 16	9 57	22 40
4	22 49 46	10 46 48	12♏ 2 43	19 15 55	29 26	0 13	2 5	2 31	7 41	5 44	28 39	0 15	9 58	22 40
5	22 53 43	11 44 59	26 24 58	3♐ 29 30	29 23	0 12	1 31	3 41	8 17	5 48	28 35	0 15	10 0	22 41
6	22 57 39	12 43 12	10♐ 29 21	17 24 24	29 20	0 11D	1 5	4 51	8 54	5 52	28 30	0 15	10 1	22 41
7	23 1 36	13 41 26	24 14 39	1♑ 0 10	29 17	0 11	0 46	6 1	9 31	5 55	28 26	0 15	10 2	22 42
8	23 5 33	14 39 41	7♑ 41 5	14 17 34	29 13	0 12	0 36D	7 11	10 8	5 59	28 22	0 15	10 3	22 42
9	23 9 29	15 37 58	20 49 51	27 18 8	29 10	0 13	0 35	8 22	10 45	6 2	28 18	0 15D	10 4	22 42
10	23 13 26	16 36 17	3♒ 42 40	10♒ 3 42	29 7	0 15	0 43	9 33	11 23	6 6	28 13	0 15	10 6	22 43
11	23 17 22	17 34 37	16 21 28	22 36 12	29 4	0 16	1 0	10 43	12 1	6 9	28 9	0 15	10 7	22 43
12	23 21 19	18 32 59	28 48 6	4♓ 57 25	29 1	0 17R	1 26	11 54	12 39	6 11	28 5	0 15	10 8	22 43
13	23 25 15	19 31 23	11♓ 4 19	17 9 1	28 58	0 16	2 1	13 5	13 17	6 14	28 1	0 15	10 9	22 43
14	23 29 12	20 29 48	23 11 44	29 12 40	28 54	0 15	2 44	14 16	13 55	6 16	27 57	0 15	10 10	22 44
15	23 33 8	21 28 15	5♈ 12 1	11♈ 10 1	28 51	0 12	3 36	15 27	14 33	6 19	27 53	0 15	10 11	22 44
16	23 37 5	22 26 44	17 6 55	23 2 59	28 48	0 9	4 35	16 38	15 12	6 21	27 49	0 16	10 12	22 44
17	23 41 1	23 25 16	28 58 30	4♉ 53 47	28 45	0 5	5 41	17 50	15 51	6 23	27 45	0 16	10 13	22 44
18	23 44 58	24 23 49	10♉ 49 12	16 45 7	28 42	0 1	6 54	19 1	16 30	6 24	27 42	0 16	10 13	22 44
19	23 48 55	25 22 24	22 41 58	28 40 11	28 39	29♌ 57	8 13	20 12	17 9	6 26	27 38	0 17	10 14	22 44
20	23 52 51	26 21 2	4♊ 40 16	10♊ 42 42	28 35	29 54	9 37	21 24	17 48	6 27	27 34	0 17	10 15	22 44
21	23 56 48	27 19 42	16 48 2	22 56 47	28 32	29 52D	11 6	22 36	18 27	6 28	27 30	0 18	10 16	22 44
22	0 0 44	28 18 24	29 9 31	5♋ 26 47	28 29	29 52	12 39	23 48	19 7	6 29	27 27	0 18	10 17	22 44
23	0 4 41	29 17 8	11♋ 49 7	18 17 0	28 26	29 52	14 15	24 59	19 47	6 30	27 23	0 19	10 17	22 44R
24	0 8 37	0♎ 15 55	24 50 53	1♌ 31 10	28 23	29 54	15 55	26 11	20 27	6 30	27 20	0 20	10 18	22 44
25	0 12 34	1 14 44	8♌ 18 8	15 11 57	28 19	29 55	17 36	27 23	21 7	6 30R	27 17	0 21	10 19	22 44
26	0 16 30	2 13 35	22 12 40	29 20 8	28 16	29 57R	19 20	28 36	21 47	6 30	27 13	0 21	10 19	22 44
27	0 20 27	3 12 28	6♍ 34 3	13♍ 53 56	28 13	29 57	21 5	29 48	22 27	6 30	27 10	0 22	10 20	22 44
28	0 24 24	4 11 24	21 19 4	28 48 36	28 10	29 55	22 52	1♍ 0	23 8	6 30	27 7	0 23	10 21	22 44
29	0 28 20	5 10 21	6♎ 21 29	13♎ 56 31	28 7	29 52	24 39	2 13	23 48	6 29	27 4	0 24	10 21	22 44
30	0 32 17	6♎ 9 21	21♎ 32 27	29♎ 8 0	28♌ 4	29♌ 48	26♍ 27	3♍ 25	24♐ 29	6♊ 29	27♒ 1	0♑ 25	10♋ 22	22♊ 44

DECLINATION and LATITUDE

DAY	☉ DECL	☽ DECL	☽ LAT	☽ 12hr DECL	☿ DECL	☿ LAT	♀ DECL	♀ LAT	♂ DECL	♂ LAT	♃ DECL	♃ LAT	♄ DECL	♄ LAT
1	8N37	3N 7	2N27	0N42	6N32	3S38	19N42	0S40	23S31	2S16	20N17	0S58	13S26	1S40
2	8 16	1S43	3 34	4S 6	7 4	3 23	19 32	0 37	23 38	2 16	20 18	0 58	13 28	1 40
3	7 54	6 25	4 26	8 37	7 36	3 6	19 20	0 33	23 44	2 16	20 19	0 58	13 29	1 40
4	7 32	10 41	5 1	12 34	8 7	2 49	19 8	0 29	23 50	2 15	20 19	0 58	13 31	1 40
5	7 10	14 14	5 16	15 41	8 36	2 30	18 55	0 26	23 56	2 15	20 20	0 58	13 32	1 40
6	6 47	16 53	5 12	17 50	9 3	2 11	18 42	0 22	24 1	2 15	20 20	0 58	13 34	1 40
7	6 25	18 31	4 49	18 55	9 28	1 52	18 29	0 18	24 7	2 15	20 21	0 58	13 35	1 40
8	6 3	19 3	4 11	18 55	9 49	1 33	18 15	0 15	24 12	2 15	20 21	0 58	13 37	1 40
9	5 40	18 31	3 21	17 54	10 7	1 14	18 0	0 11	24 17	2 15	20 22	0 59	13 38	1 40
10	5 17	17 2	2 22	15 59	10 22	0 55	17 45	0 8	24 23	2 14	20 22	0 59	13 40	1 40
11	4 55	14 44	1 16	13 19	10 33	0 37	17 29	0 4	24 27	2 14	20 23	0 59	13 41	1 40
12	4 32	11 46	0 8	10 6	10 40	0 19	17 13	0 1	24 32	2 14	20 23	0 59	13 43	1 40
13	4 9	8 20	0S59	6 29	10 43	0 3	16 56	0N 3	24 37	2 14	20 24	0 59	13 44	1 40
14	3 46	4 35	2 3	2 39	10 42	0N13	16 39	0 6	24 41	2 13	20 24	0 59	13 46	1 40
15	3 23	0 42	3 1	1N15	10 37	0 27	16 22	0 9	24 46	2 13	20 24	0 59	13 47	1 40
16	2 60	3N11	3 50	5 5	10 28	0 41	16 3	0 13	24 50	2 13	20 24	0 59	13 48	1 40
17	2 37	6 55	4 29	8 42	10 15	0 53	15 45	0 16	24 54	2 13	20 25	0 59	13 50	1 40
18	2 14	10 23	4 56	11 58	9 58	1 4	15 26	0 19	24 58	2 12	20 25	0 59	13 51	1 40
19	1 50	13 26	5 11	14 46	9 38	1 14	15 6	0 22	25 1	2 12	20 25	0 59	13 52	1 40
20	1 27	15 57	5 13	16 59	9 14	1 22	14 47	0 25	25 5	2 12	20 25	0 60	13 53	1 40
21	1 4	17 49	5 0	18 28	8 48	1 30	14 26	0 28	25 8	2 11	20 25	0 60	13 55	1 40
22	0 40	18 53	4 34	19 5	8 18	1 36	14 5	0 31	25 11	2 11	20 25	0 60	13 56	1 40
23	0 17	19 3	3 54	18 45	7 46	1 41	13 44	0 34	25 14	2 11	20 25	0 60	13 57	1 40
24	0S 6	18 13	3 0	17 24	7 11	1 46	13 23	0 37	25 16	2 10	20 25	0 60	13 58	1 40
25	0 30	16 20	1 56	15 1	6 34	1 49	13 1	0 40	25 19	2 10	20 25	1 0	13 59	1 40
26	0 53	13 27	0 42	11 40	5 55	1 51	12 38	0 43	25 21	2 10	20 25	1 0	14 0	1 40
27	1 17	9 40	0N36	7 30	5 15	1 52	12 16	0 46	25 23	2 9	20 25	1 0	14 2	1 40
28	1 40	5 11	1 54	2 47	4 34	1 53	11 53	0 48	25 25	2 9	20 25	1 0	14 3	1 40
29	2 3	0 19	3 5	2S10	3 51	1 52	11 29	0 51	25 27	2 8	20 25	1 0	14 4	1 40
30	2S27	4S37	4N 4	6S60	3N 7	1N51	11N 5	0N54	25S28	2S 8	20N25	1S 0	14S 5	1S40

DAY	♅ DECL	♅ LAT	♆ DECL	♆ LAT	♇ DECL	♇ LAT
1	23S43	0S16	22N 9	0S56	15N10	8S 5
5	23 43	0 16	22 8	0 56	15 10	8 6
9	23 43	0 16	22 8	0 56	15 9	8 6
13	23 43	0 16	22 7	0 57	15 9	8 7
17	23 43	0 16	22 7	0 57	15 8	8 7
21	23 43	0 16	22 7	0 57	15 8	8 8
25	23 43	0 16	22 6	0 57	15 7	8 9
29	23S43	0S16	22N 6	0S57	15N 7	8S 9

☽ PHENOMENA

d	h	m	
6	4	9	☽
13	18	10	○
21	22	13	☾
28	21	59	●

d	h	° '
1	15	0
8	0	19S 2
15	4	0
22	16	19N 6
29	2	0

d	h	° '
5	6	5N17
12	3	0
19	15	5S14
26	13	0

VOID OF COURSE ☽

LAST ASPT		☽ INGRESS		
1	2am 7	1	♎	3am32
3	2am 6	3	♏	4am12
5	3am38	5	♐	6am 4
7	7am23	7	♑	10am13
8	1pm41	9	♒	5pm 2
11	10pm37	12	♓	2am20
13	11pm 4	14	♈	1pm35
16	9pm33	17	♉	2am 5
19	9am52	19	♊	2pm40
21	10pm13	22	♋	1am37
23	5am12	24	♌	9am17
26	11am45	26	♍	1pm 6
28	3am 3	28	♎	1pm54
30	8am37	30	♏	1pm22

d	h	
1	11	PERIGEE
17	4	APOGEE
29	17	PERIGEE

DAILY ASPECTARIAN

1 F	☽⊼♄	1am43
	☽✱♀	2 7
	☽□♅	3 59
	☽⊻☿	9 59
	☽△♃	12pm31
	☽✱♂	1 35
	☉⊻☽	5 25
	☽□♆	7 36
	♀ ♌	8 16
2 S	♀⊼♅	1am48
	☽⚼♄	1 51
	☽∠☿	9 1
	☽⚼♃	12pm56
	☽∠♂	2 55
	☽△♇	4 15
	☉∠☽	7 26
	♂∥♅	8 31
3 Su	☽△♄	2am 6
	☉✱♆	3 35
	☽✱♅	4 38
	☽□♀	6 57
	☽#☿	7 14
	☉#☽	7 22
	☉∥☿	7 55
	☽✱☿	8 18
	☽⊼♃	1pm32
	☽⊻♂	4 29
	☽⚼♇	4 47
	☿⊻♀	6 13
	☽△♆	8 34
	☉✱☽	9 46
4 M	☽∠♅	5am19
	☽⊼♇	5pm43
	☽∥♄	6 46
	☽⚼♆	9 36
5 T	☽□♄	3am38
	☽⊻♅	6 29
	☽#♇	7 26
	☽□☿	8 21
	☽△♀	1pm26
	☽☍♃	4 1
	☽☌♂	9 8
	☽⊼♆	11 11
6 W	☉□☽	4am 9
	☽⚼♀	5pm47
	☽☍♇	9 16
	♀✱♃	9 59
	☽#♀	11 28
7 Th	☽✱♄	7am23
	☽☌♅	10 39
	☽△☿	11 25
	♂⊼♆	8pm51
	☽⊼♃	8 55
	☽⊼♀	11 1
8 F	☽☍♆	4am18
	☽⊻♂	4 39
	☽∠♄	10 15
	♀∠♇	10 26
	☉△☽	1pm41
	☽⚼☿	2 21
	☿SD	3 0
9 S	☽⚼♃	0am23
	☽⊼♇	3 28
	☽∠♂	9 35
	☽#♀	12pm19
	☽⊻♄	1 47
	♅SD	3 19
	☽⊻♅	5 30
	☽⊼☿	6 18
	☉⚼☽	7 43
10 Su	☽△♃	4am30
	☽⚼♇	7 33
	♀⊻♆	11 24
	☽⊼♆	12pm 5
	☽☍♀	12 9
	☽✱♂	3 16
	☽#♇	8 8
	☽∠♅	9 52
11 M	☉⊼☽	2am32
	☽∥♄	8 56
	☽△♇	12pm13
	☽⚼♆	4 52
	☽☌♄	10 37
12 T	☽✱♅	2am49
	☽☍☿	5 21
	☽#☿	7 50
	☽□♃	2pm28
	☽△♆	10 11
13 W	☽⊼♀	4am23
	☽□♂	4 35
	♀△♂	8 34
	☉☍☽	6pm10
	☽□♇	11 4
14 Th	☉#☽	5am40
	☽⊻♄	9 26
	☽⚼♀	1pm26
	☽□♅	2 5
	♀⚼♅	8 3
	☽⊼☿	8 31
15 F	☽✱♃	2am14
	☽□♆	10 1
	☽∠♄	3pm23
	☽△♂	7 54
	☽△♀	10 56
	☉∥☽	10 57
16 S	☽⚼☿	5am29
	☉□♇	7 3
	☽∠♃	8 34
	☽✱♇	11 22
	☉⊼☽	11 45
	☽✱♄	9pm33
17 Su	☽△♅	2am37
	☽⚼♂	4 0
	☿□♃	2pm10
	☽⊻♃	3 2
	☽△☿	3 8
	☽∠♇	5 45
	☉⚼☽	8 52
	☽∥☿	9 17
	☽✱♆	10 48
18 M	☽⚼♅	9am 1
	☽⊼♂	12pm 9
	☽□♀	6 25
	♀∥♇	9 57
19 T	☽⊻♇	0am 5
	☽#♄	3 47
	☽∠♆	5 7
	☉△☽	5 52
	☽□♄	9 52
	☽∥♀	1pm26
	☽⊼♅	3 14
	☽∥♇	3 30
20 W	☽☌♃	3am33
	☿✱♆	10 31
	☽⊻♆	11 6
	☽□☿	11 11
21 Th	♀✱♇	2am54
	☽☍♂	3 26
	☉⊼♄	4 9
	☽☌♇	11 36
	☽✱♀	12pm32
	☽△♄	8 44
	☉□☽	10 13
22 F	☽☍♅	2am12
	♀#♄	10 18
	☽⊻♃	1pm58
	☽∠♀	8 13
	☽☌♆	9 8
23 S	☽⚼♄	1am 4
	☽✱☿	5 12
	♀∠♆	6 4
	♇SR	7 7
	☽⊼♂	3pm32
	☉ ♎	5 30
	☽∠♃	5 54
	☽⊻♇	8 10
24 Su	☉□♅	1am38
	☽⊻♀	2 40
	☽⊼♄	4 28
	☽⊼♅	9 53
	☉✱☽	10 32
	☽∠☿	12pm29
	☽⚼♂	7 57
	☽✱♃	8 50
	♀☍♄	9 49
	☽∠♇	11 1
25 M	☽⊻♆	3am31
	☽∥♇	11 5
	☽⚼♅	12pm16
	☉∠☽	2 51
	☽⊻☿	6 25
	♃SR	7 19
	☽#♄	7 56
	☽△♂	11 14
26 T	☽✱♇	0am54
	☽∠♆	5 16
	☽∥♀	6 15
	☽☍♄	8 25
	☽☌♀	11 45
	☽△♅	1pm43
	☉⊻☽	6 3
	☽□♃	11 54
27 W	♀ ♍	4am 2
	☽✱♆	6 11
	♂☍♇	10 12
	♀△♅	11 35
	☿□♇	10pm17
28 Th	☽□♇	2am17
	☽☌☿	2 49
	☽□♂	3 3
	☽∥☿	3 44
	☿□♂	5 40
	☽⊼♄	9 16
	☽□♅	2pm32
	☉#☽	4 10
	☽⊻♀	4 50
	☉☌☽	9 59
29 F	☽△♃	0am12
	☽□♆	6 20
	☽⚼♄	9 0
	☉∥☽	12pm25
	☽#☿	5 34
	☽∠♀	6 38
	☽⚼♃	11 54
30 S	☽△♇	1am53
	☽✱♂	4 52
	☿⊼♄	7 19
	☉△♃	7 42
	☽△♄	8 37
	☽⊻☿	8 48
	☽✱♅	2pm 3
	☉#☿	2 15
	☽✱♀	8 25
	☽⊼♃	11 37

OCTOBER 1905

LONGITUDE

DAY	SID. TIME	☉	☽	☽ 12 Hour	MEAN ☊	TRUE ☊	☿	♀	♂	♃	♄	♅	♆	♇
	h m s	° ' "	° ' "	° ' "	° '	° '	° '	° '	° '	° '	° '	° '	° '	° '
1	0 36 13	7♎ 8 22	6♏ 41 53	14♏ 12 53	28♌ 0	29♌ 42R	28♍ 15	4♍ 38	25♐ 10	6♊ 28R	26♒ 58R	0♑ 26	10♋ 22	22♊ 44R
2	0 40 10	8 7 26	21 39 57	29 2 10	27 57	29 37	0♎ 3	5 50	25 51	6 26	26 55	0 27	10 22	22 44
3	0 44 6	9 6 31	6♐ 18 47	13♐ 29 19	27 54	29 32	1 51	7 3	26 32	6 25	26 52	0 29	10 23	22 43
4	0 48 3	10 5 38	20 33 25	27 30 57	27 51	29 29	3 39	8 16	27 13	6 24	26 50	0 30	10 23	22 43
5	0 51 59	11 4 47	4♑ 21 55	11♑ 6 29	27 48	29 27D	5 27	9 28	27 55	6 22	26 47	0 31	10 24	22 43
6	0 55 56	12 3 57	17 44 56	24 17 37	27 45	29 27	7 14	10 41	28 36	6 20	26 44	0 32	10 24	22 43
7	0 59 53	13 3 10	0♒ 44 57	7♒ 7 24	27 41	29 28	9 0	11 54	29 18	6 18	26 42	0 34	10 24	22 42
8	1 3 49	14 2 24	13 25 26	19 39 32	27 38	29 30	10 46	13 7	0♑ 0	6 15	26 40	0 35	10 24	22 42
9	1 7 46	15 1 39	25 50 11	1♓ 57 50	27 35	29 31R	12 32	14 21	0 42	6 13	26 37	0 37	10 25	22 42
10	1 11 42	16 0 57	8♓ 2 54	14 5 46	27 32	29 30	14 17	15 34	1 24	6 10	26 35	0 38	10 25	22 41
11	1 15 39	17 0 17	20 6 48	26 6 20	27 29	29 28	16 1	16 47	2 6	6 7	26 33	0 40	10 25	22 41
12	1 19 35	17 59 38	2♈ 4 39	8♈ 2 1	27 25	29 23	17 44	18 0	2 48	6 4	26 31	0 41	10 25	22 41
13	1 23 32	18 59 1	13 58 39	19 54 47	27 22	29 16	19 27	19 14	3 30	6 1	26 29	0 43	10 25	22 40
14	1 27 28	19 58 27	25 50 37	1♉ 46 19	27 19	29 7	21 9	20 27	4 13	5 57	26 28	0 45	10 25R	22 40
15	1 31 25	20 57 54	7♉ 42 7	13 38 11	27 16	28 57	22 50	21 41	4 55	5 53	26 26	0 46	10 25	22 39
16	1 35 21	21 57 24	19 34 45	25 32 2	27 13	28 46	24 30	22 54	5 38	5 50	26 24	0 48	10 25	22 39
17	1 39 18	22 56 55	1♊ 30 20	7♊ 29 55	27 10	28 36	26 10	24 8	6 21	5 45	26 23	0 50	10 25	22 38
18	1 43 15	23 56 29	13 31 7	19 34 18	27 6	28 28	27 50	25 21	7 4	5 41	26 21	0 52	10 25	22 38
19	1 47 11	24 56 6	25 39 54	1♋ 48 19	27 3	28 21	29 28	26 35	7 47	5 37	26 20	0 54	10 25	22 37
20	1 51 8	25 55 44	8♋ 0 3	14 15 36	27 0	28 17	1♏ 6	27 49	8 30	5 32	26 19	0 56	10 24	22 37
21	1 55 4	26 55 25	20 35 29	27 0 14	26 57	28 16D	2 44	29 3	9 13	5 27	26 18	0 58	10 24	22 36
22	1 59 1	27 55 8	3♌ 30 21	10♌ 6 20	26 54	28 16	4 20	0♎ 17	9 56	5 22	26 17	1 0	10 24	22 36
23	2 2 57	28 54 54	16 48 37	23 37 34	26 50	28 17R	5 57	1 31	10 39	5 17	26 16	1 2	10 24	22 35
24	2 6 54	29 54 41	0♍ 33 27	7♍ 36 22	26 47	28 17	7 32	2 45	11 23	5 12	26 15	1 4	10 23	22 34
25	2 10 50	0♏ 54 31	14 46 19	22 3 1	26 44	28 16	9 7	3 59	12 6	5 6	26 14	1 6	10 23	22 34
26	2 14 47	1 54 23	29 26 4	6♎ 54 45	26 41	28 12	10 42	5 13	12 50	5 1	26 14	1 8	10 23	22 33
27	2 18 44	2 54 17	14♎ 28 10	22 5 13	26 38	28 6	12 16	6 27	13 33	4 55	26 13	1 11	10 22	22 32
28	2 22 40	3 54 13	29 44 36	7♏ 24 54	26 35	27 57	13 49	7 42	14 17	4 49	26 13	1 13	10 22	22 32
29	2 26 37	4 54 11	15♏ 4 38	22 42 21	26 31	27 47	15 23	8 56	15 1	4 43	26 12	1 15	10 21	22 31
30	2 30 33	5 54 11	0♐ 16 39	7♐ 46 19	26 28	27 37	16 55	10 10	15 45	4 37	26 12	1 18	10 21	22 30
31	2 34 30	6♏ 54 13	15♐ 10 16	22♐ 27 43	26♌ 25	27♌ 28	18♏ 27	11♎ 24	16♑ 29	4♊ 30	26♒ 12D	1♑ 20	10♋ 20	22♊ 29

DECLINATION and LATITUDE

DAY	☉ DECL	☽ DECL	☽ LAT	☽ 12hr DECL	☿ DECL	☿ LAT	♀ DECL	♀ LAT	♂ DECL	♂ LAT	♃ DECL	♃ LAT	♄ DECL	♄ LAT
1	2S50	9S15	4N46	11S21	2N22	1N50	10N41	0N56	25S29	2S 8	20N24	1S 1	14S 6	1S40
2	3 13	13 14	5 7	14 54	1 37	1 48	10 17	0 58	25 30	2 7	20 24	1 1	14 6	1 40
3	3 37	16 19	5 8	17 27	0 52	1 45	9 52	1 1	25 31	2 7	20 24	1 1	14 7	1 40
4	3 60	18 18	4 50	18 52	0 6	1 41	9 27	1 3	25 32	2 6	20 23	1 1	14 8	1 40
5	4 23	19 8	4 15	19 8	0S40	1 38	9 2	1 5	25 32	2 6	20 23	1 1	14 9	1 40
6	4 46	18 51	3 27	18 20	1 26	1 34	8 36	1 7	25 32	2 5	20 23	1 1	14 10	1 40
7	5 9	17 34	2 29	16 36	2 13	1 29	8 10	1 10	25 32	2 5	20 22	1 1	14 11	1 39
8	5 32	15 26	1 26	14 5	2 59	1 24	7 44	1 12	25 31	2 4	20 22	1 1	14 11	1 39
9	5 55	12 36	0 20	10 59	3 44	1 19	7 18	1 14	25 31	2 4	20 21	1 1	14 12	1 39
10	6 18	9 16	0S46	7 28	4 30	1 14	6 51	1 15	25 30	2 3	20 21	1 1	14 13	1 39
11	6 41	5 35	1 49	3 40	5 15	1 8	6 24	1 17	25 29	2 3	20 20	1 1	14 13	1 39
12	7 4	1 43	2 46	0N15	6 0	1 2	5 57	1 19	25 27	2 3	20 19	1 1	14 14	1 39
13	7 26	2N12	3 36	4 8	6 45	0 56	5 30	1 21	25 26	2 2	20 19	1 1	14 15	1 39
14	7 49	6 2	4 15	7 50	7 29	0 50	5 3	1 22	25 24	2 1	20 18	1 1	14 15	1 39
15	8 11	9 35	4 45	11 15	8 13	0 44	4 35	1 24	25 22	2 1	20 18	1 1	14 16	1 39
16	8 33	12 48	5 1	14 13	8 56	0 37	4 7	1 25	25 20	1 60	20 17	1 1	14 16	1 39
17	8 56	15 30	5 5	16 37	9 38	0 30	3 39	1 27	25 17	1 59	20 16	1 2	14 17	1 39
18	9 18	17 33	4 55	18 18	10 20	0 24	3 11	1 28	25 14	1 59	20 15	1 2	14 17	1 39
19	9 40	18 51	4 32	19 11	11 1	0 17	2 43	1 29	25 11	1 58	20 14	1 2	14 17	1 39
20	10 1	19 18	3 55	19 10	11 42	0 10	2 15	1 30	25 8	1 58	20 14	1 2	14 18	1 38
21	10 23	18 47	3 7	18 10	12 22	0 4	1 46	1 31	25 5	1 57	20 13	1 2	14 18	1 38
22	10 44	17 18	2 8	16 11	13 1	0S 3	1 18	1 32	25 1	1 56	20 12	1 2	14 18	1 38
23	11 6	14 50	1 1	13 16	13 40	0 10	0 49	1 33	24 57	1 56	20 11	1 2	14 18	1 38
24	11 27	11 28	0N12	9 29	14 18	0 17	0 21	1 34	24 53	1 55	20 10	1 2	14 19	1 38
25	11 48	7 20	1 27	5 2	14 55	0 23	0S 8	1 35	24 48	1 54	20 9	1 2	14 19	1 38
26	12 9	2 38	2 38	0 10	15 31	0 30	0 37	1 35	24 43	1 54	20 8	1 2	14 19	1 38
27	12 29	2S20	3 40	4S48	16 7	0 37	1 6	1 36	24 38	1 53	20 7	1 2	14 19	1 38
28	12 50	7 13	4 27	9 31	16 41	0 44	1 35	1 36	24 33	1 52	20 6	1 2	14 19	1 38
29	13 10	11 40	4 55	13 36	17 15	0 50	2 3	1 37	24 27	1 52	20 5	1 2	14 19	1 38
30	13 30	15 18	5 2	16 43	17 48	0 57	2 32	1 37	24 22	1 51	20 4	1 2	14 19	1 38
31	13S50	17S51	4N48	18S40	18S20	1S 3	3S 1	1N38	24S16	1S50	20N 2	1S 2	14S19	1S37

DAY	♅ DECL	♅ LAT	♆ DECL	♆ LAT	♇ DECL	♇ LAT
1	23S43	0S16	22N 6	0S57	15N 6	8S 9
5	23 43	0 16	22 6	0 57	15 6	8 10
9	23 43	0 16	22 6	0 57	15 5	8 10
13	23 43	0 16	22 6	0 57	15 5	8 11
17	23 43	0 16	22 5	0 57	15 4	8 11
21	23 42	0 16	22 5	0 57	15 4	8 12
25	23 42	0 16	22 5	0 57	15 3	8 12
29	23S42	0S16	22N 5	0S58	15N 3	8S13

☽ PHENOMENA	VOID OF COURSE ☽ LAST ASPT	☽ INGRESS
d h m	2 8am31	2 ♐ 1pm35
5 12 54 ☽	4 12pm 6	4 ♑ 4pm20
13 11 2 ○	5 12pm54	6 ♒ 10pm36
21 12 50 ☾	9 1am32	9 ♓ 8am 9
28 6 58 ●	11 5am 8	11 ♈ 7pm49
	14 1am15	14 ♉ 8am25
d h ° '	16 1pm43	16 ♊ 8pm59
5 6 19S10	19 2am 1	19 ♋ 8am29
12 11 0	21 5pm27	21 ♌ 5pm33
19 23 19N17	23 10pm48	23 ♍ 11pm 3
26 13 0	25 12pm49	26 ♎ 0am55
	27 6pm28	28 ♏ 0am24
	29 5pm32	29 ♐ 11pm33
2 13 5N10		
9 7 0	d h	
16 18 5S 5	14 12 APOGEE	
23 20 0	28 4 PERIGEE	
29 20 5N 2		

DAILY ASPECTARIAN

1 Su	☉⊻☽	0am45
	☽⚼♇	1 39
	☽∠♂	5 47
	☽△♆	5 51
	☽#♀	7 24
	☽∠☿	11 53
	☽∠♅	1pm59
	☿ ♎	11 17
2 M	☽⚻♇	1am43
	☉∠☽	2 32
	☿□♅	5 25
	☽⚼♆	6 2
	☽∥♄	6 6
	☽⊻♂	7 8
	☽□♄	8 31
	♀□♃	11 46
	☽#♇	1pm37
	☽⊻♅	2 21
	☽⚹☿	3 36
3 T	☽☍♃	0am10
	☽□♀	1 20
	☉⚹☽	5 0
	☽⚻♆	6 47
	♂⚹♄	11 1
4 W	☽☍♇	3am42
	☉□♆	7 12
	☽⚹♄	10 46
	☽☌♂	12pm 6
	☽☌♅	5 13
5 Th	☽□☿	2am12
	☽⚻♃	3 32
	☽△♀	9 59
	☽☍♆	10 43
	☿△♃	12pm 6
	☉□☽	12 54
	☽∠♄	1 10
	☉⚼♄	4 25
	♀⚹♆	6 13
6 F	☽⚼♃	6am32
	☽⚻♇	9 5
	☽⚼♀	4pm 6
	☽⊻♄	4 29
	☽⊻♂	9 8
	☽⊻♅	11 39
7 S	☽△♃	10am24
	☽⚼♇	1pm 6
	☽△☿	6 7
	☽⚻♆	6 14
	☿□♆	6 59
	☽⚻♀	11 22
8 Su	♂ ♑	0am 6
	☉△☽	1 17
	☽#♇	3 9
	☽∠♂	3 12
	☽∠♅	4 9
	☽∥♄	11 6
	☿⚼♄	11 52
	☽△♇	5pm53
	♂☌♅	8 55
	☽⚼♆	11 10
9 M	☽☌♄	1am32
	☽⚼☿	3 51
	☉⚼☽	8 55
	☽⚹♅	9 21
	☽⚹♂	10 5
	☽□♃	8pm18
10 T	☽△♆	4am41
	☽⚻☿	2pm26
	☉#♀	3 57
	☽☍♀	4 36
	☉⚻☽	5 14
	☉∥☽	5 40
	☽#♀	6 6
11 W	☽∥☿	1am45
	☽□♇	5 8
	☽⊻♄	12pm52
	☽□♅	9 12
	☉⊻♀	10 54
	☿#♀	11 0
12 Th	☽□♂	1am33
	☽⚹♃	8 0
	☉☌☿	8 39
	☿⊻♀	1pm19
	☽□♆	4 48
	☽∠♄	6 59
13 F	☉☍☽	11am 2
	☽⚻♀	11 50
	☽☍☿	12pm54
	☽∠♃	2 9
	☽⚹♇	5 34
	☽∥♀	6 24
	☿⚼♃	9 23
14 S	☽⚹♄	1am15
	♆SR	5 25
	☽△♅	9 56
	☽#☿	11 59
	☉#☽	1pm 8
	☽△♂	6 1
	☽⊻♃	8 21
	☿△♇	9 30
	☽⚼♀	9 41
	☉⚼♃	10 17
	☉∥☿	10 24
	☽∠♇	11 54
15 Su	☽⚹♆	5am30
	☽⚼♅	4pm21
	♀□♇	7 1
16 M	☽⚼♂	2am16
	☉⚻☽	5 14
	♂⚻♃	5 53
	☽⊻♇	6 11
	☽△♀	7 28
	☽⚻☿	11 33
	☽∠♆	11 46
	☽#♄	12pm30
	☽□♄	1 43
	☉△♇	4 34
	☽∥♇	7 51
	☽⚻♅	10 39
17 T	☿△♄	2am56
	☽☌♃	8 28
	☽⚻♂	10 19
	☉⚼☽	2pm 4
	☽⊻♆	5 49
	☽⚼☿	10 25
18 W	☽☌♇	6pm 1
	♀⚻♄	7 8
	☉△☽	10 26
19 Th	☽△♄	1am19
	☽□♀	2 1
	☿ ♏	7 45
	☽△☿	8 36
	☽☍♅	10 15
	☽⊻♃	7pm16
	☿⚹♅	9 20
20 F	☽☍♂	1am 0
	☽☌♆	4 38
	☽⚼♄	6 21
	☉△♄	9 7
	☽∠♃	11pm45
21 S	☽⊻♇	3am47
	☽⚻♄	10 40
	☉□☽	12pm50
	☽⚹♀	5 27
	♀ ♎	6 31
	☽⚻♅	7 22
22 Su	☽□☿	1am44
	☽⚹♃	3 23
	☽∠♇	7 27
	☽⚻♂	12pm22
	☽⊻♆	12 32
	♀□♅	2 18
	☿⚻♃	2 40
	♂☍♆	3 26
	☽∥♇	10 11
	☽⚼♅	10 37
	☽∠♀	11 25
23 M	☽#♄	4am12
	☽#☿	7 35
	☽⚹♇	10 10
	☽∠♆	3pm 5
	☽⚼♂	4 23
	☽☍♄	4 34
	♂∠♄	7 48
	☉⚹☽	10 48
24 T	☉#☽	0am 8
	☿⚼♇	0 31
	☿∥♄	0 35
	☽△♅	0 52
	☉ ♏	2 8
	☽⊻♀	4 7
	☽□♃	7 52
	☽⚹☿	1pm22
	☽⚹♆	4 41
	☽△♂	7 19
25 W	☉∠☽	2am 1
	☉⚹♅	4 49
	☿#♇	5 23
	☽□♇	12pm49
	☽∠☿	5 14
	☽⚻♄	6 49
	☿△♆	7 8
	♀△♃	8 18
26 Th	☽□♅	2am45
	☉⊻☽	4 16
	☽△♃	8 54
	☽#♀	8 59
	☽☌♀	10 8
	☽∥♀	5pm27
	☽□♆	5 31
	☽⚼♄	6 51
	☽⊻☿	8 7
	☽□♂	10 29
27 F	☽⚼♃	8am32
	☽△♇	12pm42
	☽△♄	6 28
28 S	☽⚹♅	2am18
	☉☌☽	6 58
	☽⚻♃	7 53
	☽⚼♇	12pm10
	☿⚹♂	1 29
	☽⊻♀	1 31
	☽△♆	4 36
	☉⚻♃	7 56
	☽⚹♂	11 54
29 Su	☽☌☿	0am31
	☽∠♅	1 51
	☉∥☽	10 7
	☽⚻♇	11 41
	☿∠♅	2pm 0
	☽∠♀	3 10
	☽⚼♆	4 11
	☽∥♄	4 54
	☽□♄	5 32
	☽#♇	10 6
30 M	☽∠♂	0am47
	☽⊻♅	1 37
	♀□♆	3 27
	☽☍♃	6 53
	☉⊻☽	9 39
	☽⚻♆	4pm 9
	☽⚹♀	5 19
	♀⚼♄	8 1
31 T	☽⊻♂	2am16
	☽⊻☿	6 1
	♄SD	9 4
	☽∥☿	10 4
	☉∠☽	11 54
	☽☍♇	12pm 2
	☉⚼♇	1 52
	☽⚹♄	6 14

SEPTEMBER 1905

LONGITUDE

DAY	SID. TIME	☉	☽	☽ 12 Hour	MEAN ☊	TRUE ☊	☿	♀	♂	♃	♄	♅	♆	♇
	h m s	° ' "	° ' "	° ' "	° '	° '	° '	° '	° '	° '	° '	° '	° '	° '
1	22 37 57	7♍ 52 24	27♍ 48 44	5♎ 13 44	29♌ 36	0♍ 16R	4♍ 20R	29♋ 1	5♐ 52	5♊ 30	28♒ 52R	0♑ 17R	9♋ 54	22♊ 39
2	22 41 53	8 50 30	12♎ 38 50	20 3 7	29 33	0 15	3 30	0♌ 11	6 28	5 35	28 48	0 16	9 56	22 40
3	22 45 50	9 48 38	27 25 41	4♏ 45 47	29 29	0 14	2 45	1 21	7 4	5 39	28 44	0 16	9 57	22 40
4	22 49 46	10 46 48	12♏ 2 43	19 15 55	29 26	0 13	2 5	2 31	7 41	5 44	28 39	0 15	9 58	22 40
5	22 53 43	11 44 59	26 24 58	3♐ 29 30	29 23	0 12	1 31	3 41	8 17	5 48	28 35	0 15	10 0	22 41
6	22 57 39	12 43 12	10♐ 29 21	17 24 24	29 20	0 11D	1 5	4 51	8 54	5 52	28 30	0 15	10 1	22 41
7	23 1 36	13 41 26	24 14 39	1♑ 0 10	29 17	0 11	0 46	6 1	9 31	5 55	28 26	0 15	10 2	22 42
8	23 5 33	14 39 41	7♑ 41 5	14 17 34	29 13	0 12	0 36D	7 11	10 8	5 59	28 22	0 15	10 3	22 42
9	23 9 29	15 37 58	20 49 51	27 18 8	29 10	0 13	0 35	8 22	10 45	6 2	28 18	0 15D	10 4	22 42
10	23 13 26	16 36 17	3♒ 42 40	10♒ 3 42	29 7	0 15	0 43	9 33	11 23	6 6	28 13	0 15	10 6	22 43
11	23 17 22	17 34 37	16 21 28	22 36 12	29 4	0 16	1 0	10 43	12 1	6 9	28 9	0 15	10 7	22 43
12	23 21 19	18 32 59	28 48 6	4♓ 57 25	29 1	0 17R	1 26	11 54	12 39	6 11	28 5	0 15	10 8	22 43
13	23 25 15	19 31 23	11♓ 4 19	17 9 1	28 58	0 16	2 1	13 5	13 17	6 14	28 1	0 15	10 9	22 43
14	23 29 12	20 29 48	23 11 44	29 12 40	28 54	0 15	2 44	14 16	13 55	6 16	27 57	0 15	10 10	22 44
15	23 33 8	21 28 15	5♈ 12 1	11♈ 10 1	28 51	0 12	3 36	15 27	14 33	6 19	27 53	0 15	10 11	22 44
16	23 37 5	22 26 44	17 6 55	23 2 59	28 48	0 9	4 35	16 38	15 12	6 21	27 49	0 16	10 12	22 44
17	23 41 1	23 25 16	28 58 30	4♉ 53 47	28 45	0 5	5 41	17 50	15 51	6 23	27 45	0 16	10 13	22 44
18	23 44 58	24 23 49	10♉ 49 12	16 45 7	28 42	0 1	6 54	19 1	16 30	6 24	27 42	0 16	10 13	22 44
19	23 48 55	25 22 24	22 41 58	28 40 11	28 39	29♌ 57	8 13	20 12	17 9	6 26	27 38	0 17	10 14	22 44
20	23 52 51	26 21 2	4♊ 40 16	10♊ 42 42	28 35	29 54	9 37	21 24	17 48	6 27	27 34	0 17	10 15	22 44
21	23 56 48	27 19 42	16 48 2	22 56 47	28 32	29 52D	11 6	22 36	18 27	6 28	27 30	0 18	10 16	22 44
22	0 0 44	28 18 24	29 9 31	5♋ 26 47	28 29	29 52	12 39	23 48	19 7	6 29	27 27	0 18	10 17	22 44
23	0 4 41	29 17 8	11♋ 49 7	18 17 0	28 26	29 52	14 15	24 59	19 47	6 30	27 23	0 19	10 17	22 44R
24	0 8 37	0♎ 15 55	24 50 53	1♌ 31 10	28 23	29 54	15 55	26 11	20 27	6 30	27 20	0 20	10 18	22 44
25	0 12 34	1 14 44	8♌ 18 8	15 11 57	28 19	29 55	17 36	27 23	21 7	6 30R	27 17	0 21	10 19	22 44
26	0 16 30	2 13 35	22 12 40	29 20 8	28 16	29 57R	19 20	28 36	21 47	6 30	27 13	0 21	10 19	22 44
27	0 20 27	3 12 28	6♍ 34 3	13♍ 53 56	28 13	29 57	21 5	29 48	22 27	6 30	27 10	0 22	10 20	22 44
28	0 24 24	4 11 24	21 19 4	28 48 36	28 10	29 55	22 52	1♍ 0	23 8	6 30	27 7	0 23	10 21	22 44
29	0 28 20	5 10 21	6♎ 21 29	13♎ 56 31	28 7	29 52	24 39	2 13	23 48	6 29	27 4	0 24	10 21	22 44
30	0 32 17	6♎ 9 21	21♎ 32 27	29♎ 8 0	28♌ 4	29♌ 48	26♍ 27	3♍ 25	24♐ 29	6♊ 29	27♒ 1	0♑ 25	10♋ 22	22♊ 44

DECLINATION and LATITUDE

DAY	☉ DECL	☽ DECL	☽ LAT	☽ 12hr DECL	☿ DECL	☿ LAT	♀ DECL	♀ LAT	♂ DECL	♂ LAT	♃ DECL	♃ LAT	♄ DECL	♄ LAT
1	8N37	3N 7	2N27	0N42	6N32	3S38	19N42	0S40	23S31	2S16	20N17	0S58	13S26	1S40
2	8 16	1S43	3 34	4S 6	7 4	3 23	19 32	0 37	23 38	2 16	20 18	0 58	13 28	1 40
3	7 54	6 25	4 26	8 37	7 36	3 6	19 20	0 33	23 44	2 16	20 19	0 58	13 29	1 40
4	7 32	10 41	5 1	12 34	8 7	2 49	19 8	0 29	23 50	2 15	20 19	0 58	13 31	1 40
5	7 10	14 14	5 16	15 41	8 36	2 30	18 55	0 26	23 56	2 15	20 20	0 58	13 32	1 40
6	6 47	16 53	5 12	17 50	9 3	2 11	18 42	0 22	24 1	2 15	20 20	0 58	13 34	1 40
7	6 25	18 31	4 49	18 55	9 28	1 52	18 29	0 18	24 7	2 15	20 21	0 58	13 35	1 40
8	6 3	19 3	4 11	18 55	9 49	1 33	18 15	0 15	24 12	2 15	20 21	0 58	13 37	1 40
9	5 40	18 31	3 21	17 54	10 7	1 14	18 0	0 11	24 17	2 15	20 22	0 59	13 38	1 40
10	5 17	17 2	2 22	15 59	10 22	0 55	17 45	0 8	24 23	2 14	20 22	0 59	13 40	1 40
11	4 55	14 44	1 16	13 19	10 33	0 37	17 29	0 4	24 27	2 14	20 23	0 59	13 41	1 40
12	4 32	11 46	0 8	10 6	10 40	0 19	17 13	0 1	24 32	2 14	20 23	0 59	13 43	1 40
13	4 9	8 20	0S59	6 29	10 43	0 3	16 56	0N 3	24 37	2 14	20 24	0 59	13 44	1 40
14	3 46	4 35	2 3	2 39	10 42	0N13	16 39	0 6	24 41	2 13	20 24	0 59	13 46	1 40
15	3 23	0 42	3 1	1N15	10 37	0 27	16 22	0 9	24 46	2 13	20 24	0 59	13 47	1 40
16	2 60	3N11	3 50	5 5	10 28	0 41	16 3	0 13	24 50	2 13	20 24	0 59	13 48	1 40
17	2 37	6 55	4 29	8 42	10 15	0 53	15 45	0 16	24 54	2 13	20 25	0 59	13 50	1 40
18	2 14	10 23	4 56	11 58	9 58	1 4	15 26	0 19	24 58	2 12	20 25	0 59	13 51	1 40
19	1 50	13 26	5 11	14 46	9 38	1 14	15 6	0 22	25 1	2 12	20 25	0 59	13 52	1 40
20	1 27	15 57	5 13	16 59	9 14	1 22	14 47	0 25	25 5	2 12	20 25	0 60	13 53	1 40
21	1 4	17 49	5 0	18 28	8 48	1 30	14 26	0 28	25 8	2 11	20 25	0 60	13 55	1 40
22	0 40	18 53	4 34	19 5	8 18	1 36	14 5	0 31	25 11	2 11	20 25	0 60	13 56	1 40
23	0 17	19 3	3 54	18 45	7 46	1 41	13 44	0 34	25 14	2 11	20 25	0 60	13 57	1 40
24	0S 6	18 13	3 0	17 24	7 11	1 46	13 23	0 37	25 16	2 10	20 25	0 60	13 58	1 40
25	0 30	16 20	1 56	15 1	6 34	1 49	13 1	0 40	25 19	2 10	20 25	1 0	13 59	1 40
26	0 53	13 27	0 42	11 40	5 55	1 51	12 38	0 43	25 21	2 10	20 25	1 0	14 0	1 40
27	1 17	9 40	0N36	7 30	5 15	1 52	12 16	0 46	25 23	2 9	20 25	1 0	14 2	1 40
28	1 40	5 11	1 54	2 47	4 34	1 53	11 53	0 48	25 25	2 9	20 25	1 0	14 3	1 40
29	2 3	0 19	3 5	2S10	3 51	1 52	11 29	0 51	25 27	2 8	20 25	1 0	14 4	1 40
30	2S27	4S37	4N 4	6S60	3N 7	1N51	11N 5	0N54	25S28	2S 8	20N25	1S 0	14S 5	1S40

DAY	♅ DECL	♅ LAT	♆ DECL	♆ LAT	♇ DECL	♇ LAT
1	23S43	0S16	22N 9	0S56	15N10	8S 5
5	23 43	0 16	22 8	0 56	15 10	8 6
9	23 43	0 16	22 8	0 56	15 9	8 6
13	23 43	0 16	22 7	0 57	15 9	8 7
17	23 43	0 16	22 7	0 57	15 8	8 7
21	23 43	0 16	22 7	0 57	15 8	8 8
25	23 43	0 16	22 6	0 57	15 7	8 9
29	23S43	0S16	22N 6	0S57	15N 7	8S 9

☽ PHENOMENA

d	h	m	
6	4	9	☽
13	18	10	○
21	22	13	☾
28	21	59	●

d	h	° '
1	15	0
8	0	19S 2
15	4	0
22	16	19N 6
29	2	0

d	h	° '
5	6	5N17
12	3	0
19	15	5S14
26	13	0

VOID OF COURSE ☽

LAST ASPT		☽ INGRESS	
1	2am 7	1 ♎	3am32
3	2am 6	3 ♏	4am12
5	3am38	5 ♐	6am 4
7	7am23	7 ♑	10am13
8	1pm41	9 ♒	5pm 2
11	10pm37	12 ♓	2am20
13	11pm 4	14 ♈	1pm35
16	9pm33	17 ♉	2am 5
19	9am52	19 ♊	2pm40
21	10pm13	22 ♋	1am37
23	5am12	24 ♌	9am17
26	11am45	26 ♍	1pm 6
28	3am 3	28 ♎	1pm54
30	8am37	30 ♏	1pm22

d	h	
1	11	PERIGEE
17	4	APOGEE
29	17	PERIGEE

DAILY ASPECTARIAN

1 F	☽⚻♄	1am43
	☽⚹♀	2 7
	☽□♅	3 59
	☽⚺☿	9 59
	☽△♃	12pm31
	☽⚹♂	1 35
	☉⚺☽	5 25
	☽□♆	7 36
	♀ ♌	8 16
2 S	♀⚻♅	1am48
	☽⚼♄	1 51
	☽∠☿	9 1
	☽⚼♃	12pm56
	☽∠♂	2 55
	☽△♇	4 15
	☉∠☽	7 26
	♂∥♅	8 31
3 Su	☽△♄	2am 6
	☉⚹♆	3 35
	☽⚹♅	4 38
	☽□♀	6 57
	☽⋕☿	7 14
	☉⋕☽	7 22
	☉∥☿	7 55
	☽⚹☿	8 18
	☽⚻♃	1pm32
	☽⚺♂	4 29
	☽⚼♇	4 47
	☿⚺♀	6 13
	☽△♆	8 34
	☉⚹☽	9 46
4 M	☽∠♅	5am19
	☽⚻♇	5pm43
	☽∥♄	6 46
	☽⚼♆	9 36
5 T	☽□♄	3am38
	☽⚺♅	6 29
	☽⋕♇	7 26
	☽□☿	8 21
	☽△♀	1pm26
	☽☍♃	4 1
	☽☌♂	9 8
	☽⚻♆	11 11
6 W	☉□☽	4am 9
	☽⚼♀	5pm47
	☽☍♇	9 16
	♀⚹♃	9 59
	☽⋕♀	11 28
7 Th	☽⚹♄	7am23
	☽☌♅	10 39
	☽△☿	11 25
	♂⚻♆	8pm51
	☽⚻♃	8 55
	☽⚻♀	11 1
8 F	☽☍♆	4am18
	☽⚺♂	4 39
	☽∠♄	10 15
	♀∠♇	10 26
	☉△☽	1pm41
	☽⚼☿	2 21
	☿SD	3 0
9 S	☽⚼♃	0am23
	☽⚻♇	3 28
	☽∠♂	9 35
	☽⋕♀	12pm19
	☽⚺♄	1 47
	♅SD	3 19
	☽⚺♅	5 30
	☽⚻☿	6 18
	☉⚼☽	7 43
10 Su	☽△♃	4am30
	☽⚼♇	7 33
	♀⚺♆	11 24
	☽⚻♆	12pm 5
	☽☍♀	12 9
	☽⚹♂	3 16
	☽⋕♇	8 8
	☽∠♅	9 52
11 M	☉⚻☽	2am32
	☽∥♄	8 56
	☽△♇	12pm13
	☽⚼♆	4 52
	☽☌♄	10 37
12 T	☽⚹♅	2am49
	☽☍☿	5 21
	☽⋕☿	7 50
	☽□♃	2pm28
	☽△♆	10 11
13 W	☽⚻♀	4am23
	☽□♂	4 35
	♀△♂	8 34
	☉☍☽	6pm10
	☽□♇	11 4
14 Th	☉⋕☽	5am40
	☽⚺♄	9 26
	☽⚼♀	1pm26
	☽□♅	2 5
	♀⚼♅	8 3
	☽⚻☿	8 31
15 F	☽⚹♃	2am14
	☽□♆	10 1
	☽∠♄	3pm23
	☽△♂	7 54
	☽△♀	10 56
	☉∥☽	10 57
16 S	☽⚼☿	5am29
	☉□♇	7 3
	☽∠♃	8 34
	☽⚹♇	11 22
	☉⚻☽	11 45
	☽⚹♄	9pm33
17 Su	☽△♅	2am37
	☽⚼♂	4 0
	☿□♃	2pm10
	☽⚺♃	3 2
	☽△☿	3 8
	☽∠♇	5 45
	☉⚼☽	8 52
	☽∥☿	9 17
	☽⚹♆	10 48
18 M	☽⚼♅	9am 1
	☽⚻♂	12pm 9
	☽□♀	6 25
	♀∥♇	9 57
19 T	☽⚺♇	0am 5
	☽⋕♄	3 47
	☽∠♆	5 7
	☉△☽	5 52
	☽□♄	9 52
	☽∥♀	1pm26
	☽⚻♅	3 14
	☽∥♇	3 30
20 W	☽☌♃	3am33
	☿⚹♆	10 31
	☽⚺♆	11 6
	☽□☿	11 11
21 Th	♀⚹♇	2am54
	☽☍♂	3 26
	☉⚻♄	4 9
	☽☌♇	11 36
	☽⚹♀	12pm32
	☽△♄	8 44
	☉□☽	10 13
22 F	☽☍♅	2am12
	♀⋕♄	10 18
	☽⚺♃	1pm58
	☽∠♀	8 13
	☽☌♆	9 8
23 S	☽⚼♄	1am 4
	☽⚹☿	5 12
	♀∠♆	6 4
	♇SR	7 7
	☽⚻♂	3pm32
	☉ ♎	5 30
	☽∠♃	5 54
	☽⚺♇	8 10
24 Su	☉□♅	1am38
	☽⚺♀	2 40
	☽⚻♄	4 28
	☽⚻♅	9 53
	☉⚹☽	10 32
	☽∠☿	12pm29
	☽⚼♂	7 57
	☽⚹♃	8 50
	♀☍♄	9 49
	☽∠♇	11 1
25 M	☽⚺♆	3am31
	☽∥♇	11 5
	☽⚼♅	12pm16
	☉∠☽	2 51
	☽⚺☿	6 25
	♃SR	7 19
	☽⋕♄	7 56
	☽△♂	11 14
26 T	☽⚹♇	0am54
	☽∠♆	5 16
	☽∥♀	6 15
	☽☍♄	8 25
	☽☌♀	11 45
	☽△♅	1pm43
	☉⚺☽	6 3
	☽□♃	11 54
27 W	♀ ♍	4am 2
	☽⚹♆	6 11
	♂☍♇	10 12
	♀△♅	11 35
	☿□♇	10pm17
28 Th	☽□♇	2am17
	☽☌☿	2 49
	☽□♂	3 3
	☽∥☿	3 44
	☿□♂	5 40
	☽⚻♄	9 16
	☽□♅	2pm32
	☉⋕☽	4 10
	☽⚺♀	4 50
	☉☌☽	9 59
29 F	☽△♃	0am12
	☽□♆	6 20
	☽⚼♄	9 0
	☉∥☽	12pm25
	☽⋕☿	5 34
	☽∠♀	6 38
	☽⚼♃	11 54
30 S	☽△♇	1am53
	☽⚹♂	4 52
	☿⚻♄	7 19
	☉△♃	7 42
	☽△♄	8 37
	☽⚺☿	8 48
	☽⚹♅	2pm 3
	☉⋕☿	2 15
	☽⚹♀	8 25
	☽⚻♃	11 37

OCTOBER 1905

LONGITUDE

DAY	SID. TIME	☉	☽	☽ 12 Hour	MEAN ☊	TRUE ☊	☿	♀	♂	♃	♄	♅	♆	♇
	h m s	° ' "	° ' "	° ' "	° '	° '	° '	° '	° '	° '	° '	° '	° '	° '
1	0 36 13	7♎ 8 22	6♏ 41 53	14♏ 12 53	28♌ 0	29♌ 42R	28♍ 15	4♍ 38	25♐ 10	6♊ 28R	26♒ 58R	0♑ 26	10♋ 22	22♊ 44R
2	0 40 10	8 7 26	21 39 57	29 2 10	27 57	29 37	0♎ 3	5 50	25 51	6 26	26 55	0 27	10 22	22 44
3	0 44 6	9 6 31	6♐ 18 47	13♐ 29 19	27 54	29 32	1 51	7 3	26 32	6 25	26 52	0 29	10 23	22 43
4	0 48 3	10 5 38	20 33 25	27 30 57	27 51	29 29	3 39	8 16	27 13	6 24	26 50	0 30	10 23	22 43
5	0 51 59	11 4 47	4♑ 21 55	11♑ 6 29	27 48	29 27D	5 27	9 28	27 55	6 22	26 47	0 31	10 24	22 43
6	0 55 56	12 3 57	17 44 56	24 17 37	27 45	29 27	7 14	10 41	28 36	6 20	26 44	0 32	10 24	22 43
7	0 59 53	13 3 10	0♒ 44 57	7♒ 7 24	27 41	29 28	9 0	11 54	29 18	6 18	26 42	0 34	10 24	22 42
8	1 3 49	14 2 24	13 25 26	19 39 32	27 38	29 30	10 46	13 7	0♑ 0	6 15	26 40	0 35	10 24	22 42
9	1 7 46	15 1 39	25 50 11	1♓ 57 50	27 35	29 31R	12 32	14 21	0 42	6 13	26 37	0 37	10 25	22 42
10	1 11 42	16 0 57	8♓ 2 54	14 5 46	27 32	29 30	14 17	15 34	1 24	6 10	26 35	0 38	10 25	22 41
11	1 15 39	17 0 17	20 6 48	26 6 20	27 29	29 28	16 1	16 47	2 6	6 7	26 33	0 40	10 25	22 41
12	1 19 35	17 59 38	2♈ 4 39	8♈ 2 1	27 25	29 23	17 44	18 0	2 48	6 4	26 31	0 41	10 25	22 41
13	1 23 32	18 59 1	13 58 39	19 54 47	27 22	29 16	19 27	19 14	3 30	6 1	26 29	0 43	10 25	22 40
14	1 27 28	19 58 27	25 50 37	1♉ 46 19	27 19	29 7	21 9	20 27	4 13	5 57	26 28	0 45	10 25R	22 40
15	1 31 25	20 57 54	7♉ 42 7	13 38 11	27 16	28 57	22 50	21 41	4 55	5 53	26 26	0 46	10 25	22 39
16	1 35 21	21 57 24	19 34 45	25 32 2	27 13	28 46	24 30	22 54	5 38	5 50	26 24	0 48	10 25	22 39
17	1 39 18	22 56 55	1♊ 30 20	7♊ 29 55	27 10	28 36	26 10	24 8	6 21	5 45	26 23	0 50	10 25	22 38
18	1 43 15	23 56 29	13 31 7	19 34 18	27 6	28 28	27 50	25 21	7 4	5 41	26 21	0 52	10 25	22 38
19	1 47 11	24 56 6	25 39 54	1♋ 48 19	27 3	28 21	29 28	26 35	7 47	5 37	26 20	0 54	10 25	22 37
20	1 51 8	25 55 44	8♋ 0 3	14 15 36	27 0	28 17	1♏ 6	27 49	8 30	5 32	26 19	0 56	10 24	22 37
21	1 55 4	26 55 25	20 35 29	27 0 14	26 57	28 16D	2 44	29 3	9 13	5 27	26 18	0 58	10 24	22 36
22	1 59 1	27 55 8	3♌ 30 21	10♌ 6 20	26 54	28 16	4 20	0♎ 17	9 56	5 22	26 17	1 0	10 24	22 36
23	2 2 57	28 54 54	16 48 37	23 37 34	26 50	28 17R	5 57	1 31	10 39	5 17	26 16	1 2	10 24	22 35
24	2 6 54	29 54 41	0♍ 33 27	7♍ 36 22	26 47	28 17	7 32	2 45	11 23	5 12	26 15	1 4	10 23	22 34
25	2 10 50	0♏ 54 31	14 46 19	22 3 1	26 44	28 16	9 7	3 59	12 6	5 6	26 14	1 6	10 23	22 34
26	2 14 47	1 34 23	29 26 4	6♎ 54 45	26 41	28 12	10 42	5 13	12 50	5 1	26 14	1 8	10 23	22 33
27	2 18 44	2 54 17	14♎ 28 10	22 5 13	26 38	28 6	12 16	6 27	13 33	4 55	26 13	1 11	10 22	22 32
28	2 22 40	3 54 13	29 44 36	7♏ 24 54	26 35	27 57	13 49	7 42	14 17	4 49	26 13	1 13	10 22	22 32
29	2 26 37	4 54 11	15♏ 4 38	22 42 21	26 31	27 47	15 23	8 56	15 1	4 43	26 12	1 15	10 21	22 31
30	2 30 33	5 54 11	0♐ 16 39	7♐ 46 19	26 28	27 37	16 55	10 10	15 45	4 37	26 12	1 18	10 21	22 30
31	2 34 30	6♏ 54 13	15♐ 10 16	22♐ 27 43	26♌ 25	27♌ 28	18♏ 27	11♎ 24	16♑ 29	4♊ 30	26♒ 12D	1♑ 20	10♋ 20	22♊ 29

DECLINATION and LATITUDE

DAY	☉ DECL	☽ DECL	☽ LAT	☽ 12hr DECL	☿ DECL	☿ LAT	♀ DECL	♀ LAT	♂ DECL	♂ LAT	♃ DECL	♃ LAT	♄ DECL	♄ LAT
1	2S50	9S15	4N46	11S21	2N22	1N50	10N41	0N56	25S29	2S 8	20N24	1S 1	14S 6	1S40
2	3 13	13 14	5 7	14 54	1 37	1 48	10 17	0 58	25 30	2 7	20 24	1 1	14 6	1 40
3	3 37	16 19	5 8	17 27	0 52	1 45	9 52	1 1	25 31	2 7	20 24	1 1	14 7	1 40
4	3 60	18 18	4 50	18 52	0 6	1 41	9 27	1 3	25 32	2 6	20 23	1 1	14 8	1 40
5	4 23	19 8	4 15	19 8	0S40	1 38	9 2	1 5	25 32	2 6	20 23	1 1	14 9	1 40
6	4 46	18 51	3 27	18 20	1 26	1 34	8 36	1 7	25 32	2 5	20 23	1 1	14 10	1 40
7	5 9	17 34	2 29	16 36	2 13	1 29	8 10	1 10	25 32	2 5	20 22	1 1	14 11	1 39
8	5 32	15 26	1 26	14 5	2 59	1 24	7 44	1 12	25 31	2 4	20 22	1 1	14 11	1 39
9	5 55	12 36	0 20	10 59	3 44	1 19	7 18	1 14	25 31	2 4	20 21	1 1	14 12	1 39
10	6 18	9 16	0S46	7 28	4 30	1 14	6 51	1 15	25 30	2 3	20 21	1 1	14 13	1 39
11	6 41	5 35	1 49	3 40	5 15	1 8	6 24	1 17	25 29	2 3	20 20	1 1	14 13	1 39
12	7 4	1 43	2 46	0N15	6 0	1 2	5 57	1 19	25 27	2 2	20 19	1 1	14 14	1 39
13	7 26	2N12	3 38	4 8	6 45	0 56	5 30	1 21	25 26	2 2	20 19	1 1	14 15	1 39
14	7 49	6 2	4 15	7 50	7 29	0 50	5 3	1 22	25 24	2 1	20 18	1 1	14 15	1 39
15	8 11	9 35	4 45	11 15	8 13	0 44	4 35	1 24	25 22	2 1	20 18	1 1	14 16	1 39
16	8 33	12 48	5 1	14 13	8 56	0 37	4 7	1 25	25 20	1 60	20 17	1 1	14 16	1 39
17	8 56	15 30	5 5	16 37	9 38	0 30	3 39	1 27	25 17	1 59	20 16	1 2	14 17	1 39
18	9 18	17 33	4 55	18 18	10 20	0 24	3 11	1 28	25 14	1 59	20 15	1 2	14 17	1 39
19	9 40	18 51	4 32	19 11	11 1	0 17	2 43	1 29	25 11	1 58	20 14	1 2	14 17	1 39
20	10 1	19 18	3 55	19 10	11 42	0 10	2 15	1 30	25 8	1 58	20 14	1 2	14 18	1 38
21	10 23	18 47	3 7	18 10	12 22	0 4	1 46	1 31	25 5	1 57	20 13	1 2	14 18	1 38
22	10 44	17 18	2 8	16 11	13 1	0S 3	1 18	1 32	25 1	1 56	20 12	1 2	14 18	1 38
23	11 6	14 50	1 1	13 16	13 40	0 10	0 49	1 33	24 57	1 56	20 11	1 2	14 18	1 38
24	11 27	11 28	0N12	9 29	14 18	0 17	0 21	1 34	24 53	1 55	20 10	1 2	14 19	1 38
25	11 48	7 20	1 27	5 2	14 55	0 23	0S 8	1 35	24 48	1 54	20 9	1 2	14 19	1 38
26	12 9	2 38	2 38	0 10	15 31	0 30	0 37	1 35	24 43	1 54	20 8	1 2	14 19	1 38
27	12 29	2S20	3 40	4S48	16 7	0 37	1 6	1 36	24 38	1 53	20 7	1 2	14 19	1 38
28	12 50	7 13	4 27	9 31	16 41	0 44	1 35	1 36	24 33	1 52	20 6	1 2	14 19	1 38
29	13 10	11 40	4 55	13 36	17 15	0 50	2 3	1 37	24 27	1 52	20 5	1 2	14 19	1 38
30	13 30	15 18	5 2	16 43	17 48	0 57	2 32	1 37	24 22	1 51	20 4	1 2	14 19	1 38
31	13S50	17S51	4N48	18S40	18S20	1S 3	3S 1	1N38	24S16	1S50	20N 2	1S 2	14S19	1S37

DAY	♅ DECL	♅ LAT	♆ DECL	♆ LAT	♇ DECL	♇ LAT
1	23S43	0S16	22N 6	0S57	15N 6	8S 9
5	23 43	0 16	22 6	0 57	15 6	8 10
9	23 43	0 16	22 6	0 57	15 5	8 10
13	23 43	0 16	22 6	0 57	15 5	8 11
17	23 43	0 16	22 5	0 57	15 4	8 11
21	23 42	0 16	22 5	0 57	15 4	8 12
25	23 42	0 16	22 5	0 57	15 3	8 12
29	23S42	0S16	22N 5	0S58	15N 3	8S13

☽ PHENOMENA

d	h	m	
5	12	54	☽
13	11	2	○
21	12	50	☾
28	6	58	●

d	h	° '
5	6	19S10
12	11	0
19	23	19N17
26	13	0

d	h	° '
2	13	5N10
9	7	0
16	18	5S 5
23	20	0
29	20	5N 2

VOID OF COURSE ☽

LAST ASPT	☽ INGRESS
2 8am31	2 ♐ 1pm35
4 12pm 6	4 ♑ 4pm20
5 12pm54	6 ♒ 10pm36
9 1am32	9 ♓ 8am 9
11 5am 8	11 ♈ 7pm49
14 1am15	14 ♉ 8am25
16 1pm43	16 ♊ 8pm59
19 2am 1	19 ♋ 8am29
21 5pm27	21 ♌ 5pm33
23 10pm48	23 ♍ 11pm 3
25 12pm49	26 ♎ 0am55
27 6pm28	28 ♏ 0am24
29 5pm32	29 ♐ 11pm33

d	h	
14	12	APOGEE
28	4	PERIGEE

DAILY ASPECTARIAN

1 Su	☉⚺☽	0am45
	☽⚼♇	1 39
	☽∠♂	5 47
	☽△♆	5 51
	☽#♀	7 24
	☽∠☿	11 53
	☽∠♅	1pm59
	☿ ♎	11 17
2 M	☽⚻♇	1am43
	☉∠☽	2 32
	☿□♅	5 25
	☽⚼♆	6 2
	☽∥♄	6 6
	☽⚺♂	7 8
	☽□♄	8 31
	♀□♃	11 46
	☽#♇	1pm37
	☽⚺♅	2 21
	☽⚹☿	3 36
3 T	☽☍♃	0am10
	☽□♀	1 20
	☉⚹☽	5 0
	☽⚻♆	6 47
	♂⚹♄	11 1
4 W	☽☍♇	3am42
	☉□♆	7 12
	☽⚹♄	10 46
	☽☌♂	12pm 6
	☽☌♅	5 13
5 Th	☽□☿	2am12
	☽⚻♃	3 32
	☽△♀	9 59
	☽☍♆	10 43
	☿△♃	12pm 6
	☉□☽	12 54
	☽∠♄	1 10
	☉⚼♄	4 25
	♀⚹♆	6 13
6 F	☽⚼♃	6am32
	☽⚻♇	9 5
	☽⚼♀	4pm 6
	☽⚺♄	4 29
	☽⚺♂	9 8
	☽⚺♅	11 39
7 S	☽△♃	10am24
	☽⚼♇	1pm 6
	☽△☿	6 7
	☽⚻♆	6 14
	☿□♆	6 59
	☽⚻♀	11 22
8 Su	♂ ♑	0am 6
	☉△☽	1 17
	☽#♇	3 9
	☽∠♂	3 12
	☽∠♅	4 9
	☽∥♄	11 6
	☿⚼♄	11 52
	☽△♇	5pm53
	♂☌♅	8 55
	☽⚼♆	11 10
9 M	☽☌♄	1am32
	☽⚼☿	3 51
	☉⚼☽	8 55
	☽⚹♅	9 21
	☽⚹♂	10 5
	☽□♃	8pm18
10 T	☽△♆	4am41
	☽⚻☿	2pm26
	☉#♀	3 57
	☽☍♀	4 36
	☉⚻☽	5 14
	☉∥☽	5 40
	☽#♀	6 6
11 W	☽∥☿	1am45
	☽□♇	5 8
	☽⚺♄	12pm52
	☽□♅	9 12
	☉⚺♀	10 54
	☿#♀	11 0
12 Th	☽□♂	1am33
	☽⚹♃	8 0
	☉☌☿	8 39
	☿⚺♀	1pm19
	☽□♆	4 48
	☽∠♄	6 59
13 F	☉☍☽	11am 2
	☽⚻♀	11 50
	☽☍☿	12pm54
	☽∠♃	2 9
	☽⚹♇	5 34
	☽∥♀	6 24
	☿⚼♃	9 23
14 S	☽⚹♄	1am15
	♆SR	5 25
	☽△♅	9 56
	☽#☿	11 59
	☉#☽	1pm 8
	☽△♂	6 1
	☽⚺♃	8 21
	☿△♇	9 30
	☽⚼♀	9 41
	☉⚼♃	10 17
	☉∥☿	10 24
	☽∠♇	11 54
15 Su	☽⚹♆	5am30
	☽⚼♅	4pm21
	♀□♇	7 1
16 M	☽⚼♂	2am16
	☉⚻☽	5 14
	♂⚻♃	5 53
	☽⚺♇	6 11
	☽△♀	7 28
	☽⚻☿	11 33
	☽∠♆	11 46
	☽#♄	12pm30
	☽□♄	1 43
	☉△♇	4 34
	☽∥♇	7 51
	☽⚻♅	10 39
17 T	☿△♄	2am56
	☽☌♃	8 28
	☽⚻♂	10 19
	☉⚼☽	2pm 4
	☽⚺♆	5 49
	☽⚼☿	10 25
18 W	☽☌♇	6pm 1
	♀⚻♄	7 8
	☉△☽	10 26
19 Th	☽△♄	1am19
	☽□♀	2 1
	☿ ♏	7 45
	☽△☿	8 36
	☽☍♅	10 15
	☽⚺♃	7pm16
	☿⚹♅	9 20
20 F	☽☍♂	1am 0
	☽☌♆	4 38
	☽⚼♄	6 21
	☉△♄	9 7
	☽∠♃	11pm45
21 S	☽⚺♇	3am47
	☽⚻♄	10 40
	☉□☽	12pm50
	☽⚹♀	5 27
	♀ ♎	6 31
	☽⚻♅	7 22
22 Su	☽□☿	1am44
	☽⚹♃	3 23
	☽∠♇	7 27
	☽⚻♂	12pm22
	☽⚺♆	12 32
	♀□♅	2 18
	☿⚻♃	2 40
	♂☍♆	3 26
	☽∥♇	10 11
	☽⚼♅	10 37
	☽∠♀	11 25
23 M	☽#♄	4am12
	☽#☿	7 35
	☽⚹♇	10 10
	☽∠♆	3pm 5
	☽⚼♂	4 23
	☽☍♄	4 34
	♂∠♄	7 48
	☉⚹☽	10 48
24 T	☉#☽	0am 8
	☿⚼♇	0 31
	☿∥♄	0 35
	☽△♅	0 52
	☉ ♏	2 8
	☽⚺♀	4 7
	☽□♃	7 52
	☽⚹☿	1pm22
	☽⚹♆	4 41
	☽△♂	7 19
25 W	☉∠☽	2am 1
	☉⚹♅	4 49
	☿#♇	5 23
	☽□♇	12pm49
	☽∠☿	5 14
	☽⚻♄	6 49
	☿△♆	7 8
	♀△♃	8 18
26 Th	☽□♅	2am45
	☉⚺☽	4 16
	☽△♃	8 54
	☽#♀	8 59
	☽☌♀	10 8
	☽∥♀	5pm27
	☽□♆	5 31
	☽⚼♄	6 51
	☽⚺☿	8 7
	☽□♂	10 29
27 F	☽⚼♃	8am32
	☽△♇	12pm42
	☽△♄	6 28
28 S	☽⚹♅	2am18
	☉☌☽	6 58
	☽⚻♃	7 53
	☽⚼♇	12pm10
	☿⚹♂	1 29
	☽⚺♀	1 31
	☽△♆	4 36
	☉⚻♃	7 56
	☽⚹♂	11 54
29 Su	☽☌☿	0am31
	☽∠♅	1 51
	☉∥☽	10 7
	☽⚻♇	11 41
	☿∠♅	2pm 0
	☽∠♀	3 10
	☽⚼♆	4 11
	☽∥♄	4 54
	☽□♄	5 32
	☽#♇	10 6
30 M	☽∠♂	0am47
	☽⚺♅	1 37
	♀□♆	3 27
	☽☍♃	6 53
	☉⚺☽	9 39
	☽⚻♆	4pm 9
	☽⚹♀	5 19
	♀⚼♄	8 1
31 T	☽⚺♂	2am16
	☽⚺☿	6 1
	♄SD	9 4
	☽∥☿	10 4
	☉∠☽	11 54
	☽☍♇	12pm 2
	☉⚼♇	1 52
	☽⚹♄	6 14

NOVEMBER 1905

LONGITUDE

DAY	SID. TIME	☉	☽	☽ 12 Hour	MEAN ☊	TRUE ☊	☿	♀	♂	♃	♄	♅	♆	♇
	h m s	° ' "	° ' "	° ' "	° '	° '	° '	° '	° '	° '	° '	° '	° '	° '
1	2 38 26	7♏ 54 16	29♐ 38 3	6♑ 40 58	26♌ 22	27♌ 20R	19♏ 59	12♎ 39	17♑ 13	4♊ 24R	26♒ 12	1♑ 22	10♋ 20R	22♊ 29R
2	2 42 23	8 54 21	13♑ 36 19	20 24 10	26 19	27 15	21 30	13 53	17 57	4 17	26 12	1 25	10 19	22 28
3	2 46 19	9 54 28	27 4 48	3♒ 38 34	26 16	27 13	23 1	15 8	18 41	4 10	26 12	1 28	10 19	22 27
4	2 50 16	10 54 36	10♒ 5 58	16 27 32	26 12	27 12D	24 31	16 22	19 26	4 4	26 13	1 30	10 18	22 26
5	2 54 13	11 54 46	22 43 53	28 55 37	26 9	27 12R	26 1	17 37	20 10	3 57	26 13	1 33	10 17	22 25
6	2 58 9	12 54 57	5♓ 3 24	11♓ 7 49	26 6	27 12	27 30	18 51	20 55	3 49	26 14	1 35	10 16	22 24
7	3 2 6	13 55 10	17 9 28	23 8 55	26 3	27 11	28 59	20 6	21 39	3 42	26 14	1 38	10 16	22 24
8	3 6 2	14 55 24	29 6 41	5♈ 3 14	26 0	27 7	0♐ 28	21 21	22 24	3 35	26 15	1 41	10 15	22 23
9	3 9 59	15 55 40	10♈ 59 0	16 54 21	25 56	27 0	1 56	22 35	23 8	3 27	26 16	1 44	10 14	22 22
10	3 13 55	16 55 57	22 49 37	28 45 5	25 53	26 50	3 23	23 50	23 53	3 20	26 17	1 46	10 13	22 21
11	3 17 52	17 56 16	4♉ 41 0	10♉ 37 33	25 50	26 37	4 50	25 5	24 38	3 12	26 18	1 49	10 12	22 20
12	3 21 48	18 56 37	16 34 56	22 33 17	25 47	26 23	6 16	26 20	25 22	3 5	26 19	1 52	10 11	22 19
13	3 25 45	19 56 59	28 32 44	4♊ 33 26	25 44	26 8	7 42	27 34	26 7	2 57	26 20	1 55	10 10	22 18
14	3 29 42	20 57 23	10♊ 35 31	16 39 8	25 41	25 54	9 7	28 49	26 52	2 49	26 22	1 58	10 10	22 17
15	3 33 38	21 57 49	22 44 26	28 51 38	25 37	25 41	10 31	0♏ 4	27 37	2 41	26 23	2 1	10 9	22 16
16	3 37 35	22 58 17	5♋ 0 58	11♋ 12 42	25 34	25 32	11 55	1 19	28 22	2 33	26 25	2 4	10 8	22 15
17	3 41 31	23 58 46	17 27 8	23 44 37	25 31	25 25	13 17	2 34	29 7	2 25	26 26	2 7	10 6	22 14
18	3 45 28	24 59 17	0♌ 5 32	6♌ 30 18	25 28	25 21	14 39	3 49	29 52	2 17	26 28	2 10	10 5	22 13
19	3 49 24	25 59 50	12 59 20	19 33 6	25 25	25 20D	15 59	5 4	0♒ 37	2 9	26 30	2 13	10 4	22 12
20	3 53 21	27 0 25	26 11 59	2♍ 56 25	25 22	25 20R	17 19	6 19	1 22	2 1	26 32	2 16	10 3	22 11
21	3 57 17	28 1 1	9♍ 46 43	16 43 8	25 18	25 20	18 36	7 34	2 8	1 53	26 34	2 19	10 2	22 10
22	4 1 14	29 1 39	23 45 48	0♎ 54 43	25 15	25 18	19 52	8 49	2 53	1 45	26 36	2 22	10 1	22 9
23	4 5 11	0♐ 2 19	8♎ 9 41	15 30 20	25 12	25 14	21 7	10 4	3 38	1 36	26 39	2 25	10 0	22 8
24	4 9 7	1 3 1	22 56 2	0♏ 26 1	25 9	25 7	22 19	11 19	4 23	1 28	26 41	2 28	9 58	22 7
25	4 13 4	2 3 44	7♏ 59 14	15 34 32	25 6	24 58	23 28	12 34	5 9	1 20	26 43	2 32	9 57	22 6
26	4 17 0	3 4 28	23 10 34	0♐ 45 58	25 2	24 47	24 35	13 50	5 54	1 12	26 46	2 35	9 56	22 5
27	4 20 57	4 5 14	8♐ 19 21	15 49 23	24 59	24 35	25 39	15 5	6 40	1 4	26 49	2 38	9 55	22 3
28	4 24 53	5 6 2	23 14 54	0♑ 34 50	24 56	24 24	26 39	16 20	7 25	0 56	26 51	2 42	9 53	22 2
29	4 28 50	6 6 50	7♑ 48 24	14 55 0	24 53	24 15	27 35	17 35	8 11	0 47	26 54	2 45	9 52	22 1
30	4 32 46	7♐ 7 40	21♑ 54 17	28♑ 46 6	24♌ 50	24♌ 9	28♐ 27	18♏ 50	8♒ 56	0♊ 39	26♒ 57	2♑ 48	9♋ 51	22♊ 0

DECLINATION and LATITUDE

DAY	☉ DECL	☽ DECL	☽ LAT	☽ 12hr DECL	☿ DECL	☿ LAT	♀ DECL	♀ LAT	♂ DECL	♂ LAT	♃ DECL	♃ LAT	♄ DECL	♄ LAT
1	14S 9	19S11	4N16	19S23	18S51	1S 9	3S30	1N38	24S 9	1S50	20N 1	1S 2	14S19	1S37
2	14 28	19 17	3 30	18 54	19 22	1 15	3 59	1 38	24 3	1 49	20 0	1 2	14 19	1 37
3	14 48	18 15	2 33	17 23	19 51	1 21	4 27	1 38	23 56	1 48	19 59	1 2	14 19	1 37
4	15 6	16 17	1 30	15 0	20 19	1 27	4 56	1 38	23 49	1 48	19 58	1 2	14 18	1 37
5	15 25	13 34	0 24	11 60	20 47	1 33	5 25	1 38	23 42	1 47	19 56	1 2	14 18	1 37
6	15 43	10 18	0S41	8 31	21 13	1 39	5 53	1 38	23 34	1 46	19 55	1 2	14 18	1 37
7	16 1	6 40	1 44	4 45	21 38	1 44	6 21	1 37	23 27	1 45	19 54	1 2	14 18	1 37
8	16 19	2 48	2 40	0 50	22 2	1 49	6 50	1 37	23 19	1 45	19 52	1 2	14 17	1 37
9	16 37	1N 8	3 29	3N 6	22 26	1 54	7 18	1 37	23 11	1 44	19 51	1 2	14 17	1 37
10	16 54	5 1	4 9	6 54	22 48	1 59	7 46	1 36	23 2	1 43	19 50	1 2	14 16	1 36
11	17 11	8 43	4 38	10 27	23 8	2 4	8 14	1 36	22 53	1 42	19 48	1 1	14 16	1 36
12	17 28	12 5	4 55	13 36	23 28	2 8	8 41	1 35	22 44	1 42	19 47	1 1	14 16	1 36
13	17 44	14 59	4 59	16 12	23 47	2 12	9 9	1 34	22 35	1 41	19 45	1 1	14 15	1 36
14	18 0	17 16	4 50	18 8	24 4	2 16	9 36	1 34	22 26	1 40	19 44	1 1	14 14	1 36
15	18 16	18 48	4 27	19 15	24 20	2 19	10 3	1 33	22 16	1 39	19 42	1 1	14 14	1 36
16	18 31	19 29	3 52	19 29	24 35	2 22	10 30	1 32	22 6	1 39	19 41	1 1	14 13	1 36
17	18 47	19 15	3 6	18 46	24 48	2 25	10 57	1 31	21 56	1 38	19 39	1 1	14 13	1 36
18	19 1	18 2	2 9	17 5	25 0	2 27	11 23	1 30	21 46	1 37	19 38	1 1	14 12	1 36
19	19 16	15 53	1 5	14 29	25 11	2 29	11 49	1 29	21 36	1 36	19 37	1 1	14 11	1 36
20	19 30	12 52	0N 5	11 3	25 20	2 30	12 15	1 28	21 25	1 35	19 35	1 1	14 10	1 35
21	19 44	9 4	1 16	6 56	25 29	2 31	12 41	1 27	21 14	1 35	19 33	1 1	14 10	1 35
22	19 57	4 41	2 24	2 20	25 35	2 32	13 6	1 25	21 3	1 34	19 32	1 1	14 9	1 35
23	20 10	0S 5	3 26	2S32	25 40	2 31	13 31	1 24	20 51	1 33	19 30	1 0	14 8	1 35
24	20 23	4 58	4 15	7 21	25 44	2 31	13 55	1 23	20 40	1 32	19 29	1 0	14 7	1 35
25	20 35	9 38	4 47	11 47	25 46	2 29	14 20	1 21	20 28	1 31	19 27	1 0	14 6	1 35
26	20 47	13 44	5 0	15 27	25 47	2 27	14 44	1 20	20 16	1 30	19 26	1 0	14 5	1 35
27	20 58	16 54	4 52	18 3	25 47	2 24	15 7	1 18	20 4	1 30	19 24	0 60	14 4	1 35
28	21 10	18 53	4 24	19 24	25 44	2 20	15 30	1 17	19 51	1 29	19 23	0 60	14 3	1 35
29	21 20	19 35	3 39	19 27	25 41	2 15	15 53	1 15	19 39	1 28	19 21	0 60	14 2	1 35
30	21S31	19S 1	2N41	18S18	25S36	2S 9	16S16	1N13	19S26	1S27	19N20	0S59	14S 1	1S34

DAY	♅ DECL	♅ LAT	♆ DECL	♆ LAT	♇ DECL	♇ LAT
1	23S42	0S16	22N 6	0S58	15N 2	8S13
5	23 42	0 16	22 6	0 58	15 2	8 13
9	23 42	0 16	22 6	0 58	15 1	8 13
13	23 42	0 16	22 6	0 58	15 1	8 14
17	23 42	0 16	22 6	0 58	15 0	8 14
21	23 41	0 16	22 7	0 58	14 60	8 14
25	23 41	0 16	22 7	0 58	14 60	8 14
29	23S41	0S16	22N 7	0S58	14N59	8S14

☽ PHENOMENA			
d	h	m	
4	1	39	☽
12	5	11	○
20	1	34	☾
26	16	47	●
d	h	° '	
1	14	19S23	
8	17	0	
16	6	19N31	
23	0	0	
29	1	19S35	
5	9	0	
12	19	4S59	
19	22	0	
26	3	5N 0	

VOID OF COURSE ☽ LAST ASPT		☽ INGRESS	
31	6pm14	1 ♑	0am37
2	3pm44	3 ♒	5am19
5	7am13	5 ♓	2pm 6
7	10am28	8 ♈	1am47
10	7am 1	10 ♉	2pm32
12	7pm35	13 ♊	2am54
15	7am10	15 ♋	2pm14
17	11pm33	17 ♌	11pm50
20	1am34	20 ♍	6am47
22	9am31	22 ♎	10am29
24	6am 1	24 ♏	11am18
26	5am41	26 ♐	10am47
28	5am57	28 ♑	11am 3
29	6pm11	30 ♒	2pm11

d	h	
10	13	APOGEE
25	16	PERIGEE

DAILY ASPECTARIAN

1 W	☽☌♅	2am57
	☽⚻♃	8 1
	☽∠☿	10 12
	☉∥♄	12pm 4
	☉*☽	3 12
	☽☍♆	6 17
	☽∠♄	7 49
	☽∥☿	9 54
2 Th	☽□♀	0am33
	☽☌♂	8 6
	☽⚼♃	9 56
	☿⚻♇	3pm 7
	☽⚻♇	3 40
	☽*☿	3 44
	☽⚺♄	10 25
3 F	☿#♃	6am17
	☽⚺♅	8 1
	☉△♆	9 30
	☽△♃	12pm52
	♂⚼♃	1 36
	☉#♇	6 8
	☽⚼♇	7 2
4 S	☽⚻♆	0am22
	☉□☽	1 39
	☉∥☽	9 58
	☽#♇	11 49
	☽∠♅	12pm 7
	☿⚼♆	12 22
	☽△♀	1 8
	☽∥♄	6 2
	☽⚺♂	6 46
	♂∥♅	11 23
	☽△♇	11 24
5 Su	☿□♄	3am18
	☽⚼♆	4 56
	☽☌♄	6 45
	☽□☿	7 13
	☽*♅	5pm10
	☽⚼♀	9 23
	☽□♃	9 36
	♀⚼♃	11 24
6 M	☽∠♂	1am47
	☽△♆	10 17
	☉△☽	4pm57
7 T	☽∥♀	1am44
	☽⚻♀	6 34
	☽*♂	9 35
	☽□♇	10 28
	☿ ♐	4pm27
	☽⚺♄	6 14
	♂⚻♇	11 33
8 W	☉⚼☽	1am47
	☽△☿	3 7
	☿#♆	3 24
	☽□♅	5 12
	☽*♃	8 56
	♀△♇	7pm41
	☿⚺♅	8 33
	☽□♆	10 29
9 Th	☽∠♄	0am34
	☉⚻☽	10 57
	☽⚼☿	1pm44
	☽∠♃	2 59
	☉∠♅	7 59
	☽*♇	11 2
	☿☍♃	11 10
10 F	♀□♂	2am10
	☽□♂	2 17
	☽☍♀	2 17
	☽*♄	7 1
	☿∥♂	11 44
	☽△♅	6pm11
	☽#♀	8 14
	☽⚺♃	9 3
11 S	☽⚻☿	0am21
	☽∠♇	5 21
	☽*♆	11 8
	♀△♄	11pm50
12 Su	☽⚼♅	0am34
	☉☍☽	5 11
	☽⚺♇	11 30
	☽∠♆	5pm16
	☽#♄	5 31
	☿∥♅	5 39
	☽△♂	6 49
	☽□♄	7 35
	☽⚻♀	9 50
13 M	☽∥♇	0am18
	☽⚻♅	6 45
	♂⚺♄	7 18
	☽☌♃	8 42
	☽☍☿	8pm41
	☽⚺♆	11 8
14 T	☽⚼♂	2am42
	☽⚼♀	7 8
	☉#☽	12pm 4
	☿⚻♆	5 32
	☉⚻☽	10 20
	♀ ♏	10 40
	☽☌♇	11 4
15 W	☉⚻♇	7am 9
	☽△♄	7 10
	☽⚻♂	10 11
	☽△♀	3pm59
	☽☍♅	6 14
	☽⚺♃	7 16
16 Th	♂#♆	0am47
	☉⚼☽	6 15
	☽☌♆	9 53
	☽⚼♄	12pm25
	♀*♅	2 54
	☽⚻☿	3 1
	♀⚻♃	9 27
	☽∠♃	11 56
17 F	☽⚺♇	9am 7
	☉#☽	9 36
	☉△☽	1pm32
	☽⚻♄	5 9
	☽⚼☿	11 4
	☽☍♂	11 33
18 S	☉⚼♆	2am23
	☽⚻♅	3 54
	☽*♃	4 5
	♂ ♒	4 14
	☽□♀	7 44
	☿∠♂	8 45
	☽∠♇	1pm19
	♃⚻♅	3 56
	☽⚺♆	6 38
19 Su	☽△☿	6am 8
	☽∥♇	7 45
	☽⚼♅	7 46
	☉□♄	12pm23
	☽#♄	2 21
	☽*♇	4 47
	☽∠♆	9 57
20 M	☽☍♄	0am36
	☉□☽	1 34
	☽#♀	3 45
	☉#♃	7 52
	☽⚻♂	9 46
	☽□♃	10 16
	☽△♅	10 51
	♀⚼♇	4pm26
	♂△♃	5 22
	☽*♀	7 45
21 T	☽*♆	0am27
	♂⚺♅	6 33
	☽⚼♂	1pm25
	☽□☿	4 45
	☽□♇	9 16
22 W	☽∠♀	0am 6
	☽⚻♄	4 48
	☉*☽	9 31
	☽△♃	1pm15
	☽□♅	2 29
	☽△♂	4 7
	♀△♆	10 35
	☉ ♐	11 5
23 Th	☽□♆	3am 0
	☽⚺♀	3 25
	☽⚼♄	5 43
	☉∠☽	12pm 4
	☽⚼♃	1 40
	☿☍♇	8 2
	☽△♇	10 41
	☽*☿	10 55
24 F	☽△♄	6am 1
	☉☍♃	8 47
	♀∥♄	10 56
	☽⚻♃	1pm32
	☉⚺☽	1 55
	☽*♅	3 18
	☉∥♂	4 56
	☽□♂	7 15
	☽⚼♇	10 35
25 S	☽∠☿	0am50
	☽△♆	3 7
	☽☌♀	7 54
	☉⚺♅	11 41
	☽∠♅	3pm 8
	☽⚻♇	10 16
26 Su	☽∥♄	2am20
	☽⚺☿	2 24
	☽⚼♆	2 46
	☽□♄	5 41
	☽∥♀	7 39
	☽#♇	8 39
	☽☍♃	12pm34
	☽⚺♅	2 56
	♀#♇	4 10
	☉☌☽	4 47
	☽*♂	9 13
27 M	☽⚻♆	2am32
	☽⚺♀	11 48
	♂⚼♇	12pm16
	☽☍♇	10 2
	☽∠♂	10 35
28 T	☿*♄	5am15
	☽*♄	5 54
	☽☌☿	5 57
	☽#♃	11 2
	☽⚻♃	12pm27
	☽∠♀	2 29
	☽☌♅	3 33
	☉⚺☽	8 58
29 W	☽⚺♂	0am39
	♀∠♅	3 15
	☽☍♆	3 27
	☽∠♄	6 55
	☽⚼♃	1pm22
	☽#♃	3 51
	☽*♀	6 11
30 Th	☽⚻♇	0am10
	☉∠☽	0 25
	☽⚺♄	8 50
	☽⚺☿	12pm 8
	♂#♃	1 8
	☽△♃	3 11
	☽⚺♅	7 14

DECEMBER 1905

LONGITUDE

DAY	SID. TIME	☉	☽	☽ 12 Hour	MEAN ☊	TRUE ☊	☿	♀	♂	♃	♄	♅	♆	♇
	h m s	° ' "	° ' "	° ' "	° '	° '	° '	° '	° '	° '	° '	° '	° '	° '
1	4 36 43	8♐ 8 30	5♒ 30 30	12♒ 7 42	24♌ 47	24♌ 5R	29♐ 13	20♏ 6	9♒ 42	0♊ 31R	27♒ 0	2♑ 52	9♋ 49R	21♊ 59R
2	4 40 40	9 9 22	18 38 6	25 2 8	24 43	24 4D	29 53	21 21	10 28	0 23	27 3	2 55	9 48	21 58
3	4 44 36	10 10 14	1♓ 20 24	7♓ 33 30	24 40	24 4R	0♑ 26	22 36	11 13	0 15	27 7	2 58	9 46	21 57
4	4 48 33	11 11 7	13 42 6	19 46 51	24 37	24 4	0 52	23 51	11 59	0 7	27 10	3 2	9 45	21 56
5	4 52 29	12 12 1	25 48 26	1♈ 47 30	24 34	24 3	1 9	25 7	12 45	0 0	27 13	3 5	9 44	21 54
6	4 56 26	13 12 55	7♈ 44 41	13 40 35	24 31	24 0	1 17R	26 22	13 30	29♉ 52	27 17	3 9	9 42	21 53
7	5 0 22	14 13 50	19 35 46	25 30 44	24 28	23 55	1 15	27 37	14 16	29 44	27 20	3 12	9 41	21 52
8	5 4 19	15 14 46	1♉ 25 57	7♉ 21 49	24 24	23 47	1 1	28 52	15 2	29 36	27 24	3 15	9 39	21 51
9	5 8 15	16 15 43	13 18 43	19 16 55	24 21	23 36	0 37	0♐ 8	15 48	29 29	27 28	3 19	9 38	21 50
10	5 12 12	17 16 41	25 16 42	1♊ 18 15	24 18	23 24	0 2	1 23	16 33	29 21	27 32	3 22	9 36	21 49
11	5 16 9	18 17 39	7♊ 21 43	13 27 16	24 15	23 11	29♐ 15	2 38	17 19	29 14	27 36	3 26	9 34	21 47
12	5 20 5	19 18 38	19 34 57	25 44 51	24 12	22 59	28 17	3 54	18 5	29 7	27 40	3 29	9 33	21 46
13	5 24 2	20 19 39	1♋ 57 2	8♋ 11 32	24 8	22 48	27 10	5 9	18 51	29 0	27 44	3 33	9 31	21 45
14	5 27 58	21 20 40	14 28 27	20 47 50	24 5	22 39	25 56	6 25	19 37	28 53	27 48	3 37	9 30	21 44
15	5 31 55	22 21 41	27 9 48	3♌ 34 27	24 2	22 33	24 36	7 40	20 23	28 46	27 52	3 40	9 28	21 43
16	5 35 51	23 22 43	10♌ 1 57	16 32 30	23 59	22 30D	23 13	8 55	21 8	28 39	27 57	3 44	9 27	21 42
17	5 39 48	24 23 47	23 6 17	29 43 33	23 56	22 29	21 50	10 11	21 54	28 32	28 1	3 47	9 25	21 40
18	5 43 44	25 24 51	6♍ 24 31	13♍ 9 26	23 53	22 30	20 31	11 26	22 40	28 26	28 5	3 51	9 23	21 39
19	5 47 41	26 25 56	19 58 31	26 51 55	23 49	22 31R	19 16	12 41	23 26	28 20	28 10	3 54	9 22	21 38
20	5 51 38	27 27 2	3♎ 49 47	10♎ 52 9	23 46	22 30	18 9	13 57	24 12	28 13	28 15	3 58	9 20	21 37
21	5 55 34	28 28 9	17 58 54	25 9 52	23 43	22 29	17 11	15 12	24 58	28 7	28 19	4 2	9 18	21 36
22	5 59 31	29 29 17	2♏ 24 43	9♏ 42 56	23 40	22 25	16 23	16 28	25 44	28 1	28 24	4 5	9 17	21 35
23	6 3 27	0♑ 30 25	17 3 54	24 26 49	23 37	22 18	15 46	17 43	26 30	27 55	28 29	4 9	9 15	21 33
24	6 7 24	1 31 33	1♐ 50 48	9♐ 14 50	23 34	22 11	15 20	18 59	27 16	27 50	28 34	4 12	9 13	21 32
25	6 11 20	2 32 43	16 37 53	23 58 55	23 30	22 3	15 4	20 14	28 2	27 44	28 39	4 16	9 12	21 31
26	6 15 17	3 33 53	1♑ 16 54	8♑ 30 56	23 27	21 55	14 59D	21 29	28 48	27 39	28 44	4 20	9 10	21 30
27	6 19 14	4 35 3	15 40 10	22 43 59	23 24	21 48	15 3	22 45	29 34	27 34	28 49	4 23	9 8	21 29
28	6 23 10	5 36 13	29 41 51	6♒ 33 27	23 21	21 44	15 16	24 0	0♓ 19	27 29	28 55	4 27	9 7	21 28
29	6 27 7	6 37 24	13♒ 18 37	19 57 21	23 18	21 42D	15 36	25 16	1 5	27 24	29 0	4 30	9 5	21 27
30	6 31 3	7 38 34	26 29 47	2♓ 56 12	23 14	21 41	16 5	26 31	1 51	27 20	29 5	4 34	9 3	21 25
31	6 35 0	8♑ 39 45	9♓ 16 57	15♓ 32 31	23♌ 11	21♌ 42	16♐ 39	27♐ 47	2♓ 37	27♉ 15	29♒ 11	4♑ 38	9♋ 1	21♊ 24

DECLINATION and LATITUDE

DAY	☉ DECL	☽ DECL	☽ LAT	☽ 12hr DECL	☿ DECL	☿ LAT	♀ DECL	♀ LAT	♂ DECL	♂ LAT	♃ DECL	♃ LAT	♄ DECL	♄ LAT
1	21S41	17S20	1N37	16S10	25S29	2S 2	16S37	1N12	19S13	1S26	19N18	0S59	13S60	1S34
2	21 50	14 48	0 29	13 16	25 22	1 54	16 59	1 10	18 60	1 25	19 17	0 59	13 58	1 34
3	21 59	11 36	0S39	9 50	25 12	1 45	17 20	1 8	18 46	1 25	19 15	0 59	13 57	1 34
4	22 8	7 59	1 42	6 4	25 2	1 35	17 41	1 6	18 33	1 24	19 14	0 59	13 56	1 34
5	22 16	4 7	2 40	2 8	24 50	1 23	18 1	1 4	18 19	1 23	19 12	0 59	13 55	1 34
6	22 24	0 8	3 30	1N51	24 36	1 9	18 21	1 2	18 5	1 22	19 11	0 59	13 54	1 34
7	22 31	3N48	4 10	5 44	24 21	0 55	18 40	1 0	17 51	1 21	19 9	0 58	13 52	1 34
8	22 38	7 36	4 40	9 24	24 5	0 39	18 58	0 58	17 37	1 20	19 8	0 58	13 51	1 34
9	22 45	11 7	4 57	12 43	23 48	0 21	19 16	0 56	17 22	1 19	19 6	0 58	13 49	1 34
10	22 51	14 12	5 2	15 33	23 30	0 3	19 34	0 54	17 8	1 18	19 5	0 58	13 48	1 34
11	22 56	16 44	4 53	17 44	23 10	0N17	19 51	0 52	16 53	1 18	19 4	0 58	13 47	1 33
12	23 1	18 33	4 31	19 9	22 50	0 37	20 8	0 50	16 38	1 17	19 2	0 57	13 45	1 33
13	23 6	19 31	3 55	19 39	22 28	0 57	20 24	0 47	16 23	1 16	19 1	0 57	13 44	1 33
14	23 10	19 33	3 8	19 12	22 7	1 17	20 39	0 45	16 8	1 15	18 60	0 57	13 42	1 33
15	23 14	18 36	2 11	17 45	21 44	1 36	20 54	0 43	15 52	1 14	18 58	0 57	13 41	1 33
16	23 17	16 41	1 6	15 23	21 23	1 54	21 8	0 41	15 37	1 13	18 57	0 57	13 39	1 33
17	23 20	13 53	0N 3	12 11	21 2	2 10	21 21	0 38	15 21	1 12	18 56	0 56	13 37	1 33
18	23 22	10 19	1 14	8 17	20 42	2 25	21 34	0 36	15 5	1 11	18 55	0 56	13 36	1 33
19	23 24	6 9	2 22	3 54	20 25	2 37	21 46	0 34	14 49	1 10	18 53	0 56	13 34	1 33
20	23 26	1 35	3 23	0S47	20 10	2 46	21 58	0 31	14 33	1 10	18 52	0 56	13 32	1 33
21	23 27	3S 9	4 13	5 31	19 57	2 53	22 9	0 29	14 17	1 9	18 51	0 55	13 31	1 33
22	23 27	7 48	4 48	9 60	19 48	2 58	22 19	0 26	14 1	1 8	18 50	0 55	13 29	1 33
23	23 27	12 4	5 5	13 56	19 41	3 1	22 29	0 24	13 44	1 7	18 49	0 55	13 27	1 33
24	23 27	15 36	5 2	17 1	19 38	3 2	22 38	0 22	13 28	1 6	18 48	0 55	13 25	1 32
25	23 26	18 9	4 39	18 59	19 37	3 1	22 46	0 19	13 11	1 5	18 47	0 55	13 23	1 32
26	23 24	19 29	3 58	19 40	19 39	2 58	22 54	0 17	12 54	1 4	18 46	0 54	13 22	1 32
27	23 22	19 31	3 2	19 4	19 43	2 55	23 1	0 14	12 37	1 3	18 45	0 54	13 20	1 32
28	23 20	18 20	1 56	17 20	19 50	2 50	23 7	0 12	12 20	1 2	18 44	0 54	13 18	1 32
29	23 17	16 7	0 45	14 41	19 58	2 44	23 13	0 9	12 3	1 1	18 43	0 54	13 16	1 32
30	23 14	13 6	0S26	11 22	20 7	2 37	23 17	0 7	11 46	1 1	18 42	0 53	13 14	1 32
31	23S10	9S33	1S34	7S38	20S18	2N30	23S22	0N 4	11S28	0S60	18N42	0S53	13S12	1S32

DAY	♅ DECL	♅ LAT	♆ DECL	♆ LAT	♇ DECL	♇ LAT
1	23S41	0S16	22N 7	0S58	14N59	8S14
5	23 40	0 16	22 8	0 58	14 59	8 14
9	23 40	0 16	22 8	0 58	14 59	8 14
13	23 40	0 16	22 9	0 58	14 59	8 14
17	23 39	0 16	22 9	0 58	14 59	8 14
21	23 39	0 16	22 9	0 58	14 59	8 13
25	23 39	0 16	22 10	0 58	14 59	8 13
29	23S38	0S16	22N10	0S58	14N59	8S13

☽ PHENOMENA

d	h	m	
3	18	37	☽
11	23	25	○
19	12	8	☾
26	4	4	●

d	h	° '
6	1	0
13	13	19N39
20	8	0
26	13	19S40

d	h	° '
2	10	0
9	20	5S 2
16	23	0
23	8	5N 6
29	15	0

VOID OF COURSE ☽

LAST ASPT		☽ INGRESS		
2	3pm54	2	♓	9pm26
5	8am18	5	♈	8am24
7	3pm47	7	♉	9pm 6
10	8am 3	10	♊	9am24
12	3pm48	12	♋	8pm14
15	2am59	15	♌	5am19
17	9am47	17	♍	12pm30
19	2pm25	19	♎	5pm25
21	6pm48	21	♏	8pm 1
23	6pm39	23	♐	9pm 0
25	7pm47	25	♑	9pm53
27	8pm11	28	♒	0am32
30	4am51	30	♓	6am30

d	h	
7	22	APOGEE
23	22	PERIGEE

DAILY ASPECTARIAN

1 F	☽⚼♇	2am39
	♂⚻♆	3 46
	☉⚹☽	5 8
	☽∥♀	6 32
	☽⚻♆	7 47
	☽☌♂	8 2
	☽∠☿	4pm42
	☽#♇	10 23
	☽∠♅	10 39
2 S	☿ ♑	4am45
	☽□♀	5 37
	☽△♇	6 13
	☽∥♄	6 36
	☽⚼♆	11 32
	♀⚻♇	11 39
	☉⚻♆	2pm50
	☽☌♄	3 54
	☿⚻♃	5 18
	☽□♃	9 57
	☽⚹☿	10 12
3 Su	☽⚹♅	3am 9
	☽△♆	4pm17
	☉□☽	6 37
	☽⚺♂	8 24
	☉#♆	11 33
4 M	☽□♇	4pm14
	♀⚼♆	4 48
	☽△♀	10 27
	♃ ♉	10 30
5 T	☽⚺♄	2am51
	☽∠♂	4 8
	☽⚹♃	8 18
	☽□☿	10 52
	♀∥♂	1pm 0
	☽□♅	2 40
6 W	☽□♆	3am57
	☿SR	7 5
	☽⚼♀	8 11
	☽∠♄	9 13
	☉△☽	12pm 6
	☽⚹♂	12 27
	☽∠♃	2 15
	♀□♄	6 22
7 Th	☉⚹♂	3am27
	☽⚹♇	4 36
	☽⚹♄	3pm47
	☽⚻♀	6 12
	☽⚺♃	8 20
	☉⚼☽	9 22
	☽△☿	11 12
8 F	☽△♅	3am43
	☽∠♇	10 57
	♀#♃	11 33
	♀☍♃	12pm44
	☽⚹♆	4 35
	☿∠♂	8 44
	♀ ♐	9 31
9 S	☽⚼☿	4am27
	☽□♂	5 20
	☉⚻☽	6 29
	☿⚺♀	6 38
	☽⚼♅	10 7
	☿∥♅	10 50
	☽⚺♇	5pm 5
	☽#♄	8 39
	☽∠♆	10 39
10 Su	☿ ♐	0am42
	☽□♄	4 31
	☽∥♇	6 45
	☽☌♃	8 3
	☽⚻☿	8 55
	☽☍♀	1pm34
	☽⚻♅	4 11
11 M	☿⚻♃	0am19
	☽#♂	1 30
	☽⚺♆	4 21
	☉∥☿	1pm20
	♀⚺♅	3 52
	☽△♂	8 53
	☉☍☽	11 25
12 T	☽☌♇	4am16
	☽∥♃	9 20
	☿⚹♄	1pm 3
	♂∠♅	1 52
	☽☍☿	3 33
	☽△♄	3 48
	☽⚺♃	6 21
13 W	☽☍♅	3am 6
	☽⚼♂	3 54
	☽⚻♀	6 51
	☽☌♆	2pm31
	☽⚼♄	8 47
	☿#♆	9 40
	☽∠♃	10 53
14 Th	☉☍♇	8am59
	☽⚻♂	10 23
	☽⚺♇	1pm45
	☉⚻☽	2 10
	☽⚼♀	2 36
	☽∥♃	4 56
	☽⚻☿	7 38
15 F	☽⚻♄	1am20
	☽⚹♃	2 59
	☽⚻♅	12pm14
	☽∠♇	5 49
	☉⚼☽	8 40
	☽⚼☿	8 58
	☽△♀	9 43
	☉☌☿	10 23
	☽⚺♆	10 55
16 S	♀⚻♆	9am46
	☿∥♀	10 20
	☽#♂	11 1
	☽∥♇	3pm23
	☽⚼♅	4 5
	♂△♇	4 56
	☽⚹♇	9 24
	☽☍♂	9 41
	☽△☿	9 55
	☿⚹♂	11 16
17 Su	☽#♄	1am53
	☽∠♆	2 23
	☉△☽	2 33
	☿☍♇	2 58
	☽☍♄	8 58
	☽□♃	9 47
	☽△♅	7pm24
18 M	☽⚹♆	5am18
	☽□♀	9 52
	♂#♇	10 17
	☽□☿	10pm52
19 T	☽□♇	2am54
	☽⚻♂	6 24
	☉□☽	12pm 8
	☽⚻♄	2 20
	☽△♃	2 25
	♃□♄	8 48
20 W	☽□♅	0am14
	♂⚼♆	4 4
	☽□♆	9 22
	☽⚼♂	9 41
	☽⚼♃	3pm52
	☽⚼♄	4 7
	☉⚻♃	4 31
	☽⚹♀	6 53
	☉⚹♄	8 18
	☽⚹☿	10 44
21 Th	♀#♆	0am57
	☽△♇	6 3
	☽△♂	12pm19
	☽⚻♃	4 47
	☽△♄	5 20
	☉⚹☽	6 48
	☽∠♀	10 17
	☽∠☿	10 23
	☿☌♀	11 7
22 F	☽⚹♅	2am46
	☽⚼♇	6 51
	☽△♆	11 16
	☉ ♑	12pm 3
	☉∠☽	9 16
	☽⚺☿	9 58
23 S	☽⚺♀	1am10
	☽∠♅	3 24
	☽⚻♇	7 18
	☽∥♄	8 42
	☽∥♂	9 54
	☽⚼♆	11 39
	☽□♂	4pm10
	☽☍♃	5 32
	☽□♄	6 39
	☽#♇	7 16
	☉⚺☽	11 27
24 Su	☽⚺♅	3am50
	♂∥♄	3 50
	☽⚻♆	11 56
	♂□♃	3pm56
	☽☌☿	9 30
25 M	☽☌♀	6am25
	☽☍♇	7 58
	☽#♃	8 37
	☽⚻♃	6pm 3
	☽⚹♂	7 40
	☽⚹♄	7 47
	♂☌♄	10 5
26 T	♀☍♇	0am 9
	☿SD	1 39
	☉☌☽	4 4
	☽☌♅	5 3
	☽☍♆	1pm 4
	☽⚼♃	6 48
	☉☌♅	7 3
	☽∠♄	8 52
	☽∠♂	10 1
	☽⚺☿	10 56
27 W	☽⚻♇	9am51
	☽⚺♀	1pm13
	♂ ♓	1 50
	☽#♃	5 58
	☽△♃	8 11
	☽⚺♄	10 38
28 Th	☽∠☿	1am 0
	☽⚺♂	1 9
	☽⚺♅	8 19
	☉⚺☽	11 9
	☽⚼♇	11 49
	☽⚻♆	4pm29
	☽∠♀	6 0
29 F	☽⚹☿	4am16
	☽#♇	9 41
	☽∠♅	11 14
	☉∥♀	1pm15
	☽△♇	2 42
	☉∠☽	4 19
	☽⚼♆	7 30
	☽∥♄	11 1
30 S	☽⚹♀	0am 3
	☽□♃	1 32
	☽☌♄	4 51
	☽∥♂	10 13
	☽☌♂	10 37
	♀⚻♃	2pm31
	☽⚹♅	3 8
	☉⚹☽	10 43
	☽△♆	11 31
31 Su	☉☍♆	8am18
	☽□☿	2pm57
	☽□♇	11 21

LONGITUDE

DAY	SID. TIME	☉	☽	☽ 12 Hour	MEAN ☊	TRUE ☊	☿	♀	♂	♃	♄	♅	♆	♇
	h m s	° ' "	° ' "	° ' "	° '	° '	° '	° '	° '	° '	° '	° '	° '	° '
1	6 38 56	9♑ 40 54	21♓ 43 25	27♓ 50 15	23♌ 8	21♌ 44	17♐ 20	29♐ 2	3♓ 23	27♉ 11R	29♒ 16	4♑ 41	9♋ 0R	21♊ 23R
2	6 42 53	10 42 5	3♈ 53 36	9♈ 54 8	23 5	21 45R	18 6	0♑ 18	4 9	27 7	29 22	4 45	8 58	21 22
3	6 46 49	11 43 14	15 52 28	21 49 15	23 2	21 45	18 56	1 33	4 55	27 3	29 28	4 48	8 56	21 21
4	6 50 46	12 44 23	27 45 7	3♉ 40 39	22 59	21 44	19 51	2 48	5 41	26 59	29 33	4 52	8 55	21 20
5	6 54 43	13 45 32	9♉ 36 26	15 33 1	22 55	21 41	20 49	4 4	6 27	26 56	29 39	4 56	8 53	21 19
6	6 58 39	14 46 41	21 30 52	27 30 28	22 52	21 36	21 51	5 19	7 13	26 53	29 45	4 59	8 51	21 18
7	7 2 36	15 47 50	3♊ 32 11	9♊ 36 23	22 49	21 30	22 56	6 35	7 59	26 50	29 51	5 3	8 50	21 17
8	7 6 32	16 48 58	15 43 21	21 53 17	22 46	21 24	24 3	7 50	8 44	26 47	29 57	5 6	8 48	21 16
9	7 10 29	17 50 5	28 6 24	4♋ 22 46	22 43	21 18	25 12	9 6	9 30	26 44	0♓ 3	5 10	8 46	21 15
10	7 14 25	18 51 13	10♋ 42 30	17 5 35	22 39	21 12	26 24	10 21	10 16	26 42	0 9	5 13	8 45	21 14
11	7 18 22	19 52 20	23 32 1	0♌ 1 43	22 36	21 8	27 38	11 37	11 2	26 39	0 15	5 17	8 43	21 13
12	7 22 18	20 53 27	6♌ 34 39	13 10 41	22 33	21 5	28 53	12 52	11 48	26 37	0 21	5 20	8 41	21 12
13	7 26 15	21 54 33	19 49 44	26 31 42	22 30	21 4D	0♑ 10	14 7	12 34	26 35	0 27	5 24	8 40	21 11
14	7 30 12	22 55 39	3♍ 16 28	10♍ 3 56	22 27	21 4	1 28	15 23	13 19	26 34	0 34	5 27	8 38	21 10
15	7 34 8	23 56 45	16 54 3	23 46 41	22 24	21 5	2 48	16 38	14 5	26 32	0 40	5 31	8 36	21 9
16	7 38 5	24 57 51	0♎ 41 47	7♎ 39 15	22 20	21 7	4 8	17 54	14 51	26 31	0 46	5 34	8 35	21 8
17	7 42 1	25 58 56	14 38 59	21 40 52	22 17	21 8R	5 30	19 9	15 36	26 30	0 53	5 38	8 33	21 7
18	7 45 58	27 0 1	28 44 44	5♏ 50 23	22 14	21 9	6 53	20 24	16 22	26 29	0 59	5 41	8 32	21 6
19	7 49 54	28 1 6	12♏ 57 35	20 6 0	22 11	21 8	8 17	21 40	17 8	26 28	1 6	5 45	8 30	21 5
20	7 53 51	29 2 11	27 15 17	4♐ 25 0	22 8	21 6	9 42	22 55	17 53	26 28	1 12	5 48	8 28	21 4
21	7 57 47	0♒ 3 15	11♐ 34 39	18 43 43	22 5	21 4	11 7	24 11	18 39	26 28D	1 19	5 51	8 27	21 3
22	8 1 44	1 4 19	25 51 37	2♑ 57 47	22 1	21 1	12 34	25 26	19 25	26 28	1 25	5 55	8 25	21 2
23	8 5 41	2 5 23	10♑ 1 36	17 2 32	21 58	20 58	14 1	26 41	20 10	26 28	1 32	5 58	8 24	21 1
24	8 9 37	3 6 25	24 0 3	0♒ 53 40	21 55	20 56	15 29	27 57	20 56	26 28	1 39	6 1	8 22	21 1
25	8 13 34	4 7 27	7♒ 43 0	14 27 45	21 52	20 54	16 57	29 12	21 41	26 29	1 45	6 5	8 21	21 0
26	8 17 30	5 8 28	21 7 40	27 42 39	21 49	20 54D	18 27	0♒ 28	22 27	26 30	1 52	6 8	8 19	20 59
27	8 21 27	6 9 28	4♓ 12 41	10♓ 37 50	21 45	20 54	19 57	1 43	23 12	26 31	1 59	6 11	8 18	20 58
28	8 25 23	7 10 27	16 58 14	23 14 11	21 42	20 55	21 28	2 58	23 58	26 32	2 6	6 15	8 16	20 57
29	8 29 20	8 11 25	29 25 57	5♈ 33 58	21 39	20 57	22 59	4 14	24 43	26 33	2 13	6 18	8 15	20 57
30	8 33 16	9 12 21	11♈ 38 40	17 40 31	21 36	20 58	24 32	5 29	25 29	26 35	2 20	6 21	8 13	20 56
31	8 37 13	10♒ 13 17	23♈ 40 5	29♈ 37 55	21♌ 33	20♌ 59	26♑ 4	6♒ 44	26♓ 14	26♉ 37	2♓ 27	6♑ 24	8♋ 12	20♊ 55

DECLINATION and LATITUDE

DAY	☉ DECL	☽ DECL	☽ LAT	☽ 12hr DECL	☿ DECL	☿ LAT	♀ DECL	♀ LAT	♂ DECL	♂ LAT	♃ DECL	♃ LAT	♄ DECL	♄ LAT
1	23S 6	5S40	2S36	3S40	20S29	2N22	23S25	0N 2	11S11	0S59	18N41	0S53	13S10	1S32
2	23 1	1 39	3 29	0N22	20 41	2 14	23 28	0S 0	10 53	0 58	18 40	0 53	13 8	1 32
3	22 56	2N22	4 12	4 20	20 54	2 6	23 29	0 3	10 36	0 57	18 40	0 52	13 6	1 32
4	22 50	6 15	4 44	8 7	21 7	1 57	23 31	0 5	10 18	0 56	18 39	0 52	13 4	1 32
5	22 44	9 53	5 4	11 35	21 20	1 48	23 31	0 8	10 0	0 55	18 39	0 52	13 2	1 32
6	22 38	13 9	5 11	14 36	21 33	1 40	23 31	0 10	9 42	0 54	18 38	0 52	12 60	1 32
7	22 31	15 54	5 4	17 2	21 45	1 31	23 30	0 13	9 24	0 53	18 38	0 51	12 58	1 32
8	22 24	17 59	4 43	18 45	21 57	1 22	23 28	0 15	9 6	0 52	18 37	0 51	12 56	1 32
9	22 16	19 17	4 9	19 35	22 9	1 13	23 26	0 17	8 48	0 52	18 37	0 51	12 53	1 32
10	22 7	19 39	3 23	19 28	22 20	1 4	23 23	0 20	8 30	0 51	18 36	0 50	12 51	1 32
11	21 59	19 1	2 25	18 19	22 31	0 55	23 19	0 22	8 12	0 50	18 36	0 50	12 49	1 31
12	21 50	17 22	1 19	16 11	22 41	0 46	23 14	0 24	7 54	0 49	18 36	0 50	12 47	1 31
13	21 40	14 46	0 7	13 9	22 50	0 37	23 9	0 27	7 35	0 48	18 36	0 50	12 45	1 31
14	21 30	11 21	1N 7	9 23	22 58	0 29	23 3	0 29	7 17	0 47	18 36	0 49	12 42	1 31
15	21 20	7 17	2 17	5 4	23 5	0 20	22 56	0 31	6 58	0 46	18 36	0 49	12 40	1 31
16	21 9	2 47	3 21	0 28	23 11	0 12	22 48	0 33	6 40	0 45	18 36	0 49	12 38	1 31
17	20 58	1S53	4 13	4S13	23 16	0 4	22 40	0 36	6 21	0 44	18 36	0 49	12 35	1 31
18	20 46	6 30	4 51	8 42	23 20	0S 4	22 31	0 38	6 3	0 43	18 36	0 48	12 33	1 31
19	20 34	10 47	5 11	12 43	23 23	0 12	22 22	0 40	5 44	0 43	18 36	0 48	12 31	1 31
20	20 22	14 29	5 13	16 1	23 25	0 19	22 12	0 42	5 26	0 42	18 36	0 48	12 28	1 31
21	20 9	17 19	4 55	18 21	23 26	0 27	22 1	0 44	5 7	0 41	18 36	0 48	12 26	1 31
22	19 56	19 5	4 19	19 31	23 25	0 34	21 49	0 46	4 48	0 40	18 36	0 47	12 24	1 31
23	19 42	19 38	3 27	19 27	23 23	0 41	21 37	0 48	4 30	0 39	18 37	0 47	12 21	1 31
24	19 28	18 58	2 23	18 12	23 20	0 48	21 24	0 50	4 11	0 38	18 37	0 47	12 19	1 31
25	19 14	17 11	1 12	15 56	23 16	0 54	21 11	0 52	3 52	0 37	18 37	0 47	12 16	1 31
26	18 60	14 29	0S 1	12 52	23 11	1 1	20 56	0 54	3 33	0 36	18 38	0 46	12 14	1 31
27	18 45	11 6	1 13	9 14	23 4	1 7	20 42	0 56	3 14	0 35	18 38	0 46	12 12	1 31
28	18 29	7 17	2 19	5 17	22 56	1 12	20 26	0 58	2 56	0 35	18 39	0 46	12 9	1 31
29	18 14	3 15	3 17	1 12	22 46	1 18	20 10	0 59	2 37	0 34	18 39	0 46	12 7	1 31
30	17 58	0N51	4 5	2N51	22 36	1 23	19 54	1 1	2 18	0 33	18 40	0 45	12 4	1 31
31	17S41	4N50	4S42	6N44	22S23	1S28	19S36	1S 3	1S59	0S32	18N41	0S45	12S 2	1S31

DAY	♅ DECL	♅ LAT	♆ DECL	♆ LAT	♇ DECL	♇ LAT
1	23S38	0S16	22N11	0S58	14N59	8S13
5	23 37	0 16	22 11	0 58	14 59	8 12
9	23 37	0 16	22 12	0 58	14 59	8 12
13	23 36	0 16	22 12	0 58	14 59	8 11
17	23 36	0 16	22 13	0 58	14 60	8 10
21	23 35	0 16	22 13	0 58	15 0	8 10
25	23 35	0 16	22 14	0 58	15 1	8 9
29	23S34	0S16	22N14	0S58	15N 1	8S 8

☽ PHENOMENA			
d	h	m	
2	14	52	☽
10	16	36	○
17	20	49	☾
24	17	9	●
d	h	° '	
2	10	0	
9	21	19N40	
16	14	0	
22	23	19S38	
29	19	0	
6	0	5S11	
13	2	0	
19	14	5N15	
26	0	0	

VOID OF COURSE ☽ LAST ASPT	☽ INGRESS
1 4pm 2	1 ♈ 4pm16
4 3am41	4 ♉ 4am33
6 4pm36	6 ♊ 4pm58
8 5pm50	9 ♋ 3am38
11 5am46	11 ♌ 11am57
13 12pm 5	13 ♍ 6pm11
15 4pm46	15 ♎ 10pm48
17 8pm49	18 ♏ 2am 8
20 3am13	20 ♐ 4am36
21 3pm53	22 ♑ 6am59
24 7am33	24 ♒ 10am26
26 9am47	26 ♓ 4pm13
28 6pm24	29 ♈ 1am 6
31 5am34	31 ♉ 12pm45

d	h	
4	16	APOGEE
20	6	PERIGEE

DAILY ASPECTARIAN

1 M	♀*♄	4am54
	☽*♃	10 39
	☽⚺♄	2pm57
	☽□♀	4 2
	♀ ♑	6 23
2 T	☽⚺♂	0am33
	☽□♅	1 42
	☽□♆	10 6
	☉□☽	2pm52
	☽∠♃	4 21
	♂*♅	8 14
	☽∠♄	9 8
3 W	☽△☿	6am41
	☉⚼♃	7 20
	☽∠♂	8 43
	☽*♇	11 2
	☽⚺♃	10pm28
4 Th	☽*♄	3am41
	☽△♀	11 27
	☽△♅	2pm29
	☽⚼☿	3 39
	☽*♂	5 10
	☽∠♇	5 21
	☽*♆	10 32
5 F	☽#♂	0am43
	☉△☽	9 10
	☿☍♇	11 25
	♀☌♅	5pm14
	☽⚼♅	8 55
	☽⚼♀	9 20
	☽#♄	10 48
	☉∠♄	11 16
	☽⚺♇	11 34
6 S	☽⚻☿	0am44
	☽∠♆	4 41
	☽☌♃	10 42
	☽∥♇	3pm25
	☽□♄	4 36
	☉⚼☽	6 3
7 Su	☽⚻♅	3am 0
	☽⚻♀	6 43
	☽□♂	9 23
	☽⚺♆	10 26
8 M	♂△♆	1am45
	☉⚻☽	2 20
	☽∥♃	9 42
	☽☌♇	10 46
	♄ ♓	12pm53
	☽☍☿	5 50
	♀☍♆	5 58
	☽⚺♃	9 22
9 T	☽△♄	3am45
	☿#♆	5 35
	☉∥☿	8 1
	☉#♆	11 17
	☽☍♅	1pm33
	♀*♂	7 59
	☽☌♆	8 18
	☽△♂	11 7
	☽☍♀	11 15
10 W	☽∠♃	1am51
	☿⚻♃	5 32
	☽⚼♄	8 25
	☉☍☽	4pm36
	☽⚺♇	7 41
11 Th	♀⚼♃	0am51
	☽⚼♂	4 55
	☽*♃	5 46
	☽∥♃	7 39
	☽⚻☿	8 23
	☽⚻♄	12pm30
	☽⚻♅	9 44
	☽∠♇	11 18
12 F	☽⚺♆	3am50
	☉⚻♇	7 1
	☽⚻♂	10 5
	☽⚻♀	12pm38
	☽⚼☿	2 41
	☿ ♑	8 56
	☽∥♇	10 14
13 S	☽⚼♅	1am 2
	☽*♇	2 25
	☉⚻☽	4 3
	☿*♄	5 51
	☽∠♆	6 52
	☽□♃	12pm 5
	☽#♄	2 58
	☽⚼♀	6 20
	☽☍♄	7 9
	☽△☿	8 27
14 Su	♀∠♄	3am45
	☽△♅	3 53
	☿∥♀	8 33
	☉⚼☽	8 54
	☽*♆	9 27
	☽☍♂	6pm46
	☽△♀	11 29
15 M	☽#♂	1am49
	☽□♇	7 24
	☉△☽	1pm16
	☽△♃	4 46
16 T	☽⚻♄	0am 8
	☽□☿	6 35
	☽□♅	8 27
	☽□♆	1pm34
	☽⚼♃	6 36
17 W	☽⚻♂	1am44
	☽⚼♄	2 7
	☿☌♅	2 17
	☽□♀	8 26
	☽△♇	11 1
	☉△♃	11 58
	☽⚻♃	8pm10
	☉□☽	8 49
	☽∥♂	9 46
18 Th	☽△♄	3am49
	☽⚼♂	4 42
	☽*♅	11 47
	☽⚼♇	12pm25
	♀⚻♇	1 0
	☽*☿	3 16
	☽△♆	4 30
19 F	☿☍♆	3am38
	☽△♂	7 24
	☽∥♄	10 32
	☽∠♅	1pm 8
	☽⚻♇	1 38
	☽*♀	4 2
	☽⚼♆	5 40
	☽∠☿	7 14
	♀#♆	8 31
	☽☍♃	10 41
20 S	☉*☽	3am13
	☽#♇	3 53
	☽□♄	6 40
	☽⚺♅	2pm22
	☽⚻♆	6 46
	☽∠♀	7 35
	☉ ♒	10 43
	☽⚺☿	11 9
21 Su	☿⚼♃	5am41
	☉∠☽	6 17
	☽□♂	12pm32
	♃SD	2 28
	☽#♃	3 46
	☽☍♇	3 53
	☽⚺♀	11 13
22 M	☽⚻♃	1am 1
	☉⚺♄	9 16
	☽*♄	9 28
	☉⚺☽	9 29
	☽☌♅	5pm 4
	♀△♃	7 39
	☽☍♆	9 14
23 T	☽⚼♃	2am27
	☽☌☿	7 36
	☽∠♄	11 13
	☽*♂	6pm23
	☽⚻♇	6 50
24 W	♂□♇	2am27
	☽△♃	4 17
	☽#♃	6 3
	☽☌♀	7 33
	☽⚺♄	1pm25
	☉☌☽	5 9
	☿∠♄	8 29
	☽⚼♇	8 58
	☽⚺♅	9 6
	☽∠♂	10 5
25 Th	☽⚻♆	1am 7
	♀ ♒	3pm12
	☽⚺☿	6 33
	☽#♇	7 48
	☽△♇	11 44
26 F	☽∠♅	0am 1
	☽⚺♂	2 32
	☽⚼♆	3 58
	☽□♃	9 47
	☽∥♄	4pm35
	☽⚺♀	6 53
	☉⚼♇	7 36
	☽☌♄	7 50
27 S	☉⚺♅	0am45
	☽∠☿	1 33
	☽*♅	3 42
	☉⚺☽	3 56
	♀⚺♄	5 36
	☽△♆	7 36
	☉#♃	9 35
	☿⚻♇	4pm 2
28 Su	☽∠♀	2am 7
	☽□♇	7 37
	☽*☿	9 47
	☉∠☽	10 50
	☽☌♂	2pm16
	☽*♃	6 24
29 M	☉⚻♆	1am19
	☽∥♂	4 0
	☽⚺♄	5 28
	☽*♀	10 27
	☽□♅	1pm30
	☽□♆	5 15
	☉*☽	6 44
	☽∠♃	11 53
30 T	☽#♂	8am 3
	♀⚼♇	8 27
	☽∠♄	11 25
	♀⚺♅	5pm14
	☽*♇	6 30
31 W	☿*♂	4am49
	☽⚺♂	5 30
	☽□☿	5 34
	☽⚺♃	5 56
	☿△♃	8 29
	♂*♃	12pm34
	☿#♆	4 8
	☽*♄	5 51

FEBRUARY 1906

LONGITUDE

DAY	SID. TIME	☉	☽	☽ 12 Hour	MEAN ☊	TRUE ☊	☿	♀	♂	♃	♄	♅	♆	♇
	h m s	° ' "	° ' "	° ' "	° '	° '	° '	° '	° '	° '	° '	° '	° '	° '
1	8 41 10	11♒ 14 11	5♉ 34 36	11♉ 30 44	21♌ 30	20♌ 59R	27♑ 38	8♒ 0	26♓ 59	26♉ 39	2♓ 33	6♑ 27	8♋ 11R	20♊ 54R
2	8 45 6	12 15 4	17 26 54	23 23 42	21 26	21 0	29 12	9 15	27 45	26 41	2 40	6 30	8 9	20 54
3	8 49 3	13 15 55	29 21 45	5♊ 21 34	21 23	20 59	0♒ 47	10 30	28 30	26 43	2 48	6 33	8 8	20 53
4	8 52 59	14 16 45	11♊ 23 44	17 28 43	21 20	20 59	2 23	11 46	29 15	26 46	2 55	6 36	8 7	20 52
5	8 56 56	15 17 34	23 37 0	29 49 0	21 17	20 58	4 0	13 1	0♈ 0	26 49	3 2	6 39	8 5	20 52
6	9 0 52	16 18 21	6♋ 5 2	12♋ 25 25	21 14	20 57	5 37	14 16	0 46	26 52	3 9	6 42	8 4	20 51
7	9 4 49	17 19 7	18 50 20	25 19 57	21 11	20 57	7 15	15 31	1 31	26 55	3 16	6 45	8 3	20 51
8	9 8 45	18 19 52	1♌ 54 17	8♌ 33 18	21 7	20 56	8 53	16 47	2 16	26 58	3 23	6 48	8 2	20 50
9	9 12 42	19 20 35	15 16 54	22 4 51	21 4	20 56	10 33	18 2	3 1	27 2	3 30	6 51	8 0	20 49
10	9 16 39	20 21 17	28 56 54	5♍ 52 41	21 1	20 56	12 13	19 17	3 46	27 6	3 37	6 54	7 59	20 49
11	9 20 35	21 21 57	12♍ 51 47	19 53 47	20 58	20 56	13 55	20 32	4 31	27 10	3 44	6 57	7 58	20 48
12	9 24 32	22 22 36	26 58 9	4♎ 4 25	20 55	20 56	15 37	21 48	5 16	27 14	3 52	7 0	7 57	20 48
13	9 28 28	23 23 14	11♎ 12 4	18 20 36	20 51	20 56	17 19	23 3	6 1	27 18	3 59	7 2	7 56	20 47
14	9 32 25	24 23 51	25 29 32	2♏ 38 25	20 48	20 56	19 3	24 18	6 46	27 23	4 6	7 5	7 55	20 47
15	9 36 21	25 24 27	9♏ 46 51	16 54 28	20 45	20 55	20 48	25 33	7 31	27 27	4 13	7 8	7 54	20 47
16	9 40 18	26 25 1	24 0 55	1♐ 5 56	20 42	20 55D	22 33	26 48	8 16	27 32	4 21	7 11	7 53	20 46
17	9 44 14	27 25 34	8♐ 9 15	15 10 38	20 39	20 55	24 19	28 3	9 0	27 37	4 28	7 13	7 52	20 46
18	9 48 11	28 26 6	22 9 54	29 6 52	20 36	20 56	26 7	29 19	9 45	27 43	4 35	7 16	7 51	20 45
19	9 52 8	29 26 37	6♑ 1 22	12♑ 53 15	20 32	20 56	27 55	0♓ 34	10 30	27 48	4 42	7 18	7 50	20 45
20	9 56 4	0♓ 27 7	19 42 23	26 28 37	20 29	20 57	29 44	1 49	11 15	27 53	4 50	7 21	7 49	20 45
21	10 0 1	1 27 35	3♒ 11 48	9♒ 51 50	20 26	20 58	1♓ 34	3 4	11 59	27 59	4 57	7 23	7 48	20 44
22	10 3 57	2 28 1	16 28 36	23 1 59	20 23	20 58R	3 24	4 19	12 44	28 5	5 4	7 26	7 47	20 44
23	10 7 54	3 28 27	29 31 56	5♓ 58 24	20 20	20 58	5 16	5 34	13 28	28 11	5 12	7 28	7 46	20 44
24	10 11 50	4 28 50	12♓ 21 20	18 40 47	20 17	20 57	7 8	6 49	14 13	28 17	5 19	7 31	7 46	20 44
25	10 15 47	5 29 11	24 56 49	1♈ 9 32	20 13	20 55	9 1	8 4	14 57	28 24	5 26	7 33	7 45	20 43
26	10 19 43	6 29 31	7♈ 19 5	13 25 41	20 10	20 53	10 55	9 19	15 42	28 30	5 34	7 35	7 44	20 43
27	10 23 40	7 29 49	19 29 36	25 31 9	20 7	20 51	12 49	10 34	16 26	28 37	5 41	7 37	7 43	20 43
28	10 27 36	8♓ 30 5	1♉ 30 41	7♉ 28 37	20♌ 4	20♌ 48	14♓ 43	11♓ 49	17♈ 11	28♉ 44	5♓ 48	7♑ 40	7♋ 43	20♊ 43

DECLINATION and LATITUDE

DAY	☉ DECL	☽ DECL	☽ LAT	☽ 12hr DECL	☿ DECL	☿ LAT	♀ DECL	♀ LAT	♂ DECL	♂ LAT	♃ DECL	♃ LAT	♄ DECL	♄ LAT
1	17S25	8N35	5S 6	10N20	22S10	1S33	19S19	1S 4	1S40	0S31	18N41	0S45	11S59	1S31
2	17 8	11 59	5 16	13 31	21 55	1 38	19 0	1 6	1 22	0 30	18 42	0 44	11 57	1 31
3	16 51	14 55	5 13	16 10	21 39	1 42	18 42	1 7	1 3	0 29	18 43	0 44	11 54	1 31
4	16 33	17 15	4 57	18 9	21 21	1 46	18 22	1 9	0 44	0 29	18 44	0 44	11 51	1 31
5	16 15	18 51	4 27	19 20	21 2	1 49	18 2	1 10	0 25	0 28	18 45	0 44	11 49	1 31
6	15 57	19 35	3 44	19 35	20 42	1 53	17 42	1 12	0 6	0 27	18 46	0 43	11 46	1 31
7	15 39	19 20	2 49	18 50	20 20	1 55	17 21	1 13	0N12	0 26	18 47	0 43	11 44	1 31
8	15 21	18 4	1 44	17 2	19 57	1 58	16 60	1 14	0 31	0 25	18 48	0 43	11 41	1 31
9	15 2	15 46	0 31	14 15	19 32	2 0	16 38	1 15	0 50	0 24	18 49	0 43	11 39	1 31
10	14 43	12 32	0N44	10 38	19 6	2 2	16 15	1 16	1 8	0 23	18 50	0 42	11 36	1 31
11	14 23	8 34	1 59	6 22	18 38	2 4	15 52	1 17	1 27	0 23	18 51	0 42	11 33	1 31
12	14 4	4 4	3 7	1 42	18 9	2 5	15 29	1 18	1 46	0 22	18 52	0 42	11 31	1 31
13	13 44	0S41	4 4	3S 4	17 38	2 5	15 6	1 19	2 4	0 21	18 53	0 42	11 28	1 31
14	13 24	5 25	4 47	7 41	17 7	2 6	14 41	1 20	2 23	0 20	18 55	0 41	11 26	1 31
15	13 4	9 50	5 11	11 50	16 33	2 6	14 17	1 21	2 41	0 19	18 56	0 41	11 23	1 31
16	12 43	13 40	5 17	15 18	15 58	2 5	13 52	1 22	2 60	0 18	18 57	0 41	11 20	1 31
17	12 22	16 42	5 3	17 50	15 22	2 4	13 27	1 23	3 18	0 18	18 59	0 41	11 18	1 31
18	12 1	18 42	4 31	19 17	14 44	2 2	13 1	1 23	3 36	0 17	19 0	0 41	11 15	1 31
19	11 40	19 35	3 44	19 35	14 5	2 0	12 35	1 24	3 55	0 16	19 1	0 40	11 13	1 31
20	11 19	19 17	2 45	18 43	13 25	1 58	12 9	1 24	4 13	0 15	19 3	0 40	11 10	1 32
21	10 58	17 53	1 37	16 48	12 43	1 55	11 42	1 25	4 31	0 14	19 4	0 40	11 7	1 32
22	10 36	15 31	0 25	14 2	11 60	1 52	11 15	1 25	4 49	0 14	19 6	0 40	11 5	1 32
23	10 14	12 23	0S47	10 36	11 15	1 47	10 48	1 26	5 7	0 13	19 8	0 39	11 2	1 32
24	9 52	8 42	1 56	6 44	10 29	1 43	10 21	1 26	5 25	0 12	19 9	0 39	10 59	1 32
25	9 30	4 43	2 57	2 40	9 42	1 38	9 53	1 26	5 43	0 11	19 11	0 39	10 57	1 32
26	9 8	0 36	3 49	1N27	8 54	1 32	9 25	1 26	6 1	0 10	19 12	0 39	10 54	1 32
27	8 46	3N28	4 29	5 27	8 4	1 25	8 56	1 26	6 19	0 10	19 14	0 38	10 51	1 32
28	8S23	7N21	4S58	9N10	7S14	1S19	8S28	1S26	6N37	0S 9	19N16	0S38	10S49	1S32

DAY	♅ DECL	♅ LAT	♆ DECL	♆ LAT	♇ DECL	♇ LAT
1	23S34	0S16	22N15	0S57	15N 2	8S 8
5	23 33	0 16	22 15	0 57	15 2	8 7
9	23 33	0 16	22 15	0 57	15 3	8 6
13	23 32	0 16	22 16	0 57	15 3	8 6
17	23 32	0 16	22 16	0 57	15 4	8 5
21	23 31	0 16	22 17	0 57	15 5	8 4
25	23S31	0S17	22N17	0S57	15N 6	8S 3

☽ PHENOMENA

d	h	m	
1	12	31	☽
9	7	46	○☍
16	4	23	☾
23	7	57	●☌

d	h	° '
6	6	19N37
12	21	0
19	6	19S37
26	3	0

d	h	° '
2	7	5S17
9	10	0
15	19	5N17
22	8	0

VOID OF COURSE ☽

LAST ASPT	☽ INGRESS
2 10pm 9	3 ♊ 1am17
4 6pm38	5 ♋ 12pm21
7 2pm58	7 ♌ 8pm32
9 8pm46	10 ♍ 1am50
12 0am27	12 ♎ 5am 7
13 10pm 1	14 ♏ 7am34
16 6am 0	16 ♐ 10am 8
18 11am40	18 ♑ 1pm32
20 2pm37	20 ♒ 6pm17
22 9pm29	23 ♓ 0am52
25 6am43	25 ♈ 9am45
27 2am26	27 ♉ 8pm58

d	h	
1	13	APOGEE
13	22	PERIGEE

DAILY ASPECTARIAN

1 Th	☽∠♇	0am40
	☽△♅	1 47
	♀⊼♆	3 25
	☽✶♆	5 15
	☽□♀	5 28
	☉□☽	12pm31
	☽∠♂	1 51
	☽#♄	11 41
2 F	☽⊻♇	6am57
	☽⚼♅	8 13
	☽∠♆	11 30
	☿ ♒	12pm 4
	☽☌♃	6 41
	☽✶♂	10 9
	♀#♃	10 18
3 S	☽∥♇	1am 1
	☽△☿	3 18
	☽□♄	6 56
	☽⊼♅	2pm27
	☉#☽	4 59
	☽⊻♆	5 30
	☉∠♂	9 41
4 Su	☽△♀	0am48
	☉△☽	6 13
	☿⊻♄	8 29
	☽#♀	12pm39
	☽⚼☿	1 36
	☽☌♇	6 38
	☽∥♃	9 53
	♂ ♈	11 45
5 M	☽⊻♃	6am14
	☽⚼♀	9 29
	☽□♂	1pm10
	☉⚼☽	2 3
	☽△♄	6 20
	☽⊼☿	10 58
6 T	☽☍♅	1am11
	☿⚼♇	3 31
	☽☌♆	3 46
	☽∠♃	10 59
	☿⊻♅	4pm36
	☽⊼♀	5 9
	☉⊼☽	8 56
	☽⚼♄	10 55
7 W	☽⊻♇	3am43
	☿⊼♆	11 35
	☽∥♃	12pm47
	☽✶♃	2 58
8 Th	☽△♂	0am42
	☽⊼♄	2 42
	☽∠♇	7 6
	☽⊼♅	8 53
	☽⊻♆	11 2
	☽☍☿	2pm23
	☽#♀	2 42
	☉#♇	10 39
	♀∠♂	11 14
9 F	☽⚼♂	5am 8
	☽☍♀	5 22
	☽∥♇	5 55
	☉#☽	6 47
	☉☍☽	7 46
	☽✶♇	9 47
	☽⚼♅	11 38
	☽∠♆	1pm36
	♂⊻♄	6 26
	☽□♃	8 46
10 S	☽#♄	6am 6
	☽☍♄	8 10
	☽⊼♂	8 50
	☉△♇	10 51
	☿#♃	1pm19
	☽△♅	1 49
	☽✶♆	3 37
11 Su	☽⊼☿	2am 2
	♀△♇	5 5
	☽□♇	1pm32
	☽⊼♀	2 22
	☉∠♅	2 31
	☉⊼☽	3 37
12 M	☽△♃	0am27
	♀∠♅	4 1
	☽⚼☿	7 0
	☽∥♂	10 59
	☽⊼♄	11 44
	☉⚼♆	1pm22
	☽☍♂	2 47
	☽□♅	4 59
	☽⚼♀	6 11
	☽□♆	6 30
	☉⚼☽	6 54
	♀⚼♆	9 50
13 T	☽⚼♃	1am52
	♀#♇	2 5
	☽#♂	7 26
	☽△☿	11 42
	☽⚼♄	1pm11
	☽△♇	4 6
	☽△♀	9 48
	☉△☽	10 1
14 W	☽⊼♃	3am11
	☉☌♀	9 39
	♂□♅	11 2
	☽△♄	2pm35
	☽⚼♇	5 16
	☽✶♅	7 32
	☽⊼♂	7 58
	☽△♆	8 50
	☿△♇	11 45
15 Th	☽∥♄	9am 7
	♂□♆	12pm 4
	☉∥☽	6 10
	☽⊼♇	6 31
	☿∠♅	6 45
	☽∠♅	8 53
	☽□☿	9 11
	☽⚼♆	10 5
	☽⚼♂	10 39
16 F	☽∥♀	1am15
	☉□☽	4 23
	☿⚼♆	4 24
	☽□♀	5 11
	☽☍♃	6 0
	☽#♇	10 14
	☽∥☿	2pm32
	♀□♃	3 2
	☿∠♂	4 34
	☽□♄	5 40
	☽⊻♅	10 24
	☽⊼♆	11 30
17 S	☽△♂	1am32
	☉□♃	5 5
	☿#♇	11 28
	☽☍♇	9pm35
18 Su	☽#♃	5am27
	☽✶☿	7 49
	☽⊼♃	9 38
	☉✶☽	11 40
	♀ ♓	1pm13
	☽✶♀	1 34
	☽✶♄	9 41
	☿□♃	10 23
19 M	☽☌♅	2am15
	☽☍♆	3 9
	☽□♂	8 16
	☽⚼♃	11 55
	☉ ♓	1pm15
	☽∠☿	1 53
	☉∠☽	3 54
	☽∠♀	6 23
20 T	☽∠♄	0am13
	☽⊼♇	1 50
	☿ ♓	3 32
	☽#♃	5 33
	☉∥♄	11 48
	☽△♃	2pm37
	☽⊻☿	8 37
	☉⊻☽	8 38
	☉☌☿	9 2
	☽⊻♀	11 45
21 W	☽⊻♄	3am11
	☽⚼♇	4 34
	☽⊻♅	7 34
	☽⊼♆	8 16
	☽✶♂	4pm47
22 Th	☽#♇	3am35
	☽△♇	7 47
	♀∥♄	10 28
	☽∠♅	10 56
	☽⚼♆	11 32
	♂∠♃	1pm16
	♀☌♄	4 1
	☽□♃	9 29
	☽∠♂	9 55
	☿☌♄	11 1
23 F	☿∥♄	7am20
	☉☌☽	7 57
	☽∥♄	9 15
	☽∥☿	9 44
	☽☌♄	10 39
	☿☌♀	11 48
	☽∥♀	12pm11
	☽☌♀	12 28
	☽☌☿	12 30
	☽✶♅	2 51
	☽△♆	3 22
	☉∥☽	3 53
24 S	☽⊻♂	3am44
	☿✶♅	4 52
	☿△♆	7 54
	☿∥♀	10 51
	♀✶♅	1pm38
	☽□♇	3 54
	♀△♆	5 51
	☽#♂	6 28
	☉☌♄	10 40
25 Su	☽✶♃	6am43
	☉∥☿	10 52
	☽⊻♄	8pm32
	☉⊻☽	10 14
26 M	☽□♅	0am32
	☽□♆	0 49
	☽⊻♀	4 22
	☽⊻☿	8 21
	☽∠♃	12pm16
	☽☌♂	5 33
27 T	☽∠♄	2am23
	☽✶♇	2 26
	☉✶♅	3 10
	☉△♆	5 22
	☉∠☽	6 31
	☽∠♀	1pm31
	☽⊻♃	6 22
	☽∥♂	6 55
	☽∠☿	7 44
	☽#☿	11 21
28 W	☉#☽	6am 7
	☽#♀	6 25
	☽∠♇	8 27
	☽✶♄	8 43
	☽△♅	12pm25
	☽✶♆	12 28
	☿#♂	12 46
	☉✶☽	3 22
	☉∥♀	5 48
	☽#♄	11 3
	☽✶♀	11 13

MARCH 1906

LONGITUDE

DAY	SID. TIME	☉	☽	☽ 12 Hour	MEAN ☊	TRUE ☊	☿	♀	♂	♃	♄	♅	♆	♇
	h m s	° ' "	° ' "	° ' "	° '	° '	° '	° '	° '	° '	° '	° '	° '	° '
1	10 31 33	9♓30 19	13♉25 24	19♉21 31	20♌ 1	20♌46R	16♓38	13♓ 4	17♈55	28♉51	5♓56	7♑42	7♋42R	20♊43R
2	10 35 30	10 30 31	25 17 29	1♊13 53	19 57	20 44	18 33	14 19	18 39	28 58	6 3	7 44	7 42	20 43
3	10 39 26	11 30 41	7♊11 17	13 10 15	19 54	20 43D	20 28	15 34	19 24	29 5	6 10	7 46	7 41	20 43
4	10 43 23	12 30 49	19 11 24	25 15 20	19 51	20 43	22 22	16 49	20 8	29 13	6 17	7 48	7 40	20 43
5	10 47 19	13 30 55	1♋22 39	7♋33 53	19 48	20 44	24 16	18 4	20 52	29 21	6 25	7 50	7 40	20 43D
6	10 51 16	14 30 58	13 49 35	20 10 15	19 45	20 46	26 9	19 19	21 36	29 28	6 32	7 52	7 39	20 43
7	10 55 12	15 31 0	26 36 16	3♌ 8 1	19 42	20 47	28 0	20 34	22 20	29 36	6 39	7 54	7 39	20 43
8	10 59 9	16 31 0	9♌45 44	16 29 32	19 38	20 48R	29 50	21 49	23 4	29 44	6 46	7 56	7 39	20 43
9	11 3 5	17 30 57	23 19 28	0♍15 22	19 35	20 49	1♈38	23 4	23 48	29 52	6 54	7 57	7 38	20 43
10	11 7 2	18 30 52	7♍17 0	14 23 55	19 32	20 48	3 23	24 18	24 32	0♊ 1	7 1	7 59	7 38	20 43
11	11 10 59	19 30 46	21 35 34	28 51 14	19 29	20 46	5 5	25 33	25 16	0 9	7 8	8 1	7 38	20 43
12	11 14 55	20 30 37	6♎10 8	13♎31 20	19 26	20 42	6 43	26 48	26 0	0 18	7 15	8 3	7 37	20 43
13	11 18 52	21 30 27	20 53 55	28 16 54	19 23	20 38	8 18	28 3	26 44	0 27	7 22	8 4	7 37	20 43
14	11 22 48	22 30 14	5♏39 21	13♏ 0 23	19 19	20 33	9 47	29 17	27 27	0 35	7 30	8 6	7 37	20 43
15	11 26 45	23 30 1	20 19 12	27 35 7	19 16	20 29	11 12	0♈32	28 11	0 44	7 37	8 7	7 37	20 43
16	11 30 41	24 29 45	4♐47 35	11♐56 11	19 13	20 26	12 31	1 47	28 55	0 53	7 44	8 9	7 37	20 44
17	11 34 38	25 29 28	19 0 36	26 0 42	19 10	20 25D	13 44	3 1	29 38	1 3	7 51	8 10	7 36	20 44
18	11 38 34	26 29 9	2♑56 22	9♑47 40	19 7	20 25	14 51	4 16	0♉22	1 12	7 58	8 12	7 36	20 44
19	11 42 31	27 28 48	16 34 40	23 17 32	19 3	20 26	15 51	5 31	1 6	1 21	8 5	8 13	7 36D	20 44
20	11 46 28	28 28 26	29 56 27	6♒31 36	19 0	20 27	16 43	6 45	1 49	1 31	8 12	8 14	7 36	20 45
21	11 50 24	29 28 2	13♒ 3 13	19 31 30	18 57	20 28R	17 29	8 0	2 32	1 41	8 19	8 15	7 36	20 45
22	11 54 21	0♈27 36	25 56 37	2♓18 46	18 54	20 28	18 6	9 15	3 16	1 51	8 26	8 17	7 36	20 45
23	11 58 17	1 27 8	8♓38 7	14 54 47	18 51	20 26	18 36	10 29	3 59	2 0	8 33	8 18	7 37	20 46
24	12 2 14	2 26 38	21 8 54	27 20 34	18 48	20 23	18 58	11 44	4 43	2 10	8 40	8 19	7 37	20 46
25	12 6 10	3 26 6	3♈29 55	9♈37 2	18 44	20 17	19 13	12 58	5 26	2 21	8 47	8 20	7 37	20 47
26	12 10 7	4 25 32	15 42 3	21 45 5	18 41	20 9	19 19R	14 13	6 9	2 31	8 54	8 21	7 37	20 47
27	12 14 3	5 24 56	27 46 19	3♉45 54	18 38	20 1	19 18	15 27	6 52	2 41	9 1	8 22	7 37	20 48
28	12 18 0	6 24 19	9♉44 4	15 41 6	18 35	19 52	19 9	16 41	7 35	2 52	9 7	8 23	7 38	20 48
29	12 21 56	7 23 38	21 37 16	27 32 56	18 32	19 44	18 53	17 56	8 19	3 2	9 14	8 23	7 38	20 48
30	12 25 53	8 22 56	3♊28 30	9♊24 24	18 28	19 37	18 31	19 10	9 2	3 13	9 21	8 24	7 38	20 49
31	12 29 50	9♈22 11	15♊21 6	21♊19 8	18♌25	19♌31	18♈ 3	20♈25	9♉45	3♊24	9♓28	8♑25	7♋39	20♊50

DECLINATION and LATITUDE

DAY	☉ DECL	☽ DECL	☽ LAT	☽ 12hr DECL	☿ DECL	☿ LAT	♀ DECL	♀ LAT	♂ DECL	♂ LAT	♃ DECL	♃ LAT	♄ DECL	♄ LAT
1	8S 1	10N54	5S13	12N31	6S22	1S11	7S59	1S26	6N54	0S 8	19N18	0S38	10S46	1S32
2	7 38	14 1	5 14	15 22	5 30	1 3	7 30	1 26	7 12	0 7	19 19	0 38	10 43	1 32
3	7 15	16 33	5 2	17 34	4 36	0 54	7 1	1 26	7 30	0 7	19 21	0 38	10 41	1 32
4	6 52	18 24	4 37	19 2	3 43	0 45	6 31	1 26	7 47	0 6	19 23	0 37	10 38	1 32
5	6 29	19 27	3 59	19 39	2 48	0 35	6 2	1 26	8 4	0 5	19 25	0 37	10 36	1 32
6	6 6	19 35	3 10	19 17	1 54	0 24	5 32	1 25	8 22	0 4	19 27	0 37	10 33	1 32
7	5 43	18 44	2 9	17 55	0 59	0 13	5 2	1 25	8 39	0 3	19 29	0 37	10 30	1 32
8	5 19	16 51	1 0	15 31	0 5	0 1	4 32	1 24	8 56	0 3	19 31	0 37	10 28	1 33
9	4 56	13 58	0N14	12 12	0N49	0N11	4 2	1 24	9 13	0 2	19 33	0 36	10 25	1 33
10	4 33	10 13	1 29	8 5	1 42	0 23	3 32	1 23	9 30	0 1	19 34	0 36	10 22	1 33
11	4 9	5 48	2 41	3 25	2 34	0 36	3 2	1 22	9 46	0 0	19 36	0 36	10 20	1 33
12	3 46	0 58	3 43	1S31	3 25	0 49	2 31	1 22	10 3	0N 0	19 38	0 36	10 17	1 33
13	3 22	3S58	4 31	6 22	4 14	1 2	2 1	1 21	10 20	0 1	19 40	0 36	10 15	1 33
14	2 59	8 40	5 2	10 50	5 2	1 15	1 30	1 20	10 36	0 2	19 43	0 35	10 12	1 33
15	2 35	12 49	5 12	14 36	5 47	1 28	0 60	1 19	10 52	0 2	19 45	0 35	10 9	1 33
16	2 11	16 9	5 2	17 26	6 30	1 41	0 29	1 18	11 9	0 3	19 47	0 35	10 7	1 33
17	1 48	18 27	4 34	19 10	7 10	1 54	0N 1	1 17	11 25	0 4	19 49	0 35	10 4	1 33
18	1 24	19 35	3 50	19 43	7 48	2 6	0 32	1 16	11 41	0 5	19 51	0 35	10 2	1 33
19	1 0	19 33	2 54	19 6	8 22	2 18	1 3	1 15	11 57	0 5	19 53	0 34	9 59	1 33
20	0 36	18 23	1 49	17 26	8 52	2 29	1 33	1 14	12 12	0 6	19 55	0 34	9 57	1 34
21	0 13	16 16	0 40	14 53	9 20	2 40	2 4	1 12	12 28	0 7	19 57	0 34	9 54	1 34
22	0N11	13 21	0S30	11 39	9 43	2 50	2 35	1 11	12 43	0 7	19 59	0 34	9 52	1 34
23	0 35	9 50	1 37	7 55	10 2	2 58	3 5	1 10	12 59	0 8	20 1	0 34	9 49	1 34
24	0 58	5 56	2 38	3 54	10 18	3 6	3 36	1 8	13 14	0 9	20 4	0 33	9 47	1 34
25	1 22	1 51	3 31	0N13	10 29	3 12	4 6	1 7	13 29	0 9	20 6	0 33	9 44	1 34
26	1 46	2N16	4 14	4 17	10 36	3 17	4 36	1 5	13 44	0 10	20 8	0 33	9 42	1 34
27	2 9	6 15	4 45	8 9	10 39	3 21	5 7	1 3	13 59	0 11	20 10	0 33	9 39	1 34
28	2 33	9 57	5 2	11 39	10 38	3 23	5 37	1 2	14 14	0 11	20 12	0 33	9 37	1 34
29	2 56	13 14	5 7	14 41	10 32	3 24	6 7	1 0	14 28	0 12	20 15	0 33	9 34	1 35
30	3 20	15 59	4 58	17 6	10 23	3 22	6 37	0 58	14 43	0 13	20 17	0 32	9 32	1 35
31	3N43	18N 4	4S37	18N49	10N 9	3N20	7N 6	0S57	14N57	0N13	20N19	0S32	9S29	1S35

DAY	♅ DECL	♅ LAT	♆ DECL	♆ LAT	♇ DECL	♇ LAT
1	23S30	0S17	22N17	0S56	15N 7	8S 2
5	23 30	0 17	22 18	0 56	15 7	8 1
9	23 30	0 17	22 18	0 56	15 8	8 0
13	23 29	0 17	22 18	0 56	15 9	7 59
17	23 29	0 17	22 18	0 56	15 10	7 59
21	23 29	0 17	22 18	0 56	15 11	7 58
25	23 29	0 17	22 19	0 56	15 12	7 57
29	23S28	0S17	22N19	0S55	15N13	7S56

☽ PHENOMENA	
d h m	
3 9 28	☽
10 20 17	○
17 11 57	☾
24 23 52	●
d h	° '
5 15	19N39
12 5	0
18 11	19S42
25 11	0
1 15	5S15
8 20	0
15 0	5N12
21 14	0
28 20	5S 7

VOID OF COURSE ☽ LAST ASPT	☽ INGRESS
2 7am30	2 ♊ 9am31
4 7am29	4 ♋ 9pm19
7 5am35	7 ♌ 6am16
9 11am27	9 ♍ 11am33
11 7am10	11 ♎ 1pm53
13 9am58	13 ♏ 2pm48
15 5am38	15 ♐ 4pm 1
17 11am57	17 ♑ 6pm54
19 9pm 8	20 ♒ 0am 6
21 2pm18	22 ♓ 7am38
23 11pm16	24 ♈ 5pm10
26 10am 5	27 ♉ 4am27
27 10pm45	29 ♊ 4pm58

d	h	
1	10	APOGEE
13	5	PERIGEE
29	3	APOGEE

DAILY ASPECTARIAN

1 Th	♅☍♆	3am11
	☽✱☿	7 45
	☽⚺♂	9 41
	☽⚺♇	2pm44
	☽∠♆	6 45
	☽⚼♅	6 48
2 F	☿⚺♂	2am 5
	☽☌♃	7 30
	♀#♂	9 13
	☽∥♇	9 44
	☉#♂	3pm20
	☽∠♂	6 0
	☽□♄	9 56
3 S	☽⚺♆	1am 0
	☽⚻♅	1 10
	☿□♇	3 5
	☉□☽	9 28
	☽□♀	6pm44
4 Su	☽✱♂	1am59
	☽☌♇	3 1
	☽□☿	7 29
	♂✱♇	6pm56
	☽⚺♃	7 59
	☽∥♃	10 24
5 M	☽△♄	9am52
	☽☌♆	12pm11
	☽☍♅	12 33
	♂∠♄	9 20
	♇SD	9 30
6 T	☽∠♃	1am14
	☉△☽	1 26
	☽∥♃	6 35
	☽△♀	11 31
	☽⚺♇	1pm 1
	☽⚼♄	2 42
	☽□♂	3 34
7 W	♀□♇	2am48
	☽△☿	3 1
	☽✱♃	5 35
	☉⚼☽	7 48
	☽∠♇	4pm41
	☽⚼♀	6 8
	☽⚻♄	6 34
	☽⚺♆	8 11
	☽⚻♅	8 41
	☿✱♃	10 35
8 Th	☿ ♈	2am10
	☽⚼☿	10 28
	☉⚻☽	1pm 0
	☽∥♇	3 8
	☽✱♇	7 26
	☽∠♆	10 48
	☽⚼♅	11 22
	☽⚻♀	11 29
9 F	☽△♂	0am53
	☽□♃	11 27
	☽⚻☿	4pm25
	♃ ♊	9 48
	☽#♄	11 5
	☽☍♄	11 32
10 S	☽✱♆	0am35
	☽△♅	1 12
	☽∥♂	3 54
	☽⚼♂	4 1
	♀⚺♂	10 39
	☉☍☽	8pm17
	☽□♇	10 32
11 Su	☽⚻♂	6am24
	☽☍♀	7 10
	☿#♀	8 7
	☉#☽	9 2
	☽∥☿	1pm45
	☽△♃	2 17
	☽#♀	3 30
12 M	☽☍☿	1am 1
	☽⚻♄	1 47
	☽□♆	2 23
	☽□♅	3 4
	☉□♇	4 58
	☉#☿	6 46
	☿⚺♄	8 39
	☿□♆	1pm33
	☽⚼♃	3 2
	☽∥♀	3 20
	♂#♄	5 48
	☿□♅	8 25
	☉∥☽	9 16
	☽△♇	11 43
13 T	☉⚻☽	1am 4
	☽#☿	1 36
	☽⚼♄	2 25
	☽☍♂	9 58
	☽⚻♀	12pm41
	☽⚻♃	3 40
14 W	☽⚼♇	0am 6
	☽△♄	3 1
	☽△♆	3 12
	☉⚼☽	3 14
	☽✱♅	3 59
	☽⚻☿	7 29
	☽∥♄	8 20
	☽#♂	11 25
	♀ ♈	1pm42
	☽⚼♀	3 25
	♄△♆	11 46
15 Th	☽⚻♇	0am40
	☽⚼♆	3 47
	♀✱♃	4 29
	☽∠♅	4 38
	☉△☽	5 38
	☽⚼☿	10 42
	☽⚻♂	1pm41
	☽#♇	4 10
	☽☍♃	5 25
	☽△♀	6 30
16 F	☽⚻♆	4am43
	☽□♄	4 58
	☽⚺♅	5 38
	☽△☿	2pm14
	☽⚼♂	4 10
17 S	☽☍♇	2am56
	♂ ♉	11 54
	☉□☽	11 57
	☽△♂	7pm17
	☽⚻♃	8 56
18 Su	☽□♀	2am33
	☽☍♆	8 9
	☽✱♄	8 52
	☽☌♅	9 12
	☽□☿	10pm36
	☉#♀	10 50
	☽⚼♃	11 36
19 M	☽⚻♇	7am26
	♂⚺♃	11 16
	☽∠♄	11 44
	♆SD	3pm19
	☿∠♃	4 40
	☉✱☽	9 8
20 T	☽△♃	2am54
	☽□♂	3 36
	♄✱♅	8 19
	☽⚼♇	10 35
	☽✱♀	1pm43
	☽⚻♆	1 59
	☽⚺♅	3 9
	☽⚺♄	3 12
	♀□♆	4 25
21 W	☉∠☽	2am50
	♀□♅	5 3
	♀⚺♄	6 50
	☽✱☿	8 39
	☽#♇	9 31
	☉ ♈	12pm53
	☽△♇	2 18
	☽⚼♆	5 45
	☽∠♅	7 0
	☽∠♀	8 28
22 Th	☽#♂	4am10
	☿#♄	8 56
	☉⚺☽	9 13
	☽□♃	11 15
	☽∠☿	2pm 5
	☽✱♂	2 38
	☽△♆	10 3
	☽#☿	10 46
	☽✱♅	11 21
	☽☌♄	11 50
23 F	☽∥♄	0am 6
	☽⚺♀	3 55
	☉✱♃	4pm10
	☽⚺☿	7 42
	☽∠♂	9 3
	☽□♇	11 16
24 S	☽#♀	12pm17
	☽✱♃	9 43
	☉☌☽	11 52
25 Su	☉#☽	2am32
	☽⚺♂	4 1
	☽□♆	8 4
	☽□♅	9 29
	☽⚺♄	10 27
	♂∠♇	11 39
	☉∥☽	8pm40
	☽☌♀	8 43
26 M	☽∠♃	3am39
	☽☌☿	7 11
	☿SR	8 2
	☽✱♇	10 5
	☽∥♀	3pm57
	☽∠♄	4 25
27 T	☽⚺♃	9am59
	☽∠♇	4pm 5
	☉⚺☽	4 42
	☽☌♂	7 25
	☽✱♆	7 45
	☽△♅	9 16
	☽#♄	9 44
	☽✱♄	10 45
28 W	♂✱♆	1am10
	☽∥☿	4 37
	☽⚺♀	3pm40
	☽⚺☿	6 37
	☽⚺♇	10 21
29 Th	☉∠☽	1am42
	☽∠♆	2 3
	♀∠♃	2 23
	♂△♅	2 44
	☽⚼♅	3 35
	☉□♆	5 46
	☽∥♂	11 12
	☿☌♀	2pm30
	☽∥♇	4 51
	☽☌♃	11 28
30 F	☽∠☿	0am 5
	☉□♅	0 30
	☽∠♀	1 34
	☽⚺♆	8 25
	☽⚻♅	9 59
	☉✱☽	10 50
	☿∠♃	11 46
	☽⚺♂	11 57
	☽□♄	12pm 0
	♂✱♄	12 42
31 S	☉⚺♄	2am27
	☽✱☿	5 12
	♀✱♇	8 6
	☽☌♇	11 1
	☽✱♀	11 21
	☽∠♂	8pm 3

APRIL 1906

LONGITUDE

DAY	SID. TIME	☉	☽	☽ 12 Hour	MEAN ☊	TRUE ☊	☿	♀	♂	♃	♄	♅	♆	♇
	h m s	° ' "	° ' "	° ' "	° '	° '	° '	° '	° '	° '	° '	° '	° '	° '
1	12 33 46	10♈ 21 24	27♊ 19 4	3♋ 21 29	18♌ 22	19♌ 28R	17♈ 29R	21♈ 39	10♉ 28	3♊ 35	9♓ 34	8♑ 26	7♋ 39	20♊ 50
2	12 37 43	11 20 35	9♋ 26 59	15 36 11	18 19	19 27D	16 51	22 53	11 11	3 45	9 41	8 26	7 39	20 51
3	12 41 39	12 19 43	21 49 43	28 8 12	18 16	19 28	16 9	24 8	11 53	3 56	9 47	8 27	7 40	20 51
4	12 45 36	13 18 50	4♌ 32 12	11♌ 2 15	18 13	19 29	15 24	25 22	12 36	4 8	9 54	8 27	7 40	20 52
5	12 49 32	14 17 54	17 38 47	24 22 11	18 9	19 29R	14 38	26 36	13 19	4 19	10 0	8 28	7 41	20 53
6	12 53 29	15 16 55	1♍ 12 40	8♍ 10 19	18 6	19 28	13 50	27 50	14 2	4 30	10 7	8 28	7 41	20 53
7	12 57 25	16 15 54	15 15 3	22 26 35	18 3	19 26	13 2	29 4	14 44	4 42	10 13	8 28	7 42	20 54
8	13 1 22	17 14 51	29 44 24	7♎ 7 48	18 0	19 21	12 15	0♉ 19	15 27	4 53	10 20	8 29	7 43	20 55
9	13 5 19	18 13 46	14♎ 35 52	22 7 31	17 57	19 14	11 30	1 33	16 10	5 5	10 26	8 29	7 43	20 55
10	13 9 15	19 12 39	29 41 32	7♏ 16 36	17 54	19 5	10 47	2 47	16 52	5 16	10 32	8 29	7 44	20 56
11	13 13 12	20 11 30	14♏ 51 23	22 24 36	17 50	18 56	10 8	4 1	17 35	5 28	10 38	8 29	7 45	20 57
12	13 17 8	21 10 19	29 55 1	7♐ 21 36	17 47	18 47	9 32	5 15	18 17	5 40	10 45	8 29	7 46	20 58
13	13 21 5	22 9 7	14♐ 43 28	21 59 56	17 44	18 40	9 0	6 29	19 0	5 51	10 51	8 29R	7 46	20 58
14	13 25 1	23 7 52	29 10 31	6♑ 14 57	17 41	18 36	8 33	7 43	19 42	6 3	10 57	8 29	7 47	20 59
15	13 28 58	24 6 36	13♑ 13 8	20 5 7	17 38	18 33D	8 11	8 57	20 24	6 15	11 3	8 29	7 48	21 0
16	13 32 54	25 5 19	26 51 6	3♒ 31 22	17 34	18 33	7 54	10 11	21 6	6 27	11 9	8 29	7 49	21 1
17	13 36 51	26 3 59	10♒ 6 17	16 36 15	17 31	18 33R	7 42	11 25	21 49	6 40	11 15	8 29	7 50	21 2
18	13 40 48	27 2 38	23 1 42	29 23 5	17 28	18 33	7 35D	12 39	22 31	6 52	11 20	8 29	7 51	21 3
19	13 44 44	28 1 15	5♓ 40 48	11♓ 55 16	17 25	18 32	7 33	13 52	23 13	7 4	11 26	8 29	7 52	21 4
20	13 48 41	28 59 51	18 6 52	24 15 57	17 22	18 28	7 37	15 6	23 55	7 16	11 32	8 28	7 53	21 4
21	13 52 37	29 58 25	0♈ 22 48	6♈ 27 41	17 19	18 22	7 45	16 20	24 37	7 29	11 38	8 28	7 54	21 5
22	13 56 34	0♉ 56 57	12 30 52	18 32 31	17 15	18 13	7 59	17 34	25 19	7 41	11 43	8 28	7 55	21 6
23	14 0 30	1 55 27	24 32 51	0♉ 32 0	17 12	18 1	8 17	18 48	26 1	7 54	11 49	8 27	7 56	21 7
24	14 4 27	2 53 55	6♉ 30 7	12 27 23	17 9	17 48	8 39	20 1	26 43	8 6	11 54	8 27	7 57	21 8
25	14 8 23	3 52 22	18 23 57	24 19 59	17 6	17 35	9 6	21 15	27 25	8 19	12 0	8 26	7 58	21 9
26	14 12 20	4 50 46	0♊ 15 41	6♊ 11 18	17 3	17 21	9 38	22 29	28 7	8 32	12 5	8 26	7 59	21 10
27	14 16 17	5 49 9	12 7 6	18 3 23	17 0	17 10	10 13	23 42	28 49	8 45	12 11	8 25	8 1	21 11
28	14 20 13	6 47 30	24 0 31	29 58 53	16 56	17 1	10 52	24 56	29 30	8 57	12 16	8 24	8 2	21 12
29	14 24 10	7 45 49	5♋ 58 57	12♋ 1 12	16 53	16 55	11 35	26 10	0♊ 12	9 10	12 21	8 23	8 3	21 13
30	14 28 6	8♉ 44 5	18♋ 6 11	24♋ 14 26	16♌ 50	16♌ 51	12♈ 22	27♉ 23	0♊ 54	9♊ 23	12♓ 26	8♑ 23	8♋ 4	21♊ 15

DECLINATION and LATITUDE

DAY	☉ DECL	☽ DECL	☽ LAT	☽ 12hr DECL	☿ DECL	☿ LAT	♀ DECL	♀ LAT	♂ DECL	♂ LAT	♃ DECL	♃ LAT	♄ DECL	♄ LAT
1	4N 6	19N22	4S 3	19N43	9N52	3N15	7N36	0S55	15N11	0N14	20N21	0S32	9S27	1S35
2	4 29	19 49	3 18	19 42	9 32	3 9	8 5	0 53	15 25	0 15	20 23	0 32	9 25	1 35
3	4 52	19 20	2 23	18 43	9 8	3 1	8 34	0 51	15 39	0 15	20 26	0 32	9 22	1 35
4	5 16	17 51	1 19	16 45	8 42	2 51	9 3	0 49	15 53	0 16	20 28	0 32	9 20	1 35
5	5 38	15 24	0 10	13 49	8 14	2 40	9 32	0 47	16 7	0 17	20 30	0 31	9 18	1 36
6	6 1	12 1	1N 2	10 2	7 44	2 28	10 1	0 45	16 20	0 17	20 32	0 31	9 15	1 36
7	6 24	7 52	2 13	5 33	7 13	2 15	10 29	0 43	16 33	0 18	20 35	0 31	9 13	1 36
8	6 47	3 8	3 18	0 38	6 42	2 0	10 57	0 41	16 46	0 19	20 37	0 31	9 11	1 36
9	7 9	1S54	4 11	4S26	6 10	1 45	11 25	0 38	16 59	0 19	20 39	0 31	9 9	1 36
10	7 31	6 53	4 47	9 15	5 39	1 29	11 53	0 36	17 12	0 20	20 41	0 31	9 6	1 36
11	7 54	11 28	5 3	13 30	5 8	1 13	12 20	0 34	17 25	0 20	20 44	0 30	9 4	1 36
12	8 16	15 17	4 58	16 49	4 39	0 57	12 47	0 32	17 37	0 21	20 46	0 30	9 2	1 37
13	8 38	18 3	4 33	18 59	4 11	0 40	13 13	0 29	17 49	0 22	20 48	0 30	8 60	1 37
14	8 60	19 36	3 51	19 53	3 45	0 24	13 40	0 27	18 2	0 22	20 50	0 30	8 57	1 37
15	9 21	19 52	2 56	19 33	3 22	0 8	14 6	0 25	18 14	0 23	20 52	0 30	8 55	1 37
16	9 43	18 57	1 53	18 6	3 0	0S 8	14 32	0 22	18 25	0 23	20 55	0 30	8 53	1 37
17	10 4	17 0	0 45	15 42	2 41	0 24	14 57	0 20	18 37	0 24	20 57	0 30	8 51	1 37
18	10 25	14 13	0S24	12 35	2 25	0 39	15 22	0 17	18 48	0 25	20 59	0 29	8 49	1 38
19	10 47	10 49	1 30	8 57	2 11	0 53	15 46	0 15	18 60	0 25	21 1	0 29	8 47	1 38
20	11 7	7 0	2 30	4 60	2 0	1 6	16 11	0 13	19 11	0 26	21 3	0 29	8 45	1 38
21	11 28	2 57	3 22	0 53	1 52	1 19	16 34	0 10	19 22	0 26	21 6	0 29	8 43	1 38
22	11 49	1N11	4 5	3N14	1 46	1 32	16 58	0 8	19 32	0 27	21 8	0 29	8 41	1 38
23	12 9	5 14	4 36	7 11	1 42	1 43	17 21	0 5	19 43	0 27	21 10	0 29	8 39	1 38
24	12 29	9 3	4 55	10 50	1 42	1 54	17 43	0 2	19 53	0 28	21 12	0 29	8 37	1 39
25	12 49	12 30	5 0	14 3	1 43	2 3	18 5	0N 0	20 3	0 29	21 14	0 28	8 35	1 39
26	13 9	15 26	4 53	16 41	1 47	2 13	18 27	0 3	20 13	0 29	21 16	0 28	8 33	1 39
27	13 28	17 45	4 33	18 38	1 53	2 21	18 48	0 5	20 23	0 30	21 18	0 28	8 31	1 39
28	13 47	19 18	4 1	19 46	2 2	2 28	19 8	0 8	20 33	0 30	21 21	0 28	8 30	1 39
29	14 6	20 1	3 18	20 2	2 12	2 35	19 28	0 10	20 42	0 31	21 23	0 28	8 28	1 39
30	14N25	19N49	2S26	19N22	2N25	2S41	19N48	0N13	20N52	0N31	21N25	0S28	8S26	1S40

DAY	♅ DECL	♅ LAT	♆ DECL	♆ LAT	♇ DECL	♇ LAT
1	23S28	0S17	22N19	0S55	15N14	7S55
5	23 28	0 17	22 19	0 55	15 15	7 54
9	23 28	0 18	22 19	0 55	15 16	7 54
13	23 28	0 18	22 19	0 55	15 17	7 53
17	23 28	0 18	22 19	0 55	15 18	7 52
21	23 29	0 18	22 19	0 54	15 19	7 51
25	23 29	0 18	22 19	0 54	15 20	7 51
29	23S29	0S18	22N18	0S54	15N21	7S50

☽ PHENOMENA			
d	h	m	
2	4	2	☽
9	6	12	○
15	20	37	☾
23	16	6	●
d	h	° '	
2	0	19N49	
8	15	0	
14	17	19S55	
21	17	0	
29	7	20N 3	
5	3	0	
11	6	5N 4	
17	16	0	
24	22	5S 0	

VOID OF COURSE ☽ LAST ASPT		☽ INGRESS		
31	11am21	1	♋	5am20
3	4am52	3	♌	3pm31
5	5pm31	5	♍	9pm53
7	9am27	8	♎	0am25
9	10am 6	10	♏	0am29
11	4am32	12	♐	0am 8
13	1pm 9	14	♑	1am23
15	8pm37	16	♒	5am39
18	8am12	18	♓	1pm10
20	12pm 0	20	♈	11pm15
22	5pm 8	23	♉	10am56
25	7pm23	25	♊	11pm28
27	6pm21	28	♋	12pm 2
30	8pm 5	30	♌	11pm 9

d	h	
10	9	PERIGEE
25	13	APOGEE

DAILY ASPECTARIAN

1 Su	♂∥♇	4am18
	☉⚺♂	9 8
	☽⚺♃	12pm37
	☽☌♆	8 29
	☽☍♅	10 1
2 M	☽△♄	0am27
	☽✶♂	3 35
	☉□☽	4 2
	☿#♄	8 24
	☽□☿	1pm40
	☽∠♃	6 22
	☽⚺♇	10 8
3 T	☽□♀	4am52
	☽⚼♄	5 42
	♀∠♄	2pm 6
	☿∥♀	2 53
	☽✶♃	11 14
4 W	☽∠♇	2am28
	☽⚺♆	5 49
	☽⚻♅	7 15
	☽⚻♄	10 0
	♀#♄	12pm47
	☽□♂	3 43
	☉△☽	5 28
	☽∥♂	6 22
	☽△☿	6 51
5 Th	☽∥♇	1am12
	☉☌☿	4 28
	☽✶♇	5 48
	☽∠♆	9 1
	☽⚼♅	10 24
	☽△♀	5pm31
	☽⚼☿	8 5
	☿⚺♂	8 52
	☉⚼☽	10 15
6 F	☽□♃	5am47
	☽∥♀	10 51
	☽✶♆	11 11
	☽△♅	12pm31
	☽☍♄	3 26
	☽#♄	4 32
	☽⚻☿	8 28
	☽⚼♀	9 50
	☽△♂	11 6
7 S	☉⚻☽	1am50
	☽∥☿	3 51
	☉∥☽	7 6
	☽□♇	9 27
	♀ ♉	5pm59
	☉∥☿	9 46
8 Su	☽⚻♀	1am 1
	☽⚼♂	1 13
	☽△♃	8 28
	☽□♆	12pm57
	☽□♅	2 11
	☽⚻♄	5 16
	☽☍☿	7 16
9 M	☽⚻♂	2am37
	☉☍☽	6 12
	☽⚼♃	8 51
	☽△♇	10 6
	☽⚼♄	5pm22
	☽#☿	6 27
10 T	☉#☽	3am25
	☽☍♀	5 19
	☿⚺♄	7 37
	☽⚻♃	8 56
	☽⚼♇	9 53
	☽∥♄	11 8
	☽△♆	12pm44
	☽✶♅	1 55
	☽⚻☿	4 49
	☽△♄	5 17
11 W	☽☍♂	4am32
	☽#♀	5 35
	☉∠♃	8 20
	☉⚻☽	9 4
	☽⚻♇	9 41
	☽⚼♆	12pm33
	☽∠♅	1 43
	☽⚼☿	3 42
	☉✶♇	6 44
	☽#♇	11 57
12 Th	☽⚻♀	9am22
	☽☍♃	9 23
	♀⚺♃	9 34
	☉⚼☽	10 47
	☽⚻♆	12pm40
	☽⚺♅	1 50
	♀∠♇	2 0
	☽△☿	2 58
	☽□♄	5 37
	☽#♂	9 22
13 F	☽⚻♂	7am23
	☽☍♇	10 19
	♅SR	11 47
	☽⚼♀	12pm11
	☉△☽	1 9
	☉#♄	9 49
14 S	♀✶♆	1am25
	☿□♅	3 22
	☽⚼♂	9 51
	☽⚻♃	11 51
	☿⚺♀	12pm21
	☽☍♆	2 39
	♀△♅	3 8
	☽□☿	3 31
	☽☌♅	3 51
	☽△♀	3 55
	☽✶♄	8 13
15 Su	☽△♂	1pm15
	☽⚻♇	1 38
	☽⚼♃	2 17
	☉□☽	8 37
	♂⚺♇	8 46
	☽∠♄	10 44
16 M	☽#♂	7am 1
	☿□♆	7 37
	☽⚼♇	4pm33
	☽△♃	5 36
	☽✶☿	7 38
	☽⚻♆	7 50
	♀✶♄	8 28
	☽⚺♅	9 2
17 T	☽⚺♄	2am 7
	☽□♀	2 39
	☉∠♄	4 51
	☽#♇	3pm24
	☽#♀	4 1
	☽△♇	8 17
	♀∥♇	8 22
	☽□♂	10 59
	☽∠☿	11 10
	☽⚼♆	11 39
18 W	☽∠♅	0am51
	☿∠♂	2 2
	☉✶☽	8 12
	♂∠♆	11 35
	☿SD	7pm31
19 Th	☉#☽	0am17
	☽□♃	2 42
	☽⚺☿	3 36
	☽△♆	4 11
	☽✶♅	5 22
	♂⚼♅	8 52
	☽☌♄	11 9
	☽∥♄	1pm11
	☉∠☽	3 20
	☽✶♀	5 31
20 F	☽□♇	5am46
	☽✶♂	12pm 0
	☉⚺☽	11 8
21 S	☉ ♉	0am39
	☽∠♀	2 5
	☽#☿	6 28
	☽✶♃	2pm16
	☽☌☿	2 49
	☽□♆	2 52
	☽□♅	3 58
	☿□♆	5 46
	☽∠♂	7 23
	☽⚺♄	10 25
22 Su	☽∥☿	3am19
	☽⚺♀	11 12
	☽✶♇	5pm 8
	☽∠♃	8 38
23 M	☽⚺♂	3am 8
	♃⚺♆	4 22
	☽∠♄	4 35
	☿□♅	11 27
	☉☌☽	4pm 6
	☽#♄	9 11
	☽∠♇	11 16
24 T	☽✶♆	2am55
	☽⚺♃	3 18
	☽△♅	3 55
	☽⚺☿	4 30
	☽✶♄	10 59
	♀⚺♇	10pm 6
25 W	☉∥☽	2am39
	☽⚺♇	5 35
	☽☌♀	6 26
	☽∠♆	9 16
	☽⚼♅	10 11
	☽∠☿	12pm 3
	♃⚻♅	12 39
	☽☌♂	7 23
	☽∥♇	11 1
26 Th	☉⚺☽	10am 7
	♀∠♆	10 11
	☽⚺♆	3pm41
	☽⚻♅	4 31
	☽☌♃	5 3
	♀⚼♅	6 21
	☽✶☿	7 57
27 F	☽□♄	0am 7
	☉∠♇	9 18
	☽☌♇	6pm21
	☉∠☽	7 8
	☽∥♀	7 26
28 S	☽⚺♀	2am 4
	☽⚺♂	11 44
	♂ ♊	5pm 0
29 Su	☉✶☽	3am52
	☽☌♆	4 8
	☽☍♅	4 47
	☽⚺♃	6 28
	☉✶♆	7 19
	☽∠♀	11 27
	☽□☿	11 54
	☽△♄	12pm45
	☉△♅	3 17
	☽∠♂	7 24
	☿∠♀	10 47
30 M	☽∥♀	0am35
	☿⚺♄	2 24
	☽⚺♇	6 10
	☽∠♃	12pm30
	☽⚼♄	6 19
	☽✶♀	8 5
	☉⚺♃	8 43

LONGITUDE

DAY	SID. TIME	☉	☽	☽ 12 Hour	MEAN ☊	TRUE ☊	☿	♀	♂	♃	♄	♅	♆	♇
	h m s	° ' "	° ' "	° ' "	° '	° '	° '	° '	° '	° '	° '	° '	° '	° '
1	14 32 3	9♉ 42 20	0♌ 26 33	6♌ 43 10	16♌ 47	16♌ 50D	13♈ 12	28♉ 37	1♊ 35	9♊ 36	12♓ 31	8♑ 22R	8♋ 6	21♊ 16
2	14 35 59	10 40 33	13 4 51	19 32 13	16 44	16 50R	14 5	29 50	2 17	9 49	12 36	8 21	8 7	21 17
3	14 39 56	11 38 43	26 5 48	2♍ 46 6	16 40	16 50	15 1	1♊ 4	2 59	10 2	12 41	8 20	8 9	21 18
4	14 43 52	12 36 52	9♍ 33 29	16 28 14	16 37	16 48	16 1	2 17	3 40	10 15	12 46	8 19	8 10	21 19
5	14 47 49	13 34 58	23 30 28	0♎ 40 6	16 34	16 45	17 3	3 30	4 22	10 28	12 51	8 18	8 11	21 20
6	14 51 46	14 33 3	7♎ 56 49	15 20 8	16 31	16 39	18 8	4 44	5 3	10 42	12 55	8 17	8 13	21 21
7	14 55 42	15 31 6	22 49 15	0♏ 23 11	16 28	16 30	19 16	5 57	5 44	10 55	13 0	8 16	8 14	21 22
8	14 59 39	16 29 7	8♏ 0 43	15 40 30	16 25	16 20	20 26	7 10	6 26	11 8	13 5	8 15	8 16	21 24
9	15 3 35	17 27 6	23 21 4	1♐ 0 55	16 21	16 9	21 40	8 24	7 7	11 21	13 9	8 13	8 17	21 25
10	15 7 32	18 25 5	8♐ 38 37	16 12 48	16 18	15 59	22 55	9 37	7 48	11 35	13 13	8 12	8 19	21 26
11	15 11 28	19 23 1	23 42 19	1♑ 6 13	16 15	15 50	24 13	10 50	8 29	11 48	13 18	8 11	8 20	21 27
12	15 15 25	20 20 56	8♑ 23 44	15 34 23	16 12	15 44	25 33	12 3	9 10	12 1	13 22	8 9	8 22	21 28
13	15 19 21	21 18 50	22 37 55	29 34 14	16 9	15 40	26 56	13 16	9 52	12 15	13 26	8 8	8 24	21 30
14	15 23 18	22 16 43	6♒ 23 30	13♒ 5 55	16 6	15 39D	28 21	14 30	10 33	12 28	13 30	8 7	8 25	21 31
15	15 27 15	23 14 34	19 41 54	26 11 53	16 2	15 39R	29 48	15 43	11 14	12 42	13 34	8 5	8 27	21 32
16	15 31 11	24 12 24	2♓ 36 24	8♓ 55 57	15 59	15 39	1♉ 18	16 56	11 55	12 55	13 38	8 4	8 29	21 33
17	15 35 8	25 10 13	15 11 7	21 22 27	15 56	15 38	2 50	18 9	12 36	13 9	13 42	8 2	8 30	21 35
18	15 39 4	26 8 1	27 30 27	3♈ 35 38	15 53	15 34	4 23	19 22	13 17	13 23	13 46	8 1	8 32	21 36
19	15 43 1	27 5 48	9♈ 38 27	15 39 20	15 50	15 28	6 0	20 35	13 57	13 36	13 50	7 59	8 34	21 37
20	15 46 57	28 3 33	21 38 39	27 36 46	15 46	15 19	7 38	21 48	14 38	13 50	13 53	7 57	8 36	21 39
21	15 50 54	29 1 17	3♉ 33 57	9♉ 30 29	15 43	15 8	9 19	23 1	15 19	14 3	13 57	7 56	8 37	21 40
22	15 54 50	29 59 0	15 26 35	21 22 27	15 40	14 55	11 1	24 13	16 0	14 17	14 0	7 54	8 39	21 41
23	15 58 47	0♊ 56 42	27 18 18	3♊ 14 17	15 37	14 42	12 46	25 26	16 41	14 31	14 3	7 52	8 41	21 43
24	16 2 44	1 54 23	9♊ 10 36	15 7 24	15 34	14 29	14 33	26 39	17 21	14 45	14 7	7 50	8 43	21 44
25	16 6 40	2 52 2	21 4 55	27 3 20	15 31	14 17	16 23	27 52	18 2	14 58	14 10	7 49	8 45	21 45
26	16 10 37	3 49 40	3♋ 2 54	9♋ 3 55	15 27	14 8	18 14	29 5	18 43	15 12	14 13	7 47	8 47	21 47
27	16 14 33	4 47 17	15 6 40	21 11 32	15 24	14 2	20 8	0♋ 17	19 23	15 26	14 16	7 45	8 49	21 48
28	16 18 30	5 44 52	27 18 54	3♌ 29 12	15 21	13 59	22 3	1 30	20 4	15 40	14 19	7 43	8 51	21 49
29	16 22 26	6 42 26	9♌ 42 53	16 0 28	15 18	13 58D	24 1	2 43	20 44	15 53	14 22	7 41	8 53	21 51
30	16 26 23	7 39 59	22 22 26	28 49 18	15 15	13 58	26 1	3 55	21 25	16 7	14 24	7 39	8 54	21 52
31	16 30 19	8♊ 37 31	5♍ 21 34	11♍ 59 42	15♌ 12	13♌ 58R	28♉ 3	5♋ 8	22♊ 5	16♊ 21	14♓ 27	7♑ 37	8♋ 56	21♊ 53

DECLINATION and LATITUDE

DAY	☉ DECL	☽ DECL	☽ LAT	☽ 12hr DECL	☿ DECL	☿ LAT	♀ DECL	♀ LAT	♂ DECL	♂ LAT	♃ DECL	♃ LAT	♄ DECL	♄ LAT
1	14N44	18N40	1S26	17N45	2N39	2S47	20N 7	0N16	21N 1	0N32	21N27	0S28	8S24	1S40
2	15 2	16 35	0 20	15 12	2 56	2 51	20 25	0 18	21 9	0 32	21 29	0 27	8 22	1 40
3	15 20	13 36	0N49	11 47	3 14	2 55	20 43	0 21	21 18	0 33	21 31	0 27	8 21	1 40
4	15 38	9 48	1 57	7 38	3 34	2 58	21 1	0 23	21 27	0 33	21 33	0 27	8 19	1 40
5	15 55	5 21	3 1	2 56	3 55	3 1	21 17	0 26	21 35	0 34	21 35	0 27	8 17	1 41
6	16 13	0 27	3 55	2S 5	4 18	3 2	21 34	0 29	21 43	0 34	21 37	0 27	8 16	1 41
7	16 30	4S37	4 35	7 6	4 43	3 4	21 49	0 31	21 51	0 35	21 39	0 27	8 14	1 41
8	16 46	9 30	4 57	11 45	5 9	3 4	22 4	0 34	21 58	0 35	21 41	0 27	8 13	1 41
9	17 3	13 49	4 58	15 38	5 36	3 4	22 19	0 36	22 6	0 36	21 43	0 27	8 11	1 41
10	17 19	17 11	4 37	18 26	6 5	3 3	22 32	0 39	22 13	0 36	21 45	0 26	8 10	1 42
11	17 35	19 21	3 58	19 55	6 35	3 2	22 46	0 41	22 20	0 37	21 47	0 26	8 8	1 42
12	17 51	20 8	3 3	20 2	7 6	2 60	22 58	0 44	22 27	0 37	21 49	0 26	8 7	1 42
13	18 6	19 36	1 58	18 53	7 38	2 57	23 10	0 46	22 34	0 38	21 51	0 26	8 5	1 42
14	18 21	17 54	0 49	16 41	8 11	2 54	23 21	0 49	22 40	0 38	21 52	0 26	8 4	1 42
15	18 36	15 15	0S21	13 40	8 45	2 50	23 32	0 51	22 47	0 39	21 54	0 26	8 2	1 43
16	18 50	11 56	1 28	10 4	9 21	2 46	23 42	0 53	22 53	0 39	21 56	0 26	8 1	1 43
17	19 4	8 8	2 29	6 8	9 56	2 41	23 51	0 56	22 59	0 40	21 58	0 26	7 60	1 43
18	19 18	4 5	3 22	2 0	10 33	2 35	23 59	0 58	23 4	0 40	21 60	0 26	7 59	1 43
19	19 31	0N 4	4 5	2N 8	11 11	2 29	24 7	1 0	23 10	0 41	22 1	0 25	7 57	1 44
20	19 44	4 11	4 36	6 10	11 49	2 23	24 14	1 3	23 15	0 41	22 3	0 25	7 56	1 44
21	19 57	8 5	4 55	9 56	12 27	2 16	24 21	1 5	23 20	0 42	22 5	0 25	7 55	1 44
22	20 9	11 41	5 0	13 18	13 6	2 8	24 27	1 7	23 25	0 42	22 7	0 25	7 54	1 44
23	20 21	14 48	4 53	16 9	13 46	2 0	24 32	1 9	23 29	0 42	22 8	0 25	7 53	1 44
24	20 33	17 20	4 34	18 20	14 26	1 52	24 36	1 11	23 34	0 43	22 10	0 25	7 52	1 45
25	20 45	19 8	4 2	19 44	15 6	1 43	24 40	1 13	23 38	0 43	22 12	0 25	7 51	1 45
26	20 56	20 6	3 19	20 15	15 46	1 34	24 42	1 16	23 42	0 44	22 13	0 25	7 50	1 45
27	21 6	20 10	2 27	19 50	16 25	1 25	24 45	1 18	23 46	0 44	22 15	0 25	7 49	1 45
28	21 17	19 17	1 27	18 29	17 5	1 15	24 46	1 19	23 49	0 45	22 16	0 24	7 48	1 46
29	21 26	17 28	0 23	16 13	17 44	1 5	24 47	1 21	23 53	0 45	22 18	0 24	7 47	1 46
30	21 36	14 46	0N45	13 7	18 23	0 54	24 47	1 23	23 56	0 45	22 20	0 24	7 46	1 46
31	21N45	11N17	1N51	9N17	19N 1	0S44	24N46	1N25	23N59	0N46	22N21	0S24	7S45	1S46

DAY	♅ DECL	♅ LAT	♆ DECL	♆ LAT	♇ DECL	♇ LAT
1	23S29	0S18	22N18	0S54	15N21	7S50
5	23 30	0 18	22 18	0 54	15 22	7 49
9	23 30	0 18	22 18	0 54	15 23	7 48
13	23 30	0 18	22 18	0 54	15 24	7 48
17	23 31	0 18	22 17	0 54	15 25	7 47
21	23 31	0 18	22 17	0 53	15 25	7 47
25	23 32	0 19	22 17	0 53	15 26	7 46
29	23S32	0S19	22N16	0S53	15N27	7S46

☽ PHENOMENA

d	h	m	
1	19	7	☽
8	14	9	○
15	7	3	☾
23	8	1	●
31	6	23	☽

d	h	° '
6	2	0
12	2	20S 9
19	0	0
26	14	20N15

d	h	° '
2	7	0
8	13	5N 0
14	17	0
21	23	5S 0
29	8	0

VOID OF COURSE ☽

LAST ASPT		☽ INGRESS		
2	3pm14	3	♍	7am 3
4	8pm19	5	♎	10am53
6	9pm41	7	♏	11am23
8	2pm 9	9	♐	10am25
11	0am54	11	♑	10am12
13	8am15	13	♒	12pm45
15	7am 3	15	♓	7pm 6
17	9pm 4	18	♈	4am54
20	0am20	20	♉	4pm49
21	9pm 4	23	♊	5am27
25	3pm 9	25	♋	5pm54
27	11am45	28	♌	5am14
30	8am 3	30	♍	2pm10

d	h	
8	19	PERIGEE
22	15	APOGEE

DAILY ASPECTARIAN

1 T	☽✶♂	2am20
	☽∠♇	11 9
	☽⚺♆	2pm38
	☽⚻♅	3 6
	☽✶♃	5 46
	☉□☽	7 7
	☽⚻♄	11 6
2 W	☽△☿	2am 1
	♀ ♊	3 13
	☽∥♇	10 40
	☉∥☽	12pm 4
	☽✶♇	3 14
	☽∠♆	6 37
	☽⚼♅	6 58
3 Th	☉∥♇	2am 1
	☽⚼☿	7 39
	☽□♀	9 51
	☽□♂	1pm 2
	☽✶♆	9 33
	☽△♅	9 49
4 F	☽□♃	1am14
	☉✶♄	4 5
	☽☍♄	5 38
	☉△☽	5 44
	☽#♄	8 22
	☽⚻☿	12pm 6
	☽□♇	8 19
5 S	♂∥♃	0am28
	☽∥☿	6 38
	☉⚼☽	9 8
	☽△♀	6pm14
	☽△♂	7 0
6 Su	☽□♆	0am26
	☽□♅	0 33
	☽△♃	4 33
	♀∥♃	5 48
	☽⚻♄	8 8
	☉⚻☽	11 29
	♀☌♂	2pm21
	☽☍☿	5 51
	☽⚼♂	8 31
	☽⚼♀	8 45
	☽△♇	9 41
7 M	☽#☿	0am30
	☽⚼♃	5 0
	♀∥♂	5 0
	☽⚼♄	8 16
	♅☍♆	12pm41
	☽∥♄	5 31
	☽⚻♂	9 24
	☽⚼♇	9 27
	☽⚻♀	10 34
8 T	☽✶♅	0am22
	☽△♆	0 24
	☽⚻♃	4 58
	☽△♄	7 58
	☉☍☽	2pm 9
	☿✶♇	7 9
	♀⚻♅	8 41
	☽⚻♇	8 58
	☽⚻☿	9 7
	♀⚺♆	9 53
	♀∥♆	10 36
	☽∠♅	11 48
	☽⚼♆	11 54
9 W	☽#♇	10am15
	☿∠♂	7pm17
	☽☍♂	10 37
	☽⚼☿	10 45
	☽⚺♅	11 18
	☽⚻♆	11 29
10 Th	☉#☽	1am16
	☽☍♀	1 40
	☽☍♃	4 43
	☽□♄	7 17
	♂⚻♅	1pm34
	♂∥♆	3 9
	☉⚻☽	4 35
	♂⚺♆	6 40
	☽☍♇	8 23
11 F	☽△☿	0am54
	☉⚼☽	6pm37
	♀☌♃	11 17
	☽☌♅	11 36
	☽☍♆	11 57
12 S	☽⚻♂	1am21
	☽⚻♃	6 8
	☽⚻♀	6 40
	☽✶♄	8 20
	☉△☽	9pm35
	☽⚻♇	10 3
13 Su	♀□♄	3am24
	☽⚼♂	4 2
	☉⚺♇	4 36
	☿∠♃	6 25
	☽⚼♃	8 6
	☽□☿	8 15
	☽∠♄	10 5
	☽⚼♀	10 41
	☿#♄	6pm57
	☉#☽	7 26
14 M	☽⚼♇	0am13
	☿∠♄	2 43
	☽⚺♅	3 3
	☽⚻♆	3 37
	☽△♂	7 48
	☽△♃	11 4
	☽⚺♄	12pm48
	☽△♀	3 59
	☉⚼♅	8 14
	♀#♅	9 14
	☽#♇	10 50
15 T	☿ ♉	3am10
	☽△♇	3 23
	☉∠♆	5 20
	☽∠♅	6 13
	☽⚼♆	6 55
	☉□☽	7 3
	☽✶☿	9pm12
16 W	☽✶♅	10am19
	☽△♆	11 10
	☽#☿	2pm22
	☽□♂	6 43
	☽□♃	8 0
	☽☌♄	9 8
17 Th	☽∥♄	0am50
	☽∠☿	5 50
	☽□♀	6 21
	☽□♇	12pm25
	☉✶☽	9 4
	☿∠♀	10 4
18 F	♂☌♃	5am19
	☽⚺☿	3pm38
	♂□♄	6 58
	☽□♅	8 43
	☽□♆	9 51
19 S	☉∠☽	5am19
	☽✶♃	8 3
	☽⚺♄	8 23
	☽✶♂	9 7
	☿∠♇	9 23
	♀☌♇	8pm59
	☽✶♇	12 0
20 Su	☽✶♀	0am20
	☿△♅	4 36
	♃□♄	8 3
	☉⚺☽	2pm 2
	☿✶♆	2 5
	☽∠♄	2 38
	☽∠♃	2 44
	☽∠♂	5 3
	☽#♄	10 55
21 M	☽∠♇	6am16
	☽△♅	8 47
	☽∠♀	10 0
	☽✶♆	10 14
	☽☌☿	1pm32
	☽✶♄	9 4
	☽⚺♃	9 37
22 T	☉ ♊	0am25
	☽⚺♂	1 11
	☽⚺♇	12pm39
	☽∥☿	1 15
	☽⚼♅	3 3
	☽∠♆	4 39
	☽⚺♀	7 47
23 W	☽∥♇	5am24
	☉☌☽	8 1
	♂#♅	12pm21
	☿✶♄	5 55
	☽⚻♅	9 19
	☽⚺♆	11 4
24 Th	☿⚺♃	2am52
	☽□♄	10 0
	☽☌♃	11 27
	☽⚺☿	12pm48
	☽☌♂	5 29
25 F	☽☌♇	1am21
	☿∥♇	12pm22
	☽☌♀	3 9
26 S	☽∠☿	0am26
	☉⚺☽	1 42
	☽☍♅	9 25
	☿⚺♂	9 28
	☽☌♆	11 28
	♀ ♋	6pm17
	☽△♄	10 19
27 Su	☽⚺♃	0am39
	☽⚺♂	8 56
	☉∠☽	10 2
	☽✶☿	11 45
	☽⚺♇	1pm13
	☿⚺♇	9 6
	♃∥♆	9 27
28 M	☽⚼♄	3am55
	☽∠♃	6 39
	☿⚼♅	8 1
	☽⚺♀	9 2
	☽∠♂	3pm54
	☉✶☽	5 44
	☽∠♇	6 29
	☽⚻♅	8 7
	☽∥☿	9 42
	☿∠♆	10 15
	☽⚺♆	10 23
29 T	☽⚻♄	8am54
	☽✶♃	12pm 0
	☽∠♀	4 50
	☽∥♇	6 34
	☽✶♂	10 6
	☽✶♇	11 3
	☉⚻♅	11 38
30 W	☽⚼♅	0am31
	☽∠♆	2 53
	☽□☿	8 3
	♂☌♇	4pm53
	☽✶♀	11 32
31 Th	☽△♅	4am 6
	☉□☽	6 23
	☽✶♆	6 31
	☉⚺♆	8 11
	☽☍♄	4pm27
	☽□♃	8 7
	☽#♄	8 37
	☿ ♊	10 49

JUNE 1906

LONGITUDE

DAY	SID. TIME	☉	☽	☽ 12 Hour	MEAN ☊	TRUE ☊	☿	♀	♂	♃	♄	♅	♆	♇
	h m s	° ' "	° ' "	° ' "	° '	° '	° '	° '	° '	° '	° '	° '	° '	° '
1	16 34 16	9♊ 35 0	18♍ 44 5	25♍ 35 2	15♌ 8	13♌ 58R	0♊ 6	6♋ 20	22♊ 45	16♊ 35	14♓ 30	7♑ 35R	8♋ 58	21♊ 55
2	16 38 13	10 32 29	2♎ 32 46	9♎ 37 20	15 5	13 56	2 11	7 33	23 26	16 49	14 32	7 33	9 0	21 56
3	16 42 9	11 29 56	16 48 36	24 6 17	15 2	13 52	4 18	8 45	24 6	17 3	14 34	7 31	9 2	21 58
4	16 46 6	12 27 22	1♏ 29 49	8♏ 58 29	14 59	13 46	6 27	9 58	24 46	17 16	14 37	7 29	9 4	21 59
5	16 50 2	13 24 47	16 31 18	24 7 8	14 56	13 38	8 36	11 10	25 27	17 30	14 39	7 27	9 7	22 0
6	16 53 59	14 22 11	1♐ 44 43	9♐ 22 40	14 52	13 29	10 47	12 22	26 7	17 44	14 41	7 24	9 9	22 2
7	16 57 55	15 19 34	16 59 36	24 34 10	14 49	13 21	12 58	13 35	26 47	17 58	14 43	7 22	9 11	22 3
8	17 1 52	16 16 57	2♑ 5 5	9♑ 31 17	14 46	13 14	15 10	14 47	27 27	18 12	14 45	7 20	9 13	22 5
9	17 5 48	17 14 18	16 51 50	24 6 3	14 43	13 9	17 22	15 59	28 7	18 26	14 47	7 18	9 15	22 6
10	17 9 45	18 11 39	1♒ 13 26	8♒ 13 44	14 40	13 7D	19 34	17 11	28 47	18 40	14 48	7 16	9 17	22 7
11	17 13 42	19 8 59	15 6 50	21 52 52	14 37	13 6	21 46	18 23	29 27	18 54	14 50	7 13	9 19	22 9
12	17 17 38	20 6 19	28 32 3	5♓ 4 45	14 33	13 7	23 57	19 35	0♋ 7	19 7	14 51	7 11	9 21	22 10
13	17 21 35	21 3 38	11♓ 31 24	17 52 30	14 30	13 8R	26 7	20 47	0 47	19 21	14 53	7 9	9 23	22 12
14	17 25 31	22 0 57	24 8 37	0♈ 20 18	14 27	13 8	28 16	21 59	1 27	19 35	14 54	7 7	9 25	22 13
15	17 29 28	22 58 15	6♈ 28 9	12 32 44	14 24	13 7	0♋ 24	23 11	2 7	19 49	14 55	7 4	9 28	22 15
16	17 33 24	23 55 33	18 34 37	24 34 19	14 21	13 4	2 31	24 23	2 47	20 3	14 56	7 2	9 30	22 16
17	17 37 21	24 52 51	0♉ 32 20	6♉ 29 9	14 17	12 59	4 36	25 35	3 27	20 17	14 57	6 59	9 32	22 17
18	17 41 17	25 50 8	12 25 11	18 20 49	14 14	12 52	6 39	26 47	4 7	20 31	14 58	6 57	9 34	22 19
19	17 45 14	26 47 26	24 16 24	0♊ 12 16	14 11	12 44	8 40	27 59	4 46	20 44	14 59	6 55	9 36	22 20
20	17 49 11	27 44 43	6♊ 8 41	12 5 54	14 8	12 36	10 40	29 10	5 26	20 58	15 0	6 52	9 38	22 22
21	17 53 7	28 41 59	18 4 7	24 3 35	14 5	12 27	12 37	0♌ 22	6 6	21 12	15 1	6 50	9 41	22 23
22	17 57 4	29 39 15	0♋ 4 26	6♋ 6 54	14 2	12 20	14 32	1 34	6 45	21 26	15 1	6 48	9 43	22 24
23	18 1 0	0♋ 36 31	12 11 8	18 17 21	13 58	12 15	16 25	2 45	7 25	21 40	15 1	6 45	9 45	22 26
24	18 4 57	1 33 46	24 25 42	0♌ 36 27	13 55	12 11	18 16	3 57	8 5	21 53	15 2	6 43	9 47	22 27
25	18 8 53	2 31 1	6♌ 49 49	13 6 2	13 52	12 10D	20 5	5 8	8 44	22 7	15 2	6 40	9 49	22 29
26	18 12 50	3 28 15	19 25 24	25 48 13	13 49	12 10	21 51	6 20	9 24	22 21	15 2R	6 38	9 52	22 30
27	18 16 46	4 25 29	2♍ 14 47	8♍ 45 25	13 46	12 11	23 35	7 31	10 3	22 34	15 2	6 35	9 54	22 31
28	18 20 43	5 22 43	15 20 26	22 0 7	13 43	12 13	25 17	8 43	10 43	22 48	15 2	6 33	9 56	22 33
29	18 24 40	6 19 55	28 44 45	5♎ 34 31	13 39	12 14R	26 57	9 54	11 22	23 2	15 2	6 31	9 58	22 34
30	18 28 36	7♋ 17 8	12♎ 29 35	19♎ 29 58	13♌ 36	12♌ 14	28♋ 35	11♌ 5	12♋ 2	23♊ 15	15♓ 2	6♑ 28	10♋ 1	22♊ 36

DECLINATION and LATITUDE

DAY	☉ DECL	☽ DECL	☽ LAT	☽ 12hr DECL	☿ DECL	☿ LAT	♀ DECL	♀ LAT	♂ DECL	♂ LAT	♃ DECL	♃ LAT	♄ DECL	♄ LAT
1	21N54	7N 8	2N54	4N51	19N38	0S33	24N45	1N27	24N 1	0N46	22N23	0S24	7S45	1S46
2	22 2	2 29	3 49	0 3	20 15	0 22	24 43	1 29	24 4	0 47	22 24	0 24	7 44	1 47
3	22 10	2S26	4 31	4S55	20 49	0 12	24 40	1 30	24 6	0 47	22 25	0 24	7 43	1 47
4	22 18	7 21	4 57	9 42	21 23	0 1	24 36	1 32	24 8	0 48	22 27	0 24	7 43	1 47
5	22 25	11 56	5 4	13 59	21 55	0N10	24 32	1 33	24 10	0 48	22 28	0 24	7 42	1 47
6	22 32	15 48	4 49	17 21	22 24	0 20	24 27	1 35	24 12	0 48	22 30	0 24	7 41	1 48
7	22 39	18 36	4 14	19 31	22 52	0 30	24 21	1 36	24 13	0 49	22 31	0 23	7 41	1 48
8	22 45	20 5	3 21	20 17	23 18	0 40	24 15	1 38	24 15	0 49	22 32	0 23	7 40	1 48
9	22 50	20 9	2 16	19 40	23 41	0 50	24 8	1 39	24 16	0 49	22 34	0 23	7 40	1 48
10	22 56	18 52	1 3	17 48	24 1	0 59	23 60	1 40	24 17	0 50	22 35	0 23	7 39	1 49
11	23 0	16 29	0S11	14 58	24 19	1 8	23 51	1 41	24 17	0 50	22 36	0 23	7 39	1 49
12	23 5	13 16	1 22	11 26	24 34	1 15	23 42	1 42	24 18	0 51	22 37	0 23	7 39	1 49
13	23 9	9 30	2 27	7 29	24 47	1 23	23 33	1 43	24 18	0 51	22 39	0 23	7 38	1 49
14	23 13	5 25	3 22	3 19	24 56	1 30	23 22	1 44	24 18	0 51	22 40	0 23	7 38	1 50
15	23 16	1 13	4 7	0N53	25 3	1 36	23 11	1 45	24 18	0 52	22 41	0 23	7 38	1 50
16	23 19	2N58	4 40	4 60	25 7	1 41	22 59	1 46	24 17	0 52	22 42	0 23	7 38	1 50
17	23 21	6 59	5 0	8 53	25 8	1 46	22 47	1 47	24 17	0 52	22 43	0 22	7 37	1 50
18	23 23	10 41	5 7	12 24	25 6	1 49	22 34	1 47	24 16	0 53	22 44	0 22	7 37	1 51
19	23 25	13 59	5 1	15 25	25 2	1 53	22 20	1 48	24 15	0 53	22 45	0 22	7 37	1 51
20	23 26	16 43	4 42	17 50	24 56	1 55	22 6	1 48	24 14	0 53	22 46	0 22	7 37	1 51
21	23 27	18 45	4 11	19 29	24 47	1 57	21 51	1 49	24 12	0 54	22 47	0 22	7 37	1 51
22	23 27	19 59	3 28	20 16	24 36	1 57	21 36	1 49	24 11	0 54	22 48	0 22	7 37	1 52
23	23 27	20 19	2 35	20 7	24 23	1 58	21 20	1 49	24 9	0 54	22 49	0 22	7 37	1 52
24	23 27	19 41	1 35	19 1	24 8	1 57	21 3	1 49	24 7	0 55	22 50	0 22	7 37	1 52
25	23 26	18 6	0 29	16 58	23 52	1 56	20 46	1 49	24 5	0 55	22 51	0 22	7 38	1 52
26	23 24	15 38	0N39	14 5	23 33	1 54	20 28	1 50	24 2	0 55	22 52	0 22	7 38	1 53
27	23 23	12 21	1 47	10 27	23 13	1 51	20 10	1 49	23 60	0 56	22 53	0 22	7 38	1 53
28	23 21	8 24	2 51	6 14	22 52	1 48	19 51	1 49	23 57	0 56	22 54	0 22	7 38	1 53
29	23 18	3 58	3 47	1 37	22 29	1 44	19 32	1 49	23 54	0 56	22 55	0 22	7 39	1 53
30	23N15	0S47	4N31	3S11	22N 5	1N40	19N12	1N49	23N51	0N57	22N55	0S21	7S39	1S54

DAY	♅ DECL	♅ LAT	♆ DECL	♆ LAT	♇ DECL	♇ LAT
1	23S33	0S19	22N16	0S53	15N27	7S46
5	23 33	0 19	22 15	0 53	15 28	7 46
9	23 34	0 19	22 15	0 53	15 28	7 45
13	23 34	0 19	22 14	0 53	15 29	7 45
17	23 35	0 19	22 14	0 53	15 29	7 45
21	23 35	0 19	22 13	0 53	15 30	7 45
25	23 36	0 19	22 13	0 53	15 30	7 45
29	23S37	0S19	22N12	0S53	15N31	7S45

☽ PHENOMENA	VOID OF COURSE ☽ LAST ASPT	☽ INGRESS
d h m	1 7am26	1 ♎ 7pm38
6 21 12 ○	3 12pm34	3 ♏ 9pm35
13 19 34 ☾	4 9pm 1	5 ♐ 9pm15
21 23 6 ●	7 4pm15	7 ♑ 8pm40
29 14 19 ☽	8 10pm25	9 ♒ 9pm56
	11 2pm 5	12 ♓ 2am40
d h ° '	14 9am40	14 ♈ 11am20
2 12 0	16 12pm55	16 ♉ 10pm55
8 13 20S17	19 8am20	19 ♊ 11am35
15 7 0	21 11pm 6	21 ♋ 11pm51
22 20 20N19	23 9am49	24 ♌ 10am49
29 20 0	26 5am49	26 ♍ 7pm50
	28 8pm23	29 ♎ 2am13
4 19 5N 4		
10 20 0	d h	
18 1 5S 7	6 5 PERIGEE	
25 10 0	18 22 APOGEE	

DAILY ASPECTARIAN

1 F	☽□♇	5am36
	☽□♂	7 26
	☽△☿	11pm17
2 S	♀☍♅	0am 4
	☽□♅	8 29
	☽□♀	9 17
	☽□♆	10 59
	☉△☽	2pm31
	☽⊼♄	8 17
3 Su	☽△♃	0am24
	☽⚼☿	4 50
	♀☌♆	5 53
	☽△♇	8 30
	☽△♂	12pm34
	☉∥♆	4 7
	☉⚼☽	5 0
	☽⚼♄	8 57
4 M	☽⚼♃	1am16
	☽∥♄	1 48
	☽⚼♇	8 50
	☽⊼☿	9 17
	☽⚹♅	9 35
	☿⊼♅	11 21
	☽△♆	12pm11
	☽⚼♂	1 53
	☽△♀	2 45
	☉⊼☽	6 44
	☽△♄	9 1
5 T	☽⊼♃	1am35
	☿⊻♆	5 41
	☽⊼♇	8 41
	☽∠♅	9 20
	☽⚼♆	12pm 1
	☉∥♃	1 4
	☽⊼♂	2 44
	☽⚼♀	4 32
	☿∥♆	4 33
	☽⋕♇	9 41
6 W	☿∥♃	4am41
	☉□♄	8 8
	☉∥☿	8 31
	☽⊻♅	8 53
	☽⊼♆	11 39
	☽☍☿	4pm35
	☽⊼♀	6 9
	☽□♄	8 24
	☉☍☽	9 12
7 Th	☽☍♃	1am34
	☽☍♇	8 1
	☿⊻♀	2pm44
	☽☍♂	4 15
	☿□♄	7 23
	♀△♄	11 20
8 F	♀∥♂	0am22
	☽☌♅	8 26
	☽☍♆	11 32
	☿⋕♅	4pm31
	☽⚹♄	8 34
	☉☌☿	9 33
	☽☍♀	10 25
9 S	☉⊼☽	0am40
	☽⊼☿	0 58
	☽⊼♃	2 37
	☽⊼♇	8 41
	☿☌♃	12pm58
	☽⊼♂	7 40
	☽∠♄	9 35
	☿∥♀	10 54
10 Su	☉⚼☽	3am36
	☽⚼♃	4 13
	☽⚼☿	6 46
	☽⚼♇	10 7
	☽⊻♅	10 18
	☽⊼♆	1pm52
	☉☌♃	3 28
	☿∥♂	9 14
	☽⚼♂	10 47
	☽⊻♄	11 30
11 M	☿☌♇	4am17
	☽⊼♀	6 21
	☽△♃	6 47
	☉△☽	7 40
	☽⋕♇	8 5
	♀⊻♃	12pm28
	☽△♇	12 30
	☽∠♅	12 35
	☽△☿	2 5
	☽⚼♆	4 25
	♂ ♋	7 39
12 T	☽△♂	3am 3
	☽⚼♀	12pm14
	☽⚹♅	3 51
	♀⋕♅	7 49
	☽△♆	8 0
13 W	☽☌♄	6am20
	☽∥♄	11 8
	☽□♃	3pm 6
	☽△♀	7 25
	☉□☽	7 34
	☽□♇	8 18
14 Th	☉⊻♀	2am35
	♀⊻♇	4 40
	☉☌♇	5 13
	☽□☿	9 40
	☽□♂	2pm59
	☉∥♀	3 53
	☿ ♋	7 24
15 F	☽□♅	1am11
	☽□♆	5 55
	☽⊻♄	4pm45
16 S	☽⚹♃	3am 0
	☿☌♂	4 28
	☽⚹♇	7 23
	☉⚹☽	11 38
	☽□♀	12pm55
	☽∠♄	10 50
17 Su	☽⋕♄	4am 2
	☽⚹♂	6 12
	♀∥♃	6 16
	☽∠♃	9 45
	☽⚹☿	9 54
	☽△♅	12pm59
	☽∠♇	1 39
	☽⚹♆	6 13
	☉∠☽	8 31
18 M	☿☍♅	3am29
	☽⚹♄	5 10
	☽∠♂	2pm21
	☽⊻♃	4 42
	☽⚼♅	7 14
	☽⊻♇	8 4
	☽∠☿	10 32
19 T	☽∠♆	0am40
	☉⊻☽	5 32
	☽⚹♀	8 20
	♀∥♆	11 18
	☿☌♆	11 24
	☽∥♇	12pm38
	☽⊻♂	10 29
20 W	☽⊼♅	1am28
	☽⊻♆	7 4
	☽⊻☿	10 54
	♀ ♌	4pm36
	♀⚼♄	4 43
	☽□♄	5 51
	☽∠♀	5 59
21 Th	☽☌♃	6am24
	☽☌♇	8 40
	☉☌☽	11pm 6
22 F	♂☍♅	1am10
	☽⊻♀	3 17
	☿△♄	6 7
	☉ ♋	8 42
	☽☍♅	1pm18
	☽☌♂	2 2
	☽☌♆	7 11
23 S	☽△♄	5am35
	☽☌☿	9 49
	☽⊻♃	6pm57
	☽⊻♇	8 8
24 Su	☿∥♂	2am20
	☽⚼♄	10 53
	☉⊻☽	3pm 0
	☽☌♀	8 24
	☽⊼♅	11 42
25 M	☽∠♃	0am34
	☽∠♇	1 15
	☽⊻♂	3 52
	☽⊻♆	5 46
	☽⊼♄	3pm41
	☿⋕♅	8 12
	☉∠☽	10 3
26 T	☽∥♇	0am59
	☽⚼♅	4 9
	☽⊻☿	5 19
	☽⚹♃	5 37
	☽⚹♇	5 49
	♀⊼♅	5 51
	☿⊻♃	7 47
	☿⊻♇	9 0
	☽∠♂	9 53
	☽∠♆	10 16
	☉∥☿	11 38
	♄SR	2pm40
	♂☌♆	5 52
	♃☌♇	6 5
27 W	♀∠♇	0am 2
	♀∠♃	1 19
	☉⚹☽	4 21
	☽△♅	8 0
	☽⊻♀	10 42
	☽∠☿	1pm27
	☽⚹♆	2 8
	☽⚹♂	3 8
	☿∥♃	9 47
	☽☍♄	11 27
28 Th	☽⋕♄	4am18
	☽□♇	1pm 0
	☽□♃	1 40
	☽∠♀	4 31
	☽⚹☿	8 23
29 F	♀⊻♆	1am34
	☉☍♅	4 17
	☽□♅	1pm35
	☉□☽	2 19
	☿∥♆	5 8
	☽□♆	7 42
	☽⚹♀	9 21
	☽□♂	11 10
30 S	☽⊼♄	4am21
	☽△♇	5pm17
	☽△♃	6 40
	☿ ♌	9 27
	☿⚼♄	9 45

JULY 1906

LONGITUDE

DAY	SID. TIME	☉	☽	☽ 12 Hour	MEAN ☊	TRUE ☊	☿	♀	♂	♃	♄	♅	♆	♇
	h m s	° ' "	° ' "	° ' "	° '	° '	° '	° '	° '	° '	° '	° '	° '	° '
1	18 32 33	8♋ 14 20	26♎ 35 36	3♏ 46 19	13♌ 33	12♌ 13R	0♌ 10	12♌ 16	12♋ 41	23♊ 29	15♓ 1R	6♑ 26R	10♋ 3	22♊ 37
2	18 36 29	9 11 31	11♏ 1 43	18 21 21	13 30	12 10	1 43	13 27	13 21	23 43	15 1	6 23	10 5	22 38
3	18 40 26	10 8 43	25 44 31	3♐ 10 27	13 27	12 6	3 14	14 38	14 0	23 56	15 0	6 21	10 7	22 40
4	18 44 22	11 5 54	10♐ 38 12	18 6 46	13 23	12 2	4 42	15 49	14 39	24 10	14 59	6 18	10 10	22 41
5	18 48 19	12 3 5	25 35 5	3♑ 2 2	13 20	11 58	6 8	17 0	15 19	24 23	14 59	6 16	10 12	22 42
6	18 52 15	13 0 16	10♑ 26 36	17 47 45	13 17	11 55	7 32	18 11	15 58	24 37	14 58	6 14	10 14	22 44
7	18 56 12	13 57 27	25 4 38	2♒ 16 30	13 14	11 53	8 54	19 22	16 37	24 50	14 57	6 11	10 16	22 45
8	19 0 9	14 54 37	9♒ 22 46	16 22 59	13 11	11 52D	10 13	20 33	17 16	25 4	14 56	6 9	10 18	22 46
9	19 4 5	15 51 49	23 16 54	0♓ 4 23	13 8	11 53	11 29	21 43	17 56	25 17	14 55	6 6	10 21	22 48
10	19 8 2	16 49 1	6♓ 45 30	13 20 22	13 4	11 54	12 43	22 54	18 35	25 30	14 53	6 4	10 23	22 49
11	19 11 58	17 46 12	19 49 17	26 12 36	13 1	11 55	13 55	24 5	19 14	25 44	14 52	6 2	10 25	22 50
12	19 15 55	18 43 25	2♈ 30 45	8♈ 44 14	12 58	11 57	15 3	25 15	19 53	25 57	14 50	5 59	10 27	22 52
13	19 19 51	19 40 38	14 53 33	20 59 16	12 55	11 57R	16 9	26 25	20 32	26 10	14 49	5 57	10 30	22 53
14	19 23 48	20 37 51	27 1 58	3♉ 2 12	12 52	11 57	17 13	27 36	21 11	26 23	14 47	5 55	10 32	22 54
15	19 27 44	21 35 5	9♉ 0 33	14 57 33	12 49	11 56	18 13	28 46	21 50	26 36	14 46	5 52	10 34	22 55
16	19 31 41	22 32 20	20 53 44	26 49 37	12 45	11 54	19 11	29 56	22 29	26 50	14 44	5 50	10 36	22 57
17	19 35 38	23 29 35	2♊ 45 41	8♊ 42 21	12 42	11 51	20 5	1♍ 6	23 8	27 3	14 42	5 48	10 38	22 58
18	19 39 34	24 26 51	14 40 3	20 39 8	12 39	11 49	20 56	2 16	23 47	27 16	14 40	5 45	10 41	22 59
19	19 43 31	25 24 7	26 39 57	2♋ 42 48	12 36	11 46	21 44	3 26	24 26	27 29	14 38	5 43	10 43	23 0
20	19 47 27	26 21 24	8♋ 47 55	14 55 32	12 33	11 44	22 28	4 36	25 5	27 42	14 35	5 41	10 45	23 2
21	19 51 24	27 18 42	21 5 51	27 19 1	12 29	11 42	23 9	5 46	25 44	27 54	14 33	5 39	10 47	23 3
22	19 55 20	28 16 1	3♌ 35 10	9♌ 54 25	12 26	11 42D	23 45	6 56	26 23	28 7	14 31	5 37	10 49	23 4
23	19 59 17	29 13 19	16 16 50	22 42 32	12 23	11 42	24 18	8 5	27 2	28 20	14 28	5 34	10 51	23 5
24	20 3 13	0♌ 10 39	29 11 33	5♍ 43 58	12 20	11 42	24 47	9 15	27 41	28 33	14 26	5 32	10 54	23 6
25	20 7 10	1 7 58	12♍ 19 48	18 59 7	12 17	11 43	25 11	10 25	28 19	28 45	14 23	5 30	10 56	23 8
26	20 11 7	2 5 19	25 41 55	2♎ 28 14	12 14	11 44	25 31	11 34	28 58	28 58	14 21	5 28	10 58	23 9
27	20 15 3	3 2 39	9♎ 18 4	16 11 22	12 10	11 44	25 46	12 43	29 37	29 11	14 18	5 26	11 0	23 10
28	20 19 0	4 0 0	23 8 5	0♏ 8 7	12 7	11 45R	25 57	13 53	0♌ 16	29 23	14 15	5 24	11 2	23 11
29	20 22 56	4 57 22	7♏ 11 19	14 17 28	12 4	11 45	26 3R	15 2	0 55	29 36	14 12	5 22	11 4	23 12
30	20 26 53	5 54 44	21 26 18	28 37 27	12 1	11 45	26 3	16 11	1 33	29 48	14 9	5 20	11 6	23 13
31	20 30 49	6♌ 52 6	5♐ 50 31	13♐ 5 0	11♌ 58	11♌ 44	25♌ 59	17♍ 20	2♌ 12	0♋ 0	14♓ 6	5♑ 18	11♋ 8	23♊ 14

DECLINATION and LATITUDE

DAY	☉ DECL	☽ DECL	☽ LAT	☽ 12hr DECL	☿ DECL	☿ LAT	♀ DECL	♀ LAT	♂ DECL	♂ LAT	♃ DECL	♃ LAT	♄ DECL	♄ LAT
1	23N12	5S35	5N 1	7S56	21N40	1N35	18N51	1N48	23N47	0N57	22N56	0S21	7S39	1S54
2	23 8	10 12	5 12	12 20	21 14	1 29	18 31	1 48	23 44	0 57	22 57	0 21	7 40	1 54
3	23 4	14 17	5 3	16 2	20 47	1 23	18 9	1 47	23 40	0 58	22 58	0 21	7 40	1 54
4	22 59	17 32	4 34	18 44	20 20	1 16	17 48	1 46	23 36	0 58	22 58	0 21	7 41	1 55
5	22 54	19 36	3 46	20 8	19 52	1 9	17 25	1 46	23 32	0 58	22 59	0 21	7 41	1 55
6	22 49	20 19	2 44	20 9	19 23	1 1	17 3	1 45	23 28	0 58	22 60	0 21	7 42	1 55
7	22 43	19 38	1 31	18 49	18 54	0 53	16 40	1 44	23 23	0 59	23 0	0 21	7 42	1 55
8	22 37	17 42	0 14	16 20	18 24	0 44	16 16	1 43	23 19	0 59	23 1	0 21	7 43	1 56
9	22 30	14 45	1S 2	12 59	17 54	0 35	15 53	1 42	23 14	0 59	23 1	0 21	7 44	1 56
10	22 24	11 5	2 13	9 5	17 24	0 25	15 28	1 40	23 9	0 60	23 2	0 21	7 44	1 56
11	22 16	7 0	3 14	4 52	16 54	0 15	15 4	1 39	23 4	0 60	23 2	0 21	7 45	1 56
12	22 9	2 43	4 3	0 34	16 24	0 5	14 39	1 38	22 58	1 0	23 3	0 21	7 46	1 56
13	22 0	1N33	4 41	3N39	15 54	0S 6	14 13	1 36	22 53	1 0	23 3	0 20	7 47	1 57
14	21 52	5 41	5 4	7 39	15 25	0 17	13 48	1 35	22 47	1 1	23 4	0 20	7 48	1 57
15	21 43	9 32	5 14	11 19	14 55	0 29	13 22	1 33	22 41	1 1	23 4	0 20	7 48	1 57
16	21 34	12 59	5 11	14 31	14 26	0 41	12 55	1 31	22 35	1 1	23 5	0 20	7 49	1 57
17	21 24	15 55	4 54	17 8	13 58	0 53	12 29	1 29	22 29	1 2	23 5	0 20	7 50	1 58
18	21 14	18 11	4 25	19 2	13 30	1 5	12 2	1 27	22 22	1 2	23 5	0 20	7 51	1 58
19	21 4	19 41	3 44	20 7	13 2	1 18	11 35	1 25	22 16	1 2	23 6	0 20	7 52	1 58
20	20 53	20 18	2 52	20 15	12 36	1 31	11 7	1 23	22 9	1 2	23 6	0 20	7 53	1 58
21	20 42	19 58	1 51	19 25	12 10	1 44	10 39	1 21	22 2	1 2	23 6	0 20	7 54	1 59
22	20 31	18 38	0 45	17 37	11 46	1 57	10 11	1 19	21 55	1 3	23 6	0 20	7 56	1 59
23	20 19	16 22	0N25	14 54	11 23	2 10	9 43	1 16	21 47	1 3	23 7	0 20	7 57	1 59
24	20 7	13 15	1 35	11 25	11 1	2 24	9 15	1 14	21 40	1 3	23 7	0 20	7 58	1 59
25	19 55	9 26	2 42	7 18	10 40	2 37	8 46	1 11	21 32	1 3	23 7	0 20	7 59	1 59
26	19 42	5 5	3 40	2 46	10 21	2 50	8 17	1 9	21 25	1 4	23 7	0 20	8 0	1 60
27	19 29	0 25	4 28	1S58	10 3	3 3	7 48	1 6	21 17	1 4	23 8	0 19	8 2	1 60
28	19 16	4S21	5 0	6 41	9 48	3 16	7 19	1 3	21 9	1 4	23 8	0 19	8 3	2 0
29	19 2	8 56	5 16	11 5	9 34	3 29	6 49	1 0	21 1	1 4	23 8	0 19	8 4	2 0
30	18 48	13 6	5 12	14 56	9 22	3 41	6 20	0 57	20 52	1 4	23 8	0 19	8 6	2 0
31	18N34	16S32	4N49	17S54	9N13	3S53	5N50	0N54	20N44	1N 5	23N 8	0S19	8S 7	2S 1

DAY	♅ DECL	♅ LAT	♆ DECL	♆ LAT	♇ DECL	♇ LAT
1	23S37	0S19	22N12	0S53	15N31	7S45
5	23 37	0 19	22 11	0 53	15 31	7 45
9	23 38	0 19	22 10	0 53	15 31	7 45
13	23 38	0 19	22 10	0 53	15 31	7 45
17	23 39	0 19	22 9	0 52	15 32	7 45
21	23 39	0 19	22 8	0 52	15 32	7 45
25	23 39	0 19	22 8	0 52	15 32	7 45
29	23S40	0S19	22N 7	0S52	15N32	7S46

☽ PHENOMENA	VOID OF COURSE ☽ LAST ASPT	☽ INGRESS
d h m	30 6pm40	1 ♏ 5am43
6 4 27 ○	2 6am32	3 ♐ 6am53
13 10 13 ☾	4 10pm 3	5 ♑ 7am 6
21 12 59 ●	6 9am25	7 ♒ 8am12
28 19 56 ☽	9 3am34	9 ♓ 11am52
	11 11am17	11 ♈ 7pm12
	14 1am15	14 ♉ 5am55
d h ° '	16 3am37	16 ♊ 6pm25
6 0 20S19	19 1am39	19 ♋ 6am37
12 15 0	21 12pm59	21 ♌ 5pm 9
20 4 20N19	23 10pm47	24 ♍ 1am29
27 2 0	26 6am 6	26 ♎ 7am38
	28 10am53	28 ♏ 11am46
	30 7am41	30 ♐ 2pm17
2 2 5N12		
8 4 0	d h	
15 6 5S15	4 11 PERIGEE	
22 15 0	16 12 APOGEE	
29 8 5N17		

DAILY ASPECTARIAN

1 Su	☽⚼♄	5am44
	☽□☿	6 43
	☽∥♄	10 33
	☽⚹♅	4pm22
	☽⚼♇	6 24
	♀⚺♂	6 56
	☽⚼♃	8 7
	☉△☽	8 46
	☽△♆	10 27
2 M	☽△♂	3am59
	☽□♀	4 20
	☽△♄	6 32
	☽∠♅	4pm53
	☽⚻♇	7 0
	☽⚻♃	9 2
	☉⚼☽	10 58
	☽⚼♆	11 0
	☉☌♆	11 24
3 T	☽⚼♂	5am31
	♀⚻♄	7 15
	☽#♇	8 15
	☽△☿	1pm25
	☽⚺♅	5 4
	♂#♅	6 36
	☽⚻♆	11 14
4 W	☉⚻☽	0am47
	☽#♀	2 8
	☉∥♃	4 21
	☽⚻♂	6 45
	☽□♄	6 59
	☽△♀	9 2
	♂△♄	12pm 0
	☽⚼☿	4 6
	☽☍♇	7 22
	☽☍♃	10 3
5 Th	☿⚻♅	2am 6
	☽#☿	3 25
	☽⚼♀	11 14
	☽☌♅	5pm11
	☽⚻☿	6 48
	☽☍♆	11 40
6 F	☿∠♇	3am25
	☉☍☽	4 27
	☽⚹♄	7 21
	☽☍♂	9 25
	☽⚻♀	1pm45
	☽⚻♇	8 9
	☽⚻♃	11 36
7 S	☽∠♄	8am 6
	☽#☿	2pm34
	☽⚺♅	6 32
	☿∠♃	8 39
	☽⚼♇	9 16
8 Su	☉△♄	0am26
	☽⚼♃	1 10
	☽☍☿	1 33
	☽⚻♆	1 35
	☿⚺♆	1 54
	☽⚺♄	9 29
	☉⚻☽	10 9
	♀⚼♅	11 50
	☽⚻♂	2pm13
	☽#♀	2 20
	☽#♇	6 19
	☽∠♅	8 13
	☽☍♀	9 1
	☽△♇	11 9
9 M	☽△♃	3am34
	☽⚼♆	3 38
	☉⚼☽	2pm26
	☽⚼♂	5 59
	♀∥♇	9 2
	♀⚹♇	10 16
	☽⚹♅	10 45
10 T	☽△♆	6am36
	☽⚻☿	11 58
	☽☌♄	2pm50
	☽∥♄	7 44
	☉△☽	7 53
	☽△♂	10 51
11 W	♂∥♃	4am46
	☽□♇	5 39
	☽⚻♀	8 47
	☽□♃	11 17
	☽⚼☿	6pm51
	☉∥♆	7 27
	☿⚻♄	7 32
12 Th	♀∠♆	4am21
	☽□♅	6 40
	☽□♆	3pm23
	☽⚼♀	4 31
	♀⚹♃	5 33
	☽⚺♄	11 51
13 F	☽△☿	2am43
	☉□☽	10 13
	☽□♂	11 44
	☽⚹♇	3pm47
	☿∥♇	6 25
	☽⚹♃	10 41
14 S	☽△♀	1am15
	☽∠♄	5 29
	☽#♄	12pm55
	☽△♅	5 43
	☽∠♇	9 49
15 Su	☽⚹♆	3am 9
	☽∠♃	5 20
	☽⚹♄	11 34
	☉☌♂	7pm58
	☽□☿	8 14
	☽∥♀	11 35
	☽⚼♅	11 52
16 M	♀ ♍	1am19
	☽⚹♂	3 24
	☉⚹☽	3 37
	☽⚺♇	4 9
	☽∠♆	9 33
	☽∥☿	9 44
	☉⚺♇	10 26
	☽⚺♃	12pm13
	♂⚺♇	5 27
	☽□♀	8 17
	☽∥♇	8 33
17 T	☽⚻♅	6am 6
	☽∠♂	11 29
	☉∠☽	12pm35
	☽⚺♆	3 57
	☿⚼♅	7 8
	☽□♄	11 59
18 W	☽⚹☿	1pm28
	☽☌♇	4 42
	☽⚺♂	7 18
	☉⚺☽	9 16
19 Th	☽☌♃	1am39
	☽⚹♀	2pm52
	☽☍♅	5 53
	☽∠☿	9 13
20 F	♂∥♆	0am23
	☽☌♆	3 50
	☽△♄	11 19
	☿⚹♇	8pm24
	♀△♅	9 33
	☽∠♀	11 18
21 S	☽⚺♇	3am47
	☽⚺☿	4 10
	☽☌♂	9 27
	☉☌☽	12pm59
	☽⚺♃	1 22
	☽⚼♄	4 14
	☉⚺♃	7 17
22 Su	☽⚻♅	3am50
	☽⚺♀	7 0
	☽∠♇	8 32
	☽⚺♆	1pm46
	☽∠♃	6 22
	☽⚻♄	8 37
23 M	☉⚼♄	6am 3
	☽∥♇	7 6
	☽⚼♅	8 0
	☽⚹♇	12pm43
	☽☌☿	3 33
	☽∠♆	5 53
	☉ ♌	7 33
	☽⚺♂	9 3
	☽⚹♃	10 47
24 T	☉⚺☽	1am57
	☽△♅	11 37
	☽∥☿	3pm56
	☽☌♀	8 11
	☽⚹♆	9 27
25 W	☽∠♂	1am53
	☽☍♄	3 42
	☽∥♀	4 18
	☉∠☽	7 24
	☽#♄	8 11
	♀⚹♆	11 5
	☽□♇	7pm26
	☽⚺☿	11 40
	♂⚺♃	11 54
26 Th	☽□♃	5am54
	☽⚹♂	6 6
	☉⚹☽	12pm11
	♂⚼♄	12 52
	♀#♄	1 20
	☽□♅	5 14
27 F	☽∠☿	2am37
	☽□♆	2 58
	☽⚺♀	6 31
	☽⚻♄	8 41
	♂ ♌	2pm13
28 S	☽△♇	0am 5
	☽⚹☿	4 53
	♀☍♄	7 27
	☽⚼♄	10 27
	☽∠♀	10 44
	☽△♃	10 53
	☽□♂	12pm48
	☽#♀	1 51
	☽∥♄	7 19
	☉□☽	7 56
	☽⚹♅	8 55
29 Su	☽⚼♇	1am43
	☽#☿	3 16
	☽△♆	6 35
	☉⚻♅	9 54
	☽△♄	11 48
	☽⚼♃	12pm42
	☽⚹♀	2 24
	☿SR	2 36
	☽∠♅	10 9
30 M	☽⚻♇	2am59
	☽□☿	7 41
	☽⚼♆	7 49
	☽⚻♃	2pm10
	☽#♇	4 15
	☽△♂	5 40
	♀∠♂	5 54
	☽⚺♅	11 6
	♃ ♋	11 12
31 T	☉△☽	1am49
	☽⚻♆	8 48
	☽□♄	1pm38
	☉#☽	5 5
	☽⚼♂	7 41
	☽□♀	8 39

AUGUST 1906

LONGITUDE

DAY	SID. TIME h m s	☉ ° ' "	☽ ° ' "	☽ 12 Hour ° ' "	MEAN ☊ ° '	TRUE ☊ ° '	☿ ° '	♀ ° '	♂ ° '	♃ ° '	♄ ° '	♅ ° '	♆ ° '	♇ ° '
1	20 34 46	7♌ 49 29	20♐ 20 22	27♐ 35 59	11♌ 55	11♌ 44R	25♌ 49R	18♍ 28	2♌ 51	0♋ 13	14♓ 3R	5♑ 16R	11♋ 10	23♊ 15
2	20 38 42	8 46 54	4♑ 51 13	12♑ 5 22	11 51	11 43	25 34	19 37	3 29	0 25	13 59	5 14	11 12	23 16
3	20 42 39	9 44 18	19 17 47	26 27 46	11 48	11 43D	25 14	20 46	4 8	0 37	13 56	5 12	11 14	23 17
4	20 46 36	10 41 44	3♒ 34 41	10♒ 37 58	11 45	11 43	24 49	21 54	4 46	0 49	13 53	5 10	11 16	23 18
5	20 50 32	11 39 10	17 37 6	24 31 39	11 42	11 43	24 19	23 3	5 25	1 1	13 49	5 9	11 18	23 19
6	20 54 29	12 36 37	1♓ 21 17	8♓ 5 47	11 39	11 43R	23 45	24 11	6 4	1 13	13 46	5 7	11 20	23 20
7	20 58 25	13 34 5	14 45 1	21 18 57	11 35	11 43	23 6	25 19	6 42	1 25	13 42	5 5	11 22	23 21
8	21 2 22	14 31 35	27 47 41	4♈ 11 21	11 32	11 43	22 24	26 27	7 21	1 37	13 39	5 3	11 24	23 22
9	21 6 18	15 29 5	10♈ 30 14	16 44 39	11 29	11 43	21 40	27 35	7 59	1 48	13 35	5 2	11 26	23 23
10	21 10 15	16 26 38	22 55 0	29 1 43	11 26	11 42	20 53	28 43	8 38	2 0	13 31	5 0	11 28	23 24
11	21 14 11	17 24 11	5♉ 5 18	11♉ 6 16	11 23	11 42	20 4	29 51	9 16	2 12	13 27	4 58	11 30	23 25
12	21 18 8	18 21 46	17 5 12	23 2 38	11 20	11 41D	19 15	0♎ 58	9 55	2 23	13 23	4 57	11 32	23 26
13	21 22 5	19 19 22	28 59 10	4♊ 55 22	11 16	11 41	18 26	2 6	10 33	2 35	13 19	4 55	11 34	23 27
14	21 26 1	20 17 0	10♊ 51 50	16 49 5	11 13	11 42	17 39	3 13	11 12	2 46	13 15	4 54	11 35	23 28
15	21 29 58	21 14 40	22 47 41	28 48 9	11 10	11 42	16 53	4 20	11 50	2 57	13 11	4 52	11 37	23 29
16	21 33 54	22 12 20	4♋ 50 57	10♋ 56 31	11 7	11 43	16 11	5 27	12 28	3 8	13 7	4 51	11 39	23 29
17	21 37 51	23 10 2	17 5 15	23 17 29	11 4	11 45	15 33	6 34	13 7	3 20	13 3	4 50	11 41	23 30
18	21 41 47	24 7 46	29 33 31	5♌ 53 33	11 1	11 45	15 0	7 41	13 45	3 31	12 59	4 48	11 43	23 31
19	21 45 44	25 5 32	12♌ 17 44	18 46 11	10 57	11 46R	14 33	8 47	14 23	3 41	12 55	4 47	11 44	23 32
20	21 49 40	26 3 18	25 18 54	1♍ 55 49	10 54	11 46	14 11	9 54	15 2	3 52	12 51	4 46	11 46	23 33
21	21 53 37	27 1 6	8♍ 36 51	15 21 47	10 51	11 45	13 57	11 0	15 40	4 3	12 46	4 45	11 48	23 33
22	21 57 34	27 58 55	22 10 23	29 2 24	10 48	11 43	13 49D	12 6	16 18	4 14	12 42	4 44	11 49	23 34
23	22 1 30	28 56 46	5♎ 57 28	12♎ 55 15	10 45	11 41	13 50	13 12	16 57	4 24	12 38	4 42	11 51	23 35
24	22 5 27	29 54 38	19 55 24	26 57 31	10 41	11 38	13 58	14 18	17 35	4 35	12 33	4 41	11 53	23 35
25	22 9 23	0♍ 52 31	4♏ 1 13	11♏ 6 10	10 38	11 36	14 14	15 24	18 13	4 45	12 29	4 40	11 54	23 36
26	22 13 20	1 50 25	18 11 59	25 18 22	10 35	11 35	14 37	16 29	18 52	4 55	12 24	4 39	11 56	23 37
27	22 17 16	2 48 21	2♐ 24 58	9♐ 31 31	10 32	11 34D	15 9	17 35	19 30	5 5	12 20	4 38	11 57	23 37
28	22 21 13	3 46 18	16 37 43	23 43 19	10 29	11 35	15 49	18 40	20 8	5 15	12 15	4 38	11 59	23 38
29	22 25 9	4 44 16	0♑ 48 1	7♑ 51 35	10 26	11 36	16 36	19 45	20 46	5 25	12 11	4 37	12 1	23 39
30	22 29 6	5 42 15	14 53 45	21 54 13	10 22	11 38	17 31	20 50	21 24	5 35	12 6	4 36	12 2	23 39
31	22 33 3	6♍ 40 16	28♑ 52 44	5♒ 48 59	10♌ 19	11♌ 39R	18♌ 32	21♎ 54	22♌ 3	5♋ 45	12♓ 2	4♑ 35	12♋ 3	23♊ 40

DECLINATION and LATITUDE

DAY	☉ DECL	☽ DECL	☽ LAT	☽ 12hr DECL	☿ DECL	☿ LAT	♀ DECL	♀ LAT	♂ DECL	♂ LAT	♃ DECL	♃ LAT	♄ DECL	♄ LAT
1	18N19	18S59	4N 8	19S45	9N 6	4S 4	5N20	0N51	20N35	1N 5	23N 8	0S19	8S 8	2S 1
2	18 4	20 11	3 11	20 18	9 1	4 14	4 50	0 47	20 26	1 5	23 8	0 19	8 10	2 1
3	17 49	20 4	2 1	19 30	8 59	4 23	4 20	0 44	20 17	1 5	23 8	0 19	8 11	2 1
4	17 34	18 38	0 45	17 29	8 59	4 32	3 50	0 41	20 8	1 6	23 8	0 19	8 13	2 1
5	17 18	16 5	0S33	14 28	9 2	4 39	3 20	0 37	19 59	1 6	23 8	0 19	8 14	2 2
6	17 2	12 40	1 47	10 43	9 8	4 44	2 50	0 34	19 50	1 6	23 8	0 19	8 16	2 2
7	16 46	8 40	2 53	6 33	9 16	4 49	2 19	0 30	19 40	1 6	23 8	0 19	8 17	2 2
8	16 29	4 22	3 49	2 11	9 27	4 51	1 49	0 26	19 31	1 6	23 8	0 19	8 19	2 2
9	16 12	0N 0	4 31	2N 9	9 40	4 53	1 18	0 22	19 21	1 6	23 8	0 19	8 20	2 2
10	15 55	4 16	5 0	6 19	9 56	4 52	0 48	0 18	19 11	1 7	23 8	0 18	8 22	2 2
11	15 38	8 16	5 15	10 9	10 13	4 49	0 17	0 14	19 1	1 7	23 8	0 18	8 24	2 3
12	15 20	11 54	5 15	13 32	10 33	4 45	0S14	0 10	18 51	1 7	23 7	0 18	8 25	2 3
13	15 2	15 1	5 3	16 21	10 54	4 38	0 44	0 6	18 41	1 7	23 7	0 18	8 27	2 3
14	14 44	17 31	4 37	18 30	11 16	4 30	1 15	0 2	18 30	1 7	23 7	0 18	8 29	2 3
15	14 26	19 17	3 59	19 51	11 39	4 20	1 45	0S 2	18 20	1 8	23 7	0 18	8 30	2 3
16	14 7	20 11	3 10	20 18	12 2	4 9	2 16	0 6	18 9	1 8	23 7	0 18	8 32	2 3
17	13 48	20 10	2 12	19 47	12 25	3 56	2 46	0 11	17 58	1 8	23 7	0 18	8 34	2 4
18	13 29	19 10	1 7	18 17	12 49	3 42	3 17	0 15	17 48	1 8	23 6	0 18	8 35	2 4
19	13 10	17 10	0N 3	15 49	13 11	3 26	3 47	0 20	17 37	1 8	23 6	0 18	8 37	2 4
20	12 50	14 15	1 14	12 29	13 33	3 10	4 18	0 24	17 26	1 8	23 6	0 18	8 39	2 4
21	12 31	10 33	2 23	8 28	13 53	2 53	4 48	0 29	17 14	1 9	23 6	0 18	8 41	2 4
22	12 11	6 15	3 25	3 56	14 12	2 35	5 18	0 34	17 3	1 9	23 5	0 18	8 43	2 4
23	11 51	1 33	4 16	0S52	14 30	2 17	5 48	0 38	16 52	1 9	23 5	0 18	8 44	2 4
24	11 31	3S16	4 53	5 39	14 45	1 59	6 18	0 43	16 40	1 9	23 5	0 18	8 46	2 4
25	11 10	7 58	5 12	10 10	14 57	1 41	6 48	0 48	16 28	1 9	23 4	0 18	8 48	2 4
26	10 50	12 15	5 13	14 9	15 8	1 23	7 18	0 53	16 17	1 9	23 4	0 17	8 50	2 5
27	10 29	15 50	4 54	17 18	15 15	1 6	7 48	0 58	16 5	1 9	23 4	0 17	8 52	2 5
28	10 8	18 30	4 18	19 25	15 20	0 48	8 17	1 3	15 53	1 10	23 3	0 17	8 53	2 5
29	9 47	20 1	3 26	20 18	15 22	0 32	8 46	1 8	15 41	1 10	23 3	0 17	8 55	2 5
30	9 25	20 16	2 22	19 55	15 20	0 16	9 16	1 13	15 29	1 10	23 3	0 17	8 57	2 5
31	9N 4	19S16	1N10	18S19	15N16	0S 1	9S45	1S18	15N16	1N10	23N 2	0S17	8S59	2S 5

DAY	♅ DECL	♅ LAT	♆ DECL	♆ LAT	♇ DECL	♇ LAT
1	23S40	0S19	22N 7	0S53	15N32	7S46
5	23 40	0 19	22 6	0 53	15 31	7 46
9	23 41	0 19	22 5	0 53	15 31	7 46
13	23 41	0 19	22 5	0 53	15 31	7 47
17	23 41	0 19	22 4	0 53	15 31	7 47
21	23 41	0 19	22 3	0 53	15 31	7 48
25	23 41	0 19	22 3	0 53	15 30	7 48
29	23S41	0S19	22N 2	0S53	15N30	7S49

☽ PHENOMENA			VOID OF COURSE ☽ LAST ASPT		☽ INGRESS	
d	h	m	1	8am55	1 ♑	3pm58
4	13	0 ○	3	2am40	3 ♒	5pm57
12	2	47 ☾	5	11am11	5 ♓	9pm36
20	1	27 ●	7	9pm16	8 ♈	4am 7
27	0	42 ☽	10	0am57	10 ♉	1pm55
			12	4am 4	13 ♊	2am 3
d	h	° '	15	1am22	15 ♋	2pm23
2	10	20S18	16	4pm11	18 ♌	0am50
9	0	0	20	1am27	20 ♍	8am31
16	12	20N18	22	2am27	22 ♎	1pm40
23	8	0	24	6am16	24 ♏	5pm10
29	17	20S20	26	1am10	26 ♐	7pm55
			28	11am51	28 ♑	10pm38
4	14	0	30	11am 0	31 ♒	1am56
11	13	5S17	d	h		
18	23	0	1	7	PERIGEE	
25	13	5N15	13	6	APOGEE	
31	22	0	27	10	PERIGEE	

DAILY ASPECTARIAN

1 W	☉⚼☽	4am24
	☽☍♇	4 50
	☽△☿	8 55
	☉∠♇	11 0
	☽☍♃	4pm33
	☽⚻♂	9 38
2 Th	☽☌♅	0am38
	☉⚻☽	6 58
	☽⚼☿	9 16
	☽☍♆	10 33
	☽⚹♄	3pm 6
3 F	☽△♀	2am40
	☽⚻♇	6 41
	☽⚻☿	9 40
	☽∠♄	4pm 6
	☽⚻♃	7 16
4 S	☽☍♂	2am 7
	☽⚺♅	2 42
	☽⚼♀	6 8
	☽⚼♇	8 3
	☉#☽	12pm31
	☉☍☽	1 0
	☽⚻♆	1 7
	♂⚻♅	2 13
	☉⚺♆	2 57
	☽⚺♄	5 29
	☽⚼♃	9 12
5 Su	☽#♇	4am17
	☽∠♅	4 22
	♀□♇	5 59
	☽△♇	9 55
	☽⚻♀	10 16
	☽☍☿	11 11
	☽⚼♆	3pm 9
	☿⚺♀	5 57
	☽△♃	11 45
6 M	☽⚹♅	6am39
	☽⚻♂	8 47
	☿⚹♇	3pm 5
	☽△♆	5 52
	☽#☿	8 39
	☉⚻☽	9 41
	☽☌♄	10 7
7 T	☽∥♄	2am10
	☉⚻♄	3 11
	☽⚼♂	1pm22
	☽⚻☿	2 32
	☽□♇	3 47
	☽☍♀	9 16
8 W	☉⚼☽	3am30
	☽□♃	7 15
	☽□♅	1pm37
	☽#♀	3 53
	☽⚼☿	5 6
	☽△♂	6 57
9 Th	☽□♆	1am47
	☽⚺♄	5 52
	☽∥♀	6 27
	☉△☽	10 22
	♂∠♇	3pm25
	☽△☿	8 16
10 F	☽⚹♇	0am57
	☽∠♄	10 56
	☽⚻♀	12pm33
	☉∠♃	5 30
	☽⚹♃	6 10
	☽△♅	11 46
11 S	☽#♄	0am45
	☿⚼♅	2 47
	♀ ♎	3 21
	☽∠♇	6 39
	☽□♂	8 48
	☉∥♇	8 48
	☽⚹♆	12pm49
	☽∥☿	1 45
	☽⚹♄	4 37
	☽⚼♀	9 31
12 Su	☽∠♃	0am37
	☉□☽	2 47
	☽□☿	4 4
	☽⚼♅	5 45
	☉☌☿	11 57
	☽⚺♇	12pm48
	☽∠♆	7 5
13 M	☉∥☽	0am 8
	☽∥♇	4 20
	☽△♀	6 56
	☽⚺♃	7 23
	☽⚻♅	11 59
	♀□♃	12pm27
	☉⚼♅	2 38
	☿∠♀	4 47
	☿∠♃	8 56
14 T	☽⚹♂	0am42
	☽⚺♆	1 28
	☽□♄	4 48
	☽∥♂	11 4
	☽⚹☿	12pm50
	♂⚺♆	3 41
	☉⚹☽	8 37
15 W	☽☌♇	1am22
	☽∠♂	8 32
	♀□♅	11 21
	☽∠☿	5pm 8
	☽☌♃	8 34
16 Th	☽☍♅	0am 0
	☽□♀	1 19
	☉∠☽	5 3
	☽☌♆	1pm25
	☽⚺♂	3 49
	☽△♄	4 11
	☽⚺☿	9 9
	♂⚻♄	10 1
17 F	☉⚹♇	8am32
	☽⚺♇	12pm25
	☉⚺☽	12 45
	☽⚼♄	9 1
18 S	☽⚺♃	7am36
	☽⚻♅	9 56
	☽⚹♀	4pm49
	☽∠♇	4 57
	☽∥♂	7 8
	☽⚺♆	10 58
	☉∥☿	11 11
19 Su	☽⚻♄	1am 9
	☿☌♂	3 28
	☽☌☿	4 3
	☽☌♂	4 6
	☽∠♃	12pm 1
	☽⚼♅	1 51
	☽∥♇	2 29
	☽⚹♇	8 46
	☽∠♀	11 10
20 M	☉☌☽	1am27
	☽∠♆	2 39
	☽∥☿	4 30
	☉∥☽	10 40
	☽⚹♃	3pm42
	☽△♅	5 5
	☉∠♆	6 18
21 T	☽⚺♀	4am39
	☽⚹♆	5 41
	☽☍♄	7 22
	☽⚺☿	9 23
	☽#♄	10 42
	☽⚺♂	1pm10
	♀□♆	5 41
22 W	☽□♇	2am27
	☽#♀	4 26
	☉⚺☽	10 55
	☿SD	11 16
	☽∠☿	11 36
	♀⚻♄	12pm 6
	☽∠♂	4 43
	☽□♃	9 17
	☽□♅	9 50
23 Th	☽□♆	10am11
	☽⚻♄	11 26
	☽☌♀	1pm33
	☽⚹☿	1 40
	☉∠☽	2 47
	☿⚹♀	3 5
	☽⚹♂	7 48
24 F	☉ ♍	2am14
	☽△♇	6 16
	☽⚼♄	12pm57
	♃☍♅	2 15
	☽∥♀	5 12
	☉⚹☽	6 16
25 S	☽⚹♅	1am 6
	☽△♃	1 15
	☽∥♄	4 29
	☽⚼♇	7 46
	☽△♆	1pm23
	☽△♄	2 15
	☉#☽	4 19
	☽□☿	5 46
	☽⚺♀	8 52
26 Su	☽□♂	1am10
	☽∠♅	2 28
	☽⚼♃	2 57
	☽⚻♇	9 9
	☽⚼♆	2pm46
	☽#☿	7 32
	☽#♇	9 28
27 M	☽∠♀	0am18
	☉□☽	0 42
	☽#♂	1 43
	☽⚺♅	3 45
	☽⚻♃	4 34
	♂⚼♅	5 22
	☽⚻♆	4pm 8
	☽□♄	4 39
	☽△☿	10 33
28 T	☽⚹♀	3am44
	☽△♂	6 12
	♂∠♃	6 20
	☽☍♇	11 51
	☉△♅	8pm57
	☉∠♀	10 9
29 W	☽⚼☿	1am27
	☽☌♅	6 28
	☉△☽	7 11
	♀∥♄	7 34
	☽☍♃	7 57
	☽⚼♂	8 51
	☽☍♆	7pm 6
	☽⚹♄	7 16
	☉⚹♃	8 28
	♂∥♇	9 40
30 Th	☉#♀	4am40
	☽⚻☿	4 48
	☉⚼☽	10 41
	☽□♀	11 0
	☽⚻♂	11 41
	☽⚻♇	3pm 1
	♄△♆	4 48
	☽∠♄	8 50
31 F	☿∥♂	1am42
	☉#♄	5 27
	♀⚹♂	7 46
	☽⚺♅	9 52
	☽⚻♃	12pm 1
	☉⚻☽	2 30
	☽⚼♇	4 57
	☿⚼♅	10 0
	☽⚺♄	10 41
	☽⚻♆	10 54

LONGITUDE

DAY	SID. TIME	☉	☽	☽ 12 Hour	MEAN ☊	TRUE ☊	☿	♀	♂	♃	♄	♅	♆	♇
	h m s	° ' "	° ' "	° ' "	° '	° '	° '	° '	° '	° '	° '	° '	° '	° '
1	22 36 59	7♍ 38 19	12♒ 42 43	19♒ 33 36	10♌ 16	11♌ 39R	19♌ 41	22♎ 58	22♌ 41	5♋ 55	11♓ 57R	4♑ 35R	12♋ 5	23♊ 40
2	22 40 56	8 36 22	26 21 24	3♓ 5 49	10 13	11 39	20 55	24 2	23 19	6 4	11 53	4 34	12 6	23 41
3	22 44 52	9 34 28	9♓ 46 38	16 23 39	10 10	11 36	22 16	25 6	23 57	6 13	11 48	4 33	12 8	23 41
4	22 48 49	10 32 35	22 56 42	29 25 42	10 6	11 33	23 42	26 10	24 35	6 23	11 43	4 33	12 9	23 42
5	22 52 45	11 30 43	5♈ 50 37	12♈ 11 27	10 3	11 28	25 13	27 13	25 13	6 32	11 39	4 32	12 10	23 42
6	22 56 42	12 28 54	18 28 18	24 41 21	10 0	11 23	26 48	28 16	25 51	6 41	11 34	4 32	12 12	23 42
7	23 0 38	13 27 6	0♉ 50 50	6♉ 57 1	9 57	11 18	28 27	29 19	26 29	6 50	11 30	4 31	12 13	23 43
8	23 4 35	14 25 21	13 0 16	19 1 2	9 54	11 13	0♍ 9	0♏ 22	27 7	6 59	11 25	4 31	12 14	23 43
9	23 8 31	15 23 38	24 59 44	0♊ 56 56	9 51	11 10	1 54	1 24	27 45	7 7	11 20	4 31	12 15	23 44
10	23 12 28	16 21 56	6♊ 53 9	12 48 58	9 47	11 8D	3 42	2 27	28 24	7 16	11 16	4 31	12 17	23 44
11	23 16 25	17 20 17	18 44 59	24 41 50	9 44	11 7	5 31	3 28	29 2	7 24	11 11	4 30	12 18	23 44
12	23 20 21	18 18 40	0♋ 40 8	6♋ 40 31	9 41	11 8	7 22	4 30	29 40	7 33	11 7	4 30	12 19	23 44
13	23 24 18	19 17 4	12 43 35	18 49 55	9 38	11 9	9 14	5 31	0♍ 18	7 41	11 2	4 30	12 20	23 45
14	23 28 14	20 15 31	25 0 5	1♌ 14 35	9 35	11 11	11 6	6 32	0 56	7 49	10 58	4 30D	12 21	23 45
15	23 32 11	21 14 0	7♌ 33 51	13 58 17	9 32	11 12R	12 59	7 33	1 34	7 57	10 53	4 30	12 22	23 45
16	23 36 7	22 12 32	20 28 8	27 3 35	9 28	11 12	14 53	8 33	2 12	8 4	10 49	4 30	12 23	23 45
17	23 40 4	23 11 5	3♍ 44 43	10♍ 31 27	9 25	11 10	16 46	9 33	2 50	8 12	10 44	4 30	12 24	23 46
18	23 44 0	24 9 40	17 23 36	24 20 51	9 22	11 6	18 39	10 33	3 28	8 20	10 40	4 30	12 25	23 46
19	23 47 57	25 8 17	1♎ 22 44	8♎ 28 42	9 19	11 0	20 31	11 32	4 6	8 27	10 36	4 31	12 26	23 46
20	23 51 54	26 6 56	15 38 3	22 50 5	9 16	10 53	22 23	12 31	4 43	8 34	10 31	4 31	12 27	23 46
21	23 55 50	27 5 37	0♏ 4 0	7♏ 19 0	9 12	10 46	24 15	13 30	5 21	8 41	10 27	4 31	12 28	23 46
22	23 59 47	28 4 19	14 34 19	21 49 13	9 9	10 39	26 5	14 28	5 59	8 48	10 23	4 32	12 29	23 46
23	0 3 43	29 3 4	29 3 3	6♐ 15 14	9 6	10 34	27 55	15 26	6 37	8 55	10 18	4 32	12 30	23 46
24	0 7 40	0♎ 1 50	13♐ 25 19	20 32 56	9 3	10 31	29 44	16 23	7 15	9 1	10 14	4 33	12 30	23 46R
25	0 11 36	1 0 38	27 37 48	4♑ 39 46	9 0	10 29D	1♎ 33	17 20	7 53	9 8	10 10	4 33	12 31	23 46
26	0 15 33	1 59 27	11♑ 38 44	18 34 40	8 57	10 30	3 20	18 16	8 31	9 14	10 6	4 34	12 32	23 46
27	0 19 29	2 58 19	25 27 33	2♒ 17 28	8 53	10 31	5 7	19 12	9 9	9 20	10 2	4 34	12 32	23 46
28	0 23 26	3 57 12	9♒ 4 26	15 48 31	8 50	10 32R	6 52	20 8	9 47	9 26	9 58	4 35	12 33	23 46
29	0 27 23	4 56 6	22 29 46	29 8 12	8 47	10 31	8 37	21 3	10 24	9 32	9 54	4 36	12 34	23 46
30	0 31 19	5♎ 55 2	5♓ 43 49	12♓ 16 38	8♌ 44	10♌ 28	10♎ 21	21♏ 57	11♍ 2	9♋ 38	9♓ 50	4♑ 36	12♋ 34	23♊ 46

DECLINATION and LATITUDE

DAY	☉ DECL	☽ DECL	☽ LAT	☽ 12hr DECL	☿ DECL	☿ LAT	♀ DECL	♀ LAT	♂ DECL	♂ LAT	♃ DECL	♃ LAT	♄ DECL	♄ LAT
1	8N43	17S 6	0S 6	15S39	15N 8	0N13	10S13	1S23	15N 4	1N10	23N 2	0S17	9S 1	2S 5
2	8 21	13 59	1 20	12 10	14 57	0 27	10 42	1 28	14 52	1 10	23 2	0 17	9 2	2 5
3	7 59	10 12	2 28	8 7	14 43	0 39	11 10	1 34	14 39	1 10	23 1	0 17	9 4	2 5
4	7 37	5 58	3 27	3 47	14 26	0 51	11 39	1 39	14 26	1 10	23 1	0 17	9 6	2 5
5	7 15	1 34	4 14	0N38	14 5	1 1	12 6	1 44	14 14	1 11	23 1	0 17	9 8	2 5
6	6 53	2N49	4 47	4 56	13 41	1 10	12 34	1 49	14 1	1 11	23 0	0 17	9 10	2 5
7	6 31	6 59	5 7	8 56	13 15	1 19	13 2	1 55	13 48	1 11	22 60	0 17	9 11	2 6
8	6 8	10 48	5 12	12 32	12 46	1 26	13 29	2 0	13 35	1 11	22 59	0 17	9 13	2 6
9	5 46	14 7	5 3	15 34	12 14	1 32	13 56	2 5	13 22	1 11	22 59	0 17	9 15	2 6
10	5 23	16 51	4 41	17 57	11 40	1 37	14 22	2 11	13 9	1 11	22 59	0 17	9 17	2 6
11	5 0	18 52	4 7	19 35	11 4	1 41	14 49	2 16	12 56	1 11	22 58	0 16	9 19	2 6
12	4 37	20 4	3 23	20 20	10 26	1 44	15 15	2 22	12 43	1 11	22 58	0 16	9 20	2 6
13	4 15	20 23	2 29	20 10	9 46	1 47	15 41	2 27	12 29	1 11	22 57	0 16	9 22	2 6
14	3 52	19 43	1 27	19 1	9 4	1 48	16 6	2 32	12 16	1 12	22 57	0 16	9 24	2 6
15	3 29	18 4	0 20	16 53	8 22	1 49	16 31	2 38	12 2	1 12	22 57	0 16	9 26	2 6
16	3 6	15 28	0N50	13 50	7 38	1 49	16 56	2 43	11 49	1 12	22 56	0 16	9 27	2 6
17	2 42	11 59	1 59	9 58	6 53	1 48	17 21	2 48	11 35	1 12	22 56	0 16	9 29	2 6
18	2 19	7 48	3 3	5 29	6 8	1 47	17 45	2 54	11 22	1 12	22 55	0 16	9 31	2 6
19	1 56	3 5	3 58	0 37	5 22	1 45	18 8	2 59	11 8	1 12	22 55	0 16	9 32	2 6
20	1 33	1S52	4 39	4S21	4 35	1 42	18 32	3 5	10 54	1 12	22 55	0 16	9 34	2 6
21	1 9	6 47	5 2	9 7	3 48	1 39	18 55	3 10	10 40	1 12	22 54	0 16	9 36	2 6
22	0 46	11 20	5 7	13 22	3 1	1 36	19 18	3 15	10 26	1 12	22 54	0 16	9 37	2 6
23	0 23	15 12	4 52	16 48	2 14	1 32	19 40	3 20	10 12	1 12	22 53	0 16	9 39	2 6
24	0S 1	18 9	4 19	19 12	1 27	1 28	20 2	3 26	9 58	1 12	22 53	0 16	9 40	2 6
25	0 24	19 56	3 30	20 22	0 39	1 23	20 23	3 31	9 44	1 12	22 53	0 16	9 42	2 6
26	0 48	20 28	2 29	20 16	0S 8	1 18	20 44	3 36	9 30	1 12	22 52	0 15	9 43	2 6
27	1 11	19 45	1 20	18 57	0 55	1 13	21 5	3 41	9 16	1 13	22 52	0 15	9 45	2 6
28	1 34	17 52	0 8	16 33	1 42	1 7	21 25	3 46	9 2	1 13	22 52	0 15	9 46	2 6
29	1 58	15 2	1S 4	13 19	2 29	1 1	21 45	3 51	8 47	1 13	22 51	0 15	9 48	2 6
30	2S21	11S27	2S11	9S27	3S15	0N56	22S 4	3S56	8N33	1N13	22N51	0S15	9S49	2S 6

DAY	♅ DECL	♅ LAT	♆ DECL	♆ LAT	♇ DECL	♇ LAT
1	23S41	0S19	22N 2	0S53	15N30	7S49
5	23 41	0 19	22 1	0 53	15 29	7 49
9	23 41	0 19	22 0	0 53	15 29	7 50
13	23 41	0 19	21 60	0 53	15 28	7 50
17	23 41	0 19	21 60	0 53	15 28	7 51
21	23 41	0 19	21 59	0 53	15 27	7 51
25	23 41	0 19	21 59	0 53	15 27	7 52
29	23S41	0S19	21N58	0S53	15N26	7S52

☽ PHENOMENA	VOID OF COURSE ☽ LAST ASPT	☽ INGRESS
d h m	1 7pm33	2 ♓ 6am28
2 23 36 ○	4 1am23	4 ♈ 1pm 4
10 20 54 ☾	6 8pm45	6 ♉ 10pm21
18 12 33 ●	9 5am53	9 ♊ 10am 5
25 6 11 ☽	11 9pm52	11 ♋ 10pm40
	13 2pm 0	14 ♌ 9am37
	16 6am 0	16 ♍ 5pm18
d h ° '	18 12pm33	18 ♎ 9pm39
5 9 0	20 1pm33	20 ♏ 11pm53
12 20 20N23	23 0am 0	23 ♐ 1am35
19 15 0	24 5pm27	25 ♑ 4am 2
25 22 20S28	26 12pm18	27 ♒ 7am58
	29 2am17	29 ♓ 1pm34
7 20 5S12	d h	
15 7 0	10 1 APOGEE	
21 18 5N 8	22 0 PERIGEE	
28 3 0		

DAILY ASPECTARIAN

1 S	☽∠♅	12pm 1
	☽#♇	1 10
	☽☍☿	1 24
	☽⚼♃	2 33
	♀△♇	3 46
	☽#☿	4 44
	☽#♂	5 27
	☽☍♂	6 21
	☽△♇	7 15
	☽△♀	7 33
2 Su	☽⚼♆	1am20
	☿∠♃	3 2
	♂✱♇	1pm55
	☽✱♅	2 37
	☽△♃	5 32
	☽‖♀	6 44
	☉☍☽	11 36
3 M	☽⚼♀	0am39
	☽☌♄	3 38
	☽△♆	4 16
	☽‖♄	6 31
	☉#☽	1pm58
	☿‖♂	8 16
	☿✱♇	11 56
4 T	☽□♇	1am23
	☽⚻☿	1 34
	☽⚻♂	3 11
	☽⚻♀	6 28
	♀⚼♄	11 49
	☽□♅	9pm33
5 W	☿☌♂	0am16
	☽□♃	1 19
	☉☍♄	3 6
	☽⚼♂	8 42
	☽⚼☿	9 24
	☽⚺♄	10 54
	☉⚻☽	11 36
	☽□♆	11 59
	☉✱♆	4pm46
6 Th	☿∠♆	5am58
	☽✱♇	10 6
	☽△♂	3pm 2
	☽∠♄	3 34
	☽△☿	6 34
	☉⚼☽	6 55
	☽☍♀	8 45
	☉‖☽	9 26
7 F	☿#♀	5am44
	☽△♅	7 13
	☽✱♃	11 54
	☽#♄	1pm41
	☽∠♇	3 30
	♀ ♏	3 33
	☽✱♄	8 52
	☿ ♍	9 54
	☽✱♆	10 28
8 S	☉△☽	3am 4
	♀#♂	3 50
	♂∠♆	4 29
	☿✱♀	7 27
	☽‖☿	11 50
	☽⚼♅	1pm 0
	☽∠♃	6 9
	☽‖♂	6 34
	☽⚺♇	9 27
	☽#♀	10 13
9 Su	☽∠♆	4am34
	☽□♂	5 53
	☽‖♇	11 11
	☽⚻♀	2pm10
	☽□☿	4 24
	☽⚻♅	7 12
10 M	☽⚺♃	0am46
	☽□♄	8 48
	☿△♅	10 46
	☽⚺♆	10 56
	☉□☽	8pm54
	☽⚼♀	11 23
11 T	☽☌♇	10am 4
	☽✱♂	9pm52
12 W	♀✱♅	0am 6
	☿✱♃	2 30
	☽☍♅	7 40
	☽△♀	8 23
	♀#♇	12pm32
	♂ ♍	12 53
	☽☌♃	1 53
	☽✱☿	3 48
	☽△♄	8 41
	☽☌♆	11 14
13 Th	☽∠♂	5am20
	☿#♄	1pm18
	☉✱☽	2 0
	☽⚺♇	9 35
	☿☍♄	10 16
14 F	☽⚼♄	1am51
	☽∠☿	2 31
	♅SD	8 16
	☽⚺♂	12pm 0
	☿✱♆	4 4
	☽⚻♅	6 12
	☉∠☽	9 17
	☽□♀	11 58
15 S	☽⚺♃	0am43
	☽∠♇	2 14
	☽⚻♄	6 13
	☽⚺♆	9 2
	♀△♃	10 49
	☽⚺☿	11 55
	☽#♀	1pm13
	☽⚼♅	10 14
	☽‖♇	12 0
16 Su	☉⚺☽	3am26
	☽∠♃	4 49
	♀⚼♇	4 52
	☽✱♇	6 0
	☽∠♆	12pm36
	☽☌♂	10 17
17 M	☽△♅	1am21
	☽‖♂	2 37
	☽✱♃	7 59
	☽✱♀	11 6
	☽☍♄	12pm19
	☉□♇	2 10
	☽#♄	2 39
	☽✱♆	3 19
18 T	☽☌☿	2am30
	♀△♄	2 39
	☽‖☿	10 24
	☽□♇	11 0
	☉☌☽	12pm33
	☽∠♀	3 8
19 W	☽⚺♂	4am49
	☽□♅	5 19
	☉‖☽	6 7
	☽□♃	12pm 3
	☽⚻♄	3 29
	♂△♅	4 2
	☽⚺♀	6 24
	☽□♆	6 40
	♀△♆	10 16
	☉#☽	10 33
20 Th	☽∠♂	7am 8
	☽#☿	11 22
	☽⚺☿	12pm55
	☽△♇	1 33
	☽⚼♄	4 23
	☿□♇	5 49
	☉⚺☽	6 43
21 F	☽✱♅	7am23
	☽✱♂	9 9
	☽△♃	2pm23
	☽⚼♇	2 24
	☽‖♄	2 36
	☽△♄	5 6
	☽∠☿	5 24
	☽#♂	7 19
	☽△♆	8 32
	☉∠☽	9 20
	☽☌♀	11 49
22 S	☽∠♅	8am12
	☽⚻♇	3pm14
	☽⚼♃	3 24
	☽⚼♆	9 25
	☽✱☿	9 51
23 Su	☉✱☽	0am 0
	☽#♇	1 43
	☽⚺♅	9 8
	☽□♂	1pm12
	☽⚻♃	4 34
	☽□♄	6 41
	☽⚻♆	10 28
	☉ ♎	11 15
24 M	☿ ♎	3am26
	☽⚺♀	5 20
	☉☌☿	8 22
	♇SR	1pm58
	☽☍♇	5 27
25 T	♂#♄	3am33
	☉#☿	5 8
	☉□☽	6 11
	☽□☿	7 39
	☽∠♀	8 36
	☽☌♅	11 49
	☽△♂	6pm21
	☽☍♃	7 49
	☽✱♄	9 21
	☿∠♀	10 16
26 W	☽☍♆	1am32
	☽✱♀	12pm18
	☿□♅	4 38
	☽⚻♇	9 3
	☽⚼♂	9 36
	☽∠♄	11 16
27 Th	♂✱♃	8am37
	♀∠♅	9 32
	☉△☽	2pm14
	☽⚺♅	4 2
	☉‖☿	4 9
	☽△☿	7 31
	☽⚼♇	11 27
28 F	☽⚻♃	0am39
	☽⚻♂	1 19
	☽⚺♄	1 35
	☽⚻♆	6 11
	♂☍♄	6 34
	☉□♅	3pm34
	☽∠♅	6 47
	☉⚼☽	7 2
	☽#♇	8 56
	☽□♀	9 12
29 S	☽△♇	2am17
	☽⚼☿	2 19
	☽⚼♃	3 42
	☽⚼♆	9 9
	☿□♃	1pm25
	♀#♆	5 1
	☿⚻♄	5 10
	☽✱♅	9 57
30 Su	☉⚻☽	0am22
	☽△♃	7 11
	☽☌♄	7 29
	☽‖♄	9 44
	☽⚻☿	9 44
	☽☍♂	10 13
	☽△♆	12pm33
	☿⚺♂	3 15
	☽#♂	6 14

OCTOBER 1906

LONGITUDE

DAY	SID. TIME	☉	☽	☽ 12 Hour	MEAN ☊	TRUE ☊	☿	♀	♂	♃	♄	♅	♆	♇
	h m s	° ' "	° ' "	° ' "	° '	° '	° '	° '	° '	° '	° '	° '	° '	° '
1	0 35 16	6♎ 54 1	18♓ 46 36	25♓ 13 41	8♌ 41	10♌ 23R	12♎ 4	22♏ 51	11♍ 40	9♋ 43	9♓ 46R	4♑ 37	12♋ 35	23♊ 46R
2	0 39 12	7 53 1	1♈ 37 50	7♈ 59 1	8 38	10 15	13 46	23 44	12 18	9 48	9 43	4 38	12 35	23 46
3	0 43 9	8 52 3	14 17 11	20 32 20	8 34	10 5	15 27	24 37	12 56	9 54	9 39	4 39	12 36	23 45
4	0 47 5	9 51 7	26 44 31	2♉ 53 46	8 31	9 53	17 7	25 29	13 33	9 59	9 35	4 40	12 36	23 45
5	0 51 2	10 50 14	9♉ 0 14	15 4 4	8 28	9 42	18 47	26 20	14 11	10 3	9 32	4 41	12 37	23 45
6	0 54 58	11 49 23	21 5 30	27 4 48	8 25	9 31	20 25	27 11	14 49	10 8	9 28	4 42	12 37	23 45
7	0 58 55	12 48 33	3♊ 2 19	8♊ 58 28	8 22	9 23	22 3	28 1	15 27	10 12	9 25	4 43	12 37	23 44
8	1 2 52	13 47 46	14 53 42	20 48 30	8 18	9 16	23 40	28 50	16 5	10 17	9 21	4 44	12 38	23 44
9	1 6 48	14 47 2	26 43 27	2♋ 39 7	8 15	9 12	25 17	29 39	16 42	10 21	9 18	4 46	12 38	23 44
10	1 10 45	15 46 20	8♋ 36 9	14 35 11	8 12	9 10D	26 52	0♐ 27	17 20	10 25	9 15	4 47	12 38	23 44
11	1 14 41	16 45 40	20 36 54	26 41 59	8 9	9 10	28 27	1 14	17 58	10 29	9 12	4 48	12 38	23 43
12	1 18 38	17 45 2	2♌ 51 4	9♌ 4 50	8 6	9 11R	0♏ 1	2 0	18 36	10 32	9 9	4 50	12 39	23 43
13	1 22 34	18 44 26	15 23 53	21 48 44	8 3	9 11	1 35	2 45	19 13	10 36	9 6	4 51	12 39	23 42
14	1 26 31	19 43 54	28 19 53	4♍ 57 41	7 59	9 9	3 8	3 29	19 51	10 39	9 3	4 53	12 39	23 42
15	1 30 27	20 43 23	11♍ 42 21	18 33 59	7 56	9 5	4 40	4 13	20 29	10 42	9 0	4 54	12 39	23 42
16	1 34 24	21 42 54	25 32 28	2♎ 37 32	7 53	8 58	6 11	4 55	21 6	10 45	8 57	4 56	12 39R	23 41
17	1 38 20	22 42 27	9♎ 48 43	17 5 18	7 50	8 49	7 42	5 37	21 44	10 47	8 54	4 57	12 39	23 41
18	1 42 17	23 42 3	24 26 28	1♏ 51 11	7 47	8 39	9 12	6 17	22 22	10 50	8 52	4 59	12 39	23 40
19	1 46 14	24 41 40	9♏ 18 21	16 46 48	7 44	8 27	10 42	6 56	22 59	10 52	8 49	5 1	12 39	23 40
20	1 50 10	25 41 20	24 15 20	1♐ 42 48	7 40	8 17	12 10	7 34	23 37	10 54	8 47	5 2	12 39	23 39
21	1 54 7	26 41 2	9♐ 8 11	16 30 35	7 37	8 8	13 39	8 11	24 15	10 56	8 45	5 4	12 39	23 39
22	1 58 3	27 40 45	23 49 13	1♑ 3 32	7 34	8 2	15 6	8 47	24 52	10 58	8 42	5 6	12 39	23 38
23	2 2 0	28 40 30	8♑ 13 8	15 17 46	7 31	7 58	16 33	9 21	25 30	10 59	8 40	5 8	12 38	23 37
24	2 5 56	29 40 17	22 17 23	29 12 0	7 28	7 57D	17 59	9 54	26 8	11 0	8 38	5 10	12 38	23 37
25	2 9 53	0♏ 40 5	6♒ 1 46	12♒ 46 53	7 24	7 57R	19 24	10 25	26 45	11 2	8 36	5 12	12 38	23 36
26	2 13 49	1 39 55	19 27 37	26 4 16	7 21	7 57	20 49	10 55	27 23	11 2	8 34	5 14	12 38	23 36
27	2 17 46	2 39 47	2♓ 37 6	9♓ 6 26	7 18	7 56	22 12	11 24	28 0	11 3	8 33	5 16	12 37	23 35
28	2 21 43	3 39 40	15 32 31	21 55 36	7 15	7 51	23 35	11 51	28 38	11 4	8 31	5 18	12 37	23 34
29	2 25 39	4 39 35	28 15 52	4♈ 33 31	7 12	7 44	24 57	12 16	29 16	11 4	8 29	5 20	12 37	23 34
30	2 29 36	5 39 32	10♈ 48 42	17 1 30	7 9	7 34	26 18	12 39	29 53	11 4R	8 28	5 22	12 36	23 33
31	2 33 32	6♏ 39 30	23♈ 12 3	29♈ 20 23	7♌ 5	7♌ 21	27♏ 38	13♐ 1	0♎ 31	11♋ 4	8♓ 27	5♑ 25	12♋ 36	23♊ 32

DECLINATION and LATITUDE

DAY	☉ DECL	☽ DECL	☽ LAT	☽ 12hr DECL	☿ DECL	☿ LAT	♀ DECL	♀ LAT	♂ DECL	♂ LAT	♃ DECL	♃ LAT	♄ DECL	♄ LAT
1	2S44	7S21	3S10	5S12	4S 1	0N49	22S23	4S 1	8N19	1N13	22N51	0S15	9S51	2S 6
2	3 8	2 60	3 58	0 47	4 46	0 43	22 41	4 6	8 4	1 13	22 50	0 15	9 52	2 5
3	3 31	1N26	4 34	3N36	5 31	0 37	22 59	4 11	7 50	1 13	22 50	0 15	9 53	2 5
4	3 54	5 43	4 56	7 46	6 16	0 30	23 16	4 15	7 35	1 13	22 50	0 15	9 55	2 5
5	4 17	9 43	5 3	11 33	7 0	0 23	23 33	4 20	7 21	1 13	22 49	0 15	9 56	2 5
6	4 41	13 15	4 57	14 49	7 44	0 17	23 50	4 25	7 6	1 13	22 49	0 15	9 57	2 5
7	5 4	16 13	4 38	17 27	8 27	0 10	24 6	4 29	6 52	1 13	22 49	0 15	9 59	2 5
8	5 27	18 30	4 7	19 21	9 9	0 3	24 21	4 33	6 37	1 13	22 49	0 15	9 60	2 5
9	5 50	19 59	3 26	20 24	9 51	0S 4	24 36	4 38	6 22	1 13	22 48	0 15	10 1	2 5
10	6 13	20 35	2 35	20 33	10 32	0 11	24 51	4 42	6 8	1 13	22 48	0 14	10 2	2 5
11	6 35	20 16	1 37	19 45	11 13	0 18	25 4	4 46	5 53	1 13	22 48	0 14	10 3	2 5
12	6 58	18 59	0 34	17 59	11 53	0 25	25 18	4 50	5 38	1 13	22 48	0 14	10 4	2 5
13	7 21	16 45	0N33	15 18	12 32	0 32	25 31	4 53	5 23	1 13	22 47	0 14	10 5	2 5
14	7 43	13 37	1 40	11 45	13 10	0 39	25 43	4 57	5 9	1 13	22 47	0 14	10 6	2 5
15	8 6	9 42	2 43	7 29	13 48	0 46	25 55	5 0	4 54	1 13	22 47	0 14	10 7	2 4
16	8 28	5 8	3 40	2 41	14 25	0 53	26 6	5 4	4 39	1 13	22 47	0 14	10 8	2 4
17	8 50	0 9	4 24	2S24	15 1	0 59	26 17	5 7	4 24	1 13	22 47	0 14	10 9	2 4
18	9 12	4S57	4 52	7 27	15 37	1 6	26 27	5 10	4 9	1 13	22 47	0 14	10 10	2 4
19	9 34	9 51	5 1	12 6	16 12	1 13	26 37	5 13	3 54	1 13	22 47	0 14	10 11	2 4
20	9 56	14 10	4 50	16 0	16 45	1 19	26 46	5 15	3 39	1 13	22 47	0 14	10 12	2 4
21	10 18	17 34	4 19	18 51	17 18	1 26	26 54	5 18	3 24	1 13	22 46	0 14	10 12	2 4
22	10 39	19 48	3 31	20 25	17 50	1 32	27 2	5 20	3 10	1 13	22 46	0 14	10 13	2 4
23	11 1	20 42	2 30	20 38	18 22	1 38	27 10	5 22	2 55	1 13	22 46	0 13	10 14	2 4
24	11 22	20 16	1 22	19 34	18 52	1 44	27 17	5 24	2 40	1 13	22 46	0 13	10 15	2 3
25	11 43	18 37	0 10	17 23	19 21	1 50	27 23	5 25	2 25	1 13	22 46	0 13	10 15	2 3
26	12 4	15 57	1S 0	14 19	19 50	1 56	27 29	5 26	2 10	1 13	22 46	0 13	10 16	2 3
27	12 24	12 31	2 6	10 35	20 17	2 1	27 34	5 27	1 55	1 13	22 46	0 13	10 16	2 3
28	12 45	8 32	3 4	6 25	20 43	2 6	27 38	5 28	1 40	1 13	22 46	0 13	10 17	2 3
29	13 5	4 14	3 52	2 2	21 8	2 11	27 42	5 28	1 25	1 13	22 46	0 13	10 17	2 3
30	13 25	0N10	4 28	2N22	21 33	2 16	27 45	5 28	1 10	1 13	22 47	0 13	10 18	2 3
31	13S45	4N31	4S51	6N37	21S56	2S21	27S48	5S28	0N55	1N13	22N47	0S13	10S18	2S 3

DAY	♅ DECL	♅ LAT	♆ DECL	♆ LAT	♇ DECL	♇ LAT
1	23S41	0S19	21N58	0S53	15N26	7S53
5	23 41	0 19	21 58	0 53	15 25	7 53
9	23 41	0 19	21 58	0 54	15 25	7 54
13	23 40	0 19	21 58	0 54	15 24	7 54
17	23 40	0 19	21 58	0 54	15 24	7 55
21	23 40	0 19	21 57	0 54	15 23	7 55
25	23 40	0 19	21 57	0 54	15 23	7 55
29	23S39	0S19	21N58	0S54	15N22	7S56

☽ PHENOMENA	VOID OF COURSE ☽ LAST ASPT	☽ INGRESS
d h m	1 9am16	1 ♈ 8pm56
2 12 48 ○	3 6pm13	4 ♉ 6am20
10 15 39 ☾	6 1pm 8	6 ♊ 5pm52
17 22 43 ●	8 8pm37	9 ♋ 6am38
24 13 50 ☽	11 5pm42	11 ♌ 6pm27
	13 3pm30	14 ♍ 3am 2
d h ° '	15 8pm50	16 ♎ 7am34
2 16 0	17 10pm45	18 ♏ 9am 0
10 4 20N36	19 10pm56	20 ♐ 9am14
17 1 0	22 6am51	22 ♑ 10am14
23 4 20S43	24 6am58	24 ♒ 1pm24
29 23 0	26 7am29	26 ♓ 7pm11
	29 1am59	29 ♈ 3am18
5 1 5S 3	31 0am39	31 ♉ 1pm18
12 12 0	d h	
18 23 5N 1	7 20 APOGEE	
25 3 0	19 18 PERIGEE	

DAILY ASPECTARIAN

Day	Aspect	Time
1 M	☿□♆	7am21
	☽△♀	8 8
	♃△♄	8 35
	☽□♇	9 16
	☽∥☿	3pm44
	☉∥☽	11 19
2 T	♀⚻♇	0am35
	☽□♅	5 40
	♂⚹♆	11 15
	♀#♃	12pm 3
	☉☍☽	12 48
	☽⚼♀	2 26
	☽⚺♄	3 12
	☽□♃	3 34
	☽□♆	8 46
	☽⚻♂	9 16
3 W	☽☍☿	2am34
	♀⚼♃	8 27
	☉#☽	12pm41
	☉⚻♄	5 55
	☽⚹♇	6 13
	☽∠♄	7 51
	☽⚻♀	9 22
4 Th	☉□♃	3am17
	☽⚼♂	3 43
	☽#☿	3 52
	☽∥♂	10 21
	☽△♅	3pm30
	☽∠♇	11 30
5 F	☽⚹♄	1am 2
	☽#♄	1 26
	☽⚹♃	2 5
	☉⚻☽	3 56
	☽⚹♆	7 8
	☿#♂	8 34
	☽△♂	10 49
	♀∥♅	10 56
	☽⚼♅	9pm13
	☽⚻☿	10 27
6 S	☽⚺♇	5am19
	☽∠♃	8 9
	☉⚼☽	12pm31
	♀⚼♆	12 32
	☽∠♆	1 5
	☽☍♀	1 8
	☽∥♇	4 59
	☉□♆	7 28
7 Su	☽⚻♅	3am24
	☽⚼☿	9 24
	☽□♄	12pm49
	☽⚺♃	2 35
	☽⚺♆	7 24
	☉△☽	9 34
8 M	☿△♇	0am56
	☽□♂	2 32
	☉∠♀	6 4
	☿⚼♄	9 49
	☽☌♇	5pm56
	☽△☿	8 37
9 T	☿∥♄	6am 0
	☽⚻♀	6 21
	♀ ♐	10 31
	☽☍♅	4pm17
	☉#♂	8 51
10 W	☽△♄	1am17
	☽☌♃	3 40
	☽☌♆	8 6
	☽⚼♀	2pm40
	☉□☽	3 39
	☽⚹♂	6 27
11 Th	☽⚺♇	6am 8
	☽⚼♄	7 3
	☽□☿	5pm42
	☽△♀	10 14
	☿ ♏	11 37
12 F	☽∠♂	1am31
	☽⚻♅	3 50
	☽∠♇	11 18
	☽⚻♄	12pm 4
	☽⚺♃	2 51
	☽⚺♆	6 48
13 S	☉⚹☽	6am48
	☽⚺♂	7 33
	☽⚼♅	8 22
	☽∥♇	11 8
	☽⚹♇	3pm30
	☽∠♃	7 4
	☽∠♆	10 45
14 Su	☽#☿	2am33
	☉⚺♂	7 50
	☽⚹☿	9 50
	☽□♀	9 54
	☿⚺♀	10 42
	☽△♅	11 52
	☉∠☽	12pm31
	☽☍♄	7 13
	☽#♄	9 35
	☽⚹♃	10 13
15 M	☽⚹♆	1am40
	☿⚹♅	3 46
	☉#☽	8 4
	☽∠☿	3pm37
	☽☌♂	4 2
	☉⚺☽	4 56
	☽□♇	8 50
	☿∠♂	9 47
16 T	♀⚺♅	0am12
	☽∥♂	2 31
	☽□♅	3pm53
	☽⚹♀	4 39
	♆SR	5 8
	☽⚺☿	8 5
	☽⚻♄	10 30
17 W	☽□♃	1am37
	☽□♆	4 42
	☿#♇	3pm 7
	☿⚼♇	3 31
	☽∠♀	6 37
	☿△♄	6 42
	☽#♂	8 25
	☽⚺♂	8 28
	☉☌☽	10 43
	☽△♇	10 45
	☽⚼♄	11 4
	☉△♇	11 16
18 Th	☉⚼♄	3am45
	☽⚹♅	5pm 4
	☽⚺♀	8 1
	☽∠♂	9 48
	☉∥☽	10 30
	☽⚼♇	10 58
	☽△♄	11 13
19 F	☽∥♄	1am46
	☽☌☿	2 29
	☽△♃	2 31
	☿△♃	2 53
	☽△♆	5 22
	☽∠♅	5pm13
	☽⚹♂	10 56
	☽⚻♇	11 2
20 S	♂□♇	1am18
	☉⚺☽	2 28
	☽⚼♃	2 39
	☽⚼♆	5 27
	☿△♆	7 43
	☽#♇	7 51
	☽⚺♅	5pm24
	☉∥♄	6 0
	☽∥☿	9 19
	☽☌♀	10 24
	☽□♄	11 22
21 Su	☽⚻♃	2am55
	☉∠☽	4 26
	☽⚻♆	5 42
	☽⚺☿	8 8
	♀□♄	9pm 9
	☽☍♇	11 42
22 M	☽□♂	1am49
	☉⚹☽	6 51
	☽∠☿	11 34
	☽☌♅	6pm48
23 T	☽⚹♄	0am46
	☽⚺♀	1 59
	☽☍♃	4 41
	☽☍♆	7 29
	☽⚹☿	3pm45
24 W	☽⚻♇	2am17
	☽∠♄	2 19
	☽∠♀	4 42
	☽△♂	6 58
	☉ ♏	7 55
	☉□☽	1pm50
	☽∥☿	4 55
	☽⚺♅	10 32
25 Th	☽⚺♄	4am33
	☽⚼♇	4 33
	☽⚹♀	8 6
	☽⚻♃	8 53
	☽⚼♂	10 40
	☽⚻♆	11 44
	☿∠♅	1pm52
26 F	☽∠♅	1am24
	☽□☿	2 44
	☽#♇	4 20
	♀⚻♃	6 3
	☽△♇	7 29
	☽⚼♃	11 57
	☽⚼♆	2pm50
	☽⚻♂	3 7
27 S	☉△☽	0am 5
	☉∥☽	0 38
	☽⚹♅	4 54
	☽☌♄	10 56
	☽∥♄	1pm48
	☽△♃	3 38
	☽□♀	4 51
	☽△♆	6 32
	☿⚻♇	11 45
28 Su	☉⚼☽	6am21
	☽□♇	3pm 5
	☽△☿	4 58
29 M	☽☍♂	1am59
	☉⚻☽	1pm15
	☽□♅	1 31
	☽#♂	4 19
	☉⚹♅	4 51
	☽⚺♄	7 30
	☿⚼♃	7 51
	♀⚻♆	8 51
30 T	♃SR	0am16
	☽□♃	0 30
	☽⚼☿	1 3
	☽□♆	3 27
	☽△♀	3 39
	♂ ♎	4 26
	☽∥♂	5 8
	☿⚼♆	11pm19
31 W	☽∠♄	0am28
	☽⚹♇	0 39
	☿#♆	2 11
	☽⚼♀	9 40
	☽⚻☿	9 42
	☽⚻♂	3pm 4

NOVEMBER 1906

LONGITUDE

DAY	SID. TIME	☉	☽	☽ 12 Hour	MEAN ☊	TRUE ☊	☿	♀	♂	♃	♄	♅	♆	♇
	h m s	° ' "	° ' "	° ' "	° '	° '	° '	° '	° '	° '	° '	° '	° '	° '
1	2 37 29	7♏ 39 30	5♉ 26 37	11♉ 30 49	7♌ 2	7♌ 7R	28♏ 57	13♐ 20	1♎ 8	11♋ 4R	8♓ 25R	5♑ 27	12♋ 35R	23♊ 31R
2	2 41 25	8 39 33	17 33 4	23 33 30	6 59	6 52	0♐ 14	13 38	1 46	11 3	8 24	5 29	12 35	23 31
3	2 45 22	9 39 37	29 32 15	5♊ 29 31	6 56	6 38	1 31	13 54	2 23	11 2	8 23	5 31	12 34	23 30
4	2 49 18	10 39 43	11♊ 25 32	17 20 35	6 53	6 27	2 45	14 8	3 1	11 2	8 22	5 34	12 33	23 29
5	2 53 15	11 39 51	23 14 59	29 9 7	6 50	6 18	3 58	14 20	3 38	11 1	8 21	5 36	12 33	23 28
6	2 57 12	12 40 1	5♋ 3 27	10♋ 58 27	6 46	6 11	5 10	14 29	4 16	10 59	8 21	5 39	12 32	23 27
7	3 1 8	13 40 13	16 54 39	22 52 39	6 43	6 8	6 19	14 36	4 53	10 58	8 20	5 41	12 32	23 26
8	3 5 5	14 40 27	28 53 4	4♌ 56 32	6 40	6 7D	7 26	14 41	5 31	10 56	8 19	5 44	12 31	23 26
9	3 9 1	15 40 43	11♌ 3 45	17 15 22	6 37	6 7R	8 30	14 44R	6 8	10 54	8 19	5 46	12 30	23 25
10	3 12 58	16 41 2	23 32 3	29 54 28	6 34	6 7	9 32	14 44	6 45	10 52	8 19	5 49	12 29	23 24
11	3 16 54	17 41 22	6♍ 23 12	12♍ 58 45	6 30	6 5	10 30	14 42	7 23	10 50	8 18	5 52	12 28	23 23
12	3 20 51	18 41 44	19 41 32	26 31 51	6 27	6 2	11 25	14 38	8 0	10 47	8 18D	5 54	12 28	23 22
13	3 24 47	19 42 7	3♎ 29 48	10♎ 35 19	6 24	5 56	12 16	14 31	8 38	10 45	8 18	5 57	12 27	23 21
14	3 28 44	20 42 33	17 48 6	25 7 36	6 21	5 47	13 2	14 22	9 15	10 42	8 18	6 0	12 26	23 20
15	3 32 41	21 43 1	2♏ 33 5	10♏ 3 33	6 18	5 37	13 43	14 10	9 53	10 39	8 18	6 3	12 25	23 19
16	3 36 37	22 43 30	17 37 49	25 14 35	6 15	5 26	14 18	13 56	10 30	10 35	8 19	6 5	12 24	23 18
17	3 40 34	23 44 1	2♐ 52 27	10♐ 29 59	6 11	5 15	14 47	13 39	11 7	10 32	8 19	6 8	12 23	23 17
18	3 44 30	24 44 34	18 5 50	25 38 43	6 8	5 7	15 9	13 21	11 45	10 28	8 20	6 11	12 22	23 16
19	3 48 27	25 45 8	3♑ 7 33	10♑ 31 26	6 5	5 0	15 23	12 59	12 22	10 24	8 20	6 14	12 21	23 15
20	3 52 23	26 45 44	17 49 40	25 1 49	6 2	4 57	15 28R	12 36	12 59	10 20	8 21	6 17	12 20	23 14
21	3 56 20	27 46 20	2♒ 7 35	9♒ 6 54	5 59	4 55D	15 24	12 11	13 37	10 16	8 22	6 20	12 19	23 13
22	4 0 16	28 46 58	15 59 51	22 46 37	5 55	4 55	15 10	11 43	14 14	10 12	8 23	6 23	12 18	23 12
23	4 4 13	29 47 37	29 27 30	6♓ 2 53	5 52	4 56R	14 45	11 14	14 51	10 7	8 24	6 26	12 17	23 11
24	4 8 10	0♐ 48 17	12♓ 33 11	18 58 50	5 49	4 55	14 10	10 43	15 29	10 2	8 25	6 29	12 15	23 10
25	4 12 6	1 48 58	25 20 16	1♈ 37 54	5 46	4 53	13 24	10 11	16 6	9 58	8 26	6 32	12 14	23 9
26	4 16 3	2 49 40	7♈ 52 11	14 3 28	5 43	4 48	12 27	9 37	16 43	9 52	8 28	6 35	12 13	23 8
27	4 19 59	3 50 23	20 12 7	26 18 26	5 40	4 40	11 22	9 2	17 20	9 47	8 29	6 39	12 12	23 7
28	4 23 56	4 51 7	2♉ 22 42	8♉ 25 10	5 36	4 30	10 9	8 27	17 57	9 42	8 31	6 42	12 11	23 5
29	4 27 52	5 51 53	14 26 3	20 25 32	5 33	4 19	8 50	7 51	18 35	9 36	8 32	6 45	12 9	23 4
30	4 31 49	6♐ 52 39	26♉ 23 48	2♊ 21 2	5♌ 30	4♌ 7	7♐ 28	7♐ 14	19♎ 12	9♋ 31	8♓ 34	6♑ 48	12♋ 8	23♊ 3

DECLINATION and LATITUDE

DAY	☉	☽		☽ 12hr	☿		♀		♂		♃		♄	
	DECL	DECL	LAT	DECL	DECL	LAT	DECL	LAT	DECL	LAT	DECL	LAT	DECL	LAT
1	14S 4	8N38	4S59	10N33	22S17	2S25	27S49	5S27	0N40	1N13	22N47	0S15	10S18	2S 2
2	14 24	12 22	4 54	14 2	22 38	2 29	27 51	5 26	0 25	1 13	22 47	0 13	10 19	2 2
3	14 43	15 34	4 36	16 55	22 57	2 32	27 51	5 25	0 10	1 13	22 47	0 13	10 19	2 2
4	15 2	18 6	4 6	19 5	23 16	2 35	27 51	5 23	0S 5	1 13	22 47	0 12	10 19	2 2
5	15 20	19 51	3 26	20 25	23 32	2 38	27 50	5 21	0 20	1 13	22 47	0 12	10 19	2 2
6	15 39	20 45	2 36	20 51	23 48	2 40	27 49	5 18	0 35	1 13	22 48	0 12	10 20	2 2
7	15 57	20 44	1 40	20 22	24 2	2 42	27 46	5 15	0 50	1 13	22 48	0 12	10 20	2 2
8	16 15	19 46	0 38	18 56	24 15	2 43	27 43	5 11	1 5	1 13	22 48	0 12	10 20	2 1
9	16 33	17 53	0N26	16 36	24 26	2 44	27 39	5 7	1 20	1 13	22 48	0 12	10 20	2 1
10	16 50	15 7	1 31	13 25	24 36	2 44	27 35	5 2	1 34	1 13	22 49	0 12	10 20	2 1
11	17 7	11 33	2 33	9 29	24 44	2 43	27 29	4 57	1 49	1 13	22 49	0 12	10 20	2 1
12	17 24	7 17	3 29	4 57	24 50	2 42	27 23	4 51	2 4	1 12	22 49	0 12	10 20	2 1
13	17 40	2 31	4 15	0S 0	24 55	2 40	27 16	4 45	2 19	1 12	22 49	0 12	10 19	2 1
14	17 56	2S34	4 47	5 7	24 58	2 37	27 8	4 38	2 34	1 12	22 50	0 11	10 19	2 1
15	18 12	7 39	5 1	10 5	24 59	2 32	26 59	4 30	2 48	1 12	22 50	0 11	10 19	2 0
16	18 28	12 23	4 55	14 29	24 58	2 27	26 49	4 22	3 3	1 12	22 51	0 11	10 19	2 0
17	18 43	16 22	4 28	17 58	24 55	2 21	26 38	4 13	3 18	1 12	22 51	0 11	10 19	2 0
18	18 58	19 14	3 42	20 10	24 50	2 13	26 26	4 4	3 33	1 12	22 51	0 11	10 18	1 60
19	19 12	20 44	2 40	20 57	24 42	2 4	26 14	3 53	3 47	1 12	22 52	0 11	10 18	1 60
20	19 27	20 47	1 30	20 17	24 33	1 54	26 0	3 43	4 2	1 12	22 52	0 11	10 17	1 60
21	19 40	19 27	0 15	18 21	24 20	1 42	25 45	3 32	4 16	1 12	22 53	0 11	10 17	1 59
22	19 54	16 59	0S59	15 24	24 5	1 28	25 30	3 20	4 31	1 12	22 53	0 11	10 16	1 59
23	20 7	13 39	2 7	11 44	23 48	1 14	25 14	3 7	4 45	1 12	22 53	0 11	10 16	1 59
24	20 20	9 43	3 6	7 37	23 27	0 57	24 56	2 54	4 60	1 11	22 54	0 10	10 15	1 59
25	20 32	5 27	3 55	3 15	23 4	0 39	24 38	2 41	5 14	1 11	22 54	0 10	10 15	1 59
26	20 44	1 2	4 31	1N10	22 38	0 20	24 19	2 27	5 29	1 11	22 55	0 10	10 14	1 59
27	20 56	3N21	4 54	5 29	22 10	0 0	23 60	2 13	5 43	1 11	22 55	0 10	10 13	1 58
28	21 7	7 33	5 4	9 32	21 39	0N20	23 40	1 58	5 57	1 11	22 56	0 10	10 13	1 58
29	21 18	11 25	4 59	13 10	21 7	0 40	23 19	1 43	6 12	1 11	22 56	0 10	10 12	1 58
30	21S28	14N47	4S42	16N16	20S34	1N 0	22S58	1S28	6S26	1N11	22N57	0S10	10S11	1S58

DAY	♅ DECL	♅ LAT	♆ DECL	♆ LAT	♇ DECL	♇ LAT
1	23S39	0S19	21N58	0S54	15N22	7S56
5	23 39	0 19	21 58	0 54	15 22	7 56
9	23 38	0 19	21 58	0 54	15 21	7 57
13	23 38	0 19	21 58	0 54	15 21	7 57
17	23 37	0 19	21 58	0 54	15 20	7 57
21	23 37	0 19	21 59	0 54	15 20	7 57
25	23 36	0 19	21 59	0 54	15 20	7 57
29	23S35	0S19	21N60	0S54	15N19	7S57

☽ PHENOMENA

d	h	m	
1	4	46	○
9	9	45	☾
16	8	36	●
23	0	39	☽
30	23	7	○

d	h	° '
6	12	20N51
13	12	0
19	13	20S56
26	6	0

d	h	° '
1	3	4S59
8	14	0
15	5	5N 2
21	5	0
28	4	5S 4

VOID OF COURSE ☽

LAST ASPT	☽ INGRESS
1 2pm 7	3 ♊ 0am56
5 0am27	5 ♋ 1pm43
6 4pm51	8 ♌ 2am13
9 11pm44	10 ♍ 12pm10
12 6am28	12 ♎ 6pm 0
14 9am 4	14 ♏ 7pm54
16 8am36	16 ♐ 7pm29
18 8am12	18 ♑ 6pm58
20 4pm 3	20 ♒ 8pm23
23 0am39	23 ♓ 0am59
24 7pm51	25 ♈ 8am53
27 5am42	27 ♉ 7pm17
28 7pm27	30 ♊ 7am16

d	h	
4	12	APOGEE
17	2	PERIGEE

DAILY ASPECTARIAN

Day	Aspect	Time
1 Th	☽△♅	0am 0
	☉☍☽	4 46
	☽⚹♄	5 52
	☽∠♇	6 4
	☽#♄	10 25
	☽⚹♃	11 6
	☽⚹♆	2pm 7
	☽⚻♀	4 2
	☉△♄	5 58
	☿ ♐	7 33
	☉⚼♇	8 26
	☽⚼♂	10 20
2 F	☽⚼♅	5am52
	☿#♃	10 48
	☽⚺♇	11 53
	☉#☽	4pm24
	☽∠♃	4 59
	☽∠♆	8 3
	☽∥♇	10 22
3 S	☽☍☿	4am26
	☽△♂	6 3
	☽⚻♅	12pm 6
	☽□♄	5 49
	☉⚻☽	10 19
	☽⚺♃	11 12
4 Su	☽⚺♆	2am18
	☽☍♀	5 35
	☉△♃	8 35
	☿⚹♂	10 15
5 M	☽☌♇	0am27
	☉#♇	1 24
	☉⚼☽	7 35
	☿∥♅	9 4
	☉△♆	8pm55
	☽□♂	10 18
6 T	☽⚻☿	0am14
	☽☍♅	1 12
	☽△♄	6 40
	☿⚺♅	10 24
	☽☌♃	12pm 0
	☽☌♆	3 9
	☉△☽	4 51
	☽⚻♀	7 18
7 W	☽⚼☿	9am47
	☽⚼♄	12pm54
	☽⚺♇	1 7
8 Th	☉⚺♀	0am23
	☽⚼♀	1 37
	♂□♅	9 7
	☽⚻♅	1pm36
	☽⚹♂	1 50
	☽△☿	6 32
	☽⚻♄	6 38
	☽∠♇	6 49
	☿□♄	7 43
	☽⚺♃	11 41
9 F	☽⚺♆	2am48
	☽△♀	7 9
	☉□☽	9 45
	☉#☽	11 20
	♀SR	3pm42
	☽⚼♅	6 49
	☽∠♂	8 27
	☽∥♇	10 12
	☽⚹♇	11 44
10 S	☽∠♃	4am24
	☽∠♆	7 27
	☽△♅	11pm 2
11 Su	☽⚺♂	1am55
	☽☍♄	3 31
	☽#♄	7 13
	☿⚻♃	7 59
	☽⚹♃	8 5
	☽□☿	8 5
	☽⚹♆	11 5
	☽□♀	3pm 2
	☉⚹☽	10 5
12 M	☽□♇	6am28
	♂⚻♄	11 26
	♄SD	5pm 7
13 T	☽#♂	0am54
	☉∠☽	2 13
	☽□♅	4 11
	☿⚻♆	5 23
	☽⚻♄	8 9
	☽☌♂	9 6
	☽□♃	12pm13
	☽□♆	3 6
	☽⚹☿	3 39
	☽⚹♀	6 22
	☽∥♂	11 59
14 W	☉⚺☽	5am 8
	☉∠♅	7 12
	☽⚼♄	9 2
	☽△♇	9 4
	☽∠☿	5pm32
	☽∠♀	6 37
15 Th	☽⚹♅	5am37
	☽△♄	9 13
	☽⚼♇	9 13
	☽⚺♂	12pm13
	☿☌♀	12 52
	☽△♃	12 53
	☽∥♄	1 12
	☽△♆	3 44
	☽⚺♀	6 15
	☽⚺☿	6 33
16 F	♂□♃	3am 9
	☽∠♅	5 29
	☉☌☽	8 36
	☽⚻♇	8 56
	☽⚼♃	12pm30
	☽∠♂	12 56
	☉⚻♇	1 30
	☽⚼♆	3 23
	☽#♇	5 15
17 S	☽⚺♅	5am 9
	☽□♄	8 34
	☽⚻♃	12pm 0
	☽⚹♂	1 32
	☽⚻♆	2 57
	☽☌♀	4 39
	☽☌☿	7 15
	☉∥☽	8 49
18 Su	☽☍♇	8am12
	☉⚺☽	11 19
	☉⚼♃	4pm16
	♂□♆	11 22
19 M	☽☌♅	5am 3
	☽⚹♄	8 27
	☽☍♃	11 45
	☉∠☽	1pm17
	♀⚹♂	2 52
	☽☍♆	2 58
	☽⚺♀	3 38
	☽□♂	3 41
	☽⚺☿	8 6
20 T	☿SR	1am33
	☽⚻♇	8 59
	☽∠♄	9 12
	☉⚼♆	1pm19
	☽∠♀	3 52
	☉⚹☽	4 3
	♀⚻♆	4 5
	☽∠☿	9 6
	☉∥☽	9 30
21 W	☽⚺♅	7am14
	☽⚼♇	10 26
	☽⚺♄	10 43
	☽⚻♃	1pm56
	☽⚹♀	4 46
	☽⚻♆	5 32
	☽△♂	8 46
	☽⚹☿	10 34
22 Th	☽∠♅	9am34
	☽#♇	12pm32
	☽△♇	12 44
	☽⚼♃	4 14
	☽⚼♆	8 4
	☿⚹♂	9 49
23 F	☉□☽	0am39
	☽⚼♂	0 45
	☉∠♂	3 45
	☉ ♐	4 54
	☽⚹♅	12pm46
	☿∥♅	2 6
	☽☌♄	4 20
	☽△♃	7 23
	☽□♀	8 44
	☽∥♄	8 52
	☽△♆	11 27
24 S	☽□☿	2am50
	☽⚻♂	5 43
	☽□♇	7pm51
25 Su	☽∥♂	1am 6
	☿#♃	9 6
	♀⚻♃	11 10
	☉△☽	1pm26
	☽□♅	9 31
26 M	☽⚺♄	1am 9
	☽△♀	3 14
	☽□♃	3 51
	☿⚻♆	5 36
	☽△☿	8 11
	☽□♆	8 24
	☽☍♂	6pm 6
	☉⚼☽	9 6
27 T	☽⚹♇	5am42
	☽∠♄	6 27
	☽⚼♀	7 11
	☿#♆	8 16
	☽⚼☿	11 2
	☽#♂	2pm 8
	♀□♄	9 34
28 W	♀∥♅	5am11
	☉⚻☽	5 21
	☽△♅	8 36
	☿⚻♃	8 56
	☽∠♇	11 20
	☽⚻♀	11 29
	☽⚹♄	12pm12
	☽⚻☿	1 56
	☽⚹♃	2 26
	☽#♄	4 13
	☉∥☿	6 6
	☽⚹♆	7 27
29 Th	☿□♄	5am 3
	☽⚻♂	8 45
	☽⚼♅	2pm43
	☽⚺♇	5 17
	☽∠♃	8 14
	☉⚺♅	10 7
30 F	♀#♃	1am18
	☽∠♆	1 29
	☽∥♇	4 11
	☉☌♀	5 19
	☉☌☿	5 52
	☿☌♀	7 1
	☿⚺♅	11 2
	♀⚺♅	3pm42
	☽⚼♂	4 35
	☽☍☿	8 0
	☽☍♀	8 48
	☽⚻♅	9 5
	☉☍☽	11 7

DECEMBER 1906

LONGITUDE

DAY	SID. TIME	☉	☽	☽ 12 Hour	MEAN ☊	TRUE ☊	☿	♀	♂	♃	♄	♅	♆	♇
	h m s	° ' "	° ' "	° ' "	° '	° '	° '	° '	° '	° '	° '	° '	° '	° '
1	4 35 45	7♐53 27	8♊17 24	14♊13 3	5♌27	3♌56R	6♐ 5R	6♐38R	19♎49	9♋25R	8♓36	6♑51	12♋ 7R	23♊ 2R
2	4 39 42	8 54 16	20 8 12	26 3 2	5 24	3 46	4 45	6 1	20 26	9 19	8 38	6 55	12 5	23 1
3	4 43 39	9 55 6	1♋57 49	7♋52 48	5 21	3 39	3 30	5 25	21 3	9 13	8 40	6 58	12 4	23 0
4	4 47 35	10 55 58	13 48 18	19 44 40	5 17	3 34	2 22	4 50	21 40	9 6	8 42	7 1	12 3	22 59
5	4 51 32	11 56 51	25 42 18	1♌41 37	5 14	3 32D	1 23	4 16	22 17	9 0	8 44	7 5	12 1	22 58
6	4 55 28	12 57 44	7♌43 7	13 47 18	5 11	3 31	0 35	3 43	22 55	8 53	8 47	7 8	12 0	22 56
7	4 59 25	13 58 39	19 54 43	26 5 55	5 8	3 32	29♏58	3 11	23 32	8 47	8 49	7 11	11 58	22 55
8	5 3 21	14 59 36	2♍21 31	8♍42 5	5 5	3 34	29 32	2 41	24 9	8 40	8 52	7 15	11 57	22 54
9	5 7 18	16 0 33	15 8 10	21 40 20	5 1	3 34R	29 17D	2 13	24 46	8 33	8 54	7 18	11 55	22 53
10	5 11 14	17 1 32	28 19 1	5♎ 4 37	4 58	3 34	29 13	1 46	25 23	8 26	8 57	7 21	11 54	22 52
11	5 15 11	18 2 32	11♎57 23	18 57 27	4 55	3 31	29 20	1 22	26 0	8 19	9 0	7 25	11 52	22 51
12	5 19 8	19 3 33	26 4 46	3♏19 4	4 52	3 27	29 36	0 59	26 37	8 11	9 3	7 28	11 51	22 49
13	5 23 4	20 4 35	10♏39 53	18 6 32	4 49	3 21	0♐ 0	0 39	27 14	8 4	9 6	7 32	11 49	22 48
14	5 27 1	21 5 38	25 38 6	3♐13 29	4 46	3 14	0 32	0 22	27 51	7 56	9 9	7 35	11 48	22 47
15	5 30 57	22 6 42	10♐51 27	18 30 37	4 42	3 8	1 11	0 7	28 28	7 49	9 13	7 39	11 46	22 46
16	5 34 54	23 7 47	26 9 36	3♑47 1	4 39	3 3	1 57	29♏54	29 4	7 41	9 16	7 42	11 45	22 45
17	5 38 50	24 8 53	11♑21 35	18 52 7	4 36	2 59	2 47	29 43	29 41	7 34	9 19	7 46	11 43	22 44
18	5 42 47	25 9 59	26 17 38	3♒37 20	4 33	2 57D	3 43	29 36	0♏18	7 26	9 23	7 49	11 41	22 42
19	5 46 44	26 11 5	10♒50 40	17 57 13	4 30	2 57	4 42	29 30	0 55	7 18	9 26	7 53	11 40	22 41
20	5 50 40	27 12 12	24 56 49	1♓49 28	4 27	2 58	5 46	29 27D	1 32	7 10	9 30	7 56	11 38	22 40
21	5 54 37	28 13 19	8♓35 17	15 14 33	4 23	2 59	6 52	29 27	2 9	7 2	9 34	8 0	11 36	22 39
22	5 58 33	29 14 26	21 47 37	28 14 54	4 20	3 1R	8 2	29 29	2 45	6 54	9 38	8 4	11 35	22 38
23	6 2 30	0♑15 33	4♈36 53	10♈54 5	4 17	3 1	9 14	29 33	3 22	6 46	9 42	8 7	11 33	22 37
24	6 6 26	1 16 41	17 6 59	23 16 9	4 14	3 0	10 28	29 40	3 59	6 38	9 46	8 11	11 32	22 35
25	6 10 23	2 17 49	29 22 3	5♉25 12	4 11	2 57	11 44	29 49	4 36	6 30	9 50	8 14	11 30	22 34
26	6 14 19	3 18 56	11♉26 2	17 25 0	4 7	2 53	13 1	0♐ 0	5 12	6 22	9 54	8 18	11 28	22 33
27	6 18 16	4 20 4	23 22 30	29 18 54	4 4	2 48	14 20	0 14	5 49	6 14	9 59	8 21	11 27	22 32
28	6 22 13	5 21 12	5♊14 33	11♊ 9 44	4 1	2 43	15 41	0 29	6 25	6 6	10 3	8 25	11 25	22 31
29	6 26 9	6 22 20	17 4 44	22 59 50	3 58	2 38	17 3	0 47	7 2	5 57	10 7	8 29	11 23	22 30
30	6 30 6	7 23 28	28 55 16	4♋51 15	3 55	2 34	18 26	1 6	7 39	5 49	10 12	8 32	11 21	22 28
31	6 34 2	8♑24 36	10♋48 2	16♋45 48	3♌52	2♌31	19♐49	1♐28	8♏15	5♋41	10♓17	8♑36	11♋20	22♊27

DECLINATION and LATITUDE

DAY	☉ DECL	☽ DECL	☽ LAT	☽ 12hr DECL	☿ DECL	☿ LAT	♀ DECL	♀ LAT	♂ DECL	♂ LAT	♃ DECL	♃ LAT	♄ DECL	♄ LAT
1	21S38	17N33	4S12	18N40	20S 2	1N20	22S37	1S12	6S40	1N11	22N57	0S10	10S10	1S58
2	21 48	19 35	3 31	20 16	19 30	1 37	22 15	0 57	6 54	1 10	22 58	0 9	10 9	1 58
3	21 57	20 45	2 41	20 60	19 0	1 53	21 53	0 41	7 8	1 10	22 59	0 9	10 8	1 58
4	22 6	21 1	1 44	20 47	18 34	2 8	21 32	0 25	7 22	1 10	22 59	0 9	10 7	1 57
5	22 14	20 19	0 42	19 38	18 10	2 19	21 10	0 10	7 36	1 10	22 60	0 9	10 6	1 57
6	22 22	18 43	0N23	17 35	17 51	2 29	20 49	0N 6	7 50	1 10	23 0	0 9	10 5	1 57
7	22 29	16 14	1 27	14 41	17 36	2 36	20 28	0 21	8 4	1 10	23 1	0 9	10 4	1 57
8	22 36	12 58	2 29	11 4	17 26	2 41	20 7	0 36	8 18	1 9	23 1	0 9	10 3	1 57
9	22 43	9 1	3 26	6 50	17 20	2 45	19 48	0 50	8 31	1 9	23 2	0 9	10 2	1 57
10	22 49	4 32	4 13	2 9	17 17	2 46	19 28	1 5	8 45	1 9	23 3	0 8	10 1	1 57
11	22 55	0S19	4 48	2S48	17 19	2 46	19 10	1 19	8 58	1 9	23 3	0 8	9 60	1 56
12	23 0	5 19	5 7	7 47	17 24	2 45	18 52	1 32	9 12	1 9	23 4	0 8	9 58	1 56
13	23 5	10 10	5 7	12 26	17 31	2 42	18 35	1 45	9 25	1 9	23 4	0 8	9 57	1 56
14	23 9	14 33	4 46	16 25	17 42	2 38	18 19	1 58	9 39	1 8	23 5	0 8	9 56	1 56
15	23 13	18 2	4 5	19 20	17 54	2 34	18 4	2 10	9 52	1 8	23 5	0 8	9 55	1 56
16	23 16	20 17	3 6	20 52	18 8	2 28	17 50	2 21	10 5	1 8	23 6	0 8	9 53	1 56
17	23 19	21 4	1 55	20 52	18 24	2 22	17 37	2 32	10 19	1 8	23 7	0 8	9 52	1 56
18	23 22	20 19	0 36	19 25	18 41	2 16	17 25	2 43	10 32	1 8	23 7	0 7	9 50	1 55
19	23 24	18 13	0S43	16 45	18 58	2 9	17 14	2 53	10 45	1 7	23 8	0 7	9 49	1 55
20	23 25	15 3	1 57	13 11	19 17	2 2	17 5	3 2	10 58	1 7	23 8	0 7	9 47	1 55
21	23 26	11 10	3 2	9 3	19 35	1 54	16 56	3 11	11 11	1 7	23 9	0 7	9 46	1 55
22	23 27	6 52	3 56	4 38	19 54	1 47	16 48	3 20	11 23	1 7	23 9	0 7	9 44	1 55
23	23 27	2 23	4 35	0 8	20 13	1 39	16 41	3 27	11 36	1 6	23 10	0 7	9 42	1 55
24	23 27	2N 5	5 1	4N16	20 32	1 31	16 35	3 35	11 49	1 6	23 11	0 7	9 41	1 55
25	23 26	6 23	5 12	8 25	20 50	1 23	16 30	3 42	12 1	1 6	23 11	0 6	9 39	1 54
26	23 25	10 22	5 9	12 12	21 8	1 15	16 26	3 48	12 14	1 6	23 12	0 6	9 37	1 54
27	23 23	13 54	4 53	15 27	21 26	1 6	16 23	3 54	12 26	1 5	23 12	0 6	9 36	1 54
28	23 21	16 51	4 24	18 4	21 43	0 58	16 21	3 60	12 38	1 5	23 13	0 6	9 34	1 54
29	23 18	19 6	3 44	19 56	21 59	0 50	16 20	4 5	12 51	1 5	23 13	0 6	9 32	1 54
30	23 15	20 33	2 54	20 56	22 15	0 42	16 19	4 9	13 3	1 5	23 14	0 6	9 30	1 54
31	23S11	21N 4	1S57	20N59	22S30	0N34	16S19	4N14	13S15	1N 4	23N14	0S 6	9S28	1S54

DAY	♅ DECL	♅ LAT	♆ DECL	♆ LAT	♇ DECL	♇ LAT
1	23S35	0S19	21N60	0S54	15N19	7S57
5	23 34	0 19	22 0	0 54	15 19	7 57
9	23 34	0 19	22 1	0 54	15 19	7 57
13	23 33	0 19	22 1	0 54	15 19	7 57
17	23 32	0 19	22 2	0 54	15 19	7 57
21	23 31	0 19	22 2	0 54	15 19	7 57
25	23 30	0 19	22 3	0 54	15 19	7 57
29	23S29	0S19	22N 4	0S54	15N19	7S56

☽ PHENOMENA			
d	h	m	
9	1	45	☾
15	18	54	●
22	15	4	☽
30	18	44	○
d	h	° '	
3	19	21N 2	
10	22	0	
17	0	21S 3	
23	13	0	
31	1	21N 5	
5	16	0	
12	12	5N 9	
18	11	0	
25	7	5S13	

VOID OF COURSE ☽ LAST ASPT		☽ INGRESS		
2	5am50	2	♋	8pm 1
4	4pm45	5	♌	8am37
7	6pm44	7	♍	7pm30
10	1am38	10	♎	3am 0
12	0am56	12	♏	6am31
13	1am52	14	♐	6am55
16	4am46	16	♑	6am 2
18	5am21	18	♒	6am 3
20	7am50	20	♓	8am48
22	3pm 4	22	♈	3pm17
24	10am39	25	♉	1am15
26	0am 4	27	♊	1pm23
29	10am58	30	♋	2am11

d	h	
1	18	APOGEE
15	14	PERIGEE
28	18	APOGEE

DAILY ASPECTARIAN

Day	Aspect	Time
1 S	☽□♄	0am38
	☽⊻♃	2 15
	☽⊻♆	7 43
	☿∠♂	3pm30
	☉□♄	5 18
	☽#☿	11 9
2 Su	☽△♂	0am38
	☽☌♇	5 50
	☉⊼♃	8 45
	♀∠♂	11 32
	♀#♆	4pm45
	☉∥♀	9 16
3 M	☽⊼☿	2am50
	☽⊼♀	6 41
	☉#♆	8 29
	☽☍♅	10 12
	☽△♄	1pm38
	☽☌♃	2 34
	☉⊼☽	5 38
	☽☌♆	8 26
4 T	☽⚼☿	6am37
	☽⚼♀	11 37
	☽□♂	4pm45
	☽⊻♇	6 29
	☽⚼♄	8 2
5 W	☉⊼♆	1am40
	☉⚼☽	2 44
	☽△☿	10 38
	☽△♀	4pm23
	☽⊼♅	10 50
6 Th	☽∠♇	0am26
	♂△♇	1 11
	☽⊼♄	2 7
	☽⊻♃	2 18
	☽⊻♆	8 27
	☽#☿	10 25
	☉△☽	11 19
	♃△♄	4pm53
	☿ ♏	10 38
7 F	☽⚼♅	4am27
	☽⚹♇	5 51
	☽∥♇	7 17
	☽⚹♂	7 24
	☽∠♃	7 26
	♂⚼♄	12pm15
	☽∠♆	1 39
	☽□☿	6 44
8 S	☽□♀	0am35
	☽△♅	9 18
	☽⚹♃	11 49
	☽☍♄	12pm21
	☽∠♂	1 29
	☽⚹♆	6 2
	☽#♄	6 7
9 Su	☉□☽	1am45
	☽#♂	2 39
	☽□♇	2pm11
	☽⊻♂	6 28
	☿SD	8 38
10 M	☽⚹☿	1am38
	☽⚹♀	5 58
	☽□♅	4pm 4
	☽□♃	5 43
	☽⊼♄	6 51
	☽□♆	11 51
11 T	☽∠☿	4am 9
	☽∠♀	7 22
	☉⚹☽	11 15
	☽△♇	6pm33
	☽⚼♄	8 35
12 W	☽☌♂	0am56
	☽⊻☿	6 0
	☽⊻♀	7 58
	☉∠☽	2pm12
	☽⚹♅	6 53
	☽⚼♇	7 21
	☽△♃	7 48
	☽∥♂	8 1
	☉#♃	9 4
	☽△♄	9 27
	☽∥♄	10 54
	☿ ♐	11 48
13 Th	☽△♆	1am52
	☉⊻☽	4pm15
	☿☌♀	7 5
	☽∠♅	7 8
	☽⊼♇	7 28
	☽⚼♃	7 45
14 F	☽⚼♆	1am50
	☽⊻♂	3 39
	☽#♇	4 44
	☽☌♀	7 21
	☽☌☿	8 5
	☽⊻♅	6pm56
	☽⊼♃	7 16
	☽□♄	9 24
	☽∥☿	10 48
15 S	☽∥♀	0am16
	☽⊼♆	1 26
	♂∥♄	3 48
	☽∠♂	4 15
	☿∥♀	8 47
	♀ ♏	12pm51
	☉☍♇	3 7
	☽☍♇	6 39
	☉☌☽	6 54
	♃☍♅	9 43
16 Su	☽⚹♂	4am46
	☽⊻♀	5 48
	☽⊻☿	9 37
	☽☍♃	6pm 1
	☽☌♅	6 16
	☽⚹♄	8 45
17 M	☽☍♆	0am34
	♀⊻♂	1 5
	☽∠♀	5 19
	☽∠☿	10 56
	♂ ♏	12pm 7
	☽⊼♇	6 12
	☽∠♄	8 53
	☉⊻☽	10 2
18 T	☽⚹♀	5am21
	☽□♂	6 50
	☽⚹☿	1pm 2
	☽∥☿	5 32
	☽⊼♃	6 8
	☽⚼♇	6 44
	☽⊻♅	7 2
	☽⊻♄	9 39
19 W	☉∠☽	0am37
	☽⊼♆	1 22
	☽∥♀	8 37
	☽⚼♃	7pm15
	☽△♇	8 4
	☽∠♅	8 31
	☽#♇	10 15
20 Th	☽⚼♆	2am55
	☉⚹☽	4 14
	☽□♀	7 50
	☽△♂	12pm 2
	♀SD	4 20
	☽□☿	8 39
	☽△♃	9 15
	☽⚹♅	10 57
	☽∥♂	11 58
21 F	☽☌♄	1am46
	☿⊼♃	3 6
	☽△♆	5 25
	☽∥♄	8 6
	☽⚼♂	4pm13
22 S	☿⊻♅	0am41
	☽□♇	1 32
	☉⊻♀	6 2
	☽△♀	2pm23
	☉□☽	3 4
	☉ ♑	5 53
	☽⊼♂	9 31
23 Su	☽□♃	4am 3
	☽□♅	6 42
	☽△☿	9 44
	☽⊻♄	9 45
	☿□♄	9 47
	☽□♆	1pm13
	☽⚼♀	7 12
24 M	☽⚹♇	10am39
	☽∠♄	3pm 1
	☽⚼☿	6 11
	☿⊼♆	7 48
25 T	☽⊼♀	0am54
	☉△☽	6 20
	☽☍♂	10 54
	☽⚹♃	1pm59
	☽∠♇	4 15
	☽△♅	5 42
	☽#♄	7 23
	☽⚹♄	8 55
	♀ ♐	11 45
26 W	☽⚹♆	0am 4
	☽⊼☿	3 34
	☽#♂	1pm 1
	☉⚼☽	3 6
	☽∠♃	7 43
	☽⊻♇	10 18
	☽⚼♅	11 58
27 Th	☽∠♆	6am11
	☽∥♇	10 52
	♂△♃	1pm20
	☽☍♀	2 8
	☽#♀	7 36
28 F	☉⊼☽	0am15
	☽⊻♃	1 42
	☽⊼♂	2 31
	☽⊼♅	6 28
	☽□♄	9 48
	☽⊻♆	12pm29
	☉☍♃	3 22
	☽☍☿	11 55
29 S	☿#♆	6am29
	☽⚼♂	10 35
	☽☌♇	10 58
	♂⚼♇	5pm34
30 Su	☽⊼♀	4am33
	☉#♃	6 3
	☽☌♃	1pm48
	☉⚹♂	2 44
	☽△♂	6 35
	☉☍☽	6 44
	☽☍♅	7 32
	☽△♄	10 56
31 M	☽☌♆	1am 4
	☉☌♅	4 40
	☽⚼♀	11 46
	♂⚹♅	3pm 6
	☽⊼☿	8 34
	☽⊻♇	11 23

JANUARY 1907

LONGITUDE

DAY	SID. TIME	☉	☽	☽ 12 Hour	MEAN ☊	TRUE ☊	☿	♀	♂	♃	♄	♅	♆	♇
	h m s	° ' "	° ' "	° ' "	° '	° '	° '	° '	° '	° '	° '	° '	° '	° '
1	6 37 59	9♑25 45	22♋44 49	28♋45 18	3♌48	2♌29D	21♐14	1♐51	8♏52	5♋33R	10♓21	8♑39	11♋18R	22♊26R
2	6 41 55	10 26 54	4♌47 30	10♌51 41	3 45	2 28	22 39	2 16	9 28	5 25	10 26	8 43	11 16	22 25
3	6 45 52	11 28 2	16 58 10	23 7 14	3 42	2 29	24 6	2 43	10 5	5 17	10 31	8 47	11 15	22 24
4	6 49 48	12 29 11	29 19 14	5♍34 31	3 39	2 30	25 32	3 12	10 41	5 9	10 36	8 50	11 13	22 23
5	6 53 45	13 30 20	11♍53 27	18 16 25	3 36	2 32	27 0	3 42	11 17	5 1	10 41	8 54	11 11	22 22
6	6 57 42	14 31 29	24 43 47	1♎15 56	3 33	2 33	28 28	4 14	11 54	4 53	10 46	8 57	11 10	22 21
7	7 1 38	15 32 38	7♎53 13	14 35 54	3 29	2 34R	29 57	4 47	12 30	4 45	10 51	9 1	11 8	22 20
8	7 5 35	16 33 47	21 24 15	28 18 24	3 26	2 34	1♑26	5 22	13 6	4 37	10 56	9 5	11 6	22 19
9	7 9 31	17 34 57	5♏18 26	12♏24 16	3 23	2 34	2 56	5 58	13 43	4 30	11 2	9 8	11 4	22 18
10	7 13 28	18 36 7	19 35 41	26 52 20	3 20	2 32	4 26	6 36	14 19	4 22	11 7	9 12	11 3	22 16
11	7 17 24	19 37 16	4♐13 41	11♐39 4	3 17	2 31	5 56	7 15	14 55	4 14	11 13	9 15	11 1	22 15
12	7 21 21	20 38 26	19 7 37	26 38 24	3 13	2 29	7 28	7 55	15 31	4 7	11 18	9 19	10 59	22 14
13	7 25 17	21 39 35	4♑10 21	11♑42 19	3 10	2 28	8 59	8 36	16 7	3 59	11 24	9 22	10 58	22 13
14	7 29 14	22 40 45	19 13 11	26 41 48	3 7	2 27	10 32	9 18	16 43	3 52	11 29	9 26	10 56	22 12
15	7 33 11	23 41 53	4♒7 9	11♒28 15	3 4	2 27D	12 4	10 2	17 19	3 45	11 35	9 29	10 54	22 11
16	7 37 7	24 43 1	18 44 19	25 54 41	3 1	2 27	13 38	10 46	17 55	3 37	11 41	9 33	10 53	22 10
17	7 41 4	25 44 9	2♓58 52	9♓56 32	2 58	2 28	15 11	11 32	18 31	3 30	11 47	9 36	10 51	22 9
18	7 45 0	26 45 16	16 47 33	23 31 52	2 54	2 28	16 45	12 18	19 7	3 23	11 52	9 40	10 50	22 9
19	7 48 57	27 46 21	0♈9 40	6♈41 9	2 51	2 29	18 20	13 5	19 43	3 17	11 58	9 43	10 48	22 8
20	7 52 53	28 47 26	13 6 41	19 26 42	2 48	2 29	19 56	13 54	20 19	3 10	12 4	9 47	10 46	22 7
21	7 56 50	29 48 31	25 41 40	1♉52 8	2 45	2 30	21 31	14 43	20 55	3 3	12 10	9 50	10 45	22 6
22	8 0 46	0♒49 34	7♉58 38	14 1 45	2 42	2 30	23 8	15 32	21 31	2 57	12 17	9 54	10 43	22 5
23	8 4 43	1 50 36	20 2 3	26 0 7	2 39	2 30	24 45	16 23	22 6	2 51	12 23	9 57	10 42	22 4
24	8 8 40	2 51 37	1♊56 30	7♊51 44	2 35	2 30	26 22	17 14	22 42	2 45	12 29	10 0	10 40	22 3
25	8 12 36	3 52 38	13 46 20	19 40 48	2 32	2 30	28 0	18 6	23 18	2 39	12 35	10 4	10 39	22 2
26	8 16 33	4 53 37	25 35 33	1♋31 2	2 29	2 30	29 39	18 59	23 53	2 33	12 42	10 7	10 37	22 1
27	8 20 29	5 54 35	7♋27 36	13 25 37	2 26	2 30	1♒19	19 53	24 29	2 27	12 48	10 10	10 35	22 1
28	8 24 26	6 55 32	19 25 23	25 27 10	2 23	2 31R	2 59	20 47	25 4	2 22	12 54	10 14	10 34	22 0
29	8 28 22	7 56 29	1♌31 12	7♌37 43	2 19	2 31	4 40	21 42	25 40	2 16	13 1	10 17	10 33	21 59
30	8 32 19	8 57 24	13 46 53	19 58 51	2 16	2 31	6 21	22 37	26 15	2 11	13 7	10 20	10 31	21 58
31	8 36 15	9♒58 18	26♌13 46	2♍31 44	2♌13	2♌30	8♒3	23♐33	26♏50	2♋6	13♓14	10♑24	10♋30	21♊58

DECLINATION and LATITUDE

DAY	☉ DECL	☽ DECL	☽ LAT	☽ 12hr DECL	☿ DECL	☿ LAT	♀ DECL	♀ LAT	♂ DECL	♂ LAT	♃ DECL	♃ LAT	♄ DECL	♄ LAT
1	23S 7	20N39	0S53	20N 5	22S44	0N26	16S20	4N17	13S27	1N 4	23N15	0S 5	9S26	1S54
2	23 2	19 17	0N13	18 15	22 57	0 18	16 22	4 21	13 39	1 4	23 15	0 5	9 24	1 53
3	22 57	17 1	1 19	15 34	23 9	0 11	16 24	4 24	13 50	1 4	23 16	0 5	9 23	1 53
4	22 52	13 57	2 23	12 9	23 20	0 3	16 27	4 27	14 2	1 3	23 16	0 5	9 21	1 53
5	22 46	10 12	3 21	8 7	23 30	0S 5	16 30	4 29	14 14	1 3	23 17	0 5	9 19	1 53
6	22 40	5 55	4 10	3 38	23 38	0 12	16 34	4 31	14 25	1 3	23 17	0 5	9 16	1 53
7	22 33	1 17	4 48	1S 7	23 46	0 19	16 38	4 33	14 36	1 2	23 17	0 5	9 14	1 53
8	22 25	3S33	5 11	5 57	23 53	0 26	16 43	4 34	14 48	1 2	23 18	0 4	9 12	1 53
9	22 18	8 19	5 16	10 37	23 58	0 33	16 48	4 35	14 59	1 2	23 18	0 4	9 10	1 53
10	22 10	12 47	5 3	14 47	24 2	0 40	16 53	4 36	15 10	1 1	23 19	0 4	9 8	1 53
11	22 1	16 35	4 30	18 8	24 5	0 46	16 59	4 37	15 21	1 1	23 19	0 4	9 6	1 52
12	21 52	19 23	3 38	20 19	24 7	0 53	17 5	4 37	15 32	1 1	23 19	0 4	9 4	1 52
13	21 42	20 53	2 31	21 4	24 7	0 59	17 11	4 37	15 43	1 0	23 20	0 4	9 2	1 52
14	21 33	20 52	1 13	20 18	24 6	1 5	17 18	4 37	15 53	0 60	23 20	0 4	8 59	1 52
15	21 22	19 23	0S 9	18 9	24 4	1 10	17 25	4 36	16 4	0 59	23 21	0 3	8 57	1 52
16	21 12	16 38	1 29	14 52	24 1	1 16	17 31	4 36	16 14	0 59	23 21	0 3	8 55	1 52
17	21 0	12 56	2 42	10 50	23 56	1 21	17 38	4 35	16 24	0 59	23 21	0 3	8 52	1 52
18	20 49	8 38	3 42	6 21	23 49	1 26	17 46	4 34	16 35	0 58	23 22	0 3	8 50	1 52
19	20 37	4 3	4 29	1 44	23 42	1 31	17 53	4 32	16 45	0 58	23 22	0 3	8 48	1 52
20	20 25	0N34	4 60	2N50	23 32	1 35	17 60	4 31	16 55	0 57	23 22	0 3	8 45	1 52
21	20 12	5 2	5 16	7 9	23 22	1 39	18 7	4 29	17 5	0 57	23 22	0 3	8 43	1 52
22	19 59	9 11	5 16	11 6	23 10	1 43	18 14	4 27	17 14	0 57	23 23	0 2	8 41	1 52
23	19 46	12 53	5 3	14 32	22 56	1 47	18 21	4 25	17 24	0 56	23 23	0 2	8 38	1 51
24	19 32	16 2	4 37	17 22	22 42	1 50	18 29	4 23	17 33	0 56	23 23	0 2	8 36	1 51
25	19 18	18 30	3 59	19 27	22 25	1 53	18 36	4 21	17 43	0 55	23 24	0 2	8 33	1 51
26	19 3	20 12	3 11	20 43	22 7	1 56	18 42	4 18	17 52	0 55	23 24	0 2	8 31	1 51
27	18 48	20 60	2 15	21 3	21 48	1 58	18 49	4 15	18 1	0 54	23 24	0 2	8 28	1 51
28	18 33	20 51	1 12	20 25	21 27	2 0	18 56	4 13	18 10	0 54	23 24	0 2	8 26	1 51
29	18 18	19 45	0 6	18 50	21 5	2 2	19 2	4 10	18 19	0 53	23 25	0 1	8 23	1 51
30	18 2	17 41	1N 2	16 20	20 41	2 3	19 8	4 7	18 28	0 53	23 25	0 1	8 21	1 51
31	17S45	14N47	2N 8	13N 3	20S16	2S 4	19S14	4N 4	18S37	0N52	23N25	0S 1	8S18	1S51

DAY	♅ DECL	♅ LAT	♆ DECL	♆ LAT	♇ DECL	♇ LAT
1	23S29	0S19	22N 4	0S54	15N19	7S56
5	23 28	0 19	22 5	0 54	15 19	7 56
9	23 27	0 19	22 5	0 54	15 19	7 55
13	23 26	0 19	22 6	0 54	15 20	7 55
17	23 25	0 19	22 6	0 54	15 20	7 54
21	23 24	0 19	22 7	0 54	15 20	7 53
25	23 23	0 19	22 8	0 54	15 21	7 53
29	23S22	0S19	22N 8	0S54	15N21	7S52

☽ PHENOMENA

d	h	m	
7	14	47	☾
14	5	57	●
21	8	42	☽
29	13	45	○

d	h	°	'
7	6	0	
13	12	21S	4
19	21	0	
27	8	21N	3

1	19	0
8	19	5N17
14	21	0
21	13	5S18
29	2	0

d	h	
13	2	PERIGEE
25	6	APOGEE

VOID OF COURSE ☽

LAST ASPT		☽ INGRESS		
31	1am 4	1	♌	2pm29
3	3pm44	4	♍	1am19
6	7am45	6	♎	9am41
8	1am35	8	♏	2pm55
9	10pm14	10	♐	5pm 7
12	4am58	12	♑	5pm21
14	5am57	14	♒	5pm20
16	5am43	16	♓	6pm55
18	7pm18	18	♈	11pm42
20	5pm 5	21	♉	8am21
23	10am58	23	♊	8pm 4
25	4pm46	26	♋	8am56
28	11am49	28	♌	9pm 0
31	1am13	31	♍	7am12

DAILY ASPECTARIAN

Day	Aspect	Time
1 T	☽⚼♄	5am15
	☽△♀	6pm49
	☿☍♇	8 3
	☉⚹♄	11 41
2 W	☽⚺♃	1am13
	☽∠♇	5 12
	☽⚼☿	6 26
	☽⚻♅	7 48
	☉∥☿	8 0
	☽□♂	9 44
	☽⚻♄	11 14
	☉⚻☽	12pm12
	☽⚺♆	12 47
	☉☍♆	6 53
3 Th	☽#♀	5am16
	☽∠♃	6 24
	☽⚹♇	10 35
	☽⚼♅	1pm20
	☽∥♇	1 59
	☿#♃	3 35
	☽△☿	3 44
	☽∠♆	6 1
	☉⚼☽	8 9
	♂△♄	8 11
	☽#♂	11 25
4 F	☿∠♂	4am 2
	☽□♀	7 46
	☽⚹♃	11 4
	☽△♅	6pm18
	☿∥♅	7 36
	♂△♆	8 10
	☽☍♄	9 42
	☽⚹♆	10 40
	☽⚹♂	10 48
5 S	☉△☽	3am19
	☽#♄	5 16
	☽□♇	7pm35
6 Su	☽∠♂	4am11
	☽□☿	7 45
	☽⚹♀	6pm10
	☽□♃	6 24
	♀⚻♃	10 38
7 M	☿ ♑	0am55
	☽□♅	2 2
	☽⚻♄	5 22
	☽□♆	5 48
	☽⚺♂	8 39
	☉□☽	2pm47
	☽∠♀	10 7
8 T	☽△♇	1am35
	☽⚼♄	7 57
	☽⚹☿	7pm27
	☽△♃	10 37
9 W	☽⚺♀	1am11
	☽⚼♇	3 22
	☽∥♄	4 21
	☽⚹♅	6 31
	♄△♆	9 23
	☽△♄	9 45
	☽△♆	9 45
	☽☌♂	2pm49
	☉⚹☽	10 14
	☿☍♃	11 2
	☽⚼♃	11 37
	☽∠☿	11 42
10 Th	☽⚻♇	4am26
	☽∠♅	7 38
	☽⚼♆	10 37
	☉#♆	11 29
	☽∥♂	3pm11
	☽#♇	3 27
	♂#♇	8 43
11 F	☽⚻♃	0am 1
	☉∠☽	0 41
	☽∥♀	3 0
	☽⚺☿	3 6
	☽☌♀	5 7
	☽⚺♅	8 10
	☽⚻♆	10 58
	☽□♄	11 21
	☽⚺♂	5pm59
12 S	☉⚺☽	2am36
	☽☍♇	4 58
	☿⚺♀	12pm52
	☽∠♂	6 56
	☽☍♃	11 42
13 Su	☿☌♅	6am12
	☽⚺♀	7 24
	☽☌♅	8 19
	☽☌☿	8 33
	☽☍♆	10 48
	☽⚹♄	11 35
	☉⚻♇	1pm 4
	☽⚹♂	7 51
14 M	♀⚺♅	4am31
	☽⚻♇	4 47
	☉☌☽	5 57
	☿☍♆	6 14
	☽∠♀	8 34
	☽∠♄	11 44
	☿⚹♄	3pm54
	☽⚻♃	11 24
15 T	☽⚼♇	5am 0
	☽⚺♅	8 47
	☽⚹♀	10 9
	☽⚻♆	11 3
	☽⚺♄	12pm16
	☽⚺☿	2 32
	☽∥♀	5 26
	☽□♂	10 35
	☽⚼♃	11 49
16 W	☽∥♂	2am41
	♀⚻♆	3 23
	☽△♇	5 43
	☽#♇	9 1
	☽∠♅	9 45
	☉⚺☽	10 46
	☽⚼♆	11 56
	☽∠☿	6pm39
	♂⚼♃	11 26
17 Th	☽△♃	0am54
	♀□♄	8 52
	☽⚹♅	11 28
	☽△♆	1pm34
	☉∠☽	2 27
	☽☌♄	3 18
	☽□♀	3 38
	☽∥♄	10 53
	☽⚹☿	11 56
18 F	☉∠♄	3am 7
	☽△♂	4 19
	☽□♇	9 30
	☉⚹☽	7pm18
19 S	☽□♃	5am40
	☽⚼♂	8 46
	☽□♅	5pm44
	☽□♆	7 37
	☽⚺♄	10 2
20 Su	☽△♀	1am34
	☿⚹♂	9 26
	☉∠♀	11 56
	☽⚻♂	2pm21
	☽□☿	2 48
	☽⚹♇	5 5
	☿∥♅	7 15
	☿#♃	10 51
21 M	☽∠♄	2am53
	☉ ♒	4 31
	☽⚼♀	8 21
	☿⚻♇	8 30
	☉□☽	8 42
	☽⚹♃	2pm12
	☽#♄	8 59
	☽∠♇	10 14
22 T	☽△♅	3am48
	☽⚹♆	5 25
	☽⚹♄	8 35
	☽⚻♀	4pm 8
	☽∠♃	7 39
	♂⚻♇	10 29
23 W	☽⚺♇	4am 4
	☽☍♂	4 23
	☽⚼♅	9 56
	☽△☿	10 58
	☽∠♆	11 21
	☽∥♇	6pm17
	☉⚻♃	9 30
24 Th	♃#♅	1am32
	☽⚺♃	1 37
	☉△☽	2 2
	☽#♂	2pm53
	☽⚻♅	4 26
	☿∠♄	5 24
	☽⚺♆	5 39
	☽□♄	9 34
	☽⚼☿	10 12
25 F	☽#♀	1am 2
	☉#☽	8 36
	☽☍♀	9 31
	☉⚼☽	11 21
	☽☌♇	4pm46
	☽⚻♂	8 21
	☿#♆	11 30
26 S	☿ ♒	5am 0
	☽⚻☿	9 34
	☽☌♃	1pm58
	☉⚻☽	8 35
	☉∥♀	10 57
27 Su	☽⚼♂	4am17
	☽☍♅	5 30
	☽☌♆	6 17
	☽△♄	10 50
	☿⚻♃	3pm33
28 M	☉⚼♇	1am41
	☽⚻♀	2 56
	☽⚺♇	5 8
	♂∠♅	7 13
	☽△♂	11 49
	☽⚼♄	5pm 1
	♂⚼♆	7 24
	☉∥♂	10 18
29 T	☽⚺♃	1am28
	☽☍☿	7 10
	♀☍♇	7 32
	☽#♀	9 2
	☽∠♇	10 44
	☽⚼♀	10 59
	☉☍☽	1pm45
	☽#♂	4 34
	☽⚻♅	5 16
	☽⚺♆	5 39
	☉#☽	8 15
	☽⚻♄	10 42
30 W	☽∠♃	6am33
	☿⚼♇	8 43
	☽⚹♇	3pm49
	☽△♀	6 27
	☽∥♇	7 44
	☽⚼♅	10 24
	☽∠♆	10 36
31 Th	☽□♂	1am13
	☉⚺♅	10 33
	☽⚹♃	11 7
	☉⚻♆	12pm 4
	☿∠♀	3 23

FEBRUARY 1907

LONGITUDE

DAY	SID. TIME	☉	☽	☽ 12 Hour	MEAN ☊	TRUE ☊	☿	♀	♂	♃	♄	♅	♆	♇
	h m s	° ' "	° ' "	° ' "	° '	° '	° '	° '	° '	° '	° '	° '	° '	° '
1	8 40 12	10♒ 59 11	8♍ 52 52	15♍ 17 15	2♌ 10	2♌ 29R	9♒ 46	24♐ 29	27♏ 26	2♋ 1R	13♓ 20	10♑ 27	10♋ 28R	21♊ 57R
2	8 44 9	12 0 3	21 44 58	28 16 7	2 7	2 28	11 29	25 26	28 1	1 56	13 27	10 30	10 27	21 56
3	8 48 5	13 0 55	4♎ 50 46	11♎ 29 0	2 4	2 27	13 14	26 24	28 36	1 52	13 34	10 33	10 25	21 55
4	8 52 2	14 1 45	18 10 51	24 56 25	2 0	2 25	14 59	27 22	29 11	1 47	13 40	10 36	10 24	21 55
5	8 55 58	15 2 35	1♏ 45 41	8♏ 38 43	1 57	2 24	16 44	28 20	29 46	1 43	13 47	10 40	10 23	21 54
6	8 59 55	16 3 24	15 35 27	22 35 50	1 54	2 24D	18 31	29 19	0♐ 21	1 39	13 54	10 43	10 21	21 53
7	9 3 51	17 4 12	29 39 46	6♐ 47 3	1 51	2 24	20 17	0♑ 19	0 56	1 35	14 1	10 46	10 20	21 53
8	9 7 48	18 4 59	13♐ 57 25	21 10 33	1 48	2 25	22 5	1 19	1 31	1 32	14 8	10 49	10 19	21 52
9	9 11 44	19 5 44	28 26 0	5♑ 43 17	1 44	2 26	23 53	2 19	2 6	1 28	14 15	10 52	10 18	21 52
10	9 15 41	20 6 30	13♑ 1 46	20 20 48	1 41	2 27	25 42	3 19	2 41	1 25	14 22	10 55	10 16	21 51
11	9 19 38	21 7 14	27 39 40	4♒ 57 34	1 38	2 28R	27 31	4 20	3 15	1 22	14 29	10 58	10 15	21 51
12	9 23 34	22 7 56	12♒ 13 43	19 27 19	1 35	2 28	29 21	5 22	3 50	1 19	14 36	11 1	10 14	21 50
13	9 27 31	23 8 37	26 37 39	3♓ 44 1	1 32	2 26	1♓ 10	6 24	4 24	1 17	14 43	11 4	10 13	21 50
14	9 31 27	24 9 17	10♓ 45 48	17 42 30	1 29	2 24	3 0	7 26	4 59	1 14	14 50	11 6	10 12	21 49
15	9 35 24	25 9 55	24 33 44	1♈ 19 15	1 25	2 21	4 50	8 28	5 33	1 12	14 57	11 9	10 10	21 49
16	9 39 20	26 10 31	7♈ 58 54	14 32 42	1 22	2 17	6 39	9 31	6 8	1 10	15 4	11 12	10 9	21 48
17	9 43 17	27 11 6	21 0 46	27 23 18	1 19	2 14	8 29	10 34	6 42	1 8	15 11	11 15	10 8	21 48
18	9 47 13	28 11 39	3♉ 40 38	9♉ 53 11	1 16	2 11	10 17	11 37	7 16	1 6	15 18	11 18	10 7	21 47
19	9 51 10	29 12 11	16 1 25	22 5 52	1 13	2 9	12 4	12 41	7 50	1 5	15 25	11 20	10 6	21 47
20	9 55 7	0♓ 12 40	28 7 6	4♊ 5 44	1 10	2 8D	13 50	13 44	8 24	1 3	15 33	11 23	10 5	21 47
21	9 59 3	1 13 8	10♊ 2 22	15 57 40	1 6	2 8	15 34	14 48	8 58	1 2	15 40	11 26	10 4	21 46
22	10 3 0	2 13 34	21 52 14	27 46 43	1 3	2 10	17 16	15 53	9 32	1 1	15 47	11 28	10 3	21 46
23	10 6 56	3 13 58	3♋ 41 42	9♋ 37 45	1 0	2 11	18 55	16 57	10 6	1 1	15 54	11 31	10 3	21 46
24	10 10 53	4 14 19	15 35 27	21 35 17	0 57	2 13	20 30	18 2	10 40	1 0	16 2	11 33	10 2	21 46
25	10 14 49	5 14 39	27 37 43	3♌ 43 9	0 54	2 14R	22 2	19 7	11 13	1 0D	16 9	11 36	10 1	21 45
26	10 18 46	6 14 58	9♌ 51 57	16 4 24	0 50	2 14	23 29	20 12	11 47	1 0	16 16	11 38	10 0	21 45
27	10 22 42	7 15 14	22 20 43	28 41 3	0 47	2 12	24 52	21 18	12 20	1 0	16 23	11 41	9 59	21 45
28	10 26 39	8♓ 15 29	5♍ 5 28	11♍ 34 0	0♌ 44	2♌ 9	26♓ 8	22♑ 24	12♐ 54	1♋ 0	16♓ 31	11♑ 43	9♋ 59	21♊ 45

DECLINATION and LATITUDE

DAY	☉ DECL	☽ DECL	☽ LAT	☽ 12hr DECL	☿ DECL	☿ LAT	♀ DECL	♀ LAT	♂ DECL	♂ LAT	♃ DECL	♃ LAT	♄ DECL	♄ LAT
1	17S29	11N 9	3N 8	9N 7	19S49	2S 5	19S20	4N 0	18S45	0N52	23N25	0S 1	8S15	1S51
2	17 12	6 57	4 1	4 42	19 21	2 5	19 26	3 57	18 54	0 51	23 25	0 1	8 13	1 51
3	16 55	2 22	4 41	0S 0	18 51	2 4	19 31	3 53	19 2	0 51	23 26	0 1	8 10	1 51
4	16 38	2S24	5 7	4 47	18 19	2 4	19 36	3 50	19 10	0 50	23 26	0 1	8 8	1 51
5	16 20	7 8	5 17	9 25	17 46	2 2	19 40	3 46	19 18	0 50	23 26	0 0	8 5	1 51
6	16 2	11 36	5 8	13 38	17 12	2 1	19 45	3 42	19 26	0 49	23 26	0 0	8 2	1 51
7	15 44	15 30	4 42	17 9	16 36	1 58	19 49	3 38	19 34	0 48	23 26	0 0	7 60	1 51
8	15 25	18 33	3 57	19 41	15 59	1 56	19 52	3 34	19 42	0 48	23 27	0 0	7 57	1 51
9	15 6	20 29	2 57	20 57	15 20	1 52	19 56	3 30	19 49	0 47	23 27	0N 0	7 54	1 51
10	14 47	21 4	1 46	20 49	14 40	1 48	19 58	3 26	19 57	0 47	23 27	0 0	7 52	1 51
11	14 28	20 12	0 27	19 16	13 58	1 44	20 1	3 22	20 4	0 46	23 27	0 0	7 49	1 51
12	14 8	17 60	0S54	16 27	13 15	1 39	20 3	3 18	20 11	0 45	23 27	0 1	7 46	1 50
13	13 49	14 40	2 9	12 41	12 31	1 33	20 5	3 13	20 18	0 45	23 27	0 1	7 43	1 50
14	13 29	10 33	3 16	8 18	11 45	1 27	20 6	3 9	20 25	0 44	23 28	0 1	7 41	1 50
15	13 8	5 58	4 9	3 36	10 59	1 20	20 7	3 5	20 32	0 43	23 28	0 1	7 38	1 50
16	12 48	1 13	4 47	1N 8	10 11	1 12	20 7	3 0	20 38	0 43	23 28	0 1	7 35	1 50
17	12 27	3N26	5 8	5 40	9 23	1 4	20 7	2 56	20 45	0 42	23 28	0 1	7 32	1 50
18	12 6	7 49	5 14	9 51	8 34	0 55	20 6	2 51	20 51	0 41	23 28	0 1	7 29	1 50
19	11 45	11 46	5 5	13 32	7 44	0 45	20 5	2 46	20 58	0 41	23 28	0 1	7 27	1 50
20	11 24	15 9	4 43	16 36	6 54	0 35	20 4	2 42	21 4	0 40	23 28	0 2	7 24	1 50
21	11 3	17 52	4 8	18 57	6 4	0 24	20 1	2 37	21 10	0 39	23 29	0 2	7 21	1 50
22	10 41	19 49	3 24	20 28	5 13	0 12	19 59	2 32	21 16	0 38	23 29	0 2	7 18	1 50
23	10 20	20 54	2 30	21 6	4 23	0N 0	19 56	2 28	21 21	0 38	23 29	0 2	7 15	1 50
24	9 58	21 3	1 30	20 46	3 34	0 13	19 52	2 23	21 27	0 37	23 29	0 2	7 13	1 50
25	9 36	20 14	0 25	19 28	2 46	0 26	19 48	2 18	21 33	0 36	23 29	0 2	7 10	1 50
26	9 13	18 27	0N42	17 13	1 59	0 40	19 44	2 14	21 38	0 35	23 29	0 2	7 7	1 50
27	8 51	15 46	1 48	14 7	1 13	0 54	19 39	2 9	21 43	0 34	23 29	0 2	7 4	1 50
28	8S29	12N17	2N50	10N17	0S30	1N 8	19S33	2N 4	21S48	0N33	23N29	0N 3	7S 1	1S50

DAY	♅ DECL	♅ LAT	♆ DECL	♆ LAT	♇ DECL	♇ LAT
1	23S21	0S19	22N 9	0S54	15N22	7S52
5	23 20	0 19	22 9	0 54	15 22	7 51
9	23 20	0 19	22 10	0 54	15 23	7 50
13	23 19	0 19	22 10	0 53	15 24	7 49
17	23 18	0 19	22 11	0 53	15 24	7 48
21	23 17	0 19	22 11	0 53	15 25	7 48
25	23S16	0S20	22N11	0S53	15N26	7S47

☽ PHENOMENA

d	h	m	
6	0	52	☾
12	17	43	●
20	4	35	☽
28	6	23	○

d	h	° '
3	12	0
9	22	21S 4
16	6	0
23	16	21N 6

d	h	° '
5	1	5N17
11	8	0
17	21	5S14
25	9	0

VOID OF COURSE ☽

LAST ASPT	☽ INGRESS
2 12pm 4	2 ♎ 3pm10
4 5pm32	4 ♏ 8pm55
6 5am44	7 ♐ 0am34
8 3pm25	9 ♑ 2am35
10 2am12	11 ♒ 3am50
12 5pm43	13 ♓ 5am41
14 7pm10	15 ♈ 9am39
17 12pm37	17 ♉ 4pm58
18 10pm48	20 ♊ 3am46
21 11pm47	22 ♋ 4pm31
24 11am18	25 ♌ 4am41
26 10pm52	27 ♍ 2pm28

d	h	
10	7	PERIGEE
22	1	APOGEE

DAILY ASPECTARIAN

Day	Aspect	Time
1 F	☽⚻☿	1am55
	☽△♅	2 57
	☽✶♆	2 59
	☉⚻☽	4 18
	♅☍♆	6 52
	☽☍♄	8 26
	☿⚻♆	9 41
	☿⚺♅	9 48
	☽#♄	5pm 0
	☿∥♀	8 25
2 S	☽□♇	0am21
	☽□♀	7 20
	☽⚼☿	10 4
	☉⚼☽	10 29
	☽✶♂	12pm 4
	☿∥♂	4 58
	☉☌☿	4 59
	☽□♃	6 36
3 Su	☿⚺♄	4am55
	☽□♆	10 4
	☽□♅	10 22
	☉⚺♄	2pm33
	☽⚻♄	3 52
	☉△☽	3 58
	☽∠♂	4 32
	☽△☿	5 25
4 M	☽△♇	6am38
	☽✶♀	5pm32
	☽⚼♄	6 44
	☽⚺♂	8 21
	☿⚼♃	11 47
	☽△♃	11 56
5 T	☽∥♄	4am53
	☽⚼♇	8 58
	♂ ♐	9 29
	☽△♆	2pm59
	☽✶♅	3 33
	☽△♄	9 4
	☽∠♀	9 39
6 W	☉□☽	0am52
	☽⚼♃	1 49
	☽□☿	5 44
	☽⚻♇	10 47
	☉⚼♃	1pm19
	♀ ♑	4 28
	☽⚼♆	4 40
	☽∠♅	5 22
	☽#♇	11 10
7 Th	☽⚺♀	1am11
	☉∥☽	1 26
	☽☌♂	2 15
	☽⚻♃	3 15
	☽∥☿	6 34
	☽⚻♆	5pm55
	☽⚺♅	6 44
	☿△♇	9 10
8 F	☽□♄	0am17
	♂⚻♃	0 31
	☉#♇	3 0
	♀☍♃	5 1
	☉✶☽	7 23
	♀⚺♂	11 48
	☽∥♂	1pm 5
	☽☍♇	1 9
	☽∥♀	2 58
	☽✶☿	3 25
	☿#♇	10 7
9 S	☽☍♃	4am59
	☽⚺♂	6 17
	☽☌♀	6 52
	☉∠☽	10 1
	☉∥☿	3pm26
	☿⚼♆	6 25
	☽☍♆	7 29
	☽∠☿	7 38
	☽☌♅	8 31
10 Su	☽✶♄	2am12
	☿∠♅	2 55
	☽∠♂	7 56
	♀∥♂	9 22
	☉⚺☽	12pm28
	☽⚻♇	2 28
	☽⚺☿	11 44
11 M	☽∥♂	1am56
	☽∥♀	2 42
	☽∠♄	3 0
	☽⚻♃	6 4
	☽✶♂	9 34
	☽⚺♀	11 49
	☽⚼♇	3pm 6
	☉△♇	5 0
	☽⚻♆	8 42
	☽⚺♅	9 59
12 T	☽⚺♄	3am57
	☽⚼♃	6 46
	☿ ♓	8 38
	☽∠♀	2pm33
	☽△♇	3 58
	☉☌☽	5 43
	☽#♇	7 20
	☽⚼♆	9 38
	☽∠♅	11 3
13 W	☿△♃	1am20
	☉∥☽	5 51
	☽△♃	7 49
	☽☌☿	8 48
	☽□♂	1pm42
	☽∥☿	3 53
	☽✶♀	5 50
	☽△♆	11 1
14 Th	☽✶♅	0am36
	☽☌♄	7 4
	☽∥♄	3pm24
	☽□♇	7 10
15 F	☉⚼♆	0am14
	☉⚺☽	1 9
	☽□♃	11 45
	☿□♂	1pm51
	☽△♂	8 30
	☽⚺☿	9 13
16 S	☉∠♅	0am40
	☽□♀	3 1
	☽□♆	3 57
	☽□♅	5 53
	☉∠☽	6 18
	☽⚺♄	1pm 5
	♀☍♆	2 31
17 Su	☽⚼♂	1am21
	☽✶♇	1 28
	☽∠☿	5 23
	☉✶☽	12pm37
	♀☌♅	4 22
	☽∠♄	5 29
	☽✶♃	7 5
	☿△♆	9 54
	☽#♄	10 10
18 M	☽#☿	3am35
	☽∠♇	6 0
	☽⚻♂	7 15
	☽✶♆	12pm27
	☿✶♅	1 55
	☽△♅	2 48
	☽✶☿	2 56
	☽△♀	4 49
	☽✶♄	10 48
	☉#☽	11 57
19 T	☽∠♃	0am 6
	☿∥♄	8 47
	☽⚺♇	11 22
	☽∠♆	5pm58
	☉ ♓	6 58
	☽⚼♅	8 31
	☿✶♀	8 44
20 W	☽⚼♀	1am22
	☽∥♇	2 3
	☉□☽	4 35
	☽⚺♃	5 53
	☉△♃	7pm47
	☽☍♂	9 44
21 Th	☽⚺♆	0am 4
	☿☌♄	1 28
	☽⚻♅	2 49
	☽⚻♀	10 37
	☽□♄	11 31
	☽□☿	1pm 5
	♀✶♄	9 35
	☽☌♇	11 47
22 F	☽#♀	2am37
	☽☌♃	6pm34
	♂⚻♆	9 44
	☉△☽	10 59
23 S	☽☌♆	12pm49
	☽⚻♂	1 35
	☽☍♅	3 51
24 Su	☽△♄	0am53
	☽☍♀	5 23
	☉⚼☽	7 59
	☽△☿	11 18
	☽⚺♇	12pm20
	☿□♇	7 32
	☽⚼♂	9 4
25 M	☽⚺♃	6am39
	☽⚼♄	7 1
	☽#♀	7 27
	☉⚻☽	4pm19
	♂⚺♅	5 27
	☽∠♇	5 56
	☽⚼☿	8 59
	♃SD	9 42
26 T	☽⚺♆	0am16
	☽⚻♅	3 27
	☽△♂	3 53
	☽∠♃	11 51
	☽⚻♄	12pm30
	☽⚻♀	9 49
	☽✶♇	10 52
27 W	☽∥♇	2am30
	☽∠♆	5 1
	☽⚻☿	5 20
	☽⚼♅	8 14
	♀⚻♇	9 47
	☽✶♃	4pm22
28 Th	☽⚼♀	4am41
	☉☍☽	6 23
	☽✶♆	9 3
	☽△♅	12pm19
	☽□♂	3 5
	☽☍♄	9 17

LONGITUDE

DAY	SID. TIME	☉	☽	☽ 12 Hour	MEAN ☊	TRUE ☊	☿	♀	♂	♃	♄	♅	♆	♇
	h m s	° ' "	° ' "	° ' "	° '	° '	° '	° '	° '	° '	° '	° '	° '	° '
1	10 30 36	9♓ 15 41	18♍ 6 34	24♍ 43 3	0♌ 41	2♌ 3R	27♓ 18	23♑ 30	13♐ 27	1♋ 1	16♓ 38	11♑ 45	9♋ 58R	21♊ 45R
2	10 34 32	10 15 53	1♎ 23 15	8♎ 6 57	0 38	1 57	28 22	24 36	14 0	1 2	16 45	11 48	9 57	21 44
3	10 38 29	11 16 2	14 53 54	21 43 47	0 35	1 51	29 18	25 42	14 33	1 2	16 53	11 50	9 57	21 44
4	10 42 25	12 16 9	28 36 19	5♏ 31 11	0 31	1 44	0♈ 6	26 49	15 6	1 4	17 0	11 52	9 56	21 44
5	10 46 22	13 16 15	12♏ 28 7	19 26 49	0 28	1 39	0 45	27 55	15 39	1 5	17 8	11 54	9 55	21 44
6	10 50 18	14 16 20	26 27 4	3♐ 28 37	0 25	1 36	1 16	29 2	16 12	1 6	17 15	11 56	9 55	21 44
7	10 54 15	15 16 23	10♐ 31 18	17 34 54	0 22	1 35D	1 38	0♒ 9	16 44	1 8	17 22	11 58	9 54	21 44D
8	10 58 11	16 16 24	24 39 15	1♑ 44 13	0 19	1 35	1 51R	1 16	17 17	1 10	17 30	12 1	9 54	21 44
9	11 2 8	17 16 24	8♑ 49 35	15 55 9	0 16	1 36	1 55	2 24	17 49	1 12	17 37	12 3	9 53	21 44
10	11 6 4	18 16 23	23 0 43	0♒ 6 0	0 12	1 37R	1 50	3 31	18 22	1 14	17 44	12 4	9 53	21 44
11	11 10 1	19 16 19	7♒ 10 40	14 14 23	0 9	1 37	1 36	4 39	18 54	1 17	17 52	12 6	9 53	21 44
12	11 13 58	20 16 14	21 16 44	28 17 18	0 6	1 35	1 15	5 47	19 26	1 19	17 59	12 8	9 52	21 44
13	11 17 54	21 16 7	5♓ 15 36	12♓ 11 10	0 3	1 31	0 45	6 55	19 58	1 22	18 7	12 10	9 52	21 44
14	11 21 51	22 15 58	19 3 32	25 52 17	0 0	1 24	0 8	8 3	20 30	1 25	18 14	12 12	9 52	21 45
15	11 25 47	23 15 47	2♈ 37 1	9♈ 17 25	29♋ 56	1 16	29♓ 26	9 11	21 1	1 28	18 21	12 14	9 51	21 45
16	11 29 44	24 15 34	15 53 14	22 24 19	29 53	1 7	28 38	10 19	21 33	1 32	18 29	12 15	9 51	21 45
17	11 33 40	25 15 19	28 50 37	5♉ 12 8	29 50	0 57	27 47	11 28	22 4	1 35	18 36	12 17	9 51	21 45
18	11 37 37	26 15 2	11♉ 29 3	17 41 34	29 47	0 48	26 53	12 36	22 36	1 39	18 43	12 18	9 51	21 45
19	11 41 33	27 14 43	23 50 2	29 54 49	29 44	0 41	25 58	13 45	23 7	1 43	18 51	12 20	9 51	21 46
20	11 45 30	28 14 21	5♊ 56 25	11♊ 55 21	29 41	0 36	25 2	14 53	23 38	1 47	18 58	12 21	9 51	21 46
21	11 49 27	29 13 57	17 52 12	23 47 35	29 37	0 34	24 8	16 2	24 9	1 51	19 5	12 23	9 50	21 46
22	11 53 23	0♈ 13 31	29 42 8	5♋ 36 33	29 34	0 33D	23 15	17 11	24 40	1 56	19 13	12 24	9 50D	21 47
23	11 57 20	1 13 3	11♋ 31 30	17 27 40	29 31	0 33	22 25	18 20	25 10	2 0	19 20	12 26	9 50	21 47
24	12 1 16	2 12 32	23 25 41	29 26 14	29 28	0 34R	21 39	19 29	25 40	2 5	19 27	12 27	9 50	21 47
25	12 5 13	3 11 59	5♌ 29 55	11♌ 37 18	29 25	0 34	20 58	20 39	26 11	2 10	19 35	12 28	9 51	21 48
26	12 9 9	4 11 24	17 48 53	24 5 7	29 22	0 32	20 21	21 48	26 41	2 15	19 42	12 29	9 51	21 48
27	12 13 6	5 10 47	0♍ 26 21	6♍ 52 51	29 18	0 29	19 50	22 57	27 11	2 21	19 49	12 30	9 51	21 48
28	12 17 2	6 10 7	13 24 45	20 5 5	29 15	0 22	19 25	24 7	27 40	2 26	19 56	12 32	9 51	21 49
29	12 20 59	7 9 25	26 44 46	3♎ 32 35	29 12	0 13	19 5	25 17	28 10	2 32	20 3	12 33	9 51	21 49
30	12 24 56	8 8 41	10♎ 25 10	17 22 6	29 9	0 3	18 51	26 26	28 39	2 37	20 11	12 34	9 51	21 50
31	12 28 52	9♈ 7 55	24♎ 22 49	1♏ 26 41	29♋ 6	29♋ 52	18♓ 43D	27♒ 36	29♐ 9	2♋ 43	20♓ 18	12♑ 35	9♋ 52	21♊ 50

DECLINATION and LATITUDE

DAY	☉ DECL	☽ DECL	☽ LAT	☽ 12hr DECL	☿ DECL	☿ LAT	♀ DECL	♀ LAT	♂ DECL	♂ LAT	♃ DECL	♃ LAT	♄ DECL	♄ LAT
1	8S 6	8N 8	3N44	5N53	0N12	1N23	19S27	1N59	21S53	0N33	23N29	0N 3	6S58	1S50
2	7 43	3 32	4 27	1 8	0 50	1 37	19 20	1 54	21 58	0 32	23 30	0 3	6 56	1 50
3	7 21	1S19	4 57	3S45	1 25	1 51	19 13	1 50	22 3	0 31	23 30	0 3	6 53	1 51
4	6 58	6 10	5 9	8 30	1 57	2 5	19 6	1 45	22 7	0 30	23 30	0 3	6 50	1 51
5	6 35	10 45	5 4	12 52	2 26	2 19	18 57	1 40	22 12	0 29	23 30	0 3	6 47	1 51
6	6 12	14 48	4 41	16 33	2 50	2 32	18 49	1 35	22 16	0 28	23 30	0 3	6 44	1 51
7	5 48	18 3	4 1	19 18	3 10	2 45	18 39	1 30	22 21	0 27	23 30	0 3	6 41	1 51
8	5 25	20 14	3 7	20 52	3 26	2 56	18 30	1 26	22 25	0 26	23 30	0 3	6 38	1 51
9	5 2	21 10	2 0	21 7	3 37	3 6	18 19	1 21	22 29	0 25	23 30	0 4	6 36	1 51
10	4 38	20 44	0 46	20 0	3 43	3 15	18 9	1 16	22 33	0 24	23 30	0 4	6 33	1 51
11	4 15	18 58	0S30	17 39	3 45	3 23	17 57	1 11	22 36	0 23	23 30	0 4	6 30	1 51
12	3 51	16 3	1 44	14 15	3 41	3 29	17 46	1 7	22 40	0 22	23 31	0 4	6 27	1 51
13	3 28	12 14	2 51	10 5	3 34	3 33	17 33	1 2	22 44	0 21	23 31	0 4	6 24	1 51
14	3 4	7 49	3 47	5 28	3 21	3 36	17 20	0 57	22 47	0 20	23 31	0 4	6 21	1 51
15	2 41	3 4	4 29	0 40	3 5	3 36	17 7	0 53	22 50	0 19	23 31	0 4	6 19	1 51
16	2 17	1N43	4 55	4N 3	2 45	3 35	16 53	0 48	22 54	0 17	23 31	0 4	6 16	1 51
17	1 53	6 18	5 6	8 28	2 21	3 32	16 39	0 44	22 57	0 16	23 31	0 4	6 13	1 51
18	1 29	10 31	5 1	12 26	1 55	3 26	16 24	0 39	22 60	0 15	23 31	0 5	6 10	1 51
19	1 6	14 11	4 42	15 47	1 27	3 19	16 9	0 35	23 2	0 14	23 31	0 5	6 7	1 51
20	0 42	17 12	4 10	18 26	0 56	3 10	15 54	0 30	23 5	0 13	23 31	0 5	6 4	1 51
21	0 18	19 27	3 28	20 15	0 25	2 60	15 37	0 26	23 8	0 11	23 31	0 5	6 2	1 51
22	0N 5	20 50	2 37	21 11	0S 6	2 48	15 21	0 22	23 10	0 10	23 31	0 5	5 59	1 51
23	0 29	21 17	1 40	21 10	0 38	2 35	15 4	0 17	23 13	0 9	23 31	0 5	5 56	1 52
24	0 53	20 47	0 38	20 11	1 9	2 22	14 46	0 13	23 15	0 8	23 31	0 5	5 53	1 52
25	1 16	19 20	0N26	18 15	1 38	2 7	14 28	0 9	23 18	0 6	23 31	0 5	5 50	1 52
26	1 40	16 56	1 31	15 25	2 6	1 52	14 10	0 5	23 20	0 5	23 31	0 5	5 48	1 52
27	2 4	13 42	2 32	11 47	2 33	1 36	13 51	0 1	23 22	0 3	23 31	0 5	5 45	1 52
28	2 27	9 43	3 27	7 30	2 57	1 21	13 32	0S 3	23 24	0 2	23 31	0 6	5 42	1 52
29	2 51	5 10	4 13	2 44	3 19	1 5	13 13	0 7	23 26	0 1	23 31	0 6	5 39	1 52
30	3 14	0 15	4 45	2S17	3 39	0 50	12 53	0 11	23 28	0S 1	23 31	0 6	5 37	1 52
31	3N37	4S47	5N 1	7S15	3S56	0N34	12S33	0S15	23S29	0S 2	23N31	0N 6	5S34	1S52

DAY	♅ DECL	♅ LAT	♆ DECL	♆ LAT	♇ DECL	♇ LAT
1	23S15	0S20	22N12	0S53	15N27	7S46
5	23 15	0 20	22 12	0 53	15 27	7 45
9	23 14	0 20	22 12	0 53	15 28	7 44
13	23 13	0 20	22 13	0 52	15 29	7 43
17	23 13	0 20	22 13	0 52	15 30	7 42
21	23 12	0 20	22 13	0 52	15 31	7 41
25	23 12	0 20	22 13	0 52	15 32	7 41
29	23S12	0S20	22N13	0S52	15N33	7S40

☽ PHENOMENA

d	h	m	
7	8	42	☾
14	6	5	●
22	1	10	☽
29	19	44	○

d	h	° '
2	18	0
9	4	21S11
15	15	0
23	0	21N17
30	1	0

d	h	° '
4	5	5N10
10	15	0
17	4	5S 6
24	14	0
31	9	5N 2

VOID OF COURSE ☽

LAST ASPT		☽ INGRESS		
1	6pm 8	1	♎	9pm31
3	8pm36	4	♏	2am26
6	4am48	6	♐	6am 4
7	7pm 3	8	♑	9am 4
9	3pm22	10	♒	11am50
12	0am47	12	♓	2pm56
14	6pm37	14	♈	7pm20
16	10am52	17	♉	2am10
19	7am19	19	♊	12pm10
21	1pm18	22	♋	0am36
23	8pm39	24	♌	1pm 7
26	5pm37	26	♍	11pm11
29	2am37	29	♎	5am46
31	8am23	31	♏	9am33

d	h	
9	8	PERIGEE
21	22	APOGEE

DAILY ASPECTARIAN

Day	Aspect	Time
1 F	☉#☽	0am13
	☽#♄	6 19
	☽□♇	6 37
	☽△♀	10 40
	☉△♆	4pm38
	☽☍☿	6 8
	☽□♃	11 21
2 S	☽∥☿	11am58
	☽□♆	3pm15
	☉⚻☽	5 4
	☽□♅	6 34
	☽✶♂	11 22
3 Su	☽#☿	0am37
	☽⚻♄	3 31
	☽△♇	12pm 1
	☉✶♅	2 2
	☽□♀	8 36
	☿ ♈	8 53
	☉⚼☽	9 29
4 M	☽∠♂	2am42
	☽⚻☿	2 44
	☽∥♄	3 21
	☉∥☽	3 45
	☽△♃	4 16
	☽⚼♄	5 57
	☉∥♄	9 17
	☽⚼♇	2pm 6
	☽△♆	7 37
	☽✶♅	11 2
5 T	♂#♆	1am16
	☉△☽	1 29
	☽⚺♂	5 42
	☽⚼☿	5 54
	☽⚼♃	6 14
	☽△♄	8 5
	☿□♃	3pm 0
	☽⚻♇	3 56
	☽⚼♆	9 22
6 W	☽∠♅	0am50
	☽#♇	4 21
	☽✶♀	4 48
	☽⚻♃	7 58
	☽△☿	8 29
	♀ ♒	8pm44
	☽⚻♆	10 57
7 Th	☽⚺♅	2am29
	♇SD	4 20
	☽∥♀	5 11
	☽∠♀	8 33
	☉□☽	8 42
	☽☌♂	10 59
	☽□♄	11 45
	☽☍♇	7pm 3
	♀⚻♃	9 39
8 F	☉∠♀	0am11
	☽☍♃	11 4
	☽⚺♀	12pm11
	♂□♄	12 14
	☽□☿	12 17
	☿✶♀	1 42
	☿SR	10 19
9 S	☽☍♆	1am48
	♀∠♄	5 21
	☽☌♅	5 27
	☉☌♄	9 26
	☽✶♄	3pm 0
	☉✶☽	3 22
	☽⚺♂	3 49
	♀∠♂	5 33
	☽⚻♇	9 50
10 Su	☉□♂	4am36
	☽⚻♃	1pm58
	☽✶☿	2 44
	☽∠♄	4 37
	☽∠♂	6 13
	☉∠☽	6 42
	☽☌♀	7 20
	☽⚼♇	11 15
11 M	☽⚻♆	4am35
	☽⚺♅	8 23
	☽∥♀	10 5
	☽⚼♃	3pm31
	☽∠☿	3 39
	☽⚺♄	6 20
	☿□♃	7 54
	☽✶♂	8 43
	☉⚺☽	10 9
12 T	☽△♇	0am47
	☽#♇	3 57
	☽⚼♆	6 8
	☽∠♅	10 3
	☉#☿	2pm23
	☽⚺☿	4 31
	☽△♃	5 16
	♀⚼♇	8 26
13 W	☽⚺♀	3am 6
	☽△♆	7 58
	☉□♇	11 24
	☽✶♅	12pm 0
	☽☌♄	10 32
14 Th	☽□♂	2am37
	☿ ♓	4 29
	☽□♇	4 43
	☉☌☽	6 5
	☽∥♄	7 33
	☽∠♀	7 39
	☽☌☿	6pm37
	☽□♃	9 57
	☽#☿	11 57
15 F	☉∥☽	2am 9
	☽✶♀	12pm55
	☽□♆	1 1
	♀⚻♆	2 11
	☽□♅	5 22
16 S	☉#☽	2am41
	☽⚺♄	4 48
	☽∥☿	4 54
	♂☍♇	9 8
	☽✶♇	10 47
	☽△♂	10 52
	☉⚺☽	4pm44
	☽⚺☿	10 9
	☽#♄	11 32
17 Su	☽✶♃	5am11
	☽∠♄	9 3
	☽∠♇	2pm57
	☿∠♀	3 39
	☽⚼♂	4 14
	♀⚺♅	5 41
	☽✶♆	8 51
	☉∠☽	11 31
18 M	☽∠☿	0am43
	☽△♅	1 35
	☽□♀	2 22
	☉☌☿	7 59
	☽∠♃	10 2
	☽✶♄	2pm 9
	☽⚺♇	7 56
	☽⚻♂	10 32
19 T	☽∠♆	1am59
	☽✶☿	3 54
	☽⚼♅	6 54
	☉✶☽	7 19
	☽∥♇	9 50
	☽#♀	1pm45
	☽⚺♃	3 40
20 W	☽⚺♆	7am49
	☽⚻♅	12pm54
	☽△♀	7 54
	☿□♂	11 39
21 Th	☽□♄	2am30
	☽☌♇	7 54
	♀#♇	9 5
	☽□☿	11 47
	☽☍♂	1pm18
	♀⚼♃	6 15
	☉ ♈	6 33
	☉∥☿	6 55
	☉#☿	9 4
22 F	☉□☽	1am10
	♆SD	2 2
	☽☌♃	4 33
	☽⚼♀	5 36
	♂∥♅	5pm37
	☽☌♆	8 35
23 S	☽☍♅	1am50
	☽⚻♀	3pm15
	☽△♄	3 56
	☿□♇	7 43
	☽△☿	8 39
	☽⚺♇	8 42
	☉□♃	8 47
	♀⚺♄	11 10
24 Su	☽⚻♂	4am42
	☽⚺♃	5pm23
	☉△☽	7 4
	☽⚼♄	10 10
25 M	☽⚼☿	0am52
	☽∠♇	2 33
	☿⚺♀	4 15
	☽⚺♆	8 32
	☽⚼♂	11 37
	☽⚻♅	1pm40
	☽∠♃	10 55
26 T	♀△♇	0am 1
	☉⚼☽	2 52
	☽⚻♄	3 39
	☽⚻☿	4 40
	☽✶♇	7 39
	☽☍♀	8 25
	☽∥♇	11 6
	☽∠♆	1pm27
	☽△♂	5 37
	☽⚼♅	6 29
	☽#♀	10 49
27 W	☿☌♄	0am46
	☽✶♃	3 35
	☉⚻☽	9 35
	☽✶♆	5pm28
	☽△♅	10 23
28 Th	☽☍☿	10am36
	☽☍♄	11 56
	☽□♇	3pm12
	♀⚼♆	3 15
	☽⚻♀	9 8
	☽#♄	9 28
29 F	☽□♂	2am37
	☽#☿	8 31
	☽□♃	10 17
	☉∥☽	10 37
	☉☍☽	7pm44
	☽□♆	11 1
30 S	☽⚼♀	1am56
	☽□♅	3 43
	☽⚻☿	2pm23
	☽⚻♄	4 58
	☉#☽	5 56
	☽△♇	7 40
	☽∥☿	7 41
	♀∠♅	11 30
31 Su	☽∥♄	3am43
	☽△♀	5 58
	☽✶♂	8 23
	☽△♃	2pm16
	☽⚼☿	3 47
	☉□♆	5 52
	☽⚼♄	6 40
	☽⚼♇	9 8
	☿SD	9 53

APRIL 1907

LONGITUDE

DAY	SID. TIME	☉	☽	☽ 12 Hour	MEAN ☊	TRUE ☊	☿	♀	♂	♃	♄	♅	♆	♇
	h m s	° ' "	° ' "	° ' "	° '	° '	° '	° '	° '	° '	° '	° '	° '	° '
1	12 32 49	10♈ 7 7	8♏ 33 5	15♏ 41 17	29♋ 2	29♋ 41R	18♓ 41	28♒ 46	29♐ 38	2♋ 49	20♓ 25	12♑ 35	9♋ 52	21♊ 51
2	12 36 45	11 6 17	22 50 38	0♐ 0 29	28 59	29 32	18 44	29 56	0♑ 7	2 56	20 32	12 36	9 52	21 51
3	12 40 42	12 5 26	7♐ 10 17	14 19 31	28 56	29 25	18 53	1♓ 6	0 35	3 2	20 39	12 37	9 53	21 52
4	12 44 38	13 4 33	21 27 45	28 34 41	28 53	29 21	19 7	2 16	1 4	3 9	20 46	12 38	9 53	21 53
5	12 48 35	14 3 38	5♑ 40 4	12♑ 43 42	28 50	29 20D	19 26	3 26	1 32	3 15	20 53	12 39	9 54	21 53
6	12 52 31	15 2 41	19 45 31	26 45 26	28 47	29 19R	19 49	4 36	2 0	3 22	21 0	12 39	9 54	21 54
7	12 56 28	16 1 42	3♒ 43 24	10♒ 39 25	28 43	29 20	20 17	5 46	2 28	3 29	21 7	12 40	9 55	21 55
8	13 0 25	17 0 42	17 33 26	24 25 26	28 40	29 19	20 50	6 57	2 55	3 36	21 14	12 40	9 55	21 55
9	13 4 21	17 59 40	1♓ 15 19	8♓ 3 0	28 37	29 15	21 27	8 7	3 23	3 43	21 21	12 41	9 56	21 56
10	13 8 18	18 58 35	14 48 21	21 31 11	28 34	29 9	22 7	9 18	3 50	3 51	21 28	12 41	9 56	21 57
11	13 12 14	19 57 30	28 11 20	4♈ 48 36	28 31	29 1	22 51	10 28	4 17	3 58	21 35	12 42	9 57	21 57
12	13 16 11	20 56 22	11♈ 22 45	17 53 37	28 28	28 49	23 39	11 39	4 43	4 6	21 41	12 42	9 58	21 58
13	13 20 7	21 55 12	24 21 2	0♉ 44 51	28 24	28 36	24 30	12 49	5 10	4 14	21 48	12 42	9 58	21 59
14	13 24 4	22 54 0	7♉ 5 0	13 21 28	28 21	28 23	25 24	14 0	5 36	4 22	21 55	12 42	9 59	22 0
15	13 28 0	23 52 47	19 34 17	25 43 35	28 18	28 10	26 22	15 11	6 2	4 30	22 1	12 43	10 0	22 1
16	13 31 57	24 51 31	1♊ 49 34	7♊ 52 30	28 15	28 0	27 22	16 22	6 27	4 38	22 8	12 43	10 1	22 1
17	13 35 53	25 50 13	13 52 43	19 50 37	28 12	27 51	28 24	17 32	6 53	4 46	22 15	12 43R	10 2	22 2
18	13 39 50	26 48 53	25 46 41	1♋ 41 27	28 8	27 46	29 30	18 43	7 18	4 55	22 21	12 43	10 3	22 3
19	13 43 47	27 47 31	7♋ 35 28	13 29 23	28 5	27 43	0♈ 38	19 54	7 42	5 4	22 28	12 43	10 3	22 4
20	13 47 43	28 46 7	19 23 50	25 19 30	28 2	27 42	1 48	21 5	8 7	5 12	22 34	12 43	10 4	22 5
21	13 51 40	29 44 40	1♌ 17 5	7♌ 17 15	27 59	27 42	3 1	22 16	8 31	5 21	22 41	12 43	10 5	22 6
22	13 55 36	0♉ 43 11	13 20 43	19 28 8	27 56	27 42	4 16	23 27	8 55	5 30	22 47	12 42	10 6	22 7
23	13 59 33	1 41 41	25 40 9	1♍ 57 19	27 53	27 40	5 34	24 38	9 18	5 39	22 53	12 42	10 7	22 8
24	14 3 29	2 40 7	8♍ 20 9	14 49 4	27 49	27 36	6 53	25 49	9 41	5 48	23 0	12 42	10 8	22 9
25	14 7 26	3 38 32	21 24 21	28 6 11	27 46	27 30	8 14	27 1	10 4	5 57	23 6	12 42	10 9	22 10
26	14 11 22	4 36 55	4♎ 54 35	11♎ 49 23	27 43	27 21	9 38	28 12	10 27	6 7	23 12	12 41	10 11	22 11
27	14 15 19	5 35 16	18 50 17	25 56 46	27 40	27 10	11 3	29 23	10 49	6 16	23 18	12 41	10 12	22 12
28	14 19 16	6 33 35	3♏ 8 13	10♏ 23 49	27 37	26 59	12 31	0♈ 34	11 11	6 26	23 24	12 40	10 13	22 13
29	14 23 12	7 31 51	17 42 40	25 3 48	27 33	26 47	14 0	1 46	11 32	6 36	23 30	12 40	10 14	22 14
30	14 27 9	8♉ 30 7	2♐ 26 13	9♐ 48 54	27♋ 30	26♋ 38	15♈ 32	2♈ 57	11♑ 53	6♋ 45	23♓ 36	12♑ 39	10♋ 15	22♊ 15

DECLINATION and LATITUDE

DAY	☉ DECL	☽ DECL	☽ LAT	☽ 12hr DECL	☿ DECL	☿ LAT	♀ DECL	♀ LAT	♂ DECL	♂ LAT	♃ DECL	♃ LAT	♄ DECL	♄ LAT
1	4N 1	9S39	4N59	11S54	4S11	0N20	12S12	0S19	23S31	0S 4	23N31	0N 6	5S31	1S52
2	4 24	14 1	4 38	15 55	4 23	0 5	11 51	0 22	23 33	0 5	23 31	0 6	5 29	1 52
3	4 47	17 35	3 60	18 59	4 33	0S 9	11 30	0 26	23 34	0 7	23 31	0 6	5 26	1 53
4	5 10	20 4	3 6	20 51	4 40	0 23	11 8	0 29	23 35	0 9	23 31	0 6	5 23	1 53
5	5 33	21 18	2 2	21 24	4 44	0 36	10 46	0 33	23 37	0 10	23 31	0 6	5 20	1 53
6	5 56	21 10	0 51	20 36	4 46	0 48	10 24	0 36	23 38	0 12	23 31	0 6	5 18	1 53
7	6 19	19 42	0S23	18 32	4 46	0 60	10 1	0 40	23 39	0 14	23 31	0 6	5 15	1 53
8	6 41	17 5	1 35	15 25	4 44	1 11	9 38	0 43	23 40	0 15	23 31	0 7	5 13	1 53
9	7 4	13 32	2 40	11 29	4 39	1 22	9 15	0 46	23 42	0 17	23 31	0 7	5 10	1 53
10	7 26	9 18	3 36	7 1	4 32	1 32	8 51	0 49	23 43	0 19	23 30	0 7	5 7	1 53
11	7 48	4 40	4 19	2 17	4 23	1 41	8 27	0 52	23 44	0 21	23 30	0 7	5 5	1 53
12	8 11	0N 6	4 47	2N29	4 12	1 50	8 3	0 55	23 45	0 23	23 30	0 7	5 2	1 54
13	8 33	4 48	4 59	7 3	3 59	1 58	7 39	0 58	23 45	0 24	23 30	0 7	4 60	1 54
14	8 55	9 12	4 57	11 14	3 44	2 5	7 14	1 1	23 46	0 26	23 30	0 7	4 57	1 54
15	9 16	13 8	4 40	14 53	3 28	2 12	6 49	1 4	23 47	0 28	23 30	0 7	4 55	1 54
16	9 38	16 27	4 10	17 50	3 10	2 18	6 24	1 7	23 48	0 30	23 29	0 7	4 52	1 54
17	9 59	19 0	3 30	19 58	2 50	2 24	5 59	1 9	23 49	0 32	23 29	0 7	4 50	1 54
18	10 21	20 43	2 40	21 13	2 28	2 29	5 34	1 12	23 49	0 34	23 29	0 7	4 47	1 54
19	10 42	21 30	1 44	21 32	2 5	2 33	5 8	1 14	23 50	0 37	23 29	0 8	4 45	1 55
20	11 3	21 19	0 44	20 53	1 41	2 37	4 42	1 16	23 51	0 39	23 29	0 8	4 42	1 55
21	11 23	20 12	0N19	19 17	1 15	2 40	4 16	1 19	23 51	0 41	23 28	0 8	4 40	1 55
22	11 44	18 8	1 22	16 46	0 47	2 42	3 50	1 21	23 52	0 43	23 28	0 8	4 38	1 55
23	12 4	15 12	2 22	13 26	0 18	2 44	3 24	1 23	23 53	0 45	23 28	0 8	4 35	1 55
24	12 24	11 30	3 17	9 24	0N12	2 46	2 58	1 25	23 53	0 48	23 27	0 8	4 33	1 55
25	12 44	7 9	4 4	4 46	0 43	2 47	2 31	1 27	23 54	0 50	23 27	0 8	4 31	1 55
26	13 4	2 19	4 39	0S13	1 16	2 47	2 4	1 29	23 55	0 52	23 27	0 8	4 28	1 56
27	13 23	2S47	4 58	5 21	1 49	2 46	1 38	1 30	23 55	0 55	23 26	0 8	4 26	1 56
28	13 43	7 52	4 59	10 19	2 24	2 46	1 11	1 32	23 56	0 57	23 26	0 8	4 24	1 56
29	14 2	12 37	4 41	14 45	3 0	2 44	0 44	1 34	23 56	0 60	23 26	0 8	4 21	1 56
30	14N21	16S39	4N 5	18S18	3N37	2S42	0S17	1S35	23S57	1S 2	23N25	0N 8	4S19	1S56

DAY	♅ DECL	♅ LAT	♆ DECL	♆ LAT	♇ DECL	♇ LAT
1	23S12	0S20	22N13	0S52	15N34	7S39
5	23 11	0 20	22 14	0 52	15 35	7 38
9	23 11	0 21	22 13	0 51	15 36	7 38
13	23 11	0 21	22 13	0 51	15 37	7 37
17	23 11	0 21	22 13	0 51	15 38	7 36
21	23 11	0 21	22 13	0 51	15 38	7 35
25	23 12	0 21	22 13	0 51	15 39	7 35
29	23S12	0S21	22N13	0S51	15N40	7S34

☽ PHENOMENA	VOID OF COURSE ☽ LAST ASPT	☽ INGRESS
d h m	1 8pm 6	2 ♐ 11am59
5 15 21 ☾	4 0am42	4 ♑ 2pm24
12 19 6 ●	6 2am 9	6 ♒ 5pm35
20 20 38 ☽	8 7am38	8 ♓ 9pm47
28 6 5 ○	10 1pm49	11 ♈ 3am16
	12 7pm35	13 ♉ 10am36
	15 2pm25	15 ♊ 8pm24
d h ° '	18 8am20	18 ♋ 8am34
5 10 21S24	20 8pm38	20 ♌ 9pm25
11 23 0	22 5pm 9	23 ♍ 8am17
19 8 21N33	25 11am 1	25 ♎ 3pm22
26 11 0	27 5am41	27 ♏ 6pm47
	29 9am31	29 ♐ 8pm 2
6 16 0	d h	
13 8 5S 0	3 5 PERIGEE	
20 17 0	18 17 APOGEE	
27 14 5N 1	30 14 PERIGEE	

DAILY ASPECTARIAN

Day	Aspect	Time
1 M	☽△♆	2am13
	☉⊼☽	2 50
	♂#♃	3 39
	☽*♅	6 48
	☽∠♂	10 35
	☽∥♀	12pm37
	☽⚼♃	3 42
	☽△☿	5 4
	♂ ♑	6 33
	☽△♄	8 6
	☽⊼♇	10 21
	☉#☿	10 24
2 T	♀ ♓	1am27
	☽⚼♆	3 24
	☉⚼☽	5 52
	♀*♂	6 17
	☽∠♅	7 59
	☽#♇	9 44
	☽⊻♂	12pm35
	☽□♀	12 55
	☽⊼♃	5 1
3 W	☽⊼♆	4am33
	☉△☽	8 52
	☽⊻♅	9 9
	☉□♅	1pm 1
	☽□☿	7 58
	☽□♄	10 49
4 Th	☽☍♇	0am42
	☉#♄	12pm22
	☽☌♂	4 45
	☽*♀	7 52
	☽☍♃	7 53
	♀△♃	7 58
5 F	☽☍♆	7am11
	☽☌♅	11 52
	☉□☽	3pm21
	☽∠♀	11 43
6 S	☽*☿	0am 7
	☽*♄	2 9
	☽⊼♇	3 40
	☽⊻♂	9pm45
	☽⊼♃	11 35
7 Su	☽∠☿	2am49
	☽⊻♀	3 52
	☽∠♄	4 10
	☽⚼♇	5 31
	☽⊼♆	10 43
	☽⊻♅	3pm30
	☉*☽	10 59
8 M	☽∠♂	0am40
	☽⚼♃	1 50
	☽⊻☿	5 58
	☽⊻♄	6 28
	☽△♇	7 38
	☽#♇	10 46
	☽⚼♆	12pm53
	☽∠♅	5 42
	☿☌♄	7 39
9 T	☉∠☽	3am18
	☽*♂	3 52
	☽△♃	4 24
	☽☌♀	1pm16
	☽△♆	3 21
	☿□♇	5 57
	☽*♅	8 14
10 W	♂☍♃	1am15
	☽∥♀	2 39
	☉⊻☽	8 2
	☉#☽	9 8
	☽☌♄	12pm 0
	☽□♇	12 46
	♀△♆	1 19
	☽☌☿	1 49
	☽∥♄	9 56
11 Th	☽∥☿	1am32
	☽□♃	10 35
	☽□♂	11 25
	☉#♀	8pm 9
	☽□♆	9 24
12 F	☽⊻♀	0am32
	☽□♅	2 25
	☉☌☽	7pm 6
	☽⊻♄	7 12
	☽*♇	7 35
	☽#☿	7 58
	☉⊻♄	8 43
	♀*♅	9 32
13 S	☽⊻☿	0am18
	☽#♄	1 1
	☉*♇	1 33
	☽∠♀	7 10
	☽#♀	1pm58
	☽*♃	6 47
	☽△♂	9 5
	☉∥☽	10 10
	☽∠♄	11 40
	☽∠♇	11 50
14 Su	☽*♆	5am33
	☽∠☿	6 51
	☽△♅	10 45
	☽*♀	2pm37
	♄□♇	8 17
	☽∠♃	11 51
15 M	☽⚼♂	2am56
	☽⊻♇	4 45
	☽*♄	4 49
	☉⊻☽	9 7
	☽∠♆	10 35
	☽*☿	2pm25
	☽⚼♅	3 54
	☽∥♇	5 30
16 T	☽⊻♃	5am38
	☽⊼♂	9 31
	☽⊻♆	4pm17
	☉∠☽	5 22
	☽⊼♅	9 40
17 W	☽□♀	8am10
	☽☌♇	4pm27
	☽□♄	5 0
	♅SR	10 41
18 Th	☉*☽	2am17
	☽□☿	8 20
	☿ ♈	10 42
	☽☌♃	6pm47
19 F	☽☍♂	0am14
	☽☌♆	5 1
	☽☍♅	10 25
20 S	♀∥♄	0am 3
	☽△♀	3 48
	☽⊻♇	5 27
	☽△♄	6 29
	♀□♇	8pm27
	☉□☽	8 38
21 Su	☽△☿	3am53
	☉ ♉	6 17
	☽⊻♃	8 14
	♀☌♄	9 5
	☽∠♇	11 38
	☽⚼♄	12pm53
	☽⚼♀	1 16
	☽⊼♂	2 56
	☽⊻♆	5 35
	☽⊼♅	10 44
22 M	☽⚼☿	12pm58
	☽∠♃	2 11
	☽*♇	5 9
	☽⊼♄	6 36
	☽∥♇	8 45
	☽⚼♂	9 17
	☽⊼♀	9 48
	☽∠♆	10 57
23 T	☿□♃	1am54
	☽⚼♅	3 54
	☉△☽	12pm28
	☉∥☽	6 58
	☽*♃	7 12
	☽⊼☿	8 58
24 W	☽△♂	2am36
	☽*♆	3 22
	☽△♅	8 6
	☉⚼☽	6pm35
25 Th	☽□♇	1am22
	☽☍♄	3 4
	♂☍♆	5 54
	☽☍♀	11 1
	☽#♄	1pm25
	☉⊼☽	11 27
26 F	☽#♀	1am14
	☽□♃	2 8
	☽∥☿	4 30
	☽☍☿	9 9
	☽□♆	9 10
	☿□♆	9 22
	☽□♂	9 53
	☽□♅	1pm29
	☿□♂	6 35
	☽#☿	6 56
	☽∥♀	7 1
	☿#♀	7 24
27 S	☽△♇	5am41
	☽⊼♄	7 36
	☽∥♄	7 37
	♀ ♈	12pm28
	☽⊼♀	7 21
	☉*♃	8 14
28 Su	☿□♅	2am31
	☽△♃	5 31
	☉☍☽	6 5
	☽⚼♇	6 45
	☽⚼♄	8 47
	☽△♆	11 43
	☽*♂	1pm37
	☽*♅	3 44
	☉∠♇	4 23
	☽⊼☿	5 14
	☽⚼♀	10 18
29 M	☽⚼♃	6am25
	☽⊼♇	7 23
	☉#☽	8 29
	☽△♄	9 31
	☽⚼♆	12pm18
	☽∠♂	2 45
	☽∠♅	4 13
	☽#♇	5 39
	☽⚼☿	8 32
30 T	☽△♀	0am54
	☉∠♄	2 48
	☽⊼♃	7 6
	☉⊼☽	10 34
	☽⊼♆	12pm44
	☽⊻♂	3 45
	☽⊻♅	4 36
	☽△☿	11 49

LONGITUDE

DAY	SID. TIME	☉	☽	☽ 12 Hour	MEAN ☊	TRUE ☊	☿	♀	♂	♃	♄	♅	♆	♇
	h m s	° ′ ″	° ′ ″	° ′ ″	° ′	° ′	° ′	° ′	° ′	° ′	° ′	° ′	° ′	° ′
1	14 31 5	9♉ 28 21	17♐ 10 57	24♐ 31 30	27♋ 27	26♋ 31R	17♈ 5	4♈ 8	12♑ 14	6♋ 55	23♓ 42	12♑ 39R	10♋ 17	22♊ 16
2	14 35 2	10 26 33	1♑ 49 49	9♑ 5 20	27 24	26 26	18 40	5 20	12 34	7 5	23 48	12 38	10 18	22 17
3	14 38 58	11 24 44	16 17 34	23 26 11	27 21	26 24D	20 17	6 31	12 54	7 15	23 54	12 37	10 19	22 18
4	14 42 55	12 22 53	0♒ 31 1	7♒ 31 56	27 18	26 24	21 56	7 43	13 14	7 26	24 0	12 36	10 21	22 19
5	14 46 51	13 21 1	14 28 56	21 22 5	27 14	26 24R	23 37	8 54	13 33	7 36	24 5	12 36	10 22	22 20
6	14 50 48	14 19 7	28 11 29	4♓ 57 15	27 11	26 24	25 20	10 6	13 51	7 46	24 11	12 35	10 23	22 21
7	14 54 45	15 17 12	11♓ 39 32	18 18 28	27 8	26 21	27 4	11 17	14 10	7 57	24 16	12 34	10 25	22 23
8	14 58 41	16 15 15	24 54 10	1♈ 26 45	27 5	26 16	28 51	12 29	14 27	8 7	24 22	12 33	10 26	22 24
9	15 2 38	17 13 18	7♈ 56 18	14 22 51	27 2	26 9	0♉ 39	13 41	14 44	8 18	24 27	12 32	10 28	22 25
10	15 6 34	18 11 19	20 46 28	27 7 11	26 59	25 59	2 29	14 52	15 1	8 29	24 33	12 31	10 29	22 26
11	15 10 31	19 9 18	3♉ 25 0	9♉ 39 57	26 55	25 47	4 22	16 4	15 18	8 40	24 38	12 30	10 31	22 27
12	15 14 27	20 7 15	15 52 5	22 1 26	26 52	25 35	6 16	17 16	15 33	8 51	24 43	12 29	10 32	22 29
13	15 18 24	21 5 12	28 8 6	4♊ 12 12	26 49	25 24	8 12	18 27	15 49	9 2	24 48	12 27	10 34	22 30
14	15 22 20	22 3 7	10♊ 13 52	16 13 21	26 46	25 14	10 10	19 39	16 3	9 13	24 54	12 26	10 35	22 31
15	15 26 17	23 1 0	22 10 52	28 6 44	26 43	25 7	12 9	20 51	16 17	9 24	24 59	12 25	10 37	22 32
16	15 30 14	23 58 51	4♋ 1 20	9♋ 55 3	26 39	25 2	14 11	22 3	16 31	9 35	25 4	12 24	10 39	22 34
17	15 34 10	24 56 42	15 48 22	21 41 47	26 36	25 0D	16 14	23 15	16 44	9 46	25 9	12 22	10 40	22 35
18	15 38 7	25 54 30	27 35 52	3♌ 31 11	26 33	24 59	18 18	24 26	16 57	9 58	25 13	12 21	10 42	22 36
19	15 42 3	26 52 17	9♌ 28 22	15 28 4	26 30	25 0	20 25	25 38	17 9	10 9	25 18	12 19	10 44	22 37
20	15 46 0	27 50 2	21 30 56	27 37 39	26 27	25 1R	22 32	26 50	17 20	10 21	25 23	12 18	10 45	22 39
21	15 49 56	28 47 45	3♍ 48 50	10♍ 5 9	26 24	25 1	24 41	28 2	17 31	10 32	25 27	12 16	10 47	22 40
22	15 53 53	29 45 27	16 27 9	22 55 21	26 20	25 0	26 51	29 14	17 41	10 44	25 32	12 15	10 49	22 41
23	15 57 49	0♊ 43 7	29 30 12	6♎ 12 0	26 17	24 56	29 2	0♉ 26	17 50	10 56	25 36	12 13	10 51	22 43
24	16 1 46	1 40 46	13♎ 0 57	19 57 2	26 14	24 51	1♊ 13	1 38	17 59	11 7	25 41	12 12	10 52	22 44
25	16 5 43	2 38 23	27 0 8	4♏ 9 52	26 11	24 44	3 25	2 50	18 8	11 19	25 45	12 10	10 54	22 45
26	16 9 39	3 35 59	11♏ 25 42	18 46 54	26 8	24 36	5 37	4 2	18 15	11 31	25 49	12 8	10 56	22 47
27	16 13 36	4 33 33	26 12 34	3♐ 41 40	26 5	24 28	7 48	5 14	18 22	11 43	25 53	12 7	10 58	22 48
28	16 17 32	5 31 7	11♐ 13 1	18 45 28	26 1	24 22	9 59	6 26	18 29	11 55	25 58	12 5	11 0	22 49
29	16 21 29	6 28 39	26 17 48	3♑ 48 53	25 58	24 17	12 10	7 38	18 34	12 7	26 2	12 3	11 2	22 51
30	16 25 25	7 26 11	11♑ 17 41	18 43 17	25 55	24 15D	14 19	8 50	18 39	12 20	26 5	12 1	11 4	22 52
31	16 29 22	8♊ 23 41	26♑ 4 54	3♒ 21 57	25♋ 52	24♋ 14	16♊ 28	10♉ 3	18♑ 44	12♋ 32	26♓ 9	11♑ 59	11♋ 6	22♊ 53

DECLINATION and LATITUDE

DAY	☉ DECL	☽ DECL	☽ LAT	☽ 12hr DECL	☿ DECL	☿ LAT	♀ DECL	♀ LAT	♂ DECL	♂ LAT	♃ DECL	♃ LAT	♄ DECL	♄ LAT
1	14N39	19S39	3N12	20S40	4N15	2S40	0N10	1S37	23S58	1S 5	23N25	0N 9	4S17	1S56
2	14 58	21 20	2 6	21 38	4 34	2 37	0 37	1 38	23 59	1 7	23 24	0 9	4 15	1 57
3	15 16	21 34	0 53	21 9	5 34	2 33	1 4	1 39	23 59	1 10	23 24	0 9	4 13	1 57
4	15 34	20 24	0S22	19 21	6 15	2 29	1 31	1 40	24 0	1 13	23 23	0 9	4 11	1 57
5	15 51	18 0	1 34	16 25	6 56	2 24	1 59	1 41	24 1	1 16	23 23	0 9	4 9	1 57
6	16 9	14 37	2 40	12 38	7 39	2 19	2 26	1 42	24 2	1 19	23 22	0 9	4 7	1 57
7	16 26	10 31	3 36	8 17	8 22	2 13	2 53	1 43	24 3	1 21	23 22	0 9	4 4	1 58
8	16 43	5 59	4 19	3 38	9 5	2 7	3 20	1 44	24 4	1 24	23 21	0 9	4 2	1 58
9	16 59	1 15	4 48	1N 7	9 50	2 0	3 47	1 45	24 5	1 27	23 21	0 9	4 0	1 58
10	17 15	3N28	5 1	5 45	10 34	1 53	4 14	1 45	24 6	1 30	23 20	0 9	3 59	1 58
11	17 31	7 57	4 60	10 4	11 19	1 46	4 41	1 46	24 7	1 33	23 19	0 9	3 57	1 58
12	17 47	12 4	4 44	13 55	12 5	1 38	5 8	1 47	24 9	1 37	23 19	0 9	3 55	1 59
13	18 2	15 36	4 15	17 7	12 50	1 29	5 35	1 47	24 10	1 40	23 18	0 10	3 53	1 59
14	18 17	18 27	3 35	19 34	13 36	1 20	6 2	1 47	24 11	1 43	23 17	0 10	3 51	1 59
15	18 32	20 28	2 46	21 8	14 22	1 11	6 29	1 47	24 13	1 46	23 17	0 10	3 49	1 59
16	18 47	21 34	1 50	21 45	15 7	1 1	6 56	1 48	24 15	1 50	23 16	0 10	3 47	1 59
17	19 1	21 42	0 49	21 25	15 53	0 52	7 22	1 48	24 16	1 53	23 15	0 10	3 46	1 60
18	19 15	20 53	0N14	20 7	16 37	0 42	7 48	1 48	24 18	1 56	23 15	0 10	3 44	1 60
19	19 28	19 8	1 17	17 55	17 22	0 31	8 15	1 48	24 20	1 60	23 14	0 10	3 42	2 0
20	19 41	16 30	2 17	14 54	18 5	0 21	8 41	1 47	24 22	2 3	23 13	0 10	3 41	2 0
21	19 54	13 7	3 13	11 9	18 47	0 10	9 7	1 47	24 24	2 7	23 12	0 10	3 39	2 0
22	20 7	9 3	4 1	6 48	19 28	0N 0	9 33	1 47	24 26	2 11	23 11	0 10	3 37	2 1
23	20 19	4 26	4 38	1 59	20 8	0 11	9 58	1 46	24 29	2 14	23 10	0 10	3 36	2 1
24	20 30	0S32	5 1	3S 5	20 46	0 21	10 23	1 46	24 31	2 18	23 10	0 10	3 34	2 1
25	20 42	5 38	5 7	8 10	21 22	0 32	10 49	1 45	24 34	2 22	23 9	0 11	3 33	2 1
26	20 53	10 36	4 54	12 55	21 56	0 42	11 14	1 45	24 37	2 26	23 8	0 11	3 31	2 2
27	21 4	15 4	4 22	16 60	22 28	0 51	11 38	1 44	24 40	2 30	23 7	0 11	3 30	2 2
28	21 14	18 39	3 31	19 60	22 58	1 1	12 3	1 43	24 43	2 34	23 6	0 11	3 28	2 2
29	21 24	20 59	2 25	21 36	23 25	1 10	12 27	1 42	24 46	2 38	23 5	0 11	3 27	2 2
30	21 34	21 49	1 9	21 39	23 49	1 18	12 51	1 42	24 50	2 42	23 4	0 11	3 26	2 2
31	21N43	21S 6	0S10	20S13	24N11	1N26	13N15	1S41	24S53	2S46	23N 3	0N11	3S24	2S 3

DAY	♅ DECL	♅ LAT	♆ DECL	♆ LAT	♇ DECL	♇ LAT
1	23S12	0S21	22N13	0S51	15N41	7S34
5	23 12	0 21	22 12	0 50	15 42	7 33
9	23 13	0 21	22 12	0 50	15 42	7 32
13	23 13	0 21	22 12	0 50	15 43	7 32
17	23 14	0 22	22 11	0 50	15 44	7 31
21	23 15	0 22	22 11	0 50	15 45	7 31
25	23 15	0 22	22 10	0 50	15 45	7 30
29	23S16	0S22	22N10	0S50	15N46	7S30

☽ PHENOMENA			
d	h	m	
4	21	53	☾
12	8	59	●
20	13	27	☽
27	14	18	○
d	h	° ′	
2	16	21S39	
9	6	0	
16	16	21N46	
23	22	0	
30	1	21S49	
3	17	0	
10	10	5S 2	
17	19	0	
24	20	5N 7	
30	21	0	

VOID OF COURSE ☽ LAST ASPT	☽ INGRESS
1 10am44	1 ♑ 8pm59
3 12pm52	3 ♒ 11pm 7
5 6pm13	6 ♓ 3am12
7 11pm 1	8 ♈ 9am20
10 3am 8	10 ♉ 5pm29
12 5pm25	13 ♊ 3am41
15 5am42	15 ♋ 3pm50
17 8pm16	18 ♌ 4am52
20 1pm27	20 ♍ 4pm37
22 10pm59	23 ♎ 0am54
24 4pm47	25 ♏ 5am 3
26 11pm29	27 ♐ 6am 5
28 11pm34	29 ♑ 5am54
31 0am 7	31 ♒ 6am26

d	h	
16	9	APOGEE
28	17	PERIGEE

DAILY ASPECTARIAN

Day	Aspect	Time
1 W	☿#♄	1am 2
	☽☍♇	8 19
	☽□♄	10 44
	☉⚼☽	12pm46
	☉⚹♆	8 21
2 Th	♂☌♅	4am12
	☽□♀	6 17
	☽☍♃	8 47
	☽☍♆	2pm 2
	☉△☽	3 16
	☽☌♅	5 52
	☽☌♂	6 13
3 F	☽□☿	7am34
	☽⚻♇	10 6
	☽⚹♄	12pm52
	♀□♃	5 22
4 S	☉△♅	5am30
	☿⚹♇	5 35
	☉∥♇	10 36
	☽⚼♇	11 39
	☽⚻♃	11 58
	☽⚹♀	1pm27
	☽∠♄	2 37
	☽⚻♆	4 52
	☽⚺♅	8 44
	☉□☽	9 53
	☽⚺♂	10 20
5 Su	☿⚺♄	7am 3
	☉△♂	7 9
	☽△♇	1pm43
	☽⚼♃	2 20
	☉#☽	2 39
	☽⚺♄	4 53
	☽#♇	4 56
	☽∠♀	6 1
	☽⚹☿	6 13
	☽⚼♆	7 3
	☽∠♅	10 55
6 M	☽∠♂	1am12
	♀□♆	6 2
	☽△♃	5pm15
	☽△♆	9 45
	☽⚺♀	11 16
7 T	☽∠☿	0am51
	☽⚹♅	1 37
	☽⚹♂	4 36
	☉⚹☽	7 3
	☽#☿	10 1
	☽□♇	7pm25
	☽☌♄	11 1
8 W	♀□♅	1am19
	☽⚺☿	8 22
	☽∥♄	9 59
	☽#♀	12pm19
	☉∠☽	12 35
	☿ ♉	3 22
9 Th	☽□♃	0am41
	☽□♆	4 42
	☽□♅	8 32
	♀#♄	10 53
	☽☌♀	11 47
	☽□♂	12pm58
	☉⚺☽	6 44
10 F	☽#♄	2am40
	☽⚹♇	3 8
	♀□♂	3 57
	☽∥♀	4 30
	☽⚺♄	7 10
11 S	☽☌☿	2am 8
	☽∠♇	7 45
	☽⚹♃	10 13
	☽∠♄	12pm 1
	☽⚹♆	1 39
	☽△♅	5 26
	☽△♂	11 23
12 Su	☽∥☿	0am 9
	☽⚺♀	3 0
	☉☌☽	8 59
	☽⚺♇	12pm54
	☿∠♇	3 16
	☽∠♃	3 48
	☽⚹♄	5 25
	☽∠♆	6 56
	☽⚼♅	10 40
13 M	☽∥♇	0am52
	☽⚼♂	5 23
	☿⚹♃	11 15
	☽∠♀	11 40
	☿∠♄	8pm38
	☽⚺♃	9 56
	☉∥☽	10 20
	☽⚺☿	11 50
14 T	☽⚺♆	0am43
	☽⚻♅	4 24
	☿⚹♆	5 16
	☉⚺♇	11 49
	☽⚻♂	11 54
	☽⚹♀	9pm 1
15 W	☽☌♇	0am43
	☉⚺☽	1 50
	☿△♅	3 6
	☽□♄	5 42
	☽∠☿	12pm 7
16 Th	♀⚹♇	10am28
	☉∠☽	11 0
	☽☌♃	11 30
	☽☌♆	1pm31
	☽☍♅	5 1
	☉∠♃	6 39
	☿∥♇	7 24
17 F	☽⚹☿	1am 3
	☽☍♂	1 56
	☉⚹♄	5 22
	☿△♂	6 34
	☽⚺♇	1pm49
	☽□♀	4 52
	☉∠♆	6 37
	☽△♄	7 9
	☉⚹☽	8 16
18 S	♃#♅	11am 5
	♀⚺♄	4pm47
	☽∠♇	8 16
	☉∥☽	8 32
19 Su	☽⚺♃	1am23
	☽⚼♄	1 41
	☽⚺♆	2 31
	☽⚻♅	5 42
	☉⚼♅	11 0
	☽∥☿	1pm25
	☽⚻♂	3 35
20 M	☿⚺♇	1am12
	☽⚹♇	2 14
	☽□☿	2 27
	☽∥♇	5 53
	☽⚻♄	7 39
	☽∠♃	7 39
	☽∠♆	8 22
	☽⚼♅	11 20
	☽△♀	11 35
	☉□☽	1pm27
	☽⚼♂	9 27
21 T	☿⚹♄	8am53
	☿∠♃	10 24
	☿∠♆	12pm22
	☽⚹♃	1 4
	☽⚹♆	1 21
	☽△♅	4 7
	☽⚼♀	7 25
	☽∥♀	9 29
22 W	☽△♂	2am20
	☿⚼♅	4 20
	☉ ♊	6 3
	☽□♇	11 35
	♃☌♆	11 48
	♀ ♉	3pm18
	☽☍♄	4 53
	☽△☿	10 59
23 Th	☽⚻♀	1am51
	☉△☽	2 22
	☽#♄	4 12
	☉∥☿	9 48
	☿ ♊	10 39
	☽□♆	8pm15
	☽□♃	8 39
	☽□♅	10 34
24 F	☉⚺♀	4am31
	☽⚼☿	6 37
	☉⚼☽	6 50
	☽□♂	8 43
	☉☌☿	8 58
	☿⚺♀	10 1
	☽∥♄	2pm13
	☽△♇	4 47
	☿⚼♂	8 40
	☽⚻♄	9 53
25 S	☉⚻☽	10am 8
	☽☍♀	10 40
	☽⚻☿	12pm41
	☉⚼♂	2 8
	☽⚼♇	5 59
	☽⚼♄	11 0
	☽△♆	11 11
26 Su	☽△♃	0am 9
	☽⚹♅	1 10
	☽#♀	3 27
	☿∥♆	10 30
	☽⚹♂	11 14
	☽⚻♇	6pm30
	☽△♄	11 29
	☽⚼♆	11 36
27 M	☽⚼♃	0am50
	☽∠♅	1 27
	☽#♇	4 8
	☽∠♂	11 34
	☉☍☽	2pm18
	☽⚻♀	3 43
	☽☍☿	9 43
	☽⚻♆	11 39
28 T	☽⚻♃	1am 8
	☽⚺♅	1 22
	☿∥♃	6 44
	☿⚺♆	11 15
	☽⚺♂	11 38
	☿#♅	4pm 2
	♃☍♅	4 33
	☽⚼♀	5 40
	☽☍♇	6 30
	☿⚻♅	10 45
	☿⚺♃	11 29
	☽□♄	11 34
29 W	♀∠♇	4am12
	☉#☽	8 41
	☉⚻☽	5pm23
	☽△♀	7 43
	☽☍♆	11 37
30 Th	☽☌♅	1am10
	☽☍♃	1 41
	☽⚻☿	5 42
	☽☌♂	11 57
	☉#☽	12pm11
	☽⚻♇	6 47
	☉⚼☽	7 18
31 F	☽⚹♄	0am 7
	☽⚼☿	10 22
	☽⚼♇	7pm33
	♀⚹♆	9 32
	☉△☽	9 49
	♀∠♄	11 24

JUNE 1907

LONGITUDE

DAY	SID. TIME	☉	☽	☽ 12 Hour	MEAN ☊	TRUE ☊	☿	♀	♂	♃	♄	♅	♆	♇
	h m s	° ' "	° ' "	° ' "	° '	° '	° '	° '	° '	° '	° '	° '	° '	° '
1	16 33 18	9♊ 21 10	10♒ 33 59	17♒ 40 43	25♋ 49	24♋ 15	18♊ 34	11♉ 15	18♑ 47	12♋ 44	26♓ 13	11♑ 57R	11♋ 8	22♊ 55
2	16 37 15	10 18 39	24 42 1	1♓ 37 51	25 45	24 16	20 40	12 27	18 50	12 56	26 17	11 56	11 9	22 56
3	16 41 12	11 16 7	8♓ 28 18	15 13 32	25 42	24 17R	22 43	13 39	18 52	13 9	26 20	11 54	11 11	22 58
4	16 45 8	12 13 34	21 53 45	28 29 13	25 39	24 16	24 44	14 51	18 53	13 21	26 24	11 52	11 13	22 59
5	16 49 5	13 11 1	5♈ 0 11	11♈ 26 59	25 36	24 14	26 43	16 4	18 54R	13 34	26 27	11 50	11 15	23 0
6	16 53 1	14 8 27	17 49 53	24 9 9	25 33	24 10	28 40	17 16	18 54	13 46	26 31	11 48	11 17	23 2
7	16 56 58	15 5 52	0♉ 25 5	6♉ 37 56	25 30	24 5	0♋ 35	18 28	18 53	13 59	26 34	11 46	11 20	23 3
8	17 0 54	16 3 17	12 47 55	18 55 17	25 26	23 59	2 27	19 41	18 51	14 11	26 37	11 43	11 22	23 5
9	17 4 51	17 0 40	25 0 14	1♊ 2 59	25 23	23 52	4 16	20 53	18 49	14 24	26 40	11 41	11 24	23 6
10	17 8 47	17 58 4	7♊ 3 45	13 2 42	25 20	23 46	6 4	22 5	18 45	14 37	26 43	11 39	11 26	23 7
11	17 12 44	18 55 26	19 0 4	24 56 6	25 17	23 40	7 48	23 18	18 41	14 49	26 46	11 37	11 28	23 9
12	17 16 41	19 52 48	0♋ 51 0	6♋ 45 4	25 14	23 37	9 31	24 30	18 37	15 2	26 49	11 35	11 30	23 10
13	17 20 37	20 50 9	12 38 35	18 31 52	25 11	23 35D	11 10	25 43	18 31	15 15	26 51	11 33	11 32	23 12
14	17 24 34	21 47 29	24 25 17	0♌ 19 13	25 7	23 34	12 47	26 55	18 25	15 28	26 54	11 30	11 34	23 13
15	17 28 30	22 44 49	6♌ 14 6	12 10 23	25 4	23 35	14 22	28 8	18 18	15 41	26 56	11 28	11 36	23 14
16	17 32 27	23 42 7	18 8 34	24 9 10	25 1	23 36	15 53	29 20	18 10	15 54	26 59	11 26	11 38	23 16
17	17 36 23	24 39 25	0♍ 12 42	6♍ 19 46	24 58	23 38	17 22	0♊ 33	18 2	16 7	27 1	11 24	11 41	23 17
18	17 40 20	25 36 42	12 30 54	18 46 40	24 55	23 39	18 49	1 45	17 53	16 20	27 3	11 21	11 43	23 19
19	17 44 16	26 33 59	25 7 38	1♎ 34 17	24 51	23 40R	20 13	2 58	17 43	16 33	27 5	11 19	11 45	23 20
20	17 48 13	27 31 14	8♎ 7 4	14 46 24	24 48	23 40	21 34	4 10	17 33	16 46	27 7	11 17	11 47	23 22
21	17 52 10	28 28 28	21 32 33	28 25 42	24 45	23 38	22 52	5 23	17 22	16 59	27 9	11 14	11 49	23 23
22	17 56 6	29 25 42	5♏ 25 51	12♏ 32 53	24 42	23 36	24 8	6 35	17 10	17 12	27 11	11 12	11 51	23 24
23	18 0 3	0♋ 22 56	19 46 29	27 6 8	24 39	23 33	25 20	7 48	16 57	17 25	27 13	11 10	11 54	23 26
24	18 3 59	1 20 8	4♐ 31 9	12♐ 0 40	24 36	23 30	26 30	9 1	16 45	17 38	27 15	11 7	11 56	23 27
25	18 7 56	2 17 21	19 33 40	27 9 1	24 32	23 27	27 36	10 13	16 31	17 51	27 16	11 5	11 58	23 29
26	18 11 52	3 14 33	4♑ 45 31	12♑ 21 55	24 29	23 26	28 40	11 26	16 17	18 5	27 18	11 3	12 0	23 30
27	18 15 49	4 11 45	19 57 1	27 29 39	24 26	23 25D	29 40	12 39	16 3	18 18	27 19	11 0	12 2	23 31
28	18 19 46	5 8 56	4♒ 58 47	12♒ 23 31	24 23	23 25	0♌ 38	13 51	15 48	18 31	27 20	10 58	12 5	23 33
29	18 23 42	6 6 8	19 43 6	26 56 59	24 20	23 26	1 31	15 4	15 32	18 44	27 21	10 55	12 7	23 34
30	18 27 39	7♋ 3 19	4♓ 4 45	11♓ 6 10	24♋ 17	23♋ 27	2♌ 22	16♊ 17	15♑ 16	18♋ 58	27♓ 22	10♑ 53	12♋ 9	23♊ 36

DECLINATION and LATITUDE

DAY	☉	☽		☽ 12hr	☿		♀		♂		♃		♄	
	DECL	DECL	LAT	DECL	DECL	LAT	DECL	LAT	DECL	LAT	DECL	LAT	DECL	LAT
1	21N52	18S60	1S27	17S30	24N30	1N33	13N38	1S39	24S56	2S50	23N 2	0N11	3S23	2S 3
2	22 0	15 46	2 38	13 50	24 46	1 39	14 1	1 38	24 60	2 54	23 0	0 11	3 22	2 3
3	22 8	11 45	3 37	9 32	24 60	1 45	14 24	1 37	25 4	2 58	22 59	0 11	3 21	2 3
4	22 16	7 14	4 22	4 53	25 11	1 50	14 46	1 36	25 8	3 2	22 58	0 11	3 19	2 4
5	22 24	2 30	4 53	0 7	25 19	1 54	15 8	1 35	25 12	3 7	22 57	0 11	3 18	2 4
6	22 31	2N15	5 8	4N34	25 25	1 58	15 30	1 33	25 16	3 11	22 56	0 11	3 17	2 4
7	22 37	6 48	5 8	8 58	25 28	2 1	15 52	1 32	25 21	3 15	22 55	0 12	3 16	2 4
8	22 43	11 1	4 54	12 56	25 28	2 3	16 13	1 30	25 25	3 20	22 53	0 12	3 15	2 5
9	22 49	14 43	4 26	16 20	25 27	2 4	16 33	1 29	25 30	3 24	22 52	0 12	3 14	2 5
10	22 54	17 46	3 47	19 1	25 23	2 5	16 54	1 27	25 35	3 28	22 51	0 12	3 13	2 5
11	22 59	20 3	2 58	20 51	25 17	2 4	17 13	1 26	25 40	3 33	22 49	0 12	3 12	2 5
12	23 4	21 26	2 1	21 46	25 10	2 3	17 33	1 24	25 45	3 37	22 48	0 12	3 11	2 6
13	23 8	21 52	0 59	21 43	25 0	2 2	17 52	1 22	25 50	3 42	22 47	0 12	3 11	2 6
14	23 12	21 19	0N 5	20 42	24 49	1 59	18 10	1 20	25 55	3 46	22 45	0 12	3 10	2 6
15	23 15	19 50	1 9	18 46	24 36	1 56	18 29	1 18	26 0	3 51	22 44	0 12	3 9	2 6
16	23 18	17 28	2 11	15 60	24 22	1 52	18 46	1 17	26 6	3 55	22 42	0 12	3 8	2 7
17	23 21	14 20	3 8	12 30	24 6	1 48	19 3	1 15	26 11	3 59	22 41	0 12	3 8	2 7
18	23 23	10 31	3 57	8 24	23 49	1 42	19 20	1 13	26 17	4 4	22 40	0 12	3 7	2 7
19	23 24	6 10	4 37	3 50	23 31	1 36	19 36	1 11	26 22	4 8	22 38	0 13	3 6	2 8
20	23 26	1 26	5 3	1S 2	23 12	1 30	19 52	1 9	26 28	4 12	22 36	0 13	3 6	2 8
21	23 27	3S32	5 15	6 2	22 52	1 23	20 7	1 6	26 34	4 17	22 35	0 13	3 5	2 8
22	23 27	8 29	5 8	10 53	22 32	1 15	20 22	1 4	26 40	4 21	22 33	0 13	3 5	2 8
23	23 27	13 9	4 43	15 15	22 10	1 6	20 36	1 2	26 45	4 25	22 32	0 13	3 4	2 9
24	23 27	17 9	3 58	18 47	21 48	0 57	20 50	0 60	26 51	4 29	22 30	0 13	3 4	2 9
25	23 26	20 7	2 56	21 5	21 26	0 48	21 3	0 58	26 57	4 33	22 28	0 13	3 4	2 9
26	23 25	21 41	1 41	21 52	21 3	0 38	21 15	0 55	27 3	4 37	22 27	0 13	3 3	2 9
27	23 23	21 39	0 19	21 2	20 40	0 27	21 27	0 53	27 8	4 41	22 25	0 13	3 3	2 10
28	23 21	20 4	1S 4	18 45	20 17	0 16	21 38	0 51	27 14	4 45	22 23	0 13	3 3	2 10
29	23 19	17 8	2 21	15 17	19 54	0 4	21 49	0 48	27 20	4 49	22 22	0 13	3 3	2 10
30	23N16	13S13	3S27	11S 1	19N30	0S 8	21N59	0S46	27S25	4S53	22N20	0N13	3S 2	2S10

DAY	♅		♆		♇	
	DECL	LAT	DECL	LAT	DECL	LAT
1	23S17	0S22	22N10	0S50	15N47	7S30
5	23 17	0 22	22 9	0 50	15 47	7 29
9	23 18	0 22	22 8	0 50	15 48	7 29
13	23 19	0 22	22 8	0 49	15 48	7 29
17	23 20	0 22	22 7	0 49	15 49	7 29
21	23 21	0 22	22 6	0 49	15 49	7 29
25	23 21	0 22	22 6	0 49	15 49	7 28
29	23S22	0S22	22N 5	0S49	15N50	7S28

☽ PHENOMENA			
d	h	m	
3	5	20	☾
10	23	50	●
19	2	55	☽
25	21	27	○
d	h	°	'
5	13	0	
12	23	21N52	
20	7	0	
26	12	21S52	
6	12	5S10	
13	22	0	
21	4	5N15	
27	5	0	

VOID OF COURSE ☽ LAST ASPT		☽ INGRESS		
1	8pm58	2	♓	9am10
4	8am13	4	♈	2pm46
6	9am53	6	♉	11pm12
9	3am18	9	♊	9am55
11	3pm46	11	♋	10pm16
14	5am40	14	♌	11am21
16	12pm 3	16	♍	11pm35
19	3am41	19	♎	9am 5
21	12pm58	21	♏	2pm43
23	12pm12	23	♐	4pm42
25	12pm12	25	♑	4pm30
27	11am44	27	♒	4pm 0
29	6am23	29	♓	5pm 7

d	h	
12	19	APOGEE
26	2	PERIGEE

DAILY ASPECTARIAN

Day	Aspect	Time
1 S	☽⚻♆	0am56
	☽∠♄	1 6
	☽□♀	1 15
	☽⚺♅	2 20
	☿⚻♂	2 29
	☽⚻♃	3 42
	♀△♅	1pm51
	☽⚺♂	1 56
	☽△☿	3 53
	☽△♇	8 58
	☽#♇	11 56
2 Su	☽⚼♆	2am31
	☽⚺♄	2 44
	☽∠♅	3 50
	☽⚼♃	5 40
	☽#♀	9 58
	♀⚹♃	11 48
	☽∠♂	3pm53
	☉⚺♆	9 59
3 M	☉∥♆	2am29
	☿☌♇	2 57
	☽△♆	4 49
	☉□☽	5 20
	☽⚹♅	6 3
	☽△♃	8 25
	☽⚹♀	10 6
	☿#♂	12pm31
	☉⚻♅	3 9
	☽⚹♂	6 34
4 T	☽□♇	1am58
	☽□☿	6 4
	☽☌♄	8 13
	☽∠♀	3pm59
	☽∥♄	7 54
	☿□♄	8 41
5 W	♂SR	6am50
	☽□♆	11 40
	☉⚺♃	12pm 5
	☽□♅	12 40
	☽□♃	4 13
	☉⚹☽	4 29
	☽⚺♀	10 49
6 Th	☽□♂	2am 1
	☽#♄	5 21
	☽⚹♇	9 53
	☽⚺♄	4pm34
	☿ ♋	4 43
	♀∥♇	7 13
	☉∠☽	11 20
7 F	☽⚹☿	0am21
	♀△♂	7 59
	☽∠♇	2pm47
	☽⚹♆	9 11
	☽∠♄	9 41
	☽△♅	9 55
8 S	☽⚹♃	2am46
	☉⚺☽	6 55
	☽∠☿	10 43
	☽△♂	11 50
	☿#♂	1pm51
	☽☌♀	2 58
	☽⚺♇	8 14
9 Su	☽∠♆	2am46
	☽⚹♄	3 18
	☽⚼♅	3 20
	☽∥♇	7 50
	☽∠♃	8 52
	☉∥♃	10 42
	☽∥♀	3pm30
	☽⚼♂	5 26
	☽⚺☿	9 39
10 M	☽⚺♆	8am47
	☽⚻♅	9 11
	☽⚺♃	3pm26
	☉⚻♂	6 33
	♀⚺♇	8 59
	☽⚻♂	11 23
	☉☌☽	11 50
11 T	☽☌♇	8am24
	☽⚺♀	9 40
	☽□♄	3pm46
	☿∠♀	11 40
12 W	☽∠♀	7pm37
	☽☌☿	8 31
	☽☌♆	9 44
	☽☍♅	9 46
13 Th	♅☍♆	3am48
	☿☍♅	5 24
	☽☌♃	5 25
	☿☌♆	5 28
	☽☍♂	11 53
	♀⚼♅	4pm 6
	♀∠♆	4 51
	☉⚺☽	6 10
	☽⚺♇	9 33
	♀⚹♄	11 36
14 F	☽△♄	5am 3
	☽⚹♀	5 40
15 S	☉∠☽	3am20
	☽∠♇	4 4
	☽⚻♅	10 33
	☽⚺♆	10 53
	☽⚼♄	11 34
	☉☌♇	12pm45
	☽∥♀	1 12
	☽⚺☿	6 49
	☽⚺♃	7 24
16 Su	☽⚻♂	0am 4
	☿☌♃	0 7
	☽⚹♇	10 15
	☉⚹☽	12pm 3
	♀ ♊	1 14
	☽∥♇	1 23
	☉#♅	3 1
	☽⚼♅	4 29
	☽∠♆	4 59
	☽⚻♄	5 40
17 M	☽□♀	0am43
	☽∠♃	1 48
	☽∠☿	4 50
	☽⚼♂	5 29
	☿☍♂	9 51
	♀∠♃	1pm46
	☽△♅	9 46
	☽⚹♆	10 27
18 T	☽⚹♃	7am27
	☽△♂	10 10
	☽⚹☿	1pm35
	♀⚼♂	7 47
	☽□♇	8 38
19 W	☉□☽	2am55
	☽☍♄	3 41
	☉∥☿	8 4
	☉□♄	1pm40
	☿#♅	1 49
	☽#♄	3 42
	☽△♀	4 3
20 Th	☽□♅	5am42
	☽□♆	6 39
	☽□♃	3pm48
	☽□♂	4 42
	☽⚼♀	9 45
	☽∥♄	9 51
21 F	☽□☿	2am34
	☽△♇	3 14
	☽⚻♄	9 49
	☿⚺♇	9 55
	☉△☽	12pm58
	☿∥♃	9 47
	♂☍♃	9 56
22 S	☽⚻♀	2am 9
	☽⚼♇	5 3
	☽⚹♅	9 43
	☽△♆	10 52
	☽⚼♄	11 25
	☉ ♋	2pm23
	☉⚼☽	4 13
	☽⚹♂	7 25
	☽△♃	8 3
23 Su	☿∥♆	4am36
	☽⚻♇	6 1
	☽△☿	9 55
	☽∠♅	10 26
	☽⚼♆	11 41
	☽△♄	12pm12
	☽#♇	3 26
	☉⚻☽	6 31
	☽∠♂	7 35
	☽⚼♃	8 55
24 M	☽☍♀	7am50
	☽⚺♅	10 33
	☽⚻♆	11 54
	☽⚼☿	12pm 5
	☿△♄	4 25
	☽⚺♂	7 15
	☽⚻♃	9 15
25 T	☽☍♇	6am12
	☽□♄	12pm12
	☽#♀	1 10
	☽⚻☿	1 41
	☽#☿	2 1
	☿∥♀	3 53
	♀⚻♅	4 30
	☉☍☽	9 27
26 W	☽☌♅	9am53
	☽⚻♀	11 26
	☽☍♆	11 27
	♀⚺♆	11 37
	☽☌♂	5pm55
	☽☍♃	9 21
27 Th	☽#♀	4am11
	☽⚻♇	5 41
	☿ ♌	8 4
	☽⚹♄	11 44
	☽⚼♀	1pm19
	☉#♅	1 20
	☽☍☿	4 33
	☽#☿	9 6
28 F	☉⚻☽	0am17
	☽⚼♇	5 46
	☽⚺♅	9 39
	☽⚻♆	11 31
	☽∠♄	11 56
	☽△♀	3pm41
	☽⚺♂	5 15
	☽⚻♃	10 22
29 S	☉⚼☽	2am27
	☽△♇	6 23
	♀⚻♂	7 35
	☽#♇	8 34
	☽∠♅	10 15
	☽⚼♆	12pm18
	☽⚺♄	12 42
	☽∠♂	5 41
	☽⚻☿	8 55
	☽⚼♃	11 48
30 Su	☉△☽	5am26
	☽⚹♅	11 35
	☽△♆	1pm51
	♀∥♆	2 23
	☽⚹♂	6 51
	☽□♀	11 0

JULY 1907

LONGITUDE

DAY	SID. TIME	☉	☽	☽ 12 Hour	MEAN ☊	TRUE ☊	☿	♀	♂	♃	♄	♅	♆	♇
	h m s	° ' "	° ' "	° ' "	° '	° '	° '	° '	° '	° '	° '	° '	° '	° '
1	18 31 35	8♋ 0 31	18♓ 1 8	24♓ 49 43	24♋ 13	23♋ 28	3♌ 9	17♊ 30	15♑ 0R	19♋ 11	27♓ 23	10♑ 50R	12♋ 11	23♊ 37
2	18 35 32	8 57 42	1♈ 32 3	8♈ 8 24	24 10	23 29R	3 52	18 43	14 44	19 24	27 24	10 48	12 13	23 38
3	18 39 28	9 54 54	14 39 5	21 4 27	24 7	23 29	4 31	19 56	14 27	19 38	27 25	10 46	12 16	23 40
4	18 43 25	10 52 6	27 24 56	3♉ 40 56	24 4	23 28	5 7	21 9	14 10	19 51	27 26	10 43	12 18	23 41
5	18 47 21	11 49 19	9♉ 52 56	16 1 20	24 1	23 27	5 38	22 21	13 52	20 4	27 26	10 41	12 20	23 42
6	18 51 18	12 46 31	22 6 35	28 9 6	23 57	23 26	6 5	23 34	13 35	20 18	27 27	10 38	12 22	23 44
7	18 55 15	13 43 44	4♊ 9 17	10♊ 7 31	23 54	23 24	6 28	24 47	13 17	20 31	27 27	10 36	12 25	23 45
8	18 59 11	14 40 57	16 4 10	21 59 34	23 51	23 23	6 47	26 0	12 59	20 44	27 27	10 33	12 27	23 47
9	19 3 8	15 38 11	27 54 4	3♋ 47 57	23 48	23 22	7 1	27 13	12 42	20 58	27 27R	10 31	12 29	23 48
10	19 7 4	16 35 25	9♋ 41 32	15 35 6	23 45	23 22D	7 10	28 27	12 24	21 11	27 27	10 29	12 31	23 49
11	19 11 1	17 32 38	21 28 56	27 23 19	23 42	23 21	7 14R	29 40	12 6	21 25	27 27	10 26	12 34	23 51
12	19 14 57	18 29 53	3♌ 18 33	9♌ 14 55	23 38	23 22	7 14	0♋ 53	11 49	21 38	27 27	10 24	12 36	23 52
13	19 18 54	19 27 7	15 12 44	21 12 19	23 35	23 22	7 9	2 6	11 31	21 52	27 27	10 21	12 38	23 53
14	19 22 50	20 24 21	27 13 59	3♍ 18 7	23 32	23 22	7 0	3 19	11 14	22 5	27 26	10 19	12 40	23 54
15	19 26 47	21 21 36	9♍ 25 3	15 35 11	23 29	23 23	6 45	4 32	10 57	22 18	27 26	10 17	12 42	23 56
16	19 30 44	22 18 50	21 48 55	28 6 37	23 26	23 23R	6 27	5 45	10 41	22 32	27 25	10 14	12 45	23 57
17	19 34 40	23 16 5	4♎ 28 43	10♎ 55 35	23 22	23 23	6 3	6 59	10 24	22 45	27 25	10 12	12 47	23 58
18	19 38 37	24 13 20	17 27 35	24 5 3	23 19	23 23	5 36	8 12	10 9	22 59	27 24	10 10	12 49	24 0
19	19 42 33	25 10 35	0♏ 48 16	7♏ 37 27	23 16	23 22D	5 4	9 25	9 53	23 12	27 23	10 7	12 51	24 1
20	19 46 30	26 7 50	14 32 43	21 34 4	23 13	23 22	4 30	10 38	9 38	23 26	27 22	10 5	12 53	24 2
21	19 50 26	27 5 5	28 41 26	5♐ 54 32	23 10	23 23	3 53	11 52	9 24	23 39	27 21	10 3	12 56	24 3
22	19 54 23	28 2 21	13♐ 12 59	20 36 15	23 7	23 23	3 13	13 5	9 10	23 52	27 20	10 0	12 58	24 4
23	19 58 19	28 59 37	28 3 36	5♑ 34 11	23 3	23 23	2 32	14 19	8 57	24 6	27 19	9 58	13 0	24 6
24	20 2 16	29 56 54	13♑ 7 3	20 41 6	23 0	23 24R	1 50	15 32	8 44	24 19	27 17	9 56	13 2	24 7
25	20 6 13	0♌ 54 11	28 15 12	5♒ 48 14	22 57	23 24	1 7	16 45	8 32	24 33	27 16	9 54	13 4	24 8
26	20 10 9	1 51 29	13♒ 19 2	20 46 33	22 54	23 24	0 25	17 59	8 20	24 46	27 14	9 52	13 6	24 9
27	20 14 6	2 48 47	28 9 49	5♓ 28 0	22 51	23 23	29♋ 44	19 12	8 10	24 59	27 13	9 49	13 9	24 10
28	20 18 2	3 46 6	12♓ 40 26	19 46 36	22 48	23 22	29 5	20 26	7 59	25 13	27 11	9 47	13 11	24 11
29	20 21 59	4 43 26	26 46 10	3♈ 38 57	22 44	23 21	28 29	21 39	7 50	25 26	27 9	9 45	13 13	24 13
30	20 25 55	5 40 47	10♈ 24 57	17 4 15	22 41	23 19	27 57	22 53	7 41	25 39	27 7	9 43	13 15	24 14
31	20 29 52	6♌ 38 9	23♈ 37 7	0♉ 3 53	22♋ 38	23♋ 18	27♋ 28	24♋ 7	7♑ 34	25♋ 53	27♓ 5	9♑ 41	13♋ 17	24♊ 15

DECLINATION and LATITUDE

DAY	☉ DECL	☽ DECL	☽ LAT	☽ 12hr DECL	☿ DECL	☿ LAT	♀ DECL	♀ LAT	♂ DECL	♂ LAT	♃ DECL	♃ LAT	♄ DECL	♄ LAT
1	23N13	8S42	4S18	6S19	19N 7	0S21	22N 8	0S44	27S31	4S56	22N18	0N14	3S 2	2S11
2	23 9	3 53	4 54	1 27	18 45	0 34	22 17	0 41	27 36	4 60	22 16	0 14	3 2	2 11
3	23 5	0N58	5 13	3N20	18 22	0 48	22 26	0 39	27 41	5 3	22 14	0 14	3 2	2 11
4	23 0	5 38	5 16	7 51	18 0	1 2	22 33	0 36	27 47	5 6	22 13	0 14	3 2	2 12
5	22 56	9 58	5 4	11 58	17 39	1 16	22 40	0 34	27 52	5 10	22 11	0 14	3 2	2 12
6	22 50	13 49	4 38	15 31	17 18	1 30	22 46	0 31	27 56	5 13	22 9	0 14	3 2	2 12
7	22 45	17 3	4 0	18 23	16 58	1 45	22 52	0 29	28 1	5 15	22 7	0 14	3 2	2 12
8	22 39	19 32	3 13	20 27	16 39	1 60	22 57	0 26	28 6	5 18	22 5	0 14	3 2	2 13
9	22 32	21 9	2 17	21 37	16 21	2 15	23 2	0 24	28 10	5 21	22 3	0 14	3 3	2 13
10	22 25	21 51	1 15	21 50	16 4	2 30	23 5	0 21	28 14	5 23	22 1	0 14	3 3	2 13
11	22 18	21 34	0 10	21 4	15 49	2 45	23 8	0 19	28 18	5 26	21 59	0 14	3 3	2 13
12	22 10	20 19	0N55	19 21	15 35	2 59	23 11	0 16	28 22	5 28	21 57	0 15	3 3	2 14
13	22 2	18 10	1 59	16 47	15 22	3 14	23 13	0 14	28 26	5 30	21 55	0 15	3 4	2 14
14	21 54	15 13	2 57	13 28	15 11	3 28	23 14	0 11	28 29	5 32	21 53	0 15	3 4	2 14
15	21 45	11 35	3 49	9 33	15 1	3 41	23 14	0 8	28 32	5 33	21 51	0 15	3 5	2 15
16	21 36	7 24	4 31	5 9	14 53	3 54	23 14	0 6	28 35	5 35	21 49	0 15	3 5	2 15
17	21 27	2 49	5 1	0 26	14 47	4 6	23 13	0 3	28 38	5 36	21 47	0 15	3 6	2 15
18	21 17	1S59	5 16	4S25	14 43	4 17	23 11	0 1	28 40	5 37	21 44	0 15	3 6	2 15
19	21 7	6 50	5 15	9 12	14 41	4 27	23 9	0N 2	28 43	5 39	21 42	0 15	3 7	2 16
20	20 56	11 29	4 57	13 39	14 40	4 36	23 6	0 4	28 45	5 40	21 40	0 15	3 7	2 16
21	20 45	15 39	4 20	17 27	14 42	4 44	23 2	0 7	28 46	5 40	21 38	0 15	3 8	2 16
22	20 34	19 0	3 25	20 15	14 45	4 50	22 58	0 9	28 48	5 41	21 36	0 15	3 9	2 16
23	20 22	21 10	2 16	21 43	14 50	4 54	22 52	0 12	28 50	5 41	21 33	0 16	3 9	2 17
24	20 10	21 52	0 57	21 37	14 56	4 57	22 47	0 14	28 51	5 42	21 31	0 16	3 10	2 17
25	19 58	20 58	0S27	19 56	15 4	4 58	22 40	0 16	28 52	5 42	21 29	0 16	3 11	2 17
26	19 45	18 34	1 48	16 53	15 14	4 57	22 33	0 19	28 53	5 42	21 27	0 16	3 12	2 17
27	19 32	14 57	3 1	12 49	15 25	4 54	22 26	0 21	28 53	5 42	21 24	0 16	3 13	2 18
28	19 19	10 31	4 1	8 6	15 37	4 50	22 17	0 24	28 54	5 42	21 22	0 16	3 14	2 18
29	19 6	5 37	4 44	3 7	15 50	4 44	22 8	0 26	28 54	5 41	21 20	0 16	3 15	2 18
30	18 52	0 37	5 9	1N51	16 4	4 37	21 58	0 28	28 54	5 41	21 17	0 16	3 16	2 18
31	18N37	4N16	5S17	6N35	16N18	4S28	21N48	0N31	28S54	5S40	21N15	0N16	3S17	2S19

DAY	♅ DECL	♅ LAT	♆ DECL	♆ LAT	♇ DECL	♇ LAT
1	23S23	0S22	22N 5	0S49	15N50	7S28
5	23 24	0 22	22 4	0 49	15 50	7 28
9	23 24	0 22	22 3	0 49	15 50	7 28
13	23 25	0 22	22 2	0 49	15 51	7 29
17	23 26	0 22	22 1	0 49	15 51	7 29
21	23 27	0 22	22 1	0 49	15 51	7 29
25	23 27	0 22	21 60	0 49	15 51	7 29
29	23S28	0S22	21N59	0S49	15N51	7S29

☽ PHENOMENA				VOID OF COURSE ☽ LAST ASPT		☽ INGRESS		
d	h	m						
2	14	34	☾	1	4pm35	1	♈	9pm14
10	15	17	●☌	3	4pm55	4	♉	4am56
18	13	11	☽	6	10am36	6	♊	3pm41
25	4	29	○☍	8	11pm 6	9	♋	4am16
				11	12pm 8	11	♌	5pm18
				13	5pm23	14	♍	5am29
				16	10am41	16	♎	3pm35
d	h	°	'	18	1pm11	18	♏	10pm34
2	19	0		20	9pm46	21	♐	2am11
10	5	21N52		22	10pm48	23	♑	3am 6
17	14	0		24	10pm26	25	♒	2am46
23	23	21S52		26	5pm30	27	♓	3am 0
30	3	0		29	2am52	29	♈	5am37
				31	6am55	31	♉	11am53
3	17	5S17						
11	4	0		d	h			
18	11	5N18		9	22	APOGEE		
24	16	0		24	12	PERIGEE		
30	23	5S17						

DAILY ASPECTARIAN

Day	Aspect	Time
1 M	☽⚼☿	0am14
	☽△♃	2 4
	☽□♇	9 52
	☽☌♄	4pm35
	♀∥♃	9 47
2 T	☽∥♄	4am11
	☽△☿	4 26
	☿∠♀	6 45
	☉□☽	2pm34
	♀⚺♃	4 45
	☽□♅	4 50
	☽□♆	7 34
	☽□♂	11 38
3 W	☽□♃	9am27
	☽⋕♄	10 29
	☽⚹♀	10 53
	☽⚹♇	4pm55
	☉☍♅	8 25
4 Th	☽⚺♄	0am 1
	☽□☿	3pm25
	☽∠♀	6 34
	☽∠♇	9 43
5 F	☽△♅	1am33
	☉⚹☽	4 6
	☽⚹♆	4 48
	☽∠♄	4 59
	☽△♂	7 36
	☉☌♆	1pm28
	☽⚹♃	8 21
6 S	♀☌♇	3am 9
	☽⚺♇	3 13
	☽⚺♀	3 13
	☽⚼♅	6 59
	☉∥♀	7 52
	☽∠♆	10 29
	☽⚹♄	10 36
	☉∠☽	12pm13
	☽⚼♂	12 33
	☽∥♇	2 23
	☉☍♂	3 28
	☽∥☿	11 24
7 Su	☽∠♃	2am47
	☽⚹☿	4 47
	☽⚻♅	12pm55
	☽⚺♆	4 40
	☽⚻♂	5 56
	☉⚺☽	8 57
8 M	☽⚺♃	9am39
	☽∠☿	11 49
	☽☌♇	3pm39
	☽☌♀	10 28
	☽□♄	11 6
9 T	♃∥♆	0am 7
	♀□♄	4 33
	♂☍♆	3pm 3
	☽⚺☿	6 48
	♄SR	10 13
10 W	☽☍♅	1am36
	☽☍♂	5 23
	☽☌♆	5 47
	☉☌☽	3pm17
	☿∥♇	9 23
	☽☌♃	11 51
11 Th	☽⚺♇	4am48
	♀ ♋	6 42
	☿SR	11 18
	☽△♄	12pm 8
	☽⚺♀	6 31
12 F	☽☌☿	7am54
	☽∠♇	11 15
	☽⚻♅	2pm16
	☽⚻♂	4 45
	☽⚼♄	6 27
	☽⚺♆	6 48
13 S	☉∥♆	0am30
	☽∠♀	4 13
	☉⚺☽	9 14
	☽⚺♃	1pm34
	☽⚹♇	5 23
	☽∥♇	7 22
	☽⚼♅	8 12
	☽⚼♂	10 4
14 Su	☽∥☿	0am16
	☽⚻♄	0 25
	☽∠♆	0 52
	☉∥♃	4 4
	☽⚹♀	1pm22
	☉∠☽	5 30
	☽⚺☿	6 54
	☽∠♃	7 48
15 M	☽△♅	1am41
	☽△♂	2 56
	☽⚹♆	6 26
	☽∠☿	11pm18
16 T	☉⚹☽	1am 2
	☽⚹♃	1 24
	☽□♇	4 5
	☉☌♃	7 9
	☿⚺♀	10 21
	☽☍♄	10 41
	☽⋕♄	10pm37
17 W	☽⚹☿	2am51
	☽□♀	5 9
	☽□♅	10 37
	☽□♂	10 49
	☽□♆	3pm28
	☉⚺♇	6 4
	♂☌♅	10 0
18 Th	☽∥♄	5am31
	☽□♃	10 11
	☽△♇	11 51
	☉□☽	1pm11
	☽⚻♄	5 55
19 F	☽□☿	7am15
	♀☍♂	7 35
	♀☍♅	1pm23
	☽⚼♇	2 27
	☽⚹♂	3 39
	☽⚹♅	4 18
	☽△♀	4 36
	☽⚼♄	8 15
	☽△♆	9 8
20 S	☽△♃	3pm23
	☽⚻♇	4 12
	☽∠♂	4 54
	☽∠♅	5 54
	☽⋕☿	6 3
	☽⚼♀	8 39
	☉△☽	9 7
	☽△♄	9 46
	☽⚼♆	10 43
21 Su	☽⋕♇	1am12
	☉△♄	6 36
	☽△☿	8 16
	☽⚼♃	4pm46
	☽⚺♂	5 28
	☽⚺♅	6 46
	♀☌♆	9 31
	☽⚻♆	11 35
	☉⚼☽	11 41
	☽⚻♀	11 46
22 M	☽⚼☿	7am47
	☉⋕☽	2pm17
	☽⚻♃	5 32
	☽☍♇	5 37
	☽□♄	10 48
	♃⚺♇	11 48
23 T	☉⚻☽	1am36
	☽⚻☿	6 50
	☽⋕♃	7 28
	☽☌♂	5pm 7
	☽☌♅	6 57
	☽☍♆	11 52
24 W	☉ ♌	1am18
	☽☍♀	4 10
	☽⋕♃	2pm37
	☽⚻♇	5 27
	☽☍♃	6 2
	☽⚹♄	10 26
25 Th	☉☌☿	3am 7
	☽☍☿	4 21
	☉☍☽	4 29
	☉⋕☽	12pm45
	☽⚺♂	4 8
	☽⚼♇	5 20
	☽⚺♅	6 29
	☽∠♄	10 17
	☽⚻♆	11 40
26 F	☽⚻♀	8am10
	☿ ♋	2pm50
	☽∠♂	3 57
	☽△♇	5 30
	☽∠♅	6 34
	☽⋕♇	6 38
	☽⚻♃	6 45
	☽⋕☿	9 22
	☽⚺♄	10 27
	☽⚼♆	11 58
27 S	☽⚻☿	2am28
	☉⚻☽	8 9
	☽⚼♀	10 50
	☽⚹♂	4pm16
	☽⚹♅	7 11
	☽⚼♃	7 49
28 Su	☽△♆	0am51
	☽⚼☿	2 17
	☉⚼☽	11 2
	☽△♀	2pm22
	☽□♇	7 35
	☽△♃	9 39
29 M	☽☌♄	0am40
	☿∥♇	1 19
	☽△☿	2 52
	☽∥♄	11 21
	☉△☽	2pm57
	☽□♂	7 12
	☽□♅	10 45
	♀∥♆	11 14
30 T	☽□♆	5am 6
	☽⋕♄	7pm 2
31 W	☽□♀	1am 0
	☽⚹♇	1 10
	♀⚺♇	2 46
	☽□♃	4 15
	☽⚺♄	6 25
	☽□☿	6 55
	☉⚻♂	8pm37

AUGUST 1907

LONGITUDE

DAY	SID. TIME	☉	☽	☽ 12 Hour	MEAN ☊	TRUE ☊	☿	♀	♂	♃	♄	♅	♆	♇
	h m s	° ' "	° ' "	° ' "	° '	° '	° '	° '	° '	° '	° '	° '	° '	° '
1	20 33 48	7♌ 35 32	6♉ 24 57	12♉ 40 49	22♋ 35	23♋ 18D	27♋ 4R	25♋ 20	7♑ 26R	26♋ 6	27♓ 3R	9♑ 39R	13♋ 19	24♊ 16
2	20 37 45	8 32 57	18 52 0	24 59 3	22 32	23 18	26 46	26 34	7 20	26 19	27 1	9 37	13 21	24 17
3	20 41 42	9 30 22	1♊ 2 31	7♊ 2 59	22 28	23 19	26 33	27 47	7 15	26 32	26 59	9 35	13 23	24 18
4	20 45 38	10 27 49	13 0 59	18 57 5	22 25	23 20	26 26D	29 1	7 10	26 46	26 56	9 33	13 25	24 19
5	20 49 35	11 25 17	24 51 48	0♋ 45 38	22 22	23 22	26 25	0♌ 15	7 6	26 59	26 54	9 31	13 27	24 20
6	20 53 31	12 22 47	6♋ 39 2	12 32 27	22 19	23 23	26 30	1 29	7 3	27 12	26 51	9 29	13 29	24 21
7	20 57 28	13 20 17	18 26 18	24 20 56	22 16	23 24R	26 42	2 43	7 1	27 25	26 49	9 27	13 31	24 22
8	21 1 24	14 17 48	0♌ 16 41	6♌ 13 53	22 13	23 24	27 1	3 56	6 59	27 38	26 46	9 25	13 33	24 23
9	21 5 21	15 15 21	12 12 47	18 13 39	22 9	23 23	27 27	5 10	6 59D	27 51	26 43	9 23	13 35	24 24
10	21 9 17	16 12 54	24 16 42	0♍ 22 9	22 6	23 21	28 0	6 24	6 59	28 4	26 40	9 22	13 37	24 25
11	21 13 14	17 10 29	6♍ 30 11	12 40 59	22 3	23 18	28 39	7 38	7 0	28 17	26 37	9 20	13 39	24 26
12	21 17 11	18 8 4	18 54 42	25 11 32	22 0	23 14	29 25	8 52	7 2	28 30	26 34	9 18	13 41	24 27
13	21 21 7	19 5 41	1♎ 31 37	7♎ 55 8	21 57	23 10	0♌ 17	10 6	7 5	28 43	26 31	9 16	13 43	24 28
14	21 25 4	20 3 19	14 22 16	20 53 9	21 54	23 6	1 16	11 20	7 9	28 56	26 28	9 15	13 45	24 29
15	21 29 0	21 0 58	27 27 59	4♏ 6 55	21 50	23 3	2 22	12 34	7 13	29 9	26 25	9 13	13 47	24 30
16	21 32 57	21 58 37	10♏ 50 6	17 37 39	21 47	23 1D	3 33	13 48	7 19	29 22	26 21	9 12	13 48	24 30
17	21 36 53	22 56 18	24 29 42	1♐ 26 17	21 44	23 1	4 50	15 2	7 25	29 35	26 18	9 10	13 50	24 31
18	21 40 50	23 54 0	8♐ 27 24	15 32 58	21 41	23 2	6 12	16 16	7 32	29 48	26 14	9 9	13 52	24 32
19	21 44 46	24 51 43	22 42 50	29 56 43	21 38	23 3	7 40	17 30	7 40	0♌ 0	26 11	9 7	13 54	24 33
20	21 48 43	25 49 27	7♑ 14 14	14♑ 34 54	21 34	23 4	9 12	18 44	7 48	0 13	26 7	9 6	13 56	24 34
21	21 52 40	26 47 12	21 58 5	29 23 4	21 31	23 5R	10 49	19 58	7 57	0 26	26 4	9 4	13 57	24 34
22	21 56 36	27 44 59	6♒ 48 59	14♒ 14 56	21 28	23 4	12 30	21 13	8 7	0 38	26 0	9 3	13 59	24 35
23	22 0 33	28 42 46	21 39 56	29 3 1	21 25	23 2	14 14	22 27	8 18	0 51	25 56	9 2	14 1	24 36
24	22 4 29	29 40 35	6♓ 23 13	13♓ 39 37	21 22	22 58	16 2	23 41	8 30	1 3	25 52	9 0	14 3	24 37
25	22 8 26	0♍ 38 25	20 51 25	27 57 54	21 19	22 53	17 52	24 55	8 42	1 16	25 48	8 59	14 4	24 37
26	22 12 22	1 36 17	4♈ 58 31	11♈ 52 53	21 15	22 47	19 44	26 9	8 55	1 28	25 44	8 58	14 6	24 38
27	22 16 19	2 34 11	18 40 46	25 22 4	21 12	22 41	21 38	27 24	9 9	1 41	25 40	8 57	14 8	24 39
28	22 20 15	3 32 6	1♉ 56 53	8♉ 25 24	21 9	22 36	23 34	28 38	9 23	1 53	25 36	8 56	14 9	24 39
29	22 24 12	4 30 4	14 47 56	21 4 55	21 6	22 32	25 31	29 52	9 38	2 5	25 32	8 55	14 11	24 40
30	22 28 8	5 28 3	27 16 50	3♊ 24 15	21 3	22 31D	27 28	1♍ 7	9 54	2 18	25 28	8 54	14 12	24 40
31	22 32 5	6♍ 26 4	9♊ 27 46	15♊ 28 1	21♋ 0	22♋ 30	29♌ 26	2♍ 21	10♑ 10	2♌ 30	25♓ 24	8♑ 53	14♋ 14	24♊ 41

DECLINATION and LATITUDE

DAY	☉ DECL	☽ DECL	☽ LAT	☽ 12hr DECL	☿ DECL	☿ LAT	♀ DECL	♀ LAT	♂ DECL	♂ LAT	♃ DECL	♃ LAT	♄ DECL	♄ LAT
1	18N23	8N48	5S 9	10N54	16N33	4S17	21N37	0N33	28S54	5S40	21N13	0N16	3S18	2S19
2	18 8	12 51	4 46	14 39	16 48	4 5	21 26	0 35	28 53	5 39	21 10	0 17	3 19	2 19
3	17 53	16 17	4 11	17 44	17 3	3 53	21 13	0 37	28 52	5 38	21 8	0 17	3 20	2 19
4	17 37	18 59	3 25	20 1	17 18	3 39	21 0	0 39	28 52	5 37	21 5	0 17	3 21	2 20
5	17 22	20 50	2 31	21 25	17 32	3 24	20 47	0 41	28 51	5 36	21 3	0 17	3 22	2 20
6	17 6	21 46	1 31	21 52	17 46	3 9	20 33	0 44	28 50	5 34	21 0	0 17	3 24	2 20
7	16 50	21 44	0 27	21 21	17 60	2 53	20 18	0 46	28 49	5 33	20 58	0 17	3 25	2 20
8	16 33	20 43	0N38	19 52	18 12	2 37	20 3	0 48	28 47	5 32	20 55	0 17	3 26	2 20
9	16 16	18 46	1 42	17 29	18 23	2 20	19 47	0 50	28 46	5 30	20 53	0 17	3 27	2 21
10	15 59	15 59	2 42	14 18	18 33	2 4	19 31	0 52	28 44	5 29	20 50	0 17	3 29	2 21
11	15 42	12 28	3 36	10 29	18 42	1 47	19 14	0 53	28 42	5 27	20 48	0 17	3 30	2 21
12	15 24	8 22	4 20	6 9	18 48	1 31	18 56	0 55	28 40	5 25	20 45	0 18	3 31	2 21
13	15 6	3 51	4 52	1 30	18 53	1 14	18 38	0 57	28 39	5 23	20 43	0 18	3 33	2 22
14	14 48	0S54	5 10	3S19	18 56	0 58	18 20	0 59	28 36	5 21	20 40	0 18	3 34	2 22
15	14 30	5 42	5 13	8 4	18 57	0 43	18 1	1 0	28 34	5 20	20 38	0 18	3 36	2 22
16	14 11	10 21	4 59	12 32	18 55	0 28	17 41	1 2	28 32	5 18	20 35	0 18	3 37	2 22
17	13 53	14 34	4 28	16 27	18 51	0 13	17 21	1 4	28 30	5 16	20 33	0 18	3 39	2 22
18	13 34	18 6	3 40	19 30	18 45	0N 1	17 0	1 5	28 27	5 13	20 30	0 18	3 40	2 23
19	13 14	20 37	2 39	21 24	18 35	0 14	16 39	1 7	28 25	5 11	20 27	0 18	3 42	2 23
20	12 55	21 50	1 26	21 53	18 23	0 27	16 18	1 8	28 22	5 9	20 25	0 18	3 44	2 23
21	12 35	21 34	0 6	20 51	18 9	0 38	15 56	1 10	28 19	5 7	20 22	0 19	3 45	2 23
22	12 16	19 47	1S14	18 22	17 51	0 49	15 33	1 11	28 16	5 5	20 20	0 19	3 47	2 23
23	11 56	16 39	2 30	14 41	17 30	0 59	15 11	1 12	28 13	5 2	20 17	0 19	3 49	2 23
24	11 35	12 29	3 34	10 8	17 7	1 8	14 47	1 13	28 10	5 0	20 14	0 19	3 50	2 24
25	11 15	7 40	4 24	5 7	16 41	1 16	14 24	1 15	28 7	4 58	20 12	0 19	3 52	2 24
26	10 55	2 33	4 56	0N 1	16 13	1 23	13 59	1 16	28 4	4 55	20 9	0 19	3 54	2 24
27	10 34	2N33	5 10	4 60	15 42	1 29	13 35	1 17	28 0	4 53	20 7	0 19	3 55	2 24
28	10 13	7 22	5 6	9 36	15 9	1 34	13 10	1 18	27 57	4 51	20 4	0 19	3 57	2 24
29	9 52	11 42	4 48	13 39	14 34	1 38	12 45	1 19	27 53	4 48	20 1	0 19	3 59	2 24
30	9 31	15 25	4 15	16 60	13 57	1 41	12 19	1 19	27 50	4 46	19 59	0 20	4 1	2 24
31	9N 9	18N23	3S32	19N33	13N18	1N44	11N53	1N20	27S46	4S43	19N56	0N20	4S 3	2S25

DAY	♅ DECL	♅ LAT	♆ DECL	♆ LAT	♇ DECL	♇ LAT
1	23S28	0S22	21N58	0S49	15N51	7S29
5	23 29	0 22	21 58	0 49	15 51	7 30
9	23 29	0 22	21 57	0 49	15 50	7 30
13	23 30	0 22	21 56	0 49	15 50	7 30
17	23 30	0 22	21 55	0 49	15 50	7 31
21	23 31	0 22	21 54	0 49	15 50	7 31
25	23 31	0 22	21 54	0 49	15 49	7 32
29	23S31	0S22	21N53	0S49	15N49	7S32

☽ PHENOMENA

d	h	m	
1	2	25	☾
9	6	36	●
16	21	5	☽
23	12	15	○
30	17	28	☾

d	h	°
6	11	21N52
13	19	0
20	8	21S54
26	12	0

d	h	°
7	10	0
14	16	5N14
21	2	0
27	7	5S11

VOID OF COURSE ☽

LAST ASPT	☽ INGRESS
2 4pm49	2 ♊ 9pm56
5 4am 7	5 ♋ 10am27
7 6pm33	7 ♌ 11pm26
10 0am17	10 ♍ 11am16
12 6pm37	12 ♎ 9pm 7
15 3am 6	15 ♏ 4am35
17 8am56	17 ♐ 9am31
19 5am45	19 ♑ 12pm 5
21 6am36	21 ♒ 1pm 0
23 12pm15	23 ♓ 1pm33
25 8am18	25 ♈ 3pm28
27 5pm18	27 ♉ 8pm26
30 0am26	30 ♊ 5am19

d	h	
6	5	APOGEE
21	19	PERIGEE

DAILY ASPECTARIAN

Day	Aspect	Time
1 Th	☿△♄	1am30
	☽△♂	1 56
	☉□☽	2 25
	☽∠♇	5 27
	☽△♅	6 9
	☽∠♄	10 46
	☽⚹♆	1pm16
	♀☌♃	6 9
2 F	☿☌♀	3am13
	☽⚼♂	6 44
	♀△♄	8 36
	☽⚺♇	10 38
	☽⚼♅	11 14
	☽⚹♃	2pm54
	☽⚹☿	3 13
	☽⚹♄	3 58
	☽⚹♀	4 49
	☽∠♆	6 43
	☉∠♇	6 46
	☽∥♇	8 38
3 S	☿☌♃	0am20
	☉⚻♅	1 47
	☽∥☿	6 45
	☉∥☽	12pm13
	☽⚻♂	12 18
	♀∥♃	12 55
	☽⚻♅	5 2
	☉⚹☽	6 24
	☽∠☿	8 49
	☽∠♃	9 25
4 Su	☽⚺♆	0am49
	☽∠♀	2 16
	☿SD	3pm16
	☉∥☿	3 36
	♃△♄	4 38
	♀ ♌	7 8
	☽☌♇	10 56
	☽∥♀	11 19
5 M	☽⚺☿	3am10
	☉∠☽	3 27
	☽∥♃	3 50
	☽□♄	4 7
	☽⚺♃	4 23
	☉⚼♄	11 27
	☽⚺♀	12pm14
6 T	☽☍♂	0am49
	☽☍♅	5 45
	☉⚺☽	12pm42
	☽☌♆	1 58
7 W	☉⚺♆	4am44
	☿△♄	7 41
	☽⚺♇	12pm 4
	☽△♄	4 56
	☽☌☿	5 13
	☽☌♃	6 33
	☽∥♃	8 24
8 Th	☽☌♀	8am14
	☽∥♀	11 6
	☽⚻♂	1pm31
	☽⚻♅	6 21
	☽∠♇	6 22
	☽⚼♄	11 1
9 F	☽⚺♆	2am45
	♂SD	3 23
	☽∥☿	3 33
	☉☌☽	6 36
	☽⚼♂	7pm27
	☉∥☽	11 59
10 S	☽⚼♅	0am10
	☽⚹♇	0 17
	☽∥♇	1 5
	☿☌♃	4 38
	☽⚻♄	4 42
	☽⚺♃	7 37
	☽⚺☿	7 43
	☽∠♆	8 35
	♀⚻♂	11 31
	☉∥♇	12pm11
11 Su	☽△♂	0am59
	☽⚺♀	2 27
	☽△♅	5 29
	☽∠♃	1pm24
	☽⚹♆	1 54
	☽∠☿	2 45
	☉⚺☽	10 23
12 M	☿∥♀	8am14
	♀⚻♅	8 18
	☽∠♀	10 30
	☽□♇	10 36
	♀∠♇	11 30
	☽☍♄	2pm34
	☿ ♌	4 20
	☽⚹♃	6 37
	☽⚹☿	9 29
13 T	☽#♄	1am33
	☉∠☽	5 14
	☽□♂	10 29
	☽□♅	2pm30
	☽⚹♀	5 46
	☽□♆	10 50
14 W	♀⚼♄	2am32
	☉⚹☽	11 18
	☽∥♄	1pm22
	☽△♇	6 35
	☽⚻♄	10 6
15 Th	☽□♃	3am 6
	☽□☿	9 41
	☽⚹♂	5pm41
	☽⚹♅	9 5
	☽⚼♇	9 38
16 F	♀⚺♆	0am12
	☽⚼♄	0 55
	☽△♆	5 17
	☽□♀	5 46
	☉⚼♂	9 17
	☉#☽	8pm 7
	☽∠♂	8 21
	☉□☽	9 5
	☽∠♅	11 26
17 S	☽⚻♇	0am 3
	☽△♄	3 7
	☽⚼♆	7 32
	☽#♇	7 57
	☽△♃	8 56
	☽#♀	4pm40
	☽△☿	7 44
	☽⚺♂	10 24
18 Su	☽⚺♅	1am10
	☽#☿	5 2
	☉⚼♅	5 54
	☽⚻♆	9 11
	☽⚼♃	10 53
	☽△♀	2pm27
	☉⚹♇	4 5
	☽#♃	10 10
	♃ ♌	11 15
	☽⚼☿	11 54
	☿⚻♂	11 56
19 M	☽☍♇	3am 3
	☉△☽	3 50
	☽□♄	5 45
	☽⚻♃	12pm17
	☽⚼♀	5 43
	☿⚻♅	10 22
20 T	☽☌♂	0am56
	☽☌♅	3 2
	☽⚻☿	3 36
	☿∠♇	5 28
	☉⚼☽	6 17
	☉⚻♄	6 59
	☽☍♆	10 57
	☽⚻♀	8pm28
21 W	☿⚼♄	3am26
	☽⚻♇	4 13
	☽⚹♄	6 36
	♀∥♇	6 38
	☉⚻☽	8 20
	☽☍♃	1pm53
	☽#♃	6 12
22 Th	☽⚺♂	2am 8
	☽⚺♅	3 36
	☽⚼♇	4 29
	☽∠♄	6 43
	☽☍☿	10 22
	☽⚻♆	11 36
	☽#☿	5pm35
	☿⚺♆	8 58
23 F	☽☍♀	1am23
	☽∠♂	2 42
	☽∠♅	3 50
	☽△♇	4 46
	☽#♇	5 12
	☽⚺♄	6 54
	☉∠♆	7 45
	☽#♀	10 3
	☽⚼♆	11 58
	☉☍☽	12pm15
	☽⚻♃	3 9
	♀⚼♂	7 46
24 S	☽⚹♂	3am31
	☽⚹♅	4 18
	☉#☽	5 2
	♀⚼♅	6 13
	☉ ♍	8 3
	☽△♆	12pm40
	☽⚼♃	4 13
	♀⚹♇	6 11
	☽⚻☿	6 15
25 Su	☽□♇	6am21
	☽⚻♀	7 29
	☽☌♄	8 18
	♀⚻♄	4pm20
	☽∥♄	5 46
	☉⚻☽	5 47
	☽△♃	5 54
	☉⚺♃	7 50
	☽⚼☿	11 31
26 M	♂☌♅	4am41
	☽□♅	6 54
	☽□♂	6 57
	☽⚼♀	11 48
	☽□♆	3pm56
	☿∥♇	6 29
	☉⚼☽	9 53
27 T	☽△☿	6am10
	☽#♄	6 44
	☽⚹♇	10 42
	☽⚺♄	12pm29
	☽△♀	5 18
	☽□♃	11 53
28 W	☉△☽	3am 9
	☿⚼♅	4 27
	♀∠♆	10 17
	☿⚼♂	11 37
	☽△♅	12pm56
	☿⚹♇	1 30
	☽△♂	2 5
	☉∥☽	2 16
	☽∠♇	2 19
	☽∠♄	4 0
	☽⚹♆	10 49
29 Th	☿⚻♄	0am16
	♀ ♍	2 30
	☽∥♀	5 44
	☽∥☿	3pm26
	☽⚼♅	5 26
	☽⚺♇	6 56
	☽⚼♂	7 16
	☽⚹♄	8 29
30 F	☽□☿	0am26
	☽∥♇	2 55
	☽∠♆	3 46
	☽□♀	8 20
	☽⚹♃	9 59
	☉□☽	5pm28
	☿∠♆	9 28
	☽⚻♅	10 51
31 S	☽⚻♂	1am27
	♀⚺♃	8 25
	☿ ♍	6 54
	☽⚺♆	9 32
	☽∥♃	4pm 7
	☽∠♃	4 21

SEPTEMBER 1907

LONGITUDE

DAY	SID. TIME	☉	☽	☽ 12 Hour	MEAN ☊	TRUE ☊	☿	♀	♂	♃	♄	♅	♆	♇
	h m s	° ' "	° ' "	° ' "	° '	° '	° '	° '	° '	° '	° '	° '	° '	° '
1	22 36 2	7♍24 7	21♊25 39	27♊21 19	20♋56	22♋31	1♍24	3♍35	10♑27	2♌42	25♓19R	8♑52R	14♋15	24♊42
2	22 39 58	8 22 12	3♋15 39	9♋ 9 17	20 53	22 32	3 22	4 50	10 45	2 54	25 15	8 51	14 17	24 42
3	22 43 55	9 20 19	15 2 50	20 56 51	20 50	22 34R	5 19	6 4	11 3	3 6	25 11	8 50	14 18	24 43
4	22 47 51	10 18 27	26 51 54	2♌48 26	20 47	22 34	7 16	7 19	11 22	3 18	25 6	8 49	14 20	24 43
5	22 51 48	11 16 38	8♌46 56	14 47 46	20 44	22 32	9 13	8 33	11 42	3 30	25 2	8 49	14 21	24 44
6	22 55 44	12 14 50	20 51 16	26 57 44	20 40	22 29	11 8	9 48	12 2	3 42	24 58	8 48	14 22	24 44
7	22 59 41	13 13 4	3♍ 7 21	9♍20 17	20 37	22 23	13 3	11 2	12 22	3 53	24 53	8 47	14 24	24 44
8	23 3 37	14 11 20	15 36 40	21 56 30	20 34	22 15	14 57	12 17	12 44	4 5	24 49	8 47	14 25	24 45
9	23 7 34	15 9 38	28 19 49	4♎46 33	20 31	22 6	16 50	13 31	13 5	4 17	24 44	8 46	14 26	24 45
10	23 11 31	16 7 57	11♎16 39	17 50 1	20 28	21 56	18 42	14 46	13 28	4 28	24 39	8 46	14 28	24 46
11	23 15 27	17 6 18	24 26 31	1♏ 6 4	20 25	21 47	20 32	16 0	13 50	4 40	24 35	8 45	14 29	24 46
12	23 19 24	18 4 41	7♏48 33	14 33 51	20 21	21 39	22 22	17 15	14 14	4 51	24 30	8 45	14 30	24 46
13	23 23 20	19 3 5	21 21 54	28 12 39	20 18	21 34	24 11	18 30	14 38	5 2	24 26	8 45	14 31	24 47
14	23 27 17	20 1 32	5♐ 6 2	12♐ 2 0	20 15	21 31	25 58	19 44	15 2	5 14	24 21	8 45	14 32	24 47
15	23 31 13	20 59 59	19 0 33	26 1 36	20 12	21 30D	27 44	20 59	15 27	5 25	24 16	8 44	14 34	24 47
16	23 35 10	21 58 28	3♑ 5 6	10♑10 57	20 9	21 31	29 30	22 14	15 52	5 36	24 12	8 44	14 35	24 47
17	23 39 6	22 56 59	17 18 59	24 28 59	20 5	21 31R	1♎14	23 28	16 18	5 47	24 7	8 44	14 36	24 47
18	23 43 3	23 55 32	1♒40 39	8♒53 34	20 2	21 31	2 57	24 43	16 44	5 58	24 3	8 44D	14 37	24 48
19	23 47 0	24 54 6	16 7 17	23 21 13	19 59	21 29	4 39	25 58	17 11	6 9	23 58	8 44	14 38	24 48
20	23 50 56	25 52 42	0♓34 44	7♓47 6	19 56	21 24	6 20	27 12	17 38	6 19	23 53	8 44	14 39	24 48
21	23 54 53	26 51 19	14 57 36	22 5 29	19 53	21 16	8 0	28 27	18 6	6 30	23 49	8 44	14 40	24 48
22	23 58 49	27 49 59	29 10 0	6♈10 30	19 50	21 6	9 40	29 42	18 34	6 41	23 44	8 44	14 41	24 48
23	0 2 46	28 48 40	13♈ 6 23	19 57 10	19 46	20 55	11 18	0♎56	19 2	6 51	23 39	8 44	14 41	24 48
24	0 6 42	29 47 24	26 42 29	3♉22 5	19 43	20 44	12 55	2 11	19 31	7 1	23 35	8 45	14 42	24 48
25	0 10 39	0♎46 9	9♉55 54	16 23 57	19 40	20 34	14 31	3 26	20 0	7 12	23 30	8 45	14 43	24 48R
26	0 14 35	1 44 57	22 46 24	29 3 33	19 37	20 26	16 6	4 41	20 29	7 22	23 26	8 45	14 44	24 48
27	0 18 32	2 43 47	5♊15 45	11♊23 30	19 34	20 21	17 41	5 56	20 59	7 32	23 21	8 46	14 45	24 48
28	0 22 29	3 42 39	17 27 19	23 27 48	19 31	20 18	19 14	7 10	21 29	7 42	23 16	8 46	14 45	24 48
29	0 26 25	4 41 34	29 25 37	5♋21 25	19 27	20 16D	20 47	8 25	22 0	7 52	23 12	8 46	14 46	24 48
30	0 30 22	5♎40 31	11♋15 53	17♋ 9 44	19♋24	20♋16R	22♎18	9♎40	22♑31	8♌ 2	23♓ 7	8♑47	14♋47	24♊48

DECLINATION and LATITUDE

DAY	☉ DECL	☽ DECL	☽ LAT	☽ 12hr DECL	☿ DECL	☿ LAT	♀ DECL	♀ LAT	♂ DECL	♂ LAT	♃ DECL	♃ LAT	♄ DECL	♄ LAT
1	8N48	20N30	2S41	21N13	12N38	1N46	11N27	1N21	27S42	4S41	19N53	0N20	4S 4	2S25
2	8 26	21 42	1 43	21 56	11 56	1 47	11 1	1 22	27 38	4 38	19 51	0 20	4 6	2 25
3	8 4	21 56	0 41	21 41	11 13	1 47	10 34	1 22	27 34	4 36	19 48	0 20	4 8	2 25
4	7 42	21 11	0N23	20 26	10 29	1 46	10 7	1 23	27 30	4 33	19 45	0 20	4 10	2 25
5	7 20	19 28	1 27	18 16	9 45	1 45	9 39	1 23	27 26	4 31	19 43	0 20	4 12	2 25
6	6 58	16 52	2 27	15 16	8 59	1 43	9 12	1 24	27 21	4 28	19 40	0 20	4 14	2 25
7	6 36	13 29	3 21	11 32	8 13	1 41	8 44	1 24	27 17	4 26	19 37	0 21	4 16	2 25
8	6 14	9 27	4 6	7 15	7 27	1 38	8 15	1 24	27 12	4 23	19 35	0 21	4 17	2 26
9	5 51	4 57	4 40	2 34	6 40	1 35	7 47	1 25	27 8	4 20	19 32	0 21	4 19	2 26
10	5 28	0 9	5 0	2S18	5 53	1 31	7 18	1 25	27 3	4 18	19 30	0 21	4 21	2 26
11	5 6	4S45	5 5	7 9	5 5	1 27	6 50	1 25	26 58	4 15	19 27	0 21	4 23	2 26
12	4 43	9 29	4 54	11 44	4 18	1 23	6 20	1 25	26 53	4 13	19 24	0 21	4 25	2 26
13	4 20	13 50	4 26	15 47	3 30	1 18	5 51	1 25	26 48	4 10	19 22	0 21	4 27	2 26
14	3 57	17 31	3 42	19 1	2 43	1 13	5 22	1 25	26 42	4 8	19 19	0 22	4 29	2 26
15	3 34	20 16	2 45	21 12	1 56	1 7	4 52	1 25	26 37	4 5	19 17	0 22	4 31	2 26
16	3 11	21 48	1 37	22 4	1 9	1 2	4 23	1 24	26 31	4 3	19 14	0 22	4 33	2 26
17	2 48	21 58	0 22	21 30	0 22	0 56	3 53	1 24	26 26	4 0	19 11	0 22	4 34	2 26
18	2 25	20 41	0S54	19 31	0S25	0 49	3 23	1 24	26 20	3 57	19 9	0 22	4 36	2 26
19	2 2	18 2	2 7	16 17	1 11	0 43	2 53	1 23	26 14	3 55	19 6	0 22	4 38	2 26
20	1 38	14 16	3 12	12 4	1 58	0 37	2 23	1 23	26 8	3 52	19 4	0 22	4 40	2 26
21	1 15	9 41	4 5	7 12	2 43	0 30	1 52	1 22	26 1	3 50	19 1	0 23	4 42	2 26
22	0 52	4 38	4 41	2 2	3 28	0 23	1 22	1 22	25 55	3 47	18 59	0 23	4 44	2 26
23	0 28	0N34	4 60	3N 8	4 13	0 16	0 52	1 21	25 48	3 45	18 56	0 23	4 46	2 26
24	0 5	5 37	5 1	8 1	4 58	0 9	0 21	1 20	25 42	3 42	18 54	0 23	4 47	2 26
25	0S18	10 16	4 46	12 23	5 42	0 2	0S 9	1 19	25 35	3 40	18 51	0 23	4 49	2 26
26	0 42	14 20	4 16	16 6	6 25	0S 5	0 39	1 19	25 28	3 37	18 49	0 23	4 51	2 26
27	1 5	17 39	3 35	19 0	7 8	0 12	1 10	1 18	25 21	3 35	18 46	0 23	4 53	2 26
28	1 29	20 7	2 45	21 0	7 50	0 20	1 40	1 17	25 14	3 32	18 44	0 24	4 55	2 26
29	1 52	21 39	1 48	22 2	8 32	0 27	2 11	1 16	25 6	3 30	18 42	0 24	4 57	2 26
30	2S15	22N11	0S48	22N 5	9S13	0S34	2S41	1N15	24S59	3S27	18N39	0N24	4S58	2S26

DAY	♅ DECL	♅ LAT	♆ DECL	♆ LAT	♇ DECL	♇ LAT
1	23S32	0S22	21N52	0S49	15N49	7S32
5	23 32	0 22	21 52	0 49	15 48	7 33
9	23 32	0 22	21 51	0 49	15 48	7 33
13	23 32	0 22	21 50	0 49	15 48	7 34
17	23 32	0 22	21 50	0 49	15 47	7 34
21	23 32	0 22	21 49	0 50	15 47	7 35
25	23 32	0 22	21 49	0 50	15 46	7 35
29	23S32	0S22	21N49	0S50	15N46	7S36

☽ PHENOMENA

d	h	m	
7	21	4	●
15	3	40	☽
21	21	34	○
29	11	37	☾

d	h	° '
2	18	21N58
10	1	0
16	15	22S 4
22	21	0
30	1	22N11

d	h	° '
3	15	0
10	19	5N 6
17	7	0
23	14	5S 3
30	18	0

VOID OF COURSE ☽

LAST ASPT		☽ INGRESS		
1	7am50	1	♋	5pm22
3	8pm28	4	♌	6am20
6	7am38	6	♍	5pm56
8	5pm18	9	♎	3am 7
11	0am35	11	♏	10am 1
13	5am41	13	♐	3pm 7
15	5pm 3	15	♑	6pm46
17	11am20	17	♒	9pm12
19	2pm24	19	♓	11pm 2
22	0am59	22	♈	1am25
23	8pm36	24	♉	5am55
26	1am14	26	♊	1pm49
28	2pm41	29	♋	1am 9

d	h	
2	19	APOGEE
18	15	PERIGEE
30	13	APOGEE

DAILY ASPECTARIAN

Day	Aspect	Time
1 Su	☽☌♇	6am37
	☽□♄	7 50
	☿⚺♃	5pm40
	☽⚺♃	11 15
2 M	☽⚹☿	0am15
	☽⚹♀	3 34
	☉⚹☽	11 20
	☽☍♅	11 22
	☉△♅	11 46
	☽☍♂	3pm39
	☽∥♆	5 32
	☽☌♆	10 29
3 T	☽∥♆	4am16
	☽∠☿	12pm51
	☽∠♀	1 41
	☽⚺♇	7 39
	☽△♄	8 28
	☉∠☽	8 34
4 W	☿☌♀	1am18
	☽☌♃	1pm12
	☿△♅	7 4
	☽∥♃	9 8
	☽⚺♀	11 29
5 Th	☽⚻♅	0am 4
	☽⚺☿	1 2
	☽∠♇	1 53
	☽⚼♄	2 29
	♀△♅	4 59
	☉⚺☽	5 26
	☽⚻♂	5 59
	☿∥♀	7 20
	☽⚺♆	11 8
	☉△♂	3pm42
6 F	☽⚼♅	5am48
	☽⚹♇	7 38
	☽⚻♄	8 2
	☽∥♇	8 6
	☽⚼♂	12pm29
	☿△♂	1 33
	☽∠♆	4 44
7 S	☽⚺♃	1am31
	☉☌☿	4 15
	☽△♅	10 56
	☽☌♀	4pm56
	☿⚹♆	5 11
	☽△♂	6 20
	☉☌☽	9 4
	☽⚹♆	9 43
	☽☌☿	10 31
8 Su	☉⚹♆	5am48
	☽∠♃	6 42
	☽∥♀	7 22
	♀△♂	12pm11
	☽∥☿	1 15
	☽□♇	5 17
	☽☍♄	5 18
	♄□♇	6 7
	☉∥☽	6 56
9 M	☽#♄	3am10
	☽⚹♃	11 15
	♀⚹♆	6pm 3
	☽□♅	7 23
10 T	☽□♂	4am 8
	☽□♆	5 51
	☽⚺♀	7 4
	☉⚺☽	9 36
	☿∠♃	11 14
	☽⚺☿	3pm47
	☽∥♄	10 13
	☉∥☿	11 33
11 W	☽⚻♄	0am15
	☽△♇	0 35
	☽#☿	1 28
	☉#☽	1 37
	☽#♀	9 25
	☽∠♀	1pm 3
	☉∠☽	2 53
	☽□♃	6 39
	☿#♄	8 32
	☽∠☿	11 5
12 Th	☽⚹♅	1am41
	☽⚼♄	3 0
	☽⚼♇	3 30
	☽⚹♂	11 45
	☽△♆	11 54
	♂☍♆	5pm13
	☉#♄	5 27
	☽⚹♀	6 26
	☉⚹☽	7 37
13 F	☿☍♄	3am13
	☽∠♅	4 11
	☽△♄	5 21
	☽⚹☿	5 41
	☽⚻♇	5 59
	☿□♇	8 1
	☽#♇	12pm 5
	☽⚼♆	2 19
	☽∠♂	2 55
14 S	☽△♃	0am13
	☉∠♃	6 7
	☽⚺♅	6 19
	♀∠♃	11 6
	☽#♃	2pm24
	☽⚻♆	4 21
	☽⚺♂	5 42
15 Su	☉☌♀	1am34
	☽⚼♃	2 26
	☉□☽	3 40
	☽□♀	3 43
	☽□♄	8 58
	☽☍♇	9 53
	♀#♄	4pm30
	☽□☿	5 3
16 M	☽#♆	0am59
	☽⚻♃	4 19
	☿ ♎	6 56
	☽☌♅	9 33
	☽☍♆	7pm25
	☽☌♂	10 15
17 T	☽#♆	4am19
	☉△☽	10 7
	☽△♀	11 17
	☽⚹♄	11 20
	♀☍♄	11 46
	☽⚻♇	12pm31
18 W	♀□♇	1am32
	☽△☿	2 25
	☉☍♄	2 39
	☽☍♃	7 13
	☽⚺♅	11 44
	☽∠♄	12pm11
	☉⚼☽	12 56
	☽⚼♇	1 30
	☽⚼♀	2 38
	☽#♃	3 26
	☉□♇	9 25
	☽⚻♆	9 31
	♅SD	10 4
19 Th	☽⚺♂	1am49
	☽⚼☿	6 38
	☽∠♅	12pm38
	☽⚺♄	12 57
	☽△♇	2 24
	☽#♇	3 6
	☉⚻☽	3 37
	☉#☿	5 21
	☽⚻♀	5 52
	☽⚼♆	10 27
	☿⚹♃	11 44
20 F	☽∠♂	3am32
	☿#♀	7 57
	☽⚻♃	9 41
	☽⚻☿	10 51
	☽⚹♅	1pm35
	☽△♆	11 30
21 S	☽⚹♂	5am27
	☿□♅	10 32
	☽⚼♃	11 8
	☽☌♄	2pm49
	☽□♇	4 35
	☉☍☽	9 34
	☽∥♄	11 32
22 Su	☽☍♀	0am59
	☽∥☿	4 40
	♀ ♎	5 52
	☽△♃	1pm 2
	☽□♅	4 25
	☽#♀	4 39
	☉#☽	6 47
	☽☍☿	8 26
	☉∥☽	11 35
23 M	☽∥♀	1am14
	☽□♆	2 46
	☽□♂	10 45
	☿∥♄	6pm13
	☽⚺♄	6 27
	☽#♄	7 56
	☽#☿	8 13
	☽⚹♇	8 36
24 T	☉ ♎	5am 9
	☉⚻☽	5 58
	☽⚻♀	10 53
	☉#♀	11 47
	☽□♃	6pm55
	☽∠♄	9 23
	☽△♅	9 49
	☽∠♇	11 46
25 W	☿□♆	3am 5
	☽⚹♆	8 53
	☽⚻☿	9 41
	☉⚼☽	11 43
	☽⚼♀	5pm31
	☽△♂	7 30
	♇SR	8 52
26 Th	☽⚹♄	1am14
	☽⚼♅	1 52
	☽⚺♇	3 52
	☉∥♀	7 41
	☽∥♇	9 38
	☽∠♆	1pm19
	☽⚼☿	6 15
	☉△☽	6 40
27 F	☽△♀	1am26
	☽⚼♂	1 28
	☽⚹♃	4 30
	☽⚻♅	6 50
	☽∥♃	9 40
	☽⚺♆	6pm38
28 S	☽△☿	4am 4
	☽⚻♂	8 24
	☽∠♃	10 37
	☽□♄	11 33
	♀⚹♃	11 44
	☽☌♇	2pm41
29 Su	☽∥♆	4am15
	♀□♅	6 53
	☉□☽	11 37
	☽⚺♃	5pm20
	☽☍♅	6 57
	☽□♀	8 22
30 M	☿□♂	4am54
	☽☌♆	7 10
	♃⚼♄	9 34
	☿⚻♄	12pm22
	☽∥♆	9 46
	☽☍♂	11 56
	☽△♄	11 59

OCTOBER 1907

LONGITUDE

DAY	SID. TIME h m s	☉ ° ' "	☽ ° ' "	☽ 12 Hour ° ' "	MEAN ☊ ° '	TRUE ☊ ° '	☿ ° '	♀ ° '	♂ ° '	♃ ° '	♄ ° '	♅ ° '	♆ ° '	♇ ° '
1	0 34 18	6♎ 39 30	23♋ 3 38	28♋ 58 17	19♋ 21	20♋ 16R	23♎ 49	10♎ 55	23♑ 2	8♌ 12	23♓ 3R	8♑ 48	14♋ 47	24♊ 48R
2	0 38 15	7 38 31	4♌ 54 18	10♌ 52 21	19 18	20 15	25 19	12 10	23 33	8 21	22 59	8 48	14 48	24 48
3	0 42 11	8 37 35	16 52 57	22 56 40	19 15	20 12	26 48	13 25	24 5	8 31	22 54	8 49	14 49	24 48
4	0 46 8	9 36 41	29 3 55	5♍ 15 6	19 11	20 7	28 16	14 39	24 37	8 40	22 50	8 50	14 49	24 48
5	0 50 4	10 35 49	11♍ 30 31	17 50 22	19 8	19 59	29 43	15 54	25 10	8 49	22 45	8 50	14 50	24 47
6	0 54 1	11 34 59	24 14 45	0♎ 43 43	19 5	19 48	1♏ 10	17 9	25 42	8 58	22 41	8 51	14 50	24 47
7	0 57 58	12 34 11	7♎ 17 9	13 54 55	19 2	19 36	2 35	18 24	26 15	9 7	22 37	8 52	14 51	24 47
8	1 1 54	13 33 26	20 36 45	27 22 19	18 59	19 23	4 0	19 39	26 49	9 16	22 33	8 53	14 51	24 47
9	1 5 51	14 32 42	4♏ 11 15	11♏ 3 8	18 56	19 11	5 23	20 54	27 22	9 25	22 29	8 54	14 51	24 46
10	1 9 47	15 32 1	17 57 33	24 54 5	18 52	19 0	6 46	22 9	27 56	9 34	22 25	8 55	14 52	24 46
11	1 13 44	16 31 21	1♐ 52 19	8♐ 51 55	18 49	18 52	8 7	23 24	28 30	9 42	22 21	8 56	14 52	24 46
12	1 17 40	17 30 43	15 52 32	22 53 57	18 46	18 47	9 28	24 39	29 4	9 51	22 17	8 57	14 52	24 45
13	1 21 37	18 30 7	29 55 55	6♑ 58 18	18 43	18 45	10 47	25 54	29 39	9 59	22 13	8 59	14 52	24 45
14	1 25 33	19 29 33	14♑ 0 58	21 3 49	18 40	18 44	12 5	27 9	0♒ 14	10 7	22 9	9 0	14 53	24 45
15	1 29 30	20 29 0	28 6 46	5♒ 9 44	18 37	18 44	13 22	28 23	0 49	10 15	22 5	9 1	14 53	24 44
16	1 33 27	21 28 30	12♒ 12 35	19 15 11	18 33	18 44	14 37	29 38	1 24	10 23	22 1	9 3	14 53	24 44
17	1 37 23	22 28 1	26 17 21	3♓ 18 48	18 30	18 41	15 51	0♏ 53	2 0	10 31	21 58	9 4	14 53	24 43
18	1 41 20	23 27 33	10♓ 19 16	17 18 21	18 27	18 35	17 3	2 8	2 36	10 39	21 54	9 5	14 53	24 43
19	1 45 16	24 27 8	24 15 41	1♈ 10 48	18 24	18 26	18 14	3 23	3 11	10 46	21 50	9 7	14 53R	24 42
20	1 49 13	25 26 44	8♈ 3 15	14 52 36	18 21	18 15	19 23	4 38	3 48	10 54	21 47	9 8	14 53	24 42
21	1 53 9	26 26 22	21 38 24	28 20 17	18 17	18 2	20 29	5 53	4 24	11 1	21 44	9 10	14 53	24 41
22	1 57 6	27 26 2	4♉ 57 56	11♉ 31 6	18 14	17 49	21 34	7 8	5 1	11 8	21 40	9 12	14 53	24 41
23	2 1 2	28 25 44	17 59 38	24 23 28	18 11	17 38	22 36	8 23	5 37	11 15	21 37	9 13	14 53	24 40
24	2 4 59	29 25 29	0♊ 42 41	6♊ 57 23	18 8	17 28	23 35	9 38	6 14	11 22	21 34	9 15	14 53	24 40
25	2 8 55	0♏ 25 16	13 7 51	19 14 23	18 5	17 21	24 31	10 53	6 51	11 29	21 31	9 17	14 52	24 39
26	2 12 52	1 25 4	25 17 24	1♋ 17 23	18 2	17 16	25 24	12 8	7 28	11 35	21 28	9 19	14 52	24 39
27	2 16 49	2 24 55	7♋ 14 52	13 10 27	17 58	17 14D	26 14	13 23	8 6	11 41	21 25	9 20	14 52	24 38
28	2 20 45	3 24 48	19 4 47	24 58 30	17 55	17 14	26 59	14 38	8 43	11 48	21 22	9 22	14 52	24 37
29	2 24 42	4 24 43	0♌ 52 18	6♌ 46 54	17 52	17 14R	27 39	15 53	9 21	11 54	21 19	9 24	14 51	24 37
30	2 28 38	5 24 41	12 42 58	18 41 12	17 49	17 14	28 15	17 8	9 59	12 0	21 16	9 26	14 51	24 36
31	2 32 35	6♏ 24 40	24♌ 42 16	0♍ 46 48	17♋ 46	17♋ 12	28♏ 45	18♏ 23	10♒ 37	12♌ 5	21♓ 14	9♑ 28	14♋ 51	24♊ 35

DECLINATION and LATITUDE

DAY	☉ DECL	☽ DECL	☽ LAT	☽ 12hr DECL	☿ DECL	☿ LAT	♀ DECL	♀ LAT	♂ DECL	♂ LAT	♃ DECL	♃ LAT	♄ DECL	♄ LAT
1	2S39	21N43	0N15	21N 8	9S53	0S41	3S12	1N13	24S51	3S25	18N37	0N24	5S 0	2S26
2	3 2	20 18	1 17	19 14	10 33	0 49	3 42	1 12	24 43	3 22	18 34	0 24	5 2	2 26
3	3 25	17 57	2 16	16 27	11 12	0 56	4 12	1 11	24 35	3 20	18 32	0 24	5 3	2 26
4	3 49	14 46	3 10	12 55	11 51	1 3	4 43	1 10	24 27	3 18	18 30	0 24	5 5	2 26
5	4 12	10 53	3 56	8 43	12 29	1 10	5 13	1 8	24 19	3 15	18 28	0 25	5 7	2 26
6	4 35	6 26	4 32	4 3	13 6	1 18	5 43	1 7	24 10	3 13	18 25	0 25	5 8	2 26
7	4 58	1 36	4 54	0S54	13 42	1 25	6 13	1 5	24 1	3 10	18 23	0 25	5 10	2 26
8	5 21	3S25	5 0	5 55	14 17	1 31	6 42	1 4	23 53	3 8	18 21	0 25	5 12	2 26
9	5 44	8 22	4 50	10 44	14 52	1 38	7 12	1 2	23 44	3 6	18 19	0 25	5 13	2 26
10	6 7	12 58	4 23	15 3	15 26	1 45	7 42	1 1	23 35	3 3	18 16	0 25	5 15	2 26
11	6 30	16 58	3 41	18 36	15 59	1 52	8 11	0 59	23 25	3 1	18 14	0 26	5 16	2 26
12	6 53	19 59	2 44	21 4	16 31	1 58	8 40	0 57	23 16	2 58	18 12	0 26	5 18	2 26
13	7 15	21 49	1 38	22 14	17 2	2 4	9 9	0 55	23 6	2 56	18 10	0 26	5 19	2 26
14	7 38	22 18	0 25	22 0	17 32	2 10	9 38	0 54	22 56	2 54	18 8	0 26	5 21	2 26
15	8 0	21 21	0S49	20 22	18 1	2 16	10 6	0 52	22 46	2 51	18 6	0 26	5 22	2 26
16	8 23	19 4	2 1	17 29	18 29	2 22	10 35	0 50	22 36	2 49	18 4	0 26	5 24	2 25
17	8 45	15 39	3 5	13 36	18 56	2 27	11 3	0 48	22 26	2 47	18 2	0 27	5 25	2 25
18	9 7	11 21	3 57	8 58	19 22	2 32	11 30	0 46	22 16	2 45	18 0	0 27	5 26	2 25
19	9 29	6 29	4 35	3 55	19 47	2 37	11 58	0 44	22 5	2 42	17 58	0 27	5 28	2 25
20	9 51	1 20	4 56	1N15	20 10	2 41	12 25	0 42	21 54	2 40	17 57	0 27	5 29	2 25
21	10 12	3N48	4 60	6 17	20 32	2 45	12 52	0 40	21 43	2 38	17 55	0 27	5 30	2 25
22	10 34	8 40	4 47	10 55	20 53	2 49	13 19	0 37	21 32	2 36	17 53	0 27	5 31	2 25
23	10 55	13 2	4 20	14 58	21 12	2 52	13 45	0 35	21 21	2 33	17 51	0 28	5 33	2 25
24	11 16	16 43	3 40	18 15	21 30	2 55	14 11	0 33	21 10	2 31	17 49	0 28	5 34	2 25
25	11 38	19 34	2 50	20 39	21 46	2 57	14 37	0 31	20 58	2 29	17 48	0 28	5 35	2 24
26	11 58	21 28	1 54	22 3	22 1	2 59	15 2	0 29	20 47	2 27	17 46	0 28	5 36	2 24
27	12 19	22 22	0 53	22 26	22 13	2 60	15 27	0 26	20 35	2 25	17 45	0 28	5 37	2 24
28	12 40	22 15	0N10	21 49	22 24	2 60	15 51	0 24	20 23	2 23	17 43	0 29	5 38	2 24
29	12 60	21 9	1 12	20 14	22 33	2 59	16 15	0 22	20 11	2 20	17 42	0 29	5 39	2 24
30	13 20	19 6	2 11	17 45	22 40	2 58	16 39	0 19	19 58	2 18	17 40	0 29	5 40	2 24
31	13S40	16N12	3N 6	14N28	22S44	2S55	17S 2	0N17	19S46	2S16	17N39	0N29	5S41	2S24

DAY	♅ DECL	♅ LAT	♆ DECL	♆ LAT	♇ DECL	♇ LAT
1	23S31	0S22	21N48	0S50	15N45	7S36
5	23 31	0 22	21 48	0 50	15 45	7 36
9	23 31	0 22	21 48	0 50	15 44	7 37
13	23 31	0 22	21 48	0 50	15 44	7 37
17	23 30	0 22	21 48	0 50	15 43	7 38
21	23 30	0 22	21 47	0 50	15 43	7 38
25	23 29	0 22	21 47	0 50	15 42	7 39
29	23S29	0S22	21N47	0S50	15N42	7S39

☽ PHENOMENA

d	h	m	
7	10	20	●
14	10	2	☽
21	9	17	○
29	7	51	☾

d	h	°	'
7	8	0	
13	20	22S19	
20	6	0	
27	9	22N27	

d	h		
7	22	5N 0	
14	8	0	
20	18	5S 1	
27	20	0	

VOID OF COURSE ☽

LAST ASPT		☽ INGRESS		
1	1am46	1	♌	2pm 5
3	10pm14	4	♍	1am49
6	2am50	6	♎	10am39
8	11am29	8	♏	4pm38
10	5pm57	10	♐	8pm47
12	4pm26	13	♑	0am 7
15	0am31	15	♒	3am13
16	9pm20	17	♓	6am20
19	0am46	19	♈	9am57
21	9am17	21	♉	3pm 0
23	9am21	23	♊	10pm39
25	10pm43	26	♋	9am25
28	5pm 5	28	♌	10pm14
31	8am18	31	♍	10am28

d	h	
14	14	PERIGEE
28	9	APOGEE

DAILY ASPECTARIAN

Day	Aspect	Time
1 T	♂⚹♄	0am53
	☽□☿	1 46
	☽⚺♇	3 32
	☿△♇	3pm42
2 W	☉⚹☽	6am 0
	☽⚼♄	6 9
	☽☌♃	7 2
	☽⚻♅	7 51
	☽∠♇	9 51
	☽⚹♀	4pm16
	☽∥♃	6 40
	☽⚺♆	7 52
	☉⚹♃	8 38
3 Th	☉□♅	4am40
	☽⚻♄	11 51
	☽⚼♅	1pm44
	☉∠☽	2 31
	☽⚻♂	2 54
	☽⚹♇	3 38
	☽∥♇	5 12
	☽⚹☿	10 14
4 F	☽∠♀	1am17
	☽∠♆	1 28
	♀□♆	3 8
	♂⚻♇	7 46
	☽#☿	3pm55
	☽⚺♃	6 48
	☽△♅	6 54
	♀∥♄	7 2
	☽⚼♂	9 18
	☉⚺☽	10 7
5 S	♃⚻♅	3am31
	☿ ♏	4 36
	☽⚹♆	6 19
	☽∠☿	6 54
	☽⚺♀	9 15
	☽☍♄	9pm 7
	☽∠♃	11 29
6 Su	☽□♇	1am 0
	☽△♂	2 50
	☽#♀	3 21
	☽#♄	6 33
	☉#☽	8 41
	☽⚺☿	2pm22
7 M	☽□♅	2am53
	☽⚹♃	3 23
	☉☌☽	10 20
	☉∥♄	1pm23
	☽□♆	1 40
	☽☌♀	10 6
8 T	☽⚻♄	3am26
	☽△♇	7 24
	☽∥♄	8 35
	☉∥☽	10 4
	☽□♂	11 29
	☽∥♀	5pm37
9 W	☽☌☿	2am20
	☽⚼♄	5 44
	☉□♆	7 34
	☽⚹♅	8 16
	☽□♃	9 15
	☽⚼♇	9 46
	☽△♆	6pm37
	☉⚺☽	7 28
10 Th	♀⚻♄	4am47
	☽△♄	7 40
	☽⚺♀	7 58
	♂∥♅	9 40
	☽∠♅	10 19
	☿⚼♄	10 52
	☽⚻♇	11 46
	☿#♇	1pm16
	☽#♇	4 11
	☽∥☿	4 40
	☽⚹♂	5 57
	☽⚼♆	8 33
	☉∠☽	11 21
11 F	☽#♃	9am10
	♃∠♇	9 10
	☽⚺☿	11 52
	☽⚺♅	12pm 9
	☽∠♀	12 17
	☽△♃	1 35
	☿⚹♅	2 50
	☽∠♂	8 47
	☽⚻♆	10 17
12 S	♀△♇	2am10
	☉⚹☽	3 1
	☿⚼♇	5 22
	☿□♃	7 51
	☽□♄	10 53
	☽☍♇	3pm10
	☽⚼♃	3 29
	☽∠☿	4 11
	☽⚹♀	4 26
	☽#♆	11 27
	☽⚺♂	11 30
13 Su	♂ ♒	2pm29
	☽☌♅	3 26
	☽⚻♃	5 18
	☽⚹☿	8 22
14 M	☽☍♆	1am28
	☉□☽	10 2
	☽⚹♄	1pm47
	☽#♆	4 36
	☽⚻♇	6 16
15 T	☽□♀	0am31
	☿#♃	3 55
	☽☌♂	4 48
	☽∠♄	3pm12
	☽⚺♅	6 36
	☽⚼♇	7 47
	☽☍♃	8 52
16 W	☽∥☿	4am 6
	☽□☿	4 30
	☽⚻♆	4 33
	☿△♆	5 7
	♀ ♏	6 55
	☽#♃	7 55
	☉⚻♄	12pm26
	☽⚺♄	4 39
	☉△☽	4 59
	☽∠♅	8 12
	☽△♇	9 20
	☽#♇	11 33
17 Th	☽⚼♆	6am 8
	☽△♀	8 37
	☽⚺♂	10 11
	☉⚼☽	8pm34
	☽⚹♅	9 53
	☽∥♀	11 17
18 F	☽⚻♃	0am34
	☽△♆	7 50
	☉∥☽	10 30
	☽△☿	12pm38
	☽⚼♀	12 52
	☽∠♂	1 3
	♀□♂	4 47
	☽☌♄	7 50
19 S	☉⚻☽	0am21
	☽□♇	0 46
	☽⚼♃	2 38
	♆SR	4 41
	☽∥♄	4 48
	☉△♇	6 8
	☽⚹♂	4pm13
	☽⚼☿	5 0
	☽⚻♀	5 26
20 Su	☽□♅	1am54
	☽△♃	5 2
	☽□♆	12pm 1
	♂#♆	3 14
	☽⚻☿	9 46
21 M	☽⚺♄	0am 9
	☽⚹♇	5 27
	☽#♄	8 14
	☉☍☽	9 17
	♀⚼♄	3pm28
22 T	☽□♂	0am 5
	☿△♄	2 20
	☽∠♄	3 6
	☽☍♀	4 22
	☽△♅	7 45
	☽∠♇	8 37
	☉#☽	10 56
	☽□♃	11 24
	☽⚹♆	6pm13
23 W	☽#♀	4am50
	☽⚹♄	6 45
	☿∥♂	7 19
	☽☍☿	9 21
	☽⚼♅	11 42
	☽⚺♇	12pm31
	♀⚹♅	4 29
	☽∥♇	4 54
	☉⚻☽	9 20
	☽∠♆	10 25
24 Th	♀⚼♇	0am34
	☽∥♃	8 23
	☽△♂	11 10
	♂∠♄	11 44
	☉ ♏	1pm51
	☽⚻♅	4 29
	☿∠♅	5 27
	☽⚻♀	7 7
	☽⚹♃	8 45
25 F	☿#♆	1am58
	☿⚻♇	3 24
	☽⚺♆	3 25
	☉⚼☽	4 53
	♀□♃	12pm31
	☽#♂	2 44
	☽□♄	4 26
	☽⚼♂	6 6
	☽☌♇	10 43
26 S	☽⚻☿	0am15
	☽∠♃	2 36
	☽⚼♀	4 6
	☽∥♆	5 58
	☉△☽	1pm22
	☽#☿	2 47
27 Su	☽⚻♂	1am49
	☽☍♅	4 15
	☽⚼☿	8 37
	☽⚺♃	9 4
	☽△♀	1pm53
	♀#♇	3 1
	☽☌♆	3 26
	☽#☿	6 39
28 M	♀△♆	4am27
	☽△♄	4 38
	☽⚺♇	11 16
	☽∥♆	12pm37
	☽△☿	5 5
29 T	♂⚺♅	2am 3
	☉□☽	7 51
	♂⚼♇	9 31
	☽⚼♄	11 1
	☽#♂	2pm 1
	☽⚻♅	5 22
	☽∠♇	5 42
	☽☍♂	6 11
	☽☌♃	10 32
30 W	☽⚺♆	4am18
	☽□♀	9 55
	☽∥♃	12pm48
	☽⚻♄	5 7
	☽#♀	6 26
	☉⚼♄	7 52
	☽⚼♅	11 32
	☽⚹♇	11 46
31 Th	☽∥♇	3am40
	☽□☿	8 18
	☽∠♆	10 9
	☉#☽	3pm50

LONGITUDE

DAY	SID. TIME	☉	☽	☽ 12 Hour	MEAN ☊	TRUE ☊	☿	♀	♂	♃	♄	♅	♆	♇
	h m s	° ' "	° ' "	° ' "	° '	° '	° '	° '	° '	° '	° '	° '	° '	° '
1	2 36 31	7♏ 24 42	6♏ 55 23	13♏ 8 32	17♋ 43	17♋ 8R	29♏ 9	19♏ 38	11♒ 15	12♌ 11	21♓ 11R	9♑ 30	14♋ 50R	24♊ 34R
2	2 40 28	8 24 46	19 26 41	25 50 12	17 39	17 2	29 26	20 53	11 54	12 16	21 9	9 33	14 50	24 34
3	2 44 24	9 24 51	2♎ 19 19	8♎ 54 11	17 36	16 53	29 36R	22 8	12 32	12 22	21 7	9 35	14 49	24 33
4	2 48 21	10 24 59	15 34 46	22 20 56	17 33	16 43	29 37	23 23	13 11	12 27	21 4	9 37	14 49	24 32
5	2 52 18	11 25 9	29 12 26	6♏ 8 50	17 30	16 31	29 30	24 38	13 50	12 32	21 2	9 39	14 48	24 31
6	2 56 14	12 25 21	13♏ 9 39	20 14 14	17 27	16 21	29 14	25 53	14 29	12 37	21 0	9 41	14 48	24 30
7	3 0 11	13 25 34	27 21 56	4♐ 32 1	17 23	16 11	28 48	27 8	15 8	12 41	20 58	9 44	14 47	24 30
8	3 4 7	14 25 49	11♐ 43 45	18 56 24	17 20	16 4	28 12	28 23	15 47	12 46	20 57	9 46	14 47	24 29
9	3 8 4	15 26 6	26 9 19	3♑ 21 53	17 17	16 0	27 27	29 38	16 26	12 50	20 55	9 48	14 46	24 28
10	3 12 0	16 26 25	10♑ 33 34	17 43 58	17 14	15 58D	26 32	0♐ 53	17 6	12 54	20 53	9 51	14 45	24 27
11	3 15 57	17 26 45	24 52 42	1♒ 59 31	17 11	15 58	25 28	2 8	17 45	12 58	20 52	9 53	14 44	24 26
12	3 19 53	18 27 6	9♒ 4 13	16 6 42	17 8	15 59R	24 17	3 23	18 25	13 1	20 50	9 56	14 44	24 25
13	3 23 50	19 27 29	23 6 51	0♓ 4 37	17 4	15 59	23 1	4 38	19 4	13 5	20 49	9 59	14 43	24 24
14	3 27 47	20 27 53	6♓ 59 59	13 52 53	17 1	15 58	21 41	5 53	19 44	13 8	20 48	10 1	14 42	24 23
15	3 31 43	21 28 18	20 43 17	27 31 7	16 58	15 55	20 20	7 8	20 24	13 12	20 46	10 4	14 41	24 22
16	3 35 40	22 28 45	4♈ 16 19	10♈ 58 45	16 55	15 49	19 2	8 23	21 4	13 15	20 45	10 6	14 40	24 21
17	3 39 36	23 29 13	17 38 20	24 14 55	16 52	15 41	17 47	9 38	21 45	13 17	20 45	10 9	14 39	24 20
18	3 43 33	24 29 43	0♉ 48 23	7♉ 18 35	16 49	15 32	16 40	10 53	22 25	13 20	20 44	10 12	14 38	24 19
19	3 47 29	25 30 13	13 45 26	20 8 49	16 45	15 22	15 41	12 8	23 5	13 22	20 43	10 15	14 38	24 18
20	3 51 26	26 30 46	26 28 42	2♊ 45 5	16 42	15 14	14 52	13 22	23 45	13 25	20 42	10 17	14 37	24 17
21	3 55 22	27 31 20	8♊ 58 0	15 7 33	16 39	15 6	14 15	14 37	24 26	13 27	20 42	10 20	14 36	24 16
22	3 59 19	28 31 55	21 13 54	27 17 15	16 36	15 1	13 49	15 52	25 6	13 29	20 42	10 23	14 34	24 15
23	4 3 16	29 32 32	3♋ 17 55	9♋ 16 13	16 33	14 58	13 35D	17 7	25 47	13 30	20 41	10 26	14 33	24 14
24	4 7 12	0♐ 33 11	15 12 34	21 7 24	16 29	14 58D	13 32	18 22	26 28	13 32	20 41	10 29	14 32	24 13
25	4 11 9	1 33 51	27 1 13	2♌ 54 34	16 26	14 58	13 40	19 37	27 9	13 33	20 41D	10 32	14 31	24 12
26	4 15 5	2 34 33	8♌ 48 2	14 42 14	16 23	15 0	13 58	20 52	27 49	13 34	20 41	10 35	14 30	24 11
27	4 19 2	3 35 16	20 37 48	26 35 23	16 20	15 1	14 25	22 7	28 30	13 35	20 41	10 38	14 29	24 10
28	4 22 58	4 36 1	2♍ 35 39	8♍ 39 14	16 17	15 2R	15 1	23 22	29 11	13 36	20 41	10 41	14 28	24 9
29	4 26 55	5 36 47	14 46 49	20 58 58	16 14	15 1	15 44	24 37	29 52	13 36	20 42	10 44	14 26	24 8
30	4 30 51	6♐ 37 35	27♍ 16 15	3♎ 39 11	16♋ 10	14♋ 59	16♏ 33	25♐ 52	0♓ 33	13♌ 37	20♓ 42	10♑ 47	14♋ 25	24♊ 7

DECLINATION and LATITUDE

DAY	☉ DECL	☽ DECL	☽ LAT	☽ 12hr DECL	☿ DECL	☿ LAT	♀ DECL	♀ LAT	♂ DECL	♂ LAT	♃ DECL	♃ LAT	♄ DECL	♄ LAT
1	13S60	12N34	3N52	10N30	22S46	2S52	17S25	0N14	19S33	2S14	17N37	0N29	5S41	2S23
2	14 19	8 18	4 29	5 59	22 45	2 47	17 47	0 12	19 21	2 12	17 36	0 30	5 42	2 23
3	14 38	3 34	4 54	1 4	22 42	2 41	18 9	0 10	19 8	2 10	17 35	0 30	5 43	2 23
4	14 57	1S28	5 3	4S 2	22 35	2 34	18 31	0 7	18 55	2 8	17 33	0 30	5 44	2 23
5	15 16	6 35	4 56	9 5	22 25	2 25	18 52	0 5	18 41	2 6	17 32	0 30	5 44	2 23
6	15 34	11 29	4 31	13 46	22 11	2 14	19 12	0 2	18 28	2 4	17 31	0 30	5 45	2 23
7	15 53	15 52	3 49	17 44	21 54	2 2	19 32	0S 0	18 15	2 2	17 30	0 31	5 46	2 22
8	16 11	19 22	2 52	20 41	21 32	1 49	19 51	0 3	18 1	1 60	17 29	0 31	5 46	2 22
9	16 28	21 40	1 44	22 18	21 7	1 33	20 10	0 5	17 47	1 58	17 28	0 31	5 47	2 22
10	16 46	22 33	0 29	22 26	20 38	1 16	20 28	0 8	17 33	1 56	17 27	0 31	5 47	2 22
11	17 3	21 57	0S48	21 6	20 5	0 58	20 46	0 10	17 19	1 54	17 26	0 31	5 48	2 22
12	17 20	19 56	2 1	18 28	19 29	0 39	21 3	0 13	17 5	1 52	17 25	0 32	5 48	2 22
13	17 36	16 44	3 6	14 47	18 50	0 19	21 19	0 15	16 51	1 50	17 24	0 32	5 48	2 21
14	17 52	12 38	3 59	10 20	18 10	0N 2	21 35	0 18	16 37	1 48	17 23	0 32	5 49	2 21
15	18 8	7 56	4 38	5 26	17 29	0 23	21 51	0 20	16 22	1 46	17 23	0 32	5 49	2 21
16	18 24	2 54	5 0	0 20	16 48	0 43	22 5	0 23	16 7	1 44	17 22	0 32	5 49	2 21
17	18 39	2N12	5 6	4N42	16 9	1 2	22 19	0 25	15 53	1 42	17 22	0 33	5 49	2 21
18	18 54	7 8	4 56	9 28	15 34	1 19	22 33	0 28	15 38	1 40	17 21	0 33	5 50	2 20
19	19 9	11 41	4 30	13 44	15 2	1 35	22 45	0 30	15 23	1 38	17 20	0 33	5 50	2 20
20	19 23	15 37	3 51	17 19	14 34	1 49	22 57	0 33	15 8	1 37	17 20	0 33	5 50	2 20
21	19 37	18 48	3 2	20 4	14 12	2 1	23 9	0 35	14 52	1 35	17 20	0 33	5 50	2 20
22	19 51	21 5	2 5	21 51	13 55	2 11	23 19	0 37	14 37	1 33	17 19	0 34	5 50	2 20
23	20 4	22 22	1 3	22 37	13 43	2 19	23 29	0 40	14 22	1 31	17 19	0 34	5 50	2 19
24	20 17	22 36	0N 1	22 21	13 37	2 24	23 38	0 42	14 6	1 29	17 19	0 34	5 50	2 19
25	20 29	21 50	1 5	21 5	13 35	2 29	23 47	0 44	13 50	1 28	17 19	0 34	5 49	2 19
26	20 41	20 6	2 6	18 54	13 38	2 31	23 55	0 47	13 35	1 26	17 19	0 34	5 49	2 19
27	20 53	17 30	3 2	15 54	13 45	2 32	24 2	0 49	13 19	1 24	17 19	0 35	5 49	2 19
28	21 4	14 8	3 50	12 12	13 56	2 32	24 8	0 51	13 3	1 22	17 19	0 35	5 49	2 18
29	21 15	10 8	4 29	7 56	14 9	2 30	24 14	0 54	12 47	1 20	17 19	0 35	5 48	2 18
30	21S26	5N38	4N57	3N13	14S26	2N28	24S19	0S56	12S31	1S19	17N19	0N35	5S48	2S18

DAY	♅ DECL	♅ LAT	♆ DECL	♆ LAT	♇ DECL	♇ LAT
1	23S28	0S22	21N48	0S50	15N42	7S39
5	23 28	0 22	21 48	0 50	15 41	7 39
9	23 27	0 22	21 48	0 50	15 41	7 40
13	23 26	0 22	21 48	0 50	15 40	7 40
17	23 25	0 22	21 49	0 50	15 40	7 40
21	23 24	0 22	21 49	0 51	15 40	7 40
25	23 23	0 21	21 49	0 51	15 39	7 40
29	23S22	0S21	21N50	0S51	15N39	7S40

☽ PHENOMENA

d	h	m	
5	22	39	●
12	17	14	☽
20	0	4	○
28	4	21	☾

d	h	° '
3	17	0
10	2	22S33
16	14	0
23	18	22N39

d	h	
4	2	5N 3
10	9	0
16	20	5S 6
23	23	0

d	h	
9	6	PERIGEE
25	5	APOGEE

VOID OF COURSE ☽

LAST ASPT		☽ INGRESS	
2	6pm56	2 ♎	7pm43
4	3pm49	5 ♏	1am23
7	2am19	7 ♐	4am25
8	9pm12	9 ♑	6am24
11	0am55	11 ♒	8am38
13	2am13	13 ♓	11am52
15	6am26	15 ♈	4pm24
17	12pm 9	17 ♉	10pm31
20	0am 4	20 ♊	6am43
22	8am 8	22 ♋	5pm24
24	11am 6	25 ♌	6am 4
27	4pm48	27 ♍	6pm50
29	9pm 3	30 ♎	5am 9

DAILY ASPECTARIAN

Day	Aspect	Time
1 F	☉⚹☽	1am 2
	☽△♅	5 1
	☽⊼♂	8 50
	☽⊻♃	10 14
	♀#♃	12pm17
	☽⚹♆	3 14
2 S	☽⚹♀	3am 0
	☽☍♄	3 12
	♀△♄	5 3
	☉∠☽	8 6
	☽□♇	9 36
	☽#♄	1pm22
	☽⚼♂	2 42
	☽∠♃	2 47
	♂☍♃	4 26
	☽⚹☿	6 56
3 Su	☉⚼♇	3am 9
	☉⚹♅	4 4
	☽∠♀	9 42
	☽□♅	1pm15
	☉⊻☽	1 59
	☿SR	4 34
	☽⚹♃	6 21
	☽△♂	7 30
	☽∠☿	10 18
	☽□♆	10 38
4	☽⊼♄	9am44
M	☽⊻♀	3pm12
	☽△♇	3 49
	♀∥♂	4 51
	☽∥♄	8 0
	♀⊼♇	9 58
5	♀∠♅	0am28
T	☽⊻☿	0 31
	☽⚼♄	11 47
	☽⚼♇	5pm46
	☽⚹♅	6 4
	☉☌☽	10 39
	☽□♃	11 3
6	☽□♂	2am21
W	☽△♆	2 47
	☉□♃	4 50
	☉#♇	8 43
	♂⊼♆	11 38
	☽△♄	1pm16
	☽⊼♇	7 11
	☽∠♅	7 33
	☽#♇	10 56
	☽☌♀	11 34
7	☉∥☽	0am 7
Th	☽☌☿	2 19
	☽⚼♆	4 3
	☿#♆	6 50
	☽#♃	10 19
	☽∥♂	2pm34
	☽⊻♅	8 43
	☿☌♀	9 50
8	☽△♃	1am43
F	☽∥♀	4 44
	☉⊻☽	4 50
	☽⊼♆	5 4
	☽⚹♂	7 4
	☉△♆	8 10
	☽□♄	3pm18
	☽∥☿	6 9
	☽☍♇	9 12
9	☽⊻☿	2am 2
S	☽#♆	2 6
	♀⚼♆	2 36
	☽⚼♃	2 48
	☽⊻♀	6 20
	♀ ♐	7 8
	☉∠☽	7 39
	☽∠♂	9 12
	☽☌♅	10pm49
10	☽∠☿	1am31
Su	☽⊼♃	3 56
	☿∥♀	4 36
	☽☍♆	7 0
	☽∠♀	9 45
	☉⚹☽	10 35
	☽⊻♂	11 27
	♂#♃	12pm 8
	☽⚹♄	5 16
	☽⊼♇	11 15
11	☽⚹☿	0am55
M	☽#♆	2 25
	☿∠♅	11 34
	☉∥♂	12pm51
	☽⚹♀	1 25
	☽∥♀	1 58
	☽∠♄	6 31
	☉□♂	9 15
	☿⊼♇	9 19
12	☽⚼♇	0am36
T	☽⊻♅	1 28
	☽∥☿	5 7
	☽☍♃	6 46
	☉#♃	7 25
	☽⊼♆	9 38
	☽☌♂	4pm44
	☉□☽	5 14
	☉∥☽	6 38
	☽#♃	7 33
	☽⊻♄	8 3
	☽∥♂	11 13
	☽□☿	11 50
13	☽△♇	2am13
W	☽∠♅	3 13
	☽#♇	6 42
	☽⚼♆	11 22
	☽□♀	9pm51
14	☽⚹♅	5am16
Th	☉∥☿	7 14
	☉△♄	7 42
	☽⊼♃	10 45
	☉☌☿	12pm25
	☽△♆	1 25
	☿△♄	4 5
	♀#♆	8 24
	☿□♂	11 13
	☽△☿	11 23
	☽⊻♂	11 25
15	☽☌♄	0am 6
F	☉△☽	1 26
	☿#♃	3 29
	☽□♇	6 26
	☽∥♄	10 11
	♂⊻♄	12pm58
	☽⚼♃	1 15
	☽⚼☿	11 36
16	☽∠♂	3am23
S	☉⚼☽	6 12
	☽△♀	8 5
	☽□♅	10 28
	☽△♃	4pm 8
	☽□♆	6 37
17	☽⊼☿	0am15
Su	☽⊻♄	5 37
	☽⚹♂	7 50
	♀⊻♅	10 28
	☉⊼☽	11 29
	☽⚹♇	12pm 9
	☽⚼♀	2 1
	☽#♄	5 28
	☿∥♂	6 50
	☿#♇	7 31
	☉⊼♇	8 0
	♂#♇	8 26
18	☽∠♄	9am 4
M	☽∠♇	3pm43
	☽△♅	5 25
	☉∠♅	5 31
	☽⊼♀	8 38
	☽□♃	11 17
19	☽⚹♆	1am37
T	☽☍☿	3 22
	☽⚹♄	1pm 4
	☽#☿	5 51
	☽□♂	6 32
	☽⊻♇	7 51
	☽#♂	8 56
	☽⚼♅	9 44
20	☉☍☽	0am 4
W	☽∥♇	0 16
	♀△♃	0 42
	☽∠♆	5 58
	☿△♆	9 30
	☽∥♃	12pm 5
	♂△♇	6 31
	☿⊻♀	7 0
	♀⊼♆	11 23
21	☽⊼♅	2am40
Th	☉#☽	8 14
	☽⚹♃	8 44
	☽⊼☿	9 54
	☽⊻♆	10 56
	☽☍♀	12pm16
	☽□♄	10 56
22	☽☌♇	5am58
F	☽△♂	8 8
	♂∠♅	10 35
	♀∥♅	11 13
	☽∥♆	11 22
	☽∠♃	2pm24
	☽⚼☿	2 43
	☉⊼☽	3 48
23	☉⚼♆	0am20
S	☉ ♐	10 52
	☽☍♅	2pm24
	☽⚼♂	3 58
	☿SD	5 48
	☽⊻♃	8 35
	☽△☿	8 37
	☽☌♆	10 39
24	☉⚼☽	0am46
Su	☽⊼♀	7 10
	☽△♄	11 6
	☽⊻♇	6pm16
25	☽∥♆	0am 8
M	☽⊼♂	0 16
	♄SD	4 7
	☉△☽	10 8
	☽⚼♀	5pm20
	☽⚼♄	5 39
	☉#☽	5 44
	☿∥♂	7 49
	♀□♄	8 25
26	☽∠♇	0am47
T	☽⊼♅	3 38
	☽☌♃	9 42
	☽□☿	10 54
	☽⊻♆	11 34
27	☽⊼♄	0am 7
W	☽∥♃	1 28
	☿△♆	2 28
	☽△♀	3 21
	☽⚹♇	7 7
	☽⚼♅	10 7
	☽∥♇	1pm45
	☽☍♂	4 48
	☽∠♆	5 46
28	☽#☿	1am16
Th	☉□☽	4 21
	☽#♂	7 24
	♂⚼♆	9 19
	♀☍♇	2pm47
	☽△♅	4 3
	☽⊻♃	9 42
	☽⚹♆	11 20
29	☽⚹☿	1am58
F	♂ ♓	4 29
	☽☍♄	11 27
	☽□♇	6pm 0
	☽□♀	9 3
	☽#♄	11 7
30	☽∠♃	2am32
S	☽⊼♂	6 33
	☽∠☿	8 39
	☉⚹☽	7pm 1

DECEMBER 1907

LONGITUDE

DAY	SID. TIME	☉	☽	☽ 12 Hour	MEAN ☊	TRUE ☊	☿	♀	♂	♃	♄	♅	♆	♇
	h m s	° ' "	° ' "	° ' "	° '	° '	° '	° '	° '	° '	° '	° '	° '	° '
1	4 34 48	7♐ 38 24	10♎ 8 11	16♎ 43 33	16♋ 7	14♋ 56R	17♏ 28	27♐ 7	1♓ 15	13♌ 37R	20♓ 43	10♑ 50	14♋ 24R	24♊ 6R
2	4 38 45	8 39 15	23 25 30	0♏ 14 4	16 4	14 51	18 28	28 22	1 56	13 37	20 44	10 53	14 23	24 4
3	4 42 41	9 40 7	7♏ 9 11	14 10 34	16 1	14 45	19 32	29 37	2 37	13 36	20 44	10 57	14 21	24 3
4	4 46 38	10 41 1	21 17 49	28 30 21	15 58	14 40	20 40	0♑ 52	3 18	13 36	20 45	11 0	14 20	24 2
5	4 50 34	11 41 56	5♐ 47 27	13♐ 8 16	15 54	14 35	21 52	2 7	4 0	13 35	20 46	11 3	14 19	24 1
6	4 54 31	12 42 51	20 31 52	27 57 15	15 51	14 32	23 6	3 22	4 41	13 34	20 47	11 6	14 17	24 0
7	4 58 27	13 43 49	5♑ 23 26	12♑ 49 25	15 48	14 30D	24 22	4 36	5 23	13 33	20 49	11 9	14 16	23 59
8	5 2 24	14 44 46	20 14 18	27 37 12	15 45	14 29	25 41	5 51	6 4	13 32	20 50	11 13	14 14	23 58
9	5 6 20	15 45 45	4♒ 57 25	12♒ 14 20	15 42	14 30	27 2	7 6	6 46	13 30	20 51	11 16	14 13	23 56
10	5 10 17	16 46 44	19 27 28	26 36 27	15 39	14 31	28 24	8 21	7 27	13 29	20 53	11 19	14 12	23 55
11	5 14 14	17 47 44	3♓ 41 2	10♓ 41 6	15 35	14 33	29 47	9 36	8 9	13 27	20 54	11 23	14 10	23 54
12	5 18 10	18 48 44	17 36 34	24 27 29	15 32	14 33R	1♐ 12	10 51	8 51	13 25	20 56	11 26	14 9	23 53
13	5 22 7	19 49 45	1♈ 13 55	7♈ 55 59	15 29	14 33	2 38	12 6	9 33	13 22	20 58	11 30	14 7	23 52
14	5 26 3	20 50 46	14 33 52	21 7 43	15 26	14 31	4 4	13 21	10 14	13 20	21 0	11 33	14 6	23 51
15	5 30 0	21 51 48	27 37 42	4♉ 4 2	15 23	14 29	5 31	14 35	10 56	13 17	21 2	11 36	14 4	23 49
16	5 33 56	22 52 50	10♉ 26 52	16 46 24	15 20	14 26	6 59	15 50	11 38	13 15	21 4	11 40	14 2	23 48
17	5 37 53	23 53 53	23 2 47	29 16 12	15 16	14 22	8 27	17 5	12 20	13 12	21 6	11 43	14 1	23 47
18	5 41 49	24 54 56	5♊ 26 48	11♊ 34 44	15 13	14 19	9 56	18 20	13 2	13 8	21 9	11 47	13 59	23 46
19	5 45 46	25 56 0	17 40 12	23 43 21	15 10	14 16	11 26	19 35	13 44	13 5	21 11	11 50	13 58	23 45
20	5 49 43	26 57 5	29 44 23	5♋ 43 30	15 7	14 15	12 56	20 49	14 26	13 1	21 14	11 54	13 56	23 44
21	5 53 39	27 58 10	11♋ 40 57	17 36 59	15 4	14 14D	14 26	22 4	15 8	12 58	21 17	11 57	13 55	23 42
22	5 57 36	28 59 15	23 31 52	29 25 56	15 0	14 14	15 56	23 19	15 50	12 54	21 19	12 1	13 53	23 41
23	6 1 32	0♑ 0 21	5♌ 19 32	11♌ 13 3	14 57	14 15	17 27	24 34	16 32	12 50	21 22	12 4	13 51	23 40
24	6 5 29	1 1 28	17 6 55	23 1 33	14 54	14 16	18 58	25 48	17 14	12 45	21 25	12 8	13 50	23 39
25	6 9 25	2 2 35	28 57 28	4♍ 55 11	14 51	14 17	20 30	27 3	17 56	12 41	21 28	12 11	13 48	23 38
26	6 13 22	3 3 43	10♍ 55 13	16 58 8	14 48	14 19	22 2	28 18	18 38	12 36	21 31	12 15	13 46	23 36
27	6 17 19	4 4 51	23 4 31	29 14 54	14 45	14 19	23 34	29 32	19 20	12 31	21 35	12 18	13 45	23 35
28	6 21 15	5 6 0	5♎ 29 54	11♎ 50 1	14 41	14 20R	25 6	0♒ 47	20 2	12 26	21 38	12 22	13 43	23 34
29	6 25 12	6 7 9	18 15 46	24 47 36	14 38	14 20	26 39	2 2	20 44	12 21	21 41	12 25	13 41	23 33
30	6 29 8	7 8 19	1♏ 25 54	8♏ 10 56	14 35	14 19	28 11	3 16	21 26	12 16	21 45	12 29	13 40	23 32
31	6 33 5	8♑ 9 29	15♏ 2 52	22♏ 1 44	14♋ 32	14♋ 19	29♐ 45	4♒ 31	22♓ 8	12♌ 10	21♓ 49	12♑ 33	13♋ 38	23♊ 31

DECLINATION and LATITUDE

DAY	☉ DECL	☽ DECL	☽ LAT	☽ 12hr DECL	☿ DECL	☿ LAT	♀ DECL	♀ LAT	♂ DECL	♂ LAT	♃ DECL	♃ LAT	♄ DECL	♄ LAT
1	21S36	0N45	5N11	1S47	14S44	2N25	24S23	0S58	12S14	1S17	17N19	0N36	5S48	2S18
2	21 45	4S20	5 8	6 52	15 5	2 20	24 27	1 0	11 58	1 15	17 19	0 36	5 47	2 18
3	21 55	9 22	4 48	11 46	15 27	2 16	24 29	1 2	11 42	1 14	17 19	0 36	5 47	2 17
4	22 4	14 4	4 11	16 10	15 50	2 10	24 31	1 4	11 25	1 12	17 20	0 36	5 46	2 17
5	22 12	18 4	3 16	19 41	16 14	2 5	24 32	1 6	11 8	1 10	17 20	0 36	5 45	2 17
6	22 20	20 60	2 8	21 57	16 39	1 59	24 33	1 8	10 52	1 9	17 21	0 37	5 45	2 17
7	22 28	22 31	0 50	22 41	17 4	1 52	24 33	1 10	10 35	1 7	17 21	0 37	5 44	2 17
8	22 35	22 27	0S32	21 49	17 29	1 45	24 31	1 12	10 18	1 5	17 22	0 37	5 43	2 16
9	22 41	20 49	1 50	19 29	17 55	1 38	24 30	1 14	10 1	1 4	17 22	0 37	5 43	2 16
10	22 48	17 51	3 1	15 58	18 20	1 31	24 27	1 16	9 44	1 2	17 23	0 38	5 42	2 16
11	22 53	13 52	3 58	11 36	18 45	1 24	24 24	1 18	9 27	1 1	17 24	0 38	5 41	2 16
12	22 59	9 12	4 41	6 44	19 10	1 17	24 20	1 19	9 10	0 59	17 25	0 38	5 40	2 16
13	23 4	4 12	5 6	1 39	19 34	1 9	24 15	1 21	8 53	0 58	17 25	0 38	5 39	2 15
14	23 8	0N54	5 15	3N25	19 58	1 1	24 9	1 23	8 36	0 56	17 26	0 38	5 38	2 15
15	23 12	5 52	5 7	8 13	20 21	0 54	24 3	1 24	8 19	0 55	17 27	0 39	5 37	2 15
16	23 16	10 29	4 43	12 36	20 43	0 46	23 56	1 26	8 1	0 53	17 28	0 39	5 36	2 15
17	23 19	14 34	4 6	16 22	21 5	0 39	23 48	1 27	7 44	0 52	17 29	0 39	5 35	2 15
18	23 21	17 58	3 18	19 22	21 26	0 31	23 40	1 29	7 26	0 50	17 31	0 39	5 34	2 14
19	23 23	20 32	2 22	21 27	21 46	0 24	23 30	1 30	7 9	0 49	17 32	0 39	5 33	2 14
20	23 25	22 8	1 19	22 33	22 5	0 16	23 20	1 31	6 51	0 47	17 33	0 40	5 32	2 14
21	23 26	22 42	0 14	22 36	22 23	0 9	23 10	1 32	6 34	0 46	17 34	0 40	5 31	2 14
22	23 27	22 15	0N51	21 38	22 41	0 2	22 58	1 34	6 16	0 44	17 36	0 40	5 29	2 14
23	23 27	20 48	1 54	19 44	22 57	0S 5	22 46	1 35	5 59	0 43	17 37	0 40	5 28	2 13
24	23 27	18 27	2 53	16 59	23 12	0 12	22 34	1 36	5 41	0 41	17 38	0 41	5 27	2 13
25	23 26	15 20	3 44	13 31	23 26	0 19	22 20	1 37	5 23	0 40	17 40	0 41	5 25	2 13
26	23 25	11 34	4 26	9 29	23 39	0 26	22 6	1 38	5 6	0 39	17 41	0 41	5 24	2 13
27	23 23	7 17	4 56	4 59	23 50	0 33	21 52	1 38	4 48	0 37	17 43	0 41	5 22	2 13
28	23 21	2 37	5 14	0 11	24 1	0 39	21 36	1 39	4 30	0 36	17 45	0 41	5 21	2 12
29	23 19	2S16	5 17	4S45	24 10	0 45	21 20	1 40	4 12	0 35	17 46	0 42	5 19	2 12
30	23 16	7 13	5 4	9 39	24 18	0 52	21 4	1 40	3 54	0 33	17 48	0 42	5 18	2 12
31	23S12	11S60	4N33	14S14	24S25	0S58	20S47	1S41	3S37	0S32	17N50	0N42	5S16	2S12

DAY	♅ DECL	♅ LAT	♆ DECL	♆ LAT	♇ DECL	♇ LAT
1	23S22	0S21	21N50	0S51	15N39	7S40
5	23 21	0 21	21 51	0 51	15 39	7 40
9	23 20	0 21	21 51	0 51	15 39	7 40
13	23 19	0 21	21 52	0 51	15 39	7 40
17	23 17	0 21	21 52	0 51	15 39	7 40
21	23 16	0 21	21 53	0 51	15 39	7 40
25	23 15	0 22	21 54	0 51	15 39	7 40
29	23S14	0S22	21N54	0S51	15N39	7S39

☽ PHENOMENA	VOID OF COURSE ☽ LAST ASPT	☽ INGRESS
d h m	2 9am36	2 ♏ 11am35
5 10 22 ●	3 11pm 5	4 ♐ 2pm28
12 2 16 ☽	6 5am36	6 ♑ 3pm18
19 17 55 ○	8 9am44	8 ♒ 3pm53
27 23 10 ☾	10 4pm39	10 ♓ 5pm44
	12 10am58	12 ♈ 9pm48
d h ° '	14 4pm58	15 ♉ 4am24
1 4 0	16 8pm16	17 ♊ 1pm25
7 11 22S41	19 5pm55	20 ♋ 0am31
13 20 0	21 11pm31	22 ♌ 1pm 9
21 1 22N42	24 1pm14	25 ♍ 2am 6
28 13 0	27 1am 5	27 ♎ 1pm27
	29 5pm24	29 ♏ 9pm26
1 9 5N12	d h	
7 15 0	7 3 PERIGEE	
14 0 5S15	22 21 APOGEE	
21 5 0		
28 17 5N18		

DAILY ASPECTARIAN

Day	Aspect	Time
1 Su	☽□♅	1am17
	♃SR	1 22
	☽⚹♃	6 21
	☽□♆	7 46
	☽⚼♂	11 44
	☽⚹☿	2pm23
	☽⊼♄	7 11
2 M	☉∠☽	0am26
	☽△♇	1 9
	♀⚼♃	4 42
	☽∥♄	6 52
	☽⚹♀	9 36
	☉∥♆	12pm20
	☽⚼♂	3 44
	☽⚼♄	9 34
3 T	☽⚼♇	3am16
	☉⚹☽	4 39
	☽⚹♅	6 31
	♀ ♑	7 26
	☽∥♂	10 57
	☽□♃	11 1
	☽△♆	12pm17
	☿∥♇	12 50
	☽∠♀	1 58
	☽☌☿	10 51
	☽△♄	11 5
4 W	☿△♄	1am44
	☽⊼♇	4 34
	☉⊻♅	7 48
	☽∠♃	7 52
	☽#♇	8 55
	☽∥☿	11 4
	☽⚼♆	1pm21
	☽⚹♀	5 23
	☽#♃	7 11
	☽□♂	8 54
5 Th	☽⊻♅	8am38
	☉☌☽	10 22
	☽△♃	12pm43
	☽⊼♆	1 53
6 F	☽□♄	0am25
	☽⚹♂	4 32
	☽☍♇	5 36
	☽#☿	10 34
	☽⚼♃	12pm59
	☿☍♇	4 45
	☉△♄	7 52
	☉∥☽	10 8
	☽☌♀	10 37
	☽⚹♂	11 59
7 S	☉∥☽	6am58
	☽∠♀	7 3
	☽☌♅	9 21
	☉⊼♆	12pm20
	☽⊼♃	1 10
	☽☍♆	2 18
	☉⊻☽	2 27
	☿#♃	4 53
8 Su	☽⚹♄	0am58
	☽∠♂	1 25
	☽⊼♇	6 2
	♀⚹♂	9 16
	☽⊻☿	9 44
	♀∠♅	9 52
	☉∠☽	4pm37
9 M	☽∠♄	1am29
	☽⚹♂	3 7
	☽⊻♀	3 52
	☽⚼♇	6 33
	☽⊻♅	10 26
	☽☍♃	2pm 4
	☽⊼♆	3 15
	☉⚹☽	7 12
	☽∥☿	9 1
10 T	☽⊻♄	2am23
	☽#♃	3 5
	☽∠♀	7 9
	☽△♇	7 28
	☽∠♅	11 34
	☿⚼♆	1pm31
	☽#♇	1 52
	☽⚼♆	4 21
	☽⊼♇	4 39
11 W	☿ ♐	3am37
	☽☌♂	8 3
	☽⚹♀	11 8
	☽⚹♅	1pm15
	☽⊼♃	4 44
	☽△♆	5 59
12 Th	☽∥♂	0am11
	☉□☽	2 16
	☽☌♄	5 50
	☽□♇	10 58
	☿⚼♃	11 49
	☽∥♄	5pm 5
	☽⚼♃	6 56
13 F	☽□☿	2am47
	☽⊻♂	3pm44
	☽□♀	6 30
	☽□♅	9 33
	☽△♃	9 46
	☽□♆	11 9
	♀⊼♃	11 49
14 S	☉□♄	3am46
	☽⊻♄	9 14
	☽⚹♇	11 48
	☉△☽	12pm27
	♀☍♆	2 7
	☽⊼♇	4 58
	☽∠♂	8 41
	☽#♄	10 50
15 Su	☽#♂	11am44
	☽∠♄	3pm44
	☽⚹♂	4 37
	☉⚼☽	6 44
	☽∠♀	8 54
16 M	♂⚹♅	1am 5
	☽△♅	2 18
	☽⚹♂	2 22
	☽□♃	5 16
	☽⚹♆	6 47
	☽△♀	11 20
	☽∥♅	3pm 4
	☽⚹♄	8 16
	☉☍♇	9 22
17 T	☽⊻♇	1am25
	☽⊼☿	1 47
	☽∥♇	7 2
	☽#♅	7 6
	☽∠♃	11 29
	☽⊼♀	7pm25
	☽∥♃	8 23
18 W	♂⊼♃	3am29
	☽⊼☿	10 0
	☽⊼♅	12pm27
	☽⚹♃	3 0
	☽□♂	3 45
	☽⊻♆	4 42
19 Th	☽⊼♀	4am12
	♀⚼♅	6 47
	☽□♄	7 0
	♂△♆	7 45
	♀∥♆	8 3
	☽☌♇	12pm 2
	☉∥♀	2 36
	☉☍☽	5 55
	☽∥♅	7 5
	☽∠♃	8 35
	☽#♆	10 50
20 F	♀△♄	1am29
	♀⚹♄	8 9
	♀∥♄	9 12
	♀⚹♂	3pm51
	☉⚼♃	11 47
21 S	☽∥♆	0am33
	☽⊼♄	2 34
	☽☍♀	4 29
	☽⊼♀	6 21
	☽△♂	7 24
	☽#☿	1pm55
	☽△♄	7 30
	☿☌♂	8 41
	☽☍♅	11 31
22 Su	☽⊼♇	0am19
	♀⊼♇	7 2
	☽∥♆	7 35
	☉⊼☽	12pm 9
	☿∥♀	3 7
	☽⚼☿	3 46
	☽⚼♀	5 17
	☉ ♑	11 51
23 M	☽⚼♄	2am 8
	☽∠♇	6 48
	☽⊼♅	1pm48
	☽☌♃	3 11
	☽⊻♆	5 20
	☽∠♃	8 36
	☉⚼☽	9 34
24 T	☽⊼♂	0am14
	☽△♄	4 20
	♅∥♇	5 35
	☽∥♃	6 46
	☽⊼♅	8 47
	☽⚹♇	1pm14
	☽⊼♀	7 42
	☽☍♅	8 24
	♂∥♄	9 14
	☽∥♇	9 49
	☽∠♆	11 41
25 W	☉∥♆	0am32
	☉△☽	6 48
	☿☌♄	3pm50
26 Th	☽△♅	2am39
	☽⊼♃	3 20
	☽⚼♀	5 16
	☽⚹♆	5 39
	☽☍♂	4pm12
	☽#♅	8 6
	☽☍♄	9 3
27 F	♀☍♇	0am27
	☽□♇	1 0
	☽□♀	1 5
	☽∠♃	8 36
	♀ ♒	8 53
	☽#♄	10 5
	☽∥♂	1pm52
	☽∠♀	1 58
	☉□☽	11 10
28 S	♃⊼♂	12pm24
	☽☍♅	1 3
	☽⊼♃	1 3
	☽□♀	3 30
29 Su	☽⊼♂	4am49
	☽⊼♄	6 21
	☽∥♂	8 48
	☽△♇	9 43
	☿⚼♃	10 26
	☽∥♄	2pm40
	☽⊼♆	5 24
30 M	☽□♀	3am37
	☽□♂	9 24
	☽⊼♄	9 31
	☉⚹☽	10 59
	♂⊼♇	11 51
	☽#♇	12pm36
	☉∥♅	4 49
	☽□♃	7 2
	☽⊼♅	7 38
	☽△☿	9 33
	☽∠♀	11 24
31 T	☿ ♑	3am57
	☽△♄	11 40
	☽△♂	12pm49
	☽⊼♇	2 30
	☉∠☽	3 0
	☽#♇	8 7
	☽∠♅	9 26
	☽⊼♆	11 8

LONGITUDE

DAY	SID. TIME	☉	☽	☽ 12 Hour	MEAN ☊	TRUE ☊	☿	♀	♂	♃	♄	♅	♆	♇
	h m s	° ' "	° ' "	° ' "	° '	° '	° '	° '	° '	° '	° '	° '	° '	° '
1	6 37 1	9♑ 10 40	29♏ 7 23	6♐ 19 31	14♋ 29	14♋ 18R	1♑ 18	5♒ 45	22♓ 50	12♌ 5R	21♓ 52	12♑ 36	13♋ 36R	23♊ 30R
2	6 40 58	10 11 51	13♐ 37 40	21 1 10	14 26	14 17	2 52	7 0	23 32	11 59	21 56	12 40	13 35	23 28
3	6 44 54	11 13 2	28 29 11	6♑ 0 45	14 22	14 17	4 26	8 15	24 14	11 53	22 0	12 43	13 33	23 27
4	6 48 51	12 14 14	13♑ 34 45	21 10 2	14 19	14 17	6 1	9 29	24 57	11 47	22 4	12 47	13 31	23 26
5	6 52 48	13 15 25	28 45 23	6♒ 19 35	14 16	14 17	7 35	10 44	25 39	11 41	22 8	12 50	13 29	23 25
6	6 56 44	14 16 36	13♒ 51 31	21 20 8	14 13	14 17	9 11	11 58	26 21	11 35	22 12	12 54	13 28	23 24
7	7 0 41	15 17 47	28 44 31	6♓ 3 55	14 10	14 17	10 46	13 13	27 3	11 28	22 16	12 58	13 26	23 23
8	7 4 37	16 18 58	13♓ 17 44	20 25 34	14 6	14 17	12 22	14 27	27 45	11 21	22 21	13 1	13 24	23 22
9	7 8 34	17 20 8	27 27 9	4♈ 22 23	14 3	14 17	13 59	15 41	28 27	11 15	22 25	13 5	13 23	23 21
10	7 12 30	18 21 17	11♈ 11 19	17 54 5	14 0	14 16D	15 35	16 56	29 10	11 8	22 30	13 8	13 21	23 20
11	7 16 27	19 22 26	24 30 56	1♉ 2 11	13 57	14 17	17 13	18 10	29 52	11 1	22 34	13 12	13 19	23 19
12	7 20 23	20 23 34	7♉ 28 13	13 49 26	13 54	14 17	18 50	19 24	0♈ 34	10 54	22 39	13 15	13 18	23 18
13	7 24 20	21 24 42	20 6 15	26 19 7	13 51	14 17	20 29	20 39	1 16	10 47	22 44	13 19	13 16	23 17
14	7 28 17	22 25 49	2♊ 28 28	8♊ 34 43	13 47	14 18	22 7	21 53	1 58	10 40	22 48	13 23	13 14	23 16
15	7 32 13	23 26 55	14 38 16	20 39 30	13 44	14 19	23 46	23 7	2 41	10 32	22 53	13 26	13 13	23 15
16	7 36 10	24 28 1	26 38 48	2♋ 36 29	13 41	14 20	25 26	24 21	3 23	10 25	22 58	13 30	13 11	23 14
17	7 40 6	25 29 7	8♋ 32 53	14 28 17	13 38	14 20R	27 6	25 35	4 5	10 17	23 3	13 33	13 9	23 13
18	7 44 3	26 30 12	20 22 59	26 17 13	13 35	14 20	28 47	26 49	4 47	10 10	23 8	13 37	13 8	23 12
19	7 47 59	27 31 16	2♌ 11 17	8♌ 5 25	13 32	14 19	0♓ 28	28 3	5 29	10 2	23 14	13 40	13 6	23 11
20	7 51 56	28 32 19	13 59 52	19 54 55	13 28	14 18	2 10	29 17	6 11	9 55	23 19	13 44	13 4	23 10
21	7 55 52	29 33 22	25 50 48	1♍ 47 50	13 25	14 16	3 52	0♓ 31	6 53	9 47	23 24	13 47	13 3	23 9
22	7 59 49	0♒ 34 25	7♍ 46 18	13 46 33	13 22	14 13	5 34	1 45	7 35	9 39	23 30	13 51	13 1	23 8
23	8 3 46	1 35 26	19 48 54	25 53 44	13 19	14 10	7 18	2 59	8 17	9 31	23 35	13 54	13 0	23 7
24	8 7 42	2 36 28	2♎ 1 26	8♎ 12 26	13 16	14 8	9 1	4 13	9 0	9 23	23 41	13 58	12 58	23 6
25	8 11 39	3 37 28	14 27 9	20 46 2	13 12	14 6	10 45	5 27	9 42	9 15	23 46	14 1	12 56	23 5
26	8 15 35	4 38 28	27 9 30	3♏ 38 1	13 9	14 5D	12 29	6 40	10 24	9 7	23 52	14 4	12 55	23 4
27	8 19 32	5 39 28	10♏ 11 58	16 51 44	13 6	14 5	14 14	7 54	11 6	8 59	23 58	14 8	12 53	23 4
28	8 23 28	6 40 27	23 37 38	0♐ 29 54	13 3	14 6	15 58	9 8	11 48	8 51	24 4	14 11	12 52	23 3
29	8 27 25	7 41 26	7♐ 28 38	14 33 53	13 0	14 7	17 43	10 21	12 30	8 43	24 9	14 15	12 50	23 2
30	8 31 21	8 42 24	21 45 29	29 3 9	12 57	14 8	19 27	11 35	13 12	8 35	24 15	14 18	12 49	23 1
31	8 35 18	9♒ 43 21	6♑ 26 22	13♑ 54 28	12♋ 53	14♋ 9R	21♒ 12	12♓ 48	13♈ 54	8♌ 27	24♓ 21	14♑ 21	12♋ 47	23♊ 0

DECLINATION and LATITUDE

DAY	☉ DECL	☽ DECL	☽ LAT	☽ 12hr DECL	☿ DECL	☿ LAT	♀ DECL	♀ LAT	♂ DECL	♂ LAT	♃ DECL	♃ LAT	♄ DECL	♄ LAT
1	23S 8	16S18	3N46	18S 9	24S30	1S 3	20S29	1S41	3S19	0S31	17N51	0N42	5S15	2S12
2	23 4	19 46	2 42	21 3	24 34	1 9	20 10	1 42	3 1	0 29	17 53	0 42	5 13	2 11
3	22 59	21 60	1 27	22 33	24 37	1 14	19 51	1 42	2 43	0 28	17 55	0 43	5 11	2 11
4	22 53	22 42	0 4	22 25	24 38	1 20	19 32	1 42	2 25	0 27	17 57	0 43	5 9	2 11
5	22 47	21 43	1S20	20 38	24 39	1 25	19 12	1 43	2 7	0 25	17 59	0 43	5 8	2 11
6	22 41	19 11	2 37	17 26	24 37	1 29	18 51	1 43	1 49	0 24	18 1	0 43	5 6	2 11
7	22 34	15 24	3 43	13 10	24 34	1 34	18 30	1 43	1 31	0 23	18 3	0 43	5 4	2 11
8	22 27	10 46	4 33	8 15	24 30	1 38	18 8	1 43	1 14	0 22	18 5	0 44	5 2	2 10
9	22 20	5 40	5 5	3 3	24 25	1 42	17 46	1 43	0 56	0 21	18 7	0 44	5 0	2 10
10	22 12	0 27	5 18	2N 8	24 18	1 46	17 24	1 42	0 38	0 19	18 9	0 44	4 58	2 10
11	22 3	4N39	5 13	7 5	24 9	1 49	17 1	1 42	0 20	0 18	18 11	0 44	4 56	2 10
12	21 54	9 24	4 52	11 35	23 59	1 53	16 37	1 42	0 2	0 17	18 13	0 44	4 54	2 10
13	21 45	13 38	4 18	15 30	23 47	1 55	16 13	1 41	0N16	0 16	18 15	0 44	4 52	2 10
14	21 35	17 12	3 32	18 41	23 34	1 58	15 49	1 41	0 34	0 15	18 17	0 45	4 50	2 9
15	21 25	19 57	2 38	20 60	23 20	2 0	15 24	1 40	0 52	0 13	18 19	0 45	4 48	2 9
16	21 14	21 48	1 37	22 21	23 4	2 2	14 58	1 39	1 9	0 12	18 22	0 45	4 46	2 9
17	21 3	22 39	0 32	22 41	22 46	2 3	14 33	1 39	1 27	0 11	18 24	0 45	4 44	2 9
18	20 52	22 27	0N34	21 59	22 27	2 5	14 7	1 38	1 45	0 10	18 26	0 45	4 42	2 9
19	20 40	21 16	1 37	20 19	22 6	2 5	13 40	1 37	2 3	0 9	18 28	0 45	4 40	2 9
20	20 28	19 9	2 37	17 46	21 44	2 6	13 13	1 36	2 20	0 8	18 30	0 46	4 37	2 9
21	20 15	16 12	3 30	14 28	21 20	2 5	12 46	1 35	2 38	0 7	18 33	0 46	4 35	2 8
22	20 2	12 35	4 14	10 35	20 54	2 5	12 19	1 34	2 56	0 6	18 35	0 46	4 33	2 8
23	19 49	8 27	4 48	6 13	20 27	2 4	11 51	1 32	3 13	0 5	18 37	0 46	4 31	2 8
24	19 35	3 55	5 9	1 33	19 58	2 2	11 23	1 31	3 31	0 4	18 39	0 46	4 28	2 8
25	19 21	0S51	5 16	3S16	19 28	2 0	10 55	1 30	3 48	0 3	18 42	0 46	4 26	2 8
26	19 7	5 41	5 8	8 4	18 57	1 57	10 26	1 28	4 6	0 2	18 44	0 46	4 24	2 8
27	18 52	10 23	4 44	12 38	18 23	1 54	9 57	1 27	4 23	0 1	18 46	0 47	4 21	2 8
28	18 37	14 45	4 4	16 43	17 49	1 50	9 28	1 25	4 40	0N 0	18 48	0 47	4 19	2 8
29	18 21	18 28	3 9	19 59	17 13	1 46	8 58	1 23	4 58	0 1	18 51	0 47	4 16	2 7
30	18 6	21 12	2 0	22 5	16 35	1 41	8 29	1 22	5 15	0 2	18 53	0 47	4 14	2 7
31	17S49	22S35	0N42	22S42	15S57	1S35	7S59	1S20	5N32	0N 3	18N55	0N47	4S11	2S 7

DAY	♅ DECL	♅ LAT	♆ DECL	♆ LAT	♇ DECL	♇ LAT
1	23S13	0S22	21N55	0S51	15N39	7S39
5	23 11	0 22	21 56	0 51	15 39	7 39
9	23 10	0 22	21 56	0 51	15 39	7 38
13	23 9	0 22	21 57	0 50	15 40	7 38
17	23 7	0 22	21 58	0 50	15 40	7 37
21	23 6	0 22	21 59	0 50	15 40	7 37
25	23 4	0 22	21 59	0 50	15 41	7 36
29	23S 3	0S22	21N60	0S50	15N41	7S35

☽ PHENOMENA				VOID OF COURSE ☽ LAST ASPT		☽ INGRESS		
d	h	m		31	12pm49	1	♐	1am28
3	21	43	●	2	4pm51	3	♑	2am25
10	13	53	☽	4	6pm50	5	♒	1am58
18	13	37	○	6	3pm19	7	♓	2am 3
26	15	1	☾	9	1am49	9	♈	4am24
				10	9pm48	11	♉	10am 5
				13	5am 5	13	♊	7pm10
d	h	° '		15	6pm52	16	♋	6am45
3	22	22S42		18	1pm37	18	♌	7pm33
10	2	0		20	6pm33	21	♍	8am23
17	8	22N42		23	7am31	23	♎	8pm 3
24	20	0		25	4pm21	26	♏	5am17
31	9	22S43		28	0am46	28	♐	11am 8
				30	4am 9	30	♑	1pm33
4	1	0		d	h			
10	5	5S18		4	13	PERIGEE		
17	12	0		19	2	APOGEE		
24	23	5N16						
31	12	0						

DAILY ASPECTARIAN

Day	Aspect	Time
1 W	☽⚺☿	4am 6
	☽#♃	10 2
	☽✶♀	12pm 6
	☉⚺☽	5 58
	☽△♃	9 20
	♂□♇	9 53
	☽⚺♅	10 25
	♀∠♄	10 40
	☽⚻♆	11 55
2 Th	☽∥♀	3am10
	☽□♄	1pm32
	☽∠♀	2 49
	☽☍♇	3 56
	☽□♂	4 51
	☽⚼♃	9 27
	☽#♆	10 51
3 F	♀⚼♇	4am 3
	☽☌☿	10 36
	☉⚻♃	2pm18
	☽⚺♀	4 56
	☽⚻♃	9 11
	☉☌☽	9 43
	☽☌♅	10 44
	☽☍♆	11 54
4 S	☽✶♄	1pm29
	☉☌♅	1 36
	☽⚻♇	3 34
	☽✶♂	6 50
	♀∠♂	8 24
	☽#♆	9 2
5 Su	☉☍♆	5am22
	☽∠♄	1pm21
	☽⚼♇	3 19
	☽⚺☿	3 39
	♀☍♃	5 1
	☽∠♂	7 48
	☽☍♃	8 23
	☽☌♀	8 43
	☽⚺♅	10 28
	☽⚻♆	11 22
6 M	☉⚺☽	0am43
	☽∥♀	2 42
	♂⚼♃	6 43
	☽#♃	8 8
	☽⚺♄	1pm28
	☽△♇	3 19
	☽∠☿	6 35
	♀⚺♅	6 58
	☽⚺♂	9 7
	☽#♇	10 34
	☽∠♅	10 43
	☽⚼♆	11 30
7 T	☉∠☽	2am43
	♀⚻♆	4 17
	☿⚻♃	9 47
	☽⚻♃	8pm48
	☽✶☿	10 16
	☽✶♅	11 32
8 W	☽△♆	0am11
	☽⚺♀	2 7
	♀#♃	3 49
	☉✶☽	5 27
	☿☌♅	10 5
	☿☍♆	3pm12
	☽☌♄	3 21
	☽□♇	4 59
	☽⚼♃	9 57
9 Th	☽☌♂	1am49
	☽∥♄	3 5
	☽∠♀	6 8
	☽∥♂	11pm 6
	☽△♃	11 54
10 F	☽□♅	3am29
	☽□♆	3 50
	☽#♂	4 42
	☽□☿	8 56
	☽✶♀	11 18
	☉□☽	1pm53
	☽⚺♄	8 26
	☽✶♇	9 48
11 S	☽#♄	1am24
	♂ ♈	4 39
	☽⚺♂	10 24
	☉#♆	4pm43
12 Su	☽∠♄	0am20
	☽∠♇	1 33
	☽□♃	6 24
	♅☍♆	9 43
	☽✶♆	10 58
	☽△♅	10 59
	☽∠♂	4pm13
13 M	☽△☿	0am50
	☽□♀	1 9
	☉△☽	2 44
	☽✶♄	5 5
	☽⚺♇	6 6
	☿⚺♀	9 50
	☽∥♇	1pm 4
	☽#♀	3 7
	☽∠♆	3 45
	☽⚼♅	3 58
	☽✶♂	10 57
14 T	♀#♇	8am31
	☽∥♃	8 45
	☉✶♄	9 40
	☿✶♄	10 30
	☽⚼☿	10 33
	☉⚼☽	10 37
	☉☌☿	11 44
	☽✶♃	3pm57
	☿⚻♇	4 23
	☉⚻♇	7 14
	♀⚺♄	7 17
	☽⚺♆	9 10
	☽⚻♅	9 36
15 W	♀△♇	2am26
	☉#☽	4pm 5
	☽□♄	4 35
	☽☌♇	5 9
	☿∥♅	6 17
	☽△♀	6 52
	☉⚻☽	7 13
	☽⚻☿	9 10
	☽∠♃	9 33
16 Th	☽∥♆	3am 4
	☉⚺♀	12pm39
	☽□♂	2 24
17 F	☽⚺♃	3am29
	☽⚼♀	4 37
	☽☌♆	9 19
	☽☍♅	10 11
	☽#☿	10pm 6
18 S	☽#☿	0am40
	☽△♄	5 39
	☽⚺♇	5 42
	☽∥♆	12pm16
	♄□♇	12 20
	☉☍☽	1 37
	☽⚻♀	2 37
	☿ ♒	5 22
	☽☍☿	7 55
19 Su	♀⚼♆	0am50
	☽△♂	7 8
	☿#♆	8 26
	☉#☽	8 44
	☽∠♇	12pm10
	☽⚼♄	12 22
	♀∠♅	12 33
	☽☌♃	3 47
	☽⚺♆	10 8
	☽⚻♅	11 27
20 M	☽∥♃	5am41
	♀ ♓	1pm50
	☽⚼♂	3 30
	☽✶♇	6 33
	☽⚻♄	7 2
21 T	☽∥♇	3am48
	☽∠♆	4 26
	☽⚼♅	5 58
	☉⚻☽	8 11
	☉ ♒	10 28
	☽☍♀	10 31
	☽⚻☿	6pm51
	☽⚻♂	11 37
22 W	☽#♀	1am55
	☽⚺♃	3 43
	☽✶♆	10 28
	☽△♅	12pm12
	☉⚼☽	5 1
23 Th	☽⚼☿	5am43
	☽□♇	6 31
	☽☍♄	7 31
	☽∠♃	9 12
	☿⚼♇	11 24
	☿∠♄	7pm 2
	☽#♄	9 7
	☿✶♂	11 25
24 F	☉△☽	1am14
	☽∥♂	1 58
	☽⚻♀	4 44
	☿☍♃	4 46
	♂△♃	11 23
	☽✶♃	2pm 8
	☽☍♂	2 19
	☽△☿	3 45
	☽□♆	9 7
	☽□♅	11 10
25 S	☉∥☿	10am10
	☽⚼♀	12pm37
	☽#♂	3 36
	☽△♇	4 21
	☽∥♄	5 39
	☽⚻♄	5 48
26 Su	☿⚻♆	5am50
	☿#♃	8 50
	☉□☽	3pm 1
	☽△♀	7 24
	☽⚼♇	8 7
	♂#♄	9 43
	☽⚼♄	9 44
	☽□♃	9 49
	☽∥♀	9 55
	☿⚺♅	10 39
27 M	☽⚻♂	1am43
	♃⚼♄	2 52
	☽△♆	4 51
	☽✶♅	7 8
	☉#♃	8 14
	☽□☿	8 22
	♀⚻♃	7pm10
	☽⚻♇	10 59
28 T	☽△♄	0am46
	☽#♇	5 35
	☽⚼♂	5 51
	☽⚼♆	7 24
	☽∠♅	9 46
	☽∥☿	4pm33
	☉∥☽	11 15
29 W	☉✶☽	0am24
	☽△♃	2 6
	☽#♃	2 50
	☽□♀	5 22
	☉⚼♇	7 59
	☽△♂	8 57
	☽⚻♆	9 4
	♂□♆	11 20
	☽⚺♅	11 30
	☽✶☿	7pm39
	☉☍♃	9 33
30 Th	☽☍♇	2am 5
	☽⚼♃	3 0
	☉∠☽	3 28
	☽□♄	4 9
	☽#♆	10 50
	☉∠♄	2pm22
	☽∠☿	11 33
	♀△♆	11 37
31 F	☽⚻♃	3am13
	☉⚺☽	5 40
	☿#♇	9 13
	☽☍♆	10 11
	☽✶♀	11 9
	☽□♂	12pm34
	☽☌♅	12 46
	♂□♅	5 10

FEBRUARY 1908

LONGITUDE

DAY	SID. TIME	☉	☽	☽ 12 Hour	MEAN ☊	TRUE ☊	☿	♀	♂	♃	♄	♅	♆	♇
	h m s	° ' "	° ' "	° ' "	° '	° '	° '	° '	° '	° '	° '	° '	° '	° '
1	8 39 15	10♒ 44 17	21♑ 26 37	29♑ 1 47	12♋ 50	14♋ 9R	22♒ 56	14♓ 2	14♈ 36	8♌ 19R	24♓ 27	14♑ 25	12♋ 46R	23♊ 0R
2	8 43 11	11 45 12	6♒ 38 49	14♒ 16 27	12 47	14 8	24 39	15 15	15 18	8 11	24 33	14 28	12 44	22 59
3	8 47 8	12 46 7	21 53 23	29 28 19	12 44	14 5	26 21	16 29	16 0	8 3	24 40	14 31	12 43	22 58
4	8 51 4	13 46 59	7♓ 0 1	14♓ 27 22	12 41	14 1	28 2	17 42	16 41	7 55	24 46	14 34	12 41	22 58
5	8 55 1	14 47 51	21 49 22	29 5 16	12 38	13 56	29 42	18 55	17 23	7 47	24 52	14 38	12 40	22 57
6	8 58 57	15 48 42	6♈ 14 26	13♈ 16 31	12 34	13 52	1♓ 19	20 8	18 5	7 40	24 58	14 41	12 39	22 56
7	9 2 54	16 49 30	20 11 20	26 58 52	12 31	13 48	2 55	21 21	18 47	7 32	25 5	14 44	12 37	22 56
8	9 6 50	17 50 18	3♉ 39 17	10♉ 12 53	12 28	13 46	4 27	22 34	19 29	7 24	25 11	14 47	12 36	22 55
9	9 10 47	18 51 4	16 40 3	23 1 17	12 25	13 45D	5 55	23 47	20 11	7 16	25 18	14 50	12 35	22 54
10	9 14 44	19 51 48	29 17 8	5♊ 28 11	12 22	13 45	7 20	25 0	20 53	7 9	25 24	14 53	12 33	22 54
11	9 18 40	20 52 31	11♊ 35 2	17 38 17	12 18	13 47	8 39	26 13	21 34	7 1	25 31	14 56	12 32	22 53
12	9 22 37	21 53 12	23 38 33	29 36 24	12 15	13 48	9 53	27 26	22 16	6 53	25 37	15 0	12 31	22 53
13	9 26 33	22 53 52	5♋ 32 23	11♋ 27 3	12 12	13 50R	11 1	28 39	22 58	6 46	25 44	15 3	12 30	22 52
14	9 30 30	23 54 30	17 20 52	23 14 17	12 9	13 50	12 2	29 51	23 40	6 39	25 51	15 6	12 29	22 52
15	9 34 26	24 55 6	29 7 42	5♌ 1 29	12 6	13 48	12 55	1♈ 4	24 21	6 31	25 57	15 9	12 27	22 51
16	9 38 23	25 55 40	10♌ 55 57	16 51 24	12 3	13 45	13 39	2 16	25 3	6 24	26 4	15 11	12 26	22 51
17	9 42 19	26 56 14	22 48 4	28 46 11	11 59	13 39	14 15	3 28	25 45	6 17	26 11	15 14	12 25	22 50
18	9 46 16	27 56 45	4♍ 45 56	10♍ 47 29	11 56	13 32	14 41	4 41	26 26	6 10	26 18	15 17	12 24	22 50
19	9 50 13	28 57 15	16 51 1	22 56 40	11 53	13 23	14 58	5 53	27 8	6 3	26 25	15 20	12 23	22 49
20	9 54 9	29 57 44	29 4 36	5♎ 14 58	11 50	13 14	15 4R	7 5	27 50	5 56	26 32	15 23	12 22	22 49
21	9 58 6	0♓ 58 11	11♎ 27 58	17 43 49	11 47	13 6	15 0	8 17	28 31	5 50	26 39	15 26	12 21	22 49
22	10 2 2	1 58 37	24 2 34	0♏ 24 37	11 43	12 58	14 45	9 29	29 13	5 43	26 46	15 28	12 20	22 48
23	10 5 59	2 59 1	6♏ 50 12	13 19 33	11 40	12 53	14 22	10 41	29 54	5 37	26 53	15 31	12 19	22 48
24	10 9 55	3 59 24	19 52 59	26 30 47	11 37	12 50	13 49	11 53	0♉ 36	5 30	27 0	15 34	12 18	22 48
25	10 13 52	4 59 45	3♐ 13 14	10♐ 0 36	11 34	12 49D	13 7	13 4	1 17	5 24	27 7	15 36	12 17	22 47
26	10 17 48	6 0 6	16 53 6	23 50 53	11 31	12 49	12 19	14 16	1 58	5 18	27 14	15 39	12 16	22 47
27	10 21 45	7 0 25	0♑ 54 3	8♑ 2 33	11 28	12 50R	11 25	15 27	2 40	5 12	27 21	15 42	12 15	22 47
28	10 25 42	8 0 42	15 16 12	22 34 41	11 24	12 51	10 26	16 39	3 21	5 7	27 28	15 44	12 15	22 47
29	10 29 38	9♓ 0 58	29♑ 57 32	7♒ 24 3	11♋ 21	12♋ 49	9♓ 24	17♈ 50	4♉ 3	5♌ 1	27♓ 35	15♑ 47	12♋ 14	22♊ 47

DECLINATION and LATITUDE

DAY	☉ DECL	☽ DECL	☽ LAT	☽ 12hr DECL	☿ DECL	☿ LAT	♀ DECL	♀ LAT	♂ DECL	♂ LAT	♃ DECL	♃ LAT	♄ DECL	♄ LAT
1	17S33	22S24	0S40	21S41	15S17	1S29	7S29	1S18	5N49	0N 4	18N57	0N47	4S 9	2S 7
2	17 16	20 34	2 1	19 5	14 36	1 22	6 59	1 16	6 6	0 5	18 59	0 47	4 6	2 7
3	16 59	17 15	3 13	15 9	13 54	1 14	6 28	1 14	6 23	0 6	19 2	0 47	4 4	2 7
4	16 42	12 49	4 10	10 19	13 11	1 6	5 58	1 11	6 40	0 7	19 4	0 47	4 1	2 7
5	16 24	7 41	4 50	4 59	12 28	0 56	5 27	1 9	6 57	0 8	19 6	0 48	3 59	2 7
6	16 6	2 16	5 10	0N26	11 44	0 46	4 56	1 7	7 14	0 9	19 8	0 48	3 56	2 7
7	15 48	3N 5	5 11	5 40	10 59	0 35	4 25	1 5	7 31	0 10	19 10	0 48	3 53	2 6
8	15 30	8 7	4 54	10 27	10 15	0 24	3 54	1 2	7 48	0 11	19 12	0 48	3 51	2 6
9	15 11	12 37	4 23	14 37	9 31	0 11	3 23	0 60	8 4	0 12	19 14	0 48	3 48	2 6
10	14 52	16 26	3 40	18 2	8 48	0N 2	2 51	0 57	8 21	0 13	19 16	0 48	3 45	2 6
11	14 33	19 26	2 47	20 35	8 5	0 15	2 20	0 54	8 37	0 13	19 18	0 48	3 43	2 6
12	14 13	21 30	1 48	22 10	7 24	0 30	1 49	0 52	8 54	0 14	19 20	0 48	3 40	2 6
13	13 53	22 35	0 45	22 45	6 45	0 45	1 17	0 49	9 10	0 15	19 22	0 48	3 37	2 6
14	13 34	22 39	0N19	22 17	6 8	1 0	0 46	0 46	9 26	0 16	19 24	0 48	3 35	2 6
15	13 13	21 41	1 22	20 51	5 33	1 16	0 14	0 43	9 42	0 17	19 26	0 48	3 32	2 6
16	12 53	19 46	2 22	18 29	5 1	1 32	0N17	0 40	9 59	0 18	19 28	0 48	3 29	2 6
17	12 32	16 60	3 15	15 20	4 33	1 47	0 49	0 37	10 15	0 18	19 30	0 48	3 26	2 6
18	12 12	13 30	4 1	11 31	4 8	2 3	1 20	0 34	10 30	0 19	19 31	0 49	3 24	2 6
19	11 51	9 25	4 36	7 13	3 48	2 18	1 52	0 31	10 46	0 20	19 33	0 49	3 21	2 5
20	11 29	4 56	4 58	2 34	3 32	2 33	2 23	0 28	11 2	0 21	19 35	0 49	3 18	2 5
21	11 8	0 11	5 7	2S14	3 21	2 47	2 55	0 24	11 17	0 22	19 37	0 49	3 15	2 5
22	10 47	4S39	5 2	7 2	3 14	3 0	3 26	0 21	11 33	0 22	19 38	0 49	3 12	2 5
23	10 25	9 22	4 41	11 37	3 13	3 12	3 58	0 18	11 48	0 23	19 40	0 49	3 9	2 5
24	10 3	13 46	4 6	15 46	3 16	3 22	4 29	0 14	12 4	0 24	19 41	0 49	3 7	2 5
25	9 41	17 36	3 17	19 12	3 24	3 30	4 60	0 11	12 19	0 25	19 43	0 49	3 4	2 5
26	9 19	20 34	2 15	21 38	3 36	3 36	5 31	0 7	12 34	0 25	19 45	0 49	3 1	2 5
27	8 57	22 23	1 4	22 47	3 53	3 41	6 2	0 4	12 49	0 26	19 46	0 49	2 58	2 5
28	8 34	22 48	0S13	22 25	4 13	3 43	6 33	0 0	13 4	0 27	19 47	0 49	2 55	2 5
29	8S12	21S39	1S31	20S29	4S36	3N43	7N 3	0N 3	13N18	0N28	19N49	0N49	2S52	2S 5

DAY	♅ DECL	♅ LAT	♆ DECL	♆ LAT	♇ DECL	♇ LAT
1	23S 2	0S22	22N 0	0S50	15N42	7S35
5	23 1	0 22	22 1	0 50	15 42	7 34
9	22 59	0 22	22 2	0 50	15 43	7 33
13	22 58	0 22	22 2	0 50	15 44	7 33
17	22 57	0 22	22 3	0 50	15 44	7 32
21	22 56	0 22	22 3	0 50	15 45	7 31
25	22 54	0 22	22 4	0 49	15 46	7 30
29	22S53	0S22	22N 4	0S49	15N47	7S29

☽ PHENOMENA	
d h m	
2 8 36	●
9 4 27	☽
17 9 5	○
25 3 24	☾
d h ° '	
6 10 0	
13 13 22N45	
21 1 0	
27 18 22S50	
6 13 5S13	
13 17 0	
21 3 5N 7	
27 20 0	

VOID OF COURSE ☽ LAST ASPT	☽ INGRESS
1 4am48	1 ♒ 1pm32
3 7am57	3 ♓ 12pm50
5 5am 3	5 ♈ 1pm31
7 4am48	7 ♉ 5pm24
9 4pm29	10 ♊ 1am23
12 8am29	12 ♋ 12pm48
14 5pm29	15 ♌ 1am46
17 9am 5	17 ♍ 2pm28
19 6pm58	20 ♎ 1am48
22 10am18	22 ♏ 11am14
24 12pm59	24 ♐ 6pm15
26 5pm56	26 ♑ 10pm29
28 8pm 8	29 ♒ 0am 4

d	h	
2	2	PERIGEE
15	3	APOGEE

DAILY ASPECTARIAN

Day	Aspect	Time
1 S	☿△♇	0am55
	☽⚻♇	2 27
	☽⚺☿	2 39
	☽⚹♄	4 48
	☽#♆	7 19
	♀⚹♅	7 46
	☽∠♀	1pm 3
	☿⚺♄	10 38
2 Su	♀⚺♂	1am45
	☽⚼♇	2 6
	☽☍♃	2 24
	☽∠♄	4 37
	☉☌☽	8 36
	☽⚻♆	9 34
	☽⚺♅	12pm21
	☽#♃	12 28
	☽⚹♂	2 16
	☽⚺♀	2 44
	☉⚻♆	10 46
3 M	☽△♇	1am42
	☉∥☽	1 44
	♀#♂	2 23
	☽⚺♄	4 24
	☽☌☿	7 57
	☽#♇	8 59
	☽⚼♆	9 12
	☽∠♅	12pm 7
	☽∠♂	3 7
	♃∠♇	4 56
	☿⚼♆	7 4
	☽∥☿	9 51
4 T	☽⚻♃	1am28
	☽△♆	9 8
	☉⚺☽	11 43
	☽⚹♅	12pm14
	☽⚺♂	4 24
	☽☌♀	6 49
	☉⚺♅	7 46
	☿∠♅	10 55
5 W	☽⚼♃	1am34
	☽□♇	1 51
	☽#♂	3 7
	☿ ♓	4 24
	☽☌♄	5 3
	☽∥♀	11 2
	☉∠☽	2pm11
	☽⚺☿	2 41
	☽∥♄	4 36
6 Th	☽△♃	2am23
	☽□♆	10 54
	☽□♅	2pm29
	☉⚹☽	5 40
	☽∠☿	7 31
	☽☌♂	9 25
7 F	☽⚺♀	2am15
	☽#♄	3 40
	☽⚹♇	4 48
	☽#♀	5 35
	☉#♇	7 5
	☽⚺♄	8 41
	♀⚼♃	8pm52
	☽∥♂	10 17
8 S	☿∠♂	1am11
	☽⚹☿	1 37
	♀∥♄	2 39
	♀□♇	6 39
	☽□♃	6 45
	☽∠♇	7 46
	☽∠♀	7 53
	☽#☿	9 26
	☽∠♄	12pm 3
	☽⚹♆	4 23
	☽△♅	8 34
9 Su	☉□☽	4am27
	☽⚺♂	7 0
	☽⚺♇	11 46
	☉#☽	2pm21
	☽⚹♀	2 54
	☽⚹♄	4 29
	☽∥♇	7 6
	☽∠♆	8 41
	☿⚻♃	9 4
10 M	☽⚼♅	1am10
	♀☌♄	8 38
	☿#♂	10 55
	☽∠♂	1pm34
	☽⚹♃	3 7
	☽□☿	5 33
	☽∥♃	10 50
11 T	☽⚺♆	1am53
	☽⚻♅	6 40
	☉△☽	8pm 9
	☽∠♃	8 31
	☽⚹♂	9 5
	☽☌♇	10 28
12 W	☽□♄	4am 1
	☽□♀	8 29
	☽∥♆	9 12
	♂⚹♇	8pm38
	☉△♇	11 18
13 Th	☽⚺♃	2am28
	☉⚼☽	5 14
	☉⚹♂	5 15
	☽△☿	12pm11
	☽☌♆	2 6
	☽☍♅	7 23
14 F	♀ ♈	2am55
	☽⚺♇	11 13
	☿△♆	11 27
	☽□♂	1pm40
	☉⚻☽	2 37
	☽△♄	5 29
	☽∥♆	5 30
	☽⚼☿	9 20
15 S	☽△♀	4am23
	☽☌♃	2pm53
	☽∠♇	5 44
16 Su	☽⚼♄	0am17
	☽∥♃	3 0
	☽⚺♆	3 3
	☉⚺♄	3 48
	☽⚻☿	5 51
	☽⚻♅	8 40
	☽⚼♀	2pm17
17 M	☽⚹♇	0am 4
	☽△♂	6 18
	☽⚻♄	6 52
	☉☍☽	9 5
	☽∥♇	9 10
	☽∠♆	9 16
	☉⚼♆	11 14
	☽⚼♅	3pm 0
	♂⚺♄	6 7
	☽⚻♀	11 49
18 T	☽⚺♃	2am46
	☉#☽	8 47
	☽⚼♂	2pm 6
	☽⚹♆	3 10
	☽∥♂	4 50
	☽☍☿	8 12
	☽△♅	9 0
19 W	♀△♃	3am 5
	☽∠♃	8 12
	☽□♇	11 45
	☽☍♄	6pm58
	☽⚻♂	9 25
20 Th	☉ ♓	0am54
	☉⚻☽	1 53
	☿SR	2 23
	☽#☿	7 29
	☽#♄	8 25
	☉∠♅	10 29
	☽∥♀	11 39
	☽⚹♃	1pm13
	☽☍♀	5 13
	☉#♂	5 58
21 F	☽□♆	1am42
	☽⚻☿	6 40
	☽□♅	7 38
	☉⚼☽	9 24
	♀#♄	2pm12
	☿#♀	3 59
	☽∥♄	4 52
	☽∥☿	5 4
	☽#♀	5 13
	☽△♇	9 39
22 S	☽⚻♄	5am11
	☽☍♂	10 18
	☽⚼☿	10 29
	☿∠♂	12pm28
	☉△☽	4 12
	☽□♃	9 44
23 Su	☽⚼♇	1am47
	♂ ♉	3 25
	☉∥☽	5 5
	☽⚻♀	7 51
	☽⚼♄	9 25
	☽△♆	10 8
	☽△☿	1pm22
	☽#♂	1 47
	☽⚹♅	4 5
24 M	☽⚻♇	5am17
	♀□♆	8 25
	☽#♇	11 56
	☽△♄	12pm59
	☽⚼♆	1 24
	☽⚼♀	1 54
	☽∠♅	7 20
	☽⚻♂	8 22
25 T	☿⚺♀	0am39
	☉□☽	3 24
	☽△♃	3 51
	☉⚻♃	8 51
	☽⚻♆	3pm58
	☽#♃	4 23
	☽□☿	4 30
	☽△♀	7 0
	☽⚺♅	9 51
26 W	☽⚼♂	0am10
	☿△♆	1 19
	☽⚼♃	5 52
	☽☍♇	10 11
	☽□♄	5pm56
	☽#♆	6 12
27 Th	☽△♂	3am 8
	♀□♅	5 2
	☽⚻♃	7 12
	☉⚹☽	11 2
	☽⚹☿	4pm30
	☽☍♆	7 0
28 F	☽☌♅	0am46
	☽□♀	2 28
	☽⚻♇	12pm19
	☉∠☽	1 38
	☽∠☿	3 34
	☽#♆	6 6
	☽⚹♄	8 8
29 S	☉☌☿	4am31
	☽□♂	6 55
	☽☍♃	8 7
	☽⚼♇	12pm36
	☽⚺☿	2 13
	☉⚺☽	3 39
	☽#♃	5 32
	☽⚻♆	7 44
	☽∠♄	8 29

LONGITUDE

DAY	SID. TIME	☉	☽	☽ 12 Hour	MEAN ☊	TRUE ☊	☿	♀	♂	♃	♄	♅	♆	♇
	h m s	° ' "	° ' "	° ' "	° '	° '	° '	° '	° '	° '	° '	° '	° '	° '
1	10 33 35	10♓ 1 12	14♒ 53 25	22♒ 24 39	11♋ 18	12♋ 45R	8♓ 21R	19♈ 1	4♉ 44	4♌ 56R	27♓ 43	15♑ 49	12♋ 13R	22♊ 46R
2	10 37 31	11 1 25	29 56 38	7♓ 28 10	11 15	12 39	7 18	20 12	5 25	4 50	27 50	15 52	12 12	22 46
3	10 41 28	12 1 35	14♓ 58 2	22 25 0	11 12	12 31	6 17	21 23	6 6	4 45	27 57	15 54	12 12	22 46
4	10 45 24	13 1 44	29 47 58	7♈ 5 54	11 9	12 21	5 18	22 34	6 48	4 40	28 4	15 56	12 11	22 46
5	10 49 21	14 1 51	14♈ 17 59	21 23 33	11 5	12 12	4 23	23 45	7 29	4 35	28 12	15 59	12 10	22 46
6	10 53 17	15 1 56	28 22 10	5♉ 13 34	11 2	12 3	3 33	24 55	8 10	4 31	28 19	16 1	12 10	22 46
7	10 57 14	16 1 59	11♉ 57 42	18 34 43	10 59	11 56	2 49	26 6	8 51	4 26	28 26	16 3	12 9	22 46D
8	11 1 11	17 2 0	25 4 51	1♊ 28 33	10 56	11 51	2 11	27 16	9 32	4 22	28 34	16 5	12 9	22 46
9	11 5 7	18 1 58	7♊ 46 18	13 58 40	10 53	11 49	1 39	28 26	10 14	4 18	28 41	16 7	12 8	22 46
10	11 9 4	19 1 54	20 6 19	26 9 53	10 49	11 48D	1 14	29 36	10 55	4 14	28 49	16 9	12 8	22 46
11	11 13 0	20 1 49	2♋ 10 6	8♋ 7 37	10 46	11 48R	0 55	0♉ 46	11 36	4 10	28 56	16 11	12 7	22 46
12	11 16 57	21 1 41	14 3 7	19 57 17	10 43	11 49	0 43	1 56	12 17	4 7	29 3	16 13	12 7	22 46
13	11 20 53	22 1 31	25 50 42	1♌ 44 0	10 40	11 48	0 38D	3 6	12 58	4 3	29 11	16 15	12 6	22 46
14	11 24 50	23 1 18	7♌ 37 42	13 32 17	10 37	11 45	0 38	4 15	13 39	4 0	29 18	16 17	12 6	22 46
15	11 28 46	24 1 4	19 28 14	25 25 54	10 34	11 39	0 45	5 25	14 20	3 57	29 26	16 19	12 6	22 47
16	11 32 43	25 0 47	1♍ 25 38	7♍ 27 41	10 30	11 30	0 57	6 34	15 1	3 54	29 33	16 21	12 5	22 47
17	11 36 40	26 0 28	13 32 16	19 39 34	10 27	11 19	1 15	7 43	15 41	3 51	29 41	16 23	12 5	22 47
18	11 40 36	27 0 7	25 49 39	2♎ 2 37	10 24	11 7	1 37	8 52	16 22	3 49	29 48	16 25	12 5	22 47
19	11 44 33	27 59 44	8♎ 18 28	14 37 14	10 21	10 53	2 5	10 1	17 3	3 47	29 56	16 26	12 5	22 47
20	11 48 29	28 59 19	20 58 51	27 23 20	10 18	10 40	2 37	11 10	17 44	3 44	0♈ 3	16 28	12 5	22 48
21	11 52 26	29 58 53	3♏ 50 39	10♏ 20 47	10 15	10 29	3 14	12 18	18 25	3 43	0 10	16 29	12 5	22 48
22	11 56 22	0♈ 58 24	16 53 44	23 29 33	10 11	10 20	3 54	13 26	19 5	3 41	0 18	16 31	12 5	22 48
23	12 0 19	1 57 53	0♐ 8 17	6♐ 50 2	10 8	10 14	4 38	14 34	19 46	3 39	0 25	16 33	12 4D	22 49
24	12 4 15	2 57 21	13 34 55	20 23 2	10 5	10 11	5 26	15 42	20 27	3 38	0 33	16 34	12 4	22 49
25	12 8 12	3 56 47	27 14 31	4♑ 9 30	10 2	10 10D	6 17	16 50	21 7	3 37	0 40	16 35	12 5	22 49
26	12 12 8	4 56 12	11♑ 8 3	18 10 13	9 59	10 10R	7 11	17 58	21 48	3 36	0 48	16 37	12 5	22 50
27	12 16 5	5 55 34	25 15 57	2♒ 25 9	9 55	10 10	8 8	19 5	22 29	3 35	0 55	16 38	12 5	22 50
28	12 20 2	6 54 55	9♒ 37 33	16 52 48	9 52	10 8	9 8	20 12	23 9	3 34	1 3	16 39	12 5	22 51
29	12 23 58	7 54 14	24 10 24	1♓ 29 44	9 49	10 3	10 11	21 19	23 50	3 34	1 10	16 41	12 5	22 51
30	12 27 55	8 53 31	8♓ 50 1	16 10 25	9 46	9 55	11 16	22 26	24 30	3 34D	1 18	16 42	12 5	22 52
31	12 31 51	9♈ 52 46	23♓ 30 0	0♈ 47 48	9♋ 43	9♋ 45	12♓ 24	23♉ 33	25♉ 11	3♌ 34	1♈ 25	16♑ 43	12♋ 5	22♊ 52

DECLINATION and LATITUDE

DAY	☉ DECL	☽ DECL	☽ LAT	☽ 12hr DECL	☿ DECL	☿ LAT	♀ DECL	♀ LAT	♂ DECL	♂ LAT	♃ DECL	♃ LAT	♄ DECL	♄ LAT
1	7S49	18S58	2S43	17S 8	5S 2	3N41	7N34	0N 7	13N33	0N28	19N50	0N49	2S49	2S 5
2	7 26	14 60	3 45	12 38	5 29	3 36	8 4	0 11	13 47	0 29	19 51	0 49	2 46	2 5
3	7 3	10 5	4 30	7 23	5 58	3 30	8 34	0 15	14 2	0 30	19 53	0 49	2 43	2 5
4	6 40	4 37	4 57	1 49	6 27	3 22	9 4	0 18	14 16	0 30	19 54	0 49	2 40	2 5
5	6 17	0N58	5 4	3N42	6 55	3 12	9 34	0 22	14 30	0 31	19 55	0 49	2 38	2 5
6	5 54	6 21	4 52	8 52	7 24	3 1	10 3	0 26	14 44	0 32	19 56	0 49	2 35	2 5
7	5 31	11 15	4 24	13 26	7 51	2 49	10 33	0 30	14 58	0 32	19 57	0 49	2 32	2 5
8	5 7	15 27	3 42	17 14	8 16	2 36	11 2	0 34	15 12	0 33	19 58	0 49	2 29	2 5
9	4 44	18 48	2 51	20 8	8 40	2 22	11 31	0 38	15 25	0 34	19 59	0 49	2 26	2 5
10	4 21	21 12	1 53	22 1	9 3	2 8	11 59	0 42	15 39	0 34	20 0	0 49	2 23	2 5
11	3 57	22 35	0 51	22 53	9 23	1 54	12 28	0 46	15 52	0 35	20 1	0 49	2 20	2 5
12	3 33	22 54	0N12	22 41	9 40	1 39	12 56	0 50	16 5	0 35	20 2	0 49	2 17	2 5
13	3 10	22 12	1 14	21 28	9 56	1 25	13 23	0 54	16 19	0 36	20 3	0 49	2 14	2 5
14	2 46	20 31	2 13	19 19	10 9	1 11	13 51	0 58	16 31	0 37	20 3	0 49	2 11	2 5
15	2 23	17 56	3 6	16 20	10 20	0 56	14 18	1 2	16 44	0 37	20 4	0 49	2 8	2 5
16	1 59	14 34	3 51	12 39	10 29	0 42	14 45	1 6	16 57	0 38	20 5	0 49	2 5	2 5
17	1 35	10 35	4 27	8 23	10 35	0 29	15 11	1 10	17 9	0 38	20 5	0 49	2 2	2 5
18	1 12	6 6	4 50	3 44	10 40	0 16	15 37	1 14	17 22	0 39	20 6	0 49	1 59	2 5
19	0 48	1 18	5 0	1S 9	10 42	0 3	16 3	1 18	17 34	0 39	20 6	0 49	1 56	2 5
20	0 24	3S37	4 56	6 4	10 42	0S10	16 29	1 22	17 46	0 40	20 7	0 49	1 53	2 5
21	0 0	8 28	4 36	10 48	10 40	0 21	16 54	1 26	17 58	0 41	20 7	0 49	1 50	2 5
22	0N23	13 1	4 2	15 6	10 36	0 33	17 18	1 30	18 10	0 41	20 8	0 49	1 47	2 5
23	0 47	17 1	3 15	18 44	10 30	0 44	17 43	1 34	18 21	0 42	20 8	0 49	1 44	2 5
24	1 11	20 12	2 16	21 24	10 22	0 54	18 6	1 38	18 33	0 42	20 8	0 49	1 42	2 5
25	1 34	22 18	1 8	22 51	10 12	1 4	18 30	1 42	18 44	0 43	20 8	0 49	1 39	2 5
26	1 58	23 4	0S 5	22 55	10 1	1 13	18 53	1 45	18 55	0 43	20 9	0 48	1 36	2 5
27	2 21	22 23	1 19	21 30	9 47	1 22	19 15	1 49	19 6	0 44	20 9	0 48	1 33	2 5
28	2 45	20 15	2 29	18 39	9 33	1 30	19 37	1 53	19 17	0 44	20 9	0 48	1 30	2 5
29	3 8	16 46	3 30	14 37	9 16	1 38	19 59	1 57	19 28	0 45	20 9	0 48	1 27	2 5
30	3 32	12 14	4 18	9 41	8 58	1 46	20 20	2 1	19 38	0 45	20 9	0 48	1 24	2 5
31	3N55	6S60	4S49	4S13	8S38	1S52	20N41	2N 5	19N48	0N46	20N 9	0N48	1S21	2S 5

DAY	♅ DECL	♅ LAT	♆ DECL	♆ LAT	♇ DECL	♇ LAT
1	22S53	0S22	22N 4	0S49	15N47	7S29
5	22 52	0 23	22 5	0 49	15 48	7 28
9	22 51	0 23	22 5	0 49	15 48	7 27
13	22 50	0 23	22 5	0 49	15 49	7 27
17	22 49	0 23	22 6	0 49	15 50	7 26
21	22 49	0 23	22 6	0 49	15 51	7 25
25	22 48	0 23	22 6	0 48	15 52	7 24
29	22S48	0S23	22N 6	0S48	15N53	7S23

☽ PHENOMENA

d	h	m	
2	18	57	●
9	21	42	☽
18	2	28	○
25	12	32	☾

d	h	°	'
4	20	0	
11	19	22N56	
19	6	0	
26	1	23S	4
4	20	5S	4
11	19	0	
19	5	5N	1
25	22	0	

VOID OF COURSE ☽

LAST ASPT		☽ INGRESS		
1	12pm35	2	♓	0am 5
3	9pm10	4	♈	0am20
5	5pm30	6	♉	2am50
8	6am34	8	♊	9am13
10	5pm27	10	♋	7pm39
13	6am52	13	♌	8am28
15	6am40	15	♍	9pm 9
18	7am46	18	♎	8am 4
20	3am24	20	♏	4pm52
22	4am13	22	♐	11pm45
24	4pm17	25	♑	4am48
26	7pm 3	27	♒	7am57
28	11pm24	29	♓	9am33
31	2am53	31	♈	10am41

d	h	
1	13	PERIGEE
13	16	APOGEE
29	15	PERIGEE

DAILY ASPECTARIAN

Day	Aspect	Time
1 Su	☽⚺♅	1am29
	♂□♃	6 0
	☉#♀	6 54
	☽✶♀	7 9
	☽△♇	12pm35
	☽⚼♆	7 38
	☽#♇	7 44
	☽⚺♄	8 36
2 M	☽∠♅	1am28
	☽#♂	5 57
	☽⚻♃	7 45
	☽∠♀	9 6
	☽✶♂	9 9
	☽☌☿	10 58
	☉☌☽	6pm57
	☽△♆	7 33
	☿∠♀	10 49
3 T	☽✶♅	1am30
	☿✶♂	2 23
	☉△♆	3 57
	☽#♀	6 13
	☽⚼♃	7 39
	☽∠♂	10 22
	☽⚺♀	11 13
	☽□♇	12pm34
	☉∥☽	2 29
	☽∥☿	4 46
	☽☌♄	9 10
4 W	♀✶♇	4am 9
	☉∥☿	6 18
	☽△♃	7 57
	☽∥♄	8 26
	☽⚺☿	8 29
	☽⚺♂	12pm 4
	☿⚻♃	5 56
	☽□♆	8 26
	☉⚺☽	11 31
5 Th	☽□♅	2am50
	☽#♄	7 11
	☽∠☿	8 6
	♂∠♇	9 56
	☽✶♇	2pm21
	☽☌♀	5 30
	☉#☽	10 5
	☽⚺♄	11 55
6 F	☉∠☽	3am 7
	☽#☿	5 24
	☽✶☿	8 34
	☽□♃	10 41
	☽∠♇	4pm30
	☽☌♂	6 9
	☽∥♀	7 59
7 S	☽✶♆	0am20
	☉✶♅	0 25
	☽∠♄	2 41
	☽△♅	7 25
	☉✶☽	7 58
	♇SD	11 12
	☽⚺♇	7pm42
	☽∥♂	10 21
8 Su	☽∥♇	2am18
	☽∠♆	3 51
	☽⚺♀	4 29
	☽✶♄	6 34
	☽⚼♅	11 18
	☽□☿	12pm46
	☽✶♃	5 24
9 M	☽⚺♂	5am 0
	♀⚺♄	5 43
	☽⚺♆	8 25
	☽∥♃	10 41
	☽∠♀	12pm 6
	☽⚻♅	4 14
	☉□☽	9 42
	☽∠♃	10 17
10 T	☿∠♅	4am26
	☉⚼♃	4 31
	☽☌♇	5 15
	♀ ♉	8 6
	☽∠♂	12pm11
	☽∥♆	1 9
	☽□♄	5 27
	♂∥♇	5 49
	☽✶♀	8 54
	☽△☿	9 33
11 W	☿✶♀	2am31
	☽⚺♃	4 0
	♂✶♆	6pm13
	☽#♅	7 9
	☽☌♆	8 4
	☽✶♂	8 11
12 Th	☽⚼☿	3am21
	☽☍♅	4 25
	☽#♅	5 14
	☉△☽	3pm30
	☽⚺♇	5 44
13 F	☽∥♆	2am 7
	☽△♄	6 52
	☿SD	9 34
	☽⚻☿	9 44
	☽□♀	4pm23
	☽☌♃	4 39
	☉□♇	6 1
	♀□♃	6 52
14 S	☽∠♇	0am18
	☉⚼☽	0 52
	☽∥♃	4 50
	☽⚺♆	9 5
	☽□♂	12pm58
	☽⚼♄	1 42
	☽⚻♅	5 37
15 Su	♂∠♄	4am20
	☽✶♇	6 40
	☽∥♂	8 33
	☉⚻☽	9 59
	☽∠♆	3pm20
	☽∥♇	3 33
	☉∥♄	4 51
	☽⚻♄	8 13
	☽∥♀	10 59
	☽☍☿	11 2
	☽⚼♅	11 51
16 M	☽⚺♃	4am55
	☽△♀	11 18
	☽✶♆	9pm 9
	☽#☿	11 56
17 T	♀∠♇	1am19
	☽△♂	4 29
	☽△♅	5 36
	☿∠♅	9 53
	☽∠♃	10 24
	☽□♇	6pm 6
	☽⚼♀	7 49
18 W	♂△♅	1am23
	☉☍☽	2 28
	☽☍♄	7 46
	☽⚼♂	11 19
	☽⚻☿	11 36
	♀∥♇	12pm10
	☽✶♃	3 21
	☽#♄	8 51
19 Th	☉#☽	2am42
	☽⚻♀	3 35
	☽□♆	7 11
	☉∥☽	9 30
	♄ ♈	2pm23
	☽□♅	3 28
	☽∥♄	3 39
	☽⚼☿	5 23
	☽⚻♂	5 32
20 F	☽△♇	3am24
	☉⚻☽	4pm14
	☽⚻♄	5 7
	♀✶♆	7 18
	☽△☿	10 48
	☽□♃	11 45
21 S	☉ ♈	0am27
	☉☌♄	5 20
	☽⚼♇	7 19
	☽∥☿	11 9
	☽△♆	3pm11
	☿⚻♃	4 41
	☽☍♀	5 5
	☽⚼♄	9 3
	☉⚼☽	10 11
	☽✶♅	11 18
22 Su	☽☍♂	4am13
	☽⚻♇	10 46
	☽#♇	4pm36
	☽⚼♆	6 29
23 M	☽△♄	0am31
	☽∠♅	2 32
	☉△☽	3 33
	☽#♀	5 17
	☽△♃	6 18
	☽□☿	8 34
	☽#♂	9 50
	♆SD	3pm 6
	♀∠♄	8 12
	☽⚻♆	9 20
	☽#♃	11 28
24 T	☽⚻♀	4am 6
	☽⚺♅	5 17
	☽⚼♃	8 54
	☽⚻♂	12pm44
	☉△♃	4 4
	☽☍♇	4 17
	♀△♅	6 38
	☽#♆	9 1
25 W	☉#♄	4am 0
	☽□♄	6 1
	☽⚼♀	8 41
	☽∥♅	10 26
	☽⚻♃	11 3
	☉□☽	12pm32
	☽⚼♂	4 10
	☽✶☿	4 45
26 Th	☽☍♆	1am37
	♀∥♂	4 59
	☽☌♅	9 22
	☽△♀	12pm39
	☽∥♅	3 29
	☽△♂	7 3
	☽⚻♇	7 54
	☽∠☿	8 9
27 F	☽#♆	4am24
	☽✶♄	9 35
	♂⚺♇	12pm59
	☽☍♃	1 56
	☉✶☽	7 10
	☽⚼♇	9 2
	☽⚺☿	11 8
28 S	☽#♃	0am47
	☽⚻♆	4 4
	☽#♀	4 26
	☽#♂	7 8
	☽∠♄	10 43
	☽⚺♅	11 39
	☽□♀	6pm56
	☉∠☽	9 46
	☽△♇	9 50
	☽□♂	11 24
29 Su	☽⚼♆	4am46
	☽#♇	5 7
	♀∥♃	11 6
	☽⚺♄	11 34
	☽∠♅	12pm19
	☽⚻♃	3 23
30 M	☉⚺☽	0am 6
	☽☌☿	4 19
	☽△♆	5 19
	♀⚺♇	9 10
	☽✶♅	12pm52
	♃SD	1 16
	☽⚼♃	3 55
	☽∥☿	4 14
	☿△♆	5 29
	☽□♇	10 58
31 T	☽✶♀	0am 5
	☽✶♂	2 53
	☉#☽	12pm27
	☽☌♄	1 8
	☽△♃	4 34
	☉∠♂	10 46

APRIL 1908

LONGITUDE

DAY	SID. TIME	☉	☽	☽ 12 Hour	MEAN ☊	TRUE ☊	☿	♀	♂	♃	♄	♅	♆	♇
	h m s	° ′ ″	° ′ ″	° ′ ″	° ′	° ′	° ′	° ′	° ′	° ′	° ′	° ′	° ′	° ′
1	12 35 48	10♈ 51 59	8♈ 2 52	15♈ 14 16	9♋ 40	9♋ 34R	13♓ 34	24♉ 39	25♉ 51	3♌ 34	1♈ 32	16♑ 44	12♋ 6	22♊ 53
2	12 39 44	11 51 11	22 21 11	29 22 56	9 36	9 21	14 46	25 46	26 31	3 34	1 40	16 45	12 6	22 53
3	12 43 41	12 50 20	6♉ 18 57	13♉ 8 51	9 33	9 10	16 0	26 52	27 12	3 35	1 47	16 46	12 6	22 54
4	12 47 37	13 49 26	19 52 23	26 29 31	9 30	9 1	17 16	27 57	27 52	3 36	1 55	16 47	12 7	22 54
5	12 51 34	14 48 31	3♊ 0 20	9♊ 25 4	9 27	8 54	18 34	29 3	28 33	3 37	2 2	16 48	12 7	22 55
6	12 55 31	15 47 34	15 44 4	21 57 48	9 24	8 50	19 55	0♊ 8	29 13	3 38	2 9	16 48	12 7	22 56
7	12 59 27	16 46 34	28 6 47	4♋ 11 39	9 21	8 48	21 16	1 13	29 53	3 39	2 17	16 49	12 8	22 56
8	13 3 24	17 45 32	10♋ 13 0	16 11 33	9 17	8 48	22 40	2 18	0♊ 33	3 41	2 24	16 50	12 8	22 57
9	13 7 20	18 44 28	22 7 59	28 2 59	9 14	8 48	24 6	3 23	1 14	3 42	2 31	16 51	12 9	22 58
10	13 11 17	19 43 22	3♌ 57 13	9♌ 51 23	9 11	8 47	25 33	4 27	1 54	3 44	2 38	16 51	12 10	22 58
11	13 15 13	20 42 13	15 46 7	21 42 1	9 8	8 45	27 2	5 31	2 34	3 46	2 46	16 52	12 10	22 59
12	13 19 10	21 41 1	27 39 38	3♍ 39 28	9 5	8 40	28 32	6 35	3 14	3 49	2 53	16 52	12 11	23 0
13	13 23 6	22 39 48	9♍ 41 59	15 47 33	9 1	8 32	0♈ 5	7 38	3 54	3 51	3 0	16 53	12 11	23 1
14	13 27 3	23 38 33	21 56 29	28 9 1	8 58	8 22	1 39	8 41	4 34	3 54	3 7	16 53	12 12	23 1
15	13 31 0	24 37 15	4♎ 25 19	10♎ 45 27	8 55	8 11	3 14	9 44	5 14	3 56	3 14	16 53	12 13	23 2
16	13 34 56	25 35 55	17 9 27	23 37 14	8 52	7 58	4 51	10 47	5 54	3 59	3 22	16 54	12 14	23 3
17	13 38 53	26 34 33	0♏ 8 41	6♏ 43 39	8 49	7 46	6 30	11 49	6 34	4 2	3 29	16 54	12 14	23 4
18	13 42 49	27 33 10	13 21 55	20 3 15	8 46	7 35	8 11	12 51	7 14	4 6	3 36	16 54	12 15	23 5
19	13 46 46	28 31 44	26 47 26	3♐ 34 13	8 42	7 27	9 53	13 52	7 54	4 9	3 43	16 54	12 16	23 6
20	13 50 42	29 30 17	10♐ 23 23	17 14 44	8 39	7 21	11 36	14 53	8 34	4 13	3 50	16 54	12 17	23 7
21	13 54 39	0♉ 28 48	24 8 7	1♑ 3 23	8 36	7 18D	13 22	15 54	9 14	4 17	3 57	16 54R	12 18	23 7
22	13 58 35	1 27 18	8♑ 0 26	14 59 12	8 33	7 18	15 9	16 54	9 54	4 21	4 4	16 54	12 19	23 8
23	14 2 32	2 25 45	21 59 35	29 1 50	8 30	7 18R	16 57	17 54	10 33	4 25	4 11	16 54	12 20	23 9
24	14 6 29	3 24 11	6♒ 4 55	13♒ 9 40	8 27	7 19	18 48	18 54	11 13	4 29	4 17	16 54	12 21	23 10
25	14 10 25	4 22 36	20 15 37	27 22 31	8 23	7 18	20 40	19 53	11 53	4 34	4 24	16 54	12 22	23 11
26	14 14 22	5 20 59	4♓ 30 6	11♓ 38 0	8 20	7 15	22 34	20 52	12 33	4 38	4 31	16 54	12 23	23 12
27	14 18 18	6 19 21	18 45 48	25 52 59	8 17	7 9	24 29	21 50	13 12	4 43	4 38	16 54	12 24	23 13
28	14 22 15	7 17 40	2♈ 59 0	10♈ 3 16	8 14	7 2	26 26	22 48	13 52	4 48	4 45	16 53	12 25	23 14
29	14 26 11	8 15 59	17 5 11	24 4 9	8 11	6 52	28 25	23 46	14 32	4 53	4 51	16 53	12 26	23 15
30	14 30 8	9♉ 14 15	0♉ 59 37	7♉ 51 4	8♋ 7	6♋ 43	0♉ 25	24♊ 43	15♊ 11	4♌ 58	4♈ 58	16♑ 53	12♋ 28	23♊ 16

DECLINATION and LATITUDE

DAY	☉ DECL	☽ DECL	☽ LAT	☽ 12hr DECL	☿ DECL	☿ LAT	♀ DECL	♀ LAT	♂ DECL	♂ LAT	♃ DECL	♃ LAT	♄ DECL	♄ LAT
1	4N18	1S24	5S 0	1N24	8S17	1S59	21N 1	2N 9	19N59	0N46	20N 9	0N48	1S18	2S 5
2	4 41	4N10	4 53	6 51	7 55	2 4	21 21	2 12	20 9	0 47	20 9	0 48	1 15	2 5
3	5 4	9 25	4 28	11 49	7 31	2 9	21 40	2 16	20 18	0 47	20 9	0 48	1 12	2 5
4	5 27	14 3	3 48	16 4	7 5	2 14	21 59	2 20	20 28	0 48	20 8	0 48	1 10	2 5
5	5 50	17 52	2 57	19 25	6 39	2 18	22 17	2 23	20 38	0 48	20 8	0 48	1 7	2 6
6	6 13	20 43	1 59	21 45	6 10	2 22	22 35	2 27	20 47	0 48	20 8	0 48	1 4	2 6
7	6 36	22 30	0 56	22 59	5 41	2 25	22 52	2 30	20 56	0 49	20 7	0 48	1 1	2 6
8	6 58	23 11	0N 8	23 7	5 10	2 28	23 9	2 34	21 5	0 49	20 7	0 48	0 58	2 6
9	7 21	22 47	1 10	22 12	4 38	2 30	23 25	2 37	21 14	0 50	20 7	0 48	0 55	2 6
10	7 43	21 22	2 9	20 18	4 5	2 32	23 40	2 41	21 22	0 50	20 6	0 48	0 53	2 6
11	8 5	19 1	3 3	17 32	3 31	2 33	23 55	2 44	21 31	0 51	20 6	0 48	0 50	2 6
12	8 27	15 52	3 48	14 1	2 55	2 33	24 10	2 47	21 39	0 51	20 5	0 48	0 47	2 6
13	8 49	12 1	4 25	9 53	2 19	2 33	24 24	2 50	21 47	0 51	20 4	0 48	0 44	2 6
14	9 11	7 38	4 49	5 16	1 41	2 33	24 37	2 53	21 55	0 52	20 4	0 48	0 41	2 6
15	9 33	2 50	5 1	0 21	1 2	2 32	24 50	2 56	22 2	0 52	20 3	0 48	0 39	2 6
16	9 54	2S 9	4 58	4S41	0 22	2 31	25 2	2 59	22 10	0 53	20 2	0 47	0 36	2 7
17	10 15	7 10	4 39	9 36	0N19	2 29	25 13	3 2	22 17	0 53	20 1	0 47	0 33	2 7
18	10 36	11 57	4 5	14 11	1 0	2 26	25 24	3 5	22 24	0 53	20 1	0 47	0 30	2 7
19	10 57	16 15	3 18	18 7	1 43	2 23	25 35	3 7	22 31	0 54	19 60	0 47	0 28	2 7
20	11 18	19 44	2 18	21 6	2 27	2 19	25 44	3 10	22 38	0 54	19 59	0 47	0 25	2 7
21	11 39	22 10	1 10	22 54	3 12	2 15	25 54	3 12	22 45	0 54	19 58	0 47	0 22	2 7
22	11 59	23 16	0S 4	23 17	3 57	2 11	26 2	3 15	22 51	0 55	19 57	0 47	0 20	2 7
23	12 19	22 56	1 17	22 12	4 44	2 6	26 10	3 17	22 57	0 55	19 56	0 47	0 17	2 7
24	12 39	21 8	2 27	19 44	5 31	2 0	26 18	3 19	23 3	0 55	19 55	0 47	0 15	2 7
25	12 59	18 2	3 28	16 3	6 19	1 54	26 25	3 21	23 9	0 56	19 54	0 47	0 12	2 8
26	13 19	13 50	4 16	11 26	7 7	1 48	26 31	3 23	23 14	0 56	19 52	0 47	0 9	2 8
27	13 38	8 53	4 49	6 12	7 56	1 41	26 37	3 25	23 20	0 56	19 51	0 47	0 7	2 8
28	13 57	3 27	5 4	0 40	8 45	1 33	26 42	3 27	23 25	0 57	19 50	0 47	0 4	2 8
29	14 16	2N 6	4 60	4N50	9 35	1 25	26 46	3 28	23 30	0 57	19 49	0 47	0 2	2 8
30	14N35	7N29	4S38	10N 1	10N26	1S17	26N50	3N30	23N35	0N57	19N47	0N47	0N 1	2S 8

DAY	♅ DECL	♅ LAT	♆ DECL	♆ LAT	♇ DECL	♇ LAT
1	22S47	0S23	22N 6	0S48	15N54	7S23
5	22 47	0 23	22 6	0 48	15 55	7 22
9	22 47	0 23	22 6	0 48	15 55	7 21
13	22 47	0 24	22 6	0 48	15 56	7 20
17	22 46	0 24	22 6	0 48	15 57	7 19
21	22 46	0 24	22 6	0 47	15 58	7 19
25	22 47	0 24	22 6	0 47	15 59	7 18
29	22S47	0S24	22N 5	0S47	15N60	7S17

☽ PHENOMENA		
d	h	m
1	5	2 ●
8	16	31 ☽
16	16	55 ○
23	19	7 ☾
30	15	33 ●
d	h	° ′
1	6	0
8	3	23N11
15	14	0
22	6	23S19
28	15	0
1	2	5S 0
7	21	0
15	7	5N 1
21	23	0
28	7	5S 4

VOID OF COURSE ☽ LAST ASPT		☽ INGRESS	
2	0am54	2 ♉	1pm 4
4	4pm 1	4 ♊	6pm26
6	1pm53	7 ♋	3am43
9	4am32	9 ♌	3pm58
11	2pm36	12 ♍	4am41
14	2am 6	14 ♎	3pm33
16	4pm55	16 ♏	11pm44
18	6am22	19 ♐	5am41
20	10pm14	21 ♑	10am10
22	3pm18	23 ♒	1pm40
25	4am57	25 ♓	4pm25
27	7am31	27 ♈	6pm57
29	12pm19	29 ♉	10pm16

d	h	
10	10	APOGEE
25	12	PERIGEE

DAILY ASPECTARIAN

1 W
☽∥♄ 0am26
☽∠♀ 2 54
☽∠♂ 4 54
☉☌☽ 5 2
☽□♆ 6 45
☽⚺☿ 10 2
☽#♄ 11 27
☽□♅ 2pm32

2 Th
♂∥♃ 0am17
☽⚹♇ 0 54
☉∥☽ 2 27
☉□♆ 6 2
☽⚺♀ 6 17
☽⚺♂ 7 28
☽∠☿ 1pm53
☽#☿ 3 41
☽⚺♄ 4 4
☽□♃ 7 15
♂∠♆ 8 41

3 F
☽∠♇ 2am46
♀∠♆ 5 22
☽⚹♆ 10 10
☉⚺☽ 12pm21
☿⚹♅ 2 40
☽△♅ 6 27
☽∠♄ 6 38
☽⚹☿ 6 51
♀☌♂ 7 4

4 S
☽⚺♇ 5am29
♀∥♆ 9 21
☽∥♇ 10 58
☽∠♆ 1pm 8
☽☌♂ 3 19
☽☌♀ 4 1
☉∠☽ 5 36
☽⚼♅ 9 45
☽⚹♄ 10 11

5 Su
☿⚼♃ 0am40
☽⚹♃ 1 8
☽⚺♆ 5pm 7
☽∥♃ 6 17
♀ ♊ 8 57
☉#☿ 10 48

6 M
☉⚹☽ 0am 7
☽∥♂ 0 43
☽⚻♅ 2 3
☽∠♃ 5 34
☽□☿ 9 1
☽☌♇ 1pm53
♀#♅ 4 32
☽∥♆ 5 11

7 T
☉□♅ 1am 5
☽⚺♂ 3 41
♂ ♊ 4 6
☽#♅ 6 11
☽⚺♀ 6 43
☽□♄ 8 17
☽⚺♃ 10 57
♀⚼♅ 1pm25
☽∥♀ 9 46

8 W
♀⚹♄ 2am24
☽☌♆ 3 51
☽∥♀ 3 58
☿□♇ 4 47
☽∠♂ 11 21
☽☍♅ 1pm18
☽∠♀ 3 39
☉□☽ 4 31

9 Th
☽#♅ 0am12
☽⚺♇ 1 41
☽△☿ 4 32
♀⚹♃ 7 31
☽∥♆ 1pm36
☽⚹♂ 7 34
☽△♄ 9 18
♂⚼♅ 10 26
☽☌♃ 11 33
☽∥♂ 11 58

10 F
☽⚹♀ 1am 7
☽∠♇ 8 11
☽∥♃ 2pm 5
☽⚼☿ 3 19
☽⚺♆ 4 42

11 S
☽⚻♅ 2am13
☽⚼♄ 4 5
♂⚹♄ 8 36
☉△☽ 10 53
☽⚹♇ 2pm36
☽∠♆ 11 2
☽∥♇ 11 30

12 Su
☽⚻☿ 2am 1
☽⚼♅ 8 26
☽⚻♄ 10 33
☽□♂ 11 49
☽⚺♃ 12pm20
☽□♀ 7 31
☉⚼☽ 7 37
♂⚹♃ 9 57
☿ ♈ 10 48

13 M
☽⚹♆ 4am55
☉⚹♇ 8 37
☉∠♀ 8 41
☽△♅ 2pm 8
☉∥☽ 4 23
☽∠♃ 6 3

14 T
☽□♇ 2am 6
☉⚻☽ 3 35
☽☍☿ 9pm24
☽☍♄ 9 44
☽⚹♃ 11 5

15 W
☿☌♄ 0am 6
☽△♂ 1 38
☽#☿ 10 3
☽#♄ 10 43
☿△♃ 10 48
☽△♀ 10 58
♂∥♆ 11 14
☽□♆ 2pm45
☿∥♄ 3 19
☽∥☿ 4 29
☽∥♄ 4 38
☽□♅ 11 31

16 Th
☽⚼♂ 7am21
☽△♇ 10 58
☉☍☽ 4pm55
☽⚼♀ 5 22

17 F
☿⚹♂ 1am40
☽⚻♄ 6 9
☽□♃ 7 9
☿#♄ 7 56
♀⚺♆ 10 4
☽⚻♂ 12pm20
☽⚻☿ 1 16
☽⚼♇ 2 26
☉#☽ 4 29
☽△♆ 10 0
☽⚻♀ 10 59

18 S
☽⚹♅ 6am22
☽⚼♄ 9 28
☽⚻♇ 5pm25
☽⚼☿ 8 6
☽#♇ 10 18

19 Su
☽⚼♆ 0am51
☉⚻☽ 3 19
☽∠♅ 9 4
☽△♄ 12pm21
☽△♃ 1 5
☽☍♂ 8 38

20 M
☽#♃ 1am55
☽△☿ 2 27
☽⚻♆ 3 19
☉⚼☽ 7 46
☽☍♀ 8 31
☿□♆ 9 24
☽⚺♅ 11 25
☉ ♉ 12pm11
☽⚼♃ 3 30
☽☍♇ 10 14
☽#♆ 11 7

21 T
♂#♅ 7am23
☽∥♅ 9 40
☽#♂ 9 53
☉△☽ 11 50
♅SR 12pm10
☽□♄ 5 8
☽⚻♃ 5 39

22 W
♀⚻♅ 0am 2
☽⚻♂ 3 25
☽☍♆ 7 25
☽□☿ 2pm 6
☽☌♅ 3 18
☽⚻♀ 4 28
☿□♅ 11 21
☽#♂ 11 33

23 Th
☽⚻♇ 1am59
☽∥♅ 3 6
☽⚼♂ 6 23
☽#♆ 1pm27
☉□☽ 7 7
☽⚼♀ 8 1
☽⚹♄ 8 56
☽☍♃ 9 16

24 F
☿⚹♀ 2am53
☽⚼♇ 3 33
☽△♂ 9 8
☽⚻♆ 10 38
☽#♃ 10 40
♀∠♃ 3pm20
☽⚺♅ 6 20
☽∠♄ 10 33
☽△♀ 11 20

25 S
☉⚺♄ 0am47
☽⚹☿ 0 47
☉□♃ 4 55
☽△♇ 4 57
☽⚼♆ 12pm 0
☽#♇ 12 22
♂⚺♆ 5 57
☽∠♅ 7 37

26 Su
☽⚺♄ 0am 2
☽⚻♃ 0 14
☉⚹☽ 1 32
☉#☽ 2 32
☽∠☿ 5 57
☿⚹♇ 8 8
☽△♆ 1pm17
☽□♂ 2 12
☽⚹♅ 8 51

27 M
☽⚼♃ 1am37
☽#☿ 3 43
☉∠☽ 4 38
☽□♀ 5 34
☽□♇ 7 31
☽⚺☿ 11 10

28 T
☽☌♄ 3am 0
☽△♃ 3 6
☉⚺☽ 7 51
♀☌♇ 10 59
☽∥♄ 2pm43
☽#♄ 3 6
☽□♆ 4 3
☽⚹♂ 7 25
☽□♅ 11 39
☉∠♇ 11 44

29 W
☽⚹♇ 10am37
☽⚹♀ 12pm19
☿ ♉ 6 59
☿∠♂ 7 55
☽∠♂ 10 32
☽☌☿ 10 50

30 Th
☽⚺♄ 6am59
☽□♃ 7 0
♃△♄ 12pm 0
☽∠♇ 12 46
☉☌☽ 3 33
☽∠♀ 4 25
☽∥☿ 4 56
☽⚹♆ 8 10

LONGITUDE

DAY	SID. TIME	☉	☽	☽ 12 Hour	MEAN ☊	TRUE ☊	☿	♀	♂	♃	♄	♅	♆	♇
	h m s	° ' "	° ' "	° ' "	° '	° '	° '	° '	° '	° '	° '	° '	° '	° '
1	14 34 4	10♉ 12 30	14♉ 38 4	21♉ 20 18	8♋ 4	6♋ 34R	2♉ 27	25♊ 39	15♊ 51	5♌ 4	5♈ 4	16♑ 52R	12♋ 29	23♊ 17
2	14 38 1	11 10 43	27 57 31	4♊ 29 37	8 1	6 26	4 31	26 35	16 31	5 10	5 11	16 52	12 30	23 19
3	14 41 57	12 8 55	10♊ 56 36	17 18 33	7 58	6 21	6 35	27 31	17 10	5 15	5 18	16 51	12 31	23 20
4	14 45 54	13 7 4	23 35 42	29 48 19	7 55	6 18	8 42	28 26	17 50	5 21	5 24	16 51	12 33	23 21
5	14 49 51	14 5 12	5♋ 56 49	12♋ 1 38	7 52	6 18D	10 49	29 20	18 29	5 27	5 30	16 50	12 34	23 22
6	14 53 47	15 3 17	18 3 17	24 2 21	7 48	6 18	12 57	0♋ 14	19 9	5 33	5 37	16 49	12 35	23 23
7	14 57 44	16 1 22	29 59 25	5♌ 55 8	7 45	6 19	15 7	1 7	19 48	5 40	5 43	16 48	12 37	23 24
8	15 1 40	16 59 24	11♌ 50 7	17 45 3	7 42	6 20R	17 17	2 0	20 28	5 46	5 49	16 48	12 38	23 25
9	15 5 37	17 57 23	23 40 34	29 37 19	7 39	6 20	19 27	2 52	21 7	5 53	5 56	16 47	12 39	23 27
10	15 9 33	18 55 21	5♍ 35 55	11♍ 36 57	7 36	6 18	21 38	3 43	21 46	6 0	6 2	16 46	12 41	23 28
11	15 13 30	19 53 18	17 40 58	23 48 27	7 32	6 15	23 48	4 33	22 26	6 7	6 8	16 45	12 42	23 29
12	15 17 26	20 51 12	29 59 52	6♎ 15 33	7 29	6 10	25 58	5 23	23 5	6 14	6 14	16 44	12 44	23 30
13	15 21 23	21 49 5	12♎ 35 49	19 0 51	7 26	6 3	28 8	6 12	23 44	6 21	6 20	16 43	12 45	23 31
14	15 25 20	22 46 56	25 30 45	2♏ 5 32	7 23	5 56	0♊ 17	7 0	24 24	6 28	6 26	16 42	12 47	23 33
15	15 29 16	23 44 46	8♏ 45 8	15 29 20	7 20	5 48	2 24	7 48	25 3	6 35	6 32	16 41	12 49	23 34
16	15 33 13	24 42 34	22 17 54	29 10 29	7 17	5 42	4 30	8 34	25 42	6 43	6 38	16 40	12 50	23 35
17	15 37 9	25 40 20	6♐ 6 40	13♐ 6 0	7 13	5 37	6 35	9 20	26 21	6 51	6 43	16 39	12 52	23 36
18	15 41 6	26 38 5	20 8 2	27 12 14	7 10	5 34	8 37	10 5	27 0	6 58	6 49	16 37	12 53	23 38
19	15 45 2	27 35 50	4♑ 18 8	11♑ 25 16	7 7	5 34D	10 37	10 48	27 40	7 6	6 55	16 36	12 55	23 39
20	15 48 59	28 33 33	18 33 11	25 41 29	7 4	5 34	12 35	11 31	28 19	7 14	7 0	16 35	12 57	23 40
21	15 52 56	29 31 14	2♒ 49 48	9♒ 57 47	7 1	5 35	14 31	12 13	28 58	7 23	7 6	16 33	12 58	23 42
22	15 56 52	0♊ 28 55	17 5 10	24 11 41	6 58	5 37	16 23	12 54	29 37	7 31	7 11	16 32	13 0	23 43
23	16 0 49	1 26 34	1♓ 17 5	8♓ 21 9	6 54	5 37R	18 14	13 34	0♋ 16	7 39	7 17	16 31	13 2	23 44
24	16 4 45	2 24 13	15 23 40	22 24 25	6 51	5 37	20 1	14 12	0 55	7 48	7 22	16 29	13 4	23 46
25	16 8 42	3 21 51	29 23 12	6♈ 19 46	6 48	5 35	21 45	14 50	1 34	7 57	7 27	16 28	13 5	23 47
26	16 12 38	4 19 27	13♈ 13 54	20 5 23	6 45	5 31	23 27	15 26	2 13	8 5	7 32	16 26	13 7	23 48
27	16 16 35	5 17 3	26 53 58	3♉ 39 26	6 42	5 27	25 6	16 1	2 52	8 14	7 38	16 24	13 9	23 50
28	16 20 31	6 14 38	10♉ 21 34	17 0 11	6 38	5 22	26 41	16 34	3 31	8 23	7 43	16 23	13 11	23 51
29	16 24 28	7 12 12	23 35 8	0♊ 6 17	6 35	5 18	28 14	17 7	4 10	8 32	7 48	16 21	13 13	23 52
30	16 28 25	8 9 45	6♊ 33 33	12 56 56	6 32	5 15	29 43	17 37	4 49	8 41	7 53	16 19	13 15	23 54
31	16 32 21	9♊ 7 17	19♊ 16 27	25♊ 32 11	6♋ 29	5♋ 13	1♋ 10	18♋ 7	5♋ 28	8♌ 51	7♈ 57	16♑ 18	13♋ 17	23♊ 55

DECLINATION and LATITUDE

DAY	☉ DECL	☽ DECL	☽ LAT	☽ 12hr DECL	☿ DECL	☿ LAT	♀ DECL	♀ LAT	♂ DECL	♂ LAT	♃ DECL	♃ LAT	♄ DECL	♄ LAT
1	14N53	12N24	4S 0	14N37	11N16	1S 8	26N54	3N31	23N39	0N58	19N46	0N47	0N 3	2S 8
2	15 11	16 37	3 11	18 24	12 6	0 59	26 56	3 32	23 44	0 58	19 45	0 47	0 6	2 9
3	15 29	19 55	2 12	21 11	12 57	0 49	26 59	3 33	23 48	0 58	19 43	0 47	0 8	2 9
4	15 47	22 10	1 8	22 52	13 47	0 40	27 1	3 34	23 52	0 59	19 42	0 47	0 11	2 9
5	16 4	23 17	0 2	23 25	14 37	0 30	27 2	3 35	23 56	0 59	19 40	0 46	0 13	2 9
6	16 22	23 16	1N 3	22 52	15 26	0 19	27 2	3 35	23 59	0 59	19 38	0 46	0 15	2 9
7	16 38	22 11	2 4	21 16	16 14	0 9	27 2	3 36	24 3	0 59	19 37	0 46	0 18	2 9
8	16 55	20 7	2 60	18 46	17 2	0N 2	27 2	3 36	24 6	0 60	19 35	0 46	0 20	2 9
9	17 11	17 13	3 47	15 29	17 48	0 12	27 1	3 36	24 9	1 0	19 34	0 46	0 22	2 10
10	17 27	13 35	4 26	11 32	18 33	0 23	26 60	3 36	24 12	1 0	19 32	0 46	0 25	2 10
11	17 43	9 22	4 53	7 4	19 16	0 33	26 58	3 36	24 15	1 1	19 30	0 46	0 27	2 10
12	17 59	4 41	5 7	2 14	19 58	0 43	26 56	3 35	24 17	1 1	19 28	0 46	0 29	2 10
13	18 14	0S16	5 7	2S49	20 37	0 53	26 53	3 35	24 19	1 1	19 26	0 46	0 31	2 10
14	18 29	5 21	4 51	7 52	21 15	1 3	26 49	3 34	24 21	1 1	19 25	0 46	0 33	2 10
15	18 43	10 19	4 20	12 41	21 50	1 12	26 46	3 33	24 23	1 2	19 23	0 46	0 36	2 11
16	18 57	14 55	3 33	16 59	22 23	1 21	26 41	3 31	24 25	1 2	19 21	0 46	0 38	2 11
17	19 11	18 49	2 33	20 25	22 53	1 29	26 37	3 30	24 26	1 2	19 19	0 46	0 40	2 11
18	19 25	21 42	1 23	22 40	23 21	1 37	26 32	3 28	24 27	1 2	19 17	0 46	0 42	2 11
19	19 38	23 16	0 7	23 29	23 46	1 44	26 26	3 26	24 28	1 3	19 15	0 46	0 44	2 11
20	19 51	23 19	1S10	22 47	24 8	1 50	26 20	3 24	24 29	1 3	19 13	0 46	0 46	2 12
21	20 3	21 51	2 23	20 35	24 28	1 56	26 14	3 22	24 30	1 3	19 10	0 46	0 48	2 12
22	20 16	19 1	3 27	17 9	24 45	2 1	26 8	3 19	24 30	1 3	19 8	0 46	0 50	2 12
23	20 28	15 2	4 18	12 44	25 0	2 5	26 1	3 16	24 30	1 3	19 6	0 46	0 52	2 12
24	20 39	10 16	4 53	7 40	25 12	2 8	25 53	3 13	24 30	1 4	19 4	0 46	0 54	2 12
25	20 50	4 59	5 10	2 16	25 22	2 11	25 46	3 10	24 30	1 4	19 2	0 46	0 56	2 13
26	21 1	0N28	5 9	3N11	25 30	2 13	25 38	3 6	24 30	1 4	18 59	0 46	0 58	2 13
27	21 12	5 51	4 51	8 25	25 35	2 14	25 30	3 2	24 29	1 4	18 57	0 46	0 59	2 13
28	21 22	10 53	4 16	13 11	25 38	2 14	25 22	2 58	24 29	1 4	18 55	0 46	1 1	2 13
29	21 31	15 19	3 29	17 14	25 39	2 13	25 13	2 53	24 28	1 5	18 52	0 46	1 3	2 13
30	21 41	18 56	2 31	20 24	25 39	2 12	25 4	2 48	24 26	1 5	18 50	0 46	1 5	2 14
31	21N50	21N35	1S26	22N30	25N36	2N 9	24N55	2N43	24N25	1N 5	18N47	0N45	1N 6	2S14

DAY	♅ DECL	♅ LAT	♆ DECL	♆ LAT	♇ DECL	♇ LAT
1	22S47	0S24	22N 5	0S47	16N 0	7S17
5	22 47	0 24	22 5	0 47	16 1	7 16
9	22 48	0 24	22 4	0 47	16 2	7 16
13	22 49	0 24	22 4	0 47	16 3	7 15
17	22 49	0 25	22 3	0 47	16 3	7 15
21	22 50	0 25	22 3	0 46	16 4	7 14
25	22 51	0 25	22 2	0 46	16 5	7 14
29	22S52	0S25	22N 2	0S46	16N 5	7S14

☽ PHENOMENA		
d	h	m
8	11	23 ☽
16	4	32 ○
23	0	17 ☾
30	3	15 ●
d	h	° '
5	12	23N25
12	23	0
19	13	23S29
25	22	0
5	1	0
12	12	5N 9
19	2	0
25	11	5S12

VOID OF COURSE ☽ LAST ASPT	☽ INGRESS
1 3am59	2 ♊ 3am44
4 10am 4	4 ♋ 12pm23
5 9pm32	7 ♌ 0am 1
8 11pm32	9 ♍ 12pm46
11 2pm33	12 ♎ 0am 0
13 9pm50	14 ♏ 8am12
16 4am32	16 ♐ 1pm26
18 12pm14	18 ♑ 4pm44
20 6pm 2	20 ♒ 7pm15
22 11am12	22 ♓ 9pm49
24 2pm21	25 ♈ 1am 3
26 8pm23	27 ♉ 5am30
28 11am42	29 ♊ 11am48
31 8am54	31 ♋ 8pm38

d	h	
8	6	APOGEE
20	14	PERIGEE

DAILY ASPECTARIAN

Day	Aspect	Time
1 F	☽⚺♂	2am17
	☽△♅	3 59
	☽∠♄	9 48
	☉∥☽	2pm39
	☽⚺♇	3 33
	☽∥♇	8 13
	☽⚺♀	9 19
	☽∠♆	11 10
2 S	☽⚼♅	7am 9
	☿□♃	7 52
	☿⚺♄	8 14
	♂⚻♅	12pm40
	☽⚹♃	1 20
	☽⚹♄	1 23
	☽⚺☿	2 19
	☽∥♃	10 18
3 Su	☉⚺☽	2am27
	☽⚺♆	2 58
	☉⚹♆	9 26
	☽⚻♅	11 8
	☽☌♂	12pm23
	☽∠♃	5 45
	☿∠♇	8 2
	☽∥♆	10 47
	☽☌♇	11 31
4 M	☽∠☿	0am14
	☉∠☽	9 28
	☽☌♀	10 4
	☽⋕♅	10 22
	☉∥♇	7pm21
	☽⚺♃	11 1
	☽□♄	11 8
5 T	☽⚹☿	11am39
	☽☌♆	1pm 5
	☉⚹☽	5 30
	♀ ♋	5 44
	☿⚹♆	7 50
	☽☍♅	9 32
6 W	☽⚺♂	2am18
	☽⚺♇	10 42
	☽⋕♅	1pm22
	☿∥♇	5 41
7 Th	☽∥♆	1am37
	☽⚺♀	2 28
	☽∠♂	10 18
	☽☌♃	11 35
	☽△♄	11 42
	☽∠♇	5pm 4
	☉☌☿	6 16
	☿△♅	6 42
	☿∠♀	6 47
	☉∥☿	6 53
	☉△♅	7 14
8 F	☉∠♀	1am14
	☽⚺♆	1 37
	☽∥♃	5 1
	☽⚻♅	10 3
	☽∠♀	11 18
	☉□☽	11 23
	☽□☿	1pm31
	♂∠♃	1 41
	☽⚼♄	6 23
	☽⚹♂	6 31
	☽∥☿	8 29
	☽⚹♇	11 32
9 S	☉∥☽	0am 8
	☽∠♆	8 3
	☽∥♇	8 16
	☽⚼♅	4pm19
	☿∠♄	5 4
	☽⚹♀	7 56
10 Su	☽⚺♃	0am48
	☽⚻♄	0 52
	☿⚺♂	2 16
	☽⚹♆	2pm 9
	☿⚺♇	8 25
	☽△♅	10 10
11 M	☉△☽	4am42
	☽∠♃	6 47
	☿∥♃	7 35
	☽□♂	9 50
	☽□♇	11 23
	☽△☿	2pm33
12 T	♃△♄	7am12
	☉∠♄	10 29
	☽□♀	11 3
	☽☍♄	12pm 2
	☽⚹♃	12 3
	☉⚼☽	12 9
	♂☌♇	3 54
	☿∠♆	7 44
	☽∥♄	8 15
13 W	☽□♆	0am18
	☽⋕♄	1 12
	☽⚼☿	1 13
	♀□♄	4 24
	♀⚺♃	5 2
	☽□♅	7 43
	☉⚻☽	6pm34
	☽△♇	8 23
	☿ ♊	8 52
	☽△♂	9 50
14 Th	☽⚻☿	10am23
	☿⚼♅	3pm53
	☉⚺♇	7 24
	☽⚻♄	7 59
	☽□♃	8 5
	☽△♀	10 11
	☽⚼♇	11 40
15 F	☽⚼♂	2am26
	☽△♆	7 15
	☿∥♆	9 44
	☽⚹♅	2pm 5
	☽⚼♄	10 49
16 S	☽⚻♇	2am16
	☽⚼♀	2 22
	☉☍☽	4 32
	☽⚻♂	6 15
	☽⋕♇	6 28
	☽⚼♆	9 41
	☽∠♅	4pm17
	☿⋕♅	8 46
17 Su	☽☍☿	0am56
	☽△♄	1 4
	☽△♃	1 17
	☿⚹♄	1 47
	☉⋕☽	2 45
	☿⚹♃	3 21
	☽⋕♃	3 26
	☽⚻♀	5 51
	☉∥♃	11 32
	☽⚻♆	11 37
	☽⚺♅	6pm 2
18 M	☽⚼♃	3am10
	☽⋕♆	3 54
	☽☍♇	5 57
	☉⚻☽	11 50
	☽☍♂	12pm14
	☽∥♅	2 36
19 T	☿⚺♀	3am35
	☽□♄	4 26
	☉⚺♂	4 45
	☽⚻♃	4 47
	☉∠♆	8 14
	☽☍♀	11 33
	☽⚻☿	12pm22
	☽☍♆	2 33
	☉⚼☽	2 59
	☽☌♅	8 41
20 W	☿⚺♆	4am31
	☽⚻♇	8 37
	☽∥♅	11 3
	☽⚻♂	5pm11
	☽⚼☿	5 33
	☉△☽	6 2
	☽⋕♆	9 51
21 Th	☿∥♂	2am 2
	☽⚹♄	7 13
	☽☍♃	7 43
	☽⚼♇	9 53
	☉ ♊	11 58
	☉⋕☽	3pm16
	☽⚻♀	4 36
	☽⚻♆	5 6
	☽⚼♂	7 38
	☽△☿	10 39
	☽⚺♅	11 4
	☽⋕♃	11 5
22 F	☿⚻♅	1am49
	♀☌♆	3 53
	☽∠♄	8 40
	☽△♇	11 12
	♂ ♋	2pm14
	☽⋕♇	6 16
	☽⚼♆	6 29
	☽⚼♀	7 10
	☽△♂	10 11
23 S	☉□☽	0am17
	☽∠♅	0 23
	☉⚼♅	1 36
	☽⚺♄	10 14
	☽⚻♃	10 56
	☽△♆	8pm 1
	☽△♀	9 52
24 Su	☽⚹♅	1am51
	☽□☿	9 2
	☽⚼♃	12pm48
	☽□♇	2 21
25 M	☽□♂	3am57
	☉⚹☽	7 23
	☽☌♄	2pm 2
	☽△♃	2 57
	☽⋕♄	5 45
	☿∠♃	6 18
	☽□♆	11 48
26 T	☽∥♄	2am 9
	☽□♀	4 1
	☿☌♇	5 10
	☽□♅	5 35
	☉∠☽	11 28
	☿∥♀	2pm25
	☽⚹♇	6 34
	☽⚹☿	8 23
27 W	☽⚹♂	11am 8
	♀☍♅	4pm 0
	☉⚺☽	4 3
	☽⚺♄	7 13
	☽□♃	8 25
	☽∠♇	9 17
28 Th	☽∠☿	2am43
	☽⚹♆	5 6
	☽△♅	10 51
	☽⚹♀	11 42
	☽∠♂	3pm31
	☽∠♄	10 33
29 F	☽⚺♇	0am32
	☽∥♇	4 42
	☽∠♆	8 32
	☽⚺☿	9 39
	☽⚼♅	2pm17
	☉⚹♄	4 12
	☽∠♀	4 22
	☽⚺♂	8 34
	☽∥♃	11 11
30 S	☽⚹♄	2am29
	☉☌☽	3 15
	☽⚹♃	4 2
	☿ ♋	4 34
	☽⚺♆	12pm36
	☉⚹♃	3 44
	☽⚻♅	6 21
	☽⚺♀	9 42
31 Su	☉∥☽	3am 9
	☽∥♆	5 20
	☽∠♃	8 51
	☽☌♇	8 54
	♃∠♇	1pm12
	☽⋕♅	6 31

JUNE 1908

LONGITUDE

DAY	SID. TIME	☉	☽	☽ 12 Hour	MEAN ☊	TRUE ☊	☿	♀	♂	♃	♄	♅	♆	♇
	h m s	° ' "	° ' "	° ' "	° '	° '	° '	° '	° '	° '	° '	° '	° '	° '
1	16 36 18	10♊ 4 47	1♋ 44 18	7♋ 53 0	6♋ 26	5♋ 12D	2♋ 33	18♋ 35	6♋ 7	9♌ 0	8♈ 2D	16♑ 16R	13♋ 19	23♊ 56
2	16 40 14	11 2 17	13 58 33	20 1 15	6 23	5 13	3 53	19 1	6 45	9 10	8 7	16 14	13 20	23 58
3	16 44 11	11 59 45	26 1 31	1♌ 59 44	6 19	5 14	5 10	19 26	7 24	9 19	8 12	16 12	13 22	23 59
4	16 48 7	12 57 13	7♌ 56 23	13 51 57	6 16	5 15	6 23	19 49	8 3	9 29	8 16	16 10	13 24	24 1
5	16 52 4	13 54 39	19 46 59	25 42 3	6 13	5 17	7 33	20 10	8 42	9 39	8 21	16 8	13 26	24 2
6	16 56 0	14 52 4	1♍ 37 43	7♍ 34 34	6 10	5 18	8 40	20 29	9 21	9 49	8 25	16 7	13 28	24 3
7	16 59 57	15 49 27	13 33 13	19 34 15	6 7	5 19R	9 44	20 47	10 0	9 59	8 29	16 5	13 30	24 5
8	17 3 54	16 46 50	25 38 15	1♎ 45 47	6 4	5 18	10 43	21 2	10 38	10 9	8 34	16 3	13 32	24 6
9	17 7 50	17 44 12	7♎ 57 24	14 13 33	6 0	5 17	11 40	21 16	11 17	10 19	8 38	16 1	13 34	24 8
10	17 11 47	18 41 32	20 34 40	27 1 7	5 57	5 15	12 32	21 27	11 56	10 29	8 42	15 59	13 37	24 9
11	17 15 43	19 38 52	3♏ 33 11	10♏ 11 1	5 54	5 13	13 21	21 36	12 34	10 39	8 46	15 56	13 39	24 11
12	17 19 40	20 36 11	16 54 42	23 44 11	5 51	5 11	14 6	21 43	13 13	10 50	8 50	15 54	13 41	24 12
13	17 23 36	21 33 29	0♐ 39 18	7♐ 39 45	5 48	5 10	14 47	21 48	13 52	11 0	8 54	15 52	13 43	24 13
14	17 27 33	22 30 46	14 45 8	21 54 53	5 44	5 9	15 23	21 51R	14 30	11 11	8 57	15 50	13 45	24 15
15	17 31 29	23 28 2	29 8 24	6♑ 24 59	5 41	5 8D	15 56	21 51	15 9	11 21	9 1	15 48	13 47	24 16
16	17 35 26	24 25 18	13♑ 43 50	21 4 10	5 38	5 8	16 25	21 49	15 48	11 32	9 5	15 46	13 49	24 18
17	17 39 23	25 22 34	28 25 10	5♒ 46 2	5 35	5 9	16 49	21 45	16 26	11 43	9 8	15 44	13 51	24 19
18	17 43 19	26 19 49	13♒ 6 1	20 24 26	5 32	5 10	17 8	21 38	17 5	11 54	9 11	15 41	13 53	24 20
19	17 47 16	27 17 4	27 40 39	4♓ 54 8	5 29	5 10	17 23	21 28	17 43	12 5	9 15	15 39	13 55	24 22
20	17 51 12	28 14 18	12♓ 4 27	19 11 14	5 25	5 11R	17 34	21 17	18 22	12 16	9 18	15 37	13 58	24 23
21	17 55 9	29 11 33	26 14 13	3♈ 13 14	5 22	5 11	17 40R	21 3	19 0	12 27	9 21	15 35	14 0	24 25
22	17 59 5	0♋ 8 47	10♈ 8 9	16 58 56	5 19	5 11	17 42	20 46	19 39	12 38	9 24	15 32	14 2	24 26
23	18 3 2	1 6 1	23 45 35	0♉ 28 8	5 16	5 10	17 38	20 28	20 17	12 49	9 27	15 30	14 4	24 28
24	18 6 58	2 3 15	7♉ 6 41	13 41 19	5 13	5 10	17 31	20 7	20 56	13 1	9 80	15 28	14 6	24 29
25	18 10 55	3 0 29	20 12 9	26 39 18	5 10	5 9	17 19	19 44	21 34	13 12	9 33	15 25	14 9	24 30
26	18 14 52	3 57 43	3♊ 2 56	9♊ 23 11	5 6	5 9D	17 3	19 19	22 13	13 24	9 36	15 23	14 11	24 32
27	18 18 48	4 54 57	15 40 12	21 54 8	5 3	5 9	16 43	18 51	22 51	13 35	9 38	15 21	14 13	24 33
28	18 22 45	5 52 11	28 5 9	4♋ 13 26	5 0	5 9	16 19	18 22	23 30	13 47	9 41	15 18	14 15	24 35
29	18 26 41	6 49 25	10♋ 19 10	16 22 33	4 57	5 10R	15 52	17 52	24 8	13 58	9 43	15 16	14 17	24 36
30	18 30 38	7♋ 46 38	22♋ 23 50	28♋ 23 14	4♋ 54	5♋ 10	15♋ 22	17♋ 19	24♋ 47	14♌ 10	9♈ 45	15♑ 13	14♋ 20	24♊ 37

DECLINATION and LATITUDE

DAY	☉ DECL	☽ DECL	☽ LAT	☽ 12hr DECL	☿ DECL	☿ LAT	♀ DECL	♀ LAT	♂ DECL	♂ LAT	♃ DECL	♃ LAT	♄ DECL	♄ LAT
1	21N58	23N 7	0S19	23N28	25N32	2N 6	24N46	2N37	24N24	1N 5	18N45	0N45	1N 8	2S14
2	22 7	23 31	0N48	23 17	25 26	2 2	24 36	2 31	24 22	1 5	18 42	0 45	1 10	2 14
3	22 14	22 47	1 52	22 2	25 18	1 58	24 26	2 25	24 20	1 5	18 40	0 45	1 11	2 15
4	22 22	21 2	2 51	19 49	25 10	1 52	24 17	2 19	24 18	1 6	18 37	0 45	1 13	2 15
5	22 29	18 24	3 42	16 47	24 60	1 46	24 7	2 12	24 16	1 6	18 34	0 45	1 15	2 15
6	22 36	14 59	4 23	13 3	24 49	1 39	23 56	2 5	24 13	1 6	18 32	0 45	1 16	2 15
7	22 42	10 59	4 53	8 47	24 36	1 31	23 46	1 57	24 10	1 6	18 29	0 45	1 18	2 15
8	22 48	6 30	5 11	4 7	24 23	1 22	23 36	1 49	24 7	1 6	18 26	0 45	1 19	2 16
9	22 53	1 40	5 15	0S49	24 9	1 13	23 25	1 41	24 4	1 6	18 24	0 45	1 20	2 16
10	22 58	3S20	5 5	5 51	23 54	1 3	23 15	1 32	24 1	1 6	18 21	0 45	1 22	2 16
11	23 3	8 21	4 38	10 47	23 39	0 52	23 4	1 23	23 58	1 7	18 18	0 45	1 23	2 16
12	23 7	13 7	3 56	15 20	23 23	0 41	22 54	1 13	23 54	1 7	18 15	0 45	1 24	2 17
13	23 11	17 22	2 59	19 12	23 7	0 29	22 43	1 3	23 50	1 7	18 12	0 45	1 26	2 17
14	23 14	20 45	1 50	21 60	22 50	0 16	22 33	0 53	23 46	1 7	18 9	0 45	1 27	2 17
15	23 17	22 54	0 33	23 25	22 33	0 3	22 22	0 42	23 42	1 7	18 6	0 45	1 28	2 17
16	23 20	23 32	0S48	23 14	22 15	0S11	22 11	0 31	23 38	1 7	18 3	0 45	1 29	2 18
17	23 22	22 32	2 6	21 27	21 58	0 26	22 1	0 19	23 33	1 7	18 0	0 45	1 31	2 18
18	23 24	20 1	3 15	18 15	21 41	0 41	21 50	0 7	23 28	1 7	17 57	0 45	1 32	2 18
19	23 25	16 13	4 12	13 58	21 25	0 56	21 39	0S 5	23 24	1 8	17 54	0 45	1 33	2 18
20	23 26	11 32	4 52	8 57	21 7	1 12	21 29	0 18	23 18	1 8	17 51	0 45	1 34	2 19
21	23 27	6 17	5 13	3 34	20 50	1 28	21 18	0 30	23 13	1 8	17 48	0 45	1 35	2 19
22	23 27	0 50	5 16	1N54	20 34	1 44	21 8	0 44	23 8	1 8	17 45	0 45	1 36	2 19
23	23 27	4N34	5 1	7 10	20 18	2 0	20 57	0 57	23 2	1 8	17 42	0 45	1 37	2 19
24	23 26	9 39	4 29	12 0	20 3	2 17	20 47	1 11	22 56	1 8	17 38	0 45	1 37	2 20
25	23 25	14 12	3 44	16 13	19 48	2 33	20 36	1 25	22 51	1 8	17 35	0 45	1 38	2 20
26	23 24	18 1	2 49	19 36	19 34	2 49	20 26	1 39	22 44	1 8	17 32	0 45	1 39	2 20
27	23 22	20 55	1 46	21 59	19 21	3 4	20 16	1 53	22 38	1 8	17 28	0 45	1 40	2 21
28	23 19	22 47	0 39	23 18	19 9	3 19	20 5	2 7	22 32	1 8	17 25	0 45	1 41	2 21
29	23 17	23 32	0N29	23 28	18 58	3 34	19 55	2 21	22 25	1 8	17 22	0 45	1 41	2 21
30	23N13	23N 8	1N34	22N32	18N48	3S47	19N45	2S36	22N18	1N 9	17N18	0N45	1N42	2S21

DAY	♅ DECL	♅ LAT	♆ DECL	♆ LAT	♇ DECL	♇ LAT
1	22S52	0S25	22N 1	0S46	16N 6	7S13
5	22 53	0 25	22 1	0 46	16 6	7 13
9	22 54	0 25	21 60	0 46	16 7	7 13
13	22 55	0 25	21 59	0 46	16 7	7 12
17	22 56	0 25	21 58	0 46	16 8	7 12
21	22 58	0 25	21 57	0 46	16 8	7 12
25	22 59	0 25	21 57	0 46	16 9	7 12
29	22S60	0S25	21N56	0S46	16N 9	7S12

☽ PHENOMENA
d h m
7 4 56 ☽
14 13 55 ○
21 5 26 ☾
28 16 31 ●
d h ° '
1 20 23N32
9 8 0
15 21 23S32
22 4 0
29 4 23N32
1 7 0
8 19 5N16
15 10 0
21 15 5S17
28 14 0

VOID OF COURSE ☽ LAST ASPT	☽ INGRESS
2 10am22	3 ♌ 7am59
5 8am38	5 ♍ 8pm42
7 8pm58	8 ♎ 8am33
10 6am41	10 ♏ 5pm30
12 8am32	12 ♐ 10pm52
14 3pm55	15 ♑ 1am25
16 1pm10	17 ♒ 2am35
18 11pm18	19 ♓ 3am51
21 5am26	21 ♈ 6am27
23 1am15	23 ♉ 11am 9
25 2am40	25 ♊ 6pm16
27 5pm10	28 ♋ 3am44
30 5am 2	30 ♌ 3pm14

d	h	
5	0	APOGEE
16	22	PERIGEE

DAILY ASPECTARIAN

1 M: ☽☌☿ 1am46; ☉∥♆ 8 5; ☽☌♂ 9 0; ☽□♄ 12pm23; ☽⚺♃ 2 23; ☉⚺☽ 5 42; ☽☌♆ 10 45

2 T: ☽☍♅ 4am28; ☽☌♀ 10 22; ☽⚺♇ 7pm55; ☽#♅ 10 15

3 W: ☉∠☽ 2am 7; ☉∥☽ 8 28; ☽∥♆ 12pm19; ♀∥♂ 8 1; ☽⚺☿ 8 31

4 Th: ☽⚺♂ 0am15; ☽△♄ 0 40; ☽∠♇ 2 10; ☽☌♃ 3 10; ♂□♄ 9 5; ☉⚹☽ 11 3; ☽⚺♆ 11 6; ☉⚺♆ 11 46; ☽⚻♅ 4pm38; ☽∥♃ 10 33

5 F: ☽⚺♀ 0am47; ☽∠☿ 6 13; ☽⚼♄ 7 16; ☽∠♂ 8 24; ☽⚹♇ 8 38; ☽#♇ 4pm37; ☽∠♆ 5 36; ☿□♄ 6 1; ☽⚼♅ 10 57

6 S: ☽∠♀ 7am59; ☽⚻♄ 1pm47; ☽⚹☿ 3 36; ☽⚹♂ 4 27; ☽⚺♃ 4 43; ♂⚺♃ 11 9; ☽⚹♆ 11 54

7 Su: ☉□☽ 4am56; ☽△♅ 5 2; ☉⚻♅ 6 7; ☿⚺♃ 7 0; ☽⚹♀ 2pm43; ☿☌♂ 5 46; ☽□♇ 8 58; ☽∠♃ 11 1

9 T: ☽☍♄ 1am18; ☽∥♄ 1 36; ☽⚹♃ 4 35; ☉#♅ 5 46; ☽□♂ 6 44; ☽□☿ 7 39; ☿∥♂ 10 7; ☽□♆ 10 47; ☽#♄ 2pm34; ☽□♅ 3 21; ☉△☽ 8 10

10 W: ☽□♀ 1am39; ☽△♇ 6 41

11 Th: ☉⚼☽ 2am 9; ☉∥♀ 2 37; ☽⚻♄ 9 29; ☿☌♆ 9 40; ☽⚼♇ 10 12; ☽□♃ 1pm 1; ☽△♂ 5 6; ☽△♆ 6 14; ☽△☿ 6 43; ♀#♅ 9 18; ☽⚹♅ 10 13

12 F: ☉⚻☽ 7am 0; ☽△♀ 8 32; ☽⚼♄ 12pm13; ☽⚻♇ 12 50; ☽#♇ 4 31; ♂☌♆ 6 5; ☉∥☿ 6 46; ☽⚼♆ 8 38; ☽⚼♂ 8 45; ☽⚼☿ 10 25

13 S: ☽∠♅ 0am22; ☽#♃ 5 12; ☉⚺♀ 6 34; ☽⚼♀ 10 35; ☽△♄ 2pm 9; ☿#♅ 3 42; ☽△♃ 5 54; ☽⚻♆ 10 18; ☽⚻♂ 11 34

14 Su: ☽⚻☿ 1am 7; ☽⚺♅ 1 49; ☽#♆ 11 49; ☽⚻♀ 11 54; ☉☍☽ 1pm55; ♀SR 2 55; ☽☍♇ 3 55; ☽#♀ 5 2; ☿☍♅ 6 7; ☽⚼♃ 7 20; ☽#☿ 7 27

15 M: ☽∥♅ 0am36; ☉#☽ 8 39; ☽□♄ 4pm20; ☽⚻♃ 8 22; ☉☌♇ 8 42; ♂☍♅ 10 54

16 T: ☽☍♆ 0am 9; ☽☌♅ 3 19; ☽☍♂ 3 32; ☽☍☿ 4 31; ☉#☽ 8 53; ☽☍♀ 1pm10; ☿∥♀ 2 52; ☽⚻♇ 5 18; ☽∥♅ 5 53; ☉⚻☽ 6 41; ☿∥♆ 11 44

17 W: ♀∥♆ 5am22; ☽#♆ 6 45; ☽#♀ 6 52; ☽#☿ 7 46; ☽⚹♄ 5pm34; ☽⚼♇ 5 50; ☉⚼☽ 8 54; ☽☍♃ 10 0

18 Th: ☽⚻♆ 1am18; ☿☌♂ 3 48; ☽⚺♅ 4 14; ☽⚻☿ 6 45; ☽⚻♂ 6 50; ☽⚻♀ 1pm52; ☽#♃ 2 4; ☉∥♂ 4 54; ☉∠♃ 5 40; ☽∠♄ 6 18; ☽△♇ 6 31; ☉△☽ 11 18

19 F: ☽#♇ 0am30; ☽⚼♆ 2 4; ☽∠♅ 4 55; ☽⚼☿ 7 56; ☽⚼♂ 8 46; ☽⚼♀ 2pm26; ☽⚺♄ 7 20

20 S: ☽⚻♃ 0am19; ☽△♆ 3 11; ☽⚹♅ 5 57; ☽△☿ 9 20; ☽△♂ 11 7; ☽△♀ 3pm18; ☽□♇ 8 53

21 Su: ☽⚼♃ 2am 6; ☉□☽ 5 26; ☿SR 7pm47; ☉ ♋ 8 19; ☽#♄ 8 39; ☽☌♄ 10 43

22 M: ☽△♃ 4am26; ☽□♆ 6 50; ☽□♅ 9 26; ☽∥♄ 10 43; ☽□☿ 1pm13; ☽□♂ 5 32; ☽□♀ 6 17

23 T: ☽⚹♇ 1am15; ♀☌♂ 4 13; ☉⚹☽ 2pm 9; ♂#♅ 4 20

24 W: ☽∠♇ 4am19; ☽⚺♄ 4 22; ☽□♃ 10 55; ☽⚹♆ 12pm48; ☽△♅ 3 13; ☽⚹☿ 6 46; ☉∠☽ 7 37; ☽⚹♀ 11 9

25 Th: ☽⚹♂ 2am40; ☽⚺♇ 8 0; ☽∠♄ 8 6; ☽∥♇ 11 36; ☽∠♆ 4pm42; ☽⚼♅ 7 0; ☽∥♃ 8 41; ☽∠☿ 10 10

26 F: ☉⚺☽ 1am52; ☽∠♀ 2 18; ☽∠♂ 8 18; ☽∥☿ 11 1; ☽⚹♄ 12pm26; ☽∥♀ 6 7; ☽⚹♃ 7 57; ☽⚺♆ 9 12; ☽⚻♅ 11 23

27 S: ☽⚺☿ 1am57; ☽⚺♀ 5 54; ☽∥♆ 11 17; ☽⚺♂ 2pm36; ☽☌♇ 5 10; ☽∥♂ 7 56

28 Su: ☽∠♃ 1am22; ☽#♅ 4 8; ☉∥☽ 12pm 5; ☉☌☽ 4 31; ☽□♄ 10 48

29 M: ☽⚺♃ 7am21; ☽☌♆ 7 53; ☽☍♅ 9 46; ☽☌☿ 10 34; ☽☌♀ 2pm19; ♂⚺♇ 5 58; ☉∥☽ 9 33

30 T: ☽#♅ 3am15; ☽⚺♇ 4 28; ☽☌♂ 5 2; ☿☍♅ 7 4; ☽∥♂ 4pm53; ☽∥♆ 9 4

LONGITUDE

DAY	SID. TIME	☉	☽	☽ 12 Hour	MEAN ☊	TRUE ☊	☿	♀	♂	♃	♄	♅	♆	♇
	h m s	° ' "	° ' "	° ' "	° '	° '	° '	° '	° '	° '	° '	° '	° '	° '
1	18 34 34	8♋ 43 51	4♌ 21 3	10♌ 17 35	4♋ 50	5♋ 9R	14♋ 50R	16♋ 46R	25♋ 25	14♌ 22	9♈ 48	15♑ 11R	14♋ 22	24♊ 39
2	18 38 31	9 41 5	16 13 8	22 8 6	4 47	5 9	14 15	16 11	26 4	14 34	9 50	15 9	14 24	24 40
3	18 42 27	10 38 18	28 2 52	3♍ 57 50	4 44	5 8	13 39	15 35	26 42	14 45	9 52	15 6	14 26	24 42
4	18 46 24	11 35 30	9♍ 53 29	15 50 16	4 41	5 7	13 2	14 58	27 20	14 57	9 54	15 4	14 29	24 43
5	18 50 21	12 32 42	21 48 43	27 49 21	4 38	5 7	12 25	14 21	27 59	15 9	9 55	15 1	14 31	24 44
6	18 54 17	13 29 55	3♎ 52 42	9♎ 59 18	4 35	5 6	11 48	13 44	28 37	15 21	9 57	14 59	14 33	24 46
7	18 58 14	14 27 7	16 9 43	22 24 28	4 31	5 6D	11 13	13 6	29 15	15 33	9 59	14 57	14 35	24 47
8	19 2 10	15 24 18	28 44 5	5♏ 9 1	4 28	5 6	10 39	12 29	29 54	15 46	10 0	14 54	14 37	24 48
9	19 6 7	16 21 30	11♏ 39 43	18 16 31	4 25	5 6	10 7	11 52	0♌ 32	15 58	10 2	14 52	14 40	24 50
10	19 10 3	17 18 42	24 59 42	1♐ 49 25	4 22	5 7	9 38	11 16	1 10	16 10	10 3	14 49	14 42	24 51
11	19 14 0	18 15 53	8♐ 45 43	15 48 29	4 19	5 8	9 13	10 40	1 49	16 22	10 4	14 47	14 44	24 52
12	19 17 56	19 13 5	22 57 28	0♑ 12 15	4 16	5 9	8 51	10 6	2 27	16 35	10 5	14 44	14 46	24 54
13	19 21 53	20 10 17	7♑ 32 14	14 56 41	4 12	5 9R	8 33	9 33	3 5	16 47	10 6	14 42	14 49	24 55
14	19 25 50	21 7 29	22 24 43	29 55 19	4 9	5 9	8 21	9 1	3 44	16 59	10 7	14 40	14 51	24 56
15	19 29 46	22 4 42	7♒ 27 24	14♒ 59 49	4 6	5 8	8 13	8 32	4 22	17 12	10 8	14 37	14 53	24 58
16	19 33 43	23 1 54	22 31 26	0♓ 1 11	4 3	5 6	8 10D	8 4	5 0	17 24	10 9	14 35	14 55	24 59
17	19 37 39	23 59 8	7♓ 28 1	14 51 3	4 0	5 4	8 13	7 37	5 38	17 37	10 9	14 32	14 57	25 0
18	19 41 36	24 56 22	22 9 32	29 22 53	3 56	5 1	8 21	7 13	6 17	17 49	10 10	14 30	15 0	25 1
19	19 45 32	25 53 36	6♈ 30 39	13♈ 32 35	3 53	5 0	8 35	6 52	6 55	18 2	10 10	14 28	15 2	25 3
20	19 49 29	26 50 52	20 28 34	27 18 34	3 50	4 59D	8 54	6 32	7 33	18 14	10 11	14 25	15 4	25 4
21	19 53 26	27 48 8	4♉ 2 45	10♉ 41 19	3 47	4 59	9 19	6 15	8 11	18 27	10 11	14 23	15 6	25 5
22	19 57 22	28 45 25	17 14 34	23 42 48	3 44	4 59	9 50	6 0	8 49	18 40	10 11R	14 21	15 8	25 6
23	20 1 19	29 42 43	0♊ 6 25	6♊ 25 48	3 41	5 1	10 27	5 47	9 28	18 53	10 11	14 18	15 11	25 8
24	20 5 15	0♌ 40 2	12 41 21	18 53 26	3 37	5 2	11 9	5 37	10 6	19 5	10 11	14 16	15 13	25 9
25	20 9 12	1 37 22	25 2 27	1♋ 8 45	3 34	5 4R	11 57	5 30	10 44	19 18	10 11	14 14	15 15	25 10
26	20 13 8	2 34 43	7♋ 12 40	13 14 31	3 31	5 4	12 50	5 24	11 22	19 31	10 10	14 12	15 17	25 11
27	20 17 5	3 32 4	19 14 36	25 13 12	3 28	5 3	13 49	5 21D	12 1	19 44	10 10	14 9	15 19	25 12
28	20 21 1	4 29 26	1♌ 10 34	7♌ 6 58	3 25	5 1	14 54	5 21	12 39	19 57	10 9	14 7	15 21	25 13
29	20 24 58	5 26 49	13 2 36	18 57 45	3 21	4 57	16 4	5 22	13 17	20 9	10 9	14 5	15 23	25 15
30	20 28 55	6 24 13	24 52 38	0♍ 47 31	3 18	4 52	17 18	5 26	13 55	20 22	10 8	14 3	15 26	25 16
31	20 32 51	7♌ 21 38	6♍ 42 39	12♍ 38 21	3♋ 15	4♋ 47	18♋ 38	5♋ 32	14♌ 33	20♌ 35	10♈ 7	14♑ 1	15♋ 28	25♊ 17

DECLINATION and LATITUDE

DAY	☉ DECL	☽ DECL	☽ LAT	☽ 12hr DECL	☿ DECL	☿ LAT	♀ DECL	♀ LAT	♂ DECL	♂ LAT	♃ DECL	♃ LAT	♄ DECL	♄ LAT
1	23N10	21N41	2N35	20N36	18N39	3S60	19N36	2S50	22N11	1N 9	17N15	0N45	1N43	2S22
2	23 6	19 18	3 29	17 48	18 32	4 11	19 26	3 4	22 4	1 9	17 11	0 45	1 43	2 22
3	23 1	16 7	4 13	14 16	18 25	4 21	19 16	3 17	21 57	1 9	17 8	0 45	1 44	2 22
4	22 57	12 17	4 47	10 11	18 20	4 30	19 7	3 31	21 50	1 9	17 5	0 45	1 44	2 22
5	22 52	7 58	5 8	5 40	18 16	4 37	18 58	3 44	21 42	1 9	17 1	0 45	1 45	2 23
6	22 46	3 18	5 17	0 53	18 13	4 43	18 49	3 57	21 34	1 9	16 57	0 45	1 45	2 23
7	22 40	1S34	5 11	4S 2	18 12	4 48	18 40	4 9	21 26	1 9	16 54	0 45	1 45	2 23
8	22 34	6 30	4 50	8 56	18 12	4 50	18 32	4 21	21 18	1 9	16 50	0 45	1 46	2 24
9	22 27	11 18	4 15	13 34	18 14	4 51	18 24	4 32	21 10	1 9	16 47	0 45	1 46	2 24
10	22 20	15 43	3 24	17 41	18 16	4 51	18 16	4 43	21 2	1 9	16 43	0 45	1 46	2 24
11	22 12	19 27	2 21	20 57	18 20	4 48	18 9	4 53	20 53	1 9	16 39	0 45	1 47	2 24
12	22 4	22 9	1 7	22 60	18 25	4 45	18 2	5 3	20 45	1 9	16 36	0 45	1 47	2 25
13	21 56	23 27	0S13	23 30	18 31	4 40	17 55	5 12	20 36	1 9	16 32	0 45	1 47	2 25
14	21 47	23 8	1 34	22 20	18 39	4 33	17 49	5 20	20 27	1 9	16 28	0 45	1 47	2 25
15	21 38	21 8	2 49	19 34	18 47	4 25	17 44	5 28	20 18	1 9	16 24	0 45	1 47	2 26
16	21 29	17 40	3 53	15 30	18 56	4 17	17 38	5 35	20 9	1 9	16 21	0 45	1 47	2 26
17	21 19	13 6	4 40	10 31	19 6	4 7	17 33	5 41	19 59	1 9	16 17	0 45	1 47	2 26
18	21 9	7 49	5 7	5 2	19 16	3 56	17 29	5 47	19 50	1 9	16 13	0 45	1 47	2 26
19	20 59	2 14	5 15	0N33	19 27	3 44	17 25	5 52	19 40	1 9	16 9	0 45	1 47	2 27
20	20 48	3N18	5 4	5 59	19 38	3 31	17 22	5 56	19 30	1 9	16 5	0 45	1 47	2 27
21	20 37	8 33	4 36	10 59	19 50	3 18	17 19	5 60	19 21	1 9	16 1	0 45	1 47	2 27
22	20 25	13 15	3 54	15 21	20 1	3 5	17 17	6 3	19 11	1 9	15 58	0 45	1 46	2 27
23	20 13	17 14	3 1	18 55	20 12	2 51	17 15	6 5	19 0	1 9	15 54	0 45	1 46	2 28
24	20 1	20 21	1 60	21 32	20 23	2 36	17 13	6 7	18 50	1 9	15 50	0 46	1 46	2 28
25	19 49	22 27	0 55	23 5	20 34	2 21	17 12	6 9	18 40	1 9	15 46	0 46	1 46	2 28
26	19 36	23 27	0N12	23 32	20 44	2 6	17 11	6 9	18 29	1 9	15 42	0 46	1 45	2 29
27	19 22	23 20	1 17	22 53	20 53	1 51	17 11	6 10	18 19	1 9	15 38	0 46	1 45	2 29
28	19 9	22 9	2 18	21 11	21 1	1 36	17 11	6 10	18 8	1 9	15 34	0 46	1 44	2 29
29	18 55	19 59	3 13	18 35	21 8	1 21	17 11	6 9	17 57	1 9	15 30	0 46	1 44	2 29
30	18 41	16 59	3 59	15 13	21 14	1 7	17 12	6 8	17 46	1 9	15 26	0 46	1 43	2 30
31	18N26	13N18	4N35	11N16	21N18	0S52	17N13	6S 7	17N35	1N 9	15N22	0N46	1N43	2S30

DAY	♅ DECL	♅ LAT	♆ DECL	♆ LAT	♇ DECL	♇ LAT
1	23S 0	0S25	21N55	0S46	16N 9	7S12
5	23 2	0 25	21 54	0 46	16 9	7 12
9	23 3	0 25	21 53	0 46	16 9	7 12
13	23 4	0 25	21 52	0 45	16 10	7 12
17	23 5	0 25	21 52	0 45	16 10	7 12
21	23 6	0 26	21 51	0 45	16 10	7 12
25	23 7	0 26	21 50	0 45	16 10	7 12
29	23S 8	0S26	21N49	0S45	16N10	7S13

☽ PHENOMENA

d	h	m	
6	20	25	☽
13	21	48	○
20	12	2	☾
28	7	17	●

d	h	° '
6	16	0
13	7	23S32
19	10	0
26	10	23N32

d	h	° '
6	2	5N17
12	20	0
18	21	5S15
25	20	0

VOID OF COURSE ☽

LAST ASPT		☽ INGRESS		
2	5pm11	3	♍	3am58
5	1pm 0	5	♎	4pm20
8	2am18	8	♏	2am23
9	9am12	10	♐	8am49
12	3am14	12	♑	11am40
13	9pm48	14	♒	12pm 7
16	3am56	16	♓	11am58
18	4am56	18	♈	1pm 2
20	12pm 2	20	♉	4pm46
22	11pm12	22	♊	11pm48
25	0am15	25	♋	9am44
26	4pm 8	27	♌	9pm38
30	0am47	30	♍	10am24

d	h	
2	16	APOGEE
15	1	PERIGEE
30	3	APOGEE

DAILY ASPECTARIAN

Day	Aspect	Time
1 W	♃⚺♆	0am 7
	☉⚺☽	9 37
	☽∠♇	10 43
	☽△♄	11 1
	☿⚺♃	2pm28
	☿☌♆	6 10
	☽⚺☿	8 12
	☽⚺♆	8 18
	☽☌♃	8 35
	☽⚻♅	9 50
	☽∥♀	10 47
	☽⚺♀	11 56
2 Th	☉□♄	3am43
	☽∥☿	6 37
	☽∥♃	4pm44
	☽*♇	5 11
	☽⚼♄	5 31
	☉∠☽	6 41
	☽⚺♂	9 6
	☽∥♇	11 44
3 F	☽∠☿	1am10
	☉#♅	2 36
	☽∠♆	2 50
	☽⚼♅	4 9
	☽∠♀	4 54
	♂∥♆	7 26
	♀☍♅	8pm13
4 S	☽⚻♄	0am 0
	♀⚺♃	0 29
	☉*☽	3 44
	☽∠♂	5 14
	☽*☿	6 2
	☽*♆	9 17
	☽*♀	9 45
	☽⚺♃	10 24
	☽△♅	10 24
	♃⚻♅	10 42
	♀☌♆	6pm14
	☉☌☿	10 2
5 Su	☽□♇	5am52
	☽*♂	1pm 0
	☽∠♃	4 55
6 M	☉☌♀	3am30
	☽∥♄	7 42
	☽☍♄	11 57
	☽□☿	2pm49
	☽□♀	6 21
	☉□☽	8 25
	☽□♆	8 56
	☽□♅	9 39
	☽*♃	10 49
7 T	☽#♄	0am54
	☉☌♆	3 32
	☉☍♅	11 51
	☽△♇	4pm33
8 W	☽□♂	2am18
	♂ ♌	3 54
	☉⚺♃	11 21
	☽⚼♇	8pm38
	☽⚻♄	9 0
	☽△☿	9 16
9 Th	☽△♀	0am21
	☿□♄	4 1
	☽△♆	5 29
	☽*♅	5 49
	☽□♃	7 57
	☉△☽	9 12
	☽⚼☿	11pm23
	☽⚻♇	11 45
10 F	☿∥♀	0am 4
	☽⚼♄	0 6
	☽⚼♀	2 9
	☽#♇	2 35
	☽#♃	5 51
	☽⚼♆	8 18
	☽∠♅	8 28
	☽△♂	11 24
	☉⚼☽	1pm48
	☽#♀	3 16
	☽#☿	4 3
11 S	☽⚻☿	0am45
	☽△♄	2 15
	☽⚻♀	3 8
	☽⚻♆	10 13
	☽⚺♅	10 14
	☽#♂	10 53
	☽△♃	1pm 8
	♅☍♆	2 14
	☽⚼♂	2 20
	☉⚻☽	5 18
	☽#♆	8 59
	☉#☽	11 11
12 Su	♀□♄	0am27
	☽☍♇	3 14
	☽∥♅	1pm18
	☽⚼♃	2 27
	☽⚻♂	4 24
13 M	☽☍☿	1am38
	☽☍♀	3 9
	☽□♄	4 11
	☉∥♆	10 31
	☽☌♅	11 34
	☽☍♆	11 49
	☽⚻♃	3pm10
	☉☍☽	9 48
14 T	☽∥♅	1am16
	☽⚻♇	4 3
	☽#♆	5pm 9
	☽☍♂	6 52
	☉#☽	7 7
15 W	☽⚻☿	1am12
	☽⚻♀	1 39
	☽⚼♇	3 59
	☽*♄	4 16
	☽#♂	7 6
	☽⚺♅	11 22
	☽⚻♆	11 51
	☽☍♃	3pm43
	☽#☿	4 34
	☿☌♀	6 12
16 Th	☽#♀	0am13
	☿SD	0 23
	☽⚼♀	0 50
	☉⚻☽	0 52
	☽⚼☿	1 2
	☽△♇	3 56
	☽∠♄	4 12
	☽#♃	7 36
	☽#♇	8 29
	☽∠♅	11 16
	☽⚼♆	11 52
	☽⚻♂	8pm55
17 F	☽△♀	0am15
	☽△☿	1 13
	☉⚼☽	2 38
	☽⚺♄	4 22
	☽*♅	11 28
	☽△♆	12pm12
	☽⚻♃	4 46
	☽⚼♂	10 29
18 S	☉⚺♇	2am11
	☽□♇	4 45
	☉△☽	4 56
	☽⚼♃	6pm 2
	♃∥♇	9 21
	♀⚺♂	10 43
19 Su	☽□♀	0am35
	☽△♂	0 43
	☽#♄	1 57
	☽□☿	3 35
	☽☌♄	6 14
	☽□♅	1pm33
	☽□♆	2 36
	☿∥♂	3 16
	☽∥♄	5 18
	☽△♃	8 3
20 M	☽*♇	8am 3
	☉□☽	12pm 2
21 T	☽*♀	3am53
	☽□♂	7 50
	☽*☿	9 52
	☽∠♇	10 55
	☽⚺♄	11 5
	☽△♅	6pm42
	☽*♆	8 7
22 W	☽□♃	2am40
	☽∠♀	6 50
	♄SR	12pm42
	☿□♄	2 13
	☽⚺♇	2 38
	☽∠♄	2 45
	☽∠☿	2 46
	☽∥♃	3 29
	☽∥♇	5 0
	☽⚼♅	10 30
	☉*☽	11 12
23 Th	☽∥♀	0am 1
	☽∠♆	0 8
	☉∥☿	0 55
	☉ ♌	7 14
	☽⚺♀	10 38
	☽∥♂	12pm 4
	☽*♂	6 45
	☽*♄	7 11
	☽⚺☿	8 51
	☉∥☽	9 16
24 F	☽∥☿	0am26
	♂∠♇	1 53
	☽⚻♅	3 2
	♂△♄	3 6
	☽⚺♆	4 53
	☉∠☽	6 14
	☽*♃	12pm36
	☽∥♆	3 34
25 S	☽☌♇	0am15
	☽∠♂	1 26
	☽#♅	12pm43
	☉⚺☽	2 3
	☽∠♃	6 34
	☽☌♀	8 26
26 Su	☽□♄	5am53
	☽⚺♂	8 44
	☽☌☿	12pm10
	☽☍♅	1 51
	☽☌♆	4 8
27 M	☽⚺♃	0am59
	☽#♅	6 28
	☿☍♅	7 23
	☽⚺♇	11 59
	♀SD	6pm25
28 T	☽∥♆	4am33
	☉☌☽	7 17
	☽⚺♀	8 26
	☿☌♆	10 1
	☽∥☿	1pm 5
	☽△♄	6 8
	☽∠♇	6 19
	☉⚺♀	10 4
29 W	☽☌♂	0am31
	☽⚻♅	2 6
	☽⚺♆	4 46
	☽⚺☿	6 49
	☉∥☽	10 7
	☽☌♃	2pm41
	☽∠♀	2 56
	☽∥♂	6 0
	☽∥♀	10 28
30 Th	☽⚼♄	0am31
	☽*♇	0 47
	♂⚻♅	4 30
	☽∥♇	5 46
	☽⚼♅	8 26
	☽∥♃	10 52
	☽∠♆	11 18
	♀∠♃	1pm14
	☽∠☿	4 58
	☽*♀	9 36
31 F	☉⚺☽	1am26
	☽⚻♄	6 54
	☽△♅	2pm44
	☽⚺♂	4 46
	☽*♆	5 45

AUGUST 1908

LONGITUDE

DAY	SID. TIME	☉	☽	☽ 12 Hour	MEAN ☊	TRUE ☊	☿	♀	♂	♃	♄	♅	♆	♇
	h m s	° ' "	° ' "	° ' "	° '	° '	° '	° '	° '	° '	° '	° '	° '	° '
1	20 36 48	8♌ 19 3	18♍ 34 53	24♍ 32 37	3♋ 12	4♋ 41R	20♋ 3	5♋ 41	15♌ 12	20♌ 48	10♈ 6R	13♑ 58R	15♋ 30	25♊ 18
2	20 40 44	9 16 28	0♎ 31 54	6♎ 33 8	3 9	4 35	21 33	5 51	15 50	21 1	10 5	13 56	15 32	25 19
3	20 44 41	10 13 55	12 36 44	18 43 9	3 6	4 31	23 6	6 4	16 28	21 14	10 4	13 54	15 34	25 20
4	20 48 37	11 11 23	24 52 52	1♏ 6 22	3 2	4 28	24 45	6 18	17 6	21 27	10 3	13 52	15 36	25 21
5	20 52 34	12 8 50	7♏ 24 9	13 46 44	2 59	4 26D	26 26	6 35	17 44	21 40	10 2	13 50	15 38	25 22
6	20 56 30	13 6 19	20 14 35	26 48 11	2 56	4 26	28 12	6 53	18 22	21 53	10 0	13 48	15 40	25 23
7	21 0 27	14 3 49	3♐ 27 55	10♐ 14 9	2 53	4 27	0♌ 1	7 13	19 1	22 6	9 59	13 46	15 42	25 24
8	21 4 23	15 1 19	17 7 7	24 6 56	2 50	4 29	1 53	7 35	19 39	22 19	9 57	13 44	15 44	25 25
9	21 8 20	15 58 51	1♑ 13 37	8♑ 26 56	2 47	4 30R	3 47	7 59	20 17	22 32	9 55	13 42	15 46	25 26
10	21 12 17	16 56 23	15 46 33	23 11 52	2 43	4 29	5 44	8 24	20 55	22 45	9 54	13 40	15 48	25 27
11	21 16 13	17 53 56	0♒ 42 7	8♒ 16 19	2 40	4 27	7 42	8 51	21 33	22 58	9 52	13 38	15 50	25 28
12	21 20 10	18 51 30	15 53 18	23 31 50	2 37	4 23	9 42	9 19	22 11	23 12	9 50	13 37	15 52	25 29
13	21 24 6	19 49 6	1♓ 10 31	8♓ 48 1	2 34	4 17	11 43	9 49	22 49	23 25	9 48	13 35	15 54	25 30
14	21 28 3	20 46 42	16 22 59	23 54 10	2 31	4 10	13 45	10 21	23 28	23 38	9 46	13 33	15 56	25 31
15	21 31 59	21 44 20	1♈ 20 30	8♈ 41 6	2 27	4 4	15 47	10 53	24 6	23 51	9 43	13 31	15 58	25 32
16	21 35 56	22 42 0	15 55 16	23 2 31	2 24	3 58	17 49	11 27	24 44	24 4	9 41	13 30	16 0	25 33
17	21 39 53	23 39 40	0♉ 2 37	6♉ 55 30	2 21	3 54	19 51	12 3	25 22	24 17	9 38	13 28	16 1	25 33
18	21 43 49	24 37 23	13 41 17	20 20 12	2 18	3 51D	21 53	12 39	26 0	24 30	9 36	13 26	16 3	25 34
19	21 47 46	25 35 7	26 52 39	3♊ 19 3	2 15	3 51	23 54	13 17	26 38	24 43	9 33	13 25	16 5	25 35
20	21 51 42	26 32 53	9♊ 39 57	15 55 54	2 12	3 51	25 54	13 56	27 17	24 56	9 31	13 23	16 7	25 36
21	21 55 39	27 30 41	22 7 27	28 15 12	2 8	3 52	27 54	14 37	27 55	25 9	9 28	13 22	16 9	25 37
22	21 59 35	28 28 30	4♋ 19 41	10♋ 21 26	2 5	3 53R	29 53	15 18	28 33	25 23	9 25	13 20	16 10	25 37
23	22 3 32	29 26 21	16 20 59	22 18 48	2 2	3 52	1♍ 50	16 0	29 11	25 36	9 22	13 19	16 12	25 38
24	22 7 28	0♍ 24 14	28 15 18	4♌ 10 52	1 59	3 49	3 46	16 43	29 49	25 49	9 19	13 17	16 14	25 39
25	22 11 25	1 22 8	10♌ 5 52	16 0 37	1 56	3 44	5 42	17 27	0♍ 27	26 2	9 16	13 16	16 16	25 40
26	22 15 22	2 20 4	21 55 22	27 50 22	1 53	3 36	7 36	18 12	1 6	26 15	9 13	13 15	16 17	25 40
27	22 19 18	3 18 2	3♍ 45 51	9♍ 42 1	1 49	3 26	9 28	18 58	1 44	26 28	9 9	13 13	16 19	25 41
28	22 23 15	4 16 1	15 39 2	21 37 5	1 46	3 14	11 20	19 45	2 22	26 41	9 6	13 12	16 21	25 42
29	22 27 11	5 14 1	27 36 23	3♎ 37 5	1 43	3 2	13 10	20 33	3 0	26 54	9 3	13 11	16 22	25 42
30	22 31 8	6 12 3	9♎ 39 26	15 43 39	1 40	2 51	14 59	21 21	3 38	27 7	8 59	13 10	16 24	25 43
31	22 35 4	7♍ 10 6	21♎ 50 0	27♎ 58 47	1♋ 37	2♋ 42	16♍ 47	22♋ 10	4♍ 17	27♌ 20	8♈ 55	13♑ 9	16♋ 25	25♊ 43

DECLINATION and LATITUDE

DAY	☉ DECL	☽ DECL	☽ LAT	☽ 12hr DECL	☿ DECL	☿ LAT	♀ DECL	♀ LAT	♂ DECL	♂ LAT	♃ DECL	♃ LAT	♄ DECL	♄ LAT
1	18N12	9N 6	4N59	6N51	21N20	0S38	17N15	6S 6	17N23	1N 9	15N17	0N46	1N42	2S30
2	17 57	4 32	5 10	2 9	21 20	0 24	17 16	6 4	17 12	1 9	15 13	0 46	1 41	2 31
3	17 41	0S15	5 8	2S41	21 18	0 10	17 18	6 1	17 1	1 9	15 9	0 46	1 41	2 31
4	17 26	5 7	4 52	7 31	21 14	0N 2	17 20	5 59	16 49	1 9	15 5	0 46	1 40	2 31
5	17 10	9 52	4 21	12 9	21 7	0 15	17 22	5 56	16 37	1 9	15 1	0 46	1 39	2 31
6	16 53	14 19	3 37	16 22	20 58	0 27	17 24	5 53	16 25	1 9	14 57	0 46	1 38	2 32
7	16 37	18 14	2 41	19 53	20 46	0 38	17 27	5 49	16 13	1 9	14 53	0 46	1 38	2 32
8	16 20	21 17	1 33	22 23	20 32	0 48	17 29	5 46	16 1	1 9	14 48	0 46	1 37	2 32
9	16 3	23 9	0 18	23 32	20 14	0 57	17 31	5 42	15 49	1 9	14 44	0 46	1 36	2 32
10	15 46	23 31	1S 1	23 6	19 55	1 6	17 34	5 38	15 37	1 9	14 40	0 46	1 35	2 33
11	15 28	22 14	2 17	20 59	19 32	1 14	17 37	5 33	15 25	1 9	14 36	0 46	1 34	2 33
12	15 11	19 20	3 25	17 21	19 7	1 21	17 39	5 29	15 12	1 9	14 31	0 46	1 33	2 33
13	14 53	15 5	4 18	12 34	18 40	1 27	17 42	5 24	14 60	1 9	14 27	0 46	1 32	2 33
14	14 34	9 53	4 53	7 3	18 10	1 32	17 44	5 20	14 47	1 9	14 23	0 46	1 31	2 34
15	14 16	4 10	5 7	1 15	17 39	1 36	17 46	5 15	14 34	1 9	14 19	0 47	1 30	2 34
16	13 57	1N38	5 1	4N27	17 5	1 40	17 49	5 10	14 22	1 9	14 14	0 47	1 29	2 34
17	13 38	7 10	4 37	9 46	16 29	1 42	17 51	5 5	14 9	1 8	14 10	0 47	1 27	2 34
18	13 19	12 11	3 57	14 26	15 52	1 44	17 53	4 60	13 56	1 8	14 6	0 47	1 26	2 35
19	12 60	16 27	3 6	18 16	15 13	1 45	17 54	4 54	13 43	1 8	14 1	0 47	1 25	2 35
20	12 40	19 50	2 6	21 8	14 33	1 46	17 56	4 49	13 29	1 8	13 57	0 47	1 24	2 35
21	12 21	22 10	1 3	22 56	13 52	1 46	17 57	4 43	13 16	1 8	13 53	0 47	1 22	2 35
22	12 1	23 25	0N 2	23 37	13 9	1 45	17 58	4 38	13 3	1 8	13 48	0 47	1 21	2 35
23	11 40	23 33	1 6	23 12	12 26	1 43	17 59	4 32	12 49	1 8	13 44	0 47	1 20	2 36
24	11 20	22 35	2 7	21 44	11 42	1 41	17 60	4 26	12 36	1 8	13 40	0 47	1 18	2 36
25	10 60	20 38	3 1	19 19	10 57	1 39	18 0	4 21	12 22	1 8	13 35	0 47	1 17	2 36
26	10 39	17 48	3 48	16 6	10 12	1 35	18 0	4 15	12 9	1 8	13 31	0 47	1 15	2 36
27	10 18	14 14	4 24	12 13	9 26	1 32	18 0	4 9	11 55	1 8	13 27	0 47	1 14	2 37
28	9 57	10 6	4 49	7 52	8 40	1 28	17 59	4 3	11 41	1 8	13 22	0 47	1 12	2 37
29	9 36	5 34	5 2	3 12	7 54	1 23	17 58	3 57	11 27	1 7	13 18	0 48	1 11	2 37
30	9 14	0 47	5 1	1S39	7 8	1 19	17 57	3 51	11 13	1 7	13 13	0 48	1 9	2 37
31	8N53	4S 5	4N46	6S29	6N21	1N14	17N55	3S45	10N59	1N 7	13N 9	0N48	1N 8	2S37

DAY	♅ DECL	♅ LAT	♆ DECL	♆ LAT	♇ DECL	♇ LAT
1	23S 8	0S26	21N48	0S45	16N10	7S13
5	23 9	0 26	21 47	0 45	16 9	7 13
9	23 10	0 25	21 46	0 45	16 9	7 13
13	23 11	0 25	21 45	0 45	16 9	7 14
17	23 12	0 25	21 44	0 45	16 9	7 14
21	23 12	0 25	21 43	0 45	16 9	7 14
25	23 13	0 25	21 42	0 46	16 8	7 15
29	23S13	0S25	21N42	0S46	16N 8	7S15

☽ PHENOMENA			
d	h	m	
5	9	40	☽
12	4	59	○
18	21	25	☾
26	22	59	●
d	h	° '	
2	23	0	
9	18	23S35	
15	17	0	
22	15	23N38	
30	4	0	
2	8	5N11	
9	5	0	
15	4	5S 8	
21	23	0	
29	11	5N 3	

VOID OF COURSE ☽ LAST ASPT		☽ INGRESS		
1	1pm32	1	♎	10pm56
4	0am55	4	♏	9am53
6	4pm50	6	♐	5pm47
8	2pm14	8	♑	9pm57
10	0am 3	10	♒	10pm53
12	3pm 5	12	♓	10pm 9
14	2pm36	14	♈	9pm50
16	4pm17	16	♉	11pm55
18	11pm32	19	♊	5am48
21	1pm30	21	♋	3pm26
22	11pm42	24	♌	3am32
26	8am56	26	♍	4pm23
28	8pm11	29	♎	4am47
31	10am56	31	♏	3pm56

d	h	
12	10	PERIGEE
26	6	APOGEE

DAILY ASPECTARIAN

Day	Aspect	Time
1	☽⚹☿	3am23
S	☽⚺♃	4 34
	☉∠☽	10 22
	♂⚺♆	12pm 9
	☽□♇	1 32
	☿⚺♃	2 20
	♀∥♂	4 32
2	☽∠♂	0am38
Su	☽□♀	10 47
	☽∠♃	11 8
	☽∥♄	2pm22
	☉⚹☽	6 54
	☽☍♄	6 59
	☉△♄	8 3
3	☽□♅	2am32
M	☉∠♇	2 39
	☽□♆	5 50
	☽#♄	7 1
	☽⚹♂	8 0
	☽⚹♃	5pm13
	☽□☿	11 41
4	☽△♇	0am55
T	☉∥♀	7 48
	☿⚺♇	8 49
	☽△♀	10pm24
5	☽⚻♄	4am57
W	☽⚼♇	5 37
	☉□☽	9 40
	☽⚹♅	12pm 4
	☽△♆	3 30
	☽□♂	8 22
6	♀∠♃	0am54
Th	☽□♃	3 4
	☽⚼♀	3 5
	☽#♃	3 30
	☽⚼♄	8 43
	☽⚻♇	9 26
	☽#♇	10 44
	☽#♂	11 46
	☉#☽	2pm15
	☽∠♅	3 35
	☽△☿	4 50
	☉⚻♅	4 50
	☽#♀	6 43
	☽⚼♆	7 2
	☿ ♌	11 47
7	☽⚻♀	6am51
F	♂∥♇	8 18
	☽△♄	11 32
	☽#☿	5pm47
	☽⚺♅	6 8
	☉△☽	8 6
	☽⚻♆	9 36
	☽⚼☿	11 32
8	☽△♂	4am34
S	☽#♆	4 53
	☽△♃	9 5
	☽☍♇	2pm14
	☉∥♇	3 33
	☉⚺♆	6 30
	☉⚼☽	11 33
9	☽∥♅	0am23
Su	☽⚻☿	4 56
	☽⚼♂	7 4
	☽⚼♃	10 39
	☽☍♀	11 33
	☽□♄	2pm24
	☽☌♅	8 35
10	☽☍♆	0am 3
M	☉⚻☽	2 1
	☽⚻♂	8 42
	☽∥♅	10 20
	☽⚻♃	11 27
	☽⚻♇	3pm38
11	☽#♆	5am 1
T	☽☍☿	12pm47
	☽⚻♀	1 19
	☽⚹♄	2 29
	☽⚼♇	3 29
	☉∥♂	4 55
	☿⚺♀	5 56
	☽⚺♅	8 25
	☽⚻♆	11 58
12	☿△♄	1am29
W	☽#☿	1 36
	☉☍☽	4 59
	☿∠♇	9 23
	☽#♀	10 13
	☽☍♂	10 19
	☽☍♃	11 38
	☽⚼♀	1pm41
	☽∠♄	2 0
	☽△♇	3 5
	☽#♇	6 32
	☽∠♅	7 56
	♀□♄	10 58
	☽⚼♆	11 34
13	☽#♂	0am27
Th	☉#☽	1 5
	☽#♃	3 9
	☽⚺♄	1pm32
	☽△♀	2 5
	☽⚻☿	7 10
	☽⚹♅	7 31
	☿⚻♅	9 43
	☽△♆	11 17
14	☉⚻☽	7am29
F	♂☌♃	9 41
	☽⚻♃	11 44
	☽⚻♂	11 48
	☽□♇	2pm36
	☿∥♀	6 39
	☉∥♃	7 38
	☽⚼☿	10 57
15	☿⚺♆	2am10
S	☉⚼☽	9 25
	☽#♄	11 3
	☽⚼♃	12pm27
	☽⚼♂	1 16
	☽☌♄	1 40
	☽□♀	4 16
	☽□♅	7 58
	♂⚼♄	10 13
	☽∥♄	11 21
16	☽□♆	0am 7
Su	☽△☿	3 42
	☉△☽	12pm15
	☽△♃	1 58
	☽△♂	3 35
	☽⚹♇	4 17
	♂∥♃	8 25
17	♂⚹♇	7am18
M	☿∥♇	1pm16
	☽⚺♄	4 45
	☽∠♇	6 26
	☉☌♃	8 7
	☽⚹♀	10 4
	☉⚼♄	11 26
	☽△♅	11 33
18	☽⚹♆	4am16
T	☉∥☽	5 33
	☽∥♂	8 49
	♃⚼♄	8 52
	☽∥♃	10 0
	☽□☿	5pm31
	☽∥☿	5 34
	☽∠♄	7 44
	☽□♃	7 57
	☉□☽	9 25
	☽⚺♇	9 37
	☽∥♇	10 4
	☽□♂	11 32
	☉⚹♇	11 59
19	☽∠♀	2am45
W	☽⚼♅	2 50
	♀☍♅	4 23
	☿⚼♄	7 39
	☽∠♆	7 50
	☽∥♀	9 35
	☿☌♃	11 0
	☿⚹♇	8pm17
	☽⚹♄	11 42
20	☽⚻♅	7am 5
Th	☽⚺♀	8 38
	☽⚺♆	12pm23
	☉☌☿	2 55
	☽∥♆	6 26
	☿∥♃	11 18
21	☿☌♂	0am14
F	☿⚼♅	5 30
	☽⚹♃	6 2
	☽☌♇	6 49
	☉⚹☽	11 27
	☽⚹♂	11 57
	☽⚹☿	1pm30
	♂⚼♅	4 14
	☽#♅	5 46
	☉⚼♅	8 36
22	☿ ♍	1am31
S	☿∥♂	5 10
	☉☌♂	5 23
	☿∠♀	7 57
	☽□♄	10 5
	☽∠♃	12pm16
	☿∠♆	4 8
	☽☍♅	5 55
	☽∠♂	7 25
	☉∠☽	7 50
	☽☌♀	11 15
	☽☌♆	11 42
23	☽∠☿	1am10
Su	♃⚹♇	4 48
	♀☌♆	7 11
	☽#♅	11 50
	☉ ♍	1pm57
	☽⚺♇	6 43
	☽⚺♃	6 58
24	☽⚺♂	3am21
M	☉⚺☽	4 44
	♂ ♍	6 44
	☽∥♆	12pm14
	☽⚺☿	1 21
	☉∠♆	9 14
	☉∥☿	9 41
	☽△♄	10 19
25	☽∠♇	1am 8
T	☽⚻♅	6 25
	☽⚺♆	12pm32
	☽⚺♀	3 57
	☽∥♀	10 25
26	☽⚼♄	4am37
W	☽⚹♇	7 37
	♂∠♆	7 40
	☽☌♃	8 56
	☽∥♇	11 42
	☽⚼♅	12pm48
	☽∠♆	7 2
	☽☌♂	7 39
	☿⚻♄	8 2
	☉☌☽	10 59
27	☽∠♀	0am27
Th	☽∥♃	4 54
	☽⚻♄	10 51
	☽☌☿	1pm41
	☽∥♂	2 35
	☽△♅	7 4
28	☉∥☽	0am53
F	☽⚹♆	1 24
	☽⚹♀	8 50
	☽∥☿	9 20
	☽□♇	8pm11
	☽⚺♃	10 34
29	☿△♅	0am10
S	☽⚺♂	11 23
	☉⚺☽	4pm32
	☽∥♄	10 9
	☽☍♄	10 40
30	☽∠♃	4am58
Su	☽□♅	6 56
	☽#♄	9 32
	☽⚺☿	12pm22
	☽□♆	1 21
	☽∠♂	6 43
	☿⚹♆	7 10
31	☉∠☽	0am43
M	☽□♀	0 43
	☉∠♀	0 59
	☽△♇	7 36
	☽#☿	9 44
	☽⚹♃	10 56
	☉#☽	10pm25
	☽∠☿	10 36

SEPTEMBER 1908

LONGITUDE

DAY	SID. TIME	☉	☽	☽ 12 Hour	MEAN ☊	TRUE ☊	☿	♀	♂	♃	♄	♅	♆	♇
	h m s	° ' "	° ' "	° ' "	° '	° '	° '	° '	° '	° '	° '	° '	° '	° '
1	22 39 1	8♍ 8 11	4♏ 10 20	10♏ 25 1	1♋ 33	2♋ 34R	18♍ 33	23♋ 0	4♍ 55	27♌ 33	8♈ 52R	13♑ 8R	16♋ 27	25♊ 44
2	22 42 57	9 6 18	16 43 13	23 5 21	1 30	2 30	20 18	23 51	5 33	27 46	8 48	13 7	16 28	25 44
3	22 46 54	10 4 25	29 31 52	6♐ 3 12	1 27	2 28D	22 2	24 42	6 11	27 59	8 44	13 6	16 30	25 45
4	22 50 50	11 2 35	12♐ 39 47	19 22 1	1 24	2 28	23 45	25 34	6 49	28 12	8 41	13 5	16 31	25 45
5	22 54 47	12 0 46	26 10 14	3♑ 4 44	1 21	2 28R	25 26	26 27	7 28	28 25	8 37	13 4	16 33	25 46
6	22 58 44	12 58 58	10♑ 5 40	17 13 3	1 18	2 28	27 6	27 20	8 6	28 38	8 33	13 3	16 34	25 46
7	23 2 40	13 57 11	24 26 47	1♒ 46 31	1 14	2 26	28 45	28 14	8 44	28 51	8 29	13 2	16 36	25 47
8	23 6 37	14 55 27	9♒ 11 44	16 41 41	1 11	2 22	0♎ 23	29 8	9 22	29 4	8 25	13 1	16 37	25 47
9	23 10 33	15 53 44	24 15 26	1♓ 51 50	1 8	2 15	2 0	0♌ 3	10 1	29 16	8 21	13 1	16 38	25 48
10	23 14 30	16 52 2	9♓ 29 36	17 7 22	1 5	2 6	3 36	0 59	10 39	29 29	8 16	13 0	16 40	25 48
11	23 18 26	17 50 22	24 43 42	2♈ 17 14	1 2	1 56	5 10	1 55	11 17	29 42	8 12	12 59	16 41	25 48
12	23 22 23	18 48 44	9♈ 46 43	17 11 0	0 59	1 45	6 44	2 52	11 55	29 55	8 8	12 59	16 42	25 49
13	23 26 19	19 47 8	24 29 10	1♉ 40 32	0 55	1 35	8 16	3 49	12 34	0♍ 7	8 4	12 58	16 43	25 49
14	23 30 16	20 45 34	8♉ 44 36	15 41 9	0 52	1 28	9 47	4 46	13 12	0 20	7 59	12 58	16 45	25 49
15	23 34 13	21 44 2	22 30 9	29 11 44	0 49	1 22	11 17	5 44	13 50	0 33	7 55	12 58	16 46	25 49
16	23 38 9	22 42 33	5♊ 46 13	12♊ 14 2	0 46	1 20	12 46	6 43	14 28	0 45	7 50	12 57	16 47	25 50
17	23 42 6	23 41 6	18 35 42	24 51 48	0 43	1 19D	14 14	7 42	15 7	0 58	7 46	12 57	16 48	25 50
18	23 46 2	24 39 40	1♋ 3 0	7♋ 9 56	0 39	1 19R	15 41	8 41	15 45	1 10	7 41	12 57	16 49	25 50
19	23 49 59	25 38 17	13 13 16	19 13 40	0 36	1 19	17 6	9 41	16 23	1 23	7 37	12 56	16 50	25 50
20	23 53 55	26 36 57	25 11 45	1♌ 8 7	0 33	1 17	18 31	10 41	17 2	1 35	7 32	12 56	16 51	25 50
21	23 57 52	27 35 38	7♌ 3 20	12 57 54	0 30	1 13	19 54	11 42	17 40	1 48	7 28	12 56	16 52	25 51
22	0 1 48	28 34 22	18 52 18	24 46 57	0 27	1 6	21 16	12 43	18 18	2 0	7 23	12 56D	16 53	25 51
23	0 5 45	29 33 7	0♍ 42 13	6♍ 38 24	0 24	0 56	22 37	13 44	18 57	2 13	7 19	12 56	16 54	25 51
24	0 9 42	0♎ 31 55	12 35 47	18 34 35	0 20	0 44	23 57	14 46	19 35	2 25	7 14	12 56	16 55	25 51
25	0 13 38	1 30 45	24 34 58	0♎ 37 5	0 17	0 30	25 15	15 48	20 14	2 37	7 9	12 56	16 56	25 51
26	0 17 35	2 29 36	6♎ 41 4	12 47 0	0 14	0 16	26 32	16 51	20 52	2 49	7 5	12 56	16 57	25 51R
27	0 21 31	3 28 30	18 54 59	25 5 8	0 11	0 2	27 47	17 53	21 30	3 1	7 0	12 57	16 57	25 51
28	0 25 28	4 27 26	1♏ 17 31	7♏ 32 16	0 8	29♊ 50	29 1	18 56	22 9	3 14	6 55	12 57	16 58	25 51
29	0 29 24	5 26 24	13 49 32	20 9 29	0 5	29 41	0♏ 13	20 0	22 47	3 26	6 50	12 57	16 59	25 51
30	0 33 21	6♎ 25 23	26♏ 32 20	2♐ 58 20	0♋ 1	29♊ 35	1♏ 24	21♌ 4	23♍ 26	3♍ 38	6♈ 46	12♑ 57	17♋ 0	25♊ 51

DECLINATION and LATITUDE

DAY	☉ DECL	☽ DECL	☽ LAT	☽ 12hr DECL	☿ DECL	☿ LAT	♀ DECL	♀ LAT	♂ DECL	♂ LAT	♃ DECL	♃ LAT	♄ DECL	♄ LAT
1	8N31	8S51	4N19	11S 9	5N35	1N 8	17N53	3S39	10N45	1N 7	13N 5	0N48	1N 6	2S37
2	8 10	13 21	3 38	15 26	4 48	1 2	17 51	3 33	10 31	1 7	13 0	0 48	1 5	2 38
3	7 48	17 22	2 46	19 6	4 2	0 56	17 48	3 27	10 17	1 7	12 56	0 48	1 3	2 38
4	7 26	20 37	1 43	21 53	3 15	0 50	17 45	3 21	10 3	1 7	12 51	0 48	1 1	2 38
5	7 4	22 50	0 33	23 28	2 29	0 44	17 41	3 15	9 48	1 7	12 47	0 48	0 60	2 38
6	6 41	23 44	0S40	23 37	1 43	0 37	17 37	3 8	9 34	1 7	12 43	0 48	0 58	2 38
7	6 19	23 7	1 54	22 11	0 57	0 30	17 33	3 2	9 19	1 6	12 38	0 48	0 56	2 38
8	5 56	20 53	3 2	19 12	0 12	0 23	17 28	2 56	9 5	1 6	12 34	0 48	0 54	2 39
9	5 34	17 11	3 58	14 52	0S33	0 16	17 23	2 50	8 50	1 6	12 29	0 49	0 53	2 39
10	5 11	12 18	4 38	9 33	1 18	0 9	17 17	2 44	8 36	1 6	12 25	0 49	0 51	2 39
11	4 49	6 40	4 59	3 42	2 2	0 1	17 10	2 38	8 21	1 6	12 21	0 49	0 49	2 39
12	4 26	0 42	4 58	2N17	2 46	0S 6	17 4	2 32	8 6	1 6	12 16	0 49	0 47	2 39
13	4 3	5N11	4 38	7 59	3 30	0 14	16 57	2 26	7 52	1 6	12 12	0 49	0 46	2 39
14	3 40	10 37	4 0	13 5	4 13	0 22	16 49	2 20	7 37	1 5	12 7	0 49	0 44	2 39
15	3 17	15 21	3 10	17 22	4 55	0 29	16 41	2 14	7 22	1 5	12 3	0 49	0 42	2 40
16	2 54	19 8	2 11	20 38	5 37	0 37	16 32	2 8	7 7	1 5	11 59	0 49	0 40	2 40
17	2 31	21 51	1 7	22 47	6 18	0 45	16 23	2 2	6 52	1 5	11 54	0 49	0 38	2 40
18	2 7	23 25	0 1	23 46	6 59	0 53	16 14	1 56	6 37	1 5	11 50	0 49	0 36	2 40
19	1 44	23 50	1N 3	23 37	7 39	1 0	16 4	1 50	6 22	1 5	11 46	0 50	0 34	2 40
20	1 21	23 7	2 3	22 22	8 19	1 8	15 53	1 44	6 7	1 5	11 41	0 50	0 33	2 40
21	0 57	21 22	2 57	20 8	8 57	1 16	15 42	1 39	5 52	1 4	11 37	0 50	0 31	2 40
22	0 34	18 42	3 43	17 4	9 36	1 24	15 31	1 33	5 37	1 4	11 33	0 50	0 29	2 40
23	0 11	15 16	4 19	13 19	10 13	1 31	15 19	1 27	5 22	1 4	11 28	0 50	0 27	2 40
24	0S13	11 13	4 45	9 1	10 50	1 39	15 7	1 21	5 6	1 4	11 24	0 50	0 25	2 40
25	0 36	6 42	4 58	4 20	11 25	1 46	14 54	1 16	4 51	1 4	11 20	0 50	0 23	2 40
26	0 60	1 54	4 58	0S34	12 0	1 54	14 41	1 10	4 36	1 4	11 15	0 50	0 21	2 40
27	1 23	3S 2	4 44	5 30	12 34	2 1	14 27	1 5	4 20	1 3	11 11	0 51	0 19	2 40
28	1 46	7 55	4 16	10 17	13 8	2 8	14 13	0 59	4 5	1 3	11 7	0 51	0 17	2 40
29	2 10	12 33	3 36	14 43	13 40	2 15	13 58	0 54	3 50	1 3	11 3	0 51	0 16	2 41
30	2S33	16S43	2N45	18S33	14S11	2S22	13N43	0S49	3N34	1N 3	10N58	0N51	0N14	2S41

DAY	♅ DECL	♅ LAT	♆ DECL	♆ LAT	♇ DECL	♇ LAT
1	23S13	0S25	21N41	0S46	16N 8	7S15
5	23 14	0 25	21 40	0 46	16 7	7 16
9	23 14	0 25	21 40	0 46	16 7	7 16
13	23 14	0 25	21 39	0 46	16 6	7 17
17	23 14	0 25	21 38	0 46	16 6	7 17
21	23 14	0 25	21 38	0 46	16 6	7 18
25	23 14	0 25	21 37	0 46	16 5	7 18
29	23S14	0S25	21N37	0S46	16N 5	7S19

☽ PHENOMENA			
d	h	m	
3	20	51	☽
10	12	23	○
17	10	33	☾
25	14	59	●
d	h	° '	
6	2	23S45	
12	3	0	
18	21	23N51	
26	9	0	
5	11	0	
11	11	5S 1	
18	1	0	
25	12	4N59	

VOID OF COURSE ☽ LAST ASPT		☽ INGRESS		
2	9pm 5	3	♐	0am52
5	3am59	5	♑	6am40
7	7am58	7	♒	9am 6
9	8am 2	9	♓	9am 4
11	1am42	11	♈	8am22
13	2am12	13	♉	9am11
14	10pm32	15	♊	1pm28
17	1pm52	17	♋	9pm57
20	3am 7	20	♌	9am42
22	2pm 9	22	♍	10pm35
25	2am31	25	♎	10am46
27	7pm 8	27	♏	9pm31
29	5pm51	30	♐	6am28

d	h	
9	20	PERIGEE
22	12	APOGEE

DAILY ASPECTARIAN

Day	Aspect	Time
1 T	☽∗♂	1am31
	☉∗☽	8 16
	☽⚻♄	8 59
	☽⋕♂	9 24
	☽⚼♇	12pm37
	☉⚻♄	4 57
	☽∗♅	5 9
	☽⋕♃	10 4
	☽△♆	11 32
2 W	☽∗☿	7am50
	☽⚼♄	1pm16
	☽△♀	2 23
	☽⋕♇	4 10
	☽⚻♇	4 58
	☽□♃	9 5
	☽∠♅	9 20
	☽□☿	10pm32
	☽☍♇	11 17
3 Th	☽⋕♀	2am51
	☽⚼♆	3 39
	♃⚼♅	11 9
	☽□♂	12pm52
	☽△♄	4 49
	☽⚼♀	7 57
	☉□☽	8 51
4 F	☽⚺♅	0am45
	♀⚺♇	5 9
	☽⚻♆	6 57
	☽⋕♆	9 51
5 S	☽⚻♀	0am31
	☽△♃	3 59
	☿□♇	4 43
	☽∥♅	6 38
	☽△♂	8pm27
	☽□♄	9 23
6 Su	☉△♅	1am36
	☽☌♅	5 0
	☉△☽	5 15
	☽⚼♃	6 4
	☿∗♀	7 11
	☽☍♆	10 56
	♂⚻♄	3pm14
	☽∥♅	9 49
	☽⚼♂	10 46
7 M	☿∥♄	0am37
	☿⚺♃	1 28
	☽⚻♇	2 12
	☽☍♀	6 38
	☽⚻♃	7 20
	☉⚼☽	7 55
	☽△☿	7 58
	☽⋕♆	5pm14
	☿ ♎	6 14
	♀⚺♃	9 14
	☽∗♄	10 45
8 T	☽⚻♂	0am18
	☽⚼♇	2 33
	☽⚺♅	6 8
	☉⚻☽	9 48
	☽⚼☿	11 7
	☽⚻♆	11 54
	♀ ♌	10pm32
	☽∠♄	10 34
	☽⋕♀	10 54
9 W	☽△♇	2am26
	☽⋕♇	5 42
	☽∠♅	5 55
	☽☍♃	8 2
	☽⚻♀	9 45
	☿⋕♄	10 3
	☽⚼♆	11 40
	☽⚻☿	1pm39
	☉∗♆	6 48
	☽⚺♄	10 5
	☽⋕♃	11 30
10 Th	☽☍♂	1am54
	☽∗♅	5 31
	☽⚼♀	10 52
	☽△♆	11 17
	☉☍☽	12pm23
	☽⋕♂	4 45
11 F	☽□♇	1am42
	☽⚻♃	8 0
	☉⋕☽	8 2
	☽△♀	12pm10
	☽∥☿	4 37
	☽☍☿	6 32
	☽☌♄	9 22
	☽⋕♄	11 38
12 S	☽⚻♂	3am37
	☽□♅	5 10
	☽∥♄	5 57
	☽⚼♃	8 25
	♃ ♍	10 1
	☽□♆	11 14
	☉⚻☽	3pm42
	☽⋕☿	3 59
	☉∥☽	7 33
	☿☍♄	8 54
13 Su	☽∗♇	2am12
	☽⚼♂	5 21
	☽△♃	9 32
	☽∥♂	10 59
	☉⋕☿	12pm 5
	♂△♅	3 20
	☽□♀	4 44
	☉⚼☽	6 32
	☽⚺♄	10 43
14 M	☽⚻☿	2am 0
	☽∠♇	3 34
	☽∥♃	7 6
	☽△♅	7 16
	☽△♂	8 3
	☽∗♆	1pm52
	☉△☽	10 32
15 T	☽∠♄	0am44
	☽∥♇	4 22
	☽⚺♇	5 56
	☽∥♀	7 31
	☽⚼☿	7 36
	☽⚼♅	9 46
	☽□♃	2pm41
	☽∠♆	4 41
16 W	☽∗♀	1am53
	☿□♅	2 58
	☽∗♄	3 48
	☽⚻♅	1pm21
	☽△☿	2 41
	☽□♂	5 4
	☽⚺♆	8 36
	☽∥♆	9 41
17 Th	♀△♄	1am31
	☽∠♀	8 31
	☉□☽	10 33
	☽☌♇	1pm52
	☿⋕♂	2 32
	☽⋕♅	7 55
18 F	☽∗♃	0am15
	☿⚺♂	2 9
	☿∠♃	9 41
	☽□♄	12pm57
	☽⚺♀	4 21
	♀∥♇	7 3
	☿□♆	7 22
	☽☍♅	11 26
19 S	☉□♇	4am55
	☽∠♃	6 25
	☽∗♂	6 40
	☽☌♆	7 13
	☽□☿	8 47
	♂∗♆	5pm14
	☽⋕♅	9 34
20 Su	☽⚺♇	1am18
	☉∗☽	3 7
	♀∠♇	3 36
	☽⚺♃	1pm 9
	☽∠♂	2 36
	☽∥♆	9 7
21 M	☽△♄	0am49
	☽∠♇	7 41
	♃∠♆	9 9
	☽☌♀	10 19
	☽⚻♅	11 56
	☉∠☽	12pm16
	☽⚺♆	7 58
	☽⚺♂	10 47
22 T	♀⚻♅	5am 7
	☽∗☿	5 30
	☉∥♄	5 53
	☽⚼♄	7 5
	♅SD	1pm24
	☽∗♇	2 9
	☽⚼♅	6 23
	☽∥♇	6 41
	☉⚺☽	9 27
	☽∥♀	11 41
23 W	☽∠♆	2am26
	☽☌♃	3 6
	☉ ♎	10 58
	☽⚻♄	1pm16
	☽∠☿	3 44
	☽∥♃	10 58
24 Th	☽△♅	0am41
	☽⋕☿	1 55
	☽⚺♀	4 47
	☽∗♆	8 41
	☉⋕♄	11 42
	☽☌♂	2pm49
	☿⋕♃	8 36
25 F	☽⚺☿	1am29
	☽□♇	2 31
	☽∥♂	9 56
	☿△♇	11 12
	☽∠♀	1pm32
	☉☌☽	2 59
	☽⚺♃	4 14
26 S	☽☍♄	0am46
	♇SR	2 15
	♀⚺♆	2 21
	☉⋕☽	4 7
	☽∥♄	7 35
	☉⚺♃	10 6
	☽⋕♄	10 55
	☽□♅	12pm19
	☉∥☽	3 17
	☽□♆	8 10
	☽∗♀	9 49
	☽∠♃	10 14
27 Su	☽⚺♂	5am19
	☽⋕♂	6 2
	☽△♇	1pm29
	☽☌☿	7 8
28 M	☽∗♃	3am47
	☉⚺☽	6 37
	☽⚻♄	10 45
	☽∠♂	11 51
	☽⋕♃	4pm 5
	☽⚼♇	6 19
	☿ ♏	7 36
	☽∗♅	10 20
29 T	☽△♆	6am 0
	☽∥☿	6 54
	☽⋕♀	7 21
	☿⋕♀	9 32
	☽□♀	12pm46
	☉∠☽	1 35
	☽⚼♄	3 5
	☽∗♂	5 51
	☽⋕♇	8 2
	☽⚻♇	10 42
30 W	☽∠♅	2am39
	☉☍♄	7 40
	☽⚺☿	9 57
	☽⚼♆	10 12
	☽□♃	1pm25
	♀⚼♄	2 46
	☽△♄	6 54
	☉∗☽	7 54

OCTOBER 1908

LONGITUDE

DAY	SID. TIME	☉	☽	☽ 12 Hour	MEAN ☊	TRUE ☊	☿	♀	♂	♃	♄	♅	♆	♇
	h m s	° ' "	° ' "	° ' "	° '	° '	° '	° '	° '	° '	° '	° '	° '	° '
1	0 37 17	7♎ 24 24	9♐ 27 43	16♐ 0 49	29♊ 58	29♊ 32R	2♏ 32	22♌ 7	24♍ 4	3♏ 49	6♈ 41R	12♑ 58	17♋ 0	25♊ 51R
2	0 41 14	8 23 28	22 37 55	29 19 21	29 55	29 31D	3 39	23 12	24 42	4 1	6 36	12 58	17 1	25 50
3	0 45 11	9 22 33	6♑ 5 23	12♑ 56 17	29 52	29 31R	4 43	24 16	25 21	4 13	6 32	12 59	17 2	25 50
4	0 49 7	10 21 39	19 52 16	26 53 26	29 49	29 31	5 46	25 21	25 59	4 25	6 27	12 59	17 2	25 50
5	0 53 4	11 20 48	3♒ 59 46	11♒ 11 10	29 45	29 29	6 46	26 26	26 38	4 37	6 22	13 0	17 3	25 50
6	0 57 0	12 19 58	18 27 19	25 47 47	29 42	29 25	7 43	27 31	27 16	4 48	6 18	13 1	17 3	25 50
7	1 0 57	13 19 10	3♓ 11 53	10♓ 38 49	29 39	29 18	8 37	28 37	27 55	5 0	6 13	13 1	17 4	25 50
8	1 4 53	14 18 24	18 7 36	25 37 9	29 36	29 9	9 28	29 43	28 33	5 11	6 8	13 2	17 4	25 49
9	1 8 50	15 17 39	3♈ 6 17	10♈ 33 48	29 33	28 59	10 15	0♍ 49	29 12	5 23	6 4	13 3	17 5	25 49
10	1 12 46	16 16 57	17 58 31	25 19 20	29 30	28 48	10 59	1 55	29 50	5 34	5 59	13 4	17 5	25 49
11	1 16 43	17 16 17	2♉ 35 16	9♉ 45 31	29 26	28 38	11 38	3 2	0♎ 29	5 45	5 54	13 5	17 5	25 48
12	1 20 39	18 15 38	16 49 28	23 46 42	29 23	28 30	12 13	4 9	1 7	5 57	5 50	13 6	17 6	25 48
13	1 24 36	19 15 2	0♊ 36 59	7♊ 20 16	29 20	28 24	12 43	5 16	1 46	6 8	5 45	13 7	17 6	25 48
14	1 28 33	20 14 28	13 56 42	20 26 32	29 17	28 21	13 7	6 23	2 24	6 19	5 41	13 8	17 6	25 47
15	1 32 29	21 13 57	26 50 11	3♋ 8 8	29 14	28 20D	13 25	7 30	3 3	6 30	5 36	13 9	17 6	25 47
16	1 36 26	22 13 28	9♋ 20 56	15 29 14	29 10	28 20	13 37	8 38	3 42	6 41	5 32	13 10	17 7	25 47
17	1 40 22	23 13 1	21 33 39	27 34 52	29 7	28 21R	13 42R	9 46	4 20	6 52	5 28	13 11	17 7	25 46
18	1 44 19	24 12 37	3♌ 33 34	9♌ 30 23	29 4	28 20	13 39	10 54	4 59	7 2	5 23	13 13	17 7	25 46
19	1 48 15	25 12 14	15 25 59	21 20 58	29 1	28 18	13 28	12 2	5 37	7 13	5 19	13 14	17 7	25 45
20	1 52 12	26 11 54	27 15 55	3♍ 11 22	28 58	28 13	13 9	13 11	6 16	7 24	5 15	13 15	17 7R	25 45
21	1 56 8	27 11 36	9♍ 7 48	15 5 38	28 55	28 6	12 41	14 19	6 55	7 34	5 11	13 17	17 7	25 44
22	2 0 5	28 11 21	21 5 16	27 7 1	28 51	27 57	12 4	15 28	7 33	7 45	5 6	13 18	17 7	25 44
23	2 4 2	29 11 7	3♎ 11 8	9♎ 17 50	28 48	27 47	11 18	16 37	8 12	7 55	5 2	13 20	17 7	25 43
24	2 7 58	0♏ 10 56	15 27 15	21 39 30	28 45	27 36	10 23	17 46	8 51	8 5	4 58	13 21	17 7	25 42
25	2 11 55	1 10 46	27 54 39	4♏ 12 41	28 42	27 25	9 22	18 56	9 30	8 15	4 54	13 23	17 7	25 42
26	2 15 51	2 10 39	10♏ 33 38	16 57 27	28 39	27 16	8 13	20 5	10 8	8 25	4 50	13 24	17 7	25 41
27	2 19 48	3 10 33	23 24 6	29 53 34	28 36	27 9	7 0	21 15	10 47	8 35	4 47	13 26	17 6	25 41
28	2 23 44	4 10 30	6♐ 25 50	13♐ 0 52	28 32	27 4	5 44	22 24	11 26	8 45	4 43	13 28	17 6	25 40
29	2 27 41	5 10 28	19 38 42	26 19 23	28 29	27 2D	4 27	23 34	12 5	8 55	4 39	13 30	17 6	25 39
30	2 31 37	6 10 28	3♑ 2 57	9♑ 49 29	28 26	27 2	3 11	24 44	12 43	9 5	4 35	13 32	17 6	25 38
31	2 35 34	7♏ 10 29	16♑ 39 3	23♑ 31 44	28♊ 23	27♊ 3	2♏ 0	25♍ 55	13♎ 22	9♏ 14	4♈ 32	13♑ 33	17♋ 5	25♊ 38

DECLINATION and LATITUDE

DAY	☉ DECL	☽ DECL	☽ LAT	☽ 12hr DECL	☿ DECL	☿ LAT	♀ DECL	♀ LAT	♂ DECL	♂ LAT	♃ DECL	♃ LAT	♄ DECL	♄ LAT
1	2S56	20S10	1N44	21S33	14S41	2S28	13N28	0S43	3N19	1N 3	10N54	0N51	0N12	2S41
2	3 20	22 39	0 36	23 26	15 10	2 35	13 12	0 38	3 4	1 2	10 50	0 51	0 10	2 41
3	3 43	23 53	0S35	23 59	15 38	2 41	12 55	0 33	2 48	1 2	10 46	0 51	0 8	2 41
4	4 6	23 43	1 46	23 4	16 4	2 47	12 38	0 28	2 33	1 2	10 42	0 52	0 6	2 41
5	4 29	22 3	2 52	20 39	16 29	2 52	12 21	0 23	2 17	1 2	10 38	0 52	0 4	2 41
6	4 53	18 55	3 48	16 52	16 53	2 57	12 3	0 18	2 2	1 2	10 33	0 52	0 3	2 41
7	5 16	14 33	4 31	11 59	17 15	3 2	11 45	0 13	1 46	1 1	10 29	0 52	0 1	2 41
8	5 39	9 14	4 56	6 20	17 35	3 6	11 27	0 8	1 31	1 1	10 25	0 52	0S 1	2 41
9	6 2	3 22	5 0	0 21	17 54	3 10	11 8	0 3	1 15	1 1	10 21	0 52	0 3	2 41
10	6 24	2N40	4 45	5N37	18 11	3 13	10 49	0N 1	0 60	1 1	10 17	0 52	0 5	2 40
11	6 47	8 27	4 11	11 9	18 26	3 16	10 29	0 6	0 44	1 1	10 13	0 53	0 6	2 40
12	7 10	13 39	3 21	15 56	18 38	3 17	10 9	0 10	0 29	1 0	10 9	0 53	0 8	2 40
13	7 32	17 59	2 22	19 45	18 49	3 18	9 49	0 15	0 13	1 0	10 5	0 53	0 10	2 40
14	7 55	21 14	1 16	22 28	18 56	3 19	9 28	0 19	0S 3	0 60	10 1	0 53	0 12	2 40
15	8 17	23 17	0 8	23 50	19 1	3 18	9 7	0 23	0 18	0 60	9 57	0 53	0 13	2 40
16	8 39	24 5	0N58	24 5	19 3	3 16	8 46	0 27	0 34	0 59	9 53	0 53	0 15	2 40
17	9 2	23 42	2 0	23 6	19 2	3 13	8 24	0 32	0 49	0 59	9 50	0 54	0 17	2 40
18	9 24	22 13	2 56	21 6	18 57	3 9	8 2	0 36	1 5	0 59	9 46	0 54	0 18	2 40
19	9 45	19 46	3 44	18 14	18 48	3 3	7 39	0 39	1 20	0 59	9 42	0 54	0 20	2 40
20	10 7	16 31	4 21	14 37	18 35	2 56	7 17	0 43	1 36	0 58	9 38	0 54	0 22	2 40
21	10 29	12 35	4 48	10 26	18 18	2 47	6 54	0 47	1 51	0 58	9 34	0 54	0 23	2 40
22	10 50	8 9	5 2	5 47	17 56	2 36	6 31	0 51	2 7	0 58	9 31	0 54	0 25	2 40
23	11 11	3 22	5 3	0 53	17 30	2 23	6 7	0 54	2 22	0 58	9 27	0 55	0 26	2 40
24	11 32	1S38	4 49	4S 9	16 59	2 9	5 43	0 58	2 38	0 57	9 23	0 55	0 28	2 39
25	11 53	6 39	4 23	9 6	16 25	1 53	5 19	1 1	2 53	0 57	9 20	0 55	0 29	2 39
26	12 14	11 29	3 42	13 45	15 46	1 36	4 55	1 4	3 9	0 57	9 16	0 55	0 31	2 39
27	12 35	15 53	2 50	17 51	15 4	1 17	4 30	1 8	3 24	0 57	9 12	0 55	0 32	2 39
28	12 55	19 37	1 48	21 8	14 20	0 57	4 6	1 11	3 40	0 56	9 9	0 55	0 34	2 39
29	13 15	22 23	0 40	23 20	13 35	0 37	3 41	1 14	3 55	0 56	9 5	0 56	0 35	2 39
30	13 35	23 57	0S32	24 13	12 50	0 16	3 16	1 17	4 10	0 56	9 2	0 56	0 36	2 39
31	13S55	24S 8	1S44	23S40	12S 6	0N 5	2N50	1N19	4S26	0N56	8N59	0N56	0S37	2S39

DAY	♅ DECL	♅ LAT	♆ DECL	♆ LAT	♇ DECL	♇ LAT
1	23S14	0S25	21N37	0S46	16N 4	7S19
5	23 14	0 25	21 36	0 46	16 4	7 19
9	23 13	0 25	21 36	0 46	16 3	7 20
13	23 13	0 25	21 36	0 46	16 3	7 20
17	23 12	0 25	21 35	0 46	16 3	7 21
21	23 12	0 25	21 35	0 46	16 2	7 21
25	23 11	0 25	21 35	0 46	16 2	7 21
29	23S10	0S25	21N35	0S46	16N 1	7S22

☽ PHENOMENA

d	h	m	
3	6	13	☽
9	21	3	○
17	3	35	☾
25	6	46	●

d	h	° '
3	9	24S 0
9	13	0
16	4	24N 7
23	16	0
30	15	24S14

d	h	
2	12	0
8	17	5S 1
15	3	0
22	13	5N 4
29	13	0

VOID OF COURSE ☽

LAST ASPT	☽ INGRESS
2 5am46	2 ♑ 1pm12
4 10am58	4 ♒ 5pm16
6 3pm59	6 ♓ 6pm50
8 5pm27	8 ♈ 7pm 1
10 12pm48	10 ♉ 7pm43
12 0am28	12 ♊ 10pm55
14 10pm 1	15 ♋ 6am 0
17 3am35	17 ♌ 4pm51
19 9pm38	20 ♍ 5am33
22 9am14	22 ♎ 5pm43
24 7pm46	25 ♏ 3am59
26 7pm36	27 ♐ 12pm12
29 10am47	29 ♑ 6pm34
31 5pm38	31 ♒ 11pm12

d	h	
8	4	PERIGEE
20	2	APOGEE

DAILY ASPECTARIAN

1 Th ☽⚺♅ 6am26; ☽#♆ 12pm38; ☽⚻♆ 1 49; ☉#♂ 1 58; ☽∠☿ 4 8

2 F ☽△♀ 1am 6; ☽□♂ 3 55; ☽☍♇ 5 46; ☽∥♅ 8 27; ☿✶♃ 10 5; ☽△♃ 8pm39; ☽✶☿ 9 23

3 S ☽□♄ 0am46; ☽⚼♀ 6 4; ☉□☽ 6 13; ☽☌♅ 12pm 5; ♂□♇ 6 20; ☽☍♆ 7 7; ☽⚼♃ 11 12

4 Su ☿#♇ 0am 2; ☉∠♀ 2 15; ☽∥♅ 9 34; ☽⚻♀ 10 10; ☽⚻♇ 10 12; ♀✶♇ 10 42; ☽△♂ 10 58; ☿⚻♄ 3pm13

5 M ☽⚻♃ 1am 3; ☽✶♄ 3 57; ☽#♆ 4 9; ☽□☿ 4 58; ♀⚺♂ 10 25; ☽⚼♇ 11 25; ☉△☽ 1pm10; ☽⚼♂ 1 19; ☽⚺♅ 3 1; ☽⚻♆ 9 42

6 T ☽∠♄ 4am38; ♀⚼♅ 10 50; ☽∥☿ 10 59; ☽△♇ 12pm 3; ☽⚻♂ 3 3; ☉⚼☽ 3 32; ☽∠♅ 3 37; ☽☍♀ 3 59; ☽#♇ 4 19; ☉□♅ 4 44; ☽⚼♆ 10 10

7 W ☽☍♃ 2am56; ☽⚺♄ 4 51; ☽△☿ 9 16; ☽#♀ 1pm47; ☽✶♅ 3 50; ☉⚻☽ 5 27; ☽#♃ 6 50; ☽△♆ 10 18

8 Th ♀ ♍ 6am13; ☽⚼☿ 10 44; ☽□♇ 12pm19; ☉∥☽ 1 56; ☽☍♂ 5 27; ☽⚻♀ 8 2

9 F ☽⚻♃ 3am42; ☽☌♄ 4 43; ☽#♂ 8 46; ☽⚻☿ 12pm 6; ☽∥♄ 1 6; ☽#♄ 1 37; ☽□♅ 4 2; ☽∥♂ 5 36; ☿⚼♇ 6 17; ☉☍☽ 9 3; ☽⚼♀ 10 9; ☽□♆ 10 33

10 S ♀∠♆ 3am32; ☽⚼♃ 4 17; ♂ ♎ 6 5; ☽✶♇ 12pm48; ☉#☽ 4 24; ☉□♆ 7 34; ☽⚻♂ 8 21

11 Su ☽△♀ 0am48; ☽△♃ 5 21; ☽⚺♄ 5 30; ☽∥♃ 7 42; ☽∥♀ 8 29; ☽∠♇ 1pm46; ♃⚻♄ 1 48; ☽☌☿ 3 50; ☽△♅ 5 38; ☽⚼♂ 10 44

12 M ♀∥♃ 0am 8; ☽✶♆ 0 28; ☉⚻☽ 2 39; ☽∠♄ 6 51; ☽∥♇ 12pm38; ☽⚺♇ 3 31; ☽⚼♅ 7 35

13 T ☽△♂ 2am 8; ☽∠♆ 2 38; ♂#♄ 4 15; ☽#☿ 5 38; ☉⚼☽ 6 59; ☽□♀ 9 2; ☽✶♄ 9 7; ♀⚻♄ 9 58; ☽□♃ 9 58; ♀☌♃ 10pm16; ☽⚻☿ 10 27; ☽⚻♅ 10 31

14 W ☿✶♅ 0am47; ☽∥♆ 3 23; ☽⚺♆ 5 49; ☉△☽ 12pm36; ♂∥♄ 3 58; ☽☌♇ 10 1; ☽#♅ 10 52

15 Th ☽⚼☿ 3am 4; ☉∠♃ 7 51; ☽□♂ 12pm29; ☽□♄ 4 40; ☽✶♃ 6 45; ☽✶♀ 10 28

16 F ☉#♀ 3am25; ☽☍♅ 7 28; ☽△☿ 8 25; ☽☌♆ 3pm12

17 S ☽∠♃ 0am36; ☿SR 3 12; ☉□☽ 3 35; ☽∠♀ 7 2; ☽⚺♇ 8 22; ☽#♅ 10 7

18 Su ☽✶♂ 3am 2; ☽△♄ 3 40; ☽∥♆ 7 6; ☽⚺♃ 7 7; ♂☍♄ 1pm42; ☽∠♇ 2 32; ☽⚺♀ 4 23; ☽⚻♅ 7 32; ☽□☿ 8 6; ☉#♃ 8 40

19 M ☽⚺♆ 3am25; ☽#☿ 8 19; ☽⚼♄ 9 51; ☽∠♂ 11 8; ☉△♇ 1pm 7; ☿✶♅ 5 31; ☽✶♇ 8 55; ☉✶☽ 9 38; ☿✶♀ 11 29

20 T ♀△♅ 1am39; ☽⚼♅ 2 1; ☽∥♇ 3 7; ☽∠♆ 9 50; ☽⚻♄ 4pm 4; ♆SR 5 17; ☽⚺♂ 7 16; ☽☌♃ 8 48

21 W ☉∠☽ 6am44; ☽✶☿ 6 49; ☽△♅ 8 22; ☉#☽ 10 50; ☽☌♀ 11 33; ☽✶♆ 4pm 3; ☽∥♃ 4 48

22 Th ☽∥♀ 9am 8; ☽□♇ 9 14; ♂⚺♃ 9 26; ☽∠☿ 11 13; ☉⚺☽ 3pm23

23 F ☽☍♄ 3am38; ☽#♂ 4 34; ☽⚺♃ 9 26; ♀✶♆ 10 20; ☽☌♂ 10 24; ☽#♄ 2pm 2; ☽⚺☿ 2 50; ☿⚼♇ 3 55; ☽∥♄ 6 23; ☉ ♏ 7 37; ☽□♅ 7 54

24 S ☽□♆ 3am13; ☽⚺♀ 4 57; ☽∥♂ 5 0; ☽∠♃ 2pm57; ☽#♀ 6 5; ☽△♇ 7 46; ☿⚺♂ 10 8

25 Su ☉☌☽ 6am46; ☽∠♀ 12pm37; ☽#♃ 12 58; ☽⚻♄ 1 15; ☿#♇ 2 31; ☽✶♃ 7 55; ☽☌☿ 7 58; ☿✶♃ 8 24; ☽⚺♂ 11 10

26 M ☽⚼♇ 0am14; ☉∥☽ 4 16; ☽✶♅ 5 22; ☽△♆ 12pm17; ☽⚼♄ 5 18; ☽✶♀ 7 36; ☽∥☿ 7 59

27 T ☽#♇ 0am48; ☽⚻♇ 4 13; ☽∠♂ 4 39; ☿∠♀ 7 29; ☽∠♅ 9 20; ☽⚼♆ 4pm 4; ☉⚺☽ 7 32; ☽△♄ 8 52; ☽⚺☿ 10 50

28 W ☽□♃ 4am18; ☽✶♂ 9 35; ☉⚻♄ 12pm10; ☽⚺♅ 12 51; ♀#♂ 3 37; ☽#♆ 4 2; ☉☌☿ 4 21; ☽⚻♆ 7 24; ☿⚻♄ 7 58; ☽∠☿ 11 40

29 Th ☉∠☽ 1am 2; ☉∥☿ 7 18; ☽□♀ 7 45; ☽∥♅ 9 37; ☽☍♇ 10 47

30 F ☽✶☿ 0am14; ☽□♄ 2 44; ☉✶☽ 5 59; ☽△♃ 10 48; ☽□♂ 5pm57; ♀□♇ 6 17; ☽☌♅ 6 34

31 S ☽☍♆ 0am46; ♂□♅ 7 17; ☽⚼♃ 1pm23; ☽⚻♇ 3 38; ☽△♀ 5 38; ☽∥♅ 7 46

LONGITUDE

DAY	SID. TIME	☉	☽	☽ 12 Hour	MEAN ☊	TRUE ☊	☿	♀	♂	♃	♄	♅	♆	♇
	h m s	° ' "	° ' "	° ' "	° '	° '	° '	° '	° '	° '	° '	° '	° '	° '
1	2 39 31	8♏ 10 32	0♒ 27 36	7♒ 26 38	28♊ 20	27♊ 4R	0♏ 54R	27♍ 5	14♎ 1	9♍ 24	4♈ 28R	13♑ 35	17♋ 5R	25♊ 37R
2	2 43 27	9 10 37	14 28 50	21 34 6	28 16	27 4	29♎ 57	28 16	14 40	9 33	4 25	13 37	17 4	25 36
3	2 47 24	10 10 43	28 42 13	5♓ 52 55	28 13	27 2	29 10	29 26	15 19	9 42	4 22	13 39	17 4	25 36
4	2 51 20	11 10 51	13♓ 5 49	20 20 24	28 10	26 58	28 33	0♎ 37	15 57	9 51	4 18	13 41	17 4	25 35
5	2 55 17	12 11 0	27 36 5	4♈ 52 10	28 7	26 53	28 8	1 48	16 36	10 0	4 15	13 43	17 3	25 34
6	2 59 13	13 11 11	12♈ 7 52	19 22 25	28 4	26 46	27 54D	2 59	17 15	10 9	4 12	13 46	17 3	25 33
7	3 3 10	14 11 23	26 34 58	3♉ 44 44	28 1	26 39	27 52	4 10	17 54	10 18	4 9	13 48	17 2	25 32
8	3 7 6	15 11 37	10♉ 50 58	17 52 59	27 57	26 33	28 1	5 21	18 33	10 27	4 6	13 50	17 1	25 31
9	3 11 3	16 11 53	24 50 14	1♊ 42 16	27 54	26 28	28 20	6 32	19 12	10 35	4 3	13 52	17 1	25 31
10	3 15 0	17 12 11	8♊ 28 46	15 9 34	27 51	26 25	28 49	7 44	19 51	10 44	4 0	13 55	17 0	25 30
11	3 18 56	18 12 30	21 44 37	28 14 0	27 48	26 23D	29 27	8 56	20 30	10 52	3 58	13 57	16 59	25 29
12	3 22 53	19 12 52	4♋ 37 55	10♋ 56 40	27 45	26 23	0♏ 12	10 7	21 9	11 0	3 55	13 59	16 59	25 28
13	3 26 49	20 13 15	17 10 39	23 20 18	27 42	26 24	1 5	11 19	21 48	11 8	3 52	14 2	16 58	25 27
14	3 30 46	21 13 40	29 26 9	5♌ 28 45	27 38	26 26	2 4	12 31	22 27	11 16	3 50	14 4	16 57	25 26
15	3 34 42	22 14 7	11♌ 28 43	17 26 40	27 35	26 27R	3 8	13 43	23 6	11 24	3 48	14 7	16 56	25 25
16	3 38 39	23 14 36	23 23 14	29 19 1	27 32	26 28	4 16	14 55	23 45	11 32	3 45	14 9	16 56	25 24
17	3 42 35	24 15 6	5♍ 14 41	11♍ 10 48	27 29	26 27	5 29	16 7	24 24	11 39	3 43	14 12	16 55	25 23
18	3 46 32	25 15 38	17 7 58	23 6 45	27 26	26 25	6 45	17 20	25 3	11 46	3 41	14 14	16 54	25 22
19	3 50 29	26 16 13	29 7 38	5♎ 11 5	27 22	26 22	8 4	18 32	25 42	11 54	3 39	14 17	16 53	25 21
20	3 54 25	27 16 49	11♎ 17 32	17 27 18	27 19	26 18	9 26	19 45	26 21	12 1	3 37	14 20	16 52	25 20
21	3 58 22	28 17 26	23 40 42	29 57 57	27 16	26 13	10 49	20 57	27 0	12 8	3 36	14 22	16 51	25 19
22	4 2 18	29 18 5	6♏ 19 11	12♏ 44 29	27 13	26 8	12 15	22 10	27 39	12 15	3 34	14 25	16 50	25 18
23	4 6 15	0♐ 18 46	19 13 51	25 47 15	27 10	26 4	13 42	23 23	28 18	12 21	3 33	14 28	16 49	25 17
24	4 10 11	1 19 28	2♐ 24 33	9♐ 5 35	27 7	26 1	15 10	24 35	28 57	12 28	3 31	14 31	16 48	25 16
25	4 14 8	2 20 11	15 50 8	22 37 56	27 3	26 0D	16 39	25 48	29 37	12 34	3 30	14 34	16 47	25 15
26	4 18 4	3 20 56	29 28 44	6♑ 22 15	27 0	25 59	18 8	27 1	0♏ 16	12 40	3 29	14 36	16 46	25 14
27	4 22 1	4 21 42	13♑ 18 10	20 16 13	26 57	26 0	19 39	28 14	0 55	12 47	3 27	14 39	16 45	25 13
28	4 25 58	5 22 30	27 16 6	4♒ 17 33	26 54	26 1	21 10	29 27	1 34	12 52	3 26	14 42	16 43	25 12
29	4 29 54	6 23 18	11♒ 20 18	18 24 8	26 51	26 2	22 42	0♏ 41	2 13	12 58	3 26	14 45	16 42	25 11
30	4 33 51	7♐ 24 7	25♒ 28 45	2♓ 33 58	26♊ 48	26♊ 3R	24♏ 13	1♏ 54	2♏ 53	13♍ 4	3♈ 25	14♑ 48	16♋ 41	25♊ 9

DECLINATION and LATITUDE

DAY	☉ DECL	☽ DECL	☽ LAT	☽ 12hr DECL	☿ DECL	☿ LAT	♀ DECL	♀ LAT	♂ DECL	♂ LAT	♃ DECL	♃ LAT	♄ DECL	♄ LAT
1	14S14	22S50	2S50	21S39	11S25	0N24	2N25	1N22	4S41	0N55	8N55	0N56	0S39	2S38
2	14 34	20 7	3 47	18 17	10 47	0 43	1 59	1 25	4 56	0 55	8 52	0 56	0 40	2 38
3	14 53	16 10	4 32	13 49	10 14	1 1	1 33	1 27	5 11	0 55	8 49	0 57	0 41	2 38
4	15 11	11 15	4 59	8 31	9 46	1 16	1 7	1 30	5 27	0 54	8 45	0 57	0 42	2 38
5	15 30	5 40	5 8	2 44	9 24	1 30	0 41	1 32	5 42	0 54	8 42	0 57	0 43	2 38
6	15 48	0N14	4 57	3N11	9 8	1 43	0 15	1 34	5 57	0 54	8 39	0 57	0 45	2 38
7	16 6	6 6	4 28	8 54	8 58	1 53	0S11	1 36	6 12	0 53	8 36	0 57	0 46	2 37
8	16 24	11 35	3 41	14 4	8 53	2 1	0 38	1 38	6 27	0 53	8 33	0 58	0 47	2 37
9	16 42	16 21	2 43	18 23	8 54	2 8	1 4	1 40	6 42	0 53	8 30	0 58	0 48	2 37
10	16 59	20 9	1 36	21 37	8 59	2 13	1 31	1 42	6 57	0 53	8 27	0 58	0 48	2 37
11	17 16	22 46	0 25	23 36	9 9	2 17	1 57	1 44	7 12	0 52	8 24	0 58	0 49	2 37
12	17 32	24 7	0N45	24 18	9 23	2 19	2 24	1 45	7 27	0 52	8 21	0 58	0 50	2 37
13	17 49	24 11	1 51	23 46	9 40	2 20	2 51	1 47	7 42	0 52	8 18	0 59	0 51	2 36
14	18 5	23 3	2 50	22 6	10 1	2 20	3 17	1 48	7 57	0 51	8 15	0 59	0 52	2 36
15	18 20	20 53	3 41	19 28	10 24	2 18	3 44	1 49	8 12	0 51	8 12	0 59	0 53	2 36
16	18 36	17 51	4 22	16 3	10 49	2 16	4 11	1 51	8 26	0 51	8 10	0 59	0 53	2 36
17	18 51	14 6	4 51	12 1	11 16	2 13	4 37	1 52	8 41	0 50	8 7	0 60	0 54	2 36
18	19 5	9 49	5 8	7 30	11 44	2 10	5 4	1 53	8 56	0 50	8 4	0 60	0 55	2 35
19	19 20	5 7	5 12	2 40	12 13	2 6	5 31	1 54	9 10	0 50	8 2	1 0	0 55	2 35
20	19 34	0 10	5 2	2S22	12 44	2 1	5 57	1 55	9 25	0 49	7 59	1 0	0 56	2 35
21	19 47	4S54	4 38	7 24	13 15	1 56	6 24	1 55	9 39	0 49	7 57	1 1	0 56	2 35
22	20 1	9 52	3 59	12 15	13 46	1 50	6 50	1 56	9 53	0 48	7 54	1 1	0 57	2 34
23	20 14	14 31	3 8	16 39	14 18	1 44	7 17	1 56	10 8	0 48	7 52	1 1	0 57	2 34
24	20 26	18 36	2 6	20 19	14 49	1 38	7 43	1 57	10 22	0 48	7 50	1 1	0 57	2 34
25	20 38	21 47	0 55	22 56	15 21	1 32	8 9	1 57	10 36	0 47	7 48	1 1	0 58	2 34
26	20 50	23 46	0S19	24 15	15 52	1 25	8 35	1 57	10 50	0 47	7 45	1 2	0 58	2 34
27	21 2	24 21	1 34	24 4	16 24	1 19	9 1	1 58	11 4	0 47	7 43	1 2	0 58	2 33
28	21 13	23 24	2 44	22 22	16 54	1 12	9 27	1 58	11 18	0 46	7 41	1 2	0 58	2 33
29	21 23	20 59	3 45	19 17	17 25	1 5	9 53	1 58	11 32	0 46	7 39	1 2	0 59	2 33
30	21S33	17S18	4S32	15S 4	17S54	0N58	10S18	1N58	11S46	0N45	7N37	1N 3	0S59	2S33

DAY	♅ DECL	♅ LAT	♆ DECL	♆ LAT	♇ DECL	♇ LAT
1	23S10	0S25	21N35	0S46	16N 1	7S22
5	23 9	0 24	21 36	0 47	16 1	7 22
9	23 8	0 24	21 36	0 47	16 0	7 23
13	23 7	0 24	21 36	0 47	15 60	7 23
17	23 6	0 24	21 37	0 47	15 60	7 23
21	23 5	0 24	21 37	0 47	15 59	7 23
25	23 3	0 24	21 37	0 47	15 59	7 23
29	23S 2	0S24	21N38	0S47	15N59	7S23

☽ PHENOMENA			
d	h	m	
1	14	16	☽
8	7	58	○
15	23	41	☾
23	21	53	●
30	21	44	☽
d	h	°	'
5	23	0	
12	13	24N18	
20	1	0	
26	21	24S21	
4	23	5S 8	
11	9	0	
18	19	5N12	
25	18	0	

VOID OF COURSE ☽ LAST ASPT	☽ INGRESS
3 0am44	3 ♓ 2am10
5 8pm38	5 ♈ 3am58
7 2am 9	7 ♉ 5am43
8 10am31	9 ♊ 9am 0
11 3pm 8	11 ♋ 3pm18
13 9am29	14 ♌ 1am 7
16 4am 4	16 ♍ 1pm23
18 5pm47	19 ♎ 1am44
21 6am42	21 ♏ 12pm 4
22 7pm33	23 ♐ 7pm39
25 7pm17	26 ♑ 0am55
28 4am 6	28 ♒ 4am40
29 11pm27	30 ♓ 7am39

d	h	
5	1	PERIGEE
16	22	APOGEE
30	15	PERIGEE

DAILY ASPECTARIAN

1 Su	☽□☿	0am43
	☽⚹♄	6 53
	☽∦♆	12pm26
	☉□☽	2 16
	☽⊼♃	3 30
	☽⚼♇	5 24
	☽⚼♀	9 44
	☽⊻♅	10 32
	☿ ♎	10 56
2 M	☽△♂	0am20
	☽⊼♆	4 24
	☽∠♄	8 20
	☉⚹♃	10 33
	☽△♇	6pm47
	☿⊻♀	8 32
	☽∠♅	11 55
3 T	☽△☿	0am44
	☽∦♇	0 51
	☽⊼♀	1 20
	☽⚼♂	2 49
	☽⚼♆	5 38
	☉∥☽	6 18
	☽⊻♄	9 25
	☉⚼♇	9 47
	♀ ♎	11 29
	☽☍♃	6pm33
	☉△☽	8 35
4 W	☽⚼☿	0am43
	☽⚹♅	0 59
	☽⊼♂	4 58
	☽△♆	6 34
	☽∥☿	7 5
	☽∦♃	11 6
	☽□♇	8pm38
	♀∦♄	10 13
	☉⚼☽	11 15
	☽∥♂	11 52
5 Th	☽⊼☿	0am51
	☽☍♀	7 32
	☽☌♄	10 56
	♂□♆	4pm17
	☽∥♄	8 5
	☽⊼♃	8 42
	☽∦♀	9 53
6 F	☽∥♀	0am 5
	☉⊼☽	1 53
	☽∦♄	2 4
	☽□♅	2 42
	☽□♆	8 8
	☽☍♂	8 53
	☉⚹♅	2pm14
	☉∦♇	4 5
	☿SD	4 43
	☽⚼♃	9 50
	☽⚹♇	10 16
	♀☍♄	11 41
7 S	☽∦♂	0am28
	☽☍☿	2 9
	☽∥♃	10 33
	☽∦☿	12pm 2
	☽⊻♄	12 38
	☽⊼♀	1 52
	☽△♃	11 18
	☽∠♇	11 27
8 Su	☽△♅	5am 5
	☉☍☽	7 58
	♀∥♄	8 32
	☽⚹♆	10 31
	☽⊼♂	1pm47
	☽∠♄	2 2
	☽⚼♀	5 46
	☽∥♇	10 4
9 M	☽⊻♇	1am10
	☉∦☽	2 2
	☽⊼☿	6 17
	☽⚼♅	7 3
	☽∠♆	12pm32
	☽⚹♄	4 5
	☽⚼♂	5 13
	☉△♆	7 15
	☽△♀	10 32
10 T	☽□♃	4am 4
	☽⊼♅	9 46
	☽⚼☿	10 1
	☽∥♆	11 50
	☽⊻♆	3pm20
	☉⊼☽	5 0
	☽△♂	9 36
11 W	☽∦♅	4am30
	☽☌♇	6 53
	☽△☿	3pm 8
	☉⚼♄	5 10
	☿ ♏	5 52
	☽□♄	10 39
	☉⚼☽	11 9
12 Th	☽□♀	11am31
	☽⚹♃	12pm15
	☽☍♅	5 54
	♀⊻♃	7 54
	☽☌♆	11 35
13 F	☉△☽	6am26
	☽□♂	9 29
	☽⊻♇	4pm 7
	☽∠♃	5 41
	☽∦♅	11 12
14 S	☽□☿	5am41
	☽△♄	8 42
	☽∥♆	5pm 9
	☽∠♇	9 53
	☽⊻♃	11 50
15 Su	♂∦♃	1am 0
	☽⚹♀	5 0
	☽⊼♅	5 18
	♀□♅	8 9
	☽⊻♆	10 58
	☿⊼♄	1pm42
	☽⚼♄	2 41
	☉∦☽	7 3
	☉□☽	11 41
16 M	☽⚹♂	0am46
	☽⚹♇	4 4
	☽⚼♅	11 43
	☽∥♇	12pm25
	☽∠♀	2 43
	☽∠♆	5 16
	☽⊼♄	8 56
17 T	☽⚹☿	0am33
	☽∠♂	8 53
	☉⊻♂	9 41
	☽☌♃	1pm 5
	☽∦☿	2 38
	♀□♆	3 32
	☽△♅	6 9
	☽⚹♆	11 32
18 W	☽⊻♀	0am26
	☉⊼♇	2 33
	☽∦♂	4 27
	☽∥♃	9 12
	☽∠☿	10 25
	♂△♇	11 35
	☽□♇	4pm29
	☽⊻♂	4 47
	☉⚹☽	5 47
	☽∦♀	10 12
19 Th	☽☍♄	8am57
	☽⊻☿	7pm53
	☽∦♄	8 21
20 F	☽⊻♃	1am25
	☉∠☽	2 6
	☽∥♄	5 12
	☽□♅	5 57
	☽□♆	10 51
	☿⚼♇	3pm29
	☽☌♀	6 12
21 S	☽△♇	3am 8
	♂∠♃	5 43
	☽∠♃	6 40
	☽☌♂	6 42
	☽∥♀	7 52
	☉⊻☽	9 35
	☽∦♃	2pm30
	☽⊼♄	6 50
	☿⚹♃	11 58
22 Su	☽∥♂	0am 8
	☉∠♅	2 55
	☽⚼♇	7 27
	☽⚹♃	11 10
	☽☌☿	12pm28
	☽⚹♅	3 10
	☉ ♐	4 35
	☽△♆	7 33
	☽∥☿	10 36
	☽⚼♄	10 44
23 M	☽∦♇	8am 9
	☽⊻♀	8 22
	☽⊼♇	11 4
	☿⚹♅	1pm 6
	☽⊻♂	5 26
	☽∠♅	6 45
	☉☌☽	9 53
	☽⚼♆	10 54
24 T	☽△♄	2am 0
	♀∦♃	5 36
	☉⚼♆	11 1
	♀△♇	1pm11
	☉∥☽	1 48
	☽∠♀	2 10
	☽□♃	6 9
	☽∠♂	9 43
	☽⊻♅	9 44
	☽∦♆	10 37
25 W	☽⊻☿	1am36
	☽⊼♆	1 40
	☿△♆	2 11
	☽∥♅	1pm26
	♂ ♏	2 18
	☽☍♇	4 34
	☽⚹♀	7 17
26 Th	☽⚹♂	1am26
	☉△♄	2 58
	☿∦♇	4 58
	☿⚼♄	5 18
	☽□♄	6 58
	☽∠☿	7 10
	☉⊻☽	7 17
	♀∠♃	2pm 4
	☽△♃	11 5
27 F	☽☌♅	2am21
	☽☍♆	5 55
	☉∠☽	11 15
	☽⚹☿	12pm16
	☽⊼♇	8 27
28 S	☽⚼♃	1am 3
	☽□♀	4 6
	☽∥♅	4 36
	☽□♂	7 43
	☽⚹♄	10 32
	♀ ♏	10 43
	☉⚹☽	2pm55
	☽∦♆	6 42
	☉∥☽	8 57
	☽⚼♇	10 1
29 Su	☽⊼♃	2am48
	☽⊻♅	5 50
	☽⊼♆	9 6
	☽∠♄	12pm 2
	☽∥☿	8 52
	☽□☿	9 37
	☽△♇	11 27
30 M	☽∦♇	7am14
	☽∠♅	7 21
	☽⚼♆	10 29
	☉∦♆	11 39
	☽△♀	11 53
	☽△♂	1pm 8
	☽⊻♄	1 25
	☿⊼♇	2 23
	♂⊼♄	7 16
	☉□☽	9 44

DECEMBER 1908

LONGITUDE

DAY	SID. TIME	☉	☽	☽ 12 Hour	MEAN ☊	TRUE ☊	☿	♀	♂	♃	♄	♅	♆	♇
	h m s	° ' "	° ' "	° ' "	° '	° '	° '	° '	° '	° '	° '	° '	° '	° '
1	4 37 47	8♐ 24 57	9♓ 39 29	16♓ 45 5	26♊ 44	26♊ 3R	25♏ 46	3♏ 7	3♏ 32	13♍ 9	3♈ 24R	14♑ 51	16♋ 40R	25♊ 8R
2	4 41 44	9 25 47	23 50 29	0♈ 55 23	26 41	26 3	27 18	4 20	4 11	13 15	3 23	14 54	16 38	25 7
3	4 45 40	10 26 39	7♈ 59 29	15 2 27	26 38	26 2	28 51	5 34	4 50	13 20	3 23	14 57	16 37	25 6
4	4 49 37	11 27 31	22 3 56	29 3 35	26 35	26 0	0♐ 24	6 47	5 30	13 25	3 23	15 0	16 36	25 5
5	4 53 33	12 28 24	6♉ 1 1	12♉ 55 53	26 32	25 58	1 57	8 1	6 9	13 29	3 22	15 4	16 35	25 4
6	4 57 30	13 29 18	19 47 48	26 36 28	26 28	25 56	3 30	9 14	6 48	13 34	3 22D	15 7	16 33	25 3
7	5 1 27	14 30 13	3♊ 21 34	10♊ 2 51	26 25	25 55	5 3	10 28	7 28	13 39	3 22	15 10	16 32	25 1
8	5 5 23	15 31 9	16 40 7	23 13 14	26 22	25 54D	6 36	11 42	8 7	13 43	3 22	15 13	16 30	25 0
9	5 9 20	16 32 6	29 42 7	6♋ 6 46	26 19	25 54	8 9	12 55	8 46	13 47	3 22	15 16	16 29	24 59
10	5 13 16	17 33 4	12♋ 27 14	18 43 40	26 16	25 55	9 43	14 9	9 26	13 51	3 23	15 20	16 28	24 58
11	5 17 13	18 34 3	24 56 16	1♌ 5 18	26 13	25 55	11 16	15 23	10 5	13 55	3 23	15 23	16 26	24 57
12	5 21 9	19 35 2	7♌ 11 4	13 14 0	26 9	25 56	12 49	16 37	10 45	13 58	3 24	15 26	16 25	24 56
13	5 25 6	20 36 3	19 14 29	25 13 1	26 6	25 57	14 23	17 51	11 24	14 2	3 24	15 29	16 23	24 54
14	5 29 3	21 37 5	1♍ 10 7	7♍ 6 20	26 3	25 57	15 57	19 5	12 3	14 5	3 25	15 33	16 22	24 53
15	5 32 59	22 38 7	13 2 12	18 58 20	26 0	25 57	17 30	20 19	12 43	14 8	3 26	15 36	16 20	24 52
16	5 36 56	23 39 11	24 55 20	0♎ 53 46	25 57	25 58	19 4	21 33	13 22	14 11	3 27	15 39	16 19	24 51
17	5 40 52	24 40 15	6♎ 54 15	12 57 20	25 54	25 58	20 38	22 47	14 2	14 14	3 28	15 43	16 17	24 50
18	5 44 49	25 41 21	19 3 36	25 13 33	25 50	25 58	22 13	24 1	14 41	14 16	3 29	15 46	16 16	24 49
19	5 48 45	26 42 27	1♏ 27 39	7♏ 46 19	25 47	25 58	23 47	25 15	15 21	14 18	3 30	15 50	16 14	24 47
20	5 52 42	27 43 34	14 9 55	20 38 42	25 44	25 58	25 21	26 29	16 0	14 20	3 32	15 53	16 12	24 46
21	5 56 38	28 44 42	27 12 52	3♐ 52 28	25 41	25 58	26 56	27 44	16 40	14 22	3 33	15 57	16 11	24 45
22	6 0 35	29 45 50	10♐ 37 30	17 27 49	25 38	25 59R	28 31	28 58	17 19	14 24	3 35	16 0	16 9	24 44
23	6 4 32	0♑ 46 59	24 23 9	1♑ 23 10	25 34	25 59	0♑ 6	0♐ 12	17 59	14 26	3 36	16 3	16 8	24 43
24	6 8 28	1 48 8	8♑ 27 23	15 35 14	25 31	25 58	1 41	1 27	18 39	14 27	3 38	16 7	16 6	24 41
25	6 12 25	2 49 18	22 46 5	29 59 16	25 28	25 58	3 17	2 41	19 18	14 28	3 40	16 10	16 4	24 40
26	6 16 21	3 50 28	7♒ 14 3	14♒ 29 41	25 25	25 57	4 52	3 55	19 58	14 29	3 42	16 14	16 3	24 39
27	6 20 18	4 51 38	21 45 29	29 0 46	25 22	25 56	6 29	5 10	20 37	14 30	3 44	16 17	16 1	24 38
28	6 24 14	5 52 48	6♓ 14 53	13♓ 27 19	25 19	25 55	8 5	6 24	21 17	14 31	3 46	16 21	15 59	24 37
29	6 28 11	6 53 58	20 37 35	27 45 17	25 15	25 54	9 41	7 39	21 57	14 31	3 49	16 25	15 58	24 36
30	6 32 7	7 55 8	4♈ 50 7	11♈ 51 52	25 12	25 54D	11 18	8 53	22 36	14 31R	3 51	16 28	15 56	24 34
31	6 36 4	8♑ 56 17	18♈ 50 21	25♈ 45 30	25♊ 9	25♊ 54	12♑ 56	10♐ 8	23♏ 16	14♍ 31	3♈ 54	16♑ 32	15♋ 54	24♊ 33

DECLINATION and LATITUDE

DAY	☉ DECL	☽ DECL	☽ LAT	☽ 12hr DECL	☿ DECL	☿ LAT	♀ DECL	♀ LAT	♂ DECL	♂ LAT	♃ DECL	♃ LAT	♄ DECL	♄ LAT
1	21S43	12S37	5S 3	10S 1	18S23	0N51	10S43	1N57	11S60	0N45	7N35	1N 3	0S59	2S32
2	21 53	7 16	5 15	4 26	18 52	0 43	11 8	1 57	12 13	0 45	7 34	1 3	0 59	2 32
3	22 1	1 34	5 9	1N20	19 19	0 36	11 33	1 57	12 27	0 44	7 32	1 3	0 59	2 32
4	22 10	4N12	4 44	7 1	19 46	0 29	11 57	1 56	12 40	0 44	7 30	1 4	0 59	2 32
5	22 18	9 43	4 2	12 18	20 12	0 22	12 22	1 56	12 54	0 43	7 29	1 4	0 58	2 31
6	22 26	14 42	3 7	16 53	20 37	0 15	12 46	1 55	13 7	0 43	7 27	1 4	0 58	2 31
7	22 33	18 51	2 2	20 32	21 1	0 8	13 9	1 54	13 20	0 43	7 26	1 4	0 58	2 31
8	22 40	21 56	0 51	23 2	21 24	0 1	13 33	1 54	13 33	0 42	7 24	1 5	0 58	2 31
9	22 46	23 48	0N21	24 15	21 47	0S 6	13 56	1 53	13 46	0 42	7 23	1 5	0 58	2 30
10	22 52	24 22	1 30	24 10	22 8	0 13	14 19	1 52	13 59	0 41	7 22	1 5	0 57	2 30
11	22 58	23 41	2 34	22 54	22 28	0 20	14 41	1 51	14 12	0 41	7 20	1 6	0 57	2 30
12	23 3	21 52	3 29	20 35	22 47	0 26	15 4	1 50	14 25	0 40	7 19	1 6	0 56	2 30
13	23 7	19 5	4 15	17 24	23 5	0 33	15 25	1 48	14 38	0 40	7 18	1 6	0 56	2 29
14	23 11	15 33	4 48	13 33	23 21	0 39	15 47	1 47	14 50	0 39	7 17	1 6	0 55	2 29
15	23 15	11 25	5 9	9 11	23 37	0 45	16 8	1 46	15 3	0 39	7 16	1 7	0 55	2 29
16	23 18	6 52	5 17	4 28	23 51	0 51	16 29	1 44	15 15	0 38	7 15	1 7	0 54	2 29
17	23 21	2 2	5 11	0S28	24 4	0 57	16 49	1 43	15 27	0 38	7 15	1 7	0 54	2 29
18	23 23	2S58	4 52	5 28	24 16	1 3	17 9	1 41	15 39	0 38	7 14	1 7	0 53	2 28
19	23 25	7 57	4 18	10 22	24 27	1 9	17 28	1 40	15 51	0 37	7 13	1 8	0 52	2 28
20	23 26	12 44	3 32	14 58	24 36	1 14	17 47	1 38	16 3	0 37	7 13	1 8	0 51	2 28
21	23 27	17 4	2 33	18 59	24 44	1 19	18 6	1 36	16 15	0 36	7 12	1 8	0 51	2 28
22	23 27	20 40	1 24	22 5	24 51	1 24	18 24	1 35	16 27	0 36	7 12	1 9	0 50	2 27
23	23 27	23 11	0 9	23 57	24 56	1 29	18 41	1 33	16 38	0 35	7 11	1 9	0 49	2 27
24	23 26	24 19	1S 9	24 18	25 0	1 34	18 59	1 31	16 50	0 35	7 11	1 9	0 48	2 27
25	23 25	23 53	2 23	23 3	25 3	1 38	19 15	1 29	17 1	0 34	7 11	1 9	0 47	2 27
26	23 24	21 51	3 29	20 17	25 4	1 42	19 31	1 27	17 12	0 34	7 11	1 10	0 46	2 26
27	23 22	18 24	4 22	16 14	25 4	1 46	19 47	1 25	17 23	0 33	7 11	1 10	0 45	2 26
28	23 19	13 50	4 58	11 16	25 2	1 50	20 2	1 23	17 34	0 32	7 11	1 10	0 44	2 26
29	23 16	8 33	5 15	5 44	24 59	1 53	20 16	1 21	17 45	0 32	7 11	1 10	0 43	2 26
30	23 13	2 52	5 13	0N 1	24 54	1 56	20 30	1 18	17 56	0 31	7 11	1 11	0 41	2 25
31	23S 9	2N53	4S52	5N42	24S48	1S59	20S43	1N16	18S 6	0N31	7N11	1N11	0S40	2S25

DAY	♅ DECL	♅ LAT	♆ DECL	♆ LAT	♇ DECL	♇ LAT
1	23S 2	0S24	21N38	0S47	15N59	7S23
5	23 0	0 24	21 39	0 47	15 59	7 23
9	22 59	0 24	21 40	0 47	15 58	7 23
13	22 57	0 24	21 40	0 47	15 58	7 23
17	22 56	0 24	21 41	0 47	15 58	7 23
21	22 54	0 24	21 42	0 47	15 58	7 23
25	22 52	0 24	21 42	0 47	15 59	7 22
29	22S51	0S24	21N43	0S47	15N59	7S22

☽ PHENOMENA			
d	h	m	
7	21	44	○
15	21	12	☾
23	11	50	●ᵉ
30	5	40	☽
d	h	° '	
3	6	0	
9	23	24N22	
17	10	0	
24	5	24S22	
30	12	0	
2	4	5S16	
8	17	0	
16	2	5N17	
23	3	0	
29	9	5S16	

VOID OF COURSE ☽ LAST ASPT		☽ INGRESS		
2	6am35	2	♈	10am26
4	5am10	4	♉	1pm37
5	6pm20	6	♊	6pm 1
8	3pm16	9	♋	0am33
10	7am38	11	♌	9am52
13	11am21	13	♍	9pm38
15	11pm51	16	♎	10am12
18	2pm 3	18	♏	9pm12
21	1am 2	21	♐	5am 2
23	0am33	23	♑	9am38
24	5pm56	25	♒	12pm 1
27	4am45	27	♓	1pm38
29	6am40	29	♈	3pm48
31	9am54	31	♉	7pm24

d	h	
14	19	APOGEE
26	13	PERIGEE

DAILY ASPECTARIAN

1 T
☽∥♂ 2am50
♀⚻♄ 5 32
☽☍♃ 5 57
☽∥♀ 8 10
☽⚹♅ 8 49
☽△♆ 11 50
☽⚼♀ 3pm40
☽⚼♂ 3 44
♀☌♂ 5 32
☽#♃ 10 45

2 W
☽□♇ 2am10
☽△☿ 6 35
☽☌♄ 4pm11
☽⚻♂ 6 23
☽⚻♀ 7 29

3 Th
☽∥♄ 2am24
☉△☽ 4 30
☽⚻♃ 9 8
☽#♄ 10 31
☽⚼☿ 11 12
☽□♅ 11 54
☽□♆ 2pm40
☿∠♅ 5 49
☿ ♐ 5 54

4 F
☽⚹♇ 5am10
☉⚼☽ 8 7
☽⚼♃ 10 57
☽∥♃ 2pm 4
☽⚻☿ 4 5
☿⚼♆ 6 24
☽⚺♄ 7 26

5 S
☽☍♂ 0am15
☽☍♀ 3 47
☽∠♇ 7 0
☉⚻☽ 12pm 6
☽△♃ 1 3
☽#♀ 1 24
☽#♂ 3 37
☽△♅ 3 46
☽⚹♆ 6 20
☽∠♄ 9 30
☿△♄ 10 6

6 Su
☉□♃ 2am 1
☽∥♇ 6 51
☽⚺♇ 9 13
♀⚼♇ 3pm30
☽⚼♅ 6 17
☽∠♆ 8 45
♄SD 9 6

7 M
☽⚹♄ 0am 1
☽☍☿ 3 24
☽⚻♂ 7 43
☽⚻♀ 2pm 3
☉⚺♅ 4 30
☽#☿ 6 22
☽□♃ 6 36
☽⚻♅ 9 21
☽∥♆ 9 21
☉☍☽ 9 44
☽⚺♆ 11 42

8 T
♀∥♂ 0am59
☉#☽ 8 0
☽#♅ 11 24
☽⚼♂ 12pm26
☽☌♇ 3 16
☿#♆ 4 12
☽⚼♀ 8 21
☉⚻♆ 10 49

9 W
☽□♄ 6am52
☿⚺♂ 4pm31
♀⚹♃ 5 44
☽△♂ 5 57
☽⚻☿ 6 4

10 Th
☽⚹♃ 2am40
☽△♀ 3 35
☽☍♅ 5 30
☽☌♆ 7 38
☉⚻☽ 10 36
♂⚼♇ 7pm 6
♀⚹♅ 11 58

11 F
☽⚺♇ 0am 1
☉∥♅ 1 37
☽⚼☿ 2 57
☽∠♃ 7 47
☉#☽ 10 42
☽#♅ 11 10
☽#☿ 3pm 0
☽△♄ 4 31
☉⚼☽ 6 24
♀△♆ 8 8

12 S
☽∥♆ 1am57
☽∠♇ 5 25
☽□♂ 7 27
☽△☿ 12pm51
☽⚺♃ 1 32
☿∥♅ 1 59
☽⚻♅ 4 28
☽⚺♆ 6 18
☿□♃ 6 19
☽□♀ 8 53
☽⚼♄ 10 19

13 Su
☉△☽ 2am59
☉∥☿ 4 32
♀⚼♄ 10 57
☽⚹♇ 11 21
☿⚺♅ 5pm39
☽∥♇ 9 20
☽#♀ 10 39
☽⚼♅ 10 44

14 M
☽∠♆ 0am23
☽#♂ 4 9
☽⚻♄ 4 33
☿⚻♆ 6 18
♀#♇ 1pm 0
☽⚹♂ 11 18

15 T
☽☌♃ 2am14
☽△♅ 5 13
☽⚹♆ 6 40
☽□☿ 10 25
☽⚹♀ 4pm25
☉□☽ 9 12
☽∥♃ 10 1
☽□♇ 11 51

16 W
☽∠♂ 7am20
☽☍♄ 5pm 7

17 Th
☽∠♀ 1am57
☉☍♇ 3 39
☽#♄ 5 30
♂⚹♃ 7 38
☽∥♄ 2pm 3
☽⚺♃ 2 33
☽⚺♂ 2 56
☽□♅ 5 31
☽□♆ 6 31

18 F
☽⚹☿ 7am 2
☽⚺♀ 10 44
☽△♇ 11 10
☉⚹☽ 2pm 3
♀⚻♇ 3 7
☽∠♃ 7 51
☽#♃ 8 29

19 S
☽⚻♄ 3am54
♂#♇ 2pm25
☿☍♇ 3 11
☽⚼♇ 3 47
☽∠☿ 3 52
♂⚹♅ 7 12
☉∠☽ 9 5

20 Su
☽⚹♃ 0am20
☽⚹♅ 3 13
☽☌♂ 3 36
☽△♆ 3 47
♂△♆ 7 4
☽⚼♄ 8 6
☽#♇ 5pm38
☽∥♂ 6 59
☽⚻♇ 7 31
☽⚺☿ 11 25

21 M
☽☌♀ 1am 2
☉⚺☽ 3 0
☽∠♅ 6 46
☽∥♀ 6 52
☽⚼♆ 7 9
☽△♄ 11 26

22 T
☉ ♑ 5am33
☽□♃ 6 40
☽#♆ 8 32
☽⚺♅ 9 29
☽⚻♆ 9 42
☽⚺♂ 12pm21
♀ ♐ 8 1
☽∥♅ 8 23
☿ ♑ 10 31

23 W
☽☍♇ 0am33
☉∥☽ 3 34
☿⚺♀ 7 24
☽⚺♀ 10 57
☽☌☿ 11 3
☉☌☽ 11 50
☽∠♂ 3pm27
☽□♄ 3 49
♀∠♅ 5 19
♀⚼♆ 5 28
♅☍♆ 7 24
♂⚼♄ 11 40

24 Th
☉☌☿ 4am53
☽△♃ 10 7
☽☍♆ 12pm50
☽☌♅ 12 56
☽∠♀ 2 43
☽⚹♂ 5 56

25 F
☽⚻♇ 8am10
☿□♄ 5 58
☉∥☽ 7 25
☽⚼♃ 11 9
☽∥♅ 2pm 5
☉⚺♀ 2 59
☉⚺☽ 5 58
☽⚹♀ 6 1
☽⚹♄ 6 8
♀△♄ 7 32
☽⚺☿ 7 37
☉□♄ 8 34

26 S
☽#♆ 1am 7
☿∠♂ 2 17
☽⚼♇ 4 0
☽⚻♃ 12pm 0
☽⚻♆ 2 32
☽⚺♅ 2 56
☽∥♀ 3 55
☽∠♄ 7 0
☉∠☽ 8 38
☽□♂ 10 2
☽∠☿ 11 28

27 Su
☽△♇ 4am45
☽∥♂ 5 31
☽#♇ 1pm19
☽⚼♆ 3 18
☽∠♅ 3 50
☽⚺♄ 7 53
☉⚹☽ 11 21

28 M
☽□♀ 0am17
☽⚹☿ 3 26
☽☍♃ 1pm46
☽△♆ 4 12
☽⚹♅ 4 54

29 T
☽△♂ 2am19
☉∠♂ 3 5
☽#♃ 5 51
☽□♇ 6 40
☽☌♄ 10pm19

30 W
☽⚼♂ 4am57
☉□☽ 5 40
☽△♀ 7 35
☽∥♄ 9 4
☽□☿ 12pm29
♃SR 2 23
☽#♄ 2 44
☽⚻♃ 4 34
☽□♆ 6 57
☽□♅ 8 0

31 Th
☽⚻♂ 8am 3
☽⚹♇ 9 54
☽⚼♀ 11 59
☽⚼♃ 6pm34
☽∥♃ 6 34
☿△♃ 11 33

LONGITUDE

DAY	SID. TIME	☉	☽	☽ 12 Hour	MEAN ☊	TRUE ☊	☿	♀	♂	♃	♄	♅	♆	♇
	h m s	° ' "	° ' "	° ' "	° '	° '	° '	° '	° '	° '	° '	° '	° '	° '
1	6 40 1	9♑57 26	2♉37 15	9♉25 35	25♊ 6	25♊55	14♑33	11♐22	23♏56	14♍31R	3♈56	16♑35	15♋53R	24♊32R
2	6 43 57	10 58 35	16 10 33	22 52 9	25 3	25 56	16 11	12 37	24 35	14 31	3 59	16 39	15 51	24 31
3	6 47 54	11 59 44	29 30 27	6♊ 5 29	24 59	25 57	17 49	13 51	25 15	14 30	4 2	16 42	15 49	24 30
4	6 51 50	13 0 53	12♊37 20	19 6 2	24 56	25 58R	19 27	15 6	25 55	14 29	4 5	16 46	15 48	24 29
5	6 55 47	14 2 1	25 31 38	1♋54 10	24 53	25 58	21 6	16 20	26 35	14 29	4 8	16 49	15 46	24 28
6	6 59 43	15 3 10	8♋13 43	14 30 20	24 50	25 58	22 45	17 35	27 14	14 27	4 11	16 53	15 44	24 27
7	7 3 40	16 4 18	20 44 6	26 55 6	24 47	25 56	24 24	18 50	27 54	14 26	4 14	16 57	15 43	24 26
8	7 7 36	17 5 26	3♌ 3 27	9♌ 9 19	24 44	25 53	26 3	20 4	28 34	14 25	4 17	17 0	15 41	24 24
9	7 11 33	18 6 34	15 12 52	21 14 19	24 40	25 50	27 43	21 19	29 14	14 23	4 21	17 4	15 39	24 23
10	7 15 30	19 7 42	27 13 55	3♍12 0	24 37	25 46	29 23	22 34	29 53	14 21	4 24	17 7	15 37	24 22
11	7 19 26	20 8 49	9♍ 8 53	15 4 57	24 34	25 42	1♒ 2	23 48	0♐33	14 19	4 28	17 11	15 36	24 21
12	7 23 23	21 9 56	21 0 39	26 56 27	24 31	25 38	2 42	25 3	1 13	14 17	4 32	17 14	15 34	24 20
13	7 27 19	22 11 3	2♎52 50	8♎50 21	24 28	25 35	4 21	26 18	1 53	14 14	4 35	17 18	15 32	24 19
14	7 31 16	23 12 11	14 49 35	20 51 6	24 25	25 34D	6 0	27 33	2 33	14 11	4 39	17 21	15 31	24 18
15	7 35 12	24 13 18	26 55 30	3♏ 3 23	24 21	25 34	7 39	28 47	3 13	14 9	4 43	17 25	15 29	24 17
16	7 39 9	25 14 24	9♏15 21	15 31 59	24 18	25 34	9 17	0♑ 2	3 53	14 6	4 47	17 29	15 27	24 16
17	7 43 5	26 15 31	21 53 49	28 21 21	24 15	25 36	10 54	1 17	4 33	14 2	4 52	17 32	15 26	24 15
18	7 47 2	27 16 37	4♐54 58	11♐35 2	24 12	25 38	12 30	2 32	5 12	13 59	4 56	17 36	15 24	24 14
19	7 50 59	28 17 43	18 21 44	25 15 9	24 9	25 39R	14 4	3 46	5 52	13 55	5 0	17 39	15 22	24 13
20	7 54 55	29 18 48	2♑15 13	9♑21 40	24 5	25 39	15 37	5 1	6 32	13 52	5 4	17 43	15 21	24 12
21	7 58 52	0♒19 53	16 34 6	23 51 53	24 2	25 37	17 8	6 16	7 12	13 48	5 9	17 46	15 19	24 11
22	8 2 48	1 20 58	1♒14 14	8♒40 14	23 59	25 33	18 35	7 31	7 52	13 43	5 14	17 50	15 17	24 10
23	8 6 45	2 22 1	16 8 49	23 38 51	23 56	25 29	20 0	8 46	8 32	13 39	5 18	17 53	15 16	24 9
24	8 10 41	3 23 4	1♓ 9 8	8♓38 32	23 53	25 23	21 21	10 1	9 12	13 35	5 23	17 57	15 14	24 9
25	8 14 38	4 24 6	16 5 56	23 30 22	23 50	25 17	22 37	11 15	9 52	13 30	5 28	18 0	15 13	24 8
26	8 18 34	5 25 6	0♈50 57	8♈ 7 2	23 46	25 12	23 48	12 30	10 32	13 25	5 33	18 4	15 11	24 7
27	8 22 31	6 26 6	15 18 6	22 23 47	23 43	25 8	24 53	13 45	11 12	13 20	5 38	18 7	15 9	24 6
28	8 26 28	7 27 4	29 23 57	6♉18 32	23 40	25 6D	25 51	15 0	11 52	13 15	5 43	18 11	15 8	24 5
29	8 30 24	8 28 1	13♉ 7 38	19 51 26	23 37	25 6	26 42	16 15	12 32	13 10	5 48	18 14	15 6	24 4
30	8 34 21	9 28 57	26 30 13	3♊ 4 16	23 34	25 7	27 24	17 30	13 12	13 5	5 53	18 17	15 5	24 4
31	8 38 17	10♒29 52	9♊33 58	15♊59 38	23♊31	25♊ 8	27♒57	18♑44	13♐52	12♍59	5♈58	18♑21	15♋ 3	24♊ 3

DECLINATION and LATITUDE

DAY	☉ DECL	☽ DECL	☽ LAT	☽ 12hr DECL	☿ DECL	☿ LAT	♀ DECL	♀ LAT	♂ DECL	♂ LAT	♃ DECL	♃ LAT	♄ DECL	♄ LAT
1	23S 5	8N25	4S14	11N 0	24S40	2S 1	20S56	1N14	18S16	0N30	7N12	1N11	0S39	2S25
2	22 60	13 27	3 23	15 43	24 31	2 3	21 8	1 12	18 27	0 30	7 12	1 12	0 38	2 25
3	22 55	17 45	2 21	19 34	24 20	2 5	21 20	1 9	18 37	0 29	7 13	1 12	0 36	2 24
4	22 49	21 7	1 13	22 22	24 7	2 6	21 31	1 7	18 47	0 29	7 13	1 12	0 35	2 24
5	22 43	23 20	0 2	23 59	23 53	2 7	21 41	1 4	18 57	0 28	7 14	1 12	0 34	2 24
6	22 36	24 19	1N 7	24 20	23 38	2 8	21 51	1 2	19 6	0 27	7 14	1 13	0 32	2 24
7	22 29	24 2	2 12	23 26	23 21	2 8	21 60	0 59	19 16	0 27	7 15	1 13	0 31	2 23
8	22 21	22 34	3 10	21 26	23 2	2 7	22 8	0 57	19 25	0 26	7 16	1 13	0 29	2 23
9	22 14	20 5	3 59	18 30	22 42	2 7	22 16	0 54	19 35	0 26	7 17	1 14	0 28	2 23
10	22 5	16 45	4 36	14 50	22 20	2 5	22 23	0 52	19 44	0 25	7 18	1 14	0 26	2 23
11	21 56	12 47	5 1	10 37	21 56	2 3	22 29	0 49	19 53	0 24	7 19	1 14	0 24	2 23
12	21 47	8 21	5 12	6 0	21 32	2 1	22 35	0 47	20 2	0 24	7 20	1 14	0 23	2 22
13	21 37	3 37	5 11	1 10	21 5	1 58	22 40	0 44	20 10	0 23	7 21	1 15	0 21	2 22
14	21 27	1S18	4 56	3S46	20 37	1 54	22 44	0 41	20 19	0 23	7 23	1 15	0 19	2 22
15	21 17	6 13	4 28	8 38	20 8	1 50	22 48	0 39	20 27	0 22	7 24	1 15	0 17	2 22
16	21 6	10 60	3 47	13 17	19 37	1 45	22 51	0 36	20 35	0 21	7 25	1 15	0 16	2 21
17	20 55	15 27	2 54	17 28	19 5	1 39	22 53	0 33	20 43	0 21	7 27	1 16	0 14	2 21
18	20 43	19 18	1 51	20 56	18 32	1 32	22 55	0 31	20 51	0 20	7 28	1 16	0 12	2 21
19	20 31	22 17	0 40	23 20	17 58	1 25	22 56	0 28	20 59	0 19	7 30	1 16	0 10	2 21
20	20 18	24 2	0S36	24 21	17 23	1 17	22 56	0 25	21 6	0 19	7 32	1 16	0 8	2 21
21	20 5	24 16	1 52	23 46	16 48	1 8	22 56	0 22	21 14	0 18	7 33	1 17	0 6	2 20
22	19 52	22 51	3 2	21 31	16 11	0 58	22 55	0 20	21 21	0 17	7 35	1 17	0 4	2 20
23	19 38	19 49	4 0	17 47	15 35	0 48	22 53	0 17	21 28	0 17	7 37	1 17	0 2	2 20
24	19 23	15 28	4 43	12 55	14 58	0 36	22 50	0 14	21 35	0 16	7 39	1 17	0 0	2 20
25	19 10	10 11	5 6	7 19	14 21	0 24	22 47	0 12	21 41	0 15	7 41	1 18	0N 2	2 20
26	18 55	4 23	5 8	1 24	13 46	0 10	22 43	0 9	21 48	0 14	7 43	1 18	0 4	2 19
27	18 40	1N33	4 51	4N27	13 11	0N 4	22 38	0 6	21 54	0 14	7 45	1 18	0 6	2 19
28	18 25	7 16	4 16	9 57	12 37	0 19	22 33	0 3	22 0	0 13	7 47	1 18	0 8	2 19
29	18 9	12 29	3 28	14 50	12 5	0 34	22 27	0 1	22 6	0 12	7 50	1 19	0 11	2 19
30	17 53	16 58	2 29	18 53	11 35	0 51	22 20	0S 2	22 12	0 12	7 52	1 19	0 13	2 19
31	17S37	20N31	1S23	21N54	11S 8	1N 7	22S13	0S 5	22S18	0N11	7N54	1N19	0N15	2S19

DAY	♅ DECL	♅ LAT	♆ DECL	♆ LAT	♇ DECL	♇ LAT
1	22S49	0S24	21N44	0S47	15N59	7S22
5	22 48	0 24	21 45	0 47	15 59	7 21
9	22 46	0 24	21 46	0 47	15 59	7 21
13	22 44	0 24	21 46	0 47	15 60	7 21
17	22 42	0 24	21 47	0 47	15 60	7 20
21	22 40	0 24	21 48	0 47	16 0	7 19
25	22 39	0 24	21 49	0 46	16 1	7 19
29	22S37	0S25	21N50	0S46	16N 1	7S18

☽ PHENOMENA			
d	h	m	
6	14	13	○
14	18	11	☾
22	0	12	●
28	15	7	☽
d	h	° '	
6	7	24N22	
13	18	0	
20	16	24S22	
26	18	0	
5	1	0	
12	9	5N13	
19	13	0	
25	15	5S10	

VOID OF COURSE ☽ LAST ASPT	☽ INGRESS
2 3pm54	3 ♊ 0am54
4 10pm 0	5 ♋ 8am25
7 2pm43	7 ♌ 6pm 1
9 6pm16	10 ♍ 5am34
12 9am 8	12 ♎ 6pm11
15 4am 5	15 ♏ 6am 2
17 8am49	17 ♐ 3pm 1
19 10am12	19 ♑ 8pm 9
21 2am 0	21 ♒ 10pm 0
23 12pm48	23 ♓ 10pm 9
25 1pm 0	25 ♈ 10pm36
27 5pm29	28 ♉ 1am 2
30 1am43	30 ♊ 6am22

d	h	
11	15	APOGEE
23	13	PERIGEE

DAILY ASPECTARIAN

1 F	☽⚺♄ 2am19; ☽∠♇ 12pm11; ☉△☽ 2 0; ☽⚻♀ 5 1; ☿☍♆ 7 13; ☽△♃ 9 2; ♂⚻♇ 9 26; ☽✶♆ 11 25
2 S	☽△☿ 0am 1; ☽△♅ 0 51; ☽∠♄ 5 2; ☿☌♅ 7 6; ☽∥♇ 1pm31; ☽⚺♇ 2 57; ☽☍♂ 3 54; ☉⚼☽ 7 4
3 Su	☽∠♆ 2am23; ☽⚼♅ 4 1; ☽#♂ 5 45; ☽⚼☿ 6 52; ☽✶♄ 8 16; ♀□♃ 12pm24
4 M	☉⚻☽ 0am47; ☽□♃ 3 27; ☉∥♅ 3 32; ☽#♀ 3 45; ☽☍♀ 5 4; ☽∥♆ 5 39; ☽⚺♆ 5 51; ☽⚻♅ 7 42; ♀⚻♆ 1pm 7; ☽⚻☿ 2 31; ☉#☽ 4 13; ☽#♅ 4 49; ☽☌♇ 10 0
5 T	☽⚻♂ 2am 5; ☽#☿ 8 7; ♀#♆ 9 29; ♀⚺♅ 9 46; ☉△♃ 10 14; ☽□♄ 4pm17
6 W	☽⚼♂ 8am 5; ☽✶♃ 11 53; ☉☍☽ 2pm13; ☽☌♆ 2 20; ☉☍♆ 3 41; ☽☍♅ 4 39; ☽⚻♀ 7 55
7 Th	☿⚻♇ 0am20; ☽⚺♇ 7 8; ☽☍☿ 8 12; ☽△♂ 2pm43; ☽#☿ 4 39; ☽∠♃ 4 52; ☽#♅ 9 29; ☉☌♅ 9 47
8 F	☽△♄ 2am26; ☉#☽ 2 36; ☽⚼♀ 4 24; ☽#♀ 4 40; ☽∥♆ 8 52; ☽∠♇ 12pm29; ☿∥♅ 7 9; ☉∥♀ 8 40; ☽⚺♃ 10 21
9 S	☽⚺♆ 0am52; ☽⚻♅ 3 41; ☽#♂ 3 48; ☉⚻☽ 6 17; ☽⚼♄ 8 16; ☽△♀ 1pm34; ☽✶♇ 6 16; ☿∥♀ 9 37; ☿⚼♃ 11 36
10 Su	♂ ♐ 3am55; ☽∥♇ 4 53; ☽⚻☿ 5 0; ☽□♂ 5 39; ☽∠♆ 6 48; ☿ ♒ 9 0; ☽⚼♅ 9 53; ☿✶♂ 12pm23; ☽⚻♄ 2 30; ☉⚼☽ 3 10
11 M	☉∥☿ 0am12; ♂⚼♆ 1 24; ☿#♆ 10 12; ♀☍♇ 10 24; ☽☌♃ 10 25; ☽✶♆ 1pm 0; ☽⚼☿ 4 12; ☽△♅ 4 20
12 T	☉△☽ 0am21; ☉#♆ 2 16; ☽∥♃ 5 13; ☽□♇ 6 43; ☽□♀ 9 8; ☽✶♂ 9pm52
13 W	☽△☿ 3am27; ☽☍♄ 3 28; ☿✶♄ 3 35; ☽#♄ 4pm 6; ♂∠♅ 4 29; ☽∥♄ 7 18; ♀∥♅ 7 55; ☽⚺♃ 10 44
14 Th	☽□♆ 1am22; ☽□♅ 5 5; ☽∠♂ 5 45; ☿∥♂ 11 56; ☉□☽ 6pm11; ☽△♇ 6 48
15 F	☉⚻♇ 1am29; ☽✶♀ 4 5; ☽∠♃ 4 20; ☽#♃ 5 52; ☽⚺♂ 1pm 0; ☽⚻♄ 3 19; ♀ ♑ 11 20; ☿⚼♇ 11 49
16 S	☽⚼♇ 0am 1; ☽□☿ 0 3; ☽✶♃ 9 13; ☽△♆ 11 50; ☽∠♀ 12pm16; ☽✶♅ 3 45; ☽⚼♄ 8 9
17 Su	☽#♇ 3am12; ☽⚻♇ 4 23; ☉✶☽ 8 49; ♂△♄ 12pm45; ☉∥♂ 1 57; ☽⚼♆ 3 47; ☽⚺♀ 7 12; ☽∥☿ 7 31; ☽∠♅ 7 45
18 M	☽△♄ 0am 1; ☽☌♂ 0 33; ☉∥☽ 9 41; ☽∥♂ 11 55; ☉∠☽ 2pm19; ☽✶☿ 3 26; ☽□♃ 4 12; ☽⚻♆ 6 44; ☽#♆ 7 22; ☿⚻♃ 9 45; ☽⚺♅ 10 45
19 T	☽∥♅ 4am14; ☽∥♀ 7 2; ☽☍♇ 10 12; ☉⚼♃ 1pm55; ☉⚺☽ 6 35; ☿⚻♆ 7 47; ☽∠☿ 8 52
20 W	♀□♄ 1am 6; ☽□♄ 4 48; ☽☌♀ 5 9; ☽⚺♂ 7 37; ☉ ♒ 4pm11; ☽△♃ 7 25; ☽☍♆ 9 56
21 Th	☽⚺☿ 1am 2; ☽☌♅ 2 0; ☽∠♂ 9 43; ☿⚺♅ 10 54; ☽⚻♇ 12pm31; ☽⚼♃ 7 56; ☽∥♀ 11 18
22 F	☉☌☽ 0am12; ☽∥♅ 1 51; ☽✶♄ 6 29; ☿#♇ 7 3; ☽#♆ 9 40; ☽⚺♀ 11 4; ☽✶♂ 11 13; ☽⚼♇ 12pm48; ☽∥♂ 12 50; ♀⚺♂ 2 44; ☽⚻♃ 8 1; ☽⚻♆ 10 35
23 S	☉∥☽ 1am14; ☽⚺♅ 2 48; ☿∠♄ 5 39; ☽∠♄ 6 41; ☽☌☿ 6 47; ☽△♇ 12pm48; ☽∠♀ 1 17; ☽#♇ 9 19; ☽⚼♆ 10 32
24 Su	☽∥☿ 2am48; ☽∠♅ 2 53; ☉⚺☽ 3 50; ☽⚺♄ 6 49; ☽□♂ 1pm30; ☽✶♀ 3 29; ☽☍♃ 7 50; ☽△♆ 10 34
25 M	☽✶♅ 3am 5; ☉∠☽ 5 44; ☽#♃ 10 26; ☽⚺☿ 11 30; ☽□♇ 1pm 0
26 T	☉✶♄ 3am14; ♂#♆ 3 56; ☿△♇ 6 38; ☽☌♄ 7 47; ☉✶☽ 8 6; ☽∠☿ 2pm14; ♀△♃ 4 35; ☽△♂ 4 48; ☽#♄ 5 18; ☽∥♄ 6 5; ☽⚻♃ 8 44; ☽□♀ 9 9; ☽□♆ 11 46
27 W	♀∥♅ 2am56; ☽□♅ 4 46; ☽✶♇ 2pm54; ☽✶☿ 5 29; ☽⚼♂ 7 26; ☽⚼♃ 10 2
28 Th	☽∥♃ 2am19; ♀☍♆ 2 32; ☽⚺♄ 11 2; ☉□☽ 3pm 7; ☽∠♇ 4 51; ☽#☿ 10 14; ☽⚻♂ 10 54
29 F	☽△♃ 0am 4; ☽✶♆ 3 30; ☽△♀ 6 6; ☽△♅ 9 8; ☽∠♄ 1pm47; ☉⚼♇ 2 9; ☽∥♇ 6 32; ☽⚺♇ 7 35; ♂□♃ 7 56
30 S	☽□☿ 1am43; ☉#☽ 5 13; ☽∠♆ 6 30; ☽⚼♀ 12pm 5; ☽⚼♅ 12 27; ♀∥♂ 2 51; ♀☌♅ 4 3; ☽✶♄ 5 18
31 Su	☉△☽ 1am53; ☽□♃ 6 19; ☽☍♂ 8 28; ☽⚺♆ 10 13; ☽∥♆ 11 24; ☽#♀ 2pm24; ☽⚻♅ 4 29; ☽#♂ 4 46; ☽⚻♀ 7 1; ☽#♅ 7 20

FEBRUARY 1909

LONGITUDE

DAY	SID. TIME	☉	☽	☽ 12 Hour	MEAN ☊	TRUE ☊	☿	♀	♂	♃	♄	♅	♆	♇
	h m s	° ' "	° ' "	° ' "	° '	° '	° '	° '	° '	° '	° '	° '	° '	° '
1	8 42 14	11♒ 30 45	22♊ 21 39	28♊ 40 22	23♊ 27	25♊ 9R	28♒ 21	19♑ 59	14♐ 32	12♍ 53R	6♈ 4	18♑ 24	15♋ 2R	24♊ 2R
2	8 46 10	12 31 37	4♋ 56 4	11♋ 9 5	23 24	25 9	28 33R	21 14	15 12	12 48	6 9	18 27	15 0	24 1
3	8 50 7	13 32 27	17 19 40	23 28 2	23 21	25 6	28 35	22 29	15 53	12 42	6 15	18 31	14 59	24 1
4	8 54 4	14 33 17	29 34 26	5♌ 39 0	23 18	25 1	28 26	23 44	16 33	12 35	6 20	18 34	14 58	24 0
5	8 58 0	15 34 5	11♌ 41 56	17 43 22	23 15	24 53	28 5	24 59	17 13	12 29	6 26	18 37	14 56	23 59
6	9 1 57	16 34 52	23 43 28	29 42 21	23 11	24 44	27 34	26 13	17 53	12 23	6 31	18 41	14 55	23 59
7	9 5 53	17 35 38	5♍ 40 13	11♍ 37 13	23 8	24 33	26 53	27 28	18 33	12 16	6 37	18 44	14 53	23 58
8	9 9 50	18 36 22	17 33 35	23 29 31	23 5	24 22	26 3	28 43	19 13	12 10	6 43	18 47	14 52	23 57
9	9 13 46	19 37 5	29 25 20	5♎ 21 19	23 2	24 12	25 6	29 58	19 53	12 3	6 49	18 50	14 51	23 57
10	9 17 43	20 37 47	11♎ 17 50	17 15 17	22 59	24 4	24 3	1♒ 13	20 33	11 56	6 55	18 53	14 49	23 56
11	9 21 39	21 38 29	23 14 8	29 14 51	22 56	23 57	22 55	2 28	21 14	11 49	7 1	18 57	14 48	23 55
12	9 25 36	22 39 9	5♏ 18 0	11♏ 24 6	22 52	23 53	21 45	3 42	21 54	11 42	7 7	19 0	14 47	23 55
13	9 29 32	23 39 47	17 33 47	23 47 38	22 49	23 52D	20 35	4 57	22 34	11 35	7 13	19 3	14 45	23 54
14	9 33 29	24 40 25	0♐ 6 15	6♐ 30 16	22 46	23 52	19 27	6 12	23 14	11 28	7 19	19 6	14 44	23 54
15	9 37 26	25 41 1	13 0 13	19 36 38	22 43	23 52R	18 21	7 27	23 54	11 21	7 25	19 9	14 43	23 53
16	9 41 22	26 41 37	26 19 56	3♑ 10 26	22 40	23 53	17 20	8 42	24 34	11 13	7 32	19 12	14 42	23 53
17	9 45 19	27 42 11	10♑ 8 20	17 13 38	22 37	23 51	16 25	9 57	25 15	11 6	7 38	19 15	14 41	23 52
18	9 49 15	28 42 44	24 26 9	1♒ 45 28	22 33	23 48	15 36	11 11	25 55	10 58	7 44	19 18	14 40	23 52
19	9 53 12	29 43 15	9♒ 10 56	16 41 40	22 30	23 41	14 54	12 26	26 35	10 51	7 51	19 21	14 38	23 52
20	9 57 8	0♓ 43 45	24 16 36	1♓ 54 27	22 27	23 33	14 20	13 41	27 15	10 43	7 57	19 24	14 37	23 51
21	10 1 5	1 44 13	9♓ 33 48	17 13 11	22 24	23 23	13 53	14 56	27 56	10 36	8 4	19 27	14 36	23 51
22	10 5 1	2 44 40	24 51 10	2♈ 26 21	22 21	23 12	13 34	16 11	28 36	10 28	8 11	19 29	14 35	23 51
23	10 8 58	3 45 5	9♈ 57 29	17 23 31	22 17	23 3	13 22	17 26	29 16	10 20	8 17	19 32	14 34	23 50
24	10 12 55	4 45 28	24 43 36	1♉ 57 9	22 14	22 55	13 17D	18 40	29 56	10 12	8 24	19 35	14 33	23 50
25	10 16 51	5 45 49	9♉ 3 46	16 3 20	22 11	22 50	13 19	19 55	0♑ 37	10 4	8 31	19 38	14 32	23 50
26	10 20 48	6 46 8	22 55 51	29 41 32	22 8	22 47	13 28	21 10	1 17	9 57	8 37	19 40	14 31	23 49
27	10 24 44	7 46 25	6♊ 20 42	12♊ 53 47	22 5	22 46D	13 42	22 25	1 57	9 49	8 44	19 43	14 31	23 49
28	10 28 41	8♓ 46 40	19♊ 21 14	25♊ 43 36	22♊ 2	22♊ 46R	14♒ 2	23♒ 39	2♑ 37	9♍ 41	8♈ 51	19♑ 46	14♋ 30	23♊ 49

DECLINATION and LATITUDE

DAY	☉ DECL	☽ DECL	☽ LAT	☽ 12hr DECL	☿ DECL	☿ LAT	♀ DECL	♀ LAT	♂ DECL	♂ LAT	♃ DECL	♃ LAT	♄ DECL	♄ LAT
1	17S20	22N59	0S15	23N46	10S44	1N24	22S 5	0S 7	22S23	0N10	7N57	1N19	0N17	2S18
2	17 3	24 14	0N53	24 24	10 24	1 42	21 56	0 10	22 29	0 9	7 59	1 19	0 20	2 18
3	16 46	24 15	1 57	23 49	10 7	1 59	21 47	0 12	22 34	0 8	8 2	1 20	0 22	2 18
4	16 28	23 5	2 54	22 6	9 54	2 16	21 37	0 15	22 39	0 8	8 4	1 20	0 24	2 18
5	16 11	20 52	3 43	19 24	9 46	2 32	21 26	0 17	22 43	0 7	8 7	1 20	0 27	2 18
6	15 52	17 44	4 22	15 54	9 42	2 47	21 15	0 20	22 48	0 6	8 9	1 20	0 29	2 18
7	15 34	13 54	4 49	11 47	9 43	3 1	21 3	0 23	22 52	0 5	8 12	1 20	0 32	2 17
8	15 15	9 33	5 3	7 15	9 48	3 13	20 50	0 25	22 56	0 5	8 15	1 21	0 34	2 17
9	14 56	4 52	5 3	2 27	9 58	3 24	20 37	0 27	23 0	0 4	8 17	1 21	0 37	2 17
10	14 37	0S 0	4 51	2S28	10 11	3 32	20 23	0 30	23 4	0 3	8 20	1 21	0 39	2 17
11	14 18	4 54	4 26	7 19	10 27	3 38	20 9	0 32	23 8	0 2	8 23	1 21	0 41	2 17
12	13 58	9 41	3 49	11 59	10 46	3 42	19 54	0 35	23 11	0 1	8 26	1 21	0 44	2 17
13	13 38	14 11	3 1	16 15	11 7	3 43	19 38	0 37	23 14	0 0	8 29	1 22	0 47	2 16
14	13 18	18 10	2 3	19 54	11 29	3 42	19 22	0 39	23 17	0S 1	8 32	1 22	0 49	2 16
15	12 58	21 25	0 58	22 40	11 52	3 39	19 5	0 41	23 20	0 1	8 34	1 22	0 52	2 16
16	12 37	23 37	0S13	24 14	12 15	3 33	18 48	0 44	23 23	0 2	8 37	1 22	0 54	2 16
17	12 17	24 29	1 26	24 20	12 39	3 26	18 30	0 46	23 25	0 3	8 40	1 22	0 57	2 16
18	11 56	23 47	2 35	22 49	13 1	3 18	18 12	0 48	23 27	0 4	8 43	1 22	0 60	2 16
19	11 35	21 27	3 36	19 41	13 23	3 8	17 53	0 50	23 29	0 5	8 46	1 22	1 2	2 16
20	11 13	17 35	4 24	15 10	13 43	2 57	17 33	0 52	23 31	0 6	8 49	1 23	1 5	2 16
21	10 52	12 31	4 53	9 39	14 2	2 45	17 13	0 54	23 33	0 7	8 52	1 23	1 8	2 15
22	10 30	6 40	5 2	3 35	14 19	2 32	16 53	0 56	23 34	0 8	8 55	1 23	1 10	2 15
23	10 8	0 29	4 49	2N35	14 35	2 20	16 32	0 58	23 36	0 9	8 58	1 23	1 13	2 15
24	9 46	5N36	4 17	8 29	14 49	2 7	16 11	0 59	23 37	0 10	9 2	1 23	1 16	2 15
25	9 24	11 13	3 30	13 45	15 1	1 53	15 49	1 1	23 38	0 11	9 5	1 23	1 19	2 15
26	9 2	16 5	2 31	18 9	15 12	1 40	15 27	1 3	23 38	0 12	9 8	1 23	1 21	2 15
27	8 39	19 58	1 26	21 30	15 20	1 27	15 4	1 5	23 39	0 13	9 11	1 23	1 24	2 15
28	8S17	22N43	0S18	23N39	15S27	1N14	14S41	1S 6	23S39	0S14	9N14	1N23	1N27	2S15

DAY	♅ DECL	♅ LAT	♆ DECL	♆ LAT	♇ DECL	♇ LAT
1	22S36	0S25	21N50	0S46	16N 2	7S18
5	22 34	0 25	21 51	0 46	16 2	7 17
9	22 32	0 25	21 52	0 46	16 3	7 16
13	22 30	0 25	21 52	0 46	16 4	7 16
17	22 29	0 25	21 53	0 46	16 4	7 15
21	22 27	0 25	21 53	0 46	16 5	7 14
25	22S26	0S25	21N54	0S46	16N 6	7S13

☽ PHENOMENA

d	h	m	
5	8	25	○
13	12	47	☾
20	10	52	●
27	2	49	☽

d	h	° '
2	12	24N24
10	0	0
17	2	24S29
23	2	0

d	h	
1	5	0
8	14	5N 5
15	20	0
21	21	5S 2
28	6	0

VOID OF COURSE ☽

LAST ASPT	☽ INGRESS
1 11am37	1 ♋ 2pm32
3 11am12	4 ♌ 0am50
6 7am20	6 ♍ 12pm35
8 12pm55	9 ♎ 1am10
11 1am23	11 ♏ 1pm30
13 12pm47	13 ♐ 11pm48
16 0am41	16 ♑ 6am27
17 3pm26	18 ♒ 9am 8
20 4am54	20 ♓ 9am 0
22 6am11	22 ♈ 8am 8
23 10pm32	24 ♉ 8am44
25 8pm35	26 ♊ 12pm33
28 8am58	28 ♋ 8pm 8

d	h	
8	5	APOGEE
20	23	PERIGEE

DAILY ASPECTARIAN

1 M	☽☌♇	3am10
	☉⚼☽	8 34
	☽△☿	11 37
	♂⊼♆	5pm 2
2 T	☽□♄	2am22
	☉⊼♃	5 43
	♀#♆	2pm37
	☽⚹♃	3 4
	☉⊼☽	3 59
	☿SR	4 1
	☽⚼☿	4 44
	☽☌♆	7 27
	☽⊼♂	9 1
3 W	☽☍♅	2am19
	♂∥♅	4 21
	☽☍♀	11 12
	☽⚺♇	1pm 3
	☽∠♃	8 8
	☽⊼☿	9 47
4 Th	☽⚼♂	4am 7
	♀⊼♇	5 9
	☽#♂	5 34
	☽#♅	6 42
	☉⊼♆	9 20
	☽△♄	1pm28
	☽∥♆	2 38
	☽#♀	6 18
	☽∠♇	6 37
5 F	☽⚺♃	1am33
	☽⚺♆	6 26
	☉☍☽	8 25
	☉#♇	10 57
	☽△♂	11 38
	☽⊼♅	1pm51
	☽⚼♄	7 34
6 S	☽⚹♇	0am30
	☽⊼♀	5 35
	☽☍☿	7 20
	☽∥♇	11 5
	☽∠♆	12pm23
	☉#☽	1 11
	☿⚺♀	4 59
	☽⚼♅	8 5
	♀⚼♃	8 30
7 Su	☽⊼♄	1am56
	♂⚺♅	7 5
	☽☌♃	1pm12
	☽⚼♀	3 19
	☽⚹♆	6 34
	☽#☿	10 43
8 M	☉⊼☽	2am19
	☽△♅	2 29
	☽□♂	3 33
	☉⚺♅	4 27
	☽∥♃	6 48
	☽□♇	12pm55
	☽⊼☿	3 56
9 T	♀ ♒	0am41
	☽△♀	1 14
	☉⚼☽	11 29
	☽☍♄	3pm 5
	☉⚹♂	6 47
	☽⚼☿	7 50
	☽∥♄	8 50
10 W	☽⚺♃	1am17
	☿△♇	2 24
	☽#♄	3 11
	☽□♆	7 5
	☽□♅	3pm21
	☽⚹♂	7 44
	☉△☽	8 31
	☽△☿	11 25
11 Th	☽△♇	1am23
	☽∠♃	7 6
	☉∠♄	9 49
	☉☌☿	2pm 7
	☿∠♄	5 13
	☽#♃	5 30
	☽□♀	8 29
	☿⚹♂	10 10
12 F	☽∠♂	3am20
	☽⊼♄	3 37
	☽∥☿	5 59
	☽⚼♇	7 7
	☽⚹♃	12pm28
	☽△♆	6 34
	☉∥☽	9 12
13 S	☽⚹♅	2am53
	☽□☿	5 21
	☉△♇	5 44
	☽⚼♄	9 3
	☽⚺♂	10 11
	☽#♇	10 50
	☽⊼♇	12pm12
	☉□☽	12 47
	☽⚼♆	11 18
14 Su	☿⚺♅	7am 6
	☽∥♀	7 29
	☽∠♅	7 32
	☽⚹♀	12pm40
	☽△♄	1 37
	☽□♃	8 59
	♀⚹♄	11 28
	♂☍♇	11 30
15 M	☽⊼♆	3am 8
	☽#♆	4 7
	☽⚹☿	9 1
	☽∥♅	10 7
	☽⚺♅	11 13
	☽∠♀	6pm50
	☽☍♇	7 39
	☽∥♂	8 28
	☽☌♂	8 43
16 T	☉⚹☽	0am41
	♀⚼♇	3 34
	☽∠☿	9 51
	☉∥☿	11 57
	☽□♄	7pm41
	☽⚺♀	11 38
17 W	☽△♃	1am37
	☉∠☽	4 42
	☽☍♆	7 42
	☽⚺☿	10 2
	♀∠♂	12pm31
	☽☌♅	3 26
	♀⊼♃	8 12
	☽⊼♇	11 4
18 Th	☽⚼♃	2am31
	☽⚺♂	2 33
	☽∥♂	4 34
	☉⚺☽	7 33
	☽∥♅	3pm21
	☽#♆	8 28
	☽⚹♄	9 50
	☉⚼♆	10 7
	☽⚼♇	11 29
19 F	☽⊼♃	2am39
	☽∠♂	4 2
	☽☌♀	5 41
	☉ ♓	6 38
	☽⊼♆	8 43
	☽☌☿	8 48
	☿⊼♆	10 46
	☽⚺♅	4pm16
	☽∠♄	9 54
	☽△♇	11 20
20 S	☽∥♀	0am 9
	☽⚹♂	4 54
	☽#♇	7 37
	☽⚼♆	8 24
	☿☌♀	8 58
	☉☌☽	10 52
	☽∠♅	3pm57
	☽∥☿	5 37
	♀⊼♆	5 47
	☽⚺♄	9 38
21 Su	☽☍♃	1am36
	☽⚺☿	6 37
	☉∥☽	7 29
	☽△♆	7 53
	☽⚺♀	9 10
	☽#♃	3pm 3
	☽⚹♅	3 32
	☽□♇	10 25
	☿∠♂	11 12
22 M	☽∠☿	5am46
	☽□♂	6 11
	☽∠♀	10 54
	☉⚺☽	1pm23
	☽#♄	9 11
	☽☌♄	9 18
23 T	☽⊼♃	0am36
	☽⚹☿	5 26
	☽∥♄	6 40
	☽□♆	7 25
	☽⚹♀	1pm10
	☉∠☽	3 15
	☽□♅	3 33
	☉∠♅	7 40
	☽⚹♇	10 32
24 W	☽⚼♃	0am47
	♂ ♑	2 14
	☿SD	4 56
	♀#♇	5 43
	☽△♂	9 4
	☽∥♃	2pm29
	☉#☽	4 29
	☉⚹☽	5 59
	♀⚺♅	6 13
	☽⚺♄	11 3
	☽∠♇	11 36
25 Th	☽△♃	1am42
	☽□☿	7 20
	☽⚹♆	9 22
	☽⚼♂	11 48
	☽△♅	6pm17
	☉#♃	6 35
	☽#☿	7 7
	☽□♀	8 35
	☽#♀	8 53
26 F	☽∥♇	0am 7
	☽∠♄	1 14
	☽⚺♇	1 34
	☿∥♀	11 33
	☽∠♆	11 41
	☽⊼♂	3pm38
	☽⚼♅	9 2
27 S	☉□☽	2am49
	☽⚹♄	4 24
	☽□♃	6 16
	☽△☿	1pm49
	☽⚺♆	2 58
	☽∥♆	3 43
	☽#♅	8 39
28 Su	☽⊼♅	0am46
	☉⚺♄	1 58
	♀△♇	3 2
	♀∠♄	4 5
	☽☌♇	8 23
	☽△♀	8 58
	☽#♂	12pm10
	☽⚼☿	6 55
	☉☍♃	7 8

LONGITUDE

DAY	SID. TIME	☉	☽	☽ 12 Hour	MEAN ☊	TRUE ☊	☿	♀	♂	♃	♄	♅	♆	♇
	h m s	° ' "	° ' "	° ' "	° '	° '	° '	° '	° '	° '	° '	° '	° '	° '
1	10 32 37	9♓ 46 53	2♋ 1 26	8♋ 15 16	21♊ 58	22♊ 46R	14♒ 27	24♒ 54	3♑ 17	9♍ 33R	8♈ 58	19♑ 48	14♋ 29R	23♊ 49R
2	10 36 34	10 47 4	14 25 37	20 32 59	21 55	22 45	14 58	26 9	3 58	9 25	9 5	19 51	14 28	23 49
3	10 40 30	11 47 13	26 37 51	2♌ 40 36	21 52	22 41	15 33	27 24	4 38	9 17	9 12	19 54	14 27	23 48
4	10 44 27	12 47 20	8♌ 41 39	14 41 19	21 49	22 33	16 12	28 38	5 18	9 10	9 19	19 56	14 27	23 48
5	10 48 24	13 47 24	20 39 54	26 37 38	21 46	22 23	16 55	29 53	5 59	9 2	9 26	19 58	14 26	23 48
6	10 52 20	14 47 27	2♍ 34 45	8♍ 31 26	21 43	22 11	17 42	1♓ 8	6 39	8 54	9 33	20 1	14 25	23 48
7	10 56 17	15 47 28	14 27 52	20 24 12	21 39	21 56	18 32	2 23	7 19	8 46	9 40	20 3	14 25	23 48
8	11 0 13	16 47 27	26 20 34	2♎ 17 10	21 36	21 41	19 26	3 37	7 59	8 38	9 47	20 6	14 24	23 48D
9	11 4 10	17 47 24	8♎ 14 8	14 11 41	21 33	21 27	20 22	4 52	8 40	8 31	9 54	20 8	14 23	23 48
10	11 8 6	18 47 19	20 10 2	26 9 27	21 30	21 15	21 22	6 7	9 20	8 23	10 2	20 10	14 23	23 48
11	11 12 3	19 47 13	2♏ 10 13	8♏ 12 42	21 27	21 5	22 24	7 21	10 0	8 15	10 9	20 12	14 22	23 48
12	11 15 59	20 47 5	14 17 17	20 24 23	21 23	20 58	23 28	8 36	10 40	8 8	10 16	20 15	14 22	23 48
13	11 19 56	21 46 55	26 34 29	2♐ 48 6	21 20	20 55	24 35	9 51	11 21	8 0	10 23	20 17	14 21	23 48
14	11 23 53	22 46 43	9♐ 5 45	15 28 0	21 17	20 53D	25 44	11 5	12 1	7 53	10 31	20 19	14 21	23 48
15	11 27 49	23 46 30	21 55 24	28 28 28	21 14	20 53R	26 55	12 20	12 41	7 46	10 38	20 21	14 21	23 49
16	11 31 46	24 46 15	5♑ 7 43	11♑ 53 33	21 11	20 53	28 8	13 35	13 22	7 38	10 45	20 23	14 20	23 49
17	11 35 42	25 45 58	18 46 19	25 46 11	21 8	20 52	29 23	14 49	14 2	7 31	10 53	20 25	14 20	23 49
18	11 39 39	26 45 40	2♒ 53 13	10♒ 7 14	21 4	20 48	0♓ 40	16 4	14 42	7 24	11 0	20 27	14 20	23 49
19	11 43 35	27 45 20	17 27 52	24 54 29	21 1	20 42	1 59	17 18	15 22	7 17	11 7	20 29	14 19	23 49
20	11 47 32	28 44 58	2♓ 26 15	10♓ 2 6	20 58	20 33	3 19	18 33	16 3	7 10	11 15	20 31	14 19	23 50
21	11 51 28	29 44 34	17 40 44	25 20 47	20 55	20 22	4 41	19 48	16 43	7 3	11 22	20 32	14 19	23 50
22	11 55 25	0♈ 44 8	3♈ 0 44	10♈ 39 6	20 52	20 11	6 5	21 2	17 23	6 57	11 30	20 34	14 19	23 50
23	11 59 22	1 43 40	18 14 29	25 45 35	20 48	20 1	7 30	22 17	18 3	6 50	11 37	20 36	14 19	23 50
24	12 3 18	2 43 10	3♉ 11 19	10♉ 30 47	20 45	19 52	8 56	23 31	18 44	6 44	11 45	20 37	14 18	23 51
25	12 7 15	3 42 38	17 43 22	24 48 40	20 42	19 46	10 25	24 46	19 24	6 37	11 52	20 39	14 18	23 51
26	12 11 11	4 42 3	1♊ 46 30	8♊ 36 54	20 39	19 43	11 54	26 0	20 4	6 31	12 0	20 41	14 18D	23 51
27	12 15 8	5 41 27	15 20 3	21 56 18	20 36	19 41D	13 25	27 15	20 44	6 25	12 7	20 42	14 18	23 52
28	12 19 4	6 40 48	28 26 6	4♋ 49 58	20 33	19 41R	14 58	28 29	21 24	6 19	12 15	20 44	14 18	23 52
29	12 23 1	7 40 6	11♋ 8 29	17 22 15	20 29	19 42	16 31	29 44	22 5	6 13	12 22	20 45	14 19	23 53
30	12 26 57	8 39 22	23 31 52	29 37 57	20 26	19 41	18 7	0♈ 58	22 45	6 7	12 30	20 46	14 19	23 53
31	12 30 54	9♈ 38 36	5♌ 41 5	11♌ 41 50	20♊ 23	19♊ 38	19♓ 43	2♈ 13	23♑ 25	6♍ 2	12♈ 37	20♑ 48	14♋ 19	23♊ 54

DECLINATION and LATITUDE

DAY	☉ DECL	☽ DECL	☽ LAT	☽ 12hr DECL	☿ DECL	☿ LAT	♀ DECL	♀ LAT	♂ DECL	♂ LAT	♃ DECL	♃ LAT	♄ DECL	♄ LAT
1	7S54	24N15	0N49	24N32	15S32	1N 1	14S18	1S 8	23S39	0S15	9N17	1N23	1N30	2S15
2	7 32	24 31	1 52	24 12	15 35	0 48	13 54	1 9	23 39	0 16	9 20	1 23	1 32	2 14
3	7 9	23 36	2 49	22 43	15 37	0 36	13 29	1 11	23 39	0 17	9 23	1 23	1 35	2 14
4	6 46	21 35	3 37	20 13	15 36	0 24	13 5	1 12	23 38	0 18	9 26	1 24	1 38	2 14
5	6 23	18 39	4 15	16 53	15 35	0 12	12 40	1 14	23 38	0 19	9 29	1 24	1 41	2 14
6	5 60	14 57	4 42	12 52	15 31	0 1	12 15	1 15	23 37	0 20	9 32	1 24	1 44	2 14
7	5 36	10 41	4 57	8 23	15 26	0S10	11 49	1 16	23 36	0 21	9 35	1 24	1 47	2 14
8	5 13	6 1	4 58	3 35	15 19	0 20	11 23	1 17	23 34	0 22	9 38	1 24	1 50	2 14
9	4 50	1 7	4 47	1S21	15 11	0 30	10 57	1 18	23 33	0 23	9 41	1 24	1 52	2 14
10	4 26	3S50	4 23	6 17	15 1	0 40	10 30	1 19	23 31	0 24	9 43	1 24	1 55	2 14
11	4 3	8 41	3 47	11 1	14 50	0 49	10 3	1 20	23 29	0 25	9 46	1 24	1 58	2 14
12	3 39	13 16	3 0	15 24	14 37	0 58	9 36	1 21	23 27	0 26	9 49	1 24	2 1	2 14
13	3 16	17 23	2 5	19 12	14 23	1 7	9 9	1 22	23 25	0 27	9 52	1 24	2 4	2 14
14	2 52	20 48	1 2	22 11	14 7	1 15	8 41	1 23	23 23	0 28	9 55	1 24	2 7	2 14
15	2 28	23 18	0S 6	24 7	13 50	1 22	8 13	1 24	23 20	0 29	9 57	1 24	2 10	2 14
16	2 5	24 36	1 15	24 43	13 31	1 29	7 45	1 24	23 17	0 31	10 0	1 24	2 13	2 13
17	1 41	24 28	2 22	23 50	13 11	1 36	7 17	1 25	23 14	0 32	10 3	1 24	2 16	2 13
18	1 17	22 48	3 22	21 23	12 50	1 42	6 49	1 25	23 11	0 33	10 5	1 24	2 19	2 13
19	0 54	19 36	4 12	17 29	12 27	1 48	6 20	1 26	23 8	0 34	10 8	1 24	2 21	2 13
20	0 30	15 3	4 46	12 22	12 3	1 54	5 51	1 26	23 4	0 35	10 11	1 24	2 24	2 13
21	0 6	9 28	5 0	6 26	11 38	1 58	5 22	1 26	23 1	0 36	10 13	1 24	2 27	2 13
22	0N18	3 17	4 53	0 6	11 11	2 3	4 53	1 27	22 57	0 38	10 15	1 23	2 30	2 13
23	0 41	3N 4	4 25	6N10	10 44	2 7	4 24	1 27	22 53	0 39	10 18	1 23	2 33	2 13
24	1 5	9 9	3 39	11 57	10 14	2 11	3 54	1 27	22 48	0 40	10 20	1 23	2 36	2 13
25	1 29	14 33	2 40	16 55	9 44	2 14	3 25	1 27	22 44	0 41	10 22	1 23	2 39	2 13
26	1 52	19 0	1 33	20 47	9 12	2 17	2 55	1 27	22 39	0 43	10 25	1 23	2 42	2 13
27	2 16	22 16	0 23	23 24	8 39	2 19	2 26	1 27	22 34	0 44	10 27	1 23	2 45	2 13
28	2 39	24 13	0N46	24 41	8 5	2 21	1 56	1 27	22 29	0 45	10 29	1 23	2 48	2 13
29	3 3	24 50	1 51	24 39	7 30	2 22	1 26	1 27	22 24	0 46	10 31	1 23	2 51	2 13
30	3 26	24 11	2 49	23 25	6 54	2 23	0 56	1 27	22 19	0 48	10 33	1 23	2 54	2 13
31	3N49	22N23	3N38	21N 7	6S16	2S23	0S26	1S26	22S13	0S49	10N35	1N23	2N57	2S13

DAY	♅ DECL	♅ LAT	♆ DECL	♆ LAT	♇ DECL	♇ LAT
1	22S24	0S25	21N55	0S46	16N 7	7S12
5	22 23	0 25	21 55	0 45	16 7	7 12
9	22 22	0 25	21 55	0 45	16 8	7 11
13	22 20	0 25	21 56	0 45	16 9	7 10
17	22 19	0 26	21 56	0 45	16 10	7 9
21	22 18	0 26	21 56	0 45	16 11	7 8
25	22 17	0 26	21 56	0 45	16 12	7 7
29	22S16	0S26	21N57	0S45	16N12	7S 7

☽ PHENOMENA

d	h	m	
7	2	56	○
15	3	41	☾
21	20	11	●
28	16	49	☽

d	h	° '
1	17	24N34
9	5	0
16	10	24S44
22	12	0
28	23	24N50

d	h	° '
7	15	4N59
14	22	0
21	4	5S 0
27	8	0

VOID OF COURSE ☽

LAST ASPT	☽ INGRESS
2 10am40	3 ♌ 6am41
5 6am19	5 ♍ 6pm48
7 6pm52	8 ♎ 7am23
10 7am17	10 ♏ 7pm40
12 7pm45	13 ♐ 6am37
15 10am 6	15 ♑ 2pm46
17 12pm54	17 ♒ 7pm 9
19 10am16	19 ♓ 8pm 8
21 9am38	21 ♈ 7pm17
23 8am56	23 ♉ 6pm50
25 1pm 5	25 ♊ 8pm55
28 0am 7	28 ♋ 2am55
29 10pm23	30 ♌ 12pm44

d	h	
7	8	APOGEE
21	11	PERIGEE

DAILY ASPECTARIAN

1 M	☿⚻♆	1am11
	☽☍♂	2 34
	☽□♄	1pm30
	☽⚹♃	2 22
	☉△☽	4 17
	☽⚼♀	4 54
2 T	☽☌♆	0am 5
	☽⚻☿	1 6
	☽☍♅	10 40
	☽⚺♇	6pm25
	☽∠♃	7 25
	☽#♂	11 14
3 W	☉⚼☽	0am20
	☽⚻♀	1 41
	♃⚻♄	8 55
	☽#♅	3pm47
	☽⚻♂	4 50
	☽∥♆	8 46
4 Th	☽∠♇	0am13
	☽⚺♃	0 55
	☽△♄	1 15
	☉⚻☽	8 56
	☽⚺♆	11 30
	♀⚼♆	3pm18
	☽☍☿	3 59
	☽⚻♅	10 36
5 F	☽⚼♂	0am40
	♀ ♓	2 12
	☽⚹♇	6 19
	☽⚼♄	7 39
	☉△♆	3pm12
	☽∥♇	4 47
	☽∠♆	5 38
	☽#☿	8 29
	☽☍♀	8 44
6 S	☽⚼♅	4am56
	☽△♂	8 42
	☽☌♃	12pm37
	☽⚻♄	2 13
	☽#♀	5 11
	☽⚹♆	11 53
7 Su	☉☍☽	2am56
	☽∥♃	5 45
	☽⚻☿	8 53
	☽△♅	11 20
	☽□♇	6pm52
8 M	☉#☽	4am19
	☽⚻♀	4pm25
	☽⚼☿	5 43
	☿⚺♅	5 45
	♂△♃	7 33
	♇SD	7 41
	☽∥♄	8 24
9 T	☽⚺♃	0am33
	☽□♂	0 54
	☽☍♄	3 24
	♀∠♅	5 18
	☽□♆	12pm23
	☽#♄	2 39
	☉⚻☽	8 59
10 W	☽□♅	0am 0
	☽⚼♀	2 7
	☽△☿	2 37
	☉∥☽	2 45
	☽∠♃	6 23
	☽△♇	7 17
11 Th	☽#♃	5am35
	☉⚼☽	5 40
	♂□♄	6 17
	☽∥♀	6 23
	☉⚹♅	10 29
	☽△♀	11 29
	☽⚹♃	11 58
	☽⚼♇	1pm10
	♀#♃	1 40
	♀☍♃	3 48
	☽⚻♄	3 59
	☽⚹♂	4 27
12 F	☽△♆	0am 9
	☽∥☿	7 9
	☿△♇	7 18
	☽⚹♅	11 43
	☉△☽	1pm52
	☽#♇	4 27
	☽⚻♇	6 38
	☽□☿	7 45
	☽⚼♄	9 41
	☽∠♂	11 32
13 S	☽⚼♆	5am22
	♀⚺♄	11 39
	☽∠♅	4pm47
	☿∠♄	6 52
	☽□♃	9 43
14 Su	☽△♄	2am42
	☽□♀	4 11
	☽⚺♂	5 50
	☽#♆	9 37
	☽⚻♆	9 54
	☽∥♅	1pm25
	☽⚺♅	9 5
15 M	☽∥♂	0am27
	☉□♇	0 50
	☽☍♇	3 28
	☉□☽	3 41
	☽⚹☿	10 6
	♀⚹♂	2pm56
	☉#♄	4 47
16 T	☽△♃	4am26
	☿∠♂	9 19
	☽□♄	10 5
	♀△♆	2pm36
	☽☌♂	3 20
	☽∠☿	3 36
	☽☍♆	4 17
	☽⚹♀	4 27
	☿⚼♆	10 54
17 W	☽☌♅	2am51
	☽⚼♃	6 24
	☽⚻♇	8 40
	♂☍♆	10 38
	☿ ♓	11 31
	☉⚹☽	12pm54
	☽⚺☿	7 55
	☽∥♂	7 56
	☽∠♀	8 39
18 Th	☽∥♅	4am30
	☽⚻♃	7 27
	☽#♆	7 42
	☽⚼♇	9 51
	☽⚹♄	1pm34
	☉∠☽	3 46
	☽⚻♆	6 53
	☽⚺♂	8 26
	☽⚺♀	11 43
19 F	☽⚺♅	4am53
	☽△♇	10 16
	☽∠♄	2pm 4
	☉⚺☽	5 43
	☽#♇	6 36
	☽⚼♆	7 3
	☽∠♂	9 41
20 S	☽☌☿	1am32
	☽∠♅	4 52
	☽☍♃	7 26
	☽⚺♄	2pm 1
	☽∥☿	2 22
	☽△♆	6 44
	☽#♃	9 0
	☽⚹♂	10 25
21 Su	☽☌♀	3am36
	☽⚹♅	4 29
	☉ ♈	6 13
	☽□♇	9 38
	♀⚹♅	2pm45
	☿∠♅	3 5
	☽∥♀	5 24
	☉☌☽	8 11
22 M	☽#♄	2am55
	☽⚺☿	5 18
	☽⚻♃	6 8
	☉#☽	10 37
	☽☌♄	1pm27
	☿☍♃	1 40
	☉∥☽	2 22
	☽□♆	5 46
	☽∥♄	10 2
	☽□♂	11 42
23 T	☽□♅	3am45
	☽#♀	4 44
	☽⚼♃	5 41
	☽⚺♀	7 1
	☽∠☿	7 30
	☽⚹♇	8 56
	☿#♃	7pm39
	☉⚺☽	11 11
24 W	☽#☿	4am14
	☽∥♃	5 3
	☽△♃	5 44
	♀□♇	6 17
	☽∠♇	9 15
	☽∠♀	9 32
	☽⚹☿	10 28
	☽⚺♄	2pm10
	☽⚹♆	6 18
25 Th	☉∠☽	1am47
	☽△♂	2 57
	☽△♅	4 57
	☽∥♇	8 12
	☽⚺♇	10 22
	☽⚹♀	1pm 5
	☽∠♄	3 40
	☽∠♆	7 43
26 F	☿⚺♄	1am38
	♆SD	2 19
	☉⚹☽	5 30
	☽⚼♂	6 3
	☽⚼♅	6 50
	☽□♃	8 14
	♀#♄	9 45
	☽⚹♄	6pm11
	☽□☿	8 7
	☽∥♆	9 10
	☽⚺♆	10 9
	♂☌♅	10 41
27 S	☽#♅	0am10
	☽#♂	2 52
	☉#♀	4 29
	☽⚻♅	9 45
	☽⚻♂	10 20
	☿△♆	1pm53
	☽☌♇	3 33
	☉⚻♃	3 58
	♂⚼♃	9 8
28 Su	☽□♀	0am 7
	☉∥♄	10 14
	☽⚹♃	2pm42
	☉□☽	4 49
29 M	☽□♄	2am23
	♀ ♈	5 12
	☽☌♆	6 5
	☽△☿	11 53
	☽☍♅	6pm36
	☽∠♃	7 20
	☽☍♂	10 23
30 T	☽⚺♇	0am42
	♂∥♅	12pm12
	☽△♀	4 19
	☽⚼☿	9 48
31 W	☽⚺♃	0am41
	☽#♅	1 12
	☽#♂	1 43
	☽∥♆	4 25
	☽∠♇	6 24
	☉△☽	8 36
	☽△♄	2pm 0
	☿⚹♅	3 58
	☽⚺♆	5 15
	♂⚻♇	5 25

APRIL 1909

LONGITUDE

DAY	SID. TIME	☉	☽	☽ 12 Hour	MEAN ☊	TRUE ☊	☿	♀	♂	♃	♄	♅	♆	♇
	h m s	° ' "	° ' "	° ' "	° '	° '	° '	° '	° '	° '	° '	° '	° '	° '
1	12 34 51	10♈ 37 48	17♌ 40 42	23♌ 38 11	20♊ 20	19♊ 32R	21♓ 22	3♈ 27	24♑ 5	5♍ 56R	12♈ 45	20♑ 49	14♋ 19	23♊ 54
2	12 38 47	11 36 57	29 34 42	5♍ 30 39	20 17	19 24	23 1	4 42	24 45	5 51	12 53	20 50	14 19	23 55
3	12 42 44	12 36 4	11♍ 26 23	17 22 12	20 14	19 13	24 42	5 56	25 25	5 46	13 0	20 51	14 19	23 55
4	12 46 40	13 35 9	23 18 20	29 15 3	20 10	19 1	26 24	7 10	26 5	5 41	13 8	20 53	14 20	23 56
5	12 50 37	14 34 12	5♎ 12 31	11♎ 10 55	20 7	18 49	28 8	8 25	26 45	5 36	13 15	20 54	14 20	23 56
6	12 54 33	15 33 13	17 10 24	23 11 9	20 4	18 36	29 54	9 39	27 26	5 32	13 23	20 55	14 20	23 57
7	12 58 30	16 32 11	29 13 17	5♏ 16 59	20 1	18 26	1♈ 40	10 53	28 6	5 27	13 30	20 56	14 21	23 58
8	13 2 26	17 31 8	11♏ 22 25	17 29 49	19 58	18 17	3 29	12 8	28 46	5 23	13 38	20 57	14 21	23 58
9	13 6 23	18 30 3	23 39 22	29 51 22	19 54	18 12	5 18	13 22	29 26	5 19	13 45	20 57	14 22	23 59
10	13 10 19	19 28 56	6♐ 6 6	12♐ 23 54	19 51	18 9D	7 9	14 36	0♒ 6	5 15	13 53	20 58	14 22	24 0
11	13 14 16	20 27 47	18 45 7	25 10 9	19 48	18 8	9 2	15 51	0 46	5 11	14 0	20 59	14 23	24 0
12	13 18 13	21 26 36	1♑ 39 21	8♑ 13 9	19 45	18 9	10 56	17 5	1 26	5 7	14 8	21 0	14 23	24 1
13	13 22 9	22 25 24	14 51 55	21 35 59	19 42	18 10R	12 52	18 19	2 6	5 4	14 15	21 0	14 24	24 2
14	13 26 6	23 24 10	28 25 39	5♒ 21 6	19 39	18 10	14 49	19 34	2 46	5 0	14 23	21 1	14 24	24 3
15	13 30 2	24 22 54	12♒ 22 26	19 29 38	19 35	18 9	16 48	20 48	3 26	4 57	14 30	21 2	14 25	24 3
16	13 33 59	25 21 37	26 42 28	4♓ 0 34	19 32	18 5	18 48	22 2	4 5	4 54	14 38	21 2	14 26	24 4
17	13 37 55	26 20 18	11♓ 23 22	18 50 7	19 29	18 0	20 49	23 16	4 45	4 51	14 45	21 3	14 26	24 5
18	13 41 52	27 18 57	26 19 54	3♈ 51 39	19 26	17 53	22 52	24 31	5 25	4 49	14 53	21 3	14 27	24 6
19	13 45 48	28 17 34	11♈ 24 10	18 56 14	19 23	17 45	24 56	25 45	6 5	4 46	15 0	21 4	14 28	24 7
20	13 49 45	29 16 10	26 26 35	3♉ 54 2	19 20	17 38	27 1	26 59	6 45	4 44	15 8	21 4	14 29	24 8
21	13 53 42	0♉ 14 44	11♉ 17 31	18 36 4	19 16	17 32	29 7	28 13	7 24	4 42	15 15	21 4	14 30	24 9
22	13 57 38	1 13 15	25 48 55	2♊ 55 29	19 13	17 28	1♉ 14	29 27	8 4	4 40	15 22	21 4	14 30	24 9
23	14 1 35	2 11 45	9♊ 55 23	16 48 26	19 10	17 26D	3 22	0♉ 41	8 44	4 39	15 30	21 5	14 31	24 10
24	14 5 31	3 10 13	23 34 36	0♋ 14 1	19 7	17 26	5 30	1 56	9 23	4 37	15 37	21 5	14 32	24 11
25	14 9 28	4 8 39	6♋ 46 57	13 13 46	19 4	17 27	7 39	3 10	10 3	4 36	15 44	21 5R	14 33	24 12
26	14 13 24	5 7 2	19 34 57	25 51 0	19 0	17 29	9 47	4 24	10 42	4 35	15 52	21 5	14 34	24 13
27	14 17 21	6 5 23	2♌ 2 29	8♌ 10 0	18 57	17 30R	11 56	5 38	11 22	4 34	15 59	21 5	14 35	24 14
28	14 21 17	7 3 43	14 14 8	20 15 30	18 54	17 29	14 3	6 52	12 1	4 33	16 6	21 5	14 36	24 15
29	14 25 14	8 2 0	26 14 41	2♍ 12 14	18 51	17 28	16 10	8 6	12 41	4 32	16 13	21 4	14 37	24 16
30	14 29 11	9♉ 0 15	8♍ 8 43	14♍ 4 39	18♊ 48	17♊ 24	18♉ 16	9♉ 20	13♒ 20	4♍ 32	16♈ 21	21♑ 4	14♋ 39	24♊ 17

DECLINATION and LATITUDE

DAY	☉ DECL	☽ DECL	☽ LAT	☽ 12hr DECL	☿ DECL	☿ LAT	♀ DECL	♀ LAT	♂ DECL	♂ LAT	♃ DECL	♃ LAT	♄ DECL	♄ LAT
1	4N13	19N37	4N17	17N56	5S37	2S23	0N 4	1S26	22S 8	0S50	10N37	1N23	2N60	2S13
2	4 36	16 4	4 44	14 2	4 57	2 23	0 34	1 25	22 2	0 52	10 39	1 23	3 3	2 13
3	4 59	11 53	4 59	9 37	4 16	2 22	1 3	1 25	21 56	0 53	10 41	1 22	3 6	2 13
4	5 22	7 16	5 1	4 50	3 34	2 20	1 33	1 24	21 50	0 54	10 42	1 22	3 8	2 13
5	5 45	2 22	4 50	0S 8	2 51	2 18	2 3	1 24	21 44	0 56	10 44	1 22	3 11	2 13
6	6 8	2S39	4 26	5 9	2 7	2 15	2 33	1 23	21 37	0 57	10 46	1 22	3 14	2 13
7	6 30	7 37	3 50	10 2	1 22	2 12	3 3	1 22	21 30	0 58	10 47	1 22	3 17	2 13
8	6 53	12 21	3 3	14 34	0 35	2 9	3 33	1 22	21 24	0 60	10 49	1 22	3 20	2 13
9	7 15	16 39	2 7	18 34	0N12	2 5	4 2	1 21	21 17	1 1	10 50	1 22	3 23	2 13
10	7 38	20 17	1 4	21 47	1 0	2 0	4 32	1 20	21 10	1 3	10 51	1 22	3 26	2 13
11	7 60	23 2	0S 3	23 59	1 49	1 55	5 2	1 19	21 2	1 4	10 53	1 21	3 29	2 13
12	8 22	24 38	1 12	24 57	2 39	1 50	5 31	1 18	20 55	1 6	10 54	1 21	3 32	2 13
13	8 44	24 55	2 18	24 30	3 30	1 44	6 0	1 17	20 47	1 7	10 55	1 21	3 34	2 13
14	9 6	23 44	3 19	22 35	4 21	1 37	6 30	1 15	20 40	1 8	10 56	1 21	3 37	2 13
15	9 27	21 5	4 9	19 14	5 13	1 30	6 59	1 14	20 32	1 10	10 57	1 21	3 40	2 13
16	9 49	17 5	4 45	14 39	6 6	1 22	7 27	1 13	20 24	1 11	10 58	1 21	3 43	2 13
17	10 10	11 59	5 4	9 7	6 59	1 14	7 56	1 12	20 16	1 13	10 59	1 21	3 46	2 14
18	10 31	6 6	5 3	2 58	7 52	1 6	8 25	1 10	20 8	1 14	10 60	1 20	3 49	2 14
19	10 52	0N12	4 41	3N22	8 46	0 57	8 53	1 9	19 59	1 16	11 1	1 20	3 51	2 14
20	11 13	6 29	3 59	9 29	9 40	0 48	9 21	1 7	19 51	1 18	11 1	1 20	3 54	2 14
21	11 34	12 20	3 2	14 59	10 34	0 38	9 49	1 6	19 42	1 19	11 2	1 20	3 57	2 14
22	11 54	17 23	1 54	19 29	11 28	0 28	10 17	1 4	19 33	1 21	11 2	1 20	3 60	2 14
23	12 15	21 17	0 40	22 44	12 22	0 18	10 44	1 3	19 25	1 22	11 3	1 20	4 3	2 14
24	12 35	23 51	0N33	24 36	13 15	0 8	11 12	1 1	19 16	1 24	11 3	1 19	4 5	2 14
25	12 54	24 59	1 43	25 2	14 7	0N 3	11 39	0 59	19 6	1 25	11 4	1 19	4 8	2 14
26	13 14	24 45	2 45	24 9	14 58	0 14	12 5	0 58	18 57	1 27	11 4	1 19	4 11	2 14
27	13 33	23 15	3 38	22 6	15 49	0 24	12 32	0 56	18 48	1 29	11 4	1 19	4 14	2 14
28	13 53	20 42	4 20	19 6	16 37	0 35	12 58	0 54	18 38	1 30	11 4	1 19	4 16	2 14
29	14 12	17 18	4 49	15 21	17 25	0 46	13 24	0 52	18 29	1 32	11 4	1 19	4 19	2 14
30	14N30	13N15	5N 6	11N 1	18N11	0N56	13N49	0S50	18S19	1S34	11N 4	1N18	4N22	2S14

DAY	♅ DECL	♅ LAT	♆ DECL	♆ LAT	♇ DECL	♇ LAT
1	22S16	0S26	21N57	0S44	16N13	7S 6
5	22 15	0 26	21 57	0 44	16 14	7 5
9	22 15	0 26	21 57	0 44	16 15	7 4
13	22 15	0 26	21 57	0 44	16 16	7 4
17	22 14	0 26	21 56	0 44	16 17	7 3
21	22 14	0 27	21 56	0 44	16 18	7 2
25	22 14	0 27	21 56	0 44	16 18	7 1
29	22S14	0S27	21N56	0S44	16N19	7S 1

☽ PHENOMENA

d	h	m	
5	20	28	○
13	14	30	☾
20	4	51	●
27	8	36	☽

d	h	° '
5	11	0
12	17	24S59
18	23	0
25	8	25N 3

d	h	° '
3	15	5N 2
10	23	0
17	11	5S 6
23	13	0
30	19	5N10

VOID OF COURSE ☽

LAST ASPT	☽ INGRESS
1 12pm33	2 ♍ 0am51
4 7am20	4 ♎ 1pm31
6 9pm38	7 ♏ 1am33
9 11am49	9 ♐ 12pm17
11 9am51	11 ♑ 8pm57
13 2pm30	14 ♒ 2am44
15 9pm37	16 ♓ 5am26
17 8pm26	18 ♈ 5am51
20 4am51	20 ♉ 5am43
21 4pm 6	22 ♊ 7am 3
24 1am 6	24 ♋ 11am35
26 2am51	26 ♌ 8pm 2
28 8pm 2	29 ♍ 7am33

d	h	
3	11	APOGEE
18	20	PERIGEE

DAILY ASPECTARIAN

1 Th: ☽⚼♀ 1am44; ☽⊼♅ 6 20; ☽⊼♀ 8 36; ☽⚹♇ 12pm33; ☽⊼♂ 1 40; ⊙⚼☽ 5 28; ☽⚼♄ 8 31; ☽∥♇ 10 59; ☽∠♆ 11 29

2 F: ♃⚼♅ 3am28; ⊙∥♆ 8 6; ☽⊼♀ 11 33; ☽⚼♃ 12pm36; ☽⚼♅ 12 41; ☿⚼♇ 12 51; ⊙⊼♃ 9 0; ♂∥♆ 9 25; ☽⚼♂ 9 49

3 S: ⊙⊼☽ 2am34; ☽⊼♄ 3 12; ☽⚹♆ 5 50; ☽∥♃ 6 25; ⊙⚹♄ 11 10; ☿⚹♂ 4pm42; ☽△♅ 7 5

4 Su: ☽☌♇ 1am16; ☽△♂ 5 57; ☽☍☿ 7 20; ⊙∥☽ 8 45; ♀∥♃ 1pm27; ⊙□♅ 6 13; ⊙∥♄ 8 4; ☽∥☿ 9 16

5 M: ☽⊼♃ 0am48; ☽∥♀ 1 21; ☽□♀ 7 11; ♀∥☿ 3pm29; ☽⚼♄ 4 19; ☽□☿ 6 20; ⊙☍☽ 8 28; ☽∥♇ 9 45; ☽∥♀ 11 28

6 T: ☿ ♈ 1am27; ☽⚹♃ 2 50; ☽∠♄ 6 39; ☽⊼♅ 7 29; ☽△♇ 1pm32; ☽∥♂ 6 6; ☽□♂ 9 38

7 W: ☽⊼♄ 5am42; ☽⊼♅ 12pm16; ♀∥♃ 12 40; ☽∥♃ 3 58; ☽⚼♇ 7 16

8 Th: ☽⊼♀ 1am39; ☽⊼♄ 4 29; ☽△♆ 5 51; ⊙⊼☽ 1pm 5; ☽⚼♆ 4 20; ☽⚹♅ 6 45; ☽∥♇ 9 38

9 F: ♀⊼♅ 0am 5; ☽⊼♇ 0 38; ♀⚼♄ 8 20; ☽⚼♄ 9 59; ☽⚼♀ 10 8; ☽⚼♆ 11 3; ☽⚹♂ 11 49; ♀□♆ 7pm21; ♂ ♒ 8 35; ⊙⚼☽ 8 38; ☽□♃ 10 22; ☽∠♅ 11 45

10 S: ☽△♆ 2am22; ☽∥♂ 6 30; ☽∥♅ 1pm24; ☽△♄ 2 57; ☽⚹♆ 3 45; ☽∥♅ 4 9; ⊙⚼♃ 5 30; ☽△♀ 5 56; ☽∠♂ 6 3

11 Su: ⊙△☽ 3am29; ☽⚹♅ 4 12; ☽☍♇ 9 51; ⊙□♅ 12pm56; ☽⊼♂ 11 34

12 M: ☽△♃ 6am19; ☽□♆ 7pm48; ☽□♄ 10 54; ☽☍♆ 11 10

13 T: ♀∥♃ 2am24; ☽□♀ 6 48; ☽⚼♃ 9 14; ☽☍♅ 10 58; ⊙□☽ 2pm30; ☽⊼♇ 4 18; ♀⚹♄ 6 18; ☽⚼♆ 6 57

14 W: ♄□♆ 5am20; ☽☍♂ 7 54; ☽∥♇ 8 18; ☽⊼♃ 11 22; ☽∥♅ 2pm57; ⊙⚹♇ 3 56; ☽∥♆ 5 25; ☽⚼♇ 6 21

15 Th: ☽⊼♆ 3am28; ☽⚹♄ 3 39; ☽∥♂ 3 55; ♀□♅ 4 31; ☽⚹♅ 8 41; ☽⊼♅ 2pm34; ☽⚹♀ 3 31; ☽△♇ 7 38; ⊙⚹☽ 9 37

16 F: ☽∥♇ 4am 9; ☽△♆ 4 29; ☽∠♄ 4 52; ☽⊼♂ 12pm42; ☽⚼♃ 12 53; ☽☍♃ 1 25; ☽∠♆ 1 30; ☽∠♅ 3 19; ☽∠♀ 6 29; ☽⊼♂ 11 55

17 S: ♀⊼♅ 2am40; ☽⚼♃ 3 31; ☽∥♃ 4 15; ☽⚼♅ 4 56; ☽⚹♄ 5 29; ⊙∥☽ 7 13; ☽∠♂ 2pm 6; ☽∥♀ 3 30; ☽⚹♅ 3 33; ☽⚼♇ 3 56; ☽⊼♆ 5 35; ☽∥♆ 5 53; ☽□♇ 8 26; ☽⊼♀ 8 50

18 Su: ⊙⊼☽ 1am41; ☽∥♄ 8 44; ☽⊼♃ 1pm29; ♀⚹♇ 2 27; ☽⚹♂ 3 9

19 M: ☽□♆ 4am53; ☽☌♄ 5 47; ☽⚼♆ 6 22; ⊙∥♃ 9 47; ☽⚼♃ 1pm18; ☽∥♄ 1 58; ☽☍♅ 3 24; ☽⚹♇ 8 17; ☿☌♀ 11 2

20 T: ☽⊻♀ 0am57; ☽∠♀ 1 4; ⊙☌☽ 4 51; ☽∥♀ 12pm26; ☽△♃ 1 19; ☽∥♆ 3 5; ☽⚹♂ 5 23; ⊙ ♉ 5 58; ☽∥♃ 6 23; ⊙∥☽ 8 27; ☽∠♇ 8 30

21 W: ☽⚹♆ 5am15; ☽⊼♅ 6 32; ☿ ♉ 10 0; ☿∥♃ 12pm24; ☽⊼♃ 4 6; ☽∥♇ 6 26; ☽∠♇ 9 14; ⊙☌♀ 11 40

22 Th: ☽∠♆ 6am13; ☽⊼♀ 6 42; ☽∠♄ 7 44; ⊙∠☽ 9 47; ♀ ♉ 10 35; ☽⊼♆ 10 45; ☽∥♂ 12pm 0; ☽∥♆ 2 57; ☽⚼♄ 5 23; ⊙∥♆ 6 51; ☽△♂ 9 50

23 F: ☽∥♆ 5am 2; ☽∥♅ 7 32; ☽⚹♆ 8 0; ☽⊼♆ 9 47; ☽∠♀ 11 2; ⊙∠☽ 1pm40; ♀△♃ 2 10; ♀∥♃ 4 27; ♂⚼♇ 4 34; ☽∠♆ 5 30; ☽⊼♅ 7 33

24 S: ☽☌♇ 1am 6; ☽⚼♂ 1 32; ☽⚹♃ 4pm39; ⊙⚹☽ 6 45; ☽⊼♃ 7 59

25 Su: ☽⚹♆ 1am55; ☽⚼♂ 6 23; ⊙△♃ 10 56; ☽⚼♆ 2pm31; ☽⊼♄ 4 53; ♀∠♇ 5 36; ♅SR 10 22; ☽∠♃ 11 59

26 M: ☽☍♅ 2am51; ☽□♄ 3 27; ☽⊻♇ 8 53; ♀□♂ 2pm52

27 T: ☽⊼♃ 4am55; ☽⚹♄ 7 48; ☽□♇ 12 2; ⊙□☽ 8 36; ☽∥♅ 10 39; ☽∥♆ 1pm33; ☽∠♇ 2 8; ♀∥♇ 2 48; ☽☍♂ 7 22; ☽□♀ 11 34

28 W: ☽⊼♆ 0am44; ☽△♄ 3 45; ♀⚹♆ 6 16; ☽⊼♅ 1pm38; ☽∥♂ 3 54; ⊙□♆ 5 52; ☽⚹♇ 8 2; ☽∥♆ 11 25

29 Th: ♀⚹♄ 0am38; ☽∥♇ 6 8; ☽∠♆ 6 49; ☽⚼♄ 10 7; ☽⚼♃ 4pm42; ⊙∥☽ 5 23; ☽⚼♅ 7 49; ☽∥♀ 9 5; ♀∠♇ 11 6

30 F: ⊙△☽ 1am33; ☽△♀ 2 41; ☽∥♂ 3 49; ⊙∠♇ 7 11; ☽⊼♂ 11 7; ☽∥♃ 11 46; ☽⚹♆ 1pm10; ☽⊼♄ 4 45

LONGITUDE

DAY	SID. TIME	☉	☽	☽ 12 Hour	MEAN ☊	TRUE ☊	☿	♀	♂	♃	♄	♅	♆	♇
	h m s	° ' "	° ' "	° ' "	° '	° '	° '	° '	° '	° '	° '	° '	° '	° '
1	14 33 7	9♉ 58 28	20♍ 0 28	25♍ 56 37	18♊ 45	17♊ 19R	20♉ 20	10♉ 34	13♒ 59	4♍ 32D	16♈ 28	21♑ 4R	14♋ 40	24♊ 18
2	14 37 4	10 56 39	1♎ 53 30	7♎ 51 28	18 41	17 13	22 23	11 48	14 39	4 32	16 35	21 4	14 41	24 19
3	14 41 0	11 54 48	13 50 48	19 51 48	18 38	17 6	24 23	13 2	15 18	4 32	16 42	21 3	14 42	24 21
4	14 44 57	12 52 55	25 54 40	1♏ 59 37	18 35	17 0	26 22	14 16	15 57	4 32	16 49	21 3	14 43	24 22
5	14 48 53	13 51 1	8♏ 6 49	14 16 25	18 32	16 55	28 17	15 30	16 36	4 33	16 56	21 3	14 45	24 23
6	14 52 50	14 49 5	20 28 32	26 43 18	18 29	16 50	0♊ 10	16 44	17 15	4 33	17 3	21 2	14 46	24 24
7	14 56 46	15 47 7	3♐ 0 48	9♐ 21 9	18 26	16 48	2 0	17 58	17 54	4 34	17 10	21 2	14 47	24 25
8	15 0 43	16 45 8	15 44 29	22 10 53	18 22	16 47D	3 47	19 12	18 33	4 35	17 17	21 1	14 48	24 26
9	15 4 40	17 43 7	28 40 30	5♑ 13 28	18 19	16 48	5 31	20 26	19 12	4 37	17 24	21 0	14 50	24 27
10	15 8 36	18 41 5	11♑ 49 55	18 29 58	18 16	16 49	7 12	21 40	19 51	4 38	17 31	21 0	14 51	24 29
11	15 12 33	19 39 2	25 13 47	2♒ 1 27	18 13	16 51	8 48	22 54	20 30	4 40	17 38	20 59	14 53	24 30
12	15 16 29	20 36 57	8♒ 53 4	15 48 40	18 10	16 52R	10 22	24 8	21 8	4 42	17 44	20 58	14 54	24 31
13	15 20 26	21 34 51	22 48 13	29 51 38	18 6	16 52	11 52	25 21	21 47	4 44	17 51	20 58	14 56	24 32
14	15 24 22	22 32 44	6♓ 58 45	14♓ 9 17	18 3	16 52	13 18	26 35	22 26	4 46	17 58	20 57	14 57	24 33
15	15 28 19	23 30 36	21 22 51	28 38 58	18 0	16 50	14 40	27 49	23 4	4 48	18 4	20 56	14 59	24 35
16	15 32 15	24 28 26	5♈ 57 2	13♈ 16 22	17 57	16 48	15 59	29 3	23 43	4 50	18 11	20 55	15 0	24 36
17	15 36 12	25 26 15	20 36 14	27 55 46	17 54	16 45	17 14	0♊ 17	24 21	4 53	18 18	20 54	15 2	24 37
18	15 40 9	26 24 3	5♉ 14 10	12♉ 30 34	17 51	16 42	18 25	1 31	24 59	4 56	18 24	20 53	15 3	24 38
19	15 44 5	27 21 50	19 44 10	26 54 13	17 47	16 40	19 32	2 45	25 37	4 59	18 31	20 52	15 5	24 40
20	15 48 2	28 19 35	4♊ 0 3	11♊ 1 8	17 44	16 39D	20 35	3 58	26 15	5 2	18 37	20 51	15 6	24 41
21	15 51 58	29 17 19	17 57 0	24 47 23	17 41	16 39	21 34	5 12	26 53	5 5	18 43	20 49	15 8	24 42
22	15 55 55	0♊ 15 2	1♋ 32 4	8♋ 11 1	17 38	16 39	22 29	6 26	27 31	5 9	18 50	20 48	15 10	24 44
23	15 59 51	1 12 43	14 44 17	21 12 2	17 35	16 41	23 19	7 40	28 9	5 13	18 56	20 47	15 11	24 45
24	16 3 48	2 10 23	27 34 33	3♌ 52 11	17 32	16 42	24 6	8 54	28 47	5 17	19 2	20 46	15 13	24 46
25	16 7 44	3 8 1	10♌ 5 19	16 14 27	17 28	16 43	24 48	10 7	29 24	5 21	19 8	20 44	15 15	24 48
26	16 11 41	4 5 38	22 20 4	28 22 45	17 25	16 44R	25 25	11 21	0♓ 2	5 25	19 14	20 43	15 17	24 49
27	16 15 38	5 3 13	4♍ 23 1	10♍ 21 29	17 22	16 44	25 58	12 35	0 39	5 29	19 21	20 42	15 18	24 50
28	16 19 34	6 0 47	16 18 41	22 15 13	17 19	16 43	26 27	13 48	1 16	5 34	19 27	20 40	15 20	24 52
29	16 23 31	6 58 19	28 11 38	4♎ 8 28	17 16	16 43	26 51	15 2	1 53	5 38	19 32	20 39	15 22	24 53
30	16 27 27	7 55 50	10♎ 6 14	16 5 25	17 12	16 42	27 10	16 16	2 30	5 43	19 38	20 37	15 24	24 54
31	16 31 24	8♊ 53 20	22♎ 6 27	28♎ 9 45	17♊ 9	16♊ 40	27♊ 25	17♊ 30	3♓ 7	5♍ 48	19♈ 44	20♑ 35	15♋ 26	24♊ 56

DECLINATION and LATITUDE

DAY	☉ DECL	☽ DECL	☽ LAT	☽ 12hr DECL	☿ DECL	☿ LAT	♀ DECL	♀ LAT	♂ DECL	♂ LAT	♃ DECL	♃ LAT	♄ DECL	♄ LAT
1	14N49	8N42	5N10	6N18	18N54	1N 6	14N14	0S48	18S 9	1S35	11N 4	1N18	4N24	2S15
2	15 7	3 50	4 60	1 20	19 36	1 16	14 39	0 46	17 60	1 37	11 4	1 18	4 27	2 15
3	15 25	1S12	4 37	8S44	20 15	1 25	15 3	0 44	17 50	1 39	11 4	1 18	4 30	2 15
4	15 43	6 15	4 2	8 44	20 53	1 34	15 27	0 42	17 39	1 40	11 3	1 18	4 32	2 15
5	16 0	11 8	3 15	13 27	21 27	1 42	15 51	0 40	17 29	1 42	11 3	1 18	4 35	2 15
6	16 17	15 39	2 19	17 41	21 59	1 50	16 14	0 38	17 19	1 44	11 3	1 17	4 37	2 15
7	16 34	19 33	1 15	21 12	22 29	1 57	16 37	0 36	17 9	1 45	11 2	1 17	4 40	2 15
8	16 51	22 36	0 6	23 43	22 56	2 4	16 60	0 34	16 58	1 47	11 2	1 17	4 42	2 15
9	17 7	24 31	1S 5	25 0	23 21	2 9	17 22	0 31	16 48	1 49	11 1	1 17	4 45	2 15
10	17 24	25 8	2 13	24 54	23 43	2 14	17 43	0 29	16 37	1 51	11 0	1 17	4 47	2 16
11	17 39	24 18	3 15	23 20	24 3	2 18	18 4	0 27	16 27	1 52	10 59	1 16	4 50	2 16
12	17 55	22 2	4 8	20 23	24 20	2 21	18 25	0 25	16 16	1 54	10 59	1 16	4 52	2 16
13	18 10	18 26	4 47	16 12	24 35	2 23	18 45	0 22	16 5	1 56	10 58	1 16	4 55	2 16
14	18 25	13 44	5 9	11 3	24 48	2 25	19 5	0 20	15 54	1 58	10 57	1 16	4 57	2 16
15	18 40	8 13	5 13	5 14	24 59	2 25	19 24	0 18	15 43	1 60	10 56	1 16	4 60	2 16
16	18 54	2 11	4 57	0N55	25 7	2 25	19 42	0 15	15 32	2 2	10 55	1 16	5 2	2 16
17	19 8	4N 1	4 21	7 3	25 13	2 24	20 0	0 13	15 21	2 3	10 54	1 15	5 4	2 16
18	19 22	9 60	3 29	12 47	25 18	2 22	20 18	0 11	15 10	2 5	10 52	1 15	5 7	2 17
19	19 35	15 23	2 23	17 45	25 20	2 19	20 35	0 8	14 59	2 7	10 51	1 15	5 9	2 17
20	19 48	19 50	1 9	21 36	25 21	2 15	20 51	0 6	14 48	2 9	10 50	1 15	5 11	2 17
21	20 0	23 1	0N 7	24 6	25 20	2 10	21 7	0 3	14 36	2 11	10 48	1 15	5 14	2 17
22	20 13	24 48	1 21	25 8	25 18	2 4	21 23	0 1	14 25	2 13	10 47	1 14	5 16	2 17
23	20 25	25 6	2 29	24 44	25 14	1 57	21 37	0N 1	14 14	2 15	10 45	1 14	5 18	2 17
24	20 36	24 2	3 27	23 3	25 8	1 49	21 51	0 4	14 2	2 17	10 44	1 14	5 20	2 18
25	20 48	21 48	4 14	20 19	25 2	1 41	22 5	0 6	13 51	2 19	10 42	1 14	5 22	2 18
26	20 59	18 37	4 48	16 44	24 54	1 31	22 18	0 9	13 40	2 21	10 40	1 14	5 25	2 18
27	21 9	14 42	5 9	12 32	24 44	1 21	22 30	0 11	13 28	2 23	10 39	1 14	5 27	2 18
28	21 19	10 15	5 16	7 53	24 34	1 10	22 41	0 13	13 17	2 25	10 37	1 13	5 29	2 18
29	21 29	5 27	5 10	2 58	24 22	0 57	22 52	0 16	13 5	2 27	10 35	1 13	5 31	2 18
30	21 39	0 27	4 50	2S 5	24 10	0 44	23 3	0 18	12 54	2 29	10 33	1 13	5 33	2 19
31	21N48	4S37	4N18	7S 8	23N56	0N31	23N12	0N21	12S42	2S31	10N31	1N13	5N35	2S19

DAY	♅ DECL	♅ LAT	♆ DECL	♆ LAT	♇ DECL	♇ LAT
1	22S15	0S27	21N55	0S43	16N20	7S 1
5	22 15	0 27	21 55	0 43	16 20	6 60
9	22 15	0 27	21 55	0 43	16 21	6 59
13	22 16	0 27	21 54	0 43	16 22	6 59
17	22 17	0 27	21 54	0 43	16 23	6 58
21	22 17	0 27	21 53	0 43	16 23	6 58
25	22 18	0 28	21 52	0 43	16 24	6 57
29	22S19	0S28	21N52	0S43	16N24	6S57

☽ PHENOMENA

d	h	m	
5	12	8	○
12	21	45	☾
19	13	42	●
27	1	28	☽

d	h	° '
2	18	0
9	22	25S 8
16	8	0
22	17	25N10
30	2	0
8	2	0
14	16	5S14
20	22	0
28	1	5N16

VOID OF COURSE ☽

LAST ASPT		☽ INGRESS		
1	8am42	1	♎	8pm11
3	8pm56	4	♏	8am 4
6	1am 5	6	♐	6pm16
8	4pm12	9	♑	2am26
10	7pm26	11	♒	8am26
13	4am46	13	♓	12pm14
15	11am37	15	♈	2pm13
17	6am35	17	♉	3pm24
19	1pm42	19	♊	5pm13
21	4pm29	21	♋	9pm15
23	11am12	24	♌	4am36
26	6am26	26	♍	3pm14
28	9pm12	29	♎	3am39
31	10am42	31	♏	3pm37

d	h	
1	0	APOGEE
16	21	PERIGEE
28	17	APOGEE

DAILY ASPECTARIAN

1 S	☽△☿	0am49
	☽△♅	2 9
	☿△♅	8 30
	☽□♇	8 42
	☉⚼☽	10 56
	☽⚼♀	12pm33
	♃SD	2 52
	☽⚼♂	7 12
	☽∥♄	9 4
2 Su	♂⚻♆	1am25
	☽⚺♃	5 19
	☽⚼☿	1pm17
	☉⚻☽	7 47
	☽⚻♀	10 12
	☿⚺♇	11 25
3 M	☽□♆	1am43
	☽△♂	3 4
	☽☍♄	5 45
	☽∠♃	11 21
	☽□♅	2pm22
	☽⋕♄	3 42
	☽△♇	8 56
4 T	☽⚻☿	1am 4
	♀✶♆	8 58
	☽✶♃	5pm 1
	☽⋕♃	11 34
5 W	☽⚼♇	2am29
	☉☍☽	12pm 8
	☽△♆	12 56
	♂✶♄	2 56
	☽☍♀	3 58
	☽⚻♄	5 19
	☽□♂	5 26
	☿∠♆	6 40
	☿∥♆	8 31
	☿ ♊	9 46
	☉✶♆	10 37
6 Th	☽✶♅	1am 5
	☽⋕♀	3 44
	☉⋕☽	3 57
	☽⋕♇	3 59
	☉∥♇	4 26
	♀∥♇	6 29
	♀⚺♄	6 49
	☽⚻♇	7 33
	☽∥♂	9 20
	☿⋕♅	12pm17
	☉∥♀	12 18
	☽⚼♆	5 51
	♀□♂	9 24
	☽☍☿	9 46
	☽⚼♄	10 23
7 F	☿∠♄	2am17
	☽□♃	2 58
	☽∠♅	5 43
	☽⋕♆	5pm53
	☽∥♅	8 52
	☽⚻♆	10 15
	♀⋕♂	10 59
8 S	☉⚻☽	2am 3
	☽△♄	2 54
	☽⋕☿	4 12
	☽✶♂	5 32
	☉⋕♂	6 27
	☽⚻♀	7 8
	☽⚺♅	9 50
	☿□♃	11 9
	☉⚺♄	2pm57
	☽☍♇	4 12
9 Su	☿⚼♅	6am54
	☉⚼☽	8 1
	☽∠♂	10 39
	☽△♃	10 54
	♀△♅	11 9
	☽⚼♀	1pm39
	☽⚻☿	2 23
10 M	☽☍♆	5am28
	☽□♄	10 19
	☉△☽	1pm17
	☽⚼♃	2 4
	☽⚺♂	3 9
	☽☌♅	4 27
	☽△♀	7 26
	☽⚼☿	9 8
	☽⚻♇	10 42
11 T	☽⋕☿	3am 1
	♂⋕♇	11 5
	☽⚻♃	4pm40
	♂⚺♅	5 54
	☽∥♅	10 3
12 W	☽⋕♆	0am59
	☽⚼♇	1 6
	☽△☿	2 54
	♀⚺♇	7 44
	☉△♅	8 45
	☽⚻♆	10 27
	☽✶♄	3pm27
	☽⚺♅	8 51
	☉□☽	9 45
	☽☌♂	10 10
	☽⋕♀	10 18
13 Th	☉⋕☽	1am26
	☽△♇	2 58
	☽□♀	4 46
	☽⋕♇	11 11
	☽⚼♆	12pm 8
	☽∥♂	1 8
	☉□♂	3 10
	☽∠♄	5 11
	☽☍♃	8 16
	☽∠♅	10 16
14 F	☽□☿	11am42
	☽⋕♃	12pm31
	☽△♆	1 21
	☽⚺♄	6 28
	☽✶♅	11 15
15 S	☽⚺♂	2am55
	☉✶☽	3 46
	☽□♇	5 17
	☿⚺♆	5 33
	☽✶♀	11 37
	☽⋕♄	12pm53
	☽⚻♃	10 10
16 Su	☉⚺♇	3am 9
	☽∠♂	4 44
	☉∠☽	6 11
	☽∠♀	2pm29
	☽□♆	2 51
	☽✶☿	5 59
	♀ ♊	6 31
	♀∠♆	6 56
	☽☌♄	8 11
	☽⚼♃	10 49
17 M	☽□♅	0am29
	☽∥♄	4 10
	☽✶♂	6 25
	☽✶♇	6 35
	☉⚺☽	8 28
	♂△♇	10 33
	☽⚺♀	5pm19
	☽∠☿	8 45
	☽△♃	11 30
	☿✶♄	11 43
18 T	☽∥♃	3am41
	☽∠♇	7 16
	☽✶♆	4pm15
	☽⚺♄	9 57
	☽⋕♂	10 8
	☽⚺☿	11 38
19 W	☽△♅	1am53
	☽∥♇	4 55
	☽⚺♇	8 15
	☽□♂	10 18
	☉☌☽	1pm42
	♀∠♄	4 24
	☽∠♆	5 23
	☽∠♄	11 21
	☉∥☽	11 48
	☽☌♀	11 57
20 Th	☽□♃	1am46
	☽⚼♅	3 8
	☿⚻♅	6 6
	☽∥♀	7 18
	☽∥♆	2pm13
	☽⋕♅	5 28
	☽⚺♆	7 6
	♀□♃	9 44
21 F	☽✶♄	1am21
	☽⚻♅	5 1
	☽☌☿	6 47
	☽☌♇	11 52
	♀⚼♅	11 56
	☽△♂	4pm29
	☉ ♊	5 45
	☉⚺☽	9 32
	☉∠♆	9 45
22 S	☽✶♃	6am32
	☽⚺♀	9 44
	☽⚼♂	8pm56
23 Su	☽☌♆	0am50
	☉∠☽	2 56
	☽□♄	7 50
	☽∠♃	10 12
	☽☍♅	11 12
	☽∠♀	4pm18
	☽⚺☿	5 1
	☽⚺♇	6 41
24 M	♀∥♆	1am55
	☽⚻♂	2 24
	☉✶☽	9 29
	☽⚺♃	2pm47
	☽⋕♅	7 28
	☽∥♀	9 42
	☽∥♆	11 22
	☽∠☿	11 24
	☽∠♇	11 25
	☿☌♇	11 53
25 T	☽✶♀	0am 4
	☉∥☽	7 49
	☽⚺♆	10 5
	☽△♄	5pm51
	☽⚻♅	8 49
	♂ ♓	10 54
26 W	♀⋕♅	1am39
	☉∠♄	4 7
	☽✶♇	4 55
	☽✶☿	6 26
	♂⚼♆	10 5
	☽∥♇	2pm 0
	☽∠♆	3 50
	☽☍♂	4 8
	☽⚼♄	11 55
27 Th	☉□☽	1am28
	☽☌♃	2 13
	☽⚼♅	2 37
	☽⋕♂	7 12
	☉□♃	11 42
	☉⚼♅	3pm35
	☽□♀	6 22
	☽✶♆	10 2
	☽∥♃	10 8
28 F	☽⚻♄	6am22
	☽△♅	8 47
	☽□♇	5pm18
	☽□☿	9 12
	☽∥♄	11 43
29 S	♃⚼♅	1am24
	♀⚺♆	6 39
	☽⚻♂	7 52
	☽⚺♃	3pm 7
	☉△☽	7 15
30 Su	☽□♆	10am39
	☽△♀	1pm45
	☽⚼♂	3 38
	☽☍♄	7 14
	☽□♅	8 59
	☽∠♃	9 23
31 M	☉⚼☽	3am51
	☽⋕♄	4 36
	☽△♇	5 37
	☉∥♆	9 36
	☽△☿	10 42
	☽⚼♀	10pm49
	☽△♂	10 55

JUNE 1909

LONGITUDE

DAY	SID. TIME	☉	☽	☽ 12 Hour	MEAN ☊	TRUE ☊	☿	♀	♂	♃	♄	♅	♆	♇
	h m s	° ' "	° ' "	° ' "	° '	° '	° '	° '	° '	° '	° '	° '	° '	° '
1	16 35 20	9♊ 50 48	4♏ 15 42	10♏ 24 35	17♊ 6	16♊ 39R	27♊ 35D	18♊ 43	3♓ 44D	5♍ 53D	19♈ 50	20♑ 34R	15♋ 28D	24♊ 57D
2	16 39 17	10 48 16	16 36 41	22 52 13	17 3	16 39	27 40R	19 57	4 21	5 58	19 56	20 32	15 30	24 58
3	16 43 13	11 45 42	29 11 21	5♐ 34 12	17 0	16 38D	27 41	21 11	4 57	6 4	20 1	20 31	15 31	25 0
4	16 47 10	12 43 8	12♐ 0 50	18 31 15	16 57	16 38	27 38	22 24	5 34	6 9	20 7	20 29	15 33	25 1
5	16 51 7	13 40 32	25 5 26	1♑ 43 18	16 53	16 38	27 29	23 38	6 10	6 15	20 12	20 27	15 35	25 3
6	16 55 3	14 37 55	8♑ 24 46	15 9 40	16 50	16 39	27 17	24 51	6 46	6 21	20 18	20 25	15 37	25 4
7	16 59 0	15 35 18	21 57 51	28 49 6	16 47	16 39	27 1	26 5	7 22	6 27	20 23	20 24	15 39	25 5
8	17 2 56	16 32 41	5♒ 43 14	12♒ 40 0	16 44	16 39R	26 41	27 19	7 58	6 33	20 29	20 22	15 41	25 7
9	17 6 53	17 30 2	19 39 11	26 40 31	16 41	16 39	26 18	28 32	8 34	6 39	20 34	20 20	15 43	25 8
10	17 10 49	18 27 23	3♓ 43 44	10♓ 48 35	16 37	16 39	25 51	29 46	9 9	6 46	20 39	20 18	15 45	25 10
11	17 14 46	19 24 43	17 54 45	25 1 57	16 34	16 38D	25 22	0♋ 59	9 45	6 52	20 44	20 16	15 47	25 11
12	17 18 43	20 22 3	2♈ 9 51	9♈ 18 8	16 31	16 38	24 51	2 13	10 20	6 59	20 49	20 14	15 49	25 13
13	17 22 39	21 19 23	16 26 25	23 34 21	16 28	16 39	24 19	3 27	10 55	7 6	20 54	20 12	15 51	25 14
14	17 26 36	22 16 42	0♉ 41 32	7♉ 47 32	16 25	16 39	23 45	4 40	11 30	7 13	20 59	20 10	15 53	25 15
15	17 30 32	23 14 1	14 51 58	21 54 23	16 22	16 39	23 11	5 54	12 4	7 20	21 4	20 8	15 56	25 17
16	17 34 29	24 11 19	28 54 23	5♊ 51 33	16 18	16 40	22 38	7 7	12 39	7 27	21 9	20 6	15 58	25 18
17	17 38 25	25 8 37	12♊ 45 31	19 35 55	16 15	16 40R	22 5	8 21	13 13	7 34	21 13	20 4	16 0	25 20
18	17 42 22	26 5 55	26 22 29	3♋ 4 57	16 12	16 40	21 33	9 34	13 47	7 42	21 18	20 2	16 2	25 21
19	17 46 18	27 3 12	9♋ 43 9	16 16 56	16 9	16 40	21 3	10 48	14 21	7 49	21 22	20 0	16 4	25 23
20	17 50 15	28 0 29	22 46 17	29 11 13	16 6	16 39	20 35	12 1	14 54	7 57	21 27	19 57	16 6	25 24
21	17 54 12	28 57 45	5♌ 31 50	11♌ 48 18	16 3	16 37	20 11	13 15	15 28	8 5	21 31	19 55	16 8	25 25
22	17 58 8	29 55 0	18 0 52	24 9 51	15 59	16 35	19 49	14 28	16 1	8 13	21 35	19 53	16 10	25 27
23	18 2 5	0♋ 52 15	0♍ 15 36	6♍ 18 32	15 56	16 34	19 31	15 42	16 34	8 21	21 40	19 51	16 13	25 28
24	18 6 1	1 49 29	12 19 7	18 17 51	15 53	16 32	19 17	16 55	17 7	8 29	21 44	19 48	16 15	25 30
25	18 9 58	2 46 43	24 15 17	0♎ 11 57	15 50	16 31	19 7	18 9	17 39	8 38	21 48	19 46	16 17	25 31
26	18 13 54	3 43 56	6♎ 8 26	12 5 20	15 47	16 31D	19 2D	19 22	18 11	8 46	21 52	19 44	16 19	25 33
27	18 17 51	4 41 8	18 3 12	24 2 39	15 43	16 31	19 1	20 36	18 43	8 55	21 56	19 42	16 21	25 34
28	18 21 47	5 38 20	0♏ 4 14	6♏ 8 30	15 40	16 32	19 5	21 49	19 15	9 3	21 59	19 39	16 23	25 35
29	18 25 44	6 35 32	12 15 57	18 27 4	15 37	16 33	19 13	23 3	19 46	9 12	22 3	19 37	16 26	25 37
30	18 29 41	7♋ 32 43	24♏ 42 17	1♐ 1 57	15♊ 34	16♊ 35	19♊ 27	24♋ 16	20♓ 17	9♍ 21	22♈ 7	19♑ 35	16♋ 28	25♊ 38

DECLINATION and LATITUDE

DAY	☉ DECL	☽ DECL	☽ LAT	☽ 12hr DECL	☿ DECL	☿ LAT	♀ DECL	♀ LAT	♂ DECL	♂ LAT	♃ DECL	♃ LAT	♄ DECL	♄ LAT
1	21N56	9S36	3N34	11S59	23N42	0N16	23N21	0N23	12S31	2S33	10N29	1N13	5N37	2S19
2	22 5	14 16	2 39	16 26	23 27	0 1	23 29	0 25	12 19	2 35	10 27	1 13	5 39	2 19
3	22 12	18 26	1 35	20 15	23 11	0S15	23 37	0 28	12 8	2 37	10 25	1 12	5 41	2 19
4	22 20	21 49	0 26	23 8	22 55	0 31	23 44	0 30	11 56	2 39	10 23	1 12	5 43	2 19
5	22 27	24 8	0S47	24 49	22 38	0 48	23 50	0 32	11 45	2 41	10 20	1 12	5 45	2 20
6	22 34	25 9	1 58	25 6	22 21	1 5	23 56	0 35	11 33	2 43	10 18	1 12	5 46	2 20
7	22 40	24 41	3 4	23 53	22 3	1 22	24 0	0 37	11 22	2 45	10 16	1 12	5 48	2 20
8	22 46	22 43	3 60	21 13	21 46	1 39	24 4	0 39	11 10	2 47	10 13	1 12	5 50	2 20
9	22 52	19 24	4 42	17 17	21 28	1 56	24 8	0 41	10 59	2 49	10 11	1 11	5 52	2 20
10	22 57	14 56	5 9	12 22	21 10	2 13	24 10	0 43	10 47	2 51	10 8	1 11	5 54	2 21
11	23 2	9 38	5 17	6 46	20 53	2 30	24 12	0 46	10 36	2 53	10 6	1 11	5 55	2 21
12	23 6	3 48	5 5	0 48	20 36	2 46	24 14	0 48	10 24	2 56	10 3	1 11	5 57	2 21
13	23 10	2N14	4 35	5N14	20 19	3 1	24 14	0 50	10 13	2 58	10 0	1 11	5 59	2 21
14	23 14	8 9	3 48	10 58	20 3	3 15	24 14	0 52	10 2	2 60	9 58	1 11	6 0	2 22
15	23 17	13 38	2 47	16 7	19 48	3 29	24 13	0 54	9 50	3 2	9 55	1 10	6 2	2 22
16	23 19	18 21	1 37	20 19	19 34	3 41	24 11	0 56	9 39	3 4	9 52	1 10	6 4	2 22
17	23 22	21 59	0 22	23 19	19 21	3 53	24 9	0 58	9 28	3 6	9 49	1 10	6 5	2 22
18	23 24	24 18	0N53	24 54	19 9	4 3	24 6	0 60	9 17	3 9	9 46	1 10	6 7	2 22
19	23 25	25 9	2 4	25 3	18 58	4 11	24 2	1 2	9 6	3 11	9 43	1 10	6 8	2 23
20	23 26	24 36	3 7	23 49	18 49	4 18	23 58	1 4	8 55	3 13	9 40	1 10	6 9	2 23
21	23 27	22 45	3 58	21 24	18 42	4 24	23 53	1 5	8 44	3 15	9 37	1 10	6 11	2 23
22	23 27	19 50	4 37	18 3	18 36	4 29	23 47	1 7	8 33	3 18	9 34	1 9	6 12	2 23
23	23 27	16 6	5 3	14 0	18 32	4 31	23 40	1 9	8 22	3 20	9 31	1 9	6 14	2 24
24	23 26	11 47	5 15	9 28	18 29	4 33	23 33	1 11	8 12	3 22	9 28	1 9	6 15	2 24
25	23 25	7 4	5 13	4 36	18 28	4 33	23 25	1 12	8 1	3 24	9 24	1 9	6 16	2 24
26	23 24	2 7	4 57	0S25	18 29	4 32	23 16	1 14	7 50	3 27	9 21	1 9	6 17	2 24
27	23 22	2S56	4 29	5 27	18 31	4 29	23 7	1 15	7 40	3 29	9 18	1 9	6 19	2 25
28	23 20	7 56	3 49	10 21	18 35	4 26	22 57	1 17	7 30	3 31	9 14	1 9	6 20	2 25
29	23 17	12 42	2 58	14 57	18 41	4 21	22 46	1 18	7 19	3 33	9 11	1 9	6 21	2 25
30	23N14	17S 3	1N58	18S60	18N48	4S15	22N35	1N20	7S 9	3S36	9N 8	1N 8	6N22	2S25

DAY	♅ DECL	♅ LAT	♆ DECL	♆ LAT	♇ DECL	♇ LAT
1	22S20	0S28	21N51	0S43	16N25	6S57
5	22 21	0 28	21 50	0 42	16 25	6 56
9	22 22	0 28	21 49	0 42	16 26	6 56
13	22 24	0 28	21 48	0 42	16 26	6 56
17	22 25	0 28	21 48	0 42	16 27	6 56
21	22 26	0 28	21 47	0 42	16 27	6 55
25	22 28	0 28	21 46	0 42	16 27	6 55
29	22S29	0S28	21N45	0S42	16N28	6S55

☽ PHENOMENA

d	h	m	
4	1	25	○
11	2	43	☾
17	23	28	●
25	18	43	☽

d	h	° '
6	5	25S10
12	15	0
19	2	25N10
26	10	0

d	h	° '
4	9	0
10	22	5S17
17	7	0
24	8	5N16

VOID OF COURSE ☽

LAST ASPT		☽ INGRESS		
2	7am31	3	♐	1am32
5	4am18	5	♑	8am54
6	9pm14	7	♒	2pm 4
9	4pm37	9	♓	5pm40
11	12pm17	11	♈	8pm22
13	2pm49	13	♉	10pm50
15	8am57	16	♊	1am53
17	11pm28	18	♋	6am28
19	9pm32	20	♌	1pm32
22	2pm33	22	♍	11pm29
25	2am33	25	♎	11am36
27	3pm 4	27	♏	11pm52
29	11pm 4	30	♐	10am 3

d	h	
12	16	PERIGEE
25	12	APOGEE

DAILY ASPECTARIAN

1 T	☽⚹♃	3am12
	☽#♃	4 24
	☽⚼♇	11 8
	☉⚻☽	11 49
	☽∥♂	2pm 8
	☽⚼☿	4 21
	☿∥♀	9 29
	☽△♆	9 50
	♀⚹♄	11 33
2 W	☽⚻♄	6am25
	☽⚻♀	7 6
	☽⚹♅	7 31
	♀⚻♅	11 16
	☽#♇	11 53
	☽⚻♇	4pm 2
	☿SR	4 3
	☽⚻☿	9 10
3 Th	☽⚼♆	2am32
	♂∠♄	3 2
	☽⚼♄	11 3
	☽□♂	11 23
	☽∠♅	11 52
	☽□♃	1pm 1
	♂∠♅	8 55
4 F	☽#♆	0am10
	☉☍☽	1 25
	☉#♅	2 42
	☽∥♅	4 33
	☉#☽	4 38
	☽⚻♆	6 34
	☽#☿	8 52
	☽△♄	3pm 2
	☽⚺♅	3 33
	☽#♀	7 46
	☽☍♀	9 4
	☽☍♇	11 55
5 S	♂☍♃	3am59
	☽☍☿	4 18
	☉∥☿	10 56
	☽△♃	8pm17
	☽⚹♂	8 55
	☿#♅	11 17
6 Su	♀☌♇	4am12
	☉⚻☽	11 54
	☽☍♆	12pm51
	☽□♄	9 12
	☽☌♅	9 14
	☽⚼♃	11 5
7 M	☽∠♂	0am45
	♄□♅	1 8
	☉⚺♆	1 42
	☽⚻♇	5 30
	☽⚻♀	7 56
	☽⚻☿	8 39
	☽#♀	10 0
	☿☌♀	2pm24
	☉⚼☽	4 13
	☿∥♆	6 36
	☉#☽	11 33
8 T	☽⚻♃	1am27
	☽∥♅	3 3
	☽⚺♂	4 4
	☽#♆	7 26
	☽⚼♇	7 37
	☽#☿	8 45
	☽⚼☿	10 2
	☽⚼♀	12pm29
	☽⚻♆	5 14
	☉△☽	8 2
9 W	☽⚺♅	1am 9
	☽⚹♄	1 34
	☽△♇	9 24
	☽△☿	11 1
	☽#♇	4pm30
	☽△♀	4 37
	☽⚼♆	6 56
10 Th	☽∠♅	2am39
	☽∠♄	3 17
	♀ ♋	4 37
	☽☍♃	5 11
	☽☌♂	9 36
	☽∥♂	7pm43
	☽△♆	8 24
	☽#♃	10 1
11 F	☉□☽	2am43
	☽⚹♅	3 58
	☽⚺♄	4 47
	☿☌♇	8 27
	☽□☿	12pm 8
	☽□♇	12 17
	☽#♄	3 23
	☉⚻♅	8 45
12 S	☽□♀	0am 6
	☽⚻♃	8 10
	☉⚹♄	12pm24
	☽⚺♂	2 19
	☽□♆	11 1
13 Su	☽□♅	6am19
	☽☌♄	7 33
	☉⚹☽	8 48
	☽⚼♃	9 36
	☽⚹☿	12pm45
	☽⚹♇	2 49
	☽∥♄	3 6
	☽∠♂	4 37
14 M	☽⚹♀	7am21
	☽∥♃	7 33
	☽#♂	7 39
	☽△♃	11 7
	♂#♃	11 43
	☉∠☽	11 56
	☽∠☿	1pm 7
	☽∠♇	4 12
	☽⚹♂	7 3
	☉☌☿	11 20
15 T	☽⚹♆	1am48
	☽△♅	8 57
	☽⚺♄	10 37
	☽∠♀	11 15
	☽⚺☿	1pm39
	☽∥♇	1 42
	☉⚺☽	3 19
	☽⚺♇	5 48
16 W	☽∠♆	3am33
	☽∥☿	6 47
	♀⚹♃	7 10
	☽⚼♅	10 39
	☽∠♄	12pm34
	☽□♃	2 53
	☽⚺♀	3 34
	☽∥♆	10 32
17 Th	☽□♂	0am50
	☽#♅	3 36
	☉☌♇	4 45
	☽⚺♆	5 41
	☉∥☽	12pm44
	☽⚻♅	12 47
	☽⚹♄	2 57
	☽☌☿	3 45
	☽∥♀	9 22
	☽☌♇	10 11
	☉☌☽	11 28
18 F	☿⚹♄	10am18
	☽⚹♃	8pm32
19 S	☽☌♀	2am10
	☽△♂	8 50
	☽☌♆	11 38
	☽☍♅	6pm48
	☽⚺☿	8 5
	☽□♄	9 32
20 Su	☽∠♃	0am20
	☽⚺♇	4 55
	☽∥♀	10 32
	☉⚺☽	10 35
	☽⚼♂	1pm58
	☉∥☽	4 32
	☽∠☿	11 21
21 M	☽#♅	2am58
	☽⚺♃	4 55
	☽∥♆	8 54
	☽∠♇	9 22
	☽⚺♀	4pm24
	☉∠☽	5 30
	☿⚻♅	6 48
	☽⚻♂	7 57
	☽⚺♆	8 25
22 T	☉ ♋	2am 6
	☽⚹☿	3 25
	☽⚻♅	3 37
	☽△♄	7 0
	♂△♆	7 21
	☽∥☿	8 40
	☽⚹♇	2pm33
	☽∥♇	9 55
23 W	☽∠♀	0am58
	☉⚹☽	1 19
	☽∠♆	1 53
	☽⚼♅	9 4
	♀☌♆	10 19
	☽⚼♄	12pm47
	☽☌♃	4 15
24 Th	♀△♂	6am34
	☽⚹♆	7 54
	☽☍♂	10 4
	☽⚹♀	10 17
	☽∥♃	12pm 9
	☽□☿	1 47
	☽△♅	3 0
	☽⚻♄	7 1
	☽#♂	7 6
	☉∥♀	10 19
25 F	☽□♇	2am33
	☽∥♄	3 54
	☿⚺♀	5pm37
	☉□☽	6 43
26 S	☽⚺♃	5am22
	♀☍♅	6 52
	☿SD	4pm23
	☽□♆	8 35
27 Su	☽⚻♂	1am24
	☽△☿	1 56
	☽□♅	3 17
	☽□♀	5 41
	☽☍♄	7 49
	☽∠♃	11 52
	☿□♂	2pm53
	☽△♇	3 4
	☽#♄	4 13
	☽∥♂	9 58
28 M	♀□♄	3am32
	☽#♃	6 23
	☽⚼☿	8 1
	☽⚼♂	8 38
	☉△☽	11 57
	♂⚹♅	5pm29
	☽⚹♃	5 56
	☽⚼♇	8 46
29 T	☽△♆	8am 7
	☽⚻☿	1pm43
	☽⚹♅	2 12
	☽△♂	3 10
	☽⚻♄	7 1
	☉⚼☽	7 32
	☽#♇	8 34
	☽△♀	11 4
30 W	☽⚻♇	1am47
	♀∠♃	1 47
	☿⚻♅	9 32
	♀#♅	10 44
	☽#☿	11 6
	☽⚼♆	12pm51
	☽∠♅	6 36
	☽⚼♄	11 30

LONGITUDE

DAY	SID. TIME	☉	☽	☽ 12 Hour	MEAN ☊	TRUE ☊	☿	♀	♂	♃	♄	♅	♆	♇
	h m s	° ' "	° ' "	° ' "	° '	° '	° '	° '	° '	° '	° '	° '	° '	° '
1	18 33 37	8♋ 29 54	7♐ 26 21	13♐ 55 42	15♊ 31	16♊ 36R	19♊ 45	25♋ 29	20♓ 48	9♍ 30	22♈ 10	19♑ 32R	16♋ 30	25♊ 40
2	18 37 34	9 27 5	20 30 8	27 9 41	15 28	16 36	20 9	26 43	21 19	9 39	22 14	19 30	16 32	25 41
3	18 41 30	10 24 16	3♑ 54 15	10♑ 43 40	15 24	16 36	20 37	27 56	21 49	9 48	22 17	19 28	16 35	25 42
4	18 45 27	11 21 26	17 37 40	24 35 52	15 21	16 34	21 10	29 9	22 19	9 57	22 20	19 25	16 37	25 44
5	18 49 23	12 18 37	1♒ 37 48	8♒ 42 57	15 18	16 31	21 48	0♌ 23	22 49	10 7	22 23	19 23	16 39	25 45
6	18 53 20	13 15 48	15 50 41	23 0 25	15 15	16 27	22 31	1 36	23 18	10 16	22 27	19 20	16 41	25 46
7	18 57 16	14 12 59	0♓ 11 30	7♓ 23 18	15 12	16 24	23 19	2 49	23 47	10 26	22 30	19 18	16 43	25 48
8	19 1 13	15 10 10	14 35 13	21 46 41	15 9	16 20	24 11	4 3	24 15	10 35	22 32	19 16	16 46	25 49
9	19 5 10	16 7 21	28 57 13	6♈ 6 23	15 5	16 18	25 8	5 16	24 44	10 45	22 35	19 13	16 48	25 51
10	19 9 6	17 4 34	13♈ 13 48	20 19 12	15 2	16 17D	26 9	6 29	25 12	10 55	22 38	19 11	16 50	25 52
11	19 13 3	18 1 46	27 22 20	4♉ 23 1	14 59	16 17	27 15	7 43	25 39	11 5	22 41	19 8	16 52	25 53
12	19 16 59	18 58 59	11♉ 21 9	18 16 36	14 56	16 18	28 26	8 56	26 6	11 15	22 43	19 6	16 55	25 55
13	19 20 56	19 56 13	25 9 19	1♊ 59 14	14 53	16 20	29 40	10 9	26 33	11 25	22 46	19 4	16 57	25 56
14	19 24 52	20 53 27	8♊ 46 18	15 30 28	14 49	16 21R	1♋ 0	11 22	27 0	11 35	22 48	19 1	16 59	25 57
15	19 28 49	21 50 42	22 11 40	28 49 50	14 46	16 21	2 23	12 36	27 26	11 45	22 50	18 59	17 1	25 59
16	19 32 45	22 47 57	5♋ 24 56	11♋ 56 52	14 43	16 19	3 51	13 49	27 51	11 56	22 52	18 56	17 3	26 0
17	19 36 42	23 45 13	18 25 35	24 51 3	14 40	16 16	5 22	15 2	28 16	12 6	22 54	18 54	17 6	26 1
18	19 40 39	24 42 29	1♌ 13 14	7♌ 32 8	14 37	16 11	6 58	16 15	28 41	12 17	22 56	18 52	17 8	26 2
19	19 44 35	25 39 46	13 47 48	20 0 17	14 34	16 5	8 37	17 29	29 5	12 27	22 58	18 49	17 10	26 4
20	19 48 32	26 37 3	26 9 43	2♍ 16 17	14 30	15 58	10 20	18 42	29 29	12 38	23 0	18 47	17 12	26 5
21	19 52 28	27 34 20	8♍ 20 11	14 21 44	14 27	15 50	12 7	19 55	29 52	12 49	23 1	18 44	17 15	26 6
22	19 56 25	28 31 38	20 21 15	26 19 7	14 24	15 44	13 56	21 8	0♈ 14	13 0	23 3	18 42	17 17	26 7
23	20 0 21	29 28 56	2♎ 15 46	8♎ 11 42	14 21	15 39	15 49	22 21	0 37	13 10	23 4	18 40	17 19	26 9
24	20 4 18	0♌ 26 14	14 7 25	20 3 30	14 18	15 35	17 44	23 34	0 58	13 21	23 6	18 37	17 21	26 10
25	20 8 14	1 23 33	26 0 31	1♏ 59 5	14 15	15 34D	19 42	24 47	1 20	13 32	23 7	18 35	17 23	26 11
26	20 12 11	2 20 53	7♏ 59 50	14 3 23	14 11	15 34	21 42	26 0	1 40	13 44	23 8	18 33	17 25	26 12
27	20 16 8	3 18 12	20 10 23	26 21 25	14 8	15 34	23 44	27 14	2 0	13 55	23 9	18 30	17 28	26 13
28	20 20 4	4 15 32	2♐ 37 3	8♐ 57 51	14 5	15 36	25 47	28 27	2 20	14 6	23 10	18 28	17 30	26 15
29	20 24 1	5 12 53	15 24 14	21 56 36	14 2	15 36R	27 51	29 40	2 39	14 17	23 11	18 26	17 32	26 16
30	20 27 57	6 10 15	28 35 14	5♑ 20 16	13 59	15 36	29 57	0♍ 53	2 57	14 29	23 12	18 23	17 34	26 17
31	20 31 54	7♌ 7 37	12♑ 11 43	19♑ 9 27	13♊ 55	15♊ 33	2♌ 2	2♍ 6	3♈ 15	14♍ 40	23♈ 12	18♑ 21	17♋ 36	26♊ 18

DECLINATION and LATITUDE

DAY	☉	☽		☽ 12hr	☿		♀		♂		♃		♄	
	DECL	DECL	LAT	DECL	DECL	LAT	DECL	LAT	DECL	LAT	DECL	LAT	DECL	LAT
1	23N11	20S44	0N50	22S14	18N56	4S 8	22N23	1N21	6S59	3S38	9N 4	1N 8	6N23	2S26
2	23 7	23 28	0S21	24 23	19 5	4 0	22 10	1 22	6 49	3 40	9 0	1 8	6 24	2 26
3	23 3	24 57	1 34	25 9	19 16	3 52	21 57	1 23	6 39	3 43	8 57	1 8	6 25	2 26
4	22 58	24 58	2 42	24 23	19 28	3 42	21 43	1 25	6 30	3 45	8 53	1 8	6 26	2 26
5	22 53	23 25	3 42	22 4	19 40	3 32	21 28	1 26	6 20	3 47	8 50	1 8	6 27	2 27
6	22 47	20 23	4 29	18 22	19 53	3 22	21 13	1 27	6 10	3 50	8 46	1 8	6 28	2 27
7	22 42	16 5	5 0	13 34	20 7	3 10	20 57	1 28	6 1	3 52	8 42	1 8	6 29	2 27
8	22 35	10 52	5 12	8 2	20 21	2 59	20 41	1 28	5 52	3 54	8 38	1 7	6 30	2 27
9	22 29	5 5	5 5	2 5	20 35	2 46	20 24	1 29	5 43	3 57	8 35	1 7	6 31	2 28
10	22 22	0N57	4 39	3N56	20 50	2 34	20 7	1 30	5 34	3 59	8 31	1 7	6 31	2 28
11	22 14	6 52	3 56	9 42	21 5	2 21	19 49	1 31	5 25	4 1	8 27	1 7	6 32	2 28
12	22 6	12 24	2 59	14 55	21 19	2 8	19 30	1 31	5 16	4 4	8 23	1 7	6 33	2 28
13	21 58	17 14	1 53	19 18	21 33	1 54	19 11	1 32	5 8	4 6	8 19	1 7	6 33	2 29
14	21 50	21 6	0 41	22 35	21 46	1 41	18 51	1 33	4 59	4 8	8 15	1 7	6 34	2 29
15	21 41	23 45	0N32	24 34	21 58	1 27	18 31	1 33	4 51	4 11	8 11	1 7	6 34	2 29
16	21 31	25 2	1 42	25 9	22 10	1 14	18 11	1 33	4 43	4 13	8 7	1 7	6 35	2 29
17	21 22	24 55	2 45	24 21	22 20	1 0	17 49	1 34	4 35	4 15	8 3	1 6	6 36	2 30
18	21 12	23 28	3 39	22 18	22 29	0 47	17 28	1 34	4 28	4 18	7 59	1 6	6 36	2 30
19	21 1	20 52	4 22	19 13	22 36	0 34	17 6	1 34	4 20	4 20	7 55	1 6	6 36	2 30
20	20 51	17 21	4 51	15 20	22 42	0 21	16 43	1 34	4 13	4 22	7 51	1 6	6 37	2 31
21	20 39	13 10	5 6	10 54	22 46	0 8	16 20	1 34	4 6	4 24	7 46	1 6	6 37	2 31
22	20 28	8 32	5 8	6 6	22 47	0N 4	15 57	1 34	3 59	4 27	7 42	1 6	6 37	2 31
23	20 16	3 37	4 56	1 7	22 46	0 15	15 33	1 34	3 52	4 29	7 38	1 6	6 38	2 31
24	20 4	1S24	4 32	3S55	22 43	0 27	15 9	1 34	3 46	4 31	7 33	1 6	6 38	2 32
25	19 52	6 24	3 55	8 50	22 37	0 37	14 44	1 33	3 39	4 34	7 29	1 6	6 38	2 32
26	19 39	11 12	3 9	13 29	22 29	0 47	14 19	1 33	3 33	4 36	7 25	1 6	6 38	2 32
27	19 26	15 40	2 13	17 42	22 17	0 56	13 53	1 33	3 27	4 38	7 20	1 6	6 38	2 32
28	19 12	19 33	1 9	21 13	22 4	1 5	13 28	1 32	3 22	4 40	7 16	1 6	6 38	2 33
29	18 58	22 38	0 1	23 46	21 47	1 12	13 2	1 32	3 16	4 43	7 12	1 5	6 39	2 33
30	18 44	24 36	1S 9	25 5	21 28	1 19	12 35	1 31	3 11	4 45	7 7	1 5	6 39	2 33
31	18N30	25S11	2S18	24S53	21N 6	1N25	12N 8	1N30	3S 6	4S47	7N 3	1N 5	6N39	2S34

DAY	♅		♆		♇	
	DECL	LAT	DECL	LAT	DECL	LAT
1	22S30	0S28	21N44	0S42	16N28	6S55
5	22 31	0 28	21 43	0 42	16 28	6 55
9	22 32	0 28	21 42	0 42	16 28	6 55
13	22 34	0 28	21 41	0 42	16 28	6 55
17	22 35	0 28	21 40	0 42	16 28	6 55
21	22 37	0 28	21 39	0 42	16 28	6 55
25	22 38	0 28	21 38	0 42	16 28	6 56
29	22S39	0S28	21N37	0S42	16N28	6S56

☽ PHENOMENA	VOID OF COURSE ☽ LAST ASPT	☽ INGRESS
d h m	2 9am22	2 ♑ 5pm 4
3 12 17 ○	4 8am23	4 ♒ 9pm14
10 6 58 ☾	6 4pm39	6 ♓ 11pm41
17 10 45 ●	8 6pm47	9 ♈ 1am45
25 11 45 ☽	10 11pm47	11 ♉ 4am29
	13 2am32	13 ♊ 8am30
	15 9am46	15 ♋ 2pm 7
d h ° '	17 7pm 3	17 ♌ 9pm42
3 12 25S 9	19 11pm51	20 ♍ 7am32
9 20 0	22 5pm54	22 ♎ 7pm26
16 10 25N 9	25 0am21	25 ♏ 8am 1
23 17 0	27 3pm 9	27 ♐ 7pm 0
30 21 25S11	29 7pm51	30 ♑ 2am32
1 17 0		
8 3 5S13	d h	
14 13 0	7 20 PERIGEE	
21 15 5N 9	23 6 APOGEE	
29 0 0		

DAILY ASPECTARIAN

Day	Aspect	Time
1 Th	☉⚻☽	2am 8
	♀⚺♇	3 24
	☽□♃	3 52
	☽⚼♀	6 15
	☽#♆	7 44
	☽#♀	12pm18
	☽∥♅	2 18
	☽⚻♆	4 46
	☉#☽	8 21
	☽⚺♅	10 11
	☽☍☿	11 20
2 F	☽□♂	1am31
	☽△♄	3 8
	☉⚹♃	5 51
	☽☍♇	9 22
	☽⚻♀	12pm19
3 S	☽△♃	10am30
	☉☍☽	12pm17
	☽☍♆	10 14
	♀∥♆	11 7
4 Su	♂⚺♄	1am19
	☽☌♅	3 5
	☽⚻☿	6 23
	♂#♄	7 40
	☽□♄	8 9
	☽⚹♂	8 23
	☽⚼♃	12pm45
	☽⚻♇	1 58
	♀ ♌	4 32
	☽☍♀	9 40
5 M	☉#☽	5am19
	☽∥♅	8 19
	☽⚼☿	9 13
	☽∠♂	10 51
	☽⚻♃	2pm31
	☽#♆	2 42
	☽⚼♇	3 28
	☽#♀	5 50
	☉⚻☽	7 21
	☿⚹♄	9 29
6 T	☽⚻♆	1am25
	☽#☿	2 56
	☽⚺♅	5 51
	☽⚹♄	11 6
	☽△☿	11 49
	☽⚺♂	12pm55
	☽△♇	4 39
	☽#♇	10 5
	☉⚼☽	10 15
7 W	☽⚼♆	2am34
	☽⚻♀	4 48
	☽∠♅	6 50
	☽∠♄	12pm13
	☽☍♃	5 15
8 Th	☉△☽	1am 2
	☽△♆	3 38
	☿□♂	4 16
	☽⚹♅	7 47
	☽⚼♀	8 8
	☽#♃	9 33
	☉#♅	11 4
	☽⚺♄	1pm19
	☿∥♀	3 30
	☽☌♂	4 42
	☽□☿	5 8
	☽#♄	6 14
	☽□♇	6 47
	☽∥♂	9 23
9 F	☽△♀	11am35
	☿☌♇	5pm20
	☉☌♆	5 41
	☽⚻♃	8 3
10 S	☽□♆	6am 7
	☉□☽	6 58
	☽□♅	10 2
	☽☌♄	3pm59
	☽#♂	6 9
	☽⚺♂	8 58
	☽⚹♇	9 28
	☽⚼♃	9 46
	☽∥♄	10 36
	☽⚹☿	11 47
11 Su	☽∥♃	6am33
	♂□♇	12pm56
	☽□♀	7 25
	☽∠♇	11 14
	☽∠♂	11 34
	☽△♃	11 49
12 M	☉☍♅	2am49
	☽∠☿	3 56
	☽⚹♆	9 39
	☽△♅	1pm24
	☉⚹☽	2 13
	☽⚺♄	7 48
	☽∥♇	7 55
13 T	☽⚺♇	1am22
	☽⚹♂	2 32
	☿ ♋	6 4
	☽⚺☿	8 45
	☽∥♀	10 25
	☽∠♆	11 58
	☿∥♆	2pm36
	♀∠♇	3 35
	☽⚼♅	3 37
	☉∠☽	6 30
	☽∠♄	10 16
14 W	☉∥☿	4am 3
	☽∥♆	4 24
	♀⚺♃	4 48
	☽□♃	5 4
	☽⚹♀	5 5
	☉∥☽	5 19
	☽∥☿	5 29
	☽#♅	11 54
	☽⚺♆	2pm41
	☽⚻♅	6 14
	♀⚼♂	6 52
	☉⚺☽	11 19
15 Th	☉∥♆	0am33
	☽⚹♄	1 9
	☽☌♇	6 50
	☽□♂	9 46
	☽∠♀	10 45
	☽☌☿	8pm45
16 F	☉□♄	1am52
	☽⚹♃	12pm 8
	☽⚺♀	5 3
	☽☌♆	9 31
17 S	☽☍♅	0am53
	☽□♄	8 22
	☉☌☽	10 45
	☽⚺♇	2pm13
	☽∠♃	4 27
	☽△♂	7 3
18 Su	☽#♅	9am 9
	☽∥☿	9 41
	☽⚺☿	12pm33
	☽∥♆	5 35
	♀⚺♆	5 46
	☽∠♇	6 44
	☽⚺♃	9 23
	☿#♅	9 40
	☉∥☽	10 42
19 M	☽⚼♂	0am34
	☽⚺♆	6 32
	☽☌♀	7 53
	☽⚻♅	9 40
	☉⚺♇	10 16
	☽△♄	5pm48
	☽∠☿	10 7
	☽⚹♇	11 51
20 T	☉⚺☽	0am58
	♀⚻♅	1 35
	☽∥♀	4 17
	☽∥♇	5 21
	☽⚻♂	6 43
	☽∠♆	11 54
	☽⚼♅	2pm56
	♀∥♇	3 29
	☽⚼♄	11 23
21 W	☉∠♃	7am26
	♂ ♈	8 35
	☽⚹☿	8 50
	☽☌♃	9 3
	☉∠☽	9 9
	☿⚹♃	10 20
	☽⚹♆	5pm49
	☽△♅	8 41
22 Th	☽⚺♀	1am45
	☽∥♃	4 13
	☽⚻♄	5 26
	☽∥♄	9 27
	☽□♇	11 38
	☉⚹☽	5pm54
	☽☍♂	8 33
	☽#♂	10 47
23 F	☽∠♀	11am29
	☉ ♌	1pm 1
	♀△♄	2 26
	☿☌♆	7 7
	☽⚺♃	10 26
24 S	☽□♆	6am33
	☽□☿	8 45
	☽□♅	9 4
	☿☍♅	10 38
	☽∥♂	11 4
	☽☍♄	6pm10
	☿#♅	9 9
	☽⚹♀	9 16
	☉△♂	9 21
25 Su	☽△♇	0am21
	☽#♄	1 11
	☽∠♃	5 10
	☽#♃	5 16
	☽⚻♂	11 0
	☉□☽	11 45
26 M	♀⚹♇	3am57
	☽⚼♇	6 23
	☽⚹♃	11 32
	☽#♀	3pm 2
	☿□♄	5 7
	☽⚼♂	5 37
	☽△♆	6 41
	☽⚹♅	8 45
27 T	☽#♇	4am40
	☽⚻♄	5 48
	☽△☿	8 17
	☽⚻♇	11 46
	☽□♀	3pm 9
	☉#☽	9 45
	☽△♂	11 26
	☽⚼♆	11 46
28 W	☽∠♅	1am37
	☉△☽	3 22
	☿⚺♇	5 23
	☽⚼♄	10 31
	☽#♆	3pm 9
	☽#☿	5 14
	☽⚼☿	6 22
	☽□♃	9 54
29 Th	☽∥♅	0am11
	☽⚻♆	3 56
	☽⚺♅	5 33
	♀ ♍	6 42
	☉⚼☽	9 32
	☿∥♆	1pm38
	☽△♄	2 16
	☿∠♃	6 8
	☽☍♇	7 51
30 F	☿ ♌	0am39
	☽⚻☿	2 52
	☽△♀	4 30
	☽□♂	7 57
	☉⚻☽	2pm29
31 S	☿⚺♀	1am32
	☽△♃	4 21
	☽⚼♀	9 16
	☽☍♆	9 22
	♀∠♆	10 23
	☽☌♅	10 36
	☿△♂	4pm 3
	☽□♄	6 54

AUGUST 1909

LONGITUDE

DAY	SID. TIME	☉	☽	☽ 12 Hour	MEAN ☊	TRUE ☊	☿	♀	♂	♃	♄	♅	♆	♇
	h m s	° ' "	° ' "	° ' "	° '	° '	° '	° '	° '	° '	° '	° '	° '	° '
1	20 35 50	8♌ 4 59	26♑ 13 9	3♒ 22 19	13♊ 52	15♊ 28R	4♌ 8	3♍ 19	3♈ 32	14♍ 52	23♈ 13	18♑ 19R	17♋ 38	26♊ 19
2	20 39 47	9 2 23	10♒ 36 20	17 54 25	13 49	15 21	6 14	4 31	3 48	15 3	23 13	18 17	17 40	26 20
3	20 43 44	9 59 48	25 15 38	2♓ 39 0	13 46	15 13	8 19	5 44	4 4	15 15	23 13	18 15	17 43	26 21
4	20 47 40	10 57 13	10♓ 3 28	17 28 0	13 43	15 5	10 24	6 57	4 20	15 27	23 14	18 12	17 45	26 23
5	20 51 37	11 54 40	24 51 36	2♈ 13 21	13 40	14 57	12 28	8 10	4 34	15 38	23 14R	18 10	17 47	26 24
6	20 55 33	12 52 7	9♈ 32 29	16 48 18	13 36	14 52	14 31	9 23	4 48	15 50	23 14	18 8	17 49	26 25
7	20 59 30	13 49 37	24 0 18	1♉ 8 7	13 33	14 48	16 33	10 36	5 1	16 2	23 14	18 6	17 51	26 26
8	21 3 26	14 47 7	8♉ 11 32	15 10 27	13 30	14 46D	18 34	11 49	5 14	16 14	23 13	18 4	17 53	26 27
9	21 7 23	15 44 38	22 4 52	28 54 53	13 27	14 46	20 34	13 1	5 26	16 26	23 13	18 2	17 55	26 28
10	21 11 19	16 42 12	5♊ 40 39	12♊ 22 22	13 24	14 47R	22 32	14 14	5 37	16 38	23 13	18 0	17 57	26 29
11	21 15 16	17 39 47	19 0 16	25 34 33	13 21	14 47	24 29	15 27	5 47	16 50	23 12	17 58	17 59	26 30
12	21 19 12	18 37 23	2♋ 5 27	8♋ 33 11	13 17	14 46	26 25	16 40	5 56	17 2	23 11	17 56	18 1	26 31
13	21 23 9	19 35 0	14 57 55	21 19 48	13 14	14 42	28 19	17 52	6 5	17 14	23 11	17 54	18 3	26 32
14	21 27 6	20 32 39	27 38 59	3♌ 55 34	13 11	14 36	0♍ 11	19 5	6 13	17 26	23 10	17 52	18 5	26 32
15	21 31 2	21 30 20	10♌ 9 38	16 21 17	13 8	14 27	2 3	20 18	6 20	17 38	23 9	17 50	18 7	26 33
16	21 34 59	22 28 1	22 30 34	28 37 34	13 5	14 16	3 53	21 30	6 27	17 51	23 8	17 48	18 9	26 34
17	21 38 55	23 25 44	4♍ 42 23	10♍ 45 8	13 1	14 3	5 41	22 43	6 32	18 3	23 7	17 46	18 11	26 35
18	21 42 52	24 23 28	16 45 58	22 45 4	12 58	13 51	7 28	23 56	6 37	18 15	23 5	17 45	18 12	26 36
19	21 46 48	25 21 13	28 42 39	4♎ 38 59	12 55	13 39	9 13	25 8	6 41	18 28	23 4	17 43	18 14	26 37
20	21 50 45	26 19 0	10♎ 34 24	16 29 17	12 52	13 29	10 57	26 21	6 44	18 40	23 3	17 41	18 16	26 38
21	21 54 41	27 16 47	22 24 2	28 19 8	12 49	13 22	12 40	27 33	6 46	18 53	23 1	17 39	18 18	26 38
22	21 58 38	28 14 36	4♏ 15 7	10♏ 12 32	12 46	13 17	14 21	28 46	6 47	19 5	22 59	17 38	18 20	26 39
23	22 2 35	29 12 26	16 12 0	22 14 7	12 42	13 15	16 1	29 58	6 48R	19 18	22 58	17 36	18 22	26 40
24	22 6 31	0♍ 10 18	28 19 34	4♐ 28 59	12 39	13 14D	17 40	1♎ 11	6 47	19 30	22 56	17 35	18 23	26 41
25	22 10 28	1 8 10	10♐ 43 3	17 2 22	12 36	13 14R	19 17	2 23	6 46	19 43	22 54	17 33	18 25	26 41
26	22 14 24	2 6 4	23 27 34	29 59 10	12 33	13 14	20 53	3 35	6 44	19 55	22 52	17 32	18 27	26 42
27	22 18 21	3 4 0	6♑ 37 36	13♑ 23 13	12 30	13 12	22 27	4 48	6 41	20 8	22 50	17 30	18 29	26 43
28	22 22 17	4 1 56	20 16 11	27 16 31	12 26	13 8	24 0	6 0	6 38	20 21	22 48	17 29	18 30	26 43
29	22 26 14	4 59 54	4♒ 24 3	11♒ 38 22	12 23	13 1	25 32	7 12	6 33	20 33	22 45	17 27	18 32	26 44
30	22 30 10	5 57 54	18 58 52	26 24 42	12 20	12 52	27 3	8 25	6 28	20 46	22 43	17 26	18 34	26 45
31	22 34 7	6♍ 55 54	3♓ 54 50	11♓ 28 5	12♊ 17	12♊ 42	28♍ 32	9♎ 37	6♈ 22	20♍ 59	22♈ 40	17♑ 25	18♋ 35	26♊ 45

DECLINATION and LATITUDE

DAY	☉ DECL	☽ DECL	☽ LAT	☽ 12hr DECL	☿ DECL	☿ LAT	♀ DECL	♀ LAT	♂ DECL	♂ LAT	♃ DECL	♃ LAT	♄ DECL	♄ LAT
1	18N15	24S11	3S20	23S 6	20N42	1N31	11N41	1N29	3S 1	4S49	6N58	1N 5	6N38	2S34
2	18 0	21 37	4 11	19 46	20 16	1 35	11 14	1 29	2 57	4 51	6 54	1 5	6 38	2 34
3	17 45	17 36	4 47	15 10	19 47	1 39	10 46	1 28	2 52	4 54	6 49	1 5	6 38	2 34
4	17 29	12 29	5 4	9 38	19 17	1 42	10 18	1 27	2 48	4 56	6 44	1 5	6 38	2 35
5	17 14	6 38	5 0	3 34	18 44	1 44	9 50	1 26	2 44	4 58	6 40	1 5	6 38	2 35
6	16 57	0 28	4 37	2N37	18 10	1 45	9 22	1 24	2 41	4 60	6 35	1 5	6 38	2 35
7	16 41	5N39	3 57	8 34	17 34	1 46	8 53	1 23	2 37	5 2	6 31	1 5	6 37	2 36
8	16 24	11 22	3 2	13 59	16 57	1 46	8 24	1 22	2 34	5 4	6 26	1 5	6 37	2 36
9	16 7	16 24	1 58	18 34	16 18	1 45	7 55	1 21	2 31	5 6	6 21	1 5	6 37	2 36
10	15 50	20 28	0 48	22 5	15 39	1 44	7 25	1 19	2 29	5 8	6 16	1 5	6 36	2 36
11	15 33	23 22	0N23	24 20	14 58	1 42	6 56	1 18	2 26	5 10	6 12	1 5	6 36	2 37
12	15 15	24 57	1 31	25 13	14 17	1 40	6 26	1 16	2 24	5 11	6 7	1 5	6 35	2 37
13	14 57	25 9	2 33	24 45	13 35	1 37	5 56	1 14	2 22	5 13	6 2	1 5	6 35	2 37
14	14 39	24 1	3 27	23 0	12 52	1 33	5 26	1 13	2 21	5 15	5 57	1 5	6 34	2 37
15	14 21	21 43	4 10	20 11	12 9	1 29	4 56	1 11	2 20	5 17	5 53	1 4	6 34	2 38
16	14 2	18 26	4 40	16 30	11 25	1 25	4 26	1 9	2 19	5 18	5 48	1 4	6 33	2 38
17	13 43	14 24	4 57	12 10	10 41	1 20	3 55	1 7	2 18	5 20	5 43	1 4	6 32	2 38
18	13 24	9 51	5 1	7 26	9 56	1 15	3 24	1 5	2 17	5 21	5 38	1 4	6 32	2 38
19	13 5	4 58	4 51	2 27	9 12	1 10	2 54	1 3	2 17	5 23	5 33	1 4	6 31	2 39
20	12 45	0S 4	4 29	2S35	8 27	1 4	2 23	1 1	2 17	5 24	5 28	1 4	6 30	2 39
21	12 25	5 5	3 55	7 33	7 42	0 58	1 52	0 59	2 17	5 25	5 23	1 4	6 29	2 39
22	12 5	9 57	3 11	12 16	6 57	0 51	1 21	0 56	2 18	5 26	5 18	1 4	6 28	2 39
23	11 45	14 29	2 18	16 35	6 12	0 45	0 50	0 54	2 19	5 27	5 13	1 4	6 27	2 40
24	11 25	18 32	1 18	20 17	5 28	0 38	0 19	0 52	2 20	5 28	5 9	1 4	6 27	2 40
25	11 5	21 51	0 13	23 9	4 43	0 31	0S12	0 49	2 21	5 29	5 4	1 4	6 26	2 40
26	10 44	24 11	0S54	24 55	3 58	0 23	0 43	0 47	2 23	5 30	4 59	1 4	6 25	2 40
27	10 23	25 17	2 0	25 18	3 14	0 16	1 14	0 44	2 25	5 31	4 54	1 4	6 24	2 41
28	10 2	24 56	3 2	24 9	2 30	0 8	1 45	0 42	2 27	5 32	4 49	1 4	6 23	2 41
29	9 41	22 59	3 55	21 25	1 47	0 0	2 16	0 39	2 29	5 32	4 44	1 4	6 22	2 41
30	9 20	19 29	4 35	17 14	1 3	0S 8	2 47	0 36	2 31	5 32	4 39	1 4	6 20	2 41
31	8N58	14S41	4S57	11S53	0N21	0S16	3S18	0N33	2S34	5S33	4N33	1N 4	6N19	2S42

DAY	♅ DECL	♅ LAT	♆ DECL	♆ LAT	♇ DECL	♇ LAT
1	22S40	0S28	21N36	0S42	16N28	6S56
5	22 41	0 28	21 35	0 42	16 28	6 56
9	22 42	0 28	21 34	0 42	16 28	6 56
13	22 43	0 28	21 33	0 42	16 28	6 57
17	22 44	0 28	21 32	0 42	16 28	6 57
21	22 45	0 28	21 31	0 42	16 27	6 57
25	22 46	0 28	21 30	0 42	16 27	6 58
29	22S47	0S28	21N29	0S42	16N27	6S58

☽ PHENOMENA

d	h	m	
1	21	14	○
8	12	10	☾
15	23	55	●
24	3	55	☽
31	5	8	○

d	h	° '
6	2	0
12	15	25N14
20	0	0
27	6	25S21

d	h	° '
4	8	5S 5
10	16	0
17	18	5N 1
25	5	0
31	14	5S 0

VOID OF COURSE ☽

LAST ASPT	☽ INGRESS
31 6pm54	1 ♒ 6am22
3 1am47	3 ♓ 7am42
5 2am30	5 ♈ 8am22
7 4am 4	7 ♉ 10am 5
8 8pm54	9 ♊ 1pm55
11 1pm42	11 ♋ 8pm 8
13 3pm29	14 ♌ 4am29
16 7am58	16 ♍ 2pm42
18 7pm46	19 ♎ 2am36
21 10am46	21 ♏ 3pm24
23 6am16	24 ♐ 3am17
26 5am59	26 ♑ 12pm 1
28 7am13	28 ♒ 4pm37
30 12pm33	30 ♓ 5pm45

d	h	
4	4	PERIGEE
19	23	APOGEE

DAILY ASPECTARIAN

Day	Aspect	Time
1 Su	♀⚼♅	0am 8
	☽⚻♇	0 10
	♀⚻♂	5 44
	☽⚼♃	6 13
	☽✶♂	12pm30
	☽⚻♀	12 59
	☽☍☿	3 31
	☽∥♅	3 43
	☉☍☽	9 14
2 M	☽#♆	0am 8
	☽⚼♇	1 13
	☽⚻♃	7 25
	☽#☿	10 12
	☽⚻♆	11 39
	☽⚺♅	12pm35
	☽∠♂	1 43
	☽✶♄	8 41
	☉#☽	11 12
3 T	☽△♇	1am47
	☽#♇	5 44
	☽⚼♆	12pm 7
	☽∠♅	12 56
	☽⚺♂	2 34
	☽☍♀	6 32
	☽∠♄	9 2
4 W	☽⚻☿	0am38
	☉⚻☽	1 33
	☽☍♃	8 50
	☽#♀	10 1
	☉∠♇	10 46
	☿∠♇	11 26
	☉☌☿	12pm 0
	☽△♆	12 29
	☽✶♅	1 10
	☽⚺♄	9 21
	☽#♃	11 54
5 Th	☽#♄	0am 2
	♀⚼♄	1 9
	☽□♇	2 30
	☉⚼☽	3 34
	☽⚼☿	4 56
	♄SR	9 36
	♃∥♄	11 17
	☽∥♂	3pm23
	☽☌♂	4 6
	☽⚻♀	11 43
6 F	☉△☽	5am52
	☽△☿	9 33
	☽⚻♃	10 32
	☽#♂	12pm 8
	☽□♆	1 42
	☽□♅	2 10
	☿⚺♃	5 11
	☽☌♄	10 42
7 S	☽⚼♀	2am55
	☽∥♃	3 27
	☽∥♄	3 57
	☽✶♇	4 4
	☽⚼♃	12pm 0
	☽∥♀	12 15
	☿⚺♆	3 40
	☿⚻♅	6 6
	☉∥♇	6 49
	☽⚺♂	6 53
8 Su	☽∠♇	5am35
	☽△♀	6 48
	☉□☽	12pm10
	☽△♃	2 2
	☽✶♆	4 44
	☽△♅	4 58
	☿∥♇	6 7
	☽□☿	8 54
	☽∠♂	9 5
	☿⚼♂	10 13
	☉∥☽	10 41
	☽∥☿	11 36
9 M	☽∥♇	0am23
	☽⚺♄	1 59
	☽⚺♇	7 41
	☉∥☿	11 54
	☽∠♆	7pm 8
	☽⚼♅	7 14
	☉⚺♃	9 37
	☽✶♂	11 53
10 T	☽∠♄	4am31
	☽∥♆	7 52
	☿△♄	8 15
	☽□♀	4pm54
	♅☍♆	5 22
	☽#♅	5 33
	☽□♃	7 59
	☉✶☽	9 22
	☽⚻♅	10 7
	☽⚺♆	10 8
11 W	☉⚻♅	7am16
	☽✶♄	7 39
	☉⚺♆	8 15
	☽✶☿	11 44
	☽☌♇	1pm42
	♀∥♄	4 31
12 Th	☿✶♇	1am16
	☉∠☽	3 4
	☽□♂	7 13
	♀☌♃	8 45
	♀∥♃	6pm13
	☽∠☿	8 22
13 F	♀△♅	0am28
	♀✶♆	3 33
	☽✶♃	4 20
	☽☍♅	5 30
	☽☌♆	5 49
	☽✶♀	6 3
	☉⚺☽	9 25
	☽□♄	3pm29
	☿ ♍	9 32
	☽⚺♇	9 53
14 S	☽⚺☿	5am42
	☽∠♃	9 18
	☽∠♀	1pm38
	☽#♅	2 45
	☽△♂	4 34
	☉⚼♂	7 16
15 Su	☽∥♆	1am30
	☽∠♇	2 42
	☿⚼♅	10 8
	☿∠♆	2pm12
	☽⚺♃	2 45
	☽⚻♅	2 51
	☽⚺♆	3 28
	♃△♅	7 58
	☽⚺♀	9 50
	☽⚼♂	9 54
	☉☌☽	11 55
16 M	☽△♄	1am13
	☽✶♇	7 58
	☽∥♇	12pm12
	☉△♄	4 15
	☽⚼♅	8 11
	☽∠♆	8 58
17 T	☽☌☿	2am16
	☽⚻♂	3 39
	☉∥☽	4 2
	☽⚼♄	6 44
	♀⚻♄	7 41
	☿⚻♂	12pm 0
	♃✶♆	5 35
	☽∥☿	11 26
18 W	☽△♅	1am57
	☽✶♆	2 54
	☽☌♃	3 2
	☿⚼♄	8 25
	☽⚻♄	12pm40
	☽☌♀	3 59
	☽∥♄	4 29
	☉⚺☽	4 38
	☽□♇	7 46
	☽∥♃	9 7
19 Th	☽∥♀	11am 2
	☽#♂	12pm49
	☽☍♂	4 11
	☉⚺♀	9 5
20 F	☽⚺☿	0am55
	☉∠☽	1 38
	♀#♂	4 30
	♀□♇	5 38
	☉✶♇	7 51
	☽#♀	10 1
	☽∥♂	10 35
	☽□♅	2pm24
	☽□♆	3 39
	☽⚺♃	4 43
21 S	☽☍♄	1am15
	☽#♃	1 26
	☽#♄	6 47
	☽△♇	8 37
	☉✶☽	10 46
	☽#☿	11 3
	☽⚺♀	11 38
	☽∠☿	12pm28
	☽∠♃	11 39
22 Su	☽⚻♂	5am 7
	☉#☽	10 18
	☽⚼♇	2pm55
	☿∥♄	3 41
	☽∠♀	9 16
	☽✶☿	11 35
23 M	♀ ♎	0am34
	♂SR	2 20
	☽✶♅	2 48
	☽△♆	4 19
	☽✶♃	6 16
	☽⚼♂	11 8
	☽#♇	11 13
	☽⚻♄	1pm24
	☉ ♍	7 44
	☽⚻♇	8 46
	☿△♅	10 45
24 T	☉□☽	3am55
	☽✶♀	6 11
	☽∠♅	8 17
	☽⚼♆	9 54
	☿✶♆	10 56
	☿∥♃	11 29
	☽△♂	4pm26
	☽⚼♄	6 36
	☽#♆	9 8
25 W	☿☌♃	7am23
	☽∥♅	8 12
	☽⚺♅	12pm56
	☽⚻♆	2 38
	☽□♃	5 18
	☽□☿	6 32
	☽△♄	10 54
26 Th	☽☍♇	5am59
	☉⚼♅	10 19
	☉△☽	5pm 5
	☽□♀	8 23
27 F	☽□♂	0am 7
	☿⚻♄	5 37
	☉∠♆	10 29
	☽☌♅	7pm10
	☽☍♆	8 56
	☉⚼☽	9 42
28 S	☽△♃	0am 8
	☿#♂	2 1
	☽□♄	4 20
	☽△☿	7 13
	☽⚻♇	11 4
	♀☍♂	11 46
	☿#♀	2pm37
29 Su	☉⚻☽	1am 4
	☽∥♅	1 42
	☽⚼♃	1 57
	☽✶♂	3 34
	☽△♀	5 6
	♀∥♂	10 45
	☽⚼☿	11 22
	☽#♆	11 34
	☽⚼♇	12pm10
	☿□♇	7 9
	☽⚺♅	9 29
	☽⚻♆	11 19
30 M	☽⚻♃	2am56
	☽∠♂	4 0
	☽✶♄	6 2
	☽⚼♀	7 48
	☉⚻♂	11 15
	☽△♇	12pm33
	☽⚻☿	2 27
	☽#♇	3 50
	☽∠♅	9 36
	☽⚼♆	11 29
31 T	☽⚺♂	3am52
	☉☍☽	5 8
	☽∠♄	5 58
	☽⚻♀	9 50
	☉⚼♄	5pm35
	☽✶♅	9 23
	☽△♆	11 18

LONGITUDE

DAY	SID. TIME	☉	☽	☽ 12 Hour	MEAN ☊	TRUE ☊	☿	♀	♂	♃	♄	♅	♆	♇
	h m s	° ' "	° ' "	° ' "	° '	° '	° '	° '	° '	° '	° '	° '	° '	° '
1	22 38 4	7♍ 53 57	19♓ 3 8	26♓ 38 38	12♊ 14	12♊ 31R	0♎ 0	10♎ 49	6♈ 15R	21♍ 12	22♈ 38R	17♑ 23R	18♋ 37	26♊ 46
2	22 42 0	8 52 1	4♈ 13 15	11♈ 45 43	12 11	12 20	1 26	12 1	6 7	21 24	22 35	17 22	18 38	26 46
3	22 45 57	9 50 7	19 14 53	26 39 49	12 7	12 12	2 51	13 13	5 59	21 37	22 32	17 21	18 40	26 47
4	22 49 53	10 48 15	3♉ 59 42	11♉ 14 1	12 4	12 6	4 15	14 25	5 49	21 50	22 29	17 20	18 41	26 48
5	22 53 50	11 46 24	18 22 23	25 24 39	12 1	12 3	5 37	15 37	5 39	22 3	22 26	17 19	18 43	26 48
6	22 57 46	12 44 36	2♊ 20 47	9♊ 10 57	11 58	12 2D	6 58	16 49	5 29	22 16	22 23	17 18	18 44	26 49
7	23 1 43	13 42 50	15 55 22	22 34 21	11 55	12 2R	8 17	18 1	5 17	22 29	22 20	17 17	18 46	26 49
8	23 5 39	14 41 6	29 8 17	5♋ 37 34	11 52	12 2	9 35	19 13	5 5	22 42	22 17	17 16	18 47	26 49
9	23 9 36	15 39 24	12♋ 2 37	18 23 50	11 48	12 0	10 51	20 25	4 52	22 54	22 14	17 15	18 49	26 50
10	23 13 33	16 37 44	24 41 36	0♌ 56 16	11 45	11 56	12 6	21 37	4 39	23 7	22 11	17 14	18 50	26 50
11	23 17 29	17 36 7	7♌ 8 11	13 17 37	11 42	11 49	13 19	22 49	4 25	23 20	22 7	17 13	18 51	26 51
12	23 21 26	18 34 31	19 24 50	25 30 3	11 39	11 39	14 30	24 1	4 11	23 33	22 4	17 12	18 53	26 51
13	23 25 22	19 32 57	1♍ 33 28	7♍ 35 15	11 36	11 26	15 39	25 12	3 56	23 46	22 0	17 12	18 54	26 51
14	23 29 19	20 31 25	13 35 33	19 34 31	11 32	11 12	16 46	26 24	3 40	23 59	21 56	17 11	18 55	26 52
15	23 33 15	21 29 55	25 32 17	1♎ 29 2	11 29	10 58	17 51	27 36	3 24	24 12	21 53	17 10	18 57	26 52
16	23 37 12	22 28 27	7♎ 24 55	13 20 8	11 26	10 45	18 53	28 47	3 8	24 25	21 49	17 10	18 58	26 52
17	23 41 8	23 27 0	19 14 55	25 9 33	11 23	10 34	19 54	29 59	2 51	24 38	21 45	17 9	18 59	26 52
18	23 45 5	24 25 36	1♏ 4 21	6♏ 59 39	11 20	10 26	20 52	1♏ 11	2 34	24 51	21 41	17 9	19 0	26 53
19	23 49 2	25 24 13	12 55 52	18 53 28	11 17	10 20	21 47	2 22	2 17	25 4	21 37	17 8	19 1	26 53
20	23 52 58	26 22 52	24 52 55	0♐ 54 47	11 13	10 17	22 39	3 34	2 0	25 17	21 33	17 8	19 2	26 53
21	23 56 55	27 21 33	6♐ 59 38	13 8 4	11 10	10 16D	23 28	4 45	1 43	25 30	21 29	17 8	19 3	26 53
22	0 0 51	28 20 15	19 20 43	25 38 12	11 7	10 16R	24 13	5 56	1 25	25 43	21 25	17 7	19 4	26 53
23	0 4 48	29 19 0	2♑ 1 8	8♑ 30 7	11 4	10 16	24 55	7 8	1 8	25 56	21 21	17 7	19 6	26 53
24	0 8 44	0♎ 17 46	15 5 40	21 48 13	11 1	10 15	25 32	8 19	0 50	26 9	21 17	17 7	19 6	26 54
25	0 12 41	1 16 33	28 38 8	5♒ 35 35	10 58	10 12	26 6	9 30	0 33	26 22	21 12	17 7	19 7	26 54
26	0 16 37	2 15 23	12♒ 40 34	19 52 56	10 54	10 7	26 34	10 41	0 15	26 35	21 8	17 7	19 8	26 54
27	0 20 34	3 14 14	27 12 14	4♓ 37 50	10 51	9 59	26 58	11 52	29♓ 58	26 48	21 4	17 7D	19 9	26 54R
28	0 24 31	4 13 7	12♓ 8 50	19 44 8	10 48	9 50	27 16	13 4	29 41	27 1	20 59	17 7	19 10	26 54
29	0 28 27	5 12 2	27 22 27	5♈ 2 25	10 45	9 40	27 28	14 15	29 24	27 14	20 55	17 7	19 11	26 54
30	0 32 24	6♎ 10 58	12♈ 42 32	20♈ 21 23	10♊ 42	9♊ 31	27♎ 34R	15♏ 25	29♓ 8	27♍ 27	20♈ 50	17♑ 7	19♋ 12	26♊ 54

DECLINATION and LATITUDE

DAY	☉ DECL	☽ DECL	☽ LAT	☽ 12hr DECL	☿ DECL	☿ LAT	♀ DECL	♀ LAT	♂ DECL	♂ LAT	♃ DECL	♃ LAT	♄ DECL	♄ LAT
1	8N37	8S54	4S58	5S47	0S22	0S24	3S49	0N31	2S37	5S33	4N28	1N 4	6N18	2S42
2	8 15	2 35	4 39	0N38	1 4	0 32	4 20	0 28	2 40	5 33	4 23	1 4	6 17	2 42
3	7 53	3N50	4 0	6 57	1 45	0 41	4 50	0 25	2 43	5 33	4 18	1 4	6 16	2 42
4	7 31	9 56	3 6	12 45	2 26	0 49	5 21	0 22	2 46	5 32	4 13	1 4	6 14	2 42
5	7 9	15 22	2 1	17 43	3 7	0 58	5 52	0 19	2 50	5 32	4 8	1 4	6 13	2 43
6	6 47	19 48	0 51	21 35	3 47	1 6	6 22	0 16	2 54	5 32	4 3	1 4	6 12	2 43
7	6 24	23 3	0N21	24 10	4 26	1 15	6 53	0 13	2 58	5 31	3 58	1 4	6 11	2 43
8	6 2	24 56	1 29	25 21	5 4	1 23	7 23	0 10	3 2	5 30	3 53	1 4	6 9	2 43
9	5 39	25 25	2 31	25 9	5 42	1 32	7 53	0 6	3 6	5 29	3 48	1 4	6 8	2 44
10	5 17	24 33	3 25	23 39	6 19	1 40	8 23	0 3	3 10	5 28	3 43	1 4	6 6	2 44
11	4 54	22 29	4 7	21 3	6 55	1 48	8 53	0S 0	3 14	5 27	3 38	1 4	6 5	2 44
12	4 31	19 24	4 38	17 33	7 31	1 57	9 22	0 3	3 19	5 25	3 32	1 4	6 3	2 44
13	4 8	15 31	4 55	13 21	8 5	2 5	9 52	0 7	3 23	5 24	3 27	1 4	6 2	2 44
14	3 45	11 3	4 59	8 40	8 38	2 13	10 21	0 10	3 28	5 22	3 22	1 4	6 0	2 44
15	3 22	6 13	4 50	3 42	9 11	2 21	10 50	0 13	3 32	5 20	3 17	1 4	5 59	2 45
16	2 59	1 10	4 29	1S23	9 42	2 29	11 19	0 17	3 37	5 18	3 12	1 4	5 57	2 45
17	2 36	3S55	3 55	6 25	10 12	2 37	11 47	0 20	3 41	5 16	3 7	1 4	5 56	2 45
18	2 13	8 51	3 12	11 14	10 41	2 44	12 15	0 24	3 46	5 13	3 2	1 4	5 54	2 45
19	1 50	13 31	2 19	15 40	11 8	2 51	12 43	0 27	3 50	5 11	2 57	1 4	5 53	2 45
20	1 26	17 42	1 21	19 33	11 34	2 58	13 11	0 30	3 55	5 8	2 51	1 4	5 51	2 45
21	1 3	21 12	0 17	22 38	11 59	3 5	13 39	0 34	3 59	5 5	2 46	1 4	5 49	2 45
22	0 40	23 49	0S48	24 44	12 21	3 11	14 6	0 37	4 3	5 2	2 41	1 4	5 48	2 46
23	0 16	25 19	1 53	25 35	12 42	3 17	14 33	0 41	4 8	4 59	2 36	1 4	5 46	2 46
24	0S 7	25 29	2 54	25 0	13 1	3 22	14 59	0 44	4 11	4 56	2 31	1 4	5 44	2 46
25	0 30	24 9	3 47	22 55	13 18	3 27	15 25	0 48	4 15	4 52	2 26	1 4	5 43	2 46
26	0 54	21 19	4 29	19 21	13 32	3 32	15 51	0 51	4 19	4 49	2 21	1 4	5 41	2 46
27	1 17	17 4	4 56	14 30	13 44	3 35	16 17	0 55	4 22	4 45	2 16	1 4	5 39	2 46
28	1 41	11 40	5 3	8 38	13 53	3 38	16 42	0 59	4 26	4 42	2 10	1 5	5 37	2 46
29	2 4	5 28	4 49	2 11	13 59	3 40	17 7	1 2	4 29	4 38	2 5	1 5	5 36	2 46
30	2S27	1N 7	4S14	4N24	14S 2	3S40	17S31	1S 6	4S32	4S34	2N 0	1N 5	5N34	2S46

DAY	♅ DECL	♅ LAT	♆ DECL	♆ LAT	♇ DECL	♇ LAT
1	22S47	0S28	21N28	0S42	16N26	6S58
5	22 48	0 28	21 27	0 42	16 26	6 59
9	22 48	0 28	21 26	0 42	16 26	6 59
13	22 49	0 28	21 25	0 42	16 25	6 60
17	22 49	0 28	21 25	0 42	16 25	7 0
21	22 49	0 28	21 24	0 42	16 24	7 0
25	22 49	0 28	21 23	0 42	16 24	7 1
29	22S49	0S28	21N23	0S42	16N24	7S 1

☽ PHENOMENA			
d	h	m	
6	19	45	☾
14	15	9	●
22	18	31	☽
29	13	5	○
d	h	° '	
2	10	0	
8	20	25N26	
16	6	0	
23	15	25S35	
29	20	0	
6	17	0	
13	19	4N60	
21	6	0	
27	20	5S 3	

VOID OF COURSE ☽ LAST ASPT		☽ INGRESS		
1	12pm12	1	♈	5pm19
3	12pm12	3	♉	5pm27
5	6am20	5	♊	7pm55
7	7pm45	8	♋	1am35
9	8pm57	10	♌	10am11
12	2pm40	12	♍	8pm54
15	2am41	15	♎	9am 0
17	3pm29	17	♏	9pm49
20	3am15	20	♐	10am11
22	6pm31	22	♑	8pm13
24	7pm58	25	♒	2am22
26	11pm36	27	♓	4am32
29	3am 8	29	♈	4am 7

d	h	
1	7	PERIGEE
16	9	APOGEE
29	17	PERIGEE

DAILY ASPECTARIAN

Day	Aspect	Time
1 W	☿ ♎	0am 5
	☉#☽	1 13
	☽☍♃	3 26
	☽⊻♄	5 38
	☽#♄	10 4
	☽□♇	12pm12
	☽#♃	5 10
	☽∥♀	5 59
	☽☍☿	7 7
	☽∥♂	11 43
2 Th	♀#♃	2am31
	☽☌♂	2 59
	☽∥☿	5 7
	☉⚻☽	7 54
	☽☍♀	1pm29
	☽#☿	8 15
	☽#♂	7 46
	☽□♅	8 57
	☽□♆	11 4
3 F	☽∥♃	1am47
	☽⚻♃	3 53
	☽#♀	4 12
	☽☌♄	5 18
	☽∥♄	9 19
	☉⚼☽	9 40
	☽✶♇	12pm12
	☉∥☽	2 49
4 S	☽⚻☿	0am28
	☽⊻♂	2 59
	☽⚼♃	4 45
	☉△☽	12pm 6
	☽∠♇	12 57
	☿∥♂	1 0
	☽⚻♀	6 56
	☽△♅	10 13
5 Su	☽✶♆	0am35
	☿☍♂	0 36
	☽∠♂	3 50
	☽⚼☿	4 13
	☽∥♇	5 18
	☽△♃	6 20
	☽⊻♄	6 54
	☽⊻♇	2pm24
	♀#♄	4 14
	☽⚼♀	11 0
	☽⚼♅	11 55
6 M	☽∠♆	2am26
	☽✶♂	5 24
	☽∠♄	8 48
	☿#♃	8 54
	☽△☿	8 58
	♀□♅	9 22
	☽∥♆	10 58
	☉#♀	11 13
	♃⚻♄	11 35
	☉□☽	7pm45
	☽#♅	9 45
7 T	☽⚻♅	2am26
	☽△♀	4 8
	☽⊻♆	5 7
	☽✶♄	11 32
	☽□♃	12pm 1
	♀□♆	3 12
	☉∥♄	3 51
	☽☌♇	7 45
8 W	☽□♂	10am49
	☽□☿	9pm31
	☉#☿	10 58
9 Th	☉✶☽	7am22
	☽☍♅	9 49
	☽☌♆	12pm49
	☿#♄	4 1
	☽□♀	5 30
	☽□♄	7 13
	☽✶♃	8 57
10 F	☽⊻♇	4am 7
	♀☍♄	10 44
	☉∠☽	2pm28
	☉△♅	2 44
	☽△♂	6 50
	☽#♅	8 57
11 S	☽∠♃	2am23
	☽∥♆	9 2
	☽∠♇	9 10
	♀⊻♃	12pm52
	☽✶☿	1 19
	☽⚻♅	7 40
	☉⊻☽	10 13
	☽⊻♆	10 57
	☽⚼♂	11 33
12 Su	☽△♄	5am11
	☉✶♆	7 41
	☽⊻♃	8 18
	☽✶♀	10 2
	☽✶♇	2pm40
	☽∥♇	6 46
	☽∠☿	10 0
13 M	☽⚼♅	1am16
	☽⚻♂	4 37
	☽∠♆	4 40
	♂#♃	10 2
	☽⚼♄	10 47
	☽∠♀	7pm 8
14 T	☽#♀	3am17
	☽⊻☿	7 0
	☽△♅	7 12
	☿□♅	9 10
	♀△♇	9 17
	☽✶♆	10 42
	☽#☿	10 56
	☉☌☽	3pm 9
	☉#♂	3 18
	☽⚻♄	4 40
	☽☌♃	9 16
15 W	☽∥♄	1am 7
	☽□♇	2 41
	☽⊻♀	4 37
	☉∥♃	7 4
	☉⚻♄	8 48
	☽#♂	12pm36
	☽∥♃	2 14
	☉∥☽	2 42
	☽☍♂	3 32
16 Th	☿□♆	1am44
	☉#☽	6pm14
	☽□♅	7 45
	☽#♃	8 17
	☽∥♂	10 57
	☽□♆	11 28
17 F	♀ ♏	0am21
	☽☌☿	1 26
	☽☍♄	5 3
	☉⊻☽	9 18
	☽#♄	9 38
	☽⊻♃	11 8
	☽△♇	3pm29
18 S	☽☌♀	0am14
	☽⚻♂	2 58
	☽∥☿	10 11
	☉☌♃	1pm25
	☽∠♃	6 7
	☉∠☽	6 26
	☽∥♀	7 18
	☿☍♄	8 7
	☽⚼♇	9 53
	♀⚻♂	10 43
19 Su	☽✶♅	8am29
	☽⚼♂	8 34
	☽△♆	12pm17
	☽#♇	4 16
	☽⚻♄	5 23
	☽⊻☿	7 11
20 M	☽✶♃	0am49
	☉✶☽	3 15
	☽⚻♇	4 0
	☉□♇	12pm22
	☽△♂	1 49
	☽∠♅	2 25
	☽⚼♆	6 13
	☽⊻♀	7 6
	☽⚼♄	11 0
21 T	☽#♆	1am32
	☽∠☿	3 4
	☽∥♅	1pm38
	☽⊻♅	7 44
	☽⚻♆	11 29
22 W	☽∠♀	3am22
	☽△♄	3 57
	☽✶☿	9 52
	☽□♃	12pm22
	☽☍♇	2 22
	☉□☽	6 31
	☽□♂	10 22
23 Th	☽✶♀	10am25
	☉ ♎	4pm44
24 F	☽☌♅	3am38
	☽☍♆	7 13
	☉☍♂	10 9
	☽□♄	11 0
	☽□☿	7pm23
	☽△♃	7 58
	☽⚻♇	8 58
25 S	☽✶♂	3am15
	☉△☽	4 56
	☽∥♅	12pm50
	☽□♀	8 21
	☽⚼♃	10 8
	☽⚼♇	10 41
	☽#♆	11 30
26 Su	☿⊻♃	1am 6
	☽∠♂	4 14
	☽⊻♅	7 25
	☉⚼☽	8 12
	☽⚻♆	10 47
	☽✶♄	1pm59
	☿△♇	7 22
	♂ ♓	9 22
	♀∠♃	10 6
	☽⚻♃	11 20
	☽△♇	11 30
	☽△☿	11 36
27 M	♀⚼♇	0am24
	♅SD	1 30
	☽#♇	3 16
	☽∥♀	3 32
	☽⊻♂	4 24
	♀#♇	6 47
	☽∠♅	7 57
	☉⚻☽	10 27
	♃□♇	10 46
	♇SR	10 50
	☽⚼♆	11 15
	☽∠♄	2pm13
	☽∥☿	2 53
28 T	☽⚼☿	0am11
	☽△♀	1 34
	☽✶♅	7 52
	☽△♆	11 7
	☽⊻♄	1pm54
	☽□♇	11 15
	☽#♄	11 30
	☽☍♃	11 46
29 W	☽⚻☿	0am 9
	☉#♃	1 8
	♀⚼♂	2 43
	☽☌♂	3 8
	☽⚼♀	3 10
	☽∥♂	3 36
	☉∥☽	11 45
	☽#♃	12pm31
	☉☍☽	1 5
30 Th	☽∥♃	3am11
	☽⚻♀	4 37
	☉#☽	5 10
	☽□♅	6 55
	☿SR	8 38
	☽□♆	10 11
	☽#♂	12pm32
	☽☌♄	12 42
	☿⊻♃	1 39
	☽∥♄	4 13
	☽✶♇	10 19
	☽☍☿	11 21
	☽⚻♃	11 31

OCTOBER 1909

LONGITUDE

DAY	SID. TIME	☉	☽	☽ 12 Hour	MEAN ☊	TRUE ☊	☿	♀	♂	♃	♄	♅	♆	♇
	h m s	° ' "	° ' "	° ' "	° '	° '	° '	° '	° '	° '	° '	° '	° '	° '
1	0 36 20	7♎ 9 57	27♈ 57 35	5♉ 29 55	10♊ 38	9♊ 24R	27♎ 33R	16♏ 36	28♓ 52R	27♏ 40	20♈ 46R	17♑ 7	19♋ 12	26♊ 54R
2	0 40 17	8 8 58	12♉ 57 18	20 18 56	10 35	9 19	27 25	17 47	28 36	27 52	20 41	17 7	19 13	26 53
3	0 44 13	9 8 1	27 34 11	4♊ 42 40	10 32	9 16D	27 9	18 58	28 21	28 5	20 36	17 8	19 14	26 53
4	0 48 10	10 7 6	11♊ 44 12	18 38 46	10 29	9 16	26 45	20 9	28 6	28 18	20 32	17 8	19 15	26 53
5	0 52 6	11 6 14	25 26 31	2♋ 7 45	10 26	9 16	26 14	21 19	27 52	28 31	20 27	17 8	19 15	26 53
6	0 56 3	12 5 25	8♋ 42 48	15 12 9	10 23	9 17R	25 35	22 30	27 38	28 44	20 22	17 9	19 16	26 53
7	1 0 0	13 4 37	21 36 15	27 55 37	10 19	9 16	24 48	23 41	27 25	28 57	20 18	17 9	19 16	26 53
8	1 3 56	14 3 52	4♌ 10 45	10♌ 22 10	10 16	9 14	23 54	24 51	27 12	29 9	20 13	17 10	19 17	26 52
9	1 7 53	15 3 9	16 30 20	22 35 43	10 13	9 10	22 54	26 1	27 0	29 22	20 8	17 10	19 17	26 52
10	1 11 49	16 2 29	28 38 43	4♍ 39 46	10 10	9 3	21 48	27 12	26 49	29 35	20 4	17 11	19 18	26 52
11	1 15 46	17 1 50	10♍ 39 10	16 37 16	10 7	8 55	20 39	28 22	26 38	29 48	19 59	17 12	19 18	26 52
12	1 19 42	18 1 14	22 34 20	28 30 38	10 4	8 45	19 27	29 32	26 28	0♎ 0	19 54	17 12	19 19	26 51
13	1 23 39	19 0 40	4♎ 26 22	10♎ 21 47	10 0	8 35	18 15	0♐ 42	26 18	0 13	19 49	17 13	19 19	26 51
14	1 27 35	20 0 8	16 17 4	22 12 25	9 57	8 26	17 4	1 53	26 10	0 25	19 45	17 14	19 19	26 51
15	1 31 32	20 59 38	28 8 3	4♏ 4 9	9 54	8 18	15 58	3 3	26 2	0 38	19 40	17 15	19 20	26 50
16	1 35 28	21 59 10	10♏ 0 57	15 58 43	9 51	8 12	14 57	4 13	25 55	0 51	19 35	17 16	19 20	26 50
17	1 39 25	22 58 44	21 57 44	27 58 17	9 48	8 8	14 3	5 22	25 48	1 3	19 30	17 17	19 20	26 49
18	1 43 22	23 58 20	4♐ 0 45	10♐ 5 29	9 44	8 7D	13 19	6 32	25 43	1 16	19 25	17 18	19 20	26 49
19	1 47 18	24 57 58	16 12 56	22 23 31	9 41	8 7	12 44	7 42	25 38	1 28	19 21	17 19	19 20	26 49
20	1 51 15	25 57 37	28 37 43	4♑ 56 1	9 38	8 8	12 21	8 51	25 34	1 40	19 16	17 20	19 21	26 48
21	1 55 11	26 57 19	11♑ 18 55	17 46 54	9 35	8 10	12 8D	10 1	25 31	1 53	19 11	17 21	19 21	26 48
22	1 59 8	27 57 2	24 20 26	0♒ 59 56	9 32	8 10R	12 7	11 10	25 29	2 5	19 7	17 23	19 21	26 47
23	2 3 4	28 56 47	7♒ 45 45	14 38 8	9 29	8 10	12 17	12 20	25 28	2 17	19 2	17 24	19 21R	26 47
24	2 7 1	29 56 33	21 37 13	28 42 59	9 25	8 8	12 38	13 29	25 27D	2 30	18 57	17 25	19 21	26 46
25	2 10 57	0♏ 56 22	5♓ 55 15	13♓ 13 37	9 22	8 4	13 8	14 38	25 27	2 42	18 53	17 27	19 21	26 45
26	2 14 54	1 56 12	20 37 31	28 6 11	9 19	8 0	13 47	15 47	25 28	2 54	18 48	17 28	19 21	26 45
27	2 18 51	2 56 3	5♈ 38 38	13♈ 13 46	9 16	7 55	14 35	16 56	25 30	3 6	18 44	17 30	19 21	26 44
28	2 22 47	3 55 56	20 50 19	28 27 1	9 13	7 50	15 30	18 5	25 32	3 18	18 39	17 31	19 20	26 44
29	2 26 44	4 55 51	6♉ 2 32	13♉ 35 37	9 9	7 46	16 32	19 13	25 36	3 30	18 35	17 33	19 20	26 43
30	2 30 40	5 55 49	21 5 5	28 29 56	9 6	7 43	17 40	20 22	25 40	3 42	18 30	17 34	19 20	26 42
31	2 34 37	6♏ 55 48	5♊ 49 19	13♊ 2 33	9♊ 3	7♊ 42D	18♎ 52	21♐ 30	25♓ 45	3♎ 54	18♈ 26	17♑ 36	19♋ 20	26♊ 42

DECLINATION and LATITUDE

DAY	☉ DECL	☽ DECL	☽ LAT	☽ 12hr DECL	☿ DECL	☿ LAT	♀ DECL	♀ LAT	♂ DECL	♂ LAT	♃ DECL	♃ LAT	♄ DECL	♄ LAT
1	2S51	7N37	3S22	10N41	14S 2	3S40	17S55	1S 9	4S34	4S30	1N55	1N 5	5N32	2S47
2	3 14	13 35	2 16	16 14	13 57	3 39	18 18	1 13	4 37	4 25	1 50	1 5	5 30	2 47
3	3 37	18 37	1 2	20 41	13 49	3 36	18 41	1 16	4 39	4 21	1 45	1 5	5 29	2 47
4	4 1	22 25	0N13	23 48	13 36	3 32	19 4	1 20	4 41	4 17	1 40	1 5	5 27	2 47
5	4 24	24 48	1 26	25 25	13 19	3 26	19 26	1 23	4 43	4 12	1 35	1 5	5 25	2 47
6	4 47	25 40	2 31	25 34	12 58	3 18	19 48	1 27	4 44	4 8	1 30	1 5	5 23	2 47
7	5 10	25 7	3 27	24 21	12 32	3 8	20 9	1 30	4 45	4 3	1 25	1 5	5 21	2 47
8	5 33	23 17	4 11	21 57	12 1	2 57	20 30	1 33	4 46	3 59	1 20	1 5	5 20	2 47
9	5 56	20 23	4 43	18 36	11 27	2 44	20 50	1 37	4 46	3 54	1 15	1 5	5 18	2 47
10	6 19	16 39	5 1	14 32	10 48	2 29	21 10	1 40	4 47	3 50	1 10	1 5	5 16	2 47
11	6 42	12 17	5 6	9 56	10 6	2 12	21 29	1 43	4 47	3 45	1 5	1 5	5 14	2 47
12	7 4	7 30	4 57	4 60	9 22	1 54	21 48	1 47	4 46	3 40	0 60	1 5	5 12	2 47
13	7 27	2 27	4 36	0S 7	8 37	1 35	22 6	1 50	4 46	3 35	0 55	1 5	5 11	2 47
14	7 49	2S41	4 2	5 13	7 51	1 14	22 24	1 53	4 45	3 31	0 50	1 5	5 9	2 47
15	8 12	7 43	3 19	10 10	7 7	0 54	22 41	1 56	4 44	3 26	0 45	1 6	5 7	2 47
16	8 34	12 31	2 26	14 46	6 24	0 33	22 57	1 59	4 42	3 21	0 40	1 6	5 5	2 47
17	8 56	16 53	1 26	18 50	5 45	0 13	23 13	2 2	4 40	3 16	0 35	1 6	5 3	2 47
18	9 18	20 36	0 22	22 9	5 9	0N 7	23 28	2 5	4 38	3 12	0 30	1 6	5 2	2 47
19	9 40	23 28	0S44	24 31	4 39	0 25	23 43	2 8	4 36	3 7	0 25	1 6	4 60	2 47
20	10 2	25 16	1 49	25 42	4 14	0 42	23 57	2 11	4 33	3 2	0 21	1 6	4 58	2 47
21	10 24	25 48	2 51	25 34	3 54	0 58	24 11	2 14	4 30	2 58	0 16	1 6	4 56	2 47
22	10 45	24 57	3 45	23 59	3 41	1 12	24 23	2 17	4 26	2 53	0 11	1 6	4 55	2 47
23	11 6	22 40	4 29	20 60	3 33	1 25	24 36	2 20	4 23	2 48	0 6	1 6	4 53	2 47
24	11 27	19 0	4 58	16 43	3 31	1 36	24 47	2 22	4 19	2 44	0 1	1 6	4 51	2 47
25	11 48	14 9	5 11	11 22	3 35	1 45	24 58	2 25	4 15	2 39	0S 3	1 6	4 50	2 47
26	12 9	8 22	5 4	5 13	3 43	1 52	25 8	2 28	4 10	2 35	0 8	1 7	4 48	2 47
27	12 30	1 59	4 36	1N19	3 56	1 58	25 18	2 30	4 5	2 30	0 13	1 7	4 46	2 47
28	12 50	4N37	3 48	7 51	4 13	2 3	25 27	2 32	4 0	2 26	0 18	1 7	4 45	2 46
29	13 10	10 57	2 44	13 53	4 33	2 6	25 35	2 35	3 55	2 21	0 22	1 7	4 43	2 46
30	13 30	16 36	1 30	19 1	4 57	2 9	25 43	2 37	3 49	2 17	0 27	1 7	4 41	2 46
31	13S50	21N 7	0S10	22N52	5S24	2N10	25S50	2S39	3S43	2S13	0S31	1N 7	4N40	2S46

DAY	♅ DECL	♅ LAT	♆ DECL	♆ LAT	♇ DECL	♇ LAT
1	22S49	0S28	21N23	0S42	16N23	7S 2
5	22 49	0 28	21 22	0 42	16 23	7 2
9	22 48	0 28	21 22	0 42	16 23	7 2
13	22 48	0 28	21 22	0 42	16 22	7 3
17	22 47	0 28	21 21	0 42	16 22	7 3
21	22 47	0 27	21 21	0 42	16 21	7 4
25	22 46	0 27	21 21	0 43	16 21	7 4
29	22S45	0S27	21N21	0S43	16N20	7S 4

☽ PHENOMENA			
d	h	m	
6	6	44	☾
14	8	13	●
22	7	3	☽
28	22	7	○
d	h	° '	
6	2	25N41	
13	11	0	
20	22	25S49	
27	7	0	
3	20	0	
10	21	5N 6	
18	8	0	
25	4	5S11	
31	3	0	

VOID OF COURSE ☽ LAST ASPT	☽ INGRESS
30 11pm21	1 ♉ 3am14
3 1am17	3 ♊ 4am 4
5 5am35	5 ♋ 8am10
7 2pm11	7 ♌ 3pm58
9 8pm49	10 ♍ 2am42
12 8am39	12 ♎ 3pm 1
14 9pm23	15 ♏ 3am46
17 7am38	17 ♐ 4pm 2
19 8pm30	20 ♑ 2am37
22 7am 3	22 ♒ 10am13
24 8am43	24 ♓ 2pm 9
26 9am49	26 ♈ 3pm 2
28 9am16	28 ♉ 2pm27
30 7am26	30 ♊ 2pm27

d	h	
13	12	APOGEE
28	5	PERIGEE

DAILY ASPECTARIAN

Day	Aspect	Time
1 F	☽⊻♂	1am25
	♀*♅	10 28
	☉⊼☽	3pm42
	☽∠♇	10 17
	☽⚼♃	11 52
2 S	☽∠♂	1am 2
	☽#☿	1 36
	☽△♅	6 47
	☽☍♀	8 33
	☽*♆	10 13
	☽⊻♄	12pm32
	☽∥♇	12 43
	☉⚼☽	5 53
	☽⊻♇	10 52
	☽⊼☿	11 19
3 Su	☽#♀	0am25
	☽△♃	0 53
	☽*♂	1 17
	♀△♆	5 27
	☽⚼♅	7 38
	☽∠♆	11 12
	☽∠♄	1pm27
	♂☍♃	1 35
	☽∥♆	4 27
	☿△♇	4 56
	☉△☽	9 1
4	☽⚼☿	0am 2
M	☽#♅	3 5
	♀⊼♄	7 22
	☽⊼♅	9 22
	☽⊻♆	1pm 3
	☽*♄	3 13
	☽⊼♀	4 1
5 T	☽△☿	1am22
	☽☌♇	2 34
	☽□♂	4 15
	☽□♃	5 35
	☉∥♂	8pm44
	☽⚼♀	9 33
6 W	☉□☽	6am44
	☽☍♅	3pm38
	☽☌♆	7 36
	☽□♄	9 33
7 Th	☽△♀	4am19
	☽□☿	5 41
	☽⊻♇	10 0
	☽△♂	10 50
	☉#♄	11 2
	☿⊻♀	1pm15
	☽*♃	2 11
8 F	☽#♅	4am33
	☽∠♇	2pm56
	☽⚼♂	3 19
	☽∥♆	4 41
	☽∠♃	7 44
	☉*☽	8 54
	☽#♀	9 1
9 S	☽⊼♅	1am19
	☽⊻♆	5 29
	☽△♄	7 6
	☽*☿	11 35
	♂□♇	4pm32
	♀△♂	5 9
	♀⊼♇	5 15
	☽⊼♂	8 24
	☽*♇	8 28
	☽□♀	8 49
10 Su	☽∥♇	1am36
	☽⊻♃	1 54
	☉∠☽	5 12
	☽⚼♅	7 3
	☽∠♆	11 17
	☽⚼♄	12pm43
	♀#♆	2 43
	☽∠☿	2 52
11 M	☉□♅	4am 3
	☽#☿	1pm 7
	☽△♅	1 10
	☉⊻☽	1 59
	☿☍♄	2 24
	☽*♆	5 25
	☽⊻☿	6 17
	☽⊼♄	6 39
	♃ ♎	11 33
12 T	☉#☽	1am54
	☿□♆	2 48
	☽☍♂	7 45
	☽□♇	8 39
	♀ ♐	9 28
	☽∥♄	11 4
	♀*♃	11 39
	☽#♂	1pm 5
	☽☌♃	3 18
	☽*♀	3 37
	☉☌☿	3 39
13 W	☽∥♃	7am19
	☉□♆	7 27
	☽#♃	3pm30
	☉☍♄	6 10
	☿□♅	8 42
14 Th	☉∥☿	0am39
	☽∠♀	1 20
	☽☌☿	1 28
	☽□♅	1 56
	☿∠♀	2 3
	☽□♆	6 10
	☽☍♄	6 58
	♀∠♅	7 28
	☉☌☽	8 13
	☽∥♂	9 43
	☽#♄	11 35
	☽⊼♂	7pm47
	☽△♇	9 23
	☽∥☿	9 25
15 F	☉∥☽	2am29
	☽⊻♃	5 9
	♀∥♅	9 57
	☽⊻♀	11 0
16 S	☽⚼♂	1am48
	♀⚼♆	2 33
	☽⚼♇	3 39
	♀⚼♄	7 13
	☽⊻☿	9 12
	☽∠♃	11 56
	☽*♅	2pm36
	☽△♆	6 44
	☽⊼♄	7 6
	☽#♇	8 59
17 Su	☉⊻☽	2am13
	☽△♂	7 38
	☽⊼♇	9 43
	☽∠☿	1pm18
	☽*♃	6 27
	☽∠♅	8 36
18 M	☽⚼♆	0am39
	☽⚼♄	0 49
	☽☌♀	5 31
	☽#♆	5 38
	☿#♄	5 59
	☉∠☽	10 40
	☽*☿	5pm28
	☽∥♅	5 30
19 T	♄□♆	1am 8
	☽⊻♅	2 9
	☽∥♀	2 56
	☿∥♂	3 7
	☽△♄	6 3
	☽⊼♆	6 5
	☉⊼♂	3pm11
	☽□♂	6 10
	☉*☽	6 26
	☽☍♇	8 30
20 W	☽□♃	5am55
	☉△♇	8pm 8
	☽⊻♀	9 20
21 Th	☽□☿	1am31
	☽☌♅	11 14
	☿SD	2pm12
	☽□♄	2 30
	☽☍♆	2 53
22 F	☽*♂	2am 4
	☽∠♀	3 38
	☽⊼♇	4 25
	☽∥♀	6 43
	☉□☽	7 3
	☽△♃	2pm 9
	☿*♀	10 49
	☽∥♅	11 5
23 S	☽∠♂	4am43
	♆SR	5 1
	☽⚼♇	7 1
	☽△☿	8 5
	☽*♀	8 43
	☽#♆	9 36
	☽⊻♅	4pm48
	☽⚼♃	4 50
	☽*♄	7 28
	☽⊼♆	8 7
24 Su	☉ ♏	1am23
	☽⊻♂	6 30
	♂SD	7 23
	☽△♇	8 43
	☽⚼☿	10 30
	☽#♇	1pm48
	☉△☽	3 6
	☽∠♅	6 13
	☽⊼♃	6 35
	☽∠♄	8 38
	☽⚼♆	9 23
25 M	☉∥☽	9am33
	☽⊼☿	12pm22
	☽□♀	3 30
	☉⚼☽	5 36
	☽*♅	6 53
	☽⊻♄	9 4
	☽△♆	9 56
26 T	☽☌♂	7am48
	☽□♇	9 49
	☽#♄	1pm38
	☽∥♂	4 7
	☽∥☿	5 4
	☉⊼☽	7 24
	☽☍♃	7 54
27 W	☉⊻♃	5am 2
	☽∥♃	6 21
	☽#♃	8 4
	☿∥♂	10 49
	♀⊻♅	11 57
	☽☍☿	3pm 2
	☽□♅	6 45
	☽△♀	7 18
	☽☌♄	8 34
	☽□♆	9 38
	☽#♂	9 48
	☽#☿	10 28
28 Th	☽∥♄	0am29
	☽⊻♂	7 26
	☽*♇	9 16
	♀△♄	11 12
	☽⊼♃	7pm56
	☽⚼♀	8 53
	☉☍☽	10 7
29 F	♀⊼♆	2am21
	☽∠♂	7 15
	☽∠♇	9 0
	☿#♄	9 25
	☉#☽	9 32
	☽⊼☿	6pm 3
	☽△♅	6 21
	☽⊻♄	7 52
	☽⚼♃	8 7
	☽*♆	9 11
	☿□♅	10 6
	☽⊼♀	10 45
	☽∥♇	10 49
30 S	☽*♂	7am26
	☽⊻♇	9 5
	☿☍♄	3pm53
	☽⚼♅	6 41
	☽∠♄	8 5
	☽⚼☿	8 29
	☽△♃	8 47
	☽∠♆	9 33
31 Su	☽∥♆	1am29
	☉⊼☽	1 58
	☿□♆	8 42
	☽#♅	11 8
	☽⊼♅	7pm43
	☽*♄	8 58
	☽⊻♆	10 36
	☽△☿	12 0

LONGITUDE

DAY	SID. TIME	☉	☽	☽ 12 Hour	MEAN ☊	TRUE ☊	☿	♀	♂	♃	♄	♅	♆	♇
	h m s	° ' "	° ' "	° ' "	° '	° '	° '	° '	° '	° '	° '	° '	° '	° '
1	2 38 33	7♏ 55 49	20♊ 9 12	27♊ 8 59	9♊ 0	7♊ 43	20♎ 9	22♐ 39	25♓ 50	4♎ 6	18♈ 21R	17♉ 38	19♋ 19R	26♊ 41R
2	2 42 30	8 55 52	4♋ 1 48	10♋ 47 43	8 57	7 44	21 30	23 47	25 56	4 18	18 17	17 39	19 19	26 40
3	2 46 26	9 55 58	17 26 57	23 59 47	8 54	7 45	22 53	24 55	26 3	4 29	18 13	17 41	19 19	26 39
4	2 50 23	10 56 5	0♌ 26 39	6♌ 47 59	8 50	7 47R	24 20	26 3	26 11	4 41	18 9	17 43	19 18	26 39
5	2 54 20	11 56 15	13 4 18	19 16 9	8 47	7 47	25 48	27 11	26 20	4 52	18 4	17 45	19 18	26 38
6	2 58 16	12 56 26	25 24 6	1♍ 28 40	8 44	7 46	27 18	28 18	26 29	5 4	18 0	17 47	19 18	26 37
7	3 2 13	13 56 40	7♍ 30 26	13 29 54	8 41	7 44	28 50	29 26	26 39	5 15	17 56	17 49	19 17	26 36
8	3 6 9	14 56 56	19 27 35	25 23 58	8 38	7 42	0♏ 23	0♑ 33	26 49	5 27	17 52	17 51	19 17	26 35
9	3 10 6	15 57 13	1♎ 19 29	7♎ 14 32	8 35	7 38	1 57	1 40	27 0	5 38	17 48	17 53	19 16	26 35
10	3 14 2	16 57 33	13 9 32	19 4 47	8 31	7 35	3 31	2 47	27 12	5 49	17 44	17 55	19 15	26 34
11	3 17 59	17 57 54	25 0 38	0♏ 57 20	8 28	7 31	5 6	3 54	27 25	6 1	17 41	17 57	19 15	26 33
12	3 21 55	18 58 17	6♏ 55 10	12 54 21	8 25	7 29	6 42	5 1	27 38	6 12	17 37	17 59	19 14	26 32
13	3 25 52	19 58 42	18 55 6	24 57 38	8 22	7 27	8 17	6 7	27 52	6 23	17 33	18 2	19 14	26 31
14	3 29 49	20 59 9	1♐ 2 9	7♐ 8 51	8 19	7 26D	9 53	7 14	28 6	6 34	17 30	18 4	19 13	26 30
15	3 33 45	21 59 37	13 17 54	19 29 32	8 15	7 26	11 29	8 20	28 21	6 45	17 26	18 6	19 12	26 29
16	3 37 42	23 0 7	25 43 56	2♑ 1 22	8 12	7 26	13 5	9 26	28 36	6 55	17 23	18 9	19 11	26 28
17	3 41 38	24 0 38	8♑ 22 1	14 46 9	8 9	7 27	14 41	10 31	28 52	7 6	17 19	18 11	19 11	26 27
18	3 45 35	25 1 11	21 14 2	27 45 53	8 6	7 28	16 17	11 37	29 9	7 17	17 16	18 13	19 10	26 26
19	3 49 31	26 1 45	4♒ 21 57	11♒ 2 28	8 3	7 29	17 53	12 42	29 26	7 27	17 13	18 16	19 9	26 25
20	3 53 28	27 2 19	17 47 37	24 37 33	8 0	7 30R	19 29	13 47	29 44	7 38	17 10	18 18	19 8	26 24
21	3 57 24	28 2 55	1♓ 32 21	8♓ 32 1	7 56	7 30	21 5	14 52	0♈ 2	7 48	17 7	18 21	19 7	26 23
22	4 1 21	29 3 33	15 36 29	22 45 33	7 53	7 29	22 40	15 56	0 21	7 59	17 4	18 24	19 6	26 22
23	4 5 18	0♐ 4 11	29 58 55	7♈ 16 8	7 50	7 29	24 16	17 1	0 41	8 9	17 1	18 26	19 5	26 21
24	4 9 14	1 4 51	14♈ 36 39	21 59 45	7 47	7 28	25 51	18 5	1 0	8 19	16 58	18 29	19 4	26 20
25	4 13 11	2 5 31	29 24 41	6♉ 50 32	7 44	7 28	27 26	19 8	1 21	8 29	16 56	18 32	19 3	26 19
26	4 17 7	3 6 13	14♉ 16 21	21 41 12	7 41	7 27	29 1	20 12	1 41	8 39	16 53	18 34	19 2	26 18
27	4 21 4	4 6 56	29 4 5	6♊ 24 4	7 37	7 27	0♐ 36	21 15	2 2	8 49	16 51	18 37	19 1	26 17
28	4 25 0	5 7 41	13♊ 40 19	20 52 4	7 34	7 27D	2 10	22 18	2 24	8 58	16 48	18 40	19 0	26 16
29	4 28 57	6 8 26	27 58 41	4♋ 59 40	7 31	7 27R	3 45	23 20	2 46	9 8	16 46	18 43	18 59	26 15
30	4 32 53	7♐ 9 13	11♋ 54 39	18♋ 43 26	7♊ 28	7♊ 27	5♐ 19	24♑ 22	3♈ 8	9♎ 17	16♈ 44	18♉ 45	18♋ 58	26♊ 14

DECLINATION and LATITUDE

DAY	☉ DECL	☽ DECL	☽ LAT	☽ 12hr DECL	☿ DECL	☿ LAT	♀ DECL	♀ LAT	♂ DECL	♂ LAT	♃ DECL	♃ LAT	♄ DECL	♄ LAT
1	14S10	24N13	1N 8	25N10	5S53	2N10	25S56	2S41	3S37	2S 9	0S36	1N 7	4N38	2S46
2	14 29	25 43	2 19	25 52	6 24	2 9	26 1	2 43	3 31	2 4	0 41	1 7	4 37	2 46
3	14 48	25 38	3 21	25 3	6 56	2 7	26 6	2 45	3 25	2 0	0 45	1 7	4 35	2 46
4	15 7	24 8	4 10	22 56	7 30	2 4	26 10	2 47	3 18	1 56	0 50	1 8	4 34	2 46
5	15 25	21 28	4 46	19 46	8 5	2 1	26 14	2 48	3 11	1 52	0 54	1 8	4 32	2 46
6	15 44	17 52	5 7	15 49	8 41	1 58	26 16	2 50	3 4	1 48	0 59	1 8	4 31	2 45
7	16 2	13 37	5 14	11 18	9 18	1 54	26 19	2 52	2 56	1 45	1 3	1 8	4 30	2 45
8	16 20	8 53	5 8	6 24	9 55	1 49	26 20	2 53	2 48	1 41	1 7	1 8	4 28	2 45
9	16 37	3 53	4 48	1 19	10 32	1 44	26 21	2 54	2 40	1 37	1 12	1 8	4 27	2 45
10	16 55	1S16	4 16	3S50	11 9	1 39	26 21	2 55	2 32	1 33	1 16	1 8	4 26	2 45
11	17 12	6 23	3 33	8 53	11 46	1 33	26 20	2 56	2 24	1 30	1 20	1 8	4 24	2 45
12	17 28	11 18	2 41	13 38	12 23	1 27	26 19	2 57	2 16	1 26	1 25	1 9	4 23	2 45
13	17 45	15 51	1 40	17 55	12 60	1 21	26 16	2 58	2 7	1 23	1 29	1 9	4 22	2 44
14	18 1	19 48	0 35	21 29	13 36	1 15	26 14	2 59	1 58	1 19	1 33	1 9	4 21	2 44
15	18 16	22 57	0S33	24 8	14 12	1 8	26 10	2 59	1 49	1 16	1 37	1 9	4 19	2 44
16	18 32	25 3	1 40	25 38	14 48	1 2	26 6	2 60	1 40	1 13	1 41	1 9	4 18	2 44
17	18 47	25 54	2 43	25 49	15 23	0 55	26 2	3 0	1 30	1 9	1 46	1 9	4 17	2 44
18	19 2	25 23	3 40	24 36	15 57	0 48	25 56	3 0	1 21	1 6	1 50	1 10	4 16	2 43
19	19 16	23 29	4 26	22 1	16 31	0 41	25 50	3 0	1 11	1 3	1 54	1 10	4 15	2 43
20	19 30	20 14	4 59	18 10	17 4	0 34	25 43	3 0	1 1	0 60	1 58	1 10	4 14	2 43
21	19 44	15 50	5 15	13 16	17 36	0 28	25 36	2 60	0 51	0 57	2 2	1 10	4 13	2 43
22	19 57	10 30	5 14	7 33	18 7	0 21	25 28	2 60	0 41	0 54	2 5	1 10	4 12	2 43
23	20 11	4 29	4 53	1 20	18 37	0 14	25 20	2 59	0 31	0 51	2 9	1 10	4 11	2 42
24	20 23	1N52	4 13	5N 4	19 7	0 7	25 10	2 58	0 20	0 48	2 13	1 10	4 10	2 42
25	20 35	8 13	3 16	11 15	19 36	0 0	25 1	2 57	0 9	0 45	2 17	1 11	4 10	2 42
26	20 47	14 8	2 5	16 48	20 3	0S 7	24 50	2 56	0N 1	0 42	2 21	1 11	4 9	2 42
27	20 59	19 12	0 46	21 18	20 30	0 13	24 39	2 55	0 12	0 40	2 24	1 11	4 8	2 42
28	21 10	23 1	0N35	24 22	20 56	0 20	24 28	2 54	0 23	0 37	2 28	1 11	4 7	2 41
29	21 21	25 18	1 52	25 48	21 21	0 27	24 16	2 53	0 34	0 34	2 32	1 11	4 7	2 41
30	21S31	25N54	2N60	25N36	21S44	0S33	24S 3	2S51	0N46	0S32	2S35	1N12	4N 6	2S41

DAY	♅ DECL	♅ LAT	♆ DECL	♆ LAT	♇ DECL	♇ LAT
1	22S44	0S27	21N21	0S43	16N20	7S 5
5	22 43	0 27	21 21	0 43	16 20	7 5
9	22 42	0 27	21 22	0 43	16 19	7 5
13	22 41	0 27	21 22	0 43	16 19	7 5
17	22 40	0 27	21 22	0 43	16 19	7 5
21	22 38	0 27	21 23	0 43	16 19	7 6
25	22 37	0 27	21 23	0 43	16 18	7 6
29	22S35	0S27	21N24	0S43	16N18	7S 6

☽ PHENOMENA

d	h	m	
4	21	38	☾
13	2	18	●
20	17	29	☽
27	8	52	○

d	h	° '
2	11	25N52
9	18	0
17	3	25S55
23	17	0
29	21	25N55

d	h	° '
7	0	5N14
14	13	0
21	10	5S17
27	14	0

VOID OF COURSE ☽

LAST ASPT	☽ INGRESS
1 11am11	1 ♋ 4pm57
3 3pm58	3 ♌ 11pm10
6 6am18	6 ♍ 9am 4
8 3pm 6	8 ♎ 9pm19
11 3am 6	11 ♏ 10am 4
13 6pm 5	13 ♐ 9pm58
16 5am37	16 ♑ 8am 9
18 2pm51	18 ♒ 4pm 5
20 5pm29	20 ♓ 9pm20
22 5pm59	23 ♈ 0am 2
24 7pm 0	25 ♉ 0am57
26 10am19	27 ♊ 1am31
28 9pm 4	29 ♋ 3am26

d	h	
9	18	APOGEE
25	13	PERIGEE

DAILY ASPECTARIAN

Day	Aspect	Time
1 M	☽☍♀	4am38
	☉⚼☽	5 6
	☽□♂	9 48
	☽☌♇	11 11
2 T	☽□♃	0am28
	☉△☽	9 22
3 W	☽☍♅	0am26
	☽□♄	1 23
	☉∠♀	2 59
	☽☌♆	3 24
	☽□☿	11 11
	☽⚻♀	3pm 1
	☽△♂	3 58
	☽⚺♇	4 55
4 Th	♀□♂	3am20
	☉⚼♂	6 59
	☽⚹♃	8 6
	♀☍♇	12pm29
	☽#♅	1 47
	☉⚼♇	4 44
	☽⚼♂	8 37
	☽∠♇	9 14
	☉□☽	9 38
	☽⚼♀	10 7
5 F	☽∥♆	0am46
	☽⚻♅	9 4
	☿⚻♂	9 21
	☽△♄	9 37
	☽⚺♆	12pm 3
	☿△♇	1 8
	☽∠♃	1 23
6 S	☽⚻♂	2am 9
	☽⚹♇	2 23
	☽⚹☿	4 17
	☽△♀	6 18
	☽∥♇	9 5
	☉#☽	11 38
	☽⚼♅	2pm38
	☽⚼♄	2 57
	☽∠♆	5 35
	♂□♇	6 37
	☽⚺♃	7 27
7 Su	♀ ♑	12pm12
	☉⚹☽	2 5
	☽∠☿	2 33
	☿ ♏	6 6
	☽#☿	7 32
	☽△♅	8 45
	☽⚻♄	8 49
	☽⚹♆	11 38
	☉#♇	11 43
8 M	♄□♅	5am27
	☿⚹♀	9 17
	☽□♇	2pm23
	☽☍♂	3 6
	☽∥♄	9 18
	☉∠☽	11 11
9 T	☽□♀	0am47
	☽⚺☿	1 27
	☽#♂	5 47
	☽☌♃	8 53
	☽#♃	12pm22
10 W	☽∥♃	0am 1
	☽∥♂	5 47
	☉⚺☽	8 25
	☽☍♄	9 14
	☽□♅	9 41
	☽□♆	12pm21
	☽#♄	2 42
	☉⚻♄	5 34
	☉⚹♅	11 43
11 Th	☽△♇	3am 6
	☽⚻♂	4 56
	☿⚺♃	3pm30
	☽⚹♀	7 47
	☽⚺♃	10 31
	☽☌☿	11 29
12 F	☉△♆	6am16
	☽∥☿	6 21
	☽⚼♇	9 14
	☽⚼♂	11 40
	☽⚻♄	9pm18
	☽⚹♅	10 13
13 S	☽△♆	0am37
	☉☌☽	2 18
	☽#♇	2 40
	☽∠♀	4 49
	☽∠♃	4 58
	♀□♃	6 43
	☉∥☽	11 47
	☽⚻♇	3pm 4
	☽△♂	6 5
14 Su	☽⚼♄	2am52
	☽∠♅	4 0
	☽⚼♆	6 15
	☽⚹♃	11 1
	☽#♆	11 5
	☽⚺♀	1pm21
	☉∠♃	4 46
	☽⚺☿	7 57
	☽∥♅	9 37
	☿⚼♇	11 57
15 M	☽△♄	8am 0
	☽⚺♅	9 21
	☽⚻♆	11 26
	☉⚺☽	6pm18
	♂∥♃	9 4
16 T	☽☍♇	1am25
	☽∠☿	5 10
	☽□♂	5 37
	☿⚼♂	9 18
	☽□♃	9pm35
17 W	☉∠☽	1am19
	☽☌♀	4 26
	☽⚹☿	1pm32
	☽□♄	4 41
	☽☌♅	6 25
	☽☍♆	8 10
18 Th	☉⚹☽	7am33
	☽⚻♇	9 33
	☿⚻♄	2pm15
	☽⚹♂	2 51
	☿#♇	3 28
19 F	☽△♃	5am39
	☿⚹♅	5 50
	☽∥♅	7 6
	☉⚻♇	9 9
	☽⚼♇	12pm40
	☽⚺♀	4 16
	☽#♆	4 33
	☽∠♂	6 28
	☿△♆	6 47
	☽⚹♄	10 54
20 S	☽⚺♅	0am55
	☽⚻♆	2 22
	☽□☿	3 23
	☉∥☽	4 12
	☽⚼♃	8 37
	☽△♇	3pm 5
	☽∥☿	4 1
	☉□☽	5 29
	♂ ♈	8 46
	☽∠♀	8 52
	☽⚺♂	9 21
	☽#♇	9 40
21 Su	☽∠♄	0am59
	☽∠♅	3 8
	☽⚼♆	4 26
	☽⚻♃	10 53
22 M	☽⚹♀	0am36
	☽⚺♄	2 27
	☽⚹♅	4 42
	☿∠♃	5 10
	☽△♆	5 52
	☽△☿	1pm19
	☽□♇	5 59
	☉ ♐	10 20
23 T	☉△☽	0am 9
	♀□♄	0 10
	☽#♄	1 9
	☽☌♂	1 10
	☽∥♃	8 48
	☽☍♃	1pm36
	☽∥♂	3 31
	☽⚼☿	5 7
	☽#♂	6 24
	☉△♂	9 21
24 W	☽#♃	1am19
	☉⚼☽	2 34
	☽☌♄	3 50
	☽□♀	6 5
	☽□♅	6 19
	☽□♆	7 15
	☿⚻♇	7 19
	☽∥♄	8 37
	♀☌♅	9 28
	☽⚹♇	7pm 0
	☉⚼♄	8 19
	☽⚻☿	8 25
	♀☍♆	10 3
25 Th	☽⚺♂	3am12
	☉⚻☽	4 39
	☽⚻♃	2pm49
	☽∠♇	7 12
26 F	☽∠♂	4am 0
	☽⚺♄	4 13
	☽△♅	6 58
	☽⚹♆	7 42
	☽∥♇	9 41
	☽△♀	10 19
	☉∠♅	11 36
	☿ ♐	3pm 0
	☽⚼♃	3 21
	☽⚺♇	7 28
	☉⚼♆	9 43
27 S	☽☍☿	2am47
	☽∠♄	4 31
	☽⚹♂	4 58
	☽⚼♅	7 27
	☽∠♆	8 5
	☽#☿	8 6
	☉☍☽	8 52
	☉#☽	10 35
	☽⚼♀	12pm40
	☽∥♆	12 40
	☽△♃	4 9
	☿⚼♄	6 36
	☽#♅	8 48
28 Su	☿△♂	4am32
	☽⚹♄	5 12
	☽⚻♅	8 20
	☽⚺♆	8 52
	☽#♀	12pm 4
	☽⚻♀	3 32
	☽☌♇	9 4
	☿∠♅	11 26
	☉∥☿	11 45
29 M	☿#♆	3am 9
	☿⚼♆	3 31
	☉#♆	7 41
	☽□♂	8 24
	☽⚻☿	11 7
	☉⚻☽	3pm 5
	☽□♃	7 23
30 T	☽□♄	8am27
	☽☍♅	12pm 6
	☽☌♆	12 24
	☽⚼☿	4 48
	☉⚼☽	7 36
	☽☍♀	11 56

DECEMBER 1909

LONGITUDE

DAY	SID. TIME	☉	☽	☽ 12 Hour	MEAN ☊	TRUE ☊	☿	♀	♂	♃	♄	♅	♆	♇
	h m s	° ' "	° ' "	° ' "	° '	° '	° '	° '	° '	° '	° '	° '	° '	° '
1	4 36 50	8♐ 10 2	25♋ 25 57	2♌ 2 16	7♊ 25	7♊ 27R	6♐ 54	25♑ 24	3♈ 31	9♎ 27	16♈ 42R	18♑ 48	18♋ 57R	26♊ 12R
2	4 40 47	9 10 52	8♌ 32 33	14 57 5	7 21	7 27	8 28	26 26	3 54	9 36	16 40	18 51	18 55	26 11
3	4 44 43	10 11 43	21 16 15	27 30 30	7 18	7 26	10 2	27 27	4 18	9 45	16 38	18 54	18 54	26 10
4	4 48 40	11 12 35	3♍ 40 18	9♍ 46 13	7 15	7 26D	11 36	28 27	4 42	9 54	16 36	18 57	18 53	26 9
5	4 52 36	12 13 29	15 48 49	21 48 41	7 12	7 26	13 11	29 27	5 6	10 3	16 35	19 0	18 52	26 8
6	4 56 33	13 14 24	27 46 24	3♎ 42 35	7 9	7 27	14 45	0♒ 27	5 31	10 12	16 33	19 3	18 50	26 7
7	5 0 29	14 15 20	9♎ 37 49	15 32 38	7 6	7 27	16 19	1 27	5 56	10 21	16 32	19 6	18 49	26 6
8	5 4 26	15 16 18	21 27 36	27 23 13	7 2	7 28	17 53	2 26	6 21	10 30	16 30	19 9	18 48	26 4
9	5 8 23	16 17 17	3♏ 19 58	9♏ 18 17	6 59	7 29	19 28	3 24	6 47	10 38	16 29	19 12	18 46	26 3
10	5 12 19	17 18 16	15 18 35	21 21 12	6 56	7 30	21 2	4 22	7 13	10 47	16 28	19 16	18 45	26 2
11	5 16 16	18 19 17	27 26 26	3♐ 34 34	6 53	7 31R	22 36	5 20	7 39	10 55	16 27	19 19	18 43	26 1
12	5 20 12	19 20 19	9♐ 45 49	16 0 19	6 50	7 31	24 11	6 17	8 6	11 3	16 26	19 22	18 42	26 0
13	5 24 9	20 21 22	22 18 13	28 39 34	6 47	7 30	25 45	7 13	8 33	11 11	16 25	19 25	18 41	25 59
14	5 28 5	21 22 25	5♑ 4 25	11♑ 32 46	6 43	7 29	27 20	8 9	9 0	11 19	16 24	19 28	18 39	25 57
15	5 32 2	22 23 29	18 4 35	24 39 48	6 40	7 27	28 55	9 5	9 27	11 27	16 24	19 32	18 38	25 56
16	5 35 58	23 24 34	1♒ 18 21	8♒ 0 9	6 37	7 25	0♑ 29	9 59	9 55	11 34	16 23	19 35	18 36	25 55
17	5 39 55	24 25 39	14 45 4	21 33 2	6 34	7 23	2 4	10 53	10 23	11 42	16 23	19 38	18 35	25 54
18	5 43 52	25 26 44	28 23 54	5♓ 17 33	6 31	7 20	3 39	11 47	10 51	11 49	16 23	19 41	18 33	25 53
19	5 47 48	26 27 50	12♓ 13 53	19 12 45	6 27	7 19	5 15	12 40	11 20	11 56	16 22D	19 45	18 32	25 52
20	5 51 45	27 28 56	26 14 1	3♈ 17 30	6 24	7 19D	6 50	13 32	11 49	12 3	16 22	19 48	18 30	25 50
21	5 55 41	28 30 2	10♈ 23 0	17 30 18	6 21	7 19	8 25	14 23	12 18	12 10	16 22	19 52	18 29	25 49
22	5 59 38	29 31 8	24 39 7	1♉ 49 10	6 18	7 20	10 0	15 13	12 47	12 17	16 23	19 55	18 27	25 48
23	6 3 34	0♑ 32 15	9♉ 0 2	16 11 19	6 15	7 22	11 35	16 3	13 17	12 24	16 23	19 58	18 25	25 47
24	6 7 31	1 33 22	23 22 32	0♊ 33 10	6 12	7 23R	13 11	16 52	13 47	12 30	16 23	20 2	18 24	25 46
25	6 11 27	2 34 29	7♊ 42 39	14 50 24	6 8	7 23	14 46	17 40	14 17	12 36	16 24	20 5	18 22	25 44
26	6 15 24	3 35 36	21 55 50	28 58 21	6 5	7 22	16 21	18 27	14 47	12 43	16 24	20 9	18 21	25 43
27	6 19 21	4 36 43	5♋ 57 26	12♋ 52 33	6 2	7 20	17 56	19 13	15 17	12 49	16 25	20 12	18 19	25 42
28	6 23 17	5 37 51	19 43 16	26 29 15	5 59	7 16	19 30	19 58	15 48	12 55	16 26	20 15	18 17	25 41
29	6 27 14	6 38 59	3♌ 10 14	9♌ 46 3	5 56	7 12	21 4	20 42	16 18	13 0	16 27	20 19	18 16	25 40
30	6 31 10	7 40 7	16 16 40	22 42 7	5 53	7 6	22 37	21 25	16 49	13 6	16 28	20 22	18 14	25 39
31	6 35 7	8♑ 41 15	29♌ 2 34	5♍ 18 16	5♊ 49	7♊ 1	24♑ 10	22♒ 7	17♈ 20	13♎ 11	16♈ 29	20♑ 26	18♋ 12	25♊ 37

DECLINATION and LATITUDE

DAY	☉ DECL	☽ DECL	☽ LAT	☽ 12hr DECL	☿ DECL	☿ LAT	♀ DECL	♀ LAT	♂ DECL	♂ LAT	♃ DECL	♃ LAT	♄ DECL	♄ LAT
1	21S41	24N56	3N56	23N55	22S 7	0S39	23S50	2S49	0N57	0S29	2S39	1N12	4N 6	2S41
2	21 50	22 36	4 38	21 2	22 29	0 46	23 37	2 47	1 8	0 27	2 42	1 12	4 5	2 40
3	21 59	19 13	5 5	17 14	22 49	0 52	23 23	2 45	1 20	0 25	2 46	1 12	4 5	2 40
4	22 8	15 5	5 17	12 48	23 8	0 58	23 8	2 43	1 32	0 22	2 49	1 12	4 4	2 40
5	22 16	10 25	5 14	7 57	23 27	1 4	22 53	2 40	1 43	0 20	2 52	1 12	4 4	2 40
6	22 24	5 26	4 58	2 53	23 43	1 9	22 37	2 37	1 55	0 18	2 56	1 13	4 3	2 39
7	22 31	0 18	4 29	2S16	23 59	1 15	22 21	2 34	2 7	0 15	2 59	1 13	4 3	2 39
8	22 38	4S50	3 49	7 22	24 14	1 20	22 5	2 31	2 19	0 13	3 2	1 13	4 3	2 39
9	22 45	9 50	2 58	12 14	24 27	1 25	21 48	2 28	2 31	0 11	3 5	1 13	4 3	2 39
10	22 51	14 31	2 0	16 41	24 39	1 30	21 31	2 24	2 44	0 9	3 8	1 13	4 2	2 38
11	22 56	18 42	0 56	20 31	24 49	1 35	21 13	2 21	2 56	0 7	3 11	1 14	4 2	2 38
12	23 1	22 8	0S12	23 30	24 59	1 39	20 55	2 17	3 8	0 5	3 14	1 14	4 2	2 38
13	23 6	24 35	1 21	25 21	25 7	1 44	20 37	2 13	3 21	0 3	3 17	1 14	4 2	2 37
14	23 10	25 48	2 27	25 54	25 13	1 48	20 18	2 8	3 33	0 1	3 20	1 14	4 2	2 37
15	23 14	25 38	3 26	25 0	25 18	1 52	19 59	2 4	3 46	0N 1	3 23	1 14	4 2	2 37
16	23 17	24 1	4 15	22 42	25 22	1 55	19 40	1 59	3 58	0 3	3 26	1 15	4 2	2 37
17	23 20	21 3	4 51	19 7	25 24	1 58	19 20	1 54	4 11	0 5	3 29	1 15	4 2	2 36
18	23 22	16 54	5 12	14 27	25 25	2 1	19 0	1 49	4 24	0 6	3 31	1 15	4 2	2 36
19	23 24	11 49	5 14	9 0	25 25	2 4	18 40	1 43	4 37	0 8	3 34	1 15	4 3	2 36
20	23 26	6 4	4 58	3 2	25 23	2 6	18 20	1 38	4 49	0 10	3 36	1 16	4 3	2 36
21	23 27	0N 3	4 25	3N 9	25 19	2 8	17 59	1 32	5 2	0 11	3 39	1 16	4 3	2 35
22	23 27	6 14	3 34	9 14	25 14	2 10	17 39	1 26	5 15	0 13	3 41	1 16	4 3	2 35
23	23 27	12 8	2 30	14 52	25 7	2 11	17 18	1 19	5 28	0 15	3 44	1 16	4 4	2 35
24	23 27	17 24	1 16	19 40	24 59	2 12	16 57	1 13	5 41	0 16	3 46	1 17	4 4	2 34
25	23 26	21 38	0N 2	23 16	24 49	2 12	16 35	1 6	5 54	0 18	3 48	1 17	4 5	2 34
26	23 24	24 31	1 19	25 23	24 38	2 12	16 14	0 59	6 7	0 19	3 50	1 17	4 5	2 34
27	23 22	25 49	2 30	25 51	24 25	2 11	15 53	0 51	6 21	0 21	3 53	1 17	4 6	2 34
28	23 20	25 29	3 32	24 45	24 10	2 10	15 31	0 44	6 34	0 22	3 55	1 17	4 6	2 33
29	23 17	23 40	4 19	22 16	23 54	2 8	15 10	0 36	6 47	0 24	3 57	1 18	4 7	2 33
30	23 14	20 36	4 52	18 43	23 37	2 6	14 48	0 27	6 60	0 25	3 59	1 18	4 8	2 33
31	23S10	16N38	5N 9	14N24	23S18	2S 3	14S27	0S19	7N13	0N26	4S 1	1N18	4N 8	2S33

DAY	♅ DECL	♅ LAT	♆ DECL	♆ LAT	♇ DECL	♇ LAT
1	22S35	0S27	21N24	0S43	16N18	7S 6
5	22 33	0 27	21 25	0 43	16 18	7 6
9	22 31	0 27	21 26	0 43	16 18	7 6
13	22 29	0 27	21 26	0 43	16 18	7 6
17	22 27	0 27	21 27	0 43	16 18	7 5
21	22 25	0 27	21 28	0 43	16 18	7 5
25	22 23	0 27	21 29	0 43	16 18	7 5
29	22S21	0S27	21N30	0S43	16N18	7S 5

☽ PHENOMENA

d	h	m	
4	16	13	☾
12	19	59	●
20	2	18	☽
26	21	30	○

d	h	° '
7	1	0
14	9	25S54
21	0	0
27	7	25N53

d	h	
4	7	5N17
11	20	0
18	16	5S15
24	23	0
31	15	5N12

VOID OF COURSE ☽

LAST ASPT	☽ INGRESS
30 11pm56	1 ♌ 8am17
3 9am24	3 ♍ 4pm50
5 8pm39	6 ♎ 4am30
8 9am20	8 ♏ 5pm17
10 7am53	11 ♐ 5am 1
13 7am27	13 ♑ 2pm31
15 2am40	15 ♒ 9pm39
17 7pm36	18 ♓ 2am48
20 2am18	20 ♈ 6am25
22 8am46	22 ♉ 8am57
23 6pm23	24 ♊ 11am 4
26 6am26	26 ♋ 1pm46
28 0am57	28 ♌ 6pm17
30 5pm31	31 ♍ 1am50

d	h	
7	10	APOGEE
23	9	PERIGEE

DAILY ASPECTARIAN

Day	Aspect	Time
1 W	☽⚺♇	1am24
	☽#♀	2pm 9
	☽△♂	3 10
	♀⚻♇	6 33
	☽△☿	11 50
2 Th	☽#♅	0am18
	☽#☿	0 56
	☉△☽	1 17
	☽⚹♃	2 0
	☽∠♇	4 56
	☉#☽	5 48
	☿∥♅	6 8
	☽∥♆	9 17
	☉⚹♃	11 45
	☽△♄	3pm12
	☿⚹♃	7 14
	☽⚻♅	7 28
	☽⚺♆	7 29
	☽⚼♂	8 7
	♅☍♆	11 16
3 F	☽∠♃	6am46
	☉☌☿	6 49
	☽⚹♇	9 24
	☽⚻♀	12pm56
	☽∥♇	5 17
	☽⚼♄	7 58
	☿∥♀	11 39
4 S	☽∠♆	0am25
	☽⚼♅	0 33
	☽⚻♂	2 5
	☽⚺♃	12pm25
	☉□☽	4 13
	☽□☿	5 58
	☽⚼♀	9 3
5 Su	☽⚻♄	1am31
	☽⚹♆	6 4
	☽△♅	6 24
	♀ ♒	1pm 1
	☽□♇	8 39
6 M	☽△♀	5am55
	☽∥♄	6 30
	♀∥♅	7 36
	☽#♃	11 39
	☉∥♀	1pm43
	☽∥♂	3 52
	☽☍♂	4 13
7 T	☽☌♃	1am29
	☉∥♅	2 9
	☿△♄	3 8
	☿∠♀	5 15
	☉⚹☽	10 16
	☽#♂	11 44
	☽☍♄	1pm58
	☽∥♃	3 28
	☽⚹☿	3 39
	☽□♆	6 36
	☽□♅	7 18
	☽#♄	8 17
8 W	☽△♇	9am20
	☿⚻♆	1pm38
	☉∠☽	7 30
	☿⚺♅	8 1
9 Th	☽□♀	0am 9
	☽∠☿	2 37
	☉△♄	4 31
	☽⚻♂	7 12
	☽⚺♃	2pm50
	☽⚼♇	3 29
10 F	☽⚻♄	2am18
	☉⚺☽	4 20
	☽△♆	6 49
	♀#♆	6 51
	☽⚹♅	7 53
	☽#♇	9 48
	☽⚺☿	1pm 3
	☽⚼♂	2 13
	☽∠♃	8 58
	☽⚻♇	9 12
11 S	☽⚼♄	7am50
	☉⚻♆	9 18
	☽⚼♆	12pm16
	☽∠♅	1 29
	☽∥♀	3 35
	☽⚹♀	4 42
	☽#♆	6 36
	☽△♂	8 39
12 Su	☉⚺♅	0am40
	☽⚹♃	2 30
	☽∥♅	2 59
	☉∥☽	7 50
	☽△♄	12pm48
	♂#♃	3 48
	☽⚻♆	5 7
	☽⚺♅	6 30
	☉☌☽	7 59
	☽∠♀	11 50
13 M	☿☍♇	3am21
	☽☍♇	6 56
	☽☌☿	7 27
	☽∥☿	8 25
14 T	☽⚺♀	6am10
	☽□♂	7 33
	☽□♃	11 41
	☽□♄	8pm55
15 W	☽☍♆	1am 0
	☽☌♅	2 40
	☽∥☿	6 40
	☉⚺☽	8 32
	☽⚻♇	2pm17
	☿ ♑	4 33
	♀⚹♂	8 10
	☽⚺☿	10 20
16 Th	☉∥☽	6am55
	♂∥♄	7 9
	☉∠☽	1pm46
	☽∥♅	1 54
	☽⚹♂	3 58
	☽☌♀	4 39
	☽⚼♇	5 10
	☽△♃	6 32
	☽#♆	9 18
17 F	♀⚼♇	0am12
	☽⚹♄	2 53
	☽∠☿	4 39
	☽⚻♆	6 45
	☽⚺♅	8 40
	☽∥♀	11 37
	☉⚹☽	6pm25
	☽∠♂	7 24
	☽△♇	7 36
	☽⚼♃	9 13
18 S	♀△♃	1am 6
	☽#♇	3 3
	☽∠♄	5 12
	☽⚼♆	8 58
	☉☍♇	10 1
	☽⚹☿	10 21
	☽∠♅	11 0
	☽⚺♂	10pm24
	☽⚻♃	11 29
19 Su	☽⚺♀	0am47
	☽⚺♄	7 8
	☽△♆	10 48
	☽⚹♅	12pm58
	♄SD	9 52
	☽□♇	11 20
20 M	☉□☽	2am18
	☽∠♀	4 10
	☽#♂	4 46
	☽#♄	8 0
	☽∥♃	9 40
	♂☍♃	3pm36
	☽□☿	8 15
21 T	☽☍♃	3am 2
	☽☌♂	3 21
	☽⚹♀	7 10
	☽☌♄	10 6
	☽□♆	1pm36
	☽#♃	2 0
	☽∥♄	3 29
	☽□♅	4 1
	☽∥♂	8 1
22 W	☽⚹♇	1am55
	☉△☽	8 46
	☉ ♑	11 20
23 Th	☽∠♇	2am58
	☽△☿	4 52
	☽⚻♃	5 42
	☽⚺♂	7 24
	♀⚹♄	9 47
	☉⚼☽	11 45
	☽⚺♄	12pm20
	☽□♀	12 29
	☿□♃	1 1
	☽⚹♆	3 42
	☽△♅	6 23
	☽∥♇	6 41
	☽#♀	9 56
24 F	☽⚺♇	3am59
	☽⚼♃	6 57
	☽⚼☿	9 1
	☽∠♂	9 21
	☿□♂	1pm11
	☽∠♄	1 24
	☉⚻☽	2 44
	☽∠♆	4 44
	☽⚼♅	7 35
	☽∥♆	10 59
25 S	☽#♅	5am14
	☽△♃	8 18
	☉∠♀	9 19
	☽⚹♂	11 27
	☉#☽	1pm16
	☽⚻☿	1 22
	☽⚹♄	2 38
	☽△♀	5 45
	☽⚺♆	5 56
	♀#♇	7 28
	♀⚻♆	8 51
	☽⚻♅	8 57
26 Su	☿□♄	0am56
	☽#☿	1 8
	☽☌♇	6 26
	☽⚼♀	8pm49
	☉☍☽	9 30
27 M	☿☍♆	5am49
	☽□♃	11 58
	☽□♂	4pm50
	☽□♄	6 13
	☽☌♆	9 29
	☽☍☿	11 34
28 T	☽⚻♀	0am27
	☽☍♅	0 57
	♀⚺♅	10 17
	☽⚺♇	10 33
	☿☌♅	12pm 2
	☿⚺♀	1 28
	☽#☿	9 13
29 W	☉#☽	3am34
	☉⚻☽	6 50
	♂☌♄	6 57
	☽#♅	11 19
	☽∠♇	1pm37
	☽∥♆	5 46
	☽⚹♃	6 5
30 Th	☽△♄	0am21
	☽△♂	1 3
	☽⚺♆	3 38
	☽⚻♅	7 40
	☽☍♀	10 9
	☉⚼☽	12pm58
	☽⚻☿	1 30
	☽⚹♇	5 31
	☽∠♃	10 22
31 F	☽∥♇	1am49
	☽⚼♄	4 41
	☽⚼♂	6 35
	☽∠♆	7 57
	☽⚼♅	12pm18
	☉∥☿	12 23
	☽#♀	12 47
	☉△☽	8 13
	☽⚼☿	10 14
	☿⚻♇	10 33

LONGITUDE

DAY	SID. TIME	☉	☽	☽ 12 Hour	MEAN ☊	TRUE ☊	☿	♀	♂	♃	♄	♅	♆	♇
	h m s	° ' "	° ' "	° ' "	° '	° '	° '	° '	° '	° '	° '	° '	° '	° '
1	6 39 3	9♑ 42 24	11♍ 29 33	17♍ 36 49	5♊ 46	6♊ 57R	25♑ 42	22♒ 47	17♈ 52	13♎ 17	16♈ 31	20♑ 29	18♋ 11R	25♊ 36R
2	6 43 0	10 43 33	23 40 34	29 41 19	5 43	6 54	27 12	23 27	18 23	13 22	16 32	20 33	18 9	25 35
3	6 46 56	11 44 42	5♎ 39 38	11♎ 36 9	5 40	6 53D	28 42	24 5	18 55	13 27	16 33	20 36	18 7	25 34
4	6 50 53	12 45 51	17 31 29	23 26 16	5 37	6 53	0♒ 9	24 42	19 27	13 31	16 35	20 40	18 6	25 33
5	6 54 50	13 47 1	29 21 9	5♏ 16 48	5 33	6 54	1 35	25 17	19 59	13 36	16 37	20 44	18 4	25 32
6	6 58 46	14 48 11	11♏ 13 50	17 12 50	5 30	6 56	2 57	25 52	20 31	13 40	16 39	20 47	18 2	25 31
7	7 2 43	15 49 21	23 14 24	29 19 3	5 27	6 57	4 17	26 24	21 3	13 45	16 40	20 51	18 0	25 30
8	7 6 39	16 50 31	5♐ 27 16	11♐ 39 28	5 24	6 58R	5 34	26 55	21 35	13 49	16 42	20 54	17 59	25 28
9	7 10 36	17 51 41	17 55 58	24 17 4	5 21	6 57	6 46	27 25	22 8	13 53	16 45	20 58	17 57	25 27
10	7 14 32	18 52 52	0♑ 42 55	7♑ 13 36	5 18	6 55	7 53	27 53	22 41	13 56	16 47	21 1	17 55	25 26
11	7 18 29	19 54 1	13 49 6	20 29 16	5 14	6 50	8 55	28 19	23 13	14 0	16 49	21 5	17 54	25 25
12	7 22 26	20 55 11	27 13 55	4♒ 2 44	5 11	6 43	9 51	28 43	23 46	14 3	16 52	21 8	17 52	25 24
13	7 26 22	21 56 20	10♒ 55 19	17 51 13	5 8	6 36	10 39	29 6	24 20	14 7	16 54	21 12	17 50	25 23
14	7 30 19	22 57 29	24 49 57	1♓ 51 0	5 5	6 28	11 19	29 27	24 53	14 10	16 57	21 16	17 49	25 22
15	7 34 15	23 58 36	8♓ 53 50	15 57 57	5 2	6 20	11 50	29 45	25 26	14 12	17 0	21 19	17 47	25 21
16	7 38 12	24 59 44	23 2 52	0♈ 8 11	4 58	6 15	12 12	0♓ 2	26 0	14 15	17 3	21 23	17 45	25 20
17	7 42 8	26 0 50	7♈ 13 31	14 18 33	4 55	6 11	12 22R	0 17	26 33	14 18	17 6	21 26	17 44	25 19
18	7 46 5	27 1 56	21 23 4	28 26 50	4 52	6 9D	12 22	0 29	27 7	14 20	17 9	21 30	17 42	25 18
19	7 50 1	28 3 0	5♉ 29 43	12♉ 31 36	4 49	6 9	12 10	0 39	27 41	14 22	17 12	21 33	17 40	25 17
20	7 53 58	29 4 4	19 32 22	26 31 55	4 46	6 10	11 46	0 47	28 15	14 24	17 15	21 37	17 39	25 16
21	7 57 55	0♒ 5 7	3♊ 30 9	10♊ 26 57	4 43	6 11R	11 11	0 52	28 49	14 26	17 18	21 40	17 37	25 15
22	8 1 51	1 6 9	17 22 9	24 15 33	4 39	6 10	10 25	0 55R	29 23	14 27	17 22	21 44	17 35	25 14
23	8 5 48	2 7 10	1♋ 6 57	7♋ 56 5	4 36	6 7	9 29	0 56	29 57	14 29	17 25	21 47	17 34	25 13
24	8 9 44	3 8 10	14 42 41	21 26 29	4 33	6 2	8 26	0 54	0♉ 32	14 30	17 29	21 51	17 32	25 12
25	8 13 41	4 9 10	28 7 10	4♌ 44 28	4 30	5 54	7 16	0 49	1 6	14 31	17 33	21 54	17 30	25 11
26	8 17 37	5 10 9	11♌ 18 10	17 48 3	4 27	5 43	6 2	0 42	1 41	14 32	17 37	21 58	17 29	25 11
27	8 21 34	6 11 6	24 13 59	0♍ 35 53	4 24	5 32	4 46	0 33	2 15	14 32	17 41	22 1	17 27	25 10
28	8 25 30	7 12 2	6♍ 53 46	13 7 42	4 20	5 21	3 30	0 21	2 50	14 33	17 45	22 5	17 26	25 9
29	8 29 27	8 12 58	19 17 51	25 24 28	4 17	5 10	2 18	0 6	3 25	14 33R	17 49	22 8	17 24	25 8
30	8 33 24	9 13 54	1♎ 27 51	7♎ 28 25	4 14	5 2	1 9	29♒ 49	3 59	14 33	17 53	22 12	17 22	25 7
31	8 37 20	10♒ 14 48	13♎ 26 37	19♎ 22 59	4♊ 11	4♊ 56	0♒ 7	29♒ 30	4♉ 34	14♎ 33	17♈ 57	22♑ 15	17♋ 21	25♊ 6

DECLINATION and LATITUDE

DAY	☉	☽		☽ 12hr	☿		♀		♂		♃		♄	
	DECL	DECL	LAT	DECL	DECL	LAT	DECL	LAT	DECL	LAT	DECL	LAT	DECL	LAT
1	23S 6	12N 3	5N11	9N36	22S58	1S59	14S 5	0S10	7N26	0N28	4S 2	1N18	4N 9	2S32
2	23 1	7 5	4 59	4 32	22 36	1 55	13 44	0 1	7 40	0 29	4 4	1 19	4 10	2 32
3	22 56	1 57	4 34	0S39	22 13	1 50	13 22	0N 8	7 53	0 30	4 6	1 19	4 11	2 32
4	22 50	3S14	3 57	5 47	21 49	1 44	13 1	0 18	8 6	0 32	4 7	1 19	4 11	2 31
5	22 44	8 17	3 11	10 43	21 24	1 37	12 40	0 28	8 19	0 33	4 9	1 19	4 12	2 31
6	22 38	13 3	2 16	15 18	20 58	1 30	12 19	0 38	8 33	0 34	4 10	1 20	4 13	2 31
7	22 31	17 24	1 14	19 20	20 30	1 21	11 58	0 48	8 46	0 35	4 12	1 20	4 14	2 31
8	22 23	21 5	0 8	22 37	20 3	1 12	11 37	0 59	8 59	0 36	4 13	1 20	4 15	2 30
9	22 15	23 53	0S59	24 52	19 35	1 1	11 17	1 10	9 12	0 38	4 14	1 20	4 16	2 30
10	22 7	25 32	2 5	25 52	19 6	0 50	10 57	1 21	9 25	0 39	4 16	1 21	4 18	2 30
11	21 58	25 49	3 6	25 24	18 38	0 37	10 37	1 33	9 39	0 40	4 17	1 21	4 19	2 29
12	21 49	24 37	3 58	23 27	18 11	0 24	10 17	1 45	9 52	0 41	4 18	1 21	4 20	2 29
13	21 40	21 57	4 38	20 6	17 44	0 10	9 58	1 57	10 5	0 42	4 19	1 21	4 21	2 29
14	21 30	17 59	5 1	15 35	17 18	0N 6	9 39	2 9	10 18	0 43	4 20	1 22	4 22	2 29
15	21 19	12 59	5 7	10 11	16 53	0 22	9 21	2 22	10 31	0 44	4 21	1 22	4 24	2 28
16	21 9	7 16	4 54	4 15	16 31	0 39	9 3	2 35	10 44	0 45	4 22	1 22	4 25	2 28
17	20 57	1 10	4 24	1N55	16 11	0 57	8 46	2 48	10 58	0 46	4 22	1 23	4 26	2 28
18	20 46	4N59	3 37	7 59	15 54	1 15	8 29	3 1	11 11	0 47	4 23	1 23	4 28	2 28
19	20 34	10 53	2 37	13 39	15 39	1 34	8 12	3 15	11 24	0 48	4 23	1 23	4 29	2 27
20	20 21	16 13	1 28	18 33	15 28	1 52	7 57	3 29	11 37	0 49	4 24	1 23	4 31	2 27
21	20 9	20 38	0 14	22 24	15 21	2 10	7 42	3 43	11 50	0 49	4 24	1 24	4 32	2 27
22	19 55	23 51	0N60	24 55	15 17	2 27	7 27	3 57	12 3	0 50	4 25	1 24	4 34	2 27
23	19 42	25 36	2 10	25 54	15 16	2 43	7 14	4 11	12 16	0 51	4 25	1 24	4 35	2 26
24	19 28	25 48	3 11	25 19	15 19	2 57	7 1	4 26	12 28	0 52	4 25	1 24	4 37	2 26
25	19 14	24 29	4 1	23 18	15 24	3 10	6 49	4 40	12 41	0 53	4 25	1 25	4 39	2 26
26	18 59	21 50	4 37	20 5	15 33	3 20	6 38	4 55	12 54	0 54	4 25	1 25	4 40	2 26
27	18 44	18 7	4 58	15 58	15 43	3 28	6 28	5 9	13 7	0 54	4 25	1 25	4 42	2 25
28	18 29	13 40	5 3	11 15	15 55	3 33	6 18	5 24	13 19	0 55	4 25	1 25	4 44	2 25
29	18 13	8 45	4 54	6 11	16 9	3 36	6 10	5 38	13 32	0 56	4 25	1 26	4 46	2 25
30	17 57	3 35	4 32	0 58	16 24	3 36	6 2	5 52	13 44	0 57	4 25	1 26	4 47	2 25
31	17S41	1S39	3N58	4S14	16S39	3N34	5S56	6N 6	13N57	0N57	4S25	1N26	4N49	2S24

DAY	♅ DECL	♅ LAT	♆ DECL	♆ LAT	♇ DECL	♇ LAT
1	22S20	0S27	21N30	0S43	16N18	7S 4
5	22 18	0 27	21 31	0 43	16 19	7 4
9	22 16	0 27	21 32	0 43	16 19	7 4
13	22 13	0 27	21 33	0 43	16 19	7 3
17	22 11	0 27	21 34	0 43	16 20	7 3
21	22 9	0 27	21 35	0 43	16 20	7 2
25	22 7	0 27	21 36	0 43	16 21	7 2
29	22S 5	0S27	21N37	0S43	16N21	7S 1

☽ PHENOMENA	
d h m	
3 13 27	☾
11 11 51	●
18 10 20	☽
25 11 51	○
d h ° '	
3 9 0	
10 17 25S53	
17 5 0	
23 15 25N55	
30 16 0	
8 3 0	
14 20 5S 7	
21 5 0	
27 21 5N 3	

VOID OF COURSE ☽ LAST ASPT	☽ INGRESS
2 8am 2	2 ♎ 12pm37
4 4pm15	5 ♏ 1am19
7 6am33	7 ♐ 1pm20
9 6pm32	9 ♑ 10pm40
11 5pm36	12 ♒ 4am53
14 8am 5	14 ♓ 8am51
16 3am52	16 ♈ 11am46
18 10am20	18 ♉ 2pm39
20 5pm39	20 ♊ 5pm58
22 9pm52	22 ♋ 10pm 3
24 12pm47	25 ♌ 3am24
27 1am44	27 ♍ 10am52
29 11am27	29 ♎ 9pm 5

d	h	
4	6	APOGEE
17	13	PERIGEE

DAILY ASPECTARIAN

Day	Aspect	Time
1 S	☽⚺♃	3am30
	☽⚻♄	9 51
	☽⚻♂	1pm 3
	☽✶♆	1 5
	♂□♆	1 43
	☽△♅	5 46
	☽∥♂	9 24
	☽⚻♀	11 31
2 Su	☽□♇	3am48
	☽△☿	8 2
	☽∥♄	1pm40
	☽#♃	2 4
	☿∥♅	6 11
3 M	☽⚼♀	7am17
	☉□☽	1pm27
	☽☌♃	3 50
	☿ ♒	9 28
	☽☍♄	10 5
4 T	☽□♆	1am 9
	☽☍♂	4 5
	☽∥♃	4 13
	☽#♄	4 32
	☽□♅	6 24
	☽△♀	3pm20
	☽△♇	4 15
	☿#♆	4 56
	☉□♃	7 17
5 W	☽#♂	0am14
	☽□☿	5 6
	♀△♇	9 36
	☽∥♀	8pm25
	☽⚼♇	10 33
6 Th	☽⚺♃	4am56
	☉✶☽	7 50
	☽⚻♄	10 53
	☽△♆	1pm37
	♂□♅	1 44
	☽#♇	5 42
	☽✶♅	7 13
	☽⚻♂	7 27
7 F	☽⚻♇	4am27
	☽□♀	6 33
	☽∠♃	10 56
	☉∠☽	4pm19
	☽⚼♄	4 40
	☽∥☿	5 32
	☽⚼♆	7 11
	☉□♄	8 44
8 S	☽✶☿	0am14
	☽∠♅	0 53
	☽⚼♂	2 18
	☽#♆	3 19
	☽∥♅	9 4
	☉∥☽	9 40
	☽✶♃	4pm13
	☽△♄	9 44
	☉⚺☽	11 51
	☉∥♅	11 54
9 Su	☽⚻♆	0am 2
	☉☍♆	2 4
	☽⚺♅	5 46
	☽∠☿	7 59
	☽△♂	8 18
	☽☍♇	2pm11
	☽✶♀	6 32
10 M	☽⚺☿	2pm22
	☽∠♀	11 4
11 T	☽□♃	0am20
	☽□♄	5 26
	☽☍♆	7 20
	☉☌☽	11 51
	☽☌♅	1pm 7
	☽□♂	5 36
	☽⚻♇	8 46
12 W	☽⚺♀	2am43
	☉☌♅	5 31
	☿⚼♇	3pm45
	♀#♂	6 51
	☽∥♅	9 58
	☽⚼♇	11 4
	☽☌☿	11 30
13 Th	♀⚼♃	0am41
	☉∥☽	2 5
	☽#♆	2 43
	☽△♃	5 33
	☽✶♄	10 24
	☽⚻♆	11 57
	☉#♆	3pm26
	☽⚺♅	5 50
	☉⚺☽	8 32
14 F	☽✶♂	0am 5
	☽△♇	0 55
	☽∥☿	3 53
	☽⚼♃	7 26
	☽☌♀	8 5
	☽#♇	8 25
	☽∠♄	12pm12
	☽⚼♆	1 37
	☽∠♅	7 36
	♂✶♇	8 22
15 S	☉∠☽	0am 9
	☽∠♂	2 43
	☽⚺☿	5 9
	☽⚻♃	9 3
	☽#♂	10 13
	☽⚺♄	1pm47
	☽△♆	3 3
	☽∥♀	4 21
	♀ ♓	8 57
	☽✶♅	9 10
16 Su	☉✶☽	3am33
	☽□♇	3 52
	☽⚺♂	5 12
	☽∠☿	7 9
	☉⚻♇	7 50
	☽#♄	11 17
	☽∥♃	11 32
	☽⚺♀	12pm 2
	☿#♇	1 21
17 M	☽✶☿	8am45
	☿SR	10 42
	☽☍♃	12pm 0
	☽∠♀	1 51
	☽☌♄	4 47
	☽□♆	5 45
	☽#♃	9 36
	☽∥♄	9 55
18 T	☽□♅	0am11
	☉□♂	4 31
	☽✶♇	6 39
	☽☌♂	10 9
	☉□☽	10 20
	☽#♀	1pm22
	☽✶♀	3 39
19 W	☽∥♂	2am15
	☽∠♇	8 10
	☽□☿	11 6
	☽⚻♃	3pm11
	☽⚺♄	8 4
	☽#☿	8 33
	☽✶♆	8 45
20 Th	☽∥♇	0am36
	☽△♅	3 34
	☽⚺♇	9 49
	☽⚺♂	3pm35
	☽⚼♃	4 58
	☉△☽	5 39
	☽□♀	7 26
	☉#☽	9 11
	☽∠♄	9 56
	☉ ♒	9 59
	☽∠♆	10 28
21 F	☽⚼♅	5am30
	☽∥♆	6 12
	☽#♅	10 7
	☽△☿	12pm36
	☽∠♂	6 36
	☽△♃	6 56
	☉⚺♀	7 33
	☉⚼☽	9 38
	☽✶♄	11 59
22 S	☽⚺♆	0am23
	☿⚼♇	4 57
	☽⚻♅	7 37
	☽⚼☿	1pm 9
	☽☌♇	1 41
	♀SR	5 22
	☽✶♂	9 52
	☽△♀	11 40
23 Su	♂ ♉	1am54
	☉⚻☽	1 54
	☽⚻☿	1pm42
	☽□♃	11 37
24 M	☽⚼♀	2am 6
	☽□♄	4 57
	☽☌♆	5 1
	☽☍♅	12pm47
	♄□♆	1 17
	♀✶♂	1 54
	☽⚺♇	6 44
25 T	☽⚻♀	4am51
	☽□♂	5 38
	☉☍☽	11 51
	☽☍☿	3pm11
	☽#♅	9 54
	☽∠♇	9 56
26 W	☽∥♆	1am38
	☽✶♃	5 57
	☉☌☿	9 3
	☽⚺♆	11 23
	☽△♄	11 42
	☽⚻♅	7pm51
	☉#☽	8 9
27 Th	☽✶♇	1am44
	☽∥♇	9 59
	☽∠♃	10 0
	☽☍♀	11 44
	☽#☿	12pm49
	☽∠♆	3 29
	☽△♂	3 52
	☽⚼♄	4 2
	☽⚻☿	6 7
28 F	☽⚼♅	0am21
	☉⚻☽	0 38
	☽∥♂	1 42
	☿□♂	8 59
	☽⚺♃	2pm45
	☽✶♆	8 18
	☽⚼☿	8 26
	☽⚻♄	9 5
	☽⚼♂	10 11
29 S	☽△♅	5am36
	☉⚼☽	8 23
	♀ ♒	8 23
	☽□♇	11 27
	☽#♀	12pm23
	♃SR	6 9
	☽∥♄	6 28
	☿#♇	8 6
	☽#♃	8 9
	☽⚻♀	8 49
	☽△☿	11 26
30 Su	☽⚻♂	5am17
	☉△☽	4pm58
	♀⚼♃	8 24
	☉⚼♇	8 43
31 M	☽⚼♀	2am 4
	☽☌♃	2 13
	☿ ♑	3 3
	☽□♆	7 52
	☽☍♄	9 10
	☽∥♃	12pm49
	☽#♄	2 50
	☽□♅	5 54
	☽∥♀	7 39
	☽△♇	11 35

FEBRUARY 1910

LONGITUDE

DAY	SID. TIME	☉	☽	☽ 12 Hour	MEAN ☊	TRUE ☊	☿	♀	♂	♃	♄	♅	♆	♇
	h m s	° ' "	° ' "	° ' "	° '	° '	° '	° '	° '	° '	° '	° '	° '	° '
1	8 41 17	11♒ 15 41	25♎ 18 3	1♏ 12 28	4♊ 8	4♊ 52R	29♑ 11R	29♒ 8R	5♉ 9	14♎ 32R	18♈ 1	22♑ 19	17♋ 19R	25♊ 6R
2	8 45 13	12 16 34	7♏ 6 52	13 1 56	4 4	4 51D	28 24	28 44	5 44	14 32	18 6	22 22	17 18	25 5
3	8 49 10	13 17 26	18 58 20	24 56 46	4 1	4 51	27 45	28 18	6 19	14 31	18 10	22 25	17 16	25 4
4	8 53 6	14 18 17	0♐ 57 57	7♐ 2 31	3 58	4 51R	27 14	27 50	6 55	14 30	18 15	22 29	17 15	25 3
5	8 57 3	15 19 7	13 11 8	19 24 21	3 55	4 51	26 52	27 20	7 30	14 29	18 20	22 32	17 13	25 3
6	9 0 59	16 19 56	25 42 44	2♑ 6 42	3 52	4 49	26 38	26 48	8 5	14 28	18 25	22 35	17 12	25 2
7	9 4 56	17 20 44	8♑ 36 36	15 12 39	3 49	4 44	26 32D	26 15	8 41	14 26	18 29	22 39	17 11	25 1
8	9 8 53	18 21 32	21 54 57	28 43 25	3 45	4 37	26 33	25 41	9 16	14 25	18 34	22 42	17 9	25 1
9	9 12 49	19 22 17	5♒ 37 50	12♒ 37 48	3 42	4 27	26 42	25 5	9 52	14 23	18 39	22 45	17 8	25 0
10	9 16 46	20 23 2	19 42 49	26 52 10	3 39	4 16	26 57	24 29	10 27	14 21	18 45	22 49	17 6	24 59
11	9 20 42	21 23 46	4♓ 5 4	11♓ 20 39	3 36	4 4	27 18	23 52	11 3	14 19	18 50	22 52	17 5	24 59
12	9 24 39	22 24 28	18 37 59	25 56 10	3 33	3 53	27 45	23 15	11 39	14 16	18 55	22 55	17 4	24 58
13	9 28 35	23 25 8	3♈ 14 17	10♈ 31 33	3 30	3 43	28 17	22 38	12 14	14 14	19 0	22 58	17 2	24 58
14	9 32 32	24 25 47	17 47 13	25 0 44	3 26	3 36	28 54	22 1	12 50	14 11	19 6	23 1	17 1	24 57
15	9 36 28	25 26 24	2♉ 11 35	9♉ 19 28	3 23	3 32	29 36	21 24	13 26	14 8	19 11	23 5	17 0	24 57
16	9 40 25	26 26 59	16 24 9	23 25 32	3 20	3 31D	0♒ 21	20 48	14 2	14 5	19 17	23 8	16 59	24 56
17	9 44 22	27 27 32	0♊ 23 35	7♊ 18 20	3 17	3 30R	1 10	20 13	14 38	14 1	19 22	23 11	16 57	24 56
18	9 48 18	28 28 4	14 9 52	20 58 19	3 14	3 30	2 2	19 39	15 14	13 58	19 28	23 14	16 56	24 55
19	9 52 15	29 28 34	27 43 48	4♋ 26 24	3 10	3 29	2 58	19 6	15 50	13 54	19 34	23 17	16 55	24 55
20	9 56 11	0♓ 29 2	11♋ 6 14	17 43 22	3 7	3 25	3 56	18 35	16 26	13 50	19 40	23 20	16 54	24 54
21	10 0 8	1 29 29	24 17 50	0♌ 49 37	3 4	3 18	4 58	18 5	17 2	13 46	19 45	23 23	16 53	24 54
22	10 4 4	2 29 53	7♌ 18 42	13 45 3	3 1	3 8	6 1	17 38	17 39	13 42	19 51	23 26	16 52	24 54
23	10 8 1	3 30 16	20 8 36	26 29 18	2 58	2 56	7 7	17 12	18 15	13 38	19 57	23 29	16 51	24 53
24	10 11 57	4 30 37	2♍ 47 4	9♍ 1 55	2 55	2 42	8 16	16 49	18 51	13 33	20 3	23 32	16 50	24 53
25	10 15 54	5 30 56	15 13 48	21 22 47	2 51	2 28	9 26	16 28	19 27	13 29	20 10	23 35	16 49	24 53
26	10 19 51	6 31 13	27 28 57	3♎ 32 26	2 48	2 14	10 38	16 9	20 4	13 24	20 16	23 37	16 48	24 52
27	10 23 47	7 31 29	9♎ 33 26	15 32 14	2 45	2 3	11 52	15 53	20 40	13 19	20 22	23 40	16 47	24 52
28	10 27 44	8♓ 31 43	21♎ 29 9	27♎ 24 33	2♊ 42	1♊ 54	13♒ 8	15♒ 39	21♉ 16	13♎ 14	20♈ 28	23♑ 43	16♋ 46	24♊ 52

DECLINATION and LATITUDE

DAY	☉ DECL	☽ DECL	☽ LAT	☽ 12hr DECL	☿ DECL	☿ LAT	♀ DECL	♀ LAT	♂ DECL	♂ LAT	♃ DECL	♃ LAT	♄ DECL	♄ LAT
1	17S24	6S47	3N14	9S15	16S54	3N31	5S51	6N19	14N 9	0N58	4S24	1N26	4N51	2S24
2	17 9	11 39	2 22	13 57	17 9	3 25	5 47	6 33	14 22	0 59	4 24	1 27	4 53	2 24
3	16 50	16 8	1 23	18 10	17 24	3 18	5 43	6 46	14 34	0 59	4 23	1 27	4 55	2 24
4	16 33	20 2	0 21	21 41	17 38	3 9	5 41	6 58	14 46	0 60	4 23	1 27	4 57	2 23
5	16 15	23 7	0S44	24 18	17 51	2 60	5 40	7 10	14 58	1 1	4 22	1 28	4 59	2 23
6	15 57	25 11	1 48	25 45	18 4	2 49	5 40	7 21	15 11	1 1	4 21	1 28	5 1	2 23
7	15 39	25 59	2 49	25 50	18 16	2 38	5 41	7 31	15 23	1 2	4 21	1 28	5 3	2 23
8	15 20	25 19	3 42	24 25	18 27	2 27	5 43	7 41	15 34	1 2	4 20	1 28	5 5	2 23
9	15 1	23 8	4 24	21 30	18 37	2 15	5 46	7 50	15 46	1 3	4 19	1 29	5 7	2 22
10	14 42	19 31	4 51	17 14	18 46	2 3	5 50	7 59	15 58	1 3	4 18	1 29	5 9	2 22
11	14 23	14 41	5 1	11 54	18 53	1 51	5 55	8 6	16 10	1 4	4 17	1 29	5 11	2 22
12	14 3	8 57	4 51	5 53	18 60	1 39	6 1	8 13	16 21	1 5	4 15	1 29	5 14	2 22
13	13 43	2 43	4 22	0N28	19 5	1 28	6 7	8 18	16 33	1 5	4 14	1 30	5 16	2 22
14	13 23	3N39	3 37	6 46	19 9	1 16	6 14	8 23	16 44	1 6	4 13	1 30	5 18	2 21
15	13 3	9 47	2 37	12 39	19 12	1 4	6 22	8 26	16 56	1 6	4 12	1 30	5 20	2 21
16	12 42	15 20	1 29	17 47	19 14	0 53	6 31	8 29	17 7	1 7	4 10	1 30	5 23	2 21
17	12 22	19 59	0 16	21 52	19 14	0 42	6 40	8 31	17 18	1 7	4 9	1 30	5 25	2 21
18	12 1	23 26	0N56	24 39	19 13	0 31	6 50	8 32	17 29	1 8	4 7	1 31	5 27	2 21
19	11 40	25 30	2 4	25 58	19 11	0 20	6 60	8 31	17 40	1 8	4 5	1 31	5 29	2 20
20	11 18	26 3	3 4	25 45	19 7	0 10	7 10	8 30	17 51	1 8	4 4	1 31	5 32	2 20
21	10 57	25 6	3 54	24 7	19 2	0S 0	7 20	8 28	18 2	1 9	4 2	1 31	5 34	2 20
22	10 35	22 48	4 30	21 13	18 56	0 10	7 31	8 26	18 13	1 9	4 0	1 32	5 37	2 20
23	10 14	19 24	4 52	17 21	18 49	0 19	7 42	8 22	18 23	1 10	3 58	1 32	5 39	2 20
24	9 52	15 8	4 60	12 47	18 40	0 28	7 53	8 18	18 34	1 10	3 56	1 32	5 41	2 19
25	9 30	10 19	4 52	7 46	18 30	0 37	8 4	8 13	18 44	1 11	3 54	1 32	5 44	2 19
26	9 7	5 9	4 32	2 31	18 19	0 46	8 15	8 7	18 54	1 11	3 52	1 32	5 46	2 19
27	8 45	0S 8	3 59	2S46	18 6	0 54	8 25	8 1	19 4	1 11	3 50	1 33	5 49	2 19
28	8S23	5S21	3N16	7S54	17S52	1S 1	8S36	7N54	19N14	1N12	3S48	1N33	5N51	2S19

DAY	♅ DECL	♅ LAT	♆ DECL	♆ LAT	♇ DECL	♇ LAT
1	22S 3	0S27	21N38	0S42	16N21	7S 0
5	22 1	0 27	21 38	0 42	16 22	6 60
9	21 59	0 27	21 39	0 42	16 23	6 59
13	21 57	0 27	21 40	0 42	16 23	6 58
17	21 55	0 27	21 41	0 42	16 24	6 58
21	21 53	0 27	21 41	0 42	16 25	6 57
25	21S51	0S28	21N42	0S42	16N25	6S56

☽ PHENOMENA

d	h	m	
2	11	27	☾
10	1	13	●
16	18	32	☽
24	3	36	○

d	h	° '
7	1	25S59
13	10	0
19	21	26N 4
26	23	0

d	h	° '
4	8	0
11	0	5S 1
17	5	0
24	0	4N60

VOID OF COURSE ☽

LAST ASPT		☽ INGRESS		
1	7am32	1	♏	9am33
3	6pm 0	3	♐	10pm 5
6	1am59	6	♑	8am 4
8	8am16	8	♒	2pm14
10	8am51	10	♓	5pm13
12	3pm33	12	♈	6pm41
14	7pm25	14	♉	8pm20
16	6pm32	16	♊	11pm19
19	3am22	19	♋	4am 3
20	10pm19	21	♌	10am29
23	8am57	23	♍	6pm41
25	6pm51	26	♎	4am59
28	6am50	28	♏	5pm16

d	h	
1	4	APOGEE
12	22	PERIGEE
28	23	APOGEE

DAILY ASPECTARIAN

Day	Aspect	Time
1 T	☿⊻♀	2am42
	☽□☿	7 22
	☽△♀	7 32
	☽☍♂	9pm 4
	☉∥☿	10 58
2 W	☽⚼♇	6am 1
	☉□☽	11 27
	☽#♂	2pm53
	☽⊻♃	3 1
	☽△♆	8 35
	☽⊼♄	10 23
3 Th	☽#♇	1am19
	☉∥☽	3 48
	☽*♅	6 58
	☽∥☿	7 48
	☽⊼♇	12pm14
	☽*☿	4 50
	☽□♀	6 0
	☽∠♃	9 6
4 F	☽⚼♆	2am32
	☽⚼♄	4 33
	☉△♃	4 41
	☽#♆	11 36
	☽⊼♂	12pm20
	☽∠♅	12 55
	☽∥♅	2 34
	☉#♇	2 44
	☽∠☿	9 29
5 S	☽*♃	2am31
	☉*☽	4 30
	☽⊼♆	7 48
	☽△♄	10 0
	☽⊻♅	6pm 3
	☽⚼♂	6 47
	☽☍♇	10 43
6 Su	☽⊻☿	1am42
	☽*♀	1 59
	☿⊻♀	10 20
	☉∠☽	11 27
	☉⊼♆	8pm 4
7 M	☽△♂	0am 8
	☽∠♀	4 38
	☿SD	6 56
	☽□♃	10 35
	☉#♂	12pm38
	☽☍♆	3 30
	☉⊻☽	5 8
	☽□♄	6 0
8 T	☽☌♅	1am24
	☽⊼♇	5 28
	☉*♄	5 32
	☽⊻♀	6 23
	☽☌☿	8 16
9 W	♀△♇	3am38
	♂∠♇	5 29
	☽⚼♇	7 30
	☽□♂	7 36
	☽∥♅	8 43
	☽#♆	10 54
	☽△♃	2pm57
	☽⊼♆	7 36
	☽*♄	10 21
10 Th	☉☌☽	1am13
	☽∥☿	4 0
	☽⊻♅	5 14
	☽☌♀	7 41
	☽△♇	8 51
	☽⊻☿	12pm25
	☽⚼♃	4 6
	☽#♇	4 7
	☽#♂	5 24
	☽⚼♆	8 41
	☽∠♄	11 34
11 F	☉∥☽	1am26
	☽∠♅	6 17
	☽*♂	12pm 0
	☽∠☿	2 0
	☽⊼♃	4 51
	☽△♆	9 25
12 S	☽⊻♄	0am28
	♂∥♇	3 18
	☉⊻☽	6 40
	☽*♅	7 4
	☽⊻♀	7 17
	☽□♇	10 24
	☽∥♀	11 19
	♀⊻♅	11 47
	☉☌♀	12pm23
	☉⊻♅	12 47
	☽∠♂	1 43
	☽#♄	2 25
	☽*☿	3 33
	☽∥♃	6 15
13 Su	☽∠♀	6am56
	☉∠☽	9 10
	☽⊻♂	3pm28
	☽☍♃	6 3
	☽□♆	10 44
14 M	☽#♃	2am10
	☽☌♄	2 11
	☽∥♄	6 22
	☽*♀	6 43
	☽□♅	8 43
	☽#♀	10 11
	☉*☽	11 52
	☽*♇	11 54
	☉△♇	12pm17
	☽□☿	7 25
15 T	☉#☽	12pm57
	☽∠♇	1 2
	☿ ♒	1 10
	☽☌♂	7 48
	☽⊼♃	8 4
16 W	☽*♆	0am59
	♂⊼♃	1 38
	☽⊻♄	4 56
	☽∥♇	5 5
	☽□♀	7 12
	☽∥♂	8 59
	☽△♅	11 32
	☽⊻♇	2pm35
	☉□☽	6 32
	☽#☿	7 45
	☽⚼♃	9 39
17 Th	☽△☿	1am25
	☽∠♆	2 42
	☽∠♄	6 57
	☽∥♆	10 42
	☽#♅	12pm15
	☽⚼♅	1 35
	☽△♃	11 39
18 F	☽⊻♂	1am58
	☽⊻♆	4 52
	☽⚼☿	5 25
	♀*♄	6 32
	☽△♀	9 16
	☽*♄	9 24
	☉⚼♃	11 11
	☽⊼♅	4pm 4
	☽☌♇	6 59
19 S	☉△☽	3am22
	☽∠♂	5 48
	☽⊼☿	10 5
	☽⚼♀	10 57
	☉ ♓	12pm28
20 Su	☽□♃	4am56
	☉⚼☽	8 35
	☽*♂	10 7
	☽☌♆	10 29
	☽⊼♀	1pm 4
	☽□♄	3 38
	♂*♆	5 48
	☽☍♅	10 19
21 M	☽⊻♇	1am 6
	☉⚼♆	9 5
	☉⊼☽	2pm20
	☽☍☿	9 23
	♀□♂	11 42
22 T	☽∠♇	4am48
	☽#♅	7 21
	☽∥♆	8 37
	☽*♃	11 51
	☽⊻♆	5pm48
	☽☍♀	6 39
	☽□♂	8 15
	☽△♄	11 39
23 W	☽#☿	3am40
	☽∥♂	5 48
	☽⊼♅	6 20
	☽*♇	8 57
	☽∠♃	3pm59
	☽∥♇	5 10
	☽∠♆	10 10
	♀⊼♆	11 20
24 Th	☉☍☽	3am36
	☽⚼♄	4 23
	☿#♂	7 31
	☽⚼♅	11 4
	☽⊼☿	11 36
	☉∠♄	2pm30
	☽⊻♃	8 37
25 F	☽⊼♀	2am20
	☽*♆	3 4
	☉#☽	4 11
	☽△♂	8 40
	☿⚼♇	8 54
	☽⊼♄	9 41
	☽#♀	10 14
	☽△♅	4pm22
	☽□♇	6 51
	☽⚼☿	7 57
	☽∥♄	9 11
26 S	☽#♃	5am53
	☽⚼♀	7 6
	♂⊻♄	9 35
	☽⚼♂	3pm49
	☉⊼☽	7 34
27 Su	☽△☿	5am10
	☽☌♃	7 29
	☽△♀	12pm27
	☉∥♀	2 27
	☽□♆	2 29
	☽∥♃	4 50
	☽☍♄	9 56
	☽⊼♂	11 33
28 M	☿△♃	1am45
	☽#♄	2 22
	☉⚼☽	4 31
	☽□♅	4 32
	☉∠♅	4 44
	☽△♇	6 50
	☉∥☽	1pm18
	☽∥♀	3 54

MARCH 1910

LONGITUDE

DAY	SID. TIME	☉	☽	☽ 12 Hour	MEAN ☊	TRUE ☊	☿	♀	♂	♃	♄	♅	♆	♇
	h m s	° ' "	° ' "	° ' "	° '	° '	° '	° '	° '	° '	° '	° '	° '	° '
1	10 31 40	9♓ 31 56	3♏ 18 55	9♏ 12 43	2♊ 39	1♊ 49R	14♒ 25	15♒ 28R	21♉ 53	13♎ 9R	20♈ 35	23♑ 46	16♋ 45R	24♊ 52R
2	10 35 37	10 32 7	15 6 32	21 0 56	2 36	1 46	15 44	15 19	22 29	13 3	20 41	23 49	16 44	24 51
3	10 39 33	11 32 17	26 56 35	2♐ 54 8	2 32	1 44D	17 5	15 13	23 6	12 58	20 47	23 51	16 43	24 51
4	10 43 30	12 32 25	8♐ 54 16	14 57 41	2 29	1 44R	18 26	15 9	23 42	12 52	20 54	23 54	16 42	24 51
5	10 47 26	13 32 31	21 5 5	27 17 8	2 26	1 44	19 50	15 7D	24 19	12 46	21 0	23 56	16 41	24 51
6	10 51 23	14 32 37	3♑ 34 28	9♑ 57 42	2 23	1 43	21 14	15 8	24 55	12 40	21 7	23 59	16 41	24 51
7	10 55 20	15 32 40	16 27 18	23 3 42	2 20	1 39	22 40	15 12	25 32	12 34	21 14	24 2	16 40	24 51
8	10 59 16	16 32 42	29 47 9	6♒ 37 47	2 16	1 33	24 8	15 17	26 9	12 28	21 20	24 4	16 39	24 51
9	11 3 13	17 32 42	13♒ 35 33	20 40 11	2 13	1 25	25 36	15 25	26 45	12 21	21 27	24 7	16 39	24 51
10	11 7 9	18 32 40	27 51 14	5♓ 8 3	2 10	1 14	27 6	15 36	27 22	12 15	21 34	24 9	16 38	24 51D
11	11 11 6	19 32 37	12♓ 29 48	19 55 28	2 7	1 3	28 37	15 48	27 59	12 8	21 41	24 11	16 37	24 51
12	11 15 2	20 32 31	27 23 57	4♈ 54 1	2 4	0 52	0♓ 9	16 2	28 35	12 2	21 48	24 14	16 37	24 51
13	11 18 59	21 32 24	12♈ 24 30	19 54 11	2 1	0 43	1 43	16 19	29 12	11 55	21 55	24 16	16 36	24 51
14	11 22 55	22 32 14	27 22 1	4♉ 47 1	1 57	0 37	3 18	16 37	29 49	11 48	22 2	24 18	16 36	24 51
15	11 26 52	23 32 3	12♉ 8 25	19 25 33	1 54	0 33	4 53	16 58	0♊ 26	11 41	22 9	24 21	16 35	24 51
16	11 30 48	24 31 49	26 37 58	3♊ 45 24	1 51	0 32D	6 31	17 20	1 2	11 34	22 16	24 23	16 35	24 51
17	11 34 45	25 31 33	10♊ 47 41	17 44 49	1 48	0 32	8 9	17 44	1 39	11 27	22 23	24 25	16 34	24 51
18	11 38 42	26 31 15	24 36 53	1♋ 24 4	1 45	0 32R	9 48	18 9	2 16	11 20	22 30	24 27	16 34	24 51
19	11 42 38	27 30 54	8♋ 6 35	14 44 42	1 42	0 32	11 29	18 37	2 53	11 12	22 37	24 29	16 34	24 52
20	11 46 35	28 30 31	21 18 41	27 48 50	1 38	0 30	13 11	19 6	3 30	11 5	22 44	24 31	16 33	24 52
21	11 50 31	29 30 6	4♌ 15 24	10♌ 38 38	1 35	0 25	14 55	19 36	4 7	10 58	22 51	24 33	16 33	24 52
22	11 54 28	0♈ 29 38	16 58 46	23 16 1	1 32	0 18	16 39	20 8	4 44	10 50	22 59	24 35	16 33	24 52
23	11 58 24	1 29 9	29 30 31	5♍ 42 28	1 29	0 8	18 25	20 41	5 21	10 43	23 6	24 37	16 33	24 53
24	12 2 21	2 28 37	11♍ 51 58	17 59 11	1 26	29♉ 57	20 12	21 16	5 58	10 35	23 13	24 39	16 33	24 53
25	12 6 17	3 28 3	24 4 12	0♎ 7 10	1 22	29 46	22 0	21 52	6 35	10 27	23 20	24 41	16 32	24 53
26	12 10 14	4 27 26	6♎ 8 12	12 7 28	1 19	29 36	23 50	22 29	7 11	10 20	23 28	24 42	16 32	24 54
27	12 14 11	5 26 48	18 5 9	24 1 27	1 16	29 27	25 41	23 7	7 48	10 12	23 35	24 44	16 32	24 54
28	12 18 7	6 26 8	29 56 38	5♏ 50 58	1 13	29 20	27 33	23 47	8 25	10 4	23 42	24 46	16 32D	24 54
29	12 22 4	7 25 26	11♏ 44 48	17 38 30	1 10	29 16	29 27	24 27	9 2	9 57	23 50	24 47	16 32	24 55
30	12 26 0	8 24 42	23 32 30	29 27 15	1 7	29 14D	1♈ 22	25 9	9 39	9 49	23 57	24 49	16 32	24 55
31	12 29 57	9♈ 23 56	5♐ 23 16	11♐ 21 6	1♊ 3	29♉ 14	3♈ 19	25♒ 52	10♊ 16	9♎ 41	24♈ 5	24♑ 50	16♋ 32	24♊ 56

DECLINATION and LATITUDE

DAY	☉ DECL	☽ DECL	☽ LAT	☽ 12hr DECL	☿ DECL	☿ LAT	♀ DECL	♀ LAT	♂ DECL	♂ LAT	♃ DECL	♃ LAT	♄ DECL	♄ LAT
1	7S60	10S22	2N24	12S44	17S37	1S 9	8S46	7N47	19N24	1N12	3S46	1N33	5N54	2S19
2	7 37	14 59	1 27	17 7	17 20	1 16	8 56	7 39	19 34	1 12	3 43	1 33	5 56	2 18
3	7 14	19 4	0 25	20 51	17 2	1 22	9 5	7 31	19 44	1 13	3 41	1 33	5 59	2 18
4	6 51	22 25	0S38	23 45	16 43	1 29	9 15	7 22	19 53	1 13	3 39	1 34	6 2	2 18
5	6 28	24 50	1 41	25 36	16 22	1 35	9 23	7 14	20 3	1 13	3 36	1 34	6 4	2 18
6	6 5	26 4	2 40	26 12	16 0	1 40	9 32	7 5	20 12	1 14	3 34	1 34	6 7	2 18
7	5 42	25 58	3 34	25 22	15 37	1 45	9 40	6 55	20 21	1 14	3 31	1 34	6 9	2 18
8	5 19	24 24	4 17	23 3	15 13	1 50	9 47	6 46	20 30	1 14	3 29	1 34	6 12	2 18
9	4 55	21 20	4 48	19 17	14 47	1 54	9 54	6 36	20 39	1 15	3 26	1 34	6 15	2 17
10	4 32	16 56	5 1	14 18	14 20	1 58	10 1	6 26	20 48	1 15	3 24	1 35	6 17	2 17
11	4 9	11 26	4 56	8 22	13 52	2 2	10 7	6 16	20 56	1 15	3 21	1 35	6 20	2 17
12	3 45	5 10	4 30	1 53	13 22	2 5	10 12	6 6	21 5	1 15	3 18	1 35	6 23	2 17
13	3 21	1N26	3 46	4N44	12 52	2 8	10 17	5 56	21 13	1 16	3 15	1 35	6 25	2 17
14	2 58	7 57	2 47	11 3	12 20	2 10	10 21	5 46	21 21	1 16	3 13	1 35	6 28	2 17
15	2 34	13 58	1 36	16 39	11 46	2 12	10 25	5 36	21 29	1 16	3 10	1 35	6 31	2 17
16	2 10	19 5	0 21	21 12	11 12	2 14	10 28	5 26	21 37	1 16	3 7	1 35	6 33	2 17
17	1 47	22 58	0N54	24 23	10 36	2 15	10 31	5 15	21 45	1 17	3 4	1 35	6 36	2 17
18	1 23	25 25	2 5	26 3	9 59	2 16	10 33	5 5	21 53	1 17	3 1	1 35	6 39	2 16
19	0 59	26 18	3 6	26 10	9 21	2 16	10 34	4 55	22 0	1 17	2 58	1 36	6 42	2 16
20	0 36	25 39	3 56	24 48	8 42	2 16	10 35	4 45	22 8	1 17	2 55	1 36	6 44	2 16
21	0 12	23 38	4 33	22 10	8 1	2 15	10 36	4 35	22 15	1 17	2 52	1 36	6 47	2 16
22	0N12	20 27	4 56	18 31	7 19	2 14	10 35	4 25	22 22	1 18	2 49	1 36	6 50	2 16
23	0 35	16 23	5 4	14 7	6 36	2 12	10 34	4 15	22 29	1 18	2 46	1 36	6 53	2 16
24	0 59	11 42	4 58	9 11	5 52	2 10	10 33	4 5	22 35	1 18	2 43	1 36	6 55	2 16
25	1 23	6 36	4 38	3 58	5 7	2 7	10 31	3 55	22 42	1 18	2 40	1 36	6 58	2 16
26	1 46	1 19	4 5	1S20	4 21	2 4	10 28	3 46	22 48	1 18	2 37	1 36	7 1	2 16
27	2 10	3S59	3 22	6 34	3 33	2 0	10 25	3 36	22 55	1 18	2 34	1 36	7 4	2 16
28	2 33	9 6	2 31	11 33	2 45	1 56	10 21	3 27	23 1	1 19	2 31	1 36	7 6	2 16
29	2 57	13 54	1 33	16 6	1 55	1 52	10 16	3 17	23 7	1 19	2 28	1 36	7 9	2 15
30	3 20	18 10	0 31	20 4	1 5	1 46	10 11	3 8	23 13	1 19	2 25	1 36	7 12	2 15
31	3N44	21S45	0S33	23S14	0S13	1S41	10S 6	2N59	23N18	1N19	2S22	1N36	7N15	2S15

DAY	♅ DECL	♅ LAT	♆ DECL	♆ LAT	♇ DECL	♇ LAT
1	21S49	0S28	21N43	0S42	16N26	6S55
5	21 47	0 28	21 43	0 42	16 27	6 54
9	21 45	0 28	21 44	0 42	16 28	6 54
13	21 44	0 28	21 44	0 41	16 28	6 53
17	21 42	0 28	21 44	0 41	16 29	6 52
21	21 41	0 28	21 45	0 41	16 30	6 51
25	21 40	0 28	21 45	0 41	16 31	6 50
29	21S39	0S28	21N45	0S41	16N32	6S50

☽ PHENOMENA			
d	h	m	
4	7	52	☾
11	12	12	●
18	3	37	☽
25	20	21	○

d	h	° '
6	10	26S12
12	19	0
19	2	26N18
26	6	0

d	h	° '
3	10	0
10	6	5S 2
16	7	0
23	1	5N 4
30	12	0

VOID OF COURSE ☽ LAST ASPT		☽ INGRESS		
2	5pm44	3	♐	6am10
5	7am18	5	♑	5pm12
7	5pm13	8	♒	0am23
9	11pm 9	10	♓	3am33
12	1am59	12	♈	4am10
13	7pm56	14	♉	4am15
15	8pm13	16	♊	5am39
18	3am37	18	♋	9am31
20	2pm24	20	♌	4pm 4
22	3pm 5	23	♍	0am57
25	1am37	25	♎	11am46
27	1pm47	28	♏	0am 7
30	3am29	30	♐	1pm 6

d	h	
12	23	PERIGEE
28	11	APOGEE

DAILY ASPECTARIAN

Day	Aspect	Time
1 T	☽⚼♇	1pm19
	☉△☽	1 50
	☿☌♀	5 4
	☽⚺♃	7 51
2 W	☽□♀	0am25
	☽□☿	1 26
	☽△♆	3 18
	☽#♇	8 6
	☽⚻♄	11 26
	☽∥☿	12pm24
	☽☍♂	3 48
	☿⚻♆	5 42
	☽⚹♅	5 44
	☽⚻♇	7 47
3 Th	☽∠♃	2am 2
	☽#♂	4 28
	☽⚼♆	9 37
	☽⚼♄	5pm57
	☽#♆	6 24
	☽∥♅	7 0
	☽∠♅	11 59
4 F	☉⚻♃	7am 4
	☽⚹♃	7 48
	☉□☽	7 52
	♂△♅	8 14
	☽⚹♀	12pm20
	☽⚻♆	3 25
	☿#♇	6 43
	☽⚹☿	9 14
	☽△♄	11 51
5 S	♀SD	2am 5
	☽⚺♅	5 34
	☽⚻♂	6 35
	☽☍♇	7 18
	☽∠♀	5pm27
	♂⚺♇	9 3
	☿⚹♄	9 45
	☉#♄	10 40
6 Su	☽∠☿	5am40
	☽⚼♂	12pm31
	☉⚺♀	2 59
	☽□♃	4 53
	☽⚺♀	9 40
	☉⚹☽	10 11
7 M	☽☍♆	0am23
	☽□♄	8 46
	☽⚺☿	12pm41
	☽☌♅	1 47
	☽⚻♇	3 12
	☽△♂	5 13
	☿⚺♅	10 59
8 T	☉△♆	2am37
	☉∠☽	3 21
	☿△♇	11 41
	☽⚼♇	5pm34
	☽∥♅	9 15
	☽#♆	9 28
	☽△♃	9 54
9 W	☽☌♀	3am 9
	☽#♂	4 6
	☽⚻♆	5 12
	☉⚺☽	7 14
	☽⚹♄	1pm25
	☽⚺♅	5 49
	☽△♇	7 0
	♂⚼♃	8 7
	☽☌☿	10 36
	☽⚼♃	11 0
	☽□♂	11 9
10 Th	♇SD	1am11
	☿⚼♃	2 11
	☽#♇	2 13
	☽⚼♆	6 15
	☿□♂	7 2
	☽∥☿	12pm54
	☽∠♄	2 27
	☽∠♅	6 37
	☽⚻♃	11 25
11 F	☽∥♀	5am 9
	☽⚺♀	5 26
	☽△♆	6 40
	☉☌☽	12pm12
	☽⚺♄	2 56
	☽⚹♅	6 54
	☽#♄	7 33
	☽□♇	7 54
	☿ ♓	9 34
12 S	☽⚹♂	1am59
	☽⚺☿	4 55
	☉∥☽	5 33
	☽∠♀	5 56
	☽∥♃	6 54
	♅#♆	3pm 7
	☿⚼♆	10 20
	☽☍♃	11 13
13 Su	☽∠♂	2am59
	☽⚹♀	6 23
	☽#♃	6 34
	☉#☽	6 36
	☽□♆	6 43
	☉∥♃	6 57
	☽∠☿	7 42
	☉⚺♄	10 4
	☽☌♄	3pm20
	☉⚺☽	3 40
	☽∥♄	6 23
	☽□♅	7 3
	☽⚹♇	7 56
	♀⚻♆	10 10
14 M	☽⚺♂	4am 7
	♂ ♊	7 17
	☽#♀	9 24
	☽⚹☿	10 44
	☽#☿	3pm43
	☉∠☽	5 41
	☽∠♇	8 15
	☽⚻♃	11 15
15 T	☽⚹♆	7am19
	☽□♀	8 8
	☽∥♇	11 13
	☽⚺♄	4pm39
	☽△♅	8 13
	☉⚹☽	8 13
	☉⚹♅	8 13
	☽⚺♇	9 1
	☽⚼♃	11 53
16 W	☉□♇	7am44
	☽☌♂	7 45
	☽∠♆	8 19
	☿∠♄	11 52
	☽∥♂	3pm14
	☽#♅	3 15
	☽∥♆	3 27
	♂#♅	3 50
	☽∠♄	6 6
	☽□☿	6 52
	♂∠♆	8 55
	♂∥♆	9 35
	☽⚼♅	9 38
17 Th	☽△♃	1am 7
	☿∥♀	3 12
	☽⚺♆	9 58
	☽△♀	12pm21
	☿∠♅	6 44
	☽⚹♄	8 15
	☽⚻♅	11 43
18 F	☽☌♇	0am25
	☉□☽	3 37
	☽⚺♂	2pm12
	☽⚼♀	3 39
	☿⚻♃	8 16
19 S	☽□♃	5am32
	☽△☿	6 59
	☽☌♆	3pm18
	☽∠♂	6 35
	☽⚻♀	7 46
20 Su	☽□♄	2am38
	☽☍♅	5 55
	☽⚺♇	6 32
	☉△☽	2pm24
	☽⚼☿	2 38
	☽⚹♂	11 43
21 M	☽∠♇	10am32
	☽∥♂	10 59
	☉ ♈	12pm 3
	☽⚹♃	12 28
	☽∥♆	3 7
	☽#♅	3 35
	☉⚼☽	8 56
	☿△♆	10 37
	☽⚺♆	11 11
	☽⚻☿	11 17
22 T	☽☍♀	6am16
	☽△♄	11 33
	☽⚻♅	2pm34
	☽⚹♇	3 5
	☿#♄	3 35
	☽∠♃	4 46
	☽∥♇	11 21
23 W	☽∠♆	3am56
	☉⚻☽	4 9
	☽□♂	11 53
	☽⚼♄	4pm49
	☽⚼♅	7 39
	☽⚺♃	9 31
24 Th	☽#♀	5am35
	☽⚹♆	9 10
	☽☍☿	7pm12
	☽⚻♀	7 24
	☿⚺♀	9 5
	☽∥♄	10 20
	☽⚻♄	10 32
25 F	☽△♅	1am12
	☽□♇	1 37
	☽#☿	7 57
	☽#♃	6pm 4
	☿⚺♄	6 46
	☉☍☽	8 21
	☉∥☽	10 5
26 S	☽△♂	2am13
	☽⚼♀	2 50
	☽☌♃	8 19
	☿⚹♅	11 30
	☿□♇	1pm47
	☉#☽	3 5
	☽∥♃	5 38
	☽□♆	8 53
	☽∥☿	10 20
27 Su	☽⚼♂	10am 4
	☽△♀	10 46
	☽☍♄	11 14
	☽□♅	1pm28
	☽△♇	1 47
	☽#♄	2 25
	☽⚻☿	6 15
	♀⚹♄	8 51
	☉#♃	9 56
28 M	☉#☿	3am48
	☽∥♀	5 57
	☿∥♃	7 11
	♂∠♄	1pm50
	☉⚻☽	2 24
	♆SD	4 9
	☽⚻♂	6 11
	☽⚼♇	8 16
	☽⚺♃	8 22
29 T	☽⚼☿	6am35
	☿ ♈	6 52
	☽△♆	9 45
	♀⚺♅	11 56
	♀⚼♃	2pm16
	☽#♇	2 24
	♀△♇	3 54
	☉⚼☽	11 43
30 W	☽⚻♄	0am51
	☽∠♃	2 34
	☽⚹♅	2 36
	☽⚻♇	2 48
	☽□♀	3 29
	♂△♃	5 9
	♂⚼♅	6 24
	☽⚼♆	4pm13
	☽△☿	6 59
	☽∥♅	11 7
	☽#♆	11 58
31 Th	☉☍♃	6am13
	☽⚼♄	7 31
	☽⚹♃	8 34
	☉△☽	8 48
	☽∠♅	8 59
	☽☍♂	10 22
	☽#♂	1pm 9
	☽⚻♆	10 23

APRIL 1910

LONGITUDE

DAY	SID. TIME	☉	☽	☽ 12 Hour	MEAN ☊	TRUE ☊	☿	♀	♂	♃	♄	♅	♆	♇
	h m s	° ' "	° ' "	° ' "	° '	° '	° '	° '	° '	° '	° '	° '	° '	° '
1	12 33 53	10♈ 23 9	17♐ 21 20	23♐ 24 33	1♊ 0	29♉ 15	5♈ 16	26♒ 36	10♊ 53	9♎ 34R	24♈ 12	24♑ 52	16♋ 32	24♊ 56
2	12 37 50	11 22 19	29 31 24	5♑ 42 29	0 57	29 16	7 15	27 21	11 30	9 26	24 20	24 53	16 33	24 57
3	12 41 46	12 21 28	11♑ 58 27	18 19 54	0 54	29 17R	9 15	28 6	12 8	9 18	24 27	24 55	16 33	24 57
4	12 45 43	13 20 36	24 47 21	1♒ 21 19	0 51	29 17	11 16	28 53	12 45	9 10	24 35	24 56	16 33	24 58
5	12 49 40	14 19 41	8♒ 2 12	14 50 16	0 47	29 14	13 19	29 40	13 22	9 3	24 42	24 57	16 33	24 58
6	12 53 36	15 18 44	21 45 38	28 48 18	0 44	29 10	15 22	0♓ 28	13 59	8 55	24 50	24 59	16 33	24 59
7	12 57 33	16 17 46	5♓ 58 2	13♓ 14 23	0 41	29 4	17 26	1 17	14 36	8 47	24 57	25 0	16 34	24 59
8	13 1 29	17 16 46	20 36 43	28 4 12	0 38	28 58	19 31	2 7	15 13	8 40	25 5	25 1	16 34	25 0
9	13 5 26	18 15 44	5♈ 35 49	13♈ 10 24	0 35	28 52	21 36	2 58	15 50	8 32	25 13	25 2	16 34	25 1
10	13 9 22	19 14 40	20 46 42	28 23 23	0 32	28 46	23 41	3 49	16 27	8 25	25 20	25 3	16 35	25 1
11	13 13 19	20 13 34	5♉ 59 12	13♉ 32 55	0 28	28 43	25 47	4 40	17 4	8 17	25 28	25 4	16 35	25 2
12	13 17 15	21 12 26	21 3 25	28 29 46	0 25	28 41D	27 53	5 33	17 41	8 10	25 35	25 5	16 36	25 3
13	13 21 12	22 11 16	5♊ 51 10	13♊ 7 1	0 22	28 41	29 58	6 26	18 19	8 2	25 43	25 6	16 36	25 3
14	13 25 9	23 10 3	20 16 56	27 20 38	0 19	28 42	2♉ 2	7 19	18 56	7 55	25 51	25 7	16 37	25 4
15	13 29 5	24 8 49	4♋ 18 5	11♋ 9 17	0 16	28 44	4 5	8 14	19 33	7 48	25 58	25 8	16 37	25 5
16	13 33 2	25 7 32	17 54 26	24 33 47	0 13	28 45R	6 6	9 8	20 10	7 41	26 6	25 8	16 38	25 6
17	13 36 58	26 6 13	1♌ 7 37	7♌ 36 19	0 9	28 45	8 6	10 3	20 47	7 34	26 14	25 9	16 39	25 7
18	13 40 55	27 4 52	14 0 15	20 19 51	0 6	28 44	10 4	10 59	21 24	7 27	26 21	25 10	16 39	25 7
19	13 44 51	28 3 28	26 35 31	2♍ 47 37	0 3	28 41	11 59	11 55	22 2	7 20	26 29	25 10	16 40	25 8
20	13 48 48	29 2 3	8♍ 56 33	15 2 42	0 0	28 37	13 52	12 52	22 39	7 13	26 36	25 11	16 41	25 9
21	13 52 44	0♉ 0 35	21 6 22	27 7 54	29♉ 57	28 32	15 41	13 49	23 16	7 7	26 44	25 11	16 41	25 10
22	13 56 41	0 59 4	3♎ 7 36	9♎ 5 44	29 53	28 27	17 27	14 47	23 53	7 0	26 52	25 12	16 42	25 11
23	14 0 38	1 57 33	15 2 35	20 58 24	29 50	28 23	19 10	15 45	24 30	6 54	26 59	25 12	16 43	25 12
24	14 4 34	2 55 59	26 53 26	2♏ 47 56	29 47	28 19	20 49	16 43	25 7	6 47	27 7	25 13	16 44	25 13
25	14 8 31	3 54 23	8♏ 42 9	14 36 20	29 44	28 16	22 24	17 42	25 45	6 41	27 15	25 13	16 45	25 14
26	14 12 27	4 52 45	20 30 47	26 25 46	29 41	28 15D	23 54	18 41	26 22	6 35	27 22	25 13	16 46	25 15
27	14 16 24	5 51 6	2♐ 21 37	8♐ 18 40	29 38	28 15	25 21	19 40	26 59	6 29	27 30	25 13	16 47	25 16
28	14 20 20	6 49 25	14 17 16	20 17 49	29 34	28 16	26 43	20 40	27 36	6 23	27 37	25 13	16 48	25 17
29	14 24 17	7 47 42	26 20 44	2♑ 26 27	29 31	28 17	28 1	21 41	28 13	6 17	27 45	25 14	16 49	25 18
30	14 28 13	8♉ 45 58	8♑ 35 27	14♑ 48 10	29♉ 28	28♉ 19	29♉ 14	22♓ 41	28♊ 51	6♎ 12	27♈ 52	25♑ 14R	16♋ 50	25♊ 19

DECLINATION and LATITUDE

DAY	☉ DECL	☽ DECL	☽ LAT	☽ 12hr DECL	☿ DECL	☿ LAT	♀ DECL	♀ LAT	♂ DECL	♂ LAT	♃ DECL	♃ LAT	♄ DECL	♄ LAT
1	4N 7	24S27	1S36	25S24	0N39	1S34	9S59	2N50	23N24	1N19	2S19	1N36	7N18	2S15
2	4 30	26 3	2 36	26 24	1 32	1 28	9 58	2 41	23 29	1 19	2 16	1 36	7 20	2 15
3	4 53	26 24	3 30	26 4	2 26	1 21	9 45	2 32	23 34	1 19	2 13	1 36	7 23	2 15
4	5 16	25 22	4 15	24 19	3 21	1 13	9 38	2 24	23 39	1 20	2 10	1 36	7 26	2 15
5	5 39	22 55	4 49	21 10	4 16	1 5	9 29	2 15	23 44	1 20	2 7	1 36	7 29	2 15
6	6 2	19 6	5 7	16 43	5 12	0 56	9 20	2 7	23 49	1 20	2 4	1 36	7 32	2 15
7	6 25	14 5	5 7	11 12	6 8	0 47	9 11	1 58	23 53	1 20	2 1	1 36	7 34	2 15
8	6 47	8 8	4 48	4 54	7 4	0 37	9 1	1 50	23 57	1 20	1 58	1 36	7 37	2 15
9	7 10	1 35	4 9	1N48	8 0	0 27	8 50	1 42	24 1	1 20	1 55	1 36	7 40	2 15
10	7 32	5N10	3 11	8 27	8 56	0 17	8 39	1 34	24 5	1 20	1 52	1 36	7 43	2 15
11	7 54	11 38	2 0	14 37	9 52	0 6	8 27	1 27	24 9	1 20	1 49	1 36	7 46	2 15
12	8 17	17 22	0 41	19 49	10 48	0N 4	8 15	1 19	24 13	1 20	1 46	1 36	7 48	2 15
13	8 39	21 56	0N39	23 40	11 42	0 15	8 3	1 11	24 16	1 20	1 44	1 36	7 51	2 15
14	9 0	25 1	1 55	25 55	12 36	0 26	7 50	1 4	24 19	1 20	1 41	1 36	7 54	2 15
15	9 22	26 25	3 2	26 29	13 28	0 38	7 37	0 57	24 23	1 20	1 38	1 36	7 57	2 15
16	9 44	26 10	3 57	25 28	14 20	0 49	7 23	0 50	24 25	1 20	1 35	1 35	7 59	2 15
17	10 5	24 25	4 37	23 4	15 9	0 60	7 8	0 43	24 28	1 21	1 33	1 35	8 2	2 15
18	10 26	21 27	5 2	19 36	15 57	1 10	6 54	0 36	24 31	1 21	1 30	1 35	8 5	2 15
19	10 47	17 33	5 12	15 20	16 43	1 21	6 38	0 29	24 33	1 21	1 27	1 35	8 8	2 15
20	11 8	12 58	5 8	10 30	17 27	1 31	6 23	0 23	24 35	1 21	1 25	1 35	8 10	2 15
21	11 29	7 57	4 49	5 21	18 9	1 40	6 7	0 17	24 37	1 21	1 22	1 35	8 13	2 15
22	11 49	2 42	4 18	0 2	18 48	1 50	5 50	0 10	24 39	1 21	1 20	1 35	8 16	2 15
23	12 10	2S37	3 35	5S15	19 25	1 58	5 34	0 4	24 41	1 21	1 17	1 35	8 19	2 15
24	12 30	7 49	2 44	10 20	19 59	2 6	5 16	0S 2	24 42	1 21	1 15	1 34	8 21	2 15
25	12 50	12 44	1 46	15 3	20 31	2 13	4 59	0 8	24 44	1 21	1 13	1 34	8 24	2 15
26	13 9	17 12	0 43	19 12	21 1	2 19	4 41	0 13	24 45	1 21	1 10	1 34	8 27	2 15
27	13 29	21 1	0S23	22 37	21 27	2 25	4 23	0 19	24 46	1 21	1 8	1 34	8 29	2 15
28	13 48	23 58	1 27	25 4	21 52	2 30	4 4	0 24	24 47	1 21	1 6	1 34	8 32	2 15
29	14 7	25 53	2 29	26 23	22 13	2 34	3 45	0 30	24 47	1 21	1 4	1 34	8 35	2 15
30	14N26	26S35	3S25	26S26	22N33	2N37	3S26	0S35	24N48	1N21	1S 2	1N33	8N37	2S15

DAY	♅ DECL	♅ LAT	♆ DECL	♆ LAT	♇ DECL	♇ LAT
1	21S38	0S28	21N45	0S41	16N33	6S49
5	21 37	0 29	21 45	0 41	16 33	6 48
9	21 36	0 29	21 45	0 40	16 34	6 47
13	21 36	0 29	21 45	0 40	16 35	6 47
17	21 35	0 29	21 45	0 40	16 36	6 46
21	21 35	0 29	21 45	0 40	16 37	6 45
25	21 35	0 29	21 44	0 40	16 38	6 45
29	21S35	0S29	21N44	0S40	16N38	6S44

☽ PHENOMENA

d	h	m	
3	0	47	☾
9	21	25	●
16	14	4	☽
24	13	23	○

d	h	°
2	18	26S26
9	6	0
15	8	26N31
22	12	0
30	1	26S35
6	13	5S 9
12	12	0
19	4	5N13
26	16	0

d	h	
10	9	PERIGEE
24	14	APOGEE

VOID OF COURSE ☽

LAST ASPT	☽ INGRESS
1 7pm28	2 ♑ 0am56
4 0am16	4 ♒ 9am32
6 5am31	6 ♓ 2pm 1
8 7am 6	8 ♈ 3pm 5
10 7am15	10 ♉ 2pm32
12 6am29	12 ♊ 2pm27
14 9am32	14 ♋ 4pm34
16 2pm56	16 ♌ 9pm56
19 3am 4	19 ♍ 6am35
21 8am 8	21 ♎ 5pm44
24 0am28	24 ♏ 6am19
26 9am33	26 ♐ 7pm14
29 3am54	29 ♑ 7am12

DAILY ASPECTARIAN

Day	Aspect	Time
1 F	☽△♄	1pm42
	☽⚺♅	2 54
	☽☍♇	3 1
	☽✶♀	7 28
2 S	☉✶♂	8am52
	☽□☿	5pm49
	☿#♃	6 28
	☽□♃	6 57
3 Su	☽⊼♂	0am18
	☿☍♃	0 34
	☉□☽	0 47
	☽∠♀	2 17
	☽☍♆	8 39
	☽□♄	11pm37
4 M	☽☌♅	0am16
	☽⊼♇	0 19
	☽⚼♂	5 41
	☽⚺♀	7 59
	☽#♂	5pm31
5 T	☿✶♂	0am52
	☽△♃	1 47
	☽⚼♇	3 26
	☽#♆	8 11
	☽∥♅	9 5
	☽△♂	9 51
	♀ ♓	9 53
	☽✶☿	10 58
	☉✶☽	11 58
	☽⊼♆	3pm 0
	☉☌☿	10 52
6 W	☿∠♀	2am 8
	☽⚼♃	3 40
	☽✶♄	5 18
	☽△♇	5 31
	☽⚺♅	5 31
	♅⊼♇	7 43
	☽#♇	12pm46
	☿□♆	1 54
	☉∠☽	3 37
	☽☌♀	3 43
	☽⚼♆	4 38
	☽∠☿	5 6
	☉∠♀	11 10
7 Th	☽⊼♃	4am38
	☉□♆	6 31
	☽∠♄	6 40
	☽∠♅	6 41
	♄✶♇	6 47
	♀⚼♆	7 57
	♄□♅	8 51
	☉∥☿	12pm13
	☽□♂	2 51
	☽△♆	5 26
	☉⚺☽	6 12
	☽∥♀	8 32
	☽⚺☿	9 55
8 F	☽#♄	1am55
	☽#☿	3 30
	☉#☽	4 46
	☽□♇	7 5
	☽✶♅	7 6
	☽⚺♄	7 16
	☿∥♄	2pm56
	☽⚺♀	7 33
	☽∥♃	10 47
9 S	☽☍♃	4am38
	☽#♃	12pm21
	☽✶♂	4 53
	☽□♆	5 23
	☿#♀	5 50
	☽∠♀	8 43
	☉☌☽	9 25
10 Su	♂⚺♆	5am 1
	☽☌☿	5 20
	☽✶♇	6 42
	☽□♅	6 45
	☽☌♄	7 15
	☉∥☽	9 8
	☽∥♄	9 19
	☽#♀	12pm21
	☉∥♄	12 56
	☿✶♇	3 20
	☿□♅	3 43
	☽∥☿	4 8
	☽∠♂	5 33
	☿☌♄	8 4
	☽✶♀	9 48
11 M	☽⊼♃	3am37
	☽∠♇	6 25
	☽✶♆	4pm51
	☽⚺♂	6 23
	☽∥♇	8 27
	☉#♀	11 11
12 T	☉⚺☽	0am15
	☽⚼♃	3 22
	☽⚺♇	6 26
	☽△♅	6 29
	☽⚺♄	7 22
	☽⚺☿	12pm48
	☽∠♆	5 3
	☽#♅	9 57
	☽∥♆	10 53
13 W	☿ ♉	0am28
	☽□♀	1 1
	☉∠☽	2 21
	☽△♃	3 34
	☽⚼♅	7 0
	☽∠♄	8 5
	☽∥♂	5pm17
	☽∠☿	5 37
	☽⚺♆	5 50
	♀#♄	6 9
	☽☌♂	9 37
14 Th	☉✶☽	5am15
	☽☌♇	8 7
	☽⊼♅	8 12
	☽✶♄	9 32
	♀⊼♃	2pm 1
	☽✶☿	11 33
15 F	☽□♃	6am 3
	☽△♀	7 20
	☿∠♂	7 54
	☽☌♆	9pm43
	☉✶♇	11 16
16 S	☉□♅	0am20
	☽⚺♂	4 15
	☽⚼♀	12pm 4
	☽⚺♇	12 59
	☽☍♅	1 4
	☉□☽	2 4
	☽□♄	2 56
	☿⊼♃	5 49
	☽∥♂	11 32
17 Su	♀∠♅	2am28
	☉☌♄	3 28
	☽∠♂	9 3
	☽✶♃	11 49
	☽□☿	3pm16
	☽∠♇	4 42
	☽⊼♀	5 53
	☽∥♆	9 57
	☽#♅	11 4
18 M	☿∠♇	0am42
	☽⚺♆	5 1
	♀∠♄	10 56
	☽✶♂	2pm47
	☽∠♃	3 54
	☿∥♇	8 18
	☽✶♇	9 12
	☽⊼♅	9 16
	☿✶♀	10 21
	☽△♄	11 47
19 T	☉△☽	3am 4
	☽∥☿	3 54
	☽∥♇	5 11
	☽∠♆	9 49
	☽⚺♃	8pm40
20 W	☽⚼♅	2am26
	☽⚼♄	5 17
	☽☍♀	8 21
	☉∥☽	8 23
	☉⚼☽	10 53
	☽△☿	11 23
	☽✶♆	3pm14
	☽∥♄	10 46
	☉ ♉	11 46
21 Th	☽□♂	4am31
	☽□♇	8 5
	☽△♅	8 8
	☽#♀	8 56
	☽⊼♄	11 20
	☿✶♆	1pm37
	☉⊼☽	7 20
	☽⚼☿	10 25
22 F	☽#♃	6am13
	☽☌♃	7 43
	☽∥♃	6pm 2
23 S	☽⊼♀	1am32
	☽□♆	3 23
	☽⊼☿	9 42
	☽∥♀	12pm46
	♅⊼♇	6 3
	☽△♂	8 13
	☽△♇	8 35
	☽□♅	8 35
24 Su	♀△♆	0am22
	☽☍♄	0 28
	☽#♄	2 33
	♂⊼♅	3 21
	♂☌♇	3 31
	☽⚼♀	10 41
	☉☍☽	1pm23
	☿⚼♃	1 45
	☽⚺♃	7 56
25 M	☉#☽	0am28
	☽⚼♇	3 6
	☽⚼♂	4 23
	☽△♆	4pm22
	☽△♀	7 57
	☽#♇	8 43
26 T	☽∠♃	2am 9
	☽☍☿	7 52
	☽✶♅	9 33
	☽⊼♇	9 37
	☽⊼♂	12pm31
	☽⊼♄	2 3
	☿△♅	9 49
	☿⚺♇	10 27
	☽⚼♆	10 49
27 W	☽#☿	3am38
	☽∥♅	4 5
	☽#♆	5 13
	☿#♅	7 12
	☉⊼☽	7 40
	☽✶♃	8 15
	☉⊼♃	2pm 6
	☽∠♅	3 51
	☿∥♆	4 20
	☽⚼♄	8 37
28 Th	♂✶♄	0am55
	☽⊼♆	5 1
	☽#♂	8 31
	☽□♀	1pm54
	☉⚼☽	4 21
	☿⚺♄	6 22
	☽⚺♅	9 47
	☽☍♇	9 55
29 F	☽△♄	2am48
	☽⊼☿	3 40
	☽☍♂	3 54
	☿⚺♂	7 57
	☽□♃	7pm22
30 S	☉△☽	0am22
	♅SR	10 48
	☽⚼☿	12pm 2
	☿ ♊	3 54
	☽☍♆	3 54

LONGITUDE

DAY	SID. TIME	☉	☽	☽ 12 Hour	MEAN ☊	TRUE ☊	☿	♀	♂	♃	♄	♅	♆	♇
	h m s	° ' "	° ' "	° ' "	° '	° '	° '	° '	° '	° '	° '	° '	° '	° '
1	14 32 10	9♉ 44 12	21♑ 5 7	27♑ 26 46	29♉ 25	28♉ 20	0♊ 23	23♓ 42	29♊ 28	6♎ 6R	28♈ 0	25♑ 14R	16♋ 51	25♊ 20
2	14 36 7	10 42 25	3♒ 53 33	10♒ 25 56	29 22	28 21R	1 26	24 43	0♋ 5	6 1	28 7	25 14	16 52	25 21
3	14 40 3	11 40 36	17 4 16	23 48 51	29 19	28 21	2 25	25 45	0 42	5 56	28 15	25 13	16 53	25 22
4	14 44 0	12 38 45	0♓ 39 55	7♓ 37 33	29 15	28 20	3 20	26 47	1 19	5 51	28 22	25 13	16 54	25 23
5	14 47 56	13 36 54	14 41 44	21 52 15	29 12	28 19	4 9	27 49	1 57	5 46	28 30	25 13	16 55	25 24
6	14 51 53	14 35 1	29 8 45	6♈ 30 42	29 9	28 17	4 53	28 51	2 34	5 41	28 37	25 13	16 56	25 25
7	14 55 49	15 33 6	13♈ 57 24	21 27 57	29 6	28 16	5 32	29 54	3 11	5 36	28 45	25 12	16 58	25 26
8	14 59 46	16 31 10	29 1 22	6♉ 36 30	29 3	28 14	6 7	0♈ 56	3 48	5 32	28 52	25 12	16 59	25 27
9	15 3 42	17 29 12	14♉ 12 11	21 47 11	28 59	28 14D	6 36	2 0	4 25	5 28	29 0	25 12	17 0	25 28
10	15 7 39	18 27 13	29 20 21	6♊ 50 32	28 56	28 14	7 0	3 3	5 3	5 24	29 7	25 11	17 2	25 30
11	15 11 36	19 25 13	14♊ 16 44	21 38 5	28 53	28 14	7 18	4 6	5 40	5 20	29 14	25 11	17 3	25 31
12	15 15 32	20 23 10	28 53 53	6♋ 3 36	28 50	28 15	7 32	5 10	6 17	5 16	29 22	25 10	17 4	25 32
13	15 19 29	21 21 6	13♋ 6 51	20 3 28	28 47	28 15	7 41	6 14	6 54	5 12	29 29	25 10	17 6	25 33
14	15 23 25	22 19 1	26 53 23	3♌ 36 42	28 44	28 16	7 44R	7 18	7 32	5 9	29 36	25 9	17 7	25 34
15	15 27 22	23 16 53	10♌ 13 37	16 44 27	28 40	28 16R	7 43	8 23	8 9	5 5	29 43	25 8	17 9	25 36
16	15 31 18	24 14 43	23 9 35	29 29 26	28 37	28 16	7 37	9 27	8 46	5 2	29 51	25 8	17 10	25 37
17	15 35 15	25 12 32	5♍ 44 29	11♍ 55 14	28 34	28 16	7 26	10 32	9 24	4 59	29 58	25 7	17 12	25 38
18	15 39 11	26 10 19	18 2 13	24 5 55	28 31	28 16	7 11	11 37	10 1	4 57	0♉ 5	25 6	17 13	25 39
19	15 43 8	27 8 5	0♎ 6 51	6♎ 5 31	28 28	28 16	6 53	12 42	10 38	4 54	0 12	25 5	17 15	25 41
20	15 47 5	28 5 48	12 2 24	17 57 56	28 25	28 15D	6 30	13 48	11 15	4 52	0 19	25 4	17 16	25 42
21	15 51 1	29 3 31	23 52 33	29 46 39	28 21	28 15	6 4	14 53	11 53	4 50	0 26	25 3	17 18	25 43
22	15 54 58	0♊ 1 12	5♏ 40 37	11♏ 34 47	28 18	28 16	5 36	15 59	12 30	4 47	0 33	25 2	17 19	25 45
23	15 58 54	0 58 51	17 29 29	23 25 1	28 15	28 16	5 5	17 4	13 7	4 46	0 40	25 1	17 21	25 46
24	16 2 51	1 56 29	29 21 41	5♐ 19 45	28 12	28 16R	4 33	18 10	13 44	4 44	0 47	25 0	17 23	25 47
25	16 6 47	2 54 6	11♐ 19 28	17 21 5	28 9	28 16	3 59	19 17	14 22	4 42	0 54	24 59	17 24	25 49
26	16 10 44	3 51 42	23 24 51	29 31 0	28 5	28 16	3 25	20 23	14 59	4 41	1 1	24 58	17 26	25 50
27	16 14 40	4 49 16	5♑ 39 47	11♑ 51 27	28 2	28 15	2 51	21 29	15 36	4 40	1 8	24 56	17 28	25 51
28	16 18 37	5 46 50	18 6 16	24 24 27	27 59	28 14	2 18	22 36	16 13	4 39	1 14	24 55	17 30	25 53
29	16 22 34	6 44 23	0♒ 46 17	7♒ 12 2	27 56	28 13	1 46	23 42	16 51	4 38	1 21	24 54	17 31	25 54
30	16 26 30	7 41 55	13 41 56	20 16 15	27 53	28 12	1 16	24 49	17 28	4 38	1 28	24 53	17 33	25 55
31	16 30 27	8♊ 39 25	26♒ 55 10	3♓ 38 56	27♉ 50	28♉ 12	0♊ 47	25♈ 56	18♋ 5	4♎ 37	1♉ 34	24♑ 51	17♋ 35	25♊ 57

DECLINATION and LATITUDE

DAY	☉ DECL	☽ DECL	☽ LAT	☽ 12hr DECL	☿ DECL	☿ LAT	♀ DECL	♀ LAT	♂ DECL	♂ LAT	♃ DECL	♃ LAT	♄ DECL	♄ LAT
1	14N44	25S57	4S12	25S 7	22N49	2N39	3S 7	0S40	24N48	1N21	0S60	1N33	8N40	2S15
2	15 3	23 57	4 48	22 28	23 4	2 40	2 47	0 45	24 48	1 21	0 58	1 33	8 43	2 15
3	15 21	20 39	5 10	18 33	23 16	2 40	2 27	0 49	24 48	1 21	0 56	1 33	8 45	2 15
4	15 38	16 10	5 16	13 32	23 26	2 39	2 7	0 54	24 47	1 21	0 54	1 33	8 48	2 15
5	15 56	10 42	5 4	7 40	23 33	2 37	1 46	0 59	24 47	1 21	0 52	1 33	8 51	2 15
6	16 13	4 30	4 32	1 13	23 38	2 33	1 25	1 3	24 46	1 21	0 51	1 32	8 53	2 15
7	16 30	2N 6	3 41	5N26	23 41	2 29	1 4	1 7	24 45	1 21	0 49	1 32	8 56	2 15
8	16 47	8 43	2 35	11 53	23 42	2 24	0 43	1 11	24 44	1 21	0 47	1 32	8 58	2 15
9	17 4	14 53	1 17	17 39	23 41	2 17	0 21	1 15	24 43	1 21	0 46	1 32	9 1	2 15
10	17 20	20 7	0N 6	22 15	23 37	2 10	0N 0	1 19	24 42	1 21	0 45	1 32	9 3	2 15
11	17 36	23 59	1 28	25 17	23 32	2 1	0 22	1 23	24 40	1 20	0 43	1 31	9 6	2 15
12	17 51	26 9	2 42	26 34	23 25	1 51	0 44	1 26	24 38	1 20	0 42	1 31	9 8	2 15
13	18 6	26 31	3 44	26 4	23 15	1 41	1 6	1 30	24 36	1 20	0 41	1 31	9 11	2 16
14	18 21	25 13	4 31	24 2	23 4	1 29	1 29	1 33	24 34	1 20	0 39	1 31	9 13	2 16
15	18 36	22 32	5 2	20 46	22 51	1 16	1 51	1 36	24 32	1 20	0 38	1 30	9 16	2 16
16	18 51	18 47	5 16	16 36	22 37	1 2	2 14	1 39	24 30	1 20	0 37	1 30	9 18	2 16
17	19 5	14 17	5 15	11 51	22 20	0 47	2 37	1 42	24 27	1 20	0 36	1 30	9 21	2 16
18	19 18	9 19	4 59	6 43	22 3	0 32	2 59	1 45	24 24	1 20	0 36	1 30	9 23	2 16
19	19 32	4 5	4 30	1 25	21 44	0 16	3 22	1 47	24 21	1 20	0 35	1 30	9 25	2 16
20	19 45	1S14	3 50	3S53	21 23	0S 1	3 45	1 50	24 18	1 20	0 34	1 29	9 28	2 16
21	19 57	6 29	2 60	9 2	21 2	0 18	4 8	1 52	24 15	1 20	0 33	1 29	9 30	2 16
22	20 10	11 30	2 2	13 52	20 40	0 35	4 32	1 55	24 11	1 20	0 33	1 29	9 33	2 16
23	20 22	16 6	0 59	18 12	20 17	0 53	4 55	1 57	24 7	1 20	0 32	1 29	9 35	2 16
24	20 34	20 7	0S 6	21 51	19 54	1 11	5 18	1 59	24 4	1 20	0 32	1 28	9 37	2 16
25	20 45	23 20	1 12	24 35	19 31	1 28	5 41	2 1	23 60	1 19	0 31	1 28	9 39	2 17
26	20 56	25 32	2 15	26 12	19 8	1 45	6 5	2 2	23 55	1 19	0 31	1 28	9 42	2 17
27	21 7	26 33	3 13	26 33	18 45	2 2	6 28	2 4	23 51	1 19	0 31	1 28	9 44	2 17
28	21 17	26 14	4 3	25 34	18 23	2 17	6 51	2 6	23 46	1 19	0 31	1 27	9 46	2 17
29	21 27	24 34	4 41	23 15	18 2	2 33	7 14	2 7	23 42	1 19	0 31	1 27	9 48	2 17
30	21 36	21 37	5 7	19 42	17 42	2 47	7 38	2 8	23 37	1 19	0 31	1 27	9 51	2 17
31	21N45	17S30	5S17	15S 4	17N23	3S 0	8N 1	2S10	23N32	1N19	0S31	1N27	9N53	2S17

DAY	♅ DECL	♅ LAT	♆ DECL	♆ LAT	♇ DECL	♇ LAT
1	21S35	0S29	21N44	0S40	16N39	6S44
5	21 35	0 30	21 43	0 40	16 39	6 43
9	21 36	0 30	21 43	0 40	16 40	6 42
13	21 36	0 30	21 42	0 39	16 41	6 42
17	21 37	0 30	21 42	0 39	16 41	6 41
21	21 38	0 30	21 41	0 39	16 42	6 41
25	21 38	0 30	21 40	0 39	16 43	6 41
29	21S39	0S30	21N39	0S39	16N43	6S40

☽ PHENOMENA		
d h m		
2 13 29	☾	
9 5 33	●	
16 2 13	☽	
24 5 39	○	
31 22 24	☾	
d h °		
6 16 0		
12 17 26N36		
19 18 0		
27 7 26S36		
3 20 5S16		
9 22 0		
16 10 5N18		
23 22 0		
31 2 5S17		

VOID OF COURSE ☽ LAST ASPT	☽ INGRESS
1 1pm10	1 ♒ 4pm46
3 7pm58	3 ♓ 10pm51
5 11pm29	6 ♈ 1am24
7 11pm45	8 ♉ 1am33
9 5pm24	10 ♊ 1am 3
12 0am47	12 ♋ 1am50
14 4am52	14 ♌ 5am32
16 12pm48	16 ♍ 12pm58
18 5pm32	18 ♎ 11pm46
21 3am45	21 ♏ 12pm27
23 3pm13	24 ♐ 1am17
26 4am46	26 ♑ 12pm57
28 12pm57	28 ♒ 10pm33
30 10pm15	31 ♓ 5am31

d h
8 19 PERIGEE
21 18 APOGEE

DAILY ASPECTARIAN

Day	Aspect	Time
1 Su	☽⚹♀	5am23
	☽☌♅	7 50
	☽⚻♇	8 2
	☽□♄	1pm10
	☉∠♇	2 53
	☽#♂	3 40
	☽⚻♂	4 34
	☽△☿	7 4
	♂ ♋	8 49
2 M	☽△♃	3am53
	☽#☿	6 57
	☿∠♆	10 14
	☽∠♀	11 36
	♀⚹♅	11 49
	☽⚼♇	11 51
	☉□☽	1pm29
	♀□♇	2 53
	☽#♆	5 5
	☽∥♅	6 3
	☽⚼♂	9 25
	☽⚻♆	11 40
3 T	☽⚼♃	6am50
	☽⚺♅	2pm29
	☽△♇	2 45
	☽⚺♀	4 39
	☽⚹♄	7 58
	☽#♇	9 38
4 W	☽△♂	1am12
	☽⚼♆	2 9
	☉#☽	2 21
	☽□☿	4 55
	☽⚻♃	8 53
	☽∠♅	4pm25
	☽∠♄	9 58
	☉⚹☽	10 3
5 Th	☽△♆	3am45
	☽#♄	7 22
	☽⚹♅	5pm32
	☽□♇	5 52
	♀⚺♄	6 3
	☽⚺♄	11 8
	☽☌♀	11 29
6 F	☉∠☽	0am46
	☽□♂	5 50
	☽⚹☿	9 49
	☽☍♃	10 36
	☽∥♀	11 55
	☽∥♃	1pm25
	☽#♃	7 23
	☽#♀	8 28
7 S	☿△♃	2am18
	♀ ♈	2 27
	☉⚺☽	2 44
	☽□♆	4 49
	☽∠☿	10 57
	☉∥♇	1pm41
	☽□♅	5 57
	☽⚹♇	6 20
	♀∥♃	6 22
	☽☌♄	11 45
8 Su	☽∥♄	0am57
	☽⚺♀	3 16
	☽⚹♂	7 53
	☽⚻♃	10 15
	☽⚺☿	11 36
	☉⚹♆	11 44
	☽∠♇	6pm 6
9 M	☽⚹♆	4am26
	☽∠♀	4 44
	☉☌☽	5 33
	☽∥♇	7 38
	☽∠♂	8 37
	☉∥☽	9 51
	☽⚼♃	9 51
	☽△♅	5pm24
	☽⚺♇	5 53
	☽⚺♄	11 38
10 T	☽∠♆	4am18
	☽⚹♀	6 22
	☽#♅	8 7
	☽∥♆	8 48
	☽⚺♂	9 31
	☽△♃	9 38
	♂□♃	12pm 7
	☽☌☿	12 31
	☽⚼♅	5 23
	☽∥☿	8 43
	☽∠♄	11 56
11 W	☽⚺♆	4am31
	☽∥♂	5 47
	☉⚺☽	8 58
	☽⚻♅	5pm50
	☽☌♇	6 25
	☉⚼♃	9 8
	♀#♃	9 35
12 Th	☽⚹♄	0am47
	♀☍♃	1 59
	☽□♃	10 37
	☽□♀	11 21
	☉∠☽	11 39
	☽☌♂	12pm57
	☽⚺☿	2 39
13 F	☽☌♆	6am52
	☉⚹☽	3pm20
	☽∠☿	4 40
	☽☍♅	8 56
	☽⚺♇	9 40
14 S	☉∠♀	2am 9
	☽□♄	4 52
	☿SR	5 28
	☽∥♂	7 3
	☿⚺♂	8 5
	☿⚹♀	9 38
	♀□♂	11 48
	☽⚹♃	2pm42
	☉∠♂	2 49
	☽⚹☿	7 26
	☽⚺♂	8 2
	☽△♀	8 20
	☽∥☿	9 24
15 Su	☽∠♇	0am40
	☽∥♆	5 51
	☽#♅	6 29
	☽⚺♆	12pm46
	☽∠♃	6 10
	☉∥☽	11 39
16 M	☽∠♂	1am13
	☉□☽	2 13
	☽⚼♀	2 40
	☽⚻♅	3 42
	☽⚹♇	4 39
	☽∥♇	11 33
	☽△♄	12pm48
	☽∠♆	5 9
	☉△♅	9 39
	☽⚺♃	10 33
17 T	☽□☿	3am14
	☽⚹♂	7 27
	♄ ♉	7 30
	☽⚼♅	8 28
	☽⚻♀	10 12
	☉⚺♇	10 53
	☽⚼♄	6pm 8
	☽⚹♆	10 23
	☽∥♄	11 40
18 W	☽△♅	1pm58
	☽□♇	3 8
	☉△☽	5 32
19 Th	☽⚻♄	0am10
	☿∥♆	2 50
	☽∥♀	2 59
	☿#♅	7 52
	☽☌♃	9 34
	☽△☿	1pm11
	☽#♃	3 50
	☽∥♃	8 59
	☽□♂	10 20
20 F	☉⚼☽	2am20
	☽☍♀	3 54
	☽□♆	10 37
	☽#♀	12pm20
	☽⚼☿	6 31
21 S	☽□♅	2am23
	☽△♇	3 45
	☉⚻☽	11 28
	☽☍♄	1pm28
	☽#♄	2 23
	☽⚺♃	10 12
	☉ ♊	11 30
	☽⚻☿	11 51
22 Su	☽⚼♇	10am19
	☽△♂	2pm38
	☉⚺♄	3 7
	☉∥☿	8 49
	☽⚻♀	11 4
	☽△♆	11 43
23 M	☽#♇	3am21
	☽∠♃	4 35
	♀□♆	6 11
	☽⚹♅	3pm13
	☿△♃	3 34
	☽⚻♇	4 47
	☽⚼♂	10 41
	☽#☿	10 42
24 T	☽⚻♄	2am54
	☉#☽	3 5
	☉☍☽	5 39
	☽⚼♆	6 5
	☽⚼♀	8 27
	☽☍☿	9 58
	☽∥♅	10 29
	☽#♆	10 45
	☽⚹♃	10 47
	☉∠♆	11 14
	☿∠♀	7pm55
	☽∠♅	9 19
25 W	☽#♂	5am53
	☽⚻♂	6 23
	☽⚼♄	9 12
	☽⚻♆	12pm 8
	☉☌☿	5 8
	☽△♀	5 24
26 Th	☽⚺♅	3am 3
	☽☍♇	4 46
	☽△♄	3pm 4
	☽⚻☿	6 46
	☉△♃	8 11
	☽□♃	10 4
	☉⚻☽	10 13
27 F	☿∠♆	4pm 6
	☽☍♂	8 13
	☽⚼☿	10 32
	☽☍♆	10 50
28 S	☉⚼☽	5am32
	☽□♀	9 23
	☽☌♅	12pm57
	☽⚻♇	2 48
	☿∠♂	10 21
29 Su	☽□♄	1am 6
	☽△☿	1 47
	♅#♆	3 56
	☽△♃	7 13
	☽#♂	8 29
	☉△☽	12pm 2
	☿⚺♄	3 58
	☽⚼♇	6 53
	☽∥♅	11 41
	☽#♆	11 44
30 M	☉#☽	0am 4
	♀□♅	1 9
	♂☌♆	3 29
	☽⚻♆	7 4
	☽⚻♂	7 14
	☉∥♆	7 37
	☉#♅	9 6
	☽⚼♃	10 49
	☽⚺♅	8pm18
	☽⚹♀	10 5
	☽△♇	10 15
31 T	♀⚹♇	0am 8
	☽#☿	0 37
	☽#♇	3 57
	☽□☿	6 42
	☽⚹♄	8 23
	☽⚼♆	10 8
	☽⚼♂	11 32
	☽⚻♃	1pm43
	☉□☽	10 24
	☽∠♅	10 54

JUNE 1910

LONGITUDE

DAY	SID. TIME	☉	☽	☽ 12 Hour	MEAN ☊	TRUE ☊	☿	♀	♂	♃	♄	♅	♆	♇
	h m s	° ' "	° ' "	° ' "	° '	° '	° '	° '	° '	° '	° '	° '	° '	° '
1	16 34 23	9♊ 36 55	10♓ 27 39	17♓ 21 27	27♉ 46	28♉ 11D	0♊ 22R	27♈ 3	18♋ 43	4♎ 37D	1♉ 41	24♑ 50R	17♋ 37	25♊ 58
2	16 38 20	10 34 25	24 20 19	1♈ 24 14	27 43	28 11	0 0	28 11	19 20	4 37	1 48	24 48	17 39	25 59
3	16 42 16	11 31 53	8♈ 33 0	15 46 22	27 40	28 12	29♉ 41	29 18	19 57	4 37	1 54	24 47	17 40	26 1
4	16 46 13	12 29 21	23 3 56	0♉ 25 9	27 37	28 13	29 26	0♉ 25	20 34	4 37	2 0	24 45	17 42	26 2
5	16 50 9	13 26 48	7♉ 49 25	15 15 55	27 34	28 14	29 15	1 33	21 12	4 38	2 7	24 44	17 44	26 4
6	16 54 6	14 24 15	22 43 49	0♊ 12 10	27 31	28 14R	29 8	2 41	21 49	4 38	2 13	24 42	17 46	26 5
7	16 58 3	15 21 41	7♊ 39 58	15 6 12	27 27	28 14	29 5D	3 49	22 26	4 39	2 19	24 40	17 48	26 6
8	17 1 59	16 19 6	22 29 54	29 50 7	27 24	28 13	29 7	4 56	23 4	4 40	2 26	24 39	17 50	26 8
9	17 5 56	17 16 30	7♋ 6 0	14♋ 16 49	27 21	28 12	29 14	6 4	23 41	4 41	2 32	24 37	17 52	26 9
10	17 9 52	18 13 53	21 22 0	28 21 6	27 18	28 9	29 24	7 13	24 18	4 43	2 38	24 35	17 54	26 11
11	17 13 49	19 11 16	5♌ 13 49	12♌ 0 1	27 15	28 6	29 40	8 21	24 56	4 44	2 44	24 33	17 56	26 12
12	17 17 45	20 8 37	18 39 44	25 13 6	27 11	28 4	0♊ 0	9 29	25 33	4 46	2 50	24 32	17 58	26 14
13	17 21 42	21 5 57	1♍ 40 23	8♍ 1 55	27 8	28 2	0 24	10 37	26 10	4 48	2 56	24 30	18 0	26 15
14	17 25 38	22 3 17	14 18 9	20 29 35	27 5	28 0D	0 53	11 46	26 48	4 50	3 2	24 28	18 2	26 16
15	17 29 35	23 0 35	26 36 46	2♎ 40 17	27 2	28 0	1 26	12 54	27 25	4 52	3 8	24 26	18 4	26 18
16	17 33 32	23 57 52	8♎ 40 43	14 38 40	26 59	28 1	2 3	14 3	28 2	4 55	3 14	24 24	18 6	26 19
17	17 37 28	24 55 9	20 34 45	26 29 33	26 56	28 2	2 45	15 12	28 40	4 57	3 19	24 22	18 8	26 21
18	17 41 25	25 52 25	2♏ 23 38	8♏ 17 33	26 52	28 4	3 31	16 21	29 17	5 0	3 25	24 20	18 10	26 22
19	17 45 21	26 49 40	14 11 48	20 6 53	26 49	28 5	4 20	17 30	29 55	5 3	3 31	24 18	18 12	26 24
20	17 49 18	27 46 55	26 3 15	2♐ 1 16	26 46	28 6R	5 14	18 39	0♌ 32	5 6	3 36	24 16	18 14	26 25
21	17 53 14	28 44 9	8♐ 1 19	14 3 43	26 43	28 6	6 12	19 48	1 9	5 9	3 42	24 14	18 17	26 26
22	17 57 11	29 41 22	20 8 43	26 16 34	26 40	28 4	7 13	20 57	1 47	5 13	3 47	24 12	18 19	26 28
23	18 1 8	0♋ 38 36	2♑ 27 26	8♑ 41 28	26 36	28 1	8 18	22 6	2 24	5 16	3 52	24 10	18 21	26 29
24	18 5 4	1 35 48	14 58 45	21 19 23	26 33	27 56	9 27	23 15	3 1	5 20	3 58	24 7	18 23	26 31
25	18 9 1	2 33 0	27 43 23	4♒ 10 46	26 30	27 51	10 40	24 25	3 39	5 24	4 3	24 5	18 25	26 32
26	18 12 57	3 30 13	10♒ 41 33	17 15 43	26 27	27 45	11 57	25 34	4 16	5 28	4 8	24 3	18 27	26 34
27	18 16 54	4 27 25	23 53 14	0♓ 34 6	26 24	27 40	13 17	26 44	4 54	5 32	4 13	24 1	18 29	26 35
28	18 20 50	5 24 37	7♓ 18 17	14 5 45	26 21	27 36	14 40	27 53	5 31	5 37	4 18	23 59	18 32	26 36
29	18 24 47	6 21 49	20 56 29	27 50 27	26 17	27 33	16 7	29 3	6 9	5 41	4 23	23 56	18 34	26 38
30	18 28 43	7♋ 19 1	4♈ 47 37	11♈ 47 54	26♉ 14	27♉ 32D	17♊ 38	0♊ 13	6♌ 46	5♎ 46	4♉ 28	23♑ 54	18♋ 36	26♊ 39

DECLINATION and LATITUDE

DAY	☉ DECL	☽ DECL	☽ LAT	☽ 12hr DECL	☿ DECL	☿ LAT	♀ DECL	♀ LAT	♂ DECL	♂ LAT	♃ DECL	♃ LAT	♄ DECL	♄ LAT
1	21N54	12S25	5S10	9S35	17N 6	3S12	8N24	2S11	23N27	1N19	0S31	1N26	9N55	2S17
2	22 3	6 36	4 45	3 30	16 51	3 23	8 47	2 12	23 21	1 19	0 31	1 26	9 57	2 18
3	22 11	0 19	4 2	2N55	16 37	3 33	9 10	2 12	23 16	1 19	0 31	1 26	9 59	2 18
4	22 18	6N 8	3 3	9 19	16 26	3 42	9 33	2 13	23 10	1 18	0 32	1 26	10 1	2 18
5	22 25	12 23	1 51	15 17	16 16	3 49	9 56	2 14	23 4	1 18	0 32	1 25	10 3	2 18
6	22 32	17 58	0 30	20 23	16 9	3 55	10 18	2 14	22 58	1 18	0 33	1 25	10 5	2 18
7	22 39	22 27	0N52	24 8	16 4	3 60	10 41	2 15	22 52	1 18	0 33	1 25	10 7	2 18
8	22 45	25 24	2 10	26 13	16 0	4 4	11 3	2 15	22 46	1 18	0 34	1 24	10 9	2 18
9	22 51	26 34	3 19	26 27	15 59	4 6	11 25	2 15	22 39	1 18	0 35	1 24	10 11	2 19
10	22 56	25 55	4 13	24 58	16 0	4 7	11 48	2 15	22 32	1 18	0 35	1 24	10 13	2 19
11	23 1	23 40	4 50	22 3	16 3	4 8	12 9	2 15	22 25	1 17	0 36	1 24	10 15	2 19
12	23 5	20 10	5 11	18 3	16 8	4 7	12 31	2 15	22 19	1 17	0 37	1 23	10 17	2 19
13	23 9	15 46	5 14	13 21	16 15	4 5	12 53	2 15	22 11	1 17	0 38	1 23	10 19	2 19
14	23 13	10 50	5 2	8 14	16 24	4 2	13 14	2 15	22 4	1 17	0 39	1 23	10 21	2 19
15	23 16	5 35	4 37	2 54	16 34	3 58	13 35	2 14	21 57	1 17	0 40	1 23	10 23	2 19
16	23 19	0 13	3 59	2S27	16 46	3 54	13 56	2 14	21 49	1 17	0 41	1 22	10 24	2 20
17	23 21	5S 5	3 12	7 40	16 59	3 48	14 17	2 13	21 41	1 17	0 43	1 22	10 26	2 20
18	23 23	10 10	2 17	12 36	17 14	3 42	14 37	2 13	21 33	1 16	0 44	1 22	10 28	2 20
19	23 25	14 54	1 16	17 5	17 30	3 35	14 57	2 12	21 25	1 16	0 45	1 22	10 30	2 20
20	23 26	19 6	0 11	20 56	17 47	3 28	15 17	2 11	21 17	1 16	0 47	1 21	10 31	2 20
21	23 27	22 33	0S54	23 56	18 5	3 20	15 36	2 10	21 9	1 16	0 48	1 21	10 33	2 21
22	23 27	25 3	1 58	25 52	18 23	3 11	15 55	2 9	21 0	1 16	0 50	1 21	10 35	2 21
23	23 27	26 22	2 57	26 33	18 43	3 1	16 14	2 8	20 52	1 16	0 52	1 21	10 36	2 21
24	23 26	26 23	3 48	25 53	19 3	2 52	16 33	2 7	20 43	1 15	0 53	1 20	10 38	2 21
25	23 26	25 1	4 29	23 50	19 24	2 41	16 51	2 6	20 34	1 15	0 55	1 20	10 39	2 21
26	23 24	22 20	4 57	20 31	19 45	2 31	17 9	2 4	20 25	1 15	0 57	1 20	10 41	2 21
27	23 23	18 26	5 10	16 7	20 6	2 19	17 26	2 3	20 16	1 15	0 59	1 20	10 42	2 22
28	23 20	13 34	5 6	10 51	20 27	2 8	17 44	2 1	20 6	1 15	1 1	1 19	10 44	2 22
29	23 18	7 58	4 45	4 58	20 48	1 56	18 0	1 60	19 57	1 15	1 3	1 19	10 45	2 22
30	23N15	1S53	4S 8	1N15	21N 9	1S44	18N17	1S58	19N47	1N14	1S 5	1N19	10N47	2S22

DAY	♅ DECL	♅ LAT	♆ DECL	♆ LAT	♇ DECL	♇ LAT
1	21S40	0S30	21N39	0S39	16N44	6S40
5	21 41	0 30	21 38	0 39	16 44	6 40
9	21 43	0 31	21 37	0 39	16 45	6 39
13	21 44	0 31	21 36	0 39	16 45	6 39
17	21 46	0 31	21 35	0 39	16 45	6 39
21	21 47	0 31	21 34	0 39	16 46	6 39
25	21 49	0 31	21 33	0 38	16 46	6 38
29	21S50	0S31	21N32	0S38	16N46	6S38

☽ PHENOMENA				VOID OF COURSE ☽ LAST ASPT		☽ INGRESS		
d	h	m						
7	13	16	●	2	9am24	2	♈	9am38
14	16	19	☽	4	4am52	4	♉	11am19
22	20	12	○	6	10am14	6	♊	11am40
30	4	39	☾	8	5am56	8	♋	12pm16
				10	2pm 5	10	♌	2pm52
				12	1pm53	12	♍	8pm52
d	h	° '		15	1am40	15	♎	6am42
3	1	0		17	5pm20	17	♏	7pm 8
9	3	26N35		19	8pm24	20	♐	7am57
16	1	0		22	12pm23	22	♑	7pm14
23	12	26S33		24	5pm13	25	♒	4am15
30	7	0		27	5am36	27	♓	10am59
				29	3pm23	29	♈	3pm44
6	9	0		d	h			
12	17	5N15		6	3	PERIGEE		
20	4	0		18	7	APOGEE		
27	7	5S11						

DAILY ASPECTARIAN

1 W	☽∠♀	3am 2
	☉⚼♅	5 14
	☽#♄	10 35
	☽∠♄	10 55
	☽△♆	12pm28
	☽△♂	3 0
	☽#♀	3 50
	♃SD	9 13
	☿ ♉	11 43
2 Th	☽⚹♅	0am48
	☽□♇	2 49
	☽⚺♀	7 6
	☽⚹☿	9 24
	☿∥♇	11 58
	☽⚺♄	12pm45
	☽☍♃	5 24
	☽∥♃	11 13
3 F	☽#♃	3am 7
	☉⚹☽	5 19
	☿⚺♀	6 34
	☽∠☿	10 0
	♀ ♉	2pm58
	☽□♆	3 10
	☽□♂	7 44
4 S	☽□♅	2am45
	☽⚹♇	4 52
	☉∠☽	7 44
	☽⚺☿	10 15
	☽☌♀	1pm 0
	☽∥♀	1 44
	☽☌♄	2 41
	☽∥♄	2 48
	☽⚻♃	6 50
5 Su	☽∠♇	5am14
	♀∥♄	8 57
	☉⚺☽	9 42
	♀☌♄	1pm15
	☽∥☿	3 54
	☽⚹♆	4 1
	☽∥♇	6 21
	☽⚼♃	7 2
	☽⚹♂	10 28
6 M	☽△♅	3am 9
	☽⚺♇	5 24
	☽☌☿	10 14
	☽⚺♄	3pm21
	☽∠♆	4 9
	☽⚺♀	5 17
	☽∥♆	6 58
	☽△♃	7 9
	☽#♅	7 24
	☽∠♂	11 37
7 T	☉∥☽	1am17
	☿SD	1 49
	☽∥♂	2 37
	☽⚼♅	3 14
	☉☌☽	1pm16
	☽∠♄	3 42
	☽⚺♆	4 24
	♀⚻♃	6 11
	☽∠♀	7 30
8 W	☽⚺♂	0am57
	☉∥♂	1 19
	☽⚻♅	3 30
	☽☌♇	5 56
	☽⚺☿	10 53
	☽⚹♄	4pm23
	☽□♃	8 0
	☽⚹♀	10 9
9 Th	☉∠♄	7am14
	☽∠☿	12pm 3
	☉⚺♆	3 21
	☽☌♆	6 6
	☉⚺☽	6 17
10 F	☽☌♂	5am16
	☽☍♅	5 30
	☽⚺♇	8 16
	♂☍♅	10 21
	☽⚹☿	2pm 5
	☽□♄	7 36
	☉∠☽	10 2
	☽⚹♃	11 8
11 S	☉∥☽	4am59
	☽□♀	6 0
	☽∥♂	9 41
	☽∠♇	10 36
	☽#♅	2pm 8
	☽∥♆	2 56
	☽⚺♆	10 44
12 Su	☿ ♊	0am14
	☽∠♃	2 1
	☉⚹☽	2 54
	☽⚻♅	10 42
	☽⚺♂	1pm15
	☽⚹♇	1 53
	☽∥♇	6 58
	☽□☿	9 32
	☽∥☿	9 37
13 M	☽△♄	2am23
	☽∠♆	2 30
	♂⚺♇	3 3
	☽⚺♃	5 54
	☽∥♀	1pm21
	♀∠♇	1 26
	☽⚼♅	2 45
	☽△♀	6 38
	☽∠♂	6 56
14 T	☽∥♄	2am14
	☽⚹♆	7 14
	☽⚼♄	7 16
	☉□☽	4pm19
	☽△♅	7 43
	☽□♇	11 23
15 W	☽⚹♂	1am40
	☽⚼♀	2 49
	☽△☿	10 2
	☽⚻♄	1pm 1
	☽☌♃	4 26
	☽#♃	9 55
	☿∥♇	11 16
16 Th	☽∥♃	4am 7
	☉⚻♅	10 35
	♂#♅	11 23
	☽⚻♀	11 57
	☽⚼☿	5pm54
	☽□♆	7 2
17 F	☽□♅	7am40
	☉△☽	9 35
	☽△♇	11 43
	☿∠♆	1pm 5
	☽□♂	5 20
	♂∥♆	7 33
	☿⚺♄	8 48
18 S	☽#♄	1am26
	☽☍♄	2 6
	☽⚻☿	2 26
	☽⚺♃	5 20
	☉☌♇	12pm45
	☽⚼♇	6 17
	☉⚼☽	6 46
19 Su	☽#♀	0am16
	♂ ♌	3 30
	☽☍♀	7 24
	☽△♆	8 9
	☽#♇	10 12
	☽∠♃	11 55
	♀⚹♆	3pm21
	☽#☿	3 26
	☿△♃	8 21
	☽⚹♅	8 24
20 M	☽⚻♇	0am44
	☉⚻☽	3 47
	☽△♂	9 30
	☽#♂	1pm57
	☽⚼♆	2 29
	☽⚻♄	3 17
	☽#♆	4 33
	☽∥♅	6 8
	☽⚹♃	6 15
	☽☍☿	8 2
21 T	☽∠♅	2am24
	☉#☽	7 34
	♀⚼♃	7 55
	☽⚼♂	5pm 1
	☽⚻♆	8 23
	☽⚼♄	9 18
22 W	☽⚻♀	1am44
	☉ ♋	7 49
	☽⚺♅	7 55
	☽☍♇	12pm23
	☉☍☽	8 12
	☽⚻♂	11 53
23 Th	☽△♄	2am45
	☽□♃	5 28
	☽⚼♀	9 52
	☽⚻☿	12pm23
	☿⚼♅	5 23
24 F	☽☍♆	6am28
	☽△♀	5pm12
	☽☌♅	5 13
	♀∥♇	5 18
	♀△♅	5 28
	☽⚼☿	7 45
	☽⚻♇	9 47
25 S	☉⚻☽	9am42
	☽☍♂	11 34
	☽□♄	11 50
	☽△♃	2pm20
	☉#☽	3 36
	♂□♄	5 44
26 Su	☽⚼♇	1am35
	☽△☿	2 33
	☽∥♅	3 34
	☽#♆	5 26
	☽#♂	1pm 8
	☽⚻♆	2 12
	☽#☿	3 18
	☉⚼☽	3 22
	☉⚹♄	5 18
	☽⚼♃	5 55
	♀⚺♇	8 52
27 M	☽⚺♅	0am14
	☽△♇	4 52
	☽#♀	4 58
	☽□♀	5 36
	☿∥♂	7 49
	☽#♇	8 43
	☽⚼♆	5pm16
	☽⚹♄	6 37
	☉△☽	8 23
	☽⚻♂	8 40
	☽⚻♃	8 59
28 T	☽∠♅	2am57
	♂⚹♃	4 8
	☉□♃	5 32
	☉⚺♂	7 51
	☽#♄	12pm25
	☽□☿	2 32
	☽△♆	7 50
	☽∠♄	9 15
29 W	☽⚼♂	0am22
	☽⚹♅	5 13
	☽□♇	9 55
	☽⚹♀	3pm23
	♀ ♊	7 32
	☽⚺♄	11 25
30 Th	☽☍♃	1am41
	☽∥♃	3 4
	☽△♂	3 33
	☉□☽	4 39
	☽#♃	11 26
	☿⚺♆	3pm22
	☽∠♀	7 26
	☽□♆	11 38

LONGITUDE

DAY	SID. TIME	☉	☽	☽ 12 Hour	MEAN ☊	TRUE ☊	☿	♀	♂	♃	♄	♅	♆	♇
	h m s	° ' "	° ' "	° ' "	° '	° '	° '	° '	° '	° '	° '	° '	° '	° '
1	18 32 40	8♋ 16 14	18♈ 51 13	25♈ 57 24	26♉ 11	27♉ 32	19♊ 12	1♊ 23	7♌ 23	5♎ 51	4♉ 32	23♑ 52R	18♋ 38	26♊ 41
2	18 36 37	9 13 26	3♉ 6 18	10♉ 17 38	26 8	27 33	20 49	2 33	8 1	5 56	4 37	23 50	18 40	26 42
3	18 40 33	10 10 39	17 31 4	24 46 11	26 5	27 34R	22 30	3 43	8 38	6 1	4 42	23 47	18 43	26 43
4	18 44 30	11 7 52	2♊ 2 29	9♊ 19 24	26 2	27 35	24 14	4 53	9 16	6 6	4 46	23 45	18 45	26 45
5	18 48 26	12 5 6	16 36 14	23 52 18	25 58	27 33	26 1	6 3	9 53	6 12	4 50	23 43	18 47	26 46
6	18 52 23	13 2 19	1♋ 6 50	8♋ 19 3	25 55	27 30	27 51	7 13	10 31	6 17	4 55	23 40	18 49	26 48
7	18 56 19	13 59 33	15 28 14	22 33 39	25 52	27 24	29 43	8 24	11 8	6 23	4 59	23 38	18 52	26 49
8	19 0 16	14 56 46	29 34 39	6♌ 30 43	25 49	27 17	1♋ 39	9 34	11 46	6 29	5 3	23 36	18 54	26 50
9	19 4 12	15 54 0	13♌ 21 25	20 6 27	25 46	27 10	3 37	10 44	12 23	6 35	5 7	23 33	18 56	26 52
10	19 8 9	16 51 14	26 45 39	3♍ 18 59	25 42	27 2	5 38	11 55	13 1	6 41	5 11	23 31	18 58	26 53
11	19 12 6	17 48 27	9♍ 46 33	16 8 33	25 39	26 55	7 40	13 5	13 38	6 48	5 15	23 28	19 0	26 54
12	19 16 2	18 45 41	22 25 19	28 37 15	25 36	26 50	9 44	14 16	14 16	6 54	5 19	23 26	19 3	26 56
13	19 19 59	19 42 55	4♎ 44 50	10♎ 48 38	25 33	26 47	11 50	15 27	14 54	7 1	5 23	23 24	19 5	26 57
14	19 23 55	20 40 8	16 49 13	22 47 15	25 30	26 45D	13 57	16 37	15 31	7 7	5 27	23 21	19 7	26 58
15	19 27 52	21 37 22	28 43 20	4♏ 38 11	25 27	26 46	16 5	17 48	16 9	7 14	5 30	23 19	19 9	27 0
16	19 31 48	22 34 36	10♏ 32 25	16 26 42	25 23	26 46	18 13	18 59	16 46	7 21	5 34	23 16	19 12	27 1
17	19 35 45	23 31 50	22 21 41	28 17 57	25 20	26 47R	20 22	20 10	17 24	7 28	5 37	23 14	19 14	27 2
18	19 39 41	24 29 4	4♐ 16 4	10♐ 16 35	25 17	26 47	22 30	21 21	18 1	7 36	5 40	23 12	19 16	27 4
19	19 43 38	25 26 18	16 19 57	22 26 36	25 14	26 45	24 39	22 32	18 39	7 43	5 44	23 9	19 18	27 5
20	19 47 35	26 23 33	28 36 52	4♑ 51 1	25 11	26 41	26 46	23 43	19 17	7 51	5 47	23 7	19 20	27 6
21	19 51 31	27 20 48	11♑ 9 17	17 31 45	25 8	26 34	28 53	24 54	19 54	7 58	5 50	23 4	19 23	27 8
22	19 55 28	28 18 4	23 58 27	0♒ 29 22	25 4	26 26	1♌ 0	26 5	20 32	8 6	5 53	23 2	19 25	27 9
23	19 59 24	29 15 19	7♒ 4 21	13 43 14	25 1	26 16	3 5	27 16	21 10	8 14	5 56	23 0	19 27	27 10
24	20 3 21	0♌ 12 36	20 25 45	27 11 38	24 58	26 5	5 9	28 28	21 47	8 22	5 58	22 57	19 29	27 11
25	20 7 17	1 9 54	4♓ 0 33	10♓ 52 10	24 55	25 55	7 11	29 39	22 25	8 30	6 1	22 55	19 31	27 13
26	20 11 14	2 7 12	17 46 10	24 42 13	24 52	25 47	9 12	0♋ 51	23 3	8 38	6 4	22 52	19 34	27 14
27	20 15 10	3 4 31	1♈ 40 1	8♈ 39 20	24 48	25 41	11 12	2 2	23 40	8 47	6 6	22 50	19 36	27 15
28	20 19 7	4 1 51	15 39 57	22 41 38	24 45	25 37	13 10	3 14	24 18	8 55	6 9	22 48	19 38	27 16
29	20 23 4	4 59 12	29 44 16	6♉ 47 43	24 42	25 36D	15 6	4 25	24 56	9 4	6 11	22 45	19 40	27 17
30	20 27 0	5 56 34	13♉ 51 50	20 56 30	24 39	25 37R	17 1	5 37	25 34	9 12	6 13	22 43	19 42	27 18
31	20 30 57	6♌ 53 58	28♉ 1 35	5♊ 6 54	24♉ 36	25♉ 37	18♌ 55	6♋ 49	26♌ 11	9♎ 21	6♉ 15	22♑ 41	19♋ 45	27♊ 20

DECLINATION and LATITUDE

DAY	☉ DECL	☽ DECL	☽ LAT	☽ 12hr DECL	☿ DECL	☿ LAT	♀ DECL	♀ LAT	♂ DECL	♂ LAT	♃ DECL	♃ LAT	♄ DECL	♄ LAT
1	23N12	4N23	3S15	7N30	21N29	1S32	18N33	1S57	19N38	1N14	1S 7	1N19	10N48	2S22
2	23 8	10 32	2 9	13 27	21 48	1 20	18 48	1 55	19 28	1 14	1 9	1 18	10 50	2 23
3	23 4	16 12	0 54	18 43	22 7	1 7	19 3	1 53	19 18	1 14	1 12	1 18	10 51	2 23
4	22 59	20 59	0N24	22 54	22 24	0 55	19 18	1 51	19 8	1 14	1 14	1 18	10 52	2 23
5	22 54	24 27	1 41	25 36	22 41	0 43	19 32	1 49	18 57	1 13	1 16	1 18	10 53	2 23
6	22 49	26 18	2 51	26 33	22 56	0 30	19 46	1 47	18 47	1 13	1 19	1 18	10 55	2 24
7	22 43	26 21	3 50	25 43	23 9	0 18	19 59	1 45	18 37	1 13	1 21	1 17	10 56	2 24
8	22 37	24 41	4 33	23 18	23 20	0 7	20 12	1 43	18 26	1 13	1 24	1 17	10 57	2 24
9	22 30	21 35	4 59	19 36	23 29	0N 5	20 24	1 41	18 15	1 13	1 26	1 17	10 58	2 24
10	22 23	17 25	5 7	15 2	23 36	0 16	20 36	1 38	18 4	1 12	1 29	1 17	10 59	2 24
11	22 16	12 32	4 60	9 56	23 41	0 27	20 47	1 36	17 53	1 12	1 32	1 16	11 0	2 25
12	22 8	7 15	4 38	4 33	23 43	0 37	20 58	1 34	17 42	1 12	1 35	1 16	11 1	2 25
13	22 0	1 50	4 3	0S53	23 42	0 47	21 8	1 31	17 31	1 12	1 37	1 16	11 3	2 25
14	21 52	3S34	3 18	6 12	23 39	0 56	21 18	1 29	17 20	1 12	1 40	1 16	11 4	2 25
15	21 43	8 46	2 25	11 15	23 33	1 4	21 27	1 27	17 8	1 11	1 43	1 16	11 4	2 26
16	21 34	13 38	1 26	15 53	23 24	1 12	21 36	1 24	16 57	1 11	1 46	1 15	11 5	2 26
17	21 24	17 59	0 24	19 55	23 13	1 19	21 44	1 21	16 45	1 11	1 49	1 15	11 6	2 26
18	21 14	21 40	0S40	23 11	22 58	1 25	21 51	1 19	16 33	1 11	1 52	1 15	11 7	2 26
19	21 4	24 27	1 43	25 27	22 42	1 31	21 58	1 16	16 22	1 10	1 55	1 15	11 8	2 26
20	20 53	26 8	2 42	26 31	22 22	1 35	22 5	1 14	16 10	1 10	1 58	1 14	11 9	2 27
21	20 42	26 32	3 34	26 13	22 1	1 39	22 10	1 11	15 57	1 10	2 2	1 14	11 10	2 27
22	20 31	25 32	4 17	24 30	21 37	1 42	22 15	1 8	15 45	1 10	2 5	1 14	11 10	2 27
23	20 19	23 8	4 47	21 26	21 11	1 45	22 20	1 5	15 33	1 10	2 8	1 14	11 11	2 27
24	20 7	19 27	5 2	17 11	20 43	1 46	22 24	1 3	15 21	1 9	2 11	1 14	11 12	2 28
25	19 55	14 42	5 0	12 0	20 13	1 47	22 27	0 60	15 8	1 9	2 15	1 13	11 12	2 28
26	19 42	9 9	4 41	6 10	19 41	1 48	22 30	0 57	14 55	1 9	2 18	1 13	11 13	2 28
27	19 29	3 6	4 6	0N 2	19 8	1 47	22 32	0 54	14 43	1 9	2 22	1 13	11 14	2 28
28	19 15	3N10	3 16	6 16	18 34	1 46	22 33	0 51	14 30	1 8	2 25	1 13	11 14	2 29
29	19 2	9 19	2 13	12 15	17 58	1 44	22 34	0 49	14 17	1 8	2 29	1 13	11 15	2 29
30	18 48	15 1	1 2	17 36	17 22	1 42	22 34	0 46	14 4	1 8	2 32	1 12	11 15	2 29
31	18N33	19N56	0N13	21N59	16N44	1N39	22N34	0S43	13N51	1N 8	2S36	1N12	11N16	2S29

DAY	♅ DECL	♅ LAT	♆ DECL	♆ LAT	♇ DECL	♇ LAT
1	21S51	0S31	21N31	0S38	16N46	6S38
5	21 53	0 31	21 30	0 38	16 47	6 38
9	21 54	0 31	21 29	0 38	16 47	6 38
13	21 56	0 31	21 28	0 38	16 47	6 38
17	21 58	0 31	21 26	0 38	16 47	6 38
21	21 59	0 31	21 25	0 38	16 47	6 38
25	22 1	0 31	21 24	0 38	16 47	6 38
29	22S 3	0S31	21N23	0S38	16N47	6S39

☽ PHENOMENA			
d	h	m	
6	21	20	●
14	8	24	☽
22	8	37	○
29	9	35	☾
d	h	° '	
6	13	26N33	
13	8	0	
20	19	26S34	
27	12	0	
3	17	0	
10	0	5N 7	
17	9	0	
24	10	5S 3	
30	20	0	

VOID OF COURSE ☽ LAST ASPT	☽ INGRESS
1 1pm14	1 ♉ 6pm48
3 10am21	3 ♊ 8pm38
5 5pm47	5 ♋ 10pm 9
7 1pm47	8 ♌ 0am44
10 0am14	10 ♍ 5am54
12 8am44	12 ♎ 2pm41
14 8pm30	15 ♏ 2am35
17 2am34	17 ♐ 3pm26
19 9pm 4	20 ♑ 2am41
22 8am37	22 ♒ 11am 6
24 3pm36	24 ♓ 4pm57
26 4pm23	26 ♈ 9pm 8
28 7pm49	29 ♉ 0am27
30 8pm45	31 ♊ 3am20

d	h	
4	3	PERIGEE
16	0	APOGEE
30	22	PERIGEE

DAILY ASPECTARIAN

1 F	☽⚹☿	0am39
	☿∥♆	2 51
	☿∠♄	5 25
	☽□♅	8 27
	☽⚹♇	1pm14
	☽⚺♀	10 59
2 S	☽∥♄	1am11
	☽☌♄	2 32
	☿#♅	4 6
	☽⚻♃	4 45
	☽∠☿	5 7
	☽□♂	8 34
	☉⚹☽	10 56
	☽∠♇	2pm22
	♀∠♆	11 56
3 Su	☽⚹♆	1am59
	☽∥♇	2 39
	☽⚼♃	5 50
	☽⚺☿	9 20
	☽△♅	10 21
	☉∠☽	1pm34
	♀∥♂	2 1
	☽∥♂	2 24
	☽∥♀	2 26
	☽⚺♇	3 15
	☿⚻♅	5 37
	♀⚺♄	9 29
4 M	☿∠♂	0am48
	☽∠♆	2 49
	☽∥♆	3 6
	☽⚺♄	4 31
	☽☌♀	5 5
	☽#♅	5 20
	☽△♃	6 44
	☽∥☿	9 26
	☽⚼♅	11 1
	☉∥☽	12pm18
	☽⚹♂	12 26
	☉⚺☽	4 2
5 T	♀△♃	3am15
	☽⚺♆	3 36
	☽∠♄	5 22
	☿☌♇	10 10
	☽⚻♅	11 42
	☽∠♂	2pm18
	☉∥☿	3 43
	☽☌♇	4 49
	☽☌☿	5 47
6 W	☽⚹♄	6am21
	☽□♃	8 40
	☽⚺♀	11 4
	☽⚺♂	4pm23
	☉☌☽	9 20
7 Th	☿ ♋	3am28
	♀⚼♅	4 44
	☽☌♆	5 44
	☽☍♅	1pm47
	☽∠♀	2 38
	☽⚺♇	7 18
8 F	♂∠♇	3am 1
	☽⚺☿	4 9
	☽□♄	9 31
	☽∥☿	11 7
	☽⚹♃	12pm 3
	☉∥☽	5 36
	☽⚹♀	6 58
	☽∠♇	9 22
	☽#♅	9 53
	☽☌♂	10 13
9 S	☽∥♆	0am40
	☉⚺☽	4 51
	☽∥♀	6 59
	☽⚺♆	9 56
	☽∠☿	10 58
	☽∠♃	2pm46
	☽⚻♅	6 8
	☿⚹♄	6 39
	☽∥♂	8 20
10 Su	☽⚹♇	0am14
	☽∥♇	3 16
	☉∠☽	10 3
	☿□♃	1pm13
	☽∠♆	1 15
	☽△♄	3 33
	☽⚺♃	6 24
	☽⚹☿	7 19
	☽⚼♅	9 34
11 M	☽□♀	6am51
	☽∥♄	7 3
	☽⚺♂	7 38
	☉⚹☽	4pm25
	☽⚹♆	5 30
	☽⚼♄	7 57
12 T	♀⚹♂	0am 2
	☽△♅	1 56
	☉☌♆	7 24
	☽□♇	8 44
	☽∠♂	1pm58
13 W	☽#♃	0am54
	☽⚻♄	1 16
	☽☌♃	4 31
	☉#♅	10 58
	☽∥♃	3pm26
	☽□☿	5 1
	☽⚹♂	9 15
	☽△♀	11 34
14 Th	☽□♆	4am38
	☉□☽	8 24
	☽□♅	1pm 6
	☽△♇	8 30
	♀∥♆	11 29
15 F	☿⚺♂	1am 5
	☽⚼♀	9 11
	☽#♄	11 11
	☽☍♄	1pm50
	☽⚺♃	5 28
	☉∥♀	8 53
16 S	☽⚼♇	3am 1
	♀⚺♆	4 26
	☿☌♆	11 8
	☽□♂	1pm22
	☉☍♅	4 48
	☽#♇	5 2
	☽#♂	5 10
	☽△♆	5 38
	☉∥♆	5 40
	☽⚻♀	7 3
	☽△☿	7 3
	☿⚺♀	7 6
	♂∥♇	8 22
17 Su	☽∠♃	0am14
	☽⚹♅	1 45
	☉△☽	2 34
	☽⚻♇	9 29
	♀∠♄	9 43
	☉#☽	9pm 2
	☽#♆	10 20
	☽⚼♆	12 0
18 M	☽#♀	1am28
	☽∥♅	2 16
	☽⚻♄	2 50
	☽⚹♃	6 43
	☿☍♅	7 35
	☽∠♅	7 49
	☽⚼☿	7 52
	☽#☿	9 21
	☉⚼☽	11 19
19 T	♀#♅	1am19
	☽△♂	4 49
	☽⚻♆	5 52
	☽⚼♄	8 41
	♀⚻♅	12pm13
	☽⚺♅	1 20
	☽☍♀	1 28
	☉☌☿	4 13
	☉⚻☽	7 20
	☽⚻☿	7 41
	☽☍♇	9 4
20 W	♂⚺♆	2am31
	☿⚺♇	3 47
	☽⚼♂	11 29
	☽△♄	1pm50
	☿∥♀	3 41
	☽□♃	5 54
	☉⚺♇	6 19
21 Th	☿#♅	1am13
	☿ ♌	12pm38
	☽☍♆	3 30
	☽⚻♂	5 17
	☽☍♅	10 16
22 F	☽⚻♀	4am18
	☽⚻♇	5 52
	☉☍☽	8 37
	☿∥♆	11 10
	☽☍☿	3pm22
	♀☌♇	9 50
	☽□♄	9 55
23 S	☽△♃	2am 7
	☽#♀	5 49
	☽∥♅	8 12
	☽⚼♇	9 13
	☽⚼♀	10 19
	☽#♆	12pm11
	☽#☿	3 33
	☉ ♌	6 43
	☉#☽	7 57
	☽⚻♆	10 19
24 Su	☽☍♂	2am32
	☽⚺♅	4 28
	☽⚼♃	5 16
	☿□♄	9 57
	☽△♇	12pm 1
	☽#♇	2 3
	☽△♀	3 36
	☉⚻☽	6 38
	☽#♂	9 53
25 M	☽⚼♆	0am54
	☽⚹♄	3 32
	☽⚻☿	6 32
	☽∠♅	6 49
	♀ ♋	7 2
	☽⚻♃	7 56
	☽#♄	3pm24
	☿⚹♃	4 43
	♂⚻♅	5 48
	☉⚼☽	10 47
	☉∥☿	11 25
26 T	☽△♆	3am 7
	☽∠♄	5 43
	☽⚹♅	8 49
	☽⚻♂	9 34
	☽⚼☿	1pm 1
	☽□♇	4 23
27 W	☽□♀	0am41
	☉△☽	2 36
	☽∥♃	2 49
	♂∠♃	4 57
	☽⚺♄	7 39
	☽☍♃	12pm20
	☽⚼♂	12 36
	☿∠♇	12 55
	☽△☿	7 2
	☽#♃	9 8
28 Th	☽□♆	6am48
	☽□♅	12pm 8
	☽△♂	3 26
	☽⚹♇	7 49
29 F	☽∥♄	7am51
	☽⚹♀	8 42
	☉□☽	9 35
	☽☌♄	10 59
	☽⚻♃	4pm 0
	☽∥♂	7 58
	☽∠♇	9 21
30 S	☽□☿	6am11
	☉□♄	7 7
	☽∥♇	8 4
	☽∥☿	9 38
	☽⚹♆	9 56
	♀⚹♄	12pm26
	☽∠♀	12 30
	☽△♅	2 58
	☉∥☽	5 5
	☽⚼♃	5 43
	☽□♂	8 45
	☿∥♇	10 15
	☽⚺♇	10 49
31 Su	☽∥♆	8am11
	☉⚺♀	8 54
	☿⚺♆	10 53
	☽∠♆	11 24
	☽#♅	12pm28
	☽⚺♄	1 57
	☽∥♀	3 42
	☉⚹☽	4 6
	☽⚺♀	4 14
	☽⚼♅	4 18
	☽△♃	7 22

AUGUST 1910

LONGITUDE

DAY	SID. TIME h m s	☉ ° ' "	☽ ° ' "	☽ 12 Hour ° ' "	MEAN ☊ ° '	TRUE ☊ ° '	☿ ° '	♀ ° '	♂ ° '	♃ ° '	♄ ° '	♅ ° '	♆ ° '	♇ ° '
1	20 34 53	7♌ 51 22	12♊ 12 13	19♊ 17 16	24♉ 33	25♉ 36R	20♌ 46	8♋ 0	26♌ 49	9♎ 30	6♉ 17	22♑ 38R	19♋ 47	27♊ 21
2	20 38 50	8 48 48	26 21 44	3♋ 25 13	24 29	25 33	22 36	9 12	27 27	9 39	6 19	22 36	19 49	27 22
3	20 42 46	9 46 15	10♋ 27 18	17 27 30	24 26	25 27	24 25	10 24	28 5	9 48	6 21	22 34	19 51	27 23
4	20 46 43	10 43 43	24 25 19	1♌ 20 15	24 23	25 19	26 12	11 36	28 43	9 57	6 22	22 32	19 53	27 24
5	20 50 39	11 41 12	8♌ 11 48	14 59 31	24 20	25 8	27 57	12 48	29 21	10 7	6 24	22 29	19 55	27 25
6	20 54 36	12 38 42	21 43 1	28 21 59	24 17	24 56	29 40	14 0	29 58	10 16	6 25	22 27	19 57	27 26
7	20 58 33	13 36 12	4♍ 56 12	11♍ 25 31	24 14	24 44	1♍ 22	15 12	0♍ 36	10 25	6 27	22 25	19 59	27 27
8	21 2 29	14 33 44	17 49 56	24 9 31	24 10	24 34	3 3	16 25	1 14	10 35	6 28	22 23	20 1	27 28
9	21 6 26	15 31 17	0♎ 24 28	6♎ 35 4	24 7	24 25	4 41	17 37	1 52	10 45	6 29	22 21	20 3	27 29
10	21 10 22	16 28 50	12 41 41	18 44 47	24 4	24 18	6 19	18 49	2 30	10 55	6 30	22 18	20 6	27 30
11	21 14 19	17 26 24	24 44 51	0♏ 42 28	24 1	24 15	7 54	20 1	3 8	11 4	6 31	22 16	20 8	27 31
12	21 18 15	18 24 0	6♏ 38 16	12 32 53	23 58	24 13	9 28	21 14	3 46	11 14	6 32	22 14	20 10	27 32
13	21 22 12	19 21 36	18 27 0	24 21 18	23 54	24 12	11 1	22 26	4 24	11 24	6 33	22 12	20 12	27 33
14	21 26 8	20 19 13	0♐ 16 28	6♐ 13 11	23 51	24 12	12 32	23 39	5 2	11 35	6 33	22 10	20 14	27 34
15	21 30 5	21 16 52	12 12 8	18 13 55	23 48	24 11	14 1	24 51	5 40	11 45	6 34	22 8	20 16	27 35
16	21 34 2	22 14 31	24 19 10	0♑ 28 24	23 45	24 9	15 29	26 4	6 18	11 55	6 34	22 6	20 17	27 36
17	21 37 58	23 12 11	6♑ 42 5	13 0 37	23 42	24 4	16 55	27 17	6 56	12 6	6 35	22 4	20 19	27 37
18	21 41 55	24 9 53	19 24 18	25 53 19	23 39	23 56	18 20	28 29	7 34	12 16	6 35	22 2	20 21	27 38
19	21 45 51	25 7 36	2♒ 27 44	9♒ 7 31	23 35	23 46	19 43	29 42	8 12	12 27	6 35R	22 0	20 23	27 39
20	21 49 48	26 5 19	15 52 30	22 42 22	23 32	23 34	21 4	0♌ 55	8 50	12 37	6 35	21 58	20 25	27 40
21	21 53 44	27 3 5	29 36 45	6♓ 35 7	23 29	23 22	22 23	2 8	9 28	12 48	6 35	21 57	20 27	27 40
22	21 57 41	28 0 51	13♓ 36 55	20 41 30	23 26	23 11	23 41	3 21	10 7	12 59	6 35	21 55	20 29	27 41
23	22 1 37	28 58 39	27 48 14	4♈ 56 27	23 23	23 1	24 57	4 34	10 45	13 10	6 34	21 53	20 31	27 42
24	22 5 34	29 56 29	12♈ 5 33	19 14 58	23 20	22 54	26 11	5 47	11 23	13 21	6 34	21 51	20 33	27 43
25	22 9 31	0♍ 54 20	26 24 11	3♉ 32 48	23 16	22 49	27 23	7 0	12 1	13 32	6 33	21 50	20 34	27 44
26	22 13 27	1 52 14	10♉ 40 27	17 46 53	23 13	22 48D	28 33	8 13	12 39	13 43	6 33	21 48	20 36	27 44
27	22 17 24	2 50 9	24 51 54	1♊ 55 21	23 10	22 47R	29 41	9 26	13 18	13 54	6 32	21 46	20 38	27 45
28	22 21 20	3 48 5	8♊ 57 10	15 57 15	23 7	22 48	0♎ 47	10 39	13 56	14 5	6 31	21 45	20 40	27 46
29	22 25 17	4 46 4	22 55 32	29 51 59	23 4	22 47	1 51	11 52	14 34	14 17	6 30	21 43	20 41	27 46
30	22 29 13	5 44 5	6♋ 46 29	13♋ 38 57	23 0	22 44	2 52	13 6	15 12	14 28	6 29	21 42	20 43	27 47
31	22 33 10	6♍ 42 8	20♋ 29 15	27♋ 17 12	22♉ 57	22♉ 38	3♎ 50	14♌ 19	15♍ 51	14♎ 39	6♉ 28	21♑ 40	20♋ 45	27♊ 48

DECLINATION and LATITUDE

DAY	☉ DECL	☽ DECL	☽ LAT	☽ 12hr DECL	☿ DECL	☿ LAT	♀ DECL	♀ LAT	♂ DECL	♂ LAT	♃ DECL	♃ LAT	♄ DECL	♄ LAT
1	18N19	23N42	1N27	25N 3	16N 5	1N36	22N33	0S40	13N38	1N 7	2S40	1N12	11N16	2S30
2	18 4	25 59	2 35	26 31	15 26	1 32	22 31	0 37	13 25	1 7	2 43	1 12	11 16	2 30
3	17 49	26 36	3 34	26 15	14 46	1 28	22 29	0 34	13 11	1 7	2 47	1 12	11 17	2 30
4	17 33	25 30	4 19	24 21	14 6	1 23	22 26	0 31	12 58	1 7	2 51	1 12	11 17	2 30
5	17 17	22 52	4 48	21 4	13 25	1 18	22 22	0 28	12 45	1 6	2 55	1 11	11 17	2 31
6	17 1	19 1	5 1	16 44	12 43	1 12	22 18	0 25	12 31	1 6	2 59	1 11	11 17	2 31
7	16 45	14 18	4 56	11 43	12 2	1 6	22 13	0 22	12 17	1 6	3 2	1 11	11 18	2 31
8	16 28	9 3	4 37	6 20	11 20	1 0	22 7	0 20	12 4	1 5	3 6	1 11	11 18	2 31
9	16 11	3 34	4 4	0 49	10 37	0 53	22 1	0 17	11 50	1 5	3 10	1 11	11 18	2 32
10	15 54	1S56	3 21	4S38	9 55	0 46	21 54	0 14	11 36	1 5	3 14	1 11	11 18	2 32
11	15 37	7 16	2 29	9 50	9 13	0 39	21 47	0 11	11 22	1 5	3 18	1 10	11 18	2 32
12	15 19	12 18	1 32	14 38	8 31	0 32	21 39	0 8	11 8	1 4	3 22	1 10	11 18	2 33
13	15 1	16 50	0 30	18 53	7 48	0 24	21 30	0 5	10 54	1 4	3 26	1 10	11 18	2 33
14	14 43	20 45	0S32	22 24	7 6	0 16	21 20	0 2	10 40	1 4	3 31	1 10	11 18	2 33
15	14 25	23 49	1 34	24 59	6 25	0 8	21 11	0N 0	10 25	1 3	3 35	1 10	11 18	2 33
16	14 6	25 52	2 32	26 26	5 43	0S 1	20 60	0 3	10 11	1 3	3 39	1 10	11 18	2 34
17	13 47	26 41	3 25	26 36	5 1	0 9	20 49	0 6	9 57	1 3	3 43	1 9	11 18	2 34
18	13 28	26 9	4 8	25 20	4 20	0 18	20 37	0 9	9 42	1 3	3 47	1 9	11 18	2 34
19	13 9	24 10	4 40	22 39	3 40	0 27	20 25	0 12	9 28	1 2	3 52	1 9	11 17	2 34
20	12 50	20 49	4 38	18 41	2 60	0 36	20 12	0 14	9 13	1 2	3 56	1 9	11 17	2 35
21	12 30	16 16	4 59	13 37	2 20	0 45	19 58	0 17	8 58	1 2	4 0	1 9	11 17	2 35
22	12 10	10 47	4 42	7 47	1 41	0 54	19 44	0 20	8 44	1 1	4 4	1 9	11 17	2 35
23	11 50	4 39	4 8	1 28	1 2	1 4	19 29	0 22	8 29	1 1	4 9	1 9	11 16	2 35
24	11 30	1N45	3 17	4N57	0 24	1 13	19 14	0 25	8 14	1 1	4 13	1 8	11 16	2 36
25	11 9	8 6	2 15	11 8	0S14	1 23	18 58	0 27	7 59	1 1	4 18	1 8	11 15	2 36
26	10 49	14 1	1 4	16 43	0 50	1 32	18 42	0 30	7 44	1 0	4 22	1 8	11 15	2 36
27	10 28	19 10	0N11	21 21	1 26	1 42	18 25	0 32	7 29	0 60	4 26	1 8	11 15	2 36
28	10 7	23 12	1 25	24 41	2 1	1 51	18 8	0 35	7 14	0 60	4 31	1 8	11 14	2 37
29	9 46	25 48	2 32	26 30	2 35	2 1	17 50	0 37	6 59	0 59	4 35	1 8	11 14	2 37
30	9 25	26 47	3 31	26 39	3 8	2 10	17 32	0 40	6 44	0 59	4 40	1 8	11 13	2 37
31	9N 3	26N 6	4N16	25N10	3S40	2S20	17N13	0N42	6N29	0N59	4S44	1N 8	11N12	2S37

DAY	♅ DECL	♅ LAT	♆ DECL	♆ LAT	♇ DECL	♇ LAT
1	22S 4	0S31	21N22	0S38	16N47	6S39
5	22 5	0 31	21 21	0 38	16 47	6 39
9	22 7	0 31	21 19	0 38	16 47	6 39
13	22 8	0 31	21 18	0 38	16 46	6 39
17	22 9	0 31	21 17	0 38	16 46	6 40
21	22 10	0 31	21 16	0 38	16 46	6 40
25	22 12	0 31	21 15	0 38	16 46	6 40
29	22S13	0S31	21N14	0S38	16N45	6S41

☽ PHENOMENA

d	h	m	
5	6	37	●
13	2	1	☽
20	19	14	○
27	14	33	☾

d	h	° '
2	20	26N37
9	16	0
17	3	26S42
23	17	0
30	2	26N47

d	h	° '
6	6	5N 1
13	12	0
20	13	5S 0
26	20	0

VOID OF COURSE ☽

LAST ASPT		☽ INGRESS		
2	1am56	2	♋	6am11
3	8pm44	4	♌	9am40
6	10am20	6	♍	2pm58
8	6pm22	8	♎	11pm13
11	5am35	11	♏	10am34
13	9am 2	13	♐	11pm27
16	6am26	16	♑	11am 5
18	6pm28	18	♒	7pm31
20	8pm39	21	♓	0am40
22	11pm50	23	♈	3am42
25	2am13	25	♉	6am 2
26	6pm46	27	♊	8am44
29	8am23	29	♋	12pm14
31	2am 5	31	♌	4pm49

d	h	
12	19	APOGEE
25	1	PERIGEE

DAILY ASPECTARIAN

1 M	☽⚺♆	12pm52
	☽∠♄	3 25
	☽⚹☿	4 41
	☽⚻♅	5 38
	⊙∠☽	7 22
	♂⚹♇	8 38
	☿⚻♅	11 57
2 T	☽☌♇	1am42
	☽⚹♂	1 56
	♀□♃	10 10
	☽⚹♄	4pm58
	☽∠☿	9 57
	⊙⚺☽	10 45
	☽□♃	10 52
	☽☌♀	11 54
3 W	⊙⚹♃	0am52
	☽∠♂	4 42
	☿∠♃	5 41
	☽☌♆	4pm 9
	☽☍♅	8 44
4 Th	☽⚺☿	3am31
	☽⚺♇	5 10
	☽⚺♂	7 47
	☿⚹♇	4pm42
	☿∠♀	5 44
	☽□♄	8 50
5 F	☽⚹♃	3am24
	☽∥♀	3 35
	☽#♅	5 24
	⊙☌☽	6 37
	☽∠♇	7 27
	☽⚺♀	8 55
	☽∥♆	10 16
	⊙∠♇	6pm44
	☽⚺♆	8 50
6 S	♂ ♍	0am58
	☽⚻♅	1 19
	☿ ♍	4 37
	☽∠♃	6 28
	☿☌♂	6 46
	☽⚹♇	10 20
	☿∥♂	10 33
	⊙∥☽	11 13
	☽∥♇	11 49
	☽∠♀	2pm29
	☽☌♂	3 41
	☽☌☿	4 30
	⊙∥♇	9 33
7 Su	☽∠♆	0am 6
	☽△♄	2 47
	☽⚼♅	4 33
	☽∥♂	9 51
	☽⚺♃	10 16
	☽∥☿	12pm16
	☽∥♄	1 58
	♀∠♂	4 47
	⊙⚺☽	5 22
	☽⚹♀	9 3
8 M	☿∥♄	1am 0
	♀#♅	3 0
	☽⚹♆	4 9
	☽⚼♄	6 53
	☽△♅	8 35
	☽□♇	6pm22
9 T	⊙∠☽	0am14
	☽#♃	1 44
	☽⚺♂	2 59
	☿∠♆	5 32
	☽⚺☿	9 34
	☽⚻♄	11 50
	☽☌♃	8pm26
10 W	☿△♄	2am56
	☽∥♃	5 51
	⊙⚹☽	8 8
	☽∠♂	10 3
	☽□♀	1pm30
	☿⚼♅	2 38
	☽□♆	2 43
	☽□♅	7 3
	☽∠☿	7 45
11 Th	♀☌♆	2am 5
	☽△♇	5 35
	♂∥♄	6 27
	☽#☿	7 57
	☽⚹♂	5pm51
	☽#♂	6 31
	☽#♄	7 6
	☽☍♄	11 47
12 F	☽⚹☿	6am37
	☽⚺♃	9 29
	☽⚼♇	12pm 0
	⊙#☽	2 40
	♀☍♅	7 27
	☽#♇	11 37
13 S	⊙□☽	2am 1
	☽△♆	3 33
	☿⚺♃	6 57
	☽⚹♅	7 36
	☽△♀	9 2
	☽∠♃	4pm24
	☽⚻♇	6 31
	⊙⚺♆	9 33
14 Su	☽#♆	3am52
	☽#♀	3 58
	♀∥♆	6 23
	♂∠♆	7 42
	☽∥♅	10 2
	☽⚼♆	10 2
	☽□♂	10 9
	☽⚻♄	12pm41
	☽∠♅	1 52
	☽⚼♀	6 46
	☽⚹♃	11 5
15 M	☽□☿	4am 8
	☽⚻♆	4pm 3
	☽⚼♄	6 36
	⊙△☽	7 34
	☽⚺♅	7 39
	⊙⚻♅	8 38
16 T	☽⚻♀	3am47
	☽☍♇	6 26
	♂△♄	10 23
	☽△♄	11pm46
17 W	☽△♂	0am28
	⊙⚼☽	3 6
	♂⚼♅	4 51
	♀⚺♇	6 52
	☽□♃	10 24
	☽△☿	9pm45
18 Th	☽☍♆	1am46
	☽☌♅	4 53
	☽⚼♂	6 11
	⊙⚻☽	9 32
	☽⚻♇	3pm13
	☿#♃	5 42
	☽☍♀	6 28
19 F	☽⚼☿	4am32
	♀ ♌	5 56
	☽□♄	7 26
	☽⚻♂	10 52
	☿⚹♆	12pm13
	♄SR	12 49
	☽∥♅	3 23
	☽△♃	6 9
	☽⚼♇	6 18
	☽#♆	9 13
20 S	☽#♀	3am52
	☽⚻♆	8 1
	☿⚼♄	9 19
	☽⚻☿	10 7
	☽⚺♅	10 42
	☿△♅	4pm 3
	⊙☍☽	7 14
	☽△♇	8 39
	☽⚼♃	8 49
	☽#♇	9 38
21 Su	☽⚻♀	4am45
	☽⚼♆	10 5
	☽⚹♄	11 59
	☽∠♅	12pm35
	⊙⚹♇	3 45
	☽☍♂	5 45
	⊙#☽	5 52
	☽#♄	9 57
	☽⚻♃	10 54
	⊙△♃	10 59
22 M	☽#♂	8am36
	☽⚼♀	8 47
	☽△♆	11 40
	☽∠♄	1pm30
	☽⚹♅	2 2
	☽☍☿	6 44
	☽□♇	11 50
23 T	☽∥♃	1am55
	⊙⚻☽	2 7
	☽△♀	12pm25
	☽⚺♄	2 44
	☽#☿	3 7
	☽∥☿	7 24
	☽⚻♂	10 45
24 W	⊙ ♍	1am28
	☽☍♃	2 8
	⊙⚼☽	5 7
	☽#♃	9 20
	☽□♆	2pm12
	♀□♄	3 29
	☽□♅	4 20
	⊙∥♄	4 50
	☽∥♂	11 36
25 Th	☽⚼♂	1am 5
	☽⚻☿	1 48
	☽⚹♇	2 13
	☿□♇	6 57
	⊙△☽	8 7
	⊙∥☽	11 26
	☽∥♄	12pm29
	☽☌♄	5 3
	☽□♀	7 28
26 F	☽∠♇	3am29
	☽△♂	3 30
	☽⚻♃	5 12
	☽⚼☿	5 17
	☽∥♇	12pm12
	☽⚹♆	4 49
	☽△♅	6 46
	☽∥♀	8 24
27 S	☽⚺♇	4am54
	☿ ♎	6 42
	☽⚼♃	6 57
	☽△☿	8 54
	☽∥♆	11 22
	⊙□☽	2pm33
	☽#♅	5 19
	☽∠♆	6 22
	☽⚺♄	7 51
	☽⚼♅	8 14
28 Su	☽⚹♀	3am11
	♂⚺♃	8 23
	☽△♃	8 55
	☽□♂	8 56
	☽⚺♆	8pm 8
	☽∠♄	9 33
	☽⚻♅	9 55
29 M	☽∠♀	7am29
	☽☌♇	8 23
	☽□☿	4pm40
	♀∠♇	5 51
	⊙⚹☽	10 3
	☽⚹♄	11 30
	⊙∠♆	11 35
30 T	☽⚺♀	12pm 7
	☽□♃	1 37
	☽⚹♂	3 27
	⊙△♄	6 19
	⊙⚼♅	11 13
31 W	☽☌♆	0am27
	☽☍♅	2 5
	⊙∠☽	2 18
	♀⚹♃	7 52
	☽⚺♇	12pm55
	☽∠♂	7 13

SEPTEMBER 1910

LONGITUDE

DAY	SID. TIME	☉	☽	☽ 12 Hour	MEAN ☊	TRUE ☊	☿	♀	♂	♃	♄	♅	♆	♇
	h m s	° ' "	° ' "	° ' "	° '	° '	° '	° '	° '	° '	° '	° '	° '	° '
1	22 37 6	7♍ 40 12	4♌ 2 36	10♌ 45 15	22♉ 54	22♉ 30R	4♎ 46	15♌ 32	16♍ 29	14♎ 51	6♉ 27R	21♑ 39R	20♋ 46	27♊ 48
2	22 41 3	8 38 18	17 24 55	24 1 24	22 51	22 19	5 39	16 46	17 7	15 2	6 25	21 37	20 48	27 49
3	22 45 0	9 36 26	0♍ 34 27	7♍ 3 55	22 48	22 7	6 29	17 59	17 46	15 14	6 24	21 36	20 50	27 49
4	22 48 56	10 34 36	13 29 38	19 51 33	22 45	21 55	7 16	19 13	18 24	15 26	6 22	21 35	20 51	27 50
5	22 52 53	11 32 47	26 9 36	2♎ 23 51	22 41	21 44	7 59	20 27	19 3	15 37	6 21	21 33	20 53	27 51
6	22 56 49	12 31 0	8♎ 34 25	14 41 29	22 38	21 35	8 38	21 40	19 41	15 49	6 19	21 32	20 54	27 51
7	23 0 46	13 29 15	20 45 18	26 46 12	22 35	21 28	9 14	22 54	20 20	16 1	6 17	21 31	20 56	27 52
8	23 4 42	14 27 31	2♏ 44 35	8♏ 40 56	22 32	21 24	9 45	24 8	20 58	16 13	6 15	21 30	20 57	27 52
9	23 8 39	15 25 49	14 35 44	20 29 33	22 29	21 23D	10 12	25 21	21 37	16 25	6 13	21 29,	20 59	27 52
10	23 12 35	16 24 8	26 23 1	2♐ 16 44	22 25	21 23	10 33	26 35	22 15	16 37	6 11	21 28	21 0	27 53
11	23 16 32	17 22 29	8♐ 11 23	14 7 39	22 22	21 23R	10 50	27 49	22 54	16 49	6 9	21 27	21 2	27 53
12	23 20 29	18 20 52	20 6 12	26 7 43	22 19	21 23	11 1	29 3	23 32	17 1	6 6	21 26	21 3	27 54
13	23 24 25	19 19 16	2♑ 12 52	8♑ 22 16	22 16	21 22	11 6R	0♍ 17	24 11	17 13	6 4	21 25	21 4	27 54
14	23 28 22	20 17 42	14 36 31	20 56 8	22 13	21 19	11 6	1 31	24 50	17 26	6 1	21 24	21 6	27 54
15	23 32 18	21 16 10	27 21 33	3♒ 53 6	22 10	21 14	10 58	2 45	25 28	17 38	5 59	21 23	21 7	27 55
16	23 36 15	22 14 38	10♒ 30 59	17 15 19	22 6	21 7	10 44	3 59	26 7	17 50	5 56	21 22	21 8	27 55
17	23 40 11	23 13 9	24 6 0	1♓ 2 50	22 3	20 58	10 23	5 13	26 46	18 3	5 53	21 21	21 10	27 55
18	23 44 8	24 11 42	8♓ 5 25	15 13 13	22 0	20 49	9 55	6 27	27 24	18 15	5 50	21 21	21 11	27 56
19	23 48 4	25 10 16	22 25 32	29 41 37	21 57	20 40	9 20	7 41	28 3	18 27	5 47	21 20	21 12	27 56
20	23 52 1	26 8 52	7♈ 0 33	14♈ 21 25	21 54	20 33	8 39	8 56	28 42	18 40	5 44	21 19	21 13	27 56
21	23 55 58	27 7 30	21 43 18	29 5 17	21 51	20 27	7 51	10 10	29 21	18 52	5 41	21 19	21 14	27 56
22	23 59 54	28 6 11	6♉ 26 30	13♉ 46 12	21 47	20 24	6 57	11 24	0♎ 0	19 5	5 38	21 18	21 15	27 56
23	0 3 51	29 4 53	21 3 45	28 18 35	21 44	20 23D	5 58	12 38	0 38	19 17	5 35	21 18	21 17	27 56
24	0 7 47	0♎ 3 38	5♊ 30 18	12♊ 38 34	21 41	20 24	4 56	13 53	1 17	19 30	5 31	21 18	21 18	27 57
25	0 11 44	1 2 25	19 43 12	26 44 5	21 38	20 25R	3 50	15 7	1 56	19 43	5 28	21 17	21 19	27 57
26	0 15 40	2 1 14	3♋ 41 10	10♋ 34 27	21 35	20 25	2 44	16 22	2 35	19 55	5 24	21 17	21 20	27 57
27	0 19 37	3 0 6	17 23 59	24 9 52	21 31	20 24	1 38	17 36	3 14	20 8	5 21	21 17	21 21	27 57
28	0 23 33	3 59 0	0♌ 52 9	7♌ 30 56	21 28	20 21	0 34	18 51	3 53	20 21	5 17	21 16	21 22	27 57R
29	0 27 30	4 57 56	14 6 17	20 38 19	21 25	20 16	29♍ 34	20 5	4 32	20 33	5 13	21 16	21 22	27 57
30	0 31 27	5♎ 56 55	27♌ 7 3	3♍ 32 34	21♉ 22	20♉ 10	28♍ 40	21♍ 20	5♎ 11	20♎ 46	5♉ 9	21♑ 16	21♋ 23	27♊ 57

DECLINATION and LATITUDE

DAY	☉ DECL	☽ DECL	☽ LAT	☽ 12hr DECL	☿ DECL	☿ LAT	♀ DECL	♀ LAT	♂ DECL	♂ LAT	♃ DECL	♃ LAT	♄ DECL	♄ LAT
1	8N42	23N53	4N46	22N17	4S10	2S29	16N53	0N44	6N14	0N58	4S49	1N 7	11N12	2S38
2	8 20	20 23	5 0	18 15	4 40	2 38	16 33	0 46	5 59	0 58	4 54	1 7	11 11	2 38
3	7 58	15 55	4 58	13 26	5 8	2 47	16 13	0 49	5 43	0 58	4 58	1 7	11 10	2 38
4	7 36	10 49	4 41	8 6	5 34	2 56	15 52	0 51	5 28	0 57	5 3	1 7	11 10	2 38
5	7 14	5 21	4 10	2 33	5 59	3 4	15 31	0 53	5 13	0 57	5 7	1 7	11 9	2 38
6	6 52	0S14	3 27	2S60	6 22	3 12	15 9	0 55	4 57	0 57	5 12	1 7	11 8	2 39
7	6 30	5 42	2 35	8 21	6 44	3 20	14 47	0 57	4 42	0 56	5 17	1 7	11 7	2 39
8	6 7	10 54	1 38	13 21	7 3	3 28	14 25	0 59	4 26	0 56	5 21	1 7	11 6	2 39
9	5 45	15 39	0 36	17 48	7 20	3 35	14 2	1 1	4 11	0 56	5 26	1 6	11 5	2 39
10	5 22	19 47	0S27	21 35	7 34	3 41	13 38	1 2	3 55	0 55	5 31	1 6	11 5	2 40
11	4 59	23 9	1 29	24 28	7 46	3 47	13 14	1 4	3 40	0 55	5 35	1 6	11 4	2 40
12	4 37	25 32	2 27	26 18	7 55	3 52	12 50	1 6	3 24	0 55	5 40	1 6	11 3	2 40
13	4 14	26 46	3 20	26 55	8 2	3 57	12 26	1 8	3 9	0 54	5 45	1 6	11 2	2 40
14	3 51	26 43	4 5	26 10	8 4	4 0	12 1	1 9	2 53	0 54	5 50	1 6	11 1	2 40
15	3 28	25 16	4 40	24 1	8 4	4 3	11 36	1 11	2 37	0 54	5 54	1 6	10 60	2 41
16	3 5	22 25	5 0	20 30	7 59	4 4	11 10	1 12	2 22	0 53	5 59	1 6	10 59	2 41
17	2 42	18 17	5 5	15 47	7 51	4 4	10 45	1 14	2 6	0 53	6 4	1 6	10 57	2 41
18	2 18	13 3	4 52	10 6	7 38	4 2	10 18	1 15	1 50	0 53	6 9	1 6	10 56	2 41
19	1 55	6 59	4 20	3 45	7 22	3 59	9 52	1 16	1 34	0 52	6 14	1 6	10 55	2 41
20	1 32	0 27	3 31	2N53	7 1	3 54	9 25	1 17	1 19	0 52	6 18	1 5	10 54	2 42
21	1 9	6N11	2 28	9 25	6 35	3 47	8 58	1 19	1 3	0 51	6 23	1 5	10 53	2 42
22	0 45	12 30	1 14	15 25	6 6	3 39	8 31	1 20	0 47	0 51	6 28	1 5	10 52	2 42
23	0 22	18 5	0N 4	20 29	5 33	3 28	8 4	1 21	0 31	0 51	6 33	1 5	10 50	2 42
24	0S 1	22 33	1 21	24 16	4 57	3 16	7 36	1 22	0 15	0 50	6 38	1 5	10 49	2 42
25	0 25	25 34	2 31	26 28	4 18	3 1	7 8	1 23	0S 0	0 50	6 43	1 5	10 48	2 42
26	0 48	26 56	3 32	26 58	3 37	2 45	6 40	1 23	0 16	0 50	6 47	1 5	10 46	2 43
27	1 12	26 36	4 19	25 50	2 54	2 28	6 12	1 24	0 32	0 49	6 52	1 5	10 45	2 43
28	1 35	24 42	4 51	23 15	2 12	2 9	5 43	1 25	0 48	0 49	6 57	1 5	10 44	2 43
29	1 58	21 30	5 7	19 29	1 30	1 49	5 14	1 25	1 4	0 48	7 2	1 5	10 42	2 43
30	2S22	17N16	5N 6	14N52	0S50	1S29	4N45	1N26	1S20	0N48	7S 7	1N 5	10N41	2S43

DAY	♅ DECL	♅ LAT	♆ DECL	♆ LAT	♇ DECL	♇ LAT
1	22S13	0S31	21N13	0S38	16N45	6S41
5	22 14	0 31	21 12	0 38	16 45	6 41
9	22 15	0 31	21 11	0 38	16 44	6 42
13	22 15	0 31	21 10	0 38	16 44	6 42
17	22 16	0 31	21 9	0 38	16 44	6 43
21	22 16	0 31	21 9	0 38	16 43	6 43
25	22 16	0 31	21 8	0 38	16 43	6 43
29	22S16	0S31	21N 7	0S38	16N42	6S44

☽ PHENOMENA				VOID OF COURSE ☽ LAST ASPT		☽ INGRESS		
d	h	m		2	6pm57	2	♍	10pm57
3	18	6	●	5	3am14	5	♎	7am22
11	20	10	☽	7	2pm12	7	♏	6pm29
19	4	52	○	10	0am28	10	♐	7am22
25	20	54	☾	12	3pm30	12	♑	7pm39
				14	8pm19	15	♒	4am53
				17	6am37	17	♓	10am12
d	h	°	'	19	9am44	19	♈	12pm30
5	23	0		21	10am 8	21	♉	1pm29
13	11	26S55		23	2pm15	23	♊	2pm49
20	2	0		25	2pm 5	25	♋	5pm37
26	7	27N 1		27	7am 0	27	♌	10pm26
				30	1am33	30	♍	5am22
2	9	5N 1						
9	14	0		d	h			
16	19	5S 5		9	14	APOGEE		
22	23	0		21	10	PERIGEE		
29	11	5N 9						

DAILY ASPECTARIAN

1 Th	☽⚹☿	1am23
	☽□♄	4 17
	☉⚺☽	6 59
	♀∥♇	10 1
	☽⋕♅	12pm22
	☽∠♇	3 42
	☽∥♆	6 57
	☽⚹♃	7 39
	☽☌♀	10 42
	☽⚺♂	11 27
2 F	☽⚺♆	6am 9
	☽∠☿	6 16
	☽⚻♅	7 37
	☿∥♃	2pm 1
	♀⚺♂	2 41
	☽⚹♇	6 57
	☽∥♇	7 51
	☿⚻♄	9 35
	☽∥♀	10 24
	☽∠♃	11 22
3 S	☽∠♆	9am43
	☽△♄	10 45
	☽⚼♅	11 7
	☽⚺☿	11 38
	☉☌☽	6pm 6
	☿⋕♂	8 22
	☽∥♄	10 25
4 Su	☽⚺♃	3am42
	☽☌♂	9 44
	☽⚺♀	11 56
	☽⚹♆	1pm55
	☽⚼♄	2 51
	☉∥☽	3 12
	☽△♅	3 14
	☽⋕☿	9 24
5 M	☽∥♂	0am36
	☽⋕♃	0 56
	☽□♇	3 14
	♂⋕♃	6 20
	♀⚺♆	8 43
	☽⚻♄	7pm37
	☽∠♀	7 53
	♀⚻♅	9 24
6 T	☽☌☿	0am 8
	☉⚺☽	8 23
	☽☌♃	2pm28
	☉⋕☿	4 12
	☽⋕♂	7 43
	☽∥♃	10 4
	☽⚺♂	11 6
7 W	☽□♆	0am21
	☽□♅	1 31
	☉⋕☽	3 19
	☽⚹♀	4 45
	☽∥☿	4 54
	☽△♇	2pm12
	☉∠☽	4 48
	♂⚹♆	11 31
8 Th	☽⋕♄	0am59
	☽∠♂	6 53
	☽☍♄	7 4
	♂⚼♄	10 6
	☽⚺☿	2pm44
	☽⋕♀	4 8
	♂△♅	7 10
	☿∠♀	7 13
	☽⚼♇	8 30
9 F	☉⚹☽	1am51
	☽⚺♃	3 46
	☽⋕♇	5 56
	☽△♆	1pm 1
	☽⚹♅	1 59
	☽⚹♂	3 6
	☉⋕♃	4 24
	☽∠☿	10 16
10 S	☽□♀	0am28
	☽⚻♇	3 3
	☉⚺♃	6 41
	☽⋕♆	9 12
	☽∠♃	10 50
	☽∥♅	4pm56
	☽⚼♆	7 37
	☽⚻♄	7 52
	☽∠♅	8 28
11 Su	♀⚹♇	1am22
	☽⚹☿	5 27
	☽⚹♃	5pm43
	☉□☽	8 10
12 M	☽⚻♆	1am54
	☽⚼♄	2 0
	☽⚺♅	2 39
	☽□♂	7 15
	☽☍♇	3pm30
	♀ ♍	6 30
	☽△♀	7 47
13 T	☽△♄	7am30
	☿SR	8 39
	☽□☿	5pm17
14 W	☽⚼♀	4am 2
	☽□♃	5 27
	☉△☽	11 41
	☽☍♆	12pm19
	☽☌♅	12 51
	☉⚼♄	5 11
	☉⚹♆	8 12
	☽△♂	8 19
	☿∠♃	9 15
15 Th	☽⚻♇	1am 1
	☉△♅	2 46
	☽⚻♀	10 57
	☽□♄	3pm45
	☉⚼☽	5 38
16 F	☽△☿	0am23
	☽∥♅	1 5
	☽⚼♂	1 8
	☽⚼♇	4 18
	☽⋕♆	8 6
	♀∥♄	11 33
	☽△♃	1pm13
	☽⚻♆	6 52
	☽⚺♅	7 13
	☉⚻☽	10 21
17 S	☽⚼☿	2am10
	☽⚻♂	4 50
	☽△♇	6 37
	☽⋕♇	7 37
	♀△♄	12pm31
	☽⚼♃	3 39
	♀∠♆	6 37
	☽⚹♄	8 12
	☽⚼♆	8 45
	☽☍♀	8 58
	☽∠♅	9 3
	♀⚼♅	9 56
18 Su	☽⚻☿	2am59
	☽⋕♄	8 41
	☽⋕♀	12pm 2
	☽⚻♃	5 18
	♂□♇	7 23
	☽∠♄	9 18
	☽△♆	9 58
	☽⚹♅	10 12
	☽∥☿	10 31
19 M	☽∥♃	2am50
	☉☍☽	4 52
	☽□♇	9 6
	☽☍♂	9 44
	☉⋕☽	7pm51
	☿⚺♀	8 37
	☽⋕♂	8 46
	☽⚺♄	9 56
20 T	☽☍☿	2am33
	☽⚻♀	3 25
	☽∥♂	6 6
	☉∥☽	6 45
	☽☍♃	7pm17
	☽□♆	11 13
	☽□♅	11 20
21 W	☽⋕♃	0am45
	☽⋕☿	1 24
	☽⚼♀	6 7
	☿∥♃	8 59
	☉⚻☽	9 26
	☽∥♀	9 40
	☽⚹♇	10 8
	☽⚻♂	1pm 0
	☽∥♄	5 34
	☉∥♂	6 31
	☉□♇	7 58
	☽☌♄	10 41
22 Th	♂ ♎	0am15
	☽⚻☿	0 47
	☽△♀	8 52
	☽∠♇	10 38
	☉⚼☽	11 41
	☽⚼♂	2pm40
	☽∥♇	5 42
	☽⚻♃	9 2
	☽⚼☿	11 52
23 F	☽⚹♆	0am21
	☽△♅	0 24
	☿⚻♄	9 42
	☽⚺♇	11 23
	☉△☽	2pm15
	☽∥♆	3 34
	☽△♂	4 38
	☽⋕♅	10 13
	☽⚼♃	10 18
	☉ ♎	10 31
	♅☍♆	11 6
	☽△☿	11 6
24 S	☽⚺♄	0am 2
	☽⚼♅	1 19
	☽∠♆	1 19
	☉⋕♂	8 32
	☽□♀	3pm26
	☽△♃	11 59
25 Su	☽∠♄	1am16
	☽⚻♅	2 40
	☽⚺♆	2 43
	☽☌♇	2pm 5
	♀⋕♃	6 36
	☉□☽	8 54
	☽□♂	10 0
	☽□☿	10 28
26 M	☿☌♂	1am57
	☽⚹♄	2 58
	☉☌☿	8 9
27 T	☽⚹♀	0am24
	☽□♃	4 55
	☽☍♅	6 52
	☽☌♆	7 0
	☉☌♂	4pm59
	☽⚺♇	6 46
	☽⚹☿	11 30
28 W	☽⚹♂	5am43
	☽∠♀	5 55
	☉⚹☽	6 3
	☽□♄	7 55
	☉∥☿	1pm29
	☿ ♍	1 48
	☽⋕♅	6 54
	♇SR	8 30
	☽∠♇	9 53
29 Th	☽∠☿	0am47
	☽∥♆	2 21
	♀⚼♄	2 28
	☉⚻♄	5 50
	☽∠♂	10 30
	♀⚺♃	11 1
	☿∥♂	11 8
	☉∠☽	11 38
	☽⚹♃	12pm 3
	☽⚺♀	12 8
	☽⚻♅	1 10
	☽⚺♆	1 22
	♀△♅	10 52
	♂⚻♄	10 56
30 F	♀⚹♆	1am11
	☽⚹♇	1 33
	☽⚺☿	2 42
	☽∥♇	2 54
	☽△♄	2pm57
	☽⚺♂	3 54
	☽∠♃	4 28
	☽⚼♅	5 7
	☽∠♆	5 22
	☉⚺☽	5 54
	☿□♇	9 26

OCTOBER 1910

LONGITUDE

DAY	SID. TIME	☉	☽	☽ 12 Hour	MEAN ☊	TRUE ☊	☿	♀	♂	♃	♄	♅	♆	♇
	h m s	° ' "	° ' "	° ' "	° '	° '	° '	° '	° '	° '	° '	° '	° '	° '
1	0 35 23	6♎ 55 56	9♍ 54 54	16♍ 14 7	21♉ 19	20♉ 2R	27♍ 52R	22♍ 34	5♎ 50	20♎ 59	5♉ 5R	21♑ 16D	21♋ 24	27♊ 57R
2	0 39 20	7 54 58	22 30 16	28 43 23	21 16	19 54	27 13	23 49	6 29	21 12	5 2	21 16	21 25	27 57
3	0 43 16	8 54 3	4♎ 53 35	11♎ 0 58	21 12	19 47	26 43	25 4	7 9	21 25	4 57	21 16	21 26	27 57
4	0 47 13	9 53 10	17 5 40	23 7 51	21 9	19 42	26 23	26 18	7 48	21 38	4 53	21 16	21 26	27 57
5	0 51 9	10 52 19	29 7 43	5♏ 5 33	21 6	19 38	26 14D	27 33	8 27	21 51	4 49	21 16	21 27	27 56
6	0 55 6	11 51 30	11♏ 1 37	16 56 17	21 3	19 36D	26 15	28 48	9 6	22 4	4 45	21 17	21 28	27 56
7	0 59 2	12 50 43	22 49 55	28 42 58	21 0	19 35	26 27	0♎ 3	9 46	22 16	4 41	21 17	21 29	27 56
8	1 2 59	13 49 57	4♐ 35 55	10♐ 29 15	20 57	19 36	26 49	1 17	10 25	22 29	4 36	21 17	21 29	27 56
9	1 6 55	14 49 14	16 23 32	22 19 22	20 53	19 38	27 21	2 32	11 4	22 42	4 32	21 18	21 30	27 56
10	1 10 52	15 48 33	28 17 19	4♑ 18 3	20 50	19 40	28 2	3 47	11 43	22 55	4 28	21 18	21 30	27 55
11	1 14 49	16 47 53	10♑ 22 9	16 30 17	20 47	19 41R	28 51	5 2	12 23	23 8	4 23	21 18	21 31	27 55
12	1 18 45	17 47 15	22 43 2	29 0 59	20 44	19 41	29 48	6 17	13 2	23 21	4 19	21 19	21 31	27 55
13	1 22 42	18 46 39	5♒ 24 41	11♒ 54 35	20 41	19 39	0♎ 52	7 32	13 42	23 34	4 14	21 19	21 32	27 55
14	1 26 38	19 46 4	18 31 4	25 14 23	20 37	19 37	2 3	8 47	14 21	23 47	4 10	21 20	21 32	27 54
15	1 30 35	20 45 31	2♓ 4 42	9♓ 1 58	20 34	19 33	3 19	10 2	15 1	24 0	4 5	21 21	21 32	27 54
16	1 34 31	21 45 1	16 6 2	23 16 30	20 31	19 29	4 39	11 17	15 40	24 14	4 0	21 21	21 33	27 54
17	1 38 28	22 44 32	0♈ 32 52	7♈ 54 25	20 28	19 26	6 4	12 32	16 20	24 27	3 56	21 22	21 33	27 53
18	1 42 24	23 44 4	15 20 16	22 49 26	20 25	19 22	7 32	13 47	16 59	24 40	3 51	21 23	21 33	27 53
19	1 46 21	24 43 39	0♉ 20 49	7♉ 53 18	20 22	19 20	9 2	15 2	17 39	24 53	3 46	21 24	21 34	27 52
20	1 50 18	25 43 16	15 25 44	22 57 1	20 18	19 19D	10 36	16 17	18 18	25 6	3 42	21 25	21 34	27 52
21	1 54 14	26 42 55	0♊ 26 6	7♊ 52 6	20 15	19 19	12 11	17 32	18 58	25 19	3 37	21 26	21 34	27 51
22	1 58 11	27 42 36	15 14 13	22 31 49	20 12	19 20	13 47	18 47	19 38	25 32	3 32	21 27	21 34	27 51
23	2 2 7	28 42 19	29 44 24	6♋ 51 39	20 9	19 21	15 25	20 2	20 17	25 45	3 27	21 28	21 34	27 50
24	2 6 4	29 42 5	13♋ 53 22	20 49 27	20 6	19 22	17 4	21 17	20 57	25 58	3 23	21 29	21 34	27 50
25	2 10 0	0♏ 41 53	27 39 58	4♌ 25 1	20 3	19 23R	18 43	22 32	21 37	26 11	3 18	21 30	21 34R	27 49
26	2 13 57	1 41 44	11♌ 4 48	17 39 33	19 59	19 23	20 23	23 47	22 17	26 24	3 13	21 31	21 34	27 49
27	2 17 53	2 41 36	24 9 33	0♍ 35 6	19 56	19 22	22 3	25 3	22 57	26 37	3 8	21 33	21 34	27 48
28	2 21 50	3 41 31	6♍ 56 32	13 14 9	19 53	19 20	23 44	26 18	23 37	26 50	3 3	21 34	21 34	27 48
29	2 25 47	4 41 27	19 28 15	25 39 10	19 50	19 18	25 24	27 33	24 17	27 3	2 58	21 35	21 34	27 47
30	2 29 43	5 41 26	1♎ 47 11	7♎ 52 34	19 47	19 16	27 4	28 48	24 56	27 16	2 54	21 37	21 34	27 46
31	2 33 40	6♏ 41 27	13♎ 55 35	19♎ 56 31	19♉ 43	19♉ 14	28♎ 44	0♏ 3	25♎ 36	27♎ 29	2♉ 49	21♑ 38	21♋ 34	27♊ 46

DECLINATION and LATITUDE

DAY	☉ DECL	☽ DECL	☽ LAT	☽ 12hr DECL	☿ DECL	☿ LAT	♀ DECL	♀ LAT	♂ DECL	♂ LAT	♃ DECL	♃ LAT	♄ DECL	♄ LAT
1	2S45	12N20	4N50	9N41	0S12	1S 9	4N16	1N27	1S35	0N48	7S12	1N 5	10N39	2S43
2	3 9	6 58	4 21	4 12	0N22	0 49	3 47	1 27	1 51	0 47	7 16	1 5	10 38	2 43
3	3 32	1 24	3 39	1S23	0 52	0 29	3 18	1 27	2 7	0 47	7 21	1 5	10 37	2 44
4	3 55	4S 8	2 47	6 50	1 17	0 10	2 49	1 28	2 23	0 46	7 26	1 5	10 35	2 44
5	4 18	9 28	1 49	11 60	1 38	0N 8	2 19	1 28	2 39	0 46	7 31	1 5	10 34	2 44
6	4 41	14 24	0 46	16 40	1 53	0 25	1 49	1 28	2 55	0 46	7 36	1 4	10 32	2 44
7	5 5	18 47	0S18	20 42	2 2	0 41	1 20	1 28	3 10	0 45	7 41	1 4	10 31	2 44
8	5 28	22 24	1 21	23 53	2 7	0 55	0 50	1 28	3 26	0 45	7 46	1 4	10 29	2 44
9	5 51	25 6	2 21	26 3	2 6	1 8	0 20	1 28	3 42	0 44	7 50	1 4	10 28	2 44
10	6 13	26 43	3 16	27 3	1 60	1 19	0S10	1 28	3 58	0 44	7 55	1 4	10 26	2 44
11	6 36	27 5	4 3	26 47	1 49	1 29	0 39	1 28	4 13	0 44	8 0	1 4	10 24	2 44
12	6 59	26 8	4 40	25 9	1 34	1 38	1 9	1 28	4 29	0 43	8 5	1 4	10 23	2 44
13	7 22	23 50	5 4	22 12	1 15	1 45	1 39	1 27	4 45	0 43	8 10	1 4	10 21	2 45
14	7 44	20 15	5 14	18 0	0 52	1 50	2 9	1 27	5 1	0 42	8 15	1 4	10 20	2 45
15	8 7	15 30	5 6	12 45	0 26	1 55	2 39	1 26	5 16	0 42	8 19	1 4	10 18	2 45
16	8 29	9 48	4 41	6 40	0S 3	1 58	3 9	1 26	5 32	0 42	8 24	1 4	10 17	2 45
17	8 51	3 24	3 57	0 3	0 34	2 0	3 39	1 25	5 47	0 41	8 29	1 4	10 15	2 45
18	9 13	3N20	2 56	6N42	1 8	2 1	4 8	1 25	6 3	0 41	8 34	1 4	10 13	2 45
19	9 35	9 60	1 43	13 10	1 43	2 2	4 38	1 24	6 19	0 40	8 39	1 4	10 12	2 45
20	9 57	16 8	0 21	18 51	2 20	2 1	5 7	1 23	6 34	0 40	8 43	1 4	10 10	2 45
21	10 18	21 15	1N 1	23 17	2 59	1 60	5 37	1 22	6 50	0 39	8 48	1 4	10 8	2 45
22	10 40	24 55	2 18	26 7	3 38	1 58	6 6	1 21	7 5	0 39	8 53	1 4	10 7	2 45
23	11 1	26 52	3 25	27 9	4 18	1 55	6 36	1 21	7 20	0 38	8 58	1 4	10 5	2 45
24	11 22	26 60	4 18	26 25	4 59	1 52	7 5	1 20	7 36	0 38	9 2	1 4	10 4	2 45
25	11 43	25 26	4 54	24 6	5 40	1 48	7 34	1 18	7 51	0 38	9 7	1 4	10 2	2 45
26	12 4	22 28	5 13	20 33	6 22	1 44	8 2	1 17	8 6	0 37	9 12	1 4	10 0	2 45
27	12 25	18 25	5 15	16 6	7 4	1 39	8 31	1 16	8 21	0 37	9 17	1 4	9 59	2 45
28	12 45	13 38	5 1	11 2	7 45	1 34	8 59	1 15	8 37	0 36	9 21	1 4	9 57	2 45
29	13 5	8 22	4 34	5 38	8 27	1 29	9 28	1 14	8 52	0 36	9 26	1 4	9 56	2 45
30	13 26	2 52	3 54	0 5	9 8	1 23	9 56	1 12	9 7	0 35	9 31	1 4	9 54	2 45
31	13S45	2S41	3N 3	5S24	9S49	1N18	10S24	1N11	9S22	0N35	9S35	1N 4	9N52	2S45

DAY	♅ DECL	♅ LAT	♆ DECL	♆ LAT	♇ DECL	♇ LAT
1	22S16	0S31	21N 7	0S38	16N42	6S44
5	22 16	0 30	21 6	0 38	16 42	6 44
9	22 16	0 30	21 6	0 38	16 41	6 45
13	22 16	0 30	21 6	0 39	16 41	6 45
17	22 15	0 30	21 5	0 39	16 41	6 46
21	22 14	0 30	21 5	0 39	16 40	6 46
25	22 14	0 30	21 5	0 39	16 40	6 46
29	22S13	0S30	21N 5	0S39	16N39	6S47

☽ PHENOMENA				VOID OF COURSE ☽ LAST ASPT		☽ INGRESS		
d	h	m		2	10am30	2	♎	2pm29
3	8	32	●	4	9pm37	5	♏	1am45
11	13	40	☽	7	7am34	7	♐	2pm37
18	14	24	○	9	11pm26	10	♑	3am26
25	5	48	☾	12	1am15	12	♒	1pm51
				14	4pm42	14	♓	8pm22
d	h	°	'	16	7pm38	16	♈	11pm 6
3	6	0		18	8pm 4	18	♉	11pm27
10	19	27S 7		20	9am47	20	♊	11pm18
17	12	0		22	10pm 8	23	♋	0am26
23	14	27N10		24	9pm21	25	♌	4am 8
30	12	0		27	6am47	27	♍	10am54
				29	4pm 8	29	♎	8pm30
6	17	0		d	h			
14	2	5S14		7	7	APOGEE		
20	6	0		19	15	PERIGEE		
26	15	5N16						

DAILY ASPECTARIAN

1 S	☽∥♄	7am41
	♅SD	2pm58
	☽⚼♄	7 16
	☽⚺♃	9 27
	☽△♅	9 38
	☽⚹♆	9 55
	☽#♃	10 40
2 Su	☽☌♀	2am48
	♃□♅	7 53
	☽☌☿	8 42
	☽□♇	10 30
	☽∥♀	3pm 4
	☉#☽	3 27
	☉#♀	5 42
	☽#♂	9 4
3 M	☽⚻♄	0am 8
	♃□♆	1 55
	☽∥☿	2 8
	☽☌♂	4 39
	☉☌☽	8 32
	☽#☿	10 37
	☽∥♂	3pm57
	☽#♀	6 40
	☉∥☽	10 57
4 T	☿☌♀	1am20
	☽□♅	8 18
	☽□♆	8 39
	☽☌♃	9 10
	♀#♂	1pm33
	☽∥♃	2 55
	☽⚺☿	6 14
	☽⚺♀	8 28
	☽△♇	9 37
5 W	☽#♄	5am 6
	♀□♇	7 30
	☿SD	9 22
	☽☍♄	11 23
	☽⚺♂	7pm53
	☿∥♀	10 9
6 Th	☽∠☿	0am28
	☉⚺☽	1 50
	☽⚼♇	3 52
	☽∠♀	6 17
	☽#♇	12pm 6
	☽⚹♅	8 50
	☽△♆	9 14
	☽⚺♃	10 51
	♀ ♎	11 11
7 F	☽∠♂	4am10
	☽⚹☿	7 34
	☽⚻♇	10 24
	☉∠☽	11 10
	☽#♆	2pm45
	☽⚹♀	4 27
	☽∥♅	11 0
8 S	☽⚻♄	0am 1
	☽∠♅	3 27
	☽⚼♆	3 51
	☽∠♃	6 0
	☽⚹♂	12pm33
	☉⚹☽	8 31
9 Su	☽⚼♄	6am20
	☽⚺♅	9 56
	☽⚻♆	10 20
	☽⚹♃	1pm 1
	☿□♇	8 47
	☽☍♇	11 16
	☽□☿	11 26
10 M	☽□♀	12pm14
	☽△♄	12 15
	♀⚻♄	12 19
11 T	☽□♂	4am10
	☉□☽	1pm40
	☽☍♅	9 18
	☽☍♆	9 42
12 W	☽□♃	1am15
	☿ ♎	4 35
	☽⚻♇	9 55
	☿#♀	12pm27
	☽△☿	2 42
	☽□♄	9 49
13 Th	☽△♀	4am21
	☽∥♅	11 35
	☽⚼♇	1pm49
	☽△♂	4 4
	☽#♆	7 1
	☽⚼☿	9 5
14 F	☉△☽	2am26
	☽⚺♅	5 3
	☽⚻♆	5 25
	☽△♃	9 35
	☽⚼♀	10 22
	☽△♇	4pm42
	☽#♇	6 30
	☽⚼♂	8 13
15 S	☽⚻☿	2am22
	☽⚹♄	3 28
	☉⚼☽	6 52
	☽∠♅	7 23
	☽⚼♆	7 44
	☽⚼♃	12pm 9
	☿⚻♄	1 16
	☉□♅	2 23
	☽⚻♀	3 2
	☉∥♃	5 45
	☉□♆	7 4
	☽#♄	10 5
	☽⚻♂	11 14
16 Su	☉∥☽	4am49
	☽∠♄	4 51
	☽∥♃	5 20
	☽⚹♅	8 49
	☽△♆	9 8
	☉⚻☽	10 10
	☽⚻♃	1pm47
	☽∥♂	3 35
	☽□♇	7 38
	☽∥♀	11 11
17 M	☽⚺♄	5am30
	☽∥☿	9 24
	☽☍☿	9 59
	☽#☿	3pm29
	☽☍♀	9 15
18 T	☽☍♂	2am46
	☽#♀	3 5
	☽□♅	9 42
	☽□♆	9 59
	☽#♂	10 3
	☉☍☽	2pm24
	☽☍♃	3 9
	☽#♃	6 58
	☽⚹♇	8 4
	☉#☽	10 23
19 W	☽∥♄	0am44
	☉☌♃	4 39
	☽☌♄	5 26
	☽⚻☿	3pm25
	☽∠♇	7 55
20 Th	☽⚻♀	1am28
	☽∥♇	2 18
	☽⚻♂	4 48
	☽△♅	9 33
	☽⚹♆	9 47
	☉#♄	1pm47
	☽⚻♃	3 40
	☉⚻☽	5 36
	☽⚼☿	6 9
	☽⚺♇	7 52
	☽∥♆	11 8
21 F	☽⚼♀	3am41
	☽⚺♄	5 6
	☽#♅	5 34
	☽⚼♂	5 57
	☽⚼♅	9 41
	☽∠♆	9 54
	☽⚼♃	4pm13
	☉⚼☽	7 34
	☽△☿	9 20
22 S	☉△♇	3am19
	☽∠♄	5 23
	☽△♀	6 22
	☽△♂	7 33
	☽⚻♅	10 13
	☽⚺♆	10 25
	☽△♃	5pm14
	☽☌♇	8 50
	☉△☽	10 8
23 Su	☽⚹♄	6am12
	♀☌♂	10 34
24 M	♀□♅	3am52
	♀□♆	5 33
	☽□☿	6 13
	☉ ♏	7 11
	☽□♂	12pm51
	☽☍♅	1 10
	☽☌♆	1 18
	☽□♀	2 5
	♂□♅	7 42
	☽□♃	9 21
	♂□♆	10 26
25 T	☽⚺♇	0am17
	☉□☽	5 48
	☽□♄	9 56
	♆SR	5pm29
26 W	☽#♅	1am37
	☽∠♇	3 9
	♀∥♂	6 54
	☽∥♆	8 50
	☿□♅	4pm33
	☿□♆	5 5
	☽⚻♅	7 9
	☽⚺♆	7 13
	☽⚹☿	7 31
	☽⚹♂	9 38
27 Th	☽⚹♀	1am49
	☽⚹♃	4 39
	☽⚹♇	6 47
	☽∥♇	9 12
	☉☍♄	9 48
	☽△♄	4pm41
	☉⚹☽	5 19
	☿☌♂	9 14
	☽⚼♅	11 17
	☽∠♆	11 18
28 F	☽∠♂	3am21
	☉#☽	3 51
	☽∠☿	3 55
	♅☍♆	7 51
	☽∠♀	9 12
	☽∠♃	9 29
	♀☌♃	12pm30
	☽∥♄	5 0
	☽#♃	7 18
	☽#♀	7 31
	☽⚼♄	9 8
	☽#♂	9 53
	♀∥♃	10 20
	☽#☿	11 40
29 S	☉∠☽	0am28
	☽⚹♆	4 4
	☽△♅	4 6
	♀△♇	4 24
	☽⚺♂	9 51
	☽⚺☿	1pm19
	☽⚺♃	3 0
	☽□♇	4 8
	☽⚺♀	5 29
	♀#♄	10 35
	☿∥♂	10 38
30 Su	☽⚻♄	2am10
	☿☌♃	3 17
	☉⚺☽	8 22
	☿△♇	10 0
	☿∥♃	2pm45
	♀ ♏	10 53
31 M	☿#♄	1am42
	☽□♆	3pm15
	☽□♅	3 25
	☿ ♏	6 9

NOVEMBER 1910

LONGITUDE

DAY	SID. TIME h m s	☉ ° ' "	☽ ° ' "	☽ 12 Hour ° ' "	MEAN ☊ ° '	TRUE ☊ ° '	☿ ° '	♀ ° '	♂ ° '	♃ ° '	♄ ° '	♅ ° '	♆ ° '	♇ ° '
1	2 37 36	7♏ 41 30	25♎ 55 36	1♏ 53 4	19♉ 40	19♉ 13R	0♏ 24	1♏ 19	26♎ 17	27♎ 42	2♉ 44R	21♑ 40	21♋ 34R	27♊ 45R
2	2 41 33	8 41 35	7♏ 49 11	13 44 11	19 37	19 12	2 4	2 34	26 57	27 55	2 39	21 41	21 34	27 44
3	2 45 29	9 41 41	19 38 20	25 31 55	19 34	19 11D	3 43	3 49	27 37	28 8	2 34	21 43	21 33	27 43
4	2 49 26	10 41 50	1♐ 25 13	7♐ 18 32	19 31	19 12	5 22	5 5	28 17	28 21	2 30	21 44	21 33	27 43
5	2 53 22	11 42 0	13 12 12	19 6 36	19 28	19 12	7 1	6 20	28 57	28 34	2 25	21 46	21 33	27 42
6	2 57 19	12 42 12	25 2 7	0♑ 59 9	19 24	19 13	8 40	7 35	29 37	28 47	2 20	21 48	21 32	27 41
7	3 1 16	13 42 26	6♑ 58 9	12 59 36	19 21	19 13	10 18	8 51	0♏ 17	29 0	2 15	21 50	21 32	27 40
8	3 5 12	14 42 41	19 3 58	25 11 47	19 18	19 14	11 55	10 6	0 58	29 13	2 11	21 51	21 31	27 40
9	3 9 9	15 42 58	1♒ 23 33	7♒ 39 47	19 15	19 14	13 33	11 21	1 38	29 25	2 6	21 53	21 31	27 39
10	3 13 5	16 43 16	14 1 0	20 27 40	19 12	19 14	15 10	12 37	2 18	29 38	2 2	21 55	21 30	27 38
11	3 17 2	17 43 35	27 0 15	3♓ 39 6	19 9	19 14	16 46	13 52	2 59	29 51	1 57	21 57	21 30	27 37
12	3 20 58	18 43 56	10♓ 24 32	17 16 45	19 5	19 14	18 22	15 7	3 39	0♏ 4	1 52	21 59	21 29	27 36
13	3 24 55	19 44 19	24 15 49	1♈ 21 40	19 2	19 14	19 58	16 23	4 19	0 16	1 48	22 1	21 29	27 35
14	3 28 51	20 44 42	8♈ 34 5	15 52 39	18 59	19 15	21 34	17 38	5 0	0 29	1 44	22 3	21 28	27 34
15	3 32 48	21 45 7	23 16 46	0♉ 45 41	18 56	19 15	23 9	18 53	5 40	0 42	1 39	22 5	21 28	27 33
16	3 36 45	22 45 34	8♉ 18 27	15 54 2	18 53	19 15R	24 44	20 9	6 21	0 54	1 35	22 8	21 27	27 32
17	3 40 41	23 46 2	23 31 13	1♊ 8 46	18 49	19 15	26 19	21 24	7 1	1 7	1 31	22 10	21 26	27 32
18	3 44 38	24 46 32	8♊ 45 26	16 19 59	18 46	19 15	27 54	22 40	7 42	1 19	1 26	22 12	21 25	27 31
19	3 48 34	25 47 3	23 51 17	1♋ 18 18	18 43	19 14	29 28	23 55	8 22	1 32	1 22	22 14	21 25	27 30
20	3 52 31	26 47 36	8♋ 40 9	15 56 9	18 40	19 13	1♐ 2	25 10	9 3	1 44	1 18	22 17	21 24	27 29
21	3 56 27	27 48 11	23 5 48	0♌ 8 43	18 37	19 12	2 36	26 26	9 44	1 57	1 14	22 19	21 23	27 28
22	4 0 24	28 48 47	7♌ 4 48	13 54 1	18 34	19 11	4 9	27 41	10 24	2 9	1 10	22 22	21 22	27 27
23	4 4 21	29 49 25	20 36 30	27 12 31	18 30	19 11D	5 43	28 57	11 5	2 22	1 6	22 24	21 21	27 26
24	4 8 17	0♐ 50 5	3♍ 42 26	10♍ 6 38	18 27	19 11	7 16	0♐ 12	11 46	2 34	1 2	22 26	21 20	27 25
25	4 12 14	1 50 46	16 25 36	22 39 49	18 24	19 11	8 50	1 28	12 27	2 46	0 58	22 29	21 19	27 24
26	4 16 10	2 51 30	28 49 50	4♎ 56 10	18 21	19 12	10 23	2 43	13 8	2 58	0 55	22 32	21 18	27 22
27	4 20 7	3 52 14	10♎ 59 18	16 59 45	18 18	19 14	11 56	3 58	13 49	3 10	0 51	22 34	21 17	27 21
28	4 24 3	4 53 0	22 58 1	28 54 30	18 14	19 15	13 29	5 14	14 30	3 22	0 47	22 37	21 16	27 20
29	4 28 0	5 53 48	4♏ 49 40	10♏ 43 53	18 11	19 16	15 1	6 29	15 10	3 35	0 44	22 39	21 15	27 19
30	4 31 56	6♐ 54 37	16♏ 37 32	22♏ 30 56	18♉ 8	19♉ 17R	16♐ 34	7♐ 45	15♏ 51	3♏ 47	0♉ 41	22♑ 42	21♋ 14	27♊ 18

DECLINATION and LATITUDE

DAY	☉ DECL	☽ DECL	☽ LAT	☽ 12hr DECL	☿ DECL	☿ LAT	♀ DECL	♀ LAT	♂ DECL	♂ LAT	♃ DECL	♃ LAT	♄ DECL	♄ LAT
1	14S 5	8S 4	2N 6	10S39	10S30	1N12	10S51	1N 9	9S37	0N34	9S40	1N 4	9N51	2S45
2	14 24	13 8	1 3	15 29	11 10	1 5	11 18	1 8	9 52	0 34	9 45	1 4	9 49	2 45
3	14 43	17 42	0S 3	19 43	11 50	0 59	11 45	1 6	10 7	0 33	9 49	1 4	9 48	2 45
4	15 2	21 33	1 8	23 10	12 29	0 53	12 12	1 5	10 21	0 33	9 54	1 4	9 46	2 45
5	15 21	24 32	2 10	25 39	13 8	0 46	12 39	1 3	10 36	0 32	9 58	1 4	9 45	2 44
6	15 39	26 28	3 6	26 59	13 46	0 40	13 5	1 1	10 51	0 32	10 3	1 4	9 43	2 44
7	15 58	27 11	3 56	27 4	14 24	0 33	13 31	0 60	11 5	0 32	10 8	1 4	9 41	2 44
8	16 16	26 38	4 35	25 52	15 0	0 26	13 56	0 58	11 20	0 31	10 12	1 4	9 40	2 44
9	16 33	24 47	5 3	23 23	15 36	0 20	14 21	0 56	11 34	0 31	10 17	1 4	9 38	2 44
10	16 50	21 41	5 17	19 42	16 11	0 13	14 46	0 54	11 49	0 30	10 21	1 4	9 37	2 44
11	17 8	17 27	5 15	14 57	16 46	0 6	15 11	0 52	12 3	0 30	10 25	1 4	9 36	2 44
12	17 24	12 14	4 57	9 20	17 19	0S 1	15 35	0 50	12 17	0 29	10 30	1 4	9 34	2 44
13	17 41	6 16	4 21	3 4	17 52	0 7	15 58	0 48	12 31	0 29	10 34	1 4	9 33	2 44
14	17 57	0N13	3 28	3N33	18 23	0 14	16 22	0 46	12 45	0 28	10 39	1 4	9 31	2 43
15	18 13	6 53	2 20	10 10	18 54	0 21	16 44	0 44	12 59	0 28	10 43	1 4	9 30	2 43
16	18 28	13 20	1 0	16 19	19 24	0 27	17 7	0 42	13 13	0 27	10 47	1 4	9 29	2 43
17	18 43	19 3	0N24	21 28	19 53	0 34	17 29	0 40	13 27	0 27	10 52	1 4	9 27	2 43
18	18 58	23 31	1 46	25 9	20 21	0 40	17 50	0 38	13 40	0 26	10 56	1 4	9 26	2 43
19	19 13	26 19	3 1	26 60	20 48	0 46	18 11	0 36	13 54	0 25	11 0	1 4	9 25	2 43
20	19 27	27 11	4 2	26 54	21 14	0 53	18 31	0 34	14 8	0 25	11 5	1 4	9 23	2 43
21	19 41	26 10	4 45	25 1	21 39	0 59	18 51	0 31	14 21	0 24	11 9	1 4	9 22	2 42
22	19 54	23 31	5 10	21 42	22 3	1 5	19 11	0 29	14 34	0 24	11 13	1 4	9 21	2 42
23	20 7	19 38	5 17	17 22	22 26	1 11	19 30	0 27	14 47	0 23	11 17	1 5	9 20	2 42
24	20 20	14 55	5 7	12 21	22 47	1 16	19 48	0 25	15 1	0 23	11 21	1 5	9 19	2 42
25	20 32	9 42	4 42	6 58	23 8	1 22	20 6	0 22	15 14	0 22	11 26	1 5	9 17	2 42
26	20 44	4 12	4 5	1 26	23 27	1 27	20 23	0 20	15 26	0 22	11 30	1 5	9 16	2 42
27	20 56	1S20	3 17	4S 4	23 45	1 32	20 40	0 18	15 39	0 21	11 34	1 5	9 15	2 41
28	21 7	6 45	2 21	9 22	24 2	1 37	20 56	0 15	15 52	0 21	11 38	1 5	9 14	2 41
29	21 18	11 54	1 19	14 18	24 18	1 42	21 11	0 13	16 4	0 20	11 42	1 5	9 13	2 41
30	21S28	16S35	0N15	18S42	24S32	1S46	21S26	0N11	16S17	0N20	11S46	1N 5	9N12	2S41

DAY	♅ DECL	♅ LAT	♆ DECL	♆ LAT	♇ DECL	♇ LAT
1	22S12	0S30	21N 5	0S39	16N39	6S47
5	22 11	0 30	21 5	0 39	16 39	6 47
9	22 10	0 30	21 5	0 39	16 39	6 47
13	22 8	0 30	21 6	0 39	16 38	6 48
17	22 7	0 30	21 6	0 39	16 38	6 48
21	22 5	0 30	21 7	0 39	16 38	6 48
25	22 4	0 30	21 7	0 39	16 38	6 48
29	22S 2	0S30	21N 8	0S39	16N38	6S48

☽ PHENOMENA

d	h	m	
2	1	56	●
10	5	29	☽
17	0	25	○
23	18	13	☾

d	h	° '
7	2	27S12
13	23	0
19	23	27N11
26	18	0
2	23	0
10	10	5S18
16	17	0
22	21	5N18
30	5	0

d	h	
3	18	APOGEE
17	3	PERIGEE
30	19	APOGEE

VOID OF COURSE ☽

LAST ASPT		☽ INGRESS	
1	3am40	1 ♏	8am12
3	4am14	3 ♐	9pm 6
6	9am48	6 ♑	10am 1
8	8pm 8	8 ♒	9pm19
11	5am15	11 ♓	5am26
13	5am38	13 ♈	9am43
15	6am52	15 ♉	10am47
17	4am54	17 ♊	10am12
19	5am50	19 ♋	9am53
21	8am37	21 ♌	11am45
23	4pm49	23 ♍	5pm 8
25	9pm10	26 ♎	2am17
28	8am49	28 ♏	2pm13

DAILY ASPECTARIAN

1 T	☽☌♂	0am45
	☽☌♃	3 38
	☽△♇	3 40
	♃△♇	4 50
	☽∥♃	7 28
	☽∥♂	7 28
	♂∥♃	7 32
	☽#♄	8 9
	☽☌☿	10 29
	☽☌♀	12pm 7
	☽∥☿	1 0
	☽☍♄	1 37
	☽∥♀	2 13
	♂#♄	8 23
2 W	♀☍♄	1am32
	☉☌☽	1 56
	☉∥☽	6 51
	☿☍♄	8 5
	☽⚼♇	9 58
	☿∥♀	3pm 0
	♃#♄	5 46
	☽#♇	6 13
3 Th	☽△♆	3am54
	♂△♇	4 0
	☽⚹♅	4 14
	☿☌♀	5 54
	☽⚻♇	4pm27
	☽⊻♂	5 13
	☽⊻♃	5 38
	☽#♆	8 47
4 F	☽⚻♄	2am10
	♂☌♃	3 44
	☽∥♅	4 29
	☽⊻♀	8 20
	☽⊻☿	9 22
	☽⚼♆	10 27
	☽∠♅	10 52
	☉⊻☽	8pm39
5 S	☽∠♃	0am45
	☽∠♂	1 36
	☽⚼♄	8 30
	☽⚻♆	4pm56
	☽⊻♅	5 26
	☽∠♀	6 28
	☽∠☿	8 46
	☉⚼♇	11 36
6 Su	☽☍♇	5am21
	☉∠☽	5 53
	☽⚹♃	7 42
	☽⚹♂	9 48
	♂ ♏	1pm39
	☽△♄	2 37
7 M	☽⚹♀	4am11
	☽⚹☿	7 40
	☉⚹☽	2pm38
8 T	☽☍♆	4am49
	☽☌♅	5 30
	☿⚼♇	10 49
	☽⚻♇	4pm46
	☽□♃	8 8
9 W	☽□♂	0am29
	☽□♄	1 21
	☉#♇	7 21
	♂☍♄	3pm 7
	☽∥♅	8 49
	☽□♀	9 4
	☽⚼♇	9 24
10 Th	♀⚼♇	0am25
	☽□☿	2 27
	☽#♆	3 43
	☉□☽	5 29
	☽⚻♆	1pm55
	☽⊻♅	2 44
	☿#♇	6 57
11 F	☽△♇	1am 7
	☉∥☽	1 31
	☽∥☿	3 4
	☽#♇	4 0
	☽△♃	5 15
	☽⚹♄	8 54
	☽∥♀	10 10
	☽△♂	11 21
	♃ ♏	5pm 3
	☽⚼♆	5 4
	☽∠♅	5 56
	☽∥♂	11 49
12 S	☽∥♃	7am11
	☉∥☿	7 41
	☽⚼♃	8 16
	☽△♀	9 5
	☽#♄	11 6
	☽∠♄	11 14
	☉☌☿	2pm33
	☽⚼♂	3 6
	☉△☽	3 39
	☽△☿	3 42
	☽△♆	7 15
	☽⚹♅	8 9
13 Su	☽□♇	5am38
	☽⚻♃	10 19
	☽⊻♄	12pm40
	☽⚼♀	1 11
	☽⚻♂	5 47
	☉⚼☽	6 58
	☽⚼☿	8 16
	☿△♆	10 35
14 M	☿⚹♅	7am35
	☽⚻♀	4pm14
	☉△♆	5 5
	♀#♇	5 29
	☽□♆	9 4
	☉⚻☽	9 21
	☽□♅	10 5
	☽⚻☿	11 46
15 T	☽⚹♇	6am52
	☉⚹♅	8 23
	☽∥♄	9 30
	☽☍♃	12pm 4
	☽☌♄	1 21
	☽#♃	2 13
	☽☍♂	8 44
	☽#♂	11 33
16 W	☽∠♇	6am41
	☽∥♇	1pm22
	☽#♀	4 29
	☽☍♀	8 22
	☽⚹♆	8 43
	☽△♅	9 52
	☉#☽	10 27
17 Th	☉☍☽	0am25
	♀△♆	0 37
	☽#☿	4 24
	☽☍☿	4 54
	☽⊻♇	6 18
	☽#♆	10 5
	☽⚻♃	12pm 7
	☽⊻♄	12 31
	♀⚹♅	2 59
	☽#♅	3 31
	☿⚻♇	6 14
	☽∠♆	8 19
	☽⚼♅	9 32
	☽⚻♂	10 15
18 F	♃☍♄	9am55
	☽∠♄	12pm 7
	☽⚼♃	12 9
	☽⊻♆	8 6
	☽⚻♅	9 25
	☽⚼♂	11 12
19 S	☽⚻♀	0am 6
	☉⚻☽	3 19
	☽☌♇	5 50
	☿ ♐	8 12
	☽⚻☿	10 5
	☽⚹♄	12pm 3
	☽△♃	12 33
	☿#♆	4 50
20 Su	☽△♂	0am39
	☽⚼♀	2 42
	☿⚻♄	3 57
	☉⚼☽	5 31
	☿⊻♃	12pm31
	☽⚼☿	1 39
	☉⚻♇	3 59
	☽☌♆	9 7
	☽☍♅	10 41
21 M	☽△♀	6am12
	☽⊻♇	7 24
	☉△☽	8 37
	☽□♄	1pm48
	☽□♃	3 20
	☽△☿	6 17
	♀⚻♇	7 25
22 T	☿∥♅	2am 6
	☽□♂	6 8
	☽#☿	8 57
	☽∠♇	9 25
	☽#♅	9 39
	☽∥♆	3pm34
	☉#☽	9 26
23 W	☽#♀	0am43
	☽⊻♆	1 21
	☽⚻♅	3 15
	☉ ♐	4 11
	☿⚼♆	9 43
	☽⚹♇	12pm23
	☽∥♇	3 42
	☽□♀	4 49
	☉□☽	6 13
	☽△♄	7 4
	♀ ♐	8 9
	☽⚹♃	9 50
	☽#♂	11 36
24 Th	☿∠♅	2am40
	☉⚻♄	4 30
	☽∠♆	4 54
	☽⚼♅	7 0
	☽□☿	7 35
	♀⚻♄	3pm10
	☽⚹♂	3 59
	☽#♃	4 20
	♂⚼♇	10 6
	☽⚼♄	11 8
25 F	☽∥♄	1am48
	☽∠♃	2 37
	☽⚹♆	9 24
	☽△♅	11 41
	☽□♇	9pm10
	☽∠♂	10 33
26 S	☉⊻♃	3am21
	☽⚻♄	4 3
	♀⊻♃	5 48
	☽⊻♃	8 16
	☽⚹♀	8 30
	☉⚹☽	8 37
	☉☌♀	1pm53
27 Su	☽⚹☿	2am 9
	☽⊻♂	5 58
	☉∠☽	5pm13
	☽∠♀	5 51
	☽□♆	8 35
	☽□♅	11 17
28 M	☉#♆	0am46
	☽△♇	8 49
	☽#♄	11 20
	☽∠☿	12pm47
	☽☍♄	3 44
	♀#♆	6 3
	♀⚼♆	7 34
	☽☌♃	9 25
	☽∥♃	11 2
29 T	☉⊻☽	2am22
	☽⊻♀	3 47
	☿⊻♂	4 17
	☉⚼♆	8 18
	☿⚼♄	10 39
	☽⚼♇	3pm13
	☽∥♂	10 18
	☽☌♂	10 20
	♀∠♅	11 7
	☽⊻☿	11 52
30 W	☽#♇	0am14
	☽△♆	9 23
	☉∥♀	11 39
	☽⚹♅	12pm26
	☉∠♅	7 37
	☽⚻♇	9 43

DECEMBER 1910

LONGITUDE

DAY	SID. TIME	☉	☽	☽ 12 Hour	MEAN ☊	TRUE ☊	☿	♀	♂	♃	♄	♅	♆	♇
	h m s	° ' "	° ' "	° ' "	° '	° '	° '	° '	° '	° '	° '	° '	° '	° '
1	4 35 53	7♐ 55 27	28♏ 24 23	4♐ 18 11	18♉ 5	19♉ 17R	18♐ 6	9♐ 0	16♏ 33	3♏ 58	0♉ 37R	22♑ 45	21♋ 13R	27♊ 17R
2	4 39 49	8 56 18	10♐ 12 36	16 7 52	18 2	19 15	19 39	10 16	17 14	4 10	0 34	22 48	21 12	27 16
3	4 43 46	9 57 11	22 4 15	28 1 57	17 59	19 13	21 11	11 31	17 55	4 22	0 31	22 50	21 11	27 15
4	4 47 43	10 58 5	4♑ 1 13	10♑ 2 18	17 55	19 9	22 43	12 47	18 36	4 34	0 28	22 53	21 10	27 14
5	4 51 39	11 59 0	16 5 26	22 10 54	17 52	19 5	24 15	14 2	19 17	4 46	0 25	22 56	21 8	27 12
6	4 55 36	12 59 55	28 18 58	4♒ 29 56	17 49	19 1	25 47	15 18	19 58	4 57	0 22	22 59	21 7	27 11
7	4 59 32	14 0 52	10♒ 44 7	17 1 51	17 46	18 57	27 19	16 33	20 39	5 9	0 19	23 2	21 6	27 10
8	5 3 29	15 1 49	23 23 29	29 49 22	17 43	18 55	28 50	17 49	21 21	5 20	0 16	23 5	21 5	27 9
9	5 7 25	16 2 46	6♓ 19 51	12♓ 55 18	17 40	18 53D	0♑ 21	19 4	22 2	5 32	0 14	23 8	21 3	27 8
10	5 11 22	17 3 45	19 36 0	26 22 15	17 36	18 53	1 52	20 20	22 43	5 43	0 11	23 11	21 2	27 7
11	5 15 19	18 4 44	3♈ 14 17	10♈ 12 12	17 33	18 54	3 22	21 35	23 25	5 54	0 9	23 14	21 1	27 6
12	5 19 15	19 5 43	17 16 4	24 25 48	17 30	18 55	4 52	22 50	24 6	6 5	0 6	23 17	20 59	27 4
13	5 23 12	20 6 43	1♉ 41 9	9♉ 1 44	17 27	18 57	6 21	24 6	24 48	6 17	0 4	23 20	20 58	27 3
14	5 27 8	21 7 44	16 27 0	23 56 12	17 24	18 57R	7 50	25 21	25 29	6 28	0 2	23 23	20 56	27 2
15	5 31 5	22 8 45	1♊ 28 28	9♊ 2 45	17 20	18 57	9 18	26 37	26 11	6 39	0 0	23 26	20 55	27 1
16	5 35 1	23 9 47	16 37 53	24 12 39	17 17	18 54	10 44	27 52	26 52	6 49	29♈ 58	23 29	20 53	27 0
17	5 38 58	24 10 49	1♋ 45 47	9♋ 16 6	17 14	18 50	12 10	29 8	27 34	7 0	29 56	23 33	20 52	26 58
18	5 42 54	25 11 52	16 42 25	24 3 45	17 11	18 45	13 33	0♑ 23	28 15	7 11	29 54	23 36	20 51	26 57
19	5 46 51	26 12 56	1♌ 19 13	8♌ 28 12	17 8	18 39	14 56	1 39	28 57	7 22	29 53	23 39	20 49	26 56
20	5 50 48	27 14 1	15 30 11	22 24 56	17 5	18 33	16 16	2 54	29 39	7 32	29 51	23 42	20 48	26 55
21	5 54 44	28 15 6	29 12 23	5♍ 52 50	17 1	18 28	17 33	4 9	0♐ 20	7 43	29 50	23 46	20 46	26 54
22	5 58 41	29 16 12	12♍ 25 51	18 52 29	16 58	18 25	18 48	5 25	1 2	7 53	29 49	23 49	20 44	26 53
23	6 2 37	0♑ 17 19	25 13 0	1♎ 27 57	16 55	18 24D	20 0	6 40	1 44	8 3	29 47	23 52	20 43	26 51
24	6 6 34	1 18 26	7♎ 37 54	13 43 31	16 52	18 24	21 7	7 56	2 26	8 14	29 46	23 56	20 41	26 50
25	6 10 30	2 19 34	19 45 27	25 44 20	16 49	18 25	22 11	9 11	3 8	8 24	29 45	23 59	20 40	26 49
26	6 14 27	3 20 43	1♏ 40 50	7♏ 35 33	16 46	18 26	23 9	10 27	3 50	8 34	29 44	24 2	20 38	26 48
27	6 18 23	4 21 52	13 29 6	19 22 3	16 42	18 28R	24 1	11 42	4 32	8 44	29 44	24 6	20 37	26 47
28	6 22 20	5 23 2	25 14 53	1♐ 8 7	16 39	18 27	24 46	12 58	5 14	8 53	29 43	24 9	20 35	26 45
29	6 26 17	6 24 12	7♐ 2 9	12 57 23	16 36	18 25	25 24	14 13	5 56	9 3	29 43	24 12	20 33	26 44
30	6 30 13	7 25 22	18 54 8	24 52 41	16 33	18 21	25 53	15 28	6 38	9 13	29 42	24 16	20 32	26 43
31	6 34 10	8♑ 26 33	0♑ 53 16	6♑ 56 5	16♉ 30	18♉ 14	26♑ 13	16♑ 44	7♐ 20	9♏ 22	29♈ 42	24♑ 19	20♋ 30	26♊ 42

DECLINATION and LATITUDE

DAY	☉	☽		☽ 12hr	☿		♀		♂		♃		♄	
	DECL	DECL	LAT	DECL	DECL	LAT	DECL	LAT	DECL	LAT	DECL	LAT	DECL	LAT
1	21S38	20S38	0S50	22S22	24S45	1S51	21S41	0N 8	16S29	0N19	11S50	1N 5	9N11	2S41
2	21 48	23 51	1 53	25 6	24 57	1 55	21 54	0 6	16 41	0 18	11 54	1 5	9 10	2 40
3	21 57	26 4	2 51	26 44	25 8	1 59	22 7	0 3	16 53	0 18	11 58	1 5	9 9	2 40
4	22 6	27 6	3 42	27 8	25 17	2 2	22 20	0 1	17 5	0 17	12 2	1 5	9 9	2 40
5	22 14	26 51	4 24	26 14	25 25	2 5	22 31	0S 1	17 17	0 17	12 5	1 5	9 8	2 40
6	22 22	25 18	4 54	24 4	25 31	2 8	22 42	0 4	17 29	0 16	12 9	1 5	9 7	2 39
7	22 30	22 32	5 11	20 43	25 36	2 11	22 52	0 6	17 40	0 16	12 13	1 5	9 6	2 39
8	22 37	18 39	5 13	16 21	25 40	2 13	23 2	0 9	17 52	0 15	12 17	1 5	9 5	2 39
9	22 43	13 50	4 60	11 8	25 42	2 15	23 11	0 11	18 3	0 14	12 20	1 6	9 5	2 39
10	22 49	8 16	4 30	5 16	25 42	2 16	23 19	0 13	18 14	0 14	12 24	1 6	9 4	2 38
11	22 55	2 9	3 45	1N 2	25 42	2 17	23 27	0 16	18 25	0 13	12 28	1 6	9 4	2 38
12	23 0	4N15	2 45	7 27	25 39	2 18	23 34	0 18	18 36	0 13	12 31	1 6	9 3	2 38
13	23 5	10 36	1 33	13 39	25 35	2 18	23 40	0 20	18 47	0 12	12 35	1 6	9 2	2 38
14	23 9	16 33	0 14	19 12	25 30	2 17	23 45	0 23	18 57	0 12	12 38	1 6	9 2	2 37
15	23 13	21 35	1N 8	23 35	25 23	2 16	23 50	0 25	19 8	0 11	12 42	1 6	9 1	2 37
16	23 16	25 12	2 26	26 20	25 15	2 15	23 53	0 27	19 18	0 10	12 45	1 6	9 1	2 37
17	23 19	26 59	3 33	27 7	25 5	2 12	23 57	0 30	19 28	0 10	12 49	1 6	9 1	2 37
18	23 22	26 46	4 24	25 57	24 54	2 9	23 59	0 32	19 38	0 9	12 52	1 6	9 0	2 36
19	23 24	24 42	4 57	23 4	24 42	2 6	24 1	0 34	19 48	0 8	12 56	1 7	8 60	2 36
20	23 25	21 8	5 10	18 56	24 28	2 1	24 2	0 36	19 57	0 8	12 59	1 7	8 60	2 36
21	23 26	16 31	5 6	13 57	24 13	1 56	24 2	0 39	20 7	0 7	13 2	1 7	8 59	2 35
22	23 27	11 16	4 44	8 31	23 57	1 50	24 1	0 41	20 16	0 7	13 5	1 7	8 59	2 35
23	23 27	5 43	4 9	2 54	23 40	1 43	23 60	0 43	20 25	0 6	13 9	1 7	8 59	2 35
24	23 27	0 5	3 23	2S42	23 21	1 35	23 58	0 45	20 34	0 5	13 12	1 7	8 59	2 35
25	23 26	5S25	2 29	8 5	23 2	1 26	23 55	0 47	20 43	0 5	13 15	1 7	8 59	2 34
26	23 25	10 40	1 30	13 8	22 43	1 16	23 51	0 49	20 52	0 4	13 18	1 7	8 59	2 34
27	23 23	15 28	0 27	17 39	22 23	1 5	23 47	0 51	20 60	0 3	13 21	1 7	8 59	2 34
28	23 20	19 41	0S37	21 30	22 3	0 52	23 42	0 53	21 8	0 3	13 24	1 8	8 59	2 34
29	23 18	23 7	1 39	24 29	21 42	0 39	23 36	0 55	21 16	0 2	13 27	1 8	8 59	2 33
30	23 15	25 35	2 37	26 24	21 23	0 24	23 30	0 57	21 24	0 2	13 30	1 8	8 59	2 33
31	23S11	26S55	3S28	27S 7	21S 3	0S 8	23S23	0S59	21S32	0N 1	13S33	1N 8	8N59	2S33

DAY	♅		♆		♇	
	DECL	LAT	DECL	LAT	DECL	LAT
1	22S 1	0S29	21N 8	0S39	16N37	6S48
5	21 59	0 29	21 9	0 39	16 37	6 48
9	21 57	0 29	21 10	0 39	16 37	6 48
13	21 55	0 29	21 10	0 39	16 37	6 48
17	21 53	0 29	21 11	0 39	16 37	6 48
21	21 51	0 29	21 12	0 39	16 37	6 48
25	21 48	0 29	21 13	0 39	16 38	6 47
29	21S46	0S29	21N14	0S39	16N38	6S47

☽ PHENOMENA	VOID OF COURSE ☽ LAST ASPT	☽ INGRESS
d h m	30 12pm26	1 ♐ 3am15
1 21 11 ●	3 10am24	3 ♑ 8pm57
9 19 5 ☽	5 1pm32	6 ♒ 3am17
16 11 5 ○	8 11am31	8 ♓ 12pm20
23 10 36 ☾	10 1pm17	10 ♈ 6pm22
31 16 21 ●	12 4pm22	12 ♉ 9pm14
	14 3pm10	14 ♊ 9pm39
d h ° '	16 9pm 6	16 ♋ 9pm12
4 7 27S 9	18 9pm37	18 ♌ 9pm48
11 8 0	21 1am 7	21 ♍ 1am25
17 9 27N 8	23 3am 8	23 ♎ 9am10
24 0 0	25 8pm 5	25 ♏ 8pm36
31 13 27S 7	27 10pm57	28 ♐ 9am41
	30 9pm38	30 ♑ 10pm14
7 16 5S14	d h	
14 4 0	15 16 PERIGEE	
20 5 5N11	28 2 APOGEE	
27 10 0		

DAILY ASPECTARIAN

1 Th	☽#♆	3am20
	☽⚻♄	4 29
	☉∥☽	7 9
	☽∥♀	7 35
	☽∥♅	9 28
	☽⚺♃	11 31
	☿∠♃	3pm29
	☽⚼♆	3 52
	♂#♇	4 10
	☽∠♅	7 4
	☉☌☽	9 11
2 F	☽☌♀	0am 7
	☽⚼♄	10 48
	♀∥♅	11 1
	☽∥☿	11 22
	☽⚺♂	3pm 5
	☽∠♃	6 27
	☽☌☿	9 57
	☽⚻♆	10 12
	☿⚻♆	11 53
3 S	☽⚺♅	1am33
	☉∥♅	7 12
	☽☍♇	10 24
	☽△♄	4pm54
	☽∠♂	11 6
4 Su	☽⚹♃	1am 6
	☿⚺♅	2 40
	☉⚺☽	3pm 7
	☽⚺♀	7 28
5 M	☽⚹♂	6am41
	☽☍♆	9 56
	☽☌♅	1pm32
	☽⚺☿	6 22
	☽∥☿	9 41
	☽⚻♇	9 48
	☉∠☽	11 20
6 T	♀⚼♄	1am16
	☽□♄	3 58
	☽∠♀	4 17
	☽□♃	1pm 5
	☽∥♀	9 37
	☿☍♇	9 46
7 W	☉∥☽	0am16
	☽⚼♇	2 44
	☽∠☿	3 26
	☽∥♅	3 56
	☉⚹☽	6 49
	☽#♆	9 16
	☽⚹♀	12pm19
	♂△♆	2 52
	☽⚻♆	7 39
	☽□♂	7 56
	☽⚺♅	11 25
8 Th	☽∥♂	4am 4
	☉⚼♄	5 27
	☽△♇	7 1
	☽#♇	10 37
	☽⚹☿	11 31
	☽⚹♄	12pm47
	☿ ♑	6 22
	☿△♄	10 2
	☽△♃	10 30
	☽⚼♆	11 30
9 F	☽∠♅	3am18
	☽∥♃	6 38
	☽∠♄	4pm 7
	☉□☽	7 5
	☽#♄	8 40
10 S	☽□♀	1am26
	☽⚼♃	2 1
	☽△♆	2 33
	☽△♂	5 51
	☽⚹♅	6 23
	♀∠♃	8 46
	♀⚻♆	1pm14
	☽□♇	1 17
	♂⚹♅	5 14
	☽⚺♄	6 38
11 Su	☽□☿	0am16
	☽⚻♃	4 41
	☽⚼♂	9 24
12 M	☉△☽	3am19
	☽□♆	6 14
	♀⚺♅	8 48
	☽□♅	10 7
	☽△♀	10 15
	☽⚻♂	12pm 2
	☽⚹♇	4 22
	☽∥♄	6 0
	☽☌♄	9 21
	☿⚹♃	10 30
13 T	☉⚼☽	6am 2
	☽☍♃	7 37
	☽#♃	7 46
	☽△☿	8 30
	☽⚼♀	1pm14
	☽∠♇	4 53
	☉⚻♆	7 38
14 W	☽∥♇	0am20
	♀⚺♂	5 26
	☽⚹♆	7 12
	☉⚻☽	8 3
	☉∠♃	9 33
	☽△♅	11 10
	☽#♂	11 12
	☽⚼☿	11 20
	☽☍♂	3pm10
	☽⚻♀	3 34
	☽⚺♇	4 55
	☽⚺♄	9 40
	☽∥♆	9 52
	♄ ♈	11 7
15 Th	☽#♅	1am46
	☽∠♆	7 2
	♀☍♇	7 31
	☽⚻♃	8 18
	☉#☽	9 46
	☽⚼♅	11 5
	☽⚻☿	1pm42
	☽#♀	1 52
	☽∠♄	9 22
16 F	☽#☿	0am30
	♂⚻♇	4 14
	☽⚺♆	6 44
	☉⚺♅	8 11
	☽⚼♃	8 19
	☽⚻♅	10 54
	☉☍☽	11 5
	☽☌♇	4pm24
	☽⚻♂	5 0
	☽☍♀	7 26
	☽⚹♄	9 6
17 S	☽△♃	8am28
	☿∠♂	1pm36
	♀△♄	3 4
	♀ ♑	4 38
	☽⚼♂	6 9
	☽☍☿	6 23
18 Su	☽☌♆	6am43
	☽☍♅	11 17
	☉⚻☽	2pm55
	☽⚺♇	4 44
	☽△♂	7 52
	☽□♄	9 37
19 M	☽#☿	0am 0
	☽⚻♀	0 35
	☽#♀	5 22
	☉#☽	9 44
	☽□♃	10 15
	☉☍♇	4pm38
	☽∠♇	5 52
	☉⚼☽	5 58
	☽#♅	7 45
	☽∥♆	11 37
20 T	☽⚻☿	1am27
	☽⚼♀	4 33
	☽#♂	6 21
	♂⚻♄	7 3
	☽⚺♆	9 9
	♂ ♐	12pm16
	☽⚻♅	2 19
	☽⚹♇	7 54
	☉△☽	10 10
	☽∥♇	11 30
21 W	☽△♄	1am 7
	☽□♂	2 8
	☽⚼☿	6 38
	☽△♀	9 49
	☽∠♆	11 47
	☽⚹♃	3pm33
	☽#♃	4 0
	☽⚼♅	5 20
	☿∥♀	5 29
22 Th	☽⚼♄	4am24
	☽∥♄	9 58
	☉△♄	12pm29
	☽△☿	1 6
	☽⚹♆	3 29
	☉ ♑	5 12
	☽∠♃	7 50
	☽△♅	9 26
23 F	☽□♇	3am 8
	☽⚻♄	8 45
	☉□☽	10 36
	☽⚹♂	1pm16
	☿☍♆	2 47
	☉∥☿	5 2
24 S	☽□♀	0am39
	☽⚺♃	1 11
	♀⚹♃	6 30
	☽∠♂	8pm33
25 Su	☽□♆	1am48
	☽□☿	5 17
	☽□♅	8 30
	☽△♇	2pm 9
	☽#♄	4 8
	☽☍♄	8 5
26 M	☉⚹☽	3am41
	☽⚺♂	4 37
	☽∥♃	1pm 0
	☽☌♃	2 10
	☽⚹♀	7 56
	☽⚼♇	8 31
27 T	☿☌♅	2am36
	☽#♇	6 15
	☉⚺♂	12pm 5
	☉∠☽	1 8
	☽△♆	2 30
	☽⚹♅	9 45
	☽⚹☿	10 57
28 W	☽⚻♇	3am 4
	☽∠♀	6 11
	☽⚻♄	9 6
	☽∥♂	9 50
	☽#♆	10 6
	♂⚼♆	11 46
	☽∥♅	1pm50
	☽∥☿	2 22
	♂#♆	5 27
	☿∥♅	7 50
	☽⚼♆	9 0
	☽☌♂	9 36
	☉⚺☽	10 36
29 Th	☉∥☽	1am25
	☽∥♀	3 54
	☽⚺♃	4 9
	☽∠♅	4 26
	☽∠☿	7 8
	☽⚼♄	3pm32
	☽⚺♀	4 16
	☿∥♂	10 41
30 F	☽⚻♆	3am16
	☿#♆	10 1
	☽∠♃	10 48
	☽⚺♅	10 49
	☽⚺☿	2pm27
	☽☍♇	3 39
	☽△♄	9 38
31 S	☽⚺♂	1pm34
	☉☌☽	4 21
	☽⚹♃	5 2

LONGITUDE

DAY	SID. TIME	☉	☽	☽ 12 Hour	MEAN ☊	TRUE ☊	☿	♀	♂	♃	♄	♅	♆	♇
	h m s	° ' "	° ' "	° ' "	° '	° '	° '	° '	° '	° '	° '	° '	° '	° '
1	6 38 6	9♑ 27 44	13♑ 1 17	19♑ 8 59	16♉ 26	18♉ 5R	26♑ 22R	17♑ 59	8♐ 2	9♏ 31	29♈ 42R	24♑ 23	20♋ 28R	26♊ 41R
2	6 42 3	10 28 55	25 19 17	1♒ 32 15	16 23	17 55	26 20	19 15	8 44	9 41	29 42D	24 26	20 27	26 40
3	6 45 59	11 30 6	7♒ 47 56	14 6 25	16 20	17 44	26 7	20 30	9 26	9 50	29 42	24 30	20 25	26 38
4	6 49 56	12 31 16	20 27 46	26 52 2	16 17	17 34	25 42	21 46	10 8	9 59	29 42	24 33	20 23	26 37
5	6 53 53	13 32 27	3♓ 19 21	9♓ 49 48	16 14	17 26	25 5	23 1	10 51	10 8	29 42	24 37	20 22	26 36
6	6 57 49	14 33 37	16 23 32	23 0 43	16 11	17 20	24 17	24 16	11 33	10 17	29 42	24 40	20 20	26 35
7	7 1 46	15 34 46	29 41 30	6♈ 26 6	16 7	17 17	23 18	25 32	12 15	10 25	29 43	24 44	20 18	26 34
8	7 5 42	16 35 56	13♈ 14 40	20 7 23	16 4	17 16D	22 11	26 47	12 58	10 34	29 43	24 47	20 17	26 33
9	7 9 39	17 37 5	27 4 21	4♉ 5 39	16 1	17 16	20 57	28 2	13 40	10 42	29 44	24 51	20 15	26 32
10	7 13 35	18 38 13	11♉ 11 17	18 21 8	15 58	17 17R	19 39	29 18	14 22	10 51	29 45	24 54	20 13	26 31
11	7 17 32	19 39 20	25 34 58	2♊ 52 27	15 55	17 16	18 19	0♒ 33	15 5	10 59	29 46	24 58	20 12	26 30
12	7 21 28	20 40 28	10♊ 13 3	17 36 8	15 52	17 14	17 0	1 48	15 47	11 7	29 47	25 1	20 10	26 28
13	7 25 25	21 41 35	25 0 54	2♋ 26 26	15 48	17 9	15 44	3 4	16 30	11 15	29 48	25 5	20 8	26 27
14	7 29 22	22 42 41	9♋ 51 44	17 15 42	15 45	17 1	14 33	4 19	17 12	11 23	29 49	25 8	20 6	26 26
15	7 33 18	23 43 46	24 37 18	1♌ 55 28	15 42	16 52	13 29	5 34	17 55	11 30	29 51	25 12	20 5	26 25
16	7 37 15	24 44 52	9♌ 9 16	16 17 52	15 39	16 40	12 33	6 50	18 38	11 38	29 52	25 15	20 3	26 24
17	7 41 11	25 45 56	23 20 34	0♍ 16 53	15 36	16 29	11 47	8 5	19 20	11 45	29 54	25 19	20 1	26 23
18	7 45 8	26 47 1	7♍ 6 29	13 49 15	15 32	16 19	11 9	9 20	20 3	11 53	29 56	25 23	20 0	26 22
19	7 49 4	27 48 4	20 25 12	26 54 32	15 29	16 12	10 42	10 35	20 46	12 0	29 57	25 26	19 58	26 21
20	7 53 1	28 49 8	3♎ 17 34	9♎ 34 45	15 26	16 6	10 23	11 51	21 29	12 7	29 59	25 30	19 56	26 20
21	7 56 57	29 50 11	15 46 36	21 53 45	15 23	16 3	10 14D	13 6	22 11	12 14	0♉ 1	25 33	19 55	26 19
22	8 0 54	0♒ 51 14	27 56 49	3♏ 56 31	15 20	16 2D	10 13	14 21	22 54	12 20	0 3	25 37	19 53	26 18
23	8 4 51	1 52 16	9♏ 53 33	15 48 36	15 17	16 2R	10 20	15 36	23 37	12 27	0 6	25 40	19 51	26 17
24	8 8 47	2 53 18	21 42 24	27 35 37	15 13	16 2	10 34	16 51	24 20	12 33	0 8	25 44	19 50	26 16
25	8 12 44	3 54 19	3♐ 28 55	9♐ 22 53	15 10	16 1	10 55	18 6	25 3	12 40	0 10	25 47	19 48	26 15
26	8 16 40	4 55 20	15 18 7	21 15 7	15 7	15 57	11 22	19 22	25 46	12 46	0 13	25 51	19 46	26 15
27	8 20 37	5 56 20	27 14 22	3♑ 16 14	15 4	15 51	11 55	20 37	26 29	12 52	0 16	25 54	19 45	26 14
28	8 24 33	6 57 19	9♑ 21 5	15 29 8	15 1	15 42	12 34	21 52	27 12	12 57	0 18	25 58	19 43	26 13
29	8 28 30	7 58 18	21 40 36	27 55 34	14 58	15 31	13 16	23 7	27 55	13 3	0 21	26 1	19 42	26 12
30	8 32 26	8 59 15	4♒ 14 6	10♒ 36 10	14 54	15 17	14 3	24 22	28 38	13 9	0 24	26 5	19 40	26 11
31	8 36 23	10♒ 0 12	17♒ 1 41	23♒ 30 33	14♉ 51	15♉ 3	14♑ 54	25♒ 37	29♐ 21	13♏ 14	0♉ 27	26♑ 8	19♋ 38	26♊ 10

DECLINATION and LATITUDE

DAY	☉ DECL	☽ DECL	☽ LAT	☽ 12hr DECL	☿ DECL	☿ LAT	♀ DECL	♀ LAT	♂ DECL	♂ LAT	♃ DECL	♃ LAT	♄ DECL	♄ LAT
1	23S 7	26S58	4S11	26S30	20S45	0N 9	23S15	1S 1	21S39	0N 0	13S36	1N 8	8N60	2S32
2	23 2	25 42	4 42	24 35	20 28	0 26	23 6	1 3	21 47	0S 0	13 39	1 8	8 60	2 32
3	22 57	23 10	5 1	21 28	20 12	0 45	22 57	1 4	21 54	0 1	13 41	1 8	9 0	2 32
4	22 52	19 29	5 5	17 17	19 58	1 4	22 47	1 6	22 1	0 2	13 44	1 8	9 0	2 31
5	22 46	14 51	4 54	12 15	19 45	1 24	22 36	1 8	22 7	0 2	13 47	1 9	9 1	2 31
6	22 39	9 29	4 27	6 35	19 35	1 43	22 24	1 9	22 14	0 3	13 49	1 9	9 1	2 31
7	22 32	3 35	3 46	0 31	19 27	2 1	22 12	1 11	22 20	0 4	13 52	1 9	9 2	2 31
8	22 25	2N36	2 51	5N43	19 20	2 19	21 60	1 12	22 26	0 4	13 54	1 9	9 2	2 30
9	22 17	8 47	1 46	11 48	19 16	2 35	21 46	1 14	22 32	0 5	13 57	1 9	9 3	2 30
10	22 9	14 41	0 32	17 24	19 13	2 49	21 32	1 15	22 38	0 6	13 59	1 9	9 3	2 30
11	22 1	19 53	0N44	22 5	19 12	3 1	21 17	1 17	22 43	0 7	14 2	1 9	9 4	2 29
12	21 52	23 57	1 59	25 26	19 13	3 11	21 2	1 18	22 49	0 7	14 4	1 10	9 4	2 29
13	21 42	26 28	3 7	27 2	19 15	3 18	20 46	1 19	22 54	0 8	14 6	1 10	9 5	2 29
14	21 32	27 6	4 2	26 41	19 18	3 23	20 29	1 20	22 59	0 9	14 9	1 10	9 6	2 28
15	21 22	25 48	4 40	24 29	19 22	3 25	20 12	1 21	23 3	0 9	14 11	1 10	9 7	2 28
16	21 11	22 47	4 60	20 46	19 28	3 25	19 54	1 22	23 8	0 10	14 13	1 10	9 7	2 28
17	21 0	18 28	5 0	15 57	19 34	3 23	19 36	1 23	23 12	0 11	14 15	1 10	9 8	2 28
18	20 49	13 17	4 43	10 30	19 41	3 19	19 17	1 24	23 16	0 11	14 17	1 10	9 9	2 27
19	20 37	7 38	4 11	4 45	19 49	3 13	18 58	1 25	23 20	0 12	14 19	1 11	9 10	2 27
20	20 24	1 51	3 26	1S 1	19 57	3 7	18 37	1 26	23 23	0 13	14 21	1 11	9 11	2 27
21	20 12	3S51	2 33	6 36	20 5	2 59	18 17	1 27	23 27	0 14	14 23	1 11	9 12	2 26
22	19 59	9 17	1 35	11 50	20 14	2 50	17 56	1 28	23 30	0 14	14 25	1 11	9 13	2 26
23	19 45	14 16	0 33	16 34	20 23	2 41	17 34	1 28	23 33	0 15	14 27	1 11	9 14	2 26
24	19 31	18 41	0S30	20 37	20 31	2 31	17 12	1 29	23 36	0 16	14 29	1 11	9 15	2 26
25	19 17	22 21	1 31	23 51	20 40	2 21	16 50	1 29	23 38	0 17	14 30	1 12	9 16	2 25
26	19 3	25 6	2 28	26 4	20 48	2 10	16 27	1 30	23 40	0 17	14 32	1 12	9 17	2 25
27	18 48	26 45	3 20	27 7	20 56	1 60	16 3	1 30	23 42	0 18	14 34	1 12	9 19	2 25
28	18 33	27 9	4 3	26 51	21 3	1 49	15 39	1 31	23 44	0 19	14 35	1 12	9 20	2 24
29	18 17	26 13	4 35	25 16	21 9	1 39	15 15	1 31	23 46	0 20	14 37	1 12	9 21	2 24
30	18 1	23 58	4 54	22 22	21 15	1 28	14 50	1 31	23 47	0 20	14 38	1 12	9 22	2 24
31	17S45	20S30	4S60	18S21	21S20	1N17	14S25	1S31	23S48	0S21	14S40	1N13	9N24	2S24

DAY	♅ DECL	♅ LAT	♆ DECL	♆ LAT	♇ DECL	♇ LAT
1	21S44	0S29	21N15	0S39	16N38	6S47
5	21 42	0 29	21 16	0 39	16 38	6 46
9	21 39	0 29	21 17	0 39	16 38	6 46
13	21 36	0 29	21 18	0 39	16 39	6 46
17	21 34	0 29	21 19	0 39	16 39	6 45
21	21 31	0 29	21 20	0 39	16 40	6 45
25	21 29	0 29	21 21	0 39	16 40	6 44
29	21S26	0S29	21N22	0S39	16N41	6S43

☽ PHENOMENA

d	h	m	
8	6	20	☽
14	22	26	○
22	6	21	☾
30	9	44	●

d	h	°	'
7	14	0	
13	20	27N	8
20	8	0	
27	19	27S	11

d	h	°	'
3	19	5S	5
10	10	0	
16	12	5N	2
23	12	0	
30	20	4S	60

VOID OF COURSE ☽

LAST ASPT		☽ INGRESS		
2	8am27	2	♒	9am 2
4	5pm17	4	♓	5pm50
6	6pm24	7	♈	0am33
9	4am34	9	♉	5am 1
10	10pm58	11	♊	7am17
13	7am45	13	♋	8am 3
15	8am35	15	♌	8am50
17	11am21	17	♍	11am31
19	2pm51	19	♎	5pm47
21	8pm44	22	♏	4am 6
24	8am14	24	♐	4pm54
26	10pm23	27	♑	5am30
29	6am24	29	♒	3pm57
31	5pm34	31	♓	11pm55

d	h	
13	0	PERIGEE
24	20	APOGEE

DAILY ASPECTARIAN

1 Su	☉✶♃	1am44
	☿SR	8 36
	☽☌♀	10 50
	♂∥♅	2pm15
	☽☍♆	2 33
	☽∠♂	8 44
	☽☌♅	10 17
2 M	☽☌☿	1am57
	☽⚻♇	2 35
	♄SD	5 22
	☽□♄	8 27
	☉∥♀	9pm35
	♀☍♆	10 25
3 T	☉∥☽	1am40
	☽∥♀	1 46
	♂∠♅	2 12
	☽✶♂	3 18
	☽□♃	3 55
	☽⚼♇	7 18
	☉⚺☽	7 40
	☽∥♂	8 50
	☽∥♅	10 22
	☽#♆	1pm18
	♂⚺♃	5 11
	☽∥☿	9 5
	☽⚻♆	11 52
4	☽⚺♀	2am42
W	☽⚺♅	7 43
	☽⚺☿	9 24
	☿∠♂	10 31
	☽△♇	11 31
	☉∠☽	2pm21
	☽#♇	3 16
	☽✶♄	5 17
5 Th	☽⚼♆	3am46
	☽∥♃	5 0
	☽∠♀	9 35
	☽∠♅	11 39
	☽∠☿	11 46
	☽△♃	12pm42
	☿☌♅	1 39
	☽□♂	2 39
	☉✶☽	8 23
	☽∠♄	8 56
6 F	☿☌♀	0am 3
	☽#♄	1 55
	☽△♆	7 8
	♀☌♅	7 59
	☽✶☿	1pm20
	♀∥♂	1 53
	☽✶♅	3 3
	☽✶♀	3 45
	☽⚼♃	4 16
	☽□♇	6 24
7 S	☽⚺♄	0am 2
	☽⚻♃	7pm15
	♀⚻♇	7 32
	☉∥♂	9 57
	☽△♂	11 28
8 Su	☉□☽	6am20
	☽□♆	12pm14
	☽□☿	2 19
	☽□♅	8 9
	☽✶♇	11 4
9 M	☽∥♄	1am 0
	☽□♀	1 49
	☽⚼♂	2 53
	☽☌♄	4 34
	♀∥♅	12pm46
	☿☍♆	1 26
	☽#♃	9 3
	☽☍♃	11 25
10 T	☽∠♇	0am32
	♀∠♂	3 26
	☽⚻♂	5 38
	☽∥♇	8 35
	♀□♄	8 47
	☉☌☿	10 23
	☽△☿	12pm58
	♂⚼♄	1 1
	☉△☽	1 25
	♀ ♒	1 28
	☽✶♆	3 5
	☽#☿	8 35
	☽△♅	10 58
	♀#♆	11 43
11 W	☽⚺♇	1am30
	☽⚺♄	6 54
	☽#♀	7 2
	☽∥♆	7 28
	☽△♀	8 57
	☽#♅	9 20
	☉#☽	11 8
	☽⚼☿	11 40
	☉☍♆	12pm17
	☽∠♆	3 46
	☉⚼☽	4 2
	☽#♂	4 12
	☽⚼♅	11 41
12 Th	☽⚻♃	1am29
	☽∠♄	7 26
	☽☍♂	9 31
	☽⚻☿	10 8
	☽⚼♀	11 42
	☿⚺♂	2pm36
	☽⚺♆	4 7
	☉⚻☽	6 14
13	☽⚻♅	0am 6
F	☽⚼♃	2 1
	☽☌♇	2 20
	☽✶♄	7 45
	☽⚻♀	2pm12
	☉∥♅	2 44
14 S	☽△♃	2am29
	☽☍☿	7 4
	♃⚼♇	9 49
	☽⚻♂	12pm31
	☽☌♆	4 36
	☉☍☽	10 26
15 Su	☽☍♅	0am57
	☽⚺♇	2 57
	☉#♆	7 37
	☽□♄	8 35
	☽⚼♂	2pm21
	☽☍♀	7 45
	☽#♂	9 49
16 M	☽∠♇	3am45
	☽□♃	4 11
	☽⚻☿	5 23
	☽#♅	7 25
	☽∥♆	8 54
	☉#☽	10 4
	☉☌♅	12pm47
	☽△♂	4 48
	☽#♀	5 49
	☽⚺♆	6 20
	☽#☿	6 33
17 T	☿✶♃	0am38
	☿∥♀	2 0
	☽⚻♅	3 25
	☉⚻☽	4 30
	☽✶♇	5 14
	☽⚼☿	5 38
	☽∥♇	8 45
	☽△♄	11 21
	☉⚻♇	2pm24
	☽#♃	7 35
	☽∠♆	8 16
	♂⚻♆	10 10
18 W	☽⚻♀	4am22
	☽⚼♅	5 51
	☽△☿	6 57
	☽✶♃	8 35
	☉⚼☽	9 1
	☽⚼♄	2pm 2
	☽∥♄	5 38
	☽✶♆	11 10
19 Th	☽□♂	0am40
	☿⚺♀	1 33
	☽△♅	9 18
	☽⚼♀	10 34
	☽□♇	10 57
	☽∠♃	12pm17
	♀⚼♇	2 27
	☉△☽	2 51
	☽⚻♄	5 45
20 F	♀□♃	5am43
	♄ ♉	9 26
	☽□☿	1pm21
	☽⚺♃	5 3
	☽△♀	6 12
21 S	☉ ♒	3am51
	☉□♄	4 30
	☉∥☿	7 14
	☽□♆	8 4
	☽✶♂	1pm22
	☿SD	2 50
	☽□♅	7 20
	☽△♇	8 44
	☽#♄	11 43
22 Su	☽☍♄	4am13
	☉□☽	6 21
	☽∠♂	9pm15
23 M	☽✶☿	0am54
	☽∥♃	0 55
	☽⚼♇	2 49
	☽☌♃	5 13
	☽#♇	12pm34
	☽□♀	12 57
	☽∥♀	4 12
	☽△♆	8 11
24 T	☉∥☽	4am46
	☽⚺♂	5 42
	☽∠☿	8 5
	☽✶♅	8 14
	☽⚻♇	9 18
	☽∥☿	11 48
	☽#♆	4pm52
	☽⚻♄	5 14
	☽∥♅	5 47
25 W	☉✶☽	0am57
	☽⚼♆	2 41
	♀#♇	10 1
	☽∥♂	10 16
	☽∠♅	2pm56
	☽⚺☿	3 42
	☽⚺♃	6 49
	☽⚼♄	11 50
26 Th	♂⚺♅	3am 0
	♀⚻♆	7 44
	☽⚻♆	9 0
	☽✶♀	9 9
	☉∠☽	10 12
	♂☍♇	3pm40
	☽⚺♅	9 19
	☽☍♇	9 59
	☽☌♂	10 23
27 F	☽∠♃	1am15
	☽△♄	6 3
	☽∠♀	6pm33
	☉⚺☽	6 51
28 S	☽☌☿	6am40
	☽✶♃	7 7
	☿✶♃	3pm49
	☽☍♆	8 10
29 Su	☽⚺♀	3am 5
	♂∠♃	5 11
	☽☌♅	8 24
	☽⚻♇	8 41
	☽⚺♂	12pm43
	☽□♄	4 42
30 M	☽∥♂	1am32
	☉☌☽	9 44
	♀∥♃	10 32
	☽⚼♇	1pm 5
	☽□♃	4 53
	☽∥♅	6 19
	☽#♆	6 35
	☽∠♂	6 44
	☽∥☿	6 56
	☽⚺☿	7 45
31 T	☽⚻♆	4am50
	♀⚺♅	10 26
	♀△♇	10 28
	♅⚻♇	11 4
	☿#♆	1pm23
	☉∥☽	4 5
	☽△♇	4 53
	☽⚺♅	4 55
	☽☌♀	5 34
	☽#♇	8 32
	♂ ♑	9 30
	☿∥♅	10 55

FEBRUARY 1911

LONGITUDE

DAY	SID. TIME	☉	☽	☽ 12 Hour	MEAN ☊	TRUE ☊	☿	♀	♂	♃	♄	♅	♆	♇
	h m s	° ' "	° ' "	° ' "	° '	° '	° '	° '	° '	° '	° '	° '	° '	° '
1	8 40 20	11♒ 1 8	0♓ 2 35	6♓ 37 37	14♉ 48	14♉ 50R	15♑ 48	26♒ 52	0♑ 4	13♏ 19	0♉ 30	26♑ 12	19♋ 37R	26♊ 9R
2	8 44 16	12 2 2	13 15 29	19 56 0	14 45	14 38	16 46	28 7	0 48	13 24	0 34	26 15	19 35	26 9
3	8 48 13	13 2 55	26 39 1	3♈ 24 25	14 42	14 29	17 46	29 22	1 31	13 29	0 37	26 19	19 34	26 8
4	8 52 9	14 3 47	10♈ 12 4	17 1 57	14 38	14 24	18 49	0♓ 37	2 14	13 34	0 40	26 22	19 32	26 7
5	8 56 6	15 4 38	23 54 2	0♉ 48 18	14 35	14 21	19 55	1 52	2 57	13 38	0 44	26 25	19 31	26 6
6	9 0 2	16 5 27	7♉ 44 47	14 43 30	14 32	14 20	21 2	3 7	3 41	13 42	0 48	26 29	19 29	26 6
7	9 3 59	17 6 14	21 44 27	28 47 36	14 29	14 20	22 12	4 22	4 24	13 47	0 51	26 32	19 28	26 5
8	9 7 55	18 7 0	5♊ 52 53	13♊ 0 9	14 26	14 19	23 24	5 37	5 8	13 51	0 55	26 36	19 26	26 4
9	9 11 52	19 7 45	20 9 9	27 19 35	14 23	14 17	24 37	6 52	5 51	13 54	0 59	26 39	19 25	26 4
10	9 15 49	20 8 28	4♋ 30 59	11♋ 42 50	14 19	14 12	25 52	8 7	6 34	13 58	1 3	26 42	19 23	26 3
11	9 19 45	21 9 9	18 54 32	26 5 22	14 16	14 3	27 9	9 22	7 18	14 2	1 7	26 46	19 22	26 2
12	9 23 42	22 9 48	3♌ 14 36	10♌ 21 29	14 13	13 52	28 27	10 36	8 1	14 5	1 12	26 49	19 21	26 2
13	9 27 38	23 10 27	17 25 16	24 25 16	14 10	13 40	29 46	11 51	8 45	14 8	1 16	26 52	19 19	26 1
14	9 31 35	24 11 4	1♍ 20 51	8♍ 11 30	14 7	13 28	1♒ 7	13 6	9 28	14 11	1 20	26 55	19 18	26 1
15	9 35 31	25 11 39	14 56 50	21 36 35	14 3	13 16	2 29	14 21	10 12	14 14	1 25	26 59	19 17	26 0
16	9 39 28	26 12 13	28 10 38	4♎ 38 59	14 0	13 7	3 53	15 35	10 56	14 16	1 29	27 2	19 15	26 0
17	9 43 24	27 12 46	11♎ 1 47	17 19 17	13 57	13 0	5 17	16 50	11 39	14 19	1 34	27 5	19 14	25 59
18	9 47 21	28 13 17	23 31 53	29 40 0	13 54	12 56	6 43	18 5	12 23	14 21	1 39	27 8	19 13	25 59
19	9 51 18	29 13 47	5♏ 44 10	11♏ 45 0	13 51	12 54D	8 9	19 19	13 7	14 23	1 43	27 11	19 12	25 58
20	9 55 14	0♓ 14 15	17 43 7	23 39 11	13 48	12 54	9 37	20 34	13 51	14 25	1 48	27 15	19 10	25 58
21	9 59 11	1 14 43	29 33 55	5♐ 27 58	13 44	12 54R	11 6	21 48	14 34	14 27	1 53	27 18	19 9	25 57
22	10 3 7	2 15 9	11♐ 22 4	17 16 53	13 41	12 54	12 36	23 3	15 18	14 28	1 58	27 21	19 8	25 57
23	10 7 4	3 15 34	23 13 5	29 11 17	13 38	12 52	14 7	24 17	16 2	14 29	2 3	27 24	19 7	25 56
24	10 11 0	4 15 57	5♑ 12 5	11♑ 16 0	13 35	12 47	15 38	25 32	16 46	14 30	2 9	27 27	19 6	25 56
25	10 14 57	5 16 19	17 23 30	23 35 0	13 32	12 40	17 11	26 46	17 30	14 31	2 14	27 30	19 5	25 56
26	10 18 53	6 16 40	29 50 47	6♒ 11 5	13 29	12 31	18 45	28 1	18 14	14 32	2 19	27 33	19 4	25 55
27	10 22 50	7 16 58	12♒ 36 2	19 5 39	13 25	12 20	20 20	29 15	18 58	14 33	2 25	27 36	19 3	25 55
28	10 26 47	8♓ 17 15	25♒ 39 53	2♓ 18 32	13♉ 22	12♉ 9	21♒ 56	0♈ 29	19♑ 42	14♏ 33	2♉ 30	27♑ 39	19♋ 2	25♊ 55

DECLINATION and LATITUDE

DAY	☉ DECL	☽ DECL	☽ LAT	☽ 12hr DECL	☿ DECL	☿ LAT	♀ DECL	♀ LAT	♂ DECL	♂ LAT	♃ DECL	♃ LAT	♄ DECL	♄ LAT
1	17S28	15S58	4S49	13S24	21S24	1N 7	13S59	1S31	23S49	0S22	14S41	1N13	9N25	2S23
2	17 12	10 38	4 24	7 45	21 28	0 57	13 33	1 31	23 49	0 23	14 43	1 13	9 26	2 23
3	16 54	4 45	3 43	1 40	21 30	0 46	13 7	1 31	23 50	0 23	14 44	1 13	9 28	2 23
4	16 37	1N26	2 50	4N33	21 32	0 36	12 40	1 31	23 50	0 24	14 45	1 13	9 29	2 22
5	16 19	7 38	1 46	10 39	21 32	0 27	12 13	1 31	23 50	0 25	14 46	1 13	9 31	2 22
6	16 1	13 33	0 35	16 18	21 31	0 17	11 46	1 30	23 50	0 26	14 47	1 14	9 32	2 22
7	15 43	18 50	0N39	21 8	21 30	0 8	11 19	1 30	23 49	0 26	14 48	1 14	9 34	2 22
8	15 24	23 7	1 51	24 46	21 27	0S 1	10 51	1 30	23 48	0 27	14 49	1 14	9 35	2 21
9	15 6	26 2	2 57	26 52	21 23	0 10	10 22	1 29	23 47	0 28	14 50	1 14	9 37	2 21
10	14 47	27 14	3 52	27 9	21 17	0 19	9 54	1 28	23 46	0 29	14 51	1 14	9 39	2 21
11	14 27	26 37	4 32	25 37	21 11	0 27	9 25	1 28	23 44	0 29	14 52	1 15	9 40	2 21
12	14 8	24 14	4 55	22 28	21 3	0 35	8 56	1 27	23 43	0 30	14 53	1 15	9 42	2 20
13	13 48	20 22	4 60	18 1	20 54	0 43	8 27	1 26	23 41	0 31	14 54	1 15	9 44	2 20
14	13 28	15 27	4 46	12 43	20 44	0 50	7 58	1 26	23 39	0 32	14 54	1 15	9 45	2 20
15	13 8	9 52	4 16	6 57	20 33	0 57	7 28	1 25	23 36	0 33	14 55	1 15	9 47	2 20
16	12 47	3 59	3 33	1 2	20 20	1 4	6 58	1 24	23 33	0 33	14 56	1 16	9 49	2 19
17	12 27	1S54	2 40	4S47	20 6	1 11	6 28	1 23	23 30	0 34	14 56	1 16	9 51	2 19
18	12 6	7 35	1 41	10 16	19 51	1 17	5 58	1 22	23 27	0 35	14 57	1 16	9 53	2 19
19	11 45	12 51	0 38	15 16	19 34	1 23	5 28	1 20	23 24	0 36	14 57	1 16	9 55	2 19
20	11 24	17 32	0S26	19 37	19 17	1 29	4 57	1 19	23 20	0 37	14 57	1 16	9 56	2 18
21	11 2	21 29	1 27	23 9	18 57	1 34	4 27	1 18	23 16	0 37	14 58	1 16	9 58	2 18
22	10 41	24 33	2 25	25 42	18 37	1 39	3 56	1 16	23 12	0 38	14 58	1 17	10 0	2 18
23	10 19	26 33	3 17	27 7	18 15	1 44	3 25	1 15	23 8	0 39	14 58	1 17	10 2	2 18
24	9 57	27 22	4 1	27 16	17 52	1 48	2 54	1 14	23 4	0 40	14 58	1 17	10 4	2 18
25	9 35	26 51	4 34	26 6	17 28	1 52	2 23	1 12	22 59	0 41	14 58	1 17	10 6	2 17
26	9 13	25 0	4 56	23 35	17 2	1 55	1 52	1 10	22 54	0 42	14 58	1 17	10 8	2 17
27	8 50	21 52	5 3	19 52	16 35	1 59	1 21	1 9	22 48	0 42	14 58	1 18	10 10	2 17
28	8S28	17S35	4S55	15S 5	16S 7	2S 2	0S50	1S 7	22S43	0S43	14S58	1N18	10N12	2S17

DAY	♅ DECL	♅ LAT	♆ DECL	♆ LAT	♇ DECL	♇ LAT
1	21S24	0S30	21N23	0S39	16N41	6S43
5	21 22	0 30	21 24	0 39	16 41	6 42
9	21 19	0 30	21 25	0 38	16 42	6 42
13	21 17	0 30	21 26	0 38	16 43	6 41
17	21 14	0 30	21 26	0 38	16 43	6 40
21	21 12	0 30	21 27	0 38	16 44	6 39
25	21S10	0S30	21N28	0S38	16N45	6S39

☽ PHENOMENA				VOID OF COURSE ☽ LAST ASPT		☽ INGRESS		
d	h	m		2	11pm24	3	♈	5am57
6	15	28	☽	5	4am25	5	♉	10am36
13	10	37	○	7	8am12	7	♊	2pm 3
21	3	44	☾	9	9am53	9	♋	4pm28
				11	3pm 9	11	♌	6pm33
				13	2pm45	13	♍	9pm39
				15	9pm53	16	♎	3am22
d	h	°	'	18	9am59	18	♏	12pm39
3	18	0		20	7pm22	21	♐	0am53
10	4	27N16		23	5am29	23	♑	1pm38
16	16	0		25	8pm 7	26	♒	0am18
24	3	27S22		28	0am27	28	♓	7am51
6	11	0		d	h			
12	18	5N 0		9	16	PERIGEE		
19	14	0		21	16	APOGEE		
27	0	5S 3						

DAILY ASPECTARIAN

1 W	☽✶♂	0am 4
	☽✶♄	0 51
	☽∠☿	1 30
	☉⚼♇	3 15
	☽∥♃	6 4
	☽⚼♆	8 19
	☽∥♀	10 8
	♂△♄	3pm34
	☽∠♅	8 22
	☉⚺☽	9 36
2 Th	☽△♃	0am16
	☽∠♄	4 10
	☽#♄	5 1
	☽✶☿	6 49
	☽△♆	11 22
	♅#♆	3pm57
	☽□♇	11 5
	☽✶♅	11 24
3 F	☉∠☽	2am41
	☽⚼♃	3 17
	☽⚺♀	5 20
	☽⚺♄	7 5
	☽□♂	9 8
	☉□♃	11 8
	♀ ♓	12pm 3
	☉#♇	6 7
4	♀✶♄	1am 4
S	☽⚻♃	5 57
	☉✶☽	7 20
	☽∠♀	10 29
	☿☍♆	3pm29
	☽□♆	4 21
	☽□☿	4 26
5 Su	☽✶♇	3am50
	☽□♅	4 25
	☽∥♄	7 26
	☽☌♄	11 56
	☽✶♀	3pm13
	☽△♂	4 36
	☽#♀	5 5
6 M	☽#♃	5am19
	☽∠♇	5 46
	☉#☽	10 10
	☽☍♃	10 18
	☽∥♇	1pm48
	☉□☽	3 28
	☽⚼♂	7 47
	☽✶♆	8 7
7 T	☽△☿	0am52
	♀✶♂	1 29
	♀⚼♆	1 44
	☽⚺♇	7 23
	☽△♅	8 12
	☽#♅	1pm 9
	☽∥♆	1 33
	☽#☿	1 54
	☽⚺♄	3 34
	☽∠♆	9 34
	☽⚻♂	10 39
	☽□♀	11 31
8 W	☽#♂	4am37
	☽⚼☿	4 38
	☽⚼♅	9 40
	☿#♆	12pm54
	☽⚻♃	1 28
	☽∠♄	4 59
	☉△☽	10 9
	☽⚺♆	10 46
9 Th	☉⚻♆	6am36
	☽⚻☿	8 11
	☽☌♇	9 53
	☽⚻♅	10 55
	☽⚼♃	2pm42
	☿∥♅	5 52
	☽✶♄	6 12
	☉∥♃	6 23
10 F	☉⚼☽	1am 7
	☿⚻♇	3 23
	☽☍♂	3 37
	☽△♀	6 34
	♀#♄	12pm 5
	☽△♃	3 49
	☿☌♅	4 27
11 S	☽☌♆	0am46
	☉⚻☽	4 2
	☽⚼♀	9 59
	☽⚺♇	11 55
	☽☍♅	1pm10
	☽☍☿	3 9
	☽□♄	8 32
12 Su	☽#♂	3am46
	☽⚻♂	8 29
	☽∠♇	1pm 8
	☽⚻♀	1 37
	☽∥♆	6 9
	☽□♃	6 23
	☽#♅	6 59
	☽#☿	8 59
13 M	♀∠♅	0am19
	☽⚺♆	3 15
	☿ ♒	4 4
	☉☍☽	10 37
	☽⚼♂	11 26
	☽✶♇	2pm45
	☽⚻♅	4 18
	☽∥♇	6 13
	☽⚻☿	11 34
	☽△♄	11 59
14 T	☽#♃	2am27
	☿□♄	4 3
	☽∠♆	5 9
	☉#☽	9 21
	☽△♂	3pm 5
	☽⚼♅	6 41
	♀△♃	9 41
	☽✶♃	10 43
	☽☍♀	10 49
15 W	☽∥♄	0am21
	☉∠♂	0 36
	☽⚼♄	2 38
	☽⚼☿	5 5
	☽✶♆	7 46
	☽#♀	10 48
	☉△♇	7pm 2
	☽□♇	8 0
	☉⚻☽	8 4
	☽△♅	9 53
16 Th	☽∠♃	2am 1
	☽⚻♄	6 9
	☽△☿	11 51
	♀∠♄	6pm27
	☉⚺♅	8 47
17 F	☽□♂	1am16
	☉⚼☽	2 26
	☽⚺♃	6 16
	☽⚻♀	12pm17
	☽□♆	3 39
	☽∥♀	5 36
18 S	☽△♇	4am46
	☽□♅	7 4
	☉△☽	9 59
	☽#♄	10 16
	☽☍♄	4pm 0
	☉∥☽	7 8
	☽⚼♀	8 52
	♀△♆	9 34
19 Su	☽□☿	5am29
	☽∥♃	10 23
	☽⚼♇	10 26
	☽✶♂	3pm41
	☽☌♃	5 20
	☉ ♓	6 20
	☽#♇	7 38
20 M	☽△♆	2am56
	☽△♀	6 25
	☽∥☿	9 15
	☽⚻♇	4pm40
	☽✶♅	7 22
	♂✶♃	7 33
	☿⚼♇	9 42
	☽∥♅	10 3
	☽#♆	11 44
21 T	☽∠♂	0am 1
	☉□☽	3 44
	☽⚻♄	4 45
	☽⚼♆	9 19
	☽∥♂	12pm45
	☉✶♄	4 40
22 W	☽∠♅	2am 0
	☽✶☿	2 51
	☽⚺♃	6 18
	☽⚺♂	8 31
	☽⚼♄	11 27
	☽⚻♆	3pm44
23 Th	☽□♀	2am25
	☽☍♇	5 29
	☿□♃	6 2
	☽⚺♅	8 26
	☽∠♃	12pm37
	☽∠☿	1 34
	☉#♄	4 43
	☽△♄	5 52
	☉⚼♆	8 3
	☉✶☽	9 58
24 F	♀□♇	7am46
	☽✶♃	6pm23
	☽⚺☿	11 33
25	☽☌♂	0am13
S	☽☍♆	3 17
	☉∠☽	6 6
	☿⚺♂	8 51
	♀✶♅	2pm35
	☽⚻♇	4 30
	☽☌♅	7 35
	☽✶♀	8 7
26 Su	☿⚻♆	4am36
	☽□♄	4 44
	☉⚺☽	1pm13
	☿#♇	3 30
	☽∥♂	5 33
	☽⚼♇	8 52
27 M	☽#♆	2am31
	♂☍♆	2 41
	☽∠♀	3 23
	☽□♃	3 36
	☽∥♅	4 33
	♀⚼♃	5 41
	☽⚻♆	11 54
	☽⚺♂	12pm27
	♀ ♈	2 29
	☽☌☿	4 16
28 T	☽△♇	0am27
	☽⚺♅	3 36
	☽#♇	4 6
	☽∥☿	7 54
	☽⚺♀	9 37
	☽✶♄	12pm26
	☽∥♃	12 29
	☽⚼♆	3 4
	☽∠♂	5 13
	☽□♄	4 42

LONGITUDE

DAY	SID. TIME	☉	☽	☽ 12 Hour	MEAN ☊	TRUE ☊	☿	♀	♂	♃	♄	♅	♆	♇
	h m s	° ' "	° ' "	° ' "	° '	° '	° '	° '	° '	° '	° '	° '	° '	° '
1	10 30 43	9♓ 17 31	9♓ 1 23	15♓ 48 7	13♉ 19	11♉ 57R	23♒ 33	1♈ 44	20♑ 26	14♏ 33R	2♉ 36	27♑ 41	19♋ 1R	25♊ 55R
2	10 34 40	10 17 45	22 38 19	29 31 36	13 16	11 48	25 11	2 58	21 10	14 33	2 41	27 44	19 0	25 54
3	10 38 36	11 17 56	6♈ 27 31	13♈ 25 37	13 13	11 40	26 50	4 12	21 54	14 33	2 47	27 47	18 59	25 54
4	10 42 33	12 18 6	20 25 30	27 26 46	13 9	11 36	28 31	5 26	22 38	14 32	2 53	27 50	18 58	25 54
5	10 46 29	13 18 14	4♉ 29 3	11♉ 32 4	13 6	11 34D	0♓ 12	6 41	23 22	14 32	2 59	27 53	18 57	25 54
6	10 50 26	14 18 20	18 35 33	25 39 18	13 3	11 34	1 54	7 55	24 6	14 31	3 4	27 55	18 56	25 54
7	10 54 22	15 18 23	2♊ 43 9	9♊ 46 55	13 0	11 34	3 37	9 9	24 50	14 30	3 10	27 58	18 55	25 54
8	10 58 19	16 18 25	16 50 30	23 53 46	12 57	11 35R	5 22	10 23	25 34	14 29	3 16	28 1	18 55	25 54
9	11 2 16	17 18 24	0♋ 56 32	7♋ 58 40	12 54	11 34	7 7	11 37	26 18	14 28	3 23	28 3	18 54	25 54
10	11 6 12	18 18 22	14 59 57	22 0 9	12 50	11 31	8 54	12 51	27 3	14 26	3 29	28 6	18 53	25 53
11	11 10 9	19 18 16	28 58 58	5♌ 56 5	12 47	11 26	10 42	14 5	27 47	14 24	3 35	28 8	18 53	25 53D
12	11 14 5	20 18 9	12♌ 51 9	19 43 49	12 44	11 19	12 31	15 19	28 31	14 23	3 41	28 11	18 52	25 53
13	11 18 2	21 18 0	26 33 42	3♍ 20 25	12 41	11 11	14 21	16 32	29 15	14 20	3 47	28 13	18 51	25 54
14	11 21 58	22 17 48	10♍ 3 39	16 43 5	12 38	11 2	16 12	17 46	0♒ 0	14 18	3 54	28 16	18 51	25 54
15	11 25 55	23 17 35	23 18 29	29 49 40	12 35	10 54	18 5	19 0	0 44	14 16	4 0	28 18	18 50	25 54
16	11 29 51	24 17 19	6♎ 16 32	12♎ 39 3	12 31	10 47	19 58	20 14	1 28	14 13	4 7	28 21	18 50	25 54
17	11 33 48	25 17 2	18 57 18	25 11 24	12 28	10 43	21 53	21 27	2 13	14 10	4 13	28 23	18 49	25 54
18	11 37 45	26 16 42	1♏ 21 35	7♏ 28 9	12 25	10 40D	23 49	22 41	2 57	14 7	4 20	28 25	18 49	25 54
19	11 41 41	27 16 21	13 31 29	19 32 0	12 22	10 40	25 46	23 54	3 42	14 4	4 26	28 27	18 48	25 54
20	11 45 38	28 15 58	25 30 11	1♐ 26 35	12 19	10 41	27 44	25 8	4 26	14 1	4 33	28 30	18 48	25 54
21	11 49 34	29 15 33	7♐ 21 46	13 16 20	12 15	10 42	29 43	26 21	5 10	13 57	4 40	28 32	18 48	25 55
22	11 53 31	0♈ 15 7	19 10 55	25 6 10	12 12	10 44	1♈ 42	27 35	5 55	13 54	4 47	28 34	18 47	25 55
23	11 57 27	1 14 39	1♑ 2 43	7♑ 1 14	12 9	10 44R	3 43	28 48	6 39	13 50	4 54	28 36	18 47	25 55
24	12 1 24	2 14 9	13 2 19	19 6 36	12 6	10 44	5 44	0♉ 1	7 24	13 46	5 0	28 38	18 47	25 55
25	12 5 20	3 13 37	25 14 37	1♒ 26 56	12 3	10 41	7 46	1 14	8 9	13 42	5 7	28 40	18 46	25 56
26	12 9 17	4 13 4	7♒ 43 58	14 6 7	12 0	10 38	9 47	2 28	8 53	13 37	5 14	28 42	18 46	25 56
27	12 13 14	5 12 28	20 33 40	27 6 49	11 56	10 33	11 49	3 41	9 38	13 33	5 21	28 44	18 46	25 56
28	12 17 10	6 11 51	3♓ 45 39	10♓ 30 7	11 53	10 27	13 51	4 54	10 22	13 28	5 28	28 46	18 46	25 57
29	12 21 7	7 11 12	17 20 4	24 15 12	11 50	10 21	15 53	6 7	11 7	13 23	5 35	28 47	18 46	25 57
30	12 25 3	8 10 31	1♈ 15 9	8♈ 19 22	11 47	10 17	17 53	7 20	11 51	13 18	5 42	28 49	18 46	25 57
31	12 29 0	9♈ 9 48	15♈ 27 18	22♈ 38 16	11♉ 44	10♉ 13	19♈ 52	8♉ 33	12♒ 36	13♏ 13	5♉ 50	28♑ 51	18♋ 46D	25♊ 58

DECLINATION and LATITUDE

DAY	☉ DECL	☽ DECL	☽ LAT	☽ 12hr DECL	☿ DECL	☿ LAT	♀ DECL	♀ LAT	♂ DECL	♂ LAT	♃ DECL	♃ LAT	♄ DECL	♄ LAT
1	8S 5	12S22	4S30	9S28	15S38	2S 4	0S18	1S 5	22S37	0S44	14S58	1N18	10N15	2S16
2	7 43	6 27	3 50	3 19	15 7	2 6	0N13	1 3	22 31	0 45	14 58	1 18	10 17	2 16
3	7 20	0 8	2 56	3N 5	14 34	2 8	0 44	1 1	22 25	0 46	14 58	1 18	10 19	2 16
4	6 57	6N17	1 51	9 24	14 1	2 9	1 15	0 59	22 19	0 46	14 58	1 18	10 21	2 16
5	6 34	12 26	0 38	15 18	13 26	2 10	1 46	0 57	22 12	0 47	14 57	1 19	10 23	2 16
6	6 11	17 58	0N38	20 24	12 50	2 10	2 18	0 55	22 5	0 48	14 57	1 19	10 25	2 15
7	5 48	22 32	1 51	24 19	12 12	2 10	2 49	0 53	21 58	0 49	14 56	1 19	10 28	2 15
8	5 24	25 45	2 57	26 45	11 34	2 10	3 20	0 51	21 51	0 50	14 56	1 19	10 30	2 15
9	5 1	27 20	3 53	27 28	10 54	2 9	3 51	0 49	21 44	0 51	14 55	1 19	10 32	2 15
10	4 38	27 9	4 35	26 24	10 13	2 8	4 22	0 46	21 36	0 51	14 55	1 20	10 34	2 15
11	4 14	25 15	4 59	23 43	9 30	2 6	4 53	0 44	21 28	0 52	14 54	1 20	10 36	2 14
12	3 51	21 51	5 6	19 42	8 46	2 4	5 23	0 42	21 20	0 53	14 53	1 20	10 39	2 14
13	3 27	17 18	4 56	14 42	8 1	2 1	5 54	0 39	21 12	0 54	14 53	1 20	10 41	2 14
14	3 3	11 56	4 28	9 4	7 15	1 57	6 24	0 37	21 3	0 55	14 52	1 20	10 43	2 14
15	2 40	6 8	3 47	3 10	6 27	1 54	6 55	0 34	20 55	0 56	14 51	1 20	10 46	2 14
16	2 16	0 11	2 55	2S46	5 39	1 49	7 25	0 32	20 46	0 57	14 50	1 20	10 48	2 14
17	1 53	5S39	1 55	8 28	4 49	1 44	7 55	0 29	20 36	0 57	14 49	1 21	10 50	2 13
18	1 29	11 10	0 50	13 44	3 58	1 39	8 25	0 27	20 27	0 58	14 48	1 21	10 53	2 13
19	1 5	16 9	0S16	18 24	3 6	1 33	8 55	0 24	20 18	0 59	14 47	1 21	10 55	2 13
20	0 41	20 26	1 20	22 16	2 14	1 27	9 24	0 21	20 8	0 60	14 46	1 21	10 57	2 13
21	0 18	23 51	2 20	25 11	1 20	1 20	9 53	0 19	19 58	1 1	14 45	1 21	10 60	2 13
22	0N 6	26 14	3 14	26 60	0 25	1 12	10 22	0 16	19 48	1 2	14 43	1 21	11 2	2 13
23	0 30	27 27	3 60	27 35	0N30	1 4	10 51	0 13	19 38	1 2	14 42	1 22	11 5	2 12
24	0 53	27 23	4 36	26 52	1 26	0 55	11 20	0 10	19 27	1 3	14 41	1 22	11 7	2 12
25	1 17	26 1	5 0	24 50	2 22	0 46	11 48	0 7	19 16	1 4	14 39	1 22	11 10	2 12
26	1 41	23 21	5 11	21 33	3 19	0 37	12 16	0 4	19 5	1 5	14 38	1 22	11 12	2 12
27	2 4	19 29	5 7	17 9	4 16	0 26	12 44	0 1	18 54	1 6	14 36	1 22	11 14	2 12
28	2 28	14 34	4 46	11 47	5 13	0 16	13 11	0N 1	18 43	1 7	14 35	1 22	11 17	2 12
29	2 51	8 50	4 9	5 43	6 10	0 5	13 38	0 4	18 32	1 8	14 33	1 22	11 19	2 12
30	3 15	2 31	3 17	0N46	7 7	0N 6	14 5	0 7	18 20	1 8	14 32	1 22	11 22	2 11
31	3N38	4N 4	2S11	7N21	8N 3	0N17	14N31	0N10	18S 8	1S 9	14S30	1N23	11N24	2S11

DAY	♅ DECL	♅ LAT	♆ DECL	♆ LAT	♇ DECL	♇ LAT
1	21S 7	0S30	21N29	0S38	16N46	6S38
5	21 5	0 30	21 29	0 38	16 46	6 37
9	21 3	0 30	21 30	0 38	16 47	6 36
13	21 1	0 30	21 30	0 38	16 48	6 36
17	20 60	0 30	21 31	0 37	16 49	6 35
21	20 58	0 31	21 31	0 37	16 49	6 34
25	20 56	0 31	21 31	0 37	16 50	6 33
29	20S55	0S31	21N31	0S37	16N51	6S32

☽ PHENOMENA	VOID OF COURSE ☽ LAST ASPT	☽ INGRESS
d h m	2 8am55	2 ♈ 12pm49
1 0 31 ●	4 3pm42	4 ♉ 4pm21
7 23 1 ☽	6 3pm54	6 ♊ 7pm23
14 23 58 ○	8 3pm24	8 ♋ 10pm24
23 0 26 ☾	10 10pm33	11 ♌ 1am45
30 12 38 ●	12 10pm49	13 ♍ 6am 4
	15 9am13	15 ♎ 12pm19
d h ° '	17 6pm15	17 ♏ 9pm21
3 0 0	20 6am 5	20 ♐ 9am 5
9 10 27N29	22 6pm57	22 ♑ 9pm54
16 1 0	25 6am39	25 ♒ 9am13
23 11 27S35	27 9am52	27 ♓ 5pm14
30 9 0	29 7pm50	29 ♈ 9pm52
5 12 0	d h	
11 21 5N 6	6 17 PERIGEE	
18 18 0	21 13 APOGEE	
26 5 5S11		

DAILY ASPECTARIAN

1 W	☉☌☽	0am31
	☽∠♅	6 32
	♃SR	8 47
	☽#♄	8 48
	☽△♃	9 48
	☽∠♄	3pm16
	☽△♆	5 38
	♀⊻♄	6 7
	☉∥☽	6 42
	☽⚹♂	9 16
2 Th	☽⊻☿	5am 3
	☽□♇	5 42
	☿∥♃	6 29
	☽⚹♅	8 55
	☿△♇	10 27
	☽⚼♃	12pm 2
	☽⊻♄	5 36
	☽☌♀	7 43
	☽#♀	9 54
3 F	☽∥♀	3am30
	☉⊻☽	8 59
	☽∠☿	10 32
	☽⊼♃	1pm55
	☿⊻♅	2 0
	☽□♆	9 30
4 S	☉#☽	2am24
	☽□♂	3 59
	☽⚹♇	9 22
	☉∠☽	12pm39
	☽□♅	12 42
	☉∠♅	1 17
	☽⚹☿	3 42
	☽∥♄	3 47
	☿ ♓	9 14
	☽☌♄	9 25
5 Su	☽#☿	3am44
	☽⊻♀	4 6
	☽#♃	10 30
	☽∠♇	10 55
	☉⚹☽	4pm 9
	☽☍♃	5 5
	☽∥♇	6 30
6 M	☽⚹♆	0am35
	☉△♃	5 2
	☽∠♀	8 3
	☽△♂	9 52
	☽⊻♇	12pm25
	☽#♅	3 39
	☽△♅	3 54
	☿⚹♄	5 23
	☽∥♆	5 57
	☽#♂	8 49
7 T	☽⊻♄	0am47
	☽□☿	1 45
	☽∠♆	2 3
	☿⚼♆	4 9
	☽⚹♀	11 58
	☽⚼♂	12pm45
	☽⚼♅	5 28
	☽⊼♃	8 0
	☉□☽	11 1
8 W	☽∠♄	2am27
	☽⊻♆	3 31
	♂⊼♇	10 27
	☽☌♇	3pm24
	☽⊼♂	3 40
	☽⊼♅	7 4
	☽⚼♃	9 29
9 Th	☽⚹♄	4am11
	☽△☿	12pm 4
	☿#♄	12 7
	☽□♀	7 58
	☽△♃	11 2
10 F	☉∠♄	4am37
	☉△☽	6 6
	☽☌♆	6 39
	☉#♀	7 0
	☉△♆	1pm50
	☽⚼☿	5 31
	☽⊻♇	6 41
	♂#♆	6 42
	☽☍♂	9 49
	☽☍♅	10 33
11 S	♇SD	5am24
	♀⊼♃	6 15
	☽□♄	8 0
	☉⚼☽	9 54
	♂☌♅	12pm20
	☽∠♇	8 36
	☽⊼☿	11 19
12 Su	☽∥♆	2am 4
	☽□♃	2 39
	☽#♂	3 8
	☽△♀	4 42
	☽#♅	4 46
	☿∠♅	8 57
	☽⊻♆	10 29
	☉⊼☽	2pm 1
	☿∠♂	10 1
	☽⚹♇	10 49
	☿△♃	11 53
13 M	☽∥♇	2am21
	☽⊼♅	2 56
	☽⊼♂	5 2
	☽⚼♀	9 41
	☽#♃	11 13
	☽△♄	12pm54
	☽∠♆	12 54
14 T	♂ ♒	0am 7
	☽∥♄	5 6
	☽⚼♅	5 47
	♂∥♅	7 4
	☽⚹♃	7 37
	☽⚼♂	9 25
	☽☍☿	12pm53
	☽⊼♀	3 20
	☿#♀	3 37
	☽⚹♆	3 51
	☽⚼♄	4 5
	♀□♆	8 52
	☽∥♀	9 5
	☽#☿	10 29
	☉☍☽	11 58
15 W	☽□♇	4am45
	☽△♅	9 13
	☿△♆	9 36
	☽∠♃	10 55
	☿∠♄	12pm28
	☽△♂	2 31
	☉#☽	2 59
	☽⊼♄	7 56
16 Th	☿⊻♀	8am58
	☉∥☽	9 21
	☽⊻♃	2pm55
	☽∥☿	8 56
	☽□♆	11 45
17 F	☽☍♀	5am19
	☽⊼☿	6 39
	☽#♀	10 34
	☉⊼☽	1pm15
	☽△♇	1 22
	☉□♇	2 50
	☽□♅	6 15
	☽#♄	10 41
18 S	☽□♂	3am19
	☽☍♄	5 53
	☽∥♃	5pm 7
	☽⚼☿	5 28
	☽⚼♇	6 47
	☉⚼☽	9 17
19 Su	☽☌♃	1am 5
	☿□♇	1 43
	☽#♇	3 28
	☽△♆	10 32
	☽∥♂	10pm12
	☽⊼♀	11 10
20 M	☽⊼♇	0am49
	☽∥♅	3 21
	♂□♄	4 33
	☽△☿	5 23
	☉⚹♅	5 42
	☽⚹♅	6 3
	☉△☽	6 5
	☽#♆	6 55
	☿⚹♅	9 27
	☉☌☿	1pm 7
	☿⚼♃	3 9
	♀⚹♇	3 16
	☽⚼♆	4 46
	☉⚼♃	5 4
	☽⊼♄	6 29
	☽⚹♂	7 16
21 T	☿ ♈	3am30
	☽⚼♀	9 2
	☽∠♅	12pm34
	☽⊻♃	1 19
	☉ ♈	5 55
	☽⊼♆	11 12
22 W	☽⚼♄	1am13
	☽∠♂	3 45
	☉#☿	5 52
	☽☍♇	1pm39
	☽△♀	6 57
	☽⊻♅	7 3
	☽∠♃	7 33
	♀□♅	7 58
	☉∥☿	11 45
23 Th	☉□☽	0am26
	☽□☿	6 27
	☽△♄	7 48
	☽⊻♂	12pm 1
	♀∥♄	12 32
	☿⊻♄	2 51
	♀ ♉	11 36
24 F	☽⚹♃	1am26
	☽☍♆	11 21
25 S	☽⊼♇	1am20
	☽☌♅	6 39
	☿⚹♂	7 7
	☽□♀	12pm51
	☉⚹☽	4 44
	☽□♄	7 13
26 Su	☽☌♂	2am19
	☽⚹☿	4 38
	☽⚼♇	6 3
	☽□♃	11 2
	☽#♆	12pm12
	☽∥♅	3 48
	☽⊼♆	8 41
	☉∠☽	11 18
27 M	☽∥♂	3am12
	☉⊻♄	4 1
	☽△♇	9 52
	☽#♇	1pm27
	☽∠☿	1 33
	☽⊻♅	2 58
	☿⊼♃	7 37
	☽∥♃	11 57
28 T	☽⚼♆	0am 1
	☽⚹♀	2 14
	☽⚹♄	3 5
	☉⊻☽	4 42
	☽#♀	5 38
	☽⊻♂	12pm27
	♀☌♄	12 30
	☽#♄	2 0
	☽△♃	5 8
	☽∠♅	5 47
	♂⚼♇	6 42
	☽⊻☿	9 1
29 W	☽△♆	2am30
	☽∠♄	5 43
	☽∠♀	7 13
	☽#☿	8 57
	☽□♇	2pm56
	☽∠♂	4 3
	☽⚼♃	7 0
	☽⚹♅	7 50
	☉#☽	9 27
30 Th	☽⊻♄	7am38
	☿□♆	10 35
	☽⊻♀	11 18
	☉☌☽	12pm38
	☽⚹♂	6 57
	☽⊼♃	8 16
	☉∥☽	10 19
	♀#♃	11 6
31 F	♆SD	4am30
	☽□♆	5 32
	☽☌☿	8 34
	☽∥☿	5pm 0
	☽⚹♇	5 33
	♂□♃	5 53
	☽□♅	10 22

APRIL 1911

LONGITUDE

DAY	SID. TIME	☉	☽	☽ 12 Hour	MEAN ☊	TRUE ☊	☿	♀	♂	♃	♄	♅	♆	♇
	h m s	° ' "	° ' "	° ' "	° '	° '	° '	° '	° '	° '	° '	° '	° '	° '
1	12 32 56	10♈ 9 2	29♈ 51 34	7♉ 6 30	11♉ 41	10♉ 11D	21♈ 50	9♉ 46	13♒ 21	13♏ 8R	5♉ 57	28♑ 53	18♋ 46	25♊ 58
2	12 36 53	11 8 15	14♉ 22 19	21 38 22	11 37	10 11	23 47	10 59	14 5	13 3	6 4	28 54	18 46	25 59
3	12 40 49	12 7 26	28 54 0	6♊ 8 38	11 34	10 12	25 40	12 11	14 50	12 57	6 11	28 56	18 46	25 59
4	12 44 46	13 6 34	13♊ 21 46	20 32 57	11 31	10 13	27 32	13 24	15 35	12 51	6 19	28 57	18 46	26 0
5	12 48 42	14 5 40	27 41 51	4♋ 48 10	11 28	10 15	29 20	14 37	16 19	12 45	6 26	28 59	18 46	26 0
6	12 52 39	15 4 44	11♋ 51 40	18 52 10	11 25	10 16R	1♉ 5	15 49	17 4	12 40	6 33	29 0	18 46	26 1
7	12 56 36	16 3 45	25 49 34	2♌ 43 45	11 21	10 15	2 46	17 2	17 49	12 33	6 41	29 2	18 47	26 2
8	13 0 32	17 2 44	9♌ 34 39	16 22 14	11 18	10 14	4 23	18 14	18 33	12 27	6 48	29 3	18 47	26 2
9	13 4 29	18 1 41	23 6 27	29 47 17	11 15	10 12	5 56	19 27	19 18	12 21	6 55	29 4	18 47	26 3
10	13 8 25	19 0 35	6♍ 24 43	12♍ 58 45	11 12	10 9	7 24	20 39	20 3	12 15	7 3	29 6	18 47	26 3
11	13 12 22	19 59 27	19 29 21	25 56 33	11 9	10 5	8 47	21 51	20 47	12 8	7 10	29 7	18 48	26 4
12	13 16 18	20 58 17	2♎ 20 22	8♎ 40 51	11 6	10 3	10 5	23 3	21 32	12 1	7 18	29 8	18 48	26 5
13	13 20 15	21 57 5	14 58 2	21 12 3	11 2	10 0	11 18	24 16	22 17	11 55	7 25	29 9	18 49	26 5
14	13 24 11	22 55 51	27 22 58	3♏ 30 58	10 59	9 59D	12 25	25 28	23 1	11 48	7 33	29 10	18 49	26 6
15	13 28 8	23 54 35	9♏ 36 14	15 38 59	10 56	9 59	13 27	26 40	23 46	11 41	7 40	29 11	18 50	26 7
16	13 32 5	24 53 17	21 39 29	27 38 2	10 53	9 59	14 23	27 52	24 31	11 34	7 48	29 12	18 50	26 8
17	13 36 1	25 51 57	3♐ 35 0	9♐ 30 45	10 50	10 0	15 13	29 3	25 16	11 27	7 55	29 13	18 51	26 8
18	13 39 58	26 50 35	15 25 42	21 20 20	10 47	10 1	15 57	0♊ 15	26 0	11 20	8 3	29 14	18 51	26 9
19	13 43 54	27 49 12	27 15 7	3♑ 10 36	10 43	10 3	16 36	1 27	26 45	11 13	8 11	29 15	18 52	26 10
20	13 47 51	28 47 47	9♑ 7 17	15 5 46	10 40	10 4	17 8	2 38	27 30	11 5	8 18	29 16	18 52	26 11
21	13 51 47	29 46 20	21 6 36	27 10 23	10 37	10 4R	17 34	3 50	28 15	10 58	8 26	29 16	18 53	26 12
22	13 55 44	0♉ 44 52	3♒ 17 41	9♒ 29 3	10 34	10 5	17 54	5 2	28 59	10 51	8 34	29 17	18 54	26 13
23	13 59 40	1 43 22	15 45 1	22 6 6	10 31	10 4	18 9	6 13	29 44	10 43	8 41	29 18	18 55	26 14
24	14 3 37	2 41 51	28 32 43	5♓ 5 14	10 27	10 4	18 17R	7 24	0♓ 29	10 36	8 49	29 18	18 55	26 14
25	14 7 34	3 40 17	11♓ 43 56	18 28 59	10 24	10 3	18 20	8 36	1 14	10 28	8 57	29 19	18 56	26 15
26	14 11 30	4 38 42	25 20 27	2♈ 18 17	10 21	10 2	18 17	9 47	1 58	10 21	9 4	29 19	18 57	26 16
27	14 15 27	5 37 6	9♈ 22 5	16 31 39	10 18	10 2	18 9	10 58	2 43	10 13	9 12	29 20	18 58	26 17
28	14 19 23	6 35 28	23 46 24	1♉ 5 39	10 15	10 1D	17 55	12 9	3 28	10 5	9 20	29 20	18 59	26 18
29	14 23 20	7 33 47	8♉ 28 36	15 54 23	10 12	10 1	17 37	13 20	4 13	9 58	9 27	29 20	19 0	26 19
30	14 27 16	8♉ 32 6	23♉ 22 0	0♊ 50 26	10♉ 8	10♉ 1	17♉ 14	14♊ 31	4♓ 57	9♏ 50	9♉ 35	29♑ 21	19♋ 1	26♊ 20

DECLINATION and LATITUDE

DAY	☉ DECL	☽ DECL	☽ LAT	☽ 12hr DECL	☿ DECL	☿ LAT	♀ DECL	♀ LAT	♂ DECL	♂ LAT	♃ DECL	♃ LAT	♄ DECL	♄ LAT
1	4N 1	10N33	0S56	13N38	8N58	0N29	14N57	0N13	17S57	1S10	14S29	1N23	11N27	2S11
2	4 25	16 31	0N23	19 11	9 52	0 41	15 23	0 16	17 44	1 11	14 27	1 23	11 29	2 11
3	4 48	21 34	1 41	23 36	10 44	0 52	15 48	0 19	17 32	1 12	14 25	1 23	11 32	2 11
4	5 11	25 16	2 52	26 30	11 36	1 4	16 18	0 22	17 20	1 13	14 23	1 23	11 34	2 11
5	5 34	27 18	3 52	27 38	12 25	1 15	16 38	0 25	17 7	1 13	14 21	1 23	11 37	2 11
6	5 57	27 31	4 37	26 57	13 13	1 27	17 2	0 28	16 54	1 14	14 20	1 23	11 39	2 11
7	6 19	25 59	5 5	24 37	13 58	1 38	17 26	0 31	16 42	1 15	14 18	1 23	11 42	2 11
8	6 42	22 54	5 14	20 54	14 41	1 48	17 49	0 34	16 29	1 16	14 16	1 23	11 44	2 10
9	7 4	18 39	5 7	16 10	15 22	1 58	18 12	0 37	16 15	1 17	14 14	1 23	11 47	2 10
10	7 27	13 32	4 42	10 45	16 0	2 8	18 34	0 40	16 2	1 18	14 12	1 23	11 49	2 10
11	7 49	7 54	4 3	4 58	16 36	2 17	18 56	0 43	15 49	1 18	14 10	1 23	11 52	2 10
12	8 11	2 1	3 13	0S56	17 8	2 25	19 18	0 46	15 35	1 19	14 8	1 23	11 54	2 10
13	8 33	3S51	2 14	6 42	17 38	2 32	19 39	0 49	15 21	1 20	14 6	1 24	11 57	2 10
14	8 55	9 28	1 9	12 8	18 5	2 39	19 59	0 52	15 7	1 21	14 3	1 24	11 59	2 10
15	9 17	14 40	0 2	17 2	18 30	2 44	20 19	0 55	14 53	1 22	14 1	1 24	12 2	2 10
16	9 38	19 13	1S 4	21 12	18 51	2 49	20 38	0 58	14 39	1 23	13 59	1 24	12 4	2 10
17	9 60	22 57	2 7	24 28	19 9	2 53	20 57	1 1	14 25	1 23	13 57	1 24	12 7	2 10
18	10 21	25 42	3 4	26 39	19 25	2 55	21 16	1 4	14 10	1 24	13 55	1 24	12 9	2 10
19	10 42	27 18	3 53	27 39	19 37	2 56	21 33	1 7	13 56	1 25	13 52	1 24	12 12	2 10
20	11 3	27 40	4 32	27 21	19 47	2 57	21 51	1 10	13 41	1 26	13 50	1 24	12 14	2 9
21	11 24	26 44	5 0	25 47	19 53	2 55	22 7	1 13	13 27	1 27	13 48	1 24	12 17	2 9
22	11 44	24 32	5 13	22 59	19 57	2 53	22 23	1 16	13 12	1 27	13 46	1 24	12 19	2 9
23	12 5	21 8	5 16	19 2	19 57	2 50	22 39	1 19	12 57	1 28	13 43	1 24	12 22	2 9
24	12 25	16 41	5 1	14 6	19 55	2 45	22 54	1 21	12 42	1 29	13 41	1 24	12 24	2 9
25	12 45	11 19	4 30	8 22	19 50	2 38	23 8	1 24	12 26	1 30	13 39	1 24	12 27	2 9
26	13 5	5 16	3 43	2 3	19 42	2 31	23 21	1 27	12 11	1 30	13 36	1 24	12 29	2 9
27	13 24	1N14	2 42	4N33	19 31	2 22	23 34	1 29	11 56	1 31	13 34	1 24	12 32	2 9
28	13 43	7 51	1 29	11 5	19 17	2 12	23 47	1 32	11 40	1 32	13 32	1 24	12 34	2 9
29	14 2	14 12	0 9	17 8	19 1	2 0	23 59	1 35	11 25	1 33	13 29	1 24	12 37	2 9
30	14N21	19N49	1N14	22N11	18N43	1N48	24N10	1N37	11S 9	1S34	13S27	1N23	12N39	2S 9

DAY	♅ DECL	♅ LAT	♆ DECL	♆ LAT	♇ DECL	♇ LAT
1	20S54	0S31	21N32	0S37	16N52	6S32
5	20 53	0 31	21 32	0 37	16 53	6 31
9	20 52	0 31	21 32	0 37	16 53	6 30
13	20 51	0 31	21 32	0 37	16 54	6 30
17	20 50	0 31	21 31	0 36	16 55	6 29
21	20 50	0 32	21 31	0 36	16 56	6 28
25	20 49	0 32	21 31	0 36	16 56	6 28
29	20S49	0S32	21N30	0S36	16N57	6S27

☽ PHENOMENA				VOID OF COURSE ☽ LAST ASPT		☽ INGRESS		
d	h	m		31	10pm22	1	♉	0am14
6	5	55	☽	3	0am 3	3	♊	1am49
13	14	36	○	5	3am 9	5	♋	3am53
21	18	36	☾	7	5am34	7	♌	7am15
28	22	25	●	9	5am16	9	♍	12pm23
				11	5pm58	11	♎	7pm36
d	h	° '		14	3am30	14	♏	5am 7
5	15	27N39		16	3pm11	16	♐	4pm46
12	8	0		19	1am15	19	♑	5am34
19	19	27S42		21	4pm 9	21	♒	5pm33
26	20	0		23	7pm43	24	♓	2am41
				26	6am53	26	♈	8am 3
				28	9am 8	28	♉	10am13
				30	9am36	30	♊	10am39
1	17	0						
8	1	5N14			d	h		
15	1	0			2	8	PERIGEE	
22	13	5S17			18	7	APOGEE	
29	2	0			30	9	PERIGEE	

DAILY ASPECTARIAN

1 S	☽∥♄	3am27
	☽☌♄	10 10
	☽#♃	3pm21
	☽☌♀	5 53
	☉⊻☽	6 16
	☽∠♇	6 24
	☽∥♀	6 47
	☽☍♃	9 49
	☽□♂	11 30
2 Su	♀∠♇	0am 4
	☽∥♇	1 28
	☽#♂	5 8
	☽⚹♆	7 15
	☉⊻♀	5pm 1
	☽⊻☿	5 52
	☽⊻♇	7 11
	☽#♅	8 25
	☉∠☽	8 51
	☽∥♆	11 48
3 M	☽△♅	0am 3
	☿⚹♇	4 3
	☽∠♆	8 4
	☽⊻♄	12pm11
	♀☍♃	1 58
	☉⊼♃	6 21
	☽∠☿	10 25
	☽⊼♃	11 10
	☿∥♄	11 18
	☉⚹☽	11 33
4 T	☽⊻♀	0am 4
	☽⚼♅	1 0
	☽△♂	3 54
	☽⊻♆	9 1
	☽∠♄	1pm23
	☿□♅	7 14
	☽☌♇	9 9
5 W	☽⚼♃	0am 6
	☽⊼♅	2 10
	☽⚹☿	3 9
	☽∠♀	3 32
	☽⚼♂	6 27
	☿ ♉	9 4
	♀∥♇	2pm34
	☽⚹♄	2 53
	♀#♂	7 1
6 Th	☽△♃	1am21
	♂#♇	3 10
	☉□☽	5 55
	☽⚹♀	7 25
	☽⊼♂	9 24
	☽☌♆	11 50
7 F	☽⊻♇	0am21
	☽☍♅	5 34
	☿#♃	10 17
	☽□☿	1pm41
	☽□♄	7 5
8 S	☽∠♇	2am34
	☽□♃	5 2
	♂⊼♆	7 22
	☽∥♆	8 26
	♀⚹♆	10 50
	☽#♅	12pm13
	☉△☽	2 14
	☽⊻♆	4 17
	♀□♂	4 25
	☽☍♂	4 48
	☽□♀	4 49
9 Su	☽∥♀	2am 4
	☽⚹♇	5 16
	☽∥♇	8 36
	☽⊼♅	10 44
	☽#♂	12pm 8
	☽∥☿	2 0
	☿☌♄	5 37
	☉□♆	6 38
	☽∠♆	7 14
	☉⚼☽	7 17
	☽#♃	9 1
10 M	☿#♂	0am58
	☽△♄	1 10
	☽△☿	2 1
	☽∥♄	7 24
	☽⚹♃	10 34
	☽⚼♅	2pm 4
	☽⚹♆	10 43
11 T	☉∥☽	0am17
	☉⊼☽	1 0
	☽⊼♂	2 33
	☽△♀	4 50
	☽⚼♄	5 1
	☽⚼☿	8 53
	☽□♇	12pm15
	☿∥♇	1 11
	☽∠♃	2 7
	☽△♅	5 58
12 W	☽⚼♂	8am25
	☽⊼♄	9 28
	☽⚼♀	11 57
	☽⊼☿	4pm15
	☽⊻♃	6 13
	☿∠♇	7 45
13 Th	☽□♆	7am23
	☿☍♃	11 45
	☉☍☽	2pm36
	☽△♂	2 59
	☽⊼♀	7 51
	☉#☽	9 24
	☽△♇	9 30
14 F	☽□♅	3am30
	☉⚹♂	9 41
	☽#♄	11 24
	♀⊻♇	12pm58
	☽☍♄	8 9
	☽∥♃	8 54
15 S	☽∥♂	1am 3
	☽⚼♇	3 0
	☽☌♃	4 5
	☽☍☿	8 17
	☽#♇	11 21
	☽△♆	6pm21
	☽#☿	9 42
16 Su	☽□♂	6am 7
	☉⊼☽	7 3
	☽⊼♇	8 59
	☽#♀	9 13
	☽∥♅	9 41
	☽☍♀	1pm51
	☽#♆	2 5
	♀#♅	2 50
	☽⚹♅	3 11
17 M	☽⚼♆	0am32
	♀△♅	3 19
	☉⚹♇	6 50
	☽⊼♄	8 53
	☽⊻♃	3pm46
	☉⚼☽	4 4
	♀ ♊	6 56
	☽∠♅	9 34
18 T	☽⊼☿	1am 8
	♂△♇	4 47
	☽⊼♆	6 58
	☽⚼♄	3pm39
	♀∥♆	9 5
	☽☍♇	9 48
	☽∠♃	9 55
	☽⚹♂	10 55
19 W	☉△☽	1am15
	☽⊻♅	4 3
	♂∥♃	6 50
	♃⚼♇	7 51
	☽⚼☿	9 15
	☽⊼♀	9 27
	☽△♄	10pm20
20 Th	☽⚹♃	3am55
	☽∠♂	7 15
	☉□♅	11 33
	☽△☿	4pm42
	☽⚼♀	6 58
	☽☍♆	7 34
21 F	♀∠♆	1am 3
	☉ ♉	5 36
	☽⊼♇	10 5
	☽⊻♂	3pm 2
	☽☌♅	4 9
	☉□☽	6 36
22 S	☽△♀	3am44
	♂⊻♅	9 34
	☽□♄	10 19
	☽□♃	2pm28
	☽#♀	2 57
	☽⚼♇	3 20
	☽#♆	9 40
23 Su	☽∥♅	1am53
	☽□☿	4 37
	☽⊼♆	6 0
	☽#☿	6 57
	♂ ♓	8 28
	☽△♇	7pm43
	☽#♇	10 45
	☉∥♄	11 4
24 M	☽⊻♅	1am24
	☽☌♂	3 47
	☉⚹☽	8 15
	☽⚼♆	9 53
	☉#♂	11 25
	☽∥♃	1pm58
	☽□♀	5 48
	☉#☽	6 18
	☽⚹♄	6 56
	☽∥♂	7 3
	☽#♄	7 17
	☽△♃	9 45
	☿SR	11 11
	♂#♄	11 39
25 T	☽∠♅	4am37
	♀⊻♄	7 57
	☽⚹☿	11 42
	☽△♆	12pm49
	☉∠☽	1 17
	☽∠♄	9 46
26 W	☽⚼♃	0am 0
	☽□♇	1 37
	☽⚹♅	6 53
	♀⊼♃	10 21
	☽⊻♂	12pm 5
	☽∠☿	1 33
	☉⊻☽	5 11
	☽⊻♄	11 43
27 Th	☽⊼♃	1am25
	☽⚹♀	2 56
	☉#♃	10 59
	☽⊻☿	2pm29
	☽∠♂	2 45
	☽□♆	4 4
28 F	☽⚹♇	4am10
	☽∠♀	6 2
	☽□♅	9 8
	☽#♂	1pm38
	☽⚹♂	4 42
	♂⚼♆	4 55
	☽∥♄	5 44
	☽#♃	9 13
	☉☌☽	10 25
	☉∥☽	11 20
29 S	☽☌♄	1am36
	☽☍♃	2 23
	☽∠♇	4 36
	☽⊻♀	8 31
	☽∥♇	11 16
	☽☌☿	2pm24
	☽⚹♆	4 59
	☽∥☿	7 14
	♀⚼♅	8 34
30 Su	☽⊻♇	4am47
	☽#♅	4 54
	☽∥♆	8 25
	☽△♅	9 36
	☽∠♆	5pm 7
	☽□♂	7 35
	♃☍♄	11 35

MAY 1911

LONGITUDE

DAY	SID. TIME	☉	☽	☽ 12 Hour	MEAN ☊	TRUE ☊	☿	♀	♂	♃	♄	♅	♆	♇
	h m s	° ' "	° ' "	° ' "	° '	° '	° '	° '	° '	° '	° '	° '	° '	° '
1	14 31 13	9♉ 30 23	8♊ 18 41	15♊ 45 45	10♉ 5	10♉ 1	16♉ 48R	15♊ 41	5♓ 42	9♏ 42R	9♉ 43	29♑ 21	19♋ 2	26♊ 21
2	14 35 9	10 28 37	23 10 44	0♋ 32 48	10 2	10 2R	16 18	16 52	6 27	9 35	9 50	29 21	19 3	26 22
3	14 39 6	11 26 50	7♋ 51 14	15 5 28	9 59	10 2	15 45	18 3	7 11	9 27	9 58	29 21	19 4	26 23
4	14 43 3	12 25 1	22 15 1	29 19 36	9 56	10 1	15 10	19 13	7 56	9 20	10 6	29 21R	19 5	26 24
5	14 46 59	13 23 9	6♌ 18 59	13♌ 13 7	9 52	10 1	14 34	20 24	8 41	9 12	10 14	29 21	19 6	26 25
6	14 50 56	14 21 16	20 2 1	26 45 45	9 49	10 1D	13 57	21 34	9 25	9 4	10 21	29 21	19 7	26 27
7	14 54 52	15 19 20	3♍ 24 31	9♍ 58 32	9 46	10 1	13 19	22 44	10 10	8 57	10 29	29 21	19 8	26 28
8	14 58 49	16 17 23	16 28 2	22 53 18	9 43	10 2	12 42	23 54	10 54	8 49	10 37	29 21	19 9	26 29
9	15 2 45	17 15 24	29 14 38	5♎ 32 19	9 40	10 2	12 6	25 4	11 39	8 42	10 44	29 21	19 11	26 30
10	15 6 42	18 13 23	11♎ 46 40	17 57 56	9 37	10 3	11 32	26 14	12 23	8 34	10 52	29 21	19 12	26 31
11	15 10 38	19 11 20	24 6 26	0♏ 12 25	9 33	10 4	11 0	27 24	13 8	8 27	11 0	29 20	19 13	26 32
12	15 14 35	20 9 15	6♏ 16 8	12 17 52	9 30	10 4R	10 30	28 34	13 52	8 19	11 7	29 20	19 14	26 33
13	15 18 32	21 7 9	18 17 50	24 16 17	9 27	10 4	10 4	29 43	14 37	8 12	11 15	29 20	19 16	26 35
14	15 22 28	22 5 2	0♐ 13 29	6♐ 9 40	9 24	10 3	9 42	0♋ 53	15 21	8 5	11 22	29 19	19 17	26 36
15	15 26 25	23 2 52	12 5 6	18 0 5	9 21	10 2	9 23	2 2	16 6	7 57	11 30	29 19	19 19	26 37
16	15 30 21	24 0 42	23 54 54	29 49 51	9 18	10 0	9 8	3 12	16 50	7 50	11 38	29 18	19 20	26 38
17	15 34 18	24 58 31	5♑ 45 18	11♑ 41 37	9 14	9 58	8 58	4 21	17 35	7 43	11 45	29 18	19 21	26 40
18	15 38 14	25 56 18	17 39 11	23 38 25	9 11	9 56	8 52D	5 30	18 19	7 36	11 53	29 17	19 23	26 41
19	15 42 11	26 54 3	29 39 47	5♒ 43 44	9 8	9 54	8 51	6 39	19 3	7 29	12 0	29 16	19 24	26 42
20	15 46 7	27 51 48	11♒ 50 46	18 1 22	9 5	9 52	8 54	7 48	19 48	7 23	12 8	29 16	19 26	26 43
21	15 50 4	28 49 32	24 16 4	0♓ 35 20	9 2	9 51D	9 2	8 56	20 32	7 16	12 15	29 15	19 27	26 45
22	15 54 1	29 47 14	6♓ 59 41	13 29 32	8 58	9 51	9 15	10 5	21 16	7 9	12 23	29 14	19 29	26 46
23	15 57 57	0♊ 44 55	20 5 20	26 47 24	8 55	9 52	9 32	11 13	22 0	7 3	12 30	29 13	19 31	26 47
24	16 1 54	1 42 36	3♈ 36 0	10♈ 31 16	8 52	9 53	9 53	12 21	22 45	6 56	12 38	29 12	19 32	26 49
25	16 5 50	2 40 15	17 33 13	24 41 44	8 49	9 54	10 18	13 30	23 29	6 50	12 45	29 11	19 34	26 50
26	16 9 47	3 37 53	1♉ 56 29	9♉ 17 2	8 46	9 55R	10 48	14 38	24 13	6 44	12 53	29 10	19 35	26 51
27	16 13 43	4 35 31	16 42 40	24 12 36	8 43	9 55	11 22	15 46	24 57	6 38	13 0	29 9	19 37	26 53
28	16 17 40	5 33 7	1♊ 45 47	9♊ 21 7	8 39	9 54	12 0	16 53	25 41	6 32	13 7	29 8	19 39	26 54
29	16 21 36	6 30 43	16 57 22	24 33 17	8 36	9 52	12 42	18 1	26 25	6 26	13 15	29 7	19 40	26 55
30	16 25 33	7 28 17	2♋ 7 37	9♋ 39 10	8 33	9 49	13 27	19 8	27 9	6 20	13 22	29 6	19 42	26 57
31	16 29 30	8♊ 25 49	17♋ 6 51	24♋ 29 44	8♉ 30	9♉ 45	14♉ 17	20♋ 16	27♓ 53	6♏ 15	13♉ 29	29♑ 5	19♋ 44	26♊ 58

DECLINATION and LATITUDE

DAY	☉ DECL	☽ DECL	☽ LAT	☽ 12hr DECL	☿ DECL	☿ LAT	♀ DECL	♀ LAT	♂ DECL	♂ LAT	♃ DECL	♃ LAT	♄ DECL	♄ LAT
1	14N40	24N11	2N31	25N46	18N22	1N34	24N20	1N40	10S53	1S34	13S25	1N23	12N41	2S 9
2	14 58	26 54	3 38	27 32	17 60	1 20	24 30	1 42	10 37	1 35	13 22	1 23	12 44	2 9
3	15 16	27 42	4 29	27 22	17 35	1 4	24 39	1 44	10 21	1 36	13 20	1 23	12 46	2 9
4	15 34	26 35	5 2	25 23	17 10	0 48	24 47	1 47	10 5	1 37	13 18	1 23	12 49	2 9
5	15 52	23 49	5 17	21 55	16 43	0 31	24 55	1 49	9 49	1 37	13 15	1 23	12 51	2 9
6	16 9	19 45	5 13	17 21	16 16	0 14	25 2	1 51	9 33	1 38	13 13	1 23	12 54	2 9
7	16 26	14 47	4 51	12 4	15 48	0S 3	25 8	1 53	9 17	1 39	13 11	1 23	12 56	2 9
8	16 43	9 16	4 16	6 23	15 20	0 21	25 14	1 55	9 1	1 40	13 8	1 23	12 58	2 9
9	16 60	3 28	3 28	0 33	14 52	0 38	25 19	1 58	8 45	1 40	13 6	1 23	13 1	2 9
10	17 16	2S21	2 31	5S13	14 26	0 55	25 23	1 59	8 28	1 41	13 4	1 23	13 3	2 9
11	17 32	8 0	1 27	10 42	13 60	1 12	25 27	2 1	8 12	1 42	13 1	1 23	13 5	2 9
12	17 47	13 17	0 21	15 44	13 35	1 28	25 30	2 3	7 55	1 42	12 59	1 22	13 8	2 9
13	18 3	18 1	0S46	20 6	13 13	1 43	25 32	2 5	7 39	1 43	12 57	1 22	13 10	2 9
14	18 18	21 59	1 49	23 38	12 52	1 58	25 33	2 7	7 22	1 44	12 55	1 22	13 12	2 9
15	18 33	25 2	2 48	26 9	12 33	2 12	25 34	2 8	7 5	1 44	12 52	1 22	13 15	2 9
16	18 47	26 58	3 39	27 29	12 16	2 25	25 34	2 10	6 49	1 45	12 50	1 22	13 17	2 9
17	19 1	27 41	4 21	27 33	12 1	2 36	25 34	2 11	6 32	1 46	12 48	1 22	13 19	2 9
18	19 15	27 7	4 52	26 21	11 49	2 47	25 33	2 13	6 15	1 46	12 46	1 22	13 22	2 9
19	19 28	25 17	5 11	23 56	11 39	2 57	25 31	2 14	5 58	1 47	12 44	1 21	13 24	2 9
20	19 42	22 17	5 15	20 23	11 32	3 6	25 28	2 15	5 42	1 48	12 42	1 21	13 26	2 9
21	19 54	18 14	5 6	15 52	11 27	3 14	25 25	2 16	5 25	1 48	12 40	1 21	13 28	2 9
22	20 7	13 17	4 41	10 32	11 25	3 21	25 21	2 17	5 8	1 49	12 38	1 21	13 31	2 9
23	20 19	7 37	4 1	4 35	11 24	3 26	25 16	2 18	4 51	1 50	12 36	1 21	13 33	2 9
24	20 31	1 26	3 7	1N47	11 27	3 31	25 11	2 19	4 34	1 50	12 34	1 21	13 35	2 9
25	20 42	5N 3	2 0	8 17	11 31	3 35	25 5	2 20	4 17	1 51	12 32	1 20	13 37	2 9
26	20 53	11 28	0 44	14 32	11 38	3 38	24 58	2 20	4 0	1 51	12 30	1 20	13 39	2 9
27	21 4	17 26	0N37	20 5	11 46	3 39	24 51	2 21	3 43	1 52	12 28	1 20	13 42	2 9
28	21 14	22 26	1 57	24 25	11 57	3 40	24 43	2 21	3 26	1 53	12 27	1 20	13 44	2 9
29	21 24	25 57	3 10	27 1	12 9	3 40	24 34	2 22	3 9	1 53	12 25	1 20	13 46	2 9
30	21 34	27 34	4 8	27 36	12 23	3 40	24 25	2 22	2 52	1 54	12 23	1 19	13 48	2 9
31	21N43	27N 8	4N49	26N11	12N39	3S38	24N16	2N22	2S36	1S54	12S22	1N19	13N50	2S 9

DAY	♅ DECL	♅ LAT	♆ DECL	♆ LAT	♇ DECL	♇ LAT
1	20S49	0S32	21N30	0S36	16N58	6S27
5	20 49	0 32	21 30	0 36	16 58	6 26
9	20 49	0 32	21 29	0 36	16 59	6 25
13	20 50	0 32	21 29	0 36	16 60	6 25
17	20 50	0 32	21 28	0 36	17 0	6 24
21	20 51	0 33	21 27	0 36	17 1	6 24
25	20 52	0 33	21 26	0 35	17 1	6 23
29	20S53	0S33	21N26	0S35	17N 2	6S23

☽ PHENOMENA

d	h	m	
5	13	14	☽
13	6	10	○
21	9	23	☾
28	6	24	●

d	h	° '
2	22	27N42
9	14	0
17	1	27S41
24	5	0
30	7	27N39

d	h	° '
5	6	5N17
12	8	0
19	20	5S16
26	13	0

VOID OF COURSE ☽

LAST ASPT		☽ INGRESS		
2	5am12	2	♋	11am 6
4	12pm 3	4	♌	1pm 9
6	11am27	6	♍	5pm50
9	0am12	9	♎	1am26
11	10am17	11	♏	11am35
13	10pm10	13	♐	11pm33
16	5am32	16	♑	12pm21
18	11pm13	19	♒	0am40
21	9am23	21	♓	10am53
23	4pm17	23	♈	5pm41
25	7pm26	25	♉	8pm48
27	7pm50	27	♊	9pm12
29	3pm46	29	♋	8pm37
31	7pm30	31	♌	9pm 3

d	h	
15	19	APOGEE
28	17	PERIGEE

DAILY ASPECTARIAN

Day	Aspect	Time
1 M	☽∥♀	1am 3
	☉⚺☽	2 3
	☽⚻♃	2 14
	☽⚺♄	2 16
	☉☍♃	4 24
	☉☌♄	5 53
	☽⚼♅	9 43
	☽☌♀	12pm55
	☽⚺☿	1 14
	☿⚺♀	3 56
	☽⚺♆	5 18
2 T	☽⚼♃	2am15
	☽∠♄	2 43
	☉∠☽	4 0
	☽☌♇	5 12
	☽⚻♅	10 3
	☽∠☿	12pm46
	☉∠♇	10 32
	☽△♂	10 51
3 W	☽△♃	2am37
	☽⚹♄	3 32
	☉⚹☽	6 22
	☽⚹☿	12pm36
	☽⚺♀	6 27
	☽☌♆	6 40
	♀⚺♆	9 4
4 Th	☽⚼♂	1am13
	☽⚺♇	7 2
	☿∥♇	10 27
	☽☍♅	12pm 3
	☽∥♀	4 10
	♅SR	8 15
	☽∠♀	10 16
5 F	☽⚻♂	4am19
	☽□♃	4 57
	☽□♄	6 51
	☽∠♇	8 53
	☉□☽	1pm14
	☽□☿	1 44
	♂△♃	2 23
	☽∥♆	2 26
	☉☌☿	5 50
	☽∦♅	6 15
	☽⚺♆	10 23
6 S	☽⚹♀	2am59
	☉∥☿	3 23
	☽⚹♇	11 27
	☽∥♇	1pm49
	☽⚻♅	4 39
	☉∥☽	4 46
	☽∥☿	6 55
7 Su	☽∠♆	1am20
	☽∦♃	7 15
	☽∥♄	8 12
	☽⚹♃	10 1
	♂⚹♄	12pm27
	☽△♄	1 4
	☽☍♂	1 5
	☽△☿	5 20
	☽⚼♅	8 4
	♀⚼♃	10 22
	☉△☽	11 39
8 M	☽∦♂	1am 7
	☽⚹♆	5 1
	☽∠♃	1pm37
	☽□♀	3 19
	☽⚼♄	5 18
	☽□♇	6 48
	☽⚼☿	8 7
	☉∥♇	11 5
9 T	☽△♅	0am12
	☉⚼☽	6 12
	☿⚹♂	8 11
	♀∠♄	3pm22
	☽⚺♃	5 53
	☽⚻♄	10 13
	☽⚻☿	11 32
10 W	☿∠♇	0am23
	☽⚻♂	1 16
	♃∦♄	2 50
	☿∠♀	4 3
	♀☌♇	5 52
	☉⚻☽	1pm34
	☽□♆	2 26
11 Th	☿☌♄	0am 1
	☉⚹♆	0 47
	☽∥♂	0 48
	☽△♇	4 47
	☽△♀	7 9
	☽⚼♂	8 25
	☽□♅	10 17
	☽∥♃	10pm35
	☽∦♄	11 15
12 F	☽∦☿	1am21
	☽☌♃	4 2
	☽☍☿	8 7
	☽☍♄	9 45
	☽⚼♇	10 32
	♂∠♅	2pm41
	♀⚻♅	3 48
	☽⚼♀	4 5
	☽△♂	4 9
	☽∦♇	6 31
13 S	☉∦☽	0am12
	☽△♆	1 56
	☿∥♄	2 30
	♀ ♋	5 43
	☉☍☽	6 10
	☽∥♅	4pm26
	☽⚻♇	4 40
	☿∦♃	7 59
	☽∦♆	8 34
	☽⚹♅	10 10
14 Su	☽⚻♀	1am28
	☽⚼♆	8 13
	☽⚺♃	3pm43
	☽⚻☿	6 39
	☽⚻♄	10 48
15 M	☽∠♅	4am31
	☽∦♀	5 29
	☽□♂	8 41
	☽⚻♆	2pm41
	☽∠♃	9 50
16 T	☉⚻☽	0am13
	☽⚼☿	0 27
	♄∠♇	2 25
	☽☍♇	5 32
	☽⚼♄	5 34
	☽⚺♅	10 55
	☽☍♀	8pm50
17 W	☽⚹♃	3am56
	☽△☿	6 26
	☉⚼☽	9 17
	☽△♄	12pm15
18 Th	☽⚹♂	1am25
	☽☍♆	3 29
	☉△☽	6pm 2
	☽⚻♇	6 6
	☿SD	6 37
	☉⚺♇	6 55
	☽∦♀	9 43
	☽☌♅	11 13
19 F	☽∠♂	9am16
	♂△♆	11 45
	☽⚻♀	3pm14
	☽□♃	3 19
	♀△♃	4 5
	☽□☿	6 13
	☽⚼♇	11 45
20 S	☽□♄	0am34
	☽∦♆	5 27
	☽∥♅	9 14
	☽⚻♆	2pm45
	☉∦☽	3 14
	☽⚺♂	4 23
	☽⚼♀	11 18
21 Su	☿⚹♀	2am32
	☽△♇	4 44
	☽∦♇	6 19
	☉□☽	9 23
	☽⚺♅	9 27
	☉△♅	10 22
	☽⚼♆	7pm18
	☽∦♄	11 1
22 M	☽△♃	0am18
	☽∥♃	2 58
	☽⚹☿	4 15
	☉ ♊	5 19
	☽△♀	6 16
	☽∦☿	8 17
	☽⚹♄	10 3
	☽∠♅	1pm21
	☽△♆	10 57
23 T	♂⚼♃	1am 5
	☽⚼♃	3 30
	☽☌♂	3 39
	☽∠☿	8 10
	☽∥♂	11 27
	☽□♇	12pm 1
	☽∠♄	1 24
	☽⚹♅	4 17
	☉⚹☽	8 26
24 W	☽⚻♃	5am46
	♀⚹♄	6 27
	☽⚺☿	11 14
	☽⚺♄	3pm45
	☽□♀	4 29
	☽∦♂	9 19
25 Th	☉∠☽	0am13
	☽□♆	3 24
	☽⚺♂	10 30
	☽⚹♇	3pm35
	☽□♅	7 26
	☉∦♅	8 58
26 F	☽∥☿	0am37
	☉⚺☽	2 58
	☽∦♃	3 58
	☽☍♃	7 47
	☽∥♄	8 32
	☽∠♂	12pm30
	☽☌☿	3 2
	☽∠♇	4 11
	☽☌♄	5 58
	☽∥♇	10 16
	☽⚹♀	10 21
27 S	☉∠♆	0am40
	☽⚹♆	4 40
	☽⚹♂	1pm51
	☽∦♅	3 49
	☽⚺♇	4 16
	☉∥☽	5 26
	☽∥♆	6 38
	☽△♅	7 50
	☿∠♇	8 8
28 Su	☽∠♀	0am13
	☽∠♆	4 34
	☉☌☽	6 24
	☽⚻♃	7 29
	☽∥♀	1pm35
	☽⚺☿	4 57
	☽⚺♄	6 6
	☽⚼♅	7 32
	☉⚻♃	10 10
29 M	☽⚺♀	1am48
	☉∥♆	2 40
	☽⚺♆	4 18
	☽⚼♃	7 1
	☽□♂	3pm42
	☽☌♇	3 46
	♂□♇	5 6
	☽∠☿	5 51
	☽∠♄	5 59
	☽⚻♅	7 12
	☿☌♄	8 43
	☿∦♃	11 46
30 T	☽△♃	6am40
	☉⚺☽	9 6
	♀☌♆	12pm20
	☽⚹♄	6 6
	☽⚹☿	7 9
31 W	☽☌♆	4am15
	☽☌♀	5 31
	☉∠☽	10 59
	☽⚺♇	4pm 5
	☽△♂	6 29
	☽☍♅	7 30
	♂∠♄	11 54

JUNE 1911

LONGITUDE

DAY	SID. TIME	☉	☽	☽ 12 Hour	MEAN ☊	TRUE ☊	☿	♀	♂	♃	♄	♅	♆	♇
	h m s	° ' "	° ' "	° ' "	° '	° '	° '	° '	° '	° '	° '	° '	° '	° '
1	16 33 26	9♊ 23 21	1♌ 47 3	8♌ 58 14	8♉ 27	9♉ 41R	15♉ 9	21♋ 23	28♓ 37	6♏ 9R	13♉ 36	29♑ 3R	19♋ 46	26♊ 59
2	16 37 23	10 20 51	16 2 55	23 0 52	8 24	9 38	16 6	22 30	29 20	6 4	13 44	29 2	19 48	27 1
3	16 41 19	11 18 20	29 52 4	6♍ 36 39	8 20	9 36	17 5	23 37	0♈ 4	5 59	13 51	29 1	19 49	27 2
4	16 45 16	12 15 48	13♍ 14 50	19 46 57	8 17	9 36D	18 8	24 44	0 48	5 54	13 58	28 59	19 51	27 3
5	16 49 12	13 13 14	26 13 25	2♎ 34 42	8 14	9 36	19 14	25 50	1 31	5 49	14 5	28 58	19 53	27 5
6	16 53 9	14 10 39	8♎ 51 17	15 3 41	8 11	9 38	20 24	26 56	2 15	5 44	14 12	28 57	19 55	27 6
7	16 57 6	15 8 3	21 12 23	27 17 54	8 8	9 39	21 36	28 2	2 58	5 40	14 19	28 55	19 57	27 8
8	17 1 2	16 5 26	3♏ 20 42	9♏ 21 15	8 4	9 40R	22 52	29 8	3 42	5 35	14 26	28 54	19 59	27 9
9	17 4 59	17 2 48	15 19 57	21 17 13	8 1	9 40	24 10	0♌ 14	4 25	5 31	14 33	28 52	20 1	27 11
10	17 8 55	18 0 9	27 13 24	3♐ 8 49	7 58	9 39	25 32	1 20	5 9	5 27	14 40	28 50	20 3	27 12
11	17 12 52	18 57 29	9♐ 3 47	14 58 35	7 55	9 36	26 57	2 25	5 52	5 23	14 47	28 49	20 5	27 13
12	17 16 48	19 54 48	20 53 27	26 48 37	7 52	9 30	28 24	3 30	6 35	5 19	14 53	28 47	20 6	27 15
13	17 20 45	20 52 7	2♑ 44 20	8♑ 40 49	7 49	9 24	29 54	4 35	7 18	5 16	15 0	28 45	20 8	27 16
14	17 24 41	21 49 25	14 38 17	20 36 59	7 45	9 16	1♊ 28	5 40	8 1	5 12	15 7	28 44	20 10	27 18
15	17 28 38	22 46 43	26 37 9	2♒ 39 2	7 42	9 8	3 4	6 44	8 44	5 9	15 14	28 42	20 12	27 19
16	17 32 35	23 43 59	8♒ 42 57	14 49 12	7 39	9 1	4 43	7 49	9 27	5 6	15 20	28 40	20 14	27 21
17	17 36 31	24 41 16	20 58 6	27 10 3	7 36	8 54	6 25	8 53	10 10	5 3	15 27	28 38	20 17	27 22
18	17 40 28	25 38 32	3♓ 25 25	9♓ 44 37	7 33	8 50	8 9	9 57	10 53	5 0	15 33	28 36	20 19	27 23
19	17 44 24	26 35 48	16 8 5	22 36 13	7 30	8 48D	9 57	11 0	11 36	4 57	15 40	28 35	20 21	27 25
20	17 48 21	27 33 4	29 9 28	5♈ 48 12	7 26	8 47	11 47	12 4	12 18	4 55	15 46	28 33	20 23	27 26
21	17 52 17	28 30 19	12♈ 32 47	19 23 31	7 23	8 48	13 40	13 7	13 1	4 53	15 53	28 31	20 25	27 28
22	17 56 14	29 27 35	26 20 34	3♉ 24 3	7 20	8 49R	15 35	14 9	13 43	4 51	15 59	28 29	20 27	27 29
23	18 0 10	0♋ 24 50	10♉ 33 52	17 49 50	7 17	8 49	17 32	15 12	14 26	4 49	16 5	28 27	20 29	27 31
24	18 4 7	1 22 5	25 11 30	2♊ 38 18	7 14	8 48	19 32	16 14	15 8	4 47	16 11	28 25	20 31	27 32
25	18 8 4	2 19 20	10♊ 9 23	17 43 47	7 10	8 45	21 34	17 16	15 50	4 46	16 18	28 23	20 33	27 33
26	18 12 0	3 16 35	25 20 21	2♋ 57 46	7 7	8 40	23 39	18 18	16 33	4 44	16 24	28 21	20 35	27 35
27	18 15 57	4 13 49	10♋ 34 44	18 9 52	7 4	8 32	25 44	19 19	17 15	4 43	16 30	28 18	20 38	27 36
28	18 19 53	5 11 3	25 41 53	3♌ 9 34	7 1	8 24	27 52	20 20	17 57	4 42	16 36	28 16	20 40	27 38
29	18 23 50	6 8 18	10♌ 31 56	17 48 6	6 58	8 16	0♋ 0	21 21	18 38	4 41	16 42	28 14	20 42	27 39
30	18 27 46	7♋ 5 31	24♌ 57 30	1♍ 59 41	6♉ 55	8♉ 9	2♋ 10	22♌ 22	19♈ 20	4♏ 41	16♉ 48	28♑ 12	20♋ 44	27♊ 41

DECLINATION and LATITUDE

DAY	☉	☽		☽ 12hr	☿		♀		♂		♃		♄	
	DECL	DECL	LAT	DECL	DECL	LAT	DECL	LAT	DECL	LAT	DECL	LAT	DECL	LAT
1	21N52	24N48	5N10	23N 3	12N57	3S36	24N 5	2N22	2S19	1S55	12S20	1N19	13N52	2S10
2	22 1	20 59	5 11	18 39	13 16	3 33	23 54	2 22	2 2	1 55	12 19	1 19	13 54	2 10
3	22 9	16 6	4 54	13 24	13 36	3 29	23 43	2 22	1 45	1 56	12 17	1 19	13 56	2 10
4	22 16	10 36	4 21	7 43	13 58	3 24	23 30	2 21	1 28	1 56	12 16	1 18	13 58	2 10
5	22 24	4 48	3 35	1 52	14 21	3 19	23 18	2 21	1 11	1 57	12 14	1 18	14 0	2 10
6	22 31	1S 3	2 40	3S56	14 45	3 13	23 4	2 20	0 54	1 57	12 13	1 18	14 2	2 10
7	22 37	6 45	1 39	9 28	15 10	3 7	22 51	2 20	0 37	1 58	12 12	1 18	14 4	2 10
8	22 43	12 6	0 34	14 35	15 36	2 60	22 36	2 19	0 20	1 58	12 10	1 17	14 6	2 10
9	22 49	16 56	0S31	19 6	16 2	2 52	22 21	2 18	0 4	1 59	12 9	1 17	14 8	2 10
10	22 55	21 5	1 34	22 50	16 29	2 44	22 6	2 17	0N13	1 59	12 8	1 17	14 10	2 10
11	22 59	24 20	2 33	25 35	16 57	2 36	21 50	2 16	0 30	1 60	12 7	1 17	14 12	2 10
12	23 4	26 33	3 25	27 34	17 26	2 27	21 34	2 14	0 46	2 0	12 6	1 16	14 14	2 10
13	23 8	27 33	4 8	27 35	17 54	2 17	21 17	2 13	1 3	2 1	12 5	1 16	14 16	2 10
14	23 12	27 18	4 41	26 18	18 23	2 8	20 59	2 12	1 20	2 1	12 4	1 16	14 18	2 11
15	23 15	25 46	5 1	24 33	18 52	1 57	20 41	2 10	1 36	2 2	12 3	1 16	14 20	2 11
16	23 18	23 2	5 8	21 17	19 20	1 47	20 23	2 8	1 53	2 2	12 2	1 15	14 21	2 11
17	23 21	19 16	5 1	17 2	19 49	1 36	20 4	2 6	2 9	2 2	12 2	1 15	14 23	2 11
18	23 23	14 37	4 41	12 0	20 17	1 25	19 45	2 4	2 26	2 3	12 1	1 15	14 25	2 11
19	23 24	9 14	4 6	6 21	20 44	1 14	19 26	2 2	2 42	2 3	12 0	1 15	14 27	2 11
20	23 26	3 21	3 17	0 16	21 11	1 2	19 6	1 60	2 58	2 3	11 60	1 14	14 28	2 11
21	23 27	2N52	2 17	6N 0	21 37	0 51	18 46	1 57	3 14	2 4	11 59	1 14	14 30	2 11
22	23 27	9 8	1 7	12 12	22 1	0 39	18 25	1 55	3 31	2 4	11 59	1 14	14 32	2 11
23	23 27	15 9	0N 9	17 56	22 24	0 28	18 4	1 52	3 47	2 4	11 59	1 14	14 34	2 12
24	23 27	20 29	1 27	22 44	22 46	0 16	17 42	1 49	4 3	2 5	11 58	1 13	14 35	2 12
25	23 26	24 37	2 40	26 5	23 6	0 5	17 21	1 46	4 19	2 5	11 58	1 13	14 37	2 12
26	23 25	27 5	3 43	27 34	23 24	0N 6	16 59	1 43	4 35	2 5	11 58	1 13	14 38	2 12
27	23 23	27 31	4 30	26 57	23 40	0 17	16 36	1 39	4 50	2 6	11 58	1 13	14 40	2 12
28	23 21	25 53	4 58	24 23	23 53	0 27	16 14	1 36	5 6	2 6	11 58	1 12	14 42	2 12
29	23 18	22 29	5 5	20 16	24 5	0 38	15 51	1 32	5 22	2 6	11 58	1 12	14 43	2 12
30	23N16	17N48	4N52	15N 7	24N13	0N47	15N28	1N29	5N37	2S 6	11S58	1N12	14N45	2S12

DAY	♅		♆		♇	
	DECL	LAT	DECL	LAT	DECL	LAT
1	20S54	0S33	21N25	0S35	17N 2	6S23
5	20 55	0 33	21 24	0 35	17 3	6 22
9	20 56	0 33	21 23	0 35	17 3	6 22
13	20 58	0 33	21 22	0 35	17 4	6 22
17	20 59	0 33	21 21	0 35	17 4	6 22
21	21 1	0 33	21 19	0 35	17 4	6 21
25	21 3	0 33	21 18	0 35	17 5	6 21
29	21S 4	0S34	21N17	0S35	17N 5	6S21

☽ PHENOMENA

d	h	m	
3	22	4	☽
11	21	51	○
19	20	51	☾
26	13	20	●

d	h	° '
5	20	0
13	7	27S37
20	13	0
26	17	27N36

d	h	
1	13	5N13
8	13	0
16	1	5S 8
22	21	0
28	20	5N 5

VOID OF COURSE ☽

LAST ASPT		☽ INGRESS		
2	7pm 1	3	♍	0am14
5	5am 9	5	♎	7am 7
7	3pm11	7	♏	5pm21
10	3am16	10	♐	5am37
12	12pm55	12	♑	6pm28
15	4am 8	15	♒	6am44
17	12pm24	17	♓	5pm27
19	10pm53	20	♈	1am32
22	5am42	22	♉	6am14
24	5am11	24	♊	7am46
26	3am32	26	♋	7am20
28	4am 7	28	♌	6am54
30	4am37	30	♍	8am35

d	h	
11	23	APOGEE
26	3	PERIGEE

DAILY ASPECTARIAN

Day	Aspect	Time
1 Th	☽∥♀	5am30
	☽□♃	7 14
	☉⚹☽	1pm37
	♂⚹♅	2 22
	☽∠♇	5 7
	☉∥☽	6 25
	☽□♄	8 1
	☽⚼♂	8 56
	☽∥♆	9 37
2 F	☽□☿	0am 5
	☽∦♅	0 26
	☽⊻♆	6 26
	☽⊻♀	12pm 5
	☽⚹♇	7 1
	☽∥♇	7 39
	♂ ♈	9 47
	☽⊼♅	10 30
3 S	☽⊼♂	0am22
	☽∠♆	8 49
	☽∥♄	9 37
	☽∥☿	10 28
	☽⚹♃	10 48
	☽∦♃	4pm55
	☽∠♀	5 2
	☉□☽	10 4
4 Su	☿∥♄	0am25
	☽△♄	1 19
	☽⚼♅	1 21
	☽△☿	9 47
	☽⚹♆	12pm10
	☽∠♃	1 58
	☽⚹♀	11 12
5 M	☽□♇	1am37
	☽△♅	5 9
	☽⚼♄	5 26
	☽☍♂	10 36
	☿⚹♆	1pm52
	☽∦♂	3 32
	☽⚼☿	4 41
	☽⊻♃	6 3
	☉⚼♅	6 17
	☽∥♂	11 24
6 T	☉⊻♄	0am37
	♀⊻♇	3 41
	☽⊼♄	10 25
	☉△☽	11 9
	☽□♆	9pm31
7 W	☽⊼☿	0am52
	☽△♇	11 41
	☽□♀	2pm49
	☽□♅	3 11
	☉∥♀	3 32
	♀☍♅	6 44
	☉⚼☽	7 8
8 Th	☽∥♃	0am21
	☽⊼♂	0 45
	☽☌♃	4 26
	☽∦♄	9 41
	☽⚼♇	5pm39
	♀ ♌	6 48
	☽∦☿	6 49
	☽☍♄	10 24
9 F	☽∦♇	0am39
	☉⊼☽	3 45
	☽⚼♂	8 46
	☽△♆	9 27
	☽☍☿	8pm 8
	☽∥♅	11 9
	☽⊼♇	11 57
10 S	☽∦♆	1am57
	☽⚹♅	3 16
	☽∦♀	6 20
	☽△♀	9 10
	♂⊼♃	9 17
	☉∦☽	12pm56
	☽⚼♆	3 53
	☽⊻♃	4 34
	☽△♂	5 5
11 Su	☿⊻♇	4am44
	☿∥♇	5 16
	☽∠♅	9 37
	☽⊼♄	11 42
	☽⚼♀	6pm40
	☉☍☽	9 51
	☽⊼♆	10 24
	☽∠♃	10 51
12 M	☉⊻♆	5am 4
	☿△♅	6 5
	☉⚼♃	9 34
	☽☍♇	12pm55
	☽⊻♅	3 58
	♀∥♆	4 39
	☽⊼☿	5 26
	☽⚼♄	6 25
13 T	☿ ♊	1am26
	☽⊼♀	4 7
	☽⚹♃	5 4
	☽□♂	9 49
	♀□♃	2pm10
14 W	☽△♄	0am58
	♀∦♅	1 43
	☽⚼☿	4 14
	☽☍♆	11 9
	☉⊼☽	3pm40
15 Th	☽⊼♇	1am24
	☽☍♅	4 8
	☽△☿	2pm50
	☽□♃	4 53
	☽☍♀	10 3
	☉∦☽	10 5
16 F	☉⚼☽	0am 2
	☽⚹♂	1 33
	☿⊼♃	5 16
	☽⚼♇	7 9
	☿∠♆	7 40
	☽∦♆	11 33
	☽□♄	1pm 8
	☽∥♅	1 51
	☽∦♀	6 57
	☽∦☿	9 12
	☽⊼♆	10 39
17 S	☉△☽	7am49
	☿∥♀	8 0
	☽∠♂	8 38
	☽∦♇	11 51
	☽△♇	12pm24
	☽⊻♅	2 48
18 Su	☽∦♄	0am55
	☽△♃	3 0
	☽⚼♆	3 36
	☽□☿	10 28
	☽∥♃	11 57
	☽⊼♀	1pm30
	☽⊻♂	2 59
	☽∠♅	7 14
	☽⚹♄	11 7
19 M	☽⚼♃	7am 5
	☽△♆	7 51
	☿∦♅	2pm18
	☽⚼♀	7 50
	☉□☽	8 51
	☽□♇	8 52
	☉☌♇	9 5
	☽⚹♅	10 53
20 T	☽∦♂	1am25
	☽∠♄	2 57
	☿∥♆	8 6
	☿⚹♀	8 14
	♀∠♇	8 50
	☽⊼♃	10 23
	☿⚹♂	10 53
	♀△♂	5pm20
	☿⚼♅	10 11
21 W	☉⊼♅	0am10
	☽☌♂	0 52
	☽△♀	1 5
	☽∥♂	1 31
	☽⚹☿	2 17
	☽⊻♄	5 54
	☽□♆	1pm49
22 Th	☽⚹♇	1am57
	☽□♅	3 38
	☿⊻♄	5 14
	☉⚹☽	5 42
	☽∠☿	8 23
	☽∦♃	11 7
	☉ ♋	1pm35
	☽☍♃	2 24
	☽∥♄	9 33
23 F	☽∠♇	3am14
	☽⊻♂	6 44
	☽∥♇	8 13
	☽□♀	8 16
	☉∠☽	8 35
	☽☌♄	9 12
	☽∥♀	11 49
	☽⊻☿	1pm20
	☽⚹♆	4 23
	☉∠♄	6 59
	♀□♄	10 47
24 S	☽∦♅	2am49
	☿⚼♃	2 53
	☽⊻♇	3 48
	☽∥♆	4 14
	☽△♅	5 11
	☽∠♂	8 23
	☉⊻☽	10 38
	☿⊻♆	11 49
	☽∥☿	1pm20
	☽⊼♃	3 25
	☉∥☽	4 12
	☽∠♆	4 39
25 Su	☽⚼♅	5am 6
	☽⚹♂	9 27
	☽⊻♄	9 48
	☽⚹♀	12pm 6
	☽⚼♃	3 11
	☽⊻♆	4 30
	☉∠♀	4 35
	♀∥♇	5 38
	♂⊻♄	6 4
	☽☌☿	8 54
26 M	☉∥☿	0am43
	☽☌♇	3 32
	☽⊼♅	4 43
	☽∠♄	9 36
	☉☌☽	1pm20
	☽∠♀	1 26
	☽△♃	2 47
27 T	☽⚹♄	9am25
	☽□♂	11 3
	☉△♃	12pm 5
	☽⊻♀	2 50
	☽☌♆	3 57
	☿☌♇	9 22
28 W	☽⊻♇	3am 6
	☽⊻☿	4 2
	☽☍♅	4 7
	☿⊼♅	4 34
	♀⊻♆	7 53
	☽□♃	2pm29
	☽∥☿	2 34
	☉⊻☽	4 20
	☉∥☽	7 2
	☿ ♋	11 59
29 Th	☽∠♇	3am29
	☽∥♆	6 44
	☽∦♅	7 51
	☽∠☿	8 38
	☽□♄	10 14
	☽△♂	2pm 5
	☽⊻♆	4 53
	☉∠☽	6 50
	☽☌♀	7 18
	☿∠♄	7 43
30 F	☽∥♇	3am16
	☽⚹♇	4 37
	☽⊼♅	5 29
	☽∥♀	11 17
	☽∥♄	1pm32
	☽⚹☿	2 33
	☽⚹♃	4 38
	☽⚼♂	4 53
	☽∠♆	6 31
	☉⚹☽	10 23

LONGITUDE

DAY	SID. TIME	☉	☽	☽ 12 Hour	MEAN ☊	TRUE ☊	☿	♀	♂	♃	♄	♅	♆	♇
	h m s	° ' "	° ' "	° ' "	° '	° '	° '	° '	° '	° '	° '	° '	° '	° '
1	18 31 43	8♋ 2 44	8♍ 54 29	15♍ 41 56	6♉ 51	8♉ 3R	4♋ 20	23♌ 22	20♈ 2	4♏ 40R	16♉ 53	28♑ 10R	20♋ 46	27♊ 42
2	18 35 39	8 59 57	22 22 10	28 55 31	6 48	8 0	6 30	24 21	20 43	4 40D	16 59	28 8	20 48	27 43
3	18 39 36	9 57 9	5♎ 22 26	11♎ 43 25	6 45	7 59D	8 41	25 21	21 25	4 40	17 5	28 5	20 51	27 45
4	18 43 33	10 54 21	17 59 2	24 9 55	6 42	7 59	10 52	26 20	22 6	4 40	17 10	28 3	20 53	27 46
5	18 47 29	11 51 33	0♏ 16 41	6♏ 19 58	6 39	7 59R	13 2	27 18	22 47	4 40	17 16	28 1	20 55	27 48
6	18 51 26	12 48 44	12 20 23	18 18 32	6 36	8 0	15 11	28 17	23 29	4 41	17 21	27 59	20 57	27 49
7	18 55 22	13 45 56	24 14 58	0♐ 10 14	6 32	7 58	17 20	29 14	24 10	4 42	17 27	27 56	20 59	27 50
8	18 59 19	14 43 7	6♐ 4 48	11 59 8	6 29	7 55	19 27	0♍ 12	24 50	4 42	17 32	27 54	21 2	27 52
9	19 3 15	15 40 18	17 53 35	23 48 33	6 26	7 49	21 33	1 9	25 31	4 43	17 37	27 52	21 4	27 53
10	19 7 12	16 37 29	29 44 18	5♑ 41 6	6 23	7 40	23 38	2 5	26 12	4 45	17 43	27 49	21 6	27 55
11	19 11 8	17 34 41	11♑ 39 11	17 38 45	6 20	7 29	25 42	3 1	26 52	4 46	17 48	27 47	21 8	27 56
12	19 15 5	18 31 53	23 39 57	29 42 56	6 16	7 17	27 43	3 56	27 33	4 47	17 53	27 45	21 11	27 57
13	19 19 2	19 29 4	5♒ 47 49	11♒ 54 46	6 13	7 4	29 43	4 51	28 13	4 49	17 58	27 42	21 13	27 59
14	19 22 58	20 26 16	18 3 53	24 15 21	6 10	6 52	1♌ 42	5 46	28 53	4 51	18 3	27 40	21 15	28 0
15	19 26 55	21 23 29	0♓ 29 17	6♓ 45 55	6 7	6 42	3 38	6 40	29 33	4 53	18 7	27 37	21 17	28 1
16	19 30 51	22 20 42	13 5 26	19 28 6	6 4	6 34	5 33	7 33	0♉ 13	4 55	18 12	27 35	21 19	28 3
17	19 34 48	23 17 55	25 54 11	2♈ 23 59	6 1	6 29	7 26	8 26	0 53	4 58	18 17	27 33	21 22	28 4
18	19 38 44	24 15 9	8♈ 57 48	15 35 58	5 57	6 26D	9 17	9 18	1 33	5 0	18 21	27 30	21 24	28 5
19	19 42 41	25 12 24	22 18 47	29 6 33	5 54	6 26	11 7	10 9	2 12	5 3	18 26	27 28	21 26	28 7
20	19 46 38	26 9 40	5♉ 59 30	12♉ 57 49	5 51	6 26R	12 54	11 0	2 51	5 6	18 30	27 25	21 28	28 8
21	19 50 34	27 6 57	20 1 32	27 10 38	5 48	6 26	14 40	11 50	3 31	5 9	18 35	27 23	21 31	28 9
22	19 54 31	28 4 14	4♊ 24 55	11♊ 44 1	5 45	6 24	16 24	12 40	4 10	5 12	18 39	27 21	21 33	28 11
23	19 58 27	29 1 32	19 7 24	26 34 19	5 41	6 19	18 6	13 29	4 49	5 16	18 43	27 18	21 35	28 12
24	20 2 24	29 58 51	4♋ 3 53	11♋ 35 3	5 38	6 12	19 46	14 17	5 27	5 19	18 47	27 16	21 37	28 13
25	20 6 20	0♌ 56 11	19 6 39	26 37 26	5 35	6 2	21 25	15 4	6 6	5 23	18 51	27 13	21 39	28 14
26	20 10 17	1 53 31	4♌ 6 10	11♌ 31 40	5 32	5 51	23 1	15 51	6 44	5 27	18 55	27 11	21 42	28 16
27	20 14 13	2 50 53	18 52 49	26 8 41	5 29	5 40	24 36	16 37	7 22	5 31	18 59	27 9	21 44	28 17
28	20 18 10	3 48 14	3♍ 18 29	10♍ 21 39	5 26	5 31	26 9	17 21	8 1	5 36	19 3	27 6	21 46	28 18
29	20 22 7	4 45 36	17 17 50	24 6 51	5 22	5 23	27 40	18 5	8 38	5 40	19 7	27 4	21 48	28 19
30	20 26 3	5 42 59	0♎ 48 45	7♎ 23 43	5 19	5 17	29 10	18 48	9 16	5 45	19 10	27 1	21 50	28 20
31	20 30 0	6♌ 40 23	13♎ 52 4	20♎ 14 16	5♉ 16	5♉ 15	0♍ 37	19♍ 30	9♉ 53	5♏ 49	19♉ 14	26♑ 59	21♋ 53	28♊ 22

DECLINATION and LATITUDE

DAY	☉ DECL	☽ DECL	☽ LAT	☽ 12hr DECL	☿ DECL	☿ LAT	♀ DECL	♀ LAT	♂ DECL	♂ LAT	♃ DECL	♃ LAT	♄ DECL	♄ LAT
1	23N12	12N17	4N22	9N21	24N19	0N56	15N 4	1N25	5N53	2S 7	11S58	1N12	14N46	2S13
2	23 9	6 23	3 39	3 23	24 22	1 5	14 40	1 21	6 8	2 7	11 58	1 11	14 48	2 13
3	23 5	0 23	2 45	2S34	24 22	1 12	14 17	1 16	6 23	2 7	11 58	1 11	14 49	2 13
4	23 0	5S27	1 45	8 15	24 20	1 19	13 52	1 12	6 39	2 7	11 58	1 11	14 50	2 13
5	22 55	10 56	0 41	13 30	24 14	1 26	13 28	1 7	6 54	2 7	11 59	1 10	14 52	2 13
6	22 50	15 55	0S23	18 10	24 6	1 31	13 4	1 3	7 9	2 8	11 59	1 10	14 53	2 13
7	22 44	20 14	1 26	22 4	23 55	1 36	12 39	0 58	7 24	2 8	11 60	1 10	14 55	2 14
8	22 38	23 41	2 24	25 3	23 42	1 41	12 14	0 53	7 38	2 8	12 0	1 10	14 56	2 14
9	22 32	26 9	3 15	26 56	23 26	1 44	11 49	0 48	7 53	2 8	12 1	1 9	14 57	2 14
10	22 25	27 26	3 59	27 36	23 8	1 47	11 24	0 42	8 8	2 8	12 1	1 9	14 59	2 14
11	22 18	27 27	4 32	26 58	22 48	1 49	10 59	0 37	8 22	2 8	12 2	1 9	14 60	2 14
12	22 10	26 11	4 53	25 5	22 25	1 50	10 33	0 31	8 37	2 8	12 3	1 9	15 1	2 14
13	22 2	23 41	5 1	22 1	22 1	1 50	10 8	0 25	8 51	2 8	12 4	1 8	15 2	2 15
14	21 54	20 6	4 55	17 57	21 35	1 50	9 42	0 19	9 5	2 8	12 5	1 8	15 3	2 15
15	21 45	15 36	4 36	13 4	21 7	1 49	9 17	0 13	9 19	2 8	12 6	1 8	15 5	2 15
16	21 36	10 23	4 3	7 34	20 38	1 48	8 51	0 7	9 33	2 8	12 7	1 7	15 6	2 15
17	21 26	4 38	3 17	1 38	20 7	1 46	8 25	0 1	9 47	2 8	12 8	1 7	15 7	2 15
18	21 16	1N25	2 20	4N29	19 36	1 43	7 60	0S 6	10 0	2 8	12 9	1 7	15 8	2 15
19	21 6	7 33	1 14	10 34	19 3	1 40	7 34	0 13	10 14	2 8	12 10	1 7	15 9	2 16
20	20 56	13 29	0 2	16 17	18 29	1 36	7 8	0 20	10 27	2 8	12 11	1 6	15 10	2 16
21	20 45	18 54	1N11	21 17	17 54	1 32	6 43	0 27	10 41	2 8	12 12	1 6	15 11	2 16
22	20 33	23 22	2 22	25 6	17 19	1 27	6 17	0 34	10 54	2 8	12 14	1 6	15 12	2 16
23	20 22	26 25	3 25	27 16	16 42	1 22	5 51	0 42	11 7	2 8	12 15	1 6	15 13	2 16
24	20 10	27 38	4 15	27 29	16 6	1 16	5 26	0 49	11 20	2 8	12 17	1 5	15 14	2 16
25	19 58	26 50	4 48	25 41	15 28	1 10	5 0	0 57	11 33	2 8	12 18	1 5	15 15	2 17
26	19 45	24 6	5 0	22 7	14 51	1 3	4 35	1 5	11 45	2 8	12 20	1 5	15 16	2 17
27	19 32	19 48	4 53	17 13	14 13	0 56	4 10	1 13	11 58	2 8	12 21	1 5	15 17	2 17
28	19 19	14 26	4 26	11 30	13 34	0 49	3 44	1 22	12 10	2 8	12 23	1 4	15 17	2 17
29	19 5	8 28	3 44	5 23	12 56	0 41	3 19	1 30	12 23	2 7	12 25	1 4	15 18	2 17
30	18 51	2 18	2 51	0S46	12 17	0 33	2 55	1 39	12 35	2 7	12 26	1 4	15 19	2 18
31	18N37	3S47	1N50	6S42	11N39	0N25	2N30	1S48	12N47	2S 7	12S28	1N 4	15N20	2S18

DAY	♅ DECL	♅ LAT	♆ DECL	♆ LAT	♇ DECL	♇ LAT
1	21S 5	0S34	21N16	0S35	17N 5	6S21
5	21 7	0 34	21 15	0 35	17 5	6 21
9	21 9	0 34	21 14	0 35	17 5	6 21
13	21 11	0 34	21 13	0 35	17 5	6 21
17	21 13	0 34	21 11	0 34	17 5	6 21
21	21 15	0 34	21 10	0 34	17 5	6 21
25	21 17	0 34	21 8	0 34	17 5	6 21
29	21S19	0S34	21N 7	0S34	17N 5	6S21

☽ PHENOMENA

d	h	m	
3	9	20	☽
11	12	53	○
19	5	31	☾
25	20	12	●

d	h	° '
3	2	0
10	12	27S36
17	18	0
24	3	27N39
30	9	0

d	h	° '
5	15	0
13	2	5S 1
20	1	0
26	3	5N 0

VOID OF COURSE ☽

LAST ASPT	☽ INGRESS
2 10am30	2 ♎ 1pm59
4 7pm33	4 ♏ 11pm27
7 11am 0	7 ♐ 11am39
9 8pm18	10 ♑ 0am32
12 9am39	12 ♒ 12pm34
14 10pm 7	14 ♓ 11pm 4
17 4am 1	17 ♈ 7am35
19 10am16	19 ♉ 1pm34
21 12pm44	21 ♊ 4pm42
23 2pm38	23 ♋ 5pm30
25 12pm56	25 ♌ 5pm25
27 3pm35	27 ♍ 6pm26
29 7pm32	29 ♎ 10pm32

d	h	
9	3	APOGEE
24	11	PERIGEE

DAILY ASPECTARIAN

Day	Aspect	Time
1 S	☽#♃	1am20
	☿△♃	3 46
	☽⚼♅	7 28
	☽△♄	2pm14
	♀∥♄	5 12
	☽∠♃	7 7
	☽⚻♂	8 51
	☽✱♆	9 10
2 Su	☽∥♂	0am56
	♂□♆	3 4
	☽⚺♀	3 55
	☽□♇	9 48
	☽△♅	10 30
	☽⚼♄	5pm48
	♃SD	9 32
	☽⚺♃	10 40
3 M	☽□☿	7am32
	☉□☽	9 20
	☽∠♀	10 11
	☽⚻♄	10pm25
4 T	☉☌☿	0am55
	☽#♂	5 20
	☽□♆	5 37
	☽☍♂	8 27
	☿∠♀	9 29
	☽✱♀	5pm39
	☽△♇	7 6
	☽□♅	7 33
5 W	☽∥♃	4am49
	☽☌♃	8 42
	☽#♀	10 57
	♀✱♇	12pm19
	♀⚻♅	4 48
	☽#♄	6 46
6 Th	☽⚼♇	0am58
	☉△☽	1 2
	☽#♇	6 7
	☽△☿	6 58
	☽☍♄	10 9
	☽△♆	5pm23
	☽⚻♂	11 48
7 F	☿✱♄	1am23
	☽∥♅	5 44
	☽#♆	6 24
	☽⚻♇	7 17
	☽✱♅	7 27
	☉⚼☽	9 57
	☽□♀	11 0
	☉#☽	4pm13
	♀ ♍	7 4
	☽⚼☿	7 58
	☽⚺♃	9 12
	☽⚼♆	11 54
8 S	☽#☿	0am 3
	☽⚼♂	8 7
	♀#♃	1pm 0
	♅⚻♇	1 29
	☽∠♅	1 49
	☿☌♆	6 16
	☉⚻☽	7 6
	☽⚻♄	11 27
9 Su	☽∠♃	3am43
	☽⚻♆	6 27
	☽⚻☿	9 2
	☽△♂	4pm24
	☽⚺♅	8 8
	☽☍♇	8 18
10 M	☽△♀	5am 9
	☽⚼♄	6 3
	☽✱♃	10 7
11 T	☉✱♄	5am59
	☽△♄	12pm23
	☉☍☽	12 53
	☽⚼♀	1 48
	☽☍♆	7 2
	☿□♂	8 53
12 W	☿☍♅	0am14
	☿⚺♇	2 49
	♂□♅	6 34
	☽☌♅	8 4
	☽□♂	8 10
	☽⚻♇	8 32
	☽☍☿	9 39
	♂✱♇	3pm 5
	☽⚻♀	10 0
	☽□♃	10 4
	☉∥☿	10 17
	♀✱♃	10 59
13 Th	☿ ♌	3am20
	☉#☽	12pm24
	☽#☿	1 40
	☽⚼♇	2 7
	☽#♆	5 18
	☽∥♅	5 25
	☽□♄	11 58
14 F	☉⚻☽	5am 0
	☽⚻♆	6 12
	♀∠♆	1pm32
	☽#♇	4 32
	☽⚺♅	6 31
	☽△♇	7 15
	☿∥♆	7 56
	☿#♅	8 3
	☉☌♆	9 17
	☽✱♂	10 7
	♀∥♂	10 32
	♅#♆	11 33
15 S	☽#♄	2am33
	☽⚻☿	7 8
	☽△♃	8 26
	☽⚼♆	11 7
	☉⚼☽	12pm13
	☽☍♀	12 42
	☿□♃	3 53
	♂ ♉	4 1
	☽∥♃	4 23
	☽∠♅	11 3
16 Su	☽#♂	3am27
	☽∠♂	4 14
	☽#♀	7 7
	☽✱♄	9 41
	☽⚼♃	12pm53
	☽△♆	3 31
	☽⚼☿	4 27
	☉△☽	6 46
17 M	☽✱♅	3am 2
	☽□♇	4 1
	☽⚺♂	9 42
	☽∠♄	1pm42
	☽⚻♃	4 45
18 T	☿⚺♀	0am13
	☽⚻♀	0 39
	☽△☿	0 41
	☉#♅	7 11
	☉∠♀	11 49
	☉∥♆	1pm47
	☽⚺♄	5 3
	☽□♆	10 26
19 W	☽∥♀	0am 4
	☽⚼♀	5 23
	☉□☽	5 31
	☽□♅	9 5
	☽✱♇	10 16
	☽∥♂	11 6
	☽☌♂	6pm17
	☽#♃	6 35
	☽☍♃	10 27
20 Th	☿∠♇	3am 8
	☽∥♄	7 8
	☽△♀	9 12
	☽∠♇	12pm18
	☽□☿	1 37
	☽∥♇	3 35
	☽∥☿	7 46
	☽☌♄	9 33
21 F	☽✱♆	2am31
	☉☍♅	6 28
	☉∥☽	8 50
	☽∥♆	11 22
	☽#♅	11 50
	☽△♅	12pm19
	☉✱☽	12 44
	☽⚺♇	1 39
	♀⚼♅	3 0
	☽⚺♂	11 34
22 S	☽⚻♃	1am19
	☉⚺♇	2 42
	☽∠♆	3 31
	☿∥♇	8 50
	☽⚼♅	12pm57
	☽□♀	2 19
	☉∠☽	3 10
	☽✱☿	10 8
	☽⚺♄	11 21
23 Su	☽∠♂	1am10
	☽⚼♃	1 51
	☽⚺♆	3 59
	☿□♄	9 16
	☽⚻♅	1pm 8
	☽☌♇	2 38
	☉⚺☽	5 1
	♂☍♃	6 36
	☽∠♄	11 33
24 M	☉ ♌	0am29
	☽∠☿	1 16
	☽△♃	2 1
	☽✱♂	2 19
	☽✱♀	5pm12
	☽✱♄	11 36
25 T	☿⚺♆	3am44
	☽☌♆	4 4
	☽⚺☿	4 7
	☿∥♄	8 22
	☽☍♅	12pm56
	☽⚺♇	2 36
	☽∠♀	6 29
	☉☌☽	8 12
26 W	☽□♃	2am11
	☽□♂	4 26
	☽∠♇	2pm50
	☽#♅	4 27
	☽∥♆	5 17
	☽⚺♀	8 5
27 Th	☽□♄	0am10
	☉∥☽	1 22
	☽⚺♆	4 42
	☽☌☿	10 35
	☽∥♇	12pm35
	☽⚻♅	1 38
	☽✱♇	3 35
	☽∥♄	8 23
28 F	☉⚺☽	0am54
	☽✱♃	3 53
	☽∥☿	4 1
	☽∠♆	5 53
	☽△♂	8 21
	☽#♃	8 24
	☽∥♂	8 58
	☿⚻♅	2pm34
	☽⚼♅	2 57
29 S	☽☌♀	1am28
	☽△♄	3 11
	♂#♃	4 30
	☉∠☽	4 38
	☽∠♃	5 56
	☽✱♆	7 56
	☿✱♇	10 28
	☽⚼♂	11 42
	☿∥♂	3pm43
	☽△♅	5 13
	☿#♃	6 36
	☽□♇	7 32
	☽⚺☿	8 40
	☽∥♀	9 25
30 Su	☉□♃	0am42
	☽⚼♄	6 7
	☽⚺♃	9 1
	☉✱☽	9 37
	♀△♄	1pm32
	☿ ♍	1 41
	☽⚻♂	4 14
	☽#♀	7 12
31 M	☽∠☿	3am42
	☽⚻♄	10 8
	☽⚺♀	11 13
	☽□♆	3pm10

AUGUST 1911

LONGITUDE

DAY	SID. TIME	☉	☽	☽ 12 Hour	MEAN ☊	TRUE ☊	☿	♀	♂	♃	♄	♅	♆	♇
	h m s	° ' "	° ' "	° ' "	° '	° '	° '	° '	° '	° '	° '	° '	° '	° '
1	20 33 56	7♌ 37 47	26♎ 30 50	2♏ 42 23	5♉ 13	5♉ 14D	2♍ 3	20♍ 11	10♉ 31	5♏ 54	19♉ 17	26♑ 57R	21♋ 55	28♊ 23
2	20 37 53	8 35 11	8♏ 49 32	14 52 59	5 10	5 14R	3 27	20 51	11 8	5 59	19 20	26 54	21 57	28 24
3	20 41 49	9 32 36	20 53 22	26 51 23	5 7	5 13	4 49	21 30	11 45	6 4	19 24	26 52	21 59	28 25
4	20 45 46	10 30 2	2♐ 47 41	8♐ 42 52	5 3	5 12	6 9	22 8	12 21	6 10	19 27	26 50	22 1	28 26
5	20 49 42	11 27 29	14 37 33	20 32 15	5 0	5 8	7 27	22 45	12 58	6 15	19 30	26 47	22 3	28 27
6	20 53 39	12 24 56	26 27 30	2♑ 23 45	4 57	5 2	8 42	23 20	13 34	6 21	19 33	26 45	22 5	28 28
7	20 57 36	13 22 24	8♑ 21 22	14 20 43	4 54	4 53	9 56	23 54	14 10	6 27	19 35	26 43	22 8	28 29
8	21 1 32	14 19 53	20 22 4	26 25 40	4 51	4 41	11 8	24 27	14 46	6 33	19 38	26 41	22 10	28 30
9	21 5 29	15 17 23	2♒ 31 41	8♒ 40 15	4 47	4 29	12 17	24 58	15 22	6 39	19 41	26 38	22 12	28 32
10	21 9 25	16 14 54	14 51 27	21 5 20	4 44	4 15	13 24	25 28	15 57	6 45	19 43	26 36	22 14	28 33
11	21 13 22	17 12 26	27 21 57	3♓ 41 17	4 41	4 3	14 29	25 57	16 33	6 51	19 46	26 34	22 16	28 34
12	21 17 18	18 9 59	10♓ 3 21	16 28 9	4 38	3 52	15 31	26 24	17 8	6 58	19 48	26 32	22 18	28 35
13	21 21 15	19 7 34	22 55 44	29 26 5	4 35	3 44	16 30	26 49	17 42	7 5	19 50	26 30	22 20	28 36
14	21 25 11	20 5 10	5♈ 59 18	12♈ 35 28	4 32	3 39	17 27	27 13	18 17	7 11	19 53	26 27	22 22	28 37
15	21 29 8	21 2 47	19 14 40	25 57 3	4 28	3 36D	18 20	27 35	18 51	7 18	19 55	26 25	22 24	28 37
16	21 33 5	22 0 26	2♉ 42 45	9♉ 31 55	4 25	3 35	19 11	27 55	19 25	7 25	19 57	26 23	22 26	28 38
17	21 37 1	22 58 6	16 24 41	23 21 9	4 22	3 36R	19 59	28 13	19 59	7 33	19 58	26 21	22 28	28 39
18	21 40 58	23 55 48	0♊ 21 22	7♊ 25 20	4 19	3 36	20 43	28 30	20 32	7 40	20 0	26 19	22 30	28 40
19	21 44 54	24 53 32	14 32 54	21 43 54	4 16	3 34	21 23	28 44	21 6	7 47	20 2	26 17	22 32	28 41
20	21 48 51	25 51 18	28 57 57	6♋ 14 36	4 13	3 31	22 0	28 57	21 38	7 55	20 3	26 15	22 34	28 42
21	21 52 47	26 49 5	13♋ 33 15	20 53 10	4 9	3 24	22 32	29 8	22 11	8 3	20 5	26 13	22 36	28 43
22	21 56 44	27 46 53	28 13 32	5♌ 33 26	4 6	3 16	23 1	29 16	22 44	8 10	20 6	26 11	22 38	28 44
23	22 0 40	28 44 43	12♌ 51 55	20 8 3	4 3	3 7	23 25	29 22	23 16	8 18	20 7	26 9	22 40	28 45
24	22 4 37	29 42 35	27 20 55	4♍ 29 41	4 0	2 57	23 44	29 27	23 47	8 26	20 8	26 7	22 41	28 45
25	22 8 34	0♍ 40 29	11♍ 33 38	18 32 10	3 57	2 48	23 58	29 29R	24 19	8 35	20 9	26 6	22 43	28 46
26	22 12 30	1 38 23	25 24 52	2♎ 11 29	3 53	2 41	24 7	29 28	24 50	8 43	20 10	26 4	22 45	28 47
27	22 16 27	2 36 19	8♎ 51 51	15 26 3	3 50	2 36	24 10R	29 25	25 21	8 51	20 11	26 2	22 47	28 48
28	22 20 23	3 34 16	21 54 14	28 16 42	3 47	2 34D	24 8	29 20	25 51	9 0	20 12	26 0	22 49	28 48
29	22 24 20	4 32 15	4♏ 33 51	10♏ 46 9	3 44	2 34	24 0	29 13	26 21	9 9	20 12	25 58	22 51	28 49
30	22 28 16	5 30 15	16 54 8	22 58 26	3 41	2 34	23 45	29 3	26 51	9 18	20 13	25 57	22 52	28 50
31	22 32 13	6♍ 28 16	28♏ 59 39	4♐ 58 26	3♉ 38	2♉ 35R	23♍ 25	28♍ 51	27♉ 21	9♏ 26	20♉ 13	25♑ 55	22♋ 54	28♊ 50

DECLINATION and LATITUDE

DAY	☉ DECL	☽ DECL	☽ LAT	☽ 12hr DECL	☿ DECL	☿ LAT	♀ DECL	♀ LAT	♂ DECL	♂ LAT	♃ DECL	♃ LAT	♄ DECL	♄ LAT
1	18N22	9S31	0N46	12S13	11N 0	0N16	2N 6	1S57	12N58	2S 7	12S30	1N 3	15N20	2S18
2	18 7	14 45	0S19	17 7	10 22	0 7	1 41	2 6	13 10	2 7	12 32	1 3	15 21	2 18
3	17 52	19 18	1 22	21 17	9 43	0S 2	1 17	2 16	13 22	2 6	12 34	1 3	15 22	2 18
4	17 37	23 1	2 20	24 31	9 5	0 11	0 54	2 25	13 33	2 6	12 36	1 3	15 22	2 19
5	17 21	25 45	3 12	26 41	8 27	0 21	0 30	2 35	13 44	2 6	12 38	1 2	15 23	2 19
6	17 5	27 20	3 56	27 40	7 50	0 31	0 7	2 45	13 55	2 5	12 40	1 2	15 24	2 19
7	16 49	27 40	4 29	27 21	7 13	0 41	0S15	2 55	14 6	2 5	12 42	1 2	15 24	2 19
8	16 32	26 42	4 51	25 44	6 37	0 51	0 38	3 5	14 17	2 5	12 44	1 2	15 25	2 20
9	16 16	24 28	5 0	22 55	6 1	1 1	0 60	3 16	14 28	2 4	12 46	1 1	15 25	2 20
10	15 58	21 5	4 55	19 1	5 25	1 12	1 21	3 26	14 38	2 4	12 49	1 1	15 26	2 20
11	15 41	16 43	4 36	14 13	4 51	1 22	1 42	3 37	14 49	2 4	12 51	1 1	15 26	2 20
12	15 24	11 33	4 3	8 45	4 17	1 33	2 3	3 48	14 59	2 3	12 53	1 1	15 27	2 20
13	15 6	5 50	3 18	2 50	3 44	1 44	2 23	3 59	15 9	2 3	12 56	1 0	15 27	2 21
14	14 48	0N14	2 21	3N18	3 12	1 55	2 42	4 10	15 19	2 2	12 58	1 0	15 27	2 21
15	14 29	6 22	1 15	9 24	2 41	2 5	3 1	4 21	15 29	2 2	13 1	1 0	15 28	2 21
16	14 11	12 21	0 5	15 10	2 12	2 16	3 20	4 32	15 39	2 2	13 3	0 60	15 28	2 21
17	13 52	17 50	1N 8	20 17	1 43	2 27	3 38	4 44	15 48	2 1	13 6	0 60	15 28	2 22
18	13 33	22 28	2 17	24 21	1 16	2 38	3 55	4 55	15 57	2 1	13 8	0 59	15 28	2 22
19	13 14	25 51	3 19	26 58	0 50	2 48	4 11	5 6	16 7	1 60	13 11	0 59	15 29	2 22
20	12 54	27 37	4 10	27 48	0 26	2 59	4 27	5 18	16 16	1 59	13 14	0 59	15 29	2 22
21	12 35	27 29	4 45	26 42	0 4	3 9	4 41	5 30	16 25	1 59	13 16	0 59	15 29	2 22
22	12 15	25 27	5 2	23 51	0S16	3 19	4 55	5 41	16 33	1 58	13 19	0 58	15 29	2 23
23	11 55	21 44	4 59	19 21	0 35	3 29	5 9	5 53	16 42	1 58	13 22	0 58	15 29	2 23
24	11 35	16 43	4 36	13 53	0 51	3 38	5 21	6 4	16 50	1 57	13 25	0 58	15 29	2 23
25	11 14	10 53	3 57	7 47	1 4	3 46	5 32	6 16	16 59	1 56	13 27	0 58	15 29	2 23
26	10 54	4 39	3 5	1 30	1 15	3 55	5 42	6 27	17 7	1 56	13 30	0 58	15 29	2 24
27	10 33	1S38	2 3	4S42	1 23	4 2	5 51	6 38	17 15	1 55	13 33	0 57	15 29	2 24
28	10 12	7 40	0 57	10 31	1 29	4 9	5 59	6 49	17 23	1 54	13 36	0 57	15 29	2 24
29	9 51	13 13	0S11	15 46	1 31	4 15	6 6	6 60	17 30	1 54	13 39	0 57	15 29	2 24
30	9 30	18 7	1 16	20 15	1 30	4 20	6 12	7 10	17 38	1 53	13 42	0 57	15 29	2 24
31	9N 8	22S10	2S17	23S50	1S25	4S23	6S17	7S21	17N45	1S52	13S45	0N57	15N29	2S25

DAY	♅ DECL	♅ LAT	♆ DECL	♆ LAT	♇ DECL	♇ LAT
1	21S20	0S34	21N 6	0S34	17N 5	6S21
5	21 22	0 34	21 5	0 34	17 5	6 22
9	21 23	0 34	21 3	0 34	17 5	6 22
13	21 25	0 34	21 2	0 34	17 5	6 22
17	21 27	0 34	21 1	0 34	17 4	6 22
21	21 28	0 34	20 60	0 34	17 4	6 22
25	21 30	0 34	20 58	0 34	17 4	6 23
29	21S31	0S34	20N57	0S34	17N 4	6S23

☽ PHENOMENA			
d	h	m	
1	23	29	☽
10	2	55	○
17	12	11	☾
24	4	14	●
31	16	21	☽
d	h	° '	
6	18	27S42	
13	23	0	
20	10	27N48	
26	18	0	
1	17	0	
9	4	5S 0	
16	2	0	
22	8	5N 3	
28	20	0	

VOID OF COURSE ☽ LAST ASPT		☽ INGRESS		
1	3am36	1	♏	6am44
3	11am59	3	♐	6pm21
6	4am 5	6	♑	7am10
8	12pm27	8	♒	7pm 2
11	2am17	11	♓	5am 1
13	10am28	13	♈	1pm 2
15	4pm47	15	♉	7pm12
17	8pm46	17	♊	11pm24
19	11pm58	20	♋	1am43
22	1am43	22	♌	2am54
24	4am14	24	♍	4am26
26	7am 9	26	♎	8am 6
28	1pm 1	28	♏	3pm16
30	11pm43	31	♐	2am 1

d	h	
5	15	APOGEE
21	11	PERIGEE

DAILY ASPECTARIAN

Day	Aspect	Time
1	☽□♅	0am50
T	☽△♇	3 36
	☽#☿	5 50
	☽⚹☿	12pm 6
	☽∥♃	1 25
	☽#♂	4 9
	☽∠♀	5 50
	☽☌♃	6 23
	☉□☽	11 29
2	☽#♄	2am58
W	☽☍♂	4 48
	♀∠♃	5 28
	☽⚼♇	9 4
	☽#♇	11 49
	☉#☽	4pm26
	☽☍♄	8 59
3	☽⚹♀	1am18
Th	☽△♆	2 12
	☽#♆	10 47
	☽⚹♅	11 59
	☽∥♅	12pm28
	☽⚻♇	3 10
	♀⚹♆	7 18
4	☿⚹♃	0am21
F	☽⚺♃	6 53
	☽□☿	7 38
	☽⚼♆	8 35
	☿∠♆	4pm33
	☉△☽	5 0
	☽∠♅	6 16
	☽⚻♂	8 27
5	☽⚻♄	9am56
S	☽∠♃	1pm34
	☽⚻♆	3 7
	☽□♀	5 20
	♂∠♇	7 56
6	☉∥♇	0am14
Su	☽⚺♅	0 36
	☉⚼☽	2 6
	☽☍♇	4 5
	☽⚼♂	4 30
	☽⚼♄	4pm24
	☽⚹♃	8 8
7	☉∠♇	2am58
M	☽△☿	3 32
	☉⚻☽	10 56
	☽△♂	12pm16
	☽△♄	10 33
8	☽☍♆	3am34
T	☽△♀	8 27
	☿⚼♅	10 55
	☽☌♅	12pm27
	☽⚼☿	12 37
	☽⚻♇	4 7
9	☉□♂	4am52
W	☽□♃	8 7
	☽⚼♀	3pm 9
	☽⚻☿	8 55
	☽⚼♇	9 27
	☽∥♅	10 4
10	☽#♆	0am12
Th	☽□♂	2 14
	☉☍☽	2 55
	☽□♄	9 25
	☽⚻♆	2pm14
	☽⚻♀	9 11
	☽#♇	10 9
	☽⚺♅	10 29
11	☽△♇	2am17
F	☉#☽	5 21
	☽#♄	6 14
	☽#♂	8 54
	☽∥♃	6pm 7
	☽△♃	6 8
	☽⚼♆	6 48
	☉∥♄	8 3
12	☽∠♅	2am45
S	♀△♅	7 2
	☽☍☿	11 5
	☽⚹♂	1pm51
	☉⚻☽	4 23
	☽⚹♄	6 15
	☉∥♂	9 4
	☽⚼♃	10 24
	☽△♆	10 54
13	☽⚹♅	6am34
Su	☽☍♀	7 24
	☽#☿	9 14
	☽□♇	10 28
	☽∥♀	1pm 4
	☉□♄	6 33
	☽∠♂	6 49
	☽∠♄	9 58
	☉⚼☽	10 13
14	☽⚻♃	2am12
M	☽#♀	10 12
	☽∥☿	10 42
	☿#♀	2pm10
	♂∥♄	8 44
	☽⚻☿	10 16
	☽⚺♂	11 16
15	☽⚺♄	1am12
T	☉△☽	3 29
	☽□♆	5 40
	☽□♅	12pm48
	☽⚻♀	3 17
	☽⚹♇	4 47
16	☽⚼☿	2am46
W	☽#♃	2 58
	☉∥☽	7 18
	☽☍♃	8 22
	☉⚺♆	11 2
	☽∥♄	1pm17
	☽∥♂	2 29
	☽⚼♀	6 20
	☽∠♇	7 12
	☽∥♇	8 30
	♂☌♄	11 41
	☿△♄	11 54
17	☿△♂	0am25
Th	☽☌♄	6 11
	☽☌♂	6 27
	☽△☿	6 32
	☽⚹♆	10 30
	☉□☽	12pm11
	☽∥♆	3 50
	☽△♅	5 7
	☽#♅	6 13
	☽△♀	8 46
	☽⚺♇	9 7
18	☽∠♆	12pm10
F	☽⚻♃	12 31
	♀□♇	5 59
	☽⚼♅	6 32
19	☉#♃	3am14
S	☽⚺♄	9 11
	☽⚺♂	11 22
	☽□☿	11 57
	☽⚺♆	1pm22
	☽⚼♃	1 53
	☉⚹☽	6 29
	☽⚻♅	7 31
	☽☌♇	11 34
	☽□♀	11 58
20	☉⚻♅	9am34
Su	☽∠♄	10 4
	☽∠♂	1pm 9
	☽△♃	2 53
	☉∠☽	8 57
21	☿⚹♆	2am52
M	☽⚹♄	10 42
	☽⚹♂	2pm40
	☽☌♆	2 50
	☽⚹☿	3 13
	♂⚹♆	7 24
	☽☍♅	8 40
	☉⚺☽	11 13
22	☽⚺♇	0am49
T	☽⚹♀	1 43
	☿∠♃	1pm39
	☽□♃	4 26
	☽∠☿	4 29
	☉⚹♇	11 55
23	☽#♅	1am19
W	☽∠♇	1 27
	☽∠♀	2 30
	☽∥♆	3 56
	☽□♄	12pm 0
	☽⚺♆	4 14
	☉⚺♀	4 59
	☽□♂	5 51
	☽⚺☿	5 51
	☿△♂	6 9
	☽⚻♅	9 58
	☽∥♇	10 28
	☽∥♂	11 29
24	☽⚹♇	2am21
Th	☽⚺♀	3 31
	☉☌☽	4 14
	☽∥♄	5 17
	☉ ♍	7 13
	☽#♃	1pm48
	☽∠♆	5 27
	☽⚹♃	6 52
	☉∥☽	10 30
	☽⚼♅	11 12
25	♀SR	7am51
F	☽△♄	2pm50
	♂∥♇	3 19
	☽⚹♆	7 20
	☽#♀	8 5
	☽∠♃	9 0
	☽☌☿	9 42
	☽△♂	10 56
26	☽△♅	1am 8
S	☽□♇	5 57
	☽☌♀	7 9
	☉⚺☽	11 52
	☽#☿	12pm38
	☽⚼♄	5 21
	☽∥☿	11 3
	☽⚺♃	11 59
27	☿SR	2am26
Su	☽⚼♂	2 48
	☽∥♀	5pm 3
	☉∠☽	5 18
	☽⚻♄	8 49
28	☽□♆	1am42
M	☽⚺☿	4 9
	♂△♅	6 41
	☽□♅	7 41
	☽⚻♂	7 43
	☉#☽	10 3
	☿∠♃	12pm21
	☽△♇	1 1
	☽⚺♀	1 53
	☉⚹☽	11 57
29	☽∥♃	2am 0
T	☽∠☿	8 25
	☽☌♃	8 57
	☽#♄	10 41
	☽⚼♇	5pm58
	☽∠♀	6 29
	☽#♇	6 31
	☽#♂	9 25
30	☽☍♄	6am32
W	☽△♆	11 50
	☽⚹☿	1pm13
	☽#♆	4 9
	☽⚹♅	5 52
	☽∥♅	7 47
	☽☍♂	8 34
	☽⚻♇	11 41
	☽⚹♀	11 43
31	♀□♇	0am37
Th	☉□☽	4pm21
	☽⚼♆	5 56
	☽⚺♃	9 16
	☽∠♅	11 56

SEPTEMBER 1911

LONGITUDE

DAY	SID. TIME	☉	☽	☽ 12 Hour	MEAN ☊	TRUE ☊	☿	♀	♂	♃	♄	♅	♆	♇
	h m s	° ' "	° ' "	° ' "	° '	° '	° '	° '	° '	° '	° '	° '	° '	° '
1	22 36 9	7♍ 26 19	10♐ 55 27	16♐ 51 20	3♉ 34	2♉ 35R	22♍ 58R	28♍ 36R	27♉ 50	9♏ 35	20♉ 13	25♑ 54R	22♋ 56	28♊ 51
2	22 40 6	8 24 24	22 46 45	28 42 17	3 31	2 34	22 26	28 19	28 19	9 45	20 14R	25 52	22 57	28 52
3	22 44 3	9 22 29	4♑ 38 33	10♑ 36 5	3 28	2 30	21 47	28 0	28 47	9 54	20 14	25 50	22 59	28 52
4	22 47 59	10 20 36	16 35 24	22 36 56	3 25	2 25	21 3	27 38	29 15	10 3	20 14	25 49	23 1	28 53
5	22 51 56	11 18 45	28 41 6	4♒ 48 13	3 22	2 18	20 15	27 15	29 43	10 13	20 13	25 47	23 2	28 53
6	22 55 52	12 16 55	10♒ 58 35	17 12 22	3 19	2 9	19 21	26 49	0♊ 10	10 22	20 13	25 46	23 4	28 54
7	22 59 49	13 15 7	23 29 44	29 50 45	3 15	2 0	18 25	26 21	0 37	10 32	20 13	25 45	23 6	28 54
8	23 3 45	14 13 20	6♓ 15 26	12♓ 43 43	3 12	1 52	17 26	25 52	1 3	10 42	20 12	25 43	23 7	28 55
9	23 7 42	15 11 35	19 15 32	25 50 45	3 9	1 45	16 26	25 20	1 29	10 51	20 12	25 42	23 9	28 55
10	23 11 38	16 9 52	2♈ 29 12	9♈ 10 43	3 6	1 39	15 26	24 48	1 55	11 1	20 11	25 41	23 10	28 56
11	23 15 35	17 8 11	15 55 7	22 42 13	3 3	1 36	14 28	24 14	2 20	11 11	20 10	25 40	23 12	28 56
12	23 19 31	18 6 32	29 31 50	6♉ 23 50	2 59	1 35D	13 33	23 39	2 44	11 21	20 9	25 38	23 13	28 57
13	23 23 28	19 4 55	13♉ 18 4	20 14 24	2 56	1 35	12 42	23 3	3 9	11 32	20 8	25 37	23 14	28 57
14	23 27 25	20 3 20	27 12 43	4♊ 12 53	2 53	1 36	11 56	22 26	3 33	11 42	20 7	25 36	23 16	28 57
15	23 31 21	21 1 47	11♊ 14 49	18 18 21	2 50	1 37R	11 17	21 49	3 56	11 52	20 6	25 35	23 17	28 58
16	23 35 18	22 0 16	25 23 19	2♋ 29 31	2 47	1 38	10 46	21 12	4 19	12 3	20 4	25 34	23 19	28 58
17	23 39 14	22 58 48	9♋ 36 43	16 44 34	2 44	1 36	10 23	20 35	4 41	12 13	20 3	25 33	23 20	28 58
18	23 43 11	23 57 22	23 52 44	1♌ 0 47	2 40	1 33	10 10D	19 59	5 3	12 24	20 1	25 32	23 21	28 59
19	23 47 7	24 55 58	8♌ 8 15	15 14 35	2 37	1 29	10 5	19 23	5 24	12 35	20 0	25 31	23 23	28 59
20	23 51 4	25 54 36	22 19 16	29 21 45	2 34	1 24	10 11	18 47	5 45	12 46	19 58	25 31	23 24	28 59
21	23 55 1	26 53 16	6♍ 21 27	13♍ 17 53	2 31	1 19	10 26	18 13	6 5	12 57	19 56	25 30	23 25	28 59
22	23 58 57	27 51 58	20 10 33	26 59 4	2 28	1 14	10 51	17 40	6 25	13 8	19 54	25 29	23 26	29 0
23	0 2 54	28 50 42	3♎ 43 6	10♎ 22 25	2 25	1 10	11 25	17 8	6 44	13 19	19 52	25 28	23 27	29 0
24	0 6 50	29 49 28	16 56 52	23 26 25	2 21	1 8	12 8	16 38	7 2	13 30	19 50	25 28	23 28	29 0
25	0 10 47	0♎ 48 17	29 51 7	6♏ 11 7	2 18	1 7D	12 59	16 10	7 20	13 41	19 48	25 27	23 30	29 0
26	0 14 43	1 47 7	12♏ 26 39	18 38 2	2 15	1 8	13 58	15 44	7 37	13 52	19 45	25 27	23 31	29 0
27	0 18 40	2 45 58	24 45 39	0♐ 49 56	2 12	1 9	15 4	15 20	7 54	14 4	19 43	25 26	23 32	29 0
28	0 22 36	3 44 52	6♐ 51 24	12 50 34	2 9	1 11	16 17	14 57	8 10	14 15	19 40	25 26	23 33	29 0
29	0 26 33	4 43 48	18 48 0	24 44 19	2 5	1 12	17 35	14 37	8 25	14 27	19 38	25 25	23 34	29 0
30	0 30 29	5♎ 42 45	0♑ 40 6	6♑ 35 57	2♉ 2	1♉ 13R	18♍ 58	14♍ 20	8♊ 40	14♏ 38	19♉ 35	25♑ 25	23♋ 35	29♊ 0R

DECLINATION and LATITUDE

DAY	☉ DECL	☽ DECL	☽ LAT	☽ 12hr DECL	☿ DECL	☿ LAT	♀ DECL	♀ LAT	♂ DECL	♂ LAT	♃ DECL	♃ LAT	♄ DECL	♄ LAT
1	8N47	25S14	3S11	26S22	1S16	4S25	6S20	7S30	17N53	1S51	13S48	0N56	15N29	2S25
2	8 25	27 11	3 56	27 42	1 4	4 26	6 22	7 40	17 60	1 50	13 51	0 56	15 29	2 25
3	8 4	27 53	4 31	27 45	0 49	4 26	6 22	7 49	18 7	1 50	13 54	0 56	15 29	2 25
4	7 42	27 18	4 55	26 31	0 29	4 23	6 21	7 57	18 14	1 49	13 57	0 56	15 28	2 26
5	7 20	25 25	5 6	24 1	0 6	4 19	6 19	8 5	18 21	1 48	14 0	0 56	15 28	2 26
6	6 57	22 20	5 3	20 23	0N20	4 13	6 16	8 13	18 27	1 47	14 4	0 55	15 28	2 26
7	6 35	18 11	4 45	15 46	0 50	4 5	6 11	8 19	18 34	1 46	14 7	0 55	15 27	2 26
8	6 13	13 9	4 14	10 22	1 22	3 55	6 5	8 25	18 40	1 45	14 10	0 55	15 27	2 26
9	5 50	7 26	3 28	4 25	1 56	3 43	5 57	8 30	18 46	1 44	14 13	0 55	15 27	2 27
10	5 28	1 19	2 31	1N50	2 32	3 29	5 48	8 35	18 52	1 43	14 16	0 55	15 26	2 27
11	5 5	4N59	1 24	8 6	3 8	3 14	5 38	8 38	18 58	1 42	14 20	0 55	15 26	2 27
12	4 42	11 8	0 11	14 4	3 45	2 57	5 27	8 41	19 4	1 41	14 23	0 54	15 26	2 27
13	4 19	16 51	1N 3	19 25	4 21	2 39	5 14	8 42	19 10	1 40	14 26	0 54	15 25	2 27
14	3 56	21 44	2 14	23 45	4 55	2 20	5 0	8 43	19 16	1 39	14 30	0 54	15 25	2 28
15	3 33	25 25	3 18	26 42	5 28	2 1	4 46	8 43	19 21	1 37	14 33	0 54	15 24	2 28
16	3 10	27 33	4 11	27 57	5 58	1 41	4 30	8 42	19 26	1 36	14 36	0 54	15 23	2 28
17	2 47	27 53	4 48	27 22	6 25	1 22	4 14	8 40	19 32	1 35	14 40	0 53	15 23	2 28
18	2 24	26 23	5 8	24 59	6 48	1 2	3 57	8 37	19 37	1 34	14 43	0 53	15 22	2 28
19	2 1	23 12	5 8	21 4	7 8	0 43	3 39	8 33	19 42	1 32	14 47	0 53	15 22	2 29
20	1 38	18 39	4 50	15 59	7 23	0 24	3 21	8 28	19 47	1 31	14 50	0 53	15 21	2 29
21	1 14	13 8	4 15	10 8	7 33	0 7	3 3	8 22	19 52	1 30	14 54	0 53	15 20	2 29
22	0 51	7 2	3 25	3 53	7 39	0N10	2 44	8 16	19 56	1 28	14 57	0 53	15 20	2 29
23	0 28	0 43	2 24	2S25	7 41	0 25	2 25	8 8	20 1	1 27	15 0	0 53	15 19	2 29
24	0 4	5S29	1 17	8 28	7 37	0 39	2 6	8 0	20 5	1 26	15 4	0 52	15 18	2 30
25	0S19	11 19	0 7	14 2	7 30	0 52	1 47	7 52	20 10	1 24	15 7	0 52	15 17	2 30
26	0 43	16 34	1S 2	18 54	7 18	1 4	1 29	7 42	20 14	1 23	15 11	0 52	15 17	2 30
27	1 6	21 0	2 6	22 52	7 2	1 15	1 10	7 33	20 18	1 21	15 14	0 52	15 16	2 30
28	1 29	24 29	3 4	25 48	6 42	1 24	0 52	7 22	20 22	1 19	15 18	0 52	15 15	2 30
29	1 53	26 50	3 52	27 34	6 19	1 32	0 35	7 11	20 26	1 18	15 22	0 52	15 14	2 30
30	2S16	27S58	4S31	28S 3	5N52	1N38	0S18	7S 0	20N30	1S16	15S25	0N51	15N13	2S31

DAY	♅ DECL	♅ LAT	♆ DECL	♆ LAT	♇ DECL	♇ LAT
1	21S32	0S34	20N56	0S34	17N 3	6S23
5	21 33	0 34	20 55	0 34	17 3	6 24
9	21 34	0 34	20 54	0 34	17 3	6 24
13	21 35	0 33	20 53	0 34	17 2	6 24
17	21 35	0 33	20 52	0 34	17 2	6 25
21	21 36	0 33	20 51	0 34	17 2	6 25
25	21 36	0 33	20 50	0 34	17 1	6 26
29	21S36	0S33	20N50	0S35	17N 1	6S26

☽ PHENOMENA	VOID OF COURSE ☽ LAST ASPT	☽ INGRESS
d h m	2 12pm20	2 ♑ 2pm37
8 15 56 ○	5 2am 6	5 ♒ 2am35
15 17 51 ☾	7 10am14	7 ♓ 12pm17
22 14 37 ●	9 5pm35	9 ♈ 7pm31
30 11 8 ☽	11 10pm58	12 ♉ 0am49
	13 9pm14	14 ♊ 4am47
d h ° '	16 6am 3	16 ♋ 7am48
3 1 27S54	18 2am47	18 ♌ 10am18
10 5 0	20 11am22	20 ♍ 1pm 5
16 16 27N59	22 3pm34	22 ♎ 5pm21
23 3 0	24 10pm24	25 ♏ 0am17
30 9 28S 4	27 1am20	27 ♐ 10am21
	29 8pm38	29 ♑ 10pm39
5 7 5S 6	d h	
12 4 0	2 7 APOGEE	
18 13 5N11	17 6 PERIGEE	
25 2 0	30 2 APOGEE	

DAILY ASPECTARIAN

Day	Aspect	Time
1 F	☿✶♆	2am 3
	☉∠♆	12pm31
	☽⚻♄	6 50
	☽□☿	11 20
2 S	♀△♂	0am17
	☽⚻♆	0 22
	☽∠♃	4 2
	☽⚺♅	6 14
	☽□♀	10 56
	☽⚻♂	11 40
	☽☍♇	12pm20
	♄SR	8 55
3 Su	☽⚼♄	1am11
	♂⚺♇	4 37
	☉△☽	10 23
	☽✶♃	10 43
	☉✶♃	3pm25
	☽⚼♂	7 8
4 M	☽△♄	7am15
	☽△☿	8 21
	☉⚼♅	11 25
	☽☍♆	12pm49
	☽☌♅	6 18
	☉⚼☽	6 55
	☽△♀	9 15
5 T	☽⚻♇	0am24
	☿△♄	0 34
	☽△♂	2 6
	☽⚼☿	12pm 0
	♂ ♊	3 21
	☽□♃	10 49
6 W	☽⚼♀	1am34
	☉⚻☽	2 44
	☽∥♅	4 59
	☽⚼♇	5 39
	☽#♆	8 53
	☽⚻☿	3pm 0
	☽□♄	5 45
	☽#♂	10 3
	☽⚻♆	11 14
7 Th	☽⚺♅	4am15
	☽⚻♀	5 13
	☽#♇	5 44
	☽△♇	10 14
	☽#♄	1pm26
	☽□♂	1 55
	☽∥♃	7 27
8 F	☽⚼♆	3am28
	♀∠♃	5 57
	♀△♅	6 42
	☽∠♅	8 17
	☽△♃	8 20
	☉#♀	12pm47
	☉☍☽	3 56
	☽☍☿	7 12
9 S	☽✶♄	1am42
	☽∥♀	6 6
	☉#☽	6 50
	☽△♆	7 6
	☽☍♀	10 39
	☽✶♅	11 43
	☽⚼♃	12pm10
	☉☌☿	3 8
	☽□♇	5 35
	☽#☿	7 45
	☽✶♂	10 56
10 Su	☽∠♄	4am50
	☽⚻♃	3pm29
	☽∥☿	4 12
	☽⚻☿	9 36
11 M	☉∥☽	0am23
	☉⚻☽	2 20
	☽#♀	2 26
	☽∠♂	2 35
	☽⚺♄	7 31
	☽□♆	12pm53
	☽⚻♀	2 5
	☽□♅	5 11
	☽⚼☿	10 23
	☽✶♇	10 58
12 T	☽⚺♂	5am47
	☉⚼☽	6 44
	☽#♃	1pm27
	☽⚼♀	3 15
	♀✶♆	4 30
	☽∥♄	5 44
	☽☍♃	8 53
	☽△☿	11 0
	☉∥☿	11 27
13 W	☽∥♇	0am53
	☽∠♇	1 8
	☉△☽	10 45
	☽∥♂	11 1
	☽☌♄	11 48
	☽△♀	4pm 8
	☽✶♆	5 12
	☽∥♆	7 27
	☽△♅	9 14
	☽#♅	11 11
14 Th	☉△♄	1am28
	☿#♀	2 27
	☽⚺♇	3 0
	☿✶♃	6 28
	☽☌♂	11 10
	☽∠♆	6pm57
	☽⚼♅	10 53
15 F	☽□☿	0am 4
	☽⚻♃	1 5
	☉☌♀	11 57
	☽⚺♄	3pm 1
	☽□♀	5 13
	☉□☽	5 51
	☽⚺♆	8 29
16 S	☽⚻♅	0am18
	☽⚼♃	2 51
	☽☌♇	6 3
	☿⚼♅	11 49
	☽⚺♂	3pm28
	☽∠♄	4 20
17 Su	☽✶☿	1am17
	☽△♃	4 27
	☉✶♆	8 52
	☽∠♂	5pm23
	☽✶♄	5 32
	☽✶♀	5 42
	♀△♄	10 6
	☽☌♆	11 7
18 M	☉✶☽	0am 8
	☽∠☿	2 8
	☽☍♅	2 47
	☽⚺♇	8 35
	☽∠♀	5pm55
	☽✶♂	7 16
	☿SD	10 26
19 T	☉∠☽	3am15
	☽⚺☿	3 18
	☽□♃	7 36
	☽#♅	9 13
	☽∠♇	9 52
	☽∥♆	1pm 6
	☉△♅	2 19
	☽⚺♀	6 14
	☽∥♂	6 39
	☽□♄	8 1
20 W	☽⚺♆	1am50
	☽⚻♅	5 25
	☉⚺☽	6 34
	☽∥♇	7 24
	☽✶♇	11 22
	☽∥♄	2pm45
	☽#♃	4 44
	☽□♂	11 31
21 Th	☽∠♆	3am33
	☿⚼♅	4 3
	☽⚼♅	7 8
	☽☌☿	7 14
	☽✶♃	11 32
	☽☌♀	7pm47
	☽∥☿	9 38
	☽△♄	11 31
22 F	☽✶♆	5am44
	☉∠♃	7 53
	☽△♅	9 20
	☽∠♃	2pm13
	☉☌☽	2 37
	☽□♇	3 34
	☽#♀	5 13
23 S	☉∥☽	1am 4
	☽⚼♄	2 4
	☉□♇	3 45
	☉#☽	4 15
	☽△♂	5 32
	☽∥♀	11 28
	☽⚺☿	2pm39
	☽⚺♃	5 36
	☽⚺♀	11 28
24 Su	☉ ♎	4am18
	☽⚻♄	5 18
	☽#☿	8 26
	☽⚼♂	9 37
	☽□♆	12pm 5
	☽□♅	3 46
	☽∠☿	8 13
	☽△♇	10 24
25 M	☉⚺☽	1am57
	☽∠♀	2 24
	☽⚻♂	2pm31
	☽∥♃	5 17
	☽#♄	5 50
	☿✶♃	9 23
26 T	☽#♇	2am17
	☽☌♃	2 48
	☽⚼♇	3 1
	☽✶☿	3 13
	☽✶♀	6 9
	☉∠☽	9 8
	☽☍♄	2pm 9
	♃⚼♇	4 40
	☽#♂	7 48
	☽△♆	9 34
	☽#♆	10 58
27 W	☽✶♅	1am20
	☉∥♀	2 32
	☽∥♅	3 41
	☿☌♀	4 1
	♃#♄	7 10
	☽⚻♇	8 23
	☉✶☽	5pm15
28 Th	☽☍♂	2am40
	☽⚼♆	3 23
	☽∠♅	7 9
	☽⚺♃	3pm 5
	☽□♀	3 48
	☽□☿	9 14
	☉⚼♄	9 38
29 F	☽⚻♄	1am40
	♀✶♃	8 28
	☽⚻♆	9 38
	☽⚺♅	1pm23
	♂∠♆	3 3
	☽☍♇	8 38
	☽∠♃	9 53
30 S	♇SR	4am24
	☽⚼♄	7 53
	☿△♄	9 52
	☉□☽	11 8
	☽⚻♂	4pm30

OCTOBER 1911

LONGITUDE

DAY	SID. TIME	☉	☽	☽ 12 Hour	MEAN ☊	TRUE ☊	☿	♀	♂	♃	♄	♅	♆	♇
	h m s	° ' "	° ' "	° ' "	° '	° '	° '	° '	° '	° '	° '	° '	° '	° '
1	0 34 26	6♎ 41 44	12♑ 32 31	18♑ 30 22	1♉ 59	1♉ 13R	20♍ 26	14♍ 4R	8♊ 54	14♏ 50	19♉ 32R	25♑ 25R	23♋ 35	29♊ 0R
2	0 38 23	7 40 44	24 30 6	0♒ 32 16	1 56	1 12	21 58	13 51	9 7	15 2	19 29	25 25	23 36	29 0
3	0 42 19	8 39 47	6♒ 37 22	12 45 54	1 53	1 9	23 32	13 41	9 20	15 13	19 26	25 24	23 37	29 0
4	0 46 16	9 38 52	18 58 17	25 14 52	1 50	1 7	25 10	13 33	9 32	15 25	19 23	25 24	23 38	29 0
5	0 50 12	10 37 58	1♓ 35 55	8♓ 1 40	1 46	1 4	26 50	13 27	9 43	15 37	19 20	25 24	23 39	29 0
6	0 54 9	11 37 5	14 32 14	21 7 40	1 43	1 1	28 31	13 24D	9 53	15 49	19 17	25 24D	23 40	29 0
7	0 58 5	12 36 15	27 47 53	4♈ 32 45	1 40	0 58	0♎ 14	13 23	10 3	16 1	19 13	25 24	23 40	29 0
8	1 2 2	13 35 27	11♈ 22 3	18 15 28	1 37	0 57	1 57	13 24	10 12	16 13	19 10	25 24	23 41	29 0
9	1 5 58	14 34 41	25 12 38	2♉ 13 6	1 34	0 56D	3 42	13 28	10 20	16 25	19 6	25 24	23 42	29 0
10	1 9 55	15 33 57	9♉ 16 26	16 22 6	1 30	0 56	5 27	13 35	10 28	16 38	19 3	25 25	23 42	28 59
11	1 13 52	16 33 15	23 29 35	0♊ 38 23	1 27	0 56	7 12	13 43	10 34	16 50	18 59	25 25	23 43	28 59
12	1 17 48	17 32 36	7♊ 48 0	14 57 58	1 24	0 57	8 57	13 54	10 40	17 2	18 56	25 25	23 43	28 59
13	1 21 45	18 31 59	22 7 49	29 17 8	1 21	0 58	10 42	14 7	10 45	17 15	18 52	25 25	23 44	28 59
14	1 25 41	19 31 24	6♋ 25 34	13♋ 32 47	1 18	0 59R	12 27	14 22	10 49	17 27	18 48	25 26	23 45	28 58
15	1 29 38	20 30 52	20 38 29	27 42 23	1 15	0 59	14 12	14 39	10 53	17 39	18 44	25 26	23 45	28 58
16	1 33 34	21 30 22	4♌ 44 15	11♌ 43 54	1 11	0 59	15 56	14 58	10 55	17 52	18 40	25 27	23 45	28 58
17	1 37 31	22 29 54	18 41 6	25 35 42	1 8	0 58	17 40	15 18	10 57	18 4	18 36	25 27	23 46	28 57
18	1 41 27	23 29 28	2♍ 27 31	9♍ 16 24	1 5	0 57	19 24	15 41	10 58R	18 17	18 32	25 28	23 46	28 57
19	1 45 24	24 29 5	16 2 12	22 44 46	1 2	0 56	21 7	16 6	10 58	18 30	18 28	25 28	23 46	28 56
20	1 49 21	25 28 44	29 24 1	5♎ 59 50	0 59	0 56	22 49	16 32	10 57	18 42	18 23	25 29	23 47	28 56
21	1 53 17	26 28 25	12♎ 32 7	19 0 50	0 56	0 55	24 31	17 0	10 55	18 55	18 19	25 30	23 47	28 56
22	1 57 14	27 28 8	25 25 58	1♏ 47 30	0 52	0 55D	26 12	17 30	10 52	19 8	18 15	25 31	23 47	28 55
23	2 1 10	28 27 53	8♏ 5 31	14 20 6	0 49	0 55	27 53	18 1	10 48	19 21	18 10	25 32	23 47	28 55
24	2 5 7	29 27 40	20 31 23	26 39 33	0 46	0 55R	29 33	18 33	10 44	19 33	18 6	25 32	23 48	28 54
25	2 9 3	0♏ 27 29	2♐ 44 51	8♐ 47 34	0 43	0 55	1♏ 12	19 7	10 38	19 46	18 1	25 33	23 48	28 54
26	2 13 0	1 27 20	14 48 0	20 46 34	0 40	0 55	2 51	19 43	10 32	19 59	17 57	25 34	23 48	28 53
27	2 16 56	2 27 13	26 43 38	2♑ 39 42	0 36	0 55	4 30	20 19	10 24	20 12	17 52	25 35	23 48	28 52
28	2 20 53	3 27 7	8♑ 35 13	14 30 44	0 33	0 55	6 7	20 57	10 16	20 25	17 48	25 36	23 48R	28 52
29	2 24 50	4 27 3	20 26 47	26 23 56	0 30	0 54	7 45	21 37	10 7	20 38	17 43	25 38	23 48	28 51
30	2 28 46	5 27 1	2♒ 22 46	8♒ 23 52	0 27	0 54D	9 22	22 17	9 57	20 51	17 38	25 39	23 48	28 51
31	2 32 43	6♏ 27 0	14♒ 27 49	20♒ 35 11	0♉ 24	0♉ 54	10♏ 58	22♍ 59	9♊ 46	21♏ 4	17♉ 33	25♑ 40	23♋ 48	28♊ 50

DECLINATION and LATITUDE

DAY	☉ DECL	☽ DECL	☽ LAT	☽ 12hr DECL	☿ DECL	☿ LAT	♀ DECL	♀ LAT	♂ DECL	♂ LAT	♃ DECL	♃ LAT	♄ DECL	♄ LAT
1	2S40	27S48	4S58	27S14	5N23	1N44	0S 1	6S49	20N34	1S14	15S29	0N51	15N12	2S31
2	3 3	26 21	5 12	25 9	4 51	1 48	0N15	6 37	20 38	1 13	15 32	0 51	15 11	2 31
3	3 26	23 40	5 13	21 54	4 16	1 51	0 30	6 25	20 41	1 11	15 36	0 51	15 10	2 31
4	3 49	19 53	4 59	17 37	3 40	1 54	0 44	6 12	20 45	1 9	15 39	0 51	15 9	2 31
5	4 13	15 8	4 31	12 27	3 1	1 55	0 58	5 60	20 48	1 7	15 43	0 51	15 8	2 31
6	4 36	9 36	3 48	6 37	2 21	1 55	1 11	5 47	20 52	1 5	15 46	0 51	15 7	2 32
7	4 59	3 31	2 53	0 20	1 40	1 55	1 23	5 34	20 55	1 4	15 50	0 51	15 6	2 32
8	5 22	2N53	1 46	6N 6	0 58	1 54	1 34	5 22	20 58	1 2	15 54	0 50	15 5	2 32
9	5 45	9 16	0 31	12 22	0 15	1 52	1 45	5 9	21 2	0 60	15 57	0 50	15 4	2 32
10	6 8	15 19	0N46	18 5	0S29	1 50	1 54	4 56	21 5	0 57	16 1	0 50	15 3	2 32
11	6 31	20 37	2 2	22 51	1 13	1 47	2 3	4 43	21 8	0 55	16 4	0 50	15 2	2 32
12	6 53	24 45	3 10	26 15	1 58	1 44	2 10	4 31	21 11	0 53	16 8	0 50	15 1	2 32
13	7 16	27 19	4 7	27 56	2 42	1 40	2 17	4 18	21 14	0 51	16 12	0 50	14 60	2 32
14	7 39	28 5	4 48	27 46	3 27	1 36	2 23	4 6	21 16	0 49	16 15	0 50	14 59	2 33
15	8 1	26 60	5 11	25 47	4 12	1 31	2 28	3 53	21 19	0 47	16 19	0 50	14 58	2 33
16	8 23	24 12	5 16	22 15	4 57	1 26	2 32	3 41	21 22	0 44	16 22	0 49	14 56	2 33
17	8 46	20 0	5 2	17 30	5 42	1 21	2 35	3 29	21 24	0 42	16 26	0 49	14 55	2 33
18	9 8	14 48	4 30	11 56	6 26	1 15	2 37	3 17	21 27	0 40	16 30	0 49	14 54	2 33
19	9 30	8 57	3 44	5 53	7 10	1 10	2 38	3 6	21 29	0 37	16 33	0 49	14 53	2 33
20	9 51	2 47	2 46	0S20	7 53	1 4	2 39	2 54	21 31	0 35	16 37	0 49	14 51	2 33
21	10 13	3S25	1 40	6 26	8 37	0 58	2 38	2 43	21 34	0 32	16 40	0 49	14 50	2 33
22	10 35	9 22	0 30	12 12	9 19	0 51	2 37	2 32	21 36	0 29	16 44	0 49	14 49	2 33
23	10 56	14 50	0S40	17 19	10 1	0 45	2 35	2 21	21 38	0 27	16 48	0 49	14 48	2 33
24	11 17	19 36	1 47	21 39	10 43	0 39	2 32	2 10	21 40	0 24	16 51	0 49	14 46	2 33
25	11 38	23 27	2 48	24 59	11 24	0 32	2 28	1 60	21 42	0 22	16 55	0 48	14 45	2 33
26	11 59	26 14	3 40	27 10	12 4	0 25	2 24	1 49	21 44	0 19	16 58	0 48	14 44	2 33
27	12 20	27 47	4 22	28 5	12 44	0 19	2 19	1 39	21 45	0 16	17 2	0 48	14 43	2 33
28	12 40	28 3	4 53	27 42	13 23	0 12	2 13	1 29	21 47	0 13	17 5	0 48	14 41	2 33
29	13 1	27 2	5 12	26 3	14 1	0 5	2 7	1 19	21 48	0 10	17 9	0 48	14 40	2 34
30	13 21	24 47	5 17	23 14	14 39	0S 2	1 59	1 10	21 50	0 7	17 12	0 48	14 39	2 34
31	13S41	21S25	5S 8	19S21	15S15	0S 8	1N52	1S 1	21N51	0S 5	17S16	0N48	14N37	2S34

DAY	♅ DECL	♅ LAT	♆ DECL	♆ LAT	♇ DECL	♇ LAT
1	21S37	0S33	20N49	0S35	17N 1	6S26
5	21 37	0 33	20 49	0 35	17 0	6 27
9	21 36	0 33	20 48	0 35	16 60	6 27
13	21 36	0 33	20 48	0 35	16 60	6 27
17	21 36	0 33	20 47	0 35	16 59	6 28
21	21 35	0 33	20 47	0 35	16 59	6 28
25	21 34	0 33	20 47	0 35	16 58	6 28
29	21S34	0S32	20N47	0S35	16N58	6S29

☽ PHENOMENA

d	h	m	
8	4	11	○
14	23	46	☾
22	4	9	●
30	6	41	☽

d	h	° '
7	13	0
13	22	28N 6
20	11	0
27	17	28S 7

d	h	° '
2	13	5S14
9	10	0
15	18	5N17
22	10	0
29	21	5S17

VOID OF COURSE ☽

LAST ASPT		☽ INGRESS	
2	1am49	2 ♒	10am56
4	7pm 7	4 ♓	9pm 0
7	2am 9	7 ♈	3am56
9	6am29	9 ♉	8am13
11	3am14	11 ♊	10am56
13	11am29	13 ♋	1pm12
15	8am 9	15 ♌	3pm54
17	5pm51	17 ♍	7pm42
19	11pm 9	20 ♎	1am 5
22	6am34	22 ♏	8am36
24	9am49	24 ♐	6pm34
27	4am20	27 ♑	6am37
29	10am28	29 ♒	7pm14

d	h	
12	7	PERIGEE
27	22	APOGEE

DAILY ASPECTARIAN

Day	Aspect	Time
1 Su	☽△♀	3am 1
	☽*♃	4 42
	☽△♄	2pm 1
	☽△☿	6 10
	☽☍♆	10 13
	☽⚼♂	11 13
2 M	☽☌♅	1am49
	☽⚼♀	8 32
	☽⚻♇	8 58
3 T	☿*♆	1am12
	☽⚼☿	4 20
	☉△☽	4 21
	☽△♂	5 23
	☽⚻♀	1pm37
	☽∥♅	1 51
	☽⚼♇	2 24
	☽□♃	5 3
	☽#♆	6 38
	☽#♂	7 5
	☉#☿	8 7
	☉△♂	8 18
4 W	☽□♄	0am48
	☿△♅	3 30
	☽⚻♆	8 56
	☉⚼☽	11 47
	☽⚺♅	12pm18
	☽⚻☿	1 38
	☽#♇	3 1
	☽△♇	7 7
	☽∥♃	9 17
	☽#♄	11 57
5 Th	♂∥♆	1am43
	☽⚼♆	1pm10
	☽□♂	3 20
	☽∠♅	4 24
	☉⚻☽	6 12
	☽☍♀	9 55
6 F	♅SD	1am48
	☽△♃	2 23
	☿□♇	6 49
	☽*♄	8 37
	☽△♆	4pm35
	☉∥☽	6 42
	☽*♅	7 43
	♀SD	8 28
	☿ ♎	8 49
7 S	☽□♇	2am 9
	☽☍☿	4 58
	☽⚼♃	5 50
	☿∥♀	7 38
	☽#♀	7 50
	☽#☿	7 52
	☽∠♄	11 23
	☿∠♃	12pm28
	☽∥☿	5 35
	☽∥♀	7 1
	☉⚺♀	7 21
	☽*♂	9 56
8 Su	☽⚻♀	3am35
	☉☍☽	4 11
	☽⚻♃	8 35
	☉#☽	9 52
	☽⚺♄	1pm31
	☽□♆	9 23
9 M	☽∠♂	0am13
	☽□♅	0 20
	☿⚼♄	5 27
	☽⚼♀	5 38
	☽*♇	6 29
	♂⚼♅	1pm33
	☽⚻☿	4 35
	☽∥♄	10 54
10 T	☽⚺♂	2am 2
	☽#♃	2 58
	☽∥♇	7 9
	☽△♀	7 21
	☽∠♇	7 59
	☉⚻☽	11 26
	☽☍♃	12pm37
	☽☌♄	4 27
	☽⚼☿	9 31
11 W	☽*♆	0am22
	☽∥♆	0 55
	☽∥♂	2 38
	☽△♅	3 14
	☽#♅	5 6
	☉⚺♃	8 28
	☽⚺♇	9 13
	☉⚼☽	2pm32
12 Th	☽∠♆	1am33
	☽△☿	2 12
	☽⚼♅	4 23
	☽☌♂	4 50
	☿#♀	7 58
	☽□♀	10 21
	☽⚻♃	3pm42
	☉△☽	5 32
	☽⚺♄	6 33
13 F	☿△♂	0am41
	☽⚺♆	2 41
	☽⚻♅	5 31
	☉⚻♄	7 30
	☽☌♇	11 29
	☽⚼♃	5pm13
	☽∠♄	7 36
14 S	☽⚺♂	7am26
	☽□☿	11 35
	☽*♀	1pm38
	☽△♃	6 52
	☽*♄	8 47
	☉□☽	11 46
15 Su	☽☌♆	5am17
	☿⚺♀	7 22
	☽☍♅	8 9
	☽∠♂	8 55
	☽⚺♇	2pm 8
	☽∠♀	3 39
16 M	☽*♂	10am38
	☽#♅	3pm39
	☽∠♇	3 50
	☽∥♂	4 46
	☽⚺♀	6 0
	☽∥♆	7 58
	☽*☿	10 0
	☽□♃	10 56
	☽□♄	11 51
17 T	☿⚺♃	6am21
	☉*☽	7 7
	☽⚺♆	8 49
	☽⚻♅	11 46
	☿⚻♄	12pm24
	☽∥♇	2 23
	☽#♃	4 40
	☽*♇	5 51
	☽∥♄	11 35
18 W	☽∠☿	3am54
	☉□♆	6 46
	♂SR	8 46
	☽∠♆	11 7
	☉∠☽	11 27
	☽⚼♅	2pm 7
	☽□♂	2 59
	♃☍♄	9 6
	☉#☽	9 57
19 Th	☽☌♀	0am 7
	☽△♄	4 18
	☽*♃	4 27
	☽#☿	6 16
	☽⚺☿	10 24
	☽*♆	1pm51
	☉⚺☽	4 21
	☽△♅	4 55
	☽□♇	11 9
20 F	☉□♅	0am11
	☽∥♀	0 31
	☽⚼♄	7 12
	☽∠♃	7 57
	☉⚼♂	10 53
	☿□♆	1pm39
	☽#♀	8 57
	☽△♂	9 1
21 S	☽⚺♀	8am35
	☽⚻♄	10 39
	☽⚺♃	12pm 1
	☿□♅	2 6
	♂#♅	3 6
	☿⚼♂	7 21
	☽□♆	8 55
	☽∥☿	11 46
22 Su	☽□♅	0am 9
	☽⚼♂	0 48
	☽☌☿	1 40
	☉☌☽	4 9
	☉∥☽	5 26
	☽△♇	6 34
	☽∠♀	1pm54
	☽#♄	11 48
23 M	☽⚻♂	5am10
	♀△♄	6 21
	☽∥♃	9 29
	☽#♇	10 17
	☉△♇	10 39
	☽⚼♇	11 10
	☿△♇	2pm46
	☽☍♄	7 19
	☽*♀	7 59
	☉☌☿	8 57
	☽☌♃	10 5
24 T	☽△♆	6am23
	☿ ♏	6 33
	☽#♆	6 44
	☽*♅	9 49
	☽∥♅	11 31
	☽#♂	12pm10
	☉ ♏	12 58
	☽⚻♇	4 24
	☉⚺☽	7 4
	☽⚺☿	8 28
25 W	☽⚼♆	12pm 0
	♂⚼♅	3 27
	☽☍♂	3 32
	☽∠♅	3 32
	☉∥☿	5 37
26 Th	♃#♇	1am10
	☉∠☽	3 37
	☽⚻♄	6 16
	☽∠☿	7 6
	☽□♀	10 23
	☽⚺♃	10 36
	♀*♃	4pm51
	☽⚻♆	6 5
	☽⚺♅	9 42
27 F	☽☍♇	4am20
	☽⚼♄	12pm21
	☉*☽	12 39
	☽∠♃	5 28
	☽*☿	6 13
	☿∠♀	7 53
28 S	☽⚻♂	3am22
	♆SR	3 53
	☽△♄	6pm31
29 Su	☽*♃	0am23
	☽△♀	2 29
	☽☍♆	6 46
	☽⚼♂	9 18
	☽☌♅	10 28
	☽⚻♇	4pm55
	☿#♄	11 58
30 M	☉□☽	6am41
	☿⚻♂	7 58
	☽⚼♀	10 23
	☽△♂	2pm52
	☽□☿	4 2
	☽#♂	9 14
	☽⚼♇	10 46
	☽∥♅	11 7
31 T	☽#♆	3am48
	☽□♄	6 2
	☽□♃	1pm10
	☽⚻♀	5 40
	☽⚻♆	6 14
	☽⚺♅	9 54
	☽∥♃	10 42

NOVEMBER 1911

LONGITUDE

DAY	SID. TIME	☉	☽	☽ 12 Hour	MEAN ☊	TRUE ☊	☿	♀	♂	♃	♄	♅	♆	♇
	h m s	° ' "	° ' "	° ' "	° '	° '	° '	° '	° '	° '	° '	° '	° '	° '
1	2 36 39	7♏ 27 1	26♒ 46 31	3♓ 2 21	0♉ 21	0♉ 55	12♏ 34	23♍ 41	9♊ 35R	21♏ 17	17♉ 29R	25♑ 41	23♋ 48R	28♊ 49R
2	2 40 36	8 27 4	9♓ 23 8	15 49 18	0 17	0 56	14 9	24 25	9 22	21 30	17 24	25 43	23 48	28 49
3	2 44 32	9 27 8	22 21 10	28 58 58	0 14	0 56	15 44	25 10	9 9	21 43	17 19	25 44	23 47	28 48
4	2 48 29	10 27 14	5♈ 42 52	12♈ 32 51	0 11	0 57	17 19	25 56	8 55	21 57	17 14	25 45	23 47	28 47
5	2 52 25	11 27 21	19 28 49	26 30 32	0 8	0 58R	18 53	26 42	8 40	22 10	17 10	25 47	23 47	28 46
6	2 56 22	12 27 30	3♉ 37 35	10♉ 49 26	0 5	0 58	20 26	27 30	8 25	22 23	17 5	25 48	23 47	28 46
7	3 0 19	13 27 41	18 5 26	25 24 49	0 2	0 58	22 0	28 18	8 8	22 36	17 0	25 50	23 46	28 45
8	3 4 15	14 27 54	2♊ 46 41	10♊ 10 10	29♈ 58	0 57	23 33	29 8	7 51	22 49	16 55	25 52	23 46	28 44
9	3 8 12	15 28 9	17 34 16	24 58 4	29 55	0 55	25 5	29 58	7 34	23 3	16 50	25 53	23 46	28 43
10	3 12 8	16 28 26	2♋ 20 41	9♋ 41 16	29 52	0 53	26 38	0♎ 49	7 16	23 16	16 45	25 55	23 45	28 43
11	3 16 5	17 28 44	16 59 6	24 13 35	29 49	0 51	28 10	1 41	6 57	23 29	16 40	25 57	23 45	28 42
12	3 20 1	18 29 5	1♌ 24 12	8♌ 30 36	29 46	0 50	29 41	2 33	6 37	23 42	16 35	25 59	23 44	28 41
13	3 23 58	19 29 28	15 32 33	22 29 54	29 42	0 49D	1♐ 12	3 27	6 17	23 56	16 31	26 0	23 44	28 40
14	3 27 54	20 29 52	29 22 37	6♍ 10 46	29 39	0 49	2 43	4 21	5 57	24 9	16 26	26 2	23 43	28 39
15	3 31 51	21 30 18	12♍ 54 27	19 33 49	29 36	0 50	4 14	5 15	5 36	24 22	16 21	26 4	23 43	28 38
16	3 35 48	22 30 47	26 9 5	2♎ 40 28	29 33	0 52	5 44	6 11	5 15	24 36	16 16	26 6	23 42	28 37
17	3 39 44	23 31 17	9♎ 8 10	15 32 25	29 30	0 53	7 14	7 6	4 53	24 49	16 11	26 8	23 41	28 36
18	3 43 41	24 31 49	21 53 26	28 11 25	29 27	0 54R	8 44	8 3	4 31	25 2	16 6	26 10	23 41	28 35
19	3 47 37	25 32 22	4♏ 26 34	10♏ 39 2	29 23	0 55	10 13	9 0	4 9	25 16	16 2	26 12	23 40	28 34
20	3 51 34	26 32 58	16 49 2	22 56 41	29 20	0 53	11 42	9 58	3 47	25 29	15 57	26 15	23 39	28 33
21	3 55 30	27 33 35	29 2 9	5♐ 5 36	29 17	0 51	13 11	10 56	3 24	25 42	15 52	26 17	23 38	28 32
22	3 59 27	28 34 13	11♐ 7 13	17 7 9	29 14	0 47	14 39	11 54	3 1	25 56	15 47	26 19	23 38	28 31
23	4 3 23	29 34 52	23 5 38	29 2 53	29 11	0 42	16 6	12 53	2 39	26 9	15 43	26 21	23 37	28 30
24	4 7 20	0♐ 35 34	4♑ 59 9	10♑ 54 44	29 8	0 36	17 33	13 53	2 16	26 22	15 38	26 24	23 36	28 29
25	4 11 17	1 36 16	16 49 58	22 45 14	29 4	0 30	19 0	14 53	1 54	26 36	15 33	26 26	23 35	28 28
26	4 15 13	2 37 0	28 40 54	4♒ 37 26	29 1	0 25	20 25	15 54	1 31	26 49	15 29	26 28	23 34	28 27
27	4 19 10	3 37 44	10♒ 35 20	16 35 6	28 58	0 21	21 50	16 54	1 9	27 2	15 24	26 31	23 33	28 26
28	4 23 6	4 38 30	22 37 16	28 42 26	28 55	0 19	23 14	17 56	0 47	27 15	15 20	26 33	23 32	28 25
29	4 27 3	5 39 16	4♓ 51 9	11♓ 4 2	28 52	0 18D	24 37	18 58	0 25	27 29	15 15	26 36	23 31	28 24
30	4 30 59	6♐ 40 4	17♓ 21 39	23♓ 44 35	28♈ 48	0♉ 19	25♐ 58	20♎ 0	0♊ 4	27♏ 42	15♉ 11	26♑ 38	23♋ 30	28♊ 23

DECLINATION and LATITUDE

DAY	☉ DECL	☽ DECL	☽ LAT	☽ 12hr DECL	☿ DECL	☿ LAT	♀ DECL	♀ LAT	♂ DECL	♂ LAT	♃ DECL	♃ LAT	♄ DECL	♄ LAT
1	14S 0	17S 4	4S45	14S34	15S51	0S15	1N43	0S52	21N52	0S 2	17S19	0N48	14N36	2S34
2	14 20	11 53	4 8	9 3	16 26	0 22	1 34	0 43	21 53	0N 1	17 23	0 48	14 35	2 34
3	14 39	6 4	3 18	2 58	17 1	0 28	1 24	0 34	21 54	0 4	17 26	0 48	14 33	2 34
4	14 58	0N12	2 15	3N25	17 34	0 35	1 14	0 26	21 55	0 7	17 30	0 47	14 32	2 34
5	15 17	6 39	1 3	9 51	18 7	0 42	1 3	0 18	21 56	0 11	17 33	0 47	14 31	2 34
6	15 35	12 58	0N15	15 56	18 38	0 48	0 51	0 10	21 57	0 14	17 37	0 47	14 29	2 34
7	15 53	18 43	1 33	21 15	19 9	0 54	0 39	0 2	21 57	0 17	17 40	0 47	14 28	2 34
8	16 11	23 27	2 47	25 17	19 39	1 1	0 26	0N 6	21 57	0 20	17 44	0 47	14 27	2 33
9	16 29	26 41	3 50	27 37	20 8	1 7	0 13	0 13	21 58	0 23	17 47	0 47	14 25	2 33
10	16 46	28 3	4 37	27 59	20 35	1 13	0S 1	0 20	21 58	0 26	17 50	0 47	14 24	2 33
11	17 3	27 26	5 6	26 25	21 2	1 19	0 15	0 27	21 58	0 29	17 54	0 47	14 23	2 33
12	17 20	24 59	5 16	23 10	21 28	1 24	0 30	0 34	21 57	0 32	17 57	0 47	14 21	2 33
13	17 37	21 2	5 5	18 38	21 53	1 30	0 45	0 41	21 57	0 36	18 0	0 47	14 20	2 33
14	17 53	16 1	4 37	13 14	22 16	1 35	1 0	0 47	21 57	0 39	18 4	0 47	14 19	2 33
15	18 9	10 19	3 54	7 20	22 39	1 41	1 16	0 53	21 56	0 42	18 7	0 47	14 17	2 33
16	18 24	4 17	2 60	1 13	23 0	1 46	1 33	0 59	21 55	0 45	18 10	0 47	14 16	2 33
17	18 40	1S50	1 57	4S50	23 21	1 51	1 50	1 5	21 54	0 48	18 14	0 46	14 15	2 33
18	18 55	7 46	0 49	10 36	23 40	1 55	2 7	1 11	21 54	0 51	18 17	0 46	14 13	2 33
19	19 9	13 19	0S19	15 52	23 58	1 59	2 24	1 16	21 52	0 54	18 20	0 46	14 12	2 33
20	19 24	18 15	1 26	20 25	24 14	2 4	2 42	1 21	21 51	0 57	18 23	0 46	14 11	2 33
21	19 37	22 22	2 28	24 3	24 30	2 7	3 0	1 26	21 50	1 0	18 27	0 46	14 10	2 33
22	19 51	25 28	3 23	26 35	24 44	2 11	3 19	1 31	21 48	1 3	18 30	0 46	14 8	2 32
23	20 4	27 23	4 8	27 53	24 57	2 14	3 37	1 36	21 47	1 6	18 33	0 46	14 7	2 32
24	20 17	28 3	4 41	27 53	25 9	2 17	3 56	1 40	21 45	1 9	18 36	0 46	14 6	2 32
25	20 30	27 24	5 3	26 36	25 19	2 20	4 16	1 45	21 43	1 12	18 39	0 46	14 5	2 32
26	20 42	25 31	5 11	24 8	25 28	2 22	4 35	1 49	21 41	1 15	18 43	0 46	14 4	2 32
27	20 53	22 30	5 7	20 37	25 35	2 23	4 55	1 53	21 40	1 17	18 46	0 46	14 2	2 32
28	21 5	18 31	4 48	16 13	25 41	2 25	5 15	1 56	21 38	1 20	18 49	0 46	14 1	2 32
29	21 15	13 43	4 17	11 4	25 46	2 26	5 35	2 0	21 36	1 23	18 52	0 46	14 0	2 31
30	21S26	8S15	3S33	5S20	25S49	2S26	5S55	2N 3	21N34	1N25	18S55	0N46	13N59	2S31

DAY	♅ DECL	♅ LAT	♆ DECL	♆ LAT	♇ DECL	♇ LAT
1	21S33	0S32	20N47	0S35	16N58	6S29
5	21 32	0 32	20 47	0 35	16 58	6 29
9	21 30	0 32	20 47	0 35	16 57	6 29
13	21 29	0 32	20 48	0 35	16 57	6 30
17	21 27	0 32	20 48	0 35	16 57	6 30
21	21 26	0 32	20 48	0 35	16 57	6 30
25	21 24	0 32	20 49	0 35	16 57	6 30
29	21S22	0S32	20N50	0S35	16N57	6S30

☽ PHENOMENA				
d	h	m		
6	15	48	○	
13	7	20	☾	
20	20	49	●	
29	1	42	☽	
d	h	°	'	
3	23	0		
10	4	28N	5	
16	17	0		
24	0	28S	3	
5	20	0		
11	23	5N16		
18	17	0		
26	3	5S12		

VOID OF COURSE ☽ LAST ASPT	☽ INGRESS
1 3am56	1 ♓ 6am12
3 11am39	3 ♈ 1pm49
5 3pm49	5 ♉ 5pm54
7 5pm43	7 ♊ 7pm29
9 6pm 5	9 ♋ 8pm11
11 8pm47	11 ♌ 9pm39
13 10pm44	14 ♍ 1am 6
16 4am31	16 ♎ 7am 4
18 12pm45	18 ♏ 3pm28
20 8pm49	21 ♐ 1am54
23 10am54	23 ♑ 1pm55
25 8pm 9	26 ♒ 2am40
28 11am25	28 ♓ 2pm32
30 11pm 5	30 ♈ 11pm36

d	h	
8	18	PERIGEE
24	16	APOGEE

DAILY ASPECTARIAN

Day	Aspect	Time
1 W	☽#♇	0am28
	♀✶♆	3 33
	☽△♇	3 56
	☽∥☿	5 17
	☽#♄	11 54
	☉∥☽	1pm44
	☿⚼♇	6 51
	☉△☽	10 6
	☽⚼♆	10 53
	☽□♂	11 58
2 Th	☽∠♅	2am29
	☽△☿	10 9
	☽✶♄	2pm49
	☉#♄	5 25
	☉⚻♂	6 6
	☿#♇	9 57
	☽△♃	10 50
3 F	☽△♆	2am37
	☉⚼☽	4 8
	☽☍♀	5 25
	☽✶♅	6 9
	☽□♇	11 39
	☽⚼☿	5pm 9
	☽∠♄	5 52
	☽#♀	6 29
	♀△♅	6 36
	☿∥♃	8 32
	☿☍♄	10 58
4 S	☽⚼♃	2am12
	☽∥♀	3 44
	☽✶♂	5 33
	☉⚻☽	9 0
	♂∠♆	1pm 9
	☽⚺♄	8 1
	☽⚻☿	10 50
5 Su	☽⚻♃	4am40
	☽∠♂	7 3
	☽□♆	7 21
	☽□♅	10 47
	☽⚻♀	1pm 4
	☽✶♇	3 49
6 M	☉∠♀	4am48
	☽∥♄	6 2
	☽⚺♂	7 51
	☉#☽	11 6
	☽⚼♀	3pm39
	☉☍☽	3 48
	☽∥♇	4 17
	☽∠♇	4 51
	☽#♃	7 17
	☽☌♄	10 13
7 T	☽#☿	2am 9
	☉⚼♇	6 47
	☽☍☿	7 10
	☽☍♃	7 31
	☽✶♆	9 19
	☽∥♆	9 42
	☿☌♃	10 55
	☽△♅	12pm43
	♀□♇	12 43
	☽#♅	1 22
	☽∥♂	3 39
	☽⚺♇	5 26
	☽△♀	5 43
8 W	☿△♆	3am23
	☽☌♂	8 5
	☽∠♆	9 43
	☽⚼♅	1pm 9
	☉⚻☽	8 21
	☽⚺♄	10 49
9 Th	♀ ♎	0am55
	☽⚻♃	9 1
	☽⚺♆	10 2
	☿✶♅	12pm42
	☽⚻♅	1 31
	☽⚻☿	1 37
	☽☌♇	6 5
	☽□♀	9 22
	☉⚼☽	10 29
	☽∠♄	11 3
10 F	☉☍♄	6am11
	☽⚺♂	7 51
	☽⚼♃	9 49
	☿#♆	10 35
	☉#♇	3pm25
	☽⚼☿	4 58
	☽✶♄	11 29
	♀⚼♄	11 46
11 S	☉△☽	0am53
	☽∠♂	8 2
	☿⚻♇	8 19
	☽△♃	10 56
	☽☌♆	11 12
	☽☍♅	2pm54
	☽⚺♇	7 26
	☽△☿	8 47
12 Su	☿∥♅	1am17
	☽✶♀	2 4
	♃△♆	3 11
	☿ ♐	4 56
	☽✶♂	8 36
	☽∥♂	7pm 2
	☽#☿	7 50
	☽∠♇	8 47
	☽#♅	9 37
13 M	☽∥♆	1am17
	☽□♄	1 39
	☿#♂	4 18
	☽∠♀	5 20
	☉□☽	7 20
	☽⚺♆	2pm 8
	☽□♃	2 43
	☽#♃	2 49
	☉#☽	3 58
	☽⚻♅	6 9
	☽∥♇	7 50
	☽✶♇	10 44
14 T	☽□☿	6am37
	☽∥♄	7 28
	☽⚺♀	9 23
	☽□♂	11 18
	☽∠♆	4pm30
	☉∥♃	8 41
	☽⚼♅	8 42
15 W	☽△♄	6am 9
	♀△♂	6 31
	☉✶☽	4pm48
	☿☍♂	5 37
	☽✶♆	7 31
	☽✶♃	9 6
	☽△♅	11 55
16 Th	☽□♇	4am31
	☽⚼♄	9 21
	☽#♀	10 15
	☽△♂	4pm18
	☿✶♀	6 22
	☽☌♀	7 56
	☽✶☿	8 0
	☉∠☽	10 45
	☽∥♀	11 59
17 F	☽∠♃	1am17
	☉△♆	3 56
	☽⚻♄	1pm 8
	☽⚼♂	7 38
	☿⚼♆	11 6
18 S	☽□♆	3am23
	☽∠☿	3 58
	☉⚺☽	5 27
	☽⚺♃	6 5
	☽□♅	8 10
	☽△♇	12pm45
	☉☌♃	3 27
	☽⚻♂	11 27
19 Su	☽#♄	4am 5
	☽⚺♀	9 32
	☽⚺☿	12pm41
	☿∠♅	4 21
	☉✶♅	4 28
	☽#♇	5 19
	☽⚼♇	5 39
	☽☍♄	10 19
20 M	☽∥♃	0am46
	☉∥☽	6 32
	☽△♆	1pm23
	☽#♆	2 16
	♀∠♃	4 49
	☽☌♃	5 18
	☽∠♀	5 20
	☽∥♅	6 4
	☽✶♅	6 33
	☽#♂	8 34
	☉☌☽	8 49
	☽⚻♇	11 1
21 T	☽☍♂	8am23
	☽∥☿	4pm57
	☽⚼♆	7 2
	☉⚻♇	10 55
22 W	☽∠♅	0am24
	☽✶♀	1 42
	☽☌☿	8 1
	☽⚻♄	9 17
	☿⚻♄	5pm52
23 Th	☽⚻♆	1am 3
	☽⚺♃	6 16
	☽⚺♅	6 35
	☉ ♐	9 56
	☽☍♇	10 54
	☉⚺☽	2pm18
	☽⚼♄	3 16
	☽⚻♂	6 40
24 F	♃✶♅	3am 6
	☽∠♃	1pm10
	☽□♀	7 41
	☽△♄	9 26
	☉∠☽	11 30
25 S	☽⚼♂	0am 7
	☽⚺☿	4 59
	☉☍♂	4 59
	☽☍♆	1pm40
	♀⚻♄	2 56
	☽☌♅	7 31
	☽✶♃	8 9
	☽⚻♇	11 33
26 Su	☽∥☿	0am28
	☽△♂	5 34
	☉✶☽	8 41
	♀⚼♂	10 51
	☽∠☿	3pm26
	☉#♆	8 30
27 M	☽#♂	5am37
	☽⚼♇	5 42
	☽∥♅	7 20
	☽□♄	9 35
	☉∥☽	9 55
	☽#♆	10 48
	☽△♀	1pm49
	☽∥♃	10 25
28 T	☽✶☿	1am22
	☽⚻♆	1 49
	☿⚻♆	5 13
	☽⚺♅	7 48
	☽#♇	8 18
	☽□♃	9 19
	☽△♇	11 25
	☽□♂	3pm36
	☽⚼♀	10 6
	☽#♄	10 40
29 W	☉□☽	1am42
	☽⚼♆	7 5
	☽∠♅	1pm 4
	☉∥♅	2 15
	☽✶♄	7 54
30 Th	♂ ♉	4am12
	☽⚻♀	5 25
	☽∥♀	9 7
	☽△♆	11 32
	☿⚺♅	12pm14
	☉#♂	2 50
	☽✶♅	5 27
	☽□☿	6 1
	☽△♃	7 41
	☽□♇	8 35
	☽✶♂	11 5
	☽∠♄	11 48

DECEMBER 1911

LONGITUDE

DAY	SID. TIME	☉	☽	☽ 12 Hour	MEAN ☊	TRUE ☊	☿	♀	♂	♃	♄	♅	♆	♇
	h m s	° ' "	° ' "	° ' "	° '	° '	° '	° '	° '	° '	° '	° '	° '	° '
1	4 34 56	7♐ 40 52	0♈ 13 20	6♈ 48 22	28♈ 45	0♉ 20	27♐ 19	21♎ 2	29♉ 43R	27♏ 55	15♉ 7R	26♑ 41	23♋ 29R	28♊ 22R
2	4 38 52	8 41 42	13 30 5	20 18 45	28 42	0 22	28 38	22 5	29 22	28 8	15 3	26 43	23 28	28 21
3	4 42 49	9 42 32	27 14 30	4♉ 17 21	28 39	0 23R	29 55	23 8	29 2	28 22	14 58	26 46	23 27	28 20
4	4 46 46	10 43 23	11♉ 27 5	18 43 20	28 36	0 22	1♑ 9	24 12	28 42	28 35	14 54	26 49	23 26	28 19
5	4 50 42	11 44 15	26 5 30	3♊ 32 47	28 33	0 20	2 22	25 16	28 23	28 48	14 50	26 52	23 25	28 17
6	4 54 39	12 45 9	11♊ 4 11	18 38 35	28 29	0 15	3 31	26 20	28 4	29 1	14 46	26 54	23 24	28 16
7	4 58 35	13 46 3	26 14 41	3♋ 51 11	28 26	0 9	4 38	27 24	27 46	29 14	14 42	26 57	23 22	28 15
8	5 2 32	14 46 58	11♋ 26 42	19 0 0	28 23	0 2	5 40	28 29	27 29	29 28	14 38	27 0	23 21	28 14
9	5 6 28	15 47 55	26 29 52	3♌ 55 17	28 20	29♈ 55	6 39	29 34	27 12	29 41	14 34	27 3	23 20	28 13
10	5 10 25	16 48 52	11♌ 15 27	18 29 42	28 17	29 49	7 32	0♏ 40	26 56	29 54	14 31	27 6	23 19	28 12
11	5 14 22	17 49 51	25 37 39	2♍ 39 3	28 13	29 45	8 20	1 46	26 41	0♐ 7	14 27	27 9	23 17	28 10
12	5 18 18	18 50 51	9♍ 33 52	16 22 12	28 10	29 43D	9 2	2 52	26 26	0 20	14 23	27 11	23 16	28 9
13	5 22 15	19 51 52	23 4 19	29 40 32	28 7	29 42	9 37	3 58	26 12	0 33	14 20	27 14	23 15	28 8
14	5 26 11	20 52 54	6♎ 11 15	12♎ 36 56	28 4	29 43	10 3	5 4	25 59	0 46	14 17	27 17	23 13	28 7
15	5 30 8	21 53 57	18 58 4	25 15 6	28 1	29 44R	10 21	6 11	25 46	0 59	14 13	27 20	23 12	28 6
16	5 34 4	22 55 1	1♏ 28 32	7♏ 38 49	27 58	29 45	10 29R	7 18	25 35	1 12	14 10	27 23	23 10	28 5
17	5 38 1	23 56 5	13 46 21	19 51 32	27 54	29 44	10 26	8 25	25 24	1 24	14 7	27 27	23 9	28 3
18	5 41 57	24 57 11	25 54 43	1♐ 56 13	27 51	29 40	10 12	9 33	25 14	1 37	14 4	27 30	23 8	28 2
19	5 45 54	25 58 18	7♐ 56 17	13 55 11	27 48	29 34	9 47	10 40	25 5	1 50	14 1	27 33	23 6	28 1
20	5 49 51	26 59 25	19 53 6	25 50 15	27 45	29 25	9 10	11 48	24 56	2 3	13 58	27 36	23 5	28 0
21	5 53 47	28 0 32	1♑ 46 47	7♑ 42 52	27 42	29 14	8 21	12 56	24 49	2 15	13 55	27 39	23 3	27 59
22	5 57 44	29 1 41	13 38 41	19 34 25	27 39	29 1	7 22	14 4	24 42	2 28	13 52	27 42	23 2	27 57
23	6 1 40	0♑ 2 50	25 30 13	1♒ 26 21	27 35	28 49	6 14	15 13	24 36	2 41	13 50	27 45	23 0	27 56
24	6 5 37	1 3 58	7♒ 23 3	13 20 35	27 32	28 37	4 59	16 21	24 31	2 53	13 47	27 49	22 59	27 55
25	6 9 33	2 5 7	19 19 18	25 19 33	27 29	28 28	3 39	17 30	24 27	3 6	13 45	27 52	22 57	27 54
26	6 13 30	3 6 17	1♓ 21 46	7♓ 26 24	27 26	28 21	2 16	18 39	24 24	3 18	13 42	27 55	22 55	27 53
27	6 17 26	4 7 26	13 33 57	19 44 56	27 23	28 16	0 55	19 48	24 21	3 31	13 40	27 59	22 54	27 51
28	6 21 23	5 8 35	25 59 56	2♈ 19 30	27 19	28 14D	29♐ 36	20 57	24 19	3 43	13 38	28 2	22 52	27 50
29	6 25 20	6 9 44	8♈ 44 13	15 14 39	27 16	28 14	28 23	22 6	24 18D	3 55	13 36	28 5	22 51	27 49
30	6 29 16	7 10 54	21 51 19	28 34 40	27 13	28 14R	27 18	23 16	24 18	4 8	13 34	28 9	22 49	27 48
31	6 33 13	8♑ 12 3	5♉ 25 5	12♉ 22 48	27♈ 10	28♈ 14	26♐ 22	24♏ 26	24♉ 19	4♐ 20	13♉ 32	28♑ 12	22♋ 47	27♊ 47

DECLINATION and LATITUDE

DAY	☉ DECL	☽ DECL	☽ LAT	☽ 12hr DECL	☿ DECL	☿ LAT	♀ DECL	♀ LAT	♂ DECL	♂ LAT	♃ DECL	♃ LAT	♄ DECL	♄ LAT
1	21S36	2S18	2S37	0N48	25S51	2S26	6S15	2N 7	21N31	1N28	18S58	0N46	13N58	2S31
2	21 46	3N56	1 30	7 6	25 51	2 25	6 36	2 10	21 29	1 30	19 1	0 46	13 57	2 31
3	21 55	10 14	0 17	13 17	25 50	2 23	6 56	2 13	21 27	1 32	19 4	0 46	13 56	2 31
4	22 4	16 13	0N60	18 58	25 48	2 21	7 17	2 16	21 25	1 35	19 7	0 46	13 55	2 31
5	22 12	21 28	2 15	23 39	25 44	2 18	7 38	2 18	21 23	1 37	19 10	0 46	13 54	2 30
6	22 20	25 27	3 22	26 48	25 39	2 15	7 59	2 21	21 21	1 39	19 13	0 46	13 53	2 30
7	22 28	27 40	4 16	28 0	25 32	2 10	8 20	2 23	21 19	1 41	19 15	0 45	13 52	2 30
8	22 35	27 48	4 52	27 5	25 24	2 5	8 41	2 25	21 17	1 43	19 18	0 45	13 51	2 30
9	22 42	25 53	5 7	24 15	25 15	1 58	9 2	2 27	21 15	1 45	19 21	0 45	13 50	2 30
10	22 48	22 14	5 2	19 55	25 5	1 51	9 23	2 29	21 13	1 47	19 24	0 45	13 49	2 29
11	22 54	17 20	4 37	14 33	24 53	1 42	9 44	2 30	21 11	1 49	19 27	0 45	13 48	2 29
12	22 59	11 38	3 57	8 38	24 41	1 32	10 5	2 32	21 9	1 51	19 29	0 45	13 47	2 29
13	23 4	5 34	3 4	2 30	24 27	1 21	10 26	2 33	21 8	1 52	19 32	0 45	13 47	2 29
14	23 8	0S34	2 3	3S36	24 13	1 9	10 47	2 35	21 6	1 54	19 35	0 45	13 46	2 29
15	23 12	6 33	0 58	9 24	23 58	0 55	11 8	2 36	21 5	1 55	19 38	0 45	13 45	2 28
16	23 16	12 8	0S 9	14 44	23 43	0 40	11 29	2 37	21 3	1 57	19 40	0 45	13 44	2 28
17	23 19	17 10	1 15	19 24	23 27	0 24	11 50	2 37	21 2	1 58	19 43	0 45	13 44	2 28
18	23 21	21 26	2 15	23 14	23 10	0 7	12 11	2 38	21 1	1 60	19 45	0 45	13 43	2 28
19	23 23	24 46	3 9	26 1	22 54	0N12	12 31	2 39	20 60	2 1	19 48	0 45	13 42	2 27
20	23 25	26 58	3 55	27 36	22 37	0 31	12 51	2 39	20 59	2 2	19 51	0 45	13 42	2 27
21	23 26	27 56	4 29	27 55	22 21	0 51	13 12	2 39	20 58	2 3	19 53	0 45	13 41	2 27
22	23 27	27 36	4 52	26 57	22 4	1 11	13 32	2 40	20 58	2 4	19 56	0 45	13 40	2 27
23	23 27	25 60	5 2	24 46	21 48	1 30	13 52	2 40	20 57	2 5	19 58	0 45	13 40	2 26
24	23 27	23 15	4 59	21 30	21 32	1 49	14 11	2 39	20 57	2 6	20 1	0 45	13 39	2 26
25	23 26	19 31	4 43	17 20	21 17	2 7	14 31	2 39	20 57	2 7	20 3	0 45	13 39	2 26
26	23 25	14 57	4 15	12 25	21 3	2 23	14 50	2 39	20 57	2 8	20 5	0 45	13 39	2 26
27	23 23	9 45	3 34	6 58	20 50	2 37	15 9	2 38	20 57	2 9	20 8	0 45	13 38	2 25
28	23 21	4 4	2 42	1 7	20 39	2 48	15 28	2 38	20 57	2 10	20 10	0 45	13 38	2 25
29	23 18	1N55	1 42	4N57	20 29	2 58	15 46	2 37	20 58	2 10	20 12	0 45	13 37	2 25
30	23 15	7 60	0 34	11 0	20 21	3 4	16 4	2 36	20 58	2 11	20 15	0 45	13 37	2 25
31	23S12	13N56	0N38	16N44	20S16	3N 9	16S22	2N35	20N59	2N12	20S17	0N45	13N37	2S24

DAY	♅ DECL	♅ LAT	♆ DECL	♆ LAT	♇ DECL	♇ LAT
1	21S21	0S32	20N50	0S35	16N56	6S30
5	21 19	0 32	20 51	0 35	16 56	6 30
9	21 17	0 32	20 51	0 35	16 56	6 30
13	21 14	0 32	20 52	0 35	16 56	6 30
17	21 12	0 32	20 53	0 35	16 57	6 30
21	21 9	0 32	20 54	0 35	16 57	6 30
25	21 7	0 32	20 55	0 35	16 57	6 29
29	21S 4	0S32	20N56	0S35	16N57	6S29

☽ PHENOMENA

d	h	m	
6	2	52	○
12	17	46	☾
20	15	40	●
28	18	47	☽

d	h	° '
1	9	0
7	14	28N 0
13	22	0
21	6	27S58
28	16	0

d	h	° '
3	5	0
9	5	5N 8
15	21	0
23	7	5S 3
30	11	0

VOID OF COURSE ☽

LAST ASPT		☽ INGRESS		
3	1am52	3	♉	4am43
5	4am26	5	♊	6am18
7	3am10	7	♋	5am55
9	5am21	9	♌	5am39
11	4am20	11	♍	7am27
13	9am10	13	♎	12pm36
15	5pm27	15	♏	9pm 9
18	3am10	18	♐	8am 8
20	4pm20	20	♑	8pm24
23	4am35	23	♒	9am 6
25	5pm 6	25	♓	9pm18
28	6am14	28	♈	7am36
30	11am16	30	♉	2pm31

d	h	
7	1	PERIGEE
22	2	APOGEE

DAILY ASPECTARIAN

1 F ☿⚺♃ 1pm15; ☉△☽ 2 42; ☉⚼♆ 6 44; ☿☍♇ 6 54; ☽⚼♃ 11 21

2 S ☽∠♂ 1am30; ☽⚺♄ 2 43; ☽#♀ 10 39; ☿⚻♂ 10 54; ☽☍♀ 4pm20; ☽□♆ 5 28; ☉⚼☽ 7 18; ♃⚻♇ 8 37; ☽□♅ 11 11

3 Su ☿⚼♄ 1am 9; ☿ ♑ 1 44; ☽⚹♇ 1 52; ☽⚻♃ 1 57; ☽⚺♂ 2 59; ☽△☿ 5 1; ♀□♆ 6 58; ☽∥♄ 2pm32; ☉⚻☽ 10 42

4 M ☽∥♇ 3am 3; ☽∠♇ 3 5; ♂☍♃ 5 17; ☽☌♄ 5 41; ☽⚼☿ 8 30; ☽#♃ 12pm46; ☽⚹♆ 7 39; ☽∥♆ 8 52; ☽⚻♀ 10 33; ☽#♅ 11 14; ☽∥♂ 11 35

5 T ☽△♅ 1am15; ☉∠♅ 3 0; ☽⚺♇ 3 33; ☽☌♂ 3 37; ☉#☽ 3 58; ☽☍♃ 4 26; ♂⚺♇ 7 28; ☽⚻☿ 10 58; ☽∠♆ 7pm45

6 W ☽⚼♀ 0am27; ☽⚼♅ 1 20; ☽#☿ 1 29; ☉☍☽ 2 52; ☽⚺♄ 5 51; ♀□♅ 1pm22; ☽⚺♆ 7 28

7 Th ☽⚻♅ 1am 7; ☽△♀ 1 58; ☽⚺♂ 2 22; ☽☌♇ 3 10; ☽⚻♃ 4 48; ☽∠♄ 5 26; ♀⚻♂ 6 21; ☽☍☿ 2pm13; ♂#♅ 5 58; ♀△♇ 6 26; ☉⚻♄ 8 47

8 F ☽∠♂ 1am37; ☽⚼♃ 4 51; ☽⚹♄ 5 3; ☉⚻☽ 5 40; ☽☌♆ 6pm56

9 S ☽☍♅ 0am53; ☽⚹♂ 1 7; ☽⚺♇ 2 46; ♀⚺♃ 2 50; ☽△♃ 5 12; ☽#☿ 5 19; ☽□♀ 5 21; ☉⚼☽ 7 27; ♀ ♏ 9 23; ♂△♅ 11 47; ☽⚻☿ 5pm31; ☉#☽ 8 57

10 Su ☽∠♇ 3am11; ☽#♅ 5 11; ☽□♄ 5 21; ☽#♂ 5 29; ☽∥♆ 7 16; ☉△☽ 9 54; ♃ ♐ 11 35; ☽#♃ 2pm20; ☽⚼☿ 7 55; ☽⚺♆ 8 3

11 M ☽#♇ 1am44; ☽□♂ 1 45; ☽⚻♅ 2 35; ☽⚹♇ 4 20; ☽□♃ 7 46; ☽⚹♀ 11 22; ☽∥♄ 3pm11; ☽∠♆ 9 44; ☽△☿ 11 2

12 T ☽⚼♅ 4am38; ☽#♀ 5 53; ☽△♄ 8 27; ☽∠♀ 3pm58; ☉□☽ 5 46

13 W ☽⚹♆ 0am19; ☽△♂ 5 34; ☽△♅ 7 35; ☽□♇ 9 10; ☽⚼♄ 11 19; ☽⚹♃ 1pm49; ☽⚺♀ 9 44

14 Th ☽□☿ 7am24; ☽⚼♂ 8 47; ☽⚻♄ 3pm 3; ☽∠♃ 6 14

15 F ☉⚹☽ 6am 4; ☽□♆ 8 3; ☽⚻♂ 12pm48; ☽□♅ 4 5; ☽△♇ 5 27; ☽∥♀ 8 53; ☽⚺♃ 11 26

16 S ☉⚻♆ 5am56; ☿SR 5 59; ☽#♄ 7 18; ☽☌♀ 12pm27; ☉∠☽ 1 40; ☿⚼♂ 3 12; ☽⚹☿ 5 30; ☽⚼♇ 10 36; ☽#♇ 10 51

17 Su ☽☍♄ 0am40; ☉∥☿ 10 1; ☽∥♃ 1pm53; ☽△♆ 6 29; ☽#♆ 8 39; ☽#♂ 9 25; ☉⚺☽ 9 55; ☿⚼♂ 9 57; ☽∥♅ 10 28; ☽∠☿ 10 38; ☽☍♂ 10 40

18 M ☽⚹♅ 3am10; ☽⚻♇ 4 13; ☉⚻♂ 5 43; ☿⚹♀ 10 34; ☽∥☿ 10 44; ☽☌♃ 11 34; ☉∥☽ 1pm 4

19 T ☽⚼♆ 0am20; ☽⚺☿ 3 32; ☽⚺♀ 6 3; ☽∠♅ 9 17; ☽⚻♄ 12pm 8

20 W ☽⚻♆ 6am25; ☽⚻♂ 10 5; ☉⚺♅ 3pm 6; ☽∠♀ 3 25; ☽⚺♅ 3 37; ☉☌☽ 3 40; ☽☍♇ 4 20; ☽⚼♄ 6 14; ☉☍♇ 11 16

21 Th ♀⚼♇ 0am54; ☽⚺♃ 0 59; ☽☌☿ 12pm19; ☉∠♀ 3 23; ☽⚼♂ 4 6; ♀☍♄ 7 57; ☉⚼♄ 8 27

22 F ☽△♄ 0am27; ☽⚹♀ 0 57; ☽∠♃ 7 53; ♀#♄ 10 12; ☽☍♆ 6pm57; ☽△♂ 10 12; ☉ ♑ 10 53

23 S ☽☌♅ 4am35; ☽⚻♇ 4 55; ☉⚺☽ 10 3; ☽⚹♃ 2pm46; ☽⚺☿ 7 38; ☉∥☽ 10 33

24 Su ☽⚼♇ 11am 8; ☽∥☿ 12pm35; ☽□♄ 12 51; ☽∥♅ 2 23; ☽#♂ 3 27; ☽#♆ 3 37; ☉∠☽ 7 6; ☽□♀ 7 58; ☽∥♃ 8 54; ☽∠☿ 10 47

25 M ☽⚻♆ 7am15; ☿⚺♃ 8 21; ♅⚻♇ 10 10; ☽□♂ 10 12; ☿∠♀ 10 56; ☽#♇ 1pm59; ☉☌☿ 3 40; ☽△♇ 5 6; ☽⚺♅ 5 8; ☿∥♅ 5 58

26 T ☽∥♀ 0am33; ☽⚹☿ 1 37; ☉⚹☽ 3 46; ☽□♃ 3 55; ☉⚺♃ 5 55; ☽#♄ 6 19; ☿#♂ 10 56; ☽⚼♆ 12pm56; ☿#♆ 1 8; ☽∠♅ 10 51

27 W ☽⚹♄ 0am12; ☽△♀ 1pm20; ☿ ♐ 4 53; ☽△♆ 6 2; ☽⚹♂ 8 48

28 Th ☽□♇ 3am30; ☽⚹♅ 3 53; ☽∠♄ 5 0; ☽□☿ 6 14; ☽△♃ 2pm52; ☉□☽ 6 47; ☿⚼♄ 7 34; ☽⚼♀ 8 40

29 F ☽∠♂ 1am 3; ☿⚺♅ 6 6; ☽⚺♄ 8 58; ☿☍♇ 12pm27; ♀△♆ 2 58; ♂SD 4 30; ☽⚼♃ 7 0

30 S ☽□♆ 1am44; ☽⚻♀ 2 46; ☽⚺♂ 4 24; ☽△☿ 9 4; ☽⚹♇ 10 36; ☽□♅ 11 16; ☿∥♃ 7pm18; ♀☍♂ 9 41; ☽⚻♃ 10 5; ☽∥♄ 10 40

31 Su ☉△☽ 5am12; ☽⚼☿ 9 41; ☽#♀ 10 58; ☽∠♇ 12pm40; ☽∥♇ 12 56; ☽☌♄ 1 57; ☿⚺♀ 11 58

LONGITUDE

DAY	SID. TIME	☉	☽	☽ 12 Hour	MEAN ☊	TRUE ☊	☿	♀	♂	♃	♄	♅	♆	♇
	h m s	° ' "	° ' "	° ' "	° '	° '	° '	° '	° '	° '	° '	° '	° '	° '
1	6 37 9	9♑ 13 11	19♉ 27 55	26♉ 40 19	27♈ 7	28♈ 12R	25♐ 35R	25♏ 35	24♉ 20	4♐ 32	13♉ 31R	28♑ 15	22♋ 46R	27♊ 46R
2	6 41 6	10 14 20	3♊ 59 42	11♊ 25 29	27 4	28 8	24 59	26 45	24 23	4 44	13 29	28 19	22 44	27 44
3	6 45 2	11 15 29	18 56 55	26 32 55	27 0	28 1	24 33	27 55	24 25	4 56	13 28	28 22	22 43	27 43
4	6 48 59	12 16 38	4♋ 12 17	11♋ 53 35	26 57	27 51	24 18	29 5	24 29	5 8	13 26	28 25	22 41	27 42
5	6 52 56	13 17 46	19 35 19	27 15 57	26 54	27 40	24 11D	0♐ 16	24 34	5 20	13 25	28 29	22 39	27 41
6	6 56 52	14 18 55	4♌ 53 59	12♌ 28 3	26 51	27 29	24 15	1 26	24 39	5 32	13 24	28 32	22 38	27 40
7	7 0 49	15 20 3	19 56 58	27 19 45	26 48	27 19	24 26	2 37	24 44	5 44	13 23	28 36	22 36	27 39
8	7 4 45	16 21 12	4♍ 35 41	11♍ 44 15	26 45	27 10	24 45	3 47	24 51	5 55	13 22	28 39	22 34	27 38
9	7 8 42	17 22 20	18 45 15	25 38 38	26 41	27 5	25 12	4 58	24 58	6 7	13 21	28 43	22 33	27 36
10	7 12 38	18 23 28	2♎ 24 35	9♎ 3 24	26 38	27 2	25 44	6 9	25 6	6 18	13 20	28 46	22 31	27 35
11	7 16 35	19 24 37	15 35 32	22 1 29	26 35	27 1D	26 23	7 20	25 14	6 30	13 20	28 50	22 29	27 34
12	7 20 31	20 25 45	28 21 51	4♏ 37 14	26 32	27 1R	27 6	8 31	25 23	6 41	13 19	28 53	22 27	27 33
13	7 24 28	21 26 53	10♏ 48 15	16 55 32	26 29	27 1	27 54	9 42	25 33	6 53	13 19	28 57	22 26	27 32
14	7 28 25	22 28 2	22 59 40	29 1 14	26 25	26 59	28 46	10 53	25 44	7 4	13 18	29 0	22 24	27 31
15	7 32 21	23 29 10	5♐ 0 44	10♐ 58 39	26 22	26 54	29 42	12 5	25 55	7 15	13 18D	29 4	22 22	27 30
16	7 36 18	24 30 18	16 55 25	22 51 25	26 19	26 47	0♑ 42	13 16	26 6	7 26	13 18	29 7	22 21	27 29
17	7 40 14	25 31 25	28 46 59	4♑ 42 25	26 16	26 36	1 44	14 28	26 18	7 37	13 18	29 11	22 19	27 28
18	7 44 11	26 32 33	10♑ 37 56	16 33 46	26 13	26 23	2 49	15 39	26 31	7 48	13 19	29 14	22 17	27 27
19	7 48 7	27 33 39	22 30 4	28 27 1	26 10	26 8	3 56	16 51	26 44	7 59	13 19	29 18	22 16	27 26
20	7 52 4	28 34 46	4♒ 24 44	10♒ 23 23	26 6	25 53	5 6	18 3	26 58	8 10	13 19	29 21	22 14	27 25
21	7 56 0	29 35 51	16 23 5	22 24 0	26 3	25 38	6 17	19 15	27 12	8 20	13 20	29 25	22 12	27 24
22	7 59 57	0♒ 36 55	28 26 18	4♓ 30 12	26 0	25 26	7 31	20 27	27 27	8 31	13 20	29 29	22 11	27 23
23	8 3 54	1 37 59	10♓ 35 57	16 43 49	25 57	25 16	8 46	21 38	27 43	8 41	13 21	29 32	22 9	27 22
24	8 7 50	2 39 2	22 54 9	29 7 17	25 54	25 10	10 2	22 51	27 58	8 52	13 22	29 36	22 7	27 21
25	8 11 47	3 40 4	5♈ 23 39	11♈ 43 42	25 51	25 6	11 20	24 3	28 15	9 2	13 23	29 39	22 6	27 20
26	8 15 43	4 41 5	18 7 52	24 36 39	25 47	25 5D	12 40	25 15	28 32	9 12	13 24	29 43	22 4	27 19
27	8 19 40	5 42 4	1♉ 10 31	7♉ 49 56	25 44	25 5R	14 0	26 27	28 49	9 22	13 25	29 46	22 2	27 18
28	8 23 36	6 43 3	14 35 17	21 26 55	25 41	25 5	15 22	27 39	29 7	9 32	13 27	29 50	22 1	27 17
29	8 27 33	7 44 0	28 25 3	5♊ 29 48	25 38	25 4	16 44	28 51	29 25	9 42	13 28	29 53	21 59	27 16
30	8 31 29	8 44 56	12♊ 41 3	19 58 34	25 35	25 0	18 8	0♑ 4	29 43	9 52	13 30	29 57	21 57	27 15
31	8 35 26	9♒ 45 51	27♊ 21 52	4♋ 50 13	25♈ 31	24♈ 53	19♑ 33	1♑ 16	0♊ 2	10♐ 2	13♉ 31	0♒ 0	21♋ 56	27♊ 15

DECLINATION and LATITUDE

DAY	☉ DECL	☽ DECL	☽ LAT	☽ 12hr DECL	☿ DECL	☿ LAT	♀ DECL	♀ LAT	♂ DECL	♂ LAT	♃ DECL	♃ LAT	♄ DECL	♄ LAT
1	23S 8	19N22	1N50	21N46	20S12	3N11	16S40	2N34	21N 0	2N12	20S19	0N45	13N37	2S24
2	23 3	23 52	2 57	25 35	20 11	3 11	16 57	2 33	21 1	2 13	20 21	0 45	13 36	2 24
3	22 58	26 53	3 54	27 42	20 12	3 9	17 14	2 32	21 2	2 13	20 24	0 45	13 36	2 23
4	22 53	27 59	4 36	27 43	20 14	3 5	17 31	2 31	21 4	2 14	20 26	0 45	13 36	2 23
5	22 47	26 56	4 58	25 38	20 19	3 1	17 47	2 29	21 5	2 14	20 28	0 45	13 36	2 23
6	22 41	23 52	4 58	21 48	20 25	2 55	18 3	2 28	21 7	2 15	20 30	0 45	13 36	2 23
7	22 34	19 14	4 38	16 29	20 32	2 48	18 18	2 26	21 9	2 15	20 32	0 45	13 36	2 22
8	22 27	13 33	3 60	10 28	20 40	2 41	18 33	2 25	21 10	2 15	20 34	0 45	13 36	2 22
9	22 19	7 20	3 7	4 9	20 49	2 33	18 48	2 23	21 12	2 15	20 36	0 45	13 36	2 22
10	22 11	0 58	2 6	2S10	20 59	2 24	19 2	2 21	21 15	2 16	20 38	0 45	13 36	2 21
11	22 3	5S13	1 0	8 10	21 9	2 15	19 15	2 19	21 17	2 16	20 40	0 45	13 36	2 21
12	21 54	11 0	0S 7	13 42	21 19	2 6	19 29	2 17	21 19	2 16	20 42	0 45	13 36	2 21
13	21 44	16 13	1 12	18 33	21 29	1 57	19 41	2 15	21 22	2 16	20 44	0 45	13 36	2 21
14	21 35	20 40	2 12	22 33	21 40	1 47	19 54	2 13	21 24	2 16	20 46	0 45	13 37	2 20
15	21 24	24 11	3 6	25 33	21 49	1 38	20 6	2 11	21 27	2 16	20 47	0 45	13 37	2 20
16	21 14	26 38	3 51	27 24	21 59	1 28	20 17	2 8	21 30	2 16	20 49	0 45	13 37	2 20
17	21 3	27 52	4 25	27 60	22 8	1 19	20 28	2 6	21 33	2 17	20 51	0 45	13 37	2 19
18	20 51	27 48	4 48	27 18	22 16	1 9	20 38	2 3	21 36	2 17	20 53	0 45	13 38	2 19
19	20 40	26 28	4 58	25 21	22 24	0 60	20 48	2 1	21 39	2 17	20 54	0 45	13 38	2 19
20	20 27	23 57	4 56	22 17	22 31	0 50	20 57	1 58	21 42	2 17	20 56	0 45	13 39	2 19
21	20 15	20 23	4 40	18 16	22 37	0 41	21 6	1 56	21 46	2 17	20 58	0 45	13 39	2 18
22	20 2	15 57	4 12	13 28	22 42	0 32	21 14	1 53	21 49	2 16	20 59	0 45	13 39	2 18
23	19 48	10 51	3 31	8 7	22 46	0 23	21 21	1 50	21 52	2 16	21 1	0 45	13 40	2 18
24	19 35	5 17	2 41	2 22	22 50	0 15	21 28	1 47	21 56	2 16	21 3	0 45	13 40	2 17
25	19 21	0N35	1 42	3N34	22 52	0 6	21 35	1 45	21 60	2 16	21 4	0 45	13 41	2 17
26	19 6	6 33	0 37	9 30	22 53	0S 2	21 40	1 42	22 3	2 16	21 6	0 45	13 42	2 17
27	18 51	12 24	0N32	15 11	22 53	0 10	21 45	1 39	22 7	2 16	21 7	0 45	13 42	2 16
28	18 36	17 50	1 41	20 18	22 52	0 18	21 50	1 36	22 11	2 16	21 9	0 45	13 43	2 16
29	18 21	22 31	2 47	24 27	22 50	0 26	21 54	1 33	22 15	2 16	21 10	0 45	13 44	2 16
30	18 5	26 1	3 44	27 11	22 46	0 33	21 57	1 30	22 18	2 16	21 12	0 45	13 44	2 16
31	17S49	27N53	4N28	28N 5	22S42	0S41	21S60	1N27	22N22	2N15	21S13	0N45	13N45	2S15

DAY	♅ DECL	♅ LAT	♆ DECL	♆ LAT	♇ DECL	♇ LAT
1	21S 2	0S32	20N57	0S35	16N57	6S29
5	20 59	0 32	20 58	0 35	16 57	6 28
9	20 57	0 32	20 59	0 35	16 58	6 28
13	20 54	0 32	21 1	0 35	16 58	6 28
17	20 51	0 32	21 2	0 35	16 58	6 27
21	20 48	0 32	21 3	0 35	16 59	6 27
25	20 45	0 32	21 4	0 35	16 59	6 26
29	20S42	0S32	21N 5	0S35	16N60	6S26

☽ PHENOMENA

d	h	m	
4	13	30	○
11	7	43	☾
19	11	10	●
27	8	51	☽

d	h	° '
4	0	27N59
10	4	0
17	11	28S 0
24	22	0
31	11	28N 5
5	12	5N 1
11	21	0
19	7	4S59
26	13	0

d	h	
4	14	PERIGEE
18	2	APOGEE

VOID OF COURSE ☽

LAST ASPT		☽ INGRESS		
1	2pm40	1	♊	5pm29
3	1pm49	3	♋	5pm25
5	1pm58	5	♌	4pm17
7	12pm30	7	♍	4pm23
9	5pm30	9	♎	7pm42
12	1am 0	12	♏	3am 7
14	12pm 2	14	♐	1pm57
16	9pm20	17	♑	2am28
19	1pm47	19	♒	3pm 7
21	10pm 0	22	♓	3am 6
24	12pm58	24	♈	1pm41
26	9pm26	26	♉	9pm52
29	2am31	29	♊	2am42
30	11pm48	31	♋	4am15

DAILY ASPECTARIAN

Day	Aspect	Time
1 M	☉⚼♂	2am53
	☽#☿	4 0
	☽#♃	4 38
	☽⚹♆	5 30
	☽∥♆	7 47
	☽∥♂	8 3
	☽☌♂	8 9
	☽#♅	8 11
	☉⚼☽	8 32
	☽⚻☿	9 46
	☽☍♀	11 6
	☽⊻♇	1pm46
	☽△♅	2 40
	☉#☽	7 15
2 T	♀#♇	0am 7
	☽☍♃	1 13
	♂#♅	5 41
	☽∠♆	6 3
	☉⚻☽	10 50
	☽⚼♅	3pm 5
	☽⊻♄	3 16
	♀⚻♇	7 58
3 W	☽⊻♆	5am56
	☿⚻♂	8 12
	☽☍☿	8 41
	☽⊻♂	8 41
	♀⚹♅	9 39
	☽☌♇	1pm49
	☽⚻♅	2 55
	☽∠♄	2 59
	☽⚻♀	3 20
4 Th	☽⚻♃	1am28
	☽∠♂	8 17
	☉☍☽	1pm30
	☽⚹♄	2 23
	☽⚼♀	4 42
	♀ ♐	6 38
5 F	☽⚼♃	1am11
	☉△♄	2 45
	☿SD	3 29
	☽☌♆	4 47
	☽⚻☿	7 11
	☽⚹♂	7 48
	☽⊻♇	12pm38
	☽☍♅	1 58
	☽△♀	6 5
6 S	☽△♃	1am 0
	♅#♆	3 31
	☽⚼☿	6 56
	☉#☽	7 2
	☽∠♇	12pm18
	☽□♄	1 28
	☽∥♂	2 56
	☽∥♆	3 41
	☽#♅	3 44
	☉⚻☽	4 2
	☽#♃	5 55
	☽#☿	6 1
	☿∥♃	11 23
7 Su	☽#♀	3am59
	☽⊻♆	4 17
	☽△☿	7 25
	☽□♂	7 50
	☽∥♇	9 59
	☽⚹♇	12pm30
	☽⚻♅	2 8
	☉⚼☽	6 13
	☽□♀	10 32
	☽∥♄	11 47
8 M	☽□♃	2am15
	☽∠♆	4 58
	☿⚻♂	7 45
	☽△♄	2pm45
	☽⚼♅	3 19
	☉△☽	9 26
9 T	☽⚹♆	6am33
	☽△♂	10 55
	☽□☿	11 39
	☽□♇	3pm26
	☽⚼♄	4 45
	☿∥♅	4 54
	☽△♅	5 30
10 W	☿#♆	1am48
	♀☌♃	3 49
	☽⚹♃	7 7
	☽⚹♀	7 23
	☽⚼♂	2pm 3
	☽⚻♄	7 49
11 Th	♀⚼♆	3am 2
	☉□☽	7 43
	☽∠♃	11 11
	☽□♆	12pm50
	☽∠♀	1 52
	☽⚻♂	6 17
	☽⚹☿	9 27
	☽△♇	10 27
	☿#♂	11 58
12 F	☽□♅	1am 0
	☽#♄	11 35
	☿☍♇	1pm27
	☽⊻♃	4 15
	☽⊻♀	9 38
13 S	☽⚼♇	3am22
	☽#♇	3 46
	☽∠☿	4 24
	☽☍♄	4 54
	☿⚼♄	11 25
	☉∠♃	12pm23
	☉∥☿	6 5
	☽∥♀	7 17
	☉☍♆	10 29
	☽△♆	10 49
	☉⚹☽	10 51
14 Su	☽∥♃	0am34
	☽∥♅	1 19
	☽#♆	2 7
	☽#♂	4 35
	☉∥☽	5 22
	☽☍♂	5 31
	☽∥☿	6 24
	☿⊻♅	6 29
	☽⚻♇	8 59
	☽⚹♅	12pm 2
	☽⊻☿	12 28
	☉#♂	7 11
15 M	☽☌♃	4am34
	☽⚼♆	4 44
	☿ ♑	7 15
	☉∠☽	7 38
	♃⚼♆	1pm41
	☽☌♀	3 48
	☽⚻♄	4 42
	☽∠♅	6 19
	♄SD	8 22
16 T	♀⚻♄	0am40
	☽⚻♆	10 56
	☉⊻☽	4pm47
	♀∠♅	6 1
	☽⚻♂	6 53
	☽☍♇	9 20
	♃∥♅	10 36
	☽⚼♄	11 2
17 W	☽⊻♅	0am49
	☉#♆	2 10
	☽☌☿	6 34
	☽⊻♃	6pm11
	☉∥♃	9 29
	☉△♂	11 11
18 Th	☽⚼♂	1am49
	☉∥♅	2 42
	☽△♄	5 25
	☽⊻♀	11 18
	☉∥♀	2pm48
	☉⚻♇	8 57
	☽☍♆	11 31
19 F	☽∠♃	0am59
	♀∥♅	3 51
	☽△♂	8 43
	☽⚻♇	9 56
	☉☌☽	11 10
	☽☌♅	1pm47
	☽∠♀	8 57
	♀∥♃	9 20
20 S	☽⊻☿	1am32
	☽⚹♃	7 39
	☽∥☿	10 7
	☽#♂	3pm34
	♀#♆	3 59
	☽⚼♇	4 2
	☽□♄	5 53
	☉☌♅	7 28
	☽∥♀	7 48
	☽#♆	7 56
	☽∥♃	8 29
	☽∥♅	9 27
21 Su	☉∥☽	0am50
	☽⚹♀	6 21
	☉ ♒	9 29
	☽∠☿	10 53
	☽⚻♆	11 35
	♂⊻♇	5pm27
	☽#♇	6 45
	☽△♇	9 54
	☽□♂	10 0
22 M	☽⊻♅	2am 4
	☉⊻☽	4 43
	☽#♄	11 7
	☽⚼♆	5pm14
	☽⚹☿	7 59
	☽□♃	8 12
	☿⊻♃	10 22
23 T	☽⚹♄	5am24
	☽∠♅	7 45
	♀⚻♆	9 53
	☉∠☽	12pm53
	☽△♆	10 29
	☽□♀	11 52
24 W	☽□♇	8am35
	☽⚹♂	10 1
	☽∠♄	10 34
	☽⚹♅	12pm58
	☉⚹☽	8 25
	♃#♆	8 37
25 Th	☽△♃	7am 0
	☽□☿	12pm34
	☽⊻♄	3 8
	☽∠♂	3 11
26 F	☽□♆	7am17
	☽⚼♃	11 24
	☿△♄	1pm31
	☽△♀	2 30
	☽⚹♇	4 57
	☽⊻♂	7 36
	☿⚼♂	7 45
	☽□♅	9 26
27 S	☽∥♄	5am35
	☉□☽	8 51
	☽⚻♃	2pm56
	♀☍♇	4 48
	☽∠♇	7 56
	☽∥♇	8 6
	☽⚼♀	8 15
	☽☌♄	9 59
28 Su	☽△☿	1am31
	☉#☽	3 27
	☽⚹♆	12pm57
	☽#♅	2 5
	☽∥♆	4 4
	♀⚼♄	4 5
	☽#♃	4 29
	☽#♀	8 26
	☽⊻♇	10 3
	☽∥♂	10 22
29 M	☽⚻♀	0am49
	☽☌♂	1 44
	☽#☿	1 46
	☽△♅	2 31
	☽⚼☿	6 16
	☽∠♆	2pm28
	♀⚻♂	2 52
	☉△☽	4 57
	☽☍♃	7 16
	♀⊻♅	9 32
	♀ ♑	10 44
30 T	☽⊻♄	1am20
	☽⚼♅	3 45
	☽⚻☿	9 56
	☽⊻♆	3pm12
	☉⚼☽	7 29
	♂△♅	8 41
	♂ ♊	9 2
	♅ ♒	10 42
	☽☌♇	11 48
31 W	☽∠♄	1am52
	☽⚻♅	4 16
	☽⊻♂	4 24
	☽☍♀	6 50
	☉⚹♃	7 19
	☽⚻♃	8pm29
	☉⚻☽	9 17

FEBRUARY 1912

LONGITUDE

DAY	SID. TIME	☉	☽	☽ 12 Hour	MEAN ☊	TRUE ☊	☿	♀	♂	♃	♄	♅	♆	♇
	h m s	° ' "	° ' "	° ' "	° '	° '	° '	° '	° '	° '	° '	° '	° '	° '
1	8 39 23	10♒ 46 45	12♋ 22 44	19♋ 58 15	25♈ 28	24♈ 44R	20♑ 59	2♑ 29	0♊ 22	10♐ 11	13♉ 33	0♒ 4	21♋ 54R	27♊ 14R
2	8 43 19	11 47 37	27 35 31	5♌ 13 8	25 25	24 34	22 25	3 41	0 42	10 21	13 35	0 7	21 53	27 13
3	8 47 16	12 48 29	12♌ 49 41	20 23 46	25 22	24 22	23 53	4 54	1 2	10 30	13 37	0 11	21 51	27 12
4	8 51 12	13 49 19	27 54 4	5♍ 19 26	25 19	24 12	25 21	6 6	1 22	10 39	13 39	0 14	21 49	27 11
5	8 55 9	14 50 8	12♍ 38 55	19 51 45	25 16	24 4	26 50	7 19	1 43	10 48	13 41	0 18	21 48	27 11
6	8 59 5	15 50 56	26 57 28	3♎ 55 46	25 12	23 58	28 20	8 32	2 5	10 57	13 43	0 21	21 46	27 10
7	9 3 2	16 51 42	10♎ 46 34	17 30 0	25 9	23 55	29 51	9 44	2 26	11 6	13 46	0 24	21 45	27 9
8	9 6 58	17 52 28	24 6 20	0♏ 35 59	25 6	23 54D	1♒ 22	10 57	2 48	11 15	13 48	0 28	21 43	27 8
9	9 10 55	18 53 14	6♏ 59 25	13 17 14	25 3	23 55	2 55	12 10	3 10	11 23	13 51	0 31	21 42	27 8
10	9 14 52	19 53 57	19 30 3	25 38 29	25 0	23 55R	4 28	13 23	3 33	11 32	13 54	0 35	21 40	27 7
11	9 18 48	20 54 40	1♐ 43 12	7♐ 44 51	24 57	23 55	6 2	14 36	3 56	11 40	13 56	0 38	21 39	27 6
12	9 22 45	21 55 22	13 44 4	19 41 25	24 53	23 52	7 37	15 49	4 19	11 49	13 59	0 41	21 38	27 6
13	9 26 41	22 56 3	25 37 30	1♑ 32 49	24 50	23 47	9 13	17 2	4 43	11 57	14 2	0 45	21 36	27 5
14	9 30 38	23 56 42	7♑ 27 50	13 23 0	24 47	23 40	10 49	18 15	5 6	12 5	14 6	0 48	21 35	27 5
15	9 34 34	24 57 21	19 18 42	25 15 13	24 44	23 30	12 27	19 28	5 31	12 13	14 9	0 51	21 33	27 4
16	9 38 31	25 57 58	1♒ 12 53	7♒ 11 54	24 41	23 19	14 5	20 41	5 55	12 20	14 12	0 55	21 32	27 3
17	9 42 27	26 58 33	13 12 29	19 14 47	24 37	23 8	15 44	21 54	6 20	12 28	14 15	0 58	21 31	27 3
18	9 46 24	27 59 7	25 18 56	1♓ 25 3	24 34	22 56	17 24	23 7	6 45	12 35	14 19	1 1	21 29	27 2
19	9 50 21	28 59 40	7♓ 33 15	13 43 36	24 31	22 47	19 5	24 20	7 10	12 43	14 23	1 4	21 28	27 2
20	9 54 17	0♓ 0 11	19 56 14	26 11 16	24 28	22 40	20 47	25 33	7 35	12 50	14 26	1 8	21 27	27 1
21	9 58 14	1 0 40	2♈ 28 49	8♈ 49 4	24 25	22 35	22 30	26 46	8 1	12 57	14 30	1 11	21 26	27 1
22	10 2 10	2 1 7	15 12 11	21 38 23	24 22	22 33D	24 14	28 0	8 27	13 4	14 34	1 14	21 24	27 1
23	10 6 7	3 1 33	28 7 55	4♉ 41 2	24 18	22 33	25 58	29 13	8 53	13 10	14 38	1 17	21 23	27 0
24	10 10 3	4 1 57	11♉ 18 0	17 59 4	24 15	22 34	27 44	0♒ 26	9 19	13 17	14 42	1 20	21 22	27 0
25	10 14 0	5 2 19	24 44 30	1♊ 34 31	24 12	22 35R	29 31	1 39	9 46	13 23	14 46	1 23	21 21	26 59
26	10 17 56	6 2 38	8♊ 29 15	15 28 47	24 9	22 35	1♓ 18	2 52	10 13	13 30	14 51	1 26	21 20	26 59
27	10 21 53	7 2 56	22 33 7	29 42 6	24 6	22 34	3 7	4 6	10 40	13 36	14 55	1 29	21 19	26 59
28	10 25 50	8 3 12	6♋ 55 27	14♋ 12 45	24 2	22 31	4 57	5 19	11 7	13 42	14 59	1 32	21 18	26 58
29	10 29 46	9♓ 3 26	21♋ 33 24	28♋ 56 41	23♈ 59	22♈ 26	6♓ 47	6♒ 32	11♊ 35	13♐ 48	15♉ 4	1♒ 35	21♋ 17	26♊ 58

DECLINATION and LATITUDE

DAY	☉ DECL	☽ DECL	☽ LAT	☽ 12hr DECL	☿ DECL	☿ LAT	♀ DECL	♀ LAT	♂ DECL	♂ LAT	♃ DECL	♃ LAT	♄ DECL	♄ LAT
1	17S32	27N45	4N54	26N55	22S36	0S48	22S 2	1N24	22N26	2N15	21S14	0N45	13N46	2S15
2	17 16	25 34	5 1	23 45	22 29	0 54	22 4	1 20	22 30	2 15	21 16	0 45	13 47	2 15
3	16 59	21 32	4 46	18 58	22 20	1 1	22 4	1 17	22 34	2 15	21 17	0 46	13 48	2 14
4	16 41	16 8	4 11	13 5	22 11	1 7	22 5	1 14	22 38	2 15	21 18	0 46	13 49	2 14
5	16 24	9 54	3 20	6 37	21 60	1 13	22 4	1 11	22 42	2 14	21 19	0 46	13 50	2 14
6	16 6	3 19	2 18	0 2	21 48	1 19	22 3	1 8	22 46	2 14	21 21	0 46	13 51	2 13
7	15 47	3S12	1 9	6S21	21 34	1 24	22 1	1 4	22 51	2 14	21 22	0 46	13 51	2 13
8	15 29	9 22	0S 1	12 15	21 19	1 30	21 59	1 1	22 55	2 13	21 23	0 46	13 53	2 13
9	15 10	14 57	1 9	17 27	21 3	1 34	21 56	0 58	22 59	2 13	21 24	0 46	13 54	2 13
10	14 51	19 44	2 12	21 47	20 45	1 39	21 52	0 55	23 3	2 13	21 25	0 46	13 55	2 12
11	14 32	23 34	3 7	25 5	20 26	1 43	21 48	0 51	23 7	2 13	21 26	0 46	13 56	2 12
12	14 12	26 19	3 53	27 14	20 6	1 47	21 43	0 48	23 11	2 12	21 27	0 46	13 57	2 12
13	13 53	27 51	4 28	28 8	19 44	1 51	21 38	0 45	23 15	2 12	21 28	0 46	13 58	2 11
14	13 33	28 6	4 52	27 44	19 21	1 54	21 31	0 41	23 19	2 12	21 29	0 46	13 59	2 11
15	13 13	27 3	5 3	26 4	18 57	1 57	21 25	0 38	23 23	2 11	21 30	0 46	14 0	2 11
16	12 52	24 47	5 1	23 14	18 31	1 60	21 17	0 35	23 27	2 11	21 31	0 46	14 2	2 11
17	12 32	21 25	4 46	19 22	18 4	2 2	21 9	0 31	23 31	2 11	21 32	0 46	14 3	2 10
18	12 11	17 7	4 17	14 41	17 35	2 4	21 0	0 28	23 35	2 10	21 33	0 46	14 4	2 10
19	11 50	12 5	3 37	9 22	17 5	2 5	20 51	0 25	23 39	2 10	21 34	0 46	14 6	2 10
20	11 29	6 31	2 46	3 36	16 34	2 6	20 41	0 22	23 43	2 10	21 35	0 46	14 7	2 10
21	11 7	0 38	1 46	2N23	16 1	2 7	20 31	0 18	23 47	2 9	21 36	0 46	14 8	2 9
22	10 46	5N23	0 39	8 22	15 27	2 7	20 20	0 15	23 51	2 9	21 37	0 46	14 10	2 9
23	10 24	11 17	0N30	14 1	14 51	2 7	20 8	0 12	23 55	2 9	21 37	0 46	14 11	2 9
24	10 2	16 48	1 39	19 19	14 14	2 6	19 55	0 9	23 58	2 8	21 38	0 46	14 12	2 9
25	9 40	21 37	2 45	23 40	13 36	2 5	19 43	0 6	24 2	2 8	21 39	0 46	14 14	2 8
26	9 18	25 23	3 42	26 45	12 56	2 3	19 29	0 2	24 6	2 8	21 40	0 47	14 15	2 8
27	8 56	27 42	4 27	28 12	12 15	2 1	19 15	0S 1	24 9	2 7	21 40	0 47	14 17	2 8
28	8 33	28 13	4 57	27 45	11 33	1 59	19 1	0 4	24 13	2 7	21 41	0 47	14 18	2 7
29	8S11	26N48	5N 8	25N23	10S49	1S56	18S45	0S 7	24N16	2N 7	21S42	0N47	14N20	2S 7

DAY	♅ DECL	♅ LAT	♆ DECL	♆ LAT	♇ DECL	♇ LAT
1	20S40	0S32	21N 6	0S35	17N 0	6S25
5	20 37	0 32	21 7	0 35	17 1	6 25
9	20 34	0 32	21 8	0 34	17 1	6 24
13	20 31	0 32	21 9	0 34	17 2	6 23
17	20 28	0 32	21 10	0 34	17 3	6 22
21	20 26	0 32	21 11	0 34	17 3	6 22
25	20 23	0 32	21 12	0 34	17 4	6 21
29	20S20	0S32	21N12	0S34	17N 5	6S20

☽ PHENOMENA	VOID OF COURSE ☽ LAST ASPT	VOID OF COURSE ☽ ☽ INGRESS
d h m	1 3pm 1	2 ♌ 3am47
2 23 58 ○	3 10pm52	4 ♍ 3am23
10 0 51 ☾	6 2am38	6 ♎ 5am13
18 5 44 ●	8 5am35	8 ♏ 10am53
25 19 27 ☽	10 4am13	10 ♐ 8pm36
	13 2am57	13 ♑ 8am52
d h ° '	15 4am32	15 ♒ 9pm33
6 12 0	18 5am44	18 ♓ 9am13
13 17 28S10	20 1pm36	20 ♈ 7pm17
21 3 0	23 2am11	23 ♉ 3am26
27 19 28N16	24 6pm 0	25 ♊ 9am15
	27 7am27	27 ♋ 12pm30
1 19 5N 1	28 11pm33	29 ♌ 1pm42
8 0 0		
15 8 5S 4	d h	
22 14 0	2 2 PERIGEE	
29 1 5N 9	14 11 APOGEE	

DAILY ASPECTARIAN

Day	Aspect	Time
1 Th	☽✶♄	1am52
	☽∠♂	4 50
	☽☍☿	3pm 0
	☽☌♆	3 1
	☿☍♆	3 10
	☽⚼♃	8 25
	☿#♂	9 0
	☽⚺♇	11 25
2 F	☽☍♅	3am59
	☽✶♂	4 59
	☉⚼♇	9 52
	☽⚻♀	10 25
	☽∥♂	6pm42
	☽#☿	7 42
	☽△♃	8 17
	☉#♇	9 14
	☽#♀	9 15
	☽∠♇	11 1
	☉☍☽	11 58
3 S	☽#♃	1am15
	☽□♄	1 15
	☽∥♆	2 6
	☽#♅	4 22
	☽⚼♀	12pm11
	☽⚺♆	2 18
	☽⚻☿	7 27
	☉□♄	7 45
	☽∥♇	8 24
	☉#☽	9 37
	☽✶♇	10 52
4 Su	☽⚻♅	3am46
	☿∠♃	5 29
	☽□♂	5 44
	☽∥♄	9 12
	☿∥♀	2pm23
	☽∠♆	2 25
	☽△♀	2 28
	☽□♃	8 56
	☽⚼☿	10 30
5 M	☽△♄	1am43
	☉⚻☽	3 53
	☽⚼♅	4 24
	☿⚻♇	5 28
	☽✶♆	3pm14
6 T	☽□♇	0am21
	☽△☿	2 38
	☽⚼♄	3 2
	☽△♅	5 50
	☉⚼☽	7 12
	☽△♂	9 1
	☽□♀	9pm59
7 W	☽✶♃	0am35
	☿ ♒	2 25
	☽⚻♄	5 19
	☿☌♅	9 10
	☉△☽	11 45
	☽⚼♂	12pm13
	☿∥♃	6 21
	☽□♆	7 39
8 Th	☽∠♃	3am59
	☽△♇	5 35
	♀⚺♃	6 37
	☽□♅	11 48
	☽□☿	3pm17
	☽⚻♂	4 36
	☿#♆	4 41
	☽#♄	7 13
9 F	☉∥☽	1am 0
	☿△♂	5 15
	☽⚺♃	8 28
	☽⚼♇	9 46
	☽#♇	9 55
	☽✶♀	10 54
	☽☍♄	1pm 8
10 S	☉□☽	0am51
	☽△♆	4 13
	☽∥♅	4 39
	☽∥☿	5 25
	☽#♆	8 7
	☽∥♃	9 51
	♀△♄	10 34
	☽∥♀	12pm23
	☽⚻♇	2 54
	☿∥♅	3 54
	☽∠♀	7 19
	☽#♂	8 44
	☽✶♅	9 50
11 Su	☽☍♂	4am32
	☽⚼♆	9 47
	☽✶☿	9 53
	☉⚻♆	5pm 7
	☽☌♃	8 5
12 M	☽⚻♄	0am31
	☽∠♅	3 57
	☽⚺♀	4 39
	☽⚻♆	3pm53
	☉#♄	5 56
	☉✶☽	6 3
	☽∠☿	8 42
13 T	☽☍♇	2am57
	☽⚼♄	6 57
	☽⚺♅	10 25
	☽⚻♂	7pm 3
14 W	☉∠☽	3am17
	♀∥♃	6 14
	☽⚺☿	7 54
	☽⚺♃	9 27
	☽△♄	1pm30
	☿⚼♇	6 25
	☿✶♃	8 9
15 Th	☽☌♀	0am20
	☽⚼♂	2 30
	☽☍♆	4 32
	☉⚺☽	12pm27
	☽⚻♇	3 39
	☽∠♃	4 7
	☽☌♅	11 23
16 F	☿□♄	1am43
	♀⚼♂	7 4
	☽△♂	9 46
	☽#♂	10 10
	♀☍♆	4pm35
	♀#♆	9 35
	☽⚼♇	9 42
	☽✶♃	10 30
	☽∥♃	11 15
17 S	☽#♆	1am33
	☽∥♀	1 42
	☉△♇	1 43
	☽□♄	2 6
	☽∥♅	5 44
	☽☌☿	5 51
	♂∠♆	10 13
	☽⚻♆	4pm27
	☽⚺♀	7 10
	☽∥☿	9 20
18 Su	☽#♇	0am23
	☽△♇	3 24
	☉☌☽	5 44
	☽⚺♅	11 16
	☽#♄	2pm51
	☽⚼♆	9 53
	☽□♂	11 12
19 M	☉∥☽	1am15
	☿#♇	1 39
	☽∠♀	3 51
	☽□♃	10 8
	☽✶♄	1pm20
	☽∠♅	4 37
	☉ ♓	11 56
20 T	☽⚺☿	1am54
	☽△♆	2 54
	☿⚻♆	9 10
	☽✶♀	11 57
	☽□♇	1pm36
	☽∠♄	6 18
	☉⚺☽	8 58
	☽✶♅	9 31
21 W	☉⚺♅	4am15
	♀⚻♇	4 48
	☽✶♂	10 51
	☽∠☿	11 1
	♀∥♅	11 42
	☽△♃	7pm57
	☽⚺♄	10 48
22 Th	♀∠♃	1am29
	☉∠☽	3 41
	☽□♆	11 33
	☽∠♂	3pm53
	☽✶☿	7 24
	☉#☽	8 33
	☽✶♇	9 55
23 F	☽⚼♃	0am 5
	☽□♀	2 11
	☽□♅	5 49
	☉✶☽	9 43
	☽∥♄	12pm22
	☽#☿	1 43
	☿△♇	1 59
	♀ ♒	3 29
	☽⚺♂	8 18
24 S	☿#♄	1am 6
	☽∥♇	1 12
	☽∠♇	1 15
	☽⚻♃	3 36
	☽☌♄	6 9
	☽#♀	2pm22
	☽#♅	5 23
	☽✶♆	6 0
	♀☌♅	6 34
	☽∥♆	9 39
25 Su	☽#♃	0am 8
	☽⚺♇	3 58
	☿ ♓	6 32
	☽□☿	9 39
	☽△♅	11 43
	☽△♀	1pm19
	☽∥♂	2 40
	☉□☽	7 27
	☽∠♆	8 16
26 M	☿⚺♅	1am49
	☽☌♂	3 5
	☉⚼♆	6 42
	☽☍♃	8 40
	☽⚺♄	10 58
	☽⚼♅	1pm41
	☽⚼♀	5 36
	☽⚺♆	9 54
27 T	☽☌♇	7am27
	☽∠♄	12pm25
	☽⚻♅	3 2
	☽△☿	8 15
	☽⚻♀	9 6
28 W	☉△☽	2am 0
	☽⚺♂	7 9
	☽⚻♃	11 14
	☽✶♄	1pm20
	☿⚺♀	2 34
	☿⚼♆	5 27
	☽☌♆	11 33
29 Th	☽⚼☿	0am26
	☉⚼☽	4 22
	☽∠♂	8 25
	☽⚺♇	8 48
	☽⚼♃	11 50
	☽☍♅	4pm20
	☽∥♂	7 9

MARCH 1912

LONGITUDE

DAY	SID. TIME	☉	☽	☽ 12 Hour	MEAN ☊	TRUE ☊	☿	♀	♂	♃	♄	♅	♆	♇
	h m s	° ' "	° ' "	° ' "	° '	° '	° '	° '	° '	° '	° '	° '	° '	° '
1	10 33 43	10♓ 3 38	6♌ 21 45	13♌ 47 36	23♈ 56	22♈ 20R	8♓ 39	7♒ 46	12♊ 2	13♐ 53	15♉ 8	1♒ 38	21♋ 16R	26♊ 58R
2	10 37 39	11 3 47	21 13 14	28 37 33	23 53	22 13	10 31	8 59	12 30	13 59	15 13	1 41	21 15	26 58
3	10 41 36	12 3 55	5♍ 59 31	13♍ 18 8	23 50	22 7	12 25	10 12	12 58	14 4	15 18	1 44	21 14	26 58
4	10 45 32	13 4 1	20 32 31	27 41 54	23 47	22 2	14 19	11 26	13 26	14 9	15 23	1 47	21 13	26 57
5	10 49 29	14 4 5	4♎ 45 40	11♎ 43 22	23 43	21 59	16 14	12 39	13 55	14 14	15 28	1 50	21 12	26 57
6	10 53 25	15 4 7	18 34 45	25 19 41	23 40	21 58D	18 10	13 53	14 23	14 19	15 33	1 53	21 11	26 57
7	10 57 22	16 4 8	1♏ 58 13	8♏ 30 30	23 37	21 58	20 6	15 6	14 52	14 24	15 38	1 56	21 10	26 57
8	11 1 19	17 4 7	14 56 51	21 17 38	23 34	22 0	22 3	16 20	15 21	14 28	15 43	1 58	21 9	26 57
9	11 5 15	18 4 4	27 33 19	3♐ 44 25	23 31	22 1	24 0	17 33	15 50	14 33	15 48	2 1	21 9	26 57
10	11 9 12	19 4 0	9♐ 51 31	15 55 12	23 28	22 3R	25 58	18 47	16 19	14 37	15 54	2 4	21 8	26 57
11	11 13 8	20 3 54	21 56 5	27 54 47	23 24	22 3	27 56	20 0	16 49	14 41	15 59	2 6	21 7	26 57D
12	11 17 5	21 3 46	3♑ 51 54	9♑ 48 2	23 21	22 2	29 53	21 14	17 18	14 45	16 4	2 9	21 6	26 57
13	11 21 1	22 3 37	15 43 46	21 39 37	23 18	22 0	1♈ 50	22 27	17 48	14 48	16 10	2 12	21 6	26 57
14	11 24 58	23 3 26	27 36 7	3♒ 33 43	23 15	21 57	3 46	23 41	18 18	14 52	16 16	2 14	21 5	26 57
15	11 28 54	24 3 13	9♒ 32 51	15 33 54	23 12	21 52	5 41	24 54	18 48	14 55	16 21	2 17	21 4	26 57
16	11 32 51	25 2 59	21 37 12	27 43 2	23 8	21 47	7 34	26 8	19 18	14 58	16 27	2 19	21 4	26 57
17	11 36 48	26 2 42	3♓ 51 37	10♓ 3 9	23 5	21 43	9 26	27 21	19 48	15 1	16 33	2 22	21 3	26 57
18	11 40 44	27 2 23	16 17 46	22 35 34	23 2	21 39	11 15	28 35	20 18	15 4	16 39	2 24	21 3	26 57
19	11 44 41	28 2 3	28 56 36	5♈ 20 55	22 59	21 36	13 1	29 48	20 49	15 7	16 45	2 26	21 2	26 57
20	11 48 37	29 1 41	11♈ 48 29	18 19 18	22 56	21 34D	14 44	1♓ 2	21 19	15 9	16 51	2 29	21 2	26 57
21	11 52 34	0♈ 1 16	24 53 20	1♉ 30 32	22 53	21 34	16 24	2 15	21 50	15 11	16 57	2 31	21 2	26 58
22	11 56 30	1 0 49	8♉ 10 52	14 54 17	22 49	21 34	17 59	3 29	22 21	15 13	17 3	2 33	21 1	26 58
23	12 0 27	2 0 20	21 40 43	28 30 7	22 46	21 36	19 29	4 43	22 52	15 15	17 9	2 35	21 1	26 58
24	12 4 23	2 59 49	5♊ 22 26	12♊ 17 35	22 43	21 37	20 55	5 56	23 23	15 17	17 15	2 37	21 1	26 58
25	12 8 20	3 59 16	19 15 29	26 16 1	22 40	21 38	22 15	7 10	23 54	15 19	17 22	2 40	21 0	26 59
26	12 12 16	4 58 40	3♋ 19 1	10♋ 24 19	22 37	21 39R	23 29	8 23	24 26	15 20	17 28	2 42	21 0	26 59
27	12 16 13	5 58 2	17 31 38	24 40 40	22 34	21 39	24 37	9 37	24 57	15 21	17 34	2 44	21 0	26 59
28	12 20 10	6 57 22	1♌ 51 4	9♌ 2 24	22 30	21 38	25 39	10 51	25 29	15 22	17 41	2 46	21 0	27 0
29	12 24 6	7 56 39	16 14 9	23 25 49	22 27	21 36	26 34	12 4	26 0	15 23	17 47	2 48	21 0	27 0
30	12 28 3	8 55 54	0♍ 36 47	7♍ 46 28	22 24	21 34	27 23	13 18	26 32	15 23	17 54	2 50	20 59	27 1
31	12 31 59	9♈ 55 7	14♍ 54 14	21♍ 59 31	22♈ 21	21♈ 33	28♈ 4	14♓ 31	27♊ 4	15♐ 24	18♉ 1	2♒ 51	20♋ 59	27♊ 1

DECLINATION and LATITUDE

DAY	☉ DECL	☽ DECL	☽ LAT	☽ 12hr DECL	☿ DECL	☿ LAT	♀ DECL	♀ LAT	♂ DECL	♂ LAT	♃ DECL	♃ LAT	♄ DECL	♄ LAT
1	7S48	23N31	4N59	21N16	10S 4	1S52	18S30	0S10	24N20	2N 6	21S42	0N47	14N22	2S 7
2	7 25	18 42	4 30	15 50	9 18	1 48	18 14	0 13	24 23	2 6	21 43	0 47	14 23	2 7
3	7 2	12 46	3 43	9 33	8 30	1 44	17 57	0 16	24 26	2 5	21 43	0 47	14 25	2 7
4	6 39	6 14	2 42	2 52	7 41	1 38	17 40	0 19	24 29	2 5	21 44	0 47	14 26	2 6
5	6 16	0S29	1 32	3S47	6 51	1 33	17 22	0 22	24 33	2 5	21 45	0 47	14 28	2 6
6	5 53	7 0	0 18	10 5	6 0	1 26	17 4	0 24	24 36	2 4	21 45	0 47	14 30	2 6
7	5 30	13 1	0S54	15 45	5 8	1 19	16 45	0 27	24 39	2 4	21 46	0 47	14 31	2 6
8	5 7	18 16	2 2	20 33	4 15	1 12	16 26	0 30	24 41	2 3	21 46	0 47	14 33	2 5
9	4 43	22 34	3 2	24 19	3 21	1 4	16 6	0 33	24 44	2 3	21 46	0 47	14 35	2 5
10	4 20	25 46	3 52	26 54	2 27	0 55	15 46	0 35	24 47	2 3	21 47	0 47	14 37	2 5
11	3 56	27 42	4 30	28 11	1 32	0 46	15 25	0 38	24 49	2 2	21 47	0 47	14 38	2 5
12	3 33	28 20	4 57	28 10	0 36	0 36	15 4	0 41	24 52	2 2	21 48	0 47	14 40	2 4
13	3 9	27 40	5 10	26 51	0N20	0 26	14 43	0 43	24 54	2 1	21 48	0 47	14 42	2 4
14	2 45	25 44	5 11	24 19	1 16	0 15	14 21	0 46	24 57	2 1	21 48	0 47	14 44	2 4
15	2 22	22 39	4 58	20 44	2 12	0 4	13 59	0 48	24 59	2 1	21 49	0 47	14 46	2 4
16	1 58	18 35	4 31	16 14	3 7	0N 8	13 36	0 50	25 1	2 0	21 49	0 48	14 47	2 4
17	1 34	13 42	3 52	11 1	4 2	0 20	13 13	0 53	25 3	1 60	21 49	0 48	14 49	2 3
18	1 11	8 12	3 2	5 16	4 56	0 32	12 50	0 55	25 5	1 59	21 50	0 48	14 51	2 3
19	0 47	2 16	2 1	0N47	5 49	0 44	12 26	0 57	25 7	1 59	21 50	0 48	14 53	2 3
20	0 23	3N51	0 53	6 55	6 41	0 57	12 2	0 59	25 8	1 58	21 50	0 48	14 55	2 3
21	0N 1	9 56	0N18	12 51	7 31	1 9	11 38	1 2	25 10	1 58	21 50	0 48	14 57	2 3
22	0 24	15 40	1 30	18 18	8 19	1 22	11 13	1 4	25 11	1 58	21 50	0 48	14 59	2 2
23	0 48	20 44	2 38	22 55	9 5	1 34	10 48	1 6	25 13	1 57	21 50	0 48	15 1	2 2
24	1 12	24 47	3 39	26 19	9 48	1 46	10 23	1 7	25 14	1 57	21 51	0 48	15 3	2 2
25	1 35	27 27	4 27	28 9	10 29	1 58	9 57	1 9	25 15	1 56	21 51	0 48	15 4	2 2
26	1 59	28 24	4 60	28 11	11 7	2 9	9 32	1 11	25 16	1 56	21 51	0 48	15 6	2 2
27	2 22	27 30	5 15	26 22	11 43	2 20	9 5	1 13	25 17	1 56	21 51	0 48	15 8	2 1
28	2 46	24 48	5 11	22 50	12 15	2 30	8 39	1 14	25 17	1 55	21 51	0 48	15 10	2 1
29	3 9	20 32	4 47	17 56	12 43	2 39	8 12	1 16	25 18	1 55	21 51	0 48	15 12	2 1
30	3 33	15 5	4 5	12 2	13 9	2 47	7 46	1 18	25 19	1 54	21 51	0 48	15 14	2 1
31	3N56	8N51	3N 9	5N34	13N31	2N55	7S19	1S19	25N19	1N54	21S51	0N48	15N16	2S 1

DAY	♅ DECL	♅ LAT	♆ DECL	♆ LAT	♇ DECL	♇ LAT
1	20S20	0S32	21N13	0S34	17N 5	6S20
5	20 17	0 32	21 13	0 34	17 6	6 19
9	20 15	0 32	21 14	0 34	17 6	6 19
13	20 13	0 33	21 14	0 34	17 7	6 18
17	20 10	0 33	21 15	0 34	17 8	6 17
21	20 8	0 33	21 15	0 33	17 9	6 16
25	20 6	0 33	21 16	0 33	17 10	6 16
29	20S 5	0S33	21N16	0S33	17N10	6S15

☽ PHENOMENA

d	h	m	
3	10	42	○
10	19	55	☾
18	22	9	●
26	3	2	☽

d	h	° '
4	22	0
12	0	28S21
19	9	0
26	0	28N24

d	h	° '
6	6	0
13	13	5S12
20	18	0
27	7	5N16

d	h	
1	9	PERIGEE
13	5	APOGEE
28	21	PERIGEE

VOID OF COURSE ☽

LAST ASPT	☽ INGRESS
2 9am18	2 ♍ 2pm14
4 10am45	4 ♎ 3pm54
6 2pm55	6 ♏ 8pm25
8 3pm55	9 ♐ 4am44
11 2pm23	11 ♑ 4pm12
13 1pm59	14 ♒ 4am50
16 10am30	16 ♓ 4pm28
18 10pm 9	19 ♈ 1am59
21 3am46	21 ♉ 9am16
22 10pm50	23 ♊ 2pm37
25 1pm13	25 ♋ 6pm22
27 12pm51	27 ♌ 8pm54
29 6pm17	29 ♍ 10pm58

DAILY ASPECTARIAN

Day	Aspect	Time
1 F	☽☍♀	2am28
	☽⚻☿	4 13
	☉⚻☽	6 24
	☽∠♇	9 3
	☽⚹♂	9 28
	☽#♃	9 48
	☽△♃	12pm14
	☽‖♆	12 18
	☽□♄	2 15
	☽#♅	4 36
2 S	☽⚺♆	0am 2
	☽#♀	2 9
	☽‖♇	6 53
	☽⚹♇	9 18
	☉☌☿	2pm44
	☽⚻♅	5 2
	☽‖♄	5 42
3 Su	☽∠♆	0am23
	☽⚻♀	7 32
	☿□♂	9 25
	☉☍☽	10 42
	☽□♂	11 50
	☽☍☿	12pm 7
	☽□♃	1 21
	☽△♄	3 23
	☽⚼♅	5 44
	☽#☿	6 2
	☿□♃	9 55
	☉#☽	10 23
4 M	☽⚹♆	1am 7
	♀⚼♇	10 16
	☽□♇	10 45
	☽⚼♀	10 48
	☿⚹♄	1pm57
	☽⚼♄	4 38
	☉□♂	5 0
	☽△♅	6 59
5 T	☉□♃	4am28
	☿∠♅	7 40
	☽△♀	2pm57
	☽△♂	4 23
	☽⚹♃	4 29
	☉⚻☽	5 21
	☽⚻♄	6 38
	♂☍♃	7 45
	☉‖☽	8 2
	☽‖☿	8 41
	♀#♇	9 7
	☽⚻☿	11 9
6 W	☽□♆	4am36
	☉‖☿	6 6
	♀⚹♃	9 16
	☉⚹♄	12pm29
	☽△♇	2 55
	♀△♂	4 30
	☽∠♃	7 18
	☽⚼♂	8 2
	☉⚼☽	10 14
	☽□♅	11 55
7 Th	☽#♄	6am33
	☽⚼☿	6 44
	♀□♄	11 8
	☿△♆	1pm 3
	☽‖♀	3 39
	☽#♇	6 19
	☽⚼♇	6 23
	☉∠♅	9 34
	☽⚺♃	11 6
8 F	☽⚻♂	0am47
	☽☍♄	1 27
	☽□♀	2 52
	☉△☽	4 20
	☽‖♅	10 21
	☽△♆	11 43
	☽#♆	3pm51
	☽△☿	3 55
	☽‖♃	7 3
	♂⚺♄	10 6
	☽⚻♇	10 50
9 S	☽⚹♅	8am40
	☽#♂	3pm29
	☽⚼♆	4 41
10 Su	☽☌♃	9am28
	☿□♇	11 58
	☽⚻♄	12pm 2
	☽☍♂	1 20
	☽∠♅	2 19
	☽⚹♀	7 42
	☉□☽	7 55
	☽⚻♆	10 22
11 M	☉⚺♀	6am51
	☽☍♇	10 3
	♇SD	12pm54
	☽□☿	2 23
	♂⚼♅	3 48
	☽⚼♄	6 19
	☽⚺♅	8 31
	♀⚻♆	9 42
12 T	☉△♆	1am 2
	☿ ♈	1 26
	☽∠♀	5 19
	☿∠♄	3pm22
	☽⚺♃	10 8
13 W	☽△♄	0am53
	♀#♄	1 7
	☽⚻♂	4 22
	☿⚹♅	4 34
	☽☍♆	10 51
	☉⚹☽	1pm59
	☽⚺♀	3 10
	☽⚻♇	10 41
14 Th	☽∠♃	4am35
	☽#♂	6 52
	☽☌♅	9 22
	☽⚼♂	11 58
	☽⚹☿	2pm47
	☉∠☽	10 55
15 F	☉#☿	3am 1
	☽⚼♇	4 48
	☽‖♃	5 24
	☽#♆	8 54
	☽⚹♃	10 46
	☽□♄	1pm40
	☽‖♅	3 9
	☽△♂	7 12
	☽⚻♆	10 54
16 S	☽∠☿	2am13
	☉⚺☽	7 22
	☽#♇	7 31
	☽☌♀	9 52
	☽△♇	10 30
	♀△♇	4pm 6
	☽#♄	6 49
	☽⚺♅	9 4
17	☽‖♀	2am21
Su	☽⚼♆	4 16
	☽⚺☿	12pm39
	☽□♃	9 39
	☉□♇	9 54
18 M	☽⚹♄	0am40
	☽∠♅	2 7
	☽□♂	7 58
	☽△♆	9 4
	☽#☿	11 37
	☽□♇	8pm15
	☉☌☽	10 9
19 T	☽⚺♀	1am48
	♀ ♓	3 49
	☽∠♄	5 18
	☉‖☽	6 17
	☽⚹♅	6 35
	♂⚺♆	10 32
	☉#☽	11 17
20 W	☿△♃	6am 7
	☽△♃	6 12
	☽☌☿	6 12
	☽∠♀	8 36
	☽⚺♄	9 21
	☽‖☿	12pm52
	☽□♆	4 57
	☽⚹♂	6 12
	☉ ♈	11 29
21	☽⚹♇	3am46
Th	♀⚺♅	5 11
	☽#♀	6 29
	☿⚺♄	8 49
	☽⚼♃	9 39
	☉⚺☽	10 4
	☽□♅	1pm51
	☽⚹♀	2 42
	☽‖♄	8 59
	☽∠♂	10 27
22 F	☽‖♇	6am38
	☽∠♇	6 46
	☽⚻♃	12pm36
	☉∠☽	3 5
	☽☌♄	3 56
	☽⚺☿	7 39
	☽#♅	8 51
	☽⚹♆	10 50
23 S	☽⚺♂	2am11
	☽‖♆	2 43
	☉∠♄	3 55
	☽#♃	5 53
	☽⚺♇	9 19
	☉⚹♅	2pm39
	☽△♅	7 12
	☉⚹☽	7 32
24 Su	☽∠☿	1am 2
	☽□♀	1 4
	☽∠♆	1 6
	♀⚼♆	1 25
	☿□♆	1 43
	☽‖♂	3 12
	☿∠♀	3 58
	☿#♀	12pm23
	☽☍♃	5 12
	☽⚺♄	8 43
	☽⚼♅	9 15
25 M	☽⚺♆	3am 0
	☽⚹☿	5 38
	☽☌♂	8 16
	☽☌♇	1pm13
	☽∠♄	10 33
	☽⚻♅	10 56
26 T	☉□☽	3am 2
	☽△♀	9 24
	☽⚻♃	8pm20
27 W	☽⚹♄	0am 5
	☿∠♀	0 48
	☽☌♆	5 50
	☽□☿	12pm51
	☽⚺♂	12 56
	☽⚼♀	1 1
	☿⚹♂	3 12
	☽⚺♇	3 53
	☽‖♂	8 33
	☽⚼♃	9 31
28 Th	☽☍♅	1am32
	☉△☽	9 9
	☽∠♂	2pm57
	☽⚻♀	4 24
	☽∠♇	4 56
	☽#♃	5 22
	☽‖♆	8 23
	☽△♃	10 34
29 F	☽#♅	2am12
	☽□♄	2 37
	☽⚺♆	7 56
	☉⚼☽	12pm 1
	☿⚹♇	12 30
	☽‖♇	3 17
	☽⚹♂	4 55
	☽⚹♇	5 58
	☽△☿	6 17
	☽‖♄	11 22
30 S	☽⚻♅	3am43
	☽‖☿	7 15
	☽∠♆	9 0
	☉⚻☽	2pm59
	☽⚼☿	8 46
	♂☌♇	9 44
	☽☍♀	11 18
31 Su	☽□♃	0am50
	☽⚼♅	5 0
	☽△♄	5 18
	☽#♀	6 5
	☽⚹♆	10 18
	☉‖☽	4pm56
	♀□♃	5 7
	☽□♇	8 34
	☽□♂	9 27
	☽⚻☿	11 19

APRIL 1912

LONGITUDE

DAY	SID. TIME	☉	☽	☽ 12 Hour	MEAN ☊	TRUE ☊	☿	♀	♂	♃	♄	♅	♆	♇
	h m s	° ' "	° ' "	° ' "	° '	° '	° '	° '	° '	° '	° '	° '	° '	° '
1	12 35 56	10♈ 54 17	29♍ 1 43	6♎ 0 20	22♈ 18	21♈ 32R	28♈ 38	15♓ 45	27♊ 36	15♐ 24R	18♉ 7	2♒ 53	20♋ 59D	27♊ 1
2	12 39 52	11 53 25	12♎ 54 54	19 45 3	22 14	21 31D	29 6	16 58	28 8	15 24	18 14	2 55	20 59	27 2
3	12 43 49	12 52 32	26 30 29	3♏ 11 1	22 11	21 31	29 26	18 12	28 40	15 24	18 21	2 57	20 59	27 2
4	12 47 45	13 51 36	9♏ 46 32	16 17 2	22 8	21 32	29 39	19 26	29 12	15 23	18 28	2 59	20 59	27 3
5	12 51 42	14 50 39	22 42 38	29 3 29	22 5	21 32	29 44R	20 39	29 44	15 23	18 35	3 0	21 0	27 3
6	12 55 39	15 49 39	5♐ 19 51	11♐ 32 5	22 2	21 33	29 43	21 53	0♋ 17	15 22	18 41	3 2	21 0	27 4
7	12 59 35	16 48 38	17 40 32	23 45 41	21 59	21 34	29 36	23 6	0 49	15 21	18 48	3 3	21 0	27 5
8	13 3 32	17 47 35	29 48 0	5♑ 48 2	21 55	21 34	29 22	24 20	1 22	15 20	18 55	3 5	21 0	27 5
9	13 7 28	18 46 30	11♑ 46 18	17 43 24	21 52	21 34R	29 2	25 34	1 54	15 19	19 2	3 6	21 0	27 6
10	13 11 25	19 45 24	23 39 55	29 36 25	21 49	21 34	28 37	26 47	2 27	15 17	19 10	3 8	21 0	27 6
11	13 15 21	20 44 15	5♒ 33 29	11♒ 31 41	21 46	21 34	28 7	28 1	3 0	15 15	19 17	3 9	21 1	27 7
12	13 19 18	21 43 5	17 31 33	23 33 38	21 43	21 34D	27 33	29 15	3 33	15 14	19 24	3 10	21 1	27 8
13	13 23 14	22 41 54	29 38 24	5♓ 46 19	21 40	21 34	26 55	0♈ 28	4 6	15 11	19 31	3 12	21 1	27 8
14	13 27 11	23 40 40	11♓ 57 44	18 13 2	21 36	21 34	26 15	1 42	4 39	15 9	19 38	3 13	21 2	27 9
15	13 31 8	24 39 24	24 32 28	0♈ 56 15	21 33	21 34	25 32	2 55	5 12	15 7	19 46	3 14	21 2	27 10
16	13 35 4	25 38 7	7♈ 24 32	13 57 22	21 30	21 35	24 49	4 9	5 45	15 4	19 53	3 15	21 3	27 11
17	13 39 1	26 36 48	20 34 43	27 16 30	21 27	21 35R	24 6	5 23	6 18	15 1	20 0	3 16	21 3	27 11
18	13 42 57	27 35 27	4♉ 2 33	10♉ 52 37	21 24	21 35	23 22	6 36	6 51	14 59	20 7	3 17	21 4	27 12
19	13 46 54	28 34 4	17 46 23	24 43 29	21 20	21 35	22 41	7 50	7 25	14 55	20 15	3 18	21 4	27 13
20	13 50 50	29 32 39	1♊ 43 32	8♊ 46 4	21 17	21 34	22 1	9 3	7 58	14 52	20 22	3 19	21 5	27 14
21	13 54 47	0♉ 31 12	15 50 38	22 56 47	21 14	21 33	21 24	10 17	8 32	14 49	20 30	3 20	21 6	27 15
22	13 58 43	1 29 43	0♋ 4 2	7♋ 11 56	21 11	21 32	20 50	11 31	9 5	14 45	20 37	3 21	21 6	27 16
23	14 2 40	2 28 12	14 20 5	21 28 5	21 8	21 31	20 20	12 44	9 39	14 41	20 45	3 22	21 7	27 17
24	14 6 37	3 26 39	28 35 34	5♌ 42 12	21 5	21 31D	19 54	13 58	10 13	14 37	20 52	3 22	21 8	27 17
25	14 10 33	4 25 3	12♌ 47 42	19 51 46	21 1	21 31	19 32	15 11	10 46	14 33	21 0	3 23	21 8	27 18
26	14 14 30	5 23 25	26 54 12	3♍ 54 44	20 58	21 31	19 15	16 25	11 20	14 29	21 7	3 24	21 9	27 19
27	14 18 26	6 21 45	10♍ 53 11	17 49 20	20 55	21 32	19 2	17 38	11 54	14 24	21 15	3 24	21 10	27 20
28	14 22 23	7 20 3	24 42 59	1♎ 33 58	20 52	21 33	18 55	18 52	12 28	14 20	21 22	3 25	21 11	27 21
29	14 26 19	8 18 19	8♎ 22 6	15 7 12	20 49	21 34R	18 52D	20 6	13 2	14 15	21 30	3 25	21 12	27 22
30	14 30 16	9♉ 16 33	21♎ 49 7	28♎ 27 41	20♈ 46	21♈ 34	18♈ 55	21♈ 19	13♋ 36	14♐ 10	21♉ 38	3♒ 26	21♋ 13	27♊ 23

DECLINATION and LATITUDE

DAY	☉ DECL	☽ DECL	☽ LAT	☽ 12hr DECL	☿ DECL	☿ LAT	♀ DECL	♀ LAT	♂ DECL	♂ LAT	♃ DECL	♃ LAT	♄ DECL	♄ LAT
1	4N19	2N14	2N 1	1S 5	13N49	3N 1	6S51	1S20	25N19	1N53	21S51	0N48	15N18	2S 1
2	4 42	4S23	0 47	7 35	14 3	3 6	6 24	1 22	25 19	1 53	21 51	0 48	15 20	2 0
3	5 5	10 40	0S28	13 35	14 14	3 10	5 56	1 23	25 19	1 53	21 51	0 48	15 22	2 0
4	5 28	16 19	1 39	18 50	14 21	3 13	5 29	1 24	25 19	1 52	21 51	0 48	15 24	2 0
5	5 51	21 6	2 44	23 6	14 25	3 14	5 1	1 25	25 19	1 52	21 51	0 49	15 26	1 60
6	6 14	24 48	3 40	26 11	14 24	3 14	4 33	1 26	25 18	1 51	21 51	0 49	15 28	1 60
7	6 37	27 15	4 23	27 58	14 20	3 12	4 4	1 27	25 18	1 51	21 50	0 49	15 31	1 60
8	6 59	28 21	4 54	28 24	14 12	3 9	3 36	1 28	25 17	1 50	21 50	0 49	15 33	1 59
9	7 22	28 7	5 12	27 30	14 0	3 4	3 8	1 29	25 16	1 50	21 50	0 49	15 35	1 59
10	7 44	26 34	5 17	25 21	13 45	2 58	2 39	1 30	25 15	1 50	21 50	0 49	15 37	1 59
11	8 6	23 51	5 7	22 6	13 27	2 50	2 10	1 30	25 14	1 49	21 50	0 49	15 39	1 59
12	8 28	20 6	4 45	17 54	13 6	2 40	1 42	1 31	25 13	1 49	21 49	0 49	15 41	1 59
13	8 50	15 30	4 10	12 55	12 42	2 30	1 13	1 32	25 11	1 48	21 49	0 49	15 43	1 59
14	9 12	10 12	3 22	7 20	12 16	2 17	0 44	1 32	25 10	1 48	21 49	0 49	15 45	1 59
15	9 33	4 23	2 24	1 20	11 48	2 4	0 15	1 32	25 8	1 47	21 49	0 49	15 47	1 58
16	9 55	1N45	1 18	4N52	11 19	1 50	0N14	1 33	25 6	1 47	21 48	0 49	15 49	1 58
17	10 16	7 57	0 6	10 60	10 49	1 35	0 43	1 33	25 4	1 47	21 48	0 49	15 51	1 58
18	10 37	13 57	1N 9	16 45	10 18	1 19	1 12	1 33	25 2	1 46	21 48	0 49	15 53	1 58
19	10 58	19 23	2 20	21 46	9 47	1 2	1 41	1 33	25 0	1 46	21 47	0 49	15 55	1 58
20	11 19	23 51	3 24	25 36	9 17	0 46	2 10	1 33	24 58	1 45	21 47	0 49	15 57	1 58
21	11 40	26 57	4 17	27 53	8 47	0 29	2 39	1 33	24 55	1 45	21 46	0 49	15 59	1 58
22	11 60	28 21	4 54	28 21	8 19	0 12	3 7	1 33	24 52	1 44	21 46	0 49	16 1	1 58
23	12 20	27 53	5 14	26 56	7 52	0S 5	3 36	1 33	24 50	1 44	21 46	0 49	16 4	1 58
24	12 40	25 34	5 14	23 48	7 27	0 21	4 5	1 33	24 47	1 44	21 45	0 49	16 6	1 57
25	12 60	21 41	4 55	19 16	7 4	0 37	4 34	1 33	24 44	1 43	21 45	0 49	16 8	1 57
26	13 20	16 [illegible]5	4 18	13 42	6 43	0 53	5 2	1 32	24 40	1 43	21 44	0 49	16 10	1 57
27	13 39	10 40	3 26	7 31	6 25	1 8	5 31	1 32	24 37	1 42	21 44	0 49	16 12	1 57
28	13 58	4 17	2 23	1 2	6 9	1 22	5 59	1 31	24 33	1 42	21 43	0 49	16 14	1 57
29	14 17	2S13	1 12	5S25	5 56	1 35	6 27	1 31	24 30	1 41	21 43	0 49	16 16	1 57
30	14N36	8S32	0S 1	11S31	5N45	1S48	6N55	1S30	24N26	1N41	21S42	0N49	16N18	1S57

DAY	♅ DECL	♅ LAT	♆ DECL	♆ LAT	♇ DECL	♇ LAT
1	20S 4	0S33	21N16	0S33	17N11	6S14
5	20 2	0 33	21 16	0 33	17 12	6 13
9	20 1	0 33	21 16	0 33	17 13	6 13
13	19 60	0 33	21 16	0 33	17 13	6 12
17	19 59	0 34	21 16	0 33	17 14	6 11
21	19 58	0 34	21 16	0 33	17 15	6 11
25	19 57	0 34	21 15	0 32	17 15	6 10
29	19S57	0S34	21N15	0S32	17N16	6S 9

☽ PHENOMENA				VOID OF COURSE ☽ LAST ASPT		☽ INGRESS		
d	h	m		31	9pm27	1	♎	1am40
1	22	5	○☍	3	5am20	3	♏	6am16
9	15	24	☾	4	8pm47	5	♐	1pm48
17	11	40	●☌	7	11pm 9	8	♑	0am24
24	8	47	☽	10	9am37	10	♒	12pm48
				12	7pm 4	13	♓	0am42
				15	4am57	15	♈	10am15
d	h	°	'	17	11am52	17	♉	4pm51
1	8	0		19	5am43	19	♊	9pm 3
8	8	28S26		21	7pm16	21	♋	11pm53
15	17	0		23	11am25	24	♌	2am22
22	6	28N25		26	0am43	26	♍	5am18
28	16	0		28	4am37	28	♎	9am15
				30	10am 4	30	♏	2pm48
2	15	0			d	h		
9	20	5S17			10	1	APOGEE	
17	2	0			22	22	PERIGEE	
23	12	5N16						
30	0	0						

DAILY ASPECTARIAN

Day	Aspect	Time
1	☽△♅	6am38
M	☽⚼♄	7 5
	♃SR	12pm14
	♆SD	4 26
	☉☍☽	10 5
2	☉#☽	1am17
T	☽⚹♃	4 20
	☽∥♀	7 2
	☽⚻♀	7 49
	☽⚻♄	9 24
	☽□♆	2pm11
	♀∠♅	6 55
3	☽△♇	0am57
W	♀⚹♄	3 10
	☽△♂	4 2
	☽☍☿	5 20
	☽∠♃	6 58
	☽□♅	11 36
	☽⚼♀	1pm16
	☽#☿	3 8
	☽#♄	7 52
4	☉#♀	0am10
Th	☽#♇	4 2
	☽⚼♇	4 11
	☉⚻☽	8 8
	☽⚼♂	8 30
	☽⚺♃	10 20
	☽☍♄	4pm12
	☽∥♅	6 11
	☽△♀	7 44
	☽△♆	8 47
	☿⚹♂	11 55
5	☽#♆	0am55
F	☽∥♃	4 15
	♀△♆	6 37
	☽⚻♇	8 13
	☿SR	8 24
	♂ ♋	11 31
	☉△♃	12pm53
	☽⚻☿	1 18
	☽⚻♂	1 54
	☉⚼☽	2 38
	☽⚹♅	7 34
6	☽⚼♆	1am17
S	☽#♂	4 4
	☽⚼☿	6pm 3
	☽☌♃	7 27
	☉△☽	10 9
7	☽∠♅	0am45
Su	☽⚻♄	2 15
	☽⚻♆	6 32
	☽□♀	11 55
	☽☍♇	6pm36
	☽△☿	11 9
8	☽☍♂	3am16
M	☽⚺♅	6 34
	☽⚼♄	8 19
9	☽⚺♃	7am 7
T	☉⚺♄	7 23
	☽△♄	2pm48
	☉□☽	3 24
	☽☍♆	6 38
10	♀□♇	6am18
W	☽⚻♇	6 58
	☽⚹♀	7 2
	☽□☿	9 37
	☽#♂	12pm56
	☽∠♃	1 20
	☽⚻♂	6 36
	☽☌♅	7 8
11	☿⚺♀	1am22
Th	☉□♆	6 47
	♂⚻♅	6 59
	☽⚼♇	1pm12
	☽∥♃	1 44
	☽∠♀	4 41
	☽#♆	5 10
	☽⚹♃	7 25
12	☽∥♅	0am37
F	☽⚼♂	2 8
	☽□♄	3 46
	☽⚻♆	6 57
	☉⚹☽	9 5
	♀ ♈	2pm50
	☽#♇	3 29
	☿⚹♇	3 52
	☽⚹☿	6 55
	☽△♇	7 4
	☽#♄	10 57
13	☽⚺♀	1am49
S	☽⚺♅	6 59
	☽△♂	9 8
	☽⚼♆	12pm30
	☽#☿	2 6
	☉∠☽	5 6
	☽∠☿	10 41
	♂∠♄	11 35
14	☉#☽	3am59
Su	☽□♃	6 7
	☽∠♅	12pm 1
	☽⚹♄	2 51
	☽△♆	5 22
15	☉⚺☽	0am14
M	☽⚺☿	1 47
	☽□♇	4 57
	♀⚹♅	6 13
	☉☌☿	12pm30
	☽⚹♅	4 18
	☽#♀	4 52
	☽☌♀	5 21
	☽∥♀	5 36
	☽∠♄	7 17
	☽□♂	8 48
16	☽△♃	1pm59
T	♀∠♄	3 52
	☽⚺♄	10 57
17	☽□♆	0am51
W	☽☌☿	5 59
	☉∥☽	9 39
	☽∥☿	10 23
	☉☌☽	11 40
	☽⚹♇	11 52
	☉⚹♇	2pm22
	☉∥☿	3 10
	☽⚼♃	4 50
	☽□♅	10 40
18	☽⚺♀	4am57
Th	☽⚹♂	5 10
	☽∥♄	8 15
	♀□♂	9 7
	☽∥♇	2pm 8
	☽∠♇	2 20
	☽⚻♃	7 4
19	☽#♅	2am52
F	☽☌♄	4 19
	☽⚹♆	5 43
	☽⚺☿	8 5
	☽∠♂	8 21
	☽∥♆	9 22
	☽∠♀	9 35
	☽#♃	12pm 8
	☽⚺♇	4 18
	☉⚺☽	7 59
20	☽△♅	2am44
S	☽∥♂	7 15
	☽∠♆	7 26
	☉⚼♃	7 32
	☽∠☿	8 38
	☽⚺♂	11 5
	☉ ♉	11 12
	☽⚹♀	1pm41
	☽☍♃	10 15
	☉∠☽	11 25
21	☽⚼♅	4am13
Su	☽⚺♄	7 56
	☽⚺♆	8 53
	☽⚹☿	9 1
	☿□♆	12pm26
	☽☌♇	7 16
22	☉⚹☽	2am35
M	☽⚻♅	5 32
	☿⚺♄	7 53
	☽∠♄	9 26
	☽☌♂	3pm48
	☽□♀	9 4
23	☽⚻♃	0am35
T	☽□☿	9 46
	☽⚹♄	10 53
	☽☌♆	11 25
	☽⚺♇	9pm48
	☉□♅	10 17
24	☽⚼♃	1am43
W	☽∥♂	5 45
	☽☍♅	8 4
	☉□☽	8 47
	♀△♃	12pm11
	☽⚺♂	8 26
	☽∠♇	11 10
	☽#♃	11 41
25	☽∥♆	2am14
Th	☽△♃	2 58
	☽△♀	4 27
	☽#♅	8 42
	☽△☿	11 12
	☽□♄	2pm 3
	☽⚺♆	2 11
	☽∥♇	9 4
	☽∠♂	11 0
26	☽⚹♇	0am43
F	☽∥♄	1 48
	♄⚹♆	6 47
	☽⚼♀	8 28
	☽⚻♅	11 7
	☽⚼☿	12pm23
	☉∥☽	12 50
	☉△☽	3 38
	☽∠♆	3 52
27	☽⚹♂	1am50
S	☽□♃	6 3
	☽⚻♀	12pm49
	☽⚼♅	1 1
	☽⚻☿	1 58
	☽∥☿	4 49
	☽⚹♆	5 50
	☽△♄	6 7
	☽∥♀	6 8
	☉⚼☽	7 32
28	☿☌♀	0am53
Su	☽□♇	4 37
	☿∥♀	5 32
	☽△♅	3pm16
	☽⚼♄	8 40
	☉⚻☽	11 53
29	☿SD	0am53
M	☽□♂	8 39
	☽⚹♃	10 23
	☽#☿	1pm33
	☽#♀	5 16
	☽☍☿	6 45
	♀□♆	9 52
	☽□♆	10 54
	☽☍♀	11 1
	☽⚻♄	11 39
30	♀⚺♄	6am46
T	☽△♇	10 4
	☽∠♃	1pm12
	♂⚻♃	8 51
	☽□♅	9 3

MAY 1912

LONGITUDE

DAY	SID. TIME	☉	☽	☽ 12 Hour	MEAN ☊	TRUE ☊	☿	♀	♂	♃	♄	♅	♆	♇
	h m s	° ' "	° ' "	° ' "	° '	° '	° '	° '	° '	° '	° '	° '	° '	° '
1	14 34 12	10♉ 14 45	5♏ 2 48	11♏ 34 21	20♈ 42	21♈ 34R	19♈ 2	22♈ 33	14♋ 10	14♐ 5R	21♉ 45	3♒ 26	21♋ 14	27♊ 24
2	14 38 9	11 12 56	18 2 16	24 26 32	20 39	21 32	19 13	23 46	14 44	14 0	21 53	3 27	21 15	27 25
3	14 42 6	12 11 5	0♐ 47 10	7♐ 4 14	20 36	21 30	19 30	25 0	15 18	13 54	22 1	3 27	21 16	27 26
4	14 46 2	13 9 12	13 17 50	19 28 9	20 33	21 27	19 51	26 13	15 53	13 49	22 8	3 27	21 17	27 27
5	14 49 59	14 7 17	25 35 25	1♑ 39 54	20 30	21 23	20 16	27 27	16 27	13 43	22 16	3 27	21 18	27 28
6	14 53 55	15 5 21	7♑ 41 57	13 41 56	20 26	21 20	20 46	28 40	17 1	13 37	22 24	3 27	21 19	27 30
7	14 57 52	16 3 24	19 40 17	25 37 28	20 23	21 17	21 20	29 54	17 36	13 32	22 32	3 28	21 20	27 31
8	15 1 48	17 1 25	1♒ 34 0	7♒ 30 25	20 20	21 14	21 57	1♉ 8	18 10	13 26	22 39	3 28R	21 21	27 32
9	15 5 45	17 59 25	13 27 17	19 25 12	20 17	21 13D	22 39	2 21	18 44	13 19	22 47	3 28	21 22	27 33
10	15 9 41	18 57 24	25 24 44	1♓ 26 30	20 14	21 13	23 24	3 35	19 19	13 13	22 55	3 28	21 23	27 34
11	15 13 38	19 55 21	7♓ 31 6	13 39 5	20 11	21 14	24 13	4 48	19 53	13 7	23 2	3 27	21 25	27 35
12	15 17 35	20 53 17	19 51 2	26 7 26	20 7	21 15	25 5	6 2	20 28	13 0	23 10	3 27	21 26	27 36
13	15 21 31	21 51 11	2♈ 28 45	8♈ 55 22	20 4	21 17	26 0	7 15	21 5	12 54	23 18	3 27	21 27	27 38
14	15 25 28	22 49 5	15 27 36	22 5 38	20 1	21 18R	26 58	8 29	21 37	12 47	23 26	3 27	21 29	27 39
15	15 29 24	23 46 57	28 49 34	5♉ 39 23	19 58	21 18	28 0	9 42	22 12	12 40	23 34	3 26	21 30	27 40
16	15 33 21	24 44 47	12♉ 34 53	19 35 46	19 55	21 17	29 4	10 56	22 47	12 33	23 41	3 26	21 31	27 41
17	15 37 17	25 42 36	26 41 36	3♊ 51 46	19 51	21 14	0♉ 12	12 10	23 22	12 26	23 49	3 26	21 33	27 43
18	15 41 14	26 40 25	11♊ 5 36	18 22 17	19 48	21 9	1 22	13 23	23 57	12 19	23 57	3 25	21 34	27 44
19	15 45 10	27 38 11	25 40 58	3♋ 0 46	19 45	21 4	2 35	14 37	24 32	12 12	24 5	3 25	21 36	27 45
20	15 49 7	28 35 56	10♋ 20 46	17 40 9	19 42	20 59	3 50	15 50	25 7	12 5	24 12	3 24	21 37	27 46
21	15 53 4	29 33 40	24 58 8	2♌ 13 59	19 39	20 54	5 8	17 4	25 42	11 58	24 20	3 24	21 38	27 48
22	15 57 0	0♊ 31 22	9♌ 27 10	16 37 11	19 36	20 51	6 29	18 17	26 17	11 50	24 28	3 23	21 40	27 49
23	16 0 57	1 29 2	23 43 42	0♍ 46 29	19 32	20 49D	7 52	19 31	26 52	11 43	24 35	3 22	21 42	27 50
24	16 4 53	2 26 40	7♍ 45 24	14 40 24	19 29	20 49	9 18	20 44	27 27	11 36	24 43	3 22	21 43	27 52
25	16 8 50	3 24 17	21 31 30	28 18 49	19 26	20 50	10 46	21 58	28 2	11 28	24 51	3 21	21 45	27 53
26	16 12 46	4 21 53	5♎ 2 25	11♎ 42 28	19 23	20 51	12 17	23 12	28 37	11 21	24 59	3 20	21 46	27 54
27	16 16 43	5 19 27	18 19 7	24 52 30	19 20	20 52R	13 50	24 25	29 13	11 13	25 6	3 19	21 48	27 56
28	16 20 39	6 17 0	1♏ 22 45	7♏ 49 59	19 17	20 51	15 25	25 39	29 48	11 6	25 14	3 18	21 50	27 57
29	16 24 36	7 14 31	14 14 18	20 35 48	19 13	20 49	17 3	26 52	0♌ 23	10 58	25 22	3 17	21 51	27 58
30	16 28 33	8 12 2	26 54 34	3♐ 10 39	19 10	20 44	18 44	28 6	0 59	10 50	25 29	3 16	21 53	28 0
31	16 32 29	9♊ 9 31	9♐ 24 8	15♐ 35 5	19♈ 7	20♈ 38	20♉ 26	29♉ 19	1♌ 34	10♐ 43	25♉ 37	3♒ 15	21♋ 55	28♊ 1

DECLINATION and LATITUDE

DAY	☉ DECL	☽ DECL	☽ LAT	☽ 12hr DECL	☿ DECL	☿ LAT	♀ DECL	♀ LAT	♂ DECL	♂ LAT	♃ DECL	♃ LAT	♄ DECL	♄ LAT
1	14N54	14S22	1S14	17S 1	5N37	1S60	7N23	1S30	24N22	1N40	21S41	0N49	16N20	1S57
2	15 12	19 28	2 21	21 39	5 31	2 11	7 51	1 29	24 18	1 40	21 41	0 49	16 22	1 57
3	15 30	23 34	3 19	25 12	5 28	2 21	8 19	1 28	24 13	1 40	21 40	0 49	16 24	1 57
4	15 48	26 30	4 7	27 28	5 27	2 30	8 46	1 27	24 9	1 39	21 40	0 49	16 26	1 57
5	16 5	28 5	4 43	28 22	5 29	2 38	9 14	1 26	24 4	1 39	21 39	0 49	16 28	1 56
6	16 22	28 18	5 5	27 54	5 33	2 46	9 41	1 25	23 59	1 38	21 38	0 49	16 30	1 56
7	16 39	27 10	5 13	26 9	5 40	2 52	10 8	1 24	23 55	1 38	21 38	0 49	16 32	1 56
8	16 56	24 50	5 9	23 15	5 48	2 58	10 34	1 23	23 50	1 37	21 37	0 49	16 34	1 56
9	17 12	21 25	4 50	19 23	5 59	3 3	11 1	1 22	23 44	1 37	21 36	0 49	16 36	1 56
10	17 28	17 8	4 20	14 42	6 12	3 7	11 27	1 21	23 39	1 36	21 35	0 49	16 38	1 56
11	17 44	12 6	3 37	9 23	6 26	3 10	11 53	1 19	23 34	1 36	21 35	0 49	16 40	1 56
12	17 59	6 32	2 44	3 35	6 43	3 13	12 19	1 18	23 28	1 36	21 34	0 49	16 42	1 56
13	18 14	0 34	1 41	2N31	7 1	3 15	12 44	1 17	23 22	1 35	21 33	0 49	16 44	1 56
14	18 29	5N36	0 32	8 41	7 21	3 16	13 9	1 15	23 16	1 35	21 32	0 49	16 46	1 56
15	18 44	11 42	0N41	14 38	7 43	3 16	13 34	1 14	23 10	1 34	21 31	0 49	16 48	1 56
16	18 58	17 25	1 53	20 1	8 6	3 16	13 58	1 12	23 4	1 34	21 31	0 48	16 50	1 56
17	19 12	22 21	3 1	24 23	8 30	3 15	14 22	1 11	22 58	1 33	21 30	0 48	16 52	1 56
18	19 25	26 3	3 58	27 17	8 56	3 13	14 46	1 9	22 51	1 33	21 29	0 48	16 54	1 56
19	19 39	28 3	4 40	28 20	9 23	3 11	15 10	1 7	22 45	1 33	21 28	0 48	16 56	1 56
20	19 51	28 7	5 5	27 24	9 51	3 8	15 33	1 5	22 38	1 32	21 27	0 48	16 58	1 56
21	20 4	26 13	5 9	24 36	10 21	3 4	15 55	1 2	22 31	1 32	21 26	0 48	16 60	1 56
22	20 16	22 37	4 54	20 18	10 51	2 60	16 17	1 2	22 24	1 31	21 25	0 48	17 2	1 56
23	20 28	17 43	4 21	14 55	11 23	2 55	16 39	1 0	22 17	1 31	21 25	0 48	17 3	1 56
24	20 40	11 56	3 32	8 51	11 55	2 50	17 1	0 58	22 9	1 30	21 24	0 48	17 5	1 56
25	20 51	5 41	2 32	2 29	12 28	2 44	17 22	0 56	22 2	1 30	21 23	0 48	17 7	1 56
26	21 2	0S43	1 25	3S53	13 2	2 37	17 42	0 54	21 54	1 29	21 22	0 48	17 9	1 55
27	21 12	6 58	0 14	9 58	13 36	2 31	18 2	0 52	21 47	1 29	21 21	0 48	17 11	1 55
28	21 22	12 51	0S57	15 33	14 11	2 23	18 22	0 50	21 39	1 29	21 20	0 48	17 13	1 55
29	21 32	18 4	2 3	20 22	14 46	2 15	18 41	0 48	21 31	1 28	21 19	0 47	17 15	1 55
30	21 41	22 25	3 2	24 12	15 22	2 7	18 60	0 46	21 23	1 28	21 18	0 47	17 16	1 55
31	21N50	25S40	3S51	26S50	15N58	1S58	19N18	0S44	21N14	1N27	21S17	0N47	17N18	1S55

DAY	♅ DECL	♅ LAT	♆ DECL	♆ LAT	♇ DECL	♇ LAT
1	19S57	0S34	21N15	0S32	17N17	6S 9
5	19 57	0 34	21 14	0 32	17 17	6 8
9	19 57	0 34	21 14	0 32	17 18	6 8
13	19 57	0 35	21 13	0 32	17 18	6 7
17	19 58	0 35	21 12	0 32	17 19	6 7
21	19 58	0 35	21 11	0 32	17 20	6 6
25	19 59	0 35	21 10	0 32	17 20	6 6
29	19S60	0S35	21N 9	0S32	17N21	6S 6

☽ PHENOMENA	
d h m	
1 10 19	○
9 9 56	☾
16 22 14	●
23 14 11	☽
30 23 29	○
d h ° '	
5 16 28S23	
13 2 0	
19 13 28N20	
25 21 0	
7 3 5S14	
14 11 0	
20 17 5N10	
27 5 0	

VOID OF COURSE ☽ LAST ASPT	☽ INGRESS
2 7am16	2 ♐ 10pm30
5 4am 4	5 ♑ 8am42
7 5am49	7 ♒ 8pm50
10 4am19	10 ♓ 9am 8
12 2pm50	12 ♈ 7pm20
14 10pm25	15 ♉ 2am 4
16 10pm14	17 ♊ 5am33
19 3am24	19 ♋ 7am 4
21 8am 7	21 ♌ 8am18
23 7am 0	23 ♍ 10am41
25 12pm 2	25 ♎ 3pm 0
27 8pm56	27 ♏ 9pm27
30 2am30	30 ♐ 5am54

d h	
7 20	APOGEE
19 17	PERIGEE

DAILY ASPECTARIAN

1 W	☉#☽	2am28
	☽#♄	8 51
	☉☍☽	10 19
	☽#♇	1pm12
	☽⚼♇	1 33
	☽⚺♃	4 32
	☽△♂	5 35
2 Th	☽⚻☿	2am15
	☽∥♅	2 32
	☽△♆	6 0
	☽☍♄	7 16
	☽#♆	9 37
	☽⚻♀	11 53
	☽∥♃	12pm 7
	☽⚻♇	5 39
	☽⚼♂	11 3
3 F	☽#♂	4am26
	☽⚹♅	5 4
	☉∠♇	6 25
	☽⚼☿	7 16
	☽⚼♆	10 28
	☽⚼♀	7pm33
	☉⚻☽	11 42
4 S	☽☌♃	1am 0
	☽⚻♂	5 15
	☽∠♅	10 1
	☽△☿	1pm11
	☉⚻♃	2 55
	☽⚻♆	3 33
	☽⚻♄	5 24
5 Su	♀⚹♇	0am31
	☽☍♇	3 43
	☽△♀	4 4
	☉⚼☽	7 34
	☽⚺♅	3pm33
	♀⚼♃	11 4
	☽⚼♄	11 23
6 M	☽⚺♃	11am45
	☉∥♄	12pm49
	☉△☽	4 6
	☽☍♂	7 36
7 T	☿□♆	0am10
	♀ ♉	1 57
	☽☍♆	3 21
	☽□☿	3 31
	☽△♄	5 49
	☽⚻♇	3pm50
	☽∠♃	5 42
	☽□♀	11 1
8 W	☽☌♅	3am50
	♅SR	7 31
	☽#♂	8 3
	☽⚼♇	10pm10
	☽∥♃	10 53
	☽⚹♃	11 44
9 Th	☽#♆	1am13
	☿⚺♄	5 29
	☽∥♅	8 46
	☉∥♇	8 51
	☉□☽	9 56
	☽⚻♂	11 10
	☽⚻♆	3pm56
	☽□♄	6 57
	☽⚹☿	7 42
	♀□♅	9 40
	☉#☽	10 21
	☽#♇	11 6
10 F	☽#♄	2am28
	☽△♇	4 19
	☽⚺♅	4pm 0
	☽⚹♀	6 3
	☽⚼♂	6 34
	☽⚼♆	9 49
	☉⚹♂	10 4
11 S	☽#♀	0am56
	☽∠☿	3 34
	☽□♃	10 51
	☽∠♅	9pm19
	☽#☿	11 15
12 Su	☽△♂	1am15
	☉⚹☽	2 10
	☽∠♀	2 31
	☽△♆	8 3
	☽⚹♄	6 26
	☽⚺☿	10 47
	☉⚹♆	1pm50
	☽□♇	2 50
13 M	☽⚹♅	1am49
	☉∠☽	8 49
	☽⚺♀	9 51
	☽∠♄	10 57
	♂☌♆	5pm36
	☽△♃	7 9
14 T	☽∥☿	7am14
	☽□♆	10 54
	☽□♂	11 40
	☉⚺☽	2pm20
	☽⚺♄	2 32
	☿⚹♇	4 16
	☿⚼♃	5 13
	☉☌♄	5 34
	☽⚹♇	9 57
	☽⚼♃	9 58
	☽☌☿	10 25
15 W	☽□♅	8am 7
	☽∥♀	8 8
	☽☌♀	8pm53
	☽∥♄	9 23
	☽∥♇	11 32
	☽⚻♃	11 57
16 Th	☽∠♇	0am11
	☉∥☽	7 20
	☽#♅	11 43
	☽⚹♆	3pm17
	☽∥♆	5 54
	☽⚹♂	6 9
	☽☌♄	7 7
	☽#♃	7 26
	☿ ♉	7 54
	☉☌☽	10 14
17 F	☽⚺♇	1am43
	☽∥♂	3 18
	♀⚻♃	5 0
	☽⚺☿	6 23
	♀∠♇	10 57
	☽△♅	11 16
	☽∠♆	4pm29
	☽∠♂	8 18
18 S	♂⚹♄	0am 4
	☽☍♃	2 1
	☽⚺♀	4 8
	☽∠☿	9 29
	☽⚼♅	12pm 5
	☽⚺♆	5 17
	☽⚺♄	9 21
	☽⚺♂	10 2
19 Su	☉⚺♇	2am56
	☽☌♇	3 24
	☉⚺☽	3 26
	☽∠♀	7 1
	☽⚹☿	12pm20
	☽⚻♅	12 39
	☿□♅	3 53
	☽∠♄	10 7
20 M	☽⚻♃	2am49
	☉∠☽	5 42
	☽⚹♀	9 49
	☉#♅	12pm44
	☽☌♆	6 31
	☽⚹♄	10 57
21 T	☽☌♂	1am15
	☽⚼♃	3 16
	☽⚺♇	4 40
	☉⚹☽	8 7
	☉ ♊	10 57
	☽☍♅	1pm55
	☽□☿	6 33
22 W	☽∥♂	1am13
	☽△♃	3 57
	☽∠♇	5 38
	☽#♃	6 22
	☽∥♆	7 35
	☉∥☽	11 40
	☽#♅	1pm34
	☽□♀	4 12
	♂⚼♃	7 6
	☽⚺♆	8 33
23 Th	☽□♄	1am29
	☽∥♇	1 41
	☽∥♄	2 52
	☽∥♀	4 21
	☽⚺♂	5 33
	☽⚹♇	7 0
	☉□☽	2pm11
	☽⚻♅	4 26
	☽∠♆	10 12
24 F	☽∥☿	0am 6
	☽△☿	2 59
	♀∥♄	5 44
	☽□♃	6 35
	☽∠♂	8 29
	♂⚺♇	5pm27
	☽⚼♅	6 26
	♀⚹♆	7 34
	♀∥♇	10 7
	☉△♅	10 34
25 S	☽⚹♆	0am23
	☽△♀	0 51
	☽△♄	5 55
	☽⚼☿	8 25
	☿⚻♃	10 21
	☽□♇	11 15
	☽⚹♂	12pm 2
	☽△♅	8 57
	☉△☽	10 42
26 Su	☽⚼♀	6am14
	☽⚼♄	8 58
	☿∠♇	9 51
	☽⚹♃	11 14
	☽⚻☿	2pm45
	☉∥♆	7 18
27 M	☉⚼☽	3am57
	☽□♆	6 22
	☽⚻♀	12pm19
	☽⚻♄	12 33
	☽∠♃	2 20
	♀☌♄	3 2
	☽△♇	5 39
	☉#♃	7 17
	☽□♂	8 56
28 T	☽□♅	3am34
	☽#☿	6 33
	♂ ♌	8 16
	☉⚻☽	9 51
	☉∠♆	2pm 1
	☽⚺♃	5 55
	☽#♄	7 55
	☽#♇	8 26
	☽⚼♇	9 37
	☉∥♂	10 33
29 W	☽#♀	3am19
	☽☍☿	6 6
	☽∥♅	9 59
	☽△♆	2pm25
	☽#♆	4 25
	☽∥♃	5 17
	☽#♂	5 54
	☉#☽	7 20
	☽☍♄	9 16
	♀⚺♇	9 59
30 Th	☽⚻♇	2am 4
	☽☍♀	2 30
	☽△♂	8 9
	☽⚹♅	12pm10
	♂#♃	3 0
	☽⚼♆	7 11
	☉☍☽	11 29
31 F	☽☌♃	2am31
	♀ ♊	1pm19
	☽⚼♂	2 37
	♂∥♆	3 46
	☽∠♅	5 11
	☿⚹♆	8 36

JUNE 1912

LONGITUDE

DAY	SID. TIME	☉	☽	☽ 12 Hour	MEAN ☊	TRUE ☊	☿	♀	♂	♃	♄	♅	♆	♇
	h m s	° ' "	° ' "	° ' "	° '	° '	° '	° '	° '	° '	° '	° '	° '	° '
1	16 36 26	10♊ 6 59	21♐ 43 36	27♐ 49 46	19♈ 4	20♈ 29R	22♉ 11	0♊ 33	2♌ 9	10♐ 35R	25♉ 45	3♒ 14R	21♋ 56	28♊ 2
2	16 40 22	11 4 26	3♑ 53 45	9♑ 55 43	19 1	20 20	23 59	1 46	2 45	10 27	25 52	3 13	21 58	28 4
3	16 44 19	12 1 53	15 55 51	21 54 26	18 57	20 11	25 48	3 0	3 20	10 20	26 0	3 12	22 0	28 5
4	16 48 15	12 59 18	27 51 45	3♒ 48 10	18 54	20 2	27 41	4 13	3 56	10 12	26 7	3 11	22 2	28 7
5	16 52 12	13 56 43	9♒ 44 3	15 39 52	18 51	19 55	29 35	5 27	4 31	10 5	26 15	3 9	22 4	28 8
6	16 56 9	14 54 7	21 36 6	27 33 16	18 48	19 50	1♊ 32	6 41	5 7	9 57	26 22	3 8	22 5	28 9
7	17 0 5	15 51 30	3♓ 31 56	9♓ 32 42	18 45	19 47	3 31	7 54	5 43	9 49	26 30	3 7	22 7	28 11
8	17 4 2	16 48 53	15 36 10	21 42 59	18 42	19 46D	5 32	9 8	6 18	9 42	26 37	3 5	22 9	28 12
9	17 7 58	17 46 15	27 53 46	4♈ 9 8	18 38	19 46	7 34	10 21	6 54	9 34	26 45	3 4	22 11	28 14
10	17 11 55	18 43 37	10♈ 29 41	16 55 57	18 35	19 47R	9 39	11 35	7 30	9 27	26 52	3 2	22 13	28 15
11	17 15 51	19 40 58	23 28 25	0♉ 7 29	18 32	19 47	11 46	12 48	8 5	9 19	26 59	3 1	22 15	28 16
12	17 19 48	20 38 19	6♉ 53 23	13 46 17	18 29	19 46	13 54	14 2	8 41	9 12	27 7	2 59	22 17	28 18
13	17 23 44	21 35 39	20 46 8	27 52 43	18 26	19 43	16 3	15 16	9 17	9 5	27 14	2 58	22 19	28 19
14	17 27 41	22 32 59	5♊ 5 37	12♊ 24 12	18 23	19 37	18 13	16 29	9 53	8 57	27 21	2 56	22 21	28 21
15	17 31 38	23 30 18	19 47 41	27 15 3	18 19	19 29	20 24	17 43	10 29	8 50	27 29	2 54	22 23	28 22
16	17 35 34	24 27 37	4♋ 45 12	12♋ 16 54	18 16	19 20	22 36	18 57	11 5	8 43	27 36	2 53	22 25	28 24
17	17 39 31	25 24 55	19 48 54	27 19 58	18 13	19 11	24 48	20 10	11 41	8 36	27 43	2 51	22 27	28 25
18	17 43 27	26 22 13	4♌ 48 57	12♌ 14 47	18 10	19 2	26 59	21 24	12 17	8 29	27 50	2 49	22 29	28 26
19	17 47 24	27 19 29	19 36 38	26 53 46	18 7	18 55	29 11	22 37	12 53	8 22	27 57	2 48	22 31	28 28
20	17 51 20	28 16 45	4♍ 5 40	11♍ 12 3	18 3	18 51	1♋ 22	23 51	13 29	8 15	28 5	2 46	22 33	28 29
21	17 55 17	29 14 0	18 12 44	25 7 43	18 0	18 49D	3 32	25 5	14 5	8 8	28 12	2 44	22 35	28 31
22	17 59 13	0♋ 11 15	1♎ 57 8	8♎ 41 12	17 57	18 48	5 41	26 18	14 41	8 2	28 19	2 42	22 37	28 32
23	18 3 10	1 8 29	15 20 12	21 54 29	17 54	18 49R	7 49	27 32	15 18	7 55	28 26	2 40	22 39	28 34
24	18 7 7	2 5 42	28 24 24	4♏ 50 19	17 51	18 49	9 55	28 46	15 54	7 49	28 32	2 38	22 41	28 35
25	18 11 3	3 2 54	11♏ 12 37	17 31 37	17 48	18 47	12 0	29 59	16 30	7 42	28 39	2 36	22 43	28 37
26	18 15 0	4 0 6	23 47 40	0♐ 1 2	17 44	18 43	14 3	1♋ 13	17 6	7 36	28 46	2 34	22 46	28 38
27	18 18 56	4 57 18	6♐ 11 58	12 20 41	17 41	18 36	16 5	2 27	17 43	7 30	28 53	2 32	22 48	28 39
28	18 22 53	5 54 29	18 27 24	24 32 16	17 38	18 26	18 4	3 40	18 19	7 24	29 0	2 30	22 50	28 41
29	18 26 49	6 51 40	0♑ 35 27	6♑ 37 4	17 35	18 14	20 2	4 54	18 55	7 18	29 6	2 28	22 52	28 42
30	18 30 46	7♋ 48 51	12♑ 37 16	18♑ 36 11	17♈ 32	18♈ 0	21♋ 58	6♋ 8	19♌ 32	7♐ 13	29♉ 13	2♒ 26	22♋ 54	28♊ 44

DECLINATION and LATITUDE

DAY	☉ DECL	☽ DECL	☽ LAT	☽ 12hr DECL	☿ DECL	☿ LAT	♀ DECL	♀ LAT	♂ DECL	♂ LAT	♃ DECL	♃ LAT	♄ DECL	♄ LAT
1	21N59	27S40	4S29	28S 9	16N34	1S49	19N36	0S42	21N 6	1N27	21S16	0N47	17N20	1S55
2	22 7	28 17	4 53	28 5	17 10	1 39	19 53	0 40	20 57	1 26	21 15	0 47	17 22	1 55
3	22 15	27 33	5 5	26 41	17 46	1 29	20 9	0 37	20 49	1 26	21 14	0 47	17 24	1 55
4	22 22	25 32	5 3	24 7	18 22	1 19	20 25	0 35	20 40	1 25	21 13	0 47	17 25	1 55
5	22 29	22 26	4 48	20 32	18 57	1 9	20 41	0 33	20 31	1 25	21 12	0 47	17 27	1 55
6	22 36	18 25	4 20	16 7	19 32	0 58	20 56	0 31	20 22	1 25	21 11	0 46	17 29	1 55
7	22 42	13 39	3 41	11 3	20 5	0 47	21 10	0 28	20 13	1 24	21 10	0 46	17 30	1 55
8	22 48	8 20	2 52	5 30	20 38	0 36	21 24	0 26	20 3	1 24	21 9	0 46	17 32	1 56
9	22 53	2 35	1 54	0N23	21 10	0 25	21 37	0 24	19 54	1 23	21 8	0 46	17 34	1 56
10	22 58	3N24	0 50	6 25	21 40	0 14	21 50	0 21	19 44	1 23	21 7	0 46	17 36	1 56
11	23 3	9 26	0N20	12 23	22 9	0 3	22 2	0 19	19 35	1 22	21 6	0 46	17 37	1 56
12	23 7	15 14	1 30	17 57	22 36	0N 7	22 13	0 17	19 25	1 22	21 5	0 46	17 39	1 56
13	23 11	20 29	2 37	22 45	23 1	0 18	22 24	0 14	19 15	1 21	21 4	0 46	17 40	1 56
14	23 14	24 43	3 37	26 17	23 24	0 28	22 34	0 12	19 5	1 21	21 3	0 45	17 42	1 56
15	23 17	27 26	4 23	28 6	23 44	0 38	22 44	0 9	18 55	1 20	21 2	0 45	17 44	1 56
16	23 20	28 15	4 53	27 52	24 2	0 48	22 52	0 7	18 44	1 20	21 1	0 45	17 45	1 56
17	23 22	26 58	5 3	25 36	24 18	0 57	23 1	0 5	18 34	1 20	21 1	0 45	17 47	1 56
18	23 24	23 47	4 51	21 35	24 30	1 5	23 8	0 2	18 23	1 19	20 60	0 45	17 48	1 56
19	23 25	19 4	4 21	16 18	24 40	1 13	23 15	0N 0	18 13	1 19	20 59	0 45	17 50	1 56
20	23 26	13 20	3 34	10 14	24 47	1 21	23 21	0 3	18 2	1 18	20 58	0 44	17 51	1 56
21	23 27	7 2	2 35	3 48	24 51	1 27	23 26	0 5	17 51	1 18	20 57	0 44	17 53	1 56
22	23 27	0 34	1 28	2S38	24 53	1 33	23 31	0 7	17 40	1 17	20 56	0 44	17 54	1 56
23	23 27	5S46	0 18	8 48	24 52	1 38	23 35	0 10	17 29	1 17	20 55	0 44	17 56	1 56
24	23 26	11 42	0S51	14 27	24 47	1 43	23 39	0 12	17 18	1 16	20 54	0 44	17 57	1 56
25	23 25	17 2	1 56	19 24	24 41	1 47	23 41	0 14	17 6	1 16	20 53	0 43	17 59	1 56
26	23 23	21 32	2 54	23 25	24 32	1 50	23 43	0 17	16 55	1 16	20 53	0 43	18 0	1 56
27	23 21	25 0	3 43	26 18	24 20	1 52	23 45	0 19	16 43	1 15	20 52	0 43	18 2	1 56
28	23 19	27 16	4 21	27 55	24 6	1 54	23 45	0 21	16 32	1 15	20 51	0 43	18 3	1 56
29	23 16	28 13	4 46	28 11	23 50	1 54	23 45	0 24	16 20	1 14	20 50	0 43	18 4	1 56
30	23N13	27S48	4S59	27S 6	23N32	1N54	23N44	0N26	16N 8	1N14	20S49	0N43	18N 6	1S57

DAY	♅ DECL	♅ LAT	♆ DECL	♆ LAT	♇ DECL	♇ LAT
1	20S 1	0S35	21N 9	0S31	17N21	6S 5
5	20 2	0 35	21 8	0 31	17 21	6 5
9	20 3	0 35	21 6	0 31	17 22	6 5
13	20 5	0 36	21 5	0 31	17 22	6 4
17	20 7	0 36	21 4	0 31	17 22	6 4
21	20 8	0 36	21 3	0 31	17 23	6 4
25	20 10	0 36	21 2	0 31	17 23	6 4
29	20S12	0S36	21N 0	0S31	17N23	6S 4

☽ PHENOMENA	VOID OF COURSE ☽ LAST ASPT	☽ INGRESS
d h m	1 12pm26	1 ♑ 4pm17
8 2 35 ☾	3 11pm33	4 ♒ 4am19
15 6 23 ●	6 1pm14	6 ♓ 4pm55
21 20 39 ☽	9 0am38	9 ♈ 4am 3
29 13 34 ○	11 8am42	11 ♉ 11am47
	13 11am 1	13 ♊ 3pm33
d h ° '	15 1pm49	15 ♋ 4pm24
1 23 28S17	17 12pm43	17 ♌ 4pm16
9 10 0	19 2pm38	19 ♍ 5pm 9
15 21 28N16	21 5pm58	21 ♎ 8pm33
22 2 0	24 0am44	24 ♏ 2am58
29 5 28S15	26 9am41	26 ♐ 11am58
	28 8pm15	28 ♑ 10pm50
3 8 5S 6		
10 17 0	d h	
16 23 5N 3	4 13 APOGEE	
23 6 0	16 17 PERIGEE	
30 11 4S60		

DAILY ASPECTARIAN

1 S	☽⊼♆	0am25
	☽⊼☿	1 3
	☽⊼♄	7 58
	☉☍♃	10 23
	☽☍♇	12pm26
	♄∥♇	1 39
	☽⊼♀	7 19
	☽⊼♂	9 36
	☽⊻♅	10 39
2 Su	☿∥♇	7am11
	☿∥♄	8 3
	☽⚼☿	11 54
	♀#♅	12pm 4
	☽⊻♃	12 55
	☽⚼♄	2 1
	☉⊼☽	3 31
	♂☍♅	6 25
3 M	☿☌♄	2am35
	♀△♅	3 49
	☽⚼♀	4 37
	☽☍♆	12pm13
	♀⚹♂	12 53
	☽∠♃	6 42
	☽△♄	8 27
	☽△☿	11 33
4 T	☉⚼☽	0am17
	☽⊼♇	0 30
	☿⊻♇	5 32
	☽☌♅	10 43
	☽☍♂	12pm54
	♀∥♂	2 3
	☽△♀	2 20
	☉#☽	11 42
5 W	☽⚹♃	0am41
	☿ ♊	5 10
	☽⚼♇	6 53
	☽∥♃	7 57
	☽#♆	8 24
	☉△☽	9 16
	☽#♀	10 25
	☽#♂	12pm33
	☽∥♅	2 54
	☽#☿	6 33
6 Th	☽⊼♆	0am59
	☽#♄	4 58
	☽#♇	5 38
	♀∠♆	8 21
	☽□♄	9 43
	☽△♇	1pm14
	♀∥♆	6 35
	☿△♅	7 15
	☿#♅	9 58
	☽⊻♅	11 9
	♀#♃	11 47
	☽□☿	11 57
7 F	☿∥♂	4am 3
	☽⊼♂	4 35
	☽⚼♆	7 12
	☽□♀	9 43
	☽□♃	12pm25
8 S	♂#♅	0am45
	☉□☽	2 35
	☽∠♅	4 53
	♀☍♃	10 7
	☽⚼♂	11 46
	☽△♆	12pm53
	☿⚹♂	12 56
	☿∠♆	7 25
	☿∥♆	9 20
	☽⚹♄	9 45
	☿#♃	10 40
9 Su	☽□♇	0am38
	☉⚼♅	7 10
	☽⚹♅	9 54
	☽△♂	6pm 4
	☿☍♃	9 46
	☽△♃	10 3
	☽⚹☿	10 6
10 M	☽⚹♀	2am15
	☽∠♄	2 36
	☿∥♀	1pm35
	☉⚹☽	4 31
	☽□♆	9 46
11 T	☽⚼♃	1am32
	☽⊻♄	6 26
	☽∠☿	7 5
	☽∠♀	8 38
	☽⚹♇	8 42
	♃#♆	12pm15
	☽□♅	5 7
	☉∠☽	9 38
12 W	☽□♂	3am18
	☿☌♀	3 42
	☽⊼♃	4 1
	☽∥♇	9 20
	☽∥♄	10 39
	☽∠♇	11 12
	☽⊻♀	1pm39
	☽⊻☿	2 26
	♂△♃	5 2
	☽∥♂	6 12
	☽#♅	10 2
13 Th	☉⊻☽	1am30
	☽⚹♆	2 38
	☽#♃	2 59
	☽∥♆	3 4
	☽∥♀	10 27
	☽☌♄	11 1
	☉∥☿	12pm 9
	☽⊻♇	12 46
	☉∥☽	2 41
	☽∥☿	2 54
	☉⊻♆	6 44
	☽△♅	8 26
	☿⚼♅	8 56
14 F	☽∠♆	3am43
	☽☍♃	6 18
	☽⚹♂	8 13
	☽☌♀	8pm20
	☽⚼♅	8 57
15 S	☽☌☿	1am 9
	♀⚼♅	3 42
	☽⊻♆	4 11
	☉☌☽	6 23
	☽∠♂	9 33
	☽⊻♄	12pm28
	☽☌♇	1 49
	☽⊼♅	9 1
	☿⊻♆	10 0
16 Su	☽⊼♃	6am16
	☽⊻♂	10 30
	☽∠♄	12pm36
17 M	☽⊻♀	0am37
	☽☌♆	4 12
	☽⚼♃	5 59
	☽⊻☿	9 18
	☉⊻☽	9 33
	☉☌☿	12pm 3
	☽⚹♄	12 43
	☽⊻♇	1 45
	☽∥☿	7 43
	☽☍♅	8 48
18 T	☉∥☽	2am12
	☽∠♀	2 46
	☽∥♀	3 37
	☿∠♂	4 26
	☽△♃	5 52
	☿⊻♄	9 50
	☉∠☽	11 19
	☽☌♂	12pm34
	☽∠☿	1 36
	☽∠♇	1 58
	☽∥♆	2 36
	☽#♃	2 59
	☿☌♇	4 4
	☽#♅	7 7
	♀⊻♆	9 49
19 W	☽∥♂	3am56
	☽⊻♆	4 47
	☽⚹♀	5 24
	☽∥♄	5 26
	☽∥♇	7 26
	☿ ♋	9 0
	☉⚹☽	1pm37
	☽□♄	1 53
	☽⚹♇	2 38
	☉⊻♄	6 8
	☽⚹☿	6 37
	☽⊼♅	9 46
20 Th	♂∠♇	0am 9
	☉☌♇	5 25
	☽∠♆	5 50
	☽□♃	6 57
	☉∠♂	2pm 3
	☿⊼♅	3 15
	☽⊻♂	4 36
	♂∥♄	8 15
	☽⚼♅	11 10
21 F	☉∥♀	2am13
	☽⚹♆	7 35
	☽□♀	1pm 5
	☽△♄	5 31
	☽□♇	5 58
	☉ ♋	7 17
	☽∠♂	7 49
	☉□☽	8 39
22 S	☽△♅	1am19
	☽□☿	7 53
	☽⚹♃	10 44
	☽⚼♄	8pm30
	☽⚹♂	11 55
23 Su	☿⊼♃	1am 9
	♂∥♇	12pm58
	☽□♆	1 24
	☽∠♃	1 45
	♀⊻♄	7 15
	♀☌♇	8 29
24 M	☽⊼♄	0am15
	☽△♇	0 20
	☽△♀	0 44
	☉△☽	7 25
	☽□♅	7 51
	♄⊻♇	11 43
	☉⊼♅	1pm10
	☽⊻♃	5 27
	♃⚼♆	9 15
25 T	♀ ♋	0am12
	☽#♂	0 20
	☽#♇	1 42
	☽△☿	1 48
	☽⚼♇	4 33
	☽#♄	4 42
	☽⚼♀	7 56
	☽□♂	10 33
	☉⚼☽	2pm 4
	☽∥♅	4 12
	☽∥♃	8 10
	☿∠♄	8 25
	☽#♆	8 59
	☽△♆	10 0
26 W	☽⊼♇	9am21
	☽☍♄	9 41
	☉#☽	11 45
	☽⚼☿	12pm 8
	☽#♀	2 17
	☽⊼♀	3 54
	☽⚹♅	4 54
	☽#☿	7 0
	☉⊼☽	9 23
27 Th	♀⊼♅	1am44
	☽☌♃	2 31
	☽⚼♆	3 7
	♀∠♂	10 16
	☽∠♅	10pm 8
	☽⊼☿	11 6
	☽△♂	11 43
28 F	☿⊻♂	4am16
	☽⊼♆	8 39
	☽☍♇	8pm15
	☽⊼♄	9 2
29 S	☽⊻♅	3am43
	☽⚼♂	6 59
	☿∥♀	7 25
	☽☍♀	9 33
	☉⊼♃	10 12
	☽⊻♃	1pm16
	☉☍☽	1 34
30 Su	☿⚼♃	2am59
	☽⚼♄	3 14
	☿☌♆	12pm 5
	☽⊼♂	2 36
	☽∠♃	7 6
	♀⊼♃	7 38
	☽☍♆	8 43
	☽☍☿	10 18

LONGITUDE

DAY	SID. TIME	☉	☽	☽ 12 Hour	MEAN ☊	TRUE ☊	☿	♀	♂	♃	♄	♅	♆	♇
	h m s	° ' "	° ' "	° ' "	° '	° '	° '	° '	° '	° '	° '	° '	° '	° '
1	18 34 42	8♋ 46 2	24♑ 34 0	0♒ 30 53	17♈ 29	17♈ 47R	23♋ 51	7♋ 22	20♌ 8	7♐ 7R	29♉ 20	2♒ 24R	22♋ 56	28♊ 45
2	18 38 39	9 43 13	6♒ 27 3	12 22 44	17 25	17 34	25 43	8 35	20 45	7 2	29 26	2 22	22 58	28 47
3	18 42 36	10 40 24	18 18 14	24 13 52	17 22	17 23	27 33	9 49	21 21	6 56	29 33	2 20	23 1	28 48
4	18 46 32	11 37 34	0♓ 10 2	6♓ 7 9	17 19	17 15	29 20	11 3	21 58	6 51	29 39	2 17	23 3	28 49
5	18 50 29	12 34 46	12 5 41	18 6 8	17 16	17 10	1♌ 6	12 16	22 34	6 46	29 46	2 15	23 5	28 51
6	18 54 25	13 31 57	24 9 5	0♈ 15 6	17 13	17 7	2 49	13 30	23 11	6 41	29 52	2 13	23 7	28 52
7	18 58 22	14 29 9	6♈ 24 48	12 38 49	17 9	17 6D	4 30	14 44	23 48	6 37	29 58	2 11	23 9	28 54
8	19 2 18	15 26 20	18 57 45	25 22 13	17 6	17 6R	6 10	15 58	24 24	6 32	0♊ 5	2 8	23 12	28 55
9	19 6 15	16 23 33	1♉ 52 48	8♉ 29 59	17 3	17 6	7 47	17 12	25 1	6 28	0 11	2 6	23 14	28 56
10	19 10 11	17 20 46	15 14 11	22 5 41	17 0	17 4	9 22	18 25	25 38	6 23	0 17	2 4	23 16	28 58
11	19 14 8	18 17 59	29 4 39	6♊ 11 0	16 57	17 0	10 55	19 39	26 14	6 19	0 23	2 2	23 18	28 59
12	19 18 5	19 15 13	13♊ 24 31	20 44 42	16 54	16 54	12 26	20 53	26 51	6 15	0 29	1 59	23 21	29 1
13	19 22 1	20 12 28	28 10 51	5♋ 42 0	16 50	16 45	13 55	22 7	27 28	6 11	0 35	1 57	23 23	29 2
14	19 25 58	21 9 43	13♋ 17 3	20 54 39	16 47	16 35	15 22	23 21	28 5	6 8	0 41	1 55	23 25	29 3
15	19 29 54	22 6 58	28 33 26	6♌ 11 55	16 44	16 24	16 46	24 35	28 42	6 4	0 47	1 52	23 27	29 5
16	19 33 51	23 4 13	13♌ 48 44	21 22 32	16 41	16 14	18 9	25 48	29 19	6 1	0 53	1 50	23 29	29 6
17	19 37 47	24 1 29	28 52 10	6♍ 16 41	16 38	16 6	19 29	27 2	29 56	5 58	0 58	1 48	23 32	29 7
18	19 41 44	24 58 45	13♍ 35 20	20 47 35	16 35	16 1	20 47	28 16	0♍ 33	5 55	1 4	1 45	23 34	29 9
19	19 45 41	25 56 1	27 53 7	4♎ 51 52	16 31	15 58	22 2	29 30	1 10	5 52	1 9	1 43	23 36	29 10
20	19 49 37	26 53 17	11♎ 43 52	18 29 20	16 28	15 57D	23 16	0♌ 44	1 47	5 50	1 15	1 40	23 38	29 11
21	19 53 34	27 50 34	25 8 34	1♏ 42 1	16 25	15 57R	24 27	1 58	2 24	5 47	1 20	1 38	23 41	29 13
22	19 57 30	28 47 50	8♏ 10 5	14 33 17	16 22	15 57	25 35	3 12	3 1	5 45	1 26	1 36	23 43	29 14
23	20 1 27	29 45 7	20 52 6	27 7 2	16 19	15 56	26 41	4 26	3 38	5 43	1 31	1 33	23 45	29 15
24	20 5 23	0♌ 42 25	3♐ 18 33	9♐ 27 6	16 15	15 52	27 44	5 40	4 16	5 41	1 36	1 31	23 47	29 16
25	20 9 20	1 39 43	15 33 6	21 36 56	16 12	15 45	28 44	6 53	4 53	5 40	1 41	1 28	23 49	29 18
26	20 13 16	2 37 2	27 38 56	3♑ 39 23	16 9	15 36	29 41	8 7	5 30	5 38	1 46	1 26	23 52	29 19
27	20 17 13	3 34 20	9♑ 38 35	15 36 45	16 6	15 25	0♍ 35	9 21	6 7	5 37	1 51	1 24	23 54	29 20
28	20 21 10	4 31 40	21 34 6	27 30 50	16 3	15 12	1 26	10 35	6 45	5 36	1 56	1 21	23 56	29 21
29	20 25 6	5 29 0	3♒ 27 7	9♒ 23 9	16 0	14 59	2 14	11 49	7 22	5 35	2 1	1 19	23 58	29 23
30	20 29 3	6 26 22	15 19 6	21 15 10	15 56	14 47	2 59	13 3	7 59	5 34	2 6	1 16	24 0	29 24
31	20 32 59	7♌ 23 43	27♒ 11 34	3♓ 8 32	15♈ 53	14♈ 37	3♍ 40	14♌ 17	8♍ 37	5♐ 34	2♊ 11	1♒ 14	24♋ 3	29♊ 25

DECLINATION and LATITUDE

DAY	☉ DECL	☽ DECL	☽ LAT	☽ 12hr DECL	☿ DECL	☿ LAT	♀ DECL	♀ LAT	♂ DECL	♂ LAT	♃ DECL	♃ LAT	♄ DECL	♄ LAT
1	23N10	26S 6	4S58	24S48	23N13	1N54	23N43	0N28	15N56	1N13	20S49	0N42	18N 7	1S57
2	23 6	23 15	4 44	21 27	22 51	1 53	23 41	0 30	15 44	1 13	20 48	0 42	18 8	1 57
3	23 1	19 26	4 18	17 14	22 28	1 51	23 38	0 33	15 32	1 12	20 47	0 42	18 10	1 57
4	22 56	14 51	3 41	12 20	22 4	1 48	23 34	0 35	15 20	1 12	20 47	0 42	18 11	1 57
5	22 51	9 42	2 54	6 57	21 38	1 45	23 30	0 37	15 7	1 11	20 46	0 42	18 12	1 57
6	22 46	4 8	1 58	1 15	21 11	1 41	23 25	0 39	14 55	1 11	20 45	0 41	18 14	1 57
7	22 40	1N41	0 56	4N38	20 43	1 37	23 19	0 41	14 42	1 10	20 45	0 41	18 15	1 57
8	22 33	7 35	0N10	10 30	20 13	1 32	23 13	0 43	14 30	1 10	20 44	0 41	18 16	1 57
9	22 27	13 20	1 17	16 5	19 43	1 26	23 6	0 45	14 17	1 10	20 44	0 41	18 17	1 57
10	22 19	18 41	2 23	21 6	19 13	1 21	22 58	0 47	14 4	1 9	20 43	0 41	18 18	1 57
11	22 12	23 15	3 22	25 6	18 41	1 14	22 49	0 49	13 51	1 9	20 43	0 40	18 20	1 57
12	22 4	26 34	4 11	27 37	18 9	1 7	22 40	0 51	13 38	1 8	20 42	0 40	18 21	1 58
13	21 56	28 11	4 45	28 14	17 37	0 60	22 30	0 53	13 25	1 8	20 42	0 40	18 22	1 58
14	21 47	27 45	4 60	26 45	17 4	0 52	22 20	0 55	13 12	1 7	20 41	0 40	18 23	1 58
15	21 38	25 15	4 54	23 17	16 31	0 44	22 9	0 57	12 58	1 7	20 41	0 40	18 24	1 58
16	21 29	20 56	4 27	18 16	15 57	0 35	21 57	0 58	12 45	1 6	20 41	0 39	18 25	1 58
17	21 19	15 20	3 41	12 12	15 24	0 26	21 45	1 0	12 32	1 6	20 40	0 39	18 26	1 58
18	21 9	8 57	2 42	5 37	14 50	0 17	21 32	1 2	12 18	1 5	20 40	0 39	18 27	1 58
19	20 58	2 17	1 34	1S 3	14 16	0 7	21 18	1 4	12 5	1 5	20 40	0 39	18 28	1 58
20	20 47	4S18	0 22	7 27	13 43	0S 3	21 4	1 5	11 51	1 4	20 39	0 38	18 29	1 58
21	20 36	10 29	0S49	13 22	13 10	0 14	20 49	1 7	11 37	1 4	20 39	0 38	18 30	1 59
22	20 25	16 3	1 55	18 31	12 37	0 25	20 33	1 8	11 23	1 3	20 39	0 38	18 31	1 59
23	20 13	20 46	2 54	22 45	12 4	0 36	20 17	1 10	11 9	1 3	20 39	0 38	18 32	1 59
24	20 1	24 28	3 43	25 53	11 32	0 47	20 1	1 11	10 55	1 2	20 39	0 38	18 33	1 59
25	19 48	26 59	4 21	27 46	11 1	0 58	19 43	1 12	10 41	1 2	20 39	0 37	18 34	1 59
26	19 35	28 12	4 47	28 19	10 30	1 10	19 26	1 14	10 27	1 2	20 39	0 37	18 35	1 59
27	19 22	28 5	4 60	27 31	9 59	1 22	19 7	1 15	10 13	1 1	20 39	0 37	18 36	1 59
28	19 8	26 39	4 59	25 28	9 30	1 34	18 49	1 16	9 59	1 1	20 39	0 37	18 37	1 59
29	18 54	24 1	4 46	22 19	9 2	1 46	18 29	1 17	9 44	1 0	20 39	0 37	18 37	1 60
30	18 40	20 23	4 20	18 15	8 34	1 59	18 9	1 18	9 30	0 60	20 39	0 36	18 38	1 60
31	18N26	15S56	3S43	13S28	8N 8	2S11	17N49	1N19	9N15	0N59	20S39	0N36	18N39	1S60

DAY	♅ DECL	♅ LAT	♆ DECL	♆ LAT	♇ DECL	♇ LAT
1	20S13	0S36	20N59	0S31	17N23	6S 4
5	20 15	0 36	20 58	0 31	17 23	6 3
9	20 17	0 36	20 57	0 31	17 23	6 3
13	20 19	0 36	20 55	0 31	17 23	6 3
17	20 21	0 36	20 54	0 31	17 23	6 3
21	20 24	0 36	20 52	0 31	17 23	6 3
25	20 26	0 36	20 51	0 31	17 23	6 3
29	20S28	0S36	20N49	0S31	17N23	6S 4

☽ PHENOMENA

d	h	m	
7	16	47	☾
14	13	13	●
21	5	18	☽
29	4	28	○

d	h	° '
6	17	0
13	7	28N17
19	8	0
26	10	28S19

d	h	° '
7	20	0
14	5	5N 0
20	7	0
27	11	5S 1
27	13	5S 0

VOID OF COURSE ☽

LAST ASPT		☽ INGRESS		
1	9am42	1	♒	10am58
3	10pm57	3	♓	11pm40
6	11am21	6	♈	11am30
8	6pm36	8	♉	8pm33
10	6pm56	11	♊	1am34
13	1am22	13	♋	2am55
14	5pm12	15	♌	2am16
17	1am47	17	♍	1am49
19	3am 2	19	♎	8am37
21	7am26	21	♏	8am52
23	12pm11	23	♐	5pm34
26	4am24	26	♑	4am41
28	4am47	28	♒	5pm 1
31	4am30	31	♓	5am40

d	h	
2	0	APOGEE
15	0	PERIGEE
29	5	APOGEE

DAILY ASPECTARIAN

1 M	☉∥☿	4am21
	☽⚻♇	8 28
	☽△♄	9 42
	☽☍♅	3pm45
	☽#♀	8 50
2 T	☉#☽	1am 7
	☽✶♃	1 10
	☽#☿	3 6
	☽⚻♀	4 49
	☉⚻☽	7 12
	☽⚼♇	2pm52
	☽#♆	2 54
	☽∥♃	4 3
	☽∥♅	7 24
3 W	☽☍♂	6am31
	☽#♄	7 1
	☽⚻♆	9 34
	☽#♇	11 11
	☽⚼♀	2pm42
	☉⚼☽	4 13
	☿⚺♇	4 59
	☽△♇	9 17
	☽#♂	9 35
	☽⚻☿	10 2
	☽□♄	10 57
4 Th	☽⚺♅	4am16
	☿✶♄	4 35
	☿ ♌	9 0
	☽□♃	1pm23
	☽⚼♆	3 56
5 F	☽△♀	0am24
	☉△☽	1 3
	☽⚼☿	9 21
	☽∠♅	10 17
	☿☍♅	3pm45
	♂⚺♆	9 27
	☽△♆	9 57
	☽⚻♂	9 59
6 S	☉☌♀	2am32
	☽□♇	9 19
	☽✶♄	11 21
	☿∥♆	11 22
	☽✶♅	3pm48
	☽△☿	7 43
	☿#♃	10 6
7 Su	☽△♃	0am23
	☽⚼♂	4 50
	♀∠♄	5 8
	♄ ♊	6 14
	☉∠♄	1pm47
	☽∠♄	4 35
	☉□☽	4 47
	☽□♀	5 43
	☿#♅	9 28
8 M	☽⚼♃	4am48
	☿△♃	5 13
	☽□♆	7 58
	☽△♂	10 43
	☽✶♇	6pm36
	☽⚺♄	8 52
9 T	☽□♅	0am24
	☽∥♂	3 54
	☽⚻♃	8 17
	☽□☿	12pm10
	☽∥♇	5 55
	☽∠♇	9 45
	☽∥♄	10 11
10 W	☽∥☿	2am17
	☉✶☽	3 59
	☽✶♀	6 9
	☽#♅	7 54
	☽#♃	10 2
	☽∥♆	11 10
	☽✶♆	2pm 4
	☉∥☽	6 8
	☽□♂	6 56
	☽∥♀	9 35
	☽⚺♇	11 51
11 Th	☽☌♄	2am14
	☽△♅	4 59
	☉∠☽	7 40
	☽∠♀	10 19
	☽☍♃	12pm10
	☽∠♆	3 35
	☿∥♄	3 42
	☽✶☿	10 13
12 F	☽⚼♅	5am52
	♀⚼♃	6 53
	☉⚺☽	10 14
	☽⚺♀	1pm20
	☽⚺♆	4 15
	☽✶♂	10 48
13 S	☽∠☿	1am18
	☽☌♇	1 22
	☿∠♇	1 56
	☽⚺♄	3 52
	☽⚻♅	6 1
	☿∥♇	9 41
	☽⚻♃	12pm44
	☉⚼♃	11 16
	☽∠♂	11 40
14 Su	♀☌♆	1am27
	☽⚺☿	3 37
	☽∠♄	3 48
	☽⚼♃	12pm18
	☉☌☽	1 13
	☽☌♆	3 58
	☽☌♀	5 12
15 M	☽⚺♂	0am14
	☽⚺♇	0 49
	☽✶♄	3 31
	☽☍♅	5 11
	☽△♃	11 46
	♂✶♇	3pm20
	☽∥♀	6 50
	☉∥☽	9 19
16 T	☽∥♆	0am11
	☽∠♇	0 27
	☽#♃	1 15
	☽#♅	2 46
	☽☌☿	7 32
	☉☌♆	11 0
	☽∥♄	11 18
	☽⚺♆	3pm25
	☽∥♇	3 40
	☉⚺☽	3 42
	☽⚺♀	8 48
	☽∥☿	11 42
17 W	☽✶♇	0am24
	☽☌♂	1 47
	♂ ♍	2 43
	☽□♄	3 25
	☽⚻♅	4 42
	☽∥♂	11 10
	☽□♃	11 27
	☽∠♆	3pm43
	☉∠☽	5 38
	☽∠♀	11 25
18 Th	☽⚼♅	5am14
	☽⚺☿	1pm 9
	☽✶♆	4 43
	♀⚺♇	5 22
	☉✶☽	8 26
	♂□♄	11 40
19 F	☽□♇	2am11
	☽✶♀	3 2
	☽△♄	5 38
	☽⚺♂	5 52
	☽△♅	6 32
	♀ ♌	9 44
	☉∥♆	12pm 5
	☽✶♃	1 43
	☽∠☿	5 20
	♂⚻♅	8 3
20 S	☿⚺♆	7am50
	☽⚼♄	8 3
	☽∠♂	9 23
	♀✶♄	10 53
	☽∠♃	4pm 9
	☉#♃	5 17
	♀☍♅	5 47
	♀∥♆	6 31
	☽□♆	9 20
	☽✶☿	10 36
21 Su	☽#♂	4am28
	☉□☽	5 18
	☽△♇	7 26
	☽#☿	10 10
	☽⚻♄	11 25
	☽□♅	11 51
	☽□♀	1pm48
	☽✶♂	1 57
	♀#♃	3 10
	♀⚺♂	5 8
	☽⚺♃	7 31
22 M	☉#♅	0am53
	☽#♇	6 23
	☉⚺♇	11 9
	☽⚼♇	11 24
	☽#♄	12pm 1
	♀#♅	1 26
	☉#☽	9 2
	☽#♀	9 29
	☽∥♅	10 0
	☽∥♃	11 20
23 T	☽#♆	0am30
	☽△♆	5 32
	☉ ♌	6 14
	♄△♅	6 59
	☽□☿	12pm11
	☽⚻♇	4 9
	☉△☽	6 31
	☽✶♅	8 31
	☽☍♄	8 40
24 W	♀△♃	0am34
	☉∥♀	0 57
	☽□♂	1 57
	☽☌♃	4 38
	☽△♀	5 5
	☽⚼♆	10 44
	☉☍♅	7pm28
25 Th	☉✶♄	0am46
	☽∠♅	1 49
	☉⚼☽	2 23
	☽⚼♀	1pm58
	☿✶♇	2 21
	☽⚻♆	4 26
26 F	☽☍♇	3am20
	☿∥♂	3 45
	☽△☿	4 24
	♂□♃	5 2
	☽⚺♅	7 32
	☿ ♍	8 13
	☽⚻♄	8 18
	☉⚻☽	10 47
	☽⚺♃	3pm56
	☽△♂	4 33
	☽⚻♀	11 21
27 S	☽⚼☿	12pm53
	☽⚼♄	2 36
	☿⚻♅	9 35
	☽∠♃	10 3
28 Su	☽⚼♂	0am23
	☽☍♆	4 47
	♀∥♄	2pm18
	☽⚻♇	3 45
	☿□♄	4 30
	☽☌♅	7 42
	☽△♄	9 5
	☽⚻☿	9 23
29 M	☉△♃	2am24
	☽✶♃	4 18
	☉☍☽	4 28
	☽⚻♂	8 21
	☽☍♀	6pm53
	☽#♆	9 27
	☽⚼♇	10 8
	☽∥♃	10 28
	☽∥♅	11 29
30 T	☉∥♄	3am23
	☽#♄	9 53
	☉#☽	10 17
	☽#♀	1pm33
	☽#♇	4 35
	☽⚻♆	5 37
31 W	♀∠♇	2am34
	☽△♇	4 30
	☽⚺♅	8 8
	☽□♄	10 7
	☽☍☿	1pm46
	☽□♃	4 51
	♂∠♆	5 31
	☉⚻☽	10 21
	☽⚼♆	11 57

AUGUST 1912

LONGITUDE

DAY	SID. TIME	☉	☽	☽ 12 Hour	MEAN ☊	TRUE ☊	☿	♀	♂	♃	♄	♅	♆	♇
	h m s	° ' "	° ' "	° ' "	° '	° '	° '	° '	° '	° '	° '	° '	° '	° '
1	20 36 56	8♌ 21 6	9♓ 6 22	15♓ 5 21	15♈ 50	14♈ 29R	4♍ 17	15♌ 31	9♍ 14	5♐ 33R	2♊ 15	1♒ 12R	24♋ 5	29♊ 26
2	20 40 52	9 18 30	21 5 50	27 8 13	15 47	14 24	4 50	16 45	9 52	5 33D	2 20	1 9	24 7	29 27
3	20 44 49	10 15 55	3♈ 12 56	9♈ 20 26	15 44	14 22D	5 19	17 59	10 29	5 33	2 24	1 7	24 9	29 28
4	20 48 45	11 13 21	15 31 14	21 45 51	15 40	14 21	5 43	19 13	11 7	5 33	2 29	1 5	24 11	29 30
5	20 52 42	12 10 48	28 4 49	4♉ 28 40	15 37	14 22	6 3	20 27	11 45	5 33	2 33	1 2	24 13	29 31
6	20 56 39	13 8 17	10♉ 57 57	17 33 9	15 34	14 23R	6 19	21 41	12 22	5 34	2 37	1 0	24 16	29 32
7	21 0 35	14 5 47	24 14 42	1♊ 2 57	15 31	14 22	6 29	22 55	13 0	5 35	2 41	0 58	24 18	29 33
8	21 4 32	15 3 18	7♊ 58 8	15 0 20	15 28	14 20	6 35R	24 9	13 38	5 36	2 45	0 55	24 20	29 34
9	21 8 28	16 0 51	22 9 29	29 25 17	15 25	14 15	6 35	25 23	14 15	5 37	2 49	0 53	24 22	29 35
10	21 12 25	16 58 25	6♋ 47 16	14♋ 14 41	15 21	14 9	6 30	26 37	14 53	5 38	2 53	0 51	24 24	29 36
11	21 16 21	17 56 0	21 46 38	29 22 0	15 18	14 1	6 19	27 51	15 31	5 39	2 57	0 48	24 26	29 37
12	21 20 18	18 53 37	6♌ 59 30	14♌ 37 47	15 15	13 53	6 3	29 5	16 9	5 41	3 1	0 46	24 28	29 38
13	21 24 14	19 51 15	22 15 27	29 51 8	15 12	13 46	5 42	0♍ 19	16 47	5 43	3 4	0 44	24 30	29 39
14	21 28 11	20 48 54	7♍ 23 35	14♍ 51 38	15 9	13 40	5 15	1 33	17 25	5 45	3 8	0 42	24 32	29 40
15	21 32 8	21 46 34	22 14 22	29 31 1	15 6	13 36	4 43	2 48	18 3	5 47	3 11	0 40	24 34	29 41
16	21 36 4	22 44 16	6♎ 41 5	13♎ 44 13	15 2	13 34D	4 6	4 2	18 41	5 49	3 14	0 37	24 36	29 42
17	21 40 1	23 41 58	20 40 20	27 29 27	14 59	13 34	3 25	5 16	19 19	5 52	3 18	0 35	24 38	29 43
18	21 43 57	24 39 42	4♏ 11 47	10♏ 47 38	14 56	13 35	2 39	6 30	19 57	5 55	3 21	0 33	24 40	29 44
19	21 47 54	25 37 26	17 17 25	23 41 35	14 53	13 36R	1 51	7 44	20 35	5 57	3 24	0 31	24 42	29 45
20	21 51 50	26 35 12	0♐ 0 41	6♐ 15 13	14 50	13 36	1 0	8 58	21 13	6 0	3 27	0 29	24 44	29 46
21	21 55 47	27 32 59	12 25 45	18 32 50	14 46	13 35	0 7	10 12	21 51	6 4	3 29	0 27	24 46	29 46
22	21 59 43	28 30 47	24 36 58	0♑ 38 41	14 43	13 32	29♌ 14	11 26	22 30	6 7	3 32	0 25	24 48	29 47
23	22 3 40	29 28 36	6♑ 38 27	12 36 42	14 40	13 26	28 22	12 40	23 8	6 11	3 35	0 23	24 50	29 48
24	22 7 37	0♍ 26 27	18 33 50	24 30 14	14 37	13 20	27 31	13 54	23 46	6 14	3 37	0 21	24 52	29 49
25	22 11 33	1 24 19	0♒ 26 14	6♒ 22 8	14 34	13 12	26 42	15 8	24 24	6 18	3 40	0 19	24 54	29 50
26	22 15 30	2 22 12	12 18 12	18 14 40	14 31	13 4	25 57	16 22	25 3	6 22	3 42	0 17	24 56	29 50
27	22 19 26	3 20 7	24 11 48	0♓ 9 46	14 27	12 57	25 17	17 36	25 41	6 27	3 44	0 15	24 58	29 51
28	22 23 23	4 18 3	6♓ 8 49	12 9 6	14 24	12 51	24 43	18 51	26 20	6 31	3 46	0 13	24 59	29 52
29	22 27 19	5 16 0	18 10 52	24 14 18	14 21	12 47	24 15	20 5	26 58	6 36	3 48	0 11	25 1	29 53
30	22 31 16	6 14 0	0♈ 19 40	6♈ 27 10	14 18	12 44	23 54	21 19	27 37	6 40	3 50	0 10	25 3	29 53
31	22 35 12	7♍ 12 1	12♈ 37 7	18♈ 49 47	14♈ 15	12♈ 43D	23♌ 41	22♍ 33	28♍ 15	6♐ 45	3♊ 52	0♒ 8	25♋ 5	29♊ 54

DECLINATION and LATITUDE

DAY	☉	☽		☽ 12hr	☿		♀		♂		♃		♄	
	DECL	DECL	LAT	DECL	DECL	LAT	DECL	LAT	DECL	LAT	DECL	LAT	DECL	LAT
1	18N11	10S52	2S56	8S10	7N43	2S23	17N28	1N20	9N 1	0N59	20S39	0N36	18N40	1S60
2	17 56	5 23	2 1	2 31	7 20	2 36	17 7	1 21	8 46	0 58	20 39	0 36	18 40	2 0
3	17 41	0N23	0 59	3N18	6 58	2 48	16 45	1 22	8 32	0 58	20 39	0 35	18 41	2 0
4	17 25	6 13	0N 6	9 6	6 38	3 0	16 22	1 23	8 17	0 57	20 40	0 35	18 42	2 0
5	17 9	11 56	1 13	14 40	6 19	3 12	15 60	1 23	8 2	0 57	20 40	0 35	18 43	2 0
6	16 53	17 18	2 17	19 45	6 3	3 24	15 36	1 24	7 47	0 56	20 40	0 35	18 43	2 1
7	16 36	22 1	3 16	24 1	5 48	3 35	15 13	1 24	7 32	0 56	20 41	0 35	18 44	2 1
8	16 20	25 42	4 6	27 1	5 36	3 46	14 49	1 25	7 17	0 55	20 41	0 34	18 45	2 1
9	16 3	27 56	4 43	28 22	5 26	3 56	14 24	1 25	7 2	0 55	20 41	0 34	18 45	2 1
10	15 45	28 19	5 3	27 45	5 19	4 6	13 60	1 26	6 47	0 54	20 42	0 34	18 46	2 1
11	15 28	26 40	5 2	25 5	5 15	4 15	13 34	1 26	6 32	0 54	20 42	0 34	18 46	2 1
12	15 10	23 4	4 41	20 38	5 13	4 23	13 9	1 26	6 17	0 53	20 43	0 34	18 47	2 2
13	14 52	17 52	3 59	14 50	5 14	4 30	12 43	1 27	6 2	0 53	20 43	0 33	18 47	2 2
14	14 34	11 36	3 1	8 14	5 19	4 36	12 17	1 27	5 47	0 52	20 44	0 33	18 48	2 2
15	14 15	4 48	1 52	1 20	5 26	4 40	11 50	1 27	5 31	0 52	20 44	0 33	18 48	2 2
16	13 57	2S 5	0 37	5S26	5 36	4 43	11 23	1 27	5 16	0 51	20 45	0 33	18 49	2 2
17	13 38	8 40	0S38	11 45	5 50	4 45	10 56	1 27	5 1	0 51	20 46	0 32	18 49	2 2
18	13 18	14 38	1 49	17 18	6 6	4 45	10 28	1 27	4 45	0 50	20 46	0 32	18 50	2 3
19	12 59	19 45	2 52	21 55	6 25	4 43	10 1	1 26	4 30	0 50	20 47	0 32	18 50	2 3
20	12 40	23 48	3 44	25 24	6 47	4 39	9 32	1 26	4 14	0 49	20 48	0 32	18 51	2 3
21	12 20	26 40	4 24	27 36	7 11	4 33	9 4	1 26	3 59	0 49	20 49	0 32	18 51	2 3
22	11 60	28 12	4 52	28 28	7 36	4 25	8 36	1 25	3 43	0 48	20 49	0 31	18 51	2 3
23	11 40	28 23	5 6	27 58	8 3	4 15	8 7	1 25	3 28	0 48	20 50	0 31	18 52	2 3
24	11 19	27 14	5 7	26 11	8 31	4 4	7 38	1 24	3 12	0 47	20 51	0 31	18 52	2 3
25	10 59	24 52	4 55	23 16	8 60	3 51	7 9	1 24	2 56	0 47	20 52	0 31	18 52	2 4
26	10 38	21 26	4 30	19 22	9 28	3 36	6 39	1 23	2 41	0 46	20 53	0 31	18 52	2 4
27	10 17	17 7	3 53	14 42	9 57	3 21	6 10	1 22	2 25	0 46	20 54	0 30	18 53	2 4
28	9 56	12 8	3 5	9 27	10 24	3 4	5 40	1 21	2 9	0 45	20 55	0 30	18 53	2 4
29	9 35	6 40	2 10	3 48	10 50	2 46	5 10	1 21	1 53	0 45	20 56	0 30	18 53	2 4
30	9 14	0 54	1 7	2N 2	11 14	2 28	4 40	1 20	1 38	0 44	20 57	0 30	18 53	2 5
31	8N52	4N59	0S 1	7N54	11N36	2S 9	4N10	1N19	1N22	0N44	20S58	0N30	18N54	2S 5

DAY	♅		♆		♇	
	DECL	LAT	DECL	LAT	DECL	LAT
1	20S30	0S36	20N48	0S31	17N23	6S 4
5	20 32	0 36	20 47	0 31	17 23	6 4
9	20 34	0 36	20 45	0 31	17 23	6 4
13	20 36	0 36	20 44	0 31	17 23	6 4
17	20 37	0 36	20 42	0 31	17 23	6 4
21	20 39	0 36	20 41	0 31	17 22	6 5
25	20 41	0 36	20 40	0 31	17 22	6 5
29	20S42	0S36	20N38	0S31	17N22	6S 5

☽ PHENOMENA			
d	h	m	
6	4	17	☾
12	19	58	●
19	16	56	☽
27	19	59	○
d	h	°	'
2	22	0	
9	17	28N25	
15	17	0	
22	15	28S29	
30	4	0	
3	22	0	
10	12	5N 5	
16	12	0	
23	14	5S 8	
31	0	0	

VOID OF COURSE ☽ LAST ASPT		☽ INGRESS		
2	4pm37	2	♈	5pm40
5	2am42	5	♉	3am37
7	0am 5	7	♊	10am10
9	12pm17	9	♋	12pm57
11	4am13	11	♌	1pm 0
13	11am42	13	♍	12pm14
15	12pm18	15	♎	12pm48
17	3pm59	17	♏	4pm28
19	4pm56	19	♐	11pm59
22	10am18	22	♑	10am43
24	12pm46	24	♒	11pm 7
27	11am23	27	♓	11am40
29	11pm 8	29	♈	11pm21

d	h	
12	10	PERIGEE
25	8	APOGEE

DAILY ASPECTARIAN

1 Th	☽☍♂	0am17
	♀∥♇	5 20
	☽⋕♂	8 41
	☽∠♅	2pm10
	☽⚻♀	2 20
	☽⋕☿	3 1
2 F	☽△♆	6am 2
	☉⚼☽	6 56
	♃SD	2pm55
	☽□♇	4 37
	☽⚹♅	7 53
	☽⚹♄	10 24
	☽⚼♀	11 30
3 S	☽⚻☿	4am16
	☽△♃	4 35
	☿□♃	1pm22
	☉△☽	2 58
	☽⚻♂	3 0
	☉⚺♂	4 18
4 Su	☽∥☿	1am38
	☉∥♇	2 51
	☽∠♄	3 48
	☽△♀	7 54
	☽∥♂	8 15
	☽⚼♃	9 41
	☽⚼☿	10 18
	☽□♆	4pm40
	☽⚼♂	9 20
5 M	☽⚹♇	2am42
	☽□♅	5 33
	☽⚺♄	8 27
	☽⚻♃	2pm 1
	☽△☿	3 15
	☽∥♀	4 44
	☉∥☽	10 9
6 T	☽∥♇	0am25
	☽△♂	2 42
	☉□☽	4 17
	☽∠♇	6 31
	☽∥♄	6 51
	☽⋕♅	4pm 2
	☽⋕♃	4 44
	☽∥♆	5 13
	☽□♀	9 24
7 W	☽⚹♆	0am 5
	☽⚺♇	9 23
	☉∠♇	11 31
	☽△♅	11 49
	☽☌♄	2pm56
	☽☍♃	7 54
	☽□☿	9 36
8 Th	☽∠♆	2am21
	♀⚺♆	3 34
	☽□♂	10 7
	☉⚹☽	12pm57
	☿SR	12 57
	☽⚼♅	1 31
9 F	☽⚺♆	3am40
	☽⚹♀	5 51
	☽☌♇	12pm17
	☽⚻♅	2 21
	☉∠☽	3 38
	☽⚺♄	5 38
	☽⚻♃	10 7
	☽⚹☿	11 32
10 S	☽∠♀	8am29
	☽⚹♂	1pm36
	☉⚺☽	5 28
	☽∠♄	5 53
	☽⚼♃	10 13
	☽∠☿	11 17
11 Su	☽☌♆	4am13
	♂⚼♅	10 27
	☽⚺♀	10 28
	☽⚺♇	12pm25
	☽☍♅	2 14
	☽∠♂	2 25
	☽⚹♄	5 43
	☽△♃	9 56
	☽⚺☿	10 33
12 M	♀⚹♇	10am46
	☽∥♆	11 32
	☽⋕♃	11 36
	☽∠♇	12pm 1
	☽⋕♅	12 12
	☽⚺♂	3 0
	♀ ♍	5 43
	☉☌☽	7 58
	☽∥♄	8 9
	☿□♃	11 1
13 T	☽∥♇	2am 1
	☽⚺♆	3 33
	♀⚻♅	7 44
	♃⋕♆	11 40
	☽⚹♇	11 42
	☉∥☽	12pm30
	☽⚻♅	1 22
	☽☌♀	1 53
	☽□♄	5 10
	☽☌☿	8 41
	☽□♃	9 22
	☽∥♀	9 23
14 W	☽∠♆	3am27
	☽⚼♅	1pm19
	☽☌♂	4 51
	☽∥♂	9 22
	☽∥☿	9 50
	☉⚺☽	11 11
15 Th	☽⚹♆	3am50
	☿∥♂	5 19
	♀□♄	7 58
	☽□♇	12pm18
	☽△♅	1 52
	☽△♄	6 11
	☽⚺♀	7 6
	☽⚺☿	7 50
	☽⚹♃	10 32
16 F	☿☌♀	0am55
	☉∠☽	1 55
	☽⋕♂	10 58
	☽⋕☿	1pm 3
	☽⚼♄	7 51
	☽∠☿	8 16
	☽⚺♂	9 31
	☽∠♀	11 13
17 S	☽∠♃	0am20
	☿□♄	3 38
	☉⚹☽	5 42
	☽□♆	6 58
	☽⋕♀	8 9
	♀□♃	12pm 9
	☽△♇	3 59
	☽□♅	5 28
	☉⋕☽	6 42
	☽⚹☿	9 23
	☽⚻♄	10 28
18 Su	☉⚺♆	0am17
	☽∠♂	1 25
	☽⚺♃	3 6
	☽⚹♀	4 35
	☽⋕♇	12pm19
	☽⚼♇	7 16
	☽⋕♄	7 23
19 M	☽∥♅	4am46
	☽⋕♆	5 3
	☽∥♃	5 35
	☽⚹♂	6 28
	☽△♆	1pm57
	☉□☽	4 56
	☽⚻♇	11 31
20 T	☽⚹♅	0am54
	☽□☿	1 46
	☽☍♄	6 36
	☽☌♃	11 35
	☿⚻♅	2pm49
	♀∠♆	3 26
	☽⚼♆	6 48
	☽□♀	7 10
21 W	☿ ♌	3am21
	☽∠♅	5 53
	☿⚹♇	9 20
	☽□♂	7pm33
22 Th	☽⚻♆	0am22
	☉△☽	8 25
	☽△☿	8 34
	☉☌☿	9 26
	☽☍♇	10 18
	☽⚺♅	11 30
	☽⚻♄	5pm51
	☽⚺♃	11 4
23 F	☿∥♀	1am32
	♅⋕♆	5 48
	☉⚹♇	8 13
	☽⚼☿	12pm36
	☉ ♍	1 2
	☽△♀	1 31
	☉⚼☽	5 9
	☉⚻♅	9 45
24 S	☽⚼♄	0am 7
	☽∠♃	5 26
	☽△♂	11 7
	☽☍♆	12pm46
	☽⚻☿	4 55
	☽⚻♇	10 46
	☽⚼♀	11 20
	☽☌♅	11 45
25 Su	☉⚻☽	2am 8
	♀⚼♅	3 20
	☽△♄	6 33
	☽⚹♃	11 57
	☽⚼♂	7pm11
	♂⚹♆	7 19
26 M	☽∥♃	8am18
	☽∥♅	4 26
	☽⋕♆	4 39
	☽⚼♇	5 8
	☽⚻♀	9 11
	☽⋕♄	2pm43
	☿⚺♂	4 30
	☽⋕♇	10 44
27 T	☽⚻♆	1am32
	☽☍☿	2 5
	☽⚻♂	3 10
	☉∥☿	10 11
	☉□♄	10 24
	☽△♇	11 23
	☽⚺♅	12pm 9
	☿⚺♆	12 35
	☽□♄	7 14
	☉☍☽	7 59
28 W	☽□♃	0am45
	☽⋕☿	7 13
	☽⚼♆	7 42
	☉⋕☽	10 31
	☽∠♅	6pm 4
29 Th	☽☍♀	4am11
	☽⋕♀	6 55
	☽⚻☿	11 40
	☽△♆	1pm35
	☽☍♂	6 22
	☽⋕♂	8 51
	☽□♇	11 8
	☽⚹♅	11 40
30 F	☽⚹♄	6am54
	☽∥♂	9 52
	☉□♃	11 58
	☽△♃	12pm31
	☉⚻☽	12 34
	☽⚼☿	4 28
	☽∥♀	8 55
31 S	☽∠♄	12pm 6
	☉∥☽	3 7
	☽⚼♃	5 45
	☉⚼☽	8 1
	☿⚺♀	8 37
	☽△☿	9 10
	☽⚻♀	9 13

LONGITUDE

DAY	SID. TIME	☉	☽	☽ 12 Hour	MEAN ☊	TRUE ☊	☿	♀	♂	♃	♄	♅	♆	♇
	h m s	° ' "	° ' "	° ' "	° '	° '	° '	° '	° '	° '	° '	° '	° '	° '
1	22 39 9	8♍ 10 4	25♈ 5 29	1♉ 24 34	14♈ 12	12♈ 44	23♌ 36D	23♍ 47	28♍ 54	6♐ 50	3♊ 54	0♒ 6R	25♋ 6	29♊ 55
2	22 43 6	9 8 8	7♉ 47 23	14 14 17	14 8	12 45	23 40	25 1	29 33	6 56	3 55	0 4	25 8	29 55
3	22 47 2	10 6 15	20 45 38	27 21 46	14 5	12 47	23 52	26 15	0♎ 11	7 1	3 57	0 3	25 10	29 56
4	22 50 59	11 4 24	4♊ 2 59	10♊ 49 35	14 2	12 48R	24 12	27 29	0 50	7 7	3 58	0 1	25 12	29 57
5	22 54 55	12 2 35	17 41 43	24 39 30	13 59	12 48	24 42	28 43	1 29	7 12	4 0	0 0	25 13	29 57
6	22 58 52	13 0 48	1♋ 42 54	8♋ 51 48	13 56	12 47	25 19	29 57	2 7	7 18	4 1	29♑ 58	25 15	29 58
7	23 2 48	13 59 3	16 5 53	23 24 42	13 52	12 44	26 5	1♎ 11	2 46	7 24	4 2	29 56	25 16	29 58
8	23 6 45	14 57 20	0♌ 47 38	8♌ 13 53	13 49	12 41	26 59	2 25	3 25	7 30	4 3	29 55	25 18	29 59
9	23 10 41	15 55 39	15 42 34	23 12 39	13 46	12 37	28 0	3 39	4 4	7 37	4 4	29 54	25 20	29 59
10	23 14 38	16 53 59	0♍ 43 2	8♍ 12 35	13 43	12 34	29 8	4 54	4 43	7 43	4 4	29 52	25 21	0♋ 0
11	23 18 35	17 52 22	15 40 11	23 4 48	13 40	12 31	0♍ 22	6 8	5 22	7 50	4 5	29 51	25 23	0 0
12	23 22 31	18 50 47	0♎ 25 27	7♎ 41 20	13 37	12 30D	1 42	7 22	6 1	7 56	4 6	29 49	25 24	0 1
13	23 26 28	19 49 13	14 51 45	21 56 11	13 33	12 30	3 8	8 36	6 40	8 3	4 6	29 48	25 26	0 1
14	23 30 24	20 47 41	28 54 20	5♏ 45 58	13 30	12 30	4 38	9 50	7 19	8 10	4 6	29 47	25 27	0 1
15	23 34 21	21 46 11	12♏ 31 6	19 9 49	13 27	12 31	6 12	11 4	7 59	8 18	4 7	29 46	25 29	0 2
16	23 38 17	22 44 43	25 42 21	2♐ 9 2	13 24	12 33	7 50	12 18	8 38	8 25	4 7R	29 45	25 30	0 2
17	23 42 14	23 43 16	8♐ 30 15	14 46 31	13 21	12 34	9 32	13 32	9 17	8 32	4 7	29 44	25 31	0 2
18	23 46 10	24 41 51	20 58 18	27 6 9	13 18	12 34R	11 15	14 46	9 56	8 40	4 7	29 42	25 33	0 3
19	23 50 7	25 40 28	3♑ 10 39	9♑ 12 20	13 14	12 34	13 1	16 0	10 36	8 48	4 6	29 41	25 34	0 3
20	23 54 4	26 39 6	15 11 47	21 9 32	13 11	12 33	14 48	17 14	11 15	8 56	4 6	29 40	25 35	0 3
21	23 58 0	27 37 46	27 6 8	3♒ 2 4	13 8	12 31	16 36	18 28	11 55	9 4	4 6	29 40	25 36	0 3
22	0 1 57	28 36 27	8♒ 57 49	14 53 50	13 5	12 30	18 26	19 42	12 34	9 12	4 5	29 39	25 38	0 4
23	0 5 53	29 35 11	20 50 31	26 48 15	13 2	12 28	20 16	20 56	13 14	9 20	4 4	29 38	25 39	0 4
24	0 9 50	0♎ 33 56	2♓ 47 23	8♓ 48 11	12 58	12 26	22 6	22 10	13 53	9 28	4 4	29 37	25 40	0 4
25	0 13 46	1 32 43	14 50 58	20 55 56	12 55	12 25	23 56	23 24	14 33	9 37	4 3	29 36	25 41	0 4
26	0 17 43	2 31 32	27 3 18	3♈ 13 16	12 52	12 24	25 47	24 38	15 12	9 45	4 2	29 36	25 42	0 4
27	0 21 39	3 30 23	9♈ 25 57	15 41 32	12 49	12 23D	27 36	25 52	15 52	9 54	4 1	29 35	25 43	0 4
28	0 25 36	4 29 16	22 0 6	28 21 46	12 46	12 23	29 26	27 6	16 32	10 3	3 59	29 34	25 44	0 4
29	0 29 32	5 28 11	4♉ 46 39	11♉ 14 50	12 43	12 24	1♎ 15	28 20	17 11	10 12	3 58	29 34	25 45	0 4
30	0 33 29	6♎ 27 9	17♉ 46 24	24♉ 21 25	12♈ 39	12♈ 24	3♎ 4	29♎ 34	17♎ 51	10♐ 21	3♊ 57	29♑ 33	25♋ 46	0♋ 4R

DECLINATION and LATITUDE

DAY	☉ DECL	☽ DECL	☽ LAT	☽ 12hr DECL	☿ DECL	☿ LAT	♀ DECL	♀ LAT	♂ DECL	♂ LAT	♃ DECL	♃ LAT	♄ DECL	♄ LAT
1	8N31	10N45	1N 7	13N32	11N55	1S50	3N39	1N18	1N 6	0N43	20S59	0N29	18N54	2S 5
2	8 9	16 12	2 13	18 43	12 12	1 32	3 9	1 16	0 50	0 43	20 60	0 29	18 54	2 5
3	7 47	21 3	3 13	23 9	12 25	1 13	2 39	1 15	0 34	0 42	21 1	0 29	18 54	2 5
4	7 25	24 58	4 4	26 28	12 36	0 55	2 8	1 14	0 18	0 42	21 2	0 29	18 54	2 5
5	7 3	27 35	4 44	28 18	12 43	0 37	1 37	1 13	0 3	0 41	21 3	0 29	18 54	2 6
6	6 41	28 34	5 7	28 21	12 46	0 20	1 7	1 11	0S13	0 41	21 4	0 29	18 54	2 6
7	6 18	27 39	5 12	26 28	12 46	0 4	0 36	1 10	0 29	0 40	21 5	0 28	18 54	2 6
8	5 56	24 50	4 58	22 46	12 42	0N11	0 5	1 8	0 45	0 40	21 7	0 28	18 54	2 6
9	5 33	20 19	4 23	17 32	12 34	0 25	0S26	1 7	1 1	0 39	21 8	0 28	18 54	2 6
10	5 11	14 29	3 29	11 14	12 23	0 38	0 57	1 5	1 17	0 39	21 9	0 28	18 54	2 6
11	4 48	7 50	2 22	4 21	12 8	0 50	1 28	1 4	1 33	0 38	21 10	0 28	18 54	2 7
12	4 25	0 50	1 6	2S39	11 49	1 1	1 59	1 2	1 49	0 38	21 12	0 27	18 54	2 7
13	4 2	6S 4	0S13	9 21	11 28	1 11	2 29	1 0	2 5	0 37	21 13	0 27	18 54	2 7
14	3 39	12 29	1 29	15 25	11 3	1 19	3 0	0 58	2 21	0 37	21 14	0 27	18 54	2 7
15	3 16	18 7	2 38	20 33	10 35	1 27	3 31	0 56	2 37	0 36	21 15	0 27	18 54	2 7
16	2 53	22 41	3 36	24 32	10 5	1 33	4 2	0 54	2 53	0 36	21 17	0 27	18 53	2 7
17	2 30	26 2	4 22	27 12	9 31	1 39	4 32	0 52	3 9	0 35	21 18	0 27	18 53	2 8
18	2 6	28 1	4 54	28 29	8 56	1 43	5 3	0 50	3 25	0 35	21 19	0 26	18 53	2 8
19	1 43	28 36	5 11	28 22	8 19	1 46	5 33	0 48	3 41	0 34	21 21	0 26	18 53	2 8
20	1 20	27 48	5 15	26 55	7 40	1 49	6 4	0 46	3 56	0 33	21 22	0 26	18 53	2 8
21	0 57	25 44	5 6	24 17	6 59	1 50	6 34	0 44	4 12	0 33	21 24	0 26	18 52	2 8
22	0 33	22 34	4 43	20 37	6 17	1 51	7 4	0 42	4 28	0 32	21 25	0 26	18 52	2 8
23	0 10	18 28	4 8	16 7	5 33	1 51	7 34	0 39	4 44	0 32	21 26	0 26	18 52	2 9
24	0S14	13 37	3 22	10 59	4 49	1 50	8 4	0 37	4 60	0 31	21 28	0 25	18 52	2 9
25	0 37	8 13	2 27	5 22	4 4	1 49	8 33	0 35	5 16	0 31	21 29	0 25	18 51	2 9
26	1 0	2 27	1 24	0N30	3 19	1 47	9 3	0 32	5 32	0 30	21 31	0 25	18 51	2 9
27	1 24	3N29	0 16	6 28	2 33	1 44	9 32	0 30	5 47	0 30	21 32	0 25	18 51	2 9
28	1 47	9 24	0N53	12 15	1 46	1 41	10 1	0 28	6 3	0 29	21 34	0 25	18 50	2 9
29	2 10	15 1	2 1	17 38	0 59	1 37	10 30	0 25	6 19	0 29	21 35	0 25	18 50	2 10
30	2S34	20N 5	3N 4	22N18	0N13	1N33	10S58	0N23	6S35	0N28	21S37	0N24	18N49	2S10

DAY	♅ DECL	♅ LAT	♆ DECL	♆ LAT	♇ DECL	♇ LAT
1	20S44	0S36	20N37	0S31	17N21	6S 6
5	20 45	0 36	20 36	0 31	17 21	6 6
9	20 46	0 36	20 35	0 31	17 21	6 6
13	20 47	0 36	20 34	0 31	17 20	6 7
17	20 48	0 36	20 33	0 31	17 20	6 7
21	20 49	0 36	20 32	0 31	17 20	6 7
25	20 49	0 36	20 31	0 31	17 19	6 8
29	20S50	0S36	20N30	0S31	17N19	6S 8

☽ PHENOMENA	VOID OF COURSE ☽ LAST ASPT	☽ INGRESS
d h m	1 9am10	1 ♉ 9am20
4 13 23 ☾	3 11am 1	3 ♊ 4pm45
11 3 48 ●	5 9pm 2	5 ♋ 9pm 6
18 7 55 ☽	7 10pm35	7 ♌ 10pm43
26 11 34 ○	9 10pm51	9 ♍ 10pm51
	11 11pm 1	11 ♎ 11pm18
d h °	14 1am31	14 ♏ 1am54
6 1 28N34	16 7am29	16 ♐ 7am59
12 3 0	18 7am55	18 ♑ 5pm43
18 22 28S37	21 5am10	21 ♒ 5am52
26 10 0	23 0am13	23 ♓ 6pm25
	26 4am57	26 ♈ 5am45
6 18 5N13	28 2pm16	28 ♉ 3pm 4
12 20 0	30 9pm23	30 ♊ 10pm12
19 19 5S16	d h	
27 6 0	9 18 PERIGEE	
	21 20 APOGEE	

DAILY ASPECTARIAN

1 Su	☽□♆	0am 2
	☿SD	2 8
	☽∥☿	5 15
	☽⚻♂	7 38
	☽✶♇	9 10
	☽□♅	9 30
	☽⚺♄	4pm44
	☽⚻♃	10 23
2 M	♀✶♆	2am25
	☉△☽	2 43
	☽⚼♀	4 36
	☽∥♇	5 23
	☽∥♄	12pm52
	☽⚼♂	1 13
	☽∠♇	1 17
	♂□♇	2 24
	♂ ♎	5 4
	♂△♅	6 59
	☽∥♆	9 39
	☽#♅	10 19
	☽#♃	11 48
3 T	☉∠♆	1am33
	☽□☿	5 47
	☽✶♆	8 2
	☽△♀	11 1
	☽⚺♇	4pm39
	☽△♅	4 48
	☽△♂	5 57
	☽☌♄	11 52
4 W	☽☍♃	5am29
	☽∠♆	10 54
	☉□☽	1pm23
	♅ ♑	4 44
	☽⚼♅	7 18
5 Th	☽✶☿	12pm36
	☽⚺♆	12 59
	☽□♀	8 44
	☽☌♇	9 2
	☽⚻♅	9 3
	☿⚺♆	9 19
6 F	♀□♇	0am 8
	♀△♅	0 14
	☽□♂	0 43
	♀ ♎	0 54
	♅⚻♇	3 32
	☽⚺♄	3 53
	☽⚻♃	9 27
	☽∠☿	3pm12
	☉✶☽	8 15
7 S	♀#♂	3am20
	☽∠♄	4 50
	☽⚼♃	10 25
	☽☌♆	3pm 4
	☽⚺☿	5 23
	☉∠☽	10 33
	☽☍♅	10 35
	☽⚺♇	10 41
	☉⚼♅	11 4
8 Su	☽✶♀	2am52
	☽✶♂	4 26
	☽✶♄	5 16
	☽△♃	10 54
	☽#♃	8pm11
	☽#♅	9 53
	☽∥♆	10 45
	☽∠♇	10 51
	♂△♄	11 44
9 M	☉⚺☽	0am22
	☽∠♀	5 9
	☽∠♂	5 37
	☽∥♄	6 15
	♀△♄	7 56
	☽∥♇	12pm46
	☽⚺♆	3 25
	♀☌♂	4 51
	☽☌☿	9 14
	☽⚻♅	10 39
	☽✶♇	10 51
10 T	☽□♄	5am23
	☽⚺♂	6 42
	☽⚺♀	7 17
	☽∥☿	8 8
	☽□♃	11 18
	☿⚻♅	2pm21
	☽∠♆	3 28
	☿ ♍	5 7
	☿✶♇	5 7
	♇ ♋	5 47
	☽⚼♅	10 40
11 W	☉☌☽	3am48
	♀∥♂	8 27
	☉∥☽	11 5
	☽✶♆	3pm46
	☽#♀	8 23
	☽#♂	8 47
	☽△♅	11 1
	☽□♇	11 19
12 Th	☽⚺☿	2am20
	☽△♄	6 3
	☽∥♂	9 29
	☽☌♂	9 40
	☽∥♀	10 27
	♀✶♃	12pm25
	☽✶♃	12 31
	☽☌♀	12 32
	☉#☽	5 13
13 F	☽∠☿	6am10
	☽⚼♄	7 10
	☉⚺☽	9 1
	☽⊿♃	2pm 2
	☿□♄	3 42
	☽□♆	6 1
	☽#☿	6 47
14 S	☽□♅	1am31
	☽△♇	1 56
	☽⚻♄	9 5
	☽✶☿	11 18
	☉∠☽	12pm59
	☽⚺♂	3 30
	☽⚺♃	4 24
	☉#♀	5 17
	☽#♇	8 28
	☽⚺♀	9 8
15 Su	☽#♄	3am44
	☽⚼♇	4 31
	☽#♆	12pm 3
	☽∥♅	1 20
	♂✶♃	2 15
	☽∥♃	3 53
	☉✶☽	6 7
	☽∠♂	7 58
	☽△♆	11 37
16 M	☉#♂	0am 4
	☽∠♀	3 16
	☽✶♅	7 29
	☽⚻♇	8 3
	♄SR	8 35
	☿□♃	8 55
	☽☍♄	3pm41
	☿⚺♂	6 30
17 T	☽☌♃	0am 4
	☽✶♂	1 34
	☽□☿	2 15
	☽⚼♆	3 51
	☽✶♀	10 40
	☽⊿♅	11 53
	☿∠♆	2pm 6
18 W	☉□☽	7am55
	☽⚻♆	8 57
	☽⚺♅	5pm 7
	☽☍♇	5 48
	☉✶♆	9 16
19 Th	☽⚻♄	1am50
	☽⚺♃	11 18
	☽□♂	3pm38
	☿⚼♅	10 21
	☽△☿	11 4
20 F	☽□♀	4am34
	☽⚼♄	7 51
	☽⊿♃	5pm47
	☽☍♆	8 58
21 S	☉△☽	1am10
	☽☌♅	5 10
	☽⚻♇	5 58
	☿#♀	8 20
	☽⚼☿	10 46
	♀⚼♄	12pm 2
	☽△♄	2 8
22 Su	☽✶♃	0am28
	☽∥♃	7 13
	☽△♂	7 43
	☉⚼☽	10 14
	☽∥♅	10 50
	☽⚼♇	12pm20
	☽#♆	12 34
	☽#♄	9 51
	☽⚻☿	10 37
23 M	☽△♀	0am13
	☉△♅	1 4
	☽#♇	5 57
	☽⚻♆	9 42
	☉ ♎	10 8
	☉□♇	11 42
	☽⚼♂	3pm43
	☽⚺♅	5 39
	☽△♇	6 33
	☉⚻☽	7 9
	☿#♂	7 46
24 T	☽□♄	2am32
	☿⚺♀	2 48
	☽⚼♀	9 45
	☽□♃	1pm29
	☽⚼♆	3 44
	☽∥♀	10 41
	☽⚻♂	11 22
	☽∠♅	11 31
25 W	☽∥♂	11am55
	☽⚻♀	6pm44
	☽#☿	7 59
	☽☍☿	9 4
	☽△♆	9 21
	☿✶♆	11 5
26 Th	♀⊿♃	2am40
	☽✶♅	4 57
	☉∥☽	5 31
	☽□♇	5 53
	☉☍☽	11 34
	☽✶♄	1pm33
	☉#☽	2 59
	☽∥☿	8 38
	♀□♆	9 8
27 F	☽△♃	0am55
	☽#♂	9 42
	☉△♄	12pm 3
	☽☍♂	1 1
	☽∠♄	6 17
	☉#☿	11 40
28 S	☿△♅	1am49
	☽#♀	2 49
	☽⚼♃	5 50
	☽□♆	7 4
	☿ ♎	7 27
	☿□♇	8 24
	☽☍♀	10 39
	☽□♅	2pm16
	☽✶♇	3 12
	☽⚻☿	4 20
	☽⚺♄	10 30
29 Su	☉⚻☽	1am24
	☽⚻♃	10 11
	☽∥♇	10 29
	☽∥♄	5pm43
	☽∠♇	7 3
	♀□♅	11 47
30 M	☽⚻♂	0am 9
	☽⚼☿	0 37
	☽∥♆	2 11
	☽#♅	3 56
	☉⚼☽	7 16
	☽#♃	8 11
	♀ ♏	8 27
	♀△♇	9 52
	☿△♄	11 36
	♇SR	1pm 5
	☽✶♆	2 35
	☽△♅	9 23
	☽⚺♇	10 20
	☽⚻♀	11 36

OCTOBER 1912

LONGITUDE

DAY	SID. TIME	☉	☽	☽ 12 Hour	MEAN ☊	TRUE ☊	☿	♀	♂	♃	♄	♅	♆	♇
	h m s	° ' "	° ' "	° ' "	° '	° '	° '	° '	° '	° '	° '	° '	° '	° '
1	0 37 26	7♎ 26 8	0♊ 59 59	7♊ 42 10	12♈ 36	12♈ 25	4♎ 52	0♏ 48	18♎ 31	10♐ 30	3♊ 55R	29♑ 33R	25♋ 47	0♋ 4R
2	0 41 22	8 25 10	14 27 59	21 17 30	12 33	12 25	6 39	2 2	19 11	10 40	3 53	29 32	25 48	0 4
3	0 45 19	9 24 15	28 10 41	5♋ 7 31	12 30	12 25R	8 25	3 16	19 51	10 49	3 52	29 32	25 49	0 4
4	0 49 15	10 23 21	12♋ 7 54	19 11 42	12 27	12 25	10 11	4 30	20 31	10 59	3 50	29 32	25 50	0 4
5	0 53 12	11 22 30	26 18 42	3♌ 28 37	12 24	12 25D	11 56	5 44	21 11	11 8	3 48	29 32	25 51	0 4
6	0 57 8	12 21 42	10♌ 41 5	17 55 39	12 20	12 25	13 40	6 58	21 51	11 18	3 46	29 31	25 52	0 4
7	1 1 5	13 20 55	25 11 48	2♍ 28 56	12 17	12 25	15 23	8 11	22 31	11 28	3 44	29 31	25 53	0 4
8	1 5 2	14 20 11	9♍ 46 23	17 3 27	12 14	12 25	17 6	9 25	23 11	11 38	3 42	29 31	25 53	0 4
9	1 8 58	15 19 29	24 19 23	1♎ 33 27	12 11	12 26	18 48	10 39	23 52	11 48	3 39	29 31D	25 54	0 4
10	1 12 55	16 18 49	8♎ 44 56	15 53 8	12 8	12 26R	20 29	11 53	24 32	11 58	3 37	29 31	25 55	0 3
11	1 16 51	17 18 11	22 57 27	29 57 20	12 4	12 26	22 9	13 7	25 12	12 8	3 34	29 31	25 55	0 3
12	1 20 48	18 17 36	6♏ 52 21	13♏ 42 9	12 1	12 25	23 49	14 21	25 52	12 19	3 32	29 31	25 56	0 3
13	1 24 44	19 17 2	20 26 32	27 5 22	11 58	12 25	25 28	15 35	26 33	12 29	3 29	29 31	25 57	0 3
14	1 28 41	20 16 30	3♐ 38 41	10♐ 6 34	11 55	12 24	27 6	16 49	27 13	12 40	3 26	29 32	25 57	0 2
15	1 32 37	21 16 0	16 29 15	22 47 0	11 52	12 23	28 43	18 2	27 54	12 51	3 23	29 32	25 58	0 2
16	1 36 34	22 15 32	29 0 13	5♑ 9 20	11 49	12 22	0♏ 20	19 16	28 34	13 1	3 20	29 32	25 58	0 2
17	1 40 30	23 15 6	11♑ 14 50	17 17 15	11 45	12 21	1 56	20 30	29 15	13 12	3 17	29 32	25 59	0 1
18	1 44 27	24 14 42	23 17 8	29 15 5	11 42	12 21D	3 32	21 44	29 56	13 23	3 14	29 33	25 59	0 1
19	1 48 24	25 14 19	5♒ 11 42	11♒ 7 33	11 39	12 21	5 7	22 58	0♏ 36	13 34	3 11	29 33	25 59	0 1
20	1 52 20	26 13 58	17 3 15	22 59 22	11 36	12 22	6 41	24 12	1 17	13 45	3 7	29 34	26 0	0 0
21	1 56 17	27 13 39	28 56 28	4♓ 55 4	11 33	12 23	8 15	25 25	1 58	13 57	3 4	29 34	26 0	0 0
22	2 0 13	28 13 21	10♓ 55 41	16 58 46	11 29	12 25	9 48	26 39	2 38	14 8	3 0	29 35	26 0	29♊ 59
23	2 4 10	29 13 5	23 4 43	29 13 55	11 26	12 26	11 20	27 53	3 19	14 19	2 57	29 36	26 0	29 59
24	2 8 6	0♏ 12 51	5♈ 26 39	11♈ 43 12	11 23	12 27R	12 52	29 6	4 0	14 31	2 53	29 36	26 1	29 58
25	2 12 3	1 12 39	18 3 42	24 28 17	11 20	12 27	14 24	0♐ 20	4 41	14 42	2 49	29 37	26 1	29 58
26	2 15 59	2 12 29	0♉ 57 0	7♉ 29 49	11 17	12 26	15 55	1 34	5 22	14 54	2 45	29 38	26 1	29 57
27	2 19 56	3 12 21	14 6 39	20 47 21	11 14	12 24	17 25	2 48	6 3	15 6	2 42	29 39	26 1	29 57
28	2 23 53	4 12 15	27 31 44	4♊ 19 31	11 10	12 21	18 55	4 1	6 44	15 17	2 38	29 40	26 1	29 56
29	2 27 49	5 12 11	11♊ 10 27	18 4 12	11 7	12 18	20 24	5 15	7 25	15 29	2 34	29 41	26 1R	29 55
30	2 31 46	6 12 9	25 0 27	1♋ 58 53	11 4	12 14	21 53	6 29	8 6	15 41	2 30	29 42	26 1	29 55
31	2 35 42	7♏ 12 9	8♋ 59 11	16♋ 1 0	11♈ 1	12♈ 11	23♏ 21	7♐ 42	8♏ 48	15♐ 53	2♊ 25	29♑ 43	26♋ 1	29♊ 54

DECLINATION and LATITUDE

DAY	☉ DECL	☽ DECL	☽ LAT	☽ 12hr DECL	☿ DECL	☿ LAT	♀ DECL	♀ LAT	♂ DECL	♂ LAT	♃ DECL	♃ LAT	♄ DECL	♄ LAT
1	2S57	24N15	3N58	25N54	0S34	1N29	11S27	0N20	6S50	0N28	21S38	0N24	18N49	2S10
2	3 20	27 11	4 40	28 5	1 21	1 24	11 55	0 17	7 6	0 27	21 39	0 24	18 49	2 10
3	3 44	28 34	5 7	28 35	2 8	1 19	12 23	0 15	7 21	0 26	21 41	0 24	18 48	2 10
4	4 7	28 10	5 17	27 16	2 54	1 14	12 50	0 12	7 37	0 26	21 42	0 24	18 48	2 10
5	4 30	25 56	5 8	24 11	3 40	1 8	13 17	0 9	7 53	0 25	21 44	0 24	18 47	2 10
6	4 53	22 3	4 39	19 34	4 26	1 3	13 44	0 7	8 8	0 25	21 45	0 23	18 47	2 11
7	5 16	16 47	3 53	13 46	5 11	0 57	14 11	0 4	8 23	0 24	21 47	0 23	18 46	2 11
8	5 39	10 33	2 51	7 12	5 57	0 51	14 37	0 1	8 39	0 24	21 48	0 23	18 46	2 11
9	6 2	3 46	1 39	0 18	6 41	0 44	15 3	0S 1	8 54	0 23	21 50	0 23	18 45	2 11
10	6 25	3S 9	0 20	6S33	7 25	0 38	15 28	0 4	9 10	0 23	21 51	0 23	18 44	2 11
11	6 48	9 50	0S58	12 57	8 9	0 31	15 54	0 7	9 25	0 22	21 53	0 23	18 44	2 11
12	7 11	15 53	2 11	18 35	8 52	0 25	16 18	0 10	9 40	0 22	21 54	0 23	18 43	2 11
13	7 33	21 0	3 15	23 8	9 34	0 18	16 43	0 13	9 55	0 21	21 56	0 22	18 43	2 11
14	7 56	24 56	4 7	26 23	10 16	0 11	17 7	0 15	10 10	0 20	21 57	0 22	18 42	2 12
15	8 18	27 29	4 45	28 13	10 57	0 4	17 30	0 18	10 25	0 20	21 59	0 22	18 41	2 12
16	8 40	28 35	5 8	28 35	11 38	0S 2	17 53	0 21	10 40	0 19	22 0	0 22	18 41	2 12
17	9 2	28 14	5 16	27 33	12 18	0 9	18 16	0 24	10 55	0 19	22 2	0 22	18 40	2 12
18	9 24	26 33	5 11	25 15	12 57	0 16	18 38	0 27	11 10	0 18	22 3	0 22	18 39	2 12
19	9 46	23 41	4 52	21 53	13 36	0 23	18 60	0 29	11 25	0 18	22 5	0 22	18 38	2 12
20	10 8	19 52	4 20	17 39	14 13	0 30	19 21	0 32	11 40	0 17	22 6	0 21	18 38	2 12
21	10 29	15 15	3 38	12 42	14 50	0 37	19 42	0 35	11 54	0 16	22 8	0 21	18 37	2 12
22	10 51	10 1	2 45	7 14	15 27	0 43	20 2	0 38	12 9	0 16	22 9	0 21	18 36	2 12
23	11 12	4 21	1 45	1 25	16 2	0 50	20 21	0 41	12 23	0 15	22 11	0 21	18 35	2 12
24	11 33	1N34	0 39	4N35	16 37	0 57	20 41	0 44	12 38	0 15	22 12	0 21	18 35	2 13
25	11 54	7 34	0N31	10 31	17 10	1 3	20 59	0 46	12 52	0 14	22 14	0 21	18 34	2 13
26	12 15	13 23	1 40	16 7	17 43	1 10	21 17	0 49	13 6	0 14	22 15	0 21	18 33	2 13
27	12 35	18 43	2 46	21 6	18 15	1 16	21 34	0 52	13 20	0 13	22 17	0 21	18 32	2 13
28	12 56	23 14	3 43	25 4	18 46	1 22	21 51	0 55	13 34	0 12	22 18	0 20	18 31	2 13
29	13 16	26 34	4 29	27 40	19 16	1 28	22 7	0 57	13 48	0 12	22 19	0 20	18 31	2 13
30	13 36	28 21	4 60	28 35	19 46	1 34	22 23	0 60	14 2	0 11	22 21	0 20	18 30	2 13
31	13S55	28N21	5N13	27N40	20S14	1S40	22S38	1S 3	14S16	0N11	22S22	0N20	18N29	2S13

DAY	♅ DECL	♅ LAT	♆ DECL	♆ LAT	♇ DECL	♇ LAT
1	20S50	0S36	20N30	0S31	17N19	6S 8
5	20 50	0 35	20 29	0 31	17 19	6 9
9	20 50	0 35	20 28	0 31	17 18	6 9
13	20 50	0 35	20 28	0 31	17 18	6 9
17	20 50	0 35	20 28	0 31	17 17	6 10
21	20 49	0 35	20 27	0 31	17 17	6 10
25	20 49	0 35	20 27	0 31	17 17	6 10
29	20S48	0S35	20N27	0S31	17N17	6S10

☽ PHENOMENA	
d h m	
3 20 48	☾
10 13 41	●
18 2 6	☽
26 2 30	○
d h ° '	
3 7	28N38
9 13	0
16 6	28S38
23 18	0
30 12	28N35
4 1	5N17
10 6	0
17 2	5S16
24 13	0
31 5	5N14

VOID OF COURSE ☽ LAST ASPT	☽ INGRESS
2 8am44	3 ♋ 3am 9
5 5am23	5 ♌ 6am11
6 7pm22	7 ♍ 7am55
9 8am37	9 ♎ 9am25
11 11am15	11 ♏ 12pm 5
13 4pm26	13 ♐ 5pm19
15 11pm 7	16 ♑ 1am56
18 12pm36	18 ♒ 1pm31
21 2am 7	21 ♓ 2am 8
23 1pm26	23 ♈ 1pm29
25 10pm10	25 ♉ 10pm15
28 3am47	28 ♊ 4am22
30 8am26	30 ♋ 8am36

d h	
7 19	PERIGEE
19 14	APOGEE

DAILY ASPECTARIAN

1 T	☽⚼♂	4am45
	☽☌♄	5 14
	☽△☿	7 59
	☉△☽	12pm26
	♂⚼♄	1 53
	☽☍♃	5 11
	☽∠♆	5 31
2 W	☽⚼♅	0am 8
	☽⚼♀	4 58
	☽△♂	8 44
	☽⊻♆	7pm54
3 Th	♃⚼♆	0am31
	☽⊼♅	2 21
	☽☌♇	3 17
	☽△♀	9 39
	☽⊻♄	9 48
	♀⊼♄	11 23
	☽□☿	8pm12
	☉□☽	8 48
	☽⊼♃	10 0
4 F	☉☌☿	6am28
	☽∠♄	11 22
	☿*♃	11 59
	☽□♂	2pm56
	☉*♃	5 6
	☽☌♆	11 13
	☽⚼♃	11 42
5 S	☽☍♅	5am23
	☽⊻♇	6 18
	☽*♄	12pm30
	☽□♀	5 14
6 Su	☽△♃	1am 2
	☽#♃	1 27
	☉*☽	2 59
	☽*☿	5 37
	☽#♅	6 1
	☽∠♇	7 16
	☽∥♆	7 43
	☽∥♄	3pm32
	☽*♂	7 22
	☽∥♇	9 50
7 M	☽⊻♆	1am 7
	☉∥☿	5 14
	☉∠☽	5 34
	☽⊼♅	7 7
	☽*♇	8 1
	☽∠☿	9 42
	☽#♀	9 43
	☽□♄	2pm 1
	☽∠♂	9 16
	☽*♀	11 22
8 T	☽∠♆	1am50
	☽□♃	3 6
	☽#♂	6 37
	☽⚼♅	7 49
	☉⊻☽	8 4
	☽⊻☿	1pm40
	☽#☿	2 49
	☉#☽	4 31
	☿⚼♄	9 59
	☽⊻♂	11 12
9 W	☽∠♀	2am25
	☽*♆	2 37
	☽△♅	8 37
	☽□♇	9 30
	♄SD	1pm32
	☽△♄	3 27
10 Th	♀⊻♃	1am54
	☽*♃	5 28
	☽⊻♀	5 46
	☉∥☽	12pm14
	☉☌☽	1 41
	☽⚼♄	4 34
	☽∥☿	5 2
	☽∥♂	10 24
	☽☌☿	10 27
11 F	☽☌♂	4am 2
	☽□♆	5 4
	☽∠♃	7 15
	☽□♅	11 15
	☽△♇	12pm10
	☽⊼♄	6 12
12 S	☽∥♀	1am58
	♂□♆	2 7
	☉⚼♄	5 24
	☽#♇	6 10
	☽⊻♃	9 40
	☽#♄	12pm38
	♀⚼♇	1 35
	☽⚼♇	2 23
	☽☌♀	2 28
	☽#♆	9 13
	☉⊻☽	9 46
	☽∥♅	11 6
13 Su	☽∥♃	5am 3
	☿□♆	7 3
	☽△♆	9 55
	☽⊻☿	10 20
	☽⊻♂	11 37
	☽*♅	4pm26
	☽⊼♇	5 23
	☿∥♂	6 37
	☽☍♄	11 37
14 M	☿☌♂	3am 5
	☉∠☽	3 16
	☿∠♃	9 23
	♀#♇	11 9
	☽⚼♆	1pm35
	☽∠♂	4 51
	☽☌♃	5 2
	☽∠☿	6 1
	☽∠♅	8 18
	♂∠♃	9 27
15 T	☽⊻♀	3am16
	☉*☽	9 53
	☿□♅	12pm 1
	☽⊼♆	6 7
	☿ ♏	6 59
	☿△♇	7 25
	☽*♂	11 7
16 W	☽⊻♅	1am 2
	☽☍♇	1 59
	☽*☿	2 59
	☽⊼♄	8 24
	☽∠♀	11 25
17 Th	☽⊻♃	3am56
	♂□♅	10 29
	☽⚼♄	1pm56
	☿⊼♄	7 37
	☽*♀	8 32
18 F	♀#♄	1am 5
	☉□☽	2 6
	♂ ♏	2 39
	♂△♇	3 11
	☽☍♆	5 25
	☽∠♃	10 25
	☽☌♅	12pm36
	☽⊼♇	1 32
	☽□♂	2 10
	☽△♄	7 56
	☽□☿	11 48
19 S	☽∥♃	10am42
	☽*♃	5pm13
	☉□♆	6 12
	☽∥♅	6 28
	☽⚼♇	7 51
	☽#♆	8 37
20 Su	☽∥♀	2am39
	♇ ♊	6 39
	☽#♄	6 49
	☽#♇	1pm50
	☽□♀	4 5
	☽⊼♆	6 4
	☉△☽	8 14
21 M	☽⊻♅	1am16
	☽∥☿	1 45
	☽△♇	2 7
	☽△♂	6 26
	☽□♄	8 15
	♀△♆	11 19
	☽∥♂	2pm57
	☉∥☽	8 35
	☽△☿	9 25
22 T	☽⚼♆	0am 9
	☉⚼☽	4 58
	☽□♃	6 28
	☽∠♅	7 16
	♂⊼♄	11 50
	☽⚼♂	2pm 6
23 W	☉∠♃	3am 3
	☽△♆	5 44
	♀#♆	7 3
	☽⚼☿	7 17
	☉□♅	9 11
	☽△♀	10 24
	☽*♅	12pm43
	☉⊼☽	1 1
	☽□♇	1 26
	☉△♇	6 11
	☉ ♏	6 50
	☽*♄	7 6
	☽⊼♂	9 4
24 Th	♀*♅	9am50
	♀∥♅	10 23
	♃∠♅	12pm44
	☽⊼☿	4 8
	♀⊼♇	4 44
	♀ ♐	5 25
	☽△♃	5 34
	☽⚼♀	6 18
	☽∠♄	11 33
25 F	☿#♇	4am45
	☿⊻♃	5 36
	☿⚼♇	8 55
	☽□♆	2pm52
	☉#☽	6 55
	☽□♅	9 34
	☽⚼♃	10 2
	☽*♇	10 10
	☽#♂	10 47
26 S	☽⊼♀	1am15
	☉☍☽	2 30
	☽⊻♄	3 19
	☽☍♂	8 33
	☉⊼♄	12pm26
	☽∥♇	5 15
	☽#☿	9 32
	♀☍♄	10 10
	☽∥♄	11 9
27 Su	☽∠♇	1am30
	☽⊼♃	1 48
	☽☍☿	6 42
	☽∥♆	8 36
	☽#♅	10 25
	☿#♄	12pm46
	☽#♀	3 31
	☽#♃	6 31
	☽*♆	9 19
28 M	☽△♅	3am47
	☽⊻♇	4 15
	☽☌♄	8 58
	☽☍♀	12pm36
	☉⊼☽	12 43
	☽⊼♂	5 5
	☉⊻♀	7 17
	☽∠♆	11 44
29 T	☽⚼♅	6am 7
	☽☍♃	7 37
	♆SR	4pm41
	☉⚼☽	4 55
	☽⊼☿	5 57
	♀∥♃	8 7
	☽⚼♂	8 33
30 W	☽⊻♆	1am45
	☽⊼♅	8 5
	☽☌♇	8 26
	☽⊻♄	12pm49
	☉△☽	8 43
	☽⊼♀	9 36
	☽⚼☿	10 47
	☽△♂	11 39
31 Th	☿#♆	11am25
	☽⊼♃	11 57
	☽∠♄	2pm20

NOVEMBER 1912

LONGITUDE

DAY	SID. TIME	☉	☽	☽ 12 Hour	MEAN ☊	TRUE ☊	☿	♀	♂	♃	♄	♅	♆	♇
	h m s	° ' "	° ' "	° ' "	° '	° '	° '	° '	° '	° '	° '	° '	° '	° '
1	2 39 39	8♏ 12 11	23♋ 4 4	0♌ 8 6	10♈ 58	12♈ 9R	24♏ 48	8♐ 56	9♏ 29	16♐ 5	2♊ 21R	29♑ 44	26♋ 1R	29♊ 53R
2	2 43 35	9 12 16	7♌ 12 50	14 18 1	10 55	12 9D	26 15	10 9	10 10	16 17	2 17	29 45	26 1	29 53
3	2 47 32	10 12 23	21 23 26	28 28 50	10 51	12 9	27 42	11 23	10 52	16 29	2 13	29 46	26 1	29 52
4	2 51 28	11 12 31	5♍ 34 0	12♍ 38 40	10 48	12 10	29 8	12 36	11 33	16 42	2 8	29 48	26 1	29 51
5	2 55 25	12 12 42	19 42 36	26 45 30	10 45	12 12	0♐ 33	13 50	12 14	16 54	2 4	29 49	26 1	29 51
6	2 59 22	13 12 55	3♎ 47 3	10♎ 46 57	10 42	12 13R	1 57	15 4	12 56	17 6	1 59	29 50	26 0	29 50
7	3 3 18	14 13 10	17 44 50	24 40 21	10 39	12 13	3 21	16 17	13 38	17 19	1 55	29 52	26 0	29 49
8	3 7 15	15 13 26	1♏ 33 7	8♏ 22 46	10 35	12 12	4 43	17 31	14 19	17 31	1 50	29 53	26 0	29 48
9	3 11 11	16 13 45	15 9 0	21 51 28	10 32	12 8	6 5	18 44	15 1	17 44	1 46	29 55	25 59	29 48
10	3 15 8	17 14 6	28 29 56	5♐ 4 11	10 29	12 3	7 26	19 58	15 43	17 56	1 41	29 56	25 59	29 47
11	3 19 4	18 14 28	11♐ 34 6	17 59 37	10 26	11 57	8 46	21 11	16 24	18 9	1 36	29 58	25 59	29 46
12	3 23 1	19 14 51	24 20 46	0♑ 37 39	10 23	11 50	10 4	22 24	17 6	18 22	1 31	29 59	25 58	29 45
13	3 26 57	20 15 17	6♑ 50 27	12 59 27	10 20	11 44	11 21	23 38	17 48	18 34	1 27	0♒ 1	25 58	29 44
14	3 30 54	21 15 43	19 4 58	25 7 26	10 16	11 38	12 37	24 51	18 30	18 47	1 22	0 3	25 57	29 43
15	3 34 51	22 16 12	1♒ 7 19	7♒ 5 7	10 13	11 34	13 51	26 5	19 12	19 0	1 17	0 5	25 57	29 42
16	3 38 47	23 16 41	13 1 25	18 56 48	10 10	11 32D	15 3	27 18	19 54	19 13	1 12	0 6	25 56	29 41
17	3 42 44	24 17 11	24 51 54	0♓ 47 23	10 7	11 31	16 12	28 31	20 36	19 26	1 7	0 8	25 56	29 40
18	3 46 40	25 17 44	6♓ 43 52	12 42 1	10 4	11 32	17 19	29 45	21 18	19 39	1 3	0 10	25 55	29 40
19	3 50 37	26 18 17	18 42 29	24 45 52	10 1	11 33	18 24	0♑ 58	22 0	19 52	0 58	0 12	25 54	29 39
20	3 54 33	27 18 51	0♈ 52 46	7♈ 3 43	9 57	11 35R	19 25	2 11	22 42	20 5	0 53	0 14	25 54	29 38
21	3 58 30	28 19 27	13 19 13	19 39 33	9 54	11 35	20 22	3 24	23 24	20 18	0 48	0 16	25 53	29 37
22	4 2 26	29 20 4	26 5 21	2♉ 36 33	9 51	11 34	21 16	4 37	24 7	20 31	0 43	0 18	25 52	29 36
23	4 6 23	0♐ 20 42	9♉ 13 21	15 55 44	9 48	11 30	22 4	5 50	24 49	20 45	0 38	0 20	25 51	29 35
24	4 10 20	1 21 22	22 43 34	29 36 34	9 45	11 25	22 47	7 4	25 31	20 58	0 33	0 23	25 50	29 34
25	4 14 16	2 22 2	6♊ 34 21	13♊ 36 23	9 41	11 17	23 25	8 17	26 14	21 11	0 28	0 25	25 50	29 33
26	4 18 13	3 22 45	20 42 3	27 50 39	9 38	11 8	23 55	9 30	26 56	21 25	0 23	0 27	25 49	29 31
27	4 22 9	4 23 29	5♋ 1 26	12♋ 13 40	9 35	10 59	24 19	10 43	27 39	21 38	0 18	0 29	25 48	29 30
28	4 26 6	5 24 14	19 26 35	26 39 28	9 32	10 51	24 33	11 56	28 21	21 51	0 13	0 32	25 47	29 29
29	4 30 2	6 25 1	3♌ 51 42	11♌ 2 43	9 29	10 45	24 39R	13 9	29 4	22 5	0 9	0 34	25 46	29 28
30	4 33 59	7♐ 25 49	18♌ 12 3	25♌ 19 22	9♈ 26	10♈ 41	24♐ 35	14♑ 21	29♏ 46	22♐ 18	0♊ 4	0♒ 36	25♋ 45	29♊ 27

DECLINATION and LATITUDE

DAY	☉ DECL	☽ DECL	☽ LAT	☽ 12hr DECL	☿ DECL	☿ LAT	♀ DECL	♀ LAT	♂ DECL	♂ LAT	♃ DECL	♃ LAT	♄ DECL	♄ LAT
1	14S15	26N32	5N 8	24N59	20S41	1S46	22S52	1S 5	14S30	0N10	22S24	0N20	18N28	2S13
2	14 34	23 3	4 44	20 47	21 7	1 51	23 6	1 8	14 43	0 10	22 25	0 20	18 27	2 13
3	14 53	18 13	4 3	15 24	21 33	1 56	23 19	1 10	14 57	0 9	22 26	0 20	18 26	2 13
4	15 12	12 23	3 7	9 12	21 57	2 1	23 32	1 13	15 10	0 8	22 28	0 20	18 25	2 13
5	15 30	5 55	2 0	2 34	22 20	2 6	23 43	1 15	15 24	0 8	22 29	0 19	18 24	2 13
6	15 49	0S48	0 46	4S 9	22 42	2 11	23 54	1 18	15 37	0 7	22 30	0 19	18 24	2 13
7	16 7	7 26	0S30	10 37	23 2	2 15	24 5	1 20	15 50	0 7	22 32	0 19	18 23	2 13
8	16 25	13 38	1 44	16 29	23 22	2 19	24 14	1 23	16 3	0 6	22 33	0 19	18 22	2 13
9	16 42	19 6	2 50	21 27	23 40	2 22	24 23	1 25	16 16	0 5	22 34	0 19	18 21	2 13
10	16 59	23 30	3 45	25 13	23 57	2 26	24 31	1 27	16 28	0 5	22 35	0 19	18 20	2 13
11	17 16	26 36	4 28	27 37	24 13	2 29	24 39	1 30	16 41	0 4	22 37	0 19	18 19	2 13
12	17 33	28 15	4 56	28 31	24 28	2 31	24 46	1 32	16 53	0 4	22 38	0 19	18 18	2 13
13	17 49	28 25	5 9	27 57	24 41	2 33	24 52	1 34	17 6	0 3	22 39	0 18	18 17	2 13
14	18 5	27 10	5 7	26 3	24 53	2 35	24 57	1 36	17 18	0 3	22 40	0 18	18 16	2 13
15	18 21	24 40	4 52	23 1	25 3	2 36	25 2	1 38	17 30	0 2	22 41	0 18	18 15	2 13
16	18 36	21 8	4 25	19 3	25 12	2 37	25 6	1 40	17 42	0 1	22 43	0 18	18 14	2 13
17	18 51	16 47	3 46	14 21	25 20	2 37	25 9	1 42	17 54	0 1	22 44	0 18	18 13	2 13
18	19 6	11 47	2 57	9 6	25 26	2 36	25 11	1 44	18 5	0 0	22 45	0 18	18 12	2 13
19	19 20	6 19	2 1	3 27	25 31	2 35	25 13	1 46	18 17	0S 0	22 46	0 18	18 11	2 13
20	19 34	0 32	0 58	2N26	25 34	2 32	25 14	1 48	18 28	0 1	22 47	0 18	18 10	2 13
21	19 48	5N24	0N 9	8 22	25 35	2 29	25 14	1 49	18 40	0 2	22 48	0 18	18 10	2 13
22	20 1	11 17	1 18	14 7	25 35	2 26	25 13	1 51	18 51	0 2	22 49	0 17	18 9	2 13
23	20 14	16 50	2 23	19 23	25 33	2 21	25 12	1 53	19 2	0 3	22 50	0 17	18 8	2 13
24	20 26	21 44	3 23	23 48	25 30	2 15	25 10	1 54	19 12	0 3	22 51	0 17	18 7	2 13
25	20 39	25 33	4 12	26 56	25 25	2 8	25 7	1 56	19 23	0 4	22 52	0 17	18 6	2 13
26	20 50	27 53	4 46	28 23	25 18	1 60	25 3	1 57	19 33	0 5	22 53	0 17	18 5	2 13
27	21 2	28 25	5 4	27 57	25 10	1 50	24 59	1 58	19 44	0 5	22 54	0 17	18 4	2 12
28	21 13	27 1	5 2	25 38	24 60	1 40	24 54	1 59	19 54	0 6	22 55	0 17	18 3	2 12
29	21 23	23 51	4 41	21 42	24 48	1 27	24 48	2 1	20 4	0 6	22 56	0 17	18 2	2 12
30	21S34	19N14	4N 3	16N30	24S34	1S14	24S41	2S 2	20S14	0S 7	22S57	0N17	18N 1	2S12

DAY	♅ DECL	♅ LAT	♆ DECL	♆ LAT	♇ DECL	♇ LAT
1	20S47	0S35	20N27	0S31	17N16	6S11
5	20 46	0 35	20 27	0 31	17 16	6 11
9	20 45	0 35	20 27	0 31	17 16	6 11
13	20 43	0 34	20 28	0 31	17 16	6 11
17	20 41	0 34	20 28	0 31	17 16	6 11
21	20 40	0 34	20 28	0 31	17 15	6 12
25	20 38	0 34	20 29	0 31	17 15	6 12
29	20S36	0S34	20N30	0S31	17N15	6S12

☽ PHENOMENA

d	h	m	
2	3	38	☾
9	2	5	●
16	22	43	☽
24	16	12	○

d	h	° '
5	21	0
12	15	28S32
20	2	0
26	19	28N28
6	14	0
13	9	5S10
20	21	0
27	10	5N 5

VOID OF COURSE ☽

LAST ASPT	☽ INGRESS
1 11am20	1 ♌ 11am46
3 2pm20	3 ♍ 2pm34
5 5pm15	5 ♎ 5pm32
7 9pm 5	7 ♏ 9pm17
10 2am37	10 ♐ 2am44
12 10am18	12 ♑ 10am48
14 1pm39	14 ♒ 9pm45
17 9am44	17 ♓ 10am24
19 9pm33	19 ♈ 10pm17
22 6am28	22 ♉ 7am13
24 5am27	24 ♊ 12pm41
26 2pm48	26 ♋ 3pm37
28 3pm35	28 ♌ 5pm34
30 7pm54	30 ♍ 7pm55

d	h	
3	11	PERIGEE
16	10	APOGEE
28	11	PERIGEE

DAILY ASPECTARIAN

1 F
☽⚼♀ 1am36
☽△☿ 3 18
☽☌♆ 5 1
☿∥♅ 5 12
☽☍♅ 11 20
☽⊻♇ 11 35
☽⚼♃ 1pm48
☽⚹♄ 3 41
☿△♆ 8 2
☽#♀ 11 45

2 S
♀⊻♂ 0am41
☽#♃ 3 32
☉□☽ 3 38
☽□♂ 5 16
☽△♀ 5 27
☽#☿ 9 27
☽#♅ 12pm 2
☽∠♇ 12 58
☽∥♆ 1 38
☽△♃ 3 35
♀⚼♆ 4 50
☽∥♄ 11 0

3 Su
☽∥♇ 4am 7
☽⊻♆ 7 49
☽□☿ 11 52
☽#♂ 1pm19
☉#☽ 1 22
☽⊼♅ 2 12
☽⚹♇ 2 20
☉∥♂ 4 30
☽□♄ 6 13

4 M
☽∠♆ 9am14
☉⚹☽ 10 18
☽⚹♂ 10 40
☿⚹♅ 11 26
☿⊼♇ 12pm14
☽□♀ 1 4
☿ ♐ 2 46
☽⚼♅ 3 40
☽□♃ 7 9

5 T
☉☌♂ 2am18
☿∥♃ 10 41
☽⚹♆ 10 43
☽∠♂ 1pm29
☉∠☽ 1 45
☽□♇ 5 15
☽△♅ 5 15
♀∠♅ 7 34
♅⊼♇ 8 7
☽⚹☿ 8 31
☽△♄ 8 57

6 W
☿☍♄ 0am37
☽⊻♂ 4pm31
☉⊻☽ 5 26
☽⚹♀ 9 14
☽⚼♄ 10 34
☽⚹♃ 11 14

7 Th
☽∠☿ 1am 9
☉⚼♇ 2pm 8
☽□♆ 2 18
☽△♇ 8 57
☽□♅ 9 5

8 F
♀☌♃ 0am14
☽⊼♄ 0 30
☽∠♃ 1 43
☽∠♀ 1 51
☽⊻☿ 6 11
☽∥♂ 10 31
☉∥☽ 12pm21
☽#♇ 3 30
♂⚼♇ 4 29
☽#♄ 8 28
☽⚼♇ 11 22
☽☌♂ 11 45

9 S
☉☌☽ 2am 5
☽⊻♃ 4 40
☽#♆ 6 47
☽⊻♀ 7 3
☽∥♅ 8 15
☽∥♃ 6pm27
☽△♆ 7 27

10 Su
☽⊼♇ 2am19
☽⚹♅ 2 37
☽∥☿ 3 13
☽☍♄ 5 46
☽∥♀ 7 8
☽☌☿ 6pm13
☉⊻♃ 9 15
☽⚼♆ 10 54
☉#♇ 11 36

11 M
☽∠♅ 6am20
☽⊻♂ 9 32
☽☌♃ 12pm30
☉⊻☽ 1 32
☽☌♀ 7 56

12 T
☽⊼♆ 3am 5
♅ ♒ 8 46
☽☍♇ 10 18
☽⊻♅ 10 48
☽⊼♄ 1pm38
☽∠♂ 3 43
☿⚼♆ 4 39
☉∠☽ 8 39

13 W
☽⊻☿ 9am49
☽⚼♄ 6pm40
♂#♇ 7 38
☽⚹♂ 10 46
☽⊻♃ 11 24

14 Th
☉⚹☽ 4am43
☽⊻♀ 12pm46
☽☍♆ 1 39
♂⊻♃ 2 27
☉#♄ 3 59
☿∥♀ 5 59
☽∠☿ 6 55
☽∥☿ 9 3
☽∥♀ 9 9
☽⊼♇ 9 10
♀⊼♆ 9 26
☽☍♅ 9 54

15 F
☽△♄ 0am20
☽∠♃ 5 54
☽∥♃ 2pm 7
☽∠♀ 10 22

16 S
☿∠♅ 1am21
☽∥♅ 2 38
☽⚼♇ 3 22
☽#♆ 4 0
☽⚹☿ 4 32
☽⚹♃ 12pm47
☉∥☽ 1 41
☽□♂ 2 48
☽#♄ 4 28
☽∥♂ 6 28
☽#♇ 9 33
☉□☽ 10 43

17 Su
☽⊼♆ 2am 9
☽⚹♀ 8 16
☽△♇ 9 44
☽⊻♅ 10 43
☽□♄ 12pm35
♀☍♇ 10 23

18 M
♀ ♑ 5am 4
☽⚼♆ 8 25
♀⊻♅ 8 38
♂#♄ 1pm17
☉△♆ 2 35
☽∠♅ 4 59
☽□☿ 11 19
♀⊼♄ 11 57

19 T
☽□♃ 2am21
☽△♂ 6 56
☽△♆ 2pm14
☉△☽ 4 23
☽□♇ 9 33
☽⚹♅ 10 44
☽⚹♄ 12 0

20 W
☽□♀ 2am49
☽⚼♂ 2pm 1
☿☌♃ 9 47

21 Th
☉⚼☽ 0am 0
☽∠♄ 4 41
☽△♃ 1pm26
☽△☿ 2 21
☽⊼♂ 8 7
☽□♆ 11 35

22 F
☉⊼♇ 6am 3
☽⚹♇ 6 28
☉⊼☽ 6 30
☽□♅ 7 48
☽⊻♄ 8 29
☉ ♐ 3pm48
☽△♀ 5 16
☽⚼♃ 5 36
☽⚼☿ 7 52
☉⚹♅ 11 54

23 S
☽∥♇ 1am55
☽∥♄ 5 56
☉☍♄ 6 20
☽∠♇ 9 35
☽#♂ 10 37
☉#☽ 4pm56
☽∥♆ 5 26
☽#♅ 6 15
☽⊼♃ 8 51
☽⚼♀ 10 43

24 Su
☽⊼☿ 0am 7
☉#♆ 4 35
☽☍♂ 5 9
☽⚹♆ 5 27
☽#♃ 6 21
♂△♆ 10 42
☽⊻♇ 11 54
☽△♅ 1pm22
☽☌♄ 1 33
☉☍☽ 4 12
☽#♀ 8 50
☉∥♅ 10 14
☽#☿ 11 2

25 M
☽⊼♀ 3am12
☽∠♆ 7 16
♄△♅ 11 7
☽⚼♅ 3pm 6

26 T
☽☍♃ 1am13
☽☍☿ 5 36
☽⊻♆ 8 35
☽⊼♂ 11 1
☽☌♇ 2pm48
☽⊻♄ 4 10
☽⊼♅ 4 24
☉⊼☽ 10 52

27 W
☽☍♀ 10am21
☽⚼♂ 1pm21
☽∠♄ 5 1

28 Th
☉⚼☽ 1am43
☽⊼♃ 4 4
☽⊼☿ 8 36
☽☌♆ 10 32
☽△♂ 3pm35
☽⊻♇ 4 42
☽#☿ 5 35
☽#♀ 5 45
☽⚹♄ 5 50
☽☍♅ 6 30
☿∥♀ 10 59

29 F
☿SR 2am20
☉△☽ 4 35
☽#♃ 5 18
☽⚼♃ 5 27
☽⚼☿ 9 40
☉#☽ 1pm 5
♂⊼♇ 1 29
☽⊼♀ 4 57
☽#♅ 5 33
☽∠♇ 5 43
☽∥♆ 6 0
☽#♂ 7 27

30 S
☽∥♄ 5am28
☽△♃ 7 1
♂ ♐ 7 41
♂☍♄ 8 46
☽∥♇ 8 47
☽△☿ 10 36
☽⊻♆ 12pm42
♀⚼♄ 1 4
♄ ♉ 6 17
☽⚹♇ 6 58
♀∠♂ 7 51
☽□♄ 7 54
☽□♂ 8 34
☽⚼♀ 8 35
☽⊼♅ 9 0

DECEMBER 1912

LONGITUDE

DAY	SID. TIME	☉	☽	☽ 12 Hour	MEAN ☊	TRUE ☊	☿	♀	♂	♃	♄	♅	♆	♇
	h m s	° ' "	° ' "	° ' "	° '	° '	° '	° '	° '	° '	° '	° '	° '	° '
1	4 37 56	8♐ 26 39	2♏ 24 25	9♏ 26 59	9♈ 22	10♈ 39D	24♐ 20R	15♑ 34	0♐ 29	22♐ 32	29♉ 59R	0♒ 39	25♋ 44R	29♊ 26R
2	4 41 52	9 27 30	16 27 1	23 24 27	9 19	10 40	23 55	16 47	1 12	22 45	29 54	0 41	25 43	29 25
3	4 45 49	10 28 22	0♎ 19 18	7♎ 11 36	9 16	10 40R	23 18	18 0	1 55	22 59	29 49	0 44	25 42	29 24
4	4 49 45	11 29 16	14 1 23	20 48 40	9 13	10 41	22 30	19 12	2 37	23 12	29 44	0 46	25 41	29 23
5	4 53 42	12 30 11	27 33 28	4♏ 15 46	9 10	10 39	21 32	20 25	3 20	23 26	29 40	0 49	25 40	29 22
6	4 57 38	13 31 8	10♏ 55 32	17 32 42	9 7	10 35	20 25	21 38	4 3	23 39	29 35	0 52	25 39	29 20
7	5 1 35	14 32 5	24 7 10	0♐ 38 50	9 3	10 29	19 10	22 50	4 46	23 53	29 30	0 54	25 37	29 19
8	5 5 31	15 33 4	7♐ 7 34	13 33 15	9 0	10 19	17 50	24 3	5 29	24 6	29 26	0 57	25 36	29 18
9	5 9 28	16 34 4	19 55 47	26 15 6	8 57	10 7	16 27	25 15	6 12	24 20	29 21	1 0	25 35	29 17
10	5 13 25	17 35 4	2♑ 31 8	8♑ 43 56	8 54	9 54	15 4	26 28	6 55	24 34	29 17	1 3	25 34	29 16
11	5 17 21	18 36 6	14 53 31	21 0 3	8 51	9 42	13 45	27 40	7 39	24 47	29 12	1 5	25 32	29 15
12	5 21 18	19 37 8	27 3 42	3♒ 4 45	8 47	9 30	12 31	28 53	8 22	25 1	29 8	1 8	25 31	29 13
13	5 25 14	20 38 11	9♒ 3 29	15 0 20	8 44	9 21	11 24	0♒ 5	9 5	25 15	29 3	1 11	25 30	29 12
14	5 29 11	21 39 14	20 55 43	26 50 10	8 41	9 14	10 27	1 17	9 48	25 28	28 59	1 14	25 29	29 11
15	5 33 7	22 40 18	2♓ 44 14	8♓ 38 32	8 38	9 10	9 40	2 29	10 32	25 42	28 54	1 17	25 27	29 10
16	5 37 4	23 41 22	14 33 42	20 30 24	8 35	9 8D	9 4	3 41	11 15	25 56	28 50	1 20	25 26	29 9
17	5 41 0	24 42 27	26 29 19	2♈ 31 11	8 32	9 7R	8 40	4 53	11 59	26 10	28 46	1 23	25 24	29 8
18	5 44 57	25 43 32	8♈ 36 40	14 46 27	8 28	9 7	8 26D	6 5	12 42	26 23	28 42	1 26	25 23	29 6
19	5 48 54	26 44 37	21 1 10	27 21 26	8 25	9 7	8 22	7 17	13 26	26 37	28 38	1 29	25 22	29 5
20	5 52 50	27 45 42	3♉ 47 46	10♉ 20 34	8 22	9 5	8 28	8 29	14 9	26 51	28 34	1 32	25 20	29 4
21	5 56 47	28 46 48	17 0 8	23 46 39	8 19	9 0	8 43	9 40	14 53	27 5	28 30	1 35	25 19	29 3
22	6 0 43	29 47 54	0♊ 40 5	7♊ 40 16	8 16	8 52	9 7	10 52	15 36	27 18	28 26	1 38	25 17	29 2
23	6 4 40	0♑ 49 1	14 46 47	21 59 5	8 13	8 42	9 38	12 4	16 20	27 32	28 22	1 41	25 16	29 0
24	6 8 36	1 50 8	29 16 24	6♋ 37 48	8 9	8 30	10 15	13 15	17 4	27 46	28 19	1 44	25 14	28 59
25	6 12 33	2 51 15	14♋ 2 15	21 28 36	8 6	8 18	10 58	14 26	17 48	27 59	28 15	1 47	25 13	28 58
26	6 16 30	3 52 23	28 55 44	6♌ 22 29	8 3	8 6	11 47	15 38	18 32	28 13	28 12	1 51	25 11	28 57
27	6 20 26	4 53 30	13♌ 47 48	21 10 45	8 0	7 57	12 40	16 49	19 15	28 27	28 8	1 54	25 10	28 56
28	6 24 23	5 54 39	28 30 32	5♍ 46 31	7 57	7 51	13 37	18 0	19 59	28 41	28 5	1 57	25 8	28 54
29	6 28 19	6 55 48	12♍ 58 15	20 5 26	7 53	7 47	14 38	19 11	20 43	28 54	28 2	2 0	25 6	28 53
30	6 32 16	7 56 57	27 7 54	4♎ 5 40	7 50	7 46D	15 42	20 21	21 27	29 8	27 58	2 4	25 5	28 52
31	6 36 12	8♑ 58 6	10♎ 58 47	17♎ 47 26	7♈ 47	7♈ 45R	16♐ 49	21♒ 32	22♐ 11	29♐ 22	27♉ 55	2♒ 7	25♋ 3	28♊ 51

DECLINATION and LATITUDE

DAY	☉ DECL	☽ DECL	☽ LAT	☽ 12hr DECL	☿ DECL	☿ LAT	♀ DECL	♀ LAT	♂ DECL	♂ LAT	♃ DECL	♃ LAT	♄ DECL	♄ LAT
1	21S43	13N34	3N10	10N29	24S18	0S58	24S34	2S 3	20S23	0S 8	22S58	0N17	18N 0	2S12
2	21 53	7 17	2 6	4 1	24 0	0 42	24 26	2 3	20 33	0 8	22 59	0 16	17 59	2 12
3	22 2	0 43	0 55	2S34	23 41	0 24	24 18	2 4	20 42	0 9	22 60	0 16	17 58	2 12
4	22 10	5S48	0S18	8 58	23 19	0 5	24 8	2 5	20 51	0 10	23 0	0 16	17 58	2 12
5	22 18	11 59	1 29	14 52	22 56	0N15	23 58	2 6	20 60	0 10	23 1	0 16	17 57	2 12
6	22 26	17 33	2 34	19 60	22 31	0 35	23 47	2 6	21 9	0 11	23 2	0 16	17 56	2 12
7	22 33	22 12	3 29	24 5	22 5	0 55	23 36	2 7	21 17	0 11	23 3	0 16	17 55	2 11
8	22 40	25 40	4 13	26 54	21 39	1 15	23 24	2 7	21 25	0 12	23 3	0 16	17 54	2 11
9	22 46	27 47	4 43	28 17	21 12	1 34	23 11	2 7	21 34	0 13	23 4	0 16	17 53	2 11
10	22 52	28 25	4 59	28 11	20 46	1 52	22 57	2 7	21 42	0 13	23 5	0 16	17 52	2 11
11	22 58	27 36	5 0	26 41	20 21	2 7	22 43	2 7	21 49	0 14	23 5	0 16	17 52	2 11
12	23 3	25 28	4 48	23 58	19 59	2 21	22 28	2 7	21 57	0 14	23 6	0 15	17 51	2 11
13	23 7	22 13	4 23	20 15	19 39	2 32	22 13	2 7	22 4	0 15	23 7	0 15	17 50	2 10
14	23 11	18 6	3 46	15 46	19 22	2 41	21 57	2 7	22 11	0 16	23 7	0 15	17 49	2 10
15	23 15	13 18	3 0	10 43	19 9	2 48	21 40	2 7	22 18	0 16	23 8	0 15	17 48	2 10
16	23 18	8 1	2 6	5 15	18 59	2 52	21 23	2 6	22 25	0 17	23 8	0 15	17 48	2 10
17	23 21	2 25	1 6	0N28	18 53	2 55	21 5	2 6	22 32	0 18	23 9	0 15	17 47	2 10
18	23 23	3N23	0 3	6 17	18 50	2 55	20 47	2 5	22 38	0 18	23 9	0 15	17 46	2 10
19	23 25	9 10	1N 3	12 1	18 51	2 54	20 28	2 5	22 44	0 19	23 10	0 15	17 46	2 9
20	23 26	14 46	2 7	17 25	18 54	2 52	20 9	2 4	22 50	0 19	23 10	0 15	17 45	2 9
21	23 27	19 54	3 6	22 9	18 60	2 48	19 49	2 3	22 55	0 20	23 10	0 15	17 44	2 9
22	23 27	24 9	3 57	25 50	19 8	2 43	19 28	2 2	23 1	0 21	23 11	0 15	17 44	2 9
23	23 27	27 8	4 35	27 60	19 18	2 38	19 7	2 1	23 6	0 21	23 11	0 14	17 43	2 9
24	23 26	28 23	4 56	28 17	19 30	2 32	18 45	1 59	23 11	0 22	23 12	0 14	17 43	2 8
25	23 25	27 39	4 59	26 33	19 42	2 25	18 23	1 58	23 16	0 22	23 12	0 14	17 42	2 8
26	23 24	24 58	4 41	22 57	19 56	2 18	18 1	1 57	23 20	0 23	23 12	0 14	17 41	2 8
27	23 22	20 35	4 4	17 54	20 11	2 10	17 38	1 55	23 25	0 24	23 12	0 14	17 41	2 8
28	23 19	14 59	3 11	11 53	20 26	2 2	17 15	1 53	23 29	0 24	23 13	0 14	17 40	2 7
29	23 16	8 39	2 7	5 20	20 41	1 54	16 51	1 52	23 32	0 25	23 13	0 14	17 40	2 7
30	23 13	1 60	0 56	1S20	20 56	1 45	16 27	1 50	23 36	0 26	23 13	0 14	17 39	2 7
31	23S 9	4S36	0S17	7S48	21S11	1N37	16S 2	1S48	23S39	0S26	23S13	0N14	17N39	2S 7

DAY	♅ DECL	♅ LAT	♆ DECL	♆ LAT	♇ DECL	♇ LAT
1	20S35	0S34	20N30	0S31	17N15	6S12
5	20 32	0 34	20 31	0 31	17 15	6 12
9	20 30	0 34	20 32	0 31	17 15	6 12
13	20 27	0 34	20 33	0 31	17 15	6 11
17	20 25	0 34	20 34	0 31	17 16	6 11
21	20 22	0 34	20 35	0 31	17 16	6 11
25	20 19	0 34	20 36	0 31	17 16	6 11
29	20S16	0S34	20N37	0S31	17N16	6S11

☽ PHENOMENA				VOID OF COURSE ☽ LAST ASPT	☽ INGRESS
d	h	m		2 11pm 8	2 ♎ 11pm26
1	11	5	☾	5 3am13	5 ♏ 4am22
8	17	7	●	7 9am50	7 ♐ 10am48
16	20	6	☽	9 5pm46	9 ♑ 7pm10
24	4	30	○	12 4am 5	12 ♒ 5am51
30	20	12	☾	14 4pm45	14 ♓ 6pm26
d	h	° '		17 5am15	17 ♈ 7am 0
3	3	0		19 3pm13	19 ♉ 4pm57
9	22	28S25		21 8pm 9	21 ♊ 10pm51
17	10	0		23 11pm32	24 ♋ 1am11
24	3	28N24		25 10pm49	26 ♌ 1am44
30	7	0		28 0am39	28 ♍ 2am27
				30 3am29	30 ♎ 4am56
3	18	0		d h	
10	14	5S 2		14 7 APOGEE	
18	1	0		26 3 PERIGEE	
24	15	5N 0			
30	18	0			

DAILY ASPECTARIAN

1 Su	♂⚹♅	5am54
	☉□☽	11 5
	☽∠♆	2pm11
	♂∦♆	5 32
	☽⚼♅	10 41
2 M	☽△♀	0am38
	♂∥♅	3 19
	☽□♃	11 3
	☽□☿	12pm22
	☽⚹♆	3 59
	☽□♇	10 24
	☽△♄	11 8
3 T	☽△♅	0am43
	☽⚹♂	2 55
	☉⚼♆	5 14
	☿☌♃	8 3
	☉⚹☽	7pm11
4 W	☽⚼♄	1am15
	☽∠♂	6 43
	☽□♀	10 4
	☽⚹☿	2pm 2
	☽⚹♃	4 31
	☿∥♃	6 59
	☽□♆	8 37
	☉∠☽	11 54
5 Th	☽△♇	3am13
	☽⚻♄	3 44
	☽□♅	5 51
	☽⚺♂	10 55
	☿⚺♀	11 38
	☽∠☿	2pm52
	☽∠♃	7 50
	☽∦♇	10 39
6 F	☽∦♄	1am48
	☉∥☿	3 46
	☉⚺☽	5 5
	☽⚼♇	6 10
	☽∦♆	2pm43
	☽∥♅	2 44
	☽⚺☿	3 45
	☽∥♂	6 41
	☽⚹♀	9 25
	♅∦♆	9 48
	☽∥☿	11 27
	☽⚺♃	11 33
7 S	☉∥☽	2am13
	☽△♆	2 45
	☽∥♃	5 10
	☽∥♀	8 14
	☽⚻♇	9 33
	☽☍♄	9 50
	☽⚹♅	12pm31
	☽☌♂	8 47
8 Su	♀⚺♃	1am26
	☽∠♀	3 57
	☽⚼♆	6 28
	☿∥♂	8 58
	☉∠♅	9 53
	☽∠♅	4pm34
	☉☌☽	5 7
	☽☌☿	6 5
	☉☌☿	10 50
9 M	♀☍♆	6am22
	☿∠♅	7 37
	☽☌♃	8 30
	☽⚻♆	10 43
	☽⚺♀	11 11
	♀∥♃	11 33
	☽☍♇	5pm46
	☽⚻♄	5 49
	☽⚺♅	9 9
10 T	♄⚺♇	4am47
	☉∥♀	6 11
	☽⚺♂	9 1
	☿∦♆	1pm14
	☿∥♅	4 18
	☽⚺☿	9 59
	☽⚼♄	10 39
11 W	☉⚺☽	7am56
	☿∠♀	10 27
	☽∠♂	4pm12
	☽⚺♃	7 52
	☽☍♆	8 57
12 Th	☽∠☿	0am49
	☽☌♀	4 1
	☽△♄	4 5
	☽⚻♇	4 18
	♀△♄	4 41
	♀⚻♇	6 50
	☽☌♅	8 9
	☉∠☽	4pm29
	☽∥♃	6 5
	☉∥☽	6 7
	☉∥♃	7 50
	♀ ♒	10 24
13 F	☽∥♀	0am 1
	☽⚹♂	0 3
	☽∥♂	0 55
	☽∠♃	2 26
	☽⚹☿	4 21
	♀∥♂	9 5
	☽∦♆	10 18
	☽⚼♇	10 22
	☽∥♅	10 51
	☽∥☿	4pm37
	♀☌♅	10 56
	☿⚼♆	11 15
14 S	♃⚻♆	0am 3
	☽∦♄	1 28
	☉⚹☽	1 37
	☽∦♇	4 25
	☽⚻♆	9 13
	☽⚹♃	9 25
	☿☌♂	9 55
	☽□♄	4pm16
	☽△♇	4 45
	☽⚺♅	9 2
	♂⚼♆	9 33
	☽⚺♀	11 26
15 Su	☽□☿	1pm22
	☽⚼♆	3 39
	☽□♂	4 52
16 M	☽∠♅	3am35
	☽∠♀	9 16
	☉□☽	8pm 6
	☽△♆	9 50
	☽□♃	11 20
17 T	☽⚹♄	4am31
	☽□♇	5 15
	☽⚹♅	9 47
	☉⚻♆	4pm 7
	☽⚹♀	6 30
	☽△☿	11 39
18 W	☽△♂	8am29
	☽∠♄	9 52
	♀∦♆	4pm26
	☉☌♃	8 11
	☿SD	8 18
19 Th	☽⚼☿	4am29
	♀∥♅	5 56
	☽□♆	8 13
	☽△♃	10 48
	☉△☽	11 47
	☽⚺♄	2pm19
	☽⚼♂	2 51
	☽⚹♇	3 13
	☽□♅	7 47
	☿⚹♀	11 48
20 F	☽⚻☿	8am44
	☽□♀	9 28
	☽∥♇	11 16
	☽∥♄	1pm32
	☽⚼♃	2 59
	☉⚼☽	5 44
	☉⚻♄	5 48
	☽∠♇	6 42
	☽∦☿	7 28
	☽⚻♂	7 59
	☽∦♀	11 37
21	☽∦♅	2am25
S	☽∥♆	3 30
	☉☍♇	6 9
	☽⚹♆	2pm40
	☽∦♂	4 46
	☽∦♃	5 54
	☽⚻♃	6 4
	☉∦☽	7 33
	☽☌♄	8 9
	☽⚺♇	9 10
	☉⚻☽	10 23
22 Su	☽△♅	1am40
	☉ ♑	4 45
	☽☍☿	2pm58
	☿∥♀	3 34
	☽∠♆	4 24
	☽△♀	7 1
23 M	☽☍♂	2am45
	☽⚼♅	3 12
	♀∠♃	11 48
	♂∠♅	12pm26
	☽⚺♆	5 23
	☽☍♃	9 29
	☉⚺♅	9 36
	☽⚼♀	10 10
	☽⚺♄	10 26
	☽☌♇	11 32
	☿⚼♆	11 36
24 T	♂∥♃	2am36
	☽⚻♅	4 3
	☉☍☽	4 30
	♀⚼♇	2pm37
	☽⚻☿	6 46
	☽∠♄	10 44
25 W	☽⚻♀	0am42
	☽⚻♂	6 23
	☽☌♆	5pm59
	☽⚼☿	8 20
	♃⚻♄	9 56
	☽⚹♄	10 49
	☽⚻♃	10 50
26 Th	☽⚺♇	0am 2
	☽☍♅	4 43
	☽⚼♂	7 47
	☉⚻☽	8 33
	☉∦☽	9 37
	☽∦♂	9 42
	☽∦♃	10 37
	☉∥♂	12pm48
	♀∦♄	9 6
	☽△☿	10 2
	☽⚼♃	11 25
	☽∥♆	11 54
27 F	☽∠♇	0am13
	☽∦♅	1 21
	☽∦☿	1 49
	☽☍♀	5 19
	☽△♂	9 20
	☉⚼☽	10 38
	☿∥♅	10 50
	☽∥♄	12pm59
	☽∦♀	2 8
	☽∥♇	2 43
	☽⚺♆	6 28
	♀∦♇	10 36
	☽□♄	11 18
28 S	☽△♃	0am17
	☽⚹♇	0 39
	☽⚻♅	5 42
	☉△☽	1pm 9
	☿∦♆	5 40
	☽∠♆	7 13
	♃☍♇	10 27
29 Su	☽□☿	3am 0
	☽⚼♅	6 49
	☽⚻♀	11 24
	☽□♂	1pm47
	☽⚹♆	8 30
	☉∥♃	10 7
30 M	☽△♄	1am26
	☽□♇	2 58
	☽□♃	3 29
	☽△♅	8 31
	☽⚼♀	3pm31
	☉□☽	8 12
31 T	☽⚼♄	3am24
	☿∠♅	6 37
	☽⚹☿	11 14
	☽△♀	8pm27
	☽⚹♂	8 58

JANUARY 1913

LONGITUDE

DAY	SID. TIME	☉	☽	☽ 12 Hour	MEAN ☊	TRUE ☊	☿	♀	♂	♃	♄	♅	♆	♇
	h m s	° ' "	° ' "	° ' "	° '	° '	° '	° '	° '	° '	° '	° '	° '	° '
1	6 40 9	9♑ 59 16	24♎ 31 50	1♏ 12 13	7♈ 44	7♈ 45R	17♐ 58	22♒ 43	22♐ 56	29♐ 35	27♉ 52R	2♒ 10	25♋ 2R	28♊ 50R
2	6 44 5	11 0 27	7♏ 48 52	14 22 2	7 41	7 43	19 10	23 53	23 40	29 49	27 49	2 14	25 0	28 49
3	6 48 2	12 1 37	20 51 56	27 18 48	7 38	7 39	20 24	25 4	24 24	0♑ 2	27 47	2 17	24 58	28 47
4	6 51 59	13 2 48	3♐ 42 49	10♐ 4 6	7 34	7 32	21 39	26 14	25 8	0 16	27 44	2 20	24 57	28 46
5	6 55 55	14 3 59	16 22 47	22 38 58	7 31	7 21	22 57	27 24	25 52	0 30	27 41	2 24	24 55	28 45
6	6 59 52	15 5 11	28 52 41	5♑ 4 0	7 28	7 8	24 15	28 34	26 37	0 43	27 39	2 27	24 53	28 44
7	7 3 48	16 6 22	11♑ 12 58	17 19 37	7 25	6 54	25 35	29 44	27 21	0 57	27 36	2 31	24 52	28 43
8	7 7 45	17 7 32	23 24 3	29 26 19	7 22	6 39	26 56	0♓ 54	28 6	1 10	27 34	2 34	24 50	28 42
9	7 11 41	18 8 43	5♒ 26 35	11♒ 24 59	7 18	6 26	28 18	2 4	28 50	1 24	27 32	2 37	24 48	28 40
10	7 15 38	19 9 53	17 21 46	23 17 10	7 15	6 15	29 41	3 13	29 35	1 37	27 30	2 41	24 47	28 39
11	7 19 34	20 11 3	29 11 31	5♓ 5 12	7 12	6 6	1♑ 5	4 22	0♑ 19	1 51	27 28	2 44	24 45	28 38
12	7 23 31	21 12 12	10♓ 58 38	16 52 19	7 9	6 0	2 30	5 31	1 4	2 4	27 26	2 48	24 43	28 37
13	7 27 28	22 13 21	22 46 45	28 42 34	7 6	5 58	3 56	6 41	1 48	2 17	27 24	2 51	24 42	28 36
14	7 31 24	23 14 29	4♈ 40 20	10♈ 40 44	7 3	5 57D	5 22	7 49	2 33	2 31	27 22	2 55	24 40	28 35
15	7 35 21	24 15 36	16 44 26	22 52 8	6 59	5 57R	6 50	8 58	3 18	2 44	27 21	2 58	24 38	28 34
16	7 39 17	25 16 43	29 4 30	5♉ 22 13	6 56	5 57	8 17	10 7	4 2	2 57	27 19	3 2	24 36	28 33
17	7 43 14	26 17 49	11♉ 45 54	18 16 7	6 53	5 56	9 46	11 15	4 47	3 10	27 18	3 5	24 35	28 32
18	7 47 10	27 18 54	24 53 20	1♊ 37 55	6 50	5 53	11 15	12 23	5 32	3 24	27 16	3 9	24 33	28 31
19	7 51 7	28 19 58	8♊ 30 5	15 29 52	6 47	5 47	12 45	13 31	6 17	3 37	27 15	3 12	24 31	28 30
20	7 55 3	29 21 1	22 37 6	29 51 23	6 44	5 39	14 15	14 39	7 2	3 50	27 14	3 16	24 30	28 29
21	7 59 0	0♒ 22 4	7♋ 12 7	14♋ 38 27	6 40	5 29	15 46	15 46	7 47	4 3	27 13	3 19	24 28	28 28
22	8 2 57	1 23 6	22 9 22	29 43 39	6 37	5 19	17 18	16 53	8 32	4 16	27 12	3 23	24 26	28 27
23	8 6 53	2 24 7	7♌ 19 58	14♌ 56 58	6 34	5 9	18 50	18 0	9 17	4 29	27 12	3 26	24 25	28 26
24	8 10 50	3 25 7	22 33 17	0♍ 7 36	6 31	5 1	20 23	19 7	10 2	4 42	27 11	3 30	24 23	28 25
25	8 14 46	4 26 6	7♍ 38 47	15 5 49	6 28	4 55	21 56	20 14	10 47	4 55	27 11	3 33	24 21	28 24
26	8 18 43	5 27 5	22 27 54	29 44 26	6 24	4 52	23 30	21 20	11 32	5 7	27 10	3 37	24 20	28 23
27	8 22 39	6 28 3	6♎ 55 1	13♎ 59 26	6 21	4 51D	25 5	22 26	12 17	5 20	27 10	3 40	24 18	28 22
28	8 26 36	7 29 0	20 57 39	27 49 44	6 18	4 52	26 40	23 32	13 2	5 33	27 10D	3 44	24 16	28 21
29	8 30 32	8 29 57	4♏ 35 55	11♏ 16 27	6 15	4 53R	28 16	24 38	13 47	5 46	27 10	3 47	24 15	28 20
30	8 34 29	9 30 53	17 51 43	24 22 6	6 12	4 52	29 53	25 43	14 33	5 58	27 10	3 51	24 13	28 19
31	8 38 26	10♒ 31 49	0♐ 47 58	7♐ 9 44	6♈ 9	4♈ 50	1♒ 30	26♓ 48	15♑ 18	6♑ 11	27♉ 10	3♒ 54	24♋ 11	28♊ 19

DECLINATION and LATITUDE

DAY	☉	☽		☽ 12hr	☿		♀		♂		♃		♄	
	DECL	DECL	LAT	DECL	DECL	LAT	DECL	LAT	DECL	LAT	DECL	LAT	DECL	LAT
1	23S 4	10S52	1S27	13S47	21S26	1N28	15S37	1S46	23S42	0S27	23S13	0N14	17N38	2S 7
2	22 60	16 30	2 31	19 1	21 41	1 20	15 12	1 44	23 45	0 27	23 13	0 14	17 38	2 6
3	22 54	21 18	3 26	23 18	21 55	1 11	14 46	1 41	23 48	0 28	23 14	0 14	17 38	2 6
4	22 49	24 59	4 10	26 22	22 9	1 3	14 20	1 39	23 50	0 29	23 14	0 13	17 37	2 6
5	22 42	27 24	4 40	28 4	22 22	0 54	13 53	1 36	23 52	0 29	23 14	0 13	17 37	2 6
6	22 36	28 23	4 57	28 20	22 34	0 46	13 26	1 34	23 54	0 30	23 14	0 13	17 36	2 5
7	22 29	27 56	4 59	27 12	22 45	0 37	12 59	1 31	23 56	0 31	23 14	0 13	17 36	2 5
8	22 21	26 8	4 47	24 47	22 56	0 29	12 32	1 28	23 57	0 31	23 14	0 13	17 36	2 5
9	22 13	23 10	4 23	21 18	23 6	0 21	12 4	1 25	23 58	0 32	23 14	0 13	17 36	2 5
10	22 5	19 14	3 47	16 60	23 14	0 13	11 36	1 22	23 59	0 32	23 14	0 13	17 35	2 4
11	21 56	14 36	3 2	12 4	23 22	0 5	11 8	1 19	24 0	0 33	23 13	0 13	17 35	2 4
12	21 47	9 26	2 8	6 43	23 29	0S 3	10 40	1 15	24 0	0 34	23 13	0 13	17 35	2 4
13	21 37	3 56	1 9	1 6	23 34	0 11	10 11	1 12	24 1	0 34	23 13	0 13	17 35	2 4
14	21 27	1N45	0 7	4N37	23 39	0 18	9 42	1 9	24 0	0 35	23 13	0 13	17 35	2 3
15	21 16	7 28	0N57	10 16	23 42	0 25	9 13	1 5	24 0	0 35	23 13	0 13	17 35	2 3
16	21 5	13 1	1 60	15 40	23 44	0 32	8 44	1 1	23 59	0 36	23 13	0 12	17 35	2 3
17	20 54	18 12	2 58	20 33	23 45	0 39	8 14	0 57	23 58	0 37	23 12	0 12	17 35	2 2
18	20 42	22 42	3 50	24 36	23 44	0 46	7 44	0 53	23 57	0 37	23 12	0 12	17 35	2 2
19	20 30	26 10	4 30	27 23	23 43	0 52	7 15	0 49	23 56	0 38	23 12	0 12	17 35	2 2
20	20 18	28 10	4 55	28 29	23 40	0 59	6 45	0 45	23 54	0 39	23 12	0 12	17 35	2 2
21	20 5	28 18	5 3	27 36	23 35	1 5	6 15	0 41	23 52	0 39	23 11	0 12	17 35	2 1
22	19 52	26 24	4 50	24 43	23 30	1 11	5 44	0 37	23 50	0 40	23 11	0 12	17 35	2 1
23	19 38	22 35	4 17	20 4	23 23	1 16	5 14	0 32	23 48	0 40	23 11	0 12	17 35	2 1
24	19 24	17 14	3 26	14 9	23 15	1 21	4 44	0 28	23 45	0 41	23 10	0 12	17 35	2 1
25	19 10	10 52	2 20	7 28	23 5	1 26	4 13	0 23	23 42	0 42	23 10	0 12	17 35	2 0
26	18 55	3 60	1 6	0 31	22 54	1 31	3 43	0 18	23 39	0 42	23 9	0 12	17 35	1 60
27	18 40	2S55	0S11	6S16	22 42	1 36	3 12	0 13	23 36	0 43	23 9	0 12	17 36	1 60
28	18 25	9 30	1 25	12 34	22 28	1 40	2 42	0 8	23 32	0 43	23 9	0 11	17 36	1 59
29	18 9	15 27	2 32	18 6	22 13	1 44	2 11	0 3	23 28	0 44	23 8	0 11	17 36	1 59
30	17 53	20 31	3 29	22 38	21 56	1 48	1 40	0N 2	23 24	0 45	23 8	0 11	17 36	1 59
31	17S36	24S28	4S14	25S59	21S38	1S51	1S10	0N 7	23S19	0S45	23S 7	0N11	17N37	1S59

DAY	♅		♆		♇	
	DECL	LAT	DECL	LAT	DECL	LAT
1	20S14	0S34	20N38	0S31	17N16	6S10
5	20 11	0 34	20 39	0 31	17 17	6 10
9	20 8	0 34	20 40	0 31	17 17	6 10
13	20 5	0 34	20 41	0 31	17 17	6 9
17	20 1	0 34	20 43	0 31	17 18	6 9
21	19 58	0 34	20 44	0 31	17 18	6 8
25	19 55	0 34	20 45	0 31	17 19	6 8
29	19S52	0S34	20N46	0S31	17N19	6S 7

☽ PHENOMENA			
d	h	m	
7	10	28	●
15	16	1	☽
22	15	40	○
29	7	34	☾
d	h	° '	
6	4	28S25	
13	17	0	
20	14	28N29	
26	14	0	
6	16	4S60	
14	3	0	
20	21	5N 3	
26	21	0	

VOID OF COURSE ☽ LAST ASPT		☽ INGRESS		
1	9am14	1	♏	9am50
3	12pm49	3	♐	5pm 2
5	11pm43	6	♑	2am10
8	8am15	8	♒	1pm 7
10	10pm52	11	♓	1am39
13	11am46	13	♈	2pm36
15	10pm59	16	♉	1am46
18	4am42	18	♊	9am 7
20	9am43	20	♋	12pm14
22	8am 0	22	♌	12pm26
24	9am16	24	♍	11am48
26	9am44	26	♎	12pm26
28	12pm55	28	♏	3pm50
30	5pm13	30	♐	10pm30

d	h	
11	0	APOGEE
23	11	PERIGEE

DAILY ASPECTARIAN

1 W	☽□♆	0am53
	☽⊼♄	5 58
	☽△♇	7 42
	☽⚹♃	9 14
	♀⚹♂	11 32
	☽□♅	1pm48
	☽∠☿	4 42
	☽∥♀	6 32
2 Th	☽∠♂	1am38
	☽#♇	3 32
	☽#♄	5 13
	☉⚹☽	6 20
	☽⚼♇	10 57
	☽∠♃	1pm 3
	☽∥♅	6 6
	♃ ♑	7 47
	☽#♆	8 23
	♀⊼♆	10 10
	☽⊻☿	11 3
3 F	☽∥☿	3am47
	☽⊻♂	6 58
	☽△♆	7 37
	☽□♀	8 35
	☉∥☽	9 19
	☽∥♃	11 35
	☉∠☽	12pm27
	☽☍♄	12 49
	☽⊼♇	2 44
	☽∥♂	3 33
	☉⚼♄	4 52
	☽⊻♃	5 25
	♂⊼♆	5 59
	☽⚹♅	9 24
4 S	☽⚼♆	11am44
	☉⊻☽	7pm12
5 Su	☽∠♅	1am57
	♀□♄	5 37
	☽☌☿	2pm 2
	☽⊼♆	4 19
	☽☌♂	7 21
	☽⊼♄	9 37
	☽⚹♀	11 21
	☽☍♇	11 43
6 M	☉∥☿	2am18
	♀△♇	3 16
	☽☌♃	3 38
	☽⊻♅	6 57
	☿⊼♆	11 15
7 T	☽⚼♄	2am43
	♀ ♓	5 27
	☽∠♀	7 38
	♂⊼♄	7 43
	☉☌☽	10 28
8 W	☽☍♆	2am50
	☿⚹♃	6 57
	☽⊻☿	7 55
	☽△♄	8 15
	☽⊻♂	9 56
	☽⊼♇	10 30
	☿⊼♄	10 46
	☽⊻♃	3pm45
	☽⊻♀	4 30
	☽∥♂	6 14
	☽☌♅	6 20
	♂☍♇	6 59
	☽∥♃	11 33
9 Th	☽∥☿	0am26
	☿☍♇	6 22
	☉∥☽	6 30
	♀⊻♅	12pm18
	☽#♆	3 47
	☽⚼♇	4 32
	☽∠☿	5 53
	☽∠♂	6 0
	☽∥♅	7 1
	☿☌♂	7 48
	☿∥♃	9 37
	☽∠♃	10 28
10 F	☉⊻☽	3am59
	☿ ♑	5 20
	☽#♄	8 54
	☽#♇	10 30
	♂ ♑	1pm43
	☽⊼♆	2 59
	☽□♄	8 29
	☽△♇	10 52
11 S	☽⚹♂	2am27
	☽⚹☿	4 23
	☽⚹♃	5 30
	☽⊻♅	7 15
	☽☌♀	11 41
	☉∠☽	1pm21
	☿☌♃	3 10
	☽∥♀	5 54
	☽⚼♆	9 27
12 Su	☿⊻♅	5am 7
	☽∠♅	1pm57
	☉⚹☽	10 46
13 M	☽△♆	3am52
	☽⚹♄	9 20
	☽□♇	11 46
	☽□♂	7pm27
	☽□♃	7 35
	☽⚹♅	8 27
	♂☌♃	10 12
14 T	☽□☿	1am36
	☽⊻♀	6 58
	♂⊻♅	12pm41
	☽∠♄	3 19
15 W	☽#♀	6am52
	☉☍♆	8 36
	♀⚼♆	1pm42
	☽□♆	3 24
	☽∠♀	3 34
	☉□☽	4 1
	☽⊻♄	8 37
	☽⚹♇	10 59
16 Th	☽△♃	7am33
	☽□♅	7 35
	☽△♂	10 4
	♃⊻♅	11 12
	☽∥♇	7pm37
	☽△☿	7 47
	☽∥♄	8 59
	☽⚹♀	10 57
17 F	☽∠♇	3am16
	☽#♅	9 10
	☉∠♀	10 5
	☽⚼♃	12pm 1
	☽∥♆	12 49
	☉#☽	1 15
	☽⚼♂	3 39
	☉#♆	10 47
	☉△♄	11 2
	☽⚹♆	11 24
18 S	☽⚼☿	2am45
	☽#♃	2 58
	☽☌♄	4 16
	☉△☽	4 42
	☽#☿	6 16
	☽⊻♇	6 28
	☽#♂	7 40
	☽△♅	2pm43
	☽⊼♃	3 20
	☿⚼♄	4 14
	☽⊼♂	7 55
19 Su	☽∠♆	1am46
	☉⊼♇	3 47
	☽⊼☿	8 11
	☉⚼☽	8 57
	☽□♀	9 22
	☽⚼♅	4pm39
20 M	☽⊻♆	3am 7
	☽⊻♄	7 40
	☽☌♇	9 43
	☉⊼☽	12pm 0
	☉ ♒	3 20
	☽⊼♅	5 39
	☽☍♃	6 47
21 T	☿⚹♀	0am 0
	☽☍♂	0 59
	☽∠♄	8 6
	☉∥♅	12pm58
	☽△♀	2 55
	☽☍☿	3 22
22 W	☽☌♆	3am37
	☽⚹♄	8 0
	☽⊻♇	9 58
	☉☍☽	3pm40
	☽⚼♀	4 38
	☽#♂	5 23
	☽☍♅	5 50
	☽⊼♃	7 26
	☽#☿	7 38
	☽#♃	8 53
23 Th	☽⊼♂	3am13
	☽∥♆	8 57
	☽∠♇	9 36
	♀∠♅	9 46
	☽#♅	12pm37
	☉#☽	2 34
	☽⊼♀	6 9
	☽⚼♃	7 25
	☽⊼☿	8 10
	☽∥♄	10 36
	☽∥♇	11 43
24 F	☉☌♅	1am57
	☽⊻♆	2 53
	☽⚼♂	4 7
	☽□♄	7 20
	☽⚹♇	9 16
	☿∥♃	12pm 0
	☽⊼♅	5 26
	☉⊼☽	6 30
	☽△♃	7 34
	☽⚼☿	10 44
25 S	☽∠♆	2am44
	☽△♂	5 18
	☉⊻♃	2pm12
	☽⚼♅	5 41
	☉⚼☽	8 28
	☽☍♀	10 0
26 Su	☽#♀	1am 4
	☽△☿	1 55
	☽⚹♆	3 3
	☽△♄	7 45
	☽□♇	9 44
	☿☍♆	12pm18
	☽△♅	6 32
	♂⚼♄	8 21
	☽□♃	9 18
	☉△☽	11 11
27 M	☽∥♀	0am57
	☽⚼♄	8 53
	☽□♂	9 36
28 T	☽⊼♀	4am52
	☽□♆	5 45
	☿△♄	7 25
	☽⊼♄	10 50
	☽□☿	11 17
	☽△♇	12pm55
	♀△♆	3 43
	♄SD	6 13
	☽□♅	10 33
29 W	☿⊼♇	0am58
	☽⚹♃	2 7
	☉□☽	7 34
	☽#♇	8 20
	☽#♄	9 39
	☽⚼♀	9 50
	☉∥☽	11 35
	☽⚼♇	3pm43
	☽⚹♂	5 34
	☽∥♅	8 34
30 Th	☽#♆	1am26
	☿ ♒	1 44
	☽∠♃	5 48
	☽∥☿	7 21
	☽△♆	11 42
	☽∥♃	2pm59
	☽△♀	3 51
	☽∥♂	4 23
	☽☍♄	5 13
	☽⊼♇	7 21
	☽∠♂	11 0
	☉#♄	11 31
31 F	☽⚹☿	1am31
	☽⚹♅	5 52
	♀⚹♄	8 9
	☽⊻♃	10 18
	☽⚼♆	3pm49
	☉⚹☽	8 1

FEBRUARY 1913

LONGITUDE

DAY	SID. TIME	☉	☽	☽ 12 Hour	MEAN ☊	TRUE ☊	☿	♀	♂	♃	♄	♅	♆	♇
	h m s	° ' "	° ' "	° ' "	° '	° '	° '	° '	° '	° '	° '	° '	° '	° '
1	8 42 22	11♒ 32 43	13♐ 27 47	19♐ 42 30	6♈ 5	4♈ 46R	3♒ 8	27♓ 53	16♑ 3	6♑ 23	27♉ 10	3♒ 58	24♋ 10R	28♊ 18R
2	8 46 19	12 33 37	25 54 13	2♑ 3 14	6 2	4 39	4 47	28 57	16 49	6 36	27 11	4 1	24 8	28 17
3	8 50 15	13 34 30	8♑ 9 51	14 14 19	5 59	4 31	6 27	0♈ 2	17 34	6 48	27 11	4 5	24 7	28 16
4	8 54 12	14 35 22	20 16 51	26 17 39	5 56	4 21	8 7	1 6	18 19	7 0	27 12	4 8	24 5	28 15
5	8 58 8	15 36 13	2♒ 16 55	8♒ 14 50	5 53	4 11	9 48	2 9	19 5	7 13	27 13	4 12	24 3	28 14
6	9 2 5	16 37 3	14 11 34	20 7 18	5 50	4 1	11 30	3 12	19 50	7 25	27 14	4 15	24 2	28 14
7	9 6 1	17 37 51	26 2 15	1♓ 56 36	5 46	3 53	13 12	4 15	20 36	7 37	27 15	4 19	24 0	28 13
8	9 9 58	18 38 38	7♓ 50 37	13 44 34	5 43	3 48	14 55	5 18	21 22	7 49	27 16	4 22	23 59	28 12
9	9 13 55	19 39 24	19 38 45	25 33 31	5 40	3 44	16 40	6 20	22 7	8 1	27 17	4 26	23 57	28 12
10	9 17 51	20 40 8	1♈ 29 15	7♈ 26 24	5 37	3 43D	18 25	7 22	22 53	8 13	27 18	4 29	23 56	28 11
11	9 21 48	21 40 51	13 25 24	19 26 46	5 34	3 43	20 10	8 23	23 38	8 25	27 20	4 32	23 54	28 10
12	9 25 44	22 41 32	25 31 3	1♉ 38 48	5 30	3 45	21 57	9 24	24 24	8 36	27 21	4 36	23 53	28 10
13	9 29 41	23 42 11	7♉ 50 36	14 7 2	5 27	3 46	23 44	10 25	25 10	8 48	27 23	4 39	23 52	28 9
14	9 33 37	24 42 49	20 28 39	26 56 2	5 24	3 47R	25 32	11 25	25 56	9 0	27 25	4 43	23 50	28 8
15	9 37 34	25 43 25	3♊ 29 40	10♊ 9 59	5 21	3 47	27 21	12 24	26 41	9 11	27 27	4 46	23 49	28 8
16	9 41 30	26 44 0	16 57 19	23 51 52	5 18	3 45	29 11	13 24	27 27	9 23	27 29	4 49	23 47	28 7
17	9 45 27	27 44 32	0♋ 53 41	8♋ 2 39	5 15	3 42	1♓ 1	14 22	28 13	9 34	27 31	4 53	23 46	28 7
18	9 49 24	28 45 3	15 18 26	22 40 31	5 11	3 37	2 52	15 21	28 59	9 45	27 33	4 56	23 45	28 6
19	9 53 20	29 45 32	0♌ 8 9	7♌ 40 24	5 8	3 32	4 44	16 18	29 45	9 56	27 35	4 59	23 43	28 6
20	9 57 17	0♓ 45 59	15 16 8	22 54 6	5 5	3 27	6 36	17 15	0♒ 31	10 7	27 38	5 3	23 42	28 5
21	10 1 13	1 46 25	0♍ 33 0	8♍ 11 27	5 2	3 23	8 28	18 12	1 17	10 18	27 40	5 6	23 41	28 5
22	10 5 10	2 46 49	15 48 9	23 21 52	4 59	3 21	10 21	19 8	2 2	10 29	27 43	5 9	23 40	28 4
23	10 9 6	3 47 11	0♎ 51 29	8♎ 16 6	4 56	3 20D	12 13	20 3	2 48	10 40	27 46	5 12	23 38	28 4
24	10 13 3	4 47 32	15 34 57	22 47 31	4 52	3 20	14 6	20 58	3 34	10 51	27 49	5 15	23 37	28 4
25	10 16 59	5 47 51	29 53 26	6♏ 52 32	4 49	3 21	15 58	21 52	4 20	11 1	27 51	5 19	23 36	28 3
26	10 20 56	6 48 8	13♏ 44 48	20 30 23	4 46	3 23	17 50	22 46	5 6	11 12	27 54	5 22	23 35	28 3
27	10 24 53	7 48 25	27 9 31	3♐ 42 33	4 43	3 24R	19 41	23 38	5 53	11 22	27 58	5 25	23 34	28 2
28	10 28 49	8♓ 48 40	10♐ 9 51	16♐ 31 54	4♈ 40	3♈ 25	21♓ 31	24♈ 31	6♒ 39	11♑ 33	28♉ 1	5♒ 28	23♋ 33	28♊ 2

DECLINATION and LATITUDE

DAY	☉ DECL	☽ DECL	☽ LAT	☽ 12hr DECL	☿ DECL	☿ LAT	♀ DECL	♀ LAT	♂ DECL	♂ LAT	♃ DECL	♃ LAT	♄ DECL	♄ LAT
1	17S20	27S 9	4S45	27S58	21S19	1S54	0S39	0N12	23S14	0S46	23S 7	0N11	17N37	1S58
2	17 3	28 26	5 3	28 32	20 58	1 57	0 8	0 18	23 9	0 46	23 6	0 11	17 37	1 58
3	16 45	28 17	5 5	27 41	20 35	1 59	0N22	0 23	23 4	0 47	23 6	0 11	17 38	1 58
4	16 28	26 46	4 54	25 33	20 12	2 1	0 53	0 29	22 59	0 47	23 5	0 11	17 38	1 57
5	16 10	24 3	4 31	22 18	19 46	2 3	1 23	0 35	22 53	0 48	23 4	0 11	17 39	1 57
6	15 52	20 19	3 55	18 9	19 19	2 4	1 54	0 41	22 47	0 49	23 4	0 11	17 39	1 57
7	15 33	15 49	3 9	13 20	18 51	2 5	2 24	0 46	22 41	0 49	23 3	0 11	17 40	1 57
8	15 15	10 43	2 15	8 2	18 22	2 5	2 54	0 52	22 34	0 50	23 3	0 11	17 40	1 56
9	14 56	5 16	1 15	2 26	17 50	2 5	3 25	0 58	22 28	0 50	23 2	0 10	17 41	1 56
10	14 37	0N24	0 12	3N16	17 18	2 5	3 55	1 5	22 21	0 51	23 1	0 10	17 41	1 56
11	14 17	6 6	0N53	8 55	16 43	2 4	4 25	1 11	22 14	0 51	23 1	0 10	17 42	1 55
12	13 57	11 40	1 56	14 20	16 8	2 3	4 54	1 17	22 6	0 52	23 0	0 10	17 43	1 55
13	13 38	16 53	2 55	19 18	15 31	2 1	5 24	1 23	21 58	0 53	22 59	0 10	17 43	1 55
14	13 17	21 31	3 47	23 32	14 52	1 58	5 54	1 30	21 51	0 53	22 59	0 10	17 44	1 55
15	12 57	25 16	4 29	26 42	14 12	1 56	6 23	1 36	21 42	0 54	22 58	0 10	17 45	1 54
16	12 37	27 46	4 58	28 25	13 31	1 52	6 52	1 43	21 34	0 54	22 57	0 10	17 45	1 54
17	12 16	28 38	5 11	28 22	12 48	1 48	7 21	1 49	21 25	0 55	22 56	0 10	17 46	1 54
18	11 55	27 37	5 5	26 23	12 4	1 44	7 50	1 56	21 17	0 55	22 56	0 10	17 47	1 54
19	11 34	24 40	4 39	22 31	11 19	1 39	8 18	2 3	21 7	0 56	22 55	0 10	17 48	1 53
20	11 12	19 58	3 53	17 5	10 32	1 33	8 46	2 10	20 58	0 56	22 54	0 10	17 48	1 53
21	10 51	13 56	2 50	10 34	9 45	1 27	9 14	2 16	20 49	0 57	22 53	0 10	17 49	1 53
22	10 29	7 3	1 35	3 28	8 56	1 20	9 42	2 23	20 39	0 58	22 53	0 9	17 50	1 52
23	10 7	0S 8	0 14	3S42	8 6	1 13	10 10	2 30	20 29	0 58	22 52	0 9	17 51	1 52
24	9 45	7 10	1S 7	10 29	7 15	1 4	10 37	2 37	20 19	0 59	22 51	0 9	17 52	1 52
25	9 23	13 38	2 21	16 33	6 23	0 56	11 4	2 44	20 8	0 59	22 50	0 9	17 53	1 52
26	9 1	19 13	3 24	21 35	5 31	0 46	11 31	2 51	19 58	0 60	22 50	0 9	17 54	1 51
27	8 39	23 39	4 14	25 23	4 39	0 36	11 57	2 59	19 47	1 0	22 49	0 9	17 55	1 51
28	8S16	26S45	4S49	27S46	3S46	0S26	12N23	3N 6	19S36	1S 1	22S48	0N 9	17N56	1S51

DAY	♅ DECL	♅ LAT	♆ DECL	♆ LAT	♇ DECL	♇ LAT
1	19S49	0S34	20N47	0S31	17N19	6S 7
5	19 46	0 34	20 48	0 31	17 20	6 6
9	19 43	0 34	20 50	0 30	17 21	6 6
13	19 39	0 34	20 51	0 30	17 21	6 5
17	19 36	0 34	20 52	0 30	17 22	6 4
21	19 33	0 34	20 53	0 30	17 23	6 4
25	19S30	0S34	20N54	0S30	17N23	6S 3

☽ PHENOMENA	
d h m	
6 5 22	●
14 8 34	☽
21 2 3	○
27 21 15	☾
d h ° '	
2 9 28S32	
9 22 0	
17 0 28N38	
23 0 0	
2 17 5S 6	
10 4 0	
17 5 5N12	
23 4 0	

VOID OF COURSE ☽ LAST ASPT	☽ INGRESS
2 6am31	2 ♑ 7am59
4 1pm50	4 ♒ 7pm25
7 4am25	7 ♓ 8am 3
9 5pm19	9 ♈ 9pm 0
12 5am11	12 ♉ 8am47
14 12pm55	14 ♊ 5pm38
16 7pm17	16 ♋ 10pm29
18 11pm20	18 ♌ 11pm47
20 8pm 8	20 ♍ 11pm 8
22 7pm31	22 ♎ 10pm37
24 8pm53	25 ♏ 0am11
27 1am28	27 ♐ 5am11

d h	
7 8	APOGEE
21 0	PERIGEE

DAILY ASPECTARIAN

1 S	☉#♇	0am16
	☽⚺♂	5 17
	♀□♇	9 3
	☽∠☿	10 20
	☽∠♅	10 37
	☿☌♅	12pm30
	☽⚻♆	8 34
2 Su	☽⚻♄	2am29
	☉∠☽	3 31
	☽☍♇	4 37
	☽□♀	6 31
	☿#♆	10 59
	☽⚺♅	3pm56
	☉⚼♇	4 49
	♂∥♃	5 20
	☽⚺☿	8 5
	☽☌♃	9 16
	♀ ♈	11 22
3 M	☿⚺♃	5am52
	☽⚼♄	7 57
	☉⚺☽	11 40
	☽☌♂	7pm51
4 T	☽☍♆	7am34
	☽△♄	1pm50
	☽⚻♇	3 54
	☽⚹♀	11 43
5 W	☿∥♅	0am18
	☽☌♅	3 52
	☽∥♃	6 54
	☽∥♂	8 23
	☽⚺♃	10 5
	☽☌☿	5pm38
	☽#♆	9 9
	☽⚼♇	10 3
6 Th	☽∥♅	3am16
	☉☌☽	5 22
	☽∥☿	6 19
	☽∠♀	8 55
	☽⚺♂	12pm13
	☽#♄	2 36
	☽#♇	4 15
	☽∠♃	4 56
	☽⚻♆	7 53
7 F	☿⚼♇	0am12
	☉∥☽	1 20
	♀⚹♅	1 26
	☽□♄	2 27
	☽△♇	4 25
	☽⚺♅	4pm54
	☽⚺♀	6 19
	☽∠♂	8 46
	☽⚹♃	11 57
8 S	☽⚼♆	2am19
	☽⚺☿	4pm53
	☽∠♅	11 33
9 Su	☉⚺☽	0am 1
	☽⚹♂	5 22
	☿#♄	7 0
	☽#♀	7 15
	☽△♆	8 44
	☽⚹♄	3pm32
	☽□♇	5 19
	☿#♇	9 43
10 M	☽∠☿	4am33
	☽⚹♅	6 5
	☉∠☽	9 13
	☽☌♀	12pm57
	☽□♃	1 47
	☽∥♀	4 8
	☽∠♄	9 49
11 T	♀□♃	0am45
	♂☍♆	8 7
	☽⚹☿	3pm45
	☉⚹☽	5 55
	☽□♆	8 47
	☽□♂	9 39
12 W	☽⚺♄	3am37
	☽⚹♇	5 11
	☉#☽	9 40
	☽□♅	5pm49
	☽#☿	6 11
	☉☌☿	11 0
13 Th	☿∠♃	0am59
	☿⚻♆	1 37
	☽△♃	1 52
	☽∥♇	2 16
	☉∠♃	2 53
	☉⚻♆	3 36
	☽∥♄	4 4
	☽⚺♀	5 21
	☽∠♇	10 9
	☽#♅	1pm50
	☽∥♆	8 14
14 F	☽#♂	1am45
	☽⚹♆	6 15
	☽⚼♃	6 39
	☽#♃	8 31
	☉□☽	8 34
	☿⚺♂	8 55
	☽△♂	10 46
	☽□☿	10 57
	☽∠♀	11 57
	☽☌♄	12pm55
	☽⚺♇	2 13
15 S	♀∠♄	0am58
	☿□♄	1 15
	☿∠♀	1 34
	☽△♅	2 19
	☽∠♆	9 34
	☿△♇	10 11
	☽⚻♃	10 24
	☽⚼♂	3pm35
	☽⚹♀	5 14
16 Su	♂△♄	0am52
	☽⚼♅	5 1
	☿ ♓	10 44
	☽⚺♆	11 51
	☽⚺♄	6pm14
	☉△☽	6 14
	☉□♄	6 22
	☽⚻♂	7 12
	☽☌♇	7 17
	♂⚻♇	8 46
17 M	☽△☿	0am14
	☽⚻♅	6 44
	☉△♇	8 43
	☽☍♃	2pm43
	☽∠♄	7 27
	☉⚼☽	9 15
18 T	☽□♀	0am 4
	☽⚼☿	4 47
	☉∥☿	9 27
	☽☌♆	1pm42
	☽⚹♄	7 55
	☽⚺♇	8 44
	☉⚺♂	10 36
	☽☍♂	11 20
	☉⚻☽	11 21
19 W	☿⚺♅	3am27
	☉ ♓	5 45
	☽☍♅	7 46
	♂ ♒	8 0
	☽⚻☿	8 21
	☽#♃	9 57
	☽⚻♃	3pm47
	☽#♂	7 20
	☽∥♆	7 56
	☽∠♇	8 34
20 Th	☽#♅	1am46
	☽△♀	3 20
	☽∥♄	9 6
	☽∥♇	10 51
	☽⚺♆	1pm14
	♂#♆	2 12
	☽⚼♃	3 41
	☽□♄	7 28
	☽⚹♇	8 8
21 F	☽⚻♂	1am12
	☉☍☽	2 3
	☿⚼♆	2 41
	☽⚼♀	4 26
	☽⚻♅	7 10
	☿#♀	9 27
	☉#☽	11 37
	☽∠♆	12pm45
	☽☍☿	2 11
	☽△♃	3 31
	☽∥♀	3 32
	☽#☿	4 48
22 S	☿⚹♃	2am 2
	☽⚼♂	2 4
	☽⚻♀	5 37
	☽⚼♅	6 55
	☽⚹♆	12pm27
	☽△♄	7 1
	☽□♇	7 31
	☉#♀	10 53
23 Su	☽△♂	3am19
	☉⚻☽	5 4
	☽△♅	7 3
	☽□♃	4pm 7
	☽⚼♄	7 25
	☽⚻☿	9 12
24 M	☽∥☿	0am16
	☉⚼☽	7 31
	☉∥☽	8 49
	☽☍♀	9 33
	☉⚺♅	11 41
	☽□♆	1pm22
	☽#♀	1 24
	☽⚻♄	8 32
	☽△♇	8 53
25 T	☽⚼☿	2am 8
	☽□♂	8 4
	☽□♅	9 20
	☉△☽	10 56
	☽#♇	3pm39
	☽#♄	5 53
	☽⚹♃	7 28
	☽⚼♇	10 46
26 W	☽∥♅	1am19
	☽∥♂	3 30
	☽#♆	8 21
	☽△☿	8 23
	♂☌♅	8 28
	☽⚻♀	5pm11
	☽△♆	5 30
	☽∥♃	6 55
	♀□♆	9 50
	☽∠♃	10 33
27 Th	☽☍♄	1am28
	☽⚻♇	1 36
	☿∠♅	9 49
	☽⚹♅	3pm13
	☽⚹♂	5 1
	☉⚼♆	5 41
	☽⚼♆	8 58
	☉□☽	9 15
	☽⚼♀	10 41
28 F	☽⚺♃	2am37
	☿∠♂	3 4
	♄⚺♇	8 54
	♂∥♅	6pm19
	☽∠♅	7 34
	☽∠♂	11 10

LONGITUDE

DAY	SID. TIME	☉	☽	☽ 12 Hour	MEAN ☊	TRUE ☊	☿	♀	♂	♃	♄	♅	♆	♇
	h m s	° ' "	° ' "	° ' "	° '	° '	° '	° '	° '	° '	° '	° '	° '	° '
1	10 32 46	9♓ 48 53	22♐ 49 11	29♐ 2 9	4♈ 36	3♈ 24R	23♓ 19	25♈ 22	7♒ 25	11♑ 43	28♉ 4	5♒ 31	23♋ 31R	28♊ 2R
2	10 36 42	10 49 5	5♑ 11 20	11♑ 17 12	4 33	3 22	25 5	26 13	8 11	11 53	28 8	5 34	23 30	28 2
3	10 40 39	11 49 16	17 20 13	23 20 51	4 30	3 20	26 48	27 2	8 57	12 3	28 11	5 37	23 29	28 1
4	10 44 35	12 49 24	29 19 30	5♒ 16 34	4 27	3 16	28 29	27 51	9 43	12 13	28 15	5 40	23 28	28 1
5	10 48 32	13 49 31	11♒ 12 25	17 7 24	4 24	3 13	0♈ 6	28 39	10 29	12 23	28 19	5 43	23 27	28 1
6	10 52 28	14 49 36	23 1 50	28 56 0	4 21	3 9	1 38	29 27	11 16	12 32	28 22	5 46	23 26	28 1
7	10 56 25	15 49 40	4♓ 50 10	10♓ 44 37	4 17	3 7	3 7	0♉ 13	12 2	12 42	28 26	5 49	23 26	28 1
8	11 0 22	16 49 41	16 39 36	22 35 21	4 14	3 5	4 30	0 59	12 48	12 52	28 30	5 52	23 25	28 1
9	11 4 18	17 49 41	28 32 8	4♈ 30 12	4 11	3 4D	5 47	1 43	13 34	13 1	28 34	5 54	23 24	28 0
10	11 8 15	18 49 39	10♈ 29 49	16 31 16	4 8	3 4	6 58	2 26	14 21	13 10	28 39	5 57	23 23	28 0
11	11 12 11	19 49 34	22 34 50	28 40 51	4 5	3 5	8 3	3 9	15 7	13 19	28 43	6 0	23 22	28 0
12	11 16 8	20 49 28	4♉ 49 39	11♉ 1 35	4 2	3 6	9 0	3 50	15 53	13 28	28 47	6 3	23 21	28 0D
13	11 20 4	21 49 19	17 17 1	23 36 20	3 58	3 7	9 50	4 30	16 40	13 37	28 52	6 6	23 21	28 0
14	11 24 1	22 49 9	29 59 54	6♊ 28 6	3 55	3 8	10 31	5 9	17 26	13 46	28 56	6 8	23 20	28 0
15	11 27 57	23 48 56	13♊ 1 18	19 39 49	3 52	3 9R	11 5	5 46	18 12	13 54	29 1	6 11	23 19	28 0
16	11 31 54	24 48 41	26 23 56	3♋ 13 50	3 49	3 9	11 31	6 23	18 59	14 3	29 6	6 14	23 19	28 0
17	11 35 51	25 48 23	10♋ 9 39	17 11 24	3 46	3 9	11 48	6 58	19 45	14 11	29 10	6 16	23 18	28 0
18	11 39 47	26 48 4	24 18 59	1♌ 32 7	3 42	3 8	11 56R	7 31	20 31	14 19	29 15	6 19	23 17	28 1
19	11 43 44	27 47 42	8♌ 50 24	16 13 18	3 39	3 8	11 56	8 3	21 18	14 28	29 20	6 21	23 17	28 1
20	11 47 40	28 47 17	23 40 4	1♍ 9 51	3 36	3 7	11 49	8 34	22 4	14 35	29 25	6 24	23 16	28 1
21	11 51 37	29 46 51	8♍ 41 40	16 14 27	3 33	3 7	11 33	9 3	22 51	14 43	29 30	6 26	23 16	28 1
22	11 55 33	0♈ 46 22	23 47 5	1♎ 18 26	3 30	3 7D	11 11	9 30	23 37	14 51	29 35	6 28	23 15	28 1
23	11 59 30	1 45 51	8♎ 47 22	16 12 54	3 27	3 6	10 41	9 56	24 23	14 58	29 41	6 31	23 15	28 1
24	12 3 26	2 45 18	23 34 4	0♏ 50 5	3 23	3 7	10 6	10 20	25 10	15 6	29 46	6 33	23 15	28 2
25	12 7 23	3 44 44	8♏ 0 20	15 4 19	3 20	3 7R	9 26	10 42	25 56	15 13	29 51	6 35	23 14	28 2
26	12 11 20	4 44 7	22 1 45	28 52 28	3 17	3 7	8 41	11 2	26 43	15 20	29 57	6 38	23 14	28 2
27	12 15 16	5 43 29	5♐ 36 29	12♐ 13 56	3 14	3 7	7 53	11 20	27 29	15 27	0♊ 3	6 40	23 14	28 3
28	12 19 13	6 42 49	18 45 4	25 10 14	3 11	3 6	7 3	11 36	28 16	15 34	0 8	6 42	23 13	28 3
29	12 23 9	7 42 7	1♑ 29 51	7♑ 44 24	3 7	3 6D	6 12	11 51	29 2	15 41	0 14	6 44	23 13	28 3
30	12 27 6	8 41 23	13 54 25	20 0 28	3 4	3 6	5 21	12 3	29 49	15 47	0 20	6 46	23 13	28 4
31	12 31 2	9♈ 40 38	26♑ 3 6	2♒ 2 54	3♈ 1	3♈ 6	4♈ 31	12♉ 13	0♓ 35	15♑ 54	0♊ 25	6♒ 48	23♋ 13	28♊ 4

DECLINATION and LATITUDE

DAY	☉ DECL	☽ DECL	☽ LAT	☽ 12hr DECL	☿ DECL	☿ LAT	♀ DECL	♀ LAT	♂ DECL	♂ LAT	♃ DECL	♃ LAT	♄ DECL	♄ LAT
1	7S54	28S24	5S 9	28S41	2S53	0S14	12N48	3N13	19S25	1S 1	22S47	0N 9	17N57	1S51
2	7 31	28 35	5 14	28 9	1 60	0 3	13 14	3 20	19 13	1 2	22 46	0 9	17 58	1 50
3	7 8	27 22	5 5	26 17	1 8	0N10	13 39	3 27	19 2	1 2	22 46	0 9	17 59	1 50
4	6 45	24 55	4 43	23 16	0 16	0 22	14 3	3 35	18 50	1 3	22 45	0 9	17 60	1 50
5	6 22	21 24	4 8	19 19	0N35	0 35	14 27	3 42	18 38	1 3	22 44	0 9	18 1	1 50
6	5 59	17 3	3 23	14 37	1 24	0 49	14 51	3 49	18 26	1 4	22 43	0 8	18 2	1 49
7	5 35	12 4	2 30	9 24	2 11	1 2	15 15	3 57	18 13	1 4	22 42	0 8	18 3	1 49
8	5 12	6 39	1 30	3 50	2 57	1 16	15 38	4 4	18 1	1 5	22 41	0 8	18 4	1 49
9	4 49	0 58	0 25	1N55	3 40	1 30	16 0	4 11	17 48	1 5	22 41	0 8	18 5	1 49
10	4 25	4N47	0N41	7 38	4 21	1 43	16 22	4 19	17 35	1 6	22 40	0 8	18 6	1 48
11	4 2	10 26	1 46	13 9	4 59	1 56	16 44	4 26	17 22	1 6	22 39	0 8	18 8	1 48
12	3 38	15 46	2 47	18 14	5 33	2 9	17 5	4 33	17 8	1 6	22 38	0 8	18 9	1 48
13	3 15	20 32	3 41	22 38	6 4	2 22	17 25	4 41	16 55	1 7	22 37	0 8	18 10	1 48
14	2 51	24 29	4 26	26 3	6 32	2 34	17 45	4 48	16 41	1 7	22 37	0 8	18 11	1 47
15	2 27	27 18	4 58	28 11	6 55	2 45	18 5	4 55	16 27	1 8	22 36	0 8	18 12	1 47
16	2 4	28 39	5 15	28 42	7 14	2 55	18 24	5 2	16 13	1 8	22 35	0 8	18 14	1 47
17	1 40	28 18	5 15	27 26	7 29	3 4	18 42	5 9	15 59	1 9	22 34	0 8	18 15	1 47
18	1 16	26 7	4 56	24 22	7 40	3 12	19 0	5 16	15 45	1 9	22 33	0 7	18 16	1 46
19	0 53	22 12	4 18	19 40	7 46	3 19	19 17	5 23	15 30	1 9	22 33	0 7	18 17	1 46
20	0 29	16 49	3 22	13 41	7 48	3 24	19 34	5 30	15 16	1 10	22 32	0 7	18 19	1 46
21	0 5	10 21	2 12	6 51	7 45	3 27	19 50	5 37	15 1	1 10	22 31	0 7	18 20	1 46
22	0N18	3 16	0 52	0S22	7 38	3 29	20 5	5 43	14 46	1 11	22 30	0 7	18 21	1 46
23	0 42	3S58	0S32	7 29	7 27	3 29	20 19	5 50	14 31	1 11	22 30	0 7	18 23	1 45
24	1 6	10 53	1 51	14 5	7 11	3 28	20 33	5 56	14 16	1 12	22 29	0 7	18 24	1 45
25	1 29	17 3	3 2	19 45	6 52	3 24	20 46	6 2	14 0	1 12	22 28	0 7	18 25	1 45
26	1 53	22 8	3 60	24 11	6 30	3 19	20 58	6 8	13 45	1 12	22 27	0 7	18 27	1 45
27	2 17	25 52	4 42	27 10	6 4	3 12	21 10	6 14	13 29	1 13	22 27	0 7	18 28	1 44
28	2 40	28 5	5 8	28 36	5 36	3 3	21 20	6 20	13 14	1 13	22 26	0 7	18 29	1 44
29	3 3	28 44	5 17	28 29	5 7	2 53	21 30	6 25	12 58	1 13	22 25	0 6	18 31	1 44
30	3 27	27 54	5 12	26 58	4 36	2 41	21 38	6 30	12 42	1 14	22 25	0 6	18 32	1 44
31	3N50	25S44	4S53	24S14	4N 4	2N29	21N46	6N35	12S26	1S14	22S24	0N 6	18N34	1S44

DAY	♅ DECL	♅ LAT	♆ DECL	♆ LAT	♇ DECL	♇ LAT
1	19S27	0S34	20N54	0S30	17N24	6S 2
5	19 24	0 34	20 55	0 30	17 25	6 1
9	19 22	0 34	20 56	0 30	17 25	6 1
13	19 19	0 35	20 57	0 30	17 26	5 60
17	19 16	0 35	20 57	0 30	17 27	5 59
21	19 14	0 35	20 58	0 30	17 28	5 58
25	19 12	0 35	20 58	0 29	17 28	5 58
29	19S10	0S35	20N58	0S29	17N29	5S57

☽ PHENOMENA			
d	h	m	
8	0	22	●
15	20	58	☽
22	11	56	○
29	12	58	☾
d	h	° '	
1	15	28S41	
9	4	0	
16	7	28N44	
22	11	0	
28	22	28S44	
1	20	5S15	
9	9	0	
16	12	5N17	
22	15	0	
29	3	5S18	

VOID OF COURSE ☽ LAST ASPT	☽ INGRESS
1 10am 3	1 ♑ 1pm52
3 10pm 1	4 ♒ 1am22
6 1pm58	6 ♓ 2pm10
9 0am 5	9 ♈ 2am57
11 10am41	11 ♉ 2pm35
13 10pm 0	14 ♊ 0am 0
16 2am50	16 ♋ 6am21
18 8am16	18 ♌ 9am28
20 9am16	20 ♍ 10am 8
22 9am19	22 ♎ 9am55
24 7am21	24 ♏ 10am37
26 2pm 0	26 ♐ 2pm 0
28 7pm 0	28 ♑ 9pm 9
30 6pm21	31 ♒ 7am53

d	h	
6	9	APOGEE
21	12	PERIGEE

DAILY ASPECTARIAN

1 S	☽□☿	1am 6
	☽⚻♆	1 21
	☿△♆	2 50
	☽△♀	5 15
	☽☍♇	10 3
	☽⚻♄	10 10
2 Su	☽⚺♅	0am45
	☽⚺♂	6 16
	☉*☽	12pm 4
	☽☌♃	1 22
	☽⚼♄	3 43
3 M	☿⚺♀	6am30
	☉*♃	6 37
	☽☍♆	12pm16
	☿□♇	5 23
	☿*♄	8 31
	☉∠☽	8 42
	☽□♀	8 50
	☽⚻♇	9 23
	☽△♄	9 49
	☽*☿	10 1
4 T	☉∠♀	3am59
	♀*♇	4 52
	♀⚺♄	12pm37
	☽☌♅	12 50
	☽∥♃	3 35
	☽☌♂	10 27
	☿ ♈	10 36
5 W	☽⚺♃	2am25
	☽#♆	2 52
	☽⚼♇	3 40
	☉⚺☽	5 48
	☽∠☿	9 5
	☽∥♅	11 32
	☽∥♂	4pm29
	☽#♄	6 56
	☽#♇	10 7
6 Th	☽⚻♆	0am50
	☽∠♃	9 18
	☽#♀	10 5
	☽△♇	10 8
	☽□♄	10 55
	☽*♀	1pm58
	♀ ♉	5 9
	☽⚺☿	8 0
7 F	☽⚺♅	2am 0
	☽⚼♆	7 17
	☽⚺♂	3pm38
	☽*♃	4 11
	♂#♄	5 52
	☽∠♀	10 31
8 S	☉☌☽	0am22
	♂⚺♃	2 10
	♂⚼♇	6 24
	☉∥☽	6 37
	☽∠♅	8 32
	☽△♆	1pm39
	☽#☿	1 55
	☽□♇	10 56
9 Su	☽∠♂	0am 5
	☽*♄	0 5
	☿*♅	2 30
	☽⚺♀	6 49
	☽*♅	2pm53
	☽☌☿	4 12
	☽∥☿	9 55
	☉#☽	10 34
10 M	☉#☿	1am44
	☽□♃	5 24
	☽∠♄	6 19
	☽*♂	8 12
	♂#♇	4pm26
	☉⚺☽	6 4
11 T	☽□♆	1am33
	☽*♇	10 41
	☽⚺♄	12pm 8
	☽☌♀	9 57
12 W	☉∠☽	2am 6
	☽□♅	2 23
	♀#♂	2 26
	☉∠♅	5 37
	☽#♂	6 18
	☽∥♀	6 47
	☽∥♇	8 2
	☽⚺☿	8 42
	☽∥♄	11 36
	☽∠♇	3pm48
	☽△♃	4 54
	☽#♅	5 32
	♇SD	8 17
	☽□♂	10 44
13 Th	♀∥♇	0am57
	☽∥♆	2 13
	☉*☽	9 22
	☽*♆	11 30
	☽#♃	11 53
	☽∠☿	3pm10
	☽⚺♇	8 16
	☽⚼♃	9 40
	☽☌♄	10 0
14 F	☽⚺♀	10am 3
	☽△♅	11 26
	☉△♆	12pm15
	☽∠♆	3 25
	☽*☿	8 20
15 S	☽⚻♃	1am37
	♀∥♄	9 51
	☽△♂	9 57
	☽∠♀	2pm39
	☽⚼♅	2 46
	♀□♅	5 19
	☽⚺♆	6 31
	☉□☽	8 58
16 Su	☽☌♇	2am50
	☽⚺♄	4 47
	☽⚼♂	2pm 6
	☽⚻♅	5 16
	♃⚼♄	5 55
	☽*♀	6 15
17 M	☽□☿	2am50
	☽∠♄	6 54
	☽☍♃	6 58
	☽⚻♂	5pm16
	☽☌♆	10 17
18 T	☉△☽	4am27
	☽⚺♇	6 10
	☽*♄	8 16
	☿SR	12pm57
	☽☍♅	7 55
	♀#♅	9 9
	☽#♃	10 14
	☽□♀	10 40
19 W	☽△☿	5am 2
	☉□♇	5 16
	☽∥♆	6 6
	☽∠♇	6 48
	☉⚼☽	6 54
	☽⚻♃	9 14
	☽∥♀	1pm 1
	☽#♅	1 51
	☽∥♄	5 53
	☽☍♂	9 18
	☽∥♇	9 24
	☽⚺♆	11 22
20 Th	☽⚼☿	4am58
	☽#♂	6 19
	☽*♇	6 58
	☉⚻☽	8 47
	☽□♄	9 16
	☽⚼♃	9 34
	☉*♄	4pm42
	☽⚻♅	8 24
	☽∠♆	11 19
21 F	☽△♀	0am35
	☽⚻☿	4 27
	☉ ♈	5 18
	☽∥☿	9 4
	☽△♃	9 40
	♂⚻♆	12pm57
	☽⚼♅	8 19
	☽*♆	11 10
	☽⚻♂	11 43
22 S	☽⚼♀	1am11
	☽□♇	6 45
	☉∥☽	9 16
	☽△♄	9 19
	☉☍☽	11 56
	☉#☽	12pm29
	☽△♅	8 20
23 Su	☽⚼♂	1am 1
	☽⚻♀	1 53
	☽☍☿	2 57
	☽⚼♄	9 34
	☽□♃	10 4
	☽#☿	11 26
	☿⚺♀	6pm35
	☿∠♂	10 53
	☽□♆	11 28
24 M	☽△♂	2am46
	☽△♇	7 21
	☽⚻♄	10 18
	☽∥♂	12pm12
	☉⚻☽	4 19
	☽□♅	9 37
25 T	☽#♇	1am48
	☽⚻☿	2 17
	☽☍♀	4 40
	☽#♄	5 57
	☽⚼♇	8 31
	☽∥♅	9 25
	☽*♃	12pm22
	☽#♀	5 40
	☽#♆	5 54
	☉⚼☽	7 43
	♀∥♆	11 41
26 W	☽∥♃	1am43
	☽△♆	2 6
	☽⚼☿	2 44
	☽□♂	8 41
	☽⚻♇	10 32
	♄ ♊	1pm 8
	☽☍♄	2 0
	☽∠♃	2 43
27 Th	☉△☽	0am14
	☽*♅	1 54
	☽△☿	3 52
	☽⚼♆	4 43
	☽⚻♀	10 36
	♂△♇	5pm21
	☽⚺♃	6 4
	☉*♅	11 42
28 F	☉☌☿	4am29
	☽∠♅	5 31
	☽⚻♆	8 20
	☿*♅	9 37
	☽⚼♀	3pm 0
	☽☍♇	5 27
	☽*♂	7 0
	☽⚻♄	9 34
29 S	☽□☿	8am27
	☽⚺♅	10 5
	☉□☽	12pm58
	☽△♀	8 19
30 Su	☽∠♂	1am53
	☽⚼♄	2 48
	☽☌♃	3 43
	♂ ♓	5 53
	♂□♄	6pm18
	☽☍♆	6 21
31 M	☽⚻♇	4am 2
	☉∥☿	6 5
	☽△♄	8 49
	☽⚺♂	9 41
	♂∠♃	11 6
	☽*☿	3pm53
	☽☌♅	9 38

APRIL 1913

LONGITUDE

DAY	SID. TIME	☉	☽	☽ 12 Hour	MEAN ☊	TRUE ☊	☿	♀	♂	♃	♄	♅	♆	♇
	h m s	° ' "	° ' "	° ' "	° '	° '	° '	° '	° '	° '	° '	° '	° '	° '
1	12 34 59	10♈ 39 50	8♒ 0 26	13♒ 56 14	2♈ 58	3♈ 7	3♈ 43R	12♉ 20	1♓ 22	16♑ 0	0♊ 31	6♒ 50	23♋ 13R	28♊ 4
2	12 38 55	11 39 1	19 50 52	25 44 49	2 55	3 8	2 57	12 26	2 8	16 6	0 37	6 52	23 13	28 5
3	12 42 52	12 38 10	1♓ 38 34	7♓ 32 35	2 52	3 8	2 15	12 29R	2 54	16 12	0 43	6 54	23 13	28 5
4	12 46 49	13 37 17	13 27 16	19 23 0	2 48	3 9	1 37	12 30	3 41	16 18	0 49	6 56	23 13D	28 6
5	12 50 45	14 36 23	25 20 8	1♈ 18 58	2 45	3 10R	1 4	12 28	4 27	16 23	0 56	6 58	23 13	28 6
6	12 54 42	15 35 26	7♈ 19 48	13 22 52	2 42	3 10	0 35	12 24	5 14	16 29	1 2	7 0	23 13	28 7
7	12 58 38	16 34 27	19 28 24	25 36 34	2 39	3 10	0 12	12 18	6 0	16 34	1 8	7 2	23 13	28 7
8	13 2 35	17 33 26	1♉ 47 33	8♉ 1 31	2 36	3 8	29♓ 54	12 9	6 47	16 39	1 14	7 3	23 13	28 8
9	13 6 31	18 32 23	14 18 35	20 38 53	2 33	3 7	29 41	11 57	7 33	16 44	1 21	7 5	23 13	28 9
10	13 10 28	19 31 18	27 2 32	3♊ 29 38	2 29	3 4	29 34D	11 43	8 20	16 49	1 27	7 7	23 13	28 9
11	13 14 24	20 30 11	10♊ 0 19	16 34 39	2 26	3 2	29 32	11 27	9 6	16 53	1 34	7 8	23 13	28 10
12	13 18 21	21 29 2	23 12 45	29 54 42	2 23	3 0	29 36	11 8	9 53	16 58	1 40	7 10	23 14	28 11
13	13 22 18	22 27 50	6♋ 40 34	13♋ 30 24	2 20	2 58	29 44	10 47	10 39	17 2	1 47	7 11	23 14	28 11
14	13 26 14	23 26 36	20 24 13	27 22 1	2 17	2 58D	29 58	10 24	11 25	17 6	1 54	7 13	23 14	28 12
15	13 30 11	24 25 20	4♌ 23 44	11♌ 29 13	2 13	2 58	0♈ 17	9 58	12 12	17 10	2 0	7 14	23 15	28 13
16	13 34 7	25 24 2	18 38 17	25 50 38	2 10	2 58	0 40	9 31	12 58	17 14	2 7	7 15	23 15	28 13
17	13 38 4	26 22 41	3♍ 5 55	10♍ 23 39	2 7	3 0	1 7	9 1	13 44	17 17	2 14	7 17	23 15	28 14
18	13 42 0	27 21 18	17 43 16	25 4 8	2 4	3 1R	1 39	8 30	14 31	17 21	2 21	7 18	23 16	28 15
19	13 45 57	28 19 53	2♎ 25 30	9♎ 46 36	2 1	3 1	2 15	7 57	15 17	17 24	2 28	7 19	23 16	28 16
20	13 49 53	29 18 26	17 6 34	24 24 34	1 58	3 0	2 55	7 23	16 3	17 27	2 34	7 20	23 17	28 17
21	13 53 50	0♉ 16 56	1♏ 39 48	8♏ 51 27	1 54	2 59	3 38	6 47	16 50	17 30	2 41	7 21	23 17	28 17
22	13 57 46	1 15 25	15 58 49	23 1 18	1 51	2 55	4 25	6 11	17 36	17 32	2 48	7 22	23 18	28 18
23	14 1 43	2 13 53	29 58 24	6♐ 49 44	1 48	2 51	5 16	5 33	18 22	17 35	2 56	7 23	23 19	28 19
24	14 5 40	3 12 18	13♐ 35 5	20 14 20	1 45	2 47	6 9	4 56	19 9	17 37	3 3	7 24	23 19	28 20
25	14 9 36	4 10 42	26 47 34	3♑ 14 53	1 42	2 42	7 6	4 18	19 55	17 39	3 10	7 25	23 20	28 21
26	14 13 33	5 9 4	9♑ 36 36	15 53 3	1 39	2 39	8 6	3 40	20 41	17 41	3 17	7 26	23 21	28 22
27	14 17 29	6 7 25	22 4 41	28 12 1	1 35	2 36	9 8	3 2	21 27	17 43	3 24	7 27	23 21	28 23
28	14 21 26	7 5 44	4♒ 15 37	10♒ 16 3	1 32	2 35D	10 14	2 25	22 14	17 45	3 31	7 28	23 22	28 24
29	14 25 22	8 4 1	16 13 58	22 9 59	1 29	2 35	11 22	1 49	23 0	17 46	3 39	7 28	23 23	28 25
30	14 29 19	9♉ 2 17	28♒ 4 44	3♓ 58 52	1♈ 26	2♈ 36	12♈ 32	1♉ 14	23♓ 46	17♑ 47	3♊ 46	7♒ 29	23♋ 24	28♊ 26

DECLINATION and LATITUDE

DAY	☉ DECL	☽ DECL	☽ LAT	☽ 12hr DECL	☿ DECL	☿ LAT	♀ DECL	♀ LAT	♂ DECL	♂ LAT	♃ DECL	♃ LAT	♄ DECL	♄ LAT
1	4N13	22S28	4S21	20S29	3N32	2N15	21N53	6N40	12S 9	1S14	22S23	0N 6	18N35	1S43
2	4 37	18 19	3 38	15 58	3 1	1 60	21 59	6 44	11 53	1 15	22 23	0 6	18 36	1 43
3	4 60	13 29	2 46	10 52	2 30	1 44	22 3	6 48	11 37	1 15	22 22	0 6	18 38	1 43
4	5 23	8 9	1 47	5 22	2 0	1 29	22 7	6 51	11 20	1 15	22 21	0 6	18 39	1 43
5	5 46	2 31	0 43	0N22	1 32	1 13	22 9	6 54	11 3	1 16	22 21	0 6	18 41	1 43
6	6 8	3N16	0N23	6 9	1 6	0 56	22 10	6 57	10 47	1 16	22 20	0 6	18 42	1 42
7	6 31	8 60	1 29	11 47	0 42	0 40	22 10	6 59	10 30	1 16	22 20	0 6	18 44	1 42
8	6 54	14 29	2 32	17 3	0 20	0 24	22 9	7 1	10 13	1 17	22 19	0 6	18 45	1 42
9	7 16	19 27	3 28	21 40	0 1	0 9	22 6	7 2	9 56	1 17	22 19	0 5	18 47	1 42
10	7 39	23 39	4 16	25 21	0S16	0S 6	22 2	7 2	9 39	1 17	22 18	0 5	18 48	1 42
11	8 1	26 45	4 51	27 48	0 30	0 21	21 57	7 2	9 21	1 17	22 18	0 5	18 50	1 42
12	8 23	28 27	5 11	28 42	0 42	0 35	21 50	7 1	9 4	1 18	22 17	0 5	18 51	1 41
13	8 45	28 31	5 15	27 54	0 51	0 49	21 42	6 60	8 47	1 18	22 17	0 5	18 53	1 41
14	9 7	26 52	5 1	25 23	0 57	1 2	21 33	6 58	8 29	1 18	22 16	0 5	18 54	1 41
15	9 28	23 32	4 29	21 18	1 1	1 14	21 22	6 55	8 12	1 18	22 16	0 5	18 55	1 41
16	9 50	18 44	3 41	15 54	1 3	1 26	21 9	6 51	7 54	1 19	22 16	0 5	18 57	1 41
17	10 11	12 49	2 37	9 33	1 2	1 36	20 55	6 47	7 37	1 19	22 15	0 5	18 58	1 41
18	10 32	6 8	1 23	2 38	0 58	1 47	20 40	6 42	7 19	1 19	22 15	0 5	18 60	1 40
19	10 53	0S55	0 3	4S27	0 53	1 56	20 24	6 36	7 1	1 19	22 15	0 4	19 1	1 40
20	11 14	7 54	1S17	11 15	0 45	2 5	20 6	6 29	6 43	1 19	22 14	0 4	19 3	1 40
21	11 35	14 25	2 31	17 22	0 35	2 13	19 47	6 21	6 26	1 20	22 14	0 4	19 4	1 40
22	11 55	20 3	3 34	22 25	0 23	2 20	19 27	6 13	6 8	1 20	22 14	0 4	19 6	1 40
23	12 15	24 26	4 23	26 5	0 9	2 27	19 6	6 4	5 50	1 20	22 14	0 4	19 7	1 40
24	12 35	27 20	4 55	28 10	0N 7	2 33	18 44	5 54	5 32	1 20	22 14	0 4	19 9	1 39
25	12 55	28 36	5 11	28 37	0 24	2 38	18 21	5 44	5 14	1 20	22 13	0 4	19 10	1 39
26	13 15	28 16	5 10	27 33	0 44	2 42	17 57	5 33	4 56	1 20	22 13	0 4	19 12	1 39
27	13 34	26 29	4 55	25 8	1 5	2 46	17 33	5 21	4 37	1 21	22 13	0 4	19 13	1 39
28	13 53	23 31	4 26	21 39	1 27	2 49	17 9	5 9	4 19	1 21	22 13	0 3	19 15	1 39
29	14 12	19 35	3 47	17 20	1 51	2 52	16 45	4 57	4 1	1 21	22 13	0 3	19 16	1 39
30	14N31	14S55	2S58	12S23	2N17	2S54	16N20	4N43	3S43	1S21	22S13	0N 3	19N18	1S39

DAY	♅ DECL	♅ LAT	♆ DECL	♆ LAT	♇ DECL	♇ LAT
1	19S 8	0S35	20N58	0S29	17N30	5S56
5	19 6	0 35	20 59	0 29	17 31	5 56
9	19 5	0 35	20 59	0 29	17 31	5 55
13	19 3	0 35	20 59	0 29	17 32	5 54
17	19 2	0 36	20 58	0 29	17 33	5 54
21	19 1	0 36	20 58	0 29	17 33	5 53
25	19 0	0 36	20 58	0 29	17 34	5 52
29	18S60	0S36	20N57	0S28	17N35	5S52

☽ PHENOMENA			
d	h	m	
6	17	48	●
14	5	39	☽
20	21	33	○
28	6	9	☾
d	h	°	'
5	10	0	
12	13	28N42	
18	21	0	
25	7	28S40	
5	16	0	
12	17	5N15	
19	1	0	
25	11	5S13	

VOID OF COURSE ☽ LAST ASPT		☽ INGRESS		
2	4pm46	2	♓	8pm39
5	5am34	5	♈	9am22
7	4pm54	7	♉	8pm32
10	4am41	10	♊	5am31
12	11am33	12	♋	12pm 9
14	5am39	14	♌	4pm30
16	3pm57	16	♍	6pm53
18	5pm12	18	♎	8pm 3
20	6pm24	20	♏	9pm14
22	12pm29	23	♐	0am 3
25	2am53	25	♑	5am56
27	2am30	27	♒	3pm33
30	0am43	30	♓	3am54

d	h	
2	20	APOGEE
18	16	PERIGEE
30	13	APOGEE

DAILY ASPECTARIAN

Day	Aspect	Time
1 T	☽∥♃	0am30
	☽#♀	3 36
	☉⚹☽	5 51
	☽□♀	8 51
	☽#♆	9 10
	☽⚼♇	10 15
	☽⚺♃	4pm19
	☽∥♅	7 36
	☽∠☿	8 23
	☽#♄	10 27
2 W	☽#♇	4am16
	☽⚻♆	6 50
	☿⚺♂	1pm16
	☉∠☽	3 6
	☽△♇	4 46
	☉⚺♀	8 11
	☽□♄	10 7
	☽∠♃	11 5
3 Th	☽⚺☿	1am11
	☽☌♂	2 45
	☽∥♂	9 8
	☽⚺♅	10 44
	☽⚼♆	1pm21
	♀SR	7 40
	☽⚹♀	10 4
4 F	☉⚺☽	0am22
	♆SD	4 47
	☽⚹♃	5 48
	☉#☽	11 11
	☽∠♅	5pm12
	☽△♆	7 43
5 S	☽∠♀	4am16
	☽#☿	4 27
	☿⚹♄	5 25
	☽□♇	5 34
	☽☌☿	11 2
	☽⚹♄	11 19
	☽∥☿	3pm38
	☽⚺♂	7 32
	☽⚹♅	11 20
6 Su	☽⚺♀	9am59
	☉∠♄	11 59
	☉∥☽	12pm48
	☽∠♄	5 23
	☉☌☽	5 48
	☽□♃	6 14
	☉□♃	11 45
7 M	☽∠♂	3am13
	☽#♂	6 6
	☽□♆	7 19
	☿ ♓	4pm41
	☽⚹♇	4 54
	☽⚺☿	8 25
	☽⚺♄	10 55
8 T	♂⚺♅	8am48
	☽□♅	10 10
	☽⚹♂	10 15
	☽∥♇	2pm18
	☽☌♀	7 35
	☽∥♄	8 31
	☽∠♇	9 47
	☽#♅	10 5
9 W	☽∠☿	0am43
	☽△♃	4 38
	☽∥♆	8 7
	☉⚺☽	8 42
	☽∥♀	2pm18
	☽#♃	3 42
	☽⚹♆	4 50
	♂⚼♆	8 38
10 Th	☽⚺♇	2am 5
	☽⚹☿	4 41
	☽☌♄	8 17
	☽⚼♃	8 56
	☉∠☽	3pm 2
	☽△♅	6 43
	☿SD	8 7
	☽∠♆	8 44
	☽□♂	10 14
11 F	☽⚺♀	2am35
	☽⚻♃	12pm38
	☉⚹☽	8 38
	☽⚼♅	10 6
12 S	☽⚺♆	0am 2
	☽∠♀	5 7
	☽☌♇	8 55
	☽□☿	11 33
	☽⚺♄	3pm15
13 Su	☽⚻♅	0am54
	☉#♂	1 11
	♀⚹♂	2 51
	☽⚹♀	7 2
	☽△♂	7 25
	☽∠♄	5pm51
	☽☍♃	6 14
	☉□♆	6 56
14 M	☿ ♈	2am46
	☽☌♆	4 54
	☉□☽	5 39
	☽⚼♂	10 59
	☽⚺♇	1pm26
	☽△☿	4 48
	☽⚹♄	7 54
15 T	☽☍♅	4am49
	☽#♃	7 0
	☽□♀	9 9
	☽∥♀	12pm12
	☽∥♆	1 36
	☽⚻♂	1 57
	☽∠♇	2 55
	☽⚼☿	6 52
	☽⚻♃	9 38
	☽#♅	10 40
	☽∥♄	11 5
16 W	☽∥♇	5am12
	☽⚺♆	7 42
	☉△☽	12pm 5
	☽⚹♇	3 57
	♀∥♆	6 51
	☽⚻☿	8 37
	☽□♄	10 33
	☽⚼♃	10 39
17 Th	☽⚻♅	6am53
	☽∠♆	8 30
	☉∥☽	9 13
	☽△♀	9 25
	☉⚼☽	2pm35
	☽☍♂	6 28
	☽#♂	7 42
	☽△♃	11 23
18 F	♃⚼♄	0am 8
	☽⚼♅	7 29
	☽⚹♆	9 4
	☽⚼♀	9 6
	☉⚻☽	4pm51
	☽□♇	5 12
	☽#☿	5 50
	☉⚹♇	10 16
	☽☍☿	11 42
	☽∥☿	11 53
19 S	☽△♄	0am 3
	♄#♅	1 43
	☽△♅	7 59
	☽⚻♀	8 41
	☿⚹♄	9 32
	☽∥♂	8pm 2
	☽⚻♂	10 11
20 Su	☽□♃	0am33
	☽⚼♄	0 46
	♀□♅	1 42
	☽□♆	10 9
	☉#☽	12pm37
	☉ ♉	5 3
	☽△♇	6 24
	☉☍☽	9 33
21 M	☽⚼♂	0am18
	☽⚻♄	1 43
	☽⚻☿	3 28
	☽☍♀	8 11
	☽□♅	9 30
	☽#♇	12pm50
	☽∥♅	7 14
	☽⚼♇	7 28
	☽#♄	7 36
	☽#♀	9 23
	♂⚹♃	10 0
22 T	☽⚹♃	2am39
	☽△♂	2 54
	☽#♆	4 29
	☽⚼☿	6 12
	☽∥♃	11 1
	☽△♆	12pm29
	☽⚻♇	9 8
	♀∥♄	10 8
23 W	☉⚻☽	4am14
	☽∠♃	4 34
	☿⚺♀	4 46
	☽☍♄	5 11
	♀#♅	5 38
	☽⚻♀	9 20
	☽△☿	9 53
	☽⚹♅	1pm 0
	☽⚼♆	2 38
	☉⚺♄	7 28
24 Th	☽⚺♃	7am17
	☉⚼☽	8 58
	☽□♂	10 38
	☽⚼♀	10 55
	♀∠♂	1pm28
	☽∠♅	3 58
	☽⚻♆	5 38
25 F	☉☌♀	1am48
	☽☍♇	2 53
	☿⚹♅	7 55
	☽⚻♄	11 57
	☽△♀	1pm19
	☉△☽	2 53
	☽⚺♅	7 52
	☽□☿	8 53
26 S	♀⚺♄	12pm22
	☽☌♃	3 31
	☽⚼♄	4 48
	☽⚹♂	10 42
	♀∥♇	11 3
27 Su	☽☍♆	2am30
	☽⚻♇	12pm22
	☽□♀	8 32
	☽△♄	10 31
28 M	☉□☽	6am 9
	☽∠♂	6 19
	☽☌♅	6 23
	♂∠♅	7 24
	☽∥♃	8 30
	☉□♅	9 5
	☽⚹☿	1pm 9
	☉∠♂	3 27
	☽#♆	4 9
	☽⚼♇	6 18
29 T	☽#♄	1am40
	☽⚺♃	3 6
	☽∥♅	3 13
	☽#♇	10 42
	♂△♆	12pm17
	☽⚻♆	2 29
	☽⚺♂	2 38
	☽#♀	4 25
	☽∠☿	10 46
30 W	☽△♇	0am43
	☉#☽	1 51
	☽⚹♀	6 6
	☽∠♃	9 35
	☽□♄	11 41
	☽⚺♅	7pm 8
	☽⚼♆	9 0

LONGITUDE

DAY	SID. TIME	☉	☽	☽ 12 Hour	MEAN ☊	TRUE ☊	☿	♀	♂	♃	♄	♅	♆	♇
	h m s	° ' "	° ' "	° ' "	° '	° '	° '	° '	° '	° '	° '	° '	° '	° '
1	14 33 16	10♉ 0 32	9♓ 52 58	15♓ 47 39	1♈ 23	2♈ 38	13♈ 45	0♉ 40R	24♓ 32	17♑ 48	3♊ 53	7♒ 29	23♋ 25	28♊ 27
2	14 37 12	10 58 45	21 43 28	27 40 57	1 19	2 39	15 0	0 7	25 18	17 49	4 1	7 30	23 26	28 28
3	14 41 9	11 56 56	3♈ 40 35	9♈ 42 47	1 16	2 40R	16 18	29♈ 36	26 4	17 50	4 8	7 31	23 26	28 29
4	14 45 5	12 55 5	15 47 56	21 56 22	1 13	2 39	17 38	29 6	26 50	17 50	4 16	7 31	23 27	28 30
5	14 49 2	13 53 14	28 8 21	4♉ 24 2	1 10	2 37	19 0	28 39	27 36	17 50R	4 23	7 31	23 28	28 31
6	14 52 58	14 51 20	10♉ 43 35	17 7 3	1 7	2 32	20 24	28 13	28 22	17 50	4 31	7 32	23 29	28 32
7	14 56 55	15 49 25	23 34 25	0♊ 5 38	1 4	2 26	21 51	27 50	29 8	17 50	4 38	7 32	23 30	28 33
8	15 0 51	16 47 28	6♊ 40 35	13 19 7	1 0	2 19	23 19	27 29	29 54	17 50	4 46	7 32	23 32	28 34
9	15 4 48	17 45 30	20 1 2	26 46 7	0 57	2 11	24 50	27 10	0♈ 40	17 49	4 53	7 33	23 33	28 35
10	15 8 45	18 43 30	3♋ 34 8	10♋ 24 52	0 54	2 4	26 23	26 54	1 26	17 49	5 1	7 33	23 34	28 36
11	15 12 41	19 41 28	17 18 4	24 13 34	0 51	1 59	27 58	26 40	2 12	17 48	5 8	7 33	23 35	28 38
12	15 16 38	20 39 25	1♌ 11 7	8♌ 10 35	0 48	1 55	29 34	26 28	2 58	17 47	5 16	7 33R	23 36	28 39
13	15 20 34	21 37 19	15 11 47	22 14 34	0 45	1 53D	1♉ 13	26 18	3 44	17 45	5 24	7 33	23 37	28 40
14	15 24 31	22 35 12	29 18 47	6♍ 24 17	0 41	1 53	2 54	26 12	4 29	17 44	5 31	7 33	23 39	28 41
15	15 28 27	23 33 3	13♍ 30 52	20 38 21	0 38	1 54	4 37	26 7	5 15	17 42	5 39	7 33	23 40	28 42
16	15 32 24	24 30 51	27 46 27	4♎ 54 54	0 35	1 55R	6 22	26 5D	6 1	17 41	5 47	7 33	23 41	28 43
17	15 36 20	25 28 39	12♎ 3 18	19 11 16	0 32	1 54	8 9	26 5	6 46	17 38	5 54	7 32	23 42	28 45
18	15 40 17	26 26 25	26 18 20	3♏ 23 57	0 29	1 52	9 59	26 8	7 32	17 36	6 2	7 32	23 44	28 46
19	15 44 14	27 24 9	10♏ 27 37	17 28 45	0 25	1 47	11 50	26 13	8 17	17 34	6 10	7 32	23 45	28 47
20	15 48 10	28 21 51	24 26 48	1♐ 21 15	0 22	1 40	13 43	26 20	9 3	17 31	6 18	7 32	23 47	28 48
21	15 52 7	29 19 33	8♐ 11 37	14 57 30	0 19	1 31	15 38	26 29	9 48	17 29	6 25	7 31	23 48	28 50
22	15 56 3	0♊ 17 13	21 38 36	28 14 42	0 16	1 22	17 36	26 40	10 34	17 26	6 33	7 31	23 50	28 51
23	16 0 0	1 14 52	4♑ 45 40	11♑ 11 31	0 13	1 12	19 35	26 54	11 19	17 23	6 41	7 30	23 51	28 52
24	16 3 56	2 12 30	17 32 22	23 48 24	0 10	1 3	21 36	27 9	12 5	17 19	6 49	7 30	23 52	28 54
25	16 7 53	3 10 7	29 59 57	6♒ 7 23	0 6	0 56	23 39	27 27	12 50	17 16	6 56	7 29	23 54	28 55
26	16 11 49	4 7 43	12♒ 11 11	18 11 52	0 3	0 52	25 43	27 46	13 35	17 12	7 4	7 29	23 56	28 56
27	16 15 46	5 5 18	24 10 1	0♓ 6 16	0 0	0 49	27 50	28 7	14 21	17 9	7 12	7 28	23 57	28 58
28	16 19 43	6 2 51	6♓ 1 15	11 55 38	29♓ 57	0 48D	29 57	28 30	15 6	17 5	7 20	7 27	23 59	28 59
29	16 23 39	7 0 25	17 50 6	23 45 19	29 54	0 48	2♊ 6	28 54	15 51	17 0	7 28	7 26	24 0	29 0
30	16 27 36	7 57 57	29 41 58	5♈ 40 40	29 50	0 49R	4 16	29 21	16 36	16 56	7 35	7 26	24 2	29 2
31	16 31 32	8♊ 55 28	11♈ 42 2	17♈ 46 38	29♓ 47	0♈ 48	6♊ 27	29♈ 48	17♈ 21	16♑ 52	7♊ 43	7♒ 25	24♋ 4	29♊ 3

DECLINATION and LATITUDE

DAY	☉ DECL	☽ DECL	☽ LAT	☽ 12hr DECL	☿ DECL	☿ LAT	♀ DECL	♀ LAT	♂ DECL	♂ LAT	♃ DECL	♃ LAT	♄ DECL	♄ LAT
1	14N49	9S44	2S 1	6S60	2N44	2S55	15N55	4N30	3S25	1S21	22S13	0N 3	19N19	1S38
2	15 8	4 12	0 59	1 20	3 12	2 56	15 31	4 16	3 7	1 21	22 13	0 3	19 21	1 38
3	15 26	1N33	0N 5	4N26	3 42	2 56	15 6	4 2	2 48	1 21	22 13	0 3	19 22	1 38
4	15 43	7 19	1 11	10 8	4 13	2 56	14 43	3 48	2 30	1 21	22 13	0 3	19 24	1 38
5	16 1	12 54	2 14	15 33	4 45	2 55	14 19	3 34	2 12	1 21	22 13	0 3	19 25	1 38
6	16 18	18 5	3 12	20 26	5 18	2 53	13 57	3 19	1 54	1 21	22 13	0 3	19 27	1 38
7	16 35	22 33	4 1	24 26	5 53	2 51	13 35	3 5	1 35	1 22	22 13	0 2	19 28	1 38
8	16 52	25 60	4 38	27 14	6 28	2 48	13 14	2 50	1 17	1 22	22 13	0 2	19 30	1 38
9	17 8	28 5	5 1	28 31	7 4	2 44	12 54	2 36	0 59	1 22	22 14	0 2	19 31	1 38
10	17 24	28 32	5 8	28 6	7 41	2 41	12 34	2 22	0 41	1 22	22 14	0 2	19 33	1 37
11	17 40	27 14	4 57	25 57	8 19	2 36	12 16	2 8	0 22	1 22	22 14	0 2	19 34	1 37
12	17 55	24 16	4 29	22 14	8 58	2 31	11 59	1 54	0 4	1 22	22 14	0 2	19 36	1 37
13	18 11	19 52	3 45	17 12	9 38	2 25	11 43	1 40	0N14	1 22	22 15	0 2	19 37	1 37
14	18 26	14 19	2 46	11 13	10 18	2 19	11 28	1 27	0 32	1 22	22 15	0 2	19 39	1 37
15	18 40	7 59	1 37	4 38	10 59	2 13	11 14	1 14	0 50	1 22	22 15	0 1	19 40	1 37
16	18 54	1 14	0 22	2S12	11 40	2 6	11 2	1 1	1 8	1 22	22 16	0 1	19 41	1 37
17	19 8	5S36	0S54	8 56	12 22	1 58	10 50	0 49	1 26	1 22	22 16	0 1	19 43	1 37
18	19 22	12 8	2 7	15 10	13 4	1 50	10 40	0 36	1 45	1 21	22 16	0 1	19 44	1 37
19	19 35	17 60	3 11	20 33	13 46	1 42	10 30	0 25	2 3	1 21	22 17	0 1	19 46	1 37
20	19 48	22 49	4 3	24 44	14 29	1 33	10 22	0 13	2 21	1 21	22 17	0 1	19 47	1 36
21	20 1	26 17	4 40	27 26	15 11	1 24	10 15	0 2	2 38	1 21	22 18	0 1	19 48	1 36
22	20 13	28 11	5 0	28 30	15 54	1 15	10 9	0S 9	2 56	1 21	22 18	0 1	19 50	1 36
23	20 25	28 26	5 4	27 58	16 36	1 5	10 4	0 19	3 14	1 21	22 19	0 0	19 51	1 36
24	20 37	27 8	4 52	25 58	17 17	0 55	10 0	0 29	3 32	1 21	22 19	0 0	19 53	1 36
25	20 48	24 30	4 27	22 46	17 58	0 45	9 58	0 39	3 50	1 21	22 20	0 0	19 54	1 36
26	20 59	20 49	3 49	18 40	18 39	0 34	9 56	0 48	4 7	1 21	22 21	0S 0	19 55	1 36
27	21 9	16 20	3 3	13 53	19 18	0 23	9 55	0 57	4 25	1 21	22 21	0 0	19 57	1 36
28	21 20	11 18	2 8	8 37	19 57	0 13	9 55	1 6	4 43	1 20	22 22	0 0	19 58	1 36
29	21 29	5 52	1 9	3 3	20 34	0 2	9 56	1 14	5 0	1 20	22 22	0 0	19 59	1 36
30	21 39	0 13	0 6	2N39	21 9	0N 9	9 58	1 22	5 18	1 20	22 23	0 1	20 1	1 36
31	21N48	5N31	0N58	8N21	21N43	0N19	10N 0	1S30	5N35	1S20	22S24	0S 1	20N 2	1S36

DAY	♅ DECL	♅ LAT	♆ DECL	♆ LAT	♇ DECL	♇ LAT
1	18S59	0S36	20N57	0S28	17N35	5S51
5	18 59	0 36	20 57	0 28	17 36	5 51
9	18 59	0 36	20 56	0 28	17 36	5 50
13	18 59	0 37	20 55	0 28	17 37	5 50
17	18 59	0 37	20 55	0 28	17 37	5 49
21	18 60	0 37	20 54	0 28	17 38	5 49
25	19 0	0 37	20 53	0 28	17 38	5 48
29	19S 1	0S37	20N52	0S28	17N39	5S48

☽ PHENOMENA			
d	h	m	
6	8	24	●
13	11	45	☽
20	7	18	○
28	0	4	☾
d	h	°	'
2	18	0	
9	18	28N35	
16	4	0	
22	16	28S32	
30	1	0	
2	22	0	
9	21	5N 8	
16	7	0	
22	17	5S 5	
30	2	0	

VOID OF COURSE ☽ LAST ASPT	☽ INGRESS
2 1pm35	2 ♈ 4pm39
5 0am57	5 ♉ 3am35
7 10am53	7 ♊ 11am50
9 3pm14	9 ♋ 5pm43
11 8pm52	11 ♌ 9pm58
13 10pm56	14 ♍ 1am10
16 1am36	16 ♎ 3am44
18 4am10	18 ♏ 6am15
20 7am18	20 ♐ 9am38
22 1pm 8	22 ♑ 3pm13
24 6pm54	25 ♒ 0am 0
27 9am42	27 ♓ 11am47
29 10pm39	30 ♈ 0am36

d	h	
16	2	PERIGEE
28	8	APOGEE

DAILY ASPECTARIAN

Day	Aspect	Time
1 Th	☉⚹☽	0am17
	☽⚺☿	8 46
	☽∠♀	11 12
	☽⚹♃	4pm 5
	☿#♂	9 4
2 F	☽∠♅	1am34
	☽△♆	3 26
	☽#☿	3 50
	☽∥♂	4 50
	♀ ♈	5 26
	☽☌♂	7 43
	☉∠☽	9 20
	☉∥♀	1pm 2
	☽□♇	1 35
	☽⚺♀	4 10
3 S	☽⚹♄	0am55
	☽#♂	4 58
	☽⚹♅	7 38
	☽∥☿	9 48
	☉⚺☽	5pm51
4 Su	☿□♃	3am37
	☽□♃	3 59
	☽☌☿	4 2
	☽∠♄	6 51
	☉∠♇	2pm34
	☽□♆	2 58
	☽⚺♂	10 54
5 M	☽⚹♇	0am43
	☽☌♀	0 57
	☽∥♀	5 56
	♀⚹♇	7 7
	☿∠♄	7 16
	☽⚺♄	12pm 5
	☉∥☽	2 57
	☽□♅	5 57
	♃SR	6 58
	♀⚺♂	8 59
	☽∥♇	9 39
6 T	☽#♅	4am30
	♂□♇	5 7
	☽∠♇	5 17
	☽∠♂	5 18
	☽∥♄	6 55
	☉☌☽	8 24
	☽△♃	1pm21
	☽∥♆	2 47
	☽⚺☿	8 24
	☽#♃	10 1
	☽⚹♆	11 53
7 W	☽⚺♀	7am38
	☽⚺♇	9 11
	☽⚹♂	10 53
	☽⚼♃	5pm 0
	☽☌♄	8 29
8 Th	☽△♅	1am34
	♂ ♈	3 0
	☿□♆	3 17
	☽∠♆	3 21
	☽∠☿	3 22
	☽∠♀	10 15
	☉⚺☽	7pm39
	☽⚻♃	8 5
9 F	☉△♃	1am35
	☽⚼♅	4 30
	☽⚺♆	6 17
	☽⚹☿	9 40
	☽⚹♀	12pm27
	☽☌♇	3 14
	☽□♂	8 1
10 S	☉∠☽	0am18
	☽⚺♄	2 34
	☿☌♀	6 47
	☽⚻♅	6 59
	☉∥♇	6pm51
11 Su	☽☍♃	0am52
	☉⚹☽	4 28
	☽∠♄	4 58
	☿⚹♇	10 5
	☽☌♆	10 54
	☽□♀	3pm58
	☽⚺♇	7 37
	☽□☿	8 52
12 M	☽△♂	3am14
	☿ ♉	6 15
	☽⚹♄	7 5
	☽☍♅	10 55
	☽#♃	11 56
	♅SR	4pm34
	☽∥♆	6 48
	☽∠♇	9 23
13 T	☽∥♄	1am 8
	☽#♅	4 6
	☽⚻♃	4 22
	☽⚼♂	6 22
	☉∥☽	7 24
	☽∥♇	10 13
	☉□☽	11 45
	☽⚺♆	2pm22
	☽△♀	6 45
	☽⚹♇	10 56
14 W	☽⚼♃	5am47
	☽△☿	6 55
	☽⚻♂	9 15
	☽□♄	10 36
	☽∥♀	11 30
	☽⚻♅	1pm56
	☽∥☿	1 59
	☽∠♆	3 48
	☽⚼♀	7 58
15 Th	☉⚹♆	2am53
	☿∥♀	6 49
	☽△♃	7 3
	☽⚼☿	11 43
	♂⚹♄	3pm 8
	☽⚼♅	3 12
	☿⚺♄	3 15
	☿⚺♂	3 19
	☽⚹♆	5 7
	☉△☽	6 7
	☽⚻♀	9 10
16 F	☽∥♂	0am17
	☽□♇	1 36
	☉#♅	7 54
	☽#♂	8 40
	♀SD	9 43
	☽△♄	1pm34
	☽☍♂	2 37
	☿□♅	3 46
	☽△♅	4 25
	☽⚻☿	4 30
	☉⚼☽	9 9
17 S	☽□♃	9am22
	☽⚼♄	3pm 2
	☉⚺♀	3 46
	☽#♀	6 34
	☽□♆	7 39
	☽☍♀	11 42
18 Su	♂⚹♅	0am10
	☉⚻☽	0 15
	☽#☿	4 5
	☽△♇	4 10
	☽⚻♄	4pm37
	☽□♅	7 1
	☽⚻♂	8 6
	☽#♇	10 23
19 M	☽☍☿	2am42
	☽∥♅	4 31
	☽⚼♇	5 41
	☉#☽	7 39
	☽#♄	8 10
	☽⚹♃	12pm 7
	☽#♆	1 43
	☽∥♃	9 1
	☉∥♄	9 27
	☽△♆	10 50
	☽⚼♂	11 16
20 T	☿∠♇	1am 9
	☽⚻♀	3 17
	☉☍☽	7 18
	☽⚻♇	7 35
	☉⚺♇	11 20
	☽∠♃	2pm 0
	☽☍♄	8 51
	☽⚹♅	10 49
21 W	☽⚼♆	1am 4
	☽△♂	3 1
	☽⚼♀	5 53
	☽⚻☿	3pm28
	☽⚺♃	4 27
	☉ ♊	4 50
	☿△♃	10 3
22 Th	☽∠♅	1am34
	☽⚻♆	3 57
	☽△♀	9 17
	☽☍♇	1pm 8
	☉⚻☽	5 0
	☽⚼☿	11 36
23 F	☽⚻♄	3am36
	☽⚺♅	5 6
	☽□♂	1pm 1
	☉⚼☽	11 19
	☽☌♃	11 35
24 S	☉⚼♃	2am43
	☽⚼♄	8 15
	☽△☿	9 16
	☽☍♆	12pm 9
	☿∥♇	12 13
	☽□♀	6 54
	☽⚻♇	9 53
25 Su	☿⚹♆	3am 0
	☉△☽	6 43
	☉∥♆	10 6
	☽△♄	1pm45
	☽☍♅	2 41
	☽∥♃	2 47
	☉#☽	11 5
	☽#♆	11 40
26 M	☽⚹♂	2am59
	☽⚼♇	3 30
	☽#♄	5 5
	☽⚺♃	9 58
	☽∥♅	10 9
	☽#☿	10 32
	☿#♅	1pm 7
	☽#♇	5 22
	☽⚻♆	11 34
27 T	☿⚺♀	3am57
	☽⚹♀	8 14
	☽□☿	9 0
	☽△♇	9 42
	☽∠♂	11 10
	☿⚺♇	12pm56
	☽∠♃	4 2
28 W	☉□☽	0am 4
	☿ ♊	0 29
	☿∥♄	0 58
	☿∠♂	2 25
	☽□♄	2 41
	☽⚺♅	2 54
	☽⚼♆	6 1
	☽#♀	6 13
	☽∠♀	3pm44
	☽⚺♂	7 42
	♄△♅	8 56
	☽⚹♃	10 20
	☿⚼♃	10 57
29 Th	☽#♂	3am31
	♀⚹♇	5 55
	☽∠♅	9 20
	☉△♅	10 43
	☿∥♆	12pm 7
	☽△♆	12 32
	☉☌♄	1 5
	☽□♇	10 39
	☽⚺♀	11 15
30 F	♂□♃	9am46
	☽⚹☿	11 14
	☽⚹♅	3pm29
	☽⚹♄	3 59
	☉⚹☽	6 0
31 S	☽∥♂	0am19
	☉∠♆	3 32
	☉∥☿	5 23
	♀ ♉	9 44
	☽□♃	10 8
	☿△♅	10 24
	☽☌♂	11 54
	☿☌♄	2pm41
	☽∥♀	7 16
	☽∠♄	9 54
	☽∠☿	11 22

JUNE 1913

LONGITUDE

DAY	SID. TIME	☉	☽	☽ 12 Hour	MEAN ☊	TRUE ☊	☿	♀	♂	♃	♄	♅	♆	♇
	h m s	° ′ ″	° ′ ″	° ′ ″	° ′	° ′	° ′	° ′	° ′	° ′	° ′	° ′	° ′	° ′
1	16 35 29	9♊ 52 58	23♈ 54 59	0♉ 7 31	29♓ 44	0♈ 46R	8♊ 39	0♉ 18	18♈ 6	16♑ 47R	7♊ 51	7♒ 24R	24♋ 5	29♊ 4
2	16 39 25	10 50 28	6♉ 24 36	12 46 31	29 41	0 41	10 51	0 48	18 51	16 42	7 59	7 23	24 7	29 6
3	16 43 22	11 47 57	19 13 26	25 45 27	29 38	0 34	13 3	1 20	19 36	16 37	8 7	7 22	24 9	29 7
4	16 47 18	12 45 25	2♊ 22 29	9♊ 4 26	29 35	0 25	15 15	1 54	20 21	16 32	8 14	7 21	24 11	29 9
5	16 51 15	13 42 52	15 51 1	22 41 52	29 31	0 14	17 27	2 29	21 6	16 27	8 22	7 20	24 12	29 10
6	16 55 12	14 40 19	29 36 34	6♋ 34 36	29 28	0 2	19 37	3 5	21 50	16 22	8 30	7 19	24 14	29 11
7	16 59 8	15 37 45	13♋ 35 25	20 38 27	29 25	29♓ 52	21 47	3 42	22 35	16 16	8 38	7 18	24 16	29 13
8	17 3 5	16 35 9	27 43 8	4♌ 48 57	29 22	29 43	23 56	4 20	23 20	16 11	8 45	7 16	24 18	29 14
9	17 7 1	17 32 32	11♌ 55 22	19 1 59	29 19	29 37	26 3	5 0	24 4	16 5	8 53	7 15	24 20	29 16
10	17 10 58	18 29 55	26 8 24	3♍ 14 21	29 16	29 33	28 9	5 40	24 49	15 59	9 1	7 14	24 22	29 17
11	17 14 54	19 27 16	10♍ 19 35	17 23 56	29 12	29 32D	0♋ 13	6 21	25 33	15 53	9 9	7 13	24 23	29 18
12	17 18 51	20 24 36	24 27 14	1♎ 29 26	29 9	29 32R	2 15	7 4	26 18	15 47	9 16	7 11	24 25	29 20
13	17 22 47	21 21 55	8♎ 30 24	15 30 4	29 6	29 32	4 15	7 47	27 2	15 40	9 24	7 10	24 27	29 21
14	17 26 44	22 19 13	22 28 19	29 25 2	29 3	29 30	6 13	8 32	27 46	15 34	9 32	7 8	24 29	29 23
15	17 30 41	23 16 30	6♏ 20 4	13♏ 13 11	29 0	29 27	8 8	9 17	28 31	15 28	9 39	7 7	24 31	29 24
16	17 34 37	24 13 47	20 4 12	26 52 49	28 56	29 20	10 2	10 3	29 15	15 21	9 47	7 5	24 33	29 26
17	17 38 34	25 11 2	3♐ 38 46	10♐ 21 46	28 53	29 11	11 53	10 50	29 59	15 14	9 55	7 4	24 35	29 27
18	17 42 30	26 8 18	17 1 31	23 37 46	28 50	29 0	13 42	11 37	0♉ 43	15 7	10 2	7 2	24 37	29 29
19	17 46 27	27 5 33	0♑ 10 17	6♑ 38 53	28 47	28 47	15 28	12 26	1 27	15 1	10 10	7 1	24 39	29 30
20	17 50 23	28 2 47	13 3 27	19 23 57	28 44	28 35	17 13	13 15	2 11	14 54	10 17	6 59	24 41	29 31
21	17 54 20	29 0 0	25 40 24	1♒ 52 55	28 41	28 23	18 54	14 5	2 55	14 47	10 25	6 57	24 43	29 33
22	17 58 17	29 57 14	8♒ 1 43	14 7 3	28 37	28 14	20 34	14 55	3 38	14 39	10 32	6 55	24 45	29 34
23	18 2 13	0♋ 54 27	20 9 16	26 8 47	28 34	28 7	22 11	15 46	4 22	14 32	10 40	6 54	24 47	29 36
24	18 6 10	1 51 40	2♓ 6 6	8♓ 1 44	28 31	28 2	23 46	16 38	5 6	14 25	10 47	6 52	24 49	29 37
25	18 10 6	2 48 53	13 56 17	19 50 22	28 28	28 0	25 18	17 30	5 49	14 18	10 55	6 50	24 51	29 39
26	18 14 3	3 46 6	25 44 38	1♈ 39 45	28 25	28 0	26 48	18 23	6 33	14 10	11 2	6 48	24 53	29 40
27	18 17 59	4 43 19	7♈ 36 25	13 35 20	28 22	28 0	28 15	19 17	7 16	14 3	11 10	6 46	24 56	29 42
28	18 21 56	5 40 32	19 37 9	25 42 31	28 18	27 59	29 40	20 11	8 0	13 55	11 17	6 44	24 58	29 43
29	18 25 52	6 37 44	1♉ 52 5	8♉ 6 23	28 15	27 57	1♌ 3	21 5	8 43	13 48	11 24	6 42	25 0	29 44
30	18 29 49	7♋ 34 58	14♉ 25 55	20♉ 51 5	28♓ 12	27♓ 53	2♌ 23	22♉ 0	9♉ 26	13♑ 40	11♊ 32	6♒ 41	25♋ 2	29♊ 46

DECLINATION and LATITUDE

DAY	☉ DECL	☽ DECL	☽ LAT	☽ 12hr DECL	☿ DECL	☿ LAT	♀ DECL	♀ LAT	♂ DECL	♂ LAT	♃ DECL	♃ LAT	♄ DECL	♄ LAT
1	21N57	11N 8	1N60	13N51	22N14	0N29	10N 4	1S37	5N52	1S20	22S25	0S 1	20N 3	1S36
2	22 5	16 27	2 57	18 54	22 44	0 39	10 8	1 44	6 10	1 20	22 25	0 1	20 5	1 36
3	22 13	21 11	3 47	23 14	23 11	0 49	10 13	1 51	6 27	1 19	22 26	0 1	20 6	1 36
4	22 20	24 60	4 27	26 27	23 36	0 58	10 18	1 57	6 44	1 19	22 27	0 1	20 7	1 35
5	22 27	27 32	4 52	28 13	23 58	1 7	10 24	2 4	7 1	1 19	22 28	0 1	20 8	1 35
6	22 34	28 28	5 1	28 16	24 18	1 15	10 31	2 9	7 18	1 19	22 28	0 2	20 10	1 35
7	22 40	27 37	4 53	26 30	24 34	1 23	10 38	2 15	7 35	1 18	22 29	0 2	20 11	1 35
8	22 46	24 59	4 27	23 4	24 48	1 30	10 46	2 20	7 51	1 18	22 30	0 2	20 12	1 35
9	22 52	20 48	3 44	18 14	24 60	1 36	10 55	2 25	8 8	1 18	22 31	0 2	20 13	1 35
10	22 57	15 26	2 47	12 25	25 8	1 42	11 4	2 30	8 25	1 18	22 32	0 2	20 15	1 35
11	23 2	9 14	1 40	5 58	25 14	1 47	11 13	2 34	8 41	1 17	22 33	0 2	20 16	1 35
12	23 6	2 37	0 27	0S45	25 17	1 51	11 23	2 38	8 57	1 17	22 33	0 2	20 17	1 35
13	23 10	4S 6	0S47	7 23	25 17	1 54	11 33	2 42	9 14	1 17	22 34	0 3	20 18	1 35
14	23 14	10 35	1 58	13 38	25 15	1 57	11 44	2 46	9 30	1 17	22 35	0 3	20 19	1 35
15	23 17	16 29	3 1	19 8	25 11	1 59	11 55	2 50	9 46	1 16	22 36	0 3	20 21	1 35
16	23 19	21 31	3 53	23 35	25 4	1 60	12 6	2 53	10 2	1 16	22 37	0 3	20 22	1 35
17	23 22	25 20	4 31	26 42	24 55	2 0	12 18	2 56	10 17	1 16	22 38	0 3	20 23	1 35
18	23 24	27 41	4 54	28 16	24 44	2 0	12 30	2 59	10 33	1 15	22 39	0 3	20 24	1 35
19	23 25	28 27	5 0	28 14	24 31	1 59	12 42	3 1	10 49	1 15	22 40	0 3	20 25	1 35
20	23 26	27 38	4 51	26 41	24 17	1 57	12 54	3 3	11 4	1 14	22 41	0 4	20 26	1 35
21	23 27	25 24	4 27	23 49	24 1	1 55	13 7	3 6	11 20	1 14	22 42	0 4	20 27	1 35
22	23 27	21 60	3 52	19 57	23 43	1 52	13 20	3 7	11 35	1 14	22 42	0 4	20 28	1 35
23	23 27	17 43	3 6	15 19	23 24	1 48	13 33	3 9	11 50	1 13	22 43	0 4	20 29	1 35
24	23 26	12 48	2 13	10 10	23 4	1 44	13 46	3 11	12 5	1 13	22 44	0 4	20 30	1 35
25	23 25	7 27	1 14	4 41	22 42	1 39	13 59	3 12	12 20	1 12	22 45	0 4	20 32	1 35
26	23 24	1 53	0 12	0N58	22 20	1 33	14 13	3 13	12 34	1 12	22 46	0 4	20 33	1 35
27	23 22	3N48	0N51	6 37	21 56	1 27	14 26	3 14	12 49	1 12	22 47	0 5	20 34	1 35
28	23 20	9 24	1 52	12 8	21 32	1 20	14 40	3 15	13 3	1 11	22 48	0 5	20 35	1 35
29	23 17	14 46	2 49	17 18	21 7	1 12	14 53	3 16	13 18	1 11	22 49	0 5	20 36	1 35
30	23N14	19N40	3N40	21N51	20N41	1N 4	15N 7	3S16	13N32	1S10	22S50	0S 5	20N37	1S35

DAY	♅ DECL	♅ LAT	♆ DECL	♆ LAT	♇ DECL	♇ LAT
1	19S 2	0S37	20N51	0S28	17N39	5S48
5	19 3	0 37	20 50	0 28	17 40	5 47
9	19 4	0 37	20 49	0 27	17 40	5 47
13	19 6	0 38	20 47	0 27	17 40	5 47
17	19 7	0 38	20 46	0 27	17 41	5 46
21	19 9	0 38	20 45	0 27	17 41	5 46
25	19 11	0 38	20 43	0 27	17 41	5 46
29	19S13	0S38	20N42	0S27	17N41	5S46

☽ PHENOMENA				VOID OF COURSE ☽ LAST ASPT		☽ INGRESS		
d	h	m						
4	19	57	●	1	10am 0	1	♉	11am45
11	16	37	☽	3	9am 5	3	♊	7pm43
18	17	54	○	5	11pm16	6	♋	0am40
26	17	41	☾	7	6pm11	8	♌	3am52
				10	5am19	10	♍	6am31
				12	8am20	12	♎	9am27
d	h	°	′	14	11am57	14	♏	1pm 1
6	1	28N29		16	7am54	16	♐	5pm31
12	9	0		18	10pm46	18	♑	11pm41
18	23	28S27		20	10pm10	21	♒	8am21
26	8	0		23	6pm59	23	♓	7pm46
				26	7am59	26	♈	8am38
				28	7pm52	28	♉	8pm23
6	1	5N	1					
12	9	0		d	h			
18	21	5S	0	10	5	PERIGEE		
26	5	0		25	3	APOGEE		

DAILY ASPECTARIAN

Day	Aspect	Time
1	☽□♆	0am20
Su	☉∠☽	2 2
	☿∠♆	4 51
	☿#♃	8 22
	☽⚹♇	10 0
	☽☌♀	12pm50
	☉☌☿	11 49
2	☽□♅	1am50
M	☽⚺♄	3 0
	☽∥♇	5 47
	☉⚺☽	9 3
	☽⚺☿	10 8
	☽#♅	12pm39
	☽∠♇	2 30
	☽∥♄	6 7
	☽△♃	7 13
	☽∥♆	10 7
3	☽⚺♂	0am44
T	☉∥☽	6 3
	☽#♃	7 11
	☽⚹♆	9 5
	☽∥☿	1pm12
	☽⚺♇	6 9
	☽⚼♃	10 30
	☽⚺♀	11 6
4	☽∠♂	5am40
W	☽△♅	8 55
	☽☌♄	10 37
	☽∠♆	12pm12
	☿⚻♃	1 33
	☉☌☽	7 57
5	☿∠♀	0am31
Th	☉#♃	0 39
	☽⚻♃	1 3
	☽∠♀	2 59
	☽☌☿	3 20
	☽⚹♂	9 44
	☽⚼♅	11 21
	☽⚺♆	2pm40
	☽☌♇	11 16
6	☽⚹♀	6am16
F	☽⚻♅	1pm15
	☽⚺♄	3 26
7	☉⚺☽	3am44
S	☽☍♃	4 32
	☿⚼♅	5 35
	☿⚹♂	1pm39
	☉⚻♃	2 40
	☽□♂	4 9
	☽⚺☿	4 27
	☽∠♄	5 14
	☽☌♆	6 11
8	☽∥☿	1am 8
Su	☽⚺♇	2 34
	☿⚺♆	4 10
	☉∠☽	7 1
	☽□♀	11 44
	☉∥☽	1pm20
	☽#♃	3 6
	☽☍♅	4 8
	♂∠♄	4 41
	☽⚹♄	6 50
	☽∠☿	10 16
	☽∥♆	11 57
9	☽∥♄	2am49
M	☽∠♇	3 57
	☽⚻♃	6 58
	☽#♅	8 14
	♂□♆	8 35
	☉⚹☽	10 10
	☽∥♇	2pm31
	☽⚺♆	8 59
	☽△♂	9 38
10	☽⚹☿	3am58
T	☽⚹♇	5 19
	☽⚼♃	8 8
	☿☌♇	1pm20
	☽∥♀	4 45
	☽△♀	4 56
	☽⚻♅	6 44
	☿ ♋	9 32
	☽□♄	9 59
	☽∠♆	10 25
11	☽⚼♂	0am25
W	☽∥♂	1 58
	☽△♃	9 21
	☉□☽	4pm37
	☽⚼♀	7 43
	☽⚼♅	8 9
	☽⚹♆	11 57
12	☽⚻♂	3am19
Th	♀□♅	3 54
	☽□♇	8 20
	☽□☿	3pm30
	☽△♅	9 42
	☽⚻♀	10 42
13	☽△♄	1am33
F	☽□♃	12pm12
	♄∠♆	1 19
	☉⚼♅	7 33
	☽#♂	7 41
	☉△☽	11 43
14	☽□♆	3am29
S	☽⚼♄	3 35
	☽#♀	4 36
	☽☍♂	9 40
	☿⚻♅	11 22
	☽△♇	11 57
15	☽□♅	1am21
Su	☽△☿	3 38
	☉⚼☽	3 38
	☽#♇	5 14
	☽☍♀	5 26
	☽⚻♄	5 50
	☽∥♅	11 55
	☽⚼♇	2pm 6
	♀⚺♄	2 10
	☽⚹♃	3 47
	☽#♄	6 0
	☽#♆	8 7
	☿⚺♄	8 38
16	☿⚹♀	0am24
M	♂⚹♇	6 8
	☽∥♃	6 10
	☉⚻☽	7 52
	☽△♆	7 54
	☉⚺♆	8 22
	☽⚼☿	10 7
	☉#☽	10 29
	☽⚻♇	4pm32
	☽⚻♂	5 7
	☽∠♃	6 0
	☽#☿	9 4
17	♂ ♉	0am38
T	☽⚹♅	6 5
	☽⚼♆	10 38
	☽☍♄	11 18
	☽⚻♀	1pm38
	☽⚻☿	5 3
	☽⚺♃	8 36
	☽⚼♂	9 30
18	☽∠♅	9am 5
W	☽⚻♆	1pm50
	☉☍☽	5 54
	☿☍♃	6 4
	☽⚼♀	6 37
	☽☍♇	10 46
19	☽△♂	2am30
Th	☽⚺♅	12pm39
	☽⚻♄	6 45
20	☽△♀	0am23
F	☽☌♃	3 26
	☽☍☿	9 4
	☽☍♆	10pm10
	☽⚼♄	11 30
21	☉⚻☽	6am57
S	☽⚻♇	7 29
	☽#☿	11 40
	♀∠♇	1pm55
	☉☌♇	2 8
	☉#☽	2 36
	☽□♂	2 53
	☉∠♀	3 50
	♀△♃	5 32
	☽∥♃	7 32
	☽☌♅	9 50
22	☉ ♋	1am10
Su	☽△♄	4 59
	☽#♆	7 31
	☽#♄	9 0
	☽⚺♃	12pm56
	☽⚼♇	12 56
	☽□♀	2 37
	☉⚼☽	2 50
	☽∥♅	4 18
	☉∥☿	8 24
23	☽#♇	0am 9
M	☽⚻☿	4 41
	☽⚻♆	9 18
	☽∠♃	6pm38
	☽△♇	6 59
	☽#♀	7 38
	☉△☽	11 28
24	☽#♂	3am 9
T	☽⚹♂	6 27
	☽⚺♅	9 37
	☽⚼☿	3pm31
	☽⚼♆	3 41
	☿☌♆	4 50
	☽□♄	5 48
	☿#♃	8 43
25	☽⚹♃	0am43
W	☽⚹♀	7 50
	☿∠♄	10 37
	☽∠♂	2pm55
	☽∠♅	4 1
	☽△♆	10 16
26	☽△☿	2am27
Th	☽□♇	7 59
	♂□♅	8 10
	☽∠♀	4pm45
	☉□☽	5 41
	☽⚹♅	10 19
	☽⚺♂	11 17
27	☽⚹♄	7am13
F	☽□♃	12pm47
28	☿⚺♇	0am44
S	☽⚺♀	1 12
	☿ ♌	5 37
	☽□♆	10 34
	☽∠♄	1pm16
	☽∥♂	4 54
	☽⚹♇	7 52
	☽□☿	10 13
29	☽∥♀	0am33
Su	☉⚻♅	1 56
	☽□♅	9 18
	☉⚹☽	9 56
	☽∥♇	1pm54
	☽☌♂	1 58
	☽⚺♄	6 28
	☽#♅	9 41
	☽△♃	10 34
	☿∥♆	11 39
30	☽∠♇	0am38
M	☿∥♄	4 0
	☽∥☿	4 56
	☽∥♄	5 2
	☽∥♆	5 27
	☽☌♀	3pm14
	☉∠☽	4 24
	☽#♃	5 52
	☽⚹♆	7 46
	☉∥☽	8 0

JULY 1913

LONGITUDE

DAY	SID. TIME (h m s)	☉ (° ' ")	☽ (° ' ")	☽ 12 Hour (° ' ")	MEAN ☊ (° ')	TRUE ☊ (° ')	☿ (° ')	♀ (° ')	♂ (° ')	♃ (° ')	♄ (° ')	♅ (° ')	♆ (° ')	♇ (° ')
1	18 33 46	8♋ 32 11	27♉ 22 12	3♊ 59 27	28♓ 9	27♓ 46R	3♌ 40	22♉ 56	10♉ 9	13♑ 32R	11♊ 39	6♒ 39R	25♋ 4	29♊ 47
2	18 37 42	9 29 24	10♊ 42 51	17 32 20	28 6	27 37	4 55	23 52	10 52	13 25	11 46	6 36	25 6	29 49
3	18 41 39	10 26 38	24 27 37	1♋ 28 18	28 2	27 26	6 7	24 49	11 35	13 17	11 53	6 34	25 8	29 50
4	18 45 35	11 23 51	8♋ 33 50	15 43 32	27 59	27 15	7 17	25 46	12 18	13 9	12 1	6 32	25 11	29 52
5	18 49 32	12 21 5	22 56 38	0♌ 12 17	27 56	27 4	8 23	26 43	13 1	13 2	12 8	6 30	25 13	29 53
6	18 53 28	13 18 18	7♌ 29 37	14 47 46	27 53	26 55	9 27	27 41	13 44	12 54	12 15	6 28	25 15	29 54
7	18 57 25	14 15 32	22 5 54	29 23 17	27 50	26 49	10 27	28 39	14 26	12 46	12 22	6 26	25 17	29 56
8	19 1 21	15 12 45	6♍ 39 14	13♍ 53 12	27 47	26 46	11 25	29 37	15 9	12 38	12 29	6 24	25 19	29 57
9	19 5 18	16 9 58	21 4 45	28 13 33	27 43	26 44D	12 19	0♊ 36	15 52	12 31	12 36	6 22	25 22	29 59
10	19 9 15	17 7 11	5♎ 19 22	12♎ 22 5	27 40	26 44	13 10	1 35	16 34	12 23	12 43	6 19	25 24	0♋ 0
11	19 13 11	18 4 24	19 21 36	26 17 56	27 37	26 45R	13 58	2 35	17 16	12 15	12 50	6 17	25 26	0 1
12	19 17 8	19 1 37	3♏ 11 4	10♏ 1 5	27 34	26 44	14 42	3 35	17 58	12 8	12 56	6 15	25 28	0 3
13	19 21 4	19 58 49	16 47 59	23 31 51	27 31	26 41	15 22	4 35	18 41	12 0	13 3	6 13	25 30	0 4
14	19 25 1	20 56 2	0♐ 12 42	6♐ 50 32	27 28	26 36	15 59	5 36	19 23	11 53	13 10	6 10	25 33	0 6
15	19 28 57	21 53 15	13 25 21	19 57 8	27 24	26 29	16 31	6 37	20 5	11 45	13 17	6 8	25 35	0 7
16	19 32 54	22 50 28	26 25 51	2♑ 51 28	27 21	26 19	17 0	7 38	20 46	11 38	13 23	6 6	25 37	0 8
17	19 36 50	23 47 42	9♑ 13 56	15 33 15	27 18	26 8	17 24	8 39	21 28	11 30	13 30	6 4	25 39	0 10
18	19 40 47	24 44 56	21 49 23	28 2 24	27 15	25 57	17 43	9 41	22 10	11 23	13 36	6 1	25 42	0 11
19	19 44 44	25 42 10	4♒ 12 20	10♒ 19 18	27 12	25 47	17 59	10 43	22 52	11 16	13 43	5 59	25 44	0 12
20	19 48 40	26 39 24	16 23 29	22 25 3	27 8	25 39	18 9	11 46	23 33	11 8	13 49	5 56	25 46	0 14
21	19 52 37	27 36 40	28 24 19	4♓ 21 33	27 5	25 34	18 14R	12 48	24 14	11 1	13 56	5 54	25 48	0 15
22	19 56 33	28 33 56	10♓ 17 10	16 11 35	27 2	25 30	18 15	13 51	24 56	10 54	14 2	5 52	25 50	0 16
23	20 0 30	29 31 12	22 5 16	27 58 44	26 59	25 29D	18 11	14 54	25 37	10 47	14 8	5 49	25 53	0 18
24	20 4 26	0♌ 28 29	3♈ 52 34	9♈ 47 21	26 56	25 29	18 1	15 57	26 18	10 40	14 15	5 47	25 55	0 19
25	20 8 23	1 25 48	15 43 43	21 42 18	26 53	25 30	17 47	17 1	26 59	10 34	14 21	5 45	25 57	0 20
26	20 12 19	2 23 7	27 43 45	3♉ 48 45	26 49	25 31R	17 28	18 5	27 40	10 27	14 27	5 42	25 59	0 21
27	20 16 16	3 20 27	9♉ 57 56	16 11 54	26 46	25 31	17 4	19 9	28 21	10 20	14 33	5 40	26 2	0 23
28	20 20 13	4 17 48	22 31 15	28 56 29	26 43	25 29	16 36	20 13	29 2	10 14	14 39	5 37	26 4	0 24
29	20 24 9	5 15 11	5♊ 28 2	12♊ 6 12	26 40	25 25	16 3	21 18	29 42	10 8	14 45	5 35	26 6	0 25
30	20 28 6	6 12 34	18 51 12	25 43 4	26 37	25 20	15 27	22 23	0♊ 23	10 1	14 51	5 33	26 8	0 26
31	20 32 2	7♌ 9 58	2♋ 41 43	9♋ 46 49	26♓ 34	25♓ 13	14♌ 48	23♊ 28	1♊ 3	9♑ 55	14♊ 57	5♒ 30	26♋ 10	0♋ 28

DECLINATION and LATITUDE

DAY	☉ DECL	☽ DECL	☽ LAT	☽ 12hr DECL	☿ DECL	☿ LAT	♀ DECL	♀ LAT	♂ DECL	♂ LAT	♃ DECL	♃ LAT	♄ DECL	♄ LAT
1	23N11	23N48	4N21	25N29	20N15	0N56	15N21	3S17	13N46	1S10	22S51	0S 5	20N38	1S35
2	23 7	26 49	4 49	27 48	19 48	0 47	15 34	3 17	13 60	1 9	22 52	0 5	20 38	1 35
3	23 2	28 21	5 1	28 27	19 21	0 37	15 48	3 17	14 14	1 9	22 53	0 5	20 39	1 35
4	22 58	28 5	4 56	27 15	18 54	0 27	16 1	3 17	14 27	1 8	22 54	0 6	20 40	1 35
5	22 53	25 58	4 32	24 14	18 27	0 17	16 15	3 16	14 41	1 8	22 54	0 6	20 41	1 35
6	22 47	22 6	3 50	19 38	17 60	0 6	16 28	3 16	14 54	1 7	22 55	0 6	20 42	1 35
7	22 41	16 52	2 53	13 52	17 33	0S 5	16 41	3 16	15 7	1 7	22 56	0 6	20 43	1 35
8	22 35	10 42	1 45	7 23	17 6	0 17	16 54	3 15	15 20	1 6	22 57	0 6	20 44	1 35
9	22 28	3 60	0 30	0 35	16 39	0 29	17 7	3 14	15 33	1 6	22 58	0 6	20 45	1 35
10	22 21	2S49	0S46	6S 9	16 12	0 42	17 20	3 13	15 45	1 5	22 59	0 6	20 46	1 35
11	22 14	9 23	1 57	12 29	15 47	0 54	17 33	3 12	15 58	1 4	22 60	0 7	20 47	1 35
12	22 6	15 25	3 1	18 8	15 21	1 8	17 45	3 11	16 10	1 4	23 0	0 7	20 47	1 35
13	21 58	20 35	3 54	22 46	14 57	1 21	17 58	3 10	16 22	1 3	23 1	0 7	20 48	1 35
14	21 49	24 38	4 32	26 9	14 33	1 35	18 10	3 8	16 34	1 3	23 2	0 7	20 49	1 35
15	21 40	27 19	4 56	28 5	14 10	1 48	18 21	3 7	16 46	1 2	23 3	0 7	20 50	1 35
16	21 31	28 27	5 3	28 26	13 48	2 2	18 33	3 5	16 58	1 1	23 4	0 7	20 51	1 35
17	21 21	28 3	4 56	27 17	13 28	2 16	18 44	3 3	17 10	1 1	23 4	0 7	20 51	1 35
18	21 11	26 11	4 33	24 46	13 8	2 30	18 55	3 1	17 21	1 0	23 5	0 8	20 52	1 35
19	21 1	23 5	3 59	21 9	12 51	2 44	19 6	2 59	17 32	0 60	23 6	0 8	20 53	1 35
20	20 50	19 0	3 13	16 41	12 34	2 58	19 17	2 57	17 43	0 59	23 7	0 8	20 54	1 35
21	20 39	14 13	2 20	11 38	12 19	3 12	19 27	2 55	17 54	0 58	23 7	0 8	20 54	1 35
22	20 27	8 58	1 21	6 13	12 7	3 25	19 37	2 53	18 5	0 58	23 8	0 8	20 55	1 35
23	20 16	3 25	0 18	0 36	11 56	3 38	19 46	2 51	18 15	0 57	23 9	0 8	20 56	1 35
24	20 4	2N14	0N45	5N 3	11 47	3 51	19 55	2 48	18 25	0 56	23 10	0 8	20 56	1 36
25	19 51	7 50	1 47	10 34	11 40	4 2	20 4	2 46	18 36	0 55	23 10	0 8	20 57	1 36
26	19 38	13 14	2 45	15 48	11 35	4 13	20 12	2 43	18 46	0 55	23 11	0 9	20 58	1 36
27	19 25	18 14	3 36	20 30	11 33	4 23	20 20	2 40	18 55	0 54	23 11	0 9	20 58	1 36
28	19 12	22 35	4 19	24 25	11 32	4 32	20 28	2 38	19 5	0 53	23 12	0 9	20 59	1 36
29	18 58	25 58	4 50	27 12	11 34	4 40	20 35	2 35	19 14	0 53	23 13	0 9	20 59	1 36
30	18 44	28 4	5 6	28 31	11 39	4 46	20 42	2 32	19 24	0 52	23 13	0 9	21 0	1 36
31	18N29	28N31	5N 5	28N 3	11N46	4S51	20N48	2S29	19N33	0S51	23S14	0S 9	21N 1	1S36

DAY	♅ DECL	♅ LAT	♆ DECL	♆ LAT	♇ DECL	♇ LAT
1	19S14	0S38	20N41	0S27	17N41	5S46
5	19 16	0 38	20 40	0 27	17 41	5 46
9	19 19	0 38	20 38	0 27	17 41	5 46
13	19 21	0 38	20 36	0 27	17 41	5 46
17	19 23	0 38	20 35	0 27	17 41	5 46
21	19 26	0 38	20 33	0 27	17 41	5 46
25	19 28	0 38	20 32	0 27	17 41	5 46
29	19S30	0S38	20N30	0S27	17N41	5S46

☽ PHENOMENA				VOID OF COURSE ☽ LAST ASPT		☽ INGRESS		
d	h	m		30	7pm46	1	♊	4am47
4	5	6	●	3	9am14	3	♋	9am30
10	21	37	☽	5	6am41	5	♌	11am40
18	6	6	○	7	12pm55	7	♍	1pm 1
26	9	59	☾	9	2pm59	9	♎	3pm 0
				11	10am32	11	♏	6pm26
				13	3pm35	13	♐	11pm37
d	h	° '		15	5am55	16	♑	6am39
3	9	28N28		18	7am29	18	♒	3pm48
9	14	0		20	3pm 8	21	♓	3am12
16	6	28S30		23	7am45	23	♈	4pm 7
23	15	0		25	8pm32	26	♉	4am30
30	18	28N34		28	12pm50	28	♊	1pm58
				30	6am43	30	♋	7pm23
3	5	5N 1		d	h			
9	9	0		7	0	PERIGEE		
16	0	5S 3		22	19	APOGEE		
23	7	0						
30	11	5N 8						

DAILY ASPECTARIAN

Day	Aspect	Time
1 T	☽⚼♃	2am 7
	☽⚺♇	4 25
	☽⚹☿	12pm37
	☽△♅	4 43
	☉⚺☽	9 40
	☽∠♆	10 55
2 W	☽⚺♂	0am18
	☽☌♄	1 53
	☽⚻♃	4 43
	☽∠☿	5pm41
	☽⚼♅	7 2
3 Th	☽⚺♀	0am39
	☽⚺♆	1 10
	☽∠♂	3 51
	☿#♅	5 23
	♀⚹♆	8 43
	☿☍♅	9 2
	☽☌♇	9 14
	♂⚺♄	12pm 8
	♄∥♆	3 59
	☽⚻♅	8 36
	☽⚺☿	9 39
4 F	☽∠♀	3am57
	☉☌☽	5 6
	☽⚺♄	5 50
	☽⚹♂	6 37
	☽☍♃	7 38
	☉#♃	4pm51
	☉⚺♄	5 36
5 S	♂△♃	0am14
	☽☌♆	3 46
	☽⚹♀	6 41
	☽∠♄	6 59
	☽⚺♇	11 29
	☉☍♃	2pm58
	☽#♃	7 39
	☉∥☽	8 18
	☽☍♅	10 19
6 Su	☽☌☿	3am27
	♀⚼♃	4 50
	☽∥♄	6 59
	☽∥♆	7 15
	☽⚹♄	7 53
	☽⚻♃	8 48
	☉⚺☽	10 13
	☽□♂	10 46
	☽∠♇	12pm12
	☽#♅	1 35
	☿∥♇	4 11
	☽∥♇	8 34
	☽∥☿	8 57
7 M	☽∥♀	0am45
	☽⚺♆	5 15
	☽∥♂	6 53
	☽⚼♃	9 15
	☽□♀	11 33
	☉∠☽	12pm37
	☽⚹♇	12 55
	♂∠♇	5 8
	☉⚹♂	5 57
	☽⚻♅	11 35
8 T	☽∠♆	6am 6
	☿∥♀	6 43
	♀⚺♇	8 22
	☽⚺☿	8 26
	♀ ♊	9 17
	☽□♄	9 45
	☽△♃	9 51
	☽△♂	2pm50
	☉⚹☽	3 13
	♃⚻♄	3 40
9 W	☽⚼♅	0am28
	☿⚻♃	4 33
	☽⚹♆	7 12
	☿⚹♄	8 45
	☽∠☿	11 9
	☽□♇	2pm59
	☽△♀	5 12
	☽⚼♂	5 18
	♇ ♋	10 46
10 Th	☽△♅	1am42
	☽□♃	11 55
	☽△♄	12pm42
	☽⚹☿	2 12
	☿∥♂	4 49
	☽⚻♂	8 13
	☽⚼♀	8 42
	☉□☽	9 37
11 F	☽□♆	10am32
	☽⚼♄	2pm47
	♀∥♇	4 32
	☽△♇	6 31
	☽#☿	11 46
12 S	☽⚻♀	0am45
	☽#♂	3 22
	☽□♅	5 21
	☽#♇	10 0
	☽#♀	10 43
	☿∠♇	12pm31
	☽⚹♃	3 35
	☽⚻♄	5 18
	☽∥♅	5 46
	☽⚼♇	8 56
	☽□☿	9 21
13 Su	☽#♆	0am 5
	☽#♄	1 6
	☽☍♂	3 31
	☉△☽	6 5
	☉#☽	7 8
	☽∥♃	1pm33
	☽△♆	3 35
	☽∠♃	6 3
	☽⚻♇	11 47
14 M	☽☍♀	10am33
	☽⚹♅	10 45
	☉⚼☽	11 9
	♀△♅	1pm11
	☽⚼♆	6 48
	☽⚺♃	8 58
	☽☍♄	11 44
15 T	☽△☿	5am55
	☽⚻♂	12pm55
	☽∠♅	2 9
	☉⚻☽	4 49
	☽⚻♆	10 29
16 W	☽☍♇	6am55
	☽⚼☿	10 44
	☽⚺♅	6pm 2
	☽⚼♂	6 29
	☽⚻♀	10 49
17 Th	☽☌♃	4am16
	☽⚻♄	8 10
	☽⚻☿	3pm57
18 F	☽△♂	0am42
	☽⚼♀	6 1
	☉☍☽	6 6
	☽☍♆	7 29
	☽⚼♄	1pm13
	☽⚻♇	4 11
	☉∠♀	6 59
	☽∥♃	11 51
19 S	♀∠♆	0am14
	☉☌♆	0 42
	☽☌♅	3 28
	♀⚻♃	11 14
	☉#☽	1pm21
	☽#♄	1 31
	☽⚺♃	1 43
	☽△♀	1 59
	☽#♆	3 22
	☉∥♄	4 45
	☽△♄	6 52
	♂∥♇	8 22
	☽⚼♇	9 41
	☽∥♅	9 47
	☽#♀	10 34
20 Su	☽☍☿	3am32
	☽#♂	6 30
	☽#♇	6 54
	☽□♂	3pm 8
	☽⚻♆	6 46
	☽∠♃	7 16
	♀#♅	8 33
	☉⚻☽	10 16
21 M	☽△♇	3am43
	☽#☿	9 15
	☉∥♆	12pm22
	☽⚺♅	3 4
	☿SR	3 6
22 T	☽⚼♆	1am 8
	☽⚹♃	1 15
	♀☌♄	4 42
	☉⚼☽	7 15
	☽□♄	7 41
	☽□♀	7 57
	☉∠♄	1pm17
	☽⚻☿	4 6
	☽∠♅	9 26
23 W	♂⚼♃	5am11
	☽⚹♂	7 38
	☽△♆	7 45
	♂⚹♆	9 40
	☉ ♌	12pm 4
	☉△☽	4 28
	☽□♇	4 45
	☉⚺♇	7 52
	☽⚼☿	10 18
24 Th	☽⚹♅	3am52
	☉∥♀	9 14
	☽□♃	1pm40
	☽∠♂	3 59
	☽⚹♄	9 11
25 F	☽⚹♀	2am51
	☽△☿	4 3
	☿⚹♀	1pm30
	☽∥☿	4 36
	☽□♆	8 32
	☽⚺♂	11 52
26 S	☽∠♄	3am26
	☽⚹♇	5 12
	☉□☽	9 59
	☽∠♀	11 35
	☽□♅	3pm39
	☉#♅	5 2
	☽∥♇	9 17
27 Su	☽△♃	0am43
	☽∥♂	3 42
	☉∥☽	5 53
	☽#♅	6 32
	☽⚺♄	8 55
	☽∠♇	10 27
	☽∥♀	11 27
	☽∥♆	12pm 3
	☽□☿	1 11
	☽∥♄	2 38
	☽⚺♀	7 15
28 M	☽#♃	3am54
	☽⚼♃	5 3
	☽⚹♆	6 40
	☉∥♂	6 50
	♀∥♆	7 18
	♀⚼♅	8 40
	☽☌♂	12pm50
	☽⚺♇	2 43
	☉⚹☽	11 35
29 T	☽△♅	0am13
	☉☍♅	7 59
	☽⚻♃	8 23
	☽∠♆	10 13
	♂ ♊	10 31
	☽☌♄	4pm51
	☽⚹☿	6 15
30 W	☿∠♇	0am29
	♂⚺♇	2 12
	☽⚼♅	2 58
	☉∠☽	4 27
	☽☌♀	6 43
	☽⚺♆	12pm45
	☽∠☿	7 16
	☿⚹♄	7 23
	♂#♅	8 9
	☽☌♇	8 10
	☽⚺♂	9 3
31 Th	☽⚻♅	4am46
	☉⚺☽	8 8
	☽☍♃	12pm 9
	☽⚺☿	7 27
	☽⚺♄	8 47
	☽∠♂	11 35

AUGUST 1913

LONGITUDE

DAY	SID. TIME	☉	☽	☽ 12 Hour	MEAN ☊	TRUE ☊	☿	♀	♂	♃	♄	♅	♆	♇
	h m s	° ' "	° ' "	° ' "	° '	° '	° '	° '	° '	° '	° '	° '	° '	° '
1	20 35 59	8♌ 7 24	16♋ 57 55	24♋ 14 22	26♓ 30	25♓ 6R	14♌ 5R	24♊ 33	1♊ 43	9♑ 49R	15♊ 2	5♒ 28R	26♋ 13	0♋ 29
2	20 39 55	9 4 50	1♌ 35 21	8♌ 59 58	26 27	24 59	13 21	25 38	2 24	9 43	15 8	5 25	26 15	0 30
3	20 43 52	10 2 18	16 27 9	23 55 50	26 24	24 53	12 35	26 44	3 4	9 38	15 14	5 23	26 17	0 31
4	20 47 49	10 59 46	1♍ 24 55	8♍ 53 21	26 21	24 49	11 49	27 49	3 44	9 32	15 19	5 21	26 19	0 32
5	20 51 45	11 57 15	16 20 8	23 44 25	26 18	24 48D	11 3	28 55	4 23	9 27	15 25	5 18	26 21	0 33
6	20 55 42	12 54 44	1♎ 5 26	8♎ 22 35	26 14	24 47	10 19	0♋ 1	5 3	9 21	15 30	5 16	26 23	0 35
7	20 59 38	13 52 15	15 35 24	22 43 34	26 11	24 48	9 36	1 7	5 43	9 16	15 35	5 14	26 26	0 36
8	21 3 35	14 49 46	29 46 52	6♏ 45 14	26 8	24 49	8 56	2 14	6 22	9 11	15 40	5 11	26 28	0 37
9	21 7 31	15 47 18	13♏ 38 41	20 27 17	26 5	24 50R	8 20	3 20	7 2	9 6	15 46	5 9	26 30	0 38
10	21 11 28	16 44 51	27 11 10	3♐ 50 32	26 2	24 50	7 48	4 27	7 41	9 1	15 51	5 7	26 32	0 39
11	21 15 24	17 42 25	10♐ 25 34	16 56 31	25 59	24 47	7 21	5 34	8 20	8 57	15 56	5 4	26 34	0 40
12	21 19 21	18 40 0	23 23 34	29 46 59	25 55	24 44	7 0	6 41	8 59	8 53	16 1	5 2	26 36	0 41
13	21 23 18	19 37 36	6♑ 6 56	12♑ 23 40	25 52	24 39	6 46	7 48	9 38	8 48	16 6	5 0	26 38	0 42
14	21 27 14	20 35 13	18 37 20	24 48 10	25 49	24 33	6 38D	8 56	10 16	8 44	16 10	4 57	26 40	0 43
15	21 31 11	21 32 50	0♒ 56 19	7♒ 1 58	25 46	24 27	6 36	10 3	10 55	8 40	16 15	4 55	26 42	0 44
16	21 35 7	22 30 29	13 5 18	19 6 32	25 43	24 22	6 42	11 11	11 33	8 37	16 20	4 53	26 44	0 45
17	21 39 4	23 28 9	25 5 51	1♓ 3 27	25 39	24 18	6 55	12 19	12 12	8 33	16 24	4 51	26 46	0 46
18	21 43 0	24 25 51	6♓ 59 37	12 54 37	25 36	24 15	7 16	13 27	12 50	8 30	16 29	4 48	26 49	0 47
19	21 46 57	25 23 34	18 48 43	24 42 16	25 33	24 14D	7 44	14 35	13 28	8 27	16 33	4 46	26 51	0 48
20	21 50 53	26 21 18	0♈ 35 38	6♈ 29 12	25 30	24 14	8 20	15 43	14 6	8 23	16 37	4 44	26 53	0 49
21	21 54 50	27 19 4	12 23 26	18 18 45	25 27	24 15	9 3	16 52	14 44	8 21	16 42	4 42	26 55	0 50
22	21 58 46	28 16 51	24 15 42	0♉ 14 47	25 24	24 17	9 53	18 0	15 21	8 18	16 46	4 40	26 56	0 50
23	22 2 43	29 14 40	6♉ 16 32	12 21 33	25 20	24 18	10 50	19 9	15 59	8 15	16 50	4 38	26 58	0 51
24	22 6 40	0♍ 12 31	18 30 22	24 43 35	25 17	24 20R	11 54	20 18	16 36	8 13	16 54	4 35	27 0	0 52
25	22 10 36	1 10 24	1♊ 1 45	7♊ 25 22	25 14	24 20	13 4	21 27	17 13	8 11	16 58	4 33	27 2	0 53
26	22 14 33	2 8 18	13 54 57	20 30 52	25 11	24 19	14 20	22 36	17 51	8 9	17 1	4 31	27 4	0 54
27	22 18 29	3 6 15	27 13 28	4♋ 2 58	25 8	24 18	15 42	23 45	18 27	8 7	17 5	4 29	27 6	0 55
28	22 22 26	4 4 13	10♋ 59 24	18 2 44	25 5	24 16	17 10	24 54	19 4	8 6	17 9	4 27	27 8	0 55
29	22 26 22	5 2 13	25 12 42	2♌ 28 53	25 1	24 13	18 42	26 4	19 41	8 4	17 12	4 25	27 10	0 56
30	22 30 19	6 0 15	9♌ 50 40	17 17 15	24 58	24 11	20 18	27 13	20 17	8 3	17 15	4 23	27 12	0 57
31	22 34 16	6♍ 58 18	24♌ 47 44	2♍ 21 2	24♓ 55	24♓ 9	21♌ 58	28♋ 23	20♊ 54	8♑ 2	17♊ 19	4♒ 22	27♋ 13	0♋ 57

DECLINATION and LATITUDE

DAY	☉ DECL	☽ DECL	☽ LAT	☽ 12hr DECL	☿ DECL	☿ LAT	♀ DECL	♀ LAT	♂ DECL	♂ LAT	♃ DECL	♃ LAT	♄ DECL	♄ LAT
1	18N15	27N 6	4N46	25N42	11N54	4S54	20N54	2S26	19N42	0S50	23S14	0S 9	21N 1	1S36
2	17 60	23 50	4 8	21 35	12 5	4 56	20 60	2 23	19 50	0 49	23 15	0 9	21 2	1 36
3	17 44	18 58	3 12	16 3	12 18	4 56	21 5	2 20	19 59	0 49	23 16	0 10	21 2	1 36
4	17 29	12 54	2 3	9 33	12 33	4 54	21 9	2 17	20 7	0 48	23 16	0 10	21 3	1 36
5	17 13	6 6	0 46	2 34	12 49	4 50	21 13	2 14	20 16	0 47	23 17	0 10	21 3	1 36
6	16 57	0S57	0S34	4S27	13 6	4 44	21 17	2 10	20 24	0 46	23 17	0 10	21 4	1 36
7	16 40	7 50	1 51	11 6	13 24	4 37	21 20	2 7	20 31	0 45	23 18	0 10	21 4	1 36
8	16 24	14 11	2 59	17 3	13 43	4 28	21 22	2 4	20 39	0 45	23 18	0 10	21 5	1 36
9	16 7	19 40	3 55	21 60	14 3	4 17	21 24	2 0	20 47	0 44	23 19	0 10	21 5	1 37
10	15 49	24 1	4 36	25 41	14 23	4 5	21 26	1 57	20 54	0 43	23 19	0 10	21 6	1 37
11	15 32	26 60	5 2	27 55	14 42	3 52	21 27	1 54	21 1	0 42	23 19	0 10	21 6	1 37
12	15 14	28 28	5 11	28 37	15 2	3 37	21 27	1 50	21 8	0 41	23 20	0 11	21 7	1 37
13	14 56	28 23	5 5	27 48	15 20	3 22	21 27	1 46	21 15	0 40	23 20	0 11	21 7	1 37
14	14 38	26 51	4 44	25 35	15 38	3 6	21 26	1 43	21 21	0 39	23 21	0 11	21 7	1 37
15	14 20	24 2	4 11	22 14	15 54	2 49	21 25	1 39	21 27	0 38	23 21	0 11	21 8	1 37
16	14 1	20 11	3 26	17 57	16 9	2 32	21 23	1 36	21 34	0 37	23 21	0 11	21 8	1 37
17	13 42	15 34	2 33	13 2	16 23	2 14	21 21	1 32	21 40	0 37	23 22	0 11	21 9	1 37
18	13 23	10 23	1 33	7 40	16 35	1 57	21 18	1 28	21 46	0 36	23 22	0 11	21 9	1 37
19	13 4	4 53	0 30	2 4	16 45	1 39	21 15	1 25	21 51	0 35	23 22	0 11	21 9	1 37
20	12 44	0N46	0N35	3N36	16 52	1 22	21 11	1 21	21 57	0 34	23 23	0 11	21 10	1 37
21	12 25	6 24	1 38	9 10	16 57	1 5	21 6	1 17	22 2	0 33	23 23	0 12	21 10	1 38
22	12 5	11 51	2 38	14 27	17 0	0 48	21 1	1 14	22 7	0 32	23 23	0 12	21 10	1 38
23	11 45	16 56	3 31	19 17	17 0	0 32	20 56	1 10	22 12	0 31	23 23	0 12	21 11	1 38
24	11 24	21 26	4 16	23 24	16 57	0 17	20 49	1 6	22 17	0 30	23 24	0 12	21 11	1 38
25	11 4	25 6	4 50	26 31	16 52	0 2	20 43	1 3	22 22	0 29	23 24	0 12	21 11	1 38
26	10 43	27 37	5 10	28 21	16 43	0N12	20 35	0 59	22 26	0 28	23 24	0 12	21 11	1 38
27	10 22	28 40	5 15	28 34	16 32	0 25	20 27	0 55	22 30	0 27	23 24	0 12	21 12	1 38
28	10 1	28 1	5 2	27 0	16 17	0 37	20 19	0 51	22 35	0 26	23 24	0 12	21 12	1 38
29	9 40	25 32	4 31	23 38	15 60	0 48	20 10	0 48	22 39	0 24	23 25	0 12	21 12	1 38
30	9 19	21 20	3 41	18 40	15 39	0 58	20 0	0 44	22 42	0 23	23 25	0 12	21 12	1 38
31	8N57	15N42	2N35	12N28	15N16	1N 8	19N50	0S40	22N46	0S22	23S25	0S13	21N13	1S39

DAY	♅ DECL	♅ LAT	♆ DECL	♆ LAT	♇ DECL	♇ LAT
1	19S32	0S38	20N29	0S27	17N41	5S46
5	19 34	0 39	20 27	0 27	17 41	5 46
9	19 37	0 39	20 26	0 27	17 41	5 46
13	19 39	0 38	20 24	0 27	17 41	5 46
17	19 41	0 38	20 22	0 27	17 40	5 46
21	19 43	0 38	20 21	0 27	17 40	5 47
25	19 45	0 38	20 19	0 27	17 40	5 47
29	19S47	0S38	20N18	0S27	17N40	5S47

☽ PHENOMENA				VOID OF COURSE ☽ LAST ASPT		☽ INGRESS		
d	h	m		1	3pm16	1	♌	9pm25
2	12	58	●	3	5pm47	3	♍	9pm44
9	4	3	☽	5	10pm 6	5	♎	10pm13
16	20	27	○	7	6pm19	8	♏	0am22
25	0	18	☾	9	10pm50	10	♐	5am 3
31	20	38	●✓	11	2pm29	12	♑	12pm25
d	h	° '		14	3pm42	14	♒	10pm10
5	21	0		16	8pm27	17	♓	9am52
12	11	28S37		19	4pm24	19	♈	10pm47
19	21	0		22	8am46	22	♉	11am30
27	3	28N41		24	4pm24	24	♊	10pm 3
				26	7am31	27	♋	4am54
				29	3am15	29	♌	7am55
				30	6pm56	31	♍	8am16
5	14	0		d	h			
12	2	5S11		3	23	PERIGEE		
19	11	0		19	8	APOGEE		
26	19	5N16						

DAILY ASPECTARIAN

Day	Aspect	Time
1 F	☽⚺♀	1pm30
	☽☌♆	3 16
	☽∠♄	9 37
	☽⚺♇	10 13
2 S	☽✶♂	1am22
	☽#♃	3 20
	☽☍♅	6 12
	♀∥♄	11 19
	☉☌☽	12pm58
	☽⚻♃	1 5
	♀⚺♆	1 55
	☽∥♀	2 35
	☽∥♄	2 38
	☉⚻♃	2 38
	☽∠♀	3 48
	☽∥♆	5 18
	☽☌☿	6 5
	☽∥♂	7 38
	☽#♅	9 26
	☽✶♄	10 1
	☽∠♇	10 30
3 Su	☉∥♇	5am 0
	☽∥♇	5 25
	☉∥☽	5 26
	☿∠♀	11 7
	☽⚼♃	1pm 2
	☽⚺♆	3 48
	☽✶♀	5 47
	☽✶♇	10 35
4 M	☽∥☿	1am14
	☽□♂	3 53
	☽⚻♅	6 17
	☉☌☿	11 27
	☽△♃	12pm57
	☽⚺☿	3 54
	☽∠♆	3 57
	☉⚺☽	4 27
	☽□♄	10 30
5 T	☽⚼♅	6am24
	☽∠☿	3pm 0
	☽✶♆	4 18
	☉∠☽	6 26
	☽□♀	10 6
	☽□♇	11 9
	♀ ♋	11 33
6 W	☽△♂	6am49
	☽△♅	6 51
	♂△♅	7 18
	♂∥♆	9 22
	♀☌♇	12pm17
	☽□♃	1 32
	☽✶☿	2 29
	☉✶☽	8 55
	☽△♄	12 0
7 Th	☽⚼♂	9am 1
	☿⚻♃	1pm23
	☽□♆	6 19
	☽#☿	10 3
8 F	☽△♇	1am25
	☽⚼♄	1 32
	☽△♀	4 34
	☉#☽	8 43
	☽□♅	9 16
	☽⚻♂	11 54
	☽#♇	2pm47
	☽□☿	3 7
	☽✶♃	4 7
	☉∠♇	7 59
	☉✶♄	11 14
	☽∥♅	11 44
9 S	☽⚼♇	3am29
	☽#♆	3 44
	☽⚻♄	3 44
	☉□☽	4 3
	☽#♂	5 39
	☽#♄	7 9
	☽#♀	8 50
	☽⚼♀	9 0
	☽∠♃	6pm23
	☽∥♃	7 37
	☽△♆	10 50
10 Su	☿✶♂	2am34
	☽⚻♇	6 14
	♀⚻♅	1pm39
	☽✶♅	2 15
	☽⚻♀	2 19
	☽△☿	6 34
	☽☍♂	7 58
	☽⚺♃	9 19
11 M	☽⚼♆	2am 6
	☽☍♄	10 12
	☉△☽	2pm29
	☽∠♅	5 45
	♂∥♄	7 42
	♂⚻♃	8 30
	☽⚼☿	9 28
12 T	☿⚺♀	5am29
	☽⚻♆	6 2
	☉∥☿	8 21
	☽☍♇	1pm43
	☉⚼☽	8 56
	☽⚺♅	9 52
13 W	☽⚻☿	1am13
	☽☍♀	3 32
	☽☌♃	5 6
	☽⚻♂	7 4
	☽⚻♄	7pm14
	♀☍♃	8 8
14 Th	☉⚻☽	4am 7
	☽⚼♂	1pm38
	☽☍♆	3 42
	☿SD	4 13
	♀∥♂	4 34
	☽⚻♇	11 36
15 F	☽⚼♄	0am37
	☽∥♃	4 45
	☽☌♅	7 48
	☽☍☿	11 13
	☽⚺♃	3pm10
	☽#♂	4 15
	☽#♀	5 1
	☽#♄	6 34
	☽⚻♀	7 50
	☽△♂	8 47
	☽#♆	10 55
16 S	☽∥♅	2am50
	☽⚼♇	5 18
	☽△♄	6 29
	♂∠♆	7 16
	☽#♇	1pm28
	♀⚺♂	6 19
	☽#☿	8 8
	☉☍☽	8 27
	☽∠♃	8 55
17 Su	☉⚼♃	1am56
	☽⚻♆	3 23
	☽⚼♀	4 55
	☉#☽	9 27
	☽△♇	11 26
	☽⚺♅	7pm35
18 M	☽⚻☿	0am35
	☽✶♃	3 2
	☽⚼♆	9 48
	☽□♂	12pm31
	☽△♀	2 29
	☽□♄	7 22
19 T	☽∠♅	1am57
	☽⚼☿	8 24
	☉⚻☽	2pm36
	☽△♆	4 24
20 W	☽□♇	0am27
	☿⚻♃	1 57
	♀∥♄	6 27
	☽✶♅	8 24
	☉⚺♆	1pm27
	☽□♃	3 49
	☽△☿	4 45
	♀⚺♄	8 16
	☉⚼☽	11 50
21 Th	☽✶♂	5am 1
	☽✶♄	8 46
	☽□♀	10 2
22 F	☉∥☽	0am56
	☽□♆	5 24
	☉△☽	8 46
	☽∠♂	12pm54
	☽✶♇	1 12
	☽∠♄	3 7
	☽□♅	8 44
23 S	☽∥☿	0am19
	☽∥♇	3 39
	☽△♃	3 55
	☽□☿	9 50
	☽#♅	2pm29
	☽∥♆	5 43
	☉ ♍	6 48
	☽∠♇	6 52
	☽⚺♂	8 6
	☽∥♀	8 33
	☽⚺♄	8 51
	☽∥♄	10 30
24 Su	☽✶♀	3am49
	☽∥♂	5 7
	☽⚼♃	9 5
	☽#♃	12pm 0
	♂☌♄	12 33
	☽✶♆	4 24
	☉✶♇	4 41
	☽⚺♇	11 43
25 M	☉□☽	0am18
	☽△♅	6 37
	☽∠♀	11 10
	☽⚻♃	1pm23
	☽∠♆	8 36
26 T	☽✶☿	0am52
	☽☌♄	5 42
	☽☌♂	7 31
	☽⚼♅	10 11
	☽⚺♀	5pm14
	☽⚺♆	11 47
27 W	☿∠♇	3am29
	☽☌♇	6 31
	☽∠☿	6 52
	☉✶☽	11 8
	☽⚻♅	12pm44
	☽☍♃	7 2
	☿✶♄	11 43
28 Th	♀∥♆	1am38
	☉⚻♅	9 15
	☽⚺♄	10 31
	☽⚺☿	11 45
	☽⚺♂	2pm20
	♂⚼♅	2 23
	☉∠☽	2 43
29 F	☽☌♀	1am32
	☽☌♆	3 15
	☽⚺♇	9 28
	☽∠♄	11 35
	☽#♃	1pm16
	☽☍♅	3 9
	☽∠♂	4 16
	☽∥♂	5 11
	☉⚺☽	5 19
	☽⚻♃	9 6
	♀☌♆	11 25
	☿✶♂	11 39
30 S	☽∥♄	0am38
	☽∥♆	4 53
	☽∥♀	6 23
	☽#♅	7 8
	☽∠♇	9 51
	☽✶♄	12pm 0
	☽∥♇	4 13
	☽✶♂	5 31
	☽☌☿	6 56
	☽⚼♃	9 12
31 Su	☽∥☿	1am49
	☽⚺♆	3 52
	♀#♅	4 47
	☽⚺♀	6 11
	☽✶♇	9 48
	☿⚼♃	2pm46
	☽⚻♅	3 9
	☉☌☽	8 38
	☽△♃	8 59

SEPTEMBER 1913

LONGITUDE

DAY	SID. TIME	☉	☽	☽ 12 Hour	MEAN ☊	TRUE ☊	☿	♀	♂	♃	♄	♅	♆	♇
	h m s	° ' "	° ' "	° ' "	° '	° '	° '	° '	° '	° '	° '	° '	° '	° '
1	22 38 12	7♍ 56 23	9♍ 55 59	17♍ 31 24	24♓ 52	24♓ 8D	23♌ 42	29♋ 33	21♊ 30	8♑ 2R	17♊ 22	4♒ 20R	27♋ 15	0♋ 58
2	22 42 9	8 54 30	25 6 5	2♎ 38 53	24 49	24 8	25 29	0♌ 43	22 6	8 1	17 25	4 18	27 17	0 59
3	22 46 5	9 52 38	10♎ 8 45	17 34 43	24 45	24 8	27 18	1 53	22 41	8 1	17 28	4 16	27 19	0 59
4	22 50 2	10 50 48	24 56 1	2♏ 12 1	24 42	24 9	29 9	3 3	23 17	8 0D	17 31	4 14	27 21	1 0
5	22 53 58	11 48 59	9♏ 22 15	16 26 24	24 39	24 10	1♍ 1	4 13	23 52	8 0	17 34	4 12	27 22	1 1
6	22 57 55	12 47 12	23 24 20	0♐ 16 1	24 36	24 11	2 55	5 24	24 27	8 0	17 37	4 11	27 24	1 1
7	23 1 51	13 45 26	7♐ 1 34	13 41 9	24 33	24 11R	4 50	6 34	25 3	8 1	17 39	4 9	27 26	1 2
8	23 5 48	14 43 42	20 15 5	26 43 39	24 30	24 11	6 45	7 45	25 37	8 1	17 42	4 7	27 27	1 2
9	23 9 44	15 41 59	3♑ 7 15	9♑ 26 17	24 26	24 10	8 40	8 55	26 12	8 2	17 44	4 6	27 29	1 3
10	23 13 41	16 40 18	15 41 10	21 52 18	24 23	24 10	10 35	10 6	26 47	8 3	17 46	4 4	27 30	1 3
11	23 17 38	17 38 39	28 0 6	4♒ 4 58	24 20	24 9	12 30	11 17	27 21	8 4	17 49	4 3	27 32	1 4
12	23 21 34	18 37 1	10♒ 7 17	16 7 25	24 17	24 8	14 25	12 28	27 55	8 6	17 51	4 1	27 34	1 4
13	23 25 31	19 35 24	22 5 43	28 2 32	24 14	24 8	16 19	13 39	28 29	8 7	17 53	4 0	27 35	1 5
14	23 29 27	20 33 50	3♓ 58 10	9♓ 52 55	24 11	24 7D	18 12	14 50	29 2	8 9	17 55	3 58	27 37	1 5
15	23 33 24	21 32 17	15 47 4	21 40 55	24 7	24 7	20 5	16 1	29 36	8 11	17 56	3 57	27 38	1 6
16	23 37 20	22 30 46	27 34 44	3♈ 28 48	24 4	24 7	21 57	17 13	0♋ 9	8 13	17 58	3 56	27 40	1 6
17	23 41 17	23 29 17	9♈ 23 24	15 18 50	24 1	24 7R	23 48	18 24	0 42	8 15	18 0	3 54	27 41	1 6
18	23 45 13	24 27 50	21 15 23	27 13 23	23 58	24 7	25 38	19 36	1 15	8 17	18 1	3 53	27 42	1 7
19	23 49 10	25 26 25	3♉ 13 11	9♉ 15 7	23 55	24 7	27 27	20 47	1 48	8 20	18 3	3 52	27 44	1 7
20	23 53 7	26 25 2	15 19 34	21 26 55	23 51	24 7	29 15	21 59	2 20	8 23	18 4	3 51	27 45	1 7
21	23 57 3	27 23 41	27 37 35	3♊ 51 58	23 48	24 6	1♎ 2	23 11	2 52	8 26	18 5	3 50	27 46	1 7
22	0 1 0	28 22 23	10♊ 10 32	16 33 39	23 45	24 6	2 48	24 23	3 24	8 29	18 6	3 49	27 48	1 8
23	0 4 56	29 21 7	23 1 45	29 35 13	23 42	24 6D	4 34	25 35	3 56	8 32	18 7	3 48	27 49	1 8
24	0 8 53	0♎ 19 53	6♋ 14 23	12♋ 59 32	23 39	24 6	6 18	26 47	4 28	8 36	18 8	3 47	27 50	1 8
25	0 12 49	1 18 41	19 50 51	26 48 27	23 36	24 6	8 1	27 59	4 59	8 40	18 8	3 46	27 51	1 8
26	0 16 46	2 17 32	3♌ 52 20	11♌ 2 19	23 32	24 7	9 43	29 12	5 30	8 43	18 9	3 45	27 53	1 8
27	0 20 42	3 16 25	18 18 7	25 39 16	23 29	24 7	11 25	0♍ 24	6 1	8 48	18 10	3 44	27 54	1 9
28	0 24 39	4 15 20	3♍ 5 7	10♍ 34 54	23 26	24 8	13 5	1 36	6 31	8 52	18 10	3 43	27 55	1 9
29	0 28 36	5 14 17	18 7 40	25 42 21	23 23	24 9R	14 45	2 49	7 1	8 56	18 10	3 42	27 56	1 9
30	0 32 32	6♎ 13 16	3♎ 17 48	10♎ 52 49	23♓ 20	24♓ 9	16♎ 24	4♍ 1	7♋ 31	9♑ 1	18♊ 10R	3♒ 42	27♋ 57	1♋ 9

DECLINATION and LATITUDE

DAY	☉ DECL	☽ DECL	☽ LAT	☽ 12hr DECL	☿ DECL	☿ LAT	♀ DECL	♀ LAT	♂ DECL	♂ LAT	♃ DECL	♃ LAT	♄ DECL	♄ LAT
1	8N36	9N 3	1N18	5N30	14N49	1N16	19N39	0S37	22N50	0S21	23S25	0S13	21N13	1S39
2	8 14	1 52	0S 5	1S46	14 20	1 23	19 28	0 33	22 53	0 20	23 25	0 13	21 13	1 39
3	7 52	5S22	1 28	8 51	13 49	1 30	19 16	0 29	22 56	0 19	23 25	0 13	21 13	1 39
4	7 30	12 11	2 43	15 18	13 15	1 35	19 4	0 26	22 59	0 18	23 25	0 13	21 13	1 39
5	7 8	18 11	3 45	20 46	12 40	1 39	18 51	0 22	23 2	0 17	23 25	0 13	21 13	1 39
6	6 46	23 2	4 33	24 56	12 2	1 43	18 38	0 19	23 5	0 16	23 26	0 13	21 14	1 39
7	6 23	26 28	5 3	27 37	11 23	1 45	18 24	0 15	23 7	0 14	23 26	0 13	21 14	1 39
8	6 1	28 21	5 17	28 41	10 42	1 47	18 9	0 12	23 10	0 13	23 26	0 13	21 14	1 39
9	5 38	28 38	5 13	28 12	9 59	1 48	17 54	0 8	23 12	0 12	23 26	0 13	21 14	1 40
10	5 16	27 25	4 55	26 18	9 16	1 48	17 39	0 5	23 14	0 11	23 26	0 13	21 14	1 40
11	4 53	24 53	4 24	23 11	8 32	1 47	17 23	0 1	23 16	0 10	23 26	0 13	21 14	1 40
12	4 30	21 16	3 41	19 7	7 46	1 46	17 6	0N 2	23 18	0 8	23 26	0 14	21 14	1 40
13	4 7	16 49	2 49	14 21	7 0	1 44	16 49	0 6	23 19	0 7	23 26	0 14	21 14	1 40
14	3 44	11 46	1 50	9 5	6 14	1 42	16 32	0 9	23 21	0 6	23 26	0 14	21 14	1 40
15	3 21	6 19	0 46	3 30	5 27	1 39	16 14	0 12	23 22	0 5	23 26	0 14	21 14	1 40
16	2 58	0 40	0N19	2N11	4 40	1 36	15 56	0 15	23 24	0 3	23 26	0 14	21 14	1 40
17	2 35	5N 1	1 24	7 48	3 53	1 32	15 37	0 19	23 25	0 2	23 26	0 14	21 15	1 40
18	2 12	10 32	2 25	13 11	3 5	1 28	15 18	0 22	23 26	0 1	23 25	0 14	21 15	1 40
19	1 49	15 44	3 21	18 9	2 18	1 24	14 58	0 25	23 27	0N 1	23 25	0 14	21 15	1 41
20	1 26	20 23	4 8	22 26	1 30	1 19	14 38	0 28	23 28	0 2	23 25	0 14	21 15	1 41
21	1 2	24 15	4 44	25 49	0 43	1 13	14 17	0 31	23 29	0 3	23 25	0 14	21 15	1 41
22	0 39	27 4	5 8	27 60	0S 5	1 8	13 56	0 34	23 29	0 5	23 25	0 14	21 15	1 41
23	0 15	28 33	5 18	28 43	0 52	1 2	13 35	0 37	23 30	0 6	23 25	0 14	21 14	1 41
24	0S 8	28 28	5 11	27 48	1 38	0 56	13 13	0 40	23 30	0 8	23 25	0 14	21 14	1 41
25	0 31	26 42	4 46	25 11	2 25	0 50	12 50	0 42	23 30	0 9	23 25	0 15	21 14	1 41
26	0 55	23 15	4 4	20 57	3 11	0 44	12 28	0 45	23 31	0 10	23 24	0 15	21 14	1 41
27	1 18	18 18	3 6	15 21	3 56	0 38	12 5	0 48	23 31	0 12	23 24	0 15	21 14	1 41
28	1 42	12 9	1 54	8 45	4 42	0 31	11 42	0 50	23 31	0 13	23 24	0 15	21 14	1 42
29	2 5	5 12	0 33	1 34	5 26	0 24	11 18	0 53	23 31	0 15	23 24	0 15	21 14	1 42
30	2S28	2S 5	0S51	5S43	6S11	0N17	10N54	0N55	23N30	0N16	23S24	0S15	21N14	1S42

DAY	♅ DECL	♅ LAT	♆ DECL	♆ LAT	♇ DECL	♇ LAT
1	19S48	0S38	20N17	0S27	17N39	5S47
5	19 50	0 38	20 16	0 27	17 39	5 48
9	19 52	0 38	20 14	0 27	17 39	5 48
13	19 53	0 38	20 13	0 27	17 38	5 48
17	19 54	0 38	20 12	0 27	17 38	5 49
21	19 55	0 38	20 11	0 27	17 38	5 49
25	19 56	0 38	20 10	0 27	17 37	5 49
29	19S57	0S38	20N 9	0S27	17N37	5S50

☽ PHENOMENA

d	h	m	
7	13	6	☽
15	12	46	○
23	12	30	☾
30	4	57	●

d	h	° '
2	6	0
8	16	28S43
16	3	0
23	11	28N43
29	17	0

d	h	
1	22	0
8	7	5S17
15	17	0
23	2	5N18
29	10	0

VOID OF COURSE ☽

LAST ASPT		☽ INGRESS		
2	3am28	2	♎	7am47
4	7am58	4	♏	8am21
6	6am59	6	♐	11am32
8	10am25	8	♑	6pm 7
10	11pm 5	11	♒	3am56
13	1pm32	13	♓	3pm58
16	0am10	16	♈	4am55
18	1pm 0	18	♉	5pm34
21	0am17	21	♊	4am35
23	12pm30	23	♋	12pm45
25	1pm49	25	♌	5pm27
26	11pm46	27	♍	7pm 2
29	3pm32	29	♎	6pm47

d	h	
1	7	PERIGEE
15	12	APOGEE
29	18	PERIGEE

DAILY ASPECTARIAN

Day	Aspect	Time
1 M	☉∥☽	1am38
	☉△♃	2 7
	☽∠♆	3 41
	☽∠♀	7 54
	♀ ♌	9 20
	☽□♄	11 48
	☽⚼♅	2pm49
	☽□♂	7 2
2 T	☽⚺☿	0am41
	☽⚹♆	3 28
	♀⚺♇	5 34
	☽□♇	9 21
	☽⚹♀	9 40
	☽△♅	2pm36
	☽□♃	8 34
	☉⚺☽	11 32
3 W	☿⚺♆	0am14
	☽∠☿	3 57
	☉#☽	8 9
	☽△♄	11 52
	♀∠♄	12pm37
	☽△♂	9 11
4 Th	☉∠☽	1am36
	☽#☿	3 42
	☽□♆	3 58
	☽⚹☿	7 58
	☽△♇	10 1
	☿ ♍	10 58
	☽⚼♄	12pm34
	☽□♀	2 36
	♃SD	2 58
	☽□♅	3 22
	☽⚹♃	9 42
	☽#♇	9 43
	☽⚼♂	11 7
	♀☍♅	11 46
	☿⚹♇	11 52
5 F	☽#♀	2am52
	☉⚹☽	4 26
	☽∥♅	7 31
	☽#♆	9 32
	☽⚼♇	11 17
	☽⚻♄	1pm58
	☉∠♆	2 7
	☽#♄	2 18
	☽∠♃	11 19
6 S	☽#♂	0am16
	☽⚻♂	1 55
	☽∥♃	2 19
	☽△♆	6 59
	☽⚻♇	1pm20
	☿⚻♅	3 40
	☽⚹♅	6 53
	☽□☿	7 26
	☽△♀	11 6
7 Su	☽⚺♃	1am46
	☽⚼♆	9 44
	☉□☽	1pm 6
	☽☍♄	7 18
	☽∠♅	9 56
8 M	☽⚼♀	5am 3
	♀⚻♃	5 46
	☽☍♂	10 25
	☽⚻♆	1pm23
	☿△♃	4 6
	☽☍♇	8 5
9 T	☽⚺♅	1am51
	☿⚺♀	8 20
	☽☌♃	9 20
	☽⚻♀	12pm 9
	☽△☿	12 25
10 W	♀∥♇	0am19
	☉△☽	2 4
	☽⚻♄	4 3
	☽⚻♂	10pm39
	☽⚼☿	10 50
	☽☍♆	11 5
11 Th	☿∠♆	0am25
	☉□♄	4 16
	☽⚻♇	6 2
	♂⚺♆	8 16
	☽⚼♄	9 31
	☉⚼☽	9 57
	☽∥♃	10 23
	☽#♂	11 23
	☽☌♅	11 54
	☽⚺♃	7pm57
12 F	☽#♄	0am 8
	☽☍♀	5 11
	☽⚼♂	5 51
	☽#♆	5 58
	☽∥♅	7 53
	☉⚼♅	9 44
	☽⚻☿	10 11
	☽⚼♇	11 54
	☽△♄	3pm30
	♀∠♂	5 27
	☉⚻☽	6 31
	☽#♇	7 47
	☽#♀	11 55
13 S	☽∠♃	2am 4
	☽⚻♆	11 6
	☽△♂	1pm32
	☽△♇	6 9
	☿□♄	8 13
14 Su	☽⚺♅	0am 0
	☽⚹♃	8 30
	☿⚼♅	9 42
	☽⚼♆	5pm35
15 M	☽⚻♀	0am32
	♀∠♇	1 25
	☽#☿	4 19
	☽□♄	4 24
	☽∠♅	6 26
	☽☍☿	10 23
	☉☍☽	12pm46
	☉#☽	1 34
	♂ ♋	5 18
16 T	☽△♆	0am10
	☽□♂	5 30
	☽□♇	7 10
	☽⚼♀	10 29
	☽⚹♅	12pm53
	☉∥☽	2 23
	☉☌☿	3 32
	♀⚹♄	3 35
	☽∥☿	7 47
	☽□♃	9 41
17 W	♂#♃	11am59
	☽⚹♄	5pm27
	♂☌♇	5 37
	☽△♀	8 17
18 Th	☉⚻☽	7am 2
	☽⚻☿	10 23
	☽□♆	1pm 0
	☽⚹♇	7 48
	☽∥♀	8 32
	☽⚹♂	9 2
	☽∠♄	11 39
19 F	☽□♅	1am17
	☿⚹♆	3 47
	☽∥♇	9 23
	☽△♃	10 13
	☉⚼☽	3pm37
	☽#♅	9 24
	☽⚼☿	9 31
	☽∥♆	10 53
20 S	☽∠♇	1am34
	☽∠♂	4 8
	☉∥☿	4 31
	☽∥♄	4 52
	☽⚺♄	5 23
	☿ ♎	10 3
	☽□♀	2pm27
	☽⚼♃	3 50
	☽#♃	6 18
	☽∥♂	6 39
	☉△☽	11 31
21 Su	☽⚹♆	0am17
	☿□♇	1 11
	♀⚼♃	5 9
	☽⚺♇	6 45
	☽△☿	7 40
	☉⚹♆	9 31
	☽⚺♂	10 33
	☽△♅	11 54
	☽⚻♃	8pm47
22 M	☽∠♆	4am57
	☉#☿	11 41
	☿□♂	11 46
	☿△♅	1pm34
	☽☌♄	2 53
	☽⚼♅	4 10
	♂⚻♅	5 37
23 T	☽⚹♀	5am10
	☽⚺♆	8 47
	☉□☽	12pm30
	☽☌♇	2 48
	☉ ♎	3 53
	☽⚻♅	7 35
	☽☌♂	8 41
24 W	☽□☿	0am 7
	☽☍♃	4 14
	☽∠♀	10 49
	☉□♇	7pm44
	☽⚺♄	9 2
	♀⚺♆	9 22
25 Th	☿□♃	9am20
	☽☌♆	1pm49
	☽⚺♀	3 20
	☽⚺♇	7 23
	☉⚹☽	9 8
	☽∥♂	10 31
	☽∠♄	10 47
	☽#♃	11 6
	☽☍♅	11 47
26 F	☽⚺♂	2am50
	☽⚻♃	8 11
	☽∥♄	10 34
	☽⚹☿	11 7
	☽∥♆	3pm43
	♀ ♍	4 4
	☽#♅	4 44
	☽∠♇	8 27
	☽⚹♄	11 46
	☉∠☽	11 57
27 S	☽∥♇	2am52
	☽∠♂	4 36
	☽⚼♃	9 1
	☉△♅	11 1
	♀⚹♇	2pm48
	☽∠☿	2 55
	☽⚺♆	3 39
	☽⚹♇	8 52
	☽☌♀	9 25
28 Su	☽⚻♅	1am 1
	☽∥♀	1 46
	☉⚺☽	2 1
	☽⚹♂	5 42
	☽△♃	9 18
	☽∠♆	3pm44
	☽⚺☿	5 58
	☽#☿	11 18
29 M	☽□♄	0am 4
	☽⚼♅	0 55
	☉#☽	9 49
	☽⚹♆	3pm32
	♀⚻♅	5 29
	☽□♇	8 36
30 T	☽△♅	0am38
	☽⚺♀	1 15
	☉∥☽	1 21
	☉☌☽	4 57
	☽□♂	6 55
	☽□♃	9 5
	☽∥☿	3pm 7
	♄SR	9 48
	☽☌☿	11 16
	☽△♄	11 35

OCTOBER 1913

LONGITUDE

DAY	SID. TIME	☉	☽	☽ 12 Hour	MEAN ☊	TRUE ☊	☿	♀	♂	♃	♄	♅	♆	♇
	h m s	° ' "	° ' "	° ' "	° '	° '	° '	° '	° '	° '	° '	° '	° '	° '
1	0 36 29	7≏ 12 17	18≏ 26 12	25≏ 56 49	23♓ 17	24♓ 8R	18≏ 1	5♏ 14	8♋ 1	9♑ 6	18♊ 10R	3♒ 41R	27♋ 58	1♋ 9R
2	0 40 25	8 11 21	3♏ 23 35	10♏ 45 33	23 13	24 7	19 38	6 27	8 30	9 10	18 10	3 40	27 59	1 9
3	0 44 22	9 10 26	18 1 58	25 12 11	23 10	24 5	21 15	7 40	9 0	9 16	18 10	3 40	28 0	1 9
4	0 48 18	10 9 33	2♐ 15 48	9♐ 12 34	23 7	24 3	22 50	8 53	9 28	9 21	18 10	3 39	28 1	1 9
5	0 52 15	11 8 42	16 2 22	22 45 18	23 4	24 1	24 24	10 6	9 57	9 26	18 9	3 39	28 2	1 9
6	0 56 11	12 7 53	29 21 34	5♑ 51 28	23 1	24 0	25 58	11 19	10 25	9 32	18 9	3 38	28 3	1 9
7	1 0 8	13 7 5	12♑ 15 25	18 33 54	22 57	23 59D	27 31	12 32	10 53	9 38	18 8	3 38	28 4	1 8
8	1 4 5	14 6 20	24 47 25	0♒ 56 32	22 54	24 0	29 3	13 45	11 21	9 44	18 8	3 38	28 5	1 8
9	1 8 1	15 5 36	7♒ 1 49	13 3 49	22 51	24 1	0♏ 35	14 58	11 48	9 50	18 7	3 37	28 5	1 8
10	1 11 58	16 4 54	19 3 8	25 0 17	22 48	24 3	2 5	16 11	12 15	9 56	18 6	3 37	28 6	1 8
11	1 15 54	17 4 13	0♓ 55 49	6♓ 50 12	22 45	24 5	3 35	17 25	12 41	10 2	18 5	3 37	28 7	1 8
12	1 19 51	18 3 35	12 43 57	18 37 27	22 42	24 6R	5 4	18 38	13 8	10 9	18 4	3 37	28 8	1 8
13	1 23 47	19 2 58	24 31 7	0♈ 25 20	22 38	24 6	6 33	19 52	13 33	10 16	18 2	3 37D	28 8	1 7
14	1 27 44	20 2 23	6♈ 20 24	12 16 37	22 35	24 6	8 0	21 5	13 59	10 23	18 1	3 37	28 9	1 7
15	1 31 40	21 1 50	18 14 16	24 13 35	22 32	24 4	9 27	22 19	14 24	10 30	18 0	3 37	28 9	1 7
16	1 35 37	22 1 20	0♉ 14 47	6♉ 18 3	22 29	24 0	10 53	23 32	14 49	10 37	17 58	3 37	28 10	1 7
17	1 39 34	23 0 51	12 23 36	18 31 35	22 26	23 56	12 18	24 46	15 14	10 44	17 56	3 37	28 10	1 6
18	1 43 30	24 0 24	24 42 11	0♊ 55 34	22 23	23 50	13 43	26 0	15 38	10 52	17 54	3 37	28 11	1 6
19	1 47 27	25 0 0	7♊ 11 56	13 31 27	22 19	23 45	15 6	27 14	16 1	10 59	17 53	3 37	28 11	1 5
20	1 51 23	25 59 38	19 54 20	26 20 47	22 16	23 40	16 29	28 27	16 25	11 7	17 51	3 38	28 12	1 5
21	1 55 20	26 59 18	2♋ 51 1	9♋ 25 15	22 13	23 36	17 50	29 41	16 48	11 15	17 48	3 38	28 12	1 5
22	1 59 16	27 59 1	16 3 43	22 46 37	22 10	23 34D	19 11	0≏ 55	17 10	11 23	17 46	3 38	28 13	1 4
23	2 3 13	28 58 45	29 34 9	6♌ 26 28	22 7	23 34	20 31	2 9	17 32	11 31	17 44	3 39	28 13	1 4
24	2 7 9	29 58 32	13♌ 23 39	20 25 44	22 3	23 34	21 49	3 24	17 54	11 39	17 41	3 39	28 13	1 3
25	2 11 6	0♏ 58 22	27 32 40	4♍ 44 17	22 0	23 36	23 6	4 38	18 15	11 48	17 39	3 40	28 14	1 3
26	2 15 3	1 58 13	12♍ 0 17	19 20 14	21 57	23 37R	24 22	5 52	18 36	11 56	17 36	3 40	28 14	1 2
27	2 18 59	2 58 6	26 43 35	4≏ 9 36	21 54	23 37	25 36	7 6	18 56	12 5	17 34	3 41	28 14	1 2
28	2 22 56	3 58 2	11≏ 37 27	19 6 10	21 51	23 36	26 49	8 20	19 16	12 14	17 31	3 42	28 14	1 1
29	2 26 52	4 58 0	26 34 43	4♏ 2 0	21 48	23 33	28 0	9 35	19 35	12 23	17 28	3 42	28 14	1 1
30	2 30 49	5 58 0	11♏ 26 56	18 48 29	21 44	23 27	29 9	10 49	19 54	12 32	17 25	3 43	28 14	1 0
31	2 34 45	6♏ 58 1	26♏ 5 40	3♐ 17 38	21♓ 41	23♓ 21	0♐ 16	12≏ 4	20♋ 12	12♑ 41	17♊ 22	3♒ 44	28♋ 14	0♋ 59

DECLINATION and LATITUDE

DAY	☉	☽		☽ 12hr	☿		♀		♂		♃		♄	
	DECL	DECL	LAT	DECL	DECL	LAT	DECL	LAT	DECL	LAT	DECL	LAT	DECL	LAT
1	2S52	9S15	2S11	12S37	6S53	0N11	10N30	0N58	23N30	0N18	23S23	0S15	21N14	1S42
2	3 15	15 48	3 21	18 42	7 38	0 4	10 5	1 0	23 30	0 19	23 23	0 15	21 14	1 42
3	3 38	21 18	4 16	23 33	8 21	0S 3	9 40	1 2	23 30	0 21	23 23	0 15	21 14	1 42
4	4 2	25 25	4 54	26 53	9 3	0 10	9 15	1 5	23 29	0 22	23 22	0 15	21 14	1 42
5	4 25	27 55	5 13	28 31	9 44	0 18	8 49	1 7	23 29	0 24	23 22	0 15	21 13	1 42
6	4 48	28 42	5 15	28 28	10 25	0 25	8 23	1 9	23 28	0 26	23 22	0 15	21 13	1 42
7	5 11	27 52	5 0	26 55	11 5	0 32	7 57	1 11	23 27	0 27	23 21	0 15	21 13	1 43
8	5 34	25 38	4 32	24 4	11 45	0 39	7 31	1 13	23 27	0 29	23 21	0 15	21 13	1 43
9	5 57	22 15	3 51	20 13	12 24	0 46	7 4	1 15	23 26	0 31	23 21	0 16	21 13	1 43
10	6 20	17 59	3 2	15 36	13 2	0 53	6 38	1 17	23 25	0 32	23 20	0 16	21 13	1 43
11	6 43	13 5	2 4	10 27	13 39	0 60	6 11	1 18	23 24	0 34	23 20	0 16	21 12	1 43
12	7 5	7 45	1 2	4 58	14 16	1 7	5 44	1 20	23 24	0 36	23 19	0 16	21 12	1 43
13	7 28	2 9	0N 2	0N42	14 52	1 14	5 16	1 22	23 23	0 37	23 19	0 16	21 12	1 43
14	7 50	3N33	1 7	6 22	15 27	1 20	4 49	1 23	23 22	0 39	23 19	0 16	21 12	1 43
15	8 13	9 8	2 9	11 51	16 1	1 27	4 21	1 25	23 21	0 41	23 18	0 16	21 12	1 43
16	8 35	14 27	3 6	16 57	16 35	1 34	3 53	1 26	23 20	0 43	23 18	0 16	21 11	1 43
17	8 57	19 17	3 54	21 26	17 7	1 40	3 25	1 27	23 19	0 45	23 17	0 16	21 11	1 43
18	9 19	23 22	4 33	25 3	17 39	1 46	2 57	1 28	23 18	0 46	23 16	0 16	21 11	1 44
19	9 41	26 26	4 59	27 31	18 10	1 52	2 28	1 30	23 17	0 48	23 16	0 16	21 11	1 44
20	10 3	28 15	5 11	28 36	18 39	1 58	1 60	1 31	23 16	0 50	23 15	0 16	21 10	1 44
21	10 24	28 33	5 8	28 7	19 8	2 4	1 31	1 32	23 15	0 52	23 15	0 16	21 10	1 44
22	10 46	27 15	4 49	26 0	19 36	2 9	1 3	1 33	23 14	0 54	23 14	0 16	21 10	1 44
23	11 7	24 22	4 13	22 22	20 3	2 15	0 34	1 33	23 13	0 56	23 13	0 16	21 10	1 44
24	11 28	20 2	3 22	17 23	20 29	2 20	0 5	1 34	23 13	0 58	23 13	0 17	21 9	1 44
25	11 49	14 29	2 17	11 21	20 53	2 24	0S23	1 35	23 12	0 60	23 12	0 17	21 9	1 44
26	12 10	8 2	1 3	4 35	21 17	2 29	0 52	1 35	23 11	1 2	23 11	0 17	21 9	1 44
27	12 30	1 3	0S17	2S32	21 39	2 33	1 21	1 36	23 10	1 4	23 11	0 17	21 8	1 44
28	12 51	6S 5	1 36	9 33	21 60	2 37	1 50	1 36	23 9	1 6	23 10	0 17	21 8	1 44
29	13 11	12 53	2 49	16 2	22 20	2 40	2 19	1 37	23 9	1 8	23 9	0 17	21 8	1 44
30	13 31	18 55	3 50	21 30	22 38	2 43	2 48	1 37	23 8	1 10	23 8	0 17	21 7	1 44
31	13S51	23S44	4S35	25S34	22S55	2S46	3S17	1N37	23N 7	1N12	23S 8	0S17	21N 7	1S44

DAY	♅		♆		♇	
	DECL	LAT	DECL	LAT	DECL	LAT
1	19S57	0S38	20N 8	0S27	17N37	5S50
5	19 57	0 38	20 8	0 27	17 37	5 50
9	19 58	0 38	20 7	0 27	17 36	5 50
13	19 58	0 37	20 6	0 27	17 36	5 51
17	19 58	0 37	20 6	0 27	17 36	5 51
21	19 57	0 37	20 6	0 27	17 35	5 51
25	19 57	0 37	20 5	0 27	17 35	5 52
29	19S56	0S37	20N 5	0S27	17N35	5S52

☽ PHENOMENA

d	h	m	
7	1	46	☽
15	6	7	○
22	22	53	☾
29	14	29	●

d	h	° '
5	23	28S42
13	9	0
20	17	28N38
27	4	0

d	h	° '
5	14	5S16
12	23	0
20	7	5N12
26	19	0

VOID OF COURSE ☽

LAST ASPT		☽ INGRESS		
1	3pm16	1	♏	6pm31
3	4pm45	3	♐	8pm 8
5	4pm59	6	♑	1am10
8	9am29	8	♒	10am 9
9	10pm 5	10	♓	10pm 7
13	7am22	13	♈	11am 9
15	7pm51	15	♉	11pm31
18	6am44	18	♊	10am13
20	5pm35	20	♋	6pm45
22	10pm53	23	♌	0am45
24	3pm47	25	♍	4am 7
27	2am26	27	≏	5am17
29	2am40	29	♏	5am30
31	3am34	31	♐	6am29

d	h	
12	15	APOGEE
28	4	PERIGEE

DAILY ASPECTARIAN

Day	Aspect	Time
1 W	☿△♄	2am13
	☽∠♀	3 7
	☽#♀	4 7
	☽□♆	3pm16
	♇SR	7 29
	☽△♇	8 22
	☽⚼♄	11 39
2 Th	☽□♅	0am27
	☽⚹♀	5 24
	☽#♇	7 22
	☉⚺☽	8 21
	☽△♂	8 36
	☽⚹♃	9 28
	☉□♂	3pm18
	☽∥♅	5 35
	☽#♆	6 25
	☽⚼♇	8 52
	☽#♄	11 37
3 F	☽⚻♄	0am14
	☉□♃	2 18
	☽⚺☿	6 1
	☽⚼♂	10 19
	☽∠♃	10 29
	☽∥♃	10 59
	☉∠☽	11 2
	☽#♂	11 38
	♂☍♃	4pm21
	☽△♆	4 45
	☽⚻♇	10 5
4 S	☽⚹♅	2am23
	☿#♀	4 17
	♀△♃	10 4
	☽∠☿	10 51
	☽⚺♃	12pm19
	☽□♀	12 32
	☽⚻♂	12 54
	☉⚹☽	2 43
	☽⚼♆	6 41
	♀⚹♂	7 19
5 Su	☽☍♄	3am46
	☽∠♅	4 38
	☽⚹☿	4pm59
	☽⚻♆	9 36
6 M	☽☍♇	3am16
	☽⚺♅	7 53
	☽☌♃	7pm 1
	☽☍♂	9 19
7 T	☽△♀	0am34
	☿∠♀	0 43
	☉□☽	1 46
	☿□♆	8 34
	♀∠♆	10 39
	☽⚻♄	11 11
8 W	☽☍♆	6am24
	☽⚼♀	8 33
	☽□☿	9 29
	☽⚻♇	12pm23
	☿ ♏	2 53
	☽⚼♄	4 17
	☽#♂	4 22
	☽∥♃	4 58
	☽☌♅	5 16
9 Th	☽⚺♃	5am36
	☽#♄	6 17
	☿△♇	8 51
	☽⚻♂	9 50
	☽#♆	12pm34
	☉⚺♀	1 1
	☽∥♅	1 26
	☉△☽	5 30
	☽⚻♀	5 36
	☽⚼♇	6 9
	☽△♄	10 5
10 F	☽#♇	2am 0
	☉#♀	8 40
	☽∠♃	11 58
	☿⚼♄	3pm58
	☽⚼♂	5 10
	☽⚻♆	6 17
	☽∥☿	9 37
11 S	☽△♇	0am24
	☿□♅	0 28
	☉⚼☽	2 31
	☽⚺♅	5 27
	☽△☿	6 10
	♀□♄	12pm56
	☽⚹♃	6 42
	♀⚼♅	11 36
12 Su	☉△♄	0am 2
	☽⚼♆	0 48
	☽△♂	0 50
	☉∥☽	2 40
	☽#♀	9 31
	☽□♄	10 50
	☉⚻☽	11 51
	☽∠♅	11 59
	☽☍♀	1pm25
	☽⚼☿	5 5
13 M	☽△♆	7am22
	☽□♇	1pm25
	☽⚹♅	6 28
	♅SD	11 17
14 T	☽⚻☿	3am50
	☽∥♀	4 58
	☽□♃	8 15
	☽□♂	4pm 1
	☉#☽	7 40
	☽⚹♄	11 30
15 W	☉☍☽	6am 7
	☽⚻♀	9 6
	☿⚹♃	7pm 2
	☽□♆	7 51
16 Th	☽⚹♇	1am43
	☽∠♄	5 23
	☽□♅	6 41
	☽#☿	11 28
	☽∥♇	3pm15
	☽⚼♀	6 15
	☽△♃	8 43
	☽☍☿	11 48
17 F	☽#♅	3am40
	☽∥♆	4 26
	☽⚹♂	5 45
	☽∠♇	7 16
	☽∥♄	10 33
	☽⚺♄	10 49
	☿#♇	9pm27
	☉⚻☽	10 32
	☽#♃	11 24
	☽∥♂	11 35
18 S	☽⚼♃	2am16
	☽△♀	2 47
	☽⚹♆	6 44
	☽∠♂	11 48
	☽⚺♇	12pm19
	☽△♅	5 10
19 Su	☉⚼☽	5am47
	☽⚻♃	7 16
	☽∠♆	11 23
	☽⚻☿	4pm48
	☿⚼♇	5 9
	☽⚺♂	5 14
	♀⚹♆	6 55
	☽☌♄	8 9
	☽⚼♅	9 36
	☿△♂	10 24
20 M	☉△☽	12pm17
	☽⚺♆	3 26
	☽□♀	5 35
	☽☌♇	8 45
	☿⚻♄	11 27
	☽⚼☿	11 59
21 T	☽⚻♅	1am26
	♀ ≏	6 2
	☽☍♃	3pm28
22 W	☽☌♂	2am 3
	♀□♇	2 51
	☽⚺♄	3 3
	☉□♆	5 30
	☽△☿	6 13
	☿∥♅	6pm38
	☽☌♆	9 37
	☉□☽	10 53
23 Th	♂#♃	0am 5
	☿#♆	2 20
	☽⚺♇	2 37
	☽⚹♀	4 59
	☽∠♄	5 31
	☽#♃	7 7
	☽∥♂	7 8
	☽☍♅	7 8
	♂⚺♄	11 33
	☽∥♄	6pm25
	☽⚻♃	8 59
	☽#☿	9 59
	☽∥♆	11 42
24 F	☽#♅	0am23
	☉ ♏	0 35
	☽∠♇	4 33
	♀△♅	5 8
	☽⚹♄	7 19
	☽⚺♂	7 54
	☽∠♀	9 22
	☽∥♇	11 8
	☽□☿	3pm47
	☽⚼♃	10 44
25 S	☽⚺♆	1am 8
	☉△♇	1 46
	☽⚹♇	5 51
	☉⚹☽	6 10
	☉#☽	9 42
	☽∠♂	9 46
	☽⚻♅	10 13
	☽⚺♀	12pm55
	☿#♄	3 49
	☽△♃	11 54
26 Su	☽∠♆	2am 1
	☉∠☽	8 44
	☽□♄	9 9
	☽⚼♅	10 55
	☽⚹♂	11 3
	☉⚼♄	2pm37
	☽⚹☿	10 1
	☽#♀	11 1
27 M	☽⚹♆	2am26
	☽□♇	6 57
	☽∥♀	8 38
	☉⚺☽	10 48
	☽△♅	11 14
	☉□♅	5pm23
	☽☌♀	6 15
28 T	☽∠☿	0am20
	☽□♃	0 59
	☽△♄	9 25
	☿∠♃	9 32
	☽□♂	12pm32
29 W	☉∥☽	1am10
	☽⚺☿	2 29
	☽□♆	2 40
	☿△♆	4 51
	☽△♇	7 7
	☽⚼♄	9 26
	☽□♅	11 29
	☉☌☽	2pm29
	☽#♇	6 18
	☽⚺♀	10 53
30 Th	☽⚹♃	1am47
	☽∥♅	4 31
	☽#♆	5 14
	☽⚼♇	7 24
	☽⚻♄	9 41
	☽#♄	10 8
	☽△♂	2pm 5
	☿ ♐	6 7
	☽∥☿	7 4
	☽#♂	8 31
	☽∥♃	8 32
31 F	☽∠♀	1am45
	☽∠♃	2 40
	☽△♆	3 34
	☽☌☿	7 31
	☽⚻♇	8 8
	☽⚹♅	12pm45
	♀□♃	1 53
	☽⚼♂	3 32
	☿⚻♇	3 47
	♂#♃	3 53
	☿∥♃	6 9
	☿#♂	6 12
	☉⚺☽	7 34

NOVEMBER 1913

LONGITUDE

DAY	SID. TIME	☉	☽	☽ 12 Hour	MEAN ☊	TRUE ☊	☿	♀	♂	♃	♄	♅	♆	♇
	h m s	° ' "	° ' "	° ' "	° '	° '	° '	° '	° '	° '	° '	° '	° '	° '
1	2 38 42	7♏ 58 5	10♐ 23 44	17♐ 23 26	21♓ 38	23♓ 13R	1♐ 21	13♎ 18	20♋ 30	12♑ 51	17♊ 19R	3♒ 45	28♋ 14R	0♋ 59R
2	2 42 38	8 58 10	24 16 25	1♑ 2 30	21 35	23 6	2 23	14 33	20 47	13 0	17 15	3 46	28 14	0 58
3	2 46 35	9 58 17	7♑ 41 42	14 14 12	21 32	23 1	3 22	15 47	21 4	13 10	17 12	3 47	28 14	0 57
4	2 50 32	10 58 26	20 40 18	27 0 23	21 28	22 56	4 18	17 2	21 20	13 19	17 9	3 48	28 14	0 57
5	2 54 28	11 58 36	3♒ 14 59	9♒ 24 39	21 25	22 54D	5 10	18 16	21 36	13 29	17 5	3 49	28 14	0 56
6	2 58 25	12 58 47	15 30 1	21 31 43	21 22	22 54	5 58	19 31	21 51	13 39	17 2	3 50	28 14	0 55
7	3 2 21	13 59 0	27 30 26	3♓ 26 49	21 19	22 55	6 41	20 46	22 5	13 49	16 58	3 51	28 14	0 54
8	3 6 18	14 59 15	9♓ 21 33	15 15 17	21 16	22 56	7 19	22 0	22 19	13 59	16 54	3 53	28 14	0 54
9	3 10 14	15 59 31	21 8 36	27 2 6	21 13	22 57R	7 52	23 15	22 32	14 10	16 50	3 54	28 13	0 53
10	3 14 11	16 59 48	2♈ 56 21	8♈ 51 48	21 9	22 56	8 18	24 30	22 45	14 20	16 46	3 55	28 13	0 52
11	3 18 7	18 0 7	14 48 56	20 48 7	21 6	22 53	8 37	25 45	22 57	14 31	16 42	3 57	28 13	0 51
12	3 22 4	19 0 28	26 49 42	2♉ 53 56	21 3	22 48	8 48R	26 59	23 8	14 41	16 38	3 58	28 12	0 50
13	3 26 1	20 0 50	9♉ 1 4	15 11 14	21 0	22 40	8 51	28 14	23 19	14 52	16 34	4 0	28 12	0 50
14	3 29 57	21 1 14	21 24 32	27 41 2	20 57	22 30	8 44	29 29	23 29	15 3	16 30	4 1	28 12	0 49
15	3 33 54	22 1 39	4♊ 0 44	10♊ 23 36	20 54	22 19	8 28	0♏ 44	23 38	15 13	16 26	4 3	28 11	0 48
16	3 37 50	23 2 6	16 49 36	23 18 39	20 50	22 8	8 2	1 59	23 47	15 24	16 22	4 4	28 11	0 47
17	3 41 47	24 2 35	29 50 40	6♋ 25 35	20 47	21 57	7 25	3 14	23 55	15 36	16 17	4 6	28 10	0 46
18	3 45 43	25 3 6	13♋ 3 21	19 43 54	20 44	21 49	6 38	4 29	24 2	15 47	16 13	4 8	28 10	0 45
19	3 49 40	26 3 38	26 27 15	3♌ 13 22	20 41	21 42	5 41	5 44	24 9	15 58	16 9	4 9	28 9	0 44
20	3 53 36	27 4 12	10♌ 2 19	16 54 7	20 38	21 39	4 35	6 59	24 15	16 9	16 4	4 11	28 8	0 43
21	3 57 33	28 4 48	23 48 48	0♍ 46 27	20 34	21 38D	3 22	8 14	24 20	16 21	15 59	4 13	28 8	0 42
22	4 1 30	29 5 26	7♍ 47 3	14 50 36	20 31	21 38R	2 4	9 29	24 24	16 32	15 55	4 15	28 7	0 41
23	4 5 26	0♐ 6 5	21 57 0	29 6 7	20 28	21 38	0 43	10 44	24 28	16 44	15 50	4 17	28 6	0 40
24	4 9 23	1 6 46	6♎ 17 40	13♎ 31 20	20 25	21 38	29♏ 21	11 59	24 30	16 56	15 46	4 19	28 6	0 39
25	4 13 19	2 7 29	20 46 37	28 2 57	20 22	21 34	28 1	13 14	24 32	17 8	15 41	4 21	28 5	0 38
26	4 17 16	3 8 13	5♏ 19 38	12♏ 35 56	20 19	21 28	26 47	14 30	24 34R	17 19	15 36	4 23	28 4	0 37
27	4 21 12	4 8 59	19 50 58	27 3 55	20 15	21 20	25 40	15 45	24 34	17 31	15 31	4 25	28 3	0 36
28	4 25 9	5 9 46	4♐ 13 55	11♐ 20 9	20 12	21 9	24 42	17 0	24 33	17 44	15 26	4 27	28 2	0 35
29	4 29 5	6 10 35	18 21 54	25 18 33	20 9	20 56	23 55	18 15	24 32	17 56	15 22	4 29	28 1	0 34
30	4 33 2	7♐ 11 24	2♑ 9 37	8♑ 54 45	20♓ 6	20♓ 44	23♏ 19	19♏ 31	24♋ 30	18♑ 8	15♊ 17	4♒ 32	28♋ 1	0♋ 33

DECLINATION and LATITUDE

DAY	☉ DECL	☽ DECL	☽ LAT	☽ 12hr DECL	☿ DECL	☿ LAT	♀ DECL	♀ LAT	♂ DECL	♂ LAT	♃ DECL	♃ LAT	♄ DECL	♄ LAT
1	14S10	26S59	5S 1	27S57	23S11	2S48	3S45	1N37	23N 7	1N15	23S 7	0S17	21N 7	1S45
2	14 30	28 28	5 9	28 32	23 25	2 49	4 14	1 37	23 6	1 17	23 6	0 17	21 6	1 45
3	14 49	28 12	4 59	27 28	23 37	2 50	4 43	1 37	23 6	1 19	23 5	0 17	21 6	1 45
4	15 8	26 22	4 34	24 57	23 48	2 50	5 12	1 37	23 6	1 21	23 4	0 17	21 6	1 45
5	15 26	23 16	3 56	21 20	23 57	2 50	5 40	1 37	23 6	1 24	23 3	0 17	21 5	1 45
6	15 45	19 11	3 8	16 53	24 5	2 49	6 9	1 37	23 5	1 26	23 2	0 17	21 5	1 45
7	16 3	14 25	2 13	11 51	24 10	2 46	6 37	1 37	23 5	1 28	23 1	0 17	21 4	1 45
8	16 20	9 11	1 13	6 27	24 13	2 43	7 5	1 36	23 5	1 31	23 0	0 17	21 4	1 45
9	16 38	3 40	0 10	0 50	24 15	2 39	7 33	1 36	23 6	1 33	22 59	0 17	21 4	1 45
10	16 55	1N59	0N54	4N49	24 14	2 34	8 1	1 35	23 6	1 35	22 58	0 18	21 3	1 45
11	17 12	7 36	1 55	10 21	24 10	2 27	8 29	1 35	23 6	1 38	22 57	0 18	21 3	1 45
12	17 29	13 1	2 51	15 34	24 4	2 19	8 56	1 34	23 7	1 40	22 56	0 18	21 2	1 45
13	17 45	17 60	3 41	20 15	23 56	2 10	9 24	1 33	23 7	1 43	22 55	0 18	21 2	1 45
14	18 1	22 19	4 21	24 8	23 44	1 59	9 51	1 33	23 8	1 45	22 54	0 18	21 2	1 45
15	18 17	25 41	4 49	26 55	23 29	1 47	10 18	1 32	23 9	1 48	22 53	0 18	21 1	1 45
16	18 32	27 49	5 2	28 20	23 11	1 33	10 45	1 31	23 10	1 50	22 51	0 18	21 1	1 45
17	18 48	28 28	5 1	28 11	22 50	1 18	11 11	1 30	23 11	1 53	22 50	0 18	21 0	1 45
18	19 2	27 30	4 43	26 26	22 25	1 1	11 38	1 29	23 13	1 56	22 49	0 18	20 60	1 45
19	19 17	24 58	4 10	23 8	21 57	0 42	12 4	1 28	23 14	1 58	22 48	0 18	20 59	1 45
20	19 31	20 59	3 22	18 32	21 26	0 23	12 29	1 26	23 16	2 1	22 46	0 18	20 59	1 45
21	19 44	15 50	2 22	12 54	20 53	0 3	12 55	1 25	23 17	2 4	22 45	0 18	20 59	1 45
22	19 58	9 47	1 13	6 32	20 17	0N18	13 20	1 24	23 19	2 6	22 44	0 18	20 58	1 45
23	20 11	3 10	0S 2	0S15	19 41	0 38	13 45	1 23	23 21	2 9	22 42	0 18	20 58	1 45
24	20 24	3S41	1 17	7 5	19 4	0 58	14 9	1 21	23 24	2 12	22 41	0 18	20 57	1 45
25	20 36	10 24	2 28	13 36	18 29	1 17	14 33	1 20	23 26	2 15	22 40	0 18	20 57	1 45
26	20 48	16 36	3 30	19 22	17 55	1 34	14 57	1 18	23 28	2 17	22 38	0 19	20 56	1 45
27	20 59	21 50	4 18	23 58	17 25	1 50	15 20	1 17	23 31	2 20	22 37	0 19	20 56	1 45
28	21 10	25 43	4 48	27 3	16 58	2 3	15 43	1 15	23 34	2 23	22 35	0 19	20 55	1 45
29	21 21	27 56	5 1	28 22	16 35	2 14	16 6	1 13	23 37	2 26	22 34	0 19	20 55	1 45
30	21S31	28S21	4S55	27S55	16S18	2N23	16S28	1N12	23N40	2N29	22S32	0S19	20N54	1S45

DAY	♅ DECL	♅ LAT	♆ DECL	♆ LAT	♇ DECL	♇ LAT
1	19S55	0S37	20N 5	0S27	17N35	5S52
5	19 54	0 37	20 5	0 27	17 35	5 52
9	19 53	0 37	20 5	0 27	17 34	5 53
13	19 52	0 37	20 6	0 27	17 34	5 53
17	19 50	0 37	20 6	0 27	17 34	5 53
21	19 48	0 36	20 6	0 27	17 34	5 53
25	19 46	0 36	20 7	0 27	17 34	5 53
29	19S44	0S36	20N 8	0S27	17N34	5S53

☽ PHENOMENA

d	h	m	
5	18	34	☽
13	23	11	○
21	7	56	☾
28	1	41	●

d	h	° '
2	8	28S34
9	16	0
16	22	28N28
23	11	0
29	18	28S25

d	h	° '
1	22	5S 9
9	4	0
16	10	5N 4
22	23	0
29	4	5S 1

VOID OF COURSE ☽

LAST ASPT	☽ INGRESS
1 11am49	2 ♑ 10am 8
4 2pm21	4 ♒ 5pm44
6 8am54	7 ♓ 5am 2
9 2pm24	9 ♈ 6pm 2
12 2am44	12 ♉ 6am17
14 12pm58	14 ♊ 4pm24
15 11pm 8	17 ♋ 0am17
19 3am 1	19 ♌ 6am18
21 7am56	21 ♍ 10am40
23 1pm25	23 ♎ 1pm30
25 12pm 2	25 ♏ 3pm13
27 1pm38	27 ♐ 4pm54
28 6pm53	29 ♑ 8pm12

d	h	
9	4	APOGEE
25	5	PERIGEE

DAILY ASPECTARIAN

Day	Aspect	Time
1 S	♆SR	2am52
	☽⊻♃	4 14
	☽⚼♅	4 51
	☽⚹♀	5 27
	☽☍♄	11 49
	☽∠♅	2pm22
	☽⊼♂	5 46
	☉∠☽	11 25
2 Su	☽⊼♆	7am 0
	☽☍♇	11 52
	☽⊻♆	3pm33
	☽⊻♅	4 55
3 M	☉⚹☽	4am30
	☽∠♃	10 8
	☿⚹♅	10 50
	☽□♀	4pm27
	☽⊼♄	5 26
	☽∠♆	9 13
4 T	☽☍♂	1am16
	☿△♄	2 10
	☽☍♆	2pm21
	☽∥♅	7 29
	☽⊼♇	7 32
	☽⚼♄	9 46
5 W	☽∥♂	1am 6
	☽☌♅	1 6
	☽∥♃	1 21
	☽⚹☿	3 38
	☽∥♄	1pm25
	☉□☽	6 34
	☽∥♆	7 5
	☽∥♅	8 7
	☽⊻♃	8 18
6 Th	☽□♇	0am50
	☽△♄	3 1
	☽∥♇	8 28
	☽△♀	8 54
	☽⊼♂	12pm54
	☉∥☽	4 36
	☉⚹♃	7 19
7 F	☽⊼♆	1am27
	☽∠♃	2 41
	☽△♇	6 51
	☽⊻♅	12pm51
	☽⚼♆	6 39
	☽□♀	7 38
	☽⚼♂	7 46
	☿⚼♂	11 54
8 S	♀□♂	7am20
	☽⊼♄	7 52
	☽∥♀	8 30
	☽⚹♃	9 34
	☿∠♀	11 7
	☉△☽	12pm31
	☽□♄	3 17
	☽∠♅	7 25
	☉⚼♇	9 25
9 Su	☽△♂	2am54
	☽⊼♀	4 48
	☽△♆	2pm24
	☉⚹♅	7 1
	☽□♇	7 48
	☉⚼☽	9 55
10 M	☽⚹♅	2am 0
	☽△☿	11 11
	☽□♃	11pm22
11 T	☽⚹♄	3am47
	☽∥♀	4 9
	☉⊼☽	6 59
	☽□♂	4pm33
	☽□♆	5 54
12 W	☽☍♇	0am21
	☽□♆	2 44
	☉∥♇	7 54
	☽⚹♇	7 56
	☽∠♄	9 28
	☽□♅	2pm 8
	♆SR	7 33
	☽∥♇	9 51
	☉∥☽	10 42
	♀□♆	11 17
	☽⊼♆	11 40
13 Th	☽∥♅	9am48
	☽∥♆	11 6
	☽△♃	11 32
	☽∠♇	1pm13
	☽⊻♄	2 36
	☽∥♄	4 22
	☉☍☽	11 11
14 F	☽∥♃	3am39
	☽⚹♂	4 2
	☽□♄	5 14
	☽∥☿	8 39
	♀ ♏	9 55
	☿⚹♅	12pm58
	☿⚼♂	3 19
	☽⚼♃	4 44
	☽⊼♀	5 7
	☽⊼♇	5 55
15 S	☽△♅	0am 4
	☽∥♀	1 14
	☽⚹♂	8 9
	☽∠♂	8 49
	☽∥♄	12pm44
	☽∠♄	5 12
	☽⊼♃	9 19
	☽☌♄	11 8
16 Su	☽⚼♀	0am19
	☿∥♂	1 25
	☽⚼♅	4 10
	☉⊼☽	12pm27
	☽⊼♂	1 1
	☉△♂	8 36
	☽⊻♆	8 56
	☿∥♃	11 47
17 M	☽☌♇	1am41
	☽△♀	6 50
	☽⊼♅	7 47
	☽⊼♆	1pm 4
	♀□♅	5 4
	☉⚼☽	6 8
18 T	☽☍♃	4am59
	☽⊼☿	5 40
	☽⚼♀	2pm25
	☽☌♂	7 52
	☉△☽	11 15
	☿⊻♀	11 31
19 W	☽☌♆	3am 1
	☽⊻♇	7 36
	☽∠♄	8 16
	☽∥♂	11 21
	☽☍♅	1pm41
	☽#♃	2 7
	☽△☿	3 9
	♃⊼♄	3 52
	☽□♀	6 5
	☽#☿	9 16
20 Th	☽∥♄	0am 1
	☽∥♆	4 28
	☽∥♅	5 56
	☽∥☿	7 3
	☿⚹♅	7 57
	☽∠♇	9 56
	☽⚹♄	10 29
	☉∥☽	10 51
	☽∥♇	4pm25
	☽⊼♅	8 3
21 F	☽⊼♂	0am54
	☉△♆	1 8
	☉∥♆	6 14
	☽⊻♆	7 27
	☉□☽	7 56
	☽∥♀	11 10
	☽⚹♇	11 52
	☽⚼♃	1pm10
	☽⚹♀	3 4
	☽∠☿	5 57
22 S	☽∠♂	2am46
	☽⚹♀	3 11
	☿#♆	7 13
	☿∠♃	8 10
	☽∠♆	9 4
	☉∥♆	9 31
	☽□♄	1pm44
	☽△♃	3 5
	☉⊻♆	4 3
	☽⚼♅	7 30
	☿∥♅	7 53
	☉ ♐	9 35
23 Su	☿⊼♇	0am40
	☽⚹♂	4 14
	☽⚹♆	6 7
	☽∠♀	6 58
	☽⚹♅	10 19
	☿ ♏	12pm31
	☉⊼♇	1 18
	☽⊼☿	1 25
	☽□♇	2 36
	☉⚹☽	2 42
	☽△♅	8 42
24 M	☽⊻♀	10am21
	☽△☿	12pm14
	☽⊼♄	3 37
	☉∠☽	5 31
	☽□♃	5 53
	♀△♆	10 56
25 T	☉∠♃	0am 3
	☽□♂	6 13
	☽⊻♅	11 0
	☽□♆	12pm 2
	☽△♇	4 15
	☽⚼♄	4 15
	☽∥♀	4 51
	☉⊻☽	8 7
	☽⊼♅	10 26
26 W	☽∥♇	4am 4
	☽∥♄	5 6
	☽∥♅	1pm49
	☽∥♆	3 31
	☿⊻♇	4 21
	☽⚼♀	4 34
	☽☍♄	4 52
	☽□♇	4 58
	☉∥♄	5 7
	☽∥♀	7 25
	☉∥☽	7 31
	♀△♅	7 56
	☽⚹♃	8 6
	♂SR	9 11
	☽⚼♆	9 15
27 Th	☽∥♃	4am 5
	☉⚹♅	6 37
	☽△♂	7 50
	☽☌♀	9 2
	☽#♂	9 24
	☽△♆	1pm38
	☽⊼♇	5 53
	☽∠♃	9 26
28 F	☽⚹♅	0am23
	☉☌☽	1 41
	☿☌♃	4 17
	☽☌☿	8 58
	☽⚼♆	2pm53
	☉⚹♃	4 31
	☽∠♃	11 14
	☽⊻♀	11 48
29 S	☽∠♅	1am56
	☽⊼♄	9 9
	☽⊼♂	10 38
	☽⊼♆	4pm43
	☿∥♀	5 28
	☽☍♇	9 10
30 Su	☽⊻♅	4am12
	☽∠♀	4 35
	☉⊻☽	9 39
	☽∠♆	10 35
	☽⊼♄	11pm21

DECEMBER 1913

LONGITUDE

DAY	SID. TIME	☉	☽	☽ 12 Hour	MEAN ☊	TRUE ☊	☿	♀	♂	♃	♄	♅	♆	♇
	h m s	° ' "	° ' "	° ' "	° '	° '	° '	° '	° '	° '	° '	° '	° '	° '
1	4 36 59	8♐ 12 15	15♑ 33 46	22♑ 6 39	20♓ 3	20♓ 34R	22♏ 55R	20♏ 46	24♋ 27R	18♑ 20	15♊ 12R	4♒ 34	28♋ 0R	0♋ 32R
2	4 40 55	9 13 6	28 33 30	4♒ 54 35	20 0	20 25	22 42D	22 1	24 23	18 33	15 7	4 36	27 59	0 31
3	4 44 52	10 13 59	11♒ 10 13	17 20 54	19 56	20 20	22 40	23 16	24 18	18 45	15 2	4 39	27 58	0 30
4	4 48 48	11 14 53	23 27 10	29 29 36	19 53	20 16	22 48	24 32	24 13	18 57	14 57	4 41	27 57	0 29
5	4 52 45	12 15 47	5♓ 28 52	11♓ 25 40	19 50	20 15	23 6	25 47	24 6	19 10	14 52	4 43	27 56	0 27
6	4 56 41	13 16 42	17 20 40	23 14 36	19 47	20 15	23 33	27 2	23 59	19 23	14 47	4 46	27 54	0 26
7	5 0 38	14 17 37	29 8 9	5♈ 2 2	19 44	20 15	24 7	28 18	23 51	19 35	14 42	4 48	27 53	0 25
8	5 4 34	15 18 34	10♈ 56 55	16 53 24	19 40	20 13	24 49	29 33	23 42	19 48	14 37	4 51	27 52	0 24
9	5 8 31	16 19 31	22 52 5	28 53 29	19 37	20 10	25 36	0♐ 48	23 32	20 1	14 32	4 54	27 51	0 23
10	5 12 28	17 20 29	4♉ 58 6	11♉ 6 18	19 34	20 3	26 29	2 4	23 21	20 14	14 27	4 56	27 50	0 22
11	5 16 24	18 21 27	17 18 25	23 34 40	19 31	19 54	27 27	3 19	23 10	20 27	14 23	4 59	27 49	0 20
12	5 20 21	19 22 27	29 55 12	6♊ 20 4	19 28	19 43	28 29	4 34	22 58	20 40	14 18	5 1	27 47	0 19
13	5 24 17	20 23 27	12♊ 49 13	19 22 32	19 25	19 29	29 35	5 50	22 44	20 53	14 13	5 4	27 46	0 18
14	5 28 14	21 24 27	25 59 48	2♋ 40 45	19 21	19 15	0♐ 44	7 5	22 31	21 6	14 8	5 7	27 45	0 17
15	5 32 10	22 25 29	9♋ 25 5	16 12 25	19 18	19 2	1 56	8 20	22 16	21 19	14 3	5 10	27 44	0 16
16	5 36 7	23 26 32	23 2 24	29 54 40	19 15	18 51	3 10	9 36	22 0	21 32	13 58	5 13	27 42	0 15
17	5 40 4	24 27 35	6♌ 48 52	13♌ 44 43	19 12	18 43	4 26	10 51	21 44	21 46	13 53	5 15	27 41	0 13
18	5 44 0	25 28 38	20 41 55	27 40 16	19 9	18 38	5 44	12 7	21 27	21 59	13 48	5 18	27 40	0 12
19	5 47 57	26 29 43	4♍ 39 35	11♍ 39 46	19 6	18 36D	7 4	13 22	21 10	22 12	13 44	5 21	27 38	0 11
20	5 51 53	27 30 49	18 40 43	25 42 22	19 2	18 36R	8 25	14 37	20 51	22 26	13 39	5 24	27 37	0 10
21	5 55 50	28 31 55	2♎ 44 39	9♎ 47 30	18 59	18 36	9 47	15 53	20 32	22 39	13 34	5 27	27 35	0 9
22	5 59 46	29 33 2	16 50 49	23 54 27	18 56	18 35	11 11	17 8	20 13	22 53	13 30	5 30	27 34	0 7
23	6 3 43	0♑ 34 10	0♏ 58 14	8♏ 1 53	18 53	18 32	12 35	18 24	19 53	23 6	13 25	5 33	27 32	0 6
24	6 7 39	1 35 19	15 5 5	22 7 27	18 50	18 26	14 0	19 39	19 32	23 20	13 20	5 36	27 31	0 5
25	6 11 36	2 36 28	29 8 31	6♐ 7 47	18 46	18 17	15 27	20 55	19 11	23 33	13 16	5 39	27 30	0 4
26	6 15 33	3 37 38	13♐ 4 45	19 58 53	18 43	18 6	16 53	22 10	18 49	23 47	13 11	5 42	27 28	0 3
27	6 19 29	4 38 48	26 49 40	3♑ 36 38	18 40	17 54	18 21	23 26	18 27	24 1	13 7	5 45	27 26	0 1
28	6 23 26	5 39 59	10♑ 19 23	16 57 35	18 37	17 42	19 49	24 41	18 4	24 15	13 2	5 48	27 25	0 0
29	6 27 22	6 41 10	23 31 1	29 59 33	18 34	17 30	21 17	25 57	17 41	24 28	12 58	5 52	27 23	29♊ 59
30	6 31 19	7 42 20	6♒ 23 10	12♒ 41 58	18 31	17 21	22 46	27 12	17 18	24 42	12 54	5 55	27 22	29 58
31	6 35 15	8♑ 43 31	18♒ 56 9	25♒ 5 59	18♓ 27	17♓ 15	24♐ 16	28♐ 27	16♋ 55	24♑ 56	12♊ 50	5♒ 58	27♋ 20	29♊ 57

DECLINATION and LATITUDE

DAY	☉ DECL	☽ DECL	☽ LAT	☽ 12hr DECL	☿ DECL	☿ LAT	♀ DECL	♀ LAT	♂ DECL	♂ LAT	♃ DECL	♃ LAT	♄ DECL	♄ LAT
1	21S41	27S 4	4S33	25S52	16S 5	2N30	16S50	1N10	23N44	2N32	22S30	0S19	20N54	1S44
2	21 51	24 20	3 58	22 32	15 57	2 35	17 11	1 8	23 47	2 35	22 29	0 19	20 53	1 44
3	21 60	20 30	3 11	18 16	15 53	2 38	17 32	1 6	23 51	2 37	22 27	0 19	20 53	1 44
4	22 8	15 52	2 17	13 20	15 54	2 40	17 52	1 4	23 55	2 40	22 25	0 19	20 52	1 44
5	22 16	10 42	1 17	8 0	15 59	2 40	18 12	1 2	23 59	2 43	22 24	0 19	20 52	1 44
6	22 24	5 14	0 15	2 26	16 6	2 39	18 32	1 0	24 3	2 46	22 22	0 19	20 52	1 44
7	22 32	0N22	0N47	3N11	16 17	2 36	18 51	0 58	24 7	2 49	22 20	0 19	20 51	1 44
8	22 38	5 59	1 47	8 44	16 30	2 33	19 9	0 56	24 12	2 52	22 18	0 19	20 51	1 44
9	22 45	11 25	2 43	14 2	16 46	2 29	19 27	0 54	24 16	2 55	22 17	0 19	20 50	1 44
10	22 51	16 32	3 33	18 53	17 3	2 24	19 44	0 52	24 21	2 58	22 15	0 19	20 50	1 44
11	22 56	21 3	4 13	23 1	17 22	2 18	20 1	0 50	24 26	3 1	22 13	0 20	20 49	1 44
12	23 1	24 44	4 42	26 10	17 41	2 12	20 17	0 48	24 30	3 3	22 11	0 20	20 49	1 44
13	23 6	27 16	4 58	28 0	18 2	2 5	20 33	0 45	24 35	3 6	22 9	0 20	20 48	1 43
14	23 10	28 21	4 58	28 17	18 23	1 59	20 48	0 43	24 40	3 9	22 7	0 20	20 48	1 43
15	23 14	27 48	4 41	26 53	18 44	1 51	21 2	0 41	24 46	3 12	22 5	0 20	20 47	1 43
16	23 17	25 34	4 9	23 52	19 6	1 44	21 16	0 38	24 51	3 14	22 3	0 20	20 47	1 43
17	23 20	21 50	3 21	19 28	19 27	1 37	21 29	0 36	24 56	3 17	22 1	0 20	20 46	1 43
18	23 22	16 50	2 22	13 59	19 49	1 29	21 42	0 34	25 1	3 20	21 59	0 20	20 46	1 43
19	23 24	10 56	1 13	7 45	20 10	1 21	21 54	0 31	25 7	3 22	21 57	0 20	20 46	1 43
20	23 26	4 28	0S 0	1 8	20 31	1 13	22 5	0 29	25 12	3 25	21 55	0 20	20 45	1 43
21	23 27	2S14	1 14	5S34	20 51	1 5	22 16	0 27	25 18	3 27	21 53	0 20	20 45	1 42
22	23 27	8 50	2 24	11 60	21 11	0 58	22 26	0 24	25 23	3 30	21 51	0 20	20 44	1 42
23	23 27	15 0	3 24	17 49	21 30	0 50	22 35	0 22	25 28	3 32	21 48	0 20	20 44	1 42
24	23 26	20 23	4 12	22 40	21 48	0 42	22 44	0 19	25 34	3 34	21 46	0 20	20 43	1 42
25	23 25	24 36	4 45	26 10	22 5	0 34	22 51	0 17	25 39	3 37	21 44	0 21	20 43	1 42
26	23 24	27 20	4 60	28 4	22 22	0 26	22 59	0 14	25 44	3 39	21 42	0 21	20 43	1 42
27	23 22	28 22	4 58	28 14	22 38	0 19	23 5	0 12	25 49	3 41	21 39	0 21	20 42	1 41
28	23 20	27 40	4 38	26 43	22 53	0 11	23 11	0 10	25 54	3 43	21 37	0 21	20 42	1 41
29	23 17	25 25	4 5	23 47	23 6	0 4	23 16	0 7	25 59	3 45	21 35	0 21	20 42	1 41
30	23 14	21 53	3 19	19 46	23 19	0S 4	23 21	0 5	26 4	3 46	21 32	0 21	20 41	1 41
31	23S10	17S26	2S24	14S58	23S31	0S11	23S24	0N 2	26N 9	3N48	21S30	0S21	20N41	1S41

DAY	♅ DECL	♅ LAT	♆ DECL	♆ LAT	♇ DECL	♇ LAT
1	19S43	0S36	20N 8	0S27	17N34	5S53
5	19 41	0 36	20 9	0 27	17 34	5 53
9	19 38	0 36	20 10	0 27	17 34	5 53
13	19 35	0 36	20 11	0 27	17 34	5 53
17	19 33	0 36	20 12	0 27	17 34	5 53
21	19 30	0 36	20 13	0 27	17 34	5 53
25	19 27	0 36	20 14	0 27	17 35	5 52
29	19S24	0S36	20N15	0S27	17N35	5S52

☽ PHENOMENA

d	h	m	
5	14	58	☽
13	15	0	○
20	16	16	☾
27	14	59	●

d	h	° '
6	22	0
14	4	28N23
20	16	0
27	2	28S23

6	6	0
13	12	4N60
20	0	0
26	9	5S 1

VOID OF COURSE ☽

LAST ASPT		☽ INGRESS		
1	10pm55	2	♒	2am42
4	2am22	4	♓	1pm 1
6	10pm 5	7	♈	1am46
9	9am55	9	♉	2pm12
11	9pm 3	12	♊	0am 9
13	3pm 0	14	♋	7am12
16	8am 8	16	♌	12pm 9
18	8am53	18	♍	4pm 0
20	4pm16	20	♎	7pm19
22	6pm11	22	♏	10pm21
24	9pm11	25	♐	1am28
26	5pm25	27	♑	5am36
29	7am 9	29	♒	12pm 1
31	9pm29	31	♓	9pm38

d	h	
6	23	APOGEE
21	14	PERIGEE

DAILY ASPECTARIAN

Day	Aspect	Time
1	☽☌♃	5am 8
M	☽⚹♀	10 32
	☽⚹☿	1pm13
	☉∠☽	3 13
	☽☍♂	4 15
	☽☍♆	10 55
2	☽⚼♄	2am55
T	☉⚼♂	3 37
	☽⚻♇	3 40
	☽#♂	3 47
	☽☌♅	11 27
	☿☌♀	12pm14
	☽∥♃	12 26
	☉∥☽	3 37
	☿SD	4 36
	☽#♄	9 49
	☉⚹☽	10 2
3	☽#♆	1am59
W	♀#♇	2 12
	☽∥♅	4 25
	☽△♄	7 26
	☽⚼♇	8 22
	☽∥♀	2pm39
	☽⚺♃	3 0
	☽#♇	3 33
	♀△♂	6 22
	☽□☿	10 42
	☽∥☿	11 49
4	☽⚻♂	1am29
Th	☽□♀	2 22
	☽⚻♆	8 54
	☽△♇	1pm56
	☽∠♃	9 19
	☽⚺♅	10 28
5	☽⚼♂	7am14
F	☉□☽	2pm58
	☽⚼♆	3 1
	☉⚼♆	3 24
	☉∥♃	6 20
	☽□♄	6 51
6	☽⚹♃	4am12
S	☽∠♅	4 56
	☽△☿	1pm14
	☽△♂	1 21
	☿△♂	3 21
	♀△♆	4 24
	☽△♆	9 28
	☽△♀	10 5
7	☽□♇	2am36
Su	☉☍♄	9 0
	☽⚹♅	11 35
	☽⚼☿	9pm32
8	☽⚹♄	7am23
M	☽⚼♀	8 8
	♀ ♐	8 38
	☉△☽	9 38
	♀⚻♇	4pm 1
	☽□♃	6 11
9	☽□♂	1am19
T	☽⚻☿	5 52
	☽□♆	9 55
	☽∠♄	1pm12
	♀∥♅	2 55
	☽⚹♇	2 55
	☽⚻♀	5 37
	☉⚼☽	6 21
	☽□♅	11 56
10	☽#☿	2am47
W	☽∥♇	5 13
	☽#♅	3pm57
	☽#♀	5 44
	☽⚺♄	6 23
	☽∥♆	6 59
	☽∠♇	8 13
	☽∥♄	10 39
11	☉⚻☽	2am12
Th	☽△♃	6 8
	☽#♃	6 51
	☿△♆	8 20
	☽⚹♂	11 2
	☉#☽	11 44
	♀#♆	1pm48
	☿#♇	3 22
	☽⚹♆	8 0
	☽☍☿	9 3
	☽∥♂	10 13
12	☽⚺♇	0am45
F	♀⚹♅	8 59
	☽△♅	9 36
	☽☍♀	9 39
	☽⚼♃	10 56
	☽∠♂	2pm46
	☉∠♅	4 5
	☽∠♆	11 54
13	♀∠♃	1am13
S	☽☌♄	2 32
	☿ ♐	8 51
	☽⚼♅	1pm19
	☉⚺♃	2 43
	☿⚻♇	2 54
	☽⚻♃	2 59
	☉☍☽	3 0
	☽⚺♂	5 48
14	♀#♄	0am 5
Su	☽⚺♆	3 9
	♀⚼♂	6 50
	☽☌♇	7 42
	☽⚻☿	9 20
	☽⚻♅	4pm24
	☉⚻♂	8 59
	☽⚻♀	9 53
15	☽⚺♄	8am 9
M	☽⚼☿	2pm35
	☽☍♃	9 20
	☽☌♂	10 14
16	☉⚻☽	0am46
T	☽⚼♀	3 0
	☽∥♂	5 17
	☽☌♆	8 8
	☽∠♄	10 18
	☽⚺♇	12pm34
	☉#☽	3 26
	☽△☿	7 27
	☽☍♅	9 17
	☽#♃	10 56
	♂☍♃	10 57
17	☽#♀	1am44
W	☉⚼☽	4 57
	☽∥♄	5 33
	☿∥♅	5 42
	☽△♀	7 42
	☽∥♆	8 26
	☽#☿	11 14
	☽#♅	11 39
	☽⚹♄	12pm11
	☽∠♇	2 32
	☿⚹♅	3 49
	☽∥♇	8 46
18	☽⚺♂	1am17
Th	☽⚻♃	2 15
	☉△☽	8 53
	♀⚼♆	10 18
	☿⚼♂	10 44
	☽⚺♆	11 58
	☽⚹♇	4pm20
19	☽⚻♅	1am12
F	☽∠♂	2 31
	☿#♆	2 36
	☿∠♃	3 1
	☽⚼♃	4 26
	☽□☿	4 34
	♀∥♃	5 50
	♀☍♄	6 28
	☽∠♆	1pm39
	☽□♄	3 27
	☽□♀	4 23
20	☉⚻♆	2am18
S	☽⚼♅	2 57
	☽⚹♂	3 39
	☽△♃	6 30
	☽⚹♆	3pm14
	☉□☽	4 16
	☿#♄	4 35
	☽□♇	7 34
21	☽△♅	4am38
Su	☽⚹☿	1pm18
	☽△♄	6 20
22	☽⚹♀	0am33
M	☽□♂	5 36
	☽□♃	10 25
	☉ ♑	10 35
	☉☍♇	1pm14
	☽∠☿	5 37
	☽□♆	6 11
	☽⚼♄	7 41
	☽△♇	10 32
	☿⚼♆	11 14
	☉⚹☽	11 16
23	☽∠♀	4am31
T	☽□♅	7 49
	☽#♇	10 56
	☿☍♄	1pm18
	☽∥♅	7 32
	☽⚻♄	9 3
	☿∥♃	9 49
	☽⚺☿	9 58
	♀⚻♂	10 12
	☽#♆	11 14
	☽⚼♇	12 0
24	☽#♄	1am42
W	☉∠☽	2 46
	☽∥♃	7 3
	☽△♂	7 24
	☽∥☿	7 47
	☽⚺♀	8 33
	☽∥♀	12pm47
	☽⚹♃	2 17
	☉∥☽	4 30
	♀∠♅	6 51
	☽△♆	9 11
25	☽⚻♇	1am35
Th	☉⚺☽	6 25
	☽#♂	7 54
	☽⚼♂	8 26
	☽⚹♅	11 13
	☽∠♃	4pm27
	☽⚼♆	10 56
26	☽☍♄	0am11
F	☽☌☿	7 23
	☽⚻♂	9 43
	☽∠♅	1pm19
	☽☌♀	5 25
	☽⚺♃	6 58
27	☽⚻♆	1am 5
S	☿⚻♂	1 20
	☽☍♇	5 38
	♀⚺♃	1pm40
	☉☌☽	2 59
	☽⚺♅	3 53
28	☉⚺♅	3am31
Su	♇ ♊	3 42
	☽⚻♄	4 52
	☽☍♂	1pm38
	☿∠♅	4 50
	☽#♂	7 13
	☽⚺☿	7 23
29	☽☌♃	1am47
M	☉∥♀	2 6
	☽⚺♀	4 57
	☽☍♆	7 9
	☽⚼♄	8 11
	☽⚻♇	11 58
	☽∥♀	3pm 9
	☉∥☽	3 36
	☽∥☿	3 37
	☉∥☿	3 50
	☽☌♅	11 6
30	☽∥♃	2am 6
T	☉⚺☽	2 43
	☽∠☿	2 58
	♀⚻♆	3 3
	☿∥♀	4 59
	☽#♄	6 57
	☽#♆	9 18
	☽∠♀	12pm17
	☽△♄	12 19
	☽∥♅	2 4
	☽⚼♇	4 19
	☽⚻♂	8 13
	☽#♇	11 16
31	☉∠☽	10am 9
W	☽⚹☿	11 48
	☽⚺♃	11 54
	☿⚺♃	12pm44
	☽⚻♆	4 21
	☽⚹♀	8 44
	☽△♇	9 29

LONGITUDE

DAY	SID. TIME	☉	☽	☽ 12 Hour	MEAN ☊	TRUE ☊	☿	♀	♂	♃	♄	♅	♆	♇
	h m s	° ' "	° ' "	° ' "	° '	° '	° '	° '	° '	° '	° '	° '	° '	° '
1	6 39 12	9♑44 42	1♓11 52	7♓14 15	18♓24	17♓11R	25♐46	29♐43	16♋31R	25♑10	12♊46R	6♒1	27♋19R	29♊55R
2	6 43 8	10 45 52	13 13 40	19 10 42	18 21	17 10D	27 16	0♑58	16 7	25 24	12 41	6 4	27 17	29 54
3	6 47 5	11 47 2	25 5 57	1♈0 6	18 18	17 10	28 47	2 14	15 43	25 38	12 37	6 8	27 15	29 53
4	6 51 2	12 48 12	6♈53 50	12 47 49	18 15	17 10R	0♑18	3 29	15 19	25 52	12 34	6 11	27 14	29 52
5	6 54 58	13 49 22	18 42 46	24 39 22	18 12	17 10	1 49	4 45	14 55	26 5	12 30	6 14	27 12	29 51
6	6 58 55	14 50 31	0♉38 17	6♉40 10	18 8	17 9	3 21	6 0	14 31	26 19	12 26	6 18	27 11	29 50
7	7 2 51	15 51 40	12 45 36	18 55 8	18 5	17 5	4 54	7 16	14 7	26 33	12 22	6 21	27 9	29 48
8	7 6 48	16 52 49	25 9 14	1♊28 18	18 2	16 59	6 26	8 31	13 44	26 48	12 19	6 24	27 7	29 47
9	7 10 44	17 53 57	7♊52 37	14 22 22	17 59	16 51	8 0	9 47	13 20	27 2	12 15	6 28	27 6	29 46
10	7 14 41	18 55 5	20 57 37	27 38 20	17 56	16 41	9 33	11 2	12 57	27 16	12 12	6 31	27 4	29 45
11	7 18 37	19 56 12	4♋24 20	11♋15 18	17 52	16 31	11 7	12 17	12 34	27 30	12 8	6 34	27 2	29 44
12	7 22 34	20 57 19	18 10 52	25 10 29	17 49	16 21	12 42	13 33	12 11	27 44	12 5	6 38	27 1	29 43
13	7 26 31	21 58 26	2♌13 36	9♌19 34	17 46	16 13	14 17	14 48	11 49	27 58	12 2	6 41	26 59	29 42
14	7 30 27	22 59 32	16 27 43	23 37 25	17 43	16 6	15 52	16 4	11 27	28 12	11 59	6 45	26 57	29 41
15	7 34 24	24 0 38	0♍48 0	7♍58 55	17 40	16 3	17 28	17 19	11 6	28 26	11 56	6 48	26 55	29 39
16	7 38 20	25 1 44	15 9 36	22 19 38	17 37	16 2D	19 4	18 35	10 45	28 40	11 53	6 52	26 54	29 38
17	7 42 17	26 2 49	29 28 36	6♎36 13	17 33	16 2	20 41	19 50	10 24	28 54	11 50	6 55	26 52	29 37
18	7 46 13	27 3 54	13♎42 15	20 46 30	17 30	16 3	22 19	21 5	10 4	29 9	11 47	6 59	26 50	29 36
19	7 50 10	28 4 59	27 48 50	4♏49 8	17 27	16 4R	23 57	22 21	9 45	29 23	11 44	7 2	26 49	29 35
20	7 54 7	29 6 3	11♏47 20	18 43 21	17 24	16 3	25 35	23 36	9 26	29 37	11 42	7 6	26 47	29 34
21	7 58 3	0♒7 7	25 37 4	2♐28 24	17 21	16 0	27 14	24 52	9 8	29 51	11 39	7 9	26 45	29 33
22	8 2 0	1 8 11	9♐17 15	16 3 28	17 17	15 56	28 54	26 7	8 50	0♒5	11 37	7 12	26 44	29 32
23	8 5 56	2 9 14	22 46 54	29 27 24	17 14	15 49	0♒34	27 22	8 34	0 19	11 35	7 16	26 42	29 31
24	8 9 53	3 10 17	6♑4 49	12♑38 58	17 11	15 42	2 15	28 38	8 17	0 33	11 33	7 19	26 40	29 30
25	8 13 49	4 11 20	19 9 44	25 36 59	17 8	15 34	3 57	29 53	8 2	0 48	11 31	7 23	26 39	29 29
26	8 17 46	5 12 21	2♒0 39	8♒20 41	17 5	15 27	5 39	1♒9	7 47	1 2	11 29	7 27	26 37	29 28
27	8 21 42	6 13 21	14 37 6	20 49 58	17 2	15 21	7 21	2 24	7 34	1 16	11 27	7 30	26 35	29 27
28	8 25 39	7 14 21	26 59 25	3♓5 37	16 58	15 17	9 5	3 39	7 20	1 30	11 25	7 34	26 34	29 26
29	8 29 36	8 15 19	9♓8 50	15 9 22	16 55	15 16D	10 49	4 55	7 8	1 44	11 23	7 37	26 32	29 26
30	8 33 32	9 16 16	21 7 35	27 3 55	16 52	15 16	12 33	6 10	6 57	1 58	11 22	7 41	26 30	29 25
31	8 37 29	10♒17 12	2♈58 50	8♈52 50	16♓49	15♓17	14♒19	7♒25	6♋46	2♒12	11♊21	7♒44	26♋29	29♊24

DECLINATION and LATITUDE

DAY	☉ DECL	☽ DECL	☽ LAT	☽ 12hr DECL	☿ DECL	☿ LAT	♀ DECL	♀ LAT	♂ DECL	♂ LAT	♃ DECL	♃ LAT	♄ DECL	♄ LAT
1	23S 6	12S22	1S24	9S40	23S41	0S18	23S27	0S 0	26N14	3N50	21S27	0S21	20N40	1S41
2	23 1	6 55	0 21	4 7	23 50	0 25	23 30	0 3	26 18	3 51	21 25	0 21	20 40	1 40
3	22 56	1 18	0N42	1N31	23 58	0 32	23 31	0 5	26 23	3 53	21 23	0 21	20 40	1 40
4	22 50	4N19	1 43	7 5	24 5	0 38	23 32	0 8	26 27	3 54	21 20	0 21	20 39	1 40
5	22 44	9 48	2 40	12 27	24 11	0 45	23 32	0 10	26 31	3 55	21 17	0 21	20 39	1 40
6	22 37	14 59	3 31	17 24	24 16	0 51	23 31	0 12	26 34	3 56	21 15	0 21	20 39	1 40
7	22 30	19 41	4 12	21 46	24 19	0 57	23 30	0 15	26 38	3 57	21 12	0 22	20 39	1 40
8	22 23	23 38	4 43	25 16	24 21	1 3	23 28	0 17	26 42	3 58	21 10	0 22	20 38	1 39
9	22 15	26 35	5 1	27 34	24 21	1 9	23 25	0 20	26 45	3 59	21 7	0 22	20 38	1 39
10	22 7	28 12	5 4	28 25	24 20	1 14	23 21	0 22	26 48	3 60	21 4	0 22	20 38	1 39
11	21 58	28 13	4 50	27 34	24 18	1 20	23 17	0 24	26 51	4 0	21 2	0 22	20 38	1 39
12	21 49	26 30	4 20	25 1	24 15	1 25	23 12	0 27	26 53	4 1	20 59	0 22	20 37	1 38
13	21 39	23 7	3 33	20 53	24 10	1 29	23 6	0 29	26 56	4 1	20 56	0 22	20 37	1 38
14	21 29	18 19	2 32	15 30	24 4	1 34	22 60	0 31	26 58	4 2	20 54	0 22	20 37	1 38
15	21 19	12 27	1 21	9 15	23 56	1 38	22 53	0 33	27 0	4 2	20 51	0 22	20 37	1 38
16	21 8	5 55	0 5	2 32	23 47	1 42	22 45	0 35	27 2	4 2	20 48	0 22	20 37	1 38
17	20 57	0S53	1S12	4S17	23 36	1 46	22 36	0 38	27 4	4 2	20 45	0 22	20 36	1 37
18	20 45	7 37	2 24	10 50	23 24	1 49	22 27	0 40	27 5	4 2	20 42	0 23	20 36	1 37
19	20 33	13 54	3 26	16 47	23 10	1 52	22 17	0 42	27 6	4 2	20 40	0 23	20 36	1 37
20	20 21	19 25	4 15	21 48	22 55	1 55	22 6	0 44	27 8	4 1	20 37	0 23	20 36	1 37
21	20 8	23 51	4 49	25 34	22 39	1 58	21 55	0 46	27 9	4 1	20 34	0 23	20 36	1 36
22	19 55	26 54	5 6	27 50	22 21	1 60	21 43	0 48	27 9	4 1	20 31	0 23	20 36	1 36
23	19 41	28 21	5 6	28 27	22 1	2 2	21 31	0 50	27 10	4 0	20 28	0 23	20 36	1 36
24	19 27	28 8	4 49	27 25	21 40	2 3	21 17	0 52	27 10	3 59	20 25	0 23	20 36	1 36
25	19 13	26 20	4 18	24 54	21 17	2 4	21 4	0 54	27 11	3 59	20 22	0 23	20 36	1 36
26	18 59	23 11	3 33	21 12	20 53	2 5	20 49	0 56	27 11	3 58	20 19	0 23	20 36	1 35
27	18 44	18 59	2 39	16 36	20 27	2 5	20 34	0 57	27 11	3 57	20 16	0 23	20 36	1 35
28	18 28	14 3	1 38	11 24	19 60	2 5	20 18	0 59	27 11	3 56	20 13	0 23	20 36	1 35
29	18 13	8 39	0 33	5 52	19 31	2 4	20 2	1 1	27 11	3 55	20 10	0 24	20 36	1 35
30	17 57	3 2	0N32	0 11	19 1	2 3	19 45	1 2	27 10	3 55	20 7	0 24	20 36	1 34
31	17S40	2N39	1N35	5N27	18S29	2S 1	19S27	1S 4	27N10	3N53	20S 4	0S24	20N36	1S34

DAY	♅ DECL	♅ LAT	♆ DECL	♆ LAT	♇ DECL	♇ LAT
1	19S21	0S36	20N16	0S27	17N35	5S52
5	19 18	0 36	20 17	0 27	17 35	5 52
9	19 15	0 36	20 19	0 27	17 36	5 51
13	19 11	0 36	20 20	0 27	17 36	5 51
17	19 8	0 36	20 21	0 27	17 37	5 50
21	19 4	0 36	20 23	0 27	17 37	5 50
25	19 1	0 36	20 24	0 27	17 38	5 49
29	18S57	0S36	20N25	0S27	17N38	5S49

☽ PHENOMENA

d	h	m	
4	13	9	☽
12	5	9	○
19	0	30	☾
26	6	34	●

d	h	° '
3	6	0
10	12	28N25
16	21	0
23	9	28S28
30	13	0

d	h	° '
2	8	0
9	16	5N 5
16	1	0
22	12	5S 9
29	12	0

VOID OF COURSE ☽

LAST ASPT		☽ INGRESS		
3	9am43	3	♈	9am58
5	10pm23	5	♉	10pm43
8	3am45	8	♊	9am13
10	3pm44	10	♋	4pm12
12	4pm38	12	♌	8pm13
14	10pm 6	14	♍	10pm40
17	0am15	17	♎	0am53
19	3am 2	19	♏	3am44
21	7am32	21	♐	7am40
23	12pm 6	23	♑	12pm59
25	1pm53	25	♒	8pm13
28	4am48	28	♓	5am54
30	4pm44	30	♈	5pm57

d	h	
3	21	APOGEE
15	18	PERIGEE
31	17	APOGEE

DAILY ASPECTARIAN

Day	Aspect	Time
1 Th	☽⚼♂	0am37
	♀☍♇	3 55
	♀ ♑	5 26
	☽⚺♅	9 37
	☽∠♃	6pm12
	☉⚹☽	6 36
	☽⚼♆	10 6
	☽□♄	10 56
2 F	☿⚻♆	0am18
	☽△♂	5 38
	☽∠♅	3pm55
3 S	☽⚹♃	1am 6
	☽△♆	4 22
	☽□☿	8 35
	☽□♇	9 43
	☽□♀	4pm14
	☿☍♇	5 17
	☉⚻♄	6 35
	☿ ♑	7 20
	☽⚹♅	10 32
4 Su	☽⚹♄	11am27
	☉□☽	1pm 9
	☽□♂	4 34
5 M	☽□♃	3pm11
	☽□♆	5 5
	☽∠♄	5 37
	☉☍♂	6 35
	☽⚹♇	10 23
6 T	♀⚺♅	5am49
	☽△☿	6 12
	☽□♅	11 18
	☽△♀	11 55
	☽∥♇	12pm56
	☽⋕♅	9 47
	☽⚺♄	11 14
7 W	☽⚹♂	2am35
	☽∥♆	3 28
	☽∠♇	4 0
	☽∥♄	5 24
	☉△☽	6 36
	☽⋕♃	8 34
	☽⚼☿	3pm51
	☉⋕☽	4 3
	☽⚼♀	8 31
	☽⋕♀	10 48
	☿⚺♅	11 27
8 Th	☽△♃	3am11
	☽⚹♆	3 45
	☽⋕☿	5 0
	☽∠♂	6 36
	☽⚺♇	8 48
	☉⚼☽	1pm53
	☽△♅	9 21
9 F	☽⚻☿	0am15
	☽∥♂	1 46
	☽⚻♀	3 54
	♃☍♆	6 6
	☽∠♆	7 47
	☽⚼♃	7 49
	☽☍♄	8 4
	☽⚺♂	9 48
	♃⚼♄	6pm25
	☉⚻☽	7 59
10 S	☽⚼♅	1am 1
	☽⚺♆	10 57
	☽⚻♃	11 31
	☽☌♇	3pm44
	♀⚻♄	9 11
11 Su	☽⚻♅	3am50
	♀☍♂	4 3
	☽☍☿	1pm17
	☽⚺♄	1 29
	☽☌♂	1 54
	☿⚻♄	2 59
	☽☍♀	3 11
	☿☍♂	5 47
	☽∥♂	8 13
12 M	☉☍☽	5am 9
	♂⚺♄	8 3
	☽☌♆	3pm 6
	☽∠♄	3 12
	☽☍♃	4 38
	☽⋕☿	5 30
	☽⚺♇	7 42
13 T	☽⋕♀	0am 7
	☽☍♅	7 35
	☉⋕☽	8 21
	☽⋕♃	11 49
	☽∥♄	1pm18
	☽∥♆	2 40
	☽⚺♂	3 47
	☽⚹♄	4 29
	☽⋕♅	8 10
	☽∠♇	9 0
	☽⚻☿	10 52
	☽⚻♀	11 16
14 W	☽∥♇	3am10
	☉⚻☽	11 47
	☿☌♀	1pm48
	☽∠♂	4 19
	☽⚺♆	5 32
	☽⚻♃	7 59
	☽⚹♇	10 6
15 Th	♄∠♆	1am19
	☽⚼♀	2 47
	☽⚼☿	3 8
	☽⚻♅	10 4
	☉⚼☽	2pm46
	☽⚹♂	4 47
	☽□♄	6 32
	☽∠♆	6 33
	☽⚼♃	9 28
16 F	☽△♀	6am16
	☽△☿	7 22
	☽⚼♅	11 16
	☉△☽	5pm48
	☽⚹♆	7 38
	☽△♃	11 2
17 S	☽□♇	0am15
	☽△♅	12pm35
	☉⚼♄	5 39
	☽□♂	5 59
	☉☍♆	6 50
	☽△♄	8 46
18 Su	☉∥♃	7am44
	☽□♀	1pm46
	☽□☿	4 31
	☉⋕♄	6 12
	☽⚼♄	10 10
	☽□♆	10 17
19 M	☉□☽	0am30
	☽□♃	2 43
	☽△♇	3 2
	☽⋕♇	3pm40
	☽□♅	3 52
	♃⚻♇	7 50
	☽△♂	8 1
	☉⋕♆	9 10
	☽∥♅	10 23
	☽⚻♄	11 50
20 T	☉∥☽	4am19
	☽⋕♆	4 38
	☽⚼♇	4 48
	♃⋕♄	5 5
	☽∥♃	5 46
	☽⋕♄	5 47
	☉⚻♇	10 53
	☽∥♀	1pm 9
	☉☌♃	3 45
	☿⚼♄	3 47
	☿☍♆	5 8
	☽∥☿	5 12
	☉ ♒	9 12
	☽⚼♂	9 28
	☽⚹♀	10 33
21 W	☽△♆	1am59
	☽⚹☿	3 13
	☽⚻♇	6 52
	☽⚹♃	7 32
	☉⚹☽	8 30
	♃ ♒	3pm13
	☽⚹♅	8 19
	☽⚻♂	11 13
22 Th	☽⋕♂	2am51
	☽∠♀	3 34
	☽☍♄	4 6
	☽⚼♆	4 18
	☿⚻♇	9 6
	♀⚼♄	9 16
	☽∠☿	9 19
	☽⊿♃	10 27
	♀☍♆	11 23
	☉∠☽	1pm 8
	☿ ♒	3 51
	☿☌♃	7 54
	☽∠♅	11 4
23 F	☽⚻♆	7am 1
	☽⚺♀	9 6
	☽☍♇	12pm 6
	☽⚺♃	1 49
	☽⚺☿	4 2
	☉⚺☽	6 17
24 S	☽⚺♅	2am17
	☽☍♂	3 57
	♃⋕♆	8 57
	☽⚻♄	9 57
	☽⋕♂	2pm59
	♀⚻♇	4 28
25 Su	♀ ♒	2am10
	☉☌☿	8 39
	☽⚼♄	1pm38
	☽☍♆	1 53
	☽⚻♇	7 14
	♀☌♃	9 21
	☉∥♅	10 2
	☽☌♃	10 7
	☽☌♀	10 11
26 M	☉☌☽	6am34
	☽☌☿	7 57
	☿∥♀	9 13
	☽☌♅	10 20
	☽⚻♂	10 45
	☽∥♀	3pm 1
	☽∥☿	3 17
	☽⋕♄	3 23
	☿⋕♄	4 17
	☽⋕♆	4 24
	☽∥♃	5 6
	☽△♄	5 56
	♀⋕♄	9 12
	☽⚼♇	11 41
27 T	☽∥♅	0am 2
	☉∥☽	1 26
	☿☌♅	2 4
	☿⋕♆	2 14
	☿⚻♂	2 30
	♂⚻♅	5 1
	☽⋕♇	6 55
	☿∥♃	11 19
	♀⋕♆	1pm47
	☽⚼♂	3 5
	☽⚻♆	11 9
28 W	☉⚻♂	2am 0
	☽△♇	4 48
	☉☌♅	8 0
	☽⚺♃	9 2
	♀∥♃	9 30
	☽⚺♀	2pm37
	☽△♂	8 4
	☽⚺♅	8 57
	☉⚺☽	10 4
29 Th	☽⚺☿	3am53
	☽□♄	4 28
	☽⚼♆	4 44
	☿△♄	7 52
	☽∠♃	3pm29
30 F	☽∠♀	0am 6
	☽∠♅	3 8
	☿∥♅	3 41
	☉∠☽	6 56
	☽△♆	10 50
	♀⚻♂	12pm58
	☽∠☿	3 15
	☽□♇	4 44
	☽⚹♃	10 24
31 S	☿⚼♇	1am11
	☉⋕♇	2 56
	♀☌♅	6 14
	☽□♂	7 35
	☽⚹♅	9 43
	☽⚹♀	10 7
	☉⚹☽	4pm16
	☽⚹♄	4 59

FEBRUARY 1914

LONGITUDE

DAY	SID. TIME	☉	☽	☽ 12 Hour	MEAN ☊	TRUE ☊	☿	♀	♂	♃	♄	♅	♆	♇
	h m s	° ' "	° ' "	° ' "	° '	° '	° '	° '	° '	° '	° '	° '	° '	° '
1	8 41 25	11♒ 18 7	14♈ 46 29	20♈ 40 22	16♓ 46	15♓ 18	16♒ 4	8♒ 41	6♋ 36R	2♒ 27	11♊ 19R	7♒ 48	26♋ 27R	29♊ 23R
2	8 45 22	12 19 1	26 35 6	2♉ 31 19	16 43	15 20	17 50	9 56	6 27	2 41	11 18	7 51	26 25	29 22
3	8 49 18	13 19 53	8♉ 29 39	14 30 45	16 39	15 21R	19 37	11 11	6 19	2 55	11 17	7 55	26 24	29 21
4	8 53 15	14 20 44	20 35 15	26 43 46	16 36	15 21	21 24	12 27	6 11	3 9	11 16	7 58	26 22	29 20
5	8 57 11	15 21 34	2♊ 56 51	9♊ 15 4	16 33	15 20	23 11	13 42	6 3	3 23	11 15	8 2	26 20	29 20
6	9 1 8	16 22 22	15 38 50	22 8 33	16 30	15 17	24 59	14 57	5 59	3 37	11 15	8 5	26 19	29 19
7	9 5 5	17 23 8	28 44 30	5♋ 26 49	16 27	15 14	26 47	16 13	5 54	3 51	11 14	8 9	26 17	29 18
8	9 9 1	18 23 53	12♋ 15 32	19 10 33	16 23	15 10	28 34	17 28	5 50	4 5	11 14	8 12	26 16	29 17
9	9 12 58	19 24 37	26 11 34	3♌ 18 12	16 20	15 5	0♓ 22	18 43	5 46	4 19	11 13	8 15	26 14	29 17
10	9 16 54	20 25 19	10♌ 29 53	17 45 54	16 17	15 2	2 8	19 58	5 44	4 33	11 13	8 19	26 13	29 16
11	9 20 51	21 26 0	25 5 28	2♍ 27 43	16 14	15 0	3 54	21 13	5 42	4 47	11 13D	8 22	26 11	29 15
12	9 24 47	22 26 39	9♍ 51 42	17 16 29	16 11	14 58D	5 39	22 29	5 41D	5 0	11 13	8 26	26 10	29 15
13	9 28 44	23 27 17	24 41 8	2♎ 4 46	16 8	14 58	7 23	23 44	5 40	5 14	11 13	8 29	26 8	29 14
14	9 32 40	24 27 54	9♎ 26 37	16 45 56	16 4	14 59	9 5	24 59	5 41	5 28	11 13	8 33	26 7	29 13
15	9 36 37	25 28 30	24 2 9	1♏ 14 47	16 1	15 1	10 45	26 14	5 42	5 42	11 13	8 36	26 5	29 13
16	9 40 34	26 29 4	8♏ 23 26	15 27 52	15 58	15 2	12 22	27 29	5 44	5 56	11 14	8 39	26 4	29 12
17	9 44 30	27 29 37	22 27 55	29 23 29	15 55	15 3R	13 56	28 45	5 46	6 9	11 14	8 43	26 3	29 12
18	9 48 27	28 30 10	6♐ 14 36	13♐ 1 16	15 52	15 3	15 26	0♓ 0	5 49	6 23	11 15	8 46	26 1	29 11
19	9 52 23	29 30 40	19 43 38	26 21 48	15 49	15 2	16 51	1 15	5 53	6 37	11 16	8 50	26 0	29 10
20	9 56 20	0♓ 31 10	2♑ 55 55	9♑ 26 10	15 45	15 1	18 12	2 30	5 58	6 50	11 16	8 53	25 58	29 10
21	10 0 16	1 31 38	15 52 43	22 15 44	15 42	14 59	19 27	3 45	6 3	7 4	11 17	8 56	25 57	29 9
22	10 4 13	2 32 5	28 35 23	4♒ 51 51	15 39	14 57	20 35	5 0	6 9	7 17	11 18	8 59	25 56	29 9
23	10 8 9	3 32 30	11♒ 5 18	17 15 54	15 36	14 55	21 37	6 15	6 16	7 31	11 20	9 3	25 55	29 9
24	10 12 6	4 32 53	23 23 49	29 29 14	15 33	14 53	22 30	7 30	6 23	7 44	11 21	9 6	25 53	29 8
25	10 16 3	5 33 15	5♓ 32 20	11♓ 33 20	15 29	14 53D	23 16	8 45	6 31	7 58	11 22	9 9	25 52	29 8
26	10 19 59	6 33 36	17 32 27	23 29 55	15 26	14 53	23 53	10 0	6 40	8 11	11 24	9 12	25 51	29 7
27	10 23 56	7 33 54	29 25 59	5♈ 20 59	15 23	14 53	24 20	11 15	6 49	8 24	11 26	9 16	25 50	29 7
28	10 27 52	8♓ 34 10	11♈ 15 14	17♈ 9 5	15♓ 20	14♓ 53	24♓ 39	12♓ 30	6♋ 59	8♒ 37	11♊ 27	9♒ 19	25♋ 48	29♊ 7

DECLINATION and LATITUDE

DAY	☉ DECL	☽ DECL	☽ LAT	☽ 12hr DECL	☿ DECL	☿ LAT	♀ DECL	♀ LAT	♂ DECL	♂ LAT	♃ DECL	♃ LAT	♄ DECL	♄ LAT
1	17S24	8N12	2N34	10N53	17S55	1S59	19S 9	1S 6	27N 9	3N52	20S 1	0S24	20N36	1S34
2	17 7	13 28	3 27	15 57	17 21	1 57	18 51	1 7	27 9	3 51	19 58	0 24	20 36	1 34
3	16 50	18 18	4 11	20 29	16 44	1 53	18 32	1 9	27 8	3 50	19 54	0 24	20 36	1 33
4	16 32	22 29	4 45	24 15	16 6	1 50	18 12	1 10	27 7	3 49	19 51	0 24	20 36	1 33
5	16 14	25 46	5 6	26 59	15 27	1 45	17 52	1 11	27 6	3 48	19 48	0 24	20 36	1 33
6	15 56	27 52	5 14	28 24	14 47	1 40	17 31	1 13	27 5	3 46	19 45	0 24	20 36	1 33
7	15 38	28 32	5 5	28 14	14 5	1 35	17 10	1 14	27 4	3 45	19 42	0 24	20 37	1 32
8	15 19	27 31	4 39	26 22	13 22	1 29	16 48	1 15	27 3	3 44	19 39	0 25	20 37	1 32
9	15 0	24 48	3 57	22 49	12 37	1 22	16 26	1 16	27 2	3 42	19 35	0 25	20 37	1 32
10	14 41	20 29	2 59	17 48	11 52	1 14	16 3	1 17	27 0	3 41	19 32	0 25	20 37	1 32
11	14 22	14 51	1 47	11 40	11 6	1 6	15 40	1 18	26 59	3 40	19 29	0 25	20 37	1 31
12	14 2	8 19	0 28	4 50	10 19	0 57	15 17	1 19	26 58	3 38	19 26	0 25	20 38	1 31
13	13 42	1 18	0S53	2S15	9 32	0 47	14 53	1 20	26 56	3 37	19 22	0 25	20 38	1 31
14	13 22	5S45	2 11	9 9	8 44	0 37	14 28	1 21	26 55	3 35	19 19	0 25	20 38	1 31
15	13 2	12 25	3 19	15 29	7 56	0 26	14 4	1 22	26 53	3 34	19 16	0 25	20 38	1 30
16	12 42	18 19	4 14	20 52	7 8	0 14	13 39	1 23	26 52	3 32	19 13	0 25	20 39	1 30
17	12 21	23 6	4 52	24 59	6 21	0 1	13 13	1 23	26 50	3 31	19 9	0 26	20 39	1 30
18	12 0	26 29	5 13	27 36	5 34	0N12	12 47	1 24	26 48	3 29	19 6	0 26	20 39	1 30
19	11 39	28 17	5 15	28 34	4 48	0 25	12 21	1 24	26 47	3 28	19 3	0 26	20 40	1 29
20	11 18	28 26	5 1	27 54	4 4	0 40	11 55	1 25	26 45	3 26	18 59	0 26	20 40	1 29
21	10 56	26 60	4 32	25 45	3 21	0 54	11 28	1 25	26 43	3 25	18 56	0 26	20 41	1 29
22	10 35	24 12	3 49	22 21	2 41	1 9	11 1	1 26	26 41	3 23	18 53	0 26	20 41	1 29
23	10 13	20 17	2 57	18 0	2 3	1 24	10 33	1 26	26 40	3 22	18 49	0 26	20 41	1 28
24	9 51	15 33	1 56	12 58	1 28	1 39	10 5	1 26	26 38	3 20	18 46	0 26	20 42	1 28
25	9 29	10 17	0 52	7 31	0 56	1 54	9 37	1 26	26 36	3 19	18 43	0 27	20 42	1 28
26	9 7	4 42	0N15	1 51	0 28	2 9	9 9	1 26	26 34	3 17	18 40	0 27	20 43	1 28
27	8 44	0N60	1 20	3N50	0 4	2 23	8 41	1 26	26 32	3 16	18 36	0 27	20 43	1 27
28	8S22	6N37	2N21	9N21	0N16	2N36	8S12	1S26	26N30	3N14	18S33	0S27	20N44	1S27

DAY	♅ DECL	♅ LAT	♆ DECL	♆ LAT	♇ DECL	♇ LAT
1	18S54	0S36	20N26	0S27	17N38	5S49
5	18 51	0 36	20 28	0 26	17 39	5 48
9	18 47	0 36	20 29	0 26	17 40	5 47
13	18 44	0 36	20 30	0 26	17 40	5 47
17	18 40	0 36	20 31	0 26	17 41	5 46
21	18 37	0 36	20 32	0 26	17 42	5 45
25	18S33	0S36	20N33	0S26	17N42	5S45

☽ PHENOMENA

d	h	m	
3	10	32	☽
10	17	35	○
17	9	23	☾
25	0	2	●

d	h	° '
6	22	28N32
13	4	0
19	14	28S34
26	20	0

d	h	° '
5	23	5N14
12	8	0
18	16	5S16
25	19	0

VOID OF COURSE ☽

LAST ASPT		☽ INGRESS		
2	5am37	2	♉	6am55
4	11am16	4	♊	6pm20
7	1am 0	7	♋	2am16
9	0am 5	9	♌	6am27
11	6am47	11	♍	8am 0
13	7am22	13	♎	8am37
15	8am36	15	♏	9am55
17	11am58	17	♐	1pm 4
19	5pm 7	19	♑	6pm38
21	6pm57	22	♒	2am41
24	11am18	24	♓	1pm 1
26	11pm22	27	♈	1am 9

d	h	
12	14	PERIGEE
28	9	APOGEE

DAILY ASPECTARIAN

Day	Aspect	Time
1 Su	☉△♄	0am28
	☽*☿	3 6
	☿#♇	11 47
	♀∥♅	8pm23
	☽∠♄	11 26
	☽□♆	11 40
2 M	☽*♇	5am37
	☽□♃	12pm34
	☉#☽	4 48
	☽#☿	4 50
	☉∥☿	5 23
	☽*♂	7 41
	☽∥♇	8 34
	☽□♅	10 49
3 T	☽#♀	1am 6
	♀△♄	1 47
	☽#♅	3 3
	☽⚺♄	5 34
	☽□♀	6 1
	☽#♃	8 37
	☉□☽	10 32
	☽∠♇	11 40
	☽∥♆	11 48
	☽∥♄	12pm40
	☿⚼♂	9 19
	☉⚼♇	11 52
4 W	☽∠♂	1am10
	☽□☿	1 52
	☽*♆	11 16
	☽⚺♇	5pm 2
5 Th	☽△♃	0am51
	☽⚺♂	5 56
	☽△♅	9 44
	♀⚼♇	11 52
	☽∥♂	1pm16
	♀#♇	2 35
	☽☌♄	3 46
	☽∠♆	3 54
	☽△♀	10 34
6 F	☉△☽	1am28
	☽⚼♃	5 36
	☽⚼♅	1pm47
	☿⚻♆	5 33
	☽⚺♆	7 34
	☽△☿	7 54
7 S	☽☌♇	1am 0
	☽⚼♀	4 54
	☉⚼☽	7 5
	☽⚻♃	9 19
	☽☌♂	12pm44
	☽⚻♅	4 51
	☽⚺♄	10 11
8 Su	☽⚼☿	2am38
	☽∥♂	5 31
	☿△♇	9 34
	☽⚻♀	9 57
	☉⚻☽	11 30
	☿ ♓	7pm11
9 M	☽∠♄	0am 3
	☽☌♆	0 5
	☽⚺♇	5 13
	☽⚻☿	8 3
	☽☍♃	1pm55
	☽⚺♂	4 5
	☽☍♅	8 22
	♄∠♆	9 32
	☽∥♄	11 19
	☽∥♆	11 57
10 T	☽*♄	1am11
	☽#♃	4 25
	☽∠♇	6 14
	☉⚼♂	6 59
	☽#♅	7 50
	☽∥♇	12pm35
	♀⚼♂	2 5
	☽∠♂	4 49
	☽☍♀	5 5
	☉☍☽	5 35
	☽#♀	8 33
11 W	☽⚺♆	1am47
	☉#☽	1 59
	☽*♇	6 47
	☿⚺♃	1pm41
	☽#☿	3 55
	☽⚻♃	4 0
	☽☍☿	4 17
	☽*♂	5 13
	☉☌♀	8 36
	♄SD	8 49
	☽⚻♅	9 40
12 Th	☿△♂	0am16
	☽∠♆	2 6
	☽□♄	2 11
	☽⚼♃	4pm41
	☉⚻☽	9 52
	☽⚼♅	10 3
	☽⚻♀	10 19
	♂SD	11 35
13 F	☽*♆	2am21
	☽□♇	7 22
	☿⚺♅	4pm 3
	☽△♃	5 25
	☽□♂	5 51
	☽△♅	10 32
	☽⚻☿	11 20
14 S	☉⚼☽	0am 2
	☽⚼♀	0 58
	☽△♄	2 54
	☽#☿	9 23
	♀⚻♆	9pm13
	♂⚻♃	11 52
15 Su	☉∥☽	2am14
	☉△☽	2 34
	☽⚼☿	3 12
	☽□♆	3 24
	☽⚼♄	3 38
	☽△♀	4 0
	☿⚼♆	4 57
	☽∥♀	5 56
	☿□♄	6 59
	☽△♇	8 36
	☉⚻♆	2pm16
	☽△♂	7 30
	☽□♃	7 47
	☽#♇	9 13
16 M	☽□♅	0am27
	☽∥♅	1 40
	☽∥♃	4 2
	☽⚻♄	4 48
	☽△☿	7 35
	☽⚼♇	9 51
	☽#♆	10 18
	☽#♄	10 57
	☽⚼♂	9pm 4
17 T	☽△♆	6am10
	♀△♇	8 32
	☉□☽	9 23
	☽⚻♇	11 39
	☽□♀	11 58
	☽⚻♂	11pm15
18 W	♀ ♓	0am 5
	☽*♃	0 15
	☽#♂	3 1
	☽*♅	4 29
	☽⚼♆	8 26
	☽☍♄	8 51
	☉△♇	4pm 3
	☽□☿	6 15
19 Th	☽∠♃	3am27
	☽∠♅	7 26
	☽⚻♆	11 19
	☉ ♓	11 38
	☽☍♇	5pm 7
	☉*☽	7 13
	☽*♀	11 7
20 F	☽☍♂	5am37
	☽⚺♃	7 19
	☽⚺♅	11 1
	☽⚻♄	3pm26
21 S	☉∠☽	1am19
	☽#♂	3 1
	☽∠♀	5 58
	☽*☿	7 22
	☽☍♆	6pm57
	☽⚼♄	7 39
22 Su	☽⚻♇	1am 4
	☉⚺☽	8 11
	☽⚺♀	1pm38
	☽∠☿	2 37
	☽⚻♂	2 37
	☽☌♃	4 58
	☽☌♅	8 2
	☽#♄	9 45
	☽#♆	10 32
23 M	♀△♂	0am15
	☽△♄	0 28
	☽⚼♇	5 55
	☽∥♃	7 53
	☽∥♅	9 5
	☽#♇	1pm33
	☽⚼♂	8 1
	☽⚺☿	10 7
24 T	☽⚻♆	4am53
	♀⚺♃	5 24
	☿∠♃	9 36
	☽△♇	11 18
25 W	☉☌☽	0am 2
	☽△♂	1 58
	☽∥♀	3 10
	☉∥☽	3 47
	☽⚺♃	4 55
	☽☌♀	7 9
	☽⚺♅	7 14
	♀⚺♅	7 58
	☽⚼♆	10 36
	☽□♄	11 40
26 Th	☉△♂	2am51
	☉∥♀	10 40
	☽∠♃	11 35
	☽☌☿	1pm19
	☽∠♅	1 30
	♀⚼♆	3 52
	☽△♆	4 43
	☿∠♅	6 41
	☽∥☿	7 13
	☽#☿	8 18
	☽□♇	11 22
27 F	♀□♄	3am19
	☽□♂	3pm11
	☉⚺☽	6 2
	☽*♃	6 33
	☽*♅	8 2
28 S	☽*♄	0am25
	☉⚺♃	1 41
	☽⚺♀	2 51
	☽#♀	6 20
	☉#☽	7 7
	☉⚺♅	6pm47
	♃∥♅	7 56

MARCH 1914

LONGITUDE

DAY	SID. TIME	☉	☽	☽ 12 Hour	MEAN ☊	TRUE ☊	☿	♀	♂	♃	♄	♅	♆	♇
	h m s	° ' "	° ' "	° ' "	° '	° '	° '	° '	° '	° '	° '	° '	° '	° '
1	10 31 49	9♓ 34 25	23♈ 2 55	28♈ 57 11	15♓ 17	14♓ 54	24♓ 47R	13♓ 45	7♋ 9	8♒ 51	11♊ 29	9♒ 22	25♋ 47R	29♊ 6R
2	10 35 45	10 34 38	4♉ 52 19	10♉ 48 49	15 14	14 55	24 47	15 0	7 20	9 4	11 31	9 25	25 46	29 6
3	10 39 42	11 34 49	16 47 11	22 47 57	15 10	14 55	24 36	16 15	7 31	9 17	11 33	9 28	25 45	29 6
4	10 43 38	12 34 57	28 51 41	4♊ 58 55	15 7	14 56	24 17	17 30	7 43	9 30	11 36	9 31	25 44	29 6
5	10 47 35	13 35 4	11♊ 10 13	17 26 9	15 4	14 56	23 49	18 45	7 56	9 43	11 38	9 34	25 43	29 5
6	10 51 32	14 35 9	23 47 13	0♋ 13 55	15 1	14 56	23 13	20 0	8 9	9 56	11 40	9 37	25 42	29 5
7	10 55 28	15 35 11	6♋ 46 39	13 25 48	14 58	14 56	22 31	21 15	8 22	10 9	11 43	9 40	25 41	29 5
8	10 59 25	16 35 11	20 11 36	27 4 13	14 55	14 56	21 42	22 30	8 36	10 22	11 45	9 43	25 40	29 5
9	11 3 21	17 35 9	4♌ 3 37	11♌ 9 41	14 51	14 56	20 49	23 45	8 51	10 34	11 48	9 46	25 39	29 5
10	11 7 18	18 35 5	18 22 6	25 40 22	14 48	14 56	19 53	24 59	9 6	10 47	11 51	9 49	25 38	29 5
11	11 11 14	19 34 59	3♍ 3 51	10♍ 31 42	14 45	14 56R	18 54	26 14	9 21	11 0	11 54	9 52	25 37	29 4
12	11 15 11	20 34 51	18 2 58	25 36 34	14 42	14 56	17 55	27 29	9 37	11 12	11 57	9 55	25 37	29 4
13	11 19 7	21 34 40	3♎ 11 21	10♎ 46 7	14 39	14 56	16 57	28 44	9 54	11 25	12 0	9 58	25 36	29 4
14	11 23 4	22 34 28	18 19 40	25 50 55	14 35	14 56	16 0	29 58	10 10	11 37	12 3	10 1	25 35	29 4D
15	11 27 0	23 34 14	3♏ 18 48	10♏ 42 27	14 32	14 55	15 7	1♈ 13	10 28	11 49	12 6	10 4	25 34	29 4
16	11 30 57	24 33 58	18 1 5	25 14 10	14 29	14 54	14 17	2 28	10 45	12 2	12 10	10 6	25 34	29 4
17	11 34 54	25 33 41	2♐ 21 15	9♐ 22 7	14 26	14 53	13 32	3 42	11 3	12 14	12 13	10 9	25 33	29 4
18	11 38 50	26 33 22	16 16 40	23 4 57	14 23	14 52D	12 53	4 57	11 22	12 26	12 17	10 12	25 32	29 5
19	11 42 47	27 33 1	29 47 6	6♑ 23 24	14 20	14 52	12 19	6 12	11 41	12 38	12 21	10 14	25 32	29 5
20	11 46 43	28 32 39	12♑ 54 9	19 19 45	14 16	14 53	11 51	7 26	12 0	12 50	12 25	10 17	25 31	29 5
21	11 50 40	29 32 15	25 40 35	1♒ 57 5	14 13	14 53	11 29	8 41	12 19	13 2	12 28	10 20	25 30	29 5
22	11 54 36	0♈ 31 49	8♒ 9 41	14 18 50	14 10	14 55	11 14	9 55	12 39	13 14	12 32	10 22	25 30	29 5
23	11 58 33	1 31 21	20 24 55	26 28 22	14 7	14 56	11 4	11 10	12 59	13 25	12 36	10 25	25 29	29 5
24	12 2 30	2 30 51	2♓ 29 33	8♓ 28 49	14 4	14 57	11 0D	12 25	13 20	13 37	12 41	10 27	25 29	29 5
25	12 6 26	3 30 19	14 26 30	20 22 55	14 1	14 57R	11 3	13 39	13 41	13 48	12 45	10 30	25 28	29 6
26	12 10 23	4 29 46	26 18 22	2♈ 13 6	13 57	14 57	11 11	14 53	14 2	14 0	12 49	10 32	25 28	29 6
27	12 14 19	5 29 10	8♈ 7 24	14 1 30	13 54	14 55	11 24	16 8	14 24	14 11	12 54	10 34	25 28	29 6
28	12 18 16	6 28 32	19 55 41	25 50 11	13 51	14 53	11 42	17 22	14 46	14 23	12 58	10 37	25 27	29 7
29	12 22 12	7 27 52	1♉ 45 16	7♉ 41 13	13 48	14 49	12 6	18 37	15 8	14 34	13 3	10 39	25 27	29 7
30	12 26 9	8 27 10	13 38 19	19 36 54	13 45	14 45	12 34	19 51	15 30	14 45	13 8	10 41	25 27	29 7
31	12 30 5	9♈ 26 26	25♉ 37 16	1♊ 39 49	13♓ 41	14♓ 41	13♓ 6	21♈ 5	15♋ 53	14♒ 56	13♊ 12	10♒ 43	25♋ 27	29♊ 8

DECLINATION and LATITUDE

DAY	☉ DECL	☽ DECL	☽ LAT	☽ 12hr DECL	☿ DECL	☿ LAT	♀ DECL	♀ LAT	♂ DECL	♂ LAT	♃ DECL	♃ LAT	♄ DECL	♄ LAT
1	7S59	12N 0	3N17	14N33	0N31	2N49	7S43	1S26	26N28	3N13	18S29	0S27	20N44	1S27
2	7 36	16 58	4 4	19 15	0 42	3 1	7 14	1 26	26 26	3 11	18 26	0 27	20 45	1 27
3	7 13	21 20	4 40	23 13	0 47	3 12	6 45	1 26	26 23	3 10	18 23	0 27	20 45	1 26
4	6 50	24 53	5 5	26 16	0 48	3 21	6 15	1 26	26 21	3 8	18 19	0 27	20 46	1 26
5	6 27	27 22	5 17	28 7	0 44	3 28	5 46	1 25	26 19	3 7	18 16	0 28	20 46	1 26
6	6 4	28 32	5 14	28 34	0 35	3 34	5 16	1 25	26 17	3 5	18 13	0 28	20 47	1 26
7	5 41	28 11	4 55	27 24	0 22	3 38	4 46	1 24	26 14	3 4	18 9	0 28	20 47	1 26
8	5 18	26 13	4 20	24 37	0 5	3 40	4 16	1 24	26 12	3 2	18 6	0 28	20 48	1 25
9	4 54	22 37	3 28	20 16	0S16	3 40	3 46	1 23	26 10	3 1	18 3	0 28	20 48	1 25
10	4 31	17 35	2 22	14 37	0 41	3 37	3 15	1 23	26 7	2 59	17 59	0 28	20 49	1 25
11	4 8	11 24	1 6	8 0	1 7	3 33	2 45	1 22	26 5	2 58	17 56	0 28	20 50	1 25
12	3 44	4 28	0S17	0 51	1 36	3 27	2 14	1 21	26 2	2 56	17 53	0 29	20 50	1 24
13	3 20	2S48	1 40	6S23	2 6	3 19	1 44	1 20	25 59	2 55	17 50	0 29	20 51	1 24
14	2 57	9 53	2 55	13 13	2 37	3 9	1 13	1 19	25 57	2 53	17 46	0 29	20 52	1 24
15	2 33	16 21	3 58	19 12	3 8	2 58	0 43	1 18	25 54	2 52	17 43	0 29	20 52	1 24
16	2 10	21 44	4 43	23 55	3 38	2 46	0 12	1 17	25 51	2 51	17 40	0 29	20 53	1 23
17	1 46	25 42	5 10	27 4	4 7	2 33	0N19	1 16	25 48	2 49	17 36	0 29	20 54	1 23
18	1 22	27 60	5 17	28 30	4 35	2 19	0 49	1 15	25 45	2 48	17 33	0 29	20 54	1 23
19	0 58	28 34	5 6	28 13	5 2	2 4	1 20	1 14	25 42	2 47	17 30	0 30	20 55	1 23
20	0 35	27 28	4 40	26 22	5 26	1 49	1 51	1 13	25 39	2 45	17 27	0 30	20 56	1 23
21	0 11	24 57	4 0	23 15	5 49	1 34	2 21	1 11	25 36	2 44	17 23	0 30	20 56	1 22
22	0N13	21 17	3 10	19 7	6 9	1 19	2 52	1 10	25 33	2 42	17 20	0 30	20 57	1 22
23	0 36	16 46	2 12	14 16	6 26	1 4	3 22	1 8	25 29	2 41	17 17	0 30	20 58	1 22
24	1 0	11 39	1 8	8 57	6 41	0 49	3 53	1 7	25 26	2 40	17 14	0 30	20 59	1 22
25	1 24	6 10	0 3	3 21	6 54	0 34	4 23	1 5	25 22	2 39	17 11	0 31	20 59	1 21
26	1 47	0 31	1N 2	2N19	7 4	0 20	4 53	1 4	25 19	2 37	17 7	0 31	21 0	1 21
27	2 11	5N 8	2 4	7 54	7 12	0 6	5 24	1 2	25 15	2 36	17 4	0 31	21 1	1 21
28	2 34	10 35	3 1	13 12	7 17	0S 7	5 54	1 0	25 12	2 35	17 1	0 31	21 2	1 21
29	2 58	15 41	3 50	18 2	7 20	0 20	6 24	0 59	25 8	2 33	16 58	0 31	21 3	1 21
30	3 21	20 13	4 29	22 12	7 21	0 33	6 53	0 57	25 4	2 32	16 55	0 31	21 3	1 20
31	3N45	23N58	4N57	25N30	7S19	0S44	7N23	0S55	25N 0	2N31	16S52	0S31	21N 4	1S20

DAY	♅ DECL	♅ LAT	♆ DECL	♆ LAT	♇ DECL	♇ LAT
1	18S30	0S36	20N34	0S26	17N43	5S44
5	18 27	0 36	20 35	0 26	17 44	5 43
9	18 24	0 36	20 36	0 26	17 44	5 43
13	18 21	0 36	20 37	0 26	17 45	5 42
17	18 18	0 36	20 37	0 26	17 46	5 41
21	18 15	0 37	20 38	0 26	17 46	5 40
25	18 12	0 37	20 38	0 25	17 47	5 40
29	18S10	0S37	20N39	0S25	17N48	5S39

☽ PHENOMENA			
d	h	m	
5	5	3	☽
12	4	18	○
18	19	39	☾
26	18	9	●
d	h	°	
6	7	28N36	
12	15	0	
18	20	28S35	
26	2	0	
5	7	5N18	
11	19	0	
17	22	5S17	
25	1	0	

VOID OF COURSE ☽ LAST ASPT		☽ INGRESS		
1	12pm18	1	♉	2pm 8
3	5pm50	4	♊	2am14
6	9am53	6	♋	11am34
8	9am33	8	♌	5pm 3
10	5pm32	10	♍	7pm 2
12	5pm29	12	♎	6pm57
14	5pm10	14	♏	6pm40
16	12pm32	16	♐	8pm 1
18	10pm43	19	♑	0am23
21	8am 0	21	♒	8am15
23	5pm13	23	♓	7pm 1
26	5am40	26	♈	7am30
28	6pm39	28	♉	8pm27
30	11pm39	31	♊	8am42

d	h	
12	22	PERIGEE
27	16	APOGEE

DAILY ASPECTARIAN

Day	Aspect	Time
1 Su	☉∠☽	3am23
	☽⚺☿	3 33
	☽□♆	5 34
	☽∠♄	7 1
	☿SR	9 46
	☽⚹♇	12pm18
	☽∠♀	12 58
2 M	☽∥♇	3am51
	☉⚼♆	4 32
	☽⚹♂	5 3
	☽#♃	7 32
	☽#♅	7 52
	☽□♃	8 38
	☽□♅	9 14
	☽∠☿	9 48
	☉⚹☽	12pm35
	☽⚺♄	1 28
	☽∠♇	6 36
	☽∥♆	7 32
	☽∥♄	8 32
	☽⚹♀	10 49
	☉□♄	11 23
3 T	☿∠♅	9am38
	☽∠♂	11 38
	☿∠♃	3pm 7
	☽⚹☿	3 13
	☽⚹♆	5 50
4 W	☽⚺♇	0am27
	♃☌♅	3 26
	☽∥♂	12pm40
	☽⚺♂	5 37
	☽△♅	8 54
	☽△♃	9 9
	☽∠♆	11 8
5 Th	☽☌♄	0am53
	☉□☽	5 3
	☽□♀	4pm 5
	☽□☿	10 59
6 F	☽⚼♅	1am35
	☽⚼♃	2 11
	☽⚺♆	3 35
	☽☌♇	9 53
7 S	☽☌♂	2am57
	☽⚻♅	5 16
	☽⚻♃	6 12
	☽⚺♄	8 57
	☿☌♀	2pm51
	☉△☽	5 7
8 Su	☽∥♂	0am 6
	☽△☿	2 30
	☽△♀	4 27
	☽☌♆	9 33
	☽∠♄	11 29
	☽⚺♇	3pm28
	☉⚼☽	9 18
9 M	☽⚼☿	2am48
	☽⚺♂	8 15
	☽⚼♀	8 42
	☽∥♄	9 22
	☽☍♅	9 42
	☽∥♆	10 24
	☽☍♃	11 10
	☽⚹♄	1pm 7
	☽∠♇	4 52
	☽#♅	8 35
	♀∠♅	8 37
	☽#♃	10 15
	☽∥♇	11 21
10 T	☉⚻☽	0am23
	☽⚻☿	2 20
	☽∠♂	9 36
	☽⚻♀	11 54
	☽⚺♆	11 56
	♀△♆	12pm19
	☉☌☿	3 45
	☽⚹♇	5 32
	♀∠♃	6 20
11 W	☽⚹♂	10am18
	☽⚻♅	10 59
	☽∠♆	12pm 8
	☽⚻♃	12 55
	☽□♄	2 14
	☽☍☿	11 48
12 Th	☉#☽	2am34
	☉☍☽	4 18
	☽#♀	7 56
	☽#☿	8 54
	☽⚼♅	10 56
	☽⚹♆	11 59
	☽⚼♃	1pm 7
	☿∥♀	3 15
	☽☍♀	4 18
	☽□♇	5 29
	☽∥♀	8 43
	☽∥☿	9 33
13 F	☉∥☽	1am43
	♀□♇	6 38
	♂⚻♅	7 23
	☽△♅	10 46
	☽□♂	10 49
	☽△♃	1pm12
	☽△♄	2 0
	☽⚻☿	8 31
14 S	♀ ♈	0am30
	♇SD	4 50
	♃#♇	7 8
	☉⚻☽	7 15
	☉∥☿	8 50
	☽□♆	11 34
	☽⚼♄	1pm59
	☽△♇	5 10
	☽⚼☿	7 8
	☽⚻♀	8 19
15 Su	☽∥♃	5am34
	☽#♇	5 48
	☽∥♅	8 10
	☉⚼☽	9 8
	☽□♅	10 59
	☽△♂	11 50
	☽□♃	2pm 1
	☽⚻♄	2 21
	☽⚼♇	5 31
	☽△☿	6 11
	☽#♆	6 32
	☽#♄	7 47
	☽⚼♀	11 0
16 M	☉△☽	11am42
	☽△♆	12pm32
	☽⚼♂	1 9
	☉∠♅	1 37
	☽⚻♇	6 27
	♃△♄	11 6
	☉△♆	11 40
17 T	☽#♂	0am47
	☽△♀	2 31
	☽⚹♅	1pm24
	☽⚼♆	2 1
	☽⚻♂	3 15
	☽☍♄	5 1
	☽⚹♃	5 12
	☽□☿	6 20
18 W	☿⚺♃	1pm44
	☉#♀	2 32
	☽∠♅	3 49
	☽⚻♆	4 22
	☉□☽	7 39
	☽∠♃	8 4
	☽☍♇	10 43
	☿□♄	10 47
19 Th	☉∠♃	2am28
	☽□♀	12pm52
	☽⚺♅	7 8
	☿△♂	7 23
	☽⚹☿	10 7
	☽☍♂	10 16
	☽⚻♄	11 5
	☽⚺♃	11 52
20 F	☉□♇	12pm58
	☽#♂	6 46
	☽☍♆	11 41
21 S	☽∠☿	1am30
	☽⚼♄	3 27
	☽⚻♇	6 30
	☉⚹☽	8 0
	☉ ♈	11 11
	♂⚺♄	1pm58
22 Su	☽#♄	1am56
	☽#♆	3 45
	☽⚹♀	3 49
	☽☌♅	4 18
	☽⚺☿	5 52
	☽△♄	8 35
	♀⚹♅	8 54
	☽⚻♂	9 0
	☽☌♃	10 2
	☽⚼♇	11 33
	☉∠☽	3pm39
	☽∥♅	4 39
	☽#♇	6 57
	☽∥♃	9 26
	☿⚺♀	10 14
23 M	☽⚻♆	10am 2
	☽∠♀	12pm42
	☽⚼♂	3 27
	☽△♇	5 13
24 T	☉⚺☽	0am 3
	☿SD	2 25
	♀⚹♄	5 31
	☽⚼♆	4pm 1
	☽⚺♅	4 1
	☽☌☿	5 7
	☽□♄	8 34
	☽∥☿	8 59
	☽⚺♀	10 13
	☽△♂	10 25
	☽⚺♃	10 42
25 W	♀□♂	0am50
	♀⚹♃	3 37
	☽#♀	7 0
	♂⚻♃	6pm49
	☉#☽	6 58
	☽△♆	10 18
	☽∠♅	10 26
26 Th	☽∠♃	5am33
	☽□♇	5 40
	☉∥☽	10 28
	♃⚼♇	12pm59
	☉☌☽	6 9
27 F	☽∥♀	1am15
	☽⚹♅	5 0
	☽⚺☿	6 49
	☽#☿	9 8
	☽⚹♄	9 46
	☽⚹♃	12pm32
	☽□♂	1 10
	☽☌♀	6 12
28 S	☽□♆	11am13
	☽∠☿	2pm13
	☽∠♄	4 26
	☽⚹♇	6 39
29 Su	☽#♃	6am24
	☽∥♇	10 47
	☉⚺☽	12pm36
	☽#♅	12 40
	☽□♅	6 2
	☽⚹☿	9 44
	☽⚺♄	10 58
30 M	☽∠♇	0am58
	☽□♃	2 16
	☽∥♆	2 30
	☽⚹♂	3 53
	☽∥♄	4 56
	☽⚺♀	1pm55
	☿#♀	9 20
	☉∠☽	9 26
	☽⚹♆	11 39
31 T	☿□♄	4am50
	☽⚺♇	6 59
	☽∥♂	7 42
	☽∠♂	10 48
	☽∠♀	11pm 5

APRIL 1914

LONGITUDE

DAY	SID. TIME	☉	☽	☽ 12 Hour	MEAN ☊	TRUE ☊	☿	♀	♂	♃	♄	♅	♆	♇
	h m s	° ' "	° ' "	° ' "	° '	° '	° '	° '	° '	° '	° '	° '	° '	° '
1	12 34 2	10♈ 25 40	7♊ 44 54	13♊ 52 57	13♓ 38	14♓ 38R	13♓ 43	22♈ 20	16♋ 16	15♒ 7	13♊ 17	10♒ 46	25♋ 26R	29♊ 8
2	12 37 58	11 24 51	20 4 23	26 19 40	13 35	14 35	14 23	23 34	16 40	15 18	13 22	10 48	25 26	29 8
3	12 41 55	12 24 1	2♋ 39 14	9♋ 33 33	13 32	14 33D	15 7	24 48	17 3	15 28	13 27	10 50	25 26	29 9
4	12 45 52	13 23 7	15 33 3	22 8 10	13 29	14 33	15 55	26 3	17 27	15 39	13 32	10 52	25 26	29 9
5	12 49 48	14 22 12	28 49 14	5♌ 36 36	13 26	14 33	16 46	27 17	17 51	15 49	13 37	10 54	25 26	29 10
6	12 53 45	15 21 14	12♌ 30 28	19 30 57	13 22	14 35	17 40	28 31	18 16	16 0	13 43	10 56	25 26D	29 10
7	12 57 41	16 20 14	26 38 1	3♍ 51 30	13 19	14 36	18 37	29 45	18 41	16 10	13 48	10 58	25 26	29 11
8	13 1 38	17 19 11	11♍ 11 1	18 36 3	13 16	14 37R	19 37	0♉ 59	19 5	16 20	13 53	11 0	25 26	29 11
9	13 5 34	18 18 6	26 5 52	3♎ 39 31	13 13	14 36	20 40	2 13	19 31	16 30	13 59	11 2	25 26	29 12
10	13 9 31	19 16 59	11♎ 15 57	18 53 55	13 10	14 34	21 45	3 27	19 56	16 40	14 4	11 3	25 26	29 13
11	13 13 27	20 15 50	26 32 9	4♏ 9 18	13 6	14 30	22 53	4 41	20 22	16 50	14 10	11 5	25 26	29 13
12	13 17 24	21 14 39	11♏ 44 3	19 15 12	13 3	14 26	24 3	5 55	20 47	17 0	14 16	11 7	25 26	29 14
13	13 21 21	22 13 26	26 41 37	4♐ 2 23	13 0	14 20	25 16	7 9	21 13	17 10	14 21	11 9	25 26	29 14
14	13 25 17	23 12 12	11♐ 16 47	18 24 18	12 57	14 15	26 30	8 23	21 40	17 19	14 27	11 10	25 27	29 15
15	13 29 14	24 10 56	25 24 36	2♑ 17 35	12 54	14 10	27 47	9 37	22 6	17 29	14 33	11 12	25 27	29 16
16	13 33 10	25 9 38	9♑ 3 19	15 42 0	12 51	14 7	29 6	10 51	22 33	17 38	14 39	11 13	25 27	29 17
17	13 37 7	26 8 18	22 13 58	28 39 41	12 47	14 6D	0♈ 27	12 5	23 0	17 47	14 45	11 15	25 28	29 17
18	13 41 3	27 6 57	4♒ 59 40	11♒ 14 26	12 44	14 6	1 50	13 19	23 27	17 56	14 51	11 16	25 28	29 18
19	13 45 0	28 5 34	17 24 37	23 30 47	12 41	14 7	3 14	14 33	23 54	18 5	14 57	11 18	25 28	29 19
20	13 48 56	29 4 9	29 33 34	5♓ 33 32	12 38	14 9	4 41	15 47	24 21	18 14	15 3	11 19	25 29	29 20
21	13 52 53	0♉ 2 43	11♓ 31 13	17 27 12	12 35	14 9R	6 9	17 0	24 49	18 22	15 10	11 20	25 29	29 20
22	13 56 50	1 1 14	23 21 55	29 15 52	12 32	14 9	7 40	18 14	25 17	18 31	15 16	11 22	25 30	29 21
23	14 0 46	1 59 45	5♈ 9 26	11♈ 3 1	12 28	14 7	9 12	19 28	25 45	18 39	15 22	11 23	25 30	29 22
24	14 4 43	2 58 13	16 56 55	22 51 27	12 25	14 2	10 46	20 42	26 13	18 48	15 29	11 24	25 31	29 23
25	14 8 39	3 56 39	28 46 52	4♉ 43 24	12 22	13 55	12 21	21 55	26 41	18 56	15 35	11 25	25 31	29 24
26	14 12 36	4 55 4	10♉ 41 16	16 40 38	12 19	13 47	13 59	23 9	27 10	19 4	15 42	11 26	25 32	29 25
27	14 16 32	5 53 27	22 41 42	28 44 37	12 16	13 37	15 38	24 22	27 39	19 12	15 48	11 27	25 33	29 26
28	14 20 29	6 51 48	4♊ 49 34	10♊ 56 45	12 12	13 27	17 19	25 36	28 7	19 19	15 55	11 28	25 33	29 27
29	14 24 25	7 50 7	17 6 20	23 18 34	12 9	13 18	19 2	26 50	28 36	19 27	16 2	11 29	25 34	29 28
30	14 28 22	8♉ 48 24	29♊ 33 41	5♋ 51 56	12♓ 6	13♓ 10	20♈ 46	28♉ 3	29♋ 6	19♒ 34	16♊ 8	11♒ 30	25♋ 35	29♊ 28

DECLINATION and LATITUDE

DAY	☉ DECL	☽ DECL	☽ LAT	☽ 12hr DECL	☿ DECL	☿ LAT	♀ DECL	♀ LAT	♂ DECL	♂ LAT	♃ DECL	♃ LAT	♄ DECL	♄ LAT
1	4N 8	26N44	5N12	27N40	7S16	0S56	7N53	0S53	24N56	2N30	16S49	0S32	21N 5	1S20
2	4 31	28 16	5 12	28 31	7 10	1 6	8 22	0 51	24 52	2 28	16 46	0 32	21 6	1 20
3	4 54	28 24	4 58	27 53	7 2	1 16	8 51	0 49	24 48	2 27	16 43	0 32	21 7	1 20
4	5 17	26 60	4 29	25 43	6 53	1 26	9 20	0 47	24 43	2 26	16 40	0 32	21 7	1 19
5	5 40	24 4	3 45	22 4	6 41	1 35	9 48	0 45	24 39	2 25	16 37	0 32	21 8	1 19
6	6 3	19 44	2 47	17 5	6 28	1 43	10 17	0 43	24 34	2 24	16 34	0 33	21 9	1 19
7	6 26	14 10	1 37	11 0	6 12	1 51	10 45	0 41	24 30	2 22	16 31	0 33	21 10	1 19
8	6 48	7 40	0 19	4 11	5 55	1 58	11 13	0 39	24 25	2 21	16 28	0 33	21 11	1 19
9	7 11	0 36	1S 2	3S 1	5 37	2 5	11 41	0 36	24 20	2 20	16 25	0 33	21 11	1 18
10	7 33	6S37	2 20	10 7	5 17	2 11	12 8	0 34	24 16	2 19	16 22	0 33	21 12	1 18
11	7 55	13 29	3 29	16 38	4 55	2 16	12 35	0 32	24 11	2 18	16 20	0 33	21 13	1 18
12	8 17	19 31	4 22	22 4	4 31	2 21	13 2	0 30	24 5	2 17	16 17	0 34	21 14	1 18
13	8 39	24 14	4 56	25 58	4 7	2 26	13 29	0 27	24 0	2 15	16 14	0 34	21 15	1 18
14	9 1	27 16	5 10	28 5	3 41	2 29	13 55	0 25	23 55	2 14	16 11	0 34	21 16	1 17
15	9 23	28 27	5 5	28 21	3 13	2 33	14 21	0 23	23 50	2 13	16 9	0 34	21 17	1 17
16	9 44	27 50	4 42	26 55	2 44	2 35	14 46	0 20	23 44	2 12	16 6	0 34	21 17	1 17
17	10 6	25 38	4 5	24 3	2 14	2 38	15 11	0 18	23 39	2 11	16 3	0 35	21 18	1 17
18	10 27	22 12	3 16	20 7	1 42	2 39	15 36	0 15	23 33	2 10	16 1	0 35	21 19	1 17
19	10 48	17 51	2 20	15 25	1 10	2 40	16 0	0 13	23 27	2 9	15 58	0 35	21 20	1 17
20	11 9	12 51	1 18	10 12	0 36	2 41	16 24	0 10	23 21	2 8	15 56	0 35	21 21	1 16
21	11 30	7 28	0 14	4 41	0 1	2 41	16 48	0 8	23 15	2 7	15 53	0 35	21 22	1 16
22	11 50	1 53	0N50	0N57	0N35	2 40	17 11	0 5	23 9	2 6	15 51	0 36	21 22	1 16
23	12 10	3N45	1 51	6 31	1 13	2 39	17 34	0 3	23 3	2 5	15 48	0 36	21 23	1 16
24	12 30	9 14	2 47	11 53	1 51	2 37	17 56	0 0	22 56	2 4	15 46	0 36	21 24	1 16
25	12 50	14 25	3 37	16 50	2 30	2 35	18 18	0N 2	22 50	2 3	15 44	0 36	21 25	1 16
26	13 10	19 6	4 17	21 11	3 11	2 32	18 39	0 5	22 43	2 1	15 41	0 36	21 26	1 15
27	13 29	23 3	4 46	24 41	3 52	2 29	18 60	0 8	22 37	2 0	15 39	0 37	21 27	1 15
28	13 49	26 3	5 2	27 8	4 34	2 25	19 20	0 10	22 30	1 59	15 37	0 37	21 28	1 15
29	14 8	27 53	5 5	28 17	5 17	2 21	19 40	0 13	22 23	1 58	15 35	0 37	21 28	1 15
30	14N27	28N20	4N53	28N 1	6N 1	2S16	19N59	0N15	22N16	1N57	15S33	0S37	21N29	1S15

DAY	♅ DECL	♅ LAT	♆ DECL	♆ LAT	♇ DECL	♇ LAT
1	18S 8	0S37	20N39	0S25	17N48	5S38
5	18 6	0 37	20 39	0 25	17 49	5 38
9	18 4	0 37	20 39	0 25	17 50	5 37
13	18 2	0 37	20 39	0 25	17 51	5 36
17	18 1	0 37	20 39	0 25	17 51	5 36
21	17 59	0 38	20 39	0 25	17 52	5 35
25	17 58	0 38	20 39	0 25	17 53	5 34
29	17S57	0S38	20N38	0S25	17N53	5S34

☽ PHENOMENA

d	h	m	
3	19	41	☽
10	13	28	○
17	7	52	☾
25	11	22	●

d	h	° '
2	14	28N32
9	2	0
15	3	28S28
22	8	0
29	20	28N22

d	h	
1	13	5N14
8	6	0
14	5	5S11
21	5	0
28	17	5N 5

VOID OF COURSE ☽

LAST ASPT		☽ INGRESS		
2	5pm22	2	♋	6pm59
4	8pm58	5	♌	2am 6
7	4am15	7	♍	5am37
9	4am56	9	♎	6am12
11	4am13	11	♏	5am27
12	9pm58	13	♐	5am23
15	6am42	15	♑	7am59
17	7am52	17	♒	2pm31
19	11pm32	20	♓	0am53
22	12pm12	22	♈	1pm30
25	1am15	25	♉	2am28
27	10am14	27	♊	2pm29
29	11pm50	30	♋	0am50

d	h	
10	10	PERIGEE
23	18	APOGEE

DAILY ASPECTARIAN

Day	Aspect	Time
1 W	☽∠♆	5am16
	☉✶☽	5 43
	☽△♅	5 55
	☉✶♅	8 25
	☽☌♄	10 55
	☽□☿	12pm20
	☽△♃	2 37
	☽⊻♂	5 11
2 Th	☽✶♀	7am28
	☽⊻♆	10 18
	☽⚼♅	11 1
	☽☌♇	5pm22
	☽⚼♃	7 49
3 F	♀□♆	12pm10
	☿⊻♃	1 52
	☽⊼♅	3 20
	☉□☽	7 41
	☽⊻♄	8 16
4 S	☽⊼♃	0am11
	☽△☿	0 43
	☽☌♂	3 36
	☉✶♄	4 2
	☽☌♆	5pm56
	☽∥♂	8 1
	☽□♀	8 58
	☽∠♄	11 39
5 Su	☽⊻♇	0am37
	☽⚼☿	5 36
	☽∥♄	4pm55
	☽∥♆	7 27
	☽☍♅	9 16
6 M	☽✶♄	2am 5
	☽∠♇	2 52
	♀∠♄	4 3
	☉△☽	5 16
	☽☍♃	6 4
	☽#♅	7 34
	☽∥♇	8 45
	☽⊼☿	9 29
	☽⊻♂	10 10
	♀✶♇	12pm50
	☽#♃	2 18
	♆SD	2 48
	☉#☿	3 41
	☉✶♃	7 4
	☽⊻♆	9 59
7 T	☿△♂	2am12
	☽✶♇	4 15
	♀ ♉	4 49
	☽△♀	5 41
	☉⚼☽	8 24
	☽∠♂	12pm 2
	☽∥♀	12 4
	☽∠♆	10 46
	☽⊼♅	11 42
8 W	☉∥☽	2am51
	☽□♄	4 25
	☽#☿	6 19
	☽⊼♃	8 27
	☽⚼♀	8 29
	☉⊼☽	10 38
	☽✶♂	1pm 9
	☽☍☿	2 40
	☽✶♆	10 56
	☽⚼♅	11 53
9 Th	☽□♇	4am56
	☽⚼♃	8 41
	☽⊼♀	10 35
	☽∥☿	7pm43
	☽△♅	11 40
10 F	☉#☽	3am21
	☽△♄	4 26
	☽△♃	8 36
	☉☍☽	1pm28
	☽□♂	2 1
	☽⊼☿	5 48
	☽#♀	8 30
	☽□♆	10 16
11 S	☉□♂	4am10
	☽⚼♄	4 10
	☽△♇	4 13
	☽∥♃	10 43
	☽☍♀	1pm59
	☽#♇	4 53
	☽∥♅	5 44
	☽⚼☿	7 23
	☽□♅	11 1
12 Su	☽⚼♇	3am58
	☽⊼♄	4 3
	☽#♆	5 11
	☽#♄	7 57
	☽□♃	8 29
	☽△♂	2pm54
	☉⊼☽	4 16
	☽△☿	9 28
	☽△♆	9 58
	☽#♂	10 42
13 M	☿△♆	3am30
	☽⊼♇	4 9
	☽⚼♂	4pm 5
	☿∠♅	5 26
	☉⚼☽	6 31
	☽⊼♀	6 45
	☽⚼♆	10 36
	☽✶♅	11 49
14 T	☽☍♄	5am21
	☽✶♃	10 17
	☽⊼♂	6pm 8
	☉△☽	9 43
	☽⚼♀	10 31
15 W	☽⊼♆	0am 4
	☽∠♅	1 22
	☽□☿	4 33
	☽☍♇	6 42
	☽∠♃	12pm28
16 Th	☿□♇	3am11
	☽△♀	3 33
	☽⊻♅	3 54
	☉□♆	7 16
	♀□♅	7 19
	☽⊼♄	10 10
	☽⊻♃	3pm43
	☿ ♈	4 6
17 F	☽☍♂	1am28
	☽☍♆	6 0
	☉□☽	7 52
	☽⊼♇	1pm12
	☽⚼♄	2 10
	☽#♂	3 14
	☽✶☿	5 14
18 S	☽#♄	5am14
	☽#♆	9 4
	☽☌♅	12pm 5
	☽□♀	5 48
	☽⚼♇	5 57
	☽△♄	7 10
	♀∠♇	7 24
	☿∠♃	9 4
	♀#♃	10 5
	☽∥♅	11 13
	☽#♇	11 55
19 Su	☽☌♃	1am20
	☽∠☿	1 50
	☽#♀	8 27
	♀⊻♄	8 39
	☽∥♃	9 23
	☽⊼♂	1pm16
	☽⊼♆	3 53
	☉✶☽	10 56
	☽△♇	11 32
20 M	☉✶♇	6am25
	☉#☽	7 17
	☽⊻☿	11 40
	☽⚼♂	8pm26
	☽⚼♆	9 55
	☉ ♉	10 53
	☽⊻♅	11 38
21 T	☉∠♄	3am10
	☽□♄	7 25
	☉∠☽	7 46
	☽✶♀	12pm23
	☽⊻♃	2 2
22 W	☽△♂	4am 3
	☽△♆	4 20
	☽#☿	4 56
	☽∠♅	6 6
	♀□♃	6 12
	♂☌♆	11 16
	☽∥☿	11 48
	☽□♇	12pm12
	☉⊻☽	4 59
	☽∠♃	8 54
	☽∠♀	10 25
23 Th	☽☌☿	9am28
	☽✶♅	12pm41
	♀∥♇	8 7
	☽✶♄	8 59
24 F	♀#♅	2am36
	☽✶♃	3 48
	☽⊻♀	8 29
	☿✶♅	9 46
	☉∥☽	3pm57
	☽□♆	5 24
	☽□♂	7 35
25 S	☽✶♇	1am15
	☽∠♄	3 41
	☽#♃	6 22
	☉☌☽	11 22
	☽∥♇	5pm26
	☽#♅	5 53
	☽∥♀	9 21
26 Su	☽□♅	1am30
	☽∠♇	7 29
	☽⊻☿	7 39
	☽∥♆	8 47
	☽⊻♄	10 8
	☽∥♄	1pm35
	☽□♃	4 57
	☽∥♂	9 7
27 M	☿✶♄	2am41
	☽☌♀	3 43
	☽✶♆	5 40
	☽✶♂	10 14
	☽⊻♇	1pm22
	☽∠☿	6 15
	♀✶♆	11 9
28 T	☉⊻☽	4am21
	☽∠♆	11 15
	☽△♅	1pm 2
	☽∠♂	4 55
	☽☌♄	9 53
29 W	☽✶☿	4am20
	☽△♃	4 35
	☿✶♃	6 19
	☉∠☽	12pm 1
	☽⊻♆	4 22
	☽⚼♅	6 7
	☽⊻♀	8 48
	☽⊻♂	11 4
	☽☌♇	11 50
30 Th	☽⚼♃	9am38
	☉✶☽	7pm 1
	♂⊻♇	7 28
	☽⊼♅	10 39

LONGITUDE

DAY	SID. TIME	☉	☽	☽ 12 Hour	MEAN ☊	TRUE ☊	☿	♀	♂	♃	♄	♅	♆	♇
	h m s	° ' "	° ' "	° ' "	° '	° '	° '	° '	° '	° '	° '	° '	° '	° '
1	14 32 19	9♉ 46 39	12♋ 13 39	18♋ 39 6	12♓ 3	13♓ 4R	22♈ 32	29♉ 17	29♋ 35	19♒ 42	16♊ 15	11♒ 31	25♋ 36	29♊ 29
2	14 36 15	10 44 52	25 8 39	1♌ 42 37	12 0	13 1	24 20	0♊ 30	0♌ 4	19 49	16 22	11 31	25 37	29 30
3	14 40 12	11 43 4	8♌ 21 21	15 5 10	11 57	13 0D	26 10	1 43	0 34	19 56	16 29	11 32	25 37	29 32
4	14 44 8	12 41 13	21 54 20	28 49 5	11 53	13 0	28 2	2 57	1 4	20 3	16 36	11 33	25 38	29 33
5	14 48 5	13 39 20	5♍ 49 32	12♍ 55 45	11 50	13 1R	29 55	4 10	1 33	20 9	16 43	11 33	25 39	29 34
6	14 52 1	14 37 25	20 7 36	27 24 49	11 47	13 1	1♉ 51	5 24	2 4	20 16	16 50	11 34	25 40	29 35
7	14 55 58	15 35 28	4♎ 46 59	12♎ 13 29	11 44	12 59	3 48	6 37	2 34	20 22	16 57	11 35	25 41	29 36
8	14 59 54	16 33 29	19 43 30	27 16 3	11 41	12 54	5 46	7 50	3 4	20 28	17 4	11 35	25 42	29 37
9	15 3 51	17 31 29	4♏ 50 2	12♏ 24 11	11 38	12 48	7 47	9 3	3 34	20 34	17 11	11 35	25 43	29 38
10	15 7 48	18 29 26	19 57 16	27 27 58	11 34	12 39	9 49	10 16	4 5	20 40	17 18	11 36	25 44	29 39
11	15 11 44	19 27 23	4♐ 55 5	12♐ 17 32	11 31	12 29	11 53	11 30	4 35	20 46	17 25	11 36	25 45	29 40
12	15 15 41	20 25 18	19 34 20	26 44 46	11 28	12 19	13 58	12 43	5 6	20 52	17 33	11 36	25 46	29 41
13	15 19 37	21 23 12	3♑ 48 17	10♑ 44 33	11 25	12 11	16 5	13 56	5 37	20 57	17 40	11 37	25 48	29 43
14	15 23 34	22 21 4	17 33 28	24 15 3	11 22	12 4	18 13	15 9	6 8	21 2	17 47	11 37	25 49	29 44
15	15 27 30	23 18 55	0♒ 49 34	7♒ 17 22	11 18	12 0	20 22	16 22	6 39	21 7	17 55	11 37	25 50	29 45
16	15 31 27	24 16 44	13 38 55	19 54 47	11 15	11 58	22 32	17 35	7 10	21 12	18 2	11 37	25 51	29 46
17	15 35 23	25 14 33	26 5 34	2♓ 11 56	11 12	11 57D	24 42	18 48	7 42	21 17	18 9	11 37R	25 52	29 47
18	15 39 20	26 12 20	8♓ 14 33	14 14 5	11 9	11 57R	26 54	20 1	8 13	21 22	18 17	11 37	25 54	29 49
19	15 43 17	27 10 6	20 11 13	26 6 35	11 6	11 57	29 5	21 14	8 45	21 26	18 24	11 37	25 55	29 50
20	15 47 13	28 7 51	2♈ 0 48	7♈ 54 27	11 3	11 55	1♊ 16	22 27	9 17	21 30	18 32	11 37	25 56	29 51
21	15 51 10	29 5 35	13 48 4	19 42 8	10 59	11 52	3 27	23 39	9 48	21 34	18 39	11 37	25 58	29 52
22	15 55 6	0♊ 3 18	25 37 6	1♉ 33 21	10 56	11 45	5 38	24 52	10 20	21 38	18 47	11 36	25 59	29 54
23	15 59 3	1 0 59	7♉ 31 12	13 30 56	10 53	11 36	7 47	26 5	10 52	21 42	18 54	11 36	26 0	29 55
24	16 2 59	1 58 40	19 32 46	25 36 54	10 50	11 24	9 56	27 18	11 24	21 46	19 2	11 36	26 2	29 56
25	16 6 56	2 56 19	1♊ 43 28	7♊ 52 33	10 47	11 11	12 3	28 30	11 57	21 49	19 10	11 36	26 3	29 58
26	16 10 52	3 53 57	14 4 13	20 18 32	10 44	10 58	14 8	29 43	12 29	21 52	19 17	11 35	26 5	29 59
27	16 14 49	4 51 34	26 35 33	2♋ 55 16	10 40	10 45	16 12	0♋ 56	13 1	21 55	19 25	11 35	26 6	0♋ 0
28	16 18 46	5 49 10	9♋ 17 45	15 43 4	10 37	10 34	18 14	2 8	13 34	21 58	19 32	11 34	26 8	0 1
29	16 22 42	6 46 44	22 11 18	28 42 32	10 34	10 26	20 13	3 21	14 6	22 1	19 40	11 34	26 10	0 3
30	16 26 39	7 44 17	5♌ 16 56	11♌ 54 37	10 31	10 21	22 10	4 34	14 39	22 3	19 48	11 33	26 11	0 4
31	16 30 35	8♊ 41 49	18♌ 35 48	25♌ 20 40	10♓ 28	10♓ 18	24♊ 5	5♋ 46	15♌ 12	22♒ 5	19♊ 56	11♒ 32	26♋ 13	0♋ 6

DECLINATION and LATITUDE

DAY	☉ DECL	☽ DECL	☽ LAT	☽ 12hr DECL	☿ DECL	☿ LAT	♀ DECL	♀ LAT	♂ DECL	♂ LAT	♃ DECL	♃ LAT	♄ DECL	♄ LAT
1	14N45	27N19	4N27	26N16	6N45	2S11	20N18	0N18	22N 9	1N56	15S31	0S37	21N30	1S15
2	15 3	24 50	3 47	23 4	7 30	2 5	20 36	0 21	22 1	1 55	15 28	0 38	21 31	1 15
3	15 21	20 59	2 54	18 36	8 16	1 59	20 54	0 23	21 54	1 55	15 26	0 38	21 32	1 14
4	15 39	15 57	1 50	13 4	9 2	1 52	21 11	0 26	21 47	1 54	15 25	0 38	21 33	1 14
5	15 57	9 58	0 38	6 43	9 49	1 45	21 27	0 28	21 39	1 53	15 23	0 38	21 33	1 14
6	16 14	3 20	0S38	0S 8	10 36	1 37	21 43	0 31	21 31	1 52	15 21	0 38	21 34	1 14
7	16 31	3S38	1 53	7 7	11 24	1 29	21 58	0 34	21 24	1 51	15 19	0 39	21 35	1 14
8	16 48	10 32	3 3	13 49	12 12	1 20	22 13	0 36	21 16	1 50	15 17	0 39	21 36	1 14
9	17 4	16 54	3 60	19 43	12 59	1 11	22 27	0 39	21 8	1 49	15 15	0 39	21 37	1 14
10	17 20	22 13	4 40	24 21	13 47	1 2	22 41	0 41	20 59	1 48	15 14	0 39	21 38	1 13
11	17 36	26 3	5 0	27 17	14 35	0 52	22 53	0 44	20 51	1 47	15 12	0 40	21 38	1 13
12	17 52	28 2	5 0	28 18	15 22	0 42	23 6	0 46	20 43	1 46	15 11	0 40	21 39	1 13
13	18 7	28 5	4 42	27 26	16 9	0 32	23 17	0 49	20 34	1 45	15 9	0 40	21 40	1 13
14	18 22	26 23	4 7	24 58	16 55	0 22	23 28	0 51	20 26	1 44	15 8	0 40	21 41	1 13
15	18 37	23 14	3 20	21 15	17 40	0 11	23 38	0 53	20 17	1 43	15 6	0 40	21 42	1 13
16	18 51	19 2	2 24	16 39	18 24	0 1	23 48	0 56	20 8	1 42	15 5	0 41	21 42	1 13
17	19 5	14 8	1 23	11 30	19 7	0N10	23 57	0 58	19 59	1 41	15 4	0 41	21 43	1 12
18	19 19	8 47	0 20	6 1	19 48	0 20	24 5	1 0	19 50	1 41	15 2	0 41	21 44	1 12
19	19 32	3 13	0N44	0 25	20 28	0 31	24 12	1 3	19 41	1 40	15 1	0 41	21 45	1 12
20	19 45	2N24	1 44	5N10	21 5	0 41	24 19	1 5	19 32	1 39	14 60	0 42	21 45	1 12
21	19 58	7 54	2 40	10 34	21 41	0 51	24 25	1 7	19 22	1 38	14 59	0 42	21 46	1 12
22	20 10	13 9	3 29	15 37	22 14	1 0	24 30	1 9	19 13	1 37	14 58	0 42	21 47	1 12
23	20 22	17 57	4 9	20 7	22 45	1 9	24 35	1 12	19 3	1 36	14 57	0 42	21 48	1 12
24	20 34	22 6	4 39	23 51	23 14	1 18	24 39	1 14	18 54	1 35	14 56	0 43	21 48	1 12
25	20 45	25 21	4 56	26 33	23 40	1 26	24 42	1 16	18 44	1 34	14 55	0 43	21 49	1 12
26	20 56	27 27	4 60	28 1	24 3	1 33	24 45	1 18	18 34	1 34	14 54	0 43	21 50	1 11
27	21 7	28 13	4 49	28 3	24 24	1 40	24 47	1 20	18 24	1 33	14 54	0 43	21 51	1 11
28	21 17	27 31	4 24	26 36	24 41	1 46	24 48	1 22	18 14	1 32	14 53	0 44	21 51	1 11
29	21 27	25 19	3 45	23 42	24 57	1 52	24 48	1 24	18 3	1 31	14 52	0 44	21 52	1 11
30	21 37	21 46	2 54	19 32	25 9	1 56	24 48	1 25	17 53	1 30	14 52	0 44	21 53	1 11
31	21N46	17N 2	1N52	14N18	25N19	2N 0	24N47	1N27	17N42	1N29	14S51	0S44	21N53	1S11

DAY	♅ DECL	♅ LAT	♆ DECL	♆ LAT	♇ DECL	♇ LAT
1	17S57	0S38	20N38	0S25	17N53	5S33
5	17 56	0 38	20 37	0 24	17 54	5 33
9	17 56	0 38	20 37	0 24	17 55	5 32
13	17 55	0 38	20 36	0 24	17 55	5 32
17	17 56	0 39	20 35	0 24	17 56	5 31
21	17 56	0 39	20 34	0 24	17 56	5 31
25	17 56	0 39	20 33	0 24	17 57	5 30
29	17S57	0S39	20N32	0S24	17N57	5S30

☽ PHENOMENA			
d	h	m	
3	6	29	☽
9	21	31	○
16	22	12	☾
25	2	35	●
d	h	° '	
6	12	0	
12	13	28S18	
19	14	0	
27	1	28N13	
5	12	0	
11	12	5S 3	
18	7	0	
25	18	5N 0	

VOID OF COURSE ☽ LAST ASPT		☽ INGRESS		
2	0am51	2	♌	8am53
4	1pm16	4	♍	2pm 2
6	3pm33	6	♎	4pm13
8	3pm45	8	♏	4pm20
10	9am14	10	♐	4pm 4
12	5pm 0	12	♑	5pm31
14	2pm51	14	♒	10pm29
17	7am16	17	♓	7am40
19	7pm36	19	♈	7pm54
22	8am40	22	♉	8am52
24	12pm51	24	♊	8pm37
26	3pm 3	27	♋	6am28
29	7am20	29	♌	2pm22
31	11am21	31	♍	8pm13

d	h	
8	20	PERIGEE
21	5	APOGEE

DAILY ASPECTARIAN

Day	Aspect	Time
1 F	☽∠♀	4am15
	♀⚺♇	4 16
	☽⚺♄	7 36
	♀*♂	9 57
	☽⚻♃	2pm 4
	♀ ♊	2 11
	♂ ♌	8 30
	☽□☿	10 17
2 S	☽☌♆	0am51
	♀∥♆	2 14
	☽⚺♇	8 0
	☽☌♂	9 22
	☽*♀	10 48
	☽∠♄	11 29
	☿□♆	4pm48
	☽∥♂	6 48
	☉□♅	7 27
	☽∥♄	9 3
3 Su	☽∥♀	0am28
	☽∥♆	1 55
	☽☍♅	5 42
	☉#♃	6 9
	☉□☽	6 29
	☽∠♇	11 1
	☽*♄	2pm36
	☽#♅	3 7
	☽∥♇	3 18
	☽☍♃	8 43
4	☉∥☽	1am14
M	☽#♃	2 21
	☽⚺♆	6 30
	☽△☿	12pm19
	☽*♇	1 16
	☽⚺♂	4 27
	☿*♇	7 23
	☽□♀	8 55
5 T	☽∥☿	0am31
	☿ ♉	0 58
	☽∠♆	8 11
	☽⚻♅	9 42
	♂∠♄	9 42
	♀∥♄	9 49
	♀∥♂	11 57
	☉△☽	2pm10
	♂∥♄	3 42
	☽⚼☿	5 42
	☽□♄	6 29
	☽∠♂	6 43
	☉∠♇	10 51
	☿∠♄	11 49
6 W	☽⚻♃	0am14
	☿□♂	3 36
	☽*♆	9 9
	☽⚼♅	10 37
	☽□♇	3pm33
	☉⚼☽	4 43
	☽*♂	8 16
	☽⚻☿	10 9
7	☽⚼♃	0am57
Th	☽△♀	3 14
	☽△♅	10 58
	☉⚻☽	6pm36
	☽△♄	7 43
8 F	☽△♃	1am12
	☽⚼♀	5 23
	☽#☿	6 49
	☽□♆	9 31
	☉⚺♄	2pm21
	☽△♇	3 45
	☽∥♃	5 32
	☽⚼♄	7 46
	☽□♂	9 56
9 S	☉#☽	0am44
	☽#♇	4 11
	☽∥♅	4 15
	☽☍☿	5 24
	☽⚻♀	7 17
	☽□♅	10 43
	☽⚼♇	3pm33
	☽#♆	4 5
	☽#♂	6 3
	☽⚻♄	7 45
	☽#♄	8 58
	☉☍☽	9 31
10 Su	☽□♃	1am 9
	☽#♀	2 31
	♀∠♆	9 13
	☽△♆	9 14
	☿⚺♀	1pm 8
	☽⚻♇	3 32
	☿□♅	8 47
	☽△♂	11 27
11 M	♀△♅	2am 9
	☽⚼♆	9 30
	☽*♅	10 53
	☽☍♀	11 40
	☽⚻☿	1pm12
	☿#♃	6 24
	☽☍♄	8 37
12 T	☽⚼♂	0am55
	☉⚻☽	1 31
	☽*♃	2 9
	☉∥♇	5 15
	☉#♅	5 55
	☿∠♇	8 19
	☽⚻♆	10 23
	☽∠♅	11 46
	☉□♃	12pm 5
	☽☍♇	5 0
	☽⚼☿	6 31
	♂∥♆	7 10
13 W	☽⚻♂	3am14
	☽∠♃	3 43
	☉⚼☽	4 46
	☽⚺♅	1pm31
	☿⚺♄	6 58
	☽⚻♀	7 19
14 Th	☽⚻♄	0am25
	☽△☿	1 23
	☽⚺♃	6 15
	☉△☽	9 14
	☽☌♆	2pm51
	☽#♀	9 31
	☽⚻♇	10 1
15 F	☽⚼♀	1am 6
	☽⚼♄	3 53
	♅#♇	6 54
	☿∥♇	8 26
	☿#♅	8 26
	☿□♃	8 49
	☽#♄	9 25
	☽☍♂	11 16
	☽#♆	3pm42
	☽#♂	5 59
	☽☌♅	8 9
16 S	☉#☽	0am57
	☽⚼♇	2 8
	☽#☿	2 52
	☽#♇	5 43
	☽∥♅	5 43
	☽△♀	8 20
	☽△♄	8 28
	♀☌♄	9 53
	☽☌♃	2pm36
	☽∥♃	7 39
	☽□☿	8 43
	☉□☽	10 12
	☉∥☿	10 32
	☽⚻♆	11 34
17 Su	♅SR	2am40
	☽△♇	7 16
	☉☌☿	10 33
	☿*♆	12pm57
	☉*♆	4 4
	☽⚻♂	11 57
18 M	☿∥♂	1am 2
	☽⚼♆	5 19
	☽⚺♅	6 45
	☽□♄	8pm22
19 T	☽□♀	2am21
	☽⚺♃	2 33
	♀△♃	4 22
	☿∥♆	4 23
	☽⚼♂	7 33
	☿⚺♇	8 16
	☉∥♂	9 32
	☿ ♊	10 3
	☽△♆	11 38
	☽∠♅	1pm 2
	☉*☽	3 24
	☽□♇	7 36
	☽*☿	10 9
20 W	☽∠♃	9am12
	☽△♂	3pm29
	☽*♅	7 33
21 Th	☉∠☽	0am39
	☿∥♄	3 42
	☽*♄	9 59
	☽∠☿	11 37
	☽*♃	3pm53
	☉⚺♇	7 53
	☽*♀	10 19
	☉ ♊	10 38
22 F	☽□♆	0am45
	☽*♇	8 40
	☽#♃	8 42
	☉⚺☽	9 46
	♀∠♂	4pm28
	☽∠♄	4 39
	♀⚺♆	10 28
	☽#♅	11 53
	☽∥♇	11 56
23 S	☽⚺☿	0am40
	☽∥♂	5 45
	☽□♂	7 2
	☽∠♀	7 57
	☽□♅	8 11
	♀⚼♅	10 15
	☉∥☽	2pm 8
	☽∥♆	2 34
	☽∠♇	2 49
	☽∥♄	10 9
	☽⚺♄	10 58
	☉∥♆	11 3
24 Su	☽□♃	4am25
	♂☍♅	8 33
	☽∥☿	8 44
	☿∠♆	12pm34
	☽*♆	12 51
	☽⚺♀	5 0
	☽∥♀	6 30
	☿△♅	6 49
	☽⚺♇	8 32
	☿*♂	10 21
25 M	☉☌☽	2am35
	☽∠♆	6pm13
	☽△♅	7 12
	☽*♂	8 47
26 T	☽☌☿	0am10
	♀☌♇	5 17
	♀ ♋	5 34
	☽☌♄	10 8
	☽△♃	3pm 3
	♇ ♋	9 9
	☽⚺♆	11 4
	☽⚼♅	11 58
27 W	☽∠♂	2am50
	☽☌♇	6 29
	☽☌♀	9 6
	☉⚺☽	4pm56
	☽⚼♃	7 37
28 Th	☽⚻♅	4am15
	☽⚺♂	8 20
	☿∥♀	9 36
	☿☌♄	4pm51
	☽⚺♄	7 18
	☽⚺☿	7 42
	☉∠☽	11 11
	☽⚻♃	11 40
29 F	☽∥☿	2am48
	☽∥♀	4 8
	☽☌♆	7 20
	☽⚺♇	2pm29
	♂∥♇	2 30
	♂#♅	2 40
	☿△♃	10 27
	☽⚺♀	10 33
	☽∠♄	11 7
	☽∥♄	11 20
30 S	☉∥☽	0am50
	☽∠☿	4 1
	☉*☽	4 48
	♅#♇	6 6
	☽∥♆	6 48
	☽☍♅	11 21
	☽☌♂	5pm39
	☽∠♇	5 43
	♂∠♇	7 11
	☽∥♇	7 42
	☽#♅	7 42
	☽∥♂	8 45
31 Su	☽*♄	2am24
	☽∠♀	4 15
	☽☍♃	6 14
	☽#♃	9 40
	☽*☿	11 21
	☽⚺♆	1pm34
	☽*♇	8 25
	☉∥♄	10 27

JUNE 1914

LONGITUDE

DAY	SID. TIME	☉	☽	☽ 12 Hour	MEAN ☊	TRUE ☊	☿	♀	♂	♃	♄	♅	♆	♇
	h m s	° ' "	° ' "	° ' "	° '	° '	° '	° '	° '	° '	° '	° '	° '	° '
1	16 34 32	9♊ 39 19	2♍ 9 22	9♍ 2 6	10♓ 24	10♓ 18D	25♊ 57	6♋ 58	15♌ 45	22♒ 7	20♊ 3	11♒ 32R	26♋ 14	0♋ 7
2	16 38 28	10 36 48	15 59 0	23 0 7	10 21	10 18R	27 47	8 11	16 18	22 9	20 11	11 31	26 16	0 8
3	16 42 25	11 34 16	0♎ 5 27	7♎ 14 53	10 18	10 17	29 34	9 23	16 51	22 11	20 19	11 30	26 18	0 10
4	16 46 21	12 31 42	14 28 12	21 45 1	10 15	10 15	1♋ 19	10 36	17 24	22 12	20 27	11 29	26 19	0 11
5	16 50 18	13 29 7	29 4 48	6♏ 26 55	10 12	10 10	3 0	11 48	17 57	22 14	20 34	11 28	26 21	0 12
6	16 54 15	14 26 31	13♏ 50 31	21 14 43	10 9	10 3	4 39	13 0	18 30	22 15	20 42	11 28	26 23	0 14
7	16 58 11	15 23 54	28 38 29	6♐ 0 48	10 5	9 53	6 15	14 12	19 4	22 16	20 50	11 27	26 25	0 15
8	17 2 8	16 21 16	13♐ 20 36	20 36 53	10 2	9 42	7 49	15 24	19 37	22 17	20 58	11 26	26 26	0 17
9	17 6 4	17 18 38	27 48 45	4♑ 55 27	9 59	9 31	9 19	16 37	20 11	22 17	21 6	11 25	26 28	0 18
10	17 10 1	18 15 59	11♑ 56 19	18 50 57	9 56	9 21	10 47	17 49	20 44	22 17	21 13	11 23	26 30	0 20
11	17 13 57	19 13 18	25 39 3	2♒ 20 31	9 53	9 13	12 12	19 1	21 18	22 18R	21 21	11 22	26 32	0 21
12	17 17 54	20 10 38	8♒ 55 26	15 23 59	9 49	9 7	13 34	20 13	21 52	22 18	21 29	11 21	26 34	0 22
13	17 21 51	21 7 56	21 46 33	28 3 31	9 46	9 4	14 53	21 24	22 26	22 17	21 37	11 20	26 36	0 24
14	17 25 47	22 5 15	4♓ 15 27	10♓ 22 56	9 43	9 3D	16 9	22 36	23 0	22 17	21 45	11 19	26 37	0 25
15	17 29 44	23 2 33	16 26 35	22 27 4	9 40	9 3R	17 22	23 48	23 34	22 16	21 52	11 17	26 39	0 27
16	17 33 40	23 59 50	28 25 3	4♈ 21 15	9 37	9 3	18 32	25 0	24 8	22 16	22 0	11 16	26 41	0 28
17	17 37 37	24 57 7	10♈ 16 17	16 10 50	9 34	9 2	19 39	26 12	24 42	22 15	22 8	11 15	26 43	0 30
18	17 41 33	25 54 24	22 5 30	28 0 53	9 30	8 59	20 43	27 23	25 16	22 13	22 16	11 13	26 45	0 31
19	17 45 30	26 51 41	3♉ 57 30	9♉ 55 52	9 27	8 54	21 43	28 35	25 51	22 12	22 24	11 12	26 47	0 32
20	17 49 26	27 48 57	15 56 23	21 59 28	9 24	8 46	22 40	29 47	26 25	22 11	22 31	11 10	26 49	0 34
21	17 53 23	28 46 13	28 5 23	4♊ 14 24	9 21	8 36	23 34	0♌ 58	27 0	22 9	22 39	11 9	26 51	0 35
22	17 57 20	29 43 30	10♊ 26 41	16 42 22	9 18	8 25	24 24	2 10	27 34	22 7	22 47	11 7	26 53	0 37
23	18 1 16	0♋ 40 45	23 1 28	29 24 1	9 15	8 13	25 10	3 21	28 9	22 5	22 55	11 6	26 55	0 38
24	18 5 13	1 38 0	5♋ 49 57	12♋ 19 11	9 11	8 2	25 52	4 33	28 43	22 2	23 3	11 4	26 57	0 40
25	18 9 9	2 35 15	18 51 35	25 27 3	9 8	7 52	26 31	5 44	29 18	22 0	23 10	11 2	26 59	0 41
26	18 13 6	3 32 30	2♌ 5 26	8♌ 46 36	9 5	7 45	27 6	6 55	29 53	21 57	23 18	11 0	27 1	0 43
27	18 17 2	4 29 44	15 30 27	22 16 53	9 2	7 40	27 36	8 7	0♍ 28	21 54	23 26	10 59	27 3	0 44
28	18 20 59	5 26 58	29 5 49	5♍ 57 12	8 59	7 39D	28 2	9 18	1 3	21 51	23 34	10 57	27 6	0 46
29	18 24 55	6 24 11	12♍ 51 1	19 47 14	8 55	7 38	28 24	10 29	1 38	21 48	23 41	10 55	27 8	0 47
30	18 28 52	7♋ 21 24	26♍ 45 49	3♎ 46 44	8♓ 52	7♓ 39R	28♋ 42	11♌ 40	2♍ 13	21♒ 45	23♊ 49	10♒ 53	27♋ 10	0♋ 48

DECLINATION and LATITUDE

DAY	☉ DECL	☽ DECL	☽ LAT	☽ 12hr DECL	☿ DECL	☿ LAT	♀ DECL	♀ LAT	♂ DECL	♂ LAT	♃ DECL	♃ LAT	♄ DECL	♄ LAT
1	21N55	11N23	0N43	8N17	25N27	2N 3	24N45	1N29	17N32	1N29	14S51	0S45	21N54	1S11
2	22 3	5 4	0S30	1 45	25 32	2 6	24 42	1 30	17 21	1 28	14 50	0 45	21 55	1 11
3	22 11	1S36	1 43	4S59	25 34	2 7	24 39	1 32	17 10	1 27	14 50	0 45	21 55	1 11
4	22 19	8 19	2 50	11 34	25 35	2 8	24 35	1 34	16 60	1 26	14 50	0 45	21 56	1 11
5	22 26	14 41	3 47	17 37	25 33	2 8	24 30	1 35	16 49	1 25	14 50	0 46	21 57	1 10
6	22 33	20 17	4 30	22 39	25 29	2 7	24 25	1 37	16 37	1 24	14 50	0 46	21 57	1 10
7	22 39	24 39	4 55	26 14	25 24	2 6	24 19	1 38	16 26	1 24	14 49	0 46	21 58	1 10
8	22 45	27 22	4 60	28 1	25 17	2 4	24 12	1 39	16 15	1 23	14 49	0 46	21 58	1 10
9	22 51	28 11	4 46	27 53	25 8	2 1	24 5	1 40	16 4	1 22	14 50	0 47	21 59	1 10
10	22 56	27 8	4 14	25 58	24 57	1 57	23 57	1 42	15 52	1 21	14 50	0 47	21 60	1 10
11	23 1	24 26	3 28	22 35	24 45	1 52	23 48	1 43	15 41	1 20	14 50	0 47	22 0	1 10
12	23 5	20 29	2 32	18 10	24 32	1 47	23 38	1 44	15 29	1 20	14 50	0 47	22 1	1 10
13	23 9	15 41	1 30	13 4	24 18	1 41	23 28	1 45	15 17	1 19	14 50	0 48	22 1	1 10
14	23 13	10 21	0 25	7 34	24 2	1 35	23 17	1 46	15 5	1 18	14 51	0 48	22 2	1 10
15	23 16	4 45	0N39	1 55	23 46	1 27	23 6	1 46	14 53	1 17	14 51	0 48	22 3	1 10
16	23 19	0N55	1 41	3N43	23 28	1 19	22 54	1 47	14 41	1 17	14 52	0 48	22 3	1 10
17	23 21	6 29	2 38	9 11	23 10	1 11	22 41	1 48	14 29	1 16	14 52	0 49	22 4	1 9
18	23 23	11 49	3 27	14 20	22 52	1 1	22 28	1 48	14 17	1 15	14 53	0 49	22 4	1 9
19	23 25	16 44	4 8	18 59	22 32	0 51	22 14	1 49	14 4	1 14	14 54	0 49	22 5	1 9
20	23 26	21 4	4 39	22 56	22 13	0 41	21 59	1 49	13 52	1 13	14 54	0 49	22 5	1 9
21	23 27	24 34	4 57	25 56	21 53	0 29	21 44	1 50	13 39	1 13	14 55	0 50	22 6	1 9
22	23 27	26 60	5 2	27 44	21 32	0 18	21 28	1 50	13 27	1 12	14 56	0 50	22 6	1 9
23	23 27	28 8	4 52	28 9	21 12	0 5	21 12	1 50	13 14	1 11	14 57	0 50	22 7	1 9
24	23 26	27 47	4 28	27 2	20 52	0S 7	20 55	1 50	13 1	1 10	14 58	0 51	22 7	1 9
25	23 25	25 54	3 49	24 25	20 31	0 21	20 38	1 50	12 49	1 10	14 59	0 51	22 8	1 9
26	23 24	22 35	2 57	20 27	20 11	0 35	20 20	1 50	12 36	1 9	15 0	0 51	22 8	1 9
27	23 22	18 2	1 55	15 22	19 51	0 49	20 1	1 50	12 23	1 8	15 1	0 51	22 8	1 9
28	23 20	12 30	0 45	9 28	19 31	1 4	19 42	1 50	12 9	1 7	15 2	0 52	22 9	1 9
29	23 18	6 19	0S28	3 3	19 12	1 19	19 22	1 49	11 56	1 7	15 4	0 52	22 9	1 9
30	23N15	0S15	1S40	3S34	18N54	1S34	19N 2	1N49	11N43	1N 6	15S 5	0S52	22N10	1S 9

DAY	♅ DECL	♅ LAT	♆ DECL	♆ LAT	♇ DECL	♇ LAT
1	17S58	0S39	20N31	0S24	17N57	5S30
5	17 59	0 39	20 30	0 24	17 58	5 29
9	17 60	0 39	20 29	0 24	17 58	5 29
13	18 1	0 40	20 28	0 24	17 58	5 29
17	18 3	0 40	20 26	0 24	17 59	5 28
21	18 5	0 40	20 25	0 23	17 59	5 28
25	18 6	0 40	20 23	0 23	17 59	5 28
29	18S 8	0S40	20N22	0S23	17N59	5S28

☽ PHENOMENA				VOID OF COURSE ☽ LAST ASPT		☽ INGRESS		
d	h	m						
1	14	3	☽	2	11pm 0	2	♎	11pm51
8	5	18	○	4	7pm32	5	♏	1am30
15	14	20	☾	6	8pm22	7	♐	2am12
23	15	33	●	8	2pm46	9	♑	3am41
30	19	24	☽	11	1am34	11	♒	7am47
				13	1am18	13	♓	3pm45
				15	8pm30	16	♈	3am12
d	h	° '		18	11am56	18	♉	4pm 1
2	18	0		20	9pm44	21	♊	3am44
8	22	28S12		23	10am 6	23	♋	1pm 7
15	20	0		25	2pm49	25	♌	8pm14
23	7	28N11		27	2pm10	28	♍	1am35
29	23	0		30	3am23	30	♎	5am33
1	14	0						
7	18	5S 0		d	h			
14	9	0		5	23	PERIGEE		
21	20	5N 2		17	21	APOGEE		
28	15	0						

DAILY ASPECTARIAN

Day	Aspect	Time
1 M	♀⚼♃	3am 2
	☿⚺♆	3 44
	☿⚼♅	7 24
	☽⚹♀	9 13
	☉□☽	2pm 3
	☽∠♆	3 51
	☽⚻♅	4 18
2 T	☽⚺♂	0am33
	☽□♄	7 16
	☽⚻♃	10 35
	☉∠♆	4pm52
	☽⚹♆	5 34
	☽⚼♅	5 57
	☉△♅	10 19
	☽□☿	11 0
3 W	☽□♇	0am 7
	☽∠♂	3 4
	☿ ♋	5 53
	☿☌♇	8 13
	☽⚼♃	11 55
	☽□♀	4pm59
	☽△♅	7 4
	☉△☽	8 33
4 Th	☽⚹♂	5am 2
	☽△♄	9 56
	☽△♃	12pm46
	♀⚻♅	5 39
	☽□♆	7 32
	☿∠♂	10 54
	☉⚼☽	10 58
5 F	☽∥♃	0am32
	☽△♇	1 51
	☽△☿	7 13
	☽#♂	8 20
	☽⚼♄	10 40
	☽#♇	1pm29
	☽∥♅	1 33
	☽□♅	8 8
	☽△♀	10 31
6 S	☽#♆	0am59
	☉⚻☽	1 2
	☽⚼♇	2 15
	☽□♂	7 51
	☽#♄	8 17
	☽⚼☿	10 34
	☽⚻♄	11 13
	☉#☽	11 41
	☽□♃	1pm38
	☽△♆	8 22
	☽#♀	9 51
7 Su	☽⚼♀	1am 0
	☽⚻♇	2 38
	☽#☿	5 5
	☽⚻☿	1pm52
	☿⚼♃	3 36
	☽⚹♅	8 51
	☽⚼♆	8 52
8 M	☽⚻♀	3am42
	☉☍☽	5 18
	☽△♂	10 46
	☽☍♄	12pm41
	☽⚹♃	2 46
	☽∠♅	9 39
	☽⚻♆	9 45
9 T	☽☍♇	4am11
	☽⚼♂	12pm57
	☽∠♃	4 2
	☽☍☿	9 47
	☽⚺♅	11 3
10 W	☿⚻♅	10am 3
	☽☍♀	11 10
	☉⚻☽	11 48
	☽⚻♂	3pm59
	☽⚻♄	4 19
	☽⚺♃	6 3
	☽#☿	9 30
11 Th	☽☍♆	1am34
	♂⚹♄	2 44
	☽#♀	4 33
	☽⚻♇	8 25
	☉#☽	9 13
	♃SR	9 56
	☽#♄	3pm26
	☉⚼☽	4 37
	☽⚼♄	7 29
	☉⚺♀	8 50
12 F	☽#♆	0am 6
	☽☌♅	4 28
	☽⚻☿	9 34
	☽⚼♇	11 58
	☽∥♅	12pm45
	☽#♇	12 58
	♂☍♃	6 5
	☉△☽	10 41
	☽⚻♀	11 14
	☽△♄	11 41
13 S	☽☌♃	0am59
	☽☍♂	1 18
	☽#♂	1 55
	☽∥♃	3 54
	♀⚺♄	4 36
	☽⚻♆	9 13
	☉☌♄	1pm59
	☽△♇	4 32
	☽⚼☿	5 18
	♀⚻♃	5 35
14 Su	☉△♃	4am53
	☽⚼♀	7 15
	☉∥♀	7 28
	☽⚺♅	1pm48
	☽⚼♆	2 29
	♀⚺♂	2 51
15 M	☽△☿	2am 3
	♂#♃	3 58
	☽□♄	10 58
	☽⚺♃	11 38
	☉□☽	2pm20
	☽⚻♂	2 57
	☽△♀	4 21
	☽∠♅	7 40
	☽△♆	8 30
16 T	☽□♇	4am 9
	☉⚹♂	8 23
	☉∥☿	11 20
	☽∠♃	5pm52
	☽⚼♂	10 47
17 W	☽⚹♅	1am58
	♀☌♆	10 49
	♃△♄	5pm46
	☽□☿	8 56
18 Th	☽⚹♃	0am16
	☽⚹♄	0 21
	☽△♂	6 46
	☉⚼♅	7 41
	☉⚹☽	8 25
	☽□♆	9 28
	☽∥♂	11 16
	☽□♀	11 56
	☽#♃	2pm42
	☽⚹♇	5 6
	☉⚺♆	10 2
19 F	☽∥♇	6am31
	☽#♅	6 59
	☽∠♄	6 59
	☿⚻♃	11 46
	☽□♅	2pm30
	♀∥♄	2 38
	☉∠☽	5 14
	☿⚺♄	7 42
	☽∥♆	8 11
	☽∠♇	11 15
20 S	♀ ♌	4am26
	☽∥♀	5 25
	☽∥♄	6 26
	☽∥☿	6 38
	☿∥♄	8 52
	☽□♃	12pm20
	☽⚺♄	1 12
	☽⚹☿	2 24
	☉∥☽	3 34
	♀⚺♇	4 8
	♂⚺♆	5 48
	☽⚹♆	9 34
	☽□♂	9 44
21 Su	☉⚺☽	1am27
	☽⚺♇	4 54
	☽⚹♀	6 14
	☽∠☿	9pm50
22 M	☽△♅	1am18
	☽∠♆	2 47
	☉ ♋	6 55
	☽∠♀	2pm13
	☽△♃	10 13
	☉☌♇	10 56
	☽☌♄	11 47
23 T	☿∥♀	0am10
	☽⚺☿	4 17
	☽⚼♅	5 46
	☽⚺♆	7 22
	☽⚹♂	10 6
	☽☌♇	2pm21
	☉☌☽	3 33
	☽⚺♀	9 22
24 W	☽⚼♃	2am14
	☽⚻♅	9 40
	☽∠♂	3pm16
25 Th	☽⚻♃	5am43
	☽⚺♄	7 56
	☿∥♆	9 31
	☽☌☿	2pm35
	☽☌♆	2 49
	☉∥☽	6 50
	♀∥♆	7 33
	☽⚺♂	7 50
	☿☌♆	8 40
	☽⚺♇	9 31
26 F	☽∥♄	2am39
	☉⚺☽	2 49
	♂ ♍	4 48
	☽☌♀	9 32
	☽∠♄	11 15
	☽∥♆	12pm20
	☽∥♀	1 30
	☽∥☿	2 23
	☽☍♅	3 57
	☽#♅	11 33
27 S	☽∥♇	0am12
	☽∠♇	0 24
	♀∠♄	7 13
	☉∠☽	7 37
	☽☍♃	11 18
	♂⚹♇	11 35
	☽#♃	1pm27
	☽⚹♄	2 10
	☽⚺♆	8 28
	☽⚺☿	10 5
28 Su	☽∥♂	1am27
	☽⚹♇	2 55
	☽☌♂	3 35
	☉⚹☽	11 57
	☽⚺♀	7pm30
	☽⚻♅	8 39
	☽∠♆	10 45
29 M	☽∠☿	0am59
	♀☍♅	8 34
	☉⚼♃	9 29
	☽⚻♃	3pm25
	☽□♄	6 53
	☽⚼♅	10 30
	☽∠♀	11 49
30 T	☽⚹♆	0am41
	☽⚹☿	3 23
	☽□♇	6 56
	☽⚺♂	9 44
	☽⚼♃	4pm59
	☉□☽	7 24

LONGITUDE

DAY	SID. TIME	☉	☽	☽ 12 Hour	MEAN ☊	TRUE ☊	☿	♀	♂	♃	♄	♅	♆	♇
	h m s	° ' "	° ' "	° ' "	° '	° '	° '	° '	° '	° '	° '	° '	° '	° '
1	18 32 49	8♋ 18 36	10♎ 49 55	17♎ 55 14	8♓ 49	7♓ 40R	28♋ 55	12♌ 51	2♍ 48	21♒ 41R	23♊ 57	10♒ 51R	27♋ 12	0♋ 50
2	18 36 45	9 15 48	25 2 30	2♏ 11 29	8 46	7 39	29 3	14 2	3 24	21 37	24 4	10 50	27 14	0 51
3	18 40 42	10 12 59	9♏ 21 51	16 33 10	8 43	7 35	29 7R	15 13	3 59	21 33	24 12	10 48	27 16	0 53
4	18 44 38	11 10 11	23 44 56	0♐ 56 34	8 40	7 30	29 6	16 24	4 34	21 29	24 19	10 46	27 18	0 54
5	18 48 35	12 7 22	8♐ 7 25	15 16 49	8 36	7 23	29 0	17 35	5 10	21 25	24 27	10 44	27 20	0 56
6	18 52 31	13 4 33	22 24 4	29 28 28	8 33	7 15	28 50	18 45	5 45	21 21	24 35	10 42	27 23	0 57
7	18 56 28	14 1 44	6♑ 29 23	13♑ 26 14	8 30	7 6	28 35	19 56	6 21	21 16	24 42	10 40	27 25	0 59
8	19 0 25	14 58 55	20 18 30	27 5 49	8 27	6 59	28 16	21 7	6 56	21 11	24 50	10 38	27 27	1 0
9	19 4 21	15 56 6	3♒ 47 55	10♒ 24 37	8 24	6 53	27 53	22 17	7 32	21 6	24 57	10 35	27 29	1 1
10	19 8 18	16 53 17	16 55 54	23 21 52	8 21	6 49	27 26	23 28	8 8	21 1	25 5	10 33	27 31	1 3
11	19 12 14	17 50 28	29 42 42	5♓ 58 41	8 17	6 47D	26 56	24 38	8 44	20 56	25 12	10 31	27 34	1 4
12	19 16 11	18 47 41	12♓ 10 12	18 17 42	8 14	6 47	26 23	25 48	9 19	20 51	25 20	10 29	27 36	1 6
13	19 20 7	19 44 53	24 21 42	0♈ 22 45	8 11	6 48	25 47	26 58	9 55	20 45	25 27	10 27	27 38	1 7
14	19 24 4	20 42 6	6♈ 21 27	12 18 26	8 8	6 50	25 9	28 9	10 31	20 39	25 34	10 25	27 40	1 8
15	19 28 0	21 39 19	18 14 18	24 9 43	8 5	6 50R	24 30	29 19	11 7	20 34	25 42	10 22	27 42	1 10
16	19 31 57	22 36 33	0♉ 5 18	6♉ 1 42	8 1	6 50	23 50	0♍ 29	11 44	20 28	25 49	10 20	27 45	1 11
17	19 35 53	23 33 48	11 59 29	17 59 15	7 58	6 48	23 10	1 39	12 20	20 22	25 56	10 18	27 47	1 12
18	19 39 50	24 31 3	24 1 30	0♊ 6 44	7 55	6 44	22 30	2 48	12 56	20 15	26 3	10 16	27 49	1 14
19	19 43 47	25 28 20	6♊ 15 22	12 27 47	7 52	6 39	21 52	3 58	13 32	20 9	26 11	10 13	27 51	1 15
20	19 47 43	26 25 37	18 44 15	25 5 0	7 49	6 33	21 17	5 8	14 9	20 3	26 18	10 11	27 53	1 17
21	19 51 40	27 22 54	1♋ 30 10	7♋ 59 47	7 46	6 26	20 44	6 17	14 45	19 56	26 25	10 9	27 56	1 18
22	19 55 36	28 20 12	14 33 51	21 12 15	7 42	6 20	20 14	7 27	15 22	19 49	26 32	10 7	27 58	1 19
23	19 59 33	29 17 31	27 54 47	4♌ 41 14	7 39	6 15	19 48	8 36	15 58	19 43	26 39	10 4	28 0	1 20
24	20 3 29	0♌ 14 51	11♌ 31 17	18 24 36	7 36	6 11	19 26	9 46	16 35	19 36	26 46	10 2	28 2	1 22
25	20 7 26	1 12 10	25 20 49	2♍ 19 34	7 33	6 9D	19 10	10 55	17 12	19 29	26 53	10 0	28 5	1 23
26	20 11 23	2 9 31	9♍ 20 27	16 23 7	7 30	6 8	18 59	12 4	17 48	19 22	27 0	9 57	28 7	1 24
27	20 15 19	3 6 52	23 27 12	0♎ 32 21	7 27	6 9	18 53D	13 13	18 25	19 14	27 7	9 55	28 9	1 26
28	20 19 16	4 4 13	7♎ 38 16	14 44 39	7 23	6 10	18 53	14 22	19 2	19 7	27 13	9 52	28 11	1 27
29	20 23 12	5 1 35	21 51 15	28 57 47	7 20	6 12R	18 59	15 31	19 39	19 0	27 20	9 50	28 14	1 28
30	20 27 9	5 58 57	6♏ 3 59	13♏ 9 37	7 17	6 12	19 11	16 40	20 16	18 52	27 27	9 48	28 16	1 29
31	20 31 5	6♌ 56 20	20♏ 14 25	27♏ 18 6	7♓ 14	6♓ 11	19♋ 29	17♍ 49	20♍ 53	18♒ 45	27♊ 34	9♒ 45	28♋ 18	1♋ 31

DECLINATION and LATITUDE

DAY	☉ DECL	☽ DECL	☽ LAT	☽ 12hr DECL	☿ DECL	☿ LAT	♀ DECL	♀ LAT	♂ DECL	♂ LAT	♃ DECL	♃ LAT	♄ DECL	♄ LAT
1	23N11	6S52	2S48	19S 5	18N36	1S49	18N42	1N49	11N30	1N 5	15S 6	0S52	22N10	1S 9
2	23 8	13 11	3 45	16 8	18 19	2 5	18 21	1 48	11 16	1 4	15 8	0 53	22 10	1 9
3	23 3	18 52	4 29	21 21	18 3	2 20	17 59	1 47	11 3	1 4	15 9	0 53	22 11	1 9
4	22 59	23 30	4 57	25 18	17 48	2 36	17 37	1 46	10 49	1 3	15 11	0 53	22 11	1 9
5	22 54	26 42	5 5	27 39	17 34	2 51	17 15	1 46	10 35	1 2	15 13	0 53	22 12	1 8
6	22 48	28 8	4 55	28 10	17 22	3 6	16 52	1 45	10 22	1 2	15 14	0 53	22 12	1 8
7	22 43	27 44	4 27	26 51	17 10	3 21	16 29	1 44	10 8	1 1	15 16	0 54	22 12	1 8
8	22 36	25 35	3 43	23 58	17 0	3 35	16 5	1 43	9 54	1 0	15 18	0 54	22 13	1 8
9	22 30	22 2	2 48	19 50	16 51	3 49	15 41	1 41	9 40	0 59	15 20	0 54	22 13	1 8
10	22 23	17 26	1 45	14 52	16 44	4 1	15 17	1 40	9 26	0 59	15 21	0 54	22 13	1 8
11	22 16	12 10	0 38	9 23	16 39	4 13	14 52	1 39	9 12	0 58	15 23	0 55	22 14	1 8
12	22 8	6 33	0N29	3 41	16 34	4 23	14 27	1 37	8 58	0 57	15 25	0 55	22 14	1 8
13	21 60	0 49	1 34	2N 3	16 32	4 33	14 1	1 36	8 43	0 56	15 27	0 55	22 14	1 8
14	21 51	4N52	2 33	7 38	16 31	4 41	13 36	1 34	8 29	0 56	15 29	0 55	22 14	1 8
15	21 42	10 19	3 25	12 54	16 31	4 47	13 9	1 32	8 15	0 55	15 31	0 56	22 15	1 8
16	21 33	15 23	4 8	17 43	16 33	4 52	12 43	1 30	8 0	0 54	15 33	0 56	22 15	1 8
17	21 24	19 54	4 41	21 53	16 37	4 55	12 16	1 28	7 46	0 54	15 36	0 56	22 15	1 8
18	21 14	23 40	5 2	25 11	16 42	4 56	11 49	1 26	7 31	0 53	15 38	0 56	22 15	1 8
19	21 3	26 26	5 9	27 23	16 48	4 56	11 22	1 24	7 17	0 52	15 40	0 56	22 16	1 8
20	20 53	27 60	5 3	28 15	16 55	4 54	10 54	1 22	7 2	0 52	15 42	0 57	22 16	1 8
21	20 42	28 7	4 41	27 36	17 4	4 51	10 26	1 20	6 47	0 51	15 44	0 57	22 16	1 8
22	20 30	26 42	4 4	25 24	17 13	4 45	9 58	1 17	6 33	0 50	15 47	0 57	22 16	1 8
23	20 18	23 44	3 13	21 44	17 24	4 39	9 30	1 15	6 18	0 49	15 49	0 57	22 17	1 8
24	20 6	19 25	2 10	16 49	17 35	4 31	9 1	1 12	6 3	0 49	15 51	0 57	22 17	1 8
25	19 54	13 60	0 59	10 58	17 46	4 21	8 33	1 9	5 48	0 48	15 54	0 58	22 17	1 8
26	19 41	7 48	0S18	4 31	17 58	4 10	8 4	1 7	5 33	0 47	15 56	0 58	22 17	1 8
27	19 28	1 10	1 33	2S12	18 11	3 59	7 35	1 4	5 18	0 47	15 59	0 58	22 17	1 8
28	19 15	5S32	2 44	8 49	18 23	3 46	7 5	1 1	5 3	0 46	16 1	0 58	22 17	1 8
29	19 1	11 59	3 44	14 60	18 36	3 32	6 36	0 58	4 48	0 45	16 4	0 58	22 18	1 8
30	18 47	17 48	4 31	20 22	18 48	3 18	6 6	0 55	4 32	0 45	16 6	0 58	22 18	1 8
31	18N33	22S39	5S 1	24S35	19N 0	3S 3	5N37	0N51	4N17	0N44	16S 8	0S59	22N18	1S 8

DAY	♅ DECL	♅ LAT	♆ DECL	♆ LAT	♇ DECL	♇ LAT
1	18S10	0S40	20N21	0S23	17N59	5S28
5	18 12	0 40	20 19	0 23	17 59	5 28
9	18 14	0 40	20 18	0 23	17 59	5 28
13	18 16	0 40	20 16	0 23	17 59	5 27
17	18 19	0 40	20 14	0 23	17 59	5 27
21	18 21	0 40	20 13	0 23	17 59	5 27
25	18 24	0 40	20 11	0 23	17 59	5 27
29	18S27	0S40	20N 9	0S23	17N59	5S28

☽ PHENOMENA

d	h	m	
7	14	0	○
15	7	32	☾
23	2	38	●
29	23	51	☽

d	h	°
6	7	28S13
13	3	0
20	14	28N'5
27	4	0

d	h	°
4	23	5S 5
11	14	0
19	1	5N 9
25	19	0

VOID OF COURSE ☽

LAST ASPT		☽ INGRESS	
2	6am47	2 ♏	8am20
4	8am53	4 ♐	10am26
6	3am43	6 ♑	12pm54
8	1pm43	8 ♒	5pm11
10	3pm22	11 ♓	0am33
13	6am32	13 ♈	11am14
15	7pm14	15 ♉	11pm49
18	7am31	18 ♊	11am47
20	2pm25	20 ♋	9pm12
23	2am38	23 ♌	3am42
25	2am40	25 ♍	8am 0
27	7am59	27 ♎	11am 5
29	10am47	29 ♏	1pm45
31	1pm44	31 ♐	4pm36

d	h	
3	8	PERIGEE
15	15	APOGEE
28	12	PERIGEE

DAILY ASPECTARIAN

Day	Aspect	Time
1 W	☽△♅	0am 3
	☽⚹♀	3 44
	☽∠♂	12pm19
	☽#♂	4 47
	☽△♃	6 16
	☽△♄	10 21
2 Th	☽□♆	3am41
	☿∥♀	6 45
	☽□☿	6 47
	☽∥♃	7 51
	☽△♇	9 47
	♀#♅	11 41
	☿#♅	1pm16
	☽⚹♂	2 37
	☽#♇	8 0
	☽#♀	8 15
	☽#☿	8 29
	☽∥♅	8 51
	☽⚼♄	11 43
3 F	♀∥♇	0am 6
	☉△☽	1 31
	☽□♅	2 23
	☿∥♇	6 29
	☽#♆	6 56
	☿SR	6 57
	☽□♀	10 39
	☽⚼♇	10 54
	♀∠♇	1pm43
	☉⊼♅	2 3
	☽#♄	4 28
	☽□♃	8 15
	☉#☽	8 58
4 S	☽⊼♄	0am58
	☉⚼☽	4 19
	☽△♆	5 57
	☽△☿	8 53
	☽⊼♇	11 57
	☽□♂	6pm50
5 Su	☽⚹♅	4am21
	☽⚼♆	7 5
	☉⊼☽	7 11
	☽⚼☿	9 45
	☽△♀	5pm18
	☽⚹♃	10 13
6 M	☽☍♄	3am43
	☽∠♅	5 34
	☽⊼♆	8 27
	☽⊼☿	10 44
	☽☍♇	2pm33
	☽⚼♀	9 5
	☽∠♃	11 37
	☽△♂	11 44
7 T	☽⊻♅	7am10
	☉☍☽	2pm 0
8 W	♀☍♃	1am28
	☽⊻♃	1 32
	☽⊼♀	1 33
	☽⚼♂	3 0
	☽⊼♄	8 3
	☽☍♆	12pm40
	☽☍☿	1 43
	☽⊼♇	7 0
	☉#☽	9 9
	☽#♄	10 54
9 Th	☽⊼♂	7am 5
	☽#♆	9 37
	☽⚼♄	11 16
	☽☌♅	12pm18
	♀#♃	7 48
	☿☌♆	8 2
	☽∥♅	8 4
	☽#♇	9 19
	☽⚼♇	10 22
	☉⊼☽	11 55
10 F	☽#☿	3am23
	☽☌♃	7 34
	☽∥♃	9 42
	☽#♀	10 59
	☽☍♀	1pm25
	☽△♄	3 22
	☽⊼☿	6 56
	☽⊼♆	7 54
11 S	☽△♇	2am36
	☉∥♄	6 13
	☉⚼☽	6 28
	♀⚹♄	1pm 3
	☽#♂	1 23
	☽☍♂	6 11
	☽⊻♅	8 44
	☽⚼☿	10 31
12 Su	☽⚼♆	0am50
	☿⊻♀	7 49
	☉△☽	2pm 5
	☽⊻♃	4 54
13 M	♄⚼♅	0am 2
	☽∠♅	2 9
	☽□♄	2 11
	☽△☿	2 41
	☽⊼♀	5 45
	☽△♆	6 32
	☿⊻♄	10 34
	☽□♇	1pm30
	♀⊻♆	1 58
	☿∠♂	4 42
	♂⊼♅	7 48
	☽∠♃	10 36
	☉⊼♃	11 0
14 T	☽⚹♅	8am 9
	☽⊼♂	8 51
	☽∥♂	3pm 7
	☽⚼♀	3 11
15 W	☽⚹♃	4am40
	☉□☽	7 32
	☽□☿	12pm 0
	☽∥♀	12 8
	♀ ♍	2 11
	☽⚹♄	3 15
	☽⚼♂	4 50
	☽□♆	7 14
16 Th	☽△♀	0am52
	☽#♃	0 53
	☽⚹♇	2 13
	☽∥☿	6 0
	☽∥♇	1pm26
	♀⚹♇	2 52
	☽#♅	3 11
	☉☌☿	6 1
	☽□♅	8 37
	☽∠♄	9 51
17 F	☽△♂	0am43
	☽∥♆	1 59
	☽∠♇	8 28
	☉∥☽	8 33
	☽∥♄	2pm23
	☽□♃	4 35
	♂∠♆	7 3
	☽⚹☿	9 9
18 S	☉⚹☽	1am 3
	☽⊻♄	4 3
	☽⚹♆	7 31
	☽⊻♇	2pm13
	☽□♀	7 5
19 Su	☽∠☿	1am 9
	☽△♅	7 40
	☉∠☽	8 51
	☽∠♆	12pm47
	☽□♂	2 47
	☉⊻♄	8 12
20 M	☽△♃	2am28
	☽⊻☿	4 37
	☽⚼♅	12pm 9
	☽☌♄	2 25
	☉⊻☽	3 42
	☿∠♀	4 0
	☽⊻♆	5 19
	☽☌♇	11 37
21 T	☽⚼♃	6am18
	☽⚹♀	9 44
	☉☌♆	2pm18
	☽⊼♅	3 54
22 W	☽⚹♂	1am31
	☽⊼♃	9 26
	☽☌☿	9 55
	☽∠♀	3pm35
	☽⊻♄	9 44
23 Th	☽☌♆	0am10
	☉☌☽	2 38
	☽∠♂	5 41
	☽⊻♇	6 6
	☿⊼♃	7 57
	☽∥♄	8 55
	☉∥♆	2pm 7
	☉ ♌	5 47
	☽∥♆	8 10
	☉∥☽	8 25
	☽⊻♀	8 38
	☽☍♅	9 24
24 F	☽∠♄	0am26
	☽#♅	4 53
	♀⊼♅	5 23
	☽∥♇	6 46
	☽∥☿	8 20
	☽∠♇	8 27
	☽⊻♂	9 14
	☽⊻☿	1pm30
	☽☍♃	1 56
	☽#♃	4 6
25 S	☽⚹♄	2am40
	☉⊻♇	4 40
	☽⊻♆	4 43
	☽⚹♇	10 24
	☉⊻☽	10 49
	☽∠☿	2pm56
	☽∥♀	10 57
26 Su	☽⊼♅	1am 2
	☿∥♇	1 23
	☽☌♀	5 4
	☽∠♆	6 27
	☽∥♂	8 36
	☉∠☽	2pm17
	☽☌♂	3 4
	☽⚹☿	4 16
	☽⊼♃	4 55
	♀∠♆	10 29
27 M	☽⚼♅	2am28
	☽□♄	6 15
	☽⚹♆	7 59
	☿SD	12pm13
	☽□♇	1 31
	☉⚹☽	5 32
	☿⚹♂	5 33
	☽⚼♃	6 6
	☉∠♂	9 25
	☽#♂	10 18
28 T	♂⊼♃	2am49
	☽△♅	3 46
	☿#♅	5 11
	☽#♀	5 15
	☽⊻♀	12pm22
	☽□☿	7 6
	☽△♃	7 13
	☽⊻♂	8 7
29 W	☿⊼♃	1am47
	☽△♄	9 20
	☽□♆	10 47
	☽∠♀	3pm55
	☽△♇	4 15
	☽∥♃	4 33
	☽∠♂	10 35
	☉∥☿	10 51
	☉□☽	11 51
30 Th	☽#♇	0am48
	☽∥♅	2 56
	☉#☽	4 15
	☽#☿	4 43
	☽□♅	6 17
	☽#♆	10 53
	☽⚼♄	10 53
	☽⚼♇	5pm40
	☽⚹♀	7 31
	☽□♃	9 30
	☽#♄	10 4
	☽△☿	10 41
31 F	☽⚹♂	1am 8
	☉#♅	7 43
	☽⊼♄	12pm32
	☽△♆	1 44
	♀⊼♃	5 47
	☽⊼♇	7 12

AUGUST 1914

LONGITUDE

DAY	SID. TIME	☉	☽	☽ 12 Hour	MEAN ☊	TRUE ☊	☿	♀	♂	♃	♄	♅	♆	♇
	h m s	° ' "	° ' "	° ' "	° '	° '	° '	° '	° '	° '	° '	° '	° '	° '
1	20 35 2	7♌ 53 44	4♐ 20 24	11♐ 21 0	7♓ 11	6♓ 9R	19♋ 54	18♍ 57	21♍ 30	18♒ 37R	27♊ 40	9♒ 43R	28♋ 20	1♋ 32
2	20 38 58	8 51 8	18 19 37	25 15 54	7 7	6 6	20 25	20 6	22 7	18 30	27 47	9 40	28 22	1 33
3	20 42 55	9 48 33	2♑ 9 33	9♑ 0 15	7 4	6 3	21 2	21 14	22 44	18 22	27 53	9 38	28 25	1 34
4	20 46 52	10 45 58	15 47 44	22 31 42	7 1	5 59	21 45	22 22	23 22	18 15	28 0	9 36	28 27	1 35
5	20 50 48	11 43 25	29 11 56	5♒ 48 16	6 58	5 56	22 35	23 30	23 59	18 7	28 6	9 33	28 29	1 37
6	20 54 45	12 40 52	12♒ 20 33	18 48 43	6 55	5 53	23 31	24 38	24 36	17 59	28 12	9 31	28 31	1 38
7	20 58 41	13 38 20	25 12 46	1♓ 32 45	6 52	5 52D	24 33	25 46	25 14	17 51	28 19	9 29	28 33	1 39
8	21 2 38	14 35 49	7♓ 48 47	14 1 4	6 48	5 52	25 40	26 54	25 51	17 44	28 25	9 26	28 35	1 40
9	21 6 34	15 33 20	20 9 51	26 15 27	6 45	5 53	26 54	28 1	26 29	17 36	28 31	9 24	28 38	1 41
10	21 10 31	16 30 51	2♈ 18 12	8♈ 18 32	6 42	5 54	28 12	29 9	27 7	17 28	28 37	9 21	28 40	1 42
11	21 14 27	17 28 24	14 16 54	20 13 49	6 39	5 55	29 36	0♎ 16	27 44	17 20	28 43	9 19	28 42	1 43
12	21 18 24	18 25 59	26 9 47	2♉ 5 22	6 36	5 57	1♌ 5	1 23	28 22	17 12	28 49	9 17	28 44	1 44
13	21 22 21	19 23 35	8♉ 1 8	13 57 41	6 33	5 57R	2 39	2 31	29 0	17 4	28 55	9 14	28 46	1 45
14	21 26 17	20 21 12	19 55 35	25 55 27	6 29	5 58	4 17	3 38	29 38	16 57	29 1	9 12	28 48	1 46
15	21 30 14	21 18 50	1♊ 57 50	8♊ 3 19	6 26	5 57	5 59	4 44	0♎ 16	16 49	29 7	9 10	28 50	1 47
16	21 34 10	22 16 31	14 12 26	20 25 38	6 23	5 56	7 44	5 51	0 54	16 41	29 13	9 7	28 52	1 48
17	21 38 7	23 14 13	26 43 23	3♋ 6 3	6 20	5 55	9 32	6 57	1 32	16 33	29 18	9 5	28 54	1 49
18	21 42 3	24 11 56	9♋ 33 56	16 7 13	6 17	5 53	11 24	8 4	2 10	16 26	29 24	9 3	28 57	1 50
19	21 46 0	25 9 41	22 46 3	29 30 26	6 13	5 52	13 18	9 10	2 48	16 18	29 30	9 0	28 59	1 51
20	21 49 56	26 7 28	6♌ 20 15	13♌ 15 17	6 10	5 51	15 13	10 16	3 26	16 10	29 35	8 58	29 1	1 52
21	21 53 53	27 5 16	20 15 14	27 19 37	6 7	5 50	17 10	11 22	4 4	16 3	29 41	8 56	29 3	1 53
22	21 57 50	28 3 5	4♍ 27 57	11♍ 39 35	6 4	5 50D	19 9	12 28	4 43	15 55	29 46	8 54	29 5	1 54
23	22 1 46	29 0 56	18 53 52	26 10 5	6 1	5 50	21 8	13 33	5 21	15 48	29 51	8 51	29 7	1 55
24	22 5 43	29 58 48	3♎ 27 29	10♎ 45 21	5 58	5 51	23 7	14 39	5 59	15 40	29 56	8 49	29 9	1 56
25	22 9 39	0♍ 56 41	18 2 57	25 19 39	5 54	5 51	25 7	15 44	6 38	15 33	0♋ 1	8 47	29 11	1 57
26	22 13 36	1 54 36	2♏ 34 49	9♏ 47 57	5 51	5 51	27 7	16 49	7 17	15 26	0 6	8 45	29 12	1 58
27	22 17 32	2 52 32	16 58 34	24 6 17	5 48	5 51R	29 7	17 54	7 55	15 19	0 11	8 43	29 14	1 58
28	22 21 29	3 50 29	1♐ 10 49	8♐ 11 55	5 45	5 51	1♍ 6	18 58	8 34	15 11	0 16	8 41	29 16	1 59
29	22 25 25	4 48 28	15 9 27	22 3 18	5 42	5 51	3 4	20 3	9 13	15 5	0 21	8 39	29 18	2 0
30	22 29 22	5 46 27	28 53 24	5♑ 39 44	5 38	5 51D	5 2	21 7	9 51	14 58	0 26	8 37	29 20	2 1
31	22 33 19	6♍ 44 28	12♑ 22 20	19♑ 1 15	5♓ 35	5♓ 51	6♍ 58	22♎ 11	10♎ 30	14♒ 51	0♋ 30	8♒ 35	29♋ 22	2♋ 1

DECLINATION and LATITUDE

DAY	☉ DECL	☽ DECL	☽ LAT	☽ 12hr DECL	☿ DECL	☿ LAT	♀ DECL	♀ LAT	♂ DECL	♂ LAT	♃ DECL	♃ LAT	♄ DECL	♄ LAT
1	18N18	26S 9	5S13	27S18	19N12	2S48	5N 7	0N48	4N 2	0N43	16S11	0S59	22N18	1S 8
2	18 3	28 1	5 6	28 18	19 23	2 33	4 37	0 45	3 47	0 43	16 13	0 59	22 18	1 8
3	17 48	28 7	4 41	27 31	19 33	2 17	4 7	0 41	3 31	0 42	16 16	0 59	22 18	1 8
4	17 33	26 30	4 1	25 7	19 42	2 1	3 36	0 38	3 16	0 41	16 18	0 59	22 18	1 8
5	17 17	23 23	3 8	21 23	19 50	1 45	3 6	0 34	3 1	0 40	16 21	0 59	22 18	1 8
6	17 1	19 7	2 6	16 39	19 56	1 29	2 36	0 31	2 45	0 40	16 24	0 60	22 18	1 8
7	16 44	14 2	0 58	11 18	20 1	1 13	2 5	0 27	2 30	0 39	16 26	0 60	22 19	1 8
8	16 28	8 29	0N11	5 36	20 4	0 58	1 35	0 23	2 14	0 38	16 29	0 60	22 19	1 8
9	16 11	2 42	1 18	0N12	20 5	0 43	1 5	0 19	1 59	0 38	16 31	0 60	22 19	1 8
10	15 54	3N 4	2 21	5 54	20 4	0 28	0 34	0 15	1 43	0 37	16 34	1 0	22 19	1 8
11	15 36	8 39	3 16	11 19	20 1	0 14	0 4	0 11	1 27	0 36	16 36	1 0	22 19	1 8
12	15 19	13 53	4 3	16 19	19 55	0 1	0S27	0 7	1 12	0 36	16 39	1 0	22 19	1 8
13	15 1	18 35	4 39	20 42	19 47	0N12	0 58	0 3	0 56	0 35	16 41	1 0	22 19	1 8
14	14 43	22 36	5 4	24 17	19 36	0 25	1 28	0S 2	0 40	0 34	16 44	1 1	22 19	1 8
15	14 24	25 43	5 15	26 51	19 22	0 36	1 59	0 6	0 25	0 34	16 46	1 1	22 19	1 8
16	14 6	27 41	5 13	28 12	19 6	0 47	2 29	0 11	0 9	0 33	16 49	1 1	22 19	1 8
17	13 47	28 20	4 56	28 6	18 47	0 57	2 60	0 15	0S 7	0 32	16 51	1 1	22 19	1 8
18	13 28	27 29	4 23	26 28	18 25	1 6	3 30	0 20	0 22	0 32	16 53	1 1	22 19	1 8
19	13 8	25 3	3 36	23 19	18 1	1 14	4 0	0 24	0 38	0 31	16 56	1 1	22 19	1 8
20	12 49	21 13	2 36	18 48	17 34	1 21	4 31	0 29	0 54	0 30	16 58	1 1	22 19	1 8
21	12 29	16 5	1 25	13 8	17 4	1 27	5 1	0 34	1 10	0 30	17 0	1 1	22 19	1 8
22	12 9	9 60	0 8	6 42	16 33	1 32	5 31	0 38	1 26	0 29	17 3	1 1	22 19	1 8
23	11 49	3 18	1S12	0S10	15 59	1 37	6 1	0 43	1 41	0 28	17 5	1 1	22 19	1 8
24	11 29	3S38	2 27	7 3	15 23	1 40	6 31	0 48	1 57	0 28	17 7	1 1	22 19	1 8
25	11 9	10 22	3 33	13 33	14 46	1 43	7 1	0 53	2 13	0 27	17 10	1 1	22 19	1 8
26	10 48	16 31	4 25	19 16	14 7	1 45	7 30	0 58	2 29	0 26	17 12	1 1	22 19	1 8
27	10 27	21 42	5 0	23 49	13 27	1 46	7 60	1 3	2 45	0 26	17 14	1 1	22 19	1 8
28	10 6	25 33	5 16	26 54	12 45	1 46	8 29	1 8	3 1	0 25	17 16	1 2	22 19	1 8
29	9 45	27 48	5 13	28 17	12 2	1 46	8 58	1 14	3 17	0 24	17 18	1 2	22 19	1 8
30	9 24	28 19	4 52	27 55	11 18	1 45	9 27	1 19	3 32	0 24	17 20	1 2	22 19	1 8
31	9N 2	27S 6	4S15	25S55	10N33	1N44	9S56	1S24	3S48	0N23	17S22	1S 2	22N19	1S 8

DAY	♅ DECL	♅ LAT	♆ DECL	♆ LAT	♇ DECL	♇ LAT
1	18S29	0S41	20N 8	0S23	17N59	5S28
5	18 31	0 41	20 6	0 23	17 59	5 28
9	18 34	0 41	20 4	0 23	17 59	5 28
13	18 36	0 41	20 3	0 23	17 58	5 28
17	18 39	0 41	20 1	0 23	17 58	5 28
21	18 41	0 40	19 59	0 23	17 58	5 28
25	18 43	0 40	19 58	0 23	17 58	5 29
29	18S46	0S40	19N56	0S23	17N57	5S29

☽ PHENOMENA

d	h	m	
6	0	40	○
14	0	56	☾
21	12	26	●
28	4	52	☽

d	h	° '
2	13	28S18
9	11	0
16	23	28N20
23	11	0
29	19	28S21

d	h	° '
1	3	5S13
7	20	0
15	8	5N16
22	2	0
28	8	5S17

d	h	
12	10	APOGEE
24	6	PERIGEE

VOID OF COURSE ☽

LAST ASPT	☽ INGRESS
2 4pm30	2 ♑ 8pm14
4 10pm42	5 ♒ 1am27
7 5am54	7 ♓ 9am 4
9 5pm 5	9 ♈ 7pm25
12 5am26	12 ♉ 7am46
14 5pm47	14 ♊ 8pm 7
17 4am55	17 ♋ 6am11
19 11am 5	19 ♌ 12pm52
21 4pm 3	21 ♍ 4pm30
23 6pm10	23 ♎ 6pm19
25 6pm24	25 ♏ 7pm44
27 8pm45	27 ♐ 10pm 0
29 9am12	30 ♑ 1am58

DAILY ASPECTARIAN

Day	Aspect	Time
1 S	☽⚼☿	0am59
	☉△☽	6 31
	☽⚹♅	9 10
	☽⚼♆	3pm27
2 Su	☽⚹♃	0am18
	☽□♀	3 19
	☽⚻☿	3 45
	☽□♂	6 52
	☉∥♇	6 58
	☉⚼☽	10 16
	☽∠♅	10 57
	☿⚹♀	2pm 8
	☽☍♄	4 30
	☽⚻♆	5 27
	☉☍♅	7 48
	☽☍♇	10 58
3 M	☽∠♃	2am 6
	☽⚺♅	1pm 4
	☉⚻☽	2 26
4 T	☽⚺♃	4am19
	☽☍☿	11 18
	☽△♀	12pm48
	☽△♂	2 9
	☽⚻♄	10 0
	☽☍♆	10 42
5 W	☽⚻♇	4am22
	☽#♄	6 39
	♀∥♂	9 6
	☽⚼♀	6pm33
	☽⚼♂	6 43
	☽☌♅	6 49
	☽#♆	6 57
	☽#☿	7 52
	♂⚼♅	8 39
	♀⚼♅	9 29
	♀☌♂	10 34
6 Th	☉☍☽	0am40
	☽⚼♄	1 37
	☽∥♅	2 57
	☽#♇	5 40
	☽⚼♇	7 57
	☽☌♃	10 21
	☉#☽	10 55
	☽∥♃	1pm 8
	☉∠♄	2 50
	☽⚻☿	10 38
7 F	☽⚻♂	0am 2
	☽⚻♀	1 9
	☽△♄	5 54
	☽⚻♆	6 20
	☽△♇	12pm13
	☉#♃	10 53
8 S	☽⚺♅	3am 7
	☽⚼☿	6 6
	☿∥♆	7 11
	☿⚹♂	7 45
	☽⚼♆	11 12
	☉⚻☽	2pm14
	☽⚺♃	7 2
9 Su	☽#♂	3am 8
	☽#♀	7 22
	☽∠♅	8 18
	♀□♄	11 38
	☽☍♂	1pm 7
	♀⚹♆	1 15
	☽∥♀	2 24
	☽△☿	2 51
	☽□♄	4 37
	☽△♆	4 44
	☽☍♀	5 5
	☽∥♂	6 35
	☉⚼☽	10 18
	☽□♇	10 48
10 M	☽∠♃	0am19
	☿∥♆	2 50
	☉∠♇	4 49
	☿⚺♄	7 50
	☿☌♆	8 10
	☽⚹♅	2pm 3
	♄⚺♆	2 25
	♀ ♎	6 11
	☉☍♃	8 57
11 T	☽⚹♃	6am 5
	☿ ♌	6 29
	☉△☽	7 0
12 W	☽⚻♂	4am43
	☽□♆	5 13
	☽⚹♄	5 26
	☉∥☽	6 35
	♀□♇	7 34
	☿⚺♇	10 17
	☽⚹♇	11 18
	☽□☿	11 28
	☽⚻♀	11 41
	☽#♃	1pm50
	♂⚹♆	2 48
	♀⚼♃	3 37
	☿⚹♀	4 56
	☽∥♇	8 40
	♂□♄	8 40
	♀#♂	11 15
13 Th	☽#♅	0am 5
	☽□♅	2 27
	☽∥☿	6 24
	☽∥♆	8 9
	☽∠♄	12pm 1
	☽⚼♂	12 45
	☽∠♇	5 39
	☽□♃	6 4
	☽⚼♀	9 7
	☽∥♄	10 6
14 F	☉□☽	0am56
	♂ ♎	2pm10
	☽⚹♆	5 47
	☽⚺♄	6 19
	☽△♂	8 26
	☽⚺♇	11 39
15 S	♃⚼♇	3am43
	☽△♀	6 2
	☽⚹☿	9 14
	☽△♅	2pm 7
	☽∠♆	11 21
16 Su	☽△♃	4am45
	☉⚹☽	4pm49
	☿☍♅	6 7
	☽⚼♅	7 0
	☽∠☿	7 9
17 M	♂⚼♃	0am54
	☽⚺♆	4 8
	☽☌♄	4 55
	☽⚼♃	9 1
	☿#♅	9 8
	☽□♂	9 31
	☽☌♇	9 37
	♂□♇	11 34
	☽□♀	8pm58
	☽⚻♅	11 3
	☉∠☽	11 16
18 T	☽⚺☿	3am56
	☽⚻♃	12pm26
	♀△♅	8 38
19 W	☿∥♇	2am32
	☉⚺☽	4 37
	☽☌♆	11 5
	☽⚺♄	12pm 3
	☿∠♄	3 46
	☽⚺♇	4 10
	☽∥♄	5 58
	☽⚹♂	6 40
20 Th	☽☍♅	4am34
	☽∥♆	6 14
	☽⚹♀	7 25
	☿☍♃	11 1
	☽#♅	12pm31
	☽∠♄	2 23
	☽∥♇	3 48
	☽☍♃	4 52
	☽☌☿	5 52
	☽∠♇	6 14
	☽∥☿	7 19
	☽#♃	8 4
	☿∠♇	8 29
	☽∠♂	9 53
21 F	☿#♃	2am57
	☽∠♀	11 15
	☉☌☽	12pm26
	☽⚺♆	2 56
	☉∥☽	3 22
	☽⚹♄	4 3
	☽⚹♇	7 42
22 S	☽⚺♂	0am26
	☽⚻♅	7 23
	☿∠♂	10 7
	☽⚺♀	2pm25
	☽#♀	3 5
	☽∠♆	4 3
	☽⚻♃	6 54
23 Su	☉⚺♆	2am26
	☽⚺☿	4 17
	☽#♂	5 22
	☽⚼♅	8 10
	☽⚹♆	4pm53
	☉⚺☽	5 52
	☽∥♂	5 58
	☽□♄	6 10
	☽⚼♃	7 27
	☽□♇	9 29
	☉⚹♄	10 51
24 M	☉ ♍	0am30
	☽☌♂	4 21
	☽△♅	8 48
	☽∠☿	8 53
	☽∥♀	10 55
	♄ ♋	5pm28
	☽☌♀	7 53
	☽△♃	7 55
	☉∠☽	8 17
	♀△♃	8 24
25 T	☉#☽	2am44
	☽⚹☿	1pm31
	☽#☿	3 12
	☽□♆	6 24
	☽△♄	7 53
	☉⚹☽	10 49
	☽△♇	10 58
26 W	☉⚹♇	1am14
	☽∥♃	2 52
	☽#♇	6 9
	☽⚺♂	8 10
	☽∥♅	9 37
	☽□♅	10 14
	☽#♆	3pm15
	☉∠♀	8 11
	☽⚼♄	8 59
	☽□♃	9 14
	☽⚼♇	12 0
27 Th	☿⚺♆	1am37
	☽⚺♀	1 40
	☽#♄	3 17
	☽∠♂	10 28
	☿ ♍	10 46
	☿⚹♄	1pm37
	♃⚼♄	2 25
	☽△♆	8 45
	☽⚻♄	10 27
	☽□☿	11 50
28 F	☽⚻♇	1am22
	♂△♅	4 6
	☉□☽	4 52
	☽∠♀	5 9
	☿⚹♇	10 55
	☽⚹♅	12pm48
	☽⚹♂	1 14
	☽⚼♆	10 31
	☽⚹♃	11 52
29 S	☽⚹♀	9am12
	☽∠♅	2pm45
	☉#♀	10 19
30 Su	☽⚻♆	0am47
	☽∠♃	1 52
	☽☍♄	2 44
	☽☍♇	5 31
	☽△☿	12pm42
	☉△☽	1 9
	☽⚺♅	5 13
	☉☌☿	6 21
	☽□♂	8 29
31 M	☽⚺♃	4am25
	☿∠♀	5 46
	☿#♀	12pm 6
	☉⚼☽	6 17
	☽□♀	7 18
	☿⚻♅	7 38
	☽⚼☿	8 20

LONGITUDE

DAY	SID. TIME	☉	☽	☽ 12 Hour	MEAN ☊	TRUE ☊	☿	♀	♂	♃	♄	♅	♆	♇
	h m s	° ' "	° ' "	° ' "	° '	° '	° '	° '	° '	° '	° '	° '	° '	° '
1	22 37 15	7♍ 42 31	25♑ 36 30	2♒ 8 12	5♓ 32	5♓ 52	8♍ 54	23♎ 14	11♎ 9	14♒ 44R	0♋ 35	8♒ 33R	29♋ 24	2♋ 2
2	22 41 12	8 40 35	8♒ 36 23	15 1 11	5 29	5 52	10 49	24 18	11 48	14 38	0 39	8 31	29 26	2 3
3	22 45 8	9 38 41	21 22 41	27 40 58	5 26	5 52	12 42	25 21	12 27	14 31	0 44	8 29	29 27	2 3
4	22 49 5	10 36 47	3♓ 56 11	10♓ 8 27	5 23	5 52R	14 35	26 24	13 6	14 25	0 48	8 27	29 29	2 4
5	22 53 1	11 34 56	16 17 56	22 24 47	5 19	5 52	16 26	27 27	13 45	14 19	0 52	8 25	29 31	2 5
6	22 56 58	12 33 7	28 29 12	4♈ 31 24	5 16	5 52	18 16	28 29	14 24	14 13	0 56	8 23	29 33	2 5
7	23 0 54	13 31 19	10♈ 31 38	16 30 12	5 13	5 51	20 5	29 32	15 4	14 7	1 0	8 21	29 34	2 6
8	23 4 51	14 29 33	22 27 23	28 23 34	5 10	5 50	21 53	0♏ 34	15 43	14 1	1 4	8 19	29 36	2 7
9	23 8 48	15 27 49	4♉ 19 6	10♉ 14 25	5 7	5 49	23 40	1 35	16 22	13 55	1 8	8 18	29 38	2 7
10	23 12 44	16 26 7	16 9 57	22 6 12	5 4	5 47	25 25	2 37	17 2	13 50	1 12	8 16	29 39	2 8
11	23 16 41	17 24 27	28 3 40	4♊ 2 53	5 0	5 46	27 10	3 38	17 41	13 45	1 16	8 14	29 41	2 8
12	23 20 37	18 22 49	10♊ 4 23	16 8 44	4 57	5 45D	28 53	4 38	18 21	13 39	1 19	8 13	29 43	2 9
13	23 24 34	19 21 13	22 16 30	28 28 14	4 54	5 45	0♎ 35	5 39	19 0	13 34	1 23	8 11	29 44	2 9
14	23 28 30	20 19 40	4♋ 44 29	11♋ 5 44	4 51	5 45	2 16	6 39	19 40	13 30	1 26	8 9	29 46	2 10
15	23 32 27	21 18 9	17 32 28	24 5 5	4 48	5 46	3 56	7 39	20 20	13 25	1 29	8 8	29 47	2 10
16	23 36 23	22 16 39	0♌ 43 54	7♌ 29 8	4 44	5 48	5 35	8 38	21 0	13 20	1 33	8 6	29 49	2 10
17	23 40 20	23 15 12	14 20 54	21 19 10	4 41	5 49	7 13	9 37	21 39	13 16	1 36	8 5	29 50	2 11
18	23 44 17	24 13 47	28 23 45	5♍ 34 18	4 38	5 50R	8 49	10 36	22 19	13 12	1 39	8 3	29 52	2 11
19	23 48 13	25 12 24	12♍ 50 19	20 11 8	4 35	5 50	10 25	11 34	22 59	13 8	1 42	8 2	29 53	2 11
20	23 52 10	26 11 3	27 35 56	5♎ 3 45	4 32	5 49	12 0	12 32	23 39	13 4	1 44	8 1	29 55	2 12
21	23 56 6	27 9 44	12♎ 33 32	20 4 11	4 29	5 47	13 34	13 30	24 19	13 0	1 47	7 59	29 56	2 12
22	0 0 3	28 8 27	27 34 35	5♏ 3 37	4 25	5 44	15 6	14 27	24 59	12 57	1 50	7 58	29 58	2 12
23	0 3 59	29 7 11	12♏ 30 17	19 53 39	4 22	5 41	16 38	15 23	25 40	12 53	1 52	7 57	29 59	2 12
24	0 7 56	0♎ 5 57	27 12 55	4♐ 27 29	4 19	5 38	18 9	16 19	26 20	12 50	1 55	7 56	0♌ 0	2 13
25	0 11 52	1 4 46	11♐ 36 52	18 40 45	4 16	5 36	19 39	17 15	27 0	12 47	1 57	7 55	0 1	2 13
26	0 15 49	2 3 36	25 38 58	2♑ 31 31	4 13	5 35D	21 8	18 10	27 41	12 45	1 59	7 53	0 3	2 13
27	0 19 46	3 2 27	9♑ 18 28	16 0 0	4 10	5 35	22 36	19 5	28 21	12 42	2 1	7 52	0 4	2 13
28	0 23 42	4 1 20	22 36 22	29 7 53	4 6	5 36	24 3	19 59	29 1	12 40	2 3	7 51	0 5	2 13
29	0 27 39	5 0 15	5♒ 34 53	11♒ 57 43	4 3	5 38	25 28	20 52	29 42	12 38	2 5	7 50	0 6	2 13
30	0 31 35	5♎ 59 12	18♒ 16 46	24♒ 32 21	4♓ 0	5♓ 40	26♎ 53	21♏ 45	0♏ 23	12♒ 36	2♋ 7	7♒ 50	0♌ 7	2♋ 14

DECLINATION and LATITUDE

DAY	☉ DECL	☽ DECL	☽ LAT	☽ 12hr DECL	☿ DECL	☿ LAT	♀ DECL	♀ LAT	♂ DECL	♂ LAT	♃ DECL	♃ LAT	♄ DECL	♄ LAT
1	8N41	24S23	3S25	22S33	9N48	1N41	10S25	1S29	4S 4	0N23	17S24	1S 2	22N19	1S 8
2	8 19	20 27	2 26	18 8	9 2	1 39	10 53	1 34	4 20	0 22	17 26	1 2	22 19	1 8
3	7 57	15 38	1 20	12 59	8 16	1 36	11 22	1 40	4 36	0 21	17 28	1 2	22 19	1 8
4	7 35	10 14	0 11	7 24	7 29	1 32	11 50	1 45	4 52	0 21	17 30	1 2	22 19	1 8
5	7 13	4 32	0N58	1 38	6 42	1 28	12 17	1 51	5 7	0 20	17 32	1 2	22 18	1 8
6	6 51	1N16	2 2	4N 8	5 55	1 24	12 45	1 56	5 23	0 19	17 33	1 2	22 18	1 8
7	6 29	6 56	3 0	9 40	5 8	1 19	13 12	2 1	5 39	0 19	17 35	1 2	22 18	1 8
8	6 6	12 18	3 50	14 49	4 21	1 14	13 39	2 7	5 55	0 18	17 37	1 2	22 18	1 8
9	5 44	17 12	4 30	19 24	3 34	1 8	14 6	2 12	6 10	0 17	17 38	1 2	22 18	1 9
10	5 21	21 26	4 58	23 15	2 47	1 3	14 32	2 18	6 26	0 17	17 40	1 2	22 18	1 9
11	4 59	24 49	5 13	26 8	1 60	0 57	14 59	2 23	6 42	0 16	17 42	1 2	22 18	1 9
12	4 36	27 10	5 15	27 53	1 13	0 51	15 24	2 29	6 58	0 15	17 43	1 2	22 18	1 9
13	4 13	28 16	5 3	28 18	0 27	0 44	15 50	2 34	7 13	0 15	17 44	1 2	22 18	1 9
14	3 50	27 59	4 37	27 16	0S19	0 38	16 15	2 40	7 29	0 14	17 46	1 2	22 18	1 9
15	3 27	26 12	3 56	24 46	1 5	0 31	16 40	2 45	7 44	0 13	17 47	1 2	22 18	1 9
16	3 4	22 58	3 2	20 50	1 51	0 24	17 5	2 51	7 60	0 13	17 48	1 2	22 18	1 9
17	2 41	18 23	1 56	15 39	2 36	0 17	17 29	2 56	8 15	0 12	17 50	1 1	22 18	1 9
18	2 18	12 41	0 41	9 30	3 21	0 10	17 53	3 2	8 31	0 12	17 51	1 1	22 18	1 9
19	1 54	6 9	0S39	2 41	4 5	0 3	18 17	3 7	8 46	0 11	17 52	1 1	22 18	1 9
20	1 31	0S50	1 57	4S22	4 49	0S 4	18 40	3 13	9 2	0 10	17 53	1 1	22 17	1 9
21	1 8	7 51	3 9	11 14	5 32	0 12	19 3	3 18	9 17	0 10	17 54	1 1	22 17	1 9
22	0 44	14 28	4 7	17 27	6 15	0 19	19 25	3 23	9 32	0 9	17 55	1 1	22 17	1 9
23	0 21	20 11	4 49	22 34	6 57	0 27	19 47	3 29	9 48	0 8	17 56	1 1	22 17	1 9
24	0S 2	24 35	5 11	26 11	7 39	0 34	20 9	3 34	10 3	0 8	17 57	1 1	22 17	1 9
25	0 26	27 21	5 12	28 3	8 20	0 42	20 30	3 40	10 18	0 7	17 57	1 1	22 17	1 9
26	0 49	28 18	4 55	28 6	9 0	0 49	20 51	3 45	10 33	0 6	17 58	1 1	22 17	1 9
27	1 13	27 28	4 21	26 27	9 40	0 57	21 11	3 50	10 48	0 6	17 59	1 1	22 17	1 9
28	1 36	25 5	3 34	23 23	10 19	1 4	21 31	3 55	11 3	0 5	17 59	1 1	22 17	1 9
29	1 59	21 26	2 37	19 14	10 58	1 11	21 50	4 0	11 18	0 5	17 60	1 1	22 17	1 9
30	2S23	16S51	1S34	14S18	11S36	1S19	22S 9	4S 5	11S33	0N 4	18S 0	1S 1	22N17	1S 9

DAY	♅ DECL	♅ LAT	♆ DECL	♆ LAT	♇ DECL	♇ LAT
1	18S47	0S40	19N55	0S23	17N57	5S29
5	18 49	0 40	19 53	0 23	17 57	5 29
9	18 51	0 40	19 52	0 23	17 57	5 30
13	18 53	0 40	19 51	0 23	17 56	5 30
17	18 54	0 40	19 49	0 23	17 56	5 30
21	18 55	0 40	19 48	0 23	17 56	5 30
25	18 57	0 40	19 47	0 23	17 55	5 31
29	18S58	0S40	19N46	0S23	17N55	5S31

☽ PHENOMENA			
d	h	m	
4	14	1	○
12	17	48	☾
19	21	33	●
26	12	3	☽
d	h	°	
5	19	0	
13	7	28N20	
19	21	0	
26	1	28S18	
4	4	0	
11	15	5N16	
18	12	0	
24	14	5S14	

VOID OF COURSE ☽ LAST ASPT		☽ INGRESS	
1	6am58	1 ♒	8am 4
3	8am15	3 ♓	4pm26
6	2am 6	6 ♈	3am 0
8	2pm29	8 ♉	3pm15
11	3am16	11 ♊	3am54
12	5pm48	13 ♋	2pm56
15	10pm21	15 ♌	10pm41
17	1pm12	18 ♍	2am42
20	3am44	20 ♎	3am52
22	3am49	22 ♏	3am53
23	4am59	24 ♐	4am36
26	3am42	26 ♑	7am34
28	12pm27	28 ♒	1pm37
30	6pm38	30 ♓	10pm33

d	h	
9	3	APOGEE
21	7	PERIGEE

DAILY ASPECTARIAN

Day	Aspect	Time
1 T	☽☍♆	6am58
	☽⊼♄	9 11
	☽⊼♇	11 49
	☽#♄	1pm29
	☉⊼♅	8 2
	☽☌♅	11 49
2 W	☉⊼☽	0am 8
	☽#♆	2 57
	☽⊼☿	4 50
	☽△♂	6 17
	☽∥♅	8 42
	☽☌♃	11 10
	☽#♇	12pm56
	☽⚼♄	1 16
	☽∥♃	3 22
	☽⚼♇	3 50
	☿⊻♂	7 5
3 Th	☽△♀	8am15
	☽⚼♂	12pm11
	☽⊼♆	3 26
	☽∥♀	5 40
	☽△♄	5 56
	☉∥☿	6 7
	☽△♇	8 24
	☿⊼♃	10 2
	☿∠♆	10 49
4	☽⊻♅	8am42
F	☉#☽	11 59
	☽#☿	1pm29
	☉☍☽	2 1
	☽⚼♀	3 48
	☽⊼♂	6 45
	☽⊻♃	8 9
	☽⚼♆	8 31
	☽∥♂	9 38
5 S	☽☍☿	0am19
	☽∠♅	1pm56
	♂△♃	5 48
6 Su	☽⊼♀	0am 1
	☽∠♃	1 26
	☽△♆	2 6
	☽□♄	4 54
	☽□♇	7 10
	☿#♂	12pm17
	☽∥☿	5 14
	☽#♂	6 12
	☽✶♅	7 40
	☉∥☽	10 10
7 M	♀□♆	1am 7
	☉⊼☽	6 32
	☽✶♃	7 8
	☽☍♂	9 38
	♀ ♏	10 58
	☉⊼♃	1pm20
	☽⊼☿	10 38
8 T	☉∠♆	2am49
	☽#♀	6 59
	☉#♂	7 23
	♀△♄	12pm46
	☽□♆	2 29
	☉⚼☽	3 30
	☽✶♄	5 31
	☽☍♀	5 57
	☿⚼♅	7 7
	☽✶♇	7 32
9 W	☽#♃	2am21
	☽∥♇	3 57
	☽□♅	8 2
	☽#♅	8 53
	☽⚼☿	10 20
	♀△♇	12pm33
	☽∥♆	2 36
	☽□♃	7 19
10 Th	☽∠♄	0am 4
	☉△☽	0 36
	☽⊼♂	1 51
	☽∠♇	1 57
	☽∥♄	5 34
	☽△☿	9pm53
11	☽✶♆	3am16
F	☽⊻♄	6 27
	☽⊻♇	8 11
	☽⚼♂	9 49
	☽⊼♀	12pm11
	☽△♅	8 18
	☿⚼♃	9 3
	☉⊻♂	9 22
12 S	☽△♃	7am 3
	☽∠♆	9 12
	☿✶♆	11 54
	☿ ♎	3pm47
	☽△♂	5 15
	☉□☽	5 48
	☽⚼♀	8 33
13 Su	☽⚼♅	1am46
	☿□♄	11 44
	☽⚼♃	12pm 7
	☽⊻♆	2 28
	☽☌♄	5 40
	☽□☿	6 33
	☽☌♇	7 4
	☿□♇	10 28
14 M	☽△♀	3am56
	☽⊼♅	6 27
	☽⊼♃	4pm23
15	☽□♂	5am24
T	☉✶☽	7 28
	♀□♅	11 27
	☽☌♆	10pm21
16 W	☽⊻♄	1am27
	☽⊻♇	2 35
	☽∥♄	3 56
	☽✶☿	9 49
	☉∠☽	12pm32
	☽☍♅	1 4
	☽□♀	3 7
	☽∥♆	5 5
	☉⚼♅	7 52
	☽#♅	9 34
	☽☍♃	10 8
17 Th	☉#☿	1am42
	☽∥♇	2 3
	☽#♃	2 31
	☽#♀	3 47
	☽∠♄	3 54
	☽∠♇	4 54
	☿△♅	12pm45
	☽✶♂	1 12
	☽∠☿	3 16
	☉⊻☽	4 26
	♀∥♃	9 39
18 F	☽⊻♆	2am28
	♀#♇	2 49
	☽✶♄	5 28
	☽✶♇	6 21
	☽#♂	2pm59
	☽∠♂	3 37
	☽⊼♅	4 6
	☽⊻☿	7 32
	☽✶♀	9 46
19 S	☽⊼♃	0am28
	☽∠♆	3 22
	☽#☿	6 31
	☉∥☽	3pm32
	☽⚼♅	4 36
	☽⊻♂	5 19
	☉☌☽	9 33
	☽∠♀	11 53
20 Su	☽⚼♃	0am45
	☉#☽	2 11
	☽✶♆	3 44
	☽□♄	6 41
	☽□♇	7 24
	♀□♃	12pm27
	☽∥☿	3 4
	☿△♃	3 44
	♀∥♅	4 18
	☽△♅	4 42
	☿⊻♀	9 18
21	☽△♃	0am42
M	☽⊻♀	1 36
	☽☌☿	1 47
	☽∥♂	5 12
	☉⚼♃	7pm29
	☽☌♂	7 40
22 T	☉⊻☽	0am58
	☽□♆	3 49
	☽△♄	6 50
	☽△♇	7 25
	☽∥♃	1pm58
	☽#♇	1 58
	♃#♇	2 38
	☽□♅	4 39
	☽∥♅	6 21
	☽∥♀	10 2
	☽#♆	10 13
23 W	☽□♃	0am37
	♀#♆	0 38
	☉∠☽	2 48
	☽☌♀	4 59
	☽⚼♄	7 6
	☽⊻☿	7 28
	☽⚼♇	7 38
	☽#♄	10 30
	♆ ♌	8pm23
	☉ ♎	9 34
	☉✶♆	9 35
	☽⊻♂	10 29
24 Th	☽△♆	4am37
	☉✶☽	5 6
	☽⊼♄	7 47
	☽⊼♇	8 16
	☽∠☿	10 58
	♀⚼♄	3pm49
	☽✶♅	5 47
	♀⚼♇	11 5
25 F	☽∠♂	0am41
	☽✶♃	1 59
	☽⚼♆	5 47
	☽⊻♀	10 14
	☽✶☿	3pm17
	☽∠♅	7 14
	☉□♄	10 6
26 S	☽∠♃	3am38
	☽✶♂	3 42
	☉□♇	3 53
	☽⊼♆	7 40
	☽☍♄	11 5
	☽☍♇	11 28
	☉□☽	12pm 3
	☽∠♀	2 5
	☽⊻♅	9 27
27 Su	☽⊻♃	6am 3
	☽✶♀	6pm52
28 M	☽□☿	2am57
	☽□♂	12pm27
	☽☍♆	1 47
	☽⊼♄	5 28
	☽⊼♇	5 44
	☽#♄	6 58
	☽∥♀	9 46
	☉△☽	10 50
29 T	☽☌♅	4am14
	☽#♆	9 11
	♂ ♏	10 38
	☽☌♃	1pm13
	☽∥♅	1 25
	♂□♆	2 48
	☽∥♃	6 17
	☽#♇	6 44
	☿∥♂	9 10
	☽⚼♄	9 46
	☽⚼♇	9 59
30 W	☉⚼☽	5am37
	☽□♀	7 9
	♀#♄	9 13
	☽△☿	6pm38
	☽∥☿	9 42
	☽⊼♆	10 50
	☽∥♂	11 19

OCTOBER 1914

LONGITUDE

DAY	SID. TIME	☉	☽	☽ 12 Hour	MEAN ☊	TRUE ☊	☿	♀	♂	♃	♄	♅	♆	♇
	h m s	° ' "	° ' "	° ' "	° '	° '	° '	° '	° '	° '	° '	° '	° '	° '
1	0 35 32	6♎ 58 10	0♓ 44 50	6♓ 54 33	3♓ 57	5♓ 41R	28♎ 17	22♏ 38	1♏ 3	12♒ 34R	2♋ 8	7♒ 49R	0♌ 9	2♋ 14
2	0 39 28	7 57 10	13 1 47	19 6 48	3 54	5 41	29 40	23 29	1 44	12 32	2 10	7 48	0 10	2 14
3	0 43 25	8 56 12	25 9 53	1♈ 11 16	3 50	5 39	1♏ 1	24 20	2 25	12 31	2 11	7 47	0 11	2 14R
4	0 47 21	9 55 17	7♈ 11 10	13 9 47	3 47	5 35	2 22	25 11	3 6	12 30	2 13	7 46	0 12	2 14
5	0 51 18	10 54 23	19 7 21	25 4 3	3 44	5 30	3 41	26 0	3 46	12 29	2 14	7 46	0 13	2 14
6	0 55 14	11 53 31	1♉ 0 6	6♉ 55 45	3 41	5 23	4 59	26 49	4 27	12 28	2 15	7 45	0 14	2 14
7	0 59 11	12 52 41	12 51 13	18 46 48	3 38	5 16	6 16	27 37	5 8	12 27	2 16	7 44	0 15	2 14
8	1 3 8	13 51 54	24 42 46	0♊ 39 29	3 35	5 9	7 31	28 24	5 49	12 27	2 17	7 44	0 16	2 13
9	1 7 4	14 51 9	6♊ 37 17	12 36 36	3 31	5 2	8 45	29 11	6 31	12 27D	2 18	7 43	0 16	2 13
10	1 11 1	15 50 26	18 37 50	24 41 29	3 28	4 57	9 57	29 57	7 12	12 27	2 18	7 43	0 17	2 13
11	1 14 57	16 49 45	0♋ 48 2	6♋ 58 1	3 25	4 54	11 8	0♐ 41	7 53	12 27	2 19	7 43	0 18	2 13
12	1 18 54	17 49 7	13 11 58	19 30 26	3 22	4 53D	12 16	1 25	8 34	12 27	2 19	7 42	0 19	2 13
13	1 22 50	18 48 31	25 53 58	2♌ 23 5	3 19	4 53	13 23	2 8	9 16	12 28	2 20	7 42	0 20	2 13
14	1 26 47	19 47 57	8♌ 58 16	15 39 56	3 16	4 54	14 28	2 50	9 57	12 29	2 20	7 42	0 20	2 12
15	1 30 43	20 47 26	22 28 24	29 23 54	3 12	4 55R	15 30	3 30	10 39	12 30	2 20R	7 41	0 21	2 12
16	1 34 40	21 46 57	6♍ 26 30	13♍ 36 7	3 9	4 56	16 30	4 10	11 20	12 31	2 20	7 41	0 22	2 12
17	1 38 37	22 46 30	20 52 26	28 14 59	3 6	4 55	17 26	4 49	12 2	12 33	2 20	7 41	0 22	2 12
18	1 42 33	23 46 5	5♎ 43 2	13♎ 15 40	3 3	4 51	18 20	5 26	12 43	12 34	2 20	7 41D	0 23	2 11
19	1 46 30	24 45 43	20 51 45	28 30 1	3 0	4 46	19 10	6 2	13 25	12 36	2 19	7 41	0 23	2 11
20	1 50 26	25 45 22	6♏ 9 5	13♏ 47 33	2 56	4 39	19 57	6 37	14 7	12 38	2 19	7 41	0 24	2 11
21	1 54 23	26 45 4	21 24 1	28 57 10	2 53	4 31	20 39	7 11	14 49	12 40	2 18	7 41	0 24	2 10
22	1 58 19	27 44 47	6♐ 25 51	13♐ 49 5	2 50	4 23	21 17	7 43	15 31	12 43	2 18	7 41	0 25	2 10
23	2 2 16	28 44 32	21 6 7	28 16 47	2 47	4 16	21 50	8 13	16 13	12 45	2 17	7 42	0 25	2 9
24	2 6 12	29 44 19	5♑ 19 37	12♑ 15 41	2 44	4 11	22 17	8 43	16 55	12 48	2 16	7 42	0 26	2 9
25	2 10 9	0♏ 44 8	19 4 39	25 46 45	2 41	4 9D	22 37	9 10	17 37	12 51	2 15	7 42	0 26	2 8
26	2 14 6	1 43 58	2♒ 22 20	8♒ 51 50	2 37	4 8	22 52	9 36	18 19	12 54	2 14	7 43	0 26	2 8
27	2 18 2	2 43 50	15 15 46	21 34 39	2 34	4 9	22 58R	10 1	19 1	12 57	2 13	7 43	0 26	2 7
28	2 21 59	3 43 43	27 49 4	3♓ 59 34	2 31	4 10R	22 57	10 23	19 43	13 1	2 11	7 44	0 27	2 7
29	2 25 55	4 43 38	10♓ 6 42	16 10 59	2 28	4 10	22 48	10 44	20 26	13 5	2 10	7 44	0 27	2 6
30	2 29 52	5 43 35	22 12 55	28 12 56	2 25	4 8	22 29	11 2	21 8	13 9	2 8	7 45	0 27	2 6
31	2 33 48	6♏ 43 34	4♈ 11 28	10♈ 8 52	2♓ 22	4♓ 3	22♏ 1	11♐ 19	21♏ 50	13♒ 13	2♋ 7	7♒ 45	0♌ 27	2♋ 5

DECLINATION and LATITUDE

DAY	☉ DECL	☽ DECL	☽ LAT	☽ 12hr DECL	☿ DECL	☿ LAT	♀ DECL	♀ LAT	♂ DECL	♂ LAT	♃ DECL	♃ LAT	♄ DECL	♄ LAT
1	2S46	11S38	0S27	8S52	12S13	1S26	22S28	4S10	11S48	0N 3	18S 1	1S 1	22N17	1S 9
2	3 9	6 3	0N40	3 12	12 49	1 33	22 46	4 15	12 2	0 3	18 1	1 1	22 17	1 9
3	3 33	0 19	1 44	2N32	13 24	1 40	23 4	4 20	12 17	0 2	18 2	1 1	22 17	1 9
4	3 56	5N21	2 43	8 7	13 59	1 47	23 21	4 25	12 32	0 1	18 2	1 0	22 16	1 9
5	4 19	10 48	3 35	13 22	14 33	1 54	23 38	4 30	12 46	0 1	18 2	1 0	22 16	1 10
6	4 42	15 49	4 16	18 7	15 5	2 1	23 54	4 34	13 1	0 0	18 2	1 0	22 16	1 10
7	5 5	20 15	4 46	22 10	15 37	2 7	24 9	4 39	13 15	0S 0	18 2	1 0	22 16	1 10
8	5 28	23 52	5 4	25 19	16 8	2 14	24 25	4 43	13 29	0 1	18 2	1 0	22 16	1 10
9	5 51	26 30	5 9	27 23	16 38	2 20	24 39	4 47	13 43	0 2	18 2	1 0	22 16	1 10
10	6 14	27 57	5 1	28 12	17 7	2 26	24 53	4 52	13 57	0 2	18 2	0 60	22 16	1 10
11	6 37	28 6	4 39	27 38	17 35	2 32	25 7	4 56	14 11	0 3	18 2	0 60	22 16	1 10
12	6 60	26 50	4 3	25 40	18 1	2 37	25 20	4 59	14 25	0 4	18 2	0 60	22 16	1 10
13	7 22	24 10	3 15	22 20	18 26	2 42	25 33	5 3	14 39	0 4	18 1	0 60	22 16	1 10
14	7 45	20 12	2 16	17 46	18 50	2 47	25 45	5 7	14 53	0 5	18 1	0 60	22 16	1 10
15	8 7	15 5	1 7	12 9	19 13	2 51	25 56	5 10	15 7	0 5	18 1	0 59	22 16	1 10
16	8 30	9 2	0S 8	5 44	19 34	2 55	26 7	5 14	15 20	0 6	18 0	0 59	22 16	1 10
17	8 52	2 19	1 25	1S10	19 54	2 59	26 18	5 17	15 33	0 7	17 60	0 59	22 16	1 10
18	9 14	4S41	2 38	8 10	20 12	3 2	26 28	5 20	15 47	0 7	17 59	0 59	22 16	1 10
19	9 36	11 34	3 41	14 48	20 29	3 4	26 37	5 22	15 60	0 8	17 59	0 59	22 16	1 10
20	9 57	17 49	4 29	20 32	20 43	3 6	26 46	5 25	16 13	0 9	17 58	0 59	22 16	1 10
21	10 19	22 55	4 58	24 53	20 56	3 7	26 54	5 27	16 26	0 9	17 57	0 59	22 16	1 10
22	10 41	26 25	5 6	27 28	21 6	3 7	27 1	5 29	16 39	0 10	17 57	0 59	22 16	1 10
23	11 2	28 1	4 53	28 6	21 14	3 7	27 8	5 31	16 52	0 10	17 56	0 59	22 16	1 10
24	11 23	27 43	4 22	26 53	21 20	3 5	27 14	5 33	17 4	0 11	17 55	0 59	22 16	1 10
25	11 44	25 41	3 37	24 7	21 23	3 3	27 20	5 34	17 17	0 12	17 54	0 59	22 16	1 10
26	12 5	22 16	2 42	20 9	21 23	2 59	27 25	5 35	17 29	0 12	17 53	0 58	22 16	1 10
27	12 26	17 51	1 39	15 22	21 20	2 55	27 30	5 36	17 41	0 13	17 52	0 58	22 16	1 10
28	12 46	12 46	0 34	10 4	21 14	2 48	27 34	5 36	17 53	0 13	17 51	0 58	22 16	1 10
29	13 6	7 17	0N32	4 28	21 4	2 41	27 37	5 36	18 5	0 14	17 50	0 58	22 16	1 10
30	13 26	1 38	1 35	1N12	20 50	2 31	27 39	5 36	18 17	0 15	17 48	0 58	22 16	1 10
31	13S46	4N 0	2N33	6N46	20S33	2S20	27S41	5S35	18S29	0S15	17S47	0S58	22N16	1S10

DAY	♅ DECL	♅ LAT	♆ DECL	♆ LAT	♇ DECL	♇ LAT
1	18S58	0S40	19N46	0S23	17N55	5S31
5	18 59	0 40	19 45	0 23	17 54	5 31
9	18 59	0 40	19 44	0 23	17 54	5 32
13	18 59	0 39	19 43	0 23	17 54	5 32
17	18 59	0 39	19 43	0 23	17 54	5 32
21	18 59	0 39	19 42	0 23	17 53	5 33
25	18 59	0 39	19 42	0 23	17 53	5 33
29	18S58	0S39	19N42	0S23	17N53	5S33

☽ PHENOMENA

d	h	m	
4	5	59	○
12	9	33	☾
19	6	33	●
25	22	44	☽

d	h	° '
3	1	0
10	14	28N12
17	8	0
23	8	28S 8
30	7	0

d	h	° '
1	10	0
8	21	5N 9
15	21	0
21	21	5S 6
28	12	0

VOID OF COURSE ☽

LAST ASPT		☽ INGRESS		
2	10pm14	3	♈	9am38
4	10am39	5	♉	9pm58
8	7am59	8	♊	10am40
9	5pm57	10	♋	10pm26
12	9am33	13	♌	7am36
14	8pm49	15	♍	1pm 2
16	5pm58	17	♎	2pm49
19	6am33	19	♏	2pm21
20	10pm46	21	♐	1pm40
23	1pm46	23	♑	2pm55
25	6am28	25	♒	7pm40
27	2pm41	28	♓	4am14
30	0am31	30	♈	3pm35

d	h	
6	17	APOGEE
19	16	PERIGEE

DAILY ASPECTARIAN

Day	Aspect	Time
1 Th	☽△♂	0am38
	☽△♄	2 43
	☽△♇	2 52
	☉⚻☽	1pm10
	☽⚺♅	1 45
	☉△♅	8 15
	☽⚺♃	11 2
2 F	☽⚼☿	3am37
	☽⚼♆	4 12
	☿ ♏	5 54
	☽⚼♂	7 44
	☿□♆	8 51
	☉∥☽	11 23
	♂△♄	3pm52
	♂△♇	5 30
	☽∠♅	7 17
	☽△♀	10 14
3 S	♇SR	3am29
	☽∠♃	4 40
	☽△♆	10 0
	☽⚻☿	1pm 9
	☽□♄	2 2
	☽□♇	2 5
	☽⚻♂	3 19
	☉#☽	5 29
	☿△♄	9 12
	☿△♇	9 32
4 Su	☽*♅	1am10
	☉☍☽	5 59
	☽⚼♀	6 27
	☽*♃	10 39
	♄☌♇	6pm21
5 M	☿☌♂	3am21
	☽#♂	9 35
	☉∠♀	1pm54
	☽⚻♀	2 55
	☽#☿	7 52
	☽□♆	10 26
6 T	☽*♇	2am29
	☽*♄	2 32
	☽☍♂	7 25
	☽☍☿	9 3
	☽∥♇	10 50
	☽#♃	11 32
	☽□♅	1pm39
	☉△♃	1 51
	☽#♅	4 43
	☽∥♆	9 2
	☽□♃	11 12
7 W	☉⚻☽	0am 3
	☽∠♇	8 51
	☽∠♄	8 57
	☽∥♄	12pm40
8 Th	☿□♅	4am 3
	☽#♀	4 36
	☽☍♀	7 59
	☉⚼☽	9 9
	☽*♆	11 13
	☽⚺♇	3pm 9
	☽⚺♄	3 17
	☽⚻♂	11 46
9 F	☽△♅	2am13
	☽⚻☿	4 45
	♃SD	10 26
	☽△♃	11 41
	☽∠♆	5pm20
	☉△☽	5 57
10 S	♀ ♐	1am49
	☽⚼♂	7 30
	☽⚼♅	8 6
	♀△♆	11 14
	☽⚼☿	1pm52
	☽⚼♃	5 26
	♂□♅	5 59
	☽⚺♆	11 1
	☽⚻♀	11 46
11 Su	☽☌♇	2am46
	☽☌♄	2 58
	☽⚻♅	1pm26
	☽△♂	2 35
	☿#♇	5 31
	☽△☿	10 3
	☽⚻♃	10 35
12 M	☿∥♃	0am38
	☿□♃	3 57
	☽⚼♀	6 31
	☉□☽	9 33
	☽#♀	1pm51
13 T	♀⚻♇	2am41
	♀⚻♄	6 48
	☽☌♆	8 13
	☽⚺♇	11 40
	☽⚺♄	11 54
	☽△♀	12pm11
	☽∥♄	12 27
	☽☍♅	9 41
14 W	☽□♂	1am52
	☽∥♆	2 31
	☽#♅	6 9
	☽☍♃	6 19
	☽#☿	6 23
	☿∥♅	9 22
	☽□☿	10 41
	☽#♃	10 51
	☽∥♇	11 25
	☽∠♇	2pm44
	☽∠♄	2 58
	☉*☽	8 49
	☽#♂	11 53
15 Th	♄SR	11am39
	☽⚺♆	1pm38
	☽*♇	4 48
	☽*♄	5 2
	☽□♀	7 58
16 F	☉∠☽	0am37
	☉#☽	1 52
	☽⚻♅	2 6
	☽*♂	8 38
	☿#♆	9 59
	☽⚻♃	10 13
	☽∠♆	2pm56
	☿⚼♇	5 39
	☽*☿	5 58
	☿⚼♄	9 15
17 S	☽⚼♅	2am58
	☉⚺☽	3 20
	☽∠♂	10 31
	☽⚼♃	10 52
	☽*♆	3pm26
	☽□♇	6 21
	♂□♃	6 28
	☽□♄	6 34
	☽∠☿	7 57
	☽*♀	11 32
18 Su	☽△♅	3am 8
	♅SD	9 37
	☽△♃	10 55
	☽⚺♂	11 41
	☉∥☽	4pm35
	☽⚺☿	9 11
19 M	☽∠♀	0am17
	☉☌☽	6 33
	☽□♆	2pm58
	☽∥♂	5 18
	☽△♇	5 46
	☽△♄	5 59
20 T	☽#♇	0am20
	☽∥♃	0 40
	☽⚺♀	0 46
	☽□♅	2 25
	☽∥♅	5 2
	☽#♆	8 12
	☽□♃	10 12
	☽☌♂	1pm 6
	☽∥☿	1 27
	☽⚼♇	5 19
	☽⚼♄	5 32
	☽#♄	8 32
	☽☌☿	10 46
21 W	☉⚺☽	9am 6
	☽△♆	2pm20
	☽⚻♇	5 8
	☽⚻♄	5 21
	♀*♅	11 2
22 Th	☽*♅	2am 2
	☽☌♀	2 9
	☽∥♀	6 43
	☽*♃	10 13
	☉∠☽	11 0
	☽⚼♆	2pm37
	☽⚺♂	3 31
23 F	☽⚺☿	1am15
	☽∠♅	2 39
	☽∠♃	11 10
	☉*☽	1pm46
	☽⚻♆	3 38
	☽∠♂	5 51
	☽☍♇	6 34
	☽☍♄	6 47
24 S	☽∠☿	3am27
	☽⚺♅	4 5
	☽⚺♀	6 2
	☉ ♏	6 17
	☽∥♀	7 7
	♂⚼♇	8 3
	♂⚼♄	11 57
	☽⚺♃	12pm59
	☉□♆	4 38
	☽*♂	9 16
25 Su	☽*☿	6am28
	☽∠♀	9 25
	♃#♇	7pm23
	☽☍♆	8 27
	☉□☽	10 44
	☽⚻♇	11 33
	☽⚻♄	11 45
26 M	☽#♄	0am 1
	☽∥☿	5 12
	☉△♇	9 30
	☽☌♅	9 52
	☉△♄	11 46
	☽*♀	1pm49
	☽#♆	2 30
	☽∥♅	6 15
	☽☌♃	7 38
	☽#♇	11 49
	☽∥♃	11 55
27 T	☽∥♂	0am46
	☽⚼♇	3 31
	☽⚼♄	3 41
	☽□♂	7 32
	☿SR	8 42
	☽□☿	2pm41
	♂∥♃	7 21
	♂#♇	11 23
28 W	☉∥☽	0am 0
	☽⚻♆	5 6
	☽△♇	8 20
	☽△♄	8 28
	☉△☽	12pm30
	☽⚺♅	7 19
29 Th	☽□♀	1am15
	☽⚺♃	5 53
	☽⚼♆	10 33
	☉⚼☽	8pm46
	☽△♂	9 42
30 F	☽△☿	0am31
	☽∠♅	1 3
	☽∠♃	11 55
	☽△♆	4pm29
	☽□♇	7 46
	☽□♄	7 50
31 S	☿☌♂	3am27
	☽⚼☿	5 26
	☉⚻☽	5 34
	☽⚼♂	5 40
	☽*♅	7 11
	☽△♀	2pm41
	☽*♃	6 18

NOVEMBER 1914

LONGITUDE

DAY	SID. TIME	☉	☽	☽ 12 Hour	MEAN ☊	TRUE ☊	☿	♀	♂	♃	♄	♅	♆	♇
	h m s	° ' "	° ' "	° ' "	° '	° '	° '	° '	° '	° '	° '	° '	° '	° '
1	2 37 45	7♏ 43 34	16♈ 5 27	22♈ 1 31	2♓ 18	3♓ 56R	21♏ 24R	11♐ 34	22♏ 33	13♒ 17	2♋ 5R	7♒ 46	0♌ 27	2♋ 4R
2	2 41 41	8 43 36	27 57 18	3♉ 53 1	2 15	3 46	20 37	11 47	23 15	13 22	2 3	7 47	0 27	2 4
3	2 45 38	9 43 40	9♉ 48 52	15 45 2	2 12	3 34	19 41	11 57	23 58	13 26	2 1	7 47	0 27R	2 3
4	2 49 35	10 43 45	21 41 40	27 38 57	2 9	3 21	18 38	12 6	24 41	13 31	1 59	7 48	0 27	2 3
5	2 53 31	11 43 53	3♊ 37 2	9♊ 36 7	2 6	3 8	17 27	12 12	25 23	13 36	1 57	7 49	0 27	2 2
6	2 57 28	12 44 3	15 36 25	21 38 10	2 2	2 55	16 11	12 16	26 6	13 41	1 55	7 50	0 27	2 1
7	3 1 24	13 44 14	27 41 38	3♋ 47 9	1 59	2 45	14 53	12 17R	26 49	13 47	1 52	7 51	0 27	2 0
8	3 5 21	14 44 28	9♋ 55 4	16 5 46	1 56	2 38	13 34	12 16	27 32	13 52	1 50	7 52	0 27	2 0
9	3 9 17	15 44 43	22 19 41	28 37 18	1 53	2 33	12 16	12 13	28 15	13 58	1 47	7 53	0 27	1 59
10	3 13 14	16 45 1	4♌ 59 4	11♌ 25 31	1 50	2 31D	11 4	12 7	28 58	14 4	1 44	7 54	0 27	1 58
11	3 17 10	17 45 20	17 57 8	24 34 24	1 47	2 31	9 58	11 59	29 41	14 10	1 42	7 55	0 26	1 57
12	3 21 7	18 45 41	1♍ 17 45	8♍ 7 34	1 43	2 31R	9 0	11 49	0♐ 24	14 16	1 39	7 57	0 26	1 56
13	3 25 4	19 46 5	15 4 5	22 7 27	1 40	2 30	8 13	11 36	1 7	14 22	1 36	7 58	0 26	1 56
14	3 29 0	20 46 30	29 17 39	6♎ 34 28	1 37	2 28	7 37	11 20	1 50	14 29	1 33	7 59	0 26	1 55
15	3 32 57	21 46 57	13♎ 57 27	21 25 56	1 34	2 23	7 13	11 3	2 33	14 36	1 30	8 1	0 25	1 54
16	3 36 53	22 47 26	28 59 1	6♏ 35 37	1 31	2 15	7 1D	10 43	3 17	14 42	1 26	8 2	0 25	1 53
17	3 40 50	23 47 57	14♏ 14 26	21 54 2	1 27	2 5	6 59	10 20	4 0	14 50	1 23	8 3	0 24	1 52
18	3 44 46	24 48 29	29 32 58	7♐ 9 45	1 24	1 53	7 9	9 56	4 44	14 57	1 20	8 5	0 24	1 51
19	3 48 43	25 49 3	14♐ 43 0	22 11 29	1 21	1 42	7 29	9 30	5 27	15 4	1 16	8 7	0 23	1 50
20	3 52 39	26 49 39	29 34 8	6♑ 50 8	1 18	1 31	7 58	9 1	6 11	15 12	1 13	8 8	0 23	1 49
21	3 56 36	27 50 16	13♑ 58 56	21 0 10	1 15	1 24	8 35	8 31	6 54	15 19	1 9	8 10	0 22	1 48
22	4 0 33	28 50 53	27 53 45	4♒ 39 46	1 12	1 18	9 20	8 0	7 38	15 27	1 5	8 11	0 22	1 47
23	4 4 29	29 51 32	11♒ 18 28	17 50 15	1 8	1 16	10 12	7 27	8 22	15 35	1 1	8 13	0 21	1 46
24	4 8 26	0♐ 52 13	24 15 38	0♓ 35 11	1 5	1 15	11 9	6 53	9 6	15 43	0 58	8 15	0 20	1 45
25	4 12 22	1 52 54	6♓ 49 32	12 59 19	1 2	1 15	12 11	6 18	9 49	15 51	0 54	8 17	0 20	1 44
26	4 16 19	2 53 36	19 5 13	25 7 53	0 59	1 14	13 18	5 42	10 33	16 0	0 50	8 19	0 19	1 43
27	4 20 15	3 54 19	1♈ 7 55	7♈ 5 57	0 56	1 12	14 28	5 6	11 17	16 8	0 45	8 21	0 18	1 42
28	4 24 12	4 55 4	13 2 31	18 58 8	0 53	1 7	15 42	4 29	12 1	16 17	0 41	8 23	0 17	1 41
29	4 28 8	5 55 50	24 53 15	0♉ 48 18	0 49	1 0	16 59	3 53	12 45	16 26	0 37	8 25	0 17	1 40
30	4 32 5	6♐ 56 36	6♉ 43 37	12♉ 39 32	0♓ 46	0♓ 49	18♏ 17	3♐ 16	13♐ 29	16♒ 35	0♋ 33	8♒ 27	0♌ 16	1♋ 39

DECLINATION and LATITUDE

DAY	☉ DECL	☽ DECL	☽ LAT	☽ 12hr DECL	☿ DECL	☿ LAT	♀ DECL	♀ LAT	♂ DECL	♂ LAT	♃ DECL	♃ LAT	♄ DECL	♄ LAT
1	14S 6	9N28	3N24	12N 4	20S10	2S 8	27S42	5S34	18S40	0S16	17S46	0S58	22N16	1S10
2	14 25	14 34	4 5	16 56	19 44	1 53	27 42	5 33	18 52	0 16	17 44	0 58	22 16	1 10
3	14 44	19 8	4 36	21 8	19 14	1 38	27 42	5 31	19 3	0 17	17 43	0 58	22 16	1 10
4	15 3	22 57	4 55	24 31	18 39	1 20	27 41	5 29	19 14	0 18	17 41	0 58	22 16	1 10
5	15 22	25 49	5 1	26 50	18 2	1 1	27 39	5 26	19 25	0 18	17 40	0 57	22 16	1 10
6	15 40	27 33	4 54	27 56	17 21	0 41	27 36	5 23	19 35	0 19	17 38	0 57	22 16	1 10
7	15 58	27 59	4 34	27 42	16 38	0 21	27 33	5 19	19 46	0 19	17 37	0 57	22 16	1 10
8	16 16	27 5	4 1	26 7	15 55	0 0	27 28	5 14	19 56	0 20	17 35	0 57	22 16	1 10
9	16 34	24 49	3 16	23 12	15 12	0N20	27 23	5 9	20 7	0 20	17 33	0 57	22 16	1 10
10	16 51	21 18	2 20	19 7	14 31	0 40	27 17	5 4	20 17	0 21	17 31	0 57	22 16	1 10
11	17 8	16 40	1 16	13 60	13 53	0 59	27 9	4 58	20 27	0 22	17 30	0 57	22 16	1 10
12	17 25	11 7	0 6	8 4	13 19	1 16	27 1	4 51	20 36	0 22	17 28	0 57	22 16	1 10
13	17 41	4 52	1S 6	1 34	12 49	1 31	26 52	4 44	20 46	0 23	17 26	0 57	22 16	1 10
14	17 57	1S48	2 17	5S12	12 25	1 44	26 42	4 36	20 55	0 23	17 24	0 57	22 16	1 10
15	18 13	8 35	3 20	11 53	12 6	1 56	26 31	4 27	21 4	0 24	17 22	0 56	22 16	1 10
16	18 29	15 2	4 12	17 59	11 53	2 5	26 19	4 18	21 13	0 25	17 20	0 56	22 16	1 10
17	18 44	20 40	4 46	23 0	11 46	2 13	26 6	4 8	21 22	0 25	17 17	0 56	22 16	1 10
18	18 59	24 56	4 60	26 25	11 43	2 19	25 52	3 58	21 31	0 26	17 15	0 56	22 16	1 10
19	19 13	27 25	4 53	27 54	11 46	2 23	25 37	3 47	21 39	0 26	17 13	0 56	22 16	1 10
20	19 27	27 52	4 25	27 22	11 53	2 25	25 21	3 35	21 47	0 27	17 11	0 56	22 16	1 10
21	19 41	26 24	3 42	25 2	12 3	2 26	25 5	3 23	21 55	0 27	17 8	0 56	22 16	1 10
22	19 55	23 18	2 46	21 18	12 18	2 26	24 47	3 10	22 3	0 28	17 6	0 56	22 16	1 10
23	20 8	19 3	1 43	16 36	12 35	2 25	24 28	2 57	22 11	0 29	17 4	0 56	22 16	1 10
24	20 21	14 1	0 37	11 20	12 55	2 23	24 9	2 43	22 18	0 29	17 1	0 56	22 16	1 10
25	20 33	8 33	0N29	5 44	13 17	2 20	23 49	2 29	22 25	0 30	16 59	0 56	22 17	1 10
26	20 45	2 54	1 33	0 4	13 40	2 16	23 28	2 14	22 32	0 30	16 56	0 56	22 17	1 10
27	20 56	2N45	2 31	5N32	14 5	2 12	23 7	1 59	22 39	0 31	16 53	0 55	22 17	1 10
28	21 8	8 15	3 21	10 52	14 31	2 7	22 45	1 44	22 46	0 31	16 51	0 55	22 17	1 10
29	21 18	13 24	4 3	15 49	14 58	2 2	22 23	1 29	22 52	0 32	16 48	0 55	22 17	1 10
30	21S29	18N 4	4N34	20N10	15S26	1N56	22S 1	1S13	22S58	0S32	16S45	0S55	22N17	1S10

DAY	♅ DECL	♅ LAT	♆ DECL	♆ LAT	♇ DECL	♇ LAT
1	18S58	0S39	19N41	0S23	17N53	5S33
5	18 57	0 39	19 41	0 23	17 53	5 33
9	18 56	0 39	19 42	0 23	17 53	5 34
13	18 54	0 39	19 42	0 23	17 52	5 34
17	18 53	0 38	19 42	0 23	17 52	5 34
21	18 51	0 38	19 43	0 23	17 52	5 34
25	18 49	0 38	19 43	0 23	17 52	5 34
29	18S47	0S38	19N44	0S23	17N52	5S34

☽ PHENOMENA				VOID OF COURSE ☽ LAST ASPT		☽ INGRESS		
d	h	m						
2	23	48	○	31	6pm18	2	♉	4am 8
10	23	37	☾	4	6am24	4	♊	4pm44
17	16	2	●	5	8pm 8	7	♋	4am33
24	13	39	☽	9	11am58	9	♌	2pm37
				10	11pm37	11	♍	9pm42
d	h	°	'	13	8am38	14	♎	1am10
6	20	28N	1	15	1am 2	16	♏	1am36
13	18	0		17	4pm 2	18	♐	0am42
19	17	27S57		19	0am34	20	♑	0am42
26	12	0		22	1am49	22	♒	3am42
				23	7am55	24	♓	10am53
4	23	5N	1	25	11am27	26	♈	9pm44
12	2	0		28	6am38	29	♉	10am22
18	4	5S	0					
24	13	0						

d	h	
2	20	APOGEE
17	4	PERIGEE
29	23	APOGEE

DAILY ASPECTARIAN

Day	Aspect	Time
1 Su	☉□♅	0am57
	♄☌♇	9 9
	☽⚻☿	10 6
	☽⚻♂	1pm53
	☽⚼♀	9 35
	☉#☽	11 12
2 M	☿#♆	2am20
	☽□♆	5 4
	☽⚹♄	8 16
	☽⚹♇	8 19
	♂∥♅	12pm38
	☽#♃	4 15
	☽∥♇	5 5
	☽□♅	7 54
	☽#♅	11 2
	☽#♂	11 32
	☉☍☽	11 48
3 T	☽#☿	0am32
	☽∥♆	3 15
	☽⚻♀	4 23
	☿∥♂	6 0
	☽□♃	7 22
	☿∥♅	11 52
	♆SR	1pm18
	☽∠♄	2 31
	☽∠♇	2 37
	☽☍☿	6 20
	☽∥♄	7 17
4 W	☽☍♂	6am24
	☽⚹♆	5pm39
	☽⚺♄	8 39
	☽⚺♇	8 49
5 Th	☿#♇	5am23
	☿⚼♇	8 15
	☽△♅	8 26
	☿⚼♄	10 3
	☉⚺♀	12pm 6
	☿∥♃	1 26
	☽☍♀	5 18
	☉⚻☽	5 45
	☽△♃	8 8
	☽∠♆	11 42
6 F	☽⚻☿	1am 3
	☽#♀	1 13
	♂#♆	1pm41
	☽⚼♅	2 24
	☽⚻♂	10 9
7 S	☉□♃	1am 1
	☽⚼♃	2 9
	☉⚼☽	2 15
	♀SR	3 19
	☽⚼☿	3 53
	☽⚺♆	5 27
	☽☌♄	8 12
	☽☌♇	8 30
	☉☌☿	11 47
	☉∥☿	3pm46
	☽#♀	4 51
	☿□♃	6 44
	☽⚻♅	7 59
8 Su	☽⚻♀	4am34
	☽⚼♂	5 24
	☽△☿	6 25
	☽⚻♃	7 45
	☉△☽	10 12
9 M	☿⚺♀	1am 5
	☽⚼♀	9 17
	☽△♂	11 58
	☽☌♆	3pm27
	☽⚺♄	5 55
	☽∥♄	6 8
	☽⚺♇	6 20
	☉⚼♄	11 47
10 T	☉⚼♇	5am 8
	☽☍♅	5 28
	☽#♂	5 33
	☽∥♆	8 56
	☽□☿	10 25
	☽#♅	12pm58
	☽△♀	1 10
	☽☍♃	5 0
	☽∥♇	6 13
	☽#♃	8 3
	☽∠♄	9 43
	☉#☽	9 55
	☽∠♇	10 11
	☉□☽	11 37
11 W	♂ ♐	10am47
	☽#☿	1pm57
	☽□♂	10 19
	☽⚺♆	10 29
12 Th	☽⚹♄	0am37
	☽⚹♇	1 8
	♂△♆	1 22
	☉∥♃	3 53
	☽⚻♅	11 42
	☽⚹☿	12pm46
	☽□♀	6 7
	☽⚻♃	10 48
13 F	☽∠♆	0am37
	☉⚹☽	8 38
	☿□♅	9 5
	☽∠☿	1pm15
	☽⚼♅	1 26
	♂⚻♄	3 0
	☉#♇	4 34
14 S	☽⚼♃	0am19
	☽⚹♆	1 53
	♂⚻♇	2 31
	☽□♄	3 43
	☽□♇	4 20
	☽⚹♂	4 26
	☉∠☽	11 29
	☽⚺☿	1pm18
	☽△♅	2 20
	☽⚹♀	7 23
15 Su	☽△♃	1am 2
	☽∠♂	6 5
	☽∥☿	12pm22
	☉⚺☽	1 28
	☽∠♀	6 56
16 M	☽□♆	2am16
	☽△♄	3 52
	☽△♇	4 35
	☽⚺♂	7 7
	☽∥♃	9 11
	☽#♇	11 31
	☽☌☿	12pm36
	☽□♅	2 17
	☿SD	2 18
	☉∥☽	2 47
	☽∥♅	3 52
	☽⚺♀	6 2
	☽#♆	7 31
17 T	☽□♃	0am55
	☽⚼♄	3 21
	☽∥♂	3 32
	☽⚼♇	4 7
	☽#♄	8 2
	☉∥♅	2pm 2
	☉☌☽	4 2
18 W	☽△♆	1am20
	☽⚻♄	2 47
	☽⚻♇	3 37
	☽∥♀	6 34
	☽☌♂	8 34
	☽⚺☿	12pm13
	☽⚹♅	1 29
	☽☌♀	3 56
19 Th	☽⚹♃	0am34
	☽⚼♆	1 4
	☽∠☿	12pm52
	☽∠♅	1 31
	☉⚺☽	7 12
20 F	☽∠♃	1am 2
	☽⚻♆	1 20
	☽☍♄	2 41
	☽☍♇	3 42
	☿□♅	7 26
	☽⚺♂	11 29
	☽⚺♅	2pm12
	☽⚹☿	2 29
	☽⚺♀	3 8
	☉∠☽	9 55
	☿⚺♀	10 42
21 S	☽⚺♃	2am18
	☉#♆	2 19
	☽∥♀	12pm48
	☽∠♂	2 19
	♀⚹♅	3 42
	☽∠♀	3 46
22 Su	☉⚹☽	1am49
	☽☍♆	4 21
	☽⚻♄	5 36
	☽#♄	6 23
	♀☌♂	6 51
	☽⚻♇	6 52
	☽∥♂	7 27
	☽⚹♀	5pm17
	☽⚹♂	6 21
	☽☌♅	6 23
	☉∥☽	6 38
	♂⚹♅	7 6
	☽#♆	8 34
	☽□☿	9 49
23 M	☽∥♅	1am 5
	☉ ♐	3 21
	☽#♇	5 54
	☽☌♃	7 55
	☽⚼♄	8 36
	☽∥♃	9 56
	☽⚼♇	10 1
	☉△♆	11 34
	♂#♄	6pm27
24 T	☉⚻♄	1am58
	☽∥☿	4 41
	☽⚻♆	11 31
	☽△♄	12pm39
	☉□☽	1 39
	☽△♇	2 13
	☉⚻♇	8 42
	☽□♀	11 1
25 W	☽⚺♅	2am50
	♃⚼♄	4 16
	☽□♂	6 11
	☽△☿	11 27
	☽⚼♆	4pm34
	☽⚺♃	5 50
26 Th	☽∠♅	8am24
	☽⚼☿	8pm18
	☽△♆	10 20
	☽□♄	11 15
27 F	☽∠♃	0am 1
	☽□♇	1 9
	☉△☽	6 5
	☽△♀	7 34
	☽⚹♅	2pm33
	☉☌♀	5 36
	☽△♂	9 48
	♀∥♂	11 42
	☿⚼♄	11 47
28 S	☽⚻☿	6am 1
	☽⚹♃	6 38
	☽⚼♀	12pm24
	☿□♃	12 31
	☉⚼☽	3 13
	☿⚼♇	6 25
29 Su	☽⚼♂	6am12
	♀#♄	6 59
	☽#☿	8 33
	☽□♆	10 55
	☽⚹♄	11 33
	☽⚹♇	1pm44
	☽#♃	4 58
	☽⚻♀	5 21
	☽∥♇	10 54
30 M	☉⚻☽	0am29
	☽□♅	3 29
	☽#♅	3 54
	☽∥♆	9 26
	♃⚼♇	10 31
	☽⚻♂	2pm35
	☽∠♄	5 43
	☽∠♇	8 2
	☽□♃	8 10
	☉#☽	9 9
	☽#♀	9 32

DECEMBER 1914

LONGITUDE

DAY	SID. TIME	☉	☽	☽ 12 Hour	MEAN ☊	TRUE ☊	☿	♀	♂	♃	♄	♅	♆	♇
	h m s	° ' "	° ' "	° ' "	° '	° '	° '	° '	° '	° '	° '	° '	° '	° '
1	4 36 2	7♐ 57 24	18♉ 36 18	24♉ 34 7	0♓ 43	0♓ 36R	19♏ 38	2♐ 41R	14♐ 14	16♒ 44	0♋ 28R	8♒ 29	0♌ 15R	1♋ 38R
2	4 39 58	8 58 13	0♊ 33 11	6♊ 33 38	0 40	0 22	21 1	2 6	14 58	16 53	0 24	8 31	0 14	1 37
3	4 43 55	9 59 3	12 35 36	18 39 11	0 37	0 7	22 25	1 32	15 42	17 2	0 20	8 33	0 13	1 36
4	4 47 51	10 59 54	24 44 28	0♋ 51 35	0 33	29♒ 53	23 51	1 0	16 26	17 12	0 15	8 35	0 12	1 35
5	4 51 48	12 0 46	7♋ 0 39	13 11 47	0 30	29 41	25 17	0 29	17 11	17 21	0 11	8 38	0 11	1 34
6	4 55 44	13 1 39	19 25 10	25 41 1	0 27	29 33	26 45	29♏ 59	17 55	17 31	0 6	8 40	0 10	1 33
7	4 59 41	14 2 34	1♌ 59 32	8♌ 21 2	0 24	29 27	28 13	29 32	18 40	17 41	0 1	8 42	0 9	1 31
8	5 3 38	15 3 30	14 45 47	21 14 8	0 21	29 24	29 42	29 6	19 24	17 51	29♊ 57	8 45	0 8	1 30
9	5 7 34	16 4 26	27 46 28	4♍ 23 7	0 18	29 23D	1♐ 11	28 43	20 9	18 1	29 52	8 47	0 7	1 29
10	5 11 31	17 5 25	11♍ 4 27	17 50 48	0 14	29 23R	2 41	28 21	20 53	18 11	29 47	8 49	0 6	1 28
11	5 15 27	18 6 24	24 42 26	1♎ 39 34	0 11	29 23	4 11	28 2	21 38	18 22	29 42	8 52	0 5	1 27
12	5 19 24	19 7 24	8♎ 42 16	15 50 31	0 8	29 22	5 42	27 46	22 23	18 32	29 38	8 54	0 3	1 26
13	5 23 20	20 8 26	23 4 6	0♏ 22 40	0 5	29 18	7 13	27 32	23 7	18 43	29 33	8 57	0 2	1 24
14	5 27 17	21 9 29	7♏ 45 38	15 12 16	0 2	29 11	8 44	27 20	23 52	18 53	29 28	9 0	0 1	1 23
15	5 31 13	22 10 32	22 41 36	0♐ 12 35	29♒ 59	29 2	10 16	27 11	24 37	19 4	29 23	9 2	0 0	1 22
16	5 35 10	23 11 37	7♐ 44 0	15 14 36	29 55	28 52	11 48	27 4	25 22	19 15	29 18	9 5	29♋ 59	1 21
17	5 39 7	24 12 42	22 43 8	0♑ 8 24	29 52	28 42	13 20	27 0	26 7	19 26	29 13	9 8	29 57	1 20
18	5 43 3	25 13 48	7♑ 29 18	14 44 54	29 49	28 32	14 52	26 59D	26 52	19 37	29 8	9 10	29 56	1 19
19	5 47 0	26 14 55	21 54 27	28 57 24	29 46	28 25	16 24	26 59	27 37	19 48	29 3	9 13	29 55	1 17
20	5 50 56	27 16 2	5♒ 53 25	12♒ 42 20	29 43	28 20	17 57	27 3	28 22	20 0	28 58	9 16	29 53	1 16
21	5 54 53	28 17 9	19 24 13	25 59 14	29 39	28 18D	19 30	27 8	29 8	20 11	28 53	9 19	29 52	1 15
22	5 58 49	29 18 17	2♓ 27 44	8♓ 50 10	29 36	28 17	21 3	27 16	29 53	20 22	28 48	9 21	29 51	1 14
23	6 2 46	0♑ 19 25	15 7 4	21 19 0	29 33	28 18	22 36	27 26	0♑ 38	20 34	28 43	9 24	29 49	1 13
24	6 6 42	1 20 32	27 26 36	3♈ 30 32	29 30	28 19R	24 9	27 38	1 23	20 46	28 38	9 27	29 48	1 11
25	6 10 39	2 21 40	9♈ 31 28	15 30 3	29 27	28 19	25 43	27 53	2 9	20 57	28 33	9 30	29 46	1 10
26	6 14 36	3 22 48	21 26 55	27 22 40	29 24	28 17	27 17	28 9	2 54	21 9	28 28	9 33	29 45	1 9
27	6 18 32	4 23 57	3♉ 17 55	9♉ 13 11	29 20	28 12	28 51	28 28	3 40	21 21	28 24	9 36	29 43	1 8
28	6 22 29	5 25 5	15 8 58	21 5 43	29 17	28 6	0♑ 25	28 48	4 25	21 33	28 19	9 39	29 42	1 6
29	6 26 25	6 26 13	27 3 49	3♊ 3 36	29 14	27 58	1 59	29 11	5 11	21 45	28 14	9 42	29 40	1 5
30	6 30 22	7 27 21	9♊ 5 23	15 9 22	29 11	27 48	3 34	29 35	5 56	21 58	28 9	9 45	29 39	1 4
31	6 34 18	8♑ 28 30	21♊ 15 45	27♊ 24 39	29♒ 8	27♒ 38	5♑ 9	0♐ 1	6♑ 42	22♒ 10	28♊ 4	9♒ 48	29♋ 37	1♋ 3

DECLINATION and LATITUDE

DAY	☉ DECL	☽ DECL	☽ LAT	☽ 12hr DECL	☿ DECL	☿ LAT	♀ DECL	♀ LAT	♂ DECL	♂ LAT	♃ DECL	♃ LAT	♄ DECL	♄ LAT
1	21S39	22N 3	4N53	23N44	15S54	1N50	21S39	0S58	23S 4	0S33	16S42	0S55	22N17	1S10
2	21 48	25 9	4 59	26 18	16 22	1 43	21 17	0 42	23 9	0 33	16 39	0 55	22 17	1 10
3	21 57	27 9	4 52	27 41	16 50	1 36	20 55	0 26	23 15	0 34	16 37	0 55	22 17	1 10
4	22 6	27 53	4 32	27 44	17 18	1 30	20 33	0 11	23 20	0 35	16 34	0 55	22 17	1 10
5	22 14	27 15	3 59	26 25	17 45	1 23	20 12	0N 4	23 25	0 35	16 31	0 55	22 17	1 10
6	22 22	25 15	3 14	23 46	18 13	1 15	19 51	0 19	23 30	0 36	16 28	0 55	22 17	1 10
7	22 30	21 59	2 20	19 56	18 40	1 8	19 30	0 34	23 34	0 36	16 24	0 55	22 17	1 10
8	22 37	17 38	1 17	15 6	19 6	1 1	19 11	0 48	23 38	0 37	16 21	0 55	22 17	1 10
9	22 43	12 23	0 9	9 30	19 32	0 54	18 52	1 2	23 42	0 37	16 18	0 55	22 17	1 10
10	22 49	6 28	1S 2	3 20	19 57	0 46	18 34	1 16	23 46	0 38	16 15	0 54	22 17	1 10
11	22 55	0 7	2 10	3S 9	20 21	0 39	18 17	1 29	23 49	0 38	16 12	0 54	22 17	1 10
12	23 0	6S24	3 13	9 37	20 45	0 31	18 1	1 42	23 53	0 39	16 8	0 54	22 18	1 9
13	23 5	12 45	4 5	15 45	21 8	0 24	17 46	1 54	23 56	0 39	16 5	0 54	22 18	1 9
14	23 9	18 32	4 42	21 5	21 29	0 17	17 32	2 6	23 58	0 40	16 2	0 54	22 18	1 9
15	23 13	23 18	5 1	25 7	21 50	0 10	17 19	2 17	24 1	0 40	15 58	0 54	22 18	1 9
16	23 17	26 31	4 59	27 26	22 10	0 3	17 7	2 28	24 3	0 41	15 55	0 54	22 18	1 9
17	23 19	27 51	4 37	27 45	22 29	0S 4	16 56	2 38	24 5	0 41	15 51	0 54	22 18	1 9
18	23 22	27 10	3 56	26 7	22 47	0 11	16 46	2 48	24 7	0 42	15 48	0 54	22 18	1 9
19	23 24	24 39	3 1	22 49	23 4	0 18	16 37	2 57	24 8	0 42	15 44	0 54	22 18	1 9
20	23 25	20 41	1 57	18 19	23 19	0 25	16 29	3 6	24 9	0 43	15 41	0 54	22 18	1 9
21	23 26	15 45	0 47	13 3	23 34	0 32	16 23	3 14	24 10	0 43	15 37	0 54	22 18	1 9
22	23 27	10 15	0N22	7 24	23 47	0 38	16 17	3 22	24 11	0 44	15 33	0 54	22 18	1 9
23	23 27	4 30	1 29	1 36	23 59	0 44	16 12	3 29	24 11	0 44	15 29	0 54	22 18	1 8
24	23 27	1N16	2 29	4N 6	24 10	0 51	16 8	3 36	24 11	0 45	15 26	0 54	22 18	1 8
25	23 26	6 52	3 22	9 34	24 19	0 57	16 5	3 42	24 11	0 45	15 22	0 54	22 18	1 8
26	23 24	12 9	4 5	14 38	24 28	1 2	16 3	3 48	24 11	0 46	15 18	0 54	22 18	1 8
27	23 23	16 58	4 38	19 8	24 35	1 8	16 2	3 53	24 10	0 46	15 14	0 54	22 18	1 8
28	23 20	21 8	4 58	22 55	24 40	1 13	16 2	3 58	24 9	0 47	15 10	0 54	22 18	1 8
29	23 18	24 28	5 6	25 45	24 45	1 19	16 2	4 3	24 8	0 47	15 6	0 53	22 19	1 8
30	23 14	26 46	4 60	27 27	24 48	1 24	16 3	4 7	24 6	0 48	15 2	0 53	22 19	1 8
31	23S11	27N50	4N41	27N51	24S49	1S29	16S 5	4N11	24S 5	0S48	14S58	0S53	22N19	1S 8

DAY	♅ DECL	♅ LAT	♆ DECL	♆ LAT	♇ DECL	♇ LAT
1	18S46	0S38	19N44	0S23	17N52	5S34
5	18 44	0 38	19 45	0 23	17 52	5 34
9	18 41	0 38	19 46	0 23	17 52	5 34
13	18 38	0 38	19 47	0 23	17 53	5 34
17	18 35	0 38	19 48	0 23	17 53	5 34
21	18 32	0 38	19 49	0 23	17 53	5 34
25	18 29	0 38	19 50	0 23	17 53	5 34
29	18S26	0S38	19N52	0S23	17N53	5S33

☽ PHENOMENA				VOID OF COURSE ☽ LAST ASPT		☽ INGRESS		
d	h	m		1	2am21	1	♊	10pm54
2	18	20	○	3	8am56	4	♋	10am19
10	11	32	☾	6	7pm29	6	♌	8pm13
17	2	35	●	9	3am47	9	♍	4am 3
24	8	24	☽	11	8am36	11	♎	9am 9
				13	10am35	13	♏	11am23
				15	11am39	15	♐	11am40
d	h	°	'	17	10am27	17	♑	11am46
4	1	27N53		19	1pm37	19	♒	1pm48
11	0	0		21	6pm54	21	♓	7pm25
17	4	27S53		24	4am38	24	♈	5am 3
23	19	0		26	4pm46	26	♉	5pm19
31	7	27N53		29	5am13	29	♊	5am53
				31	1pm11	31	♋	5pm 2
2	0	4N59						
9	3	0		d	h			
15	10	5S 2		15	14	PERIGEE		
21	16	0		27	13	APOGEE		
29	2	5N 6						

DAILY ASPECTARIAN

Day	Aspect	Time
1 T	☉∥♀	0am 5
	☽∥♄	1 31
	☽☍☿	2 21
	☽#♂	7 13
	☉⚹♅	12pm49
	☽⚹♆	11 22
	☽⊻♄	11 42
2 W	☽⊻♇	2am 7
	☽☍♀	2 57
	♂⚼♆	8 39
	☿∥♃	1pm46
	☽△♅	3 56
	☉☍☽	6 20
	♀⊼♇	9 16
3 Th	☽∠♆	5am12
	☽☍♂	6 34
	☽△♃	8 56
	☽⚼♅	9pm43
	☽⊼☿	10 0
4 F	☽⊻♆	10am42
	☽☌♄	10 45
	☽⊼♀	11 46
	☽☌♇	1pm23
	☽⚼♃	2 49
	♄⊻♆	8 1
5 S	☽⊼♅	3am 9
	☿#♇	6 0
	☽⚼☿	7 13
	♂⚹♃	7 27
	☉#♄	8 4
	☉⊼☽	10 35
	♀△♆	2pm36
	☽⚼♀	3 47
	♀⊼♄	5 19
	☽⊼♃	8 18
	☽⊼♂	8 56
	♀ ♏	11 23
6 Su	♀#♆	6am26
	☽#♂	1pm41
	☽△☿	3 53
	☉⚼☽	5 55
	☽△♀	7 29
	☽⊻♄	8 17
	☽☌♆	8 31
	☉#☽	8 53
	☽∥♄	10 7
	☽⊻♇	11 7
7 M	☿∥♅	2am11
	☽⚼♂	3 21
	♄ ♊	6 44
	☽☍♅	12pm42
	☽∥♆	12 59
	☽#♀	3 28
	☿☌♀	4 29
	☽#☿	5 9
	☽#♅	6 37
	☽∥♇	10 48
8 T	☽∠♄	0am20
	☉△☽	0 36
	☉⚼♆	1 45
	☿∥♀	2 29
	☽∠♇	3 14
	☿⊼♄	3 48
	☿ ♐	4 54
	☽☍♃	5 49
	☽#♃	6 16
	☿△♆	6 58
	☽△♂	9 8
9 W	☽□♀	1am40
	☽⚹♄	3 47
	☽⊻♆	4 16
	☿⊼♇	4 44
	☽⚹♇	6 45
	☽□☿	7 0
	☿#♆	1pm16
	♀∥♅	3 17
	☽⊼♅	7 58
10 Th	☽∠♆	7am 8
	☉□☽	11 32
	☽⊼♃	12pm46
	☽□♂	6 20
	☽⚼♅	10 32
11 F	☽⚹♀	5am39
	☉⚹♃	7 13
	☽□♄	8 36
	☽⚹♆	9 16
	☽□♇	11 37
	☽⚼♃	3pm 6
	☽⚹☿	6 18
12 S	☽△♅	0am21
	☽∠♀	6 44
	♀#♇	1pm14
	☽△♃	4 41
	☉⚹☽	6 47
	☽∠☿	10 26
13 Su	☽⚹♂	0am 6
	☽⊻♀	7 14
	☽△♄	10 35
	☽□♆	11 26
	☽∥♃	1pm16
	☽△♇	1 40
	☽∥♀	7 43
	☽#♇	9 3
	☉∠☽	9 13
14 M	☽∥♅	0am23
	☽⊻☿	1 46
	☽∠♂	1 54
	☽□♅	2 0
	☿⚹♅	4 4
	♂∠♅	4 5
	☽#♆	5 43
	☽⚼♄	10 45
	☽⚼♇	1pm53
	☽∥☿	3 16
	☽□♃	6 8
	☽#♄	6 22
	♆ ♋	8 28
	☉⊻☽	11 7
	☉∥☽	11 34
15 T	☽⊻♂	3am14
	☽∥♂	4 28
	☽☌♀	7 7
	☽⊼♄	10 37
	☽△♆	11 39
	☽⊼♇	1pm50
16 W	☽⚹♅	2am 9
	☽☌☿	7 13
	☿#♄	9 33
	☽⚼♆	11 33
	☽⚹♃	6pm39
	☉∠♅	9 52
17 Th	☽∠♅	2am16
	☉☌☽	2 35
	☽☌♂	5 47
	☽⊻♀	6 54
	☽☍♄	10 27
	☽⊼♆	11 41
	☽☍♇	1pm55
	☽∠♃	7 14
18 F	☿⚼♆	1am 2
	☽⊻♅	2 47
	♀⊻♂	3 24
	♀SD	4 26
	☽∠♀	7 24
	☽⊻☿	1pm39
	☽⊻♃	8 25
19 S	☽∥♂	3am34
	☉⊻☽	7 57
	☉∥☽	8 22
	☽⚹♀	8 39
	☽∥☿	9 52
	☽⊻♂	10 16
	☽⊼♄	12pm 6
	☽☍♆	1 37
	☽#♄	3 4
	☽⊼♇	4 0
	☽∠☿	6 15
	☉⊻♀	6 19
20 Su	☽#♆	4am34
	☽☌♅	5 56
	☽∥♅	10 54
	☉∥☿	10 57
	☉∠☽	12pm 8
	☽∠♂	1 58
	☽#♇	2 7
	☽⚼♄	2 10
	♂☍♄	5 9
	☽⚼♇	6 20
	☽∥♀	9 6
21 M	☽⚹☿	0am11
	☽∥♃	0 39
	☽☌♃	1 26
	☿⚹♃	12pm10
	☉☍♄	1 7
	☽□♀	2 15
	☽△♄	5 15
	☉⚹☽	5 37
	☽⚹♂	6 54
	☽⊼♆	7 8
	☽△♇	9 42
	♂⊼♆	10 49
22 T	♂ ♑	3am48
	☉⊼♆	12pm22
	☽⊻♅	1 2
	☉ ♑	4 22
	☽⚼♆	11 26
23 W	☽⊻♃	10am43
	☽□☿	4pm36
	♂☍♇	5 46
	☽∠♅	6 6
	☉☍♇	8 27
24 Th	☽△♀	0am23
	☽□♄	2 20
	☿∥♂	3 39
	☉☌♂	4 19
	☽△♆	4 38
	☿∠♅	4 49
	☽□♇	7 23
	☽□♂	8 19
	☉□☽	8 24
	☽∠♃	4pm45
	☽⚹♅	11 58
25 F	☽⚼♀	6am52
	☽⚹♃	11pm24
26 S	☽△☿	1pm35
	☽⊼♀	1 55
	☽⚹♄	2 7
	☽#♃	3 9
	☿⊻♀	4 40
	☽□♆	4 46
	☿☍♄	5 27
	☽#♀	7 8
	☽⚹♇	7 36
	♀⊼♄	7 56
27 Su	☽△♂	0am47
	☉△☽	2 26
	☽∥♇	4 59
	☽#♅	8 7
	☽□♅	12pm50
	☿⊼♆	1 13
	☽∥♆	4 9
	☿ ♑	5 41
	☽∠♄	8 18
28 M	☽⚼☿	0am37
	☽∠♇	1 56
	☽∥♄	7 45
	☽⚼♂	9 12
	☿☍♇	10 27
	☉⚼☽	11 38
	☽□♃	1pm 9
	☉#☽	2 54
	☽#♂	9 16
29 T	☽⊻♄	2am19
	☽#☿	2 28
	☽☍♀	4 23
	☽⚹♆	5 13
	☽⊻♇	8 3
	☉∠♃	9 27
	☽⊼☿	11 21
	☽⊼♂	5pm19
	☉⊼☽	8 27
30 W	☽△♅	1am20
	♀△♆	3 29
	☽∠♆	10 58
	♀ ♐	11pm14
31 Th	☽△♃	1am48
	☽⚼♅	6 57
	☽☌♄	1pm11
	☽⊻♆	4 15
	☽⊼♀	5 43
	☽☌♇	7 2
	♂∠♃	8 21

LONGITUDE

DAY	SID. TIME	☉	☽	☽ 12 Hour	MEAN ☊	TRUE ☊	☿	♀	♂	♃	♄	♅	♆	♇
	h m s	° ' "	° ' "	° ' "	° '	° '	° '	° '	° '	° '	° '	° '	° '	° '
1	6 38 15	9♑ 29 38	3♋ 36 12	9♋ 50 25	29♒ 5	27♒ 29R	6♑ 45	0♐ 29	7♑ 27	22♒ 22	27♊ 59R	9♒ 52	29♋ 36R	1♋ 2R
2	6 42 11	10 30 46	16 7 22	22 27 4	29 1	27 20	8 21	0 58	8 13	22 35	27 54	9 55	29 34	1 1
3	6 46 8	11 31 55	28 49 31	5♌ 14 43	28 58	27 14	9 57	1 29	8 59	22 47	27 50	9 58	29 32	0 59
4	6 50 5	12 33 4	11♌ 42 43	18 13 31	28 55	27 11	11 33	2 2	9 45	23 0	27 45	10 1	29 31	0 58
5	6 54 1	13 34 12	24 47 10	1♍ 23 45	28 52	27 9D	13 10	2 36	10 30	23 13	27 40	10 4	29 29	0 57
6	6 57 58	14 35 21	8♍ 3 21	14 46 3	28 49	27 10	14 47	3 11	11 16	23 25	27 36	10 7	29 28	0 56
7	7 1 54	15 36 30	21 31 57	28 21 11	28 45	27 11	16 25	3 48	12 2	23 38	27 31	10 11	29 26	0 55
8	7 5 51	16 37 39	5♎ 13 50	12♎ 9 56	28 42	27 12R	18 3	4 26	12 48	23 51	27 26	10 14	29 24	0 53
9	7 9 47	17 38 48	19 9 30	26 12 29	28 39	27 13	19 41	5 5	13 34	24 4	27 22	10 17	29 23	0 52
10	7 13 44	18 39 57	3♏ 18 45	10♏ 28 4	28 36	27 12	21 20	5 46	14 20	24 17	27 17	10 21	29 21	0 51
11	7 17 41	19 41 6	17 40 6	24 54 24	28 33	27 9	23 0	6 28	15 6	24 30	27 13	10 24	29 19	0 50
12	7 21 37	20 42 16	2♐ 10 25	9♐ 27 29	28 30	27 5	24 39	7 11	15 52	24 43	27 9	10 27	29 18	0 49
13	7 25 34	21 43 25	16 44 52	24 1 45	28 26	27 0	26 20	7 55	16 38	24 56	27 4	10 31	29 16	0 48
14	7 29 30	22 44 34	1♑ 17 19	8♑ 30 42	28 23	26 54	28 0	8 40	17 25	25 10	27 0	10 34	29 14	0 47
15	7 33 27	23 45 43	15 41 7	22 47 49	28 20	26 49	29 41	9 25	18 11	25 23	26 56	10 37	29 13	0 46
16	7 37 23	24 46 51	29 50 8	6♒ 47 32	28 17	26 45	1♒ 22	10 12	18 57	25 36	26 52	10 41	29 11	0 44
17	7 41 20	25 47 59	13♒ 39 36	20 26 3	28 14	26 43	3 4	11 0	19 43	25 50	26 48	10 44	29 9	0 43
18	7 45 16	26 49 6	27 6 44	3♓ 41 39	28 11	26 42D	4 46	11 49	20 30	26 3	26 44	10 48	29 8	0 42
19	7 49 13	27 50 12	10♓ 10 54	16 34 41	28 7	26 43	6 28	12 38	21 16	26 17	26 40	10 51	29 6	0 41
20	7 53 10	28 51 18	22 53 21	29 7 16	28 4	26 44	8 11	13 29	22 3	26 31	26 36	10 54	29 4	0 40
21	7 57 6	29 52 22	5♈ 16 56	11♈ 22 51	28 1	26 46	9 53	14 20	22 49	26 44	26 33	10 58	29 3	0 39
22	8 1 3	0♒ 53 26	17 25 35	23 25 43	27 58	26 48	11 36	15 11	23 35	26 58	26 29	11 1	29 1	0 38
23	8 4 59	1 54 29	29 23 52	5♉ 20 40	27 55	26 48R	13 18	16 4	24 22	27 12	26 25	11 5	28 59	0 37
24	8 8 56	2 55 31	11♉ 16 42	17 12 36	27 51	26 48	15 0	16 57	25 8	27 25	26 22	11 8	28 57	0 36
25	8 12 52	3 56 32	23 8 56	29 6 16	27 48	26 47	16 42	17 51	25 55	27 39	26 18	11 12	28 56	0 35
26	8 16 49	4 57 31	5♊ 5 8	11♊ 6 2	27 45	26 45	18 23	18 45	26 41	27 53	26 15	11 15	28 54	0 34
27	8 20 45	5 58 30	17 9 23	23 15 36	27 42	26 42	20 3	19 40	27 28	28 7	26 12	11 19	28 52	0 33
28	8 24 42	6 59 28	29 25 1	5♋ 37 55	27 39	26 38	21 41	20 36	28 15	28 21	26 9	11 22	28 51	0 32
29	8 28 39	8 0 24	11♋ 54 30	18 14 57	27 36	26 35	23 19	21 32	29 1	28 35	26 6	11 26	28 49	0 31
30	8 32 35	9 1 20	24 39 19	1♌ 7 39	27 32	26 32	24 54	22 29	29 48	28 49	26 3	11 29	28 47	0 30
31	8 36 32	10♒ 2 14	7♌ 39 55	14♌ 16 1	27♒ 29	26♒ 31	26♒ 27	23♐ 26	0♒ 35	29♒ 3	26♊ 0	11♒ 33	28♋ 46	0♋ 30

DECLINATION and LATITUDE

DAY	☉ DECL	☽ DECL	☽ LAT	☽ 12hr DECL	☿ DECL	☿ LAT	♀ DECL	♀ LAT	♂ DECL	♂ LAT	♃ DECL	♃ LAT	♄ DECL	♄ LAT
1	23S 7	27N32	4N 8	26N51	24S50	1S33	16S 7	4N14	24S 3	0S48	14S54	0S53	22N19	1S 7
2	23 2	25 50	3 23	24 28	24 48	1 37	16 10	4 17	24 0	0 49	14 50	0 53	22 19	1 7
3	22 57	22 48	2 27	20 50	24 46	1 42	16 13	4 20	23 58	0 49	14 46	0 53	22 19	1 7
4	22 51	18 36	1 23	16 8	24 42	1 45	16 18	4 22	23 55	0 50	14 42	0 53	22 19	1 7
5	22 45	13 28	0 13	10 38	24 36	1 49	16 22	4 24	23 52	0 50	14 38	0 53	22 19	1 7
6	22 39	7 39	0S59	4 33	24 29	1 52	16 27	4 26	23 49	0 51	14 33	0 53	22 19	1 7
7	22 32	1 24	2 8	1S48	24 21	1 55	16 32	4 27	23 45	0 51	14 29	0 53	22 19	1 7
8	22 25	5S 1	3 12	8 11	24 11	1 58	16 38	4 29	23 41	0 51	14 25	0 53	22 19	1 6
9	22 17	11 17	4 5	14 15	23 59	2 0	16 44	4 29	23 37	0 52	14 20	0 53	22 19	1 6
10	22 9	17 4	4 44	19 40	23 46	2 2	16 51	4 30	23 33	0 52	14 16	0 53	22 19	1 6
11	22 0	22 0	5 6	24 1	23 31	2 4	16 57	4 30	23 28	0 53	14 12	0 53	22 19	1 6
12	21 51	25 39	5 9	26 52	23 15	2 5	17 4	4 30	23 23	0 53	14 7	0 53	22 19	1 6
13	21 42	27 38	4 52	27 55	22 57	2 6	17 11	4 30	23 18	0 53	14 3	0 53	22 19	1 6
14	21 32	27 43	4 17	27 3	22 38	2 6	17 19	4 30	23 12	0 54	13 58	0 53	22 19	1 6
15	21 22	25 55	3 25	24 23	22 17	2 6	17 26	4 29	23 7	0 54	13 54	0 53	22 20	1 5
16	21 11	22 30	2 21	20 18	21 54	2 6	17 34	4 29	23 1	0 55	13 49	0 53	22 20	1 5
17	20 60	17 52	1 11	15 13	21 30	2 5	17 41	4 28	22 54	0 55	13 45	0 53	22 20	1 5
18	20 48	12 27	0N 2	9 34	21 5	2 4	17 49	4 26	22 48	0 55	13 40	0 53	22 20	1 5
19	20 36	6 37	1 13	3 40	20 37	2 2	17 56	4 25	22 41	0 56	13 36	0 53	22 20	1 5
20	20 24	0 42	2 19	2N14	20 9	1 59	18 4	4 23	22 34	0 56	13 31	0 53	22 20	1 5
21	20 11	5N 6	3 16	7 53	19 39	1 56	18 12	4 22	22 27	0 57	13 26	0 53	22 20	1 4
22	19 58	10 35	4 3	13 10	19 7	1 52	18 19	4 20	22 19	0 57	13 22	0 53	22 20	1 4
23	19 45	15 37	4 39	17 54	18 34	1 48	18 27	4 18	22 12	0 57	13 17	0 53	22 20	1 4
24	19 31	20 1	5 3	21 56	17 59	1 43	18 34	4 16	22 4	0 58	13 12	0 53	22 20	1 4
25	19 17	23 37	5 14	25 4	17 23	1 38	18 42	4 13	21 55	0 58	13 7	0 53	22 20	1 4
26	19 2	26 15	5 11	27 8	16 47	1 31	18 49	4 11	21 47	0 58	13 3	0 53	22 20	1 4
27	18 47	27 43	4 55	27 58	16 8	1 24	18 56	4 8	21 38	0 59	12 58	0 53	22 20	1 3
28	18 32	27 52	4 25	27 24	15 29	1 17	19 2	4 5	21 29	0 59	12 53	0 53	22 21	1 3
29	18 16	26 36	3 42	25 26	14 49	1 8	19 9	4 2	21 20	0 59	12 48	0 53	22 21	1 3
30	18 1	23 56	2 47	22 7	14 9	0 59	19 15	3 59	21 10	0 60	12 43	0 53	22 21	1 3
31	17S44	20N 0	1N42	17N38	13S28	0S48	19S22	3N56	21S 1	0S60	12S38	0S53	22N21	1S 3

DAY	♅ DECL	♅ LAT	♆ DECL	♆ LAT	♇ DECL	♇ LAT
1	18S23	0S38	19N52	0S23	17N54	5S33
5	18 20	0 38	19 54	0 23	17 54	5 33
9	18 16	0 38	19 55	0 23	17 54	5 32
13	18 13	0 37	19 57	0 23	17 55	5 32
17	18 9	0 37	19 58	0 23	17 55	5 32
21	18 5	0 37	19 60	0 23	17 56	5 31
25	18 1	0 37	20 1	0 22	17 56	5 31
29	17S58	0S37	20N 2	0S22	17N57	5S30

☽ PHENOMENA			
d	h	m	
1	12	20	○
8	21	13	☾
15	14	42	●
23	5	32	☽
31	4	41	○
d	h	° '	
7	5	0	
13	13	27S56	
20	3	0	
27	15	27N58	
5	4	0	
11	16	5S11	
17	23	0	
25	7	5N14	

VOID OF COURSE ☽ LAST ASPT		☽ INGRESS		
3	1am20	3	♌	2am12
5	5am13	5	♍	9am28
7	1pm52	7	♎	2pm53
9	5pm20	9	♏	6pm25
11	7pm16	11	♐	8pm25
13	4pm57	13	♑	9pm52
15	10pm53	16	♒	0am17
17	11pm19	18	♓	5am15
20	12pm31	20	♈	1pm42
22	11pm10	23	♉	1am13
25	11am37	25	♊	1pm48
27	9pm53	28	♋	1am 8
30	7am40	30	♌	9am55

d	h	
12	14	PERIGEE
24	9	APOGEE

DAILY ASPECTARIAN

Day	Aspect	Time
1 F	☽☍☿	6am57
	☽⚼♃	7 23
	☽☍♂	7 54
	☉⚺♅	9 4
	☿∠♃	10 49
	☽⚻♅	12pm 5
	☉☍☽	12 20
	☿☌♂	8 24
	☽⚼♀	11 41
2 S	♀⚻♇	1am55
	☽#☿	9 23
	☽⚻♃	12pm27
	☽#♂	3 45
	☽⚺♄	10 8
	☉#☽	10 58
3 Su	☿⚺♅	0am17
	☽☌♆	1 20
	☽∥♄	3 7
	☽⚺♇	4 3
	☽△♀	5 12
	☽∥♆	5pm14
	☽⚻♂	8 8
	☽☍♅	8 51
	☽⚻☿	11 40
4 M	☽#♅	1am18
	☉⚻☽	1 41
	☽∠♄	1 54
	☽∥♇	3 32
	☽∠♇	7 51
	♂⚺♅	9 15
	☽#♀	11 7
	☽#♃	6pm50
	☽☍♃	9 5
5 T	☽⚼♂	1am24
	☽⚹♄	5 13
	☽⚼☿	7 1
	☉⚼☽	7 27
	☽⚺♆	8 32
	☽⚹♇	11 11
	☽□♀	2pm49
	☉☌☿	4 2
6 W	☽⚻♅	3am43
	☽△♂	6 7
	☽∠♆	11 26
	☉△☽	12pm38
	☽△☿	1 41
7 Th	☽⚻♃	3am46
	☽⚼♅	6 27
	☽□♄	10 28
	☽⚹♆	1pm52
	☽□♇	4 27
	☽⚹♀	10 33
8 F	☽⚼♃	6am23
	☽△♅	8 42
	☽□♂	1pm52
	☉#♄	5 58
	☉□☽	9 13
9 S	☽□☿	1am 2
	☽∠♀	1 40
	☽△♃	8 30
	☿∠♀	9 46
	☽∥♃	12pm12
	☽△♄	1 53
	☽□♆	5 20
	☽△♇	7 52
	☽∥♀	10 59
10 Su	☽#♇	3am45
	☽⚺♀	4 20
	☽∥♅	5 20
	☽□♅	11 50
	☽#♆	1pm16
	☽⚼♄	2 58
	☽⚹♂	7 30
	☽⚼♇	8 57
11 M	☉∥☽	0am 1
	☽#♄	1 46
	☉⚹☽	3 36
	☿∥♂	7 20
	☽∥☿	8 18
	☽∥♂	8 21
	☽⚹☿	9 59
	☽□♃	11 30
	☽⚻♄	3pm44
	☽△♆	7 16
	☽∠♂	9 44
	☽⚻♇	9 46
12 T	☿⚺♃	1am 3
	☉∠☽	6 15
	☽☌♀	8 41
	☽⚹♅	1pm41
	☽∠☿	1 55
	☽⚼♆	7 55
	☽⚺♂	11 49
13 W	☉⚺☽	8am49
	☿⚻♄	10 17
	☽⚹♃	1pm43
	☽∠♅	2 30
	☽☍♄	4 57
	☽⚺☿	5 51
	☽⚻♆	8 37
	☽☍♇	11 9
14 Th	☽⚺♀	12pm56
	☽∠♃	2 59
	☽⚺♅	3 29
	☿☍♆	5 21
	☿#♄	9 11
15 F	☽☌♂	4am26
	☿ ♒	4 28
	☉☌☽	2pm42
	☿⚻♇	3 6
	☽∠♀	3 38
	☽⚺♃	4 40
	☽⚻♄	6 57
	☽∥♂	8 51
	☽☍♆	10 53
16 S	☽#♄	1am 0
	☽⚻♇	1 33
	☽☌☿	3 1
	☽∥☿	3 44
	☉∥☽	7 42
	☽#♆	1pm44
	♀⚹♅	3 25
	☽☌♅	6 51
	☽⚹♀	7 3
	☽⚼♄	8 45
	☽∥♅	10 38
	☽#♇	11 43
17 Su	☽∥♀	0am48
	☉⚺♃	0 59
	☽⚼♇	3 38
	☽⚺♂	11 23
	☽∥♃	6pm42
	☽☌♃	10 4
	☉⚻♄	10 7
	☽△♄	11 19
	☉∠♀	11 21
	☉⚺☽	11 25
18 M	☽⚻♆	3am39
	☽△♇	6 31
	☽⚺☿	4pm 5
	☽∠♂	4 17
	♀#♇	8 56
19 T	☽⚺♅	1am15
	☉∥☿	1 56
	☽□♀	4 54
	☉∠☽	5 23
	☽⚼♆	7 19
	☽⚹♂	10pm16
20 W	☽∠☿	0am39
	☉☍♆	4 57
	☽∠♅	5 49
	♀∥♅	5 54
	☽⚺♃	7 5
	☽□♄	7 6
	☿#♆	7 39
	♃△♄	7 52
	☽△♆	11 53
	☉⚹☽	12pm31
	☽□♇	2 59
	♀⚼♆	4 18
21 Th	☉ ♒	3am 0
	☽⚹☿	10 32
	☽⚹♅	11 14
	☽∠♃	12pm57
	☿☌♅	3 39
	☉⚻♇	6 6
	☽△♀	7 12
	☉#♆	8 51
	♂#♄	9 58
	☿⚼♄	10 27
22 F	☽#♃	12pm43
	☽□♂	1 11
	☽⚹♄	6 2
	☽⚹♃	7 29
	☽□♆	11 10
23 S	☽⚹♇	2am27
	☽⚼♀	3 37
	☿∥♀	3 59
	☉□☽	5 32
	☽∥♇	12pm11
	☽#♅	12 48
	☽#☿	1 49
	☽#♀	3 27
	☉#☽	9 13
	☿∥♅	9 46
	☽□♅	11 43
	☽∥♆	11 59
24 Su	☽∠♄	0am10
	☿#♇	2 9
	☿⚼♇	8 24
	☽∠♇	8 44
	☽□☿	8 48
	☽⚻♀	12pm24
	☽#♂	12 24
	☽∥♄	2 45
25 M	☽△♂	5am58
	☽⚺♄	6 20
	☽□♃	9 16
	♂⚻♄	11 20
	☽⚹♆	11 37
	☽⚺♇	2pm57
	♄⚼♅	11 28
	☉△☽	11 43
26 T	☿⚹♀	11am54
	☽△♅	12pm22
	☽⚼♂	2 5
	☉∥♀	2 44
	☽∠♆	5 31
27 W	☽☍♀	5am22
	☽△☿	6 35
	☉⚼☽	8 12
	☽☌♄	5pm40
	☽⚼♅	6 3
	☽⚻♂	9 34
	☽△♃	9 53
	☽⚺♆	10 54
28 Th	☽☌♇	2am10
	♂⚺♃	4 41
	☉⚻☽	3pm54
	☽⚼☿	4 8
	♂☍♆	5 56
	☽⚻♅	11 5
29 F	☽⚼♃	3am14
	♅#♇	7pm10
	☽⚻♀	7 37
	♃⚻♆	9 32
30 S	☽⚻☿	0am31
	☽⚺♄	2 35
	☉#♇	5 27
	☉∥♅	6 12
	♂ ♒	6 13
	☽☌♆	7 40
	☽⚻♃	7 52
	☽☍♂	10 9
	☽∥♄	10 36
	☽⚺♇	10 51
	☿△♄	5pm11
	☽#♂	6 16
	♂⚻♇	9 26
	☽∥♆	11 45
31 Su	☽⚼♀	1am31
	☽#♀	3 19
	☉☍☽	4 41
	☽∠♄	6 3
	☽☍♅	7 6
	☽∥♇	10 26
	☽#♅	10 34
	☉#☽	12pm 7
	☽∠♇	2 12
	☉⚼♄	9 44

FEBRUARY 1915

LONGITUDE

DAY	SID. TIME	☉	☽	☽ 12 Hour	MEAN ☊	TRUE ☊	☿	♀	♂	♃	♄	♅	♆	♇
	h m s	° ' "	° ' "	° ' "	° '	° '	° '	° '	° '	° '	° '	° '	° '	° '
1	8 40 28	11♒ 3 8	20♌ 55 49	27♌ 39 9	27♒ 26	26♒ 30D	27♒ 57	24♐ 24	1♒ 21	29♒ 17	25♊ 57R	11♒ 36	28♋ 44R	0♋ 29R
2	8 44 25	12 4 0	4♍ 25 47	11♍ 15 29	27 23	26 30	29 23	25 22	2 8	29 31	25 54	11 40	28 42	0 28
3	8 48 21	13 4 51	18 8 0	25 3 4	27 20	26 30	0♓ 46	26 21	2 55	29 45	25 52	11 43	28 41	0 27
4	8 52 18	14 5 42	2♎ 0 24	8♎ 59 45	27 16	26 31	2 3	27 20	3 42	0♓ 0	25 49	11 47	28 39	0 26
5	8 56 14	15 6 31	16 0 50	23 3 24	27 13	26 32	3 15	28 20	4 28	0 14	25 47	11 50	28 38	0 25
6	9 0 11	16 7 20	0♏ 7 11	7♏ 11 56	27 10	26 33	4 21	29 20	5 15	0 28	25 45	11 54	28 36	0 24
7	9 4 8	17 8 7	14 17 23	21 23 17	27 7	26 34R	5 20	0♑ 20	6 2	0 42	25 43	11 57	28 34	0 24
8	9 8 4	18 8 54	28 29 20	5♐ 35 14	27 4	26 33	6 11	1 21	6 49	0 57	25 40	12 1	28 33	0 23
9	9 12 1	19 9 40	12♐ 40 43	19 45 25	27 1	26 33	6 54	2 22	7 36	1 11	25 39	12 4	28 31	0 22
10	9 15 57	20 10 25	26 49 1	3♑ 51 9	26 57	26 32	7 27	3 24	8 23	1 25	25 37	12 8	28 30	0 21
11	9 19 54	21 11 9	10♑ 51 26	17 49 30	26 54	26 31	7 51	4 26	9 10	1 40	25 35	12 11	28 28	0 21
12	9 23 50	22 11 52	24 44 59	1♒ 37 32	26 51	26 31	8 4R	5 28	9 57	1 54	25 33	12 15	28 27	0 20
13	9 27 47	23 12 33	8♒ 26 48	15 12 30	26 48	26 30	8 7	6 31	10 44	2 8	25 32	12 18	28 25	0 19
14	9 31 43	24 13 13	21 54 23	28 32 14	26 45	26 30D	7 59	7 34	11 31	2 23	25 30	12 21	28 24	0 19
15	9 35 40	25 13 51	5♓ 5 56	11♓ 35 22	26 42	26 30	7 41	8 37	12 18	2 37	25 29	12 25	28 22	0 18
16	9 39 37	26 14 29	18 0 34	24 21 34	26 38	26 30R	7 13	9 40	13 5	2 51	25 28	12 28	28 21	0 17
17	9 43 33	27 15 4	0♈ 38 30	6♈ 51 35	26 35	26 30	6 35	10 44	13 52	3 6	25 27	12 32	28 19	0 17
18	9 47 30	28 15 38	13 1 5	19 7 18	26 32	26 30	5 49	11 48	14 39	3 20	25 26	12 35	28 18	0 16
19	9 51 26	29 16 9	25 10 37	1♉ 11 30	26 29	26 30	4 56	12 53	15 26	3 35	25 25	12 39	28 16	0 16
20	9 55 23	0♓ 16 40	7♉ 10 24	13 7 49	26 26	26 30	3 56	13 57	16 13	3 49	25 24	12 42	28 15	0 15
21	9 59 19	1 17 8	19 4 19	25 0 28	26 22	26 29D	2 53	15 2	17 0	4 4	25 23	12 45	28 14	0 15
22	10 3 16	2 17 35	0♊ 56 50	6♊ 54 0	26 19	26 29	1 48	16 7	17 47	4 18	25 23	12 49	28 12	0 14
23	10 7 12	3 17 59	12 52 35	18 53 10	26 16	26 30	0 41	17 12	18 34	4 33	25 23	12 52	28 11	0 14
24	10 11 9	4 18 23	24 56 18	1♋ 2 33	26 13	26 30	29♒ 36	18 18	19 22	4 47	25 22	12 55	28 10	0 13
25	10 15 6	5 18 44	7♋ 12 26	13 26 24	26 10	26 31	28 33	19 23	20 9	5 2	25 22	12 59	28 8	0 13
26	10 19 2	6 19 2	19 44 51	26 8 10	26 7	26 32	27 33	20 29	20 56	5 16	25 22D	13 2	28 7	0 12
27	10 22 59	7 19 19	2♌ 36 36	9♌ 10 19	26 3	26 32	26 39	21 35	21 43	5 31	25 22	13 5	28 6	0 12
28	10 26 55	8♓ 19 35	15♌ 49 25	22♌ 33 53	26♒ 0	26♒ 33R	25♒ 50	22♑ 41	22♒ 30	5♓ 45	25♊ 22	13♒ 8	28♋ 5	0♋ 12

DECLINATION and LATITUDE

DAY	☉ DECL	☽ DECL	☽ LAT	☽ 12hr DECL	☿ DECL	☿ LAT	♀ DECL	♀ LAT	♂ DECL	♂ LAT	♃ DECL	♃ LAT	♄ DECL	♄ LAT
1	17S28	15N 1	0N31	12N12	12S47	0S37	19S27	3N53	20S51	1S 0	12S33	0S53	22N21	1S 2
2	17 11	9 18	0S44	6 6	12 6	0 26	19 33	3 49	20 40	1 0	12 28	0 53	22 21	1 2
3	16 54	2 54	1 57	0S21	11 25	0 13	19 38	3 46	20 30	1 1	12 24	0 53	22 21	1 2
4	16 36	3S37	3 4	6 51	10 45	0N 0	19 43	3 42	20 19	1 1	12 19	0 53	22 21	1 2
5	16 19	10 0	4 1	13 3	10 6	0 14	19 48	3 39	20 9	1 1	12 14	0 53	22 21	1 2
6	16 1	15 56	4 44	18 37	9 28	0 29	19 52	3 35	19 58	1 2	12 9	0 53	22 21	1 1
7	15 42	21 3	5 9	23 11	8 52	0 45	19 56	3 31	19 46	1 2	12 4	0 53	22 22	1 1
8	15 24	24 58	5 16	26 22	8 19	1 0	19 60	3 27	19 35	1 2	11 58	0 53	22 22	1 1
9	15 5	27 21	5 4	27 53	7 48	1 17	20 3	3 23	19 23	1 2	11 53	0 53	22 22	1 1
10	14 46	27 58	4 34	27 36	7 20	1 33	20 6	3 19	19 11	1 3	11 48	0 53	22 22	1 1
11	14 27	26 46	3 47	25 32	6 56	1 50	20 8	3 15	18 59	1 3	11 43	0 53	22 22	1 0
12	14 7	23 56	2 47	21 59	6 36	2 6	20 10	3 11	18 47	1 3	11 38	0 53	22 22	1 0
13	13 47	19 45	1 38	17 16	6 20	2 22	20 11	3 6	18 34	1 3	11 33	0 53	22 22	1 0
14	13 27	14 37	0 25	11 49	6 9	2 37	20 12	3 2	18 21	1 4	11 28	0 53	22 23	0 60
15	13 7	8 55	0N47	5 57	6 3	2 51	20 13	2 58	18 8	1 4	11 23	0 53	22 23	0 60
16	12 47	2 57	1 56	0N 2	6 1	3 4	20 13	2 53	17 55	1 4	11 18	0 54	22 23	0 60
17	12 26	2N59	2 58	5 52	6 4	3 16	20 13	2 49	17 42	1 4	11 12	0 54	22 23	0 59
18	12 5	8 41	3 50	11 22	6 12	3 26	20 12	2 44	17 28	1 4	11 7	0 54	22 23	0 59
19	11 44	13 57	4 31	16 22	6 24	3 33	20 11	2 40	17 15	1 5	11 2	0 54	22 23	0 59
20	11 23	18 37	4 59	20 41	6 40	3 39	20 9	2 35	17 1	1 5	10 57	0 54	22 24	0 59
21	11 1	22 32	5 14	24 9	6 59	3 43	20 6	2 31	16 47	1 5	10 52	0 54	22 24	0 59
22	10 40	25 30	5 16	26 35	7 21	3 44	20 4	2 26	16 32	1 5	10 46	0 54	22 24	0 58
23	10 18	27 23	5 4	27 51	7 45	3 43	20 0	2 21	16 18	1 5	10 41	0 54	22 24	0 58
24	9 56	27 50	4 39	27 48	8 11	3 40	19 57	2 17	16 4	1 5	10 36	0 54	22 24	0 58
25	9 34	27 15	4 0	26 22	8 38	3 34	19 52	2 12	15 49	1 5	10 31	0 54	22 24	0 58
26	9 12	25 8	3 10	23 34	9 5	3 27	19 47	2 7	15 34	1 6	10 25	0 54	22 25	0 58
27	8 50	21 40	2 9	19 30	9 32	3 18	19 42	2 3	15 19	1 6	10 20	0 54	22 25	0 57
28	8S27	17N 2	0N59	14N21	9S58	3N 8	19S36	1N58	15S 4	1S 6	10S15	0S54	22N25	0S57

DAY	♅ DECL	♅ LAT	♆ DECL	♆ LAT	♇ DECL	♇ LAT
1	17S55	0S37	20N 3	0S22	17N57	5S30
5	17 51	0 37	20 5	0 22	17 58	5 29
9	17 47	0 38	20 6	0 22	17 58	5 29
13	17 43	0 38	20 7	0 22	17 59	5 28
17	17 39	0 38	20 9	0 22	17 60	5 27
21	17 35	0 38	20 10	0 22	18 0	5 27
25	17S32	0S38	20N11	0S22	18N 1	5S26

☽ PHENOMENA	VOID OF COURSE ☽ LAST ASPT	☽ INGRESS
d h m	1 3pm10	1 ♍ 4pm10
7 5 11 ☾	3 6pm14	3 ♎ 8pm33
14 4 31 ●☌	5 10pm34	5 ♏ 11pm48
22 2 58 ☽	8 0am 6	8 ♐ 2am33
	9 9pm57	10 ♑ 5am25
	12 6am25	12 ♒ 9am 9
	14 6am29	14 ♓ 2pm40
d h ° '	16 7pm33	16 ♈ 10pm46
3 11 0	19 8am54	19 ♉ 9am37
9 20 27S60	21 6pm28	21 ♊ 10pm 5
16 12 0	24 8am26	24 ♋ 9am57
23 23 27N60	26 3pm40	26 ♌ 7pm11
1 10 0	d h	
7 21 5S17	7 13 PERIGEE	
14 8 0	21 6 APOGEE	
21 15 5N17		
28 19 0		

DAILY ASPECTARIAN

Day	Aspect	Time
1 M	☽△♀	6am41
	☿∥♃	8 49
	☽⚹♄	8 57
	☽#♃	10 39
	☽#☿	10 52
	☿⚻♆	12pm45
	☉☌♅	1 50
	☽⚺♆	1 54
	☽☍☿	2 2
	☽☍♃	3 10
	☽⚹♇	5 0
	☽⚻♂	7 42
2 T	☿☌♃	2am44
	☿ ♓	10 33
	♀☍♄	12pm39
	☽⚻♅	12 46
	☉⚻☽	2 29
	☽∠♆	4 15
	☿△♇	6 30
	☽⚼♂	11 36
3 W	♀∠♅	9am38
	☽□♄	1pm22
	☽⚼♅	2 57
	☽□♀	3 20
	☽⚹♆	6 14
	☉⚼☽	6 35
	☽⚻♃	8 28
	☽□♇	9 18
4 Th	☽⚻☿	0am 5
	♃ ♓	0 43
	☽△♂	3 4
	☽△♅	4pm50
	☉△☽	10 20
	☽⚼♃	10 38
5 F	☽∥☿	0am18
	☽⚼☿	4 10
	♀⚻♆	6 56
	☉⚼♇	7 18
	♂#♆	8 0
	☽∥♃	8 34
	☽△♄	4pm36
	♃△♇	6 23
	☽□♆	9 25
	☽⚹♀	10 34
6 S	☉∥☽	0am18
	☽△♇	0 29
	☽△♃	0 36
	☽△☿	7 44
	☽∥♅	8 20
	♀∥♂	8 30
	☽#♇	8 58
	☽□♂	9 13
	♀ ♑	3pm58
	☽∥♂	5 45
	☽⚼♄	5 57
	☽∥♀	6 14
	☽#♆	7 5
	☽□♅	8 2
7 Su	♀☍♇	1am19
	☽⚼♇	1 52
	☽∠♀	1 55
	☉□☽	5 11
	☽#♄	7 9
	♀⚹♃	11 19
	☽⚻♄	7pm15
8 M	☽△♆	0am 6
	☽⚻♇	3 12
	☽□♃	4 13
	☽⚺♀	5 13
	☽□☿	1pm44
	☽⚹♂	2 54
	☽⚹♅	10 58
9 T	☽⚼♆	1am25
	☉⚹☽	11 50
	☽∠♂	5pm49
	☽☍♄	9 57
10 W	☽∠♅	0am32
	☽⚻♆	2 51
	☽☍♇	6 2
	☽⚹♃	7 59
	♀#♆	11 23
	☽☌♀	12pm 7
	☉∠☽	3 22
	☽⚹☿	6 43
	☽⚺♂	8 55
11 Th	☽⚺♅	2am17
	☽∠♃	10 10
	☉⚺☽	7pm13
	☽∠☿	9 3
12 F	☽⚻♄	1am24
	☽☍♆	6 25
	☽#♄	9 43
	☽⚻♇	9 44
	☽⚺♃	12pm42
	♂⚼♄	6 3
	☿SR	6 19
	☽⚺♀	8 19
	☽∥♀	9 44
	☽#♆	10 3
	☽⚺☿	11 25
13 S	☽⚼♄	3am41
	☽☌♂	4 17
	☽∥♂	6 7
	☽☌♅	6 51
	☽#♇	8 40
	☽∥♅	9 57
	☽⚼♇	12pm12
14 Su	☽∠♀	1am17
	☉☌☽	4 31
	☉∥☽	5 21
	☽△♄	6 29
	☿⚹♀	7 50
	☽⚻♆	11 43
	☽∥♃	1pm40
	☽△♇	3 13
	☽☌♃	7 22
15 M	♂☌♅	3am56
	☽☌☿	4 37
	☉△♄	5 53
	☽⚹♀	7 4
	☽∥☿	11 43
	☽⚺♅	1pm36
	☽⚺♂	2 11
	☽⚼♆	3 17
	♂#♇	4 28
16 T	☽□♄	2pm 5
	☉⚺☽	4 57
	☽∠♅	6 1
	☽△♆	7 33
	☽∠♂	8 22
	☽□♇	11 18
17 W	☽⚺♃	4am49
	♂∥♅	4 59
	☽⚺☿	10 49
	☽#☿	1pm 5
	☽□♀	9 24
	☽⚹♅	11 9
18 Th	☉∠☽	0am31
	☉⚻♆	0 48
	☽⚹♂	8 25
	☽#♃	10 40
	☽∠♃	10 40
	☉#☽	2pm17
	☽∠☿	2 19
	♀⚺♅	6 29
	♂⚼♇	6 49
19 F	☽⚹♄	0am28
	☽□♆	6 9
	☉⚹☽	8 54
	☽⚹♇	10 8
	♀#♆	2pm 1
	☽#♂	3 46
	☽⚹♃	5 8
	☉ ♓	5 23
	☽⚹☿	6 1
	☽#♅	6 31
	☽∥♇	8 36
	☉△♇	11 25
20 S	☿☌♃	2am17
	☽∠♄	6 30
	☽#♀	8 42
	☽∥♆	8 53
	☽□♅	11 11
	☽△♀	3pm 1
	☽∠♇	4 16
	☽□♂	7 31
	☽∥♄	11 5
21 Su	☽⚺♄	12pm46
	☉∥♃	2 27
	☉☌☿	6 20
	☽⚹♆	6 28
	☽⚺♇	10 34
22 M	☽⚼♀	0am22
	☽□☿	1 34
	☉□☽	2 58
	☽□♃	6 55
	☿∠♀	7 27
	☽△♅	11pm59
23 T	☽∠♆	0am36
	☽⚻♀	9 30
	☿△♇	10 7
	☽△♂	12pm10
	☿ ♒	3 13
24 W	☽☌♄	0am51
	☽⚼♅	5 54
	☽⚺♆	6 20
	☽△☿	8 26
	☽☌♇	10 23
	☉☌♃	3pm 3
	☽△♃	7 41
	☽⚼♂	7 44
	☉△☽	8 0
25 Th	☿⚻♆	9am56
	☽⚻♅	11 10
	☽⚼☿	11 18
	♀∠♃	5pm55
26 F	☽⚼♃	1am 0
	☽☍♀	1 31
	☽⚻♂	2 23
	☉⚼☽	3 13
	☉∥☿	3 20
	♄SD	3 27
	☽⚺♄	10 34
	☽⚻☿	1pm40
	☽☌♆	3 40
	☽∥♄	7 31
	☽⚺♇	7 33
27 S	☽⚻♃	5am25
	☽∥♆	8 18
	☉⚻☽	9 21
	♀⚺♂	9 46
	☽#♀	11 9
	☽∠♄	2pm10
	☽☍♅	7 10
	☽∥♇	7 20
	☽#♅	9 55
	☽∠♇	10 52
28 Su	☽#♂	9am21
	☽☍♂	12pm37
	☽⚻♀	1 18
	☿∥♃	1 23
	☿△♄	3 9
	☽☍☿	4 52
	☽⚹♄	4 57
	☽⚺♆	9 40

MARCH 1915

LONGITUDE

DAY	SID. TIME	☉	☽	☽ 12 Hour	MEAN ☊	TRUE ☊	☿	♀	♂	♃	♄	♅	♆	♇
	h m s	° ' "	° ' "	° ' "	° '	° '	° '	° '	° '	° '	° '	° '	° '	° '
1	10 30 52	9♓ 19 48	29♌ 23 34	6♍ 18 13	25♒ 57	26♒ 33R	25♒ 7R	23♑ 48	23♒ 17	5♓ 59	25♊ 22	13♒ 12	28♋ 3R	0♋ 11R
2	10 34 48	10 19 59	13♍ 17 30	20 20 57	25 54	26 33	24 32	24 55	24 4	6 14	25 23	13 15	28 2	0 11
3	10 38 45	11 20 8	27 28 1	4♎ 38 5	25 51	26 32	24 3	26 1	24 52	6 28	25 23	13 18	28 1	0 11
4	10 42 41	12 20 16	11♎ 50 27	19 4 25	25 48	26 30	23 41	27 8	25 39	6 43	25 24	13 21	28 0	0 10
5	10 46 38	13 20 22	26 19 16	3♏ 34 18	25 44	26 28	23 26	28 15	26 26	6 57	25 25	13 24	27 59	0 10
6	10 50 35	14 20 27	10♏ 48 50	18 2 16	25 41	26 26	23 18D	29 23	27 13	7 12	25 25	13 28	27 58	0 10
7	10 54 31	15 20 30	25 14 4	2♐ 23 46	25 38	26 24	23 16	0♒ 30	28 0	7 26	25 26	13 31	27 57	0 10
8	10 58 28	16 20 31	9♐ 31 1	16 35 29	25 35	26 23D	23 21	1 38	28 47	7 40	25 27	13 34	27 56	0 10
9	11 2 24	17 20 31	23 36 59	0♑ 35 21	25 32	26 23	23 32	2 46	29 35	7 55	25 29	13 37	27 55	0 9
10	11 6 21	18 20 29	7♑ 30 31	14 22 25	25 28	26 24	23 48	3 54	0♓ 22	8 9	25 30	13 40	27 54	0 9
11	11 10 17	19 20 26	21 11 3	27 56 26	25 25	26 25	24 10	5 2	1 9	8 24	25 31	13 43	27 53	0 9
12	11 14 14	20 20 21	4♒ 38 36	11♒ 17 35	25 22	26 26	24 37	6 10	1 56	8 38	25 33	13 46	27 52	0 9
13	11 18 10	21 20 14	17 53 25	24 26 8	25 19	26 27R	25 8	7 18	2 43	8 52	25 34	13 49	27 51	0 9
14	11 22 7	22 20 6	0♓ 55 45	7♓ 22 18	25 16	26 27	25 44	8 27	3 30	9 7	25 36	13 52	27 50	0 9
15	11 26 4	23 19 55	13 45 48	20 6 18	25 13	26 26	26 24	9 35	4 18	9 21	25 38	13 55	27 49	0 9D
16	11 30 0	24 19 42	26 23 50	2♈ 38 27	25 9	26 23	27 8	10 44	5 5	9 35	25 40	13 58	27 48	0 9
17	11 33 57	25 19 28	8♈ 50 13	14 59 16	25 6	26 19	27 55	11 53	5 52	9 49	25 42	14 0	27 48	0 9
18	11 37 53	26 19 11	21 5 43	27 9 45	25 3	26 14	28 46	13 1	6 39	10 3	25 44	14 3	27 47	0 9
19	11 41 50	27 18 52	3♉ 11 36	9♉ 11 32	25 0	26 9	29 40	14 10	7 26	10 18	25 46	14 6	27 46	0 9
20	11 45 46	28 18 32	15 9 50	21 6 54	24 57	26 4	0♓ 36	15 20	8 13	10 32	25 49	14 9	27 46	0 9
21	11 49 43	29 18 9	27 3 6	2♊ 58 55	24 54	25 59	1 36	16 29	9 0	10 46	25 51	14 11	27 45	0 9
22	11 53 39	0♈ 17 44	8♊ 54 48	14 51 19	24 50	25 55	2 38	17 38	9 48	11 0	25 54	14 14	27 44	0 9
23	11 57 36	1 17 16	20 48 59	26 48 25	24 47	25 53	3 43	18 47	10 35	11 14	25 56	14 17	27 44	0 10
24	12 1 33	2 16 47	2♋ 50 12	8♋ 54 56	24 44	25 52D	4 50	19 57	11 22	11 28	25 59	14 19	27 43	0 10
25	12 5 29	3 16 15	15 3 16	21 15 46	24 41	25 53	6 0	21 6	12 9	11 42	26 2	14 22	27 43	0 10
26	12 9 26	4 15 40	27 33 1	3♌ 55 33	24 38	25 54	7 11	22 16	12 56	11 56	26 5	14 25	27 42	0 10
27	12 13 22	5 15 3	10♌ 23 50	16 58 17	24 34	25 56	8 25	23 26	13 43	12 10	26 8	14 27	27 42	0 11
28	12 17 19	6 14 25	23 39 11	0♍ 26 43	24 31	25 56R	9 41	24 35	14 30	12 24	26 11	14 30	27 41	0 11
29	12 21 15	7 13 43	7♍ 20 55	14 21 39	24 28	25 56	10 58	25 45	15 17	12 38	26 14	14 32	27 41	0 11
30	12 25 12	8 13 0	21 28 38	28 41 24	24 25	25 53	12 18	26 55	16 4	12 51	26 18	14 34	27 41	0 11
31	12 29 8	9♈ 12 14	5♎ 59 16	13♎ 21 26	24♒ 22	25♒ 49	13♓ 39	28♒ 5	16♓ 51	13♓ 5	26♊ 21	14♒ 37	27♋ 40	0♋ 12

DECLINATION and LATITUDE

DAY	☉ DECL	☽ DECL	☽ LAT	☽ 12hr DECL	☿ DECL	☿ LAT	♀ DECL	♀ LAT	♂ DECL	♂ LAT	♃ DECL	♃ LAT	♄ DECL	♄ LAT
1	8S 5	11N27	0S16	8N22	10S23	2N57	19S30	1N53	14S48	1S 6	10S 9	0S54	22N25	0S57
2	7 42	5 10	1 31	1 52	10 46	2 44	19 23	1 48	14 33	1 6	10 4	0 54	22 26	0 57
3	7 19	1S29	2 43	4S50	11 8	2 31	19 15	1 44	14 17	1 6	9 59	0 54	22 26	0 57
4	6 56	8 8	3 45	11 20	11 28	2 18	19 7	1 39	14 1	1 7	9 54	0 54	22 26	0 56
5	6 33	14 24	4 33	17 16	11 46	2 4	18 59	1 34	13 45	1 7	9 48	0 54	22 26	0 56
6	6 10	19 53	5 4	22 12	12 1	1 50	18 50	1 30	13 29	1 7	9 43	0 55	22 26	0 56
7	5 47	24 10	5 15	25 46	12 15	1 36	18 40	1 25	13 13	1 7	9 38	0 55	22 27	0 56
8	5 24	26 57	5 7	27 41	12 27	1 22	18 30	1 20	12 57	1 7	9 32	0 55	22 27	0 56
9	5 0	27 58	4 40	27 48	12 36	1 8	18 20	1 16	12 40	1 7	9 27	0 55	22 27	0 55
10	4 37	27 11	3 58	26 10	12 44	0 55	18 8	1 11	12 24	1 7	9 22	0 55	22 27	0 55
11	4 13	24 47	3 2	23 2	12 49	0 42	17 57	1 6	12 7	1 7	9 17	0 55	22 28	0 55
12	3 50	21 0	1 57	18 43	12 52	0 29	17 45	1 2	11 50	1 7	9 11	0 55	22 28	0 55
13	3 26	16 13	0 47	13 33	12 54	0 16	17 32	0 57	11 33	1 7	9 6	0 55	22 28	0 55
14	3 3	10 46	0N25	7 53	12 53	0 4	17 19	0 53	11 16	1 7	9 1	0 55	22 28	0 54
15	2 39	4 57	1 34	1 59	12 51	0S 8	17 5	0 48	10 59	1 7	8 55	0 55	22 29	0 54
16	2 15	0N58	2 37	3N53	12 46	0 19	16 51	0 44	10 42	1 7	8 50	0 55	22 29	0 54
17	1 52	6 44	3 31	9 31	12 40	0 30	16 37	0 39	10 24	1 7	8 45	0 55	22 29	0 54
18	1 28	12 10	4 15	14 42	12 33	0 40	16 21	0 35	10 7	1 7	8 39	0 56	22 29	0 54
19	1 4	17 4	4 47	19 16	12 23	0 50	16 6	0 30	9 49	1 7	8 34	0 56	22 30	0 53
20	0 40	21 16	5 6	23 2	12 12	0 60	15 50	0 26	9 32	1 7	8 29	0 56	22 30	0 53
21	0 17	24 33	5 11	25 49	11 59	1 9	15 33	0 22	9 14	1 7	8 24	0 56	22 30	0 53
22	0N 7	26 47	5 3	27 28	11 45	1 17	15 17	0 18	8 56	1 7	8 18	0 56	22 30	0 53
23	0 31	27 50	4 43	27 52	11 29	1 25	14 59	0 13	8 38	1 7	8 13	0 56	22 31	0 53
24	0 54	27 34	4 9	26 56	11 11	1 33	14 41	0 9	8 20	1 7	8 8	0 56	22 31	0 52
25	1 18	25 59	3 24	24 41	10 52	1 40	14 23	0 5	8 2	1 7	8 3	0 56	22 31	0 52
26	1 42	23 5	2 28	21 10	10 32	1 47	14 5	0 1	7 44	1 7	7 57	0 56	22 31	0 52
27	2 5	18 59	1 23	16 32	10 10	1 53	13 46	0S 3	7 26	1 7	7 52	0 56	22 32	0 52
28	2 29	13 50	0 12	10 56	9 46	1 59	13 26	0 7	7 8	1 7	7 47	0 57	22 32	0 52
29	2 52	7 52	1S 1	4 39	9 22	2 4	13 6	0 11	6 50	1 7	7 42	0 57	22 32	0 52
30	3 16	1 20	2 14	2S 3	8 56	2 8	12 46	0 14	6 31	1 7	7 37	0 57	22 33	0 51
31	3N39	5S26	3S19	8S46	8S28	2S13	12S26	0S18	6S13	1S 7	7S32	0S57	22N33	0S51

DAY	♅ DECL	♅ LAT	♆ DECL	♆ LAT	♇ DECL	♇ LAT
1	17S28	0S38	20N12	0S22	18N 2	5S25
5	17 25	0 38	20 13	0 22	18 2	5 25
9	17 21	0 38	20 14	0 22	18 3	5 24
13	17 18	0 38	20 15	0 22	18 4	5 23
17	17 14	0 38	20 16	0 22	18 4	5 23
21	17 11	0 38	20 16	0 22	18 5	5 22
25	17 8	0 38	20 17	0 21	18 6	5 21
29	17S 6	0S38	20N17	0S21	18N 6	5S21

☽ PHENOMENA	VOID OF COURSE ☽ LAST ASPT	☽ INGRESS
d h m	28 4pm57	1 ♍ 1am 4
1 18 33 ○	3 0am55	3 ♎ 4am15
8 12 28 ☾	5 3am28	5 ♏ 6am 5
15 19 42 ●	7 4am54	7 ♐ 7am59
23 22 48 ☽	9 10am59	9 ♑ 10am59
31 5 38 ○	11 11am53	11 ♒ 3pm41
	13 2pm 8	13 ♓ 10pm17
d h ° '	16 2am42	16 ♈ 6am55
2 19 0	18 4pm23	18 ♉ 5pm38
9 2 27S58	21 4am58	21 ♊ 5am58
15 20 0	23 10am18	23 ♋ 6pm22
23 7 27N54	26 0am17	26 ♌ 4am38
30 5 0	28 4am31	28 ♍ 11am13
	30 10am19	30 ♎ 2pm10
7 2 5S15	d h	
13 16 0	5 3 PERIGEE	
20 22 5N11	21 1 APOGEE	
28 4 0		

DAILY ASPECTARIAN

Day	Aspect	Time
1 M	☽✶♇	1am23
	☽#☿	3 58
	☽#♃	5 10
	☽☍♃	11 40
	☉#☽	1pm57
	☽⚼♀	5 42
	☿⊻♀	6 29
	☉☍☽	6 33
	☽∠♆	11 34
	☽⚻♅	11 56
2 T	☿☌♂	8am19
	♀⚻♄	10 15
	☽⚻☿	6pm25
	☽⚻♂	7 21
	☽□♄	8 30
	☽△♀	9 22
3 W	☽✶♆	0am55
	☽⚼♅	1 24
	☽□♇	4 33
	☽⚻♃	3pm19
	♂△♄	4 23
	☽⚼☿	6 51
	☉∥☽	7 52
	☽⚼♂	9 54
4 Th	☉⚻☽	0am53
	☽△♅	2 31
	☽∥♃	6 28
	☽∥☿	1pm 8
	☉⚼♆	3 31
	☽⚼♃	4 39
	♀☍♆	6 8
	☽△☿	7 17
	☽∥♂	9 32
	☽△♄	10 30
5 F	☽△♂	0am12
	☉⊻♅	1 43
	☽□♆	2 44
	☽□♀	3 28
	☉⚼☽	3 35
	☽△♇	6 22
	☽∥♅	12pm37
	☽#♇	3 27
	☉∠♀	4 23
	☽△♃	5 54
	☽∥♀	7 11
	☽⚼♄	11 21
6 S	☽#♆	1am42
	☽□♅	4 24
	☉△☽	6 17
	☽⚼♇	7 13
	♀ ♒	1pm15
	☽#♄	1 23
	♀⚻♇	4 45
	☿SD	5 40
	☽□☿	8 43
	♂⚻♆	10 14
7 Su	☽⚻♄	0am21
	☽△♆	4 32
	☽□♂	4 54
	☽⚻♇	8 15
	☽✶♀	9 35
	☽□♃	8pm50
8 M	☽⚼♆	5am46
	☽✶♅	6 53
	☉□☽	12pm28
	☽∠♀	1 7
	☽✶☿	11 51
9 T	☽☍♄	3am12
	☿∥♂	3 45
	☽⚻♆	7 22
	☽∠♅	8 37
	☽✶♂	10 52
	☽☍♇	11 15
	♂ ♓	12pm57
	☽⊻♀	5 10
	♂△♇	5 41
10 W	☽✶♃	1am 9
	☽∠☿	2 18
	☽⊻♅	10 48
	♀#♇	10 58
	☽∠♂	2pm35
	☉✶☽	8 29
11 Th	☽∠♃	3am59
	☽⊻☿	5 27
	☽⚻♄	7 42
	☽☍♆	11 53
	☽#♄	3pm35
	☽⚻♇	3 57
	☽⊻♂	6 50
12 F	☉∠☽	1am21
	☽☌♀	2 59
	☽#♆	4 8
	☽⊻♃	7 19
	☽⚼♄	10 40
	☽#♇	3pm16
	☽☌♅	4 33
	☽∥♀	5 32
	☽∥♅	6 56
	☽⚼♇	7 0
13 S	☉⊻☽	6am50
	☽☌☿	1pm54
	☽△♄	2 8
	☽∥☿	2 54
	☽⚻♆	6 17
	☿△♄	6 47
	☽∥♂	9 46
	☽△♇	10 33
14 Su	♀∥♅	3am51
	☽☌♂	5 6
	☽∥♃	7 28
	☽⊻♀	3pm23
	☽☌♃	3 32
	♀⊻♃	5 40
	☽⚼♆	10 14
15 M	☽⊻♅	0am17
	☉∥☽	10 0
	♇SD	12pm19
	☉☌☽	7 42
	♀⚼♄	10 34
	☽∠♀	10 36
	☽□♄	10 36
16 T	☽⊻☿	1am29
	☽△♆	2 42
	☽∠♅	4 56
	☉#☽	4 57
	☽□♇	7 12
	☽⊻♂	5pm51
	☿⚻♆	8 31
17 W	☽⊻♃	1am57
	☽✶♀	6 32
	☽#♃	8 30
	☽∠☿	8 31
	☉□♄	9 20
	☽✶♅	10 7
	☽#♂	3pm 9
18 Th	☽∠♂	1am10
	☽#☿	1 40
	☽∠♃	7 59
	☽✶♄	9 12
	☉⊻☽	11 15
	☽□♆	1pm13
	☽✶☿	4 23
	☽✶♇	5 56
	☽#♀	7 14
	♀☌♅	10 23
19 F	☽#♅	0am44
	☽∥♇	5 22
	☿ ♓	8 46
	☽✶♂	9 5
	☉△♆	10 54
	☿△♇	12pm38
	☽✶♃	2 30
	☽∠♄	3 13
	☽∥♆	5 52
	☉∠☽	7 56
	♀⚼♇	8 24
	☽□♅	9 57
	☽∠♇	11 59
20 S	☽□♀	0am22
	☽∥♄	8 14
	☉∠♅	9pm11
	☽⊻♄	9 34
21 Su	☽✶♆	1am25
	☉✶☽	4 58
	☽⊻♇	6 17
	☽□☿	10 5
	☉ ♈	4pm52
	☉□♇	8 39
22 M	☽□♂	1am54
	☽□♃	4 18
	☽∠♆	7 43
	☽△♅	10 47
	☽△♀	7pm29
23 T	☽☌♄	10am18
	☽⊻♆	1pm50
	☽⚼♅	5 0
	☽☌♇	6 41
	☉□☽	10 48
24 W	☽△☿	4am23
	♂☌♃	4 33
	☽⚼♀	4 37
	☽△♃	5pm20
	☽△♂	5 57
	☽⚻♅	10 40
	♂∥♃	11 31
25 Th	☽⚼☿	12pm42
	☽⚻♀	12 54
	♂⚼♆	5 7
	☽⊻♄	9 12
	☽⚼♃	10 48
26 F	☽☌♆	0am17
	☽⚼♂	0 46
	☽∥♄	3 41
	☽⊻♇	4 57
	☉△☽	1pm41
	☽∥♆	5 3
	☽⚻☿	7 58
27 S	☽∠♄	1am22
	☽⚻♃	3 18
	☽∥♇	4 26
	☽⚻♂	6 28
	☽☍♅	7 27
	☽∠♇	8 44
	☽#♅	9 15
	☉⚼☽	7pm21
	♂⊻♅	11 49
28 Su	☽#♀	1am49
	☽☍♀	1 49
	☽✶♄	4 31
	☽⊻♆	7 9
	☽✶♇	11 32
	☽#☿	5pm48
	☉⚻☽	11 47
29 M	☽#♃	0am39
	☽#♂	4 7
	♃⚼♆	5 53
	☽☍☿	6 52
	☽∠♆	9 8
	☽☍♃	9 12
	♀△♄	10 33
	☽⚻♅	12pm20
	☽☍♂	2 21
	☉∥☽	5 26
30 T	☿⚼♆	6am52
	☽□♄	8 4
	☽⚻♀	9 52
	☽✶♆	10 19
	☿☌♃	12pm 7
	☽⚼♅	1 30
	☽□♇	2 29
	♀⚻♆	3 31
	☉#☽	5 18
31 W	☽∥♂	2am41
	☉☍☽	5 38
	☽∥♃	7 24
	☽∥☿	10 12
	☽⚻♃	11 44
	☽⚼♀	12pm33
	☽⚻☿	1 44
	☽△♅	2 4
	☿⊻♅	5 23
	☽⚻♂	6 38

APRIL 1915

LONGITUDE

DAY	SID. TIME	☉	☽	☽ 12 Hour	MEAN ☊	TRUE ☊	☿	♀	♂	♃	♄	♅	♆	♇
	h m s	° ' "	° ' "	° ' "	° '	° '	° '	° '	° '	° '	° '	° '	° '	° '
1	12 33 5	10♈ 11 26	20♎ 46 57	28♎ 14 44	24♒ 19	25♒ 43R	15♓ 2	29♒ 15	17♓ 38	13♓ 19	26♊ 25	14♒ 39	27♋ 40R	0♋ 12
2	12 37 1	11 10 37	5♏ 43 38	13♏ 12 32	24 15	25 36	16 26	0♓ 25	18 25	13 32	26 29	14 41	27 40	0 13
3	12 40 58	12 9 45	20 40 17	28 5 53	24 12	25 30	17 52	1 36	19 12	13 46	26 32	14 44	27 40	0 13
4	12 44 55	13 8 52	5♐ 28 23	12♐ 47 1	24 9	25 24	19 20	2 46	19 59	14 0	26 36	14 46	27 39	0 13
5	12 48 51	14 7 57	20 1 12	27 10 28	24 6	25 19	20 50	3 56	20 46	14 13	26 40	14 48	27 39	0 14
6	12 52 48	15 7 0	4♑ 14 33	11♑ 13 20	24 3	25 17D	22 21	5 7	21 32	14 27	26 44	14 50	27 39	0 14
7	12 56 44	16 6 1	18 6 49	24 55 8	24 0	25 16	23 53	6 17	22 19	14 40	26 48	14 52	27 39	0 15
8	13 0 41	17 5 1	1♒ 38 27	8♒ 17 4	23 56	25 17	25 27	7 28	23 6	14 53	26 52	14 54	27 39	0 15
9	13 4 37	18 3 59	14 51 15	21 21 20	23 53	25 18R	27 3	8 38	23 53	15 7	26 57	14 56	27 39D	0 16
10	13 8 34	19 2 55	27 47 39	4♓ 10 31	23 50	25 18	28 40	9 49	24 40	15 20	27 1	14 58	27 39	0 16
11	13 12 30	20 1 49	10♓ 30 13	16 47 1	23 47	25 17	0♈ 19	11 0	25 26	15 33	27 6	15 0	27 39	0 17
12	13 16 27	21 0 41	23 1 11	29 12 55	23 44	25 13	2 0	12 11	26 13	15 46	27 10	15 2	27 39	0 18
13	13 20 24	21 59 32	5♈ 22 24	11♈ 29 49	23 40	25 7	3 41	13 21	27 0	15 59	27 15	15 4	27 39	0 18
14	13 24 20	22 58 20	17 35 19	23 39 0	23 37	24 59	5 25	14 32	27 47	16 12	27 19	15 6	27 39	0 19
15	13 28 17	23 57 7	29 41 2	5♉ 41 33	23 34	24 48	7 10	15 43	28 33	16 25	27 24	15 8	27 40	0 20
16	13 32 13	24 55 51	11♉ 40 41	17 38 37	23 31	24 37	8 56	16 54	29 20	16 38	27 29	15 9	27 40	0 20
17	13 36 10	25 54 34	23 35 32	29 31 42	23 28	24 25	10 44	18 5	0♈ 6	16 51	27 34	15 11	27 40	0 21
18	13 40 6	26 53 15	5♊ 27 21	11♊ 22 49	23 25	24 15	12 34	19 16	0 53	17 4	27 39	15 13	27 40	0 22
19	13 44 3	27 51 53	17 18 27	23 14 40	23 21	24 6	14 25	20 27	1 40	17 16	27 44	15 14	27 41	0 22
20	13 47 59	28 50 30	29 11 55	5♋ 10 41	23 18	23 59	16 18	21 38	2 26	17 29	27 49	15 16	27 41	0 23
21	13 51 56	29 49 4	11♋ 11 32	17 15 0	23 15	23 55	18 13	22 50	3 12	17 42	27 55	15 17	27 41	0 24
22	13 55 53	0♉ 47 36	23 21 43	29 32 17	23 12	23 53D	20 9	24 1	3 59	17 54	28 0	15 19	27 42	0 25
23	13 59 49	1 46 6	5♌ 47 20	12♌ 7 28	23 9	23 53	22 6	25 12	4 45	18 6	28 5	15 20	27 42	0 26
24	14 3 46	2 44 33	18 33 19	25 5 23	23 5	23 53R	24 6	26 23	5 32	18 19	28 11	15 22	27 43	0 26
25	14 7 42	3 42 59	1♍ 44 11	8♍ 30 3	23 2	23 53	26 6	27 35	6 18	18 31	28 17	15 23	27 43	0 27
26	14 11 39	4 41 22	15 23 16	22 23 53	22 59	23 52	28 8	28 46	7 4	18 43	28 22	15 24	27 44	0 28
27	14 15 35	5 39 43	29 31 50	6♎ 46 48	22 56	23 48	0♉ 12	29 57	7 51	18 55	28 28	15 25	27 44	0 29
28	14 19 32	6 38 2	14♎ 8 14	21 35 23	22 53	23 41	2 17	1♈ 9	8 37	19 7	28 34	15 27	27 45	0 30
29	14 23 28	7 36 20	29 7 15	6♏ 42 39	22 50	23 32	4 23	2 20	9 23	19 19	28 39	15 28	27 46	0 31
30	14 27 25	8♉ 34 35	14♏ 20 18	21♏ 58 44	22♒ 46	23♒ 22	6♉ 30	3♈ 32	10♈ 9	19♓ 31	28♊ 45	15♒ 29	27♋ 46	0♋ 32

DECLINATION and LATITUDE

DAY	☉ DECL	☽ DECL	☽ LAT	☽ 12hr DECL	☿ DECL	☿ LAT	♀ DECL	♀ LAT	♂ DECL	♂ LAT	♃ DECL	♃ LAT	♄ DECL	♄ LAT
1	4N 2	12S 1	4S13	15S 6	7S60	2S16	12S 5	0S22	5S55	1S 7	7S26	0S57	22N33	0S51
2	4 25	17 59	4 50	20 35	7 30	2 20	11 43	0 25	5 36	1 6	7 21	0 57	22 33	0 51
3	4 49	22 51	5 7	24 44	6 59	2 22	11 22	0 29	5 18	1 6	7 16	0 57	22 34	0 51
4	5 12	26 11	5 3	27 12	6 26	2 25	10 60	0 32	4 59	1 6	7 11	0 57	22 34	0 50
5	5 35	27 43	4 40	27 47	5 53	2 26	10 38	0 36	4 41	1 6	7 6	0 58	22 34	0 50
6	5 57	27 22	3 60	26 32	5 18	2 28	10 15	0 39	4 22	1 6	7 1	0 58	22 35	0 50
7	6 20	25 18	3 6	23 43	4 42	2 28	9 52	0 42	4 3	1 6	6 56	0 58	22 35	0 50
8	6 43	21 49	2 4	19 39	4 5	2 29	9 29	0 46	3 45	1 6	6 51	0 58	22 35	0 50
9	7 5	17 17	0 56	14 43	3 27	2 29	9 5	0 49	3 26	1 5	6 46	0 58	22 35	0 50
10	7 28	12 2	0N13	9 15	2 47	2 28	8 41	0 52	3 7	1 5	6 41	0 58	22 36	0 49
11	7 50	6 23	1 21	3 30	2 7	2 27	8 17	0 55	2 49	1 5	6 36	0 58	22 36	0 49
12	8 12	0 35	2 23	2N18	1 25	2 25	7 53	0 58	2 30	1 5	6 31	0 58	22 36	0 49
13	8 34	5N 9	3 17	7 56	0 43	2 23	7 28	1 0	2 11	1 5	6 26	0 59	22 36	0 49
14	8 56	10 38	4 2	13 12	0N 1	2 20	7 4	1 3	1 52	1 5	6 21	0 59	22 37	0 49
15	9 18	15 39	4 35	17 56	0 45	2 17	6 39	1 6	1 34	1 4	6 16	0 59	22 37	0 49
16	9 39	20 1	4 55	21 55	1 30	2 13	6 13	1 8	1 15	1 4	6 11	0 59	22 37	0 48
17	10 1	23 34	5 3	24 58	2 17	2 9	5 48	1 11	0 56	1 4	6 6	0 59	22 37	0 48
18	10 22	26 6	4 57	26 56	3 4	2 4	5 22	1 13	0 37	1 4	6 1	0 59	22 38	0 48
19	10 43	27 28	4 39	27 41	3 52	1 59	4 57	1 16	0 19	1 3	5 57	0 60	22 38	0 48
20	11 4	27 35	4 8	27 9	4 40	1 53	4 31	1 18	0N 0	1 3	5 52	0 60	22 38	0 48
21	11 25	26 24	3 26	25 20	5 30	1 47	4 4	1 20	0 19	1 3	5 47	0 60	22 38	0 48
22	11 45	23 58	2 35	22 18	6 20	1 40	3 38	1 22	0 38	1 3	5 42	1 0	22 39	0 47
23	12 6	20 22	1 35	18 10	7 11	1 33	3 12	1 24	0 56	1 2	5 38	1 0	22 39	0 47
24	12 26	15 43	0 28	13 4	8 2	1 25	2 45	1 26	1 15	1 2	5 33	1 0	22 39	0 47
25	12 46	10 13	0S42	7 12	8 53	1 17	2 19	1 28	1 33	1 2	5 28	1 1	22 39	0 47
26	13 5	4 3	1 51	0 48	9 45	1 8	1 52	1 30	1 52	1 2	5 24	1 1	22 40	0 47
27	13 25	2S31	2 57	5S51	10 37	0 60	1 25	1 31	2 10	1 1	5 19	1 1	22 40	0 47
28	13 44	9 9	3 53	12 22	11 29	0 50	0 58	1 33	2 29	1 1	5 15	1 1	22 40	0 47
29	14 3	15 26	4 34	18 18	12 21	0 41	0 31	1 34	2 47	1 1	5 10	1 1	22 40	0 46
30	14N22	20S52	4S57	23S 7	13N13	0S31	0S 4	1S36	3N 6	1S 0	5S 6	1S 1	22N40	0S46

DAY	♅ DECL	♅ LAT	♆ DECL	♆ LAT	♇ DECL	♇ LAT
1	17S 4	0S39	20N17	0S21	18N 7	5S20
5	17 1	0 39	20 18	0 21	18 8	5 19
9	16 59	0 39	20 18	0 21	18 8	5 19
13	16 57	0 39	20 18	0 21	18 9	5 18
17	16 55	0 39	20 18	0 21	18 10	5 17
21	16 53	0 39	20 18	0 21	18 10	5 17
25	16 51	0 39	20 17	0 21	18 11	5 16
29	16S50	0S40	20N17	0S21	18N11	5S16

☽ PHENOMENA	VOID OF COURSE ☽ LAST ASPT	☽ INGRESS
d h m	1 2pm46	1 ♏ 2pm49
6 20 12 ☾	3 11am17	3 ♐ 3pm 5
14 11 36 ●	5 11am12	5 ♑ 4pm47
22 15 39 ☽	7 4pm52	7 ♒ 9pm 3
29 14 19 ○	9 10pm32	10 ♓ 4am 8
	12 8am58	12 ♈ 1pm31
d h ° '	14 7pm58	15 ♉ 0am38
5 7 27S49	17 8am14	17 ♊ 12pm57
12 2 0	19 11pm13	20 ♋ 1am37
19 14 27N42	22 8am26	22 ♌ 12pm54
26 15 0	24 5pm44	24 ♍ 8pm53
	27 0am46	27 ♎ 0am47
	28 11pm16	29 ♏ 1am24
3 8 5S 8	d h	
9 19 0	2 0 PERIGEE	
17 2 5N 3	17 15 APOGEE	
24 10 0	30 7 PERIGEE	
30 14 5S 1		

DAILY ASPECTARIAN

Day	Aspect	Time
1 Th	☽∥♀	0am13
	☽△♄	9 6
	☽□♆	11 4
	☽⚼♃	12pm18
	☽△♀	2 46
	☽△♇	3 9
	♀ ♓	3 19
	☽⚼☿	4 24
	♀△♇	7 34
	☽∥♅	8 0
	☽⚼♂	8 5
2 F	☽#♇	0am36
	☿∥♃	8 7
	☽⚼♄	9 15
	☉⚻☽	9 21
	☽#♆	10 36
	☽△♃	12pm44
	☽□♅	2 25
	☽⚼♇	3 13
	☽△☿	7 1
	☽△♂	9 29
	☽#♄	10 22
3 S	☽⚻♄	9am31
	☉⚼☽	11 14
	☽△♆	11 17
	☽⚻♇	3pm27
	☉#♂	4 48
	☽□♀	7 12
4 Su	☽⚼♆	11am47
	☉△☽	1pm31
	☽□♃	2 13
	☽*♅	3 19
	☿☌♂	9 43
5 M	☽□♂	1am18
	☽□☿	1 30
	☉⚺♃	2 43
	☉#☿	7 37
	☽☍♄	11 12
	☽⚻♆	12pm49
	☽∠♅	4 29
	☉*♅	4 57
	☽☍♇	5 11
6 T	☽*♀	1am37
	☽*♃	5pm53
	☽⚺♅	6 20
	☉□☽	8 12
7 W	☽∠♀	6am 6
	☽*♂	7 51
	☽*☿	11 30
	☽⚻♄	3pm26
	☽☍♆	4 52
	☽#♄	7 21
	☽∠♃	8 48
	☽⚻♇	9 31
8 Th	♃⚺♅	2am28
	☉#♃	6 53
	☽#♆	8 34
	☽⚺♀	11 32
	☽∠♂	12pm24
	☽∠☿	6 9
	☽⚼♄	6 38
	☽#♇	7 46
	☿□♄	10 19
9 F	☽☌♅	0am10
	☽⚺♃	0 29
	☽⚼♇	0 45
	☿∥♂	0 50
	☽∥♅	1 27
	♆SD	3 29
	☉*☽	6 24
	☿△♆	8 53
	☽⚺♂	5pm46
	☽△♄	10 32
	☽⚻♆	11 44
10 S	☽⚺☿	1am53
	☽△♇	4 39
	☉∠☽	12pm45
	☽∥♀	3 27
	☉#☽	6 20
	☿ ♈	7 22
	☿∠♅	7 23
	☽∥♃	11 8
	☿□♇	11 28
11 Su	☽☌♀	1am 2
	☽⚼♆	4 5
	☽⚺♅	8 37
	☽☌♃	9 49
	☉#♀	2pm 7
	☽∥♂	3 40
	☉⚺☽	7 48
	☽∥☿	8 4
12 M	☽☌♂	6am36
	☽#☿	7 26
	☽□♄	8 5
	☽△♆	8 58
	♀⚼♆	9 41
	☽#♂	12pm 9
	☽∠♅	1 38
	☽□♇	2 6
	☽☌☿	8 11
13 T	☽#♃	5am23
	♂□♄	8 30
	☽#♀	9 18
	☉∥☽	3pm52
	☽⚺♀	5 20
	☽*♅	7 5
	♂△♆	8 17
	☽⚺♃	9 13
14 W	☉☌☽	11am36
	♀⚺♅	11 42
	☽*♄	7pm26
	☽□♆	7 58
	☽⚺♂	9 35
15 Th	☽*♇	1am17
	☽∠♀	2 17
	☽∠♃	3 32
	☽#♅	6 37
	☽∥♇	1pm15
	♀☌♃	5 23
	☽⚺☿	5 32
	☿#♂	6 12
16 F	☽∠♄	1am38
	☽∥♆	1 40
	♀∥♃	2 45
	☽∠♂	5 42
	☽□♅	7 1
	☽∠♇	7 22
	☽*♃	10 9
	☽*♀	11 40
	☽∥♄	4pm58
	♂ ♈	8 42
17 S	♂∠♅	2am32
	☉⚺☽	5 6
	☽∠☿	5 7
	♂□♇	7 37
	☽⚺♄	8 6
	☽*♆	8 14
	☽⚺♇	1pm41
	☽*♂	2 6
18 Su	♄⚺♆	5am41
	☉∠☽	2pm12
	☽∠♆	2 37
	☽*☿	5 4
	☉□♆	7 20
	☽△♅	7 48
	☉*♄	8 34
	☽□♃	11 56
19 M	☽□♀	7am 4
	☿*♅	10 36
	☿#♀	8pm51
	☽⚺♆	8 57
	☽☌♄	9 13
	☉*☽	11 13
20 T	☽⚼♅	2am 9
	☽☌♇	2 24
	☽□♂	6 57
	☿⚺♃	4pm42
21 W	☉ ♉	4am29
	☿#♃	7 33
	☽⚻♅	8 9
	☽△♃	1pm 6
	☉*♇	2 31
	☽□☿	4 31
22 Th	☽△♀	1am24
	☽☌♆	8 26
	☽⚺♄	9 6
	☽∥♄	9 41
	☽⚺♇	1pm42
	☉□☽	3 39
	☽⚼♃	6 47
	☽△♂	9 54
23 F	☽∥♆	0am25
	☽⚼♀	9 14
	☽∥♇	11 55
	☽∠♄	1pm55
	☽☍♅	6 3
	☽∠♇	6 12
	☽#♅	6 31
	☽⚻♃	11 33
24 S	☽⚼♂	3am52
	☽△☿	12pm 1
	☉∥☽	1 54
	☽⚻♀	3 46
	☽⚺♆	4 46
	☽*♄	5 44
	☉∠♃	5 45
	☽*♇	9 42
25 Su	♀△♆	2am56
	☉△☽	3 48
	☽∥☿	4 41
	☽⚻♂	8 36
	♀□♄	3pm20
	☽#♃	6 52
	☿□♆	7 8
	☽∠♆	7 23
	☽⚼☿	7 26
	♀#♂	11 55
26 M	☽⚻♅	0am 2
	☿*♄	2 48
	☽☍♃	5 49
	☽∥♂	7 43
	☉⚼☽	7 56
	☽#♀	8 41
	☿⚺♀	5pm15
	☽∥♀	8 16
	☽*♆	9 0
	☿ ♉	9 41
	☽□♄	10 12
	☽#♂	10 42
27 T	☽☍♀	0am46
	♀ ♈	0 56
	☽⚻☿	1 18
	☽⚼♅	1 29
	☽□♇	1 35
	☿*♇	3 19
	♀∠♅	9 38
	☽∥♃	9 58
	♀□♇	10 51
	☉⚻☽	10 53
	☽☍♂	2pm30
28 W	☽△♅	2am 7
	☽⚻♃	8 9
	☽#☿	10 1
	☉#☽	6pm12
	☽□♆	9 50
	☿∠♃	11 11
	☽△♄	11 16
29 Th	☽△♇	2am13
	☽⚻♀	5 31
	☽∥♅	5 44
	☽⚼♃	8 20
	☽☍☿	9 40
	☽#♇	11 33
	☉☍☽	2pm19
	☽⚻♂	5 4
	☽#♆	9 6
	☽⚼♄	11 5
30 F	☽□♅	1am48
	☽⚼♇	1 53
	☽⚼♀	7 8
	☽△♃	8 14
	☽#♄	9 31
	☽⚼♂	5pm53
	☽△♆	9 7
	☽⚻♄	10 48

MAY 1915

LONGITUDE

DAY	SID. TIME	☉	☽	☽ 12 Hour	MEAN ☊	TRUE ☊	☿	♀	♂	♃	♄	♅	♆	♇
	h m s	° ' "	° ' "	° ' "	° '	° '	° '	° '	° '	° '	° '	° '	° '	° '
1	14 31 22	9♉ 32 49	29♏ 36 34	7♐ 12 23	22♒ 43	23♒ 11R	8♉ 38	4♈ 43	10♈ 55	19♓ 43	28♊ 51	15♒ 30	27♋ 47	0♋ 33
2	14 35 18	10 31 1	14♐ 44 55	22 13 3	22 40	23 2	10 47	5 55	11 41	19 54	28 57	15 31	27 48	0 34
3	14 39 15	11 29 12	29 35 53	6♑ 52 44	22 37	22 54	12 57	7 6	12 27	20 6	29 3	15 32	27 48	0 35
4	14 43 11	12 27 21	14♑ 3 7	21 6 47	22 34	22 49	15 7	8 18	13 13	20 18	29 10	15 33	27 49	0 36
5	14 47 8	13 25 29	28 3 40	4♒ 53 54	22 31	22 47	17 16	9 29	13 59	20 29	29 16	15 33	27 50	0 37
6	14 51 4	14 23 35	11♒ 37 43	18 15 27	22 27	22 46D	19 26	10 41	14 45	20 40	29 22	15 34	27 51	0 38
7	14 55 1	15 21 40	24 47 31	1♓ 14 24	22 24	22 46R	21 35	11 53	15 31	20 51	29 28	15 35	27 52	0 39
8	14 58 57	16 19 43	7♓ 36 36	13 54 35	22 21	22 46	23 44	13 4	16 17	21 3	29 35	15 36	27 53	0 40
9	15 2 54	17 17 45	20 8 51	26 19 52	22 18	22 44	25 51	14 16	17 3	21 14	29 41	15 36	27 54	0 41
10	15 6 51	18 15 46	2♈ 28 4	8♈ 33 51	22 15	22 39	27 57	15 28	17 48	21 25	29 48	15 37	27 55	0 42
11	15 10 47	19 13 45	14 37 34	20 39 32	22 11	22 32	0♊ 1	16 40	18 34	21 35	29 54	15 37	27 56	0 43
12	15 14 44	20 11 43	26 40 1	2♉ 39 16	22 8	22 21	2 3	17 52	19 20	21 46	0♋ 1	15 38	27 57	0 45
13	15 18 40	21 9 39	8♉ 37 30	14 34 54	22 5	22 8	4 4	19 4	20 5	21 57	0 7	15 38	27 58	0 46
14	15 22 37	22 7 34	20 31 39	26 27 53	22 2	21 54	6 2	20 15	20 51	22 7	0 14	15 39	27 59	0 47
15	15 26 33	23 5 27	2♊ 23 49	8♊ 19 35	21 59	21 40	7 57	21 27	21 37	22 18	0 21	15 39	28 0	0 48
16	15 30 30	24 3 19	14 15 24	20 11 28	21 56	21 27	9 50	22 39	22 22	22 28	0 28	15 39	28 1	0 49
17	15 34 26	25 1 10	26 8 2	2♋ 5 25	21 52	21 16	11 40	23 51	23 7	22 38	0 34	15 40	28 2	0 51
18	15 38 23	25 58 58	8♋ 3 54	14 3 54	21 49	21 7	13 27	25 3	23 53	22 48	0 41	15 40	28 4	0 52
19	15 42 20	26 56 46	20 5 48	26 10 4	21 46	21 1	15 11	26 15	24 38	22 58	0 48	15 40	28 5	0 53
20	15 46 16	27 54 32	2♌ 17 12	8♌ 27 45	21 43	20 58	16 51	27 27	25 23	23 8	0 55	15 40	28 6	0 54
21	15 50 13	28 52 15	14 42 15	21 1 17	21 40	20 57D	18 29	28 39	26 9	23 18	1 2	15 40R	28 7	0 55
22	15 54 9	29 49 58	27 25 26	3♍ 55 15	21 37	20 58R	20 3	29 51	26 54	23 28	1 9	15 40	28 9	0 57
23	15 58 6	0♊ 47 39	10♍ 31 14	17 13 53	21 33	20 57	21 35	1♉ 3	27 39	23 37	1 16	15 40	28 10	0 58
24	16 2 2	1 45 18	24 3 31	1♎ 0 23	21 30	20 56	23 2	2 15	28 24	23 46	1 23	15 40	28 11	0 59
25	16 5 59	2 42 55	8♎ 4 33	15 15 56	21 27	20 52	24 27	3 27	29 9	23 56	1 31	15 40	28 13	1 1
26	16 9 55	3 40 31	22 34 10	29 58 44	21 24	20 46	25 48	4 40	29 54	24 5	1 38	15 40	28 14	1 2
27	16 13 52	4 38 6	7♏ 28 49	15♏ 3 24	21 21	20 38	27 5	5 52	0♉ 39	24 14	1 45	15 39	28 16	1 3
28	16 17 49	5 35 39	22 41 17	0♐ 21 6	21 17	20 28	28 20	7 4	1 24	24 23	1 52	15 39	28 17	1 5
29	16 21 45	6 33 12	8♐ 1 23	15 40 40	21 14	20 17	29 30	8 16	2 9	24 31	2 0	15 39	28 19	1 6
30	16 25 42	7 30 43	23 17 32	0♑ 50 40	21 11	20 8	0♋ 37	9 28	2 54	24 40	2 7	15 38	28 20	1 7
31	16 29 38	8♊ 28 13	8♑ 18 56	15♑ 41 24	21♒ 8	20♒ 1	1♋ 40	10♉ 40	3♉ 38	24♓ 49	2♋ 14	15♒ 38	28♋ 22	1♋ 9

DECLINATION and LATITUDE

DAY	☉ DECL	☽ DECL	☽ LAT	☽ 12hr DECL	☿ DECL	☿ LAT	♀ DECL	♀ LAT	♂ DECL	♂ LAT	♃ DECL	♃ LAT	♄ DECL	♄ LAT
1	14N41	24S56	4S59	26S19	14N 4	0S20	0N23	1S37	3N24	1S 0	5S 1	1S 2	22N41	0S46
2	14 59	27 13	4 40	27 36	14 55	0 10	0 51	1 38	3 43	0 60	4 57	1 2	22 41	0 46
3	15 17	27 29	4 2	26 53	15 44	0N 1	1 18	1 40	4 1	0 59	4 52	1 2	22 41	0 46
4	15 35	25 51	3 9	24 25	16 33	0 11	1 45	1 41	4 19	0 59	4 48	1 2	22 41	0 46
5	15 53	22 38	2 7	20 33	17 21	0 22	2 12	1 42	4 37	0 59	4 44	1 2	22 41	0 46
6	16 10	18 15	0 59	15 45	18 7	0 32	2 40	1 43	4 55	0 58	4 39	1 3	22 42	0 45
7	16 27	13 6	0N11	10 21	18 51	0 43	3 7	1 43	5 13	0 58	4 35	1 3	22 42	0 45
8	16 44	7 31	1 18	4 39	19 34	0 53	3 34	1 44	5 31	0 58	4 31	1 3	22 42	0 45
9	17 0	1 46	2 19	1N 6	20 15	1 3	4 1	1 45	5 49	0 57	4 27	1 3	22 42	0 45
10	17 16	3N56	3 13	6 43	20 53	1 12	4 28	1 45	6 7	0 57	4 23	1 3	22 42	0 45
11	17 32	9 25	3 57	12 1	21 29	1 21	4 55	1 46	6 25	0 56	4 19	1 3	22 42	0 45
12	17 48	14 29	4 30	16 49	22 3	1 30	5 22	1 46	6 42	0 56	4 14	1 4	22 43	0 45
13	18 3	18 58	4 51	20 56	22 34	1 38	5 49	1 47	6 60	0 56	4 10	1 4	22 43	0 44
14	18 18	22 41	4 59	24 12	23 3	1 45	6 16	1 47	7 17	0 55	4 7	1 4	22 43	0 44
15	18 33	25 27	4 54	26 25	23 29	1 52	6 43	1 47	7 35	0 55	4 3	1 4	22 43	0 44
16	18 48	27 6	4 36	27 27	23 53	1 58	7 10	1 47	7 52	0 54	3 59	1 5	22 43	0 44
17	19 2	27 30	4 6	27 13	24 14	2 3	7 36	1 47	8 9	0 54	3 55	1 5	22 43	0 44
18	19 16	26 38	3 26	25 43	24 32	2 8	8 3	1 47	8 27	0 53	3 51	1 5	22 43	0 44
19	19 29	24 30	2 35	23 0	24 48	2 12	8 29	1 47	8 44	0 53	3 47	1 5	22 43	0 44
20	19 42	21 14	1 37	19 13	25 2	2 14	8 55	1 47	9 1	0 53	3 44	1 5	22 43	0 44
21	19 55	16 57	0 33	14 29	25 13	2 17	9 21	1 46	9 17	0 52	3 40	1 6	22 43	0 43
22	20 7	11 50	0S34	9 1	25 22	2 18	9 46	1 46	9 34	0 52	3 36	1 6	22 43	0 43
23	20 20	6 4	1 42	2 59	25 29	2 18	10 12	1 45	9 51	0 51	3 33	1 6	22 44	0 43
24	20 31	0S10	2 46	3S23	25 34	2 18	10 37	1 45	10 7	0 51	3 29	1 6	22 44	0 43
25	20 43	6 36	3 42	9 47	25 37	2 17	11 2	1 44	10 24	0 50	3 26	1 7	22 44	0 43
26	20 54	12 54	4 26	15 52	25 38	2 15	11 27	1 44	10 40	0 50	3 22	1 7	22 44	0 43
27	21 4	18 38	4 53	21 8	25 37	2 12	11 52	1 43	10 56	0 49	3 19	1 7	22 44	0 43
28	21 15	23 18	5 1	25 4	25 34	2 8	12 16	1 42	11 12	0 49	3 16	1 7	22 44	0 43
29	21 25	26 23	4 47	27 11	25 30	2 3	12 40	1 41	11 28	0 48	3 13	1 7	22 44	0 42
30	21 34	27 29	4 13	27 16	25 25	1 58	13 4	1 40	11 44	0 48	3 9	1 8	22 44	0 42
31	21N44	26S32	3S21	25S21	25N18	1N51	13N28	1S39	11N60	0S47	3S 6	1S 8	22N44	0S42

DAY	♅ DECL	♅ LAT	♆ DECL	♆ LAT	♇ DECL	♇ LAT
1	16S50	0S40	20N17	0S21	18N12	5S15
5	16 49	0 40	20 16	0 20	18 12	5 15
9	16 48	0 40	20 16	0 20	18 13	5 14
13	16 48	0 40	20 15	0 20	18 13	5 14
17	16 47	0 40	20 14	0 20	18 14	5 13
21	16 47	0 40	20 13	0 20	18 14	5 13
25	16 48	0 40	20 12	0 20	18 15	5 12
29	16S48	0S41	20N11	0S20	18N15	5S12

☽ PHENOMENA

d	h	m	
6	5	22	☾
14	3	31	●
22	4	50	☽
28	21	33	○

d	h	° '
2	15	27S37
9	7	0
16	20	27N31
23	23	0
30	1	27S29

d	h	° '
6	20	0
14	3	4N59
21	12	0
27	21	5S 1

VOID OF COURSE ☽

LAST ASPT	☽ INGRESS
30 9pm 7	1 ♐ 0am37
2 11pm 6	3 ♑ 0am39
4 11pm36	5 ♒ 3am23
7 8am46	7 ♓ 9am41
9 6pm43	9 ♈ 7pm10
12 2am34	12 ♉ 6am41
14 3pm 6	14 ♊ 7pm 9
16 6pm53	17 ♋ 7am48
19 3pm47	19 ♌ 7pm32
21 10pm58	22 ♍ 4am47
24 7am10	24 ♎ 10am16
26 9am12	26 ♏ 12pm 2
28 8am47	28 ♐ 11am27
30 2am12	30 ♑ 10am39

d	h	
14	21	APOGEE
28	17	PERIGEE

DAILY ASPECTARIAN

Day	Aspect	Time
1 S	☽⚻♇	1am29
	☽△♀	8 45
	☽⚻☿	4pm38
	☉⚻☽	4 48
	☉☌☿	6 29
	☽△♂	6 51
	☽⚼♆	8 53
2 Su	☽✶♅	1am13
	☉∥☿	3 18
	☽□♃	8 23
	☿⚺♂	3pm32
	☉⚼☽	6 34
	☽⚼☿	8 50
	☽⚻♆	9 4
	☽☍♄	11 6
3 M	☽∠♅	1am32
	☽☍♇	1 37
	☿∠♄	12pm56
	☽□♀	1 29
	☉△☽	9 7
	☽□♂	10 31
4 T	☽△☿	2am 6
	☽⚺♅	2 31
	☿□♅	4 51
	☿∠♇	5 28
	☿#♅	7 49
	☽✶♃	10 45
	☽☍♆	11pm36
	☽#♄	11 37
5 W	☽⚻♄	2am 7
	☽⚻♇	4 28
	♂#♃	7 0
	☽∠♃	1pm13
	☽#♆	1 34
	☽✶♀	10 8
	☉∠♄	11 16
6 Th	☽#♇	0am11
	☽#☿	0 33
	☿∥♇	2 56
	☽⚼♄	4 58
	☉□☽	5 22
	☽✶♂	5 59
	☽∥♅	7 0
	☽☌♅	7 7
	☽⚼♇	7 14
	☉#☽	9 30
	☿✶♃	3pm 5
	☽⚺♃	4 39
	☽□☿	4 56
7 F	♂✶♅	2am 7
	☽∠♀	4 16
	☉□♅	5 35
	☽⚻♆	5 42
	☉∠♇	7 19
	☽△♄	8 46
	☽△♇	10 55
	☽∠♂	11 19
	☉⚺♂	6pm28
8 S	☉#♅	6am18
	☽#♂	7 58
	☽⚼♆	10 2
	☽⚺♀	11 30
	☽∥♃	12pm44
	☽⚺♅	3 15
	☽#♀	3 19
	☽⚺♂	5 38
	☉✶☽	6 2
9 Su	☿∥♆	0am32
	☽☌♃	2 7
	☽✶☿	1pm20
	☽△♆	3 4
	☽□♄	6 43
	♀#♃	7 37
	☽∠♅	8 22
	☽□♇	8 32
	☿✶♆	11 35
10 M	☉∠☽	1am42
	☽#♃	1 53
	☽∥♀	2 31
	♀✶♅	3 0
	☽∥♂	9 56
	☿⚺♄	10pm34
	☿ ♊	11 47
11 T	☽∠☿	0am56
	☽✶♅	1 59
	☽☌♀	4 30
	☿⚺♇	8 20
	☽☌♂	8 22
	☉⚺☽	9 57
	☽⚺♃	2pm 4
	♄ ♋	9 24
12 W	☽□♆	2am34
	☽✶♄	6 46
	☽✶♇	8 11
	☽#♅	11 54
	☽⚺☿	12pm59
	☉∥☽	6 28
	☽∥♇	7 42
	☽∠♃	8 34
	☿∠♀	11 51
13 Th	☿∥♄	6am43
	☽∥♆	7 37
	☽∠♄	1pm13
	☽□♅	2 9
	☽∠♇	2 24
	☉∥♇	3 44
	☿∠♂	8 25
	☽⚺♀	11 24
	☉✶♃	11 52
14 F	☽∥♄	0am10
	☽⚺♂	0 42
	☽∥☿	3 9
	☽✶♃	3 16
	☉☌☽	3 31
	☽✶♆	3pm 6
	☽⚺♄	7 49
	☽⚺♇	8 46
15 S	♀☌♂	8am25
	☽∠♂	9 6
	☽∠♀	9 8
	☽☌☿	1pm22
	♀⚺♃	7 39
	☽∠♆	9 30
16 Su	☽△♅	2am50
	♂⚺♃	4 5
	☽□♃	4pm50
	☽✶♂	5 31
	☽✶♀	6 53
	☉⚺☽	9 33
17 M	☽⚺♆	3am51
	☽☌♄	9 2
	☽⚼♅	9 8
	☽☌♇	9 30
	☿∠♆	6pm43
	♄⚼♅	6 56
18 T	☉∠☽	6am21
	☽⚺☿	12pm35
	☽⚻♅	3 12
	☽∥☿	9 31
19 W	☽△♃	5am46
	☿△♅	6 56
	☽□♂	9 35
	☽□♀	1pm30
	☽∥♄	2 2
	☉✶☽	2 41
	☽☌♆	3 47
	♄☌♇	7 50
	☽⚺♇	9 18
	☽⚺♄	9 18
	☽∠☿	11 2
20 Th	☉✶♆	4am56
	☽∥♆	6 11
	☉∥☽	8 45
	☽⚼♃	11 31
	♀□♆	1pm14
	♀∥♂	3 23
	☽∥♇	5 20
21 F	☽#♅	0am51
	☽☍♅	1 51
	☽∠♇	2 20
	☽∠♄	2 34
	☽✶☿	8 14
	♅SR	10 49
	☽⚻♃	4pm30
	☉⚺♀	9 58
	☽△♂	10 58
22 S	☽⚺♆	1am21
	♀ ♉	2 56
	☉ ♊	4 11
	☉□☽	4 50
	☽△♀	4 58
	☽✶♇	6 32
	☽✶♄	6 59
	☽∥♀	8 14
	☽∥♂	9 15
	☉∥♆	10 19
	♀✶♇	10pm14
23 Su	☽⚼♂	4am 3
	☉⚺♇	4 25
	☽∠♆	4 46
	♀✶♄	4 51
	☽⚻♅	9 13
	☽#♃	9 55
	☽⚼♀	10 53
	☉⚺♄	1pm38
	♂□♆	5 3
	☽□☿	10 1
	☽☍♃	11 30
24 M	☽✶♆	7am10
	☽⚻♂	7 57
	☽⚼♅	11 25
	☽□♇	11 59
	☽∥♃	12pm17
	☽□♄	12 46
	☿□♃	1 55
	☉△☽	2 15
	☽⚻♀	3 27
25 T	☽△♅	12pm39
	☽#♂	2 57
	☉⚼☽	5 10
	☽#♀	5 58
26 W	☽⚻♃	2am29
	♂ ♉	3 8
	☽△☿	5 45
	☽□♆	9 12
	☽☍♂	12pm30
	☽△♇	1 43
	☽△♄	2 46
	☽∥♅	3 55
	☉⚻☽	7 9
	☽☍♀	9 12
	☽#♇	10 16
27 Th	☽⚼♃	2am49
	☽#♆	7 19
	☽⚼☿	7 58
	☉#☽	12pm10
	☽□♅	12 56
	♂✶♇	1 19
	☽⚼♇	1 35
	☽⚼♄	2 47
	☽#♄	8 38
	☿⚺♆	11 13
28 F	☽△♃	2am41
	☽△♆	8 47
	☽⚻☿	9 35
	☽⚻♇	1pm 9
	☽⚻♂	2 20
	☽⚻♄	2 30
	☽#☿	3 49
	♂✶♄	6 12
	☉☍☽	9 33
29 S	☽⚻♀	0am25
	☽⚼♆	8 18
	☿ ♋	10 34
	☽✶♅	11 57
	☽⚼♂	3pm 3
30 Su	☿⚼♅	0am31
	☽⚼♀	2 1
	☽□♃	2 12
	♀∠♃	4 30
	☽⚻♆	8 1
	☿☌♇	11 32
	☽∠♅	11 40
	☽☍♇	12pm28
	☽☍☿	12 32
	☽☍♄	2 9
	☽△♂	4 5
31 M	☉⚻☽	0am16
	☽△♀	4 9
	☽⚺♅	11 54
	☽#☿	1pm 3
	☿☌♄	3 29

JUNE 1915

LONGITUDE

DAY	SID. TIME h m s	☉ ° ' "	☽ ° ' "	☽ 12 Hour ° ' "	MEAN ☊ ° '	TRUE ☊ ° '	☿ ° '	♀ ° '	♂ ° '	♃ ° '	♄ ° '	♅ ° '	♆ ° '	♇ ° '
1	16 33 35	9♊ 25 43	22♑ 57 22	0♒ 6 22	21♒ 5	19♒ 56R	2♋ 40	11♉ 53	4♉ 23	24♓ 57	2♋ 22	15♒ 37R	28♋ 23	1♋ 10
2	16 37 31	10 23 11	7♒ 8 8	14 2 39	21 2	19 53D	3 36	13 5	5 7	25 5	2 29	15 37	28 25	1 11
3	16 41 28	11 20 38	20 50 2	27 30 32	20 58	19 53	4 27	14 17	5 52	25 13	2 37	15 36	28 27	1 13
4	16 45 25	12 18 5	4♓ 4 33	10♓ 32 32	20 55	19 53R	5 15	15 30	6 37	25 21	2 44	15 36	28 28	1 14
5	16 49 21	13 15 31	16 55 1	23 12 33	20 52	19 53	5 59	16 42	7 21	25 29	2 52	15 35	28 30	1 15
6	16 53 18	14 12 57	29 25 42	5♈ 35 2	20 49	19 52	6 39	17 54	8 5	25 37	2 59	15 34	28 32	1 17
7	16 57 14	15 10 21	11♈ 41 5	17 44 24	20 46	19 49	7 14	19 7	8 50	25 44	3 7	15 34	28 33	1 18
8	17 1 11	16 7 46	23 45 27	29 44 43	20 43	19 43	7 46	20 19	9 34	25 52	3 14	15 33	28 35	1 20
9	17 5 7	17 5 9	5♉ 42 35	11♉ 39 26	20 39	19 35	8 13	21 31	10 18	25 59	3 22	15 32	28 37	1 21
10	17 9 4	18 2 32	17 35 37	23 31 25	20 36	19 25	8 35	22 44	11 2	26 6	3 30	15 31	28 39	1 23
11	17 13 0	18 59 54	29 27 5	5♊ 22 53	20 33	19 14	8 53	23 56	11 47	26 13	3 37	15 30	28 40	1 24
12	17 16 57	19 57 16	11♊ 19 0	17 15 38	20 30	19 3	9 6	25 9	12 31	26 20	3 45	15 29	28 42	1 25
13	17 20 54	20 54 37	23 12 59	29 11 14	20 27	18 52	9 15	26 21	13 15	26 26	3 53	15 28	28 44	1 27
14	17 24 50	21 51 58	5♋ 10 33	11♋ 11 10	20 23	18 43	9 20R	27 34	13 58	26 33	4 0	15 27	28 46	1 28
15	17 28 47	22 49 17	17 13 18	23 17 11	20 20	18 36	9 19	28 46	14 42	26 39	4 8	15 26	28 48	1 30
16	17 32 43	23 46 36	29 23 8	5♌ 31 25	20 17	18 32	9 15	29 59	15 26	26 45	4 16	15 25	28 50	1 31
17	17 36 40	24 43 54	11♌ 42 25	17 56 29	20 14	18 30D	9 5	1♊ 11	16 10	26 51	4 23	15 24	28 51	1 33
18	17 40 36	25 41 11	24 14 2	0♍ 35 29	20 11	18 30	8 52	2 24	16 54	26 57	4 31	15 22	28 53	1 34
19	17 44 33	26 38 28	7♍ 1 16	13 31 49	20 8	18 31	8 35	3 37	17 37	27 3	4 39	15 21	28 55	1 36
20	17 48 29	27 35 44	20 7 34	26 48 52	20 4	18 32R	8 14	4 49	18 21	27 8	4 47	15 20	28 57	1 37
21	17 52 26	28 32 59	3♎ 36 3	10♎ 29 22	20 1	18 33	7 49	6 2	19 4	27 14	4 55	15 18	28 59	1 38
22	17 56 23	29 30 13	17 28 55	24 34 42	19 58	18 31	7 22	7 15	19 48	27 19	5 2	15 17	29 1	1 40
23	18 0 19	0♋ 27 26	1♏ 46 32	9♏ 4 5	19 55	18 28	6 52	8 27	20 31	27 24	5 10	15 15	29 3	1 41
24	18 4 16	1 24 39	16 26 47	23 53 55	19 52	18 23	6 19	9 40	21 14	27 29	5 18	15 14	29 5	1 43
25	18 8 12	2 21 52	1♐ 24 33	8♐ 57 38	19 49	18 16	5 45	10 53	21 57	27 33	5 26	15 12	29 7	1 44
26	18 12 9	3 19 4	16 31 57	24 6 15	19 45	18 10	5 10	12 6	22 41	27 38	5 34	15 11	29 9	1 46
27	18 16 5	4 16 15	1♑ 39 17	9♑ 9 47	19 42	18 4	4 35	13 18	23 24	27 42	5 41	15 9	29 11	1 47
28	18 20 2	5 13 27	16 36 39	23 58 52	19 39	17 59	4 0	14 31	24 7	27 46	5 49	15 8	29 13	1 49
29	18 23 58	6 10 38	1♒ 15 37	8♒ 26 15	19 36	17 57	3 25	15 44	24 50	27 50	5 57	15 6	29 15	1 50
30	18 27 55	7♋ 7 49	15♒ 30 19	22♒ 27 35	19♒ 33	17♒ 56D	2♋ 52	16♊ 57	25♉ 33	27♓ 54	6♋ 5	15♒ 4	29♋ 18	1♋ 52

DECLINATION and LATITUDE

DAY	☉ DECL	☽ DECL	☽ LAT	☽ 12hr DECL	☿ DECL	☿ LAT	♀ DECL	♀ LAT	♂ DECL	♂ LAT	♃ DECL	♃ LAT	♄ DECL	♄ LAT
1	21N52	23S45	2S18	21S49	25N10	1N44	13N51	1S38	12N15	0S47	3S 3	1S 8	22N44	0S42
2	22 1	19 35	1 7	17 3	25 0	1 36	14 14	1 37	12 31	0 46	3 0	1 8	22 44	0 42
3	22 9	14 29	0N 5	11 43	24 50	1 27	14 37	1 36	12 46	0 46	2 57	1 9	22 44	0 42
4	22 17	8 51	1 15	5 57	24 39	1 18	14 59	1 34	13 1	0 45	2 54	1 9	22 44	0 42
5	22 24	3 2	2 19	0 8	24 26	1 7	15 21	1 33	13 16	0 44	2 51	1 9	22 44	0 42
6	22 31	2N44	3 14	5N33	24 13	0 56	15 43	1 32	13 31	0 44	2 48	1 9	22 43	0 42
7	22 38	8 17	3 59	10 56	23 59	0 44	16 4	1 30	13 46	0 43	2 46	1 10	22 43	0 41
8	22 44	13 27	4 33	15 50	23 45	0 32	16 25	1 29	14 1	0 43	2 43	1 10	22 43	0 41
9	22 49	18 3	4 54	20 6	23 30	0 18	16 45	1 27	14 15	0 42	2 40	1 10	22 43	0 41
10	22 55	21 56	5 3	23 32	23 15	0 4	17 5	1 25	14 29	0 42	2 38	1 11	22 43	0 41
11	22 60	24 54	4 58	25 59	22 59	0S10	17 25	1 24	14 43	0 41	2 35	1 11	22 43	0 41
12	23 4	26 47	4 41	27 17	22 43	0 25	17 44	1 22	14 57	0 40	2 33	1 11	22 43	0 41
13	23 8	27 27	4 11	27 19	22 27	0 41	18 3	1 20	15 11	0 40	2 30	1 11	22 43	0 41
14	23 12	26 51	3 30	26 4	22 10	0 57	18 21	1 18	15 25	0 39	2 28	1 12	22 43	0 41
15	23 15	24 58	2 39	23 35	21 54	1 14	18 39	1 16	15 39	0 39	2 26	1 12	22 43	0 41
16	23 18	21 56	1 41	20 1	21 38	1 30	18 57	1 15	15 52	0 38	2 24	1 12	22 42	0 41
17	23 21	17 52	0 36	15 31	21 21	1 47	19 13	1 13	16 5	0 37	2 21	1 12	22 42	0 40
18	23 23	12 58	0S31	10 16	21 6	2 4	19 30	1 11	16 18	0 37	2 19	1 13	22 42	0 40
19	23 24	7 25	1 38	4 28	20 50	2 20	19 46	1 8	16 31	0 36	2 17	1 13	22 42	0 40
20	23 26	1 26	2 42	1S39	20 35	2 37	20 1	1 6	16 44	0 35	2 15	1 13	22 42	0 40
21	23 27	4S46	3 38	7 53	20 21	2 53	20 16	1 4	16 56	0 35	2 14	1 14	22 41	0 40
22	23 27	10 56	4 24	13 53	20 7	3 8	20 31	1 2	17 9	0 34	2 12	1 14	22 41	0 40
23	23 27	16 42	4 55	19 19	19 54	3 23	20 44	0 60	17 21	0 34	2 10	1 14	22 41	0 40
24	23 27	21 40	5 8	23 42	19 41	3 37	20 58	0 58	17 33	0 33	2 8	1 14	22 41	0 40
25	23 26	25 20	4 60	26 33	19 30	3 50	21 10	0 55	17 45	0 32	2 7	1 15	22 41	0 40
26	23 25	27 16	4 31	27 28	19 20	4 2	21 22	0 53	17 56	0 32	2 5	1 15	22 40	0 40
27	23 23	27 10	3 44	26 21	19 10	4 12	21 34	0 51	18 8	0 31	2 4	1 15	22 40	0 40
28	23 21	25 5	2 41	23 23	19 2	4 21	21 45	0 48	18 19	0 30	2 2	1 16	22 40	0 39
29	23 18	21 20	1 29	18 59	18 56	4 29	21 55	0 46	18 30	0 30	2 1	1 16	22 40	0 39
30	23N15	16S24	0S13	13S39	18N50	4S35	22N 5	0S44	18N41	0S29	1S60	1S16	22N39	0S39

DAY	♅ DECL	♅ LAT	♆ DECL	♆ LAT	♇ DECL	♇ LAT
1	16S48	0S41	20N10	0S20	18N15	5S12
5	16 49	0 41	20 9	0 20	18 16	5 11
9	16 50	0 41	20 7	0 20	18 16	5 11
13	16 52	0 41	20 6	0 20	18 16	5 11
17	16 53	0 41	20 5	0 20	18 16	5 10
21	16 55	0 41	20 3	0 20	18 16	5 10
25	16 57	0 42	20 2	0 20	18 17	5 10
29	16S59	0S42	19N60	0S19	18N17	5S10

☽ PHENOMENA

d	h	m	
4	16	32	☾
12	18	57	●
20	14	24	☽
27	4	27	○

d	h	° '
5	13	0
13	1	27N28
20	6	0
26	11	27S29

d	h	° '
2	22	0
10	4	5N 3
17	13	0
24	3	5S 8
30	4	0

VOID OF COURSE ☽

LAST ASPT	☽ INGRESS
1 9am 7	1 ♒ 11am49
2 2pm45	3 ♓ 4pm32
5 10pm15	6 ♈ 1am 7
8 9am42	8 ♉ 12pm31
10 10pm25	11 ♊ 1am 7
13 6am33	13 ♋ 1pm38
15 10pm54	16 ♌ 1am12
18 2am59	18 ♍ 10am53
20 3pm50	20 ♎ 5pm39
22 7pm28	22 ♏ 9pm 3
24 8pm21	24 ♐ 9pm45
26 5pm41	26 ♑ 9pm22
28 8pm41	28 ♒ 9pm55

d	h	
11	0	APOGEE
26	2	PERIGEE

DAILY ASPECTARIAN

Day	Aspect	Time
1 T	☉⚼☽	2am38
	☽⚹♃	3 22
	☽#♄	6 36
	☽☍♆	9 7
	☉#☽	11 16
	☽⚻♇	1pm49
	☽⚻♄	3 58
	☽⚻☿	5 31
	☽□♂	8 21
	☽#♆	8 59
2 W	☽∠♃	5am 9
	☉△☽	6 2
	☽#♇	6 35
	☽□♀	11 19
	☽∥♅	1pm25
	☽☌♅	2 45
	☽⚼♇	3 48
	☽⚼♄	6 14
	☽⚼☿	9 23
	☽#♀	11 27
3 Th	☽#♂	7am 9
	☽⚺♃	7 57
	☽⚻♆	1pm44
	☽△♇	6 47
	☽△♄	9 31
4 F	♀□♅	2am 3
	☽△☿	2 19
	☽⚹♂	4 58
	♀∠♇	3pm 5
	☉□☽	4 32
	☽⚼♆	5 32
	☽⚺♅	9 29
	☽⚹♀	11 32
5 S	☽∥♃	0am46
	☉∠♆	6 12
	☽∠♂	11 0
	☽☌♃	4pm33
	☽△♆	10 15
6 Su	☽#♃	0am17
	♀∠♄	1 51
	☽∠♅	2 13
	☽□♇	3 36
	☽□♄	7 0
	☽∠♀	7 30
	☽□☿	2pm49
	☽⚺♂	6 0
7 M	☉⚹☽	7am30
	☽⚹♅	7 40
	☉△♅	9 35
	☽⚺♀	4pm22
	☉∥♄	10 38
8 T	☽∥♂	2am54
	☽⚺♃	4 15
	☽□♆	9 42
	☽⚹♇	3pm13
	☉∠☽	4 4
	☽∥♀	4 16
	☽#♅	5 20
	☽⚹♄	7 14
9 W	☽∥♇	1am11
	☽⚹☿	5 13
	♀#♅	6 22
	☽☌♂	9 53
	☽∠♃	10 45
	☽∥♆	12pm11
	☽□♅	7 48
	☽∠♇	9 32
10 Th	☉⚺☽	0am59
	☽∠♄	1 50
	♂∠♃	2 22
	☽∥♄	5 41
	☉∥☽	7 19
	☽∥☿	8 55
	☽☌♀	11 34
	☽∠☿	12pm27
	☽⚹♃	5 23
	☽⚹♆	10 25
	☿∠♀	10 36
	☉∥☿	11 4
11 F	☽⚺♇	3am57
	☽⚺♄	8 32
	☽⚺☿	7pm28
	☿∥♄	11 50
12 S	☽⚺♂	2am34
	☽∠♆	4 50
	☽△♅	8 24
	☉☌☽	6pm57
13 Su	♀⚹♃	1am53
	☽□♃	6 33
	☽⚺♀	7 1
	☽∠♂	10 46
	☽⚺♆	11 7
	☽⚼♅	2pm33
	☽☌♇	4 34
	♀∥♇	5 14
	☽☌♄	9 38
14 M	☽☌☿	8am18
	☿SR	10 38
	☽∠♀	4pm23
	☽⚹♂	6 41
	☽⚻♅	8 27
15 T	♀⚹♆	0am27
	☉⚺☽	12pm 2
	☉∥☽	2 21
	☽∥♄	6 37
	☽△♃	6 48
	☽☌♆	10 54
	♂□♅	11 14
16 W	♀ ♊	0am22
	☽⚹♀	1 18
	☽∥☿	2 10
	☽⚺♇	4 11
	☽⚺♄	9 38
	☽∥♆	11 37
	☽∥♀	5pm 1
	☽⚺☿	7 1
	☉∠☽	7 51
	☽∥♇	9 50
17 Th	☽⚼♃	0am18
	☽#♅	5 6
	☽☍♅	7 6
	♀⚺♇	7 7
	☽∥♂	8 45
	☽□♂	9 7
	☽∠♇	9 20
	♂∠♇	12pm55
	☽∠♄	2 56
	☽∠☿	11 19
18 F	☉⚹☽	2am59
	☽⚻♃	5 11
	☽⚺♆	8 49
	☽⚹♇	1pm51
	☽□♀	5 0
	☽⚹♄	7 33
19 S	☽⚹☿	2am49
	☉□♃	11 21
	☽∠♆	12pm45
	☽⚻♅	3 18
	☽△♂	8 35
	☽#♃	8 45
	♀⚺♄	11 2
20 Su	♀∥♆	3am28
	☽☍♃	12pm40
	☽∥♃	2 15
	☉□☽	2 24
	☽⚹♆	3 50
	☽⚼♅	6 12
	☽□♇	8 33
	♂#♅	8 59
21 M	☽⚼♂	0am52
	☽□♄	2 19
	☿∥♀	3 42
	☽△♀	4 40
	☽□☿	7 9
	☉⚺♆	11 24
	☽△♅	8pm15
22 T	☿⚺♀	1am42
	☽⚻♂	4 8
	☿∥♆	7 22
	☽⚼♀	8 49
	♂∠♄	9 54
	☉ ♋	12pm29
	☽⚻♃	4 41
	☉⚼♅	7 6
	☽□♆	7 28
	☉△☽	9 40
	☽△♇	11 51
23 W	☽∥♅	1am 0
	☽#♂	2 59
	☽△♄	5 39
	☽#♇	7 5
	☽△☿	8 5
	☽⚻♀	11 59
	☽#☿	2pm12
	☽#♆	3 31
	☽⚼♃	5 32
	☽#♀	8 2
	☽□♅	10 2
	☉⚼☽	11 56
24 Th	☽⚼♇	0am26
	☿∠♂	1 36
	☽#♄	5 44
	☽⚼♄	6 16
	☽⚼☿	7 35
	☉☌♇	7 49
	☽☍♂	8 7
	☉#☽	10 21
	☽△♃	5pm49
	☽△♆	8 21
25 F	☽⚻♇	0am31
	☉⚻☽	1 37
	☽⚻♄	6 27
	☽⚻☿	6 40
	☿☌♄	11 8
	☽☍♀	4pm21
	☽⚼♆	8 13
	☽⚹♅	9 52
26 S	☽⚻♂	10am13
	☽□♃	5pm41
	☽⚻♆	8 4
	☽∠♅	9 37
27 Su	☽☍♇	0am13
	☉☍☽	4 27
	☽☍☿	4 30
	☉☌☿	4 51
	☽☍♄	6 30
	☽⚼♂	11 19
	♀∠♆	6pm 0
	♂∥♇	6 26
	☽⚻♀	8 19
	☽⚺♅	9 36
28 M	♀△♅	11am48
	☉#☽	12pm23
	☽△♂	12 51
	☽#♄	4 28
	☉☌♄	5 21
	☽⚹♃	6 19
	☽☍♆	8 41
	☽#♀	8 52
	☽⚼♀	11 3
29 T	☽⚻♇	0am57
	☽⚻☿	3 27
	☽#♆	7 0
	☽⚻♄	7 54
	☉⚻☽	8 47
	☽#☿	12pm32
	☽#♂	1 48
	☽#♇	3 23
	☽∠♃	7 33
	☽∥♅	9 22
	☽☌♅	11 16
30 W	☽⚼♇	2am20
	☽△♀	2 42
	☽⚼☿	3 54
	☽⚼♄	9 42
	☉⚼☽	12pm17
	☿∥♂	1 48
	☽□♂	6 21
	☽⚺♃	9 38

LONGITUDE

DAY	SID. TIME	☉	☽	☽ 12 Hour	MEAN ☊	TRUE ☊	☿	♀	♂	♃	♄	♅	♆	♇
	h m s	° ' "	° ' "	° ' "	° '	° '	° '	° '	° '	° '	° '	° '	° '	° '
1	18 31 52	8♋ 5 0	29♒ 17 57	6♓ 1 30	19♒ 29	17♒ 56	2♋ 21R	18♊ 10	26♉ 15	27♓ 58	6♋ 13	15♒ 3R	29♋ 20	1♋ 53
2	18 35 48	9 2 11	12♓ 38 27	19 9 8	19 26	17 57	1 52	19 23	26 58	28 1	6 20	15 1	29 22	1 54
3	18 39 45	9 59 23	25 33 57	1♈ 53 25	19 23	17 59	1 26	20 35	27 41	28 5	6 28	14 59	29 24	1 56
4	18 43 41	10 56 34	8♈ 8 1	14 18 21	19 20	17 59R	1 3	21 48	28 24	28 8	6 36	14 57	29 26	1 57
5	18 47 38	11 53 46	20 24 57	26 28 25	19 17	17 59	0 45	23 1	29 6	28 10	6 44	14 55	29 28	1 59
6	18 51 34	12 50 58	2♉ 29 18	8♉ 28 10	19 14	17 57	0 31	24 14	29 49	28 13	6 52	14 53	29 30	2 0
7	18 55 31	13 48 10	14 25 31	20 21 51	19 10	17 53	0 21	25 27	0♊ 31	28 16	6 59	14 52	29 32	2 2
8	18 59 27	14 45 23	26 17 37	2♊ 13 16	19 7	17 49	0 15D	26 40	1 14	28 18	7 7	14 50	29 35	2 3
9	19 3 24	15 42 36	8♊ 9 10	14 5 41	19 4	17 43	0 15	27 54	1 56	28 20	7 15	14 48	29 37	2 5
10	19 7 21	16 39 49	20 3 7	26 1 45	19 1	17 38	0 20	29 7	2 38	28 22	7 23	14 46	29 39	2 6
11	19 11 17	17 37 3	2♋ 1 51	8♋ 3 38	18 58	17 33	0 30	0♋ 20	3 20	28 24	7 30	14 44	29 41	2 7
12	19 15 14	18 34 17	14 7 17	20 13 1	18 54	17 28	0 45	1 33	4 2	28 25	7 38	14 42	29 43	2 9
13	19 19 10	19 31 31	26 20 58	2♌ 31 21	18 51	17 25	1 6	2 46	4 44	28 27	7 46	14 40	29 45	2 10
14	19 23 7	20 28 45	8♌ 44 17	14 59 57	18 48	17 24D	1 32	3 59	5 26	28 28	7 54	14 37	29 48	2 12
15	19 27 3	21 26 0	21 18 32	27 40 13	18 45	17 24	2 3	5 13	6 8	28 29	8 1	14 35	29 50	2 13
16	19 31 0	22 23 15	4♍ 5 9	10♍ 33 35	18 42	17 25	2 40	6 26	6 50	28 30	8 9	14 33	29 52	2 14
17	19 34 57	23 20 30	17 5 41	23 41 39	18 39	17 26	3 22	7 39	7 32	28 30	8 17	14 31	29 54	2 16
18	19 38 53	24 17 45	0♎ 21 41	7♎ 5 57	18 35	17 27	4 9	8 52	8 13	28 30	8 24	14 29	29 57	2 17
19	19 42 50	25 15 0	13 54 35	20 47 41	18 32	17 28R	5 1	10 6	8 55	28 31R	8 32	14 27	29 59	2 19
20	19 46 46	26 12 15	27 45 16	4♏ 47 16	18 29	17 29	5 59	11 19	9 36	28 31	8 39	14 24	0♌ 1	2 20
21	19 50 43	27 9 31	11♏ 53 34	19 3 53	18 26	17 28	7 1	12 32	10 18	28 30	8 47	14 22	0 3	2 21
22	19 54 39	28 6 47	26 17 54	3♐ 35 5	18 23	17 26	8 9	13 46	10 59	28 30	8 55	14 20	0 5	2 23
23	19 58 36	29 4 3	10♐ 54 52	18 16 32	18 20	17 24	9 21	14 59	11 40	28 29	9 2	14 18	0 8	2 24
24	20 2 32	0♌ 1 20	25 39 17	3♑ 2 15	18 16	17 22	10 38	16 13	12 22	28 29	9 10	14 15	0 10	2 25
25	20 6 29	0 58 37	10♑ 24 33	17 45 15	18 13	17 20	12 0	17 26	13 3	28 28	9 17	14 13	0 12	2 27
26	20 10 26	1 55 54	25 3 29	2♒ 18 25	18 10	17 19	13 26	18 40	13 44	28 26	9 24	14 11	0 14	2 28
27	20 14 22	2 53 13	9♒ 29 18	16 35 31	18 7	17 18D	14 57	19 53	14 25	28 25	9 32	14 8	0 17	2 29
28	20 18 19	3 50 31	23 36 32	0♓ 31 59	18 4	17 18	16 32	21 7	15 6	28 24	9 39	14 6	0 19	2 30
29	20 22 15	4 47 51	7♓ 21 37	14 5 19	18 0	17 19	18 11	22 20	15 47	28 22	9 47	14 4	0 21	2 32
30	20 26 12	5 45 11	20 43 6	27 15 5	17 57	17 20	19 54	23 34	16 27	28 20	9 54	14 1	0 23	2 33
31	20 30 8	6♌ 42 33	3♈ 41 30	10♈ 2 40	17♒ 54	17♒ 21	21♋ 40	24♋ 47	17♊ 8	28♓ 18	10♋ 1	13♒ 59	0♌ 25	2♋ 34

DECLINATION and LATITUDE

DAY	☉ DECL	☽ DECL	☽ LAT	☽ 12hr DECL	☿ DECL	☿ LAT	♀ DECL	♀ LAT	♂ DECL	♂ LAT	♃ DECL	♃ LAT	♄ DECL	♄ LAT
1	23N12	10S46	1N 1	7S48	18N46	4S40	22N14	0S41	18N52	0S28	1S59	1S16	22N39	0S39
2	23 9	4 49	2 10	1 49	18 43	4 43	22 23	0 39	19 3	0 27	1 58	1 17	22 39	0 39
3	23 4	1N 9	3 10	4N 3	18 42	4 45	22 31	0 36	19 13	0 27	1 57	1 17	22 39	0 39
4	22 60	6 53	3 59	9 37	18 42	4 45	22 38	0 34	19 23	0 26	1 56	1 17	22 38	0 39
5	22 55	12 14	4 36	14 43	18 44	4 43	22 45	0 31	19 33	0 25	1 55	1 18	22 38	0 39
6	22 50	17 2	5 0	19 10	18 47	4 40	22 51	0 29	19 43	0 25	1 54	1 18	22 38	0 39
7	22 44	21 7	5 11	22 50	18 51	4 36	22 56	0 26	19 53	0 24	1 53	1 18	22 37	0 39
8	22 38	24 19	5 8	25 32	18 56	4 31	23 1	0 24	20 2	0 23	1 53	1 19	22 37	0 39
9	22 31	26 29	4 52	27 7	19 3	4 24	23 5	0 21	20 11	0 22	1 52	1 19	22 37	0 39
10	22 25	27 27	4 23	27 28	19 11	4 16	23 8	0 19	20 20	0 22	1 52	1 19	22 36	0 39
11	22 17	27 9	3 43	26 31	19 19	4 8	23 11	0 16	20 29	0 21	1 51	1 19	22 36	0 38
12	22 10	25 33	2 52	24 17	19 29	3 58	23 13	0 14	20 38	0 20	1 51	1 20	22 36	0 38
13	22 2	22 44	1 53	20 55	19 39	3 47	23 14	0 11	20 46	0 19	1 51	1 20	22 35	0 38
14	21 53	18 51	0 47	16 33	19 50	3 36	23 15	0 9	20 55	0 19	1 50	1 20	22 35	0 38
15	21 45	14 4	0S21	11 25	20 2	3 24	23 15	0 6	21 3	0 18	1 50	1 21	22 34	0 38
16	21 35	8 37	1 30	5 42	20 14	3 12	23 14	0 4	21 11	0 17	1 50	1 21	22 34	0 38
17	21 26	2 42	2 36	0S21	20 26	2 59	23 13	0 1	21 18	0 16	1 50	1 21	22 34	0 38
18	21 16	3S26	3 35	6 30	20 38	2 45	23 11	0N 1	21 26	0 16	1 50	1 22	22 33	0 38
19	21 6	9 31	4 23	12 28	20 50	2 32	23 8	0 4	21 33	0 15	1 51	1 22	22 33	0 38
20	20 55	15 17	4 57	17 56	21 1	2 18	23 4	0 6	21 40	0 14	1 51	1 22	22 32	0 38
21	20 44	20 22	5 13	22 32	21 13	2 3	23 0	0 9	21 47	0 13	1 51	1 23	22 32	0 38
22	20 33	24 22	5 11	25 50	21 23	1 49	22 56	0 11	21 54	0 13	1 52	1 23	22 31	0 38
23	20 21	26 51	4 49	27 25	21 33	1 35	22 50	0 14	22 0	0 12	1 52	1 23	22 31	0 38
24	20 9	27 30	4 8	27 5	21 41	1 20	22 44	0 16	22 6	0 11	1 53	1 23	22 31	0 38
25	19 57	26 12	3 10	24 51	21 49	1 6	22 37	0 19	22 12	0 10	1 54	1 24	22 30	0 37
26	19 44	23 6	1 60	20 59	21 54	0 52	22 30	0 21	22 18	0 9	1 54	1 24	22 30	0 37
27	19 31	18 35	0 43	15 56	21 59	0 38	22 22	0 23	22 24	0 9	1 55	1 24	22 29	0 37
28	19 18	13 7	0N35	10 9	22 1	0 25	22 13	0 26	22 29	0 8	1 56	1 25	22 29	0 37
29	19 4	7 8	1 49	4 4	22 1	0 12	22 4	0 28	22 34	0 7	1 57	1 25	22 28	0 37
30	18 51	1 0	2 54	2N 1	21 59	0N 1	21 53	0 30	22 39	0 6	1 58	1 25	22 28	0 37
31	18N36	4N58	3N49	7N50	21N55	0N13	21N43	0N33	22N44	0S 5	1S59	1S26	22N27	0S37

DAY	♅ DECL	♅ LAT	♆ DECL	♆ LAT	♇ DECL	♇ LAT
1	16S60	0S42	19N59	0S19	18N17	5S10
5	17 2	0 42	19 57	0 19	18 17	5 9
9	17 4	0 42	19 56	0 19	18 17	5 9
13	17 7	0 42	19 54	0 19	18 17	5 9
17	17 9	0 42	19 52	0 19	18 17	5 9
21	17 12	0 42	19 50	0 19	18 17	5 9
25	17 15	0 42	19 48	0 19	18 17	5 9
29	17S17	0S42	19N46	0S19	18N16	5S 9

☽ PHENOMENA			
d	h	m	
4	5	54	☾
12	9	31	●
19	21	9	☽
26	12	11	○
d	h	°	'
2	19	0	
10	6	27N30	
17	11	0	
23	20	27S32	
30	4	0	
7	7	5N11	
14	17	0	
21	9	5S15	
27	13	0	

VOID OF COURSE ☽ LAST ASPT		☽ INGRESS		
30	6pm21	1	♓	1am14
3	7am16	3	♈	8am24
5	6pm 1	5	♉	7pm 2
8	6am40	8	♊	7am30
10	4pm43	10	♋	7pm57
13	6am39	13	♌	7am 6
14	11am15	15	♍	4pm22
17	11pm15	17	♎	11pm21
19	9pm 9	20	♏	3am51
22	3am38	22	♐	6am 6
24	4am35	24	♑	7am 4
26	5am35	26	♒	8am10
27	8am44	28	♓	11am 4
30	1pm58	30	♈	5pm 6

d	h	
8	11	APOGEE
24	5	PERIGEE

DAILY ASPECTARIAN

Day	Aspect	Time
1 Th	☽⚻♆	0am 3
	☽△♇	4 36
	☽△☿	5 13
	☽△♄	12pm27
	☉△☽	4 56
	☿☌♇	9 44
2 F	☽⚼♆	3am10
	☽⚺♅	4 21
	☽∥♃	11 28
	☽□♀	1pm42
3 S	☽#♃	3am15
	☽✱♂	4 14
	☽☌♃	4 46
	☽△♆	7 16
	☽∠♅	8 21
	☽□☿	10 47
	☽□♇	12pm 6
	♂✱♃	2 17
	☽□♄	9 0
4 Su	♀∥♄	0am39
	☉□☽	5 54
	☽∠♂	10 51
	☽✱♅	1pm14
5 M	☽✱♀	5am44
	♂✱♆	1pm 2
	☽⚺♃	3 27
	☽□♆	6 1
	☽⚺♂	6 19
	☽✱☿	8 7
	☉∥♀	10 5
	☽✱♇	11 2
6 T	☽#♅	0am 3
	♂ ♊	6 23
	☽∥♇	6 52
	☽✱♄	8 52
	☽∥☿	9 51
	☽∠♀	3pm 5
	☽∥♂	3 54
	☽∥♆	4 37
	☿⚺♂	6 59
	☽∠♃	9 39
	☉✱☽	10 38
7 W	☽□♅	0am52
	☽∠☿	1 50
	☽∠♇	5 16
	♂∥♆	8 58
	☽∥♄	10 24
	☉∥☽	10 56
	☽∥♀	1pm 5
	☽∠♄	3 27
8 Th	☽⚺♀	0am51
	☉⚻♅	1 44
	☽✱♃	4 4
	☉∥♄	4 13
	☽✱♆	6 40
	☉∠☽	7 37
	☽⚺☿	8 0
	☽☌♂	10 37
	☽⚺♇	11 41
	☿SD	1pm 6
	☽⚺♄	10 9
9 F	♂⚺♇	5am 7
	♀□♃	8 58
	☽∠♆	1pm 5
	☽△♅	1 22
	☉⚺☽	4 35
10 S	♀⚺♆	10am55
	♀⚼♅	12pm28
	☽□♃	4 43
	♀ ♋	5 31
	☽⚺♆	7 18
	☽⚼♅	7 25
	☽☌♀	8 13
	☽☌☿	8 54
11 Su	☽☌♇	0am11
	☽⚺♂	2 46
	☿☌♀	4 9
	☽☌♄	11 1
12 M	☽⚻♅	1am 8
	☉☌☽	9 31
	☽∠♂	10 17
	♀☌♇	12pm 0
	☽∥♀	8 24
13 T	☽∥♄	1am 4
	☽△♃	4 5
	☉∥☽	5 4
	☽☌♆	6 39
	☽⚺☿	9 34
	☽⚺♇	11 20
	☽∥♂	12pm25
	☽⚺♀	1 50
	☽✱♂	5 16
	☽∥♆	6 6
	☽∥☿	6 39
	☉∠♂	8 10
	☽⚺♄	10 21
14 W	☽∥♇	3am 4
	☿∥♆	6 11
	☽⚼♃	9 5
	☽#♅	9 5
	☽☍♅	11 15
	☽∠☿	3pm33
	☽∠♇	4 13
	☽∠♀	9 42
15 Th	☉⚺☽	0am15
	☽∠♄	3 16
	☿☌♇	6 55
	☽⚻♃	1pm32
	☽⚺♆	4 6
	☽✱♇	8 33
	☽✱☿	9 13
16 F	☽✱♀	4am49
	☽□♂	5 24
	☉∠☽	6 37
	☽✱♄	7 37
	♀⚺♂	6pm25
	☽⚻♅	7 18
	☽∠♆	7 59
17 S	☽#♃	3am25
	☉∥♂	10 30
	☉✱☽	12pm15
	♀☌♄	1 44
	☽∥♃	5 49
	☽☍♃	8 41
	☽⚼♅	10 25
	☽✱♆	11 15
18 Su	☽□♇	3am27
	☽□☿	7 13
	♂⚺♄	7 41
	☽□♄	2pm27
	☽△♂	2 44
	☽□♀	4 38
19 M	☽△♅	0am56
	♃SR	9 50
	♆ ♌	1pm35
	☉∥☿	5 11
	☽⚼♂	6 18
	☉□☽	9 9
20 T	☽⚻♃	1am18
	☽□♆	3 53
	☽△♇	7 50
	☽∥♅	8 31
	☽#♇	1pm36
	☽△☿	3 7
	☽△♄	6 43
	☽⚻♂	9 11
	☽#♆	9 14
21 W	☽△♀	1am11
	☉#☽	1 50
	☽⚼♃	2 43
	☽□♅	4 9
	☽#☿	4 39
	☽#♂	7 50
	☽⚼♇	9 10
	☽#♄	11 57
	☽#♀	2pm35
	☽⚼☿	6 20
	☽⚼♄	8 1
22 Th	☉△☽	3am12
	☽△♃	3 38
	☽⚼♀	4 26
	☽△♆	6 16
	☉△♃	9 40
	☽⚻♇	10 2
	♀⚻♅	10 49
	☿☌♄	5pm10
	☽⚻♄	8 54
	☽⚻☿	9 12
23 F	☽☍♂	1am18
	☉⚼☽	5 30
	☽✱♅	5 30
	☽⚼♆	6 53
	☽⚻♀	7 15
	☉ ♌	11pm27
24 S	☉☌♆	3am44
	☽□♃	4 35
	☽∠♅	5 50
	☽⚻♆	7 21
	☉⚻☽	7 35
	☽☍♇	11 1
	☽☍♄	10pm 9
25 Su	☽☍☿	2am52
	☽⚻♂	4 31
	☽⚺♅	6 12
	☽☍♀	12pm31
	☉∥♆	5 7
26 M	♀∥♄	0am32
	☽#♄	3 37
	☽#♀	3 43
	☽#♂	4 37
	☽✱♃	5 35
	☽⚼♂	6 22
	☽#☿	6 50
	☽☍♆	8 35
	☿⚺♂	8 40
	☿⚻♅	11 35
	☉☍☽	12pm11
	☽⚻♇	12 17
	☉⚺♇	1 41
	♂△♅	2 54
	☽#♆	6 7
	☉#☽	7 14
	♀∥♂	8 24
27 T	☽⚻♄	0am 4
	☽#♇	1 25
	☽∥♅	6 3
	☽∠♃	6 37
	☽☌♅	7 49
	☽△♂	8 44
	☽⚻☿	10 22
	☽⚼♇	1pm33
	☽⚻♀	7 18
	♂∥♄	9 53
28 W	☽⚼♄	1am49
	♂∠♆	8 7
	☽⚺♃	8 15
	☽⚻♆	11 39
	☽△♇	3pm29
	☽⚼☿	8 37
	☉⚻☽	7 8
	☽⚼♀	11 57
29 Th	☽△♄	4am20
	☿∥♀	5 56
	☽⚺♅	11 55
	☽⚼♆	2pm19
	☽□♂	3 51
	☽∥♃	8 14
	☽△☿	10 17
30 F	☉⚼☽	0am 4
	☽△♀	5 45
	☽#♃	11 51
	☽☌♃	1pm58
	☽∠♅	3 14
	☽△♆	5 52
	☽□♇	9 54
31 S	☉△☽	6am 9
	☽□♄	12pm 4
	☽✱♅	7 28

AUGUST 1915

LONGITUDE

DAY	SID. TIME	☉	☽	☽ 12 Hour	MEAN ☊	TRUE ☊	☿	♀	♂	♃	♄	♅	♆	♇
	h m s	° ' "	° ' "	° ' "	° '	° '	° '	° '	° '	° '	° '	° '	° '	° '
1	20 34 5	7♌ 39 56	16♈ 18 58	22♈ 30 52	17♒ 51	17♒ 22	23♋ 30	26♋ 1	17♊ 49	28♓ 15R	10♋ 8	13♒ 57R	0♌ 28	2♋ 35
2	20 38 1	8 37 19	28 38 50	4♉ 43 26	17 48	17 22R	25 23	27 15	18 29	28 13	10 16	13 54	0 30	2 37
3	20 41 58	9 34 44	10♉ 45 12	16 44 43	17 45	17 22	27 18	28 28	19 9	28 10	10 23	13 52	0 32	2 38
4	20 45 55	10 32 11	22 42 32	28 39 13	17 41	17 22	29 15	29 42	19 50	28 7	10 30	13 49	0 34	2 39
5	20 49 51	11 29 38	4♊ 35 20	10♊ 31 26	17 38	17 21	1♌ 15	0♌ 56	20 30	28 4	10 37	13 47	0 36	2 40
6	20 53 48	12 27 6	16 28 0	22 25 32	17 35	17 20	3 16	2 10	21 10	28 1	10 44	13 45	0 39	2 41
7	20 57 44	13 24 36	28 24 29	4♋ 25 16	17 32	17 20	5 18	3 24	21 50	27 57	10 51	13 42	0 41	2 43
8	21 1 41	14 22 8	10♋ 28 16	16 33 48	17 29	17 19	7 21	4 37	22 30	27 54	10 58	13 40	0 43	2 44
9	21 5 37	15 19 40	22 42 10	28 53 37	17 26	17 19D	9 25	5 51	23 10	27 50	11 5	13 37	0 45	2 45
10	21 9 34	16 17 13	5♌ 8 21	11♌ 26 29	17 22	17 19	11 29	7 5	23 50	27 46	11 12	13 35	0 47	2 46
11	21 13 30	17 14 48	17 48 10	24 13 27	17 19	17 19	13 32	8 19	24 30	27 41	11 19	13 33	0 50	2 47
12	21 17 27	18 12 24	0♍ 42 22	7♍ 14 53	17 16	17 20R	15 36	9 33	25 10	27 37	11 26	13 30	0 52	2 48
13	21 21 24	19 10 0	13 50 58	20 30 34	17 13	17 20	17 39	10 47	25 49	27 33	11 33	13 28	0 54	2 49
14	21 25 20	20 7 38	27 13 34	3♎ 59 52	17 10	17 19	19 41	12 1	26 29	27 28	11 39	13 26	0 56	2 50
15	21 29 17	21 5 17	10♎ 49 18	17 41 45	17 6	17 19	21 43	13 15	27 8	27 23	11 46	13 23	0 58	2 51
16	21 33 13	22 2 57	24 37 2	1♏ 34 59	17 3	17 18	23 43	14 29	27 48	27 18	11 53	13 21	1 0	2 52
17	21 37 10	23 0 38	8♏ 35 22	15 38 1	17 0	17 18	25 42	15 43	28 27	27 13	11 59	13 18	1 2	2 53
18	21 41 6	23 58 20	22 42 39	29 49 2	16 57	17 18D	27 41	16 57	29 6	27 7	12 6	13 16	1 4	2 54
19	21 45 3	24 56 3	6♐ 56 51	14♐ 5 47	16 54	17 18	29 38	18 11	29 45	27 2	12 12	13 14	1 6	2 55
20	21 48 59	25 53 47	21 15 30	28 25 35	16 51	17 18	1♍ 33	19 26	0♋ 24	26 56	12 19	13 11	1 9	2 56
21	21 52 56	26 51 33	5♑ 35 37	12♑ 45 8	16 47	17 19	3 28	20 40	1 3	26 50	12 25	13 9	1 11	2 57
22	21 56 53	27 49 19	19 53 41	27 0 45	16 44	17 20	5 21	21 54	1 42	26 44	12 31	13 7	1 13	2 58
23	22 0 49	28 47 7	4♒ 5 50	11♒ 8 27	16 41	17 20	7 12	23 8	2 20	26 38	12 37	13 5	1 15	2 59
24	22 4 46	29 44 56	18 8 7	25 4 24	16 38	17 21R	9 3	24 22	2 59	26 32	12 44	13 2	1 17	3 0
25	22 8 42	0♍ 42 46	1♓ 56 52	8♓ 45 13	16 35	17 20	10 52	25 37	3 38	26 26	12 50	13 0	1 19	3 1
26	22 12 39	1 40 38	15 29 10	22 8 30	16 32	17 19	12 39	26 51	4 16	26 19	12 56	12 58	1 21	3 2
27	22 16 35	2 38 31	28 43 6	5♈ 12 56	16 28	17 18	14 26	28 5	4 54	26 13	13 2	12 56	1 23	3 3
28	22 20 32	3 36 26	11♈ 38 3	17 58 36	16 25	17 15	16 11	29 19	5 33	26 6	13 8	12 53	1 25	3 3
29	22 24 28	4 34 23	24 14 47	0♉ 26 53	16 22	17 13	17 54	0♍ 34	6 11	25 59	13 14	12 51	1 26	3 4
30	22 28 25	5 32 21	6♉ 35 15	12 40 18	16 19	17 11	19 37	1 48	6 49	25 52	13 19	12 49	1 28	3 5
31	22 32 22	6♍ 30 22	18♉ 42 29	24♉ 42 20	16♒ 16	17♒ 9	21♍ 18	3♍ 2	7♋ 27	25♓ 45	13♋ 25	12♒ 47	1♌ 30	3♋ 6

DECLINATION and LATITUDE

DAY	☉ DECL	☽ DECL	☽ LAT	☽ 12hr DECL	☿ DECL	☿ LAT	♀ DECL	♀ LAT	♂ DECL	♂ LAT	♃ DECL	♃ LAT	♄ DECL	♄ LAT
1	18N22	10N36	4N31	13N12	21N49	0N25	21N31	0N35	22N49	0S 5	2S 0	1S26	22N27	0S37
2	18 7	15 40	4 60	17 57	21 39	0 36	21 19	0 37	22 53	0 4	2 2	1 26	22 26	0 37
3	17 52	20 2	5 15	21 54	21 28	0 46	21 7	0 39	22 58	0 3	2 3	1 26	22 26	0 37
4	17 36	23 32	5 15	24 55	21 13	0 55	20 54	0 41	23 2	0 2	2 4	1 27	22 25	0 37
5	17 21	26 1	5 2	26 50	20 56	1 4	20 40	0 43	23 5	0 1	2 6	1 27	22 25	0 37
6	17 5	27 21	4 37	27 33	20 36	1 12	20 25	0 45	23 9	0 0	2 7	1 27	22 24	0 37
7	16 48	27 25	3 59	26 58	20 14	1 19	20 10	0 47	23 12	0N 1	2 9	1 27	22 24	0 37
8	16 32	26 12	3 10	25 6	19 49	1 25	19 55	0 49	23 16	0 1	2 11	1 28	22 23	0 37
9	16 15	23 43	2 12	22 2	19 22	1 31	19 39	0 51	23 19	0 2	2 13	1 28	22 23	0 37
10	15 58	20 5	1 7	17 53	18 52	1 35	19 22	0 53	23 21	0 3	2 14	1 28	22 22	0 37
11	15 40	15 28	0S 3	12 51	18 21	1 39	19 5	0 55	23 24	0 4	2 16	1 29	22 22	0 37
12	15 23	10 5	1 13	7 11	17 47	1 42	18 47	0 57	23 27	0 5	2 18	1 29	22 21	0 36
13	15 5	4 10	2 22	1 6	17 12	1 44	18 29	0 59	23 29	0 6	2 20	1 29	22 21	0 36
14	14 47	2S 1	3 24	5S 7	16 35	1 45	18 10	1 0	23 31	0 7	2 22	1 29	22 20	0 36
15	14 29	8 11	4 15	11 11	15 57	1 46	17 50	1 2	23 33	0 7	2 25	1 30	22 20	0 36
16	14 10	14 4	4 52	16 47	15 17	1 46	17 30	1 3	23 34	0 8	2 27	1 30	22 19	0 36
17	13 51	19 18	5 13	21 34	14 36	1 45	17 10	1 5	23 36	0 9	2 29	1 30	22 18	0 36
18	13 32	23 32	5 15	25 9	13 54	1 44	16 49	1 7	23 37	0 10	2 32	1 30	22 18	0 36
19	13 13	26 23	4 58	27 11	13 12	1 42	16 28	1 8	23 38	0 11	2 34	1 30	22 17	0 36
20	12 54	27 32	4 23	27 25	12 28	1 39	16 6	1 9	23 39	0 12	2 36	1 31	22 17	0 36
21	12 34	26 51	3 31	25 49	11 44	1 36	15 44	1 11	23 40	0 13	2 39	1 31	22 16	0 36
22	12 14	24 23	2 26	22 34	10 60	1 33	15 21	1 12	23 40	0 14	2 41	1 31	22 16	0 36
23	11 54	20 25	1 13	17 59	10 15	1 29	14 58	1 13	23 40	0 15	2 44	1 31	22 15	0 36
24	11 34	15 20	0N 4	12 30	9 29	1 25	14 34	1 14	23 41	0 16	2 47	1 32	22 15	0 36
25	11 14	9 38	1 20	6 30	8 44	1 20	14 10	1 15	23 41	0 17	2 49	1 32	22 14	0 36
26	10 53	3 26	2 29	0 21	7 58	1 15	13 46	1 17	23 40	0 17	2 52	1 32	22 14	0 36
27	10 32	2N41	3 29	5N39	7 12	1 10	13 21	1 18	23 40	0 18	2 55	1 32	22 13	0 36
28	10 11	8 32	4 16	11 17	6 26	1 4	12 56	1 18	23 39	0 19	2 58	1 32	22 13	0 36
29	9 50	13 54	4 50	16 20	5 40	0 58	12 31	1 19	23 39	0 20	3 1	1 33	22 12	0 36
30	9 29	18 35	5 10	20 38	4 54	0 52	12 5	1 20	23 38	0 21	3 4	1 33	22 11	0 36
31	9N 8	22N26	5N15	23N60	4N 9	0N45	11N39	1N21	23N37	0N22	3S 7	1S33	22N11	0S36

DAY	♅ DECL	♅ LAT	♆ DECL	♆ LAT	♇ DECL	♇ LAT
1	17S20	0S42	19N45	0S19	18N16	5S 9
5	17 22	0 42	19 43	0 19	18 16	5 9
9	17 25	0 42	19 41	0 19	18 16	5 9
13	17 28	0 42	19 40	0 19	18 16	5 9
17	17 31	0 42	19 38	0 19	18 16	5 10
21	17 33	0 42	19 36	0 19	18 15	5 10
25	17 36	0 42	19 34	0 19	18 15	5 10
29	17S38	0S42	19N32	0S19	18N15	5S10

☽ PHENOMENA	
d h m	
2 21 27	☾
10 22 52	●
18 2 17	☽
24 21 40	○
d h	° '
6 13	27N33
13 16	0
20 3	27S33
26 13	0
3 13	5N17
10 23	0
17 15	5S17
23 23	0
30 21	5N15

VOID OF COURSE ☽ LAST ASPT	☽ INGRESS
1 8pm56	2 ♉ 2am40
4 10am52	4 ♊ 2pm43
6 11pm 6	7 ♋ 8am11
9 9am58	9 ♌ 2pm 8
11 1pm11	11 ♍ 10pm42
14 0am25	14 ♎ 4am56
16 5am45	16 ♏ 9am17
18 9am44	18 ♐ 12pm18
20 9am26	20 ♑ 2pm38
22 11am27	22 ♒ 5pm 3
24 11am51	24 ♓ 8pm35
26 7pm27	27 ♈ 2am21
28 2am50	29 ♉ 11am 8
31 1pm57	31 ♊ 10pm39

d h	
5 3	APOGEE
20 14	PERIGEE

DAILY ASPECTARIAN

Day	Aspect	Time
1 Su	☽✶♂	3am 3
	☉∥♇	8 42
	☽□☿	4pm25
	☽□♀	8 56
	☽⊻♃	11 9
2 M	☽□♆	3am39
	☽✶♇	7 50
	☽#♅	8 43
	☽∠♂	10 6
	☉∥☽	12pm13
	☽∥♇	1 48
	♀△♃	6 13
	☉□☽	9 27
	☽∥♆	10 14
	☽✶♄	11 15
3 T	☽∠♃	4am48
	☽□♅	6 12
	☽∥♀	6 25
	☽∥☿	8 31
	☿△♃	10 26
	☽∠♇	1pm48
	☽∥♄	3 40
	☽⊻♂	5 51
	☽∥♂	8 0
	☉⊻♄	10 59
4 W	☽∠♄	5am41
	♀ ♌	5 47
	☿ ♌	8 59
	☽✶♃	10 52
	☿☌♀	2pm10
	☽✶♀	3 45
	☽✶☿	3 53
	☽✶♆	3 55
	☿☌♆	4 10
	♀☌♆	5 27
	☽⊻♇	8 7
	☉#♅	9 25
5 Th	☽⊻♄	12pm19
	☉✶☽	3 11
	☿⊻♇	5 8
	☽△♅	6 32
	☽∠♆	10 20
6 F	☽∠♀	1am34
	☽∠☿	4 22
	☽☌♂	10 3
	♀⊻♇	10 28
	☉⚼♃	1pm13
	☽□♃	11 6
7 S	☉∠☽	0am 0
	☽⚼♅	0 36
	☽⊻♆	4 33
	☉☍♅	7 5
	☽☌♇	8 36
	☿∥♀	8 59
	☽⊻♀	11 5
	☽⊻☿	4pm34
8 Su	☽☌♄	1am 0
	☿∠♂	2 41
	☽⊼♅	6 17
	☿∥♆	6 28
	☉⊻☽	8 21
	♀∥♆	7pm58
9 M	☽⊻♂	0am58
	☽∥♂	3 0
	☽∥♄	9 40
	☽△♃	9 53
	☽☌♆	3pm38
	☽⊻♇	7 27
	☿⊻♄	8 38
10 T	☽∥♆	2am15
	☽☌♀	4 8
	☽∥♀	4 18
	☽∠♂	7 27
	☽∥☿	7 38
	☽∥♇	9 58
	☽⊻♄	11 39
	☽#♅	2pm16
	☽☌☿	2 25
	☽⚼♃	2 25
	☿⚼♃	2 27
	☽☍♅	4 0
	☉☌☽	10 52
	☉∥☽	10 56
	☽∠♇	11 58
11 W	☿☍♅	0am 4
	☿∥♇	3 26
	☽✶♂	1pm11
	☉∠♇	1 44
	☽∠♄	4 2
	☽⊼♃	6 20
12 Th	☽⊻♆	0am17
	☽✶♇	3 52
	☿#♅	1pm26
	☽⊻♀	5 52
	☽✶♄	7 47
	☽⊼♅	11 18
13 F	♀∠♂	1am34
	☿∠♇	2 4
	☽∠♆	3 43
	☽#♃	7 8
	☽⊻☿	8 6
	☉⊻☽	10 20
	♀⊻♄	4pm13
	♀∥♇	4 17
	☽□♂	10 36
	☽∠♀	11 36
14 S	☽☍♃	0am25
	☽∥♃	1 25
	☽⚼♅	2 8
	☽✶♆	6 36
	♀⚼♃	8 8
	☉☌☿	9 57
	☽□♇	9 58
	☉∠☽	3pm 3
	☽∠☿	3 31
15 Su	☽□♄	1am40
	♀☍♅	2 32
	☽△♅	4 28
	☽✶♀	4 40
	♂□♃	7 54
	☉✶☽	7pm14
	☽✶☿	10 11
16 M	☉#☽	0am24
	♀#♅	0 32
	☽⊼♃	4 36
	☽#☿	4 41
	☽△♂	5 45
	☽□♆	11 2
	☽△♇	2pm14
	☽#♀	2 22
	☽∥♅	3 18
	☽#♇	6 52
	♂⚼♅	7 10
17 T	☽#♆	1am37
	☽△♄	5 50
	☽⚼♃	6 8
	☽□♅	8 1
	☽⚼♂	8 41
	☽□♀	1pm19
	☽⚼♇	3 51
	☽#♄	4 15
	☿∠♄	4 29
	☿⊼♃	5 31
18 W	☽#♂	0am33
	☉□☽	2 17
	☽△♃	7 24
	☽⚼♄	7 28
	☽□☿	9 44
	☽⊼♂	11 19
	☽△♆	2pm 9
	☽⊼♇	5 13
	♀∠♇	6 44
	☉∥☿	10 47
19 Th	☿✶♂	2am22
	☿ ♍	4 38
	☽⊼♄	8 53
	♂ ♋	9 10
	☽✶♅	10 31
	☽⚼♆	3pm24
	☿⊻♆	6 46
	☽△♀	8 39
20 F	☉△☽	8am19
	☽□♃	9 26
	☽∠♅	11 35
	☽☍♂	4pm 2
	☽⊼♆	4 35
	☿✶♇	5 34
	☽☍♇	7 35
	☽△☿	7 53
	☉⊼♃	11 32
21 S	☽⚼♀	0am 8
	♂⊻♆	4 58
	☉⚼☽	11 16
	☽☍♄	11 31
	☽⊻♅	12pm38
	☉∠♄	3 33
22 Su	☽⚼☿	0am52
	☽⊼♀	3 42
	☽#♂	5 0
	☽✶♃	11 27
	☽#♄	1pm50
	☉⊼☽	2 20
	☽☍♆	7 9
	☽⊼♂	8 53
	☽⊼♇	10 7
23 M	☽#♆	4am16
	☽⊼☿	6 5
	☽#♇	10 45
	☽∠♃	12pm45
	☽∥♅	1 54
	☽⊼♄	2 39
	☽☌♅	3 16
	☽⚼♂	11 44
	☽⚼♇	11 46
24 T	♂☌♇	0am37
	☽#♀	3 32
	☉ ♍	6 15
	☽☍♀	11 51
	☽⊻♃	2pm26
	☽⚼♄	4 45
	☉#☽	4 49
	☉☍☽	9 40
	☽⊼♆	10 53
25 W	☽△♇	1am53
	☽△♂	3 6
	☽#☿	3 42
	♀⊼♃	2pm36
	☉⊻♆	3 25
	☽☍☿	6 10
	☽△♄	7 24
	☽⊻♅	7 30
26 Th	☽⚼♆	1am33
	☽∥♃	2 10
	☿✶♄	3 56
	☿⊼♅	4 6
	♄⊼♅	6 10
	☽☌♃	7pm27
	☽∠♅	10 33
	☽⊼♀	10 43
	♀∠♄	10 50
27 F	☽#♃	0am56
	☽△♆	4 54
	☉⊼☽	7 49
	☽□♇	7 59
	☉✶♇	10 7
	☽□♂	12pm 1
	☽∥☿	4 14
28 S	☽✶♅	2am22
	☽□♄	2 50
	☿∠♆	3 17
	☽⚼♀	5 37
	☉∥☽	6 43
	☽⊼☿	9 57
	♀ ♍	1pm 6
	☉⚼☽	2 18
	☽∥♀	6 2
29 Su	☽⊻♃	3am19
	☽△♀	1pm35
	☽□♆	1 58
	☽✶♇	5 8
	♀⊻♆	5 29
	☽#♅	6 50
	☽⚼☿	7 30
	☉△☽	9 46
	☽∥♇	10 6
30 M	☽✶♂	0am28
	☽∥♆	5 24
	☽∠♃	8 21
	☽□♅	12pm15
	☽✶♄	1 24
	☽∥♄	10 13
	☽∠♇	10 47
31 T	♀✶♇	1am 4
	☽△☿	6 0
	☽∠♂	7 53
	☽∥♂	8 47
	☽✶♃	1pm57
	☽∠♄	7 37

SEPTEMBER 1915

LONGITUDE

DAY	SID. TIME	☉	☽	☽ 12 Hour	MEAN ☊	TRUE ☊	☿	♀	♂	♃	♄	♅	♆	♇
	h m s	° ' "	° ' "	° ' "	° '	° '	° '	° '	° '	° '	° '	° '	° '	° '
1	22 36 18	7♍ 28 24	0♊ 40 23	6♊ 37 12	16♒ 12	17♒ 8D	22♍ 58	4♍ 17	8♋ 5	25♓ 38R	13♋ 31	12♒ 45R	1♌ 32	3♋ 7
2	22 40 15	8 26 28	12 33 22	18 29 28	16 9	17 8	24 36	5 31	8 42	25 31	13 36	12 43	1 34	3 7
3	22 44 11	9 24 35	24 26 8	0♋ 23 56	16 6	17 8	26 13	6 46	9 20	25 23	13 42	12 41	1 36	3 8
4	22 48 8	10 22 43	6♋ 23 27	12 25 15	16 3	17 10	27 50	8 0	9 58	25 16	13 47	12 39	1 38	3 9
5	22 52 4	11 20 53	18 29 53	24 37 48	16 0	17 11	29 25	9 15	10 35	25 8	13 53	12 37	1 40	3 9
6	22 56 1	12 19 5	0♌ 49 27	7♌ 5 14	15 57	17 13	0♎ 58	10 29	11 12	25 1	13 58	12 35	1 41	3 10
7	22 59 57	13 17 19	13 25 27	19 50 21	15 53	17 14R	2 31	11 44	11 50	24 53	14 3	12 33	1 43	3 11
8	23 3 54	14 15 35	26 20 4	2♍ 54 41	15 50	17 14	4 2	12 58	12 27	24 45	14 9	12 31	1 45	3 11
9	23 7 51	15 13 52	9♍ 34 10	16 18 22	15 47	17 12	5 32	14 13	13 4	24 38	14 14	12 29	1 47	3 12
10	23 11 47	16 12 12	23 7 5	29 59 59	15 44	17 9	7 1	15 27	13 41	24 30	14 19	12 27	1 48	3 12
11	23 15 44	17 10 33	6♎ 56 41	13♎ 56 43	15 41	17 5	8 29	16 42	14 17	24 22	14 24	12 25	1 50	3 13
12	23 19 40	18 8 56	20 59 34	28 4 42	15 38	17 1	9 55	17 57	14 54	24 14	14 28	12 23	1 52	3 13
13	23 23 37	19 7 20	5♏ 11 33	12♏ 19 32	15 34	16 56	11 21	19 11	15 31	24 6	14 33	12 22	1 53	3 14
14	23 27 33	20 5 47	19 28 10	26 36 55	15 31	16 52	12 45	20 26	16 7	23 58	14 38	12 20	1 55	3 14
15	23 31 30	21 4 15	3♐ 45 21	10♐ 53 6	15 28	16 50	14 7	21 40	16 44	23 50	14 43	12 18	1 57	3 15
16	23 35 26	22 2 44	17 59 48	25 5 12	15 25	16 49D	15 29	22 55	17 20	23 42	14 47	12 17	1 58	3 15
17	23 39 23	23 1 16	2♑ 9 3	9♑ 11 12	15 22	16 49	16 49	24 10	17 56	23 34	14 52	12 15	2 0	3 16
18	23 43 20	23 59 48	16 11 29	23 9 46	15 18	16 50	18 7	25 24	18 32	23 26	14 56	12 13	2 1	3 16
19	23 47 16	24 58 22	0♒ 5 57	6♒ 59 54	15 15	16 52	19 24	26 39	19 8	23 18	15 0	12 12	2 3	3 16
20	23 51 13	25 56 59	13 51 29	20 40 36	15 12	16 53R	20 40	27 54	19 43	23 10	15 4	12 10	2 4	3 17
21	23 55 9	26 55 37	27 27 6	4♓ 10 50	15 9	16 52	21 54	29 9	20 19	23 2	15 8	12 9	2 6	3 17
22	23 59 6	27 54 16	10♓ 51 38	17 29 20	15 6	16 50	23 7	0♎ 23	20 55	22 54	15 12	12 7	2 7	3 17
23	0 3 2	28 52 57	24 3 48	0♈ 34 53	15 3	16 45	24 17	1 38	21 30	22 46	15 16	12 6	2 9	3 18
24	0 6 59	29 51 40	7♈ 2 28	13 26 29	14 59	16 39	25 26	2 53	22 5	22 38	15 20	12 5	2 10	3 18
25	0 10 55	0♎ 50 26	19 46 54	26 3 44	14 56	16 31	26 33	4 8	22 40	22 31	15 24	12 3	2 11	3 18
26	0 14 52	1 49 13	2♉ 17 3	8♉ 27 0	14 53	16 23	27 38	5 22	23 15	22 23	15 28	12 2	2 13	3 18
27	0 18 48	2 48 3	14 33 48	20 37 41	14 50	16 15	28 40	6 37	23 50	22 15	15 31	12 1	2 14	3 18
28	0 22 45	3 46 54	26 39 0	2♊ 38 7	14 47	16 8	29 40	7 52	24 25	22 7	15 35	11 59	2 15	3 19
29	0 26 42	4 45 49	8♊ 35 31	14 31 39	14 43	16 2	0♏ 38	9 7	24 59	22 0	15 38	11 58	2 16	3 19
30	0 30 38	5♎ 44 45	20♊ 27 6	26♊ 22 24	14♒ 40	15♒ 59	1♏ 32	10♎ 21	25♋ 34	21♓ 52	15♋ 41	11♒ 57	2♌ 18	3♋ 19

DECLINATION and LATITUDE

DAY	☉ DECL	☽ DECL	☽ LAT	☽ 12hr DECL	☿ DECL	☿ LAT	♀ DECL	♀ LAT	♂ DECL	♂ LAT	♃ DECL	♃ LAT	♄ DECL	♄ LAT
1	8N46	25N17	5N 6	26N18	3N23	0N38	11N13	1N22	23N35	0N23	3S10	1S33	22N10	0S36
2	8 25	27 1	4 45	27 25	2 38	0 31	10 46	1 22	23 34	0 24	3 13	1 33	22 10	0 36
3	8 3	27 31	4 11	27 17	1 52	0 24	10 19	1 23	23 32	0 25	3 16	1 33	22 9	0 36
4	7 41	26 43	3 26	25 51	1 8	0 17	9 52	1 23	23 31	0 26	3 19	1 33	22 9	0 35
5	7 19	24 40	2 31	23 12	0 23	0 10	9 24	1 24	23 29	0 27	3 22	1 34	22 8	0 35
6	6 57	21 26	1 29	19 24	0S21	0 2	8 56	1 24	23 27	0 28	3 25	1 34	22 8	0 35
7	6 34	17 8	0 21	14 39	1 5	0S 6	8 28	1 24	23 24	0 29	3 28	1 34	22 7	0 35
8	6 12	11 58	0S50	9 7	1 49	0 13	7 60	1 25	23 22	0 30	3 31	1 34	22 7	0 35
9	5 49	6 9	1 59	3 4	2 32	0 21	7 31	1 25	23 19	0 31	3 34	1 34	22 6	0 35
10	5 27	0S 5	3 4	3S15	3 14	0 29	7 2	1 25	23 17	0 32	3 38	1 34	22 6	0 35
11	5 4	6 25	3 59	9 31	3 56	0 37	6 33	1 25	23 14	0 33	3 41	1 34	22 5	0 35
12	4 41	12 31	4 40	15 23	4 38	0 45	6 4	1 25	23 11	0 34	3 44	1 34	22 5	0 35
13	4 18	18 3	5 5	20 28	5 18	0 53	5 35	1 25	23 8	0 35	3 47	1 34	22 4	0 35
14	3 55	22 36	5 11	24 23	5 59	1 1	5 5	1 25	23 4	0 36	3 50	1 34	22 4	0 35
15	3 32	25 47	4 58	26 47	6 38	1 9	4 36	1 24	23 1	0 37	3 54	1 34	22 3	0 35
16	3 9	27 20	4 27	27 26	7 17	1 18	4 6	1 24	22 57	0 38	3 57	1 35	22 3	0 35
17	2 46	27 5	3 39	26 18	7 56	1 26	3 36	1 24	22 54	0 39	4 0	1 35	22 3	0 35
18	2 23	25 6	2 39	23 31	8 33	1 34	3 6	1 23	22 50	0 40	4 3	1 35	22 2	0 35
19	1 60	21 36	1 30	19 24	9 10	1 41	2 36	1 23	22 46	0 41	4 7	1 35	22 2	0 35
20	1 37	16 56	0 16	14 17	9 46	1 49	2 6	1 22	22 42	0 42	4 10	1 35	22 1	0 35
21	1 13	11 28	0N57	8 33	10 21	1 57	1 35	1 22	22 38	0 43	4 13	1 35	22 1	0 35
22	0 50	5 33	2 6	2 31	10 55	2 5	1 5	1 21	22 33	0 44	4 16	1 35	22 0	0 35
23	0 27	0N31	3 8	3N30	11 28	2 12	0 35	1 20	22 29	0 46	4 19	1 35	21 60	0 35
24	0 3	6 26	3 58	9 16	12 0	2 20	0 4	1 20	22 24	0 47	4 22	1 35	21 60	0 35
25	0S20	11 59	4 35	14 33	12 31	2 27	0S26	1 19	22 20	0 48	4 25	1 35	21 59	0 35
26	0 43	16 56	4 58	19 8	13 1	2 34	0 57	1 18	22 15	0 49	4 28	1 35	21 59	0 35
27	1 7	21 6	5 7	22 50	13 30	2 40	1 27	1 17	22 10	0 50	4 31	1 35	21 58	0 35
28	1 30	24 19	5 2	25 31	13 58	2 47	1 58	1 16	22 5	0 51	4 34	1 35	21 58	0 35
29	1 54	26 25	4 44	27 2	14 24	2 53	2 28	1 15	21 60	0 52	4 37	1 35	21 58	0 35
30	2S17	27N20	4N14	27N19	14S48	2S59	2S59	1N14	21N55	0N53	4S40	1S34	21N57	0S35

DAY	♅ DECL	♅ LAT	♆ DECL	♆ LAT	♇ DECL	♇ LAT
1	17S40	0S42	19N31	0S19	18N15	5S10
5	17 42	0 42	19 30	0 19	18 14	5 11
9	17 44	0 42	19 28	0 19	18 14	5 11
13	17 46	0 42	19 27	0 19	18 14	5 11
17	17 48	0 42	19 25	0 19	18 13	5 11
21	17 50	0 42	19 24	0 19	18 13	5 12
25	17 51	0 42	19 23	0 19	18 13	5 12
29	17S53	0S42	19N21	0S19	18N12	5S12

☽ PHENOMENA

d	h	m	
1	14	57	☾
9	10	52	●
16	7	21	☽
23	9	35	○

d	h	° '
2	21	27N31
10	0	0
16	9	27S27
22	22	0
30	5	27N22

d	h	° '
7	7	0
13	20	5S12
20	5	0
27	3	5N 7

VOID OF COURSE ☽

LAST ASPT	☽ INGRESS
3 4am10	3 ♋ 11am12
5 12pm52	5 ♌ 10pm25
6 10pm21	8 ♍ 6am42
10 2am23	10 ♎ 12pm 0
11 1pm10	12 ♏ 3pm15
14 7am29	14 ♐ 5pm41
16 9am34	16 ♑ 8pm20
18 5pm26	18 ♒ 11pm50
20 1pm11	21 ♓ 4am32
23 9am35	23 ♈ 10am56
25 2pm10	25 ♉ 7pm35
27 7pm19	28 ♊ 6am43
30 2am51	30 ♋ 7pm21

d	h	
1	21	APOGEE
14	16	PERIGEE
29	17	APOGEE

DAILY ASPECTARIAN

Day	Aspect	Time
1 W	☽⚹♆	1am45
	☽⚺♇	4 55
	☿∦♃	6 38
	☽□♀	8 7
	☉□☽	2pm57
	☽⚺♂	3 47
2 Th	☽△♅	0am19
	☽⚺♄	2 8
	☽∠♆	8 8
	☿☍♃	12pm27
	☉⚹♂	6 40
3 F	☽□♃	1am54
	☽□☿	4 10
	☽⚼♅	6 31
	☽⚺♆	2pm27
	☽☌♇	5 30
	☿⚼♅	9 19
4 S	☽⚹♀	3am35
	☽☌♂	7 30
	☉⚹☽	8 38
	☽⚻♅	12pm25
	☽☌♄	2 49
5 Su	☿ ♎	9am 3
	☽∥♂	9 58
	☽∠♀	12pm31
	☽△♃	12 52
	☉∠☽	4 39
	☽∥♄	7 26
6 M	☽⚹☿	0am19
	☽☌♆	1 40
	☽⚺♇	4 30
	☉⚻♅	6 14
	☿⚹♆	11 22
	☽∦♆	11 33
	☽⚼♃	5pm23
	☽∥♇	6 19
	☽⚺♀	8 27
	☽⚺♂	8 50
	☽∦♅	9 0
	☽☍♅	10 21
	☉⚺☽	11 43
7 T	☽⚺♄	1am12
	♀⚹♂	3 48
	☽∠☿	8 42
	☽∠♇	8 55
	☿□♇	10 29
	♀⚻♅	3pm24
	☉⚹♄	8 50
	☽⚻♃	9 8
8 W	☽∠♂	2am 8
	♂⚻♅	2 31
	☽∠♄	5 10
	☽⚺♆	9 55
	☽⚹♇	12pm30
	☽⚺☿	3 50
	☽∥♀	6 2
9 Th	♀⚹♄	0am18
	☉∥☽	1 21
	☽⚻♅	5 12
	☽⚹♂	6 32
	☽⚹♄	8 22
	☽☌♀	9 7
	☽∦♃	9 57
	☉☌☽	10 52
	☽∦☿	12pm38
	☽∠♆	12 52
10 F	☽☍♃	2am23
	☽⚼♅	7 33
	☽∥☿	1pm25
	☽∥♃	1 32
	☿∥♃	2 33
	☽⚹♆	3 10
	☉∠♆	3 19
	☽□♇	5 34
	☉∦☽	7 10
11 S	☽∦♀	0am31
	♀∠♆	2 40
	☽☌☿	2 57
	♂☌♄	4 36
	☽△♅	9 22
	☽□♄	12pm50
	☽□♂	1 10
	☽⚺♀	6 19
	☉⚺☽	6 48
12 Su	☉∦☿	1am25
	☽⚻♃	5 27
	☉☌♀	6pm20
	☽□♆	6 25
	☽△♇	8 42
	☉∠☽	10 4
	☽∠♀	10 9
	☽∥♅	10 44
13 M	☽∦♇	0am52
	☿∦♀	5 39
	☽⚼♃	6 31
	☽∦♆	6 46
	☽⚺☿	11 29
	☽□♅	12pm 2
	☽△♄	3 50
	☿△♅	5 4
	☽△♂	6 8
	☽∦♄	8 52
	☽⚼♇	9 56
14 T	☉⚹☽	1am 8
	☽⚹♀	1 46
	☽∦♂	2 58
	☉∦♃	4 35
	☽△♃	7 29
	☽∠☿	3pm23
	☽⚼♄	5 10
	☽⚼♂	8 26
	☽△♆	8 57
	☽⚻♇	11 9
15 W	☿□♄	10am59
	☽⚹♅	2pm22
	☽⚻♄	6 33
	☽⚹☿	7 18
	☽⚼♆	10 16
	☽⚻♂	10 49
16 Th	♀∦♃	6am34
	☉□☽	7 21
	☽□♀	9 8
	☽□♃	9 34
	♀☍♃	1pm39
	☽∠♅	3 41
	☽⚻♆	11 44
17 F	☽☍♇	1am53
	☉☍♃	11 52
	☽⚺♅	5pm12
	☽☍♄	9 50
18 S	☽□☿	3am39
	☽☍♂	4 12
	☽⚹♃	12pm21
	☿□♂	2 12
	☉△☽	2 27
	☽∦♂	4 50
	☽△♀	5 26
	☽∦♄	9 30
19 Su	☽☍♆	3am23
	☽⚻♇	5 31
	♀⚼♅	10 16
	☽∦♆	11 56
	☽∠♃	2pm 8
	☽∦♇	5 52
	☉⚼☽	6 31
	☽∥♅	7 47
	☽☌♅	9 3
	☽⚼♀	10 9
20 M	☽⚻♄	2am 9
	☽⚼♇	7 46
	☽⚻♂	10 47
	☽△☿	1pm11
	☽⚺♃	4 15
	☉⚻☽	11 0
21 T	☽⚻♀	3am19
	☽∥☿	4 14
	☽⚼♄	4 49
	☉⚼♅	5 15
	☽⚻♆	8 17
	☽△♇	10 24
	☽⚼♂	2pm41
	♀ ♎	4 31
	☽⚼☿	6 34
	☿⚻♃	8 18
22 W	☽⚺♅	2am16
	☽∥♃	5 2
	☽△♄	7 54
	☽⚼♆	11 21
	☽△♂	7pm 5
	☽∦♀	7 17
	☉∦☽	7 57
	☽☌♃	9 40
	☉∥☽	11 45
23 Th	☽∥♀	0am15
	☽⚻☿	0 27
	☽∠♅	5 34
	☉☍☽	9 35
	♀⚹♆	9 59
	☽△♆	2pm55
	☽☍♀	3 26
	☽∦♃	3 26
	☽□♇	5 2
24 F	☉∥♀	3am14
	☉∦♀	3 23
	☉ ♎	3 24
	♀□♇	8 5
	☽⚹♅	9 25
	☽□♄	3pm39
	♂△♃	6 35
25 S	☽∦☿	2am45
	☽⚺♃	5 9
	☽□♂	5 47
	☽☍☿	2pm10
	☉⚻☽	11 1
	☽□♆	11 51
26 Su	☽⚹♇	1am59
	☽∦♅	4 57
	☽⚻♀	6 40
	☽∥♇	6 51
	☉⚹♆	9 45
	☽∠♃	9 48
	☽∥♆	1pm24
	☽□♅	6 59
27 M	☽⚹♄	1am54
	☽∥♄	5 48
	☉⚼☽	6 57
	☽∥♂	7 0
	☽∠♇	7 24
	☉□♇	12pm27
	☽⚹♃	3 4
	☽⚼♀	3 35
	☽⚹♂	7 19
28 T	☽⚻☿	6am35
	☽∠♄	7 54
	☿ ♏	8 11
	☽⚹♆	11 15
	☽⚺♇	1pm22
	☉△☽	3 35
29 W	☽△♀	1am10
	☽∠♂	2 58
	☽△♅	6 49
	♂∥♄	11 0
	☽⚺♄	2pm18
	☽⚼☿	3 25
	☽∠♆	5 35
30 Th	☽□♃	2am51
	☽⚺♂	10 53
	☽⚼♅	1pm 9
	☿□♆	9 35

OCTOBER 1915

LONGITUDE

DAY	SID. TIME	☉	☽	☽ 12 Hour	MEAN ☊	TRUE ☊	☿	♀	♂	♃	♄	♅	♆	♇
	h m s	° ' "	° ' "	° ' "	° '	° '	° '	° '	° '	° '	° '	° '	° '	° '
1	0 34 35	6♎ 43 43	2♋ 18 12	8♋ 15 7	14♒ 37	15♒ 57D	2♏ 24	11♎ 36	26♋ 8	21♓ 45R	15♋ 44	11♒ 56R	2♌ 19	3♋ 19
2	0 38 31	7 42 44	14 13 48	20 14 54	14 34	15 57	3 12	12 51	26 42	21 37	15 47	11 55	2 20	3 19
3	0 42 28	8 41 48	26 19 5	2♌ 26 57	14 31	15 58	3 57	14 6	27 16	21 30	15 50	11 54	2 21	3 19
4	0 46 24	9 40 53	8♌ 39 8	14 56 10	14 28	15 59R	4 37	15 21	27 50	21 23	15 53	11 53	2 22	3 19R
5	0 50 21	10 40 1	21 18 33	27 46 42	14 24	15 59	5 14	16 36	28 24	21 16	15 56	11 52	2 23	3 19
6	0 54 17	11 39 11	4♍ 20 54	11♍ 1 22	14 21	15 58	5 45	17 51	28 58	21 9	15 59	11 51	2 24	3 19
7	0 58 14	12 38 23	17 48 8	24 41 6	14 18	15 54	6 12	19 5	29 31	21 2	16 1	11 51	2 25	3 19
8	1 2 11	13 37 37	1♎ 40 1	8♎ 44 28	14 15	15 47	6 33	20 20	0♌ 4	20 55	16 4	11 50	2 26	3 19
9	1 6 7	14 36 53	15 53 52	23 7 28	14 12	15 39	6 48	21 35	0 38	20 48	16 6	11 49	2 27	3 19
10	1 10 4	15 36 12	0♏ 24 27	7♏ 43 53	14 9	15 29	6 57R	22 50	1 10	20 42	16 8	11 48	2 28	3 19
11	1 14 0	16 35 32	15 4 47	22 26 10	14 5	15 20	6 58	24 5	1 43	20 35	16 10	11 48	2 29	3 19
12	1 17 57	17 34 55	29 47 5	7♐ 6 41	14 2	15 11	6 52	25 20	2 16	20 29	16 13	11 47	2 30	3 19
13	1 21 53	18 34 19	14♐ 24 11	21 38 58	13 59	15 5	6 39	26 35	2 48	20 23	16 14	11 47	2 31	3 18
14	1 25 50	19 33 45	28 50 31	5♑ 58 29	13 56	15 1	6 17	27 50	3 21	20 17	16 16	11 46	2 31	3 18
15	1 29 46	20 33 13	13♑ 2 39	20 2 53	13 53	14 59D	5 47	29 5	3 53	20 11	16 18	11 46	2 32	3 18
16	1 33 43	21 32 43	26 59 10	3♒ 51 35	13 49	14 59	5 8	0♏ 20	4 25	20 5	16 20	11 46	2 33	3 18
17	1 37 40	22 32 14	10♒ 40 14	17 25 17	13 46	15 0R	4 21	1 35	4 56	19 59	16 21	11 45	2 34	3 17
18	1 41 36	23 31 47	24 6 54	0♓ 45 16	13 43	15 0	3 26	2 50	5 28	19 54	16 22	11 45	2 34	3 17
19	1 45 33	24 31 22	7♓ 20 32	13 52 50	13 40	14 58	2 24	4 4	5 59	19 49	16 24	11 45	2 35	3 17
20	1 49 29	25 30 58	20 22 18	26 49 1	13 37	14 53	1 16	5 19	6 30	19 44	16 25	11 45	2 36	3 16
21	1 53 26	26 30 36	3♈ 13 2	9♈ 34 23	13 34	14 45	0 4	6 34	7 1	19 39	16 26	11 45	2 36	3 16
22	1 57 22	27 30 16	15 53 6	22 9 12	13 30	14 35	28♎ 49	7 49	7 32	19 34	16 27	11 44D	2 37	3 16
23	2 1 19	28 29 58	28 22 40	4♉ 33 32	13 27	14 22	27 34	9 4	8 3	19 29	16 28	11 44	2 37	3 15
24	2 5 15	29 29 42	10♉ 41 51	16 47 41	13 24	14 8	26 21	10 19	8 33	19 25	16 28	11 44	2 38	3 15
25	2 9 12	0♏ 29 28	22 51 10	28 52 25	13 21	13 55	25 11	11 34	9 3	19 21	16 29	11 45	2 38	3 14
26	2 13 9	1 29 17	4♊ 51 41	10♊ 49 12	13 18	13 42	24 8	12 49	9 33	19 17	16 30	11 45	2 38	3 14
27	2 17 5	2 29 7	16 45 18	22 40 20	13 15	13 32	23 13	14 4	10 3	19 13	16 30	11 45	2 39	3 13
28	2 21 2	3 29 0	28 34 46	4♋ 29 4	13 11	13 25	22 28	15 19	10 33	19 9	16 30	11 45	2 39	3 13
29	2 24 58	4 28 54	10♋ 23 46	16 19 27	13 8	13 20	21 53	16 34	11 2	19 6	16 30R	11 45	2 39	3 12
30	2 28 55	5 28 51	22 16 44	28 16 17	13 5	13 18	21 30	17 49	11 31	19 2	16 30	11 46	2 40	3 12
31	2 32 51	6♏ 28 50	4♌ 18 46	10♌ 24 52	13♒ 2	13♒ 18	21♎ 18D	19♏ 4	12♌ 0	18♓ 59	16♋ 30	11♒ 46	2♌ 40	3♋ 11

DECLINATION and LATITUDE

DAY	☉ DECL	☽ DECL	☽ LAT	☽ 12hr DECL	☿ DECL	☿ LAT	♀ DECL	♀ LAT	♂ DECL	♂ LAT	♃ DECL	♃ LAT	♄ DECL	♄ LAT
1	2S40	26N59	3N33	26N20	15S12	3S 4	3S29	1N12	21N49	0N54	4S43	1S34	21N57	0S35
2	3 4	25 23	2 42	24 8	15 33	3 9	3 59	1 11	21 44	0 56	4 46	1 34	21 57	0 35
3	3 27	22 36	1 44	20 48	15 53	3 14	4 29	1 10	21 38	0 57	4 49	1 34	21 56	0 35
4	3 50	18 44	0 39	16 27	16 10	3 18	4 60	1 8	21 33	0 58	4 52	1 34	21 56	0 34
5	4 13	13 57	0S29	11 16	16 26	3 21	5 30	1 7	21 27	0 59	4 54	1 34	21 56	0 34
6	4 37	8 25	1 37	5 26	16 39	3 24	5 60	1 5	21 21	1 0	4 57	1 34	21 55	0 34
7	4 60	2 21	2 42	0S49	16 50	3 26	6 30	1 4	21 16	1 1	4 60	1 34	21 55	0 34
8	5 23	4S 1	3 39	7 12	16 58	3 27	6 59	1 2	21 10	1 3	5 2	1 34	21 55	0 34
9	5 46	10 19	4 24	13 20	17 3	3 28	7 29	1 1	21 4	1 4	5 5	1 34	21 55	0 34
10	6 9	16 12	4 53	18 50	17 6	3 27	7 58	0 59	20 58	1 5	5 7	1 34	21 54	0 34
11	6 32	21 12	5 4	23 14	17 4	3 25	8 27	0 57	20 52	1 6	5 10	1 33	21 54	0 34
12	6 54	24 54	4 54	26 8	16 59	3 22	8 57	0 56	20 45	1 7	5 12	1 33	21 54	0 34
13	7 17	26 56	4 25	27 15	16 50	3 17	9 25	0 54	20 39	1 9	5 15	1 33	21 54	0 34
14	7 39	27 6	3 40	26 31	16 37	3 11	9 54	0 52	20 33	1 10	5 17	1 33	21 54	0 34
15	8 2	25 29	2 41	24 4	16 20	3 3	10 22	0 50	20 27	1 11	5 19	1 33	21 53	0 34
16	8 24	22 19	1 34	20 15	15 57	2 53	10 51	0 48	20 20	1 12	5 21	1 33	21 53	0 34
17	8 46	17 56	0 23	15 25	15 31	2 42	11 18	0 46	20 14	1 14	5 23	1 33	21 53	0 34
18	9 8	12 44	0N48	9 55	14 60	2 29	11 46	0 44	20 7	1 15	5 25	1 32	21 53	0 34
19	9 30	7 2	1 56	4 5	14 24	2 14	12 14	0 42	20 1	1 16	5 27	1 32	21 53	0 34
20	9 52	1 7	2 56	1N50	13 45	1 57	12 41	0 40	19 54	1 17	5 29	1 32	21 53	0 34
21	10 14	4N44	3 46	7 34	13 2	1 39	13 7	0 38	19 48	1 19	5 31	1 32	21 53	0 34
22	10 35	10 19	4 24	12 56	12 18	1 19	13 34	0 36	19 41	1 20	5 32	1 32	21 53	0 34
23	10 57	15 24	4 49	17 41	11 32	0 59	13 60	0 33	19 34	1 21	5 34	1 32	21 53	0 34
24	11 18	19 47	4 60	21 39	10 46	0 39	14 26	0 31	19 28	1 23	5 36	1 31	21 52	0 34
25	11 39	23 16	4 57	24 38	10 2	0 18	14 51	0 29	19 21	1 24	5 37	1 31	21 52	0 34
26	11 60	25 43	4 41	26 25	9 20	0N 2	15 16	0 27	19 14	1 25	5 38	1 31	21 52	0 34
27	12 20	26 58	4 12	27 8	8 41	0 22	15 41	0 24	19 8	1 27	5 40	1 31	21 52	0 34
28	12 41	26 40	3 33	26 32	8 8	0 40	16 5	0 22	19 1	1 28	5 41	1 31	21 52	0 34
29	13 1	25 47	2 45	24 44	7 39	0 57	16 29	0 20	18 54	1 30	5 42	1 30	21 52	0 34
30	13 21	23 24	1 49	21 48	7 16	1 12	16 53	0 17	18 47	1 31	5 43	1 30	21 52	0 34
31	13S41	19N57	0N47	17N53	6S59	1N26	17S16	0N15	18N41	1N32	5S44	1S30	21N52	0S34

DAY	♅ DECL	♅ LAT	♆ DECL	♆ LAT	♇ DECL	♇ LAT
1	17S53	0S42	19N21	0S19	18N12	5S12
5	17 54	0 42	19 20	0 19	18 12	5 13
9	17 55	0 41	19 19	0 19	18 12	5 13
13	17 55	0 41	19 18	0 19	18 12	5 13
17	17 56	0 41	19 18	0 19	18 11	5 13
21	17 56	0 41	19 17	0 19	18 11	5 14
25	17 56	0 41	19 17	0 19	18 11	5 14
29	17S55	0S41	19N16	0S19	18N11	5S14

☽ PHENOMENA

d	h	m	
1	9	44	☾
8	21	42	●
15	13	51	☽
23	0	15	○
31	4	40	☾

d	h	° '
7	9	0
13	14	27S16
20	5	0
27	12	27N 8

d	h	° '
4	14	0
11	0	5S 4
17	8	0
24	7	5N 0
31	18	0

VOID OF COURSE ☽

LAST ASPT	☽ INGRESS
3 1am58	3 ♌ 7am13
4 2pm10	5 ♍ 4pm 5
7 5am36	7 ♎ 9pm 9
9 10am21	9 ♏ 11pm20
11 8am55	12 ♐ 0am21
13 10pm 9	14 ♑ 1am56
15 1pm51	16 ♒ 5am15
17 10pm52	18 ♓ 10am38
19 10pm49	20 ♈ 5pm57
23 0am15	23 ♉ 3am 8
24 5pm 5	25 ♊ 2pm15
27 12pm17	28 ♋ 2am53
29 10pm28	30 ♌ 3pm27

d	h	
11	12	PERIGEE
27	11	APOGEE

DAILY ASPECTARIAN

Day	Aspect	Time
1 F	☽⊻♆	0am 1
	☽△☿	0 12
	☽☌♇	2 3
	♀△♅	6 16
	☉□☽	9 44
	☽⊼♅	7pm22
	☽□♀	8 55
2 S	☽☌♄	3am 8
	☿△♇	3 42
	☽△♃	2pm35
3 Su	☽☌♂	1am58
	☽∥♄	4 35
	☽∥♂	6 44
	☽☌♆	11 50
	☽⊻♇	1pm41
	☽□☿	3 47
	♀∥♃	5 5
	☽⚼♃	7 40
	☽∥♆	8 39
4 M	☉⚹☽	2am 9
	☽∥♇	2 56
	☽#♅	4 32
	☽☍♅	6 11
	♀□♄	10 49
	☽#☿	12pm41
	☽⊻♄	1 51
	☽⚹♀	2 10
	♇SR	2 48
	☽∠♇	6 23
	☽⊼♃	11 55
5 T	☉∠☽	8am46
	☽⊻♂	1pm44
	☽∠♄	5 51
	☽⊻♆	8 28
	☽∠♀	8 59
	☽⚹♇	10 8
6 W	☽⚹☿	2am39
	☉△♅	4 34
	☽#♀	9 1
	☽⊼♅	1pm28
	☽#♃	1 47
	☉⊻☽	2 9
	☉#☽	2 19
	☿⚼♃	4 12
	☽∠♂	5 58
	☽⚹♄	8 51
	☽∠♆	11 20
7 Th	☉∥♃	0am 6
	☽⊻♀	2 29
	☽☍♃	5 36
	☽∠☿	6 7
	☽⚼♅	3pm43
	♂ ♌	8 48
	☽⚹♂	9 10
8 F	☽⚹♆	1am19
	☽□♇	2 49
	☽∥♃	3 54
	☉∥☽	5 29
	☽⊻☿	8 28
	♀⊼♃	10 9
	☽∥♀	12pm10
	☽△♅	5 11
	☉☌☽	9 42
9 S	☽□♄	0am20
	☽⊼♃	8 6
	☽☌♀	10 21
10 Su	☽□♂	1am19
	☽□♆	3 23
	☽∥☿	3 58
	☽△♇	4 46
	☽∥♅	7 43
	☽⚼♃	8 36
	☽#♇	9 0
	☽☌☿	10 45
	☉□♄	1pm30
	☽#♆	2 19
	☿SR	5 19
	☽□♅	6 39
	☽#♂	10 14
11 M	☽△♄	1am47
	☉⊻☽	2 39
	☽#♄	3 56
	☽⚼♇	5 16
	☽△♃	8 55
	☽⊻♀	4pm 3
12 T	☽⚼♄	2am20
	☽△♂	4 13
	☽△♆	4 27
	☉∠☽	4 54
	☽⊼♇	5 46
	♂☌♆	10 36
	☽⊻☿	11 28
	☽∠♀	6pm55
	☽⚹♅	7 41
13 W	☽⊼♄	3am 3
	☽⚼♆	5 9
	☽⚼♂	5 51
	☉⚹☽	7 24
	☽□♃	9 49
	☽∠☿	11 44
	☽∠♅	8pm32
	☽⚹♀	10 9
	♂⊻♇	10 10
14 Th	☽⊼♆	6am11
	☽☍♇	7 29
	☽⊼♂	7 51
	☽⚹☿	12pm 7
	☉⊼♃	3 45
	☽⊻♅	9 49
15 F	☽☍♄	5am35
	☽⚹♃	12pm 9
	☉□☽	1 51
	♀ ♏	5 42
16 S	☿⚼♃	1am44
	☽#♄	2 36
	☽□♀	6 24
	☽☍♆	9 43
	☽⊼♇	11 0
	☽#♂	11 49
	☿□♂	1pm26
	☽□☿	1 29
	☽☍♂	1 29
	☽∠♃	2 3
	☽#♆	5 7
	☽#♇	10 45
17 Su	☽∥♅	0am 2
	☽☌♅	1 55
	♂⚼♃	2 0
	☽⊼♄	10 7
	☽∥☿	12pm47
	☽⚼♇	1 33
	☽⊻♃	4 29
	♀□♆	7 5
	☉△☽	10 52
18 M	☿△♇	3am31
	☽∥♀	3 51
	☿☌♀	6 28
	♀△♇	8 49
	☽⚼♄	1pm 9
	☉∥☽	2 21
	☽⊼♆	3 19
	☽△☿	3 39
	☽△♇	4 36
	☽△♀	5 25
	☿□♆	7 53
	☽⊼♂	9 25
19 T	☉⚼☽	4am19
	☽∥♃	6 25
	☽⊻♅	8 4
	♀⚼♃	1pm17
	☽△♄	4 40
	☽⚼☿	5 1
	☽⚼♆	6 51
	☽☌♃	10 49
	☽⚼♀	11 54
20 W	☽⚼♂	2am12
	☉⊼☽	10 22
	☽∠♅	11 52
	☽⊼☿	6pm36
	☿∥♀	10 18
	☽△♆	10 50
21 Th	☽□♇	0am 6
	☿ ♎	1 11
	☽#♃	3 16
	☽⊼♀	7 1
	☽△♂	7 29
	♀□♂	2pm47
	☽⚹♅	4 7
22 F	☽□♄	1am 5
	☉#☽	1 20
	☽⊻♃	7 0
	☽#☿	7 53
	☉☌☿	2pm 1
	☽#♀	4 27
	♅SD	6 7
	☽☍☿	10 34
23 S	☉☍☽	0am15
	☽□♆	8 14
	☽⚹♇	9 27
	☽∠♃	11 48
	☉∥☿	12pm36
	☽#♅	1 20
	☽∥♇	2 44
	☽□♂	7 37
	☽∥♆	9 1
	☽∥♂	10 9
	☽☍♀	11 10
24 Su	☽□♅	2am 3
	☽⚹♄	11 23
	☉ ♏	12pm10
	☽∥♄	1 34
	☽∠♇	2 52
	☽⚹♃	5 5
25 M	♀□♅	3am24
	☽⊼☿	4 16
	♂∥♆	4pm17
	☉⊼☽	4 37
	☽∠♄	5 14
	☽⚹♆	7 32
	☽⊻♇	8 44
26 T	☽⚼☿	7am58
	☽⚹♂	9 52
	☽△♅	1pm52
	☽⊼♀	5 55
	☽⊻♄	11 29
27 W	☉⚼☽	1am37
	☽∠♆	1 48
	☉□♆	3 53
	☽□♃	4 57
	☽△☿	12pm17
	☽∠♂	5 34
	☉△♇	5 38
	☽⚼♅	8 17
28 Th	☽⚼♀	3am57
	☽⊻♆	8 17
	☽☌♇	9 25
	☉△☽	10 53
	☉⚼♃	3pm11
	♀△♄	10 55
29 F	☽⊻♂	1am21
	☽⊼♅	2 46
	☽☌♄	12pm22
	☽△♀	1 57
	☽△♃	5 30
	☽□☿	10 28
	♄SR	10 58
30 S	♀⚼♇	7am22
	☽∥♄	11 29
	♂☍♅	12pm 9
	☽☌♆	8 44
	☽⊻♇	9 47
	♀△♃	10 37
	☽⚼♃	11 22
31 Su	☽∥♆	4am 7
	☉□☽	4 40
	☽∥♂	7 45
	☽∥♇	10 22
	☽#♅	11 48
	☿SD	1pm11
	☽#♀	2 11
	☽☍♅	2 39
	☽☌♂	3 43
	☽⊻♄	11 50

NOVEMBER 1915

LONGITUDE

DAY	SID. TIME	☉	☽	☽ 12 Hour	MEAN ☊	TRUE ☊	☿	♀	♂	♃	♄	♅	♆	♇
	h m s	° ' "	° ' "	° ' "	° '	° '	° '	° '	° '	° '	° '	° '	° '	° '
1	2 36 48	7♏ 28 51	16♌ 35 16	22♌ 50 38	12♒ 59	13♒ 18R	21♎ 17	20♏ 19	12♌ 29	18♓ 56R	16♋ 30R	11♒ 47	2♌ 40	3♋ 11R
2	2 40 44	8 28 54	29 11 37	5♍ 38 46	12 55	13 17	21 28	21 34	12 57	18 54	16 30	11 47	2 40	3 10
3	2 44 41	9 29 0	12♍ 12 36	18 53 29	12 52	13 15	21 49	22 49	13 26	18 51	16 30	11 48	2 40	3 10
4	2 48 38	10 29 7	25 41 39	2♎ 37 13	12 49	13 10	22 20	24 4	13 53	18 49	16 29	11 48	2 40	3 9
5	2 52 34	11 29 17	9♎ 40 3	16 49 50	12 46	13 2	22 59	25 18	14 21	18 47	16 28	11 49	2 40	3 8
6	2 56 31	12 29 28	24 6 3	1♏ 27 55	12 43	12 52	23 47	26 33	14 49	18 45	16 28	11 50	2 40R	3 7
7	3 0 27	13 29 41	8♏ 54 30	16 24 41	12 40	12 40	24 41	27 48	15 16	18 43	16 27	11 50	2 40	3 7
8	3 4 24	14 29 57	23 57 12	1♐ 30 45	12 36	12 28	25 42	29 3	15 43	18 41	16 26	11 51	2 40	3 6
9	3 8 20	15 30 14	9♐ 4 1	16 35 45	12 33	12 18	26 48	0♐ 18	16 9	18 40	16 25	11 52	2 40	3 5
10	3 12 17	16 30 32	24 4 49	1♑ 30 12	12 30	12 9	27 59	1 33	16 36	18 39	16 24	11 53	2 40	3 5
11	3 16 13	17 30 53	8♑ 51 6	16 6 56	12 27	12 3	29 14	2 48	17 2	18 38	16 22	11 54	2 40	3 4
12	3 20 10	18 31 15	23 17 18	0♒ 21 56	12 24	12 0	0♏ 33	4 3	17 27	18 37	16 21	11 55	2 40	3 3
13	3 24 7	19 31 37	7♒ 20 50	14 14 2	12 21	11 59D	1 54	5 18	17 53	18 37	16 19	11 56	2 40	3 2
14	3 28 3	20 32 2	21 1 45	27 44 14	12 17	11 59R	3 18	6 33	18 18	18 37D	16 18	11 57	2 39	3 1
15	3 32 0	21 32 27	4♓ 21 50	10♓ 54 54	12 14	11 59	4 44	7 48	18 43	18 37	16 16	11 58	2 39	3 0
16	3 35 56	22 32 54	17 23 48	23 48 54	12 11	11 57	6 11	9 3	19 7	18 37	16 14	11 59	2 39	3 0
17	3 39 53	23 33 22	0♈ 10 33	6♈ 29 3	12 8	11 52	7 40	10 18	19 31	18 37	16 12	12 1	2 38	2 59
18	3 43 49	24 33 52	12 44 43	18 57 47	12 5	11 45	9 10	11 33	19 55	18 38	16 10	12 2	2 38	2 58
19	3 47 46	25 34 23	25 8 28	1♉ 16 57	12 1	11 34	10 41	12 48	20 19	18 38	16 8	12 3	2 38	2 57
20	3 51 42	26 34 55	7♉ 23 24	13 27 56	11 58	11 22	12 13	14 3	20 42	18 39	16 6	12 5	2 37	2 56
21	3 55 39	27 35 29	19 30 43	25 31 49	11 55	11 8	13 46	15 18	21 5	18 41	16 3	12 6	2 37	2 55
22	3 59 36	28 36 4	1♊ 31 24	7♊ 29 35	11 52	10 54	15 18	16 33	21 27	18 42	16 1	12 8	2 36	2 54
23	4 3 32	29 36 41	13 26 31	19 22 24	11 49	10 41	16 52	17 48	21 50	18 44	15 58	12 9	2 36	2 53
24	4 7 29	0♐ 37 19	25 17 27	1♋ 11 56	11 46	10 31	18 25	19 3	22 11	18 45	15 56	12 11	2 35	2 52
25	4 11 25	1 37 59	7♋ 6 9	13 0 27	11 42	10 23	19 59	20 18	22 33	18 47	15 53	12 12	2 34	2 51
26	4 15 22	2 38 40	18 55 16	24 51 2	11 39	10 18	21 33	21 32	22 54	18 49	15 50	12 14	2 34	2 50
27	4 19 18	3 39 23	0♌ 48 15	6♌ 47 28	11 36	10 16D	23 7	22 47	23 14	18 52	15 47	12 16	2 33	2 49
28	4 23 15	4 40 7	12 49 17	18 54 17	11 33	10 15	24 41	24 2	23 35	18 54	15 44	12 18	2 32	2 48
29	4 27 11	5 40 53	25 3 9	1♍ 16 29	11 30	10 16R	26 15	25 17	23 54	18 57	15 41	12 19	2 32	2 47
30	4 31 8	6♐ 41 40	7♍ 34 58	13♍ 59 12	11♒ 27	10♒ 16	27♏ 49	26♐ 32	24♌ 14	19♓ 0	15♋ 38	12♒ 21	2♌ 31	2♋ 46

DECLINATION and LATITUDE

DAY	☉ DECL	☽ DECL	☽ LAT	☽ 12hr DECL	☿ DECL	☿ LAT	♀ DECL	♀ LAT	♂ DECL	♂ LAT	♃ DECL	♃ LAT	♄ DECL	♄ LAT
1	14S 1	15N36	0S17	13N 7	6S48	1N38	17S38	0N12	18N34	1N34	5S45	1S30	21N53	0S34
2	14 20	10 28	1 23	7 40	6 42	1 48	18 0	0 10	18 27	1 35	5 46	1 29	21 53	0 33
3	14 39	4 44	2 26	1 42	6 42	1 56	18 22	0 7	18 21	1 37	5 47	1 29	21 53	0 33
4	14 58	1S24	3 24	4S33	6 48	2 3	18 43	0 5	18 14	1 38	5 48	1 29	21 53	0 33
5	15 17	7 41	4 11	10 46	6 58	2 8	19 4	0 2	18 7	1 40	5 48	1 29	21 53	0 33
6	15 36	13 45	4 44	16 35	7 12	2 12	19 24	0S 0	18 1	1 41	5 49	1 29	21 53	0 33
7	15 54	19 12	4 59	21 32	7 29	2 14	19 43	0 3	17 54	1 43	5 49	1 28	21 53	0 33
8	16 12	23 31	4 54	25 6	7 50	2 15	20 2	0 5	17 47	1 44	5 50	1 28	21 53	0 33
9	16 29	26 14	4 28	26 54	8 14	2 15	20 21	0 8	17 41	1 46	5 50	1 28	21 54	0 33
10	16 47	27 3	3 44	26 43	8 40	2 14	20 39	0 10	17 34	1 47	5 50	1 28	21 54	0 33
11	17 4	25 54	2 45	24 40	9 9	2 12	20 56	0 13	17 28	1 49	5 50	1 27	21 54	0 33
12	17 21	23 2	1 37	21 5	9 38	2 10	21 13	0 15	17 22	1 50	5 50	1 27	21 54	0 33
13	17 37	18 50	0 25	16 23	10 10	2 6	21 29	0 18	17 15	1 52	5 50	1 27	21 54	0 33
14	17 54	13 45	0N48	10 59	10 42	2 3	21 45	0 20	17 9	1 54	5 50	1 27	21 55	0 33
15	18 9	8 7	1 55	5 13	11 15	1 58	21 59	0 23	17 3	1 55	5 50	1 26	21 55	0 33
16	18 25	2 17	2 55	0N38	11 48	1 53	22 14	0 25	16 57	1 57	5 50	1 26	21 55	0 33
17	18 40	3N31	3 45	6 20	12 22	1 48	22 27	0 27	16 51	1 58	5 49	1 26	21 55	0 33
18	18 55	9 5	4 23	11 42	12 56	1 43	22 40	0 30	16 45	2 0	5 49	1 26	21 56	0 33
19	19 10	14 12	4 48	16 33	13 30	1 37	22 53	0 32	16 39	2 2	5 48	1 25	21 56	0 33
20	19 24	18 42	4 60	20 39	14 4	1 31	23 4	0 35	16 33	2 4	5 48	1 25	21 56	0 33
21	19 38	22 23	4 57	23 52	14 38	1 24	23 15	0 37	16 27	2 5	5 47	1 25	21 57	0 33
22	19 51	25 4	4 42	25 60	15 12	1 18	23 26	0 40	16 22	2 7	5 46	1 25	21 57	0 33
23	20 5	26 37	4 14	26 56	15 45	1 11	23 35	0 42	16 16	2 9	5 45	1 24	21 57	0 32
24	20 17	26 57	3 35	26 38	16 17	1 4	23 44	0 44	16 11	2 10	5 44	1 24	21 58	0 32
25	20 30	26 2	2 47	25 8	16 49	0 57	23 52	0 47	16 5	2 12	5 43	1 24	21 58	0 32
26	20 42	23 57	1 51	22 30	17 21	0 51	23 60	0 49	16 0	2 14	5 42	1 24	21 59	0 32
27	20 54	20 48	0 50	18 53	17 51	0 44	24 7	0 51	15 55	2 16	5 41	1 23	21 59	0 32
28	21 5	16 45	0S14	14 26	18 21	0 37	24 13	0 54	15 50	2 18	5 40	1 23	21 59	0 32
29	21 16	11 57	1 18	9 19	18 51	0 30	24 18	0 56	15 45	2 20	5 39	1 23	21 60	0 32
30	21S26	6N33	2S20	3N41	19S19	0N23	24S22	0S58	15N40	2N21	5S37	1S23	22N 0	0S32

DAY	♅ DECL	♅ LAT	♆ DECL	♆ LAT	♇ DECL	♇ LAT
1	17S55	0S41	19N16	0S19	18N11	5S14
5	17 54	0 41	19 16	0 19	18 10	5 14
9	17 53	0 41	19 16	0 19	18 10	5 15
13	17 52	0 40	19 16	0 19	18 10	5 15
17	17 51	0 40	19 16	0 19	18 10	5 15
21	17 49	0 40	19 17	0 19	18 10	5 15
25	17 47	0 40	19 17	0 19	18 10	5 15
29	17S45	0S40	19N18	0S19	18N10	5S15

☽ PHENOMENA	
d h m	
7 7 52	●
13 23 3	☽
21 17 36	○
29 22 11	☾
d h °	
3 19 0	
9 22 27S 4	
16 9 0	
23 18 26N59	
7 6 5S 0	
13 8 0	
20 8 5N 0	
27 19 0	

VOID OF COURSE ☽ LAST ASPT	☽ INGRESS
1 9am 7	2 ♍ 1am31
3 8pm51	4 ♎ 7am29
5 11pm26	6 ♏ 9am37
8 8am50	8 ♐ 9am36
10 6am52	10 ♑ 9am34
11 4pm11	12 ♒ 11am23
13 11pm 3	14 ♓ 4pm 5
16 10am27	16 ♈ 11pm40
18 2pm19	19 ♉ 9am29
21 5pm36	21 ♊ 8pm57
23 5pm31	24 ♋ 9am34
26 6am 8	26 ♌ 10pm23
29 2am40	29 ♍ 9am33

d h	
8 14	PERIGEE
24 0	APOGEE

DAILY ASPECTARIAN

Day	Aspect	Time
1 M	☽∠♇	3am 4
	☽⚻♃	4 31
	☉#☽	7 17
	☽□♀	7 57
	☽⚹☿	9 7
	♀∥♅	6pm 9
	☿⚺♀	9 44
2 T	☽∠♄	4am18
	☽⚺♆	6 29
	☽⚹♇	7 25
	♀#♇	11 27
	☽∠☿	1pm51
	☽#☿	3 59
	☉⚹☽	6 38
	☽#♃	7 45
	♀#♂	10 58
	☽⚻♅	11 15
3 W	☽⚺♂	2am17
	☽⚹♄	7 43
	☽∠♆	9 50
	☽☍♃	11 53
	☽⚺☿	5pm50
	☽⚹♀	8 51
	☉∠☽	11 36
4 Th	☽⚼♅	1am56
	☽∠♂	5 45
	☽⚹♆	12pm 5
	♂∥♇	12 18
	☽□♇	12 54
	☽∥♃	4 47
	☽∥☿	9 8
5 F	☽∠♀	1am11
	☉⚺☽	3 18
	☽△♅	3 37
	☉□♅	7 56
	☽⚹♂	8 8
	☽□♄	11 24
	♀#♆	2pm47
	☽⚻♃	3 12
	☽☌☿	11 26
6 S	♆SR	0am 4
	☽⚺♀	4 23
	☉∥☽	8 9
	☽□♆	1pm57
	☽△♇	2 40
	☽⚼♃	3 39
	☽∥♅	5 53
	☽#♂	6 2
	☽#♇	7 10
7 Su	☽#♆	0am21
	♂#♅	1 5
	☽∥♀	2 46
	☽□♅	4 42
	☉☌☽	7 52
	☽□♂	10 29
	☽△♄	12pm 3
	☽#♄	2 2
	☽⚼♇	2 42
	☽△♃	3 39
8 M	☽⚺☿	2am59
	☽☌♀	8 50
	☽⚼♄	11 51
	☽△♆	1pm51
	☽⚻♇	2 31
	♀ ♐	6 7
9 T	☽⚹♅	4am28
	☽∠☿	4 43
	☉⚺☽	11 0
	☽△♂	11 38
	☽⚻♄	11 42
	♂⚺♄	1pm33
	☽⚼♆	1 43
	☽□♃	3 18
	♀⚼♄	8 55
	☉△♄	9 17
10 W	☉□♂	3am31
	☽∠♅	4 31
	☽⚹☿	6 52
	☽⚼♂	12pm31
	☉∠☽	12 53
	☽⚺♀	1 12
	☽⚻♆	1 54
	☽☍♇	2 33
	♀△♆	9 21
11 Th	♀⚻♇	4am54
	☽⚺♅	5 1
	☽☍♄	12pm24
	☉⚼♇	12 55
	☽⚻♂	1 56
	☿ ♏	2 8
	☉⚹☽	3 24
	☽⚹♃	4 11
	☽∠♀	4 13
12 F	☉#♂	0am56
	☉△♃	2 26
	☽#♄	7 10
	☽∥♀	10 32
	☽□☿	1pm37
	☽☍♆	3 56
	☽⚻♇	4 35
	☽∠♃	5 34
	☽⚹♀	8 8
	☽#♆	9 47
13 S	☽#♇	3am21
	☽∥♅	4 52
	☉∥☽	5 45
	☽☌♅	7 59
	☽#♂	8 0
	♂∠♇	8 40
	☿□♆	1pm 8
	☽⚻♄	3 39
	☽⚼♇	6 41
	☽☍♂	7 0
	☿△♇	7 24
	☽⚺♃	7 43
	☉∥♅	9 20
	☉□☽	11 3
14 Su	☿⚼♃	5am20
	☽∥☿	12pm 2
	♀#♄	4 21
	♂⚻♃	6 4
	☽⚼♄	6 23
	♃SD	7 32
	☽⚻♆	8 53
	☽△♇	9 32
15 M	☽△☿	0am45
	☉#♇	1 21
	☽□♀	6 57
	☽∥♃	9 29
	☽⚺♅	1pm58
	☽△♄	9 51
16 T	☽⚼♆	0am28
	☽☌♃	2 16
	☽⚻♂	3 19
	☽⚼☿	7 59
	☉△☽	10 27
	☽∠♅	6pm 0
17 W	☽△♆	4am40
	☽□♇	5 19
	☽⚼♂	8 32
	☽#♃	9 46
	☽⚻☿	4pm12
	☉⚼☽	5 21
	☽△♀	9 27
	☽⚹♅	10 38
18 Th	☽□♄	6am35
	♀⚹♅	9 26
	☽⚺♃	11 22
	☽△♂	2pm19
	☽#☿	8 7
19 F	☉⚻☽	0am55
	☽⚼♀	5 46
	☉#♆	11 41
	☽∥♂	12pm17
	☽□♆	2 38
	☽⚹♇	3 15
	☽∠♃	4 39
	☽#♅	7 0
	☽∥♇	8 57
	☿□♅	9 46
20 S	☽∥♆	3am25
	☉#☽	4 24
	☽□♅	9 16
	☽☍☿	10 55
	☽⚻♀	2pm40
	☽⚹♄	5 10
	☽∥♄	8 48
	☽∠♇	8 50
	☽⚹♃	10 20
21 Su	☽□♂	3am14
	☽#♀	7 17
	♀⚻♄	2pm 9
	☉☍☽	5 36
	☽∠♄	10 59
22 M	☽⚹♆	2am10
	☽⚺♇	2 46
	☿△♄	10 40
	♀⚼♆	8pm10
	☽△♅	9 24
23 T	☽⚺♄	5am 6
	☽⚻☿	7 58
	☽∠♆	8 23
	☉ ♐	9 14
	☽☍♀	9 50
	☽□♃	10 43
	☿⚼♇	3pm35
	☽⚹♂	5 31
	♀□♃	6 20
	☿#♂	7 46
24 W	☽⚼♅	3am51
	☿△♃	5 14
	☉⚼♄	7 0
	☉⚻☽	11 51
	☽⚺♆	2pm48
	☽☌♇	3 22
	☽⚼☿	7 2
25 Th	☽∠♂	0am56
	☽⚻♅	10 24
	☽☌♄	5pm46
	☉⚼☽	9 10
	☉△♆	10 5
	☿⚺♀	11 15
	☽#♀	11 33
	☽△♃	11 48
26 F	☉⚻♇	4am28
	☽⚻♀	5 56
	☽△☿	6 8
	☽⚺♂	8 17
	☽∥♄	3pm51
	☿∥♅	7 48
	☉#☽	11 26
27 S	☿□♂	2am23
	☽☌♆	3 30
	☽⚺♇	4 2
	☽⚼♃	6 10
	☉△☽	6 15
	☽∥♆	9 31
	♀△♂	11 54
	☿#♇	2pm59
	☽⚼♀	3 37
	☽#☿	4 0
	☽∥♇	4 7
	☽#♅	6 27
	☽☍♅	10 57
28 Su	☽∥♂	4am57
	☽⚺♄	5 45
	☽∠♇	9 49
	☽⚻♃	12pm 3
	☽☌♂	9 43
29 M	☽△♀	0am30
	☽□☿	2 40
	☽∠♄	10 49
	☽⚺♆	2pm23
	☽⚹♇	2 52
	☉□☽	10 11
	☿#♆	11 15
30 T	☽#♃	3am59
	☽⚻♅	8 59
	☽⚹♄	2pm59
	♀∠♅	4 11
	☽∠♆	6 31
	☽☍♃	9 21

DECEMBER 1915

LONGITUDE

DAY	SID. TIME	☉	☽	☽ 12 Hour	MEAN ☊	TRUE ☊	☿	♀	♂	♃	♄	♅	♆	♇
	h m s	° ′ ″	° ′ ″	° ′ ″	° ′	° ′	° ′	° ′	° ′	° ′	° ′	° ′	° ′	° ′
1	4 35 5	7♐ 42 29	20♍ 29 45	27♍ 7 9	11♒ 23	10♒ 15R	29♏ 24	27♐ 47	24♌ 33	19♓ 3	15♋ 35R	12♒ 23	2♌ 30R	2♋ 45R
2	4 39 1	8 43 19	3≏ 51 46	10≏ 43 55	11 20	10 12	0♐ 58	29 2	24 51	19 7	15 31	12 25	2 29	2 44
3	4 42 58	9 44 11	17 43 40	24 50 58	11 17	10 7	2 32	0♑ 17	25 9	19 10	15 28	12 27	2 28	2 43
4	4 46 54	10 45 4	2♏ 5 31	9♏ 26 48	11 14	10 0	4 6	1 32	25 27	19 14	15 24	12 29	2 27	2 42
5	4 50 51	11 45 58	16 54 2	24 26 14	11 11	9 51	5 40	2 47	25 44	19 18	15 21	12 31	2 27	2 41
6	4 54 47	12 46 54	2♐ 2 15	9♐ 40 44	11 7	9 42	7 14	4 1	26 1	19 22	15 17	12 33	2 26	2 39
7	4 58 44	13 47 51	17 20 16	24 59 25	11 4	9 33	8 48	5 16	26 17	19 27	15 13	12 35	2 25	2 38
8	5 2 40	14 48 49	2♑ 36 47	10♑ 11 4	11 1	9 26	10 22	6 31	26 32	19 31	15 9	12 38	2 24	2 37
9	5 6 37	15 49 47	17 41 10	25 6 7	10 58	9 22	11 56	7 46	26 48	19 36	15 5	12 40	2 23	2 36
10	5 10 34	16 50 47	2♒ 25 11	9♒ 37 53	10 55	9 20D	13 30	9 1	27 2	19 41	15 1	12 42	2 22	2 35
11	5 14 30	17 51 47	16 43 55	23 43 9	10 52	9 19	15 4	10 16	27 16	19 46	14 57	12 45	2 20	2 34
12	5 18 27	18 52 47	0♓ 35 40	7♓ 21 38	10 48	9 20	16 39	11 31	27 30	19 51	14 53	12 47	2 19	2 33
13	5 22 23	19 53 48	14 1 22	20 35 14	10 45	9 21R	18 13	12 45	27 43	19 57	14 49	12 49	2 18	2 31
14	5 26 20	20 54 50	27 3 40	3♈ 27 9	10 42	9 21	19 47	14 0	27 55	20 2	14 45	12 52	2 17	2 30
15	5 30 16	21 55 52	9♈ 46 8	16 1 7	10 39	9 20	21 21	15 15	28 7	20 8	14 40	12 54	2 16	2 29
16	5 34 13	22 56 54	22 12 33	28 20 53	10 36	9 16	22 56	16 30	28 18	20 14	14 36	12 57	2 15	2 28
17	5 38 10	23 57 57	4♉ 26 31	10♉ 29 51	10 32	9 10	24 31	17 45	28 29	20 20	14 31	12 59	2 13	2 27
18	5 42 6	24 59 1	16 31 14	22 30 58	10 29	9 3	26 5	18 59	28 39	20 27	14 27	13 2	2 12	2 25
19	5 46 3	26 0 4	28 29 21	4♊ 26 38	10 26	8 54	27 40	20 14	28 48	20 33	14 22	13 4	2 11	2 24
20	5 49 59	27 1 8	10♊ 23 3	16 18 49	10 23	8 45	29 15	21 29	28 57	20 40	14 18	13 7	2 10	2 23
21	5 53 56	28 2 13	22 14 9	28 9 15	10 20	8 38	0♑ 51	22 43	29 5	20 47	14 13	13 10	2 8	2 22
22	5 57 52	29 3 19	4♋ 4 19	9♋ 59 34	10 17	8 31	2 26	23 58	29 13	20 54	14 9	13 12	2 7	2 21
23	6 1 49	0♑ 4 25	15 55 14	21 51 34	10 13	8 26	4 2	25 13	29 20	21 1	14 4	13 15	2 6	2 19
24	6 5 45	1 5 31	27 48 51	3♌ 47 23	10 10	8 24D	5 38	26 27	29 26	21 8	13 59	13 18	2 4	2 18
25	6 9 42	2 6 38	9♌ 47 32	15 49 38	10 7	8 23	7 14	27 42	29 31	21 15	13 54	13 21	2 3	2 17
26	6 13 39	3 7 45	21 54 8	28 1 27	10 4	8 24	8 50	28 57	29 36	21 23	13 49	13 24	2 1	2 16
27	6 17 35	4 8 53	4♍ 12 3	10♍ 26 27	10 1	8 25	10 27	0♒ 11	29 40	21 31	13 45	13 26	2 0	2 15
28	6 21 32	5 10 1	16 45 8	23 8 36	9 58	8 27	12 3	1 26	29 43	21 39	13 40	13 29	1 58	2 13
29	6 25 28	6 11 10	29 37 20	6≏ 11 48	9 54	8 28R	13 40	2 41	29 46	21 47	13 35	13 32	1 57	2 12
30	6 29 25	7 12 19	12≏ 52 24	19 39 26	9 51	8 28	15 17	3 55	29 48	21 55	13 30	13 35	1 55	2 11
31	6 33 21	8♑ 13 29	26≏ 33 8	3♏ 33 36	9♒ 48	8♒ 27	16♑ 55	5♒ 10	29♌ 49R	22♓ 3	13♋ 25	13♒ 38	1♌ 54	2♋ 10

DECLINATION and LATITUDE

DAY	☉ DECL	☽ DECL	☽ LAT	☽ 12hr DECL	☿ DECL	☿ LAT	♀ DECL	♀ LAT	♂ DECL	♂ LAT	♃ DECL	♃ LAT	♄ DECL	♄ LAT
1	21S36	0N44	3S18	2S16	19S47	0N16	24S26	1S 0	15N36	2N23	5S36	1S22	22N 1	0S32
2	21 46	5S18	4 6	8 19	20 13	0 9	24 29	1 2	15 31	2 25	5 34	1 22	22 1	0 32
3	21 55	11 18	4 42	14 11	20 39	0 2	24 31	1 4	15 27	2 27	5 32	1 22	22 2	0 32
4	22 4	16 55	5 2	19 27	21 4	0S 5	24 33	1 6	15 23	2 29	5 31	1 22	22 2	0 32
5	22 12	21 43	5 2	23 39	21 27	0 12	24 34	1 8	15 19	2 31	5 29	1 21	22 3	0 32
6	22 20	25 11	4 42	26 16	21 50	0 19	24 34	1 10	15 15	2 33	5 27	1 21	22 3	0 32
7	22 28	26 51	4 2	26 56	22 12	0 25	24 33	1 12	15 12	2 35	5 25	1 21	22 4	0 32
8	22 35	26 29	3 4	25 33	22 32	0 32	24 32	1 14	15 8	2 37	5 23	1 21	22 4	0 31
9	22 42	24 9	1 54	22 22	22 52	0 38	24 29	1 16	15 5	2 39	5 21	1 20	22 5	0 31
10	22 48	20 14	0 37	17 49	23 10	0 44	24 26	1 18	15 2	2 41	5 19	1 20	22 5	0 31
11	22 54	15 12	0N40	12 25	23 27	0 51	24 23	1 20	14 59	2 43	5 17	1 20	22 6	0 31
12	22 59	9 31	1 52	6 34	23 43	0 56	24 18	1 21	14 56	2 45	5 14	1 20	22 6	0 31
13	23 4	3 35	2 56	0 37	23 58	1 2	24 13	1 23	14 54	2 47	5 12	1 19	22 7	0 31
14	23 8	2N19	3 48	5N12	24 11	1 8	24 7	1 24	14 51	2 50	5 10	1 19	22 7	0 31
15	23 12	7 59	4 28	10 40	24 23	1 13	24 0	1 26	14 49	2 52	5 7	1 19	22 8	0 31
16	23 16	13 12	4 55	15 36	24 34	1 19	23 53	1 27	14 47	2 54	5 5	1 19	22 8	0 31
17	23 19	17 49	5 7	19 51	24 44	1 24	23 44	1 29	14 46	2 56	5 2	1 18	22 9	0 31
18	23 21	21 39	5 6	23 14	24 52	1 29	23 36	1 30	14 44	2 58	4 59	1 18	22 9	0 31
19	23 23	24 33	4 51	25 36	24 59	1 33	23 26	1 32	14 43	3 1	4 56	1 18	22 10	0 31
20	23 25	26 21	4 23	26 48	25 5	1 38	23 16	1 33	14 42	3 3	4 54	1 18	22 11	0 31
21	23 26	26 57	3 44	26 47	25 9	1 42	23 5	1 34	14 41	3 5	4 51	1 17	22 11	0 30
22	23 27	26 19	2 56	25 32	25 12	1 46	22 53	1 35	14 40	3 7	4 48	1 17	22 12	0 30
23	23 27	24 28	1 59	23 8	25 13	1 50	22 41	1 36	14 40	3 9	4 45	1 17	22 12	0 30
24	23 27	20 57	0 57	19 43	25 13	1 53	22 28	1 37	14 40	3 12	4 42	1 17	22 13	0 30
25	23 26	17 41	0S 8	15 27	25 11	1 56	22 14	1 38	14 40	3 14	4 38	1 17	22 14	0 30
26	23 25	13 4	1 13	10 31	25 8	1 59	21 59	1 39	14 41	3 16	4 35	1 16	22 14	0 30
27	23 23	7 51	2 16	5 5	25 4	2 2	21 44	1 40	14 41	3 19	4 32	1 16	22 15	0 30
28	23 21	2 15	3 15	0S39	24 58	2 4	21 29	1 40	14 42	3 21	4 29	1 16	22 15	0 30
29	23 18	3S35	4 4	6 31	24 50	2 6	21 12	1 41	14 44	3 23	4 25	1 16	22 16	0 30
30	23 15	9 25	4 43	12 16	24 41	2 7	20 56	1 41	14 45	3 26	4 22	1 15	22 16	0 30
31	23S12	15S 0	5S 7	17S36	24S30	2S 8	20S38	1S42	14N47	3N28	4S18	1S15	22N17	0S29

DAY	♅ DECL	♅ LAT	♆ DECL	♆ LAT	♇ DECL	♇ LAT
1	17S44	0S40	19N18	0S19	18N10	5S15
5	17 42	0 40	19 19	0 19	18 10	5 15
9	17 39	0 40	19 20	0 19	18 11	5 15
13	17 36	0 40	19 21	0 19	18 11	5 15
17	17 33	0 39	19 22	0 19	18 11	5 15
21	17 30	0 39	19 23	0 19	18 11	5 15
25	17 27	0 39	19 25	0 19	18 11	5 14
29	17S24	0S39	19N26	0S19	18N12	5S14

☽ PHENOMENA

d	h	m	
6	18	4	●
13	11	38	☽
21	12	52	○
29	12	59	☾

d	h	°	′
1	3	0	
7	8	26S58	
13	14	0	
21	0	26N57	
28	9	0	

d	h	
10	11	0
17	9	5N 8
24	21	0
31	10	5S12

VOID OF COURSE ☽

LAST ASPT		☽ INGRESS		
1	2pm33	1	≏	5pm 9
3	12pm46	3	♏	8pm33
5	2pm19	5	♐	8pm47
7	2pm16	7	♑	7pm53
9	3am 6	9	♒	8pm 1
11	6pm29	11	♓	10pm57
13	11am38	14	♈	5am30
16	12pm 5	16	♉	3pm15
19	0am39	19	♊	3am 2
21	2pm 3	21	♋	3pm45
23	8pm57	24	♌	4am24
26	3pm10	26	♍	3pm51
28	9am18	29	≏	0am42
31	5am37	31	♏	5am56

d	h	
13	1	PERIGEE
21	1	APOGEE

DAILY ASPECTARIAN

Day	Aspect	Time
1 W	☽⊻♂	7am32
	☿ ♐	9 18
	☽⚼♅	12pm30
	☽□♀	2 33
	☿⚼♄	5 30
	☽*☿	6 11
	☽*♆	9 34
	☽□♇	10 0
2 Th	☽∥♃	1am 4
	☉*☽	9 11
	☽∠♂	10 43
	☽△♅	2pm57
	♀ ♑	6 38
	☽□♄	8 9
	☿△♆	11 8
	☽∠☿	11 37
3 F	☽⊼♃	2am28
	☿⊼♇	2 46
	☉∠☽	12pm42
	☽*♂	12 46
	☽#♂	5 14
	☉#♄	6 4
	☽*♀	10 59
4 S	☽□♆	0am36
	☽△♇	0 59
	☽⚼♃	3 32
	☽∥♅	3 34
	☽⊻☿	3 41
	☽#♇	5 47
	☽#♆	11 19
	☉⊻☽	3pm 9
	☽□♅	4 57
	♀⊼♆	5 41
	☽△♄	9 31
	♀☍♇	10 7
	☽∥☿	10 22
5 Su	☽⚼♇	1am14
	☽∠♀	1 32
	☽#♄	1 52
	☉∥☽	2 56
	☽△♃	3 51
	☽□♂	2pm19
	☉*♅	6 27
	☽∥♀	6 45
	☽⚼♄	9 15
6 M	☽△♆	0am37
	☽⊼♇	0 58
	☽⊻♀	3 24
	☽☌☿	9 6
	☿#♄	2pm34
	☽*♅	4 33
	☉☌☽	6 4
	☽⊼♄	8 42
7	☽⚼♆	0am 7
T	☽□♃	3 19
	☽△♂	2pm16
	☽∠♅	4 8
	☽⊼♆	11 39
8 W	☽☍♇	0am 1
	☉∥☿	5 18
	☽☌♀	6 44
	☉⊼♄	7 33
	☽⊻☿	1pm43
	☽⚼♂	2 24
	☽⊻♅	3 56
	☽☍♄	7 51
	☉⊻☽	8 48
	☽∥♀	9 24
9 Th	☽*♃	3am 6
	☽∥☿	8 13
	☉∥☽	9 40
	☿*♅	11 26
	☽#♄	1pm42
	☽⊼♂	3 1
	☽∠☿	4 47
	☉∠☽	10 59
	☽☍♆	11 54
10 F	☽⊼♇	0am16
	☽∠♃	3 46
	☽#♆	4 35
	☽#♇	10 18
	☉⚼♆	11 54
	☽⊻♀	12pm 1
	☽∥♅	12 54
	☽☌♅	5 13
	☽*☿	8 50
	☽⊼♄	9 0
	☿⊼♄	10 15
11 S	☽#♂	0am58
	☽⚼♇	1 25
	☉*☽	2 5
	☽⊻♃	5 13
	☽∠♀	4pm 8
	☽☍♂	6 29
	☽⚼♄	10 45
12 Su	☽⊼♆	3am 3
	☽△♇	3 26
	☿⚼♆	10 16
	☽∥♃	5pm28
	☽*♀	9 28
	☽⊻♅	9 49
	♀⚼♂	10 59
13 M	☉□♃	1am13
	♀⊻♅	1 18
	☽△♄	1 26
	☽⚼♆	5 58
	☽□☿	8 41
	☽☌♃	10 54
	☉□☽	11 38
	☿∥♀	6pm34
14 T	☽∠♅	1am30
	☽⊼♂	1 38
	☿□♃	4 6
	☽△♆	9 47
	☽□♇	10 12
	☽#♃	11 46
	♀☍♄	1pm28
15 W	☽*♅	6am 1
	☽⚼♂	6 31
	☽□♄	9 21
	☽□♀	11 41
	☽⊻♃	8pm 8
16 Th	☉☌☿	0am39
	☉△☽	1 34
	☽△☿	1 37
	☽∥♂	7 47
	☽△♂	12pm 5
	☽□♆	7 38
	☽*♇	8 4
	☽#♅	10 32
17 F	☽∠♃	1am47
	☽∥♇	2 4
	☽∥♆	9 5
	☉⚼☽	9 47
	☽⚼☿	11 33
	☽□♅	5pm 1
	☽*♄	7 53
18 S	☽∠♇	1am48
	☽∥♄	3 38
	☽△♀	5 30
	☽*♃	7 55
	☉#☽	1pm12
	☽#♀	2 16
	☉⊼☽	6 32
	☽⊼☿	10 6
19 Su	☽□♂	0am39
	☽∠♄	1 46
	☽#☿	4 52
	☉∥♀	5 19
	☿∠♅	6 15
	♀*♃	6 42
	☽*♆	7 25
	☽⊻♇	7 52
	☽⚼♀	3pm11
	☿△♂	6 56
20 M	☽△♅	5am33
	☽⊻♄	7 52
	☿ ♑	11 15
	☽∠♆	1pm41
	☽□♃	9 1
21 T	☽⊼♀	1am 6
	☉∠♅	3 5
	☽⚼♅	12pm 4
	☉☍☽	12 52
	☽*♂	2 3
	♂∠♄	3 27
	☿⊼♆	7 15
	☽⊻♆	8 2
	☽☍☿	8 10
	☽☌♇	8 30
	☿☍♇	10 38
22 W	☉△♂	4am13
	☽#☿	3pm59
	☽⊼♅	6 35
	☽☌♄	8 16
	☽∠♂	8 45
	☉ ♑	10 16
23 Th	☉#☽	9am23
	☽△♃	10 24
	☽#♀	4pm50
	☽∥♄	7 10
	☽☍♀	8 57
24 F	☽⊻♂	3am17
	☉⊼☽	7 12
	☽☌♆	8 32
	☽⊻♇	9 0
	☽∥♆	1pm54
	☽⚼♃	4 52
	☽⊼☿	6 6
	☽∥♇	9 6
	☉⊼♆	10 31
25 S	♀#♄	0am29
	☽#♅	1 18
	☉☍♇	4 0
	☽☍♅	7 6
	☽⊻♄	8 8
	☽∠♇	2pm52
	☉⚼☽	3 53
	☽∥♂	3 59
	☽⊼♃	10 58
26 Su	☽⚼☿	4am22
	♀⊼♂	1pm25
	☽∠♄	1 28
	☽☌♂	3 10
	☽⊼♀	3 21
	☽⊻♆	7 45
	☽*♇	8 13
	♀ ♒	8 21
	☉△☽	11 53
27 M	☽△☿	1pm46
	☽#♃	2 31
	☽⊼♅	5 47
	☽*♄	6 11
	☽⚼♀	11 20
28	☽∠♆	0am25
T	☽☍♃	9 18
	♀☍♆	10 16
	♀⊼♇	3pm 2
	☿⊻♅	9 58
	☽⚼♅	10 0
	☿☍♄	10 44
29 W	☽⊻♂	0am16
	☽∥♃	3 22
	☽*♆	4 16
	☽□♇	4 43
	☽△♀	6 11
	♄⊼♅	7 53
	☉□☽	12pm59
	☿⚼♂	4 36
30 Th	☽□♄	1am 7
	☽△♅	1 17
	☽∠♂	3 26
	☽□☿	4 53
	☽⊼♃	4pm 7
	☽#♂	11 0
31 F	☽*♂	5am37
	☽□♆	9 9
	☽△♇	9 36
	☽∥♅	10 51
	☽#♇	2pm55
	☽□♀	4 7
	☽⚼♃	6 6
	☽#♆	9 12
	☉*☽	9 25
	♂SR	10 32

LONGITUDE

DAY	SID. TIME	☉	☽	☽ 12 Hour	MEAN ☊	TRUE ☊	☿	♀	♂	♃	♄	♅	♆	♇
	h m s	° ' "	° ' "	° ' "	° '	° '	° '	° '	° '	° '	° '	° '	° '	° '
1	6 37 18	9♑ 14 39	10♏ 40 45	17♏ 54 21	9♒ 45	8♒ 24R	18♑ 32	6♒ 24	29♌ 49R	22♓ 12	13♋ 20R	13♒ 41	1♌ 52R	2♋ 9R
2	6 41 14	10 15 49	25 13 58	2♐ 38 59	9 42	8 21	20 10	7 39	29 49	22 21	13 15	13 44	1 51	2 7
3	6 45 11	11 17 0	10♐ 8 34	17 41 43	9 38	8 17	21 48	8 53	29 48	22 29	13 10	13 47	1 49	2 6
4	6 49 8	12 18 11	25 17 18	2♑ 54 5	9 35	8 13	23 25	10 8	29 46	22 38	13 5	13 50	1 48	2 5
5	6 53 4	13 19 23	10♑ 30 45	18 6 1	9 32	8 10	25 3	11 22	29 43	22 48	13 0	13 54	1 46	2 4
6	6 57 1	14 20 34	25 38 40	3♒ 7 33	9 29	8 8D	26 40	12 36	29 39	22 57	12 55	13 57	1 45	2 3
7	7 0 57	15 21 45	10♒ 31 41	17 50 16	9 26	8 8	28 18	13 51	29 35	23 6	12 50	14 0	1 43	2 1
8	7 4 54	16 22 55	25 2 41	2♓ 8 30	9 23	8 8	29 54	15 5	29 30	23 16	12 45	14 3	1 41	2 0
9	7 8 50	17 24 5	9♓ 7 28	15 59 31	9 19	8 10	1♒ 31	16 20	29 24	23 25	12 40	14 6	1 40	1 59
10	7 12 47	18 25 15	22 44 44	29 23 18	9 16	8 11	3 6	17 34	29 17	23 35	12 36	14 9	1 38	1 58
11	7 16 43	19 26 25	5♈ 55 33	12♈ 21 54	9 13	8 12	4 41	18 48	29 9	23 45	12 31	14 13	1 37	1 57
12	7 20 40	20 27 33	18 42 46	24 58 42	9 10	8 13R	6 15	20 2	29 0	23 55	12 26	14 16	1 35	1 56
13	7 24 37	21 28 41	1♉ 10 12	7♉ 17 49	9 7	8 13	7 47	21 17	28 51	24 5	12 21	14 19	1 33	1 55
14	7 28 33	22 29 48	13 22 6	19 23 35	9 4	8 12	9 17	22 31	28 41	24 15	12 16	14 22	1 32	1 53
15	7 32 30	23 30 55	25 22 47	1♊ 20 12	9 0	8 10	10 45	23 45	28 30	24 26	12 11	14 26	1 30	1 52
16	7 36 26	24 32 1	7♊ 16 17	13 11 29	8 57	8 8	12 11	24 59	28 18	24 36	12 6	14 29	1 28	1 51
17	7 40 23	25 33 7	19 6 13	25 0 50	8 54	8 6	13 33	26 13	28 6	24 47	12 2	14 32	1 27	1 50
18	7 44 19	26 34 12	0♋ 55 42	6♋ 51 7	8 51	8 4	14 51	27 27	27 53	24 57	11 57	14 36	1 25	1 49
19	7 48 16	27 35 16	12 47 23	18 44 44	8 48	8 2	16 5	28 41	27 39	25 8	11 52	14 39	1 23	1 48
20	7 52 13	28 36 19	24 43 27	0♌ 43 44	8 44	8 1	17 14	29 55	27 24	25 19	11 48	14 43	1 21	1 47
21	7 56 9	29 37 22	6♌ 45 49	12 49 54	8 41	8 1D	18 17	1♓ 9	27 9	25 30	11 43	14 46	1 20	1 46
22	8 0 6	0♒ 38 24	18 56 11	25 4 54	8 38	8 1	19 14	2 23	26 52	25 41	11 38	14 49	1 18	1 45
23	8 4 2	1 39 26	1♍ 16 15	7♍ 30 27	8 35	8 1	20 2	3 36	26 36	25 52	11 34	14 53	1 16	1 44
24	8 7 59	2 40 27	13 47 44	20 8 20	8 32	8 2	20 43	4 50	26 18	26 4	11 29	14 56	1 15	1 43
25	8 11 55	3 41 27	26 32 30	3♎ 0 30	8 29	8 3	21 14	6 4	26 0	26 15	11 25	15 0	1 13	1 42
26	8 15 52	4 42 27	9♎ 32 33	16 8 55	8 25	8 3	21 35	7 17	25 41	26 27	11 21	15 3	1 11	1 41
27	8 19 48	5 43 26	22 49 47	29 35 21	8 22	8 3	21 45R	8 31	25 21	26 38	11 16	15 6	1 10	1 40
28	8 23 45	6 44 24	6♏ 25 46	13♏ 21 5	8 19	8 3	21 45	9 45	25 1	26 50	11 12	15 10	1 8	1 39
29	8 27 42	7 45 22	20 21 19	27 26 22	8 16	8 4	21 32	10 58	24 41	27 2	11 8	15 13	1 6	1 38
30	8 31 38	8 46 20	4♐ 36 3	11♐ 50 2	8 13	8 4	21 9	12 11	24 20	27 14	11 4	15 17	1 5	1 37
31	8 35 35	9♒ 47 17	19♐ 7 53	26♐ 29 2	8♒ 10	8♒ 4	20♒ 35	13♓ 25	23♌ 58	27♓ 26	11♋ 0	15♒ 20	1♌ 3	1♋ 36

DECLINATION and LATITUDE

DAY	☉ DECL	☽ DECL	☽ LAT	☽ 12hr DECL	☿ DECL	☿ LAT	♀ DECL	♀ LAT	♂ DECL	♂ LAT	♃ DECL	♃ LAT	♄ DECL	♄ LAT
1	23S 8	19S59	5S13	22S 7	24S18	2S 9	20S20	1S42	14N49	3N30	4S15	1S15	22N18	0S29
2	23 3	23 56	5 0	25 22	24 4	2 9	20 1	1 43	14 51	3 33	4 11	1 15	22 18	0 29
3	22 58	26 22	4 27	26 54	23 49	2 9	19 42	1 43	14 54	3 35	4 7	1 15	22 19	0 29
4	22 53	26 56	3 34	26 27	23 32	2 8	19 22	1 43	14 57	3 37	4 4	1 14	22 19	0 29
5	22 47	25 28	2 26	24 1	23 13	2 7	19 2	1 43	15 0	3 40	3 60	1 14	22 20	0 29
6	22 41	22 9	1 8	19 55	22 53	2 5	18 41	1 43	15 4	3 42	3 56	1 14	22 21	0 29
7	22 34	17 24	0N13	14 39	22 31	2 3	18 20	1 43	15 7	3 44	3 52	1 14	22 21	0 29
8	22 27	11 44	1 32	8 43	22 8	2 0	17 58	1 43	15 11	3 47	3 48	1 14	22 22	0 29
9	22 19	5 38	2 43	2 33	21 44	1 57	17 35	1 43	15 16	3 49	3 44	1 13	22 22	0 29
10	22 11	0N31	3 42	3N32	21 18	1 52	17 12	1 43	15 20	3 51	3 40	1 13	22 23	0 28
11	22 2	6 27	4 27	9 15	20 50	1 47	16 49	1 42	15 25	3 53	3 36	1 13	22 24	0 28
12	21 53	11 55	4 58	14 26	20 22	1 42	16 25	1 42	15 30	3 56	3 32	1 13	22 24	0 28
13	21 44	16 47	5 14	18 56	19 52	1 35	16 1	1 41	15 35	3 58	3 28	1 13	22 25	0 28
14	21 34	20 51	5 15	22 33	19 21	1 28	15 36	1 41	15 41	3 60	3 24	1 13	22 25	0 28
15	21 24	23 60	5 2	25 11	18 50	1 20	15 11	1 40	15 47	4 2	3 19	1 12	22 26	0 28
16	21 13	26 4	4 36	26 41	18 17	1 11	14 46	1 39	15 53	4 4	3 15	1 12	22 26	0 28
17	21 2	26 58	3 59	26 58	17 44	1 1	14 20	1 38	15 59	4 6	3 11	1 12	22 27	0 28
18	20 51	26 38	3 11	26 1	17 11	0 50	13 53	1 38	16 6	4 8	3 6	1 12	22 27	0 27
19	20 39	25 5	2 15	23 52	16 38	0 39	13 27	1 37	16 12	4 10	3 2	1 12	22 28	0 27
20	20 27	22 23	1 13	20 40	16 5	0 26	12 60	1 35	16 19	4 12	2 57	1 11	22 28	0 27
21	20 14	18 42	0 7	16 33	15 33	0 12	12 33	1 34	16 26	4 14	2 53	1 11	22 29	0 27
22	20 1	14 12	1S 0	11 42	15 2	0N 2	12 5	1 33	16 34	4 16	2 48	1 11	22 30	0 27
23	19 48	9 4	2 6	6 20	14 32	0 18	11 37	1 32	16 41	4 17	2 44	1 11	22 30	0 27
24	19 34	3 31	3 6	0 38	14 4	0 34	11 9	1 30	16 49	4 19	2 39	1 11	22 31	0 27
25	19 20	2S16	3 58	5S11	13 38	0 51	10 40	1 29	16 56	4 21	2 34	1 11	22 31	0 27
26	19 6	8 4	4 39	10 53	13 15	1 8	10 11	1 27	17 4	4 22	2 30	1 11	22 32	0 26
27	18 51	13 37	5 7	16 14	12 55	1 26	9 42	1 26	17 12	4 23	2 25	1 10	22 32	0 26
28	18 36	18 40	5 18	20 52	12 38	1 43	9 13	1 24	17 20	4 25	2 20	1 10	22 33	0 26
29	18 20	22 49	5 10	24 27	12 25	2 1	8 43	1 22	17 29	4 26	2 15	1 10	22 33	0 26
30	18 4	25 44	4 44	26 35	12 16	2 18	8 14	1 20	17 37	4 27	2 10	1 10	22 33	0 26
31	17S48	26S59	3S60	26S55	12S12	2N34	7S44	1S18	17N45	4N28	2S 5	1S10	22N34	0S26

DAY	♅ DECL	♅ LAT	♆ DECL	♆ LAT	♇ DECL	♇ LAT
1	17S21	0S39	19N27	0S19	18N12	5S14
5	17 17	0 39	19 28	0 19	18 12	5 14
9	17 14	0 39	19 30	0 19	18 13	5 13
13	17 10	0 39	19 31	0 18	18 13	5 13
17	17 6	0 39	19 33	0 18	18 14	5 13
21	17 2	0 39	19 34	0 18	18 14	5 12
25	16 58	0 39	19 36	0 18	18 15	5 12
29	16S54	0S39	19N37	0S18	18N15	5S11

☽ PHENOMENA			
d	h	m	
5	4	46	●
12	3	37	☽
20	8	29	○
28	0	35	☾
d	h	°	
3	19	26S59	
9	22	0	
17	6	27N 0	
24	15	0	
31	4	27S 1	
6	20	0	
13	14	5N16	
21	2	0	
28	3	5S18	

VOID OF COURSE ☽ LAST ASPT	☽ INGRESS
2 7am25	2 ♐ 7am44
4 7am 2	4 ♑ 7am26
6 1am51	6 ♒ 6am58
8 7am27	8 ♓ 8am22
10 1am31	10 ♈ 1pm 7
12 7pm33	12 ♉ 9pm43
15 6am11	15 ♊ 9am18
17 5pm56	17 ♋ 10pm 7
20 8am29	20 ♌ 10am33
22 3pm 8	22 ♍ 9pm33
24 11pm27	25 ♎ 6am26
27 4am24	27 ♏ 12pm43
29 11am28	29 ♐ 4pm18
31 1pm44	31 ♑ 5pm43

d	h	
4	14	PERIGEE
17	5	APOGEE

DAILY ASPECTARIAN

1 S	☽∥♀	1am44
	☽△♄	4 24
	☽□♅	5 2
	☽⚼♇	10 43
	☽#♄	1pm 7
	☽⚹☿	2 41
	♀∠♃	5 27
	☉∥☽	6 2
	☽△♃	7 14
2 Su	☉∠☽	0am 3
	☽∥☿	0 56
	☽⚼♄	4 52
	☽□♂	7 25
	☽△♆	10 41
	☽⊼♇	11 8
	☽∠☿	6pm 0
	☽⚹♀	9 49
3 M	☉⊻☽	1am57
	☽⊼♄	4 48
	☽⚹♅	5 49
	☽⚼♆	10 36
	☿⚹♃	11 20
	♀#♆	5pm 5
	☽□♃	7 47
	☽⊻☿	8 42
	☽∠♀	11 43
4	☽∠♅	5am37
T	☽△♂	7 2
	☽⊼♆	10 15
	☽☍♇	10 42
	☉☍♄	5pm 4
5 W	☽⊻♀	1am28
	☽☍♄	3 55
	☉☌☽	4 46
	☽⊻♅	5 21
	☽⚼♂	6 37
	☉⊻♅	2pm 7
	☽∥☿	7 5
	☽⚹♃	7 39
	☉∥☽	8 42
	☽#♄	10 49
6 Th	☽☌☿	1am51
	♀⊼♄	5 43
	☽⊼♂	6 23
	☉⚼♂	6 52
	☽☍♆	9 46
	☽⊼♇	10 15
	☽#♆	2pm 9
	☽∥♀	7 23
	☉∥☿	7 50
	☽∠♃	8 1
	☽#♇	8 15
7 F	☽∥♅	0am37
	♀☌♅	3 3
	☽⊼♄	3 45
	☽☌♅	5 42
	☽☌♀	5 56
	♀#♇	7 36
	☉⊻☽	8 31
	☽#♂	9 53
	☿#♄	10 21
	☽⚼♇	10 39
	☿⊼♂	6pm 9
	☽⊻♃	8 59
8 S	☿ ♒	1am22
	☽⚼♄	4 32
	☽☍♂	7 27
	☽⊻☿	9 15
	☽⊼♆	11 13
	☉∠☽	11 33
	☽△♇	11 45
	☉#♄	2pm28
9 Su	☿☍♆	2am12
	☽△♄	6 8
	☿⊼♇	7 0
	☽∥♃	7 28
	☽⊻♅	8 43
	♀⚼♇	12pm35
	☽⚼♆	1 10
	☽⊻♀	1 51
	☽∠☿	2 39
	☉⚹☽	3 40
	♀∥♅	11 29
10 M	☽☌♃	1am31
	☽∠♅	11 38
	☽⊼♂	11 41
	☽#♃	12pm27
	☽△♆	4 4
	☽□♇	4 41
	☽∠♀	7 40
	☽⚹☿	9 24
11 T	☽□♄	12pm12
	☽⚼♂	3 12
	☽⚹♅	3 32
12 W	☽⚹♀	2am48
	☉□☽	3 37
	☽⊻♃	10 5
	☽∥♂	5pm39
	☽△♂	7 33
	☽#♀	8 17
13 Th	☽□♆	0am45
	☽⚹♇	1 26
	☽#♅	2 4
	☽∥♇	7 56
	☽□☿	2pm47
	☽∥♆	3 36
	☽#☿	3 39
	☽∠♃	3 44
	☿#♆	4 2
	♀#♂	8 16
	☽⚹♄	9 50
	☉⊻♀	10 23
	☿∠♃	11 27
14 F	☽□♅	2am 0
	☉#☽	4 38
	☽∠♇	7 0
	☽∥♄	11 2
	☉△☽	7pm54
	☽□♀	8 21
	☽⚹♃	10 3
15 S	☽∠♄	3am37
	☽□♂	6 11
	☽⚹♆	12pm18
	☽⊻♇	1 4
	♀⊻♃	3 23
	☿⊼♄	10 52
16 Su	☉⚹♃	1am55
	☿#♇	2 45
	☉⚼☽	5 1
	☽⊻♄	9 44
	☽△☿	11 15
	☽△♅	2pm42
	☽∠♆	6 37
17	☽□♃	11am42
M	☉⊼☽	2pm19
	♀⚼♄	2 50
	☽△♀	4 7
	☽⚹♂	5 56
	☿☌♅	6 57
	☽⚼♅	9 17
	☽⚼☿	9 33
18 T	☽⊻♆	0am59
	☽☌♇	1 48
	☿∥♅	4 41
	♀☍♂	7 5
	☽☌♄	10pm 9
	☽∠♂	11 43
19 W	☉⊼♂	1am 8
	☽⚼♀	2 0
	☽⊼♅	3 47
	☽⊼☿	7 23
	☿⚼♇	2pm22
	☿#♂	3 34
	☽∥♄	11 22
20 Th	☽△♃	1am12
	♀ ♓	1 41
	☽⊻♂	5 15
	☉☍☽	8 29
	☽⊼♀	11 33
	☽☌♆	1pm13
	☽⊻♇	2 5
	☉#☽	2 9
	☽∥♆	6 50
21 F	☽∥♇	2am41
	♀⊼♆	3 31
	☽⚼♃	7 31
	☉ ♒	8 54
	☽#♅	9 24
	☽⊻♄	9 44
	♀△♇	11 53
	☽∥♂	12pm13
	☽☍♅	3 53
	☽#☿	7 21
	☽∠♇	7 43
22 S	☽☍☿	0am37
	☽#♀	11 14
	☽⊼♃	1pm23
	☽∠♄	2 56
	☽☌♂	3 8
	☉☍♆	3 11
23 Su	☽⊻♆	0am 0
	☉⊼☽	0 49
	☽⚹♇	0 53
	☉⊼♇	1 39
	♂∠♄	3 4
	☽☍♀	5 0
	☽⚹♄	7pm38
	☉#♆	9 50
24	☽⊼♅	2am11
M	☽#♃	3 41
	☽∠♆	4 38
	☉⚼☽	7 59
	♂⊼♃	11 31
	☽⊼☿	1pm40
	☽⊻♂	11 0
	☽☍♃	11 27
25 T	☽∥♃	1am14
	♂#♅	4 22
	☽⚼♅	6 27
	☽⚹♆	8 40
	☽□♇	9 34
	☉△☽	2pm23
	☽⚼☿	6 28
	☽⊼♀	7 27
26 W	☽∠♂	2am 2
	☽□♄	3 16
	☽∥♀	8 18
	☽△♅	10 3
	☽∥☿	9pm 0
	☽△☿	10 4
27 Th	☽⚼♀	1am21
	☽⚹♂	4 24
	☽⊼♃	6 53
	☿SR	10 38
	☽□♆	2pm44
	☽∥♅	3 20
	☽△♇	3 38
	☽#♂	5 11
	☽#♇	9 55
	☉∥☽	11 42
28 F	☉□☽	0am35
	☽#♆	5 2
	☽△♀	6 19
	☽△♄	8 15
	☽⚼♃	9 31
	☽□♅	3pm11
	☽⚼♇	5 38
	☽#♄	10 11
29 S	☽□☿	1am58
	♀△♄	3 4
	☽□♂	7 10
	☉#♇	7 44
	☽⚼♄	9 45
	☽△♃	11 28
	☽△♆	6pm 7
	☽⊼♇	7 1
30 Su	☉⚹☽	7am27
	☽⊼♄	10 41
	☽□♀	1pm45
	☽⚹♅	5 45
	☽⚼♆	6 57
31 M	☽⚹☿	2am16
	☉#♂	3 9
	☽△♂	7 43
	☉∠☽	9 55
	☽□♃	1pm44
	☽∠♅	6 20
	☽⊼♆	7 23
	☽☍♇	8 17

FEBRUARY 1916

LONGITUDE

DAY	SID. TIME	☉	☽	☽ 12 Hour	MEAN ☊	TRUE ☊	☿	♀	♂	♃	♄	♅	♆	♇
	h m s	° ' "	° ' "	° ' "	° '	° '	° '	° '	° '	° '	° '	° '	° '	° '
1	8 39 31	10♒ 48 13	3♑ 52 47	11♑ 18 21	8♒ 6	8♒ 4	19♒ 50R	14♓ 38	23♌ 36R	27♓ 38	10♋ 56R	15♒ 24	1♌ 1R	1♋ 35R
2	8 43 28	11 49 8	18 44 51	26 11 19	8 3	8 4R	18 57	15 52	23 14	27 50	10 52	15 27	1 0	1 34
3	8 47 24	12 50 2	3♒ 36 47	11♒ 0 16	8 0	8 4	17 55	17 5	22 51	28 2	10 48	15 31	0 58	1 33
4	8 51 21	13 50 56	18 20 50	25 37 36	7 57	8 4	16 48	18 18	22 28	28 15	10 44	15 34	0 56	1 32
5	8 55 17	14 51 47	2♓ 49 48	9♓ 56 47	7 54	8 3	15 38	19 31	22 4	28 27	10 41	15 38	0 55	1 32
6	8 59 14	15 52 38	16 58 3	23 53 14	7 50	8 3	14 25	20 44	21 41	28 40	10 37	15 41	0 53	1 31
7	9 3 11	16 53 27	0♈ 42 7	7♈ 24 37	7 47	8 2	13 13	21 57	21 17	28 52	10 34	15 45	0 51	1 30
8	9 7 7	17 54 15	14 0 50	20 30 55	7 44	8 1	12 3	23 10	20 53	29 5	10 30	15 48	0 50	1 29
9	9 11 4	18 55 1	26 55 11	3♉ 14 0	7 41	8 0	10 56	24 23	20 29	29 18	10 27	15 52	0 48	1 28
10	9 15 0	19 55 46	9♉ 27 51	15 37 12	7 38	7 59D	9 55	25 36	20 5	29 30	10 24	15 55	0 47	1 28
11	9 18 57	20 56 29	21 42 39	27 44 44	7 35	7 59	9 1	26 48	19 41	29 43	10 20	15 59	0 45	1 27
12	9 22 53	21 57 11	3♊ 44 6	9♊ 41 19	7 31	7 59	8 13	28 1	19 17	29 56	10 17	16 2	0 43	1 26
13	9 26 50	22 57 51	15 36 59	21 31 43	7 28	8 0	7 33	29 13	18 53	0♈ 9	10 14	16 6	0 42	1 25
14	9 30 46	23 58 29	27 26 4	3♋ 20 34	7 25	8 2	7 2	0♈ 26	18 30	0 22	10 11	16 9	0 40	1 25
15	9 34 43	24 59 6	9♋ 15 45	15 12 4	7 22	8 3	6 38	1 38	18 6	0 35	10 9	16 13	0 39	1 24
16	9 38 40	25 59 41	21 10 0	27 9 54	7 19	8 4	6 22	2 51	17 43	0 48	10 6	16 16	0 37	1 23
17	9 42 36	27 0 15	3♌ 12 9	9♌ 17 3	7 16	8 5R	6 13D	4 3	17 20	1 2	10 3	16 20	0 36	1 23
18	9 46 33	28 0 46	15 24 51	21 35 46	7 12	8 5	6 12	5 15	16 57	1 15	10 1	16 23	0 34	1 22
19	9 50 29	29 1 17	27 49 57	4♍ 7 31	7 9	8 4	6 17	6 27	16 35	1 28	9 58	16 26	0 33	1 22
20	9 54 26	0♓ 1 45	10♍ 28 33	16 53 4	7 6	8 1	6 30	7 39	16 13	1 42	9 56	16 30	0 31	1 21
21	9 58 22	1 2 12	23 21 4	29 52 31	7 3	7 58	6 48	8 51	15 52	1 55	9 54	16 33	0 30	1 21
22	10 2 19	2 2 38	6♎ 27 23	13♎ 5 34	7 0	7 55	7 11	10 3	15 31	2 9	9 52	16 37	0 29	1 20
23	10 6 15	3 3 2	19 46 59	26 31 33	6 56	7 51	7 40	11 14	15 10	2 22	9 50	16 40	0 27	1 19
24	10 10 12	4 3 25	3♏ 19 10	10♏ 9 43	6 53	7 48	8 14	12 26	14 50	2 36	9 48	16 43	0 26	1 19
25	10 14 9	5 3 46	17 3 7	23 59 15	6 50	7 45	8 52	13 37	14 31	2 50	9 46	16 47	0 25	1 19
26	10 18 5	6 4 6	0♐ 58 2	7♐ 59 18	6 47	7 44D	9 35	14 49	14 12	3 3	9 45	16 50	0 23	1 18
27	10 22 2	7 4 24	15 2 55	22 8 44	6 44	7 44	10 21	16 0	13 54	3 17	9 43	16 53	0 22	1 18
28	10 25 58	8 4 42	29 16 30	6♑ 25 59	6 41	7 45	11 11	17 11	13 36	3 31	9 42	16 57	0 21	1 17
29	10 29 55	9♓ 4 57	13♑ 36 51	20♑ 48 43	6♒ 37	7♒ 47	12♒ 4	18♈ 22	13♌ 19	3♈ 45	9♋ 40	17♒ 0	0♌ 19	1♋ 17

DECLINATION and LATITUDE

DAY	☉ DECL	☽ DECL	☽ LAT	☽ 12hr DECL	☿ DECL	☿ LAT	♀ DECL	♀ LAT	♂ DECL	♂ LAT	♃ DECL	♃ LAT	♄ DECL	♄ LAT
1	17S32	26S22	2S59	25S21	12S11	2N50	7S14	1S16	17N53	4N29	2S 0	1S10	22N34	0S26
2	17 15	23 53	1 45	21 60	12 15	3 3	6 43	1 14	18 2	4 30	1 55	1 9	22 35	0 26
3	16 58	19 45	0 25	17 13	12 22	3 15	6 13	1 12	18 10	4 31	1 50	1 9	22 35	0 25
4	16 41	14 26	0N57	11 29	12 33	3 25	5 42	1 10	18 18	4 32	1 45	1 9	22 36	0 25
5	16 23	8 24	2 13	5 15	12 46	3 33	5 11	1 8	18 27	4 32	1 40	1 9	22 36	0 25
6	16 5	2 5	3 20	1N 3	13 2	3 38	4 40	1 5	18 35	4 33	1 35	1 9	22 37	0 25
7	15 47	4N 8	4 12	7 7	13 20	3 40	4 9	1 3	18 43	4 33	1 30	1 9	22 37	0 25
8	15 28	9 59	4 50	12 41	13 39	3 41	3 38	1 0	18 51	4 33	1 25	1 9	22 37	0 25
9	15 10	15 13	5 11	17 32	13 59	3 39	3 7	0 58	18 59	4 33	1 20	1 9	22 38	0 25
10	14 51	19 39	5 17	21 32	14 19	3 34	2 36	0 55	19 7	4 33	1 15	1 8	22 38	0 24
11	14 31	23 9	5 8	24 30	14 40	3 28	2 4	0 52	19 14	4 33	1 9	1 8	22 39	0 24
12	14 12	25 35	4 46	26 22	14 59	3 21	1 33	0 49	19 22	4 33	1 4	1 8	22 39	0 24
13	13 52	26 50	4 11	27 0	15 18	3 12	1 1	0 47	19 29	4 33	0 59	1 8	22 39	0 24
14	13 32	26 52	3 26	26 25	15 36	3 2	0 30	0 44	19 36	4 32	0 54	1 8	22 40	0 24
15	13 12	25 40	2 33	24 37	15 52	2 51	0N 2	0 41	19 43	4 32	0 48	1 8	22 40	0 24
16	12 52	23 18	1 32	21 43	16 7	2 39	0 33	0 38	19 50	4 31	0 43	1 8	22 40	0 24
17	12 31	19 53	0 27	17 50	16 21	2 27	1 5	0 35	19 56	4 30	0 38	1 8	22 41	0 23
18	12 10	15 35	0S40	13 9	16 34	2 15	1 36	0 31	20 2	4 30	0 32	1 8	22 41	0 23
19	11 49	10 34	1 47	7 51	16 44	2 2	2 8	0 28	20 8	4 29	0 27	1 8	22 41	0 23
20	11 28	5 2	2 49	2 9	16 54	1 49	2 39	0 25	20 14	4 28	0 21	1 7	22 42	0 23
21	11 7	0S47	3 44	3S44	17 2	1 37	3 11	0 22	20 19	4 26	0 16	1 7	22 42	0 23
22	10 45	6 40	4 28	9 33	17 8	1 24	3 42	0 18	20 25	4 25	0 10	1 7	22 42	0 23
23	10 23	12 20	4 58	15 1	17 13	1 11	4 13	0 15	20 30	4 24	0 5	1 7	22 43	0 23
24	10 2	17 31	5 13	19 49	17 16	0 59	4 44	0 11	20 34	4 23	0N 1	1 7	22 43	0 23
25	9 40	21 53	5 10	23 38	17 17	0 47	5 16	0 8	20 39	4 21	0 6	1 7	22 43	0 22
26	9 17	25 4	4 48	26 7	17 18	0 35	5 47	0 4	20 43	4 20	0 12	1 7	22 43	0 22
27	8 55	26 45	4 10	26 57	17 16	0 24	6 17	0 0	20 47	4 18	0 17	1 7	22 44	0 22
28	8 33	26 42	3 16	26 1	17 13	0 13	6 48	0N 3	20 50	4 16	0 23	1 7	22 44	0 22
29	8S10	24S53	2S 9	23S21	17S 9	0N 2	7N19	0N 7	20N53	4N15	0N28	1S 7	22N44	0S22

DAY	♅ DECL	♅ LAT	♆ DECL	♆ LAT	♇ DECL	♇ LAT
1	16S51	0S39	19N39	0S18	18N16	5S11
5	16 47	0 39	19 40	0 18	18 16	5 10
9	16 43	0 39	19 42	0 18	18 17	5 10
13	16 38	0 39	19 43	0 18	18 17	5 9
17	16 34	0 39	19 44	0 18	18 18	5 9
21	16 30	0 39	19 46	0 18	18 19	5 8
25	16 26	0 39	19 47	0 18	18 19	5 7
29	16S22	0S39	19N48	0S18	18N20	5S 7

☽ PHENOMENA

d	h	m	
3	16	6	●☌
10	22	20	☽
19	2	28	○
26	9	24	☾

d	h	° '
6	8	0
13	13	27N 0
20	21	0
27	11	26S57

d	h	
3	7	0
9	21	5N17
17	10	0
24	8	5S14

VOID OF COURSE ☽

LAST ASPT		☽ INGRESS		
2	2pm52	2	♒	6pm 9
4	6am36	4	♓	7pm16
6	8pm42	6	♈	10pm45
8	12pm19	9	♉	5am50
11	4pm14	11	♊	4pm30
13	4pm19	14	♋	5am13
15	1am47	16	♌	5pm39
19	2am28	19	♍	4am 9
19	10pm59	21	♎	12pm14
22	6pm24	23	♏	6pm 9
24	11pm31	25	♐	10pm20
27	3am 8	28	♑	1am13

d	h	
2	0	PERIGEE
13	21	APOGEE
29	21	PERIGEE

DAILY ASPECTARIAN

1 T	☽∠☿	1am28
	☉⚻♄	2 49
	☽⚼♂	7 27
	☽☍♄	11 21
	☉⚺☽	12pm 1
	♀⚺♅	3 41
	☽⚺♅	6 40
	☽⚹♀	6 56
2 W	☽⚺☿	0am18
	♀⚼♆	2 35
	☽⚻♂	7 3
	☽#♄	8 29
	☽⚹♃	2pm52
	☽☍♆	7 43
	☽⚻♇	8 40
	☽∠♀	9 18
3 Th	☽#♆	0am30
	☉∠♃	6 4
	☽#♇	7 12
	☽#♂	7 27
	☿⚺♀	8 47
	☽⚻♄	11 37
	☉∥♅	1pm38
	☽∥♅	1 51
	☉∥☽	1 51
	☽∠♃	3 32
	☉☌☽	4 6
	♂∥♇	5 3
	☽☌♅	7 26
	☽⚼♇	9 2
	☽☌☿	9 40
	☽⚺♀	11 55
4 F	☿⚼♇	5am37
	☽☍♂	6 36
	☽∥☿	7 29
	☽⚼♄	12pm 8
	☽⚺♃	4 35
	☽⚻♆	8 48
	☽△♇	9 49
	☿☌♅	11 57
5 S	☉☌☿	8am16
	☽△♄	1pm11
	☽∥♀	1 20
	☉☌♅	7 15
	☽⚺☿	7 58
	☽⚺♅	9 48
	☉⚺☽	9 59
	☽⚼♆	10 8
6 Su	☽∥♃	1am55
	☽☌♀	7 8
	☽⚻♂	7 56
	☿∠♃	12pm49
	☽#♃	1 52
	♀⚻♂	2 4
	☉⚼♇	2 49
	☽∠☿	7 57
	☽☌♃	8 42
7 M	☽#♀	0am 4
	☽∠♅	0 5
	☽△♆	0 16
	☽□♇	1 25
	☉∠☽	2 17
	☽⚼♂	9 41
	☽□♄	5pm37
	☽⚹☿	8 41
8 T	☽⚹♅	3am18
	☉⚹☽	7 46
	☽△♂	12pm19
	☽#☿	5 40
	☽⚺♀	ó 43
	☉#☽	11 46
9 W	☽⚺♃	4am34
	☽□♆	7 21
	☽#♅	7 35
	☽⚹♇	8 38
	☿⚻♄	11 56
	☽∥♇	4pm 4
	☿∠♀	4 39
	☽∥♂	8 42
10 Th	☽∥♆	0am17
	☽□☿	0 49
	☽⚹♄	1 48
	☽∠♀	2 26
	☉☍♂	2 39
	☽∠♃	9 59
	☽□♅	12pm39
	☽∠♇	1 38
	☉∥☿	7 0
	☽∥♄	8 1
	☽□♂	8 7
	☉□☽	10 20
11 F	☽∠♄	7am10
	☽⚹♀	11 15
	☽⚹♃	4pm14
	☽⚹♆	5 58
	☽⚺♇	7 23
12 S	♃ ♈	7am13
	☽△☿	8 32
	☽⚺♄	1pm 9
13 Su	☽∠♆	0am10
	☽△♅	0 58
	♀∥♃	2 10
	☽⚹♂	6 26
	☽⚼☿	1pm27
	♀ ♈	3 24
	☉△☽	4 19
	♀☌♃	10 28
14 M	♀△♆	4am40
	☽□♃	6 5
	☽⚺♆	6 34
	☽□♀	6 47
	☽⚼♅	7 35
	☽☌♇	8 4
	☽∠♂	11 55
	♀∠♅	3pm 3
	☽⚻☿	6 49
	♀□♇	7 19
15 T	☉⚼☽	1am36
	☽☌♄	1 47
	♂∥♆	2 24
	☉⚼♄	3 38
	♃△♆	5 46
	☽⚻♅	2pm 6
	☽⚺♂	5 17
	♀⚼♂	10 4
16 W	☽∥♄	4am59
	♀#♃	6 13
	☉⚻☽	10 33
	☽☌♆	6pm51
	☽△♃	7 37
	☽⚺♇	8 23
	☽∥♂	11 43
17 Th	☽∥♆	0am55
	☽△♀	1 51
	☽☍☿	5 56
	☽∥♇	9 22
	☽⚺♄	1pm28
	☿SD	4 8
	☽#♅	6 54
	☽#☿	7 7
	♅⚼♇	7 28
	☿∥♅	11 38
18 F	☽⚼♃	1am40
	☽∠♇	1 52
	☽☍♅	1 54
	☽☌♂	2 55
	☽⚼♀	10 24
	♃□♇	12pm21
	☉#☽	5 49
	☽∠♄	6 32
	♃∠♅	7 13
	☿⚹♀	8 25
19 S	☉☍☽	2am28
	♂⚼♃	4 30
	☽⚺♆	5 11
	☽⚹♇	6 44
	☽⚻♃	7 5
	♂☍♅	8 10
	♂∠♇	3pm 4
	☽⚻☿	4 21
	☽⚻♀	6 7
	☽⚹♄	10 59
	☉ ♓	11 18
20 Su	☽∥♀	9am 4
	☽∠♆	9 27
	☽⚺♂	10 28
	☽⚻♅	11 20
	☉⚻♆	11 31
	☽#♃	7pm38
	☽⚼☿	9 3
	☽∥♃	9 54
21 M	☉△♇	7am12
	☽#♀	10 41
	☽⚹♆	1pm 7
	☽∠♂	1 27
	☽□♇	2 40
	☽⚼♅	3 8
	☉⚻☽	3 18
	☽☍♃	4 1
	♀□♄	8 32
22 T	☽△☿	1am23
	☉⚺♃	3 10
	☽□♄	6 10
	☽☍♀	7 8
	☽⚹♂	3pm56
	☉∥☽	4 5
	☽△♅	6 24
	☉⚼☽	8 39
23 W	☽∥♅	6pm48
	☽□♆	6 55
	☽△♇	8 28
	☽∥☿	10 42
	☽⚻♃	10 43
24 Th	☉△☽	1am24
	☽#♇	4 2
	☽□☿	9 2
	☽△♄	11 21
	☽#♆	11 45
	☽#♂	4pm28
	☽⚻♀	5 28
	☽□♂	7 41
	☽⚼♇	10 43
	☽□♅	11 31
25 F	☽⚼♃	1am22
	☽#♄	5 28
	☽⚼♄	1pm19
	♀△♂	2 16
	☽⚼♀	9 50
	☽△♆	11 0
26 S	☽⚻♇	0am34
	☽△♃	3 38
	☿⚻♄	5 4
	☉□☽	9 24
	☽⚻♄	2pm58
	☽⚹☿	3 33
	☽△♂	10 5
27 Su	☽⚼♆	0am32
	☽△♀	1 45
	☽⚹♅	3 8
	☽∠☿	6pm28
	♀⚹♅	6 58
	☽⚼♂	10 54
28 M	☽⚻♆	1am48
	☽☍♇	3 23
	☽∠♅	4 30
	☽□♃	7 14
	☉⚹☽	3pm52
	☽☍♄	5 25
	☽⚺☿	9 14
	☽⚻♂	11 31
29 T	☽⚺♅	5am40
	☽□♀	8 38
	☉△♄	1pm45
	☽#♄	4 4
	☉∠☽	6 45
	☉#♀	11 16

MARCH 1916

LONGITUDE

DAY	SID. TIME	☉	☽	☽ 12 Hour	MEAN ☊	TRUE ☊	☿	♀	♂	♃	♄	♅	♆	♇
	h m s	° ' "	° ' "	° ' "	° '	° '	° '	° '	° '	° '	° '	° '	° '	° '
1	10 33 51	10♓ 5 11	28♑ 1 10	5♒ 13 41	6♒ 34	7♒ 48R	13♒ 0	19♈ 33	13♌ 3R	3♈ 59	9♋ 39R	17♒ 3	0♌ 18R	1♋ 17R
2	10 37 48	11 5 24	12♒ 25 42	19 36 38	6 31	7 48	13 59	20 44	12 48	4 13	9 38	17 7	0 17	1 16
3	10 41 44	12 5 35	26 45 51	3♓ 52 42	6 28	7 46	15 1	21 55	12 33	4 27	9 37	17 10	0 16	1 16
4	10 45 41	13 5 44	10♓ 56 33	17 56 49	6 25	7 43	16 5	23 5	12 19	4 41	9 36	17 13	0 15	1 16
5	10 49 38	14 5 51	24 52 58	1♈ 44 30	6 21	7 38	17 11	24 16	12 6	4 55	9 35	17 16	0 13	1 15
6	10 53 34	15 5 56	8♈ 31 5	15 12 27	6 18	7 32	18 20	25 26	11 53	5 9	9 34	17 20	0 12	1 15
7	10 57 31	16 6 0	21 48 26	28 19 0	6 15	7 26	19 30	26 36	11 41	5 23	9 34	17 23	0 11	1 15
8	11 1 27	17 6 1	4♉ 44 13	11♉ 4 18	6 12	7 19	20 43	27 46	11 30	5 37	9 33	17 26	0 10	1 15
9	11 5 24	18 6 0	17 19 29	23 30 11	6 9	7 14	21 57	28 56	11 20	5 51	9 33	17 29	0 9	1 15
10	11 9 20	19 5 57	29 36 50	5♊ 39 55	6 6	7 10	23 14	0♉ 6	11 11	6 6	9 33	17 32	0 8	1 14
11	11 13 17	20 5 52	11♊ 40 2	17 37 46	6 2	7 8D	24 32	1 16	11 2	6 20	9 33D	17 35	0 7	1 14
12	11 17 13	21 5 45	23 33 45	29 28 38	5 59	7 8	25 51	2 26	10 55	6 34	9 33	17 38	0 6	1 14
13	11 21 10	22 5 35	5♋ 23 4	11♋ 17 43	5 56	7 9	27 13	3 35	10 48	6 48	9 33	17 41	0 5	1 14
14	11 25 7	23 5 24	17 13 14	23 10 13	5 53	7 10	28 35	4 44	10 41	7 3	9 33	17 44	0 4	1 14
15	11 29 3	24 5 10	29 9 17	5♌ 10 59	5 50	7 11R	0♓ 0	5 53	10 36	7 17	9 33	17 47	0 4	1 14D
16	11 33 0	25 4 54	11♌ 15 49	17 24 16	5 47	7 11	1 25	7 2	10 31	7 31	9 34	17 50	0 3	1 14
17	11 36 56	26 4 35	23 36 41	29 53 24	5 43	7 10	2 52	8 11	10 27	7 46	9 34	17 53	0 2	1 14
18	11 40 53	27 4 15	6♍ 14 38	12♍ 40 32	5 40	7 6	4 21	9 20	10 24	8 0	9 35	17 56	0 1	1 14
19	11 44 49	28 3 53	19 11 9	25 46 24	5 37	7 0	5 51	10 28	10 22	8 14	9 36	17 59	0 0	1 14
20	11 48 46	29 3 28	2♎ 26 11	9♎ 10 14	5 34	6 53	7 22	11 37	10 21	8 29	9 37	18 2	0 0	1 14
21	11 52 42	0♈ 3 1	15 58 15	22 49 50	5 31	6 44	8 54	12 45	10 20D	8 43	9 38	18 5	29♋ 59	1 14
22	11 56 39	1 2 32	29 44 35	6♏ 42 2	5 27	6 35	10 28	13 53	10 20	8 58	9 39	18 7	29 58	1 15
23	12 0 35	2 2 2	13♏ 41 41	20 43 4	5 24	6 26	12 3	15 1	10 20	9 12	9 40	18 10	29 58	1 15
24	12 4 32	3 1 30	27 45 47	4♐ 49 23	5 21	6 19	13 40	16 8	10 22	9 27	9 41	18 13	29 57	1 15
25	12 8 29	4 0 56	11♐ 53 31	18 57 53	5 18	6 15	15 18	17 16	10 24	9 41	9 43	18 15	29 57	1 15
26	12 12 25	5 0 20	26 2 15	3♑ 6 23	5 15	6 13D	16 57	18 23	10 26	9 56	9 44	18 18	29 56	1 15
27	12 16 22	5 59 43	10♑ 10 8	17 13 22	5 12	6 13	18 38	19 30	10 30	10 10	9 46	18 21	29 56	1 16
28	12 20 18	6 59 3	24 15 58	1♒ 17 49	5 8	6 13R	20 20	20 37	10 34	10 25	9 48	18 23	29 55	1 16
29	12 24 15	7 58 22	8♒ 18 46	15 18 41	5 5	6 13	22 3	21 43	10 39	10 39	9 49	18 26	29 55	1 16
30	12 28 11	8 57 40	22 17 23	29 14 37	5 2	6 12	23 47	22 50	10 44	10 54	9 51	18 28	29 54	1 16
31	12 32 8	9♈ 56 55	6♓ 10 9	13♓ 3 40	4♒ 59	6♒ 9	25♓ 33	23♉ 56	10♌ 50	11♈ 8	9♋ 54	18♒ 31	29♋ 54	1♋ 17

DECLINATION and LATITUDE

DAY	☉ DECL	☽ DECL	☽ LAT	☽ 12hr DECL	☿ DECL	☿ LAT	♀ DECL	♀ LAT	♂ DECL	♂ LAT	♃ DECL	♃ LAT	♄ DECL	♄ LAT
1	7S47	21S26	0S53	19S12	17S 3	0S 8	7N49	0N11	20N56	4N13	0N34	1S 7	22N44	0S22
2	7 25	16 41	0N25	13 56	16 56	0 18	8 19	0 14	20 59	4 11	0 39	1 6	22 45	0 22
3	7 2	11 0	1 42	7 57	16 47	0 28	8 49	0 18	21 2	4 9	0 45	1 6	22 45	0 21
4	6 39	4 50	2 51	1 41	16 37	0 37	9 19	0 22	21 4	4 7	0 51	1 6	22 45	0 21
5	6 16	1N28	3 49	4N33	16 26	0 46	9 49	0 26	21 6	4 5	0 56	1 6	22 45	0 21
6	5 52	7 32	4 32	10 24	16 13	0 55	10 18	0 30	21 7	4 3	1 2	1 6	22 45	0 21
7	5 29	13 7	4 59	15 39	15 58	1 3	10 47	0 34	21 8	4 1	1 8	1 6	22 46	0 21
8	5 6	17 58	5 10	20 3	15 43	1 11	11 16	0 38	21 9	3 59	1 13	1 6	22 46	0 21
9	4 42	21 53	5 5	23 28	15 26	1 18	11 45	0 42	21 10	3 56	1 19	1 6	22 46	0 21
10	4 19	24 45	4 47	25 44	15 7	1 25	12 14	0 46	21 11	3 54	1 25	1 6	22 46	0 20
11	3 55	26 25	4 16	26 48	14 47	1 32	12 42	0 50	21 11	3 52	1 30	1 6	22 46	0 20
12	3 32	26 52	3 34	26 37	14 26	1 38	13 10	0 54	21 11	3 50	1 36	1 6	22 46	0 20
13	3 8	26 4	2 44	25 13	14 4	1 44	13 37	0 58	21 11	3 48	1 42	1 6	22 46	0 20
14	2 45	24 6	1 46	22 42	13 40	1 49	14 5	1 2	21 10	3 45	1 47	1 6	22 47	0 20
15	2 21	21 3	0 43	19 9	13 15	1 54	14 32	1 6	21 10	3 43	1 53	1 6	22 47	0 20
16	1 57	17 3	0S22	14 45	12 49	1 58	14 58	1 10	21 9	3 41	1 59	1 6	22 47	0 20
17	1 34	12 17	1 27	9 39	12 22	2 2	15 25	1 14	21 8	3 38	2 5	1 6	22 47	0 19
18	1 10	6 54	2 30	4 3	11 53	2 6	15 51	1 18	21 6	3 36	2 10	1 6	22 47	0 19
19	0 46	1 7	3 26	1S51	11 23	2 9	16 16	1 22	21 5	3 34	2 16	1 6	22 47	0 19
20	0 22	4S50	4 13	7 47	10 51	2 12	16 41	1 26	21 3	3 31	2 22	1 6	22 47	0 19
21	0N 1	10 41	4 46	13 28	10 19	2 15	17 6	1 30	21 1	3 29	2 27	1 6	22 47	0 19
22	0 25	16 7	5 3	18 34	9 45	2 17	17 31	1 34	20 59	3 27	2 33	1 5	22 47	0 19
23	0 49	20 46	5 3	22 42	9 10	2 18	17 55	1 38	20 56	3 24	2 39	1 5	22 47	0 19
24	1 12	24 17	4 45	25 31	8 34	2 19	18 18	1 42	20 54	3 22	2 45	1 5	22 47	0 19
25	1 36	26 20	4 9	26 44	7 57	2 20	18 42	1 46	20 51	3 20	2 50	1 5	22 47	0 18
26	1 59	26 41	3 18	26 12	7 18	2 20	19 4	1 50	20 48	3 18	2 56	1 5	22 47	0 18
27	2 23	25 18	2 15	23 59	6 38	2 19	19 27	1 54	20 45	3 15	3 2	1 5	22 47	0 18
28	2 46	22 19	1 4	20 18	5 57	2 19	19 49	1 58	20 41	3 13	3 7	1 5	22 47	0 18
29	3 10	18 1	0N11	15 29	5 16	2 17	20 10	2 2	20 38	3 11	3 13	1 5	22 47	0 18
30	3 33	12 45	1 25	9 52	4 32	2 16	20 31	2 6	20 34	3 8	3 19	1 5	22 47	0 18
31	3N57	6S53	2N33	3S50	3S48	2S13	20N52	2N10	20N30	3N 6	3N24	1S 5	22N47	0S18

DAY	♅ DECL	♅ LAT	♆ DECL	♆ LAT	♇ DECL	♇ LAT
1	16S21	0S39	19N48	0S18	18N20	5S 7
5	16 17	0 39	19 49	0 18	18 21	5 6
9	16 14	0 39	19 50	0 18	18 22	5 5
13	16 10	0 39	19 51	0 18	18 22	5 5
17	16 6	0 40	19 52	0 17	18 23	5 4
21	16 3	0 40	19 53	0 17	18 24	5 3
25	15 60	0 40	19 53	0 17	18 24	5 2
29	15S57	0S40	19N54	0S17	18N25	5S 2

☽ PHENOMENA	VOID OF COURSE ☽ LAST ASPT	☽ INGRESS
d h m	29 8am38	1 ♒ 3am18
4 3 58 ●	2 3pm 7	3 ♓ 5am27
11 18 33 ☽	4 3am58	5 ♈ 8am56
19 17 27 ○	7 3pm42	7 ♉ 3pm 8
26 16 22 ☾	9 10am 1	10 ♊ 0am46
	12 5am15	12 ♋ 1pm 4
	14 12pm55	15 ♌ 1am41
d h ° '	16 12pm53	17 ♍ 12pm12
4 18 0	19 7pm37	19 ♎ 7pm38
11 20 26N52	22 0am24	22 ♏ 0am27
19 5 0	24 3am43	24 ♐ 3am48
25 17 26S46	25 10am50	26 ♑ 6am44
	28 9am38	28 ♒ 9am47
	30 1am 0	30 ♓ 1pm18
1 16 0		
8 5 5N10	d h	
15 16 0	12 17 APOGEE	
22 12 5S 5	26 13 PERIGEE	
28 20 0		

DAILY ASPECTARIAN

1 W	☿☍♂	1am 4
	☽⋕♂	2 47
	☽☍♆	3 48
	☽⚻♇	5 25
	☽⋕♆	8 53
	☽⚹♃	10 5
	☽⋕♇	4pm14
	☽⚻♄	7 20
	☉⚺☽	9 36
	☽∥☿	10 49
2 Th	☽☍♂	0am36
	☽∥♅	1 32
	☽☌☿	2 47
	☽⚼♇	6 25
	☽☌♅	7 51
	☽∠♃	11 31
	☽⚹♀	3pm 7
	☽⚼♄	8 23
3 F	☽⚻♆	5am53
	☽△♇	7 35
	☽⋕♀	7 59
	☉⚻♂	8 49
	☽⚺♃	1pm11
	☉∥☽	4 36
	☽∠♀	6 42
	☽△♄	9 43
4 S	☽⚻♂	2am18
	☉☌☽	3 58
	☿⚼♇	4 2
	☽⚼♆	7 21
	☽⚺☿	9 32
	☽⚺♅	10 47
	☽⋕♃	2pm57
	☽∥♃	9 57
	☽⚺♀	10 49
5 Su	☿☌♅	1am59
	☽⚼♂	3 48
	☽△♆	9 19
	☽□♇	11 9
	☽∠♅	12pm59
	☽∠☿	1 57
	☿∥♅	4 41
	☉⋕☽	5 41
	☽☌♃	5 54
6 M	☽□♄	1am53
	☉⚼♆	2 32
	☽△♂	5 56
	☽∥♀	12pm41
	☉⚺☽	12 46
	☽⚹♅	3 54
	☽⚹☿	7 23
7 T	☽☌♀	9am42
	☽⋕☿	12pm57
	☽⋕♅	3 1
	☽□♆	3 28
	☽⚹♇	5 28
	☉∠☽	6 38
	☿∠♃	9 38
8 W	☽⚺♃	1am42
	☽∥♇	2 9
	☉⚺♅	8 22
	☽⚹♄	9 7
	☽∥♆	10 42
	☽□♂	12pm39
	☽∥♂	7 5
	☽∠♇	9 55
9 Th	☽□♅	0am18
	☉⚹☽	1 38
	☽∥♄	6 26
	☽∠♃	6 58
	☽□☿	10 1
	☽∠♄	2pm 3
	♀ ♉	9 49
10 F	♀□♆	0am38
	☽⚹♆	1 2
	☽⚺♀	1 4
	☽⚺♇	3 13
	☽⚹♃	1pm 7
	☽⚺♄	7 45
	☽⚹♂	10 45
	♀⚹♇	11 25
11 S	☿⚼♄	0am16
	☽∠♆	6 56
	☽∠♀	10 15
	☽△♅	11 58
	♄SD	1pm53
	☉□☽	6 33
12 Su	☽∠♂	4am43
	☽△☿	5 15
	☽⚺♆	1pm15
	☽☌♇	3 34
	☽⚼♅	6 30
	☽⚹♀	7 57
13 M	☽□♃	2am57
	☽☌♄	8 27
	☽⚺♂	10 53
	☿⋕♀	12pm36
	☽⚼☿	3 40
14 T	☽⚻♅	1am 3
	☽∥♄	11 21
	☉△☽	12pm55
	☽∥♂	11 12
15 W	☿ ♓	0am 8
	☿⚻♆	1 9
	☽☌♆	1 48
	☽⚻☿	1 54
	☽⚺♇	4 9
	☽∥♆	7 41
	☽□♀	2pm48
	☽△♃	4 29
	☽∥♇	4 35
	♇SD	4 58
	☽⚺♄	8 39
	☿△♇	8 55
	☉⚼☽	9 28
	☽☌♂	10 33
	☉⋕♃	10 47
16 Th	☽⋕♅	5am 0
	☽∠♇	9 43
	☉⚼♂	9 57
	☽∥♀	9 58
	♀⚺♃	12pm42
	☽☍♅	12 53
	☽⚼♃	10 20
	☽⋕☿	11 35
17 F	☽∠♄	1am51
	☉⚻☽	5 8
	☽⚺♆	12pm16
	☽⚹♇	2 33
	☽☍☿	7 57
18 S	☽⚻♃	3am21
	♀⚹♄	5 19
	☽⚹♄	6 15
	☽△♀	6 21
	☽⚺♂	7 45
	♀⋕♅	1pm30
	☽∠♆	4 19
	☽∥♃	7 24
	☽⚻♅	9 47
	♀□♂	9 51
19 Su	☉⋕☽	1am31
	☉∥☽	7 10
	☽∠♂	11 14
	☽⚼♀	12pm32
	☽⋕♃	1 53
	♆ ♋	3 15
	☉☍☽	5 27
	☽⚹♆	7 37
	☽□♇	9 51
20 M	☽⚼♅	1am 4
	☽⚻☿	9 55
	☽☍♃	10 58
	☽□♄	12pm48
	☽⚹♂	2 3
	☽⚻♀	5 49
	☿⚺♃	8 39
	☉△♆	10 25
	☽∥☿	10 35
	☉ ♈	10 47
21 T	☽△♅	3am42
	☿△♄	11 14
	♂SD	2pm43
	☽⚼☿	3 38
	☿⚻♂	9 49
	☽⋕♅	11 39
22 W	☽□♆	0am24
	☉⚻☽	2 25
	☽△♇	2 36
	☉□♇	4 51
	☽⋕♀	7 20
	☽⋕♇	11 10
	☽⚻♃	4pm10
	☽△♄	5 5
	☽□♂	6 14
	☽⋕♆	7 1
	☽△☿	8 50
23 Th	☽⋕♂	0am58
	☽☍♀	2 27
	☽⚼♇	4 22
	☉⚼☽	6 9
	☽□♅	7 40
	☽⋕♄	12pm39
	☽⚼♃	6 15
	☽⚼♄	6 45
24 F	♀∠♇	2am24
	☽△♆	3 43
	☉∠♅	4 47
	♀∥♇	5 48
	☽⚻♇	5 56
	☉△☽	9 37
	☿⚼♆	6pm51
	☽△♃	8 12
	☽⚻♄	8 18
	☽△♂	9 27
25 S	♃□♄	2am41
	☽⚼♆	5 11
	☽□☿	6 32
	☽⚻♀	9 54
	☽⚹♅	10 50
	♀□♅	10pm17
	☽⚼♂	10 59
26 Su	☽⚻♆	6am37
	☽☍♇	8 52
	☽∠♅	12pm22
	☽⚼♀	1 32
	☉□☽	4 22
	☿⚺♅	7 54
	☽☍♄	11 19
27 M	☽□♃	0am 0
	☽⚻♂	0 34
	☽⚺♅	1pm57
	☽⚹☿	4 22
	☽△♀	5 14
	☽⋕♄	8 50
28 T	♀∥♆	5am36
	☽☍♆	9 38
	☽⋕♂	9 59
	☿⚹♀	11 20
	☽⚻♇	11 57
	☽⋕♀	1pm36
	☽⋕♆	2 15
	☽∠☿	9 32
	☽⋕♇	10 0
	♂△♃	11 7
	☉⚹☽	11 22
29 W	☽⚻♄	2am36
	☽☍♂	4 1
	☽⚹♃	4 5
	☉∥♃	4 19
	☽∥♅	9 55
	☽⚼♇	1pm39
	☽☌♅	5 25
30 Th	☽□♀	1am 0
	☽⚺☿	2 58
	♀∥♂	3 0
	☉∠☽	3 6
	☽⚼♄	4 26
	☽∠♃	6 20
	☽⚻♆	1pm 8
	☽△♇	3 31
	☉⋕☿	9 4
	☉□♄	10 34
31 F	☿⚼♂	4am 4
	☽△♄	6 29
	☉⚺☽	7 5
	☽⚻♂	8 12
	☽⚺♃	8 48
	☉⋕☽	10 55
	☿⋕♃	11 17
	☽⋕♃	1pm29
	☽∥☿	1 50
	☽⚼♆	3 12
	☽⚺♅	9 37
	♀∠♄	9 41

APRIL 1916

LONGITUDE

DAY	SID. TIME	☉	☽	☽ 12 Hour	MEAN ☊	TRUE ☊	☿	♀	♂	♃	♄	♅	♆	♇
	h m s	° ' "	° ' "	° ' "	° '	° '	° '	° '	° '	° '	° '	° '	° '	° '
1	12 36 4	10♈ 56 8	19♓ 54 50	26♓ 43 19	4♒ 56	6♒ 3R	27♓ 21	25♉ 2	10♌ 57	11♈ 23	9♋ 56	18♒ 33	29♋ 54R	1♋ 17
2	12 40 1	11 55 20	3♈ 28 45	10♈ 10 49	4 53	5 54	29 10	26 8	11 5	11 37	9 58	18 36	29 53	1 18
3	12 43 58	12 54 29	16 49 13	23 23 40	4 49	5 43	1♈ 0	27 13	11 13	11 52	10 0	18 38	29 53	1 18
4	12 47 54	13 53 37	29 53 59	6♉ 20 2	4 46	5 31	2 52	28 18	11 21	12 6	10 3	18 41	29 53	1 18
5	12 51 51	14 52 42	12♉ 41 47	18 59 16	4 43	5 20	4 45	29 23	11 30	12 21	10 5	18 43	29 53	1 19
6	12 55 47	15 51 45	25 12 37	1♊ 22 3	4 40	5 9	6 39	0♊ 28	11 40	12 35	10 8	18 45	29 52	1 19
7	12 59 44	16 50 46	7♊ 27 51	13 30 25	4 37	5 1	8 35	1 33	11 51	12 50	10 11	18 47	29 52	1 20
8	13 3 40	17 49 45	19 30 12	25 27 42	4 33	4 55	10 32	2 37	12 2	13 4	10 14	18 50	29 52	1 20
9	13 7 37	18 48 41	1♋ 23 29	7♋ 18 9	4 30	4 51	12 31	3 41	12 13	13 19	10 17	18 52	29 52	1 21
10	13 11 33	19 47 36	13 12 22	19 6 47	4 27	4 49D	14 31	4 45	12 25	13 33	10 20	18 54	29 52D	1 21
11	13 15 30	20 46 28	25 2 6	0♌ 58 59	4 24	4 49R	16 32	5 48	12 38	13 48	10 23	18 56	29 52	1 22
12	13 19 27	21 45 18	6♌ 58 9	13 0 15	4 21	4 49	18 35	6 51	12 51	14 2	10 27	18 58	29 52	1 23
13	13 23 23	22 44 5	19 5 56	25 15 47	4 18	4 49	20 38	7 54	13 4	14 17	10 30	19 0	29 52	1 23
14	13 27 20	23 42 50	1♍ 30 21	7♍ 50 6	4 14	4 46	22 43	8 57	13 18	14 31	10 33	19 2	29 52	1 24
15	13 31 16	24 41 33	14 15 24	20 46 31	4 11	4 41	24 48	9 59	13 33	14 45	10 37	19 4	29 52	1 25
16	13 35 13	25 40 14	27 23 35	4♎ 6 38	4 8	4 33	26 55	11 0	13 48	15 0	10 41	19 6	29 53	1 25
17	13 39 9	26 38 52	10♎ 55 30	17 49 55	4 5	4 23	29 2	12 2	14 3	15 14	10 44	19 7	29 53	1 26
18	13 43 6	27 37 29	24 49 26	1♏ 53 31	4 2	4 12	1♉ 9	13 3	14 19	15 28	10 48	19 9	29 53	1 27
19	13 47 2	28 36 4	9♏ 1 29	16 12 34	3 59	4 0	3 16	14 4	14 36	15 43	10 52	19 11	29 53	1 27
20	13 50 59	29 34 37	23 25 57	0♐ 40 48	3 55	3 49	5 24	15 4	14 53	15 57	10 56	19 13	29 54	1 28
21	13 54 56	0♉ 33 8	7♐ 56 18	15 11 41	3 52	3 39	7 31	16 4	15 10	16 11	11 0	19 14	29 54	1 29
22	13 58 52	1 31 37	22 26 16	29 39 28	3 49	3 33	9 37	17 4	15 27	16 26	11 5	19 16	29 54	1 30
23	14 2 49	2 30 5	6♑ 50 46	13♑ 59 49	3 46	3 29	11 42	18 3	15 45	16 40	11 9	19 17	29 55	1 31
24	14 6 45	3 28 32	21 6 21	28 10 11	3 43	3 28D	13 46	19 1	16 4	16 54	11 13	19 19	29 55	1 31
25	14 10 42	4 26 56	5♒ 11 14	12♒ 9 28	3 39	3 28R	15 48	20 0	16 23	17 8	11 18	19 20	29 56	1 32
26	14 14 38	5 25 19	19 4 53	25 57 32	3 36	3 28	17 48	20 57	16 42	17 22	11 22	19 22	29 56	1 33
27	14 18 35	6 23 40	2♓ 47 28	9♓ 34 43	3 33	3 26	19 46	21 55	17 2	17 36	11 27	19 23	29 57	1 34
28	14 22 31	7 22 0	16 19 19	23 1 15	3 30	3 22	21 41	22 52	17 21	17 50	11 32	19 25	29 57	1 35
29	14 26 28	8 20 19	29 40 29	6♈ 16 59	3 27	3 15	23 34	23 48	17 42	18 5	11 36	19 26	29 58	1 36
30	14 30 25	9♉ 18 35	12♈ 50 40	19♈ 21 25	3♒ 24	3♒ 6	25♉ 23	24♊ 44	18♌ 2	18♈ 19	11♋ 41	19♒ 27	29♋ 58	1♋ 37

DECLINATION and LATITUDE

DAY	☉ DECL	☽ DECL	☽ LAT	☽ 12hr DECL	☿ DECL	☿ LAT	♀ DECL	♀ LAT	♂ DECL	♂ LAT	♃ DECL	♃ LAT	♄ DECL	♄ LAT
1	4N20	0S46	3N31	2N17	3S 3	2S10	21N12	2N14	20N26	3N 4	3N30	1S 5	22N47	0S17
2	4 43	5N18	4 16	8 13	2 17	2 7	21 31	2 17	20 22	3 2	3 36	1 5	22 47	0 17
3	5 6	11 1	4 46	13 40	1 29	2 3	21 50	2 21	20 18	2 60	3 41	1 5	22 47	0 17
4	5 29	16 8	5 1	18 23	0 41	1 59	22 9	2 25	20 13	2 57	3 47	1 5	22 47	0 17
5	5 52	20 25	4 60	22 11	0N 8	1 54	22 27	2 29	20 9	2 55	3 53	1 5	22 47	0 17
6	6 15	23 40	4 44	24 52	0 58	1 49	22 44	2 32	20 4	2 53	3 58	1 5	22 47	0 17
7	6 37	25 46	4 16	26 21	1 49	1 43	23 1	2 36	19 59	2 51	4 4	1 5	22 47	0 17
8	6 60	26 38	3 36	26 35	2 41	1 37	23 18	2 39	19 54	2 49	4 10	1 5	22 47	0 17
9	7 22	26 14	2 48	25 35	3 34	1 30	23 33	2 43	19 48	2 47	4 15	1 5	22 47	0 16
10	7 45	24 39	1 52	23 27	4 27	1 23	23 49	2 46	19 43	2 45	4 21	1 5	22 47	0 16
11	8 7	21 59	0 52	20 17	5 21	1 15	24 4	2 49	19 37	2 43	4 26	1 5	22 46	0 16
12	8 29	18 21	0S11	16 14	6 15	1 7	24 18	2 52	19 32	2 41	4 32	1 5	22 46	0 16
13	8 51	13 55	1 15	11 26	7 10	0 58	24 31	2 55	19 26	2 39	4 38	1 5	22 46	0 16
14	9 13	8 49	2 16	6 5	8 5	0 49	24 44	2 59	19 20	2 37	4 43	1 5	22 46	0 16
15	9 34	3 14	3 13	0 19	9 0	0 39	24 57	3 2	19 14	2 35	4 49	1 5	22 46	0 16
16	9 56	2S38	4 0	5S37	9 55	0 29	25 9	3 4	19 8	2 33	4 54	1 5	22 46	0 16
17	10 17	8 33	4 36	11 26	10 50	0 19	25 20	3 7	19 1	2 31	4 60	1 5	22 45	0 15
18	10 38	14 13	4 57	16 50	11 45	0 9	25 31	3 10	18 55	2 29	5 5	1 5	22 45	0 15
19	10 59	19 14	4 59	21 23	12 38	0N 2	25 41	3 13	18 48	2 27	5 11	1 5	22 45	0 15
20	11 20	23 12	4 43	24 40	13 32	0 13	25 51	3 15	18 41	2 25	5 16	1 6	22 45	0 15
21	11 40	25 44	4 9	26 22	14 24	0 24	25 60	3 18	18 34	2 23	5 22	1 6	22 45	0 15
22	12 1	26 32	3 19	26 15	15 15	0 34	26 8	3 20	18 27	2 21	5 27	1 6	22 44	0 15
23	12 21	25 32	2 16	24 23	16 4	0 45	26 16	3 22	18 20	2 19	5 33	1 6	22 44	0 15
24	12 41	22 52	1 5	20 60	16 52	0 56	26 23	3 24	18 13	2 18	5 38	1 6	22 44	0 15
25	13 1	18 50	0N 9	16 25	17 38	1 6	26 30	3 26	18 5	2 16	5 43	1 6	22 44	0 15
26	13 20	13 49	1 22	11 3	18 22	1 16	26 36	3 28	17 58	2 14	5 49	1 6	22 43	0 14
27	13 39	8 11	2 28	5 14	19 4	1 26	26 42	3 30	17 50	2 12	5 54	1 6	22 43	0 14
28	13 59	2 14	3 26	0N45	19 44	1 35	26 47	3 32	17 43	2 10	5 59	1 6	22 43	0 14
29	14 17	3N42	4 11	6 36	20 21	1 44	26 51	3 33	17 35	2 9	6 5	1 6	22 43	0 14
30	14N36	9N24	4N42	12N 5	20N56	1N52	26N55	3N34	17N27	2N 7	6N10	1S 6	22N42	0S14

DAY	♅ DECL	♅ LAT	♆ DECL	♆ LAT	♇ DECL	♇ LAT
1	15S54	0S40	19N54	0S17	18N25	5S 1
5	15 52	0 40	19 54	0 17	18 26	5 1
9	15 49	0 40	19 55	0 17	18 27	4 60
13	15 46	0 40	19 55	0 17	18 27	4 59
17	15 44	0 41	19 55	0 17	18 28	4 59
21	15 42	0 41	19 54	0 17	18 28	4 58
25	15 40	0 41	19 54	0 17	18 29	4 57
29	15S39	0S41	19N54	0S17	18N30	4S57

☽ PHENOMENA				VOID OF COURSE ☽ LAST ASPT		☽ INGRESS	
d	h	m		1	5pm37	1 ♈	5pm49
2	16	21	●	3	11pm58	4 ♉	0am11
10	14	35	☽	6	9am 5	6 ♊	9am20
18	5	7	○	7	10pm38	8 ♋	9pm11
24	22	38	☾	11	9am45	11 ♌	10am 1
				13	7am42	13 ♍	9pm 7
d	h	° '		16	4am27	16 ♎	4am41
1	3	0		18	8am36	18 ♏	8am48
8	4	26N39		20	10am42	20 ♐	10am53
15	13	0		21	6pm44	22 ♑	12pm34
21	23	26S33		24	2pm59	24 ♒	3pm 7
28	9	0		26	3am31	26 ♓	7pm 5
				29	0am31	29 ♈	0am35
4	10	5N 2		d	h		
11	20	0		9	14	APOGEE	
18	16	5S 0		21	12	PERIGEE	
24	21	0					

DAILY ASPECTARIAN

1 S	☉△♂	0am29
	☽✶♀	9 48
	☽⚼♂	10 44
	☽#☿	1pm19
	☉☌♃	2 18
	☽☌☿	3 8
	☽‖♃	5 4
	☽△♆	5 37
	☽□♇	8 6
	☉‖☽	9 30
2 Su	☽∠♅	0am13
	☿△♆	9 31
	☿ ♈	11 0
	☽□♄	11 39
	☽△♂	1pm45
	♀∠♃	1 57
	☽☌♃	2 52
	☽∠♀	2 56
	☉☌☽	4 21
3 M	☽✶♅	3am19
	☿□♇	3 55
	☽⚺♀	8pm47
	☽#♅	10 42
	☽□♆	11 58
4 T	☽✶♇	2am37
	☽⚺☿	6 26
	☿∠♅	10 40
	☽‖♇	12pm16
	☽✶♄	7 3
	☽‖♆	8 53
	☽□♂	9 43
	☽‖♂	10 22
	☽⚺♃	11 19
5 W	☉⚺☽	4am30
	☽∠♇	6 53
	♀✶♆	10 45
	☽□♅	11 31
	♀ ♊	1pm32
	☽‖♀	3 27
	☽∠☿	3 52
	☽‖♄	4 37
	☽∠♄	11 51
6 Th	♀‖♄	3am51
	☽∠♃	4 43
	☽✶♆	9 5
	☽☌♀	11 14
	☽⚺♇	11 55
	☉∠☽	11 58
	♀⚺♇	7pm 7
7 F	☽✶☿	2am38
	☽⚺♄	5 25
	☽✶♂	8 49
	☽✶♃	10 52
	☽∠♆	2pm43
	♂‖♆	8 6
	☿□♄	8 11
	☉✶☽	8 20
	☽△♅	10 38
8 S	☽∠♂	3pm24
	☿△♂	8 2
	☽⚺♆	8 55
	☽☌♇	11 55
9 Su	☉✶♅	1am17
	☽⚼♅	5 2
	☽⚺♀	5 7
	☿☌♃	10 57
	☽☌♄	6pm 8
	☿‖♃	8 52
	☽⚺♂	10 22
10 M	☽□♃	0am43
	☽□☿	3 12
	☽‖♀	7 51
	☽⚻♅	11 36
	♆SD	1pm19
	☉□☽	2 35
	☽∠♀	2 35
	☉∠♀	2 53
	☽‖♄	5 46
11 T	☽☌♆	9am45
	☽⚺♇	12pm47
	☽‖♆	2 24
	☽‖♂	4 39
	☽‖♇	11 26
	☽✶♀	11 45
12 W	☿✶♅	4am37
	☽⚺♄	6 57
	☽☌♂	11 54
	☽△♃	2pm19
	☽#♅	2 24
	☽∠♇	6 40
	☽☍♅	11 48
13 Th	☽△☿	3am37
	☉△☽	7 42
	☽∠♄	12pm31
	☽⚼♃	8 7
	☽⚺♆	8 52
	☉‖☽	10 21
	☽✶♇	11 48
14 F	☽‖☿	2am47
	☽⚼☿	2pm 5
	☉⚼☽	2 47
	☽□♀	3 19
	☽✶♄	5 11
	☽‖♃	5 29
	☉☌☿	9 32
	☽⚺♂	10 40
15 S	☽⚻♃	0am57
	☽∠♆	1 9
	☿∠♀	3 49
	☽⚻♅	8 53
	♀⚺♄	3pm48
	☉⚻☽	8 39
	☽⚻☿	10 58
16 Su	☉#☿	0am16
	☽∠♂	2 35
	☽✶♆	4 27
	☽□♇	7 13
	☽#♃	9 17
	☽⚼♅	12pm 0
	☽□♄	11 41
17 M	☽△♀	2am 5
	☽✶♂	5 34
	☉#☽	7 36
	☽☍♃	7 38
	☿□♆	9 39
	☿ ♉	11 0
	☽#☿	11 15
	☽△♅	2pm15
18 T	☿✶♇	3am20
	☉☍☽	5 7
	☽⚼♀	5 55
	☽‖♅	6 51
	☽□♆	8 36
	☽△♇	11 15
	☽☍☿	12pm38
	☽#♇	8 4
	☽#♂	9 48
19 W	☽△♄	3am 6
	☽#♆	3 37
	☽⚻♀	9 3
	☽□♂	9 30
	☽⚻♃	11 22
	☽⚼♇	12pm25
	☽□♅	4 59
	♀✶♂	5 37
	♀∠♆	7 47
	☽#♄	8 47
20 Th	☽⚼♄	4am10
	☉□♆	7 48
	☉ ♉	10 25
	☽△♆	10 42
	☉⚻☽	10 55
	☽⚼♃	12pm39
	☽⚻♇	1 19
	☽⚻☿	11 10
21 F	♀✶♃	3am51
	☽#♀	4 33
	☽⚻♄	5 6
	☽⚼♆	11 31
	☽△♂	12pm12
	☉⚼☽	1 30
	☽△♃	1 52
	☽☍♀	2 26
	☽✶♅	6 44
	♂‖♇	7 48
	☉✶♇	11 13
22 S	☽⚼☿	4am13
	☽⚻♆	12pm25
	☿#♅	1 0
	☽#♀	1 0
	☽⚼♂	1 37
	☽☍♇	3 5
	☉△☽	4 13
	☿✶♄	5 26
	☽∠♅	7 43
23 Su	☽☍♄	7am15
	☽△☿	9 31
	☽⚻♂	3pm18
	☽□♃	4 46
	☽⚻♀	8 13
	☽⚺♅	8 58
24 M	☽#♄	0am54
	♀△♅	7 24
	☽☍♆	2pm59
	☽⚻♇	5 45
	☽#♆	6 15
	☉□☽	10 38
	☽⚼♀	11 39
25 T	☽#♇	1am49
	☽#♂	3 55
	☽#☿	5 18
	☿□♂	8 16
	☿∠♇	8 55
	☽⚻♄	10 34
	♂∠♇	12pm32
	☿‖♂	12 44
	☽‖♅	3 34
	☿⚺♃	6 10
	☽⚼♇	7 36
	☽☍♂	7 46
	☽✶♃	8 59
	☽□☿	9 24
26 W	☽☌♅	0am30
	☉#☽	2 1
	☽△♀	3 31
	☿‖♇	4 3
	☽⚼♄	12pm48
	☽⚻♆	6 59
	☿□♅	7 19
	☽△♇	9 51
	☽∠♃	11 40
27 Th	☉✶☽	6am51
	☽#♃	9 9
	☽△♄	3pm25
	☽⚼♆	9 33
28 F	☽⚻♂	1am54
	☽⚺♃	2 46
	☽⚺♅	5 32
	☿‖♆	6 29
	☽✶☿	11 11
	☉∠☽	11 40
	☽□♀	12pm36
29 S	☽△♆	0am31
	☽□♇	3 29
	☽⚼♂	5 37
	☿⚺♀	6 21
	☽∠♅	8 38
	☽‖♃	9 57
	☉⚺☽	5pm 0
	☽∠☿	6 46
	☽□♄	9 52
30 Su	☽△♂	9am50
	☽☌♃	10 15
	☽✶♅	12pm12
	☿∠♄	6 27
	☽✶♀	11 40

MAY 1916

LONGITUDE

DAY	SID. TIME	☉	☽	☽ 12 Hour	MEAN ☊	TRUE ☊	☿	♀	♂	♃	♄	♅	♆	♇
	h m s	° ' "	° ' "	° ' "	° '	° '	° '	° '	° '	° '	° '	° '	° '	° '
1	14 34 21	10♉ 16 50	25♈ 49 10	2♉ 13 48	3♒ 20	2♒ 54R	27♉ 9	25♊ 39	18♌ 23	18♈ 33	11♋ 46	19♒ 28	29♋ 59	1♋ 38
2	14 38 18	11 15 4	8♉ 35 14	14 53 25	3 17	2 41	28 52	26 34	18 45	18 46	11 51	19 29	0♌ 0	1 39
3	14 42 14	12 13 15	21 8 20	27 20 0	3 14	2 28	0♊ 32	27 28	19 6	19 0	11 56	19 30	0 0	1 40
4	14 46 11	13 11 25	3♊ 28 31	9♊ 34 1	3 11	2 16	2 7	28 22	19 28	19 14	12 2	19 32	0 1	1 41
5	14 50 7	14 9 34	15 36 42	21 36 50	3 8	2 6	3 39	29 15	19 51	19 28	12 7	19 33	0 2	1 42
6	14 54 4	15 7 40	27 34 46	3♋ 30 52	3 5	1 58	5 8	0♋ 7	20 13	19 42	12 12	19 33	0 3	1 43
7	14 58 0	16 5 45	9♋ 25 36	15 19 29	3 1	1 54	6 32	0 59	20 36	19 56	12 18	19 34	0 4	1 44
8	15 1 57	17 3 47	21 13 3	27 6 55	2 58	1 52D	7 52	1 50	21 0	20 9	12 23	19 35	0 4	1 45
9	15 5 54	18 1 48	3♌ 1 42	8♌ 58 4	2 55	1 51	9 8	2 40	21 23	20 23	12 29	19 36	0 5	1 46
10	15 9 50	18 59 47	14 56 41	20 58 16	2 52	1 52R	10 20	3 30	21 47	20 37	12 34	19 37	0 6	1 47
11	15 13 47	19 57 44	27 3 28	3♍ 12 58	2 49	1 51	11 27	4 19	22 11	20 50	12 40	19 37	0 7	1 48
12	15 17 43	20 55 39	9♍ 27 23	15 47 18	2 45	1 50	12 31	5 7	22 35	21 4	12 46	19 38	0 8	1 50
13	15 21 40	21 53 33	22 13 14	28 45 36	2 42	1 46	13 29	5 54	23 0	21 17	12 52	19 39	0 9	1 51
14	15 25 36	22 51 24	5♎ 24 40	12♎ 10 37	2 39	1 40	14 24	6 40	23 25	21 30	12 57	19 39	0 10	1 52
15	15 29 33	23 49 14	19 3 26	26 2 57	2 36	1 32	15 14	7 26	23 50	21 44	13 3	19 40	0 11	1 53
16	15 33 29	24 47 2	3♏ 8 49	10♏ 20 28	2 33	1 23	15 59	8 10	24 15	21 57	13 9	19 40	0 13	1 54
17	15 37 26	25 44 49	17 37 13	24 58 10	2 30	1 12	16 40	8 54	24 41	22 10	13 15	19 41	0 14	1 55
18	15 41 23	26 42 35	2♐ 22 20	9♐ 48 40	2 26	1 3	17 17	9 37	25 7	22 24	13 22	19 41	0 15	1 57
19	15 45 19	27 40 19	17 16 3	24 43 25	2 23	0 55	17 48	10 18	25 33	22 37	13 28	19 41	0 16	1 58
20	15 49 16	28 38 2	2♑ 9 43	9♑ 34 3	2 20	0 50	18 15	10 59	25 59	22 50	13 34	19 42	0 17	1 59
21	15 53 12	29 35 44	16 55 36	24 13 43	2 17	0 47D	18 37	11 38	26 26	23 3	13 40	19 42	0 19	2 0
22	15 57 9	0♊ 33 24	1♒ 27 54	8♒ 37 46	2 14	0 46	18 54	12 16	26 53	23 16	13 47	19 42	0 20	2 2
23	16 1 5	1 31 4	15 43 7	22 43 50	2 10	0 47	19 6	12 53	27 20	23 29	13 53	19 42	0 21	2 3
24	16 5 2	2 28 42	29 39 55	6♓ 31 27	2 7	0 47R	19 14	13 29	27 47	23 41	14 0	19 42R	0 23	2 4
25	16 8 58	3 26 20	13♓ 18 32	20 1 23	2 4	0 47	19 16R	14 4	28 14	23 54	14 6	19 42	0 24	2 6
26	16 12 55	4 23 56	26 40 9	3♈ 15 3	2 1	0 45	19 15	14 37	28 42	24 7	14 13	19 42	0 25	2 7
27	16 16 52	5 21 32	9♈ 46 17	16 14 2	1 58	0 41	19 8	15 9	29 10	24 19	14 19	19 42	0 27	2 8
28	16 20 48	6 19 6	22 38 28	28 59 45	1 55	0 34	18 58	15 39	29 38	24 32	14 26	19 42	0 28	2 9
29	16 24 45	7 16 40	5♉ 18 1	11♉ 33 23	1 51	0 25	18 43	16 8	0♍ 6	24 45	14 33	19 42	0 30	2 11
30	16 28 41	8 14 13	17 45 59	23 55 54	1 48	0 16	18 25	16 35	0 35	24 57	14 39	19 42	0 31	2 12
31	16 32 38	9♊ 11 45	0♊ 3 17	6♊ 8 14	1♒ 45	0♒ 6	18♊ 3	17♋ 1	1♍ 3	25♈ 9	14♋ 46	19♒ 41	0♌ 33	2♋ 14

DECLINATION and LATITUDE

DAY	☉ DECL	☽ DECL	☽ LAT	☽ 12hr DECL	☿ DECL	☿ LAT	♀ DECL	♀ LAT	♂ DECL	♂ LAT	♃ DECL	♃ LAT	♄ DECL	♄ LAT
1	14N55	14N36	4N58	16N57	21N28	1N60	26N58	3N36	17N18	2N 5	6N15	1S 6	22N42	0S14
2	15 13	19 5	4 59	20 59	21 58	2 6	27 1	3 37	17 10	2 4	6 20	1 6	22 42	0 14
3	15 31	22 38	4 45	23 60	22 26	2 12	27 3	3 38	17 2	2 2	6 26	1 6	22 41	0 14
4	15 48	25 4	4 18	25 51	22 51	2 18	27 5	3 39	16 53	2 0	6 31	1 6	22 41	0 14
5	16 6	26 18	3 39	26 27	23 13	2 22	27 6	3 39	16 45	1 59	6 36	1 6	22 41	0 13
6	16 23	26 17	2 51	25 49	23 33	2 26	27 7	3 40	16 36	1 57	6 41	1 6	22 40	0 13
7	16 40	25 3	1 56	24 0	23 51	2 28	27 7	3 40	16 27	1 55	6 46	1 6	22 40	0 13
8	16 56	22 42	0 56	21 9	24 6	2 30	27 6	3 40	16 18	1 54	6 51	1 6	22 39	0 13
9	17 13	19 23	0S 6	17 25	24 19	2 31	27 5	3 40	16 9	1 52	6 56	1 6	22 39	0 13
10	17 29	15 16	1 9	12 56	24 30	2 31	27 4	3 40	15 60	1 51	7 1	1 7	22 39	0 13
11	17 44	10 28	2 10	7 52	24 39	2 30	27 2	3 39	15 51	1 49	7 6	1 7	22 38	0 13
12	17 60	5 9	3 6	2 21	24 45	2 28	26 60	3 39	15 41	1 48	7 11	1 7	22 38	0 13
13	18 15	0S30	3 54	3S24	24 50	2 25	26 57	3 38	15 32	1 46	7 16	1 7	22 37	0 13
14	18 30	6 19	4 32	9 12	24 53	2 21	26 54	3 37	15 22	1 45	7 21	1 7	22 37	0 12
15	18 44	12 2	4 56	14 45	24 53	2 16	26 50	3 36	15 12	1 43	7 26	1 7	22 36	0 12
16	18 58	17 18	5 3	19 40	24 53	2 10	26 46	3 34	15 2	1 42	7 31	1 7	22 36	0 12
17	19 12	21 45	4 51	23 30	24 50	2 4	26 41	3 33	14 52	1 40	7 36	1 7	22 35	0 12
18	19 26	24 53	4 20	25 50	24 46	1 56	26 36	3 31	14 42	1 39	7 41	1 7	22 35	0 12
19	19 39	26 20	3 30	26 20	24 40	1 47	26 31	3 28	14 32	1 37	7 46	1 7	22 34	0 12
20	19 52	25 52	2 27	24 57	24 32	1 37	26 25	3 26	14 22	1 36	7 50	1 7	22 34	0 12
21	20 4	23 35	1 13	21 51	24 23	1 26	26 19	3 23	14 12	1 35	7 55	1 7	22 33	0 12
22	20 17	19 47	0N 4	17 26	24 13	1 14	26 13	3 21	14 1	1 33	7 60	1 8	22 33	0 12
23	20 28	14 52	1 19	12 8	24 2	1 2	26 6	3 17	13 51	1 32	8 4	1 8	22 32	0 11
24	20 40	9 17	2 28	6 21	23 49	0 48	25 59	3 14	13 40	1 31	8 9	1 8	22 32	0 11
25	20 51	3 22	3 27	0 24	23 35	0 34	25 52	3 10	13 29	1 29	8 14	1 8	22 31	0 11
26	21 2	2N33	4 14	5N27	23 19	0 19	25 44	3 6	13 18	1 28	8 18	1 8	22 30	0 11
27	21 12	8 15	4 46	10 57	23 3	0 3	25 36	3 2	13 7	1 27	8 23	1 8	22 30	0 11
28	21 22	13 30	5 3	15 53	22 46	0S14	25 28	2 57	12 56	1 25	8 27	1 8	22 29	0 11
29	21 32	18 5	5 5	20 3	22 28	0 30	25 20	2 52	12 45	1 24	8 32	1 8	22 29	0 11
30	21 41	21 48	4 52	23 17	22 9	0 47	25 11	2 47	12 34	1 23	8 36	1 8	22 28	0 11
31	21N50	24N30	4N26	25N25	21N50	1S 5	25N 2	2N41	12N22	1N21	8N41	1S 8	22N27	0S11

DAY	♅ DECL	♅ LAT	♆ DECL	♆ LAT	♇ DECL	♇ LAT
1	15S38	0S41	19N54	0S17	18N30	4S57
5	15 37	0 41	19 53	0 16	18 30	4 56
9	15 36	0 41	19 52	0 16	18 31	4 56
13	15 35	0 41	19 52	0 16	18 31	4 55
17	15 35	0 42	19 51	0 16	18 32	4 55
21	15 35	0 42	19 50	0 16	18 32	4 54
25	15 35	0 42	19 49	0 16	18 32	4 54
29	15S35	0S42	19N48	0S16	18N33	4S53

☽ PHENOMENA

d	h	m	
2	5	29	●
10	8	47	☽
17	14	11	○
24	5	16	☾
31	19	37	●

d	h	° '
5	12	26N27
12	22	0
19	6	26S24
25	14	0

d	h	° '
1	13	5N 0
8	22	0
15	21	5S 3
21	23	0
28	15	5N 6

VOID OF COURSE ☽

LAST ASPT		☽ INGRESS		
1	7am47	1	♉	7am49
2	8pm51	3	♊	5pm12
5	8am44	6	♋	4am53
7	9pm48	8	♌	5pm52
10	2pm 4	11	♍	5am45
12	11pm21	13	♎	2pm15
15	8am28	15	♏	6pm42
17	2pm11	17	♐	8pm10
19	1pm44	19	♑	8pm30
21	10am12	21	♒	9pm34
23	8pm37	24	♓	0am35
25	10am39	26	♈	6am 4
28	1pm43	28	♉	1pm54
30	3am44	30	♊	11pm54

d	h	
7	8	APOGEE
19	8	PERIGEE

DAILY ASPECTARIAN

1 M	☉∥☽	1am37
	☽⚺☿	2 53
	☽#♅	5 10
	☽□♆	7 47
	☽✶♇	10 53
	☽∥♂	1pm33
	☽∥♇	8 37
2 T	☽∥♆	4am56
	♂△♃	5 19
	☉☌☽	5 29
	☽∠♀	6 6
	☽✶♄	6 15
	♆ ♌	10 46
	☽∠♇	3pm23
	☿ ♊	4 14
	☿✶♆	4 16
	☉✶♄	4 24
	☽⚺♃	7 49
	☽□♂	7 58
	☽□♅	8 51
	☽∥☿	10 11
3 W	☽∥♄	0am29
	☉#♅	9 11
	☽∠♄	11 19
	☽⚺♀	1pm14
	☿∥♄	2 32
	☿⚺♇	5 8
	☽✶♆	5 14
	☽⚺♇	8 29
	☽☌☿	8 58
4 Th	☽∠♃	1am32
	♂☍♅	3 27
	☽⚺♄	5pm 0
	☉⚺☽	8 51
	☽∠♆	10 51
5 F	☽✶♃	7am51
	☽△♅	7 52
	♃✶♅	8 18
	☽✶♂	8 44
	☿∠♃	3pm34
	♀ ♋	8 37
	♀⚺♆	9 52
	☉∠♀	10 39
6 S	☽⚺♆	4am59
	☽☌♀	5 32
	☉∠☽	5 36
	☽☌♇	8 22
	☉∥♂	12pm15
	☽⚼♅	2 8
	☽∠♂	3 59
	☽⚺☿	5 20
7 Su	☽☌♄	5am53
	☽∥☿	12pm15
	☉✶☽	2 47
	☉∠♇	4 6
	☽⚻♅	8 41
	♀☌♇	9 33
	☽□♃	9 48
	☽⚺♂	11 32
8 M	☽∥♄	0am23
	☽∠☿	3 46
	☽☌♆	6pm 2
	☽∥♆	8 51
	☽⚺♇	9 27
	☽⚺♀	11 14
9 T	☽∥♇	5am28
	☉∥☽	12pm24
	☽✶☿	1 43
	☽⚺♄	7 13
	☽∥♂	7 51
	☽#♅	10 11
10 W	☽∠♇	3am41
	☽∠♀	7 37
	☉□☽	8 47
	☽☍♅	9 19
	☽△♃	11 30
	☽☌♂	2pm 4
	☉□♅	3 30
11 Th	☽∠♄	1am12
	☽⚺♆	6 0
	☽✶♇	9 17
	♀⚼♅	9 23
	☽✶♀	3pm 6
	☽∥♃	3 9
	☽⚼♃	5 22
12 F	☉⚺♃	4am18
	☽□☿	6 18
	☽✶♄	6 20
	☿⚺♄	6 41
	☽∠♆	10 47
	♂#♅	2pm41
	☽⚻♅	7 13
	☽⚻♃	10 14
	☉△☽	11 21
13 S	☽⚺♂	1am29
	☽✶♆	2pm33
	☽□♇	5 37
	☽⚼♅	10 39
14 Su	☽□♀	2am23
	☉∥♇	2 43
	☽#♃	4 22
	☉⚼☽	4 42
	☽∠♂	5 31
	☽□♄	1pm28
	☽△☿	4 56
	☿∠♆	10 42
15 M	☉□♂	0am38
	☽△♅	1 3
	☽☍♃	4 41
	☽✶♂	8 28
	☉⚻☽	8 48
	☽#♂	1pm40
	☽∥♅	3 50
	☽□♆	7 3
	☽⚼☿	8 11
	☽△♇	9 54
16 T	☽#♇	6am 4
	☉#☽	8 49
	☽△♀	8 51
	☽#♆	1pm 1
	☽△♄	4 46
	☽⚻☿	10 22
	☽⚼♇	10 51
17 W	☽□♅	3am22
	☽#♄	5 27
	☽⚻♃	7 33
	☽⚼♀	10 47
	☽□♂	11 53
	☉☍☽	2pm11
	☽⚼♄	5 28
	☽△♆	8 34
	☽#☿	10 48
	☽⚻♇	11 18
18 Th	☽⚼♃	8am13
	☽⚻♀	12pm15
	☽⚻♄	5 50
	☽⚼♆	8 47
19 F	☽☍☿	0am53
	☽✶♅	3 54
	☽△♃	8 44
	☽△♂	1pm44
	☉⚻☽	5 55
	☉∥♆	8 39
	☽⚻♆	8 58
	☉∠♄	10 9
	☽☍♇	11 43
20 S	♀∠♂	1am27
	☽∠♅	4 6
	☽⚼♂	2pm46
	☽☍♀	2 58
	☽#☿	4 55
	☽☍♄	6 39
	☉⚼☽	7 55
21 Su	☽⚻☿	2am49
	☽⚺♅	4 33
	☽#♄	7 27
	☉ ♊	10 6
	☽□♃	10 12
	☽⚻♂	4pm 9
	☉✶♆	6 15
	☉#☽	9 24
	☽☍♆	10 7
	☉△☽	10 23
	☽#♆	11 46
22 M	☽⚻♇	0am56
	☽⚼☿	4 8
	☽#♇	6 33
	☽⚻♀	6pm59
	☽∥♅	8 47
	☽⚻♄	8 52
23 T	☽⚼♇	2am16
	☽#♂	4 45
	☽△☿	5 50
	☽☌♅	6 48
	☽✶♃	1pm30
	☉⚺♇	1 34
	☽☍♂	8 37
	☽⚼♀	9 51
	☽⚼♄	10 49
24 W	☽⚻♆	1am14
	☽△♇	4 12
	☽#♃	4 35
	☉□☽	5 16
	☽∠♃	4pm 4
	♅SR	8 19
25 Th	☽△♀	1am24
	☽△♄	1 25
	♀☌♄	2 15
	☿SR	2 34
	☽⚼♆	3 44
	☽□☿	10 39
	☽⚺♅	11 26
	☽⚺♃	7pm18
26 F	☽⚻♂	3am50
	☽△♆	6 50
	☽□♇	9 56
	☽∠♅	2pm40
	☉✶☽	3 13
27 S	☽∥♃	0am34
	☽⚼♂	8 27
	☽□♄	8 31
	☽□♀	10 23
	♂∠♄	10 31
	☽✶☿	5pm12
	☽✶♅	6 29
	☉∠☽	9 19
	☽∥♂	9 24
28 Su	☽☌♃	3am37
	☽#♅	10 27
	☽△♂	1pm43
	☽□♆	2 49
	☽✶♇	6 2
	♂ ♍	6 42
	☽∠☿	9 3
	☿∥♄	11 17
29 M	☽∥♇	2am43
	☉⚺☽	4 6
	☽∥♆	10 18
	☽✶♄	5pm56
	♂⚺♆	8 48
	☽✶♀	9 38
	☽∠♇	10 54
	☉∥☽	11 8
30 T	☽⚺☿	1am13
	☽∥☿	2 26
	☽□♅	3 44
	☽∥♄	5 5
	☽⚺♃	2pm14
	☽∠♄	11 26
	☉∥☿	11 48
31 W	☽✶♆	0am58
	☽□♂	2 3
	☽∠♀	4 0
	☽⚺♇	4 17
	☽∥♀	6 6
	☉☌☽	7pm37
	☽∠♃	8 19

JUNE 1916

LONGITUDE

DAY	SID. TIME	☉	☽	☽ 12 Hour	MEAN ☊	TRUE ☊	☿	♀	♂	♃	♄	♅	♆	♇
	h m s	° ' "	° ' "	° ' "	° '	° '	° '	° '	° '	° '	° '	° '	° '	° '
1	16 36 34	10♊ 9 16	12♊ 10 53	18♊ 11 26	1♒ 42	29♉ 58R	17♊ 38R	17♋ 25	1♍ 32	25♈ 22	14♋ 53	19♒ 41R	0♌ 34	2♋ 15
2	16 40 31	11 6 46	24 10 3	0♋ 6 58	1 39	29 51	17 10	17 48	2 1	25 34	15 0	19 41	0 36	2 16
3	16 44 27	12 4 15	6♋ 2 27	11 56 48	1 36	29 46	16 40	18 8	2 30	25 46	15 7	19 40	0 37	2 18
4	16 48 24	13 1 42	17 50 24	23 43 36	1 32	29 43D	16 8	18 27	3 0	25 58	15 14	19 40	0 39	2 19
5	16 52 21	13 59 9	29 36 51	5♌ 30 39	1 29	29 42	15 35	18 44	3 29	26 10	15 21	19 39	0 41	2 20
6	16 56 17	14 56 35	11♌ 25 30	17 21 57	1 26	29 43	15 2	18 59	3 59	26 22	15 28	19 39	0 42	2 22
7	17 0 14	15 53 59	23 20 36	29 22 3	1 23	29 44	14 28	19 12	4 29	26 33	15 35	19 38	0 44	2 23
8	17 4 10	16 51 22	5♍ 26 55	11♍ 35 49	1 20	29 46	13 55	19 22	4 59	26 45	15 42	19 37	0 46	2 25
9	17 8 7	17 48 44	17 49 23	24 8 13	1 16	29 46R	13 23	19 31	5 29	26 57	15 50	19 37	0 47	2 26
10	17 12 3	18 46 6	0♎ 32 50	7♎ 3 45	1 13	29 46	12 53	19 38	6 0	27 8	15 57	19 36	0 49	2 28
11	17 16 0	19 43 26	13 41 22	20 25 59	1 10	29 43	12 25	19 42	6 30	27 20	16 4	19 35	0 51	2 29
12	17 19 56	20 40 45	27 17 44	4♏ 16 40	1 7	29 39	12 0	19 44R	7 1	27 31	16 11	19 34	0 53	2 30
13	17 23 53	21 38 3	11♏ 22 34	18 35 7	1 4	29 34	11 38	19 43	7 32	27 42	16 19	19 33	0 54	2 32
14	17 27 50	22 35 20	25 53 44	3♐ 17 42	1 1	29 29	11 19	19 41	8 3	27 53	16 26	19 32	0 56	2 33
15	17 31 46	23 32 37	10♐ 46 5	18 17 50	0 57	29 24	11 4	19 35	8 34	28 4	16 33	19 31	0 58	2 35
16	17 35 43	24 29 53	25 51 47	3♑ 26 44	0 54	29 20	10 53	19 28	9 5	28 15	16 41	19 30	1 0	2 36
17	17 39 39	25 27 8	11♑ 1 27	18 34 45	0 51	29 17	10 46	19 18	9 37	28 26	16 48	19 29	1 2	2 38
18	17 43 36	26 24 23	26 5 33	3♒ 32 54	0 48	29 16D	10 43D	19 5	10 8	28 37	16 56	19 28	1 4	2 39
19	17 47 32	27 21 38	10♒ 55 57	18 14 4	0 45	29 17	10 45	18 51	10 40	28 48	17 3	19 27	1 6	2 41
20	17 51 29	28 18 52	25 26 47	2♓ 33 44	0 42	29 18	10 52	18 33	11 12	28 58	17 11	19 26	1 7	2 42
21	17 55 26	29 16 6	9♓ 34 47	16 29 52	0 38	29 19	11 3	18 14	11 44	29 9	17 18	19 25	1 9	2 43
22	17 59 22	0♋ 13 20	23 19 5	0♈ 2 34	0 35	29 20R	11 19	17 52	12 16	29 19	17 26	19 24	1 11	2 45
23	18 3 19	1 10 34	6♈ 40 34	13 13 22	0 32	29 20	11 40	17 28	12 48	29 29	17 33	19 22	1 13	2 46
24	18 7 15	2 7 47	19 41 19	26 4 43	0 29	29 19	12 6	17 2	13 21	29 39	17 41	19 21	1 15	2 48
25	18 11 12	3 5 1	2♉ 23 58	8♉ 39 24	0 26	29 17	12 36	16 35	13 53	29 49	17 48	19 19	1 17	2 49
26	18 15 8	4 2 15	14 51 22	21 0 13	0 22	29 13	13 11	16 5	14 26	29 59	17 56	19 18	1 19	2 51
27	18 19 5	4 59 28	27 6 16	3♊ 9 49	0 19	29 9	13 50	15 34	14 59	0♉ 9	18 4	19 17	1 21	2 52
28	18 23 1	5 56 42	9♊ 11 11	15 10 37	0 16	29 5	14 33	15 1	15 32	0 19	18 11	19 15	1 23	2 54
29	18 26 58	6 53 55	21 8 23	27 4 47	0 13	29 2	15 22	14 27	16 5	0 28	18 19	19 14	1 25	2 55
30	18 30 55	7♋ 51 9	3♋ 0 3	8♋ 54 26	0♒ 10	28♉ 59	16♊ 14	13♋ 52	16♍ 38	0♉ 38	18♋ 27	19♒ 12	1♌ 27	2♋ 57

DECLINATION and LATITUDE

DAY	☉ DECL	☽ DECL	☽ LAT	☽ 12hr DECL	☿ DECL	☿ LAT	♀ DECL	♀ LAT	♂ DECL	♂ LAT	♃ DECL	♃ LAT	♄ DECL	♄ LAT
1	21N59	26N 1	3N48	26N19	21N30	1S22	24N53	2N35	12N11	1N20	8N45	1S 9	22N27	0S11
2	22 7	26 19	2 60	25 60	21 11	1 40	24 44	2 29	11 59	1 19	8 49	1 9	22 26	0 10
3	22 15	25 23	2 4	24 29	20 51	1 57	24 34	2 22	11 48	1 18	8 54	1 9	22 25	0 10
4	22 22	23 19	1 4	21 54	20 31	2 14	24 25	2 15	11 36	1 16	8 58	1 9	22 25	0 10
5	22 29	20 15	0 1	18 24	20 11	2 30	24 15	2 8	11 24	1 15	9 2	1 9	22 24	0 10
6	22 36	16 21	1S 3	14 8	19 52	2 45	24 5	2 0	11 12	1 14	9 6	1 9	22 23	0 10
7	22 42	11 47	2 5	9 18	19 34	3 0	23 55	1 52	10 60	1 13	9 10	1 9	22 22	0 10
8	22 48	6 42	3 2	4 1	19 16	3 14	23 45	1 43	10 48	1 12	9 14	1 9	22 22	0 10
9	22 53	1 16	3 52	1S33	19 0	3 27	23 35	1 34	10 36	1 10	9 18	1 10	22 21	0 10
10	22 58	4S22	4 32	7 12	18 45	3 38	23 25	1 25	10 23	1 9	9 22	1 10	22 20	0 10
11	23 3	9 60	4 59	12 43	18 31	3 48	23 15	1 15	10 11	1 8	9 26	1 10	22 19	0 10
12	23 7	15 20	5 11	17 48	18 19	3 57	23 4	1 5	9 58	1 7	9 30	1 10	22 19	0 9
13	23 11	20 4	5 4	22 4	18 9	4 5	22 54	0 55	9 46	1 6	9 34	1 10	22 18	0 9
14	23 15	23 45	4 39	25 3	17 60	4 11	22 44	0 44	9 33	1 5	9 38	1 10	22 17	0 9
15	23 18	25 56	3 54	26 20	17 53	4 16	22 33	0 32	9 20	1 3	9 42	1 10	22 16	0 9
16	23 20	26 15	2 52	25 41	17 48	4 20	22 23	0 21	9 8	1 2	9 46	1 11	22 15	0 9
17	23 22	24 37	1 38	23 7	17 45	4 22	22 12	0 8	8 55	1 1	9 49	1 11	22 15	0 9
18	23 24	21 13	0 17	18 59	17 43	4 23	22 1	0S 4	8 42	1 0	9 53	1 11	22 14	0 9
19	23 25	16 29	1N 3	13 45	17 44	4 23	21 51	0 17	8 29	0 59	9 57	1 11	22 13	0 9
20	23 26	10 52	2 19	7 53	17 46	4 21	21 40	0 30	8 16	0 58	10 0	1 11	22 12	0 9
21	23 27	4 51	3 23	1 47	17 51	4 19	21 30	0 43	8 2	0 57	10 4	1 11	22 11	0 9
22	23 27	1N14	4 14	4N12	17 56	4 15	21 19	0 57	7 49	0 56	10 7	1 11	22 10	0 9
23	23 27	7 5	4 50	9 51	18 4	4 10	21 8	1 11	7 36	0 55	10 11	1 12	22 9	0 8
24	23 26	12 29	5 10	14 56	18 13	4 5	20 58	1 25	7 22	0 54	10 14	1 12	22 9	0 8
25	23 25	17 13	5 13	19 17	18 23	3 58	20 47	1 39	7 9	0 53	10 18	1 12	22 8	0 8
26	23 23	21 7	5 2	22 42	18 34	3 51	20 37	1 53	6 55	0 51	10 21	1 12	22 7	0 8
27	23 21	24 1	4 38	25 4	18 47	3 43	20 26	2 7	6 42	0 50	10 24	1 12	22 6	0 8
28	23 19	25 48	4 1	26 14	19 1	3 34	20 16	2 21	6 28	0 49	10 27	1 12	22 5	0 8
29	23 16	26 26	3 14	26 12	19 16	3 24	20 5	2 36	6 14	0 48	10 31	1 13	22 4	0 8
30	23N13	25N43	2N18	24N57	19N31	3S14	19N55	2S50	6N 0	0N47	10N34	1S13	22N 3	0S 8

DAY	♅ DECL	♅ LAT	♆ DECL	♆ LAT	♇ DECL	♇ LAT
1	15S35	0S42	19N47	0S16	18N33	4S53
5	15 36	0 42	19 45	0 16	18 33	4 53
9	15 37	0 43	19 44	0 16	18 33	4 52
13	15 38	0 43	19 42	0 16	18 34	4 52
17	15 39	0 43	19 41	0 16	18 34	4 52
21	15 41	0 43	19 39	0 16	18 34	4 51
25	15 43	0 43	19 38	0 16	18 34	4 51
29	15S45	0S43	19N36	0S16	18N34	4S51

☽ PHENOMENA	
d h m	
8 23 59	☽
15 21 42	○
22 13 16	☾
30 10 43	●
d h ° '	
1 18 26N22	
9 5 0	
15 16 26S22	
21 19 0	
28 23 26N23	
5 0 0	
12 4 5S11	
18 5 0	
24 18 5N14	

VOID OF COURSE ☽ LAST ASPT	☽ INGRESS
2 2am51	2 ♋ 11am46
4 4pm51	5 ♌ 0am47
7 6am31	7 ♍ 1pm15
9 3am16	9 ♎ 10pm59
12 0am23	12 ♏ 4am40
13 1pm50	14 ♐ 6am40
16 3am50	16 ♑ 6am33
18 4am 6	18 ♒ 6am17
20 6am 0	20 ♓ 7am40
21 2pm39	22 ♈ 11am55
24 7pm 2	24 ♉ 7pm26
26 8am39	27 ♊ 5am43
28 8pm 9	29 ♋ 5pm55

d h	
3 22	APOGEE
16 15	PERIGEE

DAILY ASPECTARIAN

1 Th	☽⚺♄	5am27
	☿⚺♀	5 57
	☉∠♃	6 30
	☽∠♆	6 46
	☽☌☿	10 28
	☽⚺♀	10 48
	☽△♅	2pm59
2 F	☽⚹♃	2am51
	☽⚺♆	1pm 0
	♂⚹♇	1 2
	☽☌♇	4 24
	☽⚹♂	4 32
	☽⚼♅	9 13
3 S	☽∥♀	11am51
	☉⚺☽	1pm20
	☽☌♄	6 38
	☽⚺☿	8 40
4 Su	☽∠♂	0am20
	☽☌♀	1 16
	☽⚻♅	3 43
	☉∥♄	6 54
	☉∥☽	7 52
	☽∥♄	7 55
	☽□♃	4pm51
	☿∠♆	8 16
	☉∠☽	10 36
5 M	☽∥☿	0am28
	☽∠☿	1 53
	☽☌♆	2 10
	☽∥♆	3 19
	☽⚺♇	5 34
	☽⚺♂	8 14
	☿⚺♄	8 22
	☽∥♇	11 1
	♀∠♂	11pm30
6 T	☉☌☿	1am20
	☽#♅	4 8
	☽⚹☿	6 57
	☉⚹☽	7 44
	☽⚺♄	8 15
	☿∥♆	9 25
	☽∠♇	12pm 1
	☉⚺♄	3 2
	☽⚺♀	3 32
	☽☍♅	4 34
	☉∠♆	7 38
7 W	☽∥♂	4am 0
	☽△♃	6 31
	☽∥♃	12pm25
	☽∠♄	2 34
	☽⚺♆	2 44
	☽⚹♇	6 1
	☽∠♀	9 52
	☽☌♂	11 3
8 Th	☽⚼♃	12pm30
	☽□☿	3 49
	☽∠♆	8 5
	☽⚹♄	8 8
	☉□☽	11 59
9 F	☽⚹♀	3am16
	☽⚻♅	3 25
	☽⚻♃	5pm33
	♀⚻♅	5 43
10 S	☽⚹♆	0am30
	☽□♇	3 33
	☽⚼♅	7 29
	☽⚺♂	10 27
	☿∥♇	7pm46
	☉△♅	8 34
	☽#♃	9 35
	☽△☿	9 48
	☉⚺♀	11 17
11 Su	☽#♂	0am48
	☿∠♃	3 32
	☽□♄	4 17
	☽△♅	10 29
	☽□♀	10 44
	☉△☽	11 34
	☽∠♂	2pm26
	☉∥♀	7 9
	☽⚼☿	11 30
12 M	☽☍♃	0am23
	☽∥♅	1 22
	☽□♆	6 11
	♀SR	7 50
	☽△♇	8 59
	☽#☿	2pm 3
	☉⚼☽	3 25
	☽#♇	3 51
	☽⚹♂	5 17
	☽#♆	10 0
13 T	☽⚻☿	0am25
	☽△♄	8 18
	☽⚼♇	10 16
	☽#♄	1pm27
	☽□♅	1 35
	☽△♀	1 50
	☽#♀	4 46
	♂∥♃	4 57
	☉⚻☽	6 13
	☉#☽	8 2
14 W	☽⚻♃	3am17
	☽△♆	8 12
	☽⚼♄	9 4
	☽⚻♇	10 49
	☽⚼♀	2pm 9
	☽□♂	8 21
15 Th	☽☍☿	0am28
	☽⚼♃	3 44
	☽⚼♆	8 19
	☽⚻♄	9 18
	☽⚹♅	1pm56
	☽⚻♀	1 57
	♀⚻♅	3 6
	☉☍☽	9 42
16 F	☽△♃	3am50
	☽⚻♆	8 9
	☽☍♇	10 41
	☽∠♅	1pm40
	♀∥♄	5 33
	☽△♂	9 41
	☽⚻☿	11 35
17 S	☽☍♄	9am15
	☉#☽	10 5
	☽☍♀	12pm58
	☽⚺♅	1 26
	☽#♄	5 54
	☽#♀	6 59
	☽⚼♂	10 25
	☽⚼☿	11 24
18 Su	☉⚻☽	0am32
	☿SD	1 2
	☽□♃	4 6
	☽☍♆	8 0
	☽#♆	8 30
	☽⚻♇	10 34
	☽#♇	2pm 7
	☽#☿	6 10
	☽⚻♂	11 33
	☽△☿	11 43
19 M	☉⚼☽	2am30
	☽∥♅	3 38
	☿□♂	4 43
	☽⚻♄	10 8
	☽⚼♇	11 6
	☽⚻♀	12pm46
	☽☌♅	2 0
20 T	☽#♃	3am29
	☉△☽	5 10
	☽⚹♃	6 0
	☽⚻♆	9 35
	☽#♂	10 54
	☽⚼♄	11 27
	☽△♇	12pm15
	☽⚼♀	1 23
	☉⚹♃	8 13
21 W	☽□☿	2am35
	☽☍♂	3 52
	☽∠♃	8 0
	☽⚼♆	11 26
	☽△♄	1pm32
	☽△♀	2 39
	☽⚺♅	5 5
	☉ ♋	6 24
22 Th	☽⚺♃	10am50
	☉□☽	1pm16
	☽△♆	2 6
	☽□♇	4 54
	☽∠♅	7 49
	♀☌♄	8 23
23 F	☉⚺♆	1am11
	☽∥♂	2 6
	☽⚹☿	9 26
	☽⚻♂	11 43
	☽∥♃	1pm37
	☽□♀	7 14
	☽□♄	8 13
	☽⚹♅	11 22
24 S	☽∠☿	2pm29
	☽#♅	3 59
	☽⚼♂	5 1
	☉☌♇	5 15
	☽☌♃	7 2
	☽□♆	9 52
25 Su	☽⚹♇	0am48
	☉⚹☽	1 25
	☽∥☿	6 58
	☽∥♇	7 45
	☽∥♆	2pm10
	☽⚺☿	8 34
	☽∥♀	8 43
	☽△♂	11 8
	☿∥♇	11 13
26 M	♃ ♉	1am32
	☽⚹♀	2 18
	☽∠♇	5 50
	☽⚹♄	6 4
	☉⚼♅	6 28
	☽∥♄	7 18
	☽□♅	8 39
	☉∠☽	8 50
	☉∥☽	5pm44
27 T	☽⚺♃	6am 7
	☽∠♀	6 33
	☽⚹♆	8 26
	♂⚼♃	10 55
	☽⚺♇	11 26
	☽∠♄	11 56
	♀⚹♂	12pm53
	☉⚺☽	4 59
28 W	☿⚺♀	8am12
	☽⚺♀	11 9
	☽☌☿	11 31
	☽∠♃	12pm27
	☽□♂	1 19
	☽∠♆	2 29
	☽⚺♄	6 15
	☽△♅	8 9
29 Th	☿∠♃	3am58
	♂∠♆	4pm 3
	☽⚹♃	7 8
	☽⚺♆	8 52
	☽☌♇	11 53
30 F	☽⚼♅	2am26
	☿∠♆	6 2
	☿∥♆	6 39
	☉☌☽	10 43
	☽☌♀	9pm 0
	☿∥♀	9 59

LONGITUDE

DAY	SID. TIME	☉	☽	☽ 12 Hour	MEAN ☊	TRUE ☊	☿	♀	♂	♃	♄	♅	♆	♇
	h m s	° ' "	° ' "	° ' "	° '	° '	° '	° '	° '	° '	° '	° '	° '	° '
1	18 34 51	8♋ 48 22	14♋ 48 14	20♋ 41 42	0♒ 7	28♑ 58R	17♊ 11	13♋ 16R	17♍ 11	0♉ 47	18♋ 35	19♒ 10R	1♌ 30	2♋ 58
2	18 38 48	9 45 35	26 35 8	2♌ 28 51	0 3	28 57D	18 12	12 39	17 45	0 56	18 42	19 9	1 32	3 0
3	18 42 44	10 42 48	8♌ 23 11	14 18 30	0 0	28 58	19 17	12 1	18 18	1 5	18 50	19 7	1 34	3 1
4	18 46 41	11 40 1	20 15 9	26 13 34	29♑ 57	28 59	20 27	11 24	18 52	1 14	18 58	19 5	1 36	3 2
5	18 50 37	12 37 14	2♍ 14 11	8♍ 17 28	29 54	29 0	21 40	10 47	19 26	1 23	19 6	19 4	1 38	3 4
6	18 54 34	13 34 26	14 23 52	20 33 54	29 51	29 1	22 58	10 9	19 59	1 32	19 13	19 2	1 40	3 5
7	18 58 30	14 31 39	26 48 3	3♎ 6 49	29 48	29 2	24 19	9 33	20 33	1 40	19 21	19 0	1 42	3 7
8	19 2 27	15 28 51	9♎ 30 40	16 0 4	29 44	29 3R	25 44	8 57	21 8	1 49	19 29	18 58	1 44	3 8
9	19 6 24	16 26 3	22 35 25	29 17 2	29 41	29 3	27 14	8 22	21 42	1 57	19 37	18 56	1 47	3 10
10	19 10 20	17 23 15	6♏ 5 12	13♏ 0 1	29 38	29 2	28 47	7 48	22 16	2 5	19 44	18 54	1 49	3 11
11	19 14 17	18 20 26	20 1 32	27 9 35	29 35	29 1	0♋ 23	7 15	22 51	2 13	19 52	18 52	1 51	3 13
12	19 18 13	19 17 38	4♐ 23 34	11♐ 43 58	29 32	29 0	2 4	6 44	23 25	2 21	20 0	18 50	1 53	3 14
13	19 22 10	20 14 51	19 9 10	26 38 41	29 28	28 59	3 47	6 15	24 0	2 29	20 8	18 48	1 55	3 15
14	19 26 6	21 12 2	4♑ 11 33	11♑ 46 40	29 25	28 58	5 34	5 48	24 35	2 36	20 16	18 46	1 57	3 17
15	19 30 3	22 9 15	19 22 53	26 58 59	29 22	28 58D	7 25	5 22	25 9	2 44	20 23	18 44	2 0	3 18
16	19 33 59	23 6 27	4♒ 33 47	12♒ 6 7	29 19	28 58	9 18	4 59	25 44	2 51	20 31	18 42	2 2	3 20
17	19 37 56	24 3 41	19 34 56	26 59 18	29 16	28 58	11 14	4 38	26 19	2 58	20 39	18 40	2 4	3 21
18	19 41 53	25 0 54	4♓ 18 26	11♓ 31 43	29 13	28 59	13 12	4 19	26 55	3 5	20 47	18 38	2 6	3 22
19	19 45 49	25 58 8	18 38 43	25 39 9	29 9	28 59	15 12	4 2	27 30	3 12	20 54	18 36	2 8	3 24
20	19 49 46	26 55 23	2♈ 32 54	9♈ 19 59	29 6	28 59R	17 15	3 48	28 5	3 19	21 2	18 34	2 11	3 25
21	19 53 42	27 52 39	16 0 34	22 34 54	29 3	28 59	19 19	3 36	28 41	3 25	21 10	18 32	2 13	3 26
22	19 57 39	28 49 55	29 3 20	5♉ 26 14	29 0	28 59	21 24	3 27	29 16	3 32	21 18	18 30	2 15	3 28
23	20 1 35	29 47 13	11♉ 44 6	17 57 22	28 57	28 59D	23 30	3 20	29 52	3 38	21 26	18 27	2 17	3 29
24	20 5 32	0♌ 44 31	24 6 34	0♊ 12 10	28 54	28 59	25 37	3 15	0♎ 28	3 44	21 33	18 25	2 20	3 31
25	20 9 28	1 41 50	6♊ 14 42	12 14 38	28 50	28 59	27 44	3 13D	1 4	3 50	21 41	18 23	2 22	3 32
26	20 13 25	2 39 10	18 12 27	24 8 35	28 47	28 59	29 51	3 13	1 40	3 56	21 49	18 21	2 24	3 33
27	20 17 22	3 36 31	0♋ 3 28	5♋ 57 30	28 44	29 0	1♌ 58	3 15	2 16	4 1	21 56	18 18	2 26	3 34
28	20 21 18	4 33 53	11 51 4	17 44 30	28 41	29 0	4 4	3 20	2 52	4 7	22 4	18 16	2 28	3 36
29	20 25 15	5 31 16	23 38 9	29 32 19	28 38	29 1R	6 10	3 27	3 28	4 12	22 12	18 14	2 31	3 37
30	20 29 11	6 28 40	5♌ 27 17	11♌ 23 21	28 34	29 1	8 15	3 36	4 4	4 17	22 19	18 11	2 33	3 38
31	20 33 8	7♌ 26 4	17♌ 20 46	23♌ 19 49	28♑ 31	29♑ 0	10♌ 19	3♋ 47	4♎ 41	4♉ 22	22♋ 27	18♒ 9	2♌ 35	3♋ 40

DECLINATION and LATITUDE

DAY	☉ DECL	☽ DECL	☽ LAT	☽ 12hr DECL	☿ DECL	☿ LAT	♀ DECL	♀ LAT	♂ DECL	♂ LAT	♃ DECL	♃ LAT	♄ DECL	♄ LAT
1	23N 9	23N55	1N17	22N36	19N47	3S 4	19N45	3S 3	5N46	0N46	10N37	1S13	22N 2	0S 8
2	23 5	21 4	0 13	19 18	20 4	2 53	19 35	3 17	5 33	0 45	10 40	1 13	22 1	0 8
3	23 1	17 20	0S52	15 12	20 20	2 41	19 25	3 30	5 18	0 44	10 43	1 13	22 0	0 8
4	22 56	12 55	1 55	10 30	20 37	2 29	19 15	3 43	5 4	0 43	10 46	1 14	21 59	0 7
5	22 51	7 58	2 54	5 21	20 54	2 17	19 6	3 56	4 50	0 42	10 49	1 14	21 58	0 7
6	22 45	2 40	3 46	0S 4	21 11	2 5	18 57	4 8	4 36	0 41	10 51	1 14	21 57	0 7
7	22 39	2S50	4 28	5 36	21 28	1 52	18 48	4 19	4 22	0 40	10 54	1 14	21 56	0 7
8	22 33	8 21	4 59	11 3	21 44	1 39	18 39	4 30	4 7	0 39	10 57	1 14	21 55	0 7
9	22 26	13 40	5 15	16 10	21 59	1 26	18 31	4 40	3 53	0 38	10 60	1 14	21 54	0 7
10	22 19	18 30	5 15	20 38	22 14	1 13	18 24	4 50	3 39	0 37	11 2	1 15	21 53	0 7
11	22 12	22 30	4 56	24 4	22 27	1 0	18 16	4 59	3 24	0 37	11 5	1 15	21 52	0 7
12	22 4	25 16	4 19	26 3	22 39	0 47	18 9	5 8	3 10	0 36	11 7	1 15	21 51	0 7
13	21 55	26 23	3 24	26 14	22 49	0 34	18 3	5 16	2 55	0 35	11 10	1 15	21 50	0 7
14	21 47	25 36	2 13	24 29	22 58	0 22	17 57	5 23	2 40	0 34	11 12	1 15	21 49	0 7
15	21 38	22 55	0 53	20 57	23 5	0 10	17 51	5 29	2 26	0 33	11 14	1 16	21 48	0 7
16	21 28	18 38	0N31	16 1	23 10	0N 2	17 46	5 35	2 11	0 32	11 17	1 16	21 47	0 6
17	21 18	13 11	1 52	10 11	23 12	0 14	17 42	5 41	1 56	0 31	11 19	1 16	21 45	0 6
18	21 8	7 5	3 4	3 55	23 13	0 25	17 38	5 45	1 41	0 30	11 21	1 16	21 44	0 6
19	20 58	0 46	4 3	2N20	23 10	0 36	17 34	5 49	1 26	0 29	11 23	1 16	21 43	0 6
20	20 47	5N22	4 45	8 17	23 5	0 45	17 31	5 53	1 12	0 28	11 25	1 17	21 42	0 6
21	20 36	11 4	5 10	13 40	22 58	0 55	17 29	5 56	0 57	0 27	11 27	1 17	21 41	0 6
22	20 24	16 5	5 18	18 18	22 47	1 3	17 27	5 58	0 42	0 26	11 29	1 17	21 40	0 6
23	20 12	20 16	5 10	21 60	22 34	1 11	17 25	5 60	0 27	0 26	11 31	1 17	21 39	0 6
24	20 0	23 27	4 48	24 38	22 18	1 18	17 24	6 1	0 12	0 25	11 33	1 18	21 38	0 6
25	19 47	25 31	4 13	26 6	22 0	1 24	17 23	6 2	0S 4	0 24	11 35	1 18	21 37	0 6
26	19 35	26 23	3 28	26 21	21 39	1 30	17 23	6 2	0 19	0 23	11 37	1 18	21 35	0 6
27	19 21	26 1	2 34	25 23	21 16	1 34	17 23	6 2	0 34	0 22	11 38	1 18	21 34	0 5
28	19 8	24 29	1 34	23 18	20 50	1 38	17 23	6 1	0 49	0 21	11 40	1 18	21 33	0 5
29	18 54	21 52	0 30	20 13	20 23	1 41	17 24	6 0	1 4	0 20	11 42	1 19	21 32	0 5
30	18 40	18 20	0S36	16 17	19 53	1 44	17 25	5 59	1 19	0 19	11 43	1 19	21 31	0 5
31	18N25	14N 3	1S40	11N41	19N21	1N45	17N26	5S58	1S35	0N19	11N44	1S19	21N30	0S 5

DAY	♅ DECL	♅ LAT	♆ DECL	♆ LAT	♇ DECL	♇ LAT
1	15S46	0S43	19N35	0S16	18N34	4S51
5	15 48	0 43	19 33	0 15	18 34	4 51
9	15 51	0 43	19 31	0 15	18 34	4 51
13	15 53	0 44	19 30	0 15	18 34	4 51
17	15 56	0 44	19 28	0 15	18 34	4 51
21	15 58	0 44	19 26	0 15	18 34	4 50
25	16 1	0 44	19 24	0 15	18 34	4 50
29	16S 4	0S44	19N22	0S15	18N34	4S50

☽ PHENOMENA			
d	h	m	
8	11	55	☽
15	4	40	☉☍
21	23	33	☾
30	2	15	●☌
d	h	° '	
6	12	0	
13	2	26S24	
19	3	0	
26	5	26N24	
2	5	0	
9	12	5S17	
15	15	0	
22	0	5N18	
29	11	0	

VOID OF COURSE ☽ LAST ASPT		☽ INGRESS		
1	7am46	2	♌	6am57
4	0am26	4	♍	7pm33
6	6pm39	7	♎	6am 6
9	9am24	9	♏	1pm16
11	4am58	11	♐	4pm44
13	8am 5	13	♑	5pm21
15	9am29	15	♒	4pm46
16	10pm32	17	♓	4pm55
19	3pm52	19	♈	7pm33
21	11pm33	22	♉	1am46
24	3am34	24	♊	11am36
26	0am16	26	♋	11pm53
28	9pm 2	29	♌	12pm56

d	h	
1	4	APOGEE
15	0	PERIGEE
28	7	APOGEE

DAILY ASPECTARIAN

1 S	☿□♂	0am 9
	☽⚹♂	5 5
	☽⚺☿	5 17
	☉∥☽	7 22
	☽☌♄	7 46
	☽⚻♅	8 53
	☽∥♄	4pm44
2 Su	♀∥♆	0am32
	☽∥☿	6 29
	☽□♃	8 59
	☽☌♆	10 5
	☽∥♆	10 13
	☽∥♀	10 39
	☿⚺♄	12pm51
	☽⚺♇	1 4
	☽∠♂	1 9
	☽∠☿	2 49
	☽∥♇	4 36
	☿△♅	8 27
3 M	☉⚺☽	5am 8
	☽⚺♀	7 1
	☽#♅	8 49
	☽∠♇	7pm32
	☉☌♀	7 57
	☽⚺♂	9 4
	☽⚺♄	9 22
	☽☍♅	9 40
4 T	☽⚹☿	0am26
	♂⚹♄	5 35
	♂⚻♅	9 13
	☽∥♃	10 38
	☽∠♀	11 44
	☉∠☽	2pm 0
	♄⚻♅	7 8
	☽△♃	10 17
	☽⚺♆	10 48
5 W	☽⚹♇	1am39
	☽∠♄	3 44
	☽∥♂	3pm 0
	☽⚹♀	4 5
	☉⚹☽	10 15
6 Th	☽⚼♃	4am13
	☽∠♆	4 27
	☽⚻♅	9 0
	☽⚹♄	9 30
	☽☌♂	11 24
	☽□☿	6pm39
7 F	☽#♂	6am21
	♃□♆	6 52
	☽⚹♆	9 22
	☽⚻♃	9 23
	☽□♇	12pm 1
	☽⚼♅	1 38
	☽□♀	11 0
8 S	☽#♃	11am39
	☉□☽	11 55
	♀∥♇	3pm27
	☿∥♄	4 13
	☽△♅	5 23
	☽□♄	6 33
	☽⚺♂	10 19
9 Su	☽△☿	9am24
	☽∥♅	10 27
	☽□♆	4pm28
	☽☍♃	4 54
	☽△♇	6 54
	☽#♀	11 27
10 M	☽#♇	0am23
	☽∠♂	2 9
	☽△♀	2 52
	☽#♆	5 33
	☉∥☿	6 17
	☽⚼☿	3pm 4
	☿ ♋	6 17
	☽#♄	7 43
	☽⚼♇	8 55
	☉△☽	8 56
	☉#☽	9 57
	☽□♅	10 3
	☽#☿	11 35
	☽△♄	11 44
11 T	☽⚼♀	3am38
	☽⚹♂	4 58
	☉⚻♅	12pm59
	☽⚻☿	7 38
	☽△♆	7 50
	☽⚻♃	8 36
	☿⚺♆	9 28
	☽⚻♇	10 5
	☉⚼☽	11 49
12 W	☽⚼♄	1am 0
	☽⚻♀	3 43
	☿⚹♃	4 28
	☿☌♇	4pm35
	☽⚼♆	8 24
	☉☌♄	8 34
	☽⚼♃	9 17
	☽⚹♅	11 27
13 Th	☿⚼♅	0am15
	☽⚻♄	1 35
	☉⚻☽	1 53
	☽□♂	8 5
	☉∥♄	5pm41
	☽⚻♆	8 27
	☽△♃	9 28
	☽☍♇	10 33
	☽∠♅	11 20
14	☿☌♀	2am21
F	☽☍♀	2 28
	☽☍☿	2 29
	☽#☿	10pm56
	☽⚺♅	11 0
15 S	☽☍♄	1am36
	☉☍☽	4 40
	☽#♄	7 10
	☉#☽	8 26
	☽△♂	9 29
	☽#♆	7pm50
	☽☍♆	7 59
	☽□♃	9 16
	☽⚻♇	10 2
16 Su	☽#♇	0am17
	☽⚻♀	0 39
	☽#♀	4 8
	☽⚻☿	8 37
	☽⚼♂	10 13
	☽∥♅	12pm24
	☽⚼♇	10 1
	☽☌♅	10 32
17 M	☽⚼♀	0am 4
	☽⚻♄	1 44
	☽#♃	7 28
	☉⚻☽	7 44
	☽⚻♂	11 22
	☽⚼☿	12pm25
	☽⚻♆	8 22
	☽⚹♃	9 59
	☽△♇	10 27
18 T	☽△♀	0am 0
	☽⚼♄	2 27
	☉⚼☽	10 9
	☽△☿	5pm13
	☽#♂	9 21
	☽⚼♆	9 27
	☽∠♃	11 15
	☽⚺♅	11 55
19 W	☽△♄	3am53
	☽∥♂	8 12
	☉△☽	1pm28
	☽☍♂	3 52
	☽△♆	11 21
20 Th	☽⚺♃	1am21
	☽□♇	1 32
	☽∠♅	1 47
	☽□♀	2 10
	☿⚻♅	3pm 7
21 F	☽∥♃	1am47
	☽⚹♅	4 34
	♃⚹♇	4 46
	☽□☿	7 8
	☽□♄	9 30
	♀⚼♅	1pm24
	♀⚹♃	3 41
	♀☌♇	9 9
	☿☌♄	10 46
	☽#♅	11 27
	☉□☽	11 33
22 S	☽⚻♂	0am25
	☽□♆	6 0
	☽∥♀	7 10
	☽⚹♀	8 9
	☽⚹♇	8 17
	☽☌♃	8 28
	♅⚼♇	11 38
	☽∥♇	1pm33
	☽∥♆	6 37
	☉∥☽	11 36
23 Su	☉⚹♂	5am18
	☉ ♌	5 21
	♂ ♎	5 23
	☽⚼♂	6 20
	☽∥♄	9 23
	☽∠♀	12pm38
	☽□♅	12 56
	☽∠♇	1 3
	☽∥☿	3 12
	☽⚹♄	6 57
24 M	☽⚹☿	3am34
	☽△♂	1pm10
	☉⚹☽	2 11
	☽⚹♆	4 15
	☽⚺♀	5 59
	☽⚺♇	6 35
	☽⚺♃	7 10
25 T	☽∠♄	0am53
	♀SD	10 46
	☽∠☿	3pm47
	☉☌♆	5 24
	☽∠♆	10 22
	☉∠☽	10 47
26 W	☽△♅	0am16
	☽∠♃	1 28
	☿ ♌	1 42
	☿∥♄	4 19
	☽⚺♄	7 22
	☉⚺♀	2pm40
	☉∥♆	9 27
	☉⚺♇	11 7
27 Th	☽⚺☿	4am43
	☽□♂	4 43
	☿⚹♂	4 44
	☽⚺♆	4 51
	☿☌♆	5 29
	☽☌♀	6 32
	☽⚼♅	6 35
	☽☌♇	7 10
	♂⚹♆	7 29
	☉⚺☽	7 51
	☽⚹♃	8 7
	♀⚼♅	11 3
	☉□♃	11 29
	☿⚺♀	3pm14
	☿⚺♇	6 32
28	☿□♃	0am31
F	☉☌☿	10 23
	☽⚻♅	1pm 2
	♂⚼♅	3 4
	☽☌♄	9 2
	♀□♂	11 0
29 S	☽∥♄	2am35
	♂□♇	6 7
	☽∥☿	12pm35
	☽∥♆	5 38
	☽☌♆	6 5
	☽⚺♀	8 11
	☽⚺♇	8 19
	☽⚹♂	9 3
	☽□♃	9 37
	☉∥☽	9 53
	☽∥♇	10 38
30 Su	☉☌☽	2am15
	☽∥♀	5 28
	♀☌♇	6 8
	☽☌☿	6 50
	♂⚻♃	9 38
	☉∥♇	10 13
	☽#♅	1pm 4
31 M	☿∥♆	0am32
	☽☍♅	1 37
	☽∠♇	2 39
	☽∠♀	2 56
	☽∠♂	4 57
	☽⚺♄	10 21
	☽∥♃	11 41

AUGUST 1916

LONGITUDE

DAY	SID. TIME	☉	☽	☽ 12 Hour	MEAN ☊	TRUE ☊	☿	♀	♂	♃	♄	♅	♆	♇
	h m s	° ′ ″	° ′ ″	° ′ ″	° ′	° ′	° ′	° ′	° ′	° ′	° ′	° ′	° ′	° ′
1	20 37 4	8♌ 23 29	29♌ 20 44	5♍ 23 49	28♑ 28	29♑ 0R	12♌ 21	4♋ 0	5♎ 17	4♉ 27	22♋ 35	18♒ 7R	2♌ 37	3♋ 41
2	20 41 1	9 20 55	11♍ 29 18	17 37 29	28 25	28 58	14 23	4 15	5 54	4 31	22 42	18 4	2 40	3 42
3	20 44 57	10 18 22	23 48 38	0♎ 3 2	28 22	28 57	16 23	4 32	6 31	4 36	22 50	18 2	2 42	3 43
4	20 48 54	11 15 49	6♎ 21 0	12 42 49	28 19	28 55	18 21	4 51	7 8	4 40	22 57	18 0	2 44	3 44
5	20 52 51	12 13 18	19 8 48	25 39 15	28 15	28 54	20 18	5 12	7 45	4 44	23 5	17 57	2 46	3 46
6	20 56 47	13 10 47	2♏ 14 26	8♏ 54 36	28 12	28 53	22 14	5 35	8 22	4 48	23 12	17 55	2 48	3 47
7	21 0 44	14 8 16	15 39 59	22 30 45	28 9	28 52D	24 8	5 59	8 59	4 51	23 20	17 52	2 51	3 48
8	21 4 40	15 5 47	29 26 58	6♐ 28 40	28 6	28 53	26 1	6 24	9 36	4 55	23 27	17 50	2 53	3 49
9	21 8 37	16 3 18	13♐ 35 44	20 47 58	28 3	28 54	27 52	6 52	10 13	4 58	23 35	17 48	2 55	3 50
10	21 12 33	17 0 51	28 5 1	5♑ 26 25	27 59	28 55	29 42	7 21	10 51	5 1	23 42	17 45	2 57	3 51
11	21 16 30	17 58 24	12♑ 51 30	20 19 33	27 56	28 56	1♍ 30	7 51	11 28	5 4	23 49	17 43	2 59	3 53
12	21 20 26	18 55 58	27 49 39	5♒ 20 50	27 53	28 57R	3 16	8 23	12 6	5 7	23 57	17 41	3 1	3 54
13	21 24 23	19 53 33	12♒ 52 3	20 22 12	27 50	28 56	5 1	8 56	12 43	5 9	24 4	17 38	3 4	3 55
14	21 28 20	20 51 10	27 50 11	5♓ 15 0	27 47	28 55	6 45	9 30	13 21	5 12	24 11	17 36	3 6	3 56
15	21 32 16	21 48 47	12♓ 35 40	19 51 22	27 44	28 52	8 27	10 6	13 59	5 14	24 19	17 33	3 8	3 57
16	21 36 13	22 46 26	27 1 23	4♈ 5 12	27 40	28 49	10 7	10 43	14 36	5 16	24 26	17 31	3 10	3 58
17	21 40 9	23 44 6	11♈ 2 28	17 52 58	27 37	28 46	11 46	11 21	15 14	5 17	24 33	17 29	3 12	3 59
18	21 44 6	24 41 48	24 36 40	1♉ 13 41	27 34	28 43	13 24	12 1	15 52	5 19	24 40	17 26	3 14	4 0
19	21 48 2	25 39 32	7♉ 44 15	14 8 43	27 31	28 41	15 0	12 41	16 31	5 20	24 47	17 24	3 16	4 1
20	21 51 59	26 37 17	20 27 30	26 41 7	27 28	28 39D	16 35	13 23	17 9	5 22	24 54	17 22	3 18	4 2
21	21 55 55	27 35 4	2♊ 50 7	8♊ 55 6	27 25	28 39	18 9	14 5	17 47	5 23	25 1	17 19	3 21	4 3
22	21 59 52	28 32 53	14 56 38	20 55 22	27 21	28 40	19 40	14 49	18 25	5 23	25 8	17 17	3 23	4 4
23	22 3 49	29 30 43	26 51 53	2♋ 46 48	27 18	28 42	21 11	15 33	19 4	5 24	25 15	17 15	3 25	4 5
24	22 7 45	0♍ 28 35	8♋ 40 41	14 34 4	27 15	28 44	22 40	16 18	19 42	5 24	25 22	17 12	3 27	4 6
25	22 11 42	1 26 29	20 27 29	26 21 24	27 12	28 45R	24 8	17 5	20 21	5 25R	25 29	17 10	3 29	4 7
26	22 15 38	2 24 24	2♌ 16 16	8♌ 12 28	27 9	28 45	25 34	17 52	21 0	5 24	25 36	17 8	3 31	4 7
27	22 19 35	3 22 21	14 10 22	20 10 17	27 5	28 44	26 59	18 39	21 39	5 24	25 42	17 5	3 33	4 8
28	22 23 31	4 20 20	26 12 29	2♍ 17 11	27 2	28 41	28 22	19 28	22 17	5 24	25 49	17 3	3 35	4 9
29	22 27 28	5 18 20	8♍ 24 35	14 34 49	26 59	28 37	29 44	20 17	22 56	5 23	25 56	17 1	3 37	4 10
30	22 31 24	6 16 22	20 48 1	27 4 17	26 56	28 31	1♎ 4	21 8	23 36	5 22	26 2	16 59	3 39	4 11
31	22 35 21	7♍ 14 26	3♎ 23 41	9♎ 46 17	26♑ 53	28♑ 24	2♎ 22	21♋ 58	24♎ 15	5♉ 21	26♋ 9	16♒ 56	3♌ 41	4♋ 11

DECLINATION and LATITUDE

DAY	☉ DECL	☽ DECL	☽ LAT	☽ 12hr DECL	☿ DECL	☿ LAT	♀ DECL	♀ LAT	♂ DECL	♂ LAT	♃ DECL	♃ LAT	♄ DECL	♄ LAT
1	18N10	9N12	2S40	6N37	18N48	1N46	17N28	5S56	1S50	0N18	11N46	1S19	21N29	0S 5
2	17 55	3 57	3 34	1 14	18 13	1 47	17 30	5 53	2 5	0 17	11 47	1 19	21 27	0 5
3	17 40	1S31	4 19	4S16	17 37	1 46	17 32	5 51	2 21	0 16	11 48	1 20	21 26	0 5
4	17 24	6 60	4 52	9 41	16 60	1 45	17 34	5 48	2 36	0 15	11 50	1 20	21 25	0 5
5	17 8	12 18	5 12	14 49	16 21	1 43	17 36	5 45	2 51	0 14	11 51	1 20	21 24	0 5
6	16 52	17 12	5 16	19 23	15 42	1 41	17 39	5 42	3 7	0 14	11 52	1 20	21 23	0 5
7	16 36	21 22	5 3	23 5	15 1	1 38	17 41	5 38	3 22	0 13	11 53	1 21	21 21	0 5
8	16 19	24 29	4 33	25 31	14 20	1 35	17 44	5 34	3 37	0 12	11 54	1 21	21 20	0 4
9	16 2	26 10	3 45	26 23	13 39	1 31	17 46	5 31	3 53	0 11	11 55	1 21	21 19	0 4
10	15 45	26 9	2 43	25 27	12 56	1 27	17 49	5 26	4 8	0 10	11 55	1 21	21 18	0 4
11	15 27	24 17	1 28	22 42	12 14	1 22	17 51	5 22	4 24	0 9	11 56	1 22	21 17	0 4
12	15 9	20 42	0 6	18 22	11 31	1 17	17 54	5 18	4 39	0 9	11 57	1 22	21 16	0 4
13	14 51	15 44	1N16	12 53	10 47	1 12	17 56	5 13	4 54	0 8	11 57	1 22	21 14	0 4
14	14 33	9 50	2 33	6 41	10 3	1 6	17 59	5 8	5 10	0 7	11 58	1 22	21 13	0 4
15	14 15	3 29	3 38	0 16	9 20	0 60	18 1	5 4	5 25	0 6	11 59	1 22	21 12	0 4
16	13 56	2N54	4 28	5N60	8 36	0 53	18 3	4 59	5 41	0 6	11 59	1 23	21 11	0 4
17	13 37	8 58	4 60	11 46	7 52	0 46	18 5	4 54	5 56	0 5	11 59	1 23	21 10	0 4
18	13 18	14 24	5 14	16 48	7 8	0 39	18 7	4 48	6 11	0 4	11 60	1 23	21 8	0 4
19	12 58	18 59	5 11	20 54	6 24	0 32	18 9	4 43	6 27	0 3	11 60	1 23	21 7	0 4
20	12 39	22 34	4 52	23 55	5 41	0 25	18 10	4 38	6 42	0 2	12 0	1 24	21 6	0 3
21	12 19	24 59	4 20	25 45	4 57	0 17	18 11	4 32	6 57	0 2	12 0	1 24	21 5	0 3
22	11 59	26 12	3 38	26 21	4 14	0 9	18 12	4 27	7 13	0 1	12 0	1 24	21 4	0 3
23	11 39	26 11	2 46	25 43	3 31	0 1	18 13	4 21	7 28	0 0	12 0	1 24	21 3	0 3
24	11 19	24 58	1 48	23 56	2 48	0S 7	18 13	4 16	7 43	0S 1	12 0	1 25	21 1	0 3
25	10 58	22 38	0 45	21 6	2 6	0 15	18 13	4 10	7 59	0 1	11 60	1 25	21 0	0 3
26	10 37	19 21	0S19	17 24	1 24	0 24	18 13	4 4	8 14	0 2	11 60	1 25	20 59	0 3
27	10 16	15 15	1 23	12 57	0 42	0 32	18 13	3 59	8 29	0 3	11 59	1 25	20 58	0 3
28	9 55	10 31	2 24	7 59	0 1	0 41	18 12	3 53	8 44	0 4	11 59	1 25	20 57	0 3
29	9 34	5 20	3 19	2 38	0S39	0 50	18 10	3 47	8 59	0 4	11 59	1 26	20 56	0 3
30	9 13	0S 7	4 6	2S53	1 19	0 59	18 9	3 41	9 15	0 5	11 58	1 26	20 54	0 3
31	8N51	5S39	4S41	8S22	1S59	1S 7	18N 7	3S35	9S30	0S 6	11N58	1S26	20N53	0S 2

DAY	♅ DECL	♅ LAT	♆ DECL	♆ LAT	♇ DECL	♇ LAT
1	16S 6	0S44	19N20	0S15	18N34	4S51
5	16 9	0 44	19 18	0 15	18 33	4 51
9	16 12	0 44	19 16	0 15	18 38	4 51
13	16 15	0 44	19 14	0 15	18 33	4 51
17	16 18	0 44	19 12	0 15	18 33	4 51
21	16 21	0 44	19 10	0 15	18 32	4 51
25	16 24	0 44	19 9	0 15	18 32	4 51
29	16S26	0S44	19N 7	0S15	18N32	4S51

☽ PHENOMENA

d	h	m	
6	21	6	☽
13	12	0	○
20	12	53	☾
28	17	24	●

d	h	° ′
2	17	0
9	12	26S23
15	13	0
22	12	26N21
29	23	0

d	h	° ′
5	18	5S17
12	2	0
18	7	5N14
25	17	0

VOID OF COURSE ☽

LAST ASPT		☽ INGRESS		
31	1am37	1	♍	1am18
2	10pm 5	3	♎	11am54
5	7am21	5	♏	7pm56
7	5pm 9	8	♐	0am57
10	3am 0	10	♑	3am 8
11	5pm45	12	♒	3am28
13	12pm 0	14	♓	3am30
15	7pm36	16	♈	5am 2
18	0am10	18	♉	9am46
20	12pm53	20	♊	6pm27
23	5am50	23	♋	6am21
25	10am19	25	♌	7pm24
27	3pm47	28	♍	7am30
30	10am 7	30	♎	5pm34

d	h	
12	9	PERIGEE
24	17	APOGEE

DAILY ASPECTARIAN

1 T	☽⚺♆	6am32
	☽*♇	8 37
	☽*♀	9 26
	☽△♃	10 11
	☿∥♇	10 15
	☽⚺♂	12pm25
	☽∠♄	4 29
	☉⚺☽	7 26
2 W	☽⚺☿	6am46
	☽#♂	7 53
	☽∠♆	12pm 6
	☽⚻♅	12 50
	☽⚼♃	3 47
	☉∥☿	8 54
	☽*♄	10 5
3 Th	☉∠☽	3am 8
	☿∥♀	3 26
	☽∥♂	3 48
	♀*♃	5 29
	☉∥♀	11 17
	☽*♆	5pm 6
	☽∠☿	5 15
	☽⚼♅	5 39
	☽□♇	7 2
	☿☍♅	7 42
	☽⚻♃	8 47
	☽□♀	9 5
4 F	☽☌♂	1am33
	☿∠♇	4 47
	☉*☽	10 2
	☽△♅	9pm48
	☽#♃	9 51
	☿∠♀	10 24
5 S	☽*☿	2am32
	☿#♅	7 18
	☽□♄	7 21
	☽#☿	5pm16
	☽∥♅	6 41
	☉#☽	10 24
6 Su	☽□♆	1am 2
	☽#♀	2 23
	☽△♇	2 47
	☽☍♃	4 38
	☽△♀	6 12
	☽#♇	7 18
	☽#♆	11 26
	☽⚺♂	11 33
	☿⚺♄	1pm 4
	☿∠♂	9 1
	☉□☽	9 6
	☽#♄	11 57
7 M	☽□♅	3am53
	☽⚼♇	5 31
	☽⚼♀	9 37
	☽△♄	1pm33
	☽∠♂	3 14
	☽□☿	5 9
8 T	☽△♆	5am53
	☽⚻♇	7 29
	☽⚻♃	9 23
	☉#♅	10 9
	☽⚻♀	12pm16
	☽⚼♄	3 29
	☽*♂	6 4
9 W	☉△☽	4am24
	☽*♅	7 0
	☽⚼♆	7 14
	☽⚼♃	10 39
	☽⚻♄	4pm44
10 Th	☽△☿	3am 0
	☿ ♍	4 5
	☉⚼☽	6 52
	☽∠♅	7 37
	☽⚻♆	7 58
	☽☍♇	9 26
	☽△♃	11 21
	☽☍♀	3pm37
	☉☍♅	5 49
	☽□♂	9 39
11 F	☽⚼☿	6am39
	☽⚺♅	7 47
	☉⚻☽	8 47
	☿∥♃	9 36
	☽☍♄	5pm45
	☿⚺♆	8 37
	☽#♄	8 51
	☉∠♇	11 1
12 S	☽#♆	7am42
	☽☍♆	8 19
	☿*♇	8 38
	☽⚻♇	9 42
	☽⚻☿	9 50
	☽#♇	11 8
	☽□♃	11 40
	☽#♀	2pm 7
	☽⚻♀	5 29
	☽∥♅	9 46
	☽△♂	11 45
13 Su	☿△♃	1am55
	☉#☽	4 1
	☽☌♅	7 36
	☽⚼♇	9 41
	☉☍☽	12pm 0
	☽#♃	3 40
	☽⚻♄	6 5
	☽⚼♀	6 25
	☽#☿	11 3
14 M	☽⚼♂	0am52
	☽⚻♆	8 32
	☽△♇	9 52
	☽*♃	11 56
	☽☍☿	4pm19
	☽∥♂	5 3
	☽⚼♄	6 34
	☽△♀	7 45
15 T	☽⚻♂	2am23
	☽⚺♅	8 10
	☽⚼♆	9 10
	☽∠♃	12pm39
	☿∠♄	1 17
	☉⚻☽	4 21
	☽△♄	7 36
16 W	☽∠♅	9am18
	☽△♆	10 27
	☽#♂	11 13
	☽□♇	11 49
	☿*♀	2pm 1
	☽⚺♃	2 3
	☉⚼☽	7 42
	☽∥☿	8 0
17 Th	☽□♀	0am35
	☽⚻☿	1 27
	☽☍♂	7 42
	☽*♅	11 15
	☽∥♃	12pm59
	☉∥☽	7 10
	☉⚺♄	11 11
18 F	☽□♄	0am 6
	☉△☽	0 10
	☽⚼☿	7 48
	☽#♅	9 28
	☽□♆	3pm44
	☽*♇	5 6
	☽∥♀	7 11
	☽☌♃	7 33
	☽∥♇	9 27
	☿#♂	11 2
19 S	☽∥♆	1am13
	☽*♀	9 47
	☽∥♄	1pm23
	☽△☿	3 34
	☽⚻♂	5 21
	☽□♅	6 6
	☽∠♇	9 16
20 Su	♂△♅	7am33
	☽*♄	8 38
	☿⚻♅	11 35
	☉□☽	12pm53
	☿⚺♂	2 34
	☽∠♀	4 13
	☽⚼♂	11 54
21 M	☽*♆	1am 0
	☽⚺♇	2 23
	☿∠♆	3 11
	☽⚺♃	5 0
	☽∠♄	2pm20
	☉∥♃	10 40
	☽⚺♀	11 43
22 T	☽△♅	4am40
	☽∠♆	6 54
	☽△♂	7 22
	☽□☿	10 52
	☽∠♃	10 56
	☿⚼♃	11 24
	☽⚺♄	8pm42
23 W	☉*☽	5am50
	☽⚼♅	10 52
	☉ ♍	12pm 9
	☽⚺♆	1 19
	☽☌♇	2 40
	☽*♃	5 20
24 Th	☉∠☽	3pm 5
	☽☌♀	4 37
	☽⚻♅	5 19
	☽□♂	11 46
25 F	♀⚻♅	2am39
	☽*☿	8 31
	♃SR	9 31
	☽☌♄	10 19
	☽∥♄	12pm48
26 S	☉⚺☽	0am18
	☿*♄	0 31
	☽∥♆	1 23
	☽☌♆	2 31
	☽⚺♇	3 45
	☽∥♇	5 9
	☽□♃	6 21
	☽∥♀	7 6
	☽#♅	5pm36
	☽∠☿	7 0
27 Su	☉⚺♆	4am26
	☽☍♅	5 49
	☽⚺♀	9 37
	☽∠♇	9 57
	☽*♂	3pm47
	☽∥♃	4 52
	☉*♇	7 17
	☽⚺♄	11 13
28 M	☉∥☽	3am 5
	☽⚺☿	4 49
	☽#♂	8 4
	☽⚺♆	2pm35
	☽*♇	3 41
	☉☌☽	5 24
	☽∠♀	5 27
	☽△♃	6 6
	☉∠♀	9 31
	☽∠♂	11 2
29 T	☉△♃	2am 0
	☿ ♎	4 52
	☽∠♄	4 57
	☽⚻♅	4pm39
	☽#☿	6 25
	☽∠♆	7 50
	☉#♂	10 51
	☽⚼♃	11 11
30 W	☽*♀	0am40
	☽⚺♂	5 39
	☽∥☿	5 54
	☽*♄	10 7
	☿⚼♅	4pm17
	☽⚼♅	9 15
	☽☌☿	9 51
31 Th	☽*♆	0am32
	☽□♇	1 30
	☽⚻♃	3 42
	☉⚺☽	7 51
	☉#☽	1pm16
	☽∥♂	5 52

LONGITUDE

DAY	SID. TIME	☉	☽	☽ 12 Hour	MEAN ☊	TRUE ☊	☿	♀	♂	♃	♄	♅	♆	♇
	h m s	° ' "	° ' "	° ' "	° '	° '	° '	° '	° '	° '	° '	° '	° '	° '
1	22 39 18	8♍ 12 30	16♎ 12 7	22♎ 41 15	26♉ 50	28♉ 17R	3♎ 39	22♋ 50	24♎ 54	5♉ 20R	26♋ 15	16♒ 54R	3♌ 42	4♋ 12
2	22 43 14	9 10 37	29 13 43	5♏ 49 35	26 46	28 11	4 54	23 42	25 33	5 19	26 22	16 52	3 44	4 13
3	22 47 11	10 8 45	12♏ 28 53	19 11 43	26 43	28 7	6 8	24 35	26 13	5 17	26 28	16 50	3 46	4 14
4	22 51 7	11 6 54	25 58 6	2♐ 48 8	26 40	28 4	7 19	25 28	26 52	5 15	26 34	16 48	3 48	4 14
5	22 55 4	12 5 5	9♐ 41 51	16 39 16	26 37	28 3D	8 29	26 22	27 32	5 13	26 41	16 46	3 50	4 15
6	22 59 0	13 3 18	23 40 22	0♑ 45 5	26 34	28 3	9 36	27 17	28 11	5 11	26 47	16 44	3 52	4 16
7	23 2 57	14 1 32	7♑ 53 18	15 4 47	26 31	28 5	10 41	28 12	28 51	5 9	26 53	16 42	3 54	4 16
8	23 6 53	14 59 47	22 19 14	29 36 14	26 27	28 6R	11 43	29 8	29 31	5 6	26 59	16 40	3 55	4 17
9	23 10 50	15 58 4	6♒ 55 15	14♒ 15 40	26 24	28 5	12 43	0♌ 4	0♏ 10	5 3	27 5	16 38	3 57	4 18
10	23 14 47	16 56 22	21 36 44	28 57 40	26 21	28 3	13 43	1 0	0 50	5 0	27 11	16 36	3 59	4 18
11	23 18 43	17 54 42	6♓ 17 34	13♓ 35 34	26 18	27 59	14 39	1 58	1 30	4 57	27 17	16 34	4 1	4 19
12	23 22 40	18 53 4	20 50 45	28 2 17	26 15	27 52	15 31	2 55	2 10	4 54	27 23	16 32	4 2	4 19
13	23 26 36	19 51 28	5♈ 9 24	12♈ 11 26	26 11	27 44	16 21	3 53	2 51	4 50	27 29	16 30	4 4	4 20
14	23 30 33	20 49 53	19 7 51	25 58 16	26 8	27 35	17 7	4 52	3 31	4 46	27 34	16 28	4 6	4 20
15	23 34 29	21 48 21	2♉ 42 28	9♉ 20 20	26 5	27 27	17 49	5 51	4 11	4 42	27 40	16 26	4 7	4 21
16	23 38 26	22 46 51	15 51 57	22 17 32	26 2	27 20	18 28	6 50	4 51	4 38	27 46	16 24	4 9	4 21
17	23 42 22	23 45 23	28 37 22	4♊ 51 53	25 59	27 15	19 2	7 50	5 32	4 34	27 51	16 23	4 10	4 21
18	23 46 19	24 43 57	11♊ 1 35	17 7 2	25 56	27 12	19 32	8 51	6 12	4 29	27 57	16 21	4 12	4 22
19	23 50 16	25 42 33	23 8 51	29 7 40	25 52	27 11D	19 58	9 51	6 53	4 25	28 2	16 19	4 14	4 22
20	23 54 12	26 41 12	5♋ 4 11	10♋ 59 3	25 49	27 11	20 18	10 52	7 34	4 20	28 7	16 18	4 15	4 23
21	23 58 9	27 39 52	16 52 58	22 46 35	25 46	27 12R	20 32	11 54	8 14	4 15	28 12	16 16	4 17	4 23
22	0 2 5	28 38 35	28 40 32	4♌ 35 26	25 43	27 12	20 41R	12 55	8 55	4 10	28 18	16 14	4 18	4 23
23	0 6 2	29 37 21	10♌ 31 52	16 30 21	25 40	27 11	20 43	13 58	9 36	4 5	28 23	16 13	4 19	4 24
24	0 9 58	0♎ 36 8	22 31 20	28 35 15	25 37	27 8	20 39	15 0	10 17	3 59	28 28	16 11	4 21	4 24
25	0 13 55	1 34 57	4♍ 42 27	10♍ 53 11	25 33	27 2	20 27	16 3	10 58	3 53	28 32	16 10	4 22	4 24
26	0 17 51	2 33 49	17 7 40	23 26 0	25 30	26 54	20 9	17 6	11 39	3 48	28 37	16 9	4 24	4 24
27	0 21 48	3 32 43	29 48 16	6♎ 14 25	25 27	26 43	19 43	18 9	12 21	3 42	28 42	16 7	4 25	4 24
28	0 25 45	4 31 38	12♎ 44 22	19 17 58	25 24	26 32	19 9	19 13	13 2	3 36	28 47	16 6	4 26	4 25
29	0 29 41	5 30 36	25 55 2	2♏ 35 19	25 21	26 20	18 28	20 17	13 43	3 29	28 51	16 4	4 28	4 25
30	0 33 38	6♎ 29 35	9♏ 18 37	16♏ 4 39	25♉ 17	26♉ 9	17♎ 40	21♌ 21	14♏ 25	3♉ 23	28♋ 56	16♒ 3	4♌ 29	4♋ 25

DECLINATION and LATITUDE

DAY	☉ DECL	☽ DECL	☽ LAT	☽ 12hr DECL	☿ DECL	☿ LAT	♀ DECL	♀ LAT	♂ DECL	♂ LAT	♃ DECL	♃ LAT	♄ DECL	♄ LAT
1	8N30	11S 2	5S 3	13S36	2S37	1S16	18N 4	3S29	9S45	0S 7	11N57	1S26	20N52	0S 2
2	8 8	16 2	5 10	18 17	3 15	1 25	18 2	3 24	9 60	0 7	11 56	1 27	20 51	0 2
3	7 46	20 21	5 0	22 10	3 53	1 34	17 58	3 18	10 15	0 8	11 56	1 27	20 50	0 2
4	7 24	23 41	4 34	24 54	4 29	1 43	17 55	3 12	10 30	0 9	11 55	1 27	20 49	0 2
5	7 2	25 44	3 52	26 11	5 5	1 52	17 51	3 6	10 45	0 9	11 54	1 27	20 48	0 2
6	6 40	26 13	2 55	25 49	5 39	2 1	17 46	2 60	10 59	0 10	11 53	1 27	20 47	0 2
7	6 17	24 60	1 47	23 45	6 13	2 9	17 42	2 54	11 14	0 11	11 52	1 28	20 46	0 2
8	5 55	22 7	0 31	20 7	6 46	2 18	17 36	2 48	11 29	0 12	11 51	1 28	20 44	0 2
9	5 32	17 47	0N48	15 11	7 17	2 27	17 31	2 42	11 44	0 12	11 50	1 28	20 43	0 2
10	5 10	12 21	2 3	9 22	7 48	2 35	17 24	2 36	11 58	0 13	11 49	1 28	20 42	0 2
11	4 47	6 15	3 11	3 4	8 17	2 43	17 18	2 30	12 13	0 14	11 47	1 28	20 41	0 2
12	4 24	0N 8	4 5	3N18	8 45	2 51	17 11	2 24	12 27	0 14	11 46	1 29	20 40	0 1
13	4 1	6 23	4 43	9 21	9 11	2 59	17 3	2 18	12 42	0 15	11 45	1 29	20 39	0 1
14	3 38	12 10	5 3	14 47	9 35	3 6	16 55	2 12	12 56	0 16	11 43	1 29	20 38	0 1
15	3 15	17 11	5 5	19 21	9 58	3 13	16 47	2 6	13 11	0 16	11 42	1 29	20 37	0 1
16	2 52	21 14	4 51	22 49	10 19	3 20	16 38	2 1	13 25	0 17	11 40	1 29	20 36	0 1
17	2 29	24 7	4 22	25 6	10 38	3 26	16 28	1 55	13 39	0 18	11 39	1 29	20 35	0 1
18	2 6	25 46	3 42	26 6	10 55	3 32	16 18	1 49	13 53	0 18	11 37	1 30	20 34	0 1
19	1 42	26 8	2 52	25 51	11 9	3 37	16 8	1 43	14 7	0 19	11 35	1 30	20 33	0 1
20	1 19	25 17	1 56	24 25	11 21	3 41	15 57	1 38	14 21	0 20	11 34	1 30	20 32	0 1
21	0 56	23 18	0 55	21 55	11 30	3 45	15 46	1 32	14 35	0 20	11 32	1 30	20 31	0 1
22	0 32	20 18	0S 8	18 29	11 36	3 48	15 34	1 26	14 49	0 21	11 30	1 30	20 30	0 1
23	0 9	16 28	1 11	14 17	11 38	3 50	15 21	1 21	15 2	0 22	11 28	1 30	20 29	0 0
24	0S14	11 57	2 11	9 29	11 37	3 50	15 9	1 15	15 16	0 22	11 26	1 31	20 28	0 0
25	0 38	6 54	3 6	4 14	11 32	3 50	14 55	1 10	15 29	0 23	11 24	1 31	20 27	0 0
26	1 1	1 30	3 53	1S16	11 24	3 48	14 42	1 4	15 43	0 24	11 22	1 31	20 27	0 0
27	1 25	4S 3	4 30	6 49	11 11	3 45	14 28	0 59	15 56	0 24	11 20	1 31	20 26	0 0
28	1 48	9 32	4 54	12 11	10 53	3 40	14 13	0 54	16 9	0 25	11 18	1 31	20 25	0N 0
29	2 11	14 42	5 2	17 4	10 32	3 33	13 58	0 48	16 22	0 25	11 15	1 31	20 24	0 0
30	2S35	19S15	4S54	21S11	10S 5	3S25	13N42	0S43	16S35	0S26	11N13	1S31	20N23	0N 0

DAY	♅ DECL	♅ LAT	♆ DECL	♆ LAT	♇ DECL	♇ LAT
1	16S28	0S44	19N 5	0S15	18N32	4S51
5	16 31	0 44	19 4	0 15	18 31	4 52
9	16 33	0 44	19 2	0 15	18 31	4 52
13	16 36	0 44	19 0	0 15	18 31	4 52
17	16 38	0 44	18 59	0 15	18 31	4 52
21	16 40	0 44	18 58	0 15	18 30	4 53
25	16 41	0 43	18 56	0 15	18 30	4 53
29	16S43	0S43	18N55	0S15	18N30	4S53

☽ PHENOMENA

d	h	m	
5	4	26	☽
11	20	31	○
19	5	35	☾
27	7	34	●

d	h	° '
5	19	26S15
12	0	0
18	19	26N10
26	7	0

d	h	
1	22	5S10
8	10	0
14	15	5N 6
21	21	0
29	1	5S 2

VOID OF COURSE ☽

LAST ASPT	☽ INGRESS
1 6pm43	2 ♏ 1am24
4 1am 5	4 ♐ 7am 5
6 8am 2	6 ♑ 10am44
8 12pm24	8 ♒ 12pm39
9 3pm50	10 ♓ 1pm42
12 10am59	12 ♈ 3pm18
14 2pm57	14 ♉ 7pm 9
16 10pm31	17 ♊ 2am38
19 5am35	19 ♋ 1pm45
21 11pm56	22 ♌ 2am41
23 8pm18	24 ♍ 2pm47
26 9pm55	27 ♎ 0am22
29 5am20	29 ♏ 7am21

d	h	
9	13	PERIGEE
21	10	APOGEE

DAILY ASPECTARIAN

1 F	☿⚹♆	1am 5
	☽△♅	1 18
	☽#♃	4 14
	☿□♇	10 37
	☽□♀	1pm 8
	☉∠☽	2 0
	☽☌♂	4 55
	☽□♄	6 43
2 S	☽∥♅	2am22
	☿⚻♃	7 47
	☽□♆	8 14
	☽△♇	9 5
	☽#♀	10 26
	☽☍♃	11 3
	☽⊻☿	11 23
	☽#♇	1pm19
	☽#♆	4 27
	☉⚹☽	7 28
3 Su	☽#♄	3am 2
	☽□♅	7 46
	♂□♄	11 21
	☽⚼♇	12pm 4
	☽∠☿	4 56
	☽△♀	11 4
4 M	☽△♄	1am 5
	☽⊻♂	1 40
	☉∠♄	12pm46
	☽△♆	1 47
	☽⚻♇	2 31
	☽⚻♃	4 14
	☽⚹☿	9 42
5 T	☽⚼♀	3am 6
	☽⚼♄	3 27
	☉□☽	4 26
	☽∠♂	5 8
	♀☌♄	9 15
	☽⚹♅	12pm 9
	☽⚼♆	3 46
	☽⚼♃	6 4
6 W	☽⚻♄	5am19
	☽⚻♀	6 33
	☽⚹♂	8 2
	☉∠♂	10 7
	☽∠♅	1pm37
	☽⚻♆	5 17
	☽☍♇	5 56
	☽△♃	7 25
7 Th	☉#☿	1am48
	☽□☿	5 4
	☉△☽	10 59
	☽⊻♅	2pm39
8 F	☽☍♄	7am45
	☽#♄	8 27
	☽☍♀	11 59
	☽□♂	12pm24
	☉⚼☽	1 33
	☽#♆	5 43
	♂ ♏	5 44
	☽☍♆	7 8
	☽⚻♇	7 41
	☽#♇	8 22
	☽□♃	8 57
	♀ ♌	10 26
9 S	☽#♀	1am21
	☽∥♅	5 48
	♂#♃	9 12
	♀□♂	9 42
	☽△☿	10 13
	☉⚻♅	3pm45
	☉⚻☽	3 50
	☽☌♅	3 50
	☽⚼♇	8 14
10 Su	☽∥♂	1am31
	☽#♃	2 15
	☽⚻♄	9 10
	☽⚼☿	12pm24
	☽△♂	3 47
	☽⚻♀	4 24
	☽∥☿	4 46
	☽⚻♆	8 15
	☽△♇	8 45
	☽⚹♃	9 48
11 M	☉#☽	5am54
	☽⚼♄	9 55
	☽⚻☿	2pm38
	☽⊻♅	4 52
	☽⚼♂	5 37
	☽⚼♀	6 48
	☉☍☽	8 31
	☽⚼♆	9 0
	☽∠♃	10 26
12 T	☉∠♆	3am54
	☽△♄	10 59
	☉∥☽	3pm19
	☽∠♅	5 50
	☽⚻♂	7 53
	☽△♀	9 42
	☽△♆	10 9
	☽□♇	10 36
	☽⊻♃	11 27
	☉⚼♃	11 27
13 W	☿△♅	4am26
	♀☌♆	4 29
	♀⊻♇	10 54
	☽#☿	12pm10
	☽⚹♅	7 23
	☽☍☿	8 18
	♀□♃	9 51
	☽∥♃	10 5
14 Th	☉⚻☽	3am12
	☽#♂	3 37
	☽□♄	2pm57
	☽#♅	9 1
	♂□♆	9 38
	☽∥♀	9 56
15 F	☽□♆	2am33
	☽☍♂	2 48
	☽⚹♇	2 57
	☽☌♃	3 35
	♂△♇	5 46
	☽□♀	6 7
	☽∥♇	7 12
	☉⚼☽	7 59
	☽∥♆	9 58
	♂☍♃	4pm55
	☽∥♄	7 50
16 S	♀#♅	0am51
	☽□♅	1 0
	☽⚻☿	5 4
	☽∠♇	6 29
	☉△☽	2pm 0
	☽⚹♄	10 31
17 Su	☽⚹♆	10am41
	☽⚼☿	10 52
	☽⊻♇	11 2
	☽⊻♃	11 21
	☽⚻♂	2pm 4
	☽⚹♀	7 21
18 M	☽∠♄	3am47
	☽△♅	10 27
	☽∠♆	4pm10
	☽∠♃	4 36
	☽△☿	5 26
	☽⚼♂	9 20
19 T	☽∠♀	3am44
	☉□☽	5 35
	☽⊻♄	9 52
	♃⚹♇	12pm 0
	☽⚼♅	4 23
	☽⊻♆	10 20
	☽⚹♃	10 31
	☽☌♇	10 36
20 W	☽△♂	5am21
	☽⊻♀	12pm53
	♃□♆	6 19
	☽⚻♅	10 45
21 Th	☿#♃	5am21
	☽□☿	7 33
	☉⚹♄	2pm35
	☽∥♄	10 36
	☽☌♄	11 13
	☉⚹☽	11 56
22 F	☽∥♆	9am 3
	☽□♃	11 3
	☽☌♆	11 26
	☽⊻♇	11 36
	☽∥♇	11 53
	☿SR	8pm26
	☽□♂	10 1
	☽#♅	10 50
23 S	☽∥♀	6am33
	☽☌♀	7 33
	☽#♂	7 35
	☉∠☽	8 58
	☉ ♎	9 15
	☽☍♅	11 24
	♀#♂	5pm30
	☽∠♇	5 46
	☽⚹☿	8 18
24 Su	☽#☿	1am39
	☽∥♃	2 34
	☽⊻♄	11 50
	☉⚼♅	2pm 3
	☉⊻☽	5 21
	☽△♃	10 25
	☽⊻♆	11 21
	☽⚹♇	11 24
25 M	☽∠☿	1am26
	♀☍♅	2 39
	☽⚹♂	12pm52
	☽∠♄	5 14
	☽⚻♅	10 7
	☽⊻♀	11 56
26 T	☉#☽	1am58
	☽⚼♃	3 9
	☽∠♆	4 20
	☿#♃	4 53
	☽⊻☿	5 35
	☉∥☽	11 45
	♆⊻♇	1pm14
	☽∠♂	7 7
	☽⚹♄	9 55
27 W	☽⚼♅	2am27
	☉⚻♃	3 18
	☽∠♀	6 49
	☽⚻♃	7 13
	☉☌☽	7 34
	☽□♇	8 36
	☽⚹♆	8 37
	☉□♇	9pm 9
	☉⚹♆	9 47
	☿⚹♀	11 6
28 Th	☽⊻♂	0am34
	♀∠♇	4 22
	☽#☿	5 43
	☽△♅	6 9
	☽#♃	7 52
	☽☌☿	11 11
	☽⚹♀	12pm54
	☽#♀	8 36
29 F	☽□♄	5am20
	☽∥♂	8 45
	☽∥♅	10 9
	☽☍♃	1pm30
	☽△♇	3 16
	☽□♆	3 22
	☉⊻☽	6 35
	☽#♇	7 43
	☽#♆	10 4
30 S	☽#♄	6am50
	☽☌♂	9 33
	☽□♅	11 56
	☽⊻☿	1pm55
	♂∥♅	3 38
	☽⚼♇	5 54
	☽□♀	11 8
	☉∠☽	11 13

OCTOBER 1916

LONGITUDE

DAY	SID. TIME	☉	☽	☽ 12 Hour	MEAN ☊	TRUE ☊	☿	♀	♂	♃	♄	♅	♆	♇
	h m s	° ' "	° ' "	° ' "	° '	° '	° '	° '	° '	° '	° '	° '	° '	° '
1	0 37 34	7♎ 28 37	22♏ 53 10	29♏ 43 59	25♉ 14	26♉ 0R	16♎ 46R	22♌ 26	15♏ 6	3♉ 16R	29♋ 0	16♒ 2R	4♌ 30	4♋ 25
2	0 41 31	8 27 40	6♐ 36 52	13♐ 31 41	25 11	25 54	15 46	23 31	15 48	3 10	29 4	16 1	4 31	4 25
3	0 45 27	9 26 45	20 28 16	27 26 34	25 8	25 51	14 41	24 36	16 30	3 3	29 9	16 0	4 32	4 25
4	0 49 24	10 25 53	4♑ 26 28	11♑ 27 55	25 5	25 50D	13 33	25 41	17 11	2 56	29 13	15 59	4 34	4 25
5	0 53 20	11 25 1	18 30 50	25 35 9	25 2	25 50R	12 23	26 47	17 53	2 49	29 17	15 58	4 35	4 25R
6	0 57 17	12 24 12	2♒ 40 44	9♒ 47 25	24 58	25 50	11 13	27 53	18 35	2 42	29 21	15 57	4 36	4 25
7	1 1 14	13 23 24	16 54 59	24 3 6	24 55	25 49	10 6	28 59	19 17	2 35	29 25	15 56	4 37	4 25
8	1 5 10	14 22 38	1♓ 11 23	8♓ 19 24	24 52	25 45	9 2	0♍ 5	19 59	2 27	29 28	15 55	4 38	4 25
9	1 9 7	15 21 53	15 26 37	22 32 26	24 49	25 38	8 4	1 12	20 41	2 20	29 32	15 54	4 39	4 25
10	1 13 3	16 21 11	29 36 14	6♈ 37 23	24 46	25 28	7 14	2 18	21 23	2 13	29 36	15 53	4 40	4 25
11	1 17 0	17 20 30	13♈ 35 17	20 29 21	24 43	25 17	6 32	3 25	22 5	2 5	29 39	15 52	4 41	4 25
12	1 20 56	18 19 52	27 19 4	4♉ 4 1	24 39	25 4	6 0	4 33	22 48	1 57	29 43	15 52	4 42	4 25
13	1 24 53	19 19 16	10♉ 43 53	17 18 29	24 36	24 52	5 39	5 40	23 30	1 50	29 46	15 51	4 42	4 24
14	1 28 49	20 18 41	23 47 44	0♊ 11 41	24 33	24 41	5 29D	6 48	24 13	1 42	29 49	15 50	4 43	4 24
15	1 32 46	21 18 9	6♊ 30 29	12 44 24	24 30	24 32	5 30	7 55	24 55	1 34	29 52	15 50	4 44	4 24
16	1 36 42	22 17 40	18 53 50	24 59 12	24 27	24 26	5 42	9 3	25 38	1 26	29 55	15 49	4 45	4 24
17	1 40 39	23 17 13	1♋ 1 4	6♋ 59 58	24 23	24 23	6 4	10 12	26 20	1 18	29 58	15 49	4 46	4 24
18	1 44 36	24 16 47	12 56 35	18 51 33	24 20	24 22	6 36	11 20	27 3	1 10	0♌ 1	15 48	4 46	4 23
19	1 48 32	25 16 24	24 45 34	0♌ 39 20	24 17	24 21	7 17	12 29	27 46	1 2	0 4	15 48	4 47	4 23
20	1 52 29	26 16 4	6♌ 33 34	12 28 56	24 14	24 21	8 7	13 38	28 29	0 54	0 6	15 48	4 48	4 23
21	1 56 25	27 15 46	18 26 7	24 25 45	24 11	24 20	9 4	14 46	29 12	0 46	0 9	15 47	4 48	4 22
22	2 0 22	28 15 29	0♍ 28 27	6♍ 34 45	24 8	24 16	10 7	15 56	29 55	0 38	0 11	15 47	4 49	4 22
23	2 4 18	29 15 15	12 45 8	19 0 0	24 4	24 10	11 17	17 5	0♐ 38	0 29	0 13	15 47	4 49	4 22
24	2 8 15	0♏ 15 3	25 19 38	1♎ 44 17	24 1	24 1	12 31	18 14	1 21	0 21	0 16	15 47	4 50	4 21
25	2 12 11	1 14 54	8♎ 14 1	14 48 50	23 58	23 50	13 50	19 24	2 4	0 13	0 18	15 47	4 50	4 21
26	2 16 8	2 14 46	21 28 36	28 13 5	23 55	23 38	15 13	20 34	2 47	0 5	0 20	15 47D	4 51	4 20
27	2 20 5	3 14 40	5♏ 1 57	11♏ 54 46	23 52	23 25	16 39	21 44	3 31	29♈ 57	0 22	15 47	4 51	4 20
28	2 24 1	4 14 37	18 51 2	25 50 13	23 48	23 13	18 8	22 54	4 14	29 49	0 23	15 47	4 52	4 19
29	2 27 58	5 14 35	2♐ 51 44	9♐ 55 4	23 45	23 3	19 38	24 4	4 58	29 41	0 25	15 47	4 52	4 19
30	2 31 54	6 14 35	16 59 38	24 4 59	23 42	22 56	21 11	25 14	5 41	29 33	0 26	15 47	4 52	4 18
31	2 35 51	7♏ 14 37	1♑ 10 39	8♑ 16 19	23♉ 39	22♉ 52	22♎ 45	26♍ 25	6♐ 25	29♈ 25	0♌ 28	15♒ 47	4♌ 53	4♋ 18

DECLINATION and LATITUDE

DAY	☉ DECL	☽ DECL	☽ LAT	☽ 12hr DECL	☿ DECL	☿ LAT	♀ DECL	♀ LAT	♂ DECL	♂ LAT	♃ DECL	♃ LAT	♄ DECL	♄ LAT
1	2S58	22S51	4S30	24S12	9S35	3S14	13N27	0S38	16S48	0S27	11N11	1S31	20N22	0N 0
2	3 21	25 12	3 50	25 49	9 0	3 2	13 10	0 33	17 1	0 27	11 8	1 31	20 22	0 0
3	3 45	26 2	2 56	25 50	8 22	2 48	12 53	0 28	17 13	0 28	11 6	1 32	20 21	0 0
4	4 8	25 13	1 51	24 12	7 41	2 32	12 36	0 23	17 26	0 28	11 4	1 32	20 20	0 1
5	4 31	22 49	0 39	21 3	6 57	2 14	12 19	0 18	17 38	0 29	11 1	1 32	20 19	0 1
6	4 54	18 59	0N36	16 38	6 13	1 56	12 1	0 13	17 50	0 30	10 59	1 32	20 19	0 1
7	5 17	14 2	1 49	11 15	5 28	1 36	11 42	0 8	18 2	0 30	10 56	1 32	20 18	0 1
8	5 40	8 19	2 56	5 17	4 44	1 16	11 23	0 4	18 14	0 31	10 54	1 32	20 17	0 1
9	6 3	2 12	3 51	0N55	4 3	0 55	11 4	0N 1	18 26	0 31	10 51	1 32	20 16	0 1
10	6 26	3N59	4 31	6 59	3 24	0 35	10 44	0 5	18 38	0 32	10 48	1 32	20 16	0 1
11	6 49	9 53	4 54	12 38	2 49	0 15	10 25	0 10	18 49	0 33	10 46	1 32	20 15	0 1
12	7 11	15 11	5 0	17 32	2 19	0N 5	10 4	0 14	19 1	0 33	10 43	1 32	20 15	0 1
13	7 34	19 37	4 49	21 27	1 54	0 23	9 43	0 18	19 12	0 34	10 40	1 32	20 14	0 1
14	7 56	22 59	4 23	24 12	1 35	0 39	9 22	0 23	19 23	0 34	10 38	1 32	20 13	0 2
15	8 19	25 5	3 45	25 40	1 21	0 55	9 1	0 27	19 34	0 35	10 35	1 32	20 13	0 2
16	8 41	25 54	2 56	25 50	1 13	1 8	8 39	0 31	19 45	0 35	10 32	1 32	20 12	0 2
17	9 3	25 27	2 0	24 46	1 11	1 21	8 17	0 35	19 56	0 36	10 30	1 32	20 12	0 2
18	9 25	23 49	1 0	22 36	1 13	1 31	7 55	0 39	20 6	0 37	10 27	1 32	20 11	0 2
19	9 47	21 9	0S 2	19 29	1 21	1 40	7 32	0 43	20 16	0 37	10 24	1 32	20 11	0 2
20	10 9	17 36	1 4	15 33	1 34	1 48	7 9	0 46	20 27	0 38	10 21	1 32	20 10	0 2
21	10 30	13 21	2 4	10 60	1 51	1 54	6 46	0 50	20 36	0 38	10 18	1 32	20 10	0 2
22	10 52	8 31	2 59	5 57	2 11	1 59	6 22	0 53	20 46	0 39	10 16	1 32	20 10	0 2
23	11 13	3 17	3 46	0 34	2 35	2 2	5 59	0 57	20 56	0 39	10 13	1 32	20 9	0 2
24	11 34	2S11	4 24	4S57	3 2	2 4	5 34	1 0	21 5	0 40	10 10	1 32	20 9	0 3
25	11 55	7 42	4 50	10 24	3 32	2 6	5 10	1 3	21 15	0 40	10 7	1 32	20 8	0 3
26	12 16	13 1	5 0	15 30	4 4	2 6	4 46	1 7	21 24	0 41	10 5	1 32	20 8	0 3
27	12 36	17 50	4 55	19 56	4 37	2 5	4 21	1 10	21 33	0 41	10 2	1 32	20 8	0 3
28	12 56	21 47	4 32	23 20	5 12	2 4	3 56	1 13	21 41	0 42	9 59	1 32	20 8	0 3
29	13 17	24 32	3 52	25 21	5 49	2 2	3 31	1 16	21 50	0 42	9 56	1 31	20 7	0 3
30	13 36	25 46	2 58	25 45	6 26	1 59	3 5	1 18	21 58	0 43	9 54	1 31	20 7	0 3
31	13S56	25S19	1S52	24S28	7S 4	1N55	2N40	1N21	22S 6	0S43	9N51	1S31	20N 7	0N 3

DAY	♅ DECL	♅ LAT	♆ DECL	♆ LAT	♇ DECL	♇ LAT
1	16S44	0S43	18N54	0S15	18N30	4S53
5	16 45	0 43	18 53	0 15	18 29	4 53
9	16 46	0 43	18 52	0 15	18 29	4 54
13	16 47	0 43	18 51	0 15	18 29	4 54
17	16 47	0 43	18 51	0 15	18 29	4 54
21	16 47	0 43	18 50	0 15	18 28	4 54
25	16 48	0 43	18 50	0 15	18 28	4 55
29	16S47	0S42	18N49	0S15	18N28	4S55

☽ PHENOMENA

d	h	m	
4	11	0	☽
11	7	1	○
19	1	8	☾
26	20	37	●

d	h	° '
3	0	26S 2
9	8	0
16	3	25N55
23	14	0
30	6	25S49

d	h	° '
5	12	0
11	20	5N 1
18	23	0
26	4	5S 1

VOID OF COURSE ☽

LAST ASPT		☽ INGRESS	
1	10am47	1 ♐	12pm28
3	7am43	3 ♑	4pm23
5	6pm21	5 ♒	7pm28
7	9pm59	7 ♓	10pm 0
9	11pm59	10 ♈	0am41
12	4am15	12 ♉	4am45
14	11am20	14 ♊	11am38
16	7am16	16 ♋	9pm58
19	6am31	19 ♌	10am40
21	10pm49	21 ♍	11pm 4
23	9am11	24 ♎	8am46
26	3pm 9	26 ♏	3pm 9
28	7am36	28 ♐	7pm 7
30	9pm 2	30 ♑	10pm 1

d	h	
6	22	PERIGEE
19	5	APOGEE
31	19	PERIGEE

DAILY ASPECTARIAN

1 Su	☽△♄	10am47
	☉∠♀	11 27
	☽∠☿	2pm30
	☿△♅	6 1
	☽⚻♃	6 2
	☽⚻♇	8 11
	☽△♆	8 21
	☿⚺♂	11 28
2 M	☉⚹☽	3am27
	♂□♅	7 15
	☽⚼♄	1pm 1
	☽⚹☿	2 44
	☽⚹♅	4 17
	☽⚺♂	4 46
	☽⚼♃	7 51
	☽⚼♆	10 24
3 T	☽△♀	7am43
	☽⚻♄	3pm 0
	☽∠♅	6 4
	☽∠♂	7 56
	☽△♃	9 26
	☽☍♇	11 58
4 W	☽⚻♆	0am12
	☉□☽	11 0
	☽⚼♀	11 34
	☽□☿	2pm21
	☽⚺♅	7 40
	☽⚹♂	10 53
5 Th	♇SR	1am10
	☿∠♀	6 22
	☉☌☿	10 44
	☽⚻♀	3pm12
	☽#♄	4 29
	☽☍♄	6 21
6 F	☽□♃	0am 2
	☽#♆	0 32
	☽#♇	2 38
	☽⚻♇	2 56
	☽☍♆	3 15
	☽∥♂	5 44
	☽∥♅	11 23
	☽△☿	1pm20
	☉△☽	5 37
	☽☌♅	10 20
7 S	☉∥☿	3am52
	☽□♂	4 11
	☽⚼♇	4 13
	♂⚼♇	4 41
	♀⚺♄	10 0
	☽#♀	10 42
	☽⚼☿	12pm47
	☽#♃	1 25
	☉⚼☽	8 44
	☽⚻♄	9 6
	☽☍♀	9 59
	♀ ♍	10 12
8 Su	☽⚹♃	2am 7
	☽△♇	5 26
	☽⚻♆	5 48
	☉∥☽	9 53
	☽⚻☿	12pm20
	☽∥☿	3 57
	☽⚼♄	10 28
	☉⚻☽	11 51
9 M	☽⚺♅	0am46
	☽∠♃	3 10
	♂#♇	5 47
	☽⚼♆	7 7
	☽△♂	9 19
	☉△♅	12pm46
	♀∥♃	6 31
	☽#☿	9 55
	♀△♃	10 8
	☽△♄	11 59
10 T	☽∠♅	2am11
	☽⚺♃	4 24
	☽⚻♀	5 0
	☽□♇	8 13
	☽△♆	8 39
	☉#☽	10 25
	☽⚼♂	12pm13
	☽☍☿	12 24
	☿∠♂	2 9
11 W	☽∥♀	2am 7
	☽∥♃	3 45
	☽⚹♅	3 57
	♂#♆	4 54
	☉☍☽	7 1
	☽⚼♀	9 8
	☽⚻♂	3pm36
	♀⚹♇	9 12
12 Th	♀⚺♆	3am17
	☽□♄	4 15
	☽#♅	8 0
	☽☌♃	8 9
	☽⚹♇	12pm37
	☽□♆	1 8
	☽△♀	2 2
	☽⚻☿	3 3
	☽∥♇	5 16
	☽∥♆	7 26
	☽#♂	9 20
	☿⚺♀	11 51
13 F	☽∥♄	3am48
	☽□♅	9 19
	☽∠♇	3pm52
	☉⚻☽	5 0
	☽⚼☿	5 55
14 S	☽☍♂	0am49
	☿SD	9 51
	☽⚹♄	11 20
	☽⚺♃	2pm41
	☽⚺♇	7 59
	☽⚹♆	8 37
	☽△☿	10 4
	☉⚼☽	11 34
15 Su	☽□♀	2am59
	☽∠♄	4pm12
	☽△♅	5 59
	☽∠♃	7 14
	☉#♀	11 3
16 M	☽∠♆	1am40
	☉△☽	7 16
	☽⚻♂	2pm 6
	☽⚺♄	9 54
	☽⚼♅	11 35
17 T	☽⚹♃	0am33
	☽☌♇	6 45
	☽⚺♆	7 30
	☽□☿	10 34
	♄ ♌	3pm34
	☽⚹♀	8 24
	☽⚼♂	10 5
18	☽⚻♅	5am48
W	♂#♄	11 32
19 Th	☉□☽	1am 8
	☽∠♀	6 8
	☽#♂	6 10
	☽△♂	6 31
	☽∥♄	7 9
	☽☌♄	10 50
	☽□♃	12pm37
	☽∥♆	4 14
	☽∥♇	6 34
	☽⚺♇	7 34
	☽☌♆	8 25
20 F	☽⚹☿	3am24
	☽#♅	4 53
	☉#♃	12pm24
	☽⚺♀	3 50
	☽☍♅	6 40
21 S	☽∠♇	1am53
	♀∠♄	8 1
	☽∠☿	12pm19
	☉#☽	1 26
	☽∥♃	3 32
	♀⚼♃	6 24
	☉⚹☽	7 13
	♀⚻♅	9 1
	☽□♂	10 49
	☽⚺♄	11 26
22 Su	☽△♃	0am18
	♂ ♐	2 58
	☽⚹♇	7 39
	☽⚺♆	8 33
	♂△♄	9 42
	☽∥♀	10 51
	♂⚻♃	8pm 7
	☽⚺☿	8 51
23 M	☽#☿	2am52
	☉∠☽	3 9
	☽∠♄	4 47
	☽⚼♃	5 13
	☽⚻♅	5 50
	☽☌♀	9 11
	☽∠♆	1pm35
	☉ ♏	5 58
24 T	☉□♄	0am14
	☉☍♃	2 13
	☽∥☿	4 3
	☽⚹♄	9 16
	☽⚻♃	9 20
	☉⚺☽	10 0
	☽⚼♅	10 13
	☽⚹♂	11 56
	♃□♄	1pm21
	☽#♀	1 42
	☽□♇	4 50
	☽⚹♆	5 45
25 W	♀∠♆	9am 8
	☽#♃	10 39
	☽☌☿	11 25
	☽△♅	1pm44
	☽∠♂	5 0
	☉∥☽	8 14
	☽⚺♀	10 12
26 Th	♅SD	3am14
	☿△♅	9 26
	♃ ♈	2pm53
	☽☍♃	3 9
	☽□♄	3 46
	☿#♀	5 24
	☽∥♅	6 32
	☉☌☽	8 37
	☽⚺♂	9 11
	☽△♇	10 46
	☽□♆	11 41
27 F	☽∠♀	3am15
	☽#♇	3 32
	☽#♆	5 31
	☽#♄	1pm11
	☽□♅	6 42
	☽⚺☿	10 36
	☽∥♂	11 17
	☉⚺♂	11 23
28	☽⚼♇	0am49
S	☉△♇	1 50
	♂⚻♇	2 44
	☽⚹♀	7 36
	☉□♆	2pm54
	☽⚻♃	6 37
	☽△♄	7 49
	♂△♆	8 50
29 Su	☽⚻♇	2am28
	☽∠☿	3 24
	☽△♆	3 25
	☽☌♂	3 46
	☉⚺☽	4 22
	☿∠♂	9 33
	☽⚼♃	7pm53
	☽⚼♄	9 22
	☽⚹♅	9 57
30 M	☽⚼♆	4am52
	☉∠☽	7 44
	☽⚹☿	7 58
	☽□♀	3pm13
	☽△♃	9 2
	☽⚻♄	10 48
	☽∠♅	11 20
31 T	☽☍♇	5am16
	☽⚻♆	6 15
	☽⚺♂	9 20
	☉⚹☽	11 2

NOVEMBER 1916

LONGITUDE

DAY	SID. TIME	☉	☽	☽ 12 Hour	MEAN ☊	TRUE ☊	☿	♀	♂	♃	♄	♅	♆	♇
	h m s	° ' "	° ' "	° ' "	° '	° '	° '	° '	° '	° '	° '	° '	° '	° '
1	2 39 47	8♏ 14 41	15♑ 21 39	22♑ 26 27	23♑ 36	22♑ 51D	24♎ 20	27♍ 35	7♐ 9	29♈ 17R	0♌ 29	15♒ 47	4♌ 53	4♋ 17R
2	2 43 44	9 14 46	29 30 31	6♒ 33 45	23 33	22 51R	25 56	28 46	7 52	29 9	0 30	15 48	4 53	4 16
3	2 47 40	10 14 52	13♒ 36 4	20 37 21	23 29	22 51	27 33	29 57	8 36	29 1	0 31	15 48	4 53	4 16
4	2 51 37	11 15 0	27 37 32	4♓ 36 31	23 26	22 50	29 10	1♎ 8	9 20	28 53	0 32	15 49	4 53	4 15
5	2 55 34	12 15 10	11♓ 34 11	18 30 22	23 23	22 47	0♏ 47	2 19	10 4	28 45	0 33	15 49	4 53	4 14
6	2 59 30	13 15 21	25 24 52	2♈ 17 27	23 20	22 41	2 25	3 30	10 48	28 38	0 34	15 50	4 53	4 14
7	3 3 27	14 15 33	9♈ 7 50	15 55 44	23 17	22 32	4 2	4 42	11 32	28 30	0 35	15 50	4 54R	4 13
8	3 7 23	15 15 47	22 40 49	29 22 47	23 14	22 22	5 40	5 53	12 16	28 23	0 35	15 51	4 53	4 12
9	3 11 20	16 16 3	6♉ 1 21	12♉ 36 14	23 10	22 10	7 18	7 5	13 0	28 15	0 36	15 51	4 53	4 12
10	3 15 16	17 16 21	19 7 14	25 34 11	23 7	21 58	8 55	8 16	13 45	28 8	0 36	15 52	4 53	4 11
11	3 19 13	18 16 40	1♊ 57 0	8♊ 15 40	23 4	21 48	10 33	9 28	14 29	28 1	0 36	15 53	4 53	4 10
12	3 23 9	19 17 1	14 30 17	20 40 58	23 1	21 40	12 10	10 40	15 13	27 54	0 36R	15 54	4 53	4 9
13	3 27 6	20 17 24	26 47 59	2♋ 51 37	22 58	21 34	13 47	11 52	15 58	27 47	0 36	15 55	4 53	4 8
14	3 31 3	21 17 49	8♋ 52 16	14 50 23	22 54	21 31	15 24	13 4	16 42	27 40	0 36	15 56	4 53	4 8
15	3 34 59	22 18 15	20 46 28	26 41 5	22 51	21 30D	17 1	14 16	17 27	27 33	0 36	15 57	4 53	4 7
16	3 38 56	23 18 43	2♌ 34 50	8♌ 28 21	22 48	21 31	18 37	15 29	18 11	27 27	0 35	15 58	4 52	4 6
17	3 42 52	24 19 13	14 22 18	20 17 21	22 45	21 31R	20 13	16 41	18 56	27 20	0 35	15 59	4 52	4 5
18	3 46 49	25 19 45	26 14 12	2♍ 13 32	22 42	21 32	21 49	17 54	19 41	27 14	0 34	16 0	4 52	4 4
19	3 50 45	26 20 19	8♍ 15 59	14 22 14	22 39	21 31	23 25	19 6	20 25	27 8	0 34	16 1	4 51	4 3
20	3 54 42	27 20 54	20 32 52	26 48 24	22 35	21 28	25 0	20 19	21 10	27 2	0 33	16 2	4 51	4 2
21	3 58 38	28 21 31	3♎ 9 19	9♎ 36 0	22 32	21 23	26 36	21 31	21 55	26 56	0 32	16 4	4 50	4 1
22	4 2 35	29 22 10	16 8 43	22 47 35	22 29	21 16	28 11	22 44	22 40	26 50	0 31	16 5	4 50	4 0
23	4 6 32	0♐ 22 50	29 32 38	6♏ 23 43	22 26	21 8	29 46	23 57	23 25	26 45	0 30	16 6	4 49	3 59
24	4 10 28	1 23 32	13♏ 20 32	20 22 41	22 23	20 59	1♐ 20	25 10	24 10	26 39	0 28	16 8	4 49	3 58
25	4 14 25	2 24 16	27 29 34	4♐ 40 31	22 20	20 51	2 55	26 23	24 55	26 34	0 27	16 9	4 48	3 57
26	4 18 21	3 25 1	11♐ 54 45	19 11 26	22 16	20 44	4 29	27 36	25 41	26 29	0 26	16 11	4 48	3 56
27	4 22 18	4 25 47	26 29 43	3♑ 48 44	22 13	20 40	6 4	28 49	26 26	26 24	0 24	16 12	4 47	3 55
28	4 26 14	5 26 34	11♑ 7 42	18 25 52	22 10	20 37D	7 38	0♏ 3	27 11	26 20	0 22	16 14	4 46	3 54
29	4 30 11	6 27 23	25 42 33	2♒ 57 14	22 7	20 37	9 12	1 16	27 57	26 15	0 20	16 16	4 46	3 53
30	4 34 8	7♐ 28 12	10♒ 9 26	17♒ 18 48	22♑ 4	20♑ 37	10♐ 46	2♏ 29	28♐ 42	26♈ 11	0♌ 18	16♒ 17	4♌ 45	3♋ 52

DECLINATION and LATITUDE

DAY	☉ DECL	☽ DECL	☽ LAT	☽ 12hr DECL	☿ DECL	☿ LAT	♀ DECL	♀ LAT	♂ DECL	♂ LAT	♃ DECL	♃ LAT	♄ DECL	♄ LAT
1	14S16	23S13	0S40	21S37	7S42	1N52	2N14	1N24	22S14	0S44	9N48	1S31	20N 7	0N 3
2	14 35	19 41	0N35	17 29	8 21	1 47	1 48	1 26	22 22	0 44	9 45	1 31	20 7	0 3
3	14 54	15 2	1 48	12 23	9 1	1 42	1 22	1 28	22 29	0 45	9 43	1 31	20 6	0 4
4	15 13	9 35	2 54	6 41	9 40	1 37	0 56	1 31	22 36	0 45	9 40	1 31	20 6	0 4
5	15 31	3 42	3 48	0 42	10 19	1 32	0 30	1 33	22 43	0 46	9 38	1 31	20 6	0 4
6	15 49	2N18	4 29	5N15	10 58	1 26	0 4	1 35	22 50	0 46	9 35	1 30	20 6	0 4
7	16 7	8 8	4 54	10 53	11 37	1 20	0S23	1 37	22 57	0 47	9 33	1 30	20 6	0 4
8	16 25	13 30	5 3	15 56	12 15	1 14	0 49	1 39	23 3	0 47	9 30	1 30	20 6	0 4
9	16 43	18 9	4 54	20 8	12 53	1 8	1 16	1 41	23 9	0 48	9 28	1 30	20 6	0 4
10	16 60	21 50	4 30	23 15	13 30	1 1	1 43	1 43	23 15	0 48	9 25	1 30	20 6	0 4
11	17 17	24 21	3 52	25 8	14 7	0 55	2 9	1 44	23 21	0 48	9 23	1 30	20 6	0 4
12	17 33	25 36	3 4	25 44	14 44	0 48	2 36	1 46	23 26	0 49	9 20	1 29	20 6	0 5
13	17 50	25 33	2 8	25 3	15 19	0 42	3 3	1 47	23 32	0 49	9 18	1 29	20 6	0 5
14	18 6	24 16	1 7	23 13	15 54	0 35	3 30	1 48	23 37	0 50	9 16	1 29	20 7	0 5
15	18 21	21 55	0 4	20 22	16 29	0 28	3 57	1 50	23 41	0 50	9 14	1 29	20 7	0 5
16	18 37	18 38	0S59	16 42	17 2	0 21	4 24	1 51	23 46	0 51	9 12	1 29	20 7	0 5
17	18 52	14 37	1 60	12 23	17 35	0 14	4 50	1 52	23 50	0 51	9 9	1 28	20 7	0 5
18	19 6	10 2	2 55	7 34	18 6	0 8	5 17	1 53	23 54	0 51	9 7	1 28	20 7	0 5
19	19 21	5 0	3 44	2 23	18 37	0 1	5 44	1 54	23 58	0 52	9 5	1 28	20 8	0 5
20	19 35	0S18	4 24	3S 0	19 7	0S 6	6 11	1 54	24 1	0 52	9 3	1 28	20 8	0 5
21	19 48	5 43	4 52	8 25	19 36	0 13	6 37	1 55	24 5	0 53	9 2	1 27	20 8	0 6
22	20 1	11 3	5 6	13 37	20 5	0 19	7 4	1 55	24 8	0 53	8 60	1 27	20 9	0 6
23	20 14	16 3	5 4	18 19	20 32	0 26	7 30	1 56	24 11	0 53	8 58	1 27	20 9	0 6
24	20 27	20 22	4 44	22 9	20 58	0 32	7 56	1 56	24 13	0 54	8 56	1 27	20 9	0 6
25	20 39	23 37	4 7	24 43	21 23	0 39	8 23	1 57	24 15	0 54	8 55	1 26	20 10	0 6
26	20 51	25 25	3 14	25 42	21 47	0 45	8 49	1 57	24 17	0 55	8 53	1 26	20 10	0 6
27	21 2	25 31	2 7	24 53	22 10	0 51	9 14	1 57	24 19	0 55	8 52	1 26	20 11	0 6
28	21 13	23 50	0 51	22 23	22 32	0 57	9 40	1 57	24 20	0 55	8 50	1 26	20 11	0 6
29	21 24	20 34	0N28	18 26	22 53	1 3	10 6	1 57	24 22	0 56	8 49	1 25	20 12	0 6
30	21S34	16S 2	1N44	13S26	23S12	1S 9	10S31	1N56	24S23	0S56	8N47	1S25	20N12	0N 7

DAY	♅ DECL	♅ LAT	♆ DECL	♆ LAT	♇ DECL	♇ LAT
1	16S47	0S42	18N49	0S15	18N28	4S55
5	16 46	0 42	18 49	0 15	18 28	4 55
9	16 46	0 42	18 49	0 15	18 28	4 55
13	16 44	0 42	18 49	0 15	18 28	4 55
17	16 43	0 42	18 49	0 15	18 28	4 55
21	16 42	0 42	18 50	0 15	18 28	4 55
25	16 40	0 42	18 50	0 15	18 28	4 56
29	16S38	0S41	18N51	0S15	18N28	4S56

☽ PHENOMENA			
d	h	m	
2	17	50	☽
9	20	18	○
17	22	0	☾
25	8	50	●
d	h	°	'
5	15	0	
12	11	25N44	
19	23	0	
26	13	25S42	
1	13	0	
7	23	5N 3	
15	1	0	
22	9	5S 7	
28	16	0	

VOID OF COURSE ☽ LAST ASPT		☽ INGRESS		
1	11pm23	2	♒	0am50
4	2am59	4	♓	4am 5
5	1am16	6	♈	8am 0
8	10am 7	8	♉	1pm 7
9	8pm18	10	♊	8pm19
13	1am55	13	♋	6am19
15	1pm39	15	♌	6pm45
18	1am59	18	♍	7am33
20	2pm10	20	♎	6pm 3
22	7pm 5	23	♏	0am48
24	4am47	25	♐	4am12
27	4am10	27	♑	5am45
29	0am53	29	♒	7am 6

d	h	
16	2	APOGEE
27	20	PERIGEE

DAILY ASPECTARIAN

1	☽⚺♅	0am44
W	☽∥♂	7 24
	☽∠♂	12pm 7
	☽□☿	5 9
	☽#♄	9 32
	☽△♀	10 38
	☽□♃	11 23
2	☽☍♄	1am42
Th	☽#♆	4 54
	☽#♇	6 47
	♀⚻♃	6 54
	☽⚻♇	8 6
	☽☍♆	9 9
	☽⚹♂	3pm 0
	☽∥♅	3 31
	☉□☽	5 50
3	☉∥☽	0am34
F	♀ ♎	0 59
	☽⚼♀	2 31
	☽☌♅	3 46
	☽⚼♇	9 40
	♀⚹♄	11 48
	♀⚼♅	5pm23
	☿☍♃	8 15
	☽#♃	11 39
	☽∥☿	11 43
4	☿#♃	0am14
S	☽⚹♃	2 9
	☽△☿	2 59
	☽⚻♄	5 1
	☽⚻♀	6 35
	☽△♇	11 23
	☿ ♏	12pm25
	☽⚻♆	12 29
	☿□♄	8 36
	☽□♂	9 16
5	☉△☽	1am16
Su	☽∠♃	3 45
	☽⚼♄	6 54
	☽⚺♅	7 21
	☽⚼☿	8 15
	☽#♀	1pm49
	☽⚼♆	2 24
	☽∥♀	3 39
6	☉⚼☽	5am20
M	☽⚺♃	5 33
	☽△♄	9 0
	☽∠♅	9 27
	☽⚻☿	1pm51
	♀□♇	2 28
	☽□♇	3 23
	☽☍♀	3 28
	☽△♆	4 33
7	☿△♇	2am37
T	♀⚹♆	3 58
	☽△♂	4 28
	☽∥♃	6 2
	☉⚻☽	9 46
	♆SR	10 44
	☽⚹♅	11 51
	☿□♆	12pm33
	☽#☿	5 21
8	☽⚼♂	8am41
W	☽☌♃	10 7
	☿⚺♀	11 58
	☉□♅	2pm 7
	☽□♄	2 11
	☉#☽	3 32
	☽#♅	4 20
	☽⚹♇	8 41
	☽□♆	9 57
9	☽∥♇	1am49
Th	☽⚻♀	2 7
	☽☍☿	2 38
	☽∥♆	3 52
	☉∥♅	3 58
	♂⚼♃	7 4
	☽∥♄	11 51
	☽⚻♂	1pm30
	☽□♅	6 0
	☉☍☽	8 18
10	☽∠♇	0am 7
F	☽⚼♀	8 30
	☽#♂	12pm34
	☽⚺♃	4 39
	☽⚹♄	9 27
11	☽⚺♇	4am12
S	☽⚹♆	5 34
	☽△♀	3pm50
	☽⚻☿	6 49
	☽∠♃	8 56
	☉⚼♇	8 58
12	☽☍♂	1am28
Su	☽∠♄	2 8
	☽△♅	2 42
	♄SR	5 9
	☉⚻☽	10 6
	☽∠♆	10 27
	♂⚼♄	12pm25
	♂⚹♅	10 24
13	☽⚹♃	1am55
M	☽⚼☿	4 31
	☽⚺♄	7 31
	☽⚼♅	8 9
	☽☌♇	2pm32
	☽⚺♆	4 1
	☉⚼☽	6 23
14	☽#♂	7am33
T	☿□♅	7 56
	☽□♀	9 23
	☽⚻♅	2pm13
	☽△☿	3 11
	☽⚻♂	4 49
15	☉△☽	3am23
W	☉#♇	10 26
	☿∥♅	10 48
	☿⚺♂	12pm 3
	☽□♃	1 39
	☽∥♄	1 53
	☽☌♄	7 57
	☽∥♆	10 46
16	☉#☽	0am 9
Th	☽∥♇	1 5
	☽⚼♂	1 19
	☽⚺♇	3 5
	☽☌♆	4 40
	☿⚼♇	7 9
	☽#☿	8 49
	♀△♅	9 47
	☽#♅	11 55
	☉#♆	8pm13
17	☽☍♅	3am16
F	☽⚹♀	5 14
	☽∠♇	9 33
	☽△♂	9 52
	☽□☿	1pm42
	☉□☽	10 0
18	☽△♃	1am59
S	☽∥♃	4 29
	♂⚼♆	5 49
	☽⚺♄	8 41
	☽∠♀	2pm49
	☽⚹♇	3 39
	☿#♇	4 38
	☽⚺♆	5 14
	☽#♀	8 54
19	☽⚼♃	7am33
Su	☿#♆	9 36
	☽∠♄	2pm18
	☽⚻♅	3 14
	☉⚻♃	5 10
	☽∠♆	10 39
	☽⚺♀	11 30
20	☽□♂	1am17
M	☽⚹☿	9 48
	☽⚻♃	12pm20
	☉⚹☽	2 10
	☽⚹♄	7 4
	☽⚼♅	8 3
21	☽□♇	1am37
T	☽⚹♆	3 9
	☽∥♀	4 22
	☿⚻♃	4 53
	☽#♃	2pm41
	☽∠☿	5 50
	☉∥☿	6 54
	♀⚹♂	8 29
	☉∠☽	8 30
	☽△♅	11 53
22	☿#♄	3am29
W	☽⚹♂	12pm29
	☽☌♀	1 5
	☉#♄	1 25
	☉ ♐	2 58
	☽☍♃	7 5
23	☽⚺☿	0am26
Th	☉⚺☽	1 36
	☽□♄	1 40
	☉△♄	2 38
	☽∥♅	3 15
	☿ ♐	3 40
	☽△♇	7 48
	☽□♆	9 15
	☿△♄	11 2
	☽#♇	12pm51
	☽#♆	2 55
	☽∠♂	4 24
	☽#♄	10 42
24	☉∥☽	0am34
F	☉☌☿	2 18
	☽∥☿	4 20
	☽□♅	4 47
	☽⚼♇	9 36
	☽⚺♂	7pm26
	☽⚺♀	9 58
	☽⚻♃	10 28
25	♀☍♃	3am23
S	☽△♄	4 57
	☽∥♂	6 32
	☉☌☽	8 50
	☽☌☿	10 11
	☽⚻♇	10 48
	☽△♆	12pm12
	☿⚻♇	3 45
	☽⚼♃	11 18
26	☽∠♀	1am15
Su	♀#♃	3 51
	☿△♆	4 40
	☽⚼♄	5 47
	☽⚹♅	7 3
	☉⚻♇	12pm14
	☽⚼♆	12 59
	♂△♃	11 14
	☽△♃	11 51
	☽☌♂	11 53
27	☽⚹♀	4am10
M	☽⚻♄	6 23
	☽∠♅	7 44
	☉△♆	8 20
	☽☍♇	12pm10
	☽⚻♆	1 35
	☉⚺☽	1 59
	☽⚺☿	5 34
	☽∥♂	6 51
	♀ ♏	11 7
28	♀□♄	6am14
T	☽⚺♅	8 24
	☽∥☿	9 46
	☉∠☽	4pm27
	☉∥☽	6 58
	☽∠☿	9 12
29	☽□♃	0am53
W	☽#♄	2 11
	☽⚺♂	3 54
	☽☍♄	7 39
	☽#♆	9 46
	☽□♀	10 3
	☽#♇	11 47
	☽⚻♇	1pm32
	☽☍♆	3 0
	☉⚹☽	7 11
	☽∥♅	9 10
30	☽⚹☿	1am 8
Th	☿⚼♃	6 6
	☽∠♂	6 16
	☽☌♅	10 18
	☽⚼♇	2pm36
	☽∥♀	10 56

DECEMBER 1916

LONGITUDE

DAY	SID. TIME	☉	☽	☽ 12 Hour	MEAN ☊	TRUE ☊	☿	♀	♂	♃	♄	♅	♆	♇
	h m s	° ' "	° ' "	° ' "	° '	° '	° '	° '	° '	° '	° '	° '	° '	° '
1	4 38 4	8♐ 29 2	24♒ 25 6	1♓ 28 8	22♑ 0	20♑ 39	12♐ 20	3♏ 43	29♐ 27	26♈ 7R	0♌ 16R	16♒ 19	4♌ 44R	3♋ 51R
2	4 42 1	9 29 53	8♓ 27 49	15 24 6	21 57	20 39R	13 54	4 56	0♑ 13	26 3	0 14	16 21	4 43	3 50
3	4 45 57	10 30 45	22 16 58	29 6 26	21 54	20 39	15 27	6 10	0 59	25 59	0 12	16 23	4 43	3 49
4	4 49 54	11 31 38	5♈ 52 33	12♈ 35 20	21 51	20 36	17 1	7 23	1 44	25 55	0 10	16 25	4 42	3 48
5	4 53 50	12 32 31	19 14 50	25 51 5	21 48	20 32	18 35	8 37	2 30	25 52	0 7	16 27	4 41	3 47
6	4 57 47	13 33 25	2♉ 24 6	8♉ 53 53	21 45	20 27	20 9	9 51	3 15	25 49	0 5	16 28	4 40	3 46
7	5 1 43	14 34 20	15 20 28	21 43 52	21 41	20 20	21 43	11 4	4 1	25 46	0 2	16 31	4 39	3 45
8	5 5 40	15 35 16	28 4 6	4♊ 21 10	21 38	20 14	23 16	12 18	4 47	25 43	29♋ 59	16 33	4 38	3 43
9	5 9 36	16 36 13	10♊ 35 10	16 46 8	21 35	20 8	24 50	13 32	5 33	25 40	29 57	16 35	4 37	3 42
10	5 13 33	17 37 10	22 54 11	28 59 28	21 32	20 4	26 24	14 46	6 19	25 38	29 54	16 37	4 36	3 41
11	5 17 30	18 38 9	5♋ 2 9	11♋ 2 28	21 29	20 1	27 58	16 0	7 5	25 36	29 51	16 39	4 35	3 40
12	5 21 26	19 39 9	17 0 42	22 57 9	21 26	20 0D	29 32	17 14	7 51	25 34	29 48	16 41	4 34	3 39
13	5 25 23	20 40 9	28 52 10	4♌ 46 11	21 22	20 0	1♑ 6	18 28	8 37	25 32	29 44	16 43	4 33	3 38
14	5 29 19	21 41 10	10♌ 39 38	16 33 1	21 19	20 1	2 39	19 42	9 23	25 31	29 41	16 46	4 32	3 37
15	5 33 16	22 42 12	22 26 51	28 21 42	21 16	20 3	4 13	20 56	10 9	25 29	29 38	16 48	4 31	3 35
16	5 37 12	23 43 16	4♍ 18 9	10♍ 16 49	21 13	20 5	5 47	22 10	10 55	25 28	29 34	16 50	4 29	3 34
17	5 41 9	24 44 19	16 18 18	22 23 15	21 10	20 6R	7 20	23 24	11 41	25 27	29 31	16 53	4 28	3 33
18	5 45 6	25 45 24	28 32 15	4♎ 45 56	21 6	20 6	8 54	24 38	12 28	25 26	29 27	16 55	4 27	3 32
19	5 49 2	26 46 30	11♎ 4 49	17 29 26	21 3	20 6	10 27	25 53	13 14	25 26	29 24	16 58	4 26	3 31
20	5 52 59	27 47 36	24 0 12	0♏ 37 29	21 0	20 4	11 59	27 7	14 0	25 26D	29 20	17 0	4 25	3 29
21	5 56 55	28 48 44	7♏ 21 30	14 12 21	20 57	20 1	13 32	28 21	14 47	25 25	29 16	17 3	4 23	3 28
22	6 0 52	29 49 51	21 9 59	28 14 11	20 54	19 59	15 4	29 36	15 33	25 26	29 12	17 6	4 22	3 27
23	6 4 48	0♑ 51 0	5♐ 24 35	12♐ 40 37	20 51	19 56	16 35	0♐ 50	16 19	25 26	29 8	17 8	4 21	3 26
24	6 8 45	1 52 10	20 1 35	27 26 36	20 47	19 54	18 5	2 5	17 6	25 26	29 4	17 11	4 19	3 25
25	6 12 41	2 53 19	4♑ 54 43	12♑ 24 52	20 44	19 52	19 35	3 19	17 53	25 27	29 0	17 14	4 18	3 23
26	6 16 38	3 54 29	19 55 57	27 26 51	20 41	19 52D	21 3	4 33	18 39	25 28	28 56	17 16	4 16	3 22
27	6 20 35	4 55 40	4♒ 56 31	12♒ 23 59	20 38	19 52	22 30	5 48	19 26	25 29	28 51	17 19	4 15	3 21
28	6 24 31	5 56 50	19 48 21	27 8 52	20 35	19 53	23 55	7 2	20 12	25 31	28 47	17 22	4 14	3 20
29	6 28 28	6 58 0	4♓ 24 57	11♓ 36 7	20 31	19 54	25 18	8 17	20 59	25 32	28 43	17 25	4 12	3 18
30	6 32 24	7 59 10	18 42 3	25 42 35	20 28	19 55	26 38	9 32	21 46	25 34	28 38	17 28	4 11	3 17
31	6 36 21	9♑ 0 20	2♈ 37 38	9♈ 27 15	20♑ 25	19♑ 55R	27♑ 56	10♐ 46	22♑ 33	25♈ 36	28♋ 34	17♒ 30	4♌ 9	3♋ 16

DECLINATION and LATITUDE

DAY	☉ DECL	☽ DECL	☽ LAT	☽ 12hr DECL	☿ DECL	☿ LAT	♀ DECL	♀ LAT	♂ DECL	♂ LAT	♃ DECL	♃ LAT	♄ DECL	♄ LAT
1	21S44	10S40	2N53	7S47	23S31	1S14	10S56	1N56	24S23	0S56	8N46	1S25	20N13	0N 7
2	21 53	4 50	3 51	1 51	23 48	1 20	11 21	1 56	24 24	0 57	8 45	1 25	20 13	0 7
3	22 2	1N 8	4 34	4N 4	24 4	1 25	11 46	1 55	24 24	0 57	8 44	1 24	20 14	0 7
4	22 11	6 56	5 1	9 42	24 19	1 30	12 10	1 55	24 24	0 57	8 43	1 24	20 14	0 7
5	22 19	12 19	5 11	14 47	24 32	1 35	12 35	1 54	24 23	0 58	8 42	1 24	20 15	0 7
6	22 26	17 4	5 4	19 7	24 44	1 40	12 58	1 54	24 22	0 58	8 41	1 23	20 16	0 7
7	22 33	20 56	4 42	22 29	24 55	1 44	13 22	1 53	24 21	0 58	8 40	1 23	20 16	0 7
8	22 40	23 44	4 6	24 41	25 5	1 48	13 46	1 52	24 20	0 58	8 39	1 23	20 17	0 8
9	22 47	25 19	3 19	25 38	25 13	1 52	14 9	1 51	24 19	0 59	8 39	1 22	20 18	0 8
10	22 52	25 38	2 23	25 19	25 20	1 56	14 31	1 50	24 17	0 59	8 38	1 22	20 18	0 8
11	22 58	24 42	1 21	23 48	25 25	1 59	14 54	1 49	24 15	0 59	8 38	1 22	20 19	0 8
12	23 3	22 38	0 16	21 14	25 29	2 2	15 16	1 48	24 13	0 60	8 37	1 22	20 20	0 8
13	23 7	19 36	0S49	17 47	25 32	2 5	15 37	1 47	24 10	0 60	8 37	1 21	20 21	0 8
14	23 11	15 47	1 51	13 39	25 33	2 8	15 59	1 45	24 7	1 0	8 37	1 21	20 22	0 8
15	23 15	11 22	2 49	8 59	25 33	2 10	16 20	1 44	24 4	1 0	8 36	1 21	20 22	0 8
16	23 18	6 31	3 40	3 58	25 31	2 11	16 40	1 42	24 0	1 1	8 36	1 20	20 23	0 8
17	23 21	1 22	4 22	1S15	25 27	2 13	17 0	1 41	23 57	1 1	8 36	1 20	20 24	0 9
18	23 23	3S54	4 53	6 33	25 22	2 14	17 20	1 39	23 53	1 1	8 36	1 20	20 25	0 9
19	23 25	9 10	5 12	11 43	25 16	2 14	17 39	1 38	23 49	1 1	8 36	1 19	20 26	0 9
20	23 26	14 11	5 15	16 32	25 8	2 14	17 58	1 36	23 44	1 2	8 37	1 19	20 27	0 9
21	23 27	18 43	5 1	20 41	24 59	2 14	18 16	1 34	23 39	1 2	8 37	1 19	20 28	0 9
22	23 27	22 24	4 30	23 48	24 48	2 13	18 34	1 32	23 34	1 2	8 37	1 18	20 29	0 9
23	23 27	24 51	3 42	25 30	24 35	2 11	18 51	1 31	23 29	1 2	8 38	1 18	20 29	0 9
24	23 26	25 42	2 38	25 26	24 21	2 9	19 8	1 29	23 23	1 2	8 38	1 18	20 30	0 9
25	23 25	24 43	1 22	23 33	24 6	2 6	19 25	1 27	23 17	1 3	8 39	1 18	20 31	0 9
26	23 24	21 58	0N 0	19 60	23 49	2 2	19 40	1 25	23 11	1 3	8 39	1 17	20 32	0 10
27	23 21	17 42	1 23	15 8	23 31	1 58	19 56	1 23	23 5	1 3	8 40	1 17	20 33	0 10
28	23 19	12 22	2 39	9 27	23 11	1 53	20 10	1 20	22 58	1 3	8 41	1 17	20 34	0 10
29	23 16	6 26	3 43	3 22	22 51	1 47	20 25	1 18	22 51	1 3	8 42	1 16	20 35	0 10
30	23 13	0 18	4 32	2N44	22 29	1 41	20 38	1 16	22 44	1 3	8 43	1 16	20 36	0 10
31	23S 9	5N41	5N 3	8N32	22S 6	1S33	20S51	1N14	22S37	1S 4	8N44	1S16	20N37	0N10

DAY	♅ DECL	♅ LAT	♆ DECL	♆ LAT	♇ DECL	♇ LAT
1	16S37	0S41	18N51	0S15	18N28	4S56
5	16 34	0 41	18 52	0 15	18 28	4 56
9	16 32	0 41	18 53	0 15	18 29	4 55
13	16 29	0 41	18 54	0 15	18 29	4 55
17	16 26	0 41	18 55	0 14	18 29	4 55
21	16 23	0 41	18 56	0 14	18 29	4 55
25	16 20	0 41	18 58	0 14	18 30	4 55
29	16S16	0S41	18N59	0S14	18N30	4S55

☽ PHENOMENA

d	h	m	
2	1	55	☽
9	12	44	○
17	18	6	☾
24	20	31	●♂
31	12	7	☽

d	h	° '
2	19	0
9	18	25N41
17	6	0
23	23	25S42
30	1	0

d	h	° '
5	2	5N11
12	6	0
19	17	5S15
26	0	0

VOID OF COURSE ☽

LAST ASPT		☽ INGRESS		
1	9am 3	1	♓	9am30
2	10am35	3	♈	1pm35
5	11am59	5	♉	7pm35
8	3am39	8	♊	3am41
10	7am54	10	♋	2pm 0
13	1am46	13	♌	2am18
15	6am10	15	♍	3pm19
18	1am46	18	♎	2am50
20	9am37	20	♏	10am52
22	1pm33	22	♐	2pm58
24	8am46	24	♑	4pm 7
26	2pm18	26	♒	4pm 5
28	9am20	28	♓	4pm42
30	4pm58	30	♈	7pm25

d	h	
13	21	APOGEE
26	0	PERIGEE

DAILY ASPECTARIAN

1 F	♀△♇	2am44
	☽✶♃	2 51
	☽#♃	7 59
	☽✶♂	9 3
	☽⊼♄	9 56
	☽△♇	4pm 4
	♂ ♑	5 10
	☽△♀	5 21
	☽⊼♆	5 35
	♀□♆	7 53
2 S	♂⊼♄	0am42
	☉□☽	1 55
	☽∠♃	4 26
	☽□☿	10 35
	☽⚼♄	11 41
	☽⊻♅	1pm40
	☽⚼♆	7 30
	☿⚼♄	8 10
	☽⚼♀	9 51
3 Su	☽⊻♃	6am28
	☉⚼♃	10 28
	♂∠♅	1pm17
	☽△♄	1 54
	☿✶♅	2 25
	☽∠♅	4 3
	☽□♂	4 13
	☽□♇	8 19
	☽△♆	9 54
4 M	☽⊼♀	2am58
	☽∥♃	7 39
	☿∥♂	8 10
	☉△☽	10 55
	☽✶♅	6pm55
	☽△☿	10 39
5 T	☽#♀	1am17
	☽☌♃	11 59
	☉⚼☽	4pm21
	☿⚼♆	4 41
	☽□♄	7 45
	☽#♅	9 15
6 W	☽△♂	1am40
	☽✶♇	2 30
	☽□♆	4 10
	☽⚼☿	5 45
	☽∥♇	8 5
	☽∥♆	10 28
	☽☍♀	3pm12
	♂☍♇	3 29
	☽∥♄	7 25
	☉⊼☽	10 26
7 Th	☽□♅	2am11
	☽∠♇	6 22
	☽⚼♂	7 20
	☉⚼♄	10 30
	☉#☽	1pm15
	☽⊼☿	1 38
	♄ ♋	7 11
	♂⊼♆	7 26
	☽⊻♃	7 33
8 F	☽✶♄	3am39
	☽#♂	7 3
	☽⊻♇	10 47
	☽✶♆	12pm32
	☽⊼♂	1 40
	☽#☿	9 11
	☉✶♅	11 22
9 S	☽∠♃	0am10
	☽⊼♀	6 20
	☽∠♄	8 25
	☽△♅	11 40
	☿△♃	12pm30
	☉☍☽	12 44
	☽∠♆	5 32
10 Su	☽✶♃	5am21
	☽☍☿	7 54
	☽#☿	10 36
	☽⊻♄	1pm44
	☽⚼♀	3 4
	☽⚼♅	5 15
	☽☌♇	9 17
	☽⊻♆	11 6
11 M	☽☍♂	4am21
	☽#♂	6 40
	♀□♅	1pm 7
	☉#☽	8 12
	☉⚼♆	10 1
	☽⊼♅	11 21
12 T	☽△♀	0am29
	☿⊼♄	3 56
	☉⊼☽	5 50
	☿ ♑	7 14
	☽□♃	5pm15
	☽∥♄	6 44
13 W	☽☌♄	1am46
	♀⚼♇	3 10
	☽∥♆	4 47
	☽⊼☿	5 13
	☽∥♇	7 32
	☽⊻♇	9 40
	☿∠♅	9 57
	☽☌♆	11 32
	☉⚼☽	3pm 8
	☽#♅	7 58
	☽⊼♂	9 13
	☽#♀	10 58
14 Th	☽☍♅	12pm29
	☿☍♇	2 27
	☽∠♇	4 10
	☽⚼☿	4 26
	☽□♀	8 34
15 F	☉△☽	0am34
	☿⊼♆	4 27
	☽⚼♂	5 52
	☽△♃	6 10
	♀∥♅	8 53
	☽∥♃	1pm53
	☽⊻♄	2 30
	☽✶♇	10 31
16 S	☽⊻♆	0am23
	☽△☿	3 25
	☽⚼♃	12pm21
	☽△♂	2 11
	☽∠♄	8 28
17 Su	☽⊼♅	1am 9
	☽∠♆	6 15
	☽✶♀	3pm34
	☉△♃	4 37
	☽⊼♃	5 59
	☉□☽	6 6
18 M	☽✶♄	1am46
	☽⚼♅	6 34
	☽□♇	9 37
	☽✶♆	11 23
	♀⊼♃	3pm22
	☽#♃	9 26
	☽□☿	10 38
	☽∠♀	11 35
19 T	☽□♂	4am18
	☽△♅	11 3
20 W	☽☍♃	2am36
	☽⊻♀	6 15
	☉✶☽	7 28
	☽□♄	9 37
	☿∠♀	9 58
	☽∥♅	11 14
	☽△♇	5pm 6
	☽□♆	6 44
	☽∥♀	9 17
	☽#♇	10 42
	♃SD	11 36
21 Th	☽#♆	1am18
	☉⊼♄	10 3
	☽#♄	10 35
	☽✶☿	12pm11
	☉∠☽	12 13
	☽✶♂	1 46
	♀△♄	4 44
	☽□♅	4 59
	♀#♇	5 30
	☽⚼♇	7 21
22 F	☉ ♑	3am59
	☽⊼♃	7 15
	♀ ♐	7 50
	☉∥☽	8 42
	☽∥♂	9 29
	☽△♄	1pm33
	☿☌♂	3 39
	☽☌♀	3 39
	☉⊻☽	3 48
	☽∠♂	4 48
	☽∠☿	4 52
	☽⊼♇	8 42
	☽∥☿	8 52
	☽△♆	10 14
23 S	☉⊻♀	1am35
	♀#♆	7 49
	☽⚼♃	8 19
	☿⊻♅	9 3
	☉∥♂	9 41
	☽⚼♄	2pm19
	☽⊻♂	6 58
	☽✶♅	7 21
	☽⊻☿	8 30
	☽⚼♆	10 51
24 Su	♀∠♂	1am16
	♂⊻♅	2 39
	☉∠♅	7 40
	☽△♃	8 46
	☽⊼♄	2pm33
	☽∠♅	7 41
	☉☌☽	8 31
	☽⊻♀	9 13
	☽☍♇	9 34
	☽⊼♆	11 1
25 M	♀⊼♇	1am22
	☽∥☿	7 48
	☉☍♇	11 32
	☉∥☽	1pm13
	☽∥♂	2 41
	♀△♆	6 38
	☽⊻♅	7 44
	☽☌♂	9 51
	☽∠♀	11 21
26 T	☽☌☿	1am59
	☉⊼♆	8 26
	☽#♄	8 50
	☽□♃	8 51
	☽∥♀	1pm 0
	☽☍♄	2 18
	☽#♆	5 33
	☽#♇	8 0
	☽⊼♇	9 27
	☽☍♆	10 54
	☉⊻☽	11 59
27 W	☽✶♀	1am30
	☽∥♅	6 44
	☉∥☿	1pm16
	☽☌♅	8 1
	☽⚼♇	9 36
28 Th	☽⊻♂	0am41
	☉∠☽	2 0
	☽⊻☿	7 25
	☽✶♃	9 20
	☽⊼♄	2pm37
	☽#♃	8 4
	☽△♇	10 10
	☿∥♂	11 0
	☽⊼♆	11 39
29 F	☽∠♂	2am45
	☿□♃	4 19
	☉✶☽	4 34
	☽□♀	7 3
	☽∠♃	10 14
	☽∠☿	10 50
	☽⚼♄	3pm28
	♀#♄	8 29
	☽⊻♅	9 53
30 S	☽⚼♆	0am49
	☽✶♂	5 32
	☽⊻♃	11 47
	☽✶☿	3pm 0
	☽△♄	4 58
	♀⚼♃	8 39
	☽∠♅	11 47
31 Su	☽□♇	1am 7
	☽△♆	2 40
	☿☍♄	11 31
	☉□☽	12pm 7
	☽∥♃	12 54
	☽△♀	3 47

JANUARY 1917

LONGITUDE

DAY	SID. TIME	☉	☽	☽ 12 Hour	MEAN ☊	TRUE ☊	☿	♀	♂	♃	♄	♅	♆	♇
	h m s	° ' "	° ' "	° ' "	° '	° '	° '	° '	° '	° '	° '	° '	° '	° '
1	6 40 17	10♑ 1 29	16♈ 11 32	22♈ 50 42	20♑ 22	19♑ 55R	29♑ 10	12♐ 1	23♑ 19	25♈ 38	28♋ 29R	17♒ 33	4♌ 8R	3♋ 15R
2	6 44 14	11 2 38	29 24 57	5♉ 54 36	20 19	19 55	0♒ 20	13 15	24 6	25 41	28 25	17 36	4 6	3 14
3	6 48 10	12 3 47	12♉ 19 55	18 41 13	20 16	19 54	1 25	14 30	24 53	25 43	28 20	17 39	4 5	3 12
4	6 52 7	13 4 56	24 58 48	1♊ 12 59	20 12	19 53	2 24	15 45	25 40	25 46	28 15	17 42	4 3	3 11
5	6 56 4	14 6 5	7♊ 24 4	13 32 18	20 9	19 52	3 18	16 59	26 27	25 49	28 11	17 45	4 2	3 10
6	7 0 0	15 7 14	19 37 59	25 41 22	20 6	19 52	4 4	18 14	27 14	25 52	28 6	17 48	4 0	3 9
7	7 3 57	16 8 22	1♋ 42 42	7♋ 42 14	20 3	19 51	4 42	19 28	28 1	25 55	28 1	17 51	3 58	3 8
8	7 7 53	17 9 30	13 40 12	19 36 50	20 0	19 51	5 11	20 43	28 48	25 59	27 57	17 54	3 57	3 6
9	7 11 50	18 10 37	25 32 24	1♌ 27 8	19 57	19 51	5 31	21 58	29 35	26 3	27 52	17 58	3 55	3 5
10	7 15 46	19 11 45	7♌ 21 18	13 15 12	19 53	19 51	5 40R	23 13	0♒ 22	26 7	27 47	18 1	3 54	3 4
11	7 19 43	20 12 52	19 9 8	25 3 26	19 50	19 51	5 37	24 27	1 9	26 11	27 42	18 4	3 52	3 3
12	7 23 39	21 13 59	0♍ 58 27	6♍ 54 35	19 47	19 50	5 23	25 42	1 56	26 15	27 37	18 7	3 50	3 2
13	7 27 36	22 15 6	12 52 13	18 51 49	19 44	19 50	4 57	26 57	2 43	26 20	27 32	18 10	3 49	3 1
14	7 31 33	23 16 12	24 53 50	0♎ 58 46	19 41	19 50	4 19	28 12	3 30	26 25	27 27	18 13	3 47	3 0
15	7 35 29	24 17 18	7♎ 7 7	13 19 23	19 37	19 50	3 31	29 26	4 17	26 29	27 22	18 17	3 45	2 58
16	7 39 26	25 18 24	19 36 6	25 57 45	19 34	19 49D	2 33	0♑ 41	5 4	26 34	27 17	18 20	3 44	2 57
17	7 43 22	26 19 30	2♏ 24 50	8♏ 57 47	19 31	19 50	1 26	1 56	5 52	26 40	27 12	18 23	3 42	2 56
18	7 47 19	27 20 36	15 36 58	22 22 43	19 28	19 50	0 14	3 11	6 39	26 45	27 8	18 27	3 40	2 55
19	7 51 15	28 21 41	29 15 12	6♐ 14 30	19 25	19 51	28♑ 58	4 26	7 26	26 51	27 3	18 30	3 39	2 54
20	7 55 12	29 22 46	13♐ 20 34	20 33 10	19 22	19 51	27 40	5 41	8 13	26 57	26 58	18 33	3 37	2 53
21	7 59 9	0♒ 23 51	27 51 54	5♑ 16 9	19 18	19 52	26 23	6 55	9 1	27 3	26 53	18 37	3 35	2 52
22	8 3 5	1 24 55	12♑ 45 10	20 18 0	19 15	19 53R	25 9	8 10	9 48	27 9	26 48	18 40	3 34	2 51
23	8 7 2	2 25 59	27 53 35	5♒ 30 43	19 12	19 52	24 1	9 25	10 35	27 15	26 43	18 43	3 32	2 50
24	8 10 58	3 27 2	13♒ 8 7	20 44 33	19 9	19 52	22 58	10 40	11 23	27 21	26 38	18 47	3 30	2 49
25	8 14 55	4 28 4	28 18 44	5♓ 49 32	19 6	19 50	22 4	11 55	12 10	27 28	26 33	18 50	3 29	2 48
26	8 18 51	5 29 4	13♓ 15 56	20 37 2	19 3	19 48	21 18	13 10	12 57	27 35	26 28	18 53	3 27	2 47
27	8 22 48	6 30 4	27 52 11	5♈ 0 51	18 59	19 46	20 40	14 25	13 45	27 42	26 23	18 57	3 25	2 46
28	8 26 44	7 31 2	12♈ 2 45	18 57 44	18 56	19 45	20 12	15 39	14 32	27 49	26 19	19 0	3 23	2 45
29	8 30 41	8 32 0	25 45 50	2♉ 27 14	18 53	19 43	19 53	16 54	15 19	27 56	26 14	19 4	3 22	2 44
30	8 34 38	9 32 56	9♉ 2 13	15 31 8	18 50	19 43D	19 42D	18 9	16 7	28 4	26 9	19 7	3 20	2 43
31	8 38 34	10♒ 33 51	21♉ 54 26	28♉ 12 36	18♑ 47	19♑ 43	19♑ 39	19♑ 24	16♒ 54	28♈ 11	26♋ 4	19♒ 11	3♌ 18	2♋ 42

DECLINATION and LATITUDE

DAY	☉ DECL	☽ DECL	☽ LAT	☽ 12hr DECL	☿ DECL	☿ LAT	♀ DECL	♀ LAT	♂ DECL	♂ LAT	♃ DECL	♃ LAT	♄ DECL	♄ LAT
1	23S 4	11N14	5N17	13N47	21S43	1S25	21S 4	1N11	22S29	1S 4	8N45	1S15	20N38	0N10
2	22 59	16 9	5 13	18 17	21 19	1 15	21 15	1 9	22 21	1 4	8 46	1 15	20 39	0 10
3	22 54	20 12	4 54	21 51	20 54	1 4	21 27	1 7	22 13	1 4	8 47	1 15	20 41	0 11
4	22 48	23 13	4 20	24 18	20 29	0 53	21 37	1 4	22 4	1 4	8 48	1 14	20 42	0 11
5	22 42	25 5	3 35	25 33	20 5	0 40	21 47	1 2	21 56	1 4	8 50	1 14	20 43	0 11
6	22 36	25 42	2 40	25 33	19 40	0 26	21 57	0 59	21 47	1 4	8 51	1 14	20 44	0 11
7	22 28	25 6	1 39	24 20	19 17	0 11	22 5	0 57	21 37	1 5	8 53	1 13	20 45	0 11
8	22 21	23 19	0 34	22 2	18 54	0N 4	22 13	0 54	21 28	1 5	8 54	1 13	20 46	0 11
9	22 13	20 31	0S32	18 48	18 33	0 21	22 21	0 52	21 18	1 5	8 56	1 13	20 47	0 11
10	22 5	16 54	1 36	14 50	18 14	0 39	22 27	0 49	21 8	1 5	8 58	1 13	20 48	0 11
11	21 56	12 37	2 36	10 17	17 57	0 57	22 33	0 47	20 58	1 5	8 59	1 12	20 49	0 11
12	21 46	7 52	3 29	5 22	17 42	1 16	22 39	0 44	20 48	1 5	9 1	1 12	20 50	0 12
13	21 37	2 49	4 14	0 13	17 30	1 35	22 44	0 41	20 37	1 5	9 3	1 12	20 51	0 12
14	21 27	2S23	4 48	4S59	17 21	1 53	22 48	0 39	20 26	1 5	9 5	1 11	20 52	0 12
15	21 16	7 34	5 10	10 6	17 15	2 11	22 51	0 36	20 15	1 5	9 7	1 11	20 53	0 12
16	21 5	12 34	5 18	14 56	17 11	2 29	22 54	0 33	20 4	1 5	9 9	1 11	20 54	0 12
17	20 54	17 10	5 10	19 14	17 11	2 44	22 55	0 31	19 52	1 5	9 11	1 10	20 55	0 12
18	20 42	21 5	4 46	22 41	17 13	2 58	22 57	0 28	19 40	1 5	9 14	1 10	20 57	0 12
19	20 30	23 60	4 6	24 58	17 17	3 10	22 57	0 25	19 28	1 5	9 16	1 10	20 58	0 12
20	20 17	25 33	3 9	25 42	17 23	3 19	22 57	0 23	19 16	1 5	9 18	1 10	20 59	0 12
21	20 4	25 25	1 59	24 41	17 31	3 26	22 56	0 20	19 4	1 5	9 21	1 9	20 60	0 13
22	19 51	23 30	0 39	21 53	17 40	3 30	22 55	0 17	18 51	1 5	9 23	1 9	21 1	0 13
23	19 38	19 52	0N44	17 31	17 50	3 32	22 52	0 14	18 38	1 5	9 26	1 9	21 2	0 13
24	19 24	14 53	2 5	12 1	18 1	3 32	22 50	0 12	18 25	1 5	9 28	1 9	21 3	0 13
25	19 9	8 59	3 17	5 51	18 12	3 29	22 46	0 9	18 12	1 5	9 31	1 8	21 4	0 13
26	18 54	2 40	4 15	0N31	18 24	3 24	22 42	0 6	17 59	1 5	9 34	1 8	21 5	0 13
27	18 39	3N39	4 54	6 40	18 35	3 18	22 37	0 4	17 45	1 5	9 36	1 8	21 6	0 13
28	18 24	9 34	5 14	12 18	18 47	3 11	22 31	0 1	17 31	1 5	9 39	1 7	21 7	0 13
29	18 8	14 50	5 15	17 9	18 58	3 2	22 24	0S 2	17 17	1 5	9 42	1 7	21 8	0 13
30	17 52	19 14	4 59	21 2	19 9	2 53	22 17	0 4	17 3	1 5	9 45	1 7	21 9	0 13
31	17S36	22N34	4N28	23N48	19S19	2N43	22S10	0S 7	16S49	1S 5	9N48	1S 7	21N10	0N14

DAY	♅ DECL	♅ LAT	♆ DECL	♆ LAT	♇ DECL	♇ LAT
1	16S13	0S41	19N 0	0S14	18N30	4S54
5	16 10	0 41	19 1	0 14	18 31	4 54
9	16 6	0 41	19 3	0 14	18 31	4 54
13	16 2	0 40	19 5	0 14	18 31	4 54
17	15 58	0 40	19 6	0 14	18 32	4 53
21	15 54	0 40	19 8	0 14	18 32	4 53
25	15 50	0 40	19 9	0 14	18 33	4 52
29	15S45	0S40	19N11	0S14	18N34	4S52

☽ PHENOMENA

d	h	m	
8	7	42	○
16	11	42	☾
23	7	40	●
30	1	1	☽

d	h	° '
6	0	25N43
13	13	0
20	10	25S43
26	10	0

d	h	
1	7	5N17
8	12	0
16	0	5S18
22	11	0
28	13	5N16

VOID OF COURSE ☽

LAST ASPT	☽ INGRESS
1 10pm10	2 ♉ 1am 4
4 6am15	4 ♊ 9am39
6 12pm25	6 ♋ 8pm35
9 8am47	9 ♌ 9am 3
11 2pm22	11 ♍ 10pm 2
14 7am16	14 ♎ 10am 4
16 2pm24	16 ♏ 7pm32
18 11pm32	19 ♐ 1am17
20 10pm39	21 ♑ 3am28
22 10pm59	23 ♒ 3am19
24 10pm39	25 ♓ 2am41
26 9pm33	27 ♈ 3am34
29 3am55	29 ♉ 7am35
31 7am52	31 ♊ 3pm26

d	h	
10	8	APOGEE
23	12	PERIGEE

DAILY ASPECTARIAN

1 M	☽⚹♅	2am27
	☽□♂	1pm41
	☿ ♒	5 7
	☽☌♃	5 8
	☽⚼♀	9 39
	☽□♄	10 10
2 T	☽#♅	0am20
	☽□☿	1 50
	☿∥♀	2 8
	♀⚼♄	2 53
	☽⚹♇	7 1
	☽□♆	8 38
	☽∥♇	1pm17
	☽∥♆	4 21
	☉△☽	11 27
3 W	☽∥♄	3am18
	☽#☿	4 21
	☽⚻♀	4 31
	☽#♀	9 25
	☽□♅	10 5
	☽∠♇	11 4
	☿#♄	12pm39
	☽#♂	2 16
	☉#☽	8 15
4 Th	☽△♂	1am24
	☽⚺♃	1 31
	♂□♃	3 17
	☽⚹♄	6 15
	☉⚼☽	6 29
	☽△☿	3pm26
	☽⚺♇	3 47
	☽⚹♆	5 27
	☿⚻♇	8 27
5 F	☽∠♃	6am42
	☽⚼♂	8 26
	♀∥♂	10 52
	☽∠♄	11 13
	☉⚻☽	2pm18
	♀⚹♅	3 27
	☽△♅	8 23
	☽☍♀	8 55
	☿☍♆	9 53
	☽∠♆	10 45
	☽⚼☿	10 49
6 S	☽⚹♃	12pm25
	♀⚼♆	2 32
	☽⚻♂	4 6
	☽⚺♄	4 41
7 Su	♂☍♄	0am18
	☽⚼♅	2 18
	☽☌♇	2 50
	☽⚺♆	4 31
	☽⚻☿	6 16
	☿∠♀	7 41
	☿#♆	3pm18
8 M	☉☍☽	7am42
	☽⚻♅	8 35
	☉#☽	9 45
	☽#♀	9 56
	☉∥♀	11 52
	☽⚻♀	3pm54
	☽#♂	5 42
	☉⚺♅	6 36
	☽∥♄	10 5
9 T	☽□♃	1am 2
	☿#♇	2 53
	☽☌♄	4 41
	☽☍♂	8 47
	☽∥♆	10 20
	♂ ♒	12pm55
	☽∥♇	1 52
	☽#☿	2 55
	☽⚺♇	3 18
	☽☌♆	4 59
	☽☍☿	8 32
10 W	☽⚼♀	1am57
	☽#♅	4 50
	☿SR	6 38
	♅⚼♇	7pm17
	☽∠♇	9 46
	☽☍♅	9 47
11 Th	☉⚻☽	2am22
	☽△♀	12pm 3
	☽△♃	2 22
	☽⚺♄	5 15
	☽∥♃	6 22
	♂#♄	6 59
12 F	☽⚻♂	2am 4
	☽⚹♇	4 9
	☽⚺♆	5 47
	☽⚻☿	8 39
	♀△♃	11 20
	☉⚼☽	11 38
	☽⚼♃	8pm53
	☽∠♄	11 20
13 S	♂⚻♇	8am50
	☽⚼♂	10 23
	♀⚻♄	10 39
	☽⚻♅	10 40
	☽∠♆	11 52
	☽⚼☿	1pm30
	☉△☽	8 29
14 Su	☽⚻♃	3am 1
	☽⚹♄	5 2
	☽□♀	7 16
	♂☍♆	8 21
	☿☌♂	12pm41
	☽□♇	3 55
	☽⚼♅	4 29
	☿☍♆	5 6
	☽△☿	5 26
	☽⚹♆	5 27
	☽△♂	6 6
15 M	☽#♃	7am20
	♀ ♑	10 46
	☿⚻♇	2pm 5
	☽△♅	9 35
16 T	☉□☽	11am42
	☽☍♃	1pm14
	☽□♄	2 24
	☽∥♅	5 28
	☿⚺♀	7 4
	☉#♄	8 48
	☽□☿	10 21
	☽⚹♀	11 1
17 W	☽∥☿	0am 4
	☽△♇	0 58
	☽□♆	2 22
	☽□♂	6 44
	☽#♇	7 50
	☉□♃	8 43
	☽#♆	11 15
	☽∥♂	3pm11
	♀☍♇	7 1
	☉☍♄	7 16
	☉∥☽	9 31
	☽#♄	11 1
18 Th	☽⚼♇	4am 6
	☿ ♑	4 20
	☽∠♀	5 2
	☽□♅	5 3
	♀∠♅	5 15
	♀⚻♆	9 15
	☽∥♀	2pm12
	☽⚻♃	7 48
	☽△♄	8 11
	☉⚹☽	10 20
	☽⚹☿	11 32
19 F	☉☌☿	6am15
	☽⚻♇	6 17
	☽△♆	7 33
	☽⚺♀	9 46
	☽⚹♂	2pm51
	☽⚼♃	9 38
	☽⚼♄	9 42
	☽∠☿	10 58
20 S	☉∠☽	1am52
	♃□♄	2 26
	☽⚹♅	8 43
	☽⚼♆	8 47
	☿□♃	12pm30
	☿☍♄	2 2
	☉ ♒	2 37
	♂#♆	4 28
	☽∠♂	5 20
	☽⚺☿	9 47
	☽⚻♄	10 24
	☽△♃	10 39
21 Su	☉⚺☽	4am25
	☽☍♇	8 6
	☽⚻♆	9 16
	☽∠♅	9 21
	☽☌♀	4pm 0
	☽⚺♂	7 1
22 M	☽∥♀	4am42
	☽⚺♅	9 26
	☽#♄	5pm20
	☽☌☿	6 17
	☽☍♄	10 9
	☽□♃	10 59
23 T	☉∥☽	1am23
	☽#♆	3 52
	☽∥♂	6 47
	☽#♇	6 56
	☉☌☽	7 40
	☽⚻♇	7 46
	☽☍♆	8 52
	☉⚻♇	9 13
	☽∥☿	10 5
	♂#♇	10 10
	☽∥♅	7pm43
	☽⚺♀	7 46
	☽☌♂	9 5
24 W	☉☍♆	1am14
	☽⚼♇	7 22
	☽☌♅	8 56
	☽⚺☿	2pm38
	☽⚻♄	9 13
	☽∠♀	9 35
	☽#♃	9 55
	☽⚹♃	10 39
	☉#♆	11 35
	☿∥♂	11 46
25 Th	☽△♇	7am 9
	☽⚻♆	8 13
	☉⚺☽	10 32
	♀⚺♂	1pm 8
	☽∠☿	1 17
	☽⚼♄	9 7
	☽∠♃	10 53
	☽⚺♂	11 28
	☽⚹♀	11 49
26 F	☽⚼♆	8am26
	☽⚺♅	9 12
	☽⚹☿	12pm33
	☉∠☽	12 40
	☿#♇	7 33
	☽△♄	9 33
	☽⚺♃	11 43
27 S	☽∠♂	1am33
	☉∥☿	3 34
	☽□♇	8 11
	☽△♆	9 17
	☉#♇	9 28
	☽∠♅	10 14
	☉⚹☽	3pm39
28 Su	☽∥♃	0am21
	☽⚹♂	4 33
	☽□♀	6 52
	☽⚹♅	12pm 8
	☽□☿	1 49
29 M	☽□♄	0am49
	☽☌♃	3 55
	☽#♅	4 35
	☽#♂	12pm 5
	☽⚹♇	12 29
	☽□♆	1 37
	☉#☽	4 28
	☽∥♇	7 59
	☽#☿	11 31
	☽∥♆	11 47
30 T	☉□☽	1am 1
	☿#♆	5 47
	☽∥♄	12pm54
	☽□♂	1 58
	☽∠♇	4 5
	☽△♀	6 46
	☽□♅	6 50
	♀⚺♅	7 28
	☽△☿	7 44
	☿SD	8 41
	☽#♀	8 46
31 W	☿☌♀	4am47
	☽⚹♄	7 52
	☽⚺♃	12pm 5
	☽⚺♇	8 37
	☽⚹♆	9 46
	♂⚼♇	11 42

FEBRUARY 1917

LONGITUDE

DAY	SID. TIME	☉	☽	☽ 12 Hour	MEAN ☊	TRUE ☊	☿	♀	♂	♃	♄	♅	♆	♇
	h m s	° ' "	° ' "	° ' "	° '	° '	° '	° '	° '	° '	° '	° '	° '	° '
1	8 42 31	11♒ 34 44	4♊ 26 10	10♊ 35 39	18♑ 43	19♑ 45	19♑ 43	20♑ 39	17♒ 42	28♈ 19	26♋ 0R	19♒ 14	3♌ 17R	2♋ 41R
2	8 46 27	12 35 37	16 41 34	22 44 27	18 40	19 46	19 55	21 54	18 29	28 27	25 55	19 18	3 15	2 40
3	8 50 24	13 36 28	28 44 47	4♋ 43 2	18 37	19 48	20 14	23 9	19 16	28 35	25 50	19 21	3 13	2 39
4	8 54 20	14 37 17	10♋ 39 39	16 35 2	18 34	19 49R	20 38	24 24	20 4	28 43	25 46	19 24	3 12	2 38
5	8 58 17	15 38 5	22 29 35	28 23 38	18 31	19 49	21 9	25 38	20 51	28 52	25 41	19 28	3 10	2 38
6	9 2 13	16 38 53	4♌ 17 30	10♌ 11 27	18 28	19 48	21 44	26 53	21 39	29 0	25 37	19 31	3 8	2 37
7	9 6 10	17 39 38	16 5 48	22 0 45	18 24	19 46	22 24	28 8	22 26	29 9	25 33	19 35	3 7	2 36
8	9 10 7	18 40 22	27 56 33	3♍ 53 26	18 21	19 42	23 8	29 23	23 14	29 17	25 28	19 38	3 5	2 35
9	9 14 3	19 41 5	9♍ 51 36	15 51 18	18 18	19 37	23 56	0♒ 38	24 1	29 26	25 24	19 42	3 4	2 34
10	9 18 0	20 41 47	21 52 45	27 56 12	18 15	19 31	24 48	1 53	24 49	29 35	25 20	19 45	3 2	2 34
11	9 21 56	21 42 28	4♎ 1 55	10♎ 10 10	18 12	19 25	25 43	3 8	25 36	29 44	25 16	19 49	3 0	2 33
12	9 25 53	22 43 7	16 21 15	22 35 32	18 9	19 20	26 41	4 22	26 23	29 54	25 11	19 52	2 59	2 32
13	9 29 49	23 43 45	28 53 19	5♏ 15 0	18 5	19 16	27 42	5 37	27 11	0♉ 3	25 7	19 56	2 57	2 31
14	9 33 46	24 44 23	11♏ 40 56	18 11 30	18 2	19 14	28 45	6 52	27 58	0 13	25 3	19 59	2 56	2 31
15	9 37 42	25 44 59	24 47 4	1♐ 27 59	17 59	19 13D	29 51	8 7	28 46	0 22	25 0	20 3	2 54	2 30
16	9 41 39	26 45 33	8♐ 14 33	15 7 0	17 56	19 13	0♒ 59	9 22	29 33	0 32	24 56	20 6	2 53	2 29
17	9 45 36	27 46 7	22 5 29	29 10 4	17 53	19 15	2 9	10 37	0♓ 21	0 42	24 52	20 10	2 51	2 29
18	9 49 32	28 46 40	6♑ 20 38	13♑ 36 58	17 49	19 16R	3 20	11 52	1 8	0 52	24 48	20 13	2 50	2 28
19	9 53 29	29 47 11	20 58 39	28 25 5	17 46	19 16	4 34	13 7	1 56	1 2	24 45	20 17	2 48	2 28
20	9 57 25	0♓ 47 41	5♒ 55 29	13♒ 28 55	17 43	19 15	5 49	14 21	2 43	1 12	24 41	20 20	2 47	2 27
21	10 1 22	1 48 9	21 4 16	28 40 19	17 40	19 12	7 6	15 36	3 30	1 23	24 38	20 23	2 45	2 26
22	10 5 18	2 48 36	6♓ 15 47	13♓ 49 22	17 37	19 7	8 25	16 51	4 18	1 33	24 34	20 27	2 44	2 26
23	10 9 15	3 49 1	21 19 48	28 45 56	17 34	19 0	9 45	18 6	5 5	1 44	24 31	20 30	2 42	2 25
24	10 13 11	4 49 24	6♈ 6 46	13♈ 21 28	17 30	18 53	11 6	19 21	5 53	1 55	24 28	20 34	2 41	2 25
25	10 17 8	5 49 45	20 29 25	27 30 10	17 27	18 46	12 29	20 36	6 40	2 5	24 25	20 37	2 40	2 24
26	10 21 4	6 50 4	4♉ 23 33	11♉ 9 33	17 24	18 40	13 53	21 50	7 27	2 16	24 22	20 40	2 38	2 24
27	10 25 1	7 50 22	17 48 18	24 20 7	17 21	18 36	15 18	23 5	8 15	2 27	24 19	20 44	2 37	2 24
28	10 28 58	8♓ 50 37	0♊ 45 24	7♊ 4 42	17♑ 18	18♑ 34D	16♒ 44	24♒ 20	9♓ 2	2♉ 38	24♋ 16	20♒ 47	2♌ 36	2♋ 23

DECLINATION and LATITUDE

DAY	☉ DECL	☽ DECL	☽ LAT	☽ 12hr DECL	☿ DECL	☿ LAT	♀ DECL	♀ LAT	♂ DECL	♂ LAT	♃ DECL	♃ LAT	♄ DECL	♄ LAT
1	17S19	24N43	3N45	25N21	19S29	2N32	22S 1	0S10	16S34	1S 5	9N51	1S 6	21N11	0N14
2	17 2	25 39	2 53	25 39	19 38	2 21	21 52	0 12	16 19	1 5	9 54	1 6	21 12	0 14
3	16 45	25 20	1 54	24 44	19 47	2 10	21 42	0 15	16 5	1 5	9 57	1 6	21 13	0 14
4	16 27	23 51	0 50	22 43	19 54	1 59	21 32	0 17	15 49	1 5	10 0	1 6	21 14	0 14
5	16 9	21 20	0S15	19 43	20 1	1 47	21 21	0 20	15 34	1 5	10 3	1 5	21 15	0 14
6	15 51	17 55	1 19	15 56	20 7	1 36	21 9	0 22	15 19	1 5	10 7	1 5	21 16	0 14
7	15 33	13 48	2 19	11 32	20 12	1 25	20 57	0 25	15 3	1 4	10 10	1 5	21 17	0 14
8	15 14	9 9	3 14	6 41	20 15	1 14	20 44	0 27	14 48	1 4	10 13	1 5	21 17	0 14
9	14 55	4 10	4 1	1 35	20 18	1 2	20 30	0 30	14 32	1 4	10 17	1 4	21 18	0 14
10	14 36	1S 1	4 37	3S37	20 20	0 52	20 16	0 32	14 16	1 4	10 20	1 4	21 19	0 15
11	14 17	6 12	5 1	8 45	20 20	0 41	20 1	0 34	13 60	1 4	10 23	1 4	21 20	0 15
12	13 57	11 13	5 12	13 36	20 20	0 31	19 46	0 37	13 44	1 4	10 27	1 4	21 21	0 15
13	13 37	15 52	5 8	17 59	20 18	0 20	19 30	0 39	13 27	1 4	10 30	1 3	21 22	0 15
14	13 17	19 55	4 49	21 37	20 15	0 10	19 14	0 41	13 11	1 3	10 34	1 3	21 22	0 15
15	12 57	23 5	4 14	24 14	20 11	0 1	18 56	0 43	12 54	1 3	10 38	1 3	21 23	0 15
16	12 36	25 4	3 25	25 31	20 5	0S 9	18 39	0 45	12 37	1 3	10 41	1 3	21 24	0 15
17	12 15	25 35	2 23	25 14	19 59	0 18	18 21	0 47	12 20	1 3	10 45	1 2	21 25	0 15
18	11 54	24 28	1 10	23 16	19 51	0 26	18 2	0 50	12 3	1 3	10 49	1 2	21 26	0 15
19	11 33	21 40	0N 9	19 41	19 42	0 35	17 43	0 52	11 46	1 3	10 52	1 2	21 26	0 15
20	11 12	17 21	1 29	14 45	19 31	0 43	17 23	0 54	11 29	1 2	10 56	1 2	21 27	0 15
21	10 50	11 53	2 44	8 51	19 19	0 51	17 3	0 55	11 12	1 2	10 60	1 2	21 28	0 16
22	10 29	5 42	3 47	2 29	19 6	0 58	16 42	0 57	10 54	1 2	11 4	1 1	21 28	0 16
23	10 7	0N45	4 34	3N56	18 52	1 6	16 21	0 59	10 37	1 2	11 8	1 1	21 29	0 16
24	9 45	7 2	5 1	9 59	18 37	1 12	15 59	1 1	10 19	1 2	11 11	1 1	21 30	0 16
25	9 23	12 46	5 8	15 20	18 20	1 19	15 37	1 3	10 1	1 1	11 15	1 1	21 30	0 16
26	9 0	17 39	4 57	19 42	18 2	1 25	15 15	1 4	9 43	1 1	11 19	1 1	21 31	0 16
27	8 38	21 27	4 30	22 55	17 42	1 31	14 52	1 6	9 25	1 1	11 23	1 0	21 32	0 16
28	8S15	24N 3	3N49	24N52	17S22	1S36	14S29	1S 8	9S 7	1S 1	11N27	1S 0	21N32	0N16

DAY	♅ DECL	♅ LAT	♆ DECL	♆ LAT	♇ DECL	♇ LAT
1	15S42	0S40	19N12	0S14	18N34	4S51
5	15 38	0 40	19 14	0 14	18 35	4 51
9	15 33	0 40	19 15	0 14	18 35	4 50
13	15 29	0 40	19 17	0 14	18 36	4 50
17	15 25	0 40	19 18	0 14	18 36	4 49
21	15 20	0 40	19 20	0 14	18 37	4 49
25	15S16	0S40	19N21	0S14	18N38	4S48

☽ PHENOMENA

d	h	m	
7	3	28	○
15	1	53	☾
21	18	9	●
28	16	44	☽

d	h	° '
2	6	25N41
9	19	0
16	20	25S37
22	21	0

d	h	° '
4	19	0
12	6	5S12
18	21	0
24	21	5N 9

VOID OF COURSE ☽

LAST ASPT	☽ INGRESS
2 11pm40	3 ♋ 2am31
5 1pm 6	5 ♌ 3pm16
8 2am45	8 ♍ 4am 9
10 6am48	10 ♎ 4pm 4
12 9pm32	13 ♏ 2am 6
15 7am37	15 ♐ 9am23
17 10am23	17 ♑ 1pm24
19 6am 4	19 ♒ 2pm32
20 10pm55	21 ♓ 2pm 6
23 5am 7	23 ♈ 2pm 0
25 6am40	25 ♉ 4pm20
27 11am55	27 ♊ 10pm35

d	h	
6	9	APOGEE
21	1	PERIGEE

DAILY ASPECTARIAN

1 Th	☽⚼☿	0am34
	☽⚼♀	2 37
	☽∠♄	12pm42
	☉△☽	3 11
	☽∠♃	5 32
2 F	☽∠♆	3am 5
	☽△♂	3 48
	☽△♅	5 10
	☽⚻☿	6 33
	☽⚻♀	11 31
	☽⚺♄	6pm13
	☽⚹♃	11 40
	☉⚼☽	11 42
3 S	♂☌♅	2am27
	☽☌♇	7 50
	☽⚺♆	8 58
	☽⚼♅	11 19
	☽⚼♂	11 54
4 Su	☉⚻☽	8am46
	☽⚻♅	5pm49
	♂∥♅	6 15
	☽⚻♂	8 26
	☽☍☿	9 8
	☽#♀	11 51
5 M	☽∥♄	0am41
	♀☍♄	0 54
	☽☌♄	6 28
	☽☍♀	7 9
	☽#☿	9 38
	♀#♄	11 50
	☽□♃	1pm 6
	☽∥♆	3 23
	☽∥♇	7 45
	☽⚺♇	8 35
	☽☌♆	9 40
6 T	☉#☽	1pm28
	☽#♅	1 57
	☿⚺♂	2 46
	☽#♂	4 35
	☉∥♅	8 20
	☉⚼♇	10 33
7 W	☽∠♇	3am 3
	☉☍☽	3 28
	☽☍♅	7 6
	☽⚻☿	1pm37
	☽☍♂	1 47
	☽∥♃	6 45
	☽⚺♄	7 2
	♀□♃	9 57
8 Th	☽△♃	2am45
	☽⚻♀	3 15
	☽⚹♇	9 22
	☽⚺♆	10 21
	♀ ♒	11 51
	☽⚼☿	10pm 0
9 F	☉☌♅	0am19
	☽∠♄	1 4
	☽⚼♃	9 17
	☽⚼♀	12pm54
	☽∠♆	4 22
	☿∥♀	6 14
	☽⚻♅	7 45
	☉⚻☽	9 26
10 S	☿⚺♂	2am35
	☽⚻♂	6 13
	☽△☿	6 15
	☽⚹♄	6 48
	♀⚻♇	12pm57
	☿☍♄	1 4
	♂⚻♄	2 29
	☽⚻♃	3 27
	☽□♇	9 5
	♀☍♆	9 44
	☽⚹♆	9 59
	☽△♀	10 1
11 Su	☽⚼♅	1am32
	☉⚼☽	5 43
	☽⚼♂	1pm43
	☽#♃	8 9
12 M	☽△♅	6am49
	☽∥♂	11 55
	☉∥☽	12pm51
	☉△☽	1 19
	♃ ♉	3 59
	☽□♄	4 53
	☽△♂	8 32
	☽□☿	9 32
	☽∥♅	9 54
13 T	☽☍♃	2am14
	☽△♇	6 52
	☽□♆	7 40
	☽□♀	2pm 4
	☽#♇	3 41
	♀#♆	6 47
	☽∥♀	7 52
	☽#♆	7 57
14 W	☽∥☿	2am12
	☉⚻♄	7 5
	☽#♄	10 11
	☽⚼♇	10 45
	☽□♅	3pm21
15 Th	☽△♄	0am22
	☉□☽	1 53
	☿ ♒	3 21
	☽□♂	7 37
	☽⚹☿	9 56
	☽⚻♃	10 10
	☿□♃	1pm12
	☽⚻♇	1 50
	☽△♆	2 32
	☉∥♂	4 9
16 F	☽⚹♀	2am10
	☽⚼♄	2 57
	♀#♇	3 27
	☽⚼♃	12pm53
	♂ ♓	1 34
	☽∠☿	2 43
	☽⚼♆	4 44
	☽⚹♅	8 41
17 S	☽⚻♄	4am42
	☽∠♀	6 34
	☿⚻♇	6 45
	☉⚹☽	10 23
	♂⚹♃	1pm44
	☿☍♆	2 1
	☽△♃	2 45
	☽⚹♂	2 48
	☽☍♇	5 33
	☽⚻♆	6 9
	☽⚺☿	6 32
	☽∠♅	10 7
18 Su	☽⚺♀	9am58
	☉∠☽	1pm10
	☽∠♂	5 2
	☽⚺♅	10 51
19 M	☽#♄	1am27
	☉ ♓	5 4
	☽☍♄	6 4
	☽∥☿	12pm23
	☽#♆	1 57
	☉⚺☽	3 13
	♂△♇	4 1
	☽□♃	4 23
	☽#♇	5 42
	☽⚻♇	6 27
	☽⚺♂	6 36
	☽☍♆	6 59
	☽☌☿	11 49
	☽∥♀	11 51
20 T	♂⚻♆	1am51
	☽∥♅	9 19
	☉⚹♃	11 52
	☽☌♀	2pm35
	☉#♃	2 58
	☽⚼♇	6 16
	☽☌♅	10 55
	☿#♆	11 25
21 W	☽∥♂	2am58
	☽#♃	3 34
	☉∥☽	4 30
	☽⚻♄	5 36
	♂#♃	1pm16
	☉△♇	3 3
	☽⚹♃	4 28
	☽△♇	5 57
	☉☌☽	6 9
	☽⚻♆	6 25
	☽☌♂	8 43
	☉⚻♆	10 9
22 Th	☽⚺☿	3am44
	☽⚼♄	5 14
	♀⚼♇	11 5
	☽∠♃	4pm33
	☽⚼♆	6 12
	☽⚺♀	6 21
	☽⚺♅	10 40
23 F	☽△♄	5am 7
	☽∠☿	6 3
	☽⚺♃	5pm 2
	☽□♇	5 57
	☽△♆	6 23
	☽∠♀	8 50
	☉⚺☽	9 44
	☿#♇	10 40
	☽∠♅	11 5
	☽⚺♂	11 35
24 S	☽⚹☿	9am 7
	☉#☽	10 21
	☽#♂	12pm44
	☽∥♃	5 18
25 Su	☽⚹♀	0am11
	☽⚹♅	0 13
	♀☌♅	0 30
	☉∠☽	0 37
	☽∠♂	2 7
	☽□♄	6 40
	☽#♅	11 40
	☽#♀	12pm31
	☽☌♃	8 14
	☽⚹♇	8 31
	☽□♆	8 56
26 M	♀∥♅	0am 5
	☽#☿	1 58
	☉⚹☽	4 39
	☽∥♇	5 34
	☽⚹♂	5 44
	☽∥♆	9 55
	♃⚹♇	4pm 1
	☽□☿	6 54
	☽∠♇	11 15
27 T	☽∥♄	0am31
	☽□♅	5 22
	☽□♀	10 43
	☽⚹♄	11 55
	♃□♆	6pm37
	♀⚻♄	10 49
28 W	☽⚺♇	3am 4
	☽⚹♆	3 28
	☽⚺♃	3 37
	♂⚼♄	6 47
	☉⚼♄	9 44
	☿⚼♇	10 38
	☽∠♄	4pm 9
	☉□☽	4 44
	☽□♂	4 49
	☉☌♂	9 10

LONGITUDE

DAY	SID. TIME	☉	☽	☽ 12 Hour	MEAN ☊	TRUE ☊	☿	♀	♂	♃	♄	♅	♆	♇
	h m s	° ' "	° ' "	° ' "	° '	° '	° '	° '	° '	° '	° '	° '	° '	° '
1	10 32 54	9♓ 50 51	13♊ 18 34	19♊ 27 39	17♑ 15	18♑ 34	18♒ 12	25♒ 35	9♓ 49	2♉ 50	24♋ 13R	20♒ 50	2♌ 34R	2♋ 23R
2	10 36 51	10 51 2	25 32 34	1♋ 33 59	17 11	18 34	19 41	26 50	10 37	3 1	24 11	20 54	2 33	2 22
3	10 40 47	11 51 11	7♋ 32 34	13 28 57	17 8	18 35R	21 11	28 4	11 24	3 12	24 8	20 57	2 32	2 22
4	10 44 44	12 51 19	19 23 43	25 17 28	17 5	18 36	22 42	29 19	12 11	3 24	24 6	21 0	2 31	2 22
5	10 48 40	13 51 24	1♌ 10 44	7♌ 3 59	17 2	18 35	24 14	0♓ 34	12 58	3 35	24 4	21 4	2 29	2 21
6	10 52 37	14 51 27	12 57 41	18 52 13	16 59	18 32	25 47	1 48	13 46	3 47	24 1	21 7	2 28	2 21
7	10 56 34	15 51 28	24 47 57	0♍ 45 10	16 55	18 26	27 22	3 3	14 33	3 59	23 59	21 10	2 27	2 21
8	11 0 30	16 51 27	6♍ 44 7	12 45 1	16 52	18 18	28 57	4 18	15 20	4 11	23 57	21 13	2 26	2 21
9	11 4 27	17 51 24	18 48 1	24 53 17	16 49	18 8	0♓ 34	5 33	16 7	4 23	23 55	21 17	2 25	2 21
10	11 8 23	18 51 20	1♎ 0 54	7♎ 10 59	16 46	17 56	2 12	6 47	16 54	4 35	23 53	21 20	2 24	2 20
11	11 12 20	19 51 13	13 23 36	19 38 49	16 43	17 44	3 51	8 2	17 41	4 47	23 52	21 23	2 23	2 20
12	11 16 16	20 51 4	25 56 44	2♏ 17 28	16 40	17 34	5 31	9 17	18 29	4 59	23 50	21 26	2 22	2 20
13	11 20 13	21 50 54	8♏ 41 5	15 7 46	16 36	17 24	7 13	10 31	19 16	5 11	23 49	21 29	2 21	2 20
14	11 24 9	22 50 42	21 37 40	28 10 58	16 33	17 18	8 55	11 46	20 3	5 23	23 47	21 32	2 20	2 20
15	11 28 6	23 50 29	4♐ 47 54	11♐ 28 39	16 30	17 14	10 39	13 1	20 50	5 36	23 46	21 35	2 19	2 20
16	11 32 2	24 50 13	18 13 28	25 2 33	16 27	17 13D	12 24	14 15	21 37	5 48	23 45	21 39	2 18	2 20D
17	11 35 59	25 49 56	1♑ 56 6	8♑ 54 15	16 24	17 13	14 10	15 30	22 24	6 1	23 44	21 42	2 17	2 20
18	11 39 56	26 49 38	15 57 3	23 4 29	16 20	17 13R	15 57	16 45	23 11	6 13	23 43	21 45	2 16	2 20
19	11 43 52	27 49 17	0♒ 16 24	7♒ 32 30	16 17	17 12	17 46	17 59	23 58	6 26	23 42	21 48	2 16	2 20
20	11 47 49	28 48 55	14 52 22	22 15 23	16 14	17 10	19 36	19 14	24 45	6 39	23 41	21 51	2 15	2 20
21	11 51 45	29 48 31	29 40 48	7♓ 7 44	16 11	17 4	21 27	20 28	25 32	6 52	23 41	21 53	2 14	2 20
22	11 55 42	0♈ 48 6	14♓ 35 8	22 1 55	16 8	16 56	23 19	21 43	26 18	7 4	23 40	21 56	2 13	2 20
23	11 59 38	1 47 38	29 26 57	6♈ 49 7	16 5	16 46	25 13	22 58	27 5	7 17	23 40	21 59	2 13	2 20
24	12 3 35	2 47 8	14♈ 7 22	21 20 45	16 1	16 35	27 7	24 12	27 52	7 30	23 39	22 2	2 12	2 20
25	12 7 31	3 46 36	28 28 31	5♉ 30 1	15 58	16 23	29 4	25 27	28 39	7 43	23 39	22 5	2 11	2 21
26	12 11 28	4 46 2	12♉ 24 50	19 12 45	15 55	16 13	1♈ 1	26 41	29 26	7 57	23 39D	22 8	2 11	2 21
27	12 15 25	5 45 25	25 53 42	2♊ 27 49	15 52	16 6	2 59	27 56	0♈ 12	8 10	23 39	22 10	2 10	2 21
28	12 19 21	6 44 47	8♊ 55 23	15 16 46	15 49	16 0	4 59	29 10	0 59	8 23	23 39	22 13	2 10	2 21
29	12 23 18	7 44 6	21 32 28	27 43 5	15 46	15 58	6 59	0♈ 25	1 46	8 36	23 40	22 16	2 9	2 21
30	12 27 14	8 43 23	3♋ 49 13	9♋ 51 34	15 42	15 57	9 1	1 39	2 32	8 50	23 40	22 18	2 9	2 22
31	12 31 11	9♈ 42 38	15♋ 50 48	21♋ 47 38	15♑ 39	15♑ 57	11♈ 3	2♈ 54	3♈ 19	9♉ 3	23♋ 41	22♒ 21	2♌ 8	2♋ 22

DECLINATION and LATITUDE

DAY	☉ DECL	☽ DECL	☽ LAT	☽ 12hr DECL	☿ DECL	☿ LAT	♀ DECL	♀ LAT	♂ DECL	♂ LAT	♃ DECL	♃ LAT	♄ DECL	♄ LAT
1	7S53	25N22	2N59	25N32	16S60	1S42	14S 5	1S 9	8S49	1S 0	11N31	0S60	21N33	0N16
2	7 30	25 23	2 1	24 57	16 36	1 46	13 41	1 11	8 31	1 0	11 35	0 60	21 33	0 16
3	7 7	24 13	0 59	23 13	16 12	1 51	13 16	1 12	8 13	0 60	11 39	0 60	21 34	0 16
4	6 44	21 59	0S 4	20 30	15 46	1 55	12 52	1 13	7 55	0 60	11 43	0 59	21 34	0 16
5	6 21	18 49	1 7	16 56	15 19	1 58	12 26	1 15	7 36	0 59	11 48	0 59	21 35	0 17
6	5 58	14 54	2 7	12 43	14 50	2 2	12 1	1 16	7 18	0 59	11 52	0 59	21 35	0 17
7	5 35	10 25	3 1	7 60	14 21	2 5	11 35	1 17	6 59	0 59	11 56	0 59	21 36	0 17
8	5 11	5 30	3 48	2 57	13 50	2 7	11 9	1 18	6 41	0 58	11 60	0 59	21 36	0 17
9	4 48	0 22	4 25	2S15	13 17	2 9	10 42	1 19	6 22	0 58	12 4	0 58	21 36	0 17
10	4 25	4S51	4 50	7 25	12 44	2 11	10 16	1 20	6 4	0 58	12 8	0 58	21 37	0 17
11	4 1	9 56	5 3	12 22	12 9	2 12	9 49	1 21	5 45	0 58	12 13	0 58	21 37	0 17
12	3 38	14 41	5 0	16 52	11 33	2 13	9 21	1 22	5 26	0 57	12 17	0 58	21 38	0 17
13	3 14	18 52	4 43	20 40	10 56	2 13	8 54	1 23	5 7	0 57	12 21	0 58	21 38	0 17
14	2 50	22 13	4 11	23 30	10 17	2 13	8 26	1 23	4 49	0 57	12 25	0 58	21 38	0 17
15	2 27	24 28	3 26	25 6	9 37	2 13	7 58	1 24	4 30	0 56	12 30	0 57	21 39	0 17
16	2 3	25 23	2 28	25 16	8 56	2 12	7 30	1 25	4 11	0 56	12 34	0 57	21 39	0 17
17	1 39	24 47	1 20	23 53	8 14	2 10	7 2	1 25	3 52	0 55	12 38	0 57	21 39	0 17
18	1 16	22 36	0 7	20 58	7 31	2 8	6 33	1 26	3 33	0 55	12 42	0 57	21 39	0 17
19	0 52	18 59	1N 9	16 41	6 46	2 6	6 4	1 26	3 14	0 55	12 47	0 57	21 39	0 18
20	0 28	14 8	2 21	11 21	6 0	2 3	5 35	1 26	2 55	0 54	12 51	0 57	21 40	0 18
21	0 5	8 23	3 25	5 18	5 13	1 60	5 6	1 27	2 36	0 54	12 55	0 56	21 40	0 18
22	0N19	2 9	4 15	1N 2	4 25	1 56	4 37	1 27	2 17	0 54	12 60	0 56	21 40	0 18
23	0 43	4N11	4 48	7 15	3 36	1 51	4 8	1 27	1 58	0 53	13 4	0 56	21 40	0 18
24	1 6	10 12	5 1	12 58	2 46	1 46	3 38	1 27	1 39	0 53	13 8	0 56	21 40	0 18
25	1 30	15 31	4 55	17 50	1 55	1 41	3 9	1 27	1 20	0 52	13 13	0 56	21 40	0 18
26	1 54	19 52	4 31	21 36	1 3	1 35	2 39	1 27	1 1	0 52	13 17	0 56	21 40	0 18
27	2 17	22 60	3 52	24 4	0 10	1 28	2 9	1 27	0 42	0 52	13 22	0 55	21 41	0 18
28	2 41	24 48	3 3	25 12	0N44	1 21	1 39	1 27	0 23	0 51	13 26	0 55	21 41	0 18
29	3 4	25 16	2 6	25 1	1 39	1 14	1 10	1 27	0 5	0 51	13 30	0 55	21 41	0 18
30	3 28	24 28	1 4	23 37	2 34	1 5	0 40	1 26	0N14	0 50	13 35	0 55	21 41	0 18
31	3N51	22N31	0N 1	21N11	3N30	0S57	0S10	1S26	0N33	0S50	13N39	0S55	21N41	0N18

DAY	♅ DECL	♅ LAT	♆ DECL	♆ LAT	♇ DECL	♇ LAT
1	15S12	0S41	19N22	0S14	18N38	4S47
5	15 7	0 41	19 24	0 14	18 39	4 47
9	15 3	0 41	19 25	0 14	18 40	4 46
13	14 59	0 41	19 26	0 13	18 40	4 45
17	14 56	0 41	19 27	0 13	18 41	4 45
21	14 52	0 41	19 27	0 13	18 42	4 44
25	14 48	0 41	19 28	0 13	18 42	4 44
29	14S45	0S41	19N29	0S13	18N43	4S43

☽ PHENOMENA

d	h	m	
8	21	58	○
16	12	33	☾
23	4	5	●
30	10	36	☽

d	h	° '
1	13	25N32
9	2	0
16	3	25S23
22	8	0
28	20	25N17
3	22	0
11	8	5S 3
18	2	0
24	4	5N 1
31	0	0

VOID OF COURSE ☽

LAST ASPT	☽ INGRESS
2 2am50	2 ♋ 8am52
4 9am32	4 ♌ 9pm36
7 5am58	7 ♍ 10am29
9 10am 4	9 ♎ 10pm 1
11 8pm 0	12 ♏ 7am41
14 3am58	14 ♐ 3pm18
16 12pm33	16 ♑ 8pm39
18 7pm37	18 ♒ 11pm33
20 11am22	21 ♓ 0am31
22 7pm58	23 ♈ 0am54
24 3pm52	25 ♉ 2am35
27 4am 5	27 ♊ 7am29
29 1am24	29 ♋ 4pm28

d	h	
5	15	APOGEE
21	9	PERIGEE

DAILY ASPECTARIAN

1 Th	☽∠♆	8am17
	☽∠♃	8 56
	☽△☿	10 50
	☽△♅	2pm47
	☽⊻♄	9 19
2 F	☽△♀	2am50
	☽☌♇	1pm37
	☽⊻♆	1 57
	☽✱♃	3 9
	☿☌♅	8 17
	☽⚼♅	8 47
	☽⚼☿	8 51
3 S	☽△♂	8am20
	☉△☽	9 30
	☽⚼♀	12pm29
4 Su	☽⊼♅	3am18
	☽∥♄	3 28
	☽⊼☿	7 43
	☽☌♄	9 32
	♀ ♓	1pm10
	☽⚼♂	5 0
	☉⚼☽	6 50
	☽∥♆	8 2
	☿⊼♄	9 23
	☽⊼♀	10 36
5 M	☽∥♇	1am 6
	☽⊻♇	2 24
	☽☌♆	2 40
	☽□♃	5 0
	☿∥♅	9 57
	☽#♅	10pm49
6 T	☽#☿	0am24
	☽⊼♂	1 45
	☉⊼☽	4 13
	♀#♃	7 26
	☽∠♇	8 55
	♀△♇	10 29
	♀⊼♆	12pm36
	☽∥♃	4 17
	☽☍♅	4 38
	☽#♀	5 20
	☽⊻♄	10 22
7 W	☽☍☿	5am58
	☽✱♇	3pm12
	☽⊻♆	3 24
	☽#♂	6 1
	☽☍♀	6 33
	☽△♃	6 48
	♀✱♃	9 15
8 Th	☉#☽	1am38
	☽∠♄	4 25
	☉⚼♆	1pm36
	☿ ♓	3 34
	☽☍♂	6 20
	☽∠♆	9 16
	☉☍☽	9 58
9 F	☽⚼♃	1am10
	☽⊼♅	4 55
	☽✱♄	10 4
	☉∥☽	10pm 8
10 S	☿△♇	2am 2
	☽□♇	2 35
	☽⊼☿	2 40
	☽✱♆	2 42
	☿⊼♆	2 52
	☽∥♂	5 20
	☽⊼♃	7 3
	☽⚼♅	10 23
	☽⊼♀	12pm29
	♂⚼♆	2 42
	☉∠♃	9 45
	☿#♃	9 53
	☽∥♀	11 29
11 Su	☽⊼♂	8am49
	☽∥☿	9 44
	☽#♃	11 24
	☽⚼☿	12pm 5
	☉⊼☽	1 28
	☿✱♃	3 14
	☽△♅	3 23
	♀⚼♄	3 40
	☽□♄	8 0
	☽⚼♀	8 29
12 M	☽∥♅	1am44
	☽△♇	12pm 5
	☽□♆	12 7
	☉⊻♅	2 51
	☽⚼♂	3 10
	☽☍♃	5 20
	☉⚼☽	8 16
	☽△☿	8 49
	☽#♇	10 48
13 T	☽#♆	3am36
	☽△♀	3 48
	☽⚼♇	4pm 5
	☽#♄	7 16
	☽△♂	8 54
	☿⚼♄	10 14
	♆⊻♇	11 12
	☽□♅	11 50
14 W	☉△☽	2am25
	☽△♄	3 58
	♂∠♃	2pm18
	☽△♆	7 31
	☽⊼♇	7 32
	☉△♄	10 15
15 Th	☽⊼♃	1am28
	☽⚼♄	7 8
	☽□☿	12pm 5
	☽□♀	4 14
	☽⚼♆	10 22
16 F	♂⊻♅	0am55
	☽⚼♃	4 38
	☽✱♅	6 3
	☽□♂	6 21
	☽⊼♄	9 43
	☉□☽	12pm33
	♇SD	11 24
17 S	☽⊼♆	0am36
	☽☍♇	0 41
	☽△♃	7 9
	☽∠♅	8 14
18 Su	☽✱☿	0am 0
	☽✱♀	1 28
	☽#♄	7 15
	☽⊻♅	9 48
	♀⚼♆	10 6
	☽✱♂	12pm53
	☽☍♄	1 3
	♂△♄	4 6
	☿⚼♆	5 24
	☉✱☽	7 37
	☽#♆	9 20
19 M	☽#♇	1am37
	☽☍♆	3 17
	☽⊼♇	3 24
	☽∠☿	4 43
	☽∠♀	4 55
	☿☌♀	9 17
	☽□♃	10 20
	☽∠♂	3pm 8
	☽∥♅	8 35
	☉∠☽	10 9
20 T	☽⚼♇	4am 0
	☽#♃	5 32
	☽⊻♀	7 44
	☽⊻☿	8 46
	☽☌♅	11 22
	☽⊼♄	2pm18
	☽⊻♂	4 55
21 W	☉⊻☽	0am13
	☽⊼♆	4 7
	☽△♇	4 17
	☉ ♈	4 37
	☿⊻♅	5 54
	☿∠♃	6 3
	☿∥♀	9 24
	☽✱♃	11 44
	☽∥♀	1pm50
	☽∥☿	2 5
	☽⚼♄	2 29
	☽∥♂	11 26
22 Th	☽⚼♆	4am14
	☿△♄	4 28
	♀⊻♅	4 28
	☉#☽	6 29
	♀∠♃	8 22
	☉∥☽	9 55
	☽⊻♅	11 53
	☽∠♃	12pm15
	☽☌♀	12 32
	☽△♄	2 38
	☽#♂	3 58
	☽☌☿	4 8
	☽☌♂	7 58
	☽#☿	10 2
	☽#♀	11 48
23 F	☉☌☽	4am 5
	☽△♆	4 29
	☽□♇	4 42
	☉△♆	9 56
	☽∠♅	12pm19
	☽⊻♃	12 58
	☉□♇	1 11
	♀△♄	1 31
24 S	☽∥♃	12pm59
	☽✱♅	1 12
	☿☌♂	3 30
	☽□♄	3 52
	☽⊻♀	6 23
	☉#♂	6 30
	☽#♅	8 32
25 Su	☽⊻♂	0am19
	☽⊻☿	1 9
	☽□♆	6 19
	☽✱♇	6 35
	☉#☿	7 52
	☉⊻☽	9 44
	☿ ♈	11 35
	☽☌♃	4pm 6
	☽∥♇	4 58
	☽∥♆	9 32
	☽∠♀	10 36
26 M	☿∥♂	0am56
	♄SD	1 51
	☽∠♂	3 45
	☽∠☿	7 24
	☽∠♇	8 41
	☽∥♄	12pm39
	☉∠☽	2 1
	☿△♆	2 6
	☿□♇	4 15
	☽□♅	5 16
	♂ ♈	5 40
	☽✱♄	7 57
	☉#♀	8 22
27 T	☽✱♀	4am 5
	☽✱♂	8 21
	☽✱♆	11 27
	☽⊻♇	11 48
	☽✱☿	3pm19
	☿#♂	5 10
	☉✱☽	7 36
	☽⊻♃	10 58
	☽∠♄	11 30
28 W	☉∠♅	12pm 1
	☽∠♆	3 34
	☿#♀	3 40
	♀ ♈	4 1
29 Th	☽△♅	1am24
	☿∠♅	3 20
	☽∠♃	4 4
	☽⊻♄	4 6
	♂△♆	11 54
	☉☌☿	5pm17
	♂□♇	6 34
	☽□♀	7 14
	☽⊻♆	8 41
	☽☌♇	9 7
	☽□♂	9 18
	☿⊻♃	9 29
30 F	☉⊻♃	3am12
	☽⚼♅	6 57
	♀△♆	9 23
	☽✱♃	10 7
	☉□☽	10 36
	♀#♂	12pm23
	☽□☿	12 25
	♀□♇	1 46
31 S	☽∥♄	7am46
	☽⊼♅	1pm11
	☉∥☿	3 4
	☽☌♄	3 49
	♀☌♂	9 36

APRIL 1917

LONGITUDE

DAY	SID. TIME	☉	☽	☽ 12 Hour	MEAN ☊	TRUE ☊	☿	♀	♂	♃	♄	♅	♆	♇
	h m s	° ' "	° ' "	° ' "	° '	° '	° '	° '	° '	° '	° '	° '	° '	° '
1	12 35 7	10♈ 41 50	27♋ 42 44	3♌ 36 48	15♑ 36	15♑ 56R	13♈ 6	4♈ 8	4♈ 5	9♉ 16	23♋ 41	22♒ 24	2♌ 8R	2♋ 22
2	12 39 4	11 41 0	9♌ 30 29	15 24 22	15 33	15 55	15 10	5 23	4 52	9 30	23 42	22 26	2 7	2 23
3	12 43 0	12 40 8	21 19 2	27 15 1	15 30	15 51	17 14	6 37	5 38	9 43	23 43	22 29	2 7	2 23
4	12 46 57	13 39 13	3♍ 12 47	9♍ 12 43	15 26	15 44	19 18	7 51	6 25	9 57	23 44	22 31	2 7	2 24
5	12 50 54	14 38 16	15 15 10	21 20 26	15 23	15 35	21 22	9 6	7 11	10 10	23 45	22 34	2 6	2 24
6	12 54 50	15 37 17	27 28 43	3♎ 40 10	15 20	15 23	23 26	10 20	7 57	10 24	23 46	22 36	2 6	2 24
7	12 58 47	16 36 16	9♎ 54 52	16 12 50	15 17	15 9	25 29	11 35	8 44	10 38	23 47	22 39	2 6	2 25
8	13 2 43	17 35 13	22 34 4	28 58 31	15 14	14 56	27 31	12 49	9 30	10 51	23 48	22 41	2 6	2 25
9	13 6 40	18 34 8	5♏ 26 4	11♏ 56 37	15 11	14 43	29 31	14 3	10 16	11 5	23 50	22 43	2 6	2 26
10	13 10 36	19 33 1	18 30 5	25 6 19	15 7	14 32	1♉ 30	15 18	11 2	11 19	23 51	22 45	2 5	2 26
11	13 14 33	20 31 52	1♐ 45 16	8♐ 26 50	15 4	14 23	3 27	16 32	11 49	11 33	23 53	22 48	2 5	2 27
12	13 18 29	21 30 41	15 11 0	21 57 44	15 1	14 18	5 22	17 46	12 35	11 46	23 55	22 50	2 5	2 28
13	13 22 26	22 29 29	28 47 3	5♑ 39 0	14 58	14 16D	7 13	19 0	13 21	12 0	23 57	22 52	2 5D	2 28
14	13 26 23	23 28 15	12♑ 33 37	19 30 56	14 55	14 15	9 2	20 15	14 7	12 14	23 59	22 54	2 5	2 29
15	13 30 19	24 26 59	26 30 59	3♒ 33 45	14 52	14 16R	10 47	21 29	14 53	12 28	24 1	22 56	2 5	2 29
16	13 34 16	25 25 42	10♒ 39 9	17 47 2	14 48	14 15	12 29	22 43	15 39	12 42	24 3	22 58	2 5	2 30
17	13 38 12	26 24 22	24 57 10	2♓ 9 13	14 45	14 13	14 7	23 57	16 25	12 56	24 5	23 0	2 5	2 31
18	13 42 9	27 23 1	9♓ 22 44	16 37 9	14 42	14 8	15 40	25 12	17 11	13 10	24 8	23 2	2 6	2 31
19	13 46 5	28 21 39	23 51 49	1♈ 5 59	14 39	14 0	17 9	26 26	17 56	13 24	24 10	23 4	2 6	2 32
20	13 50 2	29 20 14	8♈ 18 54	15 29 44	14 36	13 50	18 34	27 40	18 42	13 38	24 13	23 6	2 6	2 33
21	13 53 58	0♉ 18 48	22 37 40	29 41 58	14 32	13 39	19 54	28 54	19 28	13 52	24 16	23 8	2 6	2 34
22	13 57 55	1 17 20	6♉ 41 56	13♉ 37 0	14 29	13 28	21 9	0♉ 8	20 14	14 6	24 19	23 10	2 7	2 34
23	14 1 51	2 15 51	20 26 43	27 10 47	14 26	13 18	22 19	1 23	20 59	14 21	24 22	23 11	2 7	2 35
24	14 5 48	3 14 19	3♊ 49 0	10♊ 21 23	14 23	13 10	23 24	2 37	21 45	14 35	24 25	23 13	2 7	2 36
25	14 9 45	4 12 45	16 48 0	23 9 6	14 20	13 4	24 24	3 51	22 30	14 49	24 28	23 15	2 8	2 37
26	14 13 41	5 11 9	29 25 1	5♋ 36 11	14 17	13 1	25 19	5 5	23 16	15 3	24 31	23 16	2 8	2 38
27	14 17 38	6 9 31	11♋ 43 7	17 46 23	14 13	13 0D	26 8	6 19	24 1	15 17	24 34	23 18	2 8	2 39
28	14 21 34	7 7 51	23 46 35	29 44 23	14 10	13 1	26 52	7 33	24 47	15 31	24 38	28 19	2 9	2 40
29	14 25 31	8 6 9	5♌ 40 27	11♌ 35 27	14 7	13 1R	27 31	8 47	25 32	15 46	24 41	23 21	2 9	2 40
30	14 29 27	9♉ 4 25	17♌ 30 3	23♌ 24 56	14♑ 4	13♑ 1	28♉ 4	10♉ 1	26♈ 18	16♉ 0	24♋ 45	23♒ 22	2♌ 10	2♋ 41

DECLINATION and LATITUDE

DAY	☉	☽		☽ 12hr	☿		♀		♂		♃		♄	
	DECL	DECL	LAT	DECL	DECL	LAT	DECL	LAT	DECL	LAT	DECL	LAT	DECL	LAT
1	4N14	19N37	1S 2	17N52	4N27	0S48	0N20	1S25	0N52	0S49	13N43	0S55	21N41	0N18
2	4 37	15 56	2 1	13 51	5 23	0 38	0 50	1 25	1 11	0 49	13 48	0 55	21 40	0 18
3	5 0	11 38	2 55	9 18	6 20	0 28	1 20	1 24	1 30	0 49	13 52	0 55	21 40	0 19
4	5 23	6 52	3 42	4 23	7 17	0 18	1 50	1 24	1 49	0 48	13 57	0 54	21 40	0 19
5	5 46	1 49	4 20	0S46	8 13	0 8	2 20	1 23	2 7	0 48	14 1	0 54	21 40	0 19
6	6 9	3S22	4 46	5 57	9 9	0N 3	2 50	1 22	2 26	0 47	14 5	0 54	21 40	0 19
7	6 32	8 30	4 59	10 59	10 5	0 14	3 20	1 22	2 45	0 47	14 10	0 54	21 40	0 19
8	6 54	13 23	4 57	15 39	10 60	0 26	3 50	1 21	3 3	0 46	14 14	0 54	21 40	0 19
9	7 17	17 45	4 41	19 39	11 53	0 37	4 19	1 20	3 22	0 46	14 18	0 54	21 39	0 19
10	7 39	21 20	4 10	22 45	12 45	0 48	4 49	1 19	3 41	0 45	14 23	0 54	21 39	0 19
11	8 1	23 51	3 24	24 38	13 36	0 60	5 18	1 18	3 59	0 45	14 27	0 54	21 39	0 19
12	8 23	25 4	2 27	25 7	14 25	1 11	5 48	1 17	4 18	0 44	14 32	0 53	21 39	0 19
13	8 45	24 48	1 21	24 6	15 13	1 21	6 17	1 16	4 36	0 44	14 36	0 53	21 39	0 19
14	9 7	23 0	0 9	21 34	15 58	1 32	6 46	1 14	4 54	0 43	14 40	0 53	21 38	0 19
15	9 29	19 48	1N 4	17 44	16 41	1 42	7 15	1 13	5 12	0 43	14 45	0 53	21 38	0 19
16	9 50	15 25	2 15	12 51	17 22	1 52	7 44	1 12	5 31	0 42	14 49	0 53	21 38	0 19
17	10 12	10 6	3 18	7 13	17 60	2 1	8 13	1 10	5 49	0 42	14 53	0 53	21 37	0 19
18	10 33	4 13	4 8	1 10	18 36	2 9	8 41	1 9	6 7	0 41	14 58	0 53	21 37	0 19
19	10 54	1N54	4 43	4N56	19 9	2 17	9 9	1 7	6 25	0 41	15 2	0 53	21 37	0 20
20	11 15	7 53	5 0	10 44	19 39	2 24	9 37	1 6	6 43	0 40	15 6	0 53	21 36	0 20
21	11 35	13 25	4 58	15 53	20 7	2 30	10 5	1 4	7 1	0 40	15 10	0 52	21 36	0 20
22	11 56	18 7	4 37	20 5	20 33	2 35	10 33	1 3	7 18	0 39	15 15	0 52	21 35	0 20
23	12 16	21 44	4 1	23 4	20 55	2 39	11 0	1 1	7 36	0 39	15 19	0 52	21 35	0 20
24	12 36	24 4	3 12	24 43	21 15	2 43	11 27	0 59	7 53	0 38	15 23	0 52	21 34	0 20
25	12 56	25 2	2 15	24 60	21 33	2 45	11 54	0 58	8 11	0 37	15 27	0 52	21 34	0 20
26	13 15	24 39	1 12	23 59	21 47	2 46	12 21	0 56	8 28	0 37	15 32	0 52	21 33	0 20
27	13 35	23 3	0 7	21 51	21 60	2 47	12 47	0 54	8 46	0 36	15 36	0 52	21 33	0 20
28	13 54	20 25	0S57	18 47	22 9	2 46	13 13	0 52	9 3	0 36	15 40	0 52	21 32	0 20
29	14 13	16 57	1 58	14 58	22 16	2 44	13 38	0 50	9 20	0 35	15 44	0 52	21 32	0 20
30	14N32	12N51	2S53	10N36	22N21	2N41	14N 4	0S48	9N37	0S35	15N48	0S52	21N31	0N20

DAY	♅		♆		♇	
	DECL	LAT	DECL	LAT	DECL	LAT
1	14S42	0S41	19N29	0S13	18N43	4S42
5	14 39	0 41	19 29	0 13	18 44	4 42
9	14 36	0 41	19 30	0 13	18 45	4 41
13	14 33	0 42	19 30	0 13	18 45	4 41
17	14 31	0 42	19 30	0 13	18 46	4 40
21	14 28	0 42	19 30	0 13	18 46	4 39
25	14 26	0 42	19 29	0 13	18 47	4 39
29	14S24	0S42	19N29	0S13	18N47	4S38

☽ PHENOMENA	VOID OF COURSE ☽ LAST ASPT	☽ INGRESS
d h m	31 3pm49	1 ♌ 4am39
7 13 49 ○	3 2am22	3 ♍ 5pm32
14 20 12 ☾	5 4pm44	6 ♎ 4am54
21 14 1 ●	8 11am 0	8 ♏ 1pm55
29 5 22 ☽	10 9am46	10 ♐ 8pm51
	12 1pm34	13 ♑ 2am 8
	14 8pm12	15 ♒ 5am56
d h ° '	17 2am36	17 ♓ 8am25
5 8 0	19 0am31	19 ♈ 10am10
12 8 25S 9	21 11am40	21 ♉ 12pm31
18 17 0	23 6am59	23 ♊ 5pm 5
25 5 25N 3	25 12pm12	26 ♋ 1am 7
	28 6am36	28 ♌ 12pm32
7 10 4S60		
14 3 0	d h	
20 9 5N 1	2 7 APOGEE	
27 3 0	18 3 PERIGEE	
	30 2 APOGEE	

DAILY ASPECTARIAN

1 Su	☽∥♆	0am58
	☽∥♇	6 15
	☽☌♆	8 58
	☽⚺♇	9 29
	☽△♂	1pm53
	☽△♀	2 36
	☽□♃	11 58
2 M	☉△☽	4am50
	☽#♅	7 16
	☽∥♃	12pm 4
	☽△☿	1 57
	☽∠♇	4 1
	☽⚼♂	10 32
3 T	☽⚼♀	0am41
	☽☍♅	2 22
	☽⚺♄	4 51
	☉⚼☽	2pm 0
	♀∠♅	5 17
	♀∥♂	8 50
	☽⚺♆	9 47
	☽⚹♇	10 21
	☽∥☿	10 21
4 W	☽⚼☿	2am39
	☉∥☽	6 39
	☽⚻♂	6 51
	☽⚻♀	10 22
	☽∠♄	11 3
	☽△♃	1pm43
	☽∥♀	9 49
	☽∥♂	10 40
	☉⚻☽	10 40
5 Th	☽∠♆	3am40
	♂∠♅	12pm21
	☿⚹♅	2 9
	☽⚻♅	2 27
	☽⚻☿	2 30
	☽⚹♄	4 44
	☽#♂	7 26
	☽⚼♃	7 52
	☽#♀	9 17
6 F	♀⚺♃	1am30
	☿□♄	3 55
	☽⚹♆	8 58
	☽□♇	9 34
	☉#☽	1pm57
	☽⚼♅	7 38
	☽☍♂	9 35
7 S	☽⚻♃	1am23
	☽☍♀	3 31
	☽#☿	9 18
	☉☍☽	1pm49
8 Su	☽△♅	0am13
	☽□♄	2 20
	☽#♃	4 31
	☽∥♅	6 26
	☽☍☿	11 0
	☽□♆	5pm48
	☽△♇	6 26
9 M	☿ ♉	5am43
	☽#♇	6 6
	☽⚻♂	9 29
	☽☍♃	10 36
	☽#♆	10 55
	☽⚻♀	5pm32
	☽⚼♇	10 4
10 T	☉⚻☽	2am 4
	☽#♄	2 31
	☿□♆	7 8
	☽□♅	7 46
	☽△♄	9 46
	☿⚹♇	11 30
	♂⚺♃	12pm 8
	☽⚼♂	2 32
	☽⚼♀	11 33
11 W	☽△♆	0am36
	☽⚻♇	1 15
	☽⚻☿	3 34
	☉⚼☽	7 19
	☽⚼♄	12pm49
	☽⚻♃	5 50
	☽△♂	7 5
12 Th	☿∥♃	3am21
	☽⚼♆	3 23
	☿#♅	4 11
	☽△♀	5 3
	☽⚼☿	10 39
	♃#♅	11 21
	☉△☽	12pm 4
	☽⚹♅	1 34
	☽⚻♄	3 29
	☽⚼♃	8 50
13 F	♆SD	1am11
	☽⚻♆	5 47
	☽☍♇	6 27
	☉⚹♅	9 34
	☽∠♅	3pm54
	☽△☿	4 59
	☽△♃	11 26
14 S	☽□♂	2am51
	☽#♄	11 30
	☉□♄	12pm58
	☽□♀	2 32
	☽⚺♅	5 52
	☽☍♄	7 43
	☉□☽	8 12
15 Su	☽#♆	1am55
	☽#♇	6 17
	☽☍♆	9 30
	☽⚻♇	10 11
	☽#☿	3pm19
16 M	☽#♃	2am50
	☽□☿	3 29
	☽□♃	3 31
	☿☌♃	3 43
	☽∥♅	4 17
	♀⚹♅	5 2
	☽⚹♂	8 53
	☽⚼♇	11 32
	☽☍♅	8pm44
	☽⚹♀	10 11
	☽⚻♄	10 33
	☉#☽	11 38
17 T	☉⚹☽	2am36
	♀□♄	2 42
	☽#♀	7 20
	☽∠♂	11 22
	☽⚻♆	11 54
	☽△♇	12pm36
	☽#♂	4 48
	☽⚼♄	11 35
18 W	☽∠♀	1am29
	☉∠☽	5 21
	☽⚹♃	6 23
	☿∥♇	7 14
	☽⚹☿	11 38
	☽⚼♆	12pm47
	☽⚺♂	1 38
	☽⚺♅	10 41
19 Th	☽△♄	0am31
	☽⚺♀	4 39
	☿∠♇	6 27
	☽∠♃	7 39
	☉⚺☽	8 0
	☽△♆	1pm40
	☽□♇	2 24
	☽∠☿	3 15
	☿∥♆	4 6
	☽∥♂	6 55
	☽∠♅	11 39
20 F	☿⚺♂	5am35
	☽∥♀	7 54
	☽⚺♃	9 2
	☉∥☽	3pm12
	☉ ♉	4 18
	☽☌♂	6 22
	☽⚺☿	6 56
21 S	☽⚹♅	0am51
	☽□♄	2 46
	☽#♅	5 1
	☽∥♃	8 35
	☽☌♀	11 40
	☉☌☽	2pm 1
	☽□♆	4 7
	☽⚹♇	4 54
	♀ ♉	9 17
22 Su	☽∥♇	3am50
	☽∥♆	8 14
	☽☌♃	1pm 5
	☽∥☿	5 4
	☽∠♇	6 57
	☉□♆	8 18
	☽∥♄	10 45
23 M	☽⚺♂	1am 1
	☽☌☿	3 37
	☽□♅	4 53
	☽⚹♄	6 59
	☉⚹♇	8 5
	♀□♆	2pm24
	☿□♅	7 42
	☽⚹♆	8 55
	☽⚺♀	9 35
	☽⚺♇	9 47
	☉⚺☽	10 52
	♀⚹♇	11 48
24 T	☽∠♂	5am41
	☽∠♄	10 18
	☽⚺♃	8pm13
25 W	☽∠♆	0am37
	☿⚹♄	1 34
	☿∥♄	1 40
	☽∠♀	4 16
	☉∠☽	4 55
	☽⚹♂	11 28
	☽△♅	12pm12
	☽⚺♄	2 33
	☽⚺☿	3 32
26 Th	♂⚹♅	0am13
	☽∠♃	1 15
	☽⚺♆	5 15
	☽☌♇	6 13
	☉☌♀	9 27
	☉⚹☽	12pm 9
	☽⚹♀	12 13
	☽⚼♅	5 16
	☽∠☿	10 47
27 F	☽⚹♃	7am12
	☽∥☿	10 0
	☽∥♄	2pm45
	♂□♄	6 42
	☽⚻♅	11 5
28 S	☽☌♄	1am43
	☽□♂	2 9
	☽⚹☿	6 36
	☽∥♆	7 1
	☽∥♇	11 57
	☽☌♆	4pm53
	☽⚺♇	5 55
29 Su	☉□☽	5am22
	☽□♀	7 3
	☽∥♃	7 20
	☉#♅	2pm16
	☉∥☽	3 13
	☽#♅	3 17
	☽∥♀	5 50
	☽□♃	8 53
30 M	☽∠♇	0am23
	☽☍♅	11 56
	☽⚺♄	2pm46
	☽∥♂	4 7
	☽△♂	7 2
	♀#♅	7 2
	☽□☿	10 18

LONGITUDE

DAY	SID. TIME	☉	☽	☽ 12 Hour	MEAN ☊	TRUE ☊	☿	♀	♂	♃	♄	♅	♆	♇
	h m s	° ' "	° ' "	° ' "	° '	° '	° '	° '	° '	° '	° '	° '	° '	° '
1	14 33 24	10♉ 2 39	29♌ 20 44	5♍ 18 3	14♑ 1	12♑ 59R	28♉ 32	11♉ 15	27♈ 3	16♉ 14	24♋ 48	23♒ 24	2♌ 11	2♋ 42
2	14 37 20	11 0 51	11♍ 17 28	17 19 29	13 58	12 54	28 54	12 29	27 48	16 28	24 52	23 25	2 11	2 43
3	14 41 17	11 59 0	23 24 34	29 33 8	13 54	12 48	29 11	13 43	28 33	16 42	24 56	23 26	2 12	2 44
4	14 45 14	12 57 8	5♎ 45 29	12♎ 1 52	13 51	12 39	29 23	14 57	29 18	16 57	25 0	23 28	2 12	2 45
5	14 49 10	13 55 15	18 22 28	24 47 21	13 48	12 30	29 29R	16 11	0♉ 3	17 11	25 4	23 29	2 13	2 46
6	14 53 7	14 53 19	1♏ 16 31	7♏ 49 53	13 45	12 19	29 29	17 25	0 48	17 25	25 8	23 30	2 14	2 47
7	14 57 3	15 51 21	14 27 18	21 8 33	13 42	12 9	29 25	18 39	1 33	17 39	25 12	23 31	2 15	2 48
8	15 1 0	16 49 22	27 53 21	4♐ 41 25	13 38	12 1	29 16	19 53	2 18	17 54	25 17	23 32	2 16	2 49
9	15 4 56	17 47 22	11♐ 32 24	18 25 58	13 35	11 55	29 2	21 7	3 3	18 8	25 21	23 33	2 16	2 51
10	15 8 53	18 45 20	25 21 47	2♑ 19 33	13 32	11 52	28 44	22 21	3 48	18 22	25 25	23 34	2 17	2 52
11	15 12 49	19 43 16	9♑ 18 58	16 19 47	13 29	11 51D	28 22	23 35	4 33	18 36	25 30	23 35	2 18	2 53
12	15 16 46	20 41 12	23 21 46	0♒ 24 43	13 26	11 51	27 57	24 49	5 17	18 51	25 35	23 36	2 19	2 54
13	15 20 43	21 39 6	7♒ 28 27	14 32 48	13 23	11 52	27 29	26 3	6 2	19 5	25 39	23 37	2 20	2 55
14	15 24 39	22 36 59	21 37 35	28 42 39	13 19	11 53R	26 58	27 16	6 47	19 19	25 44	23 37	2 21	2 56
15	15 28 36	23 34 50	5♓ 47 47	12♓ 52 46	13 16	11 52	26 25	28 30	7 31	19 33	25 49	23 38	2 22	2 57
16	15 32 32	24 32 40	19 57 18	27 1 7	13 13	11 50	25 50	29 44	8 16	19 48	25 54	23 39	2 23	2 59
17	15 36 29	25 30 30	4♈ 3 50	11♈ 5 6	13 10	11 45	25 16	0♊ 58	9 0	20 2	25 59	23 39	2 24	3 0
18	15 40 25	26 28 17	18 4 27	25 1 30	13 7	11 39	24 40	2 12	9 45	20 16	26 4	23 40	2 25	3 1
19	15 44 22	27 26 4	1♉ 55 48	8♉ 46 55	13 4	11 32	24 6	3 26	10 29	20 30	26 9	23 41	2 26	3 2
20	15 48 18	28 23 50	15 34 30	22 18 10	13 0	11 25	23 32	4 39	11 13	20 44	26 14	23 41	2 27	3 3
21	15 52 15	29 21 34	28 57 40	5♊ 32 47	12 57	11 19	23 0	5 53	11 57	20 59	26 20	23 41	2 29	3 5
22	15 56 12	0♊ 19 17	12♊ 3 24	18 29 27	12 54	11 14	22 31	7 7	12 42	21 13	26 25	23 42	2 30	3 6
23	16 0 8	1 16 59	24 51 0	1♋ 8 11	12 51	11 11	22 4	8 21	13 26	21 27	26 31	23 42	2 31	3 7
24	16 4 5	2 14 39	7♋ 21 12	13 30 21	12 48	11 10D	21 40	9 35	14 10	21 41	26 36	23 42	2 32	3 8
25	16 8 1	3 12 18	19 36 0	25 38 33	12 44	11 10	21 19	10 48	14 54	21 55	26 42	23 43	2 34	3 10
26	16 11 58	4 9 56	1♌ 38 30	7♌ 36 22	12 41	11 12	21 2	12 2	15 38	22 9	26 47	23 43	2 35	3 11
27	16 15 54	5 7 32	13 32 42	19 28 6	12 38	11 13	20 49	13 16	16 22	22 23	26 53	23 43	2 36	3 12
28	16 19 51	6 5 6	25 23 11	1♍ 18 33	12 35	11 15R	20 40	14 30	17 6	22 37	26 59	23 43	2 38	3 14
29	16 23 48	7 2 40	7♍ 14 51	13 12 41	12 32	11 15	20 36D	15 43	17 49	22 51	27 5	23 43R	2 39	3 15
30	16 27 44	8 0 11	19 12 41	25 15 24	12 29	11 14	20 36	16 57	18 33	23 5	27 11	23 43	2 41	3 16
31	16 31 41	8♊ 57 42	1♎ 21 25	7♎ 31 14	12♑ 25	11♑ 12	20♉ 40	18♊ 11	19♉ 17	23♉ 19	27♋ 17	23♒ 43	2♌ 42	3♋ 18

DECLINATION and LATITUDE

DAY	☉ DECL	☽ DECL	☽ LAT	☽ 12hr DECL	☿ DECL	☿ LAT	♀ DECL	♀ LAT	♂ DECL	♂ LAT	♃ DECL	♃ LAT	♄ DECL	♄ LAT
1	14N50	8N15	3S41	5N49	22N23	2N37	14N29	0S46	9N54	0S34	15N53	0S52	21N30	0N20
2	15 8	3 20	4 20	0 47	22 23	2 31	14 53	0 44	10 10	0 34	15 57	0 52	21 30	0 20
3	15 26	1S47	4 47	4S21	22 20	2 24	15 18	0 42	10 27	0 33	16 1	0 51	21 29	0 20
4	15 44	6 55	5 2	9 25	22 15	2 17	15 41	0 40	10 44	0 32	16 5	0 51	21 29	0 20
5	16 1	11 52	5 3	14 13	22 7	2 8	16 5	0 38	11 0	0 32	16 9	0 51	21 28	0 20
6	16 19	16 25	4 48	18 28	21 58	1 57	16 28	0 36	11 16	0 31	16 13	0 51	21 27	0 21
7	16 36	20 17	4 18	21 52	21 46	1 46	16 50	0 34	11 32	0 31	16 17	0 51	21 27	0 21
8	16 52	23 9	3 33	24 8	21 32	1 34	17 13	0 32	11 49	0 30	16 21	0 51	21 26	0 21
9	17 9	24 44	2 35	24 59	21 15	1 20	17 34	0 29	12 4	0 29	16 25	0 51	21 25	0 21
10	17 25	24 50	1 27	24 17	20 57	1 6	17 56	0 27	12 20	0 29	16 29	0 51	21 24	0 21
11	17 40	23 21	0 14	22 3	20 38	0 50	18 17	0 25	12 36	0 28	16 33	0 51	21 23	0 21
12	17 56	20 25	1N 2	18 28	20 16	0 35	18 37	0 23	12 51	0 28	16 37	0 51	21 23	0 21
13	18 11	16 16	2 13	13 49	19 54	0 18	18 57	0 20	13 7	0 27	16 41	0 51	21 22	0 21
14	18 26	11 11	3 17	8 24	19 30	0 1	19 16	0 18	13 22	0 26	16 45	0 51	21 21	0 21
15	18 41	5 31	4 9	2 34	19 6	0S17	19 35	0 16	13 37	0 26	16 49	0 51	21 20	0 21
16	18 55	0N24	4 46	3N22	18 40	0 34	19 53	0 13	13 52	0 25	16 53	0 51	21 19	0 21
17	19 9	6 17	5 5	9 7	18 15	0 52	20 11	0 11	14 7	0 25	16 57	0 51	21 18	0 21
18	19 22	11 48	5 6	14 20	17 50	1 9	20 28	0 8	14 22	0 24	17 1	0 50	21 18	0 21
19	19 36	16 40	4 49	18 45	17 25	1 26	20 45	0 6	14 36	0 23	17 4	0 50	21 17	0 21
20	19 49	20 35	4 16	22 7	17 1	1 43	21 1	0 4	14 51	0 23	17 8	0 50	21 16	0 21
21	20 1	23 20	3 29	24 12	16 37	1 59	21 17	0 1	15 5	0 22	17 12	0 50	21 15	0 21
22	20 14	24 45	2 31	24 57	16 15	2 14	21 32	0N 1	15 19	0 21	17 16	0 50	21 14	0 21
23	20 26	24 48	1 28	24 21	15 54	2 28	21 46	0 4	15 33	0 21	17 19	0 50	21 13	0 22
24	20 37	23 35	0 21	22 33	15 35	2 42	21 60	0 6	15 47	0 20	17 23	0 50	21 12	0 22
25	20 48	21 16	0S46	19 45	15 18	2 54	22 13	0 8	16 0	0 20	17 27	0 50	21 11	0 22
26	20 59	18 2	1 49	16 8	15 3	3 5	22 25	0 11	16 14	0 19	17 30	0 50	21 10	0 22
27	21 10	14 5	2 47	11 55	14 49	3 15	22 37	0 13	16 27	0 18	17 34	0 50	21 9	0 22
28	21 20	9 38	3 38	7 16	14 38	3 24	22 48	0 16	16 40	0 18	17 38	0 50	21 8	0 22
29	21 30	4 50	4 19	2 21	14 30	3 32	22 59	0 18	16 53	0 17	17 41	0 50	21 7	0 22
30	21 39	0S10	4 50	2S43	14 23	3 39	23 9	0 20	17 6	0 16	17 45	0 50	21 6	0 22
31	21N48	5S15	5S 8	7S45	14N19	3S45	23N18	0N23	17N18	0S16	17N48	0S50	21N 4	0N22

DAY	♅ DECL	♅ LAT	♆ DECL	♆ LAT	♇ DECL	♇ LAT
1	14S23	0S42	19N29	0S13	18N48	4S38
5	14 22	0 42	19 28	0 12	18 48	4 37
9	14 21	0 43	19 28	0 12	18 48	4 37
13	14 20	0 43	19 27	0 12	18 49	4 36
17	14 19	0 43	19 26	0 12	18 49	4 36
21	14 18	0 43	19 25	0 12	18 50	4 35
25	14 18	0 43	19 24	0 12	18 50	4 35
29	14S18	0S43	19N23	0S12	18N50	4S35

☽ PHENOMENA			
d	h	m	
7	2	43	○
14	1	48	☾
21	0	47	●
28	23	33	☽
d	h	°	'
2	16	0	
9	13	24S59	
15	22	0	
22	13	24N57	
29	23	0	
4	13	5S 4	
11	4	0	
17	13	5N 8	
24	7	0	
31	19	5S13	

VOID OF COURSE ☽ LAST ASPT		☽ INGRESS		
30	10pm18	1	♍	1am19
3	11am29	3	♎	12pm52
5	12pm35	5	♏	9pm39
8	2am24	8	♐	3am44
9	8pm54	10	♑	8am 0
12	7am34	12	♒	11am18
14	10am29	14	♓	2pm11
16	10am 9	16	♈	5pm 4
18	1pm53	18	♉	8pm38
21	0am47	21	♊	1am53
22	9pm49	23	♋	9am49
25	2pm13	25	♌	8pm43
27	8pm37	28	♍	9am21
30	3pm55	30	♎	9pm20

d	h	
13	19	PERIGEE
27	21	APOGEE

DAILY ASPECTARIAN

1	☽⚺♆	5am43
T	☽⚹♇	6 47
	☽∠♄	9pm 9
	☉△☽	11 24
2	☽△♀	2am40
W	☽⚼♂	3 13
	☽△♃	10 31
	☽∠♆	11 44
3	☽⚻♅	0am 4
Th	☽⚹♄	3 0
	☉⚼☽	7 36
	☽⚻♂	10 42
	☽△☿	11 29
	☽⚼♀	11 32
	☽⚼♃	4pm30
	☽⚹♆	5 9
	☽□♇	6 12
4	☿⚺♂	2am51
F	☽⚼♅	5 12
	☉∥♀	10 32
	☉⚻☽	2pm53
	☽⚼☿	4 36
	☽⚻♀	7 26
	☽#♂	7 26
	☽⚻♃	9 43
	♂ ♉	10 15
5	♀∥♃	5am24
S	☽△♅	9 35
	☽□♄	12pm35
	☽∥♅	12 47
	☉∥♃	1 55
	☿SR	3 46
	☽⚻☿	8 43
	☽#♃	10 51
	☽☍♂	11 5
	☉#☽	11 20
	♀☌♃	11 59
6	☽#♀	0am16
Su	☽□♆	1 46
	☽△♇	2 47
	♀∠♇	7 17
	☽#♇	2pm 9
	☽#♆	6 26
7	☉☍☽	2am43
M	☽☍♃	5 52
	☽⚼♇	6 2
	☽☍♀	8 19
	☽#♄	8 32
	☽#☿	10 20
	☽□♅	4pm15
	♃∠♇	4 17
	☽△♄	7 20
	♂□♆	10 33
8	☽☍☿	2am24
T	☽△♆	7 44
	☽⚻♂	8 15
	☽⚻♇	8 44
	☿∥♄	9 17
	♂⚹♇	5pm 8
	☽⚼♄	9 55
9	☉∠♇	1am20
W	☽⚼♆	10 0
	☉☌♃	11 17
	☽⚻♃	11 41
	☉⚻☽	11 42
	☽⚼♂	11 59
	☽⚻♀	6pm17
	☽⚹♅	8 54
10	☽⚻♄	0am 6
Th	☽⚻☿	5 41
	☽⚻♆	11 57
	☽☍♇	12pm56
	☽⚼♃	2 2
	☽△♂	3 21
	☉⚼☽	3 32
	☽⚼♀	10 37
	☽∠♅	10 45
11	♀□♅	0am 4
F	☽⚼☿	6 45
	☽△♃	4pm10
	☽#♄	5 12
	☉△☽	7 6
12	☽⚺♅	0am24
S	☽#☿	1 3
	☽△♀	2 42
	☽☍♄	3 48
	☽#♆	6 11
	☽△☿	7 34
	☽#♇	10 1
	☽#♀	10 20
	☉#☽	2pm13
	♀∥♇	2 18
	☽☍♆	3 15
	♀⚹♄	3 55
	☽⚻♇	4 15
	☽□♂	9 25
	☽#♃	9 49
13	☽∥♅	9am35
Su	☽#♂	2pm34
	☽⚼♇	5 44
	☿☌♀	7 43
	☽□♃	8 1
14	☉□☽	1am48
M	☽☌♅	3 23
	☿∥♆	3 24
	☽⚻♄	7 0
	☿∥♀	7 44
	☽□☿	8 42
	☽□♀	10 29
	♀∥♆	1pm13
	☽⚻♆	6 11
	☽△♇	7 11
15	☉□♅	1am25
T	☽⚹♂	3 5
	☽⚼♄	8 33
	☉∥♇	2pm12
	☉∥☿	3 13
	☿∥♇	3 47
	☽⚼♆	7 38
	☿⚹♄	9 57
	☽⚹♃	11 43
16	♀ ♊	5am 9
W	☽∠♂	5 55
	☽⚺♅	6 16
	☉⚹☽	8 22
	☽⚹☿	9 36
	☽△♄	10 9
	☽⚹♀	6pm13
	☉☌☿	8 8
	☽△♆	9 10
	☽□♇	10 10
17	☽∠♃	1am41
Th	☽∠♅	7 51
	☽⚺♂	8 54
	☽∠☿	10 10
	☉∠☽	11 50
	☉⚹♄	12pm56
	♂#♅	7 13
	☽∠♀	10 21
18	☽⚺♃	3am51
F	♀⚹♆	4 24
	☉∥♆	5 52
	☽⚹♅	9 39
	☽⚺☿	10 56
	☽#♅	11 53
	☽∥♂	12pm46
	☽□♄	1 53
	☉⚺☽	3 36
	♀⚺♇	4 13
19	☽□♆	0am53
S	☽⚹♇	1 56
	☽∥♃	2 16
	☽⚺♀	2 52
	☽∥☿	3 46
	☽∥♇	12pm25
	☽☌♂	3 51
	☽∥♆	4 10
	☿∥♃	5 26
	☿□♅	5 42
	☉∥☽	6 22
20	☽∥♀	3am28
Su	☽∠♇	4 25
	☽∥♄	5 1
	☽☌♃	9 22
	☽☌☿	1pm40
	☽□♅	2 29
	☽⚹♄	7 13
	♀∥♄	9 14
21	☉☌☽	0am47
M	☽⚹♆	6 24
	☽⚺♇	7 30
	☽☌♀	1pm56
	☉ ♊	3 59
	☽∠♄	10 49
22	☽⚺♂	1am15
T	☽∠♆	10 9
	☽⚺♃	5pm26
	☽⚺☿	6 54
	☽△♅	9 49
23	☽⚺♄	3am11
W	☽∠♂	7 14
	☉⚺☽	1pm18
	☽⚺♆	2 41
	☿∥♂	3 32
	☽☌♇	3 50
	☽∠♃	10 40
	☽∠☿	10 42
	☿☌♃	11 6
24	☽⚼♅	2am38
Th	☽⚺♀	4 48
	☉⚹♆	7 33
	☽⚹♂	2pm 8
	☽∥♀	4 4
	☉∠☽	9 0
	☉⚺♇	10 54
25	☽∥♄	0am42
F	☽⚹☿	3 19
	☉∥☽	3 34
	☽⚹♃	4 41
	☽⚻♅	8 9
	☽∠♀	1pm44
	☽☌♄	2 13
	☽∥♆	2 32
	☽∥♇	6 32
	♀∠♄	6 48
26	☽☌♆	1am54
S	☽⚺♇	3 6
	☽∥♃	3 21
	☉⚹☽	5 31
	☽∥♂	10 50
	☽∥☿	7pm34
	☉∥♄	9 47
	☽#♅	10 48
	☽⚹♀	11 22
27	☽□♂	6am 5
Su	☽∠♇	9 27
	☽□☿	2pm33
	☽□♃	6 17
	☽☍♅	8 37
28	☽⚺♄	3am16
M	☽⚺♆	2pm42
	☽⚹♇	3 55
	☉□☽	11 33
29	♅SR	3am30
T	☽∠♄	9 48
	☿SD	12pm11
	♂∠♇	2 29
	☽□♀	6 58
	☽∠♆	8 56
	☽△♂	10 36
30	☽△☿	2am46
W	☽△♃	7 51
	☽⚻♅	8 57
	♀∠♆	2pm29
	☽⚹♄	3 55
31	☽⚹♆	2am38
Th	☽□♇	3 48
	☽⚼♂	6 4
	☿#♅	7 22
	☽⚼☿	8 30
	☽⚼♃	1pm48
	☽⚼♅	2 19
	☉△☽	4 1

JUNE 1917

LONGITUDE

DAY	SID. TIME	☉	☽	☽ 12 Hour	MEAN ☊	TRUE ☊	☿	♀	♂	♃	♄	♅	♆	♇
	h m s	° ' "	° ' "	° ' "	° '	° '	° '	° '	° '	° '	° '	° '	° '	° '
1	16 35 37	9♊ 55 11	13♎ 45 18	20♎ 3 59	12♑ 22	11♑ 9R	20♉ 49	19♊ 24	20♉ 0	23♉ 33	27♋ 23	23♒ 43R	2♌ 43	3♋ 19
2	16 39 34	10 52 39	26 27 37	2♏ 56 24	12 19	11 5	21 3	20 38	20 44	23 47	27 29	23 43	2 45	3 20
3	16 43 30	11 50 6	9♏ 30 29	16 9 52	12 16	11 0	21 21	21 52	21 28	24 1	27 35	23 43	2 46	3 22
4	16 47 27	12 47 31	22 54 29	29 44 9	12 13	10 56	21 43	23 5	22 11	24 15	27 41	23 42	2 48	3 23
5	16 51 23	13 44 56	6♐ 38 33	13♐ 37 20	12 9	10 52	22 9	24 19	22 54	24 28	27 47	23 42	2 50	3 25
6	16 55 20	14 42 20	20 40 0	27 46 1	12 6	10 50	22 40	25 32	23 38	24 42	27 54	23 42	2 51	3 26
7	16 59 17	15 39 43	4♑ 54 50	12♑ 5 49	12 3	10 49D	23 15	26 46	24 21	24 56	28 0	23 41	2 53	3 27
8	17 3 13	16 37 5	19 18 20	26 31 46	12 0	10 49	23 54	28 0	25 4	25 10	28 7	23 41	2 54	3 29
9	17 7 10	17 34 26	3♒ 45 33	10♒ 59 6	11 57	10 50	24 38	29 13	25 47	25 23	28 13	23 40	2 56	3 30
10	17 11 6	18 31 47	18 11 56	25 23 34	11 54	10 51	25 25	0♋ 27	26 31	25 37	28 20	23 40	2 58	3 32
11	17 15 3	19 29 8	2♓ 33 37	9♓ 41 45	11 50	10 52	26 16	1 40	27 14	25 51	28 26	23 39	3 0	3 33
12	17 18 59	20 26 27	16 47 38	23 51 4	11 47	10 53R	27 10	2 54	27 57	26 4	28 33	23 39	3 1	3 34
13	17 22 56	21 23 47	0♈ 51 48	7♈ 49 41	11 44	10 53	28 9	4 7	28 40	26 18	28 39	23 38	3 3	3 36
14	17 26 52	22 21 6	14 44 34	21 36 20	11 41	10 51	29 11	5 21	29 23	26 31	28 46	23 37	3 5	3 37
15	17 30 49	23 18 25	28 24 52	5♉ 10 4	11 38	10 50	0♊ 16	6 35	0♊ 5	26 45	28 53	23 36	3 7	3 39
16	17 34 46	24 15 43	11♉ 51 53	18 30 14	11 35	10 47	1 25	7 48	0 48	26 58	29 0	23 36	3 8	3 40
17	17 38 42	25 13 1	25 5 5	1♊ 36 23	11 31	10 45	2 37	9 2	1 31	27 11	29 7	23 35	3 10	3 42
18	17 42 39	26 10 19	8♊ 4 8	14 28 21	11 28	10 43	3 53	10 15	2 14	27 25	29 14	23 34	3 12	3 43
19	17 46 35	27 7 36	20 49 4	27 6 21	11 25	10 42	5 12	11 29	2 56	27 38	29 21	23 33	3 14	3 45
20	17 50 32	28 4 53	3♋ 20 18	9♋ 31 4	11 22	10 42D	6 35	12 42	3 39	27 51	29 27	23 32	3 16	3 46
21	17 54 28	29 2 10	15 38 49	21 43 46	11 19	10 42	8 0	13 56	4 21	28 4	29 35	23 31	3 18	3 48
22	17 58 25	29 59 25	27 46 12	3♌ 46 24	11 15	10 42	9 29	15 9	5 4	28 17	29 42	23 30	3 20	3 49
23	18 2 21	0♋ 56 41	9♌ 44 43	15 41 31	11 12	10 43	11 2	16 23	5 46	28 30	29 49	23 29	3 21	3 51
24	18 6 18	1 53 55	21 37 14	27 32 19	11 9	10 44	12 37	17 36	6 29	28 43	29 56	23 27	3 23	3 52
25	18 10 15	2 51 10	3♍ 27 16	9♍ 22 34	11 6	10 45	14 15	18 49	7 11	28 56	0♌ 3	23 26	3 25	3 53
26	18 14 11	3 48 23	15 18 47	21 16 27	11 3	10 46	15 57	20 3	7 53	29 9	0 10	23 25	3 27	3 55
27	18 18 8	4 45 36	27 16 9	3♎ 18 28	11 0	10 46R	17 41	21 16	8 35	29 22	0 17	23 24	3 29	3 56
28	18 22 4	5 42 49	9♎ 23 56	15 33 8	10 56	10 46	19 29	22 30	9 17	29 35	0 25	23 22	3 31	3 58
29	18 26 1	6 40 1	21 46 36	28 4 49	10 53	10 45	21 19	23 43	9 59	29 47	0 32	23 21	3 33	3 59
30	18 29 57	7♋ 37 13	4♏ 28 14	10♏ 57 14	10♑ 50	10♑ 45	23♊ 12	24♋ 56	10♊ 41	0♊ 0	0♌ 39	23♒ 20	3♌ 35	4♋ 1

DECLINATION and LATITUDE

DAY	☉ DECL	☽ DECL	☽ LAT	☽ 12hr DECL	☿ DECL	☿ LAT	♀ DECL	♀ LAT	♂ DECL	♂ LAT	♃ DECL	♃ LAT	♄ DECL	♄ LAT
1	21N57	10S13	5S12	12S36	14N17	3S49	23N27	0N25	17N31	0S15	17N52	0S50	21N 3	0N22
2	22 5	14 53	5 1	17 2	14 17	3 52	23 34	0 27	17 43	0 14	17 55	0 50	21 2	0 22
3	22 13	19 0	4 35	20 46	14 20	3 55	23 42	0 30	17 55	0 14	17 59	0 50	21 1	0 22
4	22 21	22 16	3 53	23 28	14 24	3 56	23 48	0 32	18 7	0 13	18 2	0 50	20 60	0 22
5	22 28	24 20	2 57	24 49	14 31	3 56	23 54	0 34	18 18	0 12	18 6	0 50	20 59	0 22
6	22 34	24 55	1 48	24 37	14 39	3 55	23 59	0 37	18 30	0 12	18 9	0 50	20 57	0 22
7	22 41	23 54	0 32	22 47	14 49	3 54	24 4	0 39	18 41	0 11	18 12	0 50	20 56	0 22
8	22 47	21 17	0N47	19 28	15 1	3 51	24 7	0 41	18 52	0 10	18 16	0 50	20 55	0 23
9	22 52	17 20	2 3	14 56	15 15	3 48	24 10	0 43	19 3	0 10	18 19	0 50	20 54	0 23
10	22 57	12 21	3 12	9 35	15 30	3 44	24 12	0 46	19 14	0 9	18 22	0 50	20 53	0 23
11	23 2	6 43	4 8	3 46	15 47	3 39	24 14	0 48	19 25	0 8	18 25	0 50	20 51	0 23
12	23 6	0 48	4 48	2N10	16 5	3 33	24 15	0 50	19 35	0 8	18 29	0 50	20 50	0 23
13	23 10	5N 5	5 11	7 56	16 24	3 27	24 15	0 52	19 45	0 7	18 32	0 50	20 49	0 23
14	23 14	10 39	5 15	13 13	16 44	3 20	24 14	0 54	19 55	0 6	18 35	0 50	20 47	0 23
15	23 17	15 36	5 1	17 46	17 5	3 12	24 13	0 56	20 5	0 6	18 38	0 50	20 46	0 23
16	23 20	19 41	4 30	21 20	17 27	3 4	24 11	0 58	20 15	0 5	18 41	0 50	20 45	0 23
17	23 22	22 42	3 46	23 45	17 50	2 55	24 8	0 60	20 24	0 4	18 44	0 50	20 43	0 23
18	23 24	24 28	2 51	24 52	18 13	2 46	24 5	1 2	20 33	0 4	18 47	0 50	20 42	0 23
19	23 25	24 55	1 48	24 40	18 37	2 36	24 1	1 4	20 42	0 3	18 50	0 50	20 41	0 23
20	23 26	24 5	0 41	23 13	19 1	2 26	23 56	1 5	20 51	0 2	18 53	0 50	20 39	0 23
21	23 27	22 5	0S27	20 42	19 25	2 16	23 50	1 7	20 60	0 2	18 56	0 50	20 38	0 23
22	23 27	19 6	1 33	17 18	19 49	2 5	23 44	1 9	21 8	0 1	18 59	0 50	20 36	0 23
23	23 27	15 20	2 34	13 14	20 14	1 54	23 37	1 11	21 16	0 0	19 2	0 50	20 35	0 24
24	23 26	11 1	3 28	8 42	20 38	1 42	23 29	1 12	21 24	0N 0	19 5	0 50	20 33	0 24
25	23 25	6 19	4 13	3 52	21 1	1 31	23 21	1 14	21 32	0 1	19 8	0 50	20 32	0 24
26	23 24	1 23	4 47	1S 7	21 24	1 19	23 12	1 15	21 40	0 2	19 10	0 50	20 31	0 24
27	23 22	3S38	5 9	6 8	21 46	1 7	23 2	1 17	21 47	0 2	19 13	0 50	20 29	0 24
28	23 20	8 35	5 17	10 59	22 7	0 55	22 52	1 18	21 54	0 3	19 16	0 50	20 28	0 24
29	23 17	13 18	5 11	15 30	22 27	0 43	22 41	1 20	22 1	0 4	19 18	0 50	20 26	0 24
30	23N14	17S34	4S51	19S28	22N45	0S31	22N29	1N21	22N 8	0N 5	19N21	0S50	20N25	0N24

DAY	♅ DECL	♅ LAT	♆ DECL	♆ LAT	♇ DECL	♇ LAT
1	14S18	0S43	19N22	0S12	18N50	4S34
5	14 19	0 44	19 21	0 12	18 51	4 34
9	14 19	0 44	19 19	0 12	18 51	4 34
13	14 20	0 44	19 18	0 12	18 51	4 33
17	14 22	0 44	19 16	0 12	18 51	4 33
21	14 23	0 44	19 14	0 12	18 51	4 33
25	14 25	0 44	19 13	0 12	18 51	4 32
29	14S26	0S44	19N11	0S12	18N51	4S32

☽ PHENOMENA

d	h	m	
5	13	7	○
12	6	39	☾
19	13	2	●
27	16	8	☽

d	h	° '
5	21	24S56
12	3	0
18	20	24N56
26	7	0

d	h	
7	10	0
13	17	5N15
20	14	0
28	3	5S17

VOID OF COURSE ☽

LAST ASPT		☽ INGRESS		
2	1am55	2	♏	6am34
4	8am29	4	♐	12pm28
6	9am 1	6	♑	3pm45
8	2pm44	8	♒	5pm46
10	2pm36	10	♓	7pm42
12	8pm11	12	♈	10pm31
15	0am50	15	♉	2am49
17	7am28	17	♊	9am 2
19	1pm 2	19	♋	5pm34
22	3am53	22	♌	4am27
24	2pm40	24	♍	5pm 0
27	4am15	27	♎	5am26
29	4am 7	29	♏	3pm37

d	h	
8	20	PERIGEE
24	15	APOGEE

DAILY ASPECTARIAN

1	☽△♀	11am54
F	☽⚻♂	12pm37
	☽⚻☿	1 39
	♃□♅	4 55
	☽△♅	6 52
	☽⚻♃	6 54
	☽#☿	8 45
	☽∥♅	8 52
	☉⚼☽	10 50
2	☽□♄	1am55
S	♀⚺♂	4 51
	☿⚺♀	10 24
	☽□♆	11 40
	☽△♇	12pm45
	☿#♅	1 23
	☽#♂	4 50
	☿☌♂	5 3
	☽#♃	5 30
	☽⚼♀	6 41
	☽#♇	10 57
3	☽#♆	2am15
Su	☉⚻☽	4 32
	♂∥♃	10 52
	☽#♄	1pm49
	☽⚼♇	3 57
	☉∠♄	9 1
	☽☍☿	9 49
	☽☍♂	10 39
4	☽⚻♀	0am21
M	☉#☽	0 45
	☽□♅	1 24
	☽☍♃	2 24
	☽△♄	8 29
	♀△♅	12pm 2
	☽#♀	5 7
	☽△♆	5 22
	☽⚻♇	6 23
5	♀⚺♃	3am51
T	☽⚼♄	10 39
	☉☍☽	1pm 7
	☽⚼♆	7 13
6	♂□♅	2am 8
W	☽⚻☿	3 32
	☽*♅	5 7
	☽⚻♂	5 17
	☽⚻♃	6 57
	☽☍♀	9 1
	☽⚻♄	12pm18
	☽⚻♆	8 35
	☽☍♇	9 33
	☽#♀	9 53
7	☽⚼☿	5am51
Th	☽∠♅	6 18
	☽⚼♂	7 49
	☽⚼♃	8 32
	☉#☽	12pm26
	☿□♅	3 59
	☉⚻☽	7 13
	♂∥♇	8 14
8	♀⚺♄	2am28
F	☽#♄	2 39
	♂☌♃	4 23
	☽⚺♅	7 16
	☽△☿	8 2
	☽△♃	9 53
	☽△♂	10 5
	☽#♆	12pm49
	☽☍♄	2 44
	☽#♂	2 47
	☽#♇	3 37
	☽⚻♀	3 46
	☽#♃	6 42
	☉⚼☽	9 54
	☽☍♆	10 38
	☽⚻♇	11 34
9	☉∠♆	9am21
S	☽#☿	10 0
	☽∥♅	2pm55
	♀ ♋	3 16
	☽⚼♀	7 0
10	☽⚼♇	0am33
Su	☉△☽	0 35
	☿☌♃	8 11
	☽☌♅	9 6
	♂∥♆	9 55
	☽□♃	12pm34
	☽□☿	12 46
	☽□♂	2 36
	☽⚻♄	5 2
	☽△♀	10 22
11	☽⚻♆	0am44
M	☽△♇	1 40
	☽⚼♄	6pm28
12	☽⚼♆	2am 5
T	♀⚺♆	2 27
	☉□☽	6 39
	☽⚺♅	11 38
	♀☌♇	1pm31
	☽*♃	4 3
	☽*☿	6 59
	☽*♂	8 1
	☽△♄	8 11
	♂*♄	11 52
13	☽△♆	3am46
W	☽□♇	4 43
	☽□♀	6 9
	☽∠♅	1pm23
	☿*♄	1 36
	☽∠♃	6 18
	☽∠☿	10 56
	☽∠♂	11 20
14	☿☌♂	1pm14
Th	☉*☽	2 19
	☽*♅	3 31
	☽#♅	5 37
	☿ ♊	6 15
	♂ ♊	8 58
	☽⚺♃	9 0
15	☽□♄	0am50
F	☽⚺♂	3 8
	☽⚺☿	3 35
	☉△♅	7 25
	☽□♆	8 21
	☽∥☿	8 53
	☽*♇	9 18
	☽*♀	3pm58
	☽∥♃	5 29
	☽∥♇	6 36
	☉∠☽	6 58
	☽∥♆	9 18
16	☽∥♂	4am 2
S	☽∥♄	7 24
	☽∠♇	12pm20
	♀⚼♅	3 20
	☽□♅	9 15
	☽∠♀	9 52
17	☉⚺☽	0am16
Su	☽☌♃	3 56
	☉∥☽	7 18
	☽*♄	7 28
	☿*♆	10 46
	☽☌♂	12pm31
	☽*♆	2 56
	☽☌☿	3 22
	☽⚺♇	3 54
	☽∥♀	5 9
	☿⚺♇	8 50
18	☽⚺♀	4am31
M	☽∠♄	11 39
	☽∠♆	7pm 5
	♂∥♄	7 50
19	☽△♅	5am11
T	♃∥♇	7 50
	♂*♆	10 22
	☉☌☽	1pm 2
	☽⚺♃	1 14
	☿∥♇	2 18
	☿∥♃	3 12
	☽⚺♄	4 27
	☉⚺♃	4 29
	☽⚺♆	11 51
20	☽⚺♂	0am38
W	☽☌♇	0 50
	☽∥♀	2 37
	♀∠♃	3 35
	♂⚺♇	4 15
	☽⚺☿	7 5
	☉∥☽	9 14
	☽⚼♅	10 4
	☿∥♆	1pm28
	☽∠♃	6 51
	☽☌♀	8 15
21	☽∠♂	7am46
Th	☽∥♂	9 6
	☽∥♄	12pm37
	☉⚺♄	3 29
	☽⚻♅	3 31
	☽∠☿	4 33
	☽∥☿	7 18
	☽∥♆	11 1
22	☉ ♋	0am14
F	☽∥♃	0 46
	☽*♃	1 3
	☽∥♇	1 41
	☽☌♄	3 53
	☉⚺☽	4 49
	☽☌♆	11 8
	☽⚺♇	12pm 7
	☽*♂	3 30
23	☽*☿	2am58
S	☽#♅	5 28
	☉∠☽	1pm36
	☽⚺♀	2 55
	☽∠♇	6 25
	☿∥♄	8 5
24	☽☍♅	3am43
Su	☉∥♀	9 51
	♄ ♌	1pm54
	☽□♃	2 40
	☽⚺♄	5 2
	☉*☽	10 40
	☽⚺♆	11 56
25	☽∠♀	0am50
M	☽*♇	0 53
	☽□♂	8 2
	☿∠♄	12pm15
	☉⚺♆	2 52
	☽∠♄	11 43
26	☽□☿	1am30
T	☉☌♇	2 49
	☽∠♆	6 21
	☽*♀	10 37
	♃∥♆	1pm39
	☽⚻♅	4 16
27	☿∥♂	1am55
W	☽△♃	4 15
	☽*♄	6 5
	☿∠♆	11 1
	☽*♆	12pm24
	☽□♇	1 17
	☉□☽	4 8
	☽⚼♅	9 59
	☽△♂	11 46
28	☽⚼♃	10am17
Th	♀⚻♅	4pm54
	☽△☿	10 58
29	☽△♅	3am 0
F	☽□♀	4 7
	☽∥♅	6 8
	☽⚼♂	6 30
	☿∥♀	10 43
	☽⚻♃	3pm29
	☽□♄	4 47
	☽□♆	10 21
	☽△♇	11 9
	♃ ♊	11 52
30	☿△♅	1am29
S	☉△☽	6 19
	☽#♇	8 0
	☽⚼☿	8 8
	☽#♆	10 3
	☽#♃	11 25
	☽⚻♂	12pm10
	☉⚼♅	5 20
	☽#♄	6 27

JULY 1917

LONGITUDE

DAY	SID. TIME	☉	☽	☽ 12 Hour	MEAN ☊	TRUE ☊	☿	♀	♂	♃	♄	♅	♆	♇
	h m s	° ' "	° ' "	° ' "	° '	° '	° '	° '	° '	° '	° '	° '	° '	° '
1	18 33 54	8♋ 34 24	17♏ 32 8	24♏ 13 7	10♑ 47	10♑ 45R	25♊ 8	26♋ 10	11♊ 23	0♊ 13	0♌ 47	23♒ 18R	3♌ 37	4♋ 2
2	18 37 50	9 31 35	1♐ 0 19	7♐ 53 41	10 44	10 44D	27 6	27 23	12 5	0 25	0 54	23 17	3 40	4 4
3	18 41 47	10 28 46	14 53 5	21 58 13	10 41	10 44	29 7	28 36	12 47	0 38	1 2	23 15	3 42	4 5
4	18 45 44	11 25 57	29 8 38	6♑ 23 47	10 37	10 45	1♋ 9	29 50	13 29	0 50	1 9	23 14	3 44	4 7
5	18 49 40	12 23 8	13♑ 42 58	21 5 22	10 34	10 45R	3 14	1♌ 3	14 10	1 2	1 16	23 12	3 46	4 8
6	18 53 37	13 20 18	28 30 7	5♒ 56 14	10 31	10 45	5 20	2 16	14 52	1 15	1 24	23 10	3 48	4 10
7	18 57 33	14 17 29	13♒ 22 48	20 48 50	10 28	10 44	7 27	3 30	15 34	1 27	1 31	23 9	3 50	4 11
8	19 1 30	15 14 41	28 13 25	5♓ 35 44	10 25	10 44	9 36	4 43	16 15	1 39	1 39	23 7	3 52	4 13
9	19 5 26	16 11 52	12♓ 55 2	20 10 41	10 21	10 44	11 45	5 56	16 57	1 51	1 47	23 5	3 54	4 14
10	19 9 23	17 9 3	27 22 10	4♈ 29 7	10 18	10 43	13 54	7 9	17 38	2 3	1 54	23 3	3 56	4 15
11	19 13 19	18 6 16	11♈ 31 16	18 28 27	10 15	10 43D	16 4	8 23	18 19	2 15	2 2	23 2	3 59	4 17
12	19 17 16	19 3 29	25 20 39	2♉ 7 52	10 12	10 42	18 13	9 36	19 1	2 26	2 9	23 0	4 1	4 18
13	19 21 13	20 0 42	8♉ 50 15	15 27 56	10 9	10 43	20 22	10 49	19 42	2 38	2 17	22 58	4 3	4 20
14	19 25 9	20 57 56	22 1 8	28 30 5	10 6	10 43	22 31	12 2	20 23	2 50	2 25	22 56	4 5	4 21
15	19 29 6	21 55 10	4♊ 55 1	11♊ 16 14	10 2	10 44	24 38	13 16	21 4	3 1	2 32	22 54	4 7	4 23
16	19 33 2	22 52 25	17 33 58	23 48 28	9 59	10 45	26 45	14 29	21 45	3 13	2 40	22 52	4 9	4 24
17	19 36 59	23 49 41	0♋ 0 0	6♋ 8 49	9 56	10 46	28 50	15 42	22 26	3 24	2 48	22 50	4 12	4 25
18	19 40 55	24 46 57	12 15 8	18 19 12	9 53	10 47R	0♌ 54	16 55	23 7	3 35	2 55	22 48	4 14	4 27
19	19 44 52	25 44 14	24 21 14	0♌ 21 27	9 50	10 46	2 57	18 8	23 48	3 47	3 3	22 46	4 16	4 28
20	19 48 49	26 41 31	6♌ 20 7	12 17 27	9 47	10 45	4 58	19 21	24 29	3 58	3 11	22 44	4 18	4 30
21	19 52 45	27 38 48	18 13 43	24 9 12	9 43	10 43	6 58	20 34	25 10	4 9	3 18	22 42	4 20	4 31
22	19 56 42	28 36 6	0♍ 4 10	5♍ 58 57	9 40	10 40	8 56	21 48	25 50	4 20	3 26	22 40	4 23	4 32
23	20 0 38	29 33 25	11 53 55	17 49 24	9 37	10 37	10 52	23 1	26 31	4 30	3 34	22 38	4 25	4 34
24	20 4 35	0♌ 30 44	23 45 50	29 43 37	9 34	10 34	12 46	24 14	27 12	4 41	3 42	22 36	4 27	4 35
25	20 8 31	1 28 3	5♎ 43 15	11♎ 45 11	9 31	10 32	14 39	25 27	27 52	4 52	3 49	22 34	4 29	4 36
26	20 12 28	2 25 22	17 49 57	23 58 3	9 27	10 30	16 30	26 40	28 33	5 2	3 57	22 31	4 32	4 38
27	20 16 24	3 22 42	0♏ 10 1	6♏ 26 22	9 24	10 29D	18 20	27 53	29 13	5 13	4 5	22 29	4 34	4 39
28	20 20 21	4 20 3	12 47 39	19 14 19	9 21	10 29	20 7	29 6	29 53	5 23	4 13	22 27	4 36	4 40
29	20 24 18	5 17 24	25 46 49	2♐ 25 33	9 18	10 30	21 53	0♍ 19	0♋ 34	5 33	4 20	22 25	4 38	4 42
30	20 28 14	6 14 46	9♐ 10 49	16 2 48	9 15	10 31	23 38	1 32	1 14	5 43	4 28	22 22	4 40	4 43
31	20 32 11	7♌ 12 8	23♐ 1 35	0♑ 7 6	9♑ 12	10♑ 33	25♌ 20	2♍ 44	1♋ 54	5♊ 53	4♌ 36	22♒ 20	4♌ 43	4♋ 44

DECLINATION and LATITUDE

DAY	☉	☽		☽ 12hr	☿		♀		♂		♃		♄	
	DECL	DECL	LAT	DECL	DECL	LAT	DECL	LAT	DECL	LAT	DECL	LAT	DECL	LAT
1	23N10	21S 8	4S14	22S33	23N 2	0S19	22N16	1N22	22N15	0N 5	19N24	0S50	20N23	0N24
2	23 6	23 41	3 23	24 28	23 17	0 8	22 3	1 24	22 21	0 6	19 26	0 50	20 21	0 24
3	23 2	24 53	2 19	24 55	23 31	0N 4	21 50	1 25	22 27	0 7	19 29	0 50	20 20	0 24
4	22 57	24 31	1 4	23 42	23 41	0 15	21 36	1 26	22 33	0 7	19 31	0 50	20 18	0 24
5	22 52	22 28	0N16	20 51	23 50	0 25	21 21	1 27	22 39	0 8	19 34	0 50	20 17	0 24
6	22 47	18 53	1 37	16 37	23 56	0 36	21 5	1 28	22 44	0 9	19 36	0 50	20 15	0 24
7	22 41	14 4	2 51	11 20	23 60	0 45	20 49	1 29	22 49	0 9	19 39	0 50	20 14	0 24
8	22 35	8 26	3 54	5 26	24 1	0 55	20 33	1 30	22 54	0 10	19 41	0 50	20 12	0 25
9	22 28	2 23	4 41	0N40	23 59	1 3	20 15	1 30	22 59	0 11	19 44	0 50	20 10	0 25
10	22 21	3N40	5 9	6 36	23 54	1 11	19 58	1 31	23 4	0 11	19 46	0 50	20 9	0 25
11	22 14	9 25	5 17	12 5	23 46	1 18	19 39	1 32	23 8	0 12	19 48	0 50	20 7	0 25
12	22 6	14 34	5 7	16 50	23 36	1 24	19 20	1 32	23 13	0 13	19 51	0 50	20 6	0 25
13	21 57	18 52	4 40	20 38	23 23	1 30	19 1	1 33	23 17	0 14	19 53	0 50	20 4	0 25
14	21 49	22 7	3 59	23 18	23 8	1 35	18 41	1 33	23 20	0 14	19 55	0 50	20 2	0 25
15	21 40	24 10	3 6	24 43	22 50	1 39	18 21	1 34	23 24	0 15	19 57	0 50	20 1	0 25
16	21 31	24 57	2 5	24 51	22 29	1 42	17 60	1 34	23 27	0 16	19 60	0 50	19 59	0 25
17	21 21	24 26	0 59	23 44	22 7	1 45	17 38	1 34	23 30	0 16	20 2	0 50	19 57	0 25
18	21 11	22 45	0S 8	21 31	21 42	1 47	17 16	1 34	23 33	0 17	20 4	0 50	19 56	0 25
19	21 0	20 2	1 14	18 21	21 16	1 48	16 54	1 34	23 36	0 18	20 6	0 50	19 54	0 25
20	20 50	16 29	2 17	14 28	20 47	1 49	16 31	1 34	23 39	0 18	20 8	0 50	19 52	0 25
21	20 38	12 19	3 12	10 4	20 17	1 48	16 8	1 34	23 41	0 19	20 10	0 50	19 50	0 26
22	20 27	7 43	3 60	5 18	19 46	1 47	15 44	1 34	23 43	0 20	20 12	0 50	19 49	0 26
23	20 15	2 51	4 36	0 21	19 13	1 46	15 20	1 34	23 45	0 21	20 14	0 50	19 47	0 26
24	20 3	2S 8	5 1	4S37	18 39	1 44	14 56	1 34	23 47	0 21	20 16	0 50	19 45	0 26
25	19 51	7 4	5 14	9 28	18 3	1 41	14 31	1 34	23 48	0 22	20 18	0 50	19 43	0 26
26	19 38	11 48	5 12	14 2	17 27	1 38	14 5	1 33	23 49	0 23	20 20	0 50	19 42	0 26
27	19 25	16 9	4 56	18 7	16 50	1 34	13 40	1 33	23 50	0 23	20 21	0 50	19 40	0 26
28	19 11	19 55	4 26	21 29	16 12	1 30	13 14	1 32	23 51	0 24	20 23	0 50	19 38	0 26
29	18 57	22 48	3 42	23 50	15 34	1 25	12 48	1 31	23 52	0 25	20 25	0 50	19 36	0 26
30	18 43	24 32	2 44	24 53	14 55	1 20	12 21	1 31	23 52	0 26	20 27	0 50	19 35	0 26
31	18N29	24S51	1S35	24S24	14N15	1N15	11N54	1N30	23N52	0N26	20N28	0S50	19N33	0N26

DAY	♅ DECL	♅ LAT	♆ DECL	♆ LAT	♇ DECL	♇ LAT
1	14S27	0S45	19N10	0S12	18N51	4S32
5	14 30	0 45	19 8	0 12	18 51	4 32
9	14 32	0 45	19 6	0 11	18 51	4 32
13	14 34	0 45	19 4	0 11	18 51	4 32
17	14 37	0 45	19 2	0 11	18 51	4 32
21	14 40	0 45	18 60	0 11	18 51	4 32
25	14 43	0 45	18 58	0 11	18 51	4 32
29	14S46	0S45	18N56	0S11	18N51	4S32

☽ PHENOMENA	VOID OF COURSE ☽ LAST ASPT	☽ INGRESS
d h m	1 4pm59	1 ♐ 10pm14
4 21 40 ○	3 2pm 8	4 ♑ 1am25
11 12 12 ☾	4 9pm40	6 ♒ 2am25
19 3 0 ●	7 3pm44	8 ♓ 2am53
27 6 40 ☽	9 6am58	10 ♈ 4am25
	11 7pm54	12 ♉ 8am13
	14 1am41	14 ♊ 2pm48
d h ° '	16 10am10	16 ♋ 12pm 0
3 7 24S57	19 3am 0	19 ♌ 11am17
9 9 0	21 2pm54	21 ♍ 11pm52
16 2 24N57	24 7am19	24 ♎ 12pm33
23 14 0	26 10pm 4	26 ♏ 11pm41
30 17 24S55	28 5pm52	29 ♐ 7am38
	31 4am28	31 ♑ 11am48
4 19 0	d h	
10 23 5N17	6 16 PERIGEE	
17 21 0	22 5 APOGEE	
25 10 5S15		

DAILY ASPECTARIAN

1	♀∥♂	2am23
Su	☽⚼♇	2 43
	☽#♀	8 44
	☽#♂	9 31
	☉∥☿	9 55
	♀∠♂	10 15
	☽□♅	10 21
	☉⚼☽	11 40
	☽⚻☿	3pm57
	☽△♀	4 59
	☉#☽	5 39
	☽#☿	6 52
	☽☍♃	10 57
	☽△♄	11 49
2	☽△♆	4am39
M	☽⚻♇	5 21
	☿⚺♀	8 41
	☉⚻☽	3pm54
	☽☍♂	8 13
	☽⚼♀	9 37
3	☽⚼♄	1am58
T	☽⚼♆	6 29
	☿ ♋	10 27
	☽⚹♅	2pm 8
	☿⚺♃	7 47
	☿⚺♄	11 54
4	☽⚻♀	1am15
W	☽⚻♃	2 51
	♀ ♌	3 20
	☽⚻♄	3 22
	☽☍☿	3 54
	☽⚻♆	7 37
	☽☍♇	8 15
	☽#☿	11 9
	☽∠♅	2pm59
	☉#☽	8 19
	☉☍☽	9 40
	☽#♂	10 33
	♀⚹♃	11 40
5	☽⚻♂	0am47
Th	☽⚼♃	3 50
	♀☌♄	4 53
	☿⚺♆	6 12
	☽#♀	9 18
	☿☌♇	10 30
	☽⚺♅	3pm24
	☽#♄	3 49
	☽#♃	7 52
	☽#♆	10 39
6	☽#♇	0am11
F	☽⚼♂	2 19
	☽△♃	4 29
	☽☍♄	4 43
	☉∥♂	6 2
	☽☍♀	6 38
	☽☍♆	8 34
	☽⚻♇	9 9
	☽⚻☿	12pm51
	☽∥♅	10 0
7	☉⚻☽	1am34
S	☽△♂	3 41
	♀☌♆	6 51
	☿⚼♅	7 40
	☽⚼♇	9 23
	♀⚺♇	1pm50
	☽☌♅	3 44
	☽⚼☿	5 7
8	♃⚹♄	1am19
Su	☉⚼☽	3 31
	☽⚻♄	5 37
	☽□♃	5 38
	☽⚻♆	9 12
	☽△♇	9 45
	☽⚻♀	11 31
	♂∠♄	4pm57
	☽△☿	9 44
9	☉△☽	5am47
M	☽⚼♄	6 25
	☽□♂	6 58
	♀∥♄	7 20
	☽⚼♆	9 55
	☽⚼♀	2pm29
	☽⚺♅	4 48
	☉∠♃	8 38
10	☽△♄	7am42
T	☽⚹♃	7 59
	☽△♆	11 6
	☽⊐♇	11 38
	♀∥♃	1pm21
	☽∠♅	6 2
	☽△♀	6 7
11	☽□☿	9am16
W	☽∠♃	10 0
	☉□☽	12pm12
	☽⚹♂	12 21
	☿∠♃	2 26
	☉⚺♂	7 35
	☽⚹♅	7 54
	☽#♅	12 0
12	♂∠♆	0am 6
Th	☽□♄	12pm10
	☽⚺♃	12 44
	☿⚺♂	12 54
	☽□♆	3 24
	☽⚹♇	3 54
	☽∠♂	4 10
	☉☌☿	4 45
	♀∥♆	8 4
	☽∥♇	11 55
13	☽∥♀	0am53
F	☽∥♆	1 17
	☽□♀	3 56
	☽∥♃	6 46
	☽∥♄	7 53
	☿∥♂	8 46
	♀∥♇	11 51
	☽∠♇	7pm 6
	☽⚺♂	8 50
	☉∥☽	9 29
	☉⚹☽	9 55
14	☽⚹☿	1am 5
S	☽□♅	1 41
	☿⚻♅	4 40
	☽∥☿	8 54
	☽∥♂	12pm50
	☽⚹♄	7 29
	☽☌♃	8 23
	☽⚹♆	10 30
	☽⚺♇	10 59
15	☉∠☽	4am 4
Su	☽∠☿	10 42
	☽⚹♀	5pm28
	♃∥♄	7 44
	☉⚻♅	11 55
16	☽∠♄	0am12
M	☽∠♆	3 3
	☽☌♂	8 30
	☽△♅	10 10
	☉⚺☽	11 3
	☽⚺☿	9pm17
17	☽∠♀	1am30
T	☽⚺♄	5 30
	☽⚺♃	6 44
	☽⚺♆	8 12
	☽☌♇	8 39
	☿ ♌	1pm26
	♂△♅	1 27
	☽∥♂	2 40
	☽⚼♅	3 16
18	☽⚺♀	10am15
W	☽∥☿	12pm14
	☽∠♃	12 44
	☉∥☽	3 48
	☽⚻♅	8 51
	☽⚺♂	10 50
	☽∥♃	11 32
19	☽∥♄	1am 3
Th	☿☌♄	1 15
	☉☌☽	3 0
	☽∥♆	7 27
	☽∥♇	8 36
	☿⚹♃	10 46
	☿☌♆	3pm54
	☽☌♄	5 35
	☿⚺♇	6 14
	☽⚹♃	7 9
	☽☌♆	7 54
	☽⚺♇	8 17
	☽☌☿	8 42
	☉∥☿	8 52
	☽∥♀	11 49
20	♀∠♇	2am46
F	☽∠♂	6 43
	☽#♅	10 56
21	☽∠♇	2am37
S	☿∥♃	5 16
	☽☌♀	5 17
	☽☍♅	9 2
	☽⚹♂	2pm54
	☉⚺☽	8 46
	☿∥♄	9 37
22	☽⚺♄	6am55
Su	♃⚹♆	8 25
	☽⚺♆	8 46
	☽□♃	8 46
	☽⚹♇	9 5
	♀☍♅	4pm45
	☽⚺☿	9 30
23	☉∥♃	2am14
M	☉∠☽	5 52
	♃⚺♇	8 16
	☿∥♆	9 57
	☉ ♌	11 8
	☿∠♂	12pm37
	☽∠♄	1 39
	☽∠♆	3 16
	☿∥♇	3 30
	☽⚻♅	9 39
24	☽⚺♀	1am 2
T	☽□♂	7 19
	☽∠☿	9 36
	♀#♅	12pm52
	☉⚹☽	2 45
	☽⚹♄	8 10
	☽⚹♆	9 32
	☽□♇	9 46
	☽△♃	10 16
25	☽⚼♅	3am39
W	☽∠♀	10 27
	☉∥♄	3pm19
	☽⚹☿	8 56
26	☽⚼♃	4am23
Th	☽△♅	9 9
	☽#♀	11 11
	☽∥♅	3pm50
	☽⚹♀	7 6
	☽△♂	10 4
27	☽#☿	3am29
F	☉□☽	6 40
	☽□♄	7 35
	☽□♆	8 27
	☽△♇	8 36
	☽⚻♃	9 48
	☽#♇	4pm41
	☽#♆	5 20
	☿∠♇	5 50
	☉#☽	7 16
	☉☌♄	8 26
	☽#♄	10 6
28	☽#♃	3am29
S	♂ ♋	4 1
	☽⚼♂	4 8
	☉☌♆	6 56
	☉⚺♇	8 41
	☽⚼♇	12pm49
	☽□☿	3 47
	☽□♅	5 52
	♀ ♍	5 52
29	☉∥♆	2am37
Su	☿☍♅	6 59
	☉⚹♃	8 4
	☽□♀	9 1
	☽⚻♂	9 6
	♀⚹♂	10 56
	☉∥♇	11 29
	☽#♂	12pm30
	☽△♄	3 34
	☽△♆	4 0
	☽⚻♇	4 5
	☽☍♃	5 48
	☉△☽	6 25
30	☿#♅	4am54
M	☽⚼♄	6pm 5
	☽⚼♆	6 19
	☉⚼☽	10 29
	☽⚹♅	10 49
31	☽△☿	4am28
T	☽☍♂	3pm43
	☽△♀	5 54
	☽⚻♄	7 40
	☽⚻♆	7 44
	☽☍♇	7 45
	☽#♂	8 0
	☽⚻♃	9 53
	☽∠♅	11 58

AUGUST 1917

LONGITUDE

DAY	SID. TIME	☉	☽	☽ 12 Hour	MEAN ☊	TRUE ☊	☿	♀	♂	♃	♄	♅	♆	♇
	h m s	° ' "	° ' "	° ' "	° '	° '	° '	° '	° '	° '	° '	° '	° '	° '
1	20 36 7	8♌ 9 31	7♑ 19 5	14♑ 37 9	9♑ 8	10♑ 34R	27♌ 1	3♍ 57	2♋ 34	6♊ 3	4♌ 44	22♒ 18R	4♌ 45	4♋ 45
2	20 40 4	9 6 54	22 0 40	29 28 51	9 5	10 33	28 41	5 10	3 14	6 13	4 51	22 16	4 47	4 47
3	20 44 0	10 4 19	7♒ 0 45	14♒ 35 16	9 2	10 32	0♍ 18	6 23	3 54	6 23	4 59	22 13	4 49	4 48
4	20 47 57	11 1 44	22 11 11	29 47 14	8 59	10 29	1 54	7 36	4 34	6 32	5 7	22 11	4 52	4 49
5	20 51 53	11 59 10	7♓ 22 11	14♓ 54 46	8 56	10 25	3 28	8 49	5 14	6 42	5 15	22 9	4 54	4 50
6	20 55 50	12 56 38	22 23 54	29 48 35	8 53	10 21	5 1	10 1	5 54	6 51	5 22	22 6	4 56	4 52
7	20 59 47	13 54 6	7♈ 8 0	14♈ 21 31	8 49	10 16	6 32	11 14	6 33	7 0	5 30	22 4	4 58	4 53
8	21 3 43	14 51 36	21 28 44	28 29 23	8 46	10 13	8 1	12 27	7 13	7 9	5 38	22 2	5 0	4 54
9	21 7 40	15 49 7	5♉ 23 23	12♉ 10 49	8 43	10 11D	9 28	13 40	7 53	7 18	5 45	21 59	5 3	4 55
10	21 11 36	16 46 40	18 51 53	25 26 55	8 40	10 11	10 54	14 52	8 32	7 27	5 53	21 57	5 5	4 56
11	21 15 33	17 44 14	1♊ 56 16	8♊ 20 23	8 37	10 12	12 18	16 5	9 12	7 36	6 1	21 54	5 7	4 57
12	21 19 29	18 41 49	14 39 44	20 54 48	8 33	10 13	13 41	17 18	9 51	7 44	6 8	21 52	5 9	4 59
13	21 23 26	19 39 27	27 6 5	3♋ 14 2	8 30	10 15	15 1	18 30	10 31	7 53	6 16	21 50	5 11	5 0
14	21 27 22	20 37 5	9♋ 19 7	15 21 45	8 27	10 15R	16 20	19 43	11 10	8 1	6 24	21 47	5 13	5 1
15	21 31 19	21 34 45	21 22 21	27 21 16	8 24	10 15	17 37	20 55	11 49	8 9	6 31	21 45	5 16	5 2
16	21 35 16	22 32 26	3♌ 18 51	9♌ 15 24	8 21	10 12	18 52	22 8	12 29	8 17	6 39	21 42	5 18	5 3
17	21 39 12	23 30 9	15 11 12	21 6 29	8 18	10 8	20 4	23 21	13 8	8 25	6 46	21 40	5 20	5 4
18	21 43 9	24 27 52	27 1 30	2♍ 56 28	8 14	10 1	21 15	24 33	13 47	8 33	6 54	21 38	5 22	5 5
19	21 47 5	25 25 37	8♍ 51 36	14 47 8	8 11	9 53	22 24	25 46	14 26	8 41	7 1	21 35	5 24	5 6
20	21 51 2	26 23 24	20 43 17	26 40 17	8 8	9 44	23 30	26 58	15 5	8 48	7 9	21 33	5 26	5 7
21	21 54 58	27 21 12	2♎ 38 23	8♎ 37 54	8 5	9 35	24 34	28 10	15 44	8 56	7 16	21 30	5 28	5 8
22	21 58 55	28 19 1	14 39 6	20 42 21	8 2	9 27	25 36	29 23	16 22	9 3	7 24	21 28	5 30	5 9
23	22 2 51	29 16 51	26 48 2	2♏ 56 32	7 58	9 21	26 35	0♎ 35	17 1	9 10	7 31	21 26	5 33	5 10
24	22 6 48	0♍ 14 42	9♏ 8 18	15 23 47	7 55	9 16	27 31	1 48	17 40	9 17	7 38	21 23	5 35	5 11
25	22 10 44	1 12 35	21 43 28	28 7 50	7 52	9 14D	28 25	3 0	18 19	9 23	7 46	21 21	5 37	5 12
26	22 14 41	2 10 29	4♐ 37 22	11♐ 12 32	7 49	9 14	29 15	4 12	18 57	9 30	7 53	21 19	5 39	5 13
27	22 18 38	3 8 25	17 53 44	24 41 20	7 46	9 15	0♎ 2	5 24	19 36	9 36	8 0	21 16	5 41	5 14
28	22 22 34	4 6 21	1♑ 35 36	8♑ 36 41	7 43	9 16R	0 46	6 37	20 14	9 43	8 8	21 14	5 43	5 14
29	22 26 31	5 4 19	15 44 34	22 59 6	7 39	9 16	1 26	7 49	20 53	9 49	8 15	21 12	5 45	5 15
30	22 30 27	6 2 19	0♒ 19 53	7♒ 46 22	7 36	9 14	2 2	9 1	21 31	9 55	8 22	21 9	5 47	5 16
31	22 34 24	7♍ 0 19	15♒ 17 45	22♒ 53 2	7♑ 33	9♑ 10	2♎ 34	10♎ 13	22♋ 9	10♊ 1	8♌ 29	21♒ 7	5♌ 49	5♋ 17

DECLINATION and LATITUDE

DAY	☉ DECL	☽ DECL	☽ LAT	☽ 12hr DECL	☿ DECL	☿ LAT	♀ DECL	♀ LAT	♂ DECL	♂ LAT	♃ DECL	♃ LAT	♄ DECL	♄ LAT
1	18N14	23S33	0S18	22S17	13N35	1N 9	11N27	1N29	23N52	0N27	20N30	0S50	19N31	0N27
2	17 59	20 37	1N 2	18 37	12 55	1 2	10 59	1 28	23 52	0 28	20 32	0 50	19 29	0 27
3	17 44	16 16	2 20	13 40	12 14	0 55	10 31	1 27	23 52	0 28	20 33	0 51	19 28	0 27
4	17 28	10 50	3 28	7 51	11 33	0 48	10 3	1 26	23 51	0 29	20 35	0 51	19 26	0 27
5	17 12	4 45	4 22	1 37	10 53	0 41	9 35	1 25	23 51	0 30	20 36	0 51	19 24	0 27
6	16 56	1N32	4 57	4N37	10 12	0 33	9 6	1 24	23 50	0 31	20 38	0 51	19 22	0 27
7	16 40	7 36	5 12	10 26	9 31	0 25	8 37	1 22	23 48	0 31	20 39	0 51	19 20	0 27
8	16 23	13 6	5 6	15 33	8 50	0 17	8 8	1 21	23 47	0 32	20 41	0 51	19 19	0 27
9	16 6	17 45	4 42	19 42	8 9	0 9	7 39	1 20	23 46	0 33	20 42	0 51	19 17	0 27
10	15 49	21 21	4 4	22 41	7 29	0 0	7 10	1 18	23 44	0 33	20 44	0 51	19 15	0 27
11	15 31	23 43	3 14	24 25	6 49	0S 9	6 40	1 16	23 42	0 34	20 45	0 51	19 13	0 27
12	15 14	24 48	2 15	24 51	6 9	0 18	6 10	1 15	23 40	0 35	20 46	0 51	19 11	0 28
13	14 56	24 36	1 11	24 3	5 29	0 27	5 40	1 13	23 37	0 36	20 48	0 51	19 10	0 28
14	14 38	23 12	0 5	22 6	4 50	0 36	5 10	1 11	23 35	0 36	20 49	0 51	19 8	0 28
15	14 19	20 46	1S 0	19 12	4 12	0 46	4 40	1 9	23 32	0 37	20 50	0 51	19 6	0 28
16	14 0	17 27	2 2	15 32	3 33	0 56	4 9	1 8	23 29	0 38	20 51	0 51	19 4	0 28
17	13 41	13 27	2 58	11 16	2 56	1 5	3 39	1 6	23 26	0 38	20 53	0 51	19 2	0 28
18	13 22	8 58	3 46	6 36	2 19	1 15	3 8	1 3	23 23	0 39	20 54	0 51	19 1	0 28
19	13 3	4 10	4 24	1 43	1 43	1 25	2 37	1 1	23 20	0 40	20 55	0 51	18 59	0 28
20	12 44	0S46	4 50	3S15	1 7	1 35	2 7	0 59	23 16	0 41	20 56	0 51	18 57	0 28
21	12 24	5 43	5 5	8 7	0 33	1 45	1 36	0 57	23 12	0 41	20 57	0 52	18 55	0 28
22	12 4	10 28	5 6	12 44	0S 1	1 55	1 5	0 55	23 8	0 42	20 58	0 52	18 53	0 28
23	11 44	14 53	4 53	16 54	0 33	2 5	0 34	0 52	23 4	0 43	20 59	0 52	18 52	0 29
24	11 23	18 45	4 27	20 25	1 5	2 15	0 3	0 50	23 0	0 43	20 60	0 52	18 50	0 29
25	11 3	21 51	3 47	23 2	1 35	2 25	0S28	0 47	22 56	0 44	21 1	0 52	18 48	0 29
26	10 42	23 56	2 55	24 31	2 4	2 35	0 59	0 45	22 51	0 45	21 2	0 52	18 46	0 29
27	10 21	24 46	1 52	24 38	2 32	2 45	1 30	0 42	22 46	0 46	21 3	0 52	18 44	0 29
28	10 0	24 7	0 41	23 14	2 58	2 54	2 1	0 39	22 41	0 46	21 4	0 52	18 43	0 29
29	9 39	21 57	0N35	20 18	3 23	3 4	2 32	0 37	22 36	0 47	21 4	0 52	18 41	0 29
30	9 18	18 17	1 50	15 58	3 45	3 13	3 3	0 34	22 31	0 48	21 5	0 52	18 39	0 29
31	8N57	13S23	3N 0	10S34	4S 6	3S21	3S34	0N31	22N26	0N49	21N 6	0S52	18N37	0N29

DAY	♅ DECL	♅ LAT	♆ DECL	♆ LAT	♇ DECL	♇ LAT
1	14S48	0S45	18N54	0S11	18N50	4S32
5	14 51	0 45	18 52	0 11	18 50	4 32
9	14 54	0 45	18 50	0 11	18 50	4 32
13	14 57	0 45	18 48	0 11	18 50	4 32
17	15 0	0 45	18 46	0 11	18 50	4 32
21	15 3	0 45	18 44	0 11	18 49	4 32
25	15 6	0 45	18 42	0 11	18 49	4 32
29	15S 9	0S45	18N40	0S11	18N49	4S32

☽ PHENOMENA	VOID OF COURSE ☽ LAST ASPT	☽ INGRESS
d h m	31 7pm45	2 ♒ 12pm50
3 5 11 ○	3 12pm 0	4 ♓ 12pm20
9 19 57 ☾	5 2am29	6 ♈ 12pm19
17 18 21 ●	8 0am56	8 ♉ 2pm37
25 19 8 ☽	10 5am35	10 ♊ 8pm24
	12 1pm48	13 ♋ 5am40
d h ° '	14 11pm 0	15 ♌ 5pm19
5 18 0	17 6pm21	18 ♍ 6am 2
12 8 24N52	20 2pm 1	20 ♎ 6pm42
19 20 0	23 5am16	23 ♏ 6am16
27 2 24S46	25 1pm24	25 ♐ 3pm28
	27 5am58	27 ♑ 9pm15
1 5 0	29 8am55	29 ♒ 11pm28
7 5 5N12	31 9am12	31 ♓ 11pm11
14 2 0	d h	
21 14 5S 7	3 22 PERIGEE	
28 13 0	18 12 APOGEE	

DAILY ASPECTARIAN

1 W	☉⊼☽	1am29
	♄☌♆	5 18
	♄⊻♇	6 50
	☽⚼☿	8 44
	♆⊻♇	2pm55
	♀✶♇	4 7
	♀⊻♆	4 8
	♀⊻♄	5 3
	☽⚼♀	8 46
	☽⚼♃	10 42
2 Th	☽⊻♅	0am24
	☽#♃	0 38
	☽#♄	7 2
	☽#♆	10 25
	☽#♇	10 42
	☽⊼☿	12pm 1
	☉#☽	4 15
	☽⊼♂	6 49
	☿ ♍	7 31
	☽⊼♇	8 29
	☽☍♆	8 31
	☽☍♄	8 45
	☽⊼♀	10 55
	☽△♃	10 59
	♀□♃	11 52
3 F	☉☍☽	5am11
	☽∥♅	6 47
	☽⚼♂	7pm41
	☽⚼♇	8 16
	☽#☿	8 37
	☽☌♅	12 0
4 S	☽#♀	3am28
	♂☌♇	9 28
	♂⊻♆	11 11
	☽☍☿	5pm 7
	☽△♇	7 59
	☽⊼♆	8 4
	☽△♂	8 27
	☽⊼♄	8 36
	☽□♃	10 55
5 Su	♂⊻♄	0am32
	☽☍♀	2 29
	☉⊼☽	7 50
	☽⚼♆	8pm 2
	☽⚼♄	8 43
	☿✶♇	9 35
	☿⊻♆	10 42
	☽⊻♅	11 32
6 M	☿⊻♄	6am 9
	☉⚼☽	9 35
	☽□♇	8pm17
	☽△♆	8 26
	☽△♄	9 17
	☽⊼☿	10 53
	☽□♂	11 0
	☽✶♃	11 47
	☽∠♅	11 53
7 T	☿✶♂	0am49
	☽∥♀	3 56
	☽∥☿	7 9
	☽⊼♀	7 25
	☿□♃	8 30
	☉△☽	12pm 2
	♂⚼♅	5 24
	♂⊻♃	9 2
8 W	☽✶♅	0am56
	☽∠♃	1 10
	☽⚼☿	2 55
	☽#♅	8 40
	☽⚼♀	11 11
	☉∥☽	3pm25
	☽✶♇	11 11
	☽□♆	11 23
9 Th	☽□♄	0am39
	♆∥♇	1 41
	☽⊻♃	3 24
	☽✶♂	4 36
	☽∥♇	6 27
	☽∥♆	6 27
	☽△☿	8 3
	☽∥♄	9 13
	☽△♀	4pm 6
	☽∥♃	7 13
	☉□☽	7 57
10 F	☽∠♇	1am57
	☽□♅	5 35
	☽∠♂	8 57
	☽∥♂	11pm44
11 S	☽⊻♇	5am39
	☽✶♆	5 57
	☽✶♄	7 42
	☽☌♃	10 43
	☽⊻♂	2pm22
	☿∥♀	8 52
	☽□☿	9 54
12 Su	☽□♀	5am35
	☉✶☽	8 23
	☽∠♆	10 34
	☽∠♄	12pm34
	☽△♅	1 48
	☉#♅	10 11
13 M	☉∠♇	8am37
	☽☌♇	3pm29
	☽⊻♆	3 54
	☉∠☽	4 4
	☽⊻♄	6 9
	☽∥♂	6 58
	☽⚼♅	7 1
	☽⊻♃	9 24
14 T	☽☌♂	3am52
	♀∠♆	10 25
	☽✶☿	3pm36
	☽✶♀	11 0
	☽∥♃	11 24
15 W	☉⊻☽	0am27
	☽⊼♅	0 45
	☽∠♃	3 37
	☉☍♅	4 2
	☽∥♄	12pm51
	♀∠♄	1 9
	☽∥♇	2 41
	☽∥♆	3 2
	♀⊼♅	3 48
16 Th	☽∠☿	1am14
	☽⊻♇	3 30
	☽☌♆	4 1
	☽☌♄	6 48
	☽∠♀	8 35
	☽✶♃	10 10
	☽#♅	3pm 8
	☽⊻♂	7 35
	☉∥☽	10 34
17 F	☿∠♆	5am22
	☽∠♇	9 54
	☽⊻☿	11 1
	☽☍♅	1pm 5
	☉⊻♀	3 32
	☉☌☽	6 21
	☽⊻♀	6 25
18 S	☽∠♂	3am46
	☿⊼♅	7 30
	☿∠♄	3pm 2
	☽✶♇	4 22
	☽⊻♆	4 58
	☽⊻♄	8 14
	☽□♃	11 38
19 Su	☽∥♀	8am26
	☽✶♂	11 56
	☽∥☿	1pm37
	☽∠♆	11 26
20 M	☽#☿	1am31
	☽⊼♅	1 40
	☽∠♄	2 54
	☽#♀	5 52
	☽☌☿	6 11
	☉⊻☽	12pm26
	☽☌♀	2 1
21 T	☽□♇	5am 1
	☽✶♆	5 42
	☽⚼♅	7 44
	☽✶♄	9 23
	☽△♃	12pm43
	☉∠☽	9 7
22 W	☽□♂	3am37
	☉#☽	7 49
	♀ ♎	12pm19
	☽△♅	1 28
	☽⚼♃	6 46
	☽⊻☿	11 32
23 Th	☿#♀	0am 9
	☽∥♅	1 8
	☉✶☽	5 16
	☽⊻♀	8 13
	☽△♇	4pm21
	☽□♆	5 6
	☉ ♍	5 54
	☽□♄	9 5
	☽#♆	11 41
24 F	☽⊼♃	0am16
	☽#♇	0 26
	☽#♄	0 31
	☽∠☿	7 1
	♄∥♇	10 8
	☽∠♀	4pm12
	☽#♃	4 43
	☽△♂	5 12
	☽⚼♇	9 7
	☽□♅	11 18
25 S	☽#♂	10am22
	☽✶☿	1pm24
	☉□☽	7 8
	☽⚼♂	10 42
	☽✶♀	11 9
26 Su	☽⊼♇	1am 5
	☽△♆	1 53
	☽△♄	6 1
	☽☍♃	8 58
	♀□♇	8pm24
	☿ ♎	10 51
27 M	☽⊼♂	3am10
	☽⚼♆	4 57
	♀✶♆	5 37
	☽✶♅	5 58
	☽⚼♄	9 8
	♀⚼♅	4pm45
	☽□☿	10 30
28 T	☉△☽	4am38
	☽☍♇	6 16
	☽⊼♆	7 5
	☽∠♅	7 56
	☽□♀	9 24
	☽⊼♄	11 16
	☽⊼♃	1pm58
	☽#♂	6 4
29 W	☉✶♇	4am37
	☽#♃	6 37
	☉⚼☽	7 42
	☽☍♂	8 55
	☽⊻♅	9 2
	♀✶♄	9 40
	♂⊼♅	11 22
	☽⚼♃	3pm 6
	☉⊻♆	5 20
	♄∥♆	5 43
	☽#♇	9 3
	☽#♆	9 56
	☽#♄	9 57
30 Th	☽△☿	2am52
	☽⊼♇	7 59
	☽☍♆	8 49
	☉⊼☽	9 51
	☽☍♄	1pm 3
	☽△♀	3 12
	☽△♃	3 31
	☽∥♅	3 49
	♀△♃	7 32
31 F	☽⚼☿	3am44
	☽⚼♇	7 54
	☽☌♅	9 12
	☉∠♂	10 36
	☽⊼♂	11 19
	☽⚼♀	5pm 1
	☉#☽	7 45

SEPTEMBER 1917

LONGITUDE

DAY	SID. TIME	☉	☽	☽ 12 Hour	MEAN ☊	TRUE ☊	☿	♀	♂	♃	♄	♅	♆	♇
	h m s	° ' "	° ' "	° ' "	° '	° '	° '	° '	° '	° '	° '	° '	° '	° '
1	22 38 20	7♍ 58 21	0♓ 31 1	8♓ 10 23	7♑ 30	9♑ 3R	3♎ 2	11♎ 25	22♋ 47	10♊ 6	8♌ 36	21♒ 5R	5♌ 51	5♋ 18
2	22 42 17	8 56 25	15 49 44	23 27 39	7 27	8 55	3 25	12 37	23 25	10 12	8 43	21 3	5 53	5 18
3	22 46 13	9 54 31	1♈ 2 43	8♈ 33 42	7 24	8 46	3 43	13 49	24 3	10 17	8 50	21 0	5 55	5 19
4	22 50 10	10 52 38	15 59 28	23 19 7	7 20	8 37	3 56	15 1	24 41	10 22	8 57	20 58	5 56	5 20
5	22 54 7	11 50 47	0♉ 31 58	7♉ 37 34	7 17	8 30	4 3R	16 13	25 19	10 27	9 4	20 56	5 58	5 21
6	22 58 3	12 48 58	14 35 42	21 26 20	7 14	8 24	4 4	17 25	25 57	10 32	9 11	20 54	6 0	5 21
7	23 2 0	13 47 11	28 9 37	4♊ 45 53	7 11	8 21	4 0	18 36	26 35	10 36	9 18	20 52	6 2	5 22
8	23 5 56	14 45 26	11♊ 15 31	17 39 4	7 8	8 20D	3 49	19 48	27 13	10 41	9 25	20 50	6 4	5 23
9	23 9 53	15 43 44	23 57 5	0♋ 10 10	7 4	8 20	3 31	21 0	27 50	10 45	9 32	20 47	6 6	5 23
10	23 13 49	16 42 4	6♋ 18 57	12 24 4	7 1	8 21R	3 7	22 12	28 28	10 49	9 38	20 45	6 8	5 24
11	23 17 46	17 40 25	18 26 7	24 25 42	6 58	8 21	2 36	23 23	29 6	10 53	9 45	20 43	6 9	5 24
12	23 21 42	18 38 48	0♌ 23 20	6♌ 19 33	6 55	8 18	1 59	24 35	29 43	10 57	9 52	20 41	6 11	5 25
13	23 25 39	19 37 14	12 14 48	18 9 31	6 52	8 14	1 16	25 47	0♌ 20	11 0	9 58	20 39	6 13	5 26
14	23 29 36	20 35 42	24 4 4	29 58 47	6 49	8 6	0 27	26 58	0 58	11 4	10 5	20 37	6 15	5 26
15	23 33 32	21 34 11	5♍ 53 57	11♍ 49 47	6 45	7 56	29♍ 35	28 10	1 35	11 7	10 11	20 35	6 16	5 27
16	23 37 29	22 32 42	17 46 32	23 44 21	6 42	7 43	28 35	29 21	2 12	11 10	10 18	20 33	6 18	5 27
17	23 41 25	23 31 16	29 43 25	5♎ 43 51	6 39	7 29	27 33	0♏ 33	2 49	11 13	10 24	20 32	6 20	5 28
18	23 45 22	24 29 51	11♎ 45 49	17 49 28	6 36	7 16	26 30	1 44	3 26	11 15	10 31	20 30	6 21	5 28
19	23 49 18	25 28 28	23 54 57	0♏ 2 27	6 33	7 3	25 26	2 55	4 3	11 18	10 37	20 28	6 23	5 28
20	23 53 15	26 27 7	6♏ 12 9	12 24 20	6 30	6 53	24 23	4 7	4 40	11 20	10 43	20 26	6 24	5 29
21	23 57 11	27 25 48	18 39 14	24 57 10	6 26	6 45	23 23	5 18	5 17	11 22	10 49	20 24	6 26	5 29
22	0 1 8	28 24 31	1♐ 18 29	7♐ 43 33	6 23	6 40	22 27	6 29	5 54	11 24	10 55	20 23	6 27	5 29
23	0 5 5	29 23 15	14 12 45	20 46 29	6 20	6 38D	21 37	7 40	6 30	11 25	11 1	20 21	6 29	5 30
24	0 9 1	0♎ 22 1	27 25 8	4♑ 9 6	6 17	6 38R	20 54	8 52	7 7	11 27	11 7	20 19	6 30	5 30
25	0 12 58	1 20 49	10♑ 58 40	17 54 7	6 14	6 38	20 19	10 3	7 43	11 28	11 13	20 18	6 32	5 30
26	0 16 54	2 19 38	24 55 35	2♒ 3 4	6 10	6 37	19 53	11 14	8 20	11 29	11 19	20 16	6 33	5 31
27	0 20 51	3 18 29	9♒ 16 28	16 35 26	6 7	6 34	19 36	12 25	8 56	11 30	11 25	20 14	6 35	5 31
28	0 24 47	4 17 22	23 59 28	1♓ 27 50	6 4	6 29	19 30D	13 35	9 32	11 30	11 31	20 13	6 36	5 31
29	0 28 44	5 16 17	8♓ 59 36	16 33 40	6 1	6 21	19 34	14 46	10 9	11 31	11 36	20 11	6 37	5 31
30	0 32 40	6♎ 15 13	24♓ 8 48	1♈ 43 41	5♑ 58	6♑ 11	19♍ 48	15♏ 57	10♌ 45	11♊ 31R	11♌ 42	20♒ 10	6♌ 39	5♋ 31

DECLINATION and LATITUDE

DAY	☉ DECL	☽ DECL	☽ LAT	☽ 12hr DECL	☿ DECL	☿ LAT	♀ DECL	♀ LAT	♂ DECL	♂ LAT	♃ DECL	♃ LAT	♄ DECL	♄ LAT
1	8N35	7S34	3N59	4S28	4S25	3S30	4S 5	0N28	22N20	0N49	21N 7	0S52	18N36	0N30
2	8 13	1 17	4 40	1N54	4 41	3 38	4 36	0 25	22 14	0 50	21 7	0 52	18 34	0 30
3	7 51	5N 1	5 1	8 3	4 55	3 45	5 7	0 22	22 8	0 51	21 8	0 52	18 32	0 30
4	7 29	10 56	5 2	13 37	5 6	3 52	5 37	0 19	22 2	0 51	21 9	0 52	18 30	0 30
5	7 7	16 4	4 42	18 15	5 15	3 58	6 8	0 16	21 56	0 52	21 9	0 53	18 29	0 30
6	6 45	20 8	4 6	21 43	5 20	4 3	6 38	0 13	21 50	0 53	21 10	0 53	18 27	0 30
7	6 23	22 57	3 17	23 52	5 22	4 8	7 9	0 10	21 43	0 54	21 11	0 53	18 25	0 30
8	6 0	24 26	2 19	24 40	5 21	4 11	7 39	0 7	21 37	0 54	21 11	0 53	18 24	0 30
9	5 38	24 35	1 16	24 10	5 16	4 13	8 9	0 4	21 30	0 55	21 12	0 53	18 22	0 30
10	5 15	23 29	0 11	22 31	5 7	4 14	8 39	0 0	21 23	0 56	21 12	0 53	18 20	0 31
11	4 52	21 18	0S53	19 51	4 54	4 13	9 8	0S 3	21 16	0 57	21 13	0 53	18 18	0 31
12	4 30	18 13	1 54	16 24	4 37	4 11	9 38	0 6	21 9	0 57	21 13	0 53	18 17	0 31
13	4 7	14 25	2 50	12 18	4 17	4 7	10 7	0 10	21 2	0 58	21 14	0 53	18 15	0 31
14	3 44	10 5	3 37	7 46	3 52	4 1	10 36	0 13	20 55	0 59	21 14	0 53	18 14	0 31
15	3 21	5 23	4 15	2 57	3 23	3 53	11 5	0 17	20 47	0 60	21 14	0 53	18 12	0 31
16	2 58	0 30	4 43	1S59	2 51	3 43	11 34	0 20	20 39	1 0	21 15	0 53	18 10	0 31
17	2 34	4S26	4 58	6 52	2 16	3 32	12 2	0 23	20 32	1 1	21 15	0 53	18 9	0 31
18	2 11	9 15	4 59	11 32	1 38	3 18	12 30	0 27	20 24	1 2	21 15	0 53	18 7	0 32
19	1 48	13 44	4 48	15 48	0 59	3 3	12 58	0 30	20 16	1 3	21 16	0 54	18 5	0 32
20	1 25	17 43	4 23	19 27	0 19	2 46	13 26	0 34	20 8	1 3	21 16	0 54	18 4	0 32
21	1 1	20 59	3 45	22 16	0N21	2 28	13 53	0 37	19 60	1 4	21 16	0 54	18 2	0 32
22	0 38	23 17	2 55	24 1	1 1	2 9	14 20	0 41	19 51	1 5	21 16	0 54	18 1	0 32
23	0 15	24 26	1 56	24 30	1 39	1 50	14 47	0 45	19 43	1 6	21 16	0 54	17 59	0 32
24	0S 9	24 14	0 49	23 36	2 14	1 29	15 13	0 48	19 34	1 6	21 16	0 54	17 58	0 32
25	0 32	22 37	0N23	21 16	2 47	1 9	15 39	0 52	19 26	1 7	21 17	0 54	17 56	0 32
26	0 56	19 36	1 35	17 36	3 15	0 49	16 5	0 55	19 17	1 8	21 17	0 54	17 55	0 33
27	1 19	15 19	2 43	12 47	3 40	0 30	16 30	0 59	19 8	1 9	21 17	0 54	17 53	0 33
28	1 42	10 2	3 42	7 7	3 59	0 11	16 55	1 2	18 59	1 9	21 17	0 54	17 52	0 33
29	2 6	4 4	4 27	0 58	4 14	0N 6	17 20	1 6	18 50	1 10	21 17	0 54	17 50	0 33
30	2S29	2N10	4N54	5N16	4N23	0N23	17S44	1S 9	18N41	1N11	21N17	0S54	17N49	0N33

DAY	♅ DECL	♅ LAT	♆ DECL	♆ LAT	♇ DECL	♇ LAT
1	15S12	0S45	18N39	0S11	18N49	4S32
5	15 14	0 45	18 37	0 11	18 48	4 32
9	15 17	0 45	18 35	0 11	18 48	4 33
13	15 20	0 45	18 33	0 11	18 48	4 33
17	15 22	0 45	18 32	0 11	18 47	4 33
21	15 24	0 45	18 30	0 11	18 47	4 33
25	15 26	0 45	18 28	0 11	18 47	4 33
29	15S28	0S45	18N27	0S11	18N47	4S34

☽ PHENOMENA

d	h	m	
1	12	28	○
8	7	5	☾
16	10	27	●
24	5	41	☽
30	20	31	○

d	h	° '
2	5	0
8	15	24N41
16	2	0
23	9	24S31
29	16	0

d	h	
3	12	5N 4
10	4	0
17	15	5S 0
24	16	0
30	19	5N 0

VOID OF COURSE ☽

LAST ASPT		☽ INGRESS		
2	12pm28	2	♈	10pm20
4	2pm55	4	♉	11pm 6
6	9pm 2	7	♊	3am19
8	5pm59	9	♋	11am40
11	10pm34	11	♌	11pm13
14	6am33	14	♍	12pm 2
16	8pm 0	17	♎	0am33
18	5pm14	19	♏	11am55
21	6pm 5	21	♐	9pm32
23	12pm48	24	♑	4am37
25	3pm37	26	♒	8am34
27	5pm54	28	♓	9am39
29	4pm59	30	♈	9am16

d	h	
1	8	PERIGEE
14	15	APOGEE
29	18	PERIGEE

DAILY ASPECTARIAN

1 S	☽⚻☿	4am 3
	☽△♇	7 30
	☽⚻♆	8 22
	☽∥☿	11 40
	☽⚼♂	11 53
	☽∥♀	12pm25
	☉☍☽	12 28
	☽⚻♄	12 46
	☽□♃	3 7
	☉⚺♄	5 51
	☽⚻♀	6 32
2 Su	☿∥♀	7am53
	☽⚼♆	7 57
	☽⚺♅	8 11
	☽△♂	12pm28
	☽⚼♄	12 31
	☽#☿	11 35
3 M	☽#♀	0am23
	☽☍☿	4 19
	☽□♇	6 49
	☽△♆	7 46
	☽∠♅	7 53
	☉□♃	10 10
	☉∥☽	10 35
	☽△♄	12pm33
	☽✱♃	2 51
	☉⚻☽	3 9
	☽☍♀	10 17
4 T	☽✱♅	8am 7
	☽□♂	2pm55
	☽∠♃	3 29
	☉⚼☽	5 24
	☽#♅	7 49
5 W	♂∠♃	5am35
	☽⚻☿	5 57
	☽✱♇	8 8
	☽□♆	9 12
	☽∥♄	1pm17
	☽∥♆	2 10
	☽□♄	2 36
	☽∥♇	3 21
	☽⚺♃	4 56
	☿SR	5 37
	☉△☽	8 41
6 Th	☉#♀	3am 9
	☽⚻♀	5 23
	☽∥♃	7 37
	☽⚼☿	7 48
	☽∠♇	10 6
	☽□♅	11 1
	☽∥♂	12pm34
	☽✱♂	9 2
7 F	☽△☿	10am28
	☽⚼♀	10 53
	☽⚺♇	1pm 7
	☽✱♆	2 22
	☽✱♄	8 33
	☽☌♃	10 55
8 S	☽∠♂	1am52
	☉□☽	7 5
	☽△♀	5pm46
	☽△♅	5 59
	☽∠♆	6 32
	♀△♅	7 55
9 Su	☽∠♄	1am 7
	☽⚺♂	7 53
	☽□☿	5pm57
	☽☌♇	10 12
	☽⚼♅	10 54
	☽⚺♆	11 37
10 M	☽⚺♄	6am36
	☽⚺♃	8 55
	☉#☿	6pm39
	☉✱☽	10 21
11 T	☽∥♂	0am15
	☽∥♃	0 46
	☽⚻♅	4 33
	☽□♀	11 1
	♂∥♃	11 20
	☽∠♃	3pm 0
	☽∥♇	7 55
	☽∥♆	9 35
	☽☌♂	10 34
	☽∥♄	11 33
12 W	☽✱☿	3am 3
	☉∠☽	7 10
	☽⚺♇	10 10
	♂ ♌	10 52
	☽☌♆	11 45
	☽#♅	6pm36
	☽☌♄	7 21
	☽✱♃	9 28
13 Th	♀⚼♃	4am49
	☽∠☿	7 39
	☿✱♂	3pm35
	☉⚺☽	4 19
	☽∠♇	4 37
	☽☍♅	5 1
	☽#♀	9 32
14 F	☉⚻♅	0am39
	☽✱♀	6 33
	☿ ♍	11 41
	☽⚺☿	12pm 3
	☽⚺♂	2 46
	☉∠♆	4 24
	☽✱♇	11 5
15	☽⚺♆	0am45
S	☉#☿	7 10
	☽⚺♄	8 46
	☽□♃	10 36
	☉∥☽	10 58
	☽#☿	11 5
	☿⚺♀	3pm26
	☽∠♀	4 20
	☽∠♂	10 47
16 Su	☽⚻♅	5am35
	☽∠♆	7 6
	☉☌☽	10 27
	♀ ♏	1pm 0
	☽∥☿	2 32
	☽∠♄	3 16
	☉#☽	8 33
	☽☌☿	8 0
17 M	☽⚺♀	1am50
	☽✱♂	6 32
	☽□♇	11 28
	☽⚼♅	11 34
	☽✱♆	1pm13
	☽✱♄	9 29
	☽△♃	10 59
18 T	☽△♅	5pm14
	♅⚼♇	6 28
	☽∥♀	7 14
	☿∠♄	8 17
	☉☌☿	11 32
19 W	☽⚺☿	2am45
	☉⚺☽	3 20
	☉∠♄	3 51
	☽⚼♃	4 41
	☽∥♅	9 31
	☽☌♀	7pm30
	☽□♂	8 52
	☽△♇	10 36
20 Th	☽□♆	0am24
	☽#♄	2 16
	☽#♆	5 16
	☽∠☿	5 42
	☽#♇	7 14
	☽□♄	8 49
	☽⚻♃	9 57
	☉∠☽	11 2
	☽#♂	4pm23
	♀□♂	11 15
21 F	☽#♃	2am31
	☽□♅	3 20
	☽⚼♇	3 30
	♀△♇	3 44
	♂⚺♇	7 59
	☽✱☿	8 24
	☉∥☿	3pm13
	☉✱☽	6 5
	♀□♆	11 21
22 S	☽⚻♇	7am50
	☽△♂	9 1
	☽△♆	9 39
	☽⚺♀	10 41
	☿∠♀	11 20
	☽△♄	6pm 4
	☽☍♃	6 51
	♂☌♆	10 59
23 Su	☿∠♂	1am57
	☿∠♆	4 8
	☽✱♅	11 12
	☽□☿	12pm48
	☽⚼♆	1 19
	☽⚼♂	1 58
	☉ ♎	3 0
	☽∠♀	4 58
	☽⚼♄	9 39
24 M	☉□☽	5am41
	♀∥♅	11 55
	☽∠♅	2pm 2
	☽☍♇	2 23
	☽⚻♆	4 11
	☽⚻♂	6 2
	☽✱♀	10 13
25	☽⚻♄	0am26
T	☽⚻♃	0 51
	☿⚻♅	0 59
	☽#♃	11 57
	☽△☿	3pm37
	☽⚺♅	4 4
26 W	♀□♄	2am 0
	☽#♂	2 5
	☽⚼♃	2 38
	☽#♇	5 7
	♀⚻♃	5 16
	☽#♆	7 0
	☽#♄	10 17
	☉△☽	1pm22
	☽⚼☿	4 22
	☽⚻♇	5 46
	☽∥♀	6 28
	☽☍♆	7 32
	☽∥♅	11 19
	☽☍♂	11 25
27 Th	☽☍♄	3am33
	☽△♃	3 40
	☽□♀	5 37
	☉⚼☽	3pm51
	☽⚻☿	4 45
	☽☌♅	5 54
	☽⚼♇	6 23
	♃✱♄	11 39
28 F	☿SD	2am59
	☉⚻☽	5pm40
	☽△♇	6 28
	☽⚻♆	8 14
	☉⚼♅	10 5
	☽#☿	11 24
29 S	☽⚻♂	1am54
	☽□♃	4 0
	☽⚻♄	4 10
	☉□♇	6 6
	☉∥☽	7 12
	♂∥♇	9 18
	☽△♀	9 56
	☽☍☿	4pm59
	☽⚺♅	5 43
	☽⚼♆	8 2
30 Su	☉#☽	1am18
	☽⚼♂	2 38
	☽⚼♄	4 3
	♀#♄	5 1
	☽∥☿	8 45
	☉✱♆	9 48
	☽⚼♀	11 41
	♃SR	4pm 7
	☽∠♅	5 26
	☽□♇	6 1
	☽△♆	7 50
	☉☍☽	8 31
	☿⚻♅	9 26

OCTOBER 1917

LONGITUDE

DAY	SID. TIME	☉	☽	☽ 12 Hour	MEAN ☊	TRUE ☊	☿	♀	♂	♃	♄	♅	♆	♇
	h m s	° ' "	° ' "	° ' "	° '	° '	° '	° '	° '	° '	° '	° '	° '	° '
1	0 36 37	7♎ 14 12	9♈ 16 57	16♈ 47 17	5♑ 55	5♑ 59R	20♍ 12	17♏ 8	11♌ 21	11♊ 31R	11♌ 47	20♒ 9R	6♌ 40	5♋ 32
2	0 40 34	8 13 12	24 13 28	1♉ 34 27	5 51	5 48	20 46	18 18	11 57	11 31	11 53	20 7	6 41	5 32
3	0 44 30	9 12 15	8♉ 49 21	15 57 30	5 48	5 38	21 28	19 29	12 33	11 31	11 58	20 6	6 43	5 32
4	0 48 27	10 11 20	22 58 28	29 52 3	5 45	5 31	22 19	20 40	13 8	11 30	12 3	20 5	6 44	5 32
5	0 52 23	11 10 27	6♊ 38 13	13♊ 17 9	5 42	5 26	23 18	21 50	13 44	11 29	12 9	20 3	6 45	5 32
6	0 56 20	12 9 36	19 49 8	26 14 37	5 39	5 23	24 24	23 0	14 20	11 28	12 14	20 2	6 46	5 32R
7	1 0 16	13 8 48	2♋ 34 8	8♋ 48 17	5 36	5 23D	25 36	24 11	14 55	11 27	12 19	20 1	6 47	5 32
8	1 4 13	14 8 2	14 57 42	21 3 4	5 32	5 23R	26 53	25 21	15 31	11 26	12 24	20 0	6 48	5 32
9	1 8 9	15 7 19	27 5 3	3♌ 4 19	5 29	5 22	28 16	26 31	16 6	11 24	12 29	19 59	6 49	5 32
10	1 12 6	16 6 37	9♌ 1 31	14 57 17	5 26	5 20	29 42	27 41	16 41	11 22	12 33	19 58	6 50	5 32
11	1 16 3	17 5 58	20 52 11	26 46 45	5 23	5 16	1♎ 12	28 51	17 17	11 20	12 38	19 57	6 51	5 32
12	1 19 59	18 5 21	2♍ 41 30	8♍ 36 52	5 20	5 9	2 45	0♐ 1	17 52	11 18	12 43	19 56	6 52	5 31
13	1 23 56	19 4 47	14 33 14	20 30 56	5 16	4 59	4 21	1 11	18 27	11 16	12 47	19 55	6 53	5 31
14	1 27 52	20 4 14	26 30 14	2♎ 31 23	5 13	4 47	5 58	2 21	19 2	11 13	12 52	19 54	6 54	5 31
15	1 31 49	21 3 44	8♎ 34 33	14 39 53	5 10	4 33	7 37	3 31	19 36	11 11	12 56	19 53	6 55	5 31
16	1 35 45	22 3 16	20 47 28	26 57 23	5 7	4 20	9 17	4 40	20 11	11 8	13 1	19 53	6 56	5 31
17	1 39 42	23 2 50	3♏ 9 41	9♏ 24 24	5 4	4 8	10 58	5 50	20 46	11 4	13 5	19 52	6 57	5 31
18	1 43 38	24 2 25	15 41 37	22 1 21	5 1	3 57	12 39	7 0	21 20	11 1	13 9	19 51	6 58	5 30
19	1 47 35	25 2 3	28 23 41	4♐ 48 44	4 57	3 50	14 22	8 9	21 55	10 58	13 13	19 51	6 58	5 30
20	1 51 31	26 1 43	11♐ 16 36	17 47 26	4 54	3 45	16 4	9 18	22 29	10 54	13 17	19 50	6 59	5 30
21	1 55 28	27 1 25	24 21 27	0♑ 58 50	4 51	3 43D	17 46	10 28	23 3	10 50	13 21	19 50	7 0	5 29
22	1 59 25	28 1 8	7♑ 39 48	14 24 34	4 48	3 42	19 29	11 37	23 37	10 46	13 25	19 49	7 0	5 29
23	2 3 21	29 0 53	21 13 22	28 6 22	4 45	3 43R	21 11	12 46	24 11	10 41	13 28	19 49	7 1	5 29
24	2 7 18	0♏ 0 40	5♒ 3 41	12♒ 5 24	4 42	3 43	22 53	13 55	24 45	10 37	13 32	19 49	7 2	5 28
25	2 11 14	1 0 28	19 11 26	26 21 39	4 38	3 41	24 35	15 3	25 19	10 32	13 35	19 48	7 2	5 28
26	2 15 11	2 0 18	3♓ 35 44	10♓ 53 14	4 35	3 38	26 16	16 12	25 52	10 28	13 39	19 48	7 3	5 27
27	2 19 7	3 0 10	18 13 34	25 36 0	4 32	3 31	27 57	17 21	26 26	10 23	13 42	19 48	7 3	5 27
28	2 23 4	4 0 3	2♈ 59 38	10♈ 23 31	4 29	3 23	29 37	18 29	26 59	10 17	13 45	19 48	7 4	5 27
29	2 27 0	4 59 58	17 46 38	25 7 54	4 26	3 14	1♏ 18	19 37	27 33	10 12	13 48	19 48	7 4	5 26
30	2 30 57	5 59 55	2♉ 26 20	9♉ 40 57	4 22	3 5	2 57	20 46	28 6	10 7	13 51	19 48D	7 5	5 26
31	2 34 54	6♏ 59 54	16♉ 50 55	23♉ 55 32	4♑ 19	2♑ 57	4♏ 37	21♐ 54	28♌ 39	10♊ 1	13♌ 54	19♒ 48	7♌ 5	5♋ 25

DECLINATION and LATITUDE

DAY	☉ DECL	☽ DECL	☽ LAT	☽ 12hr DECL	☿ DECL	☿ LAT	♀ DECL	♀ LAT	♂ DECL	♂ LAT	♃ DECL	♃ LAT	♄ DECL	♄ LAT
1	2S52	8N16	4N60	11N 8	4N28	0N38	18S 7	1S13	18N32	1N12	21N17	0S54	17N48	0N33
2	3 16	13 49	4 45	16 15	4 28	0 52	18 31	1 17	18 23	1 12	21 17	0 54	17 46	0 33
3	3 39	18 25	4 12	20 17	4 22	1 5	18 54	1 20	18 13	1 13	21 16	0 54	17 45	0 34
4	4 2	21 49	3 24	22 60	4 12	1 16	19 16	1 24	18 4	1 14	21 16	0 55	17 43	0 34
5	4 25	23 49	2 26	24 17	3 58	1 25	19 38	1 27	17 54	1 15	21 16	0 55	17 42	0 34
6	4 49	24 25	1 21	24 12	3 40	1 34	19 59	1 31	17 45	1 16	21 16	0 55	17 41	0 34
7	5 12	23 40	0 15	22 51	3 18	1 41	20 21	1 34	17 35	1 16	21 16	0 55	17 40	0 34
8	5 35	21 46	0S50	20 27	2 52	1 47	20 41	1 37	17 25	1 17	21 15	0 55	17 38	0 34
9	5 58	18 55	1 52	17 12	2 23	1 51	21 1	1 41	17 15	1 18	21 15	0 55	17 37	0 34
10	6 20	15 18	2 48	13 17	1 52	1 55	21 21	1 44	17 6	1 19	21 15	0 55	17 36	0 34
11	6 43	11 8	3 36	8 53	1 19	1 57	21 40	1 47	16 56	1 20	21 15	0 55	17 35	0 35
12	7 6	6 33	4 15	4 10	0 43	1 58	21 58	1 51	16 46	1 20	21 14	0 55	17 33	0 35
13	7 28	1 45	4 42	0S42	0 5	1 59	22 16	1 54	16 36	1 21	21 14	0 55	17 32	0 35
14	7 51	3S10	4 58	5 36	0S33	1 58	22 33	1 57	16 25	1 22	21 14	0 55	17 31	0 35
15	8 13	7 60	4 60	10 20	1 14	1 57	22 50	2 0	16 15	1 23	21 13	0 55	17 30	0 35
16	8 36	12 34	4 49	14 42	1 55	1 55	23 6	2 4	16 5	1 24	21 13	0 55	17 29	0 35
17	8 58	16 42	4 24	18 31	2 36	1 53	23 22	2 7	15 55	1 24	21 12	0 55	17 28	0 36
18	9 20	20 8	3 46	21 32	3 19	1 50	23 37	2 10	15 44	1 25	21 12	0 55	17 27	0 36
19	9 42	22 40	2 56	23 31	4 2	1 47	23 51	2 13	15 34	1 26	21 11	0 55	17 26	0 36
20	10 3	24 4	1 56	24 17	4 45	1 43	24 5	2 15	15 24	1 27	21 11	0 55	17 25	0 36
21	10 25	24 9	0 50	23 41	5 28	1 38	24 18	2 18	15 13	1 28	21 10	0 55	17 24	0 36
22	10 46	22 53	0N21	21 44	6 11	1 33	24 31	2 21	15 3	1 28	21 9	0 55	17 23	0 36
23	11 8	20 16	1 32	18 29	6 54	1 28	24 43	2 24	14 52	1 29	21 9	0 55	17 22	0 36
24	11 29	16 26	2 39	14 8	7 37	1 23	24 54	2 27	14 42	1 30	21 8	0 55	17 21	0 37
25	11 50	11 38	3 38	8 56	8 20	1 17	25 5	2 29	14 31	1 31	21 7	0 55	17 20	0 37
26	12 11	6 6	4 24	3 9	9 2	1 12	25 15	2 32	14 20	1 32	21 7	0 55	17 19	0 37
27	12 31	0 9	4 54	2N52	9 44	1 6	25 24	2 34	14 10	1 33	21 6	0 55	17 19	0 37
28	12 51	5N50	5 4	8 44	10 25	0 59	25 33	2 36	13 59	1 33	21 5	0 55	17 18	0 37
29	13 12	11 31	4 55	14 6	11 6	0 53	25 41	2 39	13 48	1 34	21 5	0 55	17 17	0 37
30	13 32	16 29	4 26	18 35	11 46	0 47	25 48	2 41	13 38	1 35	21 4	0 55	17 16	0 38
31	13S51	20N24	3N40	21N52	12S26	0N40	25S55	2S43	13N27	1N36	21N 3	0S55	17N16	0N38

DAY	♅ DECL	♅ LAT	♆ DECL	♆ LAT	♇ DECL	♇ LAT
1	15S29	0S45	18N26	0S11	18N47	4S34
5	15 31	0 45	18 25	0 11	18 46	4 34
9	15 32	0 45	18 24	0 11	18 46	4 34
13	15 33	0 44	18 23	0 11	18 46	4 34
17	15 34	0 44	18 22	0 11	18 46	4 35
21	15 34	0 44	18 22	0 11	18 46	4 35
25	15 35	0 44	18 21	0 11	18 45	4 35
29	15S35	0S44	18N21	0S11	18N45	4S35

☽ PHENOMENA				VOID OF COURSE ☽ LAST ASPT	☽ INGRESS
d	h	m		1 5pm22	2 ♉ 9am25
7	22	14	☾	3 10pm48	4 ♊ 12pm14
16	2	41	●	6 9am23	6 ♋ 7pm 6
23	14	38	☽	9 2am40	9 ♌ 5am50
30	6	19	○	11 5pm59	11 ♍ 6pm32
				12 5pm23	14 ♎ 6am59
				16 2am41	16 ♏ 5pm54
d	h	° '		18 11am13	19 ♐ 3am 1
5	22	24N25		21 5am14	21 ♑ 10am14
13	9	0		23 2pm38	23 ♒ 3pm17
20	14	24S17		25 10am40	25 ♓ 6pm 3
27	1	0		26 10pm26	27 ♈ 7pm 9
				29 4pm35	29 ♉ 7pm59
				31 8pm56	31 ♊ 10pm26
7	5	0			
14	16	5S 1		d h	
21	17	0		12 1 APOGEE	
28	1	5N 4		27 23 PERIGEE	

DAILY ASPECTARIAN

1 M	☽△♂	3am26
	☽⚹♃	3 34
	☽△♄	4 1
	♂⚹♃	6 55
	☽⚻♀	1pm37
	♂∥♆	2 24
	☽⚹♅	5 22
	♀#♂	5 59
	☽⚻☿	6 9
	♀#♆	7 22
	♂☌♄	8 48
2 T	☽∠♃	3am44
	☽#♅	8 8
	♀#♇	4pm27
	☽⚹♇	6 32
	☽⚼☿	7 52
	☽∥♄	8 8
	☽□♆	8 29
	☽∥♂	10 52
3 W	☽∥♆	0am 4
	☉⚻☽	0 41
	☽∥♇	2 8
	☽#♀	3 11
	☽⚺♃	4 30
	☽□♄	5 18
	☽□♂	6 30
	☿∠♆	7 21
	♀□♅	12pm21
	☽□♅	7 2
	☽∥♃	7 28
	☽☍♀	7 39
	☽∠♇	7 48
	♀⚼♇	9 22
	☽△☿	10 48
4 Th	☉⚼☽	4am 8
	☉#☿	6 47
	☽⚺♇	10pm 1
5 F	☽⚹♆	0am12
	☉△♃	7 32
	☽☌♃	8 44
	☉△☽	8 49
	☽⚹♄	9 59
	☽⚹♂	1pm26
6 S	☽△♅	0am24
	☉⚹♄	1 48
	☽∠♆	3 38
	☽⚻♀	6 31
	☽□☿	9 23
	♂∥♄	10 57
	♇SR	12pm 7
	☽∠♄	1 57
	☽∠♂	6 42
7 Su	☽⚼♅	4am41
	☽☌♇	5 41
	☽⚺♆	8 7
	☽⚼♀	2pm 3
	☽⚺♃	5 7
	☽⚺♄	6 57
	☉□☽	10 14
8 M	☽⚺♂	1am 8
	☽∥♃	4 56
	☽#♀	8 57
	☿∠♄	9 33
	☽⚻♅	9 54
	☽∠♃	10pm39
	☽△♀	10 45
9 T	☽∥♇	1am 5
	☽⚹☿	2 40
	☽∥♆	3 43
	☽∥♄	9 13
	☽∥♂	12pm 8
	☽⚺♇	4 57
	♀#♃	5 5
	☽☌♆	7 35
	☽#♅	10 36
10 W	☽⚹♃	4am44
	☿ ♎	4 48
	☽☌♄	7 12
	☽∠☿	1pm 9
	☉⚹☽	3 39
	☽☌♂	4 20
	☽☍♅	10 8
	☽∠♇	11 18
11 Th	☉⚹♂	10am27
	☽□♀	5pm59
	☉#☽	9 27
	♀ ♐	11 34
12 F	☽⚺☿	0am 9
	☉∠☽	0 53
	☿∠♂	2 36
	☽⚹♇	5 45
	☽⚺♆	8 29
	☽□♃	5pm23
	☽⚺♄	8 25
13 S	☽#☿	7am57
	☽⚺♂	8 14
	☿⚼♅	8 30
	☽∥☿	9 19
	☉⚺☽	9 56
	☽⚻♅	10 47
	☽∠♆	2pm47
	☿□♇	5 28
	☉△♅	8 2
14 Su	☽∠♄	2am44
	☽⚹♀	12pm54
	☿⚹♆	1 51
	☽∠♂	3 44
	☽⚼♅	4 43
	☽□♇	5 57
	☽⚹♆	8 43
	☽☌☿	9 48
15 M	☉∥☽	1am16
	☽△♃	5 7
	☽⚹♄	8 39
	♂☍♅	11 36
	☽∠♀	9pm35
	☽△♅	10 13
	☽⚹♂	10 45
16 T	☉☌☽	2am41
	☽⚼♃	10 21
	♂∠♇	1pm36
	☽∥♅	5 2
	♀⚻♇	5 19
	☽#♂	7 21
17 W	☿△♃	1am30
	☽△♇	4 31
	☽#♄	4 53
	☽⚺♀	5 40
	☽□♆	7 17
	☽#♆	10 58
	☽#♇	1pm42
	☽⚻♃	3 7
	☽⚺☿	5 19
	☽□♄	7 8
	♀△♆	11 20
18 Th	☿⚹♄	7am14
	☽□♅	7 54
	☽#♃	8 51
	☽⚼♇	9 8
	☽□♂	11 13
	☉⚺☽	5pm 9
	♂#♅	11 48
19 F	☽∠☿	2am 5
	☽⚻♇	1pm17
	☽△♆	4 2
	☽☌♀	8 0
	☉⚼♃	9 0
	☽☍♃	11 18
	☉∠☽	11 30
20 S	☽△♄	3am44
	☽⚹☿	10 9
	☽⚹♅	3pm45
	☽⚼♆	7 42
	☽△♂	9 31
21 Su	☉⚹☽	5am14
	☽⚼♄	7 17
	♀☍♃	7 20
	☽∠♅	6pm55
	☽☍♇	8 6
	☽⚻♆	10 50
22 M	☽⚼♂	1am47
	☿△♅	4 50
	☽⚻♃	5 30
	☽⚺♀	7 41
	☽⚻♄	10 17
	☽#♃	5pm 2
	☽⚺♅	9 32
	☽□☿	11 55
23 T	☽⚻♂	5am24
	☽⚼♃	7 46
	☽#♇	10 17
	☽∠♀	12pm26
	☽#♆	12 50
	☉□☽	2 38
	♀△♄	3 41
	☽#♄	6 49
	☉ ♏	11 44
24 W	☽⚻♇	0am42
	☽☍♆	3 22
	☽∥♅	4 38
	☽△♃	9 27
	☽#♂	9 34
	☽☍♄	2pm30
	☽⚹♀	4 25
	☉∥☽	11 7
25 Th	☽☌♅	1am 2
	☽⚼♇	2 8
	☽△☿	10 13
	☽☍♂	10 40
	☽∥☿	12pm57
	☿⚼♃	1 3
	☿⚹♂	3 41
	☉△☽	9 11
26 F	☽△♇	3am 4
	☽⚻♆	5 41
	☽□♃	11 14
	☽⚼☿	2pm15
	☽⚻♄	4 35
	☽□♀	10 26
	☉⚼☽	11 37
27 S	☽⚺♅	2am34
	☽⚼♆	6 14
	☽⚻♂	1pm53
	☽⚼♄	5 6
	☽⚻☿	5 50
28 Su	☉⚻☽	1am45
	☽∠♅	2 55
	☽□♇	3 58
	☿ ♏	5 24
	☽△♆	6 36
	☽⚹♃	11 46
	☽⚼♂	3pm10
	☽△♄	5 31
	☽#☿	9 54
29 M	☽△♀	3am16
	☽⚹♅	3 17
	♀⚹♅	3 35
	☉#☽	8 13
	☽∥♂	10 12
	☉△♇	10 21
	☽∠♃	12pm 2
	☽△♂	4 35
	☽#♅	7 19
30 T	☽☍☿	0am58
	☽∥♄	4 20
	☉#♂	4 45
	☽⚹♇	4 56
	☽⚼♀	5 57
	☉☍☽	6 19
	☽□♆	7 40
	☽∥♆	10 32
	♅SD	10 33
	☽⚺♃	12pm38
	☽∥♇	1 4
	☽□♄	7 2
31 W	☉□♆	2am 1
	♀⚼♆	3 59
	☽□♅	4 58
	☽∥♃	5 0
	☽∠♇	6 2
	☽⚻♀	9 17
	☿△♇	11 42
	☉∠♀	6pm53
	☽□♂	8 56

NOVEMBER 1917

LONGITUDE

DAY	SID. TIME	☉	☽	☽ 12 Hour	MEAN ☊	TRUE ☊	☿	♀	♂	♃	♄	♅	♆	♇
	h m s	° ' "	° ' "	° ' "	° '	° '	° '	° '	° '	° '	° '	° '	° '	° '
1	2 38 50	7♏ 59 55	0♊ 54 17	7♊ 46 46	4♑ 16	2♑ 50R	6♏ 15	23♐ 2	29♌ 12	9♊ 55R	13♌ 57	19♒ 48	7♌ 5	5♋ 24R
2	2 42 47	8 59 57	14 32 47	21 12 20	4 13	2 47	7 54	24 9	29 45	9 49	14 0	19 48	7 6	5 24
3	2 46 43	10 0 2	27 45 30	4♋ 12 34	4 10	2 45D	9 32	25 17	0♍ 18	9 43	14 2	19 48	7 6	5 23
4	2 50 40	11 0 9	10♋ 33 51	16 49 51	4 7	2 45	11 9	26 24	0 50	9 37	14 5	19 48	7 6	5 23
5	2 54 36	12 0 18	23 1 3	29 8 5	4 3	2 46	12 46	27 32	1 23	9 30	14 7	19 48	7 6	5 22
6	2 58 33	13 0 29	5♌ 11 32	11♌ 12 3	4 0	2 47R	14 23	28 39	1 55	9 24	14 10	19 49	7 6	5 21
7	3 2 29	14 0 42	17 10 17	23 6 55	3 57	2 47	15 59	29 46	2 27	9 17	14 12	19 49	7 6	5 21
8	3 6 26	15 0 57	29 2 33	4♍ 57 50	3 54	2 46	17 35	0♑ 53	3 0	9 10	14 14	19 49	7 7	5 20
9	3 10 23	16 1 14	10♍ 53 21	16 49 38	3 51	2 43	19 10	2 0	3 31	9 4	14 16	19 50	7 7R	5 19
10	3 14 19	17 1 33	22 47 14	28 46 35	3 47	2 37	20 45	3 6	4 3	8 56	14 18	19 50	7 7	5 19
11	3 18 16	18 1 54	4♎ 48 6	10♎ 52 9	3 44	2 31	22 20	4 12	4 35	8 49	14 19	19 51	7 7	5 18
12	3 22 12	19 2 17	16 59 0	23 8 55	3 41	2 23	23 55	5 19	5 7	8 42	14 21	19 52	7 7	5 17
13	3 26 9	20 2 42	29 22 2	5♏ 38 30	3 38	2 15	25 29	6 24	5 38	8 35	14 23	19 52	7 6	5 16
14	3 30 5	21 3 8	11♏ 58 20	18 21 33	3 35	2 7	27 3	7 30	6 9	8 27	14 24	19 53	7 6	5 15
15	3 34 2	22 3 36	24 48 8	1♐ 17 59	3 32	2 1	28 36	8 36	6 40	8 20	14 25	19 54	7 6	5 15
16	3 37 58	23 4 6	7♐ 51 2	14 27 8	3 28	1 56	0♐ 10	9 41	7 11	8 12	14 27	19 55	7 6	5 14
17	3 41 55	24 4 37	21 6 12	27 48 5	3 25	1 54D	1 43	10 46	7 42	8 4	14 28	19 55	7 6	5 13
18	3 45 52	25 5 10	4♑ 32 42	11♑ 19 56	3 22	1 53	3 16	11 51	8 13	7 57	14 29	19 56	7 5	5 12
19	3 49 48	26 5 44	18 9 42	25 1 55	3 19	1 54	4 48	12 56	8 43	7 49	14 30	19 57	7 5	5 11
20	3 53 45	27 6 19	1♒ 56 33	8♒ 53 30	3 16	1 55	6 21	14 0	9 13	7 41	14 30	19 58	7 5	5 10
21	3 57 41	28 6 56	15 52 42	22 54 4	3 13	1 56R	7 53	15 4	9 43	7 33	14 31	19 59	7 5	5 9
22	4 1 38	29 7 33	29 57 28	7♓ 2 43	3 9	1 57	9 25	16 8	10 13	7 25	14 31	20 1	7 4	5 8
23	4 5 34	0♐ 8 12	14♓ 9 36	21 17 50	3 6	1 56	10 57	17 12	10 43	7 17	14 32	20 2	7 4	5 7
24	4 9 31	1 8 52	28 27 4	5♈ 36 52	3 3	1 54	12 29	18 15	11 13	7 9	14 32	20 3	7 3	5 6
25	4 13 27	2 9 33	12♈ 46 45	19 56 11	3 0	1 50	14 0	19 18	11 42	7 1	14 32	20 4	7 3	5 5
26	4 17 24	3 10 15	27 4 34	4♉ 11 19	2 57	1 46	15 31	20 20	12 11	6 53	14 32R	20 5	7 2	5 4
27	4 21 21	4 10 58	11♉ 15 48	18 17 26	2 53	1 42	17 2	21 23	12 40	6 44	14 32	20 7	7 2	5 3
28	4 25 17	5 11 42	25 15 39	2♊ 9 57	2 50	1 38	18 33	22 25	13 9	6 36	14 32	20 8	7 1	5 2
29	4 29 14	6 12 28	8♊ 59 56	15 45 15	2 47	1 35	20 3	23 26	13 38	6 28	14 32	20 10	7 0	5 1
30	4 33 10	7♐ 13 15	22♊ 25 41	29♊ 1 5	2♑ 44	1♑ 34D	21♐ 34	24♑ 27	14♍ 6	6♊ 20	14♌ 32	20♒ 11	7♌ 0	5♋ 0

DECLINATION and LATITUDE

DAY	☉ DECL	☽ DECL	☽ LAT	☽ 12hr DECL	☿ DECL	☿ LAT	♀ DECL	♀ LAT	♂ DECL	♂ LAT	♃ DECL	♃ LAT	♄ DECL	♄ LAT
1	14S11	22N59	2N42	23N45	13S 5	0N34	26S 1	2S45	13N16	1N37	21N 2	0S55	17N15	0N38
2	14 30	24 9	1 36	24 11	13 43	0 27	26 6	2 47	13 5	1 38	21 1	0 55	17 14	0 38
3	14 49	23 53	0 27	23 15	14 21	0 20	26 11	2 49	12 55	1 39	21 0	0 55	17 14	0 38
4	15 8	22 20	0S42	21 9	14 58	0 13	26 15	2 51	12 44	1 40	20 59	0 55	17 13	0 38
5	15 27	19 44	1 47	18 6	15 34	0 7	26 18	2 52	12 33	1 40	20 59	0 55	17 13	0 38
6	15 45	16 18	2 46	14 21	16 10	0S 0	26 20	2 54	12 22	1 41	20 58	0 55	17 12	0 39
7	16 3	12 16	3 36	10 4	16 44	0 7	26 22	2 55	12 12	1 42	20 57	0 55	17 12	0 39
8	16 21	7 48	4 17	5 27	17 18	0 13	26 23	2 56	12 1	1 43	20 56	0 55	17 11	0 39
9	16 38	3 4	4 46	0 39	17 51	0 20	26 24	2 58	11 50	1 44	20 55	0 55	17 11	0 39
10	16 56	1S47	5 4	4S13	18 23	0 27	26 24	2 59	11 39	1 45	20 54	0 55	17 11	0 39
11	17 13	6 37	5 8	8 58	18 54	0 33	26 23	2 60	11 29	1 46	20 53	0 55	17 10	0 39
12	17 29	11 16	4 58	13 27	19 24	0 40	26 21	3 1	11 18	1 47	20 51	0 55	17 10	0 40
13	17 46	15 32	4 35	17 27	19 53	0 46	26 19	3 1	11 7	1 48	20 50	0 55	17 10	0 40
14	18 2	19 12	3 57	20 43	20 21	0 52	26 16	3 2	10 56	1 49	20 49	0 55	17 9	0 40
15	18 17	22 0	3 8	23 1	20 49	0 59	26 12	3 2	10 46	1 50	20 48	0 55	17 9	0 40
16	18 33	23 43	2 7	24 5	21 15	1 5	26 8	3 3	10 35	1 50	20 47	0 55	17 9	0 40
17	18 48	24 7	0 58	23 48	21 40	1 10	26 3	3 3	10 24	1 51	20 46	0 55	17 9	0 40
18	19 3	23 8	0N14	22 7	22 4	1 16	25 58	3 3	10 14	1 52	20 45	0 55	17 9	0 41
19	19 17	20 46	1 28	19 7	22 27	1 22	25 51	3 3	10 3	1 53	20 44	0 55	17 9	0 41
20	19 31	17 12	2 37	15 1	22 49	1 27	25 45	3 3	9 53	1 54	20 42	0 54	17 8	0 41
21	19 45	12 38	3 37	10 4	23 9	1 33	25 37	3 2	9 42	1 55	20 41	0 54	17 8	0 41
22	19 58	7 21	4 25	4 32	23 29	1 38	25 29	3 2	9 32	1 56	20 40	0 54	17 8	0 41
23	20 11	1 39	4 58	1N15	23 47	1 43	25 20	3 1	9 21	1 57	20 39	0 54	17 9	0 42
24	20 24	4N 9	5 12	7 0	24 4	1 47	25 11	3 0	9 11	1 58	20 38	0 54	17 9	0 42
25	20 36	9 45	5 7	12 23	24 20	1 52	25 1	2 59	9 1	1 59	20 36	0 54	17 9	0 42
26	20 48	14 50	4 43	17 4	24 35	1 56	24 51	2 58	8 51	2 0	20 35	0 54	17 9	0 42
27	20 59	19 2	4 1	20 44	24 48	1 60	24 40	2 57	8 40	2 1	20 34	0 54	17 9	0 42
28	21 11	22 6	3 6	23 8	25 0	2 4	24 28	2 56	8 30	2 2	20 33	0 54	17 9	0 42
29	21 21	23 48	2 1	24 7	25 11	2 7	24 16	2 54	8 20	2 3	20 31	0 53	17 9	0 43
30	21S32	24N 4	0N50	23N41	25S21	2S10	24S 4	2S52	8N10	2N 4	20N30	0S53	17N10	0N43

DAY	♅ DECL	♅ LAT	♆ DECL	♆ LAT	♇ DECL	♇ LAT
1	15S35	0S44	18N20	0S11	18N45	4S35
5	15 34	0 44	18 20	0 11	18 45	4 35
9	15 34	0 43	18 20	0 11	18 45	4 36
13	15 33	0 43	18 20	0 11	18 45	4 36
17	15 32	0 43	18 20	0 10	18 45	4 36
21	15 30	0 43	18 21	0 10	18 45	4 36
25	15 29	0 43	18 21	0 10	18 45	4 36
29	15S27	0S43	18N22	0S10	18N46	4S36

☽ PHENOMENA

d	h	m	
6	17	3	☾
14	18	28	●
21	22	29	☽
28	18	41	○

d	h	°
2	7	24N13
9	15	0
16	19	24S 9
23	7	0
29	16	24N 8

d	h	°
3	9	0
10	19	5S 8
17	19	0
24	6	5N12
30	17	0

VOID OF COURSE ☽

LAST ASPT	☽ INGRESS
2 7pm 1	3 ♋ 4am 9
4 1am17	5 ♌ 1pm42
7 5am20	8 ♍ 1am56
9 7pm18	10 ♎ 2pm27
12 5am37	13 ♏ 1am13
15 8am 0	15 ♐ 9am36
16 9pm53	17 ♑ 3pm55
19 2pm57	19 ♒ 8pm38
21 10pm29	22 ♓ 0am 4
23 5am31	24 ♈ 2am36
25 12pm15	26 ♉ 4am56
27 6pm41	28 ♊ 8am13
29 10pm14	30 ♋ 1pm48

d	h	
8	18	APOGEE
24	6	PERIGEE

DAILY ASPECTARIAN

Day	Aspect	Time
1 Th	☿#♂	5am25
	☽⚺♇	7 50
	☽⚻☿	10 36
	☽⚹♆	10 47
	☿□♆	12pm12
	☉⚻☽	1 22
	☽☌♃	3 40
	☽⚹♄	11 1
2 F	☽△♅	9am27
	♂ ♍	11 0
	☽∠♆	1pm37
	☽⚼☿	5 13
	☉⚻♃	5 51
	☉⚼☽	6 30
	☽☍☿	7 1
3 S	☽∠♄	2am23
	☿⚻♃	2 40
	☽⚹♂	4 54
	☽⚼♅	1pm 7
	☽☌♇	2 12
	☽⚺♆	5 26
	☉☌☿	6 17
	☽⚺♃	10 13
4 Su	☉△☽	0am54
	☽△☿	1 17
	☽⚺♄	6 44
	☽∠♂	10 33
	☿∠♀	12pm29
	☽∥♃	1 30
	☉∥☿	1 33
	☽⚻♅	5 45
5 M	☿∥♅	0am 2
	☽∠♃	2 53
	☽∥♇	7 21
	☽⚻♀	9 44
	☉∥♅	9 55
	☽∥♆	10 22
	☽⚺♂	5pm12
	☽∥♄	6 6
	☿□♄	8 41
6 T	☽⚺♇	0am20
	☽#☿	0 46
	☉#☽	3 13
	☽☌♆	3 49
	☽#♅	4 35
	☽⚹♃	8 19
	♀⚼♄	11 21
	☉□☽	5pm 3
	☽☌♄	6 0
	☽⚼♀	6 40
	☽□☿	9 14
7 W	☽∥♂	0am24
	☉□♄	4 36
	♀ ♑	5 1
	☽☍♅	5 20
	☽∠♇	6 24
	☿#♄	7pm18
8 Th	☽△♀	4am 7
	☽☌♂	8 23
	☽⚹♇	12pm44
	☽⚺♆	4 21
	☽□♃	8 20
9 F	☽⚺♄	6am51
	☿□♅	10 2
	☉⚹☽	11 20
	☿⚼♇	5pm16
	☽⚻♅	6 4
	☽⚹☿	7 18
	☿#♆	9 52
	♆SR	10 33
	☽∠♆	10 38
10 S	☽∠♄	1pm 4
	☿#♇	5 16
	☉∠☽	8 10
	☉#♄	8 36
	☽□♀	10 42
	☽⚺♂	11 33
11 Su	☽⚼♅	0am 6
	☽□♇	0 59
	☽⚹♆	4 34
	☽∠☿	5 46
	☽△♃	7 53
	♀∠♅	2pm 6
	♀△♂	3 41
	☽⚹♄	6 50
	♀☍♇	11 26
12 M	☽#♂	0am10
	☉⚺☽	4 22
	☽△♅	5 37
	☽∠♂	6 22
	♂⚹♇	7 47
	☽⚼♃	12pm57
	☽⚺☿	3 26
	☉□♅	7 48
13 T	☽∥♅	0am 6
	☉⚼♇	5 18
	☽#♄	10 4
	☽△♇	11 17
	☽⚹♂	12pm30
	☽⚹♀	2 44
	☽□♆	2 47
	☉∥☽	3 9
	♀⚻♆	3 17
	☽⚻♃	5 25
	☽#♆	5 53
	☽#♇	8 49
14 W	☽□♄	4am35
	☽∥☿	10 36
	☽#♃	12pm45
	☽□♅	2 52
	☽⚼♇	3 32
	☉☌☽	6 28
	♀⚻♃	6 44
	☽∠♀	9 33
	☿#♃	11 40
15 Th	☉#♆	4am 8
	☽☌☿	8 0
	☽⚻♇	7pm13
	♂⚺♆	7 58
	☿ ♐	9 29
	☽△♆	10 38
	☽□♂	10 44
16 F	☽☍♃	0am38
	☽⚺♀	3 39
	☽△♄	12pm 0
	☉#♇	7 42
	☽⚹♅	9 53
17 S	☽⚼♆	1am47
	☉⚺☽	5 46
	♂□♃	2pm 2
	☽⚼♄	2 59
	☽⚺☿	9 26
18 Su	☽∠♅	0am42
	☽☍♇	1 10
	☽⚻♆	4 31
	☽⚻♃	5 58
	☽△♂	6 44
	☉∠☽	10 35
	☽∥☿	10 42
	☽☌♀	2pm 1
	☽⚻♄	5 33
19 M	☽#♃	0am21
	☽⚺♅	3 9
	☽∠☿	3 15
	☿⚻♇	5 49
	☽⚼♃	8 3
	☽⚼♂	10 5
	☉∥☽	10 12
	☽#♇	2pm24
	☉⚹☽	2 57
	☽#♆	5 3
20 T	☽#♄	0am18
	☽⚻♇	5 34
	☽⚹☿	8 34
	☽☍♆	8 53
	☽∥♅	9 23
	☽△♃	9 49
	☿△♆	11 23
	♀⚻♄	11 25
	☽⚻♂	1pm 2
	☿☍♃	7 9
	☽☍♄	9 40
	☽⚺♀	10 30
21 W	☽☌♅	7am 2
	☽⚼♇	7 18
	☽#♂	2pm 3
	☉□☽	10 29
22 Th	☽∠♀	2am 9
	☽△♇	8 46
	☽⚻♆	12pm 2
	☽□♃	12 30
	☽□☿	5 56
	☽☍♂	6 0
	☿□♂	6 37
	☉ ♐	8 45
23 F	☽⚻♄	0am38
	☽⚹♀	5 31
	☽⚺♅	9 53
	☽⚼♆	1pm17
24 S	☽⚼♄	1am49
	☉△☽	4 52
	☽∠♅	11 4
	☽□♇	11 8
	☽△♆	2pm24
	☽⚹♃	2 26
	♃⚹♆	5 20
	☽∥♂	8 49
	☽⚻♂	10 8
25 Su	☉#♃	0am13
	☽△☿	2 18
	☽△♄	2 57
	☉⚼☽	7 54
	☿△♄	8 30
	☽□♀	11 47
	☽⚹♅	12pm15
	♅⚼♇	1 8
	☽∠♃	3 20
	♀⚺♅	6 9
26 M	☽⚼♂	0am12
	☽#♅	3 20
	♄SR	4 39
	☽⚼☿	6 30
	☉⚻☽	11 4
	☽∥♄	12pm31
	☽⚹♇	1 29
	☿∥♀	3 30
	☽⚺♃	4 23
	☽□♆	4 49
	☽∥♆	7 40
	☽∥♇	10 12
27 T	☽△♂	2am29
	☽□♄	5 35
	♀⚼♃	7 24
	☽∥♃	10 41
	☽⚻☿	11 3
	☽∠♇	3pm 1
	☉#☽	3 5
	☽□♅	3 9
	☽△♀	6 41
	☉⚻♇	8 23
28 W	☽⚺♇	5pm 1
	☉☍☽	6 41
	☽☌♃	7 35
	☽⚹♆	8 30
	☽⚼♀	10 56
29 Th	☿⚹♅	1am41
	☉☍♃	5 24
	☽□♂	8 31
	☽⚹♄	9 49
	☉△♆	6pm46
	☽△♅	7 57
	☽☍☿	10 14
	☽∠♆	11 13
	☽#♀	11 46
30 F	☽#♀	0am28
	☽⚻♀	3 59
	☿⚼♆	6 56
	☽∠♄	12pm56
	♂⚺♄	9 8
	☽☌♇	11 0
	☽⚼♅	11 25

DECEMBER 1917

LONGITUDE

DAY	SID. TIME	☉	☽	☽ 12 Hour	MEAN ☊	TRUE ☊	☿	♀	♂	♃	♄	♅	♆	♇
	h m s	° ' "	° ' "	° ' "	° '	° '	° '	° '	° '	° '	° '	° '	° '	° '
1	4 37 7	8♐ 14 3	5♋ 31 26	11♋ 56 47	2♑ 41	1♑ 34	23♐ 3	25♑ 28	14♏ 35	6♊ 12R	14♌ 31R	20♒ 13	6♌ 59R	4♋ 59R
2	4 41 3	9 14 52	18 17 20	24 33 19	2 38	1 34	24 33	26 29	15 3	6 3	14 31	20 14	6 58	4 58
3	4 45 0	10 15 43	0♌ 45 3	6♌ 52 58	2 34	1 36	26 2	27 29	15 31	5 55	14 30	20 16	6 58	4 57
4	4 48 57	11 16 35	12 57 30	18 59 10	2 31	1 37	27 30	28 28	15 58	5 47	14 29	20 18	6 57	4 56
5	4 52 53	12 17 28	24 58 31	0♍ 56 7	2 28	1 39	28 58	29 28	16 26	5 39	14 28	20 19	6 56	4 55
6	4 56 50	13 18 23	6♍ 52 34	12 48 27	2 25	1 40R	0♑ 26	0♒ 26	16 53	5 31	14 27	20 21	6 55	4 54
7	5 0 46	14 19 19	18 44 25	24 41 3	2 22	1 40	1 52	1 25	17 20	5 23	14 26	20 23	6 54	4 53
8	5 4 43	15 20 16	0♎ 38 57	6♎ 38 40	2 19	1 39	3 17	2 22	17 47	5 15	14 25	20 25	6 54	4 52
9	5 8 39	16 21 14	12 40 47	18 45 46	2 15	1 38	4 42	3 20	18 13	5 7	14 23	20 27	6 53	4 50
10	5 12 36	17 22 13	24 54 5	1♏ 6 9	2 12	1 36	6 5	4 16	18 39	4 59	14 22	20 29	6 52	4 49
11	5 16 32	18 23 14	7♏ 22 18	13 42 48	2 9	1 34	7 26	5 12	19 5	4 52	14 20	20 31	6 51	4 48
12	5 20 29	19 24 15	20 7 52	26 37 35	2 6	1 32	8 46	6 8	19 31	4 44	14 19	20 33	6 50	4 47
13	5 24 26	20 25 18	3♐ 12 1	9♐ 51 5	2 3	1 31	10 4	7 3	19 57	4 36	14 17	20 35	6 49	4 46
14	5 28 22	21 26 21	16 34 39	23 22 30	1 59	1 30	11 19	7 58	20 22	4 29	14 15	20 37	6 48	4 45
15	5 32 19	22 27 26	0♑ 14 21	7♑ 9 51	1 56	1 30D	12 31	8 51	20 47	4 21	14 13	20 39	6 47	4 43
16	5 36 15	23 28 31	14 8 34	21 10 5	1 53	1 30	13 40	9 44	21 11	4 14	14 11	20 41	6 45	4 42
17	5 40 12	24 29 36	28 13 54	5♒ 19 34	1 50	1 30	14 45	10 37	21 36	4 7	14 8	20 44	6 44	4 41
18	5 44 8	25 30 42	12♒ 26 35	19 34 28	1 47	1 31	15 46	11 29	22 0	4 0	14 6	20 46	6 43	4 40
19	5 48 5	26 31 48	26 42 48	3♓ 51 9	1 44	1 31	16 42	12 19	22 24	3 53	14 4	20 48	6 42	4 39
20	5 52 1	27 32 54	10♓ 59 9	18 6 25	1 40	1 31	17 31	13 10	22 47	3 46	14 1	20 51	6 41	4 37
21	5 55 58	28 34 1	25 12 40	2♈ 17 36	1 37	1 31R	18 14	13 59	23 10	3 39	13 59	20 53	6 39	4 36
22	5 59 55	29 35 8	9♈ 20 59	16 22 34	1 34	1 32	18 50	14 47	23 33	3 32	13 56	20 56	6 38	4 35
23	6 3 51	0♑ 36 15	23 22 8	0♉ 19 31	1 31	1 31D	19 17	15 35	23 56	3 26	13 53	20 58	6 37	4 34
24	6 7 48	1 37 22	7♉ 14 31	14 6 57	1 28	1 31	19 35	16 22	24 18	3 19	13 50	21 0	6 36	4 33
25	6 11 44	2 38 29	20 56 38	27 43 26	1 25	1 32	19 42R	17 7	24 40	3 13	13 47	21 3	6 34	4 31
26	6 15 41	3 39 36	4♊ 27 11	11♊ 7 44	1 21	1 32	19 39	17 52	25 2	3 7	13 44	21 6	6 33	4 30
27	6 19 37	4 40 44	17 44 57	24 18 44	1 18	1 32R	19 24	18 36	25 23	3 1	13 41	21 8	6 32	4 29
28	6 23 34	5 41 51	0♋ 48 59	7♋ 15 41	1 15	1 32	18 57	19 18	25 44	2 56	13 38	21 11	6 30	4 28
29	6 27 30	6 42 59	13 38 48	19 58 21	1 12	1 32	18 19	19 59	26 4	2 50	13 34	21 14	6 29	4 27
30	6 31 27	7 44 7	26 14 24	2♌ 27 6	1 9	1 31	17 29	20 40	26 24	2 44	13 31	21 16	6 27	4 25
31	6 35 24	8♑ 45 16	8♌ 36 35	14♌ 43 6	1♑ 5	1♑ 30	16♑ 29	21♒ 18	26♏ 44	2♊ 39	13♌ 27	21♒ 19	6♌ 26	4♋ 24

DECLINATION and LATITUDE

DAY	☉	☽		☽ 12hr	☿		♀		♂		♃		♄	
	DECL	DECL	LAT	DECL	DECL	LAT	DECL	LAT	DECL	LAT	DECL	LAT	DECL	LAT
1	21S41	22N58	0S22	21N58	25S29	2S13	23S51	2S50	8N 0	2N 5	20N29	0S53	17N10	0N43
2	21 51	20 42	1 31	19 12	25 35	2 15	23 37	2 48	7 50	2 6	20 27	0 53	17 10	0 43
3	21 60	17 30	2 34	15 37	25 41	2 17	23 23	2 46	7 40	2 7	20 26	0 53	17 11	0 43
4	22 8	13 36	3 29	11 27	25 44	2 19	23 8	2 43	7 31	2 8	20 25	0 53	17 11	0 43
5	22 17	9 13	4 13	6 55	25 47	2 20	22 53	2 40	7 21	2 10	20 24	0 53	17 12	0 44
6	22 24	4 33	4 47	2 9	25 48	2 21	22 38	2 38	7 11	2 11	20 22	0 52	17 12	0 44
7	22 32	0S16	5 8	2S41	25 47	2 21	22 22	2 34	7 2	2 12	20 21	0 52	17 13	0 44
8	22 39	5 5	5 16	7 27	25 45	2 21	22 6	2 31	6 52	2 13	20 20	0 52	17 13	0 44
9	22 45	9 46	5 10	12 0	25 42	2 20	21 49	2 28	6 43	2 14	20 19	0 52	17 14	0 44
10	22 51	14 9	4 50	16 9	25 37	2 18	21 32	2 24	6 34	2 15	20 17	0 52	17 14	0 44
11	22 57	18 1	4 17	19 41	25 30	2 16	21 14	2 20	6 24	2 16	20 16	0 52	17 15	0 45
12	23 2	21 9	3 29	22 21	25 23	2 13	20 56	2 16	6 15	2 17	20 15	0 51	17 16	0 45
13	23 6	23 16	2 30	23 52	25 14	2 10	20 38	2 11	6 6	2 18	20 14	0 51	17 16	0 45
14	23 10	24 8	1 22	24 2	25 3	2 6	20 20	2 7	5 57	2 19	20 13	0 51	17 17	0 45
15	23 14	23 34	0 7	22 44	24 52	2 0	20 1	2 2	5 49	2 21	20 11	0 51	17 18	0 45
16	23 17	21 33	1N10	20 1	24 39	1 54	19 42	1 57	5 40	2 22	20 10	0 51	17 18	0 45
17	23 20	18 11	2 23	16 5	24 25	1 47	19 22	1 52	5 31	2 23	20 9	0 50	17 19	0 46
18	23 22	13 45	3 28	11 13	24 10	1 39	19 3	1 46	5 23	2 24	20 8	0 50	17 20	0 46
19	23 24	8 32	4 21	5 44	23 54	1 30	18 43	1 40	5 15	2 25	20 7	0 50	17 21	0 46
20	23 26	2 52	4 57	0N 2	23 37	1 20	18 23	1 34	5 6	2 27	20 6	0 50	17 22	0 46
21	23 27	2N55	5 15	5 46	23 20	1 8	18 3	1 28	4 58	2 28	20 5	0 50	17 23	0 46
22	23 27	8 31	5 14	11 9	23 3	0 56	17 42	1 22	4 50	2 29	20 4	0 49	17 24	0 46
23	23 27	13 38	4 55	15 56	22 45	0 42	17 22	1 15	4 43	2 30	20 3	0 49	17 25	0 47
24	23 26	17 60	4 18	19 48	22 28	0 27	17 1	1 8	4 35	2 31	20 2	0 49	17 26	0 47
25	23 25	21 21	3 27	22 32	22 10	0 10	16 40	1 1	4 27	2 33	20 1	0 49	17 27	0 47
26	23 24	23 25	2 25	23 57	21 54	0N 7	16 20	0 53	4 20	2 34	19 60	0 49	17 28	0 47
27	23 22	24 9	1 16	23 60	21 38	0 25	15 59	0 45	4 13	2 35	19 59	0 48	17 29	0 47
28	23 20	23 31	0 4	22 43	21 23	0 44	15 38	0 37	4 5	2 36	19 58	0 48	17 30	0 47
29	23 17	21 39	1S 7	20 18	21 8	1 4	15 17	0 29	3 58	2 38	19 57	0 48	17 31	0 48
30	23 13	18 44	2 13	16 58	20 56	1 24	14 56	0 20	3 52	2 39	19 56	0 48	17 32	0 48
31	23S10	15N 2	3S11	12N58	20S44	1N43	14S35	0S11	3N45	2N40	19N55	0S47	17N33	0N48

DAY	♅		♆		♇	
	DECL	LAT	DECL	LAT	DECL	LAT
1	15S26	0S43	18N22	0S10	18N46	4S36
5	15 24	0 43	18 23	0 10	18 46	4 36
9	15 21	0 43	18 24	0 10	18 46	4 36
13	15 18	0 42	18 25	0 10	18 46	4 36
17	15 15	0 42	18 26	0 10	18 47	4 36
21	15 12	0 42	18 27	0 10	18 47	4 35
25	15 9	0 42	18 28	0 10	18 47	4 35
29	15S 6	0S42	18N30	0S10	18N48	4S35

☽ PHENOMENA	
d h m	
6 14 14	☾
14 9 17	●
21 6 7	☽
28 9 52	○
d h ° '	
6 23 0	
14 3 24S 8	
20 12 0	
27 1 24N 9	
8 2 5S16	
15 2 0	
21 11 5N17	
28 1 0	

VOID OF COURSE ☽ LAST ASPT	☽ INGRESS
2 5pm 6	2 ♌ 10pm32
5 9am10	5 ♍ 10am 7
6 9pm 2	7 ♎ 10pm42
9 3pm21	10 ♏ 9am52
12 0am47	12 ♐ 6pm11
14 9am17	14 ♑ 11pm35
16 12pm24	17 ♒ 3am 0
18 11pm40	19 ♓ 5am31
21 6am 7	21 ♈ 8am 7
22 7pm51	23 ♉ 11am26
25 6am46	25 ♊ 4pm 3
27 2pm21	27 ♋ 10pm29
30 0am20	30 ♌ 7am15

d h	
6 14	APOGEE
18 22	PERIGEE

DAILY ASPECTARIAN

Day	Aspect	Time
1 S	☽⊻♃	1am14
	☽⊻♆	2 43
	☉⊼☽	5 29
	☉#☽	1pm55
	☽⊻♄	4 50
	☽⚹♂	5 37
2 Su	☽∥♃	2am 5
	☽⊼♅	3 44
	☽∠♃	5 14
	☉⚼☽	12pm25
	☽⊼☿	1 37
	☽∥♇	3 11
	☽☍♀	5 6
	☽∥♆	5 59
	☽∠♂	11 31
3 M	☽∥♄	2am 4
	☽⊻♇	8 12
	☽⚹♃	10 0
	☽☌♆	12pm 9
	☽#♅	1 17
	☉△☽	8 22
	☽⚼☿	10 59
4 T	☽☌♄	3am 2
	☽⊻♂	6 13
	☽∠♇	1pm52
	☽☍♅	2 39
5 W	☿⚼♄	8am 5
	☽△☿	9 10
	☽⊼♀	9 50
	☽∥♂	10 6
	♀ ♒	1pm14
	☿ ♑	4 57
	☽⚹♇	8 0
	☽□♃	9 17
6 Th	☽⊻♆	0am 6
	☿⊻♀	0 37
	☉∥♀	1pm48
	☉□☽	2 14
	☽⊻♄	3 18
	☽⚼♀	6 52
	☽☌♂	9 2
7 F	☉△♄	2am33
	☽⊼♅	3 20
	☽∠♆	6 23
	☽∠♄	9pm31
8 S	☽△♀	3am45
	☽□☿	6 0
	☽□♇	8 25
	☽#♂	8 44
	☽△♃	9 7
	☽⚼♅	9 34
	☽⚹♆	12pm29
	♀⚼♂	6 54
9 Su	☿☍♇	2am27
	☽⚹♄	3 22
	☿⊼♃	6 41
	☉⚹☽	7 55
	☽⊻♂	11 20
	☿∠♅	1pm18
	☽⚼♃	2 30
	☽△♅	3 21
10 M	☽∥♅	7am 1
	☿⊼♆	1pm35
	♀⊼♇	1 47
	☉∠☽	3 43
	♀△♃	4 9
	☽∠♂	5 30
	☽#♄	6 54
	☽△♇	7 6
	☽⊼♃	7 15
	☽□♀	7 33
	☽□♆	11 0
11 T	☽⚹☿	0am 8
	☽#♆	2 40
	☽#♇	5 14
	♃⊻♇	12pm42
	☽□♄	1 9
	☽#♃	4 27
	☽∥♀	10 22
	☉⊻☽	10 32
	☽⚹♂	10 49
	☽⚼♇	11 21
12 W	☽□♅	0am47
	☉□♂	4 35
	☽∠☿	7 29
	♀☍♆	5pm48
	☉#☽	9 29
13 Th	☽☍♃	2am31
	☽⊼♇	2 50
	☉⚹♅	3 55
	☽△♆	6 31
	☽⚹♀	7 29
	☽⊻☿	1pm40
	☽△♄	7 52
14 F	☽□♂	6am55
	☽⚹♅	7 10
	☉⚼♆	8 13
	☽⚼♆	9 12
	☉☌☽	9 17
	♀#♃	9 40
	☽∠♀	12pm 4
	♂⊼♅	4 4
	☽⚼♄	10 13
15 S	☉∥☽	5am12
	☽⊼♃	7 5
	☽☍♇	7 46
	☽∠♅	9 25
	☽⊼♆	11 19
	☽⊻♀	3pm56
	☽☌☿	11 7
16 Su	☽⊼♄	0am 4
	☽⚼♃	8 38
	☿⊼♄	10 42
	☽#♃	10 58
	☽⊻♅	11 13
	☽△♂	12pm24
	☽∥♀	3 42
	☉⊻☽	5 10
	☽#♇	8 21
	☽#♆	10 32
17 M	☽#♄	5am 7
	♂∠♆	8 3
	☽△♃	9 52
	☽⊼♇	10 54
	☽☍♆	2pm22
	☽⚼♂	2 33
	☽∥♅	4 25
	☉∠☽	8 30
	☽☌♀	10 16
18 T	☽☍♄	2am47
	☽⊻☿	6 0
	☽⚼♇	12pm 8
	☽☌♅	2 3
	☽⊼♂	4 32
	♀#♇	7 25
	☉⚹☽	11 40
19 W	☽∠☿	8am54
	☽□♃	11 57
	☽△♇	1pm19
	☽#♂	2 24
	☽⊼♆	4 46
	♀#♆	7 34
20 Th	☽⊻♀	3am53
	☽⊼♄	5 6
	☽⚹☿	11 38
	☉∥☿	3pm37
	☽⊻♅	4 40
	☽⚼♆	6 0
	☽☍♂	8 28
	♀☍♄	11 50
21 F	☉□☽	6am 7
	☽⚼♄	6 21
	☽∠♀	6 46
	☽∥♂	8 26
	☉⚼♄	9 15
	☿⚼♃	1pm25
	☽⚹♃	2 11
	☽□♇	3 54
	☽∠♅	6 9
	☽△♆	7 23
22 S	☽△♄	7am48
	☉ ♑	9 46
	☽⚹♀	9 51
	☽∠♃	3pm35
	☽□☿	4 47
	☽⚹♅	7 51
	♀#♄	8 51
	☉∠♀	9 51
23 Su	☽⊼♂	1am 0
	☽#♅	7 56
	☉△☽	1pm28
	☽⊻♃	5 15
	☽#♀	6 38
	☽⚹♇	7 19
	☽∥♄	8 34
	☽□♆	10 52
24 M	☽∥♆	3am 0
	☽⚼♂	3 41
	☽∥♇	5 4
	☽□♄	11 28
	☽∥♃	1pm36
	☽□♀	4 53
	☉⚼☽	5 43
	☽∠♇	9 30
	☽△☿	9 48
25 T	☽□♅	0am11
	☿SR	4 51
	☽△♂	6 46
	☽#☿	7 15
	☉⊼♃	12pm25
	☽☌♃	9 38
	☉⊼☽	10 28
	☉#☽	11 48
26 W	☽⊻♇	0am 5
	☽⚼☿	0 21
	☽⚹♆	3 45
	☽⚹♄	4pm39
	☉☍♇	7 28
27 Th	☽△♀	1am37
	☽⊼☿	2 56
	☽△♅	6 12
	☽∠♆	6 53
	☽□♂	2pm21
	☿⊻♀	5 10
	☽∠♄	7 58
28 F	☉#☽	3am23
	☽⊻♃	3 53
	♀⚼♇	5 27
	☽☌♇	6 46
	☽⚼♀	6 51
	☉☍☽	9 52
	☽⚼♅	10 1
	☽⊻♆	10 34
	☉∠♅	11 56
	☉⊼♆	6pm34
	☽⊻♄	11 52
29 S	☽#☿	5am13
	☽∠♃	7 52
	☽☍☿	8 20
	☽⊼♀	12pm43
	♀∥♅	1 27
	☽⊼♅	2 27
	☽∥♃	2 56
	☿⚼♃	4 11
	☽∥♇	11 35
30 Su	☽⚹♂	0am20
	☽∥♆	1 41
	☽∥♄	8 16
	☽⚹♃	12pm28
	☽⊻♇	3 48
	☽☌♆	7 45
	☽#♅	11 50
31 M	☉⊼☽	0am19
	♀☌♅	0 27
	☽#♀	2 56
	☽∠♂	6 18
	☽☌♄	9 28
	☽⊼☿	2pm10
	☽∠♇	9 14

JANUARY 1918

LONGITUDE

DAY	SID. TIME	☉	☽	☽ 12 Hour	MEAN ☊	TRUE ☊	☿	♀	♂	♃	♄	♅	♆	♇
	h m s	° ' "	° ' "	° ' "	° '	° '	° '	° '	° '	° '	° '	° '	° '	° '
1	6 39 20	9♑46 24	20♌46 54	26♌48 19	1♑ 2	1♑29R	15♑20R	21♒56	27♍ 4	2♊34R	13♌24R	21♒22	6♌25R	4♋23R
2	6 43 17	10 47 32	2♍47 43	8♍45 30	0 59	1 28	14 5	22 32	27 23	2 29	13 20	21 25	6 23	4 22
3	6 47 13	11 48 41	14 42 8	20 38 7	0 56	1 27	12 45	23 7	27 41	2 24	13 16	21 27	6 22	4 20
4	6 51 10	12 49 51	26 33 59	2♎30 15	0 53	1 26	11 24	23 41	27 59	2 20	13 13	21 30	6 20	4 19
5	6 55 6	13 51 0	8♎27 32	14 26 23	0 50	1 25D	10 4	24 13	28 17	2 15	13 9	21 33	6 19	4 18
6	6 59 3	14 52 9	20 27 26	26 31 15	0 46	1 25	8 47	24 43	28 35	2 11	13 5	21 36	6 17	4 17
7	7 2 59	15 53 19	2♏38 26	8♏49 32	0 43	1 26	7 36	25 12	28 52	2 7	13 1	21 39	6 15	4 16
8	7 6 56	16 54 29	15 5 4	21 25 32	0 40	1 27	6 32	25 39	29 8	2 3	12 57	21 42	6 14	4 14
9	7 10 53	17 55 38	27 51 20	4♐22 49	0 37	1 28	5 38	26 4	29 24	2 0	12 52	21 45	6 12	4 13
10	7 14 49	18 56 48	11♐ 0 14	17 43 41	0 34	1 30	4 52	26 28	29 39	1 56	12 48	21 48	6 11	4 12
11	7 18 46	19 57 58	24 33 13	1♑28 42	0 31	1 31R	4 17	26 50	29 55	1 53	12 44	21 51	6 9	4 11
12	7 22 42	20 59 8	8♑29 51	15 36 17	0 27	1 30	3 51	27 10	0♎ 9	1 50	12 40	21 54	6 7	4 10
13	7 26 39	22 0 17	22 47 26	0♒ 2 38	0 24	1 29	3 35	27 27	0 23	1 47	12 35	21 57	6 6	4 9
14	7 30 35	23 1 26	7♒21 5	14 41 54	0 21	1 27	3 28D	27 43	0 37	1 44	12 31	22 1	6 4	4 8
15	7 34 32	24 2 34	22 4 10	29 26 56	0 18	1 24	3 30	27 57	0 50	1 42	12 26	22 4	6 3	4 6
16	7 38 29	25 3 42	6♓49 16	14♓10 18	0 15	1 21	3 40	28 8	1 2	1 40	12 22	22 7	6 1	4 5
17	7 42 25	26 4 48	21 29 15	28 45 23	0 11	1 18	3 57	28 17	1 14	1 38	12 17	22 10	5 59	4 4
18	7 46 22	27 5 54	5♈58 11	13♈ 7 11	0 8	1 16	4 22	28 24	1 25	1 36	12 12	22 13	5 58	4 3
19	7 50 18	28 7 0	20 12 4	27 12 38	0 5	1 14D	4 52	28 29	1 36	1 34	12 8	22 16	5 56	4 2
20	7 54 15	29 8 4	4♉ 8 48	11♉ 0 35	0 2	1 14	5 28	28 31R	1 46	1 33	12 3	22 20	5 54	4 1
21	7 58 11	0♒ 9 7	17 48 2	24 31 18	29♐59	1 15	6 9	28 30	1 56	1 31	11 58	22 23	5 53	4 0
22	8 2 8	1 10 9	1♊10 33	7♊45 58	29 56	1 17	6 54	28 27	2 5	1 30	11 54	22 26	5 51	3 59
23	8 6 4	2 11 11	14 17 46	20 46 10	29 52	1 18	7 44	28 22	2 14	1 29	11 49	22 30	5 49	3 58
24	8 10 1	3 12 12	27 11 21	3♋33 30	29 49	1 19R	8 37	28 14	2 21	1 29	11 44	22 33	5 48	3 57
25	8 13 58	4 13 11	9♋52 47	16 9 22	29 46	1 18	9 34	28 3	2 29	1 28	11 39	22 36	5 46	3 56
26	8 17 54	5 14 9	22 23 23	28 34 58	29 43	1 16	10 34	27 50	2 35	1 28D	11 34	22 40	5 44	3 54
27	8 21 51	6 15 7	4♌44 12	10♌51 15	29 40	1 12	11 37	27 35	2 41	1 28	11 29	22 43	5 42	3 53
28	8 25 47	7 16 4	16 56 13	22 59 15	29 36	1 7	12 42	27 17	2 46	1 28	11 25	22 46	5 41	3 52
29	8 29 44	8 17 0	29 0 29	5♍ 0 8	29 33	1 0	13 49	26 56	2 51	1 29	11 20	22 50	5 39	3 51
30	8 33 40	9 17 54	10♍58 25	16 55 33	29 30	0 52	14 59	26 33	2 55	1 29	11 15	22 53	5 37	3 51
31	8 37 37	10♒18 48	22♍51 52	28♍47 40	29♐27	0♑45	16♑10	26♒ 8	2♎58	1♊30	11♌10	22♒56	5♌36	3♋50

DECLINATION and LATITUDE

DAY	☉ DECL	☽ DECL	☽ LAT	☽ 12hr DECL	☿ DECL	☿ LAT	♀ DECL	♀ LAT	♂ DECL	♂ LAT	♃ DECL	♃ LAT	♄ DECL	♄ LAT
1	23S 5	10N46	4S 0	8N30	20S33	2N 1	14S14	0S 2	3N38	2N42	19N55	0S47	17N34	0N48
2	23 1	6 9	4 38	3 46	20 24	2 19	13 53	0N 7	3 32	2 43	19 54	0 47	17 36	0 48
3	22 55	1 22	5 3	1S 3	20 17	2 34	13 33	0 17	3 26	2 44	19 53	0 47	17 37	0 48
4	22 50	3S27	5 15	5 50	20 10	2 48	13 12	0 27	3 20	2 45	19 53	0 47	17 38	0 49
5	22 44	8 10	5 14	10 26	20 6	2 59	12 52	0 38	3 14	2 47	19 52	0 46	17 39	0 49
6	22 37	12 37	4 59	14 41	20 2	3 8	12 32	0 48	3 8	2 48	19 51	0 46	17 41	0 49
7	22 30	16 38	4 31	18 25	20 0	3 14	12 12	0 59	3 3	2 50	19 51	0 46	17 42	0 49
8	22 23	20 1	3 49	21 24	19 60	3 18	11 52	1 11	2 57	2 51	19 50	0 46	17 43	0 49
9	22 15	22 32	2 55	23 23	20 1	3 19	11 33	1 22	2 52	2 52	19 50	0 45	17 45	0 49
10	22 7	23 56	1 51	24 8	20 3	3 19	11 13	1 34	2 47	2 54	19 49	0 45	17 46	0 49
11	21 58	23 59	0 38	23 27	20 7	3 16	10 55	1 46	2 43	2 55	19 49	0 45	17 47	0 50
12	21 49	22 32	0N38	21 16	20 12	3 12	10 36	1 59	2 38	2 56	19 49	0 45	17 49	0 50
13	21 39	19 38	1 55	17 42	20 18	3 6	10 18	2 11	2 34	2 58	19 48	0 44	17 50	0 50
14	21 29	15 28	3 5	12 59	20 25	2 60	10 1	2 24	2 30	2 59	19 48	0 44	17 51	0 50
15	21 19	10 19	4 3	7 30	20 32	2 52	9 43	2 38	2 26	3 1	19 48	0 44	17 53	0 50
16	21 8	4 35	4 46	1 37	20 40	2 44	9 27	2 51	2 22	3 2	19 47	0 44	17 54	0 50
17	20 57	1N22	5 9	4N18	20 49	2 35	9 11	3 5	2 19	3 4	19 47	0 43	17 56	0 50
18	20 45	7 9	5 13	9 54	20 57	2 25	8 55	3 19	2 16	3 5	19 47	0 43	17 57	0 50
19	20 33	12 29	4 57	14 52	21 6	2 16	8 41	3 33	2 13	3 6	19 47	0 43	17 58	0 51
20	20 20	17 2	4 24	18 58	21 15	2 6	8 26	3 47	2 10	3 8	19 47	0 43	17 60	0 51
21	20 8	20 36	3 36	21 57	21 23	1 56	8 13	4 2	2 7	3 9	19 47	0 42	18 1	0 51
22	19 54	22 58	2 38	23 41	21 31	1 46	8 0	4 16	2 5	3 11	19 47	0 42	18 3	0 51
23	19 41	24 3	1 32	24 5	21 38	1 35	7 49	4 31	2 3	3 12	19 47	0 42	18 4	0 51
24	19 27	23 48	0 23	23 12	21 45	1 25	7 38	4 45	2 1	3 14	19 47	0 42	18 6	0 51
25	19 13	22 18	0S47	21 9	21 51	1 15	7 27	5 0	1 60	3 15	19 47	0 41	18 7	0 51
26	18 58	19 44	1 52	18 7	21 57	1 5	7 18	5 15	1 59	3 17	19 48	0 41	18 9	0 51
27	18 43	16 18	2 52	14 20	22 1	0 55	7 10	5 29	1 58	3 18	19 48	0 41	18 10	0 52
28	18 28	12 13	3 43	10 1	22 5	0 46	7 2	5 43	1 57	3 19	19 48	0 41	18 12	0 52
29	18 12	7 43	4 23	5 21	22 8	0 36	6 56	5 57	1 56	3 21	19 48	0 40	18 13	0 52
30	17 56	2 58	4 51	0 33	22 10	0 27	6 51	6 11	1 56	3 22	19 49	0 40	18 14	0 52
31	17S40	1S51	5S 6	4S15	22S11	0N17	6S46	6N25	1N56	3N24	19N49	0S40	18N16	0N52

DAY	♅ DECL	♅ LAT	♆ DECL	♆ LAT	♇ DECL	♇ LAT
1	15S 3	0S42	18N31	0S10	18N48	4S35
5	14 59	0 42	18 32	0 10	18 48	4 35
9	14 55	0 42	18 34	0 10	18 49	4 34
13	14 51	0 42	18 36	0 10	18 49	4 34
17	14 47	0 42	18 37	0 10	18 50	4 33
21	14 43	0 42	18 39	0 10	18 50	4 33
25	14 38	0 42	18 41	0 10	18 51	4 33
29	14S34	0S42	18N42	0S10	18N51	4S32

☽ PHENOMENA	VOID OF COURSE ☽ LAST ASPT	☽ INGRESS
d h m	1 2am25	1 ♍ 6pm24
5 11 50 ☾	4 2am57	4 ♎ 6am57
12 22 36 ●	6 8am48	6 ♏ 6pm50
19 14 38 ☽	9 2am55	9 ♐ 3am58
27 3 14 ○	11 4am 4	11 ♑ 9am27
	13 10pm36	13 ♒ 11am56
	15 9am41	15 ♓ 12pm54
d h ° '	17 8am 9	17 ♈ 2pm 4
3 7 0	19 2pm38	19 ♉ 4pm49
10 13 24S 8	21 7pm 6	21 ♊ 9pm52
16 18 0	24 1am56	24 ♋ 5am17
23 7 24N 6	24 11pm22	26 ♌ 2pm45
30 15 0	28 7pm59	29 ♍ 1am59
	30 8am58	31 ♎ 2pm26
4 10 5S16	d h	
11 12 0	3 11 APOGEE	
17 16 5N14	15 5 PERIGEE	
24 8 0	31 5 APOGEE	
31 16 5S 9		

DAILY ASPECTARIAN

Day	Aspect	Time
1 T	☽☍♅	1am10
	☽☍♀	2 25
	☉⚼☽	8 41
	☽⚺♂	12pm51
	☽⚼☿	5 16
	☽□♃	11 23
2 W	☽⚹♇	3am 9
	☽⚺♆	7 12
	☽∥♂	1pm30
	☿⚻♄	2 12
	☉△☽	5 37
	☽△☿	8 27
	☽⚺♄	9 8
3 Th	☉☌☿	9am30
	☽∠♆	1pm26
	☽⚻♅	1 43
	☽⚻♀	5 53
	☽#♂	11 23
4 F	☽☌♂	2am57
	☽∠♄	3 18
	☉⚻♄	8 23
	☽△♃	11 35
	♂∠♄	2pm26
	☽□♇	3 38
	☽⚹♆	7 41
	☽⚼♅	8 9
5 S	☽⚼♀	1am35
	☽□☿	2 54
	☽⚹♄	9 21
	☿∠♀	11 14
	☉□☽	11 50
	☽⚼♃	5pm32
	☽∥♀	11 34
6 Su	☽△♅	2am17
	☽△♀	8 48
	☽∥♅	1pm39
	☽⚺♂	4 26
	☽⚻♃	10 59
7 M	☽△♇	3am 9
	☽□♆	7 1
	☽#♄	7 5
	☽⚹☿	8 51
	☽#♆	1pm 0
	☽#♇	2 50
	☽□♄	7 56
	☿∠♅	8 20
	☽∠♂	10 9
	☽#♃	10 34
	☽∥☿	11 49
8 T	☉⚼♃	3am16
	☉⚹☽	3 46
	☽⚼♇	7 52
	☿⚻♆	7 54
(8 T)	☽∠☿	11 22
	☽□♅	12pm34
	☽□♀	8 35
	☉∥☽	8 51
9 W	☽⚹♂	2am55
	☽☍♃	7 36
	☉∠☽	10 8
	☽⚻♇	11 42
	☽⚺☿	1pm28
	☽△♆	3 18
10 Th	☽△♄	3am13
	☉⚺☽	3pm18
	☽⚼♆	6 3
	☽⚹♅	7 15
11 F	☽⚹♀	4am 4
	☿☍♇	4 43
	☽⚼♄	5 30
	♂ ♎	8 55
	☽□♂	9 28
	☽⚻♃	12pm39
	☽☌☿	4 17
	☽☍♇	4 37
	☽⚻♆	7 58
	☽∠♅	9 17
12 S	☽∠♀	6am20
	☽⚻♄	7 0
(12 S)	☉∥☽	7 41
	☽⚼♃	2pm 1
	☽∥☿	7 33
	☉☌☽	10 36
	☽⚺♅	10 37
	☉⚺♅	10 49
	☽#♃	10 53
13 Su	☽#♇	5am15
	☽#♆	6 39
	☽⚺♀	7 53
	☽#♄	11 7
	☽△♂	12pm46
	☽△♃	2 49
	☽⚺☿	5 40
	☽⚻♇	6 43
	☽☍♆	9 54
14 M	☽∥♅	3am 9
	☿SD	6 38
	☽☍♄	8 23
	☽⚼♂	1pm41
	☽∠☿	6 10
	☽⚼♇	7 11
	☽☌♅	11 59
15 T	☽∥♀	2am43
	☉⚺☽	3 27
	☽☌♀	9 41
	☽⚻♂	2pm27
(15 T)	☽□♃	3 37
	☽⚹☿	6 47
	☽△♇	7 33
	☽⚻♆	10 41
16 W	☉∠☽	5am41
	☽⚻♄	9 0
	☽#♂	9 2
	☽⚼♆	11pm11
17 Th	☽⚺♅	1am 7
	☽∥♂	3 50
	☿☍♇	6 58
	☉⚹☽	8 9
	☉∥☿	9 19
	☽⚼♄	9 31
	☽⚺♀	11 19
	☽☍♂	4pm20
	☽⚹♃	4 44
	☽□♇	8 48
	☽□☿	9 14
	☽△♆	11 59
18 F	☽∠♅	2am 6
	☽#♀	7 20
	☽△♄	10 24
	☽∠♀	12pm33
	☽∠♃	5 50
	♂△♃	7 39
19 S	☽⚹♅	3am33
	☉⚺♀	8 56
	☽#♅	11 20
	☽⚹♀	2pm14
	☉□☽	2 38
	☽⚺♃	7 29
	☽⚻♂	7 50
	☽⚹♇	11 46
20 Su	☽△☿	2am24
	☽□♆	3 3
	☽∥♄	5 50
	♀SR	7 46
	☽∥♆	9 56
	☽∥♇	11 12
	☽□♄	1pm45
	☿⚻♆	3 13
	☽∥♃	5 46
	☉ ♒	8 25
	☉#☽	8 33
	☽⚼♂	10 27
21 M	☽∠♇	2am 7
	☽⚼☿	6 18
	☽#☿	6 59
	☽□♅	8 12
	☽□♀	7pm 6
	☉△☽	11 59
22	☽☌♃	0am36
T	☽△♂	1 40
	☽⚺♇	5 5
	☉△♃	7 48
	☽⚹♆	8 29
	☽⚻☿	11 7
	☉#♃	1pm 8
	☿∠♅	4 46
	☽⚹♄	7 27
23 W	☉△♂	1am 6
	☉⚼☽	5 48
	☽∠♆	12pm 4
	☽△♅	3 17
	☽∠♄	11 9
24 Th	☽△♀	1am56
	☽⚺♃	8 4
	☽□♂	9 50
	☉⚻☽	12pm19
	☽☌♇	12 43
	☽⚺♆	4 12
	☉⚻♇	5 10
	☽⚼♅	7 39
	☽☍☿	11 22
25 F	☽⚺♄	3am22
	☽#☿	4 47
	☽⚼♀	5 58
	☽∠♃	12pm36
	☽∥♃	11 34
26 S	☽⚻♅	0am31
	☉#☽	6 23
	☽∥♇	6 45
	☽∥♆	7 56
	☽⚻♀	10 21
	☉#♇	11 11
	☉☍♆	11 29
	☽∥♄	11 43
	♃SD	12pm49
	☽⚹♃	5 37
	☽⚹♂	7 58
	☿⚻♄	9 31
	☽⚺♇	10 21
27 Su	☽☌♆	1am54
	☉#♆	2 24
	☉☍☽	3 14
	☽#♅	10 26
	☽☌♄	1pm10
	☽⚻☿	2 48
	☿∠♀	4 54
28 M	☽∠♂	1am40
	☽∠♇	3 50
	☽☍♅	11 38
	☽☍♀	7pm59
	☉#♄	10 45
	☽⚼☿	11 35
29	☽#♀	4am 5
T	☽□♃	4 57
	☽⚺♂	7 44
	☽⚹♇	9 42
	☽⚺♆	1pm16
	☉⚻☽	8 19
30 W	☽⚺♄	0am33
	☽∥♂	5 8
	☽△☿	8 58
	☽∠♆	7pm25
31 Th	☽⚻♅	0am 9
	☽#♂	0 23
	☉⚼☽	5 25
	☽⚻♀	6 24
	☽∠♄	6 38
	☿⚼♃	6 43
	☽△♃	5pm31
	☉☍♄	6 37
	☽☌♂	8 32
	☽□♇	10 9

FEBRUARY 1918

LONGITUDE

DAY	SID. TIME	☉	☽	☽ 12 Hour	MEAN ☊	TRUE ☊	☿	♀	♂	♃	♄	♅	♆	♇
	h m s	° ' "	° ' "	° ' "	° '	° '	° '	° '	° '	° '	° '	° '	° '	° '
1	8 41 33	11♒ 19 42	4♎ 43 20	10♎ 39 18	29♐ 24	0♑ 39R	17♑ 23	25♒ 41R	3♎ 1	1♊ 31	11♌ 5R	23♒ 0	5♌ 34R	3♋ 49R
2	8 45 30	12 20 34	16 36 2	22 34 1	29 21	0 34	18 38	25 13	3 2	1 32	11 0	23 3	5 32	3 48
3	8 49 26	13 21 25	28 33 48	4♏ 35 57	29 17	0 31	19 55	24 42	3 4R	1 34	10 55	23 7	5 31	3 47
4	8 53 23	14 22 15	10♏ 41 4	16 49 45	29 14	0 29D	21 13	24 9	3 4	1 35	10 50	23 10	5 29	3 46
5	8 57 20	15 23 5	23 2 37	29 20 17	29 11	0 29	22 32	23 36	3 3	1 37	10 45	23 14	5 27	3 45
6	9 1 16	16 23 54	5♐ 43 18	12♐ 12 14	29 8	0 31	23 53	23 1	3 2	1 39	10 40	23 17	5 26	3 44
7	9 5 13	17 24 42	18 47 32	25 29 35	29 5	0 32R	25 14	22 25	3 0	1 42	10 36	23 21	5 24	3 43
8	9 9 9	18 25 29	2♑ 18 39	9♑ 14 51	29 2	0 32	26 37	21 48	2 58	1 44	10 31	23 24	5 22	3 42
9	9 13 6	19 26 15	16 18 9	23 28 19	28 58	0 31	28 1	21 11	2 54	1 47	10 26	23 27	5 21	3 42
10	9 17 2	20 27 0	0♒ 44 55	8♒ 7 17	28 55	0 28	29 26	20 34	2 50	1 49	10 21	23 31	5 19	3 41
11	9 20 59	21 27 43	15 34 35	23 5 46	28 52	0 22	0♒ 52	19 57	2 45	1 52	10 16	23 34	5 17	3 40
12	9 24 56	22 28 25	0♓ 39 38	8♓ 14 53	28 49	0 14	2 20	19 20	2 39	1 56	10 12	23 38	5 16	3 39
13	9 28 52	23 29 6	15 50 12	23 24 15	28 46	0 6	3 48	18 44	2 32	1 59	10 7	23 41	5 14	3 39
14	9 32 49	24 29 45	0♈ 55 46	8♈ 23 40	28 42	29♐ 58	5 17	18 8	2 25	2 2	10 2	23 45	5 13	3 38
15	9 36 45	25 30 22	15 46 59	23 4 57	28 39	29 51	6 47	17 34	2 17	2 6	9 58	23 48	5 11	3 37
16	9 40 42	26 30 58	0♉ 17 4	7♉ 22 57	28 36	29 46	8 18	17 0	2 8	2 10	9 53	23 52	5 10	3 37
17	9 44 38	27 31 32	14 22 28	21 15 38	28 33	29 43	9 50	16 28	1 58	2 14	9 48	23 55	5 8	3 36
18	9 48 35	28 32 4	28 2 37	4♊ 43 42	28 30	29 42D	11 22	15 58	1 48	2 19	9 44	23 59	5 6	3 35
19	9 52 31	29 32 34	11♊ 19 12	17 49 34	28 27	29 42	12 56	15 29	1 36	2 23	9 39	24 2	5 5	3 35
20	9 56 28	0♓ 33 3	24 15 13	0♋ 36 38	28 23	29 43R	14 31	15 3	1 24	2 28	9 35	24 6	5 3	3 34
21	10 0 25	1 33 30	6♋ 54 14	13 8 30	28 20	29 43	16 6	14 38	1 11	2 33	9 31	24 9	5 2	3 33
22	10 4 21	2 33 54	19 19 48	25 28 32	28 17	29 41	17 43	14 16	0 58	2 38	9 26	24 13	5 1	3 33
23	10 8 18	3 34 17	1♌ 35 2	7♌ 39 35	28 14	29 36	19 20	13 56	0 44	2 43	9 22	24 16	4 59	3 32
24	10 12 14	4 34 38	13 42 28	19 43 55	28 11	29 29	20 59	13 38	0 29	2 48	9 18	24 19	4 58	3 32
25	10 16 11	5 34 58	25 44 7	1♍ 43 15	28 8	29 19	22 38	13 23	0 13	2 54	9 14	24 23	4 56	3 31
26	10 20 7	6 35 15	7♍ 41 28	13 38 56	28 4	29 7	24 19	13 11	29♍ 57	3 0	9 10	24 26	4 55	3 31
27	10 24 4	7 35 31	19 35 47	25 32 12	28 1	28 53	26 0	13 0	29 39	3 5	9 6	24 30	4 53	3 30
28	10 28 0	8♓ 35 45	1♎ 28 21	7♎ 24 27	27♐ 58	28♐ 40	27♒ 42	12♒ 53	29♍ 22	3♊ 11	9♌ 2	24♒ 33	4♌ 52	3♋ 30

DECLINATION and LATITUDE

DAY	☉ DECL	☽ DECL	☽ LAT	☽ 12hr DECL	☿ DECL	☿ LAT	♀ DECL	♀ LAT	♂ DECL	♂ LAT	♃ DECL	♃ LAT	♄ DECL	♄ LAT
1	17S23	6S36	5S 9	8S53	22S11	0N 8	6S43	6N38	1N56	3N25	19N50	0S40	18N17	0N52
2	17 6	11 6	4 57	13 13	22 10	0S 0	6 40	6 50	1 57	3 27	19 50	0 39	18 19	0 52
3	16 49	15 13	4 33	17 5	22 7	0 9	6 39	7 2	1 58	3 28	19 51	0 39	18 20	0 52
4	16 32	18 47	3 57	20 17	22 4	0 17	6 39	7 14	1 59	3 29	19 51	0 39	18 22	0 52
5	16 14	21 35	3 9	22 38	21 59	0 25	6 39	7 25	2 0	3 31	19 52	0 39	18 23	0 52
6	15 56	23 24	2 10	23 53	21 53	0 33	6 41	7 35	2 2	3 32	19 52	0 38	18 25	0 53
7	15 37	24 1	1 3	23 50	21 46	0 41	6 44	7 44	2 4	3 33	19 53	0 38	18 26	0 53
8	15 19	23 16	0N10	22 21	21 37	0 48	6 47	7 52	2 6	3 35	19 54	0 38	18 27	0 53
9	14 60	21 4	1 24	19 26	21 28	0 55	6 51	7 60	2 9	3 36	19 55	0 38	18 29	0 53
10	14 41	17 28	2 35	15 13	21 17	1 2	6 56	8 7	2 12	3 37	19 55	0 37	18 30	0 53
11	14 21	12 42	3 38	9 59	21 5	1 8	7 2	8 12	2 15	3 38	19 56	0 37	18 32	0 53
12	14 2	7 5	4 26	4 5	20 51	1 14	7 9	8 17	2 18	3 40	19 57	0 37	18 33	0 53
13	13 42	1 2	4 56	2N 2	20 37	1 20	7 16	8 21	2 22	3 41	19 58	0 37	18 34	0 53
14	13 22	5N 2	5 6	7 57	20 21	1 26	7 24	8 24	2 26	3 42	19 59	0 37	18 36	0 53
15	13 1	10 44	4 54	13 19	20 3	1 31	7 32	8 26	2 30	3 43	19 60	0 36	18 37	0 53
16	12 41	15 41	4 24	17 48	19 45	1 36	7 41	8 27	2 35	3 44	20 1	0 36	18 38	0 53
17	12 20	19 38	3 38	21 9	19 25	1 41	7 50	8 27	2 40	3 45	20 2	0 36	18 40	0 53
18	11 59	22 21	2 41	23 13	19 3	1 45	7 60	8 26	2 45	3 46	20 3	0 36	18 41	0 54
19	11 38	23 45	1 37	23 56	18 41	1 49	8 9	8 24	2 50	3 47	20 4	0 35	18 42	0 54
20	11 17	23 49	0 29	23 22	18 17	1 53	8 19	8 22	2 56	3 48	20 5	0 35	18 43	0 54
21	10 56	22 38	0S38	21 37	17 52	1 56	8 29	8 19	3 1	3 49	20 6	0 35	18 45	0 54
22	10 34	20 22	1 43	18 53	17 25	1 59	8 39	8 15	3 8	3 50	20 8	0 35	18 46	0 54
23	10 12	17 12	2 41	15 20	16 57	2 2	8 49	8 10	3 14	3 50	20 9	0 35	18 47	0 54
24	9 50	13 20	3 31	11 13	16 28	2 4	8 59	8 5	3 20	3 51	20 10	0 34	18 48	0 54
25	9 28	8 60	4 12	6 42	15 57	2 6	9 9	7 59	3 27	3 51	20 11	0 34	18 49	0 54
26	9 6	4 21	4 41	1 57	15 25	2 7	9 19	7 52	3 34	3 52	20 13	0 34	18 50	0 54
27	8 44	0S26	4 57	2S50	14 52	2 8	9 28	7 45	3 41	3 52	20 14	0 34	18 52	0 54
28	8S21	5S11	5S 1	7S30	14S17	2S 9	9S38	7N38	3N49	3N53	20N15	0S33	18N53	0N54

DAY	♅ DECL	♅ LAT	♆ DECL	♆ LAT	♇ DECL	♇ LAT
1	14S31	0S42	18N44	0S10	18N52	4S32
5	14 26	0 42	18 45	0 10	18 53	4 31
9	14 22	0 42	18 47	0 10	18 53	4 31
13	14 17	0 42	18 49	0 10	18 54	4 30
17	14 12	0 42	18 50	0 10	18 54	4 30
21	14 8	0 42	18 52	0 10	18 55	4 29
25	14S 3	0S42	18N53	0S10	18N56	4S29

☽ PHENOMENA

d	h	m	
4	7	52	☾
11	10	4	●
18	0	57	☽
25	21	35	○

d	h	°	'
6	23	24S	1
13	4	0	
19	13	23N57	
26	22	0	

d	h		
7	21	0	
13	22	5N	6
20	10	0	
27	18	5S	1

VOID OF COURSE ☽

LAST ASPT	☽ INGRESS
2 4pm36	3 ♏ 2am52
5 1am 1	5 ♐ 1pm15
7 8am12	7 ♑ 7pm57
9 9pm37	9 ♒ 10pm46
11 12pm48	11 ♓ 10pm57
12 4am44	13 ♈ 10pm31
15 5pm14	15 ♉ 11pm31
18 0am57	18 ♊ 3am30
19 11pm42	20 ♋ 10am51
20 5pm37	22 ♌ 8pm53
24 9pm17	25 ♍ 8am33
27 7pm50	27 ♎ 9pm 1

d	h	
12	11	PERIGEE
27	15	APOGEE

DAILY ASPECTARIAN

Day	Aspect	Time
1 F	☽∥♀	0am36
	☽✶♆	1 42
	☽⚼♅	6 40
	☽⚼♀	11 37
	☽✶♄	12pm47
	☉△☽	2 36
	☽⚼♃	11 53
2 S	☽□☿	4am36
	☽△♅	1pm 3
	☽△♀	4 36
	☽∥♅	7 27
3 Su	☽⚻♃	5am59
	☽⚺♂	8 57
	☉∥☽	9 29
	☽△♇	10 22
	☽□♆	1pm46
	☽#♄	8 54
	♂SR	11 3
	☽#♆	11 46
4 M	☽□♄	0am18
	☽#♇	0 42
	☉□☽	7 52
	☽#♃	8 23
	☽∠♂	2pm24
	☽⚼♇	3 44
	☽✶☿	10 54
5 T	☽□♅	0am21
	☽□♀	1 1
	☽∥☿	4 5
	☿⚺♅	1pm 0
	☿⚺♀	1 18
	♀☌♅	1 55
	☽☍♃	4 21
	☽✶♂	6 59
	☽⚻♇	8 17
	☽△♆	11 27
6 W	☽∠☿	6am33
	☽△♄	9 8
	☉✶☽	9pm18
7 Th	☽⚼♆	2am53
	☽✶♀	6 14
	☽✶♅	8 12
	☽⚼♄	12pm 6
	☽⚺☿	12 51
	☉⚼♂	1 32
	☽⚻♃	10 59
8 F	☽□♂	1am 8
	☉∠☽	2 6
	☽☍♇	2 26
	☽⚻♆	5 19
	☉⚼♇	6 38
	☽∠♀	7 28
	☽∠♅	10 35
	☽⚻♄	2pm 5
	☽∥☿	8 22
9 S	☽⚼♃	0am48
	☉⚺☽	5 40
	☽⚺♀	7 52
	☽#♃	8 41
	☽⚺♅	12pm 1
	☽#♇	3 32
	☽#♆	4 9
	☽#♄	5 57
	☽☌☿	9 37
10 Su	☉☌♀	1am46
	☽△♃	1 46
	☽△♂	3 23
	☽⚻♇	4 47
	☽☍♆	7 26
	☿ ♒	9 24
	☽☍♄	3pm31
	☉∥☽	3 41
	☽∥♅	4 22
11 M	☉∥♅	2am39
	☽⚼♂	3 27
	☽⚼♇	4 56
	☽☌♀	6 43
	☉☌☽	10 4
	☽☌♅	12pm48
	☿△♃	5 8
	☽∥♀	11 46
12 T	☽□♃	2am 1
	☽⚺☿	2 55
	☽⚻♂	3 8
	☽△♇	4 44
	☿△♂	4 59
	☽⚻♆	7 16
	☽⚻♄	3pm 0
	☽#♂	6 50
	☿⚻♇	9 34
13 W	♀⚼♇	3am27
	☽⚺♀	4 24
	☉☌♅	5 8
	☽∠☿	5 12
	☽⚼♆	6 58
	☽⚺♅	12pm30
	☉⚺☽	1 0
	☽∥♂	1 29
	☽⚼♄	2 39
	☿☍♆	10 56
14 Th	☽✶♃	1am47
	☽☍♂	2 22
	☽∠♀	3 24
	☽⚼♇	4 20
	☽△♆	6 52
	☽✶☿	7 46
	☽#♀	9 54
	☽∠♅	12pm37
	☽△♄	2 35
	☉∠☽	2 47
15 F	☽∠♃	2am10
	☽✶♀	2 48
	☿#♃	4 22
	☉#☽	9 55
	☽✶♅	1pm15
	♀⚼♂	4 10
	☽#♅	4 29
	☉✶☽	5 14
	♂△♃	7 51
16 S	☽⚻♂	3am 4
	☽⚺♃	3 11
	☽✶♇	5 36
	☽□♆	8 13
	☽□☿	3pm13
	☽□♄	4 11
	☽∥♄	5 23
	☽∥♆	6 35
	☽∥♇	7 3
	☽#☿	10 38
	☿☍♄	11 41
17 Su	☽∥♃	3am 0
	☽□♀	3 30
	☽⚼♂	4 27
	☽∠♇	7 20
	☽□♅	4pm45
18 M	☉□☽	0am57
	☽△♂	6 37
	☽☌♃	7 41
	☿#♇	9 37
	☽⚺♇	9 56
	☽✶♆	12pm40
	☿#♆	1 39
	☽✶♄	8 58
	☿#♄	10 47
19 T	☽△☿	3am22
	☽△♀	7 25
	☉ ♓	10 53
	☽∠♆	4pm10
	☽△♅	11 42
20 W	☽∠♄	0am37
	☿☌♀	6 24
	☽⚼♀	10 35
	☽⚼☿	11 21
	☉△☽	12pm55
	☽□♂	1 17
	☽⚺♃	3 37
	☉⚻♂	4 47
	☽☌♇	5 37
	☽⚺♆	8 26
21 Th	☿⚼♂	1am 7
	☽⚼♅	4 20
	☽⚺♄	4 58
	☽⚻♀	2pm27
	☉⚼☽	8 16
	☽⚻☿	8 23
	☽∠♃	8 40
22 F	☉□♃	1am39
	☽∥♃	2 1
	☽⚻♅	9 34
	☽∥♇	11 41
	☽∥♆	12pm 4
	☿⚼♇	12 16
	☽∥♄	12 48
	☽✶♂	10 21
	☉△♇	11 14
23 S	☽#☿	1am54
	☽✶♃	2 15
	☽⚺♇	3 51
	☉⚻☽	4 16
	☽☌♆	6 42
	☽☌♄	3pm17
	☽#♅	7 40
	☽☍♀	11 52
24 Su	☽∠♂	3am27
	☉⚻♆	8 57
	☽∠♇	9 36
	☽☍☿	4pm48
	☉#☽	9 14
	☽☍♅	9 17
	☽#♀	11 11
25 M	☽⚺♂	8am47
	☉∥♀	2pm15
	☽□♃	2 29
	☽✶♇	3 36
	☽⚺♆	6 26
	♂ ♍	6 49
	☉☍☽	9 35
26 T	☿☌♅	1am53
	☽⚺♄	2 56
	☽∥♂	3 48
	☽⚻♀	10 53
27 W	☽∠♆	0am36
	☽∠♄	9 2
	☽⚻♅	9 56
	☽⚻☿	3pm 6
	☽#♂	4 48
	☽⚼♀	4 48
	☽☌♂	7 50
28 Th	☽△♃	3am30
	☽□♇	4 6
	☽✶♆	6 51
	☉⚻♄	9 40
	☿∥♅	11 59
	☽✶♄	3pm11
	☉∥☽	3 15
	☉⚻☽	3 44
	☽⚼♅	4 25
	☿⚻♂	7 38
	☽△♀	10 53

LONGITUDE

DAY	SID. TIME	☉	☽	☽ 12 Hour	MEAN ☊	TRUE ☊	☿	♀	♂	♃	♄	♅	♆	♇
	h m s	° ' "	° ' "	° ' "	° '	° '	° '	° '	° '	° '	° '	° '	° '	° '
1	10 31 57	9♓ 35 57	13♎ 20 44	19♎ 17 28	27♐ 55	28♐ 28R	29♒ 26	12♒ 47R	29♍ 4R	3♊ 18	8♌ 58R	24♒ 36	4♌ 51R	3♋ 30R
2	10 35 53	10 36 8	25 14 58	1♏ 13 36	27 52	28 17	1♓ 10	12 44D	28 45	3 24	8 54	24 40	4 49	3 29
3	10 39 50	11 36 17	7♏ 13 47	13 15 57	27 48	28 10	2 56	12 44	28 25	3 31	8 50	24 43	4 48	3 29
4	10 43 47	12 36 25	19 20 37	25 28 17	27 45	28 5	4 42	12 46	28 5	3 37	8 46	24 46	4 47	3 28
5	10 47 43	13 36 31	1♐ 39 34	7♐ 55 0	27 42	28 3D	6 30	12 51	27 45	3 44	8 43	24 50	4 46	3 28
6	10 51 40	14 36 36	14 15 14	20 40 49	27 39	28 2	8 19	12 57	27 24	3 51	8 39	24 53	4 44	3 28
7	10 55 36	15 36 39	27 12 20	3♑ 50 17	27 36	28 3R	10 9	13 6	27 2	3 58	8 36	24 56	4 43	3 28
8	10 59 33	16 36 40	10♑ 35 7	17 27 10	27 33	28 2	12 0	13 18	26 40	4 5	8 33	25 0	4 42	3 27
9	11 3 29	17 36 40	24 26 37	1♒ 33 30	27 29	28 0	13 52	13 31	26 18	4 13	8 29	25 3	4 41	3 27
10	11 7 26	18 36 38	8♒ 47 37	16 8 32	27 26	27 55	15 45	13 46	25 56	4 20	8 26	25 6	4 40	3 27
11	11 11 22	19 36 34	23 35 38	1♓ 8 1	27 23	27 48	17 39	14 4	25 33	4 28	8 23	25 10	4 39	3 27
12	11 15 19	20 36 29	8♓ 44 32	16 23 53	27 20	27 38	19 34	14 23	25 10	4 36	8 20	25 13	4 38	3 27
13	11 19 16	21 36 22	24 4 39	1♈ 45 17	27 17	27 26	21 30	14 45	24 46	4 44	8 17	25 16	4 37	3 26
14	11 23 12	22 36 12	9♈ 24 19	17 0 18	27 14	27 15	23 27	15 8	24 23	4 52	8 14	25 19	4 35	3 26
15	11 27 9	23 36 1	24 31 58	1♉ 58 14	27 10	27 5	25 25	15 32	23 59	5 1	8 12	25 22	4 34	3 26
16	11 31 5	24 35 47	9♉ 18 15	16 31 25	27 7	26 57	27 24	15 59	23 36	5 9	8 9	25 25	4 34	3 26
17	11 35 2	25 35 32	23 37 21	0♊ 35 56	27 4	26 52	29 23	16 27	23 12	5 18	8 7	25 29	4 33	3 26
18	11 38 58	26 35 14	7♊ 27 11	14 11 20	27 1	26 49	1♈ 23	16 57	22 49	5 26	8 4	25 32	4 32	3 26D
19	11 42 55	27 34 54	20 48 44	27 19 51	26 58	26 49	3 23	17 28	22 25	5 35	8 2	25 35	4 31	3 26
20	11 46 51	28 34 32	3♋ 45 11	10♋ 5 18	26 54	26 49	5 23	18 0	22 2	5 44	8 0	25 38	4 30	3 26
21	11 50 48	29 34 7	16 20 47	22 32 13	26 51	26 48	7 23	18 34	21 39	5 53	7 57	25 41	4 29	3 26
22	11 54 45	0♈ 33 40	28 40 9	4♌ 45 10	26 48	26 46	9 23	19 9	21 16	6 2	7 55	25 44	4 28	3 26
23	11 58 41	1 33 10	10♌ 47 44	16 48 20	26 45	26 41	11 22	19 46	20 53	6 12	7 53	25 47	4 28	3 26
24	12 2 38	2 32 39	22 47 23	28 45 16	26 42	26 33	13 20	20 24	20 30	6 21	7 52	25 50	4 27	3 26
25	12 6 34	3 32 5	4♍ 42 19	10♍ 38 49	26 39	26 23	15 16	21 3	20 8	6 30	7 50	25 53	4 26	3 27
26	12 10 31	4 31 29	16 35 1	22 31 8	26 35	26 10	17 11	21 43	19 47	6 40	7 48	25 56	4 25	3 27
27	12 14 27	5 30 51	28 27 22	4♎ 23 53	26 32	25 55	19 4	22 24	19 25	6 50	7 47	25 59	4 25	3 27
28	12 18 24	6 30 11	10♎ 20 50	16 18 22	26 29	25 41	20 54	23 6	19 4	7 0	7 45	26 1	4 24	3 27
29	12 22 20	7 29 29	22 16 40	28 15 55	26 26	25 28	22 41	23 50	18 44	7 10	7 44	26 4	4 24	3 27
30	12 26 17	8 28 44	4♏ 16 17	10♏ 18 0	26 23	25 16	24 25	24 34	18 24	7 20	7 43	26 7	4 23	3 28
31	12 30 14	9♈ 27 58	16♏ 21 21	22♏ 26 38	26♐ 20	25♐ 8	26♈ 5	25♒ 19	18♍ 5	7♊ 30	7♌ 42	26♒ 10	4♌ 22	3♋ 28

DECLINATION and LATITUDE

DAY	☉ DECL	☽ DECL	☽ LAT	☽ 12hr DECL	☿ DECL	☿ LAT	♀ DECL	♀ LAT	♂ DECL	♂ LAT	♃ DECL	♃ LAT	♄ DECL	♄ LAT
1	7S58	9S44	4S51	11S54	13S41	2S 9	9S46	7N30	3N56	3N53	20N17	0S33	18N54	0N54
2	7 36	13 57	4 29	15 52	13 4	2 8	9 55	7 22	4 4	3 53	20 18	0 33	18 55	0 54
3	7 13	17 38	3 55	19 13	12 25	2 8	10 3	7 13	4 12	3 53	20 20	0 33	18 56	0 54
4	6 50	20 37	3 10	21 47	11 45	2 7	10 11	7 5	4 20	3 53	20 21	0 33	18 57	0 54
5	6 27	22 42	2 15	23 21	11 4	2 5	10 19	6 56	4 28	3 53	20 23	0 32	18 58	0 54
6	6 4	23 43	1 12	23 46	10 21	2 3	10 26	6 47	4 36	3 53	20 24	0 32	18 59	0 54
7	5 41	23 30	0 4	22 53	9 37	2 0	10 32	6 37	4 45	3 53	20 26	0 32	18 60	0 54
8	5 17	21 56	1N 6	20 39	8 52	1 57	10 38	6 28	4 53	3 53	20 27	0 32	19 1	0 54
9	4 54	19 2	2 15	17 6	8 6	1 54	10 44	6 18	5 1	3 52	20 29	0 32	19 1	0 54
10	4 30	14 53	3 18	12 25	7 18	1 49	10 49	6 8	5 10	3 52	20 30	0 31	19 2	0 54
11	4 7	9 44	4 9	6 53	6 29	1 45	10 53	5 58	5 18	3 51	20 32	0 31	19 3	0 54
12	3 43	3 54	4 44	0 51	5 39	1 39	10 57	5 49	5 27	3 51	20 34	0 31	19 4	0 55
13	3 20	2N14	4 60	5N16	4 48	1 34	11 1	5 39	5 36	3 50	20 35	0 31	19 5	0 55
14	2 56	8 13	4 54	11 2	3 56	1 27	11 4	5 29	5 44	3 49	20 37	0 31	19 6	0 55
15	2 33	13 39	4 27	16 1	3 3	1 20	11 6	5 19	5 53	3 48	20 39	0 30	19 6	0 55
16	2 9	18 7	3 43	19 54	2 9	1 13	11 8	5 9	6 1	3 47	20 40	0 30	19 7	0 55
17	1 45	21 22	2 46	22 28	1 14	1 5	11 9	4 59	6 9	3 46	20 42	0 30	19 8	0 55
18	1 21	23 13	1 40	23 37	0 19	0 57	11 10	4 49	6 17	3 45	20 44	0 30	19 8	0 55
19	0 58	23 40	0 32	23 23	0N37	0 47	11 10	4 39	6 25	3 43	20 45	0 30	19 9	0 55
20	0 34	22 47	0S37	21 55	1 34	0 38	11 10	4 29	6 33	3 42	20 47	0 29	19 9	0 55
21	0 10	20 46	1 41	19 24	2 30	0 28	11 9	4 20	6 41	3 40	20 49	0 29	19 10	0 55
22	0N13	17 50	2 40	16 5	3 27	0 17	11 7	4 10	6 49	3 39	20 51	0 29	19 11	0 55
23	0 37	14 10	3 30	12 8	4 24	0 6	11 5	4 0	6 56	3 37	20 53	0 29	19 11	0 55
24	1 1	9 59	4 10	7 45	5 20	0N 5	11 3	3 51	7 4	3 35	20 54	0 29	19 12	0 55
25	1 24	5 28	4 39	3 7	6 16	0 16	10 59	3 42	7 11	3 33	20 56	0 29	19 12	0 55
26	1 48	0 45	4 56	1S37	7 11	0 28	10 55	3 32	7 17	3 31	20 58	0 28	19 12	0 55
27	2 11	3S58	4 59	6 17	8 5	0 40	10 51	3 23	7 24	3 29	20 60	0 28	19 13	0 55
28	2 35	8 33	4 50	10 44	8 58	0 52	10 46	3 14	7 30	3 27	21 2	0 28	19 13	0 55
29	2 58	12 49	4 28	14 47	9 49	1 4	10 40	3 5	7 36	3 25	21 3	0 28	19 14	0 55
30	3 22	16 37	3 54	18 17	10 39	1 16	10 34	2 56	7 42	3 23	21 5	0 28	19 14	0 55
31	3N45	19S45	3S 9	21S 1	11N26	1N28	10S28	2N47	7N48	3N21	21N 7	0S28	19N14	0N55

DAY	♅ DECL	♅ LAT	♆ DECL	♆ LAT	♇ DECL	♇ LAT
1	13S59	0S42	18N55	0S 9	18N56	4S28
5	13 54	0 42	18 56	0 9	18 57	4 27
9	13 50	0 42	18 57	0 9	18 58	4 27
13	13 46	0 42	18 58	0 9	18 58	4 26
17	13 41	0 42	18 59	0 9	18 59	4 26
21	13 37	0 42	19 0	0 9	18 59	4 25
25	13 33	0 42	19 1	0 9	19 0	4 24
29	13S30	0S42	19N 1	0S 9	19N 1	4S24

☽ PHENOMENA		
d	h	m
6	0	44 ☾
12	19	52 ●
19	13	30 ☽
27	15	33 ○
d	h	°
6	8	23S47
12	15	0
18	20	23N41
26	4	0
7	2	0
13	5	5N 0
19	11	0
26	19	4S60

VOID OF COURSE ☽ LAST ASPT	☽ INGRESS
1 10pm49	2 ♏ 9am32
4 4pm38	4 ♐ 8pm48
6 11pm42	7 ♑ 5am 5
9 3am 4	9 ♒ 9am23
11 2am31	11 ♓ 10am12
13 1am 4	13 ♈ 1pm15
15 1am21	15 ♉ 8am48
17 3am37	17 ♊ 10am58
19 1pm30	19 ♋ 4pm58
21 9am57	22 ♌ 2am37
24 6am 8	24 ♍ 2pm31
26 6am16	27 ♎ 3am 7
29 7am38	29 ♏ 3pm28

d	h	
12	23	PERIGEE
26	15	APOGEE

DAILY ASPECTARIAN

Day	Aspect	Time
1	☽∥♀	0am12
F	☽⚼☿	2 34
	☿ ♓	7 53
	☽⚼♃	10 5
	☽∥☿	7pm28
	☽△♅	10 49
2	☽∥♅	0am 7
S	☉⚼☽	0 46
	♄∥♆	2 26
	☽⚺♂	6 50
	☽△☿	1pm56
	♀SD	3 29
	☽⚻♃	4 30
	☽△♇	4 31
	♃⚺♇	6 5
	☽□♆	7 10
3	☽□♄	3am11
Su	☿△♇	7 26
	☿□♃	8 22
	☉△☽	9 30
	☽#♆	9 39
	☽#♄	9 46
	☽#♇	9 50
	☽□♀	10 58
	☽∠♂	11 59
	☽#♃	9pm37
	☽⚼♇	10 17
	♄∥♇	10 49
4	☿⚻♆	0am59
M	☉⚺♀	4 9
	☽□♅	10 41
	☽⚹♂	4pm38
	♀⚼♂	6 30
5	☽⚻♇	3am29
T	☽☍♃	4 2
	☽△♆	5 57
	☽□☿	10 52
	☽△♄	1pm27
	☽⚹♀	9 32
	☿∥♀	9 56
6	☉□☽	0am44
W	☿⚻♄	4 22
	☽⚼♆	10 14
	☽⚼♄	5pm25
	☽⚹♅	7 50
	☽□♂	11 42
7	☽∠♀	1am40
Th	☽☍♇	11 19
	☽⚻♃	12pm21
	☽⚻♆	1 34
	☽⚻♄	8 24
	☽∠♅	10 57
8	☽⚹☿	2am52
F	☽⚺♀	4 50
	☉⚹☽	11 22
	☽#♃	1pm25
	☽⚼♃	2 58
	☉#♂	6 19
	☿⚺♀	6 57
9	☽#♄	0am 2
S	☽#♇	0 28
	☽#♆	0 32
	☽⚺♅	1 2
	☽△♂	3 4
	☽∠☿	8 36
	☉∠☽	2pm47
	☽⚻♇	3 9
	☽△♃	4 34
	☽☍♆	5 11
	☽☍♄	11 25
10	☽⚼♂	3am25
Su	☽∥♅	5 23
	☽☌♀	8 18
	☽⚺☿	1pm 2
	☽⚼♇	3 44
	☉⚺☽	5 8
	☽∥♀	7 2
11	☉⚼♆	0am49
M	☽☌♅	2 31
	☽⚻♂	3 2
	☽△♇	3pm39
	☽∥☿	3 49
	☽□♃	5 25
	☽⚻♆	5 32
	☽#♂	5 57
	♂⚻♅	9 10
	☽⚻♄	11 22
12	☿⚼♆	0am43
T	☉∥☽	0 45
	♃⚹♆	3 58
	☿#♂	5 1
	☽⚺♀	9 3
	☽⚼♆	5pm 2
	☽☌☿	7 24
	☉☌☽	7 52
	☽⚼♄	10 46
13	☽☍♂	1am 4
W	☽⚺♅	1 52
	☉☌☿	2 36
	☉#☽	4 3
	☽#☿	8 52
	☽∠♀	9 4
	☽∥♂	1pm36
	☽□♇	2 38
	☽△♆	4 27
	☽⚹♃	4 49
	☿⚼♄	9 26
	☽△♄	10 10
	♆∥♇	10 57
14	☽∠♅	1am27
Th	☽⚹♀	9 16
	☿☍♂	9 28
	☽#♀	12pm15
	☉⚼♄	2 39
	☽∠♃	4 42
	☉⚺☽	10 24
	☽⚻♂	11 9
	☿⚺♅	11 25
15	☽#♅	0am24
F	☽⚹♅	1 21
	☽⚺☿	1 38
	☉☍♂	6 44
	☽⚹♇	2pm23
	☽□♆	4 14
	☽⚺♃	5 7
	☽□♄	10 6
	☽⚼♂	10 52
16	☉∥☿	0am14
S	☉∠☽	0 31
	☽∥♇	5 32
	☽∥♆	5 33
	☽∠☿	5 56
	☽∥♄	6 29
	☽□♀	11 28
	☽∠♇	3pm13
	☽∥♃	6 11
	☉⚺♅	9 4
	☽△♂	11 18
17	☽□♅	3am11
Su	☉⚹☽	3 37
	♂∠♄	6 27
	☿ ♈	7 24
	☽⚹☿	11 34
	☽⚺♇	4pm56
	☽⚹♆	6 52
	☽☌♃	8 25
18	☽⚹♄	1am 5
M	♇SD	6 26
	☿∠♀	9 4
	☽△♀	5pm39
	☽∠♆	9 38
19	☿□♇	0am38
T	☽□♂	2 51
	☽∠♄	4 3
	☉#☿	6 10
	☽△♅	8 48
	☿△♆	1pm28
	☉□☽	1 30
	☽⚼♀	10 32
	☽☌♇	11 24
20	☽⚺♆	1am24
W	☽□☿	3 39
	☽⚺♃	3 47
	☿⚹♃	4 31
	☽⚺♄	7 59
	☽⚼♅	1pm 5
	♀⚼♇	6 25
	☽∥♃	11 36
21	☽⚻♀	4am30
Th	☿△♄	6 45
	☽∠♃	8 54
	☽⚹♂	9 57
	☉ ♈	10 26
	☽∥♄	1pm52
	☽∥♆	3 13
	☽∥♇	3 17
	☽⚻♅	6 13
22	☉△☽	4am 3
F	☽⚺♇	9 24
	☽☌♆	11 26
	☽∠♂	2pm32
	☽⚹♃	2 44
	☿∠♅	4 45
	☽☌♄	6 14
23	☽△☿	1am21
S	☽#♅	3 29
	☉⚼☽	12pm32
	☽∠♇	3 16
	☽#♀	6 5
	☽☍♀	6 55
	☽⚺♂	7 33
24	♀⚻♂	2am39
Su	☽☍♅	6 8
	☽⚼☿	1pm19
	☽∥♂	3 16
	☽∥☿	8 30
	☉⚻☽	9 25
	☽⚹♇	9 27
	☉□♇	9 47
	☽⚺♆	11 27
25	☽□♃	3am41
M	☽⚺♄	6 18
	☉∥☽	7pm 8
	☉△♆	9 34
26	☽⚻☿	1am27
T	☿∥♂	3 6
	☽∠♆	5 44
	☽☌♂	6 16
	☽⚻♀	11 0
	☽∠♄	12pm33
	☉#☽	2 8
	☽⚻♅	6 58
27	♂∠♆	0am45
W	☿⚻♂	3 54
	☽□♇	10 5
	☽⚹♆	12pm 1
	☉☍☽	3 33
	☽△♃	5 9
	☽#♂	6 19
	☽⚹♄	6 47
	☽⚼♀	7 12
28	☽⚼♅	1am22
Th	☽#☿	2 51
	☽∥♀	11 58
	☉⚹♃	2pm24
	☿∠♃	4 10
	☽⚺♂	5 5
	☽⚼♃	11 46
29	☽☍☿	0am57
F	☽△♀	3 19
	☽∥♅	4 1
	☉△♄	5 47
	☽△♅	7 38
	☿#♀	10pm 6
	☽∠♂	10 19
	☽△♇	10 23
30	☽□♆	0am13
S	☿⚹♀	3 50
	☽⚻♃	6 11
	☽□♄	6 51
	☉⚻☽	9 8
	☽#♇	5pm47
	☽#♆	5 53
	☽#♄	7 35
31	☿⚹♅	1am16
Su	☽⚹♂	3 19
	☽⚼♇	4 10
	☽#♃	1pm15
	☉⚼☽	5 22
	☽□♀	6 49
	☽□♅	7 22
	☽⚻☿	10 0

APRIL 1918

LONGITUDE

DAY	SID. TIME	☉	☽	☽ 12 Hour	MEAN ☊	TRUE ☊	☿	♀	♂	♃	♄	♅	♆	♇
	h m s	° ' "	° ' "	° ' "	° '	° '	° '	° '	° '	° '	° '	° '	° '	° '
1	12 34 10	10♈ 27 10	28♏ 34 10	4♐ 44 21	26♐ 16	25♐ 2R	27♈ 40	26♒ 5	17♍ 46R	7♊ 40	7♌ 41R	26♒ 12	4♌ 22R	3♋ 28
2	12 38 7	11 26 21	10♐ 57 37	17 14 23	26 13	24 59D	29 12	26 52	17 28	7 51	7 40	26 15	4 21	3 29
3	12 42 3	12 25 29	23 35 9	0♑ 0 25	26 10	24 59	0♉ 38	27 40	17 10	8 1	7 39	26 18	4 21	3 29
4	12 46 0	13 24 36	6♑ 30 40	13 6 23	26 7	24 59R	1 59	28 29	16 53	8 12	7 38	26 20	4 21	3 29
5	12 49 56	14 23 41	19 47 59	26 35 51	26 4	24 59	3 15	29 18	16 37	8 23	7 38	26 23	4 20	3 30
6	12 53 53	15 22 45	3♒ 30 14	10♒ 31 19	26 0	24 58	4 25	0♓ 8	16 22	8 33	7 38	26 26	4 20	3 30
7	12 57 49	16 21 46	17 39 5	24 53 19	25 57	24 54	5 29	0 59	16 7	8 44	7 37	26 28	4 20	3 31
8	13 1 46	17 20 46	2♓ 13 39	9♓ 39 27	25 54	24 48	6 27	1 50	15 53	8 55	7 37	26 31	4 19	3 31
9	13 5 42	18 19 43	17 9 54	24 43 56	25 51	24 40	7 19	2 42	15 39	9 6	7 37D	26 33	4 19	3 32
10	13 9 39	19 18 40	2♈ 20 23	9♈ 57 52	25 48	24 31	8 5	3 35	15 27	9 17	7 37	26 35	4 19	3 32
11	13 13 36	20 17 34	17 35 1	25 10 27	25 45	24 21	8 44	4 29	15 15	9 29	7 37	26 38	4 19	3 33
12	13 17 32	21 16 26	2♉ 42 48	10♉ 10 53	25 41	24 12	9 17	5 22	15 4	9 40	7 37	26 40	4 19	3 33
13	13 21 29	22 15 16	17 33 40	24 50 20	25 38	24 6	9 44	6 17	14 53	9 51	7 37	26 43	4 19	3 34
14	13 25 25	23 14 4	2♊ 0 17	9♊ 3 8	25 35	24 1	10 3	7 12	14 44	10 3	7 38	26 45	4 18	3 34
15	13 29 22	24 12 50	15 58 42	22 47 2	25 32	23 59D	10 17	8 7	14 35	10 15	7 38	26 47	4 18D	3 35
16	13 33 18	25 11 34	29 28 17	6♋ 2 47	25 29	23 59	10 24R	9 3	14 27	10 26	7 39	26 49	4 18	3 36
17	13 37 15	26 10 15	12♋ 30 59	18 53 21	25 25	24 0	10 25	10 0	14 20	10 38	7 40	26 51	4 18	3 36
18	13 41 11	27 8 55	25 10 28	1♌ 22 55	25 22	24 0R	10 20	10 57	14 14	10 50	7 41	26 54	4 19	3 37
19	13 45 8	28 7 32	7♌ 31 19	13 36 15	25 19	24 0	10 9	11 54	14 8	11 2	7 42	26 56	4 19	3 38
20	13 49 5	29 6 6	19 38 21	25 38 9	25 16	23 58	9 53	12 52	14 3	11 14	7 43	26 58	4 19	3 38
21	13 53 1	0♉ 4 39	1♍ 36 13	7♍ 33 3	25 13	23 53	9 31	13 50	13 59	11 26	7 44	27 0	4 19	3 39
22	13 56 58	1 3 10	13 29 6	19 24 48	25 10	23 46	9 6	14 49	13 56	11 38	7 45	27 2	4 19	3 40
23	14 0 54	2 1 38	25 20 32	1♎ 16 38	25 6	23 38	8 36	15 48	13 54	11 50	7 47	27 4	4 19	3 41
24	14 4 51	3 0 4	7♎ 13 24	13 11 5	25 3	23 28	8 3	16 47	13 52	12 2	7 48	27 5	4 20	3 41
25	14 8 47	3 58 28	19 9 54	25 10 5	25 0	23 18	7 27	17 47	13 51D	12 14	7 50	27 7	4 20	3 42
26	14 12 44	4 56 51	1♏ 11 46	7♏ 15 7	24 57	23 9	6 49	18 47	13 51	12 27	7 52	27 9	4 20	3 43
27	14 16 40	5 55 12	13 20 18	19 27 28	24 54	23 2	6 10	19 47	13 52	12 39	7 53	27 11	4 21	3 44
28	14 20 37	6 53 30	25 36 43	1♐ 48 20	24 51	22 56	5 30	20 48	13 53	12 52	7 55	27 13	4 21	3 45
29	14 24 34	7 51 48	8♐ 2 24	14 19 9	24 47	22 53	4 50	21 49	13 55	13 4	7 57	27 14	4 21	3 46
30	14 28 30	8♉ 50 3	20♐ 38 48	27♐ 1 38	24♐ 44	22♐ 51D	4♉ 11	22♓ 51	13♍ 58	13♊ 17	7♌ 59	27♒ 16	4♌ 22	3♋ 47

DECLINATION and LATITUDE

DAY	☉ DECL	☽ DECL	☽ LAT	☽ 12hr DECL	☿ DECL	☿ LAT	♀ DECL	♀ LAT	♂ DECL	♂ LAT	♃ DECL	♃ LAT	♄ DECL	♄ LAT
1	4N 8	22S 3	2S15	22S49	12N12	1N39	10S21	2N38	7N53	3N19	21N 9	0S27	19N14	0N55
2	4 32	23 19	1 14	23 31	12 55	1 50	10 13	2 30	7 58	3 16	21 11	0 27	19 15	0 55
3	4 55	23 25	0 7	23 0	13 35	2 1	10 5	2 21	8 3	3 14	21 13	0 27	19 15	0 55
4	5 18	22 17	1N 1	21 14	14 13	2 11	9 56	2 13	8 7	3 12	21 14	0 27	19 15	0 55
5	5 41	19 53	2 8	18 14	14 48	2 21	9 46	2 5	8 11	3 9	21 16	0 27	19 15	0 55
6	6 3	16 18	3 9	14 7	15 20	2 29	9 36	1 57	8 15	3 7	21 18	0 27	19 15	0 55
7	6 26	11 43	4 2	9 6	15 50	2 37	9 26	1 49	8 18	3 4	21 20	0 26	19 15	0 55
8	6 49	6 20	4 40	3 26	16 16	2 44	9 15	1 41	8 22	3 2	21 22	0 26	19 15	0 55
9	7 11	0 28	5 0	2N32	16 39	2 50	9 4	1 33	8 25	2 59	21 24	0 26	19 15	0 55
10	7 34	5N31	4 60	8 25	16 58	2 55	8 52	1 26	8 27	2 56	21 26	0 26	19 15	0 55
11	7 56	11 11	4 39	13 47	17 15	2 59	8 40	1 18	8 29	2 54	21 27	0 26	19 15	0 55
12	8 18	16 8	3 58	18 13	17 28	3 2	8 27	1 11	8 31	2 51	21 29	0 26	19 15	0 55
13	8 40	19 59	3 1	21 24	17 38	3 4	8 14	1 4	8 33	2 49	21 31	0 25	19 15	0 55
14	9 2	22 26	1 55	23 7	17 45	3 4	7 60	0 57	8 34	2 46	21 33	0 25	19 15	0 55
15	9 24	23 25	0 43	23 22	17 48	3 3	7 46	0 50	8 35	2 43	21 35	0 25	19 15	0 55
16	9 45	22 58	0S29	22 15	17 48	3 1	7 31	0 43	8 36	2 41	21 37	0 25	19 15	0 55
17	10 7	21 15	1 38	19 59	17 45	2 57	7 16	0 36	8 36	2 38	21 38	0 25	19 15	0 55
18	10 28	18 30	2 39	16 50	17 38	2 52	7 1	0 29	8 36	2 35	21 40	0 25	19 14	0 55
19	10 49	14 60	3 31	13 1	17 29	2 45	6 45	0 23	8 36	2 33	21 42	0 25	19 14	0 55
20	11 10	10 56	4 13	8 45	17 16	2 37	6 28	0 17	8 35	2 30	21 44	0 24	19 14	0 55
21	11 30	6 30	4 43	4 12	17 0	2 28	6 12	0 11	8 34	2 27	21 46	0 24	19 13	0 55
22	11 51	1 52	5 1	0S29	16 42	2 17	5 55	0 5	8 33	2 25	21 47	0 24	19 13	0 55
23	12 11	2S49	5 6	5 8	16 21	2 5	5 37	0S 1	8 32	2 22	21 49	0 24	19 13	0 55
24	12 31	7 25	4 57	9 38	15 58	1 52	5 20	0 7	8 30	2 20	21 51	0 24	19 12	0 55
25	12 51	11 45	4 36	13 47	15 32	1 38	5 2	0 13	8 28	2 17	21 53	0 24	19 12	0 55
26	13 11	15 40	4 2	17 25	15 6	1 22	4 43	0 18	8 25	2 14	21 54	0 24	19 12	0 55
27	13 30	18 58	3 17	20 20	14 38	1 7	4 24	0 24	8 23	2 12	21 56	0 23	19 11	0 55
28	13 49	21 28	2 22	22 21	14 9	0 50	4 5	0 29	8 20	2 9	21 58	0 23	19 11	0 55
29	14 8	22 58	1 19	23 18	13 39	0 33	3 46	0 34	8 17	2 7	21 60	0 23	19 10	0 55
30	14N27	23S19	0S12	23S 3	13N10	0N16	3S26	0S39	8N13	2N 4	22N 1	0S23	19N 9	0N55

DAY	♅ DECL	♅ LAT	♆ DECL	♆ LAT	♇ DECL	♇ LAT
1	13S27	0S42	19N 2	0S 9	19N 1	4S23
5	13 23	0 42	19 2	0 9	19 2	4 23
9	13 20	0 42	19 2	0 9	19 2	4 22
13	13 17	0 43	19 3	0 9	19 3	4 21
17	13 14	0 43	19 3	0 9	19 3	4 21
21	13 11	0 43	19 3	0 9	19 4	4 20
25	13 9	0 43	19 3	0 9	19 4	4 20
29	13S 7	0S43	19N 2	0S 9	19N 5	4S19

☽ PHENOMENA	VOID OF COURSE ☽ LAST ASPT	☽ INGRESS
d h m	31 7pm22	1 ♐ 2am47
4 13 33 ☾	3 8am 9	3 ♑ 11am59
11 4 34 ●	4 6pm26	5 ♒ 5pm56
18 4 7 ☽	7 2pm38	7 ♓ 8pm22
26 8 5 ○	8 9pm38	9 ♈ 8pm19
	11 2pm21	11 ♉ 7pm40
d h ° '	13 3pm 9	13 ♊ 8pm37
2 14 23S31	15 7pm13	16 ♋ 0am57
9 2 0	18 4am 7	18 ♌ 9am19
15 4 23N26	20 8pm39	20 ♍ 8pm46
22 10 0	22 2am56	23 ♎ 9am25
29 19 23S21	25 3pm56	25 ♏ 9pm37
	28 3am 6	28 ♐ 8am31
3 3 0	30 12pm28	30 ♑ 5pm33
9 12 5N 3	d h	
15 14 0	10 10 PERIGEE	
22 21 5S 6	22 23 APOGEE	
30 4 0		

DAILY ASPECTARIAN

Day	Aspect	Time
1 M	♃⚹♄	0am59
	♀☌♅	3 58
	☽⚻♇	9 33
	☽△♆	11 16
	☽△♄	5pm40
	☽☍♃	5 55
	☉∠♅	7 14
2 T	☉△☽	1am 0
	☽⚼☿	7 1
	☽□♂	12pm 9
	☿ ♉	1 16
	☽⚼♆	4 1
	☿⋕♅	6 0
	☽⚼♄	10 15
3 W	☽⚹♅	5am 6
	☽⚹♀	8 9
	☽△☿	2pm43
	☽☍♇	6 26
	☽⚻♆	8 1
	☿⚼♂	10 34
4 Th	☽⚻♄	2am 4
	☽⚻♃	3 8
	☽∠♅	8 50
	☉∠♀	9 34
	☽⋕♃	11 45
	☽∠♀	1pm30
	☉□☽	1 33
	☽△♂	6 26
5 F	☽⋕♄	4am50
	☿⚹♇	4 54
	☽⋕♆	6 23
	☽⚼♃	6 25
	☽⋕♇	6 28
	☽⚺♅	11 40
	☽⚺♀	5pm47
	♀ ♓	8 11
	☽⚼♂	8 22
	☿□♆	10 12
	☽⚻♇	12 0
6 S	☽☍♆	1am26
	☽□☿	1 43
	☽⋕☿	4 55
	☽☍♄	7 4
	☽△♃	8 46
	☽∥♅	3pm53
	☉⚻♂	7 8
	☽⚻♂	9 28
	☉⚹☽	9 41
7 Su	☽⚼♇	1am26
	☽∥♀	10 52
	☽☌♅	2pm38
	☽⋕♂	3 20
	☉⋕☽	10 4
	☽☌♀	11 20
8 M	☉∠☽	0am12
	☽△♇	2 6
	☽⚻♆	3 24
	☽⚹☿	7 17
	☽⚻♄	8 43
	☽□♃	10 57
	☽☍♂	9pm38
9 T	☉⚺☽	1am59
	☽⚼♆	3 25
	☽⚼♄	8 39
	☽∠☿	8 39
	☿□♄	8 43
	♄SD	1pm25
	☽⚺♅	2 55
	♀△♇	10 33
10 W	☽□♇	1am53
	☽⚺♀	2 5
	☽△♆	3 7
	☽△♄	8 18
	☉∥☽	9 0
	☽⚺☿	9 28
	☽⚹♃	11 5
	☽∥♂	12pm13
	☽⋕♀	1 25
	☽∠♅	2 36
	♀⚻♆	7 39
	☽⚻♂	8 22
11 Th	☽∠♀	3am10
	☉☌☽	4 34
	☽⋕♅	9 43
	☽∠♃	11 2
	☽⚹♅	2pm21
	♀⋕♂	4 53
	☽⚼♂	7 49
12 F	☽⚹♇	1am21
	☽□♆	2 33
	☽⚹♀	4 32
	☉⋕♀	5 57
	☽∥☿	7 52
	☽□♄	7 52
	☽☌☿	10 54
	☽⚺♃	11 19
	☉∥♂	3pm25
	☽∥♇	5 24
	☽∥♆	5 24
	☽∥♄	6 49
	☽△♂	7 41
13 S	☽∠♇	1am38
	☉⚺☽	8 17
	♆∥♇	10 39
	☽∥♃	1pm27
	☽□♅	3 9
	☿⚺♃	9 49
14 Su	☽⚺♇	2am39
	☽⚹♆	3 54
	☽□♀	9 27
	☽⚹♄	9 34
	♀⚻♄	11 22
	☉∠☽	11 24
	☽☌♃	1pm55
	☽⚺☿	1 59
	☽□♂	9 36
15 M	☽∠♆	5am51
	☽∠♄	11 45
	♆SD	12pm 6
	☉⚹☽	3 42
	☽∠☿	4 38
	☿⚺♃	4 46
	☽△♅	7 13
16 T	☉∠♃	7am28
	☽☌♇	7 30
	☽⚺♆	8 48
	☽⚺♄	2pm59
	☿SR	3 27
	☽△♀	6 56
	☽∥♃	7 40
	☽⚹☿	8 5
	☽⚺♃	8 26
	☽⚼♅	10 46
17 W	☽⚹♂	3am22
	☿⚹♀	9 59
	☉⚹♅	5pm29
	☽∥♄	6 15
	☽∥♇	7 43
	☽∥♆	7 47
	♀□♃	8 15
18 Th	☽∠♃	1am17
	☽⚼♀	1 37
	☽⚻♅	3 19
	☉□☽	4 7
	☽∥☿	6 39
	☽∠♂	7 45
	☽⚺♇	4pm22
	☽☌♆	5 42
19 F	☽☌♄	0am20
	☽□☿	5 4
	☽⚹♃	7 1
	☽⚻♀	9 23
	☽⋕♅	10 52
	☽⚺♂	12pm58
	☽∠♇	10 0
	☉∥☽	10 47
	☉⚼♂	10 56
20 S	☽∥♂	12pm55
	☽☍♅	2 42
	☉△☽	8 39
	☉ ♉	10 6
21 Su	☽⋕♀	1am40
	♀☍♂	3 33
	☽⚹♇	4 8
	☽⚺♆	5 28
	☽⚺♄	12pm23
	☽△☿	3 27
	☽□♃	8 11
22 M	☽☌♂	0am54
	☽☍♀	2 56
	☉⚼☽	5 40
	☽∠♆	11 49
	☽∠♄	6pm48
	☽⚼☿	8 37
23 T	☽⚻♅	3am29
	☽∥♀	1pm39
	☉⚻☽	2 43
	☽□♇	4 52
	☽⚹♆	6 9
24 W	☽⚹♄	1am10
	☽⚻☿	1 35
	☽⋕♂	5 47
	☿□♄	9 31
	☽⚼♅	9 50
	☽△♃	9 51
	☽⚺♂	1pm21
	☉⚹♇	5 12
	☽⚻♀	8 58
25 Th	☉⋕☽	6am59
	☽∥♅	8 11
	☉□♆	8 52
	☽△♅	3pm56
	☽⚼♃	4 25
	♂SD	4 42
	☽∠♂	7 20
	☽⋕☿	8 40
	☉⋕♅	9 19
26 F	☽△♇	5am 0
	☽⚼♀	5 36
	☽□♆	6 14
	☉☍☽	8 5
	☽☍☿	10 34
	☽□♄	1pm14
	♀⚼♆	1 19
	☽⚻♃	10 38
27 S	☽⋕♆	0am35
	☽⋕♇	0 51
	☽⚹♂	1 2
	☽⋕♄	1 45
	☉☌☿	3 32
	☽⚼♇	10 35
	☽△♀	1pm47
	☿∠♀	7 37
28 Su	☽□♅	3am 6
	☽⋕♃	6 27
	☉∥☿	9 41
	☽⚻♇	3pm46
	☽△♆	4 55
	☽⚻☿	6 9
	☉⚻☽	11 38
	☽△♄	11 50
29 M	☉□♄	2am22
	☽☍♃	9 47
	☽□♂	11 16
	☿□♆	5pm16
	☽⚼☿	9 22
	☽⚼♆	9 35
30 T	☿⋕♅	3am21
	♀⚼♄	3 36
	☽⚼♄	4 26
	☽□♀	4 30
	☉⚼☽	6 30
	☽⚹♅	12pm28
	☿⚹♇	3 9

LONGITUDE

DAY	SID. TIME	☉	☽	☽ 12 Hour	MEAN ☊	TRUE ☊	☿	♀	♂	♃	♄	♅	♆	♇
	h m s	° ' "	° ' "	° ' "	° '	° '	° '	° '	° '	° '	° '	° '	° '	° '
1	14 32 27	9♉ 48 17	3♑ 27 53	9♑ 57 51	24♐ 41	22♐ 52	3♉ 33R	23♓ 52	14♍ 1	13♊ 29	8♌ 2	27♒ 17	4♌ 22	3♋ 47
2	14 36 23	10 46 30	16 31 49	23 10 5	24 38	22 53	2 58	24 54	14 5	13 42	8 4	27 19	4 23	3 48
3	14 40 20	11 44 41	29 52 54	6♒ 40 31	24 35	22 55	2 25	25 56	14 10	13 55	8 6	27 20	4 23	3 49
4	14 44 16	12 42 51	13♒ 33 5	20 30 43	24 31	22 55R	1 56	26 59	14 16	14 8	8 9	27 22	4 24	3 50
5	14 48 13	13 40 59	27 33 25	4♓ 41 4	24 28	22 55	1 30	28 2	14 22	14 20	8 12	27 23	4 25	3 51
6	14 52 9	14 39 5	11♓ 53 25	19 10 3	24 25	22 52	1 8	29 5	14 29	14 33	8 14	27 25	4 25	3 52
7	14 56 6	15 37 10	26 30 26	3♈ 53 52	24 22	22 48	0 50	0♈ 8	14 36	14 46	8 17	27 26	4 26	3 53
8	15 0 3	16 35 15	11♈ 19 30	18 46 24	24 19	22 43	0 37	1 12	14 44	14 59	8 20	27 27	4 27	3 54
9	15 3 59	17 33 17	26 13 32	3♉ 39 49	24 16	22 38	0 28	2 15	14 53	15 12	8 23	27 28	4 27	3 55
10	15 7 56	18 31 18	11♉ 4 11	18 25 38	24 12	22 34	0 24D	3 19	15 3	15 25	8 26	27 30	4 28	3 57
11	15 11 52	19 29 18	25 43 14	2♊ 56 9	24 9	22 30	0 24	4 23	15 13	15 38	8 29	27 31	4 29	3 58
12	15 15 49	20 27 16	10♊ 3 45	17 5 30	24 6	22 28D	0 29	5 28	15 23	15 52	8 33	27 32	4 30	3 59
13	15 19 45	21 25 12	24 1 4	0♋ 50 16	24 3	22 28	0 39	6 32	15 34	16 5	8 36	27 33	4 31	4 0
14	15 23 42	22 23 7	7♋ 33 5	14 9 37	24 0	22 29	0 53	7 37	15 46	16 18	8 40	27 34	4 32	4 1
15	15 27 38	23 21 0	20 40 6	27 4 51	23 57	22 30	1 12	8 42	15 58	16 31	8 43	27 35	4 33	4 2
16	15 31 35	24 18 51	3♌ 24 17	9♌ 38 53	23 53	22 32	1 35	9 47	16 11	16 45	8 47	27 36	4 34	4 3
17	15 35 32	25 16 40	15 49 11	21 55 44	23 50	22 33R	2 2	10 52	16 25	16 58	8 51	27 36	4 35	4 5
18	15 39 28	26 14 28	27 59 7	3♍ 59 53	23 47	22 33	2 34	11 58	16 39	17 11	8 55	27 37	4 36	4 6
19	15 43 25	27 12 14	9♍ 58 40	15 56 0	23 44	22 32	3 10	13 3	16 53	17 25	8 59	27 38	4 37	4 7
20	15 47 21	28 9 59	21 52 28	27 48 34	23 41	22 30	3 49	14 9	17 8	17 38	9 3	27 39	4 38	4 8
21	15 51 18	29 7 42	3♎ 44 49	9♎ 41 41	23 37	22 27	4 32	15 15	17 24	17 52	9 7	27 39	4 39	4 9
22	15 55 14	0♊ 5 23	15 39 35	21 38 54	23 34	22 24	5 19	16 21	17 39	18 5	9 11	27 40	4 40	4 11
23	15 59 11	1 3 3	27 40 1	3♏ 43 12	23 31	22 20	6 9	17 27	17 56	18 19	9 15	27 40	4 41	4 12
24	16 3 7	2 0 41	9♏ 48 45	15 56 52	23 28	22 17	7 3	18 34	18 13	18 32	9 20	27 41	4 42	4 13
25	16 7 4	2 58 18	22 7 45	28 21 33	23 25	22 14	8 0	19 40	18 30	18 46	9 24	27 41	4 44	4 14
26	16 11 1	3 55 54	4♐ 38 23	10♐ 58 21	23 22	22 13	9 1	20 47	18 48	18 59	9 28	27 42	4 45	4 16
27	16 14 57	4 53 29	17 21 31	23 47 56	23 18	22 12D	10 4	21 54	19 6	19 13	9 33	27 42	4 46	4 17
28	16 18 54	5 51 3	0♑ 17 38	6♑ 50 38	23 15	22 12	11 11	23 0	19 25	19 27	9 38	27 42	4 47	4 18
29	16 22 50	6 48 35	13 26 58	20 6 38	23 12	22 13	12 20	24 7	19 44	19 40	9 43	27 43	4 49	4 20
30	16 26 47	7 46 7	26 49 39	3♒ 35 58	23 9	22 14	13 33	25 15	20 3	19 54	9 47	27 43	4 50	4 21
31	16 30 43	8♊ 43 38	10♒ 25 36	17♒ 18 29	23♐ 6	22♐ 15	14♉ 49	26♈ 22	20♍ 23	20♊ 8	9♌ 52	27♒ 48	4♌ 52	4♋ 22

DECLINATION and LATITUDE

DAY	☉ DECL	☽ DECL	☽ LAT	☽ 12hr DECL	☿ DECL	☿ LAT	♀ DECL	♀ LAT	♂ DECL	♂ LAT	♃ DECL	♃ LAT	♄ DECL	♄ LAT
1	14N46	22S27	0N57	21S34	12N41	0S 1	3S 6	0S44	8N10	2N 2	22N 3	0S23	19N 9	0N55
2	15 4	20 22	2 5	18 53	12 13	0 18	2 46	0 48	8 6	1 59	22 5	0 23	19 8	0 55
3	15 22	17 8	3 7	15 8	11 46	0 35	2 25	0 53	8 2	1 57	22 6	0 23	19 8	0 55
4	15 40	12 55	4 0	10 30	11 20	0 52	2 5	0 57	7 58	1 55	22 8	0 23	19 7	0 55
5	15 57	7 56	4 41	5 13	10 56	1 8	1 44	1 2	7 53	1 52	22 10	0 22	19 6	0 55
6	16 14	2 24	5 5	0N28	10 34	1 23	1 22	1 6	7 48	1 50	22 11	0 22	19 5	0 55
7	16 31	3N21	5 10	6 13	10 14	1 38	1 1	1 10	7 43	1 48	22 18	0 22	19 5	0 55
8	16 48	8 60	4 54	11 39	9 57	1 52	0 39	1 14	7 38	1 45	22 14	0 22	19 4	0 55
9	17 5	14 9	4 19	16 25	9 41	2 5	0 17	1 18	7 32	1 43	22 16	0 22	19 3	0 55
10	17 21	18 25	3 27	20 7	9 28	2 17	0N 5	1 21	7 26	1 41	22 17	0 22	19 2	0 55
11	17 37	21 29	2 21	22 28	9 18	2 28	0 27	1 25	7 21	1 38	22 19	0 22	19 1	0 54
12	17 52	23 5	1 7	23 19	9 10	2 39	0 49	1 28	7 14	1 36	22 20	0 22	19 1	0 54
13	18 7	23 10	0S 8	22 41	9 5	2 48	1 12	1 31	7 8	1 34	22 22	0 21	18 60	0 54
14	18 22	21 53	1 22	20 46	9 2	2 56	1 35	1 35	7 1	1 32	22 23	0 21	18 59	0 54
15	18 37	19 25	2 28	17 50	9 2	3 4	1 57	1 38	6 55	1 30	22 25	0 21	18 58	0 54
16	18 51	16 4	3 26	14 9	9 4	3 10	2 20	1 40	6 48	1 27	22 26	0 21	18 57	0 54
17	19 6	12 5	4 12	9 56	9 8	3 15	2 43	1 43	6 41	1 25	22 28	0 21	18 56	0 54
18	19 19	7 42	4 46	5 25	9 14	3 20	3 6	1 46	6 33	1 23	22 29	0 21	18 55	0 54
19	19 33	3 6	5 6	0 46	9 23	3 24	3 30	1 48	6 26	1 21	22 31	0 21	18 54	0 54
20	19 46	1S35	5 14	3S54	9 33	3 26	3 53	1 51	6 18	1 19	22 32	0 21	18 53	0 54
21	19 58	6 12	5 8	8 26	9 46	3 28	4 16	1 53	6 10	1 17	22 33	0 21	18 52	0 54
22	20 11	10 36	4 49	12 40	10 0	3 29	4 40	1 55	6 2	1 15	22 35	0 20	18 51	0 54
23	20 23	14 38	4 17	16 27	10 17	3 30	5 3	1 57	5 54	1 13	22 36	0 20	18 49	0 54
24	20 34	18 7	3 33	19 36	10 35	3 29	5 26	1 59	5 45	1 11	22 37	0 20	18 48	0 54
25	20 46	20 51	2 38	21 53	10 54	3 28	5 50	2 1	5 37	1 9	22 38	0 20	18 47	0 54
26	20 57	22 38	1 35	23 7	11 15	3 26	6 13	2 3	5 28	1 7	22 40	0 20	18 46	0 54
27	21 7	23 18	0 27	23 10	11 37	3 23	6 37	2 4	5 19	1 6	22 41	0 20	18 45	0 54
28	21 18	22 42	0N45	21 57	12 1	3 20	7 0	2 6	5 10	1 4	22 42	0 20	18 43	0 54
29	21 27	20 52	1 55	19 30	12 26	3 16	7 24	2 7	5 1	1 2	22 43	0 20	18 42	0 54
30	21 37	17 52	2 60	15 58	12 52	3 11	7 47	2 8	4 52	1 0	22 44	0 20	18 41	0 54
31	21N46	13S51	3N56	11S32	13N19	3S 6	8N10	2S 9	4N42	0N58	22N46	0S19	18N39	0N54

DAY	♅ DECL	♅ LAT	♆ DECL	♆ LAT	♇ DECL	♇ LAT
1	13S 6	0S43	19N 2	0S 9	19N 5	4S19
5	13 4	0 43	19 2	0 8	19 5	4 18
9	13 2	0 43	19 1	0 8	19 6	4 18
13	13 1	0 44	19 0	0 8	19 6	4 17
17	12 60	0 44	18 60	0 8	19 7	4 17
21	12 59	0 44	18 59	0 8	19 7	4 16
25	12 58	0 44	18 58	0 8	19 7	4 16
29	12S58	0S44	18N56	0S 8	19N 7	4S16

☽ PHENOMENA				VOID OF COURSE ☽ LAST ASPT		☽ INGRESS		
d	h	m						
3	22	26	☾	2	4pm23	3	♒	0am13
10	13	1	●	4	11pm43	5	♓	4am 8
17	20	14	☽	6	4am53	7	♈	5am41
25	22	32	○	9	2am 1	9	♉	6am 5
				11	2am58	11	♊	7am 6
				13	6am12	13	♋	10am31
d	h	°	'	15	5am24	15	♌	5pm31
6	10	0		17	11pm16	18	♍	4am 1
12	13	23N19		20	1pm51	20	♎	4pm26
19	16	0		23	0am 1	23	♏	4am38
27	1	23S18		25	10am43	25	♐	3pm 9
				27	7pm14	27	♑	11pm28
				29	8pm56	30	♒	5am38
6	18	5N10		d	h			
12	21	0		8	16	PERIGEE		
20	1	5S14		20	15	APOGEE		
27	9	0						

DAILY ASPECTARIAN

Day	Aspect	Time
1 W	☽△☿	0am10
	☽☍♇	0 36
	☽⊼♆	1 41
	☽#♃	5 50
	☽⊼♄	8 28
	☉△☽	12pm39
	☽∠♅	4 18
	☽⊼♃	6 46
	☽△♂	7 32
2 Th	☽#♄	10am 8
	☽#♇	10 29
	☽#♆	10 52
	☽⚹♀	4pm23
	☽⚺♅	7 28
	☽⚼♃	10 15
	☽⚼♂	10 44
3 F	☽□☿	4am21
	☽⊼♇	6 59
	☽☍♆	7 59
	☉#☽	10 0
	☽☍♄	2pm33
	☽∠♀	9 3
	☉□☽	10 26
	☽∥♅	11 14
4 S	☽△♃	1am 1
	☽⊼♂	1 14
	☽#☿	8 42
	♀⚺♅	8 58
	☽⚼♇	9 8
	☽☌♅	11pm43
5 Su	☽#♂	0am13
	☽⚺♀	0 52
	♂□♃	5 55
	☽⚹☿	6 29
	☽△♇	10 37
	☽⊼♆	11 33
	☽⊼♄	5pm55
	☉△♂	7 9
	☉⚺♃	8 55
	♄∥♇	10 48
6 M	☽☍♂	4am19
	☽□♃	4 28
	☽∥♀	4 38
	☉⚹☽	4 53
	☽∠☿	6 52
	☽⚼♆	12pm26
	☽#♀	2 51
	☽⚼♄	6 44
	♀ ♈	8 58
7 T	☽⚺♅	1am30
	☽☌♀	6 21
	☽⚺☿	6 55
	☉∠☽	7 9
	☽□♇	12pm 0
	☽△♆	12 53
	☿⚺♀	1 1
	☽∥♂	6 9
	☽△♄	7 9
8 W	☽∠♅	1am49
	☽∥☿	4 0
	☽⊼♂	5 33
	☽⚹♃	5 59
	☉⚺☽	9 4
	☽#♅	6pm32
9 Th	☽⚹♅	2am 1
	☽⚼♂	5 58
	☽∠♃	6 31
	☽☌☿	6 48
	☽⚺♀	10 28
	☽⚹♇	12pm26
	☽□♆	1 18
	☉∥☽	4 52
	☽□♄	7 43
	☿∠♃	9 32
10 F	☽∥♆	3am57
	☽∥♄	4 5
	☽∥♇	4 31
	☽△♂	6 32
	☽⚺♃	7 12
	☿SD	9 47
	☉∠♇	10 39
	☽∠♀	12pm45
	☽∠♇	12 52
	☉☌☽	1 1
	♀□♇	2 14
11 S	♀△♆	2am11
	☽□♅	2 58
	☽⚺☿	7 48
	☽∥♃	10 4
	☽⚺♇	1pm44
	☽⚹♆	2 37
	☽⚹♀	3 36
	☽⚹♄	9 25
	☉∠♀	10 24
12 Su	♄∥♆	0am43
	☽□♂	9 12
	☽∠☿	9 20
	☽☌♃	10 3
	☽∠♆	4pm10
	☉⚺☽	7 8
	☽∠♄	11 16
13 M	☽△♅	6am12
	☽⚹☿	11 52
	☽∥♃	5pm 1
	☽☌♇	5 39
	☽⚺♆	6 34
	☉∠☽	11 41
14 T	☽□♀	0am 8
	☽⚺♄	2 1
	☽⚼♅	9 6
	☽⚹♂	3pm11
	☽⚺♃	4 12
15 W	♀△♄	0am33
	☽∥♇	2 29
	☽∥♆	3 20
	☽∥♄	3 37
	☉⚹☽	5 24
	☉∥☽	5 49
	☽⊼♅	12pm57
	☽∠♂	7 42
	☽□☿	8 25
	☽∠♃	8 47
16 Th	☽⚺♇	1am15
	☽☌♆	2 13
	☉∥♄	8 33
	☽☌♄	10 23
	☽△♀	1pm26
	☉∥♆	1 54
	☿∠♃	5 9
	☽#♅	6 48
17 F	☽⚺♂	1am11
	☉∥♇	1 45
	☽⚹♃	2 17
	☽∠♇	6 24
	☽∥☿	4pm 2
	☉□☽	8 14
	☽⚼♀	9 46
	☽☍♅	11 16
18 S	☽∥♂	6am16
	☽△☿	9 36
	☽⚹♇	12pm13
	☽⚺♆	1 13
	♀∠♅	2 37
	☽⚺♄	9 58
	☽∥♀	10 8
19 Su	☽⊼♀	6am49
	☉□♅	10 47
	☽☌♂	2pm13
	☽□♃	3 17
	☽⚼☿	5 27
	☽∠♆	7 27
20 M	☽∠♄	4am25
	☿⚹♇	11 16
	☽⊼♅	11 40
	☽#♀	12pm58
	☉△☽	1 51
	☽#♂	11 51
21 T	☽□♇	0am50
	☽⊼☿	1 42
	☽⚹♆	1 49
	☿□♆	3 41
	☽⚹♄	10 53
	☽⚼♅	5pm58
	☽#☿	8 28
	☉ ♊	9 46
	☉⚼☽	10 45
22 W	☽☍♀	1am32
	☽⚺♂	4 6
	☽△♃	4 58
	☽∥♅	1pm48
23 Th	☽△♅	0am 1
	☉⊼☽	7 18
	☽∠♂	10 41
	☽⚼♃	11 24
	☽△♇	12pm58
	♀⊼♂	1 54
	☽□♆	1 56
	☽☍☿	6 8
	☽□♄	11 2
	♀⚹♃	11 25
24 F	☽#♄	5am19
	☽#♆	6 39
	☽#♇	7 56
	♀∥♂	2pm 9
	☽⚹♂	4 48
	☽⊼♃	5 21
	☽⚼♇	6 24
	☽⊼♀	6 46
	☉#☽	10 56
25 S	☽□♅	10am43
	☉☍☽	10pm32
	☽⊼♇	11 17
26 Su	☽△♆	0am12
	☽#♃	0 27
	☽⚼♀	2 23
	☉⚺♇	8 28
	☽⊼☿	9 2
	☽△♄	9 14
	☿□♄	11 28
	☉⚹♆	8pm53
27 M	☽□♂	3am20
	☽☍♃	3 32
	☽⚼♆	4 31
	☽△♀	9 15
	☽⚼♄	1pm29
	☽⚼☿	3 42
	☽⚹♅	7 14
28 T	☽#♃	0am 7
	☽☍♇	7 23
	☽⊼♆	8 16
	♂□♃	8 21
	☉⊼☽	10 59
	☽⊼♄	5pm11
	☉#☽	6 16
	☽△☿	9 48
	☽∠♅	10 40
29 W	♂∠♆	6am28
	☽⊼♃	11 25
	☽△♂	11 36
	☽#♇	2pm56
	☉⚼☽	4 12
	☽#♆	4 21
	♃∠♆	4 29
	☽#♄	6 12
	☽□♀	8 56
30 Th	☽⚺♅	1am34
	☿#♅	5 14
	☽⊼♇	1pm21
	☽☍♆	2 12
	☽⚼♃	2 32
	☽⚼♂	2 56
	☉△☽	8 48
	☽☍♄	11 1
31 F	☽#☿	2am33
	☽∥♅	4 40
	☽□☿	8 26
	☽⚼♇	3pm36
	☽△♃	5 11
	☽⊼♂	5 47

JUNE 1918

LONGITUDE

DAY	SID. TIME	☉	☽	☽ 12 Hour	MEAN ☊	TRUE ☊	☿	♀	♂	♃	♄	♅	♆	♇
	h m s	° ' "	° ' "	° ' "	° '	° '	° '	° '	° '	° '	° '	° '	° '	° '
1	16 34 40	9♊ 41 8	24♒ 14 34	1♓ 13 44	23♐ 3	22♐ 16	16♉ 7	27♈ 29	20♍ 44	20♊ 21	9♌ 57	27♒ 43	4♌ 53	4♋ 24
2	16 38 36	10 38 37	8♓ 15 51	15 20 44	22 59	22 16R	17 28	28 37	21 4	20 35	10 2	27 43R	4 54	4 25
3	16 42 33	11 36 [illegible]	22 28 7	29 37 43	22 56	22 16	18 52	29 45	21 25	20 49	10 8	27 43	4 56	4 26
4	16 46 30	12 33 33	6♈ 49 9	14♈ 1 57	22 53	22 15	20 18	0♉ 52	21 47	21 3	10 13	27 43	4 57	4 28
5	16 50 26	13 31 0	21 15 39	28 29 39	22 50	22 15	21 48	2 0	22 9	21 16	10 18	27 43	4 59	4 29
6	16 54 23	14 28 27	5♉ 43 21	12♉ 56 8	22 47	22 14	23 20	3 8	22 31	21 30	10 23	27 43	5 0	4 31
7	16 58 19	15 25 52	20 7 20	27 16 19	22 43	22 13	24 54	4 16	22 53	21 44	10 29	27 43	5 2	4 32
8	17 2 16	16 23 18	4♊ 22 27	11♊ 25 10	22 40	22 12D	26 32	5 25	23 16	21 58	10 34	27 42	5 4	4 33
9	17 6 12	17 20 42	18 23 57	25 18 23	22 37	22 12	28 12	6 33	23 40	22 12	10 40	27 42	5 5	4 35
10	17 10 9	18 18 6	2♋ 8 7	8♋ 52 53	22 34	22 12	29 54	7 41	24 3	22 25	10 45	27 42	5 7	4 36
11	17 14 5	19 15 28	15 32 33	22 7 4	22 31	22 13	1♊ 39	8 50	24 27	22 39	10 51	27 41	5 8	4 38
12	17 18 2	20 12 51	28 36 29	5♌ 0 55	22 28	22 13	3 27	9 58	24 51	22 53	10 57	27 41	5 10	4 39
13	17 21 59	21 10 12	11♌ 20 38	17 35 53	22 24	22 13R	5 17	11 7	25 16	23 7	11 3	27 40	5 12	4 41
14	17 25 55	22 7 31	23 47 4	29 54 36	22 21	22 13	7 10	12 16	25 41	23 21	11 9	27 40	5 14	4 42
15	17 29 52	23 4 50	5♍ 58 57	12♍ 0 38	22 18	22 13	9 5	13 24	26 6	23 34	11 15	27 39	5 15	4 43
16	17 33 48	24 2 9	18 0 11	23 58 10	22 15	22 13	11 3	14 33	26 31	23 48	11 21	27 39	5 17	4 45
17	17 37 45	24 59 26	29 55 8	5♎ 51 41	22 12	22 13D	13 3	15 42	26 57	24 2	11 27	27 38	5 19	4 46
18	17 41 41	25 56 43	11♎ 48 22	17 45 45	22 9	22 13	15 5	16 51	27 23	24 16	11 33	27 37	5 21	4 48
19	17 45 38	26 53 58	23 44 23	29 44 47	22 5	22 13	17 8	18 1	27 50	24 30	11 39	27 37	5 22	4 49
20	17 49 34	27 51 14	5♏ 47 27	11♏ 52 49	22 2	22 13	19 14	19 10	28 16	24 43	11 45	27 36	5 24	4 51
21	17 53 31	28 48 28	18 1 18	24 13 17	21 59	22 14	21 21	20 19	28 43	24 57	11 51	27 35	5 26	4 52
22	17 57 28	29 45 42	0♐ 29 2	6♐ 48 49	21 56	22 15	23 30	21 28	29 10	25 11	11 58	27 34	5 28	4 54
23	18 1 24	0♋ 42 55	13 12 48	19 41 7	21 53	22 15	25 39	22 38	29 38	25 25	12 4	27 33	5 30	4 55
24	18 5 21	1 40 8	26 13 48	2♑ 50 48	21 49	22 16R	27 50	23 47	0♎ 5	25 39	12 11	27 32	5 32	4 57
25	18 9 17	2 37 21	9♑ 32 3	16 17 21	21 46	22 15	0♋ 1	24 57	0 33	25 52	12 17	27 31	5 34	4 58
26	18 13 14	3 34 33	23 6 29	29 59 10	21 43	22 15	2 12	26 7	1 1	26 6	12 24	27 30	5 36	5 0
27	18 17 10	4 31 45	6♒ 55 4	13♒ 53 49	21 40	22 13	4 23	27 16	1 30	26 20	12 30	27 29	5 38	5 1
28	18 21 7	5 28 57	20 55 2	27 58 16	21 37	22 12	6 34	28 26	1 59	26 34	12 37	27 28	5 40	5 3
29	18 25 4	6 26 10	5♓ 3 9	12♓ 9 15	21 34	22 10	8 45	29 36	2 27	26 47	12 44	27 27	5 41	5 4
30	18 29 0	7♋ 23 21	19♓ 16 11	26♓ 23 33	21♐ 30	22♐ 9	10♋ 54	0♊ 46	2♎ 57	27♊ 1	12♌ 50	27♒ 25	5♌ 43	5♋ 6

DECLINATION and LATITUDE

DAY	☉ DECL	☽ DECL	☽ LAT	☽ 12hr DECL	☿ DECL	☿ LAT	♀ DECL	♀ LAT	♂ DECL	♂ LAT	♃ DECL	♃ LAT	♄ DECL	♄ LAT
1	21N55	9S 3	4N39	6S26	13N47	3S 0	8N34	2S10	4N33	0N57	22N47	0S19	18N38	0N54
2	22 3	3 44	5 7	0 57	14 16	2 54	8 57	2 11	4 23	0 55	22 48	0 19	18 37	0 54
3	22 11	1N51	5 16	4N39	14 46	2 47	9 20	2 12	4 13	0 53	22 49	0 19	18 35	0 54
4	22 19	7 24	5 6	10 3	15 16	2 39	9 43	2 12	4 3	0 51	22 50	0 19	18 34	0 54
5	22 26	12 34	4 37	14 55	15 47	2 31	10 6	2 13	3 53	0 50	22 51	0 19	18 32	0 54
6	22 33	17 3	3 50	18 55	16 18	2 23	10 28	2 13	3 42	0 48	22 52	0 19	18 31	0 54
7	22 39	20 29	2 49	21 44	16 50	2 14	10 51	2 14	3 32	0 46	22 53	0 19	18 30	0 54
8	22 45	22 37	1 37	23 9	17 22	2 5	11 14	2 14	3 21	0 45	22 54	0 19	18 28	0 54
9	22 51	23 18	0 21	23 5	17 54	1 55	11 36	2 14	3 11	0 43	22 55	0 19	18 27	0 54
10	22 56	22 31	0S55	21 38	18 26	1 45	11 58	2 14	2 60	0 42	22 56	0 18	18 25	0 54
11	23 1	20 28	2 6	19 2	18 57	1 35	12 20	2 14	2 49	0 40	22 56	0 18	18 23	0 54
12	23 5	17 22	3 8	15 32	19 29	1 24	12 42	2 14	2 38	0 38	22 57	0 18	18 22	0 55
13	23 9	13 32	3 60	11 25	19 59	1 13	13 3	2 14	2 27	0 37	22 58	0 18	18 20	0 55
14	23 13	9 12	4 39	6 56	20 30	1 2	13 24	2 13	2 16	0 35	22 59	0 18	18 19	0 55
15	23 16	4 36	5 4	2 15	20 59	0 51	13 46	2 13	2 4	0 34	22 60	0 18	18 17	0 55
16	23 19	0S 6	5 16	2S27	21 27	0 40	14 6	2 12	1 53	0 32	23 0	0 18	18 15	0 55
17	23 21	4 46	5 14	7 2	21 54	0 28	14 27	2 12	1 41	0 31	23 1	0 18	18 14	0 55
18	23 23	9 15	4 59	11 23	22 20	0 17	14 47	2 11	1 29	0 29	23 2	0 18	18 12	0 55
19	23 25	13 24	4 30	15 18	22 44	0 6	15 7	2 10	1 18	0 28	23 3	0 18	18 10	0 55
20	23 26	17 4	3 50	18 40	23 6	0N 5	15 27	2 9	1 6	0 27	23 3	0 17	18 9	0 55
21	23 27	20 4	2 59	21 15	23 26	0 16	15 46	2 8	0 54	0 25	23 4	0 17	18 7	0 55
22	23 27	22 11	1 58	22 51	23 43	0 26	16 6	2 7	0 42	0 24	23 4	0 17	18 5	0 55
23	23 27	23 13	0 50	23 17	23 59	0 36	16 24	2 6	0 29	0 22	23 5	0 17	18 3	0 55
24	23 26	23 2	0N22	22 27	24 12	0 46	16 48	2 5	0 17	0 21	23 6	0 17	18 2	0 55
25	23 25	21 33	1 34	20 19	24 22	0 55	17 1	2 3	0 5	0 20	23 6	0 17	17 60	0 55
26	23 24	18 48	2 42	17 0	24 29	1 4	17 19	2 2	0S 8	0 18	23 7	0 17	17 58	0 55
27	23 22	14 58	3 42	12 42	24 34	1 11	17 36	2 1	0 20	0 17	23 7	0 17	17 56	0 55
28	23 20	10 16	4 30	7 40	24 36	1 19	17 53	1 59	0 33	0 16	23 8	0 17	17 54	0 55
29	23 18	4 59	5 2	2 13	24 35	1 25	18 10	1 57	0 45	0 15	23 8	0 17	17 52	0 55
30	23N15	0N35	5N15	3N23	24N31	1N31	18N26	1S56	0S58	0N13	23N 8	0S17	17N51	0N55

DAY	♅ DECL	♅ LAT	♆ DECL	♆ LAT	♇ DECL	♇ LAT
1	12S58	0S44	18N55	0S 8	19N 7	4S15
5	12 58	0 45	18 54	0 8	19 8	4 15
9	12 59	0 45	18 53	0 8	19 8	4 15
13	12 59	0 45	18 51	0 8	19 8	4 14
17	13 0	0 45	18 49	0 8	19 8	4 14
21	13 1	0 45	18 48	0 8	19 8	4 14
25	13 3	0 45	18 46	0 8	19 8	4 13
29	13S 5	0S45	18N44	0S 8	19N 8	4S13

☽ PHENOMENA

d	h	m	
2	4	20	☾
8	22	3	●
16	13	11	☽
24	10	38	○

d	h	° '
2	16	0
8	23	23N18
15	23	0
23	8	23S18
29	21	0

d	h	
3	0	5N16
9	7	0
16	8	5S17
23	17	0
30	5	5N16

VOID OF COURSE ☽

LAST ASPT		☽ INGRESS		
1	6am 5	1	♓	9am54
2	10pm12	3	♈	12pm37
5	10am42	5	♉	2pm30
7	12pm44	7	♊	4pm36
9	4pm11	9	♋	8pm14
11	4pm49	12	♌	2am36
14	7am35	14	♍	12pm11
16	5pm48	17	♎	0am10
19	7am44	19	♏	12pm30
21	9pm24	21	♐	11pm 5
24	3am30	24	♑	6am51
26	5am44	26	♒	12pm 1
28	1pm56	28	♓	3pm27
30	1pm16	30	♈	6pm 5

d	h	
5	8	PERIGEE
17	9	APOGEE

DAILY ASPECTARIAN

Day	Aspect	Time
1 S	☽#♀	2am 8
	♀✶♅	4 50
	☽☌♅	5 59
	☽✶♀	6 5
	☉✶♄	7 25
	☽△♇	5pm26
	☽⚻♆	6 16
	☽#♂	9 3
2 Su	☽⚻♄	3am 2
	☉□☽	4 20
	☽∠♀	9 52
	♅SR	12pm35
	☽✶☿	5 16
	☽⚼♆	7 44
	☽□♃	9 10
	☽☍♂	10 12
3 M	☽⚼♄	4am29
	♀ ♉	5 27
	☽⚺♅	8 48
	☽∥♂	9 50
	☿∠♇	9 53
	☽⚺♀	1pm14
	☽□♇	8 4
	☽△♆	8 53
	☽∠☿	9 11
4 T	☽△♄	5am41
	☽∠♅	9 49
	☉✶☽	10 14
	☽∥♀	11 17
	☿⚺♃	2pm12
5 W	☽✶♃	0am 1
	☽⚺☿	0 59
	☽⚻♂	1 30
	☽#♅	1 58
	☿△♂	7 21
	☽✶♅	10 42
	☉∠☽	12pm53
	☽∥☿	7 3
	☽☌♀	7 20
	☽✶♇	9 59
	☽□♆	10 49
6 Th	☽∠♃	1am19
	☽⚼♂	3 3
	☽□♄	7 49
	☽∥♄	9 14
	☽∥♆	11 51
	☽∥♇	1pm31
	☉⚺☽	3 36
	☽∠♇	11 1
7 F	☽⚺♃	2am45
	☽△♂	4 46
	♀✶♇	5 38
	☽☌☿	9 2
	☽□♅	12pm44
	♀□♆	4 26
8 S	☽⚺♇	0am19
	☽✶♆	1 10
	☽⚺♀	1 55
	☉∥☽	2 37
	☽∥♃	5 25
	☽✶♄	10 37
	☿□♅	5pm 1
	☉☌☽	10 3
9 Su	☽∠♆	2am55
	☽∠♀	5 57
	☽☌♃	6 41
	☽□♂	9 24
	☽∠♄	12pm43
	☽△♅	4 11
	☽∥♃	4 11
	☉∥☽	4 30
	♀∠♃	5 3
	☽⚺☿	7 29
	☉∥♃	9 3
	☿∥♄	11 35
10 M	☿ ♊	1am22
	☽☌♇	4 23
	☽⚺♆	5 17
	☽✶♀	10 47
	☽⚺♄	3pm29
	☽⚼♅	6 51
	☿∥♆	7 51
11 T	☽∠☿	2am20
	☉⚺☽	7 18
	☿∥♇	8 4
	☽∥☿	10 45
	☽∥♇	11 12
	☽⚺♃	1pm13
	☽∥♆	1 18
	☽✶♂	4 49
	☽∥♄	4 56
	♀⚼♂	8 15
	☽⚻♅	10 17
	☉∠♆	10 50
12 W	☽✶☿	10am34
	☽⚺♇	11 20
	☽☌♆	12pm19
	☉∠☽	1 23
	☿⚺♇	3 58
	☽∠♃	5 45
	♀#♅	7 42
	☽∠♂	9 53
	♀□♄	10 25
	☿✶♆	10 47
	☽☌♄	11 26
	☽□♀	11 31
13 Th	☽∥♀	2am35
	☽#♅	3 10
	☽∠♇	4pm 3
	☉✶☽	8 30
	☽✶♃	11 8
14 F	☽⚺♂	3am50
	☽☍♅	7 35
	☽✶♇	9pm30
	☽⚺♆	10 33
15 S	☽□☿	7am22
	☽⚺♄	10 33
	♂∠♄	10 40
	☽∥♂	1pm28
	☉☌♃	4 20
	☽△♀	4 21
16 Su	☿✶♄	3am46
	☽∠♆	4 36
	☽#♂	8 41
	☽□♃	11 54
	☉□☽	1pm11
	☽∠♄	4 56
	☽☌♂	5 48
	☽⚻♅	7 24
17 M	☽⚼♀	1am45
	☽□♇	9 49
	☽✶♆	10 55
	☽✶♄	11pm28
18 T	☽⚼♅	1am39
	☽△☿	7 58
	☽⚻♀	11 16
	♂⚻♅	12pm26
	☉∠♄	4 56
	☽∥♅	9 39
19 W	☽△♃	1am33
	☉△☽	6 52
	☽△♅	7 44
	☽⚺♂	8 29
	☽#♀	11 50
	☉△♅	5pm36
	☽⚼☿	8 16
	☿∥♃	9 3
	☽△♇	10 8
	☿⚺♀	10 11
	☽□♆	11 14
20 Th	☽#♄	7am52
	☽⚼♃	7 55
	☽□♄	11 51
	☽#♆	1pm 4
	☿∠♆	1 28
	♀∠♇	2 32
	☉⚼☽	3 5
	☽∠♂	3 17
	☽#♇	3 51
	☉□♂	7 47
21 F	☉∥☿	1am14
	☽⚼♇	3 36
	☽☍♀	4 55
	☽⚻☿	7 48
	☽⚻♃	1pm40
	☽□♅	6 26
	☽✶♂	9 24
	☉⚻☽	10 31
22 S	☉ ♋	6am 0
	☽⚻♇	8 24
	☽△♆	9 29
	☽#♃	6pm21
	☿☌♃	8 59
	☽△♄	9 51
23 Su	☽⚼♆	1pm32
	☿∠♄	4 25
	☽⚻♀	7 6
	♂ ♎	7 19
	☿△♅	8 46
	☽#♃	10 7
	☽☍♃	10 55
24 M	☽⚼♄	1am44
	☽✶♅	2 22
	☽☍☿	3 30
	☽□♂	7 16
	☉☍☽	10 38
	☽☍♇	3pm48
	☽⚻♆	4 52
	☿ ♋	11 50
25 T	☽⚼♀	0am49
	☽⚻♄	4 56
	☽∠♅	5 18
	☿□♂	7 33
	☽#♇	9pm32
	♀⚺♃	11 47
26 W	☽#♆	0am19
	☽⚻♃	5 19
	☽△♀	5 44
	☽#♄	5 50
	☽⚺♅	7 40
	☽#♀	9 20
	☽△♂	2pm18
	☽⚻☿	6 49
	☉⚻☽	7 34
	☽⚻♇	8 43
	☽☍♆	9 46
27 Th	☉☌☿	2am43
	♀□♅	4 14
	☿☌♇	6 59
	☽⚼♃	7 43
	☽☍♄	9 41
	☽∥♅	10 8
	☉☌♇	12pm39
	☿⚺♆	1 47
	☽⚼♂	5 2
	☽⚼♇	10 30
	☉⚼☽	11 12
28 F	☽⚼☿	1am19
	♀∥♄	1 33
	☉⚺♆	4 35
	☽△♃	9 46
	☽☌♅	11 7
	☽□♀	1pm56
	☽⚻♂	7 27
29 S	☽△♇	0am 2
	☽⚻♆	1 5
	☉△☽	2 31
	☽△☿	7 22
	♀ ♊	8 13
	☽⚻♄	1pm 4
	☽∥♂	5 35
30 Su	☽#♂	1am42
	☽⚼♆	2 27
	☽□♃	1pm16
	☽⚺♅	1 43
	☽⚼♄	2 33
	☿⚼♅	4 47
	☽✶♀	9 6
	☿⚺♄	10 50
	☽☍♂	11 51

LONGITUDE

DAY	SID. TIME h m s	☉ ° ' "	☽ ° ' "	☽ 12 Hour ° ' "	MEAN ☊ ° '	TRUE ☊ ° '	☿ ° '	♀ ° '	♂ ° '	♃ ° '	♄ ° '	♅ ° '	♆ ° '	♇ ° '
1	18 32 57	8♋ 20 33	3♈ 31 0	10♈ 38 13	21♐ 27	22♐ 8D	13♋ 3	1♊ 56	3♎ 26	27♊ 15	12♌ 57	27♒ 24R	5♌ 45	5♋ 7
2	18 36 53	9 17 46	17 44 52	24 50 40	21 24	22 8	15 10	3 6	3 55	27 28	13 4	27 23	5 48	5 9
3	18 40 50	10 14 59	1♉ 55 20	8♉ 58 37	21 21	22 9	17 17	4 16	4 25	27 42	13 11	27 21	5 50	5 10
4	18 44 46	11 12 12	16 0 14	22 59 58	21 18	22 10	19 21	5 27	4 55	27 55	13 18	27 20	5 52	5 11
5	18 48 43	12 9 25	29 57 33	6♊ 52 44	21 14	22 11	21 24	6 37	5 25	28 9	13 25	27 19	5 54	5 13
6	18 52 39	13 6 38	13♊ 45 17	20 34 57	21 11	22 12R	23 25	7 47	5 56	28 23	13 32	27 17	5 56	5 14
7	18 56 36	14 3 52	27 21 31	4♋ 4 45	21 8	22 12	25 25	8 58	6 27	28 36	13 39	27 16	5 58	5 16
8	19 0 33	15 1 6	10♋ 44 29	17 20 32	21 5	22 11	27 23	10 8	6 57	28 50	13 46	27 14	6 0	5 17
9	19 4 29	15 58 20	23 52 48	0♌ 21 10	21 2	22 9	29 19	11 19	7 29	29 3	13 53	27 12	6 2	5 19
10	19 8 26	16 55 34	6♌ 45 39	13 6 15	20 59	22 6	1♌ 13	12 29	8 0	29 17	14 0	27 11	6 4	5 20
11	19 12 22	17 52 48	19 23 3	25 36 13	20 55	22 2	3 5	13 40	8 31	29 30	14 7	27 9	6 6	5 22
12	19 16 19	18 50 2	1♍ 45 57	7♍ 52 31	20 52	21 58	4 55	14 51	9 3	29 43	14 14	27 7	6 8	5 23
13	19 20 15	19 47 16	13 56 15	19 57 31	20 49	21 54	6 43	16 2	9 35	29 57	14 21	27 6	6 11	5 25
14	19 24 12	20 44 30	25 56 47	1♎ 54 30	20 46	21 51	8 30	17 13	10 7	0♋ 10	14 29	27 4	6 13	5 26
15	19 28 8	21 41 45	7♎ 51 11	13 47 24	20 43	21 48	10 14	18 23	10 39	0 23	14 36	27 2	6 15	5 27
16	19 32 5	22 38 59	19 43 42	25 40 42	20 40	21 47D	11 57	19 34	11 12	0 37	14 43	27 0	6 17	5 29
17	19 36 2	23 36 13	1♏ 38 59	7♏ 39 10	20 36	21 47	13 37	20 45	11 44	0 50	14 51	26 59	6 19	5 30
18	19 39 58	24 33 28	13 41 52	19 47 38	20 33	21 48	15 16	21 57	12 17	1 3	14 58	26 57	6 21	5 32
19	19 43 55	25 30 43	25 57 3	2♐ 10 37	20 30	21 50	16 52	23 8	12 50	1 16	15 5	26 55	6 24	5 33
20	19 47 51	26 27 58	8♐ 28 49	14 52 4	20 27	21 51	18 27	24 19	13 23	1 29	15 13	26 53	6 26	5 35
21	19 51 48	27 25 13	21 20 39	27 54 50	20 24	21 52R	20 0	25 30	13 56	1 42	15 20	26 51	6 28	5 36
22	19 55 44	28 22 29	4♑ 34 43	11♑ 20 19	20 20	21 52	21 31	26 41	14 30	1 55	15 28	26 49	6 30	5 37
23	19 59 41	29 19 46	18 11 31	25 8 3	20 17	21 50	23 0	27 53	15 3	2 8	15 35	26 47	6 32	5 39
24	20 3 37	0♌ 17 2	2♒ 9 32	9♒ 15 27	20 14	21 46	24 27	29 4	15 37	2 21	15 43	26 45	6 35	5 40
25	20 7 34	1 14 19	16 25 11	23 38 0	20 11	21 41	25 52	0♋ 16	16 11	2 34	15 50	26 43	6 37	5 41
26	20 11 31	2 11 38	0♓ 53 9	8♓ 9 46	20 8	21 35	27 15	1 27	16 45	2 47	15 58	26 41	6 39	5 43
27	20 15 27	3 8 57	15 27 4	22 44 14	20 5	21 29	28 36	2 39	17 20	3 0	16 5	26 39	6 41	5 44
28	20 19 24	4 6 16	0♈ 0 31	7♈ 15 17	20 1	21 24	29 55	3 51	17 54	3 12	16 13	26 36	6 44	5 45
29	20 23 20	5 3 37	14 27 57	21 38 3	19 58	21 20	1♍ 12	5 2	18 29	3 25	16 20	26 34	6 46	5 47
30	20 27 17	6 0 59	28 45 15	5♉ 49 16	19 55	21 18D	2 27	6 14	19 3	3 38	16 28	26 32	6 48	5 48
31	20 31 13	6♌ 58 22	12♉ 49 59	19♉ 47 17	19♐ 52	21♐ 18	3♍ 39	7♋ 26	19♎ 38	3♋ 50	16♌ 36	26♒ 30	6♌ 50	5♋ 49

DECLINATION and LATITUDE

DAY	☉ DECL	☽ DECL	☽ LAT	☽ 12hr DECL	☿ DECL	☿ LAT	♀ DECL	♀ LAT	♂ DECL	♂ LAT	♃ DECL	♃ LAT	♄ DECL	♄ LAT
1	23N11	6N 8	5N 9	8N48	24N25	1N36	18N42	1S54	1S11	0N12	23N 9	0S17	17N49	0N55
2	23 7	11 21	4 45	13 45	24 15	1 41	18 57	1 52	1 24	0 11	23 9	0 16	17 47	0 55
3	23 3	15 56	4 3	17 55	24 4	1 44	19 12	1 50	1 37	0 10	23 9	0 16	17 45	0 55
4	22 59	19 37	3 7	21 1	23 49	1 47	19 26	1 48	1 50	0 8	23 10	0 16	17 43	0 55
5	22 54	22 6	1 60	22 50	23 33	1 50	19 40	1 46	2 3	0 7	23 10	0 16	17 41	0 55
6	22 48	23 14	0 46	23 16	23 14	1 51	19 54	1 44	2 16	0 6	23 10	0 16	17 39	0 55
7	22 42	22 57	0S28	22 18	22 54	1 52	20 7	1 42	2 29	0 5	23 11	0 16	17 37	0 55
8	22 36	21 21	1 40	20 7	22 31	1 52	20 20	1 40	2 43	0 4	23 11	0 16	17 35	0 55
9	22 30	18 37	2 45	16 55	22 7	1 51	20 32	1 38	2 56	0 2	23 11	0 16	17 33	0 55
10	22 23	15 2	3 41	12 60	21 41	1 50	20 43	1 36	3 9	0 1	23 11	0 16	17 31	0 55
11	22 15	10 50	4 24	8 35	21 14	1 48	20 54	1 33	3 23	0 0	23 11	0 16	17 29	0 55
12	22 8	6 16	4 54	3 55	20 45	1 45	21 5	1 31	3 36	0S 1	23 11	0 16	17 27	0 55
13	21 59	1 33	5 10	0S49	20 15	1 42	21 15	1 29	3 50	0 2	23 11	0 15	17 25	0 55
14	21 51	3S10	5 12	5 28	19 44	1 39	21 24	1 26	4 3	0 3	23 12	0 15	17 23	0 55
15	21 42	7 43	5 1	9 54	19 12	1 34	21 33	1 24	4 17	0 4	23 12	0 15	17 21	0 55
16	21 33	11 59	4 37	13 58	18 39	1 30	21 41	1 21	4 31	0 5	23 12	0 15	17 18	0 55
17	21 23	15 49	4 0	17 30	18 5	1 24	21 49	1 19	4 44	0 6	23 12	0 15	17 16	0 55
18	21 13	19 2	3 13	20 22	17 31	1 19	21 56	1 16	4 58	0 7	23 12	0 15	17 14	0 56
19	21 3	21 28	2 17	22 20	16 56	1 12	22 3	1 13	5 12	0 9	23 12	0 15	17 12	0 56
20	20 52	22 55	1 12	23 13	16 21	1 6	22 9	1 11	5 26	0 10	23 12	0 15	17 10	0 56
21	20 41	23 13	0 3	22 53	15 45	0 59	22 14	1 8	5 40	0 11	23 11	0 15	17 8	0 56
22	20 30	22 14	1N 9	21 14	15 9	0 51	22 19	1 5	5 54	0 12	23 11	0 15	17 6	0 56
23	20 18	19 56	2 18	18 19	14 32	0 43	22 23	1 3	6 8	0 13	23 11	0 15	17 3	0 56
24	20 6	16 25	3 21	14 16	13 56	0 35	22 27	0 60	6 22	0 14	23 11	0 15	17 1	0 56
25	19 54	11 54	4 13	9 21	13 19	0 27	22 30	0 57	6 36	0 15	23 11	0 15	16 59	0 56
26	19 41	6 39	4 49	3 52	12 42	0 18	22 32	0 54	6 50	0 16	23 11	0 14	16 57	0 56
27	19 28	1 1	5 7	1N51	12 6	0 8	22 34	0 51	7 4	0 16	23 11	0 14	16 55	0 56
28	19 14	4N41	5 6	7 26	11 29	0S 1	22 35	0 49	7 18	0 17	23 10	0 14	16 53	0 56
29	19 1	10 4	4 44	12 34	10 53	0 11	22 36	0 46	7 32	0 18	23 10	0 14	16 50	0 56
30	18 47	14 52	4 6	16 56	10 17	0 21	22 35	0 43	7 46	0 19	23 10	0 14	16 48	0 56
31	18N32	18N45	3N13	20N17	9N41	0S31	22N35	0S40	7S60	0S20	23N10	0S14	16N46	0N56

DAY	♅ DECL	♅ LAT	♆ DECL	♆ LAT	♇ DECL	♇ LAT
1	13S 6	0S46	18N43	0S 8	19N 8	4S13
5	13 8	0 46	18 41	0 8	19 8	4 13
9	13 10	0 46	18 39	0 8	19 8	4 13
13	13 12	0 46	18 37	0 7	19 8	4 13
17	13 15	0 46	18 35	0 7	19 8	4 13
21	13 17	0 46	18 33	0 7	19 8	4 12
25	13 20	0 46	18 31	0 7	19 7	4 12
29	13S23	0S46	18N28	0S 7	19N 7	4S12

☽ PHENOMENA	VOID OF COURSE ☽ LAST ASPT	☽ INGRESS
d h m	2 4pm43	2 ♉ 8pm44
1 8 43 ☾	4 7pm26	5 ♊ 0am 4
8 8 22 ●	7 2am15	7 ♋ 4am42
16 6 25 ☽	8 8am22	9 ♌ 11am21
23 20 35 ○	11 7pm56	11 ♍ 8pm33
30 13 14 ☾	13 12pm40	14 ♎ 8am 9
	16 2pm38	16 ♏ 8pm41
d h ° '	19 1am51	19 ♐ 7am49
6 7 23N18	21 10am 2	21 ♑ 3pm46
13 8 0	22 6pm18	23 ♒ 8pm20
20 18 23S16	25 5pm22	25 ♓ 10pm32
27 4 0	26 7am59	27 ♈ 11pm59
	29 8pm16	30 ♉ 2am 7
6 15 0	d h	
13 16 5S13	1 0 PERIGEE	
21 1 0	15 3 APOGEE	
27 10 5N 9	27 2 PERIGEE	

DAILY ASPECTARIAN

Day	Aspect	Time
1 M	♀∥♆	1am56
	☽□♇	2 42
	☽△♆	3 47
	☉□☽	8 43
	☉∥♃	2pm30
	☽∠♅	2 57
	♃△♅	3 13
	☽△♄	4 2
	☽□☿	6 54
2 T	☽∠♀	0am39
	☽♯♅	8 42
	☽⚹♅	4pm16
	☽⚹♃	4 43
	♀∥♇	5 39
3 W	☽⚺♀	4am21
	☽⚻♂	4 24
	♀△♂	5 17
	☽⚹♇	5 31
	☽□♆	6 39
	☽∥♄	10 52
	☉⚹☽	3pm12
	☽∥♆	5 18
	☽∠♃	6 39
	♀⚺♇	6 43
	☽□♄	7 20
	☽∥♇	8 27
	☽∥♀	10 37
4 Th	☽⚹☿	6am44
	☽⚼♂	6 58
	☽∠♇	7 11
	♀⚹♆	8 48
	♂□♇	1pm32
	☉∠☽	6 48
	☽□♅	7 26
	☽⚺♃	8 49
5 F	☉⚼♅	3am44
	☿∠♀	5 57
	☽⚺♇	9 8
	☽△♂	9 50
	☽⚹♆	10 19
	☉∥☽	12pm15
	☽☌♀	12 37
	☽∠☿	1 6
	☽∥♃	9 17
	☉⚺☽	10 47
	☽⚹♄	11 36
	♂⚹♆	11 51
6 S	☽∥☿	0am20
	☿∥♃	4 53
	☽∥♃	4 56
	☉⚺♄	11 55
	☽∠♆	12pm39
	☽⚺☿	7 58
	☽△♅	11 49
7 Su	☽∥☿	2am 1
	☽☌♃	2 15
	☽∠♄	2 18
	☉∥☽	5 44
	♃∠♄	9 10
	☽☌♇	2pm 9
	☽⚺♆	3 25
	☉∥☿	4 53
	☽□♂	4 54
	☿⚻♅	10 13
	☽⚺♀	10 48
8 M	☽⚼♅	2am42
	☽⚺♄	5 31
	☉☌☽	8 22
	☽∥♀	9 22
	☽∥♇	8pm 6
	☿⚺♃	8 20
	☽∥♆	11 48
9 T	☽∠♀	4am57
	☽⚻♅	6 8
	☽∥♄	7 48
	☿ ♌	8 39
	☽⚺♃	9 45
	☽☌☿	11 49
	☽⚺♇	9pm19
	☽☌♆	10 42
10 W	☽⚹♂	2am26
	☽♯♅	10 57
	☽⚹♀	11 57
	☽☌♄	1pm50
	☽∠♃	2 29
	☉⚺☽	8 53
11 Th	☽∠♇	1am53
	☽∠♂	8 19
	♀⚹♄	10 9
	☿∥♀	11 54
	☽☍♅	2pm58
	☽⚹♃	7 56
12 F	☉∠☽	4am24
	☿⚺♇	6 18
	☽⚹♇	7 7
	☽⚺☿	7 15
	☽⚺♆	8 37
	☽♯♂	1pm 0
	☽⚺♂	2 58
	☿☌♆	4 34
13 S	☽⚺♄	0am51
	☽□♀	4 37
	♃ ♋	5 54
	☉⚹☽	12pm40
	☽∠♆	2 29
	☽∠☿	6 14
14	☽⚻♅	2am15
Su	☽∥♂	4 52
	☽∠♄	7 11
	☽□♃	8 39
	☽□♇	7pm 9
	☽⚹♆	8 45
15 M	☿∥♇	3am 4
	☽⚹☿	5 37
	☽☌♂	5 56
	☽⚼♅	8 26
	☿⚹♂	8 32
	☉∥♀	12pm 6
	☽⚹♄	1 47
	☽△♀	11 39
16 T	☿∥♆	2am41
	☉□☽	6 25
	☽∥♅	7 32
	☽△♅	2pm38
	☽△♃	10 20
17 W	☽△♇	7am44
	☽⚼♀	9 7
	☽□♆	9 22
	♂⚼♅	9 57
	☽♯♄	10 10
	♀∠♆	11 47
	☽♯☿	1pm54
	☿☌♄	7 17
	☽♯♆	8 15
	☽⚺♂	9 4
18 Th	☽♯♇	0am50
	☽□♄	2 32
	☽□☿	3 34
	☽⚼♃	4 44
	☿∥♄	12pm19
	☽⚼♇	1 28
	☿∠♃	1 30
	☽⚻♀	5 56
	☉♯☽	7 31
	☉△☽	11 5
19 F	☽□♅	1am51
	☽∠♂	3 49
	☽♯♀	8 14
	☽⚻♃	10 26
	☽⚻♇	6pm29
	☽△♆	8 6
20 S	☉⚼☽	6am 5
	☽⚹♂	9 39
	☉⚻♅	10 5
	☽△♄	12pm46
	☽△☿	9 12
	☽♯♃	10 0
21 Su	☽⚼♆	0am14
	☽♯♃	1 33
	☽☍♀	8 22
	☿∠♇	9 31
	☽⚹♅	10 2
	☉⚻☽	11 58
	☽⚼♄	4pm32
	☽☍♃	7 9
	☽♯♀	10 41
22 M	☽☍♇	1am52
	♀△♅	2 26
	☽⚻♆	3 27
	☽⚼☿	3 54
	☽∠♅	12pm48
	☽□♂	6 18
	☽⚻♄	7 25
	☉♯☽	8 39
23 T	☽♯♇	6am15
	☽⚻☿	9 18
	☽♯♆	10 34
	☽⚺♅	2pm47
	☉ ♌	4 52
	☽⚻♀	6 15
	☽♯♄	8 20
	☉☍☽	8 35
24 W	☽⚻♃	0am20
	♂⚹♄	4 54
	☽⚻♇	5 57
	☽☍☿	7 30
	☽♯☿	3pm52
	☽∥♅	4 50
	♀ ♋	6 44
	☽⚼♀	9 53
	☽☍♄	11 1
	☿♯♅	11 11
	☽△♂	11 36
25 Th	☽⚼♃	1am57
	☽⚼♇	7 7
	♀∠♄	12pm56
	☿☍♅	2 9
	☽☌♅	5 4
	☽☍☿	5 22
	☽∥♂	11 16
26 F	☽△♀	1am 1
	☽⚼♂	1 30
	☉⚻☽	2 19
	☽△♃	3 11
	☽△♇	7 59
	☽⚻♆	9 32
	☉⚺♃	7pm 0
27 S	☽⚻♄	1am 3
	☽⚻♂	3 13
	☉⚼☽	4 45
	♀☌♃	8 30
	☽⚼♆	10 18
	☽⚺♅	6pm24
	☽⚻☿	11 50
28 Su	☿ ♍	1am28
	☽⚼♄	2 1
	☽□♃	5 22
	☽□♀	6 55
	☉△☽	7 15
	☽□♇	9 32
	☽△♆	11 9
	☽♯♂	11 55
	☉∥♇	12pm25
	☽∠♅	7 11
29 M	☉⚺♀	2am18
	☽△♄	3 10
	☽⚼☿	3 11
	☽∥☿	3 25
	☽☍♂	6 59
	♀☌♇	3pm11
	☽♯♅	4 14
	☉⚺♇	6 29
	☽⚹♅	8 16
30 T	☽△☿	6am51
	☽⚹♃	8 24
	☽∥♄	11 4
	♀⚺♆	11 43
	☽⚹♇	11 59
	☉□☽	1pm14
	☽□♆	1 42
	☽⚹♀	1 53
	☉☌♆	8 27
	☽∥♆	9 53
	☉∥☽	10 34
31 W	☽∥♇	2am39
	☿⚹♃	4 38
	☽□♄	6 32
	☉∥♆	8 34
	☽∠♃	10 31
	☽⚻♂	12pm15
	☽∠♇	1 49
	☽∠♀	6 10
	☽□♅	11 36

AUGUST 1918

LONGITUDE

DAY	SID. TIME	☉	☽	☽ 12 Hour	MEAN ☊	TRUE ☊	☿	♀	♂	♃	♄	♅	♆	♇
	h m s	° ' "	° ' "	° ' "	° '	° '	° '	° '	° '	° '	° '	° '	° '	° '
1	20 35 10	7♌ 55 46	26♉ 41 10	3♊ 31 39	19♐ 49	21♐ 19	4♍ 49	8♋ 38	20♎ 13	4♋ 3	16♌ 43	26♒ 28R	6♌ 52	5♋ 51
2	20 39 6	8 53 11	10♊ 18 50	17 2 45	19 46	21 21R	5 57	9 50	20 48	4 15	16 51	26 25	6 55	5 52
3	20 43 3	9 50 38	23 43 30	0♋ 21 10	19 42	21 21	7 2	11 2	21 24	4 28	16 59	26 23	6 57	5 53
4	20 47 0	10 48 6	6♋ 55 49	13 27 29	19 39	21 20	8 4	12 14	21 59	4 40	17 6	26 21	6 59	5 54
5	20 50 56	11 45 34	19 56 14	26 22 3	19 36	21 17	9 4	13 26	22 35	4 52	17 14	26 19	7 1	5 56
6	20 54 53	12 43 4	2♌ 44 58	9♌ 5 0	19 33	21 11	10 1	14 38	23 11	5 5	17 22	26 16	7 4	5 57
7	20 58 49	13 40 35	15 22 10	21 36 28	19 30	21 3	10 56	15 50	23 47	5 17	17 29	26 14	7 6	5 58
8	21 2 46	14 38 7	27 47 58	3♍ 56 46	19 26	20 54	11 47	17 3	24 23	5 29	17 37	26 12	7 8	5 59
9	21 6 42	15 35 39	10♍ 2 56	16 6 40	19 23	20 44	12 35	18 15	24 59	5 41	17 45	26 9	7 10	6 1
10	21 10 39	16 33 13	22 8 10	28 7 41	19 20	20 34	13 19	19 27	25 35	5 53	17 52	26 7	7 12	6 2
11	21 14 35	17 30 48	4♎ 5 31	10♎ 2 3	19 17	20 25	14 0	20 40	26 12	6 5	18 0	26 5	7 15	6 3
12	21 18 32	18 28 24	15 57 40	21 52 52	19 14	20 18	14 37	21 52	26 48	6 17	18 8	26 2	7 17	6 4
13	21 22 29	19 26 0	27 48 9	3♏ 44 3	19 11	20 13	15 10	23 5	27 25	6 28	18 15	26 0	7 19	6 5
14	21 26 25	20 23 38	9♏ 41 11	15 40 8	19 7	20 11	15 39	24 17	28 2	6 40	18 23	25 58	7 21	6 6
15	21 30 22	21 21 17	21 41 34	27 46 8	19 4	20 10D	16 4	25 30	28 39	6 52	18 31	25 55	7 23	6 7
16	21 34 18	22 18 56	3♐ 54 28	10♐ 7 13	19 1	20 11	16 24	26 43	29 16	7 3	18 38	25 53	7 26	6 9
17	21 38 15	23 16 37	16 25 0	22 48 21	18 58	20 11R	16 39	27 55	29 53	7 14	18 46	25 50	7 28	6 10
18	21 42 11	24 14 19	29 17 47	5♑ 53 42	18 55	20 11	16 49	29 8	0♏ 31	7 26	18 54	25 48	7 30	6 11
19	21 46 8	25 12 2	12♑ 36 23	19 26 0	18 52	20 9	16 53R	0♌ 21	1 8	7 37	19 1	25 46	7 32	6 12
20	21 50 4	26 9 46	26 22 33	3♒ 25 49	18 48	20 4	16 52	1 34	1 46	7 48	19 9	25 43	7 34	6 13
21	21 54 1	27 7 31	10♒ 35 26	17 50 51	18 45	19 57	16 46	2 47	2 24	7 59	19 17	25 41	7 36	6 14
22	21 57 58	28 5 17	25 11 16	2♓ 35 46	18 42	19 49	16 34	4 0	3 2	8 10	19 24	25 38	7 38	6 15
23	22 1 54	29 3 5	10♓ 3 16	17 32 38	18 39	19 39	16 16	5 13	3 40	8 21	19 32	25 36	7 40	6 16
24	22 5 51	0♍ 0 54	25 2 38	2♈ 32 5	18 36	19 29	15 52	6 26	4 18	8 32	19 40	25 34	7 43	6 17
25	22 9 47	0 58 45	9♈ 59 53	17 24 59	18 32	19 20	15 22	7 39	4 56	8 43	19 47	25 31	7 45	6 18
26	22 13 44	1 56 38	24 46 34	2♉ 3 54	18 29	19 13	14 47	8 52	5 34	8 54	19 55	25 29	7 47	6 19
27	22 17 40	2 54 32	9♉ 16 29	16 23 59	18 26	19 9	14 6	10 5	6 13	9 4	20 2	25 27	7 49	6 19
28	22 21 37	3 52 29	23 26 14	0♊ 23 11	18 23	19 7D	13 21	11 19	6 51	9 15	20 10	25 24	7 51	6 20
29	22 25 33	4 50 27	7♊ 14 56	14 1 40	18 20	19 7	12 32	12 32	7 30	9 25	20 17	25 22	7 53	6 21
30	22 29 30	5 48 27	20 43 37	27 21 5	18 17	19 7R	11 39	13 45	8 9	9 35	20 25	25 19	7 55	6 22
31	22 33 27	6♍ 46 29	3♋ 54 23	10♋ 23 49	18♐ 13	19♐ 7	10♍ 44	14♌ 59	8♏ 48	9♋ 46	20♌ 32	25♒ 17	7♌ 57	6♋ 23

DECLINATION and LATITUDE

DAY	☉ DECL	☽ DECL	☽ LAT	☽ 12hr DECL	☿ DECL	☿ LAT	♀ DECL	♀ LAT	♂ DECL	♂ LAT	♃ DECL	♃ LAT	♄ DECL	♄ LAT
1	18N18	21N31	2N 9	22N25	9N 6	0S42	22N33	0S37	8S14	0S21	23N 9	0S14	16N44	0N56
2	18 3	22 59	0 59	23 12	8 32	0 52	22 31	0 34	8 28	0 22	23 9	0 14	16 41	0 56
3	17 47	23 5	0S13	22 39	7 57	1 8	22 28	0 31	8 42	0 23	23 9	0 14	16 39	0 56
4	17 32	21 53	1 23	20 51	7 24	1 14	22 25	0 28	8 56	0 24	23 8	0 14	16 37	0 57
5	17 16	19 32	2 28	17 60	6 51	1 25	22 21	0 26	9 10	0 25	23 8	0 14	16 35	0 57
6	17 0	16 15	3 23	14 20	6 19	1 37	22 16	0 23	9 24	0 26	23 8	0 14	16 32	0 57
7	16 44	12 16	4 8	10 6	5 48	1 48	22 11	0 20	9 39	0 26	23 7	0 13	16 30	0 57
8	16 27	7 51	4 41	5 32	5 19	1 59	22 5	0 17	9 53	0 27	23 7	0 13	16 28	0 57
9	16 10	3 11	4 60	0 49	4 50	2 11	21 58	0 14	10 7	0 28	23 6	0 13	16 25	0 57
10	15 53	1S33	5 5	3S52	4 22	2 22	21 51	0 11	10 21	0 29	23 6	0 13	16 23	0 57
11	15 36	6 9	4 56	8 23	3 56	2 34	21 43	0 8	10 35	0 30	23 5	0 13	16 21	0 57
12	15 18	10 31	4 35	12 33	3 31	2 45	21 35	0 5	10 49	0 31	23 5	0 13	16 19	0 57
13	14 60	14 28	4 2	16 14	3 8	2 56	21 26	0 3	11 3	0 31	23 4	0 13	16 16	0 57
14	14 42	17 52	3 19	19 18	2 47	3 7	21 16	0N 0	11 17	0 32	23 4	0 13	16 14	0 57
15	14 23	20 33	2 26	21 34	2 27	3 18	21 6	0 3	11 31	0 33	23 3	0 13	16 12	0 57
16	14 5	22 21	1 26	22 52	2 10	3 28	20 55	0 6	11 45	0 34	23 3	0 13	16 9	0 57
17	13 46	23 5	0 20	23 1	1 55	3 39	20 44	0 9	11 59	0 35	23 2	0 13	16 7	0 57
18	13 27	22 39	0N48	21 57	1 42	3 48	20 31	0 11	12 13	0 35	23 2	0 13	16 5	0 58
19	13 8	20 55	1 56	19 35	1 32	3 57	20 19	0 14	12 26	0 36	23 1	0 13	16 2	0 58
20	12 48	17 56	2 60	16 1	1 25	4 6	20 5	0 17	12 40	0 37	23 1	0 12	16 0	0 58
21	12 28	13 50	3 54	11 25	1 20	4 13	19 52	0 19	12 54	0 38	23 0	0 12	15 58	0 58
22	12 9	8 49	4 35	6 3	1 19	4 20	19 37	0 22	13 8	0 38	22 60	0 12	15 55	0 58
23	11 49	3 12	4 58	0 17	1 21	4 25	19 22	0 24	13 21	0 39	22 59	0 12	15 53	0 58
24	11 28	2N38	5 1	5N30	1 26	4 30	19 7	0 27	13 35	0 40	22 58	0 12	15 51	0 58
25	11 8	8 18	4 43	10 57	1 34	4 33	18 50	0 30	13 49	0 41	22 58	0 12	15 49	0 58
26	10 47	13 25	4 6	15 40	1 46	4 35	18 34	0 32	14 2	0 41	22 57	0 12	15 46	0 58
27	10 26	17 40	3 14	19 22	2 2	4 35	18 17	0 34	14 15	0 42	22 56	0 12	15 44	0 58
28	10 6	20 46	2 12	21 50	2 20	4 33	17 59	0 37	14 29	0 43	22 56	0 12	15 42	0 59
29	9 44	22 33	1 3	22 56	2 42	4 30	17 41	0 39	14 42	0 43	22 55	0 12	15 39	0 59
30	9 23	22 59	0S 9	22 42	3 7	4 24	17 22	0 42	14 55	0 44	22 54	0 12	15 37	0 59
31	9N 2	22N 6	1S17	21N13	3N35	4S17	17N 3	0N44	15S 9	0S45	22N54	0S12	15N35	0N59

DAY	♅ DECL	♅ LAT	♆ DECL	♆ LAT	♇ DECL	♇ LAT
1	13S26	0S46	18N27	0S 7	19N 7	4S12
5	13 29	0 46	18 25	0 7	19 7	4 12
9	13 32	0 46	18 22	0 7	19 7	4 12
13	13 35	0 46	18 20	0 7	19 6	4 12
17	13 38	0 46	18 18	0 7	19 6	4 13
21	13 42	0 46	18 16	0 7	19 6	4 13
25	13 45	0 46	18 14	0 7	19 6	4 13
29	13S48	0S46	18N12	0S 7	19N 5	4S13

☽ PHENOMENA			
d	h	m	
6	20	30	●
14	23	16	☽
22	5	2	○
28	19	27	☾
d	h	° '	
2	14	23N12	
9	16	0	
17	3	23S 6	
23	13	0	
29	20	23N 0	
2	20	0	
9	21	5S 5	
17	7	0	
23	15	5N 2	
29	21	0	

VOID OF COURSE ☽ LAST ASPT		☽ INGRESS		
31	11pm36	1	♊	5am48
3	4am48	3	♋	11am22
5	5am10	5	♌	6pm49
7	8pm53	8	♍	4am17
9	6pm 3	10	♎	3pm46
12	11pm11	13	♏	4am27
15	8am22	15	♐	4pm23
17	5pm35	18	♑	1am17
19	7am33	20	♒	6am11
22	5am 2	22	♓	7am48
23	9am42	24	♈	7am56
26	1am 9	26	♉	8am35
28	3am22	28	♊	11am20
30	8am17	30	♋	4pm50

d	h	
11	21	APOGEE
23	22	PERIGEE

DAILY ASPECTARIAN

Day	Aspect	Time
1 Th	☽⚺♃	1pm 7
	☽∥♀	2 0
	☽□☿	3 34
	☽⚼♂	3 40
	☽⚺♇	4 7
	☿∠♂	5 44
	☽✱♆	5 57
	☉✱☽	9 17
	☿✱♇	10 16
	☽⚺♀	11 3
2 F	☿#♂	1am44
	☽✱♄	11 46
	☽△♂	7pm37
	☽∠♆	8 47
	☿⚺♆	10 4
3 S	☉∠☽	2am11
	☽△♅	4 48
	♀⚼♅	6 56
	☽∠♄	3pm 6
	☽∥♀	3 47
	☽☌♃	7 48
	☽☌♇	10 8
4 Su	☽⚺♆	0am 6
	☽✱☿	2 16
	☉⚺☽	7 40
	☽⚼♅	8 5
	☽☌♀	10 43
	☽⚺♄	6pm56
5 M	☽∥♇	3am27
	☽□♂	5 10
	☽∠☿	8 20
	☽∥♆	8 58
	☽⚻♅	11 51
	☉∥☽	6pm35
	☽∥♄	10 5
6 T	☽⚺♃	4am28
	☽⚺♇	6 4
	☽☌♆	8 11
	☽⚺☿	2pm52
	☽#♅	4 57
	☉☌☽	8 30
7 W	☽⚺♀	1am 0
	☽☌♄	4 6
	☽∠♃	9 36
	☽∠♇	10 47
	☽#♂	1pm45
	☽✱♂	5 1
	☽☍♅	8 53
	☉∥♄	10 50
8 Th	☽∠♀	9am11
	♀⚺♄	12pm45
	☽∥☿	2 39
	☽✱♃	3 16
	☽✱♇	4 2
	☽⚺♆	6 19
	☽∠♂	11 52
9 F	☽☌☿	5am20
	☉⚺☽	11 55
	☽⚺♄	3pm24
	☽✱♀	6 3
10 S	☽∠♆	0am 8
	☽⚺♂	7 16
	☽⚻♅	7 56
	☽#☿	1pm18
	♂△♅	7 39
	♃☌♇	8 4
	☉∠☽	8 32
	☽∠♄	9 46
11 Su	☽□♇	3am57
	☽□♃	4 4
	☽✱♆	6 23
	☉☌♄	2pm 2
	☽⚼♅	2 4
	☽⚺☿	9 8
12 M	☽∥♂	1am51
	☽✱♄	4 26
	☉✱☽	5 32
	☽□♀	1pm20
	☽∥♅	6 23
	☽△♅	8 21
	☽☌♂	11 11
13 T	☉#☽	3am15
	☽∠☿	5 0
	☽#♄	12pm 4
	☽△♇	4 47
	☽△♃	5 49
	☽□♆	7 17
14 W	☽#♆	3am42
	☽#♇	10 15
	☽✱☿	12pm24
	☽□♄	5 36
	☉∠♇	6 9
	☽⚼♇	10 52
	☉□☽	11 16
15 Th	☽⚼♃	0am20
	☽#♀	5 41
	♀⚻♅	8 4
	☽□♅	8 20
	☽△♀	8 22
	☽⚺♂	2pm28
	☉∠♃	3 45
16 F	☽⚻♇	4am20
	☽⚻♃	6 11
	☽△♆	6 50
	☽⚼♀	4pm39
	☽#♃	7 46
	☽∠♂	8 57
17 S	☽□☿	0am26
	☽#♃	2 45
	♂ ♏	4 16
	☽△♄	4 29
	☉#♅	9 7
	☽⚼♆	11 23
	☉△☽	1pm55
	☽✱♅	5 35
	☽⚻♀	11 40
18 Su	☽✱♂	2am20
	☽⚼♄	8 28
	♃⚺♆	10 25
	☽☍♇	12pm32
	☽⚻♆	2 55
	☽☍♃	2 58
	♀ ♌	5 6
	☉⚼☽	7 23
	☽∠♅	8 44
19 M	☽#♀	6am18
	☽△☿	7 33
	☿SR	8 30
	☽⚻♄	11 23
	☉☍♅	1pm24
	☽#♇	3 45
	☽#♆	9 44
	☽⚺♅	10 53
	☉⚻☽	11 36
20 T	☿∠♂	3am46
	☉#♂	5 42
	☿∠♀	5 48
	♀□♂	8 14
	☽⚼☿	9 19
	☽□♂	9 36
	☽☍♀	9 40
	☽#♄	12pm11
	☽⚻♇	4 42
	☽☍♆	7 0
	☽⚻♃	7 36
21 W	☽∥♅	0am41
	☽∥♂	4 31
	☉#☽	7 21
	☽⚻☿	10 6
	☽☍♄	2pm28
	☽⚼♇	5 34
	☽⚼♃	8 41
22 Th	☽☌♅	0am44
	☉☍☽	5 2
	☽△♂	1pm15
	☽⚻♀	3 31
	☽△♇	5 54
	☽⚻♆	8 10
	☽△♃	9 14
23 F	☽#☿	7am35
	☽☍☿	9 42
	☽⚼♂	2pm24
	☽⚻♄	3 19
	☽⚼♀	5 42
	☽∥☿	6 58
	☽⚼♆	8 15
	♀⚺♇	8 59
	☉ ♍	11 37
24 S	☽⚺♅	0am50
	♀∥♇	1 24
	☉⚻☽	8 31
	☽⚻♂	3pm29
	☽⚼♄	3 33
	♂∥♅	5 11
	☽□♇	6 2
	☽△♀	7 53
	☽△♆	8 22
	☽□♃	9 55
25 Su	☽∠♅	0am50
	♀☌♆	1 56
	☽⚻☿	8 22
	☉⚼☽	10 21
	☉∥☽	12pm 4
	☽△♄	4 0
26 M	♀⚺♃	0am37
	☽✱♅	1 9
	☽#♅	1 46
	☽#♂	3 20
	☽⚼☿	7 53
	☽∥♄	12pm29
	☉△☽	12 39
	☽☍♂	6 39
	☽✱♇	7 4
	☽□♆	9 33
	☽✱♃	11 39
27 T	☽□♀	1am29
	☽∥♆	3 39
	☽∥♀	3 48
	♂△♇	4 23
	♀∥♆	5 40
	☽△☿	7 44
	☽∥♇	9 55
	☽□♄	6pm21
	☽∠♇	8 24
28 W	☽∠♃	1am24
	☽□♅	3 22
	☉□☽	7pm27
	☽⚺♇	10 26
	☿⚺♀	11 59
29 Th	☽⚻♂	0am28
	☽✱♆	1 7
	☽⚺♃	3 53
	☽□☿	8 47
	☽✱♀	10 16
	♂□♆	2pm59
	☽∥♃	7 51
	☽✱♄	11 26
30 F	☽∠♆	3am57
	☽⚼♂	4 35
	☽∥♃	4 53
	☽△♅	8 17
	☉✱♇	2pm 8
	☽∠♀	4 3
31 S	☽∠♄	3am 2
	☽☌♇	4 34
	☉✱☽	5 43
	☽⚺♆	7 29
	☽△♂	9 30
	☽☌♃	10 58
	☽⚼♅	11 45
	☽✱☿	11 46
	☿✱♃	8pm53
	☽⚺♀	10 42

LONGITUDE

DAY	SID. TIME	☉	☽	☽ 12 Hour	MEAN ☊	TRUE ☊	☿	♀	♂	♃	♄	♅	♆	♇
	h m s	° ' "	° ' "	° ' "	° '	° '	° '	° '	° '	° '	° '	° '	° '	° '
1	22 37 23	7♍ 44 33	16♋ 49 43	23♋ 12 22	18♐ 10	19♐ 4R	9♍ 47R	16♌ 12	9♏ 27	9♋ 56	20♌ 40	25♒ 15R	7♌ 59	6♋ 24
2	22 41 20	8 42 39	29 32 2	5♌ 48 55	18 7	18 59	8 50	17 26	10 6	10 6	20 47	25 12	8 1	6 25
3	22 45 16	9 40 46	12♌ 3 15	18 15 11	18 4	18 51	7 54	18 39	10 45	10 16	20 55	25 10	8 3	6 25
4	22 49 13	10 38 56	24 24 52	0♍ 32 26	18 1	18 40	7 0	19 53	11 24	10 25	21 2	25 8	8 5	6 26
5	22 53 9	11 37 7	6♍ 37 58	12 41 36	17 58	18 27	6 9	21 7	12 4	10 35	21 10	25 6	8 7	6 27
6	22 57 6	12 35 19	18 43 25	24 43 34	17 54	18 12	5 23	22 20	12 44	10 45	21 17	25 3	8 9	6 28
7	23 1 2	13 33 34	0♎ 42 11	6♎ 39 27	17 51	17 59	4 43	23 34	13 23	10 54	21 24	25 1	8 11	6 28
8	23 4 59	14 31 50	12 35 35	18 30 50	17 48	17 46	4 9	24 48	14 3	11 3	21 32	24 59	8 12	6 29
9	23 8 56	15 30 8	24 25 30	0♏ 19 57	17 45	17 36	3 43	26 2	14 43	11 13	21 39	24 57	8 14	6 30
10	23 12 52	16 28 27	6♏ 14 34	12 9 50	17 42	17 28	3 25	27 16	15 23	11 22	21 46	24 55	8 16	6 30
11	23 16 49	17 26 48	18 6 13	24 4 18	17 38	17 24	3 16D	28 29	16 3	11 31	21 53	24 52	8 18	6 31
12	23 20 45	18 25 11	0♐ 4 38	6♐ 7 52	17 35	17 22	3 16	29 43	16 43	11 40	22 1	24 50	8 20	6 31
13	23 24 42	19 23 36	12 14 37	18 25 34	17 32	17 21	3 25	0♍ 57	17 24	11 48	22 8	24 48	8 22	6 32
14	23 28 38	20 22 2	24 41 22	1♑ 2 39	17 29	17 21	3 43	2 11	18 4	11 57	22 15	24 46	8 23	6 33
15	23 32 35	21 20 29	7♑ 30 1	14 4 0	17 26	17 20	4 10	3 25	18 45	12 5	22 22	24 44	8 25	6 33
16	23 36 31	22 18 58	20 45 4	27 33 32	17 23	17 18	4 47	4 40	19 25	12 14	22 29	24 42	8 27	6 34
17	23 40 28	23 17 29	4♒ 29 34	11♒ 33 11	17 19	17 13	5 32	5 54	20 6	12 22	22 36	24 40	8 28	6 34
18	23 44 24	24 16 1	18 44 10	26 2 4	17 16	17 6	6 24	7 8	20 47	12 30	22 43	24 38	8 30	6 35
19	23 48 21	25 14 35	3♓ 26 14	10♓ 55 45	17 13	16 56	7 25	8 22	21 28	12 38	22 50	24 36	8 32	6 35
20	23 52 18	26 13 12	18 29 30	26 6 14	17 10	16 45	8 33	9 36	22 9	12 46	22 57	24 34	8 33	6 35
21	23 56 14	27 11 49	3♈ 44 32	11♈ 23 0	17 7	16 34	9 47	10 51	22 50	12 53	23 4	24 32	8 35	6 36
22	0 0 11	28 10 29	19 0 12	26 34 48	17 3	16 25	11 6	12 5	23 31	13 1	23 10	24 30	8 37	6 36
23	0 4 7	29 9 11	4♉ 5 39	11♉ 31 44	17 0	16 17	12 31	13 19	24 13	13 8	23 17	24 28	8 38	6 37
24	0 8 4	0♎ 7 55	18 52 17	26 6 43	16 57	16 12	14 1	14 34	24 54	13 16	23 24	24 27	8 40	6 37
25	0 12 0	1 6 41	3♊ 14 43	10♊ 16 7	16 54	16 10D	15 34	15 48	25 36	13 23	23 30	24 25	8 41	6 37
26	0 15 57	2 5 30	17 10 56	23 59 20	16 51	16 9	17 11	17 2	26 17	13 30	23 37	24 23	8 43	6 37
27	0 19 53	3 4 21	0♋ 41 37	7♋ 18 8	16 48	16 9R	18 50	18 17	26 59	13 37	23 44	24 21	8 44	6 38
28	0 23 50	4 3 14	13 49 18	20 15 34	16 44	16 9	20 32	19 31	27 41	13 43	23 50	24 20	8 46	6 38
29	0 27 47	5 2 10	26 37 23	2♌ 55 14	16 41	16 7	22 15	20 46	28 22	13 50	23 57	24 18	8 47	6 38
30	0 31 43	6♎ 1 7	9♌ 9 32	15♌ 20 43	16♐ 38	16♐ 3	24♍ 0	22♍ 1	29♏ 4	13♋ 56	24♌ 3	24♒ 16	8♌ 49	6♋ 38

DECLINATION and LATITUDE

DAY	☉ DECL	☽ DECL	☽ LAT	☽ 12hr DECL	☿ DECL	☿ LAT	♀ DECL	♀ LAT	♂ DECL	♂ LAT	♃ DECL	♃ LAT	♄ DECL	♄ LAT
1	8N40	20N 4	2S21	18N40	4N 5	4S 8	16N43	0N46	15S22	0S45	22N53	0S12	15N32	0N59
2	8 18	17 4	3 16	15 16	4 36	3 57	16 23	0 48	15 35	0 46	22 52	0 11	15 30	0 59
3	7 57	13 20	4 1	11 15	5 3	3 44	16 2	0 50	15 48	0 47	22 52	0 11	15 28	0 59
4	7 35	9 5	4 34	6 50	5 42	3 29	15 41	0 52	16 1	0 47	22 51	0 11	15 26	0 59
5	7 13	4 32	4 53	2 12	6 16	3 13	15 20	0 54	16 13	0 48	22 50	0 11	15 23	0 59
6	6 50	0S 8	4 60	2S28	6 49	2 56	14 58	0 56	16 26	0 49	22 50	0 11	15 21	0 59
7	6 28	4 45	4 52	6 59	7 20	2 38	14 35	0 58	16 39	0 49	22 49	0 11	15 19	0 60
8	6 6	9 9	4 33	11 14	7 50	2 19	14 12	1 0	16 51	0 50	22 48	0 11	15 17	0 60
9	5 43	13 12	4 1	15 2	8 17	1 60	13 49	1 2	17 4	0 50	22 48	0 11	15 14	0 60
10	5 20	16 44	3 19	18 16	8 42	1 40	13 26	1 4	17 16	0 51	22 47	0 11	15 12	0 60
11	4 58	19 36	2 28	20 44	9 3	1 21	13 2	1 6	17 28	0 52	22 46	0 11	15 10	1 0
12	4 35	21 38	1 30	22 19	9 21	1 2	12 37	1 7	17 41	0 52	22 46	0 11	15 8	1 0
13	4 12	22 43	0 27	22 51	9 35	0 43	12 13	1 9	17 53	0 53	22 45	0 11	15 5	1 0
14	3 49	22 42	0N39	22 15	9 45	0 25	11 48	1 10	18 5	0 53	22 44	0 11	15 3	1 0
15	3 26	21 30	1 45	20 27	9 51	0 8	11 22	1 12	18 16	0 54	22 44	0 10	15 1	1 1
16	3 3	19 6	2 47	17 28	9 53	0N 8	10 57	1 13	18 28	0 54	22 43	0 10	14 59	1 1
17	2 40	15 33	3 42	13 24	9 51	0 23	10 31	1 15	18 40	0 55	22 42	0 10	14 57	1 1
18	2 17	11 1	4 25	8 26	9 44	0 37	10 4	1 16	18 51	0 56	22 42	0 10	14 55	1 1
19	1 53	5 42	4 53	2 51	9 33	0 50	9 38	1 17	19 2	0 56	22 41	0 10	14 52	1 1
20	1 30	0N 4	5 1	2N59	9 19	1 1	9 11	1 18	19 14	0 57	22 40	0 10	14 50	1 1
21	1 7	5 53	4 48	8 42	9 1	1 11	8 44	1 19	19 25	0 57	22 40	0 10	14 48	1 1
22	0 44	11 22	4 14	13 50	8 39	1 20	8 16	1 20	19 36	0 58	22 39	0 10	14 46	1 1
23	0 20	16 4	3 23	18 2	8 14	1 28	7 49	1 21	19 46	0 58	22 38	0 10	14 44	1 2
24	0S 3	19 40	2 19	20 59	7 45	1 35	7 21	1 22	19 57	0 59	22 38	0 10	14 42	1 2
25	0 27	21 56	1 8	22 31	7 14	1 41	6 53	1 23	20 7	0 59	22 37	0 10	14 40	1 2
26	0 50	22 45	0S 5	22 37	6 41	1 45	6 24	1 24	20 18	0 60	22 36	0 10	14 38	1 2
27	1 13	22 11	1 16	21 25	6 5	1 49	5 56	1 25	20 28	1 0	22 36	0 9	14 36	1 2
28	1 37	20 24	2 21	19 7	5 27	1 51	5 27	1 25	20 38	1 1	22 35	0 9	14 34	1 2
29	2 0	17 37	3 17	15 55	4 48	1 53	4 58	1 26	20 48	1 1	22 35	0 9	14 32	1 2
30	2S23	14N 4	4S 2	12N 5	4N 7	1N53	4N30	1N26	20S58	1S 1	22N34	0S 9	14N30	1N 3

DAY	♅ DECL	♅ LAT	♆ DECL	♆ LAT	♇ DECL	♇ LAT
1	13S50	0S46	18N10	0S 7	19N 5	4S13
5	13 53	0 46	18 8	0 7	19 5	4 13
9	13 56	0 46	18 6	0 7	19 5	4 13
13	13 59	0 46	18 4	0 7	19 4	4 13
17	14 2	0 46	18 3	0 7	19 4	4 14
21	14 4	0 46	18 1	0 7	19 4	4 14
25	14 7	0 46	17 59	0 7	19 4	4 14
29	14S 9	0S46	17N58	0S 7	19N 3	4S14

☽ PHENOMENA

d	h	m	
5	10	44	●
13	15	2	☽
20	13	1	○
27	4	39	☾

d	h	° '
5	23	0
13	12	22S51
20	0	0
26	2	22N45

d	h	
5	23	4S60
13	10	0
19	21	5N 1
25	22	0

VOID OF COURSE ☽

LAST ASPT	☽ INGRESS
31 11am46	2 ♌ 0am53
4 1am24	4 ♍ 10am56
5 11am23	6 ♎ 10pm35
9 3am38	9 ♏ 11am20
11 11pm13	11 ♐ 11pm51
14 0am 9	14 ♑ 10am 2
16 3am 0	16 ♒ 4pm15
18 9am41	18 ♓ 6pm27
20 1pm 1	20 ♈ 6pm 7
22 8am41	22 ♉ 5pm27
24 10am29	24 ♊ 6pm31
26 12pm41	26 ♋ 10pm45
29 3am31	29 ♌ 6am25

d	h	
8	12	APOGEE
21	5	PERIGEE

DAILY ASPECTARIAN

Day	Aspect	Time
1 Su	☿⚹♂	5am 5
	☉⚺♆	6 8
	☽⚺♄	7 17
	☽∥♇	8 35
	☉∠☽	12pm 2
	☽∠☿	1 56
	☽⚻♅	3 49
	☽∥♆	3 55
	♂#♄	4 42
	♂△♃	11 56
2 M	☉☌☿	1am33
	☽∥♀	5 10
	☽#♂	9 26
	☽∥♄	10 36
	☽⚺♇	1pm 9
	♃⚼♅	1 17
	☽☌♆	4 16
	☽⚺☿	4 33
	☉⚺☽	7 2
	☿⚺♆	8 15
	☽⚺♃	8 30
	☽#♅	8 46
	☽□♂	9 21
3 T	♀#♂	10am16
	☽☌♀	2pm11
	☉⚹♃	5 18
	☽☌♄	5 21
	☽∠♇	6 11
4 W	☽☍♅	1am24
	☽∠♃	2 0
	☉∥☽	8 47
	☿⚹♇	3pm33
	☽∥☿	3 58
	♀∥♄	7 27
	☽☌☿	11 7
	☽⚹♇	11 38
5 Th	♀☌♄	1am 7
	☽⚺♆	2 56
	♀∠♇	6 40
	☽⚹♃	7 55
	☉☌☽	10 44
	☽⚹♂	11 23
6 F	☉∥☿	0am47
	☽⚺♄	5 10
	☽⚺♀	8 3
	☽∠♆	8 51
	☉⚹♂	10 39
	☽⚻♅	12pm37
	☽∠♂	7 4
7 S	☽⚺☿	7am41
	☉#☽	8 28
	☽∠♄	11 37
	☽□♇	11 38
	♄∠♇	2pm 2
	☽⚹♆	3 6
	☽#☿	3 41
	☽∠♀	5 41
	☽⚼♅	6 44
	☽□♃	8 51
8 Su	☽⚺♂	3am 8
	♀☍♅	3 30
	☉⚺☽	4 17
	☽∠☿	12pm48
	♀#♅	4 51
	☽⚹♄	6 18
9 M	☽△♅	1am 3
	☽#♀	3 34
	☽⚹♀	3 38
	♀∠♃	4 4
	☽∥♅	4 44
	☽#♄	1pm12
	☉∠☽	1 27
	☽⚹☿	6 23
10 T	☽△♇	0am32
	☽□♆	4 7
	☽∥♂	4 21
	☽△♃	10 31
	☽#♆	10 37
	☽#♇	7pm 6
	☽☌♂	7 37
	☉⚹☽	10 33
11 W	☽⚼♇	6am52
	☽□♄	7 42
	☿SD	12pm32
	☽□♅	1 34
	☽⚼♃	5 6
	☽□♀	11 13
12 Th	♀ ♍	5am24
	☽□☿	6 23
	☽⚻♇	12pm47
	☽△♆	4 22
	☽⚻♃	11 8
13 F	☽⚺♂	10am35
	☉□☽	3pm 2
	☽△♄	7 18
	☽⚼♆	9 31
	♂#♆	10 44
14 S	☽⚹♅	0am 9
	☽△♀	3pm39
	☽∠♂	4 40
	☽△☿	5 35
	☽☍♇	10 15
	☽⚼♄	11 45
15 Su	☽⚻♆	1am41
	☽∠♅	4 5
	☽☍♃	8 30
	☽⚹♂	9pm31
	☽⚼♀	9 51
	☽⚼☿	10 11
16 M	☽#♇	0am15
	☉△☽	3 0
	☽⚻♄	3 6
	☽∥♂	4 36
	☉⚺♄	4 40
	☿☌♀	5 16
	☽⚺♅	6 58
	☽#♆	7 56
17 T	☽⚻☿	1am53
	☽⚻♀	2 38
	☽#♄	3 33
	☽⚻♇	3 33
	☉∠♆	4 38
	☽☍♆	6 48
	☉⚼☽	6 58
	☽∥♅	8 34
	♀⚹♇	1pm10
	☽⚻♃	1 30
18 W	☽□♂	3am33
	☿⚹♇	4 13
	☽⚼♇	4 41
	☽#♀	4 53
	☽#☿	6 14
	☽☍♄	6 37
	☉⚻♅	8 41
	☽☌♅	9 41
	☉⚻☽	9 45
	☽⚼♃	2pm31
19 Th	♀⚺♆	3am14
	♂#♇	3 14
	♂⚼♇	4 11
	☽△♇	5 3
	☽☍☿	6 53
	☿∥♀	7 36
	☽⚻♆	8 11
	☽☍♀	8 37
	☽△♃	2pm50
	☉#☽	5 8
20 F	☿⚺♆	0am18
	☉∥☽	5 33
	☽△♂	6 3
	☽⚻♄	7 5
	☽⚼♆	8 0
	☽⚺♅	9 34
	☉☍☽	1pm 1
21 S	☽□♇	4am29
	☽⚼♂	6 44
	☽⚼♄	6 50
	☽△♆	7 37
	☽∠♅	9 5
	♂□♄	9 24
	☽⚻☿	10 22
	☽∥♀	11 14
	☽⚻♀	12pm 8
	☽∥☿	12 35
	☽□♃	2 29
22 Su	☽△♄	6am39
	☽⚻♂	7 29
	☽⚹♅	8 41
	☽⚼☿	12pm24
	☽#♅	1 19
	☽⚼♀	1 57
	☉⚻☽	3 33
	☽∥♄	4 43
	♀⚹♃	8 8
23 M	☽⚹♇	4am 3
	☽□♆	7 20
	♂□♅	8 47
	☿⚹♃	11 1
	☽∥♆	11 49
	☽⚹♃	2pm45
	☽△☿	3 8
	☽△♀	4 17
	☉⚼☽	5 26
	☽∥♇	7 15
	☉ ♎	8 46
24 T	☽#♂	2am28
	☽∠♇	4 32
	☽□♄	7 32
	☽□♅	9 12
	☽☍♂	10 29
	☽∠♃	3pm44
	☉△☽	8 8
25 W	☽⚺♇	5am45
	☽⚹♆	9 18
	☽∥♃	3pm22
	☿☌♀	3 33
	☽⚺♃	5 32
	☽□♀	11 44
	☽□☿	11 59
26 Th	☽⚹♄	11am26
	☽∠♆	11 32
	☽△♅	12pm41
	☽∥♃	12 51
	☽⚻♂	4 58
27 F	☉□☽	4am39
	☽☌♇	10 46
	☽⚺♆	2pm39
	☽∠♄	2 44
	☽⚼♅	3 44
	☽#♂	9 37
	☽⚼♂	9 46
	☽☌♃	11 49
28 S	☿∥♀	0am12
	☽⚹♀	11 46
	☽∥♇	12pm29
	☽⚹☿	2 27
	☽⚺♄	6 53
	☽⚻♅	7 37
	☽∥♆	9 20
29 Su	☽△♂	3am31
	☉⚹☽	5pm26
	♂⚼♃	6 29
	☽⚺♇	7 8
	☽∠♀	7 24
	☽∥♄	9 19
	☿∠♆	9 20
	☽☌♆	11 19
	☽#♅	11 28
	☽∠☿	11 39
30 M	☿⚺♄	0am43
	☿⚻♅	3 41
	☽⚺♃	9 20
	☉□♇	3pm12

OCTOBER 1918

LONGITUDE

DAY	SID. TIME	☉	☽	☽ 12 Hour	MEAN ☊	TRUE ☊	☿	♀	♂	♃	♄	♅	♆	♇
	h m s	° ' "	° ' "	° ' "	° '	° '	° '	° '	° '	° '	° '	° '	° '	° '
1	0 35 40	7♎ 0 7	21♌ 29 10	27♌ 35 12	16♐ 35	15♐ 56R	25♍ 46	23♍ 15	29♏ 46	14♋ 2	24♌ 9	24♒ 15R	8♌ 50	6♋ 39
2	0 39 36	7 59 9	3♍ 39 10	9♍ 41 20	16 32	15 46	27 33	24 30	0♐ 29	14 8	24 16	24 13	8 51	6 39
3	0 43 33	8 58 14	15 41 55	21 41 9	16 29	15 35	29 20	25 45	1 11	14 14	24 22	24 12	8 53	6 39
4	0 47 29	9 57 20	27 39 14	3♎ 36 19	16 25	15 22	1♎ 7	26 59	1 53	14 20	24 28	24 10	8 54	6 39
5	0 51 26	10 56 28	9♎ 32 36	15 28 15	16 22	15 10	2 55	28 14	2 36	14 26	24 34	24 9	8 55	6 39
6	0 55 22	11 55 39	21 23 27	27 18 23	16 19	14 58	4 42	29 29	3 18	14 31	24 40	24 8	8 56	6 39
7	0 59 19	12 54 52	3♏ 13 17	9♏ 8 25	16 16	14 49	6 29	0♎ 44	4 1	14 36	24 46	24 6	8 57	6 39R
8	1 3 16	13 54 6	15 4 3	21 0 32	16 13	14 42	8 16	1 58	4 43	14 41	24 52	24 5	8 59	6 39
9	1 7 12	14 53 23	26 58 14	2♐ 57 34	16 9	14 38	10 2	3 13	5 26	14 46	24 58	24 4	9 0	6 39
10	1 11 9	15 52 41	8♐ 58 58	15 2 58	16 6	14 36D	11 48	4 28	6 9	14 51	25 4	24 3	9 1	6 39
11	1 15 5	16 52 2	21 10 4	27 20 51	16 3	14 36	13 33	5 43	6 52	14 56	25 10	24 1	9 2	6 39
12	1 19 2	17 51 24	3♑ 35 53	9♑ 55 45	16 0	14 37	15 18	6 58	7 35	15 0	25 15	24 0	9 3	6 39
13	1 22 58	18 50 47	16 21 1	22 52 14	15 57	14 38R	17 1	8 13	8 18	15 4	25 21	23 59	9 4	6 39
14	1 26 55	19 50 13	29 29 53	6♒ 14 23	15 54	14 37	18 45	9 28	9 1	15 8	25 26	23 58	9 5	6 39
15	1 30 51	20 49 41	13♒ 6 2	20 4 58	15 50	14 35	20 27	10 43	9 45	15 12	25 32	23 57	9 6	6 38
16	1 34 48	21 49 9	27 11 13	4♓ 24 32	15 47	14 31	22 9	11 58	10 28	15 16	25 37	23 56	9 7	6 38
17	1 38 45	22 48 40	11♓ 44 31	19 10 32	15 44	14 24	23 51	13 13	11 11	15 19	25 43	23 55	9 8	6 38
18	1 42 41	23 48 13	26 41 41	4♈ 16 54	15 41	14 17	25 31	14 28	11 55	15 23	25 48	23 54	9 9	6 38
19	1 46 38	24 47 47	11♈ 54 57	19 34 28	15 38	14 9	27 11	15 43	12 38	15 26	25 53	23 54	9 10	6 38
20	1 50 34	25 47 24	27 14 2	4♉ 52 14	15 35	14 2	28 51	16 58	13 22	15 29	25 58	23 53	9 10	6 37
21	1 54 31	26 47 2	12♉ 27 44	19 59 19	15 31	13 57	0♏ 30	18 13	14 6	15 31	26 3	23 52	9 11	6 37
22	1 58 27	27 46 42	27 25 57	4♊ 46 48	15 28	13 54	2 8	19 28	14 50	15 34	26 8	23 52	9 12	6 37
23	2 2 24	28 46 25	12♊ 1 13	19 8 50	15 25	13 52D	3 45	20 43	15 33	15 36	26 13	23 51	9 13	6 36
24	2 6 20	29 46 10	26 9 25	3♋ 2 57	15 22	13 53	5 22	21 58	16 17	15 39	26 18	23 50	9 13	6 36
25	2 10 17	0♏ 45 57	9♋ 49 34	16 29 30	15 19	13 54	6 59	23 13	17 1	15 41	26 22	23 50	9 14	6 36
26	2 14 14	1 45 47	23 3 8	29 30 54	15 15	13 55R	8 34	24 29	17 46	15 42	26 27	23 49	9 15	6 35
27	2 18 10	2 45 39	5♌ 53 17	12♌ 10 48	15 12	13 55	10 10	25 44	18 30	15 44	26 32	23 49	9 15	6 35
28	2 22 7	3 45 32	18 23 59	24 33 21	15 9	13 54	11 45	26 59	19 14	15 45	26 36	23 49	9 16	6 34
29	2 26 3	4 45 28	0♍ 39 26	6♍ 42 44	15 6	13 51	13 19	28 14	19 58	15 47	26 40	23 48	9 16	6 34
30	2 30 0	5 45 26	12 43 42	18 42 49	15 3	13 46	14 53	29 30	20 43	15 48	26 45	23 48	9 17	6 33
31	2 33 56	6♏ 45 27	24♍ 40 27	0♎ 36 59	15♐ 0	13♐ 40	16♏ 26	0♏ 45	21♐ 27	15♋ 48	26♌ 49	23♒ 48	9♌ 17	6♋ 33

DECLINATION and LATITUDE

DAY	☉ DECL	☽ DECL	☽ LAT	☽ 12hr DECL	☿ DECL	☿ LAT	♀ DECL	♀ LAT	♂ DECL	♂ LAT	♃ DECL	♃ LAT	♄ DECL	♄ LAT
1	2S47	9N60	4S35	7N49	3N25	1N58	4N 0	1N27	21S 7	1S 2	22N34	0S 9	14N28	1N 3
2	3 10	5 35	4 55	3 18	2 42	1 52	3 31	1 27	21 17	1 2	22 33	0 9	14 26	1 3
3	3 33	0 60	5 2	1S18	1 58	1 51	3 2	1 27	21 26	1 3	22 32	0 9	14 24	1 3
4	3 57	3S35	4 55	5 49	1 13	1 49	2 32	1 28	21 35	1 3	22 32	0 9	14 22	1 3
5	4 20	8 0	4 36	10 7	0 28	1 46	2 3	1 28	21 44	1 4	22 31	0 9	14 20	1 3
6	4 43	12 7	4 4	14 0	0S18	1 43	1 33	1 28	21 52	1 4	22 31	0 9	14 18	1 4
7	5 6	15 45	3 22	17 21	1 3	1 39	1 3	1 28	22 1	1 4	22 30	0 9	14 16	1 4
8	5 29	18 46	2 31	19 59	1 49	1 35	0 33	1 28	22 9	1 5	22 30	0 8	14 14	1 4
9	5 52	20 60	1 33	21 46	2 35	1 31	0 4	1 28	22 17	1 5	22 30	0 8	14 13	1 4
10	6 15	22 18	0 30	22 34	3 21	1 26	0S26	1 28	22 25	1 6	22 29	0 8	14 11	1 4
11	6 38	22 34	0N35	22 18	4 6	1 21	0 56	1 27	22 33	1 6	22 29	0 8	14 9	1 4
12	7 1	21 44	1 40	20 53	4 52	1 16	1 26	1 27	22 40	1 6	22 28	0 8	14 7	1 5
13	7 23	19 46	2 42	18 23	5 37	1 10	1 56	1 27	22 48	1 7	22 28	0 8	14 6	1 5
14	7 46	16 43	3 37	14 50	6 22	1 4	2 26	1 26	22 55	1 7	22 28	0 8	14 4	1 5
15	8 8	12 42	4 22	10 22	7 6	0 58	2 56	1 26	23 2	1 7	22 27	0 8	14 2	1 5
16	8 30	7 52	4 53	5 12	7 50	0 52	3 25	1 25	23 9	1 8	22 27	0 8	14 1	1 5
17	8 53	2 26	5 7	0N24	8 33	0 46	3 55	1 25	23 15	1 8	22 27	0 8	13 59	1 5
18	9 15	3N16	4 60	6 7	9 16	0 39	4 25	1 24	23 21	1 8	22 26	0 8	13 57	1 6
19	9 36	8 53	4 32	11 31	9 58	0 33	4 55	1 23	23 27	1 9	22 26	0 7	13 56	1 6
20	9 58	13 59	3 45	16 12	10 40	0 26	5 24	1 22	23 33	1 9	22 26	0 7	13 54	1 6
21	10 20	18 9	2 41	19 46	11 21	0 19	5 53	1 21	23 39	1 9	22 26	0 7	13 53	1 6
22	10 41	21 1	1 28	21 54	12 1	0 13	6 23	1 20	23 44	1 9	22 25	0 7	13 51	1 6
23	11 3	22 24	0 10	22 32	12 41	0 6	6 52	1 19	23 49	1 10	22 25	0 7	13 50	1 6
24	11 24	22 18	1S 6	21 43	13 20	0S 1	7 21	1 18	23 54	1 10	22 25	0 7	13 48	1 7
25	11 45	20 50	2 16	19 40	13 58	0 8	7 50	1 17	23 59	1 10	22 25	0 7	13 47	1 7
26	12 6	18 15	3 16	16 38	14 36	0 14	8 19	1 16	24 3	1 11	22 25	0 7	13 45	1 7
27	12 26	14 51	4 5	12 55	15 12	0 21	8 47	1 15	24 8	1 11	22 25	0 7	13 44	1 7
28	12 47	10 52	4 40	8 44	15 48	0 28	9 15	1 14	24 12	1 11	22 25	0 7	13 43	1 7
29	13 7	6 32	5 2	4 17	16 24	0 35	9 44	1 12	24 15	1 11	22 25	0 6	13 41	1 8
30	13 27	2 0	5 10	0S17	16 58	0 41	10 12	1 11	24 19	1 11	22 25	0 6	13 40	1 8
31	13S47	2S33	5S 5	4S47	17S31	0S48	10S39	1N 9	24S22	1S12	22N25	0S 6	13N39	1N 8

DAY	♅ DECL	♅ LAT	♆ DECL	♆ LAT	♇ DECL	♇ LAT
1	14S10	0S46	17N57	0S 7	19N 3	4S14
5	14 12	0 46	17 56	0 7	19 3	4 14
9	14 14	0 46	17 55	0 7	19 3	4 14
13	14 15	0 46	17 53	0 7	19 3	4 15
17	14 16	0 45	17 52	0 7	19 2	4 15
21	14 17	0 45	17 52	0 7	19 2	4 15
25	14 18	0 45	17 51	0 7	19 2	4 15
29	14S18	0S45	17N50	0S 7	19N 2	4S15

☽ PHENOMENA

d	h	m	
5	3	5	●
13	5	0	☽
19	21	35	○
26	17	35	☾

d	h	° '
3	5	0
10	18	22S36
17	10	0
23	10	22N32
30	11	0

d	h	° '
3	0	5S 2
10	11	0
17	4	5N 7
23	3	0
30	2	5S10

VOID OF COURSE ☽

LAST ASPT		☽ INGRESS		
1	5am25	1	♍	4pm46
3	10pm30	4	♎	4am44
6	6am43	6	♏	5pm28
8	7pm56	9	♐	6am 5
11	7am50	11	♑	5pm 7
13	5am 0	14	♒	0am54
15	9pm21	16	♓	4am42
17	5am49	18	♈	5am14
20	2am50	20	♉	4am20
21	9pm53	22	♊	4am11
24	0am14	24	♋	6am40
26	2am55	26	♌	12pm54
28	6pm41	28	♍	10pm42
30	5pm 5	31	♎	10am45

d	h	
5	18	APOGEE
19	16	PERIGEE

DAILY ASPECTARIAN

Day	Aspect	Time
1	☽∠♇	0am18
T	☉∠☽	1 6
	☽⊻♀	3 52
	☽☌♄	5 17
	☽☍♅	5 25
	♂ ♐	7 42
	☽⊻☿	9 51
	♀∠♆	11 20
	☉#☿	1pm47
	☽∠♃	3 0
	♄☍♅	5 4
	☽□♂	5 19
	♀⊼♅	6 47
	♀⊻♄	6 59
2	☽*♇	5am57
W	☉⊻☽	9 22
	☉#♀	9 33
	☽⊻♆	10 21
	☉#☽	11 41
	☽∥♀	12pm 8
	☽∥☿	6 1
	☽*♃	9 4
	☉*♆	9 38
3	☉⚼♅	5am24
Th	☿ ♎	9 0
	☉∠♄	10 42
	☽#☿	1pm18
	☽∠♆	4 26
	☽⊼♅	5 1
	☽⊻♄	5 32
	☽#♀	7 1
	☽☌♀	10 30
4	☉∥☽	2am 6
F	☽☌☿	8 13
	☽*♂	9 4
	☿*♂	5pm 0
	☽□♇	6 9
	☽*♆	10 44
	☽⚼♅	11 12
5	☽∠♄	0am 3
S	☉☌☽	3 5
	☽□♃	9 58
	☽∠♂	5pm20
6	☽△♅	5am32
Su	☽*♄	6 43
	♀ ♎	10 0
	☽∥♅	1pm21
	☽#♄	1 51
	☽⊻♀	6 21
	☿#♀	11 59
7	☽⊻♂	1am42
M	☿□♇	2 16
	☽△♇	6 57
	☽⊻☿	7 47
	☽□♆	11 39
	☽#♆	4pm36
	♇SR	7 13
	☉⊻☽	9 26
	☽△♃	11 14
8	☽#♇	2am35
T	☽∠♀	4 18
	☿*♆	9 48
	☿⚼♅	11 0
	☽⚼♇	1pm18
	♄#♅	2 31
	☽□♅	6 10
	☽∠☿	7 26
	☽□♄	7 56
	☉□♃	8 54
	☿∠♄	11 3
9	☽⚼♃	5am40
W	☉∠☽	6 23
	☽*♀	1pm59
	☽☌♂	6 1
	☽⊼♇	7 22
10	☽△♆	0am 4
Th	☽#♃	5 42
	☽*☿	6 31
	♂#♃	11 22
	☽⊼♃	11 41
	☉*☽	2pm50
	♂⊼♇	4 43
	☽∥♂	8 17
11	☽∥♂	1am11
F	☽#♃	5 31
	☽*♅	5 33
	☽⚼♆	5 35
	☽△♄	7 50
	♀□♇	5pm53
	☿□♃	7 48
12	☽☍♇	5am48
S	☽□♀	7 6
	☽⊻♂	8 2
	☽∠♅	10 15
	☽⊼♆	10 22
	☽⚼♄	12pm42
	☽☍♃	9 37
13	☽□☿	1am27
Su	♀*♂	3 59
	☉□☽	5 0
	☽#♇	6 32
	☽∠♂	1pm32
	☽⊻♅	2 1
	♀⚼♅	2 37
	☽#♆	3 45
	♀*♆	4 36
	☽⊼♄	4 37
14	♂△♆	2am 6
M	☽⊼♇	12pm43
	☽∥♅	3 19
	☽#♄	4 32
	☽☍♆	5 1
	☽*♂	5 50
	☽△♀	7 26
	♀∠♄	8 13
15	☽⊼♃	3am39
T	☉☌☿	12pm29
	☉△☽	2 16
	☽△☿	2 22
	☽⚼♇	2 39
	☽☌♅	6 32
	☉∥☽	9 11
	☽☍♄	9 21
	☽⚼♀	11 35
16	☽∥☿	0am 7
W	☽⚼♃	5 9
	☽△♇	3pm40
	☉⚼☽	5 7
	☽∥♀	6 8
	☽⚼☿	6 40
	☽⊼♆	7 45
	☽□♂	11 3
17	☿△♅	1am 4
Th	☽⊼♀	2 36
	☽△♃	5 49
	☉⊼☽	7pm 4
	☽⊻♅	7 34
	☽⚼♆	7 56
	☽⊼☿	9 54
	☉∥☿	10 24
	☽⊼♄	10 34
18	☉△♅	2am30
F	☿*♄	4 8
	☽#♀	5 16
	☽□♇	3pm42
	♀□♃	6 17
	☽∠♅	7 16
	☽△♆	7 40
	☽⚼♄	10 22
19	☽△♂	1am12
S	☉#☽	3 28
	☽□♃	5 31
	☽#☿	5 35
	☽☍♀	6 29
	☿∠♂	11 35
	☽*♅	6pm45
	☉☍☽	9 35
	☽△♄	10 0
	☽∥♄	11 36
20	☽#♅	1am32
Su	☽⚼♂	1 52
	☽☍☿	2 50
	☉*♄	4 42
	☽*♇	2pm46
	☿ ♏	4 48
	☽□♆	6 48
	☽∥♆	10 8
21	☽⊼♂	2am44
M	☽*♃	4 53
	☽∥♇	6 22
	☽⊼♀	10 0
	☽∠♇	2pm37
	☽□♅	6 14
	☽□♄	9 53
22	☉⊼☽	0am36
T	☽∠♃	5 7
	☽⊼☿	8 37
	☽⚼♀	12pm34
	☽⊻♇	3 1
	☽*♆	7 19
23	♂⊼♃	1am39
W	☉⚼☽	3 9
	☽⊻♃	6 2
	☽☍♂	6 15
	☽⚼☿	12pm48
	☽△♀	4 7
	☽△♅	8 1
	☽∠♆	8 40
24	☽*♄	0am14
Th	☉ ♏	5 33
	☉△☽	6 45
	☿#♄	5pm 1
	☽△☿	6 15
	☽☌♇	6 15
	☿△♇	6 19
	☽⚼♅	10 14
	☽⊻♆	10 56
25	☽∠♄	2am47
F	☽☌♃	10 33
	♀△♅	11 33
	☿∥♅	12pm26
	☽⊼♂	1 44
	☽∥♇	5 33
26	☽⊼♅	1am25
S	☽□♀	2 55
	☽∥♆	3 11
	☽⊻♄	6 19
	☿□♆	10 8
	☉□☽	5pm35
	☽⚼♂	7 12
	☽#☿	10 1
27	☽⊻♇	1am19
Su	☽#♅	3 31
	☽☌♆	6 24
	☽∥♄	7 5
	☽□☿	9 19
	☉#☽	1pm44
	♀*♄	4 11
	☽⊻♃	6 52
28	☽△♂	1am43
M	☽∠♇	6 10
	☽#♀	8 12
	☽☍♅	10 32
	☽☌♄	4pm 6
	☽*♀	6 41
29	☽∠♃	0am14
T	☉*☽	8 51
	☽*♇	11 42
	☽⊻♆	5pm 6
	☉∠♂	7 45
30	☽∠♀	3am57
W	☽*☿	4 57
	☽*♃	6 9
	♀ ♏	9 43
	☿△♃	2pm13
	☉#♄	2 58
	☽□♂	5 5
	☉∠☽	5 35
	☉△♇	7 3
	☽⊼♅	10 14
	☽∠♆	11 13
31	☽⊻♄	4am21
Th	☽⊻♀	1pm43
	☿#♆	1 44
	☽∠☿	3 42
	☽□♇	11 59

NOVEMBER 1918

LONGITUDE

DAY	SID. TIME	☉	☽	☽ 12 Hour	MEAN ☊	TRUE ☊	☿	♀	♂	♃	♄	♅	♆	♇
	h m s	° ' "	° ' "	° ' "	° '	° '	° '	° '	° '	° '	° '	° '	° '	° '
1	2 37 53	7♏ 45 29	6♎ 32 46	12♎ 28 5	14♐ 56	13♐ 34R	17♏ 59	2♏ 0	22♐ 12	15♋ 49	26♌ 53	23♒ 48R	9♌ 17	6♋ 32R
2	2 41 49	8 45 33	18 23 14	24 18 28	14 53	13 27	19 31	3 15	22 56	15 49	26 57	23 48	9 18	6 32
3	2 45 46	9 45 39	0♏ 14 1	6♏ 10 5	14 50	13 21	21 4	4 31	23 41	15 50R	27 1	23 47D	9 18	6 31
4	2 49 42	10 45 48	12 6 55	18 4 42	14 47	13 16	22 35	5 46	24 26	15 50	27 5	23 47	9 18	6 31
5	2 53 39	11 45 58	24 3 40	0♐ 4 2	14 44	13 12	24 6	7 1	25 11	15 49	27 9	23 48	9 19	6 30
6	2 57 36	12 46 9	6♐ 6 3	12 9 59	14 41	13 11D	25 37	8 17	25 55	15 49	27 12	23 48	9 19	6 29
7	3 1 32	13 46 23	18 16 7	24 24 46	14 37	13 10	27 8	9 32	26 40	15 49	27 16	23 48	9 19	6 29
8	3 5 29	14 46 38	0♑ 36 16	6♑ 50 59	14 34	13 11	28 38	10 47	27 25	15 48	27 19	23 48	9 19	6 28
9	3 9 25	15 46 55	13 9 18	19 31 36	14 31	13 13	0♐ 7	12 3	28 10	15 47	27 23	23 48	9 19	6 27
10	3 13 22	16 47 13	25 58 16	2♒ 29 43	14 28	13 14	1 36	13 18	28 56	15 46	27 26	23 48	9 20	6 27
11	3 17 18	17 47 33	9♒ 6 18	15 48 21	14 25	13 15R	3 5	14 33	29 41	15 44	27 29	23 49	9 20	6 26
12	3 21 15	18 47 54	22 36 6	29 29 46	14 21	13 16	4 33	15 49	0♑ 26	15 43	27 32	23 49	9 20R	6 25
13	3 25 11	19 48 16	6♓ 29 24	13♓ 34 58	14 18	13 15	6 1	17 4	1 11	15 41	27 35	23 50	9 20	6 24
14	3 29 8	20 48 40	20 46 15	28 2 55	14 15	13 13	7 28	18 19	1 57	15 39	27 38	23 50	9 20	6 24
15	3 33 5	21 49 5	5♈ 24 25	12♈ 50 4	14 12	13 10	8 55	19 35	2 42	15 37	27 41	23 51	9 20	6 23
16	3 37 1	22 49 31	20 19 0	27 50 15	14 9	13 8	10 21	20 50	3 28	15 34	27 43	23 51	9 19	6 22
17	3 40 58	23 49 59	5♉ 22 43	12♉ 55 14	14 6	13 5	11 46	22 5	4 13	15 32	27 46	23 52	9 19	6 21
18	3 44 54	24 50 28	20 26 38	27 55 47	14 2	13 3	13 11	23 21	4 59	15 29	27 48	23 53	9 19	6 20
19	3 48 51	25 51 0	5♊ 21 36	12♊ 43 8	13 59	13 2D	14 34	24 36	5 44	15 26	27 51	23 53	9 19	6 19
20	3 52 47	26 51 32	19 59 34	27 10 14	13 56	13 2	15 57	25 52	6 30	15 23	27 53	23 54	9 19	6 19
21	3 56 44	27 52 6	4♋ 14 40	11♋ 12 32	13 53	13 3	17 19	27 7	7 16	15 19	27 55	23 55	9 18	6 18
22	4 0 41	28 52 42	18 3 43	24 48 12	13 50	13 4	18 40	28 22	8 2	15 16	27 57	23 56	9 18	6 17
23	4 4 37	29 53 20	1♌ 26 8	7♌ 57 47	13 47	13 5	20 0	29 38	8 47	15 12	27 59	23 57	9 18	6 16
24	4 8 34	0♐ 53 59	14 23 29	20 43 42	13 43	13 6	21 18	0♐ 53	9 33	15 8	28 1	23 58	9 17	6 15
25	4 12 30	1 54 39	26 58 53	3♍ 9 34	13 40	13 6R	22 34	2 9	10 19	15 4	28 3	23 59	9 17	6 14
26	4 16 27	2 55 22	9♍ 16 20	15 19 45	13 37	13 7	23 49	3 24	11 5	15 0	28 4	24 0	9 17	6 13
27	4 20 23	3 56 6	21 20 22	27 18 45	13 34	13 6	25 1	4 40	11 51	14 55	28 6	24 1	9 16	6 12
28	4 24 20	4 56 51	3♎ 15 29	9♎ 11 3	13 31	13 5	26 11	5 55	12 37	14 51	28 7	24 2	9 16	6 11
29	4 28 16	5 57 38	15 5 59	21 0 45	13 27	13 4	27 18	7 11	13 24	14 46	28 8	24 4	9 15	6 10
30	4 32 13	6♐ 58 26	26♎ 55 47	2♏ 51 30	13♐ 24	13♐ 4	28♐ 22	8♐ 26	14♑ 10	14♋ 41	28♌ 10	24♒ 5	9♌ 14	6♋ 9

DECLINATION and LATITUDE

DAY	☉ DECL	☽ DECL	☽ LAT	☽ 12hr DECL	☿ DECL	☿ LAT	♀ DECL	♀ LAT	♂ DECL	♂ LAT	♃ DECL	♃ LAT	♄ DECL	♄ LAT
1	14S 6	6S59	4S46	9S 6	18S 4	0S54	11S 7	1N 8	24S25	1S12	22N25	0S 6	13N37	1N 8
2	14 26	11 8	4 15	13 4	18 36	1 1	11 34	1 6	24 28	1 12	22 25	0 6	13 36	1 8
3	14 45	14 53	3 33	16 33	19 6	1 7	12 1	1 5	24 30	1 12	22 25	0 6	13 35	1 9
4	15 4	18 3	2 42	19 21	19 36	1 13	12 27	1 3	24 32	1 12	22 25	0 6	13 34	1 9
5	15 22	20 27	1 43	21 20	20 5	1 19	12 54	1 1	24 34	1 13	22 25	0 6	13 33	1 9
6	15 41	21 58	0 39	22 21	20 33	1 25	13 20	0 60	24 36	1 13	22 25	0 6	13 32	1 9
7	15 59	22 28	0N28	22 19	20 60	1 31	13 45	0 58	24 37	1 13	22 25	0 5	13 31	1 9
8	16 17	21 53	1 34	21 10	21 26	1 36	14 11	0 56	24 39	1 13	22 26	0 5	13 30	1 10
9	16 34	20 11	2 37	18 57	21 50	1 42	14 36	0 54	24 40	1 13	22 26	0 5	13 29	1 10
10	16 52	17 27	3 34	15 44	22 14	1 47	15 0	0 52	24 40	1 13	22 26	0 5	13 28	1 10
11	17 9	13 47	4 21	11 39	22 37	1 52	15 24	0 50	24 41	1 14	22 26	0 5	13 27	1 10
12	17 25	9 20	4 55	6 52	22 58	1 57	15 48	0 49	24 41	1 14	22 27	0 5	13 26	1 10
13	17 42	4 17	5 13	1 36	23 19	2 1	16 12	0 46	24 40	1 14	22 27	0 5	13 25	1 11
14	17 58	1N 8	5 12	3N53	23 38	2 6	16 35	0 44	24 40	1 14	22 27	0 5	13 25	1 11
15	18 14	6 37	4 52	9 16	23 56	2 10	16 57	0 42	24 39	1 14	22 28	0 5	13 24	1 11
16	18 29	11 49	4 11	14 12	24 13	2 13	17 19	0 40	24 38	1 14	22 28	0 4	13 23	1 11
17	18 44	16 21	3 13	18 15	24 28	2 17	17 41	0 38	24 37	1 14	22 29	0 4	13 22	1 11
18	18 59	19 49	2 2	21 3	24 42	2 20	18 2	0 36	24 36	1 14	22 29	0 4	13 22	1 12
19	19 14	21 54	0 42	22 22	24 55	2 23	18 23	0 34	24 34	1 14	22 29	0 4	13 21	1 12
20	19 28	22 26	0S38	22 8	25 7	2 25	18 43	0 32	24 32	1 14	22 30	0 4	13 21	1 12
21	19 42	21 28	1 55	20 29	25 17	2 27	19 3	0 29	24 29	1 14	22 30	0 4	13 20	1 12
22	19 55	19 13	3 2	17 43	25 26	2 29	19 22	0 27	24 27	1 15	22 31	0 4	13 19	1 13
23	20 8	15 60	3 57	14 6	25 33	2 30	19 41	0 25	24 24	1 15	22 31	0 4	13 19	1 13
24	20 21	12 5	4 38	9 57	25 40	2 30	19 59	0 22	24 21	1 15	22 32	0 3	13 19	1 13
25	20 33	7 45	5 5	5 30	25 44	2 30	20 16	0 20	24 17	1 15	22 33	0 3	13 18	1 13
26	20 45	3 12	5 16	0 55	25 47	2 29	20 33	0 18	24 14	1 15	22 33	0 3	13 18	1 13
27	20 57	1S22	5 14	3S38	25 49	2 28	20 50	0 15	24 10	1 15	22 34	0 3	13 18	1 14
28	21 8	5 51	4 58	8 0	25 50	2 26	21 5	0 13	24 5	1 15	22 34	0 3	13 17	1 14
29	21 19	10 5	4 29	12 4	25 49	2 23	21 20	0 11	24 1	1 15	22 35	0 3	13 17	1 14
30	21S29	13S56	3S49	15S41	25S46	2S20	21S35	0N 8	23S56	1S15	22N36	0S 3	13N17	1N14

DAY	♅ DECL	♅ LAT	♆ DECL	♆ LAT	♇ DECL	♇ LAT
1	14S18	0S45	17N50	0S 6	19N 2	4S15
5	14 18	0 45	17 50	0 6	19 2	4 16
9	14 18	0 45	17 50	0 6	19 2	4 16
13	14 17	0 45	17 50	0 6	19 2	4 16
17	14 16	0 44	17 50	0 6	19 2	4 16
21	14 15	0 44	17 50	0 6	19 2	4 16
25	14 14	0 44	17 50	0 6	19 3	4 16
29	14S12	0S44	17N51	0S 6	19N 3	4S16

☽ PHENOMENA				VOID OF COURSE ☽ LAST ASPT		☽ INGRESS		
d	h	m		2	5pm27	2	♏	11pm32
3	21	1	●	5	6am12	5	♐	11am52
11	16	46	☽	7	5pm37	7	♑	10pm50
18	7	33	○	9	5am23	10	♒	7am26
25	10	25	☾	12	8am38	12	♓	12pm52
				14	0am 4	14	♈	3pm12
				16	11am51	16	♉	3pm27
d	h	° '		18	11am50	18	♊	3pm20
6	23	22S28		20	1pm14	20	♋	4pm47
13	19	0		22	8pm57	22	♌	9pm23
19	20	22N27		25	2am 3	25	♍	5am51
26	17	0		27	8am11	27	♎	5pm25
				30	3am10	30	♏	6am13
6	14	0		d	h			
13	11	5N15		1	20	APOGEE		
19	13	0		17	3	PERIGEE		
26	8	5S17		29	7	APOGEE		

DAILY ASPECTARIAN

Day	Aspect	Time
1	☉⚺☽	2am41
F	☽⚼♅	4 33
	☽⚹♆	5 34
	☽∠♄	10 53
	☉∥♅	2pm46
	☽□♃	6 48
2	☽⚺☿	2am39
S	☽∥♀	2 54
	☽⚹♂	9 51
	☽△♅	10 57
	☉□♆	12pm58
	☽#♄	3 21
	☽⚹♄	5 27
	☽∥♅	8 3
	☿#♇	8 42
	☉∥☽	10 58
3	♂⚹♅	3am30
Su	☿⚼♇	7 12
	☽☌♀	9 40
	☽△♇	12pm42
	♃SR	1 48
	☽∠♂	6 13
	☽□♆	6 20
	♅SD	6 24
	♂⚼♆	8 7
	☉☌☽	9 1
	☽#♆	10 12
4	☽△♃	7am28
M	☽#♇	8 56
	♀△♇	2pm10
	☽∥☿	6 29
	☽⚼♇	6 53
	☿□♅	7 1
	☽□♅	11 28
5	☽☌☿	0am 6
T	☽⚺♂	2 23
	☽□♄	6 12
	☽⚼♃	1pm30
6	☽⚻♇	0am46
W	☽⚺♀	4 48
	☽△♆	6 22
	☿⚺♂	9 35
	♀#♄	10 54
	☉⚺☽	2pm22
	☽#♃	3 33
	☽⚻♃	7 11
	♀□♆	7 58
7	☿□♄	2am16
Th	☽#♃	5 55
	☽⚹♅	10 48
	☽⚼♆	11 49
	☽∠♀	1pm37
	☽☌♂	5 27
	☽△♄	5 37
	☽⚺☿	7 39
	♂△♄	8 27
	☉∠☽	10 16
8	☽∥☿	6am18
F	♀∥♅	6 49
	☽☍♇	11 16
	☽∠♅	3pm44
	☽⚻♆	4 43
	☽⚹♀	9 40
	☿ ♐	10 6
	☽⚼♄	10 31
	☉△♃	11 56
9	☽∠☿	4am12
S	☽☍♃	4 57
	☉⚹☽	5 23
	☿⚼♃	10 33
	☽#♇	11 13
	☽⚺♅	7pm59
	☽#♆	9 13
10	☽⚻♄	2am42
Su	☉∥☽	4 0
	☽⚺♂	5 47
	☽⚹☿	11 41
	☿#♃	12pm36
	☽∥♀	3 3
	☽⚻♇	7 10
	☽∥♅	9 1
11	☽☍♆	0am24
M	☽#♄	1 59
	♀∠♂	5 58
	♂ ♑	10 13
	☽∠♂	10 35
	☽□♀	10 46
	☽⚻♃	11 51
	☉□☽	4pm46
	☽⚼♇	9 56
	♀△♃	10 7
12	☽☌♅	2am 8
T	☽☍♄	8 38
	♆SR	9 22
	☽⚼♃	2pm 4
	☽⚹♂	2 24
	☽□☿	11 5
	☽△♇	11 52
13	☽⚻♆	4am49
W	☿⚻♇	6 28
	☉#♆	11 29
	☽△♃	3pm29
	☽△♀	7 32
14	☉△☽	0am 4
Th	☽⚺♅	5 4
	☽⚼♆	5 53
	☽⚻♄	11 21
	☉⚼♇	1pm44
	☽□♂	7 22
	☽⚼♀	10 32
15	☽□♇	1am35
F	☉⚼☽	2 27
	☽∠♅	5 34
	☽△☿	6 17
	☽△♆	6 21
	☿△♆	6 58
	☽⚼♄	11 47
	☽□♃	4pm25
16	☽⚻♀	0am54
S	☉⚻☽	4 18
	☽⚹♅	5 39
	☽∥♄	7 46
	☽⚼☿	8 52
	♀⚼♇	10 4
	☽△♄	11 51
	☽#♅	12pm24
	☽△♂	10 3
17	☉□♅	0am48
Su	☽⚹♇	1 33
	☽□♆	6 16
	☽#♀	9 9
	☽∥♆	9 12
	♀#♆	9 38
	☽⚻☿	11 13
	☿∥♂	1pm35
	☽⚹♃	4 6
	☉#☽	4 48
	☽∥♇	5 45
	☽⚼♂	11 13
18	☽∠♇	1am26
M	☽☍♀	5 4
	☉#♇	5 13
	☽□♅	5 30
	☉☍☽	7 33
	♀□♅	10 14
	☽□♄	11 50
	☽∠♃	4pm 3
19	☽⚻♂	0am39
T	☽⚺♇	1 34
	☽⚹♆	6 26
	☿⚻♃	2pm21
	☽⚺♃	4 24
	☽☍☿	4 38
	♂☍♇	6 7
20	☽△♅	6am31
W	☽∠♆	7 12
	☽⚻♀	10 45
	☉⚻☽	12pm21
	☽⚹♄	1 14
	♀#♇	11 28
21	☉□♄	1am12
Th	☽☌♇	3 31
	☽☍♂	5 29
	☽⚼♅	8 2
	☽⚺♆	8 42
	☽⚼♀	2pm57
	☽∠♄	3 1
	♀□♄	3 43
	☉⚼☽	4 4
	☉#☽	6 14
	☽☌♃	7 6
	☽#♀	10 53
22	☽⚻☿	1am11
F	☽∥♇	1 33
	☽⚻♅	10 27
	☽∥♆	11 6
	☽⚺♄	5pm43
	☽△♀	8 22
	☉△☽	8 57
23	☉ ♐	2am38
S	♂∠♅	5 6
	☉⚼♃	7 1
	♀ ♐	7 2
	☽⚼☿	7 15
	☽⚺♇	8 51
	♀⚼♃	10 23
	☽#♅	11 12
	☽⚻♂	2pm23
	☽☌♆	2 28
	♂⚻♆	3 47
	☽∥♄	4 47
24	☉☌♀	1am 3
Su	☽⚺♃	1 24
	☽∠♇	12pm59
	☽△☿	2 34
	☽☍♅	6 13
	☽⚼♂	8 35
25	☽☌♄	2am 3
M	☽∠♃	5 57
	☉□☽	10 25
	☽□♀	11 10
	☽⚹♇	6pm 0
26	☽⚺♆	0am 0
T	☽△♂	3 50
	☿⚹♅	3 51
	☿⚼♆	9 9
	☽⚹♃	11 17
27	☽⚻♅	5am23
W	☽∠♆	5 52
	☽□☿	8 11
	☽⚺♄	1pm36
28	☉⚹☽	3am44
Th	♀⚻♇	4 59
	☽□♇	5 55
	☽⚹♀	6 1
	☽⚼♅	11 44
	☽⚹♆	12pm 9
	☉∥♀	1 51
	♂⚼♄	3 52
	☽∠♄	8 1
	☽□♂	8 18
	☽□♃	11 20
29	☉⚻♇	4am46
F	☉∠☽	1pm 1
	☽∠♀	4 4
	☽△♅	6 13
	☿△♄	7 18
	☽#♄	7 41
30	☽∥♅	1am40
S	☽⚹♄	2 30
	☽⚹☿	3 10
	♂☍♃	2pm38
	♀△♆	3 19
	☽△♇	6 37
	☉⚺☽	10 12
	☽∠♆	11 13

DECEMBER 1918

LONGITUDE

DAY	SID. TIME	☉	☽	☽ 12 Hour	MEAN ☊	TRUE ☊	☿	♀	♂	♃	♄	♅	♆	♇
	h m s	° ' "	° ' "	° ' "	° '	° '	° '	° '	° '	° '	° '	° '	° '	° '
1	4 36 9	7♐ 59 16	8♏ 48 15	14♏ 46 23	13♐ 21	13♐ 3R	29♐ 22	9♐ 41	14♑ 56	14♋ 36R	28♌ 11	24♒ 6	9♌ 14R	6♋ 8R
2	4 40 6	9 0 8	20 46 11	26 47 56	13 18	13 2	0♑ 17	10 57	15 42	14 31	28 12	24 8	9 13	6 7
3	4 44 3	10 1 0	2♐ 51 50	8♐ 58 7	13 15	13 2	1 8	12 12	16 29	14 25	28 12	24 9	9 13	6 6
4	4 47 59	11 1 54	15 6 56	21 18 28	13 12	13 2	1 54	13 28	17 15	14 20	28 13	24 11	9 12	6 5
5	4 51 56	12 2 48	27 32 51	3♑ 50 12	13 8	13 2	2 33	14 43	18 1	14 14	28 14	24 12	9 11	6 4
6	4 55 52	13 3 44	10♑ 10 39	16 34 17	13 5	13 2	3 5	15 59	18 48	14 8	28 14	24 14	9 10	6 2
7	4 59 49	14 4 41	23 1 14	29 31 36	13 2	13 2	3 29	17 14	19 34	14 2	28 15	24 15	9 10	6 1
8	5 3 45	15 5 38	6♒ 5 28	12♒ 42 57	12 59	13 1	3 45	18 30	20 21	13 56	28 15	24 17	9 9	6 0
9	5 7 42	16 6 36	19 24 7	26 9 4	12 56	13 1	3 51R	19 45	21 8	13 49	28 15R	24 19	9 8	5 59
10	5 11 39	17 7 35	2♓ 57 51	9♓ 50 30	12 52	13 1D	3 46	21 1	21 54	13 43	28 15	24 21	9 7	5 58
11	5 15 35	18 8 34	16 46 59	23 47 15	12 49	13 1	3 31	22 16	22 41	13 36	28 15	24 22	9 6	5 57
12	5 19 32	19 9 33	0♈ 51 10	7♈ 58 34	12 46	13 1	3 4	23 32	23 28	13 29	28 15	24 24	9 5	5 56
13	5 23 28	20 10 34	15 9 10	22 22 35	12 43	13 1	2 26	24 47	24 14	13 22	28 15	24 26	9 4	5 54
14	5 27 25	21 11 35	29 38 24	6♉ 56 3	12 40	13 2	1 36	26 2	25 1	13 15	28 14	24 28	9 3	5 53
15	5 31 21	22 12 36	14♉ 14 55	21 34 19	12 37	13 3	0 36	27 18	25 48	13 8	28 14	24 30	9 2	5 52
16	5 35 18	23 13 38	28 53 30	6♊ 11 40	12 33	13 3R	29♐ 27	28 33	26 35	13 1	28 13	24 32	9 1	5 51
17	5 39 14	24 14 40	13♊ 28 2	20 41 48	12 30	13 3	28 11	29 49	27 22	12 54	28 12	24 34	9 0	5 50
18	5 43 11	25 15 44	27 52 15	4♋ 58 41	12 27	13 3	26 51	1♑ 4	28 8	12 47	28 11	24 36	8 59	5 49
19	5 47 8	26 16 47	12♋ 0 31	18 57 17	12 24	13 2	25 28	2 20	28 55	12 39	28 10	24 38	8 58	5 47
20	5 51 4	27 17 51	25 48 36	2♌ 34 13	12 21	13 0	24 6	3 35	29 42	12 31	28 9	24 41	8 57	5 46
21	5 55 1	28 18 56	9♌ 14 2	15 48 1	12 18	12 58	22 47	4 51	0♒ 29	12 24	28 8	24 43	8 56	5 45
22	5 58 57	29 20 2	22 16 19	28 39 9	12 14	12 56	21 34	6 6	1 16	12 16	28 7	24 45	8 54	5 44
23	6 2 54	0♑ 21 8	4♍ 56 50	11♍ 9 46	12 11	12 54	20 29	7 21	2 3	12 8	28 6	24 48	8 53	5 43
24	6 6 50	1 22 15	17 18 24	23 23 16	12 8	12 52	19 34	8 37	2 50	12 1	28 4	24 50	8 52	5 41
25	6 10 47	2 23 23	29 24 56	5♎ 23 59	12 5	12 52D	18 48	9 52	3 37	11 53	28 2	24 52	8 51	5 40
26	6 14 43	3 24 31	11♎ 21 2	17 16 41	12 2	12 52	18 14	11 8	4 24	11 45	28 1	24 55	8 49	5 39
27	6 18 40	4 25 40	23 11 35	29 6 19	11 58	12 53	17 50	12 23	5 11	11 37	27 59	24 57	8 48	5 38
28	6 22 37	5 26 49	5♏ 1 30	10♏ 57 42	11 55	12 55	17 36D	13 38	5 59	11 29	27 57	25 0	8 47	5 36
29	6 26 33	6 27 59	16 55 27	22 55 15	11 52	12 57	17 32	14 54	6 46	11 21	27 55	25 2	8 45	5 35
30	6 30 30	7 29 9	28 57 34	5♐ 2 48	11 49	12 58	17 38	16 9	7 33	11 12	27 53	25 5	8 44	5 34
31	6 34 26	8♑ 30 19	11♐ 11 19	17♐ 23 23	11♐ 46	12♐ 59R	17♐ 52	17♑ 25	8♒ 20	11♋ 4	27♌ 51	25♒ 7	8♌ 43	5♋ 33

DECLINATION and LATITUDE

DAY	☉ DECL	☽ DECL	☽ LAT	☽ 12hr DECL	☿ DECL	☿ LAT	♀ DECL	♀ LAT	♂ DECL	♂ LAT	♃ DECL	♃ LAT	♄ DECL	♄ LAT
1	21S39	17S16	2S59	18S40	25S42	2S15	21S49	0N 6	23S51	1S15	22N36	0S 3	13N17	1N14
2	21 49	19 53	2 1	20 54	25 37	2 10	22 2	0 4	23 46	1 15	22 37	0 2	13 17	1 15
3	21 58	21 40	0 56	22 11	25 30	2 3	22 15	0 1	23 40	1 15	22 38	0 2	13 16	1 15
4	22 6	22 26	0N12	22 24	25 22	1 56	22 27	0S 1	23 34	1 14	22 39	0 2	13 16	1 15
5	22 15	22 6	1 20	21 31	25 12	1 47	22 38	0 4	23 28	1 14	22 39	0 2	13 16	1 15
6	22 23	20 39	2 25	19 31	25 2	1 37	22 49	0 6	23 21	1 14	22 40	0 2	13 16	1 16
7	22 30	18 8	3 24	16 30	24 50	1 26	22 59	0 8	23 15	1 14	22 41	0 2	13 16	1 16
8	22 37	14 39	4 14	12 37	24 37	1 13	23 8	0 11	23 8	1 14	22 42	0 2	13 17	1 16
9	22 43	10 24	4 51	8 2	24 23	0 59	23 16	0 13	23 1	1 14	22 43	0 1	13 17	1 16
10	22 50	5 33	5 13	2 59	24 7	0 44	23 24	0 16	22 53	1 14	22 43	0 1	13 17	1 16
11	22 55	0 21	5 17	2N18	23 51	0 27	23 31	0 18	22 45	1 14	22 44	0 1	13 17	1 17
12	23 0	4N58	5 2	7 34	23 34	0 9	23 38	0 20	22 37	1 14	22 45	0 1	13 17	1 17
13	23 5	10 6	4 29	12 31	23 16	0N10	23 43	0 23	22 29	1 14	22 46	0 1	13 18	1 17
14	23 9	14 45	3 38	16 47	22 57	0 30	23 48	0 25	22 21	1 14	22 47	0 1	13 18	1 17
15	23 13	18 34	2 33	20 2	22 37	0 50	23 53	0 27	22 12	1 13	22 47	0 1	13 19	1 18
16	23 17	21 11	1 18	21 59	22 17	1 10	23 56	0 30	22 3	1 13	22 48	0 0	13 19	1 18
17	23 19	22 23	0S 2	22 25	21 57	1 29	23 59	0 32	21 54	1 13	22 49	0 0	13 19	1 18
18	23 22	22 5	1 21	21 23	21 37	1 48	24 1	0 34	21 44	1 13	22 50	0 0	13 20	1 18
19	23 24	20 21	2 34	19 2	21 17	2 5	24 2	0 36	21 34	1 13	22 51	0 0	13 20	1 18
20	23 25	17 28	3 35	15 41	20 59	2 21	24 3	0 39	21 24	1 13	22 52	0N 0	13 21	1 19
21	23 26	13 43	4 23	11 37	20 42	2 34	24 2	0 41	21 14	1 13	22 53	0 0	13 22	1 19
22	23 27	9 26	4 56	7 9	20 27	2 44	24 1	0 43	21 4	1 12	22 53	0 0	13 22	1 19
23	23 27	4 51	5 13	2 31	20 14	2 53	23 60	0 45	20 53	1 12	22 54	0 1	13 23	1 19
24	23 27	0 11	5 15	2S 8	20 4	2 59	23 57	0 47	20 42	1 12	22 55	0 1	13 24	1 20
25	23 26	4S24	5 3	6 37	19 57	3 2	23 54	0 49	20 31	1 12	22 56	0 1	13 24	1 20
26	23 24	8 45	4 38	10 48	19 52	3 4	23 50	0 51	20 20	1 12	22 57	0 1	13 25	1 20
27	23 23	12 45	4 1	14 34	19 51	3 4	23 45	0 53	20 8	1 11	22 58	0 1	13 26	1 20
28	23 20	16 15	3 14	17 46	19 51	3 2	23 40	0 55	19 56	1 11	22 58	0 1	13 27	1 20
29	23 18	19 7	2 19	20 15	19 54	2 58	23 34	0 57	19 44	1 11	22 59	0 1	13 28	1 21
30	23 14	21 11	1 17	21 52	19 59	2 54	23 27	0 59	19 32	1 11	23 0	0 2	13 29	1 21
31	23S11	22S18	0S10	22S27	20S 6	2N48	23S19	1S 1	19S19	1S10	23N 1	0N 2	13N30	1N21

DAY	♅ DECL	♅ LAT	♆ DECL	♆ LAT	♇ DECL	♇ LAT
1	14S11	0S44	17N51	0S 6	19N 3	4S16
5	14 9	0 44	17 52	0 6	19 3	4 16
9	14 7	0 44	17 53	0 6	19 3	4 16
13	14 4	0 44	17 54	0 6	19 4	4 16
17	14 1	0 43	17 55	0 6	19 4	4 16
21	13 58	0 43	17 56	0 6	19 4	4 15
25	13 55	0 43	17 58	0 6	19 5	4 15
29	13S51	0S43	17N59	0S 6	19N 5	4S15

☽ PHENOMENA				VOID OF COURSE ☽ LAST ASPT		☽ INGRESS		
d	h	m		2	2pm47	2	♐	6pm21
8	15	19	●	5	1am18	5	♑	4am41
11	2	31	☽	6	5pm11	7	♒	12pm52
17	19	17	○	9	3pm43	9	♓	6pm48
25	6	31	☾	11	10am42	11	♈	10pm33
				13	9pm41	14	♉	0am36
				15	10pm54	16	♊	1am49
d	h	° '		18	0am32	18	♋	3am35
4	5	22S27		20	7am19	20	♌	7am25
11	2	0		22	2pm27	22	♍	2pm33
17	7	22N27		24	4am 9	25	♎	1am10
24	1	0		27	9am42	27	♏	1pm49
31	13	22S27		29	9pm52	30	♐	2am 3
3	20	0						
10	18	5N17		d	h			
16	23	0		15	8	PERIGEE		
23	15	5S16		27	2	APOGEE		
31	3	0						

DAILY ASPECTARIAN

Day	Aspect	Time
1 Su	☽□♆	0am52
	☽⚺♀	2 0
	☽#♆	4 50
	☽△♃	11 34
	☽∠☿	12pm 8
	☽⚹♂	1 10
	☽#♇	3 29
	☿ ♑	4 19
2 M	☽⚼♇	0am41
	☉△♆	5 7
	☽□♅	6 42
	☽□♄	2pm47
	☽⚼♃	5 15
	☽⚺☿	8 21
	☽∠♂	9 5
3 T	☽⚻♇	6am21
	☉∥☽	7 23
	☽△♆	12pm28
	☉☌☽	3 19
	☽☌♀	8 25
	☽⚻♃	10 28
4 W	☽⚺♂	4am25
	♀⚻♃	3pm17
	☽⚼♆	5 33
	☽⚹♅	5 34
	☉∥☽	8 12
5 Th	☽△♄	1am18
	♀#♃	3 11
	☽☌☿	10 0
	☽☍♇	4pm12
	☽⚻♆	10 7
	☽∠♅	10 13
6 F	☽⚼♄	5am45
	☉⚺☽	5 54
	☽☍♃	7 22
	☽⚺♀	12pm 5
	☽#♇	4 13
	☽☌♂	5 11
	☉⚻♃	10 57
7 S	☽#♆	1am59
	☽⚺♅	2 18
	☽⚻♄	9 39
	☉∠☽	12pm 7
	☽∠♀	6 46
	☽⚺☿	7 40
	☽⚻♇	11 50
	♀∥♂	11 57
8 Su	☽∥♅	3am15
	☽☍♆	5 33
	☽#♄	8 12
	☽⚻♃	2pm 4
	☉⚹☽	5 37
	☉#♃	7 45
	☽∠☿	11 0
9 M	☽⚹♀	0am41
	☿SR	1 56
	☽⚼♇	2 49
	☽⚺♂	3 16
	☽☌♅	8 46
	☽☍♄	3pm43
	☽⚼♃	4 35
	♄SR	9 31
10 T	☽⚹☿	1am24
	☽△♇	5 15
	☉∥♂	6 18
	☽∠♂	7 18
	☽⚻♆	10 44
	☽△♃	6pm33
11 W	☉□☽	2am31
	♂#♃	3 27
	☽□♀	10 20
	☽⚹♂	10 42
	☽⚼♆	12pm31
	☽⚺♅	1 2
	☽⚻♄	7 35
	☿∥♀	8 4
	♀⚺♂	8 42
12 Th	☽□☿	3am36
	☽□♇	8 33
	♀⚼♆	10 35
	☽△♆	1pm51
	☽∠♅	2 26
	♀⚹♅	5 13
	☽⚼♄	8 49
	☽□♃	9 3
13 F	♂⚺♅	6am22
	☉△☽	8 59
	☉∥☿	10 58
	☽⚹♅	3pm27
	☽□♂	3 56
	☽∥♄	4 6
	☽△♀	5 30
	☽#♅	8 9
	☽△♄	9 41
14 S	☽△☿	3am 3
	♃∠♄	5 0
	☽⚹♇	10 16
	☉⚼☽	11 35
	☿#♃	12pm 2
	☽□♆	3 28
	☽∥♆	7 22
	☽⚼♀	8 30
	☽⚹♃	10 12
15 Su	☽⚼☿	2am 4
	☽∥♇	3 50
	☽∠♇	10 50
	☿ ♐	12pm20
	☉⚻☽	2 1
	☽□♅	4 50
	♀△♄	5 35
	☽△♂	7 59
	☽∠♃	10 35
	☽□♄	10 54
	☽⚻♀	11 24
16 M	☽⚻☿	0am52
	☿☌♀	8 41
	☽⚺♇	11 25
	☽#♂	11 59
	☽#☿	2pm21
	☽⚹♆	4 38
	☉⚼♆	6 23
	☽⚼♂	10 4
	☽⚺♃	11 4
	☿△♄	11 46
17 T	♀ ♑	8am34
	☿∥♂	7 9
	☉⚹♅	7 58
	☿⚺♂	9 28
	☽∠♆	5pm30
	☽△♅	6 31
	☉☍☽	7 17
	☽☍☿	10 26
18 W	☽⚻♂	0am29
	☽⚹♄	0 32
	♂⚻♄	1 31
	☽☍♀	5 55
	☽#♂	7 27
	☽#☿	10 50
	☽☌♇	1pm24
	☉☌☿	3 50
	☽⚺♆	6 48
	☽⚼♅	7 56
19 Th	☽☌♃	1am 6
	☽∠♄	2 0
	☽∥♇	11 44
	☿⚹♅	1pm57
	☽∥♆	8 38
	☽⚻☿	9 15
	☽⚻♅	10 0
20 F	☿⚼♆	2am42
	☉⚻☽	2 50
	☽⚺♄	4 8
	☽☍♂	7 19
	♂ ♒	9 6
	☽⚻♀	3pm15
	☽⚺♇	5 43
	☉△♄	7 52
	☽⚼☿	9 36
	☽#♅	10 32
	☽☌♆	11 27
21 S	☽∥♄	2am 7
	☽⚺♃	5 42
	☉⚼☽	8 4
	♀☍♇	5pm 3
	☽∠♇	9 8
	☽⚼♀	9 35
	☽△☿	10 48
22 Su	☽☍♅	4am40
	☽∠♃	9 17
	☽☌♄	10 58
	☉△☽	2pm27
	☉ ♑	3 42
	☽⚻♂	6 6
23 M	☽⚹♇	1am28
	☽△♀	5 9
	☽⚺♆	7 34
	☽⚹♃	1pm45
24 T	☽⚼♂	1am 7
	☽□☿	4 9
	♀⚻♆	4 44
	☽∠♆	12pm56
	☽⚻♅	2 55
	☽⚺♄	9 16
25 W	♀∠♅	0am 1
	☿∠♂	3 4
	☉□☽	6 31
	☽△♂	9 1
	☽□♇	12pm31
	☽⚹♆	6 54
	☽⚼♅	9 5
	☽□♀	11 30
26 Th	☽□♃	0am47
	☽∠♄	3 21
	♀☍♃	10 39
	☽⚹☿	1pm26
27 F	☽△♅	3am35
	☽#♄	4 26
	☽∥♅	7 22
	☽⚹♄	9 42
	♀⚼♄	11 7
	♂⚻♇	1pm 1
	☽∠☿	7 9
28 S	☉⚹☽	0am56
	☽△♇	1 11
	☽□♂	2 4
	☉☍♇	3 42
	☽□♆	7 35
	☿∥♂	8 8
	☽△♃	12pm54
	☽#♆	1 45
	☽⚹♀	7 27
	☿SD	9 18
	☽#♇	11 43
29 Su	☽⚺☿	1am14
	☽∥♂	5 44
	☽⚼♇	7 20
	☽∥☿	8 20
	☉∠☽	9 56
	☽□♅	4pm16
	☽⚼♃	6 36
	☽□♄	9 52
30 M	☽∠♀	4am50
	☉⚺♂	6 26
	☽⚻♇	1pm 0
	☽⚹♂	6 3
	☉⚺☽	6 18
	☽△♆	7 11
	☽⚻♃	11 47
31 T	☉⚻♆	4am42
	♂☍♆	11 6
	☿⚺♀	11 55
	☽☌☿	1pm17
	☽⚺♀	1 24

JANUARY 1919

LONGITUDE

DAY	SID. TIME	☉	☽	☽ 12 Hour	MEAN ☊	TRUE ☊	☿	♀	♂	♃	♄	♅	♆	♇
	h m s	° ' "	° ' "	° ' "	° '	° '	° '	° '	° '	° '	° '	° '	° '	° '
1	6 38 23	9♑31 30	23♐39 15	29♐59 4	11♐43	12♐58R	18♐14	18♑40	9♒ 7	10♋56R	27♌48R	25♒10	8♌41R	5♋32R
2	6 42 19	10 32 41	6♑22 56	12♑50 51	11 39	12 56	18 43	19 56	9 55	10 48	27 46	25 13	8 40	5 30
3	6 46 16	11 33 52	19 22 47	25 58 38	11 36	12 53	19 19	21 11	10 42	10 40	27 43	25 15	8 38	5 29
4	6 50 12	12 35 3	2♒38 13	9♒21 20	11 33	12 49	20 0	22 26	11 29	10 32	27 41	25 18	8 37	5 28
5	6 54 9	13 36 14	16 7 44	22 57 9	11 30	12 44	20 46	23 42	12 16	10 24	27 38	25 21	8 35	5 27
6	6 58 6	14 37 24	29 49 16	6♓43 49	11 27	12 39	21 37	24 57	13 4	10 16	27 35	25 24	8 34	5 25
7	7 2 2	15 38 35	13♓40 30	20 39 3	11 24	12 34	22 32	26 12	13 51	10 8	27 32	25 27	8 32	5 24
8	7 5 59	16 39 44	27 39 11	4♈40 41	11 20	12 31	23 30	27 28	14 38	10 0	27 29	25 29	8 31	5 23
9	7 9 55	17 40 53	11♈43 20	18 46 55	11 17	12 30D	24 32	28 43	15 26	9 52	27 26	25 32	8 29	5 22
10	7 13 52	18 42 2	25 51 16	2♉56 11	11 14	12 30	25 36	29 59	16 13	9 44	27 23	25 35	8 28	5 21
11	7 17 48	19 43 10	10♉ 1 28	17 6 55	11 11	12 31	26 43	1♒14	17 0	9 36	27 20	25 38	8 26	5 20
12	7 21 45	20 44 18	24 12 18	1♊17 20	11 8	12 32	27 53	2 29	17 48	9 28	27 16	25 41	8 25	5 18
13	7 25 41	21 45 25	8♊21 44	15 25 8	11 4	12 33R	29 4	3 44	18 35	9 20	27 13	25 44	8 23	5 17
14	7 29 38	22 46 31	22 27 9	29 27 23	11 1	12 33	0♑18	5 0	19 22	9 12	27 9	25 47	8 21	5 16
15	7 33 35	23 47 37	6♋25 24	13♋20 44	10 58	12 30	1 33	6 15	20 10	9 5	27 6	25 50	8 20	5 15
16	7 37 31	24 48 43	20 12 58	27 1 41	10 55	12 26	2 50	7 30	20 57	8 57	27 2	25 53	8 18	5 14
17	7 41 28	25 49 47	3♌46 29	10♌27 6	10 52	12 19	4 8	8 45	21 44	8 50	26 58	25 56	8 16	5 13
18	7 45 24	26 50 52	17 3 15	23 34 46	10 49	12 11	5 27	10 1	22 32	8 42	26 55	25 59	8 15	5 11
19	7 49 21	27 51 55	0♍ 1 37	6♍23 47	10 45	12 3	6 48	11 16	23 19	8 35	26 51	26 3	8 13	5 10
20	7 53 17	28 52 59	12 41 23	18 54 39	10 42	11 55	8 9	12 31	24 6	8 28	26 47	26 6	8 11	5 9
21	7 57 14	29 54 1	25 3 51	1♎ 9 23	10 39	11 48	9 32	13 46	24 54	8 21	26 43	26 9	8 10	5 8
22	8 1 10	0♒55 4	7♎11 39	13 11 12	10 36	11 43	10 56	15 2	25 41	8 14	26 39	26 12	8 8	5 7
23	8 5 7	1 56 6	19 8 34	25 4 21	10 33	11 40	12 20	16 17	26 28	8 7	26 35	26 15	8 6	5 6
24	8 9 4	2 57 7	0♏59 12	6♏53 45	10 30	11 39D	13 46	17 32	27 16	8 0	26 30	26 19	8 5	5 5
25	8 13 0	3 58 8	12 48 42	18 44 42	10 26	11 39	15 12	18 47	28 3	7 53	26 26	26 22	8 3	5 4
26	8 16 57	4 59 8	24 42 25	0♐42 32	10 23	11 40	16 39	20 2	28 50	7 47	26 22	26 25	8 1	5 3
27	8 20 53	6 0 8	6♐45 38	12 52 18	10 20	11 41R	18 7	21 17	29 38	7 41	26 17	26 28	8 0	5 2
28	8 24 50	7 1 7	19 3 6	25 18 28	10 17	11 41	19 36	22 32	0♓25	7 34	26 13	26 32	7 58	5 1
29	8 28 46	8 2 6	1♑38 48	8♑ 4 23	10 14	11 39	21 6	23 47	1 12	7 28	26 9	26 35	7 56	5 0
30	8 32 43	9 3 3	14 35 24	21 11 55	10 10	11 34	22 36	25 3	2 0	7 22	26 4	26 38	7 55	4 59
31	8 36 40	10♒ 4 0	27♑53 53	4♒41 6	10♐ 7	11♐27	24♑ 7	26♒18	2♓47	7♋17	25♌59	26♒42	7♌53	4♋58

DECLINATION and LATITUDE

DAY	☉ DECL	☽ DECL	☽ LAT	☽ 12hr DECL	☿ DECL	☿ LAT	♀ DECL	♀ LAT	♂ DECL	♂ LAT	♃ DECL	♃ LAT	♄ DECL	♄ LAT
1	23S 6	22S20	0N58	21S55	20S15	2N42	23S11	1S 3	19S 7	1S10	23N 2	0N 2	13N31	1N21
2	23 2	21 13	2 5	20 14	20 24	2 35	23 2	1 4	18 54	1 10	23 3	0 2	13 32	1 21
3	22 57	18 58	3 6	17 27	20 35	2 27	22 52	1 6	18 41	1 10	23 3	0 2	13 33	1 22
4	22 51	15 42	3 59	13 43	20 46	2 19	22 42	1 8	18 27	1 9	23 4	0 2	13 34	1 22
5	22 45	11 34	4 39	9 14	20 57	2 10	22 30	1 9	18 14	1 9	23 5	0 2	13 35	1 22
6	22 39	6 47	5 4	4 14	21 9	2 2	22 19	1 11	18 0	1 9	23 6	0 3	13 36	1 22
7	22 32	1 37	5 12	1N 2	21 22	1 53	22 6	1 12	17 46	1 8	23 6	0 3	13 37	1 22
8	22 25	3N40	5 1	6 17	21 34	1 44	21 53	1 14	17 32	1 8	23 7	0 3	13 39	1 23
9	22 17	8 49	4 33	11 14	21 45	1 35	21 39	1 15	17 18	1 8	23 8	0 3	13 40	1 23
10	22 9	13 31	3 47	15 37	21 57	1 26	21 25	1 17	17 3	1 8	23 9	0 3	13 41	1 23
11	22 0	17 29	2 48	19 6	22 8	1 17	21 10	1 18	16 49	1 7	23 9	0 3	13 42	1 23
12	21 51	20 25	1 38	21 25	22 18	1 8	20 54	1 19	16 34	1 7	23 10	0 3	13 44	1 23
13	21 41	22 5	0 23	22 24	22 28	0 59	20 38	1 20	16 19	1 7	23 11	0 3	13 45	1 24
14	21 32	22 21	0S54	21 56	22 37	0 50	20 21	1 21	16 4	1 6	23 11	0 4	13 47	1 24
15	21 21	21 12	2 6	20 8	22 46	0 41	20 3	1 23	15 49	1 6	23 12	0 4	13 48	1 24
16	21 10	18 48	3 10	17 12	22 53	0 32	19 45	1 24	15 33	1 6	23 13	0 4	13 49	1 24
17	20 59	15 24	4 2	13 25	22 60	0 23	19 26	1 25	15 18	1 5	23 13	0 4	13 51	1 24
18	20 48	11 18	4 39	9 4	23 5	0 15	19 7	1 25	15 2	1 5	23 14	0 4	13 52	1 25
19	20 36	6 46	5 1	4 25	23 10	0 7	18 47	1 26	14 46	1 4	23 15	0 4	13 54	1 25
20	20 24	2 3	5 8	0S18	23 13	0S 1	18 27	1 27	14 30	1 4	23 15	0 4	13 55	1 25
21	20 11	2S38	4 60	4 54	23 16	0 9	18 6	1 28	14 14	1 3	23 16	0 5	13 57	1 25
22	19 58	7 7	4 38	9 15	23 17	0 17	17 45	1 28	13 57	1 3	23 16	0 5	13 58	1 25
23	19 44	11 16	4 5	13 11	23 17	0 25	17 23	1 29	13 41	1 3	23 17	0 5	13 60	1 25
24	19 30	14 58	3 21	16 36	23 16	0 32	17 0	1 30	13 24	1 3	23 17	0 5	14 2	1 26
25	19 16	18 3	2 29	19 20	23 14	0 39	16 38	1 30	13 8	1 2	23 18	0 5	14 3	1 26
26	19 2	20 25	1 30	21 16	23 10	0 46	16 14	1 30	12 51	1 2	23 18	0 5	14 5	1 26
27	18 47	21 53	0 27	22 15	23 5	0 53	15 51	1 31	12 34	1 1	23 19	0 5	14 6	1 26
28	18 32	22 21	0N39	22 10	22 59	0 59	15 26	1 31	12 17	1 1	23 19	0 5	14 8	1 26
29	18 16	21 41	1 45	20 56	22 52	1 5	15 2	1 31	11 60	1 0	23 20	0 6	14 10	1 26
30	18 0	19 53	2 47	18 34	22 43	1 11	14 37	1 31	11 42	0 60	23 20	0 6	14 11	1 26
31	17S44	16S59	3N41	15S 9	22S33	1S17	14S11	1S31	11S25	0S60	23N21	0N 6	14N13	1N27

DAY	♅ DECL	♅ LAT	♆ DECL	♆ LAT	♇ DECL	♇ LAT
1	13S49	0S43	18N 0	0S 6	19N 5	4S15
5	13 45	0 43	18 2	0 6	19 6	4 15
9	13 41	0 43	18 3	0 6	19 6	4 14
13	13 37	0 43	18 5	0 6	19 7	4 14
17	13 33	0 43	18 7	0 6	19 7	4 14
21	13 29	0 43	18 8	0 6	19 8	4 13
25	13 24	0 43	18 10	0 6	19 9	4 13
29	13S20	0S43	18N12	0S 6	19N 9	4S12

☽ PHENOMENA	
d h m	
2 8 24	●
9 10 55	☽
16 8 44	○
24 4 22	☾
31 23 7	●
d h ° '	
7 7 0	
13 16 22N25	
20 10 0	
27 22 22S21	
6 22 5N12	
13 7 0	
19 23 5S 8	
27 10 0	

VOID OF COURSE ☽ LAST ASPT	☽ INGRESS
1 7am51	1 ♑ 12pm 2
3 3am38	3 ♒ 7pm16
5 8pm 7	6 ♓ 0am19
7 11pm39	8 ♈ 4am 1
10 2am35	10 ♉ 7am 2
12 5am10	12 ♊ 9am49
14 8am 1	14 ♋ 12pm56
16 8am44	16 ♌ 5pm16
18 6pm 6	18 ♍ 11pm57
19 4pm 0	21 ♎ 9am43
23 3pm54	23 ♏ 10pm 0
26 8am51	26 ♐ 10am35
28 2pm23	28 ♑ 8pm54
30 4pm22	31 ♒ 3am44

d h	
11 10	PERIGEE
23 23	APOGEE

DAILY ASPECTARIAN

Day	Aspect	Time
1 W	☽⚼♆	0am 4
	☽∠♂	0 57
	♂#♇	2 5
	☽✱♅	2 53
	☽△♄	7 51
	☉∠♅	3pm48
	☉#♃	8 59
	♀#♃	10 8
	☽☍♇	10 22
	☉∥♀	11 34
2 Th	☽⚻♆	4am14
	☉☍♃	5 20
	☽⚺♂	6 59
	☽∠♅	7 9
	☽☍♃	8 8
	☉☌☽	8 24
	☽∥☿	9 23
	☽⚼♄	11 48
	☽#♇	10pm56
	♂⚻♃	11 13
	☽⚺☿	11 52
3 F	☽∥♂	2am42
	☽☌♀	3 38
	☽#♆	7 47
	☽⚺♅	10 44
	☽⚻♄	3pm 6
4 S	☉⚼♄	2am 7
	☽∠☿	4 28
	☽⚻♇	5 3
	☽☍♆	10 40
	☽∥♅	11 48
	☽#♄	12pm51
	☽⚻♃	1 57
	☽☌♂	4 45
	☉⚺☽	7 10
5 Su	♃⚼♅	6am16
	☽⚼♇	7 35
	☽✱☿	8 41
	☽⚺♀	2pm39
	☽⚼♃	4 7
	☽☌♅	4 15
	☽☍♄	8 7
	♂#♆	8 46
	☉∠☽	11 38
6 M	♀⚺♅	8am48
	☽△♇	9 43
	☽⚻♆	3pm 9
	☽△♃	5 56
	☽∠♀	7 19
7 T	☽⚺♂	0am19
	☉✱☽	3 39
	☽□☿	4pm21
	☽⚼♆	4 55
	☽⚺♅	8 17
	☽✱♀	11 39
	☽⚻♄	11 43
8 W	☿⚼♆	0am16
	♀⚻♄	0 26
	☽∠♂	3 36
	☽□♇	1pm11
	☿∥♀	6 8
	☽△♆	6 30
	☽□♃	8 52
	☽∠♅	9 59
9 Th	☽⚼♄	1am13
	☽✱♂	6 40
	☉□☽	10 55
	♄#♅	1pm 6
	☽✱♅	11 33
	☿✱♅	11 33
	☽△☿	11 33
10 F	♀ ♒	0am28
	☽#♅	0 50
	☽∥♄	0 56
	☽△♄	2 35
	☽□♀	7 40
	☉∥☿	2pm18
	☽✱♇	4 3
	☽#♂	7 49
	☽□♆	9 19
	☽✱♃	11 17
11 S	☽⚼☿	3am 8
	☽∥♆	4 9
	☿△♄	12pm 2
	☽∥♇	12 9
	☽□♂	12 30
	☽∠♇	5 24
	☉△☽	5 41
12 Su	☽∠♃	0am26
	☽□♅	2 31
	☽#♀	4 39
	☽□♄	5 10
	☽⚻☿	6 48
	☽△♀	3pm24
	☉#☽	4 59
	☽⚺♇	6 47
	☉⚼☽	9 4
13 M	☽✱♆	0am 2
	☽⚺♃	1 38
	☿ ♑	6pm13
	☽△♂	6 25
	☽⚼♀	7 24
14 T	☉⚻☽	0am36
	☽∠♆	1 32
	♀⚻♇	5 7
	☽△♅	5 43
	☽✱♄	8 1
	☽☍☿	2pm46
	☉#☽	9 36
	☽⚼♂	9 41
	☽☌♇	9 58
	☽⚻♀	11 40
15 W	♂⚼♇	2am38
	☽⚺♆	3 17
	☽☌♃	4 33
	☽⚼♅	7 40
	☽∠♄	9 47
	☽#♀	2pm38
	☽∥♇	9 19
16 Th	☽⚻♂	1am22
	☽∥♆	5 26
	☉☍☽	8 44
	☽⚻♅	10 1
	☽⚺♄	11 58
	♀☍♆	2pm56
17 F	☽⚻☿	0am42
	☽#♂	0 42
	♀⚻♃	1 13
	☽⚺♇	2 34
	☉⚺♅	2 42
	☽☌♆	8 3
	☽⚺♃	8 59
	☽∥♄	9 25
	☽☍♀	9 53
	☽#♅	11 17
	☿☍♇	7pm24
	♀#♇	11 18
18 S	☉⚻♄	1am24
	☽∠♇	5 45
	☽⚼☿	6 56
	☽☍♂	10 42
	☽∠♃	12pm 7
	☽☍♅	4 32
	☽☌♄	6 6
	☉⚻☽	7 37
19 Su	♂⚼♃	7am 4
	☽✱♇	9 40
	☽△☿	2pm17
	☽⚺♆	3 26
	☽✱♃	4 0
	☽⚻♀	11 38
20 M	☿⚻♆	0am39
	☉⚼☽	2 30
	☿☍♃	4 58
	☽∠♆	8pm17
	♀#♆	9 20
	☽⚻♂	11 39
21 T	☽⚻♅	2am 8
	☉ ♒	2 21
	☿#♃	2 27
	☽⚺♄	3 13
	☽⚼♀	8 8
	☉△☽	10 23
	☿∠♂	2pm21
	☽□♇	7 52
	♂#♄	10 46
22 W	☽✱♆	1am53
	☽□♃	2 3
	☿∠♅	4 52
	☽⚼♂	7 28
	☽⚼♅	8 3
	☽□☿	8 28
	☽∠♄	8 51
	☿⚼♄	11 40
	♂☌♅	4pm57
	☽△♀	5 33
23 Th	♃⚺♆	1am37
	☿#♃	2 52
	♂☍♄	2 56
	☽∥♅	1pm35
	☽∥♂	2 11
	☽△♅	2 28
	☽✱♄	2 58
	☽△♂	3 54
	☽#♄	5 30
	♂∥♅	10 45
24 F	☉□☽	4am22
	☽△♇	8 18
	☽∥♀	1pm33
	☽△♃	2 7
	☽□♆	2 22
25 S	☽#♆	1am 0
	☽✱☿	5 31
	☽#♇	10 5
	☉∥☽	10 19
	☉#♇	12pm39
	☽□♀	1 30
	♄☍♅	1 37
	☽⚼♇	2 38
	☽⚼♃	8 10
26 Su	♀⚼♇	0am12
	☉⚻♇	1 24
	☽□♄	3 18
	☽□♅	3 27
	☽□♂	8 51
	☽∠☿	3pm48
	☽⚻♇	8 35
	☉✱☽	10 22
27 M	☽⚻♃	1am47
	☽△♆	2 26
	♂ ♓	11 21
28 T	♀⚼♃	0am35
	☽⚺☿	1 12
	☉∠☽	6 13
	☽✱♀	7 27
	☽⚼♆	7 31
	☉⚻♃	11 53
	☽△♄	1pm39
	☽✱♅	2 23
	☉☍♆	9 49
	☽✱♂	11 7
29 W	☉#♆	5am56
	☽☍♇	6 16
	☽☍♃	10 48
	☽⚻♆	11 44
	☉⚺☽	12pm57
	☽∠♀	2 45
	☽⚼♄	5 34
	☽∠♅	6 34
30 Th	☽∠♂	4am40
	☽#♇	6 56
	☽#♆	2pm50
	☽☌☿	4 22
	☉∥☽	6 2
	♀☍♄	6 33
	☽⚻♄	8 37
	☽⚺♀	8 51
	☽⚺♅	9 51
	♀#♄	10 31
31 F	♀☌♅	8am 4
	☽⚺♂	9 11
	☽⚻♇	12pm28
	☽⚻♃	4 26
	☽#♄	5 26
	☽☍♆	5 34
	☽∥♀	7 47
	☽∥♅	11 0
	☉☌☽	11 7

FEBRUARY 1919

LONGITUDE

DAY	SID. TIME	☉	☽	☽ 12 Hour	MEAN ☊	TRUE ☊	☿	♀	♂	♃	♄	♅	♆	♇
	h m s	° ' "	° ' "	° ' "	° '	° '	° '	° '	° '	° '	° '	° '	° '	° '
1	8 40 36	11♒ 4 56	11♒ 33 16	18♒ 29 57	10♐ 4	11♐ 18R	25♑ 38	27♒ 33	3♓ 34	7♋ 11R	25♌ 55R	26♒ 45	7♌ 51R	4♋ 57R
2	8 44 33	12 5 51	25 30 36	2♓ 34 36	10 1	11 8	27 11	28 48	4 21	7 5	25 50	26 48	7 50	4 56
3	8 48 29	13 6 44	9♓ 41 17	16 49 57	9 58	10 57	28 44	0♓ 3	5 9	7 0	25 46	26 52	7 48	4 55
4	8 52 26	14 7 37	23 59 51	1♈ 10 20	9 55	10 48	0♒ 18	1 18	5 56	6 55	25 41	26 55	7 46	4 54
5	8 56 22	15 8 28	8♈ 20 47	15 30 38	9 51	10 41	1 52	2 33	6 43	6 50	25 36	26 59	7 45	4 53
6	9 0 19	16 9 17	22 39 25	29 46 46	9 48	10 36	3 28	3 48	7 30	6 45	25 31	27 2	7 43	4 52
7	9 4 15	17 10 5	6♉ 52 25	13♉ 56 10	9 45	10 34D	5 4	5 2	8 18	6 40	25 27	27 5	7 41	4 51
8	9 8 12	18 10 52	20 57 53	27 57 31	9 42	10 33	6 41	6 17	9 5	6 36	25 22	27 9	7 40	4 50
9	9 12 8	19 11 37	4♊ 55 2	11♊ 50 26	9 39	10 34R	8 18	7 32	9 52	6 32	25 17	27 12	7 38	4 50
10	9 16 5	20 12 20	18 43 43	25 34 54	9 36	10 34	9 57	8 47	10 39	6 28	25 12	27 16	7 36	4 49
11	9 20 2	21 13 2	2♋ 23 55	9♋ 10 45	9 32	10 32	11 36	10 2	11 26	6 24	25 7	27 19	7 35	4 48
12	9 23 58	22 13 42	15 55 18	22 37 27	9 29	10 27	13 16	11 17	12 13	6 20	25 2	27 23	7 33	4 47
13	9 27 55	23 14 21	29 17 2	5♌ 53 54	9 26	10 20	14 57	12 31	13 1	6 16	24 58	27 26	7 31	4 46
14	9 31 51	24 14 58	12♌ 27 52	18 58 46	9 23	10 9	16 39	13 46	13 48	6 13	24 53	27 30	7 30	4 46
15	9 35 48	25 15 33	25 26 24	1♍ 50 39	9 20	9 57	18 21	15 1	14 35	6 10	24 48	27 33	7 28	4 45
16	9 39 44	26 16 7	8♍ 11 25	14 28 40	9 16	9 43	20 5	16 15	15 22	6 7	24 43	27 36	7 27	4 44
17	9 43 41	27 16 40	20 42 23	26 52 39	9 13	9 30	21 49	17 30	16 9	6 4	24 38	27 40	7 25	4 44
18	9 47 37	28 17 11	2♎ 59 38	9♎ 3 34	9 10	9 18	23 35	18 45	16 56	6 1	24 33	27 43	7 23	4 43
19	9 51 34	29 17 41	15 4 43	21 3 28	9 7	9 8	25 21	19 59	17 43	5 59	24 28	27 47	7 22	4 42
20	9 55 31	0♓ 18 9	27 0 14	2♏ 55 32	9 4	9 2	27 8	21 14	18 29	5 57	24 24	27 50	7 20	4 42
21	9 59 27	1 18 36	8♏ 49 53	14 43 54	9 1	8 57	28 56	22 28	19 16	5 55	24 19	27 54	7 19	4 41
22	10 3 24	2 19 2	20 38 13	26 33 30	8 57	8 55	0♓ 45	23 43	20 3	5 53	24 14	27 57	7 17	4 40
23	10 7 20	3 19 26	2♐ 30 25	8♐ 29 42	8 54	8 55	2 35	24 57	20 50	5 51	24 9	28 1	7 16	4 40
24	10 11 17	4 19 49	14 32 1	20 38 5	8 51	8 55	4 25	26 12	21 37	5 50	24 4	28 4	7 14	4 39
25	10 15 13	5 20 11	26 48 34	3♑ 4 3	8 48	8 54	6 17	27 26	22 24	5 49	24 0	28 8	7 13	4 39
26	10 19 10	6 20 31	9♑ 25 7	15 52 13	8 45	8 51	8 9	28 40	23 11	5 48	23 55	28 11	7 11	4 38
27	10 23 6	7 20 50	22 25 44	29 5 54	8 41	8 46	10 2	29 55	23 57	5 47	23 50	28 14	7 10	4 38
28	10 27 3	8♓ 21 7	5♒ 52 47	12♒ 46 20	8♐ 38	8♐ 38	11♓ 56	1♈ 9	24♓ 44	5♋ 46	23♌ 46	28♒ 18	7♌ 9	4♋ 37

DECLINATION and LATITUDE

DAY	☉ DECL	☽ DECL	☽ LAT	☽ 12hr DECL	☿ DECL	☿ LAT	♀ DECL	♀ LAT	♂ DECL	♂ LAT	♃ DECL	♃ LAT	♄ DECL	♄ LAT
1	17S27	13S 5	4N24	10S50	22S22	1S22	13S46	1S31	11S 7	0S59	23N21	0N 6	14N15	1N27
2	17 10	8 26	4 53	5 53	22 10	1 27	13 19	1 31	10 50	0 59	23 22	0 6	14 16	1 27
3	16 53	3 15	5 4	0 34	21 56	1 32	12 53	1 31	10 32	0 58	23 22	0 6	14 18	1 27
4	16 36	2N 8	4 56	4N49	21 40	1 37	12 26	1 31	10 14	0 58	23 22	0 6	14 20	1 27
5	16 18	7 26	4 29	9 57	21 24	1 41	11 59	1 31	9 56	0 57	23 22	0 6	14 22	1 27
6	16 0	12 19	3 46	14 30	21 5	1 45	11 31	1 30	9 38	0 57	23 23	0 7	14 23	1 27
7	15 42	16 29	2 49	18 12	20 46	1 49	11 4	1 30	9 20	0 56	23 24	0 7	14 25	1 27
8	15 23	19 39	1 42	20 48	20 25	1 52	10 36	1 29	9 2	0 56	23 24	0 7	14 27	1 28
9	15 4	21 37	0 30	22 6	20 3	1 55	10 7	1 29	8 44	0 55	23 24	0 7	14 29	1 28
10	14 45	22 15	0S43	22 4	19 39	1 58	9 39	1 28	8 25	0 55	23 25	0 7	14 30	1 28
11	14 26	21 32	1 53	20 43	19 14	2 0	9 10	1 28	8 7	0 54	23 25	0 7	14 32	1 28
12	14 6	19 35	2 56	18 12	18 48	2 2	8 41	1 27	7 49	0 54	23 25	0 7	14 34	1 28
13	13 47	16 36	3 48	14 47	18 20	2 4	8 11	1 26	7 30	0 53	23 25	0 7	14 35	1 28
14	13 27	12 48	4 27	10 41	17 50	2 5	7 42	1 25	7 11	0 53	23 26	0 8	14 37	1 28
15	13 6	8 28	4 51	6 11	17 19	2 6	7 12	1 24	6 53	0 52	23 26	0 8	14 39	1 28
16	12 46	3 51	5 1	1 30	16 47	2 6	6 42	1 23	6 34	0 52	23 26	0 8	14 41	1 28
17	12 25	0S50	4 55	3S 9	16 14	2 6	6 12	1 22	6 15	0 51	23 26	0 8	14 42	1 28
18	12 4	5 24	4 36	7 36	15 38	2 5	5 42	1 21	5 57	0 51	23 27	0 8	14 44	1 29
19	11 43	9 42	4 4	11 41	15 2	2 5	5 11	1 20	5 38	0 50	23 27	0 8	14 46	1 29
20	11 22	13 33	3 23	15 17	14 24	2 3	4 41	1 18	5 19	0 50	23 27	0 8	14 47	1 29
21	11 1	16 51	2 32	18 15	13 45	2 1	4 10	1 17	5 0	0 49	23 27	0 8	14 49	1 29
22	10 39	19 27	1 35	20 27	13 4	1 59	3 39	1 15	4 41	0 49	23 28	0 8	14 51	1 29
23	10 17	21 14	0 34	21 46	12 22	1 56	3 8	1 14	4 22	0 48	23 28	0 8	14 52	1 29
24	9 56	22 4	0N30	22 6	11 39	1 53	2 37	1 12	4 3	0 48	23 28	0 9	14 54	1 29
25	9 34	21 51	1 33	21 21	10 54	1 49	2 6	1 11	3 44	0 47	23 28	0 9	14 56	1 29
26	9 11	20 33	2 34	19 29	10 8	1 44	1 35	1 9	3 25	0 46	23 28	0 9	14 57	1 29
27	8 49	18 9	3 28	16 33	9 20	1 39	1 4	1 7	3 6	0 46	23 28	0 9	14 59	1 29
28	8S27	14S43	4N13	12S39	8S32	1S34	0S33	1S 6	2S47	0S45	23N28	0N 9	15N 0	1N29

DAY	♅ DECL	♅ LAT	♆ DECL	♆ LAT	♇ DECL	♇ LAT
1	13S16	0S43	18N13	0S 6	19N10	4S12
5	13 11	0 42	18 15	0 6	19 10	4 12
9	13 7	0 42	18 17	0 6	19 11	4 11
13	13 2	0 42	18 19	0 6	19 11	4 11
17	12 57	0 42	18 20	0 5	19 12	4 10
21	12 52	0 42	18 22	0 5	19 13	4 10
25	12S48	0S42	18N23	0S 5	19N13	4S 9

☽ PHENOMENA				VOID OF COURSE ☽ LAST ASPT	☽ INGRESS
d	h	m		2 6am 8	2 ♓ 7am38
7	18	52	☽	2 7pm30	4 ♈ 10am 2
14	23	38	○	6 7am24	6 ♉ 12pm22
23	1	48	☾	8 10am39	8 ♊ 3pm31
				10 3pm 1	10 ♋ 7pm46
				11 5pm 0	13 ♌ 1am18
d	h	° '		15 3am58	15 ♍ 8am32
3	14	0		16 5pm 7	17 ♎ 6pm 7
9	23	22N15		20 1am42	20 ♏ 6am 4
16	20	0		22 2pm54	22 ♐ 6pm57
24	7	22S 7		25 2am33	25 ♑ 6am 8
				27 2am56	27 ♒ 1pm36
3	2	5N 4		d h	
9	10	0		5 3 PERIGEE	
16	3	5S 1		20 20 APOGEE	
23	13	0			

DAILY ASPECTARIAN

Day	Aspect	Time
1 S	☿⊼♄	4am 5
	☽∥♂	11 15
	☽⚼♇	2pm28
	☿⚺♅	5 59
	☽⚼♃	6 12
2 Su	☽☍♄	0am33
	☽☌♅	2 13
	☽⚺☿	3 12
	♀∥♅	4 18
	☽☌♀	6 8
	☽☌♂	3pm54
	☽△♇	3 58
	♂△♇	5 7
	☽△♃	7 30
	☽⊼♆	8 49
	♀ ♓	11 9
3 M	☉⚺☽	6am12
	☽∠☿	7 38
	☿ ♒	7pm27
	☽⚼♆	9 57
4 T	☽⊼♄	2am48
	☽⚺♅	4 55
	☉∠☽	9 14
	☽⚹☿	11 50
	☽⚺♀	1pm22
	☽□♇	6 13
	☽⚺♂	9 7
	☽□♃	9 29
	☽△♆	11 0
5 W	♂△♃	3am 6
	☽⚼♄	3 45
	☽∠♅	6 6
	☽#♂	11 16
	☉⚹☽	12pm15
	☽∠♀	4 53
	☽#♀	8 16
	☽∠♂	11 44
6 Th	☽#♅	4am33
	☽△♄	4 48
	♂⊼♆	6 6
	☽⚹♅	7 24
	☽∥♄	11 26
	☉#☽	7pm27
	♀△♇	8 29
	☽□☿	8 33
	☽⚹♇	8 35
	☽⚹♀	8 36
	☿⊼♇	8 54
	☿⚺♀	10 23
	☽⚹♃	11 40
7 F	☽□♆	1am23
	☽⚹♂	2 33
	☽∥♆	12pm32
	☉□☽	6 52
	☽∥♇	7 49
	☽∠♇	10 5
	☿⊼♃	10 53
8 S	☽∠♃	1am 5
	♀△♃	5 40
	☽#☿	6 37
	☽□♄	7 30
	☽□♅	10 39
	☿☍♆	2pm14
	☽⚺♇	11 51
9 Su	♀⊼♆	1am48
	☽⚺♃	2 46
	☽⚹♆	4 41
	☽□♀	4 59
	☽△☿	6 39
	☽□♂	9 5
	☉⚼♇	2pm50
10 M	☉△☽	2am47
	☽∠♆	6 46
	☽⚹♄	11 16
	☽⚼☿	12pm23
	☽△♅	3 1
	☉#♄	5 14
	☿⚺♂	7 32
11 T	☿#♇	2am42
	☉⚼♃	3 59
	☽☌♇	4 14
	☽☌♃	7 2
	☉⚼☽	7 18
	☽⚺♆	9 8
	☽∠♄	1pm36
	☽△♀	2 53
	☽△♂	5 0
	☽⚼♅	5 39
	☽⊼☿	6 36
12 W	☽∥♇	3am42
	☽#☿	8 32
	☽∥♆	11 12
	☉⊼☽	12pm13
	☽⚺♄	4 15
	☽⚼♀	8 29
	☽⊼♅	8 39
	☽⚼♂	9 33
13 Th	☿#♆	0am50
	☽⚺♇	9 57
	☽⚺♃	12pm38
	☽∥♄	1 5
	☽☌♆	2 56
	☉#☽	7 50
	☽#♅	10 44
14 F	♀☌♂	1am21
	☽⊼♂	2 36
	☽⊼♀	2 39
	☽☍☿	8 51
	☽∠♇	1pm26
	☉☍♄	1 52
	☽∠♃	4 5
	☽☌♄	10 49
	☉☍☽	11 38
15 S	☽☍♅	3am58
	☽#♀	7 32
	☉∥♅	8 33
	☽#♂	8 59
	☽⚹♇	5pm28
	☿⚼♇	7 17
	☽⚹♃	8 5
	☽⚺♆	10 35
16 Su	☿⚼♃	1pm55
	☽☍♂	2 37
	♀∥♂	4 32
	☽☍♀	5 7
17 M	☽⊼☿	2am31
	☽∠♆	3 19
	☽⚺♄	7 35
	☉☌♅	9 48
	☽⊼♅	1pm36
	☉⊼☽	1 56
18 T	☽∥♀	1am23
	☽∥♂	2 43
	☽□♇	3 24
	☽□♃	5 58
	☽⚹♆	8 40
	☿☍♄	12pm44
	☽∠♄	12 54
	☽⚼☿	12 56
	☽⚼♅	7 23
	☉⚼☽	10 17
19 W	☽⊼♂	5am38
	☿#♄	9 57
	☽⊼♀	10 59
	☉∥☽	11 12
	☉ ♓	4pm48
	☽⚹♄	6 46
	☽∥♅	7 40
20 Th	☽△☿	0am18
	☽△♅	1 42
	☽∥☿	4 51
	☉△☽	7 18
	☽#♄	8 33
	☿☌♅	9 47
	☽⚼♂	2pm 5
	☽△♇	3 35
	☽△♃	6 5
	☽⚼♀	8 54
	☽□♆	8 55
	♀⚼♆	9 2
21 F	☽#♆	1pm 8
	☿ ♓	2 10
	☽#♇	9 29
	☽⚼♇	10 3
	☽△♂	10 44
22 S	☽⚼♃	0am30
	☽△♀	6 58
	☽□♄	7 15
	☿∥♅	7 35
	♀⊼♄	9 29
	☽□♅	2pm54
23 Su	☽□☿	0am10
	☉□☽	1 48
	☽⊼♇	4 20
	☽⊼♃	6 43
	☽△♆	9 31
	☉☌☿	9pm25
24 M	☿△♇	3am 1
	☉△♇	7 42
	☽□♂	2pm51
	☽⚼♆	3 6
	☿△♃	6 2
	☽△♄	6 35
	♂⚼♆	6 37
25 T	☽□♀	1am20
	☽⚹♅	2 33
	☉△♃	11 9
	☿⊼♆	11 50
	♀⚺♅	2pm 5
	☽☍♇	2 59
	☽☍♃	5 11
	☉⚹☽	5 43
	☽⊼♆	7 49
	☽⚹☿	9 13
	☽⚼♄	11 4
26 W	☽∠♅	7am 3
	☽#♇	2pm34
	☉⊼♆	7 49
	♂⊼♄	8 48
	☽#♆	9 56
	☉∠☽	11 50
27 Th	♀ ♈	1am44
	☽⊼♄	2 32
	☽⚹♂	2 56
	☽∠☿	5 30
	☽⚺♅	10 31
	☽⚹♀	2pm48
	☽⊼♇	9 48
	☽#♄	10 12
	☽⊼♃	11 49
28 F	☽☍♆	2am13
	☉⚺☽	4 40
	☉∥☿	4 47
	☽∠♂	7 8
	☽∥♅	11 34
	☽⚺☿	12pm14
	☽∠♀	7 32
	☽⚼♇	11 44

MARCH 1919

LONGITUDE

DAY	SID. TIME	☉	☽	☽ 12 Hour	MEAN ☊	TRUE ☊	☿	♀	♂	♃	♄	♅	♆	♇
	h m s	° ' "	° ' "	° ' "	° '	° '	° '	° '	° '	° '	° '	° '	° '	° '
1	10 31 0	9♓ 21 22	19♒ 46 17	26♒ 52 11	8♐ 35	8♐ 28R	13♓ 51	2♈ 23	25♓ 31	5♋ 46R	23♌ 41R	28♒ 21	7♌ 7R	4♋ 37R
2	10 34 56	10 21 36	4♓ 3 25	11♓ 19 13	8 32	8 16	15 46	3 37	26 17	5 46D	23 37	28 25	7 6	4 37
3	10 38 53	11 21 48	18 38 40	26 0 44	8 29	8 4	17 41	4 52	27 4	5 46	23 32	28 28	7 5	4 36
4	10 42 49	12 21 58	3♈ 24 24	10♈ 48 33	8 26	7 52	19 37	6 6	27 51	5 46	23 28	28 32	7 3	4 36
5	10 46 46	13 22 6	18 12 12	25 34 24	8 22	7 43	21 32	7 20	28 37	5 46	23 23	28 35	7 2	4 35
6	10 50 42	14 22 13	2♉ 54 20	10♉ 11 20	8 19	7 37	23 28	8 34	29 24	5 47	23 19	28 38	7 1	4 35
7	10 54 39	15 22 17	17 24 51	24 34 31	8 16	7 34	25 23	9 48	0♈ 10	5 47	23 14	28 42	6 59	4 35
8	10 58 35	16 22 19	1♊ 40 6	8♊ 41 30	8 13	7 32D	27 17	11 2	0 57	5 48	23 10	28 45	6 58	4 34
9	11 2 32	17 22 19	15 38 41	22 31 46	8 10	7 33R	29 10	12 16	1 43	5 49	23 6	28 48	6 57	4 34
10	11 6 29	18 22 16	29 20 51	6♋ 6 8	8 7	7 32	1♈ 2	13 30	2 29	5 51	23 2	28 52	6 56	4 34
11	11 10 25	19 22 12	12♋ 47 47	19 26 0	8 3	7 31	2 52	14 44	3 16	5 52	22 58	28 55	6 55	4 34
12	11 14 22	20 22 5	26 0 58	2♌ 32 50	8 0	7 27	4 39	15 57	4 2	5 54	22 54	28 58	6 53	4 34
13	11 18 18	21 21 56	9♌ 1 45	15 27 48	7 57	7 19	6 24	17 11	4 48	5 56	22 50	29 2	6 52	4 33
14	11 22 15	22 21 45	21 51 5	28 11 38	7 54	7 9	8 6	18 25	5 34	5 58	22 46	29 5	6 51	4 33
15	11 26 11	23 21 32	4♍ 29 29	10♍ 44 42	7 51	6 57	9 44	19 39	6 21	6 0	22 42	29 8	6 50	4 33
16	11 30 8	24 21 16	16 57 16	23 7 15	7 47	6 44	11 17	20 52	7 7	6 3	22 38	29 11	6 49	4 33
17	11 34 4	25 20 59	29 14 41	5♎ 19 40	7 44	6 31	12 46	22 6	7 53	6 6	22 34	29 14	6 48	4 33
18	11 38 1	26 20 39	11♎ 22 19	17 22 47	7 41	6 19	14 10	23 19	8 39	6 8	22 31	29 18	6 47	4 33
19	11 41 58	27 20 18	23 21 17	29 18 5	7 38	6 9	15 28	24 33	9 25	6 11	22 27	29 21	6 46	4 33D
20	11 45 54	28 19 55	5♏ 13 29	11♏ 7 51	7 35	6 2	16 40	25 46	10 11	6 15	22 24	29 24	6 45	4 33
21	11 49 51	29 19 30	17 1 36	22 55 13	7 32	5 57	17 46	26 59	10 57	6 18	22 20	29 27	6 44	4 33
22	11 53 47	0♈ 19 3	28 49 13	4♐ 44 10	7 28	5 55D	18 45	28 13	11 43	6 22	22 17	29 30	6 43	4 33
23	11 57 44	1 18 34	10♐ 40 40	16 39 21	7 25	5 55	19 37	29 26	12 28	6 25	22 14	29 33	6 43	4 33
24	12 1 40	2 18 4	22 40 53	28 45 56	7 22	5 56R	20 21	0♉ 39	13 14	6 29	22 11	29 36	6 42	4 33
25	12 5 37	3 17 32	4♑ 55 10	11♑ 9 16	7 19	5 56	20 58	1 52	14 0	6 34	22 8	29 39	6 41	4 33
26	12 9 33	4 16 58	17 28 50	23 54 26	7 16	5 55	21 28	3 6	14 46	6 38	22 5	29 42	6 40	4 33
27	12 13 30	5 16 22	0♒ 26 36	7♒ 5 42	7 13	5 52	21 50	4 19	15 31	6 42	22 2	29 45	6 40	4 34
28	12 17 26	6 15 45	13 52 1	20 45 39	7 9	5 47	22 4	5 32	16 17	6 47	21 59	29 48	6 39	4 34
29	12 21 23	7 15 6	27 46 34	4♓ 54 29	7 6	5 40	22 10R	6 45	17 8	6 52	21 56	29 51	6 38	4 34
30	12 25 20	8 14 24	12♓ 8 57	19 29 16	7 3	5 32	22 9	7 57	17 48	6 57	21 54	29 54	6 38	4 34
31	12 29 16	9♈ 13 41	26♓ 54 36	4♈ 23 53	7♐ 0	5♐ 22	22♈ 1	9♉ 10	18♈ 34	7♋ 2	21♌ 51	29♒ 57	6♌ 37	4♋ 34

DECLINATION and LATITUDE

DAY	☉ DECL	☽ DECL	☽ LAT	☽ 12hr DECL	☿ DECL	☿ LAT	♀ DECL	♀ LAT	♂ DECL	♂ LAT	♃ DECL	♃ LAT	♄ DECL	♄ LAT
1	8S 4	10S23	4N45	7S57	7S42	1S27	0S 1	1S 4	2S28	0S45	23N29	0N 9	15N 2	1N29
2	7 41	5 22	4 60	2 42	6 51	1 21	0N30	1 2	2 9	0 44	23 29	0 9	15 4	1 29
3	7 18	0N 2	4 55	2N47	5 60	1 13	1 1	0 60	1 50	0 44	23 29	0 9	15 5	1 29
4	6 55	5 30	4 31	8 9	5 7	1 5	1 32	0 58	1 31	0 43	23 29	0 9	15 7	1 29
5	6 32	10 40	3 49	13 2	4 14	0 57	2 3	0 56	1 12	0 43	23 29	0 9	15 8	1 29
6	6 9	15 11	2 52	17 5	3 20	0 48	2 35	0 54	0 53	0 42	23 29	0 10	15 10	1 29
7	5 46	18 42	1 44	20 1	2 25	0 38	3 6	0 51	0 34	0 41	23 29	0 10	15 11	1 29
8	5 23	21 1	0 31	21 40	1 30	0 27	3 37	0 49	0 15	0 41	23 29	0 10	15 13	1 29
9	4 59	21 58	0S43	21 56	0 35	0 17	4 8	0 47	0N 4	0 40	23 29	0 10	15 14	1 29
10	4 36	21 34	1 53	20 54	0N20	0 5	4 39	0 45	0 23	0 40	23 29	0 10	15 15	1 29
11	4 13	19 56	2 55	18 42	1 14	0N 6	5 9	0 42	0 42	0 39	23 29	0 10	15 17	1 29
12	3 49	17 14	3 47	15 34	2 8	0 19	5 40	0 40	1 1	0 38	23 29	0 10	15 18	1 29
13	3 26	13 44	4 26	11 45	3 1	0 31	6 11	0 37	1 20	0 38	23 29	0 10	15 19	1 29
14	3 2	9 38	4 51	7 27	3 53	0 44	6 41	0 35	1 39	0 37	23 29	0 10	15 21	1 29
15	2 38	5 12	5 1	2 54	4 44	0 57	7 11	0 32	1 58	0 37	23 29	0 10	15 22	1 29
16	2 15	0 36	4 56	1S42	5 32	1 10	7 42	0 30	2 16	0 36	23 29	0 10	15 23	1 29
17	1 51	3S57	4 38	6 10	6 19	1 23	8 11	0 27	2 35	0 35	23 29	0 11	15 24	1 29
18	1 27	8 18	4 8	10 20	7 4	1 36	8 41	0 24	2 54	0 35	23 29	0 11	15 26	1 29
19	1 4	12 16	3 26	14 4	7 46	1 48	9 11	0 22	3 13	0 34	23 29	0 11	15 27	1 29
20	0 40	15 43	2 36	17 12	8 25	2 1	9 40	0 19	3 31	0 34	23 29	0 11	15 28	1 29
21	0 16	18 31	1 39	19 37	9 1	2 13	10 9	0 16	3 50	0 33	23 29	0 11	15 29	1 29
22	0N 8	20 31	0 38	21 12	9 34	2 24	10 38	0 13	4 8	0 32	23 29	0 11	15 30	1 29
23	0 31	21 38	0N25	21 50	10 3	2 34	11 7	0 10	4 27	0 32	23 29	0 11	15 31	1 29
24	0 55	21 47	1 28	21 28	10 29	2 44	11 35	0 8	4 45	0 31	23 29	0 11	15 32	1 29
25	1 19	20 53	2 29	20 3	10 52	2 53	12 3	0 5	5 3	0 30	23 28	0 11	15 33	1 29
26	1 42	18 57	3 23	17 36	11 10	3 1	12 31	0 2	5 22	0 30	23 28	0 11	15 34	1 29
27	2 6	16 0	4 9	14 11	11 24	3 8	12 59	0N 1	5 40	0 29	23 28	0 11	15 35	1 29
28	2 29	12 9	4 43	9 55	11 35	3 13	13 26	0 4	5 58	0 29	23 28	0 11	15 36	1 29
29	2 53	7 31	5 2	4 59	11 41	3 17	13 53	0 7	6 16	0 28	23 28	0 12	15 37	1 29
30	3 16	2 20	5 3	0N23	11 43	3 20	14 20	0 10	6 34	0 27	23 28	0 12	15 37	1 29
31	3N40	3N 7	4N44	5N50	11N41	3N21	14N46	0N13	6N52	0S27	23N27	0N12	15N38	1N29

DAY	♅ DECL	♅ LAT	♆ DECL	♆ LAT	♇ DECL	♇ LAT
1	12S43	0S43	18N25	0S 5	19N14	4S 8
5	12 38	0 43	18 26	0 5	19 15	4 8
9	12 34	0 43	18 28	0 5	19 15	4 7
13	12 29	0 43	18 29	0 5	19 16	4 7
17	12 25	0 43	18 30	0 5	19 16	4 6
21	12 20	0 43	18 31	0 5	19 17	4 5
25	12 16	0 43	18 32	0 5	19 18	4 5
29	12S12	0S43	18N33	0S 5	19N18	4S 4

☽ PHENOMENA	VOID OF COURSE ☽ LAST ASPT	☽ INGRESS
d h m	1 2pm33	1 ♓ 5pm15
2 11 11 ●	3 2pm28	3 ♈ 6pm28
9 3 14 ☽	5 4pm59	5 ♉ 7pm14
16 15 41 ○	7 7pm 2	7 ♊ 9pm10
24 20 34 ☾	9 11pm 8	10 ♋ 1am 9
31 21 5 ●	11 12pm51	12 ♌ 7am18
	14 1pm44	14 ♍ 3pm26
d h ° '	16 3pm41	17 ♎ 1am29
3 0 0	19 12pm 9	19 ♏ 1pm25
9 5 21N60	22 1am23	22 ♐ 2am24
16 3 0	24 1pm42	24 ♑ 2pm25
23 15 21S51	26 7am42	26 ♒ 11pm12
30 10 0	29 3am31	29 ♓ 3am46
	29 4pm26	31 ♈ 4am58
2 7 5N 0	d h	
8 10 0	4 15 PERIGEE	
15 5 5S 1	20 12 APOGEE	
22 14 0		
29 13 5N 5		

DAILY ASPECTARIAN

Day	Aspect	Time
1 S	☽⚼♃	1am41
	☽☍♄	6 36
	☽×♂	10 16
	☉∥☽	12pm21
	☽☍♅	2 33
	☽∥♆	3 46
	☽×♀	11 13
2 Su	☽△♇	0am55
	☽△♃	2 49
	☽⚹♆	5 2
	☉☌☽	11 11
	☽∥♂	3pm17
	♃SD	4 37
	♀□♇	7 1
	☽∥♀	7 48
	☽☌♂	10 12
3 M	☽∥♀	4am43
	☽⚼♆	5 35
	☽∥♂	7 25
	☽⚹♄	7 56
	☽☌♂	2pm28
	☽×♅	4 3
	♀⚼♃	5 29
	☽∥♆	10 31
	♀∥♂	11 27
4 T	☽□♇	1am56
	☽□♃	3 49
	☽☌♀	4 45
	☽△♆	5 54
	☉∥☽	5 57
	☽⚼♄	8 9
	☉×☽	3pm35
	☽∠♅	4 28
	♀△♆	6 18
	♂×♅	10 49
5 W	☿⚼♆	6am 7
	☽×☿	6 14
	☽△♄	8 23
	☽⚼♅	9 54
	☽⚹♅	4pm59
	☉∠☽	5 47
	☽×♂	5 55
	♀⚼♄	7 21
	☿×♄	10 14
	☽∥♄	11 53
6 Th	☽⚹♇	2am45
	☽⚹♃	4 43
	☽□♆	6 45
	☽⊼♀	10 11
	☽∠♆	10 32
	☿∥♆	12pm36
	♂ ♈	6 48
	☽∠♂	8 3
	☉⚹☽	8 21
	☽∥♆	9 57
7 F	☽∠♇	3am37
	☽∥♇	4 37
	☽∠♃	5 39
	☽□♄	9 42
	☽∠♀	1pm33
	☽⚹♆	3 25
	☽□♅	7 2
	☽⚹♂	10 42
8 S	☽⚼♇	4am57
	☽⚹♃	7 4
	☽⚹♆	9 2
	☽⚹♀	5pm35
	☿×♅	7 15
9 Su	☉□☽	3am14
	☿∥♂	10 6
	☿ ♈	10 43
	☽∠♆	10 58
	☽⚹♄	12pm56
	☉∥♀	10 51
	☽△♅	11 8
10 M	☽∥♀	2am17
	☽□♆	3 27
	☽□♂	5 54
	[illegible]	7 26
	☽☍♇	9 16
	☽□♃	11 34
	☽×♆	1pm27
	☽∠♄	3 22
11 T	☽☍♅	2am 2
	☽□☿	3 50
	☽∥♇	6 51
	☿⊻♂	9 19
	☉△☽	12pm51
	☽∥♆	2 0
	☽⚹♄	6 19
	☿□♇	10 45
12 W	☽⚹♅	5am26
	☽∥♅	1pm46
	☽△♂	3 40
	☽⚼♇	3 43
	♂□♇	4 22
	☿⚼♃	5 24
	☽∠♄	6 15
	☽△♆	6 22
	☉⚼☽	6 39
	☽□♆	8 0
13 Th	♀△♆	6am32
	☽∥♅	7 39
	☉∥♅	7 42
	☉⚼♆	11 59
	☽⚼♀	4pm51
	☽⚼♄	7 25
	☽∠♇	7 41
	☽⚼♂	9 26
	☽∠♃	10 20
14 F	☉⚹☽	1am 3
	☽⚹♄	1 43
	☽△♀	2 42
	☉⚹♄	9 2
	♂□♃	12pm58
	☽⚹♅	1 44
	☽∥♀	2 28
15 S	☽⚹♇	0am 7
	☽□♄	0 19
	☽∥♆	2 5
	☽⚹♃	2 55
	☽⚹♂	3 47
	☽⊻♆	4 29
	☽⚹♅	11 30
	☉∥☽	2pm39
	♂△♆	3 4
	☽∥♂	3 51
	☉∥♅	11 0
16 Su	☽⚹♀	8am27
	☽∠♆	9 27
	☽⚹♄	11 0
	☉∥☽	1pm43
	☉☍☽	3 41
	☽∥♂	4 11
	☽×♂	12 0
17 M	♀△♄	8am55
	☽□♇	10 28
	☽⚹♃	1pm34
	☽⚹♆	2 54
	☽∥♆	3 34
	☽∠♄	4 22
	☽☍♂	6 13
18 T	☿∠♅	2am22
	☽∥♇	2 34
	☽⚼♅	5 51
	☽☍♀	6 16
	☽⚹♄	10pm41
19 W	☽∥♅	0am42
	☽☍♀	2 40
	☉☍☽	8 46
	☽△♅	12pm 9
	♇SD	5 29
	☽∥♆	10 4
	☽△♇	10 38
20 Th	☽△♃	2am 5
	☽□♆	3 6
	☽⊼♂	10 46
	☉⊼☽	6pm 0
21 F	☽∥♆	0am 3
	☽⚹♀	1 39
	☽☍♅	3 12
	☽□♇	5 8
	☽∥♇	8 7
	☽⚼♃	8 45
	☽☍♄	10 46
	☉ ♈	4pm19
	☽⚼♂	7 25
	☽⚹♀	10 37
22 S	☽□♅	1am23
	☉△☽	3 19
	☽⚼♆	10 49
	☽⚹♇	11 37
	☽⚼♃	3pm22
	☽△♆	4 0
23 Su	☿⚹♅	2am28
	☽△♂	3 52
	☽⚼♀	8 24
	☽∥♀	11 8
	☽△♆	7pm 6
	☽⚼♆	10 3
	☽△♄	11 0
24 M	☽⚹♅	1pm42
	☽△♀	5 26
	☉□☽	8 34
	☽☍♇	11 17
25 T	☽∥♄	3am11
	☽⚹♆	3 25
	☽⚹♄	4 15
	☿∥♅	10 30
	☽☌♂	6pm32
	☽∠♅	6 44
	☽∥♇	8 29
	♂∠♅	10 2
26 W	☽∥♆	3am55
	☉□♇	6 38
	☽□♀	7 42
	☽⚹♄	8 34
	♃⚼♅	11 41
	☽⚹♃	10pm44
27 Th	☽∥♄	2am55
	♀⚹♇	4 56
	☽⚹♇	7 27
	☽□♀	7 42
	☉⚹☽	9 26
	☽☌♂	11 13
	☽⚹♃	11 22
	♀△♄	4pm 9
	☽⚹♀	5 17
	☽∥♆	11 35
28 F	☽∥♆	3am 2
	☽⚹♂	4 29
	☉⚼♆	9 15
	☽⚼♇	9 56
	☉⊼♃	1pm41
	☽□♃	1 50
	☉∠☽	1 51
	☽☌♅	2 3
	☽⚹♃	2 23
	☉⚼♄	4 42
	☿⚹♆	9 56
29 S	☿⚹♃	2am31
	☽⚹♄	3 31
	☽∥♂	5 37
	☽∠♂	7 36
	♄SR	9 3
	☽△♇	11 26
	♃∠♅	2pm29
	☽⚹♆	2 52
	☽△♃	3 20
	☽∠♀	3 46
	☽⚼♀	4 26
	☉⚹☽	5 4
	☉∥☽	8 4
30 Su	☽⚹♂	9am46
	☽☌♅	3pm27
	☽⚹♄	3 51
	☽⚹♆	4 12
	☽⚼♀	7 12
31 M	☉∥☽	2am33
	☽⚹♅	4 54
	☽⚹♆	6 3
	☽□♇	12pm17
	☽△♄	3 32
	☽⚹♄	3 52
	☽□♃	4 18
	☽∥♂	5 36
	♀△♆	8 29
	☉☌☽	9 5
	☽×♀	9 19

APRIL 1919

LONGITUDE

DAY	SID. TIME	☉	☽	☽ 12 Hour	MEAN ☊	TRUE ☊	☿	♀	♂	♃	♄	♅	♆	♇
	h m s	° ' "	° ' "	° ' "	° '	° '	° '	° '	° '	° '	° '	° '	° '	° '
1	12 33 13	10♈ 12 56	11♈ 55 58	19♈ 29 36	6♐ 57	5♐ 14R	21♈ 46R	10♉ 23	19♈ 19	7♋ 7	21♌ 49R	0♓ 0	6♌ 36R	4♋ 35
2	12 37 9	11 12 9	27 3 31	4♉ 36 28	6 53	5 7	21 25	11 36	20 5	7 13	21 46	0 3	6 36	4 35
3	12 41 6	12 11 20	12♉ 7 20	19 35 4	6 50	5 3	20 58	12 48	20 50	7 18	21 44	0 5	6 35	4 35
4	12 45 2	13 10 29	26 58 49	4♊ 17 54	6 47	5 1D	20 25	14 1	21 35	7 24	21 42	0 8	6 35	4 36
5	12 48 59	14 9 35	11♊ 31 48	18 40 11	6 44	5 1	19 48	15 14	22 21	7 30	21 40	0 11	6 34	4 36
6	12 52 55	15 8 39	25 42 53	2♋ 39 53	6 41	5 2	19 8	16 26	23 6	7 36	21 38	0 14	6 34	4 36
7	12 56 52	16 7 41	9♋ 31 14	16 17 9	6 38	5 3R	18 24	17 39	23 51	7 42	21 36	0 16	6 34	4 37
8	13 0 49	17 6 41	22 57 50	29 33 36	6 34	5 3	17 39	18 51	24 36	7 49	21 34	0 19	6 33	4 37
9	13 4 45	18 5 38	6♌ 4 46	12♌ 31 40	6 31	5 1	16 52	20 3	25 21	7 55	21 33	0 21	6 33	4 38
10	13 8 42	19 4 32	18 54 37	25 13 56	6 28	4 58	16 5	21 15	26 6	8 2	21 31	0 24	6 33	4 38
11	13 12 38	20 3 25	1♍ 29 57	7♍ 42 56	6 25	4 52	15 19	22 28	26 51	8 9	21 30	0 27	6 32	4 39
12	13 16 35	21 2 15	13 53 8	20 0 49	6 22	4 45	14 35	23 40	27 36	8 16	21 29	0 29	6 32	4 39
13	13 20 31	22 1 3	26 6 12	2♎ 9 29	6 19	4 37	13 53	24 52	28 21	8 23	21 27	0 32	6 32	4 40
14	13 24 28	22 59 49	8♎ 10 52	14 10 32	6 15	4 29	13 14	26 4	29 6	8 30	21 26	0 34	6 32	4 40
15	13 28 24	23 58 33	20 8 41	26 5 31	6 12	4 21	12 38	27 15	29 51	8 37	21 25	0 36	6 32	4 41
16	13 32 21	24 57 15	2♏ 1 15	7♏ 56 7	6 9	4 15	12 7	28 27	0♉ 35	8 45	21 24	0 39	6 32	4 41
17	13 36 18	25 55 55	13 50 23	19 44 18	6 6	4 11	11 40	29 39	1 20	8 53	21 24	0 41	6 32	4 42
18	13 40 14	26 54 33	25 38 14	1♐ 32 30	6 3	4 9D	11 17	0♊ 51	2 5	9 0	21 23	0 43	6 32D	4 43
19	13 44 11	27 53 10	7♐ 27 31	13 23 41	5 59	4 9	11 0	2 2	2 49	9 8	21 22	0 46	6 32	4 43
20	13 48 7	28 51 45	19 21 28	25 21 23	5 56	4 10	10 48	3 14	3 34	9 16	21 22	0 48	6 32	4 44
21	13 52 4	29 50 18	1♑ 23 57	7♑ 29 42	5 53	4 12	10 41D	4 25	4 18	9 25	21 22	0 50	6 32	4 45
22	13 56 0	0♉ 48 49	13 39 12	19 53 1	5 50	4 13	10 38	5 36	5 3	9 33	21 21	0 52	6 32	4 46
23	13 59 57	1 47 18	26 11 44	2♒ 35 51	5 47	4 14R	10 41	6 48	5 47	9 41	21 21D	0 54	6 32	4 46
24	14 3 53	2 45 47	9♒ 5 55	15 42 19	5 44	4 15	10 49	7 59	6 31	9 50	21 21	0 56	6 32	4 47
25	14 7 50	3 44 13	22 25 27	29 15 31	5 40	4 13	11 2	9 10	7 16	9 59	21 21	0 58	6 32	4 48
26	14 11 47	4 42 38	6♓ 12 40	13♓ 16 49	5 37	4 11	11 20	10 21	8 0	10 7	21 21	1 0	6 33	4 49
27	14 15 43	5 41 1	20 27 47	27 45 6	5 34	4 7	11 42	11 32	8 44	10 16	21 22	1 2	6 33	4 50
28	14 19 40	6 39 23	5♈ 8 11	12♈ 36 14	5 31	4 3	12 8	12 43	9 28	10 25	21 22	1 4	6 33	4 50
29	14 23 36	7 37 43	20 8 16	27 43 10	5 28	4 0	12 39	13 54	10 12	10 34	21 22	1 6	6 34	4 51
30	14 27 33	8♉ 36 1	5♉ 19 43	12♉ 56 39	5♐ 25	3♐ 57	13♈ 14	15♊ 4	10♉ 56	10♋ 44	21♌ 23	1♓ 8	6♌ 34	4♋ 52

DECLINATION and LATITUDE

DAY	☉ DECL	☽ DECL	☽ LAT	☽ 12hr DECL	☿ DECL	☿ LAT	♀ DECL	♀ LAT	♂ DECL	♂ LAT	♃ DECL	♃ LAT	♄ DECL	♄ LAT
1	4N 3	8N29	4N 6	11N 1	11N35	3N21	15N12	0N16	7N10	0S26	23N27	0N12	15N39	1N29
2	4 26	13 22	3 9	15 31	11 25	3 19	15 37	0 19	7 28	0 25	23 27	0 12	15 40	1 29
3	4 49	17 23	1 60	18 57	11 12	3 15	16 2	0 22	7 45	0 25	23 27	0 12	15 40	1 29
4	5 12	20 12	0 43	21 5	10 54	3 10	16 27	0 25	8 3	0 24	23 27	0 12	15 41	1 29
5	5 35	21 36	0S35	21 45	10 34	3 3	16 52	0 28	8 20	0 23	23 26	0 12	15 42	1 29
6	5 58	21 34	1 49	21 2	10 10	2 54	17 15	0 31	8 38	0 23	23 26	0 12	15 42	1 29
7	6 21	20 12	2 55	19 5	9 44	2 44	17 39	0 34	8 55	0 22	23 26	0 12	15 43	1 29
8	6 43	17 43	3 49	16 9	9 16	2 32	18 2	0 37	9 12	0 22	23 25	0 12	15 43	1 29
9	7 6	14 24	4 30	12 29	8 47	2 19	18 25	0 40	9 29	0 21	23 25	0 12	15 44	1 29
10	7 28	10 27	4 57	8 20	8 16	2 6	18 47	0 43	9 46	0 20	23 25	0 12	15 44	1 29
11	7 51	6 9	5 8	3 55	7 44	1 51	19 9	0 46	10 3	0 20	23 24	0 13	15 44	1 29
12	8 13	1 39	5 5	0S36	7 13	1 35	19 30	0 50	10 20	0 19	23 24	0 13	15 45	1 28
13	8 35	2S51	4 47	5 3	6 42	1 19	19 50	0 53	10 36	0 18	23 24	0 13	15 45	1 28
14	8 57	7 11	4 17	9 15	6 11	1 3	20 11	0 56	10 53	0 18	23 23	0 13	15 45	1 28
15	9 18	11 13	3 36	13 4	5 42	0 46	20 30	0 59	11 9	0 17	23 23	0 13	15 46	1 28
16	9 40	14 47	2 46	16 20	5 15	0 29	20 49	1 2	11 26	0 16	23 23	0 13	15 46	1 28
17	10 1	17 44	1 49	18 56	4 49	0 13	21 8	1 4	11 42	0 16	23 22	0 13	15 46	1 28
18	10 23	19 56	0 46	20 43	4 25	0S 3	21 26	1 7	11 58	0 15	23 22	0 13	15 46	1 28
19	10 44	21 16	0N18	21 35	4 4	0 19	21 44	1 10	12 14	0 14	23 21	0 13	15 46	1 28
20	11 4	21 40	1 22	21 29	3 45	0 34	22 1	1 13	12 30	0 14	23 21	0 13	15 46	1 28
21	11 25	21 3	2 23	20 22	3 28	0 49	22 17	1 16	12 45	0 13	23 20	0 13	15 47	1 28
22	11 46	19 27	3 19	18 16	3 15	1 3	22 33	1 19	13 1	0 12	23 20	0 13	15 47	1 28
23	12 6	16 52	4 7	15 15	3 4	1 17	22 48	1 22	13 16	0 12	23 19	0 13	15 47	1 28
24	12 26	13 25	4 44	11 24	2 55	1 29	23 2	1 24	13 31	0 11	23 19	0 13	15 46	1 28
25	12 46	9 12	5 7	6 51	2 49	1 41	23 16	1 27	13 47	0 11	23 18	0 14	15 46	1 28
26	13 6	4 23	5 13	1 48	2 46	1 52	23 30	1 30	14 2	0 10	23 17	0 14	15 46	1 28
27	13 25	0N50	5 1	3N30	2 45	2 3	23 42	1 33	14 16	0 9	23 17	0 14	15 46	1 27
28	13 45	6 9	4 29	8 45	2 46	2 12	23 54	1 35	14 31	0 9	23 16	0 14	15 46	1 27
29	14 4	11 14	3 38	13 34	2 50	2 21	24 6	1 38	14 46	0 8	23 15	0 14	15 46	1 27
30	14N23	15N40	2N31	17N32	2N56	2S29	24N16	1N40	14N60	0S 7	23N15	0N14	15N45	1N27

DAY	♅ DECL	♅ LAT	♆ DECL	♆ LAT	♇ DECL	♇ LAT
1	12S 9	0S43	18N33	0S 5	19N19	4S 4
5	12 5	0 43	18 34	0 5	19 19	4 3
9	12 2	0 43	18 34	0 5	19 20	4 3
13	11 58	0 43	18 34	0 5	19 20	4 2
17	11 55	0 43	18 34	0 5	19 21	4 1
21	11 52	0 44	18 34	0 5	19 21	4 1
25	11 49	0 44	18 34	0 5	19 22	4 0
29	11S46	0S44	18N34	0S 4	19N22	3S60

☽ PHENOMENA

d	h	m	
7	12	39	☽
15	8	25	○
23	11	21	☾
30	5	30	●

d	h	° '
5	11	21N45
12	9	0
19	21	21S40
26	20	0

d	h	° '
4	13	0
11	6	5S 9
18	17	0
25	21	5N14

VOID OF COURSE ☽

LAST ASPT		☽ INGRESS		
1	3pm38	2	♉	4am40
3	3pm27	4	♊	4am56
5	7pm16	6	♋	7am23
8	3am 9	8	♌	12pm48
10	2pm32	10	♍	9pm 7
12	9pm17	13	♎	7am43
15	8am25	15	♏	7pm54
17	3pm21	18	♐	8am52
20	8pm38	20	♑	9pm14
21	6pm 9	23	♒	7am 9
24	10pm 6	25	♓	1pm17
26	7am41	27	♈	3pm40
29	1am58	29	♉	3pm36

d	h	
1	21	PERIGEE
16	21	APOGEE
30	7	PERIGEE

DAILY ASPECTARIAN

Day	Aspect	Time
1 T	♅ ♓	1am45
	☽∠♅	4 53
	☽☌♂	12pm21
	☽∥☿	2 23
	☽☌☿	3 16
	☽△♄	3 38
	☽#♅	5 36
2 W	♀∥♄	2am14
	☽⚹♅	4 45
	☽⚹♇	11 58
	☽∥♄	12pm57
	☽∥♀	2 11
	☽□♆	3 10
	☽⚹♃	4 15
3 Th	☉⚺☽	0am 7
	☽☌♀	1 12
	☿☌♂	2 29
	☽∥♆	8 45
	☽∠♇	12pm 1
	☽⚺☿	1 45
	☽⚺♂	2 46
	☽∥♇	3 13
	☽□♄	3 27
	☽∠♃	4 30
4 F	☉∠☽	2am 5
	♂△♄	3 22
	☽□♅	5 10
	☽⚺♇	12pm30
	☽∠☿	1 19
	☽⚹♆	3 46
	☽∠♂	4 39
	☽⚺♃	5 15
5 S	☉⚹☽	4am44
	☽⚺♀	6 46
	☽⚹☿	1pm18
	☽∠♆	4 55
	☽⚹♄	5 3
	☽⚹♂	7 16
6 Su	☉∠♅	2am 6
	☽△♅	7 48
	☽∠♀	10 49
	☽☌♇	3pm23
	☽⚺♆	6 48
	☽∠♄	6 53
	☽☌♃	8 47
7 M	☿⚺♀	9am20
	☽∥♇	9 37
	☽⚼♅	10 13
	☉□☽	12pm39
	☽□☿	2 57
	☽⚹♀	3 51
	☽∥♆	4 49
	☽⚺♄	9 30
	☽∥♀	9 43
8 T	☿∥♂	2am10
	☽□♂	3 9
	☉☌☿	7 18
	☽⚻♅	1pm26
	☽∥♄	3 1
	♀∠♇	3 29
	☽⚺♇	9 19
9 W	☽☌♆	0am52
	☽⚺♃	3 26
	♀∥♆	10 4
	☽#♅	2pm50
	☽△☿	6 59
10 Th	☉△☽	0am20
	☽∠♇	1 22
	☽∥♂	3 42
	☽□♀	4 54
	☽☌♄	4 56
	♀□♄	5 12
	☽∠♃	7 53
	☽∥☿	2pm 6
	☽△♂	2 32
	☉∥☽	3 27
	☿∠♅	8 26
	☉∥☿	9 13
	☽⚼☿	9 52
	☽☍♅	9 58
11 F	☽⚹♇	6am 4
	☉⚼☽	7 27
	☽⚺♆	9 43
	♀∥♇	12pm55
	☽⚹♃	12 57
	♀∠♃	3 9
	☽⚼♂	9 20
12 S	☽⚻☿	1am17
	☉△♄	10 32
	☽⚺♄	2pm51
	☽∠♆	2 59
	☉⚻☽	3 14
	☽△♀	9 17
13 Su	☽⚻♂	4am44
	☽⚻♅	8 47
	☽□♇	5pm 0
	☽#☿	6 57
	☽∠♄	8 32
	☽⚹♆	8 42
14 M	☽□♃	0am39
	☽⚼♀	6 24
	☽☍☿	9 37
	☉#☽	11 12
	☽⚼♅	2pm50
	☽#♂	11 37
15 T	☽⚹♄	2am34
	☽∥♅	4 36
	♂ ♉	5 0
	☿∠♀	5 14
	☉☍☽	8 25
	☽⚻♀	3pm58
	☽☍♂	8 54
	☽△♅	9 12
16 W	♂⚹♅	1am53
	☽△♇	5 25
	☽#♄	7 29
	☽□♆	9 8
	☽△♃	1pm48
	☽⚻☿	7 44
17 Th	♀ ♊	7am 3
	☽#♆	8 16
	☽⚼♇	11 56
	☽□♄	3pm21
	☽#♇	4 43
	♂#♅	6 29
	☽⚼♃	8 39
	♀□♅	9 29
18 F	☽⚼☿	1am18
	♆SD	1 30
	☉⚻☽	2 49
	☽□♅	10 22
	☽☍♀	11 46
	☽⚻♂	1pm58
	☽⚻♇	6 27
	☽△♆	10 7
19 S	☽⚻♃	3am27
	☽△☿	7 2
	☉⚼☽	11 57
	☽⚼♂	10pm18
20 Su	☽△♄	4am 1
	☽⚼♆	4 21
	♀⚺♂	5pm59
	☉△☽	8 38
	☽⚹♅	10 53
21 M	☉ ♉	3am59
	☽△♂	6 6
	☽⚻♀	6 36
	☽☍♇	6 37
	♀⚺♇	6 44
	☽⚼♄	9 46
	☽⚻♆	10 6
	♂⚹♇	2pm36
	☽☍♃	3 56
	☽□☿	6 9
	☿SD	10 0
22 T	☽#♇	1am 0
	☉⚹♅	1 23
	☽∠♅	4 18
	☉#♅	6 3
	☽#♆	9 8
	☽⚼♀	2pm47
	☽⚻♄	2 49
	♀⚹♆	6 43
23 W	☽#♄	8am17
	☽⚺♅	8 52
	☉□☽	11 21
	☽⚻♇	4pm 3
	☽□♂	6 59
	☽☍♆	7 18
	♄SD	9 11
	☽△♀	9 45
	☽#♂	11 23
24 Th	♂□♆	0am24
	☽⚻♃	1 21
	☽⚹☿	3 11
	☉#☽	5 30
	☽∥♅	9 33
	☽⚼♇	7pm20
	☽☍♄	10 6
25 F	♀∥♃	2am55
	☽⚼♃	4 33
	☽∠☿	6 29
	☽☌♅	3pm 0
	♀⚺♃	6 46
	☉⚹☽	9 14
	☽△♇	9 36
26 S	☽⚻♆	0am34
	☉⚹♇	2 33
	☽⚹♂	3 13
	☽△♃	6 44
	☽#☿	7 38
	☽□♀	7 41
	☽⚺☿	8 55
27 Su	☉∠☽	0am24
	☽⚻♄	1 29
	☽⚼♆	1 48
	☿⚹♀	5 3
	☽∠♂	5 42
	☽∥☿	8 36
	☽⚺♅	5pm23
	☉□♆	9 28
	☽□♇	11 31
28 M	☽⚼♄	1am59
	☽△♆	2 17
	☉⚺☽	2 37
	☽⚺♂	7 20
	☽□♃	8 36
	☽☌☿	11 38
	☽⚹♀	1pm13
	☽∠♅	5 34
29 T	☽△♄	1am58
	☽#♅	2 41
	☽∠♀	3pm 1
	♂⚹♃	3 15
	☉∥☽	3 53
	☽⚹♅	5 22
	☽∥♂	7 46
	☽⚹♇	11 17
30 W	☽∥♄	0am30
	☽□♆	1 57
	☉☌☽	5 30
	☽⚹♃	8 36
	☽☌♂	9 17
	☽⚺☿	12pm59
	☽⚺♀	4 38
	☽∥♆	7 49
	☽∠♇	10 57

LONGITUDE

DAY	SID. TIME	☉	☽	☽ 12 Hour	MEAN ☊	TRUE ☊	☿	♀	♂	♃	♄	♅	♆	♇
	h m s	° ' "	° ' "	° ' "	° '	° '	° '	° '	° '	° '	° '	° '	° '	° '
1	14 31 29	9♉ 34 18	20♉ 32 43	28♉ 6 41	5♐ 21	3♐ 55D	13♈ 52	16♊ 15	11♉ 40	10♋ 53	21♌ 24	1♓ 9	6♌ 34	4♋ 53
2	14 35 26	10 32 33	5♊ 37 28	13♊ 4 3	5 18	3 55	14 35	17 25	12 24	11 3	21 25	1 11	6 35	4 54
3	14 39 22	11 30 46	20 25 38	27 41 35	5 15	3 56	15 21	18 36	13 8	11 12	21 26	1 13	6 35	4 55
4	14 43 19	12 28 57	4♋ 51 25	11♋ 54 53	5 12	3 57	16 10	19 46	13 52	11 22	21 27	1 14	6 36	4 56
5	14 47 16	13 27 6	18 51 49	25 42 16	5 9	3 58	17 3	20 56	14 36	11 32	21 28	1 16	6 36	4 57
6	14 51 12	14 25 13	2♌ 26 21	9♌ 4 18	5 5	3 59R	17 59	22 7	15 20	11 42	21 29	1 18	6 37	4 58
7	14 55 9	15 23 18	15 36 27	22 3 10	5 2	4 0	18 58	23 17	16 3	11 52	21 30	1 19	6 38	4 59
8	14 59 5	16 21 21	28 24 52	4♍ 41 59	4 59	3 59	20 0	24 26	16 47	12 2	21 32	1 21	6 38	5 0
9	15 3 2	17 19 22	10♍ 54 58	17 4 17	4 56	3 58	21 5	25 36	17 30	12 12	21 33	1 22	6 39	5 1
10	15 6 58	18 17 22	23 10 23	29 13 41	4 53	3 56	22 12	26 46	18 14	12 22	21 35	1 23	6 40	5 2
11	15 10 55	19 15 19	5♎ 14 36	11♎ 13 32	4 50	3 54	23 22	27 56	18 57	12 32	21 37	1 25	6 40	5 3
12	15 14 51	20 13 15	17 10 51	23 6 54	4 46	3 51	24 35	29 5	19 41	12 43	21 39	1 26	6 41	5 4
13	15 18 48	21 11 9	29 2 2	4♏ 56 31	4 43	3 50	25 51	0♋ 14	20 24	12 53	21 41	1 27	6 42	5 5
14	15 22 45	22 9 2	10♏ 50 42	16 44 49	4 40	3 48	27 9	1 24	21 7	13 4	21 43	1 28	6 43	5 6
15	15 26 41	23 6 53	22 39 11	28 34 4	4 37	3 47D	28 29	2 33	21 51	13 15	21 45	1 29	6 44	5 8
16	15 30 38	24 4 42	4♐ 29 43	10♐ 26 27	4 34	3 47	29 52	3 42	22 34	13 26	21 47	1 30	6 44	5 9
17	15 34 34	25 2 30	16 24 31	22 24 15	4 30	3 48	1♉ 17	4 51	23 17	13 36	21 49	1 32	6 45	5 10
18	15 38 31	26 0 18	28 25 56	4♑ 29 55	4 27	3 48	2 44	6 0	24 0	13 47	21 52	1 32	6 46	5 11
19	15 42 27	26 58 3	10♑ 36 32	16 46 10	4 24	3 49	4 14	7 8	24 43	13 58	21 54	1 33	6 47	5 12
20	15 46 24	27 55 48	22 59 9	29 15 55	4 21	3 50	5 45	8 17	25 26	14 10	21 57	1 34	6 48	5 13
21	15 50 20	28 53 31	5♒ 36 49	12♒ 2 15	4 18	3 50	7 20	9 25	26 9	14 21	22 0	1 35	6 49	5 15
22	15 54 17	29 51 13	18 32 34	25 8 7	4 15	3 51R	8 56	10 33	26 52	14 32	22 3	1 36	6 50	5 16
23	15 58 14	0♊ 48 54	1♓ 49 11	8♓ 36 1	4 11	3 51	10 35	11 42	27 35	14 43	22 6	1 37	6 52	5 17
24	16 2 10	1 46 34	15 28 46	22 27 29	4 8	3 50	12 16	12 50	28 17	14 55	22 9	1 37	6 53	5 18
25	16 6 7	2 44 13	29 32 7	6♈ 42 29	4 5	3 50	13 59	13 57	29 0	15 6	22 12	1 38	6 54	5 20
26	16 10 3	3 41 51	13♈ 58 14	21 18 54	4 2	3 50D	15 44	15 5	29 43	15 18	22 15	1 39	6 55	5 21
27	16 14 0	4 39 29	28 43 51	6♉ 12 17	3 59	3 50	17 32	16 13	0♊ 26	15 29	22 18	1 39	6 56	5 22
28	16 17 56	5 37 5	13♉ 43 17	21 15 51	3 56	3 50	19 22	17 20	1 8	15 41	22 22	1 40	6 57	5 24
29	16 21 53	6 34 40	28 48 53	6♊ 21 15	3 52	3 50R	21 14	18 27	1 51	15 53	22 25	1 40	6 59	5 25
30	16 25 49	7 32 14	13♊ 51 50	21 19 34	3 49	3 50	23 8	19 35	2 33	16 5	22 29	1 41	7 0	5 26
31	16 29 46	8♊ 29 48	28♊ 43 29	6♋ 2 42	3♐ 46	3♐ 50	25♉ 5	20♋ 42	3♊ 16	16♋ 17	22♌ 33	1♓ 41	7♌ 1	5♋ 28

DECLINATION and LATITUDE

DAY	☉ DECL	☽ DECL	☽ LAT	☽ 12hr DECL	☿ DECL	☿ LAT	♀ DECL	♀ LAT	♂ DECL	♂ LAT	♃ DECL	♃ LAT	♄ DECL	♄ LAT
1	14N41	19N 4	1N13	20N16	3N 5	2S36	24N26	1N43	15N14	0S 7	23N14	0N14	15N45	1N27
2	14 59	21 6	0S 9	21 33	3 15	2 42	24 36	1 45	15 28	0 6	23 13	0 14	15 45	1 27
3	15 18	21 37	1 30	21 18	3 28	2 48	24 45	1 47	15 42	0 5	23 13	0 14	15 44	1 27
4	15 35	20 39	2 43	19 41	3 42	2 53	24 53	1 50	15 56	0 5	23 12	0 14	15 44	1 27
5	15 53	18 26	3 43	16 57	3 58	2 57	25 0	1 52	16 10	0 4	23 11	0 14	15 44	1 27
6	16 10	15 15	4 30	13 23	4 16	3 1	25 7	1 54	16 23	0 3	23 10	0 14	15 43	1 27
7	16 27	11 23	5 0	9 17	4 36	3 3	25 13	1 56	16 36	0 3	23 10	0 14	15 43	1 27
8	16 44	7 6	5 15	4 53	4 58	3 5	25 18	1 58	16 49	0 2	23 9	0 14	15 42	1 27
9	17 1	2 38	5 14	0 23	5 21	3 6	25 23	2 0	17 2	0 2	23 8	0 14	15 41	1 27
10	17 17	1S52	4 59	4S 4	5 45	3 7	25 27	2 2	17 15	0 1	23 7	0 15	15 41	1 26
11	17 33	6 13	4 30	8 18	6 11	3 7	25 30	2 4	17 28	0 0	23 6	0 15	15 40	1 26
12	17 48	10 18	3 51	12 11	6 38	3 6	25 33	2 6	17 40	0N 0	23 5	0 15	15 39	1 26
13	18 4	13 57	3 1	15 35	7 7	3 5	25 35	2 8	17 52	0 1	23 4	0 15	15 39	1 26
14	18 19	17 3	2 4	18 20	7 37	3 3	25 36	2 9	18 4	0 2	23 3	0 15	15 38	1 26
15	18 34	19 26	1 1	20 19	8 8	3 0	25 36	2 11	18 16	0 2	23 2	0 15	15 37	1 26
16	18 48	20 59	0N 4	21 25	8 40	2 57	25 36	2 12	18 28	0 3	23 1	0 15	15 36	1 26
17	19 2	21 36	1 9	21 33	9 13	2 54	25 35	2 14	18 40	0 4	23 0	0 15	15 36	1 26
18	19 16	21 14	2 13	20 40	9 46	2 49	25 34	2 15	18 51	0 4	22 59	0 15	15 35	1 26
19	19 29	19 52	3 11	18 49	10 21	2 44	25 31	2 16	19 2	0 5	22 58	0 15	15 34	1 26
20	19 42	17 32	4 1	16 2	10 57	2 39	25 29	2 17	19 13	0 6	22 57	0 15	15 33	1 26
21	19 55	14 21	4 40	12 28	11 33	2 33	25 25	2 18	19 24	0 6	22 56	0 15	15 32	1 26
22	20 8	10 25	5 7	8 13	12 10	2 27	25 21	2 19	19 35	0 7	22 55	0 15	15 31	1 26
23	20 20	5 53	5 18	3 27	12 47	2 20	25 16	2 20	19 45	0 7	22 54	0 15	15 30	1 25
24	20 32	0 56	5 11	1N37	13 25	2 12	25 10	2 21	19 55	0 8	22 52	0 16	15 29	1 25
25	20 43	4N12	4 47	6 45	14 4	2 4	25 4	2 22	20 5	0 9	22 51	0 16	15 28	1 25
26	20 54	9 15	4 3	11 38	14 42	1 56	24 57	2 22	20 15	0 9	22 50	0 16	15 27	1 25
27	21 5	13 53	3 3	15 55	15 21	1 47	24 49	2 23	20 25	0 10	22 49	0 16	15 25	1 25
28	21 15	17 42	1 50	19 12	16 0	1 38	24 41	2 23	20 34	0 11	22 47	0 16	15 24	1 25
29	21 25	20 22	0 28	21 9	16 39	1 29	24 33	2 23	20 43	0 11	22 46	0 16	15 23	1 25
30	21 35	21 33	0S55	21 34	17 18	1 19	24 23	2 23	20 52	0 12	22 45	0 16	15 22	1 25
31	21N44	21N13	2S14	20N29	17N56	1S 9	24N13	2N23	21N 1	0N12	22N43	0N16	15N21	1N25

DAY	♅ DECL	♅ LAT	♆ DECL	♆ LAT	♇ DECL	♇ LAT
1	11S45	0S44	18N34	0S 4	19N22	3S60
5	11 43	0 44	18 34	0 4	19 23	3 59
9	11 41	0 44	18 33	0 4	19 23	3 59
13	11 39	0 44	18 32	0 4	19 23	3 58
17	11 38	0 45	18 31	0 4	19 24	3 58
21	11 37	0 45	18 30	0 4	19 24	3 57
25	11 36	0 45	18 29	0 4	19 24	3 57
29	11S35	0S45	18N28	0S 4	19N24	3S56

☽ PHENOMENA

d	h	m	
6	23	34	☽
15	1	1	○
22	22	4	☾
29	13	12	●

d	h	° '
2	20	21N38
9	14	0
17	3	21S37
24	4	0
30	7	21N37

d	h	° '
1	21	0
8	11	5S16
15	23	0
23	4	5N18
29	8	0

VOID OF COURSE ☽

LAST ASPT	☽ INGRESS
1 1am21	1 ♊ 3pm 1
3 1am39	3 ♋ 3pm51
4 8pm38	5 ♌ 7pm38
7 3pm44	8 ♍ 3am 1
10 7am52	10 ♎ 1pm32
12 4pm45	13 ♏ 1am58
15 1am 1	15 ♐ 2pm54
17 10am53	18 ♑ 3am 7
20 10am14	20 ♒ 1pm24
22 3pm59	22 ♓ 8pm45
24 11pm 3	25 ♈ 0am47
26 1pm34	27 ♉ 2am 3
28 1pm48	29 ♊ 1am53
30 1pm55	31 ♋ 2am 5

d	h	
13	22	APOGEE
28	17	PERIGEE

DAILY ASPECTARIAN

Day	Aspect	Time
1 Th	☽□♄	1am21
	☽∥♇	2 44
	☽∠♃	8 33
	☽∠☿	1pm51
	☽□♅	4 53
	☽⊻♇	10 50
2 F	☽⚹♆	1am32
	☉⊻☽	8 28
	☽⊻♃	8 49
	☽⊻♂	11 30
	☉⚹♃	2pm49
	☽⚹☿	3 14
	☽☌♀	8 45
3 S	☽⚹♄	1am39
	☽∠♆	1 54
	♂∥♄	3 39
	☉∠☽	10 46
	☽∠♂	1pm25
	☽△♅	5 55
4 Su	☽☌♇	0am 8
	☿∠♅	2 4
	☽∠♄	2 41
	☽⊻♆	2 57
	☽☌♃	11 11
	☉∥♄	11 20
	☉⚹☽	1pm56
	☽∥♇	3 12
	☽⚹♂	4 12
	☽⚼♅	7 29
	☽□☿	8 38
	☽∥♆	10 55
5 M	☽⊻♀	3am58
	☽⊻♄	4 33
	♀⚹♄	10 55
	♀∠♆	1pm48
	☽∥♂	4 36
	☉∥☽	6 7
	☽∥♄	8 47
	☽⊼♅	9 56
6 T	☽⊻♇	4am33
	☽☌♆	7 32
	☽∠♀	9 15
	☽⊻♃	5pm 0
	☽#♅	10 9
	☉□☽	11 34
7 W	☽□♂	0am52
	☽△☿	6 46
	☽∠♇	8 8
	☽☌♄	11 0
	☽⚹♀	3pm44
	☽∠♃	9 20
8 Th	☽☍♅	5am35
	☽∥☿	10 41
	☽⚹♇	12pm36
	☽⚼☿	1 45
	☽⊻♆	3 44
9 F	☽⚹♃	2am31
	☿△♄	10 34
	☉∥♂	11 25
	☉△☽	1pm34
	☽△♂	1 40
	☉☌♂	6 15
	☽⊻♄	8 51
	☽∠♆	9 1
	☽⊼☿	9 53
10 S	☽□♀	7am52
	☽⊼♅	4pm20
	☽⚼♂	9 16
	☉⚼☽	9 51
	☽□♇	11 37
	☽#☿	11 48
11 Su	☽∠♄	2am45
	☽⚹♆	2 52
	☽□♃	2pm52
	☉∠♇	8 11
	☽⚼♅	10 29
12 M	☽⊼♂	5am22
	☉⊼☽	6 41
	☽∥♅	8 34
	☽⚹♄	9 3
	♂∠♇	1pm21
	☽☍☿	4 45
	♀ ♋	6 59
13 T	☽△♀	2am43
	☽△♅	4 55
	☽△♇	12pm19
	☽#♄	12 28
	☉□♄	12 39
	☽□♆	3 35
14 W	♀△♅	1am35
	☽△♃	4 35
	☽#♂	10 14
	☽⚼♀	12pm30
	☉#☽	1 8
	☽#♆	1 59
	☽⚼♇	6 52
	♂□♄	8 37
	☉∥♆	9 12
	☽□♄	10 9
	☽☍♂	10 15
	☽#♇	11 29
15 Th	☉☍☽	1am 1
	☽⚼♃	11 31
	☽⊼☿	1pm22
	☽□♅	5 57
	☽⊼♀	10 13
16 F	☽⊼♇	1am19
	☿ ♉	2 26
	☽△♆	4 33
	♂∥♆	7 14
	☽⊼♃	6pm17
	☽⚼☿	11 42
17 S	☿⚹♅	4am13
	♀☌♇	6 47
	☽⚼♆	10 43
	☽△♄	10 53
	☽⊼♂	2pm38
	☉⊼☽	6 45
18 Su	☽⚹♅	6am10
	☽△☿	9 42
	☽☍♇	1pm22
	☉∥♇	1 48
	☽☍♀	4 29
	☽⊼♆	4 30
	♀⊻♆	4 33
	☽⚼♄	4 43
	♀∠♄	6 59
	☽⚼♂	10 9
19 M	☉⚼☽	2am53
	☉#☽	4 6
	☽#♇	5 39
	☽☍♃	6 40
	☽#♂	8 54
	☽∠♅	11 36
	☽#♆	2pm59
	☿⚹♇	3 37
	☽⊼♄	10 0
20 T	☽△♂	4am59
	☉△☽	10 14
	☽#♄	3pm42
	☿□♆	4 15
	☽⊻♅	4 24
	☽⊼♇	11 18
	♂∥♇	11 46
21 W	☽☍♆	2am16
	☿#♅	2 22
	☽□☿	3 40
	☽⊼♀	7 49
	☉∠♃	2pm 4
	☽#☿	3 9
	☽⊼♃	4 31
	☽∥♅	5 6
22 Th	☽⚼♇	3am 9
	☉ ♊	3 39
	☽☍♄	6 25
	☽⚼♀	1pm57
	☽□♂	3 59
	☽⚼♃	8 12
	☉□☽	10 4
	☽☌♅	11 38
23 F	☽△♇	6am10
	☽⊼♆	8 57
	☽⚹☿	5pm37
	☽△♀	6 59
	☉□♅	8 9
	☽△♃	11 0
24 S	☽⚼♆	11am 1
	☽⊼♄	11 30
	☽∠☿	10pm56
	☽⚹♂	11 3
	☿⚹♀	11 3
25 Su	♀∠♂	2am38
	☽⊻♅	3 32
	☉⚹☽	5 46
	☽□♇	9 43
	☽△♆	12pm20
	☽⚼♄	12 52
	☿⚹♃	5 17
26 M	☽∠♂	1am17
	☽□♀	1 59
	☽□♃	2 12
	☽⊻☿	3 18
	☽∠♅	4 23
	♀☌♃	5 25
	☉∠☽	8 17
	♂ ♊	9 38
	☽#♅	11 45
	☽△♄	1pm34
27 T	☿∥♄	2am30
	☽⊻♂	2 52
	♂∠♃	3 3
	☽⚹♅	4 42
	☽∥♄	8 56
	♀⚼♅	9 29
	☉⊻☽	10 10
	☽∥☿	10 14
	☽⚹♇	10 41
	☽□♆	1pm11
	☉⊻♇	6 15
28 W	☽⚹♃	3am10
	☽∥♆	5 52
	☽⚹♀	6 13
	☽☌☿	10 14
	☽∠♇	10 38
	☿∠♇	1pm27
	☽□♄	1 48
	☽∥♇	1 54
	♂□♅	6 3
29 Th	☽∠♃	3am20
	☽□♅	4 33
	☽☌♂	5 3
	☽∥♂	5 22
	☽∠♀	7 59
	☉⚹♆	10 14
	☽⊻♇	10 31
	☽⚹♆	1pm 1
	☉☌☽	1 12
	☿□♄	3 32
30 F	☽⊻♃	3am36
	☽⊻♀	9 55
	☽∠♆	1pm 6
	☽⚹♄	1 55
	☽⊻☿	5 10
31 S	☽∥♂	3am23
	☽△♅	4 50
	☽⊻♂	7 48
	☽☌♇	11 3
	☽⊻♆	1pm38
	☽∠♄	2 32
	☉⊻☽	5 11
	☿∥♆	7 53
	☽∠☿	9 38

JUNE 1919

LONGITUDE

DAY	SID. TIME	☉	☽	☽ 12 Hour	MEAN ☊	TRUE ☊	☿	♀	♂	♃	♄	♅	♆	♇
	h m s	° ′ ″	° ′ ″	° ′ ″	° ′	° ′	° ′	° ′	° ′	° ′	° ′	° ′	° ′	° ′
1	16 33 43	9♊ 27 20	13♋ 16 30	20♋ 24 20	3♐ 43	3♐ 50R	27♉ 3	21♋ 48	3♊ 58	16♋ 29	22♌ 36	1♓ 41	7♌ 3	5♋ 29
2	16 37 39	10 24 50	27 25 47	4♌ 20 38	3 40	3 49	29 4	22 55	4 40	16 41	22 40	1 42	7 4	5 30
3	16 41 36	11 22 20	11♌ 8 48	17 50 20	3 36	3 49	1♊ 6	24 2	5 23	16 53	22 44	1 42	7 5	5 32
4	16 45 32	12 19 48	24 25 26	0♍ 54 23	3 33	3 48	3 10	25 8	6 5	17 5	22 48	1 42	7 7	5 33
5	16 49 29	13 17 15	7♍ 17 35	13 35 27	3 30	3 47D	5 16	26 14	6 47	17 17	22 52	1 42	7 8	5 34
6	16 53 25	14 14 40	19 48 29	25 57 14	3 27	3 47	7 24	27 20	7 29	17 29	22 56	1 42R	7 10	5 36
7	16 57 22	15 12 5	2♎ 2 14	8♎ 4 3	3 24	3 47	9 33	28 26	8 11	17 41	23 1	1 42	7 11	5 37
8	17 1 18	16 9 29	14 3 15	20 0 21	3 21	3 48	11 43	29 31	8 53	17 54	23 5	1 42	7 13	5 39
9	17 5 15	17 6 51	25 55 55	1♏ 50 26	3 17	3 49	13 53	0♌ 36	9 35	18 6	23 10	1 42	7 14	5 40
10	17 9 12	18 4 12	7♏ 44 23	13 38 14	3 14	3 51	16 5	1 42	10 17	18 19	23 14	1 42	7 16	5 41
11	17 13 8	19 1 33	19 32 24	25 27 16	3 11	3 52	18 17	2 46	10 59	18 31	23 19	1 42	7 17	5 43
12	17 17 5	19 58 52	1♐ 23 12	7♐ 20 31	3 8	3 52R	20 29	3 51	11 41	18 44	23 23	1 41	7 19	5 44
13	17 21 1	20 56 11	13 19 32	19 20 30	3 5	3 52	22 41	4 56	12 22	18 56	23 28	1 41	7 21	5 46
14	17 24 58	21 53 29	25 23 39	1♑ 29 13	3 2	3 51	24 52	6 0	13 4	19 9	23 33	1 41	7 22	5 47
15	17 28 54	22 50 47	7♑ 37 24	13 48 22	2 58	3 50	27 3	7 4	13 46	19 21	23 38	1 41	7 24	5 49
16	17 32 51	23 48 4	20 2 17	26 19 19	2 55	3 47	29 13	8 8	14 27	19 34	23 43	1 40	7 26	5 50
17	17 36 47	24 45 20	2♒ 39 37	9♒ 3 19	2 52	3 44	1♋ 22	9 11	15 9	19 47	23 48	1 40	7 28	5 52
18	17 40 44	25 42 36	15 30 35	22 1 32	2 49	3 41	3 29	10 14	15 50	20 0	23 53	1 39	7 29	5 53
19	17 44 41	26 39 52	28 36 18	5♓ 15 2	2 46	3 38	5 35	11 17	16 32	20 12	23 58	1 39	7 31	5 54
20	17 48 37	27 37 7	11♓ 57 50	18 44 48	2 42	3 36	7 39	12 20	17 13	20 25	24 3	1 38	7 33	5 56
21	17 52 34	28 34 22	25 36 1	2♈ 31 29	2 39	3 35D	9 41	13 22	17 55	20 38	24 9	1 37	7 35	5 57
22	17 56 30	29 31 37	9♈ 31 13	16 35 8	2 36	3 35	11 42	14 25	18 36	20 51	24 14	1 37	7 36	5 59
23	18 0 27	0♋ 28 52	23 43 4	0♉ 54 46	2 33	3 36	13 40	15 26	19 17	21 4	24 20	1 36	7 38	6 0
24	18 4 23	1 26 8	8♉ 9 55	15 28 4	2 30	3 38	15 37	16 28	19 59	21 17	24 25	1 35	7 40	6 2
25	18 8 20	2 23 22	22 48 40	0♊ 11 4	2 27	3 39R	17 31	17 29	20 40	21 30	24 31	1 34	7 42	6 3
26	18 12 16	3 20 37	7♊ 34 31	14 58 11	2 23	3 39	19 23	18 30	21 21	21 43	24 36	1 33	7 44	6 5
27	18 16 13	4 17 52	22 21 11	29 42 38	2 20	3 38	21 14	19 31	22 2	21 56	24 42	1 32	7 46	6 6
28	18 20 10	5 15 6	7♋ 1 36	14♋ 17 14	2 17	3 35	23 2	20 31	22 43	22 9	24 48	1 31	7 48	6 8
29	18 24 6	6 12 21	21 28 44	28 35 24	2 14	3 32	24 47	21 31	23 24	22 22	24 54	1 30	7 50	6 9
30	18 28 3	7♋ 9 35	5♌ 36 40	12♌ 32 5	2♐ 11	3♐ 27	26♋ 31	22♌ 31	24♊ 5	22♋ 36	25♌ 0	1♓ 29	7♌ 52	6♋ 11

DECLINATION and LATITUDE

DAY	☉ DECL	☽ DECL	☽ LAT	☽ 12hr DECL	☿ DECL	☿ LAT	♀ DECL	♀ LAT	♂ DECL	♂ LAT	♃ DECL	♃ LAT	♄ DECL	♄ LAT
1	21N53	19N26	3S22	18N 6	18N34	0S58	24N 2	2N23	21N10	0N13	22N42	0N16	15N19	1N25
2	22 1	16 30	4 16	14 42	19 11	0 48	23 51	2 23	21 18	0 14	22 41	0 16	15 18	1 25
3	22 9	12 44	4 53	10 39	19 47	0 37	23 39	2 23	21 27	0 14	22 39	0 16	15 17	1 25
4	22 17	8 27	5 13	6 13	20 22	0 26	23 27	2 22	21 35	0 15	22 38	0 16	15 15	1 25
5	22 24	3 56	5 17	1 38	20 56	0 15	23 14	2 22	21 42	0 16	22 36	0 16	15 14	1 25
6	22 31	0S39	5 5	2S53	21 29	0 5	23 1	2 21	21 50	0 16	22 35	0 16	15 12	1 25
7	22 38	5 5	4 40	7 13	21 60	0N 6	22 47	2 21	21 57	0 17	22 33	0 16	15 11	1 24
8	22 44	9 16	4 3	11 13	22 29	0 17	22 32	2 20	22 5	0 17	22 32	0 17	15 9	1 24
9	22 50	13 3	3 15	14 45	22 55	0 27	22 17	2 19	22 12	0 18	22 30	0 17	15 8	1 24
10	22 55	16 18	2 20	17 41	23 20	0 37	22 1	2 17	22 18	0 19	22 28	0 17	15 6	1 24
11	22 60	18 53	1 19	19 53	23 42	0 47	21 45	2 16	22 25	0 19	22 27	0 17	15 5	1 24
12	23 4	20 40	0 14	21 14	24 2	0 56	21 29	2 15	22 31	0 20	22 25	0 17	15 3	1 24
13	23 8	21 33	0N52	21 37	24 19	1 5	21 12	2 13	22 37	0 20	22 23	0 17	15 2	1 24
14	23 12	21 26	1 56	20 60	24 34	1 13	20 54	2 12	22 43	0 21	22 22	0 17	14 60	1 24
15	23 15	20 18	2 56	19 22	24 45	1 20	20 36	2 10	22 49	0 22	22 20	0 17	14 58	1 24
16	23 18	18 12	3 48	16 48	24 54	1 27	20 18	2 8	22 55	0 22	22 18	0 17	14 57	1 24
17	23 21	15 11	4 30	13 24	24 60	1 33	19 59	2 6	22 60	0 23	22 16	0 17	14 55	1 24
18	23 23	11 25	4 59	9 18	25 3	1 39	19 40	2 4	23 5	0 23	22 15	0 17	14 53	1 24
19	23 24	7 3	5 14	4 42	25 4	1 44	19 21	2 1	23 10	0 24	22 13	0 17	14 51	1 24
20	23 26	2 17	5 11	0N13	25 1	1 48	19 1	1 59	23 15	0 25	22 11	0 17	14 50	1 24
21	23 27	2N43	4 52	5 13	24 56	1 51	18 40	1 56	23 19	0 25	22 9	0 18	14 48	1 24
22	23 27	7 41	4 15	10 4	24 49	1 54	18 20	1 54	23 23	0 26	22 7	0 18	14 46	1 24
23	23 27	12 20	3 22	14 27	24 40	1 55	17 58	1 51	23 27	0 26	22 5	0 18	14 44	1 24
24	23 27	16 22	2 16	18 3	24 28	1 56	17 37	1 48	23 31	0 27	22 3	0 18	14 42	1 24
25	23 26	19 26	0 59	20 31	24 14	1 57	17 15	1 44	23 35	0 27	22 1	0 18	14 40	1 24
26	23 24	21 14	0S21	21 35	23 58	1 56	16 53	1 41	23 38	0 28	21 59	0 18	14 38	1 24
27	23 23	21 33	1 41	21 9	23 40	1 55	16 31	1 38	23 41	0 29	21 57	0 18	14 36	1 23
28	23 21	20 23	2 53	19 18	23 21	1 54	16 8	1 34	23 44	0 29	21 55	0 18	14 34	1 23
29	23 18	17 55	3 52	16 16	23 0	1 51	15 46	1 30	23 47	0 30	21 53	0 18	14 32	1 23
30	23N15	14N25	4S36	12N23	22N38	1N48	15N22	1N26	23N49	0N30	21N51	0N18	14N30	1N23

DAY	♅ DECL	♅ LAT	♆ DECL	♆ LAT	♇ DECL	♇ LAT
1	11S35	0S45	18N27	0S 4	19N24	3S56
5	11 35	0 45	18 26	0 4	19 24	3 56
9	11 35	0 45	18 24	0 4	19 25	3 55
13	11 35	0 46	18 23	0 4	19 25	3 55
17	11 36	0 46	18 21	0 4	19 25	3 55
21	11 37	0 46	18 19	0 4	19 25	3 54
25	11 38	0 46	18 18	0 4	19 25	3 54
29	11S40	0S46	18N16	0S 4	19N25	3S54

☽ PHENOMENA

d	h	m	
5	12	22	☽
13	16	28	○
21	5	33	☾
27	20	53	●

d	h	° ′
5	21	0
13	9	21S37
20	11	0
26	17	21N37

d	h	° ′
4	17	5S17
12	5	0
19	9	5N15
25	18	0

d	h	
10	6	APOGEE
25	22	PERIGEE

VOID OF COURSE ☽

LAST ASPT	☽ INGRESS
2 3am18	2 ♌ 4am26
3 9pm 1	4 ♍ 10am19
6 4pm10	6 ♎ 7pm58
8 6pm21	9 ♏ 8am16
11 7am42	11 ♐ 9pm12
13 10pm44	14 ♑ 9am 5
15 11pm 5	16 ♒ 6pm59
18 8pm12	19 ♓ 2am32
21 5am33	21 ♈ 7am38
23 1am 2	23 ♉ 10am29
25 2am47	25 ♊ 11am42
27 3am51	27 ♋ 12pm28
29 6am21	29 ♌ 2pm24

DAILY ASPECTARIAN

Day	Aspect	Time
1 Su	☽∥♇	0am18
	☽☌♃	5 27
	☽⚼♅	5 43
	☽∥☿	6 34
	☽∥♆	9 0
	☽∠♂	10 4
	☽☌♀	3pm37
	☽⚺♄	3 49
	♀⚺♄	6 18
	☉∠☽	8 17
2 M	♃⚼♅	1am56
	☽⚹☿	3 18
	☽⚻♅	7 23
	☽∥♄	8 12
	☿∥♇	8 54
	☿ ♊	11 6
	☽⚹♂	1pm15
	☽⚺♇	2 4
	☽☌♆	4 49
3 T	☉⚹☽	0am26
	♂⚺♇	5 22
	☽#♅	6 43
	☿□♅	6 57
	☿∠♃	10 2
	☽⚺♃	10 25
	☽∠♇	4pm54
	☽☌♄	9 1
4 W	☽⚺♀	1am25
	☽☍♅	1pm29
	☽∠♃	2 25
	☽□☿	7 25
	☽⚹♇	8 45
	☽□♂	10 59
	☽⚺♆	11 42
5 Th	☿⚺♇	3am29
	☽∠♀	8 12
	☉□☽	12pm22
	♂⚹♆	12 36
	☽⚹♃	7 26
	☿⚹♆	9 21
6 F	☿☌♂	1am29
	☽∠♆	4 36
	☽⚺♄	6 8
	☉∥♃	10 16
	☽⚹♀	4pm10
	♅SR	7 17
	☿∥♂	9 44
	☽⚻♅	11 20
7 S	☽□♇	7am 8
	☽⚹♆	10 16
	☉∥♀	10 27
	☽∠♄	11 58
	☽△♂	1pm 0
	☽△☿	6 15
8 Su	♀∥♃	1am 1
	☿∥♀	2 0
	☿∥♃	2 27
	☉△☽	4 36
	☽⚼♅	5 20
	☽□♃	7 53
	♀ ♌	10 35
	☽∥♅	2pm19
	☉∥☿	5 2
	☽⚹♄	6 21
	☽⚼♂	9 6
9 M	♀∥♂	5am53
	☽⚼☿	7 22
	☽□♀	10 27
	☽△♅	11 43
	☉⚼☽	1pm40
	☽#♄	2 43
	☽△♇	7 49
	☽□♆	11 2
10 T	♀⚻♅	0am 6
	☽⚻♂	5 30
	☉⚺♃	7 43
	☿∠♀	1pm 8
	☽#♆	6 51
	☽⚻☿	8 52
	☽△♃	9 53
	☉⚻☽	10 52
11 W	☽⚼♇	2am23
	☿⚺♃	2 51
	♂∥♃	5 18
	☽#♇	5 59
	☽□♄	7 42
	☉☌☿	2pm20
12 Th	☽□♅	0am37
	☽⚼♃	4 48
	☽△♀	5 28
	☽⚻♇	8 47
	☽△♆	11 59
	☽#♀	2pm24
	☿∠♆	8 17
	☽☍♂	9 59
13 F	☿⚹♄	8am56
	☽⚻♃	11 24
	☽⚼♀	2pm27
	☉☍☽	4 28
	☽⚼♆	6 0
	♀⚺♇	7 10
	☽△♄	8 19
	☽☍☿	10 44
14 S	☽⚹♅	12pm22
	☉∠♆	12 29
	☽#♀	5 56
	☽☍♇	8 27
	☽⚻♀	10 48
	☽⚻♆	11 34
15 Su	☽⚼♄	1am58
	♀☌♆	7 49
	☽#♇	11 29
	☽⚻♂	12pm37
	☽∠♅	5 32
	☉⚹♄	9 34
	☽#♆	10 26
	☽☍♃	11 5
16 M	☽⚻♄	7am 5
	☉⚻☽	7 47
	☿ ♋	8 45
	☽⚼♂	6pm59
	☽⚻☿	9 3
	☽⚺♅	10 7
17 T	☽#♄	1am57
	☿△♅	3 21
	☽⚻♇	6 2
	☽☍♆	9 2
	☽☍♀	1pm20
	☉⚼☽	2 22
	☽∥♅	10 56
18 W	☽△♂	0am39
	☽⚼☿	6 33
	☽⚻♃	8 25
	☽⚼♇	9 55
	☽☍♄	3pm30
	♀∥♇	6 56
	☉△☽	8 12
19 Th	☿☌♇	3am49
	☽☌♅	5 30
	☽⚼♃	12pm 7
	☽△♇	1 12
	☽△☿	2 54
	☽⚻♆	4 6
	☿⚺♆	10 47
20 F	☽⚻♀	0am43
	☽□♂	9 49
	☽△♃	3pm11
	☿∠♄	5 16
	☽⚼♆	6 43
	☽⚻♄	9 27
21 S	☽⚼♀	5am13
	☉□☽	5 33
	☽⚺♅	10 26
	☽□♇	5pm56
	☽△♆	8 43
	☽⚼♄	11 31
22 Su	♀∥♆	0am43
	☽□☿	4 19
	☽△♀	8 58
	☉ ♋	11 54
	☽∠♅	12pm 2
	☽⚹♂	4 11
	☽□♃	7 29
	☽#♅	8 9
	☉∥♂	9 54
23 M	☽△♄	1am 2
	☉⚹☽	12pm 5
	☉∠♀	1 1
	☽⚹♅	1 7
	☽∥♄	1 33
	☽∠♂	6 28
	☽⚹♇	8 28
	☽□♆	11 11
24 T	☉△♅	3am42
	☽∥♀	7 52
	☿⚼♅	12pm 5
	☽∥♆	1 59
	☽⚹☿	2 5
	☉∠☽	2 32
	☽□♀	2 40
	☽⚺♂	8 19
	☽∠♇	9 8
	☽⚹♃	9 50
	☿⚺♀	11 9
	☽∥♇	11 45
25 W	☽□♄	2am47
	☽□♅	2pm14
	☉⚺☽	4 39
	☽∠☿	6 5
	☽⚺♇	9 34
	☽∠♃	10 35
26 Th	☽⚹♆	0am15
	♂⚺♃	6pm58
	☽⚹♀	7 3
	☽⚺☿	9 55
	☿∥♂	11 3
	☽⚺♃	11 19
	☽☌♂	11 27
27 F	☽∠♆	0am40
	☽⚹♄	3 51
	☿☌♃	10 42
	☽△♅	2pm59
	☿⚺♂	5 17
	☉☌☽	8 53
	☽∠♀	9 21
	☽☌♇	10 31
28 S	☉∥☿	0am22
	☽⚺♆	1 16
	♂∠♆	2 51
	☽∠♄	4 36
	☽∥♇	10 53
	♀∠♇	2pm59
	☽⚼♅	3 42
	☽∥♆	9 11
	☉☌♇	10 41
29 Su	☽⚺♀	0am 5
	☽☌♃	1 31
	☿⚺♄	1 33
	☽⚺♂	3 24
	☽⚺♄	5 47
	☽☌☿	6 21
	☽⚻♅	4pm57
	☽∥♀	5 14
	☽∥♄	11 25
30 M	☽⚺♇	0am59
	♀⚺♃	2 26
	☉⚺☽	2 52
	☽☌♆	3 53
	☽∠♂	6 19
	☽#♅	4pm 1
	☉⚺♆	6 16

LONGITUDE

DAY	SID. TIME	☉	☽	☽ 12 Hour	MEAN ☊	TRUE ☊	☿	♀	♂	♃	♄	♅	♆	♇
	h m s	° ' "	° ' "	° ' "	° '	° '	° '	° '	° '	° '	° '	° '	° '	° '
1	18 31 59	8♋ 6 48	19♌ 21 22	26♌ 4 22	2♐ 8	3♐ 22R	28♋ 12	23♌ 30	24♊ 46	22♋ 49	25♌ 6	1♓ 28R	7♌ 54	6♋ 12
2	18 35 56	9 4 2	2♍ 41 6	9♍ 11 40	2 4	3 17	29 52	24 29	25 27	23 2	25 12	1 27	7 56	6 14
3	18 39 52	10 1 15	15 36 19	21 55 26	2 1	3 13	1♌ 29	25 27	26 8	23 15	25 18	1 26	7 58	6 15
4	18 43 49	10 58 27	28 9 25	4♎ 18 48	1 58	3 11	3 4	26 25	26 48	23 28	25 24	1 25	8 0	6 17
5	18 47 45	11 55 40	10♎ 24 7	16 26 0	1 55	3 10D	4 36	27 23	27 29	23 42	25 30	1 24	8 2	6 18
6	18 51 42	12 52 52	22 25 2	28 21 52	1 52	3 10	6 7	28 20	28 10	23 55	25 36	1 22	8 4	6 20
7	18 55 39	13 50 4	4♏ 17 8	10♏ 11 28	1 48	3 11	7 35	29 17	28 50	24 8	25 43	1 21	8 6	6 21
8	18 59 35	14 47 15	16 5 28	21 59 44	1 45	3 13	9 1	0♍ 13	29 31	24 21	25 49	1 20	8 8	6 23
9	19 3 32	15 44 27	27 54 48	3♐ 51 13	1 42	3 14R	10 24	1 9	0♋ 11	24 35	25 55	1 18	8 10	6 24
10	19 7 28	16 41 39	9♐ 49 26	15 49 54	1 39	3 14	11 45	2 4	0 52	24 48	26 2	1 17	8 12	6 26
11	19 11 25	17 38 51	21 52 59	27 59 0	1 36	3 12	13 4	2 59	1 32	25 1	26 8	1 15	8 14	6 27
12	19 15 21	18 36 2	4♑ 8 13	10♑ 20 51	1 33	3 9	14 21	3 53	2 13	25 15	26 15	1 14	8 16	6 29
13	19 19 18	19 33 14	16 37 1	22 56 49	1 29	3 3	15 35	4 47	2 53	25 28	26 21	1 12	8 18	6 30
14	19 23 14	20 30 27	29 20 17	5♒ 47 23	1 26	2 56	16 46	5 40	3 33	25 41	26 28	1 10	8 20	6 31
15	19 27 11	21 27 39	12♒ 18 4	18 52 13	1 23	2 48	17 55	6 33	4 14	25 55	26 35	1 9	8 23	6 33
16	19 31 8	22 24 52	25 29 42	2♓ 10 23	1 20	2 39	19 1	7 25	4 54	26 8	26 41	1 7	8 25	6 34
17	19 35 4	23 22 5	8♓ 54 7	15 40 44	1 17	2 32	20 5	8 16	5 34	26 21	26 48	1 5	8 27	6 36
18	19 39 1	24 19 20	22 30 5	29 22 2	1 14	2 26	21 5	9 7	6 14	26 35	26 55	1 4	8 29	6 37
19	19 42 57	25 16 34	6♈ 16 28	13♈ 13 16	1 10	2 23	22 3	9 56	6 54	26 48	27 2	1 2	8 31	6 39
20	19 46 54	26 13 49	20 12 20	27 13 34	1 7	2 21D	22 57	10 46	7 34	27 2	27 9	1 0	8 33	6 40
21	19 50 50	27 11 6	4♉ 16 53	11♉ 22 7	1 4	2 21	23 49	11 34	8 14	27 15	27 16	0 58	8 36	6 41
22	19 54 47	28 8 23	18 29 8	25 37 43	1 1	2 22	24 36	12 22	8 54	27 28	27 23	0 56	8 38	6 43
23	19 58 43	29 5 41	2♊ 47 36	9♊ 58 28	0 58	2 23R	25 21	13 9	9 34	27 42	27 30	0 54	8 40	6 44
24	20 2 40	0♌ 3 0	17 9 55	24 21 27	0 54	2 22	26 2	13 55	10 14	27 55	27 37	0 53	8 42	6 46
25	20 6 37	1 0 19	1♋ 32 32	8♋ 42 34	0 51	2 19	26 39	14 40	10 54	28 9	27 44	0 51	8 44	6 47
26	20 10 33	1 57 40	15 50 55	22 56 55	0 48	2 13	27 12	15 25	11 33	28 22	27 51	0 49	8 47	6 48
27	20 14 30	2 55 1	29 59 55	6♌ 59 16	0 45	2 5	27 41	16 8	12 13	28 35	27 58	0 47	8 49	6 50
28	20 18 26	3 52 23	13♌ 54 27	20 44 57	0 42	1 56	28 6	16 51	12 53	28 49	28 5	0 45	8 51	6 51
29	20 22 23	4 49 46	27 30 23	4♍ 10 30	0 39	1 46	28 26	17 33	13 33	29 2	28 12	0 43	8 53	6 52
30	20 26 19	5 47 9	10♍ 45 10	17 14 19	0 35	1 36	28 42	18 13	14 12	29 15	28 20	0 40	8 55	6 54
31	20 30 16	6♌ 44 33	23♍ 38 6	29♍ 56 41	0♐ 32	1♐ 27	28♌ 53	18♍ 53	14♋ 52	29♋ 29	28♌ 27	0♓ 38	8♌ 58	6♋ 55

DECLINATION and LATITUDE

DAY	☉ DECL	☽ DECL	☽ LAT	☽ 12hr DECL	☿ DECL	☿ LAT	♀ DECL	♀ LAT	♂ DECL	♂ LAT	♃ DECL	♃ LAT	♄ DECL	♄ LAT
1	23N12	10N14	5S 3	7N59	22N14	1N44	14N59	1N22	23N52	0N31	21N49	0N18	14N28	1N23
2	23 8	5 40	5 12	3 20	21 49	1 40	14 35	1 18	23 54	0 32	21 47	0 18	14 26	1 23
3	23 4	0 60	5 5	1S19	21 23	1 35	14 12	1 13	23 56	0 32	21 45	0 18	14 24	1 23
4	22 60	3S36	4 43	5 48	20 56	1 30	13 48	1 9	23 57	0 33	21 43	0 19	14 22	1 23
5	22 55	7 56	4 9	9 58	20 29	1 24	13 23	1 4	23 59	0 33	21 41	0 19	14 20	1 23
6	22 50	11 53	3 24	13 40	20 0	1 17	12 59	0 59	24 0	0 34	21 38	0 19	14 18	1 23
7	22 44	15 19	2 31	16 49	19 31	1 10	12 34	0 54	24 1	0 34	21 36	0 19	14 16	1 23
8	22 38	18 8	1 32	19 15	19 1	1 3	12 10	0 49	24 2	0 35	21 34	0 19	14 13	1 23
9	22 31	20 10	0 29	20 53	18 31	0 55	11 45	0 44	24 2	0 35	21 32	0 19	14 11	1 23
10	22 24	21 21	0N36	21 34	18 1	0 46	11 20	0 38	24 2	0 36	21 29	0 19	14 9	1 23
11	22 17	21 33	1 39	21 16	17 30	0 37	10 55	0 32	24 3	0 37	21 27	0 19	14 7	1 23
12	22 9	20 44	2 39	19 56	16 59	0 28	10 30	0 26	24 3	0 37	21 25	0 19	14 5	1 23
13	22 1	18 54	3 33	17 37	16 28	0 18	10 5	0 20	24 3	0 38	21 22	0 19	14 2	1 23
14	21 53	16 7	4 16	14 24	15 57	0 8	9 39	0 14	24 2	0 38	21 20	0 19	14 0	1 23
15	21 44	12 30	4 48	10 27	15 26	0S 2	9 14	0 8	24 2	0 39	21 18	0 19	13 58	1 23
16	21 35	8 14	5 5	5 55	14 55	0 13	8 49	0 1	24 1	0 39	21 15	0 20	13 55	1 23
17	21 26	3 31	5 5	1 3	14 24	0 25	8 23	0S 6	23 60	0 40	21 13	0 20	13 53	1 23
18	21 16	1N27	4 49	3N56	13 54	0 36	7 58	0 12	23 59	0 40	21 10	0 20	13 51	1 23
19	21 5	6 24	4 15	8 48	13 25	0 48	7 33	0 20	23 57	0 41	21 8	0 20	13 48	1 23
20	20 55	11 5	3 27	13 15	12 56	1 0	7 7	0 27	23 55	0 42	21 5	0 20	13 46	1 23
21	20 44	15 14	2 25	16 60	12 27	1 12	6 42	0 34	23 54	0 42	21 3	0 20	13 44	1 23
22	20 33	18 31	1 14	19 46	11 59	1 25	6 17	0 42	23 52	0 43	21 0	0 20	13 41	1 23
23	20 21	20 41	0S 2	21 17	11 32	1 38	5 52	0 50	23 49	0 43	20 58	0 20	13 39	1 23
24	20 9	21 32	1 18	21 25	11 7	1 51	5 26	0 58	23 47	0 44	20 55	0 20	13 36	1 23
25	19 57	20 57	2 30	20 8	10 42	2 4	5 1	1 6	23 44	0 44	20 52	0 20	13 34	1 23
26	19 44	19 1	3 31	17 37	10 18	2 17	4 37	1 14	23 41	0 45	20 50	0 20	13 32	1 23
27	19 31	15 57	4 18	14 5	9 56	2 30	4 12	1 23	23 38	0 45	20 47	0 21	13 29	1 23
28	19 18	12 2	4 49	9 52	9 35	2 43	3 47	1 32	23 35	0 46	20 45	0 21	13 27	1 23
29	19 4	7 36	5 3	5 16	9 16	2 56	3 23	1 40	23 32	0 46	20 42	0 21	13 24	1 23
30	18 50	2 54	5 0	0 33	8 59	3 9	2 59	1 49	23 28	0 47	20 39	0 21	13 22	1 23
31	18N36	1S47	4S42	4S 4	8N43	3S21	2N35	1S59	23N24	0N47	20N37	0N21	13N19	1N23

DAY	♅ DECL	♅ LAT	♆ DECL	♆ LAT	♇ DECL	♇ LAT
1	11S41	0S46	18N15	0S 4	19N25	3S54
5	11 42	0 46	18 13	0 4	19 25	3 54
9	11 45	0 47	18 10	0 4	19 24	3 53
13	11 47	0 47	18 8	0 4	19 24	3 53
17	11 49	0 47	18 6	0 3	19 24	3 53
21	11 52	0 47	18 4	0 3	19 24	3 53
25	11 55	0 47	18 2	0 3	19 24	3 53
29	11S58	0S47	17N59	0S 3	19N24	3S53

☽ PHENOMENA

d	h	m	
5	3	17	☽
13	6	2	○
20	11	3	☾
27	5	22	●

d	h	° '
3	5	0
10	17	21S35
17	17	0
24	2	21N32
30	15	0

d	h	° '
2	1	5S12
9	11	0
16	13	5N 7
22	23	0
29	8	5S 4

VOID OF COURSE ☽

LAST ASPT	☽ INGRESS
1 10am19	1 ♍ 7pm 6
3 9pm14	4 ♎ 3am35
6 12pm59	6 ♏ 3pm19
8 7pm56	9 ♐ 4am13
11 8am27	11 ♑ 3pm57
13 5pm 3	14 ♒ 1am14
16 2am10	16 ♓ 8am 6
18 7am15	18 ♈ 1pm 6
20 11am58	20 ♉ 4pm43
22 5pm22	22 ♊ 7pm19
24 5pm34	24 ♋ 9pm25
26 9pm33	27 ♌ 0am 0
29 1am43	29 ♍ 4am28
31 11am18	31 ♎ 12pm 6

d	h	
7	21	APOGEE
23	14	PERIGEE

DAILY ASPECTARIAN

Day	Aspect	Time
1 T	☽∠♇	3am17
	☽⊻♃	6 15
	☉∠☽	7 12
	☽☌♀	7 58
	☽✶♂	10 10
	☽☌♄	10 19
	♂✶♄	1pm32
	☽⊻☿	6 7
	☽☍♅	9 45
2 W	☿ ♌	2am 2
	☿∥♃	2 13
	☽✶♇	6 31
	☽⊻♆	9 40
	☽∠♃	10 1
	♀∥♄	10 10
	☉✶☽	12pm42
	♀☌♄	7 32
	☿⊼♅	11 20
3 Th	☽∠☿	1am53
	☉∠♄	7 44
	☽∠♆	2pm 1
	☽✶♃	2 48
	☽⊻♄	6 37
	☽⊻♀	8 22
	☽□♂	9 14
4 F	☽⊼♅	6am19
	☽✶☿	10 56
	☽□♇	3pm54
	☽✶♆	7 18
5 S	☽∠♄	0am12
	☉□☽	3 17
	☽∠♀	4 16
	♀✶♂	8 31
	☽⚼♅	11 54
	☽∥♅	10pm56
6 Su	☽□♃	3am 4
	☿⊻♇	3 35
	☽✶♄	6 29
	☽#♀	6 31
	☽△♂	12pm18
	☽✶♀	12 59
	☽#♄	4 14
	☽△♅	6 3
7 M	☽△♇	4am12
	☿∥♇	5 17
	☽□☿	7 37
	☽□♆	7 46
	☿☌♆	8 48
	♀ ♍	6pm17
	☽⚼♂	8 36
	☉△☽	9 7
8 T	☽#♆	0am33
	☽#☿	7 36
	☽⚼♇	10 46
	☽#♇	1pm50
	☽△♃	5 7
	♂ ♋	5 14
	☽□♄	7 56
9 W	♀#♅	0am23
	♀☍♅	3 46
	☽⊼♂	4 53
	☉⚼☽	6 13
	☽□♅	6 50
	☽□♀	7 6
	☉⚼♅	1pm46
	☿∥♆	4 33
	☽⊼♇	5 10
	☽△♆	8 44
	☽⚼♃	11 57
10 Th	☽△☿	4am21
	☽#♃	5 20
	♂△♅	2pm11
	☉⊼☽	2 53
11 F	☽⚼♆	2am40
	☽#♃	5 57
	☽⊼♃	6 18
	☽△♄	8 27
	☽⚼☿	1pm36
	☽✶♅	6 21
	☽☍♂	8 2
	☽△♀	11 29
12 S	☽☍♇	4am32
	☽⊼♆	8 1
	☽⚼♄	1pm51
	☽#♇	6 28
	☽⊼☿	9 49
	☽∠♅	11 13
13 Su	☉☍☽	6am 2
	☽⚼♀	6 29
	☽#♆	7 23
	☽☍♃	5pm 3
	☽⊼♄	6 35
14 M	☽#☿	1am29
	☽⊻♅	3 25
	☽⊼♂	8 17
	☽⊼♀	12pm38
	☽⊼♇	1 23
	☽#♄	2 48
	☽☍♆	4 46
15 T	♀✶♇	0am 3
	☽∥♅	4 12
	☽☍☿	11 13
	☽⚼♂	1pm19
	☽⚼♇	4 54
	☉⊼☽	6 0
	☽#♀	8 38
	☉∠♀	11 5
16 W	☽⊼♃	1am10
	☽☍♄	2 10
	☽☌♅	10 5
	☽△♂	5pm45
	☽△♇	7 53
	☽☍♀	10 48
	☉⚼☽	10 59
	☽⊼♆	11 11
17 Th	☽⚼♃	4am26
	♀⊻♆	5 25
	☽⊼☿	9pm19
18 F	☽⚼♆	1am44
	☿∥♄	3 6
	☉△☽	3 26
	☽△♃	7 15
	☽⊼♄	7 47
	☿∠♂	11 45
	☿∠♇	1pm33
	♂☌♇	2 22
	☽⊻♅	2 55
	☉∥♃	5 5
19 S	☽□♇	0am38
	☽□♂	1 9
	☽⚼☿	1 26
	☽△♆	3 54
	☽∥♀	5 13
	☽⊼♀	6 45
	☽⚼♄	10 2
	☽∠♅	4pm48
20 Su	☽#♅	4am10
	☽△☿	5 1
	☽∥☿	9 8
	☽⚼♀	10 5
	☉□☽	11 3
	☽□♃	11 51
	☽△♄	11 58
	☽∥♄	2pm55
	☽✶♅	6 23
21 M	☉☌♃	2am 8
	☉⊻♄	2 10
	♃⊻♄	2 25
	☽✶♇	4 5
	☽✶♂	7 2
	☽□♆	7 20
	☽△♀	1pm 4
	♂⊻♆	1 38
	☽∥♆	8 8
22 T	♀∠♃	4am34
	☽∠♇	5 26
	☿#♅	5 49
	☽∥♇	8 12
	☽∠♂	9 33
	☽□☿	10 52
	☽□♄	3pm 3
	☽✶♃	3 20
	☉✶☽	5 22
	☉∥☽	7 35
	☽□♅	8 51
23 W	☽∥♃	4am31
	☽⊻♇	6 36
	☽✶♆	9 50
	☽⊻♂	11 52
	☽∠♃	4pm48
	☽□♀	6 17
	☉∠☽	8 13
	☉ ♌	10 45
24 Th	☽∠♆	10am56
	☽✶☿	3pm28
	☽✶♄	5 34
	☽⊻♃	6 14
	☉⊼♅	8 5
	☽△♅	10 50
	☉⊻☽	11 2
25 F	☽∥♃	1am22
	☽☌♇	8 47
	☽⊻♆	12pm 5
	☉∥☽	3 57
	☽☌♂	4 26
	☽∠☿	5 38
	☽∠♄	6 54
	☽∥♇	8 18
	☽✶♀	11 14
	☽⚼♅	11 56
26 S	☽∥♆	8am46
	☽⊻☿	7pm56
	☽⊻♄	8 30
	☽☌♃	9 33
27 Su	☽⊼♅	1am20
	☽∠♀	2 4
	☉☌☽	5 22
	☽⊻♇	11 45
	☉∥♇	1pm 7
	☽☌♆	3 12
	☽∥♄	3 46
	☽⊻♂	10 7
	☿☌♄	10 36
28 M	☽#♅	0am31
	☽⊻♀	5 25
	♂∠♄	9 3
	☽∠♇	1pm58
	☽∥☿	2 32
	☿∠♂	4 59
29 T	☽☌♄	1am16
	☽☌☿	1 43
	☽∠♂	1 57
	☽⊻♃	2 47
	☽☍♅	5 44
	☉⊻☽	2pm13
	☽✶♇	4 56
	☽⊻♆	8 38
	☽∥♀	11 36
30 W	☽∠♃	6am34
	☽✶♂	6 42
	☽☌♀	2pm35
	☉∠☽	8 9
31 Th	☽∠♆	0am37
	☽#♀	3 49
	☉⊻♇	4 31
	☽⊻♄	9 14
	☽⊻☿	10 4
	☽✶♃	11 18
	☽⊼♅	1pm18

AUGUST 1919

LONGITUDE

DAY	SID. TIME	☉	☽	☽ 12 Hour	MEAN ☊	TRUE ☊	☿	♀	♂	♃	♄	♅	♆	♇
	h m s	° ' "	° ' "	° ' "	° '	° '	° '	° '	° '	° '	° '	° '	° '	° '
1	20 34 12	7♌ 41 57	6♎ 10 24	12♎ 19 40	0♐ 29	1♐ 21R	28♌ 59R	19♍ 31	15♋ 31	29♋ 42	28♌ 34	0♓ 36R	9♌ 0	6♋ 56
2	20 38 9	8 39 22	18 24 56	24 26 47	0 26	1 17	29 0	20 9	16 11	29 55	28 41	0 34	9 2	6 58
3	20 42 6	9 36 48	0♏ 25 47	6♏ 22 35	0 23	1 15D	28 55	20 45	16 50	0♌ 8	28 49	0 32	9 4	6 59
4	20 46 2	10 34 14	12 17 50	18 12 13	0 19	1 14	28 46	21 20	17 29	0 22	28 56	0 30	9 7	7 0
5	20 49 59	11 31 41	24 6 25	0♐ 1 7	0 16	1 15R	28 31	21 53	18 9	0 35	29 3	0 27	9 9	7 2
6	20 53 55	12 29 9	5♐ 56 57	11 54 34	0 13	1 15	28 11	22 26	18 48	0 48	29 11	0 25	9 11	7 3
7	20 57 52	13 26 38	17 54 34	23 57 30	0 10	1 13	27 46	22 56	19 27	1 1	29 18	0 23	9 13	7 4
8	21 1 48	14 24 7	0♑ 3 52	6♑ 14 5	0 7	1 10	27 16	23 26	20 7	1 15	29 26	0 21	9 15	7 5
9	21 5 45	15 21 38	12 28 31	18 47 26	0 4	1 4	26 41	23 54	20 46	1 28	29 33	0 18	9 18	7 6
10	21 9 41	16 19 9	25 11 1	1♒ 39 21	0 0	0 56	26 3	24 20	21 25	1 41	29 41	0 16	9 20	7 8
11	21 13 38	17 16 41	8♒ 12 24	14 50 3	29♏ 57	0 45	25 20	24 45	22 4	1 54	29 48	0 14	9 22	7 9
12	21 17 35	18 14 15	21 32 6	28 18 14	29 54	0 34	24 34	25 8	22 43	2 7	29 56	0 12	9 24	7 10
13	21 21 31	19 11 49	5♓ 8 5	12♓ 1 15	29 51	0 22	23 46	25 29	23 22	2 20	0♍ 3	0 9	9 27	7 11
14	21 25 28	20 9 25	18 57 14	25 55 36	29 48	0 11	22 57	25 49	24 1	2 33	0 11	0 7	9 29	7 12
15	21 29 24	21 7 2	2♈ 55 51	9♈ 57 33	29 45	0 2	22 7	26 6	24 40	2 46	0 18	0 5	9 31	7 13
16	21 33 21	22 4 40	17 0 19	24 3 46	29 41	29♏ 56	21 17	26 22	25 19	2 59	0 26	0 2	9 33	7 15
17	21 37 17	23 2 20	1♉ 7 38	8♉ 11 39	29 38	29 53	20 28	26 36	25 58	3 12	0 33	0 0	9 35	7 16
18	21 41 14	24 0 2	15 15 38	22 19 26	29 35	29 52D	19 42	26 48	26 36	3 25	0 41	29♒ 57	9 37	7 17
19	21 45 10	24 57 46	29 22 57	6♊ 26 3	29 32	29 52R	18 59	26 57	27 15	3 38	0 49	29 55	9 40	7 18
20	21 49 7	25 55 31	13♊ 28 38	20 30 35	29 29	29 52	18 20	27 5	27 54	3 51	0 56	29 53	9 42	7 19
21	21 53 4	26 53 17	27 31 45	4♋ 31 56	29 25	29 50	17 46	27 10	28 33	4 4	1 4	29 50	9 44	7 20
22	21 57 0	27 51 6	11♋ 30 55	18 28 24	29 22	29 46	17 18	27 13R	29 11	4 16	1 11	29 48	9 46	7 21
23	22 0 57	28 48 56	25 24 5	2♌ 17 35	29 19	29 39	16 56	27 14	29 50	4 29	1 19	29 45	9 48	7 22
24	22 4 53	29 46 47	9♌ 8 32	15 56 32	29 16	29 29	16 41	27 13	0♌ 28	4 42	1 27	29 43	9 50	7 23
25	22 8 50	0♍ 44 40	22 41 14	29 22 15	29 13	29 17	16 34D	27 9	1 7	4 55	1 34	29 41	9 52	7 24
26	22 12 46	1 42 35	5♍ 59 18	12♍ 32 9	29 10	29 4	16 34	27 3	1 45	5 7	1 42	29 38	9 55	7 25
27	22 16 43	2 40 31	19 0 37	25 24 38	29 6	28 52	16 43	26 55	2 24	5 20	1 49	29 36	9 57	7 26
28	22 20 39	3 38 29	1♎ 44 13	7♎ 59 27	29 3	28 41	16 59	26 44	3 2	5 32	1 57	29 34	9 59	7 27
29	22 24 36	4 36 28	14 10 33	20 17 47	29 0	28 32	17 24	26 31	3 41	5 45	2 5	29 31	10 1	7 28
30	22 28 33	5 34 28	26 21 32	2♏ 22 12	28 57	28 26	17 56	26 15	4 19	5 57	2 12	29 29	10 3	7 29
31	22 32 29	6♍ 32 30	8♏ 20 20	14♏ 16 27	28♏ 54	28♏ 23	18♌ 37	25♍ 57	4♌ 57	6♌ 10	2♍ 20	29♒ 26	10♌ 5	7♋ 29

DECLINATION and LATITUDE

DAY	☉ DECL	☽ DECL	☽ LAT	☽ 12hr DECL	☿ DECL	☿ LAT	♀ DECL	♀ LAT	♂ DECL	♂ LAT	♃ DECL	♃ LAT	♄ DECL	♄ LAT
1	18N21	6S17	4S10	8S24	8N30	3S33	2N11	2S 8	23N20	0N48	20N34	0N21	13N17	1N23
2	18 6	10 25	3 28	12 19	8 19	3 45	1 48	2 18	23 16	0 48	20 31	0 21	13 14	1 23
3	17 51	14 4	2 37	15 40	8 10	3 56	1 24	2 28	23 12	0 49	20 28	0 21	13 12	1 23
4	17 36	17 6	1 39	18 22	8 3	4 7	1 2	2 38	23 7	0 49	20 26	0 21	13 9	1 23
5	17 20	19 25	0 38	20 16	7 59	4 16	0 39	2 48	23 3	0 50	20 23	0 21	13 6	1 23
6	17 4	20 54	0N25	21 18	7 57	4 25	0 17	2 58	22 58	0 51	20 20	0 21	13 4	1 23
7	16 48	21 27	1 28	21 21	7 59	4 33	0S 5	3 8	22 53	0 51	20 17	0 22	13 1	1 23
8	16 31	21 0	2 27	20 24	8 3	4 40	0 26	3 19	22 48	0 52	20 15	0 22	12 59	1 23
9	16 14	19 32	3 20	18 26	8 10	4 45	0 47	3 30	22 42	0 52	20 12	0 22	12 56	1 23
10	15 57	17 5	4 5	15 31	8 19	4 48	1 8	3 41	22 37	0 53	20 9	0 22	12 53	1 23
11	15 40	13 44	4 39	11 46	8 31	4 50	1 28	3 52	22 31	0 53	20 6	0 22	12 51	1 23
12	15 22	9 38	4 57	7 22	8 46	4 51	1 47	4 3	22 25	0 54	20 3	0 22	12 48	1 23
13	15 4	4 58	5 0	2 31	9 3	4 49	2 6	4 14	22 19	0 54	20 0	0 22	12 46	1 24
14	14 46	0N 0	4 45	2N32	9 22	4 46	2 24	4 26	22 13	0 55	19 58	0 22	12 43	1 24
15	14 28	5 3	4 14	7 30	9 43	4 41	2 42	4 37	22 6	0 55	19 55	0 22	12 40	1 24
16	14 9	9 51	3 26	12 5	10 5	4 34	2 58	4 49	21 60	0 56	19 52	0 23	12 38	1 24
17	13 51	14 9	2 26	16 1	10 29	4 25	3 15	5 1	21 53	0 56	19 49	0 23	12 35	1 24
18	13 32	17 38	1 17	19 0	10 53	4 14	3 30	5 12	21 46	0 57	19 46	0 23	12 32	1 24
19	13 12	20 4	0 3	20 49	11 18	4 2	3 45	5 24	21 39	0 57	19 43	0 23	12 30	1 24
20	12 53	21 15	1S11	21 20	11 43	3 48	3 59	5 36	21 32	0 58	19 40	0 23	12 27	1 24
21	12 33	21 5	2 21	20 30	12 7	3 33	4 12	5 48	21 24	0 58	19 37	0 23	12 25	1 24
22	12 14	19 37	3 21	18 26	12 31	3 17	4 24	5 59	21 17	0 59	19 34	0 23	12 22	1 24
23	11 53	16 59	4 9	15 19	12 54	3 1	4 35	6 11	21 9	0 59	19 32	0 23	12 19	1 24
24	11 33	13 26	4 42	11 24	13 15	2 43	4 45	6 23	21 2	0 59	19 29	0 23	12 17	1 24
25	11 13	9 15	4 58	7 0	13 34	2 25	4 54	6 34	20 54	0 60	19 26	0 24	12 14	1 24
26	10 52	4 42	4 58	2 21	13 52	2 7	5 2	6 45	20 46	1 0	19 23	0 24	12 11	1 24
27	10 32	0 1	4 42	2S18	14 7	1 49	5 8	6 56	20 37	1 1	19 20	0 24	12 9	1 24
28	10 11	4S33	4 13	6 45	14 19	1 30	5 14	7 7	20 29	1 1	19 17	0 24	12 6	1 24
29	9 50	8 50	3 31	10 49	14 29	1 12	5 18	7 17	20 21	1 2	19 14	0 24	12 3	1 24
30	9 28	12 41	2 41	14 23	14 35	0 55	5 21	7 28	20 12	1 2	19 11	0 24	12 1	1 25
31	9N 7	15S56	1S44	17S18	14N39	0S38	5S23	7S37	20N 3	1N 3	19N 8	0N24	11N58	1N25

DAY	♅ DECL	♅ LAT	♆ DECL	♆ LAT	♇ DECL	♇ LAT
1	11S60	0S47	17N58	0S 3	19N23	3S53
5	12 3	0 47	17 55	0 3	19 23	3 53
9	12 6	0 47	17 53	0 3	19 23	3 53
13	12 10	0 47	17 51	0 3	19 23	3 53
17	12 13	0 47	17 48	0 3	19 22	3 53
21	12 16	0 47	17 46	0 3	19 22	3 53
25	12 20	0 47	17 44	0 3	19 22	3 53
29	12S23	0S47	17N42	0S 3	19N22	3S53

☽ PHENOMENA

d	h	m	
3	20	11	☽
11	17	39	○
18	15	56	☾
25	15	37	●

d	h	° '
7	1	21S27
14	0	0
20	9	21N20
27	0	0

d	h	
5	14	0
12	16	5N 1
19	1	0
25	12	5S 0

VOID OF COURSE ☽

LAST ASPT	☽ INGRESS
2 9pm 0	2 ♏ 11pm 8
5 10am 9	5 ♐ 11am58
7 10pm45	7 ♑ 11pm52
9 10pm22	10 ♒ 8am57
12 5am 6	12 ♓ 2pm59
14 12pm 4	14 ♈ 6pm59
16 10pm 5	16 ♉ 10pm 5
19 0am55	19 ♊ 1am 3
21 3am57	21 ♋ 4am14
23 3am12	23 ♌ 8am 0
25 12pm31	25 ♍ 1pm 8
27 2pm39	27 ♎ 8pm42
30 6am12	30 ♏ 7am15

d	h	
4	15	APOGEE
18	5	PERIGEE

DAILY ASPECTARIAN

Day	Aspect	Time
1 F	☽□♇	1am29
	♂⚼♅	2 53
	☉✶☽	3 13
	☽✶♆	5 31
	☽#☿	11 59
	☽∠♄	2pm35
	☽∠☿	3 17
	☿SR	4 4
	☽⚼♅	6 23
	☽□♂	7 19
2 S	☽⚺♀	3am37
	♃ ♌	8 39
	☉☌♆	9 54
	☽∥♅	10 4
	☉∥♆	3pm10
	☽#♄	5 57
	☽✶♄	8 43
	☽✶☿	9 0
	☽□♃	11 25
3 Su	☽△♅	0am12
	☿☌♄	10 25
	☽∠♀	11 17
	☽△♇	1pm15
	☽□♆	5 31
	☉□☽	8 11
4 M	☉#☽	4am 2
	☽#♆	7 39
	☽△♂	11 10
	♃⚻♅	12pm20
	☽✶♀	7 16
	☽⚼♇	7 46
	☽#♇	11 35
5 T	☽□☿	8am44
	☽□♄	10 9
	☽□♅	12pm51
	☽△♃	1 24
	☽#♃	1 27
	☽⚼♂	7 24
6 W	☽⚻♇	2am13
	☽△♆	6 33
	☉△☽	2pm18
	☽⚼♃	8 10
7 Th	☽⚻♂	3am15
	☽□♀	10 25
	☽⚼♆	12pm33
	☽△☿	6 45
	☉⚼☽	10 36
	☽△♄	10 45
8 F	☽✶♅	0am33
	☽⚻♃	2 21
	☽☍♇	1pm40
	☽#♃	2 51
	☽⚻♆	5 53
	☽⚼☿	10 34
9 S	☽#♇	1am52
	☽⚼♄	4 0
	☽∠♅	5 23
	☉⚻☽	5 57
	☽☍♂	4pm34
	☽#♆	5 11
	☽△♀	10 22
	♀∠♆	11 54
10 Su	☽⚻☿	1am31
	☽⚻♄	8 26
	☽⚺♅	9 25
	☉#☽	9 40
	☽☍♃	12pm15
	☽⚻♇	10 4
11 M	☽☍♆	2am 7
	☽⚼♀	2 53
	☽#♄	5 36
	☽∥♅	9 48
	☿⚺♀	12pm23
	☉☍☽	5 39
12 T	☽⚼♇	1am 8
	☽⚻♂	2 13
	☽#☿	4 24
	☽☍☿	5 6
	☽⚻♀	6 34
	♄ ♍	1pm52
	☽☍♄	3 0
	☽☌♅	3 17
	☽⚻♃	7 1
13 W	☽△♇	3am35
	☽⚼♂	5 55
	☿⚺♂	6 40
	☽⚻♆	7 32
	☽∥♀	1pm10
	♄☍♅	2 44
	☽⚼♃	9 33
14 Th	☉⚻☽	2am14
	☽⚻☿	6 30
	☽△♂	9 9
	☽⚼♆	9 32
	☽#♀	12pm 4
	☽☍♀	12 4
	☽⚺♅	7 8
	☽⚻♄	7 28
	☿∠♇	8 52
	☽△♃	11 43
15 F	☉⚼☽	5am51
	☽⚼☿	6 45
	☽□♇	7 21
	☽△♆	11 16
	☉☌☿	1pm19
	☽∠♅	8 40
	☽⚼♄	9 18
16 S	☽∥☿	1am20
	☉∠♇	4 13
	☽△☿	6 52
	☉△☽	9 15
	☽#♅	12pm42
	☽□♂	2 48
	☽∥♄	2 55
	☽⚻♀	4 11
	♅ ♒	9 55
	☽✶♅	10 5
	☉∥☽	10 18
	☽△♄	11 1
17 Su	☽□♃	3am35
	☽✶♇	10 26
	☽□♆	2pm24
	☽⚼♀	6 2
18 M	☽∥♆	1am17
	☽□☿	7 10
	♀✶♂	9 23
	☽∠♇	11 56
	☽∥♇	3pm49
	☉□☽	3 56
	☽∥♃	7 48
	☽△♀	7 50
	☽✶♂	8 12
19 T	☽□♅	0am55
	☽□♄	2 27
	☽✶♃	7 21
	☽⚺♇	1pm29
	☽✶♆	5 32
	☽∠♂	10 58
20 W	☽✶☿	7am57
	☽∠♃	9 18
	☽∠♆	7pm12
	☉✶☽	10 49
	☽□♀	11 23
21 Th	☽⚺♂	1am49
	☽△♅	3 57
	☽✶♄	6 6
	☉⚺♀	7 34
	☽∠☿	8 40
	☿#♅	9 13
	☽⚺♃	11 22
	☉∥♄	12pm22
	☉∥☿	2 12
	☿∥♄	3 25
	☽☌♇	4 50
	☉#♅	7 43
	☽⚺♆	8 59
22 F	☽∥♃	0am25
	☉∠☽	2 28
	☽∥♇	2 42
	☽⚼♅	5 38
	☽∠♄	8 8
	☽⚺☿	9 41
	☽∥♆	5pm51
	♂⚻♅	9 26
	♀SR	9 46
23 S	☽✶♀	3am12
	♂ ♌	6 18
	☉⚺☽	6 23
	☽⚻♅	7 33
	♄#♅	7 47
	☽☌♂	8 5
	☽⚺♄	10 23
	☽☌♃	4pm 5
	☽⚺♇	8 54
	☉☍♅	10 32
24 Su	☽∥☿	1am 5
	☽☌♆	1 14
	☽∠♀	5 24
	☉ ♍	5 29
	☽#♅	6 43
	☽∥♄	7 3
	☉∥☽	12pm 9
	☽☌☿	1 11
	☽∠♇	11 29
25 M	☽⚺♀	7am57
	☿SD	10 47
	☽☍♅	12pm31
	☉☌☽	3 37
	☽⚺♂	3 55
	☽☌♄	4 8
	♂⚺♄	9 11
	☽#♀	10 20
	☽⚺♃	10 23
	☉☌♄	11 39
26 T	☽✶♇	2am36
	☉⚺♂	3 33
	☽⚺♆	7 11
	♃∥♇	7 48
	☽⚺☿	7pm40
	☽∠♂	8 51
27 W	☽∠♃	2am30
	☽∠♆	11 9
	☽☌♀	2pm39
	☽⚻♅	7 52
28 Th	☽⚺♄	0am25
	☽∠☿	0 29
	☽✶♂	2 37
	☽∥♀	3 44
	☉⚺☽	3 57
	☽✶♃	7 24
	☽□♇	10 58
	☽✶♆	3pm53
29 F	☽⚼♅	0am40
	☉#☽	5 24
	☽∠♄	5 44
	☽✶☿	6 34
	☉∠☽	11 34
	☽#♄	7pm38
	☽∥♅	10 9
	☽⚺♀	11 48
30 S	☽△♅	6am12
	☽✶♄	11 48
	☉⚺♃	11 56
	☽#☿	1pm51
	☽□♂	4 48
	☽□♃	7 32
	☉✶☽	8 4
	☽△♇	10 17
31 Su	☽□♆	3am32
	☽∠♀	5 9
	☽#♆	3pm30
	☽□☿	10 19
	☉✶♇	11 53

SEPTEMBER 1919

LONGITUDE

DAY	SID. TIME	☉	☽	☽ 12 Hour	MEAN ☊	TRUE ☊	☿	♀	♂	♃	♄	♅	♆	♇
	h m s	° ' "	° ' "	° ' "	° '	° '	° '	° '	° '	° '	° '	° '	° '	° '
1	22 36 26	7♍ 30 33	20♏ 11 10	26♏ 5 7	28♏ 51	28♏ 22D	19♌ 25	25♍ 37R	5♌ 36	6♌ 22	2♍ 28	29♒ 24R	10♌ 7	7♋ 30
2	22 40 22	8 28 38	1♐ 58 59	7♐ 53 27	28 47	28 21R	20 21	25 15	6 14	6 34	2 35	29 22	10 9	7 31
3	22 44 19	9 26 44	13 49 12	19 46 55	28 44	28 21	21 24	24 50	6 52	6 46	2 43	29 19	10 11	7 32
4	22 48 15	10 24 52	25 47 18	1♑ 50 58	28 41	28 20	22 33	24 24	7 30	6 59	2 50	29 17	10 13	7 33
5	22 52 12	11 23 1	7♑ 58 33	14 10 36	28 38	28 17	23 49	23 56	8 8	7 11	2 58	29 15	10 15	7 33
6	22 56 8	12 21 11	20 27 36	26 49 57	28 35	28 12	25 11	23 25	8 46	7 23	3 5	29 12	10 17	7 34
7	23 0 5	13 19 23	3♒ 17 57	9♒ 51 48	28 31	28 5	26 37	22 54	9 24	7 35	3 13	29 10	10 19	7 35
8	23 4 2	14 17 37	16 31 31	23 17 4	28 28	27 55	28 9	22 20	10 2	7 47	3 20	29 8	10 21	7 36
9	23 7 58	15 15 52	0♓ 8 11	7♓ 4 33	28 25	27 44	29 45	21 46	10 40	7 58	3 28	29 5	10 23	7 36
10	23 11 55	16 14 8	14 5 39	21 10 54	28 22	27 32	1♍ 24	21 11	11 18	8 10	3 36	29 3	10 25	7 37
11	23 15 51	17 12 27	28 19 35	5♈ 30 58	28 19	27 22	3 7	20 34	11 56	8 22	3 43	29 1	10 26	7 38
12	23 19 48	18 10 47	12♈ 44 17	19 58 43	28 16	27 14	4 52	19 58	12 33	8 34	3 50	28 59	10 28	7 38
13	23 23 44	19 9 10	27 13 34	4♉ 28 8	28 12	27 8	6 40	19 20	13 11	8 45	3 58	28 57	10 30	7 39
14	23 27 41	20 7 34	11♉ 41 49	18 54 7	28 9	27 5	8 29	18 43	13 49	8 57	4 5	28 54	10 32	7 39
15	23 31 37	21 6 1	26 4 36	3♊ 12 59	28 6	27 4D	10 19	18 6	14 26	9 8	4 13	28 52	10 34	7 40
16	23 35 34	22 4 30	10♊ 19 0	17 22 31	28 3	27 4R	12 10	17 30	15 4	9 20	4 20	28 50	10 35	7 41
17	23 39 31	23 3 1	24 23 27	1♋ 21 43	28 0	27 5	14 2	16 54	15 42	9 31	4 28	28 48	10 37	7 41
18	23 43 27	24 1 34	8♋ 17 19	15 10 13	27 57	27 4	15 55	16 19	16 19	9 42	4 35	28 46	10 39	7 42
19	23 47 24	25 0 9	22 0 25	28 47 54	27 53	27 1	17 47	15 45	16 57	9 53	4 42	28 44	10 41	7 42
20	23 51 20	25 58 47	5♌ 32 38	12♌ 14 32	27 50	26 55	19 40	15 13	17 34	10 5	4 50	28 42	10 42	7 43
21	23 55 17	26 57 27	18 53 31	25 29 32	27 47	26 48	21 32	14 41	18 12	10 16	4 57	28 40	10 44	7 43
22	23 59 13	27 56 9	2♍ 2 27	8♍ 32 10	27 44	26 38	23 24	14 12	18 49	10 27	5 4	28 38	10 46	7 43
23	0 3 10	28 54 53	14 58 36	21 21 40	27 41	26 28	25 15	13 45	19 26	10 37	5 11	28 36	10 47	7 44
24	0 7 6	29 53 39	27 41 19	3♎ 57 33	27 37	26 18	27 5	13 19	20 4	10 48	5 18	28 34	10 49	7 44
25	0 11 3	0♎ 52 27	10♎ 10 24	16 19 56	27 34	26 9	28 55	12 55	20 41	10 59	5 26	28 32	10 51	7 44
26	0 14 59	1 51 16	22 26 19	28 29 45	27 31	26 2	0♎ 44	12 34	21 18	11 9	5 33	28 30	10 52	7 45
27	0 18 56	2 50 8	4♏ 30 29	10♏ 28 50	27 28	25 57	2 32	12 15	21 55	11 20	5 40	28 28	10 54	7 45
28	0 22 53	3 49 2	16 25 12	22 20 0	27 25	25 55D	4 20	11 58	22 32	11 30	5 47	28 26	10 55	7 45
29	0 26 49	4 47 58	28 13 43	4♐ 6 55	27 22	25 54	6 6	11 44	23 9	11 41	5 54	28 24	10 57	7 46
30	0 30 46	5♎ 46 55	10♐ 0 8	15♐ 53 59	27♏ 18	25♏ 55	7♎ 52	11♍ 32	23♌ 46	11♌ 51	6♍ 1	28♒ 23	10♌ 58	7♋ 46

DECLINATION and LATITUDE

DAY	☉ DECL	☽ DECL	☽ LAT	☽ 12hr DECL	☿ DECL	☿ LAT	♀ DECL	♀ LAT	♂ DECL	♂ LAT	♃ DECL	♃ LAT	♄ DECL	♄ LAT
1	8N45	18S30	0S43	19S29	14N40	0S21	5S24	7S46	19N54	1N 3	19N 5	0N24	11N55	1N25
2	8 24	20 15	0N19	20 48	14 37	0 6	5 23	7 55	19 45	1 4	19 2	0 24	11 53	1 25
3	8 2	21 7	1 21	21 12	14 31	0N 9	5 21	8 3	19 36	1 4	18 59	0 25	11 50	1 25
4	7 40	21 3	2 20	20 38	14 22	0 23	5 17	8 11	19 27	1 5	18 56	0 25	11 47	1 25
5	7 18	19 59	3 14	19 5	14 9	0 36	5 12	8 18	19 17	1 5	18 53	0 25	11 45	1 25
6	6 56	17 56	3 60	16 34	13 53	0 47	5 6	8 24	19 8	1 6	18 50	0 25	11 42	1 25
7	6 33	14 58	4 35	13 10	13 33	0 58	4 58	8 29	18 58	1 6	18 47	0 25	11 39	1 25
8	6 11	11 11	4 56	9 1	13 11	1 8	4 50	8 34	18 49	1 7	18 44	0 25	11 37	1 25
9	5 49	6 43	5 2	4 18	12 46	1 17	4 40	8 37	18 39	1 7	18 41	0 25	11 34	1 25
10	5 26	1 48	4 50	0N45	12 17	1 24	4 28	8 40	18 29	1 8	18 39	0 26	11 31	1 25
11	5 3	3N18	4 20	5 50	11 47	1 31	4 16	8 42	18 19	1 8	18 36	0 26	11 29	1 26
12	4 41	8 18	3 33	10 39	11 13	1 36	4 3	8 43	18 8	1 8	18 33	0 26	11 26	1 26
13	4 18	12 51	2 32	14 51	10 38	1 41	3 48	8 43	17 58	1 9	18 30	0 26	11 23	1 26
14	3 55	16 38	1 21	18 9	10 0	1 44	3 33	8 42	17 48	1 9	18 27	0 26	11 21	1 26
15	3 32	19 22	0 5	20 16	9 21	1 47	3 17	8 40	17 37	1 10	18 24	0 26	11 18	1 26
16	3 9	20 51	1S10	21 5	8 40	1 48	3 0	8 38	17 27	1 10	18 21	0 26	11 16	1 26
17	2 46	20 60	2 20	20 34	7 58	1 49	2 43	8 34	17 16	1 11	18 18	0 26	11 13	1 26
18	2 22	19 50	3 21	18 49	7 14	1 49	2 26	8 29	17 5	1 11	18 15	0 27	11 10	1 26
19	1 59	17 32	4 10	16 1	6 30	1 49	2 8	8 24	16 54	1 12	18 12	0 27	11 8	1 26
20	1 36	14 18	4 44	12 25	5 45	1 48	1 49	8 18	16 43	1 12	18 10	0 27	11 5	1 27
21	1 13	10 23	5 2	8 15	4 59	1 46	1 31	8 11	16 32	1 13	18 7	0 27	11 3	1 27
22	0 49	6 2	5 3	3 46	4 13	1 43	1 13	8 3	16 21	1 13	18 4	0 27	11 0	1 27
23	0 26	1 28	4 49	0S49	3 26	1 41	0 55	7 54	16 10	1 13	18 1	0 27	10 58	1 27
24	0 3	3S 4	4 21	5 16	2 39	1 37	0 36	7 45	15 58	1 14	17 58	0 27	10 55	1 27
25	0S21	7 24	3 40	9 26	1 51	1 33	0 19	7 36	15 47	1 14	17 56	0 28	10 53	1 27
26	0 44	11 22	2 50	13 9	1 4	1 29	0 1	7 26	15 35	1 15	17 53	0 28	10 50	1 27
27	1 8	14 48	1 53	16 16	0 17	1 25	0N16	7 15	15 24	1 15	17 50	0 28	10 48	1 27
28	1 31	17 34	0 51	18 40	0S30	1 20	0 32	7 4	15 12	1 16	17 47	0 28	10 45	1 28
29	1 54	19 34	0N13	20 15	1 17	1 14	0 48	6 53	15 0	1 16	17 45	0 28	10 43	1 28
30	2S18	20S43	1N16	20S57	2S 4	1N 9	1N 3	6S41	14N48	1N17	17N42	0N28	10N40	1N28

DAY	♅ DECL	♅ LAT	♆ DECL	♆ LAT	♇ DECL	♇ LAT
1	12S26	0S47	17N40	0S 3	19N21	3S53
5	12 29	0 47	17 38	0 3	19 21	3 53
9	12 32	0 47	17 36	0 3	19 21	3 53
13	12 35	0 47	17 34	0 3	19 21	3 54
17	12 38	0 47	17 32	0 3	19 20	3 54
21	12 41	0 47	17 30	0 3	19 20	3 54
25	12 44	0 47	17 29	0 3	19 20	3 54
29	12S46	0S47	17N27	0S 3	19N20	3S54

☽ PHENOMENA

d	h	m	
2	14	22	☽
10	3	54	○
16	21	32	☾
24	4	34	●

d	h	° '
3	10	21S13
10	8	0
16	15	21N 6
23	8	0
30	18	20S58

d	h	° '
1	17	0
8	20	5N 2
15	2	0
21	14	5S 5
28	19	0

VOID OF COURSE ☽

LAST ASPT		☽ INGRESS		
1	6pm41	1	♐	7pm58
4	6am55	4	♑	8am21
6	5am23	6	♒	5pm54
8	11pm14	8	♓	11pm46
10	11am30	11	♈	2am48
13	2am50	13	♉	4am36
15	4am40	15	♊	6am35
17	7am34	17	♋	9am39
19	5am41	19	♌	2pm 8
21	5pm45	21	♍	8pm15
23	10pm40	24	♎	4am25
26	11am59	26	♏	3pm 0
29	0am22	29	♐	3am37

d	h	
1	10	APOGEE
13	8	PERIGEE
29	5	APOGEE

DAILY ASPECTARIAN

1 M	☽⚼♇	4am43
	☽#♃	6 43
	☽#♇	10 21
	☽⚹♀	10 44
	☽#♂	4pm36
	☽□♅	6 41
2 T	☽□♄	1am14
	♀∠♆	5 35
	☽△♂	9 7
	☽△♃	9 29
	☽⚻♇	11 16
	☉□☽	2pm22
	☽△♆	4 37
	♂☌♃	6 55
3 W	☽⚼♃	4pm16
	☽△☿	4 50
	☽⚼♂	5 5
	☉⚺♆	6 54
	☽□♀	9 20
	☽⚼♆	10 51
	☿∠♇	11 47
4 Th	♂⚺♇	1am46
	☽⚹♅	6 55
	☽△♄	2pm 5
	♂∥♇	2 41
	☽⚻♃	10 25
	☽☍♇	11 11
5 F	☽⚻♂	0am19
	☿⚺♀	1 26
	☽⚼☿	1 50
	☽⚻♆	4 26
	☉△☽	7 10
	☽#♇	8 43
	☽#♂	10 18
	☽∠♅	12pm 5
	☽#♃	2 33
	♀∠♂	4 47
	☽⚼♄	7 27
6 S	☽#♆	2am56
	☽△♀	5 23
	☽⚻☿	10 1
	☉⚼☽	2pm 2
	☽⚺♅	4 22
	☽⚻♄	11 51
7 Su	♃⚺♇	0am38
	☽⚻♇	7 51
	☽☍♃	7 58
	☽⚼♀	8 5
	♀∠♃	10 10
	☽#☿	10 30
	☽☍♂	11 43
	☽☍♆	12pm51
	☽∥♅	4 2
	☉⚻☽	7 41
	☽#♄	9 26
8 M	☽⚻♀	9am55
	☽⚼♇	10 47
	♂☌♆	12pm31
	☿☍♅	2 28
	♂∥♃	2 30
	☽☌♅	10 11
	☽☍☿	11 14
9 T	☿ ♍	3am43
	☉#☽	4 56
	☽☍♄	5 50
	☽∥♀	10 38
	☿#♅	11 32
	☽△♇	12pm55
	☽⚻♃	1 44
	☽⚻♆	5 42
	☽⚻♂	7 0
10 W	☉☍☽	3am54
	☽☍♀	11 30
	☽⚼♃	3pm34
	☽⚼♆	7 9
	☽⚼♂	9 33
11 Th	☽⚺♅	1am 9
	☽#♀	4 20
	☉∥☽	7 41
	☿☌♄	8 56
	☽⚻♄	9 5
	☽⚻☿	9 6
	☿∥♄	2pm12
	☽□♇	3 31
	☽△♃	4 58
	☽△♆	8 14
	☽△♂	11 41
12 F	☽∠♅	2am 3
	☉⚻☽	9 40
	☽⚼♄	10 12
	☽⚻♀	11 29
	☽∥☿	1pm18
	☽⚼☿	1 29
	☽∥♄	4 1
	☽#♅	10 30
13 S	☉☌♀	2am50
	☽⚹♅	2 50
	☽△♄	11 16
	☽⚼♀	11 18
	☉⚼☽	12pm18
	☿⚹♇	1 10
	☽⚹♇	5 17
	☽△☿	5 53
	☽□♃	7 22
	☽□♆	10 4
14 Su	☽□♂	3am41
	☿⚺♃	6 52
	☽∥♆	7 4
	☽∥♂	8 30
	☽△♀	11 13
	☽∥♃	2pm27
	☉△☽	3 4
	☽∠♇	6 17
	☽∥♇	11 41
15 M	☿⚺♆	3am13
	☽□♅	4 40
	♂∥♆	9 48
	☽□♄	1pm48
	☽⚺♇	7 32
	☽⚹♃	10 18
16 T	☽⚹♆	0am28
	☽□☿	3 38
	☽⚹♂	8 27
	☽□♀	11 42
	☉□☽	9pm32
17 W	☽∠♃	0am13
	☽∠♆	2 7
	☽△♅	7 34
	☉#♀	10 28
	☽∠♂	11 22
	☽⚹♄	5pm31
	☽☌♇	10 58
	♀⚺♂	11 55
18 Th	☽⚺♃	2am30
	☿☌♀	3 56
	☽⚺♆	4 7
	☽∥♇	6 18
	☿⚺♂	7 48
	☽⚼♅	9 31
	☽⚹♀	1pm27
	☽⚺♂	2 41
	☽⚹☿	3 25
	☽∥♃	5 53
	☽∠♄	7 55
	☉∠♃	8 38
19 F	☽∥♆	0am 8
	☽∥♂	5 34
	☉⚹☽	5 41
	☽⚻♅	11 51
	☽∠♀	2pm52
	☉∠♆	5 5
	☽∠☿	10 10
	☽⚺♄	10 42
20 S	☽⚺♇	3am52
	☽☌♃	8 13
	☽☌♆	9 16
	☽#♅	10 23
	☉∠☽	10 30
	☽⚺♀	4pm41
	☽∥♄	8 7
	☽☌♂	10 40
21 Su	☽⚺☿	5am34
	☽∠♇	6 57
	☉⚺☽	3pm52
	☽☍♅	5 45
22 M	☽☌♄	5am38
	☽⚹♇	10 30
	☽∥☿	11 38
	☽⚺♃	3pm46
	☽⚺♆	4 10
	☉⚻♅	4 24
	☽☌♀	9 46
23 T	☽#♀	3am10
	☿∠♃	5 27
	☉∥☽	5 58
	☿∠♆	7 10
	☽⚺♂	8 48
	☉#☽	9 13
	☽∥♀	11 44
	☽∠♃	8pm22
	☽∠♆	8 26
	☽#☿	10 4
	☽☌☿	10 40
24 W	☽⚻♅	1am40
	♃☌♆	2 1
	☉ ♎	2 36
	☉☌☽	4 34
	☽⚺♄	2pm44
	☽∠♂	2 51
	☿⚻♅	6 59
	☽□♇	7 17
	☉∥♀	10 44
25 Th	☽⚹♆	1am18
	☽⚹♃	1 35
	☽⚺♀	5 11
	☽⚼♅	6 31
	☿ ♎	2pm16
	☽∠♄	8 14
	☽#♄	8 39
	☽⚹♂	9 38
26 F	☉#☿	6am47
	☽∥♅	9 8
	☽∠♀	9 53
	☽△♅	11 59
	☽⚺☿	7pm22
	☉⚺☽	8 21
27 S	☿∥♀	0am29
	☽⚹♄	2 20
	☽#♂	4 25
	☽△♇	6 31
	☉☌☿	8 42
	☽□♆	12pm52
	☽□♃	1 55
	☽⚹♀	3 12
	☽#♆	10 54
28 Su	☿#♀	1am33
	☽#♃	2 11
	☉∠☽	5 18
	☽∠☿	6 57
	♂∠♇	8 30
	☽⚼♇	12pm52
	☽□♂	1 6
	☽#♇	8 28
	☿⚺♄	8 57
29 M	☽□♅	0am22
	♀⚺♃	3 6
	☉⚹☽	2pm37
	☽□♄	3 47
	☽⚹☿	6 54
	☽⚻♇	7 26
	☿□♇	10 33
30 T	☽△♆	1am58
	☽□♀	3 4
	☽△♃	3 49
	☉⚺♄	6 25
	☉∥☿	2pm22
	☿∠♂	7 9

OCTOBER 1919

LONGITUDE

DAY	SID. TIME	☉	☽	☽ 12 Hour	MEAN ☊	TRUE ☊	☿	♀	♂	♃	♄	♅	♆	♇
	h m s	° ' "	° ' "	° ' "	° '	° '	° '	° '	° '	° '	° '	° '	° '	° '
1	0 34 42	6♎ 45 54	21♐ 49 6	27♐ 46 9	27♏ 15	25♏ 56	9♎ 37	11♍ 22R	24♌ 23	12♌ 1	6♍ 8	28♒ 21R	10♌ 59	7♋ 46
2	0 38 39	7 44 55	3♑ 45 48	9♑ 48 42	27 12	25 57R	11 21	11 15	25 0	12 11	6 15	28 19	11 1	7 46
3	0 42 35	8 43 58	15 55 30	22 6 50	27 9	25 56	13 4	11 10	25 37	12 21	6 22	28 18	11 2	7 46
4	0 46 32	9 43 2	28 23 16	4♒ 45 21	27 6	25 55	14 46	11 8D	26 14	12 31	6 28	28 16	11 4	7 47
5	0 50 28	10 42 9	11♒ 13 31	17 48 7	27 3	25 51	16 28	11 8	26 51	12 41	6 35	28 14	11 5	7 47
6	0 54 25	11 41 17	24 29 23	1♓ 17 23	26 59	25 45	18 8	11 10	27 28	12 50	6 42	28 13	11 6	7 47
7	0 58 22	12 40 27	8♓ 12 4	15 13 13	26 56	25 39	19 48	11 15	28 4	13 0	6 48	28 11	11 8	7 47
8	1 2 18	13 39 38	22 20 24	29 33 5	26 53	25 32	21 27	11 22	28 41	13 9	6 55	28 10	11 9	7 47
9	1 6 15	14 38 52	6♈ 50 31	14♈ 11 53	26 50	25 26	23 5	11 31	29 18	13 18	7 2	28 9	11 10	7 47R
10	1 10 11	15 38 8	21 36 11	29 2 27	26 47	25 21	24 43	11 42	29 54	13 28	7 8	28 7	11 11	7 47
11	1 14 8	16 37 25	6♉ 29 36	13♉ 56 39	26 43	25 18	26 19	11 56	0♍ 31	13 37	7 15	28 6	11 12	7 47
12	1 18 4	17 36 45	21 22 38	28 46 39	26 40	25 16D	27 55	12 12	1 7	13 46	7 21	28 4	11 13	7 47
13	1 22 1	18 36 7	6♊ 7 58	13♊ 25 57	26 37	25 16	29 31	12 29	1 43	13 54	7 28	28 3	11 15	7 47
14	1 25 57	19 35 32	20 40 4	27 49 58	26 34	25 17	1♏ 5	12 49	2 20	14 3	7 34	28 2	11 16	7 47
15	1 29 54	20 34 59	4♋ 55 23	11♋ 56 11	26 31	25 19	2 39	13 10	2 56	14 12	7 40	28 1	11 17	7 46
16	1 33 51	21 34 28	18 52 20	25 43 50	26 28	25 19R	4 12	13 34	3 32	14 20	7 46	28 0	11 18	7 46
17	1 37 47	22 33 59	2♌ 30 47	9♌ 13 19	26 24	25 19	5 45	13 59	4 9	14 29	7 53	27 59	11 19	7 46
18	1 41 44	23 33 33	15 51 36	22 25 48	26 21	25 17	7 17	14 26	4 45	14 37	7 59	27 58	11 20	7 46
19	1 45 40	24 33 9	28 56 6	5♍ 22 42	26 18	25 14	8 48	14 54	5 21	14 45	8 5	27 57	11 20	7 46
20	1 49 37	25 32 47	11♍ 45 47	18 5 31	26 15	25 10	10 19	15 24	5 57	14 53	8 11	27 56	11 21	7 45
21	1 53 33	26 32 28	24 22 4	0♎ 35 37	26 12	25 5	11 49	15 56	6 33	15 1	8 17	27 55	11 22	7 45
22	1 57 30	27 32 10	6♎ 46 18	12 54 17	26 8	25 0	13 18	16 29	7 9	15 8	8 23	27 54	11 23	7 45
23	2 1 26	28 31 55	18 59 44	25 2 50	26 5	24 56	14 47	17 3	7 45	15 16	8 28	27 53	11 24	7 45
24	2 5 23	29 31 41	1♏ 3 45	7♏ 2 42	26 2	24 53	16 15	17 39	8 21	15 23	8 34	27 52	11 25	7 44
25	2 9 20	0♏ 31 30	12 59 54	18 55 37	25 59	24 51	17 43	18 16	8 57	15 31	8 40	27 52	11 25	7 44
26	2 13 16	1 31 21	24 50 8	0♐ 43 47	25 56	24 50D	19 9	18 55	9 32	15 38	8 45	27 51	11 26	7 44
27	2 17 13	2 31 13	6♐ 36 54	12 29 53	25 53	24 51	20 36	19 34	10 8	15 45	8 51	27 50	11 27	7 43
28	2 21 9	3 31 8	18 23 10	24 17 12	25 49	24 52	22 1	20 15	10 44	15 52	8 56	27 50	11 27	7 43
29	2 25 6	4 31 4	0♑ 12 29	6♑ 9 33	25 46	24 53	23 26	20 57	11 19	15 58	9 2	27 49	11 28	7 42
30	2 29 2	5 31 2	12 8 56	18 11 14	25 43	24 55	24 50	21 40	11 55	16 5	9 7	27 49	11 28	7 42
31	2 32 59	6♏ 31 1	24♑ 17 0	0♒ 26 50	25♏ 40	24♏ 56	26♏ 13	22♍ 24	12♍ 30	16♌ 11	9♍ 12	27♒ 48	11♌ 29	7♋ 41

DECLINATION and LATITUDE

DAY	☉ DECL	☽ DECL	☽ LAT	☽ 12hr DECL	☿ DECL	☿ LAT	♀ DECL	♀ LAT	♂ DECL	♂ LAT	♃ DECL	♃ LAT	♄ DECL	♄ LAT
1	2S41	20S57	2N16	20S42	2S50	1N 3	1N18	6S29	14N37	1N17	17N39	0N29	10N38	1N28
2	3 5	20 14	3 10	19 31	3 37	0 57	1 32	6 17	14 25	1 17	17 37	0 29	10 35	1 28
3	3 28	18 34	3 58	17 24	4 22	0 51	1 45	6 5	14 13	1 18	17 34	0 29	10 33	1 28
4	3 51	16 0	4 35	14 24	5 8	0 45	1 57	5 53	14 0	1 18	17 31	0 29	10 31	1 28
5	4 14	12 37	4 60	10 38	5 53	0 39	2 9	5 40	13 48	1 19	17 29	0 29	10 28	1 29
6	4 37	8 30	5 10	6 13	6 37	0 32	2 20	5 28	13 36	1 19	17 26	0 29	10 26	1 29
7	5 1	3 49	5 2	1 20	7 21	0 26	2 29	5 15	13 24	1 20	17 24	0 30	10 23	1 29
8	5 24	1N12	4 37	3N45	8 5	0 19	2 38	5 2	13 11	1 20	17 21	0 30	10 21	1 29
9	5 47	6 17	3 53	8 45	8 48	0 12	2 47	4 50	12 59	1 21	17 19	0 30	10 19	1 29
10	6 9	11 6	2 53	13 17	9 30	0 5	2 54	4 38	12 47	1 21	17 16	0 30	10 17	1 29
11	6 32	15 16	1 41	17 0	10 12	0S 2	3 0	4 25	12 34	1 21	17 14	0 30	10 14	1 29
12	6 55	18 27	0 21	19 35	10 53	0 9	3 5	4 13	12 21	1 22	17 11	0 30	10 12	1 30
13	7 18	20 22	0S59	20 48	11 33	0 16	3 10	4 1	12 9	1 22	17 9	0 31	10 10	1 30
14	7 40	20 53	2 14	20 37	12 13	0 23	3 14	3 49	11 56	1 23	17 7	0 31	10 8	1 30
15	8 3	20 2	3 20	19 8	12 52	0 30	3 17	3 37	11 43	1 23	17 4	0 31	10 5	1 30
16	8 25	17 58	4 12	16 33	13 30	0 36	3 18	3 25	11 31	1 24	17 2	0 31	10 3	1 30
17	8 47	14 55	4 49	13 7	14 7	0 43	3 20	3 14	11 18	1 24	16 60	0 31	10 1	1 30
18	9 9	11 10	5 9	9 7	14 44	0 50	3 20	3 2	11 5	1 24	16 57	0 31	9 59	1 31
19	9 31	6 58	5 12	4 46	15 20	0 57	3 19	2 51	10 52	1 25	16 55	0 32	9 57	1 31
20	9 53	2 32	5 0	0 17	15 56	1 4	3 18	2 40	10 39	1 25	16 53	0 32	9 55	1 31
21	10 15	1S57	4 33	4S 8	16 30	1 10	3 16	2 29	10 26	1 26	16 51	0 32	9 53	1 31
22	10 36	6 16	3 54	8 20	17 3	1 17	3 13	2 18	10 13	1 26	16 49	0 32	9 51	1 31
23	10 57	10 17	3 5	12 8	17 36	1 23	3 9	2 8	10 0	1 27	16 47	0 32	9 49	1 32
24	11 19	13 50	2 7	15 23	18 8	1 29	3 5	1 58	9 47	1 27	16 45	0 32	9 47	1 32
25	11 40	16 47	1 5	17 59	18 39	1 36	2 59	1 47	9 34	1 27	16 43	0 33	9 45	1 32
26	12 1	18 59	0 0	19 47	19 9	1 41	2 54	1 38	9 21	1 28	16 41	0 33	9 43	1 32
27	12 21	20 22	1N 5	20 43	19 38	1 47	2 47	1 28	9 8	1 28	16 39	0 33	9 41	1 32
28	12 42	20 50	2 7	20 44	20 6	1 53	2 40	1 18	8 55	1 29	16 37	0 33	9 39	1 32
29	13 2	20 24	3 3	19 49	20 33	1 58	2 32	1 9	8 42	1 29	16 35	0 33	9 37	1 33
30	13 22	19 2	3 53	18 1	20 59	2 4	2 23	1 0	8 29	1 30	16 33	0 34	9 35	1 33
31	13S42	16S47	4N33	15S22	21S24	2S 9	2N14	0S51	8N15	1N30	16N32	0N34	9N34	1N33

DAY	♅ DECL	♅ LAT	♆ DECL	♆ LAT	♇ DECL	♇ LAT
1	12S47	0S47	17N26	0S 3	19N19	3S54
5	12 49	0 47	17 25	0 3	19 19	3 54
9	12 51	0 47	17 23	0 3	19 19	3 55
13	12 53	0 47	17 22	0 3	19 19	3 55
17	12 55	0 46	17 21	0 3	19 19	3 55
21	12 56	0 46	17 20	0 3	19 19	3 55
25	12 57	0 46	17 19	0 2	19 19	3 55
29	12S57	0S46	17N19	0S 2	19N19	3S55

☽ PHENOMENA				VOID OF COURSE ☽ LAST ASPT		☽ INGRESS		
d	h	m						
2	8	37	☽	1	1pm 8	1	♑	4pm29
9	13	39	○	2	5pm30	4	♒	3am 3
16	5	5	☾	6	6am35	6	♓	9am44
23	20	39	●	7	5am16	8	♈	12pm44
				10	10am30	10	♉	1pm33
				12	10am51	12	♊	1pm59
d	h	° '		14	12pm19	14	♋	3pm39
7	18	0		16	5am 5	16	♌	7pm32
13	21	20N54		18	10pm10	19	♍	1am59
20	14	0		20	7am11	21	♎	10am51
28	0	20S50		23	8pm39	23	♏	9pm53
				26	6am 7	26	♐	10am31
				28	7pm10	28	♑	11pm35
				31	4am14	31	♒	11am 8
6	2	5N10						
12	6	0			d	h		
18	17	5S13			11	5	PERIGEE	
26	0	0			26	21	APOGEE	

DAILY ASPECTARIAN

1 W	☽△♂	5am29
	☽⚼♆	8 26
	☽⚼♃	10 38
	☽*♅	1pm 8
	☿*♆	7 17
	☿⊻♀	10 39
2 Th	☉□♇	0am32
	☽△♄	4 59
	☽☍♇	7 58
	☉□☽	8 37
	☿*♃	12pm52
	☽⚼♂	1 3
	☽⊼♆	2 24
	☽#♇	2 38
	☽△♀	2 44
	☽⊼♃	4 54
	☽□☿	5 30
	☽∠♅	6 52
3 F	☿⚼♅	3am 7
	☽#♃	10 33
	☽⚼♄	10 38
	☽#♆	11 44
	☽⊼♂	7pm41
	☽⚼♀	7 42
	☽⊻♅	11 46
4 S	♀SD	11am51
	☽⊼♄	3pm20
	☽#♂	3 40
	☽⊼♇	5 38
	☽∥♅	10 38
	☉△☽	10 58
	☽☍♆	11 44
	☽⊼♀	11 49
5 Su	☽☍♃	2am42
	☉*♆	9 28
	☉⊻♀	10 42
	☽△☿	10 58
	☽#♄	1pm 4
	☽⚼♇	8 57
6 M	☉⚼☽	4am12
	☽☍♂	5 31
	☽☌♅	6 35
	☽∥☿	8 33
	☽⚼☿	5pm19
	☉∥☽	6 33
	♃∥♆	6 56
	☽☍♄	9 35
	☽△♇	11 16
7 T	♂☍♅	4am29
	☽⊼♆	5 2
	☽☍♀	5 16
	☽#♀	6 16
	☉⊼☽	8 15
	☽⊼♃	8 18
	☉*♃	9 17
	☉⚼♅	12pm15
	☽⊼☿	10 19
8 W	☉∠♂	1am21
	☽⚼♆	6 22
	☽∥♀	6 58
	☿∠♄	7 19
	☽⊻♅	9 41
	☽⚼♃	9 47
	☽⊼♂	11 1
	☉#☽	9pm23
9 Th	☽⊼♄	0am18
	☽□♇	1 32
	♇SR	4 15
	☽△♆	7 4
	☽⊼♀	7 44
	☽∠♅	10 16
	☽△♃	10 40
	☽⚼♂	12pm41
	☉☍☽	1 39
	♂#♅	2 14
	☽#☿	2 20
	☽∥♄	7 46
10 F	☽⚼♄	0am52
	♂ ♍	3 53
	☽☍☿	5 38
	☽⚼♀	8 22
	☽∥♂	8 41
	☽#♅	9 37
	☽*♅	10 30
	☽△♂	1pm57
11 S	☽△♄	1am13
	☿#♄	1 32
	☽*♇	2 4
	☽□♆	7 36
	☽△♀	8 55
	☿∠♀	10 48
	☽□♃	11 35
	☽∥♃	1pm31
	☽∥♆	2 51
	☉⊼☽	5 29
12 Su	☿△♅	2am15
	☽∠♇	2 16
	☽∥♇	8 51
	☽□♅	10 51
	☽⊼☿	11 54
	☽□♂	4pm29
	☉⚼☽	7 34
13 M	☽□♄	2am11
	☽⊻♇	2 42
	☿ ♏	7 25
	☽*♆	8 24
	☽□♀	10 40
	☽*♃	12pm55
	☽⚼☿	3 28
	☿#♂	4 25
	☉△☽	10 5
14 T	☽∠♆	9am22
	☽△♅	12pm19
	☽∠♃	2 12
	☽△☿	7 40
	☽*♂	8 29
15 W	☿∥♅	1am22
	☽*♄	4 43
	☽☌♇	4 52
	☿*♂	7 10
	☽∥♇	9 49
	☽⊻♆	10 53
	☽⚼♅	1pm50
	☽*♀	2 32
	☽⊻♃	4 4
	☽∠♂	11 24
	♄*♇	11 40
16 Th	☉□☽	5am 5
	☽∥♆	5 22
	☽∠♄	6 52
	☽∥♃	8 11
	☽⊼♅	3pm58
	☽∠♀	5 32
17 F	☽⊻♂	3am 3
	☽#☿	4 37
	☽□☿	6 31
	☉∠♄	8 21
	☽⊻♇	9 23
	☽⊻♄	9 39
	☽#♅	1pm18
	☽☌♆	3 47
	☽⊻♀	9 18
	☽☌♃	9 43
18 S	☽∥♂	0am32
	☽∥♄	7 3
	☿△♇	7 37
	☉#☽	10 49
	☿*♄	11 46
	☽∠♇	12pm37
	♀⊻♃	1 26
	☉*☽	3 14
	☽☍♅	10 10
19 Su	☽☌♂	12pm32
	☽*♇	4 28
	☽☌♄	5 12
	☽∥♀	7 50
	☽*☿	8 54
	☉∠☽	9 31
	☽⊻♆	11 14
20 M	☉#♄	1am53
	☽⊻♃	5 58
	☽☌♀	7 11
	☿□♆	4pm50
21 T	☽∠♆	3am51
	☉⊻☽	4 32
	☽∠☿	5 21
	☽⊼♅	6 49
	☽#♀	7 6
	☉#♂	8 11
	☽∠♃	10 59
	☿#♃	2pm 4
22 W	☽⊻♂	0am47
	☽□♇	1 54
	☽⊻♄	3 9
	☉△♅	8 35
	☽*♆	9 2
	☿#♆	11 56
	☽⚼♅	11 58
	☽⊻☿	2pm33
	☽*♃	4 34
	☽⊻♀	7 59
	☽#♄	9 3
	☽#♂	10 19
	♂*♇	11 43
23 Th	☉∥☽	4am43
	☽∠♂	7 49
	☿□♃	8 37
	☽∠♄	8 56
	☽∥♅	5pm35
	☽△♅	5 38
	☉☌☽	8 39
24 F	♂∥♄	1am21
	☽∠♀	3 21
	♂☌♄	10 29
	☉ ♏	11 22
	☽△♇	1pm23
	☽*♄	3 11
	☽*♂	3 24
	☽□♆	8 49
	☽#♃	11 25
25 S	☽□♃	5am 8
	☽#♆	5 12
	☽☌☿	10 52
	☽*♀	11 17
	☿*♀	4pm38
	☽⚼♇	7 43
26 Su	☽∥☿	3am 5
	☽#♇	4 33
	☽□♅	6 7
	☿#♇	8 6
	☉⊻☽	2pm53
27 M	☽⊼♇	2am15
	☽□♄	4 35
	☽□♂	7 34
	☽△♆	9 52
	☽△♃	6pm49
28 T	☉∠☽	0am18
	☽□♀	4 2
	☽⊻☿	8 24
	☿⚼♇	11 46
	☽⚼♆	4pm25
	☉∥♅	6 36
	☽*♅	7 10
	☽∥☿	9 7
29 W	☽⚼♃	1am34
	♂⊻♆	5 48
	☉*☽	9 30
	☽☍♇	3pm 6
	☽△♄	5 54
	☽∠☿	6 45
	☽#♇	8 5
	☽⊼♆	10 39
	☽△♂	11 31
30 Th	☽∠♅	1am19
	☽⊼♃	7 54
	☽#♆	7pm10
	☽△♀	8 5
	☽⚼♄	11 51
31 F	☽#♃	2am21
	☽*☿	4 14
	☽⚼♂	6 37
	☽⊻♅	6 52
	☉∥☽	10pm12

NOVEMBER 1919

LONGITUDE

DAY	SID. TIME	☉	☽	☽ 12 Hour	MEAN ☊	TRUE ☊	☿	♀	♂	♃	♄	♅	♆	♇
	h m s	° ' "	° ' "	° ' "	° '	° '	° '	° '	° '	° '	° '	° '	° '	° '
1	2 36 55	7♏ 31 2	6♒ 41 19	13♒ 0 59	25♏ 37	24♏ 56R	27♏ 35	23♍ 9	13♍ 6	16♌ 18	9♍ 18	27♒ 48R	11♌ 29	7♋ 41R
2	2 40 52	8 31 5	19 26 22	25 57 55	25 34	24 56	28 56	23 55	13 41	16 24	9 23	27 47	11 30	7 40
3	2 44 49	9 31 9	2♓ 36 1	9♓ 20 56	25 30	24 55	0♐ 16	24 42	14 16	16 30	9 28	27 47	11 30	7 40
4	2 48 45	10 31 15	16 12 51	23 11 47	25 27	24 54	1 35	25 30	14 52	16 36	9 33	27 47	11 31	7 39
5	2 52 42	11 31 22	0♈ 17 35	7♈ 29 56	25 24	24 52	2 53	26 19	15 27	16 41	9 37	27 47	11 31	7 39
6	2 56 38	12 31 31	14 48 20	22 12 7	25 21	24 51	4 10	27 9	16 2	16 47	9 42	27 47	11 31	7 38
7	3 0 35	13 31 42	29 40 27	7♉ 12 18	25 18	24 49	5 25	27 59	16 37	16 52	9 47	27 47	11 32	7 37
8	3 4 31	14 31 54	14♉ 46 36	22 22 10	25 14	24 49D	6 38	28 50	17 12	16 57	9 52	27 47D	11 32	7 37
9	3 8 28	15 32 8	29 57 46	7♊ 32 14	25 11	24 49	7 50	29 42	17 47	17 2	9 56	27 47	11 32	7 36
10	3 12 24	16 32 24	15♊ 4 24	22 33 17	25 8	24 49	8 59	0♎ 35	18 22	17 7	10 1	27 47	11 32	7 35
11	3 16 21	17 32 42	29 57 57	7♋ 17 40	25 5	24 49	10 6	1 28	18 56	17 12	10 5	27 47	11 32	7 35
12	3 20 18	18 33 2	14♋ 31 52	21 40 8	25 2	24 50	11 11	2 23	19 31	17 16	10 9	27 47	11 33	7 34
13	3 24 14	19 33 24	28 42 12	5♌ 37 59	24 59	24 50	12 13	3 17	20 6	17 20	10 13	27 47	11 33	7 33
14	3 28 11	20 33 47	12♌ 27 30	19 10 54	24 55	24 51	13 11	4 13	20 40	17 24	10 18	27 47	11 33R	7 32
15	3 32 7	21 34 13	25 48 26	2♍ 20 22	24 52	24 51R	14 6	5 9	21 15	17 28	10 22	27 48	11 33	7 32
16	3 36 4	22 34 40	8♍ 47 4	15 8 57	24 49	24 51	14 56	6 5	21 49	17 32	10 26	27 48	11 33	7 31
17	3 40 0	23 35 10	21 26 24	27 39 51	24 46	24 51D	15 42	7 3	22 24	17 36	10 29	27 49	11 33	7 30
18	3 43 57	24 35 41	3♎ 49 43	9♎ 56 24	24 43	24 51	16 23	8 0	22 58	17 39	10 33	27 49	11 33	7 29
19	3 47 53	25 36 14	16 0 18	22 1 48	24 40	24 51	16 57	8 59	23 32	17 42	10 37	27 50	11 32	7 28
20	3 51 50	26 36 48	28 1 14	3♏ 58 57	24 36	24 51	17 25	9 57	24 6	17 46	10 40	27 50	11 32	7 28
21	3 55 46	27 37 25	9♏ 55 17	15 50 30	24 33	24 51R	17 46	10 57	24 40	17 48	10 44	27 51	11 32	7 27
22	3 59 43	28 38 3	21 44 53	27 38 44	24 30	24 51	17 58R	11 56	25 14	17 51	10 47	27 52	11 32	7 26
23	4 3 40	29 38 42	3♐ 32 18	9♐ 25 51	24 27	24 51	18 2	12 56	25 48	17 54	10 51	27 52	11 32	7 25
24	4 7 36	0♐ 39 23	15 19 39	21 13 59	24 24	24 50	17 56	13 57	26 22	17 56	10 54	27 53	11 31	7 24
25	4 11 33	1 40 5	27 9 8	3♑ 5 23	24 20	24 50	17 40	14 58	26 56	17 58	10 57	27 54	11 31	7 23
26	4 15 29	2 40 48	9♑ 3 5	15 2 33	24 17	24 48	17 13	16 0	27 29	18 0	11 0	27 55	11 31	7 22
27	4 19 26	3 41 33	21 4 10	27 8 18	24 14	24 47	16 35	17 1	28 3	18 2	11 3	27 56	11 30	7 21
28	4 23 22	4 42 18	3♒ 15 23	9♒ 25 50	24 11	24 46	15 46	18 4	28 36	18 3	11 6	27 57	11 30	7 20
29	4 27 19	5 43 5	15 40 5	21 58 35	24 8	24 45	14 47	19 6	29 10	18 5	11 8	27 58	11 29	7 19
30	4 31 15	6♐ 43 53	28♒ 21 48	4♓ 50 8	24♏ 5	24♏ 44D	13♐ 40	20♎ 9	29♍ 43	18♌ 6	11♍ 11	27♒ 59	11♌ 29	7♋ 18

DECLINATION and LATITUDE

DAY	☉ DECL	☽ DECL	☽ LAT	☽ 12hr DECL	☿ DECL	☿ LAT	♀ DECL	♀ LAT	♂ DECL	♂ LAT	♃ DECL	♃ LAT	♄ DECL	♄ LAT
1	14S 2	13S45	5N 1	11S57	21S48	2S13	2N 4	0S43	8N 2	1N31	16N30	0N34	9N32	1N33
2	14 21	9 60	5 16	7 54	22 10	2 18	1 53	0 34	7 49	1 31	16 28	0 34	9 30	1 33
3	14 40	5 40	5 14	3 19	22 32	2 22	1 42	0 26	7 36	1 31	16 27	0 34	9 28	1 34
4	14 59	0 54	4 55	1N34	22 52	2 26	1 31	0 18	7 23	1 32	16 25	0 35	9 27	1 34
5	15 18	4N 4	4 19	6 33	23 11	2 30	1 19	0 10	7 9	1 32	16 24	0 35	9 25	1 34
6	15 36	8 59	3 24	11 18	23 29	2 33	1 6	0 2	6 56	1 33	16 22	0 35	9 23	1 34
7	15 54	13 28	2 15	15 26	23 46	2 36	0 53	0N 5	6 43	1 33	16 21	0 35	9 22	1 35
8	16 12	17 10	0 56	18 35	24 1	2 38	0 39	0 12	6 30	1 33	16 20	0 35	9 20	1 35
9	16 30	19 41	0S29	20 25	24 15	2 40	0 25	0 19	6 16	1 34	16 18	0 36	9 19	1 35
10	16 47	20 47	1 50	20 46	24 28	2 41	0 10	0 26	6 3	1 34	16 17	0 36	9 17	1 35
11	17 4	20 24	3 3	19 40	24 39	2 42	0S 5	0 33	5 50	1 35	16 16	0 36	9 16	1 35
12	17 21	18 38	4 3	17 19	24 48	2 42	0 21	0 39	5 37	1 35	16 15	0 36	9 14	1 36
13	17 38	15 46	4 46	14 1	24 56	2 42	0 37	0 46	5 23	1 36	16 13	0 37	9 13	1 36
14	17 54	12 6	5 11	10 3	25 3	2 40	0 53	0 52	5 10	1 36	16 12	0 37	9 12	1 36
15	18 10	7 56	5 18	5 44	25 7	2 38	1 10	0 58	4 57	1 36	16 11	0 37	9 10	1 36
16	18 25	3 30	5 9	1 16	25 10	2 36	1 27	1 3	4 44	1 37	16 10	0 37	9 9	1 37
17	18 41	0S58	4 45	3S10	25 12	2 32	1 45	1 9	4 31	1 37	16 10	0 37	9 8	1 37
18	18 56	5 19	4 8	7 23	25 11	2 27	2 2	1 14	4 17	1 38	16 9	0 38	9 7	1 37
19	19 10	9 22	3 20	11 15	25 9	2 21	2 21	1 19	4 4	1 38	16 8	0 38	9 5	1 37
20	19 24	13 1	2 24	14 38	25 5	2 14	2 39	1 24	3 51	1 39	16 7	0 38	9 4	1 37
21	19 38	16 6	1 22	17 23	24 58	2 6	2 58	1 29	3 38	1 39	16 7	0 38	9 3	1 38
22	19 52	18 29	0 17	19 23	24 50	1 56	3 17	1 34	3 25	1 39	16 6	0 38	9 2	1 38
23	20 5	20 5	0N48	20 33	24 39	1 45	3 36	1 38	3 12	1 40	16 5	0 39	9 1	1 38
24	20 18	20 48	1 51	20 48	24 26	1 32	3 56	1 42	2 59	1 40	16 5	0 39	9 0	1 38
25	20 30	20 35	2 50	20 8	24 10	1 18	4 16	1 46	2 46	1 41	16 4	0 39	8 59	1 39
26	20 42	19 27	3 42	18 33	23 52	1 2	4 36	1 50	2 33	1 41	16 4	0 39	8 58	1 39
27	20 54	17 27	4 24	16 8	23 31	0 45	4 56	1 54	2 20	1 42	16 4	0 40	8 57	1 39
28	21 5	14 39	4 55	12 59	23 8	0 27	5 16	1 58	2 7	1 42	16 3	0 40	8 56	1 39
29	21 16	11 9	5 13	9 11	22 42	0 7	5 37	2 1	1 54	1 42	16 3	0 40	8 56	1 40
30	21S27	7S 5	5N17	4S53	22S14	0N13	5S58	2N 4	1N41	1N43	16N 3	0N40	8N55	1N40

DAY	♅ DECL	♅ LAT	♆ DECL	♆ LAT	♇ DECL	♇ LAT
1	12S58	0S46	17N18	0S 2	19N19	3S55
5	12 58	0 46	17 18	0 2	19 19	3 55
9	12 58	0 46	17 18	0 2	19 19	3 55
13	12 58	0 46	17 17	0 2	19 19	3 56
17	12 57	0 45	17 18	0 2	19 19	3 56
21	12 56	0 45	17 18	0 2	19 19	3 56
25	12 55	0 45	17 18	0 2	19 19	3 56
29	12S53	0S45	17N19	0S 2	19N20	3S56

☽ PHENOMENA			
d	h	m	
1	1	43	☽
7	23	35	○
14	15	41	☾
22	15	20	●
30	16	47	☽
d	h	° '	
4	4	0	
10	6	20N49	
16	19	0	
24	7	20S50	
2	10	5N17	
8	16	0	
14	22	5S18	
22	6	0	
29	17	5N17	

VOID OF COURSE ☽ LAST ASPT	☽ INGRESS
2 3pm19	2 ♓ 7pm19
4 4pm53	4 ♈ 11pm30
6 8pm58	7 ♉ 0am31
8 11pm34	9 ♊ 0am 4
10 8pm27	11 ♋ 0am 3
12 8am43	13 ♌ 2am14
15 3am38	15 ♍ 7am41
17 4am29	17 ♎ 4pm32
19 11pm38	20 ♏ 3am59
22 3pm20	22 ♐ 4pm48
25 1am31	25 ♑ 5am46
27 2pm27	27 ♒ 5pm38
29 11pm17	30 ♓ 3am 3

d	h	
8	14	PERIGEE
23	2	APOGEE

DAILY ASPECTARIAN

1 S	☉□☽	1am43
	☽⚻♇	1 54
	☽⚼♀	2 59
	☿□♅	3 49
	☉△♇	3 54
	☽⚻♄	4 59
	☽∥♅	5 23
	☽☍♆	9 8
	☽⚻♂	12pm44
	☽☍♃	6 18
2 Su	☽#♄	2am55
	☽⚼♇	5 58
	☽⚻♀	8 47
	☽#♂	1pm 5
	☽☌♅	3 19
	☿ ♐	7 7
	☽□☿	7 21
	☉⚹♄	10 28
3 M	☽△♇	9am 1
	☽☍♄	12pm16
	☉△☽	1 16
	☽⚻♆	3 48
	☽#♀	8 52
	☽☍♂	9 33
	☉∠♀	10 8
4 T	☽⚻♃	0am40
	☽∥♀	11 15
	☽☍♀	4pm53
	☉⚼☽	5 10
	☽⚼♆	5 38
	☽⚺♅	7 46
	☉□♆	11 53
5 W	☽⚼♃	2am21
	☽△☿	4 46
	♀∠♆	5 52
	☽□♇	12pm14
	☽∥♂	2 18
	☽⚻♄	3 35
	☽△♆	6 38
	☉⚻☽	8 0
	☽∠♅	8 41
6 Th	☽⚻♂	2am 5
	☽∥♄	2 5
	☽△♃	3 14
	☽⚼☿	7 44
	☽⚼♄	4pm 7
	♀⚻♅	6 4
	☽⚹♅	8 58
	☽⚻♀	9 8
	☽#♅	9 8
7 F	☽⚼♂	3am14
	☽⚻☿	9 58
	♂⚺♃	12pm 8
	☽⚹♇	12 39
	☽△♄	4 10
	☉#☽	4 28
	☽∥♃	5 59
	☽□♆	6 52
	☽⚼♀	10 26
	☉☍☽	11 35
8 S	♅SD	0am37
	☽∥♆	1 1
	☽□♃	3 28
	☽△♂	3 59
	☉#♃	9 4
	☽∠♇	12pm23
	☿⚻♇	7 28
	☽∥♇	7 30
	☽□♅	8 33
	☽△♀	11 34
9 Su	♀ ♎	8am 5
	☽⚺♇	12pm 6
	☽☍☿	1 30
	☽□♄	3 53
	☽⚹♆	6 22
10 M	☉⚻☽	2am31
	☽⚹♃	3 17
	☽□♂	5 28
	☉□♃	2pm54
	☽∠♆	6 26
	☽△♅	8 27
	☿□♄	11 30
11 T	☽□♀	2am37
	☽∠♃	3 39
	☉⚼☽	4 31
	☽☌♇	12pm28
	☽∥♇	4 29
	☽⚹♄	4 41
	☽⚻☿	5 59
	☉#♆	6 35
	☽⚺♆	7 2
	♀∠♃	8 51
	☽⚼♅	9 5
12 W	☽⚺♃	4am36
	☉△☽	7 15
	☿△♆	8 20
	☽⚹♂	8 43
	☉#☽	10 39
	☽∥♆	12pm13
	☽∠♄	6 1
	☽∥♃	8 35
	☽⚼☿	9 14
	☽⚻♅	10 26
13 Th	☽⚹♀	8am29
	☽∠♂	11 33
	☽⚺♇	3pm21
	☽#♅	6 43
	☽⚺♄	8 9
	☽☌♆	10 23
14 F	☽△☿	1am23
	☉⚹♂	6 5
	☽☌♃	8 52
	☽∠♀	12pm58
	☽⚺♂	3 21
	☉□☽	3 41
	☽∥♄	5 1
	☽∠♇	6 3
	♆SR	9 40
15 S	☽☍♅	3am38
	☽∥♂	5pm 5
	☽⚺♀	6 34
	☽⚹♇	9 38
	☉⚼♇	10 31
16 Su	☽☌♄	3am 6
	☽⚺♆	5 11
	☽#♀	10 20
	☽□☿	12pm22
	☽⚺♃	4 37
17 M	☽☌♂	1am55
	☉⚹☽	4 29
	☽∥♀	4 32
	☽∠♆	9 50
	♀□♇	11 17
	☽⚻♅	12pm17
	☽#♂	6 32
	☽∠♃	9 42
18 T	☽□♇	7am10
	☽☌♀	8 54
	☉∠☽	12pm21
	☽⚺♄	1 17
	☽⚹♆	3 10
	☽⚼♅	5 42
	☽#♄	10 16
19 W	☽⚹☿	1am58
	☽⚹♃	3 24
	☉#♇	3pm 1
	☽⚺♂	3 46
	☽∠♄	7 16
	☉⚺☽	8 55
	☽∥♅	11 28
	☽△♅	11 38
20 Th	☽∠☿	9am 9
	♀⚺♄	6pm34
	☽△♇	7 0
	☽∠♂	11 28
21 F	☽#♃	0am 7
	☽⚹♄	1 39
	☽⚺♀	2 15
	☽□♆	3 16
	☿△♃	4 17
	☉□♅	5 23
	☽#♆	11 7
	♀⚹♆	2pm15
	☽□♃	4 3
	☽⚺☿	4 13
22 S	☽⚼♇	1am23
	♀#♂	5 46
	☽⚹♂	7 28
	☽#♇	10 58
	☽∠♀	11 32
	☽□♅	12pm27
	☉☌☽	3 20
	☿SR	9 8
	♀⚼♅	10 18
23 Su	☉∥☽	0am 2
	☽⚻♇	7 53
	☉ ♐	8 25
	☽□♄	2pm57
	☽△♆	4 16
	☽⚹♀	8 56
24 M	☿△♃	0am 5
	☽☌☿	5 12
	☽△♃	5 19
	♂∠♆	6 31
	☽⚼♆	10pm43
	☽□♂	11 32
25 T	☽⚹♅	1am31
	☉∥☽	2 4
	☉⚺☽	9 59
	☽⚼♃	11 47
	☽☍♇	8pm37
26 W	☽#♇	1am54
	☽△♄	3 55
	☽⚻♆	4 56
	☽∠♅	7 45
	☽□♀	3pm12
	☽⚺☿	3 33
	☿⚹♀	5 49
	☽⚻♃	5 56
	♂⚻♅	6 39
	☉∠☽	6 51
27 Th	☽#♆	1am23
	☽⚼♄	9 53
	☽#♃	12pm40
	☽⚺♅	1 35
	☽△♂	2 27
	☽∠☿	7 28
	♀⚹♃	11 48
28 F	☉⚹☽	3am 5
	☽⚻♇	7 56
	☽∥♅	12pm35
	☽⚻♄	3 16
	☽☍♆	3 59
	☽⚼♂	8 59
	☽⚹☿	10 27
29 S	☽☍♃	4am36
	☽△♀	7 9
	☽⚼♇	12pm38
	☽#♄	1 33
	☽☌♅	11 17
30 Su	☽⚻♂	2am38
	☽∥♀	5 47
	♂ ♎	12pm11
	☉⚻♇	1 14
	☽⚼♀	1 42
	☽△♇	4 30
	☉□☽	4 47
	☽☍♄	11 41

DECEMBER 1919

LONGITUDE

DAY	SID. TIME	☉	☽	☽ 12 Hour	MEAN ☊	TRUE ☊	☿	♀	♂	♃	♄	♅	♆	♇
	h m s	° ′ ″	° ′ ″	° ′ ″	° ′	° ′	° ′	° ′	° ′	° ′	° ′	° ′	° ′	° ′
1	4 35 12	7♐ 44 41	11♓ 24 1	18♓ 3 48	24♏ 1	24♏ 44	12♐ 25R	21♎ 13	0♎ 16	18♌ 7	11♍ 13	28♒ 0	11♌ 28R	7♋ 17R
2	4 39 9	8 45 31	24 49 47	1♈ 42 11	23 58	24 45	11 5	22 16	0 49	18 7	11 16	28 1	11 28	7 16
3	4 43 5	9 46 21	8♈ 41 6	15 46 33	23 55	24 46	9 42	23 20	1 22	18 8	11 18	28 2	11 27	7 15
4	4 47 2	10 47 12	22 58 20	0♉ 16 9	23 52	24 47	8 20	24 24	1 55	18 8	11 20	28 4	11 27	7 14
5	4 50 58	11 48 4	7♉ 39 29	15 7 40	23 49	24 48	7 1	25 29	2 28	18 9R	11 22	28 5	11 26	7 13
6	4 54 55	12 48 57	22 39 49	0♊ 14 57	23 46	24 48R	5 47	26 34	3 1	18 9	11 24	28 6	11 25	7 12
7	4 58 51	13 49 51	7♊ 51 55	15 29 28	23 42	24 48	4 41	27 39	3 34	18 8	11 26	28 8	11 25	7 10
8	5 2 48	14 50 46	23 6 20	0♋ 41 16	23 39	24 47	3 45	28 45	4 6	18 8	11 28	28 9	11 24	7 9
9	5 6 45	15 51 42	8♋ 13 1	15 40 31	23 36	24 44	2 59	29 50	4 38	18 7	11 29	28 11	11 23	7 8
10	5 10 41	16 52 39	23 2 48	0♌ 19 4	23 33	24 41	2 24	0♏ 56	5 11	18 6	11 31	28 12	11 22	7 7
11	5 14 38	17 53 37	7♌ 28 45	14 31 28	23 30	24 38	2 1	2 3	5 43	18 5	11 32	28 14	11 21	7 6
12	5 18 34	18 54 36	21 26 59	28 15 17	23 26	24 35	1 49D	3 9	6 15	18 4	11 34	28 16	11 21	7 5
13	5 22 31	19 55 36	4♍ 56 31	11♍ 30 57	23 23	24 33	1 47	4 16	6 47	18 3	11 35	28 17	11 20	7 4
14	5 26 27	20 56 38	17 58 57	24 20 59	23 20	24 33D	1 55	5 23	7 19	18 1	11 36	28 19	11 19	7 3
15	5 30 24	21 57 40	0♎ 37 35	6♎ 49 17	23 17	24 33	2 13	6 30	7 51	17 59	11 37	28 21	11 18	7 1
16	5 34 20	22 58 43	12 56 42	19 0 25	23 14	24 34	2 39	7 38	8 22	17 58	11 38	28 23	11 17	7 0
17	5 38 17	23 59 47	25 1 2	0♏ 59 7	23 11	24 36	3 12	8 45	8 54	17 55	11 39	28 25	11 16	6 59
18	5 42 14	25 0 52	6♏ 55 13	12 49 52	23 7	24 38	3 52	9 53	9 25	17 53	11 39	28 27	11 15	6 58
19	5 46 10	26 1 58	18 43 33	24 36 43	23 4	24 39R	4 38	11 1	9 57	17 50	11 40	28 29	11 14	6 57
20	5 50 7	27 3 5	0♐ 29 47	6♐ 23 7	23 1	24 39	5 29	12 10	10 28	17 48	11 40	28 31	11 13	6 55
21	5 54 3	28 4 12	12 17 4	18 11 55	22 58	24 37	6 24	13 18	10 59	17 45	11 41	28 33	11 11	6 54
22	5 58 0	29 5 20	24 7 56	0♑ 5 22	22 55	24 34	7 24	14 27	11 30	17 42	11 41	28 35	11 10	6 53
23	6 1 56	0♑ 6 29	6♑ 4 25	12 5 16	22 52	24 28	8 28	15 36	12 0	17 38	11 41R	28 37	11 9	6 52
24	6 5 53	1 7 38	18 8 7	24 13 6	22 48	24 22	9 34	16 45	12 31	17 35	11 41	28 39	11 8	6 51
25	6 9 49	2 8 47	0♒ 20 24	6♒ 30 12	22 45	24 14	10 43	17 54	13 1	17 31	11 41	28 41	11 7	6 49
26	6 13 46	3 9 56	12 42 39	18 57 58	22 42	24 7	11 55	19 3	13 32	17 27	11 40	28 44	11 6	6 48
27	6 17 43	4 11 5	25 16 22	1♓ 38 4	22 39	24 1	13 9	20 12	14 2	17 23	11 40	28 46	11 4	6 47
28	6 21 39	5 12 15	8♓ 3 19	14 32 24	22 36	23 56	14 25	21 22	14 32	17 19	11 40	28 48	11 3	6 46
29	6 25 36	6 13 25	21 5 34	27 43 7	22 32	23 53	15 42	22 32	15 2	17 14	11 39	28 51	11 2	6 44
30	6 29 32	7 14 34	4♈ 25 18	11♈ 12 23	22 29	23 52D	17 1	23 41	15 31	17 10	11 38	28 53	11 0	6 43
31	6 33 29	8♑ 15 43	18♈ 4 34	25♈ 1 59	22♏ 26	23♏ 52	18♐ 21	24♏ 51	16♎ 1	17♌ 5	11♍ 38	28♒ 56	10♌ 59	6♋ 42

DECLINATION and LATITUDE

DAY	☉	☽		☽ 12hr	☿		♀		♂		♃		♄	
	DECL	DECL	LAT	DECL	DECL	LAT	DECL	LAT	DECL	LAT	DECL	LAT	DECL	LAT
1	21S37	2S36	5N 4	0S15	21S44	0N33	6S18	2N 7	1N28	1N43	16N 3	0N41	8N54	1N40
2	21 46	2N 9	4 35	4N34	21 14	0 54	6 39	2 10	1 15	1 44	16 3	0 41	8 54	1 40
3	21 56	6 57	3 49	9 17	20 42	1 13	7 0	2 13	1 3	1 44	16 3	0 41	8 53	1 41
4	22 4	11 32	2 48	13 38	20 12	1 32	7 22	2 16	0 50	1 45	16 3	0 41	8 52	1 41
5	22 13	15 33	1 34	17 14	19 42	1 49	7 43	2 18	0 37	1 45	16 3	0 41	8 52	1 41
6	22 21	18 38	0 12	19 43	19 15	2 4	8 4	2 20	0 25	1 45	16 4	0 42	8 51	1 41
7	22 28	20 27	1S12	20 48	18 50	2 17	8 25	2 23	0 12	1 46	16 4	0 42	8 51	1 42
8	22 35	20 46	2 30	20 21	18 30	2 27	8 47	2 25	0S 0	1 46	16 4	0 42	8 50	1 42
9	22 42	19 35	3 37	18 28	18 13	2 36	9 8	2 26	0 13	1 47	16 5	0 42	8 50	1 42
10	22 48	17 4	4 29	15 25	18 0	2 42	9 29	2 28	0 25	1 47	16 5	0 43	8 50	1 42
11	22 54	13 33	5 1	11 32	17 52	2 46	9 51	2 30	0 38	1 48	16 6	0 43	8 49	1 43
12	22 59	9 23	5 15	7 10	17 47	2 48	10 12	2 31	0 50	1 48	16 6	0 43	8 49	1 43
13	23 4	4 53	5 10	2 36	17 46	2 49	10 33	2 32	1 2	1 48	16 7	0 43	8 49	1 43
14	23 8	0 19	4 49	1S57	17 49	2 48	10 55	2 33	1 14	1 49	16 8	0 44	8 49	1 43
15	23 12	4S 9	4 15	6 17	17 55	2 45	11 16	2 34	1 26	1 49	16 8	0 44	8 48	1 44
16	23 16	8 20	3 30	10 17	18 3	2 42	11 37	2 35	1 38	1 50	16 9	0 44	8 48	1 44
17	23 19	12 6	2 36	13 48	18 14	2 37	11 58	2 36	1 50	1 50	16 10	0 44	8 48	1 44
18	23 21	15 20	1 36	16 43	18 26	2 32	12 19	2 36	2 2	1 51	16 11	0 44	8 48	1 44
19	23 23	17 55	0 33	18 56	18 40	2 26	12 39	2 37	2 14	1 51	16 12	0 45	8 48	1 45
20	23 25	19 45	0N32	20 20	18 56	2 20	12 60	2 37	2 26	1 51	16 13	0 45	8 48	1 45
21	23 26	20 42	1 35	20 51	19 12	2 13	13 20	2 37	2 38	1 52	16 14	0 45	8 49	1 45
22	23 27	20 45	2 34	20 25	19 29	2 6	13 40	2 38	2 50	1 52	16 15	0 45	8 49	1 46
23	23 27	19 52	3 27	19 5	19 47	1 58	14 0	2 37	3 1	1 53	16 17	0 46	8 49	1 46
24	23 27	18 5	4 11	16 52	20 4	1 51	14 20	2 37	3 13	1 53	16 18	0 46	8 49	1 46
25	23 26	15 28	4 44	13 53	20 22	1 43	14 40	2 37	3 24	1 54	16 19	0 46	8 49	1 46
26	23 25	12 8	5 4	10 15	20 40	1 35	14 59	2 37	3 35	1 54	16 21	0 46	8 50	1 47
27	23 23	8 14	5 10	6 6	20 58	1 26	15 18	2 36	3 47	1 54	16 22	0 46	8 50	1 47
28	23 21	3 54	5 1	1 37	21 15	1 18	15 37	2 35	3 58	1 55	16 24	0 47	8 51	1 47
29	23 18	0N42	4 36	3N 2	21 31	1 10	15 55	2 35	4 9	1 55	16 25	0 47	8 51	1 47
30	23 15	5 22	3 56	7 40	21 48	1 2	16 13	2 34	4 20	1 56	16 27	0 47	8 52	1 48
31	23S12	9N54	3N 2	12N 1	22S 3	0N53	16S31	2N33	4S31	1N56	16N28	0N47	8N52	1N48

DAY	♅		♆		♇	
	DECL	LAT	DECL	LAT	DECL	LAT
1	12S53	0S45	17N19	0S 2	19N20	3S56
5	12 51	0 45	17 20	0 2	19 20	3 56
9	12 48	0 45	17 20	0 2	19 20	3 55
13	12 46	0 44	17 21	0 2	19 21	3 55
17	12 43	0 44	17 22	0 2	19 21	3 55
21	12 41	0 44	17 24	0 2	19 21	3 55
25	12 37	0 44	17 25	0 2	19 22	3 55
29	12S34	0S44	17N26	0S 2	19N22	3S55

☽ PHENOMENA			
d	h	m	
7	10	3	○
14	6	2	☾
22	10	55	●
30	5	25	☽
d	h	° ′	
1	13	0	
7	17	20N50	
14	2	0	
21	13	20S51	
28	20	0	
6	3	0	
12	6	5S15	
19	12	0	
26	22	5N10	

VOID OF COURSE ☽ LAST ASPT		☽ INGRESS		
1	1am40	2	♈	9am 3
4	8am24	4	♉	11am33
6	8am38	6	♊	11am36
8	9am37	8	♋	10am55
9	5am16	10	♌	11am28
12	12pm 2	12	♍	3pm 7
14	6am 2	14	♎	10pm48
17	6am50	17	♏	10am 1
19	7pm56	19	♐	10pm59
22	10am55	22	♑	11am49
23	8pm57	24	♒	11pm20
27	6am37	27	♓	8am56
29	2am52	29	♈	4pm 6
31	6pm42	31	♉	8pm29

d	h	
7	3	PERIGEE
20	4	APOGEE

DAILY ASPECTARIAN

1 M	☽⚻♆	0am 8
	☽□☿	1 40
	☉∥☿	4 38
	☽#♂	6 4
	☽⚻♃	12pm 6
	☿△♆	5 11
	☽⚻♀	7 6
	☽∥♂	7 44
	☿□♄	8 54
2 T	☽⚼♆	2am52
	☽⚺♅	5 36
	☽☍♂	10 55
	☽⚼♃	2pm28
	☽□♇	9 33
	☉☌☿	11 19
3 W	☽#♀	0am19
	☽△☿	1 35
	☉△☽	2 0
	☽⚻♄	4 27
	☽△♆	4 42
	☽∠♅	7 24
	☽∥♄	9 52
	☿∠♀	1pm24
	☽△♃	3 57
4 Th	☽⚼☿	0am33
	☽☍♀	2 34
	☉⚼☽	5 0
	☽⚼♄	5 34
	☽#♅	7 26
	☽⚹♅	8 24
	☉□♄	1pm26
	☽⚻♂	3 16
	☉△♆	3 22
	☿⚻♇	8 14
	☽⚻☿	11 2
	☽⚹♇	11 17
5 F	☽∥♃	3am27
	☽△♄	5 59
	☽□♆	6 4
	☉⚻☽	7 9
	♃SR	9 36
	☽∥♆	12pm45
	☽⚼♂	4 20
	☽□♃	4 49
	☿#♇	7 11
	♀∠♄	8 15
	☽∠♇	11 15
6 S	☽#☿	5am16
	♂∠♃	5 35
	☽⚻♀	6 39
	☽∥♇	7 18
	☽□♅	8 38
	♄⚺♆	10 9
	☽△♂	4pm58
	☽☍☿	7 19
	☽⚺♇	10 55
7 Su	☽⚹♆	5am34
	☽□♄	5 38
	☽⚼♀	8 7
	☉☍☽	10 3
	♀△♅	10 46
	☽⚹♃	4pm10
	☿⚹♂	5 57
8 M	♀#♄	3am55
	☽∠♆	5 12
	☽△♅	8 0
	☽△♀	9 37
	☽∠♃	3pm53
	☽⚻☿	4 1
	☽□♂	6 5
	☽☌♇	10 17
9 T	☽∥♇	2am53
	♀ ♏	3 29
	☽⚺♆	5 5
	☽⚹♄	5 16
	☽⚼♅	7 59
	☉⚻☽	1pm13
	☽⚼☿	3 7
	☽#☿	3 38
	☽⚺♃	3 57
	☽∥♆	9 47
10 W	☽∠♄	5am43
	☽∥♃	7 17
	☽⚻♅	8 31
	☽□♀	2pm 7
	☽△☿	3 2
	☉⚼☽	3 43
	☽⚹♂	8 55
	☽⚺♇	11 22
	☿⚺♀	11 27
11 Th	☉△♃	4am35
	☽#♅	4 38
	☽☌♆	6 34
	☽⚺♄	6 54
	☽☌♃	6pm 8
	☉△☽	7 14
	☽#♀	7 50
	☽∠♂	11 38
12 F	☽∠♇	1am 6
	☽∥♄	3 7
	☽☍♅	12pm 2
	☿SD	3 32
	☽□☿	6 18
	☽⚹♀	10 40
13 S	☽⚺♂	3am29
	☽⚹♇	3 50
	☽⚺♆	11 38
	♂□♇	12pm 3
	☽☌♄	12 8
	☽#♂	7 20
14 Su	☽⚺♃	0am 4
	☽∠♀	4 56
	☉□☽	6 2
	☽∥♂	8 37
	☽∠♆	3pm43
	☽⚻♅	7 37
15 M	☽⚹☿	3am 9
	☽∠♃	4 33
	♀△♇	10 51
	☽□♇	12pm22
	☽⚺♀	12 32
	☽☌♂	2 38
	☽⚹♆	8 44
	☽⚺♄	9 25
16 T	☽⚼♅	0am52
	☽#♄	2 52
	☽∠☿	9 42
	☽⚹♃	9 53
	☉⚹☽	9pm46
	☽∥♀	10 56
17 W	☽∠♄	3am16
	☽∥♅	4 16
	♀⚺♂	5 34
	☽△♅	6 50
	☽⚺☿	5pm25
18 Th	☽△♇	0am 5
	☽⚺♂	5 18
	☽☌♀	6 40
	☉∠☽	6 52
	☽#♃	7 12
	☽□♆	8 46
	☽⚹♄	9 37
	☽#♆	6pm23
	☽□♃	10 12
19 F	☉∠♀	1am46
	♀∥♅	3 8
	♀□♆	4 15
	☉⚼♆	4 31
	☽⚼♇	6 33
	☽∥☿	9 58
	☽∠♂	1pm16
	♀⚹♄	1 35
	☉⚺☽	4 19
	☽#♇	5 51
	☽□♅	7 56
20 S	☽☌☿	11am 0
	☽⚻♇	1pm 4
	☽⚹♂	9 14
	☽△♆	9 47
	☽□♄	10 46
21 Su	☽⚺♀	2am17
	♂⚹♆	9 32
	☽△♃	11 2
	☉⚹♅	11 36
	☿⚻♇	11 55
	☿#♇	1pm22
22 M	☽⚼♆	4am 6
	♂⚺♄	8 42
	☽⚹♅	9 0
	☉☌☽	10 55
	☽∠♀	11 51
	☽⚼♃	5pm 9
	☉ ♑	9 27
23 T	☽∥☿	1am16
	☽☍♇	1 34
	☽⚺☿	5 15
	☽#♇	8 4
	♄SR	8 9
	☽⚻♆	10 7
	☽△♄	11 11
	☽□♂	12pm22
	☽∠♅	3 5
	☽⚹♀	8 57
	☽⚻♃	10 54
24 W	☽#♆	6am49
	☽∠☿	2pm 0
	♀□♃	4 32
	☽⚼♄	4 50
	☽#♃	4 54
	☽⚺♅	8 46
25 Th	☉⚺☽	3am51
	☽∥♀	5 41
	☿△♆	7 47
	☉⚼♃	8 12
	☽⚻♇	12pm36
	☿□♄	7 11
	☽∥♅	8 49
	☽☍♆	8 53
	☽⚻♄	10 0
	☽⚹☿	10 18
26 F	☽△♂	1am38
	☽☍♃	9 3
	♂⚼♅	10 14
	☉∠☽	11 24
	☽□♀	1pm23
	☽⚼♇	5 23
	☽#♄	8 28
27 S	☽☌♅	6am37
	☽⚼♂	7 24
	☉⚹☽	6pm14
	☽△♇	9 36
	☽∥♂	11 39
28 Su	☿⚹♂	3am42
	☽⚻♆	5 33
	☽☍♄	6 41
	♀⚼♇	8 2
	☽⚻♂	12pm28
	☽□☿	1 3
	☽⚻♃	5 0
29 M	☽△♀	2am52
	☽⚼♆	8 56
	☉☍♇	11 55
	☽⚺♅	2pm 4
	☽#♂	6 26
	☽⚼♃	8 0
30 T	☿△♃	2am29
	☽□♇	4 4
	☉□☽	5 25
	☽⚼♀	8 17
	☽△♆	11 38
	☽⚻♄	12pm45
	☽∠♅	4 45
	☽∥♄	6 25
	♀#♃	8 1
	☽☍♂	8 17
	☽△♃	10 17
31 W	☽△☿	0am32
	☽⚻♀	12pm46
	☽⚼♄	2 43
	☽#♅	2 59
	☽⚹♅	6 42

JANUARY 1920

LONGITUDE

DAY	SID. TIME	☉	☽	☽ 12 Hour	MEAN ☊	TRUE ☊	☿	♀	♂	♃	♄	♅	♆	♇
	h m s	° ' "	° ' "	° ' "	° '	° '	° '	° '	° '	° '	° '	° '	° '	° '
1	6 37 25	9♑ 16 52	2♉ 4 42	9♉ 12 42	22♏ 23	23♏ 53	19♐ 43	26♏ 2	16♎ 30	17♌ 0R	11♍ 37R	28♒ 58	10♌ 58R	6♋ 41R
2	6 41 22	10 18 1	16 25 48	23 43 42	22 20	23 54R	21 5	27 12	17 0	16 55	11 36	29 1	10 56	6 39
3	6 45 18	11 19 10	1♊ 5 55	8♊ 31 50	22 17	23 54	22 29	28 22	17 29	16 50	11 35	29 3	10 55	6 38
4	6 49 15	12 20 18	16 0 40	23 31 26	22 13	23 52	23 53	29 33	17 58	16 44	11 33	29 6	10 53	6 37
5	6 53 12	13 21 27	1♋ 3 6	8♋ 34 30	22 10	23 48	25 18	0♐ 43	18 26	16 39	11 32	29 8	10 52	6 36
6	6 57 8	14 22 36	16 4 25	23 31 41	22 7	23 41	26 44	1 54	18 55	16 33	11 31	29 11	10 51	6 35
7	7 1 5	15 23 44	0♌ 55 10	8♌ 13 51	22 4	23 33	28 11	3 5	19 23	16 27	11 29	29 14	10 49	6 33
8	7 5 1	16 24 51	15 26 53	22 33 33	22 1	23 24	29 38	4 16	19 51	16 21	11 27	29 16	10 48	6 32
9	7 8 58	17 26 0	29 33 24	6♍ 26 6	21 57	23 16	1♑ 6	5 27	20 19	16 15	11 26	29 19	10 46	6 31
10	7 12 54	18 27 8	13♍ 11 35	19 49 54	21 54	23 9	2 35	6 38	20 47	16 9	11 24	29 22	10 45	6 30
11	7 16 51	19 28 15	26 21 18	2♎ 46 9	21 51	23 4	4 4	7 49	21 15	16 3	11 22	29 25	10 43	6 29
12	7 20 47	20 29 23	9♎ 4 55	15 18 10	21 48	23 1	5 34	9 0	21 42	15 56	11 20	29 28	10 41	6 27
13	7 24 44	21 30 31	21 26 32	27 30 38	21 45	23 0D	7 4	10 12	22 9	15 49	11 18	29 30	10 40	6 26
14	7 28 41	22 31 39	3♏ 31 12	9♏ 28 53	21 42	23 0	8 34	11 23	22 36	15 43	11 15	29 33	10 38	6 25
15	7 32 37	23 32 47	15 24 24	21 18 24	21 38	23 1R	10 6	12 35	23 3	15 36	11 13	29 36	10 37	6 24
16	7 36 34	24 33 54	27 11 32	3♐ 4 23	21 35	23 1	11 37	13 46	23 30	15 29	11 10	29 39	10 35	6 23
17	7 40 30	25 35 1	8♐ 57 33	14 51 33	21 32	23 0	13 10	14 58	23 56	15 22	11 8	29 42	10 34	6 22
18	7 44 27	26 36 8	20 46 49	26 43 48	21 29	22 56	14 43	16 10	24 22	15 15	11 5	29 45	10 32	6 20
19	7 48 23	27 37 15	2♑ 42 50	8♑ 44 14	21 26	22 49	16 16	17 22	24 48	15 7	11 2	29 48	10 30	6 19
20	7 52 20	28 38 21	14 48 12	20 54 56	21 23	22 40	17 50	18 34	25 14	15 0	11 0	29 51	10 29	6 18
21	7 56 16	29 39 26	27 4 33	3♒ 17 7	21 19	22 29	19 24	19 46	25 39	14 52	10 57	29 54	10 27	6 17
22	8 0 13	0♒ 40 31	9♒ 32 41	15 51 14	21 16	22 16	20 59	20 58	26 4	14 45	10 54	29 58	10 25	6 16
23	8 4 10	1 41 35	22 12 44	28 37 10	21 13	22 3	22 35	22 10	26 29	14 37	10 51	0♓ 1	10 24	6 15
24	8 8 6	2 42 38	5♓ 4 28	11♓ 34 36	21 10	21 51	24 11	23 22	26 54	14 30	10 47	0 4	10 22	6 14
25	8 12 3	3 43 41	18 7 34	24 43 20	21 7	21 41	25 48	24 34	27 18	14 22	10 44	0 7	10 20	6 13
26	8 15 59	4 44 42	1♈ 21 57	8♈ 3 28	21 3	21 35	27 25	25 47	27 42	14 14	10 41	0 10	10 19	6 12
27	8 19 56	5 45 42	14 47 58	21 35 33	21 0	21 31	29 3	26 59	28 6	14 6	10 37	0 13	10 17	6 11
28	8 23 52	6 46 41	28 26 20	5♉ 20 25	20 57	21 29D	0♒ 42	28 12	28 30	13 59	10 34	0 17	10 15	6 10
29	8 27 49	7 47 39	12♉ 17 54	19 18 50	20 54	21 29R	2 21	29 24	28 53	13 51	10 30	0 20	10 14	6 8
30	8 31 45	8 48 35	26 23 12	3♊ 30 56	20 51	21 29	4 1	0♑ 37	29 16	13 43	10 27	0 23	10 12	6 7
31	8 35 42	9♒ 49 30	10♊ 41 49	17♊ 55 35	20♏ 48	21♏ 28	5♒ 42	1♑ 49	29♎ 38	13♌ 35	10♍ 23	0♓ 26	10♌ 10	6♋ 6

DECLINATION and LATITUDE

DAY	☉ DECL	☽ DECL	☽ LAT	☽ 12hr DECL	☿ DECL	☿ LAT	♀ DECL	♀ LAT	♂ DECL	♂ LAT	♃ DECL	♃ LAT	♄ DECL	♄ LAT
1	23S 7	14N 0	1N55	15N49	22S18	0N45	16S49	2N32	4S42	1N57	16N30	0N48	8N53	1N48
2	23 3	17 24	0 40	18 44	22 32	0 37	17 6	2 31	4 53	1 57	16 32	0 48	8 53	1 48
3	22 58	19 45	0S39	20 27	22 45	0 29	17 23	2 29	5 3	1 57	16 34	0 48	8 54	1 49
4	22 53	20 47	1 57	20 45	22 58	0 21	17 39	2 28	5 14	1 58	16 36	0 48	8 55	1 49
5	22 47	20 20	3 7	19 34	23 9	0 13	17 55	2 26	5 24	1 58	16 37	0 48	8 55	1 49
6	22 40	18 27	4 4	17 2	23 19	0 5	18 11	2 25	5 35	1 59	16 39	0 49	8 56	1 49
7	22 34	15 21	4 43	13 27	23 28	0S 2	18 26	2 23	5 45	1 59	16 41	0 49	8 57	1 50
8	22 26	11 22	5 4	9 10	23 37	0 10	18 41	2 21	5 55	1 60	16 43	0 49	8 58	1 50
9	22 19	6 52	5 5	4 32	23 44	0 17	18 56	2 20	6 5	2 0	16 45	0 49	8 59	1 50
10	22 11	2 10	4 48	0S11	23 50	0 24	19 10	2 18	6 15	2 0	16 47	0 49	8 60	1 50
11	22 2	2S29	4 17	4 43	23 54	0 31	19 23	2 16	6 25	2 1	16 49	0 50	9 1	1 51
12	21 53	6 52	3 33	8 55	23 58	0 38	19 36	2 14	6 35	2 1	16 52	0 50	9 2	1 51
13	21 44	10 51	2 41	12 39	24 0	0 44	19 49	2 12	6 45	2 2	16 54	0 50	9 3	1 51
14	21 34	14 18	1 43	15 48	24 1	0 51	20 1	2 9	6 55	2 2	16 56	0 50	9 4	1 51
15	21 24	17 7	0 41	18 15	24 1	0 57	20 13	2 7	7 4	2 3	16 58	0 50	9 5	1 52
16	21 13	19 11	0N22	19 54	23 59	1 3	20 24	2 5	7 13	2 3	17 0	0 51	9 6	1 52
17	21 2	20 25	1 24	20 42	23 56	1 9	20 34	2 2	7 23	2 3	17 3	0 51	9 7	1 52
18	20 51	20 46	2 23	20 35	23 52	1 14	20 45	1 60	7 32	2 4	17 5	0 51	9 8	1 52
19	20 39	20 10	3 15	19 32	23 47	1 20	20 54	1 57	7 41	2 4	17 7	0 51	9 10	1 52
20	20 27	18 40	3 59	17 34	23 40	1 25	21 3	1 55	7 50	2 5	17 10	0 51	9 11	1 53
21	20 14	16 17	4 33	14 48	23 31	1 30	21 11	1 52	7 59	2 5	17 12	0 51	9 12	1 53
22	20 1	13 8	4 55	11 19	23 22	1 34	21 19	1 49	8 7	2 6	17 14	0 52	9 14	1 53
23	19 47	9 21	5 2	7 16	23 10	1 38	21 27	1 47	8 16	2 6	17 17	0 52	9 15	1 53
24	19 34	5 5	4 54	2 50	22 58	1 42	21 33	1 44	8 24	2 6	17 19	0 52	9 16	1 54
25	19 20	0 32	4 31	1N47	22 44	1 46	21 39	1 41	8 33	2 7	17 21	0 52	9 18	1 54
26	19 5	4N 6	3 53	6 24	22 29	1 50	21 45	1 38	8 41	2 7	17 24	0 52	9 19	1 54
27	18 50	8 37	3 1	10 46	22 12	1 53	21 50	1 35	8 49	2 8	17 26	0 52	9 21	1 54
28	18 35	12 47	1 59	14 38	21 53	1 55	21 54	1 32	8 57	2 8	17 29	0 52	9 22	1 54
29	18 20	16 18	0 48	17 45	21 33	1 58	21 58	1 29	9 5	2 8	17 31	0 53	9 24	1 55
30	18 4	18 56	0S26	19 50	21 12	2 0	22 1	1 26	9 13	2 9	17 34	0 53	9 26	1 55
31	17S48	20N25	1S40	20N39	20S49	2S 2	22S 3	1N23	9S20	2N 9	17N36	0N53	9N27	1N55

DAY	♅ DECL	♅ LAT	♆ DECL	♆ LAT	♇ DECL	♇ LAT
1	12S31	0S44	17N28	0S 2	19N23	3S55
5	12 28	0 44	17 29	0 2	19 23	3 54
9	12 24	0 44	17 31	0 2	19 24	3 54
13	12 20	0 44	17 33	0 2	19 24	3 54
17	12 16	0 44	17 34	0 2	19 25	3 53
21	12 11	0 43	17 36	0 2	19 25	3 53
25	12 7	0 43	17 38	0 2	19 26	3 53
29	12S 2	0S43	17N40	0S 1	19N26	3S52

☽ PHENOMENA

d	h	m	
5	21	5	○
13	0	9	☾
21	5	27	●
28	15	38	☽

d	h	° '
4	5	20N49
10	11	0
17	21	20S46
25	3	0
31	15	20N40

d	h	° '
2	12	0
8	13	5S 7
15	16	0
23	0	5N 2
29	16	0

d	h	
4	15	PERIGEE
16	17	APOGEE

VOID OF COURSE ☽

LAST ASPT	☽ INGRESS
2 8pm40	2 ♊ 10pm13
4 8pm57	4 ♋ 10pm19
6 4am43	6 ♌ 10pm30
8 11pm35	9 ♍ 0am46
10 10am17	11 ♎ 6am48
13 4pm 3	13 ♏ 4pm57
16 5am 3	16 ♐ 5am44
18 6pm 9	18 ♑ 6pm34
21 5am27	21 ♒ 5am40
23 8am17	23 ♓ 2pm34
25 3pm54	25 ♈ 9pm32
28 0am 6	28 ♉ 2am43
29 2am38	30 ♊ 6am 6

DAILY ASPECTARIAN

1 Th	☽⚼☿	4am55
	☽⚹♇	7 45
	☉△☽	1pm 2
	☽□♆	2 54
	☽△♄	3 59
	☽∥♃	5 8
	♂⚹♃	8 47
	☽⋕♀	9 17
2 F	☽∥♆	0am31
	☽□♃	0 48
	☽⚻♂	0 58
	☽⚻☿	8 29
	☽∠♇	8 36
	☉⚻♆	2pm41
	☉⚼☽	3 39
	☽∥♇	7 11
	☽☍♀	7 11
	☽□♅	8 40
3 S	☽⚼♂	2am19
	☉△♄	5 55
	♀⋕♆	8 21
	☽⚺♇	8 56
	♀□♅	2pm31
	☽⚹♆	3 48
	☽□♄	4 52
	☉∥☿	5 15
	☉⚻☽	5 41
4 Su	☽⚹♃	1am10
	☽△♂	3 13
	♀ ♐	9 20
	☽☍☿	1pm53
	☽∠♆	3 45
	☽△♅	8 57
	☽⚻♀	11 25
5 M	☽∠♃	0am57
	☽☌♇	8 50
	☿⚼♆	9 14
	☽∥♇	2pm 7
	☽⚺♆	3 38
	☽⚹♄	4 42
	☉∠♅	7 15
	☽⚼♅	8 58
	☉☍☽	9 5
6 T	☽⚺♃	0am46
	☽⚼♀	1 26
	☽⋕♀	2 14
	☽□♂	4 43
	☽∥♆	8 19
	☽∥♃	2pm42
	☽∠♄	4 48
	☽⚻☿	7 4
	☽⚻♅	9 14
7 W	☽△♀	3am50
	☽⚺♇	9 14
	☽☌♆	4pm15
	☽⚺♄	5 21
	☿⚹♅	5 48
	☽⋕♅	6 4
	☽⚼☿	10 30
	☉⚻♃	10 46
8 Th	☽☌♃	1am31
	☉⚻☽	1 45
	☿ ♑	5 56
	☽⚹♂	7 40
	☽∠♇	10 15
	☽∥♄	1pm 2
	♀∠♂	8 2
	☽☍♅	11 35
9 F	☿⚼♃	2am17
	☽△☿	3 0
	☽⋕♂	3 52
	☉⚼☽	5 24
	☽∠♂	10 24
	☽□♀	11 14
	☽⚹♇	12pm 8
	☽⚺♆	7 38
	☽☌♄	8 48
	♀⚻♇	9 23
10 S	☽⚺♃	5am17
	☉△☽	10 17
	☽⚺♂	2pm15
	☽∠♆	10 49
11 Su	♀⋕♇	1am 3
	☽⚻♅	5 43
	☽∠♃	8 41
	☽□☿	4pm23
	☽□♇	7 0
	☽∥♂	10 20
	☽⚹♀	11 50
12 M	☽⚹♆	3am 5
	☽⚺♄	4 18
	☽⚼♅	10 24
	☽⋕♄	12pm42
	☽⚹♃	1 7
	☿☍♇	2 10
13 T	☉□☽	0am 9
	☽☌♂	1 28
	☽∠♀	8 13
	♀△♆	9 17
	☽∠♄	9 33
	☽∥♅	9 44
	☽△♅	4pm 3
	♀□♄	9 27
14 W	☉□♂	3am24
	☽△♇	5 49
	☽⚹☿	11 39
	☽□♆	2pm18
	☽⚹♄	3 32
	☽⚺♀	5 37
	☽⋕♃	10 35
15 Th	☽□♃	0am23
	☽⋕♆	4 30
	☿⚻♆	7 59
	☽⚼♇	12pm10
	☽⚺♂	4 10
	☿△♄	5 7
	☉⚹☽	6 8
	☽∠☿	10 40
16 F	☽⋕♇	3am27
	☽□♅	5 3
	☽⚻♇	6pm43
	☽∠♂	11 57
17 S	☽△♆	3am15
	☉∠☽	3 37
	☽□♄	4 24
	♀△♃	7 12
	☽⚺☿	9 50
	☉⚼♄	12pm22
	☽△♃	12 54
	☽☌♀	1 36
	☽∥♀	9 48
18 Su	☿∠♅	0am42
	☽∥♀	1 14
	☉∥♀	6 47
	☽⚹♂	7 31
	☿⚻♃	7 38
	☽⚼♆	9 34
	☉⚺☽	12pm50
	☽⚹♅	6 9
	☽⚼♃	6 52
19 M	☽☍♇	7am11
	☽⋕♇	1pm42
	☽⚻♆	3 28
	☽△♄	4 30
20 T	☽∠♅	0am 6
	☽⚻♃	0 23
	☽☌☿	6 50
	☽⚺♀	8 12
	☽⋕♆	11 45
	☽⋕♃	3pm48
	☽□♂	9 8
	☽⚼♄	9 49
21 W	☉☌☽	5am27
	☽⚺♅	5 30
	☉⚺♅	6 13
	☉ ♒	8 4
	♂∠♄	2pm54
	☽∠♀	4 25
	☽⚻♇	5 44
	☿⚺♀	10 25
22 Th	☽☍♆	1am40
	☽⚻♄	2 34
	☽∥♅	6 30
	☽☍♃	9 48
	♅ ♓	6pm30
	☽⚼♇	10 11
	☽⚹♀	11 54
23 F	☽⋕♄	0am35
	☽⚺☿	0 48
	☽∥♂	6 7
	☽△♂	8 17
	☽☌♅	2pm39
	☉⚺☽	7 14
24 S	☽△♇	2am 8
	☽∠☿	8 40
	☽⚻♆	9 45
	☽☍♄	10 31
	☽⚼♂	1pm 0
	☉⋕♇	1 37
	☽⚻♃	5 11
	☿⚼♄	11 6
25 Su	☉∠☽	1am11
	☽□♀	12pm54
	☽⚼♆	1 5
	♀⚼♆	2 53
	☽⚹☿	3 54
	☽⚻♂	5 12
	☽⚼♃	8 12
	☽⚺♅	9 50
26 M	☿□♂	5am31
	☉⚹☽	6 34
	☽□♇	8 39
	☽△♆	3pm59
	☽⚻♄	4 36
	☽△♃	10 47
27 T	☽∠♅	0am45
	☽⋕♂	1 6
	☽∥♄	4 2
	☉⚻♇	9 37
	☿ ♒	1pm49
	☿⚺♅	5 40
	☽⚼♄	7 0
	☽⋕♅	7 38
	☿∥♀	11 14
	☽△♀	11 32
28 W	☽☍♂	0am 6
	☽⚹♅	3 13
	☽□☿	4 28
	♀⚹♂	8 48
	☽⚹♇	1pm24
	♀⚼♃	2 2
	☉□☽	3 38
	☽□♆	8 27
	☽△♄	8 56
29 Th	☽□♃	2am38
	☽⚼♀	3 57
	☽∥♃	10 7
	☽∥♆	11 18
	♀ ♑	11 55
	☽∠♇	3pm 5
	☉⋕☽	3 50
	♀⚹♅	7 23
30 F	☽⚻♂	4am59
	☽∥♇	6 22
	☽□♅	6 46
	☽⚻♀	7 47
	☽△☿	2pm33
	☽⚺♇	4 21
	☉△☽	10 26
	☽⚹♆	11 7
	☽□♄	11 28
31 S	☽⚹♃	4am45
	☿⚻♇	5 48
	☽⚼♂	6 43
	☉☍♆	7 56
	☉⋕♆	9 54
	☽⋕☿	10 41
	☉⚻♄	12pm21
	☉⋕♃	3 3
	☽⚼☿	6 45
	♂ ♏	11 19
	☽∠♆	11 55

FEBRUARY 1920

LONGITUDE

DAY	SID. TIME	☉	☽	☽ 12 Hour	MEAN ☊	TRUE ☊	☿	♀	♂	♃	♄	♅	♆	♇
	h m s	° ' "	° ' "	° ' "	° '	° '	° '	° '	° '	° '	° '	° '	° '	° '
1	8 39 39	10♒ 50 24	25♊ 11 47	2♋ 29 52	20♏ 44	21♏ 24R	7♒ 23	3♑ 2	0♏ 1	13♌ 27R	10♍ 19R	0♓ 30	10♌ 9R	6♋ 5R
2	8 43 35	11 51 17	9♋ 49 8	17 8 49	20 41	21 18	9 5	4 14	0 23	13 19	10 15	0 33	10 7	6 5
3	8 47 32	12 52 9	24 28 0	1♌ 45 47	20 38	21 8	10 48	5 27	0 44	13 11	10 11	0 36	10 5	6 4
4	8 51 28	13 52 59	9♌ 1 11	16 13 18	20 35	20 57	12 31	6 40	1 6	13 3	10 7	0 40	10 3	6 3
5	8 55 25	14 53 48	23 21 17	0♍ 24 22	20 32	20 44	14 16	7 53	1 27	12 55	10 3	0 43	10 2	6 2
6	8 59 21	15 54 36	7♍ 21 56	14 13 33	20 29	20 32	16 1	9 5	1 47	12 47	9 59	0 46	10 0	6 1
7	9 3 18	16 55 23	20 58 53	27 37 50	20 25	20 21	17 46	10 18	2 8	12 39	9 55	0 50	9 58	6 0
8	9 7 14	17 56 8	4♎ 10 25	10♎ 36 48	20 22	20 13	19 33	11 31	2 28	12 31	9 51	0 53	9 57	5 59
9	9 11 11	18 56 53	16 57 17	23 12 18	20 19	20 7	21 20	12 44	2 47	12 23	9 46	0 57	9 55	5 58
10	9 15 8	19 57 37	29 22 22	5♏ 28 2	20 16	20 4	23 7	13 57	3 7	12 15	9 42	1 0	9 53	5 57
11	9 19 4	20 58 19	11♏ 29 58	17 28 49	20 13	20 3	24 56	15 10	3 25	12 7	9 38	1 3	9 52	5 56
12	9 23 1	21 59 1	23 25 18	29 20 7	20 9	20 3	26 45	16 23	3 44	12 0	9 33	1 7	9 50	5 56
13	9 26 57	22 59 41	5♐ 13 58	11♐ 7 34	20 6	20 3	28 34	17 36	4 2	11 52	9 29	1 10	9 48	5 55
14	9 30 54	24 0 20	17 1 34	22 56 37	20 3	20 1	0♓ 24	18 49	4 20	11 44	9 24	1 14	9 47	5 54
15	9 34 50	25 0 59	28 53 18	4♑ 52 10	20 0	19 57	2 15	20 2	4 37	11 37	9 20	1 17	9 45	5 53
16	9 38 47	26 1 35	10♑ 53 44	16 58 23	19 57	19 50	4 5	21 16	4 54	11 29	9 15	1 21	9 44	5 53
17	9 42 43	27 2 11	23 6 29	29 18 19	19 54	19 41	5 56	22 29	5 10	11 21	9 10	1 24	9 42	5 52
18	9 46 40	28 2 45	5♒ 34 4	11♒ 53 50	19 50	19 29	7 46	23 42	5 26	11 14	9 6	1 27	9 40	5 51
19	9 50 37	29 3 18	18 17 38	24 45 25	19 47	19 16	9 37	24 55	5 41	11 7	9 1	1 31	9 39	5 51
20	9 54 33	0♓ 3 49	1♓ 17 4	7♓ 52 22	19 44	19 2	11 26	26 8	5 56	11 0	8 56	1 34	9 37	5 50
21	9 58 30	1 4 18	14 31 6	21 13 0	19 41	18 50	13 15	27 22	6 10	10 52	8 51	1 38	9 36	5 49
22	10 2 26	2 4 46	27 57 46	4♈ 45 7	19 38	18 39	15 3	28 35	6 24	10 45	8 47	1 41	9 34	5 49
23	10 6 23	3 5 12	11♈ 34 46	18 26 28	19 35	18 32	16 49	29 48	6 38	10 38	8 42	1 45	9 33	5 48
24	10 10 19	4 5 36	25 20 1	2♉ 15 13	19 31	18 27	18 33	1♒ 2	6 51	10 32	8 37	1 48	9 31	5 47
25	10 14 16	5 5 59	9♉ 11 57	16 10 6	19 28	18 25D	20 15	2 15	7 3	10 25	8 32	1 52	9 30	5 47
26	10 18 12	6 6 19	23 9 36	0♊ 10 23	19 25	18 25	21 53	3 28	7 15	10 18	8 28	1 55	9 28	5 46
27	10 22 9	7 6 38	7♊ 12 25	14 15 36	19 22	18 25R	23 29	4 42	7 26	10 12	8 23	1 59	9 27	5 46
28	10 26 6	8 6 54	21 19 50	28 24 58	19 19	18 25	25 0	5 55	7 37	10 6	8 18	2 2	9 25	5 45
29	10 30 2	9♓ 7 8	5♋ 30 48	12♋ 37 3	19♏ 15	18♏ 22	26♓ 27	7♒ 9	7♏ 47	9♌ 59	8♍ 13	2♓ 5	9♌ 24	5♋ 45

DECLINATION and LATITUDE

DAY	☉ DECL	☽ DECL	☽ LAT	☽ 12hr DECL	☿ DECL	☿ LAT	♀ DECL	♀ LAT	♂ DECL	♂ LAT	♃ DECL	♃ LAT	♄ DECL	♄ LAT
1	17S31	20N33	2S48	20N 7	20S25	2S 3	22S 5	1N20	9S28	2N 9	17N38	0N53	9N29	1N55
2	17 15	19 20	3 46	18 13	19 59	2 4	22 6	1 17	9 35	2 10	17 41	0 53	9 30	1 55
3	16 57	16 49	4 29	15 10	19 32	2 5	22 7	1 14	9 42	2 10	17 43	0 53	9 32	1 56
4	16 40	13 17	4 54	11 13	19 3	2 5	22 6	1 11	9 49	2 11	17 46	0 53	9 34	1 56
5	16 22	9 1	5 0	6 43	18 33	2 5	22 6	1 7	9 56	2 11	17 48	0 53	9 35	1 56
6	16 4	4 21	4 48	1 58	18 1	2 4	22 4	1 4	10 3	2 11	17 50	0 54	9 37	1 56
7	15 46	0S24	4 19	2S43	17 28	2 3	22 2	1 1	10 9	2 12	17 53	0 54	9 39	1 56
8	15 28	4 59	3 37	7 9	16 53	2 1	21 60	0 58	10 16	2 12	17 55	0 54	9 41	1 56
9	15 9	9 13	2 46	11 9	16 17	1 59	21 56	0 54	10 22	2 12	17 57	0 54	9 42	1 57
10	14 50	12 56	1 47	14 33	15 39	1 56	21 52	0 51	10 28	2 13	17 60	0 54	9 44	1 57
11	14 31	16 0	0 45	17 16	14 60	1 53	21 48	0 48	10 34	2 13	18 2	0 54	9 46	1 57
12	14 11	18 21	0N18	19 13	14 19	1 49	21 42	0 45	10 40	2 13	18 4	0 54	9 48	1 57
13	13 51	19 53	1 20	20 19	13 37	1 45	21 36	0 41	10 46	2 14	18 6	0 54	9 50	1 57
14	13 32	20 32	2 18	20 31	12 54	1 40	21 30	0 38	10 52	2 14	18 9	0 54	9 51	1 57
15	13 11	20 17	3 10	19 48	12 9	1 35	21 23	0 35	10 57	2 14	18 11	0 54	9 53	1 57
16	12 51	19 6	3 55	18 11	11 23	1 29	21 15	0 32	11 3	2 15	18 13	0 54	9 55	1 58
17	12 30	17 3	4 29	15 42	10 36	1 22	21 7	0 28	11 8	2 15	18 15	0 54	9 57	1 58
18	12 9	14 10	4 52	12 27	9 48	1 14	20 57	0 25	11 13	2 15	18 17	0 54	9 59	1 58
19	11 48	10 35	5 0	8 34	8 60	1 6	20 48	0 22	11 17	2 16	18 19	0 55	10 1	1 58
20	11 27	6 27	4 54	4 13	8 10	0 58	20 38	0 19	11 22	2 16	18 21	0 55	10 3	1 58
21	11 6	1 55	4 31	0N25	7 20	0 48	20 27	0 15	11 27	2 16	18 23	0 55	10 5	1 58
22	10 44	2N46	3 54	5 5	6 29	0 38	20 15	0 12	11 31	2 16	18 25	0 55	10 6	1 58
23	10 23	7 22	3 2	9 34	5 38	0 27	20 3	0 9	11 35	2 16	18 27	0 55	10 8	1 58
24	10 1	11 39	1 59	13 35	4 47	0 16	19 51	0 6	11 39	2 17	18 29	0 55	10 10	1 58
25	9 39	15 20	0 49	16 52	3 56	0 4	19 37	0 3	11 43	2 17	18 31	0 55	10 12	1 59
26	9 17	18 10	0S25	19 11	3 5	0N 8	19 24	0S 0	11 47	2 17	18 33	0 55	10 14	1 59
27	8 54	19 55	1 38	20 19	2 16	0 21	19 9	0 3	11 50	2 17	18 34	0 55	10 16	1 59
28	8 32	20 25	2 45	20 11	1 27	0 35	18 54	0 6	11 54	2 17	18 36	0 55	10 18	1 59
29	8S 9	19N37	3S43	18N46	0S40	0N49	18S39	0S10	11S57	2N18	18N38	0N55	10N20	1N59

DAY	♅ DECL	♅ LAT	♆ DECL	♆ LAT	♇ DECL	♇ LAT
1	11S59	0S43	17N41	0S 1	19N27	3S52
5	11 54	0 43	17 43	0 1	19 28	3 51
9	11 49	0 43	17 45	0 1	19 28	3 51
13	11 44	0 43	17 47	0 1	19 29	3 51
17	11 39	0 43	17 49	0 1	19 29	3 50
21	11 34	0 43	17 50	0 1	19 30	3 49
25	11 29	0 43	17 52	0 1	19 31	3 49
29	11S24	0S43	17N54	0S 1	19N31	3S48

☽ PHENOMENA

d	h	m	
4	8	42	○
11	20	49	☾
19	21	35	●
26	23	49	☽

d	h	°	'
6	22	0	
14	5	20S33	
21	10	0	
27	21	20N25	

d	h		
4	20	5S	1
11	17	0	
19	2	5N	0
25	16	0	

VOID OF COURSE ☽

LAST ASPT		☽ INGRESS		
31	4am45	1	♋	7am54
2	0am42	3	♌	9am 6
4	8am42	5	♍	11am18
6	4am32	7	♎	4pm20
9	9am47	10	♏	1am14
12	7am58	12	♐	1pm21
14	3pm28	15	♑	2am14
16	10pm38	17	♒	1pm20
19	9pm35	19	♓	9pm39
22	1am13	22	♈	3am36
22	10pm22	24	♉	8am 6
25	9pm32	26	♊	11am42
28	6am56	28	♋	2pm41

d	h	
1	18	PERIGEE
13	12	APOGEE
28	14	PERIGEE

DAILY ASPECTARIAN

1 Su	☉⚼☽	1am 8
	♂#♄	4 56
	☽∠♃	5 18
	☽△♂	8 7
	☽△♅	8 45
	☽#☿	8 47
	☽☍♀	2pm 2
	☽☌♇	5 52
	☽∥♇	10 23
	☽⊼☿	10 38
2 M	☽⊻♆	0am29
	☽*♄	0 42
	☉⊼☽	3 35
	☽⊻♃	5 40
	☽⚼♅	9 25
	♃∥♆	12pm 7
	♂△♅	1 35
	☿☍♆	2 11
	☿⊼♄	3 45
	☽∥♃	4 40
	☽∥♆	4 43
	☉#☽	10 48
3 T	☽∠♄	1am11
	☿#♇	3 58
	☉☍♃	6 30
	☽⊼♅	10 8
	☽□♂	10 34
	♀☍♇	11 55
	☽⊻♇	7pm 5
	☽⊼♀	7 44
4 W	☽☌♆	1am43
	☽⊻♄	1 49
	☽☍☿	6 37
	☽☌♃	6 38
	☿☍♃	6 44
	☽#♅	8 2
	☉☍☽	8 42
	☽#♂	7pm10
	☽∠♇	8 5
	☽∥♄	8 55
	☽⚼♀	11 7
5 Th	☽☍♅	12pm35
	♄⊻♆	1 13
	☽*♂	2 8
	☉☌☿	8 47
	☽*♇	9 40
6 F	☽△♀	3am17
	☽☌♄	4 32
	☽⊻♆	4 35
	☿#♃	7 18
	☽⊻♃	9 22
	☿#♆	12pm29
	☉⊼☽	4 11
	♀△♄	4 43
	☽∠♂	4 58
	☽⊼☿	5 25
	♀⊼♆	5 38
7 S	☽∠♆	7am10
	☽∠♃	11 55
	☽⊼♅	5pm55
	☽⊻♂	8 46
	☉⚼☽	9 31
8 Su	☽⚼☿	0am48
	☽□♇	3 21
	☽⊻♄	10 30
	☽*♆	10 44
	☽□♀	3pm 9
	☽*♃	3 25
	♀⊼♃	5 47
	☿⚼♇	7 13
	☽⚼♅	10 4
9 M	☽#♄	3am 1
	☉△☽	4 .9
	☽∥♂	7 18
	☽△☿	9 47
	☽∠♄	2pm57
	☽∥♅	4 20
10 T	☽△♅	3am12
	☽☌♂	7 32
	☉∥☽	12pm51
	☽△♇	12 57
	☽∥☿	5 3
	☽*♄	8 17
	☽□♆	8 44
	☉⚼♇	11 17
11 W	☽□♃	1am14
	☽*♀	8 11
	☽#♆	5pm16
	♀∠♅	6 24
	☽⚼♇	6 58
	☽#♃	8 35
	☉□☽	8 49
12 Th	☽□☿	7am58
	☉∥☿	8 35
	☽□♅	3pm42
	☽#♇	4 16
	☽∠♀	6 2
	☽⊻♂	9 29
13 F	☽⊼♇	1am23
	☽□♄	8 35
	☽△♆	9 18
	☽△♃	1pm21
	☿ ♓	6 42
14 S	☽⊻♀	4am 4
	☽∠♂	4 47
	☿☌♅	11 5
	☉*☽	3pm28
	☽⚼♆	3 41
	☽⚼♃	7 27
15 Su	☽*♅	4am50
	☽*☿	7 58
	☽*♂	11 46
	☽☍♇	2pm 1
	☿∥♅	2 52
	☽#♇	5 54
	☽△♄	8 45
	☽⊼♆	9 41
16 M	☉∠☽	0am17
	☽⊼♃	1 9
	☿∥♂	9 40
	☽∠♅	10 49
	☽#♃	11 23
	☿△♂	12pm19
	☽#♆	4 11
	☽∠☿	7 0
	☽☌♀	10 38
	☿△♇	11 10
17 T	☽⚼♄	2am 3
	☉⊻☽	8 18
	☽⊻♅	4pm 6
	☿#♄	7 1
	☽□♂	11 44
18 W	☽⊼♇	0am33
	☽⊻☿	4 54
	☽⊼♄	6 40
	♀⚼♄	7 17
	☽☍♆	7 47
	☽☍♃	10 39
	☉∥☽	3pm27
	☿☍♄	4 34
	☽∥♅	5 29
	☽∥♂	7 40
19 Th	☿⊼♆	0am30
	☽#♄	3 27
	☽⚼♇	4 44
	☽∥☿	11 56
	☿∠♀	12pm17
	☽⊻♀	1 35
	☉∥♅	2 4
	♂△♇	2 23
	☿⊼♃	6 31
	☉☌☽	9 35
	☉ ♓	10 29
20 F	☽☌♅	0am32
	☉∥♂	4 45
	☽△♇	8 17
	☽△♂	8 38
	☽☍♄	1pm51
	☽⊼♆	3 8
	☽⊼♃	5 29
	☽∠♀	7 44
	☽☌☿	9 22
21 S	☽⚼♂	12pm 8
	☉☌♅	2 7
	☽⚼♆	5 59
	☽⚼♃	8 7
22 Su	☽*♀	1am13
	☽⊻♅	6 37
	☉⊻☽	7 52
	♂∥♅	9 13
	☽□♇	1pm51
	☽⊼♂	3 10
	☽#☿	4 14
	☽⊼♄	6 59
	☽△♆	8 26
	☽△♃	10 22
23 M	♀ ♒	3am47
	☽∠♅	9 5
	☽⊻☿	10 29
	☉∠☽	12pm17
	☉#♄	2 25
	☉#☽	3 15
	☽∥♄	3 19
	☽⚼♄	9 2
	☽#♅	11 9
24 T	☽#♂	0am 0
	☽□♀	10 50
	☽*♅	11 16
	♀⊻♅	3pm57
	☽∠☿	4 14
	☉*☽	4 22
	☽*♇	6 6
	☽☍♂	8 15
	☽△♄	10 52
25 W	☽□♆	0am30
	☽□♃	2 5
	♀#♇	11 37
	☉△♇	4pm 7
	☽∠♇	7 55
	☽∥♆	9 3
	☽*☿	9 32
26 Th	☽∥♃	4am10
	☿⚼♂	6 8
	☽#♀	1pm 7
	☽□♅	3 3
	☽∥♇	4 53
	☽△♀	7 19
	☽⊻♇	9 33
	☉□☽	11 49
27 F	☽⊼♂	0am24
	☽□♄	1 59
	☽*♆	3 48
	☽*♃	5 3
	☉△♂	9 39
	☿⚼♆	2pm53
	♀⊼♇	8 46
	☽⚼♀	11 14
28 S	☿⚼♃	1am25
	☽⚼♂	2 13
	☉☍♄	4 4
	☽∠♆	5 14
	☽∠♃	6 20
	☽□☿	6 56
	☽△♅	6pm11
29 Su	☽☌♇	0am24
	♀#♃	1 19
	☽∥♇	1 41
	☽⊼♀	3 1
	☽△♂	3 54
	☽*♄	4 33
	☉⊼♆	6 29
	☽⊻♆	6 33
	☉△☽	6 33
	☽⊻♃	7 30
	☽∥♃	1pm17
	♀□♂	2 37
	☽#♀	3 10
	☉⊼♃	6 54
	☽⚼♅	7 38
	♀⊼♄	7 46
	☽∥♆	9 12

MARCH 1920

LONGITUDE

DAY	SID. TIME	☉	☽	☽ 12 Hour	MEAN ☊	TRUE ☊	☿	♀	♂	♃	♄	♅	♆	♇
	h m s	° ' "	° ' "	° ' "	° '	° '	° '	° '	° '	° '	° '	° '	° '	° '
1	10 33 59	10♓ 7 21	19♋ 43 22	26♋ 49 18	19♏ 12	18♏ 17R	27♓ 48	8♒ 22	7♏ 57	9♌ 53R	8♍ 8R	2♓ 9	9♌ 22R	5♋ 44R
2	10 37 55	11 7 31	3♌ 54 23	10♌ 58 4	19 9	18 9	29 3	9 36	8 6	9 47	8 4	2 12	9 21	5 44
3	10 41 52	12 7 39	17 59 46	24 58 54	19 6	17 59	0♈ 13	10 49	8 15	9 42	7 59	2 16	9 20	5 44
4	10 45 48	13 7 45	1♍ 54 54	8♍ 47 13	19 3	17 48	1 15	12 2	8 23	9 36	7 54	2 19	9 18	5 43
5	10 49 45	14 7 50	15 35 24	22 19 2	19 0	17 37	2 10	13 16	8 30	9 30	7 49	2 23	9 17	5 43
6	10 53 41	15 7 52	28 57 50	5♎ 31 38	18 56	17 28	2 56	14 29	8 36	9 25	7 44	2 26	9 16	5 43
7	10 57 38	16 7 53	12♎ 0 19	18 23 58	18 53	17 20	3 35	15 43	8 42	9 20	7 40	2 29	9 14	5 42
8	11 1 35	17 7 51	24 42 41	0♏ 56 45	18 50	17 15	4 5	16 56	8 48	9 15	7 35	2 33	9 13	5 42
9	11 5 31	18 7 48	7♏ 6 30	13 12 20	18 47	17 12D	4 26	18 10	8 52	9 10	7 30	2 36	9 12	5 42
10	11 9 28	19 7 44	19 14 46	25 14 20	18 44	17 12	4 38R	19 24	8 56	9 5	7 26	2 39	9 11	5 41
11	11 13 24	20 7 38	1♐ 11 37	7♐ 7 17	18 40	17 12	4 41	20 37	9 0	9 1	7 21	2 43	9 9	5 41
12	11 17 21	21 7 30	13 1 58	18 56 20	18 37	17 13R	4 36	21 51	9 2	8 56	7 16	2 46	9 8	5 41
13	11 21 17	22 7 20	24 51 4	0♑ 46 50	18 34	17 13	4 22	23 4	9 4	8 52	7 12	2 49	9 7	5 41
14	11 25 14	23 7 9	6♑ 44 17	12 44 4	18 31	17 12	4 0	24 18	9 5	8 48	7 7	2 53	9 6	5 41
15	11 29 10	24 6 56	18 46 45	24 52 53	18 28	17 9	3 31	25 32	9 6R	8 44	7 3	2 56	9 5	5 40
16	11 33 7	25 6 41	1♒ 2 59	7♒ 17 25	18 25	17 4	2 55	26 45	9 6	8 41	6 58	2 59	9 4	5 40
17	11 37 4	26 6 24	13 36 34	20 0 39	18 21	16 57	2 13	27 59	9 5	8 37	6 54	3 3	9 3	5 40
18	11 41 0	27 6 6	26 29 49	3♓ 4 7	18 18	16 48	1 26	29 12	9 3	8 34	6 49	3 6	9 2	5 40
19	11 44 57	28 5 46	9♓ 43 27	16 27 41	18 15	16 39	0 36	0♓ 26	9 0	8 31	6 45	3 9	9 1	5 40
20	11 48 53	29 5 23	23 16 30	0♈ 9 34	18 12	16 31	29♓ 43	1 40	8 57	8 28	6 41	3 12	9 0	5 40D
21	11 52 50	0♈ 4 59	7♈ 6 25	14 6 33	18 9	16 24	28 49	2 53	8 53	8 25	6 37	3 15	8 59	5 40
22	11 56 46	1 4 33	21 9 26	28 14 31	18 6	16 19	27 55	4 7	8 48	8 22	6 32	3 18	8 58	5 40
23	12 0 43	2 4 4	5♉ 21 14	12♉ 29 5	18 2	16 17D	27 1	5 21	8 42	8 20	6 28	3 22	8 57	5 40
24	12 4 39	3 3 34	19 37 33	26 46 11	17 59	16 16	26 9	6 34	8 36	8 18	6 24	3 25	8 56	5 40
25	12 8 36	4 3 1	3♊ 54 38	11♊ 2 31	17 56	16 17	25 21	7 48	8 29	8 16	6 20	3 28	8 55	5 40
26	12 12 32	5 2 26	18 9 34	25 15 34	17 53	16 19	24 36	9 2	8 21	8 14	6 16	3 31	8 55	5 41
27	12 16 29	6 1 48	2♋ 20 16	9♋ 23 30	17 50	16 20R	23 55	10 15	8 12	8 12	6 12	3 34	8 54	5 41
28	12 20 26	7 1 8	16 25 7	23 24 57	17 46	16 19	23 19	11 29	8 3	8 11	6 9	3 37	8 53	5 41
29	12 24 22	8 0 27	0♌ 22 50	7♌ 18 36	17 43	16 18	22 48	12 42	7 53	8 10	6 5	3 40	8 52	5 41
30	12 28 19	8 59 42	14 12 4	21 3 3	17 40	16 14	22 23	13 56	7 42	8 9	6 1	3 43	8 52	5 41
31	12 32 15	9♈ 58 55	27♌ 51 19	4♍ 36 42	17♏ 37	16♏ 9	22♓ 4	15♓ 10	7♏ 30	8♌ 8	5♍ 58	3♓ 46	8♌ 51	5♋ 42

DECLINATION and LATITUDE

DAY	☉ DECL	☽ DECL	☽ LAT	☽ 12hr DECL	☿ DECL	☿ LAT	♀ DECL	♀ LAT	♂ DECL	♂ LAT	♃ DECL	♃ LAT	♄ DECL	♄ LAT
1	7S47	17N36	4S26	16N11	0N 5	1N 3	18S23	0S13	11S60	2N18	18N40	0N55	10N22	1N59
2	7 24	14 31	4 54	12 40	0 48	1 17	18 6	0 15	12 2	2 18	18 41	0 55	10 23	1 59
3	7 1	10 38	5 3	8 28	1 29	1 31	17 49	0 18	12 5	2 18	18 43	0 55	10 25	1 59
4	6 38	6 13	4 54	3 54	2 6	1 45	17 32	0 21	12 8	2 18	18 44	0 55	10 27	1 59
5	6 15	1 34	4 28	0S46	2 41	1 59	17 14	0 24	12 10	2 18	18 46	0 55	10 29	1 59
6	5 52	3S 4	3 48	5 18	3 12	2 13	16 55	0 27	12 12	2 18	18 47	0 55	10 31	1 59
7	5 28	7 27	2 57	9 29	3 39	2 26	16 36	0 30	12 14	2 18	18 48	0 55	10 33	1 59
8	5 5	11 24	1 57	13 9	4 3	2 38	16 17	0 32	12 16	2 18	18 50	0 55	10 34	1 59
9	4 42	14 44	0 54	16 9	4 22	2 50	15 57	0 35	12 17	2 18	18 51	0 55	10 36	1 59
10	4 18	17 22	0N11	18 23	4 36	3 1	15 36	0 38	12 18	2 18	18 52	0 55	10 38	1 59
11	3 55	19 12	1 14	19 47	4 46	3 10	15 16	0 40	12 20	2 18	18 53	0 55	10 40	1 59
12	3 31	20 9	2 14	20 18	4 52	3 18	14 54	0 43	12 21	2 18	18 55	0 55	10 41	1 59
13	3 8	20 13	3 8	19 55	4 52	3 25	14 33	0 45	12 21	2 17	18 56	0 55	10 43	1 59
14	2 44	19 23	3 54	18 38	4 48	3 30	14 11	0 48	12 22	2 17	18 57	0 55	10 45	1 59
15	2 20	17 40	4 31	16 30	4 39	3 33	13 48	0 50	12 22	2 17	18 58	0 55	10 47	1 59
16	1 57	15 8	4 55	13 34	4 26	3 35	13 25	0 52	12 22	2 17	18 59	0 55	10 48	1 59
17	1 33	11 51	5 7	9 58	4 9	3 34	13 2	0 55	12 22	2 16	18 60	0 55	10 50	1 59
18	1 9	7 56	5 3	5 48	3 49	3 32	12 39	0 57	12 22	2 16	19 0	0 55	10 51	1 59
19	0 45	3 33	4 43	1 15	3 25	3 28	12 15	0 59	12 22	2 16	19 1	0 55	10 53	1 59
20	0 22	1N 6	4 7	3N28	2 58	3 22	11 50	1 1	12 21	2 15	19 2	0 54	10 55	1 59
21	0N 2	5 49	3 16	8 6	2 29	3 14	11 26	1 3	12 20	2 15	19 3	0 54	10 56	1 59
22	0 26	10 18	2 12	12 21	1 59	3 4	11 1	1 5	12 19	2 14	19 3	0 54	10 58	1 59
23	0 49	14 14	0 59	15 55	1 28	2 53	10 36	1 7	12 18	2 14	19 4	0 54	10 59	1 59
24	1 13	17 21	0S18	18 32	0 56	2 41	10 10	1 9	12 16	2 13	19 4	0 54	11 1	1 59
25	1 37	19 24	1 34	19 57	0 24	2 27	9 44	1 11	12 15	2 12	19 5	0 54	11 2	1 59
26	2 0	20 12	2 44	20 6	0S 7	2 13	9 18	1 12	12 13	2 12	19 5	0 54	11 4	1 59
27	2 24	19 42	3 44	18 59	0 36	1 58	8 52	1 14	12 11	2 11	19 6	0 54	11 5	1 59
28	2 47	17 59	4 30	16 43	1 5	1 43	8 26	1 16	12 9	2 10	19 6	0 54	11 6	1 59
29	3 11	15 12	4 59	13 30	1 31	1 27	7 59	1 17	12 6	2 9	19 6	0 54	11 8	1 59
30	3 34	11 37	5 11	9 35	1 56	1 11	7 32	1 19	12 3	2 8	19 6	0 54	11 9	1 59
31	3N57	7N27	5S 4	5N15	2S18	0N56	7S 5	1S20	12S 1	2N 8	19N 7	0N54	11N10	1N59

DAY	♅ DECL	♅ LAT	♆ DECL	♆ LAT	♇ DECL	♇ LAT
1	11S23	0S43	17N54	0S 1	19N31	3S48
5	11 18	0 43	17 55	0 1	19 32	3 48
9	11 14	0 43	17 57	0 1	19 33	3 47
13	11 9	0 43	17 58	0 1	19 33	3 47
17	11 4	0 43	17 59	0 1	19 34	3 46
21	10 59	0 43	18 0	0 1	19 34	3 45
25	10 55	0 44	18 1	0 1	19 35	3 45
29	10S51	0S44	18N 2	0S 1	19N36	3S44

☽ PHENOMENA			
d	h	m	
4	21	13	○
12	17	57	☾
20	10	56	●
27	6	45	☽
d	h	°	'
5	8	0	
12	14	20S18	
19	18	0	
26	3	20N12	
3	0	5S 3	
9	20	0	
17	6	5N 7	
23	18	0	
30	4	5S11	

VOID OF COURSE ☽ LAST ASPT	☽ INGRESS
1 3pm 0	1 ♌ 5pm23
2 10am35	3 ♍ 8pm41
5 9pm13	6 ♎ 1am53
7 7am41	8 ♏ 10am10
10 0am20	10 ♐ 9pm35
12 7pm58	13 ♑ 10am25
15 11am26	15 ♒ 9pm58
18 5am29	18 ♓ 6am25
20 10am56	20 ♈ 11am43
21 3am13	22 ♉ 2pm58
24 10am22	24 ♊ 5pm26
26 10am22	26 ♋ 8pm 2
28 11am24	28 ♌ 11pm21
29 2pm42	31 ♍ 3am48

d	h	
12	9	APOGEE
24	12	PERIGEE

DAILY ASPECTARIAN

1	☽∠♄	5am44
M	☉⚼☽	9 49
	☽△☿	3pm 0
	♂✶♄	7 16
	♀☍♆	7 20
	☽⚻♅	9 6
2	☽⚺♇	3am 6
T	♀☍♃	3 34
	☽⚺♄	7 1
	☽□♂	7 12
	☽☌♆	9 14
	☽☌♃	9 55
	☽☍♀	10 35
	☉⚻☽	1pm12
	☽#♂	3 36
	♀#♆	4 43
	☽⚼☿	6 50
	☿ ♈	7 25
	☽#♅	7 52
3	☽∥♄	1am13
W	☽∠♇	4 41
	☉#☽	9pm38
	☽⚻☿	10 45
4	☽☍♅	0am42
Th	☽✶♇	6 38
	☽☌♄	10 23
	☽✶♂	11 23
	☽⚺♆	12pm53
	☽⚺♃	1 20
	☽∥☿	6 53
	☽⚻♀	7 29
	☉☍☽	9 13
5	☿⚺♅	6am42
F	☽∠♂	2pm14
	☽∠♆	3 30
	☽∠♃	3 50
6	☽#☿	0am45
S	☽⚼♀	1 3
	☽⚻♅	6 21
	☽☍☿	7 39
	☽□♇	12pm20
	☉∥☽	1 49
	☽⚺♄	3 59
	☽⚺♂	5 50
	☽✶♆	6 52
	☽✶♃	7 4
7	☽△♀	7am41
Su	☉⚻☽	8 23
	☽⚼♅	10 20
	☽#♄	6pm40
	☽∠♄	7 58
	☽∥♅	11 2
8	☽∥♂	5am49
M	♃☌♆	11 54
	☽△♅	3pm10
	☉⚼☽	3 33
	☽⚻☿	6 38
	☉⚺♀	8 5
	☽△♇	9 14
9	☽✶♄	0am46
T	☽☌♂	3 29
	☽□♃	4 1
	☽□♆	4 5
	☽∥♀	9 3
	☉#☿	12pm18
	☉△☽	11 45
10	☽□♀	0am20
W	☽⚼☿	0 47
	☽⚼♇	2 53
	☿∠♀	5 7
	☽#♆	6 36
	☽#♃	7pm 4
	☿SR	8 55
11	♀⚼♇	1am18
Th	☽□♅	3 5
	♂□♃	3 22
	☽#♇	6 42
	☽△☿	7 2
	☽⚻♇	9 5
	☽□♄	12pm23
	☽△♃	3 44
	☽⚺♂	3 52
	☽△♆	4 6
12	☉□☽	5pm57
F	☽✶♀	7 58
	☽⚼♃	10 1
	☽∠♂	10 25
	☽⚼♆	10 31
13	☽✶♅	4pm12
S	☽□☿	6 40
	☽#♇	8 31
	☽☍♇	9 52
14	☽△♄	0am46
Su	☽⚻♃	4 7
	☽✶♂	4 43
	☽⚻♆	4 44
	☽∠♀	5 43
	♂□♆	6 17
	☽#♃	7 17
	☉⚼♃	3pm28
	☽#♆	8 24
	☽∠♅	10 19
	☉⚼♆	11 11
	☉⚼♂	11 36
15	♂SR	3am 4
M	☽⚼♄	6 24
	☉✶☽	11 26
	☽⚺♀	2pm44
	☿⚺♅	9 19
16	☽✶☿	3am25
T	☽⚺♅	3 45
	☽⚻♇	8 54
	☽⚻♄	11 19
	☽☍♃	2pm35
	☽∥♀	2 49
	☽☍♆	3 22
	☽□♂	3 25
	☉∠☽	6 52
	☽∥♂	8 28
17	☽∥♅	5am 6
W	☽∠☿	6 24
	☽#♄	6 32
	☽⚼♇	1pm14
18	☉⚺☽	1am12
Th	☽☌♀	5 29
	☽⚺☿	8 30
	☽☌♅	12pm 6
	♀ ♓	3 31
	☽△♇	4 42
	♀∥♂	4 43
	☽☍♄	6 41
	♂□♆	7 12
	☽⚻♃	9 50
	☽△♂	10 43
	☽⚻♆	10 43
19	☽#☿	0am50
F	☿⚺♀	1 54
	☉∥☽	3pm50
	☿ ♓	4 14
	☉#☽	8 30
20	☽⚼♃	0am20
S	☽⚼♂	1 11
	☽⚼♆	1 16
	♇SD	2 39
	☉☌☿	7 59
	☽∥☿	8 35
	☽☌☿	10 33
	☉☌☽	10 56
	☽⚺♀	4pm 1
	☽⚺♅	5 20
	☽□♇	9 32
	☉ ♈	10 0
	☽⚻♄	11 9
21	☽△♃	2am15
Su	☽⚻♂	3 2
	☽△♆	3 13
	♀☌♅	7 31
	☽∠♅	7pm 8
	☽∠♀	8 12
22	☽⚼♄	0am39
M	♀∥♅	2 29
	♀#♄	2 47
	☽#♀	3 44
	☽∥♄	3 50
	☽#♅	3 51
	♄#♅	5 34
	☽⚺☿	10 45
	☽#♂	11 45
	☉⚺☽	6pm 3
	☽✶♅	8 38
	☽✶♀	11 59
23	☽✶♇	0am32
T	☽△♄	1 52
	☽□♃	5 0
	☽☍♂	5 36
	☽□♆	6 3
	♀△♇	6 26
	☽∠☿	10 34
	☉∥☿	4pm35
	♀☍♄	8 56
	☉∠☽	9 10
24	☽∠♇	1am46
W	☽∥♆	6 28
	☉⚺♅	9 2
	☽✶☿	10 22
	☽∥♃	7pm 7
	☽□♅	11 15
25	☉✶☽	0am15
Th	☽⚺♇	2 58
	☽∥♇	3 19
	☽□♄	4 4
	☽□♀	7 9
	☽✶♃	7 18
	☽⚻♂	7 37
	☽✶♆	8 25
	♀⚻♃	8 53
	♀△♂	12pm 7
	♀⚻♆	9 45
26	☽∠♃	8am33
F	☽⚼♂	8 41
	☽∠♆	9 42
	☽□☿	10 22
	☉□♇	3pm28
	♂□♃	11 48
27	☿⚼♆	0am44
S	☽△♅	2 6
	☽∥♇	2 10
	☉⚻♄	4 4
	☽☌♇	5 41
	☽✶♄	6 33
	☉□☽	6 45
	☽△♂	9 52
	☽⚺♃	9 58
	☽∥♃	10 20
	☽⚺♆	11 9
	☽△♀	2pm45
	☽∥♆	11 24
28	☽⚼♅	3am47
Su	☿⚼♃	6 9
	☽∠♄	8 4
	☽△☿	11 24
	☿⚼♂	6pm18
	☽⚼♀	6 56
	☉⚻♂	9 19
29	☉△♃	3am40
M	☽⚻♅	5 42
	☽⚺♇	9 11
	☽⚺♄	9 50
	☽⚼☿	12pm28
	☽□♂	12 49
	☽☌♃	1 28
	☉△☽	2 14
	☽☌♆	2 42
	☉△♆	8 46
	☽#♂	9 14
	☽⚻♀	11 29
30	☽∥♄	2am49
T	☽#♅	4 47
	☽∠♇	11 22
	☽⚻☿	1pm59
	☉⚼☽	6 32
31	☽#♀	2am19
W	☽☍♅	10 32
	☽✶♇	1pm56
	☽☌♄	2 21
	☽✶♂	4 54
	☉∥☽	5 22
	☽⚺♃	6 16
	☽⚺♆	7 34
	☉⚻☽	11 19

APRIL 1920

LONGITUDE

DAY	SID. TIME	☉	☽	☽ 12 Hour	MEAN ☊	TRUE ☊	☿	♀	♂	♃	♄	♅	♆	♇
	h m s	° ' "	° ' "	° ' "	° '	° '	° '	° '	° '	° '	° '	° '	° '	° '
1	12 36 12	10♈ 58 6	11♍ 18 59	17♍ 57 57	17♏ 34	16♏ 3R	21♓ 50R	16♓ 23	7♏ 18R	8♌ 7R	5♍ 54R	3♓ 49	8♌ 50R	5♋ 42
2	12 40 8	11 57 14	24 33 28	1♎ 5 22	17 31	15 57	21 42D	17 37	7 4	8 7	5 51	3 52	8 50	5 42
3	12 44 5	12 56 21	7♎ 33 33	13 57 57	17 27	15 52	21 39	18 51	6 51	8 6	5 48	3 55	8 49	5 42
4	12 48 1	13 55 25	20 18 33	26 35 25	17 24	15 48	21 42	20 4	6 36	8 6D	5 44	3 58	8 49	5 43
5	12 51 58	14 54 28	2♏ 48 39	8♏ 58 25	17 21	15 46	21 51	21 18	6 21	8 6	5 41	4 0	8 48	5 43
6	12 55 55	15 53 28	15 4 56	21 8 30	17 18	15 45D	22 4	22 32	6 5	8 7	5 38	4 3	8 48	5 44
7	12 59 51	16 52 27	27 9 26	3♐ 8 10	17 15	15 46	22 23	23 45	5 48	8 7	5 35	4 6	8 47	5 44
8	13 3 48	17 51 24	9♐ 5 7	15 0 46	17 12	15 47	22 46	24 59	5 31	8 8	5 32	4 9	8 47	5 44
9	13 7 44	18 50 18	20 55 39	26 50 19	17 8	15 49	23 14	26 13	5 13	8 8	5 29	4 11	8 47	5 45
10	13 11 41	19 49 12	2♑ 45 21	8♑ 41 22	17 5	15 51	23 46	27 26	4 55	8 10	5 26	4 14	8 46	5 45
11	13 15 37	20 48 3	14 38 57	20 38 43	17 2	15 52R	24 22	28 40	4 36	8 11	5 24	4 17	8 46	5 46
12	13 19 34	21 46 53	26 41 18	2♒ 47 16	16 59	15 52	25 2	29 53	4 17	8 12	5 21	4 19	8 46	5 46
13	13 23 30	22 45 41	8♒ 57 12	15 11 36	16 56	15 51	25 46	1♈ 7	3 57	8 14	5 19	4 22	8 45	5 47
14	13 27 27	23 44 27	21 30 58	27 55 41	16 52	15 49	26 33	2 21	3 36	8 15	5 16	4 24	8 45	5 47
15	13 31 24	24 43 11	4♓ 26 4	11♓ 2 21	16 49	15 46	27 24	3 34	3 16	8 17	5 14	4 27	8 45	5 48
16	13 35 20	25 41 54	17 44 39	24 32 57	16 46	15 43	28 18	4 48	2 54	8 20	5 12	4 29	8 45	5 49
17	13 39 17	26 40 35	1♈ 27 7	8♈ 26 52	16 43	15 41	29 15	6 2	2 33	8 22	5 10	4 32	8 45	5 49
18	13 43 13	27 39 14	15 31 49	22 41 25	16 40	15 38	0♈ 15	7 15	2 11	8 24	5 8	4 34	8 45	5 50
19	13 47 10	28 37 51	29 55 2	7♉ 11 57	16 37	15 37	1 18	8 29	1 49	8 27	5 6	4 36	8 45D	5 51
20	13 51 6	29 36 26	14♉ 31 21	21 52 24	16 33	15 37D	2 23	9 43	1 27	8 30	5 4	4 39	8 45	5 51
21	13 55 3	0♉ 35 0	29 14 16	6♊ 36 6	16 30	15 37	3 31	10 56	1 4	8 33	5 2	4 41	8 45	5 52
22	13 58 59	1 33 31	13♊ 57 6	21 16 34	16 27	15 38	4 41	12 10	0 42	8 36	5 1	4 43	8 45	5 53
23	14 2 56	2 32 0	28 33 49	5♋ 48 19	16 24	15 39	5 54	13 24	0 19	8 39	4 59	4 46	8 45	5 53
24	14 6 53	3 30 27	12♋ 59 36	20 7 17	16 21	15 40	7 9	14 37	29♎ 57	8 43	4 58	4 48	8 45	5 54
25	14 10 49	4 28 52	27 11 8	4♌ 10 55	16 18	15 40R	8 26	15 51	29 34	8 47	4 56	4 50	8 45	5 55
26	14 14 46	5 27 15	11♌ 6 34	17 58 1	16 14	15 41	9 45	17 4	29 12	8 51	4 55	4 52	8 45	5 56
27	14 18 42	6 25 36	24 45 17	1♍ 28 25	16 11	15 40	11 7	18 18	28 49	8 55	4 54	4 54	8 46	5 57
28	14 22 39	7 23 54	8♍ 7 30	14 42 38	16 8	15 39	12 31	19 32	28 27	8 59	4 53	4 56	8 46	5 57
29	14 26 35	8 22 10	21 13 58	27 41 37	16 5	15 38	13 56	20 45	28 5	9 3	4 52	4 58	8 46	5 58
30	14 30 32	9♉ 20 24	4♎ 5 44	10♎ 26 29	16♏ 2	15♏ 37	15♈ 24	21♈ 59	27♎ 43	9♌ 8	4♍ 51	5♓ 0	8♌ 46	5♋ 59

DECLINATION and LATITUDE

DAY	☉ DECL	☽ DECL	☽ LAT	☽ 12hr DECL	☿ DECL	☿ LAT	♀ DECL	♀ LAT	♂ DECL	♂ LAT	♃ DECL	♃ LAT	♄ DECL	♄ LAT
1	4N21	2N59	4S41	0N42	2S38	0N40	6S37	1S21	11S57	2N 7	19N 7	0N54	11N11	1N59
2	4 44	1S34	4 4	3S48	2 55	0 25	6 10	1 22	11 54	2 5	19 7	0 54	11 13	1 59
3	5 7	5 58	3 14	8 3	3 10	0 10	5 42	1 24	11 51	2 4	19 7	0 54	11 14	1 59
4	5 30	10 1	2 15	11 52	3 22	0S 5	5 14	1 25	11 47	2 3	19 7	0 54	11 15	1 59
5	5 53	13 33	1 10	15 5	3 31	0 19	4 46	1 26	11 43	2 2	19 7	0 54	11 16	1 59
6	6 15	16 26	0 4	17 35	3 38	0 32	4 18	1 27	11 39	2 1	19 6	0 53	11 17	1 59
7	6 38	18 31	1N 2	19 15	3 43	0 45	3 49	1 28	11 35	1 59	19 6	0 53	11 18	1 58
8	7 1	19 46	2 5	20 3	3 45	0 57	3 21	1 29	11 31	1 58	19 6	0 53	11 19	1 58
9	7 23	20 7	3 1	19 58	3 45	1 9	2 52	1 29	11 26	1 56	19 6	0 53	11 20	1 58
10	7 45	19 35	3 50	18 59	3 42	1 20	2 24	1 30	11 22	1 55	19 5	0 53	11 21	1 58
11	8 7	18 11	4 30	17 10	3 37	1 30	1 55	1 31	11 17	1 53	19 5	0 53	11 22	1 58
12	8 29	15 57	4 58	14 34	3 30	1 40	1 26	1 31	11 12	1 52	19 5	0 53	11 23	1 58
13	8 51	12 60	5 13	11 16	3 21	1 49	0 57	1 32	11 7	1 50	19 4	0 53	11 24	1 58
14	9 13	9 23	5 14	7 22	3 10	1 57	0 28	1 32	11 2	1 48	19 4	0 53	11 25	1 58
15	9 35	5 15	4 59	3 2	2 57	2 5	0N 1	1 32	10 57	1 46	19 3	0 53	11 25	1 58
16	9 56	0 44	4 28	1N36	2 42	2 12	0 29	1 33	10 51	1 44	19 2	0 53	11 26	1 58
17	10 17	3N57	3 40	6 17	2 25	2 19	0 58	1 33	10 46	1 42	19 2	0 53	11 27	1 58
18	10 39	8 33	2 39	10 44	2 7	2 24	1 27	1 33	10 40	1 40	19 1	0 53	11 27	1 57
19	10 60	12 47	1 26	14 39	1 46	2 30	1 56	1 33	10 35	1 38	19 0	0 53	11 28	1 57
20	11 20	16 18	0 6	17 41	1 25	2 34	2 25	1 33	10 29	1 36	18 59	0 53	11 28	1 57
21	11 41	18 47	1S15	19 33	1 1	2 38	2 54	1 33	10 23	1 34	18 59	0 52	11 29	1 57
22	12 1	19 60	2 31	20 5	0 36	2 41	3 23	1 33	10 17	1 32	18 58	0 52	11 30	1 57
23	12 21	19 50	3 36	19 16	0 10	2 44	3 52	1 33	10 12	1 29	18 57	0 52	11 30	1 57
24	12 41	18 23	4 27	17 13	0N18	2 46	4 21	1 32	10 6	1 27	18 56	0 52	11 30	1 57
25	13 1	15 49	5 1	14 11	0 47	2 48	4 49	1 32	10 0	1 25	18 55	0 52	11 31	1 57
26	13 21	12 23	5 16	10 25	1 17	2 49	5 18	1 32	9 55	1 22	18 54	0 52	11 31	1 56
27	13 40	8 21	5 13	6 12	1 48	2 49	5 46	1 31	9 49	1 20	18 52	0 52	11 31	1 56
28	13 59	3 59	4 53	1 45	2 21	2 49	6 15	1 31	9 43	1 17	18 51	0 52	11 32	1 56
29	14 18	0S29	4 18	2S41	2 55	2 48	6 43	1 30	9 38	1 15	18 50	0 52	11 32	1 56
30	14N37	4S51	3S31	6S57	3N30	2S47	7N11	1S29	9S33	1N12	18N49	0N52	11N32	1N56

DAY	♅ DECL	♅ LAT	♆ DECL	♆ LAT	♇ DECL	♇ LAT
1	10S48	0S44	18N 3	0S 1	19N36	3S44
5	10 43	0 44	18 3	0 1	19 36	3 43
9	10 40	0 44	18 4	0 1	19 37	3 43
13	10 36	0 44	18 4	0 1	19 37	3 42
17	10 32	0 44	18 4	0 1	19 38	3 42
21	10 29	0 44	18 4	0 0	19 38	8 41
25	10 26	0 44	18 4	0 0	19 39	3 41
29	10S23	0S44	18N 4	0S 0	19N39	3S40

☽ PHENOMENA

d	h	m	
3	10	55	○
11	13	24	☾
18	21	43	●
25	13	27	☽

d	h	°	'
1	16	0	
8	21	20S	8
16	4	0	
22	9	20N	6
28	21	0	

d	h	
6	1	0
13	13	5N15
20	2	0
26	8	5S17

VOID OF COURSE ☽

LAST ASPT		☽ INGRESS		
1	6pm49	2	♎	9am59
3	10am55	4	♏	6pm34
6	4pm26	7	♐	5am42
9	11am58	9	♑	6pm25
11	8pm32	12	♒	6am32
14	4am32	14	♓	3pm50
16	7pm54	16	♈	9pm29
18	9pm43	19	♉	0am 8
19	2pm32	21	♊	1am15
21	8pm49	23	♋	2am22
25	3am58	25	♌	4am49
27	7am 3	27	♍	9am21
27	10pm35	29	♎	4pm19

d	h	
9	4	APOGEE
21	1	PERIGEE

DAILY ASPECTARIAN

1 Th	☽#☿	1am45
	☽☍♀	10 5
	☽☍☿	6pm49
	☽∠♂	7 32
	☽∠♃	9 21
	☽∠♆	10 40
2 F	☽∥☿	7am41
	☽⊼♅	5pm12
	☉#☽	6 46
	☽□♇	8 33
	☽⊻♄	8 43
	☿SD	10 39
	☽∥♀	10 39
	☽⊻♂	10 41
3 S	☽*♃	1am 1
	☽*♆	2 21
	☉☍☽	10 55
	☿⚼♂	4pm29
	☉#♀	4 36
	☽⚼♅	9 26
	☽⊼♀	11 30
4 Su	☽∠♄	0am49
	♃SD	1 35
	☽⊼☿	2 40
	☽∥♅	4 34
	☽#♄	7 57
	♄*♇	9 31
	☽∥♂	11 17
5 M	♀⚼♂	0am45
	☽△♅	2 20
	☽*♄	5 33
	☽△♇	5 39
	☽☌♂	6 44
	☽⚼♀	7 32
	☽⚼☿	7 58
	☽□♃	10 18
	☽□♆	11 40
	☿☌♀	12pm47
6 T	☉⊼☽	1am44
	☽⚼♇	11 11
	♀⚼♃	11 27
	☽△☿	2pm11
	☽△♀	4 26
	☽#♆	5 47
7 W	♀⚼♆	0am40
	☿∥♀	5 0
	♂△♇	5 56
	☽#♃	9 12
	☉⚼☽	10 19
	☽□♅	1pm59
	☽□♄	4 52
	☽⊻♂	4 58
	☽⊼♇	5 15
	☽#♇	7 48
	☽△♃	10 4
	♂*♄	10 30
	☽△♆	11 23
8 Th	☉△☽	7pm23
	☿⚼♃	7 38
	☽∠♂	10 36
9 F	☽⚼♃	4am30
	☽□☿	4 53
	☽⚼♆	5 47
	☉∠♅	8 58
	☽□♀	11 58
	☽#♇	11pm 8
10 S	☿⚼♆	0am15
	♂#♄	2 28
	☽*♅	3 0
	☽*♂	4 16
	☽△♄	5 25
	☽☍♇	6 5
	☽#♃	10 11
	☽⊼♃	10 57
	☽⊼♆	12pm 9
	☉⚼♄	2 31
11 Su	☽#♆	1am25
	☽∠♅	9 18
	☽⚼♄	11 28
	☉□☽	1pm24
	☽*☿	8 32
	♂△♅	9 14
12 M	♀ ♈	2am 7
	☽*♀	7 1
	☽□♂	2pm31
	☽⊻♅	3 3
	☽⊼♄	4 57
	☽⊼♇	5 50
	☽☍♃	10 36
	☽☍♆	11 37
13 T	☽∠☿	3am44
	☽#♄	11 4
	☽∥♂	1pm16
	☽∠♀	3 15
	☽∥♅	4 25
	☽⚼♇	10 38
14 W	☉#☽	0am56
	☉*☽	4 32
	☽⊻☿	10 6
	♀⊼♂	7pm13
	☽△♂	9 54
	☽⊻♀	10 16
15 Th	☽☌♅	0am 1
	☽☍♄	1 27
	☽△♇	2 30
	☽⊼♃	7 3
	☽⊼♆	7 52
	☉∠☽	10 23
	☽∥☿	1pm 9
	♀⊻♅	5 39
16 F	☽⚼♂	0am17
	☽#♀	1 10
	☽∥♀	7 4
	♀⊼♄	7 29
	☽⚼♃	9 53
	☽⚼♆	10 36
	☉⊻☽	3pm 5
	☽#☿	4 38
	♀□♇	7 53
	☽☌☿	7 54
17 S	☽⊼♂	1am51
	☽⊻♅	5 19
	☽⊼♄	6 22
	☽□♇	7 31
	☽☌♀	8 37
	☽△♃	11 53
	☽△♆	12pm30
	☉#♅	4 10
	☿ ♈	6 6
18 Su	☉#♂	1am23
	☽∠♅	6 48
	☽⚼♄	7 42
	☽#♅	10 45
	☽#♂	11 21
	☉∥☽	12pm29
	☽∥♄	4 8
	☿#♀	7 9
	☉☌☽	9 43
	♀△♃	11 18
19 M	☽⊻☿	2am27
	☽☍♂	3 4
	♀△♆	5 5
	☽*♅	7 46
	☽△♄	8 31
	☿⊼♂	8 43
	☽*♇	9 47
	♆SD	1pm33
	☽□♃	2 6
	☽□♆	2 32
	☽⊻♀	3 24
	♂∥♅	7 26
20 T	☽∠☿	5am 3
	☉ ♉	9 39
	☉∥♄	9 47
	☽∠♇	10 21
	☽∥♆	3pm55
	☽∠♀	6 8
21 W	☉⊻☽	2am21
	☽∥♃	2 37
	☽⊼♂	2 55
	☽*☿	7 34
	☉☍♂	8 43
	☽□♅	8 54
	☽□♄	9 26
	☽⊻♇	10 49
	☽∥♇	1pm50
	☽*♃	3 14
	☽*♆	3 30
	☽*♀	8 49
22 Th	☿⊻♅	0am46
	☽⚼♂	2 47
	☉∠☽	4 34
	☿⊼♄	6 22
	☽∠♃	3pm53
	☽∠♆	4 4
	☿□♇	11 52
23 F	☽△♂	2am50
	☽∥♇	4 55
	☉*☽	7 3
	☽△♅	10 17
	☽*♄	10 37
	☽☌♇	12pm 9
	☽□☿	1 18
	☽⊻♃	4 49
	☽⊻♆	4 54
	☽∥♃	4 59
	♂ ♎	8 29
24 S	☽□♀	2am59
	☽∥♆	3 30
	☽⚼♅	11 29
	☽∠♄	11 43
	♃☌♆	1pm56
25 Su	☽□♂	3am58
	☿△♆	5 51
	☿△♃	6 37
	☉*♅	8 58
	☉△♄	11 5
	☽⊼♅	1pm 9
	☽⊻♄	1 17
	☉□☽	1 27
	☽⊻♇	3 1
	☉∥☽	6 13
	☽☌♆	7 55
	☽☌♃	8 3
	☽△☿	9 24
26 M	☽∥♄	5am22
	☽△♀	11 28
	☉*♇	11 55
	☽#♅	12pm 3
	☽#♂	3 22
	☽∠♇	5 15
27 T	♄☍♅	0am22
	☽⚼☿	2 42
	☽*♂	7 3
	☽∥♀	12pm56
	☽⚼♀	4 50
	☽☌♄	6 9
	☽☍♅	6 13
	☽*♇	8 4
	☉△☽	10 35
28 W	☽⊻♆	1am10
	☽⊻♃	1 34
	♀⚼♄	6 54
	☽∥☿	7 50
	♀∠♅	8 10
	☽⊼☿	8 56
	☽∠♂	9 26
	☽⊼♀	11pm 2
29 Th	☉⚼☽	4am17
	☽∠♆	4 42
	☽∠♃	5 15
	☉□♆	9 57
	☽⊻♂	12pm22
	☽#☿	3 17
	☉□♃	6 21
30 F	☽⊻♄	1am26
	☽⊼♅	1 42
	☽□♇	3 34
	☽*♆	8 51
	☽*♃	9 34
	☉⊼☽	10 44
	☽#♀	3pm10

LONGITUDE

DAY	SID. TIME	☉	☽	☽ 12 Hour	MEAN ☊	TRUE ☊	☿	♀	♂	♃	♄	♅	♆	♇
	h m s	° ' "	° ' "	° ' "	° '	° '	° '	° '	° '	° '	° '	° '	° '	° '
1	14 34 28	10♉ 18 37	16♎ 43 59	22♎ 58 25	15♏ 58	15♏ 36R	16♈ 53	23♈ 12	27♎ 22R	9♌ 12	4♍ 51R	5♓ 2	8♌ 47	6♋ 0
2	14 38 25	11 16 47	29 9 56	5♏ 18 43	15 55	15 36D	18 25	24 26	27 0	9 17	4 50	5 4	8 47	6 1
3	14 42 21	12 14 56	11♏ 24 56	17 28 49	15 52	15 36	19 59	25 40	26 40	9 22	4 50	5 6	8 48	6 2
4	14 46 18	13 13 3	23 30 32	29 30 22	15 49	15 36	21 34	26 53	26 19	9 28	4 49	5 7	8 48	6 3
5	14 50 15	14 11 9	5♐ 28 33	11♐ 25 23	15 46	15 36	23 11	28 7	25 59	9 33	4 49	5 9	8 49	6 4
6	14 54 11	15 9 13	17 21 10	23 16 15	15 43	15 37	24 51	29 20	25 40	9 38	4 49	5 11	8 49	6 5
7	14 58 8	16 7 15	29 11 1	5♑ 5 52	15 39	15 37R	26 32	0♉ 34	25 21	9 44	4 49D	5 12	8 50	6 6
8	15 2 4	17 5 16	11♑ 1 14	16 57 35	15 36	15 37	28 15	1 48	25 2	9 50	4 49	5 14	8 50	6 7
9	15 6 1	18 3 16	22 55 25	28 55 14	15 33	15 36	0♉ 0	3 1	24 44	9 56	4 49	5 15	8 51	6 8
10	15 9 57	19 1 14	4♒ 57 35	11♒ 2 58	15 30	15 36	1 47	4 15	24 27	10 2	4 49	5 17	8 52	6 9
11	15 13 54	19 59 10	17 11 58	23 25 7	15 27	15 36D	3 36	5 28	24 10	10 8	4 50	5 18	8 52	6 10
12	15 17 50	20 57 6	29 42 55	6♓ 5 52	15 24	15 36	5 27	6 42	23 54	10 14	4 50	5 20	8 53	6 11
13	15 21 47	21 55 1	12♓ 34 26	19 8 59	15 20	15 36	7 20	7 55	23 39	10 21	4 51	5 21	8 54	6 12
14	15 25 44	22 52 53	25 49 49	2♈ 37 8	15 17	15 36	9 15	9 9	23 24	10 28	4 51	5 23	8 55	6 13
15	15 29 40	23 50 45	9♈ 31 3	16 31 31	15 14	15 37	11 12	10 23	23 10	10 34	4 52	5 24	8 55	6 15
16	15 33 37	24 48 36	23 38 18	0♉ 51 5	15 11	15 38	13 10	11 36	22 57	10 41	4 53	5 25	8 56	6 16
17	15 37 33	25 46 25	8♉ 9 20	15 32 21	15 8	15 38R	15 11	12 50	22 45	10 48	4 54	5 26	8 57	6 17
18	15 41 30	26 44 13	22 59 19	0♊ 29 16	15 4	15 38	17 13	14 3	22 33	10 56	4 55	5 27	8 58	6 18
19	15 45 26	27 41 59	8♊ 1 7	15 33 47	15 1	15 38	19 17	15 17	22 22	11 3	4 56	5 29	8 59	6 19
20	15 49 23	28 39 45	23 6 6	0♋ 36 56	14 58	15 37	21 22	16 31	22 12	11 10	4 58	5 30	9 0	6 21
21	15 53 19	29 37 29	8♋ 5 16	15 30 8	14 55	15 35	23 29	17 44	22 3	11 18	4 59	5 31	9 1	6 22
22	15 57 16	0♊ 35 11	22 50 44	0♌ 6 22	14 52	15 34	25 37	18 58	21 54	11 26	5 1	5 32	9 2	6 23
23	16 1 13	1 32 52	7♌ 16 34	14 20 59	14 49	15 32	27 47	20 11	21 47	11 33	5 2	5 32	9 3	6 24
24	16 5 9	2 30 31	21 19 25	28 11 49	14 45	15 31	29 57	21 25	21 40	11 41	5 4	5 33	9 4	6 26
25	16 9 6	3 28 8	4♍ 58 17	11♍ 38 57	14 42	15 31D	2♊ 8	22 38	21 34	11 50	5 6	5 34	9 5	6 27
26	16 13 2	4 25 44	18 14 6	24 44 3	14 39	15 31	4 20	23 52	21 29	11 58	5 8	5 35	9 6	6 28
27	16 16 59	5 23 19	1♎ 9 10	7♎ 29 48	14 36	15 32	6 32	25 5	21 24	12 6	5 10	5 36	9 7	6 29
28	16 20 55	6 20 52	13 46 24	19 59 20	14 33	15 33	8 44	26 19	21 21	12 14	5 12	5 36	9 9	6 31
29	16 24 52	7 18 24	26 9 1	2♏ 15 48	14 29	15 35	10 55	27 33	21 18	12 23	5 14	5 37	9 10	6 32
30	16 28 48	8 15 54	8♏ 20 5	14 22 12	14 26	15 36R	13 6	28 46	21 16	12 32	5 16	5 37	9 11	6 33
31	16 32 45	9♊ 13 23	20♏ 22 27	26♏ 21 9	14♏ 23	15♏ 36	15♊ 16	0♊ 0	21♎ 15D	12♌ 40	5♍ 19	5♓ 38	9♌ 12	6♋ 35

DECLINATION and LATITUDE

DAY	☉ DECL	☽ DECL	☽ LAT	☽ 12hr DECL	☿ DECL	☿ LAT	♀ DECL	♀ LAT	♂ DECL	♂ LAT	♃ DECL	♃ LAT	♄ DECL	♄ LAT
1	14N55	8S57	2S34	10S50	4N 6	2S45	7N39	1S29	9S27	1N10	18N47	0N52	11N32	1N56
2	15 13	12 35	1 30	14 12	4 43	2 42	8 7	1 28	9 22	1 7	18 46	0 52	11 32	1 56
3	15 31	15 38	0 23	16 53	5 21	2 39	8 34	1 27	9 17	1 4	18 45	0 52	11 32	1 56
4	15 49	17 57	0N44	18 49	6 0	2 36	9 2	1 26	9 12	1 2	18 43	0 52	11 32	1 55
5	16 6	19 27	1 48	19 52	6 40	2 32	9 29	1 25	9 7	0 59	18 42	0 51	11 32	1 55
6	16 23	20 4	2 47	20 3	7 20	2 27	9 56	1 24	9 3	0 56	18 40	0 51	11 32	1 55
7	16 40	19 48	3 39	19 20	8 2	2 22	10 23	1 23	8 58	0 54	18 39	0 51	11 32	1 55
8	16 57	18 39	4 22	17 46	8 44	2 16	10 49	1 22	8 54	0 51	18 37	0 51	11 32	1 55
9	17 13	16 41	4 53	15 25	9 27	2 10	11 16	1 20	8 50	0 48	18 35	0 51	11 32	1 55
10	17 29	13 59	5 12	12 23	10 10	2 4	11 42	1 19	8 46	0 46	18 34	0 51	11 32	1 55
11	17 45	10 38	5 17	8 46	10 54	1 57	12 8	1 18	8 43	0 43	18 32	0 51	11 31	1 55
12	18 0	6 46	5 8	4 40	11 38	1 49	12 33	1 17	8 39	0 40	18 30	0 51	11 31	1 54
13	18 15	2 29	4 43	0 14	12 22	1 41	12 58	1 15	8 36	0 38	18 28	0 51	11 31	1 54
14	18 30	2N 3	4 3	4N21	13 7	1 33	13 23	1 14	8 33	0 35	18 26	0 51	11 30	1 54
15	18 45	6 39	3 7	8 53	13 52	1 24	13 48	1 12	8 30	0 32	18 25	0 51	11 30	1 54
16	18 59	11 2	1 59	13 3	14 37	1 15	14 12	1 11	8 28	0 30	18 23	0 51	11 29	1 54
17	19 13	14 53	0 41	16 31	15 21	1 5	14 36	1 9	8 26	0 27	18 21	0 51	11 29	1 54
18	19 26	17 52	0S41	18 56	16 6	0 55	14 60	1 7	8 24	0 25	18 19	0 51	11 28	1 54
19	19 39	19 40	2 1	20 3	16 50	0 45	15 23	1 5	8 22	0 22	18 16	0 51	11 28	1 53
20	19 52	20 3	3 13	19 43	17 33	0 35	15 46	1 4	8 21	0 20	18 14	0 50	11 27	1 53
21	20 5	19 1	4 11	18 1	18 16	0 24	16 8	1 2	8 20	0 17	18 12	0 50	11 26	1 53
22	20 17	16 43	4 52	15 10	18 57	0 14	16 30	1 0	8 19	0 15	18 10	0 50	11 26	1 53
23	20 29	13 25	5 13	11 29	19 37	0 3	16 52	0 58	8 18	0 12	18 8	0 50	11 25	1 53
24	20 40	9 26	5 15	7 16	20 16	0N 7	17 13	0 56	8 18	0 10	18 5	0 50	11 24	1 53
25	20 51	5 4	4 58	2 49	20 53	0 18	17 34	0 54	8 18	0 7	18 3	0 50	11 24	1 53
26	21 2	0 34	4 26	1S40	21 29	0 28	17 54	0 52	8 18	0 5	18 1	0 50	11 23	1 52
27	21 13	3S51	3 41	5 58	22 2	0 38	18 14	0 50	8 19	0 3	17 58	0 50	11 22	1 52
28	21 23	7 60	2 47	9 56	22 33	0 48	18 33	0 48	8 20	0 0	17 56	0 50	11 21	1 52
29	21 32	11 44	1 45	13 24	23 2	0 57	18 52	0 46	8 21	0S 2	17 54	0 50	11 20	1 52
30	21 42	14 55	0 40	16 16	23 29	1 6	19 11	0 44	8 22	0 4	17 51	0 50	11 19	1 52
31	21N51	17S26	0N26	18S24	23N53	1N15	19N29	0S42	8S24	0S 7	17N49	0N50	11N18	1N52

DAY	♅ DECL	♅ LAT	♆ DECL	♆ LAT	♇ DECL	♇ LAT
1	10S22	0S45	18N 4	0S 0	19N39	3S40
5	10 19	0 45	18 4	0 0	19 40	3 39
9	10 17	0 45	18 3	0 0	19 40	3 39
13	10 15	0 45	18 2	0 0	19 40	3 38
17	10 13	0 45	18 1	0 0	19 40	3 38
21	10 12	0 45	18 1	0 0	19 41	3 37
25	10 11	0 45	17 59	0 0	19 41	3 37
29	10S10	0S46	17N58	0S 0	19N41	3S37

☽ PHENOMENA

d	h	m	
3	1	47	○
11	5	51	☾
18	6	25	●
24	21	7	☽

d	h	°	'
6	5	20S	5
13	13	0	
19	18	20N	6
26	3	0	

d	h	° '
3	8	0
10	21	5N18
17	12	0
23	14	5S16
30	14	0

VOID OF COURSE ☽

LAST ASPT		☽ INGRESS		
1	7pm55	2	♏	1am37
3	1am47	4	♐	12pm59
6	5pm43	7	♑	1am39
9	3am33	9	♒	2pm 9
11	1pm10	12	♓	0am32
13	6pm19	14	♈	7am23
15	10pm52	16	♉	10am35
18	6am25	18	♊	11am13
19	10pm35	20	♋	11am 1
22	5am22	22	♌	11am49
24	0am35	24	♍	3pm11
26	11am29	26	♎	9pm50
28	2pm35	29	♏	7am33
30	8am26	31	♐	7pm21

d	h	
6	20	APOGEE
19	6	PERIGEE

DAILY ASPECTARIAN

1 S	☽☍☿	0am21
	☽∥♂	3 7
	☽∠♄	5 58
	☽⚼♅	6 21
	☽∥♅	8 56
	☽☍♀	1pm49
	☽#♄	4 43
	☽☌♂	7 55
2 Su	☽⚹♄	11am 4
	☽△♅	11 32
	☽△♇	1pm24
	☽□♆	6 50
	☽□♃	7 57
	☿⚼♄	9 45
	☉#☽	10 53
3 M	☉☍☽	1am47
	☿∠♅	1 47
	♀☍♂	3pm17
	☽⚼♇	7 5
	☽⚻☿	7 32
4 T	☽#♆	1am23
	☽⚺♂	5 28
	☽⚻♀	7 31
	♀#♂	7 44
	☽#♃	10 28
	☽□♄	10pm40
	☽□♅	11 21
5 W	☽⚻♇	1am11
	☽#♇	5 11
	☽⚼☿	6 21
	☽△♆	6 44
	☽△♃	8 17
	☽∠♂	10 49
	☽⚼♀	5pm12
	☉⚻☽	7 9
6 Th	☿☍♂	9am48
	♀ ♉	12pm55
	☽⚼♆	1 7
	☽⚼♃	2 54
	☽⚹♂	4 25
	☽△☿	5 43
	♀#♅	7 45
7 F	♄SD	0am 6
	☽△♀	3 8
	☽#♇	3 59
	☉⚼☽	4 17
	☽△♄	11 26
	☽⚹♅	12pm15
	☽☍♇	2 3
	☽⚻♆	7 35
	☽⚻♃	9 34
8 S	☽#♃	0am26
	☿#♂	5 14
	☽#♆	8 20
	☉△☽	1pm21
	☽⚼♄	5 45
	☽∠♅	6 38
	☉#☽	6 56
	☿ ♉	11 56
9 Su	☽□♂	3am33
	♀∥♄	2pm34
	☽□☿	4 37
	☽□♀	10 26
	☽⚻♄	11 44
10 M	☽⚺♅	0am39
	☽⚻♇	2 22
	☿#♅	3 31
	☽☍♆	7 42
	☽☍♃	10 5
	♀△♄	11 20
	☽#♀	2pm58
	☽#♄	6 3
	♀⚹♅	8 44
	☽#☿	10 35
11 T	☽∥♅	2am28
	☉□☽	5 51
	☽⚼♇	7 41
	☽∥♂	12pm30
	☽△♂	1 10
	♀⚹♇	1 52
	☿△♄	3 59
	☿∥♄	8 14
	☿⚹♅	10 24
12 W	☉∥♆	3am40
	☉∠♇	5 59
	☿⚹♇	9 30
	☽☍♄	9 39
	☽☌♅	10 35
	☽△♇	12pm11
	☽⚹☿	12 38
	☽⚹♀	2 30
	☽⚼♂	4 53
	☽⚻♆	5 12
	☽⚻♃	7 52
13 Th	☉⚹☽	6pm19
	☉∥♃	6 45
	♀□♆	7 13
	☿□♆	7 44
	☽⚻♂	7 45
	☽⚼♆	8 34
	☿☌♀	8 39
	☽∠♀	8 42
	☽∠☿	8 42
	☽⚼♃	11 20
14 F	☉⚻♂	10am29
	☿□♃	3pm54
	☽⚻♄	3 56
	☽⚺♅	4 51
	☽□♇	6 19
	☿∥♀	7 8
	☉∠☽	10 45
	☽△♆	10 58
15 S	☽⚺♀	1am37
	☽△♃	1 50
	☽⚺☿	3 21
	♀□♃	4 13
	☽#♂	9 52
	☽⚼♄	5pm41
	☽∠♅	6 35
	☽#♅	7 28
	☽☍♂	10 52
16 Su	☉⚺☽	2am 6
	☽∥♄	2 40
	☽△♄	6pm40
	☽⚹♅	7 33
	☽⚹♇	8 56
	☽∥♀	9 49
17 M	☽□♆	1am18
	☽∥☿	4 16
	☽□♃	4 21
	☽☌♀	8 18
	☽☌☿	1pm13
	☽∠♇	9 17
	☽⚻♂	11 18
18 T	☽∥♆	1am29
	☽∥♃	4 28
	☉☌☽	6 25
	☽□♄	7pm 5
	☽□♅	7 57
	☽⚺♇	9 18
	☽⚼♂	10 59
	☉∥☽	11 45
19 W	☽∥♇	0am12
	☽⚹♆	1 32
	☉∥♇	2 3
	☽⚹♃	4 52
	☽⚺♀	12pm35
	☽⚺☿	8 47
	☽△♂	10 35
	☿∠♇	11 43
20 Th	☽∠♆	1am26
	☽∠♃	4 56
	☉∥☽	6 5
	☿⚻♂	8 50
	☉⚺☽	9 29
	☽∥♇	12pm44
	☽∠♀	2 38
	☿∥♆	3 30
	☽⚹♄	7 0
	☽△♅	7 51
	☽☌♇	9 13
	☿∥♃	10 11
21 F	☽∠☿	0am45
	☽⚺♆	1 30
	☽⚺♃	5 14
	☽∥☿	7 3
	☉ ♊	9 22
	☽∥♃	10 7
	☉∠☽	11 19
	☽∥♆	12pm 2
	☽⚹♀	5 4
	☽∠♄	7 21
	☽⚼♅	8 12
	☽□♂	10 28
22 S	☽∥♀	1am33
	☽⚹☿	5 22
	☉⚹☽	1pm43
	☽⚺♄	8 14
	☽⚻♅	9 5
	☽⚺♇	10 32
23 Su	☿∥♇	2am 2
	☽☌♆	3 0
	☽☌♃	7 19
	☽∥♄	12pm26
	☽#♅	7 40
24 M	☽□♀	0am10
	☽∠♇	0 11
	♀∠♇	0 14
	☿ ♊	0 32
	☽⚹♂	0 35
	♀⚻♂	4 32
	☽#♂	6 21
	☽□☿	5pm59
	☉□☽	9 7
	☉∥☿	10 8
25 T	☽☌♄	0am13
	☽☍♅	1 4
	☽⚹♇	2 38
	☽∠♂	2 50
	☽⚺♆	7 23
	☽⚺♃	12pm27
26 W	☉☌☿	1am53
	♀∥♆	5 54
	☽⚺♂	5 56
	♀∥♃	7 12
	☿□♄	8 50
	☽∠♆	10 51
	☽△♀	11 29
	☿□♅	1pm43
	☽∠♃	4 19
	☉□♄	6 7
	♃∥♆	7 51
	☿⚼♂	10 41
	☿⚺♇	11 33
27 Th	☉□♅	5am11
	☽⚺♄	7 35
	☽⚻♅	8 24
	☉△☽	8 39
	☽□♇	10 6
	☽△☿	12pm18
	☽⚹♆	3 7
	☽⚼♀	6 47
	☽⚹♃	9 2
	☉⚼♂	11 58
28 F	☽∥♂	2am 0
	☉⚺♇	4 11
	☿⚹♆	4 35
	☽∠♄	12pm26
	☽⚼♅	1 12
	☽∥♅	1 32
	☽☌♂	2 35
	☉⚼☽	3 52
	☽#♄	9 16
	☽⚼☿	11 27
29 S	☽⚻♀	3am 2
	☿⚹♃	5pm12
	☽⚹♄	5 55
	☽△♅	6 38
	☽△♇	8 28
	☉⚻☽	11 51
30 Su	☽□♆	1am41
	☽□♃	8 26
	☽⚻☿	11 34
	☉⚹♆	11pm34
31 M	♀ ♊	0am 5
	☽⚺♂	1 45
	☽⚼♇	2 25
	☽#♃	4 23
	☽#♆	6 18
	♀∥♇	4pm58
	☽☍♀	9 33
	♂SD	10 27

JUNE 1920

LONGITUDE

DAY	SID. TIME	☉	☽	☽ 12 Hour	MEAN ☊	TRUE ☊	☿	♀	♂	♃	♄	♅	♆	♇
	h m s	° ' "	° ' "	° ' "	° '	° '	° '	° '	° '	° '	° '	° '	° '	° '
1	16 36 42	10♊ 10 52	2♐ 18 35	8♐ 15 2	14♏ 20	15♏ 35R	17♊ 25	1♊ 13	21♎ 15	12♌ 49	5♍ 21	5♓ 38	9♌ 14	6♋ 36
2	16 40 38	11 8 19	14 10 44	20 5 57	14 17	15 33	19 33	2 27	21 15	12 58	5 24	5 39	9 15	6 37
3	16 44 35	12 5 45	26 0 56	1♑ 55 55	14 14	15 30	21 39	3 40	21 16	13 7	5 27	5 39	9 16	6 39
4	16 48 31	13 3 11	7♑ 51 12	13 47 1	14 10	15 25	23 44	4 54	21 18	13 17	5 29	5 40	9 18	6 40
5	16 52 28	14 0 35	19 43 41	25 41 31	14 7	15 20	25 46	6 8	21 21	13 26	5 32	5 40	9 19	6 41
6	16 56 24	14 57 59	1♒ 40 50	7♒ 42 1	14 4	15 15	27 47	7 21	21 25	13 35	5 35	5 40	9 21	6 43
7	17 0 21	15 55 22	13 45 27	19 51 32	14 1	15 11	29 45	8 35	21 29	13 45	5 38	5 40	9 22	6 44
8	17 4 17	16 52 44	26 0 44	2♓ 13 30	13 58	15 8	1♋ 41	9 48	21 34	13 54	5 41	5 40	9 24	6 46
9	17 8 14	17 50 6	8♓ 30 17	14 51 35	13 55	15 6D	3 35	11 2	21 39	14 4	5 45	5 40	9 25	6 47
10	17 12 11	18 47 28	21 17 51	27 49 32	13 51	15 5	5 27	12 16	21 46	14 14	5 48	5 40R	9 27	6 49
11	17 16 7	19 44 48	4♈ 27 2	11♈ 10 43	13 48	15 6	7 16	13 29	21 53	14 24	5 51	5 40	9 28	6 50
12	17 20 4	20 42 9	18 0 51	24 57 36	13 45	15 7	9 2	14 43	22 1	14 34	5 55	5 40	9 30	6 51
13	17 24 0	21 39 29	2♉ 1 1	9♉ 10 59	13 42	15 9R	10 46	15 56	22 9	14 44	5 59	5 40	9 31	6 53
14	17 27 57	22 36 48	16 27 14	23 49 18	13 39	15 9	12 28	17 10	22 19	14 54	6 2	5 40	9 33	6 54
15	17 31 53	23 34 8	1♊ 16 32	8♊ 48 3	13 35	15 8	14 7	18 24	22 28	15 4	6 6	5 40	9 35	6 56
16	17 35 50	24 31 26	16 22 52	23 59 46	13 32	15 6	15 44	19 37	22 39	15 15	6 10	5 40	9 36	6 57
17	17 39 46	25 28 45	1♋ 37 31	9♋ 14 45	13 29	15 1	17 18	20 51	22 50	15 25	6 14	5 39	9 38	6 59
18	17 43 43	26 26 2	16 50 9	24 22 29	13 26	14 56	18 49	22 5	23 2	15 35	6 18	5 39	9 40	7 0
19	17 47 40	27 23 19	1♌ 50 34	9♌ 13 27	13 23	14 50	20 18	23 18	23 15	15 46	6 22	5 39	9 41	7 2
20	17 51 36	28 20 36	16 30 19	23 40 36	13 20	14 44	21 44	24 32	23 28	15 57	6 26	5 38	9 43	7 3
21	17 55 33	29 17 51	0♍ 43 55	7♍ 40 5	13 16	14 40	23 8	25 46	23 41	16 7	6 31	5 38	9 45	7 5
22	17 59 29	0♋ 15 6	14 29 8	21 11 11	13 13	14 37	24 29	26 59	23 56	16 18	6 35	5 37	9 47	7 6
23	18 3 26	1 12 20	27 46 35	4♎ 15 42	13 10	14 35D	25 47	28 13	24 10	16 29	6 39	5 37	9 49	7 8
24	18 7 22	2 9 34	10♎ 39 0	16 57 3	13 7	14 36	27 2	29 27	24 26	16 40	6 44	5 36	9 50	7 9
25	18 11 19	3 6 47	23 10 23	29 19 35	13 4	14 37	28 15	0♋ 40	24 42	16 51	6 48	5 35	9 52	7 11
26	18 15 15	4 4 0	5♏ 25 12	11♏ 27 50	13 1	14 38R	29 25	1 54	24 58	17 2	6 53	5 34	9 54	7 12
27	18 19 12	5 1 12	17 27 59	23 26 10	12 57	14 38	0♌ 32	3 8	25 16	17 13	6 58	5 34	9 56	7 13
28	18 23 9	5 58 23	29 22 52	5♐ 18 29	12 54	14 37	1 35	4 21	25 33	17 25	7 3	5 33	9 58	7 15
29	18 27 5	6 55 35	11♐ 13 27	17 8 5	12 51	14 34	2 36	5 35	25 51	17 36	7 8	5 32	10 0	7 16
30	18 31 2	7♋ 52 46	23♐ 2 44	28♐ 57 40	12♏ 48	14♏ 28	3♌ 34	6♋ 49	26♎ 10	17♌ 47	7♍ 13	5♓ 31	10♌ 2	7♋ 18

DECLINATION and LATITUDE

DAY	☉ DECL	☽ DECL	☽ LAT	☽ 12hr DECL	☿ DECL	☿ LAT	♀ DECL	♀ LAT	♂ DECL	♂ LAT	♃ DECL	♃ LAT	♄ DECL	♄ LAT
1	21N59	19S 9	1N31	19S42	24N14	1N23	19N46	0S40	8S26	0S 9	17N46	0N50	11N17	1N52
2	22 7	20 1	2 31	20 7	24 32	1 30	20 3	0 37	8 28	0 11	17 43	0 50	11 16	1 52
3	22 15	19 59	3 24	19 39	24 48	1 37	20 19	0 35	8 30	0 13	17 41	0 50	11 15	1 51
4	22 22	19 5	4 8	18 19	25 0	1 43	20 35	0 33	8 33	0 15	17 38	0 50	11 14	1 51
5	22 29	17 21	4 42	16 11	25 11	1 48	20 50	0 31	8 36	0 17	17 35	0 50	11 12	1 51
6	22 36	14 51	5 4	13 21	25 18	1 52	21 5	0 28	8 39	0 19	17 33	0 50	11 11	1 51
7	22 42	11 43	5 13	9 56	25 23	1 56	21 19	0 26	8 42	0 21	17 30	0 50	11 10	1 51
8	22 48	8 2	5 7	6 2	25 25	1 59	21 32	0 24	8 46	0 23	17 27	0 50	11 9	1 51
9	22 54	3 57	4 47	1 47	25 25	2 1	21 45	0 21	8 50	0 25	17 24	0 49	11 7	1 51
10	22 59	0N25	4 13	2N39	25 23	2 3	21 57	0 19	8 54	0 27	17 21	0 49	11 6	1 50
11	23 3	4 53	3 24	7 6	25 18	2 3	22 9	0 17	8 59	0 29	17 18	0 49	11 5	1 50
12	23 7	9 16	2 23	11 21	25 11	2 3	22 20	0 14	9 3	0 31	17 15	0 49	11 3	1 50
13	23 11	13 18	1 11	15 5	25 3	2 3	22 30	0 12	9 8	0 33	17 13	0 49	11 2	1 50
14	23 15	16 39	0S 7	17 59	24 52	2 1	22 40	0 10	9 13	0 34	17 9	0 49	11 0	1 50
15	23 18	19 1	1 27	19 43	24 40	1 59	22 49	0 7	9 18	0 36	17 6	0 49	10 59	1 50
16	23 20	20 4	2 42	20 4	24 26	1 56	22 58	0 5	9 24	0 38	17 3	0 49	10 57	1 50
17	23 22	19 41	3 46	18 56	24 11	1 52	23 6	0 2	9 30	0 39	17 0	0 49	10 56	1 50
18	23 24	17 52	4 33	16 29	23 54	1 48	23 13	0 0	9 36	0 41	16 57	0 49	10 54	1 49
19	23 25	14 51	5 2	12 60	23 37	1 43	23 19	0N 2	9 42	0 43	16 54	0 49	10 52	1 49
20	23 26	10 58	5 9	8 49	23 17	1 37	23 25	0 5	9 48	0 44	16 51	0 49	10 51	1 49
21	23 27	6 35	4 57	4 17	22 57	1 31	23 30	0 7	9 55	0 46	16 47	0 49	10 49	1 49
22	23 27	1 59	4 29	0S19	22 37	1 24	23 34	0 9	10 1	0 47	16 44	0 49	10 47	1 49
23	23 27	2S34	3 46	4 46	22 15	1 16	23 38	0 12	10 8	0 49	16 41	0 49	10 46	1 49
24	23 26	6 52	2 53	8 53	21 52	1 8	23 41	0 14	10 15	0 50	16 38	0 49	10 44	1 49
25	23 25	10 46	1 53	12 31	21 29	0 59	23 43	0 17	10 22	0 52	16 34	0 49	10 42	1 49
26	23 23	14 7	0 50	15 33	21 6	0 50	23 45	0 19	10 30	0 53	16 31	0 49	10 40	1 49
27	23 21	16 48	0N15	17 53	20 42	0 40	23 46	0 21	10 37	0 55	16 27	0 49	10 38	1 49
28	23 19	18 45	1 19	19 24	20 18	0 30	23 46	0 23	10 45	0 56	16 24	0 49	10 36	1 48
29	23 16	19 51	2 18	20 5	19 54	0 19	23 46	0 26	10 53	0 57	16 21	0 49	10 34	1 48
30	23N13	20S 5	3N11	19S52	19N29	0N 8	23N44	0N28	11S 1	0S59	16N17	0N49	10N32	1N48

DAY	♅ DECL	♅ LAT	♆ DECL	♆ LAT	♇ DECL	♇ LAT
1	10S 9	0S46	17N57	0S 0	19N41	3S36
5	10 9	0 46	17 56	0N 0	19 41	3 36
9	10 9	0 46	17 54	0 0	19 41	3 36
13	10 9	0 46	17 53	0 0	19 41	3 35
17	10 10	0 46	17 51	0 0	19 41	3 35
21	10 10	0 47	17 49	0 0	19 41	3 35
25	10 11	0 47	17 47	0 0	19 41	3 35
29	10S13	0S47	17N45	0N 0	19N41	3S34

☽ PHENOMENA			
d	h	m	
1	17	18	○
9	18	58	☾
16	13	41	●
23	6	49	☽
d	h	°	'
2	11	20S	7
9	22	0	
16	6	20N	7
22	10	0	
29	18	20S	6
7	3	5N13	
13	22	0	
19	21	5S 9	
26	18	0	

VOID OF COURSE ☽ LAST ASPT		☽ INGRESS		
2	2pm21	3	♑	8am 5
5	3am17	5	♒	8pm38
7	3pm16	8	♓	7am43
9	6pm58	10	♈	3pm58
12	7am 0	12	♉	8pm35
13	9pm25	14	♊	9pm57
16	1pm41	16	♋	9pm27
18	10am 0	18	♌	9pm 2
20	9pm22	20	♍	10pm45
23	0am53	23	♎	4am 6
25	10am57	25	♏	1pm19
26	11pm30	28	♐	1am15
30	6am30	30	♑	2pm 6

d	h	
3	4	APOGEE
16	15	PERIGEE
30	7	APOGEE

DAILY ASPECTARIAN

1 T	☽□♄	6am10
	☽□♅	6 44
	☽∠♂	7 57
	☽⊼♇	8 41
	☽#♇	11 44
	☽△♆	2pm 0
	☉☍☽	5 18
	☽△♃	9 31
2 W	☽☍☿	1pm15
	☽✶♂	2 21
	☿△♂	7 33
	☽⚼♆	8 28
3 Th	☽⚼♃	4am20
	☽#♇	10 57
	☽⊼♀	5pm20
	☽△♄	7 12
	☽✶♅	7 33
	☽☍♇	9 36
4 F	☽⊼♆	2am56
	☉✶♃	6 42
	☿∠♆	6 42
	☽⊼♃	11 7
	☉⊼☽	11 27
	♀□♄	12pm 0
	♀□♅	2 56
	☽#♆	5 0
	☽#♃	9 5
5 S	☽⚼♄	1am38
	☽∠♅	1 53
	☽⚼♀	3 8
	☽□♂	3 17
	♀⚼♂	4 36
	♀⚺♇	11 17
	☽⊼☿	2pm38
	☉⚼☽	8 16
6 Su	☽⊼♄	7am50
	☽⚺♅	7 57
	☽⊼♇	10 4
	☿∠♃	10 38
	☽△♀	12pm35
	☽☍♆	3 18
	☽☍♃	11 59
7 M	☽⚼☿	2am20
	☿ ♋	3 2
	☽#♄	3 47
	☉△☽	4 38
	☽∥♅	10 34
	☽△♂	3pm16
	♄☍♅	3 39
	☽⚼♇	3 42
	♀✶♆	3 45
	☽∥♂	7 30
8 T	☽△☿	12pm57
	☽☌♅	6 36
	☽☍♄	6 43
	☽⚼♂	8 27
	☽△♇	8 43
9 W	☽⊼♆	1am44
	☽□♀	5 18
	☽⊼♃	10 39
	☉□☽	6pm58
10 Th	☽⊼♂	0am52
	☿△♅	3 2
	♅SR	4 10
	☿✶♄	4 50
	☽⚼♆	5 49
	☽⚼♃	2pm45
	☿☌♇	6 14
11 F	☽⚺♅	2am12
	☽⊼♄	2 32
	☽□♇	4 17
	☽□☿	5 48
	☽△♆	8 59
	☽✶♀	5pm39
	☽△♃	5 53
	♀✶♃	8 37
	☽#♂	10 46
12 S	☽∠♅	4am37
	☉✶☽	5 1
	☽#♅	5 2
	☽⚼♄	5 3
	☿⚺♆	6 23
	☽☍♂	7 0
	☽∥♄	10 13
	☽∠♀	10pm 0
13 Su	☽✶♅	6am 8
	☽△♄	6 41
	☽✶♇	8 11
	☉∠☽	8 21
	☽□♆	12pm35
	☉△♂	2 53
	☽✶☿	4 35
	☽□♃	9 25
14 M	☽⚺♀	1am16
	☽∥♃	4 14
	☽∠♇	8 54
	☽⊼♂	9 39
	☉⚺☽	10 44
	☽∥♆	10 56
	☽∠☿	8pm 7
15 T	☽□♅	7am 1
	☽□♄	7 44
	☽⚺♇	9 2
	☽⚼♂	10 0
	☽∥♇	11 22
	☽✶♆	1pm15
	☿⚺♃	3 51
	☽✶♃	10 11
	☽⚺☿	10 51
16 W	☉∠♆	2am 5
	☽☌♀	5 33
	☽△♂	10 0
	☽∠♆	12pm59
	☉☌☽	1 41
	☽∠♃	10 5
	☽∥♇	11 54
17 Th	☽△♅	6am20
	☽✶♄	7 17
	☽☌♇	8 26
	☽⚺♆	12pm38
	☽⚺♃	10 0
18 F	☽∥♆	0am15
	☽☌☿	3 30
	☽⚼♅	6 3
	☽∠♄	7 8
	☽∥♃	8 23
	☽⚺♀	9 4
	☽□♂	10 0
	☉⚺☽	4pm20
	♀△♂	10 32
19 S	☿⚼♅	5am40
	☽⊼♅	6 9
	☽⚺♄	7 22
	☽⚺♇	8 26
	☽∠♀	11 27
	☽☌♆	12pm47
	☉∥☿	1 27
	☿∥♀	4 53
	☉∠☽	6 24
	☿∠♄	6 41
	☽☌♃	11 4
20 Su	☽∥♄	0am44
	♀∠♆	3 46
	☽#♅	4 33
	☽#♂	6 27
	☉∥♀	7 29
	☽∠♇	9 17
	☽⚺☿	9 41
	☽✶♂	11 49
	☽✶♀	2pm43
	☉✶☽	9 22
21 M	☽☍♅	8am27
	☽☌♄	10 2
	☽✶♇	10 59
	☿□♂	11 55
	☽∠♂	2pm 2
	☽∠☿	2 13
	☽⚺♆	3 41
	☉ ♋	5 40
22 T	☽⚺♃	3am17
	☽⚺♂	5pm17
	☽∠♆	6 34
	☽✶☿	7 57
23 W	☽□♀	0am53
	☉□☽	6 49
	☽∠♃	6 56
	☉∠♃	8 44
	♂∥♅	9 38
	☽⊼♅	2pm30
	☽⚺♄	4 34
	☽□♇	5 24
	☽✶♆	10 28
24 Th	♀ ♋	10am54
	☽✶♃	11 38
	☽⚼♅	7pm 0
	☽∥♅	8 15
	☽∠♄	9 20
	☽∥♂	9 22
	☽#♄	11 34
25 F	☽☌♂	3am 2
	☽□☿	10 57
	☽△♀	4pm17
	☉△☽	9 6
26 S	☽△♅	0am18
	☽✶♄	2 55
	♀∠♃	3 13
	☽△♇	3 32
	☽□♆	8 55
	☿ ♌	12pm30
	☽#♃	8 33
	☽□♃	11 30
27 Su	☽⚼♀	1am29
	♂#♄	2 7
	☉⚼☽	5 34
	☽⚼♇	9 35
	☽#♆	10 40
	☉△♅	1pm27
	☽⚺♂	4 4
28 M	☽△☿	4am54
	☽⊼♀	11 14
	☽□♅	12pm28
	☉⊼☽	2 31
	☽□♄	3 38
	☽⊼♇	3 58
	☽#♇	6 40
	☽△♆	9 30
	♀△♅	11 2
	☽∠♂	11 14
29 T	☽#☿	0am57
	☉✶♄	5 31
	☉☌♇	9 0
	☿∥♇	12pm39
	☽△♃	1 9
	☽⚼☿	2 6
30 W	☽⚼♆	4am 2
	☽✶♂	6 30
	♀✶♄	8 19
	♀☌♇	9 43
	☽#♇	5pm43
	☽⚼♃	8 5
	☽⊼☿	11 5

JULY 1920

LONGITUDE

DAY	SID. TIME	☉	☽	☽ 12 Hour	MEAN ☊	TRUE ☊	☿	♀	♂	♃	♄	♅	♆	♇
	h m s	° ' "	° ' "	° ' "	° '	° '	° '	° '	° '	° '	° '	° '	° '	° '
1	18 34 58	8♋ 49 57	4♑ 53 7	10♑ 49 20	12♏ 45	14♏ 20R	4♌ 28	8♋ 2	26♎ 29	17♌ 59	7♍ 18	5♓ 30R	10♌ 4	7♋ 19
2	18 38 55	9 47 7	16 46 31	22 44 51	12 41	14 11	5 19	9 16	26 49	18 10	7 23	5 29	10 6	7 21
3	18 42 51	10 44 18	28 44 32	4♒ 45 44	12 38	14 0	6 6	10 30	27 9	18 22	7 28	5 28	10 8	7 22
4	18 46 48	11 41 29	10♒ 48 39	16 53 31	12 35	13 50	6 50	11 44	27 29	18 34	7 33	5 27	10 10	7 24
5	18 50 45	12 38 40	23 0 32	29 9 57	12 32	13 40	7 29	12 57	27 50	18 45	7 38	5 26	10 12	7 25
6	18 54 41	13 35 51	5♓ 22 4	11♓ 37 10	12 29	13 32	8 5	14 11	28 12	18 57	7 44	5 25	10 14	7 27
7	18 58 38	14 33 2	17 55 36	24 17 44	12 26	13 27	8 37	15 25	28 34	19 9	7 49	5 24	10 16	7 28
8	19 2 34	15 30 14	0♈ 43 56	7♈ 14 36	12 22	13 24	9 5	16 39	28 56	19 21	7 55	5 22	10 18	7 30
9	19 6 31	16 27 26	13 50 7	20 30 51	12 19	13 23D	9 29	17 52	29 19	19 33	8 0	5 21	10 20	7 31
10	19 10 27	17 24 38	27 17 8	4♉ 9 14	12 16	13 23	9 48	19 6	29 42	19 45	8 6	5 20	10 22	7 33
11	19 14 24	18 21 52	11♉ 7 21	18 11 34	12 13	13 24R	10 2	20 20	0♏ 6	19 57	8 12	5 18	10 24	7 34
12	19 18 20	19 19 6	25 21 49	2♊ 37 53	12 10	13 23	10 12	21 34	0 30	20 9	8 17	5 17	10 26	7 36
13	19 22 17	20 16 20	9♊ 59 22	17 25 39	12 7	13 21	10 17R	22 48	0 54	20 21	8 23	5 16	10 28	7 37
14	19 26 14	21 13 34	24 55 57	2♋ 29 15	12 3	13 16	10 18	24 2	1 19	20 33	8 29	5 14	10 30	7 39
15	19 30 10	22 10 50	10♋ 4 26	17 40 14	12 0	13 9	10 13	25 15	1 44	20 45	8 35	5 13	10 32	7 40
16	19 34 7	23 8 5	25 15 19	2♌ 48 20	11 57	12 59	10 4	26 29	2 10	20 57	8 41	5 11	10 34	7 42
17	19 38 3	24 5 21	10♌ 18 2	17 43 13	11 54	12 49	9 50	27 43	2 36	21 10	8 47	5 9	10 37	7 43
18	19 42 0	25 2 37	25 2 55	2♍ 16 20	11 51	12 40	9 32	28 57	3 2	21 22	8 53	5 8	10 39	7 45
19	19 45 56	25 59 54	9♍ 22 51	16 22 8	11 47	12 31	9 9	0♌ 11	3 29	21 34	8 59	5 6	10 41	7 46
20	19 49 53	26 57 11	23 14 1	29 58 32	11 44	12 25	8 41	1 25	3 56	21 47	9 6	5 4	10 43	7 47
21	19 53 49	27 54 28	6♎ 35 54	13♎ 6 28	11 41	12 21	8 10	2 39	4 23	21 59	9 12	5 3	10 45	7 49
22	19 57 46	28 51 45	19 30 40	25 49 5	11 38	12 20D	7 36	3 53	4 51	22 12	9 18	5 1	10 47	7 50
23	20 1 43	29 49 3	2♏ 2 18	8♏ 10 58	11 35	12 20R	6 58	5 7	5 19	22 24	9 25	4 59	10 50	7 52
24	20 5 39	0♌ 46 21	14 15 43	20 17 14	11 32	12 20	6 18	6 21	5 47	22 37	9 31	4 57	10 52	7 53
25	20 9 36	1 43 39	26 16 9	2♐ 13 6	11 28	12 19	5 36	7 34	6 16	22 50	9 37	4 55	10 54	7 54
26	20 13 32	2 40 58	8♐ 8 40	14 3 24	11 25	12 17	4 53	8 48	6 45	23 2	9 44	4 54	10 56	7 56
27	20 17 29	3 38 18	19 57 49	25 52 23	11 22	12 12	4 9	10 2	7 14	23 15	9 50	4 52	10 58	7 57
28	20 21 25	4 35 38	1♑ 47 30	7♑ 43 32	11 19	12 4	3 26	11 16	7 43	23 28	9 57	4 50	11 1	7 59
29	20 25 22	5 32 58	13 40 48	19 39 33	11 16	11 54	2 44	12 30	8 13	23 40	10 4	4 48	11 3	8 0
30	20 29 18	6 30 19	25 40 1	1♒ 42 21	11 13	11 42	2 4	13 44	8 44	23 53	10 10	4 46	11 5	8 1
31	20 33 15	7♌ 27 42	7♒ 46 43	13♒ 53 14	11♏ 9	11♏ 28	1♌ 27	14♌ 58	9♏ 14	24♌ 6	10♍ 17	4♓ 44	11♌ 7	8♋ 3

DECLINATION and LATITUDE

DAY	☉ DECL	☽ DECL	☽ LAT	☽ 12hr DECL	☿ DECL	☿ LAT	♀ DECL	♀ LAT	♂ DECL	♂ LAT	♃ DECL	♃ LAT	♄ DECL	♄ LAT
1	23N 9	19S26	3N56	18S46	19N 5	0S 4	23N42	0N30	11S 9	0S60	16N13	0N49	10N31	1N48
2	23 5	17 55	4 31	16 52	18 41	0 17	23 40	0 32	11 17	1 1	16 10	0 49	10 29	1 48
3	23 1	15 37	4 54	14 13	18 17	0 29	23 37	0 35	11 26	1 2	16 6	0 49	10 26	1 48
4	22 56	12 39	5 4	10 57	17 53	0 42	23 33	0 37	11 34	1 4	16 3	0 49	10 24	1 48
5	22 51	9 7	5 1	7 11	17 30	0 56	23 28	0 39	11 43	1 5	15 59	0 49	10 22	1 48
6	22 45	5 9	4 43	3 4	17 8	1 10	23 22	0 41	11 52	1 6	15 55	0 49	10 20	1 48
7	22 39	0 55	4 12	1N16	16 46	1 24	23 16	0 43	12 1	1 7	15 52	0 49	10 18	1 48
8	22 33	3N28	3 27	5 38	16 25	1 38	23 9	0 45	12 10	1 8	15 48	0 49	10 16	1 47
9	22 26	7 47	2 31	9 51	16 4	1 53	23 2	0 47	12 19	1 9	15 44	0 49	10 14	1 47
10	22 19	11 50	1 25	13 41	15 45	2 8	22 54	0 49	12 28	1 10	15 40	0 49	10 12	1 47
11	22 11	15 22	0 12	16 51	15 27	2 22	22 45	0 51	12 38	1 11	15 37	0 49	10 9	1 47
12	22 3	18 5	1S 3	19 3	15 10	2 37	22 36	0 53	12 47	1 13	15 33	0 49	10 7	1 47
13	21 55	19 42	2 17	20 1	14 55	2 52	22 25	0 55	12 56	1 14	15 29	0 49	10 5	1 47
14	21 46	19 59	3 22	19 36	14 41	3 6	22 14	0 57	13 6	1 15	15 25	0 49	10 3	1 47
15	21 37	18 51	4 14	17 46	14 29	3 20	22 3	0 58	13 16	1 16	15 21	0 49	10 0	1 47
16	21 28	16 22	4 48	14 42	14 18	3 34	21 51	1 0	13 26	1 16	15 17	0 49	9 58	1 47
17	21 18	12 49	5 2	10 45	14 9	3 47	21 38	1 2	13 35	1 17	15 13	0 49	9 56	1 47
18	21 8	8 32	4 55	6 14	14 2	3 59	21 25	1 3	13 45	1 18	15 9	0 49	9 53	1 47
19	20 57	3 53	4 30	1 31	13 56	4 11	21 11	1 5	13 55	1 19	15 5	0 49	9 51	1 47
20	20 47	0S50	3 50	3S 7	13 53	4 21	20 56	1 7	14 5	1 20	15 1	0 49	9 49	1 47
21	20 35	5 20	2 58	7 27	13 52	4 31	20 41	1 8	14 15	1 21	14 57	0 49	9 46	1 47
22	20 24	9 27	1 58	11 19	13 53	4 39	20 25	1 10	14 26	1 22	14 53	0 49	9 44	1 46
23	20 12	13 2	0 54	14 35	13 55	4 46	20 9	1 11	14 36	1 23	14 49	0 49	9 41	1 46
24	19 60	15 58	0N10	17 9	13 60	4 52	19 52	1 12	14 46	1 23	14 45	0 49	9 39	1 46
25	19 47	18 8	1 13	18 55	14 6	4 55	19 34	1 14	14 56	1 24	14 41	0 49	9 36	1 46
26	19 34	19 30	2 12	19 51	14 14	4 57	19 16	1 15	15 7	1 25	14 37	0 49	9 34	1 46
27	19 21	19 60	3 5	19 54	14 24	4 58	18 57	1 16	15 17	1 26	14 33	0 49	9 31	1 46
28	19 7	19 36	3 50	19 5	14 35	4 56	18 38	1 17	15 27	1 27	14 29	0 49	9 29	1 46
29	18 53	18 21	4 25	17 25	14 48	4 53	18 19	1 18	15 38	1 27	14 24	0 49	9 26	1 46
30	18 39	16 17	4 49	14 59	15 2	4 48	17 58	1 19	15 48	1 28	14 20	0 49	9 24	1 46
31	18N25	13S30	4N59	11S53	15N16	4S41	17N38	1N20	15S59	1S29	14N16	0N49	9N21	1N46

DAY	♅ DECL	♅ LAT	♆ DECL	♆ LAT	♇ DECL	♇ LAT
1	10S13	0S47	17N44	0N 0	19N41	3S34
5	10 15	0 47	17 42	0 0	19 41	3 34
9	10 17	0 47	17 40	0 0	19 41	3 34
13	10 19	0 47	17 38	0 0	19 40	3 34
17	10 22	0 47	17 35	0 0	19 40	3 34
21	10 24	0 48	17 33	0 1	19 40	3 33
25	10 27	0 48	17 31	0 1	19 40	3 33
29	10S30	0S48	17N28	0N 1	19N40	3S33

☽ PHENOMENA	VOID OF COURSE ☽ LAST ASPT	☽ INGRESS
d h m	2 8pm43	3 ♒ 2am31
1 8 41 ○	5 9am42	5 ♓ 1pm37
9 5 6 ☾	6 6pm43	7 ♈ 10pm38
15 20 25 ●	10 4am22	10 ♉ 4am46
22 19 20 ☽	11 5pm 4	12 ♊ 7am40
30 23 19 ○	13 4pm54	14 ♋ 8am 3
	16 2am 8	16 ♌ 7am32
d h ° '	17 5pm52	18 ♍ 8am12
7 5 0	20 7am 6	20 ♎ 12pm 3
13 17 20N 3	22 7pm20	22 ♏ 8pm 3
19 20 0	24 4pm58	25 ♐ 7am31
27 1 19S60	27 6am47	27 ♑ 8pm22
	28 4pm39	30 ♒ 8am37
4 6 5N 5	d h	
11 4 0	15 0 PERIGEE	
17 4 5S 2	27 14 APOGEE	
23 20 0		
31 7 4N60		

DAILY ASPECTARIAN

1 Th	☽⚹♅	1am15
	☽△♄	4 54
	☽☍♇	4 57
	☽☍♀	7 7
	☉☍☽	8 41
	☽#☿	9 31
	☽⚻♆	10 29
	♄⚹♇	12pm32
2 F	☽#♆	2am18
	☽⚻♃	2 52
	☿⚻♅	5 7
	☽∠♅	7 27
	☉⚺♆	8 2
	☽⚼♄	11 20
	♀⚺♆	4pm32
	☽#♃	7 24
	☽□♂	8 43
3 S	☽⚺♅	1pm23
	☽☍☿	3 37
	☽⚻♇	5 13
	☽⚻♄	5 30
	☉☌♀	8 51
	☽☍♆	10 42
4 Su	☉⚻☽	1am53
	☽⚻♀	2 1
	☽∥♂	7 22
	☿∥♆	11 19
	☽☍♃	3pm32
	☽#♄	3 45
	☽∥♅	4 38
	☿⚺♇	9 25
	☽⚼♇	10 51
5 M	☿⚺♄	6am45
	☽△♂	9 42
	☉⚼☽	9 48
	☽⚼♀	10 43
6 T	☽☌♅	0am 5
	☽△♇	4 1
	☽☍♄	4 35
	☽⚻☿	5 29
	☽⚻♆	9 22
	☽⚼♂	3pm28
	☉△☽	5 4
	☽△♀	6 43
7 W	☽⚻♃	2am21
	☽⚼☿	11 9
	☽⚼♆	1pm51
	♄#♅	7 4
	☽⚻♂	8 34
8 Th	☽⚼♃	6am47
	☽⚺♅	8 33
	☽□♇	12pm29
	☽⚻♄	1 19
	☽△☿	3 51
	☽△♆	5 37
9 F	☉□☽	5am 6
	☽□♀	8 1
	☽△♃	10 25
	☽∠♅	11 41
	☽∥♄	2pm 7
	☽#♅	2 35
	☽⚼♄	4 33
10 S	☽#♂	4am13
	☽☍♂	4 22
	☿∥♃	7 49
	☽⚹♅	2pm 1
	♀⚺♃	2 51
	☽⚹♇	5 54
	♂ ♏	6 14
	☽△♄	6 57
	☽□☿	10 7
	☽□♆	10 45
	♀⚼♅	11 27
11 Su	☽∥☿	0am37
	☽∥♃	1 51
	☉⚹☽	1pm10
	☽□♃	3 9
	☽⚹♀	5 4
	☽∥♆	7 23
	☽∠♇	7 23
12 M	☽⚻♂	8am44
	☉∠☽	3pm47
	☽□♅	4 19
	☽∠♀	8 7
	☽⚺♇	8 9
	☽□♄	9 23
	☽∥♇	11 15
	☉⚼♅	11 40
13 T	☽⚹☿	0am29
	☽⚹♆	0 47
	☉⚺♃	2 21
	☽⚼♂	9 49
	♀∠♄	12pm31
	☿SR	2 4
	☽⚹♃	4 54
	☉⚺☽	5 41
	☽⚺♀	10 26
14 W	☽∠☿	0am35
	☽∠♆	0 55
	☽∥♇	10 11
	☽△♂	10 26
	☽△♅	4pm19
	☽∠♃	5 4
	☽☌♇	8 12
	☽⚹♄	9 38
15 Th	☽⚺☿	0am14
	☽⚺♆	0 44
	☽∥♆	1pm28
	☽⚼♅	3 59
	☽⚺♃	5 6
	☉☌☽	8 25
	☽∠♄	9 30
16 F	☽☌♀	2am 8
	☽∥♃	8 9
	☽□♂	11 18
	☽∥☿	3pm22
	☉∠♄	3 27
	☽⚻♅	3 46
	☽#♂	7 27
	☽⚺♇	7 51
	☽⚺♄	9 33
	☽☌☿	11 16
17 S	☽☌♆	0am30
	☽#♅	2pm 6
	☽∥♄	4 39
	☽☌♃	5 52
	☽∠♇	8 12
	☉⚺☽	11 59
18 Su	☽⚺♀	7am 4
	☽⚹♂	1pm42
	☽☍♅	4 46
	♀ ♌	8 26
	☽⚹♇	9 15
	☽☌♄	11 20
	☽⚺☿	11 37
19 M	☿#♂	2am 3
	☽⚺♆	2 14
	☉∠☽	2 58
	☿⚺♄	6 56
	☽∠♀	10 55
	☽∠♂	4pm11
	☽⚺♃	9 24
20 T	☽∠☿	0am47
	☽∠♆	4 25
	☉⚹☽	7 6
	☽⚹♀	4pm 5
	☽⚺♂	7 49
	☽⚻♅	9 10
21 W	☽∠♃	0am44
	☽□♇	2 14
	☽⚹☿	2 46
	☽⚺♄	4 48
	☽⚹♆	7 40
	☿⚺♇	2pm31
22 Th	☽⚼♅	0am57
	☽#♄	1 41
	☽⚹♃	5 10
	☽∥♅	6 4
	☉∥♀	7 5
	♂△♅	8 18
	☽∠♄	9 11
	☉□☽	7pm20
	♀⚻♅	9 37
23 F	☉ ♌	4am35
	☽△♅	5 43
	♀□♂	6 20
	☽☌♂	6 38
	☽□♀	6 39
	☽#☿	6 50
	☽□☿	9 7
	☽△♇	11 23
	☽∥♂	12pm49
	☽#♃	1 37
	☽⚹♄	2 32
	☽□♆	5 16
	♂#♃	10 40
	☿☌♀	11 25
24 S	☿□♂	10am31
	☽#♆	4pm11
	♀∥♇	4 21
	☽□♃	4 58
	☽⚼♇	5 14
25 Su	♀⚺♇	6am36
	♃∠♇	10 20
	☉△☽	11 58
	☉∥♇	1pm35
	☽□♅	5 26
	☽△☿	5 46
	☽#♀	7 48
	☽⚺♂	9 2
	☿⚻♅	11 30
	☽⚻♇	11 34
26 M	☉#☽	1am30
	☽△♀	1 30
	☽□♄	3 15
	☽#♇	4 39
	☽△♆	5 41
	♀⚺♄	7pm47
	☉⚼☽	9 4
	☽⚼☿	10 27
27 T	☽∠♂	4am48
	☽△♃	6 47
	☉☌☿	7 22
	☽⚼♀	11 30
	☽⚼♆	12pm15
	☿∥♃	1 42
	♀☌♆	6 48
	☽#♇	10 18
28 W	☽⚻☿	3am 8
	☉⚻♅	5 41
	☽⚹♅	6 8
	☉⚻☽	6 10
	☽⚹♂	12pm31
	☽☍♇	12 32
	♂△♇	12 41
	☽⚼♃	1 44
	☉#☽	1 44
	☽△♄	4 39
	☽⚻♆	6 41
	☽⚻♀	9 22
29 Th	☽#♀	0am45
	☽#♆	11 24
	☽∠♅	12pm14
	☽⚻♃	8 23
	☽⚼♄	11 0
30 F	☽∥♂	4am22
	☽#☿	10 41
	☽☍☿	12pm 5
	☽#♃	5 49
	☽⚺♅	6 0
	☉☍☽	11 19
31 S	☽⚻♇	0am31
	☽□♂	2 59
	☽⚻♄	4 59
	☽☍♆	6 36
	♀∥♆	12pm19
	☉⚺♇	2 55
	☽☍♀	3 42
	☽∥♅	9 14

AUGUST 1920

LONGITUDE

DAY	SID. TIME	☉	☽	☽ 12 Hour	MEAN ☊	TRUE ☊	☿	♀	♂	♃	♄	♅	♆	♇
	h m s	° ' "	° ' "	° ' "	° '	° '	° '	° '	° '	° '	° '	° '	° '	° '
1	20 37 12	8♌ 25 5	20♒ 1 57	26♒ 12 59	11♏ 6	11♏ 14R	0♌ 53R	16♌ 12	9♏ 45	24♌ 19	10♍ 24	4♓ 42R	11♌ 10	8♋ 4
2	20 41 8	9 22 28	2♓ 26 25	8♓ 42 19	11 3	11 2	0 23	17 26	10 16	24 31	10 31	4 40	11 12	8 5
3	20 45 5	10 19 53	15 0 48	21 21 58	11 0	10 52	29♋ 58	18 40	10 47	24 44	10 37	4 37	11 14	8 6
4	20 49 1	11 17 19	27 46 0	4♈ 13 2	10 57	10 44	29 39	19 54	11 18	24 57	10 44	4 35	11 16	8 8
5	20 52 58	12 14 46	10♈ 43 18	17 17 1	10 53	10 40	29 25	21 8	11 50	25 10	10 51	4 33	11 18	8 9
6	20 56 54	13 12 14	23 54 26	0♉ 35 49	10 50	10 38D	29 17D	22 22	12 22	25 23	10 58	4 31	11 21	8 10
7	21 0 51	14 9 44	7♉ 21 25	14 11 28	10 47	10 37R	29 15	23 36	12 54	25 36	11 5	4 29	11 23	8 12
8	21 4 47	15 7 15	21 6 8	28 5 33	10 44	10 37	29 20	24 50	13 27	25 49	11 12	4 27	11 25	8 13
9	21 8 44	16 4 48	5♊ 9 46	12♊ 18 41	10 41	10 36	29 32	26 4	14 0	26 2	11 19	4 24	11 27	8 14
10	21 12 41	17 2 21	19 32 5	26 49 37	10 38	10 34	29 51	27 18	14 33	26 15	11 26	4 22	11 30	8 15
11	21 16 37	17 59 57	4♋ 10 44	11♋ 34 44	10 34	10 28	0♌ 17	28 32	15 6	26 28	11 33	4 20	11 32	8 16
12	21 20 34	18 57 33	19 0 47	26 27 54	10 31	10 20	0 49	29 46	15 40	26 41	11 41	4 18	11 34	8 18
13	21 24 30	19 55 12	3♌ 54 59	11♌ 20 54	10 28	10 11	1 29	1♍ 0	16 13	26 54	11 48	4 15	11 36	8 19
14	21 28 27	20 52 51	18 44 33	26 4 49	10 25	10 0	2 16	2 14	16 47	27 7	11 55	4 13	11 38	8 20
15	21 32 23	21 50 31	3♍ 20 43	10♍ 31 25	10 22	9 49	3 9	3 28	17 21	27 20	12 2	4 11	11 41	8 21
16	21 36 20	22 48 13	17 36 14	24 34 39	10 18	9 40	4 9	4 42	17 56	27 33	12 9	4 8	11 43	8 22
17	21 40 16	23 45 56	1♎ 26 22	8♎ 11 17	10 15	9 33	5 15	5 56	18 31	27 46	12 17	4 6	11 45	8 23
18	21 44 13	24 43 40	14 49 25	21 20 58	10 12	9 28	6 27	7 10	19 5	27 59	12 24	4 4	11 47	8 24
19	21 48 10	25 41 25	27 46 18	4♏ 5 50	10 9	9 26D	7 45	8 24	19 40	28 12	12 31	4 1	11 49	8 26
20	21 52 6	26 39 11	10♏ 20 6	16 29 41	10 6	9 26	9 8	9 39	20 16	28 25	12 39	3 59	11 52	8 27
21	21 56 3	27 36 59	22 35 12	28 37 20	10 3	9 26R	10 36	10 53	20 51	28 39	12 46	3 57	11 54	8 28
22	21 59 59	28 34 47	4♐ 36 45	10♐ 34 7	9 59	9 26	12 10	12 7	21 27	28 52	12 53	3 54	11 56	8 29
23	22 3 56	29 32 37	16 30 4	22 25 16	9 56	9 24	13 47	13 21	22 3	29 5	13 1	3 52	11 58	8 30
24	22 7 52	0♍ 30 28	28 20 17	4♑ 15 42	9 53	9 20	15 29	14 35	22 39	29 18	13 8	3 49	12 0	8 31
25	22 11 49	1 28 21	10♑ 12 2	16 9 45	9 50	9 14	17 13	15 49	23 15	29 31	13 16	3 47	12 2	8 32
26	22 15 45	2 26 14	22 9 15	28 10 55	9 47	9 6	19 1	17 3	23 52	29 44	13 23	3 45	12 4	8 33
27	22 19 42	3 24 9	4♒ 15 0	10♒ 21 47	9 44	8 56	20 52	18 17	24 28	29 57	13 31	3 42	12 6	8 34
28	22 23 38	4 22 5	16 31 25	22 44 2	9 40	8 44	22 44	19 31	25 5	0♍ 10	13 38	3 40	12 9	8 35
29	22 27 35	5 20 3	28 59 42	5♓ 18 26	9 37	8 33	24 38	20 45	25 42	0 23	13 46	3 37	12 11	8 35
30	22 31 32	6 18 3	11♓ 40 14	18 5 3	9 34	8 22	26 34	21 59	26 19	0 36	13 53	3 35	12 13	8 36
31	22 35 28	7♍ 16 4	24♓ 32 51	1♈ 3 33	9♏ 31	8♏ 13	28♌ 30	23♍ 13	26♏ 56	0♍ 49	14♍ 1	3♓ 33	12♌ 15	8♋ 37

DECLINATION and LATITUDE

DAY	☉ DECL	☽ DECL	☽ LAT	☽ 12hr DECL	☿ DECL	☿ LAT	♀ DECL	♀ LAT	♂ DECL	♂ LAT	♃ DECL	♃ LAT	♄ DECL	♄ LAT
1	18N10	10S 7	4N56	8S14	15N32	4S33	17N17	1N21	16S 9	1S29	14N12	0N49	9N18	1N46
2	17 55	6 15	4 40	4 12	15 47	4 23	16 55	1 22	16 20	1 30	14 8	0 49	9 16	1 46
3	17 40	2 5	4 9	0N 5	16 3	4 12	16 33	1 23	16 30	1 31	14 3	0 49	9 13	1 46
4	17 24	2N15	3 26	4 25	16 20	3 60	16 10	1 23	16 41	1 31	13 59	0 49	9 11	1 46
5	17 8	6 34	2 31	8 38	16 36	3 46	15 47	1 24	16 51	1 32	13 55	0 49	9 8	1 46
6	16 52	10 38	1 27	12 31	16 51	3 32	15 24	1 25	17 1	1 33	13 50	0 49	9 5	1 46
7	16 35	14 15	0 17	15 48	17 7	3 17	14 60	1 25	17 12	1 33	13 46	0 49	9 3	1 46
8	16 18	17 9	0S55	18 16	17 21	3 1	14 36	1 26	17 22	1 34	13 42	0 49	8 60	1 46
9	16 1	19 6	2 6	19 39	17 34	2 45	14 11	1 26	17 33	1 34	13 37	0 49	8 57	1 46
10	15 44	19 53	3 10	19 46	17 47	2 28	13 46	1 26	17 43	1 35	13 33	0 50	8 54	1 46
11	15 27	19 20	4 3	18 34	17 58	2 11	13 20	1 27	17 54	1 35	13 29	0 50	8 52	1 46
12	15 9	17 28	4 41	16 5	18 7	1 54	12 55	1 27	18 4	1 36	13 24	0 50	8 49	1 46
13	14 51	14 26	4 59	12 33	18 15	1 37	12 29	1 27	18 14	1 36	13 20	0 50	8 46	1 46
14	14 32	10 30	4 57	8 17	18 21	1 21	12 2	1 27	18 24	1 37	13 15	0 50	8 43	1 46
15	14 14	5 59	4 36	3 37	18 25	1 4	11 35	1 27	18 35	1 37	13 11	0 50	8 41	1 46
16	13 55	1 15	3 58	1S 7	18 27	0 49	11 8	1 27	18 45	1 38	13 6	0 50	8 38	1 46
17	13 36	3S26	3 7	5 40	18 26	0 33	10 41	1 27	18 55	1 38	13 2	0 50	8 35	1 46
18	13 17	7 47	2 7	9 47	18 23	0 18	10 13	1 26	19 5	1 39	12 57	0 50	8 32	1 46
19	12 58	11 39	1 1	13 20	18 17	0 4	9 45	1 26	19 15	1 39	12 53	0 50	8 30	1 46
20	12 38	14 51	0N 5	16 11	18 8	0N10	9 17	1 26	19 25	1 40	12 49	0 50	8 27	1 46
21	12 18	17 18	1 9	18 14	17 57	0 23	8 49	1 25	19 35	1 40	12 44	0 50	8 24	1 46
22	11 58	18 57	2 10	19 26	17 43	0 35	8 20	1 25	19 45	1 40	12 40	0 50	8 21	1 46
23	11 38	19 43	3 4	19 47	17 26	0 46	7 51	1 24	19 54	1 41	12 35	0 50	8 18	1 46
24	11 18	19 37	3 49	19 14	17 6	0 56	7 22	1 24	20 4	1 41	12 30	0 50	8 15	1 46
25	10 57	18 39	4 25	17 51	16 43	1 5	6 53	1 23	20 14	1 41	12 26	0 50	8 13	1 46
26	10 37	16 51	4 50	15 40	16 18	1 14	6 23	1 22	20 23	1 42	12 21	0 50	8 10	1 46
27	10 16	14 19	5 2	12 47	15 50	1 21	5 53	1 22	20 33	1 42	12 17	0 50	8 7	1 46
28	9 55	11 7	5 0	9 19	15 19	1 27	5 23	1 21	20 42	1 42	12 12	0 51	8 4	1 46
29	9 34	7 23	4 44	5 22	14 46	1 33	4 53	1 20	20 51	1 43	12 8	0 51	8 1	1 46
30	9 12	3 16	4 14	1 8	14 12	1 37	4 23	1 19	21 0	1 43	12 3	0 51	7 58	1 46
31	8N51	1N 3	3N30	3N14	13N35	1N41	3N53	1N18	21S 9	1S43	11N59	0N51	7N55	1N46

DAY	♅ DECL	♅ LAT	♆ DECL	♆ LAT	♇ DECL	♇ LAT
1	10S32	0S48	17N27	0N 1	19N39	3S33
5	10 35	0 48	17 24	0 1	19 39	3 33
9	10 39	0 48	17 22	0 1	19 39	3 33
13	10 42	0 48	17 19	0 1	19 39	3 33
17	10 45	0 48	17 17	0 1	19 38	3 33
21	10 49	0 48	17 15	0 1	19 38	3 33
25	10 52	0 48	17 12	0 1	19 38	3 33
29	10S56	0S48	17N10	0N 1	19N37	3S33

☽ PHENOMENA			
d	h	m	
7	12	51	☾
14	3	44	●
21	10	52	☽
29	13	3	○
d	h	° '	
3	12	0	
10	2	19N53	
16	6	0	
23	9	19S47	
30	18	0	
7	6	0	
13	10	5S 1	
19	22	0	
27	9	5N 3	

VOID OF COURSE ☽ LAST ASPT		☽ INGRESS	
1	8am27	1 ♓	7pm18
4	3am26	4 ♈	4am10
6	9am36	6 ♉	10am56
8	2pm18	8 ♊	3pm15
10	1pm57	10 ♋	5pm11
11	6pm23	12 ♌	5pm41
14	1pm55	14 ♍	6pm28
16	0am35	16 ♎	9pm28
19	0am50	19 ♏	4am12
21	12pm16	21 ♐	2pm45
24	1am59	24 ♑	3am22
26	3am35	26 ♒	3pm36
28	5pm22	29 ♓	1am55
31	4am39	31 ♈	10am 3

d	h	
12	6	PERIGEE
24	4	APOGEE

DAILY ASPECTARIAN

Day	Aspect	Time
1	☽#♄	5am18
Su	☽⚼♇	5 54
	☽☍♃	8 27
	☽⚻☿	8pm12
2	☽☌♅	4am15
M	☽△♇	10 50
	☉⚻☽	2pm22
	♂⚹♄	2 48
	☽☍♄	3 35
	☽△♂	3 37
	☽⚻♆	4 48
	☿ ♋	10 30
	☽⚼☿	11 55
3	♀#♂	1am59
T	☽⚻♀	7 39
	☉⚺♄	8 22
	☿∥♀	6pm11
	☽⚻♃	6 39
	☉⚼☽	9 1
	☽⚼♂	9 9
	☽⚼♆	9 12
	♂□♆	10 13
	☉∥♆	10 31
	☉☌♆	11 31
4	☉□♂	1am 1
W	☽△☿	3 26
	☽⚺♅	12pm39
	☽⚼♀	2 39
	☽□♇	7 16
	☽⚼♃	10 58
5	☽⚻♄	0am15
Th	☽△♆	1 5
	☽⚻♂	2 8
	☉△☽	3 1
	☽∥♄	2pm45
	☉#♂	3 17
	☽∠♅	4 5
	☽△♀	8 56
	☽#♅	11 49
6	☉∥☿	0am16
F	☽△♃	2 42
	☽⚼♄	3 45
	☽□☿	9 36
	♀∠♇	3pm57
	☿SD	5 40
	☽⚹♅	6 55
	☽∥♃	8 39
7	☽⚹♇	1am29
S	☽∥♀	4 58
	☽△♄	6 37
	☽□♆	7 6
	☽☍♂	10 9
	☉□☽	12pm51
	☉∥☽	4 58
8	♂#♆	0am12
Su	☽∥☿	2 8
	☽∥♆	2 10
	☽#♂	2 20
	☿∥♆	2 24
	☽∠♇	3 39
	☽□♀	7 2
	☽□♃	8 14
	☿#♂	9 41
	☽⚹☿	2pm18
	☽□♅	10 44
	♀☌♃	11 11
9	☽⚺♇	5am11
M	☽□♄	10 26
	☽⚹♆	10 36
	☽∥♇	11 59
	☽⚻♂	3pm24
	☽∠☿	4 2
	☉⚹☽	7 34
10	☿ ♌	9am10
T	☽⚹♃	11 13
	☽∠♆	11 29
	☽⚹♀	1pm57
	♀∥♃	2 47
	♄⚺♆	3 44
	☽∥♇	4 28
	☽⚼♂	5 6
	☽⚺☿	5 26
	☉∠☽	9 57
11	☽△♅	0am15
W	☽☌♇	6 39
	☽⚺♆	11 57
	☽∠♃	11 59
	☽⚹♄	12pm 4
	☽∠♀	4 32
	☽∥☿	5 38
	☽#♂	6 18
	☽△♂	6 23
	☉⚺☽	11 54
12	☽⚼♅	0am27
Th	☽∥♆	1 17
	♀ ♍	4 31
	☽∠♄	12pm26
	☽⚺♃	12 32
	☽⚺♀	6 53
	☽☌☿	7 53
	☉∥☽	8 53
13	☽⚻♅	0am33
F	☿#♂	6 36
	☽⚺♇	7 6
	☽∥♃	7 22
	☽☌♆	12pm27
	☽⚺♄	12 50
	☽∥♀	2 2
	☽□♂	8 42
	☽#♅	10 47
14	☿⚺♀	1am26
S	☉☌☽	3 44
	☽∠♇	7 30
	☽∥♄	9 48
	☽☌♃	1pm55
	☽⚺☿	11 39
15	☽☌♀	0am14
Su	☽☍♅	1 23
	☽⚹♇	8 22
	♀☍♅	1pm21
	☽⚺♆	1 59
	☽☌♄	2 41
	☿⚻♅	11 58
16	☽⚹♂	0am35
M	☽∠☿	2 51
	☉⚺☽	9 36
	☉∠♇	2pm26
	☽∠♆	3 45
	☽⚺♃	5 27
	♀#♅	8 12
17	☽∠♂	3am49
T	☽⚻♅	4 42
	☽⚹☿	7 23
	☽⚺♀	8 47
	☽□♇	12pm23
	☉∠☽	2 3
	☽⚹♆	6 28
	☽⚺♄	7 33
	☽∠♃	8 36
18	☽#♄	4am21
W	☽⚼♅	7 45
	☽⚺♂	8 11
	☽#♀	1pm 7
	☽∠♀	2 58
	☽∥♅	6 18
	☉⚹☽	7 46
	☽∠♄	11 32
19	♀⚹♇	0am22
Th	☽⚹♃	0 50
	☉∥♃	7 32
	☉#☽	8 26
	☽#♃	8 30
	☽△♅	11 49
	☿⚺♇	12pm 9
	☽△♇	8 20
	☽□☿	9 22
	☽⚹♀	10 31
20	☽□♆	2am58
F	☽⚹♄	4 32
	☽☌♂	8pm24
	☽#♆	11 17
21	☽⚼♇	1am44
S	☽#☿	7 10
	♂#♇	7 23
	☉□☽	10 52
	☽□♃	12pm16
	♀⚺♆	8 24
	☿☌♆	8 28
	☿⚺♀	8 43
	☽□♅	10 35
	♀∥♄	10 54
22	☽⚻♇	7am48
Su	☉☌♃	9 1
	☿⚺♄	11 49
	☽△♆	2pm48
	♀☌♄	4 51
	☽□♀	4 52
	☽□♄	4 52
	☽△☿	5 37
	☽#♇	7 3
23	☉ ♍	11am22
M	☽⚺♂	11 50
	☿∥♆	3pm32
	☽⚼♆	9 17
	☽#♇	11 24
24	☽△♃	1am59
T	☉△☽	4 47
	☽⚼☿	5 4
	☽⚹♅	11 5
	☽∠♂	7pm51
	☽☍♇	8 37
25	☽⚻♆	3am43
W	☉#♅	5 41
	☽△♄	6 14
	☽⚼♃	8 51
	♂⚼♇	11 16
	☽△♀	12pm36
	☉⚼☽	1 44
	☽⚻☿	4 37
	☽∠♅	5 12
	☽#♆	8 9
26	☽⚹♂	3am35
Th	☽#☿	7 20
	☽⚼♄	12pm32
	☽⚻♃	3 21
	☽⚼♀	9 53
	☉⚻☽	10 11
	☽⚺♅	10 56
27	♃ ♍	5am30
F	☉☍♅	7 13
	☽⚻♇	8 29
	☽☍♆	3pm27
	☽#♃	4 7
	☽⚻♄	6 20
28	☽∥♅	1am22
S	☽⚻♀	6 26
	☉#☽	8 56
	☿∠♇	10 45
	☽⚼♇	1pm38
	☽☍☿	2 9
	☽□♂	5 22
	☽#♄	8 4
29	☽☍♃	2am42
Su	☽☌♅	8 47
	☉☍☽	1pm 3
	☽#♀	4 47
	☽△♇	6 14
	☿□♂	7 34
30	☽⚻♆	1am 1
M	☽☍♄	4 12
	☽☍♀	9pm17
31	☽△♂	4am39
T	☽⚼♆	5 0
	☽⚻☿	8 34
	☽⚻♃	11 45
	☽∥♀	1pm57
	☽⚺♅	4 30
	☿ ♍	6 29

SEPTEMBER 1920

LONGITUDE

DAY	SID. TIME	☉	☽	☽ 12 Hour	MEAN ☊	TRUE ☊	☿	♀	♂	♃	♄	♅	♆	♇
	h m s	° ' "	° ' "	° ' "	° '	° '	° '	° '	° '	° '	° '	° '	° '	° '
1	22 39 25	8♍ 14 6	7♈ 37 5	14♈ 13 25	9♏ 28	8♏ 7R	0♍ 27	24♍ 27	27♏ 34	1♍ 2	14♍ 8	3♓ 30R	12♌ 17	8♋ 38
2	22 43 21	9 12 11	20 52 31	27 34 22	9 24	8 3	2 24	25 41	28 12	1 15	14 16	3 28	12 19	8 39
3	22 47 18	10 10 18	4♉ 18 57	11♉ 6 20	9 21	8 2D	4 21	26 55	28 49	1 28	14 23	3 26	12 21	8 40
4	22 51 14	11 8 26	17 56 31	24 49 34	9 18	8 2	6 18	28 9	29 27	1 41	14 31	3 23	12 23	8 41
5	22 55 11	12 6 36	1♊ 45 30	8♊ 44 20	9 15	8 3R	8 15	29 23	0♐ 6	1 54	14 38	3 21	12 25	8 41
6	22 59 7	13 4 49	15 46 3	22 50 33	9 12	8 3	10 11	0♎ 37	0 44	2 7	14 46	3 18	12 27	8 42
7	23 3 4	14 3 4	29 57 40	7♋ 7 11	9 9	8 2	12 7	1 51	1 22	2 20	14 53	3 16	12 29	8 43
8	23 7 1	15 1 20	14♋ 18 44	21 31 53	9 5	7 59	14 1	3 5	2 1	2 33	15 1	3 14	12 31	8 44
9	23 10 57	15 59 39	28 46 6	6♌ 0 44	9 2	7 54	15 55	4 19	2 40	2 46	15 8	3 11	12 33	8 44
10	23 14 54	16 58 0	13♌ 15 6	20 28 26	8 59	7 47	17 48	5 34	3 19	2 59	15 16	3 9	12 35	8 45
11	23 18 50	17 56 23	27 39 56	4♍ 48 51	8 56	7 39	19 40	6 48	3 58	3 12	15 23	3 7	12 37	8 46
12	23 22 47	18 54 47	11♍ 54 25	18 56 0	8 53	7 31	21 31	8 2	4 37	3 25	15 31	3 5	12 38	8 46
13	23 26 43	19 53 14	25 53 0	2♎ 44 57	8 50	7 25	23 21	9 16	5 17	3 37	15 38	3 2	12 40	8 47
14	23 30 40	20 51 42	9♎ 31 31	16 12 31	8 46	7 20	25 10	10 30	5 56	3 50	15 46	3 0	12 42	8 47
15	23 34 36	21 50 12	22 47 50	29 17 34	8 43	7 17	26 57	11 44	6 36	4 3	15 53	2 58	12 44	8 48
16	23 38 33	22 48 44	5♏ 41 51	12♏ 0 59	8 40	7 16D	28 44	12 58	7 16	4 16	16 1	2 56	12 46	8 49
17	23 42 30	23 47 18	18 15 19	24 25 19	8 37	7 16	0♎ 30	14 12	7 56	4 28	16 8	2 53	12 48	8 49
18	23 46 26	24 45 53	0♐ 31 28	6♐ 34 19	8 34	7 18	2 14	15 26	8 36	4 41	16 16	2 51	12 49	8 50
19	23 50 23	25 44 30	12 34 29	18 32 35	8 30	7 19	3 58	16 40	9 16	4 54	16 23	2 49	12 51	8 50
20	23 54 19	26 43 9	24 29 15	0♑ 25 6	8 27	7 20R	5 40	17 54	9 57	5 6	16 31	2 47	12 53	8 51
21	23 58 16	27 41 49	6♑ 20 46	12 16 53	8 24	7 19	7 22	19 8	10 37	5 19	16 38	2 45	12 55	8 51
22	0 2 12	28 40 31	18 14 2	24 12 46	8 21	7 17	9 2	20 22	11 18	5 32	16 46	2 43	12 56	8 51
23	0 6 9	29 39 15	0♒ 13 38	6♒ 17 5	8 18	7 13	10 42	21 36	11 59	5 44	16 53	2 41	12 58	8 52
24	0 10 5	0♎ 38 1	12 23 34	18 33 25	8 15	7 8	12 20	22 50	12 40	5 56	17 1	2 39	12 59	8 52
25	0 14 2	1 36 48	24 46 58	1♓ 4 25	8 11	7 3	13 58	24 4	13 21	6 9	17 8	2 37	13 1	8 53
26	0 17 59	2 35 37	7♓ 25 57	13 51 38	8 8	6 57	15 35	25 17	14 2	6 21	17 15	2 35	13 3	8 53
27	0 21 55	3 34 28	20 21 28	26 55 25	8 5	6 51	17 10	26 31	14 43	6 34	17 23	2 33	13 4	8 53
28	0 25 52	4 33 21	3♈ 33 20	10♈ 15 3	8 2	6 47	18 45	27 45	15 25	6 46	17 30	2 31	13 6	8 54
29	0 29 48	5 32 16	17 0 19	23 48 54	7 59	6 44	20 19	28 59	16 6	6 58	17 37	2 29	13 7	8 54
30	0 33 45	6♎ 31 13	0♉ 40 30	7♉ 34 48	7♏ 56	6♏ 42D	21♎ 52	0♏ 13	16♐ 48	7♍ 10	17♍ 45	2♓ 27	13♌ 9	8♋ 54

DECLINATION and LATITUDE

DAY	☉ DECL	☽ DECL	☽ LAT	☽ 12hr DECL	☿ DECL	☿ LAT	♀ DECL	♀ LAT	♂ DECL	♂ LAT	♃ DECL	♃ LAT	♄ DECL	♄ LAT
1	8N29	5N24	2N35	7N31	12N56	1N44	3N23	1N17	21S18	1S44	11N54	0N51	7N53	1N46
2	8 7	9 33	1 31	11 29	12 16	1 46	2 52	1 16	21 27	1 44	11 50	0 51	7 50	1 46
3	7 45	13 17	0 20	14 54	11 34	1 47	2 22	1 14	21 36	1 44	11 45	0 51	7 47	1 46
4	7 23	16 20	0S53	17 33	10 52	1 47	1 51	1 13	21 44	1 44	11 40	0 51	7 44	1 46
5	7 1	18 30	2 4	19 11	10 8	1 47	1 20	1 12	21 53	1 44	11 36	0 51	7 41	1 46
6	6 39	19 34	3 8	19 39	9 23	1 46	0 50	1 10	22 1	1 45	11 31	0 51	7 38	1 46
7	6 17	19 25	4 2	18 52	8 38	1 44	0 19	1 9	22 9	1 45	11 27	0 51	7 35	1 46
8	5 54	18 1	4 41	16 53	7 51	1 42	0S12	1 7	22 17	1 45	11 22	0 51	7 32	1 46
9	5 32	15 28	5 3	13 49	7 5	1 39	0 43	1 6	22 25	1 45	11 18	0 51	7 30	1 46
10	5 9	11 58	5 5	9 56	6 18	1 36	1 14	1 4	22 33	1 45	11 13	0 52	7 27	1 46
11	4 46	7 46	4 48	5 31	5 31	1 33	1 45	1 2	22 41	1 46	11 8	0 52	7 24	1 46
12	4 23	3 11	4 14	0 51	4 43	1 29	2 16	1 0	22 48	1 46	11 4	0 52	7 21	1 47
13	4 0	1S29	3 24	3S46	3 56	1 24	2 46	0 59	22 56	1 46	10 59	0 52	7 18	1 47
14	3 37	5 59	2 24	8 5	3 8	1 19	3 17	0 57	23 3	1 46	10 55	0 52	7 15	1 47
15	3 14	10 4	1 17	11 54	2 21	1 14	3 48	0 55	23 10	1 46	10 50	0 52	7 12	1 47
16	2 51	13 34	0 8	15 2	1 33	1 9	4 19	0 53	23 17	1 46	10 46	0 52	7 10	1 47
17	2 28	16 19	0N59	17 24	0 46	1 3	4 49	0 51	23 23	1 46	10 41	0 52	7 7	1 47
18	2 5	18 16	2 3	18 55	0S 1	0 57	5 20	0 49	23 30	1 46	10 36	0 52	7 4	1 47
19	1 42	19 20	2 60	19 33	0 47	0 51	5 50	0 46	23 36	1 46	10 32	0 52	7 1	1 47
20	1 18	19 32	3 48	19 18	1 34	0 45	6 20	0 44	23 42	1 46	10 27	0 53	6 58	1 47
21	0 55	18 51	4 27	18 12	2 20	0 39	6 51	0 42	23 48	1 46	10 23	0 53	6 55	1 47
22	0 32	17 21	4 54	16 18	3 6	0 32	7 21	0 40	23 54	1 46	10 18	0 53	6 52	1 47
23	0 8	15 5	5 9	13 41	3 51	0 25	7 50	0 38	23 60	1 46	10 14	0 53	6 50	1 47
24	0S15	12 8	5 10	10 26	4 36	0 18	8 20	0 35	24 5	1 46	10 9	0 53	6 47	1 47
25	0 39	8 36	4 56	6 40	5 20	0 11	8 50	0 33	24 10	1 46	10 5	0 53	6 44	1 48
26	1 2	4 38	4 28	2 31	6 4	0 4	9 19	0 30	24 15	1 46	10 0	0 53	6 41	1 48
27	1 25	0 21	3 46	1N50	6 47	0S 3	9 48	0 28	24 20	1 46	9 56	0 53	6 38	1 48
28	1 49	4N 2	2 51	6 12	7 30	0 10	10 17	0 25	24 25	1 46	9 52	0 53	6 36	1 48
29	2 12	8 19	1 46	10 20	8 12	0 17	10 46	0 23	24 29	1 46	9 47	0 54	6 33	1 48
30	2S35	12N14	0N33	13N58	8S54	0S24	11S14	0N20	24S33	1S46	9N43	0N54	6N30	1N48

DAY	♅ DECL	♅ LAT	♆ DECL	♆ LAT	♇ DECL	♇ LAT
1	10S58	0S48	17N 8	0N 1	19N37	3S33
5	11 2	0 48	17 6	0 1	19 37	3 33
9	11 5	0 48	17 4	0 1	19 37	3 34
13	11 8	0 48	17 2	0 1	19 36	3 34
17	11 12	0 48	16 60	0 1	19 36	3 34
21	11 15	0 48	16 58	0 1	19 36	3 34
25	11 17	0 48	16 56	0 1	19 36	3 34
29	11S20	0S48	16N54	0N 1	19N35	3S34

☽ PHENOMENA			
d	h	m	
5	19	5	☾
12	12	52	●
20	4	55	☽
28	1	57	○
d	h	° '	
6	9	19N40	
12	16	0	
19	17	19S34	
27	2	0	
3	7	0	
9	15	5S 7	
16	3	0	
23	14	5N11	
30	10	0	

VOID OF COURSE ☽ LAST ASPT	☽ INGRESS
1 8am30	2 ♉ 4pm20
4 7pm30	4 ♊ 8pm58
5 10pm16	7 ♋ 0am 4
8 1am16	9 ♌ 2am 2
9 10pm53	11 ♍ 3am55
12 6pm57	13 ♎ 7am11
14 5am42	15 ♏ 1pm19
17 11am41	17 ♐ 10pm58
20 4am55	20 ♑ 11am 9
22 10pm46	22 ♒ 11pm33
24 10pm28	25 ♓ 9am58
26 6pm28	27 ♈ 5pm35
29 6am37	29 ♉ 10pm49

d	h	
8	22	PERIGEE
20	23	APOGEE

DAILY ASPECTARIAN

Day	Aspect	Time
1 W	☉⚻☽	1am13
	☽□♇	1 51
	☿☌♃	8 9
	☽△♆	8 30
	☽⚼♂	9 27
	☉*♇	10 4
	☽⚻♄	11 57
	☽∥♄	1pm56
	☽⚼♃	3 32
	☉∥☽	4 13
	☽⚼☿	4 40
	☽∠♅	7 40
2 Th	☉⚼☽	6am26
	☽#♅	8 53
	☽⚻♀	9 30
	☿☍♅	12pm48
	☽⚻♂	1 45
	☽∥♃	1 56
	☽∥☿	2 24
	☽⚼♄	3 9
	☿∥♃	5 12
	☽△♃	6 52
	☉∥♄	10 19
	☽*♅	10 26
3 F	☽△☿	0am 5
	☽*♇	7 42
	♀∠♆	8 33
	☉△☽	11 9
	☽□♆	2pm13
	☽⚼♀	2 46
	☽△♄	5 56
	☿#♅	6 55
4 S	☽∥♆	7am22
	☽∠♇	10 1
	☽△♀	7pm30
	♂ ♐	8 27
	☽☍♂	8 59
5 Su	☽□♃	0am15
	☽□♅	2 44
	☿*♇	5 27
	☉⚺♆	7 49
	♀ ♎	11 53
	☽⚺♇	11 56
	☽□☿	12pm57
	☽*♆	6 20
	☉□☽	7 5
	☽□♄	10 16
6 M	♀*♂	4am28
	☽∠♆	7pm49
7 T	☽⚻♂	2am29
	☽□♀	3 29
	☽*♃	4 3
	☿⚺♆	4 42
	☽△♅	5 32
	♀⚺♃	11 18
	☽☌♇	2pm41
	☽⚺♆	9 0
	☽*☿	11 27
	☉☌♄	11 43
8 W	☽*♄	1am11
	☉*☽	1 16
	♀⚻♅	2 37
	☽⚼♂	4 43
	☽∠♃	5 28
	☽⚼♅	6 30
	☽∥♆	10 11
	☿∥♄	10 29
	☿☌♄	1pm22
9 Th	☉☌☿	1am55
	☽∠♄	2 17
	☉∠☽	3 57
	☽∠☿	4 6
	♂□♃	5 37
	☽⚺♃	6 43
	☽△♂	6 46
	☽⚻♅	7 18
	☽*♀	10 4
	☽⚺♇	4pm32
	♂□♅	6 20
	☽☌♆	10 53
10 F	☽⚺♄	3am22
	☽∥♃	4 38
	☽#♅	5 13
	☉⚺☽	6 37
	☽⚺☿	8 41
	☽∠♀	1pm17
	♃☍♅	4 11
	☽∠♇	5 28
11 S	☽∥♄	2am 3
	♃#♅	7 6
	☽☍♅	9 7
	☽☌♃	9 25
	☽□♂	11 5
	☽∥☿	2pm28
	☽⚺♀	4 48
	☉∥☽	5 16
	☽*♇	6 41
12 Su	☽⚺♆	1am15
	☽#♀	4 17
	☽☌♄	6 12
	☉☌☽	12pm52
	♀□♇	2 36
	☽☌☿	6 57
	☉∥☿	7 32
13 M	☽∠♆	3am 7
	☽∥♀	7 34
	☽#☿	10 55
	☉#☽	12pm12
	☽⚻♅	12 29
	☽⚺♃	1 45
	☽*♂	5 18
	☿#♀	9 15
	☽□♇	10 42
14 T	☽☌♀	1am54
	☽*♆	5 42
	☽#♄	7 5
	☉#♀	8 59
	☽⚺♄	11 18
	☽⚼♅	3pm12
	☽∠♃	5 3
	☽∠♂	9 42
	☉⚺☽	10 6
15 W	☽#♃	4am49
	☽∥♅	7 7
	☽⚺☿	8 53
	☿∠♆	10 38
	☽∠♄	3pm 8
	☽△♅	6 48
	♀*♆	8 2
	☽*♃	9 15
16 Th	☽⚺♂	3am 8
	☉∠☽	4 20
	☽△♇	5 54
	☽□♆	1pm28
	☽⚺♀	3 19
	☿ ♎	5 14
	☽∠☿	5 48
	☽*♄	7 53
17 F	☽#♆	7am12
	☽⚼♇	10 50
	☉*☽	11 41
	☽∠♀	11pm47
18 S	☽*☿	3am57
	☽□♅	4 36
	♂⚻♇	8 12
	☿⚻♅	8 22
	☽□♃	8 24
	☽⚻♇	4pm31
	☽☌♂	5 0
	♀⚺♄	6 8
19 Su	☽△♆	0am33
	☽□♄	7 45
	☽*♀	9 9
	☿⚺♃	2pm55
	☉#☿	6 39
	♀⚼♅	9 52
20 M	☉□☽	4am55
	☽⚼♆	6 53
	☽*♅	4pm44
	☽△♃	9 53
21 T	☽□☿	2am24
	♀#♄	3 26
	☽☍♇	5 4
	☉∠♆	5 21
	☽⚺♂	9 10
	☽⚻♆	1pm18
	☽△♄	9 1
	☿□♇	9 24
	☽∠♅	10 57
22 W	♀∠♃	3am51
	☽⚼♃	4 41
	☽□♀	4 46
	☽#♆	4 48
	☽∠♂	5pm 9
	☉△☽	10 46
23 Th	☽⚼♄	3am20
	☽⚺♅	4 51
	☉ ♎	8 28
	☽⚻♃	11 6
	☽⚻♇	5pm 5
	☽△☿	11 53
24 F	☽*♂	0am34
	☽☍♆	1 10
	☽∥♅	6 8
	☉⚼☽	6 52
	☿*♂	8 11
	☽⚻♄	9 5
	☿*♆	9 46
	♂△♆	12pm 2
	☽#♃	2 11
	☽⚼♇	10 16
	☽△♀	10 28
	☽∥♀	10 45
25 S	☽⚼☿	9am10
	☽#♄	11 43
	☉⚻☽	2pm 7
	☽☌♅	2 52
	☽∥☿	4 52
	☽☍♃	9 56
	☉⚻♅	11 37
26 Su	☽△♇	2am43
	☽⚼♀	5 55
	☽⚻♆	10 30
	☽□♂	1pm 1
	☽⚻☿	5 19
	☽☍♄	6 28
	☉∥☽	6 35
	☿#♄	7 21
27 M	☿⚺♄	3am22
	☿⚼♅	5 30
	♀#♃	5 39
	☉#☽	10 40
	☽⚻♀	12pm26
	☽⚼♆	2 7
	☽⚺♅	10 8
28 T	☉☍☽	1am57
	☽⚻♃	5 51
	☽□♇	9 35
	☽∥♄	2pm 4
	☽△♆	5 6
	☽△♂	10 19
	☽#☿	11 17
29 W	☽∠♅	0am50
	☽⚻♄	1 6
	☽☍☿	6 37
	☽∥♃	8 32
	☽⚼♃	8 53
	☽#♀	4pm43
	☽#♅	6 18
	♀ ♏	7 45
	☽☍♀	11 7
30 Th	☽⚼♂	2am 4
	☽*♅	3 5
	☽⚼♄	3 38
	☿∠♃	5 20
	♀∥♅	5 47
	☉⚻☽	10 56
	☽△♃	11 28
	☽*♇	2pm17
	☉⚺♃	8 0
	☽□♆	9 40

OCTOBER 1920

LONGITUDE

DAY	SID. TIME	☉	☽	☽ 12 Hour	MEAN ☊	TRUE ☊	☿	♀	♂	♃	♄	♅	♆	♇
	h m s	° ' "	° ' "	° ' "	° '	° '	° '	° '	° '	° '	° '	° '	° '	° '
1	0 37 41	7♎ 30 12	14♉ 31 29	21♉ 30 16	7♏ 52	6♏ 42	23♎ 25	1♏ 27	17♐ 30	7♍ 22	17♍ 52	2♓ 25R	13♌ 10	8♋ 54
2	0 41 38	8 29 14	28 30 51	5♊ 32 56	7 49	6 43	24 56	2 41	18 11	7 35	17 59	2 23	13 12	8 54
3	0 45 34	9 28 18	12♊ 36 16	19 40 35	7 46	6 44	26 27	3 55	18 53	7 47	18 6	2 22	13 13	8 55
4	0 49 31	10 27 24	26 45 58	3♋ 51 11	7 43	6 45R	27 56	5 9	19 36	7 59	18 14	2 20	13 15	8 55
5	0 53 27	11 26 32	10♋ 57 0	18 2 48	7 40	6 46	29 25	6 22	20 18	8 10	18 21	2 18	13 16	8 55
6	0 57 24	12 25 43	25 8 21	2♌ 13 20	7 36	6 45	0♏ 53	7 36	21 0	8 22	18 28	2 17	13 17	8 55
7	1 1 21	13 24 56	9♌ 17 29	16 20 27	7 33	6 44	2 20	8 50	21 42	8 34	18 35	2 15	13 19	8 55
8	1 5 17	14 24 12	23 21 53	0♍ 21 25	7 30	6 41	3 47	10 4	22 25	8 46	18 42	2 13	13 20	8 55
9	1 9 14	15 23 29	7♍ 18 43	14 13 22	7 27	6 38	5 12	11 18	23 8	8 58	18 49	2 12	13 21	8 55R
10	1 13 10	16 22 49	21 5 4	27 53 26	7 24	6 35	6 37	12 32	23 50	9 9	18 56	2 10	13 22	8 55
11	1 17 7	17 22 11	4♎ 38 12	11♎ 19 7	7 21	6 33	8 0	13 45	24 33	9 21	19 3	2 9	13 24	8 55
12	1 21 3	18 21 36	17 55 58	24 28 37	7 17	6 31	9 23	14 59	25 16	9 32	19 10	2 7	13 25	8 55
13	1 25 0	19 21 2	0♏ 57 0	7♏ 21 8	7 14	6 30D	10 44	16 13	25 59	9 44	19 17	2 6	13 26	8 55
14	1 28 56	20 20 30	13 41 5	19 56 58	7 11	6 31	12 5	17 27	26 42	9 55	19 24	2 5	13 27	8 55
15	1 32 53	21 20 0	26 9 2	2♐ 17 32	7 8	6 31	13 24	18 41	27 25	10 7	19 31	2 3	13 28	8 55
16	1 36 50	22 19 33	8♐ 22 49	14 25 16	7 5	6 32	14 42	19 54	28 9	10 18	19 37	2 2	13 29	8 55
17	1 40 46	23 19 7	20 25 20	26 23 30	7 2	6 34	15 59	21 8	28 52	10 29	19 44	2 1	13 30	8 54
18	1 44 43	24 18 42	2♑ 20 17	8♑ 16 14	6 58	6 35	17 15	22 22	29 36	10 40	19 51	2 0	13 31	8 54
19	1 48 39	25 18 20	14 11 56	20 7 57	6 55	6 35	18 29	23 36	0♑ 19	10 51	19 57	1 58	13 32	8 54
20	1 52 36	26 17 59	26 4 53	2♒ 3 21	6 52	6 36R	19 42	24 49	1 3	11 2	20 4	1 57	13 33	8 54
21	1 56 32	27 17 40	8♒ 3 54	14 7 8	6 49	6 35	20 52	26 3	1 47	11 13	20 11	1 56	13 34	8 54
22	2 0 29	28 17 23	20 13 36	26 23 47	6 46	6 35	22 1	27 17	2 31	11 24	20 17	1 55	13 35	8 53
23	2 4 25	29 17 7	2♓ 38 9	8♓ 57 8	6 42	6 34	23 8	28 30	3 15	11 34	20 23	1 54	13 36	8 53
24	2 8 22	0♏ 16 54	15 21 2	21 50 8	6 39	6 33	24 13	29 44	3 59	11 45	20 30	1 53	13 36	8 53
25	2 12 19	1 16 41	28 24 36	5♈ 4 29	6 36	6 33	25 15	0♐ 58	4 43	11 55	20 36	1 52	13 37	8 52
26	2 16 15	2 16 31	11♈ 49 47	18 40 19	6 33	6 32	26 14	2 11	5 27	12 6	20 42	1 52	13 38	8 52
27	2 20 12	3 16 23	25 35 50	2♉ 36 0	6 30	6 32	27 11	3 25	6 11	12 16	20 49	1 51	13 39	8 52
28	2 24 8	4 16 16	9♉ 40 21	16 48 19	6 27	6 32	28 4	4 39	6 55	12 26	20 55	1 50	13 39	8 51
29	2 28 5	5 16 12	23 59 18	1♊ 12 37	6 23	6 32	28 53	5 52	7 40	12 37	21 1	1 49	13 40	8 51
30	2 32 1	6 16 9	8♊ 27 34	15 43 27	6 20	6 32	29 38	7 6	8 24	12 47	21 7	1 49	13 41	8 50
31	2 35 58	7♏ 16 9	22♊ 59 34	0♋ 15 14	6♏ 17	6♏ 32	0♐ 18	8♐ 19	9♑ 9	12♍ 57	21♍ 13	1♓ 48	13♌ 41	8♋ 50

DECLINATION and LATITUDE

DAY	☉ DECL	☽ DECL	☽ LAT	☽ 12hr DECL	☿ DECL	☿ LAT	♀ DECL	♀ LAT	♂ DECL	♂ LAT	♃ DECL	♃ LAT	♄ DECL	♄ LAT
1	2S59	15N31	0S43	16N51	9S35	0S32	11S42	0N18	24S37	1S46	9N38	0N54	6N27	1N48
2	3 22	17 56	1 57	18 45	10 16	0 39	12 10	0 15	24 41	1 46	9 34	0 54	6 25	1 48
3	3 45	19 16	3 4	19 29	10 55	0 46	12 38	0 12	24 45	1 46	9 30	0 54	6 22	1 48
4	4 9	19 24	4 1	18 60	11 34	0 53	13 5	0 10	24 48	1 46	9 25	0 54	6 19	1 49
5	4 32	18 18	4 43	17 19	12 13	1 0	13 32	0 7	24 51	1 46	9 21	0 54	6 17	1 49
6	4 55	16 4	5 8	14 35	12 51	1 8	13 59	0 4	24 54	1 46	9 17	0 54	6 14	1 49
7	5 18	12 53	5 14	11 1	13 27	1 15	14 26	0 2	24 57	1 46	9 12	0 55	6 11	1 49
8	5 41	8 59	5 1	6 51	14 4	1 22	14 52	0S 1	24 59	1 46	9 8	0 55	6 9	1 49
9	6 4	4 38	4 31	2 22	14 39	1 28	15 17	0 4	25 1	1 45	9 4	0 55	6 6	1 49
10	6 27	0 5	3 45	2S11	15 14	1 35	15 43	0 7	25 3	1 45	8 59	0 55	6 3	1 49
11	6 49	4S24	2 47	6 33	15 47	1 42	16 8	0 10	25 5	1 45	8 55	0 55	6 1	1 49
12	7 12	8 35	1 41	10 31	16 20	1 48	16 32	0 12	25 7	1 45	8 51	0 55	5 58	1 50
13	7 35	12 17	0 31	13 54	16 52	1 55	16 56	0 15	25 8	1 45	8 47	0 55	5 56	1 50
14	7 57	15 19	0N40	16 33	17 23	2 1	17 20	0 18	25 9	1 44	8 43	0 56	5 53	1 50
15	8 19	17 34	1 47	18 23	17 53	2 7	17 43	0 21	25 10	1 44	8 39	0 56	5 50	1 50
16	8 42	18 57	2 47	19 19	18 22	2 13	18 6	0 24	25 10	1 44	8 34	0 56	5 48	1 50
17	9 4	19 27	3 40	19 22	18 50	2 18	18 29	0 27	25 11	1 44	8 30	0 56	5 45	1 50
18	9 26	19 4	4 22	18 33	19 17	2 24	18 51	0 29	25 11	1 43	8 26	0 56	5 43	1 50
19	9 48	17 50	4 53	16 56	19 43	2 29	19 12	0 32	25 10	1 43	8 22	0 56	5 40	1 51
20	10 9	15 50	5 12	14 35	20 8	2 33	19 33	0 35	25 10	1 43	8 18	0 57	5 38	1 51
21	10 31	13 9	5 17	11 35	20 31	2 38	19 53	0 38	25 9	1 43	8 14	0 57	5 36	1 51
22	10 52	9 52	5 8	8 3	20 53	2 42	20 13	0 41	25 8	1 43	8 10	0 57	5 33	1 51
23	11 13	6 6	4 45	4 4	21 14	2 46	20 33	0 43	25 7	1 42	8 6	0 57	5 31	1 51
24	11 35	1 58	4 7	0N11	21 34	2 49	20 51	0 46	25 5	1 42	8 2	0 57	5 28	1 51
25	11 55	2N22	3 16	4 33	21 52	2 52	21 10	0 49	25 4	1 42	7 59	0 57	5 26	1 52
26	12 16	6 43	2 13	8 49	22 8	2 54	21 27	0 52	25 2	1 41	7 55	0 58	5 24	1 52
27	12 37	10 50	1 0	12 43	22 23	2 56	21 44	0 55	24 59	1 41	7 51	0 58	5 21	1 52
28	12 57	14 27	0S17	15 57	22 36	2 57	22 1	0 57	24 57	1 41	7 47	0 58	5 19	1 52
29	13 17	17 14	1 35	18 15	22 48	2 57	22 17	1 0	24 54	1 40	7 44	0 58	5 17	1 52
30	13 37	18 57	2 48	19 21	22 58	2 57	22 32	1 3	24 51	1 40	7 40	0 58	5 15	1 52
31	13S57	19N26	3S50	19N11	23S 5	2S56	22S47	1S 5	24S48	1S40	7N36	0N58	5N13	1N53

DAY	♅ DECL	♅ LAT	♆ DECL	♆ LAT	♇ DECL	♇ LAT
1	11S21	0S48	16N54	0N 1	19N35	3S34
5	11 24	0 48	16 52	0 1	19 35	3 34
9	11 26	0 47	16 51	0 1	19 35	3 34
13	11 28	0 47	16 49	0 1	19 35	3 34
17	11 30	0 47	16 48	0 1	19 35	3 35
21	11 31	0 47	16 47	0 2	19 35	3 35
25	11 33	0 47	16 46	0 2	19 35	3 35
29	11S34	0S47	16N45	0N 2	19N35	3S35

☽ PHENOMENA

d	h	m	
5	0	54	☾
12	0	51	●
20	0	29	☽
27	14	9	○

d	h	° '
3	14	19N29
10	0	0
17	1	19S27
24	11	0
30	21	19N26
6	20	5S14
13	10	0
20	21	5N17
27	19	0

VOID OF COURSE ☽

LAST ASPT		☽ INGRESS		
1	5am48	2	♊	2am32
4	2am14	4	♋	5am29
5	12pm37	6	♌	8am14
7	10pm17	8	♍	11am23
10	5am 7	10	♎	3pm44
12	2pm15	12	♏	10pm14
14	11am 2	15	♐	7am31
17	6pm 6	17	♑	7pm17
20	0am29	20	♒	7am53
22	5pm 1	22	♓	6pm57
24	5pm46	25	♈	2am53
26	3am11	27	♉	7am33
29	8am36	29	♊	10am 0
30	9pm 3	31	♋	11am35

d	h	
4	10	PERIGEE
18	19	APOGEE
30	14	PERIGEE

DAILY ASPECTARIAN

Day	Aspect	Time
1 F	☿#♃	1am40
	☽⚻♂	5 23
	☽△♄	5 48
	☽∥♆	12pm22
	☉⚼☽	2 45
	♂□♄	3 32
	☽∠♇	4 7
	☽⚻☿	5 8
	♀△♅	6 28
2 S	☽□♅	6am36
	♀∠♄	6 37
	☽⚻♀	7 48
	☉□♇	10 16
	☽□♃	3pm40
	☽⚺♇	5 43
	☉△☽	6 17
	☽⚼☿	9 48
	♀∠♂	11 2
3 Su	☽⚹♆	1am 3
	☽□♄	9 25
	☽☍♂	11 13
	☽⚼♀	11 43
	☿∥♅	5pm 1
4 M	☽△☿	2am14
	☽∠♆	2 31
	☽△♅	9 24
	☽△♀	3pm32
	☽⚹♃	7 14
	☽☌♇	8 33
5 T	☉□☽	0am54
	☽⚺♆	3 55
	☿ ♏	9 27
	☽⚼♅	10 43
	☽⚹♄	12pm37
	☽∥♆	4 36
	☽⚻♂	4 38
	☽∠♃	8 58
6 W	☽□☿	10am51
	☽⚻♅	12pm 4
	☽∠♄	2 14
	☽#♀	2 26
	♀⚹♃	5 50
	☽⚼♂	7 23
	☽#☿	8 41
	☉⚹♆	9 22
	☿△♅	10 30
	☽⚺♃	10 45
	☽□♀	11 9
	☽⚺♇	11 22
7 Th	♀△♇	1am35
	☽☌♆	6 51
	☉⚹☽	7 33
	☽#♅	9 27
	☽⚺♄	3pm58
	☽△♂	10 17
	☿∠♄	10 35
	☽∥♃	11 10
8 F	☽∠♇	0am57
	☉∠☽	11 9
	☽☍♅	3pm11
	☽∥♄	4 3
	☉#☽	4 56
	♃⚹♇	6 42
	☽⚹☿	7 56
9 S	☉#♄	2am 4
	☽⚹♇	2 47
	☽☌♃	2 54
	☽⚹♀	7 35
	☽⚺♆	10 30
	♇SR	2pm36
	☉⚺☽	3 8
	☽☌♄	8 12
10 Su	☽∠☿	1am 2
	☽□♂	5 7
	☽∠♀	12pm29
	☽∠♆	12 52
	♀□♆	4 45
	☉⚼♅	6 42
	☽⚻♅	7 34
11 M	☽⚺☿	6am44
	☽□♇	7 41
	☽⚺♃	8 34
	☽#♄	8 54
	☉∥☽	2pm58
	☽⚹♆	3 46
	☿△♇	3 56
	☽⚺♀	6 6
	☽⚼♅	10 32
12 T	☉☌☽	0am51
	☽#♃	1 33
	☽⚺♄	2 16
	☿⚹♃	3 19
	☽∠♃	12pm18
	☽⚹♂	2 15
	♀#♆	5 0
	☽∥♅	6 19
	☿#♆	9 53
	☉⚺♄	10 6
13 W	☽△♅	2am 8
	☽∠♄	6 17
	☿∠♂	9 27
	☿∥♀	1pm55
	☽△♇	2 57
	☽⚹♃	4 45
	☽∠♂	8 0
	☽☌☿	8 35
	☽□♆	11 33
14 Th	☽☌♀	7am59
	☽⚹♄	11 2
	☉⚺☽	1pm52
	☽#♆	2 51
	☽⚼♇	7 39
15 F	☿□♆	1am12
	☽∥♀	2 36
	☽⚺♂	2 38
	☽∥☿	6 9
	☽□♅	11 31
	☉#♃	5pm21
	♀⚹♄	5 53
	☉∠☽	9 44
16 S	☽⚻♇	1am 3
	☽□♃	3 51
	☽△♆	10 9
	♂⚼♆	11 30
	☽⚺☿	2pm 4
	☽□♄	10 36
17 Su	☽⚺♀	1am36
	☉⚹☽	6 21
	☽⚼♆	4pm17
	☽☌♂	6 6
	☽∥☿	7 25
	☽⚹♅	11 18
	☽∠☿	11 48
18 M	☽∥♀	4am11
	☽∠♀	11 21
	☽☍♇	1pm17
	♂ ♑	1 22
	☿#♇	4 26
	☽△♃	5 7
	☽⚻♆	10 39
19 T	☽∠♅	5am36
	♀⚼♇	5 59
	☽⚹☿	9 39
	☽△♄	11 45
	☽#♆	1pm37
	☉∠♃	4 8
	☽⚹♀	9 10
	☽⚼♃	11 54
20 W	☉□☽	0am29
	♀#♇	2 19
	☿⚹♄	8 18
	☽⚺♂	10 38
	☽⚺♅	11 47
	☽⚼♄	6pm11
21 Th	☽⚻♇	1am39
	♂⚹♅	5 4
	☽⚻♃	6 21
	☽☍♆	10 55
	☽∥♅	12pm24
	☉∥☽	5 45
	☽∠♂	6 20
22 F	☽⚻♄	0am 7
	☽□☿	3 51
	☽⚼♇	7 8
	☽#♃	11 22
	☽□♀	3pm12
	☉△☽	5 1
	☽☌♅	10 36
23 S	☽⚹♂	1am14
	☽#♄	3 35
	☽△♇	11 52
	☿⚼♇	4pm28
	☽☍♃	5 10
	☉ ♏	5 13
	☽⚻♆	8 44
	☉∥♅	9 24
	☉⚼☽	11 52
24 Su	♀ ♐	5am11
	☽☍♄	9 37
	☽△☿	5pm46
25 M	☽⚼♆	0am23
	☽△♀	5 5
	☉⚻☽	5 36
	☽⚺♅	6 15
	☽□♂	12pm 0
	☉△♅	2 9
	☽∥♄	4 42
	♀□♅	5 39
	☽□♇	6 45
	☽⚼☿	10 53
26 T	☽⚻♃	0am29
	☽△♆	3 11
	☽∥♃	6 40
	☽∠♅	8 50
	☉⚺♀	9 3
	☽⚼♀	10 20
	☽⚻♄	3pm40
27 W	☽⚻☿	2am55
	☽⚼♃	2 55
	☽#♅	4 27
	☽⚹♅	10 42
	☉#☽	12pm26
	☉☍☽	2 9
	☽⚻♀	2 40
	☽⚼♄	5 35
	☽△♂	7 5
	☽⚹♇	10 37
28 Th	☽△♃	4am43
	☽□♆	6 43
	☽△♄	7pm 1
	☽∥♆	7 13
	☽⚼♂	9 40
	☽∠♇	11 46
29 F	☽☍☿	8am36
	☽□♅	1pm 0
	☉∠♄	7 58
	☉⚻☽	8 7
	☽☍♀	9 32
	☽⚻♂	11 54
30 S	☽⚺♇	0am38
	☽□♃	7 13
	☽⚹♆	8 37
	☿ ♐	12pm40
	♂☍♇	1 56
	☽□♄	9 3
	☉⚼☽	10 43
31 Su	☽∠♆	9am25
	♀⚻♇	9 57
	☽⚻☿	12pm37
	☽△♅	2 33

NOVEMBER 1920

LONGITUDE

DAY	SID. TIME	☉	☽	☽ 12 Hour	MEAN ☊	TRUE ☊	☿	♀	♂	♃	♄	♅	♆	♇
	h m s	° ' "	° ' "	° ' "	° '	° '	° '	° '	° '	° '	° '	° '	° '	° '
1	2 39 54	8♏ 16 11	7♋ 29 51	14♋ 42 53	6♏ 14	6♏ 32R	0♐ 54	9♐ 33	9♑ 53	13♍ 7	21♍ 19	1♓ 48R	13♌ 42	8♋ 49R
2	2 43 51	9 16 15	21 53 49	29 2 15	6 11	6 31	1 23	10 46	10 38	13 16	21 25	1 47	13 42	8 49
3	2 47 48	10 16 20	6♌ 7 53	13♌ 10 28	6 7	6 31D	1 46	12 0	11 23	13 26	21 31	1 47	13 43	8 48
4	2 51 44	11 16 29	20 9 47	27 5 43	6 4	6 31	2 3	13 13	12 8	13 36	21 37	1 46	13 43	8 48
5	2 55 41	12 16 39	3♍ 58 13	10♍ 47 13	6 1	6 32	2 11R	14 27	12 52	13 45	21 42	1 46	13 43	8 47
6	2 59 37	13 16 51	17 32 44	24 14 46	5 58	6 32	2 11	15 40	13 37	13 54	21 48	1 46	13 44	8 47
7	3 3 34	14 17 5	0♎ 53 21	7♎ 28 32	5 55	6 33	2 3	16 53	14 22	14 4	21 53	1 45	13 44	8 46
8	3 7 30	15 17 21	14 0 22	20 28 53	5 52	6 34	1 45	18 7	15 7	14 13	21 59	1 45	13 44	8 45
9	3 11 27	16 17 40	26 54 9	3♏ 16 15	5 48	6 35R	1 17	19 20	15 53	14 22	22 4	1 45	13 45	8 45
10	3 15 23	17 18 0	9♏ 35 13	15 51 9	5 45	6 35	0 39	20 34	16 38	14 31	22 10	1 45	13 45	8 44
11	3 19 20	18 18 21	22 4 8	28 14 19	5 42	6 34	29♏ 51	21 47	17 23	14 40	22 15	1 45D	13 45	8 43
12	3 23 16	19 18 45	4♐ 21 49	10♐ 26 49	5 39	6 33	28 54	23 0	18 8	14 48	22 20	1 45	13 45	8 42
13	3 27 13	20 19 10	16 29 30	22 30 8	5 36	6 31	27 48	24 14	18 54	14 57	22 25	1 45	13 45	8 42
14	3 31 10	21 19 37	28 29 0	4♑ 26 23	5 33	6 28	26 35	25 27	19 39	15 5	22 31	1 45	13 46	8 41
15	3 35 6	22 20 5	10♑ 22 40	16 18 14	5 29	6 26	25 17	26 40	20 25	15 14	22 36	1 45	13 46	8 40
16	3 39 3	23 20 34	22 13 32	28 9 2	5 26	6 24	23 57	27 53	21 10	15 22	22 40	1 46	13 46R	8 39
17	3 42 59	24 21 5	4♒ 5 14	10♒ 2 40	5 23	6 22	22 36	29 7	21 56	15 30	22 45	1 46	13 46	8 39
18	3 46 56	25 21 37	16 1 54	22 3 30	5 20	6 20D	21 18	0♑ 20	22 41	15 38	22 50	1 46	13 46	8 38
19	3 50 52	26 22 10	28 8 4	4♓ 16 10	5 17	6 20	20 5	1 33	23 27	15 46	22 55	1 46	13 46	8 37
20	3 54 49	27 22 45	10♓ 28 24	16 45 19	5 13	6 21	18 59	2 46	24 13	15 53	22 59	1 47	13 45	8 36
21	3 58 46	28 23 21	23 7 26	29 35 13	5 10	6 22	18 2	3 59	24 58	16 1	23 4	1 47	13 45	8 35
22	4 2 42	29 23 58	6♈ 9 3	12♈ 49 17	5 7	6 24	17 16	5 12	25 44	16 8	23 8	1 48	13 45	8 34
23	4 6 39	0♐ 24 36	19 36 4	26 29 31	5 4	6 25	16 41	6 25	26 30	16 16	23 13	1 48	13 45	8 33
24	4 10 35	1 25 15	3♉ 29 31	10♉ 35 50	5 1	6 26R	16 18	7 38	27 16	16 23	23 17	1 49	13 45	8 32
25	4 14 32	2 25 56	17 48 5	25 5 39	4 58	6 26	16 7D	8 51	28 2	16 30	23 21	1 50	13 44	8 31
26	4 18 28	3 26 38	2♊ 27 48	9♊ 53 37	4 54	6 24	16 6	10 4	28 48	16 37	23 25	1 50	13 44	8 30
27	4 22 25	4 27 21	17 22 6	24 52 9	4 51	6 21	16 16	11 17	29 34	16 43	23 29	1 51	13 44	8 30
28	4 26 21	5 28 6	2♋ 22 35	9♋ 52 17	4 48	6 17	16 36	12 30	0♒ 20	16 50	23 33	1 52	13 43	8 29
29	4 30 18	6 28 52	17 20 10	24 45 14	4 45	6 12	17 5	13 43	1 6	16 56	23 37	1 53	13 43	8 28
30	4 34 15	7♐ 29 39	2♌ 6 36	9♌ 23 36	4♏ 42	6♏ 8	17♏ 41	14♑ 55	1♒ 52	17♍ 2	23♍ 41	1♓ 54	13♌ 43	8♋ 27

DECLINATION and LATITUDE

DAY	☉ DECL	☽ DECL	☽ LAT	☽ 12hr DECL	☿ DECL	☿ LAT	♀ DECL	♀ LAT	♂ DECL	♂ LAT	♃ DECL	♃ LAT	♄ DECL	♄ LAT
1	14S16	18N37	4S38	17N45	23S11	2S54	23S 1	1S 8	24S44	1S39	7N33	0N59	5N10	1N53
2	14 35	16 37	5 7	15 14	23 14	2 50	23 14	1 11	24 40	1 39	7 29	0 59	5 8	1 53
3	14 54	13 37	5 17	11 50	23 14	2 46	23 27	1 13	24 36	1 39	7 25	0 59	5 6	1 53
4	15 13	9 53	5 8	7 50	23 12	2 41	23 39	1 16	24 32	1 38	7 22	0 59	5 4	1 53
5	15 32	5 41	4 42	3 28	23 7	2 34	23 50	1 18	24 27	1 38	7 18	0 59	5 2	1 54
6	15 50	1 15	3 60	0S59	22 60	2 26	24 1	1 21	24 22	1 37	7 15	0 60	4 60	1 54
7	16 8	3S11	3 5	5 20	22 48	2 16	24 11	1 23	24 17	1 37	7 12	0 60	4 58	1 54
8	16 26	7 24	2 2	9 22	22 34	2 5	24 20	1 25	24 12	1 37	7 8	1 0	4 56	1 54
9	16 43	11 12	0 53	12 54	22 15	1 52	24 29	1 28	24 6	1 36	7 5	1 0	4 54	1 54
10	17 0	14 26	0N17	15 46	21 53	1 38	24 37	1 30	23 60	1 36	7 2	1 0	4 52	1 55
11	17 17	16 56	1 25	17 52	21 27	1 22	24 44	1 32	23 54	1 35	6 59	1 1	4 50	1 55
12	17 34	18 36	2 28	19 7	20 58	1 4	24 50	1 35	23 47	1 35	6 55	1 1	4 48	1 55
13	17 50	19 24	3 23	19 27	20 25	0 45	24 56	1 37	23 41	1 34	6 52	1 1	4 46	1 55
14	18 6	19 17	4 9	18 55	19 49	0 25	25 1	1 39	23 34	1 34	6 49	1 1	4 45	1 56
15	18 22	18 20	4 44	17 33	19 10	0 5	25 5	1 41	23 26	1 34	6 46	1 2	4 43	1 56
16	18 37	16 35	5 6	15 26	18 31	0N16	25 9	1 43	23 19	1 33	6 43	1 2	4 41	1 56
17	18 52	14 8	5 15	12 41	17 51	0 36	25 11	1 45	23 11	1 33	6 40	1 2	4 39	1 56
18	19 7	11 5	5 11	9 22	17 12	0 56	25 14	1 47	23 3	1 32	6 37	1 2	4 38	1 56
19	19 21	7 32	4 53	5 37	16 35	1 14	25 15	1 48	22 55	1 32	6 35	1 2	4 36	1 57
20	19 35	3 37	4 21	1 32	16 1	1 31	25 15	1 50	22 46	1 31	6 32	1 3	4 34	1 57
21	19 49	0N35	3 36	2N44	15 31	1 46	25 15	1 52	22 38	1 31	6 29	1 3	4 33	1 57
22	20 2	4 53	2 39	7 0	15 6	1 58	25 14	1 53	22 29	1 30	6 26	1 3	4 31	1 57
23	20 15	9 5	1 31	11 4	14 46	2 9	25 12	1 55	22 20	1 30	6 24	1 3	4 30	1 58
24	20 27	12 56	0 16	14 39	14 31	2 18	25 10	1 56	22 10	1 29	6 21	1 4	4 28	1 58
25	20 39	16 9	1S 2	17 25	14 21	2 25	25 7	1 58	22 0	1 28	6 19	1 4	4 27	1 58
26	20 51	18 24	2 18	19 5	14 17	2 29	25 3	1 59	21 51	1 28	6 16	1 4	4 25	1 58
27	21 2	19 26	3 26	19 26	14 17	2 32	24 58	2 0	21 40	1 27	6 14	1 4	4 24	1 59
28	21 13	19 6	4 20	18 25	14 21	2 34	24 53	2 1	21 30	1 27	6 12	1 4	4 23	1 59
29	21 24	17 26	4 56	16 9	14 29	2 34	24 46	2 2	21 19	1 26	6 9	1 5	4 21	1 59
30	21S34	14N38	5S12	12N54	14S40	2N33	24S40	2S 3	21S 9	1S26	6N 7	1N 5	4N20	1N59

DAY	♅ DECL	♅ LAT	♆ DECL	♆ LAT	♇ DECL	♇ LAT
1	11S34	0S47	16N45	0N 2	19N35	3S35
5	11 35	0 47	16 44	0 2	19 35	3 35
9	11 35	0 46	16 44	0 2	19 35	3 35
13	11 35	0 46	16 44	0 2	19 35	3 35
17	11 34	0 46	16 44	0 2	19 35	3 35
21	11 33	0 46	16 44	0 2	19 36	3 35
25	11 32	0 46	16 44	0 2	19 36	3 35
29	11S31	0S46	16N45	0N 2	19N36	3S35

☽ PHENOMENA	VOID OF COURSE ☽ LAST ASPT	☽ INGRESS
d h m	1 11pm11	2 ♌ 1pm37
3 7 35 ☾	3 12pm55	4 ♍ 5pm 3
10 16 5 ●	6 7am39	6 ♎ 10pm23
18 20 13 ☽	8 8am24	9 ♏ 5am49
26 1 42 ○	11 2pm 5	11 ♐ 3pm27
	13 5pm13	14 ♑ 3am 3
	16 3am 8	16 ♒ 3pm45
d h ° '	18 8pm13	19 ♓ 3am40
6 7 0	21 10am37	21 ♈ 12pm46
13 9 19S27	23 12pm43	23 ♉ 6pm 2
20 21 0	25 5pm43	25 ♊ 8pm 0
27 6 19N29	27 9am50	27 ♋ 8pm12
	29 10am12	29 ♌ 8pm33
3 1 5S17	d h	
9 18 0	15 14 APOGEE	
17 5 5N15	27 14 PERIGEE	
24 5 0		
30 7 5S12		

DAILY ASPECTARIAN

1 M: ☉△☽ 1am23; ☽☌♇ 2 12; ☽⊼♀ 3 43; ☽☍♂ 4 11; ☽✶♃ 9 26; ☽⊻♆ 10 18; ☉△♇ 1pm 8; ☽□♀ 2 29; ☽□♅ 3 28; ♀⊼♂ 5 10; ☽∥♆ 10 44; ☿∥♀ 10 59; ☽✶♄ 11 11

2 T: ☽□♀ 7am 7; ☽∠♃ 10 50; ☉∥☽ 3pm23; ☽△☿ 4 26; ☽⊼♅ 4 38

3 W: ☿□♅ 0am25; ☽∠♄ 0 39; ☽✶♇ 4 32; ☽□☉ 7 35; ☽⊼♂ 9 26; ☽△♀ 10 56; ☽⊻♃ 12pm35; ☽☌♆ 12 55; ☽∥♅ 1 38

4 Th: ☽⊻♄ 2am31; ☽∠♇ 6 16; ♀□♃ 8 25; ♀△♆ 9 50; ☽□♂ 12pm45; ☽∥♃ 2 49; ♃⊼♅ 7 46; ☽☍♅ 8 9; ☽□☿ 8 51

5 F: ☽∥♄ 3am34; ☽✶♇ 8 28; ☿SR 12pm53; ☉✶☽ 3 49; ☽△♂ 4 37; ☽⊻☿ 5 13; ☽☌♃ 5 27; ☽□♀ 8 19

6 S: ♂⊼♆ 3am30; ☽☌♄ 7 39; ☉□♆ 10 49; ♂△♃ 11 30; ☉✶♃ 5pm42; ☽∠♆ 8 6; ☉∠☽ 8 51

7 Su: ☽⊼♅ 1am35; ☽✶☿ 2 4; ☉✶♂ 8 16; ♀∥♂ 9 45; ☽∥♄ 9 50; ☽□♇ 2pm21; ☽∥♃ 10 28; ☿□♅ 11 23; ☽✶♆ 11 31

8 M: ☽✶♃ 0am23; ☽□♂ 2 11; ☉⊻☽ 2 34; ☽∠☿ 4 55; ☽⊼♅ 5 5; ☽✶♀ 8 24; ☽⊻♄ 2pm54

9 T: ☉∥♆ 1am23; ☉∥♅ 2 34; ☽∠♃ 4 41; ☿∠♂ 7 15; ☽□♆ 7 53; ☽⊼♅ 9 8; ☽∠♀ 3pm31; ☽∠♄ 7 21; ☽△♇ 10 22

10 W: ♂∠♅ 3am52; ☽□♆ 7 58; ☽⊼♀ 9 32; ☽✶♂ 2pm22; ☉☌☽ 4 5; ☿ ♏ 7 1; ☽∥♄ 9 50; ☽✶♀ 11 23

11 Th: ☽✶♄ 0am21; ☽□♇ 3 12; ☉∥☽ 4 58; ♅SD 7 22; ♀□♅ 9 53; ☽⊼☿ 2pm 5; ☽□♅ 6 52; ☽∠♂ 9 26

12 F: ☽⊼♇ 8am33; ☽△♆ 6pm34; ☽□♃ 8 54

13 S: ☽⊻♂ 5am 7; ☉⊻☽ 8 20; ☽□♅ 11 56; ☽☌♀ 5pm13; ☽□♄ 8 33

14 Su: ☽□♆ 0am33; ☽✶♅ 6 35; ♆□♇ 8 32; ☽✶♀ 10 55; ☉∠☽ 5pm17; ☉∥☽ 11 33; ☽∠♆ 11 50

15 M: ☉✶♄ 6am41; ☽⊼♆ 6 51; ☽△♃ 9 56; ☽∠♅ 12pm55; ☉∥♆ 9 17; ☽☌♂ 9 43; ☽∥♆ 10 16

16 T: ☽△♄ 0am55; ☉✶☽ 2 28; ☽✶♆ 3 8; ♆□♇ 5 13; ☉□♆ 6 9; ☉□♇ 7 23; ♆SR 8 21; ☽⊻♀ 12pm48; ☽□♀ 4 40; ♀□♆ 5 6; ☽□♄ 7 18; ♅✶♄ 9 24

17 W: ☽□♄ 7am27; ☽✶♂ 7 46; ☽⊼♇ 9 10; ♀ ♑ 5pm28; ☽⊼♅ 7 27; ☽∥♅ 8 28; ☽∠♀ 10 27; ☽⊼♄ 11 11

18 Th: ♂△♄ 5am 8; ☽□♀ 9 30; ☽⊼♄ 1pm38; ☽⊻♂ 2 8; ☽□♇ 3 6; ♃∥♆ 5 55; ☉□☽ 8 13

19 F: ☽□♅ 4am26; ☽∥♃ 6 9; ☽☌♅ 7 8; ☽✶♀ 7 26; ☽∥♄ 6pm15; ☽△♇ 8 24; ☽∠♂ 9 25

20 S: ☉∥♇ 1am 0; ☽⊼♆ 6 17; ☽□♅ 10 27; ☿∠♀ 1pm13; ☽△☿ 3 3; ☽☌♄ 11 53

21 Su: ☽✶♂ 3am40; ☽□♆ 10 28; ☉△☽ 10 37; ☽⊻♅ 4pm 3; ☽□☿ 5 17; ☽∥♄ 10 1; ☽□♀ 10 6

22 M: ☽□♀ 4am22; ☽∥♇ 8 41; ☽△♆ 1pm39; ☉ ♐ 2 16; ☉□☽ 4 0; ☽⊼♃ 6 3; ☽⊼☿ 7 3; ☽∠♄ 7 5

23 T: ☽⊼♄ 6am20; ☽□♂ 12pm43; ☽∥♅ 2 58; ☿✶♃ 7 46; ☽□♇ 8 12; ☽□♅ 8 22; ☽✶♅ 9 9

24 W: ☽△♀ 7am41; ☽⊼♆ 8 9; ☽✶♇ 8 32; ☉□♅ 9 32; ☽∥♆ 10 28; ☽□♄ 5pm15; ♀☍♇ 5 35; ☽☌♀ 9 13; ☽△♃ 9 49

25 Th: ☽∥♆ 5am17; ☽△♄ 9 11; ☽∠♇ 9 25; ☽□♀ 10 52; ☿SD 1pm 1; ☽△♂ 5 43; ☽□♅ 10 59

26 F: ☉☍☽ 1am42; ☽✶♇ 9 45; ☽⊼♀ 1pm22; ☽✶♆ 6 10; ☽□♂ 7 16; ☽⊼♆ 10 13; ☽□♃ 10 57

27 S: ☽□♄ 9am50; ♂ ♒ 1pm38; ☽⊻♀ 6 10; ☽⊼♂ 8 33; ☽□♀ 10 44; ☽△♅ 11 11

28 Su: ☉☍☽ 5am18; ☽☌♇ 9 45; ♀✶♃ 3pm53; ☽☍♀ 5 39; ☽□♄ 6 11; ☉∥♂ 6 48; ☽∥♅ 11 16; ☽✶♃ 11 21; ☽△♅ 11 34

29 M: ☿⊼♆ 0am 7; ☽∥♆ 6 45; ☉□☽ 7 11; ☽✶♄ 10 12; ☽☍♂ 11pm35; ☽⊼♅ 11 39; ☽∥♃ 11 46; ☽∠♃ 11 53

30 T: ♂✶♅ 1am 0; ☽✶♆ 6 17; ☉△☽ 9 31; ☽✶♇ 10 25; ☽∠♄ 10 52; ☽□♆ 7pm10; ☽∥♅ 8 47; ☉⊼♇ 10 4; ☽⊼♀ 11 9

DECEMBER 1920

LONGITUDE

DAY	SID. TIME	☉	☽	☽ 12 Hour	MEAN ☊	TRUE ☊	☿	♀	♂	♃	♄	♅	♆	♇
	h m s	° ' "	° ' "	° ' "	° '	° '	° '	° '	° '	° '	° '	° '	° '	° '
1	4 38 11	8♐ 30 28	16♌ 35 39	23♌ 42 23	4♏ 39	6♏ 5R	18♏ 25	16♑ 8	2♒ 38	17♍ 9	23♍ 44	1♓ 55	13♌ 42R	8♋ 25R
2	4 42 8	9 31 18	0♍ 43 36	7♍ 39 12	4 35	6 3D	19 15	17 21	3 24	17 15	23 48	1 56	13 42	8 24
3	4 46 4	10 32 10	14 29 14	21 13 53	4 32	6 3	20 11	18 33	4 11	17 20	23 51	1 57	13 41	8 23
4	4 50 1	11 33 3	27 53 21	4♎ 27 58	4 29	6 4	21 11	19 46	4 57	17 26	23 55	1 58	13 40	8 22
5	4 53 57	12 33 57	10♎ 58 2	17 23 55	4 26	6 6	22 16	20 58	5 43	17 32	23 58	1 59	13 40	8 21
6	4 57 54	13 34 53	23 45 58	0♏ 4 33	4 23	6 7R	23 24	22 11	6 29	17 37	24 1	2 1	13 39	8 20
7	5 1 50	14 35 50	6♏ 19 58	12 32 33	4 19	6 8	24 35	23 23	7 16	17 42	24 4	2 2	13 39	8 19
8	5 5 47	15 36 48	18 42 34	24 50 18	4 16	6 7	25 49	24 36	8 2	17 47	24 7	2 3	13 38	8 18
9	5 9 44	16 37 48	0♐ 55 57	6♐ 59 44	4 13	6 4	27 6	25 48	8 48	17 52	24 10	2 4	13 37	8 17
10	5 13 40	17 38 48	13 1 51	19 2 29	4 10	5 59	28 24	27 0	9 35	17 57	24 13	2 6	13 36	8 16
11	5 17 37	18 39 49	25 1 46	0♑ 59 53	4 7	5 51	29 44	28 12	10 21	18 1	24 16	2 7	13 36	8 15
12	5 21 33	19 40 51	6♑ 57 2	12 53 23	4 4	5 43	1♐ 6	29 25	11 8	18 5	24 18	2 9	13 35	8 13
13	5 25 30	20 41 54	18 49 10	24 44 36	4 0	5 34	2 29	0♒ 37	11 54	18 9	24 21	2 10	13 34	8 12
14	5 29 26	21 42 57	0♒ 39 59	6♒ 35 37	3 57	5 25	3 53	1 49	12 40	18 13	24 23	2 12	13 33	8 11
15	5 33 23	22 44 1	12 31 52	18 29 7	3 54	5 17	5 19	3 1	13 27	18 17	24 25	2 14	13 32	8 10
16	5 37 19	23 45 5	24 27 48	0♓ 28 25	3 51	5 11	6 45	4 13	14 14	18 21	24 27	2 15	13 31	8 9
17	5 41 16	24 46 10	6♓ 31 27	12 37 29	3 48	5 7	8 12	5 24	15 0	18 24	24 29	2 17	13 30	8 7
18	5 45 13	25 47 15	18 47 3	25 0 47	3 45	5 5D	9 39	6 36	15 47	18 28	24 31	2 19	13 29	8 6
19	5 49 9	26 48 20	1♈ 19 14	7♈ 43 1	3 41	5 5	11 7	7 48	16 33	18 31	24 33	2 21	13 28	8 5
20	5 53 6	27 49 26	14 12 41	20 48 44	3 38	5 6	12 36	8 59	17 20	18 34	24 35	2 23	13 27	8 4
21	5 57 2	28 50 31	27 31 35	4♉ 21 36	3 35	5 6R	14 5	10 11	18 6	18 36	24 37	2 25	13 26	8 3
22	6 0 59	29 51 38	11♉ 18 56	18 23 39	3 32	5 6	15 34	11 22	18 53	18 39	24 38	2 27	13 25	8 1
23	6 4 55	0♑ 52 44	25 35 34	2♊ 54 21	3 29	5 4	17 4	12 34	19 39	18 41	24 40	2 29	13 24	8 0
24	6 8 52	1 53 50	10♊ 19 22	17 49 49	3 25	5 0	18 35	13 45	20 26	18 43	24 41	2 31	13 23	7 59
25	6 12 48	2 54 57	25 24 38	3♋ 2 35	3 22	4 53	20 5	14 56	21 13	18 45	24 42	2 33	13 21	7 58
26	6 16 45	3 56 4	10♋ 42 18	18 22 20	3 19	4 44	21 36	16 7	21 59	18 47	24 43	2 35	13 20	7 57
27	6 20 42	4 57 12	26 1 12	3♌ 37 30	3 16	4 35	23 8	17 18	22 46	18 49	24 44	2 37	13 19	7 55
28	6 24 38	5 58 20	11♌ 9 56	18 37 25	3 13	4 26	24 39	18 29	23 32	18 50	24 45	2 39	13 18	7 54
29	6 28 35	6 59 28	25 59 1	3♍ 14 6	3 10	4 18	26 11	19 39	24 19	18 51	24 46	2 41	13 17	7 53
30	6 32 31	8 0 36	10♍ 22 13	17 23 9	3 6	4 12	27 43	20 50	25 6	18 53	24 46	2 44	13 15	7 52
31	6 36 28	9♑ 1 45	24♍ 16 55	1♎ 3 38	3♏ 3	4♏ 9	29♐ 16	22♒ 0	25♒ 52	18♍ 53	24♍ 47	2♓ 46	13♌ 14	7♋ 50

DECLINATION and LATITUDE

DAY	☉ DECL	☽ DECL	☽ LAT	☽ 12hr DECL	☿ DECL	☿ LAT	♀ DECL	♀ LAT	♂ DECL	♂ LAT	♃ DECL	♃ LAT	♄ DECL	♄ LAT
1	21S44	10N59	5S 7	8N56	14S54	2N31	24S32	2S 4	20S58	1S25	6N 5	1N 5	4N19	1N60
2	21 53	6 47	4 44	4 35	15 11	2 28	24 24	2 5	20 46	1 24	6 3	1 5	4 18	1 60
3	22 2	2 20	4 5	0 6	15 29	2 24	24 15	2 6	20 35	1 24	6 1	1 6	4 17	2 0
4	22 11	2S 7	3 14	4S17	15 50	2 19	24 5	2 7	20 23	1 23	5 59	1 6	4 16	2 0
5	22 19	6 23	2 13	8 23	16 11	2 14	23 54	2 7	20 11	1 23	5 57	1 6	4 15	2 1
6	22 26	10 16	1 7	12 1	16 34	2 8	23 43	2 8	19 59	1 22	5 55	1 6	4 14	2 1
7	22 34	13 37	0N 1	15 3	16 57	2 2	23 31	2 8	19 47	1 21	5 53	1 7	4 13	2 1
8	22 40	16 19	1 8	17 22	17 21	1 56	23 19	2 8	19 34	1 21	5 52	1 7	4 12	2 1
9	22 47	18 13	2 11	18 52	17 45	1 49	23 6	2 8	19 21	1 20	5 50	1 7	4 11	2 2
10	22 53	19 17	3 6	19 29	18 10	1 42	22 52	2 9	19 8	1 20	5 48	1 8	4 10	2 2
11	22 58	19 28	3 54	19 14	18 34	1 35	22 38	2 9	18 55	1 19	5 47	1 8	4 9	2 2
12	23 3	18 46	4 30	18 7	18 58	1 27	22 23	2 8	18 42	1 18	5 45	1 8	4 8	2 2
13	23 7	17 16	4 54	16 14	19 22	1 20	22 7	2 8	18 28	1 18	5 44	1 8	4 8	2 3
14	23 11	15 2	5 6	13 40	19 45	1 12	21 51	2 8	18 15	1 17	5 43	1 9	4 7	2 3
15	23 15	12 10	5 5	10 33	20 8	1 5	21 34	2 8	18 1	1 16	5 41	1 9	4 6	2 3
16	23 18	8 48	4 50	6 58	20 31	0 57	21 16	2 7	17 47	1 16	5 40	1 9	4 6	2 4
17	23 21	5 3	4 23	3 4	20 52	0 49	20 58	2 7	17 32	1 15	5 39	1 9	4 5	2 4
18	23 23	1 1	3 43	1N 3	21 13	0 42	20 40	2 6	17 18	1 14	5 38	1 10	4 4	2 4
19	23 25	3N 9	2 51	5 14	21 33	0 34	20 20	2 5	17 3	1 14	5 37	1 10	4 4	2 4
20	23 26	7 18	1 50	9 18	21 53	0 26	20 1	2 4	16 48	1 13	5 36	1 10	4 4	2 5
21	23 27	11 14	0 41	13 3	22 11	0 19	19 41	2 3	16 33	1 12	5 35	1 10	4 3	2 5
22	23 27	14 42	0S33	16 11	22 29	0 12	19 20	2 2	16 18	1 12	5 35	1 11	4 3	2 5
23	23 27	17 26	1 47	18 24	22 45	0 4	18 59	2 1	16 3	1 11	5 34	1 11	4 3	2 5
24	23 26	19 5	2 57	19 27	23 0	0S 3	18 37	1 59	15 48	1 10	5 33	1 11	4 2	2 6
25	23 25	19 27	3 55	19 6	23 15	0 10	18 15	1 58	15 32	1 10	5 33	1 12	4 2	2 6
26	23 23	18 24	4 38	17 22	23 28	0 17	17 52	1 56	15 16	1 9	5 32	1 12	4 2	2 6
27	23 21	16 2	5 1	14 25	23 40	0 24	17 29	1 55	15 0	1 8	5 32	1 12	4 2	2 7
28	23 19	12 35	5 2	10 34	23 51	0 31	17 5	1 53	14 44	1 7	5 32	1 12	4 2	2 7
29	23 16	8 25	4 43	6 11	24 1	0 37	16 41	1 51	14 28	1 7	5 32	1 13	4 2	2 7
30	23 12	3 53	4 6	1 34	24 9	0 44	16 17	1 49	14 12	1 6	5 31	1 13	4 2	2 7
31	23S 9	0S43	3S16	2S58	24S17	0S50	15S52	1S47	13S56	1S 5	5N31	1N13	4N 2	2N 8

DAY	♅ DECL	♅ LAT	♆ DECL	♆ LAT	♇ DECL	♇ LAT
1	11S30	0S46	16N45	0N 2	19N36	3S35
5	11 29	0 45	16 46	0 2	19 37	3 35
9	11 27	0 45	16 47	0 2	19 37	3 35
13	11 24	0 45	16 48	0 2	19 37	3 35
17	11 22	0 45	16 49	0 2	19 38	3 35
21	11 19	0 45	16 50	0 2	19 38	3 35
25	11 16	0 45	16 51	0 2	19 39	3 34
29	11S13	0S45	16N53	0N 2	19N39	3S34

☽ PHENOMENA

d	h	m	
2	16	29	☾
10	10	4	●
18	14	40	☽
25	12	38	○

d	h	° '
3	13	0
10	17	19S30
18	6	0
24	18	19N29
30	20	0

d	h	° '
7	0	0
14	10	5N 7
21	13	0
27	13	5S 4

VOID OF COURSE ☽

LAST ASPT	☽ INGRESS
1 3am15	1 ♍ 10pm45
3 4pm47	4 ♎ 3am50
5 8pm41	6 ♏ 11am51
8 3pm33	8 ♐ 10pm10
10 10pm27	11 ♑ 9am59
13 11am14	13 ♒ 10pm39
15 10pm26	16 ♓ 11am 3
18 2pm40	18 ♈ 9pm30
21 2am31	21 ♉ 4am22
22 10pm27	23 ♊ 7am15
24 10pm53	25 ♋ 7am13
26 9pm59	27 ♌ 6am16
29 0am22	29 ♍ 6am37
31 9am57	31 ♎ 10am 7

d	h	
13	6	APOGEE
26	0	PERIGEE

DAILY ASPECTARIAN

Day	Aspect	Time
1 W	☽⚺♃	0am56
	☽□☿	3 15
	☽∠♇	11 31
	☽⚺♄	12pm 6
	♀∠♅	3 42
	♀△♃	9 48
2 Th	☽☍♅	2am 5
	☽⚼♀	3 3
	☽∥♃	4 5
	☽⚻♂	4 54
	☽⚹♇	1pm18
	☽∥♄	1 34
	☉□☽	4 29
	☽⚺♆	10 35
3 F	☽☌♃	5am 6
	☽△♀	7 56
	☽⚼♂	8 50
	☽⚹☿	10 55
	☽☌♄	4pm47
4 S	☽∠♆	1am25
	☽⚻♅	7 26
	☽#♄	11 48
	☽△♂	1pm41
	☽∠☿	4 30
	☽□♇	7 10
	☽#♃	9 30
5 Su	☉⚹☽	3am13
	☽⚹♆	5 1
	☽⚼♅	11 15
	☽⚺♃	12pm19
	☽□♀	8 41
	☿⚼♇	10 47
	☽⚺☿	11 14
6 M	☽⚺♄	0am29
	☉△♆	1 40
	☽∥♅	8 8
	☉∠☽	9 57
	☿#♆	12pm52
	☿⚹♄	1 17
	☽△♅	3 43
	☽∠♃	4 58
7 T	☽□♂	1am54
	☽△♇	3 49
	☽∠♄	5 18
	☽□♆	2pm 7
	♀△♄	2 9
	☉⚺☽	5 25
	♂#♇	6 47
	☽⚹♃	10 11
8 W	☽#♆	5am 0
	♂⚻♇	8 5
	☽⚼♇	8 58
	☽⚹♄	10 38
	☽⚹♀	12pm47
	☽∥☿	2 59
	☽☌☿	3 33
9 Th	☽□♅	2am16
	♂⚼♄	12pm 0
	☽⚻♇	2 32
	☽⚹♂	4 40
	☽∥♂	8 6
	☽∠♀	9 44
	☉∥♀	11 28
10 F	☽△♆	1am 9
	☉□♃	7 32
	☽□♃	9 52
	☉☌☽	10 4
	☽□♄	10pm27
11 S	☽∠♂	0am42
	☿ ♐	4 37
	☽⚺♀	7 6
	☽⚼♆	7 9
	☽⚺☿	10 41
	☿∥♂	1pm40
	☽⚹♅	2 18
	☽∥☿	8 49
12 Su	☽∥♂	1am58
	☽☍♇	2 34
	☽⚺♂	9 1
	♀ ♒	11 46
	☽⚻♆	1pm23
	☿□♅	6 30
	☽∠♅	8 40
	☽∠☿	8 57
	☽△♃	10 39
13 M	☉⚺☽	4am10
	☽#♆	5 42
	☽△♄	11 14
	☿#♇	3pm51
14 T	☽☌♀	2am35
	☽⚺♅	3 7
	☽⚼♃	5 13
	☽⚹☿	7 25
	♀⚺♅	7 57
	☉∠☽	1pm24
	☽⚻♇	3 12
	☽⚼♄	5 42
15 W	☽☌♂	1am59
	☽☍♆	2 1
	♂☍♆	2 34
	♀⚼♃	5 50
	☽∥♅	5 55
	☽⚻♃	11 40
	☽⚼♇	9pm22
	☉⚹☽	10 26
	☽⚻♄	11 59
16 Th	☽☌♅	3pm35
	☉□♄	5 12
	☽#♃	8 16
	☽⚺♀	9 33
	☿⚻♇	10 54
17 F	☽△♇	3am 9
	☿∥♀	3 35
	☽□☿	3 44
	☽#♄	5 53
	☽⚻♆	1pm42
	☽⚺♂	5 46
	☽☍♃	11 22
18 S	☽∠♀	6am 2
	☽☍♄	11 5
	☉□☽	2pm40
	☽⚼♆	6 36
19 Su	☽∠♂	0am28
	☽⚺♅	1 56
	☽∥♄	5 16
	♀⚻♇	5 42
	☽□♇	12pm40
	☽⚹♀	1 23
	☽∥♃	2 10
	☽△☿	8 39
	♂#♆	10 0
	☽△♆	10 36
20 M	☽∠♅	5am48
	☽⚹♂	6 3
	☽⚻♃	7 57
	♀⚼♄	12pm14
	☿△♆	1 40
	☉⚼♆	2 32
	☽⚻♄	6 48
21 T	☽#♅	0am34
	☉△☽	2 31
	♀#♇	2 43
	☽⚼☿	3 5
	☽⚹♅	8 37
	☽⚼♃	10 43
	♂⚻♃	4pm25
	☽⚹♇	6 21
	☽⚼♄	9 7
22 W	☽□♀	0am 6
	☉ ♑	3 17
	☽□♆	3 34
	☉⚼☽	6 30
	☽⚻☿	8 6
	☽#♂	12pm 0
	☽△♃	12 28
	☽□♂	1 33
	☽∥♆	6 5
	☽∠♇	7 43
	☽△♄	10 27
23 Th	☉⚻☽	9am20
	☽□♅	11 19
	♀☍♆	4pm40
	☽#♀	4 53
	☽⚺♇	8 14
24 F	☿□♃	2am23
	☽⚹♆	4 53
	☽△♀	5 57
	☽□♃	1pm27
	☽☍☿	2 39
	☉⚹♅	2 57
	☽△♂	5 0
	☽□♄	10 53
25 S	☽∠♆	4am38
	☽⚼♀	7 43
	☽△♅	11 15
	☉☍☽	12pm38
	☉∥☿	4 28
	☽⚼♂	5 52
	☽☌♇	7 41
26 Su	☽⚺♆	4am 7
	☽#♀	8 5
	☽⚻♀	9 10
	☽⚼♅	10 47
	☿⚹♂	12pm19
	☽⚹♃	12 40
	☽∥♆	4 47
	☽⚻♂	6 37
	☽⚻☿	6 57
	☽⚹♄	9 59
27 M	♂⚼♇	4am49
	☽#♂	8 31
	☽⚻♅	10 26
	☽∠♃	12pm19
	☉⚻☽	3 8
	☽⚺♇	6 48
	☽⚼☿	9 19
	☽∠♄	9 44
28 T	☿□♄	1am32
	☽☌♆	3 25
	♀⚻♃	7 31
	☽#♅	8 15
	☽⚺♃	12pm22
	♀#♆	12 43
	☽☍♀	12 47
	☉⚼☽	4 59
	☽∠♇	6 56
	☽☍♂	9 7
	☽⚺♄	10 0
29 W	☽△☿	0am22
	☽☍♅	11 8
	♂⚻♄	2pm 1
	☽∥♃	3 28
	☉△☽	7 42
	☽⚹♇	7 46
	☉☍♇	8 34
	☽∥♄	11 16
30 Th	☽⚺♆	4am54
	☿⚼♆	8 9
	☽☌♃	2pm36
	☽⚻♀	7 39
31 F	☽☌♄	0am53
	☽⚻♂	2 58
	☽∠♆	6 57
	☽□☿	9 57
	☿ ♑	11 23
	☽⚻♅	3pm 6
	♀⚼♇	4 50
	☽#♄	5 46

LONGITUDE

DAY	SID. TIME h m s	☉ ° ' "	☽ ° ' "	☽ 12 Hour ° ' "	MEAN ☊ ° '	TRUE ☊ ° '	☿ ° '	♀ ° '	♂ ° '	♃ ° '	♄ ° '	♅ ° '	♆ ° '	♇ ° '
1	6 40 24	10♑ 2 54	7♎ 43 39	14♎ 17 20	3♏ 0	4♏ 8D	0♑ 49	23♒ 11	26♒ 39	18♍ 54	24♍ 47	2♓ 48	13♌ 13R	7♋ 49R
2	6 44 21	11 4 4	20 45 11	27 7 44	2 57	4 8	2 22	24 21	27 25	18 55	24 48	2 51	13 11	7 48
3	6 48 17	12 5 14	3♏ 25 31	9♏ 39 7	2 54	4 8R	3 56	25 31	28 12	18 55R	24 48	2 53	13 10	7 47
4	6 52 14	13 6 24	15 49 5	21 55 56	2 51	4 8	5 30	26 41	28 59	18 55	24 48R	2 56	13 8	7 46
5	6 56 11	14 7 34	28 0 10	4♐ 2 13	2 47	4 5	7 4	27 51	29 45	18 55	24 48	2 58	13 7	7 44
6	7 0 7	15 8 45	10♐ 2 31	16 1 24	2 44	4 0	8 39	29 0	0♓ 32	18 54	24 48	3 1	13 6	7 43
7	7 4 4	16 9 55	21 59 13	27 56 14	2 41	3 51	10 14	0♓ 10	1 18	18 54	24 48	3 3	13 4	7 42
8	7 8 0	17 11 6	3♑ 52 40	9♑ 48 46	2 38	3 40	11 49	1 19	2 5	18 53	24 47	3 6	13 3	7 41
9	7 11 57	18 12 16	15 44 40	21 40 33	2 35	3 26	13 25	2 29	2 51	18 52	24 47	3 9	13 1	7 39
10	7 15 53	19 13 26	27 36 35	3♒ 32 53	2 31	3 12	15 1	3 38	3 38	18 51	24 46	3 11	13 0	7 38
11	7 19 50	20 14 36	9♒ 29 39	15 27 3	2 28	2 57	16 38	4 47	4 25	18 50	24 46	3 14	12 58	7 37
12	7 23 46	21 15 46	21 25 16	27 24 34	2 25	2 44	18 15	5 56	5 11	18 48	24 45	3 17	12 57	7 36
13	7 27 43	22 16 54	3♓ 25 13	9♓ 27 32	2 22	2 33	19 53	7 4	5 58	18 47	24 44	3 20	12 55	7 35
14	7 31 40	23 18 2	15 31 53	21 38 39	2 19	2 25	21 31	8 13	6 44	18 45	24 43	3 22	12 54	7 33
15	7 35 36	24 19 10	27 48 19	4♈ 1 21	2 16	2 21	23 10	9 21	7 31	18 43	24 42	3 25	12 52	7 32
16	7 39 33	25 20 17	10♈ 18 17	16 39 38	2 12	2 18	24 49	10 29	8 17	18 41	24 41	3 28	12 50	7 31
17	7 43 29	26 21 23	23 5 59	29 37 51	2 9	2 18	26 29	11 37	9 4	18 38	24 39	3 31	12 49	7 30
18	7 47 26	27 22 28	6♉ 15 45	13♉ 0 7	2 6	2 18	28 9	12 45	9 50	18 36	24 38	3 34	12 47	7 29
19	7 51 22	28 23 32	19 51 20	26 49 39	2 3	2 17	29 50	13 52	10 37	18 33	24 36	3 37	12 46	7 28
20	7 55 19	29 24 36	3♊ 55 8	11♊ 7 43	2 0	2 14	1♒ 31	14 59	11 23	18 30	24 35	3 40	12 44	7 27
21	7 59 15	0♒ 25 38	18 27 6	25 52 44	1 56	2 9	3 13	16 6	12 9	18 27	24 33	3 43	12 42	7 25
22	8 3 12	1 26 40	3♋ 23 50	10♋ 59 24	1 53	2 1	4 55	17 13	12 56	18 23	24 31	3 46	12 41	7 24
23	8 7 9	2 27 41	18 38 13	26 18 52	1 50	1 50	6 38	18 20	13 42	18 20	24 29	3 49	12 39	7 23
24	8 11 5	3 28 41	3♌ 59 52	11♌ 39 42	1 47	1 38	8 21	19 26	14 28	18 16	24 27	3 52	12 37	7 22
25	8 15 2	4 29 40	19 16 52	26 50 2	1 44	1 27	10 5	20 32	15 15	18 12	24 25	3 55	12 36	7 21
26	8 18 58	5 30 38	4♍ 17 59	11♍ 39 44	1 41	1 17	11 49	21 38	16 1	18 8	24 23	3 58	12 34	7 20
27	8 22 55	6 31 36	18 54 35	26 2 1	1 37	1 9	13 34	22 44	16 47	18 4	24 21	4 1	12 32	7 19
28	8 26 51	7 32 33	3♎ 1 48	9♎ 53 55	1 34	1 4	15 19	23 49	17 34	18 0	24 18	4 5	12 31	7 18
29	8 30 48	8 33 29	16 38 32	23 15 57	1 31	1 1	17 4	24 54	18 20	17 55	24 16	4 8	12 29	7 17
30	8 34 44	9 34 25	29 46 36	6♏ 11 2	1 28	1 0	18 50	25 59	19 6	17 50	24 13	4 11	12 27	7 16
31	8 38 41	10♒ 35 19	12♏ 29 50	18♏ 43 37	1♏ 25	1♏ 1	20♒ 35	27♓ 3	19♓ 52	17♍ 45	24♍ 10	4♓ 14	12♌ 26	7♋ 15

DECLINATION and LATITUDE

DAY	☉ DECL	☽ DECL	☽ LAT	☽ 12hr DECL	☿ DECL	☿ LAT	♀ DECL	♀ LAT	♂ DECL	♂ LAT	♃ DECL	♃ LAT	♄ DECL	♄ LAT
1	23S 4	5S 9	2S16	7S14	24S23	0S56	15S27	1S45	13S39	1S 5	5N31	1N14	4N 2	2N 8
2	22 59	9 12	1 11	11 2	24 27	1 2	15 1	1 43	13 22	1 4	5 31	1 14	4 2	2 8
3	22 54	12 43	0 4	14 15	24 31	1 7	14 36	1 40	13 5	1 3	5 32	1 14	4 2	2 9
4	22 48	15 36	1N 2	16 46	24 33	1 13	14 9	1 38	12 49	1 2	5 32	1 14	4 2	2 9
5	22 42	17 43	2 3	18 29	24 34	1 18	13 43	1 35	12 32	1 2	5 32	1 15	4 2	2 9
6	22 35	19 2	2 58	19 21	24 33	1 23	13 16	1 32	12 14	1 1	5 32	1 15	4 3	2 9
7	22 28	19 28	3 45	19 22	24 31	1 28	12 49	1 29	11 57	1 0	5 33	1 15	4 3	2 10
8	22 21	19 2	4 21	18 31	24 28	1 33	12 21	1 26	11 40	0 59	5 33	1 16	4 4	2 10
9	22 13	17 47	4 46	16 52	24 23	1 37	11 53	1 23	11 22	0 59	5 34	1 16	4 4	2 10
10	22 4	15 46	4 59	14 30	24 17	1 41	11 25	1 20	11 5	0 58	5 35	1 16	4 5	2 10
11	21 55	13 5	4 58	11 32	24 9	1 45	10 57	1 17	10 47	0 57	5 35	1 16	4 5	2 11
12	21 46	9 52	4 45	8 6	23 60	1 48	10 29	1 13	10 29	0 56	5 36	1 17	4 6	2 11
13	21 36	6 14	4 18	4 18	23 49	1 52	9 60	1 10	10 11	0 56	5 37	1 17	4 6	2 11
14	21 26	2 19	3 40	0 18	23 37	1 55	9 31	1 6	9 54	0 55	5 38	1 17	4 7	2 12
15	21 16	1N45	2 51	3N48	23 23	1 57	9 2	1 2	9 36	0 54	5 39	1 17	4 7	2 12
16	21 5	5 49	1 53	7 48	23 8	1 59	8 32	0 58	9 17	0 53	5 40	1 18	4 8	2 12
17	20 53	9 44	0 48	11 34	22 51	2 1	8 3	0 54	8 59	0 53	5 42	1 18	4 9	2 12
18	20 42	13 17	0S21	14 51	22 33	2 3	7 33	0 50	8 41	0 52	5 43	1 18	4 10	2 13
19	20 30	16 14	1 31	17 25	22 13	2 4	7 3	0 46	8 23	0 51	5 44	1 19	4 11	2 13
20	20 17	18 21	2 39	18 59	21 52	2 5	6 34	0 42	8 4	0 50	5 46	1 19	4 11	2 13
21	20 4	19 20	3 38	19 20	21 29	2 5	6 4	0 37	7 46	0 50	5 47	1 19	4 12	2 13
22	19 51	19 1	4 24	18 20	21 4	2 5	5 33	0 33	7 28	0 49	5 49	1 19	4 13	2 14
23	19 37	17 20	4 52	16 0	20 38	2 5	5 3	0 28	7 9	0 48	5 50	1 20	4 14	2 14
24	19 23	14 24	4 60	12 34	20 11	2 4	4 33	0 24	6 51	0 47	5 52	1 20	4 15	2 14
25	19 9	10 31	4 46	8 19	19 41	2 2	4 2	0 19	6 32	0 47	5 54	1 20	4 16	2 14
26	18 54	6 1	4 12	3 39	19 11	2 0	3 32	0 14	6 13	0 46	5 56	1 20	4 18	2 15
27	18 39	1 17	3 23	1S 5	18 39	1 58	3 1	0 9	5 55	0 45	5 57	1 21	4 19	2 15
28	18 24	3S23	2 22	5 36	18 5	1 55	2 31	0 4	5 36	0 44	5 59	1 21	4 20	2 15
29	18 8	7 42	1 15	9 41	17 30	1 51	2 0	0N 1	5 17	0 43	6 1	1 21	4 21	2 15
30	17 52	11 30	0 7	13 9	16 53	1 47	1 30	0 7	4 58	0 43	6 3	1 21	4 22	2 16
31	17S35	14S38	1N 0	15S55	16S15	1S42	0S59	0N12	4S39	0S42	6N 6	1N22	4N24	2N16

DAY	♅ DECL	♅ LAT	♆ DECL	♆ LAT	♇ DECL	♇ LAT
1	11S10	0S45	16N54	0N 2	19N40	3S34
5	11 7	0 44	16 56	0 2	19 40	3 34
9	11 3	0 44	16 57	0 3	19 41	3 33
13	10 59	0 44	16 59	0 3	19 41	3 33
17	10 54	0 44	17 1	0 3	19 42	3 33
21	10 50	0 44	17 3	0 3	19 42	3 32
25	10 46	0 44	17 5	0 3	19 43	3 32
29	10S41	0S44	17N 7	0N 3	19N44	3S32

☽ PHENOMENA

d	h	m	
1	4	35	☾
9	5	27	●
17	6	31	☽
23	23	8	○
30	20	2	☾

d	h	° '
7	0	19S28
14	14	0
21	6	19N22
27	6	0

d	h	
3	1	0
10	11	4N60
17	17	0
23	20	4S60
30	2	0

d	h	
9	9	APOGEE
23	14	PERIGEE

VOID OF COURSE ☽

LAST ASPT	☽ INGRESS
2 1pm23	2 ♏ 5pm27
5 3am43	5 ♐ 3am58
7 5am39	7 ♑ 4pm10
9 6pm16	10 ♒ 4am50
11 6am59	12 ♓ 5pm11
14 5pm58	15 ♈ 4am15
17 7am 8	17 ♉ 12pm40
19 3pm48	19 ♊ 5pm24
21 9am51	21 ♋ 6pm36
23 9am 8	23 ♌ 5pm45
24 1pm29	25 ♍ 5pm 4
27 5am 7	27 ♎ 6pm47
29 0am53	30 ♏ 0am25

DAILY ASPECTARIAN

Day	Aspect	Time
1 S	☽□♇	0am10
	☽⚼♀	0 54
	☽⋕♃	2 7
	☉□☽	4 35
	☽⚼♂	7 36
	☽⚹♆	10 0
	☽⚼♅	6pm34
	☽⚺♃	8 33
2 Su	☽△♀	7am26
	☿⚹♅	7 34
	☽⚺♄	7 36
	♀⚻♄	9 15
	☽∥♅	12pm46
	☽△♂	1 23
	☽△♅	10 58
3 M	☽∠♃	0am56
	☽⚹☿	1 6
	☽∥♂	2 33
	☽△♇	8 22
	☽∠♄	12pm17
	☽∥♀	12 55
	☉⚹☽	6 14
	☽□♆	6 47
	♃SR	9 33
4 T	☉⚻♆	0am47
	☽⚹♃	6 4
	☽∠☿	10 31
	♄SR	10 50
	☽⚼♇	1pm36
	☽⋕♆	1 53
	☽⚹♄	5 40
	☽□♀	11 39
5 W	☉∠☽	2am26
	☽□♂	3 43
	♂ ♓	7 39
	☽□♅	9 55
	☿☍♇	10 6
	☽⚻♇	7pm21
	☽⚺☿	8 47
6 Th	☽△♆	6am 6
	☉⚺☽	11 11
	☽□♃	5pm47
	♀ ♓	8 33
7 F	☽□♄	5am39
	☽⚼♆	12pm14
	☉∠♂	1 47
	☽⚹♀	6 17
	☽⚹♂	8 7
	☽⚹♅	10 25
8 S	☽☍♇	7am40
	☿⚻♆	6pm 8
	☽⚻♆	6 30
	☽☌☿	6 33
	☉∠♅	10 32
9 Su	☽∠♀	3am53
	☽∠♂	4 35
	☽∠♅	4 53
	☉☌☽	5 27
	☽△♃	6 19
	♂☌♅	9 25
	☽⋕♆	10 52
	♀☌♅	2pm26
	☉△♃	3 27
	☽△♄	6 16
10 M	♀☌♂	0am13
	♂∥♅	4 24
	☽⚺♅	11 19
	☽⚼♃	12pm36
	☽⚺♂	1 1
	☽⚺♀	1 28
	☽⚻♇	8 13
	♀∥♅	8 51
11 T	☽⚼♄	0am32
	☽☍♆	6 59
	☽∥♅	3pm59
	☽⚺☿	4 38
	☽⚻♃	6 46
	☽∥♀	7 3
	☽∥♂	7 15
	♀∥♂	10 21
	☉⚺☽	11 39
12 W	☿∠♅	0am24
	☽⚼♇	2 21
	☽⚻♄	6 40
	☿△♃	8 3
	☽☌♅	11pm49
13 Th	☽∠☿	3am22
	☽⋕♃	3 52
	☽☌♂	5 24
	☽☌♀	8 1
	☽△♇	8 15
	☉∠☽	8 23
	♀△♇	10 28
	☽⋕♄	1pm13
	☽⚻♆	6 48
14 F	☿∠♂	6am 3
	☽☍♃	6 19
	☽⚹☿	1pm34
	☉⚹☽	4 37
	☉∠♀	5 51
	☽☍♄	5 58
15 S	☽⚼♆	0am 7
	♂△♇	0 47
	☉△♄	8 47
	☽⚺♅	10 53
	☽∥♄	1pm59
	☽□♇	6 42
	☽⚺♂	7 55
	☿△♄	10 3
	☽∥♃	11 7
16 Su	☽⚺♀	0am23
	☽△♆	4 48
	☽⋕♀	2pm40
	☽∠♅	3 27
	☽⚻♃	3 44
	☉☌☿	7 32
	☽⋕♂	7 39
17 M	☽∠♂	1am53
	☽⚻♄	2 52
	☿∠♀	6 13
	☉□☽	6 31
	☽∠♀	7 6
	☽□☿	7 8
	☽⋕♅	7 34
	☽⚹♅	7pm 8
	☽⚼♃	7 13
18 T	♀⚻♆	0am53
	☽⚹♇	2 11
	☽⚼♄	6 1
	☽⚹♂	6 46
	☽□♆	11 36
	☽⚹♀	12pm35
	☽△♃	9 44
19 W	☿ ♒	2am28
	☽∠♇	4 30
	☽∥♆	7 49
	☽△♄	8 11
	☉△☽	3pm48
	☽△☿	7 24
	☽□♅	11 34
20 Th	☽⚺♇	5am53
	☽□♂	1pm 7
	☉ ♒	1 55
	☽⚹♆	2 37
	☉⚼☽	6 42
	☽□♀	7 52
	☽⚼☿	11 33
	☽□♃	11 59
21 F	☿⚼♃	3am11
	☿⚺♅	7 19
	☽□♄	9 51
	♀⋕♃	12pm27
	☽∠♆	2 54
	♂⚻♆	4 26
	☉⚻☽	8 40
22 S	☽△♅	0am35
	☽⚻☿	2 43
	☽☌♇	6 20
	☉⋕♇	2pm28
	☽⚺♆	2 38
	☽△♂	3 51
	☽△♀	11 29
	☽⚹♃	11 31
	♀☍♃	11 59
23 Su	☽⚼♅	0am17
	☽∥♆	2 38
	☽⚹♄	9 8
	☿⚻♇	10 25
	☽⚼♂	4pm34
	☉⚼♃	7 19
	☽∠♃	10 52
	☉☍☽	11 8
	☽⚻♅	11 48
24 M	☽⚼♀	0am44
	☽⚺♇	5 16
	☽☍☿	7 41
	☽∠♄	8 31
	☉⚺♅	9 41
	♀⋕♄	1pm15
	☽☌♆	1 29
	☿⚼♄	3 0
	☽⚻♂	5 18
	☽⚺♃	10 18
	☽⋕♅	10 37
	☿⋕♇	10 45
25 T	☽⚻♀	2am 9
	☽∠♇	4 51
	☽⚺♄	8 8
	☽⋕♂	10pm53
	☽☍♅	11 28
26 W	☽∥♃	0am29
	☉⚻☽	2 6
	☽⚹♇	4 55
	☽∥♄	8 46
	☿☍♆	10 6
	☽⚺♆	1pm28
	☽⚻☿	1 56
	☽⋕♀	2 9
	☽☍♂	8 16
	♂⋕♃	8 40
	☽☌♃	10 36
	☉∥☿	11 24
27 Th	☉⚼☽	4am43
	☽☍♀	6 56
	☽☌♄	9 7
	☽∠♆	2pm32
	☉⚻♇	6 18
	☽⚼☿	6 39
	☽∥♀	7 55
28 F	☽⚻♅	1am49
	☽⋕♄	5 7
	☽□♇	7 25
	☉△☽	8 29
	♀☍♄	10 28
	☽∥♂	11 12
	♂☍♃	12pm16
	☽⋕♃	2 18
	☽⚹♆	4 35
29 S	☽△☿	0am53
	☽⚺♃	2 17
	☽⚻♂	3 13
	☽⚼♅	4 30
	☿⚻♃	11 5
	☽⚺♄	1pm47
	☿⋕♆	3 3
	☉⚼♄	3 58
	☽⚻♀	4 20
	☽∥♅	6 23
30 Su	☽∠♃	5am40
	☿⚺♂	6 39
	☽△♅	8 16
	☽⚼♂	8 36
	☽△♇	2pm 1
	☽∠♄	5 41
	☉□☽	8 2
	☽⚼♀	11 4
	☽□♆	11 52
31 M	♀⚼♆	8am16
	☽⚹♃	10 3
	☽∥☿	12pm 2
	☽△♂	3 10
	☽□☿	6 12
	♂⋕♄	6 38
	☽⚼♇	6 49
	☽⚹♄	10 31
	☿⚼♇	10 32

FEBRUARY 1921

LONGITUDE

DAY	SID. TIME	☉	☽	☽ 12 Hour	MEAN ☊	TRUE ☊	☿	♀	♂	♃	♄	♅	♆	♇
	h m s	° ' "	° ' "	° ' "	° '	° '	° '	° '	° '	° '	° '	° '	° '	° '
1	8 42 38	11♒ 36 14	24♏ 53 3	0♐ 58 46	1♏ 22	1♏ 0R	22♒ 20	28♓ 7	20♓ 38	17♍ 40R	24♍ 8R	4♓ 17	12♌ 24R	7♋ 14R
2	8 46 34	12 37 7	7♐ 1 23	13 1 30	1 18	0 58	24 5	29 11	21 24	17 35	24 5	4 21	12 22	7 13
3	8 50 31	13 37 59	18 59 40	24 56 26	1 15	0 53	25 50	0♈ 14	22 10	17 30	24 2	4 24	12 21	7 12
4	8 54 27	14 38 51	0♑ 52 15	6♑ 47 32	1 12	0 45	27 34	1 17	22 57	17 24	23 59	4 27	12 19	7 11
5	8 58 24	15 39 42	12 42 39	18 37 57	1 9	0 35	29 17	2 20	23 43	17 19	23 56	4 30	12 17	7 10
6	9 2 20	16 40 31	24 33 41	0♒ 30 6	1 6	0 22	0♓ 58	3 23	24 29	17 13	23 52	4 34	12 15	7 9
7	9 6 17	17 41 19	6♒ 27 24	12 25 44	1 2	0 8	2 38	4 25	25 15	17 7	23 49	4 37	12 14	7 8
8	9 10 13	18 42 6	18 25 15	24 26 5	0 59	29♎ 54	4 16	5 26	26 1	17 1	23 46	4 40	12 12	7 7
9	9 14 10	19 42 52	0♓ 28 22	6♓ 32 13	0 56	29 41	5 51	6 28	26 46	16 55	23 42	4 44	12 10	7 6
10	9 18 7	20 43 37	12 37 46	18 45 13	0 53	29 30	7 23	7 29	27 32	16 48	23 39	4 47	12 9	7 5
11	9 22 3	21 44 20	24 54 43	1♈ 6 32	0 50	29 22	8 51	8 29	28 18	16 42	23 35	4 51	12 7	7 5
12	9 26 0	22 45 1	7♈ 20 53	13 38 6	0 47	29 17	10 15	9 29	29 4	16 35	23 31	4 54	12 5	7 4
13	9 29 56	23 45 41	19 58 29	26 22 25	0 43	29 15D	11 33	10 29	29 50	16 29	23 28	4 57	12 4	7 3
14	9 33 53	24 46 19	2♉ 50 18	9♉ 22 30	0 40	29 15	12 46	11 28	0♈ 36	16 22	23 24	5 1	12 2	7 2
15	9 37 49	25 46 56	15 59 25	22 41 26	0 37	29 16R	13 53	12 26	1 21	16 15	23 20	5 4	12 1	7 1
16	9 41 46	26 47 31	29 28 52	6♊ 21 59	0 34	29 16	14 52	13 24	2 7	16 8	23 16	5 8	11 59	7 1
17	9 45 42	27 48 4	13♊ 20 58	20 25 49	0 31	29 15	15 44	14 22	2 53	16 1	23 12	5 11	11 57	7 0
18	9 49 39	28 48 35	27 36 28	4♋ 52 36	0 28	29 11	16 27	15 19	3 38	15 54	23 8	5 14	11 56	6 59
19	9 53 36	29 49 4	12♋ 13 45	19 39 17	0 24	29 6	17 1	16 16	4 24	15 47	23 4	5 18	11 54	6 59
20	9 57 32	0♓ 49 32	27 8 18	4♌ 39 47	0 21	28 58	17 26	17 11	5 9	15 39	23 0	5 21	11 52	6 58
21	10 1 29	1 49 57	12♌ 12 36	19 45 28	0 18	28 49	17 41R	18 7	5 55	15 32	22 55	5 25	11 51	6 57
22	10 5 25	2 50 21	27 17 7	4♍ 46 18	0 15	28 40	17 45	19 1	6 40	15 24	22 51	5 28	11 49	6 57
23	10 9 22	3 50 43	12♍ 11 49	19 32 39	0 12	28 32	17 40	19 55	7 26	15 17	22 47	5 32	11 48	6 56
24	10 13 18	4 51 4	26 47 55	3♎ 56 56	0 8	28 26	17 25	20 49	8 11	15 9	22 42	5 35	11 46	6 55
25	10 17 15	5 51 23	10♎ 59 14	17 54 33	0 5	28 22	17 0	21 41	8 56	15 2	22 38	5 39	11 45	6 55
26	10 21 11	6 51 40	24 42 47	1♏ 24 1	0 2	28 20D	16 27	22 33	9 42	14 54	22 34	5 42	11 43	6 54
27	10 25 8	7 51 56	7♏ 58 30	14 26 36	29♎ 59	28 21	15 45	23 24	10 27	14 46	22 29	5 45	11 42	6 54
28	10 29 5	8♓ 52 11	20♏ 48 45	27♏ 5 30	29♎ 56	28♎ 22	14♓ 57	24♈ 15	11♈ 12	14♍ 38	22♍ 25	5♓ 49	11♌ 40	6♋ 53

DECLINATION and LATITUDE

DAY	☉ DECL	☽ DECL	☽ LAT	☽ 12hr DECL	☿ DECL	☿ LAT	♀ DECL	♀ LAT	♂ DECL	♂ LAT	♃ DECL	♃ LAT	♄ DECL	♄ LAT
1	17S19	17S 1	2N 3	17S54	15S36	1S37	0S29	0N18	4S21	0S41	6N 8	1N22	4N25	2N16
2	17 2	18 34	2 58	19 1	14 55	1 31	0N 2	0 23	4 2	0 40	6 10	1 22	4 26	2 16
3	16 44	19 16	3 45	19 17	14 14	1 24	0 32	0 29	3 43	0 40	6 12	1 22	4 28	2 17
4	16 27	19 6	4 21	18 42	13 31	1 16	1 3	0 35	3 24	0 39	6 15	1 22	4 29	2 17
5	16 9	18 5	4 46	17 18	12 48	1 8	1 33	0 41	3 5	0 38	6 17	1 23	4 31	2 17
6	15 51	16 19	4 59	15 9	12 3	0 59	2 3	0 47	2 46	0 37	6 19	1 23	4 32	2 17
7	15 32	13 50	4 59	12 23	11 18	0 49	2 34	0 53	2 27	0 36	6 22	1 23	4 34	2 18
8	15 14	10 47	4 45	9 5	10 33	0 39	3 4	0 59	2 8	0 36	6 25	1 23	4 35	2 18
9	14 55	7 16	4 19	5 23	9 48	0 27	3 34	1 5	1 49	0 35	6 27	1 23	4 37	2 18
10	14 35	3 25	3 41	1 25	9 3	0 15	4 4	1 11	1 30	0 34	6 30	1 24	4 38	2 18
11	14 16	0N36	2 52	2N38	8 18	0 3	4 33	1 18	1 11	0 33	6 32	1 24	4 40	2 18
12	13 56	4 39	1 54	6 39	7 34	0N11	5 3	1 24	0 52	0 33	6 35	1 24	4 42	2 19
13	13 36	8 34	0 49	10 25	6 51	0 25	5 32	1 31	0 33	0 32	6 38	1 24	4 43	2 19
14	13 16	12 10	0S19	13 46	6 10	0 39	6 2	1 37	0 14	0 31	6 41	1 24	4 45	2 19
15	12 56	15 13	1 28	16 29	5 31	0 54	6 31	1 44	0N 5	0 30	6 44	1 25	4 47	2 19
16	12 35	17 32	2 34	18 21	4 53	1 10	6 60	1 51	0 23	0 30	6 46	1 25	4 48	2 19
17	12 15	18 54	3 33	19 9	4 19	1 25	7 28	1 58	0 42	0 29	6 49	1 25	4 50	2 19
18	11 54	19 6	4 20	18 44	3 48	1 41	7 57	2 4	1 1	0 28	6 52	1 25	4 52	2 20
19	11 32	18 3	4 52	17 3	3 20	1 56	8 25	2 11	1 20	0 27	6 55	1 25	4 54	2 20
20	11 11	15 46	5 4	14 12	2 57	2 12	8 53	2 18	1 39	0 27	6 58	1 25	4 55	2 20
21	10 50	12 24	4 56	10 23	2 37	2 26	9 21	2 25	1 57	0 26	7 1	1 25	4 57	2 20
22	10 28	8 13	4 28	5 56	2 23	2 41	9 48	2 33	2 16	0 25	7 4	1 26	4 59	2 20
23	10 6	3 35	3 41	1 11	2 12	2 54	10 15	2 40	2 35	0 24	7 7	1 26	5 1	2 20
24	9 44	1S11	2 41	3S31	2 7	3 6	10 42	2 47	2 53	0 23	7 10	1 26	5 3	2 21
25	9 22	5 45	1 32	7 53	2 7	3 17	11 9	2 54	3 12	0 23	7 13	1 26	5 5	2 21
26	8 60	9 53	0 20	11 43	2 12	3 26	11 35	3 2	3 30	0 22	7 16	1 26	5 7	2 21
27	8 37	13 22	0N52	14 49	2 21	3 33	12 1	3 9	3 49	0 21	7 19	1 26	5 8	2 21
28	8S15	16S 4	1N58	17S 6	2S34	3N38	12N27	3N16	4N 7	0S20	7N23	1N26	5N10	2N21

DAY	♅ DECL	♅ LAT	♆ DECL	♆ LAT	♇ DECL	♇ LAT
1	10S37	0S44	17N 8	0N 3	19N44	3S31
5	10 32	0 44	17 10	0 3	19 45	3 31
9	10 28	0 44	17 12	0 3	19 45	3 30
13	10 23	0 44	17 14	0 3	19 46	3 30
17	10 18	0 44	17 16	0 3	19 47	3 30
21	10 13	0 44	17 18	0 3	19 47	3 29
25	10S 7	0S44	17N19	0N 3	19N48	3S29

☽ PHENOMENA

d	h	m	
8	0	37	●
15	18	53	☽
22	9	32	○

d	h	° '
3	7	19S18
10	20	0
17	16	19N10
23	18	0

d	h	° '
6	11	5N 1
13	17	0
20	3	5S 5
26	6	0

VOID OF COURSE ☽

LAST ASPT		☽ INGRESS		
1	6am58	1	♐	10am 4
3	4pm10	3	♑	10pm14
5	11pm49	6	♒	10am59
8	0am37	8	♓	11pm 4
11	7am 0	11	♈	9am52
13	7am43	13	♉	6pm45
15	6pm53	16	♊	0am55
18	2am 9	18	♋	3am58
19	5pm24	20	♌	4am34
21	9am59	22	♍	4am21
23	5pm15	24	♎	5am21
25	7pm55	26	♏	9am28
28	3am 1	28	♐	5pm37

d	h	
5	12	APOGEE
21	0	PERIGEE

DAILY ASPECTARIAN

Day	Aspect	Time
1 T	☽#♆	1am31
	☉∥☽	3 16
	☽△♀	6 58
	☉#♆	2pm37
	☉☍♆	6 18
	☽□♅	6 39
	☿⚻♄	11 53
2 W	☽⚻♇	0am23
	☽△♆	10 40
	☉⚹☽	12pm13
	♀ ♈	6 35
	☽□♃	9 0
3 Th	☽□♂	6am51
	☽□♄	10 7
	☽⚹☿	4pm10
	☽⚼♆	4 49
	☉∠☽	9 17
4 F	☽□♀	0am56
	☽⚹♅	7 18
	☽☍♇	12pm46
	☽⚻♆	11 8
5 S	☽∠☿	3am42
	♂☍♄	6 22
	☉⚺☽	6 32
	☽△♃	9 15
	☿ ♓	10 14
	☽#♆	1pm37
	☽∠♅	1 50
	☽△♄	10 37
	☽⚹♂	11 49
6 Su	☉∥☽	5am50
	☉⚻♃	11 37
	☽⚺☿	3pm 3
	☽⚼♃	3 20
	☽⚹♀	7 30
	☽⚺♅	8 17
	♀#♂	8 44
7 M	☽⚻♇	1am22
	☽⚼♄	4 44
	♀⚺♅	5 6
	☽∠♂	8 8
	☽☍♆	11 34
	☽⚻♃	9pm13
8 T	☉☌☽	0am37
	☽∥☿	2 10
	☽∥♅	2 13
	☿∥♅	2 23
	☽∠♀	4 25
	☿☌♅	6 27
	☽⚼♇	7 23
	☽⚻♄	10 37
	☽⚺♂	4pm 9
9 W	☽#♃	5am10
	☽☌♅	8 28
	♂⚼♆	12pm 7
	☽☌☿	12 11
	☽⚺♀	12 56
	☽△♇	1 6
	♀□♇	3 0
	☽#♄	4 38
	☿△♇	7 31
	☽#♀	8 33
	☽⚻♆	11 3
10 Th	☿⚺♀	4am59
	☽☍♃	8 7
	☽∥♂	12pm30
	☉⚺☽	5 16
	☽☍♄	9 26
11 F	☽#♂	3am11
	☽⚼♆	4 16
	♀∥♄	5 36
	☽☌♂	7 0
	☉⚼♇	7 55
	☽⚺♅	7pm17
	☽□♇	11 27
12 S	☽∥♄	0am13
	☉∠☽	0 50
	☽∥♀	2 41
	☽☌♀	4 27
	☽⚺☿	6 12
	☽△♆	9 3
	☽∥♃	11 47
	☽#☿	2pm56
	☉⚻♄	5 17
	☽⚻♃	5 27
	☽∠♅	11 58
13 Su	♂ ♈	5am21
	☽⚻♄	6 31
	☿#♃	7 6
	☉⚹☽	7 43
	☿⚻♆	9 33
	☽#♅	11 39
	☽∠☿	1pm39
	☽⚺♂	7 35
	☽⚼♃	9 18
14 M	☿#♀	2am49
	☽⚹♅	4 1
	☉#☽	7 21
	☽⚹♇	7 43
	☽⚼♄	10 10
	♀△♆	1pm41
	☽□♆	4 49
	☽⚺♀	5 4
	☽⚹☿	7 52
15 T	☽△♃	0am28
	☽∠♂	0 42
	☽∠♇	10 48
	♀∥♃	11 46
	☽△♄	1pm 5
	☉□☽	6 53
	☽∥♆	8 26
	☽∠♀	9 58
16 W	☿#♄	3am17
	☽⚹♂	4 53
	☽□♅	9 53
	☽⚺♇	1pm 6
	☽⚹♆	9 37
17 Th	☽⚹♀	1am52
	☽□☿	4 18
	☽□♃	4 30
	☿☍♃	7 34
	☽□♄	4pm34
	☽∠♆	10 52
18 F	☉△☽	2am 9
	☽□♂	10 30
	☽△♅	12pm39
	♀⚻♃	1 3
	☽☌♇	3 27
	☽⚺♆	11 28
19 S	☉ ♓	4am20
	☉⚼☽	4 30
	☽⚹♃	5 42
	☽□♀	6 58
	☽△☿	8 0
	☽∥♆	9 30
	☽⚼♅	1pm 5
	☽⚹♄	5 24
20 Su	☽∠♃	5am34
	☉⚻☽	6 18
	♂⚺♅	6 53
	☽⚼☿	8 37
	☿⚺♀	9 15
	☽⚻♅	1pm 9
	☽△♂	1 28
	☽⚺♇	3 39
	☽∠♄	5 13
	☽☌♆	11 26
21 M	☽⚺♃	5am14
	☽⚻☿	8 46
	☽△♀	9 59
	☉#☽	10 22
	☽#♅	1pm 6
	☽⚼♂	2 34
	☽∠♇	3 29
	☽∥♀	4 9
	☽⚺♄	4 58
	☿SR	11 20
22 T	☿#♂	5am 7
	☽∥♃	6 3
	♂□♇	8 35
	☉☍☽	9 32
	☽⚼♀	11 29
	☽☍♅	1pm11
	☽⚹♇	3 29
	☽⚻♂	3 52
	☽∥♄	4 46
	♀#♅	7 21
	☉#♀	7 27
	☉∥♅	7 34
	☽⚺♆	11 21
23 W	☽∥♂	4am44
	☽☌♃	4 59
	☽#☿	7 4
	☽☍☿	8 48
	☽⚻♀	1pm27
	☽☌♄	5 15
	♀∠♅	5 29
	☽∠♆	11 57
24 Th	☽∥☿	4am44
	☽#♂	9 22
	☉⚻☽	2pm34
	☽⚻♅	2 50
	☽□♇	5 2
	☉☌♅	6 36
	☽#♄	8 17
	☽☍♂	8 17
25 F	☽⚹♆	1am18
	☽⚺♃	6 55
	☽#♃	8 17
	☽⚻☿	10 3
	☽⚼♅	4pm52
	☉⚼☽	6 33
	☉∥☽	7 2
	☽☍♀	7 55
	☽⚺♄	8 12
26 S	♀⚻♄	0am11
	☉△♇	1 3
	☽∥♅	1 24
	☽∠♃	9 12
	☽⚼☿	11 31
	☽#♀	12pm45
	☽△♅	7 55
	☽△♇	10 1
	☽∠♄	11 6
	☉△☽	11 47
27 Su	☽⚻♂	4am51
	☽□♆	6 52
	☽⚹♃	12pm29
	☽△☿	1 38
28 M	☽⚼♇	2am 3
	☽⚹♄	3 1
	☽⚻♀	7 0
	☿☍♃	10 2
	☽⚼♂	10 57
	♂△♆	2pm34
	☽#♆	3 12

MARCH 1921

LONGITUDE

DAY	SID. TIME	☉	☽	☽ 12 Hour	MEAN ☊	TRUE ☊	☿	♀	♂	♃	♄	♅	♆	♇
	h m s	° ' "	° ' "	° ' "	° '	° '	° '	° '	° '	° '	° '	° '	° '	° '
1	10 33 1	9♓ 52 24	3♐ 17 25	9♐ 25 7	29♎ 53	28♎ 23R	14♓ 3R	25♈ 4	11♈ 57	14♍ 31R	22♍ 20R	5♓ 52	11♌ 39R	6♋ 53R
2	10 36 58	10 52 36	15 29 15	21 30 26	29 49	28 23	13 5	25 53	12 42	14 23	22 15	5 56	11 37	6 52
3	10 40 54	11 52 45	27 29 17	3♑ 26 26	29 46	28 22	12 4	26 41	13 27	14 15	22 11	5 59	11 36	6 52
4	10 44 51	12 52 54	9♑ 22 26	15 17 51	29 43	28 18	11 2	27 28	14 12	14 7	22 6	6 3	11 35	6 52
5	10 48 47	13 53 1	21 13 10	27 8 52	29 40	28 13	10 0	28 14	14 57	13 59	22 1	6 6	11 33	6 51
6	10 52 44	14 53 6	3♒ 5 20	9♒ 2 59	29 37	28 6	9 0	28 59	15 42	13 52	21 57	6 10	11 32	6 51
7	10 56 40	15 53 9	15 2 6	21 2 58	29 34	27 58	8 3	29 43	16 27	13 44	21 52	6 13	11 31	6 50
8	11 0 37	16 53 11	27 5 49	3♓ 10 50	29 30	27 49	7 9	0♉ 26	17 12	13 36	21 47	6 16	11 29	6 50
9	11 4 34	17 53 11	9♓ 18 11	15 27 59	29 27	27 42	6 20	1 8	17 57	13 28	21 43	6 20	11 28	6 50
10	11 8 30	18 53 9	21 40 19	27 55 16	29 24	27 35	5 37	1 49	18 42	13 20	21 38	6 23	11 27	6 50
11	11 12 27	19 53 5	4♈ 12 56	10♈ 33 21	29 21	27 31	5 0	2 29	19 27	13 12	21 33	6 27	11 25	6 49
12	11 16 23	20 52 59	16 56 36	23 22 46	29 18	27 28D	4 28	3 7	20 11	13 5	21 28	6 30	11 24	6 49
13	11 20 20	21 52 51	29 51 57	6♉ 24 15	29 14	27 28	4 4	3 45	20 56	12 57	21 24	6 33	11 23	6 49
14	11 24 16	22 52 40	12♉ 59 47	19 38 41	29 11	27 29	3 46	4 20	21 41	12 49	21 19	6 37	11 22	6 49
15	11 28 13	23 52 28	26 21 5	3♊ 7 7	29 8	27 30	3 34	4 55	22 25	12 42	21 14	6 40	11 21	6 48
16	11 32 9	24 52 14	9♊ 56 53	16 50 27	29 5	27 32	3 29D	5 28	23 10	12 34	21 9	6 43	11 19	6 48
17	11 36 6	25 51 57	23 47 52	0♋ 49 6	29 2	27 33R	3 29	6 0	23 54	12 27	21 5	6 47	11 18	6 48
18	11 40 2	26 51 37	7♋ 54 3	15 2 30	28 59	27 32	3 36	6 30	24 39	12 19	21 0	6 50	11 17	6 48
19	11 43 59	27 51 16	22 14 8	29 28 34	28 55	27 31	3 48	6 58	25 23	12 12	20 55	6 53	11 16	6 48
20	11 47 56	28 50 52	6♌ 45 15	14♌ 3 34	28 52	27 28	4 6	7 25	26 7	12 5	20 50	6 56	11 15	6 48
21	11 51 52	29 50 26	21 22 46	28 42 4	28 49	27 24	4 29	7 50	26 52	11 58	20 46	7 0	11 14	6 48D
22	11 55 49	0♈ 49 58	6♍ 0 37	13♍ 17 34	28 46	27 20	4 56	8 14	27 36	11 50	20 41	7 3	11 13	6 48
23	11 59 45	1 49 27	20 32 4	27 43 20	28 43	27 16	5 28	8 35	28 20	11 43	20 36	7 6	11 12	6 48
24	12 3 42	2 48 55	4♎ 50 37	11♎ 53 20	28 40	27 14	6 4	8 55	29 4	11 37	20 32	7 9	11 11	6 48
25	12 7 38	3 48 20	18 50 58	25 43 10	28 36	27 12D	6 44	9 13	29 48	11 30	20 27	7 13	11 10	6 48
26	12 11 35	4 47 43	2♏ 29 40	9♏ 10 22	28 33	27 12	7 28	9 28	0♉ 32	11 23	20 23	7 16	11 10	6 48
27	12 15 31	5 47 5	15 45 18	22 14 35	28 30	27 13	8 16	9 42	1 16	11 16	20 18	7 19	11 9	6 48
28	12 19 28	6 46 24	28 38 29	4♐ 57 17	28 27	27 15	9 7	9 53	2 0	11 10	20 14	7 22	11 8	6 48
29	12 23 25	7 45 42	11♐ 11 26	17 21 22	28 24	27 16	10 1	10 2	2 44	11 3	20 9	7 25	11 7	6 49
30	12 27 21	8 44 58	23 27 37	29 30 43	28 20	27 18	10 58	10 9	3 28	10 57	20 5	7 28	11 6	6 49
31	12 31 18	9♈ 44 12	5♑ 31 14	11♑ 29 47	28♎ 17	27♎ 18R	11♓ 58	10♉ 14	4♉ 12	10♍ 51	20♍ 1	7♓ 31	11♌ 6	6♋ 49

DECLINATION and LATITUDE

DAY	☉ DECL	☽ DECL	☽ LAT	☽ 12hr DECL	☿ DECL	☿ LAT	♀ DECL	♀ LAT	♂ DECL	♂ LAT	♃ DECL	♃ LAT	♄ DECL	♄ LAT
1	7S52	17S56	2N57	18S32	2S52	3N41	12N52	3N24	4N26	0S20	7N26	1N26	5N12	2N21
2	7 29	18 54	3 46	19 4	3 13	3 43	13 17	3 31	4 44	0 19	7 29	1 26	5 14	2 21
3	7 7	19 1	4 25	18 44	3 37	3 41	13 41	3 39	5 2	0 18	7 32	1 27	5 16	2 21
4	6 44	18 16	4 52	17 36	4 4	3 38	14 5	3 46	5 20	0 17	7 35	1 27	5 18	2 22
5	6 21	16 44	5 6	15 42	4 32	3 33	14 29	3 54	5 38	0 17	7 38	1 27	5 20	2 22
6	5 57	14 29	5 7	13 8	5 1	3 26	14 52	4 1	5 56	0 16	7 41	1 27	5 22	2 22
7	5 34	11 38	4 55	10 0	5 31	3 17	15 15	4 9	6 14	0 15	7 44	1 27	5 24	2 22
8	5 11	8 16	4 29	6 25	6 0	3 7	15 38	4 16	6 32	0 14	7 47	1 27	5 26	2 22
9	4 47	4 30	3 51	2 32	6 29	2 55	15 60	4 24	6 50	0 14	7 50	1 27	5 28	2 22
10	4 24	0 31	3 2	1N31	6 56	2 42	16 21	4 31	7 8	0 13	7 53	1 27	5 30	2 22
11	4 0	3N34	2 3	5 34	7 22	2 29	16 42	4 39	7 25	0 12	7 56	1 27	5 32	2 22
12	3 37	7 32	0 57	9 26	7 47	2 15	17 2	4 46	7 43	0 12	7 59	1 27	5 34	2 22
13	3 13	11 14	0S13	12 54	8 9	2 1	17 22	4 54	8 0	0 11	8 2	1 27	5 36	2 22
14	2 50	14 25	1 24	15 45	8 29	1 46	17 42	5 1	8 18	0 10	8 5	1 27	5 38	2 22
15	2 26	16 54	2 31	17 48	8 47	1 31	18 0	5 9	8 35	0 9	8 8	1 27	5 39	2 22
16	2 2	18 28	3 31	18 52	9 3	1 17	18 18	5 16	8 52	0 9	8 11	1 27	5 41	2 22
17	1 39	18 58	4 20	18 47	9 16	1 2	18 36	5 23	9 9	0 8	8 14	1 27	5 43	2 22
18	1 15	18 19	4 55	17 32	9 27	0 48	18 53	5 30	9 26	0 7	8 17	1 27	5 45	2 22
19	0 51	16 29	5 12	15 10	9 35	0 34	19 9	5 37	9 43	0 6	8 20	1 27	5 47	2 22
20	0 28	13 36	5 9	11 50	9 42	0 20	19 25	5 44	10 0	0 6	8 22	1 27	5 49	2 22
21	0 4	9 52	4 46	7 45	9 46	0 7	19 39	5 51	10 17	0 5	8 25	1 27	5 51	2 23
22	0N20	5 31	4 5	3 13	9 48	0S 6	19 53	5 58	10 33	0 4	8 28	1 27	5 53	2 23
23	0 44	0 52	3 8	1S28	9 47	0 18	20 7	6 4	10 50	0 4	8 30	1 27	5 54	2 23
24	1 7	3S46	1 60	5 59	9 45	0 30	20 19	6 11	11 6	0 3	8 33	1 27	5 56	2 23
25	1 31	8 6	0 46	10 4	9 40	0 41	20 31	6 17	11 22	0 2	8 35	1 27	5 58	2 23
26	1 54	11 53	0N29	13 31	9 34	0 52	20 42	6 23	11 38	0 2	8 38	1 27	5 60	2 23
27	2 18	14 58	1 40	16 11	9 26	1 2	20 51	6 29	11 54	0 1	8 40	1 26	6 2	2 22
28	2 41	17 11	2 45	17 58	9 16	1 12	21 0	6 34	12 10	0 0	8 43	1 26	6 3	2 22
29	3 5	18 31	3 39	18 50	9 4	1 21	21 8	6 39	12 26	0N 1	8 45	1 26	6 5	2 22
30	3 28	18 55	4 22	18 47	8 50	1 29	21 15	6 44	12 42	0 1	8 47	1 26	6 7	2 22
31	3N52	18S27	4N53	17S54	8S35	1S37	21N21	6N49	12N57	0N 2	8N50	1N26	6N 8	2N22

DAY	♅ DECL	♅ LAT	♆ DECL	♆ LAT	♇ DECL	♇ LAT
1	10S 2	0S44	17N21	0N 3	19N48	3S28
5	9 57	0 44	17 23	0 3	19 49	3 28
9	9 52	0 44	17 24	0 3	19 50	3 27
13	9 47	0 44	17 25	0 3	19 50	3 26
17	9 42	0 44	17 27	0 3	19 51	3 26
21	9 38	0 44	17 28	0 3	19 51	3 25
25	9 33	0 44	17 29	0 3	19 52	3 25
29	9S28	0S44	17N30	0N 3	19N52	3S24

☽ PHENOMENA

d	h	m	
1	14	3	☾
9	18	9	●
17	3	49	☽
23	20	19	○
31	9	13	☾

d	h	° '
2	15	19S 4
10	3	0
16	23	18N58
23	4	0
29	23	18S55

d	h	° '
5	14	5N 8
12	20	0
19	9	5S13
25	15	0

VOID OF COURSE ☽

LAST ASPT	☽ INGRESS
2 10pm16	3 ♑ 5am 3
5 3pm 9	5 ♒ 5pm46
7 3am 2	8 ♓ 5am44
9 11pm55	10 ♈ 3pm58
12 6am26	13 ♉ 0am15
14 7pm14	15 ♊ 6am29
17 3am49	17 ♋ 10am36
19 10am 0	19 ♌ 12pm52
21 9am27	21 ♍ 2pm 8
23 0am 7	23 ♎ 3pm50
24 10am47	25 ♏ 7pm34
27 8am21	28 ♐ 2am34
29 5pm23	30 ♑ 12pm58

d	h	
5	2	APOGEE
21	1	PERIGEE

DAILY ASPECTARIAN

Day	Aspect	Time
1 T	☽□♅	5am 4
	☽⚻♇	7 1
	☉□☽	2pm 3
	☽⚼♀	2 14
	☽△♆	4 22
	☽△♂	6 7
	☽□☿	7 36
	☽□♃	9 50
2 W	☉#♃	0am38
	☉∠♀	0 46
	☿⚺♂	5 13
	☽□♄	1pm25
	☉⚻♆	5 28
	☽⚼♆	10 13
	☽△♀	10 16
3 Th	☉☌☿	2am17
	☿∠♀	5 9
	☿⚻♆	11 13
	☽⚹♅	5pm14
	☽☍♇	6 55
	♂∥♄	8 53
	♂⚻♃	9 39
4 F	☽⚹☿	3am 6
	☽⚻♆	4 27
	☉⚹☽	7 46
	☽△♃	9 31
	☽□♂	10 27
	☽#♆	3pm21
	☽∠♅	11 46
5 S	☽△♄	1am37
	☉☍♃	2 15
	☽∠☿	7 4
	☽□♀	3pm 9
	☽⚼♃	3 33
	☉∠☽	4 56
	♀⚼♃	8 35
	☽#♀	8 51
6 Su	☉#♂	0am36
	☽⚺♅	6 13
	☽⚻♇	7 34
	☽⚼♄	7 43
	☽⚺☿	11 0
	☽☍♆	4pm57
	☿#♄	6 10
	☽⚻♃	9 25
7 M	☉∥☿	1am35
	☉⚺☽	1 51
	☽⚹♂	3 2
	♀ ♉	9 19
	☉#♄	9 41
	☽∥♅	12pm42
	☽⚻♄	1 32
	☽⚼♇	1 34
8 T	☽#♃	3am 6
	☽⚹♀	7 0
	☿△♇	9 2
	☽#♂	10 27
	☽∠♂	10 44
	☽∥☿	1pm 2
	☽#♄	6 7
	☽☌♅	6 9
	☽☌☿	6 33
	☽△♇	7 10
	☉∥☽	10 4
9 W	☿☌♅	0am13
	☽⚻♆	4 13
	☉⚺♂	6 6
	☽☍♃	8 2
	☽∠♀	2pm 5
	☽⚺♂	5 53
	☉☌☽	6 9
	☽☍♄	11 55
10 Th	☽⚼♆	9am 9
	☽⚺♀	8pm31
11 F	☽⚺☿	1am25
	☉#☽	2 25
	☽⚺♅	4 15
	☽□♇	4 56
	☿#♂	9 57
	☿∠♂	10 11
	☽∥♄	11 50
	☽△♆	1pm37
	☽⚻♃	4 49
12 S	☽∥♂	1am11
	☽#☿	1 39
	☽∥♃	2 51
	☽∠☿	4 34
	☽☌♂	6 26
	☉⚺☽	7 58
	☽⚻♄	8 24
	☽∠♅	8 32
	☉☍♄	1pm 7
	☽#♅	2 23
	☿#♃	3 26
	☽⚼♃	8 30
13 Su	♂∥♃	3am10
	♀∥♆	4 4
	☽☌♀	7 28
	☽⚹☿	7 31
	☿⚹♀	8 10
	☽⚼♄	11 54
	☽⚹♅	12pm20
	☽⚹♇	12 45
	♂⚻♄	1 24
	☉∠☽	1 56
	☽□♆	9 2
	♂∠♅	9 42
	☽△♃	11 41
14 M	☽△♄	2pm54
	☽∠♇	3 53
	☽⚺♂	4 34
	☉⚹☽	7 14
15 T	☽∥♆	6am45
	☽□☿	12pm41
	☽⚺♀	3 49
	☽□♅	6 19
	☽⚺♇	6 30
	☽∥♀	7 33
	☽∠♂	8 41
16 W	☽⚹♆	2am24
	☽□♃	4 32
	☿SD	8 54
	☽∠♀	7pm 0
	☽□♄	7 21
17 Th	☽⚹♂	0am11
	♀⚼♄	3 11
	☉□☽	3 49
	☽∠♆	4 18
	☉⚼♆	10 25
	♅△♇	11 22
	☽∥♀	1pm 5
	☽△☿	4 39
	☽⚹♀	9 33
	☽☌♇	10 9
	☽△♅	10 11
18 F	☿#♂	1am38
	☽⚺♆	5 42
	☽⚹♃	7 23
	☽∥♆	1pm 5
	♀⚹♇	3 7
	☽⚼☿	6 12
	♀⚹♅	6 52
	♂#♅	7 40
	☽⚹♄	9 49
	☽⚼♅	11 25
19 S	☽□♂	5am30
	☽∠♃	8 10
	☉△☽	10 0
	☿∥♅	1pm43
	☽⚻☿	7 32
	☽∠♄	10 30
20 Su	☽⚺♇	0am 5
	☽⚻♅	0 18
	☽□♀	1 8
	☽☌♆	7 23
	☽⚺♃	8 41
	☉⚼☽	12pm30
	☽∥♂	9 42
	☽⚺♄	11 0
21 M	☽#☿	0am34
	☽∠♇	0 41
	☽#♅	1 23
	♂⚼♃	2 48
	☉ ♈	3 51
	☽∥♃	8 11
	☽△♂	9 27
	♇SD	9 56
	☉⚻☽	2pm53
	♀∥♇	8 37
	☽∥♄	10 6
	☽☍☿	10 10
22 T	☽⚹♇	1am18
	☽☍♅	1 43
	☽△♀	3 45
	☽⚺♆	8 34
	☽☌♃	9 32
	☽⚼♂	11 26
23 W	☽☌♄	0am 7
	☉∥☽	0 42
	☽⚼♀	5 13
	☉#☽	8 58
	☽∠♆	9 27
	☽⚻♂	1pm44
	☉☍☽	8 19
24 Th	☽⚻☿	2am11
	☽□♇	3 19
	☽⚻♅	3 56
	☽⚻♀	7 4
	☽⚹♆	10 47
	☽⚺♃	11 26
	☽#♄	11 51
25 F	☿△♇	2am 7
	☽⚺♄	2 46
	☽#♃	2 58
	☽⚼☿	5 18
	☽⚼♅	5 52
	♂ ♉	6 26
	☽∥♅	8 42
	☽∥☿	9 18
	☽∠♃	1pm15
	☿☌♅	4 46
	☽☍♂	8 19
	☽#♂	10 9
26 S	☉⚻☽	4am27
	☽∠♄	5 8
	☽△♇	7 44
	☽△♅	8 35
	☿∥♅	8 49
	☽△☿	9 29
	☽☍♀	12pm46
	☽□♆	3 35
	☽⚹♃	3 53
27 Su	☽⚹♄	8am21
	☉⚼☽	10 3
	☽⚼♇	11 11
28 M	☉□♇	0am51
	☽#♆	4 22
	☽⚻♂	6 46
	♃⚺♆	8 40
	☉⚺♅	3pm10
	☽⚻♇	3 33
	☽□♅	4 42
	☉△☽	4 49
	☽□☿	9 33
	☽⚻♀	9 45
	☽□♃	11 45
	☽△♆	11 52
29 T	☿⚹♀	0am45
	☽⚼♂	1pm33
	☽□♄	5 23
	☿☍♃	11 47
30 W	☽⚼♀	3am23
	☿⚻♆	3 26
	☿#♃	3 43
	☽⚼♆	5 14
	☽△♂	9pm10
31 Th	☽☍♇	2am36
	☽⚹♅	4 1
	☉□☽	9 13
	☽△♀	9 30
	☽△♃	10 37
	☽⚻♆	11 11
	☉⚺♀	12pm39
	☽⚹☿	2 10
	☽#♆	6 49

APRIL 1921

LONGITUDE

DAY	SID. TIME	☉	☽	☽ 12 Hour	MEAN ☊	TRUE ☊	☿	♀	♂	♃	♄	♅	♆	♇
	h m s	° ' "	° ' "	° ' "	° '	° '	° '	° '	° '	° '	° '	° '	° '	° '
1	12 35 14	10♈ 43 25	17♑ 26 57	23♑ 23 18	28♎ 14	27♎ 18R	13♓ 0	10♉ 16R	4♉ 55	10♍ 45R	19♍ 56R	7♓ 34	11♌ 5R	6♋ 49
2	12 39 11	11 42 36	29 19 26	5♒ 15 55	28 11	27 17	14 5	10 16	5 39	10 39	19 52	7 37	11 4	6 50
3	12 43 7	12 41 45	11♒ 13 16	17 11 59	28 8	27 16	15 13	10 14	6 23	10 33	19 48	7 40	11 4	6 50
4	12 47 4	13 40 51	23 12 34	29 15 24	28 5	27 14	16 23	10 9	7 6	10 28	19 44	7 43	11 3	6 50
5	12 51 0	14 39 57	5♓ 20 54	11♓ 29 22	28 1	27 12	17 35	10 1	7 50	10 22	19 40	7 46	11 2	6 50
6	12 54 57	15 39 0	17 41 6	23 56 19	27 58	27 10	18 49	9 52	8 34	10 17	19 36	7 49	11 2	6 51
7	12 58 54	16 38 1	0♈ 15 11	6♈ 37 48	27 55	27 9	20 5	9 39	9 17	10 12	19 32	7 52	11 1	6 51
8	13 2 50	17 37 1	13 4 14	19 34 29	27 52	27 8	21 23	9 24	10 0	10 7	19 28	7 55	11 1	6 52
9	13 6 47	18 35 58	26 8 30	2♉ 46 12	27 49	27 8D	22 44	9 7	10 44	10 2	19 24	7 58	11 0	6 52
10	13 10 43	19 34 54	9♉ 27 28	16 12 8	27 45	27 8	24 6	8 48	11 27	9 57	19 20	8 0	11 0	6 52
11	13 14 40	20 33 47	23 0 1	29 50 55	27 42	27 8	25 29	8 26	12 11	9 53	19 16	8 3	11 0	6 53
12	13 18 36	21 32 38	6♊ 44 37	13♊ 40 52	27 39	27 9	26 55	8 2	12 54	9 48	19 13	8 6	10 59	6 53
13	13 22 33	22 31 27	20 39 26	27 40 5	27 36	27 10	28 23	7 36	13 37	9 44	19 9	8 8	10 59	6 54
14	13 26 29	23 30 14	4♋ 42 33	11♋ 46 35	27 33	27 10	29 52	7 7	14 20	9 40	19 6	8 11	10 59	6 54
15	13 30 26	24 28 58	18 51 54	25 58 14	27 30	27 10R	1♈ 23	6 37	15 3	9 36	19 2	8 14	10 58	6 55
16	13 34 23	25 27 40	3♌ 5 17	10♌ 12 44	27 26	27 10	2 55	6 6	15 46	9 33	18 59	8 16	10 58	6 56
17	13 38 19	26 26 20	17 20 14	24 27 28	27 23	27 10	4 29	5 32	16 29	9 29	18 56	8 19	10 58	6 56
18	13 42 16	27 24 58	1♍ 34 1	8♍ 39 31	27 20	27 10D	6 5	4 58	17 12	9 26	18 52	8 22	10 58	6 57
19	13 46 12	28 23 33	15 43 34	22 45 45	27 17	27 10	7 43	4 22	17 55	9 22	18 49	8 24	10 58	6 57
20	13 50 9	29 22 6	29 45 39	6♎ 42 53	27 14	27 10	9 22	3 45	18 38	9 19	18 46	8 27	10 58	6 58
21	13 54 5	0♉ 20 37	13♎ 37 4	20 27 51	27 11	27 10	11 3	3 8	19 21	9 17	18 43	8 29	10 58	6 59
22	13 58 2	1 19 7	27 14 56	3♏ 58 4	27 7	27 10R	12 46	2 30	20 3	9 14	18 40	8 31	10 58D	7 0
23	14 1 58	2 17 34	10♏ 37 1	17 11 41	27 4	27 10	14 30	1 52	20 46	9 11	18 38	8 34	10 58	7 0
24	14 5 55	3 15 59	23 41 59	0♐ 7 55	27 1	27 10	16 16	1 14	21 29	9 9	18 35	8 36	10 58	7 1
25	14 9 51	4 14 23	6♐ 29 35	12 47 6	26 58	27 9	18 3	0 37	22 11	9 7	18 32	8 38	10 58	7 2
26	14 13 48	5 12 45	19 0 42	25 10 39	26 55	27 8	19 53	0 0	22 54	9 5	18 30	8 41	10 58	7 3
27	14 17 45	6 11 5	1♑ 17 18	7♑ 21 2	26 51	27 7	21 44	29♈ 24	23 36	9 3	18 27	8 43	10 58	7 3
28	14 21 41	7 9 24	13 22 19	19 21 36	26 48	27 6	23 37	28 49	24 19	9 2	18 25	8 45	10 58	7 4
29	14 25 38	8 7 41	25 19 25	1♒ 16 19	26 45	27 5	25 31	28 15	25 1	9 0	18 23	8 47	10 58	7 5
30	14 29 34	9♉ 5 57	7♒ 12 51	13♒ 9 36	26♎ 42	27♎ 5D	27♈ 27	27♈ 43	25♉ 44	8♍ 59	18♍ 21	8♓ 49	10♌ 59	7♋ 6

DECLINATION and LATITUDE

DAY	☉ DECL	☽ DECL	☽ LAT	☽ 12hr DECL	☿ DECL	☿ LAT	♀ DECL	♀ LAT	♂ DECL	♂ LAT	♃ DECL	♃ LAT	♄ DECL	♄ LAT
1	4N15	17S10	5N11	16S15	8S18	1S45	21N26	6N53	13N13	0N 3	8N52	1N26	6N10	2N22
2	4 38	15 9	5 16	13 54	7 59	1 52	21 29	6 57	13 28	0 3	8 54	1 26	6 12	2 22
3	5 1	12 30	5 6	10 58	7 39	1 58	21 32	7 0	13 43	0 4	8 56	1 26	6 13	2 22
4	5 24	9 19	4 44	7 33	7 17	2 4	21 33	7 3	13 58	0 5	8 58	1 26	6 15	2 22
5	5 47	5 42	4 9	3 46	6 54	2 10	21 33	7 6	14 13	0 5	9 0	1 26	6 16	2 22
6	6 10	1 47	3 21	0N15	6 30	2 15	21 32	7 8	14 27	0 6	9 2	1 26	6 18	2 22
7	6 32	2N18	2 23	4 20	6 4	2 19	21 29	7 9	14 42	0 7	9 4	1 25	6 19	2 22
8	6 55	6 21	1 17	8 18	5 36	2 23	21 25	7 10	14 56	0 7	9 6	1 25	6 21	2 22
9	7 18	10 11	0 5	11 57	5 8	2 26	21 20	7 10	15 10	0 8	9 7	1 25	6 22	2 22
10	7 40	13 35	1S 8	15 2	4 38	2 29	21 13	7 10	15 25	0 9	9 9	1 25	6 24	2 22
11	8 2	16 18	2 19	17 20	4 6	2 31	21 4	7 9	15 39	0 9	9 11	1 25	6 25	2 22
12	8 24	18 7	3 22	18 38	3 34	2 33	20 55	7 7	15 52	0 10	9 12	1 25	6 27	2 22
13	8 46	18 53	4 15	18 50	3 0	2 34	20 43	7 4	16 6	0 10	9 14	1 25	6 28	2 21
14	9 8	18 29	4 53	17 51	2 26	2 35	20 31	7 1	16 19	0 11	9 15	1 24	6 29	2 21
15	9 30	16 56	5 14	15 46	1 50	2 35	20 17	6 57	16 33	0 12	9 16	1 24	6 30	2 21
16	9 51	14 21	5 15	12 44	1 12	2 35	20 1	6 52	16 46	0 12	9 18	1 24	6 32	2 21
17	10 12	10 55	4 58	8 56	0 34	2 34	19 45	6 46	16 59	0 13	9 19	1 24	6 33	2 21
18	10 33	6 50	4 22	4 39	0N 5	2 33	19 27	6 40	17 12	0 14	9 20	1 24	6 34	2 21
19	10 54	2 24	3 30	0 8	0 45	2 31	19 8	6 33	17 24	0 14	9 21	1 24	6 35	2 21
20	11 15	2S 8	2 26	4S22	1 26	2 28	18 47	6 24	17 37	0 15	9 22	1 24	6 36	2 21
21	11 36	6 31	1 15	8 34	2 9	2 25	18 26	6 16	17 49	0 15	9 23	1 23	6 37	2 21
22	11 56	10 30	0N 0	12 15	2 52	2 22	18 4	6 6	18 1	0 16	9 24	1 23	6 38	2 20
23	12 16	13 51	1 14	15 14	3 36	2 18	17 41	5 56	18 13	0 17	9 25	1 23	6 39	2 20
24	12 36	16 25	2 22	17 22	4 21	2 14	17 18	5 45	18 25	0 17	9 25	1 23	6 40	2 20
25	12 56	18 6	3 21	18 36	5 6	2 9	16 53	5 34	18 37	0 18	9 26	1 23	6 41	2 20
26	13 16	18 51	4 9	18 53	5 53	2 3	16 29	5 21	18 48	0 19	9 26	1 22	6 42	2 20
27	13 35	18 42	4 45	18 17	6 40	1 57	16 4	5 9	18 60	0 19	9 27	1 22	6 43	2 20
28	13 54	17 41	5 7	16 53	7 27	1 51	15 40	4 56	19 11	0 20	9 27	1 22	6 43	2 20
29	14 13	15 54	5 16	14 45	8 16	1 44	15 15	4 43	19 22	0 20	9 28	1 22	6 44	2 19
30	14N32	13S27	5N12	12S 1	9N 4	1S36	14N50	4N29	19N32	0N21	9N28	1N22	6N45	2N19

DAY	♅ DECL	♅ LAT	♆ DECL	♆ LAT	♇ DECL	♇ LAT
1	9S25	0S44	17N31	0N 3	19N53	3S24
5	9 21	0 44	17 31	0 3	19 53	3 23
9	9 16	0 44	17 32	0 3	19 54	3 23
13	9 12	0 44	17 32	0 4	19 54	3 22
17	9 9	0 44	17 33	0 4	19 55	3 22
21	9 5	0 45	17 33	0 4	19 55	3 21
25	9 2	0 45	17 33	0 4	19 55	3 21
29	8S58	0S45	17N33	0N 4	19N56	3S20

☽ PHENOMENA			
d	h	m	
8	9	5	●
15	10	11	☽
22	7	49	○
30	4	9	☾
d	h	°	'
6	11	0	
13	4	18N54	
19	13	0	
26	8	18S54	
1	20	5N16	
9	2	0	
15	14	5S17	
22	0	0	
29	4	5N16	

VOID OF COURSE ☽ LAST ASPT	☽ INGRESS
1 5am 0	2 ♒ 1am22
3 3am14	4 ♓ 1pm28
6 3am39	6 ♈ 11pm31
8 9am 5	9 ♉ 7am 0
11 4am53	11 ♊ 12pm16
13 2pm46	13 ♋ 3pm59
15 10am11	15 ♌ 6pm48
17 4pm28	17 ♍ 9pm21
19 5am15	20 ♎ 0am25
20 7pm22	22 ♏ 4am54
23 7pm39	24 ♐ 11am45
26 8pm27	26 ♑ 9pm28
29 5am38	29 ♒ 9am26

d	h	
1	21	APOGEE
16	15	PERIGEE
29	17	APOGEE

DAILY ASPECTARIAN

1 F ♂⚼♄ 0am25; ☉⚻♃ 0 37; ☽△♄ 5 0; ☉△♆ 8 37; ☽∠♅ 10 23; ♀SR 11 14; ☽⚼♃ 4pm38; ☽∠☿ 11 28

2 S ☽⚼♄ 11am 8; ☽□♂ 1pm37; ☽#♂ 2 33; ☽⚻♇ 3 9; ☽⚺♅ 4 49; ☽□♀ 10 1; ☽⚻♃ 10 41; ☽☍♆ 11 41

3 Su ☉⚹☽ 3am14; ☽⚺☿ 8 52; ♂⚹♇ 2pm57; ☽⚻♄ 5 6; ☽⚼♇ 9 16; ☽∥♅ 11 39

4 M ☽#♃ 2am21; ☉∠☽ 11 49; ☽∥☿ 3pm19; ☽#♄ 8 20; ♂⚹♅ 9 39; ☉#☽ 11 30

5 T ☽△♇ 2am56; ☽☌♅ 4 45; ☽⚹♂ 5 11; ☽⚹♀ 9 2; ☽☍♃ 9 45; ☽⚻♆ 11 7; ☉⚺☽ 7pm44

6 W ☽☌☿ 2am25; ☽☍♄ 3 39; ☉∥♄ 9 17; ☉#☿ 9 51; ☿#♄ 10 18; ☽∠♂ 11 58; ☽∠♀ 1pm33; ☿☍♄ 2 3; ☽⚼♆ 3 59

7 Th ♀☌♂ 9am15; ☽□♇ 12pm25; ☽⚺♅ 2 22; ☽⚺♀ 5 20; ☽⚺♂ 5 58; ☽⚻♃ 6 33; ☽#☿ 8 0; ☽△♆ 8 11

8 F ☽∥♄ 0am 1; ♂△♃ 3 10; ☉∥☽ 3 49; ☉☌☽ 9 5; ☽⚻♄ 11 44; ☽⚺☿ 5pm 4; ☽∥♃ 5 6; ☽#♅ 6 8; ☽∠♅ 6 11; ☽⚼♃ 10 0

9 S ♂□♆ 9am 5; ☽⚼♄ 2pm51; ☉⚻♄ 6 19; ☽⚹♇ 7 22; ☿∠♀ 7 52; ☽⚹♅ 9 24; ☽☌♀ 10 51; ☽∠☿ 11 16

10 Su ☽△♃ 0am53; ☽□♆ 2 45; ☽☌♂ 3 46; ☽∥♂ 4pm53; ☽△♄ 5 28; ☉⚺☽ 7 22; ☽∠♇ 10 2

11 M ☽⚹☿ 4am53; ☿⚼♆ 8 29; ☽∥♆ 2pm48; ♀⚹♅ 8 36; ☉∠☽ 11 38

12 T ☽⚺♇ 0am15; ☽⚺♀ 2 10; ☽□♅ 2 21; ☽□♃ 5 17; ☽⚹♆ 7 21; ♃#♅ 11 8; ☽⚺♂ 11 14; ☽□♄ 9pm26

13 W ☽∠♀ 3am13; ☉⚹☽ 3 27; ☿∠♂ 7 36; ☽∠♆ 9 7; ☽∠♂ 2pm21; ☽□☿ 2 46; ☉∠♅ 3 51

14 Th ☿ ♈ 2am12; ☉#♅ 3 42; ☽☌♇ 3 44; ☽⚹♀ 3 58; ☽△♅ 5 56; ☽⚹♃ 8 23; ☉∥♃ 8 28; ♀⚹♇ 10 21; ☽⚺♆ 10 39; ☽∥♆ 4pm29; ☽⚹♂ 5 12

15 F ☽⚹♄ 0am17; ☉⚼♃ 2 47; ☽∥♂ 3 57; ☽⚼♅ 7 24; ☽∠♃ 9 39; ☉□☽ 10 11; ☽△☿ 11pm41

16 S ☽∠♄ 1am30; ☽□♀ 4 53; ☽⚺♇ 6 28; ☽⚻♅ 8 46; ♀∥♇ 10 11; ☽⚺♃ 10 50; ☽☌♆ 1pm17; ☽□♂ 10 30

17 Su ☽⚺♄ 2am40; ☉∥☽ 4 2; ☽⚼☿ 4 5; ☽∠♇ 7 45; ☽∥♃ 9 44; ☽#♅ 10 51; ☿⚺♀ 11 38; ☉△☽ 4pm28

18 M ☽∥♄ 1am31; ☽△♀ 5 30; ☽⚻☿ 8 38; ☽⚹♇ 9 6; ☽☍♅ 11 32; ☿□♇ 12pm49; ☽☌♃ 1 15; ☽⚺♆ 3 55; ☉⚼☽ 7 44

19 T ☽△♂ 3am56; ☽☌♄ 5 15; ☽⚼♀ 5 56; ☽∥☿ 7 34; ☿⚺♅ 10 16; ♂∥♆ 3pm59; ☽∠♆ 5 29; ☽#☿ 7 36; ♀⚼♄ 11 13; ☉⚻☽ 11 16; ☿⚻♃ 11 23

20 W ♂△♄ 4am20; ☽⚻♀ 6 35; ☽⚼♂ 7 2; ☽□♇ 12pm27; ☽⚻♅ 3 2; ☉ ♉ 3 32; ☽⚺♃ 4 28; ☽☍☿ 6 54; ☽⚹♆ 7 22; ☿△♆ 10 45

21 Th ☽#♄ 0am34; ☽⚺♄ 8 54; ☽⚻♂ 10 35; ☽∥♅ 3pm 3; ☽#♃ 5 2; ☽⚼♅ 5 23; ☽∠♃ 6 40

22 F ♀∥♂ 1am49; ♆SD 2 3; ☉☍☽ 7 49; ☽☍♀ 8 57; ☉#☽ 10 49; ☽∠♄ 11 26; ☽△♇ 5pm28; ☉☌♀ 5 37; ☽△♅ 8 16; ☽⚹♃ 9 25

23 S ☽□♆ 0am37; ☽⚻☿ 8 9; ♀∥♆ 8 31; ☽⚹♄ 2pm35; ☽☍♂ 7 39; ☽⚼♇ 8 53

24 Su ☉⚼♄ 7am25; ☽#♀ 8 53; ☽⚻♀ 1pm25; ☽#♆ 2 34; ☽⚼☿ 4 26; ♂∠♇ 6 29; ☉⚻☽ 7 23

25 M ☽⚻♇ 1am 1; ☽□♅ 4 5; ☽□♃ 4 59; ☿⚻♄ 6 13; ☽△♆ 8 31; ☽⚼♀ 4pm36; ☽#♂ 6 21; ☽□♄ 11 0; ♀ ♈ 11 48

26 T ☽△☿ 1am58; ☉⚼☽ 2 32; ☽⚻♂ 8 1; ☽⚼♆ 1pm33; ☽#♂ 2 39; ☽△♀ 8 27

27 W ☿∥♄ 1am31; ☉△☽ 10 32; ☽☍♇ 11 26; ☽⚹♅ 2pm45; ☽△♃ 3 21; ☽⚼♂ 3 24; ☽⚻♆ 7 12; ☉⚹♇ 9 50

28 Th ☿∠♅ 1am49; ☽#♆ 2 13; ☿⚼♃ 5 15; ☽△♄ 10 4; ☿⚺♂ 2pm10; ☽∠♅ 8 54; ☽⚼♃ 9 21; ☽△♂ 11 21

29 F ☽□☿ 0am28; ☽□♀ 5 38; ☽#♀ 8 27; ☉#☽ 3pm10; ☽⚼♄ 4 12; ☉⚹♅ 4 52; ☿#♅ 8 39; ☉△♃ 9 15; ☽⚻♇ 11 46

30 S ☿☌♀ 2am30; ☽⚺♅ 3 15; ☽⚻♃ 3 34; ☉□☽ 4 9; ☽☍♆ 7 36; ☉∥♀ 10 20; ☿∥♃ 11 34; ☽⚻♄ 10pm22

LONGITUDE

DAY	SID. TIME	☉	☽	☽ 12 Hour	MEAN ☊	TRUE ☊	☿	♀	♂	♃	♄	♅	♆	♇
	h m s	° ' "	° ' "	° ' "	° '	° '	° '	° '	° '	° '	° '	° '	° '	° '
1	14 33 31	10♉ 4 11	19♒ 7 10	25♒ 6 7	26♎ 39	27♎ 5	29♈ 25	27♈ 12R	26♉ 26	8♍ 58R	18♍ 18R	8♓ 51	10♌ 59	7♋ 7
2	14 37 27	11 2 23	1♓ 7 2	7♓ 10 27	26 36	27 5	1♉ 25	26 43	27 8	8 57	18 17	8 53	10 59	7 8
3	14 41 24	12 0 34	13 16 56	19 26 56	26 32	27 7	3 26	26 16	27 50	8 57	18 15	8 55	11 0	7 9
4	14 45 20	12 58 44	25 40 56	1♈ 59 19	26 29	27 8	5 28	25 52	28 33	8 56	18 13	8 57	11 0	7 10
5	14 49 17	13 56 52	8♈ 22 23	14 50 24	26 26	27 9	7 33	25 29	29 15	8 56	18 11	8 59	11 0	7 10
6	14 53 14	14 54 59	21 23 31	28 1 49	26 23	27 10R	9 38	25 9	29 57	8 56D	18 10	9 1	11 1	7 11
7	14 57 10	15 53 4	4♉ 45 14	11♉ 33 40	26 20	27 10	11 45	24 51	0♊ 39	8 56	18 8	9 3	11 1	7 12
8	15 1 7	16 51 7	18 26 51	25 24 26	26 17	27 9	13 53	24 35	1 21	8 56	18 7	9 5	11 2	7 13
9	15 5 3	17 49 9	2♊ 25 59	9♊ 30 59	26 13	27 7	16 2	24 22	2 3	8 57	18 6	9 6	11 2	7 14
10	15 9 0	18 47 9	16 38 50	23 48 55	26 10	27 5	18 12	24 11	2 45	8 57	18 4	9 8	11 3	7 16
11	15 12 56	19 45 8	1♋ 0 34	8♋ 13 8	26 7	27 2	20 22	24 3	3 27	8 58	18 3	9 10	11 4	7 17
12	15 16 53	20 43 5	15 25 58	22 38 28	26 4	26 59	22 33	23 57	4 9	8 59	18 2	9 11	11 4	7 18
13	15 20 49	21 41 0	29 50 5	7♌ 0 21	26 1	26 56	24 44	23 53	4 50	9 0	18 1	9 13	11 5	7 19
14	15 24 46	22 38 53	14♌ 8 51	21 15 14	25 57	26 55D	26 55	23 52D	5 32	9 2	18 1	9 14	11 6	7 20
15	15 28 43	23 36 44	28 19 14	5♍ 20 40	25 54	26 55	29 5	23 53	6 14	9 3	18 0	9 16	11 6	7 21
16	15 32 39	24 34 34	12♍ 19 21	19 15 13	25 51	26 56	1♊ 15	23 57	6 55	9 5	17 59	9 17	11 7	7 22
17	15 36 36	25 32 21	26 8 10	2♎ 58 9	25 48	26 57	3 23	24 2	7 37	9 7	17 59	9 19	11 8	7 23
18	15 40 32	26 30 7	9♎ 45 10	16 29 10	25 45	26 58	5 30	24 10	8 19	9 9	17 59	9 20	11 9	7 24
19	15 44 29	27 27 52	23 10 8	29 48 3	25 42	26 59R	7 36	24 20	9 0	9 11	17 58	9 21	11 10	7 26
20	15 48 25	28 25 35	6♏ 22 53	12♏ 54 36	25 38	26 59	9 40	24 32	9 41	9 13	17 58D	9 23	11 10	7 27
21	15 52 22	29 23 17	19 23 11	25 48 36	25 35	26 57	11 41	24 47	10 23	9 16	17 58	9 24	11 11	7 28
22	15 56 18	0♊ 20 57	2♐ 10 52	8♐ 29 59	25 32	26 53	13 41	25 3	11 4	9 19	17 58	9 25	11 12	7 29
23	16 0 15	1 18 36	14 46 0	20 58 59	25 29	26 49	15 38	25 21	11 46	9 22	17 58	9 26	11 13	7 31
24	16 4 12	2 16 14	27 9 2	3♑ 16 18	25 26	26 43	17 33	25 41	12 27	9 25	17 59	9 27	11 14	7 32
25	16 8 8	3 13 50	9♑ 21 0	15 23 22	25 23	26 36	19 25	26 2	13 8	9 28	17 59	9 28	11 15	7 33
26	16 12 5	4 11 25	21 23 42	27 22 21	25 19	26 30	21 15	26 26	13 49	9 31	18 0	9 29	11 16	7 34
27	16 16 1	5 9 0	3♒ 19 43	9♒ 16 13	25 16	26 25	23 1	26 51	14 30	9 35	18 0	9 30	11 17	7 36
28	16 19 58	6 6 34	15 12 21	21 8 39	25 13	26 21	24 45	27 18	15 11	9 39	18 1	9 31	11 19	7 37
29	16 23 54	7 4 6	27 5 39	3♓ 3 56	25 10	26 18	26 26	27 46	15 53	9 43	18 2	9 32	11 20	7 38
30	16 27 51	8 1 38	9♓ 4 7	15 6 48	25 7	26 18D	28 5	28 16	16 34	9 47	18 2	9 32	11 21	7 39
31	16 31 47	8♊ 59 9	21♓ 12 37	27♓ 22 9	25♎ 3	26♎ 18	29♊ 40	28♈ 47	17♊ 15	9♍ 51	18♍ 3	9♓ 33	11♌ 22	7♋ 41

DECLINATION and LATITUDE

DAY	☉ DECL	☽ DECL	☽ LAT	☽ 12hr DECL	☿ DECL	☿ LAT	♀ DECL	♀ LAT	♂ DECL	♂ LAT	♃ DECL	♃ LAT	♄ DECL	♄ LAT
1	14N51	10S27	4N53	8S46	9N54	1S28	14N26	4N15	19N43	0N22	9N28	1N22	6N46	2N19
2	15 9	6 59	4 22	5 8	10 43	1 20	14 3	4 1	19 53	0 22	9 28	1 21	6 46	2 19
3	15 27	3 12	3 39	1 13	11 33	1 11	13 40	3 46	20 3	0 23	9 28	1 21	6 47	2 19
4	15 44	0N49	2 45	2N51	12 22	1 2	13 17	3 32	20 13	0 23	9 28	1 21	6 47	2 19
5	16 2	4 53	1 42	6 53	13 12	0 53	12 55	3 18	20 23	0 24	9 28	1 21	6 48	2 19
6	16 19	8 50	0 32	10 42	14 2	0 43	12 34	3 3	20 33	0 24	9 28	1 21	6 48	2 18
7	16 36	12 27	0S42	14 4	14 51	0 33	12 15	2 49	20 42	0 25	9 28	1 20	6 49	2 18
8	16 53	15 29	1 55	16 42	15 39	0 23	11 56	2 35	20 51	0 26	9 28	1 20	6 49	2 18
9	17 9	17 41	3 2	18 23	16 27	0 12	11 38	2 20	21 0	0 26	9 27	1 20	6 49	2 18
10	17 25	18 48	3 60	18 56	17 14	0 2	11 21	2 7	21 9	0 27	9 27	1 20	6 50	2 18
11	17 41	18 44	4 42	18 15	17 59	0N 9	11 5	1 53	21 18	0 27	9 27	1 20	6 50	2 18
12	17 56	17 28	5 8	16 24	18 44	0 19	10 50	1 39	21 26	0 28	9 26	1 19	6 50	2 17
13	18 12	15 5	5 14	13 32	19 26	0 30	10 37	1 26	21 34	0 28	9 25	1 19	6 50	2 17
14	18 26	11 48	4 60	9 54	20 7	0 40	10 24	1 13	21 43	0 29	9 25	1 19	6 51	2 17
15	18 41	7 52	4 28	5 44	20 46	0 50	10 13	1 1	21 50	0 29	9 24	1 19	6 51	2 17
16	18 55	3 32	3 41	1 18	21 23	0 60	10 3	0 49	21 58	0 30	9 23	1 19	6 51	2 17
17	19 9	0S56	2 41	3S 8	21 58	1 9	9 54	0 37	22 5	0 30	9 22	1 18	6 51	2 16
18	19 23	5 17	1 33	7 22	22 30	1 18	9 46	0 25	22 13	0 31	9 21	1 18	6 51	2 16
19	19 36	9 20	0 21	11 10	23 0	1 26	9 39	0 14	22 20	0 31	9 20	1 18	6 51	2 16
20	19 49	12 51	0N51	14 21	23 27	1 34	9 33	0 3	22 26	0 32	9 19	1 18	6 50	2 16
21	20 2	15 40	1 59	16 46	23 52	1 41	9 29	0S 8	22 33	0 33	9 18	1 18	6 50	2 16
22	20 14	17 40	3 0	18 19	24 14	1 47	9 25	0 18	22 39	0 33	9 17	1 18	6 50	2 16
23	20 26	18 45	3 51	18 57	24 33	1 53	9 23	0 28	22 46	0 34	9 15	1 17	6 50	2 15
24	20 37	18 55	4 30	18 40	24 50	1 58	9 21	0 37	22 52	0 34	9 14	1 17	6 50	2 15
25	20 49	18 12	4 56	17 31	25 4	2 3	9 20	0 46	22 57	0 35	9 13	1 17	6 49	2 15
26	20 60	16 40	5 9	15 37	25 15	2 6	9 21	0 55	23 3	0 35	9 11	1 17	6 49	2 15
27	21 10	14 25	5 8	13 5	25 25	2 9	9 22	1 4	23 8	0 36	9 10	1 17	6 49	2 15
28	21 20	11 36	4 54	10 0	25 31	2 11	9 24	1 12	23 13	0 36	9 8	1 16	6 48	2 14
29	21 30	8 18	4 27	6 31	25 36	2 12	9 26	1 20	23 18	0 37	9 6	1 16	6 48	2 14
30	21 39	4 39	3 48	2 43	25 38	2 12	9 30	1 27	23 23	0 37	9 5	1 16	6 47	2 14
31	21N48	0S45	2N59	1N15	25N39	2N12	9N34	1S35	23N28	0N38	9N 3	1N16	6N47	2N14

DAY	♅ DECL	♅ LAT	♆ DECL	♆ LAT	♇ DECL	♇ LAT
1	8S57	0S45	17N32	0N 4	19N56	3S20
5	8 54	0 45	17 32	0 4	19 56	3 19
9	8 51	0 45	17 32	0 4	19 56	3 19
13	8 49	0 45	17 31	0 4	19 57	3 19
17	8 47	0 45	17 30	0 4	19 57	3 18
21	8 45	0 46	17 29	0 4	19 57	3 18
25	8 44	0 46	17 28	0 4	19 57	3 17
29	8S43	0S46	17N27	0N 4	19N57	3S17

☽ PHENOMENA			
d	h	m	
7	21	1	●
14	15	25	☽
21	20	15	○
29	21	45	☾
d	h	° '	
3	19	0	
10	11	18N56	
16	19	0	
23	16	18S58	
31	4	0	
6	10	0	
12	19	5S14	
19	7	0	
26	10	5N10	

VOID OF COURSE ☽ LAST ASPT		☽ INGRESS	
1	3pm35	1 ♓	9pm47
4	5am47	4 ♈	8am14
6	6am39	6 ♉	3pm32
7	11pm25	8 ♊	7pm51
10	12pm30	10 ♋	10pm19
12	2pm 7	13 ♌	0am17
15	1am32	15 ♍	2am52
16	10pm53	17 ♎	6am46
19	2am 8	19 ♏	12pm22
20	9pm22	21 ♐	7pm53
23	9pm 3	24 ♑	5am35
26	10am28	26 ♒	5pm17
29	1am25	29 ♓	5am51
30	5pm48	31 ♈	5pm 5

d	h	
11	20	PERIGEE
27	11	APOGEE

DAILY ASPECTARIAN

Day	Aspect	Time
1 Su	☽#☿	3am14
	☽⚻♇	6 1
	☽#♃	7 3
	☿ ♉	7 3
	☽∥♅	10 47
	♀⚺♂	3pm29
	☽⚹♀	3 34
	☽□♂	3 35
	☉□♆	10 43
2 M	☽⚹☿	0am42
	☽#♄	1 26
	♂∥♇	6 29
	☽△♇	11 55
	☽☌♅	3pm25
	☽☍♃	3 30
	☽⚼♆	7 31
	☽∠♀	8 12
	☉⚹☽	9 18
	☿⚻♄	9 52
3 T	☽☍♄	9am38
	☽∠☿	12pm 0
	♃☍♅	12 16
4 W	☽⚺♀	0am20
	☽⚻♆	0 36
	☉∠☽	4 45
	☽⚹♂	5 47
	☿∥♀	6pm21
	☿⚹♇	7 43
	☽□♇	9 45
	☽⚺☿	10 9
5 Th	☽⚼♃	1am 2
	☽⚺♅	1 9
	☽△♆	4 54
	☉⚺☽	11 11
	☽∥♄	11 28
	☽∠♂	11 32
	☿△♃	3pm55
	☿⚹♅	4 49
	☽⚼♄	6 7
6 F	☽#♅	0am19
	♂ ♊	1 45
	♃SD	1 50
	☽∥♃	4 0
	☽⚻♃	4 36
	☽∠♅	4 47
	☽☌♀	6 39
	☿□♆	3pm43
	☽⚺♂	4 17
	☽⚻♄	9 8
	☽∥♀	10 37
7 S	☽⚹♇	4am21
	☽△♃	7 23
	☽⚹♅	7 36
	☽□♆	11 4
	☽☌☿	2pm36
	☉☌☽	9 1
	☽△♄	11 25
8 Su	☽∥☿	2am 9
	☽∠♇	6 32
	☽⚺♀	10 25
	☉∥☽	4pm 4
	☽∥♆	9 55
	☽☌♂	11 19
9 M	☉△♄	6am38
	☽⚺♇	8 10
	☽□♃	11 2
	☽□♅	11 20
	☽∠♀	11 36
	☽⚹♆	2pm35
	☿△♄	10 35
10 T	☽□♄	2am23
	☽⚺☿	3 4
	☉⚺☽	3 51
	♀∠♅	7 4
	☉∥☿	9 9
	☿∥♆	9 16
	☉∥♆	9 30
	☉☌☿	11 39
	☽⚹♀	12pm30
	☽∠♆	3 44
11 W	☽⚺♂	4am16
	☉∠☽	6 41
	☽∠☿	8 34
	☽☌♇	10 27
	☽∥☿	10 36
	☽⚹♃	1pm16
	☽△♅	1 36
	♀⚻♃	4 12
	☽⚺♆	4 44
	☉∥☽	6 9
	☿∠♇	9 7
	☽∥♆	11 14
12 Th	☽⚹♄	4am20
	☽∠♂	6 29
	☉⚹☽	9 26
	☽⚹☿	1pm58
	☽□♀	2 7
	☽∠♃	2 15
	☽⚻♅	2 36
	☿⚺♀	2 53
13 F	☽∠♄	5am20
	☽⚹♂	8 48
	☽⚺♇	12pm32
	☽⚺♃	3 22
	☽⚼♅	3 44
	☉∠♇	3 58
	☿∥♇	5 35
	☽☌♆	6 51
14 S	♀SD	0am33
	☽⚺♄	6 31
	☽∥♀	9 22
	☽∠♇	1pm51
	☽∥♃	2 59
	☉□☽	3 25
	☽△♀	4 27
	☽#♅	6 33
15 Su	☽□☿	1am32
	☽∥♄	5 49
	☉⚺♀	7 11
	☿ ♊	10 9
	☽□♂	2pm13
	☽⚹♇	3 28
	☽⚻♀	6 9
	☽☌♃	6 24
	☽☍♅	6 46
	☽⚺♆	9 55
16 M	☽☌♄	9am48
	♂⚺♇	3pm53
	☽⚼♀	8 18
	☉△☽	10 53
	☽∠♆	11 59
17 T	☿∥♂	6am46
	☽△☿	3pm 5
	♀⚻♃	6 44
	☽□♇	7 50
	☽△♂	9 18
	☽⚺♃	10 55
	☽⚼♅	11 15
18 W	☽⚹♆	2am29
	☉⚻☽	3 21
	☽#♄	8 56
	☽⚺♄	2pm40
	☽∥♅	8 30
	☿⚺♇	10 2
	☽⚻☿	10 47
19 Th	☽#♃	0am 2
	☽⚻♂	1 35
	☽∠♃	1 50
	☽#♀	1 59
	☽☍♀	2 8
	☽⚻♅	2 9
	♀∠♅	2 45
	♂□♃	6 44
	☉⚼☽	8 22
	♂□♅	12pm44
	♀∠♂	4 21
	☽∠♄	5 46
	☿□♃	6 48
	☿□♅	8 39
	☿∠♀	10 26
20 F	☿☌♂	0am34
	☽△♇	1 57
	☽⚹♃	5 14
	☽△♅	5 30
	☽⚼♂	6 25
	☽⚼☿	7 8
	☽□♆	8 49
	☉∥♇	2pm51
	☿⚹♆	6 0
	☽⚹♄	9 22
	♄SD	9 38
21 S	☽⚻♇	5am45
	☽⚼♀	10 16
	☉ ♊	3pm17
	☉☍☽	8 15
	☽#♆	9 20
22 Su	♂⚹♆	4am48
	☽⚼♇	10 5
	☽□♃	1pm36
	☽□♅	1 46
	☽⚻♀	3 18
	☽△♆	5 11
	☽☍♂	5 54
23 M	☽☍☿	1am59
	☽□♄	6 11
	☽△♀	9pm 3
	☽⚻♆	10 13
24 T	☿□♄	5am28
	☉⚼☽	10 53
	☽☍♇	8pm26
25 W	☽△♃	0am14
	☽⚹♅	0 14
	♃☍♅	0 50
	☽⚼♆	3 47
	☽⚼♂	7 58
	☽#♆	12pm49
	☽△♄	5 11
	☉⚻☽	7 12
	☽⚼☿	11 39
26 Th	☽∠♅	6am12
	☽⚻♃	6 19
	☽□♀	10 28
	☽⚻♂	3pm50
	☽⚻♄	11 20
27 F	☉△☽	4am 0
	☽⚼♇	8 38
	☽⚻☿	11 7
	☽⚺♅	12pm29
	☽⚼♃	12 42
	☽☍♆	4 7
	☽△♂	11 58
28 S	☽⚼♄	5am41
	☽⚻♇	3pm 0
	☽#♀	4 10
	☽#♃	6 22
	☽∥♅	9 11
	☿∠♆	10 22
	☽△☿	10 28
29 Su	☽⚹♀	1am25
	☽#♄	10 10
	☉⚺♇	2pm33
	☽△♇	9 11
	☉□☽	9 45
30 M	☽☌♅	0am57
	☽☍♃	1 26
	☿⚹♀	4 7
	☽⚼♆	4 33
	☽∠♀	8 42
	☽□♂	3pm44
	☽☍♄	5 48
31 T	☿ ♋	5am12
	☽⚻♆	10 5
	☉□♅	2pm23
	☽⚺♀	3 25
	☽□☿	6 45
	☉□♃	11 29

JUNE 1921

LONGITUDE

DAY	SID. TIME	☉	☽	☽ 12 Hour	MEAN ☊	TRUE ☊	☿	♀	♂	♃	♄	♅	♆	♇
	h m s	° ' "	° ' "	° ' "	° '	° '	° '	° '	° '	° '	° '	° '	° '	° '
1	16 35 44	9♊ 56 39	3♈ 36 0	9♈ 54 44	25♎ 0	26♎ 19	1♋ 12	29♈ 20	17♊ 56	9♍ 56	18♍ 5	9♓ 34	11♌ 23	7♋ 42
2	16 39 41	10 54 9	16 18 48	22 48 41	24 57	26 21R	2 41	29 54	18 36	10 0	18 6	9 35	11 25	7 44
3	16 43 37	11 51 37	29 24 40	6♉ 7 1	24 54	26 21	4 7	0♉ 29	19 17	10 5	18 7	9 35	11 26	7 45
4	16 47 34	12 49 5	12♉ 55 49	19 51 1	24 51	26 20	5 30	1 5	19 58	10 10	18 8	9 36	11 27	7 46
5	16 51 30	13 46 33	26 52 24	3♊ 59 36	24 48	26 17	6 50	1 43	20 39	10 15	18 10	9 36	11 29	7 48
6	16 55 27	14 43 59	11♊ 12 3	18 29 3	24 44	26 12	8 7	2 22	21 20	10 20	18 12	9 37	11 30	7 49
7	16 59 23	15 41 24	25 49 45	3♋ 13 10	24 41	26 5	9 21	3 2	22 0	10 25	18 13	9 37	11 31	7 50
8	17 3 20	16 38 49	10♋ 38 17	18 4 2	24 38	25 58	10 31	3 43	22 41	10 31	18 15	9 37	11 33	7 52
9	17 7 16	17 36 13	25 29 20	2♌ 53 14	24 35	25 51	11 38	4 25	23 22	10 36	18 17	9 38	11 34	7 53
10	17 11 13	18 33 35	10♌ 14 47	17 33 15	24 32	25 44	12 42	5 7	24 2	10 42	18 19	9 38	11 36	7 55
11	17 15 10	19 30 57	24 48 0	1♍ 58 32	24 29	25 40	13 42	5 51	24 43	10 48	18 21	9 38	11 37	7 56
12	17 19 6	20 28 18	9♍ 4 34	16 5 54	24 25	25 37D	14 39	6 36	25 23	10 54	18 23	9 38	11 39	7 58
13	17 23 3	21 25 37	23 2 29	29 54 21	24 22	25 37	15 32	7 21	26 4	11 0	18 25	9 38	11 40	7 59
14	17 26 59	22 22 56	6♎ 41 38	13♎ 24 33	24 19	25 37	16 21	8 8	26 44	11 7	18 28	9 38R	11 42	8 0
15	17 30 56	23 20 13	20 3 18	26 38 8	24 16	25 38R	17 7	8 55	27 25	11 13	18 30	9 38	11 43	8 2
16	17 34 52	24 17 30	3♏ 9 19	9♏ 37 7	24 13	25 38	17 48	9 43	28 5	11 20	18 33	9 38	11 45	8 3
17	17 38 49	25 14 46	16 1 44	22 23 24	24 9	25 36	18 26	10 31	28 45	11 27	18 36	9 38	11 47	8 5
18	17 42 45	26 12 1	28 42 18	4♐ 58 35	24 6	25 32	18 59	11 21	29 26	11 33	18 38	9 38	11 48	8 6
19	17 46 42	27 9 16	11♐ 12 24	17 23 52	24 3	25 25	19 29	12 11	0♋ 6	11 40	18 41	9 38	11 50	8 8
20	17 50 39	28 6 30	23 33 6	29 40 12	24 0	25 16	19 53	13 1	0 46	11 48	18 44	9 38	11 52	8 9
21	17 54 35	29 3 44	5♑ 45 16	11♑ 48 26	23 57	25 5	20 14	13 53	1 26	11 55	18 47	9 37	11 53	8 11
22	17 58 32	0♋ 0 58	17 49 49	23 49 35	23 54	24 53	20 30	14 45	2 6	12 2	18 50	9 37	11 55	8 12
23	18 2 28	0 58 10	29 47 57	5♒ 45 8	23 50	24 41	20 42	15 37	2 46	12 10	18 53	9 37	11 57	8 14
24	18 6 25	1 55 23	11♒ 41 25	17 37 7	23 47	24 31	20 49	16 31	3 26	12 17	18 57	9 36	11 59	8 15
25	18 10 21	2 52 36	23 32 37	29 28 21	23 44	24 22	20 51R	17 24	4 6	12 25	19 0	9 36	12 0	8 17
26	18 14 18	3 49 48	5♓ 24 45	11♓ 22 21	23 41	24 16	20 49	18 19	4 46	12 33	19 4	9 35	12 2	8 18
27	18 18 14	4 47 1	17 21 43	23 23 24	23 38	24 13	20 42	19 13	5 26	12 41	19 7	9 35	12 4	8 20
28	18 22 11	5 44 13	29 28 3	5♈ 36 16	23 34	24 11D	20 31	20 9	6 6	12 49	19 11	9 34	12 6	8 21
29	18 26 8	6 41 26	11♈ 48 43	18 6 1	23 31	24 11	20 16	21 4	6 46	12 57	19 15	9 33	12 8	8 23
30	18 30 4	7♋ 38 38	24♈ 28 46	0♉ 57 33	23♎ 28	24♎ 11R	19♋ 56	22♉ 1	7♋ 26	13♍ 6	19♍ 18	9♓ 33	12♌ 10	8♋ 24

DECLINATION and LATITUDE

DAY	☉ DECL	☽ DECL	☽ LAT	☽ 12hr DECL	☿ DECL	☿ LAT	♀ DECL	♀ LAT	♂ DECL	♂ LAT	♃ DECL	♃ LAT	♄ DECL	♄ LAT
1	21N57	3N16	2N 0	5N17	25N37	2N10	9N39	1S42	23N32	0N38	9N 1	1N16	6N46	2N14
2	22 5	7 15	0 54	9 10	25 34	2 8	9 45	1 48	23 36	0 38	8 59	1 15	6 45	2 13
3	22 13	11 1	0S16	12 44	25 29	2 5	9 52	1 54	23 40	0 39	8 57	1 15	6 45	2 13
4	22 21	14 19	1 28	15 44	25 22	2 2	9 58	2 0	23 44	0 39	8 55	1 15	6 44	2 13
5	22 28	16 55	2 37	17 52	25 14	1 57	10 6	2 6	23 47	0 40	8 53	1 15	6 43	2 13
6	22 35	18 32	3 38	18 55	25 4	1 52	10 14	2 12	23 50	0 40	8 51	1 15	6 42	2 13
7	22 41	18 58	4 25	18 46	24 53	1 46	10 23	2 17	23 53	0 41	8 49	1 15	6 42	2 12
8	22 47	18 7	4 56	17 13	24 41	1 40	10 32	2 22	23 56	0 41	8 47	1 14	6 41	2 12
9	22 52	16 2	5 6	14 35	24 28	1 32	10 42	2 26	23 59	0 42	8 44	1 14	6 40	2 12
10	22 57	12 55	4 57	11 3	24 14	1 24	10 52	2 31	24 1	0 42	8 42	1 14	6 39	2 12
11	23 2	9 3	4 28	6 55	23 59	1 15	11 2	2 35	24 3	0 43	8 39	1 14	6 38	2 12
12	23 6	4 43	3 43	2 29	23 44	1 5	11 13	2 39	24 5	0 43	8 37	1 14	6 37	2 12
13	23 10	0 14	2 46	2S 0	23 27	0 55	11 25	2 43	24 7	0 44	8 34	1 13	6 36	2 11
14	23 14	4S11	1 40	6 18	23 10	0 44	11 36	2 46	24 9	0 44	8 32	1 13	6 35	2 11
15	23 17	8 18	0 30	10 12	22 53	0 32	11 48	2 49	24 10	0 44	8 29	1 13	6 33	2 11
16	23 20	11 56	0N40	13 32	22 36	0 20	12 0	2 52	24 11	0 45	8 27	1 13	6 32	2 11
17	23 22	14 56	1 47	16 9	22 18	0 7	12 13	2 55	24 12	0 45	8 24	1 13	6 31	2 11
18	23 24	17 10	2 47	17 58	21 60	0S 7	12 26	2 58	24 13	0 46	8 21	1 13	6 30	2 10
19	23 25	18 32	3 38	18 53	21 42	0 21	12 39	2 60	24 13	0 46	8 18	1 12	6 29	2 10
20	23 26	18 60	4 18	18 53	21 24	0 35	12 52	3 2	24 13	0 47	8 15	1 12	6 27	2 10
21	23 27	18 34	4 46	18 2	21 6	0 50	13 5	3 4	24 13	0 47	8 12	1 12	6 26	2 10
22	23 27	17 18	5 0	16 23	20 48	1 5	13 18	3 6	24 13	0 47	8 9	1 12	6 24	2 10
23	23 27	15 17	5 1	14 3	20 31	1 21	13 32	3 7	24 13	0 48	8 6	1 12	6 23	2 10
24	23 26	12 39	4 49	11 8	20 14	1 37	13 46	3 9	24 12	0 48	8 3	1 12	6 22	2 9
25	23 25	9 31	4 25	7 47	19 58	1 53	13 60	3 10	24 12	0 49	8 0	1 11	6 20	2 9
26	23 24	5 59	3 49	4 7	19 42	2 9	14 14	3 11	24 11	0 49	7 57	1 11	6 19	2 9
27	23 22	2 12	3 2	0 14	19 27	2 25	14 28	3 12	24 10	0 49	7 54	1 11	6 17	2 9
28	23 19	1N44	2 7	3N43	19 13	2 41	14 42	3 13	24 8	0 50	7 51	1 11	6 15	2 9
29	23 17	5 40	1 5	7 36	19 0	2 57	14 56	3 13	24 7	0 50	7 47	1 11	6 14	2 9
30	23N14	9N28	0S 1	11N15	18N48	3S12	15N10	3S13	24N 5	0N51	7N44	1N11	6N12	2N 8

DAY	♅ DECL	♅ LAT	♆ DECL	♆ LAT	♇ DECL	♇ LAT
1	8S42	0S46	17N26	0N 4	19N57	3S17
5	8 41	0 46	17 25	0 4	19 57	3 16
9	8 41	0 46	17 23	0 4	19 57	3 16
13	8 41	0 47	17 21	0 4	19 57	3 16
17	8 41	0 47	17 20	0 4	19 57	3 15
21	8 41	0 47	17 18	0 4	19 57	3 15
25	8 42	0 47	17 16	0 4	19 57	3 15
29	8S43	0S47	17N14	0N 4	19N57	3S15

☽ PHENOMENA		
d h m		
6 6 15 ●		
12 20 59 ☽		
20 9 41 ○		
28 13 17 ☾		
d h ° '		
6 20 18N59		
13 1 0		
20 0 18S60		
27 13 0		
2 18 0		
9 1 5S 6		
15 10 0		
22 14 5N 2		
29 23 0		

VOID OF COURSE ☽ LAST ASPT	☽ INGRESS
2 4am29	3 ♉ 1am 4
4 9am 4	5 ♊ 5am17
6 5pm28	7 ♋ 6am47
8 12pm19	9 ♌ 7am19
10 11pm51	11 ♍ 8am41
13 5am32	13 ♎ 12pm10
15 2pm 9	15 ♏ 6pm11
17 4am51	18 ♐ 2am28
20 9am41	20 ♑ 12pm39
22 5am27	23 ♒ 0am24
24 10am33	25 ♓ 1pm 4
27 6am34	28 ♈ 1am 3
29 3pm42	30 ♉ 10am14

d	h	
8	9	PERIGEE
24	2	APOGEE

DAILY ASPECTARIAN

Day	Aspect	Time
1 W	♂□♄	5am27
	☽□♇	7 50
	☽⊻♅	11 21
	☽⊼♃	12pm 6
	☉⚹☽	1 3
	☽△♆	2 49
	☽∥♄	8 58
2 Th	☽⊼♄	3am19
	♀ ♉	4 20
	☽⚹♂	4 29
	☽#♅	8 57
	☽∥♃	10 43
	☉⚹♆	1pm 1
	☽∠♅	3 14
	☽⚼♃	4 6
	☽∥♀	4 10
	☉∠☽	7 1
3 F	☽☌♀	2am 1
	☽⚼♄	6 40
	☽∠♂	9 13
	☽⚹☿	9 26
	☽⚹♇	2pm55
	☽⚹♅	6 9
	☽△♃	7 7
	☽□♆	9 25
	☉⊻☽	11 47
4 S	☽△♄	9am 4
	☽⊻♂	12pm50
	☽∠☿	2 31
	☽∠♇	5 2
5 Su	☽∥♆	5am48
	☽⊻♀	8 34
	☿☌♇	6pm 9
	☽⊻♇	6 22
	☽⊻☿	6 24
	☽□♅	9 22
	☽□♃	10 33
6 M	☽⚹♆	0am30
	☉☌☽	6 15
	☽∠♀	10 39
	☽□♄	11 32
	☽☌♂	5pm28
7 T	☽∠♆	1am 8
	☿△♅	5 28
	♀⚼♄	7 6
	☽⚹♀	12pm15
	☽☌♇	7 30
	☽△♅	10 21
	☽☌☿	11 47
	☽⚹♃	11 48
	☿⚹♃	11 51
8 W	☽⊻♆	1am28
	☽∥♆	9 54
	☉⊻☽	10 22
	☽⚹♄	12pm19
	☽⊻♂	8 24
	☿⊻♆	10 32
	☽⚼♅	10 36
9 Th	☽∠♃	0am11
	☉∠☽	12pm20
	☽∠♄	12 40
	☽□♀	3 13
	☉□♄	5 38
	☽⊻♇	8 11
	☽∠♂	9 56
	☽⊼♅	11 0
10 F	☽⊻♃	0am45
	☽☌♆	2 13
	☽⊻☿	4 19
	♃#♅	11 46
	☽∥♀	12pm37
	☽⊻♄	1 17
	☉⚹☽	2 37
	☿∥♂	6 20
	☽∠♇	8 54
	☽⚹♂	11 51
11 S	☽#♅	2am 8
	☽∥♃	2 16
	☽∠☿	6 59
	☽∥♄	1pm41
	☽△♀	7 34
	☽⚹♇	10 6
12 Su	☽☍♅	0am57
	☽☌♃	3 8
	☽⊻♆	4 23
	☽⚹☿	10 10
	☽☌♄	3pm59
	☉□☽	8 59
	☽⚼♀	10 44
13 M	☽□♂	5am32
	☽∠♆	6 20
	☉∥☿	8pm 2
	♀⚹♇	8 8
	♂∠♆	10 32
14 T	☽□♇	2am20
	☽⊼♀	2 43
	☽⊼♅	5 15
	☽⊻♃	7 57
	☽⚹♆	8 57
	♅SR	10 59
	☽#♄	1pm35
	☽□☿	6 21
	☽⊻♄	9 11
15 W	☽#♃	1am 7
	☽∥♅	2 19
	☉△☽	6 26
	☽⚼♅	8 21
	☽∠♃	11 20
	☽△♂	2pm 9
	♀⚹♅	9 47
16 Th	☽#♀	0am29
	☽∠♄	0 44
	☽△♇	9 6
	☽△♅	12pm 2
	☉⚼☽	12 18
	☽☍♀	12 59
	☽⚹♃	3 20
	☽□♆	4 1
	☽⚼♂	7 30
17 F	☽△☿	4am44
	☽⚹♄	4 51
	☿⚹♄	7 15
	☽⚼♇	1pm20
	☉⊼☽	6 50
18 S	☽⊼♂	1am27
	☽#♆	2 8
	♀△♃	7 7
	☽⚼☿	10 32
	♀□♆	1pm43
	☉∠♆	3 40
	☽⊼♇	6 3
	♂ ♋	8 34
	☽□♅	8 57
19 Su	☽□♃	0am55
	☽△♆	1 13
	☽⊼♀	2 1
	☉∠♀	5 23
	☽□♄	2pm34
	☽⊼☿	4 37
20 M	☽⚼♆	6am30
	☽⚼♀	9 25
	☉☍☽	9 41
	☽☍♂	2pm59
	♃⊻♆	5 36
21 T	☽☍♇	4am48
	☽⚹♅	7 39
	☽⊼♆	12pm12
	☽△♃	12 20
	☽△♀	5 22
	☉ ♋	11 36
22 W	☽#♆	0am 9
	☽△♄	2 1
	☽☍☿	5 27
	☽∠♅	1pm35
	☽⚼♃	6 39
23 Th	☉⊼☽	2am34
	☽⊼♂	6 21
	☽⚼♄	8 17
	☽#♀	3pm14
	☽⊼♇	5 2
	☽⊻♅	7 47
24 F	☽☍♆	0am35
	☽⊼♃	1 14
	☽□♀	10 33
	☉⚼☽	11 31
	☽⚼♂	2pm29
	☽⊼♄	2 46
	☽⊼☿	6 32
	☽⚼♇	11 28
25 S	☿SR	0am26
	☿∥♇	1 35
	☽∥♅	5 42
	☽#♃	10 40
	☉△☽	8pm32
	☽#♄	9 51
	☽△♂	10 38
26 Su	☽⚼☿	0am48
	☽△♇	5 50
	☽☌♅	8 24
	☽⊼♆	1pm22
	☽☍♃	2 32
	♀△♄	9 8
27 M	☽☍♄	3am32
	☽⚹♀	4 1
	☽△☿	6 34
	☽⚼♆	7pm20
28 T	☿⚹♀	7am44
	☽∠♀	12pm 0
	☉□☽	1 17
	☽□♂	1 42
	☽□♇	5 22
	☽⊻♅	7 40
29 W	☽△♆	0am37
	☽⊼♃	2 13
	☽∥♄	3 24
	☉☌♂	6 26
	☽∥♃	1pm 0
	☽⊼♄	2 14
	☽□☿	3 42
	☽⊻♀	7 0
	☽#♅	7 9
30 Th	☽∠♅	0am 7
	☽⚼♃	6 48
	☽⚼♄	6pm13
	☉☌♇	7 36

JULY 1921

LONGITUDE

DAY	SID. TIME h m s	☉ ° ' "	☽ ° ' "	☽ 12 Hour ° ' "	MEAN ☊ ° '	TRUE ☊ ° '	☿ ° '	♀ ° '	♂ ° '	♃ ° '	♄ ° '	♅ ° '	♆ ° '	♇ ° '
1	18 34 1	8♋ 35 51	7♉ 32 50	14♉ 15 1	23♎ 25	24♎ 11R	19♋ 33R	22♉ 57	8♋ 6	13♍ 14	19♍ 22	9♓ 32R	12♌ 12	8♋ 26
2	18 37 57	9 33 4	21 4 24	28 1 4	23 22	24 9	19 6	23 54	8 46	13 23	19 26	9 31	12 14	8 27
3	18 41 54	10 30 17	5♊ 4 59	12♊ 15 53	23 19	24 4	18 36	24 52	9 25	13 32	19 30	9 30	12 16	8 29
4	18 45 50	11 27 31	19 33 17	26 56 31	23 15	23 57	18 4	25 50	10 5	13 40	19 34	9 29	12 17	8 30
5	18 49 47	12 24 44	4♋ 24 39	11♋ 56 35	23 12	23 47	17 29	26 48	10 45	13 49	19 39	9 28	12 19	8 32
6	18 53 43	13 21 58	19 31 5	27 6 48	23 9	23 37	16 52	27 47	11 24	13 58	19 43	9 27	12 21	8 33
7	18 57 40	14 19 11	4♌ 42 24	12♌ 16 32	23 6	23 26	16 15	28 46	12 4	14 7	19 47	9 26	12 23	8 35
8	19 1 37	15 16 25	19 47 58	27 15 36	23 3	23 17	15 37	29 45	12 44	14 17	19 52	9 25	12 25	8 36
9	19 5 33	16 13 38	4♍ 38 33	11♍ 56 7	23 0	23 10	15 0	0♊ 45	13 23	14 26	19 56	9 24	12 27	8 38
10	19 9 30	17 10 52	19 7 47	26 13 16	22 56	23 6	14 23	1 45	14 3	14 35	20 1	9 23	12 30	8 39
11	19 13 26	18 8 5	3♎ 12 29	10♎ 5 27	22 53	23 4D	13 48	2 45	14 42	14 45	20 6	9 22	12 32	8 41
12	19 17 23	19 5 18	16 52 24	23 33 35	22 50	23 4R	13 15	3 46	15 22	14 54	20 10	9 21	12 34	8 42
13	19 21 19	20 2 31	0♏ 9 22	6♏ 40 9	22 47	23 4	12 45	4 47	16 1	15 4	20 15	9 19	12 36	8 44
14	19 25 16	20 59 44	13 6 22	19 28 27	22 44	23 3	12 18	5 48	16 40	15 14	20 20	9 18	12 38	8 45
15	19 29 12	21 56 58	25 46 49	2♐ 1 54	22 40	23 0	11 55	6 50	17 20	15 24	20 25	9 17	12 40	8 46
16	19 33 9	22 54 11	8♐ 14 2	14 23 36	22 37	22 55	11 36	7 52	17 59	15 34	20 30	9 15	12 42	8 48
17	19 37 6	23 51 25	20 30 53	26 36 8	22 34	22 47	11 22	8 54	18 38	15 44	20 35	9 14	12 44	8 49
18	19 41 2	24 48 39	2♑ 39 38	8♑ 41 33	22 31	22 36	11 13	9 56	19 18	15 54	20 41	9 12	12 46	8 51
19	19 44 59	25 45 53	14 42 4	20 41 23	22 28	22 23	11 9D	10 59	19 57	16 4	20 46	9 11	12 48	8 52
20	19 48 55	26 43 8	26 39 38	2♒ 36 58	22 25	22 9	11 11	12 2	20 36	16 15	20 51	9 9	12 51	8 54
21	19 52 52	27 40 23	8♒ 33 34	14 29 37	22 21	21 55	11 18	13 5	21 15	16 25	20 56	9 8	12 53	8 55
22	19 56 48	28 37 39	20 25 18	26 20 53	22 18	21 43	11 30	14 9	21 54	16 35	21 2	9 6	12 55	8 57
23	20 0 45	29 34 55	2♓ 16 37	8♓ 12 49	22 15	21 33	11 49	15 12	22 34	16 46	21 7	9 4	12 57	8 58
24	20 4 41	0♌ 32 12	14 9 50	20 8 5	22 12	21 25	12 14	16 16	23 13	16 57	21 13	9 3	12 59	8 59
25	20 8 38	1 29 30	26 8 0	2♈ 10 5	22 9	21 21	12 44	17 20	23 52	17 7	21 19	9 1	13 1	9 1
26	20 12 35	2 26 49	8♈ 14 51	14 22 52	22 6	21 19D	13 20	18 25	24 31	17 18	21 24	8 59	13 4	9 2
27	20 16 31	3 24 9	20 34 43	26 51 0	22 2	21 18	14 2	19 29	25 10	17 29	21 30	8 58	13 6	9 4
28	20 20 28	4 21 29	3♉ 12 19	9♉ 39 16	21 59	21 18R	14 50	20 34	25 49	17 40	21 36	8 56	13 8	9 5
29	20 24 24	5 18 51	16 12 22	22 52 6	21 56	21 18	15 44	21 39	26 28	17 51	21 42	8 54	13 10	9 6
30	20 28 21	6 16 14	29 38 52	6♊ 32 55	21 53	21 16	16 43	22 44	27 7	18 2	21 48	8 52	13 12	9 8
31	20 32 17	7♌ 13 38	13♊ 34 21	20♊ 43 6	21♎ 50	21♎ 12	17♋ 48	23♊ 50	27♋ 46	18♍ 13	21♍ 54	8♓ 50	13♌ 15	9♋ 9

DECLINATION and LATITUDE

DAY	☉ DECL	☽ DECL	☽ LAT	☽ 12hr DECL	☿ DECL	☿ LAT	♀ DECL	♀ LAT	♂ DECL	♂ LAT	♃ DECL	♃ LAT	♄ DECL	♄ LAT
1	23N10	12N56	1S10	14N28	18N37	3S27	15N24	3S14	24N 3	0N51	7N41	1N11	6N10	2N 8
2	23 6	15 50	2 17	16 59	18 27	3 41	15 38	3 14	24 1	0 51	7 37	1 10	6 9	2 8
3	23 2	17 54	3 18	18 33	18 18	3 54	15 51	3 14	23 59	0 52	7 34	1 10	6 7	2 8
4	22 57	18 54	4 9	18 56	18 10	4 6	16 5	3 13	23 56	0 52	7 30	1 10	6 5	2 8
5	22 52	18 39	4 44	18 1	18 3	4 17	16 19	3 13	23 53	0 53	7 27	1 10	6 3	2 8
6	22 47	17 5	5 0	15 50	17 58	4 27	16 33	3 13	23 50	0 53	7 23	1 10	6 2	2 7
7	22 41	14 19	4 55	12 34	17 55	4 35	16 46	3 12	23 47	0 53	7 19	1 10	5 60	2 7
8	22 34	10 37	4 30	8 31	17 52	4 42	16 59	3 11	23 44	0 54	7 16	1 10	5 58	2 7
9	22 28	6 18	3 46	4 1	17 51	4 47	17 13	3 10	23 40	0 54	7 12	1 10	5 56	2 7
10	22 21	1 43	2 49	0S35	17 51	4 51	17 26	3 9	23 37	0 54	7 8	1 9	5 54	2 7
11	22 13	2S51	1 43	5 2	17 53	4 53	17 39	3 8	23 33	0 55	7 4	1 9	5 52	2 7
12	22 5	7 8	0 33	9 7	17 56	4 53	17 51	3 7	23 29	0 55	7 1	1 9	5 50	2 7
13	21 57	10 57	0N37	12 38	17 60	4 52	18 4	3 6	23 24	0 55	6 57	1 9	5 48	2 6
14	21 49	14 8	1 44	15 27	18 5	4 49	18 16	3 4	23 20	0 56	6 53	1 9	5 46	2 6
15	21 40	16 34	2 44	17 28	18 12	4 44	18 28	3 2	23 15	0 56	6 49	1 9	5 44	2 6
16	21 30	18 10	3 34	18 38	18 19	4 39	18 39	3 1	23 10	0 56	6 45	1 9	5 42	2 6
17	21 21	18 53	4 14	18 55	18 27	4 31	18 51	2 59	23 5	0 57	6 41	1 9	5 40	2 6
18	21 10	18 43	4 42	18 19	18 36	4 23	19 2	2 57	23 0	0 57	6 37	1 8	5 37	2 6
19	21 0	17 43	4 57	16 55	18 46	4 13	19 13	2 55	22 55	0 57	6 33	1 8	5 35	2 6
20	20 49	15 56	4 59	14 48	18 57	4 3	19 23	2 53	22 49	0 58	6 29	1 8	5 33	2 5
21	20 38	13 30	4 47	12 4	19 8	3 51	19 33	2 51	22 44	0 58	6 25	1 8	5 31	2 5
22	20 27	10 31	4 24	8 51	19 19	3 39	19 43	2 49	22 38	0 58	6 20	1 8	5 28	2 5
23	20 15	7 7	3 48	5 18	19 30	3 26	19 52	2 46	22 32	0 59	6 16	1 8	5 26	2 5
24	20 3	3 25	3 3	1 30	19 42	3 12	20 2	2 44	22 25	0 59	6 12	1 8	5 24	2 5
25	19 50	0N26	2 9	2N23	19 53	2 58	20 10	2 41	22 19	0 59	6 8	1 8	5 22	2 5
26	19 37	4 19	1 9	6 14	20 4	2 43	20 18	2 39	22 12	0 60	6 3	1 8	5 19	2 5
27	19 24	8 6	0 4	9 54	20 15	2 28	20 26	2 36	22 6	1 0	5 59	1 7	5 17	2 5
28	19 11	11 36	1S 3	13 12	20 25	2 13	20 34	2 33	21 59	1 0	5 55	1 7	5 14	2 5
29	18 57	14 39	2 8	15 56	20 34	1 58	20 41	2 31	21 52	1 1	5 50	1 7	5 12	2 4
30	18 43	17 1	3 8	17 52	20 42	1 43	20 48	2 28	21 45	1 1	5 46	1 7	5 10	2 4
31	18N28	18N28	3S60	18N47	20N49	1S28	20N54	2S25	21N37	1N 1	5N41	1N 7	5N 7	2N 4

DAY	♅ DECL	♅ LAT	♆ DECL	♆ LAT	♇ DECL	♇ LAT
1	8S44	0S47	17N13	0N 4	19N57	3S14
5	8 45	0 47	17 11	0 4	19 57	3 14
9	8 47	0 48	17 9	0 4	19 56	3 14
13	8 49	0 48	17 6	0 4	19 56	3 14
17	8 51	0 48	17 4	0 4	19 56	3 14
21	8 53	0 48	17 2	0 4	19 56	3 14
25	8 56	0 48	16 59	0 4	19 56	3 13
29	8S59	0S48	16N57	0N 5	19N55	3S13

☽ PHENOMENA

d	h	m	
5	13	36	●
12	4	16	☽
20	0	8	○
28	2	20	☾

d	h	° '
4	7	18N58
10	9	0
17	8	18S55
24	21	0
31	19	18N50

d	h	° '
6	6	5S 1
12	11	0
19	15	4N60
27	1	0

VOID OF COURSE ☽

LAST ASPT	☽ INGRESS
2 5am17	2 ♊ 3pm23
4 0am 2	4 ♋ 4pm56
6 1pm57	6 ♌ 4pm34
7 12pm13	8 ♍ 4pm26
10 1am30	10 ♎ 6pm28
12 4am16	12 ♏ 11pm43
14 4pm 6	15 ♐ 8am 5
17 0am 9	17 ♑ 6pm43
20 0am 8	20 ♒ 6am44
21 10am 3	22 ♓ 7pm24
24 7pm12	25 ♈ 7am42
27 9am16	27 ♉ 5pm58
29 7pm19	30 ♊ 0am37

d	h	
6	13	PERIGEE
21	10	APOGEE

DAILY ASPECTARIAN

Day	Aspect	Time
1 F	☽⚹♂	1am 2
	☽⚹♇	1 35
	☉⚹☽	2 2
	☽⚹♅	3 34
	☽□♆	8 22
	☿⚹♄	8 31
	☽△♃	10 19
	♀∠♂	11 56
	♀∠♇	12pm18
	♂☌♇	12 28
	☽⚹☿	8 40
	☽△♄	9 8
	☽∥♀	9 57
	☉△♅	11 10
2 S	☽∠♇	4am 8
	☽∠♂	4 54
	☽☌♀	5 17
	☉∠☽	6 29
	☽∥♆	2pm35
	☽∠☿	9 35
3 Su	♂△♅	2am54
	☽⊻♇	5 42
	☽∥☿	6 1
	☽□♅	7 24
	☽⊻♂	7 37
	☉⊻☽	9 43
	☽⚹♆	12pm 1
	☽□♃	2 14
	☽⊻☿	9 39
4 M	☽□♄	0am 2
	☽⊻♀	10 55
	☽∠♆	12pm35
	☉⊻♆	9 42
5 T	☽☌♇	6am35
	☽△♅	8 4
	☽☌♂	10 33
	☽∥☿	12pm 5
	☽∠♀	12 35
	☽⊻♆	12 38
	☉☌☽	1 36
	☽⚹♃	3 8
	☽☌☿	7 59
	☽∥♆	10 58
6 W	☽⚹♄	0am19
	☽∥♀	5 1
	☽⚼♅	7 48
	☽⚹♀	1pm57
	☽∠♃	3 5
	☉⚹♃	6 7
7 Th	☽∠♄	0am 8
	☽⊻♇	6 8
	☽⊼♅	7 29
	☽⊻♂	12pm12
	☽☌♆	12 13
	♂⊻♆	12 26
	☽⊻♃	3 6
	☉⊻☽	4 17
	☽⊻☿	5 36
8 F	☽⊻♄	0am 6
	☉☌☿	5 18
	♀ ♊	5 57
	☽∠♇	6 7
	☽#♅	10 32
	☿∠♀	12pm52
	☽∠♂	1 21
	♀∥♆	4 43
	☽∠☿	4 44
	☽□♀	5 12
	☉∠☽	6 3
	☽∥♃	7 6
9 S	☽∥♄	1am58
	☽⚹♇	6 33
	☽☍♅	7 48
	☽⊻♆	12pm54
	☽⚹♂	3 6
	☽☌♃	4 20
	☽⚹☿	4 23
	☿⚹♃	5 37
	☉⚹☽	8 30
10 Su	☽☌♄	1am30
	☿☌♂	6 34
	☽∠♆	2pm12
	☽△♀	11 10
11 M	♂⚹♃	2am11
	☽□♇	9 32
	☽⊼♅	10 43
	☽⚹♆	4pm20
	☽#♄	4 32
	☽□☿	5 49
	☽⊻♃	8 28
	☽□♂	9 10
	☽#♃	11 16
12 T	☽⚼♀	3am40
	☉□☽	4 16
	☽⊻♄	5 56
	☽∥♅	10 7
	☿∥♀	12pm46
	☽⚼♅	1 24
	☽∠♃	11 50
13 W	☉⚹♄	5am51
	☿⊻♆	7 25
	☽⊼♀	9 14
	☽∠♄	9 26
	☽△♇	3pm51
	☽△♅	4 54
	☽△☿	10 33
	☽□♆	11 6
14 Th	☽⚹♃	4am 3
	☽△♂	7 4
	☽⚹♄	1pm43
	☉△☽	4 6
	☽⚼♇	8 10
15 F	☽⚼☿	2am 7
	☽#♆	6 33
	☽⚼♂	1pm16
	☽☍♀	11 13
	☉⚼☽	11 18
16 S	☽⊼♇	1am 6
	☽□♅	1 59
	☽#☿	3 52
	☽⊼☿	6 25
	☽△♆	8 43
	☉∠♀	11 34
	☽□♃	2pm29
	☽#♀	7 5
	☽⊼♂	8 7
	♀⊻♇	10 11
17 Su	☽□♄	0am 9
	☽#♀	2 37
	☉⊼☽	7 8
	♀□♅	7 28
	☉⚼♅	9 11
	☽⚼♆	2pm17
18 M	☽#☿	3am22
	☽☍♇	12pm20
	☽⚹♅	1 0
	☽⊼♀	3 52
	☽☍☿	4 55
	☽⊼♆	8 12
19 T	☽△♃	2am47
	☿⊻♀	3 45
	☿SD	5 31
	☽#♆	10 19
	☽☍♂	11 7
	☽△♄	12pm14
	☽∠♅	6 58
20 W	☉☍☽	0am 8
	☽⚼♀	0 49
	☽⚼♃	9 22
	♂⚹♄	10 39
	☽⚼♄	6pm40
	♀⚹♆	7 5
21 Th	☽⊼♇	0am44
	☽⊻♅	1 9
	☽⊼☿	5 37
	☽☍♆	8 46
	☽△♀	10 3
	☽⊼♃	4pm 8
22 F	☽⊼♄	1am15
	☽⊼♂	3 11
	☽⚼♇	7 9
	☽∥♅	11 40
	☽⚼☿	12pm38
	☉⊼☽	6 4
23 S	☽#♃	5am44
	♀∥♇	8 20
	☉ ♌	10 30
	☽#♄	11 11
	☽⚼♂	11 18
	☽△♇	1pm33
	☽☌♅	1 42
	☽△☿	7 57
	☽⊼♆	9 37
24 Su	☉∥♀	1am18
	☉⚼☽	3 0
	☽□♀	4 39
	☽☍♃	5 41
	☉∥♇	1pm44
	☽☍♄	2 17
	♀□♃	6 9
	☽△♂	7 12
	☉∥☿	8 51
25 M	♅△♇	1am46
	☽⚼♆	3 47
	☿∥♇	4 44
	♂⚼♅	5 32
	☉△☽	11 34
	☿⊻♆	12pm44
	☉∠♃	7 30
26 T	☽⊻♅	1am27
	☽□♇	1 33
	☽∥♄	6 9
	☽△♆	9 27
	☽□☿	10 33
	☽∥♃	10 39
	☽⊼♃	5pm56
	☽⚹♀	9 42
27 W	☽⊼♄	1am47
	☽#♅	5 40
	☽∠♅	6 28
	☽□♂	9 16
	☽⚼♃	10pm58
28 Th	☉□☽	2am20
	☽∠♀	4 49
	☽⚼♄	6 23
	☽⚹♅	10 38
	☽⚹♇	10 58
	☽□♆	6pm27
	☽⚹☿	11 4
29 F	♀□♄	1am 6
	☽△♃	3 1
	☽△♄	9 58
	☽⊻♀	10 41
	☽∠♇	2pm14
	☽⚹♂	7 19
	☽∥♆	11 1
30 S	☽∠☿	3am55
	☉⚹☽	12pm22
	☉∠♄	2 40
	☽□♅	3 57
	☽⊻♇	4 28
	☽∠♂	10 33
	☽⚹♆	11 26
31 Su	☉∥☽	0am 6
	☽⊻☿	7 44
	☽□♃	7 56
	☿⚹♃	10 27
	☽□♄	2pm 3
	☉∠☽	3 32
	☽☌♀	6 33

AUGUST 1921

LONGITUDE

DAY	SID. TIME	☉	☽	☽ 12 Hour	MEAN ☊	TRUE ☊	☿	♀	♂	♃	♄	♅	♆	♇
	h m s	° ' "	° ' "	° ' "	° '	° '	° '	° '	° '	° '	° '	° '	° '	° '
1	20 36 14	8♌ 11 3	27♊ 58 53	5♋ 21 10	21♎ 46	21♎ 5R	18♋ 58	24♊ 55	28♋ 24	18♍ 24	22♍ 0	8♓ 48R	13♌ 17	9♋ 10
2	20 40 10	9 8 30	12♋ 49 12	20 22 0	21 43	20 57	20 14	26 1	29 3	18 36	22 6	8 46	13 19	9 12
3	20 44 7	10 5 57	27 58 25	5♌ 37 6	21 40	20 47	21 34	27 7	29 42	18 47	22 12	8 44	13 21	9 13
4	20 48 4	11 3 25	13♌ 16 38	20 55 34	21 37	20 37	23 0	28 13	0♌ 21	18 58	22 18	8 42	13 24	9 14
5	20 52 0	12 0 54	28 32 29	6♍ 6 6	21 34	20 29	24 30	29 19	1 0	19 10	22 24	8 40	13 26	9 16
6	20 55 57	12 58 24	13♍ 35 15	20 59 1	21 31	20 22	26 5	0♋ 26	1 39	19 21	22 31	8 38	13 28	9 17
7	20 59 53	13 55 56	28 16 38	5♎ 27 38	21 27	20 18	27 44	1 32	2 17	19 33	22 37	8 36	13 30	9 18
8	21 3 50	14 53 27	12♎ 31 43	19 28 47	21 24	20 16D	29 26	2 39	2 56	19 45	22 43	8 34	13 32	9 20
9	21 7 46	15 51 0	26 18 57	3♏ 2 26	21 21	20 16	1♌ 13	3 46	3 35	19 56	22 50	8 32	13 35	9 21
10	21 11 43	16 48 33	9♏ 39 33	16 10 43	21 18	20 17R	3 2	4 53	4 13	20 8	22 56	8 30	13 37	9 22
11	21 15 39	17 46 8	22 36 26	28 57 12	21 15	20 17	4 54	6 0	4 52	20 20	23 3	8 27	13 39	9 23
12	21 19 36	18 43 43	5♐ 13 33	11♐ 25 58	21 12	20 15	6 49	7 8	5 31	20 32	23 9	8 25	13 41	9 25
13	21 23 33	19 41 19	17 34 59	23 41 6	21 8	20 12	8 46	8 15	6 9	20 44	23 16	8 23	13 44	9 26
14	21 27 29	20 38 56	29 44 44	5♑ 46 19	21 5	20 6	10 44	9 23	6 48	20 56	23 23	8 21	13 46	9 27
15	21 31 26	21 36 34	11♑ 46 14	17 44 49	21 2	19 58	12 44	10 31	7 26	21 8	23 29	8 18	13 48	9 28
16	21 35 22	22 34 14	23 42 24	29 39 13	20 59	19 48	14 45	11 39	8 5	21 20	23 36	8 16	13 50	9 29
17	21 39 19	23 31 54	5♒ 35 33	11♒ 31 37	20 56	19 37	16 46	12 47	8 43	21 32	23 43	8 14	13 52	9 30
18	21 43 15	24 29 35	17 27 36	23 23 43	20 52	19 26	18 48	13 55	9 22	21 44	23 50	8 12	13 55	9 32
19	21 47 12	25 27 18	29 20 10	5♓ 17 8	20 49	19 17	20 49	15 4	10 0	21 56	23 57	8 9	13 57	9 33
20	21 51 8	26 25 3	11♓ 14 50	17 13 29	20 46	19 9	22 50	16 12	10 39	22 8	24 3	8 7	13 59	9 34
21	21 55 5	27 22 48	23 13 22	29 14 45	20 43	19 4	24 51	17 21	11 17	22 21	24 10	8 5	14 1	9 35
22	21 59 2	28 20 36	5♈ 17 56	11♈ 23 16	20 40	19 1	26 52	18 30	11 55	22 33	24 17	8 2	14 3	9 36
23	22 2 58	29 18 25	17 31 9	23 41 58	20 37	19 0D	28 51	19 39	12 34	22 45	24 24	8 0	14 5	9 37
24	22 6 55	0♍ 16 15	29 56 12	6♉ 14 16	20 33	19 0	0♍ 50	20 48	13 12	22 58	24 31	7 58	14 8	9 38
25	22 10 51	1 14 7	12♉ 36 40	19 3 52	20 30	19 1	2 47	21 57	13 50	23 10	24 38	7 55	14 10	9 39
26	22 14 48	2 12 1	25 36 19	2♊ 14 26	20 27	19 2R	4 44	23 6	14 29	23 23	24 45	7 53	14 12	9 40
27	22 18 44	3 9 57	8♊ 58 36	15 49 4	20 24	19 2	6 39	24 16	15 7	23 35	24 52	7 50	14 14	9 41
28	22 22 41	4 7 55	22 46 2	29 49 31	20 21	19 0	8 34	25 25	15 45	23 48	25 0	7 48	14 16	9 42
29	22 26 37	5 5 55	6♋ 59 24	14♋ 15 22	20 18	18 57	10 27	26 35	16 23	24 0	25 7	7 46	14 18	9 43
30	22 30 34	6 3 56	21 36 55	29 3 21	20 14	18 52	12 19	27 45	17 2	24 13	25 14	7 43	14 20	9 44
31	22 34 31	7♍ 2 0	6♌ 33 47	14♌ 7 9	20♎ 11	18♎ 46	14♍ 9	28♋ 55	17♌ 40	24♍ 26	25♍ 21	7♓ 41	14♌ 22	9♋ 45

DECLINATION and LATITUDE

DAY	☉ DECL	☽ DECL	☽ LAT	☽ 12hr DECL	☿ DECL	☿ LAT	♀ DECL	♀ LAT	♂ DECL	♂ LAT	♃ DECL	♃ LAT	♄ DECL	♄ LAT
1	18N14	18N48	4S38	18N30	20N55	1S13	20N59	2S22	21N30	1N 2	5N37	1N 7	5N 5	2N 4
2	17 59	17 52	4 59	16 55	20 58	0 58	21 5	2 19	21 22	1 2	5 32	1 7	5 2	2 4
3	17 43	15 41	4 60	14 9	21 1	0 43	21 9	2 16	21 14	1 2	5 28	1 7	4 60	2 4
4	17 28	12 23	4 39	10 24	21 1	0 29	21 14	2 12	21 6	1 2	5 23	1 7	4 57	2 4
5	17 12	8 15	3 59	5 59	20 59	0 15	21 18	2 9	20 58	1 2	5 19	1 7	4 55	2 4
6	16 56	3 39	3 2	1 17	20 55	0 2	21 21	2 6	20 50	1 3	5 14	1 7	4 52	2 4
7	16 39	1S 4	1 54	3S22	20 48	0N11	21 24	2 3	20 41	1 3	5 10	1 7	4 49	2 4
8	16 22	5 35	0 41	7 41	20 39	0 23	21 26	1 59	20 33	1 4	5 5	1 6	4 47	2 3
9	16 6	9 40	0N32	11 28	20 27	0 34	21 28	1 56	20 24	1 4	5 0	1 6	4 44	2 3
10	15 48	13 6	1 42	14 33	20 13	0 45	21 29	1 53	20 15	1 4	4 56	1 6	4 41	2 3
11	15 31	15 48	2 44	16 49	19 56	0 55	21 30	1 49	20 6	1 4	4 51	1 6	4 39	2 3
12	15 13	17 38	3 36	18 14	19 36	1 3	21 30	1 46	19 57	1 5	4 46	1 6	4 36	2 3
13	14 55	18 36	4 17	18 45	19 14	1 12	21 30	1 42	19 48	1 5	4 41	1 6	4 33	2 3
14	14 37	18 41	4 46	18 24	18 49	1 19	21 29	1 39	19 38	1 5	4 37	1 6	4 31	2 3
15	14 18	17 55	5 1	17 15	18 21	1 25	21 27	1 35	19 29	1 6	4 32	1 6	4 28	2 3
16	13 60	16 23	5 4	15 20	17 52	1 31	21 25	1 31	19 19	1 6	4 27	1 6	4 25	2 3
17	13 41	14 9	4 53	12 48	17 20	1 35	21 23	1 28	19 9	1 6	4 22	1 6	4 23	2 3
18	13 22	11 20	4 29	9 44	16 46	1 39	21 20	1 24	18 59	1 6	4 17	1 6	4 20	2 3
19	13 2	8 3	3 54	6 17	16 10	1 42	21 16	1 21	18 49	1 7	4 12	1 6	4 17	2 3
20	12 43	4 27	3 8	2 33	15 33	1 44	21 12	1 17	18 39	1 7	4 8	1 6	4 14	2 3
21	12 23	0 38	2 14	1N18	14 54	1 45	21 7	1 13	18 28	1 7	4 3	1 6	4 12	2 3
22	12 3	3N14	1 13	5 8	14 13	1 46	21 1	1 10	18 18	1 7	3 58	1 6	4 9	2 3
23	11 43	7 0	0 8	8 49	13 32	1 46	20 55	1 6	18 7	1 8	3 53	1 6	4 6	2 3
24	11 23	10 32	0S59	12 10	12 49	1 45	20 49	1 2	17 57	1 8	3 48	1 6	4 3	2 2
25	11 2	13 40	2 4	15 0	12 6	1 44	20 42	0 59	17 46	1 8	3 43	1 6	4 0	2 2
26	10 42	16 11	3 5	17 9	11 21	1 42	20 34	0 55	17 35	1 8	3 38	1 6	3 57	2 2
27	10 21	17 54	3 57	18 24	10 37	1 39	20 26	0 51	17 24	1 9	3 33	1 5	3 55	2 2
28	9 60	18 38	4 38	18 35	9 51	1 36	20 17	0 48	17 13	1 9	3 28	1 5	3 52	2 2
29	9 39	18 14	5 3	17 35	9 5	1 33	20 8	0 44	17 2	1 9	3 23	1 5	3 49	2 2
30	9 17	16 38	5 9	15 23	8 19	1 29	19 58	0 40	16 50	1 9	3 18	1 5	3 46	2 2
31	8N56	13N53	4S55	12N 8	7N32	1N25	19N47	0S37	16N39	1N 9	3N13	1N 5	3N43	2N 2

DAY	♅ DECL	♅ LAT	♆ DECL	♆ LAT	♇ DECL	♇ LAT
1	9S 1	0S48	16N55	0N 5	19N55	3S13
5	9 4	0 48	16 52	0 5	19 55	3 13
9	9 7	0 48	16 50	0 5	19 54	3 13
13	9 11	0 48	16 47	0 5	19 54	3 13
17	9 14	0 48	16 45	0 5	19 54	3 13
21	9 18	0 48	16 42	0 5	19 54	3 13
25	9 21	0 48	16 40	0 5	19 53	3 13
29	9S25	0S49	16N37	0N 5	19N53	3S13

☽ PHENOMENA	
d h m	
3 20 17	●
10 14 14	☽
18 15 28	○
26 12 51	☾
d h ° '	
6 19 0	
13 14 18S45	
21 4 0	
28 4 18N39	
2 13 5S 2	
8 13 0	
15 16 5N 4	
23 3 0	
29 20 5S 9	

d h	
3 22	PERIGEE
17 13	APOGEE

VOID OF COURSE ☽ LAST ASPT	☽ INGRESS
31 6pm33	1 ♋ 3am18
3 2am50	3 ♌ 3am11
5 1am20	5 ♍ 2am18
6 10pm58	7 ♎ 2am52
8 4am21	9 ♏ 6am33
11 0am50	11 ♐ 2pm 0
13 11am17	14 ♑ 0am30
15 11pm47	16 ♒ 12pm42
18 3pm28	19 ♓ 1am20
21 1am55	21 ♈ 1pm30
23 4am34	24 ♉ 0am 7
25 10pm26	26 ♊ 7am58
28 3am50	28 ♋ 12pm18
30 10am44	30 ♌ 1pm31

DAILY ASPECTARIAN

Day	Aspect	Time
1 M	☽∠♆	0am29
	☽⊻♂	0 44
	☉⊼♅	3pm 0
	☽△♅	5 31
	☉⊻☽	5 42
	☽☌♇	6 11
	☉∥☽	9 54
2 T	☽⊻♆	0am48
	☉⊻♇	1 25
	☽✶♃	9 18
	☽∥♆	12pm15
	☽☌☿	12 54
	☽✶♄	2 50
	☽⚼♅	5 20
	☽⊻♀	10 33
3 W	☽☌♂	2am50
	♀∥♂	8 54
	☽∠♃	9 14
	♂ ♌	11 1
	☿✶♄	11 33
	☽∠♄	2pm35
	☽⊼♅	4 51
	☽⊻♇	5 40
	☉☌☽	8 17
	☽∠♀	11 54
4 Th	☽☌♆	0am11
	♀∠♆	3 56
	☽⊻♃	9 3
	☿⚼♅	11 10
	☽⊻♄	2pm16
	☽⊻☿	4 55
	☽∠♇	5 14
	☽⋕♅	7 32
	☿∥♂	7 52
5 F	☽✶♀	1am20
	☽⊻♂	4 4
	♀ ♋	2pm42
	☽∥♃	3 46
	☽☍♅	4 4
	☽✶♇	5 5
	☽∥♄	5 45
	☽∠☿	7 29
	☉⊻☽	10 57
	☽⊻♆	11 48
6 S	☽∠♂	5am10
	☉∥♆	6 5
	☽☌♃	9 28
	☉☌♆	12pm49
	☽☌♄	2 36
	☽✶☿	10 58
7 Su	☽∠♆	0am23
	☉∠☽	1 10
	☽□♀	5 53
	☽✶♂	7 0
	☽⊼♅	5pm16
	☽□♇	6 32
	☽⋕♄	7 38
	☽⋕♃	9 18
8 M	☽✶♆	1am44
	☉✶☽	4 21
	☿ ♌	7 41
	☽⊻♃	12pm38
	♀⊻♂	2 19
	☽⊻♄	5 49
	☽⚼♅	7 6
	☽∥♅	8 37
9 T	☽□☿	10am 5
	☽□♂	1pm38
	☽△♀	2 32
	☽∠♃	3 39
	☿∥♂	3 43
	☽∠♄	8 50
	☽△♅	9 53
	☽△♇	11 28
10 W	☽□♆	7am17
	☉□☽	2pm14
	☽✶♃	7 40
	☽⚼♀	8 43
	☉⋕☽	9 26
	☿☌♂	11 15
11 Th	☽✶♄	0am50
	☿∥♇	1 52
	☽⚼♇	3 21
	☿∠♃	6 0
	☽⋕♆	11 45
12 F	☽△♂	0am35
	♂∠♃	1 3
	☽△☿	3 38
	☽⊼♀	4 2
	☽□♅	6 9
	♂∥♇	6 48
	☽⊼♇	8 5
	☿⊻♀	9 14
	☽△♆	4pm26
	☿∠♄	5 33
	☿⊼♅	7 25
13 S	♀△♅	2am37
	☉△☽	4 29
	☽□♃	6 16
	☽⚼♂	7 24
	☿⊻♇	8 12
	☽□♄	11 17
	☽⚼☿	2pm30
	☽⚼♆	10 3
14 Su	♀☌♇	1am23
	☉⊻♃	8 47
	☉⚼☽	12pm46
	☽⊼♂	2 50
	☽✶♅	5 5
	☽☍♇	7 23
	☽☍♀	9 13
15 M	☽⊼☿	2am19
	☽⊼♆	4 5
	☿☌♆	12pm58
	☽⋕♆	7 2
	☽△♃	7 8
	☉⊼☽	9 31
	☽∠♅	11 7
	☽△♄	11 47
16 T	♂⊼♅	6am46
	♃∥♄	7pm23
	♂∠♄	11 45
17 W	☽⚼♃	1am56
	☉⋕☽	4 51
	☉⊻♄	5 11
	☽⊻♅	5 19
	☽⚼♄	6 22
	☽☍♂	6 41
	☽⊼♇	7 56
	☽⊼♀	4pm 5
	☽☍♆	4 48
	♀⊻♆	11 45
18 Th	☉∠♇	0am49
	☿∥♆	1 12
	☽☍☿	3 15
	♂⊻♇	6 19
	☽⊼♃	8 47
	☽⊼♄	1pm 0
	☽⚼♇	2 18
	☽∥♅	3 28
	☉☍☽	3 28
19 F	☽⚼♀	1am37
	☿⊻♃	2pm45
	☽☌♅	5 43
	☽△♇	8 36
	☽⊼♂	10 43
20 S	☽⋕♄	1am20
	☽⋕♃	2 5
	☽⊼♆	5 31
	☽△♀	11 0
	☿⊻♄	3pm21
	☿∠♇	8 41
	☽☍♃	10 13
21 Su	☽☍♄	1am55
	☽⊼☿	3 55
	☽⚼♂	6 27
	☉⊼☽	9 1
	☽⚼♆	11 35
22 M	☽∥♃	4am31
	☽⊻♅	5 24
	☽∥♄	5 41
	☽□♇	8 30
	☽△♂	1pm46
	☽⚼☿	3 27
	☉⚼☽	5 11
	☽△♆	5 17
23 T	☽□♀	4am34
	☽⊼♃	10 21
	☽∠♅	10 37
	☉☌☿	10 43
	☽⊼♄	1pm29
	☿ ♍	1 54
	☽⋕♅	3 33
	☉ ♍	5 15
24 W	☉△☽	0am42
	☽△☿	2 2
	☉∥☽	5 33
	☽∥☿	1pm52
	☽✶♅	3 13
	☽⚼♃	3 31
	☽⚼♄	6 22
	☽✶♇	6 26
25 Th	☽□♂	2am25
	☽□♆	2 54
	♂☌♆	12pm54
	☽✶♀	6 59
	♀⚼♅	7 33
	☽△♃	7 52
	☽∠♇	10 17
	☽△♄	10 26
26 F	☽∥♆	5am31
	♀✶♃	6 56
	☉□☽	12pm51
	☽∥♂	4 30
	☽□☿	7 13
	☽□♅	10 0
27 S	☽∠♀	0am33
	☽⊻♇	1 15
	☽✶♆	9 16
	☽✶♂	11 18
	♀✶♄	2pm 9
	☿☍♅	2 35
	☉∥☿	3 22
28 Su	☽□♃	1am47
	☽□♄	3 50
	☽⊻♀	4 56
	☽∠♆	11 5
	☿⋕♅	2pm 0
	☽∠♂	2 12
	☿✶♇	2 34
	☉✶☽	8 37
29 M	☽△♅	1am17
	☽☌♇	4 31
	☽✶☿	6 34
	☽⊻♆	12pm 6
	☉⋕♅	3 10
	☽⊻♂	4 12
	☽∥♂	9 21
	☉∠☽	11 3
30 T	☽∥♆	0am 8
	☽⚼♅	1 47
	☽✶♃	4 16
	☽✶♄	5 54
	☽∠☿	10 30
	☽☌♀	10 44
	♀∥♇	11 29
	☿∠♀	3pm19
31 W	☉⊻☽	0am48
	☽⊼♅	1 47
	☿⊻♆	2 57
	☽∠♃	4 37
	☽⊻♇	5 4
	♂∥♆	5 44
	☽∠♄	6 4
	☽☌♆	12pm26
	☽⊻☿	1 42
	☉☍♅	3 27
	☽☌♂	6 23
	♀ ♌	10 24

LONGITUDE

DAY	SID. TIME	☉	☽	☽ 12 Hour	MEAN ☊	TRUE ☊	☿	♀	♂	♃	♄	♅	♆	♇
	h m s	° ' "	° ' "	° ' "	° '	° '	° '	° '	° '	° '	° '	° '	° '	° '
1	22 38 27	8♍ 0 5	21♌ 42 16	29♌ 17 51	20♎ 8	18♎ 40R	15♍ 59	0♌ 5	18♌ 18	24♍ 38	25♍ 28	7♓ 39R	14♌ 25	9♋ 46
2	22 42 24	8 58 12	6♍ 52 38	14♍ 25 19	20 5	18 35	17 47	1 15	18 56	24 51	25 36	7 36	14 27	9 46
3	22 46 20	9 56 20	21 54 44	29 19 50	20 2	18 31	19 33	2 25	19 34	25 4	25 43	7 34	14 29	9 47
4	22 50 17	10 54 31	6♎ 39 43	13♎ 53 40	19 58	18 29D	21 19	3 35	20 12	25 16	25 50	7 31	14 31	9 48
5	22 54 13	11 52 42	21 1 12	28 2 0	19 55	18 29	23 3	4 46	20 50	25 29	25 57	7 29	14 33	9 49
6	22 58 10	12 50 56	4♏ 55 55	11♏ 43 0	19 52	18 29	24 47	5 56	21 29	25 42	26 5	7 27	14 35	9 50
7	23 2 6	13 49 10	18 23 24	24 57 25	19 49	18 31	26 29	7 7	22 7	25 55	26 12	7 24	14 37	9 51
8	23 6 3	14 47 27	1♐ 25 26	7♐ 47 55	19 46	18 32	28 10	8 18	22 45	26 8	26 19	7 22	14 39	9 51
9	23 10 0	15 45 45	14 5 20	20 18 15	19 43	18 33R	29 49	9 29	23 23	26 20	26 27	7 19	14 41	9 52
10	23 13 56	16 44 4	26 27 13	2♑ 32 46	19 39	18 32	1♎ 28	10 40	24 1	26 33	26 34	7 17	14 43	9 53
11	23 17 53	17 42 25	8♑ 35 28	14 35 50	19 36	18 30	3 5	11 51	24 39	26 46	26 42	7 15	14 45	9 53
12	23 21 49	18 40 48	20 34 23	26 31 36	19 33	18 27	4 41	13 2	25 17	26 59	26 49	7 12	14 47	9 54
13	23 25 46	19 39 12	2♒ 27 55	8♒ 23 46	19 30	18 23	6 17	14 13	25 54	27 12	26 56	7 10	14 48	9 55
14	23 29 42	20 37 38	14 19 30	20 15 31	19 27	18 18	7 51	15 24	26 32	27 25	27 4	7 8	14 50	9 55
15	23 33 39	21 36 5	26 12 5	2♓ 9 29	19 23	18 13	9 24	16 36	27 10	27 38	27 11	7 5	14 52	9 56
16	23 37 35	22 34 35	8♓ 8 1	14 7 52	19 20	18 9	10 56	17 47	27 48	27 51	27 19	7 3	14 54	9 57
17	23 41 32	23 33 6	20 9 17	26 12 27	19 17	18 6	12 26	18 59	28 26	28 4	27 26	7 1	14 56	9 57
18	23 45 28	24 31 39	2♈ 17 34	8♈ 24 50	19 14	18 4	13 56	20 11	29 4	28 17	27 34	6 59	14 58	9 58
19	23 49 25	25 30 13	14 34 25	20 46 31	19 11	18 3D	15 25	21 22	29 42	28 30	27 41	6 56	15 0	9 58
20	23 53 22	26 28 50	27 1 22	3♉ 19 9	19 8	18 3	16 53	22 34	0♍ 19	28 43	27 49	6 54	15 1	9 59
21	23 57 18	27 27 30	9♉ 40 6	16 4 28	19 4	18 4	18 19	23 46	0 57	28 56	27 56	6 52	15 3	9 59
22	0 1 15	28 26 11	22 32 28	29 4 22	19 1	18 5	19 45	24 58	1 35	29 9	28 3	6 50	15 5	10 0
23	0 5 11	29 24 54	5♊ 40 24	12♊ 20 46	18 58	18 6	21 9	26 11	2 13	29 21	28 11	6 48	15 6	10 0
24	0 9 8	0♎ 23 40	19 5 41	25 55 17	18 55	18 7R	22 32	27 23	2 50	29 34	28 18	6 45	15 8	10 0
25	0 13 4	1 22 28	2♋ 49 40	9♋ 48 50	18 52	18 7	23 54	28 35	3 28	29 47	28 26	6 43	15 10	10 1
26	0 17 1	2 21 19	16 52 42	24 1 6	18 49	18 7	25 15	29 47	4 6	0♎ 0	28 33	6 41	15 12	10 1
27	0 20 57	3 20 11	1♌ 13 43	8♌ 30 8	18 45	18 6	26 34	1♍ 0	4 44	0 13	28 41	6 39	15 13	10 2
28	0 24 54	4 19 6	15 49 47	23 12 0	18 42	18 4	27 53	2 13	5 21	0 26	28 48	6 37	15 15	10 2
29	0 28 51	5 18 3	0♍ 35 59	8♍ 0 53	18 39	18 3	29 9	3 25	5 59	0 39	28 56	6 35	15 16	10 2
30	0 32 47	6♎ 17 3	15♍ 25 45	22♍ 49 38	18♎ 36	18♎ 2	0♏ 25	4♍ 38	6♍ 36	0♎ 52	29♍ 3	6♓ 33	15♌ 18	10♋ 2

DECLINATION and LATITUDE

DAY	☉ DECL	☽ DECL	☽ LAT	☽ 12hr DECL	☿ DECL	☿ LAT	♀ DECL	♀ LAT	♂ DECL	♂ LAT	♃ DECL	♃ LAT	♄ DECL	♄ LAT
1	8N34	10N10	4S20	8N 3	6N46	1N20	19N36	0S33	16N27	1N10	3N 8	1N 5	3N40	2N 2
2	8 13	5 47	3 27	3 27	5 59	1 15	19 25	0 29	16 16	1 10	3 3	1 5	3 37	2 2
3	7 51	1 4	2 19	1S18	5 12	1 10	19 13	0 26	16 4	1 10	2 58	1 5	3 34	2 2
4	7 29	3S37	1 4	5 52	4 25	1 4	18 60	0 22	15 52	1 10	2 53	1 5	3 31	2 2
5	7 7	7 60	0N14	9 58	3 39	0 58	18 47	0 19	15 40	1 11	2 48	1 5	3 29	2 2
6	6 44	11 47	1 29	13 24	2 52	0 52	18 33	0 15	15 28	1 11	2 42	1 5	3 26	2 2
7	6 22	14 49	2 36	16 0	2 6	0 46	18 19	0 12	15 16	1 11	2 37	1 5	3 23	2 2
8	5 60	16 59	3 33	17 43	1 20	0 39	18 4	0 8	15 4	1 11	2 32	1 5	3 20	2 2
9	5 37	18 14	4 18	18 31	0 34	0 32	17 49	0 5	14 51	1 11	2 27	1 5	3 17	2 2
10	5 14	18 34	4 50	18 25	0S12	0 25	17 33	0 1	14 39	1 12	2 22	1 5	3 14	2 2
11	4 52	18 3	5 8	17 29	0 57	0 18	17 17	0N 2	14 26	1 12	2 17	1 5	3 11	2 2
12	4 29	16 43	5 12	15 47	1 42	0 11	16 60	0 5	14 14	1 12	2 12	1 5	3 8	2 2
13	4 6	14 41	5 3	13 26	2 26	0 4	16 42	0 9	14 1	1 12	2 7	1 5	3 5	2 2
14	3 43	12 3	4 41	10 32	3 10	0S 4	16 25	0 12	13 48	1 12	2 2	1 5	3 2	2 2
15	3 20	8 55	4 7	7 12	3 54	0 11	16 6	0 15	13 36	1 13	1 56	1 5	2 59	2 2
16	2 57	5 24	3 22	3 33	4 37	0 19	15 48	0 18	13 23	1 13	1 51	1 5	2 56	2 2
17	2 34	1 38	2 27	0N17	5 19	0 26	15 29	0 21	13 10	1 13	1 46	1 5	2 53	2 2
18	2 10	2N13	1 26	4 9	6 1	0 34	15 9	0 24	12 57	1 13	1 41	1 5	2 50	2 2
19	1 47	6 2	0 19	7 53	6 43	0 42	14 49	0 27	12 44	1 13	1 36	1 5	2 47	2 2
20	1 24	9 39	0S49	11 19	7 24	0 50	14 29	0 30	12 30	1 13	1 31	1 5	2 45	2 2
21	1 1	12 52	1 56	14 17	8 4	0 57	14 8	0 33	12 17	1 14	1 25	1 5	2 42	2 2
22	0 37	15 32	2 59	16 35	8 44	1 5	13 46	0 36	12 4	1 14	1 20	1 5	2 39	2 2
23	0 14	17 26	3 54	18 2	9 23	1 13	13 25	0 39	11 51	1 14	1 15	1 5	2 36	2 2
24	0S 9	18 24	4 37	18 31	10 1	1 20	13 3	0 42	11 37	1 14	1 10	1 5	2 33	2 2
25	0 33	18 20	5 5	17 53	10 38	1 28	12 40	0 45	11 24	1 14	1 5	1 5	2 30	2 3
26	0 56	17 9	5 16	16 9	11 15	1 35	12 17	0 47	11 10	1 14	0 60	1 5	2 27	2 3
27	1 20	14 53	5 8	13 22	11 51	1 43	11 54	0 50	10 56	1 15	0 55	1 5	2 24	2 3
28	1 43	11 38	4 40	9 43	12 26	1 50	11 30	0 52	10 43	1 15	0 49	1 5	2 21	2 3
29	2 6	7 37	3 53	5 25	13 0	1 57	11 7	0 55	10 29	1 15	0 44	1 5	2 18	2 3
30	2S30	3N 7	2S51	0N47	13S34	2S 4	10N42	0N57	10N15	1N15	0N39	1N 5	2N15	2N 3

DAY	♅ DECL	♅ LAT	♆ DECL	♆ LAT	♇ DECL	♇ LAT
1	9S27	0S49	16N36	0N 5	19N53	3S13
5	9 31	0 49	16 33	0 5	19 52	3 13
9	9 35	0 48	16 31	0 5	19 52	3 13
13	9 38	0 48	16 29	0 5	19 52	3 13
17	9 41	0 48	16 27	0 5	19 52	3 13
21	9 45	0 48	16 25	0 5	19 51	3 13
25	9 48	0 48	16 23	0 5	19 51	3 14
29	9S51	0S48	16N21	0N 5	19N51	3S14

☽ PHENOMENA				VOID OF COURSE ☽ LAST ASPT		☽ INGRESS		
d	h	m		31	6pm23	1	♍	1pm 7
2	3	33	●	3	6am11	3	♎	1pm 5
9	3	29	☽	4	11pm41	5	♏	3pm24
17	7	20	○	7	5pm 1	7	♐	9pm21
24	21	18	☾	10	0am14	10	♑	6am58
				12	1pm10	12	♒	7pm 1
				15	2am 4	15	♓	7am39
d	h	°	'	17	3pm57	17	♈	7pm29
3	5	0		19	2pm33	20	♉	5am41
9	21	18S35		22	12pm20	22	♊	1pm42
17	10	0		24	6pm39	24	♋	7pm 6
24	11	18N30		26	7pm44	26	♌	9pm58
30	16	0		28	9pm27	28	♍	11pm 2
				30	10pm19	30	♎	11pm41
4	20	0						
11	20	5N13		d	h			
19	7	0		1	7	PERIGEE		
26	2	5S16		13	20	APOGEE		
				29	14	PERIGEE		

DAILY ASPECTARIAN

1 Th	☽⋕♅	4am 7
	☽⚺♃	4 42
	☽∠♇	4 50
	☽⚺♄	6 0
	☉∥☽	9 55
	☽⚺♀	2pm20
	☽∥☿	10 47
2 F	☽☍♅	1am 9
	☉☌☽	3 33
	☽⚹♇	4 36
	☽∥♄	11 15
	☽⚺♆	12pm 4
	☽∥♃	2 18
	☽∠♀	4 11
	☽☌☿	7 43
	☽⚺♂	8 4
	☉⚹♇	8 13
3 S	☿⚺♂	0am17
	☽☌♃	5 9
	☽☌♄	6 11
	☽∠♆	12pm16
	☽⚹♀	6 31
	☽⋕♃	8 11
	☽∠♂	9 30
	☽⋕♄	11 29
4 Su	☽⚻♅	1am25
	☽⋕☿	3 36
	☽□♇	5 12
	☉⚺☽	7 32
	☽⚹♆	1pm 4
	☉⋕☽	7 20
	☽⚹♂	11 41
5 M	☽⚼♅	2am29
	☽⚺☿	3 57
	☿∥♄	5 37
	☽⚺♃	7 44
	☽⚺♄	8 30
	☽∥♅	9 12
	☉∠☽	10 46
6 T	☽□♀	1am56
	☽△♅	4 24
	☿∥♃	5 40
	☽△♇	8 39
	☽∠☿	9 47
	☽∠♃	10 21
	☽∠♄	10 58
	☿☌♃	2pm49
	☉⚹☽	3 7
	☽□♆	5 10
	☿☌♄	7 47
7 W	☽⋕♂	3am59
	♀⚻♅	5 36
	☽□♂	7 7
	☽⚼♇	11 48
	☽⚹♃	2pm 0
	☽⚹♄	2 26
	☽⚹☿	5 1
	☽⋕♆	6 8
	☉⚺♆	8 17
8 Th	☽□♅	11am 8
	☽△♀	2pm17
	☽⋕♀	3 44
	☽⚻♇	3 55
	☿∠♆	9 55
9 F	☽△♆	1am 8
	☿ ♎	2 37
	☉□☽	3 29
	♀⚺♇	7 58
	☽△♂	6pm58
	☽⚼♀	10 17
10 S	☽□♃	0am12
	☽□♄	0 14
	♃☌♄	4 17
	☽⚼♆	6 25
	☽□☿	11 23
	♀∠♄	8pm35
	☽⚹♅	9 20
	♀∠♃	10 7
11 Su	☽⚼♂	2am13
	☽☍♇	2 36
	☽⚻♀	7 12
	♂∠♇	9 32
	☽⚻♆	12pm20
	☽⋕♀	7 7
	☉△☽	7 51
12 M	☽⋕♆	3am15
	☽∠♅	3 17
	☽⚻♂	10 0
	☽△♄	12pm43
	☽△♃	1 10
	☿⋕♃	2 30
13 T	☉⚼☽	4am49
	☽⋕♂	7 12
	☽△☿	8 53
	☽⚺♅	9 29
	♀☌♆	12pm14
	☿⚻♅	1 17
	☽⚻♇	3 5
	♀∥♆	7 6
	☽⚼♄	7 23
	☿⋕♄	7 52
	☽⚼♃	8 4
14 W	☽☍♆	1am 3
	☽☍♀	2 26
	☉⋕☿	11 46
	☉⚻☽	1pm53
	☽∥♅	6 34
	☽⚼☿	7 49
	☽⚼♇	9 26
15 Th	♂⚺♄	0am49
	☽⚻♄	2 1
	☽☍♂	2 4
	☽⚻♃	2 56
	☿□♇	8 27
	☽☌♅	9pm50
16 F	☉∥♄	0am37
	♂⚺♃	2 30
	☽△♇	3 38
	☽∥☿	4 17
	☽⚻☿	6 24
	☽⚻♆	1pm34
	☽⋕♄	4 2
	☉⋕☽	5 34
	☽⚻♀	9 25
	☽⋕♃	11 11
17 S	☉☍☽	7am20
	☽☍♄	2pm35
	☽☍♃	3 57
	☽⚻♂	5 18
	☽⚼♆	7 24
	☽∥♃	8 43
	☉∥☽	11 44
18	☿∠♂	3am32
Su	☽∥♄	3 47
	☽⚼♀	6 17
	☽⚺♅	9 10
	☽□♇	3pm 2
	☿⚹♆	4 56
19 M	☽⚼♂	0am15
	☽△♆	0 49
	☽☍☿	1 51
	☽⋕☿	5 20
	♂ ♍	11 40
	☽∠♅	2pm12
	☽△♀	2 33
	☉∥♃	3 12
	☉⚻☽	10 52
20 T	☽⋕♅	0am34
	☽⚻♄	1 31
	☽⚻♃	3 17
	☽△♂	6 38
	☽⚹♅	6pm44
	☽∥♂	7 39
21 W	☽⚹♇	0am36
	☉⚼☽	5 40
	☽⚼♄	6 11
	☽⚼♃	8 7
	☽∥♀	9 23
	☽□♆	10 7
	☉☌♄	1pm21
	☽⚻☿	6 11
22 Th	♀∠♇	0am25
	☽∠♇	4 31
	☽□♀	4 56
	☽∥♆	9 45
	☽△♄	10 14
	☉△☽	11 43
	☽△♃	12pm20
	☽□♂	5 25
	☉☌♃	10 12
23 F	☽⚼☿	0am58
	☽□♅	2 1
	☽⚺♇	7 48
	☿⚼♅	10 51
	☉ ♎	2pm20
	☿∥♅	3 3
	☽⚹♆	4 58
	☉∠♆	5 29
24 S	☽△☿	6am44
	☽⚹♀	3pm56
	☽□♄	4 18
	☽□♃	6 39
	☽∠♆	7 23
	♀⚺♄	8 34
	☉□☽	9 18
25	☽⚹♂	1am10
Su	☽△♅	6 41
	☽☌♇	12pm21
	☽∠♀	8 8
	☽⚺♆	9 8
	☿⋕♂	9 34
	♃ ♎	11 10
26 M	☉⋕♃	2am58
	☽∠♂	3 55
	♀ ♍	4 9
	♀⚺♃	5 14
	☽⚼♅	8 5
	☽∥♆	9 38
	☽□☿	3pm29
	☽⚹♄	7 44
	☽⚹♃	10 19
	♃∠♆	11 25
	☽⚺♀	11 35
27 T	☿⋕♀	1am13
	☉⚹☽	3 44
	☽⚺♂	6 2
	☽⚻♅	8 56
	☽⚺♇	2pm30
	☽⋕☿	7 24
	☽∠♄	8 40
	☽☌♆	11 3
	☽∠♃	11 21
28	☽∥♀	0am57
W	☉∠☽	6 6
	☽∥♂	6 16
	☽⋕♅	11 13
	☽∠♇	2pm59
	☿⚺♄	7 10
	☽⚺♄	9 16
	☽⚹☿	9 27
29 Th	☽⚺♃	0am 6
	☽☌♀	4 58
	☉⚺☽	8 9
	☽☌♂	9 6
	☽☍♅	9 40
	☉⋕♄	10 48
	☽⚹♇	3pm17
	☿ ♏	4 1
	♂☍♅	9 59
	☽⚺♆	11 47
	☽∠☿	11 58
30 F	☉⋕☽	2am57
	☽∥♄	4 29
	☉⚻♅	6 20
	☿⚺♃	10 44
	☽∥♃	12pm53
	☽⋕♃	6 59
	☉⚺♂	9 47
	☽☌♄	10 19

OCTOBER 1921

LONGITUDE

DAY	SID. TIME	☉	☽	☽ 12 Hour	MEAN ☊	TRUE ☊	☿	♀	♂	♃	♄	♅	♆	♇
	h m s	° ' "	° ' "	° ' "	° '	° '	° '	° '	° '	° '	° '	° '	° '	° '
1	0 36 44	7♎ 16 4	0♎ 11 35	7♎ 30 41	18♎ 33	18♎ 1R	1♏ 39	5♍ 51	7♍ 14	1♎ 5	29♍ 10	6♓ 31R	15♌ 19	10♋ 3
2	0 40 40	8 15 7	14 46 5	21 57 4	18 29	18 0D	2 51	7 4	7 52	1 18	29 18	6 29	15 21	10 3
3	0 44 37	9 14 13	29 3 0	6♏ 3 25	18 26	18 1	4 2	8 16	8 29	1 31	29 25	6 27	15 22	10 3
4	0 48 33	10 13 20	12♏ 57 58	19 46 27	18 23	18 1	5 11	9 29	9 7	1 44	29 33	6 25	15 24	10 3
5	0 52 30	11 12 30	26 28 47	3♐ 5 4	18 20	18 2	6 17	10 43	9 44	1 57	29 40	6 24	15 25	10 3
6	0 56 26	12 11 41	9♐ 35 28	16 0 16	18 17	18 2	7 22	11 56	10 22	2 10	29 47	6 22	15 27	10 4
7	1 0 23	13 10 54	22 19 48	28 34 32	18 14	18 3	8 24	13 9	10 59	2 23	29 55	6 20	15 28	10 4
8	1 4 20	14 10 9	4♑ 44 57	10♑ 51 33	18 10	18 3R	9 24	14 22	11 37	2 36	0♎ 2	6 18	15 29	10 4
9	1 8 16	15 9 25	16 54 55	22 55 36	18 7	18 3	10 22	15 35	12 14	2 49	0 9	6 17	15 31	10 4
10	1 12 13	16 8 44	28 54 11	4♒ 51 15	18 4	18 3	11 16	16 49	12 52	3 1	0 17	6 15	15 32	10 4
11	1 16 9	17 8 4	10♒ 47 21	16 43 2	18 1	18 3D	12 7	18 2	13 29	3 14	0 24	6 13	15 33	10 4R
12	1 20 6	18 7 26	22 38 50	28 35 15	17 58	18 3	12 54	19 16	14 6	3 27	0 31	6 12	15 35	10 4
13	1 24 2	19 6 50	4♓ 32 44	10♓ 31 43	17 55	18 3	13 38	20 29	14 44	3 40	0 38	6 10	15 36	10 4
14	1 27 59	20 6 15	16 32 36	22 35 43	17 51	18 3	14 17	21 43	15 21	3 52	0 46	6 9	15 37	10 4
15	1 31 55	21 5 43	28 41 23	4♈ 49 52	17 48	18 4	14 52	22 57	15 59	4 5	0 53	6 7	15 38	10 4
16	1 35 52	22 5 12	11♈ 1 22	17 16 4	17 45	18 4R	15 21	24 10	16 36	4 18	1 0	6 6	15 39	10 4
17	1 39 48	23 4 43	23 34 6	29 55 32	17 42	18 4	15 45	25 24	17 13	4 30	1 7	6 4	15 40	10 3
18	1 43 45	24 4 17	6♉ 20 27	12♉ 48 52	17 39	18 4	16 3	26 38	17 50	4 43	1 14	6 3	15 41	10 3
19	1 47 42	25 3 52	19 20 45	25 56 4	17 35	18 3	16 14	27 52	18 28	4 56	1 21	6 1	15 42	10 3
20	1 51 38	26 3 30	2♊ 34 46	9♊ 16 46	17 32	18 2	16 18R	29 6	19 5	5 8	1 28	6 0	15 43	10 3
21	1 55 35	27 3 10	16 1 59	22 50 18	17 29	18 1	16 14	0♎ 20	19 42	5 21	1 35	5 59	15 44	10 3
22	1 59 31	28 2 52	29 41 36	6♋ 35 46	17 26	18 0	16 2	1 34	20 19	5 33	1 42	5 58	15 45	10 2
23	2 3 28	29 2 36	13♋ 32 40	20 32 7	17 23	17 59	15 41	2 48	20 57	5 46	1 49	5 57	15 46	10 2
24	2 7 24	0♏ 2 23	27 33 59	4♌ 38 3	17 20	17 58D	15 11	4 2	21 34	5 58	1 56	5 55	15 47	10 2
25	2 11 21	1 2 12	11♌ 44 5	18 51 50	17 16	17 59	14 32	5 16	22 11	6 10	2 3	5 54	15 48	10 2
26	2 15 17	2 2 3	26 0 59	3♍ 11 12	17 13	17 59	13 44	6 31	22 48	6 23	2 10	5 53	15 49	10 1
27	2 19 14	3 1 56	10♍ 22 5	17 33 10	17 10	18 1	12 48	7 45	23 25	6 35	2 16	5 52	15 50	10 1
28	2 23 11	4 1 52	24 44 0	1♎ 54 3	17 7	18 2	11 44	8 59	24 2	6 47	2 23	5 51	15 50	10 1
29	2 27 7	5 1 49	9♎ 2 46	16 9 36	17 4	18 3R	10 34	10 14	24 39	7 0	2 30	5 51	15 51	10 0
30	2 31 4	6 1 49	23 13 59	0♏ 15 21	17 1	18 3	9 20	11 28	25 16	7 12	2 37	5 50	15 52	10 0
31	2 35 0	7♏ 1 50	7♏ 13 14	14♏ 7 8	16♎ 57	18♎ 2	8♏ 3	12♎ 43	25♍ 53	7♎ 24	2♎ 43	5♓ 49	15♌ 52	9♋ 59

DECLINATION and LATITUDE

DAY	☉ DECL	☽ DECL	☽ LAT	☽ 12hr DECL	☿ DECL	☿ LAT	♀ DECL	♀ LAT	♂ DECL	♂ LAT	♃ DECL	♃ LAT	♄ DECL	♄ LAT
1	2S53	1S34	1S37	3S52	14S 6	2S11	10N18	0N60	10N 1	1N15	0N34	1N 5	2N12	2N 3
2	3 16	6 6	0 18	8 13	14 37	2 18	9 53	1 2	9 47	1 15	0 29	1 6	2 10	2 3
3	3 40	10 12	1N 1	11 60	15 8	2 24	9 28	1 4	9 33	1 16	0 24	1 6	2 7	2 3
4	4 3	13 36	2 14	15 0	15 37	2 31	9 2	1 6	9 20	1 16	0 19	1 6	2 4	2 3
5	4 26	16 10	3 18	17 6	16 5	2 37	8 37	1 8	9 5	1 16	0 14	1 6	2 1	2 3
6	4 49	17 48	4 9	18 15	16 32	2 42	8 11	1 10	8 51	1 16	0 9	1 6	1 58	2 3
7	5 12	18 28	4 46	18 27	16 58	2 48	7 44	1 12	8 37	1 16	0 3	1 6	1 55	2 3
8	5 35	18 13	5 9	17 46	17 22	2 53	7 18	1 14	8 23	1 16	0S 2	1 6	1 52	2 3
9	5 58	17 8	5 17	16 18	17 45	2 58	6 51	1 16	8 9	1 16	0 7	1 6	1 50	2 3
10	6 21	15 18	5 12	14 8	18 6	3 2	6 24	1 18	7 55	1 17	0 12	1 6	1 47	2 4
11	6 44	12 50	4 53	11 24	18 25	3 6	5 57	1 19	7 40	1 17	0 17	1 6	1 44	2 4
12	7 7	9 51	4 22	8 12	18 43	3 9	5 30	1 21	7 26	1 17	0 22	1 6	1 41	2 4
13	7 29	6 27	3 39	4 38	18 59	3 12	5 2	1 23	7 12	1 17	0 27	1 6	1 38	2 4
14	7 52	2 46	2 46	0 51	19 13	3 14	4 34	1 24	6 58	1 17	0 32	1 6	1 36	2 4
15	8 14	1N 6	1 46	3N 2	19 25	3 15	4 7	1 25	6 43	1 17	0 37	1 6	1 33	2 4
16	8 36	4 58	0 39	6 51	19 34	3 16	3 39	1 27	6 29	1 17	0 42	1 6	1 30	2 4
17	8 58	8 41	0S30	10 26	19 40	3 15	3 10	1 28	6 14	1 17	0 47	1 6	1 27	2 4
18	9 20	12 4	1 40	13 35	19 44	3 14	2 42	1 29	5 60	1 17	0 52	1 6	1 25	2 4
19	9 42	14 55	2 45	16 5	19 45	3 11	2 14	1 30	5 45	1 18	0 57	1 6	1 22	2 5
20	10 4	17 3	3 43	17 47	19 43	3 8	1 45	1 31	5 31	1 18	1 1	1 7	1 19	2 5
21	10 26	18 16	4 29	18 29	19 37	3 2	1 17	1 32	5 16	1 18	1 6	1 7	1 17	2 5
22	10 47	18 26	5 1	18 7	19 27	2 56	0 48	1 33	5 2	1 18	1 11	1 7	1 14	2 5
23	11 8	17 31	5 16	16 40	19 13	2 48	0 19	1 34	4 47	1 18	1 16	1 7	1 11	2 5
24	11 29	15 33	5 12	14 12	18 55	2 38	0S10	1 34	4 33	1 18	1 21	1 7	1 9	2 5
25	11 50	12 38	4 50	10 52	18 32	2 26	0 39	1 35	4 18	1 18	1 26	1 7	1 6	2 5
26	12 11	8 56	4 10	6 52	18 5	2 13	1 8	1 35	4 3	1 18	1 31	1 7	1 3	2 5
27	12 32	4 42	3 14	2 27	17 34	1 58	1 36	1 36	3 49	1 18	1 35	1 7	1 1	2 6
28	12 52	0 10	2 5	2S 6	16 58	1 41	2 5	1 36	3 34	1 19	1 40	1 7	0 58	2 6
29	13 12	4S21	0 50	6 31	16 19	1 23	2 34	1 37	3 20	1 19	1 45	1 7	0 56	2 6
30	13 32	8 35	0N29	10 31	15 37	1 4	3 3	1 37	3 5	1 19	1 50	1 7	0 53	2 6
31	13S52	12S17	1N44	13S52	14S53	0S44	3S32	1N37	2N50	1N19	1S54	1N 7	0N51	2N 6

DAY	♅ DECL	♅ LAT	♆ DECL	♆ LAT	♇ DECL	♇ LAT
1	9S52	0S48	16N20	0N 5	19N51	3S14
5	9 55	0 48	16 18	0 5	19 51	3 14
9	9 57	0 48	16 17	0 5	19 51	3 14
13	9 60	0 48	16 15	0 5	19 51	3 14
17	10 2	0 48	16 14	0 6	19 51	3 14
21	10 4	0 48	16 13	0 6	19 51	3 14
25	10 5	0 48	16 12	0 6	19 51	3 14
29	10S 6	0S47	16N11	0N 6	19N51	3S14

☽ PHENOMENA			
d	h	m	
1	12	26	● e
8	20	12	☽
16	23	0	○ e
24	4	31	☾
30	23	39	●
d	h	° '	
7	5	18S29	
14	17	0	
21	16	18N30	
28	1	0	
2	5	0	
9	2	5N17	
16	14	0	
23	8	5S17	
29	15	0	

VOID OF COURSE ☽ LAST ASPT		☽ INGRESS		
2	0am58	3	♏	1am37
5	5am49	5	♐	6am22
7	2pm44	7	♑	2pm45
8	9pm 4	10	♒	2am13
11	2pm 1	12	♓	2pm51
14	11am25	15	♈	2am34
16	11pm 0	17	♉	12pm 8
19	5pm 5	19	♊	7pm21
21	8pm54	22	♋	0am32
23	1pm17	24	♌	4am 8
25	6am51	26	♍	6am40
27	10pm47	28	♎	8am49
29	11am29	30	♏	11am34

d	h	
11	11	APOGEE
27	7	PERIGEE

DAILY ASPECTARIAN

1 S	☽∠♆	0am13
	☽☌♃	1 29
	☽⚺☿	2 36
	☽#♄	3 18
	☉∥☽	7 29
	☽⚺♀	10 6
	☽⚻♅	10 21
	☽⚺♂	12pm 4
	☉☌☽	12 26
	♀☍♅	1 0
	♂#♅	3 6
	☽□♇	4 11
2 Su	♀#♅	0am 2
	☽⚹♆	0 58
	☽⚼♅	11 12
	♀∥♂	11 41
	☽∠♀	1pm19
	☽∠♂	2 9
	☽#♀	7 54
	☽#♂	8 16
	☽∥♅	10 6
3 M	☽⚺♄	0am38
	☽⚺♃	4 17
	♀☌♂	8 40
	☽☌☿	9 17
	☽△♅	12pm40
	☽⚹♂	4 58
	☽⚹♀	5 22
	☉⚺☽	6 51
	☽△♇	6 55
	☉□♇	7 55
4 T	☽∠♄	2am47
	☽□♆	4 16
	☽∠♃	6 44
	♀⚹♇	11 9
	☽⚼♇	9pm26
	☽∥☿	10 48
	☉∠☽	11 28
5 W	☽#♆	1am32
	☿△♅	2 14
	☽⚹♄	5 49
	☽⚹♃	10 6
	☿#♆	11 21
	♂⚹♇	12pm17
	☽□♅	6 2
	☽⚺☿	7 31
6 Th	☽⚻♇	0am52
	☽□♂	1 31
	☽□♀	4 49
	☉⚹☽	5 15
	☽△♆	10 58
7 F	☽∠☿	2am14
	☉⚺♀	3 34
	☽□♄	2pm44
	☽⚼♆	3 42
	♄ ♎	5 22
	☽□♃	7 43
8 S	☽⚹♅	3am 2
	☽⚹☿	9 55
	☽☍♇	10 26
	☽△♂	2pm13
	☽∥☿	3 23
	☿△♇	4 25
	☉□☽	8 12
	☽△♀	9 4
	☽⚻♆	9 12
	♀⚺♆	10 27
9 Su	☽∠♅	8am41
	☉⚹♆	8 49
	☽#♆	12pm20
	☽⚼♂	9 47
10 M	☉#♀	1am25
	☽△♄	2 48
	☽⚼♀	6 32
	☽△♃	8 27
	☽⚺♅	2pm47
	☽⚻♇	10 32
11 T	♇SR	1am 7
	☽□☿	2 53
	☽⚻♂	5 46
	☽⚼♄	9 25
	☽☍♆	9 40
	☉△☽	2pm 1
	☽⚼♃	3 21
	☽⚻♀	4 22
	☽∥♅	10 58
12 W	☽⚼♇	4am53
	☉#♂	12pm42
	♄∠♆	1 42
	☽⚻♄	4 3
	☉∥☽	5 37
	☽#♂	6 32
	☽⚻♃	10 11
	☉⚼☽	11 3
13 Th	☽☌♅	3am15
	☽#♀	10 43
	☽△♇	11 4
	☽△☿	7pm16
	☽☍♂	9 30
	☽⚻♆	10 9
14 F	☽#♄	7am25
	☉⚻☽	7 42
	♂⚺♆	10 27
	☽☍♀	11 25
	☽∥♃	1pm40
	☽#♃	8 58
15 S	☉⚼♅	0am32
	☽⚼☿	2 24
	☽∥♄	2 46
	☽⚼♆	3 49
	☽☍♄	4 20
	☽☍♃	10 44
	☽⚺♅	2pm28
	☽∥♀	4 39
	☽□♇	10 8
16 Su	☽⚻☿	8am38
	☽△♆	8 55
	☽∥♂	9 1
	☽⚻♂	11 17
	☿□♆	6pm16
	☽∠♅	7 16
	☉☍☽	11 0
17 M	☉#☽	2am11
	☽⚻♀	3 51
	☽#♅	9 12
	☽⚻♄	2pm22
	☽⚼♂	5 8
	☽⚻♃	8 55
	☽⚹♅	11 27
18 T	☽⚹♇	6am54
	☽⚼♀	10 51
	☽□♆	5pm19
	☽☍☿	6 14
	☽⚼♄	6 28
	☽△♂	10 18
19 W	☽⚼♃	1am 5
	☽∠♇	10 24
	☉⚻☽	11 16
	☽∥♆	1pm30
	☽△♀	5 5
	☽△♄	9 59
	☉∥♅	10 56
20 Th	☽△♃	4am40
	☽□♅	6 8
	☽⚺♇	1pm22
	☉⚼☽	4 23
	♀ ♎	5 35
	☽⚹♆	11 29
	♀∥♄	11 55
21 F	☽⚻☿	0am21
	☽□♂	6 47
	♀#♃	7 16
	♀∠♆	8 5
	☿∠♀	3pm19
	☉△☽	8 54
22 S	☽∠♆	1am51
	☽⚼☿	2 17
	♀☌♄	2 57
	☽□♄	3 32
	☽□♀	3 35
	♃#♄	8 40
	☽□♃	10 21
	☽△♅	10 53
	☽☌♇	5pm57
	☿□♆	6 49
23 Su	☽△☿	3am34
	☽⚺♆	3 50
	☽⚼♅	12pm41
	☽⚹♂	1 17
	☽∥♆	5 18
	♃⚻♅	7 21
	☉ ♏	11 2
24 M	☉□☽	4am31
	☽⚹♄	7 29
	☽⚹♀	12pm 2
	☽⚻♅	2 10
	☽⚹♃	2 28
	☽∠♂	3 58
	☽⚺♇	9 7
25 T	☽□☿	4am29
	☉#☽	5 1
	☽☌♆	6 51
	☽∠♄	9 1
	♀⚻♅	12pm 8
	☽∠♀	3 44
	☽∠♃	4 7
	☽#♅	4 55
	☽⚺♂	6 22
	♀#♄	8 54
	♀☌♃	9 0
	☽∠♇	10 20
26 W	☉⚺♄	3am25
	☽⚺♄	10 22
	☉⚹☽	10 50
	☽☍♅	4pm30
	☽⚺♃	5 35
	☽⚺♀	7 13
	♀∥♃	10 53
	☽⚹♇	11 25
27 Th	☽⚹☿	3am48
	☽∥♂	5 1
	☽⚺♆	9 7
	☉∠☽	1pm45
	☽#♀	2 53
	☽#♃	4 16
	☽∥♄	7 46
	☽☌♂	10 47
28 F	☽∠☿	3am 7
	☽#♄	5 58
	☽∥♃	9 52
	☽∠♆	10 14
	☽☌♄	12pm55
	☽∥♀	1 21
	☉⚺☽	4 45
	☽⚻♅	6 37
	☽#♂	6 47
	♀□♇	7 39
	☽☌♃	8 30
29 S	☽□♇	1am37
	☽☌♀	2 11
	☽⚺☿	2 22
	☿⚺♀	3 22
	☿#♆	4 45
	☿△♇	11 13
	☽⚹♆	11 29
	☿∠♂	11 56
	☉△♅	7pm14
	☽⚼♅	7 55
30 Su	♀#♂	0am59
	☽⚺♂	3 38
	☽∥♅	9 23
	☽⚺♄	4pm10
	☽△♅	9 34
	☉☌☽	11 39
31 M	☽⚺♃	0am19
	☽☌☿	1 18
	☽△♇	4 48
	☽∠♂	6 40
	☿⚺♃	10 20
	☽⚺♀	10 29
	☉☌☿	10 34
	☉⚺♃	11 1
	☉∥☽	1pm29
	☽□♆	3 5
	☽∥☿	4 15
	☽∠♄	6 28
	☉∥☿	10 45

NOVEMBER 1921

LONGITUDE

DAY	SID. TIME	☉	☽	☽ 12 Hour	MEAN ☊	TRUE ☊	☿	♀	♂	♃	♄	♅	♆	♇
	h m s	° ' "	° ' "	° ' "	° '	° '	° '	° '	° '	° '	° '	° '	° '	° '
1	2 38 57	8♏ 1 54	20♏ 56 42	27♏ 41 35	16♎ 54	18♎ 0R	6♏ 45R	13♎ 57	26♍ 30	7♎ 36	2♎ 50	5♓ 48R	15♌ 53	9♋ 59R
2	2 42 53	9 1 59	4♐ 21 35	10♐ 56 34	16 51	17 57	5 30	15 12	27 7	7 48	2 56	5 47	15 54	9 58
3	2 46 50	10 2 6	17 26 30	23 51 27	16 48	17 53	4 19	16 26	27 44	8 0	3 3	5 47	15 54	9 58
4	2 50 46	11 2 15	0♑ 11 35	6♑ 27 8	16 45	17 50	3 15	17 41	28 21	8 12	3 9	5 46	15 55	9 57
5	2 54 43	12 2 25	12 38 26	18 45 53	16 41	17 47	2 19	18 56	28 58	8 24	3 16	5 46	15 55	9 57
6	2 58 40	13 2 37	24 49 56	0♒ 51 7	16 38	17 44	1 34	20 10	29 35	8 35	3 22	5 45	15 56	9 56
7	3 2 36	14 2 51	6♒ 49 58	12 47 4	16 35	17 43D	1 0	21 25	0♎ 12	8 47	3 28	5 45	15 56	9 56
8	3 6 33	15 3 6	18 43 2	24 38 29	16 32	17 43	0 37	22 40	0 49	8 59	3 34	5 44	15 56	9 55
9	3 10 29	16 3 22	0♓ 34 2	6♓ 30 18	16 29	17 44	0 26D	23 54	1 26	9 10	3 41	5 44	15 57	9 54
10	3 14 26	17 3 40	12 27 55	18 27 27	16 26	17 46	0 26	25 9	2 2	9 22	3 47	5 44	15 57	9 54
11	3 18 22	18 3 59	24 29 27	0♈ 34 27	16 22	17 47	0 37	26 24	2 39	9 33	3 53	5 43	15 57	9 53
12	3 22 19	19 4 20	6♈ 42 55	12 55 15	16 19	17 49R	0 59	27 39	3 16	9 45	3 59	5 43	15 58	9 52
13	3 26 15	20 4 42	19 11 49	25 32 53	16 16	17 49	1 29	28 54	3 53	9 56	4 5	5 43	15 58	9 52
14	3 30 12	21 5 6	1♉ 58 38	8♉ 29 10	16 13	17 48	2 9	0♏ 9	4 29	10 8	4 11	5 43	15 58	9 51
15	3 34 9	22 5 32	15 4 29	21 44 29	16 10	17 46	2 55	1 24	5 6	10 19	4 16	5 43D	15 58	9 50
16	3 38 5	23 5 59	28 29 1	5♊ 17 46	16 7	17 41	3 49	2 39	5 43	10 30	4 22	5 43	15 58	9 49
17	3 42 2	24 6 27	12♊ 10 23	19 6 28	16 3	17 36	4 48	3 54	6 19	10 41	4 28	5 43	15 58	9 48
18	3 45 58	25 6 57	26 5 31	3♋ 7 1	16 0	17 30	5 53	5 9	6 56	10 52	4 34	5 43	15 58R	9 48
19	3 49 55	26 7 29	10♋ 10 29	17 15 22	15 57	17 24	7 2	6 24	7 32	11 3	4 39	5 43	15 58	9 47
20	3 53 51	27 8 3	24 21 10	1♌ 27 27	15 54	17 18	8 15	7 39	8 9	11 14	4 45	5 43	15 58	9 46
21	3 57 48	28 8 38	8♌ 33 48	15 39 51	15 51	17 15	9 31	8 54	8 45	11 24	4 50	5 44	15 58	9 45
22	4 1 44	29 9 15	22 45 19	29 49 58	15 47	17 13D	10 50	10 9	9 22	11 35	4 55	5 44	15 58	9 44
23	4 5 41	0♐ 9 54	6♍ 53 35	13♍ 56 1	15 44	17 13	12 11	11 24	9 58	11 46	5 1	5 44	15 58	9 43
24	4 9 38	1 10 35	20 57 9	27 56 51	15 41	17 15	13 34	12 39	10 35	11 56	5 6	5 45	15 58	9 42
25	4 13 34	2 11 17	4♎ 55 0	11♎ 51 29	15 38	17 16R	14 59	13 55	11 11	12 7	5 11	5 45	15 58	9 41
26	4 17 31	3 12 0	18 46 8	25 38 50	15 35	17 16	16 26	15 10	11 48	12 17	5 16	5 46	15 58	9 41
27	4 21 27	4 12 46	2♏ 29 21	9♏ 17 29	15 32	17 15	17 53	16 25	12 24	12 27	5 21	5 46	15 57	9 40
28	4 25 24	5 13 33	16 3 0	22 45 39	15 28	17 12	19 22	17 40	13 0	12 37	5 26	5 47	15 57	9 39
29	4 29 20	6 14 21	29 25 13	6♐ 1 27	15 25	17 6	20 51	18 55	13 37	12 47	5 31	5 48	15 57	9 38
30	4 33 17	7♐ 15 10	12♐ 34 8	19♐ 3 7	15♎ 22	16♎ 58	22♏ 21	20♏ 11	14♎ 13	12♎ 57	5♎ 36	5♓ 48	15♌ 56	9♋ 37

DECLINATION and LATITUDE

DAY	☉ DECL	☽ DECL	☽ LAT	☽ 12hr DECL	☿ DECL	☿ LAT	♀ DECL	♀ LAT	♂ DECL	♂ LAT	♃ DECL	♃ LAT	♄ DECL	♄ LAT
1	14S12	15S14	2N52	16S23	14S 8	0S23	4S 1	1N37	2N36	1N19	1S59	1N 8	0N48	2N 6
2	14 31	17 17	3 48	17 57	13 24	0 2	4 30	1 37	2 21	1 19	2 4	1 8	0 46	2 6
3	14 50	18 21	4 31	18 31	12 41	0N18	4 58	1 37	2 6	1 19	2 8	1 8	0 43	2 7
4	15 9	18 27	4 60	18 10	12 1	0 37	5 27	1 37	1 52	1 19	2 13	1 8	0 41	2 7
5	15 27	17 39	5 13	16 57	11 25	0 55	5 56	1 37	1 37	1 19	2 17	1 8	0 39	2 7
6	15 46	16 3	5 12	14 60	10 54	1 12	6 24	1 36	1 23	1 19	2 22	1 8	0 36	2 7
7	16 4	13 47	4 57	12 25	10 28	1 27	6 52	1 36	1 8	1 19	2 26	1 8	0 34	2 7
8	16 21	10 57	4 30	9 21	10 8	1 40	7 20	1 36	0 53	1 19	2 31	1 8	0 32	2 7
9	16 39	7 41	3 51	5 55	9 54	1 51	7 49	1 35	0 39	1 19	2 35	1 8	0 29	2 8
10	16 56	4 5	3 2	2 12	9 45	2 0	8 16	1 34	0 24	1 19	2 40	1 9	0 27	2 8
11	17 13	0 17	2 4	1N39	9 42	2 8	8 44	1 34	0 10	1 20	2 44	1 9	0 25	2 8
12	17 30	3N36	1 1	5 31	9 44	2 13	9 12	1 33	0S 5	1 20	2 49	1 9	0 23	2 8
13	17 46	7 24	0S 8	9 14	9 51	2 17	9 39	1 32	0 19	1 20	2 53	1 9	0 20	2 8
14	18 2	10 58	1 17	12 36	10 2	2 20	10 6	1 31	0 34	1 20	2 57	1 9	0 18	2 8
15	18 18	14 5	2 23	15 24	10 17	2 21	10 33	1 31	0 48	1 20	3 1	1 9	0 16	2 9
16	18 33	16 31	3 23	17 25	10 35	2 21	10 60	1 30	1 3	1 20	3 6	1 9	0 14	2 9
17	18 48	18 5	4 13	18 28	10 55	2 20	11 26	1 29	1 17	1 20	3 10	1 9	0 12	2 9
18	19 3	18 35	4 49	18 24	11 18	2 19	11 52	1 27	1 32	1 20	3 14	1 10	0 10	2 9
19	19 18	17 57	5 8	17 13	11 44	2 16	12 18	1 26	1 46	1 20	3 18	1 10	0 8	2 9
20	19 32	16 12	5 8	14 57	12 10	2 12	12 44	1 25	2 1	1 20	3 22	1 10	0 6	2 10
21	19 45	13 28	4 49	11 48	12 38	2 8	13 9	1 24	2 15	1 20	3 26	1 10	0 4	2 10
22	19 59	9 57	4 13	7 58	13 7	2 4	13 34	1 22	2 29	1 20	3 30	1 10	0 2	2 10
23	20 12	5 52	3 21	3 42	13 37	1 59	13 58	1 21	2 44	1 20	3 34	1 10	0 0	2 10
24	20 24	1 29	2 18	0S45	14 7	1 53	14 23	1 20	2 58	1 20	3 38	1 10	0S 2	2 11
25	20 36	2S58	1 6	5 8	14 38	1 47	14 47	1 18	3 12	1 20	3 42	1 11	0 4	2 11
26	20 48	7 14	0N 8	9 13	15 8	1 41	15 10	1 16	3 26	1 20	3 46	1 11	0 5	2 11
27	20 60	11 4	1 21	12 46	15 39	1 35	15 33	1 15	3 40	1 20	3 50	1 11	0 7	2 11
28	21 11	14 16	2 29	15 35	16 10	1 28	15 56	1 13	3 55	1 20	3 54	1 11	0 9	2 11
29	21 22	16 40	3 27	17 31	16 40	1 21	16 19	1 11	4 9	1 20	3 58	1 11	0 11	2 12
30	21S32	18S 8	4N13	18S30	17S10	1N15	16S41	1N10	4S23	1N20	4S 1	1N11	0S12	2N12

DAY	♅ DECL	♅ LAT	♆ DECL	♆ LAT	♇ DECL	♇ LAT
1	10S 7	0S47	16N10	0N 6	19N51	3S14
5	10 8	0 47	16 10	0 6	19 51	3 14
9	10 8	0 47	16 9	0 6	19 51	3 14
13	10 9	0 47	16 9	0 6	19 51	3 14
17	10 9	0 47	16 9	0 6	19 51	3 14
21	10 8	0 47	16 9	0 6	19 52	3 14
25	10 7	0 46	16 9	0 6	19 52	3 14
29	10S 6	0S46	16N10	0N 6	19N52	3S14

☽ PHENOMENA	VOID OF COURSE ☽ LAST ASPT	☽ INGRESS
d h m	1 10am21	1 ♐ 4pm 8
7 15 54 ☽	3 8pm19	3 ♑ 11pm38
15 13 39 ○	6 9am59	6 ♒ 10am18
22 11 41 ☾	8 8am56	8 ♓ 10pm51
29 13 26 ●	10 10am 3	11 ♈ 10am52
	13 8pm14	13 ♉ 8pm19
d h ° '	15 1pm39	16 ♊ 2am41
3 15 18S32	17 6am35	18 ♋ 6am41
11 2 0	20 5am 4	20 ♌ 9am32
17 23 18N35	22 11am41	22 ♍ 12pm17
24 8 0	23 10am 0	24 ♎ 3pm32
	25 7pm 7	26 ♏ 7pm38
5 10 5N14	28 6am39	29 ♐ 1am 3
12 21 0	d h	
19 12 5S10	8 6 APOGEE	
25 21 0	21 10 PERIGEE	

DAILY ASPECTARIAN

1	☽∠♃	2am58
T	☽⚼♇	7 9
	☽#♆	9 38
	☽⚹♂	10 21
	☽∠♀	3pm43
	☿△♅	6 11
	☽⚹♄	9 24
2	☽⚺☿	1am53
W	☽□♅	2 36
	☽⚹♃	6 21
	☉⚺☽	9 12
	☽⚻♇	10 13
	♀∺♆	1pm37
	☽△♆	9 9
	♂#♃	9 51
	☽⚹♀	9 56
	☉△♇	10 18
3	☽∠☿	3am12
Th	☉∠☽	3pm26
	☽□♂	8 19
4	☽⚼♆	1am22
F	☿⚺♄	2 2
	☽⚹☿	5 25
	☽□♄	5 42
	☽⚹♅	10 41
	☽□♃	3pm37
	☽☍♇	6 46
	☉⚹☽	10 44
5	☽⚻♆	6am25
S	☽□♀	1pm43
	☽∠♅	3 56
	☽#♆	10 40
6	☉∥☽	3am 3
Su	☽△♂	9 59
	♀⚼♅	11 10
	☽□☿	12pm46
	♂ ♎	4 13
	☽△♄	5 11
	☽⚺♅	9 49
7	☽△♃	4am 0
M	☽⚻♇	6 13
	☉#♆	7 50
	☉□☽	3pm54
	☽⚼♂	5 48
	☽☍♆	6 23
	☿⚺♂	6 49
	☿∥♅	11 24
	☽⚼♄	11 42
8	♂∠♆	5am 4
T	☽∥♅	6 11
	☽∥☿	6 50
	☽△♀	8 56
	☽⚼♃	10 50
	☽⚼♇	12pm33
	☉□♆	9 23
	☽∥♀	11 11
	☽△☿	11 43
9	☽⚻♂	1am50
W	☽⚻♄	6 21
	☽☌♅	10 26
	☿SD	11 7
	☽⚻♃	5pm40
	♂∥♄	6 21
	☽⚼♀	6 49
	☽△♇	6 50
	☉∠♂	10 43
10	☽⚼☿	6am 1
Th	☽⚻♆	7 0
	☽∥♃	8 55
	☉△☽	10 3
	☽#♄	11pm11
11	☽#♂	0am50
F	☽∥♂	2 36
	☽⚻♀	4 13
	☽∥♄	4 18
	☽⚻☿	12pm25
	☽⚼♆	12 45
	☽☍♂	4 55
	☉⚼☽	6 23
	☽☍♄	6 37
	☽#♃	7 3
	☉∠♄	9 32
	☽⚺♅	10 4
12	☽☍♃	5am58
S	☽□♇	6 7
	♃□♇	2pm35
	☽△♆	5 50
13	♂#♄	1am27
Su	☉⚻☽	1 49
	☽∠♅	2 53
	♂☌♄	9 26
	☽#♀	5pm 2
	☽#☿	5 3
	☿∥♀	5 14
	☽#♅	6 14
	☽☍♀	8 14
	♀ ♏	9 11
14	☽☍☿	0am20
M	♀∥♅	2 19
	☽⚻♄	4 6
	☽⚻♂	4 53
	☽⚹♅	6 55
	☿∥♅	11 41
	☽⚹♇	2pm28
	☽⚻♃	3 13
15	☽□♆	1am37
T	☽⚼♄	7 38
	☽⚼♂	9 29
	♅SD	12pm52
	☉☍☽	1 39
	☽∠♇	5 30
	☽⚼♃	6 38
	☽∥♆	7 47
16	♂⚻♅	0am11
W	☽⚻♀	8 5
	☽⚻☿	10 7
	☽△♄	10 27
	☽□♅	12pm44
	☽△♂	1 19
	☿⚺♄	3 7
	☽⚺♇	7 53
	☽△♃	9 22
17	☽⚹♆	6am35
Th	♀⚺♄	11 50
	☽⚼♀	12pm47
	☽⚼☿	2 18
	☉⚼♇	4 26
	☿△♅	8 24
	☉⚻☽	10 12
18	☽∠♆	8am21
F	♀△♅	11 0
	☽□♄	2pm33
	☽△♅	4 26
	☽△♀	4 57
	☽△☿	6 11
	☽□♂	7 19
	♆SR	8 48
	☉∠♃	9 44
	☽☌♇	11 20
19	☽□♃	1am30
S	☉⚼☽	1 44
	☽⚺♆	9 50
	☽⚼♅	5pm52
	☿⚺♂	8 16
20	☽∥♆	0am34
Su	☉△☽	5 4
	☽⚹♄	5pm40
	♀⚺♂	6 46
	☽⚻♅	7 13
21	☽⚹♂	0am21
M	☽□♀	0 37
	☽□☿	1 46
	☽⚺♇	2 0
	☽#♀	2 10
	☿△♇	4 19
	☽⚹♃	4 52
	☽#☿	5 23
	☉#♇	11 18
	☽☌♆	12pm31
	♀△♇	4 10
	☽∠♄	7 11
	☽#♅	10 52
22	☽∠♂	2am51
T	☽∠♇	3 21
	☽∠♃	6 34
	☉□☽	11 41
	♂□♇	2pm17
	☿⚺♃	3 25
	☉ ♐	8 5
	☽⚺♄	8 47
	☽☍♅	10 2
23	☽⚹♇	4am49
W	☽⚺♂	5 29
	♀⚺♃	7 57
	☽⚺♃	8 24
	☽⚹♀	8 26
	☽⚹☿	10 0
	☽#♃	12pm29
	☽⚺♆	3 28
	☽#♂	4 23
24	☽#♄	7am44
Th	☽∥♄	8 10
	☽∠♀	12pm38
	☽∠☿	2 33
	☽∠♆	5 11
	☉⚹☽	6 56
25	☽☌♄	0am28
F	☽∥♂	1 20
	☽⚻♅	1 27
	☽∥♃	4 5
	☽□♇	8 14
	☽☌♂	11 20
	☽☌♃	12pm35
	☿□♆	4 14
	☽⚺♀	5 6
	☽⚹♆	7 7
	☽⚺☿	7 27
	☉∠☽	10 56
26	☽⚼♅	3am28
S	☿∥♀	6 7
	♀□♆	3pm14
	☽∥♅	5 43
27	♂☌♃	2am46
Su	☉⚺☽	3 17
	☽⚺♄	5 5
	☽△♅	5 47
	☽△♇	12pm38
	☽⚺♃	5 49
	☽⚺♂	6 20
	♂∥♃	10 3
	☽□♆	11 49
	☿#♆	11 56
28	☽☌♀	3am11
M	☉⚹♄	5 25
	☽☌☿	6 39
	☽∠♄	7 53
	☉□♅	1pm18
	♀#♆	2 17
	☽⚼♇	3 22
	☽#♆	6 8
	☿∠♄	6 18
	☽∥♀	6 56
	☽∠♃	9 1
	☽∠♂	10 28
29	☽∥☿	0am 2
T	☽⚹♄	11 9
	☽□♅	11 35
	☉☌☽	1pm26
	☽⚻♇	6 34
30	☽⚹♃	0am43
W	☽⚹♂	3 11
	☽△♆	6 13
	♀∠♄	8 33
	☽⚺♀	3pm37
	☽⚺☿	8 35

DECEMBER 1921

LONGITUDE

DAY	SID. TIME	☉	☽	☽ 12 Hour	MEAN ☊	TRUE ☊	☿	♀	♂	♃	♄	♅	♆	♇
	h m s	° ' "	° ' "	° ' "	° '	° '	° '	° '	° '	° '	° '	° '	° '	° '
1	4 37 13	8♐ 16 1	25♐ 28 16	1♑ 49 32	15♎ 19	16♎ 48R	23♏ 52	21♏ 26	14♎ 49	13♎ 7	5♎ 41	5♓ 49	15♌ 56R	9♋ 36R
2	4 41 10	9 16 53	8♑ 6 55	14 20 31	15 16	16 38	25 23	22 41	15 25	13 17	5 45	5 50	15 56	9 35
3	4 45 7	10 17 45	20 30 27	26 36 59	15 12	16 28	26 54	23 57	16 2	13 26	5 50	5 51	15 55	9 34
4	4 49 3	11 18 39	2♒ 40 24	8♒ 41 4	15 9	16 20	28 26	25 12	16 38	13 36	5 54	5 52	15 55	9 32
5	4 53 0	12 19 33	14 39 27	20 36 2	15 6	16 14	29 58	26 27	17 14	13 45	5 59	5 53	15 54	9 31
6	4 56 56	13 20 29	26 31 22	2♓ 26 2	15 3	16 10	1♐ 30	27 43	17 50	13 55	6 3	5 54	15 53	9 30
7	5 0 53	14 21 24	8♓ 20 41	14 15 57	15 0	16 8D	3 3	28 58	18 26	14 4	6 7	5 55	15 53	9 29
8	5 4 49	15 22 21	20 12 31	26 11 3	14 57	16 8	4 35	0♐ 13	19 2	14 13	6 11	5 56	15 52	9 28
9	5 8 46	16 23 18	2♈ 12 15	8♈ 16 46	14 53	16 9	6 8	1 29	19 38	14 22	6 15	5 57	15 52	9 27
10	5 12 42	17 24 16	14 25 15	20 38 17	14 50	16 9R	7 41	2 44	20 14	14 31	6 19	5 58	15 51	9 26
11	5 16 39	18 25 15	26 56 24	3♉ 20 3	14 47	16 9	9 14	3 59	20 49	14 40	6 23	5 59	15 50	9 25
12	5 20 36	19 26 14	9♉ 49 37	16 25 20	14 44	16 6	10 47	5 15	21 25	14 48	6 27	6 1	15 49	9 24
13	5 24 32	20 27 14	23 7 20	29 55 34	14 41	16 1	12 20	6 30	22 1	14 57	6 30	6 2	15 49	9 22
14	5 28 29	21 28 15	6♊ 49 52	13♊ 49 52	14 38	15 53	13 53	7 45	22 37	15 5	6 34	6 3	15 48	9 21
15	5 32 25	22 29 16	20 55 5	28 4 49	14 34	15 43	15 27	9 1	23 13	15 14	6 38	6 5	15 47	9 20
16	5 36 22	23 30 18	5♋ 18 20	12♋ 34 43	14 31	15 32	17 0	10 16	23 48	15 22	6 41	6 6	15 46	9 19
17	5 40 18	24 31 20	19 53 3	27 12 23	14 28	15 21	18 34	11 32	24 24	15 30	6 44	6 8	15 45	9 18
18	5 44 15	25 32 24	4♌ 31 46	11♌ 50 21	14 25	15 11	20 7	12 47	24 59	15 38	6 47	6 10	15 44	9 17
19	5 48 11	26 33 28	19 7 21	26 22 8	14 22	15 4	21 41	14 3	25 35	15 45	6 51	6 11	15 43	9 15
20	5 52 8	27 34 33	3♍ 34 9	10♍ 43 2	14 18	14 59	23 15	15 18	26 11	15 53	6 54	6 13	15 42	9 14
21	5 56 5	28 35 39	17 48 31	24 50 28	14 15	14 57D	24 50	16 33	26 46	16 1	6 57	6 15	15 41	9 13
22	6 0 1	29 36 45	1♎ 48 50	8♎ 43 38	14 12	14 56	26 24	17 49	27 21	16 8	6 59	6 16	15 40	9 12
23	6 3 58	0♑ 37 52	15 35 0	22 23 2	14 9	14 57R	27 58	19 4	27 57	16 15	7 2	6 18	15 39	9 11
24	6 7 54	1 39 0	29 7 54	5♏ 49 44	14 6	14 56	29 33	20 20	28 32	16 22	7 5	6 20	15 38	9 9
25	6 11 51	2 40 9	12♏ 28 39	19 4 48	14 3	14 53	1♑ 8	21 35	29 7	16 29	7 7	6 22	15 37	9 8
26	6 15 47	3 41 18	25 38 13	2♐ 8 58	13 59	14 48	2 44	22 51	29 43	16 36	7 10	6 24	15 36	9 7
27	6 19 44	4 42 28	8♐ 37 3	15 2 29	13 56	14 39	4 19	24 6	0♏ 18	16 43	7 12	6 26	15 35	9 6
28	6 23 40	5 43 38	21 25 12	27 45 11	13 53	14 28	5 55	25 22	0 53	16 49	7 14	6 28	15 34	9 4
29	6 27 37	6 44 48	4♑ 2 23	10♑ 16 46	13 50	14 14	7 31	26 37	1 28	16 56	7 16	6 30	15 32	9 3
30	6 31 34	7 45 59	16 28 20	22 37 7	13 47	14 0	9 7	27 53	2 3	17 2	7 18	6 32	15 31	9 2
31	6 35 30	8♑ 47 9	28♑ 43 11	4♒ 46 38	13♎ 44	13♎ 45	10♑ 44	29♐ 8	2♏ 38	17♎ 8	7♎ 20	6♓ 34	15♌ 30	9♋ 1

DECLINATION and LATITUDE

DAY	☉ DECL	☽ DECL	☽ LAT	☽ 12hr DECL	☿ DECL	☿ LAT	♀ DECL	♀ LAT	♂ DECL	♂ LAT	♃ DECL	♃ LAT	♄ DECL	♄ LAT
1	21S42	18S37	4N45	18S31	17S39	1N 8	17S 2	1N 8	4S37	1N20	4S 5	1N12	0S14	2N12
2	21 51	18 10	5 2	17 37	18 8	1 0	17 23	1 6	4 51	1 20	4 9	1 12	0 16	2 12
3	22 0	16 51	5 5	15 55	18 37	0 53	17 44	1 4	5 5	1 20	4 12	1 12	0 17	2 13
4	22 9	14 48	4 54	13 32	19 4	0 46	18 4	1 2	5 18	1 20	4 16	1 12	0 19	2 13
5	22 17	12 9	4 29	10 38	19 31	0 39	18 24	1 0	5 32	1 20	4 19	1 12	0 20	2 13
6	22 25	9 1	3 54	7 19	19 57	0 32	18 43	0 58	5 46	1 20	4 23	1 12	0 22	2 13
7	22 32	5 32	3 8	3 42	20 22	0 25	19 1	0 56	5 60	1 20	4 26	1 13	0 23	2 14
8	22 39	1 49	2 14	0N 5	20 47	0 17	19 19	0 54	6 13	1 20	4 29	1 13	0 25	2 14
9	22 45	2N 1	1 14	3 56	21 10	0 10	19 37	0 52	6 27	1 20	4 33	1 13	0 26	2 14
10	22 51	5 50	0 9	7 42	21 33	0 3	19 54	0 50	6 41	1 20	4 36	1 13	0 27	2 14
11	22 57	9 30	0S57	11 13	21 54	0S 4	20 11	0 48	6 54	1 20	4 39	1 13	0 29	2 15
12	23 2	12 49	2 3	14 18	22 15	0 11	20 26	0 45	7 7	1 20	4 42	1 14	0 30	2 15
13	23 6	15 36	3 4	16 42	22 34	0 17	20 42	0 43	7 21	1 20	4 45	1 14	0 31	2 15
14	23 10	17 35	3 56	18 13	22 52	0 24	20 56	0 41	7 34	1 20	4 48	1 14	0 32	2 15
15	23 14	18 34	4 35	18 38	23 10	0 31	21 11	0 39	7 47	1 20	4 51	1 14	0 33	2 16
16	23 17	18 23	4 57	17 51	23 26	0 37	21 24	0 36	8 1	1 19	4 54	1 14	0 34	2 16
17	23 20	17 0	5 1	15 53	23 41	0 43	21 37	0 34	8 14	1 19	4 57	1 15	0 36	2 16
18	23 22	14 31	4 45	12 55	23 54	0 50	21 49	0 32	8 27	1 19	5 0	1 15	0 37	2 16
19	23 24	11 7	4 11	9 10	24 7	0 56	22 1	0 29	8 40	1 19	5 3	1 15	0 38	2 17
20	23 26	7 5	3 21	4 55	24 18	1 1	22 12	0 27	8 53	1 19	5 6	1 15	0 39	2 17
21	23 27	2 42	2 19	0 27	24 28	1 7	22 22	0 24	9 6	1 19	5 8	1 15	0 39	2 17
22	23 27	1S47	1 9	3S58	24 36	1 12	22 32	0 22	9 18	1 19	5 11	1 16	0 40	2 17
23	23 27	6 5	0N 3	8 7	24 44	1 18	22 41	0 20	9 31	1 19	5 14	1 16	0 41	2 18
24	23 26	10 1	1 14	11 46	24 50	1 23	22 49	0 17	9 44	1 19	5 16	1 16	0 42	2 18
25	23 25	13 22	2 20	14 46	24 54	1 28	22 56	0 15	9 56	1 19	5 19	1 16	0 43	2 18
26	23 24	15 59	3 17	16 58	24 58	1 32	23 3	0 12	10 9	1 19	5 21	1 17	0 43	2 19
27	23 22	17 44	4 3	18 17	24 60	1 37	23 9	0 10	10 21	1 19	5 23	1 17	0 44	2 19
28	23 20	18 35	4 36	18 38	24 60	1 41	23 15	0 7	10 34	1 18	5 26	1 17	0 45	2 19
29	23 17	18 28	4 55	18 5	24 59	1 45	23 20	0 5	10 46	1 18	5 28	1 17	0 45	2 19
30	23 13	17 29	4 59	16 41	24 56	1 49	23 24	0 2	10 58	1 18	5 30	1 17	0 46	2 20
31	23S 9	15S42	4N50	14S33	24S53	1S52	23S27	0S 0	11S10	1N18	5S32	1N18	0S46	2N20

DAY	♅ DECL	♅ LAT	♆ DECL	♆ LAT	♇ DECL	♇ LAT
1	10S 6	0S46	16N10	0N 6	19N52	3S14
5	10 4	0 46	16 11	0 6	19 58	3 14
9	10 3	0 46	16 11	0 6	19 53	3 14
13	10 1	0 46	16 12	0 6	19 54	3 14
17	9 58	0 46	16 13	0 6	19 54	3 14
21	9 56	0 45	16 15	0 6	19 55	3 14
25	9 53	0 45	16 16	0 7	19 55	3 13
29	9S50	0S45	16N17	0N 7	19N56	3S13

☽ PHENOMENA			
d	h	m	
7	13	20	☽
15	2	51	○
21	19	54	☾
29	5	39	●
d	h	° '	
1	0	18S37	
8	11	0	
15	8	18N38	
21	14	0	
28	9	18S39	
2	16	5N 6	
10	3	0	
16	17	5S 2	
22	23	0	
29	19	4N60	

VOID OF COURSE ☽ LAST ASPT		☽ INGRESS		
30	6am13	1	♑	8am32
3	2pm23	3	♒	6pm42
6	2am42	6	♓	7am 3
7	1pm20	8	♈	7pm37
10	11am46	11	♉	5am46
12	10am54	13	♊	12pm 8
15	4am 1	15	♋	3pm12
17	7am43	17	♌	4pm35
19	1pm15	19	♍	6pm 3
21	7pm54	21	♎	8pm52
24	0am51	24	♏	1am33
25	5am41	26	♐	8am 2
28	8am17	28	♑	4pm17
30	1am 6	31	♒	2am32

d	h	
6	3	APOGEE
17	22	PERIGEE

DAILY ASPECTARIAN

1	☽⚼♆	10am18
Th	☿⚼♇	11 25
	☽□♄	7pm27
	☽⚹♅	7 37
	☽∠♀	11 5
2	☽∥☿	0am33
F	☉⚺☽	2 26
	☽☍♇	2 48
	☽∠☿	4 58
	☉⚻♇	6 51
	☽□♃	10 5
	☽∥♀	12pm46
	☽□♂	2 49
	☽⚻♆	3 4
	♂⚹♆	7 45
3	☽∠♅	0am40
S	♄⚻♅	6 31
	☽⚹♀	7 31
	☽#♆	8 56
	☉∠☽	10 15
	♀⚼♇	11 36
	☽⚹☿	2pm23
4	☿∠♃	2am51
Su	☽⚺♅	6 22
	☽△♄	6 29
	☽⚻♇	1pm42
	☉⚹☽	6 52
	☽△♃	10 10
5	☿ ♐	0am28
M	☽☍♆	2 30
	☽△♂	5 28
	☽⚼♄	12pm50
	☽∥♅	4 16
	☿#♇	7 54
	☽⚼♇	7 55
6	☽□♀	2am42
T	☽⚼♃	4 55
	☽□☿	11 38
	☽⚼♂	1pm29
	☉⚹♃	3 54
	☽☌♅	7 3
	☽⚻♄	7 27
	☽∥♂	9 6
7	♀∠♃	2am12
W	☽△♇	2 19
	☽∥♃	7 8
	☿∠♂	9 44
	☽⚻♃	11 45
	☉□☽	1pm20
	☽⚻♆	3 15
	♀ ♐	7 47
	☽⚻♂	9 30
8	☽∥♄	8am50
Th	☉△♆	11 39
	☽#♄	2pm 6
	☿□♅	9 4
	☽⚼♆	9 20
	☽△♀	10 23
9	☿⚹♄	1am55
F	☽⚺♅	7 25
	☽☍♄	8 3
	☽△☿	8 55
	☽□♇	2pm16
	☽#♃	4 5
	♀#♇	10 48
10	☽☍♃	0am11
S	☽△♆	2 46
	☽#♂	5 45
	☉△☽	6 17
	☽⚼♀	7 8
	☽☍♂	11 46
	☽∠♅	12pm39
	☽⚼☿	6 9
11	☿⚻♇	2am46
Su	☽#♅	3 38
	♂⚼♅	6 55
	☉⚼☽	1pm12
	☽⚻♀	2 38
	☽⚹♅	4 58
	☽⚻♄	5 45
	☽⚹♇	11 12
12	☽⚻☿	1am59
M	☽⚻♃	9 10
	☽□♆	10 54
	♀□♅	2pm56
	☉⚻☽	6 51
	☽⚼♄	9 7
	☽⚻♂	9 57
13	♀⚹♄	0am 8
T	☽∠♇	2 13
	☽∥♆	6 17
	☽⚼♃	12pm10
	♀∠♂	6 47
	☽□♅	10 40
	☽△♄	11 33
14	☽⚼♂	1am25
W	☽☍♀	1 45
	☽⚺♇	4 20
	☽☍☿	1pm36
	☽△♃	2 17
	☽⚹♆	3 20
	☿⚹♃	8 18
15	☉☍☽	2am51
Th	☽△♂	4 1
	☿△♆	5 11
	♀⚻♇	6 2
	☉∥☿	8 15
	☽∠♆	4pm29
16	☽△♅	1am20
F	☽□♄	2 17
	☽☌♇	6 37
	☽⚻♀	8 58
	☽□♃	4pm44
	☉⚹♂	4 56
	☽⚺♆	5 14
	☽⚻☿	9 34
17	☽⚼♅	2am 3
S	☽□♂	7 43
	☉⚻☽	8 10
	☽∥♆	8 41
	☽⚼♀	11 55
18	☽⚼☿	1am 6
Su	☽⚻♅	2 41
	☽⚹♄	3 43
	☽⚺♇	7 47
	☉⚼☽	10 36
	☽△♀	2pm50
	♃⚹♆	6 17
	☽⚹♃	6 24
	☽☌♆	6 24
19	☽∠♄	4am31
M	☽△☿	4 45
	☽#♅	7 17
	☽∠♇	8 29
	☽⚹♂	11 9
	☉△☽	1pm15
	☽#♂	2 11
	☽∠♃	7 29
20	☽☍♅	4am27
T	☽⚺♄	5 35
	♀△♆	7 41
	☽⚹♇	9 30
	☽#♃	10 54
	♀⚹♃	12pm25
	☽∠♂	1 20
	☽⚺♆	8 25
	☽⚺♃	8 55
	☽□♀	9 40
21	☽#♄	10am52
W	☽□☿	1pm29
	☽⚺♂	3 59
	☽∥♄	6 0
	☉□☽	7 54
	☽∠♆	10 2
22	☽⚻♅	7am45
Th	☽☌♄	9 0
	☉ ♑	9 8
	☽□♇	12pm48
	☽∥♃	7 2
	☿⚹♂	11 19
23	☽⚹♆	0am 7
F	☉⚼♆	0 33
	☽☌♃	1 11
	☽⚹♀	6 46
	☽⚼♅	10 7
	☽∥♂	10pm 4
	☽☌♂	10 53
	☽∥♅	11 14
24	☽⚹☿	0am51
S	☉⚹☽	4 52
	☿ ♑	6 45
	☽∠♀	12pm15
	☽△♅	12 57
	☽⚺♄	2 18
	☿⚼♆	4 12
	♂∥♅	5 30
	☽△♇	5 58
25	☽□♆	5am41
Su	☽⚺♃	7 21
	☽∠☿	7 33
	☉∠☽	10 13
	☽∠♄	5pm37
	☽⚺♀	6 20
	☽⚼♇	9 13
26	☽#♆	3am16
M	☽⚺♂	7 51
	☽∠♃	11 5
	♂ ♏	11 49
	☽⚺☿	2pm54
	☉⚺☽	4 7
	☽□♅	7 56
	☽⚹♄	9 21
27	☽⚻♇	0am53
T	☽△♆	12pm59
	☽∠♂	1 5
	☽⚹♃	3 16
	☉☌☿	4 11
28	☽☌♀	8am17
W	☿⚹♅	8 27
	☉∥♀	2pm50
	☽⚼♆	5 19
	☉⚹♅	6 2
	☽⚹♂	6 50
	☿□♄	8 15
29	☽⚹♅	4am44
Th	☉☌☽	5 39
	☽□♄	6 13
	☽☌☿	7 40
	☽☍♇	9 37
	☉□♄	12pm49
	☽⚻♆	10 9
	☿☍♇	10 38
30	☽□♃	1am 6
F	☽∠♅	9 55
	☽#♆	4pm52
31	☽⚺♀	0am55
S	☉☍♇	5 12
	☽□♂	8 8
	☽⚺♅	3pm37
	♀ ♑	4 32
	☽△♄	5 8
	☽⚻♇	8 24
	☉⚺☽	9 50

JANUARY 1922

LONGITUDE

DAY	SID. TIME	☉	☽	☽ 12 Hour	MEAN ☊	TRUE ☊	☿	♀	♂	♃	♄	♅	♆	♇
	h m s	° ' "	° ' "	° ' "	° '	° '	° '	° '	° '	° '	° '	° '	° '	° '
1	6 39 27	9♑ 48 20	10♒ 47 41	16♒ 46 32	13♎ 40	13♎ 33R	12♑ 21	0♑ 23	3♏ 13	17♎ 14	7♎ 22	6♓ 37	15♌ 29R	8♋ 59R
2	6 43 23	10 49 30	22 43 31	28 38 58	13 37	13 23	13 59	1 39	3 48	17 20	7 24	6 39	15 27	8 58
3	6 47 20	11 50 41	4♓ 33 19	10♓ 27 3	13 34	13 15	15 36	2 54	4 23	17 25	7 25	6 41	15 26	8 57
4	6 51 16	12 51 51	16 20 42	22 14 50	13 31	13 11	17 14	4 10	4 57	17 31	7 27	6 43	15 25	8 56
5	6 55 13	13 53 0	28 10 7	4♈ 7 10	13 28	13 9	18 53	5 25	5 32	17 36	7 28	6 46	15 23	8 54
6	6 59 9	14 54 10	10♈ 6 41	16 9 22	13 24	13 9	20 31	6 41	6 7	17 41	7 30	6 48	15 22	8 53
7	7 3 6	15 55 19	22 15 56	28 27 4	13 21	13 8	22 10	7 56	6 41	17 46	7 31	6 51	15 20	8 52
8	7 7 3	16 56 28	4♉ 43 26	11♉ 5 39	13 18	13 8	23 50	9 12	7 16	17 51	7 32	6 53	15 19	8 51
9	7 10 59	17 57 36	17 34 15	24 9 42	13 15	13 5	25 29	10 27	7 50	17 56	7 33	6 56	15 18	8 50
10	7 14 56	18 58 44	0♊ 52 19	7♊ 42 17	13 12	12 59	27 9	11 43	8 25	18 0	7 34	6 58	15 16	8 48
11	7 18 52	19 59 51	14 39 34	21 44 0	13 9	12 51	28 49	12 58	8 59	18 4	7 34	7 1	15 15	8 47
12	7 22 49	21 0 58	28 55 9	6♋ 12 25	13 5	12 41	0♒ 29	14 13	9 33	18 8	7 35	7 3	15 13	8 46
13	7 26 45	22 2 4	13♋ 34 57	21 1 44	13 2	12 29	2 10	15 29	10 7	18 12	7 35	7 6	15 12	8 45
14	7 30 42	23 3 10	28 31 38	6♌ 3 23	12 59	12 17	3 50	16 44	10 41	18 16	7 36	7 9	15 10	8 44
15	7 34 39	24 4 15	13♌ 35 44	21 7 24	12 56	12 6	5 30	18 0	11 15	18 20	7 36	7 11	15 9	8 42
16	7 38 35	25 5 20	28 37 14	6♍ 4 10	12 53	11 58	7 10	19 15	11 49	18 23	7 36	7 14	15 7	8 41
17	7 42 32	26 6 25	13♍ 27 21	20 46 3	12 50	11 52	8 50	20 31	12 23	18 26	7 36R	7 17	15 5	8 40
18	7 46 28	27 7 29	27 59 47	5♎ 8 13	12 46	11 50	10 29	21 46	12 57	18 30	7 36	7 20	15 4	8 39
19	7 50 25	28 8 33	12♎ 11 11	19 8 42	12 43	11 49D	12 8	23 1	13 31	18 32	7 36	7 22	15 2	8 38
20	7 54 21	29 9 37	26 0 50	2♏ 47 49	12 40	11 49R	13 46	24 17	14 5	18 35	7 36	7 25	15 1	8 37
21	7 58 18	0♒ 10 40	9♏ 29 54	16 7 23	12 37	11 49	15 22	25 32	14 38	18 38	7 36	7 28	14 59	8 35
22	8 2 14	1 11 43	22 40 36	29 9 52	12 34	11 47	16 57	26 48	15 12	18 40	7 35	7 31	14 57	8 34
23	8 6 11	2 12 46	5♐ 35 30	11♐ 57 49	12 30	11 43	18 30	28 3	15 45	18 42	7 35	7 34	14 56	8 33
24	8 10 8	3 13 48	18 17 4	24 33 29	12 27	11 36	20 0	29 18	16 19	18 44	7 34	7 37	14 54	8 32
25	8 14 4	4 14 50	0♑ 47 17	6♑ 58 37	12 24	11 26	21 28	0♒ 34	16 52	18 46	7 33	7 40	14 53	8 31
26	8 18 1	5 15 51	13 7 40	19 14 32	12 21	11 14	22 53	1 49	17 25	18 48	7 32	7 43	14 51	8 30
27	8 21 57	6 16 51	25 19 21	1♒ 22 12	12 18	11 1	24 13	3 5	17 58	18 49	7 31	7 46	14 49	8 29
28	8 25 54	7 17 50	7♒ 23 14	13 22 34	12 15	10 48	25 29	4 20	18 31	18 50	7 30	7 49	14 48	8 28
29	8 29 50	8 18 48	19 20 21	25 16 46	12 11	10 37	26 39	5 35	19 4	18 51	7 29	7 52	14 46	8 27
30	8 33 47	9 19 46	1♓ 12 2	7♓ 6 23	12 8	10 28	27 43	6 51	19 37	18 52	7 28	7 55	14 44	8 26
31	8 37 43	10♒ 20 42	13♓ 0 9	18♓ 53 39	12♎ 5	10♎ 21	28♒ 40	8♒ 6	20♏ 10	18♎ 53	7♎ 26	7♓ 59	14♌ 43	8♋ 25

DECLINATION and LATITUDE

DAY	☉	☽		☽ 12hr	☿		♀		♂		♃		♄	
	DECL	DECL	LAT	DECL	DECL	LAT	DECL	LAT	DECL	LAT	DECL	LAT	DECL	LAT
1	23S 5	13S15	4N27	11S49	24S47	1S55	23S29	0S 2	11S22	1N18	5S34	1N18	0S47	2N20
2	23 0	10 16	3 53	8 38	24 40	1 58	23 31	0 5	11 34	1 18	5 36	1 18	0 47	2 21
3	22 55	6 55	3 9	5 8	24 32	2 0	23 32	0 7	11 46	1 18	5 38	1 18	0 47	2 21
4	22 50	3 17	2 17	1 25	24 22	2 2	23 33	0 10	11 58	1 17	5 40	1 19	0 48	2 21
5	22 44	0N28	1 18	2N22	24 10	2 4	23 32	0 12	12 9	1 17	5 42	1 19	0 48	2 21
6	22 37	4 15	0 16	6 7	23 57	2 6	23 31	0 15	12 21	1 17	5 44	1 19	0 48	2 22
7	22 30	7 56	0S48	9 41	23 42	2 7	23 30	0 17	12 32	1 17	5 45	1 19	0 48	2 22
8	22 23	11 21	1 52	12 55	23 26	2 7	23 27	0 19	12 44	1 17	5 47	1 20	0 49	2 22
9	22 15	14 20	2 51	15 36	23 8	2 7	23 24	0 22	12 55	1 17	5 48	1 20	0 49	2 23
10	22 6	16 41	3 44	17 33	22 49	2 7	23 20	0 24	13 6	1 16	5 50	1 20	0 49	2 23
11	21 58	18 10	4 26	18 31	22 28	2 6	23 15	0 26	13 18	1 16	5 51	1 20	0 49	2 23
12	21 48	18 34	4 52	18 20	22 5	2 5	23 10	0 29	13 29	1 16	5 53	1 21	0 49	2 23
13	21 39	17 46	5 1	16 54	21 41	2 3	23 4	0 31	13 39	1 16	5 54	1 21	0 49	2 24
14	21 29	15 45	4 49	14 19	21 16	2 1	22 57	0 33	13 50	1 16	5 55	1 21	0 49	2 24
15	21 18	12 38	4 17	10 46	20 49	1 58	22 49	0 35	14 1	1 15	5 56	1 21	0 49	2 24
16	21 7	8 43	3 28	6 32	20 20	1 55	22 41	0 37	14 12	1 15	5 57	1 22	0 48	2 25
17	20 56	4 17	2 24	1 59	19 50	1 51	22 32	0 40	14 22	1 15	5 58	1 22	0 48	2 25
18	20 45	0S19	1 13	2S35	19 19	1 46	22 22	0 42	14 33	1 15	5 59	1 22	0 48	2 25
19	20 33	4 47	0N 2	6 54	18 46	1 40	22 12	0 44	14 43	1 15	6 0	1 22	0 48	2 25
20	20 20	8 54	1 15	10 45	18 12	1 34	22 1	0 46	14 53	1 14	6 1	1 23	0 47	2 26
21	20 7	12 26	2 21	13 56	17 37	1 27	21 49	0 48	15 3	1 14	6 2	1 23	0 47	2 26
22	19 54	15 14	3 19	16 21	17 1	1 19	21 37	0 50	15 13	1 14	6 2	1 23	0 46	2 26
23	19 41	17 14	4 5	17 53	16 25	1 11	21 24	0 52	15 23	1 13	6 3	1 23	0 46	2 27
24	19 27	18 19	4 38	18 31	15 47	1 1	21 11	0 54	15 33	1 13	6 3	1 24	0 45	2 27
25	19 12	18 30	4 57	18 15	15 9	0 51	20 56	0 55	15 43	1 13	6 4	1 24	0 45	2 27
26	18 58	17 47	5 2	17 8	14 31	0 40	20 42	0 57	15 53	1 13	6 4	1 24	0 44	2 27
27	18 43	16 17	4 53	15 15	13 54	0 28	20 26	0 59	16 2	1 12	6 4	1 24	0 43	2 28
28	18 27	14 4	4 31	12 44	13 16	0 15	20 10	1 1	16 11	1 12	6 5	1 25	0 43	2 28
29	18 12	11 16	3 57	9 42	12 39	0 1	19 53	1 2	16 21	1 12	6 5	1 25	0 42	2 28
30	17 56	8 3	3 13	6 19	12 4	0N13	19 36	1 4	16 30	1 11	6 5	1 25	0 41	2 28
31	17S39	4S31	2N20	2S41	11S30	0N29	19S18	1S 5	16S39	1N11	6S 5	1N25	0S40	2N29

DAY	♅		♆		♇	
	DECL	LAT	DECL	LAT	DECL	LAT
1	9S47	0S45	16N18	0N 7	19N56	3S13
5	9 44	0 45	16 20	0 7	19 57	3 13
9	9 40	0 45	16 22	0 7	19 57	3 13
13	9 36	0 45	16 24	0 7	19 58	3 13
17	9 32	0 45	16 25	0 7	19 58	3 12
21	9 27	0 44	16 27	0 7	19 59	3 12
25	9 23	0 44	16 29	0 7	19 60	3 11
29	9S18	0S44	16N31	0N 7	20N 0	3S11

☽ PHENOMENA			
d	h	m	
6	10	24	☽
13	14	36	○
20	6	0	☾
27	23	48	●
d	h	° '	
4	21	0	
11	20	18N35	
17	22	0	
24	17	18S32	
6	6	0	
12	22	5S 1	
18	23	0	
25	20	5N 2	

VOID OF COURSE ☽ LAST ASPT	☽ INGRESS
1 1pm 1	2 ♓ 2pm45
4 2am 7	5 ♈ 3am42
6 11pm47	7 ♉ 2pm59
9 4pm26	9 ♊ 10pm27
11 5am50	12 ♋ 1am47
13 2pm36	14 ♌ 2am21
15 7am34	16 ♍ 2am13
17 10pm26	18 ♎ 3am21
20 6am 0	20 ♏ 7am 2
22 8am25	22 ♐ 1pm33
24 3am44	24 ♑ 10pm29
26 11am 8	27 ♒ 9am17
29 4pm15	29 ♓ 9pm34

d	h	
2	23	APOGEE
15	0	PERIGEE
30	12	APOGEE

DAILY ASPECTARIAN

1	♀⚼♆	1am35
Su	☽⚺☿	3 37
	☽☍♆	9 22
	☽∠♀	10 18
	☽△♃	1pm 1
	☽∥♂	2 36
	☽⚼♄	11 20
2	☽⚼♇	2am31
M	☽∥♅	3 45
	☉∠☽	6 52
	☽∠☿	2pm41
	☽⚼♃	7 38
	☽✶♀	8 15
	☿⚻♆	9 31
	☽△♂	11 37
3	☽☌♅	4am21
T	☽⚻♄	5 51
	☽∥♃	8 32
	☽△♇	8 56
	☉✶☽	4pm15
	☽⚻♆	10 6
4	☽✶☿	2am 7
W	☽⚻♃	2 24
	☿□♃	4 15
	☽⚼♂	7 44
	☽∥♄	3pm57
5	☽#♄	2am 6
Th	♀✶♂	3 58
	☽⚼♆	4 28
	☽⚻♂	3pm36
	☽□♀	4 20
	☽⚺♅	5 22
	☽☍♄	6 45
	☽□♇	9 34
6	♀✶♅	2am26
F	☽#♃	9 34
	☉□☽	10 24
	☽△♆	10 25
	☉⚻♆	10 37
	☽☍♃	3pm 7
	♀□♄	3 44
	☿∠♅	7 7
	☽∠♅	11 10
	☽□☿	11 47
7	♂△♅	7am 1
S	☽#♅	12pm 4
	♀☍♇	5 27
	☿∥♀	10 22
8	☽✶♅	4am 6
Su	☽☍♂	5 2
	☽⚻♄	5 19
	☽✶♇	7 46
	☽△♀	9 22
	☽#♂	11 17
	♂⚺♄	11 27
	☽□♆	7pm49
	☉□♃	11 7
9	☽⚻♃	0am39
M	☉△☽	0 46
	☽⚼♄	9 5
	☽∠♇	11 23
	☽⚼♀	3pm49
	☽△☿	4 26
	☽∥♆	8 15
10	☽⚼♃	3am47
T	☉⚼☽	5 55
	☽□♅	10 45
	☽△♄	11 45
	☽⚻♂	1pm48
	☽⚺♇	1 54
	♂△♇	4 4
	☽⚻♀	8 49
	☽⚼☿	10 22
11	☽✶♆	1am 0
W	☽△♃	5 50
	☉⚻☽	9 46
	☽⚼♂	4pm26
	☿ ♒	4 58
12	☽∠♆	2am 9
Th	☽⚻☿	2 56
	☽△♅	1pm26
	☽□♄	2 15
	☽☌♇	4 9
	☽△♂	6 10
	♀⚻♆	6 37
13	☉∠♅	1am37
F	☽⚺♆	2 36
	☽☍♀	3 21
	☉∥☿	4 6
	☽□♃	7 30
	☽⚼♅	1pm46
	☉☍☽	2 36
	☽∥♆	5 35
14	☽☍☿	9am31
S	☽⚻♅	1pm46
	☽✶♄	2 27
	☽#♂	2 45
	☽⚺♇	4 14
	☽□♂	8 8
15	☽☌♆	2am28
Su	♀□♃	6 41
	☽✶♃	7 34
	☽⚻♀	7 39
	☽∠♄	2pm22
	☽∠♇	4 6
	☉⚻☽	5 56
	☽#♅	7 11
16	☿⚺♅	0am55
M	☿△♄	6 13
	☽∠♃	7 42
	☽⚼♀	9 54
	☽☍♅	1pm56
	☽⚺♄	2 29
	☽#♃	3 6
	☽⚻☿	3 32
	☽✶♇	4 13
	☿#♇	5 30
	☉⚼☽	7 53
	☿⚻♇	9 35
	☽✶♂	10 11
17	☽⚺♆	2am40
T	♄SR	5 59
	☽⚺♃	8 12
	☽△♀	12pm40
	☽#♄	6 12
	☽⚼☿	7 17
	☉△☽	10 26
	☽∠♂	11 55
18	☽∥♄	2am32
W	☽∠♆	3 27
	♀∠♅	11 8
	☽⚻♅	3pm46
	☽☌♄	4 11
	☽□♇	5 56
	☽△☿	11 54
19	☽⚺♂	2am23
Th	☽✶♆	4 53
	☽∥♃	6 50
	☽☌♃	10 59
	☽⚼♅	5pm41
	☽□♀	8 39
20	☽∥♅	3am40
F	☉□☽	6 0
	☿□♂	7 13
	☿☍♆	6pm21
	☉ ♒	7 48
	☽△♅	8 20
	☽⚺♄	8 35
	☽△♇	10 22
21	☽☌♂	9am42
S	☽□♆	9 54
	☽□☿	12pm 5
	♂□♆	2 14
	☉#♇	3 0
	☽⚺♃	4 37
	☽∥♂	11 49
	☽∠♄	11 50
22	☽⚼♇	1am39
Su	☽✶♀	8 25
	☽#♆	1pm34
	☽∥☿	3 33
	☉✶☽	5 8
	☽∠♃	8 27
	☿#♆	9 31
23	♄⚻♅	3am15
M	☿△♃	3 20
	☽✶♄	3 43
	☽□♅	3 44
	☽⚻♇	5 33
	☽∠♀	3pm36
	☽△♆	5 35
	☽⚺♂	8 4
	☉∠☽	11 53
24	☽✶♃	0am52
T	☽✶☿	3 44
	☿∥♂	7 3
	♀ ♒	1pm13
	☽⚼♆	10 14
	☽⚺♀	11 31
25	☽∠♂	2am11
W	☉⚺☽	7 18
	☽∠☿	12pm27
	☽□♄	1 6
	☽✶♅	1 24
	☽☍♇	2 58
	☿⚼♄	6 11
26	☽⚻♆	3am22
Th	☽✶♂	8 49
	☿⚼♇	10 49
	☽□♃	11 8
	☽∠♅	6pm56
	☽#♆	9 0
	☽⚺☿	9 33
27	☽∥♂	2am47
F	☽☌♀	5pm11
	☉☌☽	11 48
28	☽△♄	0am14
S	☽⚺♅	0 52
	☽⚻♇	2 9
	☉△♄	4 45
	☽∥☿	9 26
	☉⚺♅	1pm 0
	♀#♇	2 10
	♂⚺♃	2 29
	☽☍♆	2 49
	☽△♃	11 2
	☽□♂	11 25
29	☉⚻♇	3am 1
Su	☽⚼♄	6 20
	☽⚼♇	8 16
	☽∥♅	3pm 2
	☽☌☿	4 15
30	♂#♆	5am19
M	☽⚼♃	5 26
	♀△♄	11 32
	☽⚻♄	12pm42
	☽⚺♀	12 50
	☽∥♃	1 33
	☽☌♅	1 43
	☽△♇	2 40
	☉⚺☽	6 5
	♀⚺♅	9 29
31	☽⚻♆	3am28
T	♀⚻♇	5 48
	☽⚻♃	11 59
	☽△♂	3pm17
	☽∠♀	11 1

FEBRUARY 1922

LONGITUDE

DAY	SID. TIME	☉	☽	☽ 12 Hour	MEAN ☊	TRUE ☊	☿	♀	♂	♃	♄	♅	♆	♇
	h m s	° ' "	° ' "	° ' "	° '	° '	° '	° '	° '	° '	° '	° '	° '	° '
1	8 41 40	11♒ 21 37	24♓ 47 18	0♈ 41 33	12♎ 2	10♎ 17R	29♒ 29	9♒ 21	20♏ 42	18♎ 53	7♎ 25R	8♓ 2	14♌ 41R	8♋ 23R
2	8 45 37	12 22 30	6♈ 36 52	12 33 49	11 59	10 15D	0♓ 10	10 37	21 15	18 54R	7 23	8 5	14 39	8 22
3	8 49 33	13 23 23	18 32 58	24 34 56	11 56	10 16	0 41	11 52	21 47	18 54	7 21	8 8	14 37	8 21
4	8 53 30	14 24 14	0♉ 40 19	6♉ 49 49	11 52	10 17	1 2	13 7	22 19	18 54	7 19	8 11	14 36	8 21
5	8 57 26	15 25 3	13 4 3	19 23 39	11 49	10 17R	1 13R	14 23	22 51	18 53	7 18	8 14	14 34	8 20
6	9 1 23	16 25 51	25 49 15	2♊ 21 21	11 46	10 17	1 13	15 38	23 24	18 53	7 16	8 18	14 32	8 19
7	9 5 19	17 26 38	9♊ 0 26	15 46 50	11 43	10 15	1 2	16 53	23 56	18 52	7 13	8 21	14 31	8 18
8	9 9 16	18 27 24	22 40 46	29 42 16	11 40	10 10	0 39	18 8	24 27	18 51	7 11	8 24	14 29	8 17
9	9 13 12	19 28 7	6♋ 51 11	14♋ 7 8	11 36	10 4	0 7	19 24	24 59	18 50	7 9	8 28	14 27	8 16
10	9 17 9	20 28 49	21 29 30	28 57 30	11 33	9 56	29♒ 25	20 39	25 31	18 49	7 7	8 31	14 26	8 15
11	9 21 6	21 29 30	6♌ 30 5	14♌ 6 3	11 30	9 48	28 34	21 54	26 2	18 48	7 4	8 34	14 24	8 14
12	9 25 2	22 30 9	21 44 7	29 22 52	11 27	9 41	27 37	23 9	26 34	18 46	7 1	8 37	14 22	8 13
13	9 28 59	23 30 47	7♍ 0 57	14♍ 37 2	11 24	9 35	26 33	24 25	27 5	18 44	6 59	8 41	14 21	8 12
14	9 32 55	24 31 23	22 9 55	29 38 33	11 21	9 32	25 26	25 40	27 36	18 42	6 56	8 44	14 19	8 12
15	9 36 52	25 31 58	7♎ 2 5	14♎ 19 51	11 17	9 31D	24 17	26 55	28 7	18 40	6 53	8 48	14 17	8 11
16	9 40 48	26 32 32	21 31 23	28 36 27	11 14	9 31	23 8	28 10	28 38	18 38	6 50	8 51	14 16	8 10
17	9 44 45	27 33 5	5♏ 34 57	12♏ 26 56	11 11	9 32	22 1	29 25	29 9	18 35	6 47	8 54	14 14	8 9
18	9 48 41	28 33 36	19 12 35	25 52 11	11 8	9 33R	20 56	0♓ 40	29 39	18 32	6 44	8 58	14 12	8 9
19	9 52 38	29 34 6	2♐ 26 4	8♐ 54 40	11 5	9 34	19 57	1 55	0♐ 10	18 30	6 41	9 1	14 11	8 8
20	9 56 34	0♓ 34 35	15 18 23	21 37 40	11 1	9 33	19 3	3 11	0 40	18 26	6 38	9 5	14 9	8 7
21	10 0 31	1 35 3	27 52 57	4♑ 4 40	10 58	9 30	18 15	4 26	1 10	18 23	6 34	9 8	14 8	8 6
22	10 4 28	2 35 29	10♑ 13 14	16 19 2	10 55	9 25	17 35	5 41	1 40	18 20	6 31	9 11	14 6	8 6
23	10 8 24	3 35 54	22 22 26	28 23 45	10 52	9 20	17 2	6 56	2 10	18 16	6 27	9 15	14 4	8 5
24	10 12 21	4 36 17	4♒ 23 17	10♒ 21 20	10 49	9 13	16 36	8 11	2 40	18 12	6 24	9 18	14 3	8 5
25	10 16 17	5 36 39	16 18 10	22 13 59	10 46	9 6	16 17	9 26	3 9	18 8	6 20	9 22	14 1	8 4
26	10 20 14	6 36 59	28 9 4	4♓ 3 36	10 42	9 0	16 6	10 41	3 39	18 4	6 16	9 25	14 0	8 3
27	10 24 10	7 37 17	9♓ 57 50	15 52 0	10 39	8 55	16 2D	11 56	4 8	18 0	6 13	9 29	13 58	8 3
28	10 28 7	8♓ 37 34	21♓ 46 20	27♓ 41 7	10♎ 36	8♎ 52	16♒ 4	13♓ 11	4♐ 37	17♎ 56	6♎ 9	9♓ 32	13♌ 57	8♋ 2

DECLINATION and LATITUDE

DAY	☉ DECL	☽ DECL	☽ LAT	☽ 12hr DECL	☿ DECL	☿ LAT	♀ DECL	♀ LAT	♂ DECL	♂ LAT	♃ DECL	♃ LAT	♄ DECL	♄ LAT
1	17S23	0S49	1N22	1N 3	10S58	0N44	18S60	1S 7	16S48	1N11	6S 5	1N26	0S40	2N29
2	17 6	2N56	0 20	4 47	10 28	1 1	18 41	1 8	16 57	1 10	6 5	1 26	0 39	2 29
3	16 49	6 35	0S44	8 21	10 2	1 18	18 21	1 10	17 6	1 10	6 5	1 26	0 38	2 30
4	16 31	10 2	1 48	11 38	9 38	1 35	18 1	1 11	17 14	1 10	6 4	1 26	0 37	2 30
5	16 13	13 7	2 47	14 28	9 18	1 52	17 41	1 13	17 23	1 9	6 4	1 27	0 36	2 30
6	15 55	15 39	3 40	16 40	9 3	2 8	17 20	1 14	17 31	1 9	6 3	1 27	0 35	2 30
7	15 37	17 28	4 23	18 3	8 51	2 25	16 58	1 15	17 39	1 8	6 3	1 27	0 34	2 31
8	15 18	18 22	4 53	18 25	8 45	2 40	16 36	1 16	17 48	1 8	6 2	1 27	0 33	2 31
9	14 59	18 10	5 7	17 37	8 43	2 55	16 14	1 17	17 56	1 7	6 2	1 28	0 32	2 31
10	14 40	16 46	5 1	15 38	8 45	3 8	15 51	1 18	18 4	1 7	6 1	1 28	0 30	2 31
11	14 21	14 13	4 35	12 33	8 52	3 19	15 28	1 19	18 12	1 7	6 0	1 28	0 29	2 32
12	14 1	10 39	3 49	8 34	9 3	3 28	15 4	1 20	18 19	1 6	5 60	1 28	0 28	2 32
13	13 41	6 22	2 47	4 3	9 17	3 36	14 40	1 21	18 27	1 6	5 59	1 29	0 27	2 32
14	13 21	1 41	1 33	0S40	9 35	3 40	14 15	1 22	18 35	1 5	5 58	1 29	0 25	2 32
15	13 1	2S60	0 13	5 15	9 55	3 43	13 50	1 23	18 42	1 5	5 57	1 29	0 24	2 32
16	12 40	7 24	1N 5	9 24	10 18	3 43	13 25	1 23	18 49	1 4	5 55	1 29	0 23	2 33
17	12 20	11 14	2 17	12 54	10 41	3 41	12 59	1 24	18 56	1 4	5 54	1 30	0 21	2 33
18	11 59	14 21	3 19	15 35	11 6	3 37	12 33	1 24	19 4	1 3	5 53	1 30	0 20	2 33
19	11 38	16 36	4 8	17 23	11 30	3 31	12 7	1 25	19 10	1 3	5 52	1 30	0 18	2 33
20	11 16	17 56	4 44	18 16	11 54	3 23	11 40	1 25	19 17	1 2	5 50	1 30	0 17	2 34
21	10 55	18 21	5 5	18 14	12 18	3 13	11 13	1 26	19 24	1 1	5 49	1 31	0 15	2 34
22	10 33	17 53	5 11	17 21	12 40	3 3	10 46	1 26	19 31	1 1	5 47	1 31	0 14	2 34
23	10 12	16 36	5 3	15 41	13 1	2 51	10 18	1 26	19 37	1 0	5 46	1 31	0 12	2 34
24	9 50	14 36	4 42	13 22	13 20	2 39	9 50	1 26	19 44	0 60	5 44	1 31	0 11	2 34
25	9 27	12 0	4 8	10 31	13 38	2 26	9 22	1 26	19 50	0 59	5 42	1 31	0 9	2 35
26	9 5	8 55	3 24	7 15	13 54	2 13	8 54	1 27	19 56	0 58	5 41	1 32	0 7	2 35
27	8 43	5 30	2 32	3 41	14 8	1 60	8 25	1 26	20 2	0 58	5 39	1 32	0 6	2 35
28	8S20	1S51	1N32	0N 1	14S20	1N46	7S56	1S26	20S 8	0N57	5S37	1N32	0S 4	2N35

DAY	♅ DECL	♅ LAT	♆ DECL	♆ LAT	♇ DECL	♇ LAT
1	9S15	0S44	16N33	0N 7	20N 1	3S11
5	9 10	0 44	16 35	0 7	20 1	3 10
9	9 5	0 44	16 37	0 7	20 2	3 10
13	9 0	0 44	16 39	0 7	20 3	3 9
17	8 55	0 44	16 41	0 7	20 3	3 9
21	8 50	0 44	16 43	0 7	20 4	3 8
25	8S45	0S44	16N45	0N 7	20N 5	3S 8

☽ PHENOMENA

d	h	m	
5	4	52	☽
12	1	17	○
18	18	18	☾
26	18	48	●

d	h	° '
1	5	0
8	8	18N25
14	9	0
20	23	18S21
28	12	0

d	h	° '
2	7	0
9	5	5S 7
15	4	0
21	22	5N11

VOID OF COURSE ☽

LAST ASPT		☽ INGRESS		
31	3pm17	1	♈	10am36
3	0am41	3	♉	10pm41
5	7pm18	6	♊	7am42
7	5pm23	8	♋	12pm30
10	6am43	10	♌	1pm40
12	8am38	12	♍	12pm58
14	9am 2	14	♎	12pm35
16	12pm21	16	♏	2pm23
18	6pm18	18	♐	7pm32
20	6am39	21	♑	4am 5
22	3pm54	23	♒	3pm12
25	3am42	26	♓	3am45
27	4am29	28	♈	4pm42

d	h	
12	11	PERIGEE
26	15	APOGEE

DAILY ASPECTARIAN

1 W	☽∥♄	1am 0
	☉∠☽	3 30
	☽#♄	9 26
	☽⚼♆	9 55
	☽⊻☿	10 10
	☿ ♓	5pm48
	☽⚼♂	11 13
2 Th	☽☍♄	1am33
	☽⊻♅	2 59
	☽□♇	3 33
	☉∥♂	8 15
	☽✶♀	9 1
	☉✶☽	12pm42
	☽△♆	4 10
	☽∠☿	6 2
	☽#♃	8 35
	♃SR	11 32
3 F	☽☍♃	0am41
	☽⊼♂	6 45
	☽∠♅	9 10
	☽#♅	5pm57
	☉#♆	7 32
	☽#☿	9 24
4 S	♂∠♄	0am 7
	☽✶☿	0 44
	☉☍♆	4 26
	☽⊼♄	12pm55
	☽✶♅	2 41
	☽✶♇	2 54
5 Su	☽□♀	2am47
	☽□♆	2 51
	♀☍♆	3 34
	☉□☽	4 52
	☽⊼♃	11 3
	☿SR	11 28
	☿∥♅	1pm11
	♀∥♂	2 50
	☽⚼♄	5 23
	☽☍♂	7 18
	☽∠♇	7 20
	♂⚼♇	8 23
6 M	☉#☽	2am33
	♅△♇	5 10
	☽□☿	9 49
	☽∥♆	11 3
	☽⚼♃	2pm46
	☽#♀	5 36
	☽△♄	8 49
	☽⊻♇	10 44
	☽□♅	10 49
7 T	☽#♂	3am49
	☽✶♆	9 45
	☽△♀	3pm20
	☉△☽	4 6
	☽△♃	5 23
8 W	♀#♆	0am 3
	☽⊼♂	3 10
	☉△♃	9 19
	☽∠♆	11 36
	☽△☿	1pm 9
	♀△♃	1 30
	☽⚼♀	7 30
	☉⚼☽	7 43
9 Th	☽□♄	0am29
	☽☌♇	2 21
	☽△♅	2 41
	☿ ♒	3 39
	☽#♂	5 16
	☽⚼♂	5 23
	☉☌♀	7 15
	☽⊻♆	12pm32
	☽⚼☿	1 2
	☽□♃	7 40
	☉⊼☽	10 15
	☽⊼♀	10 31
10 F	☽∥♆	1am44
	☽⚼♅	3 17
	☽△♂	6 43
	☽#♀	11 40
	☽⊼☿	12pm 5
	☉#☽	10 50
11 S	☽✶♄	0am54
	☽⊻♇	2 45
	♀⚼♄	3 2
	☽⊼♅	3 17
	☽☌♆	12pm27
	☉⚼♄	1 6
	☽✶♃	7 21
	☿∥♅	9 32
12 Su	☽∠♄	0am27
	♀⚼♇	1 14
	☉☍☽	1 17
	☽∠♇	2 20
	☽☍♀	2 26
	☽□♂	7 51
	☽☍☿	8 38
	☽#☿	8 53
	☽#♅	9 32
	☿□♂	4pm 5
	☉⚼♇	4 50
	☽∠♃	6 51
	☽⊻♄	11 57
13 M	☽✶♇	1am53
	☽#♃	2 2
	☽☍♅	2 38
	☽⊻♆	11 33
	☽⊻♃	6pm30
	☿☌♀	9 43
14 T	☉⊼☽	4am 3
	☽⊼☿	4 52
	☽⊼♀	6 7
	☽#♄	6 28
	☽✶♂	9 2
	☉☌☿	10 9
	☽∥♄	10 41
	☽∠♆	11 27
	☽☌♄	11pm45
15 W	☽□♇	1am52
	☽⊼♅	2 53
	☽⚼☿	3 25
	☉⚼☽	6 10
	☽⚼♀	8 46
	☽∠♂	10 22
	☽✶♆	11 55
	☽∥♃	3pm44
	☽☌♃	7 10
	☿⚼♇	11 16
16 Th	☽△☿	2am31
	☽⚼♅	3 56
	☽∥♅	9 7
	☉△☽	9 8
	☽△♀	12pm21
	☽⊻♂	12 30
	♀□♂	3 5
	☽∥☿	7 51
17 F	☽⊻♄	2am 5
	☽△♇	4 28
	☿⚼♄	5 9
	☽△♅	5 49
	☉∥☽	7 1
	♀ ♓	11 7
	☽∥♀	11 12
	☽□♆	3pm 7
	☽⊻♃	10 49
18 S	☽□☿	2am53
	☽∠♄	4 31
	☽⚼♇	7 4
	♂ ♐	4pm15
	☉□☽	6 18
	☽☌♂	7 40
	☽□♀	10 58
19 Su	☽#♆	1am20
	☽∠♃	1 56
	☉∥☿	3 57
	☽✶♄	7 49
	☉ ♓	10 16
	☽⊼♇	10 32
	☽□♅	12pm15
	☿∥♀	5 20
	☽△♆	9 50
20 M	☉□♂	4am24
	♀⚼♃	4 52
	☽✶♃	5 55
	☽✶☿	6 39
	☿△♃	7pm30
21 T	☽⚼♆	2am24
	☽⊻♂	6 38
	☉✶☽	7 47
	☽∠☿	9 50
	☽✶♀	2pm 7
	☽□♄	4 47
	☽☍♇	7 51
	☽✶♅	9 58
22 W	☽⊼♆	7am37
	☽∠♂	1pm15
	☽⊻☿	1 50
	♀⊼♄	3 18
	☉∠☽	3 50
	☽□♃	3 54
	☉⚼♃	4 37
	☽#♆	10 14
	☽∠♀	11 1
23 Th	☽∠♅	3am45
	☽✶♂	8pm24
	♀△♇	9 59
24 F	☉⊻☽	0am28
	☉∥♀	3 20
	☽△♄	4 1
	☽⊼♇	7 24
	☽⊻♀	8 31
	☽⊻♅	9 56
	☽∥☿	11 2
	☽☍♆	7pm24
	♀☌♅	10 34
	♂∠♃	11 14
	☽☌☿	11 58
25 S	☽△♃	3am42
	☽⚼♄	10 8
	☽⚼♇	1pm41
	☉⊼♄	4 18
	☉∥☽	10 38
26 Su	☽∥♀	0am12
	☽∥♅	1 29
	♀∥♅	9 21
	☽⚼♃	9 56
	☽□♂	11 39
	☽⊼♄	4pm25
	☉☌☽	6 48
	☽△♇	8 6
	☽∥♃	10 57
	☽☌♅	11 0
27 M	☉∥♅	0am59
	☿SD	3 10
	☽☌♀	4 29
	☽⊼♆	8 8
	☉△♇	10 5
	♂#♇	10 30
	☽⊻☿	12pm21
	☽⊼♃	4 14
28 T	☽∥♄	11am35
	☽#♄	12pm16
	♀⊼♆	2 21
	☽⚼♆	2 31
	☽∠☿	7 5
	☉☌♅	11 1

MARCH 1922

LONGITUDE

DAY	SID. TIME	☉	☽	☽ 12 Hour	MEAN ☊	TRUE ☊	☿	♀	♂	♃	♄	♅	♆	♇
	h m s	° ' "	° ' "	° ' "	° '	° '	° '	° '	° '	° '	° '	° '	° '	° '
1	10 32 3	9♓ 37 49	3♈ 36 37	9♈ 33 9	10♎ 33	8♎ 51D	16♒ 13	14♓ 26	5♐ 6	17♎ 51R	6♎ 5R	9♓ 35	13♌ 55R	8♋ 2R
2	10 36 0	10 38 1	15 31 5	21 30 45	10 30	8 51	16 28	15 41	5 35	17 46	6 1	9 39	13 54	8 1
3	10 39 57	11 38 13	27 32 36	3♉ 37 2	10 27	8 52	16 48	16 56	6 3	17 41	5 57	9 42	13 52	8 1
4	10 43 53	12 38 22	9♉ 44 31	15 55 32	10 23	8 54	17 13	18 11	6 31	17 36	5 53	9 46	13 51	8 0
5	10 47 50	13 38 28	22 10 36	28 30 11	10 20	8 55	17 44	19 26	6 59	17 31	5 49	9 49	13 49	8 0
6	10 51 46	14 38 33	4♊ 54 48	11♊ 24 54	10 17	8 57R	18 19	20 41	7 27	17 25	5 45	9 53	13 48	8 0
7	10 55 43	15 38 36	18 0 55	24 43 12	10 14	8 57	18 58	21 55	7 55	17 20	5 40	9 56	13 47	7 59
8	10 59 39	16 38 37	1♋ 32 3	8♋ 27 36	10 11	8 56	19 41	23 10	8 22	17 14	5 36	10 0	13 45	7 59
9	11 3 36	17 38 35	15 29 54	22 38 49	10 7	8 55	20 28	24 25	8 50	17 9	5 32	10 3	13 44	7 58
10	11 7 32	18 38 31	29 54 3	7♌ 15 7	10 4	8 52	21 18	25 40	9 17	17 3	5 27	10 6	13 43	7 58
11	11 11 29	19 38 25	14♌ 41 21	22 11 52	10 1	8 50	22 11	26 55	9 44	16 57	5 23	10 10	13 41	7 58
12	11 15 26	20 38 17	29 45 41	7♍ 21 38	9 58	8 47	23 8	28 9	10 10	16 50	5 19	10 13	13 40	7 58
13	11 19 22	21 38 7	14♍ 58 31	22 35 3	9 55	8 45	24 7	29 24	10 37	16 44	5 14	10 17	13 39	7 57
14	11 23 19	22 37 55	0♎ 10 0	7♎ 42 10	9 52	8 45D	25 9	0♈ 39	11 3	16 38	5 10	10 20	13 37	7 57
15	11 27 15	23 37 41	15 10 29	22 34 1	9 48	8 44	26 13	1 54	11 29	16 31	5 5	10 23	13 36	7 57
16	11 31 12	24 37 25	29 51 59	7♏ 3 49	9 45	8 45	27 20	3 8	11 54	16 25	5 0	10 27	13 35	7 57
17	11 35 8	25 37 7	14♏ 9 6	21 7 36	9 42	8 46	28 29	4 23	12 20	16 18	4 56	10 30	13 34	7 57
18	11 39 5	26 36 47	27 59 15	4♐ 44 7	9 39	8 47	29 40	5 38	12 45	16 11	4 51	10 33	13 33	7 57
19	11 43 1	27 36 26	11♐ 22 26	17 54 28	9 36	8 48	0♓ 53	6 52	13 10	16 4	4 47	10 37	13 32	7 56
20	11 46 58	28 36 3	24 20 37	0♑ 41 19	9 33	8 49R	2 8	8 7	13 35	15 57	4 42	10 40	13 31	7 56
21	11 50 55	29 35 39	6♑ 57 5	13 8 24	9 29	8 49	3 25	9 21	13 59	15 50	4 37	10 43	13 29	7 56
22	11 54 51	0♈ 35 12	19 15 49	25 19 50	9 26	8 48	4 44	10 36	14 23	15 43	4 33	10 47	13 28	7 56D
23	11 58 48	1 34 44	1♒ 21 1	7♒ 19 50	9 23	8 47	6 5	11 50	14 47	15 36	4 28	10 50	13 27	7 56
24	12 2 44	2 34 14	13 16 47	19 12 20	9 20	8 46	7 27	13 5	15 10	15 28	4 23	10 53	13 26	7 56
25	12 6 41	3 33 42	25 6 55	1♓ 0 57	9 17	8 46	8 50	14 19	15 34	15 21	4 19	10 57	13 25	7 56
26	12 10 37	4 33 8	6♓ 54 47	12 48 47	9 13	8 45	10 16	15 34	15 56	15 13	4 14	11 0	13 24	7 56
27	12 14 34	5 32 33	18 43 17	24 38 35	9 10	8 44	11 42	16 48	16 19	15 6	4 9	11 3	13 24	7 56
28	12 18 30	6 31 55	0♈ 34 57	6♈ 32 39	9 7	8 44D	13 11	18 3	16 41	14 58	4 4	11 6	13 23	7 57
29	12 22 27	7 31 15	12 31 56	18 33 3	9 4	8 44	14 41	19 17	17 3	14 51	4 0	11 9	13 22	7 57
30	12 26 23	8 30 33	24 36 13	0♉ 41 40	9 1	8 44	16 12	20 31	17 25	14 43	3 55	11 12	13 21	7 57
31	12 30 20	9♈ 29 50	6♉ 49 39	13♉ 0 24	8♎ 58	8♎ 44R	17♓ 45	21♈ 46	17♐ 46	14♎ 36	3♎ 50	11♓ 16	13♌ 20	7♋ 57

DECLINATION and LATITUDE

DAY	☉ DECL	☽ DECL	☽ LAT	☽ 12hr DECL	☿ DECL	☿ LAT	♀ DECL	♀ LAT	♂ DECL	♂ LAT	♃ DECL	♃ LAT	♄ DECL	♄ LAT
1	7S58	1N53	0N29	3N44	14S30	1N33	7S27	1S26	20S14	0N56	5S35	1N32	0S 2	2N35
2	7 35	5 33	0S37	7 19	14 39	1 20	6 58	1 26	20 20	0 55	5 33	1 32	0 1	2 35
3	7 12	9 2	1 41	10 39	14 45	1 6	6 29	1 26	20 26	0 55	5 31	1 33	0N 1	2 36
4	6 49	12 11	2 42	13 35	14 50	0 53	5 59	1 25	20 31	0 54	5 29	1 33	0 3	2 36
5	6 26	14 50	3 36	15 55	14 53	0 41	5 29	1 25	20 37	0 53	5 27	1 33	0 5	2 36
6	6 3	16 50	4 22	17 32	14 54	0 28	4 59	1 25	20 42	0 52	5 25	1 33	0 6	2 36
7	5 40	18 1	4 55	18 15	14 53	0 16	4 29	1 24	20 47	0 52	5 22	1 33	0 8	2 36
8	5 16	18 13	5 13	17 56	14 51	0 5	3 59	1 23	20 53	0 51	5 20	1 34	0 10	2 36
9	4 53	17 21	5 14	16 30	14 46	0S 6	3 29	1 23	20 58	0 50	5 18	1 34	0 12	2 36
10	4 30	15 23	4 55	13 59	14 41	0 17	2 59	1 22	21 3	0 49	5 15	1 34	0 14	2 37
11	4 6	12 21	4 16	10 29	14 33	0 28	2 28	1 21	21 7	0 48	5 13	1 34	0 16	2 37
12	3 43	8 27	3 19	6 15	14 24	0 38	1 58	1 20	21 12	0 47	5 10	1 34	0 17	2 37
13	3 19	3 57	2 8	1 35	14 14	0 47	1 27	1 19	21 17	0 46	5 8	1 34	0 19	2 37
14	2 56	0S47	0 47	3S 9	14 2	0 56	0 57	1 18	21 22	0 45	5 5	1 34	0 21	2 37
15	2 32	5 26	0N36	7 37	13 48	1 5	0 26	1 17	21 26	0 44	5 2	1 35	0 23	2 37
16	2 8	9 39	1 54	11 30	13 33	1 13	0N 5	1 16	21 31	0 43	4 60	1 35	0 25	2 37
17	1 45	13 10	3 4	14 36	13 16	1 21	0 35	1 15	21 35	0 42	4 57	1 35	0 27	2 37
18	1 21	15 49	4 1	16 47	12 58	1 28	1 6	1 14	21 39	0 41	4 54	1 35	0 29	2 37
19	0 57	17 30	4 42	17 58	12 39	1 35	1 37	1 13	21 43	0 40	4 52	1 35	0 31	2 38
20	0 33	18 13	5 7	18 13	12 18	1 42	2 8	1 11	21 47	0 39	4 49	1 35	0 33	2 38
21	0 10	17 59	5 17	17 33	11 56	1 48	2 38	1 10	21 51	0 38	4 46	1 35	0 34	2 38
22	0N14	16 55	5 12	16 5	11 32	1 53	3 9	1 9	21 55	0 37	4 43	1 35	0 36	2 38
23	0 38	15 6	4 53	13 57	11 7	1 58	3 39	1 7	21 59	0 36	4 40	1 35	0 38	2 38
24	1 1	12 39	4 22	11 14	10 41	2 3	4 10	1 6	22 3	0 35	4 37	1 35	0 40	2 38
25	1 25	9 42	3 40	8 5	10 14	2 7	4 40	1 4	22 7	0 33	4 35	1 36	0 42	2 38
26	1 49	6 23	2 48	4 36	9 45	2 11	5 10	1 2	22 10	0 32	4 32	1 36	0 44	2 38
27	2 12	2 47	1 49	0 56	9 15	2 14	5 40	1 1	22 14	0 31	4 29	1 36	0 46	2 38
28	2 36	0N55	0 45	2N47	8 43	2 17	6 10	0 59	22 18	0 30	4 26	1 36	0 48	2 38
29	2 59	4 38	0S21	6 26	8 11	2 20	6 40	0 57	22 21	0 28	4 23	1 36	0 50	2 38
30	3 23	8 11	1 27	9 52	7 37	2 22	7 10	0 55	22 25	0 27	4 20	1 36	0 52	2 38
31	3N46	11N26	2S30	12N54	7S 2	2S23	7N40	0S53	22S28	0N25	4S17	1N36	0N53	2N38

DAY	♅ DECL	♅ LAT	♆ DECL	♆ LAT	♇ DECL	♇ LAT
1	8S39	0S44	16N46	0N 7	20N 5	3S 8
5	8 34	0 44	16 48	0 7	20 6	3 7
9	8 29	0 44	16 50	0 7	20 6	3 7
13	8 24	0 44	16 51	0 7	20 7	3 6
17	8 19	0 44	16 53	0 7	20 8	3 5
21	8 14	0 44	16 54	0 7	20 8	3 5
25	8 9	0 44	16 55	0 8	20 9	3 4
29	8S 4	0S44	16N56	0N 8	20N 9	3S 4

☽ PHENOMENA			
d	h	m	
6	19	21	☽
13	11	14	○
20	8	43	☾
28	13	3	●ecl
d	h	° '	
7	17	18N16	
13	20	0	
20	6	18S14	
27	18	0	
1	11	0	
8	13	5S16	
14	14	0	
21	4	5N17	
28	16	0	

VOID OF COURSE ☽ LAST ASPT		☽ INGRESS		
2	4am29	3	♉	4am52
4	6pm10	5	♊	2pm49
7	7am44	7	♋	9pm19
9	4pm21	10	♌	0am10
11	12pm47	12	♍	0am23
13	11am14	13	♎	11pm44
15	7pm28	16	♏	0am13
18	3am16	18	♐	3am33
20	8am43	20	♑	10am41
21	5pm 6	22	♒	9pm18
24	4am23	25	♓	9am56
26	6pm58	27	♈	10pm49
29	3pm 0	30	♉	10am38

d	h	
13	0	PERIGEE
25	19	APOGEE

DAILY ASPECTARIAN

1 W	☽△♂	3am 8
	☽☍♄	4 58
	☽□♇	8 55
	☽⚺♅	12pm 8
	☉⚺☽	1 17
	☽△♆	8 45
2 Th	☽#♃	0am 1
	☽⚺♀	0 22
	☽⚹☿	1 56
	☽☍♃	4 29
	☽#♀	8 24
	☽⚼♂	10 33
	☉#☽	12pm26
	☽∠♅	6 20
	♂⚹♄	7 28
	☿⚺♀	8 20
	☽#♅	9 2
	☉∠☽	10 2
3 F	☽∠♀	9am40
	♀⚻♃	1pm35
	☽⚻♄	4 29
	☽⚻♂	5 27
	☽⚹♇	8 37
4 S	☽⚹♅	0am 3
	☉⚹☽	6 8
	☽□♆	7 58
	☽□☿	3pm 6
	☽⚻♃	3 8
	☿△♃	3 41
	☽⚹♀	6 10
	☽⚼♄	9 24
5 Su	☽#☿	0am29
	☽∠♇	1 34
	♀∥♃	2 18
	☉⚻♆	4 16
	☽⚼♃	7pm24
	☽∥♆	11 39
6 M	☽△♄	1am32
	☽☍♂	4 53
	☽⚺♇	5 42
	☽□♅	9 13
	☽⚹♆	4pm20
	☉□☽	7 21
	☽△♃	10 47
7 T	☽△☿	1am48
	♂⚻♇	3 35
	☽□♀	7 44
	☽∠♆	7pm 8
	☉∥♃	8 2
8 W	☽⚼☿	5am48
	☽□♄	7 2
	☽☌♇	11 10
	☽⚻♂	12pm15
	☉⚻♃	1 3
	☽△♅	2 41
	☽⚺♆	9 1
9 Th	☿⚼♄	1am47
	☽□♃	2 45
	☉△☽	3 53
	☽∥♆	7 49
	☽⚻☿	8 51
	☽⚼♂	2pm25
	☽⚼♅	4 3
	☽△♀	4 21
10 F	☽#☿	6am32
	☉⚼☽	6 34
	☽⚹♄	9 2
	☽⚺♇	1pm 9
	☽△♂	3 46
	☽⚻♅	4 41
	☽⚼♀	7 8
	☽☌♆	10 24
11 S	☽⚹♃	3am35
	☉⚻☽	8 29
	☽∠♄	9 4
	☽☍☿	12pm47
	☽∠♇	1 13
	☿⚼♇	7 45
	☽⚻♀	9 14
12 Su	☽#♅	0am10
	♂□♅	3 3
	☽∠♃	3 16
	☽⚺♄	8 43
	♀⚼♆	9 39
	☽⚹♇	12pm57
	☽☍♅	4 34
	☽□♂	4 55
	☽#♃	5 53
	☽⚺♆	9 54
13 M	☽⚺♃	2am45
	☉#☽	3 33
	☉☍☽	11 14
	♀ ♈	11 30
	☽#♀	2pm13
	☽⚻☿	3 28
	☽∥♄	6 17
	☽∠♆	9 34
	☽#♄	9 47
14 T	☽∥♀	0am41
	☽☍♀	0 50
	☽☌♄	7 54
	☉∥☽	10 1
	☽□♇	12pm24
	☽⚻♅	4 16
	☽⚼☿	5 9
	☽⚹♂	5 53
	☽⚹♆	9 28
	☽∥♃	9 56
15 W	♀#♄	2am 4
	☽☌♃	2 9
	☉⚻☽	2pm44
	☽∥♅	4 13
	☽⚼♅	4 41
	☽∠♂	6 58
	☽△☿	7 28
16 Th	☽⚻♀	5am57
	☽⚺♄	8 31
	☽△♇	1pm29
	♀∥♄	4 48
	☉⚼☽	5 33
	☽△♅	5 46
	☽⚺♂	8 48
	☽□♆	11 0
17 F	☽∥☿	0am46
	☽⚺♃	3 38
	☽⚼♀	9 52
	☽∠♄	9 53
	♀☍♄	10 0
	☽⚼♇	3pm10
	☉△☽	9 23
18 S	☽□☿	3am16
	☽∠♃	5 37
	☉#♀	6 28
	☿ ♓	6 32
	☽⚹♄	12pm 9
	☽#♆	1 36
	☽△♀	3 0
	☽⚻♇	5 46
	☽□♅	10 37
19 Su	☿⚼♃	3am10
	☽☌♂	3 23
	☽△♆	3 56
	☽⚹♃	8 32
	♂△♆	8pm 8
	♀□♇	8 41
	☉⚼♆	9 49
20 M	☉#♄	0am47
	☽⚼♆	7 51
	☉□☽	8 43
	☽⚹☿	4pm27
	☽□♄	7 33
21 T	☽☍♇	1am54
	☽□♀	5 10
	☽⚹♅	7 20
	☉ ♈	9 49
	☽⚻♆	12pm40
	☽⚺♂	2 6
	☽□♃	5 6
	☿⚻♄	8 44
22 W	☽#♆	0am 8
	☽∠☿	1 3
	♀⚺♅	3 41
	☽∠♅	12pm57
	♇SD	6 46
	☽∠♂	8 46
23 Th	☉⚹☽	0am30
	☉∥♄	0 39
	☽△♄	6 12
	☽⚺☿	10 42
	☽⚻♇	1pm13
	☽⚺♅	7 9
	☽⚹♀	11 33
24 F	☽☍♆	0am19
	☽⚹♂	3 58
	☽△♃	4 23
	♀△♆	6 52
	☿△♇	8 33
	☉∠☽	9 29
	☽⚼♄	12pm17
	♂⚹♃	2 0
	☽∥☿	7 18
	☽⚼♇	7 35
	♀#♃	8 7
25 S	☽∠♀	9am33
	☽⚼♃	10 32
	☽∥♅	11 36
	☉☍♄	4pm47
	♀☍♃	6 4
	☽⚻♄	6 35
	☉⚺☽	6 45
26 Su	☽△♇	2am 5
	☽#♀	7 12
	☽☌☿	7 45
	☽☌♅	8 21
	♀△♂	10 32
	☽∥♃	12pm42
	☿☌♅	12 43
	☽⚻♆	1 12
	☽⚻♃	4 43
	☽□♂	6 58
	☽⚺♀	7 39
27 M	☉#☽	3am28
	☽#♄	1pm 2
	☽⚼♆	7 33
	☽∥♄	11 10
28 T	☿⚻♆	3am 9
	☽☍♄	6 59
	☉∥☽	12pm 1
	☉☌☽	1 3
	☽□♇	2 49
	☽⚺♅	9 14
	☽#♃	10 23
29 W	☽△♆	1am40
	☿⚻♃	2 28
	☽☍♃	4 35
	☽⚺☿	4 54
	☿∥♅	5 12
	☽△♂	9 18
	☉□♇	10 20
	☽☌♀	3pm 0
	☽∥♀	3 47
	☽#☿	8 38
	☽#♅	11 2
30 Th	☽∠♅	3am11
	☿#♀	10 13
	☽∠☿	2pm52
	☽⚼♂	3 49
	☽⚻♄	6 12
31 F	☿□♂	0am18
	☽⚹♇	2 11
	☉⚺☽	5 39
	☽⚹♅	8 39
	☽□♆	12pm38
	☽⚻♃	2 55
	♀#♅	5 23
	☽⚻♂	9 47
	☽⚼♄	11 6

APRIL 1922

LONGITUDE

DAY	SID. TIME	☉	☽	☽ 12 Hour	MEAN ☊	TRUE ☊	☿	♀	♂	♃	♄	♅	♆	♇
	h m s	° ' "	° ' "	° ' "	° '	° '	° '	° '	° '	° '	° '	° '	° '	° '
1	12 34 17	10♈ 29 4	19♉ 14 9	25♉ 31 10	8♎ 54	8♎ 44R	19♓ 19	23♈ 0	18♐ 7	14♎ 28R	3♎ 46R	11♓ 19	13♌ 19R	7♋ 57
2	12 38 13	11 28 15	1♊ 51 42	8♊ 16 0	8 51	8 44	20 55	24 14	18 27	14 20	3 41	11 22	13 19	7 57
3	12 42 10	12 27 25	14 44 21	21 16 58	8 48	8 44	22 32	25 28	18 47	14 12	3 36	11 25	13 18	7 58
4	12 46 6	13 26 32	27 54 8	4♋ 36 2	8 45	8 43	24 11	26 43	19 7	14 5	3 32	11 28	13 17	7 58
5	12 50 3	14 25 37	11♋ 22 50	18 14 41	8 42	8 43D	25 51	27 57	19 26	13 57	3 27	11 31	13 17	7 58
6	12 53 59	15 24 40	25 11 36	2♌ 13 36	8 39	8 43	27 32	29 11	19 45	13 49	3 23	11 34	13 16	7 59
7	12 57 56	16 23 40	9♌ 20 31	16 32 9	8 35	8 44	29 15	0♉ 25	20 3	13 42	3 18	11 37	13 15	7 59
8	13 1 52	17 22 38	23 48 8	1♍ 7 58	8 32	8 44	0♈ 59	1 39	20 22	13 34	3 14	11 40	13 15	7 59
9	13 5 49	18 21 34	8♍ 31 4	15 56 41	8 29	8 45	2 45	2 53	20 39	13 26	3 9	11 43	13 14	8 0
10	13 9 46	19 20 27	23 24 0	0♎ 52 5	8 26	8 45R	4 33	4 7	20 56	13 19	3 5	11 46	13 14	8 0
11	13 13 42	20 19 18	8♎ 19 58	15 46 38	8 23	8 45	6 22	5 21	21 13	13 11	3 0	11 49	13 13	8 1
12	13 17 39	21 18 8	23 11 6	0♏ 32 25	8 19	8 45	8 12	6 35	21 29	13 3	2 56	11 52	13 13	8 1
13	13 21 35	22 16 55	7♏ 49 42	15 2 12	8 16	8 44	10 4	7 49	21 45	12 56	2 52	11 54	13 13	8 2
14	13 25 32	23 15 40	22 9 16	29 10 25	8 13	8 43	11 57	9 3	22 1	12 48	2 48	11 57	13 12	8 2
15	13 29 28	24 14 24	6♐ 5 18	12♐ 53 45	8 10	8 41	13 52	10 17	22 16	12 41	2 43	12 0	13 12	8 3
16	13 33 25	25 13 5	19 35 43	26 11 16	8 7	8 39	15 49	11 31	22 30	12 33	2 39	12 3	13 12	8 3
17	13 37 21	26 11 46	2♑ 40 39	9♑ 4 10	8 4	8 37	17 47	12 45	22 44	12 26	2 35	12 5	13 11	8 4
18	13 41 18	27 10 24	15 22 12	21 35 16	8 0	8 36	19 46	13 59	22 57	12 19	2 31	12 8	13 11	8 4
19	13 45 15	28 9 0	27 43 52	3♒ 48 34	7 57	8 35D	21 47	15 12	23 10	12 12	2 27	12 11	13 11	8 5
20	13 49 11	29 7 36	9♒ 49 57	15 48 38	7 54	8 36	23 49	16 26	23 22	12 4	2 23	12 13	13 11	8 6
21	13 53 8	0♉ 6 9	21 45 13	27 40 18	7 51	8 37	25 53	17 40	23 34	11 57	2 19	12 16	13 11	8 6
22	13 57 4	1 4 41	3♓ 34 27	9♓ 28 15	7 48	8 38	27 58	18 54	23 45	11 50	2 15	12 18	13 11	8 7
23	14 1 1	2 3 10	15 22 13	21 16 52	7 44	8 40	0♉ 4	20 7	23 56	11 44	2 12	12 21	13 10	8 8
24	14 4 57	3 1 39	27 12 39	3♈ 10 1	7 41	8 41	2 10	21 21	24 6	11 37	2 8	12 23	13 10D	8 8
25	14 8 54	4 0 5	9♈ 9 19	15 10 55	7 38	8 42R	4 18	22 35	24 15	11 30	2 4	12 26	13 10	8 9
26	14 12 50	4 58 30	21 15 6	27 22 6	7 35	8 41	6 27	23 48	24 24	11 23	2 1	12 28	13 10	8 10
27	14 16 47	5 56 53	3♉ 32 9	9♉ 45 24	7 32	8 39	8 35	25 2	24 32	11 17	1 57	12 31	13 11	8 11
28	14 20 43	6 55 14	16 1 57	22 21 53	7 29	8 36	10 44	26 15	24 39	11 11	1 54	12 33	13 11	8 11
29	14 24 40	7 53 34	28 45 16	5♊ 12 5	7 25	8 32	12 53	27 29	24 46	11 4	1 50	12 35	13 11	8 12
30	14 28 37	8♉ 51 51	11♊ 42 22	18♊ 16 4	7♎ 22	8♎ 27	15♉ 2	28♉ 42	24♐ 52	10♎ 58	1♎ 47	12♓ 38	13♌ 11	8♋ 13

DECLINATION and LATITUDE

DAY	☉ DECL	☽ DECL	☽ LAT	☽ 12hr DECL	☿ DECL	☿ LAT	♀ DECL	♀ LAT	♂ DECL	♂ LAT	♃ DECL	♃ LAT	♄ DECL	♄ LAT
1	4N 9	14N13	3S27	15N24	6S26	2S24	8N 9	0S51	22S31	0N24	4S14	1N36	0N55	2N38
2	4 32	16 23	4 14	17 11	5 49	2 25	8 38	0 49	22 34	0 22	4 11	1 36	0 57	2 38
3	4 55	17 46	4 50	18 7	5 11	2 25	9 7	0 47	22 38	0 21	4 8	1 36	0 59	2 38
4	5 18	18 14	5 12	18 5	4 31	2 24	9 36	0 45	22 41	0 19	4 5	1 36	1 1	2 38
5	5 41	17 41	5 17	17 2	3 51	2 23	10 4	0 43	22 44	0 18	4 2	1 36	1 3	2 38
6	6 4	16 6	5 5	14 56	3 9	2 22	10 33	0 41	22 47	0 16	3 59	1 36	1 4	2 38
7	6 27	13 31	4 34	11 53	2 26	2 20	11 1	0 39	22 50	0 15	3 56	1 36	1 6	2 38
8	6 50	10 3	3 45	8 3	1 42	2 17	11 29	0 37	22 53	0 13	3 53	1 36	1 8	2 38
9	7 12	5 54	2 40	3 39	0 58	2 14	11 56	0 35	22 56	0 11	3 50	1 36	1 10	2 38
10	7 34	1 20	1 24	1S 1	0 12	2 11	12 24	0 32	22 59	0 9	3 47	1 36	1 11	2 38
11	7 57	3S21	0 2	5 37	0N35	2 7	12 51	0 30	23 2	0 8	3 44	1 36	1 13	2 38
12	8 19	7 47	1N19	9 50	1 23	2 3	13 17	0 28	23 5	0 6	3 41	1 36	1 15	2 38
13	8 41	11 42	2 34	13 22	2 11	1 58	13 44	0 25	23 8	0 4	3 38	1 36	1 16	2 38
14	9 3	14 48	3 38	16 0	3 1	1 52	14 10	0 23	23 10	0 2	3 36	1 36	1 18	2 38
15	9 24	16 57	4 27	17 38	3 51	1 46	14 35	0 20	23 13	0 0	3 33	1 35	1 19	2 37
16	9 46	18 4	4 59	18 15	4 42	1 40	15 1	0 18	23 16	0S 2	3 30	1 35	1 21	2 37
17	10 7	18 11	5 15	17 53	5 33	1 33	15 25	0 15	23 19	0 4	3 27	1 35	1 23	2 37
18	10 28	17 22	5 14	16 38	6 25	1 25	15 50	0 13	23 22	0 6	3 24	1 35	1 24	2 37
19	10 49	15 44	4 59	14 40	7 18	1 17	16 14	0 10	23 25	0 8	3 22	1 35	1 26	2 37
20	11 10	13 27	4 31	12 5	8 11	1 9	16 38	0 8	23 27	0 10	3 19	1 35	1 27	2 37
21	11 31	10 37	3 51	9 2	9 4	1 0	17 1	0 5	23 30	0 13	3 16	1 35	1 29	2 37
22	11 51	7 22	3 2	5 38	9 58	0 51	17 24	0 3	23 33	0 15	3 14	1 35	1 30	2 37
23	12 12	3 51	2 5	2 0	10 51	0 41	17 47	0 0	23 36	0 17	3 11	1 35	1 31	2 37
24	12 32	0 9	1 3	1N44	11 44	0 32	18 9	0N 2	23 39	0 20	3 9	1 35	1 33	2 37
25	12 51	3N36	0S 2	5 26	12 37	0 22	18 30	0 5	23 41	0 22	3 6	1 34	1 34	2 36
26	13 11	7 14	1 9	8 58	13 30	0 11	18 51	0 7	23 44	0 25	3 4	1 34	1 35	2 36
27	13 31	10 37	2 12	12 10	14 22	0 1	19 12	0 10	23 47	0 27	3 1	1 34	1 37	2 36
28	13 50	13 36	3 11	14 52	15 13	0N10	19 32	0 13	23 50	0 30	2 59	1 34	1 38	2 36
29	14 9	15 58	4 1	16 53	16 3	0 21	19 51	0 15	23 53	0 32	2 57	1 34	1 39	2 36
30	14N28	17N35	4S39	18N 3	16N51	0N31	20N10	0N18	23S56	0S35	2S54	1N34	1N40	2N36

DAY	♅ DECL	♅ LAT	♆ DECL	♆ LAT	♇ DECL	♇ LAT
1	8S 0	0S44	16N57	0N 8	20N 9	3S 4
5	7 56	0 44	16 58	0 8	20 10	3 3
9	7 51	0 44	16 58	0 8	20 10	3 3
13	7 47	0 45	16 59	0 8	20 11	3 2
17	7 43	0 45	16 59	0 8	20 11	3 1
21	7 39	0 45	16 60	0 8	20 11	3 1
25	7 35	0 45	16 60	0 8	20 12	3 1
29	7S32	0S45	16N60	0N 8	20N12	3S 0

☽ PHENOMENA	VOID OF COURSE ☽ LAST ASPT	☽ INGRESS
d h m	1 0am11	1 ♊ 8pm29
5 5 45 ☽	3 9pm38	4 ♋ 3am46
11 20 44 ○	6 7am29	6 ♌ 8am13
19 0 54 ☾	7 6pm12	8 ♍ 10am 9
27 5 4 ●	9 7pm58	10 ♎ 10am36
	11 9pm12	12 ♏ 11am 7
d h ° '	13 8am57	14 ♐ 1pm26
3 23 18N14	16 11am 3	16 ♑ 7pm 2
10 7 0	19 0am54	19 ♒ 4am28
16 15 18S15	21 10am 9	21 ♓ 4pm44
24 1 0	23 5pm37	24 ♈ 5am38
	26 6am15	26 ♉ 5pm 8
	28 9pm22	29 ♊ 2am20
4 19 5S18		
11 1 0	d h	
17 11 5N16	10 9 PERIGEE	
24 23 0	22 10 APOGEE	

DAILY ASPECTARIAN

1 S	☽⚹☿	0am11
	☉#♃	4 19
	☽∠♇	7 7
	☽⊻♀	7 59
	☉∠☽	12pm57
	☽⚼♃	7 17
	☉⊻♅	9 15
2 Su	☽△♄	3am24
	☽∥♆	8 14
	☽⊻♇	11 26
	☽∠♀	3pm16
	☽□♅	5 50
	☉⚹☽	7 26
	☽⚹♆	9 21
	☽△♃	11 2
3 M	☉#☿	5am52
	☽☍♂	7 38
	☽□☿	4pm18
	♀∠♅	7 3
	☉△♆	8 18
	☽⚹♀	9 38
4 T	☽∠♆	0am42
	☽□♄	10 2
	☉☍♃	1pm44
	☿∥♃	4 49
	☽☌♇	5 59
5 W	☽△♅	0am14
	☽⊻♆	3 20
	☽□♃	4 28
	☉□☽	5 45
	☽∥♆	12pm57
	☽⊼♂	2 24
6 Th	☽⚼♅	2am22
	☽△☿	4 34
	☽□♀	7 29
	☿⚼♆	10 14
	☽⚹♄	1pm53
	♀ ♉	3 51
	☽⚼♂	4 38
	☽⊻♇	9 43
7 F	☽⊼♅	3am49
	☽☌♆	6 33
	☽⚹♃	7 13
	☽⚼☿	9 19
	☿ ♈	10 22
	☉△☽	12pm37
	☽∠♄	2 51
	☽∥♀	3 50
	☽△♂	6 12
	☽∠♇	10 40
8 S	☽∠♃	7am44
	☽#♅	1pm 2
	☽⊼☿	1 22
	☽△♀	2 2
	☉⚼☽	3 2
	☽⊻♄	3 20
	☉∥☽	5 24
	☿#♄	5 51
	☽⚹♇	11 9
9 Su	♀⊼♄	4am53
	☿☍♄	5 10
	☽☍♅	5 11
	☿⊻♀	5 51
	☽⊻♆	7 38
	☽⊻♃	7 53
	☽#♃	11 9
	☽⚼♀	4pm30
	☉⊼☽	5 1
	☽□♂	7 58
10 M	☽∥♄	0am44
	☽∥☿	6 42
	☽#☿	6 57
	☽∠♆	7 46
	☽#♄	12pm58
	☽☌♄	3 29
	♃⚹♆	3 39
	☉#♅	4 26
	☽⊼♀	6 47
	☽☍☿	8 23
	☽□♇	11 29
11 T	☽∥♃	2am 2
	☽⊼♅	5 37
	☽☌♃	7 45
	☽⚹♆	7 53
	☿∥♄	7pm51
	☉☍☽	8 44
	☽⚹♂	9 12
	♀⚼♂	9 32
	☿□♇	9 38
12 W	☽∥♅	0am 5
	☉#☽	3 18
	☽⚼♅	6 0
	☉△♂	6 21
	☽⊻♄	3pm51
	☽∠♂	10 12
	☽☍♀	11 59
13 Th	☽△♇	0am20
	♀⚹♇	4 0
	☽⊼☿	4 16
	☽△♅	6 48
	☽⊻♃	8 24
	☽□♆	8 57
	☽∠♄	4pm40
	☽#♀	5 27
	☽⊻♂	11 45
	☿⊻♅	11 57
14 F	☽⚼♇	1am30
	☉⊼☽	2 1
	☽⚼☿	9 29
	☽∠♃	9 34
	☿☍♃	10 1
	☿△♆	3pm38
	☿#♃	3 54
	☽⚹♄	6 10
15 S	☽#♆	0am31
	☽⊼♇	3 26
	☉⚼☽	5 58
	☽⊼♀	8 7
	☽□♅	10 27
	☽⚹♃	11 31
	☽△♆	12pm32
	☽△☿	4 3
16 Su	☽☌♂	5am21
	♀⚹♅	10 40
	☉△☽	11 3
	☽⚼♀	1pm55
	☽⚼♆	3 41
	♀⊼♃	6 27
	☽□♄	11 50
17 M	♀□♆	8am35
	☽☍♇	10 6
	☽⚹♅	5pm48
	☽□♃	6 13
	☽⊼♆	7 49
	☽△♀	9 3
	☉∠♅	10 59
18 T	☽#♆	6am35
	☽□☿	10 7
	☽⊻♂	2pm55
	☽#♀	6 48
	☽∠♅	10 55
19 W	☉□☽	0am54
	♃⊼♅	2 17
	☽△♄	9 15
	☿#♅	10 21
	☿△♂	6pm 8
	☽⊼♇	8 31
	☽∠♂	9 2
20 Th	☽△♃	4am27
	☽⊻♅	4 48
	☽☍♆	6 42
	☽□♀	2pm47
	☽⚼♄	3 5
	☉#☽	5 32
	♀⚼♄	5 34
	☉ ♉	9 29
	♀∥♆	10 14
21 F	☽⚼♇	2am44
	☽⚹♂	3 44
	☽#☿	9 13
	☽⚹☿	10 9
	☽⚼♃	10 27
	☿∠♅	4pm19
	☉⚹☽	6 28
	☽⊼♄	9 20
	☽∥♅	10 7
22 S	☽△♇	9am15
	☽⊼♃	4pm39
	☽☌♅	5 50
	☽⊼♆	7 32
	☽∠☿	11 14
	☿ ♉	11 19
23 Su	☉⊼♄	3am16
	☉∠☽	3 44
	☽∥♃	4 23
	☽⚹♀	10 46
	☽#♄	3pm 3
	☽□♂	5 37
	☿⊼♄	11 32
24 M	☽⚼♆	1am57
	☽☍♄	9 52
	☽∥♄	10 55
	☽⊻☿	12pm10
	☉⊻☽	12 46
	♆SD	3 15
	☉☌☿	5 45
	☽∠♀	8 29
	☽#♃	8 52
	☽□♇	9 59
25 T	☽☍♃	4am38
	☽⊻♅	6 33
	☽△♆	8 1
	☉∥☿	10 17
	♀∠♇	11 20
26 W	☽#♅	2am19
	☽⊻♀	5 35
	☽△♂	6 15
	☽∠♅	12pm14
	♀⊼♂	1 0
	☿⚹♇	7 22
	☽⊼♄	8 57
27 Th	☉☌☽	5am 4
	☽⚹♇	8 58
	☿⚼♂	11 10
	☽⚼♂	11 41
	☽☌☿	11 47
	☽⊼♃	2pm48
	☽⚹♅	5 20
	☽□♆	6 33
	♀⚼♃	10 32
28 F	☽⚼♄	1am38
	☉∥☽	2 23
	☿⊼♃	4 40
	☽∠♇	1pm34
	☽⊼♂	4 27
	☽⚼♃	7 1
	☿⚹♅	8 37
	☽☌♀	9 22
29 S	☽∥☿	1am25
	☿□♆	3 18
	☽△♄	5 44
	☉⚹♇	7 47
	☽∥♆	1pm39
	☽⊻♇	5 34
	☉⊻☽	6 21
	☽△♃	10 39
30 Su	☽□♅	1am42
	♀∥♇	2 25
	☽⚹♆	2 42
	☿∥♆	4 15
	☽⊻☿	7 16
	☿⚼♄	7pm20
	☉∠☽	11 54

LONGITUDE

DAY	SID. TIME	☉	☽	☽ 12 Hour	MEAN ☊	TRUE ☊	☿	♀	♂	♃	♄	♅	♆	♇
	h m s	° ' "	° ' "	° ' "	° '	° '	° '	° '	° '	° '	° '	° '	° '	° '
1	14 32 33	9♉ 50 7	24♊ 53 10	1♋ 33 36	7♎ 19	8♎ 22R	17♉ 9	29♉ 56	24♐ 58	10♎ 52R	1♎ 44R	12♓ 40	13♌ 11	8♋ 14
2	14 36 30	10 48 21	8♋ 17 20	15 4 18	7 16	8 18	19 16	1♊ 9	25 2	10 46	1 41	12 42	13 11	8 15
3	14 40 26	11 46 32	21 54 28	28 47 46	7 13	8 15	21 22	2 23	25 6	10 40	1 38	12 44	13 12	8 16
4	14 44 23	12 44 42	5♌ 44 8	12♌ 43 30	7 10	8 14D	23 26	3 36	25 10	10 35	1 35	12 46	13 12	8 17
5	14 48 19	13 42 49	19 45 43	26 50 42	7 6	8 13	25 28	4 49	25 12	10 29	1 32	12 48	13 12	8 18
6	14 52 16	14 40 55	3♍ 58 13	11♍ 8 4	7 3	8 14	27 28	6 3	25 14	10 24	1 29	12 50	13 13	8 19
7	14 56 12	15 38 59	18 19 56	25 33 28	7 0	8 16	29 26	7 16	25 16	10 19	1 26	12 52	13 13	8 19
8	15 0 9	16 37 0	2♎ 48 12	10♎ 3 37	6 57	8 16R	1♊ 21	8 29	25 16R	10 14	1 24	12 54	13 13	8 20
9	15 4 6	17 35 0	17 19 8	24 34 6	6 54	8 16	3 13	9 42	25 16	10 9	1 21	12 56	13 14	8 21
10	15 8 2	18 32 58	1♏ 47 49	8♏ 59 35	6 50	8 14	5 3	10 55	25 15	10 4	1 19	12 58	13 14	8 22
11	15 11 59	19 30 55	16 8 40	23 14 24	6 47	8 10	6 49	12 8	25 14	9 59	1 17	13 0	13 15	8 24
12	15 15 55	20 28 50	0♐ 16 9	7♐ 13 20	6 44	8 5	8 32	13 22	25 11	9 55	1 14	13 2	13 15	8 25
13	15 19 52	21 26 43	14 5 30	20 52 18	6 41	7 58	10 12	14 35	25 8	9 50	1 12	13 3	13 16	8 26
14	15 23 48	22 24 35	27 33 31	4♑ 9 2	6 38	7 51	11 49	15 48	25 4	9 46	1 10	13 5	13 17	8 27
15	15 27 45	23 22 26	10♑ 38 53	17 3 11	6 35	7 44	13 22	17 1	24 59	9 42	1 8	13 7	13 17	8 28
16	15 31 41	24 20 16	23 22 13	29 36 17	6 31	7 38	14 51	18 13	24 54	9 38	1 6	13 8	13 18	8 29
17	15 35 38	25 18 4	5♒ 45 51	11♒ 51 24	6 28	7 34	16 17	19 26	24 48	9 35	1 4	13 10	13 19	8 30
18	15 39 35	26 15 51	17 53 29	23 52 42	6 25	7 32D	17 39	20 39	24 41	9 31	1 3	13 12	13 19	8 31
19	15 43 31	27 13 37	29 49 41	5♓ 45 5	6 22	7 32	18 58	21 52	24 33	9 28	1 1	13 13	13 20	8 32
20	15 47 28	28 11 22	11♓ 39 34	17 33 46	6 19	7 32	20 13	23 5	24 25	9 25	1 0	13 14	13 21	8 34
21	15 51 24	29 9 5	23 28 20	29 23 55	6 16	7 33	21 24	24 18	24 16	9 22	0 58	13 16	13 22	8 35
22	15 55 21	0♊ 6 48	5♈ 21 6	11♈ 20 27	6 12	7 34R	22 31	25 30	24 6	9 19	0 57	13 17	13 23	8 36
23	15 59 17	1 4 29	17 22 29	23 27 39	6 9	7 34	23 34	26 43	23 55	9 16	0 56	13 18	13 24	8 37
24	16 3 14	2 2 9	29 36 23	5♉ 48 59	6 6	7 31	24 33	27 56	23 44	9 14	0 54	13 20	13 25	8 38
25	16 7 10	2 59 49	12♉ 5 43	18 26 47	6 3	7 27	25 29	29 8	23 31	9 12	0 53	13 21	13 26	8 40
26	16 11 7	3 57 27	24 52 14	1♊ 22 6	6 0	7 20	26 20	0♋ 21	23 19	9 9	0 53	13 22	13 27	8 41
27	16 15 4	4 55 4	7♊ 56 18	14 34 39	5 56	7 12	27 7	1 34	23 5	9 8	0 52	13 23	13 28	8 42
28	16 19 0	5 52 40	21 16 57	28 2 54	5 53	7 2	27 50	2 46	22 51	9 6	0 51	13 24	13 29	8 44
29	16 22 57	6 50 14	4♋ 52 9	11♋ 44 21	5 50	6 52	28 28	3 59	22 37	9 4	0 50	13 25	13 30	8 45
30	16 26 53	7 47 48	18 39 8	25 36 5	5 47	6 43	29 2	5 11	22 21	9 3	0 50	13 26	13 31	8 46
31	16 30 50	8♊ 45 20	2♌ 34 52	9♌ 35 9	5♎ 44	6♎ 37	29♊ 32	6♋ 23	22♐ 6	9♎ 2	0♎ 49	13♓ 27	13♌ 32	8♋ 48

DECLINATION and LATITUDE

DAY	☉ DECL	☽ DECL	☽ LAT	☽ 12hr DECL	☿ DECL	☿ LAT	♀ DECL	♀ LAT	♂ DECL	♂ LAT	♃ DECL	♃ LAT	♄ DECL	♄ LAT
1	14N46	18N17	5S 4	18N16	17N38	0N42	20N29	0N20	23S59	0S38	2S52	1N34	1N41	2N36
2	15 4	17 60	5 12	17 27	18 23	0 52	20 47	0 23	24 2	0 40	2 50	1 33	1 43	2 35
3	15 22	16 40	5 4	15 38	19 7	1 3	21 4	0 26	24 5	0 43	2 48	1 33	1 44	2 35
4	15 40	14 22	4 37	12 52	19 48	1 12	21 21	0 28	24 8	0 46	2 46	1 33	1 45	2 35
5	15 58	11 11	3 54	9 20	20 28	1 22	21 37	0 31	24 11	0 49	2 44	1 33	1 46	2 35
6	16 15	7 19	2 56	5 12	21 4	1 31	21 52	0 33	24 14	0 52	2 42	1 33	1 47	2 35
7	16 32	2 59	1 47	0 43	21 39	1 39	22 7	0 36	24 17	0 55	2 40	1 32	1 47	2 35
8	16 49	1S34	0 30	3S50	22 11	1 47	22 22	0 39	24 20	0 58	2 38	1 32	1 48	2 34
9	17 5	6 3	0N49	8 10	22 40	1 54	22 36	0 41	24 23	1 1	2 36	1 32	1 49	2 34
10	17 21	10 9	2 4	11 59	23 7	2 0	22 49	0 44	24 26	1 4	2 35	1 32	1 50	2 34
11	17 37	13 37	3 11	15 3	23 32	2 6	23 1	0 46	24 29	1 8	2 33	1 32	1 51	2 34
12	17 53	16 13	4 5	17 9	23 54	2 11	23 13	0 49	24 32	1 11	2 32	1 31	1 52	2 34
13	18 8	17 49	4 43	18 13	24 13	2 15	23 24	0 51	24 36	1 14	2 30	1 31	1 52	2 34
14	18 23	18 22	5 4	18 15	24 30	2 18	23 35	0 53	24 39	1 18	2 29	1 31	1 53	2 33
15	18 37	17 54	5 9	17 19	24 45	2 21	23 44	0 56	24 42	1 21	2 27	1 31	1 53	2 33
16	18 52	16 32	4 58	15 34	24 57	2 23	23 54	0 58	24 45	1 24	2 26	1 31	1 54	2 33
17	19 6	14 26	4 33	13 9	25 7	2 23	24 2	1 1	24 49	1 28	2 25	1 30	1 55	2 33
18	19 20	11 44	3 56	10 12	25 15	2 23	24 10	1 3	24 52	1 31	2 24	1 30	1 55	2 33
19	19 33	8 35	3 10	6 52	25 21	2 22	24 17	1 5	24 55	1 35	2 22	1 30	1 56	2 32
20	19 46	5 6	2 15	3 17	25 25	2 20	24 23	1 7	24 58	1 39	2 21	1 30	1 56	2 32
21	19 59	1 26	1 15	0N26	25 27	2 18	24 29	1 10	25 2	1 42	2 21	1 29	1 56	2 32
22	20 11	2N19	0 12	4 11	25 28	2 14	24 34	1 12	25 5	1 46	2 20	1 29	1 57	2 32
23	20 23	6 1	0S53	7 48	25 27	2 9	24 38	1 14	25 8	1 49	2 19	1 29	1 57	2 32
24	20 35	9 32	1 56	11 10	25 24	2 4	24 42	1 16	25 11	1 53	2 18	1 29	1 57	2 31
25	20 46	12 42	2 54	14 6	25 20	1 57	24 45	1 18	25 14	1 57	2 17	1 28	1 57	2 31
26	20 57	15 21	3 46	16 24	25 14	1 50	24 47	1 20	25 17	2 1	2 17	1 28	1 58	2 31
27	21 8	17 16	4 26	17 54	25 7	1 42	24 48	1 22	25 20	2 4	2 16	1 28	1 58	2 31
28	21 18	18 17	4 53	18 25	24 59	1 33	24 49	1 24	25 23	2 8	2 16	1 28	1 58	2 31
29	21 28	18 17	5 4	17 54	24 49	1 23	24 49	1 26	25 26	2 12	2 15	1 27	1 58	2 30
30	21 37	17 14	4 58	16 18	24 39	1 12	24 48	1 27	25 29	2 16	2 15	1 27	1 58	2 30
31	21N46	15N 8	4S34	13N45	24N27	1N 0	24N47	1N29	25S32	2S19	2S15	1N27	1N58	2N30

DAY	♅ DECL	♅ LAT	♆ DECL	♆ LAT	♇ DECL	♇ LAT
1	7S30	0S45	16N59	0N 8	20N12	2S60
5	7 27	0 45	16 59	0 8	20 12	2 59
9	7 24	0 45	16 59	0 8	20 13	2 59
13	7 22	0 45	16 58	0 8	20 13	2 58
17	7 19	0 46	16 57	0 8	20 13	2 58
21	7 17	0 46	16 57	0 8	20 13	2 58
25	7 15	0 46	16 56	0 8	20 13	2 57
29	7S14	0S46	16N54	0N 8	20N13	2S57

☽ PHENOMENA				VOID OF COURSE ☽ LAST ASPT		☽ INGRESS		
d	h	m		1	0am 8	1	♋	9am12
4	12	56	☽	2	10pm53	3	♌	2pm 5
11	6	6	○	5	11am16	5	♍	5pm19
18	18	17	☾	7	11am31	7	♎	7pm22
26	18	4	●	9	1pm 9	9	♏	9pm 1
				11	6am 6	11	♐	11pm32
				13	7pm32	14	♑	4am25
d	h	° '		16	2am 0	16	♒	12pm46
1	5	18N19		18	6pm17	19	♓	0am21
7	16	0		21	12pm31	21	♈	1pm13
14	1	18S21		23	8pm23	24	♉	0am46
21	9	0		25	2am32	26	♊	9am29
28	12	18N25		28	12pm12	28	♋	3pm27
				29	2pm57	30	♌	7pm34
2	0	5S12						
8	9	0		d	h			
14	19	5N 9		8	7	PERIGEE		
22	4	0		20	4	APOGEE		
29	3	5S 5						

DAILY ASPECTARIAN

1	☽☍♂	0am 8
M	♀ ♊	1 22
	☉⚼♂	3 21
	☽∠♆	5 57
	☽⚺♀	10 0
	☽□♄	12pm16
	☽∠☿	3 31
	☽∥☿	5 11
	☉⚻♃	11 11
	☽☌♇	11 56
2	☽□♃	4am22
T	☉✶☽	4 48
	☽△♅	7 50
	☽⚺♆	8 41
	♀△♄	9 55
	☽∠♀	3pm17
	☽∥♆	7 32
	☽✶☿	10 53
3	☽⚻♂	5am37
W	☽⚼♅	10 11
	☉∥☽	12pm59
	☽✶♄	4 51
	☽✶♀	7 58
	☿∠♇	10 11
4	☉✶♅	0am39
Th	☽⚺♇	4 23
	☽⚼♂	7 38
	☽✶♃	8 16
	☉□♆	11 17
	☽⚻♅	12pm 6
	☽☌♆	12 49
	☉□☽	12 56
	☿∥♇	2 33
	☽∠♄	6 31
	☿⚻♂	8 52
5	☿⚼♃	0am14
F	☽∠♇	6 0
	☽△♂	9 15
	☽∠♃	9 39
	☽□☿	11 16
	☽⚺♄	7pm50
	☽#♅	11 18
6	☽□♀	3am48
S	☽✶♇	7 17
	☽⚺♃	10 42
	☽☍♅	2pm53
	☽⚺♆	3 28
	☉△☽	7 13
7	☽#♃	1am41
Su	☽∥♄	6 17
	☿ ♊	7 4
	☽□♂	11 31
	☽∠♆	4pm25
	☉⚼♄	6 48
	♀⚺♇	9 9
	☽△☿	9 14
	☽☌♄	9 41
	☉⚼☽	9 54
8	☿△♄	0am35
M	☽#♄	1 14
	☽∥♃	5 35
	♂SR	6 9
	☽□♇	9 10
	☽△♀	10 15
	☽☌♃	12pm12
	☉∥♆	2 48
	☿∥♀	4 18
	☽⚻♅	4 44
	☽✶♆	5 14
9	☉⚻☽	0am28
T	☽⚼☿	1 43
	☽∥♅	7 35
	♀△♃	8 9
	☽✶♂	1pm 9
	☽⚼♀	1 21
	☽⚼♅	5 37
	☽⚺♄	11 12
10	☽⚻☿	6am11
W	☽△♇	10 59
	☽⚺♃	1pm43
	☽∠♂	2 5
	☽⚻♀	4 39
	☽△♅	6 42
	☽□♆	7 8
11	☽∠♄	0am13
Th	☉☍☽	6 6
	☽⚼♇	12pm17
	☽∠♃	2 54
	☽⚺♂	3 20
	♀□♅	5 20
	♀✶♆	9 59
	☿⚺♇	10 10
12	☽✶♄	1am40
F	☽#♆	9 24
	☽⚻♇	2pm 5
	☽☍☿	4 16
	☽✶♃	4 36
	☿△♃	6 57
	☽□♅	10 11
	☽△♆	10 33
13	☽☍♀	0am56
S	☉⚻☽	2pm 2
	☽☌♂	7 32
14	☽⚼♆	1am18
Su	☽□♄	6 32
	☿#♂	6pm19
	☉⚼☽	7 27
	☽☍♇	7 57
	☿□♅	8 4
	☽□♃	10 15
	☿✶♆	10 52
15	☉∠♇	2am18
M	☽✶♅	4 37
	☽⚻♆	4 56
	☽⚻☿	5 44
	☽⚻♀	1pm11
	☽#♆	5 51
16	☉△☽	2am 0
T	☽⚺♂	2 55
	☉⚼♃	7 6
	☽∠♅	9 11
	☉⚻♂	12pm42
	☽⚼☿	2 7
	☽△♄	2 52
	☽⚼♀	9 7
17	☽⚻♇	5am23
W	☽△♃	7 28
	☽∠♂	7 52
	☽⚺♅	2pm38
	☽☍♆	2 54
	☽⚼♄	8 19
	☽△☿	11 28
18	☽△♀	6am 9
Th	☽⚼♇	11 18
	☽⚼♃	1pm14
	☽✶♂	1 29
	☉□☽	6 17
19	☽⚻♄	2am24
F	☽∥♅	9 4
	☽△♇	5pm42
	☽⚻♃	7 27
20	☽☌♅	3am13
S	☽⚻♆	3 26
	☽∥♃	6pm 8
	☽□☿	7 19
	☽#♄	8 47
	♀☍♂	11 24
21	☽□♂	1am35
Su	☽□♀	1 51
	☽⚼♆	9 55
	☉✶☽	12pm31
	☽☍♄	3 8
	☉ ♊	9 11
	☽∥♄	9 39
22	☽#♃	0am 6
M	☉∥♇	4 5
	☽□♇	6 32
	☽☍♃	7 55
	☽⚺♅	3pm55
	☽△♆	4 5
	☉△♄	8 22
	☉∠☽	9 12
23	☿☍♂	6am57
T	☽#♅	8 19
	☽△♂	12pm42
	☽✶☿	1 18
	☽✶♀	8 23
	☽∠♅	9 31
24	☽⚻♄	2am31
W	☉⚺☽	5 6
	♀∠♆	9 39
	☽⚼♂	5pm18
	☽✶♇	5 27
	☽⚻♃	6 29
	☽∠☿	8 41
25	☽✶♅	2am23
Th	☽□♆	2 32
	☽∠♀	4 17
	☽⚼♄	7 11
	☿#♂	3pm23
	♀ ♋	5 4
	☽⚻♂	9 9
	☽∠♇	9 47
	☽⚼♃	10 41
26	☽⚺☿	2am54
F	♀□♄	10 18
	☽△♄	11 5
	☽⚺♀	11 10
	☉☌☽	6pm 4
	☽∥♆	6 50
27	☽⚺♇	1am24
S	☽△♃	2 9
	☽□♅	9 52
	☽✶♆	10 0
28	☽☍♂	2am45
Su	☽☌☿	12pm12
	☽∠♆	12 46
	☽□♄	4 56
	☽☌♀	10 17
29	☿∥♀	0am53
M	☿∠♆	0 55
	☉⚺☽	3 42
	☽☌♇	6 48
	☽□♃	7 20
	☽△♅	2pm57
	☽⚺♆	3 4
30	☽∥♆	4am39
T	☽⚻♂	6 17
	☉∠☽	7 42
	☽⚼♅	4pm54
	☽⚺☿	6 35
	☽✶♄	8 59
31	☉⚺♇	0am56
W	☉△♃	6 39
	☽⚺♀	7 9
	☽⚼♂	7 35
	☽⚺♇	10 40
	☽✶♃	11 2
	☉✶☽	11 21
	☽⚻♅	6pm38
	☽☌♆	6 46
	☽∠☿	9 5
	☽∠♄	10 39

JUNE 1922

LONGITUDE

DAY	SID. TIME	☉	☽	☽ 12 Hour	MEAN ☊	TRUE ☊	☿	♀	♂	♃	♄	♅	♆	♇
	h m s	° ' "	° ' "	° ' "	° '	° '	° '	° '	° '	° '	° '	° '	° '	° '
1	16 34 46	9♊ 42 51	16♌ 36 38	23♌ 39 4	5♎ 41	6♎ 32R	29♊ 57	7♋ 36	21♐ 49R	9♎ 1R	0♎ 49R	13♓ 28	13♌ 33	8♋ 49
2	16 38 43	10 40 20	0♍ 42 14	7♍ 45 57	5 37	6 30D	0♋ 18	8 48	21 32	9 0	0 49	13 29	13 34	8 50
3	16 42 39	11 37 48	14 50 3	21 54 24	5 34	6 30	0 33	10 0	21 15	8 59	0 49D	13 30	13 35	8 52
4	16 46 36	12 35 15	28 58 52	6♎ 3 18	5 31	6 30R	0 45	11 13	20 58	8 59	0 49	13 31	13 37	8 53
5	16 50 33	13 32 41	13♎ 7 30	20 11 17	5 28	6 30	0 51R	12 25	20 39	8 58	0 49	13 31	13 38	8 54
6	16 54 29	14 30 5	27 14 22	4♏ 16 29	5 25	6 29	0 53	13 37	20 21	8 58D	0 49	13 32	13 39	8 56
7	16 58 26	15 27 28	11♏ 17 14	18 16 16	5 22	6 25	0 51	14 49	20 2	8 58	0 49	13 32	13 41	8 57
8	17 2 22	16 24 51	25 13 8	2♐ 7 25	5 18	6 18	0 44	16 1	19 43	8 58	0 50	13 33	13 42	8 58
9	17 6 19	17 22 12	8♐ 58 40	15 46 26	5 15	6 9	0 33	17 13	19 24	8 59	0 50	13 34	13 43	9 0
10	17 10 15	18 19 33	22 30 23	29 10 9	5 12	5 58	0 17	18 25	19 5	8 59	0 51	13 34	13 45	9 1
11	17 14 12	19 16 53	5♑ 45 29	12♑ 16 13	5 9	5 46	29♊ 58	19 37	18 45	9 0	0 52	13 34	13 46	9 3
12	17 18 8	20 14 12	18 42 17	25 3 41	5 6	5 35	29 36	20 49	18 26	9 1	0 52	13 35	13 48	9 4
13	17 22 5	21 11 30	1♒ 20 32	7♒ 33 3	5 2	5 25	29 10	22 1	18 6	9 2	0 53	13 35	13 49	9 6
14	17 26 2	22 8 48	13 41 32	19 46 22	4 59	5 17	28 42	23 13	17 46	9 4	0 54	13 35	13 51	9 7
15	17 29 58	23 6 6	25 47 59	1♓ 46 55	4 56	5 12	28 11	24 24	17 27	9 5	0 55	13 36	13 52	9 8
16	17 33 55	24 3 23	7♓ 43 45	13 39 4	4 53	5 9	27 39	25 36	17 7	9 7	0 57	13 36	13 54	9 10
17	17 37 51	25 0 40	19 33 32	25 27 49	4 50	5 8	27 6	26 48	16 48	9 9	0 58	13 36	13 55	9 11
18	17 41 48	25 57 56	1♈ 22 36	7♈ 18 34	4 47	5 8	26 31	27 59	16 28	9 11	0 59	13 36R	13 57	9 13
19	17 45 44	26 55 13	13 16 24	19 16 46	4 43	5 8	25 57	29 11	16 9	9 13	1 1	13 36	13 59	9 14
20	17 49 41	27 52 29	25 20 16	1♉ 27 31	4 40	5 6	25 24	0♌ 22	15 50	9 15	1 2	13 36	14 0	9 16
21	17 53 37	28 49 44	7♉ 39 2	13 55 16	4 37	5 3	24 51	1 34	15 32	9 18	1 4	13 36	14 2	9 17
22	17 57 34	29 47 0	20 16 36	26 43 19	4 34	4 57	24 20	2 45	15 14	9 20	1 6	13 36	14 4	9 19
23	18 1 31	0♋ 44 15	3♊ 15 35	9♊ 53 25	4 31	4 49	23 52	3 56	14 56	9 23	1 8	13 35	14 5	9 20
24	18 5 27	1 41 31	16 36 44	23 25 20	4 28	4 39	23 26	5 8	14 39	9 26	1 10	13 35	14 7	9 22
25	18 9 24	2 38 46	0♋ 18 51	7♋ 16 50	4 24	4 27	23 3	6 19	14 22	9 29	1 12	13 35	14 9	9 23
26	18 13 20	3 36 0	14 18 44	21 23 53	4 21	4 15	22 43	7 30	14 5	9 33	1 14	13 35	14 10	9 25
27	18 17 17	4 33 15	28 31 36	5♌ 41 12	4 18	4 5	22 28	8 41	13 50	9 36	1 16	13 34	14 12	9 26
28	18 21 13	5 30 29	12♌ 51 58	20 3 15	4 15	3 56	22 17	9 52	13 34	9 40	1 19	13 34	14 14	9 28
29	18 25 10	6 27 42	27 14 26	4♍ 25 2	4 12	3 50	22 10D	11 3	13 20	9 44	1 21	13 33	14 16	9 29
30	18 29 7	7♋ 24 55	11♍ 34 34	18♍ 42 43	4♎ 8	3♎ 47	22♊ 8	12♌ 14	13♐ 6	9♎ 48	1♎ 24	13♓ 33	14♌ 18	9♋ 31

DECLINATION and LATITUDE

DAY	☉ DECL	☽ DECL	☽ LAT	☽ 12hr DECL	☿ DECL	☿ LAT	♀ DECL	♀ LAT	♂ DECL	♂ LAT	♃ DECL	♃ LAT	♄ DECL	♄ LAT
1	21N55	12N 9	3S54	10N22	24N15	0N48	24N45	1N31	25S35	2S23	2S15	1N27	1N58	2N30
2	22 3	8 26	2 59	6 23	24 2	0 35	24 42	1 32	25 37	2 27	2 15	1 26	1 58	2 29
3	22 11	4 14	1 53	2 2	23 48	0 21	24 38	1 34	25 40	2 30	2 15	1 26	1 57	2 29
4	22 19	0S12	0 40	2S27	23 33	0 6	24 34	1 36	25 42	2 34	2 15	1 26	1 57	2 29
5	22 26	4 39	0N35	6 47	23 18	0S 9	24 29	1 37	25 45	2 38	2 15	1 26	1 57	2 29
6	22 33	8 49	1 48	10 43	23 2	0 25	24 23	1 38	25 47	2 41	2 15	1 25	1 57	2 29
7	22 39	12 28	2 54	14 2	22 45	0 41	24 17	1 40	25 49	2 45	2 15	1 25	1 56	2 28
8	22 45	15 23	3 49	16 30	22 29	0 58	24 9	1 41	25 51	2 48	2 16	1 25	1 56	2 28
9	22 51	17 22	4 29	17 59	22 12	1 15	24 2	1 42	25 53	2 52	2 16	1 25	1 56	2 28
10	22 56	18 21	4 54	18 27	21 55	1 32	23 53	1 43	25 55	2 55	2 16	1 24	1 55	2 28
11	23 1	18 18	5 2	17 54	21 38	1 49	23 44	1 44	25 56	2 59	2 17	1 24	1 55	2 27
12	23 5	17 17	4 54	16 28	21 21	2 6	23 34	1 45	25 58	3 2	2 18	1 24	1 54	2 27
13	23 9	15 27	4 32	14 16	21 4	2 23	23 24	1 46	25 59	3 5	2 18	1 24	1 54	2 27
14	23 13	12 56	3 57	11 28	20 47	2 39	23 13	1 47	26 1	3 8	2 19	1 23	1 53	2 27
15	23 16	9 54	3 13	8 14	20 31	2 55	23 1	1 48	26 2	3 11	2 20	1 23	1 52	2 26
16	23 19	6 30	2 20	4 43	20 16	3 10	22 48	1 48	26 3	3 14	2 21	1 23	1 52	2 26
17	23 21	2 53	1 22	1 1	20 1	3 24	22 35	1 49	26 4	3 17	2 22	1 22	1 51	2 26
18	23 23	0N51	0 20	2N44	19 47	3 38	22 22	1 50	26 5	3 20	2 23	1 22	1 50	2 26
19	23 25	4 35	0S43	6 24	19 34	3 50	22 7	1 50	26 6	3 23	2 24	1 22	1 49	2 26
20	23 26	8 11	1 45	9 53	19 22	4 0	21 53	1 50	26 6	3 26	2 25	1 22	1 48	2 25
21	23 27	11 30	2 43	12 60	19 11	4 10	21 37	1 51	26 7	3 28	2 26	1 21	1 48	2 25
22	23 27	14 22	3 35	15 35	19 2	4 18	21 21	1 51	26 7	3 31	2 27	1 21	1 47	2 25
23	23 27	16 37	4 17	17 26	18 54	4 25	21 4	1 51	26 8	3 33	2 29	1 21	1 46	2 25
24	23 26	18 2	4 46	18 22	18 48	4 30	20 47	1 51	26 8	3 35	2 30	1 21	1 45	2 24
25	23 25	18 27	4 60	18 15	18 43	4 33	20 29	1 51	26 8	3 38	2 32	1 20	1 44	2 24
26	23 24	17 46	4 56	17 1	18 40	4 36	20 11	1 51	26 8	3 40	2 33	1 20	1 43	2 24
27	23 22	15 59	4 34	14 43	18 38	4 37	19 52	1 51	26 8	3 42	2 35	1 20	1 41	2 24
28	23 20	13 12	3 55	11 29	18 38	4 36	19 33	1 50	26 8	3 44	2 37	1 20	1 40	2 24
29	23 17	9 37	3 0	7 35	18 39	4 34	19 13	1 50	26 8	3 45	2 38	1 19	1 39	2 23
30	23N14	5N27	1S55	3N15	18N42	4S31	18N53	1N49	26S 8	3S47	2S40	1N19	1N38	2N23

DAY	♅ DECL	♅ LAT	♆ DECL	♆ LAT	♇ DECL	♇ LAT
1	7S13	0S46	16N53	0N 8	20N13	2S57
5	7 12	0 46	16 52	0 8	20 13	2 56
9	7 11	0 46	16 51	0 8	20 13	2 56
13	7 10	0 47	16 49	0 8	20 13	2 56
17	7 10	0 47	16 47	0 8	20 13	2 55
21	7 10	0 47	16 45	0 8	20 13	2 55
25	7 11	0 47	16 43	0 8	20 13	2 55
29	7S12	0S47	16N41	0N 8	20N13	2S55

☽ PHENOMENA	
d h m	
2 18 10	☽
9 15 58	○
17 12 3	☾
25 4 20	●
d h ° '	
3 23 0	
10 11 18S27	
17 19 0	
24 21 18N27	
4 13 0	
11 0 5N 2	
18 8 0	
25 7 5S 1	

VOID OF COURSE ☽ LAST ASPT	☽ INGRESS
1 8am43	1 ♍ 10pm48
3 10am40	4 ♎ 1am44
5 12pm32	6 ♏ 4am42
7 6am38	8 ♐ 8am18
9 6pm 1	10 ♑ 1pm30
12 4am23	12 ♒ 9pm25
15 4am35	15 ♓ 8am25
17 4pm21	17 ♈ 9pm13
20 5am25	20 ♉ 9am 9
21 12pm14	22 ♊ 6pm 2
24 11am40	24 ♋ 11pm27
25 10pm45	27 ♌ 2am28
28 3pm35	29 ♍ 4am37

d h	
3 19	PERIGEE
16 23	APOGEE
29 3	PERIGEE

DAILY ASPECTARIAN

1 Th	☿ ♋	3am 6
	☽△♂	8 43
	☽∠♀	11 10
	☽∠♇	12pm18
	☽∠♃	12 36
	☽⚹☿	11 17
2 F	☽⚺♄	0am11
	♀☌♇	0 42
	♀□♃	3 48
	☽#♅	7 17
	☽⚹♇	1pm50
	☽⚺♃	2 5
	☽⚹♀	3 3
	☉□☽	6 10
	☽☍♅	9 44
	☽⚺♆	9 53
3 S	☽□♂	10am40
	☽#♃	10 51
	☽∥♄	12pm24
	♄SD	1 4
	☽∠♆	11 22
4 Su	☽□☿	3am 1
	☽☌♄	3 6
	☽#♄	9 21
	☽∥♃	10 56
	☿□♄	1pm15
	☽□♇	4 49
	☽☌♃	4 57
	☽□♀	10 41
	☉□♅	11 24
5 M	☽⚻♅	0am40
	☉△☽	0 46
	☽⚹♆	0 52
	☉⚹♆	2 17
	☽⚹♂	12pm32
	☽∥♅	2 23
	♀△♅	10 17
	☿SR	10 40
6 T	♀⚺♆	0am47
	☽⚼♅	2 12
	☉⚼☽	4 8
	♃SD	4 51
	☽⚺♄	6 6
	☽△☿	6 13
	☽∠♂	1pm32
	☽△♇	7 59
	☽⚺♃	8 2
7 W	☽△♅	3am52
	☽□♆	4 6
	☿□♄	5 42
	☉∥☿	6 24
	☽△♀	6 38
	☉⚻☽	7 41
	☽∠♄	7 47
	☽⚼☿	7 47
	☽⚺♂	2pm43
	☽⚼♇	9 50
	☽∠♃	9 51
	♃□♇	11 6
8 Th	☽⚻☿	9am28
	☽⚹♄	9 45
	☽⚼♀	11 2
	☽#♆	4pm23
9 F	☽⚹♃	0am 0
	☽⚻♇	0 2
	☽□♅	8 5
	☽△♆	8 23
	☉⚺♀	2pm49
	☉☍☽	3 58
	☽⚻♀	3 59
	☽☌♂	6 1
10 S	♀⚻♂	10am26
	☽⚼♆	11 15
	☽☍☿	1pm43
	☉☍♂	2 10
	☽□♄	3 4
	☿ ♊	9 55
11 Su	☽□♃	5am58
	☽☍♇	6 3
	☽⚹♅	2pm26
	☽⚻♆	2 49
	☽⚺♂	11 30
12 M	☉⚻☽	3am 7
	☽☍♀	4 23
	☽#♆	7 7
	☽∠♅	6pm43
	☽⚻☿	7 59
	☽△♄	11 8
13 T	☽∠♂	3am18
	☉⚼☽	10 9
	☽△♃	2pm55
	☽⚻♇	3 2
	☿∠♆	5 15
	☉∥♀	11 21
	☽⚺♅	11 48
14 W	☽⚼☿	0am 1
	☽☍♆	0 18
	☽⚼♄	4 22
	☽⚹♂	7 50
	☉△☽	6pm 9
	☽⚼♃	8 34
	☽⚼♇	8 41
	☽⚻♀	8 54
15 Th	☽△☿	4am35
	☽⚻♄	10 18
	☽∥♅	7pm26
16 F	☽⚻♃	2am48
	☽△♇	2 55
	☿∥♇	4 6
	☽⚼♀	6 28
	☽☌♅	11 53
	☽⚻♆	12pm31
	☽□♂	6 32
17 S	☽∥♃	3am21
	☿⚺♀	4 5
	☽#♄	6 42
	☉□☽	12pm 3
	☽□☿	2 36
	☽△♀	4 21
	☽⚼♆	7 4
	☽☍♄	11 13
18 Su	☽∥♄	6am15
	☉☌☿	8 47
	☽#♃	9 49
	♀⚼♅	12pm19
	☽☍♃	3 49
	☽□♇	3 52
	♅SR	7 55
19 M	☽⚺♅	0am39
	☽△♆	1 25
	☽△♂	5 37
	♀ ♌	4pm32
	☽#♅	5 10
20 T	☽⚹☿	0am 6
	☉⚹☽	5 25
	☽∠♅	6 24
	♀⚼♂	7 31
	☽⚼♂	10 32
	☽□♀	10 56
	☽⚻♄	11 13
	♀⚹♄	1pm51
	♃□♇	5 55
21 W	☽⚹♇	3am 9
	☽⚻♃	3 10
	☽∠☿	4 3
	☉∠♆	5 13
	☽⚹♅	11 23
	☽□♆	12pm14
	☉∠☽	12 47
	☽⚻♂	2 42
	☽⚼♄	4 7
22 Th	☉ ♋	5am27
	☽⚺☿	7 18
	☽∠♇	7 33
	☽⚼♃	7 36
	☉⚺☽	7pm 2
	☽△♄	8 6
23 F	☽⚹♀	1am22
	☽∥♆	1 39
	☉□♄	10 15
	☽⚺♇	11 2
	☽△♃	11 8
	☽□♅	6pm37
	☽⚹♆	7 33
	☽☍♂	8 34
24 S	☽∠♀	6am48
	☽☌☿	11 40
	☽∠♆	9pm58
25 Su	☽□♄	1am32
	☉☌☽	4 20
	☽⚺♀	11 18
	☽☌♇	3pm38
	☽□♃	3 51
	♂△♆	5 7
	♀∥♇	10 9
	☽△♅	10 45
	☽⚻♂	11 38
	☽⚺♆	11 46
26 M	☿∠♀	3am37
	☽⚺☿	1pm58
	☽∥♆	3 53
27 T	☽⚼♅	0am 4
	☽⚼♂	0 30
	☽⚹♄	4 37
	☉⚺☽	10 50
	☽∠☿	2pm46
	♀⚺♇	3 31
	☽⚺♇	6 18
	☽☌♀	6 33
	☽⚹♃	6 38
	♀⚹♃	7 35
28 W	♂□♅	0am45
	☽⚻♅	1 10
	☽△♂	1 10
	☽☌♆	2 17
	☽∠♄	5 46
	☉∠☽	1pm40
	☽⚹☿	3 35
	☽∠♇	7 24
	☽∠♃	7 47
29 Th	☽⚺♄	6am54
	☽#♅	2pm14
	☉⚹☽	4 31
	☽⚹♇	8 32
	☽⚺♃	9 0
	☿SD	11 30
30 F	☽⚺♀	1am13
	☽□♂	2 31
	☽☍♅	3 19
	☽⚺♆	4 35
	☿∥♀	10 13
	♀△♂	2pm40
	☽#♃	3 4
	☽□☿	5 48
	☽∥♄	8 49

LONGITUDE

DAY	SID. TIME h m s	☉ ° ' "	☽ ° ' "	☽ 12 Hour ° ' "	MEAN ☊ ° '	TRUE ☊ ° '	☿ ° '	♀ ° '	♂ ° '	♃ ° '	♄ ° '	♅ ° '	♆ ° '	♇ ° '
1	18 33 3	8♋ 22 8	25♍ 49 13	2♎ 53 53	4♎ 5	3♎ 46D	22♊ 10	13♌ 25	12♐ 53R	9♎ 52	1♎ 27	13♓ 32R	14♌ 20	9♋ 32
2	18 37 0	9 19 20	9♎ 56 34	16 57 13	4 2	3 46R	22 18	14 36	12 40	9 56	1 29	13 32	14 21	9 34
3	18 40 56	10 16 32	23 55 46	0♏ 52 12	3 59	3 46	22 30	15 47	12 28	10 1	1 32	13 31	14 23	9 35
4	18 44 53	11 13 44	7♏ 46 27	14 38 29	3 56	3 44	22 47	16 57	12 17	10 5	1 35	13 30	14 25	9 37
5	18 48 49	12 10 55	21 28 14	28 15 35	3 53	3 40	23 9	18 8	12 7	10 10	1 38	13 30	14 27	9 38
6	18 52 46	13 8 6	5♐ 0 24	11♐ 42 34	3 49	3 33	23 37	19 19	11 57	10 15	1 41	13 29	14 29	9 40
7	18 56 42	14 5 17	18 21 53	24 58 10	3 46	3 23	24 9	20 29	11 49	10 20	1 44	13 28	14 31	9 41
8	19 0 39	15 2 28	1♑ 31 16	8♑ 1 0	3 43	3 12	24 46	21 39	11 41	10 26	1 48	13 27	14 33	9 43
9	19 4 36	15 59 39	14 27 14	20 49 52	3 40	2 59	25 28	22 50	11 33	10 31	1 51	13 26	14 35	9 44
10	19 8 32	16 56 51	27 8 52	3♒ 24 14	3 37	2 47	26 15	24 0	11 27	10 37	1 54	13 25	14 37	9 46
11	19 12 29	17 54 2	9♒ 36 1	15 44 23	3 33	2 37	27 7	25 10	11 22	10 42	1 58	13 24	14 39	9 47
12	19 16 25	18 51 13	21 49 32	27 51 45	3 30	2 28	28 4	26 20	11 17	10 48	2 2	13 23	14 41	9 49
13	19 20 22	19 48 26	3♓ 51 21	9♓ 48 47	3 27	2 22	29 5	27 30	11 13	10 54	2 5	13 22	14 43	9 50
14	19 24 18	20 45 38	15 44 29	21 38 59	3 24	2 19	0♋ 11	28 40	11 10	11 0	2 9	13 21	14 45	9 52
15	19 28 15	21 42 51	27 32 51	3♈ 26 40	3 21	2 18D	1 22	29 50	11 8	11 6	2 13	13 20	14 47	9 53
16	19 32 11	22 40 4	9♈ 21 6	15 16 48	3 18	2 18	2 37	1♍ 0	11 7	11 13	2 17	13 19	14 49	9 55
17	19 36 8	23 37 19	21 14 26	27 14 42	3 14	2 18R	3 56	2 10	11 6D	11 19	2 21	13 17	14 52	9 56
18	19 40 4	24 34 34	3♉ 18 15	9♉ 25 46	3 11	2 18	5 20	3 19	11 6	11 26	2 25	13 16	14 54	9 58
19	19 44 1	25 31 49	15 37 50	21 55 1	3 8	2 16	6 48	4 29	11 8	11 33	2 29	13 15	14 56	9 59
20	19 47 58	26 29 6	28 17 51	4♊ 46 42	3 5	2 12	8 20	5 38	11 10	11 40	2 34	13 13	14 58	10 1
21	19 51 54	27 26 23	11♊ 21 53	18 3 34	3 2	2 5	9 57	6 48	11 12	11 47	2 38	13 12	15 0	10 2
22	19 55 51	28 23 41	24 51 47	1♋ 46 23	2 59	1 57	11 37	7 57	11 16	11 54	2 42	13 10	15 2	10 4
23	19 59 47	29 20 59	8♋ 47 5	15 53 24	2 55	1 48	13 20	9 6	11 21	12 1	2 47	13 9	15 4	10 5
24	20 3 44	0♌ 18 19	23 4 43	0♌ 20 17	2 52	1 38	15 7	10 15	11 26	12 9	2 52	13 7	15 6	10 6
25	20 7 40	1 15 39	7♌ 39 14	15 0 36	2 49	1 30	16 58	11 24	11 32	12 17	2 56	13 6	15 9	10 8
26	20 11 37	2 12 59	22 23 26	29 46 45	2 46	1 23	18 51	12 33	11 39	12 24	3 1	13 4	15 11	10 9
27	20 15 34	3 10 20	7♍ 9 37	14♍ 31 12	2 43	1 18	20 47	13 42	11 47	12 32	3 6	13 3	15 13	10 11
28	20 19 30	4 7 42	21 50 46	29 7 40	2 39	1 16D	22 45	14 51	11 55	12 40	3 11	13 1	15 15	10 12
29	20 23 27	5 5 4	6♎ 21 26	13♎ 31 40	2 36	1 16	24 45	15 59	12 4	12 48	3 16	12 59	15 17	10 13
30	20 27 23	6 2 27	20 38 8	27 40 40	2 33	1 17	26 47	17 8	12 14	12 56	3 21	12 57	15 20	10 15
31	20 31 20	6♌ 59 50	4♏ 39 13	11♏ 33 46	2♎ 30	1♎ 17R	28♋ 51	18♍ 16	12♐ 25	13♎ 5	3♎ 26	12♓ 56	15♌ 22	10♋ 16

DECLINATION and LATITUDE

DAY	☉ DECL	☽ DECL	☽ LAT	☽ 12hr DECL	☿ DECL	☿ LAT	♀ DECL	♀ LAT	♂ DECL	♂ LAT	♃ DECL	♃ LAT	♄ DECL	♄ LAT
1	23N11	1N 1	0S42	1S13	18N47	4S27	18N32	1N49	26S 8	3S49	2S42	1N19	1N37	2N23
2	23 7	3S26	0N33	5 36	18 53	4 21	18 11	1 48	26 8	3 50	2 44	1 19	1 35	2 23
3	23 3	7 40	1 45	9 37	19 0	4 14	17 49	1 47	26 8	3 52	2 46	1 18	1 34	2 22
4	22 58	11 26	2 50	13 5	19 9	4 7	17 27	1 47	26 7	3 53	2 48	1 18	1 33	2 22
5	22 53	14 32	3 44	15 47	19 18	3 58	17 4	1 46	26 7	3 54	2 50	1 18	1 31	2 22
6	22 48	16 48	4 25	17 34	19 29	3 49	16 41	1 45	26 7	3 55	2 52	1 18	1 30	2 22
7	22 42	18 6	4 51	18 23	19 40	3 39	16 18	1 43	26 7	3 56	2 55	1 17	1 28	2 22
8	22 36	18 25	5 1	18 13	19 52	3 28	15 54	1 42	26 7	3 57	2 57	1 17	1 27	2 21
9	22 29	17 46	4 55	17 7	20 5	3 17	15 30	1 41	26 6	3 58	2 59	1 17	1 25	2 21
10	22 22	16 15	4 35	15 11	20 19	3 5	15 5	1 40	26 6	3 59	3 2	1 17	1 24	2 21
11	22 15	13 58	4 2	12 37	20 32	2 53	14 41	1 38	26 6	3 60	3 4	1 16	1 22	2 21
12	22 7	11 7	3 18	9 31	20 46	2 40	14 15	1 36	26 6	4 0	3 6	1 16	1 21	2 21
13	21 59	7 51	2 25	6 5	20 60	2 27	13 50	1 35	26 6	4 1	3 9	1 16	1 19	2 20
14	21 51	4 17	1 27	2 27	21 13	2 14	13 24	1 33	26 6	4 1	3 12	1 16	1 17	2 20
15	21 42	0 35	0 25	1N17	21 26	2 0	12 57	1 31	26 6	4 1	3 14	1 16	1 15	2 20
16	21 33	3N 8	0S38	4 58	21 39	1 47	12 31	1 29	26 6	4 2	3 17	1 15	1 14	2 20
17	21 23	6 45	1 39	8 29	21 50	1 33	12 4	1 27	26 7	4 2	3 20	1 15	1 12	2 20
18	21 13	10 9	2 38	11 43	22 1	1 19	11 37	1 25	26 7	4 2	3 23	1 15	1 10	2 19
19	21 3	13 11	3 30	14 30	22 11	1 6	11 9	1 23	26 7	4 2	3 25	1 15	1 8	2 19
20	20 52	15 40	4 13	16 40	22 19	0 52	10 42	1 20	26 7	4 2	3 28	1 14	1 6	2 19
21	20 41	17 27	4 45	18 0	22 26	0 39	10 14	1 18	26 8	4 2	3 31	1 14	1 5	2 19
22	20 29	18 19	5 2	18 22	22 31	0 25	9 46	1 16	26 8	4 2	3 34	1 14	1 3	2 19
23	20 18	18 8	5 2	17 37	22 34	0 13	9 17	1 13	26 9	4 2	3 37	1 14	1 1	2 18
24	20 6	16 49	4 44	15 44	22 35	0 0	8 49	1 10	26 9	4 2	3 41	1 14	0 59	2 18
25	19 53	14 23	4 6	12 49	22 34	0N12	8 20	1 7	26 10	4 2	3 44	1 13	0 57	2 18
26	19 40	11 1	3 13	9 3	22 30	0 23	7 51	1 5	26 11	4 1	3 47	1 13	0 55	2 18
27	19 27	6 57	2 6	4 44	22 24	0 34	7 22	1 2	26 11	4 1	3 50	1 13	0 53	2 18
28	19 14	2 28	0 50	0 10	22 15	0 44	6 52	0 59	26 12	4 1	3 53	1 13	0 50	2 18
29	19 0	2S 6	0N27	4S20	22 4	0 54	6 23	0 55	26 13	4 0	3 57	1 12	0 48	2 17
30	18 46	6 29	1 42	8 31	21 50	1 2	5 53	0 52	26 14	3 60	4 0	1 12	0 46	2 17
31	18N32	10S25	2N50	12S 9	21N33	1N10	5N23	0N49	26S15	3S59	4S 4	1N12	0N44	2N17

DAY	♅ DECL	♅ LAT	♆ DECL	♆ LAT	♇ DECL	♇ LAT
1	7S12	0S47	16N40	0N 8	20N12	2S54
5	7 13	0 47	16 38	0 8	20 12	2 54
9	7 15	0 48	16 36	0 8	20 12	2 54
13	7 16	0 48	16 33	0 8	20 12	2 54
17	7 18	0 48	16 31	0 8	20 11	2 54
21	7 21	0 48	16 29	0 8	20 11	2 53
25	7 23	0 48	16 26	0 8	20 11	2 53
29	7S26	0S48	16N24	0N 8	20N11	2S53

☽ PHENOMENA

d	h	m	
1	22	52	☽
9	3	7	○
17	5	11	☾
24	12	47	●
31	4	22	☽

d	h	°
1	5	0
7	20	18S26
15	4	0
22	8	18N23
28	13	0

d	h	°
1	13	0
8	3	5N 1
15	10	0
22	12	5S 4
28	16	0

d	h	
14	17	APOGEE
26	15	PERIGEE

VOID OF COURSE ☽

LAST ASPT	☽ INGRESS
30 5pm48	1 ♎ 7am 5
2 9pm29	3 ♏ 10am30
4 5pm35	5 ♐ 3pm 5
7 11am 0	7 ♑ 9pm12
9 3am 7	10 ♒ 5am27
12 1pm32	12 ♓ 4pm16
14 11am 5	15 ♈ 4am59
17 5am11	17 ♉ 5pm28
19 8pm20	20 ♊ 3am10
21 6am33	22 ♋ 8am56
23 8am48	24 ♌ 11am27
25 12pm15	26 ♍ 12pm22
28 1am44	28 ♎ 1pm27
30 12pm16	30 ♏ 3pm59

DAILY ASPECTARIAN

1 S	♀⚻♅	2am24
	☽∠♀	4 48
	☽∠♆	5 57
	☽☌♄	9 33
	☽#♄	2pm 1
	♀☌♆	6 57
	☽∥♃	8 7
	☉□☽	10 52
	☽□♇	11 21
	☽☌♃	12 0
2 Su	☽⚹♂	4am35
	☽⚻♅	6 8
	☉☌♇	6 13
	☽⚹♆	7 34
	☽⚹♀	8 42
	☉□♃	4pm50
	☽∥♅	9 18
	☽△☿	9 29
3 M	☽∠♂	6am 2
	☽⚼♅	7 55
	☽⚺♄	1pm12
	♀∠♄	4 4
4 T	☽⚼☿	0am 1
	☽△♇	3 13
	☽⚺♃	4 4
	☉△☽	6 29
	☽⚺♂	7 46
	☽△♅	10 0
	☽□♆	11 39
	☽∠♄	3pm28
	☽□♀	5 35
	☉⚻♂	10 31
5 W	☽⚻☿	3am 4
	☽⚼♇	5 36
	☽∠♃	6 34
	☉⚼☽	10 51
	☽⚹♄	6pm 4
	☽#♆	9 49
	☽#♀	10 54
6 Th	♀∥♆	4am15
	☽⚻♇	8 21
	☉△♅	8 35
	☽⚹♃	9 27
	☽☌♂	12pm18
	☽□♅	3 10
	☉⚻☽	3 41
	☽△♆	5 2
7 F	☽△♀	4am13
	☽☍☿	11 0
	☉⚺♆	11 15
	☽⚼♆	8pm22
8 S	☽□♄	0am30
	☽⚼♀	10 26
	☽☍♇	3pm11
	☽□♃	4 36
	☽⚺♂	6 38
	☽⚹♅	10 6
9 Su	☽⚻♆	0am15
	☉☍☽	3 7
	☿∥♇	12pm 5
	☽⚻♀	5 24
	☽#♆	7 31
	☽⚻☿	10 11
	☽∠♂	10 41
10 M	☽∠♅	2am26
	☽△♄	9 10
	☽#♀	3pm50
	♀∠♇	3 59
11 T	☽⚻♇	0am22
	☽△♃	2 10
	☽⚹♂	3 24
	☽⚼☿	5 18
	☽⚺♅	7 25
	☽☍♆	9 54
	♀∠♃	11 57
	☽⚼♄	2pm29
	☉⚻☽	5 38
12 W	☽⚼♇	5am56
	☽⚼♃	7 58
	☽☍♀	9 56
	☽△☿	1pm32
	☽⚻♄	8 26
13 Th	☉⚼☽	2am 5
	☽∥♅	3 56
	☽△♇	12pm 5
	☽⚻♃	2 19
	☿∠♆	2 30
	☽□♂	2 47
	☽☌♅	7 10
	☿ ♋	8 4
	☽⚻♆	10 0
14 F	☽∥♃	7am 4
	☉△☽	11 5
	☽#♄	7pm39
15 S	♀ ♍	3am23
	♂⚹♃	4 22
	☽⚼♆	4 35
	☽⚻♀	5 10
	☽□☿	8 40
	☽☍♄	9 33
	☽∥♄	11 47
	☉∥☿	5pm14
	☿□♄	5 29
16 Su	☽#♃	1am 0
	☽□♇	1 8
	☽△♂	3 34
	☽☍♃	3 49
	☽⚺♅	8 0
	☽△♆	11 7
	☽⚼♀	2pm55
17 M	♂SD	2am12
	☽#♅	3 47
	♀⚺♄	4 10
	☉□☽	5 11
	☽⚼♂	9 43
	☽∠♅	2pm 3
	☽⚻♄	10 15
18 T	☽△♀	0am 2
	☽⚹☿	4 32
	☽∥♀	9 42
	☽⚹♇	1pm 4
	☽⚻♂	3 17
	☽⚻♃	4 3
	☽⚹♅	7 25
	☽□♆	10 39
19 W	☽⚼♄	3am35
	☽∠☿	1pm23
	☉⚼♂	3 31
	☽∠♇	5 50
	☉⚹☽	8 20
	☽⚼♃	8 55
20 Th	☽△♄	7am57
	☽∥♆	9 38
	☽□♀	2pm53
	☽⚺☿	9 4
	☽⚺♇	9 35
	☽☍♂	11 43
21 F	☽△♃	0am46
	☿☌♇	1 22
	☉∠☽	2 5
	☽□♅	3 18
	☽⚹♆	6 33
	☉⚼♅	6pm36
	☿⚻♂	6 58
22 S	☿□♃	4am26
	☉⚺☽	6 37
	☽∠♆	9 1
	☽□♄	1pm41
	☿△♅	9 27
23 Su	☽⚹♀	0am35
	☽☌♇	2 12
	☽⚻♂	4 22
	☽□♃	5 32
	☽△♅	7 22
	☽☌☿	8 48
	☽⚺♆	10 39
	☉∥♇	1pm25
	☉ ♌	4 20
	♀⚹♇	8 51
	☿⚺♆	11 47
24 M	☽∠♀	3am55
	☽∥♆	4 27
	☽⚼♂	5 36
	☽⚼♅	8 20
	☉☌☽	12pm47
	☽⚹♄	4 14
25 T	♀□♂	2am58
	☽⚺♇	4 3
	☽△♂	6 23
	☽⚺♀	6 39
	☽⚹♃	7 37
	☽⚻♅	8 52
	☽☌♆	12pm15
	☽∠♄	4 51
	☽⚺☿	5 24
	♀⚺♃	8 28
26 W	☽∠♇	4am30
	☽∠♃	8 13
	♀☍♅	10 34
	☉⚺☽	5pm 4
	☽⚺♄	5 21
	☽∥♀	9 22
	☽#♅	9 25
	☽∠☿	9 25
	♀#♅	9 49
	☉⚹♄	9 54
27 Th	☽⚹♇	4am55
	☽□♂	7 36
	☽⚺♃	8 50
	☽☍♅	9 34
	☽☌♀	11 34
	☽⚺♆	1pm10
	☽#♃	4 35
	☉∠☽	7 14
28 F	☽⚹☿	1am44
	☽∥♄	8 34
	♀⚺♆	8 49
	☽∠♆	1pm54
	☽#♄	5 11
	☽☌♄	6 49
	☉⚹☽	9 44
29 S	☽□♇	6am28
	☽⚹♂	9 40
	☽∥♃	10 0
	☽☌♃	10 53
	☽⚻♅	11 4
	☽⚹♆	3pm 0
	☽⚺♀	5 33
	☽#♀	8 58
30 Su	♃⚻♅	2am53
	☽∥♅	5 34
	☿⚼♂	5 47
	☽∠♂	11 24
	☽□☿	12pm16
	☽⚼♅	12 27
	☿⚼♅	1 30
	☽∠♀	9 24
	☽⚺♄	9 52
31 M	☉□☽	4am22
	☽△♇	9 46
	☿ ♌	1pm26
	☽⚺♂	1 41
	☽△♅	2 21
	☽⚺♃	2 48
	☽□♆	6 42

AUGUST 1922

LONGITUDE

DAY	SID. TIME	☉	☽	☽ 12 Hour	MEAN ☊	TRUE ☊	☿	♀	♂	♃	♄	♅	♆	♇
	h m s	° ' "	° ' "	° ' "	° '	° '	° '	° '	° '	° '	° '	° '	° '	° '
1	20 35 16	7♌ 57 14	18♏ 24 24	25♏ 11 11	2♎ 27	1♎ 17R	0♌ 55	19♍ 25	12♐ 37	13♎ 13	3♎ 31	12♓ 54R	15♌ 24	10♋ 18
2	20 39 13	8 54 38	1♐ 54 13	8♐ 33 38	2 24	1 14	3 0	20 33	12 49	13 22	3 36	12 52	15 26	10 19
3	20 43 9	9 52 3	15 9 33	21 42 3	2 20	1 10	5 5	21 41	13 2	13 30	3 41	12 50	15 28	10 20
4	20 47 6	10 49 29	28 11 15	4♑ 37 14	2 17	1 3	7 10	22 49	13 15	13 39	3 47	12 48	15 31	10 22
5	20 51 3	11 46 55	11♑ 0 3	17 19 47	2 14	0 55	9 15	23 56	13 30	13 48	3 52	12 46	15 33	10 23
6	20 54 59	12 44 23	23 36 29	29 50 15	2 11	0 47	11 20	25 4	13 45	13 57	3 58	12 44	15 35	10 24
7	20 58 56	13 41 51	6♒ 1 9	12♒ 9 17	2 8	0 38	13 24	26 12	14 0	14 6	4 3	12 42	15 37	10 26
8	21 2 52	14 39 20	18 14 46	24 17 47	2 5	0 31	15 27	27 19	14 17	14 15	4 9	12 40	15 39	10 27
9	21 6 49	15 36 50	0♓ 18 30	6♓ 17 8	2 1	0 25	17 29	28 26	14 34	14 24	4 14	12 38	15 42	10 28
10	21 10 45	16 34 22	12 14 0	18 9 23	1 58	0 22	19 31	29 33	14 51	14 34	4 20	12 36	15 44	10 29
11	21 14 42	17 31 55	24 3 39	29 57 12	1 55	0 20D	21 31	0♎ 40	15 9	14 43	4 26	12 34	15 46	10 31
12	21 18 38	18 29 28	5♈ 50 30	11♈ 44 1	1 52	0 20	23 29	1 47	15 28	14 53	4 32	12 32	15 48	10 32
13	21 22 35	19 27 3	17 38 18	23 33 54	1 49	0 21	25 27	2 54	15 47	15 2	4 37	12 30	15 51	10 33
14	21 26 31	20 24 40	29 31 24	5♉ 31 25	1 45	0 23	27 23	4 1	16 7	15 12	4 43	12 28	15 53	10 34
15	21 30 28	21 22 19	11♉ 34 34	17 41 30	1 42	0 24R	29 17	5 7	16 27	15 22	4 49	12 26	15 55	10 35
16	21 34 25	22 19 58	23 52 48	0♊ 9 6	1 39	0 24	1♍ 11	6 13	16 48	15 32	4 55	12 23	15 57	10 37
17	21 38 21	23 17 40	6♊ 30 54	12 58 45	1 36	0 23	3 2	7 19	17 10	15 42	5 2	12 21	15 59	10 38
18	21 42 18	24 15 23	19 33 2	26 14 4	1 33	0 21	4 53	8 25	17 32	15 52	5 8	12 19	16 2	10 39
19	21 46 14	25 13 8	3♋ 2 3	9♋ 57 1	1 30	0 17	6 42	9 31	17 55	16 2	5 14	12 17	16 4	10 40
20	21 50 11	26 10 54	16 58 52	24 7 17	1 26	0 13	8 29	10 36	18 18	16 13	5 20	12 15	16 6	10 41
21	21 54 7	27 8 41	1♌ 21 47	8♌ 41 44	1 23	0 8	10 16	11 42	18 41	16 23	5 26	12 12	16 8	10 42
22	21 58 4	28 6 31	16 6 18	23 34 31	1 20	0 3	12 0	12 47	19 5	16 33	5 33	12 10	16 10	10 43
23	22 2 0	29 4 22	1♍ 5 19	8♍ 37 33	1 17	0 0	13 44	13 52	19 30	16 44	5 39	12 8	16 13	10 45
24	22 5 57	0♍ 2 14	16 10 5	23 41 47	1 14	29♍ 58D	15 26	14 57	19 55	16 55	5 46	12 5	16 15	10 46
25	22 9 54	1 0 7	1♎ 11 36	8♎ 38 33	1 11	29 57	17 6	16 2	20 21	17 5	5 52	12 3	16 17	10 47
26	22 13 50	1 58 2	16 1 50	23 20 46	1 7	29 58	18 46	17 6	20 47	17 16	5 59	12 1	16 19	10 48
27	22 17 47	2 55 58	0♏ 34 49	7♏ 43 37	1 4	29 59	20 24	18 10	21 13	17 27	6 5	11 58	16 21	10 49
28	22 21 43	3 53 56	14 46 57	21 44 41	1 1	0♎ 0	22 0	19 15	21 40	17 38	6 12	11 56	16 23	10 50
29	22 25 40	4 51 54	28 36 51	5♐ 23 33	0 58	0 1R	23 36	20 18	22 7	17 49	6 18	11 54	16 26	10 51
30	22 29 36	5 49 55	12♐ 4 57	18 41 16	0 55	0 1	25 10	21 22	22 35	18 0	6 25	11 51	16 28	10 52
31	22 33 33	6♍ 47 56	25♐ 12 47	1♑ 39 47	0♎ 51	0♎ 0	26♍ 42	22♎ 25	23♐ 3	18♎ 11	6♎ 32	11♓ 49	16♌ 30	10♋ 53

DECLINATION and LATITUDE

DAY	☉ DECL	☽ DECL	☽ LAT	☽ 12hr DECL	☿ DECL	☿ LAT	♀ DECL	♀ LAT	♂ DECL	♂ LAT	♃ DECL	♃ LAT	♄ DECL	♄ LAT
1	18N17	13S42	3N46	15S 2	21N13	1N17	4N54	0N46	26S16	3S59	4S 7	1N12	0N42	2N17
2	18 2	16 10	4 28	17 4	20 51	1 24	4 24	0 42	26 17	3 58	4 10	1 12	0 40	2 17
3	17 47	17 44	4 55	18 9	20 27	1 29	3 53	0 39	26 18	3 57	4 14	1 11	0 37	2 17
4	17 32	18 19	5 7	18 16	20 0	1 34	3 23	0 35	26 19	3 57	4 18	1 11	0 35	2 16
5	17 16	17 58	5 3	17 27	19 31	1 38	2 53	0 31	26 20	3 56	4 21	1 11	0 33	2 16
6	16 60	16 44	4 44	15 48	19 0	1 41	2 23	0 27	26 21	3 55	4 25	1 11	0 30	2 16
7	16 43	14 43	4 11	13 28	18 27	1 43	1 52	0 23	26 22	3 55	4 29	1 11	0 28	2 16
8	16 27	12 4	3 28	10 33	17 53	1 45	1 22	0 20	26 24	3 54	4 32	1 11	0 26	2 16
9	16 10	8 56	2 35	7 15	17 17	1 46	0 51	0 15	26 25	3 53	4 36	1 10	0 23	2 16
10	15 53	5 29	1 37	3 41	16 39	1 46	0 21	0 11	26 26	3 52	4 40	1 10	0 21	2 16
11	15 35	1 50	0 34	0N 1	16 0	1 45	0S10	0 7	26 27	3 51	4 44	1 10	0 19	2 15
12	15 17	1N52	0S30	3 42	15 20	1 44	0 40	0 3	26 28	3 50	4 47	1 10	0 16	2 15
13	14 60	5 30	1 33	7 15	14 39	1 43	1 11	0S 1	26 30	3 50	4 51	1 10	0 14	2 15
14	14 41	8 56	2 32	10 32	13 57	1 40	1 41	0 6	26 31	3 49	4 55	1 9	0 11	2 15
15	14 23	12 3	3 26	13 26	13 15	1 37	2 11	0 10	26 32	3 48	4 59	1 9	0 9	2 15
16	14 4	14 41	4 11	15 47	12 32	1 34	2 42	0 15	26 33	3 47	5 3	1 9	0 6	2 15
17	13 46	16 43	4 46	17 26	11 48	1 30	3 12	0 19	26 34	3 46	5 7	1 9	0 4	2 15
18	13 27	17 56	5 7	18 12	11 4	1 26	3 43	0 24	26 36	3 45	5 11	1 9	0 1	2 15
19	13 7	18 13	5 12	17 58	10 19	1 22	4 13	0 29	26 37	3 44	5 15	1 9	0S 1	2 14
20	12 48	17 25	4 59	16 36	9 34	1 17	4 43	0 34	26 38	3 43	5 19	1 8	0 4	2 14
21	12 28	15 31	4 27	14 9	8 49	1 11	5 13	0 39	26 39	3 42	5 24	1 8	0 7	2 14
22	12 8	12 33	3 37	10 44	8 4	1 5	5 43	0 43	26 40	3 41	5 28	1 8	0 9	2 14
23	11 48	8 44	2 32	6 34	7 19	0 59	6 13	0 48	26 41	3 39	5 32	1 8	0 12	2 14
24	11 28	4 18	1 15	1 59	6 34	0 53	6 43	0 53	26 42	3 38	5 36	1 8	0 14	2 14
25	11 7	0S22	0N 7	2S42	5 49	0 47	7 13	0 59	26 42	3 37	5 40	1 8	0 17	2 14
26	10 47	4 58	1 27	7 8	5 4	0 40	7 42	1 4	26 43	3 36	5 45	1 8	0 20	2 14
27	10 26	9 10	2 41	11 3	4 19	0 33	8 11	1 9	26 44	3 35	5 49	1 7	0 22	2 14
28	10 5	12 44	3 42	14 13	3 34	0 26	8 41	1 14	26 45	3 34	5 53	1 7	0 25	2 13
29	9 44	15 29	4 29	16 30	2 49	0 18	9 10	1 19	26 45	3 33	5 58	1 7	0 28	2 13
30	9 23	17 18	4 60	17 50	2 5	0 11	9 39	1 25	26 46	3 31	6 2	1 7	0 31	2 13
31	9N 1	18S 8	5N14	18S11	1N21	0N 3	10S 7	1S30	26S46	3S30	6S 6	1N 7	0S33	2N13

DAY	♅ DECL	♅ LAT	♆ DECL	♆ LAT	♇ DECL	♇ LAT
1	7S28	0S48	16N22	0N 8	20N10	2S53
5	7 31	0 48	16 19	0 9	20 10	2 53
9	7 34	0 48	16 16	0 9	20 10	2 53
13	7 37	0 49	16 14	0 9	20 9	2 53
17	7 41	0 49	16 11	0 9	20 9	2 53
21	7 44	0 49	16 9	0 9	20 9	2 53
25	7 48	0 49	16 6	0 9	20 8	2 53
29	7S51	0S49	16N 4	0N 9	20N 8	2S53

☽ PHENOMENA

d	h	m	
7	16	19	○
15	20	46	☾
22	20	34	●
29	11	55	☽

d	h	° '
4	3	18S20
11	12	0
18	19	18N15
24	22	0
31	9	18S12

d	h	° '
4	5	5N 7
11	13	0
18	19	5S12
24	22	0
31	9	5N15

VOID OF COURSE ☽

LAST ASPT		☽ INGRESS		
1	1am56	1	♐	8pm35
3	1pm 6	4	♑	3am22
6	3am 5	6	♒	12pm19
7	6pm53	8	♓	11pm23
10	5am26	11	♈	12pm 6
13	6pm52	14	♉	0am57
15	8pm46	16	♊	11am43
18	9am 7	18	♋	6pm40
19	10pm41	20	♌	9pm45
22	8pm34	22	♍	10pm16
24	6am 9	24	♎	10pm 5
26	8am 1	26	♏	11pm 2
28	2pm 4	29	♐	2am26
31	3am 8	31	♑	8am54

d	h	
11	9	APOGEE
23	20	PERIGEE

DAILY ASPECTARIAN

Day	Aspect	Time
1 T	☽∠♄	0am11
	☽⚹♀	1 56
	☽⚼♇	12pm13
	☽∠♃	5 35
2 W	☽#♆	2am11
	☽△☿	2 19
	☽⚹♄	3 4
	♂□♅	5 17
	☿⚹♄	7 16
	♀#♃	9 21
	☉△☽	1pm37
	☽⚻♇	3 12
	☽□♅	7 46
	☽☌♂	8 3
	☽⚹♃	8 57
3 Th	☽△♆	0am35
	☉#☽	1 3
	☽⚼☿	10 44
	☉⚺♇	12pm 4
	☽□♀	1 6
	☿∥♇	3 15
	☉⚼☽	7 16
4 F	☽⚼♆	4am20
	☽□♄	10 30
	☿∠♀	4pm 5
	☽⚻☿	8 4
	☽☍♇	10 50
5 S	☉⚻☽	1am36
	☽⚹♅	3 21
	☽⚺♂	4 49
	☽□♃	5 21
	☽⚻♆	8 38
	☿⚺♇	1pm 8
	☉#☽	7 3
6 Su	☉⚻♅	0am 1
	☽△♀	3 5
	☽#♆	5 49
	☽∠♅	7 56
	☽∠♂	10 6
	☿⚻♅	4pm 4
	☽△♄	8 8
7 M	☉☌☿	6am28
	☿△♂	8 7
	☽⚻♇	8 38
	☿⚹♃	8 46
	☉△♂	10 44
	☽⚼♀	11 8
	☉⚹♃	11 55
	☽⚺♅	1pm 3
	☽⚹♂	4 0
	☽△♃	4 1
	☉☍☽	4 19
	☽☍☿	5 23
	♂⚹♃	6 42
	☽☍♆	6 53
8 T	☽⚼♄	1am47
	☿☌♆	2 26
	☉∥♆	2pm 5
	☽⚼♇	2 19
	☽⚻♀	7 53
	☽⚼♃	10 10
9 W	☉☌♆	2am 7
	☽⚻♄	7 57
	☽∥♅	9 44
	☽△♇	8pm28
	☿∠♄	9 47
	♀∥♄	11 57
10 Th	☽☌♅	0am45
	☽⚻♃	4 46
	☽∥♃	5 23
	☽□♂	5 26
	☽⚻♆	7 6
	♀ ♎	9 30
	☉⚻☽	9 34
	☿∥♆	2pm40
	☽⚻☿	5 46
11 F	♀∠♆	2am 7
	♀#♄	6 38
	☽∥♀	9 34
	☽#♄	10 1
	☽⚼♆	1pm42
	☽∥♄	1 47
	☽☍♀	2 53
	☽#♀	3 0
	☉⚼☽	6 47
	☽☍♄	9 18
12 S	☉∥☿	2am51
	☽⚼☿	6 28
	☽□♇	9 34
	☽⚺♅	1pm36
	☽☍♃	6 39
	☽#♃	7 38
	☽△♂	8 8
	☽△♆	8 21
13 Su	☿∠♇	1am19
	☉△☽	4 0
	♂△♆	4 44
	☉∠♄	4 51
	☽#♅	2pm41
	☽△☿	6 52
	☽∠♅	7 52
14 M	☽⚼♂	3am17
	☽⚻♀	9 53
	☽⚻♄	10 30
	♀☌♄	5pm 2
	☽⚹♇	10 3
15 T	☽⚹♅	1am41
	☽⚻♃	7 33
	☽∥☿	8 9
	☽□♆	8 33
	☿ ♍	8 59
	☽⚻♂	9 52
	☿∠♃	2pm57
	☽⚼♄	4 17
	☽⚼♀	6 21
	☉∥☽	6 36
	☉□☽	8 46
16 W	☽∠♇	3am20
	☽⚼♃	12pm54
	☽□☿	4 21
	☽∥♆	4 56
	☽△♄	9 11
17 Th	☽△♀	1am39
	☽⚺♇	7 40
	☽□♅	10 49
	☽△♃	5pm13
	☽⚹♆	5 34
	☽☍♂	8 14
18 F	☿⚺♄	3am27
	☉⚹☽	9 7
	☽∠♆	8pm32
19 S	☽□♄	3am52
	♃⚹♆	4 44
	☽⚹☿	7 20
	☉∠♇	11 27
	☽□♀	12pm12
	☽☌♇	1 15
	☉∠☽	1 23
	☽△♅	3 57
	☽⚺♆	10 30
	☽□♃	10 41
20 Su	♀□♇	1am47
	☽⚻♂	2 17
	☽∠☿	12pm29
	☉⚺☽	4 32
	☽⚼♅	5 9
	☽∥♆	5 23
21 M	☽⚼♂	3am56
	☿⚹♇	6 12
	☽⚹♄	6 44
	♀∥♃	9 40
	♀⚻♅	10 47
	☽⚺♇	3pm17
	☽⚺☿	4 29
	☽⚻♅	5 39
	☽⚹♀	6 13
22 T	☽☌♆	0am 7
	☽⚹♃	0 44
	☿☍♅	2 11
	☉∥☽	3 10
	☽△♂	4 56
	☽∠♄	7 12
	☿#♅	10 1
	☽∠♇	3pm27
	☽∠♀	8 11
	☉☌☽	8 34
23 W	☽∠♃	1am 2
	☽#♅	5 25
	☿⚺♀	5 29
	☽⚺♄	7 19
	☽∥☿	9 34
	☽#♀	12pm30
	☽⚹♇	3 23
	☽#♃	5 17
	☽☍♅	5 32
	☿#♀	9 6
	☽⚺♀	9 55
	☽☌☿	10 40
	☉ ♍	11 4
24 Th	☽⚺♆	0am 8
	☽⚺♃	1 12
	☽□♂	6 9
	☿⚺♆	11 57
	☉∠♀	6pm10
	☽#♄	8 41
	☽∥♄	11 33
	☉⚺☽	11 40
	☿⚺♃	11 46
25 F	☽∠♆	0am 9
	☿#♃	4 2
	♀⚹♆	5 52
	☽☌♄	7 35
	☽□♇	3pm29
	☽⚻♅	5 29
26 S	☽#☿	0am26
	☽⚹♆	0 28
	☉∠☽	1 38
	☽☌♀	1 53
	☽☌♃	2 3
	☽∥♃	4 18
	♀☌♃	4 28
	☽⚺☿	5 2
	♀∥♅	5 30
	☽⚹♂	8 1
	☉∠♃	9 15
	☽∥♅	3pm57
	☽∥♀	5 19
	☽⚼♅	6 1
27 Su	☉⚹☽	4am13
	☉#☽	7 16
	☽∠☿	9 6
	☽⚺♄	9 18
	☽∠♂	9 46
	☿□♂	5pm 1
	☽△♇	5 15
	☽△♅	7 9
28 M	☽□♆	2am46
	☽⚺♃	4 58
	☽⚺♀	8 18
	☽∠♄	11 8
	☽⚺♂	12pm16
	☽⚹☿	2 4
	☽⚼♇	7 8
29 T	☽#♆	6am24
	☽∠♃	7 31
	☉□☽	11 55
	☽∠♀	12pm52
	☽⚹♄	1 45
	☉#♀	4 21
	☽⚻♇	9 48
	☽□♅	11 35
30 W	☽△♆	7am58
	☽⚹♃	10 54
	☉⚺♄	4pm27
	☽⚹♀	6 24
	☽☌♂	7 52
31 Th	☽□☿	3am 8
	☽⚼♆	11 43
	☽□♄	9pm20
	☉△☽	11 26

LONGITUDE

DAY	SID. TIME	☉	☽	☽ 12 Hour	MEAN ☊	TRUE ☊	☿	♀	♂	♃	♄	♅	♆	♇
	h m s	° ' "	° ' "	° ' "	° '	° '	° '	° '	° '	° '	° '	° '	° '	° '
1	22 37 29	7♍ 45 59	8♑ 2 35	14♑ 21 30	0♎ 48	29♍ 58R	28♍ 14	23♎ 28	23♐ 32	18♎ 22	6♎ 39	11♓ 46R	16♌ 32	10♋ 54
2	22 41 26	8 44 3	20 36 50	26 48 54	0 45	29 55	29 44	24 31	24 1	18 34	6 45	11 44	16 34	10 54
3	22 45 23	9 42 9	2♒ 57 58	9♒ 4 20	0 42	29 52	1♎ 13	25 34	24 30	18 45	6 52	11 42	16 36	10 55
4	22 49 19	10 40 17	15 8 15	21 10 0	0 39	29 49	2 40	26 36	25 0	18 57	6 59	11 39	16 38	10 56
5	22 53 16	11 38 25	27 9 49	3♓ 7 57	0 36	29 46	4 6	27 38	25 30	19 8	7 6	11 37	16 40	10 57
6	22 57 12	12 36 35	9♓ 4 39	15 0 11	0 32	29 44	5 31	28 40	26 0	19 20	7 13	11 34	16 42	10 58
7	23 1 9	13 34 48	20 54 48	26 48 46	0 29	29 43D	6 55	29 41	26 31	19 31	7 20	11 32	16 44	10 59
8	23 5 5	14 33 2	2♈ 42 23	8♈ 35 58	0 26	29 43	8 17	0♏ 43	27 2	19 43	7 27	11 30	16 46	10 59
9	23 9 2	15 31 17	14 29 51	20 24 22	0 23	29 44	9 37	1 43	27 33	19 55	7 34	11 27	16 48	11 0
10	23 12 58	16 29 35	26 19 57	2♉ 16 58	0 20	29 45	10 57	2 44	28 5	20 6	7 41	11 25	16 50	11 1
11	23 16 55	17 27 55	8♉ 15 53	14 17 10	0 17	29 46	12 14	3 44	28 37	20 18	7 48	11 22	16 52	11 2
12	23 20 52	18 26 17	20 21 17	26 28 45	0 13	29 47	13 30	4 44	29 9	20 30	7 55	11 20	16 54	11 2
13	23 24 48	19 24 41	2♊ 40 4	8♊ 55 45	0 10	29 48	14 45	5 44	29 42	20 42	8 2	11 18	16 56	11 3
14	23 28 45	20 23 6	15 16 18	21 42 12	0 7	29 48R	15 58	6 43	0♑ 15	20 54	8 9	11 15	16 58	11 4
15	23 32 41	21 21 35	28 13 53	4♋ 51 43	0 4	29 48	17 9	7 42	0 48	21 6	8 16	11 13	17 0	11 4
16	23 36 38	22 20 5	11♋ 36 2	18 27 1	0 1	29 48	18 18	8 40	1 22	21 18	8 24	11 11	17 2	11 5
17	23 40 34	23 18 38	25 24 45	2♌ 29 10	29♍ 57	29 47	19 25	9 38	1 56	21 31	8 31	11 8	17 4	11 6
18	23 44 31	24 17 12	9♌ 40 5	16 57 5	29 54	29 46	20 30	10 36	2 30	21 43	8 38	11 6	17 6	11 6
19	23 48 27	25 15 49	24 19 37	1♍ 46 57	29 51	29 46	21 33	11 33	3 4	21 55	8 45	11 4	17 8	11 7
20	23 52 24	26 14 28	9♍ 18 11	16 52 17	29 48	29 46D	22 33	12 30	3 39	22 7	8 53	11 1	17 9	11 7
21	23 56 20	27 13 9	24 28 6	2♎ 4 27	29 45	29 46	23 31	13 26	4 14	22 20	9 0	10 59	17 11	11 8
22	0 0 17	28 11 52	9♎ 40 7	17 13 54	29 42	29 46	24 26	14 22	4 49	22 32	9 7	10 57	17 13	11 8
23	0 4 14	29 10 37	24 44 41	2♏ 11 27	29 38	29 46R	25 18	15 17	5 24	22 44	9 14	10 55	17 15	11 9
24	0 8 10	0♎ 9 24	9♏ 33 22	16 49 43	29 35	29 46	26 7	16 12	6 0	22 57	9 22	10 52	17 17	11 9
25	0 12 7	1 8 12	23 59 58	1♐ 3 47	29 32	29 46	26 53	17 6	6 36	23 9	9 29	10 50	17 18	11 10
26	0 16 3	2 7 2	8♐ 0 57	14 51 28	29 29	29 45	27 34	18 0	7 12	23 22	9 36	10 48	17 20	11 10
27	0 20 0	3 5 54	21 35 25	28 13 1	29 26	29 45D	28 12	18 53	7 48	23 35	9 44	10 46	17 22	11 10
28	0 23 56	4 4 48	4♑ 44 34	11♑ 10 28	29 22	29 45	28 45	19 46	8 25	23 47	9 51	10 44	17 23	11 11
29	0 27 53	5 3 43	17 31 7	23 47 0	29 19	29 45	29 14	20 38	9 2	24 0	9 58	10 42	17 25	11 11
30	0 31 49	6♎ 2 40	29♑ 58 36	6♒ 6 26	29♍ 16	29♍ 46	29♎ 37	21♏ 29	9♑ 39	24♎ 13	10♎ 6	10♓ 39	17♌ 27	11♋ 11

DECLINATION and LATITUDE

DAY	☉	☽		☽ 12hr	☿		♀		♂		♃		♄	
	DECL	DECL	LAT	DECL	DECL	LAT	DECL	LAT	DECL	LAT	DECL	LAT	DECL	LAT
1	8N40	18S 1	5N12	17S37	0N38	0S 5	10S36	1S35	26S46	3S29	6S11	1N 7	0S36	2N13
2	8 18	17 0	4 55	16 12	0S 5	0 13	11 4	1 41	26 46	3 28	6 15	1 7	0 39	2 13
3	7 56	15 13	4 24	14 4	0 48	0 21	11 32	1 46	26 46	3 27	6 19	1 6	0 42	2 13
4	7 34	12 46	3 42	11 20	1 31	0 29	11 60	1 52	26 46	3 25	6 24	1 6	0 44	2 13
5	7 12	9 47	2 51	8 9	2 12	0 37	12 28	1 57	26 46	3 24	6 28	1 6	0 47	2 13
6	6 50	6 26	1 52	4 40	2 54	0 46	12 55	2 3	26 46	3 23	6 33	1 6	0 50	2 13
7	6 28	2 51	0 49	1 1	3 34	0 54	13 22	2 8	26 46	3 22	6 37	1 6	0 53	2 13
8	6 5	0N49	0S17	2N40	4 15	1 2	13 49	2 14	26 45	3 20	6 42	1 6	0 56	2 13
9	5 43	4 28	1 21	6 14	4 54	1 11	14 15	2 19	26 45	3 19	6 46	1 6	0 58	2 13
10	5 20	7 57	2 22	9 36	5 33	1 19	14 42	2 25	26 44	3 18	6 51	1 6	1 1	2 13
11	4 57	11 8	3 18	12 35	6 11	1 28	15 8	2 31	26 43	3 16	6 56	1 6	1 4	2 12
12	4 34	13 54	4 6	15 4	6 48	1 36	15 33	2 36	26 42	3 15	7 0	1 5	1 7	2 12
13	4 12	16 4	4 43	16 54	7 25	1 44	15 59	2 42	26 41	3 14	7 5	1 5	1 10	2 12
14	3 49	17 32	5 8	17 57	8 1	1 53	16 24	2 48	26 39	3 12	7 9	1 5	1 13	2 12
15	3 26	18 9	5 18	18 5	8 36	2 1	16 49	2 53	26 38	3 11	7 14	1 5	1 15	2 12
16	3 3	17 47	5 11	17 12	9 10	2 9	17 13	2 59	26 36	3 10	7 19	1 5	1 18	2 12
17	2 39	16 22	4 47	15 16	9 43	2 17	17 37	3 4	26 35	3 9	7 23	1 5	1 21	2 12
18	2 16	13 55	4 4	12 19	10 14	2 24	18 1	3 10	26 33	3 7	7 28	1 5	1 24	2 12
19	1 53	10 31	3 5	8 31	10 45	2 32	18 24	3 16	26 31	3 6	7 33	1 5	1 27	2 12
20	1 30	6 22	1 51	4 6	11 15	2 39	18 47	3 21	26 28	3 4	7 37	1 5	1 30	2 12
21	1 6	1 45	0 29	0S38	11 43	2 47	19 10	3 27	26 26	3 3	7 42	1 4	1 33	2 12
22	0 43	2S59	0N55	5 18	12 10	2 53	19 32	3 32	26 23	3 2	7 47	1 4	1 35	2 12
23	0 20	7 30	2 15	9 34	12 35	3 0	19 54	3 38	26 21	3 0	7 51	1 4	1 38	2 12
24	0S 4	11 27	3 24	13 9	12 59	3 6	20 15	3 43	26 18	2 59	7 56	1 4	1 41	2 12
25	0 27	14 36	4 18	15 49	13 21	3 12	20 36	3 48	26 14	2 58	8 1	1 4	1 44	2 12
26	0 51	16 47	4 56	17 30	13 41	3 18	20 56	3 54	26 11	2 56	8 5	1 4	1 47	2 12
27	1 14	17 57	5 15	18 8	13 59	3 22	21 17	3 59	26 8	2 55	8 10	1 4	1 50	2 12
28	1 37	18 5	5 17	17 48	14 15	3 27	21 36	4 4	26 4	2 53	8 15	1 4	1 53	2 12
29	2 1	17 18	5 3	16 35	14 29	3 30	21 55	4 10	26 0	2 52	8 19	1 4	1 56	2 12
30	2S24	15S41	4N35	14S37	14S40	3S33	22S14	4S15	25S56	2S51	8S24	1N 4	1S59	2N12

DAY	♅		♆		♇	
	DECL	LAT	DECL	LAT	DECL	LAT
1	7S54	0S49	16N 2	0N 9	20N 8	2S53
5	7 58	0 49	15 59	0 9	20 8	2 53
9	8 1	0 49	15 57	0 9	20 7	2 53
13	8 5	0 49	15 55	0 9	20 7	2 53
17	8 9	0 49	15 52	0 9	20 7	2 53
21	8 12	0 49	15 50	0 9	20 7	2 53
25	8 15	0 49	15 48	0 9	20 6	2 53
29	8S19	0S49	15N46	0N 9	20N 6	2S53

☽ PHENOMENA

d	h	m	
6	7	47	○
14	10	20	☾
21	4	38	●ᵉ
27	22	40	☽

d	h	° '
7	19	0
15	3	18N 9
21	9	0
27	15	18S 9

d	h	° '
7	18	0
15	3	5S18
21	8	0
27	15	5N18

VOID OF COURSE ☽

LAST ASPT		☽ INGRESS		
2	8am15	2	♒	6pm12
5	1am 2	5	♓	5am42
7	11am55	7	♈	6pm29
10	3am42	10	♉	7am24
11	7pm54	12	♊	6pm51
14	10am41	15	♋	3am13
16	8pm 8	17	♌	7am48
18	8pm 2	19	♍	9am 8
21	4am38	21	♎	8am44
23	0am57	23	♏	8am27
24	12pm46	25	♐	10am11
27	12pm31	27	♑	3pm16
29	11pm17	30	♒	0am 3

d	h	
7	18	APOGEE
21	6	PERIGEE

DAILY ASPECTARIAN

Day	Aspect	Time
1 F	☿#♄	0am54
	♀⚹♂	2 23
	☽☍♇	5 24
	☽⚹♅	7 3
	☽⚻♆	4pm12
	☽□♃	8 0
2 S	☿ ♎	4am20
	☉⚼☽	6 32
	☽⚺♂	6 50
	☽□♀	8 15
	☽∠♅	11 48
	☽#♆	2pm27
	☿∥♄	7 59
	☽△☿	8 6
3 Su	☉#♅	0am12
	☿∠♆	6 34
	☽△♄	7 44
	☽∠♂	1pm23
	☉⚻☽	2 23
	☽⚻♇	3 40
	☽⚺♅	5 7
4 M	♀⚼♅	1am 8
	☽☍♆	2 59
	☽∥♀	5 36
	☽⚼☿	5 43
	☉⚹♇	6 39
	☽△♃	7 41
	☽⚼♄	1pm46
	☽⚹♂	8 31
	☽⚼♇	9 34
	☉☍♅	11 22
5 T	☽△♀	1am 2
	☽∥♅	1pm18
	☽⚼♃	2 15
	☽⚻☿	3 51
	☽⚻♄	8 12
	☉#☽	8 59
	☽∥♃	11 17
6 W	☽△♇	3am49
	☽☌♅	5 2
	☉☍☽	7 47
	☽⚼♀	10 10
	☉#♃	3pm11
	☽⚻♆	3 30
	☽∥☿	8 2
	☽⚻♃	9 7
7 Th	♀ ♏	7am15
	☿☌♄	7 59
	☽□♂	11 55
	☽∥♄	12pm46
	☽⚻♀	7 33
	☽⚼♆	10 6
8 F	☽#♄	0am40
	☽☍♄	9 45
	☽☍☿	12pm49
	☽□♇	4 53
	☽⚺♅	5 50
9 S	☉⚻☽	2am16
	☽#☿	3 32
	☽△♆	4 42
	☉∥☽	7 33
	☽☍♃	11 11
	☽#♃	4pm 2
	☉#☿	6 57
10 Su	☽∠♅	0am10
	☽#♅	0 36
	☿□♇	1 21
	☽△♂	3 42
	☿⚻♅	8 26
	☉⚺♆	8 52
	☉⚼☽	11 20
	☽☍♀	2pm 6
	☽⚻♄	11 3
11 M	☽⚹♇	5am31
	☽⚹♅	6 11
	☽⚻☿	8 52
	☽⚼♂	11 10
	☽□♆	5pm10
	☉△☽	7 54
12 T	☽⚻♃	0am18
	☽⚼♄	5 5
	☿∥♃	8 43
	☽∠♇	11 9
	☽⚼☿	5pm44
	☽⚻♂	6 0
	♀#♆	8 4
	☽∥♆	9 54
	☽#♀	10 26
13 W	☽⚼♃	5am56
	☽⚻♀	6 23
	☽△♄	10 24
	♂ ♑	1pm 3
	☽⚺♇	4 3
	☽□♅	4 27
14 Th	☽△☿	1am26
	☽⚹♆	3 12
	☿∥♅	3 33
	☉□☽	10 20
	☽△♃	10 41
	☽⚼♀	1pm 0
	☉⚺♃	4 4
	☿⚹♆	9 1
15 F	☽☍♂	4am53
	☽∠♆	6 52
	♀⚺♄	4pm17
	☽□♄	6 16
	☽△♀	6 24
	☽☌♇	11 5
	☽△♅	11 15
16 S	☽#♀	9am 2
	☽⚺♆	9 33
	☽□☿	12pm46
	☽□♃	5 12
	☉⚹☽	8 8
17 Su	☽⚼♅	1am14
	☽∥♆	5 44
	♂⚼♆	6 10
	☽⚻♂	11 31
	☽⚹♄	10pm16
	♅△♇	10 49
	☉∠☽	11 19
18 M	☽□♀	1am39
	☽⚻♅	2 22
	☽⚺♇	2 23
	♀△♅	12pm14
	☽☌♆	12 16
	♀△♇	12 54
	☽⚼♂	1 25
	☽⚹☿	7 9
	☽⚹♃	8 2
	☽#☿	10 40
	☽∠♄	11 4
19 T	☉⚺☽	1am37
	☽∠♇	2 53
	☿☌♃	10 58
	☽#♅	1pm55
	☽△♂	2 37
	☽#♃	5 12
	☽∠♃	8 29
	☽∠☿	9 1
	☽⚺♄	11 19
	☉#♄	11 59
20 W	☽☍♅	2am44
	☽⚹♇	2 53
	☽⚹♀	5 24
	☽⚺♆	12pm29
	☽⚺♃	8 34
	☽⚺☿	10 24
21 Th	☽#♄	1am 2
	☉∥☽	3 32
	☉☌☽	4 38
	☽∠♀	6 40
	☽∠♆	12pm12
	☉#☽	1 19
	☽□♂	4 1
	☽∥♄	4 48
	☽☌♄	11 7
22 F	☽⚻♅	2am 1
	☽□♇	2 20
	☽⚺♀	7 56
	☽⚹♆	12pm 0
	☽☌♃	8 45
23 S	☽☌☿	0am57
	☽⚼♅	1 52
	☽∥♃	2 2
	☽∥♅	4 9
	☉⚺☽	7 38
	♀#♇	2pm31
	☿⚼♅	4 54
	☽⚹♂	5 57
	☉ ♎	8 10
	☽⚺♄	11 41
24 Su	☽△♅	2am 9
	☽△♇	2 37
	☉∠☽	9 54
	☽☌♀	11 41
	☽∥☿	12pm15
	☽□♆	12 46
	☽∠♂	7 47
	☽⚺♃	10 34
25 M	☽∠♄	0am49
	☽⚼♇	3 39
	☽⚺☿	5 8
	♀□♆	5 33
	☽#♆	11 43
	☉⚹☽	1pm 2
	☽⚺♂	10 31
26 T	☽∠♃	0am37
	☽⚹♄	2 48
	☽□♅	4 51
	☉∠♆	5 27
	☽⚻♇	5 30
	☽∠☿	8 22
	☽△♆	4pm26
	☽⚺♀	6 49
27 W	☽⚹♃	3am38
	☽⚹☿	12pm31
	☽⚼♆	7 39
	☉□☽	10 40
28 Th	☽∠♀	0am 2
	☽☌♂	7 10
	☽□♄	9 37
	☽⚹♅	11 8
	☽☍♇	12pm 1
	☉∥♄	6 5
	♃∥♅	6 11
	☽⚻♆	11 48
29 F	☽⚹♀	6am23
	☽□♃	12pm38
	☽∠♅	3 38
	☽#♆	11 2
	☽□☿	11 17
30 S	☽∥☿	10am41
	☉△☽	12pm55
	☽⚺♂	8 0
	☽△♄	8 4
	☽⚺♅	8 55
	♂□♄	9 44
	☽⚻♇	10 2

OCTOBER 1922

LONGITUDE

DAY	SID. TIME	☉	☽	☽ 12 Hour	MEAN ☊	TRUE ☊	☿	♀	♂	♃	♄	♅	♆	♇
	h m s	° ' "	° ' "	° ' "	° '	° '	° '	° '	° '	° '	° '	° '	° '	° '
1	0 35 46	7♎ 1 39	12♒ 10 58	18♒ 12 41	29♍ 13	29♍ 46	29♎ 55	22♏ 20	10♑ 16	24♎ 25	10♎ 13	10♓ 37R	17♌ 28	11♋ 12
2	0 39 43	8 0 40	24 12 4	0♓ 9 32	29 10	29 47	0♏ 6	23 10	10 53	24 38	10 21	10 35	17 30	11 12
3	0 43 39	8 59 43	6♓ 5 32	12 0 26	29 7	29 48	0 12R	23 59	11 31	24 51	10 28	10 33	17 31	11 12
4	0 47 36	9 58 47	17 54 37	23 48 25	29 3	29 49	0 10	24 47	12 9	25 4	10 35	10 31	17 33	11 12
5	0 51 32	10 57 53	29 42 11	5♈ 36 10	29 0	29 49R	0 1	25 35	12 47	25 16	10 43	10 29	17 34	11 13
6	0 55 29	11 57 2	11♈ 30 41	17 26 0	28 57	29 49	29♎ 44	26 22	13 25	25 29	10 50	10 27	17 36	11 13
7	0 59 25	12 56 12	23 22 23	29 20 3	28 54	29 48	29 20	27 8	14 3	25 42	10 57	10 25	17 37	11 13
8	1 3 22	13 55 24	5♉ 19 18	11♉ 20 22	28 51	29 46	28 47	27 53	14 42	25 55	11 5	10 24	17 39	11 13
9	1 7 18	14 54 39	17 23 31	23 29 2	28 48	29 44	28 7	28 37	15 21	26 8	11 12	10 22	17 40	11 13
10	1 11 15	15 53 56	29 37 12	5♊ 48 20	28 44	29 42	27 18	29 20	15 59	26 21	11 20	10 20	17 41	11 13
11	1 15 12	16 53 15	12♊ 2 43	18 20 41	28 41	29 39	26 23	0♐ 2	16 38	26 34	11 27	10 18	17 43	11 13
12	1 19 8	17 52 37	24 42 35	1♋ 8 45	28 38	29 37	25 21	0 44	17 18	26 47	11 34	10 16	17 44	11 13R
13	1 23 5	18 52 0	7♋ 39 31	14 15 11	28 35	29 36D	24 14	1 24	17 57	27 0	11 42	10 15	17 45	11 13
14	1 27 1	19 51 27	20 56 4	27 42 23	28 32	29 35	23 3	2 3	18 37	27 13	11 49	10 13	17 47	11 13
15	1 30 58	20 50 55	4♌ 34 20	11♌ 32 2	28 28	29 36	21 50	2 41	19 16	27 26	11 56	10 11	17 48	11 13
16	1 34 54	21 50 26	18 35 29	25 44 34	28 25	29 37	20 37	3 17	19 56	27 39	12 4	10 10	17 49	11 13
17	1 38 51	22 49 59	2♍ 59 3	10♍ 18 33	28 22	29 39	19 26	3 53	20 36	27 52	12 11	10 8	17 50	11 13
18	1 42 47	23 49 34	17 42 31	25 10 15	28 19	29 40R	18 20	4 27	21 16	28 5	12 18	10 7	17 51	11 13
19	1 46 44	24 49 11	2♎ 40 52	10♎ 13 26	28 16	29 40	17 20	5 0	21 56	28 18	12 26	10 5	17 52	11 13
20	1 50 40	25 48 51	17 46 49	25 19 52	28 13	29 39	16 28	5 31	22 37	28 31	12 33	10 4	17 53	11 13
21	1 54 37	26 48 32	2♏ 51 26	10♏ 20 20	28 9	29 37	15 45	6 1	23 17	28 44	12 40	10 2	17 55	11 12
22	1 58 34	27 48 16	17 45 30	25 5 57	28 6	29 34	15 12	6 29	23 58	28 57	12 47	10 1	17 56	11 12
23	2 2 30	28 48 2	2♐ 20 52	9♐ 29 36	28 3	29 29	14 51	6 56	24 38	29 10	12 54	9 59	17 57	11 12
24	2 6 27	29 47 49	16 31 40	23 26 48	28 0	29 25	14 41D	7 21	25 19	29 23	13 2	9 58	17 58	11 12
25	2 10 23	0♏ 47 38	0♑ 14 53	6♑ 55 58	27 57	29 21	14 42	7 45	26 0	29 36	13 9	9 57	17 58	11 11
26	2 14 20	1 47 29	13 30 15	19 58 4	27 54	29 18	14 54	8 6	26 42	29 49	13 16	9 56	17 59	11 11
27	2 18 16	2 47 21	26 19 51	2♒ 36 6	27 50	29 17D	15 17	8 26	27 23	0♏ 3	13 23	9 55	18 0	11 11
28	2 22 13	3 47 15	8♒ 47 22	14 54 15	27 47	29 17	15 49	8 44	28 4	0 16	13 30	9 53	18 1	11 10
29	2 26 9	4 47 11	20 57 23	26 57 23	27 44	29 18	16 30	9 0	28 46	0 29	13 37	9 52	18 2	11 10
30	2 30 6	5 47 9	2♓ 54 53	8♓ 50 29	27 41	29 20	17 20	9 14	29 27	0 42	13 44	9 51	18 3	11 10
31	2 34 3	6♏ 47 8	14♓ 44 47	20♓ 38 19	27♍ 38	29♍ 21	18♎ 16	9♐ 25	0♒ 9	0♏ 55	13♎ 51	9♓ 50	18♌ 3	11♋ 9

DECLINATION and LATITUDE

DAY	☉ DECL	☽ DECL	☽ LAT	☽ 12hr DECL	☿ DECL	☿ LAT	♀ DECL	♀ LAT	♂ DECL	♂ LAT	♃ DECL	♃ LAT	♄ DECL	♄ LAT
1	2S47	13S23	3N55	12S 1	14S48	3S36	22S33	4S20	25S52	2S49	8S29	1N 4	2S 1	2N12
2	3 11	10 33	3 5	8 58	14 54	3 37	22 50	4 25	25 47	2 48	8 34	1 4	2 4	2 12
3	3 34	7 18	2 8	5 34	14 56	3 37	23 8	4 30	25 43	2 46	8 38	1 4	2 7	2 12
4	3 57	3 46	1 6	1 57	14 54	3 36	23 25	4 35	25 38	2 45	8 43	1 3	2 10	2 12
5	4 20	0 6	0 1	1N44	14 49	3 34	23 41	4 39	25 33	2 44	8 48	1 3	2 13	2 12
6	4 44	3N34	1S 4	5 22	14 40	3 30	23 57	4 44	25 28	2 42	8 53	1 3	2 16	2 12
7	5 7	7 7	2 7	8 48	14 26	3 25	24 12	4 49	25 22	2 41	8 57	1 3	2 19	2 12
8	5 30	10 24	3 4	11 54	14 8	3 18	24 27	4 53	25 17	2 39	9 2	1 3	2 22	2 12
9	5 53	13 17	3 54	14 32	13 46	3 10	24 42	4 58	25 11	2 38	9 7	1 3	2 24	2 12
10	6 16	15 37	4 34	16 32	13 18	2 59	24 55	5 2	25 5	2 37	9 12	1 3	2 27	2 12
11	6 38	17 16	5 1	17 47	12 47	2 47	25 9	5 6	24 59	2 35	9 16	1 3	2 30	2 12
12	7 1	18 6	5 15	18 11	12 11	2 33	25 21	5 10	24 52	2 34	9 21	1 3	2 33	2 12
13	7 24	18 1	5 13	17 37	11 32	2 17	25 34	5 14	24 46	2 32	9 26	1 3	2 36	2 12
14	7 46	16 58	4 54	16 4	10 49	1 60	25 45	5 17	24 39	2 31	9 30	1 3	2 39	2 12
15	8 9	14 56	4 19	13 33	10 4	1 41	25 56	5 21	24 32	2 29	9 35	1 3	2 41	2 12
16	8 31	11 58	3 28	10 10	9 19	1 21	26 7	5 24	24 25	2 28	9 40	1 3	2 44	2 13
17	8 53	8 12	2 22	6 5	8 33	1 1	26 17	5 27	24 17	2 27	9 44	1 3	2 47	2 13
18	9 15	3 51	1 6	1 32	7 49	0 40	26 26	5 30	24 9	2 25	9 49	1 3	2 50	2 13
19	9 37	0S49	0N17	3S10	7 7	0 20	26 35	5 33	24 2	2 24	9 54	1 3	2 52	2 13
20	9 59	5 28	1 38	7 41	6 28	ON 0	26 43	5 35	23 53	2 22	9 59	1 3	2 55	2 13
21	10 20	9 46	2 53	11 41	5 54	0 19	26 51	5 37	23 45	2 21	10 3	1 3	2 58	2 13
22	10 42	13 23	3 54	14 51	5 25	0 37	26 58	5 39	23 37	2 19	10 8	1 3	3 1	2 13
23	11 3	16 5	4 39	17 2	5 2	0 54	27 4	5 41	23 28	2 18	10 13	1 3	3 3	2 13
24	11 24	17 42	5 6	18 6	4 44	1 9	27 10	5 42	23 19	2 17	10 17	1 3	3 6	2 13
25	11 45	18 14	5 13	18 6	4 32	1 22	27 15	5 43	23 10	2 15	10 22	1 3	3 9	2 13
26	12 6	17 44	5 4	17 8	4 26	1 33	27 20	5 44	23 1	2 14	10 26	1 2	3 12	2 13
27	12 27	16 19	4 39	15 20	4 26	1 43	27 23	5 45	22 51	2 12	10 31	1 2	3 14	2 13
28	12 47	14 10	4 2	12 52	4 31	1 51	27 26	5 45	22 42	2 11	10 36	1 2	3 17	2 13
29	13 7	11 26	3 15	9 54	4 40	1 58	27 29	5 44	22 32	2 9	10 40	1 2	3 20	2 14
30	13 27	8 16	2 20	6 34	4 55	2 3	27 30	5 44	22 22	2 8	10 45	1 2	3 22	2 14
31	13S47	4S48	1N19	2S59	5S12	2N 7	27S31	5S43	22S11	2S 7	10S49	1N 2	3S25	2N14

DAY	♅ DECL	♅ LAT	♆ DECL	♆ LAT	♇ DECL	♇ LAT
1	8S20	0S48	15N45	0N 9	20N 6	2S53
5	8 23	0 48	15 43	0 9	20 6	2 53
9	8 26	0 48	15 42	0 9	20 6	2 53
13	8 28	0 48	15 40	0 9	20 6	2 53
17	8 31	0 48	15 39	0 10	20 6	2 53
21	8 33	0 48	15 37	0 10	20 6	2 53
25	8 35	0 48	15 36	0 10	20 6	2 53
29	8S36	0S48	15N35	0N10	20N 6	2S53

☽ PHENOMENA			
d	h	m	
6	0	58	○
13	21	55	☾
20	13	40	●
27	13	26	☽
d	h	°	
5	1	0	
12	10	18N11	
18	20	0	
25	0	18S14	
5	0	0	
12	9	5S16	
18	19	0	
24	22	5N13	

VOID OF COURSE ☽ LAST ASPT		☽ INGRESS		
2	0am53	2	♓	11am41
4	3pm 1	5	♈	0am36
7	11am30	7	♉	1pm20
9	11pm25	10	♊	0am44
12	3am56	12	♋	9am52
14	11am19	14	♌	4pm 2
16	3pm24	16	♍	7pm 4
18	6am 0	18	♎	7pm43
20	5pm19	20	♏	7pm26
22	10am38	22	♐	8pm 6
24	10pm51	24	♑	11pm34
27	2am 7	27	♒	7am 0
28	6pm11	29	♓	6pm 7

d	h	
4	20	APOGEE
19	17	PERIGEE

DAILY ASPECTARIAN

Day	Aspect	Time
1 Su	☿ ♏	9am 9
	☽☍♆	10 33
	♂⚹♅	1pm 0
	☉⚼☽	9 24
	☽□♀	9 45
2 M	☽△♃	0am53
	☽⚼♄	2 19
	☽∠♂	3 35
	☽⚼♇	4 1
	♂☍♇	11 52
	☽△☿	12pm 1
	☽∥♃	2 35
	☽∥♅	4 26
	☉∠♀	9 49
3 T	☿SR	6am14
	☉⚻☽	6 25
	☽⚼♃	7 45
	☽⚻♄	8 58
	☽☌♅	9 1
	☽△♇	10 22
	☽⚹♂	11 37
	♄⚻♅	1pm43
	☽⚼☿	6 27
	☉∥☽	10 55
	☽⚻♆	11 16
4 W	☽∥♄	10am26
	♀⚺♃	11 10
	☉⚻♅	12pm46
	☽⚻♃	2 49
	☽△♀	3 1
	☉☌♄	4 57
5 Th	☽⚻☿	0am38
	☿ ♎	1 4
	♀∠♄	4 41
	☽⚼♆	5 51
	☉□♇	5 57
	☽#♄	3pm20
	♀⚼♇	7 19
	♃⚼♅	9 0
	☽⚺♅	9 52
	☽☍♄	10 37
	☽□♇	11 23
	☽⚼♀	11 41
6 F	☉☍☽	0am58
	☽□♂	4 5
	☉#☽	8 38
	☽△♆	12pm21
7 S	☽∠♅	4am 7
	☽☍♃	4 47
	☽⚻♀	8 5
	☽#♅	9 11
	☽☍☿	11 30
	☽#♃	1pm27
8 Su	☽⚹♅	10am 5
	☽⚻♄	11 36
	☽⚹♇	11 45
	☿⚺♀	3pm36
	☉⚻☽	6 39
	☽△♂	7 43
9 M	☽□♆	0am33
	♄□♇	2 48
	☽#☿	3 47
	☽∠♇	5pm22
	☽⚼♄	5 30
	☽⚻♃	5 30
	☽⚻☿	7 47
	☽☍♀	11 25
10 T	☽∥♆	0am49
	☉⚼☽	2 42
	☽⚼♂	2 49
	☉□♂	6 31
	♀∥♂	11 39
	☿☌♃	8pm17
	☽□♅	8 40
	☽⚺♇	10 25
	♀ ♐	10 34
	☽⚼☿	10 49
	☽△♄	10 51
	☽⚼♃	11 4
11 W	☽⚻♂	9am15
	☉△☽	10 1
	☽⚹♆	10 49
	☉⚹♆	8pm27
12 Th	☽△☿	1am 6
	☿⚼♅	1 39
	☽△♃	3 56
	☽⚻♀	11 51
	♇SR	2pm 0
	☽∠♆	2 58
	♂⚻♆	4 39
13 F	☽△♅	4am43
	☽☌♇	6 30
	☽□♄	7 26
	☽⚼♀	4pm41
	☽⚺♆	6 20
	☽☍♂	7 38
	☉□☽	9 55
14 S	☽□☿	3am27
	☽⚼♅	7 35
	☽□♃	11 19
	☽∥♆	4pm37
	☽△♀	8 33
15 Su	☽⚻♅	9am40
	☉☌☿	10 40
	☽⚺♇	11 27
	☽⚹♄	12pm48
	☿∥♃	2 0
	☽☌♆	10 41
	☉∥♅	11 22
16 M	☽⚻♂	2am22
	☽⚹☿	3 9
	☉⚹☽	5 53
	☿□♂	8 51
	☽∠♇	12pm47
	☽∠♄	2 19
	☽#♃	2 54
	☽⚹♃	3 24
	☉∥☿	4 56
	☉#☽	8 19
	☽#☿	9 29
	☽#♅	10 11
17 T	☿∥♅	1am12
	☽□♀	1 32
	☽∠☿	2 13
	☽⚼♂	4 30
	☿∠♀	7 50
	☉∠☽	8 32
	☽☍♅	11 42
	☽⚹♇	1pm28
	☽⚺♄	3 10
	☽∠♃	4 24
18 W	☽⚺♆	0am14
	☽⚺☿	0 56
	☽#♄	5 18
	☽△♂	6 0
	☉⚺☽	10 33
	☿⚹♆	10 52
	☽⚺♃	4pm54
19 Th	☽∠♆	0am18
	☽⚹♀	3 49
	☉⚼♅	6 14
	☽∥♄	10 37
	☽⚻♅	11 46
	☽□♇	1pm34
	☽☌♄	3 37
	☽☌☿	10 0
	☉∥♃	11 44
20 F	☽⚹♆	0am11
	☽∠♀	4 30
	☽∥☿	4 43
	☽□♂	8 2
	☽⚼♅	11 33
	☉☌☽	1pm40
	☽∥♅	4 53
	☽☌♃	5 19
21 S	☽∥♃	1am47
	☉∥☽	3 51
	☽⚺♀	5 14
	☽△♅	11 30
	☽△♇	1pm24
	☽⚺♄	3 53
	☽⚺☿	7 59
22 Su	☽□♆	0am16
	☽⚹♂	10 38
	☽⚼♇	1pm49
	☽∠♄	4 34
	☉⚺☽	5 40
	☽⚺♃	6 38
	☽#♆	7 9
	☽∠☿	7 55
23 M	☽☌♀	7am55
	☉☌♃	11 25
	♂∠♅	11 56
	☽□♅	12pm49
	☽∠♂	12 52
	☽⚻♇	2 53
	☽⚹♄	5 57
	☽∠♃	8 16
	☉∠☽	8 48
	☽⚹☿	8 51
24 T	☽△♆	2am28
	☉ ♏	4 53
	☿SD	9 27
	☽⚺♂	4pm 6
	☽⚹♃	10 51
25	☉⚹☽	1am 3
	☽⚼♆	4 52
	☽⚺♀	1pm51
	☽⚹♅	5 27
	☽☍♇	7 45
	☽□♄	11 33
26 Th	☽□☿	2am39
	☽⚻♆	8 19
	☽∠♀	6pm22
	♃ ♏	7 16
	☽∠♅	9 18
27 F	☽☌♂	2am 7
	☽□♃	7 13
	☽#♆	9 1
	☉□☽	1pm26
	☽⚹♀	11 53
28 S	☽⚺♅	2am 9
	☽⚻♇	4 40
	☽△♄	9 20
	☉∥☽	11 21
	☽△☿	2pm36
	☽☍♆	6 11
29 Su	☽∥♃	5am57
	☽⚼♇	10 25
	☽⚼♄	3pm30
	☽⚺♂	4 35
	☽△♃	7 26
	☽∥♅	9 31
	☽⚼☿	10 43
30 M	☉△☽	6am20
	☽□♀	1pm 0
	☽☌♅	2 2
	☽△♇	4 42
	☿⚹♆	6 51
	♂ ♒	6 55
	☽∥☿	9 27
	☽⚻♄	10 10
31 T	☽∠♂	0am52
	☽⚼♃	2 25
	☽⚻♆	6 45
	☽⚻☿	7 50
	☽∥♄	9 4
	☉⚼☽	3pm40

NOVEMBER 1922

LONGITUDE

DAY	SID. TIME	☉	☽	☽ 12 Hour	MEAN ☊	TRUE ☊	☿	♀	♂	♃	♄	♅	♆	♇
	h m s	° ' "	° ' "	° ' "	° '	° '	° '	° '	° '	° '	° '	° '	° '	° '
1	2 37 59	7♏ 47 8	26♓ 31 37	2♈ 25 10	27♍ 34	29♍ 22R	19♎ 19	9♐ 35	0♒ 51	1♏ 8	13♎ 58	9♓ 49R	18♌ 4	11♋ 9R
2	2 41 56	8 47 11	8♈ 19 25	14 14 44	27 31	29 22	20 27	9 42	1 32	1 21	14 5	9 48	18 5	11 8
3	2 45 52	9 47 15	20 11 29	26 9 59	27 28	29 20	21 40	9 47	2 14	1 34	14 12	9 48	18 5	11 8
4	2 49 49	10 47 21	2♉ 10 29	8♉ 13 12	27 25	29 15	22 57	9 50R	2 56	1 47	14 19	9 47	18 6	11 7
5	2 53 45	11 47 28	14 18 19	20 25 58	27 22	29 9	24 18	9 50	3 39	2 0	14 26	9 46	18 7	11 7
6	2 57 42	12 47 38	26 36 17	2♊ 49 22	27 19	29 1	25 41	9 48	4 21	2 13	14 33	9 45	18 7	11 6
7	3 1 38	13 47 50	9♊ 5 17	15 24 6	27 15	28 52	27 8	9 44	5 3	2 26	14 40	9 45	18 8	11 6
8	3 5 35	14 48 3	21 45 54	28 10 44	27 12	28 44	28 36	9 37	5 45	2 39	14 46	9 44	18 8	11 5
9	3 9 32	15 48 18	4♋ 38 42	11♋ 9 53	27 9	28 36	0♏ 6	9 27	6 28	2 52	14 53	9 43	18 8	11 4
10	3 13 28	16 48 35	17 44 24	24 22 23	27 6	28 31	1 37	9 15	7 10	3 5	15 0	9 43	18 9	11 4
11	3 17 25	17 48 55	1♌ 3 56	7♌ 49 14	27 3	28 27	3 9	9 1	7 53	3 18	15 6	9 42	18 9	11 3
12	3 21 21	18 49 16	14 38 23	21 31 32	27 0	28 26D	4 42	8 45	8 36	3 31	15 13	9 42	18 10	11 2
13	3 25 18	19 49 39	28 28 44	5♍ 30 3	26 56	28 27	6 16	8 26	9 18	3 43	15 19	9 42	18 10	11 2
14	3 29 14	20 50 4	12♍ 35 26	19 44 46	26 53	28 28	7 51	8 5	10 1	3 56	15 26	9 41	18 10	11 1
15	3 33 11	21 50 31	26 57 51	4♎ 14 18	26 50	28 28R	9 26	7 41	10 44	4 9	15 32	9 41	18 10	11 0
16	3 37 7	22 51 0	11♎ 33 40	18 55 20	26 47	28 27	11 1	7 16	11 27	4 22	15 39	9 41	18 11	11 0
17	3 41 4	23 51 30	26 18 34	3♏ 42 31	26 44	28 24	12 36	6 48	12 10	4 35	15 45	9 41	18 11	10 59
18	3 45 1	24 52 3	11♏ 6 14	18 28 44	26 40	28 19	14 11	6 19	12 53	4 47	15 51	9 41	18 11	10 58
19	3 48 57	25 52 37	25 48 59	3♐ 6 0	26 37	28 11	15 47	5 49	13 36	5 0	15 58	9 41D	18 11	10 57
20	3 52 54	26 53 13	10♐ 18 53	17 26 49	26 34	28 1	17 22	5 16	14 19	5 13	16 4	9 41	18 11	10 56
21	3 56 50	27 53 49	24 29 7	1♑ 25 17	26 31	27 51	18 58	4 43	15 3	5 25	16 10	9 41	18 11R	10 55
22	4 0 47	28 54 28	8♑ 14 58	14 58 0	26 28	27 41	20 33	4 8	15 46	5 38	16 16	9 41	18 11	10 55
23	4 4 43	29 55 8	21 34 24	28 4 18	26 25	27 34	22 9	3 33	16 29	5 50	16 22	9 41	18 11	10 54
24	4 8 40	0♐ 55 48	4♒ 27 59	10♒ 45 52	26 21	27 28	23 44	2 57	17 13	6 3	16 28	9 41	18 11	10 53
25	4 12 36	1 56 30	16 58 26	23 6 17	26 18	27 24	25 19	2 21	17 56	6 15	16 34	9 41	18 11	10 52
26	4 16 33	2 57 13	29 10 1	5♓ 10 19	26 15	27 23D	26 54	1 44	18 40	6 28	16 40	9 41	18 11	10 51
27	4 20 30	3 57 57	11♓ 7 52	17 3 22	26 12	27 23	28 29	1 8	19 23	6 40	16 46	9 42	18 10	10 50
28	4 24 26	4 58 42	22 57 30	28 50 58	26 9	27 24R	0♐ 4	0 32	20 7	6 52	16 51	9 42	18 10	10 49
29	4 28 23	5 59 28	4♈ 44 24	10♈ 38 27	26 6	27 24	1 38	29♏ 57	20 50	7 5	16 57	9 43	18 10	10 48
30	4 32 19	7♐ 0 15	16♈ 33 41	22♈ 30 38	26♍ 2	27♍ 22	3♐ 13	29♏ 22	21♒ 34	7♏ 17	17♎ 3	9♓ 43	18♌ 10	10♋ 47

DECLINATION and LATITUDE

DAY	☉ DECL	☽ DECL	☽ LAT	☽ 12hr DECL	☿ DECL	☿ LAT	♀ DECL	♀ LAT	♂ DECL	♂ LAT	♃ DECL	♃ LAT	♄ DECL	♄ LAT
1	14S 7	1S 9	0N15	0N42	5S34	2N 9	27S31	5S41	22S 1	2S 5	10S54	1N 2	3S27	2N14
2	14 26	2N33	0S49	4 23	5 58	2 11	27 30	5 39	21 50	2 4	10 58	1 2	3 30	2 14
3	14 45	6 11	1 51	7 55	6 25	2 11	27 29	5 37	21 39	2 2	11 3	1 2	3 33	2 14
4	15 4	9 36	2 49	11 10	6 55	2 10	27 26	5 34	21 28	2 1	11 7	1 2	3 35	2 14
5	15 23	12 38	3 40	13 59	7 26	2 9	27 23	5 30	21 17	1 59	11 12	1 2	3 38	2 14
6	15 41	15 10	4 21	16 12	7 58	2 7	27 18	5 26	21 5	1 58	11 16	1 2	3 40	2 14
7	15 59	17 2	4 50	17 41	8 32	2 4	27 13	5 22	20 54	1 57	11 21	1 2	3 43	2 15
8	16 17	18 6	5 6	18 18	9 7	1 60	27 7	5 17	20 42	1 55	11 25	1 2	3 45	2 15
9	16 35	18 16	5 6	17 59	9 42	1 56	26 60	5 11	20 30	1 54	11 30	1 2	3 48	2 15
10	16 52	17 28	4 51	16 42	10 18	1 51	26 52	5 5	20 18	1 52	11 34	1 2	3 50	2 15
11	17 9	15 42	4 20	14 28	10 54	1 46	26 43	4 58	20 5	1 51	11 38	1 2	3 53	2 15
12	17 26	13 2	3 34	11 24	11 30	1 41	26 33	4 50	19 53	1 49	11 43	1 2	3 55	2 15
13	17 42	9 36	2 34	7 38	12 7	1 35	26 21	4 42	19 40	1 48	11 47	1 2	3 57	2 15
14	17 58	5 32	1 24	3 21	12 43	1 30	26 9	4 33	19 27	1 47	11 51	1 2	3 60	2 15
15	18 14	1 5	0 8	1S13	13 19	1 23	25 56	4 23	19 14	1 45	11 56	1 2	4 2	2 16
16	18 30	3S30	1N10	5 45	13 55	1 17	25 41	4 13	19 1	1 44	11 60	1 2	4 4	2 16
17	18 45	7 55	2 24	9 59	14 30	1 11	25 26	4 2	18 48	1 42	12 4	1 2	4 7	2 16
18	18 60	11 52	3 28	13 34	15 5	1 4	25 9	3 51	18 34	1 41	12 8	1 3	4 9	2 16
19	19 14	15 2	4 18	16 16	15 39	0 57	24 52	3 39	18 20	1 40	12 13	1 3	4 11	2 16
20	19 28	17 13	4 50	17 53	16 13	0 51	24 34	3 26	18 6	1 38	12 17	1 3	4 13	2 16
21	19 42	18 16	5 4	18 22	16 46	0 44	24 15	3 13	17 52	1 37	12 21	1 3	4 16	2 17
22	19 55	18 12	4 60	17 47	17 18	0 37	23 55	2 59	17 38	1 35	12 25	1 3	4 18	2 17
23	20 8	17 8	4 39	16 16	17 50	0 30	23 34	2 45	17 24	1 34	12 29	1 3	4 20	2 17
24	20 21	15 12	4 4	13 58	18 21	0 23	23 13	2 30	17 9	1 33	12 33	1 3	4 22	2 17
25	20 34	12 36	3 18	11 6	18 50	0 16	22 51	2 16	16 55	1 31	12 37	1 3	4 24	2 17
26	20 45	9 30	2 25	7 49	19 19	0 9	22 29	2 0	16 40	1 30	12 41	1 3	4 26	2 17
27	20 57	6 4	1 26	4 16	19 47	0 2	22 7	1 45	16 25	1 29	12 45	1 3	4 28	2 18
28	21 8	2 26	0 24	0 35	20 15	0S 4	21 44	1 30	16 10	1 27	12 49	1 3	4 30	2 18
29	21 19	1N17	0S39	3N 8	20 41	0 11	21 21	1 14	15 55	1 26	12 53	1 3	4 32	2 18
30	21S29	4N58	1S40	6N46	21S 6	0S18	20S59	0S59	15S39	1S25	12S57	1N 3	4S34	2N18

DAY	♅ DECL	♅ LAT	♆ DECL	♆ LAT	♇ DECL	♇ LAT
1	8S37	0S48	15N35	0N10	20N 6	2S53
5	8 39	0 47	15 34	0 10	20 6	2 53
9	8 39	0 47	15 33	0 10	20 6	2 53
13	8 40	0 47	15 33	0 10	20 7	2 53
17	8 40	0 47	15 33	0 10	20 7	2 53
21	8 40	0 47	15 33	0 10	20 7	2 53
25	8 40	0 47	15 33	0 10	20 8	2 53
29	8S39	0S47	15N33	0N10	20N 8	2S53

☽ PHENOMENA			
d	h	m	
4	18	37	○
12	7	52	☾
19	0	6	●
26	8	15	☽
d	h	°	'
1	7	0	
8	16	18N19	
15	6	0	
21	11	18S22	
28	16	0	
1	6	0	
8	13	5S 8	
15	2	0	
21	6	5N 5	
28	9	0	

VOID OF COURSE ☽ LAST ASPT		☽ INGRESS		
30	4pm42	1	♈	7am 4
3	3am19	3	♉	7pm40
5	7am28	6	♊	6am34
8	2pm27	8	♋	3pm23
9	10pm10	10	♌	10pm 6
12	7am52	13	♍	2am37
14	2pm51	15	♎	5am 1
16	10am47	17	♏	5am59
19	0am 6	19	♐	6am53
20	1pm15	21	♑	9am32
23	1am11	23	♒	3pm36
25	6pm49	26	♓	1am39
26	11pm24	28	♈	2pm21

d	h	
1	3	APOGEE
17	0	PERIGEE
28	19	APOGEE

DAILY ASPECTARIAN

Day	Aspect	Time
1	☽✶♂	9am21
W	☽⚻♃	9 33
	☽⚼♆	1pm20
	♂□♃	2 25
2	☉⚻☽	1am 2
Th	☽△♀	2 49
	☽⚺♅	3 0
	☽□♇	5 42
	☽#♄	6 14
	☽☍♄	11 48
	☽△♆	7pm46
	☉⚺♀	11 57
3	☉△♅	0am 8
F	☽#☿	1 54
	♀□♅	2 10
	☽☍☿	3 19
	☽∠♅	9 14
	☽⚼♀	9 17
	☽#♅	5pm 4
	☽☍♃	11 12
4	☽□♂	1am37
S	☉△♇	7 53
	☽#♃	11 55
	☽✶♅	3pm 4
	☽⚻♀	3 12
	♀SR	3 26
	☽✶♇	5 43
	☉☍☽	6 37
5	☽⚻♄	0am15
Su	☽□♆	7 28
	☿⚼♅	8 6
	☿∠♀	9 13
	☉#♆	2pm27
	☽⚻☿	10 0
	☽∠♇	11 2
6	☽∥♆	4am18
M	☽⚼♄	5 44
	☉#☽	6 43
	☽⚻♃	11 1
	☽△♂	3pm49
	♀□♅	7 3
7	☽☍♀	1am13
T	☽□♅	1 15
	☽⚺♇	3 49
	☿∥♅	5 0
	☽⚼☿	6 32
	☉⚻☽	9 44
	☽△♄	10 41
	☽⚼♃	4pm 7
	☽✶♆	5 10
	☽⚼♂	10 0
	☉⚺♄	11 12
8	☽△☿	2pm27
W	☉⚼☽	4 17
	☽△♃	8 39
	☽∠♆	9 13
	☿ ♏	10 32
9	☽⚻♂	3am33
Th	☽⚻♀	8 44
	☽△♅	9 21
	☽☌♇	11 49
	☽□♄	6pm58
	☉△☽	10 10
10	☽⚺♆	0am44
F	☉#☽	8 13
	☽⚼♀	11 36
	☽⚼♅	12pm37
	♂#♇	9 49
11	☽∥♆	1am33
S	☿☌♃	2 34
	☽□♃	4 2
	☽□☿	4 12
	☉□♆	8 8
	☽☍♂	12pm47
	☽△♀	1 51
	☽⚻♅	3 20
	☽⚺♇	5 41
12	☽✶♄	1am 1
Su	♀✶♂	3 35
	☽☌♆	6 9
	☉□☽	7 52
	☿∥♃	9 11
	☽#☿	9 34
	☽#♃	9 37
	☽∠♇	7pm47
13	☽∠♄	3am11
M	☽#♅	5 46
	☽✶♃	9 7
	♂⚺♅	1pm 1
	☽✶☿	2 58
	☽□♀	4 34
	☽☍♅	7 6
	☽⚻♂	7 26
	☽✶♇	9 21
14	☿⚺♀	2am51
T	☽⚺♄	4 49
	☽#♄	8 25
	☽⚺♆	9 22
	☽∠♃	10 48
	☉✶☽	2pm51
	☽∠☿	7 16
	☽⚼♂	9 51
15	☿△♅	3am56
W	♂⚻♇	9 0
	☽∠♆	10 15
	☽⚺♃	12pm 2
	☽✶♀	5 10
	☉∠☽	5 29
	☽⚻♅	8 56
	☽⚺☿	10 59
	☽□♇	11 4
	☿△♇	11 44
	☽△♂	11 48
16	☽∥♄	3am 2
Th	☽☌♄	6 43
	☽✶♆	10 47
	☿□♂	12pm 3
	☽∠♀	4 55
	☉⚺☽	7 44
	☽⚼♅	9 21
17	☉∥♂	2am26
F	☽∥♅	4 16
	☽☌♃	1pm36
	☽⚺♀	4 29
	☽△♅	9 41
	☽△♇	11 47
18	☽∥♃	1am53
S	☽□♂	3 2
	☽☌☿	5 37
	☽⚺♄	7 47
	☽□♆	11 31
	☿#♆	7pm22
19	☉☌☽	0am 6
Su	☽⚼♇	0 13
	☉⚼♇	1 48
	☿⚺♄	2 54
	☽#♆	4 41
	☽∥☿	7 31
	☽∠♄	8 32
	☽⚺♃	3pm22
	☽☌♀	3 54
	♅SD	6 10
	☽□♅	10 56
20	☽⚻♇	1am 3
M	♀⚺♃	2 0
	☽✶♂	7 5
	☽✶♄	9 44
	☿□♆	12pm14
	☽△♆	1 15
	☽⚺☿	1 23
	☽∥♂	2 7
	☽∠♃	4 57
21	☉⚺☽	6am21
T	♆SR	6 44
	☽∠♂	10 8
	☽⚼♆	3pm 5
	☽⚺♀	5 3
	☽∠☿	6 37
	☽✶♃	7 18
22	☽✶♅	2am32
W	☽☍♇	4 44
	☿∥♂	10 22
	☉∠☽	10 55
	☽⚺♂	2pm13
	☽□♄	2 28
	☽∥☿	3 8
	☽⚻♆	5 49
	☽∥♂	6 39
	☽∠♀	6 43
	♂△♄	7 30
	☉#♇	9 54
23	☽✶☿	1am11
Th	☉ ♐	1 55
	☽∠♅	5 43
	☉✶☽	4pm46
	☽#♆	8 17
	☽✶♀	9 16
24	☽□♃	3am 3
F	☽⚺♅	9 56
	☽⚻♇	12pm13
	☉∠♄	2 10
	☽△♄	11 12
	☽∥♃	11 48
25	☽☌♂	1am59
S	☽☍♆	2 21
	☉☌♀	5 58
	♂☍♆	8 9
	☿⚼♇	8 16
	☽⚼♇	5pm26
	☽□☿	6 49
26	♀∠♄	2am25
Su	☽□♀	4 53
	☽⚼♄	5 1
	☽∥♅	6 7
	☉□☽	8 15
	☽△♃	2pm51
	☽☌♅	9 6
	☽△♇	11 24
27	☽∥♄	10am34
M	☽⚻♄	11 30
	☽⚻♆	2pm16
	☽⚺♂	5 50
	☿#♇	5 51
	☽⚼♃	9 45
	☿ ♐	11 6
28	☿☌♀	5am15
T	☽△♀	2pm42
	☽△☿	4 42
	☽⚼♆	8 48
	♀ ♏	9 51
29	☉∥♀	1am41
W	☽∠♂	2 23
	☉△☽	2 47
	☽⚻♃	4 50
	☿∠♄	5 7
	☽⚺♅	10 7
	☽□♇	12pm19
	☽⚼♀	7 47
	☿∥♀	8 16
	☽#♄	9 21
30	☽☍♄	0am59
Th	☽△♆	3 14
	☽⚼☿	3 51
	☉⚺♃	8 11
	♂#♆	9 20
	☽✶♂	10 45
	☉⚼☽	12pm 0
	☽∠♅	4 27

DECEMBER 1922

LONGITUDE

DAY	SID. TIME	☉	☽	☽ 12 Hour	MEAN ☊	TRUE ☊	☿	♀	♂	♃	♄	♅	♆	♇
	h m s	° ' "	° ' "	° ' "	° '	° '	° '	° '	° '	° '	° '	° '	° '	° '
1	4 36 16	8♐ 1 3	28♈ 29 47	4♉ 31 33	25♍ 59	27♍ 17R	4♐ 47	28♏ 49R	22♒ 18	7♏ 29	17♎ 8	9♓ 44	18♌ 9R	10♋ 46R
2	4 40 12	9 1 52	10♉ 36 17	16 44 16	25 56	27 10	6 22	28 17	23 1	7 41	17 14	9 44	18 9	10 45
3	4 44 9	10 2 42	22 55 44	29 10 47	25 53	27 0	7 56	27 47	23 45	7 53	17 19	9 45	18 9	10 44
4	4 48 5	11 3 33	5♊ 29 29	11♊ 51 51	25 50	26 48	9 30	27 18	24 29	8 5	17 25	9 46	18 8	10 43
5	4 52 2	12 4 26	18 17 49	24 47 14	25 46	26 35	11 5	26 52	25 13	8 17	17 30	9 46	18 8	10 42
6	4 55 59	13 5 19	1♋ 19 58	7♋ 55 50	25 43	26 21	12 39	26 27	25 56	8 29	17 35	9 47	18 7	10 41
7	4 59 55	14 6 13	14 34 36	21 16 5	25 40	26 9	14 13	26 5	26 40	8 41	17 40	9 48	18 7	10 40
8	5 3 52	15 7 9	28 0 6	4♌ 46 28	25 37	26 0	15 47	25 44	27 24	8 53	17 45	9 49	18 6	10 39
9	5 7 48	16 8 6	11♌ 35 3	18 25 44	25 34	25 53	17 21	25 26	28 8	9 4	17 50	9 50	18 6	10 38
10	5 11 45	17 9 3	25 18 28	2♍ 13 12	25 31	25 50	18 56	25 11	28 52	9 16	17 55	9 51	18 5	10 37
11	5 15 41	18 10 2	9♍ 9 56	16 8 39	25 27	25 48D	20 30	24 58	29 36	9 28	18 0	9 52	18 4	10 35
12	5 19 38	19 11 2	23 9 21	0♎ 12 0	25 24	25 48R	22 5	24 47	0♓ 20	9 39	18 5	9 53	18 4	10 34
13	5 23 34	20 12 4	7♎ 16 32	14 22 50	25 21	25 48	23 39	24 39	1 4	9 51	18 10	9 54	18 3	10 33
14	5 27 31	21 13 6	21 30 43	28 39 52	25 18	25 46	25 14	24 34	1 48	10 2	18 14	9 56	18 2	10 32
15	5 31 28	22 14 9	5♏ 49 56	13♏ 0 26	25 15	25 42	26 48	24 31D	2 32	10 13	18 19	9 57	18 2	10 31
16	5 35 24	23 15 14	20 10 48	27 20 25	25 11	25 35	28 23	24 30	3 16	10 25	18 23	9 58	18 1	10 30
17	5 39 21	24 16 19	4♐ 28 35	11♐ 34 34	25 8	25 24	29 58	24 32	4 0	10 36	18 28	9 59	18 0	10 29
18	5 43 17	25 17 25	18 37 40	25 37 11	25 5	25 12	1♑ 33	24 37	4 44	10 47	18 32	10 1	17 59	10 27
19	5 47 14	26 18 31	2♑ 32 29	9♑ 23 4	25 2	24 59	3 8	24 43	5 28	10 58	18 36	10 2	17 58	10 26
20	5 51 10	27 19 39	16 8 29	22 48 27	24 59	24 46	4 44	24 52	6 12	11 9	18 40	10 4	17 57	10 25
21	5 55 7	28 20 46	29 22 48	5♒ 51 32	24 56	24 35	6 19	25 3	6 56	11 20	18 44	10 5	17 56	10 24
22	5 59 4	29 21 54	12♒ 14 44	18 32 37	24 52	24 27	7 55	25 17	7 40	11 30	18 48	10 7	17 55	10 23
23	6 3 0	0♑ 23 2	24 45 33	0♓ 53 57	24 49	24 21	9 31	25 32	8 24	11 41	18 52	10 9	17 54	10 21
24	6 6 57	1 24 11	6♓ 58 20	12 59 16	24 46	24 18	11 6	25 50	9 9	11 52	18 56	10 10	17 53	10 20
25	6 10 53	2 25 19	18 57 23	24 53 22	24 43	24 17	12 42	26 9	9 53	12 2	19 0	10 12	17 52	10 19
26	6 14 50	3 26 27	0♈ 47 54	6♈ 41 42	24 40	24 17	14 18	26 31	10 37	12 13	19 3	10 14	17 51	10 18
27	6 18 46	4 27 36	12 35 27	18 29 52	24 37	24 17	15 54	26 54	11 21	12 23	19 7	10 16	17 50	10 16
28	6 22 43	5 28 44	24 25 38	0♉ 23 23	24 33	24 15	17 30	27 19	12 5	12 33	19 10	10 17	17 49	10 15
29	6 26 39	6 29 53	6♉ 23 45	12 27 17	24 30	24 12	19 5	27 46	12 49	12 43	19 13	10 19	17 48	10 14
30	6 30 36	7 31 1	18 34 29	24 45 47	24 27	24 5	20 41	28 14	13 33	12 53	19 17	10 21	17 47	10 13
31	6 34 32	8♑ 32 10	1♊ 1 30	7♊ 21 53	24♍ 24	23♍ 56	22♑ 16	28♏ 44	14♓ 17	13♏ 3	19♎ 20	10♓ 23	17♌ 45	10♋ 11

DECLINATION and LATITUDE

DAY	☉ DECL	☽ DECL	☽ LAT	☽ 12hr DECL	☿ DECL	☿ LAT	♀ DECL	♀ LAT	♂ DECL	♂ LAT	♃ DECL	♃ LAT	♄ DECL	♄ LAT
1	21S39	8N29	2S37	10N 9	21S30	0S24	20S36	0S43	15S24	1S23	13S 1	1N 3	4S36	2N18
2	21 49	11 43	3 28	13 10	21 53	0 31	20 14	0 28	15 8	1 22	13 5	1 3	4 38	2 19
3	21 58	14 28	4 10	15 38	22 15	0 37	19 52	0 12	14 53	1 21	13 9	1 3	4 40	2 19
4	22 7	16 37	4 41	17 25	22 36	0 44	19 31	0N 3	14 37	1 19	13 13	1 3	4 42	2 19
5	22 15	17 59	4 58	18 20	22 56	0 50	19 11	0 18	14 21	1 18	13 17	1 3	4 44	2 19
6	22 23	18 27	4 60	18 18	23 15	0 56	18 51	0 32	14 5	1 17	13 20	1 3	4 46	2 19
7	22 30	17 55	4 46	17 16	23 32	1 2	18 32	0 46	13 48	1 15	13 24	1 3	4 47	2 20
8	22 37	16 23	4 16	15 16	23 48	1 7	18 14	1 0	13 32	1 14	13 28	1 3	4 49	2 20
9	22 44	13 56	3 31	12 23	24 3	1 13	17 57	1 13	13 16	1 13	13 31	1 3	4 51	2 20
10	22 50	10 40	2 34	8 48	24 17	1 18	17 40	1 26	12 59	1 11	13 35	1 3	4 52	2 20
11	22 55	6 48	1 27	4 41	24 30	1 23	17 25	1 39	12 43	1 10	13 39	1 4	4 54	2 20
12	23 1	2 30	0 14	0 17	24 41	1 28	17 11	1 51	12 26	1 9	13 42	1 4	4 56	2 21
13	23 5	1S58	1N 0	4S11	24 51	1 33	16 58	2 2	12 9	1 7	13 46	1 4	4 57	2 21
14	23 9	6 21	2 11	8 27	24 60	1 38	16 46	2 13	11 52	1 6	13 49	1 4	4 59	2 21
15	23 13	10 24	3 15	12 13	25 7	1 42	16 35	2 24	11 35	1 5	13 53	1 4	5 0	2 21
16	23 17	13 51	4 6	15 16	25 13	1 46	16 25	2 34	11 18	1 4	13 56	1 4	5 2	2 22
17	23 20	16 27	4 41	17 22	25 17	1 50	16 17	2 43	11 1	1 2	13 60	1 4	5 3	2 22
18	23 22	18 0	4 58	18 23	25 20	1 54	16 9	2 52	10 44	1 1	14 3	1 4	5 5	2 22
19	23 24	18 28	4 58	18 17	25 22	1 57	16 2	3 1	10 26	0 60	14 6	1 4	5 6	2 22
20	23 25	17 50	4 40	17 9	25 22	1 60	15 57	3 9	10 9	0 59	14 10	1 4	5 7	2 22
21	23 26	16 15	4 7	15 9	25 20	2 3	15 52	3 16	9 51	0 57	14 13	1 4	5 9	2 23
22	23 27	13 53	3 23	12 28	25 18	2 5	15 48	3 23	9 34	0 56	14 16	1 4	5 10	2 23
23	23 27	10 55	2 30	9 17	25 13	2 7	15 45	3 30	9 16	0 55	14 19	1 5	5 11	2 23
24	23 27	7 33	1 30	5 46	25 7	2 9	15 44	3 36	8 58	0 54	14 22	1 5	5 12	2 23
25	23 26	3 56	0 28	2 5	24 60	2 10	15 42	3 42	8 41	0 52	14 26	1 5	5 13	2 24
26	23 24	0 13	0S35	1N39	24 51	2 11	15 42	3 47	8 23	0 51	14 29	1 5	5 15	2 24
27	23 22	3N31	1 36	5 20	24 40	2 11	15 43	3 52	8 5	0 50	14 32	1 5	5 16	2 24
28	23 20	7 6	2 33	8 49	24 28	2 11	15 44	3 56	7 47	0 49	14 35	1 5	5 17	2 24
29	23 17	10 27	3 24	11 59	24 15	2 10	15 46	4 0	7 29	0 48	14 38	1 5	5 18	2 25
30	23 14	13 25	4 6	14 42	23 59	2 9	15 48	4 4	7 11	0 46	14 41	1 5	5 19	2 25
31	23S10	15N50	4S38	16N47	23S43	2S 8	15S52	4N 7	6S53	0S45	14S44	1N 5	5S20	2N25

DAY	♅ DECL	♅ LAT	♆ DECL	♆ LAT	♇ DECL	♇ LAT
1	8S38	0S46	15N33	0N10	20N 8	2S53
5	8 37	0 46	15 34	0 10	20 9	2 53
9	8 36	0 46	15 35	0 10	20 9	2 53
13	8 34	0 46	15 36	0 10	20 9	2 53
17	8 32	0 46	15 37	0 11	20 10	2 53
21	8 30	0 46	15 38	0 11	20 10	2 53
25	8 27	0 46	15 39	0 11	20 11	2 52
29	8S24	0S45	15N40	0N11	20N12	2S52

☽ PHENOMENA	VOID OF COURSE ☽ LAST ASPT	☽ INGRESS
d h m	30 10am45	1 ♉ 3am 0
4 11 24 ○	3 8am59	3 ♊ 1pm34
11 16 41 ☾	5 1pm32	5 ♋ 9pm34
18 12 20 ●	7 8pm 4	8 ♌ 3am33
26 5 53 ☽	10 6am32	10 ♍ 8am 9
	12 2am46	12 ♎ 11am40
	14 7am 1	14 ♏ 2pm14
d h ° '	16 7am15	16 ♐ 4pm28
5 23 18N27	18 12pm20	18 ♑ 7pm35
12 13 0	20 3pm58	21 ♒ 1am 8
18 22 18S28	23 1am33	23 ♓ 10am14
26 1 0	25 3pm 1	25 ♈ 10pm23
	27 1pm19	28 ♉ 11am13
	30 7pm27	30 ♊ 10pm 3
5 15 5S 1	d h	
12 5 0	14 16 PERIGEE	
18 11 5N 0	26 16 APOGEE	
25 11 0		

DAILY ASPECTARIAN

Day	Aspect	Time
1 F	☽⊼♀	0am37
	☽#♅	1 4
	☽⊼☿	2pm23
	☉∥☿	3 57
	☽☍♃	6 9
	☉⊼☽	8 37
	☽✶♅	10 18
2 S	☽✶♇	0am17
	♀#♇	6 27
	☽#♃	11 38
	☽⊼♄	1pm 3
	☽□♆	2 44
	☉□♅	4 57
	☿⊻♃	11 11
3 Su	☽□♂	1am41
	☽#♂	3 34
	☽∠♇	5 24
	☽☍♀	8 59
	☽∥♆	11 12
	☉⊼♇	4pm 5
	☽⚼♄	6 7
4 M	☿□♅	3am58
	☽⊼♃	4 59
	☽□♅	8 4
	☽☍☿	8 38
	☽⊻♇	9 50
	☉☍☽	11 24
	☿⊼♇	6pm21
	☽△♄	10 30
	☽✶♆	11 41
5 T	☽⚼♃	9am23
	☽△♂	1pm32
	☽⊼♀	3 20
	♂⚼♇	3 45
6 W	☽∠♆	3am16
	♀□♂	10 59
	☽△♃	1pm12
	☽△♅	3 23
	☽☌♇	4 57
	☽⚼♀	5 51
	☽⚼♂	6 28
	☉☌☿	7 9
	☉⊼☽	11 5
	☽⊼☿	11 16
7 Th	☽□♄	5am36
	☽⊻♆	6 21
	☽⚼♅	6pm20
	☽△♀	8 4
	☽⊼♂	10 52
8 F	☉⚼☽	4am 4
	♂∥♃	5 15
	☽⚼☿	5 35
	♀⚼♇	7 29
	☽∥♆	8 56
	☽□♃	7pm31
	☽⊼♅	8 55
	☽⊻♇	10 19
9 S	☽#♃	3am15
	☽#♂	5 55
	☿✶♄	7 46
	☉△☽	8 37
	☽✶♄	11 2
	☿△♆	11 12
	☽☌♆	11 25
	☽△☿	11 26
	☽□♀	11pm47
10 Su	☽∠♇	0am32
	☽☍♂	6 32
	☽∠♄	1pm18
	☽#♅	1 18
	☉✶♄	7 46
	☉△♆	9 50
11 M	☽✶♃	0am31
	☽☍♅	1 13
	☽✶♇	2 27
	☽#♄	10 44
	♂ ♓	1pm10
	☽⊻♄	3 16
	☽⊻♆	3 18
	☉□☽	4 41
	♄✶♆	7 2
	☽□☿	9 55
12 T	☽∠♃	2am35
	☽✶♀	2 46
	☽⊼♂	12pm53
	☽∠♆	4 51
13 W	☽∠♀	4am 0
	☽⊻♃	4 24
	☽⊼♅	4 27
	☽□♇	5 32
	♃△♅	8 43
	☿⊻♀	2pm26
	☽⚼♂	3 38
	☽∥♄	4 17
	☽✶♆	6 10
	☽☌♄	6 28
	☿∠♃	8 38
	☉✶☽	11 28
14 Th	☽⊻♀	5am 6
	☽⚼♅	5 44
	☽✶☿	7 1
	☽∥♅	12pm40
	☽△♂	6 11
15 F	☉∠☽	2am32
	☽△♅	6 53
	☽∥♂	7 6
	☽☌♃	7 26
	☽△♇	7 49
	☽∠☿	11 14
	♀SD	5pm17
	☽□♆	8 23
	☽⊻♄	8 59
16 S	☽∥♃	0am42
	♂⚼♄	4 29
	☉⊻☽	5 32
	☽☌♀	7 15
	☽⚼♇	8 54
	♃△♇	10 0
	☽#♆	3pm15
	☽⊻☿	3 28
	☽∥♀	10 15
	☽∠♄	10 17
	☽□♂	11 9
17 Su	☿ ♑	0am28
	☉⊻♀	6 42
	☽□♅	9 20
	☽⊼♇	10 7
	☽⊻♃	10 28
	☽△♆	10pm54
	☽✶♄	11 50
18 M	☽⊻♀	10am20
	☉☌☽	12pm20
	☽∠♃	12 27
	☉∠♃	2 5
	☿⚼♆	9 27
19 T	☽⚼♆	0am45
	☽☌☿	1 11
	☽✶♂	5 24
	☽∠♀	12pm44
	☽✶♅	1 11
	☽☍♇	1 50
	☽✶♃	3 0
20 W	☽⊼♆	3am15
	☽□♄	4 34
	☽∠♂	9 38
	☽✶♀	3pm58
	☽∠♅	4 8
	☉⊻☽	9 56
21 Th	☽∥♀	4am36
	☽#♆	7 2
	☽⊻☿	2pm41
	☽⊻♂	2 52
	☿✶♂	5 12
	☽⊻♅	7 58
	☽⊼♇	8 29
	☽∥♃	8 34
	☽□♃	10 35
22 F	☉∠☽	4am22
	♀⚼♇	8 40
	☽☍♆	10 48
	☽△♄	12pm34
	☉ ♑	2 58
	☽∠☿	11 27
23 S	☽⚼♇	1am 9
	☽□♀	1 33
	☿✶♅	9 40
	☉✶☽	11 59
	☿☍♇	12pm32
	☽∥♂	1 14
	☽∥♅	5 44
	☽⚼♄	5 57
	☿∠♀	6 49
24 Su	☽☌♂	4am36
	☽☌♅	6 23
	☽△♇	6 41
	☽✶☿	9 30
	☽△♃	9 53
	☿✶♃	12pm43
	☽∥♄	3 38
	☽⊼♆	9 49
25 M	☽⊼♄	0am 4
	☉⚼♆	10 25
	♂☌♅	10 53
	♂△♇	1pm50
	☽△♀	3 1
	☽⚼♃	4 36
	♂∥♅	7 8
26 T	☽⚼♆	4am11
	☉□☽	5 53
	☽⊻♅	7pm15
	☽□♇	7 18
	☽⊻♂	9 18
	☽⚼♀	10 33
	☽⊼♃	11 34
27 W	♅△♇	6am55
	☽□☿	7 47
	☽△♆	10 38
	☽#♄	11 36
	☽☍♄	1pm19
28 Th	☽∠♅	1am45
	☽#♂	4 20
	☿⊼♆	4 46
	☽∠♂	5 43
	☽⊼♀	6 3
	☽#♅	9 6
	♂△♃	7pm46
29 F	☉△☽	0am13
	☿□♄	2 5
	☽✶♇	7 36
	☽✶♅	7 48
	☽☍♃	12pm42
	☽✶♂	1 32
	☽□♆	10 27
30 S	☽⊼♄	1am23
	☽△☿	4 42
	☉⚼☽	8 21
	☽#♃	12pm 1
	☽∠♇	12 51
	☽☍♀	7 27
	☽∥♆	10 21
31 Su	☽#♀	0am20
	☽⚼♄	6 18
	☽⚼☿	1pm29
	☉⊼☽	3 26
	☽⊻♇	5 16
	☽□♅	5 43
	☽⊼♃	10 56

JANUARY 1923

LONGITUDE

DAY	SID. TIME	☉	☽	☽ 12 Hour	MEAN ☊	TRUE ☊	☿	♀	♂	♃	♄	♅	♆	♇
	h m s	° ' "	° ' "	° ' "	° '	° '	° '	° '	° '	° '	° '	° '	° '	° '
1	6 38 29	9♑ 33 18	13♊ 47 6	20♊ 17 11	24♍ 21	23♍ 45R	23♑ 51	29♏ 16	15♓ 2	13♏ 13	19♎ 23	10♓ 25	17♌ 44R	10♋ 10R
2	6 42 26	10 34 27	26 52 4	3♋ 31 35	24 17	23 33	25 25	29 49	15 46	13 23	19 26	10 27	17 43	10 9
3	6 46 22	11 35 35	10♋ 15 28	17 3 22	24 14	23 20	26 58	0♐ 24	16 30	13 32	19 29	10 29	17 42	10 8
4	6 50 19	12 36 43	23 54 52	0♌ 49 31	24 11	23 8	28 30	1 0	17 14	13 42	19 31	10 32	17 40	10 6
5	6 54 15	13 37 52	7♌ 46 49	14 46 15	24 8	22 59	0♒ 1	1 38	17 58	13 51	19 34	10 34	17 39	10 5
6	6 58 12	14 39 1	21 47 22	28 49 42	24 5	22 52	1 31	2 16	18 42	14 1	19 37	10 36	17 38	10 4
7	7 2 8	15 40 9	5♍ 52 51	12♍ 56 30	24 2	22 49	2 59	2 56	19 26	14 10	19 39	10 38	17 36	10 3
8	7 6 5	16 41 17	20 0 20	27 4 8	23 58	22 47D	4 24	3 37	20 10	14 19	19 41	10 41	17 35	10 2
9	7 10 2	17 42 26	4♎ 7 44	11♎ 11 0	23 55	22 48	5 47	4 20	20 54	14 28	19 44	10 43	17 34	10 0
10	7 13 58	18 43 35	18 13 49	25 16 5	23 52	22 48R	7 7	5 3	21 38	14 37	19 46	10 45	17 32	9 59
11	7 17 55	19 44 43	2♏ 17 43	9♏ 18 36	23 49	22 47	8 23	5 47	22 22	14 45	19 48	10 48	17 31	9 58
12	7 21 51	20 45 52	16 18 34	23 17 27	23 46	22 45	9 35	6 33	23 6	14 54	19 50	10 50	17 29	9 57
13	7 25 48	21 47 1	0♐ 15 1	7♐ 11 0	23 43	22 39	10 42	7 19	23 50	15 3	19 52	10 53	17 28	9 55
14	7 29 44	22 48 9	14 5 5	20 56 56	23 39	22 32	11 43	8 7	24 34	15 11	19 53	10 55	17 26	9 54
15	7 33 41	23 49 18	27 46 12	4♑ 32 31	23 36	22 22	12 37	8 55	25 18	15 19	19 55	10 58	17 25	9 53
16	7 37 37	24 50 26	11♑ 15 32	17 54 55	23 33	22 12	13 24	9 44	26 2	15 27	19 56	11 0	17 23	9 52
17	7 41 34	25 51 33	24 30 25	1♒ 1 49	23 30	22 1	14 3	10 34	26 46	15 35	19 58	11 3	17 22	9 51
18	7 45 31	26 52 41	7♒ 28 58	13 51 49	23 27	21 52	14 32	11 25	27 30	15 43	19 59	11 6	17 20	9 49
19	7 49 27	27 53 47	20 10 22	26 24 44	23 23	21 45	14 51	12 16	28 14	15 51	20 0	11 8	17 19	9 48
20	7 53 24	28 54 53	2♓ 35 7	8♓ 41 48	23 20	21 41	15 0R	13 8	28 58	15 59	20 1	11 11	17 17	9 47
21	7 57 20	29 55 58	14 45 6	20 45 28	23 17	21 39D	14 57	14 1	29 41	16 6	20 2	11 14	17 16	9 46
22	8 1 17	0♒ 57 2	26 43 22	2♈ 39 20	23 14	21 38	14 42	14 55	0♈ 25	16 13	20 3	11 17	17 14	9 45
23	8 5 13	1 58 5	8♈ 33 57	14 27 50	23 11	21 39	14 16	15 49	1 9	16 21	20 4	11 19	17 12	9 44
24	8 9 10	2 59 7	20 21 38	26 16 1	23 8	21 41	13 39	16 43	1 53	16 28	20 5	11 22	17 11	9 42
25	8 13 6	4 0 8	2♉ 11 38	8♉ 9 10	23 4	21 41R	12 51	17 39	2 37	16 34	20 5	11 25	17 9	9 41
26	8 17 3	5 1 8	14 9 18	20 12 39	23 1	21 41	11 54	18 35	3 21	16 41	20 6	11 28	17 7	9 40
27	8 21 0	6 2 7	26 19 49	2♊ 31 23	22 58	21 39	10 50	19 31	4 4	16 48	20 6	11 31	17 6	9 39
28	8 24 56	7 3 4	8♊ 47 49	15 9 33	22 55	21 35	9 40	20 28	4 48	16 54	20 6	11 34	17 4	9 38
29	8 28 53	8 4 1	21 36 54	28 10 6	22 52	21 29	8 26	21 26	5 32	17 1	20 7R	11 37	17 3	9 37
30	8 32 49	9 4 57	4♋ 49 14	11♋ 34 17	22 49	21 22	7 11	22 24	6 15	17 7	20 7	11 40	17 1	9 36
31	8 36 46	10♒ 5 51	18♋ 25 4	25♋ 21 18	22♍ 45	21♍ 14	5♒ 57	23♐ 22	6♈ 59	17♏ 13	20♎ 7	11♓ 43	16♌ 59	9♋ 35

DECLINATION and LATITUDE

DAY	☉ DECL	☽ DECL	☽ LAT	☽ 12hr DECL	☿ DECL	☿ LAT	♀ DECL	♀ LAT	♂ DECL	♂ LAT	♃ DECL	♃ LAT	♄ DECL	♄ LAT
1	23S 6	17N33	4S57	18N 5	23S24	2S 6	15S55	4N11	6S35	0S44	14S46	1N 5	5S21	2N25
2	23 2	18 24	5 1	18 27	23 5	2 3	15 60	4 13	6 17	0 43	14 49	1 6	5 21	2 26
3	22 57	18 15	4 49	17 47	22 44	1 59	16 4	4 16	5 58	0 42	14 52	1 6	5 22	2 26
4	22 51	17 4	4 20	16 5	22 21	1 55	16 10	4 18	5 40	0 41	14 55	1 6	5 23	2 26
5	22 45	14 52	3 35	13 25	21 57	1 50	16 15	4 19	5 22	0 39	14 57	1 6	5 24	2 27
6	22 39	11 46	2 37	9 57	21 32	1 45	16 22	4 21	5 4	0 38	15 0	1 6	5 25	2 27
7	22 32	7 59	1 29	5 54	21 6	1 38	16 28	4 22	4 45	0 37	15 3	1 6	5 25	2 27
8	22 24	3 44	0 15	1 31	20 39	1 31	16 35	4 23	4 27	0 36	15 5	1 6	5 26	2 27
9	22 17	0S43	1N 0	2S57	20 11	1 23	16 42	4 24	4 9	0 35	15 8	1 6	5 26	2 28
10	22 8	5 8	2 11	7 14	19 42	1 14	16 49	4 24	3 50	0 34	15 10	1 6	5 27	2 28
11	21 60	9 14	3 14	11 6	19 12	1 4	16 56	4 24	3 32	0 33	15 13	1 7	5 27	2 28
12	21 51	12 48	4 6	14 19	18 43	0 53	17 4	4 24	3 13	0 32	15 15	1 7	5 28	2 28
13	21 41	15 37	4 42	16 41	18 13	0 41	17 12	4 24	2 55	0 31	15 17	1 7	5 28	2 29
14	21 31	17 31	5 1	18 5	17 44	0 28	17 20	4 24	2 37	0 29	15 20	1 7	5 29	2 29
15	21 21	18 23	5 3	18 25	17 15	0 14	17 28	4 23	2 18	0 28	15 22	1 7	5 29	2 29
16	21 10	18 11	4 48	17 43	16 48	0N 1	17 36	4 22	1 60	0 27	15 24	1 7	5 29	2 30
17	20 59	17 0	4 18	16 4	16 21	0 16	17 44	4 21	1 41	0 26	15 26	1 7	5 30	2 30
18	20 47	14 57	3 34	13 40	15 57	0 33	17 52	4 20	1 23	0 25	15 29	1 8	5 30	2 30
19	20 35	12 13	2 41	10 39	15 35	0 50	18 0	4 18	1 4	0 24	15 31	1 8	5 30	2 30
20	20 23	8 59	1 41	7 15	15 15	1 8	18 9	4 16	0 46	0 23	15 33	1 8	5 30	2 31
21	20 10	5 26	0 37	3 35	14 59	1 27	18 17	4 15	0 28	0 22	15 35	1 8	5 30	2 31
22	19 57	1 43	0S27	0N 9	14 45	1 45	18 25	4 13	0 9	0 21	15 37	1 8	5 30	2 31
23	19 44	2N 1	1 30	3 51	14 36	2 3	18 32	4 11	0N 9	0 20	15 39	1 8	5 31	2 32
24	19 30	5 39	2 29	7 24	14 30	2 20	18 40	4 8	0 28	0 19	15 40	1 8	5 31	2 32
25	19 16	9 5	3 22	10 41	14 27	2 37	18 48	4 6	0 46	0 18	15 42	1 9	5 30	2 32
26	19 1	12 11	4 6	13 33	14 29	2 52	18 55	4 3	1 4	0 17	15 44	1 9	5 30	2 32
27	18 46	14 48	4 40	15 53	14 33	3 5	19 2	4 1	1 22	0 16	15 46	1 9	5 30	2 33
28	18 31	16 48	5 2	17 32	14 41	3 16	19 9	3 58	1 41	0 15	15 47	1 9	5 30	2 33
29	18 15	18 2	5 9	18 19	14 51	3 25	19 16	3 55	1 59	0 14	15 49	1 9	5 30	2 33
30	17 60	18 21	5 1	18 7	15 4	3 32	19 22	3 52	2 17	0 13	15 51	1 9	5 30	2 33
31	17S43	17N38	4S36	16N52	15S18	3N36	19S29	3N49	2N35	0S12	15S52	1N 9	5S29	2N34

DAY	♅ DECL	♅ LAT	♆ DECL	♆ LAT	♇ DECL	♇ LAT
1	8S22	0S45	15N42	0N11	20N12	2S52
5	8 18	0 45	15 43	0 11	20 13	2 52
9	8 15	0 45	15 45	0 11	20 13	2 52
13	8 11	0 45	15 47	0 11	20 14	2 51
17	8 7	0 45	15 49	0 11	20 15	2 51
21	8 3	0 45	15 51	0 11	20 15	2 51
25	7 58	0 45	15 53	0 11	20 16	2 50
29	7S54	0S45	15N55	0N11	20N17	2S50

☽ PHENOMENA

d	h	m	
3	2	33	○
10	0	55	☾
17	2	41	●
25	3	59	☽

d	h	° '
2	9	18N28
8	20	0
15	8	18S26
22	11	0
29	20	18N22

d	h	° '
1	18	5S 2
8	5	0
14	15	5N 4
21	14	0
29	0	5S 9

VOID OF COURSE ☽

LAST ASPT		☽ INGRESS		
1	10am22	2	♋	5am40
4	8am58	4	♌	10am34
5	8pm16	6	♍	2pm 0
8	0am17	8	♎	4pm59
10	2am37	10	♏	8pm 5
12	12pm19	12	♐	11pm34
14	7pm24	15	♑	3am56
17	4am23	17	♒	10am 6
18	11pm41	19	♓	6pm58
21	2am43	22	♈	6am37
23	11pm26	24	♉	7pm34
26	5am53	27	♊	7am 8
28	11pm38	29	♋	3pm19
31	2am56	31	♌	7pm57

d	h	
8	12	PERIGEE
23	13	APOGEE

DAILY ASPECTARIAN

Day	Aspect	Time
1 M	☽□♂	2am26
	☽⚹♆	7 18
	☽△♄	10 22
	☉☍♇	2pm12
	☽⚻☿	9 0
	☉⚹♅	9 6
2 T	☿∠♅	0am43
	☽⚼♃	2 46
	☉∥☿	4 40
	☽⚻♀	5 35
	♀ ♐	7 26
	☽∠♆	10 32
	☽☌♇	11pm46
3 W	☽△♅	0am25
	☉☍☽	2 33
	☽△♃	5 53
	☽⚼♀	9 30
	☽△♂	11 39
	☽⊻♆	1pm 6
	☽□♄	4 18
4 Th	☽⚼♅	2am49
	☽☍☿	8 58
	☽#♀	10 40
	☽△♀	12pm53
	♂⚻♆	2 3
	☽⚼♂	3 14
	☽∥♆	3 50
	♂∥♄	9 36
	☽#♃	11 11
	☿ ♒	11 40
5 F	☽⊻♇	3am58
	☽⚻♅	4 48
	☉⚹♃	6 14
	☽□♃	10 33
	☉⚻☽	10 50
	☽☌♆	4pm54
	☽⚻♂	6 26
	☽⚹♄	8 16
6 S	☽∠♇	5am35
	☉⚼☽	2pm27
	☽⚻☿	6 30
	☽□♀	6 44
	☽∠♄	9 54
	☽#♅	10 14
	☿⚹♀	10 43
7 Su	☽⚹♇	7am 4
	♂⚻♄	7 28
	☽☍♅	8 6
	☽⚹♃	2pm14
	☽#♄	2 39
	☉△☽	5 56
	☽#♂	7 46
	☽⊻♆	7 54
	☽⚼☿	10 52
	☽⊻♄	11 28
8 M	☽☍♂	0am17
	☽∠♃	3pm59
	☉⚻♆	8 38
	☽∠♆	9 20
	☿#♇	9 41
9 T	☽⚹♀	0am21
	☽△☿	3 7
	☿∠♂	4 24
	☽□♇	9 59
	☽⚻♅	11 14
	♀∠♄	2pm 5
	☽∥♂	5 20
	☽⊻♃	5 46
	☽⚹♆	10 49
10 W	☉□☽	0am55
	☽∥♄	1 49
	☽☌♄	2 37
	☽∠♀	3 16
	☽⚻♂	6 7
	☽⚼♅	12pm52
	☽∥♅	5 50
11 Th	☉□♄	1am15
	☽⊻♀	6 19
	☽⚼♂	9 9
	☽□☿	11 25
	☽△♇	1pm 6
	☽△♅	2 35
	☽☌♃	9 34
12 F	☽□♆	2am 1
	☽⊻♄	6 3
	☿⚻♇	7 22
	☉⚹☽	8 15
	☽△♂	12pm19
	☽⚼♇	2 49
	☽∥♃	8 44
13 S	☽#♆	1am40
	☿⊻♅	4 12
	☽∠♄	7 59
	☉∠☽	12pm12
	☽☌♀	12 59
	☽⚻♇	4 44
	☽□♅	6 28
	☽⚹☿	7 34
	☽∥♀	8 44
14 Su	☽⊻♃	1am56
	☽∥☿	2 55
	☽△♆	5 51
	☽⚹♄	10 10
	☿∥♀	3pm42
	☉⊻☽	4 29
	☽□♂	7 24
	☽∠☿	11 43
15 M	☽∠♃	4am33
	☽⚼♆	8 12
	☉∠♀	10 53
	☽⊻♀	9pm 5
	☽☍♇	9 30
	☽⚹♅	11 33
16 T	♀⚻♇	3am43
	☽⊻☿	4 4
	☽⚹♃	7 38
	☽⚻♆	11 2
	☽∥♀	12pm45
	☽□♄	3 42
17 W	☽∠♀	2am 4
	☉☌☽	2 41
	☽∠♅	2 50
	☽⚹♂	4 23
	☉∠♅	4 42
	☽∥☿	10 53
	♀□♅	2pm37
	☽#♆	2 57
	☽∥♃	6 44
18 Th	☽⚻♇	4am23
	☽⊻♅	6 48
	☽⚹♀	7 54
	☿#♆	8 5
	☽∠♂	10 0
	☽☌☿	1pm39
	☽□♃	3 41
	☽☍♆	6 33
	☽△♄	11 41
19 F	☿∥♃	4am29
	☽⚼♇	8 53
	☉⊻☽	4pm13
	☽⊻♂	4 30
20 S	☉⚹♂	3am51
	☽⚼♄	4 47
	☿SR	6 7
	☽∥♅	6 27
	☽△♇	2pm 8
	☉#♇	3 6
	☽☌♅	4 59
	☽□♀	10 25
	☽∥♄	11 33
21 Su	☽⊻☿	0am23
	☉∠☽	0 24
	☉ ♒	1 35
	☽△♃	2 43
	☽⚻♆	4 59
	☿∠♂	6 43
	♂ ♈	10 7
	☽⚻♄	10 35
	☿⚹♀	7pm58
22 M	☽∠☿	5am51
	☽☌♂	7 58
	☽⚼♃	9 11
	☉⚹☽	9 21
	☽∥♂	10 56
	☽#♂	11 6
	☽⚼♆	11 7
23 T	☽□♇	2am21
	☽⊻♅	5 38
	♂⚼♃	7 25
	☽⚹☿	11 4
	☽⚻♃	3pm59
	☽△♀	3 59
	♀⊻♃	4 2
	☽△♆	5 32
	☽#♄	10 59
	☽☍♄	11 26
24 W	♂⚼♆	9am23
	♀△♆	11 31
	☽∠♅	12pm16
	☽#♅	4 2
25 Th	☽⊻♂	0am54
	☽⚼♀	1 0
	☉□☽	3 59
	☽⚹♇	3pm 3
	☽⚹♅	6 37
	☽□☿	7 52
26 F	☽☍♃	5am 5
	☽□♆	5 53
	☉∥♀	6 45
	☽∠♂	8 50
	☽⚻♀	9 31
	☿⊻♅	9 41
	☽⚻♄	11 47
	☽∠♇	8pm44
	☽#☿	9 24
27 S	☽#♃	10am39
	☽∥♆	12pm 7
	♀⚹♄	2 47
	☽⚹♂	3 54
	☽⚼♄	4 58
	☉△☽	8 23
28 Su	☿⚻♇	0am37
	☽△☿	1 30
	☽⊻♇	1 35
	☽□♅	5 16
	☽⚻♃	3pm23
	☽⚹♆	3 32
	☽△♄	9 13
	☽☍♀	11 38
29 M	☉⚼☽	2am54
	☽⚼☿	3 3
	☉☌☿	3 54
	☉#☽	5 39
	♃□♆	5 53
	♄SR	6pm42
	☽∠♆	6 58
	☽⚼♃	7 6
	☿∠♀	9 40
30 T	☽□♂	2am43
	☽⚻☿	3 52
	☉⚻☽	8 13
	☽☌♇	8 30
	☿⚹♂	11 17
	☉⚻♇	11 59
	☽△♅	12pm13
	☽⊻♆	9 31
	☉#☽	9 32
	☽△♃	9 53
31 W	☽□♄	2am56
	☽⚻♀	9 14
	☽⚼♅	2pm23
	☽∥♆	11 2
	☽#♃	11 29

FEBRUARY 1923

LONGITUDE

DAY	SID. TIME	☉	☽	☽ 12 Hour	MEAN ☊	TRUE ☊	☿	♀	♂	♃	♄	♅	♆	♇
	h m s	° ' "	° ' "	° ' "	° '	° '	° '	° '	° '	° '	° '	° '	° '	° '
1	8 40 42	11♒ 6 44	2♌ 22 32	9♌ 28 14	22♍ 42	21♍ 8R	4♒ 45R	24♐ 21	7♈ 42	17♏ 19	20♎ 6R	11♓ 46	16♌ 58R	9♋ 34R
2	8 44 39	12 7 37	16 37 45	23 50 22	22 39	21 2	3 38	25 21	8 26	17 24	20 6	11 49	16 56	9 33
3	8 48 35	13 8 28	1♍ 5 19	8♍ 21 48	22 36	20 59	2 37	26 21	9 10	17 30	20 6	11 52	16 54	9 32
4	8 52 32	14 9 17	15 39 3	22 56 20	22 33	20 57D	1 44	27 21	9 53	17 35	20 5	11 55	16 52	9 31
5	8 56 29	15 10 6	0♎ 12 58	7♎ 28 21	22 29	20 57	0 58	28 22	10 37	17 40	20 5	11 59	16 51	9 30
6	9 0 25	16 10 54	14 41 58	21 53 23	22 26	20 58	0 20	29 23	11 20	17 46	20 4	12 2	16 49	9 29
7	9 4 22	17 11 42	29 2 15	6♏ 8 18	22 23	21 0	29♑ 51	0♑ 24	12 3	17 50	20 3	12 5	16 47	9 28
8	9 8 18	18 12 28	13♏ 11 21	20 11 15	22 20	21 1R	29 30	1 26	12 47	17 55	20 2	12 8	16 46	9 27
9	9 12 15	19 13 13	27 7 56	4♐ 1 21	22 17	21 1	29 17	2 28	13 30	18 0	20 1	12 11	16 44	9 26
10	9 16 11	20 13 57	10♐ 51 29	17 38 18	22 14	20 59	29 12D	3 31	14 13	18 4	20 0	12 15	16 42	9 25
11	9 20 8	21 14 40	24 21 48	1♑ 2 1	22 10	20 56	29 14	4 33	14 57	18 8	19 59	12 18	16 41	9 24
12	9 24 4	22 15 22	7♑ 38 55	14 12 30	22 7	20 52	29 23	5 37	15 40	18 12	19 57	12 21	16 39	9 23
13	9 28 1	23 16 3	20 42 48	27 9 47	22 4	20 47	29 39	6 40	16 23	18 16	19 56	12 24	16 37	9 22
14	9 31 58	24 16 43	3♒ 33 29	9♒ 53 54	22 1	20 43	0♒ 1	7 44	17 7	18 20	19 54	12 28	16 36	9 22
15	9 35 54	25 17 22	16 11 6	22 25 8	21 58	20 39	0 28	8 48	17 50	18 24	19 53	12 31	16 34	9 21
16	9 39 51	26 17 58	28 36 5	4♓ 44 5	21 55	20 36	1 0	9 52	18 33	18 27	19 51	12 34	16 32	9 20
17	9 43 47	27 18 33	10♓ 49 17	16 51 54	21 51	20 34D	1 37	10 56	19 16	18 30	19 49	12 38	16 31	9 19
18	9 47 44	28 19 7	22 52 11	28 50 25	21 48	20 34	2 19	12 1	19 59	18 33	19 47	12 41	16 29	9 18
19	9 51 40	29 19 40	4♈ 46 55	10♈ 42 6	21 45	20 34	3 4	13 6	20 42	18 36	19 45	12 44	16 27	9 18
20	9 55 37	0♓ 20 10	16 36 20	22 30 8	21 42	20 36	3 53	14 11	21 25	18 39	19 43	12 48	16 26	9 17
21	9 59 33	1 20 38	28 23 57	4♉ 18 20	21 39	20 37	4 45	15 17	22 8	18 41	19 41	12 51	16 24	9 16
22	10 3 30	2 21 5	10♉ 13 50	16 11 3	21 35	20 39	5 41	16 22	22 51	18 43	19 38	12 55	16 22	9 16
23	10 7 26	3 21 30	22 10 33	28 12 58	21 32	20 40	6 39	17 28	23 34	18 45	19 36	12 58	16 21	9 15
24	10 11 23	4 21 53	4♊ 18 53	10♊ 28 53	21 29	20 41R	7 40	18 34	24 17	18 47	19 34	13 1	16 19	9 14
25	10 15 20	5 22 14	16 43 34	23 3 26	21 26	20 40	8 44	19 40	25 0	18 49	19 31	13 5	16 18	9 14
26	10 19 16	6 22 33	29 28 57	6♋ 0 32	21 23	20 39	9 50	20 47	25 43	18 51	19 28	13 8	16 16	9 13
27	10 23 13	7 22 51	12♋ 38 30	19 23 1	21 20	20 38	10 58	21 53	26 25	18 52	19 26	13 12	16 15	9 12
28	10 27 9	8♓ 23 6	26♋ 14 11	3♌ 11 55	21♍ 16	20♍ 36	12♒ 8	23♑ 0	27♈ 8	18♏ 53	19♎ 23	13♓ 15	16♌ 13	9♋ 12

DECLINATION and LATITUDE

DAY	☉ DECL	☽ DECL	☽ LAT	☽ 12hr DECL	☿ DECL	☿ LAT	♀ DECL	♀ LAT	♂ DECL	♂ LAT	♃ DECL	♃ LAT	♄ DECL	♄ LAT
1	17S27	15N51	3S53	14N34	15S34	3N38	19S34	3N45	2N53	0S11	15S54	1N10	5S29	2N34
2	17 10	13 4	2 56	11 20	15 50	3 37	19 40	3 42	3 11	0 10	15 55	1 10	5 29	2 34
3	16 53	9 26	1 46	7 23	16 6	3 34	19 45	3 39	3 29	0 9	15 57	1 10	5 28	2 35
4	16 35	5 13	0 29	2 58	16 23	3 29	19 50	3 35	3 47	0 8	15 58	1 10	5 28	2 35
5	16 18	0 41	0N50	1S36	16 39	3 23	19 55	3 31	4 5	0 7	15 59	1 10	5 27	2 35
6	15 60	3S51	2 6	6 2	16 55	3 15	19 59	3 28	4 23	0 6	16 0	1 10	5 27	2 35
7	15 41	8 7	3 13	10 4	17 10	3 6	20 3	3 24	4 41	0 6	16 2	1 11	5 26	2 36
8	15 23	11 52	4 8	13 28	17 24	2 55	20 6	3 20	4 59	0 5	16 3	1 11	5 26	2 36
9	15 4	14 52	4 46	16 3	17 37	2 45	20 10	3 16	5 16	0 4	16 4	1 11	5 25	2 36
10	14 45	16 60	5 8	17 41	17 50	2 33	20 12	3 12	5 34	0 3	16 5	1 11	5 24	2 36
11	14 25	18 7	5 13	18 18	18 1	2 22	20 14	3 8	5 52	0 2	16 6	1 11	5 24	2 37
12	14 6	18 14	4 60	17 55	18 11	2 10	20 16	3 4	6 9	0 1	16 7	1 11	5 23	2 37
13	13 46	17 22	4 32	16 36	18 19	1 57	20 18	2 60	6 27	0 0	16 8	1 12	5 22	2 37
14	13 26	15 38	3 50	14 29	18 27	1 45	20 18	2 55	6 44	0N 1	16 9	1 12	5 21	2 38
15	13 6	13 9	2 58	11 42	18 33	1 33	20 19	2 51	7 1	0 2	16 10	1 12	5 20	2 38
16	12 45	10 7	1 58	8 26	18 37	1 21	20 19	2 47	7 19	0 2	16 10	1 12	5 20	2 38
17	12 25	6 41	0 54	4 52	18 41	1 9	20 18	2 42	7 36	0 3	16 11	1 12	5 19	2 38
18	12 4	3 2	0S13	1 9	18 43	0 58	20 17	2 38	7 53	0 4	16 12	1 13	5 18	2 39
19	11 43	0N43	1 18	2N34	18 44	0 46	20 16	2 33	8 10	0 5	16 12	1 13	5 17	2 39
20	11 22	4 23	2 19	6 10	18 43	0 35	20 14	2 29	8 27	0 6	16 13	1 13	5 16	2 39
21	11 0	7 53	3 14	9 31	18 42	0 24	20 11	2 24	8 43	0 7	16 13	1 13	5 15	2 39
22	10 38	11 4	4 1	12 31	18 39	0 13	20 8	2 20	9 0	0 7	16 14	1 13	5 13	2 40
23	10 17	13 50	4 39	15 0	18 34	0 3	20 4	2 15	9 17	0 8	16 14	1 13	5 12	2 40
24	9 55	16 2	5 4	16 53	18 28	0S 7	20 0	2 11	9 33	0 9	16 15	1 13	5 11	2 40
25	9 33	17 33	5 16	17 60	18 21	0 17	19 56	2 6	9 50	0 10	16 15	1 14	5 10	2 40
26	9 11	18 14	5 13	18 13	18 12	0 26	19 51	2 1	10 6	0 10	16 15	1 14	5 9	2 40
27	8 48	17 58	4 54	17 28	18 3	0 35	19 45	1 57	10 22	0 11	16 15	1 14	5 8	2 41
28	8S26	16N41	4S18	15N40	17S51	0S43	19S39	1N52	10N39	0N12	16S16	1N14	5S 6	2N41

DAY	♅ DECL	♅ LAT	♆ DECL	♆ LAT	♇ DECL	♇ LAT
1	7S50	0S44	15N56	0N11	20N17	2S50
5	7 45	0 44	15 58	0 11	20 18	2 49
9	7 40	0 44	16 0	0 11	20 18	2 49
13	7 35	0 44	16 2	0 11	20 19	2 48
17	7 30	0 44	16 5	0 11	20 20	2 48
21	7 25	0 44	16 7	0 11	20 20	2 48
25	7S20	0S44	16N 8	0N11	20N21	2S47

☽ PHENOMENA	VOID OF COURSE ☽ LAST ASPT	☽ INGRESS
d h m	2 3pm34	2 ♍ 10pm12
1 15 53 ○	4 8pm43	4 ♎ 11pm39
8 9 16 ☾	7 1am19	7 ♏ 1am37
15 19 7 ●	9 3am42	9 ♐ 4am59
24 0 6 ☽	10 5pm58	11 ♑ 10am 8
	13 5pm 7	13 ♒ 5pm19
	15 7pm 7	16 ♓ 2am44
d h ° '	17 3pm20	18 ♈ 2pm20
5 4 0	20 10am26	21 ♉ 3am15
11 15 18S19	22 5pm 9	23 ♊ 3pm31
18 19 0	25 4pm34	26 ♋ 0am57
26 6 18N15	28 1am39	28 ♌ 6am30
4 9 0		
10 18 5N13	d h	
17 19 0	4 7 PERIGEE	
25 7 5S17	20 8 APOGEE	

DAILY ASPECTARIAN

Day	Aspect	Time
1 Th	☽#☿	2am37
	☽☍☿	3 44
	☽△♂	9 31
	☽⊻♇	12pm 8
	☽⚼♀	12 41
	☉☍☽	3 53
	☽⚻♅	3 55
	☉⊻♅	4 21
2 F	☽☌♆	0am30
	☽□♃	1 18
	☽⚹♄	5 47
	☿∥♃	8 29
	☿#♆	10 28
	☽⚼♂	11 56
	☽∠♇	1pm 9
	☽△♀	3 34
3 S	☽⚻☿	2am23
	☽∠♄	6 36
	☽#♅	9 41
	♂□♇	11 58
	☽⚹♇	1pm54
	☽⚻♂	2 1
	☽☍♅	5 51
	☉⚻☽	9 21
	♃#♆	10 6
	☽#♄	10 39
4 Su	☽⚼☿	1am41
	☽⊻♆	2 1
	☽⚹♃	3 12
	☽∥♂	7 11
	☽⊻♄	7 18
	☉∥☿	8 44
	☽□♀	8pm43
	☉⚼☽	11 55
5 M	☽△☿	1am11
	☽∠♆	2 41
	☽∠♃	4 5
	☽□♇	3pm20
	☽☍♂	6 7
	☽⚻♅	7 33
	☉∥♃	10 58
6 T	☉#♆	0am57
	☉△☽	2 39
	☽#♂	3 5
	☽⚹♆	3 31
	☽⊻♃	5 8
	☽∥♄	8 41
	☽☌♄	8 56
	♀ ♑	2pm34
	☉☍♆	2 40
	☿⊻♀	2 54
	☿ ♑	5 8
	☽⚼♅	8 42
	☽∥♅	9 37
7 W	♂⊻♅	0am54
	☽□☿	1 19
	☽⚹♀	2 29
	☉□♃	4pm36
	☽△♇	5 38
	☽△♅	10 12
	☽⚻♂	11 16
8 Th	☽∠♀	6am 0
	☽□♆	6 6
	♀⚼♆	7 26
	☽☌♃	8 9
	☉□☽	9 16
	☽⊻♄	11 43
	☽⚼♇	7pm20
9 F	☉∥☽	1am35
	☽⚼♂	2 31
	☽⚹☿	3 42
	☽⊻♀	10 3
	♂#♄	11 15
	☽#♆	11 32
	☽∥♃	12pm15
	♀∠♃	1 5
	☽∠♄	1 43
	☉△♄	6 34
	☽⚻♇	9 28
10 S	☽□♅	2am27
	☿SD	4 18
	☽∠☿	5 54
	☽△♂	6 17
	☽△♆	10 19
	☽⊻♃	12pm50
	☽⚹♄	4 11
	☉⚹☽	5 58
	☽∥☿	7 6
11 Su	☽⊻☿	8am50
	☽⚼♆	1pm 8
	☽∠♃	3 54
	☽☌♀	7 58
	☉∠☽	11 14
12 M	☽∥☿	2am30
	☽☍♇	3 10
	☽⚹♅	8 38
	☽□♂	3pm33
	☽⚻♆	4 27
	☽⚹♃	7 28
	☽□♄	10 33
13 T	☉⊻☽	5am 9
	♂△♆	7 29
	☽∠♅	12pm30
	☽☌☿	5 7
	☽∥♃	6 0
	☽#♆	7 9
	☿ ♒	11 24
14 W	☉⚼♇	1am55
	☽⊻♀	8 36
	☽⚻♇	10 58
	☽⊻♅	4pm57
15 Th	☉∥☽	0am36
	☽☍♆	0 44
	☽⚹♂	3 21
	☽□♃	4 16
	☽△♄	7 5
	♀☍♇	12pm15
	☽⚼♇	3 43
	☽∠♀	4 3
	☉☌☽	7 7
	♂⚻♃	8 26
16 F	☽⊻☿	4am55
	☽∠♂	10 17
	☽⚼♄	12pm12
	♂#♅	5 0
	☽#♂	6 19
	☽∥♅	6 25
	☽△♇	9 2
17 S	☽⚹♀	0am15
	☽☌♅	3 36
	☽∥♄	9 11
	☽⚻♆	11 16
	☽∠☿	12pm11
	☽△♃	3 20
	♂☍♄	5 40
	☽⚻♄	5 51
	☽⊻♂	5 52
18 Su	☉⊻☽	11am58
	♀⚹♅	3pm35
	☽⚼♆	5 18
	☽⚹☿	8 17
	☽⚼♃	9 36
19 M	☽□♇	9am 8
	☉ ♓	4pm 0
	☽⊻♅	4 13
	☽□♀	6 35
	☉∠☽	9 11
	☽△♆	11 38
20 T	☽⚻♃	4am10
	☽#♄	5 49
	☽☍♄	6 19
	☽☌♂	10 26
	☽#♅	8pm44
	☽∠♅	10 53
21 W	☉⚹☽	6am33
	☽∥♂	6 39
	☽□☿	2pm 0
	☉#☽	8 58
	☽⚹♇	10 2
22 Th	♀⚻♆	0am 6
	☽⚹♅	5 26
	☽□♆	12pm21
	☽△♀	1 37
	☽☍♃	5 9
	☽⚻♄	6 52
23 F	☽⊻♂	2am57
	☽∠♇	4 8
	☽⚼♀	10pm24
24 S	☉□☽	0am 6
	☽⚼♄	0 29
	☽∥♆	1 19
	☽#♃	2 46
	☉⚼♄	4 28
	♀⚹♃	4 58
	☽△☿	7 10
	☽⊻♇	9 35
	☽∠♂	10 16
	☉#♂	1pm21
	☽□♅	4 59
	♀□♄	8 46
	☽⚹♆	11 11
25 Su	☽⚻♃	4am 0
	☽△♄	5 17
	☽⚻♀	6 8
	☿⚻♇	10 44
	☽⚼☿	2pm31
	☽⚹♂	4 34
	☽#☿	10 46
26 M	☽∠♆	3am18
	☽#☿	5 20
	☽⚼♃	8 3
	☉△☽	1pm43
	☽☌♇	5 49
	☽⚻☿	8 43
27 T	☽△♅	1am 0
	☽⊻♆	6 25
	☽△♃	11 6
	☽□♄	12pm 2
	☽☍♀	5 51
	☉⚼☽	6 38
28 W	☽□♂	1am39
	☽⚼♅	3 30
	☽#♃	5 22
	☽∥♆	6 26
	☉△♇	7pm16
	☽⊻♇	10 11
	☉⚻☽	10 24
	☿⊻♅	11 14

MARCH 1923

LONGITUDE

DAY	SID. TIME h m s	☉ ° ' "	☽ ° ' "	☽ 12 Hour ° ' "	MEAN ☊ ° '	TRUE ☊ ° '	☿ ° '	♀ ° '	♂ ° '	♃ ° '	♄ ° '	♅ ° '	♆ ° '	♇ ° '
1	10 31 6	9♓ 23 19	10♌ 16 1	17♌ 26 4	21♍ 13	20♍ 35R	13♒ 21	24♑ 7	27♈ 51	18♏ 54	19♎ 20R	13♓ 18	16♌ 12R	9♋ 11R
2	10 35 2	10 23 30	24 41 33	2♍ 1 47	21 10	20 34	14 35	25 14	28 34	18 55	19 17	13 22	16 10	9 11
3	10 38 59	11 23 40	9♍ 25 54	16 53 1	21 7	20 33D	15 50	26 21	29 16	18 56	19 14	13 25	16 9	9 10
4	10 42 55	12 23 47	24 22 5	1♎ 52 3	21 4	20 33	17 8	27 29	29 59	18 56	19 11	13 29	16 7	9 10
5	10 46 52	13 23 52	9♎ 21 52	16 50 31	21 0	20 33	18 27	28 36	0♉ 41	18 56R	19 7	13 32	16 6	9 9
6	10 50 49	14 23 56	24 17 1	1♏ 40 33	20 57	20 34	19 47	29 44	1 24	18 56	19 4	13 36	16 4	9 9
7	10 54 45	15 23 59	9♏ 0 21	16 15 49	20 54	20 34	21 9	0♒ 52	2 6	18 56	19 1	13 39	16 3	9 9
8	10 58 42	16 24 0	23 26 30	0♐ 32 4	20 51	20 35	22 33	2 0	2 49	18 56	18 57	13 43	16 1	9 8
9	11 2 38	17 23 59	7♐ 32 19	14 27 9	20 48	20 35	23 58	3 8	3 31	18 55	18 54	13 46	16 0	9 8
10	11 6 35	18 23 57	21 16 37	28 0 49	20 45	20 35R	25 24	4 16	4 14	18 55	18 50	13 49	15 58	9 7
11	11 10 31	19 23 53	4♑ 39 56	11♑ 14 10	20 41	20 35	26 51	5 25	4 56	18 54	18 46	13 53	15 57	9 7
12	11 14 28	20 23 47	17 43 48	24 9 7	20 38	20 35	28 20	6 33	5 38	18 53	18 42	13 56	15 56	9 7
13	11 18 24	21 23 40	0♒ 30 25	6♒ 48 0	20 35	20 35D	29 50	7 42	6 20	18 51	18 39	14 0	15 54	9 7
14	11 22 21	22 23 31	13 2 11	19 13 15	20 32	20 35	1♓ 21	8 51	7 3	18 50	18 35	14 3	15 53	9 6
15	11 26 18	23 23 20	25 21 28	1♓ 27 9	20 29	20 35	2 54	10 0	7 45	18 48	18 31	14 6	15 52	9 6
16	11 30 14	24 23 7	7♓ 30 31	13 31 51	20 26	20 35R	4 28	11 9	8 27	18 47	18 27	14 10	15 51	9 6
17	11 34 11	25 22 52	19 31 23	25 29 22	20 22	20 35	6 3	12 18	9 9	18 45	18 23	14 13	15 49	9 6
18	11 38 7	26 22 36	1♈ 26 2	7♈ 21 39	20 19	20 35	7 39	13 27	9 51	18 42	18 19	14 17	15 48	9 5
19	11 42 4	27 22 17	13 16 27	19 10 45	20 16	20 35	9 17	14 36	10 33	18 40	18 15	14 20	15 47	9 5
20	11 46 0	28 21 56	25 4 48	0♉ 58 57	20 13	20 34	10 56	15 46	11 15	18 37	18 10	14 23	15 46	9 5
21	11 49 57	29 21 33	6♉ 53 30	12 48 51	20 10	20 33	12 36	16 55	11 57	18 35	18 6	14 27	15 45	9 5
22	11 53 53	0♈ 21 8	18 45 22	24 43 28	20 6	20 32	14 17	18 5	12 39	18 32	18 2	14 30	15 44	9 5
23	11 57 50	1 20 41	0♊ 43 37	6♊ 46 16	20 3	20 30	16 0	19 14	13 21	18 29	17 58	14 33	15 43	9 5
24	12 1 46	2 20 12	12 51 55	19 1 4	20 0	20 29	17 44	20 24	14 3	18 25	17 53	14 37	15 41	9 5D
25	12 5 43	3 19 40	25 14 14	1♋ 31 55	19 57	20 28D	19 29	21 34	14 45	18 22	17 49	14 40	15 40	9 5
26	12 9 40	4 19 6	7♋ 54 38	14 22 49	19 54	20 28	21 15	22 44	15 27	18 18	17 44	14 43	15 39	9 5
27	12 13 36	5 18 30	20 56 56	27 37 20	19 51	20 29	23 3	23 54	16 8	18 15	17 40	14 47	15 38	9 5
28	12 17 33	6 17 51	4♌ 24 18	11♌ 18 0	19 47	20 30	24 52	25 4	16 50	18 11	17 35	14 50	15 38	9 5
29	12 21 29	7 17 10	18 18 31	25 25 44	19 44	20 31	26 43	26 14	17 32	18 6	17 31	14 53	15 37	9 5
30	12 25 26	8 16 27	2♍ 39 24	9♍ 59 5	19 41	20 32	28 34	27 24	18 13	18 2	17 26	14 56	15 36	9 5
31	12 29 22	9♈ 15 41	17♍ 24 9	24♍ 53 50	19♍ 38	20♍ 32R	0♈ 28	28♒ 34	18♉ 55	17♏ 58	17♎ 22	15♓ 0	15♌ 35	9♋ 6

DECLINATION and LATITUDE

DAY	☉ DECL	☽ DECL	☽ LAT	☽ 12hr DECL	☿ DECL	☿ LAT	♀ DECL	♀ LAT	♂ DECL	♂ LAT	♃ DECL	♃ LAT	♄ DECL	♄ LAT
1	8S 3	14N23	3S26	12N51	17S39	0S52	19S32	1N47	10N55	0N13	16S16	1N14	5S 5	2N41
2	7 40	11 7	2 19	9 11	17 25	0 60	19 25	1 43	11 11	0 14	16 16	1 14	5 4	2 41
3	7 18	7 5	1 1	4 52	17 10	1 7	19 17	1 38	11 27	0 14	16 16	1 15	5 2	2 41
4	6 55	2 34	0N21	0 13	16 53	1 14	19 9	1 34	11 42	0 15	16 16	1 15	5 1	2 42
5	6 32	2S 8	1 43	4S27	16 36	1 21	18 60	1 29	11 58	0 16	16 16	1 15	4 60	2 42
6	6 9	6 41	2 57	8 47	16 16	1 28	18 51	1 24	12 13	0 17	16 15	1 15	4 58	2 42
7	5 45	10 44	3 58	12 31	15 56	1 34	18 41	1 20	12 29	0 17	16 15	1 15	4 57	2 42
8	5 22	14 4	4 43	15 24	15 34	1 39	18 30	1 15	12 44	0 18	16 15	1 15	4 55	2 42
9	4 59	16 29	5 10	17 18	15 11	1 45	18 19	1 10	12 59	0 19	16 15	1 16	4 54	2 43
10	4 35	17 52	5 18	18 11	14 47	1 50	18 8	1 6	13 14	0 19	16 14	1 16	4 52	2 43
11	4 12	18 14	5 8	18 2	14 21	1 54	17 56	1 1	13 29	0 20	16 14	1 16	4 51	2 43
12	3 48	17 36	4 43	16 56	13 54	1 58	17 43	0 57	13 44	0 21	16 13	1 16	4 49	2 43
13	3 25	16 4	4 4	15 1	13 26	2 2	17 30	0 52	13 59	0 21	16 13	1 16	4 47	2 43
14	3 1	13 48	3 14	12 26	12 57	2 5	17 17	0 48	14 13	0 22	16 12	1 16	4 46	2 43
15	2 38	10 56	2 16	9 20	12 26	2 8	17 3	0 43	14 28	0 23	16 12	1 17	4 44	2 44
16	2 14	7 38	1 12	5 52	11 54	2 11	16 49	0 39	14 42	0 23	16 11	1 17	4 43	2 44
17	1 50	4 4	0 6	2 13	11 21	2 13	16 34	0 35	14 56	0 24	16 10	1 17	4 41	2 44
18	1 26	0 21	0S60	1N31	10 47	2 15	16 18	0 30	15 10	0 25	16 10	1 17	4 39	2 44
19	1 3	3N21	2 3	5 10	10 11	2 16	16 2	0 26	15 24	0 25	16 9	1 17	4 38	2 44
20	0 39	6 55	3 0	8 36	9 34	2 16	15 46	0 22	15 38	0 26	16 8	1 17	4 36	2 44
21	0 15	10 12	3 50	11 42	8 56	2 17	15 29	0 18	15 51	0 27	16 7	1 17	4 34	2 44
22	0N 8	13 5	4 30	14 20	8 17	2 17	15 12	0 14	16 5	0 27	16 6	1 18	4 32	2 45
23	0 32	15 27	4 58	16 23	7 37	2 16	14 54	0 10	16 18	0 28	16 5	1 18	4 31	2 45
24	0 56	17 9	5 14	17 44	6 55	2 15	14 36	0 5	16 31	0 29	16 4	1 18	4 29	2 45
25	1 19	18 6	5 16	18 15	6 13	2 13	14 18	0 1	16 44	0 29	16 3	1 18	4 27	2 45
26	1 43	18 11	5 3	17 52	5 29	2 11	13 59	0S 2	16 57	0 30	16 2	1 18	4 25	2 45
27	2 7	17 19	4 33	16 31	4 44	2 9	13 40	0 6	17 9	0 30	16 1	1 18	4 24	2 45
28	2 30	15 28	3 49	14 11	3 58	2 6	13 20	0 10	17 22	0 31	15 60	1 18	4 22	2 45
29	2 54	12 40	2 49	10 56	3 11	2 2	12 60	0 14	17 34	0 32	15 58	1 18	4 20	2 45
30	3 17	9 1	1 37	6 56	2 22	1 58	12 39	0 18	17 47	0 32	15 57	1 19	4 18	2 45
31	3N40	4N43	0S17	2N24	1S33	1S54	12S19	0S21	17N59	0N33	15S56	1N19	4S16	2N45

DAY	♅ DECL	♅ LAT	♆ DECL	♆ LAT	♇ DECL	♇ LAT
1	7S15	0S44	16N10	0N11	20N22	2S47
5	7 9	0 44	16 12	0 12	20 22	2 46
9	7 4	0 44	16 14	0 12	20 23	2 46
13	6 59	0 44	16 16	0 12	20 23	2 45
17	6 53	0 44	16 17	0 12	20 24	2 45
21	6 48	0 44	16 18	0 12	20 24	2 44
25	6 43	0 44	16 20	0 12	20 25	2 44
29	6S38	0S44	16N21	0N12	20N25	2S43

☽ PHENOMENA

d	h	m	
3	3	24	○
9	18	31	☾
17	12	51	●
25	16	42	☽

d	h	° '
4	13	0
10	20	18S14
18	2	0
25	14	18N15

d	h	° '
3	18	0
9	23	5N18
17	2	0
24	15	5S17
31	5	0

VOID OF COURSE ☽

LAST ASPT		☽ INGRESS		
2	6am40	2	♍	8am41
4	5am23	4	♎	9am 1
5	4pm 1	6	♏	9am16
7	10pm20	8	♐	11am 5
10	8am12	10	♑	3pm34
12	5am23	12	♒	11pm 2
14	11am13	15	♓	9am 8
17	12pm51	17	♈	9pm 6
19	10am 2	20	♉	10am 0
21	11pm33	22	♊	10pm33
24	4pm12	25	♋	9am 6
27	4am24	27	♌	4pm14
29	2pm31	29	♍	7pm37
31	2am33	31	♎	8pm 7

d	h	
4	11	PERIGEE
19	20	APOGEE

DAILY ASPECTARIAN

Day	Aspect	Time
1 Th	☽⚻♅	5am 8
	☽☍☿	5 39
	☽☌♆	9 55
	☽□♃	2pm27
	☽⚹♄	3 6
	♂∠♅	4 53
	☽∠♇	11 9
	☽∥♂	11 37
2 F	☽⚻♀	0am58
	☽△♂	6 40
	☽∠♄	3pm36
	☉#☽	10 45
	☽#♅	11 23
	☽⚹♇	11 35
3 S	☽⚼♀	3am21
	☉☍☽	3 24
	☿☍♆	5 33
	☉∥♅	6 22
	☽☍♅	6 28
	☉∠♀	7 42
	☽⚼♂	8 11
	☽⚺♆	10 47
	☽#♄	11 9
	☽⚻☿	11 18
	☽⚹♃	3pm17
	☽⚺♄	3 42
4	♂ ♉	0am42
Su	☽△♀	5 23
	☽⚻♂	9 26
	☽∠♆	10 47
	☽⚼☿	1pm37
	☽∠♃	3 19
	♀∠♅	10 27
	☽□♇	11 40
5 M	☉☌♅	3am32
	☽⚻♅	6 43
	☉⚻☽	6 56
	☿□♃	8 51
	☽⚹♆	10 47
	☿△♄	11 38
	☽∥♄	2pm48
	☽⚺♃	3 23
	☽☌♄	3 37
	☽△☿	4 1
	♃SR	6 50
	☉∥☽	9 19
6 T	☿∥♃	1am16
	☽∥♅	2 31
	☿#♆	4 29
	♀ ♒	5 38
	☽⚼♅	7 1
	☉⚼☽	8 54
	☽□♀	9 34
	☽☍♂	12pm 8
7 W	☽△♇	0am13
	☽△♅	7 42
	☉△☽	11 21
	☽□♆	11 37
	☽#♂	12pm47
	☉⚻♆	3 7
	☽☌♃	4 27
	☽⚺♄	4 30
	☽□☿	10 20
8 Th	☽⚼♇	1am10
	♃⚺♄	9 17
	☽∥☿	11 53
	☽⚹♀	3pm46
	☽⚻♂	4 44
	☽∠♄	5 46
	☽#♆	8 59
	☽∥♃	9 9
9 F	☽⚻♇	2am45
	☿⚼♇	2 51
	☉∥♄	5 39
	☽□♅	10 51
	☽△♆	2pm41
	☉□☽	6 31
	☽⚹♄	7 42
	☽⚺♃	7 50
	☽∠♀	8 8
	☽⚼♂	8 11
	♀□♂	9 17
	♃#♆	11 24
10 S	☽∥♀	6am43
	☽⚹☿	8 12
	☉⚻♄	9 48
	☉△♃	12pm 8
	☽⚼♆	5 18
	☽∠♃	10 36
11 Su	☽△♂	0am31
	☽⚺♀	1 29
	☽☍♇	8 7
	☽∠☿	2pm49
	☽⚹♅	4 57
	☽∥♀	8 11
	☽⚻♆	8 40
12 M	☽□♄	1am49
	☽⚹♃	2 8
	☉⚹☽	5 23
	☿#♂	5 58
	☉∠♂	7pm34
	☽∠♅	9 7
	☽#♆	9 39
	☽∥♃	10 12
	☽⚺☿	10 33
13 T	☿ ♓	2am36
	☽□♂	11 47
	☉∠☽	12pm12
	☽☌♀	3 7
	☽⚻♇	4 25
	☽#♂	8 27
14 W	☽⚺♅	1am58
	♀⚻♇	5 21
	☽☍♆	5 30
	☽∥☿	9 21
	☽△♄	10 42
	☽□♃	11 13
	☉⚺☽	7pm48
	☽⚼♇	9 32
15 Th	☿⚼♄	9am 4
	☽⚼♄	3pm59
	☽☌☿	5 4
16 F	☽⚹♂	1am59
	☽△♇	3 10
	☽∥♅	5 1
	☽⚺♀	8 0
	☽☌♅	1pm20
	☽⚻♆	4 36
	☽∥♄	7 53
	☽⚻♄	9 43
	♂⚹♇	10 2
	☽△♃	10 26
17 S	☽∠♂	9am53
	☉☌☽	12pm51
	☉∥☽	4 7
	☽∠♀	5 20
	☽⚼♆	10 44
18 Su	♀#♆	1am18
	☽⚼♃	4 35
	☉#☽	10 25
	♀∥♃	1pm43
	☽⚺☿	2 36
	☽□♇	3 30
	♀⚺♅	6 4
	☽⚺♂	6 8
	☿△♇	9 11
19 M	☽⚺♅	2am10
	☽⚹♀	3 0
	☽△♆	5 5
	☽#♄	8 20
	☽☍♄	10 2
	☽⚻♃	10 55
	☽#♅	11pm23
20 T	♀☍♆	0am 2
	☽∠☿	2 0
	♀#♂	6 51
	☉⚺☽	7 18
	☿⚹♂	8 8
	☽∠♅	8 48
	☽#☿	4pm 4
21 W	☽⚹♇	4am27
	☽☌♂	10 54
	☽⚹☿	1pm28
	☽⚹♅	3 22
	☉ ♈	3 29
	☉∠☽	4 30
	☽□♆	5 54
	☽□♀	10 29
	☽⚻♄	10 33
	♀△♄	11 4
	☽☍♃	11 33
22 Th	♂#♃	3am 0
	☿☌♅	3 10
	☉⚼♆	8 53
	♀□♃	8 54
	☽∠♇	10 43
	☽#♀	6pm43
	☿⚻♆	8 3
23 F	☉⚹☽	1am20
	♂∥♆	2 31
	☽⚼♄	4 25
	☽#♃	7 54
	☽∥♆	11 6
	☽∥♂	12pm19
	☽⚺♇	4 34
24 S	☿⚻♄	2am 8
	♇SD	2 12
	☽⚺♂	2 27
	☽□♅	3 26
	☽⚹♆	5 31
	☿∥♅	6 21
	☿△♃	9 16
	☽△♄	9 45
	☽⚻♃	10 48
	☽□☿	11 3
	☽△♀	4pm12
	♂⚹♅	9 6
25 Su	☉⚼♃	0am52
	☽∠♂	9 7
	☽∠♆	10 22
	☽⚼♃	3pm24
	☉□☽	4 42
	☽⚼♀	11 38
26 M	☽☌♇	2am11
	♂□♆	7 15
	☽△♅	12pm41
	☽⚺♆	2 20
	☽⚹♂	2 44
	☽□♄	6 4
	☽△♃	7 6
27 T	☽∥♂	2am17
	♀⚼♇	3 54
	☽△☿	4 24
	☽⚻♀	5 50
	☿∥♄	11 1
	☽∥♆	2pm 6
	☽⚼♅	3 54
	☽#♃	6 11
28 W	☉△☽	3am34
	☿⚺♀	6 58
	☽⚺♇	8 10
	☽⚼☿	10 59
	☽⚻♅	6pm 8
	☽☌♆	7 24
	☽#♀	9 12
	☽□♂	10 36
	☽⚹♄	10 40
	☽□♃	11 40
	♂⚻♄	11 40
29 Th	☉#☿	5am44
	☉⚼☽	7 13
	☽∠♇	9 45
	☽☍♀	2pm31
	☽⚻☿	4 14
	♂☍♃	6 13
	☽∠♄	11 39
30 F	☉⚻☽	9am52
	☽⚹♇	10 33
	☽#♅	1pm48
	☿ ♈	6 9
	☉□♇	7 55
	☽☍♅	8 6
	☽⚺♆	9 4
	☽⚺♄	11 56
31 S	☽⚹♃	0am54
	☿⚼♆	1 30
	☽#♄	2 19
	☽△♂	2 33
	☉∥☽	5 1
	☽⚻♀	7pm21
	☽#☿	7 46
	☽∠♆	9 1
	☽☍☿	11 51

APRIL 1923

LONGITUDE

DAY	SID. TIME	☉	☽	☽ 12 Hour	MEAN ☊	TRUE ☊	☿	♀	♂	♃	♄	♅	♆	♇
	h m s	° ′ ″	° ′ ″	° ′ ″	° ′	° ′	° ′	° ′	° ′	° ′	° ′	° ′	° ′	° ′
1	12 33 19	10♈ 14 53	2♎ 27 8	10♎ 2 58	19♍ 35	20♍ 32R	2♈ 22	29♒ 45	19♉ 36	17♏ 53R	17♎ 17R	15♓ 3	15♌ 34R	9♋ 6
2	12 37 15	11 14 3	17 40 8	25 17 20	19 32	20 31	4 18	0♓ 55	20 18	17 48	17 13	15 6	15 33	9 6
3	12 41 12	12 13 11	2♏ 53 19	10♏ 26 51	19 28	20 28	6 15	2 5	20 59	17 44	17 8	15 9	15 32	9 6
4	12 45 9	13 12 18	17 56 47	25 22 8	19 25	20 26	8 14	3 16	21 41	17 38	17 3	15 12	15 32	9 6
5	12 49 5	14 11 22	2♐ 42 4	9♐ 55 55	19 22	20 23	10 13	4 26	22 22	17 33	16 59	15 15	15 31	9 7
6	12 53 2	15 10 25	17 3 14	24 3 45	19 19	20 20	12 14	5 37	23 3	17 28	16 54	15 18	15 30	9 7
7	12 56 58	16 9 26	0♑ 57 23	7♑ 44 11	19 16	20 18	14 16	6 48	23 45	17 22	16 50	15 22	15 30	9 7
8	13 0 55	17 8 25	14 24 21	20 58 12	19 12	20 17D	16 20	7 58	24 26	17 17	16 45	15 25	15 29	9 8
9	13 4 51	18 7 22	27 26 7	3♒ 48 34	19 9	20 17	18 24	9 9	25 7	17 11	16 40	15 28	15 28	9 8
10	13 8 48	19 6 18	10♒ 6 1	16 19 1	19 6	20 18	20 28	10 20	25 49	17 5	16 36	15 31	15 28	9 8
11	13 12 44	20 5 12	22 28 4	28 33 40	19 3	20 20	22 34	11 31	26 30	16 59	16 31	15 34	15 27	9 9
12	13 16 41	21 4 4	4♓ 36 22	10♓ 36 36	19 0	20 22	24 40	12 42	27 11	16 53	16 26	15 37	15 27	9 9
13	13 20 38	22 2 54	16 34 51	22 31 32	18 57	20 22R	26 46	13 53	27 52	16 47	16 22	15 40	15 26	9 10
14	13 24 34	23 1 42	28 27 1	4♈ 21 41	18 53	20 22	28 52	15 4	28 33	16 41	16 17	15 42	15 26	9 10
15	13 28 31	24 0 29	10♈ 15 51	16 9 49	18 50	20 20	0♉ 58	16 15	29 14	16 34	16 13	15 45	15 25	9 11
16	13 32 27	24 59 14	22 3 51	27 58 13	18 47	20 17	3 3	17 26	29 55	16 27	16 8	15 48	15 25	9 11
17	13 36 24	25 57 56	3♉ 53 9	9♉ 48 52	18 44	20 12	5 7	18 37	0♊ 36	16 21	16 4	15 51	15 25	9 12
18	13 40 20	26 56 37	15 45 37	21 43 36	18 41	20 5	7 10	19 49	1 17	16 14	15 59	15 54	15 24	9 12
19	13 44 17	27 55 15	27 43 5	3♊ 44 17	18 38	19 58	9 12	21 0	1 58	16 7	15 54	15 57	15 24	9 13
20	13 48 13	28 53 52	9♊ 47 30	15 53 1	18 34	19 52	11 11	22 11	2 39	16 0	15 50	15 59	15 24	9 14
21	13 52 10	29 52 27	22 1 8	28 12 12	18 31	19 45	13 9	23 22	3 19	15 53	15 46	16 2	15 24	9 14
22	13 56 7	0♉ 50 59	4♋ 26 34	10♋ 44 38	18 28	19 41	15 3	24 34	4 0	15 46	15 41	16 5	15 23	9 15
23	14 0 3	1 49 29	17 6 47	23 33 27	18 25	19 38	16 55	25 45	4 41	15 39	15 37	16 7	15 23	9 15
24	14 4 0	2 47 58	0♌ 5 0	6♌ 41 52	18 22	19 36D	18 44	26 57	5 22	15 32	15 32	16 10	15 23	9 16
25	14 7 56	3 46 23	13 24 22	20 12 49	18 18	19 37	20 30	28 8	6 2	15 24	15 28	16 13	15 23	9 17
26	14 11 53	4 44 47	27 7 27	4♍ 8 23	18 15	19 38	22 12	29 19	6 43	15 17	15 24	16 15	15 23	9 18
27	14 15 49	5 43 9	11♍ 15 38	18 29 2	18 12	19 39R	23 50	0♈ 31	7 24	15 10	15 20	16 18	15 23D	9 18
28	14 19 46	6 41 28	25 48 17	3♎ 12 52	18 9	19 39	25 24	1 42	8 4	15 2	15 16	16 20	15 23	9 19
29	14 23 42	7 39 46	10♎ 42 5	18 15 2	18 6	19 37	26 55	2 54	8 45	14 55	15 11	16 23	15 23	9 20
30	14 27 39	8♉ 38 1	25♎ 50 41	3♏ 27 49	18♍ 3	19♍ 33	28♉ 21	4♈ 6	9♊ 25	14♏ 47	15♎ 7	16♓ 25	15♌ 23	9♋ 21

DECLINATION and LATITUDE

DAY	☉ DECL	☽ DECL	☽ LAT	☽ 12hr DECL	☿ DECL	☿ LAT	♀ DECL	♀ LAT	♂ DECL	♂ LAT	♃ DECL	♃ LAT	♄ DECL	♄ LAT
1	4N 4	0N 1	1N 5	2S22	0S43	1S49	11S57	0S25	18N11	0N33	15S54	1N19	4S15	2N45
2	4 27	4S43	2 24	6 59	0N 8	1 43	11 36	0 28	18 22	0 34	15 53	1 19	4 13	2 45
3	4 50	9 8	3 33	11 8	1 0	1 37	11 14	0 32	18 34	0 34	15 52	1 19	4 11	2 45
4	5 13	12 56	4 26	14 29	1 53	1 30	10 52	0 35	18 45	0 35	15 50	1 19	4 9	2 45
5	5 36	15 48	5 0	16 50	2 47	1 23	10 29	0 39	18 56	0 35	15 49	1 19	4 7	2 46
6	5 59	17 36	5 14	18 5	3 41	1 15	10 6	0 42	19 8	0 36	15 47	1 19	4 6	2 46
7	6 21	18 17	5 9	18 13	4 36	1 7	9 43	0 45	19 18	0 37	15 45	1 19	4 4	2 46
8	6 44	17 54	4 48	17 21	5 31	0 59	9 20	0 48	19 29	0 37	15 44	1 19	4 2	2 46
9	7 7	16 34	4 11	15 36	6 27	0 50	8 56	0 51	19 40	0 38	15 42	1 19	4 0	2 46
10	7 29	14 27	3 24	13 9	7 23	0 40	8 32	0 54	19 50	0 38	15 40	1 20	3 59	2 46
11	7 51	11 42	2 27	10 9	8 19	0 31	8 7	0 57	20 0	0 39	15 39	1 20	3 57	2 46
12	8 13	8 30	1 26	6 46	9 14	0 20	7 43	0 60	20 10	0 39	15 37	1 20	3 55	2 46
13	8 35	4 59	0 21	3 9	10 10	0 10	7 18	1 2	20 20	0 40	15 35	1 20	3 53	2 46
14	8 57	1 17	0S44	0N34	11 5	0N 1	6 53	1 5	20 30	0 40	15 33	1 20	3 52	2 46
15	9 19	2N26	1 47	4 16	11 60	0 12	6 28	1 8	20 39	0 41	15 31	1 20	3 50	2 46
16	9 41	6 3	2 45	7 47	12 53	0 23	6 3	1 10	20 49	0 41	15 29	1 20	3 48	2 46
17	10 2	9 26	3 35	11 0	13 46	0 34	5 37	1 13	20 58	0 42	15 27	1 20	3 46	2 45
18	10 23	12 28	4 17	13 48	14 37	0 45	5 11	1 15	21 7	0 42	15 25	1 20	3 45	2 45
19	10 44	14 59	4 47	16 2	15 27	0 56	4 45	1 17	21 15	0 43	15 23	1 20	3 43	2 45
20	11 5	16 54	5 5	17 34	16 14	1 6	4 19	1 19	21 24	0 43	15 21	1 20	3 41	2 45
21	11 26	18 3	5 10	18 20	17 1	1 17	3 53	1 21	21 32	0 43	15 19	1 20	3 40	2 45
22	11 46	18 23	4 60	18 12	17 44	1 27	3 26	1 23	21 41	0 44	15 17	1 20	3 38	2 45
23	12 7	17 48	4 35	17 10	18 26	1 36	2 60	1 25	21 49	0 44	15 15	1 20	3 36	2 45
24	12 27	16 17	3 56	15 11	19 6	1 46	2 33	1 27	21 56	0 45	15 13	1 20	3 35	2 45
25	12 47	13 52	3 4	12 20	19 43	1 54	2 6	1 29	22 4	0 45	15 11	1 20	3 33	2 45
26	13 7	10 37	1 59	8 42	20 17	2 2	1 39	1 31	22 11	0 46	15 9	1 20	3 32	2 45
27	13 26	6 39	0 45	4 28	20 50	2 9	1 12	1 32	22 19	0 46	15 7	1 20	3 30	2 45
28	13 45	2 11	0N33	0S10	21 19	2 16	0 45	1 34	22 26	0 47	15 5	1 20	3 29	2 45
29	14 4	2S32	1 51	4 53	21 46	2 22	0 18	1 35	22 33	0 47	15 3	1 20	3 27	2 45
30	14N23	7S 9	3N 3	9S19	22N11	2N26	0N 9	1S36	22N39	0N47	15S 0	1N20	3S26	2N44

DAY	♅ DECL	♅ LAT	♆ DECL	♆ LAT	♇ DECL	♇ LAT
1	6S34	0S44	16N22	0N12	20N26	2S43
5	6 30	0 44	16 23	0 12	20 26	2 42
9	6 25	0 44	16 23	0 12	20 27	2 42
13	6 20	0 45	16 24	0 12	20 27	2 41
17	6 16	0 45	16 25	0 12	20 27	2 41
21	6 12	0 45	16 25	0 12	20 28	2 41
25	6 8	0 45	16 25	0 12	20 28	2 40
29	6S 4	0S45	16N25	0N12	20N28	2S40

☽ PHENOMENA				VOID OF COURSE ☽ LAST ASPT		☽ INGRESS	
d	h	m					
1	13	10	○	1	11pm17	2 ♏	7pm26
8	5	23	☾	4	6am19	4 ♐	7pm34
16	6	29	●	5	11pm45	6 ♑	10pm19
24	5	20	☽	8	7pm27	9 ♒	4am48
30	21	30	○	11	8am24	11 ♓	2pm51
				14	0am13	14 ♈	3am 9
d	h	°	′	16	6am29	16 ♉	4pm 7
1	0	0		18	9am 3	19 ♊	4am33
7	3	18S18		21	2am55	21 ♋	3pm28
14	8	0		23	5pm40	23 ♌	11pm51
21	21	18N23		25	2pm16	26 ♍	4am56
28	11	0		27	11pm16	28 ♎	6am49
				29	7am27	30 ♏	6am33
6	6	5N15					
13	8	0		d	h		
20	16	5S10		1	21	PERIGEE	
				15	23	APOGEE	
				30	8	PERIGEE	

DAILY ASPECTARIAN

Day	Aspect	Time
1 Su	☽∠♃	0am41
	☽∥☿	3 10
	☽⚼♂	3 34
	♀ ♓	5 16
	☿⚼♃	6 12
	☽□♇	10 30
	☉⋕♄	10 38
	☉☍☽	1pm10
	☽⚻♅	7 56
	☽✶♆	8 40
	☽⚼♀	9 1
	☽∥♄	9 27
	☉⋕☽	10 30
	☽☌♄	11 17
2 M	☽⚺♃	0am13
	☽⚻♂	4 20
	☽∥♅	9 38
	☿∠♂	7pm 0
	☽⚼♅	7 40
	☽△♀	10 38
3 T	♀⚼♄	0am53
	☽⚻☿	6 8
	☽△♇	9 52
	☽∥♀	11 31
	☉⚻☽	3pm52
	☽△♅	7 35
	☽□♆	8 7
	☽⚺♄	10 35
	☽☌♃	11 31
4 W	☽☍♂	6am19
	☽⚼☿	9 51
	☽⚼♇	9 57
	☿□♇	10 38
	☉⚼☽	5pm49
	☽∠♄	10 49
5 Th	☽∥♃	0am 6
	☽□♀	3 7
	☽⋕♆	6 18
	☽⚻♇	10 38
	☽△☿	2pm32
	☉△☽	8 35
	☽□♅	9 2
	☽△♆	9 23
	☽✶♄	11 45
6 F	☽⚺♃	0am42
	☉⚺♅	3 28
	☉△♆	7 58
	☿⋕♄	10 33
	☽⚻♂	10 48
	☽⚼♆	11pm11
7 S	☽∠♃	2am29
	☉⋕♅	5 54
	☽✶♀	11 19
	☿⚺♅	1pm 4
	♂∠♇	1 12
	☿△♆	2 13
	☽☍♇	2 29
	☽⚼♂	2 33
	☉☍♄	3 9
8 Su	☽✶♅	1am50
	☽⚻♆	1 57
	☉⚻♃	3 9
	☽□☿	4 8
	☽□♄	4 14
	☿☍♄	4 46
	☽✶♃	5 12
	☉□☽	5 23
	☿⚻♃	10 38
	☽∠♀	5pm17
	☉☌☿	6 4
	☽△♂	7 27
	☿⋕♅	11 17
	♀△♇	11 35
9 M	☽⋕♆	2am26
	♅⚻♆	4 28
	☽∠♅	5 42
	☽∥♃	11 1
	☽⚻♇	10pm10
10 T	☽⚺♀	0am30
	☉∥☿	4 34
	☽☍♆	10 20
	☽⚺♅	10 29
	☽△♄	12pm28
	☽□♃	1 23
	☉✶☽	6 56
	☿⋕♀	8 40
11 W	☽✶☿	0am14
	☽⚼♇	3 18
	☉⋕♀	8 19
	☽□♂	8 24
	☽⚼♄	5pm45
	☽⋕☿	7 50
12 Th	☉⋕☽	1am45
	☉∠☽	3 10
	☽∥♀	6 14
	☽△♇	9 5
	☽∠☿	12pm15
	☽∥♅	2 51
	☽☌♀	5 58
	☽⚻♆	9 42
	☽☌♅	10 8
	☽⚻♄	11 34
13 F	☽△♃	0am24
	☽∥♄	7 14
	☉⚺☽	12pm 2
	♂∥♇	4 44
	☿⚺♂	6 39
14 S	☽✶♂	0am13
	☽⚺☿	1 1
	☽⚼♆	4 1
	☽⚼♃	6 29
	♀⚻♆	7 19
	☿ ♉	12pm58
	♀☌♅	1 32
	☿∠♅	9 34
	☽□♇	9 47
	♀⚻♄	11 13
15 Su	♀△♃	5am52
	☿∠♀	7 39
	☽∠♂	8 34
	☽⋕♄	9 5
	♀∥♅	9 35
	☽△♆	10 29
	☽⚺♅	11 13
	☽☍♄	12pm 1
	☽⚻♃	12 42
	☽⚺♀	1 32
	☽⋕♀	11 56
16 M	☽⋕♅	1am35
	♂ ♊	2 55
	☉☌☽	6 29
	☽⚺♂	4pm56
	☽∠♅	5 49
	☽∠♀	11 24
17 T	☽☌☿	3am 2
	☉∥☽	5 1
	☽✶♇	10 45
	♂⚼♄	2pm32
	☽□♆	11 17
18 W	☽✶♅	0am17
	☽⚻♄	0 27
	☽☍♃	0 57
	☽✶♀	9 3
	☽∠♇	4pm59
	♄⚻♅	4 59
	☿⋕♃	10 32
19 Th	☿✶♇	0am14
	☉⚺☽	0 26
	☽⋕♃	4 21
	☽⚼♄	6 20
	☽∥☿	8 14
	☽☌♂	8 59
	☽∥♆	5pm 3
	☽⚺♇	10 53
20 F	♃△♅	2am12
	☽⚺☿	3 17
	☿∥♆	5 19
	☉∠☽	8 48
	☽✶♆	11 2
	☽△♄	11 50
	☽⚻♃	12pm 7
	☽□♅	12 15
21 S	☽□♀	2am55
	☉ ♉	3 6
	♀∥♄	12pm32
	☽∠☿	2 4
	☽∠♆	4 13
	☉✶☽	4 31
	☽⚼♃	5 1
	☽⚺♂	11 7
22 Su	☿□♆	4am14
	☉∠♅	5 55
	☿⚻♄	7 44
	☿☍♃	8 32
	☽☌♇	9 10
	☿✶♅	1pm23
	☽∥☿	2 0
	☽⚺♆	8 46
	☽□♄	9 12
	☽△♃	9 17
	☽△♅	10 8
	☽✶☿	11 35
23 M	☽∠♂	5am 4
	♃⚺♄	5pm35
	☽△♀	5 40
	☽∥♆	10 25
24 T	☽⚼♅	1am59
	☉□☽	5 20
	☽✶♂	10 6
	☽⋕♃	11 52
	☽⚺♇	4pm38
	☽⚼♀	11 28
25 W	☽☌♆	3am30
	☽□♃	3 31
	☽✶♄	3 38
	♃□♆	4 19
	☽⚻♅	4 59
	☉∥☽	7 51
	☽□☿	2pm16
	☽∠♇	7 6
26 Th	☽⚻♀	4am 8
	♄✶♆	5 17
	☽∠♄	5 36
	☿∥♇	7 36
	♀ ♈	1pm37
	☉△☽	1 59
	☽□♂	5 11
	♀⚼♃	5 31
	☽✶♇	8 43
	♀⚼♆	9 20
27 F	♆SD	2am15
	☽⋕♅	3 4
	☽✶♃	6 27
	☽⚺♄	6 45
	☽⚺♆	6 52
	☿∠♇	7 11
	☽☍♅	8 24
	☉⚼☽	4pm48
	☽⋕♄	5 10
	☽△☿	11 16
28 S	☽∠♃	6am49
	☽∠♆	7 26
	☽⋕♀	8 5
	☽☍♀	10 24
	☽∥♀	1pm40
	☉⚻☽	6 48
	☽△♂	8 44
	☽□♇	9 49
29 Su	☽⚼☿	2am 8
	☽∥♄	4 40
	☽⚺♃	6 39
	☽☌♄	7 7
	☽✶♆	7 27
	☽⚻♅	9 3
	☽∥♅	6pm10
	♂⚺♇	9 20
	☽⚼♂	9 39
30 M	☽⚻☿	4am20
	☽⚼♅	8 48
	☽⚻♀	2pm 6
	☉✶♇	5 53
	☽△♇	9 17
	☉☍☽	9 30
	☽⚻♂	10 22

LONGITUDE

DAY	SID. TIME	☉	☽	☽ 12 Hour	MEAN ☊	TRUE ☊	☿	♀	♂	♃	♄	♅	♆	♇
	h m s	° ' "	° ' "	° ' "	° '	° '	° '	° '	° '	° '	° '	° '	° '	° '
1	14 31 35	9♉ 36 15	11♏ 5 8	18♏ 41 17	17♍ 59	19♍ 27R	29♉ 43	5♈ 17	10♊ 6	14♏ 40R	15♎ 3R	16♓ 27	15♌ 23	9♋ 22
2	14 35 32	10 34 27	26 14 58	3♐ 44 55	17 56	19 20	1♊ 0	6 29	10 46	14 32	14 59	16 30	15 23	9 22
3	14 39 29	11 32 37	11♐ 10 1	18 29 21	17 53	19 12	2 13	7 41	11 26	14 24	14 55	16 32	15 24	9 23
4	14 43 25	12 30 46	25 42 9	2♑ 47 54	17 50	19 5	3 21	8 52	12 7	14 17	14 52	16 34	15 24	9 24
5	14 47 22	13 28 53	9♑ 46 18	16 37 15	17 47	18 59	4 25	10 4	12 47	14 9	14 48	16 37	15 24	9 25
6	14 51 18	14 26 59	23 20 48	29 57 13	17 44	18 54	5 25	11 16	13 27	14 1	14 44	16 39	15 24	9 26
7	14 55 15	15 25 4	6♒ 26 52	12♒ 50 13	17 40	18 52D	6 19	12 28	14 8	13 54	14 40	16 41	15 25	9 27
8	14 59 11	16 23 7	19 7 49	25 20 16	17 37	18 52	7 9	13 39	14 48	13 46	14 37	16 43	15 25	9 28
9	15 3 8	17 21 8	1♓ 28 12	7♓ 32 16	17 34	18 52	7 54	14 51	15 28	13 38	14 33	16 45	15 25	9 29
10	15 7 4	18 19 9	13 33 6	19 31 19	17 31	18 53R	8 34	16 3	16 8	13 31	14 30	16 47	15 26	9 30
11	15 11 1	19 17 8	25 27 33	1♈ 22 21	17 28	18 53	9 9	17 15	16 48	13 23	14 26	16 49	15 26	9 31
12	15 14 58	20 15 5	7♈ 16 15	13 9 45	17 24	18 51	9 38	18 27	17 28	13 16	14 23	16 51	15 27	9 32
13	15 18 54	21 13 1	19 3 17	24 57 15	17 21	18 47	10 3	19 39	18 8	13 8	14 20	16 53	15 27	9 33
14	15 22 51	22 10 56	0♉ 52 0	6♉ 47 50	17 18	18 41	10 23	20 51	18 48	13 1	14 17	16 55	15 28	9 34
15	15 26 47	23 8 49	12 45 1	18 43 47	17 15	18 31	10 38	22 3	19 28	12 53	14 14	16 57	15 28	9 35
16	15 30 44	24 6 41	24 44 17	0♊ 46 43	17 12	18 20	10 48	23 15	20 8	12 46	14 11	16 59	15 29	9 36
17	15 34 40	25 4 32	6♊ 51 11	12 57 51	17 9	18 8	10 53R	24 27	20 48	12 38	14 8	17 0	15 30	9 37
18	15 38 37	26 2 21	19 6 47	25 18 9	17 5	17 56	10 53	25 39	21 28	12 31	14 5	17 2	15 30	9 39
19	15 42 33	27 0 9	1♋ 32 2	7♋ 48 38	17 2	17 45	10 49	26 51	22 8	12 24	14 2	17 4	15 31	9 40
20	15 46 30	27 57 55	14 8 4	20 30 33	16 59	17 36	10 39	28 3	22 48	12 17	13 59	17 5	15 32	9 41
21	15 50 27	28 55 39	26 56 19	3♌ 25 35	16 56	17 30	10 26	29 15	23 28	12 10	13 57	17 7	15 32	9 42
22	15 54 23	29 53 22	9♌ 58 38	16 35 44	16 53	17 26	10 9	0♉ 28	24 8	12 3	13 54	17 8	15 33	9 43
23	15 58 20	0♊ 51 3	23 17 11	0♍ 3 14	16 49	17 25D	9 47	1 40	24 47	11 56	13 52	17 10	15 34	9 45
24	16 2 16	1 48 43	6♍ 54 8	13 50 5	16 46	17 25R	9 23	2 52	25 27	11 49	13 49	17 11	15 35	9 46
25	16 6 13	2 46 21	20 51 10	27 57 24	16 43	17 25	8 56	4 4	26 7	11 42	13 47	17 13	15 36	9 47
26	16 10 9	3 43 58	5♎ 8 42	12♎ 24 47	16 40	17 24	8 26	5 16	26 47	11 35	13 45	17 14	15 37	9 48
27	16 14 6	4 41 32	19 45 15	27 9 29	16 37	17 21	7 54	6 28	27 26	11 29	13 43	17 16	15 38	9 50
28	16 18 2	5 39 6	4♏ 36 43	12♏ 6 3	16 34	17 15	7 21	7 41	28 6	11 22	13 41	17 17	15 39	9 51
29	16 21 59	6 36 39	19 36 24	27 6 37	16 30	17 7	6 48	8 53	28 45	11 16	13 39	17 18	15 40	9 52
30	16 25 56	7 34 10	4♐ 35 31	12♐ 1 52	16 27	16 57	6 14	10 5	29 25	11 10	13 37	17 19	15 41	9 53
31	16 29 52	8♊ 31 40	19♐ 24 34	26♐ 42 34	16♍ 24	16♍ 46	5♊ 40	11♉ 17	0♋ 4	11♏ 4	13♎ 36	17♓ 20	15♌ 42	9♋ 55

DECLINATION and LATITUDE

DAY	☉ DECL	☽ DECL	☽ LAT	☽ 12hr DECL	☿ DECL	☿ LAT	♀ DECL	♀ LAT	♂ DECL	♂ LAT	♃ DECL	♃ LAT	♄ DECL	♄ LAT
1	14N42	11S20	4N 1	13S 9	22N33	2N31	0N36	1S38	22N46	0N48	14S58	1N20	3S24	2N44
2	15 0	14 44	4 43	16 4	22 52	2 34	1 4	1 39	22 52	0 48	14 56	1 20	3 23	2 44
3	15 18	17 6	5 4	17 51	23 10	2 36	1 31	1 40	22 58	0 49	14 54	1 20	3 22	2 44
4	15 36	18 18	5 5	18 27	23 24	2 37	1 58	1 41	23 4	0 49	14 52	1 20	3 20	2 44
5	15 54	18 19	4 47	17 55	23 37	2 37	2 26	1 42	23 9	0 49	14 49	1 20	3 19	2 44
6	16 11	17 16	4 14	16 23	23 47	2 37	2 53	1 43	23 15	0 50	14 47	1 20	3 18	2 44
7	16 28	15 19	3 28	14 4	23 55	2 35	3 20	1 43	23 20	0 50	14 45	1 20	3 16	2 44
8	16 45	12 40	2 33	11 9	24 1	2 32	3 48	1 44	23 25	0 51	14 43	1 19	3 15	2 43
9	17 1	9 31	1 32	7 48	24 4	2 28	4 15	1 45	23 30	0 51	14 41	1 19	3 14	2 43
10	17 17	6 2	0 29	4 12	24 6	2 23	4 42	1 45	23 35	0 51	14 38	1 19	3 13	2 43
11	17 33	2 21	0S35	0 28	24 6	2 17	5 9	1 46	23 39	0 52	14 36	1 19	3 11	2 43
12	17 49	1N24	1 37	3N16	24 3	2 10	5 36	1 46	23 43	0 52	14 34	1 19	3 10	2 43
13	18 4	5 5	2 34	6 52	23 59	2 2	6 3	1 46	23 47	0 52	14 32	1 19	3 9	2 43
14	18 19	8 35	3 24	10 13	23 53	1 53	6 30	1 46	23 51	0 53	14 30	1 19	3 8	2 42
15	18 34	11 45	4 6	13 11	23 45	1 43	6 57	1 46	23 55	0 53	14 28	1 19	3 7	2 42
16	18 48	14 28	4 37	15 37	23 35	1 31	7 23	1 46	23 58	0 53	14 26	1 19	3 6	2 42
17	19 3	16 35	4 57	17 23	23 23	1 19	7 50	1 46	24 1	0 54	14 23	1 19	3 5	2 42
18	19 16	17 59	5 2	18 22	23 10	1 6	8 16	1 46	24 4	0 54	14 21	1 18	3 4	2 42
19	19 30	18 33	4 54	18 29	22 56	0 52	8 42	1 46	24 7	0 54	14 19	1 18	3 3	2 42
20	19 43	18 12	4 31	17 41	22 39	0 37	9 8	1 46	24 10	0 55	14 17	1 18	3 2	2 41
21	19 56	16 57	3 54	15 58	22 22	0 21	9 34	1 45	24 12	0 55	14 15	1 18	3 2	2 41
22	20 8	14 47	3 5	13 23	22 3	0 5	9 60	1 45	24 14	0 55	14 13	1 18	3 1	2 41
23	20 20	11 48	2 4	10 2	21 44	0S12	10 25	1 44	24 16	0 56	14 11	1 18	3 0	2 41
24	20 32	8 7	0 56	6 4	21 23	0 29	10 51	1 44	24 18	0 56	14 9	1 17	2 59	2 41
25	20 43	3 54	0N18	1 40	21 1	0 47	11 16	1 43	24 20	0 56	14 7	1 17	2 59	2 40
26	20 54	0S38	1 33	2S56	20 39	1 5	11 41	1 42	24 21	0 57	14 6	1 17	2 58	2 40
27	21 5	5 13	2 42	7 27	20 17	1 22	12 5	1 42	24 22	0 57	14 4	1 17	2 57	2 40
28	21 15	9 34	3 42	11 33	19 55	1 39	12 29	1 41	24 23	0 57	14 2	1 17	2 57	2 40
29	21 25	13 21	4 27	14 55	19 33	1 56	12 53	1 40	24 24	0 57	14 0	1 17	2 56	2 39
30	21 35	16 15	4 54	17 17	19 11	2 13	13 17	1 39	24 25	0 58	13 58	1 16	2 56	2 39
31	21N44	18S 2	5N 1	18S28	18N50	2S28	13N41	1S38	24N25	0N58	13S57	1N16	2S55	2N39

DAY	♅ DECL	♅ LAT	♆ DECL	♆ LAT	♇ DECL	♇ LAT
1	6S 2	0S45	16N25	0N12	20N28	2S39
5	5 59	0 45	16 25	0 12	20 28	2 39
9	5 56	0 45	16 24	0 12	20 28	2 39
13	5 53	0 45	16 24	0 12	20 29	2 38
17	5 50	0 46	16 23	0 12	20 29	2 38
21	5 47	0 46	16 22	0 12	20 29	2 37
25	5 45	0 46	16 21	0 12	20 29	2 37
29	5S43	0S46	16N20	0N12	20N29	2S37

☽ PHENOMENA

d	h	m	
7	18	18	☾
15	22	39	●
23	14	25	☽
30	5	7	○

d	h	° '
4	12	18S27
11	15	0
19	3	18N33
25	21	0
31	23	18S36

d	h	
3	13	5N 7
10	11	0
17	22	5S 2
24	18	0
30	20	5N 1

VOID OF COURSE ☽

LAST ASPT	☽ INGRESS
1 8am30	2 ♐ 5am59
3 8am48	4 ♑ 7am15
5 12pm 1	6 ♒ 12pm 5
7 6pm18	8 ♓ 9pm 7
10 10am25	11 ♈ 9am13
13 1am21	13 ♉ 10pm15
15 10pm39	16 ♊ 10am27
18 2pm 2	18 ♋ 9pm 3
21 4am44	21 ♌ 5am41
23 2am49	23 ♍ 11am54
25 9am20	25 ♎ 3pm25
27 1pm 2	27 ♏ 4pm35
28 8pm19	29 ♐ 4pm36
30 8pm37	31 ♑ 5pm28

d	h	
13	5	APOGEE
28	16	PERIGEE

DAILY ASPECTARIAN

Day	Aspect	Time
1 T	☿ ♊	5am18
	☽☌♃	5 35
	☿⚼♄	6 1
	☽⊻♄	6 14
	☽□♆	6 47
	☽△♅	8 30
	☽⚼♀	3pm47
	☉#♃	7 15
	☽⚼♇	9 1
	☿∥♂	10 57
2 W	☽∥♃	1am36
	☉#☽	2 27
	☽∠♄	5 57
	☽☍☿	8 17
	☉⊻♂	3pm37
	☽#♆	3 43
	☽△♀	5 50
	☽⊼♇	9 7
3 Th	☽☍♂	0am28
	☉⊼☽	0 39
	☽⊻♃	5 15
	☽⚹♄	6 7
	☽△♆	6 54
	☽□♅	8 48
4 F	☉⚼☽	3am16
	☽∠♃	5 58
	☽⚼♆	7 55
	♀□♇	10 49
	☽⊼☿	2pm 2
	☽☍♇	11 23
5 S	☽□♀	0am34
	☽⊼♂	5 31
	☉△☽	6 58
	☽⚹♃	7 35
	☽□♄	8 45
	☽⊼♆	9 51
	☽⚹♅	12pm 1
	☉☍♃	2 40
	☽⚼☿	6 20
6 Su	☉⊼♄	6am40
	☽⚼♂	9 46
	☽#♆	11 42
	☉#☽	12pm41
	☽∠♅	3 9
	♂⊼♃	5 4
	☉∥♆	7 28
	♀#♄	8 35
	☽△☿	11 44
	☉□♆	11 49
7 M	☽⊼♇	5am37
	☽∥♃	5 43
	☽⚹♀	12pm28
	☽□♃	1 52
	☽△♂	3 15
	☽△♄	3 25
	☽☍♆	4 54
	♂△♄	6 1
	☉□☽	6 18
	☽⊻♅	7 22
8 T	♀⊼♃	2am 1
	☉⚹♅	8 33
	☽⚼♇	10 19
	♀☍♄	6pm17
	☽⚼♄	8 15
	☽∠♀	8 29
	♂⚹♆	10 23
9 W	♀△♆	11am25
	☽□☿	1pm28
	☽△♇	3 54
	☽△♃	11 56
10 Th	☽∥♅	0am46
	☽⊼♄	1 53
	♀⚹♂	3 45
	☽⊼♆	3 46
	☽□♂	5 30
	☽⊻♀	5 35
	☽☌♅	6 31
	☽#♀	7 47
	☉⚹☽	10 25
	♀⊻♅	3pm 6
	☽∥♄	6 31
11 F	♂□♅	0am34
	☽⚼♃	5 53
	☽⚼♆	10 6
	☿⊻♇	6pm19
	☉∠☽	7 31
12 S	☽□♇	4am37
	☽⚹☿	5 1
	☽#♄	11 20
	☽⊼♃	12pm 4
	☽☍♄	2 26
	♀#♅	2 55
	☽△♆	4 40
	☽⊻♅	7 34
	☽⚹♂	10 2
13 Su	☽☌♀	1am21
	☉⊻☽	4 48
	☽#♅	5 15
	☽∥♀	7 22
	☽∠☿	12pm35
14 M	☽∠♅	2am 8
	☿∥♂	3 12
	☽∠♂	6 19
	☽⚹♇	5pm37
	☽⊻☿	7 40
15 T	☽☍♃	0am16
	☽⊼♄	2 57
	☽□♆	5 28
	☽⚹♅	8 27
	☽⊻♂	2pm17
	☽⊻♀	8 42
	☉☌☽	10 39
	☽#♃	11 34
	☽∠♇	11 44
16 W	☽⚼♄	8am47
	☉∠♇	12pm34
	☽∥♆	9 21
17 Th	☽⊻♇	5am28
	☽∠♀	5 40
	☽☌☿	7 57
	☽⊼♃	11 15
	☿SR	12pm33
	☽△♄	2 13
	☽⚹♆	4 57
	☽□♅	7 57
18 F	☿∠♀	4am30
	☽☌♂	4 51
	☽⚹♀	2pm 2
	☉⊻☽	2 33
	☽⚼♃	4 7
	☽∠♆	10 2
19 S	☉⊻♀	3pm 1
	☽☌♇	3 33
	☽⊻☿	5 30
	☽△♃	8 31
	☉∠☽	9 36
	☽□♄	11 44
20 Su	☽⊻♆	2am38
	☽△♅	5 35
	☽⊻♂	5pm11
	☽∠☿	9 15
21 M	☉⚼♄	0am26
	☉⚹☽	3 59
	☽□♀	4 44
	☽∥♆	7 23
	☽⚼♅	9 36
	♀ ♉	2pm51
	☽∠♂	10 22
	☽⊻♇	11 32
22 T	☽⚹☿	0am18
	☉ ♊	2 45
	☽□♃	3 44
	☽#♃	5 7
	☽⚹♄	7 7
	☽☌♆	10 8
	☽⊼♅	1pm 1
23 W	☽∠♇	2am36
	☿⊻♇	2 48
	☽⚹♂	2 49
	☽∥♀	8 29
	☽∠♄	9 52
	♀∠♅	10 18
	☉□☽	2pm25
	☽△♀	4 16
	☉∥♇	5 28
24 Th	☽□☿	4am11
	☽⚹♇	4 59
	☽⚹♃	8 27
	☽⊻♄	11 57
	☽#♅	1pm45
	☽⊻♆	3 1
	☽☍♅	5 47
	☽⚼♀	8 41
25 F	☽#♄	5am 1
	☽□♂	9 20
	☽∠♃	9 49
	☉∥☿	1pm 9
	☽∠♆	4 26
	♂⚼♃	6 15
	☉△☽	9 29
26 S	☽⊼♀	0am14
	☽△☿	5 15
	☽□♇	7 43
	☽⊻♃	10 34
	☿∥♇	11 32
	☽∥♄	12pm 8
	☽☌♄	2 10
	☽⚹♆	5 15
	☽⊼♅	7 56
	☉⚼☽	11 54
27 Su	☽∥♅	2am45
	☽⚼☿	4 56
	☽△♂	1pm 2
	☿⊻♀	7 35
	☽⚼♅	8 15
28 M	☉⊼☽	1am47
	☽⊼☿	4 14
	☽☍♀	5 21
	☽△♇	8 24
	☽☌♃	10 46
	☽⚼♂	2pm13
	☽⊻♄	2 30
	☽□♆	5 41
	☽△♅	8 19
	☽#♀	8 24
29 T	☉☌☿	2am52
	☽∥♃	4 44
	☽⚼♇	8 25
	☽∠♄	2pm26
	☽⊼♂	3 19
	♀⚹♇	8 1
30 W	☽#♆	0am55
	☽☍☿	2 32
	☉☍☽	5 7
	☽⊼♇	8 33
	☽⊼♀	9 38
	☽⊻♃	10 32
	☽⚹♄	2pm33
	☽△♆	5 56
	♀☍♃	7 47
	☽□♅	8 37
	♂ ♋	9 19
31 Th	☽∠♃	10am51
	☽⚼♀	12pm20
	♀#♃	3 33
	☽#☿	6 6
	☽☍♂	6 25
	☽⚼♆	6 38
	♂∠♆	11 17

JUNE 1923

LONGITUDE

DAY	SID. TIME	☉	☽	☽ 12 Hour	MEAN ☊	TRUE ☊	☿	♀	♂	♃	♄	♅	♆	♇
	h m s	° ' "	° ' "	° ' "	° '	° '	° '	° '	° '	° '	° '	° '	° '	° '
1	16 33 49	9♊ 29 9	3♑ 55 1	11♑ 1 14	16♍ 21	16♍ 35R	5♊ 8R	12♉ 30	0♋ 44	10♏ 58R	13♎ 34R	17♓ 21	15♌ 43	9♋ 56
2	16 37 45	10 26 37	18 0 42	24 53 9	16 18	16 26	4 37	13 42	1 23	10 52	13 32	17 22	15 44	9 57
3	16 41 42	11 24 5	1♒ 38 28	8♒ 16 46	16 15	16 19	4 8	14 54	2 3	10 46	13 31	17 23	15 45	9 59
4	16 45 38	12 21 31	14 48 15	21 13 18	16 11	16 15	3 42	16 7	2 42	10 40	13 30	17 24	15 46	10 0
5	16 49 35	13 18 57	27 32 24	3♓ 46 5	16 8	16 12	3 19	17 19	3 22	10 35	13 28	17 25	15 47	10 1
6	16 53 31	14 16 22	9♓ 54 59	15 59 46	16 5	16 12	2 59	18 32	4 1	10 30	13 27	17 26	15 49	10 3
7	16 57 28	15 13 46	22 1 5	27 59 39	16 2	16 12	2 43	19 44	4 40	10 24	13 26	17 27	15 50	10 4
8	17 1 25	16 11 10	3♈ 56 6	9♈ 51 8	15 59	16 11	2 30	20 57	5 20	10 19	13 25	17 28	15 51	10 6
9	17 5 21	17 8 33	15 45 21	21 39 21	15 55	16 9	2 22	22 9	5 59	10 14	13 24	17 28	15 53	10 7
10	17 9 18	18 5 56	27 33 43	3♉ 28 55	15 52	16 4	2 18D	23 22	6 38	10 10	13 24	17 29	15 54	10 8
11	17 13 14	19 3 18	9♉ 25 26	15 23 39	15 49	15 57	2 19	24 34	7 17	10 5	13 23	17 30	15 55	10 10
12	17 17 11	20 0 40	21 23 54	27 26 29	15 46	15 47	2 24	25 47	7 57	10 1	13 23	17 30	15 57	10 11
13	17 21 7	20 58 0	3♊ 31 36	9♊ 39 27	15 43	15 35	2 33	26 59	8 36	9 56	13 22	17 31	15 58	10 13
14	17 25 4	21 55 21	15 50 7	22 3 42	15 40	15 22	2 47	28 12	9 15	9 52	13 22	17 31	15 59	10 14
15	17 29 0	22 52 41	28 20 12	4♋ 39 38	15 36	15 9	3 6	29 24	9 54	9 48	13 21	17 32	16 1	10 16
16	17 32 57	23 50 0	11♋ 1 59	17 27 13	15 33	14 57	3 29	0♊ 37	10 33	9 44	13 21D	17 32	16 2	10 17
17	17 36 54	24 47 18	23 55 18	0♌ 26 14	15 30	14 47	3 57	1 50	11 12	9 41	13 21	17 32	16 4	10 18
18	17 40 50	25 44 36	7♌ 0 0	13 36 37	15 27	14 40	4 29	3 2	11 52	9 37	13 21	17 33	16 5	10 20
19	17 44 47	26 41 53	20 16 8	26 58 38	15 24	14 35	5 5	4 15	12 31	9 34	13 22	17 33	16 7	10 21
20	17 48 43	27 39 9	3♍ 44 12	10♍ 32 56	15 21	14 34D	5 46	5 28	13 10	9 31	13 22	17 33	16 9	10 23
21	17 52 40	28 36 24	17 24 57	24 20 19	15 17	14 34	6 31	6 40	13 49	9 28	13 22	17 33	16 10	10 24
22	17 56 36	29 33 39	1♎ 19 6	8♎ 21 19	15 14	14 34R	7 20	7 53	14 28	9 25	13 23	17 33	16 12	10 26
23	18 0 33	0♋ 30 53	15 26 55	22 35 44	15 11	14 33	8 13	9 6	15 7	9 22	13 23	17 33R	16 14	10 27
24	18 4 29	1 28 6	29 47 31	7♏ 1 53	15 8	14 31	9 10	10 19	15 46	9 20	13 24	17 33	16 15	10 29
25	18 8 26	2 25 18	14♏ 18 21	21 36 19	15 5	14 26	10 11	11 31	16 24	9 17	13 25	17 33	16 17	10 30
26	18 12 23	3 22 31	28 55 1	6♐ 13 40	15 1	14 18	11 16	12 44	17 3	9 15	13 25	17 33	16 19	10 32
27	18 16 19	4 19 43	13♐ 31 22	20 47 13	14 58	14 9	12 25	13 57	17 42	9 13	13 26	17 33	16 20	10 33
28	18 20 16	5 16 54	28 0 19	5♑ 9 50	14 55	13 58	13 38	15 10	18 21	9 11	13 27	17 33	16 22	10 35
29	18 24 12	6 14 5	12♑ 15 0	19 15 10	14 52	13 48	14 54	16 23	19 0	9 10	13 29	17 32	16 24	10 36
30	18 28 9	7♋ 11 16	26♑ 9 50	2♒ 58 38	14♍ 49	13♍ 40	16♊ 14	17♊ 36	19♋ 39	9♏ 8	13♎ 30	17♓ 32	16♌ 26	10♋ 38

DECLINATION and LATITUDE

DAY	☉ DECL	☽ DECL	☽ LAT	☽ 12hr DECL	☿ DECL	☿ LAT	♀ DECL	♀ LAT	♂ DECL	♂ LAT	♃ DECL	♃ LAT	♄ DECL	♄ LAT
1	21N53	18S36	4N48	18S26	18N29	2S43	14N 4	1S36	24N25	0N58	13S55	1N16	2S55	2N39
2	22 1	17 59	4 17	17 17	18 10	2 57	14 27	1 35	24 25	0 59	13 53	1 16	2 55	2 39
3	22 9	16 21	3 33	15 12	17 52	3 10	14 49	1 34	24 25	0 59	13 52	1 16	2 54	2 38
4	22 17	13 53	2 38	12 24	17 36	3 22	15 11	1 33	24 24	0 59	13 50	1 15	2 54	2 38
5	22 24	10 49	1 37	9 7	17 21	3 32	15 33	1 31	24 24	0 59	13 49	1 15	2 54	2 38
6	22 31	7 20	0 33	5 31	17 8	3 42	15 54	1 30	24 23	0 60	13 47	1 15	2 53	2 38
7	22 38	3 38	0S31	1 45	16 57	3 50	16 16	1 28	24 22	0 60	13 46	1 15	2 53	2 37
8	22 44	0N 9	1 32	2N 2	16 48	3 56	16 36	1 27	24 20	1 0	13 45	1 15	2 53	2 37
9	22 50	3 54	2 30	5 44	16 41	4 2	16 57	1 25	24 19	1 0	13 43	1 14	2 53	2 37
10	22 55	7 30	3 20	9 12	16 36	4 6	17 16	1 23	24 17	1 1	13 42	1 14	2 53	2 37
11	22 60	10 48	4 2	12 19	16 33	4 9	17 36	1 22	24 16	1 1	13 41	1 14	2 53	2 36
12	23 4	13 42	4 34	14 58	16 33	4 11	17 55	1 20	24 14	1 1	13 39	1 14	2 53	2 36
13	23 8	16 4	4 54	16 59	16 34	4 12	18 13	1 18	24 11	1 1	13 38	1 13	2 53	2 36
14	23 12	17 43	5 0	18 15	16 37	4 11	18 32	1 16	24 9	1 1	13 37	1 13	2 53	2 36
15	23 15	18 34	4 52	18 39	16 42	4 10	18 49	1 14	24 6	1 2	13 36	1 13	2 53	2 35
16	23 18	18 30	4 30	18 7	16 49	4 7	19 6	1 12	24 3	1 2	13 35	1 13	2 53	2 35
17	23 21	17 29	3 54	16 38	16 57	4 4	19 23	1 10	24 0	1 2	13 34	1 12	2 54	2 35
18	23 23	15 33	3 5	14 15	17 7	3 59	19 39	1 8	23 57	1 2	13 33	1 12	2 54	2 35
19	23 24	12 46	2 5	11 5	17 19	3 54	19 55	1 6	23 54	1 3	13 33	1 12	2 54	2 34
20	23 26	9 15	0 57	7 17	17 32	3 48	20 10	1 4	23 50	1 3	13 32	1 12	2 55	2 34
21	23 27	5 12	0N15	3 2	17 46	3 41	20 25	1 2	23 47	1 3	13 31	1 11	2 55	2 34
22	23 27	0 49	1 28	1S26	18 2	3 34	20 39	0 60	23 43	1 3	13 31	1 11	2 55	2 34
23	23 27	3S41	2 36	5 54	18 18	3 26	20 52	0 58	23 38	1 3	13 30	1 11	2 56	2 33
24	23 26	8 2	3 36	10 4	18 36	3 17	21 5	0 55	23 34	1 3	13 29	1 11	2 56	2 33
25	23 26	11 58	4 22	13 41	18 54	3 7	21 18	0 53	23 30	1 4	13 29	1 10	2 57	2 33
26	23 24	15 11	4 52	16 26	19 13	2 57	21 30	0 51	23 25	1 4	13 28	1 10	2 57	2 33
27	23 23	17 26	5 2	18 8	19 32	2 47	21 41	0 48	23 20	1 4	13 28	1 10	2 58	2 32
28	23 21	18 33	4 53	18 39	19 52	2 36	21 52	0 46	23 15	1 4	13 28	1 10	2 59	2 32
29	23 18	18 28	4 26	17 60	20 11	2 25	22 2	0 44	23 10	1 4	13 28	1 9	2 59	2 32
30	23N15	17S16	3N44	16S17	20N31	2S13	22N11	0S41	23N 4	1N 5	13S27	1N 9	3S 0	2N32

DAY	♅ DECL	♅ LAT	♆ DECL	♆ LAT	♇ DECL	♇ LAT
1	5S42	0S46	16N19	0N12	20N29	2S36
5	5 41	0 46	16 18	0 12	20 29	2 36
9	5 40	0 46	16 17	0 12	20 29	2 36
13	5 39	0 47	16 15	0 12	20 29	2 35
17	5 38	0 47	16 13	0 12	20 28	2 35
21	5 38	0 47	16 11	0 12	20 28	2 35
25	5 38	0 47	16 9	0 12	20 28	2 34
29	5S39	0S47	16N 7	0N12	20N28	2S34

☽ PHENOMENA

d	h	m	
6	9	19	☾
14	12	42	●
21	20	46	☽
28	13	4	○

d	h	° '
7	23	0
15	10	18N39
22	4	0
28	10	18S39

d	h	° '
6	12	0
13	23	5S 0
20	19	0
27	1	5N 2

VOID OF COURSE ☽

LAST ASPT		☽ INGRESS	
1	10pm54	2 ♒	9pm 4
4	2am41	5 ♓	4am43
6	6pm56	7 ♈	4pm 3
9	3am 4	10 ♉	4am57
12	9am40	12 ♊	5pm 3
14	12pm42	15 ♋	3am10
16	12pm 9	17 ♌	11am12
19	12pm23	19 ♍	5pm23
21	8pm46	21 ♎	9pm44
23	1am19	24 ♏	0am21
25	5am21	26 ♐	1am47
27	6am39	28 ♑	3am20
29	12pm 8	30 ♒	6am44

d	h	
9	18	APOGEE
25	14	PERIGEE

DAILY ASPECTARIAN

Day	Aspect	Time
1 F	☽⚻☿	1am58
	☉⚻☽	10 5
	☽☍♇	10 10
	☉⚺♇	11 29
	☽⚹♃	11 49
	☽△♀	3pm53
	☽□♄	4 19
	☽#☿	6 4
	☽⚻♆	8 4
	♀⚻♄	8 51
	☽⚹♅	10 54
2 S	☽⚼☿	2am41
	☉⚻♃	9 35
	☉⚼☽	1pm58
3 Su	☽#♆	0am23
	☽⚻♂	0 46
	☽∠♅	1 21
	☽△☿	4 20
	☽#♀	1pm39
	☽⚻♇	3 8
	☽□♃	4 26
	♀□♆	5 3
	☉△☽	7 7
	☽△♄	9 35
4 M	☽∥♃	0am21
	☽☍♆	1 48
	☽□♀	2 41
	☽⚺♅	4 51
	☽⚼♂	5 41
	☽⚼♇	7pm12
	☿⚺♂	10 54
5 T	☽⚼♄	1am47
	♀⚹♅	2 2
	☉△♄	3 53
	☽□☿	10 49
	☽△♂	11 50
6 W	☽△♇	0am15
	☽△♃	1 8
	☽⚻♄	6 57
	☉□☽	9 19
	☽∥♅	10 56
	☽⚻♆	11 39
	☽☌♅	2pm53
	☽⚹♀	6 56
	♀∠♂	9 15
7 Th	♀∥♆	2am 0
	☽∥♄	4 46
	☽⚼♃	6 45
	☉⚹♆	3pm27
	☽⚼♆	5 45
	☽⚹☿	9 9
8 F	☽□♂	2am59
	☽∠♀	4 32
	☿∥♀	10 20
	☽□♇	12pm31
	☽⚻♃	12 52
	☽#♄	5 26
	☽☍♄	7 14
9 S	☽△♆	0am15
	☉⚹☽	3 4
	☽∠☿	3 15
	☽⚺♅	3 30
	☉□♅	8 26
	☽#♅	11 34
	☽⚺♀	2pm29
10 Su	♃△♇	4am50
	☿SD	9 11
	☽⚺☿	9 36
	☽∠♅	9 59
	☉∠☽	12pm12
	☽⚹♂	7 27
11 M	☽☍♃	1am19
	☽⚹♇	1 30
	☽⚻♄	7 58
	♀∠♇	12pm 3
	☽□♆	1 5
	☽⚹♅	4 13
	☉⚺☽	9 0
	☽#♃	11 33
12 T	☽∠♂	3am15
	☽∠♇	7 33
	☽☌♀	9 40
	☽⚼♄	1pm50
	☽☌☿	10 4
13 W	☽∥♆	2am17
	☽∥☿	6 24
	☽⚺♂	10 29
	☽⚻♃	12pm28
	☽⚺♇	1 6
	☽△♄	7 13
14 Th	☽⚹♆	0am18
	☽□♅	3 16
	♀⚼♄	3 17
	☉☌☽	12pm42
	☽⚼♃	5 17
	♂△♃	8 34
15 F	☽⚺♀	2am15
	☽∠♆	5 6
	☽⚺☿	9 19
	♀ ♊	11 46
	♂☌♇	1pm36
	☽△♃	9 35
	☽☌♇	10 35
	☽☌♂	11 3
16 S	☽□♄	4am21
	☽⚺♆	9 23
	☽∠♀	9 28
	☽△♅	12pm 9
	☽∠☿	2 25
	☉⚼♃	9 20
	♄SD	9 46
17 Su	☉⚺☽	1am44
	☽∥☿	7 12
	☽⚼♅	3pm52
	☽⚹♀	4 2
	☽∥♆	4 54
	☽⚹☿	7 12
18 M	☽□♃	4am44
	☽⚺♇	6 4
	☉∠☽	7 20
	☽⚺♂	9 17
	☽⚹♄	11 33
	☽☌♆	4pm31
	☽#♃	5 51
	☽⚻♅	7 6
19 T	☽∠♇	9am 8
	☉⚹☽	12pm23
	☽∠♂	1 36
	☽∠♄	2 28
20 W	☽□♀	3am21
	☽□☿	3 47
	♂□♄	7 32
	☽⚹♃	10 8
	☽⚹♇	11 44
	☿☌♀	3pm26
	☽⚺♄	4 56
	☽⚹♂	5 24
	☽#♅	9 33
	☽⚺♆	9 50
21 Th	☽☍♅	0am14
	♀∥♇	5 41
	☽∠♃	12pm10
	☽#♄	12 39
	☉□☽	8 46
	☽∠♆	11 48
22 F	☽△☿	10am56
	☉ ♋	11 3
	☽△♀	12pm15
	☽⚺♃	1 45
	☽□♇	3 33
	☽∥♄	7 57
	☽☌♄	8 31
	☽□♂	11 24
23 S	☽⚹♆	1am19
	♅SR	2 45
	☽⚻♅	3 33
	♀⚻♃	5 9
	☽∥♅	10 35
	☽⚼☿	1pm57
	☽⚼♀	3 51
	☉∠♆	6 25
24 Su	☉△☽	2am59
	♀⚺♇	3 27
	☿⚻♃	3 39
	☽⚼♅	4 35
	☽☌♃	3pm45
	☽⚻☿	4 41
	☽△♇	5 44
	☽⚻♀	7 0
	♂⚺♆	7 6
	☽⚺♄	10 31
25 M	☽□♆	3am15
	☽△♂	3 37
	☽△♅	5 21
	☉⚼☽	5 29
	☿⚺♇	7 23
	☽∥♃	10 32
	☽⚼♇	6pm26
	☽∠♄	11 11
26 T	☉∥♂	4am27
	☽⚼♂	5 23
	☉⚻☽	7 50
	☽#♆	8 59
	♀△♄	1pm46
	☽⚺♃	4 56
	♂△♅	6 17
	☽⚻♇	7 6
	☽☍☿	10 1
	☽⚹♄	11 52
27 W	☽☍♀	0am46
	☽△♆	4 39
	☽□♅	6 39
	☽⚻♂	7 13
	☽∠♃	5pm40
	☿△♄	8 41
28 Th	☽⚼♆	5am38
	☉☍☽	1pm 4
	☽⚹♃	6 46
	☽☍♇	9 12
29 F	♀⚹♆	0am23
	☽□♄	2 6
	☽⚻☿	4 59
	☽⚻♆	7 6
	☽⚻♀	7 44
	☽⚹♅	9 3
	☽☍♂	12pm 8
	☿∥♇	7 34
	♀□♅	10 52
30 S	☿⚹♆	3am30
	☽⚼☿	9 55
	☽∠♅	11 13
	☽⚼♀	12pm26
	☽#♆	1 58
	☉⚻☽	9 0
	☿□♅	10 21
	☽□♃	10 59

LONGITUDE

DAY	SID. TIME	☉	☽	☽ 12 Hour	MEAN ☊	TRUE ☊	☿	♀	♂	♃	♄	♅	♆	♇
	h m s	° ' "	° ' "	° ' "	° '	° '	° '	° '	° '	° '	° '	° '	° '	° '
1	18 32 5	8♋ 8 27	9♒ 41 23	16♒ 17 59	14♏ 46	13♏ 33R	17♊ 38	18♊ 49	20♋ 18	9♏ 7R	13♎ 31	17♓ 32R	16♌ 27	10♋ 39
2	18 36 2	9 5 38	22 48 34	29 13 20	14 42	13 29	19 5	20 2	20 56	9 6	13 33	17 31	16 29	10 41
3	18 39 59	10 2 49	5♓ 32 36	11♓ 46 49	14 39	13 27D	20 36	21 14	21 35	9 5	13 34	17 31	16 31	10 42
4	18 43 55	11 0 0	17 56 28	24 2 7	14 36	13 27	22 10	22 27	22 14	9 5	13 36	17 30	16 33	10 44
5	18 47 52	11 57 11	0♈ 4 22	6♈ 3 53	14 33	13 28R	23 48	23 40	22 53	9 4	13 38	17 30	16 35	10 45
6	18 51 48	12 54 23	12 1 17	17 57 16	14 30	13 28	25 29	24 54	23 31	9 4	13 39	17 29	16 37	10 47
7	18 55 45	13 51 34	23 52 28	29 47 32	14 27	13 28	27 14	26 7	24 10	9 4D	13 41	17 29	16 39	10 49
8	18 59 41	14 48 47	5♉ 43 5	11♉ 39 42	14 23	13 25	29 1	27 20	24 49	9 4	13 43	17 28	16 41	10 50
9	19 3 38	15 45 59	17 37 56	23 38 18	14 20	13 21	0♋ 52	28 33	25 27	9 4	13 46	17 27	16 43	10 52
10	19 7 34	16 43 12	29 41 14	5♊ 47 7	14 17	13 14	2 46	29 46	26 6	9 4	13 48	17 27	16 45	10 53
11	19 11 31	17 40 25	11♊ 56 17	18 8 59	14 14	13 6	4 42	0♋ 59	26 45	9 5	13 50	17 26	16 47	10 55
12	19 15 28	18 37 39	24 25 24	0♋ 45 37	14 11	12 56	6 40	2 12	27 23	9 6	13 52	17 25	16 49	10 56
13	19 19 24	19 34 53	7♋ 9 43	13 37 39	14 7	12 47	8 41	3 26	28 2	9 6	13 55	17 24	16 51	10 58
14	19 23 21	20 32 8	20 9 19	26 44 37	14 4	12 38	10 44	4 39	28 41	9 8	13 58	17 23	16 53	10 59
15	19 27 17	21 29 22	3♌ 23 21	10♌ 5 20	14 1	12 31	12 49	5 52	29 19	9 9	14 0	17 22	16 55	11 1
16	19 31 14	22 26 37	16 50 19	23 38 6	13 58	12 26	14 55	7 5	29 58	9 10	14 3	17 21	16 57	11 2
17	19 35 10	23 23 53	0♍ 28 27	7♍ 21 10	13 55	12 24D	17 2	8 19	0♌ 36	9 12	14 6	17 20	16 59	11 4
18	19 39 7	24 21 8	14 16 4	21 12 57	13 52	12 23	19 9	9 32	1 15	9 14	14 9	17 19	17 1	11 5
19	19 43 3	25 18 23	28 11 41	5♎ 12 7	13 48	12 24	21 17	10 45	1 53	9 16	14 12	17 18	17 3	11 7
20	19 47 0	26 15 39	12♎ 14 7	19 17 32	13 45	12 25	23 26	11 59	2 32	9 18	14 15	17 16	17 5	11 8
21	19 50 57	27 12 55	26 22 13	3♏ 27 59	13 42	12 26R	25 34	13 12	3 10	9 20	14 18	17 15	17 7	11 9
22	19 54 53	28 10 11	10♏ 34 36	17 41 49	13 39	12 25	27 42	14 26	3 49	9 23	14 22	17 14	17 9	11 11
23	19 58 50	29 7 27	24 49 18	1♐ 56 40	13 36	12 22	29 49	15 39	4 27	9 26	14 25	17 13	17 11	11 12
24	20 2 46	0♌ 4 44	9♐ 3 30	16 9 20	13 33	12 18	1♌ 55	16 53	5 6	9 28	14 28	17 11	17 14	11 14
25	20 6 43	1 2 2	23 13 39	0♑ 15 55	13 29	12 13	4 0	18 6	5 44	9 31	14 32	17 10	17 16	11 15
26	20 10 39	1 59 19	7♑ 15 37	14 12 15	13 26	12 6	6 5	19 20	6 23	9 35	14 36	17 8	17 18	11 17
27	20 14 36	2 56 37	21 5 20	27 54 28	13 23	12 0	8 8	20 33	7 1	9 38	14 39	17 7	17 20	11 18
28	20 18 32	3 53 56	4♒ 39 17	11♒ 19 32	13 20	11 55	10 9	21 47	7 39	9 42	14 43	17 5	17 22	11 20
29	20 22 29	4 51 16	17 55 2	24 25 42	13 17	11 52	12 9	23 0	8 18	9 45	14 47	17 4	17 24	11 21
30	20 26 26	5 48 36	0♓ 51 34	7♓ 12 45	13 13	11 50D	14 8	24 14	8 56	9 49	14 51	17 2	17 27	11 22
31	20 30 22	6♌ 45 57	13♓ 29 25	19♓ 41 53	13♏ 10	11♏ 49	16♌ 5	25♋ 28	9♌ 35	9♏ 53	14♎ 55	17♓ 1	17♌ 29	11♋ 24

DECLINATION and LATITUDE

DAY	☉ DECL	☽ DECL	☽ LAT	☽ 12hr DECL	☿ DECL	☿ LAT	♀ DECL	♀ LAT	♂ DECL	♂ LAT	♃ DECL	♃ LAT	♄ DECL	♄ LAT
1	23N12	15S 6	2N50	13S44	20N51	2S 2	22N20	0S39	22N59	1N 5	13S27	1N 9	3S 1	2N31
2	23 8	12 13	1 48	10 34	21 11	1 50	22 28	0 36	22 53	1 5	13 27	1 9	3 2	2 31
3	23 4	8 50	0 42	7 1	21 30	1 37	22 36	0 34	22 47	1 5	13 27	1 8	3 2	2 31
4	22 60	5 8	0S24	3 14	21 48	1 25	22 43	0 31	22 41	1 5	13 27	1 8	3 3	2 31
5	22 55	1 19	1 28	0N36	22 6	1 12	22 49	0 29	22 35	1 5	13 27	1 8	3 4	2 30
6	22 49	2N30	2 27	4 22	22 23	0 60	22 55	0 27	22 28	1 5	13 27	1 8	3 5	2 30
7	22 44	6 11	3 19	7 57	22 38	0 47	22 60	0 24	22 22	1 6	13 28	1 7	3 6	2 30
8	22 38	9 37	4 2	11 12	22 52	0 35	23 4	0 21	22 15	1 6	13 28	1 7	3 7	2 30
9	22 31	12 41	4 36	14 2	23 4	0 23	23 8	0 19	22 8	1 6	13 28	1 7	3 8	2 29
10	22 24	15 15	4 57	16 18	23 15	0 11	23 10	0 16	22 1	1 6	13 29	1 6	3 9	2 29
11	22 17	17 11	5 5	17 52	23 23	0N 1	23 13	0 14	21 54	1 6	13 29	1 6	3 10	2 29
12	22 9	18 21	4 59	18 36	23 29	0 13	23 14	0 11	21 46	1 6	13 29	1 6	3 12	2 29
13	22 1	18 37	4 39	18 24	23 33	0 23	23 15	0 9	21 39	1 6	13 30	1 6	3 13	2 28
14	21 53	17 56	4 3	17 13	23 35	0 34	23 16	0 6	21 31	1 7	13 31	1 5	3 14	2 28
15	21 44	16 16	3 14	15 5	23 34	0 44	23 15	0 4	21 23	1 7	13 31	1 5	3 15	2 28
16	21 35	13 41	2 13	12 5	23 30	0 53	23 14	0 1	21 15	1 7	13 32	1 5	3 17	2 28
17	21 25	10 19	1 4	8 24	23 23	1 2	23 13	0N 1	21 7	1 7	13 33	1 5	3 18	2 27
18	21 15	6 21	0N10	4 13	23 14	1 10	23 10	0 4	20 59	1 7	13 34	1 4	3 19	2 27
19	21 5	2 1	1 24	0S14	23 2	1 17	23 7	0 6	20 50	1 7	13 34	1 4	3 21	2 27
20	20 54	2S28	2 34	4 41	22 47	1 23	23 3	0 9	20 42	1 7	13 35	1 4	3 22	2 27
21	20 43	6 50	3 35	8 54	22 30	1 29	22 59	0 11	20 33	1 7	13 36	1 4	3 23	2 26
22	20 32	10 50	4 23	12 37	22 10	1 34	22 54	0 14	20 24	1 7	13 37	1 3	3 25	2 26
23	20 21	14 12	4 55	15 35	21 48	1 38	22 48	0 16	20 15	1 8	13 39	1 3	3 26	2 26
24	20 9	16 44	5 9	17 37	21 23	1 41	22 41	0 18	20 6	1 8	13 40	1 3	3 28	2 26
25	19 56	18 13	5 4	18 33	20 57	1 44	22 34	0 21	19 56	1 8	13 41	1 2	3 30	2 26
26	19 44	18 35	4 40	18 20	20 28	1 46	22 26	0 23	19 47	1 8	13 42	1 2	3 31	2 25
27	19 31	17 50	4 1	17 4	19 58	1 47	22 18	0 25	19 37	1 8	13 43	1 2	3 33	2 25
28	19 17	16 4	3 8	14 51	19 26	1 47	22 9	0 28	19 27	1 8	13 45	1 2	3 35	2 25
29	19 4	13 28	2 6	11 55	18 52	1 47	21 59	0 30	19 18	1 8	13 46	1 1	3 36	2 25
30	18 50	10 15	0 59	8 29	18 17	1 46	21 48	0 32	19 8	1 8	13 48	1 1	3 38	2 24
31	18N35	6S38	0S 9	4S44	17N41	1N45	21N37	0N35	18N57	1N 8	13S49	1N 1	3S40	2N24

DAY	♅ DECL	♅ LAT	♆ DECL	♆ LAT	♇ DECL	♇ LAT
1	5S39	0S47	16N 6	0N12	20N28	2S34
5	5 40	0 47	16 4	0 12	20 27	2 34
9	5 41	0 47	16 2	0 12	20 27	2 34
13	5 43	0 48	15 59	0 12	20 27	2 33
17	5 44	0 48	15 57	0 12	20 27	2 33
21	5 46	0 48	15 54	0 12	20 26	2 33
25	5 49	0 48	15 52	0 12	20 26	2 33
29	5S51	0S48	15N49	0N12	20N26	2S33

☽ PHENOMENA	VOID OF COURSE ☽ LAST ASPT	☽ INGRESS
d h m	1 6pm19	2 ♓ 1pm28
6 1 57 ☾	4 9am52	4 ♈ 11pm51
14 0 45 ●	7 8am 0	7 ♉ 12pm25
21 1 32 ☽	9 4pm30	10 ♊ 0am37
27 22 33 ○	11 10am36	12 ♋ 10am34
	14 4pm17	14 ♌ 5pm54
d h ° '	16 0am11	16 ♍ 11pm10
5 8 0	18 6pm41	19 ♎ 3am 6
12 19 18N38	21 1am32	21 ♏ 6am 8
19 11 0	23 7am46	23 ♐ 8am43
25 20 18S36	24 1pm51	25 ♑ 11am33
	26 10pm58	27 ♒ 3pm42
3 15 0	28 11pm 4	29 ♓ 10pm23
11 2 5S 5	d h	
17 21 0	7 12 APOGEE	
24 5 5N 9	22 2 PERIGEE	
30 21 0		

DAILY ASPECTARIAN

1 Su ☽⊼♇ 1am45; ☽△♄ 6 57; ☽☍♆ 12pm19; ☽⊻♅ 2 15; ☽∥♃ 2 21; ☽△☿ 4 14; ☽△♀ 6 19; ☽⊼♂ 8 21; ☽⚼♃ 12pm 4; ☽∥♄ 1 4; ☿⚼♆ 4 57

2 M ☉△♃ 0am13; ☉☍☽ 2 35; ☽⚼♇ 5 22; ☽⚼♄ 10 45

3 T ☽⚼♂ 2am 6; ☽△♃ 6 48; ☉△☽ 9 22; ☽△♇ 9 57; ♀⊻♂ 2pm29; ☽⊼♄ 3 31; ☉☌♇ 5 5; ☽∥♅ 8 39; ♀∥♂ 9 16; ☽⊼♆ 9 16; ☽☍♅ 11 9

4 W ☿⊻♂ 1am31; ☽△♂ 8 55; ☽△♀ 9 35; ☽□♀ 9 52

5 Th ☽⚼♆ 3am 1; ☿⚼♃ 3 49; ♀⚼♃ 7 42; ☉∥♀ 12pm34; ☽⊼♃ 6 2; ☽□♇ 9 30

6 F ☉□☽ 1am57; ☽☍♄ 3 19; ☽∥♄ 3 44; ☿∥♂ 6 22; ☽△☿ 9 19; ☽⊻♅ 11 3; ☉⊼♄ 7pm35; ☽∥♅ 8 36

7 S ☽□♂ 0am38; ☽⚹♀ 5 3; ☉∥☿ 6 44; ☽⚼♅ 8 0; ♅SD 8 21; ☽∠♅ 5pm26

8 Su ☽☍♃ 6am45; ☽⚹♇ 10 21; ☿ ♋ 12pm47; ☽∠♀ 2 52; ☽⊼♄ 4 12; ☽∠☿ 7 48; ☉⚹☽ 7 56; ☽□♆ 10 9; ☽⚹♅ 11 39

9 M ☽∥♃ 6am49; ☿∥♀ 10 16; ☿∠♆ 10 57; ☽∠♇ 4pm27; ☽⚹♂ 4 30; ☽⚼♄ 10 14

10 T ☽⊻♀ 0am10; ☉⚹☽ 0 37; ☉∠☽ 4 21; ♀ ♋ 4 36; ☽⊻☿ 7 11; ☽∥♆ 8 29; ☉△♅ 5pm56; ☽⊼♃ 6 26; ☽⊻♇ 10 0; ☽∠♂ 11 36

11 W ☽△♄ 3am41; ☽⚹♆ 9 23; ☽□♅ 10 36; ☉⊻☽ 12pm 0; ♀∠♆ 4 0; ☽⚼♃ 11 22

12 Th ☽⊻♂ 5am56; ☽∠♆ 2pm 1; ☽☌♀ 4 16

13 F ☽☌☿ 3am23; ☽△♃ 3 38; ☿△♃ 4 59; ☽☍♇ 7 5; ☽□♄ 12pm34; ☽⊻♆ 5 58; ☽△♅ 6 56

14 S ☉☌☽ 0am45; ☿☍♇ 2 56; ☽☌♂ 4pm17; ☽⚼♅ 10 10

15 Su ☽∥♆ 3am11; ☽⊻♀ 4 54; ☽□♃ 10 20; ☽⊻♇ 1pm40; ☿⚹♄ 1 59; ☽⚹♄ 7 2; ☽⊻♆ 7 57

16 M ☽☍♆ 0am11; ☽⊼♅ 0 54; ☽∥♃ 1 9; ♂ ♌ 1 26; ☽∠♀ 10 11; ☉⚹☽ 10 39; ☽∠♄ 4pm15; ☽⚼♄ 9 35; ☿⚼♆ 11 29

17 T ☽⊻♂ 0am14; ☽△♃ 3 12; ☿△♅ 3 26; ☉∠☽ 2pm51; ☽⚹♀ 3 0; ☽⚹♃ 3 15; ♀△♃ 5 53; ☽⚹♇ 6 28; ☽⊻♄ 11 47

18 W ☽∥♅ 3am25; ☽∠♀ 3 35; ☽⊻♆ 4 46; ☽☍♅ 5 16; ☽⚹♆ 9 58; ☿∥♀ 10 39; ☽∥♄ 4pm48; ☽∠♃ 5 14; ☉⚹☽ 6 41

19 Th ☽⚼♀ 6am37; ☽⚹♂ 6 38; ♀☌♇ 7 4; ♂☍♅ 2pm42; ☽⊻♃ 6 59; ☽□♇ 10 7; ☽□♀ 11 31

20 F ☽☍♄ 3am27; ☽∥♄ 4 51; ☽⚹♆ 8 16; ☽⊼♅ 8 34; ☽□♂ 5 0; ☉ ♌ 10 1

21 S ☉□☽ 1am32; ☽⚼♅ 9 56; ☽□♂ 12pm 3; ♂∥♇ 6 2; ☽☌♃ 9 59; ♀⊼♄ 10 37

22 Su ☽△♇ 1am 1; ☽⊻♄ 6 24; ☽△♀ 7 6; ☉⚼♆ 9 47; ☽⊻♆ 11 7; ☽△♅ 11 12; ☉∥♇ 12pm32; ☽∥♃ 7 34

23 M ☿ ♌ 2am 8; ☽⚼♇ 2 20; ☽∠♄ 7 46; ☉△☽ 7 46; ♅⊼♆ 7 58; ☽△☿ 9 52; ☽☍♀ 10 45; ☽∥♆ 2pm51; ☽△♂ 5 0; ☉ ♌ 10 1

24 T ☽⊼♃ 0am42; ☿⚼♅ 3 2; ☽⊼♇ 3 40; ☽⚼♀ 6 0; ☽⚼♆ 7 5; ☽⚹♄ 9 11; ☉⚼☽ 10 55; ☽□♃ 1pm43; ☽△♆ 1 51; ☽⚼♇ 2 28; ☽△♀ 3 36; ☽⚼♂ 7 34; ☉∥♂ 10 41

25 W ☽∠♃ 2am13; ☉⚹☽ 2pm17; ☽⚼♀ 3 27; ☽⊼♆ 9 37; ☽⊼♂ 10 24

26 ☿∥♇ 1am46

Th ☉☌♅ 3 42; ☽⚹♃ 4 1; ☿☌♂ 5 2; ☽☍♇ 6 57; ☽□♄ 12pm44; ☽⚹♅ 5 4; ☽⊼♆ 5 25; ☽☍♀ 10 58

27 F ☿△♃ 6pm21; ☽∠♄ 7 26; ☿∥♂ 10 2; ☉☍☽ 10 33

28 S ☽∥♆ 2am26; ☽☍♂ 5 39; ☽□♃ 9 6; ☉∥☿ 10 18; ☽☍♇ 11 39; ☽☍♇ 12pm 1; ☽⊻♇ 2 10; ☽△♄ 6 15; ☽∥♃ 9 27; ☽⊻♅ 10 26; ☽☍♅ 11 4

29 Su ☽⊻♀ 10am20; ☽☌♇ 3pm36; ☽⚹♄ 10 6

30 M ♀⚹♄ 9am 3; ☉☍☽ 10 6; ☽⊻♂ 4pm 6; ☽△♃ 5 4; ☽☍♀ 5 34; ☽△♇ 7 58

31 T ☽⊼♄ 2am46; ☽∥♅ 4 51; ☽⊼♆ 5 56; ☽☍♅ 6 46; ☽⊼♆ 7 43; ☿⊼♅ 11 16; ♂☌♅ 1pm 9; ☉⚹☽ 5 23; ☿⊼♆ 5 37; ☽∥♄ 6 36; ☽⚼♅ 10 15; ☽☍♂ 10 42

AUGUST 1923

LONGITUDE

DAY	SID. TIME	☉	☽	☽ 12 Hour	MEAN ☊	TRUE ☊	☿	♀	♂	♃	♄	♅	♆	♇
	h m s	° ′ ″	° ′ ″	° ′ ″	° ′	° ′	° ′	° ′	° ′	° ′	° ′	° ′	° ′	° ′
1	20 34 19	7♌ 43 19	25♓ 50 28	1♈ 55 36	13♍ 7	11♍ 50	18♌ 1	26♋ 41	10♌ 13	9♏ 57	14♎ 59	16♓ 59R	17♌ 31	11♋ 25
2	20 38 15	8 40 43	7♈ 57 46	13 57 28	13 4	11 52	19 55	27 55	10 51	10 2	15 3	16 57	17 33	11 27
3	20 42 12	9 38 7	19 55 16	25 51 44	13 1	11 53	21 47	29 9	11 30	10 6	15 8	16 55	17 35	11 28
4	20 46 8	10 35 32	1♉ 47 30	7♉ 43 8	12 58	11 54R	23 38	0♌ 22	12 8	10 11	15 12	16 54	17 38	11 29
5	20 50 5	11 32 59	13 39 17	19 36 33	12 54	11 55	25 27	1 36	12 46	10 16	15 16	16 52	17 40	11 31
6	20 54 1	12 30 27	25 35 32	1♊ 36 48	12 51	11 54	27 15	2 50	13 25	10 21	15 21	16 50	17 42	11 32
7	20 57 58	13 27 56	7♊ 40 53	13 48 17	12 48	11 51	29 1	4 4	14 3	10 26	15 26	16 48	17 44	11 33
8	21 1 55	14 25 27	19 59 28	26 14 48	12 45	11 48	0♍ 45	5 18	14 41	10 31	15 30	16 46	17 46	11 35
9	21 5 51	15 22 59	2♋ 34 37	8♋ 59 8	12 42	11 44	2 28	6 32	15 19	10 37	15 35	16 44	17 49	11 36
10	21 9 48	16 20 32	15 28 32	22 2 52	12 38	11 41	4 9	7 46	15 58	10 42	15 40	16 42	17 51	11 37
11	21 13 44	17 18 6	28 42 7	5♌ 26 9	12 35	11 37	5 49	8 59	16 36	10 48	15 45	16 41	17 53	11 38
12	21 17 41	18 15 42	12♌ 14 47	19 7 41	12 32	11 34	7 27	10 13	17 14	10 54	15 50	16 39	17 55	11 40
13	21 21 37	19 13 19	26 4 31	3♍ 4 51	12 29	11 32	9 4	11 27	17 53	11 0	15 55	16 36	17 58	11 41
14	21 25 34	20 10 57	10♍ 8 11	17 14 3	12 26	11 32D	10 39	12 41	18 31	11 6	16 0	16 34	18 0	11 42
15	21 29 30	21 8 36	24 21 53	1♎ 31 10	12 23	11 32	12 13	13 56	19 9	11 12	16 5	16 32	18 2	11 43
16	21 33 27	22 6 16	8♎ 41 24	15 52 5	12 19	11 33	13 45	15 10	19 47	11 19	16 10	16 30	18 4	11 45
17	21 37 23	23 3 57	23 2 44	0♏ 12 57	12 16	11 34	15 15	16 24	20 26	11 26	16 15	16 28	18 6	11 46
18	21 41 20	24 1 39	7♏ 22 20	14 30 32	12 13	11 35	16 44	17 38	21 4	11 32	16 21	16 26	18 9	11 47
19	21 45 17	24 59 23	21 37 14	28 42 9	12 10	11 36R	18 12	18 52	21 42	11 39	16 26	16 24	18 11	11 48
20	21 49 13	25 57 7	5♐ 45 3	12♐ 45 41	12 7	11 35	19 38	20 6	22 20	11 46	16 31	16 22	18 13	11 49
21	21 53 10	26 54 52	19 43 51	26 39 22	12 4	11 34	21 2	21 20	22 58	11 53	16 37	16 19	18 15	11 50
22	21 57 6	27 52 39	3♑ 32 3	10♑ 21 44	12 0	11 33	22 25	22 34	23 37	12 1	16 43	16 17	18 17	11 52
23	22 1 3	28 50 27	17 8 17	23 51 32	11 57	11 31	23 46	23 49	24 15	12 8	16 48	16 15	18 20	11 53
24	22 4 59	29 48 16	0♒ 31 23	7♒ 7 45	11 54	11 30	25 5	25 3	24 53	12 16	16 54	16 13	18 22	11 54
25	22 8 56	0♍ 46 6	13 40 31	20 9 40	11 51	11 29	26 23	26 17	25 31	12 23	17 0	16 10	18 24	11 55
26	22 12 53	1 43 58	26 35 10	2♓ 57 3	11 48	11 28D	27 38	27 31	26 9	12 31	17 5	16 8	18 26	11 56
27	22 16 49	2 41 51	9♓ 15 23	15 30 14	11 44	11 28	28 52	28 46	26 48	12 39	17 11	16 6	18 28	11 57
28	22 20 46	3 39 46	21 41 47	27 50 12	11 41	11 28	0♎ 4	0♍ 0	27 26	12 47	17 17	16 3	18 31	11 58
29	22 24 42	4 37 42	3♈ 55 43	9♈ 58 38	11 38	11 29	1 15	1 14	28 4	12 55	17 23	16 1	18 33	11 59
30	22 28 39	5 35 40	15 59 16	21 58 0	11 35	11 29	2 22	2 29	28 42	13 4	17 29	15 59	18 35	12 0
31	22 32 35	6♍ 33 40	27♈ 55 13	3♉ 51 23	11♍ 32	11♍ 30	3♎ 28	3♍ 43	29♌ 20	13♏ 12	17♎ 35	15♓ 56	18♌ 37	12♋ 1

DECLINATION and LATITUDE

DAY	☉ DECL	☽ DECL	☽ LAT	☽ 12hr DECL	☿ DECL	☿ LAT	♀ DECL	♀ LAT	♂ DECL	♂ LAT	♃ DECL	♃ LAT	♄ DECL	♄ LAT
1	18N21	2S49	1S16	0S53	17N 4	1N42	21N26	0N37	18N47	1N 8	13S51	1N 1	3S42	2N24
2	18 6	1N 3	2 18	2N57	16 25	1 40	21 13	0 39	18 37	1 8	13 52	1 0	3 43	2 24
3	17 51	4 48	3 13	6 37	15 46	1 37	21 0	0 41	18 26	1 8	13 54	1 0	3 45	2 24
4	17 35	8 21	4 0	9 60	15 6	1 33	20 47	0 43	18 16	1 8	13 56	0 60	3 47	2 23
5	17 20	11 33	4 36	12 59	14 26	1 29	20 33	0 45	18 5	1 9	13 57	0 60	3 49	2 23
6	17 4	14 17	5 1	15 27	13 45	1 24	20 18	0 47	17 54	1 9	13 59	0 59	3 51	2 23
7	16 47	16 27	5 13	17 17	13 3	1 19	20 3	0 49	17 43	1 9	14 1	0 59	3 53	2 23
8	16 31	17 55	5 10	18 20	12 21	1 14	19 47	0 51	17 32	1 9	14 3	0 59	3 55	2 23
9	16 14	18 32	4 53	18 30	11 39	1 8	19 30	0 53	17 20	1 9	14 5	0 59	3 57	2 22
10	15 57	18 14	4 21	17 42	10 57	1 2	19 13	0 55	17 9	1 9	14 7	0 59	3 59	2 22
11	15 39	16 56	3 34	15 55	10 14	0 55	18 56	0 57	16 58	1 9	14 9	0 58	4 1	2 22
12	15 22	14 40	2 34	13 11	9 31	0 48	18 37	0 58	16 46	1 9	14 11	0 58	4 3	2 22
13	15 4	11 31	1 24	9 39	8 49	0 41	18 19	1 0	16 34	1 9	14 13	0 58	4 5	2 22
14	14 46	7 39	0 8	5 32	8 6	0 34	17 60	1 2	16 23	1 9	14 15	0 58	4 7	2 21
15	14 27	3 19	1N10	1 3	7 23	0 26	17 40	1 3	16 11	1 9	14 17	0 57	4 9	2 21
16	14 9	1S14	2 24	3S30	6 41	0 18	17 20	1 5	15 59	1 9	14 20	0 57	4 11	2 21
17	13 50	5 43	3 30	7 51	5 58	0 10	16 59	1 6	15 47	1 9	14 22	0 57	4 14	2 21
18	13 31	9 51	4 22	11 43	5 16	0 2	16 38	1 8	15 34	1 9	14 24	0 57	4 16	2 21
19	13 12	13 23	4 57	14 52	4 34	0S 6	16 16	1 9	15 22	1 9	14 26	0 56	4 18	2 21
20	12 52	16 7	5 14	17 7	3 53	0 15	15 54	1 11	15 10	1 9	14 29	0 56	4 20	2 20
21	12 33	17 51	5 13	18 19	3 12	0 24	15 32	1 12	14 57	1 9	14 31	0 56	4 23	2 20
22	12 13	18 31	4 53	18 26	2 31	0 33	15 9	1 13	14 45	1 9	14 34	0 56	4 25	2 20
23	11 53	18 6	4 17	17 30	1 50	0 42	14 45	1 14	14 32	1 9	14 36	0 56	4 27	2 20
24	11 33	16 40	3 28	15 37	1 11	0 51	14 22	1 15	14 19	1 9	14 39	0 55	4 29	2 20
25	11 12	14 22	2 28	12 57	0 31	0 60	13 57	1 16	14 6	1 9	14 41	0 55	4 32	2 20
26	10 52	11 23	1 22	9 42	0S 7	1 9	13 33	1 17	13 53	1 9	14 44	0 55	4 34	2 19
27	10 31	7 55	0 12	6 4	0 45	1 18	13 8	1 18	13 40	1 9	14 46	0 55	4 37	2 19
28	10 10	4 10	0S56	2 14	1 22	1 28	12 43	1 19	13 27	1 9	14 49	0 54	4 39	2 19
29	9 49	0 18	2 1	1N38	1 59	1 37	12 17	1 20	13 14	1 9	14 52	0 54	4 41	2 19
30	9 28	3N31	3 0	5 22	2 34	1 46	11 51	1 21	13 1	1 9	14 54	0 54	4 44	2 19
31	9N 6	7N 9	3S50	8N52	3S 9	1S56	11N25	1N21	12N47	1N 9	14S57	0N54	4S46	2N19

DAY	♅ DECL	♅ LAT	♆ DECL	♆ LAT	♇ DECL	♇ LAT
1	5S53	0S48	15N47	0N12	20N25	2S33
5	5 56	0 48	15 45	0 12	20 25	2 33
9	5 59	0 48	15 42	0 12	20 25	2 32
13	6 2	0 48	15 39	0 13	20 24	2 32
17	6 5	0 49	15 37	0 13	20 24	2 32
21	6 9	0 49	15 34	0 13	20 24	2 32
25	6 12	0 49	15 31	0 13	20 23	2 32
29	6S16	0S49	15N29	0N13	20N23	2S32

☽ PHENOMENA			
d	h	m	
4	19	22	☾
12	11	17	●
19	6	7	☽
26	10	30	○
d	h	°	′
1	17	0	
9	4	18N33	
15	18	0	
22	3	18S31	
29	2	0	
7	8	5S13	
14	2	0	
20	10	5N16	
27	4	0	

VOID OF COURSE ☽ LAST ASPT		☽ INGRESS	
1	1am51	1 ♈	8am11
3	4am28	3 ♉	8pm22
6	3am53	6 ♊	8am48
7	7pm42	8 ♋	7pm 8
10	2am15	11 ♌	2am19
12	11am17	13 ♍	6am44
14	10am52	15 ♎	9am27
17	0am 2	17 ♏	11am38
19	6am 7	19 ♐	2pm12
21	1pm23	21 ♑	5pm49
23	1pm 8	23 ♒	11pm 3
26	1am57	26 ♓	6am25
27	1pm 6	28 ♈	4pm15
31	3am 2	31 ♉	4am12

d	h	
4	6	APOGEE
16	10	PERIGEE

DAILY ASPECTARIAN

1 W	☽△♀	1am51
	☽⚼♆	1pm12
	☽⚼☿	4 48
2 Th	☉△☽	1am33
	☽⚻♃	4 9
	☽△♂	6 6
	☽□♇	6 58
	☽☍♄	2pm18
	☽#♄	5 7
	☽⚺♅	5 59
	☽△♆	7 17
	♂⚺♇	10 55
3 F	☿∥♆	0am15
	☽△☿	4 28
	☽#♅	7 17
	☉□♃	12pm49
	♀ ♌	4 43
	☽□♀	8 48
4 S	☽∠♅	0am13
	☽☍♃	5pm 6
	☉□☽	7 22
	☽⚹♇	7 40
	☽□♂	10 7
	☉⚺♇	10 58
5 Su	☽⚻♄	3am17
	♀⚼♅	5 0
	☽⚹♅	6 28
	☽□♆	8 6
	♀∥♇	12pm41
	☿∠♇	2 16
	☿#♃	3 59
	☽∥☿	7 57
	☽#♃	9 4
6 M	☽∠♇	1am53
	☽□☿	3 53
	☽⚼♄	9 33
	☽∥♆	3pm 3
	☽⚹♀	4 3
7 T	☉∥☽	3am52
	☽⚻♃	5 27
	☽⚺♇	7 37
	☉⚹☽	12pm18
	☽⚹♂	1 9
	☿ ♍	1 34
	☽△♄	3 15
	☽∥♂	5 13
	☽□♅	5 47
	☽⚹♆	7 42
	☿∠♄	8 22
8 W	☽∠♀	0am39
	☽⚼♃	10 41
	☉∠☽	7pm31
	☽∠♂	7 31
	☉☌♂	7 36
	☽⚹☿	11 46
9 Th	☽∠♆	0am26
	☉⚹♄	5 26
	☽⚺♀	8 12
	♂⚹♄	11 6
	☽△♃	3pm 8
	☽☌♇	4 53
10 F	☽□♄	0am21
	☽⚺♂	0 56
	☉⚺☽	1 43
	☽△♅	2 15
	☽⚺♆	4 22
	☽∠☿	7 43
	☉⚻♅	8 51
	☉∥♆	10pm13
	☽∥♂	11 35
11 S	♂⚻♅	2am41
	☽⚼♅	5 18
	☽⚺☿	2pm25
	☽∥♆	2 32
	☉☌♆	3 9
	☉∥☽	4 41
	☽☌♀	8 6
	☽□♃	9 37
	☽⚺♇	10 58
12 Su	☽#♃	4am 3
	☽⚹♄	6 18
	☽⚻♅	7 40
	☽☌♂	9 8
	☽☌♆	9 56
	☉☌☽	11 17
	♀□♃	2pm17
13 M	☽∠♇	1am 3
	♂☌♆	3 18
	♀⚺♇	4 27
	☽∠♄	8 20
	☽∥☿	8pm51
14 T	☽☌☿	0am59
	☽⚹♃	1 39
	☽⚹♇	2 40
	☽⚺♀	4 44
	☿⚹♃	7 23
	☽#♅	9 5
	☽⚺♄	9 58
	☽☍♅	10 52
	☽⚺♆	1pm19
	☽⚺♂	2 49
	☿⚹♇	4 20
	☉⚺☽	6 12
	☽#♄	7 32
15 W	☽∠♃	3am 7
	☽∠♀	8 23
	☉#♃	11 39
	☽∠♆	2pm34
	☽∠♂	5 10
	☉∠☽	9 9
16 Th	☽⚺♃	4am26
	☽□♇	5 7
	☽⚺☿	9 27
	☽⚹♀	11 50
	☽☌♄	12pm35
	☽⚻♅	1 2
	☽⚹♆	3 43
	☽∥♄	3 49
	☽⚹♂	7 25
	☿#♅	8 6
	♀⚹♄	9 3
17 F	☉⚹☽	0am 2
	☽#☿	1 13
	♀⚻♅	1 24
	☽∥♅	2 4
	☽∠☿	1pm28
	☽⚼♅	2 4
	☿⚺♄	5 7
	☿☍♅	7 7
	♂∥♆	8 48
18 S	☽☌♃	7am 4
	☽△♇	7 25
	♀☌♆	10 17
	☽⚺♄	3pm11
	☽△♅	3 12
	♄⚻♅	5 10
	☽⚹☿	5 34
	☽□♆	6 11
	☽□♀	6 54
	☉#☽	10 41
	☿⚺♆	11 43
19 Su	☽□♂	0am 8
	☉□☽	6 7
	☽∥♃	8 29
	☽⚼♇	8 47
	☿#♄	8 53
	☽#♂	3pm20
	☽∠♄	4 45
	☽#♆	6 35
	☽#♀	10 7
20 M	☽⚺♃	10am23
	☽⚻♇	10 24
	♃△♇	12pm15
	☽□♅	6 8
	☽⚹♄	6 36
	☽△♆	9 27
	♀∥♆	9 37
	☉∠♇	10 8
21 T	☽□☿	2am30
	☽△♀	3 3
	☽△♂	5 53
	☽∠♃	12pm31
	☉△☽	1 23
	☽⚼♆	11 34
22 W	☽⚼♀	7am48
	☽⚼♂	9 21
	☽☍♇	2pm40
	☽⚹♃	3 3
	♂#♃	5 9
	☉⚼☽	5 42
	☽⚹♅	10 26
	☽□♄	11 24
23 Th	☽⚻♆	2am 7
	♀#♃	8 28
	☿⚺♀	12pm50
	☽⚻♀	1 8
	☽△☿	1 8
	☽⚻♂	1 20
	☿⚺♂	4 55
	♀☌♂	5 28
	☉⚻☽	10 36
24 F	☽∠♅	1am15
	☉ ♍	4 52
	♀∥♂	5 30
	☽#♆	12pm53
	☽⚼☿	7 19
	☽⚻♇	8 45
	☽∥♃	9 6
	☽□♃	9 37
25 S	☽#♂	2am31
	☽#♀	4 12
	☽⚺♅	4 36
	☽△♄	6 10
	☽☍♆	8 45
	♀∠♇	12pm22
	☿∠♃	9 25
	☽☍♂	11 9
26 Su	☽⚼♇	0am39
	☽☍♀	1 57
	☽⚻☿	2 12
	☉#☽	4 12
	☉∠♄	9 55
	☽⚼♄	10 27
	☉☍☽	10 30
27 M	☽△♇	5am10
	♂∠♇	6 3
	☽△♃	6 35
	☽∥♅	10 51
	☽☌♅	1pm 6
	☽⚻♄	3 23
	☽⚻♆	5 48
	☽∥♄	8 58
	☿ ♎	10 30
	♀ ♍	12 0
28 T	☽⚻♂	11am49
	☽⚼♃	12pm 2
	☽∥☿	2 58
	☽⚻♀	6 5
	☽☍☿	6 9
	☽⚼♆	11 14
29 W	☿⚺♀	0am43
	☉⚻☽	1 30
	☽□♇	4pm 1
	☽#☿	4 51
	☽⚻♃	6 5
	☽⚼♂	7 10
	☽⚺♅	11 59
30 Th	♀∠♄	0am11
	☽☍♄	3 2
	☽⚼♀	3 20
	☽△♆	5 13
	☽#♄	7 54
	☉⚼☽	10 3
	☽#♅	6pm 9
31 F	☽△♂	3am 2
	☿∠♆	3 21
	☽∠♅	6 5
	☽⚻☿	12pm20
	☉∥☽	12 27
	☽△♀	1 5
	☉△☽	7 2

LONGITUDE

DAY	SID. TIME	☉	☽	☽ 12 Hour	MEAN ☊	TRUE ☊	☿	♀	♂	♃	♄	♅	♆	♇
	h m s	° ' "	° ' "	° ' "	° '	° '	° '	° '	° '	° '	° '	° '	° '	° '
1	22 36 32	7♍ 31 42	9♉ 46 59	15♉ 42 31	11♍ 29	11♍ 30	4♎ 32	4♏ 57	29♌ 58	13♏ 21	17♎ 41	15♓ 54R	18♌ 39	12♋ 2
2	22 40 28	8 29 45	21 38 31	27 35 32	11 25	11 30R	5 33	6 12	0♍ 37	13 29	17 48	15 52	18 41	12 3
3	22 44 25	9 27 51	3♊ 34 9	9♊ 34 56	11 22	11 30	6 32	7 26	1 15	13 38	17 54	15 49	18 43	12 4
4	22 48 21	10 25 59	15 38 27	21 45 17	11 19	11 30	7 27	8 41	1 53	13 47	18 0	15 47	18 45	12 5
5	22 52 18	11 24 8	27 55 57	4♋ 10 59	11 16	11 30D	8 20	9 55	2 31	13 56	18 6	15 45	18 48	12 6
6	22 56 15	12 22 20	10♋ 30 51	16 55 57	11 13	11 30	9 10	11 10	3 9	14 5	18 13	15 42	18 50	12 6
7	23 0 11	13 20 33	23 26 38	0♌ 3 9	11 10	11 30	9 57	12 24	3 47	14 14	18 19	15 40	18 52	12 7
8	23 4 8	14 18 49	6♌ 45 40	13 34 11	11 6	11 31	10 40	13 39	4 26	14 24	18 26	15 37	18 54	12 8
9	23 8 4	15 17 6	20 28 40	27 28 52	11 3	11 31	11 20	14 53	5 4	14 33	18 32	15 35	18 56	12 9
10	23 12 1	16 15 25	4♍ 34 26	11♍ 44 53	11 0	11 31R	11 55	16 8	5 42	14 42	18 39	15 33	18 58	12 10
11	23 15 57	17 13 47	18 59 36	26 17 52	10 57	11 31	12 26	17 23	6 20	14 52	18 45	15 30	19 0	12 10
12	23 19 54	18 12 10	3♎ 38 53	11♎ 1 44	10 54	11 31	12 53	18 37	6 58	15 2	18 52	15 28	19 2	12 11
13	23 23 50	19 10 34	18 25 32	25 49 21	10 50	11 30	13 15	19 52	7 36	15 12	18 58	15 25	19 4	12 12
14	23 27 47	20 9 1	3♏ 12 19	10♏ 33 35	10 47	11 30	13 31	21 6	8 15	15 22	19 5	15 23	19 6	12 13
15	23 31 44	21 7 29	17 52 25	25 8 10	10 44	11 28	13 42	22 21	8 53	15 32	19 12	15 21	19 8	12 13
16	23 35 40	22 5 59	2♐ 20 19	9♐ 28 26	10 41	11 27	13 47R	23 36	9 31	15 42	19 19	15 18	19 10	12 14
17	23 39 37	23 4 30	16 32 14	23 31 31	10 38	11 27D	13 46	24 50	10 9	15 52	19 25	15 16	19 12	12 15
18	23 43 33	24 3 3	0♑ 26 12	7♑ 16 16	10 35	11 27	13 38	26 5	10 47	16 2	19 32	15 14	19 14	12 15
19	23 47 30	25 1 38	14 1 48	20 42 54	10 31	11 28	13 23	27 20	11 25	16 13	19 39	15 11	19 15	12 16
20	23 51 26	26 0 14	27 19 44	3♒ 52 29	10 28	11 29	13 2	28 34	12 4	16 23	19 46	15 9	19 17	12 16
21	23 55 23	26 58 52	10♒ 21 23	16 46 37	10 25	11 30	12 33	29 49	12 42	16 34	19 53	15 6	19 19	12 17
22	23 59 19	27 57 32	23 8 25	29 26 59	10 22	11 31	11 57	1♎ 4	13 20	16 44	20 0	15 4	19 21	12 17
23	0 3 16	28 56 13	5♓ 42 32	11♓ 55 15	10 19	11 32R	11 14	2 19	13 58	16 55	20 7	15 2	19 23	12 18
24	0 7 13	29 54 57	18 5 21	24 12 59	10 16	11 32	10 25	3 33	14 36	17 6	20 14	15 0	19 25	12 18
25	0 11 9	0♎ 53 42	0♈ 18 23	6♈ 21 42	10 12	11 31	9 30	4 48	15 14	17 17	20 21	14 57	19 26	12 19
26	0 15 6	1 52 29	12 23 9	18 22 56	10 9	11 29	8 30	6 3	15 53	17 28	20 28	14 55	19 28	12 19
27	0 19 2	2 51 18	24 21 17	0♉ 18 26	10 6	11 26	7 26	7 18	16 31	17 39	20 35	14 53	19 30	12 20
28	0 22 59	3 50 10	6♉ 14 40	12 10 18	10 3	11 22	6 19	8 32	17 9	17 50	20 42	14 50	19 32	12 20
29	0 26 55	4 49 3	18 5 38	24 1 2	10 0	11 18	5 12	9 47	17 47	18 1	20 49	14 48	19 33	12 20
30	0 30 52	5♎ 47 59	29♉ 56 55	5♊ 53 43	9♍ 56	11♍ 14	4♎ 5	11♎ 2	18♍ 25	18♏ 13	20♎ 56	14♓ 46	19♌ 35	12♋ 21

DECLINATION and LATITUDE

DAY	☉ DECL	☽ DECL	☽ LAT	☽ 12hr DECL	☿ DECL	☿ LAT	♀ DECL	♀ LAT	♂ DECL	♂ LAT	♃ DECL	♃ LAT	♄ DECL	♄ LAT
1	8N45	10N29	4S30	11N59	3S43	2S 5	10N58	1N22	12N34	1N 9	14S60	0N54	4S49	2N19
2	8 23	13 22	4 59	14 38	4 16	2 14	10 31	1 23	12 20	1 9	15 3	0 53	4 51	2 18
3	8 1	15 44	5 14	16 40	4 47	2 23	10 4	1 23	12 7	1 9	15 5	0 53	4 54	2 18
4	7 40	17 26	5 17	17 60	5 18	2 32	9 37	1 24	11 53	1 9	15 8	0 53	4 56	2 18
5	7 17	18 22	5 4	18 30	5 47	2 41	9 9	1 24	11 39	1 9	15 11	0 53	4 59	2 18
6	6 55	18 25	4 38	18 6	6 14	2 50	8 41	1 24	11 25	1 9	15 14	0 53	5 1	2 18
7	6 33	17 32	3 56	16 43	6 41	2 58	8 13	1 24	11 11	1 9	15 17	0 52	5 4	2 18
8	6 11	15 40	3 1	14 23	7 5	3 7	7 44	1 25	10 58	1 9	15 20	0 52	5 6	2 18
9	5 48	12 52	1 54	11 9	7 28	3 14	7 15	1 25	10 44	1 9	15 23	0 52	5 9	2 18
10	5 25	9 14	0 38	7 11	7 49	3 22	6 47	1 25	10 29	1 9	15 26	0 52	5 11	2 17
11	5 3	4 59	0N41	2 43	8 7	3 29	6 17	1 25	10 15	1 9	15 29	0 52	5 14	2 17
12	4 40	0 23	1 60	1S58	8 24	3 36	5 48	1 25	10 1	1 9	15 32	0 52	5 17	2 17
13	4 17	4S17	3 11	6 32	8 38	3 42	5 19	1 25	9 47	1 9	15 35	0 51	5 19	2 17
14	3 54	8 41	4 9	10 41	8 49	3 47	4 49	1 24	9 32	1 9	15 38	0 51	5 22	2 17
15	3 31	12 31	4 50	14 8	8 58	3 52	4 19	1 24	9 18	1 9	15 41	0 51	5 24	2 17
16	3 8	15 31	5 13	16 40	9 3	3 55	3 50	1 24	9 4	1 8	15 44	0 51	5 27	2 17
17	2 45	17 32	5 15	18 8	9 5	3 58	3 20	1 23	8 49	1 8	15 47	0 51	5 30	2 17
18	2 22	18 27	4 60	18 30	9 4	3 60	2 50	1 23	8 35	1 8	15 50	0 50	5 32	2 17
19	1 59	18 17	4 27	17 48	8 58	4 0	2 19	1 22	8 20	1 8	15 53	0 50	5 35	2 17
20	1 35	17 5	3 41	16 9	8 49	3 59	1 49	1 22	8 5	1 8	15 57	0 50	5 38	2 16
21	1 12	15 1	2 44	13 42	8 36	3 57	1 19	1 21	7 51	1 8	15 60	0 50	5 40	2 16
22	0 49	12 14	1 40	10 38	8 18	3 53	0 48	1 20	7 36	1 8	16 3	0 50	5 43	2 16
23	0 25	8 55	0 32	7 8	7 56	3 47	0 18	1 20	7 21	1 8	16 6	0 50	5 46	2 16
24	0 2	5 16	0S36	3 22	7 30	3 40	0S13	1 19	7 6	1 8	16 9	0 49	5 48	2 16
25	0S21	1 26	1 42	0N30	6 59	3 30	0 43	1 18	6 52	1 8	16 13	0 49	5 51	2 16
26	0 45	2N25	2 42	4 17	6 25	3 19	1 14	1 17	6 37	1 8	16 16	0 49	5 54	2 16
27	1 8	6 7	3 34	7 53	5 47	3 6	1 44	1 16	6 22	1 8	16 19	0 49	5 56	2 16
28	1 32	9 34	4 17	11 8	5 7	2 51	2 14	1 15	6 7	1 8	16 22	0 49	5 59	2 16
29	1 55	12 36	4 49	13 56	4 25	2 34	2 45	1 14	5 52	1 7	16 26	0 49	6 2	2 16
30	2S18	15N 8	5S 8	16N10	3S42	2S16	3S15	1N12	5N37	1N 7	16S29	0N49	6S 5	2N16

DAY	♅ DECL	♅ LAT	♆ DECL	♆ LAT	♇ DECL	♇ LAT
1	6S19	0S49	15N27	0N13	20N23	2S32
5	6 22	0 49	15 24	0 13	20 22	2 32
9	6 26	0 49	15 22	0 13	20 22	2 32
13	6 30	0 49	15 19	0 13	20 22	2 32
17	6 33	0 49	15 17	0 13	20 22	2 32
21	6 37	0 49	15 14	0 13	20 21	2 32
25	6 41	0 49	15 12	0 13	20 21	2 32
29	6S44	0S49	15N10	0N13	20N21	2S32

☽ PHENOMENA	VOID OF COURSE ☽ LAST ASPT	☽ INGRESS
d h m	1 6pm 1	2 ♊ 4pm51
3 12 47 ☾	4 6am 9	5 ♋ 3am59
10 20 53 ●	6 2pm29	7 ♌ 11am54
17 12 4 ☽	8 9pm19	9 ♍ 4pm17
25 1 16 ○	10 9pm 5	11 ♎ 6pm 3
	13 1am 2	13 ♏ 6pm47
	15 8am 5	15 ♐ 8pm 6
d h ° '	17 3pm41	17 ♑ 11pm14
5 14 18N30	20 2am31	20 ♒ 4am53
12 2 0	21 6pm 0	22 ♓ 1pm 3
18 8 18S31	23 10pm 3	24 ♈ 11pm24
25 9 0	26 4pm20	27 ♉ 11am23
	29 2am58	30 ♊ 0am 6
3 16 5S17	d h	
10 12 0	1 1 APOGEE	
16 15 5N17	12 22 PERIGEE	
23 11 0	28 17 APOGEE	
30 23 5S14		

DAILY ASPECTARIAN

1 S	♂ ♍	0am57
	☽∥♀	3 21
	☽✱♇	4 34
	☽☍♃	7 18
	☽✱♅	12pm21
	☽∥♂	3 37
	☽⚻♄	4 9
	☽□♆	6 1
	☽⚼☿	9 35
2 Su	☽∠♇	10am55
	☽#♃	4pm42
	☽□♂	7 5
	☽∥♆	8 30
	☽⚼♄	10 39
3 M	☿∥♄	5am23
	☽△☿	6 25
	☽□♀	8 37
	☉□☽	12pm47
	☽⚺♇	4 57
	☽⚻♃	8 17
4 T	☽□♅	0am17
	☽△♄	4 41
	☽✱♆	6 9
5 W	☽⚼♃	1am57
	☽✱♂	9 17
	☽∠♆	11 17
	☉✱♇	5pm20
	☽□☿	9 18
6 Th	☽✱♀	1am21
	♂∠♄	2 36
	☽☌♇	3 0
	☉✱☽	3 47
	☽△♃	6 46
	☿∥♅	8 18
	☽△♅	9 41
	☽□♄	2pm29
	☽∠♂	3 0
	☽⚺♆	3 33
	♀✱♇	6 27
	☉#☿	8 13
7 F	☽∠♀	7am58
	☉#♅	9 2
	☉∠☽	9 37
	☽⚼♅	1pm 4
	☽⚺♂	7 38
8 S	☉✱♃	2am19
	☽∥♆	2 58
	☽#♃	3 15
	☽✱☿	7 16
	☽⚺♇	9 30
	☽⚺♀	1pm20
	☽□♃	1 35
	☉⚺☽	2 19
	♃#♆	3 24
	☽⚻♅	3 32
	♀✱♃	4 28
	☿#♀	6 9
	☽✱♄	8 37
	☽☌♆	9 19
9 Su	☉☍♅	7am 5
	☽∠☿	10 29
	☽∠♇	11 26
	♀☍♅	12pm59
	☽∥♂	3 43
	☽∠♄	10 25
10 M	☽☌♂	1am59
	☽#☿	7 48
	☿□♇	10 56
	☉☌♀	11 2
	☽✱♇	12pm42
	☽⚺☿	12 46
	☉#♄	1 25
	♀#♅	3 38
	☽#♅	4 0
	☽∥♀	4 3
	☽✱♃	5 6
	☽☍♅	6 15
	☉☌☽	8 53
	☽☌♀	9 5
	☽#♄	10 43
	☽⚺♄	11 36
	☉∥☽	11 41
11 T	☽⚺♆	0am 0
	☽∠♃	6pm 2
12 W	☽∠♆	0am38
	♀⚺♄	5 10
	☽⚺♂	5 39
	♀⚺♆	8 10
	☽□♇	1pm53
	☽☌☿	3 24
	☉⚺♄	6 23
	☽⚺♃	6 42
	☽⚻♅	7 9
	☉⚺♆	9 8
	♀#♄	11 44
13 Th	☉#☽	0am 0
	☽☌♄	0 54
	☽✱♆	1 2
	☉⚺☽	1 18
	☽⚺♀	2 33
	☽#♀	4 53
	☽∥♄	5 31
	☽∠♂	7 5
	☽∥♅	11 50
	☽⚼♅	7pm25
14 F	☽∥☿	0am50
	♃△♅	2 44
	☉∠☽	3 24
	♄✱♆	3 24
	☽#♂	4 45
	☽∠♀	5 10
	☽✱♂	8 35
	☽△♇	2pm43
	☽⚺☿	5 5
	☽△♅	7 51
	☽☌♃	8 6
15 S	☽□♆	2am 4
	☽⚺♄	2 12
	☉✱☽	5 45
	☽✱♀	8 5
	☽⚼♇	3pm28
	☽∠☿	6 3
	☽#♆	9 49
16 Su	☿#♂	0am42
	☽∥♃	2 5
	☽∠♄	3 20
	☿SR	7 6
	☽□♂	12pm38
	☽⚻♇	4 41
	☽✱☿	7 18
	☽□♅	9 50
	☽⚺♃	10 50
17 M	☽△♆	4am33
	☽✱♄	4 59
	☉□☽	12pm 4
	☽□♀	3 41
18 T	☽∠♃	1am 4
	☽⚼♆	6 39
	☽△♂	7pm 8
	☽☍♇	8 51
	☽□☿	10 53
19 W	☽✱♅	2am 4
	☽✱♃	3 57
	☽⚻♆	9 24
	☽□♄	10 10
	☉△☽	9pm24
	☽⚼♂	11 29
20 Th	☽△♀	2am31
	☽∠♅	5 8
	♂✱♇	8 6
	☽∥♃	2pm 3
	☿⚺♂	8 54
	☽#♆	9 48
21 F	☉⚼☽	3am16
	♀ ♎	3 29
	☽⚻♇	3 35
	☽△♄	3 55
	☽⚻♂	4 35
	☽⚺♅	8 51
	☽⚼♀	9 14
	♀□♃	11 3
	☽□♃	11 46
	☽☍♆	4pm49
	☽△♄	6 0
	☉∥♇	10 48
22 S	☽#♆	6am52
	☽⚼♃	7 53
	☉⚻☽	9 56
	♀△♃	3pm13
	☽⚼♀	4 45
	☽⚼♄	10 51
23 Su	☽∥♅	7am33
	☽#♂	10 2
	☽∥♂	11 16
	☽△♇	12pm44
	☽∥♅	3 4
	☽☍♂	4 50
	☽☌♅	5 59
	☉⚼♆	7 19
	☽∥♄	8 36
	☽△♃	10 3
24 M	☉ ♎	2am 4
	☽⚻♅	2 35
	☽⚼♇	4 13
	☽⚻♂	4 35
	♂☍♅	1pm49
	♀∠♆	4 52
25 T	☉☍☽	1am16
	☽∥♀	3 56
	☽#♃	3 58
	☉∥☽	6 5
	☽⚼♆	8 12
	☽⚼♇	9 55
	☿⚺♂	9 55
	☉#☽	12pm23
	☿∥♅	1 2
	☽⚼♀	3 25
	♂#♄	4 49
	☽⚼♆	4 51
	☽□♇	11 52
26 W	☽⚻♅	5am 3
	☽⚻♂	7 22
	☽⚺♃	10 19
	☽△♆	2pm13
	☽⚼♄	4 20
	☉⚺♃	5 48
	☿∥♄	6 48
	☽#♅	10 9
	☽#♃	10 48
27 Th	☿⚼♀	1am23
	☽∥♂	1 32
	☽∥♅	3 57
	☽∠♅	11 6
	☽⚼♂	3pm15
	☉⚻☽	6 41
28 F	☽⚼☿	0am 8
	☽⚼♀	5 11
	♂#♄	10 28
	☽✱♇	12pm20
	☽✱♅	5 21
	☉∠♆	5 23
	☽△♂	11 20
	☽☍♃	11 51
29 S	☽□♆	2am58
	☉□☽	3 49
	☽⚼☿	3 53
	☉⚼♆	4 19
	☽⚻♄	5 35
	♂⚼♃	12pm44
	♀∠♆	1 26
	☽⚼♇	3 9
	☽∠♇	6 44
30 Su	☽∥♆	0am18
	☽△♀	7 39
	☽∥♅	8 44
	☽⚼♄	12pm12
	☉△☽	12 52
	☽✱♃	4 31
	☽#♃	4 34

OCTOBER 1923

LONGITUDE

DAY	SID. TIME	☉	☽	☽ 12 Hour	MEAN ☊	TRUE ☊	☿	♀	♂	♃	♄	♅	♆	♇
	h m s	° ' "	° ' "	° ' "	° '	° '	° '	° '	° '	° '	° '	° '	° '	° '
1	0 34 48	6♎ 46 57	11♊ 51 53	17♊ 51 54	9♍ 53	11♍ 11R	3♎ 1R	12♎ 17	19♍ 3	18♏ 24	21♎ 3	14♓ 44R	19♌ 37	12♋ 21
2	0 38 45	7 45 58	23 54 20	29 59 40	9 50	11 9	2 1	13 32	19 42	18 35	21 11	14 42	19 38	12 21
3	0 42 41	8 45 0	6♋ 8 30	12♋ 21 22	9 47	11 8D	1 7	14 46	20 20	18 47	21 18	14 40	19 40	12 22
4	0 46 38	9 44 5	18 38 50	25 1 26	9 44	11 8	0 20	16 1	20 58	18 59	21 25	14 37	19 41	12 22
5	0 50 35	10 43 13	1♌ 29 39	8♌ 3 57	9 41	11 9	29♍ 42	17 16	21 36	19 10	21 32	14 35	19 43	12 22
6	0 54 31	11 42 22	14 44 41	21 32 8	9 37	11 11	29 13	18 31	22 14	19 22	21 39	14 33	19 45	12 22
7	0 58 28	12 41 34	28 26 27	5♍ 27 39	9 34	11 13R	28 55	19 46	22 53	19 34	21 47	14 31	19 46	12 22
8	1 2 24	13 40 48	12♍ 35 34	19 49 52	9 31	11 13	28 48D	21 1	23 31	19 46	21 54	14 29	19 47	12 23
9	1 6 21	14 40 5	27 10 1	4♎ 35 19	9 28	11 12	28 51	22 16	24 9	19 57	22 1	14 27	19 49	12 23
10	1 10 17	15 39 23	12♎ 4 50	19 37 32	9 25	11 10	29 5	23 30	24 47	20 9	22 8	14 25	19 50	12 23
11	1 14 14	16 38 43	27 12 13	4♏ 47 37	9 22	11 6	29 29	24 45	25 25	20 21	22 16	14 23	19 52	12 23
12	1 18 10	17 38 6	12♏ 22 27	19 55 28	9 18	11 0	0♎ 3	26 0	26 4	20 34	22 23	14 22	19 53	12 23
13	1 22 7	18 37 31	27 25 29	4♐ 51 30	9 15	10 55	0 45	27 15	26 42	20 46	22 30	14 20	19 55	12 23R
14	1 26 4	19 36 57	12♐ 12 37	19 28 9	9 12	10 50	1 36	28 30	27 20	20 58	22 38	14 18	19 56	12 23
15	1 30 0	20 36 25	26 37 39	3♑ 40 47	9 9	10 46	2 35	29 45	27 58	21 10	22 45	14 16	19 57	12 23
16	1 33 57	21 35 55	10♑ 37 27	17 27 41	9 6	10 44D	3 40	1♏ 0	28 37	21 23	22 52	14 14	19 58	12 23
17	1 37 53	22 35 27	24 11 41	0♒ 49 42	9 2	10 43	4 52	2 15	29 15	21 35	23 0	14 13	20 0	12 23
18	1 41 50	23 35 1	7♒ 22 6	13 49 19	8 59	10 44	6 8	3 30	29 53	21 47	23 7	14 11	20 1	12 23
19	1 45 46	24 34 36	20 11 48	26 29 59	8 56	10 46	7 29	4 45	0♎ 31	22 0	23 14	14 9	20 2	12 23
20	1 49 43	25 34 13	2♓ 44 22	8♓ 55 23	8 53	10 47R	8 54	6 0	1 10	22 12	23 22	14 8	20 3	12 23
21	1 53 39	26 33 51	15 3 27	21 9 0	8 50	10 47	10 22	7 14	1 48	22 25	23 29	14 6	20 4	12 22
22	1 57 36	27 33 32	27 12 24	3♈ 13 58	8 47	10 46	11 53	8 29	2 26	22 37	23 36	14 4	20 5	12 22
23	2 1 33	28 33 14	9♈ 14 0	15 12 47	8 43	10 42	13 26	9 44	3 4	22 50	23 43	14 3	20 6	12 22
24	2 5 29	29 32 58	21 10 34	27 7 34	8 40	10 35	15 0	10 59	3 43	23 3	23 51	14 1	20 7	12 22
25	2 9 26	0♏ 32 44	3♉ 3 58	8♉ 59 58	8 37	10 27	16 37	12 14	4 21	23 16	23 58	14 0	20 8	12 22
26	2 13 22	1 32 33	14 55 46	20 51 33	8 34	10 17	18 14	13 29	4 59	23 28	24 5	13 59	20 9	12 21
27	2 17 19	2 32 23	26 47 32	2♊ 43 55	8 31	10 6	19 52	14 44	5 38	23 41	24 13	13 57	20 10	12 21
28	2 21 15	3 32 15	8♊ 40 58	14 38 58	8 27	9 56	21 31	15 59	6 16	23 54	24 20	13 56	20 11	12 21
29	2 25 12	4 32 10	20 38 12	26 39 2	8 24	9 47	23 10	17 14	6 54	24 7	24 27	13 55	20 12	12 20
30	2 29 8	5 32 6	2♋ 41 52	8♋ 47 6	8 21	9 40	24 50	18 29	7 32	24 20	24 34	13 53	20 13	12 20
31	2 33 5	6♏ 32 5	14♋ 55 14	21♋ 6 44	8♍ 18	9♍ 35	26♎ 29	19♏ 44	8♎ 11	24♏ 33	24♎ 41	13♓ 52	20♌ 14	12♋ 20

DECLINATION and LATITUDE

DAY	☉ DECL	☽ DECL	☽ LAT	☽ 12hr DECL	☿ DECL	☿ LAT	♀ DECL	♀ LAT	♂ DECL	♂ LAT	♃ DECL	♃ LAT	♄ DECL	♄ LAT
1	2S42	17N 2	5S14	17N43	2S59	1S57	3S46	1N11	5N22	1N 7	16S32	0N48	6S 7	2N16
2	3 5	18 13	5 6	18 30	2 17	1 37	4 16	1 10	5 7	1 7	16 36	0 48	6 10	2 16
3	3 28	18 34	4 45	18 25	1 37	1 16	4 46	1 9	4 52	1 7	16 39	0 48	6 13	2 16
4	3 51	18 2	4 9	17 25	0 59	0 56	5 16	1 7	4 36	1 7	16 42	0 48	6 15	2 16
5	4 15	16 34	3 21	15 30	0 26	0 36	5 46	1 6	4 21	1 7	16 45	0 48	6 18	2 16
6	4 38	14 11	2 20	12 40	0N 4	0 16	6 16	1 4	4 6	1 7	16 49	0 48	6 21	2 16
7	5 1	10 56	1 9	9 2	0 28	0N 2	6 46	1 3	3 51	1 7	16 52	0 48	6 24	2 16
8	5 24	6 57	0N 8	4 45	0 47	0 20	7 16	1 1	3 36	1 6	16 55	0 47	6 26	2 16
9	5 47	2 27	1 26	0 4	1 1	0 36	7 45	0 59	3 20	1 6	16 59	0 47	6 29	2 15
10	6 10	2S19	2 40	4S41	1 9	0 51	8 14	0 58	3 5	1 6	17 2	0 47	6 32	2 15
11	6 33	6 59	3 44	9 11	1 12	1 5	8 44	0 56	2 50	1 6	17 5	0 47	6 35	2 15
12	6 55	11 13	4 33	13 4	1 9	1 17	9 13	0 54	2 35	1 6	17 9	0 47	6 37	2 15
13	7 18	14 41	5 2	16 3	1 2	1 27	9 41	0 52	2 19	1 6	17 12	0 47	6 40	2 15
14	7 41	17 8	5 10	17 56	0 50	1 36	10 10	0 50	2 4	1 6	17 15	0 47	6 43	2 15
15	8 3	18 26	4 59	18 38	0 33	1 44	10 38	0 48	1 49	1 6	17 19	0 46	6 45	2 15
16	8 25	18 33	4 29	18 11	0 13	1 50	11 6	0 46	1 33	1 5	17 22	0 46	6 48	2 15
17	8 48	17 35	3 46	16 44	0S11	1 55	11 34	0 44	1 18	1 5	17 25	0 46	6 51	2 15
18	9 10	15 41	2 51	14 26	0 38	1 58	12 1	0 42	1 2	1 5	17 29	0 46	6 53	2 15
19	9 32	13 2	1 49	11 29	1 7	2 1	12 29	0 40	0 47	1 5	17 32	0 46	6 56	2 15
20	9 53	9 50	0 43	8 4	1 39	2 2	12 56	0 38	0 32	1 5	17 35	0 46	6 59	2 15
21	10 15	6 15	0S23	4 22	2 14	2 3	13 22	0 36	0 16	1 5	17 39	0 46	7 1	2 15
22	10 37	2 27	1 28	0 31	2 49	2 2	13 49	0 34	0 1	1 4	17 42	0 46	7 4	2 15
23	10 58	1N24	2 27	3N18	3 27	2 1	14 15	0 31	0S14	1 4	17 45	0 46	7 7	2 15
24	11 19	5 10	3 20	6 59	4 5	1 59	14 40	0 29	0 30	1 4	17 49	0 45	7 9	2 15
25	11 40	8 43	4 4	10 22	4 44	1 57	15 5	0 27	0 45	1 4	17 52	0 45	7 12	2 16
26	12 1	11 55	4 36	13 20	5 24	1 53	15 30	0 24	1 0	1 4	17 55	0 45	7 15	2 16
27	12 22	14 37	4 57	15 46	6 5	1 50	15 55	0 22	1 16	1 4	17 58	0 45	7 17	2 16
28	12 42	16 44	5 5	17 32	6 45	1 46	16 19	0 20	1 31	1 3	18 2	0 45	7 20	2 16
29	13 2	18 8	4 60	18 32	7 26	1 41	16 42	0 17	1 46	1 3	18 5	0 45	7 23	2 16
30	13 22	18 44	4 41	18 43	8 7	1 36	17 6	0 15	2 2	1 3	18 8	0 45	7 25	2 16
31	13S42	18N29	4S10	18N 1	8S48	1N31	17S28	0N13	2S17	1N 3	18S12	0N45	7S28	2N16

DAY	♅ DECL	♅ LAT	♆ DECL	♆ LAT	♇ DECL	♇ LAT
1	6S46	0S49	15N 9	0N13	20N21	2S32
5	6 49	0 48	15 7	0 13	20 21	2 32
9	6 52	0 48	15 5	0 13	20 21	2 32
13	6 55	0 48	15 4	0 13	20 21	2 32
17	6 57	0 48	15 2	0 13	20 21	2 32
21	6 60	0 48	15 1	0 14	20 21	2 32
25	7 2	0 48	14 59	0 14	20 21	2 32
29	7S 4	0S48	14N58	0N14	20N21	2S32

☽ PHENOMENA				VOID OF COURSE ☽ LAST ASPT		☽ INGRESS		
d	h	m		1	6pm32	2	♋	12pm 1
3	5	29	☾	4	8pm50	4	♌	9pm15
10	6	6	●	6	12pm19	7	♍	2am41
16	20	54	☽	9	2am46	9	♎	4am36
24	18	26	○	10	7pm47	11	♏	4am25
				12	10pm47	13	♐	4am 9
				15	2am23	15	♑	5am43
d	h	° '		17	9am35	17	♒	10am30
2	22	18N34		19	9am 2	19	♓	6pm43
9	12	0		21	2pm45	22	♈	5am33
15	14	18S38		24	5am26	24	♉	5pm48
22	15	0		26	5pm36	27	♊	6am29
30	5	18N45		29	7am42	29	♋	6pm39
7	22	0						
13	22	5N11		d	h			
20	16	0		11	4	PERIGEE		
28	2	5S 5		26	3	APOGEE		

DAILY ASPECTARIAN

1	☽△♀	0am56
M	☽⊻♇	0 59
	♀□♇	1 23
	☽□♅	5 44
	☉∥☿	6 19
	☽⊼♃	1pm17
	☽□♂	3 11
	☽⚹♆	3 31
	☽△♄	6 32
	♂⊻♆	9 47
2	☽□☿	2pm50
T	☽⚼♃	7 20
	☽∠♆	9 7
	♀⊼♅	9 53
3	♀#♂	2am51
W	☉□☽	5 29
	☽☌♇	12pm 1
	☽△♅	4 22
	☽□♀	6 28
4	☽△♃	0am38
Th	☽⊻♆	1 59
	☽⚹♂	4 37
	☽□♄	5 17
	☿ ♍	1pm20
	☽⚼♅	8 30
	☽⚹☿	8 50
	♂⊻♄	8 54
	☽#♃	9 44
5	☉#♂	4am 7
F	☽∠♂	9 49
	☽∥♆	3pm41
	☉⚹☽	6 8
	☽⊻♇	7 46
	☽∠☿	11 6
	☽⊼♅	11 40
6	♀∥♄	4am 7
S	☽⚹♀	7 22
	☽□♃	8 18
	☽☌♆	8 52
	☽⚹♄	12pm19
	☽⊻♂	1 53
	☉□♇	4 15
	♀⊻♃	7 24
	☽∠♇	10 10
	☉∠☽	10 37
7	♀⚹♆	0am 4
Su	☽⊻☿	0 49
	♀∥♅	3 39
	☽∠♀	11 52
	☽∠♄	2pm21
	☽#♀	10 27
	☽⚹♇	11 38
8	☽#♅	0am33
M	☉⊻☽	1 57
	☽#♄	2 49
	☽☍♅	3 9
	♃□♆	4 26
	☿SD	4 38
	☉#☽	7 50
	☽⊻♆	11 57
	☽⚹♃	12pm 3
	☽⊻♀	3 14
	☽⊻♄	3 31
	☽☌♂	6 52
	♀☌♄	6 54
	☉⊼♅	7 0
	☽∥♂	7 6
9	☽☌☿	2am46
T	☽∥☿	7 1
	☽∠♆	12pm23
	☽∠♃	12 46
	☽#☿	6 1
10	☽□♇	0am29
W	☽#♂	3 41
	☽⊼♅	3 43
	☉☌☽	6 6
	☽⚹♆	12pm22
	☽⊻♃	1 1
	☽☌♄	4 7
	☽☌♀	7 47
	☽⊻♂	9 4
	☉∥☽	9 27
	☽∥♄	9 47
	☽∥♅	11 29
11	☉∥♄	2am 9
Th	☽⚼♅	3 27
	☽⊻☿	3 43
	☽∥♀	10 40
	☽∠♂	9pm50
	☿ ♎	10 25
	☉∥♅	10 32
12	☽△♇	0am 1
F	♀⊻♂	2 17
	☽△♅	3 9
	☽∠☿	4 26
	☉⊻☽	8 57
	☽□♆	11 57
	☽☌♃	1pm12
	☽⊻♄	4 3
	☽⚹♂	10 47
	☽⊻♀	11 42
	☽⚼♇	11 56
13	☽#♆	3am 4
S	☽⚹☿	5 40
	☉∠☽	10 43
	☽∠♄	4pm27
	♇SR	11 52
14	☽⊼♇	0am17
Su	☽∥♃	1 37
	☽∠♀	2 19
	☽□♅	3 26
	☉⚹♆	7 47
	☽△♆	12pm47
	☉⚹☽	1 9
	☽⊻♃	2 42
	♀⚼♅	2 57
	☽⚹♄	5 25
15	☽□♂	2am23
M	♀ ♏	4 49
	☽⚹♀	5 48
	☽□☿	10 57
	☽⚼♆	2pm13
	☽∠♃	4 32
	☉⊻♃	5 12
16	☽☍♇	3am 4
T	☽⚹♅	6 18
	☽⊼♆	4pm29
	☽⚹♃	7 15
	☉□☽	8 54
	☽□♄	9 50
17	☽∥♃	2am23
W	☿∠♆	2 37
	☽∠♅	9 2
	☽△♂	9 35
	☉☌♄	11 5
	☽□♀	4pm 7
	☽△☿	9 28
18	♂ ♎	4am18
Th	☽#♆	6 29
	☽⊼♇	9 18
	☽⊻♅	12pm39
	☿#♂	1 23
	☿∠♃	1 54
	☽⚼♂	2 44
	☽☍♆	11 41
19	☽□♃	3am28
F	☽∥♀	3 50
	☽⚼☿	4 53
	☽△♄	5 50
	☉△☽	9 2
	☽⚼♇	1pm41
	☽⊼♂	8 47
	☉∥☽	11 36
20	♄∥♅	5am45
S	☽△♀	7 0
	☽⚼♄	11 1
	☽⊼☿	1pm34
	☉⚼☽	4 33
	☽△♇	6 45
	☽∥♄	7 0
	☽∥♅	7 7
	☽☌♅	10 8
21	☽⊼♆	9am53
Su	☽△♃	2pm45
	☽⚼♀	3 47
	☽⊼♄	4 47
	☽∥☿	10 0
22	☉⊼☽	0am46
M	☿□♇	7 40
	☽☍♂	11 0
	☽∥♂	2pm24
	☽⚼♆	3 44
	☽#♂	4 13
	☽⚼♃	9 9
23	☽⊼♀	1am 8
T	☽□♇	6 17
	☿⊼♅	9 20
	☽⊻♅	9 38
	☽☍☿	9 41
	☉⚼♅	11 39
	☽#☿	3pm29
	☽△♆	9 53
24	☽⊼♃	3am50
W	☽☍♄	5 26
	☉ ♏	10 51
	☽#♅	12pm19
	☽#♄	1 21
	☽∠♅	3 48
	♀#♆	6 24
	☉☍☽	6 26
25	♀△♇	2am24
Th	☽⊼♂	2 44
	☽⚹♇	6pm48
	☽☍♀	8 44
	☽⚹♅	10 5
26	☉#☽	0am56
F	♂∠♆	6 35
	☽⊼☿	7 45
	♀△♅	9 19
	☽□♆	10 36
	☽⚼♂	10 49
	☽☍♃	5pm36
	☽⊼♄	6 43
27	☽∠♇	1am 8
S	☽∥♆	3 35
	☿⚹♆	4 30
	☉⊼☽	12pm41
	☽#♀	5 9
	☽△♂	6 51
	☽⚼☿	6 56
28	☽⚼♄	1am19
Su	☽⊻♇	7 22
	☽□♅	10 33
	☿∥♅	10 44
	☽⊼♀	4pm23
	☿∥♄	9 36
	☉⚼☽	9 36
	☽#♃	10 49
	☽⚹♆	11 8
29	☽△☿	5am52
M	☽⊼♃	7 4
	☽△♄	7 42
	☿⊻♃	3pm45
	☿☌♄	8 1
30	☽⚼♀	1am43
T	☽∠♆	4 59
	☉△☽	6 6
	☽□♂	10 5
	☽⚼♃	1pm18
	☽☌♇	6 57
	☽△♅	9 58
31	☽#♃	7am38
W	♀□♆	9 47
	☽⊻♆	10 19
	☽△♀	10 22
	☽#♀	5pm16
	☽△♃	6 56
	☽□♄	7 4

LONGITUDE

DAY	SID. TIME	☉	☽	☽ 12 Hour	MEAN ☊	TRUE ☊	☿	♀	♂	♃	♄	♅	♆	♇
	h m s	° ' "	° ' "	° ' "	° '	° '	° '	° '	° '	° '	° '	° '	° '	° '
1	2 37 1	7♏ 32 6	27♋ 22 7	3♌ 41 57	8♍ 15	9♍ 33D	28♎ 9	20♏ 59	8♎ 49	24♏ 46	24♎ 49	13♓ 51R	20♌ 15	12♋ 19R
2	2 40 58	8 32 9	10♌ 6 44	16 37 2	8 12	9 32	29 48	22 13	9 27	24 59	24 56	13 50	20 15	12 19
3	2 44 55	9 32 14	23 13 20	29 56 4	8 8	9 33	1♏ 28	23 28	10 6	25 12	25 3	13 49	20 16	12 18
4	2 48 51	10 32 21	6♍ 45 35	13♍ 42 10	8 5	9 33R	3 7	24 43	10 44	25 25	25 10	13 48	20 17	12 18
5	2 52 48	11 32 30	20 45 53	27 56 40	8 2	9 33	4 46	25 58	11 22	25 38	25 17	13 47	20 17	12 17
6	2 56 44	12 32 42	5♎ 14 17	12♎ 38 13	7 59	9 30	6 25	27 13	12 1	25 51	25 24	13 46	20 18	12 17
7	3 0 41	13 32 55	20 7 45	27 41 56	7 56	9 25	8 3	28 28	12 39	26 4	25 32	13 45	20 19	12 16
8	3 4 37	14 33 10	5♏ 19 37	12♏ 59 28	7 53	9 17	9 42	29 43	13 17	26 17	25 39	13 44	20 19	12 16
9	3 8 34	15 33 28	20 40 2	28 19 51	7 49	9 7	11 20	0♐ 58	13 56	26 31	25 46	13 44	20 20	12 15
10	3 12 30	16 33 47	5♐ 57 26	13♐ 31 25	7 46	8 57	12 57	2 13	14 34	26 44	25 53	13 43	20 20	12 15
11	3 16 27	17 34 7	21 0 35	28 23 56	7 43	8 47	14 34	3 28	15 13	26 57	26 0	13 42	20 21	12 14
12	3 20 24	18 34 29	5♑ 40 40	12♑ 50 14	7 40	8 39	16 11	4 43	15 51	27 10	26 7	13 42	20 21	12 13
13	3 24 20	19 34 53	19 52 22	26 46 57	7 37	8 33	17 48	5 58	16 29	27 24	26 14	13 41	20 21	12 13
14	3 28 17	20 35 18	3♒ 34 6	10♒ 14 5	7 33	8 30	19 24	7 13	17 8	27 37	26 20	13 41	20 22	12 12
15	3 32 13	21 35 44	16 47 18	23 14 16	7 30	8 28D	21 0	8 28	17 46	27 50	26 27	13 40	20 22	12 11
16	3 36 10	22 36 12	29 35 30	5♓ 51 38	7 27	8 29R	22 35	9 43	18 25	28 3	26 34	13 40	20 22	12 10
17	3 40 6	23 36 41	12♓ 3 16	18 11 2	7 24	8 29	24 11	10 58	19 3	28 17	26 41	13 39	20 23	12 10
18	3 44 3	24 37 11	24 15 32	0♈ 17 20	7 21	8 28	25 46	12 13	19 41	28 30	26 48	13 39	20 23	12 9
19	3 47 59	25 37 43	6♈ 16 59	12 14 58	7 18	8 25	27 21	13 27	20 20	28 43	26 54	13 39	20 23	12 8
20	3 51 56	26 38 15	18 11 46	24 7 46	7 14	8 19	28 55	14 42	20 58	28 57	27 1	13 38	20 23	12 7
21	3 55 53	27 38 50	0♉ 3 19	5♉ 58 45	7 11	8 10	0♐ 30	15 57	21 37	29 10	27 8	13 38	20 23	12 7
22	3 59 49	28 39 25	11 54 20	17 50 16	7 8	7 58	2 4	17 12	22 15	29 24	27 14	13 38	20 23	12 6
23	4 3 46	29 40 2	23 46 45	29 43 58	7 5	7 44	3 38	18 27	22 53	29 37	27 21	13 38D	20 23R	12 5
24	4 7 42	0♐ 40 40	5♊ 42 3	11♊ 41 9	7 2	7 29	5 12	19 42	23 32	29 50	27 28	13 38	20 23	12 4
25	4 11 39	1 41 20	17 41 23	23 42 55	6 59	7 14	6 45	20 57	24 10	0♐ 4	27 34	13 38	20 23	12 3
26	4 15 35	2 42 2	29 45 54	5♋ 50 31	6 55	7 1	8 19	22 12	24 49	0 17	27 40	13 38	20 23	12 2
27	4 19 32	3 42 45	11♋ 57 0	18 5 36	6 52	6 50	9 53	23 27	25 27	0 30	27 47	13 38	20 23	12 1
28	4 23 28	4 43 29	24 16 36	0♌ 30 20	6 49	6 43	11 26	24 41	26 6	0 44	27 53	13 38	20 23	12 0
29	4 27 25	5 44 14	6♌ 47 11	13 7 34	6 46	6 38	12 59	25 56	26 44	0 57	28 0	13 39	20 23	11 59
30	4 31 22	6♐ 45 2	19♌ 31 54	26♌ 0 39	6♍ 43	6♍ 36D	14♐ 32	27♐ 11	27♎ 23	1♐ 10	28♎ 6	13♓ 39	20♌ 23	11♋ 58

DECLINATION and LATITUDE

DAY	☉ DECL	☽ DECL	☽ LAT	☽ 12hr DECL	☿ DECL	☿ LAT	♀ DECL	♀ LAT	♂ DECL	♂ LAT	♃ DECL	♃ LAT	♄ DECL	♄ LAT
1	14S 2	17N20	3S26	16N25	9S29	1N26	17S51	0N10	2S32	1N 3	18S15	0N45	7S30	2N16
2	14 21	15 18	2 31	13 58	10 10	1 20	18 13	0 8	2 47	1 3	18 18	0 44	7 33	2 16
3	14 40	12 26	1 26	10 42	10 50	1 14	18 34	0 5	3 3	1 2	18 21	0 44	7 35	2 16
4	14 59	8 48	0 15	6 45	11 30	1 8	18 55	0 3	3 18	1 2	18 24	0 44	7 38	2 16
5	15 18	4 34	0N59	2 18	12 9	1 1	19 15	0 0	3 33	1 2	18 28	0 44	7 41	2 16
6	15 37	0S 3	2 12	2S26	12 48	0 55	19 35	0S 2	3 48	1 2	18 31	0 44	7 43	2 16
7	15 55	4 48	3 18	7 8	13 26	0 49	19 54	0 5	4 3	1 1	18 34	0 44	7 46	2 16
8	16 13	9 21	4 12	11 25	14 4	0 42	20 13	0 7	4 18	1 1	18 37	0 44	7 48	2 16
9	16 30	13 18	4 47	14 58	14 41	0 35	20 31	0 10	4 34	1 1	18 40	0 44	7 51	2 16
10	16 48	16 21	5 2	17 27	15 17	0 29	20 49	0 12	4 49	1 1	18 43	0 44	7 53	2 16
11	17 5	18 14	4 56	18 41	15 52	0 22	21 6	0 15	5 4	1 1	18 47	0 44	7 55	2 16
12	17 22	18 50	4 30	18 40	16 27	0 15	21 22	0 17	5 19	1 0	18 50	0 44	7 58	2 17
13	17 38	18 13	3 48	17 30	17 1	0 8	21 38	0 20	5 34	1 0	18 53	0 43	8 0	2 17
14	17 54	16 32	2 54	15 22	17 34	0 1	21 53	0 22	5 49	0 60	18 56	0 43	8 3	2 17
15	18 10	14 1	1 53	12 31	18 6	0S 5	22 8	0 25	6 3	0 60	18 59	0 43	8 5	2 17
16	18 26	10 53	0 47	9 9	18 37	0 12	22 22	0 27	6 18	0 59	19 2	0 43	8 7	2 17
17	18 41	7 20	0S19	5 28	19 7	0 19	22 35	0 30	6 33	0 59	19 5	0 43	8 10	2 17
18	18 56	3 33	1 23	1 37	19 37	0 25	22 48	0 32	6 48	0 59	19 8	0 43	8 12	2 17
19	19 10	0N20	2 22	2N15	20 5	0 32	22 60	0 35	7 2	0 59	19 11	0 43	8 14	2 17
20	19 25	4 9	3 14	6 0	20 33	0 38	23 11	0 37	7 17	0 58	19 14	0 43	8 17	2 17
21	19 39	7 48	3 57	9 31	20 59	0 44	23 22	0 40	7 32	0 58	19 17	0 43	8 19	2 17
22	19 52	11 8	4 30	12 39	21 25	0 51	23 32	0 42	7 46	0 58	19 20	0 43	8 21	2 18
23	20 5	14 2	4 51	15 16	21 49	0 57	23 41	0 44	8 1	0 58	19 23	0 43	8 24	2 18
24	20 18	16 21	4 59	17 16	22 12	1 3	23 50	0 47	8 15	0 57	19 26	0 43	8 26	2 18
25	20 30	17 59	4 55	18 31	22 34	1 9	23 57	0 49	8 30	0 57	19 29	0 43	8 28	2 18
26	20 43	18 50	4 37	18 57	22 55	1 14	24 4	0 51	8 44	0 57	19 32	0 43	8 30	2 18
27	20 54	18 50	4 6	18 29	23 15	1 20	24 11	0 54	8 58	0 56	19 34	0 42	8 32	2 18
28	21 5	17 56	3 23	17 9	23 34	1 25	24 16	0 56	9 13	0 56	19 37	0 42	8 34	2 18
29	21 16	16 9	2 30	14 57	23 51	1 30	24 21	0 58	9 27	0 56	19 40	0 42	8 37	2 18
30	21S27	13N34	1S29	11N59	24S 8	1S35	24S25	1S 0	9S41	0N56	19S43	0N42	8S39	2N19

DAY	♅ DECL	♅ LAT	♆ DECL	♆ LAT	♇ DECL	♇ LAT
1	7S 5	0S48	14N58	0N14	20N21	2S32
5	7 7	0 48	14 57	0 14	20 21	2 32
9	7 8	0 47	14 56	0 14	20 22	2 32
13	7 9	0 47	14 56	0 14	20 22	2 32
17	7 9	0 47	14 55	0 14	20 22	2 32
21	7 10	0 47	14 55	0 14	20 22	2 32
25	7 9	0 47	14 55	0 14	20 23	2 32
29	7S 9	0S47	14N55	0N14	20N23	2S32

☽ PHENOMENA

d	h	m	
1	20	49	☾
8	15	27	●
15	9	41	☽
23	12	58	○

d	h	° '
6	0	0
12	0	18S50
18	22	0
26	12	18N56

d	h	
4	5	0
10	5	5N 2
16	17	0
24	4	4S59

VOID OF COURSE ☽

LAST ASPT		☽ INGRESS		
1	1am43	1	♌	5am 0
3	3am36	3	♍	12pm 7
5	9am33	5	♎	3pm24
7	8am38	7	♏	3pm38
9	9am17	9	♐	2pm37
11	8am 9	11	♑	2pm38
13	1pm17	13	♒	5pm40
15	9pm 2	16	♓	0am47
18	8am36	18	♈	11am25
20	6pm 1	20	♉	11pm53
23	11am59	23	♊	12pm32
25	7pm49	26	♋	0am28
28	7am 2	28	♌	11am 2
30	3pm58	30	♍	7pm19

d	h	
8	15	PERIGEE
22	3	APOGEE

DAILY ASPECTARIAN

1 Th	☽□☿	1am43
	☽⚼♅	2 49
	☿⚼♅	10 5
	♃⚺♄	12pm18
	☉□☽	8 49
	☽⚹♂	10 43
2 F	☿ ♏	2am47
	☽∥♆	3 15
	☽⚺♇	4 5
	☽⚻♅	6 53
	♀∥♃	7 6
	☉#☽	7 45
	☽☌♆	6pm39
3 S	☽□♀	0am30
	☽⚹♄	3 19
	☽∠♂	3 32
	☽□♃	3 36
	♂∠♃	5 46
	☽∠♇	7 19
	☽#☿	9 22
	☽⚹☿	4pm45
	☉#♆	9 0
4 Su	☽∠♄	5am58
	☽#♄	6 52
	☉⚹☽	7 4
	☽⚺♂	7 13
	♀⚺♄	9 30
	☽⚹♇	9 35
	☽#♅	9 58
	☽☍♅	12pm 9
	☉⚺♂	12 51
	♀☌♃	4 6
	☽∠☿	10 6
	☽⚺♆	11 12
5 M	☽#♂	5am 9
	☽⚺♄	7 39
	☽⚹♃	8 17
	☽⚹♀	9 33
	☉∠☽	10 23
	♀∠♂	3pm48
	☉△♇	5 44
6 T	☽∠♆	0am 6
	♀⚼♇	1 8
	☽⚺☿	2 10
	☽∠♃	9 15
	♂□♇	9 55
	☽□♇	11 25
	☽☌♂	11 29
	☽∠♀	12pm22
	☉⚺☽	12 42
	☽⚻♅	1 48
	☽∥♂	7 58
7 W	☽⚹♆	0am17
	☉△♅	4 51
	☽☌♄	8 38
	☽⚺♃	9 34
	☽∥♅	11 59
	☽⚼♅	1pm39
	☽⚺♀	2 24
	☽∥♄	3 30
8 Th	♀ ♐	5am24
	☽☌☿	7 39
	☽△♇	10 51
	♀#♇	11 0
	☽⚺♂	1pm 1
	☽△♅	1 10
	☉☌☽	3 27
	♂⚻♅	4 33
	☽□♆	11 28
9 F	☽⚺♄	8am 2
	☽☌♃	9 17
	☿#♆	10 15
	☽⚼♇	10 18
	☽#♆	11 49
	☽∥☿	12pm12
	☽∠♂	1 30
	☿△♇	1 36
	☽☌♀	5 35
10 S	☉∥☽	5am11
	☽∠♄	7 51
	☽⚻♇	9 57
	☿△♅	11 15
	☽□♅	12pm18
	☽⚺☿	12 26
	☽⚹♂	2 17
	☉⚺☽	6 4
	☽△♆	10 56
11 Su	☽⚹♄	8am 9
	☽⚺♃	9 47
	☽∠☿	3pm39
	☿⚺♂	3 44
	☉∠☽	8 15
	☽⚺♀	10 15
	☽⚼♆	11 28
	☽∥♃	11 49
12 M	☽∥♃	0am55
	♃⚼♇	5 3
	☽☍♇	10 57
	☽∠♃	11 3
	☽⚹♅	1pm27
	☽□♂	5 56
	☽⚹☿	7 58
	☉⚹☽	11 28
13 T	☽⚻♆	0am50
	☽∠♀	2 4
	☉∥☽	8 32
	☽□♄	11 7
	☽⚹♃	1pm17
	☽∥☿	2 12
	☽∠♅	3 20
	☉□♆	6 37
14 W	☽⚹♀	7am13
	☿□♆	2pm33
	☽⚻♇	3 34
	☽#♆	4 9
	☽⚺♅	6 16
15 Th	☽△♂	1am54
	☉∥☿	6 33
	☽☍♆	6 39
	☽□☿	8 55
	☉□☽	9 41
	☽△♄	6pm13
	☽⚼♇	7 25
	☽□♃	9 2
16 F	☉☌☿	0am32
	☽⚼♂	7 41
	☽∥♄	6pm38
	☽□♀	9 38
	☿∥♃	9 50
	☽⚼♄	11 16
17 S	☽△♇	0am13
	☽∥♅	1 10
	☽☌♅	3 7
	☽∥♂	4 45
	☽⚻♂	2pm28
	♀∠♄	3 16
	☽⚻♆	4 20
	♀⚻♇	10 52
18 Su	☉△☽	0am47
	☽△☿	3 26
	☽⚻♄	5 5
	☽△♃	8 36
	☿⚺♄	4pm51
	☿⚼♇	8 51
	☽⚼♆	10 12
19 M	☉∥♃	1am11
	♂⚹♆	2 6
	♀□♅	3 35
	☉⚼☽	9 33
	♂∥♅	11 31
	☽□♇	11 45
	☽⚼☿	2pm 3
	☿#♇	2 45
	☽⚺♅	2 48
	☽⚼♃	3 16
	☽△♀	4 8
20 T	☿☌♃	0am27
	☽△♆	4 26
	☽☍♂	5 55
	☉⚺♄	10 12
	☉⚼♇	11 23
	☿ ♐	4pm26
	☽☍♄	6 1
	☉⚻☽	6 40
	☽#♅	7 40
	☽∠♅	9 8
	☽#♂	10 2
	☽⚻♃	10 10
21 W	☽⚻☿	1am 2
	☽⚼♀	2 2
	☽#♄	3 37
22 Th	☽⚹♇	0am23
	☽⚹♅	3 30
	☽⚻♀	11 59
	☽□♆	5pm 9
	☽⚻♂	10 6
	☉☌♃	10 24
23 F	☽∠♇	6am39
	☽⚻♄	7 16
	☉ ♐	7 54
	☽∥♆	8 29
	☽☍♃	11 59
	☉☍☽	12pm58
	♆SR	4 50
	☽☍☿	10 50
	♅SD	11 31
24 S	☽⚼♂	6am 0
	☉#♇	8 58
	☽⚺♇	12pm45
	♀△♆	1 17
	☽⚼♄	1 40
	☽□♅	3 54
	♃ ♐	5 30
	♂∥♄	8 42
25 Su	☽⚹♆	5am23
	☽☍♀	7 15
	☽△♂	1pm38
	☽△♄	7 49
26 M	☽⚻♃	1am 3
	☉⚻☽	6 20
	☽∠♆	11 6
	☽⚻☿	7pm20
27 T	☽☌♇	0am 8
	☽△♅	3 18
	☽⚼♃	7 5
	☉⚼☽	2pm23
	☿∠♂	3 9
	☽⚺♆	4 28
28 W	☽⚻♀	0am54
	☽□♂	3 42
	☽⚼☿	4 45
	☽□♄	7 2
	☽⚼♅	8 25
	☿⚻♇	8 47
	☽△♃	12pm39
	☉△☽	9 50
29 Th	☿∠♄	0am 8
	☽⚼♀	8 44
	☽⚺♇	9 51
	☿□♅	10 14
	☽∥♆	12pm17
	☽⚻♅	12 59
	☽△☿	1 22
30 F	☽☌♆	1am35
	♀⚹♂	7 28
	☽∠♇	1pm45
	☽⚹♂	3 15
	☽△♀	3 39
	☽⚹♄	3 58
	♀⚹♄	7 5
	☽□♃	9 49

DECEMBER 1923

LONGITUDE

DAY	SID. TIME	☉	☽	☽ 12 Hour	MEAN ☊	TRUE ☊	☿	♀	♂	♃	♄	♅	♆	♇
	h m s	° ' "	° ' "	° ' "	° '	° '	° '	° '	° '	° '	° '	° '	° '	° '
1	4 35 18	7♐ 45 50	2♍ 34 17	9♍ 13 13	6♍ 39	6♍ 35R	16♐ 5	28♐ 26	28♎ 1	1♐ 24	28♎ 12	13♓ 39	20♌ 23R	11♋ 57R
2	4 39 15	8 46 40	15 57 52	22 48 35	6 36	6 35	17 38	29 41	28 40	1 37	28 18	13 40	20 22	11 56
3	4 43 11	9 47 32	29 45 35	6♎ 49 2	6 33	6 34	19 11	0♑ 56	29 18	1 50	28 24	13 40	20 22	11 55
4	4 47 8	10 48 25	13♎ 58 52	21 14 54	6 30	6 31	20 44	2 11	29 56	2 4	28 30	13 41	20 22	11 54
5	4 51 4	11 49 19	28 36 41	6♏ 3 36	6 27	6 25	22 17	3 26	0♏ 35	2 17	28 36	13 41	20 21	11 53
6	4 55 1	12 50 15	13♏ 34 47	21 9 11	6 24	6 17	23 49	4 40	1 13	2 30	28 42	13 42	20 21	11 52
7	4 58 57	13 51 12	28 45 33	6♐ 22 32	6 20	6 6	25 22	5 55	1 52	2 44	28 48	13 42	20 20	11 51
8	5 2 54	14 52 10	13♐ 58 43	21 32 42	6 17	5 55	26 54	7 10	2 31	2 57	28 54	13 43	20 20	11 50
9	5 6 51	15 53 9	29 3 10	6♑ 28 54	6 14	5 43	28 27	8 25	3 9	3 10	29 0	13 44	20 19	11 49
10	5 10 47	16 54 9	13♑ 48 54	21 2 23	6 11	5 33	29 59	9 40	3 48	3 23	29 6	13 45	20 19	11 48
11	5 14 44	17 55 9	28 8 47	5♒ 7 46	6 8	5 26	1♑ 31	10 55	4 26	3 36	29 11	13 45	20 18	11 47
12	5 18 40	18 56 11	11♒ 59 14	18 43 15	6 5	5 21	3 2	12 9	5 5	3 50	29 17	13 46	20 18	11 46
13	5 22 37	19 57 12	25 20 5	1♓ 50 7	6 1	5 19D	4 34	13 24	5 43	4 3	29 22	13 47	20 17	11 45
14	5 26 33	20 58 15	8♓ 13 51	14 31 51	5 58	5 19	6 5	14 39	6 22	4 16	29 28	13 48	20 16	11 43
15	5 30 30	21 59 18	20 44 44	26 53 11	5 55	5 19R	7 35	15 54	7 0	4 29	29 33	13 49	20 16	11 42
16	5 34 26	23 0 21	2♈ 57 50	8♈ 59 23	5 52	5 19	9 5	17 8	7 39	4 42	29 38	13 50	20 15	11 41
17	5 38 23	24 1 24	14 58 27	20 55 40	5 49	5 17	10 34	18 23	8 17	4 55	29 44	13 52	20 14	11 40
18	5 42 20	25 2 28	26 51 38	2♉ 46 52	5 45	5 12	12 2	19 38	8 56	5 8	29 49	13 53	20 14	11 39
19	5 46 16	26 3 33	8♉ 41 52	14 37 6	5 42	5 5	13 29	20 53	9 34	5 21	29 54	13 54	20 13	11 37
20	5 50 13	27 4 38	20 32 56	26 29 44	5 39	4 55	14 55	22 7	10 13	5 34	29 59	13 55	20 12	11 36
21	5 54 9	28 5 43	2♊ 27 45	8♊ 27 16	5 36	4 43	16 19	23 22	10 51	5 47	0♏ 4	13 57	20 11	11 35
22	5 58 6	29 6 48	14 28 26	20 31 26	5 33	4 31	17 42	24 37	11 30	6 0	0 9	13 58	20 10	11 34
23	6 2 2	0♑ 7 54	26 36 23	2♋ 43 22	5 30	4 18	19 2	25 51	12 8	6 12	0 14	13 59	20 9	11 33
24	6 5 59	1 9 1	8♋ 52 27	15 3 44	5 26	4 6	20 20	27 6	12 47	6 25	0 19	14 1	20 8	11 31
25	6 9 56	2 10 8	21 17 16	27 33 9	5 23	3 56	21 35	28 20	13 25	6 38	0 23	14 3	20 7	11 30
26	6 13 52	3 11 15	3♌ 51 29	10♌ 12 22	5 20	3 49	22 46	29 35	14 4	6 51	0 28	14 4	20 6	11 29
27	6 17 49	4 12 23	16 35 58	23 2 29	5 17	3 45	23 54	0♒ 50	14 43	7 3	0 32	14 6	20 5	11 28
28	6 21 45	5 13 31	29 32 7	6♍ 5 6	5 14	3 44D	24 56	2 4	15 21	7 16	0 37	14 7	20 4	11 27
29	6 25 42	6 14 40	12♍ 41 42	19 22 10	5 11	3 44	25 54	3 19	16 0	7 29	0 41	14 9	20 3	11 25
30	6 29 38	7 15 48	26 6 46	2♎ 55 44	5 7	3 45R	26 45	4 33	16 38	7 41	0 45	14 11	20 2	11 24
31	6 33 35	8♑ 16 58	9♎ 49 15	16♎ 47 27	5♍ 4	3♍ 45	27♑ 29	5♒ 48	17♏ 17	7♐ 54	0♏ 50	14♓ 13	20♌ 1	11♋ 23

DECLINATION and LATITUDE

DAY	☉ DECL	☽ DECL	☽ LAT	☽ 12hr DECL	☿ DECL	☿ LAT	♀ DECL	♀ LAT	♂ DECL	♂ LAT	♃ DECL	♃ LAT	♄ DECL	♄ LAT
1	21S37	10N14	0S21	8N20	24S23	1S40	24S29	1S 2	9S55	0N55	19S46	0N42	8S41	2N19
2	21 46	6 18	0N49	4 9	24 37	1 45	24 31	1 4	10 9	0 55	19 48	0 42	8 43	2 19
3	21 56	1 55	1 59	0S22	24 49	1 49	24 33	1 7	10 23	0 55	19 51	0 42	8 45	2 19
4	22 4	2S42	3 4	5 0	25 0	1 53	24 34	1 9	10 37	0 54	19 54	0 42	8 47	2 19
5	22 13	7 16	3 58	9 27	25 10	1 57	24 35	1 11	10 50	0 54	19 56	0 42	8 49	2 19
6	22 21	11 30	4 37	13 23	25 19	2 0	24 34	1 12	11 4	0 54	19 59	0 42	8 51	2 19
7	22 28	15 3	4 58	16 27	25 26	2 4	24 33	1 14	11 18	0 53	20 2	0 42	8 53	2 20
8	22 35	17 34	4 57	18 22	25 31	2 7	24 31	1 16	11 31	0 53	20 4	0 42	8 55	2 20
9	22 42	18 51	4 36	18 59	25 36	2 9	24 29	1 18	11 45	0 53	20 7	0 42	8 56	2 20
10	22 48	18 48	3 57	18 19	25 38	2 11	24 25	1 20	11 58	0 52	20 9	0 42	8 58	2 20
11	22 54	17 33	3 3	16 31	25 40	2 13	24 21	1 21	12 11	0 52	20 12	0 42	9 0	2 20
12	22 59	15 17	2 0	13 51	25 40	2 15	24 16	1 23	12 25	0 52	20 15	0 42	9 2	2 20
13	23 4	12 15	0 53	10 32	25 38	2 16	24 11	1 25	12 38	0 51	20 17	0 42	9 4	2 21
14	23 8	8 44	0S15	6 50	25 35	2 17	24 4	1 26	12 51	0 51	20 19	0 42	9 5	2 21
15	23 12	4 55	1 21	2 57	25 30	2 17	23 57	1 28	13 4	0 50	20 22	0 42	9 7	2 21
16	23 16	0 59	2 21	0N59	25 24	2 16	23 49	1 29	13 17	0 50	20 24	0 42	9 9	2 21
17	23 19	2N55	3 14	4 49	25 17	2 16	23 41	1 31	13 29	0 50	20 27	0 41	9 11	2 21
18	23 21	6 40	3 58	8 26	25 8	2 14	23 32	1 32	13 42	0 49	20 29	0 41	9 12	2 22
19	23 23	10 7	4 31	11 43	24 57	2 12	23 22	1 33	13 55	0 49	20 31	0 41	9 14	2 22
20	23 25	13 11	4 53	14 32	24 45	2 9	23 11	1 34	14 7	0 49	20 34	0 41	9 15	2 22
21	23 26	15 44	5 2	16 46	24 32	2 6	22 60	1 35	14 20	0 48	20 36	0 41	9 17	2 22
22	23 27	17 37	4 57	18 17	24 17	2 2	22 47	1 36	14 32	0 48	20 38	0 41	9 18	2 22
23	23 27	18 45	4 40	18 59	24 2	1 57	22 35	1 37	14 44	0 47	20 41	0 41	9 20	2 23
24	23 27	19 1	4 9	18 48	23 44	1 51	22 21	1 38	14 56	0 47	20 43	0 41	9 21	2 23
25	23 26	18 22	3 26	17 43	23 26	1 44	22 7	1 39	15 8	0 46	20 45	0 41	9 23	2 23
26	23 25	16 50	2 32	15 44	23 7	1 37	21 53	1 40	15 20	0 46	20 47	0 41	9 24	2 23
27	23 23	14 26	1 30	12 57	22 47	1 28	21 37	1 41	15 32	0 46	20 49	0 41	9 26	2 23
28	23 21	11 17	0 22	9 29	22 26	1 19	21 21	1 41	15 44	0 45	20 51	0 41	9 27	2 24
29	23 18	7 32	0N48	5 29	22 5	1 8	21 5	1 42	15 55	0 45	20 53	0 41	9 28	2 24
30	23 15	3 20	1 57	1 8	21 44	0 56	20 47	1 42	16 7	0 44	20 55	0 41	9 30	2 24
31	23S11	1S 7	3N 1	3S22	21S23	0S43	20S30	1S43	16S18	0N44	20S58	0N41	9S31	2N24

DAY	♅ DECL	♅ LAT	♆ DECL	♆ LAT	♇ DECL	♇ LAT
1	7S 9	0S47	14N56	0N14	20N23	2S32
5	7 8	0 46	14 56	0 14	20 24	2 32
9	7 7	0 46	14 57	0 14	20 24	2 32
13	7 5	0 46	14 58	0 15	20 25	2 31
17	7 3	0 46	14 59	0 15	20 25	2 31
21	7 1	0 46	14 60	0 15	20 26	2 31
25	6 59	0 46	15 1	0 15	20 27	2 31
29	6S56	0S45	15N 2	0N15	20N27	2S31

☽ PHENOMENA

d	h	m	
1	10	9	☾
8	1	31	●
15	2	38	☽
23	7	33	○
30	21	7	☾

d	h	° '
3	10	0
9	11	18S59
16	6	0
23	19	19N 2
30	18	0

d	h	
1	7	0
7	11	5N 0
13	19	0
21	4	5S 2
28	8	0

VOID OF COURSE ☽

LAST ASPT	☽ INGRESS
2 3am20	3 ♎ 0am25
4 11pm59	5 ♏ 2am15
6 10am43	7 ♐ 1am57
8 11pm55	9 ♑ 1am31
11 1am47	11 ♒ 3am10
13 7am29	13 ♓ 8am36
15 2am38	15 ♈ 6pm 8
18 6am 2	18 ♉ 6am22
20 3am33	20 ♊ 7pm 3
22 11am17	23 ♋ 6am40
25 2pm59	25 ♌ 4pm40
27 6am30	28 ♍ 0am51
30 1am12	30 ♎ 6am52

d	h	
7	3	PERIGEE
19	11	APOGEE

DAILY ASPECTARIAN

1 S
☽#♂ 1am57
♂☌♄ 8 12
☽#♄ 9 47
☉□☽ 10 9
☿∥♀ 12pm39
☽⚹♇ 4 52
☽#♅ 7 5
☽∠♄ 7 15
☽∠♂ 7 43
☽☍♅ 7 55

2 Su
♂⚼♅ 0am 6
☽□☿ 3 20
♀ ♑ 6 6
☽⊻♆ 7 44
☽⊻♄ 9pm40
☽⊻♂ 11 10

3 M
☽□♀ 2am12
☽⚹♃ 3 37
☽∠♆ 9 32
☿△♆ 6pm14
☉⚹☽ 6 18
☽□♇ 8 33
♀⊻♃ 9 16
☽⊼♅ 11 30

4 T
♂ ♏ 2am11
☽∠♃ 5 11
☽⚹♆ 10 32
☽⚹☿ 12pm28
☉∠☽ 8 53
☽∥♅ 11 14
☽☌♄ 11 59

5 W
☽⚼♅ 0am 7
☉⊼♇ 1 32
☽☌♂ 3 20
☽⊻♃ 6 1
☽∥♄ 8 28
☽⚹♀ 8 29
☽∠☿ 3pm33
☽∥♂ 9 11
☽△♇ 9 17
♄⚼♅ 9 18
☉⊻☽ 10 44

6 Th
☽△♅ 0am11
☽∠♀ 10 31
☽□♆ 10 43
♀⚼♆ 12pm55
☽⊻☿ 6 3
☉□♅ 8 29
☽⚼♇ 9 0
☉∠♄ 10 42
☽#♆ 11 12

7 F
☽⊻♄ 0am 4
☽⊻♂ 5 7
☽☌♃ 6 20
☽⊻♀ 12pm17
☽⊼♇ 8 37
☽□♅ 11 35
☽∠♄ 11 53

8 S
☉☌☽ 1am31
☽∠♂ 5 50
☽△♆ 10 4
☽☌☿ 10pm55
☽⚹♄ 11 55

9 Su
♂⊻♃ 0am55
☽⊻♃ 6 44
☽⚹♂ 6 54
☿⚹♄ 9 12
☽⚼♆ 10 7
☽☌♀ 4pm33
☽☍♇ 8 41
☽⚹♅ 11 53

10 M
☿ ♑ 0am18
☉⊻☽ 5 30
☽∠♃ 7 41
☽⊼♆ 10 47

11 T
☽∠♅ 1am 3
☽□♄ 1 47
☽⊻☿ 6 28
☉∠☽ 8 50
☽⚹♃ 9 31
☽□♂ 11 19
♀☍♇ 4pm31
☽⊼♇ 11 36

12 W
☽⊻♀ 0am20
☽#♆ 2 50
☽⊻♅ 3 10
☽∠☿ 12pm10
☉⚹☽ 1 25
☿⊻♃ 2 30
☽☍♆ 2 50
☽∥♂ 9 26

13 Th
☽⚼♇ 2am35
☽∠♀ 6 14
☽△♄ 7 29
♀⚹♅ 7 33
☉△♆ 7 45
☿⚼♆ 11 24
☽□♃ 4pm24
☽⚹☿ 7 23
☽△♂ 8 17
☽∥♄ 9 38

14 F
☽△♇ 6am37
☿⚹♂ 7 54
☽∥♅ 10 31
☽☌♅ 10 37
☽⚼♄ 11 57
☽⚹♀ 1pm35
☽⊼♆ 11 4

15 S
☉∠♂ 0am56
☽⚼♂ 2 35
☉□☽ 2 38
☽⊼♄ 5pm23

16 Su
☽△♃ 3am31
☽⚼♆ 4 32
☽⊼♂ 9 50
♃#♇ 10 17
☽□☿ 1pm54
☽□♇ 5 22
☽⊻♅ 9 45

17 M
☽□♀ 7am40
☽⚼♃ 10 9
☽△♆ 10 36
☿☍♇ 5pm45
☉△☽ 7 58

18 T
☽#♅ 2am35
☽∠♅ 4 6
☽☍♄ 6 2
♀⊼♆ 11 20
♀∠♃ 11 43
☽⊼♃ 5pm 5
☽#♄ 5 31
☉∥♀ 8 26

19 W
☽☍♂ 1am52
☉⚼☽ 5 14
☽⚹♇ 5 55
☿⚹♅ 7 4
☽⚹♅ 10 34
☽△☿ 11 2
☽□♆ 11pm17

20 Th
☽△♀ 3am33
♄ ♏ 4 25
☽#♂ 8 53
☽∠♇ 12pm12
☉⊼☽ 2 24
☽∥♆ 4 27
☽⊼♄ 7 9
☽⚼☿ 9 24

21 F
☽☍♃ 6am46
☽⚼♀ 1pm11
☽⊼♂ 5 44
☽⊻♇ 6 13
☽□♅ 10 59

22 S
☽⚼♄ 1am21
♂△♇ 2 26
☽⊼☿ 7 12
☽⚹♆ 11 17
☉ ♑ 8pm54
☽⊼♀ 10 21

23 Su
☽⚼♂ 1am 7
☉⚹♄ 2 30
☽△♄ 7 10
☉☍☽ 7 33
☽∠♆ 4pm44
☽⊼♃ 7 8
☿⊼♆ 8 23

24 M
☽☌♇ 5am 8
☽△♂ 8 0
♂#♆ 9 1
☽△♅ 10 0
☽⊻♆ 9pm46

25 T
☉∥☿ 0am27
☽☍☿ 0 37
☽⚼♃ 0 41
☿∠♃ 1 16
♀∠♅ 1pm50
☽⚼♅ 2 52
☽☍♀ 2 59
☽□♄ 5 31
☉⊼☽ 10 37

26 W
♂△♅ 0am 1
☽△♃ 5 45
♀ ♒ 8 3
☽⊻♇ 2pm23
☽#♂ 2 42
♀□♄ 6 6
☽∥♆ 6 44
☽⊼♅ 7 18
☽□♂ 8 17

27 Th
☉⚼☽ 5am17
☽☌♆ 6 30
☽⊼☿ 2pm48
☽∠♇ 6 18
☉⚼♆ 8 22

28 F
☽⚹♄ 2am 0
☽⊼♀ 5 8
☉△☽ 11 18
☽#♄ 12pm 7
☽□♃ 2 23
☽⚼☿ 8 30
☽⚹♇ 9 42

29 S
☽☍♅ 2am38
☽#♅ 3 33
☽∠♄ 5 25
☽⚹♂ 6 15
☽⚼♀ 11 8
☽⊻♆ 1pm12
♀∥♃ 1 57

30 Su
☽△☿ 1am12
☽⊻♄ 8 14
☽∠♂ 10 13
☉⊻♃ 12pm27
☽∠♆ 3 39
☽△♀ 4 19
☽⚹♃ 8 36
☉□☽ 9 7

31 M
♀#♇ 2am34
☽□♇ 2 41
☽⊼♅ 7 35
☽⊻♂ 1pm27
☽⚹♆ 5 29
☽∠♃ 10 44

JANUARY 1924

LONGITUDE

DAY	SID. TIME	☉	☽	☽ 12 Hour	MEAN ☊	TRUE ☊	☿	♀	♂	♃	♄	♅	♆	♇
	h m s	° ' "	° ' "	° ' "	° '	° '	° '	° '	° '	° '	° '	° '	° '	° '
1	6 37 31	9♑ 18 8	23♎ 50 20	0♏ 57 49	5♏ 1	3♏ 44R	28♑ 5	7♒ 2	17♏ 55	8♐ 6	0♏ 54	14♓ 14	20♌ 0R	11♋ 22R
2	6 41 28	10 19 19	8♏ 9 43	15 25 39	4 58	3 41	28 32	8 16	18 34	8 18	0 58	14 16	19 58	11 20
3	6 45 25	11 20 29	22 45 4	0♐ 7 20	4 55	3 35	28 50	9 31	19 13	8 31	1 2	14 18	19 57	11 19
4	6 49 21	12 21 40	7♐ 31 35	14 56 54	4 51	3 28	28 57R	10 45	19 51	8 43	1 5	14 20	19 56	11 18
5	6 53 18	13 22 52	22 22 14	29 46 30	4 48	3 20	28 53	12 0	20 30	8 55	1 9	14 22	19 55	11 17
6	6 57 14	14 24 3	7♑ 8 38	14♑ 27 36	4 45	3 12	28 37	13 14	21 8	9 7	1 13	14 24	19 53	11 15
7	7 1 11	15 25 14	21 42 28	28 52 24	4 42	3 5	28 9	14 28	21 47	9 19	1 17	14 26	19 52	11 14
8	7 5 7	16 26 25	5♒ 56 45	12♒ 55 1	4 39	3 0	27 30	15 43	22 25	9 31	1 20	14 29	19 51	11 13
9	7 9 4	17 27 36	19 46 55	26 32 16	4 36	2 57	26 39	16 57	23 4	9 43	1 23	14 31	19 49	11 12
10	7 13 0	18 28 46	3♓ 11 6	9♓ 43 34	4 32	2 56D	25 39	18 11	23 43	9 55	1 27	14 33	19 48	11 10
11	7 16 57	19 29 56	16 9 59	22 30 42	4 29	2 57	24 31	19 25	24 21	10 7	1 30	14 35	19 47	11 9
12	7 20 54	20 31 5	28 46 14	4♈ 57 6	4 26	2 58	23 16	20 40	25 0	10 19	1 33	14 38	19 45	11 8
13	7 24 50	21 32 14	11♈ 3 54	17 7 14	4 23	2 59R	21 58	21 54	25 38	10 30	1 36	14 40	19 44	11 7
14	7 28 47	22 33 22	23 7 46	29 6 6	4 20	3 0	20 39	23 8	26 17	10 42	1 39	14 42	19 42	11 5
15	7 32 43	23 34 29	5♉ 2 54	10♉ 58 47	4 16	2 59	19 20	24 22	26 55	10 54	1 42	14 45	19 41	11 4
16	7 36 40	24 35 36	16 54 19	22 50 5	4 13	2 57	18 6	25 36	27 34	11 5	1 45	14 47	19 39	11 3
17	7 40 36	25 36 42	28 46 37	4♊ 44 22	4 10	2 53	16 57	26 50	28 12	11 16	1 47	14 50	19 38	11 2
18	7 44 33	26 37 47	10♊ 43 48	16 45 18	4 7	2 47	15 55	28 4	28 51	11 28	1 50	14 52	19 36	11 1
19	7 48 29	27 38 52	22 49 10	28 55 42	4 4	2 41	15 1	29 18	29 29	11 39	1 52	14 55	19 35	10 59
20	7 52 26	28 39 55	5♋ 5 6	11♋ 17 33	4 1	2 34	14 16	0♓ 31	0♐ 8	11 50	1 55	14 57	19 33	10 58
21	7 56 23	29 40 59	17 33 10	23 52 0	3 57	2 28	13 41	1 45	0 46	12 1	1 57	15 0	19 32	10 57
22	8 0 19	0♒ 42 1	0♌ 14 5	6♌ 39 25	3 54	2 23	13 15	2 59	1 25	12 12	1 59	15 3	19 30	10 56
23	8 4 16	1 43 2	13 7 57	19 39 38	3 51	2 20	12 58	4 13	2 3	12 23	2 1	15 5	19 29	10 55
24	8 8 12	2 44 3	26 14 23	2♍ 52 9	3 48	2 18D	12 50D	5 26	2 42	12 34	2 3	15 8	19 27	10 54
25	8 12 9	3 45 3	9♍ 32 50	16 16 23	3 45	2 18	12 50	6 40	3 20	12 44	2 5	15 11	19 25	10 52
26	8 16 5	4 46 3	23 2 44	29 51 50	3 42	2 19	12 58	7 54	3 59	12 55	2 7	15 14	19 24	10 51
27	8 20 2	5 47 2	6♎ 43 36	13♎ 38 0	3 38	2 21	13 13	9 7	4 37	13 6	2 8	15 16	19 22	10 50
28	8 23 58	6 48 0	20 34 58	27 34 25	3 35	2 22	13 35	10 20	5 16	13 16	2 10	15 19	19 21	10 49
29	8 27 55	7 48 58	4♏ 36 14	11♏ 40 15	3 32	2 23R	14 2	11 34	5 54	13 26	2 11	15 22	19 19	10 48
30	8 31 52	8 49 55	18 46 18	25 54 5	3 29	2 23	14 36	12 47	6 33	13 37	2 12	15 25	19 17	10 47
31	8 35 48	9♒ 50 51	3♐ 3 18	10♐ 13 32	3♏ 26	2♏ 21	15♑ 14	14♓ 0	7♐ 11	13♐ 47	2♏ 14	15♓ 28	19♌ 16	10♋ 46

DECLINATION and LATITUDE

DAY	☉ DECL	☽ DECL	☽ LAT	☽ 12hr DECL	☿ DECL	☿ LAT	♀ DECL	♀ LAT	♂ DECL	♂ LAT	♃ DECL	♃ LAT	♄ DECL	♄ LAT
1	23S 7	5S36	3N56	7S47	21S 1	0S29	20S11	1S43	16S29	0N43	20S60	0N41	9S32	2N24
2	23 3	9 52	4 37	11 49	20 41	0 14	19 52	1 43	16 40	0 43	21 1	0 41	9 33	2 25
3	22 58	13 37	5 1	15 12	20 21	0N 3	19 33	1 44	16 51	0 42	21 3	0 41	9 34	2 25
4	22 52	16 33	5 6	17 38	20 3	0 20	19 12	1 44	17 2	0 42	21 5	0 41	9 35	2 25
5	22 47	18 24	4 50	18 52	19 46	0 38	18 52	1 44	17 13	0 41	21 7	0 41	9 37	2 25
6	22 40	19 1	4 15	18 50	19 31	0 57	18 31	1 44	17 24	0 41	21 9	0 41	9 38	2 26
7	22 33	18 21	3 23	17 34	19 18	1 16	18 9	1 44	17 34	0 40	21 11	0 41	9 39	2 26
8	22 26	16 31	2 20	15 15	19 7	1 35	17 47	1 44	17 44	0 40	21 13	0 41	9 40	2 26
9	22 19	13 46	1 11	12 8	18 58	1 54	17 24	1 43	17 55	0 39	21 15	0 41	9 41	2 26
10	22 10	10 22	0S 1	8 30	18 51	2 12	17 1	1 43	18 5	0 39	21 16	0 41	9 41	2 27
11	22 2	6 33	1 11	4 34	18 47	2 29	16 37	1 42	18 15	0 38	21 18	0 41	9 42	2 27
12	21 53	2 34	2 15	0 33	18 44	2 44	16 13	1 42	18 25	0 38	21 20	0 41	9 43	2 27
13	21 43	1N26	3 12	3N23	18 44	2 58	15 49	1 41	18 34	0 37	21 21	0 41	9 44	2 27
14	21 34	5 18	3 59	7 8	18 45	3 8	15 24	1 41	18 44	0 37	21 23	0 41	9 45	2 27
15	21 23	8 54	4 35	10 34	18 48	3 17	14 59	1 40	18 54	0 36	21 25	0 41	9 45	2 28
16	21 13	12 7	4 59	13 33	18 53	3 23	14 33	1 39	19 3	0 36	21 26	0 41	9 46	2 28
17	21 2	14 51	5 10	16 0	18 58	3 26	14 7	1 38	19 12	0 35	21 28	0 41	9 47	2 28
18	20 50	16 59	5 8	17 47	19 4	3 27	13 40	1 37	19 21	0 34	21 29	0 41	9 47	2 28
19	20 38	18 24	4 52	18 48	19 12	3 26	13 14	1 36	19 30	0 34	21 31	0 41	9 48	2 29
20	20 26	18 59	4 22	18 56	19 19	3 23	12 46	1 35	19 39	0 33	21 32	0 41	9 49	2 29
21	20 14	18 40	3 40	18 9	19 28	3 18	12 19	1 34	19 47	0 33	21 34	0 41	9 49	2 29
22	20 1	17 24	2 46	16 26	19 37	3 12	11 51	1 33	19 56	0 32	21 35	0 41	9 50	2 29
23	19 47	15 14	1 43	13 50	19 46	3 4	11 23	1 31	20 4	0 31	21 37	0 41	9 50	2 30
24	19 33	12 15	0 33	10 30	19 55	2 56	10 55	1 30	20 12	0 31	21 38	0 41	9 51	2 30
25	19 19	8 36	0N40	6 35	20 4	2 47	10 26	1 28	20 20	0 30	21 40	0 41	9 51	2 30
26	19 5	4 28	1 51	2 17	20 13	2 37	9 57	1 26	20 28	0 29	21 41	0 41	9 51	2 31
27	18 50	0 3	2 58	2S11	20 22	2 27	9 28	1 25	20 36	0 29	21 42	0 41	9 52	2 31
28	18 35	4S25	3 55	6 35	20 30	2 16	8 58	1 23	20 44	0 28	21 43	0 41	9 52	2 31
29	18 19	8 41	4 38	10 40	20 38	2 5	8 29	1 21	20 51	0 27	21 45	0 41	9 52	2 31
30	18 4	12 31	5 6	14 10	20 45	1 55	7 59	1 19	20 58	0 27	21 46	0 41	9 52	2 32
31	17S47	15S38	5N14	16S51	20S52	1N44	7S29	1S17	21S 5	0N26	21S47	0N41	9S53	2N32

DAY	♅ DECL	♅ LAT	♆ DECL	♆ LAT	♇ DECL	♇ LAT
1	6S54	0S45	15N 3	0N15	20N28	2S31
5	6 51	0 45	15 5	0 15	20 28	2 30
9	6 48	0 45	15 7	0 15	20 29	2 30
13	6 44	0 45	15 9	0 15	20 30	2 30
17	6 40	0 45	15 11	0 15	20 30	2 30
21	6 36	0 45	15 13	0 15	20 31	2 29
25	6 32	0 45	15 15	0 15	20 32	2 29
29	6S27	0S45	15N17	0N15	20N32	2S29

☽ PHENOMENA	VOID OF COURSE ☽ LAST ASPT	☽ INGRESS
d h m	1 7am26	1 ♏ 10am23
6 12 48 ●	3 10am 1	3 ♐ 11am48
13 22 45 ☽	4 8pm 2	5 ♑ 12pm22
22 0 57 ○	7 10am21	7 ♒ 1pm54
29 5 53 ☾	9 6am 6	9 ♓ 6pm14
	11 4pm21	12 ♈ 2am22
	14 0am 0	14 ♉ 1pm49
d h ° '	16 10pm47	17 ♊ 2am28
5 23 19S 1	18 5pm37	19 ♋ 2pm 6
12 15 0	20 7pm 6	21 ♌ 11pm34
20 4 18N59	23 11am38	24 ♍ 6am49
27 0 0	25 10am 5	26 ♎ 12pm14
	27 9pm52	28 ♏ 4pm 9
	30 0am52	30 ♐ 6pm53
3 17 5N 6	d h	
10 0 0	4 10 PERIGEE	
17 8 5S10	16 5 APOGEE	
24 11 0	31 22 PERIGEE	
30 23 5N15		

DAILY ASPECTARIAN

1 T	☿∥♃	2am 4
	☽∥♅	7 5
	☽□☿	7 26
	☽⚼♅	9 8
	☽☌♄	11 56
	☽∥♄	10pm10
2 W	☽□♀	0am12
	☽⚺♃	0 14
	♀✶♃	0 42
	☉✶☽	3 51
	☽△♇	5 15
	☽△♅	10 7
	☿#♇	3pm47
	☽☌♂	5 56
	☽□♆	7 26
	☉☍♇	11 27
3 Th	☽⚼♇	5am48
	☉∠☽	6 17
	☽✶☿	10 1
	☽#♆	11 0
	☽⚺♄	1pm32
4 F	☽☌♃	1am57
	♂□♆	2 53
	☿SR	3 4
	☽∥♂	5 32
	☽✶♀	5 42
	☽⚻♇	6 5
	☉⚺☽	8 24
	♀⚻♇	10 19
	☽∠☿	10 23
	☽□♅	11 2
	☽∠♄	1pm54
	☽△♆	8 2
	☽⚺♂	8 50
5 S	☽∥♀	7am57
	☽∠♀	8 10
	☽⚺☿	10 24
	☽✶♄	2pm18
	☽⚼♆	8 20
	☽∠♂	10 17
6 Su	☉✶♅	0am 8
	☽⚺♃	3 17
	☽☍♇	6 43
	☽⚺♀	10 55
	☽✶♅	11 56
	☉☌☽	12pm48
	☽⚻♆	8 57
	♀⚺♅	11 23
7 M	☽✶♂	0am 8
	☽∠♃	4 25
	☽∥♀	4 38
	☽☌☿	10 21
	☽∥♂	10 56
	☽∠♅	1pm 0
	☽□♄	4 8
8 T	♀∥♂	1am42
	☽✶♃	6 13
	☽⚻♇	9 2
	☽#♆	1pm11
	☽⚺♅	2 45
	☽☌♀	6 32
	☉⚺☽	7 36
9 W	☽☍♆	0am 4
	☽□♂	6 6
	☽⚼♇	11 22
	☽⚺☿	11 24
	☽△♄	8pm50
10 Th	☉∠☽	0am35
	☽∥♄	4 22
	☽□♃	12pm33
	☽∠☿	12 38
	☿∠♃	1 26
	☽△♇	2 39
	☽☌♅	9 2
	☽∥♅	10 43
11 F	☽⚼♄	0am38
	☿✶♂	2 6
	☉⚻♆	6 24
	♀☍♆	6 45
	☽⚺♀	6 48
	☽⚻♆	6 48
	☉✶☽	6 50
	☉⚺♀	8 23
	☽✶☿	2pm25
	☽△♂	4 21
12 S	☽⚻♄	5am24
	☽⚼♆	11 35
	☽∠♀	2pm53
	☽△♃	10 53
	☽⚼♂	11 6
13 Su	☽□♇	0am 5
	☿⚺♀	0 41
	☉☌☿	4 25
	☽⚺♅	7 9
	☽△♆	5pm10
	♂⚼♇	5 12
	☽□☿	7 31
	☉□☽	10 45
14 M	☽✶♀	0am 0
	☿∥♂	4 36
	☽⚼♃	5 15
	☽⚻♂	6 41
	☽#♅	9 12
	☽∠♅	1pm16
	♀#♆	1 52
	☽☍♄	5 12
	☿⚻♆	5 30
	☉∥♃	9 26
15 T	☽#♄	6am10
	☽⚻♃	12pm 1
	☽✶♇	12 10
	☽✶♅	7 42
	♃⚻♇	8 15
16 W	☽△☿	2am11
	☽□♆	5 33
	♀⚼♇	8 40
	☉△☽	5pm 1
	☽#♀	6 0
	☽∠♇	6 28
	☽□♀	7 37
	☽☍♂	10 47
17 Th	☽∥♆	3am12
	☽⚼☿	5 51
	☽⚻♄	6 5
	☉∠♃	7pm 7
18 F	☽⚺♇	0am33
	☽☍♃	1 29
	☉⚼☽	1 58
	☽□♅	8 17
	☽⚻☿	9 35
	☽⚼♄	12pm11
	☽✶♆	5 37
19 S	☿✶♅	2am54
	♀□♂	7 57
	☿∠♀	8 34
	☿∠♂	8 49
	☉⚻☽	10 21
	♀ ♓	1pm46
	☽⚻♂	1 49
	☽△♀	2 8
	☉#♇	2 56
	☽△♄	5 48
	♂ ♐	7 6
	☽∠♆	10 58
20 Su	☽☌♇	11am22
	☽⚻♃	1pm14
	☽☍☿	4 54
	☽△♅	7 6
	☽⚼♂	8 25
	☽⚼♀	10 19
21 M	☽⚺♆	3am46
	♀△♄	3 52
	☉ ♒	7 29
	☉∠♅	7 49
	☽⚼♃	6pm13
	☽⚼♅	11 38
22 T	☉☍☽	0am57
	☽△♂	2 20
	☽□♄	3 17
	☉∥♂	5 12
	☽⚻♀	5 42
	☽⚺♇	7pm54
	♂⚺♄	10 25
	☽△♃	10 36
	☽⚻☿	11 42
23 W	☽∥♆	0am 6
	☉∥☿	1 30
	☽⚻♅	3 37
	☉□♄	7 19
	☽☌♆	11 38
	☉✶♂	9pm42
	☽∠♇	11 22
24 Th	☽⚼☿	2am52
	☽✶♄	10 33
	☽#♀	10 43
	☿SD	11 20
	☽□♂	12pm17
	☉⚻☽	12 44
	☽#♄	4 15
	☽☍♀	6 19
25 F	☽✶♇	2am22
	☽□♃	5 47
	☽△☿	5 54
	☽☍♅	10 5
	☽#♅	12pm23
	☽∠♄	1 28
	☽⚺♆	5 33
	☉⚼☽	5 44
26 S	♀∥♄	4am39
	♂#♇	11 39
	☽⚺♄	3pm58
	☽∠♆	7 54
	☽✶♂	8 9
	☉△☽	10 13
27 Su	☽⚻♀	4am34
	☽□♇	7 8
	☽✶♃	11 12
	☽□☿	11 33
	☽⚻♅	2pm53
	☽✶♆	9 52
	☽∠♂	11 26
28 M	☿#♇	7am12
	☽⚼♀	8 57
	♀△♇	9 13
	☽∥♅	11 17
	☽∠♃	1pm21
	☽⚼♅	4 45
	☽☌♄	7 52
	☽∥♀	10 55
29 T	☽⚺♂	2am19
	☉□☽	5 53
	☽∥♄	7 4
	☽△♇	10 31
	☽△♀	12pm56
	☽⚺♃	3 11
	☽✶☿	4 39
	☽△♅	6 19
30 W	☽□♆	0am52
	☽⚼♇	11 47
	♀□♃	6pm48
	☽∠☿	7 3
	☽#♆	9 3
	☽⚺♄	10 37
31 Th	☽☌♂	7am15
	☿✶♅	8 34
	☉✶☽	12pm14
	☽⚻♇	12 53
	☽☌♃	6 9
	☽□♀	8 1
	☉∥☽	8 27
	☽□♅	8 50
	☉⚻♇	9 16
	☽⚺☿	9 26
	☽∠♄	11 44

FEBRUARY 1924

LONGITUDE

DAY	SID. TIME	☉	☽	☽ 12 Hour	MEAN ☊	TRUE ☊	☿	♀	♂	♃	♄	♅	♆	♇
	h m s	° ' "	° ' "	° ' "	° '	° '	° '	° '	° '	° '	° '	° '	° '	° '
1	8 39 45	10♒ 51 47	17♐ 24 21	24♐ 35 14	3♍ 22	2♍ 19R	15♑ 57	15♓ 14	7♐ 50	13♐ 57	2♏ 15	15♓ 31	19♌ 14R	10♋ 45R
2	8 43 41	11 52 42	1♑ 45 35	8♑ 54 50	3 19	2 16	16 44	16 27	8 28	14 7	2 16	15 34	19 12	10 44
3	8 47 38	12 53 36	16 2 20	23 7 29	3 16	2 13	17 35	17 40	9 7	14 17	2 17	15 37	19 11	10 43
4	8 51 34	13 54 29	0♒ 9 41	7♒ 8 23	3 13	2 11	18 29	18 53	9 45	14 26	2 18	15 40	19 9	10 42
5	8 55 31	14 55 21	14 3 5	20 53 24	3 10	2 9	19 27	20 6	10 24	14 36	2 18	15 43	19 7	10 41
6	8 59 27	15 56 12	27 39 0	4♓ 19 41	3 7	2 8D	20 27	21 19	11 2	14 45	2 19	15 46	19 6	10 40
7	9 3 24	16 57 1	10♓ 55 18	17 25 52	3 3	2 8	21 30	22 32	11 40	14 55	2 19	15 49	19 4	10 39
8	9 7 21	17 57 49	23 51 26	0♈ 12 12	3 0	2 9	22 35	23 45	12 19	15 4	2 20	15 52	19 2	10 38
9	9 11 17	18 58 36	6♈ 28 25	12 40 25	2 57	2 11	23 43	24 57	12 57	15 13	2 20	15 55	19 1	10 37
10	9 15 14	19 59 21	18 48 36	24 53 26	2 54	2 12	24 53	26 10	13 36	15 22	2 20	15 59	18 59	10 36
11	9 19 10	21 0 5	0♉ 55 24	6♉ 55 4	2 51	2 13	26 4	27 23	14 14	15 31	2 20R	16 2	18 57	10 35
12	9 23 7	22 0 47	12 52 59	18 49 44	2 48	2 14	27 18	28 35	14 52	15 40	2 20	16 5	18 55	10 34
13	9 27 3	23 1 27	24 45 55	0♊ 42 8	2 44	2 14R	28 33	29 47	15 31	15 49	2 20	16 8	18 54	10 33
14	9 31 0	24 2 6	6♊ 38 58	12 37 1	2 41	2 14	29 49	1♈ 0	16 9	15 57	2 20	16 11	18 52	10 32
15	9 34 56	25 2 43	18 36 49	24 38 54	2 38	2 13	1♒ 7	2 12	16 47	16 6	2 19	16 15	18 50	10 31
16	9 38 53	26 3 19	0♋ 43 47	6♋ 51 53	2 35	2 12	2 27	3 24	17 26	16 14	2 19	16 18	18 49	10 31
17	9 42 50	27 3 52	13 3 37	19 19 18	2 32	2 12	3 48	4 36	18 4	16 22	2 18	16 21	18 47	10 30
18	9 46 46	28 4 24	25 39 14	2♌ 3 36	2 28	2 11	5 10	5 48	18 42	16 30	2 18	16 24	18 45	10 29
19	9 50 43	29 4 55	8♌ 32 31	15 6 3	2 25	2 11	6 33	7 0	19 20	16 38	2 17	16 28	18 44	10 28
20	9 54 39	0♓ 5 23	21 44 8	28 26 41	2 22	2 10	7 58	8 12	19 58	16 46	2 16	16 31	18 42	10 27
21	9 58 36	1 5 50	5♍ 13 30	12♍ 4 18	2 19	2 10D	9 23	9 23	20 37	16 54	2 15	16 34	18 40	10 27
22	10 2 32	2 6 16	18 58 46	25 56 31	2 16	2 10R	10 50	10 35	21 15	17 1	2 14	16 38	18 39	10 26
23	10 6 29	3 6 39	2♎ 57 9	10♎ 0 10	2 13	2 10	12 18	11 47	21 53	17 9	2 13	16 41	18 37	10 25
24	10 10 25	4 7 1	17 5 9	24 11 35	2 9	2 10	13 47	12 58	22 31	17 16	2 11	16 44	18 36	10 25
25	10 14 22	5 7 22	1♏ 19 2	8♏ 27 2	2 6	2 10	15 17	14 9	23 9	17 23	2 10	16 48	18 34	10 24
26	10 18 19	6 7 42	15 35 11	22 43 4	2 3	2 10	16 48	15 20	23 48	17 30	2 9	16 51	18 32	10 23
27	10 22 15	7 8 0	29 50 21	6♐ 56 42	2 0	2 9D	18 21	16 31	24 26	17 37	2 7	16 55	18 31	10 23
28	10 26 12	8 8 16	14♐ 1 49	21 5 28	1 57	2 9	19 54	17 42	25 4	17 44	2 5	16 58	18 29	10 22
29	10 30 8	9♓ 8 31	28♐ 7 24	5♑ 7 23	1♍ 54	2♍ 10	21♒ 28	18♈ 53	25♐ 42	17♐ 50	2♏ 4	17♓ 1	18♌ 28	10♋ 21

DECLINATION and LATITUDE

DAY	☉ DECL	☽ DECL	☽ LAT	☽ 12hr DECL	☿ DECL	☿ LAT	♀ DECL	♀ LAT	♂ DECL	♂ LAT	♃ DECL	♃ LAT	♄ DECL	♄ LAT
1	17S31	17S49	5N 4	18S29	20S58	1N33	6S59	1S15	21S12	0N25	21S48	0N41	9S53	2N32
2	17 14	18 52	4 34	18 57	21 3	1 22	6 28	1 13	21 19	0 25	21 49	0 41	9 53	2 32
3	16 57	18 43	3 47	18 12	21 7	1 11	5 58	1 11	21 26	0 24	21 51	0 41	9 53	2 33
4	16 40	17 24	2 47	16 20	21 10	1 1	5 27	1 8	21 32	0 23	21 52	0 41	9 53	2 33
5	16 22	15 3	1 38	13 34	21 12	0 50	4 56	1 6	21 39	0 23	21 53	0 41	9 53	2 33
6	16 4	11 54	0 25	10 7	21 14	0 40	4 25	1 3	21 45	0 22	21 54	0 41	9 53	2 33
7	15 46	8 13	0S48	6 15	21 14	0 30	3 54	1 1	21 51	0 21	21 55	0 41	9 53	2 34
8	15 27	4 14	1 57	2 12	21 13	0 20	3 23	0 58	21 57	0 20	21 56	0 41	9 53	2 34
9	15 8	0 10	2 59	1N51	21 11	0 11	2 51	0 56	22 2	0 20	21 57	0 41	9 52	2 34
10	14 49	3N49	3 50	5 44	21 8	0 2	2 20	0 53	22 8	0 19	21 58	0 41	9 52	2 34
11	14 30	7 34	4 31	9 19	21 4	0S 7	1 49	0 50	22 13	0 18	21 59	0 41	9 52	2 35
12	14 11	10 57	4 59	12 29	20 58	0 16	1 17	0 47	22 18	0 17	21 60	0 41	9 52	2 35
13	13 51	13 53	5 14	15 8	20 52	0 25	0 46	0 44	22 23	0 16	22 1	0 41	9 51	2 35
14	13 31	16 14	5 16	17 10	20 44	0 33	0 14	0 41	22 28	0 16	22 2	0 41	9 51	2 35
15	13 11	17 55	5 4	18 28	20 35	0 41	0N17	0 38	22 33	0 15	22 2	0 41	9 51	2 36
16	12 50	18 48	4 39	18 56	20 24	0 48	0 49	0 35	22 37	0 14	22 3	0 41	9 50	2 36
17	12 30	18 50	3 60	18 30	20 13	0 56	1 21	0 32	22 42	0 13	22 4	0 41	9 50	2 36
18	12 9	17 55	3 9	17 7	19 60	1 3	1 52	0 29	22 46	0 12	22 5	0 41	9 50	2 36
19	11 48	16 5	2 7	14 50	19 46	1 9	2 24	0 25	22 50	0 11	22 6	0 41	9 49	2 37
20	11 27	13 21	0 58	11 42	19 30	1 16	2 55	0 22	22 54	0 10	22 6	0 41	9 48	2 37
21	11 5	9 52	0N17	7 53	19 14	1 22	3 26	0 19	22 57	0 10	22 7	0 41	9 48	2 37
22	10 44	5 46	1 32	3 34	18 56	1 28	3 58	0 15	23 1	0 9	22 8	0 41	9 47	2 37
23	10 22	1 19	2 43	0S59	18 36	1 33	4 29	0 12	23 4	0 8	22 8	0 41	9 47	2 38
24	10 0	3S16	3 44	5 30	18 16	1 38	4 60	0 8	23 7	0 7	22 9	0 41	9 46	2 38
25	9 38	7 41	4 32	9 44	17 54	1 43	5 31	0 4	23 10	0 6	22 10	0 42	9 45	2 38
26	9 16	11 40	5 4	13 25	17 31	1 47	6 2	0 1	23 13	0 5	22 10	0 42	9 45	2 38
27	8 54	14 58	5 17	16 17	17 6	1 52	6 33	0N 3	23 16	0 4	22 11	0 42	9 44	2 39
28	8 31	17 21	5 10	18 10	16 40	1 55	7 3	0 7	23 18	0 3	22 12	0 42	9 43	2 39
29	8S 9	18S41	4N45	18S55	16S13	1S59	7N34	0N10	23S21	0N 2	22S12	0N42	9S42	2N39

DAY	♅ DECL	♅ LAT	♆ DECL	♆ LAT	♇ DECL	♇ LAT
1	6S24	0S44	15N18	0N15	20N33	2S28
5	6 19	0 44	15 20	0 15	20 34	2 28
9	6 14	0 44	15 23	0 15	20 34	2 28
13	6 9	0 44	15 25	0 15	20 35	2 27
17	6 4	0 44	15 27	0 16	20 36	2 27
21	5 59	0 44	15 29	0 16	20 36	2 26
25	5 54	0 44	15 31	0 16	20 37	2 26
29	5S48	0S44	15N33	0N16	20N38	2S26

☽ PHENOMENA

d	h	m	
5	1	39	●
12	20	9	☽
20	16	7	○☍
27	13	15	☾

d	h	° '
2	9	18S57
9	1	0
16	13	18N56
23	7	0
29	16	18S56

d	h	° '
6	8	0
13	15	5S17
20	19	0
27	4	5N17

VOID OF COURSE ☽

LAST ASPT		☽ INGRESS		
1	3am 3	1	♑	9pm 3
3	3am 0	3	♒	11pm43
5	8am52	6	♓	4am12
7	11pm46	8	♈	11am37
10	1pm17	10	♉	10pm 9
13	8am33	13	♊	10am35
15	1pm57	15	♋	10pm34
17	6am21	18	♌	8am 9
19	8pm40	20	♍	2pm46
22	4am 7	22	♎	6pm57
24	9am37	24	♏	9pm47
26	4am58	27	♐	0am16
28	7pm40	29	♑	3am13

d	h	
13	1	APOGEE
25	16	PERIGEE

DAILY ASPECTARIAN

1 F	☽△♆	3am 3
	♀☌♅	5 52
	☉∠☽	3pm13
2 S	☽⚹♄	0am51
	☽⚼♆	4 5
	♀∥♅	4 34
	☽⚺♂	11 47
	☽☍♇	3pm 2
	♀⚼♄	4 17
	☉⚺☽	6 17
	☿⚹♀	6 19
	☽⚺♃	9 0
	☽⚹♅	11 17
3 Su	☽☌☿	2am47
	☽⚹♀	3 0
	☽⚻♆	5 18
	☽∠♂	2pm20
	☽∠♃	10 45
4 M	☽∠♅	0am52
	☽□♄	3 39
	♀⚻♆	5 7
	☽∠♀	7 0
	☉∥☽	9 55
	☉⚹♃	2pm56
	☿⚻♆	4 12
	☽⚹♂	5 20
	☽⚻♇	6 8
	☽#♆	9 28
5 T	☽⚹♃	0am58
	☉☌☽	1 39
	☽⚺♅	2 55
	☽☍♆	8 52
	☽⚺☿	10 12
	♂⚻♇	10 20
	☽⚺♀	11 39
	☉⚺♅	7pm46
	☽⚼♇	8 27
6 W	☽△♄	8am22
	☽∥♄	1pm32
	☽∠☿	3 14
	☽△♇	11 30
7 Th	☽□♂	1am27
	☽□♃	7 26
	☽☌♅	9 3
	☽⚼♄	11 48
	☽∥♅	11 55
	☉⚺☽	12pm 3
	☽⚻♆	3 0
	♂∥♃	8 24
	☽⚹☿	9 24
	☽☌♀	11 46
8 F	☽∥♀	5am48
	☉#♆	6 32
	☽⚻♄	4pm 4
	☉∠☽	6 47
	☽⚼♆	7 17
9 S	☉☍♆	0am45
	☽□♇	7 59
	☽△♂	1pm14
	☽#♀	4 0
	☽△♃	5 11
	☽⚺♅	6 25
10 Su	☽△♆	0am20
	☉⚹☽	2 32
	☽□☿	1pm17
	☽#♅	3 3
	☽⚺♀	4 9
	☽⚼♂	8 26
	☽⚼♃	11 11
11 M	☽∠♅	0am13
	♄SR	1 18
	☽☍♄	2 49
	☽#♄	3pm57
	☽⚹♇	7 20
12 T	☽∠♀	1am34
	☽⚻♂	4 14
	☽⚻♃	5 41
	☽⚹♅	6 29
	☽□♆	12pm10
	☉□☽	8 9
	☉#☽	11 43
13 W	☽∠♇	1am35
	♀ ♈	4 10
	☽△☿	8 33
	☽⚹♀	11 18
	♂☌♃	2pm42
	☽∥♆	2 52
	☽⚻♄	3 17
14 Th	♂□♅	1am40
	☿ ♒	3 18
	☽⚺♇	7 49
	☽⚼☿	6pm25
	☽☍♃	6 55
	☽□♅	7 15
	☽☍♂	8 9
	☽⚼♄	9 25
	☿#♇	10 31
	☿∠♃	11 27
15 F	☽⚹♆	0am27
	☿∠♅	2 17
	♀⚻♄	2 27
	☉⚼♇	11 11
	☉△☽	1pm57
	♂∠♄	7 55
	☿□♄	9 37
	☿∠♂	11 11
16 S	☽△♄	3am 7
	☽⚻☿	3 47
	☽□♀	5 49
	☽∠♆	6 2
	♀⚼♆	8 1
	♃□♅	6pm 8
	☽☌♇	7 3
	☉⚼☽	9 55
17 Su	☽△♅	6am21
	☽⚻♃	6 26
	☽⚻♂	10 7
	☽⚺♆	10 57
18 M	♂△♆	2am 3
	☉⚻☽	4 56
	☽⚼♅	10 50
	☽⚼♃	11 5
	☽□♄	12pm25
	☽⚼♂	3 50
	☽☍☿	7 53
	☽△♀	8 52
19 T	☽⚺♇	3am32
	☽∥♆	6 8
	☽⚻♅	2pm32
	☽△♃	2 56
	☽☌♆	6 32
	☽△♂	8 40
	☉ ♓	9 52
20 W	☽⚼♀	2am53
	☽∠♇	6 40
	☉#☽	3pm13
	☉☍☽	4 7
	☽⚹♄	6 45
21 Th	☿⚹♀	0am 6
	☽#♄	0 24
	☽⚻♀	8 1
	☽⚻☿	8 10
	☽⚹♇	9 9
	☿⚻♇	5pm22
	☽☍♅	7 55
	☽□♃	8 35
	♀□♇	8 58
	☽∠♄	8 59
	☽#♅	10 58
	☽⚺♆	11 26
22 F	☉△♄	3am 0
	☽□♂	4 7
	☽∥♀	8 53
	☽⚼☿	1pm12
	☽⚺♄	10 44
23 S	☉⚻☽	0am17
	☽∠♆	1 8
	♃∠♄	11 27
	☽□♇	12pm42
	☽☍♀	4 23
	☽△☿	5 46
	☽⚻♅	11 25
24 Su	☽⚹♃	0am18
	☽⚹♆	2 33
	☉⚼☽	3 42
	☽⚹♂	9 37
	☽#♀	10 29
	☽∥♅	2pm 9
	☉∥♄	4 1
25 M	☽⚼♅	0am49
	☽☌♄	1 26
	☽∠♃	1 49
	☉△☽	6 53
	☉∥☽	10 26
	☽∠♂	12pm 3
	☽∥♄	12 4
	☽△♇	3 16
	♀#♅	4 48
	☽⚻♀	11 33
26 T	☿⚺♅	0am46
	☽△♅	2 8
	☽□☿	2 18
	☽⚺♃	3 15
	☽□♆	4 58
	☿⚹♃	11 44
	☽⚺♂	2pm27
	☽⚼♇	4 29
27 W	☿☍♆	2am36
	☽⚼♀	3 6
	☽⚺♄	3 50
	☽#♆	4 56
	♀⚺♅	8 15
	☉□☽	1pm15
	☽∥☿	5 23
	☽⚻♇	5 48
28 Th	♀△♃	0am26
	☽□♅	5 0
	☽∠♄	5 11
	☽☌♃	6 19
	☽△♀	6 49
	☽△♆	7 33
	☽⚹☿	11 13
	♀△♆	3pm32
	☽☌♂	7 40
29 F	☽⚹♄	6am44
	☽⚼♆	9 8
	♄⚼♅	9 44
	☉#♀	3pm51
	☽∠☿	4 9
	☉⚹☽	8 23
	☽☍♇	9 0

MARCH 1924

LONGITUDE

DAY	SID. TIME	☉	☽	☽ 12 Hour	MEAN ☊	TRUE ☊	☿	♀	♂	♃	♄	♅	♆	♇
	h m s	° ' "	° ' "	° ' "	° '	° '	° '	° '	° '	° '	° '	° '	° '	° '
1	10 34 5	10♓ 8 45	12♑ 5 15	19♑ 0 47	1♍ 50	2♍ 10	23♒ 3	20♈ 4	26♐ 20	17♐ 56	2♏ 2R	17♓ 5	18♌ 26R	10♋ 21R
2	10 38 1	11 8 57	25 53 48	2♒ 44 9	1 47	2 11	24 40	21 15	26 58	18 3	2 0	17 8	18 25	10 20
3	10 41 58	12 9 8	9♒ 31 38	16 16 6	1 44	2 12	26 17	22 25	27 36	18 9	1 58	17 12	18 23	10 20
4	10 45 54	13 9 17	22 57 24	29 35 23	1 41	2 12R	27 56	23 35	28 14	18 15	1 56	17 15	18 22	10 19
5	10 49 51	14 9 24	6♓ 9 56	12♓ 40 58	1 38	2 12	29 35	24 46	28 52	18 20	1 53	17 19	18 20	10 19
6	10 53 47	15 9 29	19 8 24	25 32 14	1 34	2 11	1♓ 16	25 56	29 30	18 26	1 51	17 22	18 19	10 18
7	10 57 44	16 9 32	1♈ 52 28	8♈ 9 10	1 31	2 10	2 58	27 6	0♑ 8	18 31	1 48	17 25	18 17	10 18
8	11 1 41	17 9 34	14 22 26	20 32 28	1 28	2 8	4 41	28 16	0 46	18 37	1 46	17 29	18 16	10 18
9	11 5 37	18 9 33	26 39 27	2♉ 43 40	1 25	2 6	6 25	29 25	1 24	18 42	1 43	17 32	18 14	10 17
10	11 9 34	19 9 30	8♉ 45 28	14 45 11	1 22	2 3	8 10	0♉ 35	2 1	18 47	1 41	17 36	18 13	10 17
11	11 13 30	20 9 25	20 43 16	26 40 9	1 19	2 1	9 56	1 44	2 39	18 52	1 38	17 39	18 11	10 17
12	11 17 27	21 9 19	2♊ 36 23	8♊ 32 27	1 15	1 59	11 43	2 54	3 17	18 56	1 35	17 43	18 10	10 16
13	11 21 23	22 9 10	14 28 56	20 26 25	1 12	1 58D	13 32	4 3	3 55	19 1	1 32	17 46	18 9	10 16
14	11 25 20	23 8 58	26 25 30	2♋ 26 45	1 9	1 58	15 22	5 12	4 32	19 5	1 29	17 49	18 7	10 16
15	11 29 16	24 8 44	8♋ 30 48	14 38 13	1 6	1 59	17 13	6 21	5 10	19 9	1 26	17 53	18 6	10 15
16	11 33 13	25 8 29	20 49 33	27 5 19	1 3	2 0	19 5	7 29	5 48	19 13	1 23	17 56	18 5	10 15
17	11 37 10	26 8 11	3♌ 26 1	9♌ 52 1	1 0	2 1	20 58	8 38	6 25	19 17	1 20	18 0	18 4	10 15
18	11 41 6	27 7 50	16 23 40	23 1 12	0 56	2 3	22 53	9 46	7 3	19 20	1 16	18 3	18 2	10 15
19	11 45 3	28 7 27	29 44 44	6♍ 34 15	0 53	2 3R	24 48	10 54	7 40	19 24	1 13	18 7	18 1	10 15
20	11 48 59	29 7 3	13♍ 29 37	20 30 33	0 50	2 3	26 45	12 2	8 18	19 27	1 9	18 10	18 0	10 15
21	11 52 56	0♈ 6 36	27 36 38	4♎ 47 18	0 47	2 1	28 43	13 10	8 55	19 30	1 6	18 13	17 59	10 15
22	11 56 52	1 6 7	12♎ 1 52	19 19 31	0 44	1 58	0♈ 42	14 18	9 33	19 33	1 2	18 17	17 58	10 14
23	12 0 49	2 5 36	26 39 25	4♏ 0 37	0 40	1 54	2 41	15 25	10 10	19 36	0 59	18 20	17 56	10 14
24	12 4 45	3 5 3	11♏ 22 13	18 43 19	0 37	1 50	4 42	16 32	10 47	19 38	0 55	18 23	17 55	10 14D
25	12 8 42	4 4 29	26 3 3	3♐ 20 41	0 34	1 46	6 43	17 39	11 25	19 40	0 51	18 27	17 54	10 14
26	12 12 39	5 3 52	10♐ 35 34	17 47 11	0 31	1 42	8 45	18 46	12 2	19 43	0 47	18 30	17 53	10 14
27	12 16 35	6 3 14	24 55 7	1♑ 59 6	0 28	1 40D	10 47	19 53	12 39	19 45	0 43	18 33	17 52	10 14
28	12 20 32	7 2 34	8♑ 58 57	15 54 37	0 25	1 40	12 50	20 59	13 16	19 46	0 39	18 37	17 51	10 15
29	12 24 28	8 1 53	22 46 8	29 33 33	0 21	1 40	14 52	22 5	13 53	19 48	0 35	18 40	17 50	10 15
30	12 28 25	9 1 10	6♒ 17 0	12♒ 56 39	0 18	1 42	16 55	23 11	14 31	19 49	0 31	18 43	17 49	10 15
31	12 32 21	10♈ 0 24	19♒ 32 41	26♒ 5 16	0♍ 15	1♍ 43R	18♈ 56	24♉ 17	15♑ 8	19♐ 51	0♏ 27	18♓ 47	17♌ 48	10♋ 15

DECLINATION and LATITUDE

DAY	☉ DECL	☽ DECL	☽ LAT	☽ 12hr DECL	☿ DECL	☿ LAT	♀ DECL	♀ LAT	♂ DECL	♂ LAT	♃ DECL	♃ LAT	♄ DECL	♄ LAT
1	7S46	18S52	4N 3	18S31	15S45	2S 2	8N 4	0N14	23S23	0N 1	22S13	0N42	9S41	2N39
2	7 23	17 54	3 8	17 1	15 15	2 4	8 34	0 18	23 25	0 0	22 13	0 42	9 40	2 40
3	7 0	15 54	2 2	14 35	14 44	2 6	9 4	0 22	23 27	0S 1	22 14	0 42	9 40	2 40
4	6 37	13 4	0 51	11 24	14 12	2 8	9 34	0 26	23 28	0 2	22 14	0 42	9 39	2 40
5	6 14	9 36	0S22	7 41	13 38	2 9	10 3	0 30	23 30	0 3	22 15	0 42	9 38	2 40
6	5 51	5 43	1 32	3 42	13 4	2 10	10 33	0 34	23 31	0 4	22 15	0 42	9 37	2 40
7	5 28	1 39	2 37	0N23	12 27	2 11	11 2	0 38	23 32	0 5	22 15	0 42	9 36	2 41
8	5 4	2N24	3 32	4 23	11 50	2 11	11 31	0 42	23 33	0 6	22 16	0 42	9 35	2 41
9	4 41	6 17	4 17	8 7	11 11	2 11	11 59	0 46	23 34	0 7	22 16	0 42	9 33	2 41
10	4 18	9 51	4 50	11 28	10 31	2 10	12 28	0 50	23 35	0 9	22 17	0 42	9 32	2 41
11	3 54	12 58	5 9	14 20	9 50	2 9	12 56	0 54	23 35	0 10	22 17	0 42	9 31	2 41
12	3 30	15 32	5 15	16 35	9 8	2 7	13 23	0 58	23 35	0 11	22 17	0 42	9 30	2 42
13	3 7	17 27	5 8	18 8	8 24	2 5	13 51	1 2	23 35	0 12	22 18	0 42	9 29	2 42
14	2 43	18 37	4 47	18 54	7 39	2 2	14 18	1 6	23 35	0 13	22 18	0 42	9 28	2 42
15	2 20	18 58	4 13	18 48	6 53	1 59	14 45	1 10	23 35	0 14	22 18	0 42	9 26	2 42
16	1 56	18 25	3 28	17 48	6 5	1 55	15 11	1 14	23 35	0 16	22 19	0 42	9 25	2 42
17	1 32	16 57	2 31	15 52	5 17	1 51	15 38	1 19	23 34	0 17	22 19	0 42	9 24	2 43
18	1 8	14 35	1 25	13 4	4 27	1 46	16 3	1 23	23 34	0 18	22 19	0 42	9 23	2 43
19	0 45	11 22	0 13	9 29	3 37	1 41	16 29	1 27	23 33	0 19	22 19	0 42	9 21	2 43
20	0 21	7 27	1N 2	5 17	2 45	1 35	16 54	1 31	23 32	0 20	22 20	0 42	9 20	2 43
21	0N 3	3 1	2 16	0 42	1 52	1 29	17 18	1 35	23 31	0 22	22 20	0 42	9 19	2 43
22	0 26	1S40	3 22	4S 1	0 59	1 22	17 43	1 39	23 29	0 23	22 20	0 42	9 17	2 43
23	0 50	6 19	4 15	8 32	0 4	1 14	18 7	1 43	23 28	0 24	22 20	0 42	9 16	2 44
24	1 14	10 36	4 53	12 32	0N51	1 7	18 30	1 47	23 26	0 26	22 20	0 42	9 14	2 44
25	1 37	14 15	5 10	15 44	1 47	0 58	18 53	1 51	23 24	0 27	22 20	0 42	9 13	2 44
26	2 1	16 57	5 8	17 55	2 43	0 49	19 16	1 55	23 22	0 28	22 21	0 43	9 11	2 44
27	2 24	18 34	4 47	18 57	3 40	0 40	19 38	1 59	23 20	0 30	22 21	0 43	9 10	2 44
28	2 48	19 1	4 8	18 48	4 37	0 30	19 60	2 3	23 18	0 31	22 21	0 43	9 8	2 44
29	3 11	18 18	3 16	17 33	5 34	0 19	20 21	2 7	23 16	0 33	22 21	0 43	9 7	2 44
30	3 35	16 33	2 14	15 20	6 31	0 9	20 42	2 11	23 13	0 34	22 21	0 43	9 5	2 44
31	3N58	13S55	1N 6	12S21	7N27	0N 2	21N 2	2N15	23S11	0S35	22S21	0N43	9S 4	2N45

DAY	♅ DECL	♅ LAT	♆ DECL	♆ LAT	♇ DECL	♇ LAT
1	5S47	0S44	15N33	0N16	20N38	2S25
5	5 41	0 44	15 35	0 16	20 38	2 25
9	5 36	0 44	15 37	0 16	20 39	2 25
13	5 31	0 44	15 39	0 16	20 39	2 24
17	5 25	0 44	15 40	0 16	20 40	2 24
21	5 20	0 44	15 42	0 16	20 40	2 23
25	5 15	0 44	15 43	0 16	20 41	2 23
29	5S10	0S44	15N45	0N16	20N41	2S22

☽ PHENOMENA

d	h	m	
5	15	58	●
13	16	51	☽
21	4	30	○
27	20	24	☾

d	h	° '
7	10	0
14	21	18N58
21	16	0
27	21	19S 1

d	h	° '
4	17	0
11	23	5S15
19	4	0
25	9	5N12
31	22	0

VOID OF COURSE ☽

LAST ASPT		☽ INGRESS		
1	3pm 7	2	♒	7am11
4	10am16	4	♓	12pm45
5	10pm40	6	♈	8pm26
9	6am 2	9	♉	6am36
10	10pm46	11	♊	6pm44
13	4pm51	14	♋	7am 8
16	9am 0	16	♌	5pm32
18	5am22	19	♍	0am27
21	2am 9	21	♎	4am 0
22	12pm24	23	♏	5am28
24	11am30	25	♐	6am29
26	3pm16	27	♑	8am37
28	10pm42	29	♒	12pm47
31	9am28	31	♓	7pm13

d	h	
11	22	APOGEE
23	17	PERIGEE

DAILY ASPECTARIAN

1 S	☉△♇	4am48
	☽⚹♅	8 41
	☿#♆	9 21
	☽⊻♃	10 13
	☽⚻♆	10 59
	☽□♀	3pm 7
	☽⊻☿	9 34
2 Su	☉∠☽	0am29
	☽⊻♂	1 58
	☿⚼♇	9 57
	☽□♄	10 40
	☽∠♅	11 0
	☽∠♃	12pm38
3 M	☽⚻♇	1am26
	☽#♆	3 12
	☉⊻☽	5 2
	☽∠♂	5 44
	☽∥☿	1pm 6
	☽⊻♅	1 43
	☽⚹♃	3 28
	☽☍♆	3 45
4 T	☽⚹♀	1am15
	♀#♄	3 43
	☽⚼♇	4 16
	☿⚹♂	7 8
	☽⚹♂	10 1
	☽☌☿	10 16
	☽△♄	4pm12
	☽#♀	9 20
	♃△♆	10 57
	☽∥♄	11 47
5 W	☿ ♓	5am53
	☽∠♀	7 16
	☽△♇	7 37
	☉☌☽	3pm58
	☽⚼♄	7 45
	☽☌♅	8 41
	☽⚻♆	10 27
	☽□♃	10 40
	☉∥☽	11 6
6 Th	☽∥♅	0am17
	☿△♄	8 4
	☉∥♅	11 56
	☽⊻♀	2pm 2
	♂ ♑	7 3
	☽□♂	8 31
	☽⚻♄	11 52
7 F	☽⊻☿	2am24
	☽⚼♆	2 41
	☉⚼♄	2pm57
	☽□♇	4 7
8 S	☉⊻☽	5am53
	☽⊻♅	6 4
	☿#♀	6 55
	☽△♆	7 32
	☉☌♅	8 11
	☽△♃	8 18
	☽∠☿	12pm 0
	☉#☽	2 50
	☽#♅	7 41
9 Su	☉⚻♆	1am50
	☽☌♀	6 2
	☽△♂	9 52
	☽☍♄	9 58
	☽∠♅	11 41
	♂⚹♄	11 44
	♀ ♉	11 56
	☉∠☽	2pm 1
	☽⚼♃	2 1
	☉□♃	2 4
	☽#♄	9 49
	☽⚹☿	10 37
10 M	☽⚹♇	3am 3
	☽#☿	4 2
	☽⚼♂	5pm29
	☽⚹♅	5 48
	☽□♆	6 55
	☽⚻♃	8 14
	♀☍♄	9 49
	☉⚹☽	10 46
	☽∥♀	11 36
11 T	☿△♇	4am36
	☽∠♇	9 11
	☿∥♄	11 1
	♂⚼♆	7pm50
	♀∠♅	7 57
	☽⚻♄	9 56
12 W	☽⊻♀	0am39
	☽∥♆	1 7
	☽⚻♂	1 27
	☽⊻♇	3pm29
	♀△♂	5 41
	☽□☿	9 44
	♀⚼♃	11 9
13 Th	☽⚼♄	4am 7
	☽□♅	6 39
	☽⚹♆	7 22
	☽☍♃	9 11
	☽∠♀	10 11
	☉□☽	4pm51
14 F	☽△♄	10am 3
	☽∠♆	1pm19
	☿⚼♄	2 11
	☽☍♂	5 2
	☽⚹♀	7 17
15 S	☽☌♇	3am26
	☿☌♅	8 54
	☿⚻♆	11 20
	☽△♅	6pm24
	☽⊻♆	6 42
	☽△☿	8 2
	☽⚻♃	8 52
16 Su	☿□♃	1am46
	☉△☽	9 0
	☿∥♅	7pm41
	☽□♄	8 3
	☽⚼♅	11 10
17 M	☽⚼♃	1am35
	♀∥♆	2 45
	☽⚼☿	5 34
	☽⚻♂	5 53
	☽□♀	10 39
	☽∥♀	12pm15
	☽⊻♇	12 42
	☽∥♆	1 55
	☉⚼☽	3 32
	♅⚻♆	7 56
18 T	☽☌♆	2am59
	☽⚻♅	3 2
	☽△♃	5 22
	♀⚹♇	10 5
	☽⚼♂	10 45
	☽⚻☿	1pm43
	☽∠♇	4 0
	☉⚻☽	8 54
19 W	☽⚹♄	2am35
	☽#♄	12pm53
	☽△♂	2 35
	☽⚹♇	6 23
	☽△♀	9 16
20 Th	☽∠♄	4am33
	☽⊻♆	7 43
	☽☍♅	8 2
	☿∠♀	8 24
	☽□♃	10 14
	☽#♅	11 40
	☉ ♈	9pm21
21 F	☽⚼♀	1am 1
	☽☍☿	2 9
	☉☍☽	4 30
	☽⊻♄	5 49
	☽#☿	7 22
	☽∠♆	8 58
	☉∥☽	2pm 8
	☿ ♈	3 38
	☉#☽	5 12
	☽□♂	7 42
	☽□♇	9 3
	☽∥☿	9 4
	☉⚻♄	10 31
22 S	☿⚻♄	4am 2
	☽⚻♀	4 3
	☽⚹♆	9 45
	☉☌☿	9 50
	☉#☿	9 57
	☽⚻♅	10 19
	☽⚹♃	12pm24
	☽∥♅	6 39
23 Su	♂☍♇	2am51
	☿⚼♆	3 0
	☽☌♄	7 1
	☉⚻☽	9 31
	☽⚼♅	10 56
	☽⚻☿	11 24
	☽∠♃	12pm59
	☽∥♄	4 4
	☉⚼♆	8 10
	☽△♇	10 9
	☽⚹♂	11 1
24 M	☽☍♀	9am 8
	☽□♆	10 41
	☽△♅	11 30
	☉⚼☽	11 45
	♇SD	12pm43
	☽⊻♃	1 32
	☽⚼☿	3 46
	☉∥☿	4 54
	☽⚼♇	10 40
25 T	☽∠♂	0am37
	♀□♆	5 19
	☽⊻♄	7 51
	☽#♆	12pm 0
	☉△☽	2 10
	♀⚹♅	5 57
	☽△☿	8 27
	☽⚻♇	11 25
26 W	☽⊻♂	2am30
	☽∠♄	8 37
	☽△♆	12pm 9
	☽□♅	1 15
	☽⚻♀	2 48
	☽☌♃	3 16
	☿□♇	5 33
	♀⚻♃	9 0
27 Th	☽⚹♄	9am48
	☽⚼♆	1pm30
	☽⚼♀	6 24
	☉□☽	8 24
28 F	☽☍♇	2am10
	☿□♂	7 25
	☽☌♂	7 46
	☽□☿	7 48
	☿#♅	2pm 6
	☽⚻♆	3 22
	☽⚹♅	4 47
	☽⊻♃	6 47
	☽△♀	10 42
29 S	☽□♄	1pm46
	☽∠♅	7 24
	☽∠♃	9 23
	♀∥♇	11 55
30 Su	☉⚹☽	5am19
	☽⚻♇	7 8
	☽#♆	8 4
	☿△♆	10 42
	☽⊻♂	3pm34
	☽☍♆	8 50
	☿⊻♅	10 1
	☽⊻♅	10 35
	☽⚹☿	10 42
31 M	☽⚹♃	0am33
	☉□♇	5 53
	☽□♀	9 28
	☽⚼♇	10 27
	☉∠☽	10 50
	☿△♃	10 52
	☽△♄	7pm57
	☽∠♂	8 26
	♀∠♇	9 19

APRIL 1924

LONGITUDE

DAY	SID. TIME	☉	☽	☽ 12 Hour	MEAN ☊	TRUE ☊	☿	♀	♂	♃	♄	♅	♆	♇
	h m s	° ' "	° ' "	° ' "	° '	° '	° '	° '	° '	° '	° '	° '	° '	° '
1	12 36 18	10♈ 59 37	2♓ 34 35	9♓ 0 48	0♍ 12	1♍ 43R	20♈ 57	25♉ 22	15♑ 45	19♐ 52	0♏ 23R	18♓ 50	17♌ 48R	10♋ 15
2	12 40 14	11 58 49	15 24 3	21 44 28	0 9	1 42	22 57	26 28	16 21	19 53	0 19	18 53	17 47	10 15
3	12 44 11	12 57 58	28 2 10	4♈ 17 16	0 5	1 39	24 55	27 33	16 58	19 53	0 15	18 56	17 46	10 15
4	12 48 7	13 57 5	10♈ 29 50	16 39 59	0 2	1 34	26 50	28 37	17 35	19 54	0 10	18 59	17 45	10 16
5	12 52 4	14 56 10	22 47 48	28 53 24	29♌ 59	1 28	28 44	29 42	18 12	19 54	0 6	19 3	17 44	10 16
6	12 56 1	15 55 13	4♉ 56 55	10♉ 58 31	29 56	1 19	0♉ 35	0♊ 46	18 49	19 54R	0 2	19 6	17 44	10 16
7	12 59 57	16 54 14	16 58 24	22 56 47	29 53	1 11	2 23	1 50	19 25	19 54	29♎ 57	19 9	17 43	10 17
8	13 3 54	17 53 13	28 53 56	4♊ 50 12	29 50	1 2	4 7	2 54	20 2	19 54	29 53	19 12	17 42	10 17
9	13 7 50	18 52 10	10♊ 45 55	16 41 30	29 46	0 55	5 47	3 57	20 38	19 53	29 48	19 15	17 42	10 17
10	13 11 47	19 51 4	22 37 25	28 34 10	29 43	0 49	7 24	5 0	21 15	19 53	29 44	19 18	17 41	10 18
11	13 15 43	20 49 56	4♋ 32 16	10♋ 32 18	29 40	0 46	8 56	6 3	21 51	19 52	29 39	19 21	17 40	10 18
12	13 19 40	21 48 46	16 34 52	22 40 35	29 37	0 44D	10 23	7 5	22 27	19 51	29 35	19 24	17 40	10 18
13	13 23 36	22 47 34	28 50 3	5♌ 3 55	29 34	0 44	11 46	8 7	23 3	19 50	29 30	19 27	17 39	10 19
14	13 27 33	23 46 20	11♌ 22 47	17 47 12	29 31	0 45	13 3	9 9	23 40	19 48	29 26	19 30	17 39	10 19
15	13 31 30	24 45 3	24 17 42	0♍ 54 42	29 27	0 46R	14 16	10 11	24 16	19 47	29 21	19 33	17 38	10 20
16	13 35 26	25 43 44	7♍ 38 33	14 29 26	29 24	0 46	15 23	11 12	24 52	19 45	29 17	19 36	17 38	10 20
17	13 39 23	26 42 23	21 27 25	28 32 22	29 21	0 44	16 24	12 12	25 27	19 43	29 12	19 39	17 38	10 21
18	13 43 19	27 40 59	5♎ 43 59	13♎ 1 42	29 18	0 40	17 20	13 13	26 3	19 41	29 7	19 42	17 37	10 21
19	13 47 16	28 39 34	20 24 50	27 52 24	29 15	0 33	18 10	14 12	26 39	19 38	29 3	19 45	17 37	10 22
20	13 51 12	29 38 6	5♏ 23 22	12♏ 56 29	29 11	0 25	18 55	15 12	27 15	19 36	28 58	19 48	17 37	10 23
21	13 55 9	0♉ 36 37	20 30 28	28 4 2	29 8	0 16	19 33	16 11	27 50	19 33	28 54	19 50	17 36	10 23
22	13 59 5	1 35 6	5♐ 35 55	13♐ 4 58	29 5	0 7	20 6	17 10	28 26	19 30	28 49	19 53	17 36	10 24
23	14 3 2	2 33 33	20 30 11	27 50 43	29 2	0 0	20 33	18 8	29 1	19 27	28 45	19 56	17 36	10 25
24	14 6 59	3 31 59	5♑ 5 57	12♑ 15 26	28 59	29♌ 54	20 54	19 5	29 37	19 24	28 40	19 59	17 36	10 25
25	14 10 55	4 30 23	19 18 56	26 16 23	28 56	29 51	21 9	20 3	0♒ 12	19 21	28 35	20 1	17 36	10 26
26	14 14 52	5 28 46	3♒ 7 50	9♒ 53 30	28 52	29 50D	21 19	20 59	0 47	19 17	28 31	20 4	17 35	10 27
27	14 18 48	6 27 7	16 33 39	23 8 38	28 49	29 50	21 23R	21 56	1 22	19 14	28 26	20 7	17 35	10 27
28	14 22 45	7 25 26	29 38 51	6♓ 4 42	28 46	29 51R	21 21	22 51	1 57	19 10	28 22	20 9	17 35D	10 28
29	14 26 41	8 23 44	12♓ 26 37	18 44 59	28 43	29 50	21 14	23 47	2 32	19 6	28 17	20 12	17 35	10 29
30	14 30 38	9♉ 22 0	25♓ 0 10	1♈ 12 33	28♌ 40	29♌ 48	21♉ 2	24♊ 41	3♒ 6	19♐ 2	28♎ 13	20♓ 14	17♌ 35	10♋ 30

DECLINATION and LATITUDE

DAY	☉	☽		☽ 12hr	☿		♀		♂		♃		♄	
	DECL	DECL	LAT	DECL	DECL	LAT	DECL	LAT	DECL	LAT	DECL	LAT	DECL	LAT
1	4N21	10S38	0S 5	8S48	8N23	0N13	21N22	2N19	23S 8	0S37	22S21	0N43	9S 2	2N45
2	4 44	6 53	1 14	4 54	9 18	0 25	21 41	2 23	23 5	0 38	22 21	0 43	9 1	2 45
3	5 7	2 53	2 18	0 51	10 13	0 36	21 60	2 26	23 2	0 40	22 21	0 43	8 59	2 45
4	5 30	1N11	3 14	3N11	11 6	0 48	22 18	2 30	22 59	0 41	22 21	0 43	8 58	2 45
5	5 53	5 8	4 1	7 2	11 57	0 60	22 36	2 34	22 55	0 43	22 21	0 43	8 56	2 45
6	6 16	8 50	4 36	10 33	12 47	1 11	22 53	2 37	22 52	0 44	22 21	0 43	8 55	2 45
7	6 39	12 9	4 58	13 36	13 35	1 22	23 10	2 41	22 48	0 46	22 21	0 43	8 53	2 45
8	7 1	14 55	5 7	16 5	14 21	1 33	23 26	2 44	22 44	0 48	22 21	0 43	8 51	2 45
9	7 24	17 4	5 3	17 53	15 5	1 44	23 42	2 48	22 40	0 49	22 21	0 43	8 50	2 45
10	7 46	18 29	4 46	18 54	15 47	1 54	23 57	2 51	22 36	0 51	22 21	0 43	8 48	2 45
11	8 8	19 6	4 16	19 6	16 26	2 3	24 11	2 55	22 32	0 52	22 21	0 43	8 47	2 45
12	8 30	18 52	3 35	18 25	17 2	2 12	24 25	2 58	22 28	0 54	22 21	0 43	8 45	2 45
13	8 52	17 45	2 43	16 51	17 36	2 20	24 39	3 1	22 24	0 56	22 21	0 43	8 43	2 45
14	9 14	15 44	1 42	14 25	18 7	2 28	24 52	3 4	22 19	0 57	22 21	0 43	8 42	2 45
15	9 35	12 53	0 35	11 10	18 35	2 35	25 4	3 7	22 15	0 59	22 20	0 43	8 40	2 45
16	9 57	9 17	0N37	7 14	19 0	2 40	25 16	3 10	22 10	1 1	22 20	0 43	8 38	2 46
17	10 18	5 3	1 49	2 46	19 23	2 45	25 27	3 13	22 5	1 3	22 20	0 43	8 37	2 46
18	10 39	0 25	2 56	1S59	19 43	2 49	25 37	3 15	22 0	1 4	22 20	0 43	8 35	2 46
19	11 0	4S23	3 53	6 43	19 60	2 52	25 47	3 18	21 55	1 6	22 20	0 43	8 34	2 46
20	11 21	8 59	4 36	11 7	20 14	2 53	25 57	3 21	21 50	1 8	22 20	0 43	8 32	2 46
21	11 41	13 4	4 60	14 48	20 25	2 54	26 6	3 23	21 45	1 10	22 19	0 43	8 30	2 46
22	12 2	16 17	5 3	17 29	20 33	2 53	26 14	3 25	21 39	1 12	22 19	0 43	8 29	2 45
23	12 22	18 22	4 45	18 57	20 39	2 51	26 22	3 27	21 34	1 14	22 19	0 43	8 27	2 45
24	12 42	19 12	4 9	19 9	20 42	2 48	26 29	3 30	21 28	1 16	22 19	0 43	8 26	2 45
25	13 2	18 47	3 18	18 8	20 41	2 44	26 35	3 31	21 23	1 18	22 18	0 43	8 24	2 45
26	13 21	17 14	2 17	16 6	20 38	2 38	26 41	3 33	21 17	1 19	22 18	0 43	8 22	2 45
27	13 41	14 46	1 10	13 15	20 33	2 31	26 47	3 35	21 11	1 21	22 18	0 43	8 21	2 45
28	13 60	11 35	0 1	9 48	20 24	2 23	26 52	3 37	21 5	1 23	22 18	0 43	8 19	2 45
29	14 19	7 55	1S 6	5 58	20 13	2 14	26 56	3 38	20 59	1 25	22 17	0 43	8 18	2 45
30	14N37	3S58	2S 9	1S56	19N60	2N 3	26N60	3N39	20S53	1S28	22S17	0N43	8S16	2N45

DAY	♅		♆		♇	
	DECL	LAT	DECL	LAT	DECL	LAT
1	5S 6	0S44	15N45	0N16	20N42	2S22
5	5 1	0 44	15 46	0 16	20 42	2 21
9	4 56	0 44	15 47	0 16	20 42	2 21
13	4 51	0 44	15 48	0 16	20 43	2 21
17	4 47	0 44	15 49	0 16	20 43	2 20
21	4 42	0 45	15 49	0 16	20 43	2 20
25	4 38	0 45	15 49	0 16	20 44	2 19
29	4S34	0S45	15N49	0N16	20N44	2S19

☽ PHENOMENA			
d	h	m	
4	7	17	●
12	11	12	☽
19	14	11	○
26	4	28	☾
d	h	°	'
3	17	0	
11	5	19N 8	
18	2	0	
24	4	19S13	
30	23	0	
8	4	5S 7	
15	12	0	
21	15	5N 4	
28	0	0	

VOID OF COURSE ☽ LAST ASPT		☽ INGRESS		
2	10pm58	3	♈	3am46
5	1pm48	5	♉	2pm12
7	5am10	8	♊	2am13
10	2pm15	10	♋	2pm53
13	1am17	13	♌	2am15
15	9am 8	15	♍	10am21
17	7am 6	17	♎	2pm27
19	2pm11	19	♏	3pm24
21	12pm 7	21	♐	3pm 5
23	1pm25	23	♑	3pm33
25	3pm57	25	♒	6pm30
27	9pm38	28	♓	0am39
29	11pm21	30	♈	9am39

d	h	
8	15	APOGEE
20	20	PERIGEE

DAILY ASPECTARIAN

1 T	☽∠☿	7am26
	☽∥♄	10 34
	☽⋕☿	11 46
	☽△♇	2pm19
	☿⋕♄	4 30
	☉⊻☽	5 1
	☽⚼♄	11 50
2 W	☽✶♂	1am54
	☽⊼♆	4 29
	☽☌♅	6 36
	☽□♃	8 28
	☽∥♅	11 2
	☉⋕☽	11 53
	☽⊻☿	4pm56
	☉⋕♅	8 7
	☽✶♀	10 58
3 Th	☽⊼♄	4am12
	☽⚼♆	9 4
	☽□♇	11pm33
4 F	♀⋕♃	4am12
	♂⊼♆	6 24
	☽∠♀	6 39
	☉☌☽	7 17
	☽△♆	2pm 6
	☽□♂	2 31
	☽⊻♅	4 37
	☽△♃	6 19
	☽⋕♅	11 14
5 S	☉∥☽	5am13
	♀ ♊	6 47
	♀⊼♄	8 25
	☽☌☿	1pm48
	☽☍♄	2 18
	☽⊻♀	2 55
	☿ ♉	4 23
	☿☍♄	5 1
	☽∠♅	10 18
	♀⋕♂	10 18
	☽⚼♃	11 54
6 Su	☽⋕♄	0am28
	♃SR	1 27
	☿⊻♀	6 0
	♄ ♎	8 31
	☽✶♇	10 36
	♂✶♅	12pm22
	☉⊻☽	11 51
7 M	☽□♆	1am29
	☽✶♅	4 23
	☽△♂	5 10
	☽⊼♃	5 52
	☽∥☿	4pm32
	☽∠♇	4 42
	♂⊻♃	6 50
	☉△♆	7 35
	☉∠♀	9 39
8 T	☿∠♅	1am16
	☽⊼♄	1 58
	☽∥♆	8 46
	☉∠☽	8 47
	☽☌♀	8 52
	☿⚼♃	11 3
	☽⊻☿	12pm17
	☽⚼♂	1 4
	☽⊻♇	11 2
9 W	☽⚼♄	8am 8
	☉⊻♅	9 53
	☽✶♆	2pm 1
	☽□♅	5 15
	☉✶☽	5 53
	☽☍♃	6 27
	☽⊼♂	9 4
	☽∠☿	11 28
10 Th	☿∥♆	0am31
	☉△♃	0 38
	☽△♄	2pm15
	☽∠♆	8 16
11 F	☽⊻♀	3am19
	☽✶☿	10 1
	☽☌♇	11 32
	☿✶♇	10pm40
12 S	☽⊻♆	2am 8
	☽△♅	5 36
	☽⊼♃	6 26
	☉□☽	11 12
	☽∠♀	11 51
	☽☍♂	12pm10
	☉⋕♄	2 59
	♀⚼♂	8 16
13 Su	☽□♄	1am17
	☽∥☿	1 38
	☽⚼♅	10 52
	☽⚼♃	11 31
	♂∥♃	4pm 2
	☉□♂	4 48
	☽✶♀	7 25
	☽⊻♇	10 0
	☽∥♆	11 19
14 M	☽□☿	3am30
	☽☌♆	11 44
	☽⊼♅	3pm15
	☽△♃	3 42
	☽⊼♂	11 56
15 T	☉△☽	0am54
	☽∠♇	1 54
	♀⊻♇	3 40
	☽✶♄	9 8
	☉∥☽	8pm12
16 W	☽⋕♄	3am50
	☽⚼♂	4 5
	☽✶♇	4 45
	☉⚼☽	5 51
	☽□♀	6 45
	☽∠♄	11 34
	☽△☿	2pm38
	☽⊻♆	5 26
	☽☍♅	8 54
	☽□♃	9 2
17 Th	☽⋕♅	1am27
	☽△♂	7 6
	☉⊼☽	9 34
	☽⊻♄	1pm 2
	☽⚼☿	5 59
	♃□♅	6 12
	☽∠♆	6 50
18 F	☽□♇	7am38
	☿□♆	7 50
	☽△♀	1pm12
	☽✶♆	7 28
	☽⊼☿	8 10
	♀⚼♄	8 26
	☽✶♃	10 45
	☽⊼♅	10 55
19 S	☽∥♅	1am51
	☉☍♄	8 53
	☽□♂	10 27
	☽☌♄	1pm49
	☉☍☽	2 11
	☽⚼♀	3 8
	☽∥♄	9 34
	☽∠♃	10 45
	☽⚼♅	11 3
20 Su	☽△♇	7am56
	☉ ♉	8 59
	☉⋕☽	2pm38
	☽⊼♀	4 40
	☽□♆	7 24
	☽☍☿	10 26
	☽⊻♃	10 30
	☽△♅	10 56
	☿⊼♃	11 58
21 M	☽⚼♇	7am45
	☽✶♂	12pm 7
	☿✶♅	1 8
	☽⊻♄	1 15
	☉⊼☽	5 9
	☽⋕♆	8 1
22 T	☽⊼♇	7am42
	♀✶♆	10 52
	☽∠♂	1pm 5
	☽∠♄	1 7
	♂□♄	2 1
	☉⚼☽	6 53
	☽△♆	7 17
	☽☍♀	7 53
	☽☌♃	10 19
	☽□♅	11 4
23 W	☽⊼☿	0am 5
	☽✶♄	1pm25
	☽⊻♂	2 31
	☽⚼♆	7 51
	☉△☽	9 13
24 Th	☽⚼☿	1am22
	♀☍♃	7 26
	☽☍♇	8 55
	♂ ♒	3pm59
	☉⚼♃	8 19
	☽⊼♆	9 3
	♀□♅	11 26
25 F	☽⊻♃	0am 3
	☽✶♅	1 13
	☽⊼♀	1 20
	☽△☿	3 12
	☉∠♅	1pm22
	☽□♄	3 57
	☽☌♂	7 41
26 S	☽∠♃	2am 2
	☽∠♅	3 26
	☉□☽	4 28
	☽⚼♀	5 26
	☿⊻♀	9 8
	☽⊼♇	1pm 0
	☽⋕♆	2 41
27 Su	☽☍♆	1am52
	☿SR	4 29
	☽✶♃	4 49
	☽⊻♅	6 29
	☉⋕☽	7 55
	☽□☿	8 46
	☽△♀	10 31
	☽⚼♇	4pm16
	☽△♄	9 38
28 M	☽⊻♂	4am29
	♆SD	3pm23
	☉✶☽	3 43
	☽△♇	8 17
	☽∥♄	9 36
29 T	☽⚼♄	1am36
	☽⊼♆	9 47
	☽∠♂	10 8
	☽□♃	12pm35
	☽☌♅	2 49
	☽✶☿	4 30
	☽∥♅	8 29
	☉∠☽	10 40
	☽□♀	11 21
30 W	☽⊼♄	6am10
	☽⚼♆	2pm41
	☽✶♂	4 27
	☽∠☿	8 55

MAY 1924

LONGITUDE

DAY	SID. TIME	☉	☽	☽ 12 Hour	MEAN ☊	TRUE ☊	☿	♀	♂	♃	♄	♅	♆	♇
	h m s	° ' "	° ' "	° ' "	° '	° '	° '	° '	° '	° '	° '	° '	° '	° '
1	14 34 34	10♉ 20 15	7♈ 22 24	13♈ 30 2	28♌ 37	29♌ 43R	20♉ 45R	25♊ 35	3♒ 41	18♐ 57R	28♎ 8R	20♓ 17	17♌ 35	10♋ 31
2	14 38 31	11 18 27	19 35 41	25 39 32	28 33	29 34	20 24	26 29	4 15	18 53	28 4	20 19	17 36	10 32
3	14 42 28	12 16 39	1♉ 41 49	7♉ 42 40	28 30	29 24	19 59	27 22	4 50	18 48	28 0	20 22	17 36	10 32
4	14 46 24	13 14 49	13 42 15	19 40 42	28 27	29 11	19 30	28 14	5 24	18 43	27 55	20 24	17 36	10 33
5	14 50 21	14 12 57	25 38 11	1♊ 34 52	28 24	28 58	18 59	29 5	5 58	18 38	27 51	20 26	17 36	10 34
6	14 54 17	15 11 3	7♊ 30 56	13 26 35	28 21	28 44	18 25	29 56	6 32	18 33	27 47	20 29	17 36	10 35
7	14 58 14	16 9 8	19 22 6	25 17 44	28 17	28 32	17 50	0♋ 46	7 6	18 28	27 42	20 31	17 36	10 36
8	15 2 10	17 7 11	1♋ 13 50	7♋ 10 47	28 14	28 23	17 14	1 36	7 39	18 22	27 38	20 33	17 37	10 37
9	15 6 7	18 5 12	13 8 59	19 8 56	28 11	28 15	16 37	2 24	8 13	18 17	27 34	20 36	17 37	10 38
10	15 10 3	19 3 11	25 11 8	1♌ 16 8	28 8	28 11	16 0	3 12	8 46	18 11	27 30	20 38	17 37	10 39
11	15 14 0	20 1 9	7♌ 24 30	13 36 52	28 5	28 9D	15 25	3 59	9 19	18 5	27 26	20 40	17 38	10 40
12	15 17 57	20 59 5	19 53 49	26 15 59	28 2	28 9R	14 50	4 45	9 52	17 59	27 22	20 42	17 38	10 41
13	15 21 53	21 56 58	2♍ 43 57	9♍ 18 15	27 58	28 9	14 18	5 31	10 25	17 53	27 18	20 44	17 39	10 42
14	15 25 50	22 54 50	15 59 22	22 47 39	27 55	28 8	13 49	6 15	10 58	17 47	27 14	20 46	17 39	10 43
15	15 29 46	23 52 40	29 43 22	6♎ 46 33	27 52	28 6	13 22	6 58	11 30	17 41	27 10	20 48	17 40	10 44
16	15 33 43	24 50 29	13♎ 57 7	21 14 42	27 49	28 1	12 59	7 41	12 3	17 34	27 6	20 50	17 40	10 45
17	15 37 39	25 48 16	28 38 45	6♏ 8 26	27 46	27 53	12 40	8 22	12 35	17 28	27 3	20 52	17 41	10 47
18	15 41 36	26 46 1	13♏ 42 43	21 20 23	27 43	27 43	12 24	9 2	13 7	17 21	26 59	20 54	17 42	10 48
19	15 45 32	27 43 45	29 0 2	6♐ 40 12	27 39	27 32	12 13	9 41	13 39	17 14	26 55	20 55	17 42	10 49
20	15 49 29	28 41 28	14♐ 19 25	21 56 16	27 36	27 22	12 6	10 19	14 11	17 8	26 52	20 57	17 43	10 50
21	15 53 26	29 39 9	29 29 27	6♑ 57 50	27 33	27 12	12 4D	10 56	14 42	17 1	26 48	20 59	17 44	10 51
22	15 57 22	0♊ 36 49	14♑ 20 31	21 36 49	27 30	27 5	12 6	11 31	15 13	16 54	26 45	21 1	17 44	10 52
23	16 1 19	1 34 28	28 46 18	5♒ 48 43	27 27	27 1	12 13	12 5	15 44	16 47	26 42	21 2	17 45	10 54
24	16 5 15	2 32 6	12♒ 44 4	19 32 29	27 23	26 59D	12 24	12 38	16 15	16 40	26 38	21 4	17 46	10 55
25	16 9 12	3 29 43	26 14 14	2♓ 49 41	27 20	26 58R	12 40	13 9	16 46	16 32	26 35	21 5	17 47	10 56
26	16 13 8	4 27 19	9♓ 19 19	15 43 38	27 17	26 59	13 0	13 39	17 16	16 25	26 32	21 7	17 48	10 57
27	16 17 5	5 24 54	22 3 9	28 18 25	27 14	26 58	13 25	14 8	17 46	16 18	26 29	21 8	17 49	10 59
28	16 21 1	6 22 29	4♈ 29 56	10♈ 38 14	27 11	26 55	13 53	14 34	18 16	16 10	26 26	21 10	17 49	11 0
29	16 24 58	7 20 2	16 43 47	22 47 0	27 8	26 50	14 26	15 0	18 46	16 3	26 23	21 11	17 50	11 1
30	16 28 55	8 17 34	28 48 18	4♉ 48 2	27 4	26 42	15 3	15 23	19 16	15 55	26 20	21 13	17 51	11 2
31	16 32 51	9♊ 15 6	10♉ 46 30	16♉ 44 1	27♌ 1	26♌ 32	15♉ 44	15♋ 45	19♒ 45	15♐ 48	26♎ 17	21♓ 14	17♌ 52	11♋ 4

DECLINATION and LATITUDE

DAY	☉ DECL	☽ DECL	☽ LAT	☽ 12hr DECL	☿ DECL	☿ LAT	♀ DECL	♀ LAT	♂ DECL	♂ LAT	♃ DECL	♃ LAT	♄ DECL	♄ LAT
1	14N56	0N 6	3S 5	2N 7	19N44	1N51	27N 3	3N41	20S47	1S30	22S17	0N43	8S15	2N45
2	15 14	4 6	3 51	6 2	19 26	1 38	27 6	3 42	20 41	1 32	22 16	0 43	8 13	2 45
3	15 32	7 54	4 27	9 40	19 5	1 24	27 8	3 42	20 35	1 34	22 16	0 43	8 12	2 45
4	15 49	11 21	4 50	12 54	18 43	1 9	27 9	3 43	20 29	1 36	22 15	0 43	8 10	2 45
5	16 7	14 19	4 60	15 35	18 20	0 53	27 10	3 44	20 22	1 38	22 15	0 43	8 9	2 45
6	16 24	16 41	4 57	17 37	17 54	0 37	27 11	3 44	20 16	1 40	22 15	0 43	8 7	2 45
7	16 41	18 21	4 41	18 53	17 28	0 20	27 11	3 44	20 10	1 43	22 14	0 43	8 6	2 45
8	16 57	19 13	4 13	19 21	17 2	0 3	27 11	3 44	20 3	1 45	22 14	0 43	8 5	2 44
9	17 14	19 15	3 34	18 56	16 34	0S15	27 10	3 44	19 57	1 47	22 13	0 43	8 3	2 44
10	17 29	18 24	2 45	17 39	16 7	0 32	27 8	3 44	19 50	1 49	22 13	0 43	8 2	2 44
11	17 45	16 42	1 47	15 32	15 40	0 50	27 6	3 43	19 43	1 52	22 12	0 43	8 1	2 44
12	18 1	14 10	0 44	12 37	15 14	1 7	27 4	3 42	19 37	1 54	22 12	0 43	7 59	2 44
13	18 16	10 53	0N24	8 59	14 49	1 23	27 1	3 41	19 30	1 56	22 11	0 43	7 58	2 44
14	18 31	6 57	1 33	4 48	14 25	1 39	26 58	3 40	19 24	1 59	22 11	0 42	7 57	2 44
15	18 45	2 32	2 39	0 12	14 2	1 54	26 54	3 39	19 17	2 1	22 10	0 42	7 55	2 44
16	18 59	2S11	3 37	4S33	13 42	2 9	26 50	3 37	19 10	2 4	22 10	0 42	7 54	2 43
17	19 13	6 54	4 23	9 10	13 23	2 22	26 46	3 35	19 3	2 6	22 9	0 42	7 53	2 43
18	19 27	11 19	4 51	13 18	13 6	2 35	26 41	3 33	18 57	2 9	22 9	0 42	7 52	2 43
19	19 40	15 3	5 0	16 34	12 52	2 46	26 36	3 31	18 50	2 11	22 8	0 42	7 51	2 43
20	19 53	17 46	4 47	18 39	12 40	2 57	26 30	3 28	18 43	2 14	22 8	0 42	7 50	2 43
21	20 5	19 12	4 14	19 25	12 30	3 6	26 24	3 25	18 36	2 16	22 7	0 42	7 49	2 43
22	20 17	19 17	3 25	18 50	12 23	3 15	26 18	3 22	18 30	2 19	22 6	0 42	7 48	2 42
23	20 29	18 5	2 23	17 3	12 18	3 22	26 12	3 19	18 23	2 22	22 6	0 42	7 46	2 42
24	20 41	15 48	1 15	14 21	12 16	3 28	26 5	3 15	18 16	2 24	22 5	0 42	7 45	2 42
25	20 52	12 43	0 4	10 57	12 15	3 33	25 58	3 11	18 9	2 27	22 5	0 42	7 44	2 42
26	21 2	9 5	1S 5	7 8	12 17	3 38	25 50	3 6	18 3	2 30	22 4	0 42	7 44	2 42
27	21 13	5 7	2 8	3 5	12 22	3 41	25 43	3 2	17 56	2 33	22 3	0 42	7 43	2 42
28	21 23	1 2	3 4	1N 1	12 28	3 43	25 35	2 57	17 49	2 36	22 3	0 41	7 42	2 41
29	21 33	3N 1	3 51	4 60	12 36	3 44	25 27	2 51	17 43	2 38	22 2	0 41	7 41	2 41
30	21 42	6 54	4 26	8 44	12 47	3 45	25 18	2 46	17 36	2 41	22 1	0 41	7 40	2 41
31	21N51	10N29	4S49	12N 6	12N59	3S44	25N10	2N40	17S30	2S44	22S 1	0N41	7S39	2N41

DAY	♅ DECL	♅ LAT	♆ DECL	♆ LAT	♇ DECL	♇ LAT
1	4S32	0S45	15N49	0N16	20N44	2S19
5	4 29	0 45	15 49	0 16	20 44	2 18
9	4 25	0 45	15 49	0 16	20 44	2 18
13	4 22	0 45	15 48	0 16	20 44	2 17
17	4 19	0 45	15 48	0 16	20 44	2 17
21	4 16	0 45	15 47	0 16	20 44	2 17
25	4 14	0 46	15 46	0 16	20 44	2 16
29	4S12	0S46	15N45	0N16	20N44	2S16

☽ PHENOMENA	VOID OF COURSE ☽ LAST ASPT	☽ INGRESS
d h m	2 4pm41	2 ♉ 8pm37
3 23 0 ●	4 1pm30	5 ♊ 8am48
12 2 14 ☽	7 4pm47	7 ♋ 9pm31
18 21 53 ○	10 4am33	10 ♌ 9am30
25 14 17 ☾	12 1pm59	12 ♍ 6pm57
	14 1pm 8	15 ♎ 0am29
	16 9pm26	17 ♏ 2am11
d h ° '	18 9pm53	19 ♐ 1am34
8 13 19N21	20 7pm44	21 ♑ 0am49
15 13 0	22 8pm31	23 ♒ 2am 5
21 13 19S25	25 0am38	25 ♓ 6am50
28 6 0	26 10pm16	27 ♈ 3pm16
	29 7pm 6	30 ♉ 2am23
5 7 5S 0		
12 16 0	d h	
18 22 5N 0	6 2 APOGEE	
25 1 0	19 5 PERIGEE	

DAILY ASPECTARIAN

1 Th	☉⚹♇	4am23
	☽□♇	6 9
	☉⚺☽	6 18
	♂∠♃	10 2
	♂#♇	1pm50
	☽△♆	8 3
	☽△♃	10 36
2 F	☽⚺♅	1am27
	☽⚺☿	1 32
	☽#♅	2 36
	☿⚹♅	4 16
	☽⚹♀	2pm42
	☽☍♄	4 41
3 S	☽#♄	1am59
	☽⚼♃	4 10
	☽□♂	6 33
	☽∠♅	7 20
	♀△♄	4pm 9
	☽⚹♇	5 41
	☉∠♀	7 57
	☽∠♀	10 58
	☉☌☽	11 0
	☉∥♆	11 45
4 Su	♂∠♅	0am15
	☽□♆	7 49
	☽⚻♃	10 0
	☽☌☿	11 11
	☽⚹♅	1pm30
	☽∠♇	11 52
5 M	☽⚻♄	4am26
	☽⚺♀	7 30
	☽∥♆	2pm23
	☿⚻♃	5 47
	☉∥☽	8 8
	☽△♂	9 54
6 T	♀ ♋	1am49
	☽⚺♇	6 13
	☽⚼♄	10 36
	☽∥☿	12pm55
	☉⚺☽	4 54
	☽⚹♆	8 26
	☽⚺☿	9 3
	☽☍♃	10 11
7 W	☽□♅	2am20
	☽⚼♂	5 48
	☿□♆	8 54
	☽△♄	4pm47
8 Th	☽☌♀	0am48
	☉☌☿	1 38
	☽∠☿	1 55
	☉∠☽	1 57
	☉∥☿	2 23
	☽∠♆	2 48
	☿∠♀	10 37
	☉□♆	12pm19
	☽⚻♂	1 36
	☽☌♇	6 57
9 F	☉⚻♃	4am20
	♀∠♆	6 25
	☽⚹☿	6 36
	☽⚺♆	8 57
	☽⚻♃	10 11
	☉⚹☽	10 45
	☽△♅	2pm55
10 S	☽□♄	4am33
	☉∥☽	12pm23
	☽⚼♃	3 38
	☿∥♆	4 35
	☽⚺♀	4 53
	☽⚼♅	8 36
11 Su	☽☍♂	3am53
	☽⚺♇	6 20
	☽∥♆	9 18
	☽∥☿	12pm52
	☽□☿	2 46
	☉⚹♅	4 38
	☽☌♆	7 42
	☽△♃	8 24
	☽∠♀	11 43
12 M	☽⚻♅	1am32
	☉□☽	2 14
	☽∠♇	10 56
	☽⚹♄	1pm59
13 T	☽⚹♀	5am24
	♂⚻♇	12pm55
	☽⚹♇	2 33
	☽⚻♂	2 37
	☽∠♄	5 19
	☽#♄	6 13
	☽△☿	8 15
14 W	☽⚺♆	2am57
	☽□♃	3 9
	☽☍♅	8 28
	☉△☽	1pm 8
	☽#♅	2 25
	☽⚼♂	6 14
	☽⚺♄	7 37
	☽⚼☿	9 45
15 Th	♃△♆	3am 5
	☽∠♆	5 2
	☽□♀	12pm58
	☉⚼☽	4 39
	☽□♇	6 41
	☽△♂	8 43
	☽⚻☿	10 26
16 F	☽⚹♃	5am56
	☽⚹♆	6 9
	☽∥♅	10 49
	☽⚻♅	11 21
	☉#♂	12pm42
	☉⚻☽	7 6
	☽☌♄	9 26
	☉∠♇	11 17
17 S	☿□♂	2am19
	☽∥♄	5 6
	☽∠♃	6 5
	☽⚼♅	11 35
	☽△♀	4pm15
	☽△♇	7 23
	☽☍☿	9 58
	☽□♂	11 2
18 Su	☉⚻♄	5am 5
	☽⚺♃	5 42
	☽□♆	6 16
	☽#☿	10 8
	☽△♅	11 19
	☽⚼♀	4pm57
	☽⚼♇	7 0
	☽⚺♄	8 46
	☉☍☽	9 53
19 M	☽#♆	5am33
	☽⚻♀	5pm27
	☽⚻♇	6 31
	☽∠♄	8 9
	☽⚻☿	8 32
	☽⚹♂	11 46
20 T	☽☌♃	4am23
	☽△♆	5 20
	☽□♅	10 28
	☽∥♂	12pm 8
	☽⚹♄	7 44
	☽⚼☿	8 9
	♀☌♇	8 57
21 W	☉⚻☽	0am17
	☿SD	0 20
	☽∠♂	0 21
	☽⚼♆	5 11
	☉ ♊	8 41
	☽☍♇	6pm20
	☽☍♀	7 12
	☽△☿	8 20
22 Th	☽⚺♂	1am30
	☉⚼☽	2 14
	☽⚺♃	4 10
	☽⚻♆	5 35
	☽⚹♅	11 1
	☽∥♂	7pm21
	☽□♄	8 31
23 F	☽∠♃	5am 3
	☉△☽	5 6
	☿⚹♀	8 0
	☽∠♅	12pm25
	☽⚻♇	8 49
	☽□☿	11 25
	☽⚻♀	11 49
24 S	☽#♆	0am18
	☽☌♂	6 25
	☽⚹♃	6 50
	☉∥♇	7 42
	☽☍♆	8 52
	☽⚺♅	2pm45
	♂⚹♃	3 25
	☽⚼♇	11 27
25 Su	☽△♄	0am38
	☽#☿	3 12
	☽⚼♀	3 37
	☉□☽	2pm17
26 M	☽△♇	3am 3
	☽⚼♄	4 6
	☽⚹☿	7 5
	☽∥♄	8 24
	☽△♀	8 25
	☽□♃	1pm11
	☽⚺♂	3 32
	☽⚻♆	3 55
	☽☌♅	10 16
27 T	♂☍♆	1am42
	☽∥♅	5 23
	☽⚻♄	8 27
	☽∠☿	12pm40
	☽⚼♆	8 44
	☽∠♂	9 31
28 W	☉⚹☽	3am58
	☽□♇	12pm44
	☽⚺☿	7 15
	☽□♀	8 27
	☽△♃	10 40
29 Th	☽△♆	2am12
	☽⚹♂	4 12
	☽#♅	7 5
	☽⚺♅	8 51
	☉∠☽	12pm 4
	☽☍♄	7 6
30 F	☽⚼♃	4am11
	☽#♄	4 55
	☽∠♅	2pm51
	☉⚺☽	8 40
31 S	☽⚹♇	0am35
	☿⚹♀	1 0
	☿⚻♃	1 45
	♀⚻♃	2 20
	☽⚻♃	10 0
	☽⚹♀	10 19
	☽☌☿	10 38
	☽□♆	2pm19
	☽□♂	6 50
	☽∥☿	8 26
	☽⚹♅	9 7

JUNE 1924

LONGITUDE

DAY	SID. TIME	☉	☽	☽ 12 Hour	MEAN ☊	TRUE ☊	☿	♀	♂	♃	♄	♅	♆	♇
	h m s	° ' "	° ' "	° ' "	° '	° '	° '	° '	° '	° '	° '	° '	° '	° '
1	16 36 48	10♊ 12 37	22♉ 40 48	28♉ 37 4	26♌ 58	26♌ 19R	16♉ 29	16♋ 5	20♒ 14	15♐ 40R	26♎ 15R	21♓ 15	17♌ 53	11♋ 5
2	16 40 44	11 10 6	4♊ 33 1	10♊ 28 50	26 55	26 6	17 17	16 23	20 42	15 33	26 12	21 16	17 55	11 6
3	16 44 41	12 7 35	16 24 42	22 20 47	26 52	25 53	18 9	16 40	21 11	15 25	26 10	21 17	17 56	11 8
4	16 48 37	13 5 3	28 17 17	4♋ 14 24	26 48	25 41	19 5	16 54	21 39	15 17	26 7	21 19	17 57	11 9
5	16 52 34	14 2 30	10♋ 12 23	16 11 29	26 45	25 31	20 4	17 6	22 6	15 10	26 5	21 20	17 58	11 11
6	16 56 30	14 59 56	22 12 0	28 14 16	26 42	25 24	21 7	17 16	22 34	15 2	26 3	21 21	17 59	11 12
7	17 0 27	15 57 20	4♌ 18 42	10♌ 25 41	26 39	25 19	22 13	17 24	23 1	14 55	26 1	21 22	18 0	11 13
8	17 4 24	16 54 44	16 35 41	22 49 11	26 36	25 17D	23 22	17 30	23 28	14 47	25 59	21 23	18 2	11 15
9	17 8 20	17 52 7	29 6 43	5♍ 28 47	26 33	25 17	24 34	17 34	23 54	14 39	25 57	21 23	18 3	11 16
10	17 12 17	18 49 28	11♍ 55 55	18 28 38	26 29	25 18R	25 49	17 35R	24 20	14 32	25 55	21 24	18 4	11 17
11	17 16 13	19 46 48	25 7 23	1♎ 52 34	26 26	25 18	27 8	17 34	24 46	14 24	25 53	21 25	18 5	11 19
12	17 20 10	20 44 8	8♎ 44 29	15 43 19	26 23	25 17	28 29	17 30	25 12	14 16	25 51	21 26	18 7	11 20
13	17 24 6	21 41 26	22 49 6	0♏ 1 40	26 20	25 13	29 54	17 25	25 37	14 9	25 50	21 26	18 8	11 22
14	17 28 3	22 38 44	7♏ 20 39	14 45 29	26 17	25 8	1♊ 22	17 16	26 1	14 1	25 48	21 27	18 10	11 23
15	17 31 59	23 36 0	22 15 21	29 49 16	26 14	25 0	2 52	17 5	26 26	13 54	25 47	21 28	18 11	11 25
16	17 35 56	24 33 17	7♐ 26 1	15♐ 4 17	26 10	24 51	4 26	16 52	26 50	13 46	25 45	21 28	18 13	11 26
17	17 39 53	25 30 32	22 42 42	0♑ 19 50	26 7	24 43	6 2	16 37	27 13	13 39	25 44	21 29	18 14	11 28
18	17 43 49	26 27 47	7♑ 54 22	15 25 1	26 4	24 35	7 42	16 19	27 36	13 32	25 43	21 29	18 15	11 29
19	17 47 46	27 25 1	22 50 46	0♒ 10 42	26 1	24 30	9 24	15 59	27 59	13 25	25 42	21 29	18 17	11 31
20	17 51 42	28 22 15	7♒ 24 12	14 30 47	25 58	24 26	11 9	15 36	28 21	13 17	25 41	21 30	18 19	11 32
21	17 55 39	29 19 29	21 30 15	28 22 32	25 54	24 25D	12 57	15 12	28 43	13 10	25 40	21 30	18 20	11 34
22	17 59 35	0♋ 16 42	5♓ 7 47	11♓ 46 16	25 51	24 26	14 48	14 45	29 5	13 3	25 39	21 30	18 22	11 35
23	18 3 32	1 13 55	18 18 20	24 44 27	25 48	24 27	16 41	14 17	29 26	12 56	25 39	21 30	18 23	11 37
24	18 7 28	2 11 9	1♈ 5 7	7♈ 20 55	25 45	24 27R	18 37	13 46	29 46	12 49	25 38	21 31	18 25	11 38
25	18 11 25	3 8 22	13 32 23	19 40 6	25 42	24 27	20 35	13 14	0♓ 6	12 43	25 38	21 31	18 27	11 40
26	18 15 22	4 5 35	25 44 38	1♉ 46 32	25 39	24 24	22 36	12 41	0 26	12 36	25 37	21 31R	18 28	11 41
27	18 19 18	5 2 48	7♉ 46 17	13 44 24	25 35	24 20	24 38	12 7	0 45	12 29	25 37	21 31	18 30	11 43
28	18 23 15	6 0 1	19 41 18	25 37 24	25 32	24 13	26 43	11 31	1 3	12 23	25 37	21 31	18 32	11 44
29	18 27 11	6 57 15	1♊ 33 5	7♊ 28 41	25 29	24 5	28 49	10 55	1 21	12 16	25 37D	21 31	18 34	11 46
30	18 31 8	7♋ 54 28	13♊ 24 28	19♊ 20 44	25♌ 26	23♌ 57	0♋ 57	10♋ 18	1♓ 38	12♐ 10	25♎ 37	21♓ 30	18♌ 35	11♋ 47

DECLINATION and LATITUDE

DAY	☉	☽		☽ 12hr	☿		♀		♂		♃		♄	
	DECL	DECL	LAT	DECL	DECL	LAT	DECL	LAT	DECL	LAT	DECL	LAT	DECL	LAT
1	21N59	13N37	4S60	14N59	13N13	3S43	25N 1	2N33	17S23	2S47	21S60	0N41	7S38	2N40
2	22 8	16 11	4 57	17 14	13 28	3 40	24 52	2 26	17 17	2 50	21 59	0 41	7 38	2 40
3	22 15	18 5	4 42	18 45	13 46	3 37	24 43	2 19	17 11	2 53	21 58	0 41	7 37	2 40
4	22 23	19 12	4 14	19 27	14 4	3 34	24 33	2 12	17 4	2 56	21 58	0 41	7 36	2 40
5	22 30	19 29	3 35	19 18	14 24	3 29	24 24	2 4	16 58	2 59	21 57	0 41	7 36	2 40
6	22 36	18 53	2 46	18 16	14 45	3 24	24 14	1 55	16 52	3 2	21 56	0 41	7 35	2 39
7	22 42	17 25	1 49	16 23	15 8	3 18	24 5	1 47	16 46	3 5	21 56	0 40	7 35	2 39
8	22 48	15 8	0 46	13 42	15 31	3 12	23 55	1 37	16 40	3 8	21 55	0 40	7 34	2 39
9	22 54	12 6	0N20	10 21	15 56	3 5	23 45	1 28	16 34	3 12	21 54	0 40	7 34	2 39
10	22 59	8 26	1 27	6 24	16 21	2 58	23 35	1 18	16 28	3 15	21 53	0 40	7 33	2 38
11	23 3	4 16	2 32	2 2	16 47	2 49	23 25	1 8	16 23	3 18	21 53	0 40	7 33	2 38
12	23 8	0S15	3 30	2S34	17 13	2 41	23 14	0 57	16 17	3 21	21 52	0 40	7 32	2 38
13	23 11	4 54	4 17	7 11	17 40	2 32	23 4	0 46	16 12	3 25	21 51	0 40	7 32	2 38
14	23 15	9 24	4 50	11 30	18 7	2 22	22 54	0 34	16 6	3 28	21 50	0 39	7 32	2 37
15	23 18	13 27	5 4	15 11	18 35	2 12	22 43	0 22	16 1	3 31	21 50	0 39	7 31	2 37
16	23 20	16 41	4 57	17 53	19 2	2 2	22 33	0 10	15 56	3 35	21 49	0 39	7 31	2 37
17	23 22	18 46	4 29	19 19	19 30	1 52	22 22	0S 3	15 51	3 38	21 48	0 39	7 31	2 37
18	23 24	19 31	3 42	19 22	19 57	1 41	22 11	0 16	15 46	3 41	21 47	0 39	7 31	2 36
19	23 25	18 52	2 41	18 4	20 24	1 30	22 1	0 29	15 42	3 45	21 47	0 39	7 31	2 36
20	23 26	16 59	1 30	15 38	20 50	1 18	21 50	0 43	15 37	3 48	21 46	0 39	7 31	2 36
21	23 27	14 6	0 16	12 23	21 16	1 7	21 39	0 57	15 33	3 52	21 45	0 38	7 30	2 36
22	23 27	10 31	0S57	8 34	21 40	0 55	21 28	1 10	15 28	3 55	21 45	0 38	7 30	2 35
23	23 27	6 32	2 5	4 28	22 4	0 43	21 17	1 25	15 24	3 59	21 44	0 38	7 30	2 35
24	23 26	2 23	3 4	0 18	22 26	0 32	21 6	1 39	15 20	4 3	21 43	0 38	7 30	2 35
25	23 25	1N46	3 53	3N48	22 47	0 20	20 55	1 53	15 17	4 6	21 42	0 38	7 31	2 35
26	23 23	5 46	4 30	7 39	23 6	0 9	20 44	2 7	15 13	4 10	21 42	0 38	7 31	2 34
27	23 21	9 28	4 55	11 10	23 23	0N 2	20 33	2 21	15 10	4 14	21 41	0 37	7 31	2 34
28	23 19	12 45	5 6	14 12	23 38	0 13	20 22	2 35	15 7	4 17	21 40	0 37	7 31	2 34
29	23 16	15 30	5 5	16 39	23 51	0 24	20 11	2 49	15 4	4 21	21 40	0 37	7 31	2 34
30	23N13	17N37	4S50	18N24	24N 1	0N34	20N 1	3S 3	15S 1	4S25	21S39	0N37	7S32	2N33

DAY	♅		♆		♇	
	DECL	LAT	DECL	LAT	DECL	LAT
1	4S10	0S46	15N44	0N16	20N44	2S16
5	4 9	0 46	15 42	0 16	20 44	2 15
9	4 7	0 46	15 41	0 16	20 44	2 15
13	4 6	0 46	15 39	0 16	20 44	2 15
17	4 5	0 46	15 38	0 16	20 43	2 14
21	4 5	0 47	15 36	0 16	20 43	2 14
25	4 5	0 47	15 34	0 16	20 43	2 14
29	4S 5	0S47	15N32	0N16	20N43	2S14

☽ PHENOMENA

d	h	m	
2	14	34	●
10	13	37	☽
17	4	42	○
24	2	16	☾

d	h	° '
4	20	19N30
11	23	0
18	1	19S31
24	14	0

d	h	° '
1	7	5S 0
8	17	0
15	4	5N 4
21	5	0
28	9	5S 7

VOID OF COURSE ☽

LAST ASPT	☽ INGRESS
31 9pm 7	1 ♊ 2pm48
3 7pm38	4 ♋ 3am27
6 7am38	6 ♌ 3pm29
8 5pm59	9 ♍ 1am41
11 3am59	11 ♎ 8am41
13 5am 1	13 ♏ 11am57
15 6am49	15 ♐ 12pm17
17 7am17	17 ♑ 11am29
19 4am39	19 ♒ 11am42
21 2pm42	21 ♓ 2pm52
23 5am57	23 ♈ 9pm56
25 11pm46	26 ♉ 8am28
28 3am41	28 ♊ 8pm52

d	h	
2	5	APOGEE
16	15	PERIGEE
29	11	APOGEE

DAILY ASPECTARIAN

1 Su	☉#♃	1am19
	☽∠♇	6 54
	☽⚻♄	7 11
	☽∠♀	5pm27
	☽∥♆	7 14
	☉⚺♇	10 26
2 M	☉⚼♄	0am50
	☽#♂	12pm 3
	☽⚺♇	1 18
	☽⚼♄	1 25
	☉☌☽	2 34
	☿□♆	5 40
	☽☍♃	10 1
3 T	☽⚺♀	0am31
	☽⚹♆	3 4
	☽⚺☿	3 49
	♂⚺♅	6 8
	☽□♅	9 53
	☽△♂	10 2
	☽△♄	7pm38
4 W	☽∠♆	9am25
	☽∠☿	12pm44
	☽⚼♂	5 31
5 Th	☽☌♇	1am57
	☉⚺☽	8 22
	☽⚻♃	9 50
	☽☌♀	2pm 2
	☽⚺♆	3 35
	☽⚹☿	9 37
	☽△♅	10 18
6 F	☽⚻♂	0am45
	☉☍♃	0 50
	☿⚹♅	5 16
	☽□♄	7 38
	☽⚼♃	3pm24
	☉∠☽	4 49
7 S	☽⚼♅	4am 2
	☽#♂	8 10
	☽⚺♇	1pm35
	☽∥♆	6 52
	☽△♃	8 31
	☽∥☿	8 57
8 Su	☉⚹☽	0am40
	☽⚺♀	1 46
	☽☌♆	2 47
	☿□♂	3 19
	☽⚻♅	9 14
	☿∥♆	9 52
	☽☍♂	1pm43
	☽□☿	2 24
	☉⚺♀	3 56
	☽⚹♄	5 59
	☽∠♇	6 35
9 M	☉⚹♆	4am36
	☽∠♀	6 32
	☽∠♄	10pm 7
	☽⚹♇	10 49
10 T	♀SR	0am51
	☿⚻♄	1 40
	☽□♃	4 44
	☽#♄	5 19
	☿#♂	5 56
	☿∠♇	8 55
	☽⚹♀	10 22
	☽⚺♆	11 17
	☉□☽	1pm37
	☽☍♅	5 19
	☽⚻♂	11 21
11 W	☽#♅	0am50
	☽⚺♄	1 21
	☽△☿	3 59
	☽∠♆	2pm10
12 Th	☽⚼♂	2am35
	☽□♇	4 30
	☽⚼☿	9 5
	☽⚹♃	9 26
	☉∥♀	11 43
	☽□♀	2pm56
	☽⚹♆	4 6
	☉□♅	5 37
	☽∥♅	7 54
	☽⚻♅	9 41
	☉△☽	9 58
13 F	☿ ♊	1am42
	☽△♂	4 48
	☽☌♄	5 1
	☽∠♃	10 27
	♂△♄	11 49
	☽⚻☿	1pm 5
	☽∥♄	1 51
	☽⚼♅	10 32
14 S	☉⚼☽	0am31
	☽△♇	6 34
	☽⚺♃	10 43
	☿∠♀	1pm 7
	☽△♀	3 51
	☽□♆	5 29
	☽△♅	10 44
	♂⚼♇	10 56
15 Su	☉⚻☽	2am17
	☽⚺♄	5 35
	☽⚼♇	6 37
	☽□♂	6 49
	☽⚼♀	3pm22
	☽#♆	3 26
	☽∥♂	5 57
	☽☍☿	6 43
16 M	☽∠♄	5am13
	☽⚻♇	6 18
	☽☌♃	9 53
	☽⚻♀	2pm35
	☽△♆	4 57
	☽□♅	10 3
17 T	☉☍☽	4am42
	☽⚹♄	4 45
	☉△♄	5 35
	☽⚹♂	7 17
	☽⚼♆	4pm37
	☽⚻☿	11 37
18 W	☽☍♇	5am43
	☽∠♂	7 42
	☽⚺♃	8 54
	☽☍♀	1pm 9
	☽⚻♆	4 36
	☽⚹♅	9 48
19 Th	☽⚼☿	2am52
	☽□♄	4 39
	☉⚻☽	7 59
	☽⚺♂	8 37
	☽∠♃	9 1
	☿⚼♄	5pm44
	☿∥♇	5 52
	☽∠♅	10 29
	☉△♂	11 28
20 F	☿⚺♇	5am14
	♂#♆	5 38
	☽⚻♇	6 58
	☽△☿	7 12
	♀#♃	8 52
	☽⚹♃	9 50
	☉⚼☽	10 47
	☽#♆	12pm22
	☽∥♂	12 31
	☽⚻♀	1 29
	☽☍♆	6 32
	☽⚺♅	12 0
21 S	☿☍♃	2am44
	☽△♄	7 15
	☽⚼♇	8 49
	☽☌♂	12pm57
	☉△☽	2 42
	☽⚼♀	2 44
	☿∥♀	3 39
	☉ ♋	5 0
	☿⚺♀	11 34
22 Su	☿#♃	4am13
	☽⚼♄	9 58
	☽△♇	11 41
	☽□♃	2pm13
	☽△♀	4 51
	☽∥♄	6 19
	♀⚼♂	7 37
	☽□☿	8 29
23 M	☽⚻♆	0am 9
	☽☌♅	5 57
	☽⚻♄	1pm42
	☽∥♅	2 14
	☽⚺♂	9 26
	☿⚹♆	9 32
24 T	☉□☽	2am16
	☽⚼♆	4 28
	♂ ♓	4pm28
	☽□♇	8 20
	☽△♃	10 24
	☽□♀	11 27
25 W	☽∠♂	3am 8
	☉∠♆	7 54
	☽△♆	9 37
	☿□♅	11 8
	☽#♅	1pm44
	☽⚺♅	3 38
	☽⚹☿	4 31
	☽☍♄	11 46
26 Th	♀∥♇	2am25
	☽⚼♃	3 39
	♀⚻♃	4 39
	☽⚹♂	9 34
	☽#♄	11 6
	♅SR	12pm 5
	☉⚹☽	6 4
	☽∠♅	9 29
	☉∥☿	9 44
27 F	☽∠☿	4am32
	☽⚹♇	7 56
	☽⚹♀	8 19
	☽⚻♃	9 24
	☿△♄	11 23
	♀☌♇	3pm40
	☽□♆	9 39
28 S	☉∠☽	2am53
	☽⚹♅	3 41
	☽⚻♄	11 59
	☽∠♀	1pm 8
	☽∠♇	2 17
	☽⚺☿	5 16
	☽#♂	7 50
	☽□♂	11 35
29 Su	☽∥♆	0am11
	♄SD	0 42
	☉⚺☽	11 54
	☿ ♋	1pm23
	☽⚺♀	6 1
	☽⚼♄	6 21
	☽⚺♇	8 43
	☽☍♃	9 31
30 M	☿△♂	8am58
	☽⚹♆	10 30
	☽□♅	4pm22

LONGITUDE

DAY	SID. TIME	☉	☽	☽ 12 Hour	MEAN ☊	TRUE ☊	☿	♀	♂	♃	♄	♅	♆	♇
	h m s	° ' "	° ' "	° ' "	° '	° '	° '	° '	° '	° '	° '	° '	° '	° '
1	18 35 4	8♋ 51 41	25♊ 17 42	1♋ 15 36	25♌ 23	23♌ 48R	3♋ 5	9♋ 40R	1♓ 55	12♐ 4R	25♎ 37	21♓ 30R	18♌ 37	11♋ 49
2	18 39 1	9 48 54	7♋ 14 37	13 14 58	25 20	23 40	5 15	9 3	2 11	11 58	25 37	21 30	18 39	11 50
3	18 42 57	10 46 7	19 16 48	25 20 21	25 16	23 34	7 25	8 26	2 27	11 52	25 38	21 30	18 41	11 52
4	18 46 54	11 43 20	1♌ 25 48	7♌ 33 22	25 13	23 30	9 36	7 49	2 42	11 46	25 38	21 29	18 43	11 53
5	18 50 51	12 40 33	13 43 18	19 55 51	25 10	23 28D	11 46	7 12	2 56	11 41	25 39	21 29	18 44	11 55
6	18 54 47	13 37 46	26 11 18	2♍ 29 57	25 7	23 27	13 56	6 36	3 10	11 35	25 39	21 29	18 46	11 56
7	18 58 44	14 34 59	8♍ 52 8	15 18 11	25 4	23 28	16 6	6 2	3 23	11 30	25 40	21 28	18 48	11 58
8	19 2 40	15 32 11	21 48 27	28 23 16	25 0	23 30	18 15	5 28	3 35	11 24	25 41	21 28	18 50	11 59
9	19 6 37	16 29 23	5♎ 2 57	11♎ 47 45	24 57	23 31R	20 22	4 56	3 47	11 19	25 42	21 27	18 52	12 1
10	19 10 33	17 26 36	18 37 55	25 33 35	24 54	23 31	22 29	4 26	3 58	11 14	25 43	21 26	18 54	12 2
11	19 14 30	18 23 48	2♏ 34 46	9♏ 41 25	24 51	23 31	24 35	3 57	4 9	11 9	25 44	21 26	18 56	12 4
12	19 18 26	19 21 0	16 53 16	24 9 59	24 48	23 28	26 39	3 30	4 18	11 5	25 45	21 25	18 58	12 5
13	19 22 23	20 18 12	1♐ 30 59	8♐ 55 35	24 45	23 25	28 41	3 6	4 28	11 0	25 47	21 24	19 0	12 7
14	19 26 20	21 15 24	16 22 56	23 52 4	24 41	23 20	0♌ 42	2 43	4 36	10 56	25 48	21 23	19 2	12 8
15	19 30 16	22 12 37	1♑ 21 55	8♑ 51 22	24 38	23 16	2 41	2 23	4 44	10 52	25 50	21 23	19 4	12 10
16	19 34 13	23 9 49	16 19 18	23 44 39	24 35	23 13	4 39	2 4	4 50	10 48	25 51	21 22	19 6	12 11
17	19 38 9	24 7 2	1♒ 6 25	8♒ 23 42	24 32	23 10	6 34	1 48	4 57	10 44	25 53	21 21	19 8	12 13
18	19 42 6	25 4 16	15 35 48	22 42 6	24 29	23 9D	8 28	1 35	5 2	10 40	25 55	21 20	19 10	12 14
19	19 46 2	26 1 30	29 42 14	6♓ 35 56	24 26	23 9	10 20	1 24	5 7	10 37	25 57	21 19	19 12	12 16
20	19 49 59	26 58 44	13♓ 23 7	20 3 52	24 22	23 10	12 11	1 15	5 11	10 33	25 59	21 18	19 14	12 17
21	19 53 55	27 55 59	26 38 20	3♈ 6 51	24 19	23 11	13 59	1 9	5 14	10 30	26 1	21 17	19 16	12 19
22	19 57 52	28 53 15	9♈ 29 46	15 47 32	24 16	23 13	15 46	1 5	5 16	10 27	26 3	21 16	19 18	12 20
23	20 1 49	29 50 32	22 0 39	28 9 40	24 13	23 14R	17 31	1 3D	5 18	10 24	26 5	21 14	19 20	12 22
24	20 5 45	0♌ 47 50	4♉ 15 8	10♉ 17 37	24 10	23 14	19 14	1 4	5 19R	10 22	26 8	21 13	19 23	12 23
25	20 9 42	1 45 9	16 17 41	22 15 54	24 6	23 13	20 56	1 7	5 18	10 19	26 10	21 12	19 25	12 25
26	20 13 38	2 42 28	28 12 47	4♊ 8 53	24 3	23 11	22 35	1 13	5 18	10 17	26 13	21 11	19 27	12 26
27	20 17 35	3 39 49	10♊ 4 40	16 0 38	24 0	23 8	24 13	1 20	5 16	10 15	26 15	21 9	19 29	12 28
28	20 21 31	4 37 10	21 57 10	27 54 41	23 57	23 5	25 49	1 30	5 14	10 13	26 18	21 8	19 31	12 29
29	20 25 28	5 34 33	3♋ 53 33	9♋ 54 3	23 54	23 3	27 24	1 42	5 10	10 11	26 21	21 6	19 33	12 30
30	20 29 24	6 31 56	15 56 30	22 1 9	23 51	23 0	28 56	1 56	5 6	10 9	26 24	21 5	19 36	12 32
31	20 33 21	7♌ 29 21	28♋ 8 11	4♌ 17 49	23♌ 47	22♌ 58	0♍ 27	2♋ 11	5♓ 2	10♐ 8	26♎ 27	21♓ 3	19♌ 38	12♋ 33

DECLINATION and LATITUDE

DAY	☉ DECL	☽ DECL	☽ LAT	☽ 12hr DECL	☿ DECL	☿ LAT	♀ DECL	♀ LAT	♂ DECL	♂ LAT	♃ DECL	♃ LAT	♄ DECL	♄ LAT
1	23N 9	18N60	4S23	19N22	24N 9	0N44	19N50	3S16	14S58	4S29	21S38	0N37	7S32	2N33
2	23 5	19 32	3 44	19 28	24 14	0 53	19 40	3 29	14 56	4 32	21 38	0 37	7 32	2 33
3	23 1	19 11	2 54	18 41	24 16	1 2	19 30	3 42	14 54	4 36	21 37	0 36	7 33	2 33
4	22 56	17 57	1 57	17 1	24 16	1 10	19 20	3 54	14 52	4 40	21 37	0 36	7 33	2 32
5	22 51	15 52	0 53	14 32	24 12	1 17	19 10	4 6	14 50	4 44	21 36	0 36	7 33	2 32
6	22 45	13 2	0N15	11 21	24 6	1 24	19 1	4 17	14 49	4 48	21 35	0 36	7 34	2 32
7	22 39	9 32	1 23	7 35	23 58	1 30	18 52	4 27	14 48	4 51	21 35	0 36	7 34	2 31
8	22 33	5 31	2 28	3 22	23 46	1 35	18 43	4 37	14 47	4 55	21 34	0 35	7 35	2 31
9	22 26	1 10	3 27	1S 5	23 32	1 39	18 35	4 47	14 46	4 59	21 34	0 35	7 36	2 31
10	22 19	3S21	4 16	5 36	23 16	1 43	18 27	4 55	14 45	5 3	21 33	0 35	7 36	2 31
11	22 11	7 48	4 51	9 56	22 57	1 46	18 20	5 3	14 45	5 7	21 33	0 35	7 37	2 30
12	22 3	11 56	5 10	13 47	22 36	1 48	18 13	5 11	14 45	5 11	21 32	0 35	7 38	2 30
13	21 55	15 26	5 9	16 51	22 13	1 49	18 7	5 18	14 45	5 14	21 32	0 34	7 38	2 30
14	21 46	17 59	4 47	18 50	21 48	1 50	18 1	5 24	14 46	5 18	21 32	0 34	7 39	2 30
15	21 37	19 21	4 6	19 31	21 21	1 50	17 56	5 29	14 46	5 22	21 31	0 34	7 40	2 29
16	21 28	19 21	3 8	18 50	20 52	1 49	17 52	5 34	14 47	5 26	21 31	0 34	7 41	2 29
17	21 18	18 0	1 58	16 53	20 23	1 48	17 47	5 39	14 48	5 30	21 31	0 34	7 42	2 29
18	21 8	15 31	0 41	13 55	19 51	1 46	17 44	5 43	14 50	5 33	21 30	0 33	7 42	2 29
19	20 57	12 9	0S36	10 14	19 19	1 43	17 41	5 46	14 52	5 37	21 30	0 33	7 43	2 28
20	20 46	8 13	1 49	6 7	18 45	1 40	17 38	5 48	14 54	5 41	21 30	0 33	7 44	2 28
21	20 35	3 60	2 54	1 51	18 11	1 36	17 36	5 51	14 56	5 44	21 29	0 33	7 45	2 28
22	20 23	0N16	3 48	2N22	17 35	1 32	17 35	5 52	14 58	5 48	21 29	0 33	7 46	2 28
23	20 12	4 25	4 29	6 23	16 59	1 28	17 33	5 53	15 1	5 52	21 29	0 32	7 47	2 27
24	19 59	8 16	4 58	10 3	16 22	1 23	17 33	5 54	15 4	5 55	21 29	0 32	7 48	2 27
25	19 47	11 44	5 12	13 16	15 44	1 17	17 32	5 54	15 7	5 58	21 29	0 32	7 50	2 27
26	19 34	14 40	5 14	15 55	15 7	1 11	17 33	5 54	15 11	6 2	21 28	0 32	7 51	2 26
27	19 21	17 0	5 1	17 54	14 28	1 5	17 33	5 53	15 14	6 5	21 28	0 32	7 52	2 26
28	19 7	18 37	4 36	19 7	13 49	0 58	17 34	5 53	15 18	6 8	21 28	0 31	7 53	2 26
29	18 53	19 25	3 59	19 30	13 10	0 51	17 35	5 51	15 22	6 11	21 28	0 31	7 54	2 26
30	18 39	19 21	3 10	18 58	12 31	0 43	17 36	5 50	15 27	6 15	21 28	0 31	7 56	2 25
31	18N24	18N22	2S13	17N33	11N52	0N35	17N38	5S48	15S31	6S17	21S28	0N31	7S57	2N25

DAY	♅ DECL	♅ LAT	♆ DECL	♆ LAT	♇ DECL	♇ LAT
1	4S 5	0S47	15N30	0N16	20N43	2S13
5	4 6	0 47	15 28	0 16	20 42	2 13
9	4 7	0 47	15 26	0 16	20 42	2 13
13	4 8	0 47	15 23	0 16	20 42	2 13
17	4 10	0 47	15 21	0 16	20 41	2 13
21	4 11	0 48	15 18	0 16	20 41	2 12
25	4 13	0 48	15 16	0 16	20 40	2 12
29	4S16	0S48	15N13	0N16	20N40	2S12

☽ PHENOMENA

d	h	m	
2	5	35	●
9	21	46	☽
16	11	49	○
23	16	36	☾
31	19	42	●◐

d	h	° '
2	3	19N32
9	6	0
15	12	19S31
21	22	0
29	10	19N30

d	h	
5	19	0
12	11	5N12
18	13	0
25	14	5S15

VOID OF COURSE ☽

LAST ASPT		☽ INGRESS	
1	0am39	1 ♋	9am28
3	12pm35	3 ♌	9pm11
5	10pm59	6 ♍	7am16
7	11pm22	8 ♎	2pm55
10	12pm17	10 ♏	7pm36
12	6pm39	12 ♐	9pm32
14	3pm 7	14 ♑	9pm49
16	3pm28	16 ♒	10pm11
18	5pm31	19 ♓	0am31
21	2am34	21 ♈	6am12
23	7am58	23 ♉	3pm37
25	10am49	26 ♊	3am37
28	8am59	28 ♋	4pm12
30	8pm41	31 ♌	3am38

d	h	
14	22	PERIGEE
27	0	APOGEE

DAILY ASPECTARIAN

1 T	☽△♄	0am39
	☿∠♆	5 58
	☉☌♀	12pm21
	☽△♂	1 38
	☽∠♆	4 47
	☽☌☿	7 7
2 W	☽☌♀	3am26
	☉☌☽	5 35
	☽☌♇	9 12
	☽⊼♃	9 22
	☽⚼♂	8pm17
	☽⊻♆	10 48
3 Th	♃⊼♇	0am56
	☽△♅	4 24
	☿☌♀	8 39
	☽□♄	12pm35
	☽⚼♃	2 54
4 F	☉⊼♃	1am 5
	☽⊼♂	2 32
	☉☌♇	4 15
	☽⚼♅	9 55
	☽⊻♀	11 54
	☽⊻☿	7pm24
	☽△♃	8 3
	☽⊻♇	8 29
	☉⊻☽	9 48
	☿⊼♃	11 2
5 S	☿☌♇	1am38
	☽∥♆	3 49
	☽#♂	9 32
	☽☌♆	9 44
	☽⊼♅	2pm59
	☽∠♀	3 37
	☉☌☿	5 57
	☽✶♄	10 59
6 Su	☽∠♇	1am26
	☉∠☽	5 2
	☽∠☿	6 19
	☽☍♂	1pm30
	☽✶♀	6 54
7 M	☽∠♄	3am22
	☽□♃	4 53
	☽✶♇	5 48
	☉✶☽	11 31
	☽#♄	12pm 0
	☽✶☿	4 9
	☽⊻♆	6 31
	☽☍♅	11 22
8 T	☿⚼♂	4am19
	☿⊻♆	6 45
	☽⊻♄	7 6
	☽#♅	7 55
	☽⊼♂	9pm42
	☽∠♆	9 53
	☽□♀	11 49
9 W	☽✶♃	11am 5
	☿△♅	12pm 9
	☽□♇	12 24
	☉□☽	9 46
10 Th	☽✶♆	0am28
	☽⚼♂	0 36
	☽∥♅	4 4
	☽⊼♅	4 53
	☽□☿	7 53
	☽☌♄	12pm17
	☽∠♃	1 5
	♀△♂	4 49
	☽∥♄	10 56
11 F	♀∠♆	1am 8
	☽△♀	2 16
	☽△♂	2 41
	☽⚼♅	6 31
	☿□♄	1pm34
	☉⊻♆	1 57
	☽⊻♃	2 23
	☽△♇	4 0
	☿⚼♃	5 40
	☉⚼♂	10 45
12 S	☽⚼♀	2am36
	☽□♆	3 27
	☉△☽	4 21
	☽△♅	7 29
	☽⊻♄	2pm37
	☽⚼♇	4 49
	☽△☿	6 39
	☽∥♂	6 52
	☽#♆	11 41
13 Su	☽⊼♀	2am30
	☽□♂	4 49
	☉⚼☽	6 34
	☽∠♄	3pm 1
	☽☌♃	3 17
	☿ ♌	3 38
	☽⊼♇	5 10
	☽⚼☿	10 44
14 M	☽#♀	0am24
	☉∥☿	2 6
	☉△♅	3 21
	☽△♆	4 16
	☽□♅	8 2
	☉⊼☽	8 21
	☿#♃	2pm43
	☽✶♄	3 7
	☿⊻♀	8 46
15 T	☽☍♀	1am35
	☽⊼☿	2 26
	☽⚼♆	4 20
	☽✶♂	5 25
	♃∠♄	9 2
	☽⊻♃	3pm 9
	☉#♃	3 26
	☽☍♇	5 20
16 W	☿⊼♂	2am36
	☽⊼♆	4 29
	☽∠♂	5 43
	☽✶♅	8 8
	☿∥♇	9 4
	☉☍☽	11 49
	☽∠♃	3pm16
	☽□♄	3 28
	☿⚼♅	9 13
17 Th	☽⊼♀	1am 8
	☽#♀	2 37
	☽⊻♂	6 21
	☽∠♅	8 36
	☽☍☿	10 21
	☽✶♃	3pm49
	☽⊼♇	6 23
18 F	☽#♆	1am23
	☽⚼♀	1 38
	☽∥♂	5 15
	☽☍♆	6 1
	☽⊻♅	9 40
	☉⚼♃	2pm11
	☉⊼☽	5 13
	☽△♄	5 31
	☽⚼♇	7 48
	☉□♄	9 55
19 S	☽△♀	2am54
	☿△♃	3 25
	☽☌♂	9 27
	☽□♃	7pm 0
	☽⚼♄	7 43
	☉⚼☽	9 19
	☽⊼☿	9 31
	☽△♇	10 3
20 Su	☿⊻♇	1am28
	☽∥♄	2 44
	☽⊼♆	10 32
	☉∥♇	11 29
	☽☌♅	2pm13
	☽⊼♄	10 51
	☽∥♅	10 54
21 M	☉△☽	2am34
	☽⚼☿	5 2
	☽□♀	8 17
	☽⚼♆	2pm12
	☽⊻♂	4 1
22 T	☿∥♀	0am24
	☽△♃	1 48
	☿∠♀	4 12
	☽□♇	5 25
	☽△☿	1pm54
	☽△♆	6 49
	☽∠♂	8 40
	☽⊻♅	10 30
	☽#♅	10 47
23 W	♀SD	3am29
	☉ ♌	3 58
	☽⚼♃	6 35
	☽☍♄	7 58
	☉□☽	4pm36
	☽✶♀	5 42
	☽#♄	9 1
24 Th	☿☌♆	2am 0
	☽✶♂	2 6
	☽∠♅	3 53
	☉⊻♀	7 12
	♂SR	11 4
	☽⊼♃	12pm 5
	☽✶♇	4 13
	☽∠♀	11 39
25 F	☿⊼♅	3am49
	☽□♆	6 17
	☽✶♅	9 50
	☽□☿	10 49
	☿∥♆	6pm32
	☽⊼♄	7 57
	☿#♂	9 42
	☽∠♇	10 26
26 S	☽∥☿	3am13
	☽#♂	4 46
	☽∥♆	5 21
	☽⊻♀	6 7
	☉✶☽	9 53
	☽□♂	2pm17
27 Su	☽☍♃	0am20
	♂#♆	1 4
	☽⚼♄	2 23
	☽⊻♇	4 50
	☽∥♀	7 3
	☉∠☽	6pm53
	☽✶♆	7 4
	☽□♅	10 21
28 M	☿✶♄	7am29
	☽△♄	8 48
	☽✶☿	8 59
	☉∥☽	9 21
	☉⊼♂	2pm28
	☽☌♀	7 31
29 T	☽∠♆	1am20
	☿∠♇	1 47
	☽△♂	2 33
	☉⊻☽	3 40
	☽⊼♃	12pm32
	☉⚼♅	12 58
	☽☌♇	5 13
	☽∠☿	7 27
30 W	☽⊻♆	7am14
	☽⚼♂	8 11
	☽△♅	10 8
	☿ ♍	4pm49
	☽⚼♃	6 8
	☽□♄	8 41
	☉∥☽	11 19
31 Th	☽⊻☿	5am 8
	☽⊻♀	8 6
	☽∥♀	10 43
	☽⊼♂	1pm19
	☽⚼♅	3 23
	☉☌☽	7 42
	☽△♃	11 15

AUGUST 1924

LONGITUDE

DAY	SID. TIME	☉	☽	☽ 12 Hour	MEAN ☊	TRUE ☊	☿	♀	♂	♃	♄	♅	♆	♇
	h m s	° ' "	° ' "	° ' "	° '	° '	° '	° '	° '	° '	° '	° '	° '	° '
1	20 37 18	8♌ 26 46	10♌ 30 12	16♌ 45 29	23♌ 44	22♌ 57D	1♍ 56	2♋ 29	4♓ 56R	10♐ 7R	26♎ 30	21♓ 2R	19♌ 40	12♋ 35
2	20 41 14	9 24 12	23 3 46	29 25 10	23 41	22 57	3 23	2 49	4 50	10 6	26 33	21 0	19 42	12 36
3	20 45 11	10 21 39	5♍ 49 48	12♍ 17 43	23 38	22 57	4 49	3 10	4 43	10 5	26 36	20 59	19 44	12 37
4	20 49 7	11 19 6	18 49 2	25 23 48	23 35	22 58	6 12	3 33	4 35	10 4	26 40	20 57	19 46	12 39
5	20 53 4	12 16 35	2♎ 2 6	8♎ 44 0	23 32	22 59	7 34	3 58	4 26	10 4	26 43	20 55	19 49	12 40
6	20 57 0	13 14 4	15 29 32	22 18 43	23 28	23 0	8 53	4 24	4 17	10 3	26 47	20 54	19 51	12 42
7	21 0 57	14 11 34	29 11 34	6♏ 8 3	23 25	23 0R	10 11	4 52	4 7	10 3D	26 50	20 52	19 53	12 43
8	21 4 53	15 9 5	13♏ 8 3	20 11 26	23 22	23 0	11 27	5 21	3 57	10 3	26 54	20 50	19 55	12 44
9	21 8 50	16 6 36	27 18 0	4♐ 27 29	23 19	23 0	12 41	5 52	3 46	10 4	26 58	20 48	19 58	12 45
10	21 12 47	17 4 9	11♐ 39 29	18 53 36	23 16	23 0	13 52	6 24	3 34	10 4	27 2	20 46	20 0	12 47
11	21 16 43	18 1 42	26 9 17	3♑ 25 58	23 12	22 59	15 1	6 58	3 22	10 5	27 5	20 44	20 2	12 48
12	21 20 40	18 59 17	10♑ 43 0	17 59 41	23 9	22 59	16 8	7 33	3 9	10 5	27 9	20 43	20 4	12 49
13	21 24 36	19 56 52	25 15 18	2♒ 29 7	23 6	22 59D	17 13	8 9	2 56	10 6	27 14	20 41	20 6	12 51
14	21 28 33	20 54 28	9♒ 40 26	16 48 35	23 3	22 58	18 15	8 46	2 43	10 8	27 18	20 39	20 9	12 52
15	21 32 29	21 52 5	23 52 58	0♓ 53 2	23 0	22 59	19 14	9 25	2 29	10 9	27 22	20 37	20 11	12 53
16	21 36 26	22 49 44	7♓ 48 23	14 38 39	22 57	22 59R	20 11	10 4	2 14	10 11	27 26	20 35	20 13	12 54
17	21 40 22	23 47 24	21 23 37	28 3 11	22 53	22 59	21 5	10 45	2 0	10 12	27 31	20 33	20 15	12 56
18	21 44 19	24 45 5	4♈ 37 19	11♈ 6 8	22 50	22 59	21 56	11 27	1 45	10 14	27 35	20 31	20 18	12 57
19	21 48 16	25 42 49	17 29 48	23 48 36	22 47	22 58	22 43	12 9	1 29	10 16	27 40	20 28	20 20	12 58
20	21 52 12	26 40 33	0♉ 2 53	6♉ 13 4	22 44	22 58	23 28	12 53	1 14	10 19	27 44	20 26	20 22	12 59
21	21 56 9	27 38 19	12 19 35	18 22 58	22 41	22 57	24 8	13 38	0 58	10 21	27 49	20 24	20 24	13 0
22	22 0 5	28 36 7	24 23 45	0♊ 22 29	22 37	22 57D	24 45	14 23	0 42	10 24	27 54	20 22	20 26	13 1
23	22 4 2	29 33 57	6♊ 19 46	12 16 9	22 34	22 57	25 18	15 10	0 26	10 26	27 59	20 20	20 29	13 2
24	22 7 58	0♍ 31 49	18 12 14	24 8 35	22 31	22 57	25 46	15 57	0 10	10 29	28 3	20 18	20 31	13 4
25	22 11 55	1 29 42	0♋ 5 44	6♋ 4 14	22 28	22 58	26 10	16 45	29♒ 54	10 33	28 8	20 15	20 33	13 5
26	22 15 51	2 27 37	12 4 35	18 7 14	22 25	22 59	26 29	17 34	29 39	10 36	28 13	20 13	20 35	13 6
27	22 19 48	3 25 34	24 12 37	0♌ 21 6	22 22	23 0	26 43	18 23	29 23	10 39	28 19	20 11	20 37	13 7
28	22 23 45	4 23 32	6♌ 33 1	12 48 38	22 18	23 1	26 52	19 14	29 7	10 43	28 24	20 9	20 40	13 8
29	22 27 41	5 21 32	19 8 10	25 31 45	22 15	23 1R	26 56R	20 5	28 52	10 47	28 29	20 6	20 42	13 9
30	22 31 38	6 19 34	1♍ 59 27	8♍ 31 19	22 12	23 1	26 53	20 56	28 37	10 51	28 34	20 4	20 44	13 10
31	22 35 34	7♍ 17 37	15♍ 7 15	21♍ 47 11	22♌ 9	23♌ 1	26♍ 45	21♋ 49	28♒ 22	10♐ 55	28♎ 40	20♓ 2	20♌ 46	13♋ 11

DECLINATION and LATITUDE

DAY	☉ DECL	☽ DECL	☽ LAT	☽ 12hr DECL	☿ DECL	☿ LAT	♀ DECL	♀ LAT	♂ DECL	♂ LAT	♃ DECL	♃ LAT	♄ DECL	♄ LAT
1	18N10	16N31	1S 8	15N17	11N13	0N27	17N40	5S46	15S36	6S20	21S28	0N31	7S58	2N25
2	17 54	13 51	0N 1	12 14	10 34	0 19	17 42	5 43	15 41	6 23	21 28	0 30	7 60	2 25
3	17 39	10 28	1 11	8 34	9 54	0 10	17 44	5 40	15 46	6 26	21 28	0 30	8 1	2 24
4	17 23	6 33	2 18	4 26	9 15	0 1	17 47	5 37	15 51	6 28	21 28	0 30	8 3	2 24
5	17 7	2 15	3 20	0 1	8 37	0S 8	17 49	5 34	15 56	6 31	21 29	0 30	8 4	2 24
6	16 51	2S14	4 12	4S28	7 58	0 17	17 52	5 31	16 2	6 33	21 29	0 30	8 6	2 24
7	16 35	6 40	4 50	8 48	7 20	0 27	17 54	5 27	16 7	6 35	21 29	0 29	8 7	2 24
8	16 18	10 49	5 12	12 43	6 42	0 37	17 57	5 24	16 13	6 37	21 29	0 29	8 9	2 23
9	16 1	14 26	5 16	15 57	6 5	0 47	17 60	5 20	16 19	6 39	21 29	0 29	8 10	2 23
10	15 44	17 14	5 0	18 15	5 28	0 57	18 3	5 15	16 25	6 40	21 30	0 29	8 12	2 23
11	15 26	18 58	4 26	19 23	4 52	1 7	18 5	5 11	16 30	6 42	21 30	0 29	8 13	2 23
12	15 8	19 28	3 34	19 14	4 17	1 18	18 8	5 7	16 36	6 43	21 30	0 28	8 15	2 22
13	14 50	18 40	2 28	17 48	3 42	1 28	18 10	5 2	16 42	6 44	21 31	0 28	8 17	2 22
14	14 32	16 40	1 13	15 16	3 8	1 39	18 13	4 58	16 48	6 45	21 31	0 28	8 18	2 22
15	14 13	13 39	0S 5	11 51	2 35	1 49	18 15	4 53	16 54	6 46	21 31	0 28	8 20	2 22
16	13 55	9 54	1 21	7 51	2 3	1 60	18 17	4 48	16 60	6 46	21 32	0 28	8 22	2 21
17	13 36	5 44	2 31	3 34	1 32	2 10	18 19	4 43	17 5	6 47	21 32	0 27	8 24	2 21
18	13 17	1 23	3 31	0N46	1 3	2 21	18 21	4 38	17 11	6 47	21 33	0 27	8 25	2 21
19	12 57	2N53	4 18	4 57	0 34	2 32	18 22	4 33	17 17	6 47	21 33	0 27	8 27	2 21
20	12 38	6 56	4 52	8 49	0 7	2 42	18 23	4 27	17 22	6 47	21 34	0 27	8 29	2 21
21	12 18	10 36	5 12	12 14	0S18	2 52	18 24	4 22	17 27	6 46	21 34	0 27	8 31	2 20
22	11 58	13 45	5 17	15 7	0 42	3 2	18 25	4 17	17 33	6 46	21 35	0 26	8 33	2 20
23	11 38	16 18	5 8	17 20	1 4	3 12	18 25	4 11	17 38	6 45	21 35	0 26	8 35	2 20
24	11 17	18 10	4 47	18 48	1 24	3 22	18 26	4 6	17 42	6 44	21 36	0 26	8 37	2 20
25	10 57	19 14	4 13	19 27	1 42	3 31	18 25	4 0	17 47	6 43	21 37	0 26	8 39	2 20
26	10 36	19 27	3 28	19 13	1 58	3 40	18 25	3 55	17 51	6 41	21 37	0 26	8 41	2 19
27	10 15	18 46	2 33	18 6	2 11	3 48	18 24	3 49	17 56	6 40	21 38	0 26	8 43	2 19
28	9 54	17 11	1 30	16 4	2 22	3 56	18 23	3 43	17 59	6 38	21 39	0 25	8 45	2 19
29	9 33	14 45	0 22	13 14	2 29	4 3	18 22	3 38	18 3	6 36	21 39	0 25	8 47	2 19
30	9 12	11 32	0N49	9 41	2 34	4 9	18 20	3 32	18 6	6 34	21 40	0 25	8 49	2 19
31	8N50	7N42	1N59	5N35	2S35	4S14	18N17	3S26	18S10	6S32	21S41	0N25	8S51	2N18

DAY	♅ DECL	♅ LAT	♆ DECL	♆ LAT	♇ DECL	♇ LAT
1	4S17	0S48	15N11	0N16	20N40	2S12
5	4 20	0 48	15 8	0 16	20 39	2 12
9	4 23	0 48	15 6	0 16	20 39	2 12
13	4 26	0 48	15 3	0 16	20 39	2 12
17	4 29	0 48	15 0	0 16	20 38	2 12
21	4 33	0 48	14 57	0 17	20 38	2 11
25	4 36	0 48	14 54	0 17	20 38	2 11
29	4S40	0S48	14N52	0N17	20N37	2S11

☽ PHENOMENA				VOID OF COURSE ☽ LAST ASPT		☽ INGRESS		
d	h	m						
8	3	41	☽	2	6am37	2	♍	1pm 5
14	20	19	○☍	4	3am54	4	♎	8pm20
22	9	11	☾	6	7pm53	7	♏	1am24
30	8	37	●☌	8	1pm 4	9	♐	4am32
				11	1am33	11	♑	6am21
				13	3am17	13	♒	7am52
d	h	°	'	15	5am59	15	♓	10am29
5	12	0		16	11pm24	17	♈	3pm32
11	21	19S29		19	7pm31	19	♉	11pm54
18	8	0		22	9am11	22	♊	11am15
25	18	19N29		24	11pm38	24	♋	11pm48
				27	8am 5	27	♌	11am19
				29	5pm52	29	♍	8pm19
2	0	0						
8	17	5N17		d	h			
14	22	0		11	20	PERIGEE		
21	21	5S17		23	18	APOGEE		
29	7	0						

DAILY ASPECTARIAN

Day	Aspect	Time
1 F	☽⚺♇	4am 0
	☽#♂	8 48
	☿✶♀	11 35
	☽∥♆	12pm52
	☽∠♀	1 44
	☽☌♆	5 36
	☽⚻♅	8 6
2 S	☽✶♄	6am37
	☽∠♇	8 36
	☉∥♀	4pm53
	☉△♃	5 3
	☽✶♀	6 53
	☽☌☿	9 52
	☽☍♂	9 56
	☿☍♂	10 26
3 Su	☽∥☿	4am25
	☽□♃	7 54
	☉⚺☽	9 6
	☽∠♄	10 46
	☽✶♇	12pm38
	☽#♄	3 14
4 M	☽⚺♆	1am45
	☽☍♅	3 54
	☽#♅	12pm34
	☽⚺♄	2 21
	☉∠☽	2 44
5 T	☽□♀	3am35
	☽⚻♂	4 16
	☽∠♆	5 0
	☉⚺♇	10 5
	☽⚺☿	11 0
	☽✶♃	2pm22
	☽□♇	7 2
	♀△♂	7 29
	☿#♄	7 34
	☉✶☽	7 42
6 W	☽⚼♂	6am37
	☽✶♆	7 42
	☽⚻♅	9 29
	☽∥♅	11 23
	☽∠☿	4pm19
	☽∠♃	4 48
	☽☌♄	7 53
	☿□♃	9 30
7 Th	♀∠♆	1am 6
	♃SD	2 9
	☽#☿	3 14
	☽∥♄	8 10
	☽△♂	8 26
	☽△♀	10 10
	☽⚼♅	11 31
	☽⚺♃	6pm44
	☽✶☿	8 50
	☽△♇	11 19
8 F	☉□☽	3am41
	☉#♂	5 14
	☿∠♄	9 10
	☽□♆	11 34
	☽⚼♀	12pm44
	☽△♅	1 4
	☽⚺♄	11 26
9 S	☽⚼♇	0am46
	☿✶♇	1 38
	☽#♆	4 59
	☽□♂	10 42
	☉#☽	11 24
	☽⚻♀	2pm54
	☽∥♂	3 44
	☽☌♃	9 21
10 Su	☽∠♄	0am37
	☽⚻♇	1 52
	☽□☿	4 0
	☽#♀	9 33
	☉△☽	9 37
	☽△♆	1pm52
	☽□♅	3 5
11 M	☽✶♄	1am33
	☽✶♂	11 43
	☉⚼☽	12pm 8
	☽⚼♆	2 40
	☿#♅	6 13
	☽☍♀	6 33
	☽⚺♃	10 58
12 T	☽☍♇	3am29
	☉∥♆	6 38
	☽△☿	9 40
	☽∠♂	12pm 5
	☉⚻☽	2 36
	☽⚻♆	3 28
	☽✶♅	4 27
	☽∠♃	11 45
13 W	☽□♄	3am17
	☉☌♆	4 9
	☽#♀	7 14
	☽⚼☿	12pm27
	☽⚺♂	12 33
	☽∠♅	5 17
	☉⚻♅	5 38
	☽⚻♀	10 25
	☽∥♂	10 43
14 Th	☽✶♃	0am46
	☽⚻♇	5 22
	☽#♆	1pm49
	☽⚻☿	3 32
	☽☍♆	5 41
	☽⚺♅	6 27
	☉#☽	7 26
	☉☍☽	8 19
15 F	☽⚼♀	0am56
	☽△♄	5 59
	☽⚼♇	6 51
	☽☌♂	2pm30
16 S	☿⚺♆	0am51
	♀⚻♃	4 0
	☽△♀	4 9
	☽□♃	4 9
	☽⚼♄	8 9
	☽△♇	8 57
	☽∥♄	9 0
	☿☍♅	9 55
	☽⚻♆	9pm58
	☽☌♅	10 29
	☽☍☿	11 24
17 Su	☉⚻☽	4am38
	☽∥♅	6 53
	☽⚻♄	11 5
	☽⚺♂	6pm49
18 M	☽⚼♆	1am14
	☽#☿	2 10
	☉⚼☽	10 15
	☽△♃	10 25
	☽∥☿	12pm11
	☽□♀	1 22
	☽□♇	3 28
	☽∠♂	10 8
19 T	☽△♆	5am23
	☽⚺♅	5 37
	☽#♅	9 29
	☽⚻☿	10 33
	☽⚼♃	2pm51
	☉△☽	4 57
	☽☍♄	7 31
20 W	☽✶♂	2am14
	♀☌♇	3 23
	☽#♄	9 55
	☽∠♅	10 27
	☽⚼☿	5pm22
	☽⚻♃	8 6
	♅⚻♆	11 56
21 Th	☽✶♇	1am20
	☽✶♀	2 44
	☉✶♄	4 48
	☉∠♇	9 17
	☉∥☽	11 15
	☽✶♅	3pm59
	☽□♆	4 4
22 F	☽△☿	0am44
	☽⚻♄	7 4
	☽∠♇	7 17
	☉□☽	9 11
	☽∥♆	10 23
	☽∠♀	10 42
	☽□♂	12pm23
23 S	♀⚼♂	6am22
	☽☍♃	8 20
	☉ ♍	10 48
	☽⚼♄	1pm31
	☽⚺♇	1 35
	☽#♂	4 47
	☉☍♂	5 2
	☽⚺♀	7 7
24 Su	☽□♅	4am13
	☽∥♀	4 33
	☽✶♆	4 41
	♂ ♒	3pm38
	☽□☿	3 50
	☽△♄	8 2
	☽△♂	11 38
25 M	☉✶☽	3am 4
	☽∠♆	10 59
	☽⚻♃	9pm 2
26 T	☽☌♇	2am 2
	☽⚼♂	5 0
	☉∠☽	11 37
	☽☌♀	11 42
	☽△♅	4pm 6
	☽⚺♆	4 55
	☉∠♀	5 42
27 W	☽⚼♃	2am51
	☽✶☿	5 0
	☽∥♀	7 3
	☽□♄	8 5
	☽⚻♂	9 54
	☽#♂	1pm53
	☉⚺☽	7 29
	☽⚼♅	9 18
28 Th	☽△♃	8am 2
	☽∠☿	10 16
	☽⚺♇	12pm38
	☽∥♆	11 2
29 F	♀△♅	0am42
	☿SR	1 48
	☽⚻♅	1 49
	☽⚺♀	1 54
	☽☌♆	2 57
	☽⚺☿	2pm35
	☽∠♇	4 54
	☽✶♄	5 37
	☽☍♂	5 52
	♀⚺♆	5 56
30 S	♂△♄	2am56
	☽∠♀	7 47
	☉☌☽	8 37
	☽□♃	4pm20
	☉∥☽	4 32
	☽#♄	5 13
	☽✶♇	8 29
	☽∠♄	9 20
	☉#♄	11 29
31 Su	☽☍♅	8am49
	☽⚺♆	10 12
	☽✶♀	12pm54
	☽#♅	4 54
	♂⚼♇	4 57
	☽☌☿	8 30
	☽⚻♂	11 19

LONGITUDE

DAY	SID. TIME	☉	☽	☽ 12 Hour	MEAN ☊	TRUE ☊	☿	♀	♂	♃	♄	♅	♆	♇
	h m s	° ' "	° ' "	° ' "	° '	° '	° '	° '	° '	° '	° '	° '	° '	° '
1	22 39 31	8♍ 15 42	28♍ 30 55	5♎ 18 16	22♌ 6	22♌ 59R	26♍ 30R	22♋ 42	28♒ 7R	10♐ 59	28♎ 45	19♓ 59R	20♌ 48	13♋ 12
2	22 43 27	9 13 49	12♎ 8 56	19 2 40	22 3	22 57	26 9	23 35	27 53	11 4	28 50	19 57	20 50	13 13
3	22 47 24	10 11 57	25 59 7	2♏ 57 58	21 59	22 55	25 42	24 29	27 40	11 9	28 56	19 55	20 52	13 14
4	22 51 20	11 10 6	9♏ 58 52	17 1 30	21 56	22 53	25 9	25 24	27 26	11 14	29 2	19 52	20 55	13 15
5	22 55 17	12 8 18	24 5 32	1♐ 10 38	21 53	22 51	24 29	26 19	27 14	11 19	29 7	19 50	20 57	13 16
6	22 59 13	13 6 30	8♐ 16 30	15 22 50	21 50	22 50D	23 45	27 15	27 2	11 24	29 13	19 48	20 59	13 16
7	23 3 10	14 4 44	22 29 22	29 35 48	21 47	22 51	22 55	28 11	26 50	11 29	29 19	19 45	21 1	13 17
8	23 7 7	15 3 0	6♑ 41 51	13♑ 47 16	21 43	22 51	22 1	29 8	26 39	11 35	29 25	19 43	21 3	13 18
9	23 11 3	16 1 17	20 51 46	27 55 1	21 40	22 53	21 3	0♌ 5	26 29	11 40	29 30	19 40	21 5	13 19
10	23 15 0	16 59 35	4♒ 56 44	11♒ 56 36	21 37	22 54	20 3	1 3	26 19	11 46	29 36	19 38	21 7	13 20
11	23 18 56	17 57 55	18 54 17	25 49 28	21 34	22 55R	19 2	2 1	26 10	11 52	29 42	19 36	21 9	13 20
12	23 22 53	18 56 17	2♓ 41 48	9♓ 30 59	21 31	22 55	18 1	3 0	26 2	11 58	29 48	19 33	21 11	13 21
13	23 26 49	19 54 41	16 16 43	22 58 44	21 28	22 53	17 2	3 59	25 54	12 4	29 54	19 31	21 13	13 22
14	23 30 46	20 53 6	29 36 50	6♈ 10 50	21 24	22 50	16 6	4 59	25 47	12 11	0♏ 1	19 28	21 15	13 23
15	23 34 42	21 51 33	12♈ 40 37	19 6 10	21 21	22 46	15 15	5 58	25 41	12 17	0 7	19 26	21 17	13 23
16	23 38 39	22 50 2	25 27 30	1♉ 44 44	21 18	22 41	14 29	6 59	25 36	12 24	0 13	19 24	21 19	13 24
17	23 42 36	23 48 34	7♉ 58 1	14 7 38	21 15	22 36	13 51	7 59	25 31	12 31	0 19	19 21	21 21	13 25
18	23 46 32	24 47 7	20 13 52	26 17 7	21 12	22 31	13 20	9 1	25 27	12 38	0 25	19 19	21 23	13 25
19	23 50 29	25 45 43	2♊ 17 48	8♊ 16 26	21 9	22 27	12 58	10 2	25 24	12 45	0 32	19 16	21 25	13 26
20	23 54 25	26 44 21	14 13 31	20 9 37	21 5	22 25	12 46D	11 4	25 22	12 52	0 38	19 14	21 27	13 26
21	23 58 22	27 43 1	26 5 20	2♋ 1 17	21 2	22 24D	12 43	12 6	25 21	13 0	0 45	19 12	21 29	13 27
22	0 2 18	28 41 43	7♋ 58 6	13 56 23	20 59	22 25	12 50	13 8	25 20D	13 7	0 51	19 9	21 30	13 28
23	0 6 15	29 40 28	19 56 46	25 59 52	20 56	22 26	13 6	14 11	25 20	13 15	0 58	19 7	21 32	13 28
24	0 10 11	0♎ 39 15	2♌ 6 15	8♌ 16 28	20 53	22 27	13 33	15 14	25 21	13 23	1 4	19 5	21 34	13 29
25	0 14 8	1 38 4	14 30 59	20 50 16	20 49	22 29R	14 9	16 18	25 23	13 31	1 11	19 2	21 36	13 29
26	0 18 5	2 36 55	27 14 37	3♍ 44 21	20 46	22 29	14 53	17 22	25 25	13 39	1 17	19 0	21 38	13 29
27	0 22 1	3 35 48	10♍ 19 34	17 0 21	20 43	22 28	15 46	18 26	25 28	13 47	1 24	18 58	21 40	13 30
28	0 25 58	4 34 43	23 46 36	0♎ 38 7	20 40	22 24	16 46	19 30	25 32	13 55	1 31	18 55	21 41	13 30
29	0 29 54	5 33 41	7♎ 34 34	14 35 29	20 37	22 19	17 54	20 35	25 37	14 4	1 38	18 53	21 43	13 31
30	0 33 51	6♎ 32 41	21♎ 40 18	28♎ 48 24	20♌ 34	22♌ 12	19♍ 7	21♌ 39	25♒ 43	14♐ 12	1♏ 44	18♓ 51	21♌ 45	13♋ 31

DECLINATION and LATITUDE

DAY	☉ DECL	☽ DECL	☽ LAT	☽ 12hr DECL	☿ DECL	☿ LAT	♀ DECL	♀ LAT	♂ DECL	♂ LAT	♃ DECL	♃ LAT	♄ DECL	♄ LAT
1	8N29	3N24	3N 4	1N 9	2S33	4S18	18N15	3S20	18S12	6S29	21S42	0N25	8S53	2N18
2	8 7	1S 8	3 59	3S25	2 28	4 21	18 12	3 15	18 15	6 26	21 43	0 24	8 55	2 18
3	7 45	5 40	4 41	7 52	2 19	4 23	18 8	3 9	18 17	6 24	21 43	0 24	8 57	2 18
4	7 23	9 57	5 7	11 55	2 6	4 23	18 4	3 3	18 19	6 21	21 44	0 24	8 59	2 18
5	7 1	13 43	5 15	15 19	1 49	4 22	17 60	2 57	18 20	6 17	21 45	0 24	9 1	2 18
6	6 38	16 42	5 4	17 49	1 28	4 18	17 55	2 51	18 21	6 14	21 46	0 24	9 3	2 17
7	6 16	18 41	4 34	19 14	1 4	4 13	17 50	2 45	18 22	6 11	21 47	0 24	9 6	2 17
8	5 54	19 30	3 48	19 26	0 36	4 6	17 44	2 40	18 23	6 7	21 48	0 23	9 8	2 17
9	5 31	19 4	2 47	18 25	0 5	3 58	17 38	2 34	18 23	6 4	21 49	0 23	9 10	2 17
10	5 8	17 28	1 37	16 15	0N28	3 47	17 31	2 28	18 23	5 60	21 50	0 23	9 12	2 17
11	4 46	14 49	0 22	13 10	1 3	3 34	17 24	2 22	18 22	5 56	21 51	0 23	9 14	2 17
12	4 23	11 21	0S53	9 24	1 40	3 20	17 17	2 16	18 21	5 52	21 52	0 23	9 17	2 16
13	3 60	7 20	2 5	5 12	2 18	3 4	17 9	2 11	18 20	5 48	21 53	0 22	9 19	2 16
14	3 37	3 1	3 8	0 50	2 56	2 46	17 0	2 5	18 19	5 44	21 54	0 22	9 21	2 16
15	3 14	1N20	3 59	3N28	3 32	2 28	16 52	1 59	18 17	5 39	21 55	0 22	9 24	2 16
16	2 51	5 32	4 38	7 31	4 8	2 9	16 42	1 54	18 15	5 35	21 56	0 22	9 26	2 16
17	2 28	9 24	5 2	11 10	4 41	1 49	16 32	1 48	18 12	5 31	21 57	0 22	9 28	2 16
18	2 4	12 48	5 12	14 17	5 11	1 29	16 22	1 42	18 9	5 26	21 58	0 22	9 30	2 16
19	1 41	15 36	5 7	16 45	5 38	1 9	16 11	1 37	18 6	5 22	21 59	0 21	9 33	2 15
20	1 18	17 43	4 50	18 29	6 0	0 50	15 60	1 31	18 3	5 17	21 60	0 21	9 35	2 15
21	0 54	19 4	4 20	19 25	6 19	0 31	15 48	1 26	17 59	5 13	22 1	0 21	9 38	2 15
22	0 31	19 34	3 39	19 30	6 33	0 13	15 36	1 20	17 55	5 8	22 2	0 21	9 40	2 15
23	0 8	19 12	2 48	18 41	6 42	0N 4	15 23	1 15	17 50	5 3	22 3	0 21	9 42	2 15
24	0S16	17 56	1 49	16 58	6 47	0 20	15 10	1 9	17 46	4 59	22 4	0 21	9 45	2 15
25	0 39	15 48	0 43	14 25	6 47	0 35	14 57	1 4	17 41	4 54	22 6	0 20	9 47	2 15
26	1 2	12 50	0N26	11 5	6 42	0 49	14 42	0 59	17 35	4 49	22 7	0 20	9 49	2 15
27	1 26	9 10	1 35	7 7	6 33	1 1	14 28	0 53	17 30	4 45	22 8	0 20	9 52	2 14
28	1 49	4 56	2 41	2 41	6 20	1 12	14 13	0 48	17 24	4 40	22 9	0 20	9 54	2 14
29	2 13	0 21	3 39	1S60	6 3	1 22	13 57	0 43	17 18	4 35	22 10	0 20	9 57	2 14
30	2S36	4S21	4N26	6S39	5N41	1N30	13N42	0S38	17S12	4S31	22S11	0N20	9S59	2N14

DAY	♅ DECL	♅ LAT	♆ DECL	♆ LAT	♇ DECL	♇ LAT
1	4S43	0S48	14N50	0N17	20N37	2S11
5	4 46	0 49	14 47	0 17	20 37	2 11
9	4 50	0 49	14 44	0 17	20 36	2 11
13	4 54	0 49	14 42	0 17	20 36	2 11
17	4 58	0 49	14 39	0 17	20 36	2 11
21	5 1	0 48	14 37	0 17	20 36	2 11
25	5 5	0 48	14 35	0 17	20 36	2 11
29	5S 8	0S48	14N33	0N17	20N35	2S11

☽ PHENOMENA

d	h	m	
6	8	46	☽
13	7	0	○
21	3	35	☾
28	20	16	●

d	h	° '
1	18	0
8	4	19S30
14	17	0
22	2	19N34
29	2	0
4	22	5N15
11	7	0
18	4	5S12
25	15	0

VOID OF COURSE ☽

LAST ASPT	☽ INGRESS
31 8pm30	1 ♎ 2am38
3 5am 7	3 ♏ 6am55
5 5am14	5 ♐ 10am 0
7 11am36	7 ♑ 12pm41
9 2pm49	9 ♒ 3pm33
11 6pm54	11 ♓ 7pm17
13 7am 0	14 ♈ 0am42
16 0am16	16 ♉ 8am39
18 10am18	18 ♊ 7pm24
21 3am35	21 ♋ 7am55
22 10pm21	23 ♌ 7pm53
25 8pm35	26 ♍ 5am 7
27 3pm26	28 ♎ 10am54
30 6am51	30 ♏ 2pm 0

d	h	
7	7	PERIGEE
20	13	APOGEE

DAILY ASPECTARIAN

Day	Aspect	Time
1 M	☽⚺♄	0am25
	☽#☿	4 35
	♀#♂	10 2
	☽∠♆	12pm55
	☉⚺☽	6 30
	☽✶♃	10 6
2 T	☽⚼♂	1am16
	☽□♇	1 52
	☽∥☿	6 47
	☽⚻♅	1pm32
	☽✶♆	3 9
	☽∥♅	6 59
	☽□♀	9 15
	☉∠☽	10 33
	☽⚺☿	11 31
3 W	☽∠♃	0am17
	☽△♂	2 50
	☽☌♄	5 7
	☉#☽	10 29
	☽⚼♅	3pm17
	☽∥♄	6 20
	☿✶♀	7 55
4 Th	☽∠☿	0am16
	☉□♃	1 32
	☽⚺♃	2 8
	☉✶☽	2 11
	☽△♇	5 34
	☽△♅	4pm48
	☽□♆	6 39
	♀⚼♃	11 36
5 F	☽✶☿	0am39
	☽△♀	4 3
	☽□♂	5 14
	☽⚼♇	7 4
	☽#♆	7 50
	☽⚺♄	8 35
	♀⚻♂	7pm12
6 S	☉✶♇	4am 9
	☽☌♃	5 18
	☽⚼♀	7 11
	☽⚻♇	8 27
	☉□☽	8 46
	☽∠♄	10 6
	☽#♀	12pm38
	☽∥♂	7 14
	☽□♅	7 24
	☽△♆	9 30
7 Su	☽□☿	0am40
	☉∠♄	6 23
	☽✶♂	7 14
	☽⚻♀	10 19
	☽✶♄	11 36
	☽⚼♆	10pm54
8 M	♀□♄	7am39
	☽∠♂	8 17
	☽⚺♃	8 18
	☽☍♇	11 11
	☉△☽	3pm11
	♀ ♌	9 43
	☽✶♅	9 59
	☿⚺♆	11 13
9 T	☽△☿	0am18
	☽⚻♆	0 23
	☽⚺♂	9 26
	☽∠♃	9 57
	☽∥♂	12pm24
	☽□♄	2 49
	☽☍♀	4 52
	☉⚼☽	6 35
	☽#♀	11 18
	☽∠♅	11 28
10 W	☽⚼☿	0am10
	☿☍♅	10 19
	☽✶♃	11 47
	☽⚻♇	2pm24
	☉#♅	5 33
	☉⚻☽	10 15
11 Th	☽⚻☿	0am13
	☽#♆	0 44
	☽⚺♅	1 11
	☽☍♆	3 54
	☽☌♂	12pm28
	☉☌☿	12 56
	☽⚼♇	4 24
	☽△♄	6 54
12 F	☿∠♀	0am17
	☽⚻♀	0 34
	☽∥♄	12pm34
	☉☍♅	2 35
	☽□♃	4 28
	☽△♇	6 49
	☽⚼♄	9 32
13 S	☽☍☿	1am16
	☽⚼♀	5 13
	☽☌♅	5 46
	☉☍☽	7 0
	☽⚻♆	8 52
	♀⚼♅	12pm20
	☽∥♅	1 37
	☽⚺♂	5 8
	☉#☽	8 26
	♄ ♏	10 1
14 Su	☽#☿	0am28
	☽⚻♄	0 43
	☉⚺♆	9 21
	☽△♀	10 36
	☽⚼♆	12pm10
	☉∥☿	4 30
	☽∠♂	8 20
	☽△♃	11 16
15 M	☽□♇	1am19
	☿∠♄	3 39
	☽⚻☿	4 30
	☉∥☽	9 46
	☽⚺♅	12pm35
	☽∥☿	2 29
	☽△♆	4 9
	☉⚻☽	6 37
	☽#♅	8 31
16 T	☽✶♂	0am16
	☽⚼♃	3 44
	☽⚼☿	7 17
	☽☍♄	9 9
	☽∠♅	5pm 2
17 W	☽□♀	0am 3
	☽#♄	0 26
	☉⚼☽	1 46
	☽⚻♃	8 56
	☽✶♇	10 37
	☽△☿	10 58
	☿#♅	1pm33
	☿✶♇	7 32
	☽✶♅	10 12
18 Th	☽□♆	2am17
	☉△☽	9 49
	☽□♂	10 18
	☽∥♆	3pm 7
	☉⚻♂	3 39
	☽∠♇	4 16
	☽⚻♄	8 26
19 F	☽∥♀	5am25
	☿□♃	2pm41
	☽✶♀	5 1
	☽□☿	9 5
	☽☍♃	9 14
	☽⚺♇	10 25
20 S	☽⚼♄	2am53
	☽#♂	4 30
	☽□♅	10 6
	☽✶♆	2pm38
	☿SD	7 2
	☽△♂	10 30
21 Su	☽∠♀	2am14
	☉□☽	3 35
	☽△♄	9 30
	☿⚺♀	3pm24
	☽∠♆	9 3
	♀△♃	11 26
22 M	☽⚼♂	4am45
	♀⚺♇	7 23
	♂SD	9 15
	☽✶☿	9 58
	☽⚻♃	10 28
	☽☌♇	11 3
	☽⚺♀	11 24
	☽△♅	10pm21
23 T	☽⚺♆	3am11
	☉ ♎	7 59
	☽⚻♂	10 42
	☿□♃	12pm23
	☽⚼♃	4 37
	☽∠☿	4 44
	☿✶♇	8 40
	☉✶☽	8 55
	☽□♄	9 58
24 W	☽#♂	2am29
	☽⚼♅	3 50
	☉⚺♄	11 29
	♃⚻♇	6pm59
	☽⚺♇	10 1
	☽△♃	10 3
	☽⚺☿	11 15
25 Th	☽☌♀	3am42
	☉∠☽	4 23
	☽∥♀	8 17
	☽⚻♅	8 34
	☽∥♆	10 40
	☽☌♆	1pm28
	☽☍♂	8 35
26 F	☽∠♇	2am19
	☽✶♄	7 34
	☉⚺☽	10 44
	♀∥♆	2pm13
	☽#♄	7 48
27 S	☽✶♇	5am43
	☽□♃	6 18
	☽☌☿	10 32
	☽∠♄	11 1
	♀⚻♅	11 34
	☽☍♅	3pm26
	☽⚺♀	3 47
	☽∥☿	3 55
	☿∠♄	5 29
	☽⚺♆	8 18
	☽#♅	11 0
28 Su	☽⚻♂	3am 7
	☽⚺♄	1pm38
	☉#☽	3 10
	☽∠♀	8 16
	☉☌☽	8 16
	☉∠♀	8 26
	☽∠♆	10 31
29 M	☽⚼♂	5am15
	☽□♇	10 10
	☽✶♃	11 13
	☉∥☽	2pm16
	☿☍♅	7 0
	☽⚻♅	7 14
	☽⚺☿	7 16
	☽✶♀	11 58
30 T	☽✶♆	0am 7
	♀☌♆	2 1
	☽∥♅	4 13
	☉∠♆	5 2
	☽#☿	6 26
	☽△♂	6 51
	☽∠♃	12pm48
	☽☌♄	5 3
	☽⚼♅	8 23
	☽∠☿	11 0

OCTOBER 1924

LONGITUDE

DAY	SID. TIME	☉	☽	☽ 12 Hour	MEAN ☊	TRUE ☊	☿	♀	♂	♃	♄	♅	♆	♇
	h m s	° ' "	° ' "	° ' "	° '	° '	° '	° '	° '	° '	° '	° '	° '	° '
1	0 37 47	7♎ 31 42	5♏ 59 2	13♏ 11 29	20♌ 30	22♌ 5R	20♍ 26	22♌ 45	25♒ 49	14♐ 21	1♏ 51	18♓ 49R	21♌ 46	13♋ 31
2	0 41 44	8 30 45	20 24 58	27 38 46	20 27	21 58	21 50	23 50	25 56	14 30	1 58	18 46	21 48	13 32
3	0 45 40	9 29 51	4♐ 52 12	12♐ 4 40	20 24	21 52	23 19	24 55	26 4	14 39	2 5	18 44	21 50	13 32
4	0 49 37	10 28 58	19 15 38	26 24 40	20 21	21 48	24 51	26 1	26 13	14 48	2 12	18 42	21 51	13 32
5	0 53 34	11 28 7	3♑ 31 27	10♑ 35 44	20 18	21 47D	26 26	27 7	26 23	14 57	2 19	18 40	21 53	13 32
6	0 57 30	12 27 18	17 37 21	24 36 14	20 15	21 46	28 3	28 14	26 33	15 6	2 26	18 38	21 54	13 33
7	1 1 27	13 26 30	1♒ 32 19	8♒ 25 37	20 11	21 47	29 42	29 20	26 44	15 16	2 33	18 36	21 56	13 33
8	1 5 23	14 25 44	15 16 9	22 3 57	20 8	21 48R	1♎ 23	0♍ 27	26 55	15 25	2 40	18 33	21 58	13 33
9	1 9 20	15 25 0	28 49 1	5♓ 31 23	20 5	21 48	3 6	1 34	27 8	15 35	2 47	18 31	21 59	13 33
10	1 13 16	16 24 17	12♓ 11 2	18 47 56	20 2	21 47	4 49	2 41	27 21	15 45	2 54	18 29	22 0	13 33
11	1 17 13	17 23 37	25 22 2	1♈ 53 16	19 59	21 42	6 33	3 49	27 34	15 55	3 1	18 27	22 2	13 33
12	1 21 9	18 22 58	8♈ 21 34	14 46 52	19 55	21 35	8 17	4 56	27 48	16 5	3 8	18 25	22 3	13 33
13	1 25 6	19 22 22	21 9 4	27 28 10	19 52	21 25	10 1	6 4	28 3	16 15	3 15	18 23	22 5	13 34
14	1 29 2	20 21 47	3♉ 44 7	9♉ 56 57	19 49	21 14	11 46	7 12	28 19	16 25	3 22	18 21	22 6	13 34R
15	1 32 59	21 21 15	16 6 44	22 13 35	19 46	21 3	13 30	8 20	28 35	16 35	3 29	18 20	22 7	13 34
16	1 36 56	22 20 45	28 17 41	4♊ 19 17	19 43	20 52	15 15	9 29	28 52	16 46	3 36	18 18	22 9	13 33
17	1 40 52	23 20 17	10♊ 18 40	16 16 13	19 40	20 43	16 58	10 37	29 9	16 56	3 43	18 16	22 10	13 33
18	1 44 49	24 19 51	22 12 19	28 7 29	19 36	20 35	18 42	11 46	29 27	17 7	3 51	18 14	22 11	13 33
19	1 48 45	25 19 28	4♋ 2 13	9♋ 57 5	19 33	20 31	20 25	12 55	29 45	17 17	3 58	18 12	22 12	13 33
20	1 52 42	26 19 7	15 52 42	21 49 43	19 30	20 28D	22 8	14 4	0♓ 4	17 28	4 5	18 11	22 14	13 33
21	1 56 38	27 18 48	27 48 47	3♌ 50 35	19 27	20 28	23 50	15 13	0 24	17 39	4 12	18 9	22 15	13 33
22	2 0 35	28 18 31	9♌ 55 48	16 5 5	19 24	20 28R	25 32	16 23	0 44	17 50	4 19	18 7	22 16	13 33
23	2 4 31	29 18 17	22 19 5	28 38 24	19 21	20 28	27 13	17 32	1 4	18 1	4 27	18 6	22 17	13 33
24	2 8 28	0♏ 18 4	5♍ 3 33	11♍ 35 0	19 17	20 27	28 53	18 42	1 25	18 12	4 34	18 4	22 18	13 32
25	2 12 25	1 17 54	18 13 4	24 57 58	19 14	20 24	0♏ 33	19 52	1 47	18 23	4 41	18 2	22 19	13 32
26	2 16 21	2 17 46	1♎ 49 44	8♎ 48 15	19 11	20 18	2 13	21 2	2 9	18 34	4 48	18 1	22 20	13 32
27	2 20 18	3 17 41	15 53 13	23 4 6	19 8	20 10	3 52	22 12	2 31	18 46	4 56	17 59	22 21	13 32
28	2 24 14	4 17 37	0♏ 20 13	7♏ 40 43	19 5	20 0	5 30	23 23	2 54	18 57	5 3	17 58	22 22	13 31
29	2 28 11	5 17 35	15 4 34	22 30 41	19 1	19 48	7 8	24 33	3 18	19 9	5 10	17 56	22 23	13 31
30	2 32 7	6 17 35	29 57 55	7♐ 25 6	18 58	19 37	8 46	25 44	3 41	19 20	5 17	17 55	22 24	13 31
31	2 36 4	7♏ 17 37	14♐ 51 10	22♐ 15 7	18♌ 55	19♌ 27	10♏ 23	26♍ 55	4♓ 6	19♐ 32	5♏ 25	17♓ 54	22♌ 25	13♋ 30

DECLINATION and LATITUDE

DAY	☉ DECL	☽ DECL	☽ LAT	☽ 12hr DECL	☿ DECL	☿ LAT	♀ DECL	♀ LAT	♂ DECL	♂ LAT	♃ DECL	♃ LAT	♄ DECL	♄ LAT
1	2S59	8S52	4N56	10S58	5N17	1N37	13N25	0S33	17S 5	4S26	22S12	0N20	10S 1	2N14
2	3 23	12 55	5 8	14 40	4 49	1 43	13 9	0 28	16 58	4 21	22 14	0 19	10 4	2 14
3	3 46	16 12	4 60	17 28	4 18	1 48	12 51	0 23	16 51	4 17	22 15	0 19	10 6	2 14
4	4 9	18 28	4 33	19 10	3 45	1 51	12 34	0 18	16 44	4 12	22 16	0 19	10 9	2 14
5	4 32	19 34	3 50	19 39	3 10	1 54	12 16	0 13	16 36	4 8	22 17	0 19	10 11	2 14
6	4 55	19 26	2 53	18 54	2 33	1 56	11 57	0 9	16 29	4 3	22 18	0 19	10 14	2 14
7	5 18	18 5	1 47	17 1	1 54	1 56	11 39	0 4	16 21	3 58	22 19	0 19	10 16	2 14
8	5 41	15 42	0 35	14 11	1 13	1 56	11 19	0N 0	16 12	3 54	22 21	0 19	10 19	2 13
9	6 4	12 29	0S38	10 37	0 32	1 55	10 60	0 5	16 4	3 49	22 22	0 18	10 21	2 13
10	6 27	8 39	1 47	6 34	0S11	1 54	10 40	0 9	15 55	3 45	22 23	0 18	10 24	2 13
11	6 50	4 26	2 50	2 16	0 54	1 51	10 20	0 14	15 46	3 41	22 24	0 18	10 26	2 13
12	7 13	0 5	3 42	2N 4	1 37	1 49	9 59	0 18	15 37	3 36	22 25	0 18	10 28	2 13
13	7 35	4N11	4 23	6 15	2 21	1 45	9 38	0 22	15 28	3 32	22 27	0 18	10 31	2 13
14	7 58	8 13	4 50	10 5	3 6	1 42	9 16	0 26	15 19	3 28	22 28	0 18	10 33	2 13
15	8 20	11 50	5 2	13 26	3 50	1 37	8 55	0 30	15 9	3 23	22 29	0 18	10 36	2 13
16	8 42	14 54	5 1	16 11	4 35	1 33	8 33	0 34	14 59	3 19	22 30	0 17	10 38	2 13
17	9 4	17 17	4 46	18 12	5 19	1 28	8 10	0 38	14 49	3 15	22 31	0 17	10 41	2 13
18	9 26	18 54	4 19	19 25	6 3	1 23	7 48	0 42	14 39	3 11	22 32	0 17	10 43	2 13
19	9 48	19 42	3 41	19 47	6 47	1 17	7 25	0 45	14 29	3 7	22 34	0 17	10 46	2 13
20	10 10	19 38	2 53	19 16	7 31	1 12	7 1	0 49	14 18	3 3	22 35	0 17	10 48	2 13
21	10 31	18 41	1 58	17 53	8 14	1 6	6 38	0 52	14 8	2 59	22 36	0 17	10 51	2 13
22	10 53	16 52	0 56	15 39	8 57	0 60	6 14	0 56	13 57	2 55	22 37	0 17	10 53	2 13
23	11 14	14 14	0N10	12 38	9 39	0 53	5 50	0 59	13 46	2 51	22 38	0 16	10 55	2 13
24	11 35	10 51	1 17	8 55	10 21	0 47	5 26	1 2	13 35	2 47	22 39	0 16	10 58	2 13
25	11 56	6 50	2 22	4 38	11 2	0 41	5 1	1 6	13 23	2 43	22 40	0 16	11 0	2 13
26	12 17	2 20	3 21	0S 1	11 43	0 34	4 36	1 9	13 12	2 40	22 41	0 16	11 3	2 13
27	12 37	2S25	4 9	4 48	12 23	0 27	4 11	1 12	13 0	2 36	22 43	0 16	11 5	2 13
28	12 57	7 10	4 44	9 26	13 2	0 21	3 46	1 15	12 49	2 32	22 44	0 16	11 8	2 13
29	13 18	11 35	5 0	13 40	13 41	0 14	3 21	1 17	12 37	2 29	22 45	0 16	11 10	2 13
30	13 37	15 19	4 56	16 50	14 19	0 7	2 55	1 20	12 25	2 25	22 46	0 16	11 12	2 13
31	13S57	18S 5	4N32	19S 0	14S56	0N 1	2N30	1N23	12S13	2S22	22S47	0N15	11S15	2N13

DAY	♅ DECL	♅ LAT	♆ DECL	♆ LAT	♇ DECL	♇ LAT
1	5S10	0S48	14N31	0N17	20N35	2S11
5	5 14	0 48	14 29	0 17	20 35	2 11
9	5 17	0 48	14 28	0 17	20 35	2 11
13	5 20	0 48	14 26	0 17	20 35	2 11
17	5 23	0 48	14 24	0 17	20 35	2 11
21	5 25	0 48	14 23	0 18	20 35	2 11
25	5 28	0 48	14 21	0 18	20 35	2 11
29	5S30	0S48	14N20	0N18	20N36	2S11

☽ PHENOMENA

d	h	m	
5	14	30	☽
12	20	21	○
20	22	55	☾
28	6	57	●

d	h	° '
5	9	19S40
12	1	0
19	10	19N47
26	12	0

d	h	
2	3	5N 8
8	12	0
15	10	5S 4
22	20	0
29	8	5N 1

VOID OF COURSE ☽

LAST ASPT	☽ INGRESS
2 9am15	2 ♐ 3pm55
4 12pm18	4 ♑ 6pm 3
6 8pm23	6 ♒ 9pm20
8 8pm56	9 ♓ 2am 7
10 11am24	11 ♈ 8am31
13 1pm24	13 ♉ 4pm50
16 1am 9	16 ♊ 3am23
18 3pm 4	18 ♋ 3pm48
20 10pm55	21 ♌ 4am22
23 2pm22	23 ♍ 2pm33
25 3am14	25 ♎ 8pm49
27 10am49	27 ♏ 11pm27
29 4pm36	30 ♐ 0am 3

d	h	
2	14	PERIGEE
18	8	APOGEE
30	5	PERIGEE

DAILY ASPECTARIAN

Day	Aspect	Time
1 W	☉⚺☽	2am46
	☿⋕♅	5 40
	☽∥♄	6 35
	☽△♇	12pm33
	☽⚺♃	2 4
	☽△♅	9 17
	☿⚺♆	11 20
2 Th	☽⋕♀	1am23
	☽□♆	2 18
	☽⚹☿	2 38
	☉∠☽	5 31
	☽□♀	6 8
	☽□♂	9 15
	☽⋕♆	10 53
	☽⚼♇	1pm28
	☽⚺♄	7 20
3 F	☽∥♂	5am36
	☉⚹☽	8 16
	☉⋕☿	1pm56
	☽⚻♇	2 26
	☽☌♃	4 28
	☽∠♄	8 31
	☽□♅	11 4
4 S	☽△♆	4am21
	♀☍♂	4 59
	☽□☿	10 31
	☽⚹♂	11 48
	☽△♀	12pm18
	☉⚼♂	9 20
	☽⚹♄	9 56
	☿⚻♂	11 11
5 Su	☽⚼♆	5am42
	☽∠♂	1pm29
	☉□☽	2 30
	☽⚼♀	3 51
	☽☍♇	5 2
	☽⚺♃	7 39
6 M	☽⚹♅	1am43
	♀∠♇	6 51
	☽⚻♆	7 22
	☿⚺♀	8 1
	☽⚺♂	3pm33
	☽⚻♀	7 51
	☽△☿	8 23
	☉∥♅	8 32
	☽∠♃	9 46
7 T	☽□♄	1am46
	☉□♇	2 36
	☽∠♅	3 34
	☿ ♎	4 12
	♀ ♍	2pm16
	☽∥♂	7 26
	☽⚻♇	8 59
	☉△☽	10 24
8 W	☽⚹♃	0am17
	☽⚼☿	2 15
	☽⚺♅	5 47
	☽⋕♆	9 54
	☽☍♆	11 50
	☿⚺♄	7pm12
	☽☌♂	8 56
	☽⚼♇	11 32
9 Th	☉⚼☽	3am 5
	☉⚹♃	4 53
	☽☍♀	5 22
	☽△♄	7 8
	☽⚻☿	8 46
	☽⋕♀	10 33
	☽∥♄	1pm32
10 F	☽△♇	2am29
	♀⚹♄	4 56
	☽□♃	6 32
	☉⚻☽	8 16
	☽⚼♄	10 27
	☽☌♅	11 24
	☉∥☽	11 38
	♀⋕♄	5pm18
	☽⚻♆	5 53
	☽∥♅	7 10
11 S	☽⚺♂	4am 7
	☿∠♆	6 49
	☽⚻♄	2pm12
	☽∥☿	4 46
	☽⚻♀	5 2
	☽⚼♆	9 34
	☽☍☿	11 50
12 Su	☉⚻♅	0am56
	☽∠♂	8 28
	☽□♇	9 42
	☽⋕☿	11 27
	☽△♃	2pm38
	☽⚺♅	6 48
	☉☍☽	8 21
	☽⚼♀	11 50
13 M	☽△♆	1am45
	☽⋕♅	6 37
	☽⚹♂	1pm24
	☽⚼♃	7 29
	☉⋕☽	10 12
	♄⚼♅	10 40
	☽∠♅	11 17
	☽☍♄	11 17
14 T	☽∥♀	6am 6
	☽△♀	7 21
	♇SR	9 42
	☽⋕♄	3pm19
	☽⚻☿	6 5
	☽⚹♇	7 1
	♂⚼♇	9 52
15 W	☿□♇	0am45
	☽⚻♃	0 56
	☿⚼♂	1 17
	☽⚹♅	4 19
	☉⚻☽	11 12
	☽□♆	11 49
	☉⋕♀	6pm55
	☉⚹♆	7 2
	☽∥♆	7 52
16 Th	☽∠♇	0am31
	☽⋕♂	0 46
	☽□♂	1 9
	☽⚼☿	4 31
	☽⚻♄	10 40
	☉⚼☽	7pm41
	☿⚹♃	11 23
17 F	☽□♀	0am41
	☿∥♅	2 5
	☽⚺♇	6 32
	☽☍♃	1pm32
	☽△☿	3 42
	☽□♅	3 59
	☽⚼♄	5 8
	☿⚻♅	5 38
	☽⚹♆	11 58
18 S	☉△☽	4am42
	☽△♂	3pm 4
	☽△♄	11 51
19 Su	☽∠♆	6am27
	♂⋕♆	12pm36
	♀⚹♇	1 17
	☿⋕♀	1 29
	♂ ♓	6 41
	☽☌♇	7 18
	☽⚹♀	7 57
	☽⚼♂	10 19
20 M	☿⚹♆	1am24
	☽⚻♃	3 16
	☽△♅	4 38
	☽⚺♆	12pm49
	☽□☿	2 42
	☉□☽	10 55
21 T	☽⚻♂	5am18
	☽∠♀	5 19
	☽⚼♃	9 47
	☽⚼♅	10 36
	☽□♄	12pm50
22 W	☉∥♄	0am26
	☽⚺♇	7 4
	☽⚺♀	1pm52
	☽△♃	3 36
	☽⚻♅	3 54
	☽∥♆	10 56
	☽☌♆	11 56
23 Th	☽⋕♂	3am54
	♃□♅	8 48
	☽⚹☿	10 43
	♀☍♅	11 8
	♀□♃	11 39
	☽∠♇	11 49
	☉⚹☽	2pm22
	☉ ♏	4 45
	☽☍♂	5 2
	☉⋕☽	7 37
	♀⋕♅	10 33
	☽⚹♄	11 4
	☽⋕♄	11 16
24 F	☽⋕☿	2am42
	☽⚹♇	3pm33
	☿ ♏	3 59
	☽∠☿	6 31
	♀∠♄	7 47
	☉∠☽	8 16
	☿∥♄	10 50
	☽☍♅	11 41
25 S	☽□♃	0am18
	☽∠♄	2 39
	☽☌♀	3 14
	☽⚺♆	7 20
	☽⋕♅	7 31
	☽∥♀	10 56
	☉△♂	6pm19
	☿△♂	10 45
26 Su	☽⚻♂	0am34
	☽⚺☿	0 45
	☉⚺☽	0 52
	☉☌☿	2 59
	☽⚺♄	5 11
	☽∠♆	9 30
	☿⚼♅	11 27
	☉⚼♅	4pm50
	☽□♇	8 1
	☿∠♃	10 22
27 M	☽⚼♂	2am49
	♀⚺♆	3 4
	☽⚻♅	3 31
	☽⚹♃	4 53
	☽⋕♀	8 10
	☽⚹♆	10 49
	☽⚺♀	11 30
	☉∠♃	1pm57
	☽∥♅	3 26
	☿☌♄	4 46
	☉∥♂	5 24
	☿∥♂	5 37
	☉∥☿	5 59
28 T	☽⚼♅	4am18
	☽△♂	4 19
	☽∠♃	6 0
	☉☌☽	6 57
	☽☌♄	7 46
	☽☌☿	9 31
	☽∠♀	2pm16
	☉☌♄	8 35
	☽△♇	9 29
	☽∥♄	9 36
29 W	☽△♅	4am37
	☽∥♂	5 50
	☽⚺♃	6 40
	☉∥☽	11 19
	☽□♆	11 49
	☽∥☿	3pm27
	☽⚹♀	4 36
	☽⋕♆	5 5
	☽⚼♇	9 40
30 Th	☿⋕♆	0am47
	☽□♂	6 10
	☽⚺♄	8 38
	☉⚺☽	10 55
	☽⚺☿	3pm53
	☽⚻♇	9 49
31 F	☽□♅	4am55
	☽☌♃	7 41
	☽∠♄	9 5
	☽△♆	12pm17
	☉∠☽	12 57
	☽∠☿	7 12
	☽□♀	9 19

NOVEMBER 1924

LONGITUDE

DAY	SID. TIME	☉	☽	☽ 12 Hour	MEAN ☊	TRUE ☊	☿	♀	♂	♃	♄	♅	♆	♇
	h m s	° ' "	° ' "	° ' "	° '	° '	° '	° '	° '	° '	° '	° '	° '	° '
1	2 40 0	8♏ 17 41	29♐ 36 4	6♑ 53 21	18♌ 52	19♌ 20R	11♏ 59	28♏ 5	4♓ 30	19♐ 44	5♏ 32	17♓ 53R	22♌ 26	13♋ 30R
2	2 43 57	9 17 46	14♑ 6 26	21 14 57	18 49	19 16	13 35	29 16	4 56	19 56	5 39	17 51	22 26	13 29
3	2 47 54	10 17 53	28 18 42	5♒ 17 38	18 46	19 16D	15 11	0♎ 27	5 21	20 8	5 46	17 50	22 27	13 29
4	2 51 50	11 18 2	12♒ 11 47	19 1 19	18 42	19 14R	16 46	1 39	5 47	20 20	5 54	17 49	22 28	13 29
5	2 55 47	12 18 12	25 46 24	2♓ 27 20	18 39	19 14	18 21	2 50	6 13	20 32	6 1	17 48	22 29	13 28
6	2 59 43	13 18 23	9♓ 4 21	15 37 44	18 36	19 13	19 55	4 1	6 40	20 44	6 8	17 47	22 29	13 28
7	3 3 40	14 18 36	22 7 45	28 34 37	18 33	19 10	21 29	5 13	7 7	20 56	6 15	17 46	22 30	13 27
8	3 7 36	15 18 50	4♈ 58 34	11♈ 19 46	18 30	19 4	23 2	6 25	7 34	21 8	6 22	17 45	22 31	13 26
9	3 11 33	16 19 6	17 38 22	23 54 28	18 26	18 54	24 36	7 36	8 2	21 21	6 30	17 44	22 31	13 26
10	3 15 29	17 19 24	0♉ 8 10	6♉ 19 32	18 23	18 42	26 9	8 48	8 30	21 33	6 37	17 43	22 32	13 25
11	3 19 26	18 19 43	12 28 38	18 35 30	18 20	18 28	27 41	10 0	8 58	21 45	6 44	17 42	22 32	13 25
12	3 23 23	19 20 4	24 40 15	0♊ 42 56	18 17	18 14	29 13	11 12	9 27	21 58	6 51	17 41	22 33	13 24
13	3 27 19	20 20 27	6♊ 43 41	12 42 39	18 14	17 59	0♐ 45	12 24	9 56	22 11	6 58	17 41	22 33	13 23
14	3 31 16	21 20 51	18 40 2	24 36 4	18 11	17 47	2 17	13 37	10 25	22 23	7 5	17 40	22 33	13 23
15	3 35 12	22 21 17	0♋ 31 4	6♋ 25 22	18 7	17 37	3 49	14 49	10 54	22 36	7 12	17 39	22 34	13 22
16	3 39 9	23 21 45	12 19 22	18 13 33	18 4	17 30	5 20	16 2	11 24	22 49	7 19	17 39	22 34	13 21
17	3 43 5	24 22 15	24 8 24	0♌ 4 28	18 1	17 25	6 50	17 14	11 54	23 1	7 26	17 38	22 34	13 20
18	3 47 2	25 22 46	6♌ 2 23	12 2 45	17 58	17 24D	8 21	18 27	12 24	23 14	7 34	17 38	22 35	13 20
19	3 50 58	26 23 20	18 6 15	24 13 33	17 55	17 23R	9 51	19 39	12 55	23 27	7 41	17 37	22 35	13 19
20	3 54 55	27 23 55	0♍ 25 21	6♍ 42 19	17 52	17 23	11 21	20 52	13 26	23 40	7 48	17 37	22 35	13 18
21	3 58 52	28 24 32	13 5 4	19 34 13	17 48	17 22	12 51	22 5	13 57	23 53	7 54	17 37	22 35	13 17
22	4 2 48	29 25 10	26 10 14	2♎ 53 33	17 45	17 20	14 20	23 18	14 28	24 6	8 1	17 36	22 35	13 16
23	4 6 45	0♐ 25 50	9♎ 44 24	16 42 52	17 42	17 15	15 49	24 31	15 0	24 19	8 8	17 36	22 36	13 16
24	4 10 41	1 26 32	23 48 51	1♏ 2 1	17 39	17 7	17 17	25 44	15 31	24 32	8 15	17 36	22 36	13 15
25	4 14 38	2 27 15	8♏ 21 47	15 47 24	17 36	16 57	18 45	26 57	16 3	24 45	8 22	17 36	22 36R	13 14
26	4 18 34	3 28 0	23 17 49	0♐ 51 51	17 32	16 46	20 12	28 11	16 35	24 59	8 29	17 36	22 36	13 13
27	4 22 31	4 28 47	8♐ 28 12	16 5 27	17 29	16 35	21 39	29 24	17 8	25 12	8 36	17 36D	22 36	13 12
28	4 26 27	5 29 34	23 42 12	1♑ 17 8	17 26	16 25	23 5	0♏ 37	17 40	25 25	8 42	17 36	22 35	13 11
29	4 30 24	6 30 23	8♑ 49 1	16 16 48	17 23	16 18	24 30	1 51	18 13	25 38	8 49	17 36	22 35	13 10
30	4 34 21	7♐ 31 13	23♑ 39 37	0♒ 56 51	17♌ 20	16♌ 13	25♐ 55	3♏ 4	18♓ 46	25♐ 52	8♏ 56	17♓ 36	22♌ 35	13♋ 9

DECLINATION and LATITUDE

DAY	☉ DECL	☽ DECL	☽ LAT	☽ 12hr DECL	☿ DECL	☿ LAT	♀ DECL	♀ LAT	♂ DECL	♂ LAT	♃ DECL	♃ LAT	♄ DECL	♄ LAT
1	14S17	19S36	3N51	19S52	15S32	0S 6	2N 4	1N25	12S 0	2S18	22S48	0N15	11S17	2N13
2	14 36	19 49	2 54	19 26	16 8	0 13	1 38	1 27	11 48	2 15	22 49	0 15	11 20	2 13
3	14 55	18 44	1 48	17 46	16 42	0 20	1 11	1 30	11 35	2 11	22 50	0 15	11 22	2 13
4	15 14	16 33	0 37	15 7	17 16	0 26	0 45	1 32	11 23	2 8	22 51	0 15	11 24	2 13
5	15 32	13 29	0S35	11 41	17 49	0 33	0 19	1 34	11 10	2 5	22 52	0 15	11 27	2 13
6	15 50	9 46	1 43	7 44	18 21	0 39	0S 8	1 36	10 57	2 2	22 53	0 15	11 29	2 13
7	16 8	5 38	2 44	3 30	18 53	0 46	0 34	1 38	10 44	1 58	22 54	0 15	11 31	2 13
8	16 26	1 20	3 36	0N50	19 23	0 52	1 1	1 40	10 31	1 55	22 55	0 15	11 34	2 13
9	16 44	2N58	4 17	5 4	19 52	0 58	1 28	1 41	10 18	1 52	22 56	0 14	11 36	2 13
10	17 1	7 5	4 44	9 1	20 20	1 5	1 55	1 43	10 4	1 49	22 57	0 14	11 38	2 13
11	17 18	10 51	4 58	12 34	20 48	1 11	2 22	1 45	9 51	1 46	22 57	0 14	11 41	2 13
12	17 34	14 8	4 58	15 32	21 14	1 16	2 49	1 46	9 37	1 43	22 58	0 14	11 43	2 13
13	17 50	16 47	4 44	17 50	21 39	1 22	3 15	1 47	9 24	1 40	22 59	0 14	11 45	2 13
14	18 6	18 41	4 18	19 20	22 4	1 28	3 42	1 49	9 10	1 37	23 0	0 14	11 48	2 13
15	18 22	19 46	3 41	19 59	22 27	1 33	4 9	1 50	8 56	1 34	23 1	0 14	11 50	2 13
16	18 37	19 59	2 54	19 46	22 49	1 38	4 36	1 51	8 42	1 32	23 2	0 14	11 52	2 13
17	18 52	19 20	1 60	18 40	23 10	1 44	5 3	1 52	8 28	1 29	23 2	0 13	11 54	2 13
18	19 7	17 48	0 60	16 44	23 29	1 48	5 30	1 53	8 14	1 26	23 3	0 13	11 57	2 13
19	19 21	15 28	0N 4	14 1	23 48	1 53	5 57	1 53	7 60	1 23	23 4	0 13	11 59	2 13
20	19 35	12 24	1 9	10 37	24 5	1 57	6 23	1 54	7 46	1 21	23 5	0 13	12 1	2 13
21	19 49	8 41	2 12	6 37	24 21	2 2	6 50	1 54	7 31	1 18	23 5	0 13	12 3	2 13
22	20 2	4 26	3 10	2 9	24 36	2 5	7 17	1 55	7 17	1 16	23 6	0 13	12 5	2 13
23	20 15	0S11	3 60	2S34	24 50	2 9	7 43	1 55	7 2	1 13	23 7	0 13	12 7	2 13
24	20 27	4 57	4 37	7 18	25 2	2 12	8 9	1 56	6 48	1 11	23 7	0 13	12 10	2 13
25	20 40	9 35	4 58	11 45	25 13	2 15	8 36	1 56	6 33	1 8	23 8	0 13	12 12	2 13
26	20 51	13 46	4 60	15 34	25 23	2 18	9 2	1 56	6 18	1 6	23 9	0 13	12 14	2 13
27	21 3	17 7	4 40	18 22	25 31	2 20	9 27	1 56	6 3	1 3	23 9	0 12	12 16	2 13
28	21 14	19 17	4 1	19 52	25 38	2 22	9 53	1 56	5 48	1 1	23 10	0 12	12 18	2 14
29	21 24	20 5	3 5	19 57	25 43	2 23	10 19	1 56	5 34	0 59	23 10	0 12	12 20	2 14
30	21S34	19S27	1N57	18S39	25S47	2S24	10S44	1N55	5S18	0S56	23S11	0N12	12S22	2N14

DAY	♅ DECL	♅ LAT	♆ DECL	♆ LAT	♇ DECL	♇ LAT
1	5S31	0S48	14N19	0N18	20N36	2S11
5	5 33	0 47	14 18	0 18	20 36	2 11
9	5 35	0 47	14 18	0 18	20 36	2 11
13	5 36	0 47	14 17	0 18	20 37	2 11
17	5 37	0 47	14 17	0 18	20 37	2 11
21	5 37	0 47	14 17	0 18	20 37	2 10
25	5 37	0 47	14 17	0 18	20 38	2 10
29	5S37	0S47	14N17	0N18	20N38	2S10

☽ PHENOMENA

d	h	m	
3	22	19	☽
11	12	31	○
19	17	39	☾
26	17	16	●

d	h	° '
1	16	19S53
8	7	0
15	18	20N 1
22	23	0
29	1	20S 5
4	12	0
11	12	4S59
18	23	0
25	14	5N 2

VOID OF COURSE ☽

LAST ASPT	☽ INGRESS
31 9pm19	1 ♑ 0am39
2 6am16	3 ♒ 2am53
4 6pm 7	5 ♓ 7am35
6 10pm38	7 ♈ 2pm40
9 9am20	9 ♉ 11pm44
12 10am21	12 ♊ 10am35
14 7am32	14 ♋ 10pm57
17 0am31	17 ♌ 11am51
19 5pm39	19 ♍ 11pm11
22 6am18	22 ♎ 6am52
24 3am31	24 ♏ 10am17
25 10pm53	26 ♐ 10am38
28 2am45	28 ♑ 9am58
29 3pm44	30 ♒ 10am26

d	h	
15	1	APOGEE
27	13	PERIGEE

DAILY ASPECTARIAN

Day	Aspect	Time
1 S	☉#♆	3am20
	☽⚹♂	8 18
	☽⚹♄	9 50
	☽⚼♆	12pm54
	☉⚹☽	3 24
	☿△♇	10 36
	☽☍♇	10 58
	☽⚹☿	11 1
2 Su	☽⚹♅	6am16
	☽⚺♃	9 55
	☽∠♂	10 4
	☽⚻♆	2pm 2
	♀ ♎	2 44
3 M	☽△♀	4am 1
	☽∠♅	7 45
	☽∠♃	11 53
	☽⚺♂	12pm29
	☽□♄	12 56
	☿∠♀	4 49
	☽∥☿	6 28
	♂∥♄	9 21
	☉□☽	10 19
4 T	☽⚻♇	2am14
	♂△♄	8 21
	☽⚼♀	8 33
	☽□☿	9 4
	☽⚺♅	9 51
	☉∥☽	10 3
	☽⚹♃	2pm32
	☿△♅	3 49
	☽#♆	6 3
	☽☍♆	6 7
5 W	☽⚼♇	4am49
	☽∥♄	1pm23
	☽⚻♀	1 56
	☽∥♂	4 13
	☽△♄	6 36
	☽☌♂	7 28
6 Th	☉△♇	3am37
	☽△♇	8 1
	☉△☽	8 23
	☿⚺♃	2pm23
	☽☌♅	3 56
	☽□♃	9 45
	☽⚼♄	10 22
	☽△☿	10 38
7 F	☽∥♅	0am25
	☽⚻♆	0 41
	☉⚼☽	2pm30
	☿□♆	3 47
	♀⚺♄	11 9
8 S	☽∥♀	1am34
	☽⚻♄	2 39
	☽☍♀	2 59
	☽⚼♆	4 47
	☽⚺♂	5 4
	☽⚼☿	6 35
	☽#♀	2pm34
	☽□♇	4 0
	☉⚻☽	9 16
	♀∠♆	10 14
9 Su	☽⚺♅	0am11
	☽△♃	7 12
	☽△♆	9 20
	☽∠♂	10 43
	♀⚻♂	1pm55
	☽#♅	3 2
	☽⚻☿	3 12
10 M	☽∠♅	4am59
	☉△♅	9 16
	☽⚼♃	12pm39
	☽☍♄	12 41
	☿#♇	1 50
	♃∠♄	4 45
	☽⚹♂	4 52
	☽#♂	5 42
	☽⚻♀	6 39
11 T	☽⚹♇	1am50
	☽#♄	5 44
	☽⚹♅	10 14
	☿⚼♇	11 13
	☉☍☽	12pm31
	☽⚻♃	6 34
	☽□♆	7 48
12 W	☽∥♆	1am17
	☽⚼♀	3 23
	☽∠♇	7 23
	☽☍☿	10 21
	☿ ♐	12pm 8
13 Th	☽⚻♄	0am29
	☽□♂	6 41
	☽△♀	12pm40
	☽⚺♇	1 21
	☉#☽	2 11
	♀□♇	7 22
	☽□♅	9 59
14 F	☉⚻☽	5am55
	☽⚼♄	6 59
	☽☍♃	7 39
	☽⚹♆	7 52
	♃△♆	8pm 5
15 S	☉□♆	5am 1
	☉⚺♃	7 20
	☽⚻☿	7 40
	☽△♄	1pm44
	☽∠♆	2 20
	☉⚼☽	3 12
	☽△♂	10 3
16 Su	☽☌♇	2am 6
	☽□♀	8 23
	☽△♅	10 49
	☿∥♃	3pm10
	☽⚼☿	6 39
	☽⚺♆	8 50
	☽⚻♃	9 42
17 M	☉△☽	0am31
	☽⚼♂	5 50
	☉#☽	7 24
	♀⚻♅	7 55
	☿⚺♄	10 21
	☽⚼♅	5pm 9
18 T	☽□♄	3am 4
	☽⚼♃	4 29
	☽△☿	5 17
	♀∥♅	6 5
	☽⚻♂	1pm17
	☽⚺♇	2 32
	☽⚻♅	11 3
19 W	☽⚹♀	3am24
	☽☌♆	8 48
	☽∥♆	9 59
	☽△♃	10 41
	☉□☽	5pm39
	♂△♇	6 16
	☽∠♇	7 55
20 Th	☽#♄	2am37
	☽∠♀	11 31
	☽⚹♄	2pm11
	☉⚼♇	9 11
	☽□☿	11 30
21 F	☽⚹♇	0am23
	☽☍♂	1 40
	☿⚻♇	7 6
	☽#♂	7 13
	☽☍♅	8 13
	☽#♀	9 42
	♀⚹♆	9 57
	☽⚺♆	5pm31
	☽#♅	5 32
	☽∠♄	6 15
	☽⚺♀	6 17
	☽□♃	8 12
22 S	♀∥♂	0am 6
	☿□♂	3 25
	☉⚹☽	6 18
	☉ ♐	1pm47
	♀⚹♃	7 12
	☽∠♆	8 16
	☽⚺♄	9 11
23 Su	☽□♇	6am 5
	☽⚻♂	9 25
	☉∠☽	10 34
	☽⚹☿	11 41
	☽⚻♅	1pm30
	☽⚹♆	9 57
24 M	☽⚹♃	1am14
	☽∥♅	3 24
	☽☌♀	3 31
	☿□♅	5 7
	☽∥♂	8 55
	☽⚼♂	11 35
	☉⚺☽	1pm37
	☽⚼♅	2 34
	☽∠☿	3 38
	☽∥♀	6 9
	☉#♇	8 13
25 T	☽☌♄	0am 0
	☽∠♃	2 18
	♆SR	2 50
	☽△♇	7 52
	☽△♂	12pm53
	☽∥♄	2 39
	☽△♅	2 54
	☽⚺☿	6 33
	☽□♆	10 53
26	☽⚺♃	2am43
(26) W	☽#♆	3 15
	☽⚼♇	7 48
	☽⚺♀	8 26
	☉☌☽	5pm16
27 Th	☽⚺♄	0am12
	♅SD	4 5
	☽⚻♇	7 27
	☽∠♀	10 9
	♀ ♏	11 48
	☽□♂	2pm 8
	☽□♅	2 22
	☿△♆	3 43
	♂☌♅	8 29
	☽△♆	10 15
	☽☌☿	10 55
28 F	☽∠♄	0am 0
	☽☌♃	2 45
	☿∠♄	11 21
	☽⚹♀	11 55
	♂∥♅	6pm17
	☉⚺☽	8 3
	☽⚼♆	10 2
29 S	☽⚹♄	0am 0
	☽☍♇	6 59
	☽⚹♅	2pm 8
	♀⚼♅	2 42
	☽⚹♂	3 44
	☉∠☽	10 0
	☽⚻♆	10 15
	☿☌♃	10 58
30 Su	☽⚺♃	3am40
	☽⚺☿	4 5
	☽∠♅	2pm45
	☽□♀	4 58
	☽∠♂	5 22

DECEMBER 1924

LONGITUDE

DAY	SID. TIME	☉	☽	☽ 12 Hour	MEAN ☊	TRUE ☊	☿	♀	♂	♃	♄	♅	♆	♇
	h m s	° ' "	° ' "	° ' "	° '	° '	° '	° '	° '	° '	° '	° '	° '	° '
1	4 38 17	8♐ 32 4	8♒ 8 2	15♒ 12 57	17♌ 17	16♌ 11D	27♐ 18	4♏ 18	19♓ 19	26♐ 5	9♏ 2	17♓ 36	22♌ 35R	13♋ 8R
2	4 42 14	9 32 56	22 11 34	29 3 56	17 13	16 11	28 40	5 31	19 53	26 19	9 9	17 36	22 35	13 7
3	4 46 10	10 33 48	5♓ 50 17	12♓ 30 55	17 10	16 11R	0♑ 1	6 45	20 26	26 32	9 16	17 36	22 35	13 6
4	4 50 7	11 34 41	19 6 11	25 36 32	17 7	16 11	1 20	7 59	21 0	26 45	9 22	17 37	22 34	13 5
5	4 54 3	12 35 35	2♈ 2 20	8♈ 24 3	17 4	16 9	2 37	9 12	21 34	26 59	9 29	17 37	22 34	13 4
6	4 58 0	13 36 30	14 42 4	20 56 47	17 1	16 5	3 53	10 26	22 8	27 12	9 35	17 38	22 34	13 3
7	5 1 56	14 37 25	27 8 34	3♉ 17 44	16 58	15 59	5 5	11 40	22 42	27 26	9 41	17 38	22 33	13 2
8	5 5 53	15 38 22	9♉ 24 35	15 29 21	16 54	15 49	6 15	12 54	23 17	27 40	9 48	17 39	22 33	13 1
9	5 9 50	16 39 19	21 32 17	27 33 35	16 51	15 38	7 21	14 8	23 51	27 53	9 54	17 39	22 32	13 0
10	5 13 46	17 40 17	3♊ 33 25	9♊ 31 57	16 48	15 26	8 24	15 22	24 26	28 7	10 0	17 40	22 32	12 59
11	5 17 43	18 41 16	15 29 22	21 25 49	16 45	15 15	9 22	16 36	25 1	28 20	10 7	17 40	22 31	12 58
12	5 21 39	19 42 15	27 21 29	3♋ 16 33	16 42	15 5	10 15	17 50	25 35	28 34	10 13	17 41	22 31	12 56
13	5 25 36	20 43 16	9♋ 11 14	15 5 48	16 38	14 56	11 2	19 4	26 11	28 48	10 19	17 42	22 30	12 55
14	5 29 32	21 44 17	21 0 30	26 55 42	16 35	14 51	11 43	20 18	26 46	29 1	10 25	17 43	22 30	12 54
15	5 33 29	22 45 19	2♌ 51 44	8♌ 49 2	16 32	14 47	12 16	21 32	27 21	29 15	10 31	17 44	22 29	12 53
16	5 37 25	23 46 22	14 48 2	20 49 15	16 29	14 46D	12 41	22 47	27 56	29 29	10 37	17 45	22 28	12 52
17	5 41 22	24 47 26	26 53 11	3♍ 0 26	16 26	14 47	12 57	24 1	28 32	29 43	10 43	17 46	22 28	12 51
18	5 45 19	25 48 31	9♍ 11 33	15 27 8	16 23	14 48	13 2R	25 15	29 8	29 56	10 49	17 47	22 27	12 49
19	5 49 15	26 49 36	21 47 48	28 14 6	16 19	14 49R	12 57	26 29	29 43	0♑ 10	10 54	17 48	22 26	12 48
20	5 53 12	27 50 42	4♎ 46 34	11♎ 25 40	16 16	14 49	12 41	27 44	0♈ 19	0 24	11 0	17 49	22 25	12 47
21	5 57 8	28 51 49	18 11 46	25 5 8	16 13	14 47	12 13	28 58	0 55	0 38	11 6	17 50	22 24	12 46
22	6 1 5	29 52 58	2♏ 5 52	9♏ 13 51	16 10	14 44	11 33	0♐ 13	1 31	0 51	11 11	17 51	22 24	12 45
23	6 5 1	0♑ 54 6	16 28 51	23 50 21	16 7	14 38	10 42	1 27	2 7	1 5	11 17	17 53	22 23	12 43
24	6 8 58	1 55 15	1♐ 17 36	8♐ 49 42	16 4	14 32	9 41	2 42	2 44	1 19	11 22	17 54	22 22	12 42
25	6 12 54	2 56 25	16 25 30	24 3 44	16 0	14 25	8 31	3 56	3 20	1 33	11 28	17 55	22 21	12 41
26	6 16 51	3 57 36	1♑ 43 3	9♑ 22 2	15 57	14 19	7 14	5 11	3 57	1 46	11 33	17 57	22 20	12 40
27	6 20 48	4 58 46	16 59 18	24 33 36	15 54	14 15	5 54	6 25	4 33	2 0	11 38	17 58	22 19	12 39
28	6 24 44	5 59 57	2♒ 3 45	9♒ 28 50	15 51	14 12D	4 32	7 40	5 10	2 14	11 44	18 0	22 18	12 37
29	6 28 41	7 1 8	16 48 3	24 0 51	15 48	14 12	3 11	8 54	5 46	2 28	11 49	18 1	22 17	12 36
30	6 32 37	8 2 19	1♓ 6 54	8♓ 6 2	15 44	14 12	1 54	10 9	6 23	2 41	11 54	18 3	22 16	12 35
31	6 36 34	9♑ 3 29	14♓ 58 15	21♓ 43 43	15♌ 41	14♌ 14	0♑ 43	11♐ 24	7♈ 0	2♑ 55	11♏ 59	18♓ 5	22♌ 15	12♋ 34

DECLINATION and LATITUDE

DAY	☉ DECL	☽ DECL	☽ LAT	☽ 12hr DECL	☿ DECL	☿ LAT	♀ DECL	♀ LAT	♂ DECL	♂ LAT	♃ DECL	♃ LAT	♄ DECL	♄ LAT
1	21S44	17S33	0N43	16S12	25S50	2S25	11S 9	1N55	5S 3	0S54	23S11	0N12	12S24	2N14
2	21 53	14 37	0S32	12 52	25 51	2 24	11 34	1 55	4 48	0 52	23 12	0 12	12 26	2 14
3	22 2	10 58	1 43	8 57	25 51	2 24	11 59	1 54	4 33	0 50	23 12	0 12	12 28	2 14
4	22 11	6 51	2 46	4 43	25 49	2 22	12 23	1 54	4 18	0 48	23 13	0 12	12 30	2 14
5	22 19	2 32	3 39	0 22	25 46	2 21	12 47	1 53	4 2	0 45	23 13	0 12	12 32	2 14
6	22 27	1N48	4 20	3N55	25 41	2 18	13 11	1 52	3 47	0 43	23 14	0 11	12 34	2 14
7	22 34	5 59	4 48	7 58	25 35	2 14	13 35	1 51	3 32	0 41	23 14	0 11	12 36	2 14
8	22 40	9 51	5 2	11 38	25 28	2 10	13 58	1 50	3 16	0 39	23 14	0 11	12 38	2 15
9	22 47	13 17	5 2	14 48	25 20	2 5	14 21	1 49	3 1	0 37	23 15	0 11	12 40	2 15
10	22 53	16 8	4 49	17 19	25 10	1 59	14 43	1 48	2 45	0 35	23 15	0 11	12 41	2 15
11	22 58	18 18	4 23	19 5	24 59	1 52	15 6	1 47	2 30	0 33	23 15	0 11	12 43	2 15
12	23 3	19 39	3 46	20 1	24 47	1 44	15 27	1 46	2 14	0 31	23 16	0 11	12 45	2 15
13	23 7	20 9	2 59	20 4	24 34	1 35	15 49	1 45	1 58	0 30	23 16	0 11	12 47	2 15
14	23 11	19 46	2 4	19 14	24 20	1 24	16 10	1 43	1 43	0 28	23 16	0 11	12 49	2 15
15	23 15	18 30	1 4	17 33	24 5	1 12	16 31	1 42	1 27	0 26	23 16	0 11	12 50	2 15
16	23 18	16 24	0N 0	15 4	23 50	0 59	16 51	1 40	1 11	0 24	23 16	0 11	12 52	2 15
17	23 21	13 34	1 5	11 55	23 34	0 45	17 11	1 39	0 56	0 22	23 16	0 10	12 54	2 16
18	23 23	10 6	2 8	8 10	23 18	0 29	17 31	1 37	0 40	0 21	23 17	0 10	12 55	2 16
19	23 25	6 7	3 6	3 58	23 2	0 13	17 50	1 36	0 24	0 19	23 17	0 10	12 57	2 16
20	23 26	1 44	3 57	0S33	22 45	0N 5	18 8	1 34	0 8	0 17	23 17	0 10	12 59	2 16
21	23 27	2S52	4 37	5 11	22 29	0 24	18 26	1 32	0N 8	0 16	23 17	0 10	13 0	2 16
22	23 27	7 29	5 2	9 42	22 13	0 44	18 44	1 30	0 24	0 14	23 17	0 10	13 2	2 16
23	23 27	11 50	5 9	13 48	21 58	1 3	19 1	1 28	0 39	0 12	23 17	0 10	13 3	2 16
24	23 26	15 35	4 56	17 8	21 43	1 23	19 18	1 26	0 55	0 11	23 17	0 10	13 5	2 17
25	23 25	18 24	4 23	19 21	21 28	1 43	19 34	1 24	1 11	0 9	23 17	0 10	13 6	2 17
26	23 23	19 56	3 30	20 10	21 14	2 1	19 49	1 22	1 27	0 8	23 17	0 10	13 8	2 17
27	23 21	20 1	2 23	19 30	21 1	2 18	20 4	1 20	1 43	0 6	23 17	0 9	13 9	2 17
28	23 19	18 39	1 6	17 28	20 50	2 33	20 19	1 18	1 59	0 5	23 16	0 9	13 11	2 17
29	23 16	16 2	0S14	14 22	20 39	2 45	20 33	1 16	2 15	0 3	23 16	0 9	13 12	2 17
30	23 12	12 30	1 31	10 30	20 30	2 56	20 46	1 14	2 31	0 2	23 16	0 9	13 14	2 18
31	23S 8	8S23	2S40	6S12	20S23	3N 4	20S59	1N11	2N47	0S 0	23S16	0N 9	13S15	2N18

DAY	♅ DECL	♅ LAT	♆ DECL	♆ LAT	♇ DECL	♇ LAT
1	5S37	0S46	14N17	0N18	20N38	2S10
5	5 36	0 46	14 17	0 18	20 39	2 10
9	5 35	0 46	14 18	0 19	20 40	2 10
13	5 34	0 46	14 19	0 19	20 40	2 10
17	5 32	0 46	14 20	0 19	20 41	2 10
21	5 31	0 46	14 21	0 19	20 41	2 9
25	5 28	0 45	14 22	0 19	20 42	2 9
29	5S26	0S45	14N23	0N19	20N43	2S 9

☽ PHENOMENA	VOID OF COURSE ☽ LAST ASPT	☽ INGRESS
d h m	2 12pm33	2 ♓ 1pm39
3 9 10 ☽	4 2pm23	4 ♈ 8pm11
11 7 4 ○	7 0am35	7 ♉ 5am34
19 10 12 ☾	9 4am50	9 ♊ 4pm53
26 3 46 ●	12 2am30	12 ♋ 5am21
	14 12pm16	14 ♌ 6pm13
	17 5am39	17 ♍ 6am 7
d h ° '	19 10am12	19 ♎ 3pm15
5 14 0	21 7pm56	21 ♏ 8pm26
13 1 20N 9	23 9am37	23 ♐ 9pm56
20 9 0	25 9am18	25 ♑ 9pm19
26 13 20S10	27 1am33	27 ♒ 8pm41
	29 9am 5	29 ♓ 10pm 6
1 14 0	d h	
8 12 5S 4	12 9 APOGEE	
16 0 0	26 1 PERIGEE	
22 21 5N 9		
28 20 0		

DAILY ASPECTARIAN

Day	Aspect	Time
1 M	☉⚹☽	0am44
	♀⚼♂	0 59
	☽□♄	1 32
	☽∠♃	5 4
	☽∠☿	7 48
	☽⚻♇	8 27
	☉⚺♄	1pm27
	☽⚺♅	4 5
	☽⚺♂	7 50
2 T	☽☍♆	0am40
	☽#♆	2 25
	☽⚹♃	7 17
	☽⚼♇	10 20
	☽⚹☿	12pm33
	☽∥♄	2 41
	☽∥♀	6 20
	☿ ♑	11 41
3 W	☽△♀	1am48
	☽△♄	6 11
	☉□☽	9 10
	☽△♇	1pm 3
	☽☌♅	9 16
4 Th	☽☌♂	3am39
	☽⚻♆	6 23
	☽∥♅	7 1
	♀∥♄	7 33
	☽⚼♀	7 52
	☽⚼♄	9 47
	☽□♃	2pm23
	☽∥♂	3 11
5 F	☽□☿	1am13
	♀☌♄	5 47
	☽⚼♆	10 25
	☉⚻♇	11 3
	☽⚻♄	2pm10
	☽⚻♀	2 59
	☽□♇	8 51
	☉△☽	9 44
6 S	☽⚺♅	5am37
	☽#♂	10 36
	☽⚺♂	2pm59
	☽△♆	3 6
	♂⚻♆	5 45
	☽#♅	9 45
7 Su	☽△♃	0am35
	☉⚼☽	5 16
	☽∠♅	10 43
	☽△☿	5pm 9
	♀∠♃	6 19
	☽∠♂	9 40
8 M	☽☍♄	0am46
	♀△♇	2 14
	☽⚼♃	6 32
	☽⚹♇	7 6
	☽☍♀	7 39
	☉⚻☽	1pm25
	☽⚹♅	4 17
	☽#♄	7 16
	♀#♆	9 1
9 T	☽⚼☿	1am47
	☽□♆	1 59
	☿⚼♆	4 7
	☽⚹♂	4 50
	☽∥♆	7 56
	☽#♀	9 32
	☽∠♇	12pm51
	☽⚻♃	12 54
	☉□♅	11 49
10 W	☽⚻☿	10am36
	☽⚻♄	1pm 4
	☽⚺♇	6 54
11 Th	☽⚻♀	2am30
	☽□♅	4 25
	♂⚼♄	5 3
	☉☍☽	7 4
	☽⚹♆	2pm12
	☽⚼♄	7 37
	☽□♂	8 14
	♀△♅	9 10
	☿⚹♄	10 51
12 F	☽☍♃	2am30
	☽⚼♀	12pm24
	☽∠♆	8 35
13 S	☽△♄	2am19
	☽☍☿	4 0
	☽☌♇	7 34
	☽△♅	5pm18
	☽△♀	10 24
14 Su	☉⚻☽	1am37
	☽⚺♆	3 1
	☽△♂	12pm16
	☽⚻♃	4 34
	☉△♆	5 38
	☽⚼♅	11 44
15 M	☉∥♃	8am58
	☉⚼☽	10 47
	☽□♄	3pm33
	♀□♆	6 9
	☽⚻☿	7 38
	☽#♀	8 4
	☽⚼♂	8 5
	☽⚺♇	8 8
	☽⚼♃	11 21
16 T	☽⚻♅	5am53
	☿☍♇	1pm47
	☽☌♆	3 16
	☽□♀	5 41
	☽∥♆	6 9
	☉△☽	7 29
17 W	☽∠♇	1am53
	☽⚼☿	2 7
	☽⚻♂	3 24
	☽#♄	4 59
	☽△♃	5 39
	☉∥☿	5pm18
18 Th	☉∠♄	0am 3
	☿SR	1 5
	☿∥♃	1 53
	☽⚹♄	3 8
	♃ ♑	6 27
	☽⚹♇	6 58
	☽△☿	7 23
	☽☍♅	4pm27
19 F	☽⚺♆	1am12
	☽#♅	3 19
	☽∠♄	7 44
	☽⚹♀	9 42
	☉□☽	10 12
	♂ ♈	11 9
	☽☍♂	3pm27
	☽□♃	3 51
	☿☍♇	4 34
	☿∠♀	11 18
20 S	♀⚼♇	1am 3
	☽∠♆	4 47
	♂□♃	5 1
	☽#♂	8 54
	☽∥♂	9 17
	☽⚺♄	11 19
	☉⚺♀	12pm29
	☽□☿	1 48
	☽□♇	2 24
	☽∠♀	3 47
	☽⚻♅	11 22
21 Su	☽⚹♆	7am21
	☽∥♅	1pm38
	♀ ♐	7 56
	☉⚹☽	7 56
	☽⚺♀	8 29
	☽⚹♃	9 51
	☽⚻♂	10 59
22 M	☽⚼♅	1am17
	☉ ♑	2 46
	☿⚹♄	9 44
	☽⚹☿	3pm 1
	♀⚺♃	3 19
	☽☌♄	3 21
	☽△♇	5 49
	☉∠☽	10 59
	☽∠♃	11 20
23 T	☽⚼♂	1am 6
	☽△♅	2 18
	☉☌♃	5 35
	☽∥♄	7 22
	☽□♆	9 37
	☽∠☿	2pm 4
	☽#♆	3 34
	☽⚼♇	6 15
24 W	☽⚺♃	0am 2
	☉⚺☽	1 5
	♀△♂	1 20
	☽△♂	2 23
	☽☌♀	2 26
	☽⚺☿	12pm25
	☽⚺♄	4 7
	☽⚻♇	6 6
25 Th	☽□♅	2am22
	☽△♆	9 18
	☽∠♄	3pm51
	☽∥♀	8 9
	☿⚼♆	10 20
	☉□♂	10 58
26 F	☽☌♃	0am 5
	☽□♂	3 38
	☉☌☽	3 46
	☽⚺♀	5 54
	☽☌☿	7 58
	☽⚼♆	8 48
	☽⚹♄	3pm32
	☽☍♇	5 10
	☿⚺♀	7 11
	☽∥♀	10 14
27 S	☽⚹♅	1am33
	☽∠♀	7 38
	☽⚻♆	8 25
	☉☌☿	9 13
	☿□♂	4pm18
28 Su	☽⚺♃	0am17
	☽∠♅	1 30
	☽⚺☿	3 38
	☽⚹♂	5 13
	☉⚺☽	6 49
	☽⚹♀	9 53
	☽□♄	3pm46
	☿#♇	3 57
	☽⚻♇	5 6
	☉∥♃	8 11
29 M	☽∠♃	1am 7
	☽⚺♅	2 1
	☽∠☿	2 5
	☉⚼♆	6 1
	☿∥♀	6 46
	☽∠♂	6 53
	☽☍♆	9 5
	☉∠☽	9 20
	☿☌♃	11 13
	☽#♆	11 47
	♀#♇	5pm58
	☽⚼♇	6 1
	☽∥♄	7 28
30 T	☽⚹☿	1am13
	☽⚹♃	2 44
	☽⚺♂	9 28
	☉⚹☽	12pm50
	☽□♀	5 6
	☽△♄	6 43
	☽△♇	7 46
31 W	☽☌♅	5am30
	♂⚼♆	9 2
	♀⚺♄	12pm 9
	☽⚻♆	12 54
	☽∥♅	4 20
	☿ ♐	4 36
	☽⚼♄	9 36
	♀⚻♇	10 8

JANUARY 1925

LONGITUDE

DAY	SID. TIME	☉	☽	☽ 12 Hour	MEAN ☊	TRUE ☊	☿	♀	♂	♃	♄	♅	♆	♇
	h m s	° ' "	° ' "	° ' "	° '	° '	° '	° '	° '	° '	° '	° '	° '	° '
1	6 40 30	10♑ 4 39	28♓ 22 41	4♈ 55 32	15♌ 38	14♌ 15	29♐ 40R	12♐ 38	7♈ 37	3♑ 9	12♏ 4	18♓ 6	22♌ 13R	12♋ 32R
2	6 44 27	11 5 50	11♈ 22 40	17 44 35	15 35	14 16R	28 45	13 53	8 14	3 23	12 9	18 8	22 12	12 31
3	6 48 23	12 7 0	24 1 47	0♉ 14 45	15 32	14 15	28 1	15 8	8 51	3 36	12 13	18 10	22 11	12 30
4	6 52 20	13 8 9	6♉ 24 1	12 30 4	15 29	14 13	27 27	16 22	9 29	3 50	12 18	18 12	22 10	12 29
5	6 56 17	14 9 18	18 33 21	24 34 22	15 25	14 9	27 4	17 37	10 6	4 4	12 23	18 14	22 9	12 27
6	7 0 13	15 10 27	0♊ 33 29	6♊ 31 7	15 22	14 5	26 50D	18 52	10 43	4 17	12 27	18 16	22 7	12 26
7	7 4 10	16 11 36	12 27 37	18 23 18	15 19	14 0	26 46	20 6	11 21	4 31	12 32	18 17	22 6	12 25
8	7 8 6	17 12 44	24 18 29	0♋ 13 25	15 16	13 54	26 50	21 21	11 58	4 45	12 36	18 19	22 5	12 24
9	7 12 3	18 13 52	6♋ 8 22	12 3 35	15 13	13 50	27 3	22 36	12 35	4 58	12 40	18 22	22 3	12 22
10	7 15 59	19 15 0	17 59 16	23 55 41	15 10	13 46	27 23	23 51	13 13	5 12	12 45	18 24	22 2	12 21
11	7 19 56	20 16 8	29 53 1	5♌ 51 33	15 6	13 44	27 50	25 5	13 51	5 26	12 49	18 26	22 1	12 20
12	7 23 53	21 17 15	11♌ 51 29	17 53 7	15 3	13 43D	28 23	26 20	14 28	5 39	12 53	18 28	21 59	12 19
13	7 27 49	22 18 22	23 56 44	0♍ 2 37	15 0	13 43	29 2	27 35	15 6	5 53	12 57	18 30	21 58	12 17
14	7 31 46	23 19 28	6♍ 11 7	12 22 34	14 57	13 44	29 46	28 50	15 44	6 6	13 1	18 32	21 57	12 16
15	7 35 42	24 20 35	18 37 22	24 55 53	14 54	13 46	0♑ 34	0♑ 5	16 21	6 20	13 5	18 35	21 55	12 15
16	7 39 39	25 21 41	1♎ 18 31	7♎ 45 40	14 50	13 48	1 26	1 20	16 59	6 33	13 8	18 37	21 54	12 14
17	7 43 35	26 22 46	14 17 42	20 54 59	14 47	13 49	2 22	2 34	17 37	6 46	13 12	18 39	21 52	12 12
18	7 47 32	27 23 52	27 37 49	4♏ 26 27	14 44	13 49R	3 22	3 49	18 15	7 0	13 16	18 42	21 51	12 11
19	7 51 28	28 24 58	11♏ 21 2	18 21 37	14 41	13 49	4 24	5 4	18 53	7 13	13 19	18 44	21 49	12 10
20	7 55 25	29 26 3	25 28 6	2♐ 40 18	14 38	13 48	5 29	6 19	19 31	7 26	13 22	18 47	21 48	12 9
21	7 59 22	0♒ 27 7	9♐ 57 48	17 20 3	14 35	13 46	6 36	7 34	20 9	7 40	13 26	18 49	21 46	12 8
22	8 3 18	1 28 11	24 46 21	2♑ 15 50	14 31	13 45	7 45	8 49	20 47	7 53	13 29	18 52	21 45	12 6
23	8 7 15	2 29 15	9♑ 47 31	17 20 17	14 28	13 43	8 57	10 4	21 25	8 6	13 32	18 54	21 43	12 5
24	8 11 11	3 30 18	24 53 0	2♒ 24 30	14 25	13 42	10 10	11 19	22 3	8 19	13 35	18 57	21 41	12 4
25	8 15 8	4 31 20	9♒ 53 40	17 19 25	14 22	13 42D	11 25	12 34	22 42	8 33	13 38	19 0	21 40	12 3
26	8 19 4	5 32 22	24 40 50	1♓ 57 5	14 19	13 42	12 42	13 48	23 20	8 46	13 41	19 2	21 38	12 2
27	8 23 1	6 33 22	9♓ 7 33	16 11 44	14 15	13 42	13 59	15 3	23 58	8 59	13 43	19 5	21 37	12 1
28	8 26 57	7 34 22	23 9 20	0♈ 0 14	14 12	13 43	15 19	16 18	24 36	9 12	13 46	19 8	21 35	12 0
29	8 30 54	8 35 20	6♈ 44 25	13 22 2	14 9	13 44	16 39	17 33	25 15	9 25	13 49	19 11	21 33	11 58
30	8 34 51	9 36 17	19 53 21	26 18 44	14 6	13 44	18 1	18 48	25 53	9 37	13 51	19 13	21 32	11 57
31	8 38 47	10♒ 37 12	2♉ 38 35	8♉ 53 25	14♌ 3	13♌ 45	19♑ 23	20♑ 3	26♈ 31	9♑ 50	13♏ 53	19♓ 16	21♌ 30	11♋ 56

DECLINATION and LATITUDE

DAY	☉ DECL	☽ DECL	☽ LAT	☽ 12hr DECL	☿ DECL	☿ LAT	♀ DECL	♀ LAT	♂ DECL	♂ LAT	♃ DECL	♃ LAT	♄ DECL	♄ LAT
1	23S 4	3S59	3S38	1S45	20S18	3N 9	21S11	1N 9	3N 2	0N 1	23S16	0N 9	13S16	2N18
2	22 59	0N28	4 23	2N39	20 14	3 12	21 22	1 7	3 18	0 2	23 15	0 9	13 18	2 18
3	22 54	4 46	4 54	6 49	20 13	3 13	21 33	1 4	3 34	0 4	23 15	0 9	13 19	2 18
4	22 48	8 47	5 10	10 38	20 14	3 12	21 44	1 2	3 50	0 5	23 15	0 9	13 20	2 18
5	22 42	12 21	5 12	13 57	20 16	3 9	21 53	0 59	4 6	0 6	23 15	0 9	13 21	2 19
6	22 35	15 23	5 0	16 39	20 20	3 5	22 2	0 57	4 22	0 8	23 14	0 9	13 23	2 19
7	22 28	17 45	4 35	18 39	20 25	2 59	22 11	0 54	4 38	0 9	23 14	0 8	13 24	2 19
8	22 20	19 21	3 59	19 50	20 32	2 53	22 18	0 52	4 53	0 10	23 13	0 8	13 25	2 19
9	22 12	20 6	3 12	20 9	20 39	2 46	22 25	0 49	5 9	0 12	23 13	0 8	13 26	2 19
10	22 4	19 59	2 17	19 34	20 48	2 38	22 32	0 47	5 25	0 13	23 13	0 8	13 27	2 20
11	21 55	18 57	1 16	18 7	20 57	2 29	22 37	0 44	5 41	0 14	23 12	0 8	13 28	2 20
12	21 46	17 5	0 10	15 51	21 6	2 20	22 43	0 41	5 56	0 15	23 12	0 8	13 29	2 20
13	21 36	14 26	0N56	12 51	21 16	2 11	22 47	0 39	6 12	0 16	23 11	0 8	13 30	2 20
14	21 26	11 7	2 1	9 15	21 25	2 1	22 51	0 36	6 28	0 17	23 11	0 8	13 31	2 20
15	21 15	7 17	3 1	5 12	21 35	1 52	22 53	0 33	6 43	0 19	23 10	0 8	13 32	2 21
16	21 4	3 3	3 54	0 51	21 44	1 42	22 56	0 31	6 59	0 20	23 10	0 8	13 33	2 21
17	20 53	1S24	4 36	3S39	21 53	1 33	22 57	0 28	7 14	0 21	23 9	0 8	13 34	2 21
18	20 41	5 54	5 4	8 6	22 2	1 23	22 58	0 25	7 30	0 22	23 8	0 8	13 35	2 21
19	20 29	10 13	5 16	12 14	22 9	1 13	22 58	0 23	7 45	0 23	23 8	0 7	13 36	2 21
20	20 17	14 7	5 10	15 48	22 17	1 4	22 58	0 20	8 0	0 24	23 7	0 7	13 36	2 22
21	20 4	17 16	4 44	18 28	22 23	0 54	22 57	0 17	8 16	0 25	23 6	0 7	13 37	2 22
22	19 50	19 22	3 59	19 56	22 29	0 45	22 55	0 15	8 31	0 26	23 6	0 7	13 38	2 22
23	19 37	20 8	2 57	19 59	22 33	0 36	22 52	0 12	8 46	0 27	23 5	0 7	13 39	2 22
24	19 23	19 29	1 43	18 37	22 37	0 27	22 49	0 9	9 1	0 28	23 4	0 7	13 39	2 22
25	19 8	17 26	0 21	15 58	22 40	0 18	22 45	0 7	9 17	0 29	23 4	0 7	13 40	2 23
26	18 54	14 15	1S 1	12 20	22 42	0 9	22 40	0 4	9 32	0 30	23 3	0 7	13 41	2 23
27	18 38	10 16	2 17	8 4	22 42	0 1	22 35	0 1	9 47	0 31	23 2	0 7	13 41	2 23
28	18 23	5 49	3 22	3 31	22 42	0S 8	22 29	0S 1	10 2	0 32	23 1	0 7	13 42	2 23
29	18 7	1 13	4 14	1N 4	22 40	0 16	22 22	0 4	10 16	0 32	23 0	0 7	13 42	2 24
30	17 51	3N17	4 51	5 27	22 38	0 24	22 14	0 7	10 31	0 33	22 60	0 6	13 43	2 24
31	17S35	7N30	5S12	9N28	22S34	0S31	22S 6	0S 9	10N46	0N34	22S59	0N 6	13S43	2N24

DAY	♅ DECL	♅ LAT	♆ DECL	♆ LAT	♇ DECL	♇ LAT
1	5S24	0S45	14N24	0N19	20N43	2S 9
5	5 21	0 45	14 26	0 19	20 44	2 9
9	5 18	0 45	14 28	0 19	20 45	2 8
13	5 14	0 45	14 30	0 19	20 45	2 8
17	5 10	0 45	14 32	0 19	20 46	2 8
21	5 6	0 45	14 34	0 19	20 47	2 8
25	5 2	0 44	14 36	0 19	20 47	2 7
29	4S58	0S44	14N38	0N19	20N48	2S 7

☽ PHENOMENA

d	h	m	
1	23	26	☽
10	2	48	○
17	23	33	☾
24	14	45	●
31	16	43	☽

d	h	° '
1	21	0
9	9	20N10
16	17	0
23	1	20S 8
29	6	0

d	h	° '
4	15	5S13
12	4	0
19	4	5N17
25	6	0
31	21	5S18

VOID OF COURSE ☽

LAST ASPT		☽ INGRESS		
1	2am10	1	♈	2am57
3	7am19	3	♉	11am31
5	7am 8	5	♊	10pm53
8	5am12	8	♋	11am33
10	2am48	11	♌	0am14
13	10am38	13	♍	11am55
15	11am50	15	♎	9pm33
17	11pm33	18	♏	4am12
20	7am 8	20	♐	7am34
21	7pm 8	22	♑	8am23
23	7pm18	24	♒	8am 9
25	9pm41	26	♓	8am46
27	5pm 1	28	♈	12pm 0
30	11am47	30	♉	6pm58

d	h	
8	8	APOGEE
23	14	PERIGEE

DAILY ASPECTARIAN

Day	Aspect	Time
1 Th	☽□☿	2am10
	☽#♂	4 46
	☽□♃	8 53
	☽⚼♆	4pm14
	☽☌♂	5 51
	☉□☽	11 26
2 F	☽⚻♄	1am27
	☽□♇	2 8
	☽△♀	5 13
	☽⚺♅	12pm46
	☽∥♂	4 43
	☽△♆	8 28
3 S	☉⚹♄	2am44
	☽#♅	3 28
	☽△☿	7 19
	☉☍♇	8 46
	☽⚼♀	1pm 5
	☽∠♅	5 43
	☽△♃	6 53
4 Su	☽⚺♂	6am22
	☿∠♄	6 53
	☽⚼☿	11 30
	☽☍♄	11 41
	☽⚹♇	11 56
	☉△☽	2pm28
	☽⚻♀	9 55
	☽⚹♅	11 21
5 M	☽⚼♃	1am 2
	☽□♆	7 8
	☽#♄	7 29
	♀□♅	12pm 4
	☽∠♂	1 46
	☽∥♆	4 0
	☽⚻☿	4 38
	☽∠♇	5 44
	♄△♇	6 47
	☉⚼☽	11 9
6 T	☽⚻♃	7am39
	☽⚹♂	9pm37
	☿SD	11 24
	☽⚺♇	11 54
7 W	☽⚻♄	0am 8
	☉⚻☽	8 16
	☽□♅	11 50
	☽☍♀	5pm18
	☽⚹♆	7 29
8 Th	☉∥♀	3am18
	☽☍☿	5 12
	☽⚼♄	6 43
	♀△♆	1pm46
	♂□♇	3 51
	☽☍♃	9 35
9	☽∠♆	1am52
F	☉⚹♅	3 7
	♂⚻♄	3 38
	♂#♅	12pm17
	☽☌♇	12 37
	☽△♄	1 20
	☽□♂	1 48
	☿#♇	3 16
10 S	☽△♅	0am49
	☉☍☽	2 48
	☽⚺♆	8 10
	☽⚻♀	1pm13
	☽⚻☿	7 42
	☿∠♄	10 58
11 Su	☽⚼♅	7am 9
	☽⚻♃	11 21
	☽⚼♀	10pm51
12 M	☽⚺♇	0am54
	☽□♄	2 3
	☽⚼☿	3 13
	☽△♂	5 30
	☽⚻♅	1pm12
	☉⚻♆	4 11
	☽⚼♃	5 49
	☽☌♆	8 6
	☉⚻☽	8 28
	☽∥♆	11 28
13 T	☽∠♇	6am35
	☽#♄	7 8
	♀∠♄	7 24
	☽△♀	7 59
	☽△☿	10 38
	☽⚼♂	12pm46
	☽△♃	11 50
14 W	☉∥☿	0am39
	☉⚼☽	4 32
	☿ ♑	7 16
	☽⚹♇	11 46
	☽⚹♄	1pm18
	☽⚻♂	7 26
	♀ ♑	10 29
	☽☍♅	11 55
15 Th	☽∥♂	3am 6
	☽⚺♆	6 16
	☉△☽	11 50
	☽#♅	12pm 2
	☽∠♄	6 2
16 F	☽□♀	0am 2
	☽□☿	0 16
	☿☌♀	8 14
	☽□♃	9 56
	☽∠♆	10 23
	☽□♇	8pm11
	☽⚺♄	9 59
17 S	☽☍♂	6am21
	☽⚻♅	7 57
	♃⚼♆	9 19
	☽⚹♆	1pm41
	☉#♇	2 24
	☽∥♅	8 2
	☉□☽	11 33
18 Su	☽#♂	9am13
	☽⚼♅	10 44
	☽⚹☿	10 56
	☽⚹♀	12pm 0
	☽⚹♃	4 44
	♂⚺♅	6 7
19 M	☽△♇	1am24
	☽☌♄	3 24
	☽△♅	12pm41
	☽⚻♂	1 30
	☽∠☿	2 53
	☽∠♀	4 20
	☽□♆	5 50
	☽∠♃	6 50
	☽∥♄	8 38
20 T	☽⚼♇	2am48
	☽#♆	3 0
	☉⚹☽	7 8
	♀⚼♆	9 0
	☉ ♒	1pm20
	☽⚼♂	3 44
	☽⚺☿	6 1
	☽⚺♀	7 42
	☽⚺♃	8 10
21 W	♀☌♃	2am16
	☿⚼♆	3 28
	☽⚻♇	3 32
	☽⚺♄	5 41
	☉∠☽	9 36
	☽□♅	2pm27
	☽△♂	5 18
	☽△♆	7 8
22 Th	☿☌♃	3am 9
	☽∠♄	5 58
	☉∥☽	7 51
	☉⚺☽	11 31
	☽⚼♆	7pm 7
	☽☌♃	9 16
	☽☌☿	10 32
23 F	☽☌♀	0am28
	☽☍♇	3 39
	☽⚹♄	5 58
	♂△♆	10 47
	☽⚹♅	2pm32
	☽⚻♆	6 56
	☽□♂	7 18
24 S	☉∥☽	1am59
	☉∠♅	10 59
	♀☍♇	2pm21
	☽∠♅	2 31
	☉☌☽	2 45
	☽⚺♃	9 48
25 Su	☽⚺☿	2am41
	☽⚻♇	3 28
	☽⚺♀	4 41
	☽□♄	6 3
	☿☍♇	11 47
	☽⚺♅	2pm46
	☿∥♀	6 7
	☽☍♆	7 2
	♀⚹♄	9 24
	☽#♆	9 40
	☽⚹♂	9 41
	☽∠♃	10 28
26 M	☽∥♄	3am43
	☽⚼♇	3 52
	☽∠☿	5 26
	☽∠♀	7 26
	☿⚹♄	6pm57
	☉⚺☽	7 21
	☽∠♂	11 43
	☽⚹♃	11 45
27	☽#♂	2am33
T	☽△♇	4 52
	☽△♄	7 49
	☽⚹☿	9 5
	☽⚹♀	11 2
	☽☌♅	5pm 1
	☽⚻♆	9 17
	☉∠☽	10 54
28 W	☽⚺♂	2am39
	☽∥♅	4 22
	☽⚼♄	9 51
	☽⚼♆	11pm40
29 Th	☉⚹☽	3am36
	☽□♃	4 53
	☽□♇	9 27
	☽⚻♄	12pm51
	☽□☿	8 7
	☽□♀	9 46
	☽⚺♅	10 46
30 F	☉⚺♃	0am34
	☽△♆	3 3
	♀⚹♅	8 25
	☽#♅	9 9
	☽☌♂	11 47
	☿⚹♅	9pm55
31 S	☽∠♅	3am 7
	☽△♃	2pm 4
	☉□☽	4 43
	☽⚹♇	5 53
	☽☍♄	9 46
	☽∥♂	9 58

FEBRUARY 1925

LONGITUDE

DAY	SID. TIME	☉	☽	☽ 12 Hour	MEAN ☊	TRUE ☊	☿	♀	♂	♃	♄	♅	♆	♇
	h m s	° ' "	° ' "	° ' "	° '	° '	° '	° '	° '	° '	° '	° '	° '	° '
1	8 42 44	11♒ 38 6	15♉ 3 46	21♉ 10 10	14♌ 0	13♌ 45R	20♑ 47	21♑ 18	27♈ 10	10♑ 3	13♏ 56	19♓ 19	21♌ 29R	11♋ 55R
2	8 46 40	12 38 59	27 13 12	3♊ 13 27	13 56	13 45D	22 12	22 33	27 48	10 16	13 58	19 22	21 27	11 54
3	8 50 37	13 39 51	9♊ 11 27	15 7 47	13 53	13 45	23 37	23 48	28 27	10 28	14 0	19 25	21 25	11 53
4	8 54 33	14 40 41	21 2 57	26 57 28	13 50	13 45	25 4	25 3	29 5	10 41	14 2	19 28	21 24	11 52
5	8 58 30	15 41 30	2♋ 51 48	8♋ 46 24	13 47	13 45	26 32	26 18	29 43	10 54	14 3	19 31	21 22	11 51
6	9 2 26	16 42 17	14 41 39	20 37 58	13 44	13 45	28 0	27 32	0♉ 22	11 6	14 5	19 34	21 20	11 50
7	9 6 23	17 43 4	26 35 38	2♌ 34 59	13 41	13 45	29 29	28 47	1 0	11 18	14 7	19 37	21 19	11 49
8	9 10 20	18 43 49	8♌ 36 17	14 39 46	13 37	13 45R	0♒ 59	0♒ 2	1 39	11 31	14 8	19 40	21 17	11 48
9	9 14 16	19 44 32	20 45 38	26 54 5	13 34	13 45	2 30	1 17	2 18	11 43	14 10	19 43	21 15	11 47
10	9 18 13	20 45 14	3♍ 5 17	9♍ 19 21	13 31	13 45	4 2	2 32	2 56	11 55	14 11	19 46	21 13	11 46
11	9 22 9	21 45 55	15 36 27	21 56 41	13 28	13 44	5 35	3 47	3 35	12 8	14 12	19 49	21 12	11 45
12	9 26 6	22 46 34	28 20 10	4♎ 47 1	13 25	13 43	7 8	5 2	4 13	12 20	14 13	19 52	21 10	11 44
13	9 30 2	23 47 12	11♎ 17 19	17 51 12	13 21	13 42	8 43	6 17	4 52	12 32	14 14	19 55	21 8	11 43
14	9 33 59	24 47 49	24 28 44	1♏ 10 2	13 18	13 41	10 18	7 32	5 30	12 44	14 15	19 59	21 7	11 43
15	9 37 55	25 48 25	7♏ 55 9	14 44 8	13 15	13 40	11 54	8 46	6 9	12 56	14 16	20 2	21 5	11 42
16	9 41 52	26 49 0	21 37 3	28 33 52	13 12	13 39D	13 31	10 1	6 47	13 7	14 17	20 5	21 3	11 41
17	9 45 49	27 49 33	5♐ 34 31	12♐ 38 53	13 9	13 39	15 9	11 16	7 26	13 19	14 17	20 8	21 2	11 40
18	9 49 45	28 50 6	19 46 48	26 57 59	13 6	13 40	16 48	12 31	8 5	13 31	14 18	20 11	21 0	11 39
19	9 53 42	29 50 37	4♑ 12 5	11♑ 28 38	13 2	13 41	18 27	13 46	8 43	13 42	14 18	20 15	20 58	11 38
20	9 57 38	0♓ 51 7	18 47 6	26 6 52	12 59	13 42	20 8	15 1	9 22	13 54	14 19	20 18	20 57	11 38
21	10 1 35	1 51 35	3♒ 27 12	10♒ 47 21	12 56	13 42R	21 50	16 16	10 1	14 5	14 19	20 21	20 55	11 37
22	10 5 31	2 52 2	18 6 31	25 23 51	12 53	13 43	23 32	17 31	10 39	14 17	14 19R	20 25	20 53	11 36
23	10 9 28	3 52 27	2♓ 38 33	9♓ 49 51	12 50	13 42	25 15	18 46	11 18	14 28	14 19	20 28	20 52	11 36
24	10 13 24	4 52 51	16 57 2	23 59 30	12 47	13 40	27 0	20 0	11 57	14 39	14 19	20 31	20 50	11 35
25	10 17 21	5 53 12	0♈ 56 45	7♈ 48 23	12 43	13 37	28 45	21 15	12 35	14 50	14 18	20 35	20 48	11 34
26	10 21 17	6 53 32	14 34 11	21 14 0	12 40	13 33	0♓ 32	22 30	13 14	15 1	14 18	20 38	20 47	11 34
27	10 25 14	7 53 50	27 47 52	4♉ 15 55	12 37	13 30	2 19	23 45	13 53	15 12	14 18	20 41	20 45	11 33
28	10 29 11	8♓ 54 6	10♉ 38 23	16♉ 55 37	12♌ 34	13♌ 27	4♓ 7	25♒ 0	14♉ 31	15♑ 23	14♏ 17	20♓ 45	20♌ 44	11♋ 32

DECLINATION and LATITUDE

DAY	☉ DECL	☽ DECL	☽ LAT	☽ 12hr DECL	☿ DECL	☿ LAT	♀ DECL	♀ LAT	♂ DECL	♂ LAT	♃ DECL	♃ LAT	♄ DECL	♄ LAT
1	17S18	11N18	5S18	12N59	22S29	0S39	21S57	0S12	11N 1	0N35	22S58	0N 6	13S44	2N24
2	17 1	14 32	5 9	15 54	22 22	0 46	21 48	0 14	11 15	0 36	22 57	0 6	13 44	2 24
3	16 44	17 6	4 47	18 7	22 15	0 53	21 38	0 17	11 30	0 37	22 56	0 6	13 45	2 25
4	16 26	18 56	4 13	19 33	22 6	0 59	21 27	0 19	11 44	0 38	22 55	0 6	13 45	2 25
5	16 8	19 57	3 28	20 7	21 56	1 6	21 16	0 22	11 59	0 38	22 54	0 6	13 45	2 25
6	15 50	20 5	2 35	19 48	21 45	1 12	21 4	0 24	12 13	0 39	22 53	0 6	13 45	2 25
7	15 32	19 18	1 34	18 35	21 32	1 18	20 51	0 27	12 27	0 40	22 52	0 6	13 46	2 26
8	15 13	17 39	0 29	16 31	21 18	1 23	20 38	0 29	12 41	0 41	22 51	0 6	13 46	2 26
9	14 54	15 12	0N39	13 41	21 3	1 29	20 24	0 32	12 55	0 41	22 50	0 6	13 46	2 26
10	14 35	12 1	1 45	10 12	20 46	1 34	20 9	0 34	13 9	0 42	22 49	0 5	13 46	2 26
11	14 15	8 15	2 48	6 12	20 28	1 38	19 54	0 36	13 23	0 43	22 48	0 5	13 46	2 27
12	13 56	4 4	3 43	1 53	20 9	1 43	19 38	0 39	13 37	0 44	22 47	0 5	13 47	2 27
13	13 36	0S22	4 28	2S36	19 48	1 47	19 22	0 41	13 51	0 44	22 46	0 5	13 47	2 27
14	13 16	4 51	4 59	7 3	19 26	1 50	19 5	0 43	14 4	0 45	22 45	0 5	13 47	2 27
15	12 55	9 11	5 15	11 13	19 3	1 54	18 48	0 45	14 18	0 46	22 44	0 5	13 47	2 27
16	12 35	13 7	5 14	14 52	18 38	1 57	18 30	0 47	14 31	0 46	22 43	0 5	13 47	2 28
17	12 14	16 25	4 54	17 44	18 12	1 59	18 11	0 49	14 44	0 47	22 42	0 5	13 47	2 28
18	11 53	18 48	4 16	19 34	17 44	2 2	17 53	0 51	14 57	0 48	22 41	0 5	13 47	2 28
19	11 32	20 1	3 22	20 9	17 16	2 4	17 33	0 53	15 10	0 48	22 40	0 5	13 46	2 28
20	11 11	19 56	2 14	19 22	16 45	2 5	17 13	0 55	15 23	0 49	22 39	0 5	13 46	2 29
21	10 49	18 28	0 56	17 16	16 14	2 6	16 53	0 57	15 36	0 49	22 38	0 4	13 46	2 29
22	10 27	15 48	0S24	14 4	15 41	2 7	16 32	0 59	15 49	0 50	22 37	0 4	13 46	2 29
23	10 6	12 8	1 43	10 2	15 6	2 7	16 10	1 1	16 2	0 51	22 36	0 4	13 46	2 29
24	9 44	7 49	2 53	5 31	14 31	2 7	15 48	1 2	16 14	0 51	22 34	0 4	13 45	2 30
25	9 21	3 10	3 52	0 49	13 54	2 7	15 26	1 4	16 27	0 52	22 33	0 4	13 45	2 30
26	8 59	1N31	4 35	3N47	13 15	2 6	15 3	1 6	16 39	0 52	22 32	0 4	13 45	2 30
27	8 37	5 59	5 3	8 4	12 35	2 4	14 40	1 7	16 51	0 53	22 31	0 4	13 45	2 30
28	8S14	10N 3	5S14	11N53	11S54	2S 2	14S17	1S 9	17N 3	0N53	22S30	0N 4	13S44	2N30

DAY	♅ DECL	♅ LAT	♆ DECL	♆ LAT	♇ DECL	♇ LAT
1	4S54	0S44	14N39	0N19	20N49	2S 7
5	4 50	0 44	14 42	0 20	20 49	2 6
9	4 45	0 44	14 44	0 20	20 50	2 6
13	4 40	0 44	14 46	0 20	20 51	2 6
17	4 35	0 44	14 48	0 20	20 51	2 5
21	4 30	0 44	14 50	0 20	20 52	2 5
25	4S24	0S44	14N53	0N20	20N53	2S 4

☽ PHENOMENA			
d	h	m	
8	21	49	○
16	9	42	☾
23	2	12	●
d	h	° '	
5	15	20N 8	
12	22	0	
19	10	20S 9	
25	16	0	
8	10	0	
15	10	5N17	
21	17	0	
28	5	5S14	

VOID OF COURSE ☽ LAST ASPT	☽ INGRESS
1 1pm40	2 ♊ 5am33
4 5pm15	4 ♋ 6pm11
7 6am38	7 ♌ 6am50
9 0am58	9 ♍ 6pm 1
11 8am 1	12 ♎ 3am 6
14 0am37	14 ♏ 9am55
16 9am42	16 ♐ 2pm28
18 4pm14	18 ♑ 5pm 2
20 2am30	20 ♒ 6pm21
22 10am 7	22 ♓ 7pm37
24 6am 6	24 ♈ 10pm22
26 3pm48	27 ♉ 4am 4

d	h	
4	19	APOGEE
20	19	PERIGEE

DAILY ASPECTARIAN

Day	Aspect	Time
1 Su	♀⊼♆	3am19
	☉⊼♇	6 38
	☽⚹♅	8 23
	☿⊼♆	11 35
	☽□♆	12pm35
	☽△☿	12 43
	☽△♀	1 40
	☽⋕♄	5 41
	☽⚼♃	8 2
	☽∠♇	11 22
2 M	☽∥♆	1am10
	☽⊻♂	1 14
	☉⋕☽	8pm29
	☽⚼☿	10 42
	☽⚼♀	11 7
3 T	☽⊼♃	2am38
	☽⊻♇	5 26
	☉□♄	8 5
	☽∠♂	9 5
	☽⊼♄	9 44
	☉△☽	9 53
	☽□♅	8pm46
	☿☌♀	9 23
4 W	☽⚹♆	0am42
	☽⊼♀	9 4
	☽⊼☿	9 18
	☽⚼♄	4pm15
	☽⚹♂	5 15
	☉⚼☽	7 10
5 Th	☽∠♆	7am 6
	♂ ♉	10 18
	☽☍♃	4pm35
	☽☌♇	6 13
	☽△♄	10 46
6 F	☉⊼☽	4am27
	☽△♅	9 53
	☽⊻♆	1pm23
7 S	♀⋕♇	2am 4
	☽☍♀	4 55
	☽☍☿	6 38
	☿ ♒	8 13
	☽□♂	9 21
	☽⚼♅	4pm 7
	♀ ♒	11 16
8 Su	☽⊼♃	5am52
	☽⊻♇	6 20
	☽□♄	10 59
	☿□♂	6pm 9
	☉☍☽	9 49
	☽⊼♅	9 56
	☉⊻♅	11 21
9 M	☽☌♆	0am58
	☉⋕☽	2 43
	☽∥♆	3 48
	♃☍♇	7 13
	☽⋕♄	11 20
	☽∠♇	11 46
	☽⚼♃	11 51
	☉⋕♆	12pm26
	☽∥♂	4 27
	☿⋕♇	6 12
	☽⊼♀	10 49
	☽△♂	11 41
10 T	☽⊼☿	2am 5
	☉☍♆	10 52
	☿∠♅	11 46
	♀□♂	3pm50
	☽⚹♇	4 40
	☽△♃	5 15
	☽⚹♄	9 20
11 W	☽⚼♂	5am56
	☽⚼♀	6 41
	☽☍♅	8 1
	☽⊻♆	10 34
	☽⚼☿	10 45
	☉⊼☽	12pm40
	☽⋕♅	8 33
	♀∠♅	8 48
12 Th	☽∠♄	1am40
	☉∥♄	11 3
	☽⊼♂	11 32
	☉⋕♂	1pm30
	☽△♀	1 47
	☽∠♆	2 32
	♂⋕♄	5 6
	☽△☿	6 37
	☉⚼☽	7 1
13 F	☽□♇	0am48
	☽□♃	2 19
	♂∠♅	2 31
	☽⊻♄	5 25
	☽⊼♅	3pm50
	☽⚹♆	5 56
	☽∥♅	10 55
14 S	☉△☽	0am37
	☽⚼♅	6pm52
	☽☍♂	8 42
	☿⊼♇	8 56
15 Su	☽□♀	1am40
	☽△♇	6 39
	☽□☿	7 58
	☽⚹♃	8 57
	☽☌♄	11 11
	☿⊻♃	5pm20
	☉∥☽	8 48
	☉⚼♇	8 50
	☽△♅	9 19
	☽□♆	11 2
16 M	☽∥♄	4am23
	☽⚼♇	8 45
	☉□☽	9 42
	☽⋕♂	10 9
	☿□♄	11 18
	☽∠♃	11 24
	☽⋕♆	11 31
17 T	☿∥♀	1am18
	☽⊼♂	3 19
	♀⊼♇	7 33
	♂∥♆	7 40
	☽⊼♇	10 20
	☽⚹♀	10 36
	☽⊻♃	1pm19
	☽∥☿	2 1
	☉∠♃	2 33
	☽∥♀	2 42
	☽⊻♄	2 47
	☽⚹☿	6 20
18 W	☽□♅	0am41
	☽△♆	2 2
	☽⚼♂	5 47
	☽∠♀	2pm 8
	☽∠♄	3 53
	☉⚹☽	4 14
	☽∠☿	10 37
	♀⊻♃	10 38
19 Th	☽⚼♆	2am55
	☉ ♓	3 43
	☽△♂	7 48
	♀□♄	10 23
	☽☍♇	12pm15
	☽☌♃	3 53
	☽⚹♄	4 39
	☽⊻♀	5 14
	☉∠☽	6 50
20 F	☿⊻♅	2am27
	☽⚹♅	2 30
	☽⊻☿	2 30
	☽⊼♆	3 32
	☿☍♆	11 21
	☉⊻☽	9pm12
21 S	☽∠♅	3am 7
	☽□♂	11 13
	☽⊼♇	1pm21
	☽∥♀	5 33
	☽⊻♃	5 38
	☽□♄	5 46
	☿⋕♂	7 41
	☽☌♀	10 56
	☽⋕♂	11 50
22 Su	☽∥☿	1am 2
	☽⊻♅	3 48
	♃⚹♄	4 33
	☽☍♆	4 34
	♄SR	4 56
	☽⋕♆	6 44
	☽☌☿	10 7
	☽∥♄	1pm57
	☽⚼♇	1 59
	☽∠♃	6 40
23 M	☉☌☽	2am12
	♀⋕♂	5 56
	☿⋕♆	9 57
	♂⚹♇	10 44
	☉∥☽	12pm46
	☽△♇	2 57
	☽⚹♂	3 9
	☿⚼♇	6 19
	☽△♄	7 32
	☽⚹♃	8 4
24 T	☽⊻♀	5am42
	☽☌♅	6 6
	☽⊼♆	6 35
	♀⊻♅	10 22
	♀☍♆	3pm37
	☽∥♅	5 39
	☽∠♂	5 54
	☽⊻☿	7 39
	☽⚼♄	9 10
25 W	☿∥♄	5am19
	☽⚼♆	8 28
	☉⊻☽	9 19
	☽∠♀	10 12
	☿∠♃	4pm23
	☿ ♓	4 54
	☽□♇	6 38
	☽⊻♂	9 30
	☽⊼♄	11 31
26 Th	☽□♃	0am49
	☽∠☿	1 59
	♀⋕♆	10 20
	☽⊻♅	10 57
	☽△♆	11 10
	☉∠☽	2pm17
	☽⋕♅	3 10
	☽⚹♀	3 48
27 F	☽⚹☿	9am44
	☉⋕☽	1pm55
	☽∠♅	2 44
	♂☍♄	3 19
	♅⊼♆	7 11
	☉⚹☽	8 26
28 S	☽⚹♇	1am42
	☽☍♄	6 56
	☽☌♂	7 48
	☽△♃	9 10
	☽⋕☿	10 9
	☽□♆	7pm17
	☽⚹♅	7 27

MARCH 1925

LONGITUDE

DAY	SID. TIME	☉	☽	☽ 12 Hour	MEAN ☊	TRUE ☊	☿	♀	♂	♃	♄	♅	♆	♇
	h m s	° ' "	° ' "	° ' "	° '	° '	° '	° '	° '	° '	° '	° '	° '	° '
1	10 33 7	9♓ 54 20	23♉ 8 2	29♉ 16 7	12♌ 31	13♌ 25R	5♓ 57	26♒ 15	15♉ 10	15♑ 34	14♏ 16R	20♓ 48	20♌ 42R	11♋ 32R
2	10 37 4	10 54 32	5♊ 20 24	11♊ 21 30	12 27	13 24D	7 47	27 29	15 49	15 44	14 16	20 51	20 41	11 31
3	10 41 0	11 54 42	17 20 0	23 16 31	12 24	13 24	9 39	28 44	16 27	15 55	14 15	20 55	20 39	11 31
4	10 44 57	12 54 50	29 11 42	5♋ 6 10	12 21	13 25	11 31	29 59	17 6	16 5	14 14	20 58	20 37	11 30
5	10 48 53	13 54 55	11♋ 0 33	16 55 25	12 18	13 26	13 24	1♓ 14	17 45	16 15	14 13	21 2	20 36	11 30
6	10 52 50	14 54 59	22 51 21	28 48 54	12 15	13 28	15 19	2 28	18 23	16 26	14 12	21 5	20 34	11 29
7	10 56 46	15 55 1	4♌ 48 32	10♌ 50 42	12 12	13 29R	17 14	3 43	19 2	16 36	14 10	21 8	20 33	11 29
8	11 0 43	16 55 0	16 55 49	23 4 12	12 8	13 29	19 10	4 58	19 41	16 46	14 9	21 12	20 31	11 28
9	11 4 40	17 54 58	29 16 9	5♍ 31 52	12 5	13 28	21 6	6 13	20 19	16 56	14 8	21 15	20 30	11 28
10	11 8 36	18 54 53	11♍ 51 29	18 15 5	12 2	13 25	23 4	7 27	20 58	17 5	14 6	21 19	20 29	11 27
11	11 12 33	19 54 46	24 42 40	1♎ 14 11	11 59	13 21	25 2	8 42	21 37	17 15	14 4	21 22	20 27	11 27
12	11 16 29	20 54 38	7♎ 49 32	14 28 33	11 56	13 15	27 0	9 57	22 15	17 25	14 3	21 26	20 26	11 27
13	11 20 26	21 54 27	21 11 1	27 56 41	11 53	13 8	28 58	11 11	22 54	17 34	14 1	21 29	20 24	11 26
14	11 24 22	22 54 15	4♏ 45 20	11♏ 36 40	11 49	13 2	0♈ 56	12 26	23 33	17 43	13 59	21 32	20 23	11 26
15	11 28 19	23 54 1	18 30 26	25 26 22	11 46	12 57	2 54	13 41	24 11	17 53	13 57	21 36	20 22	11 26
16	11 32 15	24 53 46	2♐ 24 16	9♐ 23 52	11 43	12 53	4 51	14 55	24 50	18 2	13 55	21 39	20 20	11 26
17	11 36 12	25 53 28	16 25 1	23 27 30	11 40	12 51D	6 48	16 10	25 29	18 11	13 53	21 43	20 19	11 25
18	11 40 9	26 53 9	0♑ 31 9	7♑ 35 49	11 37	12 50	8 43	17 25	26 7	18 19	13 50	21 46	20 18	11 25
19	11 44 5	27 52 49	14 41 20	21 47 29	11 33	12 51	10 36	18 39	26 46	18 28	13 48	21 50	20 16	11 25
20	11 48 2	28 52 26	28 54 4	6♒ 0 49	11 30	12 52R	12 28	19 54	27 24	18 37	13 45	21 53	20 15	11 25
21	11 51 58	29 52 2	13♒ 7 25	20 13 33	11 27	12 52	14 16	21 9	28 3	18 45	13 43	21 56	20 14	11 25
22	11 55 55	0♈ 51 36	27 18 47	4♓ 22 41	11 24	12 51	16 2	22 23	28 42	18 54	13 40	22 0	20 13	11 25
23	11 59 51	1 51 8	11♓ 24 45	18 24 31	11 21	12 48	17 45	23 38	29 20	19 2	13 38	22 3	20 11	11 24
24	12 3 48	2 50 38	25 21 27	2♈ 15 5	11 18	12 43	19 24	24 52	29 59	19 10	13 35	22 7	20 10	11 24
25	12 7 44	3 50 6	9♈ 4 56	15 50 37	11 14	12 35	20 58	26 7	0♊ 37	19 18	13 32	22 10	20 9	11 24D
26	12 11 41	4 49 32	22 31 48	29 8 14	11 11	12 26	22 28	27 21	1 16	19 26	13 29	22 13	20 8	11 24
27	12 15 38	5 48 56	5♉ 39 47	12♉ 6 24	11 8	12 17	23 52	28 36	1 55	19 33	13 26	22 17	20 7	11 24
28	12 19 34	6 48 18	18 28 4	24 45 8	11 5	12 8	25 12	29 50	2 33	19 41	13 23	22 20	20 6	11 24
29	12 23 31	7 47 38	0♊ 57 41	7♊ 6 6	11 2	12 1	26 25	1♈ 5	3 12	19 48	13 19	22 23	20 5	11 24
30	12 27 27	8 46 55	13 10 49	19 12 20	10 59	11 55	27 33	2 19	3 50	19 55	13 16	22 27	20 4	11 25
31	12 31 24	9♈ 46 10	25♊ 11 10	1♋ 7 56	10♌ 55	11♌ 52	28♈ 34	3♈ 34	4♊ 29	20♑ 2	13♏ 13	22♓ 30	20♌ 3	11♋ 25

DECLINATION and LATITUDE

DAY	☉ DECL	☽ DECL	☽ LAT	☽ 12hr DECL	☿ DECL	☿ LAT	♀ DECL	♀ LAT	♂ DECL	♂ LAT	♃ DECL	♃ LAT	♄ DECL	♄ LAT
1	7S51	13N34	5S10	15N 5	11S12	1S60	13S53	1S10	17N15	0N54	22S29	0N 4	13S44	2N31
2	7 29	16 25	4 52	17 34	10 28	1 57	13 28	1 12	17 27	0 54	22 28	0 4	13 43	2 31
3	7 6	18 31	4 21	19 15	9 43	1 54	13 4	1 13	17 39	0 55	22 26	0 4	13 43	2 31
4	6 43	19 47	3 40	20 6	8 56	1 50	12 39	1 14	17 50	0 55	22 25	0 3	13 42	2 31
5	6 20	20 11	2 49	20 3	8 9	1 45	12 13	1 15	18 1	0 56	22 24	0 3	13 42	2 32
6	5 57	19 41	1 51	19 6	7 20	1 40	11 47	1 17	18 13	0 56	22 23	0 3	13 41	2 32
7	5 33	18 18	0 47	17 17	6 30	1 35	11 21	1 18	18 24	0 57	22 22	0 3	13 41	2 32
8	5 10	16 4	0N19	14 39	5 39	1 28	10 55	1 19	18 35	0 57	22 21	0 3	13 40	2 32
9	4 47	13 4	1 25	11 18	4 47	1 22	10 28	1 20	18 46	0 58	22 20	0 3	13 40	2 32
10	4 23	9 24	2 29	7 23	3 54	1 14	10 1	1 21	18 57	0 58	22 19	0 3	13 39	2 33
11	3 60	5 15	3 26	3 2	2 60	1 6	9 34	1 22	19 7	0 59	22 17	0 3	13 38	2 33
12	3 36	0 46	4 13	1S31	2 5	0 58	9 7	1 22	19 18	0 59	22 16	0 3	13 37	2 33
13	3 13	3S49	4 48	6 5	1 10	0 49	8 39	1 23	19 28	0 60	22 15	0 3	13 37	2 33
14	2 49	8 17	5 7	10 24	0 14	0 39	8 11	1 24	19 38	0 60	22 14	0 2	13 36	2 33
15	2 25	12 24	5 8	14 14	0N42	0 29	7 43	1 24	19 48	1 0	22 13	0 2	13 35	2 34
16	2 2	15 52	4 52	17 18	1 39	0 19	7 15	1 25	19 58	1 1	22 12	0 2	13 34	2 34
17	1 38	18 28	4 19	19 22	2 35	0 8	6 46	1 25	20 8	1 1	22 11	0 2	13 34	2 34
18	1 14	19 58	3 29	20 15	3 31	0N 4	6 18	1 26	20 17	1 2	22 10	0 2	13 33	2 34
19	0 51	20 13	2 27	19 51	4 26	0 15	5 49	1 26	20 27	1 2	22 9	0 2	13 32	2 34
20	0 27	19 10	1 15	18 11	5 21	0 27	5 20	1 26	20 36	1 2	22 7	0 2	13 31	2 35
21	0 3	16 54	0S 1	15 23	6 14	0 40	4 50	1 27	20 45	1 3	22 6	0 2	13 30	2 35
22	0N21	13 37	1 17	11 40	7 7	0 52	4 21	1 27	20 54	1 3	22 5	0 2	13 29	2 35
23	0 44	9 34	2 28	7 20	7 58	1 4	3 52	1 27	21 3	1 4	22 4	0 2	13 28	2 35
24	1 8	5 2	3 28	2 41	8 47	1 17	3 22	1 27	21 12	1 4	22 3	0 1	13 27	2 35
25	1 32	0 19	4 16	2N 1	9 34	1 29	2 53	1 27	21 20	1 4	22 2	0 1	13 26	2 35
26	1 55	4N19	4 48	6 31	10 18	1 41	2 23	1 27	21 28	1 4	22 1	0 1	13 25	2 36
27	2 19	8 38	5 4	10 37	11 1	1 53	1 53	1 27	21 37	1 5	22 0	0 1	13 24	2 36
28	2 42	12 27	5 4	14 8	11 40	2 4	1 23	1 26	21 45	1 5	21 59	0 1	13 23	2 36
29	3 6	15 38	4 50	16 57	12 17	2 15	0 53	1 26	21 52	1 5	21 58	0 1	13 22	2 36
30	3 29	18 3	4 22	18 57	12 51	2 25	0 23	1 26	22 0	1 6	21 57	0 1	13 21	2 36
31	3N52	19N38	3S43	20N 6	13N22	2N34	0N 7	1S25	22N 8	1N 6	21S56	0N 1	13S20	2N36

DAY	♅ DECL	♅ LAT	♆ DECL	♆ LAT	♇ DECL	♇ LAT
1	4S19	0S44	14N55	0N20	20N53	2S 4
5	4 14	0 44	14 57	0 20	20 54	2 4
9	4 8	0 44	14 59	0 20	20 55	2 3
13	4 3	0 44	15 0	0 20	20 55	2 3
17	3 57	0 44	15 2	0 20	20 56	2 2
21	3 52	0 44	15 4	0 20	20 56	2 2
25	3 47	0 44	15 5	0 20	20 57	2 1
29	3S41	0S44	15N 7	0N20	20N57	2S 1

☽ PHENOMENA		
d h m		
2 12 7 ☽		
10 14 21 ○		
17 17 22 ☾		
24 14 3 ●		
d h ° '		
4 23 20N11		
12 4 0		
18 17 20S16		
25 2 0		
7 17 0		
14 14 5N10		
21 0 0		
27 12 5S 6		

VOID OF COURSE ☽ LAST ASPT	☽ INGRESS
1 6am45	1 ♊ 1pm26
3 7am16	4 ♋ 1am38
5 8pm24	6 ♌ 2pm23
8 7am 1	9 ♍ 1am24
11 0am41	11 ♎ 9am44
12 10pm37	13 ♏ 3pm38
15 10am19	15 ♐ 7pm52
17 5pm22	17 ♑ 11pm 7
19 11pm57	20 ♒ 1am51
22 2am27	22 ♓ 4am34
23 11pm 4	24 ♈ 8am 4
25 11pm52	26 ♉ 1pm35
28 7am24	28 ♊ 10pm 8
31 7am24	31 ♋ 9am43

d h	
4 13	APOGEE
20 1	PERIGEE

DAILY ASPECTARIAN

Day	Aspect	Time
1 Su	☽#♄	1am16
	☽#♀	2 8
	♀⚼♇	5 28
	☽∠♇	6 37
	☽□♀	6 45
	♀∥♄	8 55
	☽∥♆	10 40
	☽⚼♃	2pm46
	♂△♃	8 11
2 M	☽□☿	5am45
	☽∥♂	11 48
	☉□☽	12pm 7
	☽⚺♇	12 19
	☉△♇	2 28
	☽⚻♄	5 48
	☽⚻♃	9 6
	☽⚺♂	10 8
3 T	☽⚹♆	6am41
	☽□♅	7 16
	☿△♇	11pm48
4 W	☽⚼♄	0am 4
	♀ ♓	0 22
	☽△♀	1 47
	☽∠♂	6 15
	☽∠♆	1pm 2
5	♀∠♃	0am41
Th	☽☌♇	0 59
	☽△☿	5 48
	☉△☽	6 27
	☽△♄	6 30
	☉△♄	7 1
	☿△♄	10 6
	☽☍♃	10 48
	☽⚼♀	11 50
	☉☌☿	1pm34
	☽⚹♂	2 27
	☽⚺♆	7 24
	☽△♅	8 24
6 F	☿⚹♃	3pm19
	☉⚼☽	3 30
	☽⚼☿	5 52
	☽⚻♀	9 34
	☽∥♂	10 51
7 S	☽⚼♅	2am40
	☽⚺♇	1pm15
	☽□♄	6 33
	☉⚹♃	7 33
	☽⚻♃	11 40
	☉⚻☽	11 58
8 Su	☽⚻☿	5am12
	☽□♂	5 41
	☽☌♆	7 1
	☽⚻♅	8 24
	☽∥♆	9 26
	☿⚹♂	9 34
	☿⚻♆	4pm36
	☽∠♇	6 35
	☽#♄	7 38
	☉∥☿	11 53
9 M	☿☌♅	1am53
	☽⚼♃	5 10
	♂□♆	6 17
	☽☍♀	2pm45
	☿∥♅	5 48
	☽#♀	7 41
	☽⚹♇	11 15
10 T	☽⚹♄	4am13
	☽△♃	9 57
	♂⚹♅	2pm 4
	☉☍☽	2 21
	☽⚺♆	4 7
	☉∥♅	5 43
	☽☍♅	5 47
	☽△♂	5 58
11 W	☽☍☿	0am41
	☽#♅	6 21
	☉#☽	7 30
	☽∠♄	8 1
	☉⚻♆	12pm39
	☽#☿	3 20
	☽∠♆	7 39
	☽⚼♂	10 55
12 Th	☽⚻♀	4am14
	☽□♇	6 32
	☽⚺♄	11 12
	☽∥☿	12pm26
	☉☌♅	1 12
	☽□♃	5 28
	☉∥☽	9 4
	☽⚹♆	10 37
13 F	☽⚻♅	0am32
	☿⚼♄	0 35
	☽∥♅	1 12
	☉⚻☽	1 24
	☽⚻♂	3 13
	♀△♇	4 48
	☽⚼♀	9 48
	☿ ♈	12pm36
	☽⚻☿	4 9
	☽∥♀	11 29
14 S	☽⚼♅	3am 9
	☉⚼☽	5 57
	☽△♇	11 41
	☽△♀	2pm46
	☽☌♄	4 6
	☽⚼☿	10 46
	☽⚹♃	10 54
15 Su	☽□♆	3am12
	♀△♄	5 4
	☽△♅	5 23
	☽∥♄	7 38
	☉△☽	10 4
	☽☍♂	10 19
	☽⚼♇	1pm42
	☽#♆	5 38
	☉⚹♂	7 42
16 M	☽∠♃	1am 5
	☽△☿	4 53
	☿⚼♆	5 53
	☉#☿	6 57
	☽⚻♇	3pm28
	☽⚺♄	7 40
	☽□♀	11 32
17 T	☽⚺♃	3am 2
	☽△♆	6 38
	☽□♅	9 4
	☽⚻♂	4pm10
	☉□☽	5 22
	☽∠♄	9 9
18 W	☽⚼♆	8am 5
	☿#♅	10 43
	♂∠♇	11 4
	☽□☿	4pm 2
	☽☍♇	6 28
	☽⚼♂	6 49
	♀⚹♃	7 58
	☽⚹♄	10 30
19 Th	☽☌♃	6am27
	☽⚹♀	7 21
	☽⚻♆	9 25
	☿□♇	10 26
	☽⚹♅	12pm 7
	☉⚼♄	9 18
	☽△♂	9 22
	☿∠♂	10 58
	☿#♀	11 41
	☉⚹☽	11 57
20 F	♀⚻♆	6am42
	☽∠♀	11 5
	☽∠♅	1pm31
	☿⚻♄	4 43
	☽⚻♇	9 7
21 S	☽□♄	1am 0
	☽⚹☿	2 13
	☉∠☽	3 10
	☉ ♈	3 12
	☽⚺♃	9 36
	☽☍♆	11 59
	☽#♆	2pm13
	☽⚺♀	2 51
	☽⚺♅	2 58
	♀☌♅	4 10
	☽⚼♇	10 28
22 Su	☽∥♄	0am52
	☽□♂	2 27
	♂∥♇	5 51
	☉⚺☽	6 28
	☽∠☿	7 12
	☽∠♃	11 17
	☽△♇	12pm 0
23 M	♀∥♅	1am59
	☽△♄	3 47
	☽#☿	7 21
	☽⚺☿	12pm20
	☽⚹♃	1 12
	☽⚻♆	3 3
	☽☌♅	6 22
	☿□♃	8 18
	☽☌♀	11 4
24 T	♂ ♊	0am42
	☽⚼♄	5 34
	☽∥♅	6 20
	☽⚹♂	8 26
	☽∥♀	9 30
	☿△♆	11 36
	☉☌☽	2pm 3
	☽⚼♆	5 6
	☉#☽	6 21
25 W	☽□♇	4am 7
	☽⚻♄	7 51
	☉∥☽	10 19
	☽∠♂	12pm12
	☽#♀	2 51
	☽□♃	6 22
	☽△♆	7 42
	☿⚺♅	7 55
	☽#♅	9 5
	♇SD	11 1
	☽⚺♅	11 27
	☽☌☿	11 52
26 Th	☉⚼♆	7am21
	☽⚺♀	9 40
	☉#♀	12pm27
	☽⚺♂	4 43
	♀⚼♄	8 52
27 F	☉⚺☽	0am18
	☽∠♅	3 1
	☽⚹♇	10 41
	☽☍♄	2pm26
	☽∠♀	4 24
	☽∥☿	5 41
28 S	☽△♃	2am19
	♀ ♈	3 4
	☽□♆	3 6
	☽#♄	6 28
	☉∠☽	6 54
	☽⚹♅	7 24
	☽⚺☿	2pm17
	☽∠♇	3 11
	☽∥♆	7 39
29 Su	☽⚹♀	0am16
	☽☌♂	4 36
	☽⚼♃	7 34
	☉⚹☽	2pm32
	♂#♃	4 39
	☽⚺♇	8 30
	☽∠☿	10 37
30 M	☽⚻♄	0am11
	☉#♅	10 51
	☽⚻♃	1pm34
	☽⚹♆	1 42
	☽□♅	6 35
	☿#♄	10 13
31 T	♃⚻♆	1am31
	☽⚼♄	6 5
	☽⚹☿	7 24
	☽□♀	6pm54
	☽⚺♂	7 52
	☽∠♆	7 54

APRIL 1925

LONGITUDE

DAY	SID. TIME	☉	☽	☽ 12 Hour	MEAN ☊	TRUE ☊	☿	♀	♂	♃	♄	♅	♆	♇
	h m s	° ' "	° ' "	° ' "	° '	° '	° '	° '	° '	° '	° '	° '	° '	° '
1	12 35 20	10♈ 45 23	7♋ 3 15	12♋ 57 47	10♌ 52	11♌ 50D	29♈ 29	4♈ 48	5♊ 7	20♑ 9	13♏ 9R	22♓ 33	20♌ 2R	11♋ 25
2	12 39 17	11 44 33	18 52 11	24 47 10	10 49	11 50	0♉ 17	6 3	5 46	20 16	13 6	22 37	20 1	11 25
3	12 43 13	12 43 41	0♌ 43 22	6♌ 41 27	10 46	11 51R	0 58	7 17	6 24	20 23	13 2	22 40	20 0	11 25
4	12 47 10	13 42 47	12 42 4	18 45 49	10 43	11 51	1 32	8 32	7 3	20 29	12 59	22 43	19 59	11 25
5	12 51 6	14 41 51	24 53 13	1♍ 4 47	10 39	11 50	1 59	9 46	7 41	20 36	12 55	22 47	19 58	11 26
6	12 55 3	15 40 52	7♍ 20 55	13 41 58	10 36	11 47	2 19	11 0	8 20	20 42	12 51	22 50	19 58	11 26
7	12 59 0	16 39 51	20 8 10	26 39 37	10 33	11 42	2 33	12 15	8 58	20 48	12 48	22 53	19 57	11 26
8	13 2 56	17 38 48	3♎ 16 22	9♎ 58 17	10 30	11 34	2 39R	13 29	9 37	20 54	12 44	22 56	19 56	11 26
9	13 6 53	18 37 43	16 45 10	23 36 39	10 27	11 24	2 39	14 43	10 15	20 59	12 40	22 59	19 55	11 27
10	13 10 49	19 36 35	0♏ 32 20	7♏ 31 39	10 24	11 13	2 32	15 58	10 54	21 5	12 36	23 3	19 55	11 27
11	13 14 46	20 35 26	14 34 3	21 38 52	10 20	11 2	2 19	17 12	11 32	21 10	12 32	23 6	19 54	11 27
12	13 18 42	21 34 15	28 45 30	5♐ 53 18	10 17	10 53	2 1	18 26	12 11	21 16	12 28	23 9	19 53	11 28
13	13 22 39	22 33 2	13♐ 1 42	20 10 9	10 14	10 45	1 37	19 41	12 49	21 21	12 24	23 12	19 53	11 28
14	13 26 35	23 31 48	27 18 13	4♑ 25 30	10 11	10 40	1 8	20 55	13 27	21 26	12 20	23 15	19 52	11 29
15	13 30 32	24 30 31	11♑ 31 43	18 36 39	10 8	10 38D	0 35	22 9	14 6	21 30	12 16	23 18	19 52	11 29
16	13 34 29	25 29 13	25 40 7	2♒ 42 3	10 4	10 37	29♈ 59	23 23	14 44	21 35	12 11	23 21	19 51	11 30
17	13 38 25	26 27 54	9♒ 42 20	16 40 57	10 1	10 37R	29 20	24 38	15 22	21 39	12 7	23 24	19 51	11 30
18	13 42 22	27 26 33	23 37 50	0♓ 32 56	9 58	10 37	28 39	25 52	16 1	21 44	12 3	23 27	19 50	11 31
19	13 46 18	28 25 9	7♓ 26 10	14 17 25	9 55	10 35	27 56	27 6	16 39	21 48	11 58	23 30	19 50	11 31
20	13 50 15	29 23 45	21 6 32	27 53 21	9 52	10 30	27 14	28 20	17 17	21 52	11 54	23 33	19 50	11 32
21	13 54 11	0♉ 22 18	4♈ 37 39	11♈ 19 13	9 49	10 22	26 32	29 35	17 56	21 55	11 50	23 36	19 49	11 32
22	13 58 8	1 20 50	17 57 48	24 33 11	9 45	10 12	25 51	0♉ 49	18 34	21 59	11 45	23 39	19 49	11 33
23	14 2 4	2 19 20	1♉ 5 8	7♉ 33 29	9 42	9 59	25 11	2 3	19 12	22 2	11 41	23 42	19 49	11 34
24	14 6 1	3 17 48	13 58 5	20 18 52	9 39	9 46	24 35	3 17	19 51	22 5	11 36	23 45	19 48	11 34
25	14 9 58	4 16 14	26 35 50	2♊ 49 1	9 36	9 33	24 1	4 31	20 29	22 8	11 32	23 47	19 48	11 35
26	14 13 54	5 14 39	8♊ 58 34	15 4 42	9 33	9 22	23 31	5 45	21 7	22 11	11 27	23 50	19 48	11 36
27	14 17 51	6 13 1	21 7 42	27 7 56	9 30	9 13	23 5	6 59	21 46	22 14	11 23	23 53	19 48	11 36
28	14 21 47	7 11 21	3♋ 5 50	9♋ 1 54	9 26	9 7	22 43	8 13	22 24	22 16	11 18	23 56	19 48	11 37
29	14 25 44	8 9 40	14 56 39	20 50 43	9 23	9 4	22 25	9 28	23 2	22 18	11 14	23 58	19 48	11 38
30	14 29 40	9♉ 7 56	26♋ 44 41	2♌ 39 16	9♌ 20	9♌ 2	22♈ 12	10♉ 42	23♊ 40	22♑ 21	11♏ 9	24♓ 1	19♌ 48	11♋ 39

DECLINATION and LATITUDE

DAY	☉ DECL	☽ DECL	☽ LAT	☽ 12hr DECL	☿ DECL	☿ LAT	♀ DECL	♀ LAT	♂ DECL	♂ LAT	♃ DECL	♃ LAT	♄ DECL	♄ LAT
1	4N16	20N21	2S55	20N21	13N49	2N42	0N37	1S25	22N15	1N 6	21S56	0N 1	13S18	2N36
2	4 39	20 8	1 60	19 42	14 13	2 50	1 7	1 24	22 22	1 6	21 55	0 0	13 17	2 37
3	5 2	19 2	0 59	18 10	14 34	2 57	1 37	1 24	22 29	1 7	21 54	0 0	13 16	2 37
4	5 25	17 5	0N 5	15 47	14 51	3 2	2 7	1 23	22 36	1 7	21 53	0 0	13 15	2 37
5	5 48	14 19	1 9	12 40	15 5	3 6	2 37	1 22	22 42	1 7	21 52	0 0	13 14	2 37
6	6 10	10 51	2 12	8 54	15 15	3 9	3 6	1 22	22 49	1 8	21 51	0 0	13 13	2 37
7	6 33	6 48	3 9	4 37	15 21	3 11	3 36	1 21	22 55	1 8	21 50	0S 0	13 11	2 37
8	6 56	2 21	3 58	0 1	15 24	3 11	4 6	1 20	23 1	1 8	21 50	0 0	13 10	2 37
9	7 18	2S21	4 35	4S42	15 22	3 10	4 36	1 19	23 7	1 8	21 49	0 0	13 9	2 37
10	7 40	7 1	4 57	9 16	15 18	3 8	5 5	1 18	23 13	1 8	21 48	0 0	13 7	2 37
11	8 3	11 24	5 2	13 24	15 9	3 4	5 35	1 17	23 19	1 9	21 47	0 1	13 6	2 38
12	8 25	15 12	4 48	16 48	14 58	2 58	6 4	1 16	23 24	1 9	21 47	0 1	13 5	2 38
13	8 47	18 8	4 16	19 12	14 43	2 51	6 33	1 14	23 29	1 9	21 46	0 1	13 4	2 38
14	9 8	19 57	3 28	20 23	14 24	2 42	7 2	1 13	23 34	1 9	21 45	0 1	13 2	2 38
15	9 30	20 30	2 28	20 16	14 4	2 32	7 31	1 12	23 39	1 10	21 45	0 1	13 1	2 38
16	9 52	19 44	1 19	18 53	13 40	2 21	7 60	1 10	23 44	1 10	21 44	0 1	12 60	2 38
17	10 13	17 45	0 5	16 21	13 14	2 8	8 28	1 9	23 48	1 10	21 44	0 1	12 58	2 38
18	10 34	14 43	1S 8	12 54	12 47	1 55	8 57	1 8	23 53	1 10	21 43	0 1	12 57	2 38
19	10 55	10 54	2 17	8 46	12 18	1 40	9 25	1 6	23 57	1 10	21 43	0 1	12 56	2 38
20	11 16	6 32	3 17	4 14	11 48	1 24	9 53	1 5	24 1	1 10	21 42	0 2	12 54	2 38
21	11 36	1 54	4 5	0N26	11 18	1 8	10 21	1 3	24 4	1 11	21 42	0 2	12 53	2 38
22	11 57	2N45	4 39	5 1	10 47	0 51	10 48	1 1	24 8	1 11	21 41	0 2	12 51	2 38
23	12 17	7 13	4 57	9 18	10 17	0 34	11 15	0 60	24 11	1 11	21 41	0 2	12 50	2 38
24	12 37	11 16	4 60	13 5	9 48	0 17	11 42	0 58	24 15	1 11	21 40	0 2	12 49	2 38
25	12 57	14 44	4 47	16 13	9 20	0 0	12 9	0 56	24 18	1 11	21 40	0 2	12 47	2 38
26	13 17	17 29	4 22	18 34	8 53	0S16	12 36	0 54	24 20	1 11	21 40	0 2	12 46	2 38
27	13 36	19 25	3 45	20 3	8 28	0 33	13 2	0 52	24 23	1 12	21 39	0 2	12 45	2 38
28	13 55	20 27	2 58	20 37	8 5	0 49	13 27	0 50	24 25	1 12	21 39	0 3	12 43	2 38
29	14 14	20 33	2 4	20 16	7 44	1 4	13 53	0 49	24 28	1 12	21 39	0 3	12 42	2 38
30	14N33	19N45	1S 5	19N 2	7N26	1S19	14N18	0S47	24N30	1N12	21S39	0S 3	12S40	2N38

DAY	♅ DECL	♅ LAT	♆ DECL	♆ LAT	♇ DECL	♇ LAT
1	3S38	0S44	15N 8	0N20	20N57	2S 1
5	3 32	0 44	15 9	0 20	20 58	2 0
9	3 27	0 44	15 10	0 20	20 58	1 60
13	3 22	0 44	15 10	0 20	20 58	1 59
17	3 18	0 44	15 11	0 20	20 58	1 59
21	3 13	0 44	15 12	0 20	20 59	1 59
25	3 9	0 44	15 12	0 20	20 59	1 58
29	3S 4	0S44	15N12	0N20	20N59	1S58

☽ PHENOMENA

d	h	m	
1	8	12	☽
9	3	33	○
15	23	40	☾
23	2	28	●

d	h	° '
1	7	20N23
8	12	0
14	22	20S30
21	10	0
28	15	20N37

d	h	° '
3	22	0
10	18	5N 2
17	2	0
23	16	5S 0

VOID OF COURSE ☽

LAST ASPT		☽ INGRESS		
2	7am38	2	♌	10pm33
4	2pm24	5	♍	9am55
7	5am 6	7	♎	6pm 5
9	7am29	9	♏	11pm 4
11	2pm30	12	♐	2am 5
13	5pm11	14	♑	4am32
16	7am 2	16	♒	7am23
18	8am16	18	♓	11am 3
20	4am20	20	♈	3pm45
22	1pm40	22	♉	10pm 0
24	6pm36	25	♊	6am33
27	5am31	27	♋	5pm46
29	6pm26	30	♌	6am37

d	h	
1	10	APOGEE
13	22	PERIGEE
29	5	APOGEE

DAILY ASPECTARIAN

Day	Aspect	Time
1 W	♂⚼♃	1am30
	♀⚼♆	4 20
	☉□☽	8 12
	☽☌♇	8 51
	☽△♄	12pm20
	♀⚹♂	12 42
	☿ ♉	3 22
	☉□♇	4 2
2 Th	☽⚺♆	2am20
	☽☍♃	2 52
	☽∠♂	4 4
	☽△♅	7 38
3 F	☽□☿	0am30
	☉⚻♄	7 11
	☽⚹♂	12pm 5
	☽⚼♅	2 1
	☽△♀	2 43
	☽⚺♇	9 27
4 S	☽□♄	0am33
	☉△☽	2 11
	☽☌♆	2pm24
	☽⚻♃	3 32
	☽∥♆	5 28
	☽∥☿	6 21
	☽⚻♅	7 52
	☽⚼♀	11 45
5 Su	☽∠♇	3am 0
	☽#♄	8 5
	☿∥♆	8 24
	☉⚼☽	10 8
	☽△☿	2pm 9
	☽⚼♃	8 50
6 M	☽□♂	1am58
	☽⚻♀	7 41
	☽⚹♇	7 44
	♀□♇	8 14
	☽⚹♄	10 22
	☉⚻☽	5pm 1
	♀#♅	7 5
	☽⚼☿	7 7
	☽⚺♆	11 39
7 T	☽△♃	1am14
	☉∥☽	1 19
	☽☍♅	5 6
	♀⚻♄	10 5
	☽∠♄	2pm 0
	☽∥♀	3 40
	☽#♅	6 2
	☽⚻☿	10 52
8 W	☽∠♆	2am59
	☿SR	11 5
	☽△♂	11 56
	☽□♇	2pm37
	☽⚺♄	4 49
	☽☍♀	8 4
9 Th	☉☍☽	3am33
	☽⚹♆	5 33
	☽∥♅	5 37
	☽□♃	7 29
	☽⚻♅	10 58
	☽#♀	12pm47
	☽⚼♂	3 35
10 F	☽☍☿	3am24
	☉#☽	3 45
	☉△♆	7 19
	☽⚼♅	12pm56
	☽⚻♂	6 36
	☽△♇	6 42
	☽☌♄	8 33
	♂⚺♇	9 5
	☿∥♆	10 34
11 S	☽⚻♀	4am54
	☽□♆	9 2
	☽∥♄	10 7
	☉⚻☽	10 58
	☽⚹♃	11 16
	☽△♅	2pm30
	☉□♃	3 41
	☽⚼♇	8 8
	☽#☿	10 24
	☽#♆	11 45
12 Su	☽⚻☿	5am20
	☽⚼♀	8 38
	♂⚻♄	9 51
	☽∠♃	12pm42
	☉⚼☽	2 7
	☽⚻♇	9 23
	☽⚺♄	10 57
	☽☍♂	11 38
13 M	♀△♆	3am53
	☽⚼☿	5 50
	☽△♆	11 30
	☽△♀	12pm14
	☽⚺♃	2 4
	☉⚺♅	4 45
	☽□♅	5 9
	☉△☽	5 11
14 T	☽∠♄	0am 3
	☽△☿	6 13
	♀□♃	10 35
	☽⚼♆	12pm45
	☽☍♇	11 56
15 W	☽⚹♄	1am14
	☽⚻♂	4 33
	☽⚻♆	2pm 7
	☽☌♃	5 1
	☽□♀	7 45
	☽⚹♅	8 2
	☿ ♈	11 9
	♀⚺♅	11 11
	☉□☽	11 40
16 Th	☿∠♂	4am37
	☽□☿	7 2
	☽⚼♂	7 16
	☽∠♅	9pm45
17 F	☽⚻♇	3am 5
	☽□♄	4 7
	☽△♂	10 13
	☿#♄	2pm53
	☽☍♆	5 27
	☽⚺♃	8 41
	☽#♆	8 45
	☽⚺♅	11 41
18 S	☽⚹♀	4am15
	☽⚼♇	5 0
	☉⚹☽	7 6
	☽⚹☿	8 16
	☽∥♄	11 45
	☽#☿	2pm31
	☉☌☿	5 11
	☽∠♃	10 52
	☉#☽	11 55
19 Su	☽△♇	7am 9
	☽#♀	7 36
	☽△♄	7 54
	☽∠♀	8 58
	☽∠☿	9 9
	☿☌♀	10 20
	☉∠☽	11 17
	☽□♂	4pm56
	☽⚻♆	9 44
20 M	☽⚹♃	1am20
	☽☌♅	4 20
	☽⚼♄	10 12
	☽⚺☿	10 18
	☽⚺♀	2pm 5
	☉ ♉	2 51
	☉∥☿	3 10
	☉⚺☽	3 49
	☽∥♅	5 14
21 T	☽⚼♆	0am21
	♀ ♉	8 14
	☽□♇	12pm24
	☽⚻♄	12 51
	☿∥♀	11 35
22 W	☽⚹♂	1am 9
	☽#♅	2 19
	☽△♆	3 22
	☽□♃	7 20
	☽⚺♅	10 23
	☽☌☿	1pm40
23 Th	☽☌♀	1am58
	☉☌☽	2 28
	☽∠♂	6 4
	☽∠♅	2pm10
	☽∥☿	3 56
	☽⚹♇	7 30
	☽☍♄	7 35
	♂⚹♆	10 32
24 F	☉☌♀	1am13
	☽∥♀	3 12
	♄△♇	9 28
	☉∥☽	9 44
	☽#♄	10 4
	☽□♆	11 2
	☽⚺♂	11 42
	☉#♄	1pm 5
	☽△♃	3 26
	☽⚹♅	6 36
	☽⚺☿	7 16
	☽∠♇	11 59
25 S	☽∥♆	3am35
	☿⚺♅	9 36
	☉⚺☽	4pm 6
	☽⚺♀	5 1
	☽⚼♃	8 29
	☽∠☿	11 8
26 Su	☽⚻♄	4am50
	☽⚺♇	5 9
	♀#♄	9 3
	♀∠♂	2pm44
	☽⚹♆	9 21
27 M	☉∠☽	0am12
	☽☌♂	1 20
	☽∠♀	1 55
	☽⚻♃	2 12
	☽⚹☿	3 46
	☽□♅	5 31
	☽⚼♄	10 26
	♂⚻♃	6pm55
28 T	☽∠♆	3am26
	☿⚹♂	7 52
	☉⚹☽	9 0
	☽⚹♀	11 34
	♀∠♅	2pm10
	☉∠♂	2 53
	☽△♄	4 31
	☽☌♇	5 16
29 W	☿□♃	9am40
	☽⚺♆	9 52
	☽□☿	2pm55
	☽☍♃	3 1
	☽⚺♂	5 24
	☽△♅	6 26
	☉∠♅	8 59
30 Th	♀☍♄	8am29
	♂□♅	1pm56
	♀⚹♇	6 45

MAY 1925

LONGITUDE

DAY	SID. TIME	☉	☽	☽ 12 Hour	MEAN ☊	TRUE ☊	☿	♀	♂	♃	♄	♅	♆	♇
	h m s	° ' "	° ' "	° ' "	° '	° '	° '	° '	° '	° '	° '	° '	° '	° '
1	14 33 37	10♉ 6 10	8♌ 35 6	14♌ 32 54	9♌ 17	9♌ 2R	22♈ 4R	11♉ 56	24♊ 19	22♑ 22	11♏ 5R	24♓ 4	19♌ 47D	11♋ 40
2	14 37 33	11 4 22	20 33 22	26 37 9	9 14	9 2	22 1D	13 10	24 57	22 24	11 0	24 6	19 48	11 40
3	14 41 30	12 2 32	2♍ 44 56	8♍ 57 19	9 10	9 0	22 2	14 24	25 35	22 26	10 56	24 9	19 48	11 41
4	14 45 27	13 0 40	15 14 52	21 38 3	9 7	8 57	22 9	15 38	26 13	22 27	10 51	24 11	19 48	11 42
5	14 49 23	13 58 46	28 7 14	4♎ 42 43	9 4	8 52	22 20	16 52	26 51	22 28	10 47	24 14	19 48	11 43
6	14 53 20	14 56 51	11♎ 24 38	18 12 56	9 1	8 44	22 35	18 6	27 29	22 29	10 42	24 16	19 48	11 44
7	14 57 16	15 54 53	25 7 28	2♏ 7 53	8 58	8 34	22 56	19 19	28 8	22 30	10 38	24 19	19 48	11 45
8	15 1 13	16 52 54	9♏ 13 41	16 24 13	8 55	8 22	23 20	20 33	28 46	22 30	10 33	24 21	19 48	11 46
9	15 5 9	17 50 53	23 38 41	0♐ 56 13	8 51	8 11	23 49	21 47	29 24	22 31	10 29	24 23	19 49	11 47
10	15 9 6	18 48 51	8♐ 15 52	15 36 41	8 48	8 0	24 22	23 1	0♋ 2	22 31R	10 24	24 26	19 49	11 48
11	15 13 2	19 46 47	22 57 43	0♑ 18 5	8 45	7 52	24 59	24 15	0 40	22 31	10 20	24 28	19 49	11 49
12	15 16 59	20 44 42	7♑ 37 1	14 53 51	8 42	7 47	25 40	25 29	1 18	22 31	10 15	24 30	19 49	11 50
13	15 20 56	21 42 35	22 8 0	29 19 5	8 39	7 44	26 24	26 43	1 56	22 31	10 11	24 33	19 50	11 51
14	15 24 52	22 40 28	6♒ 26 47	13♒ 30 57	8 36	7 43D	27 12	27 57	2 34	22 30	10 7	24 35	19 50	11 52
15	15 28 49	23 38 19	20 31 27	27 28 19	8 32	7 44R	28 3	29 11	3 12	22 29	10 2	24 37	19 51	11 53
16	15 32 45	24 36 9	4♓ 21 35	11♓ 11 19	8 29	7 44	28 58	0♊ 24	3 51	22 28	9 58	24 39	19 51	11 54
17	15 36 42	25 33 57	17 57 39	24 40 41	8 26	7 42	29 56	1 38	4 29	22 27	9 54	24 41	19 52	11 55
18	15 40 38	26 31 45	1♈ 20 30	7♈ 57 13	8 23	7 38	0♉ 57	2 52	5 7	22 26	9 49	24 43	19 52	11 56
19	15 44 35	27 29 31	14 30 52	21 1 31	8 20	7 31	2 1	4 6	5 45	22 25	9 45	24 45	19 53	11 57
20	15 48 31	28 27 16	27 29 12	3♉ 53 54	8 16	7 22	3 8	5 20	6 23	22 23	9 41	24 47	19 53	11 59
21	15 52 28	29 25 0	10♉ 15 38	16 34 23	8 13	7 11	4 18	6 33	7 1	22 21	9 37	24 49	19 54	12 0
22	15 56 25	0♊ 22 43	22 50 11	29 3 2	8 10	6 59	5 31	7 47	7 39	22 19	9 33	24 51	19 55	12 1
23	16 0 21	1 20 24	5♊ 13 0	11♊ 20 9	8 7	6 47	6 46	9 1	8 17	22 17	9 29	24 53	19 55	12 2
24	16 4 18	2 18 5	17 24 37	23 26 34	8 4	6 37	8 4	10 15	8 55	22 14	9 25	24 54	19 56	12 3
25	16 8 14	3 15 43	29 26 13	5♋ 23 51	8 1	6 29	9 25	11 28	9 33	22 12	9 21	24 56	19 57	12 5
26	16 12 11	4 13 21	11♋ 19 46	17 14 23	7 57	6 23	10 48	12 42	10 11	22 9	9 17	24 58	19 58	12 6
27	16 16 7	5 10 58	23 8 7	29 1 26	7 54	6 20	12 14	13 56	10 49	22 6	9 13	24 59	19 58	12 7
28	16 20 4	6 8 32	4♌ 54 53	10♌ 49 2	7 51	6 19D	13 42	15 10	11 27	22 3	9 9	25 1	19 59	12 8
29	16 24 0	7 6 6	16 44 30	22 41 53	7 48	6 20	15 13	16 23	12 5	22 0	9 5	25 3	20 0	12 10
30	16 27 57	8 3 38	28 41 52	4♍ 45 6	7 45	6 21R	16 46	17 37	12 43	21 56	9 2	25 4	20 1	12 11
31	16 31 54	9♊ 1 9	10♍ 52 15	17♍ 3 59	7♌ 42	6♌ 21	18♉ 22	18♊ 51	13♋ 21	21♑ 52	8♏ 58	25♓ 6	20♌ 2	12♋ 12

DECLINATION and LATITUDE

DAY	☉ DECL	☽ DECL	☽ LAT	☽ 12hr DECL	☿ DECL	☿ LAT	♀ DECL	♀ LAT	♂ DECL	♂ LAT	♃ DECL	♃ LAT	♄ DECL	♄ LAT
1	14N51	18N 5	0S 2	16N56	7N10	1S33	14N43	0S45	24N32	1N12	21S38	0S 3	12S39	2N38
2	15 9	15 36	1N 1	14 5	6 57	1 46	15 7	0 42	24 33	1 12	21 38	0 3	12 38	2 38
3	15 27	12 24	2 2	10 33	6 46	1 58	15 31	0 40	24 35	1 12	21 38	0 3	12 36	2 38
4	15 45	8 34	2 59	6 28	6 37	2 9	15 55	0 38	24 36	1 12	21 38	0 3	12 35	2 38
5	16 2	4 15	3 49	1 57	6 32	2 20	16 18	0 36	24 37	1 13	21 38	0 4	12 34	2 38
6	16 20	0S24	4 28	2S48	6 29	2 30	16 41	0 34	24 38	1 13	21 38	0 4	12 32	2 38
7	16 37	5 11	4 53	7 32	6 28	2 38	17 3	0 32	24 39	1 13	21 38	0 4	12 31	2 38
8	16 53	9 49	5 1	11 59	6 30	2 46	17 25	0 30	24 39	1 13	21 38	0 4	12 30	2 38
9	17 10	14 0	4 50	15 49	6 34	2 53	17 47	0 27	24 40	1 13	21 38	0 4	12 28	2 38
10	17 26	17 24	4 21	18 43	6 40	2 59	18 8	0 25	24 40	1 13	21 38	0 4	12 27	2 38
11	17 41	19 43	3 34	20 22	6 48	3 5	18 28	0 23	24 40	1 13	21 38	0 4	12 26	2 38
12	17 57	20 42	2 32	20 40	6 59	3 9	18 49	0 20	24 40	1 13	21 39	0 5	12 24	2 38
13	18 12	20 17	1 22	19 35	7 12	3 13	19 8	0 18	24 39	1 13	21 39	0 5	12 23	2 38
14	18 27	18 34	0 7	17 16	7 26	3 16	19 27	0 16	24 39	1 13	21 39	0 5	12 22	2 38
15	18 41	15 43	1S 7	13 58	7 42	3 18	19 46	0 13	24 38	1 13	21 39	0 5	12 20	2 37
16	18 56	12 2	2 16	9 57	8 1	3 19	20 4	0 11	24 37	1 14	21 39	0 5	12 19	2 37
17	19 10	7 46	3 16	5 31	8 20	3 20	20 21	0 9	24 36	1 14	21 40	0 5	12 18	2 37
18	19 23	3 12	4 4	0 53	8 42	3 19	20 38	0 6	24 35	1 14	21 40	0 5	12 17	2 37
19	19 36	1N26	4 39	3N43	9 4	3 18	20 55	0 4	24 33	1 14	21 41	0 6	12 15	2 37
20	19 49	5 57	4 58	8 5	9 29	3 17	21 10	0 1	24 31	1 14	21 41	0 6	12 14	2 37
21	20 2	10 7	5 2	12 2	9 54	3 15	21 26	0N 1	24 29	1 14	21 41	0 6	12 13	2 37
22	20 14	13 47	4 51	15 23	10 21	3 12	21 40	0 3	24 27	1 14	21 42	0 6	12 12	2 37
23	20 26	16 48	4 27	18 1	10 49	3 8	21 54	0 6	24 25	1 14	21 42	0 6	12 11	2 37
24	20 38	19 2	3 50	19 49	11 18	3 4	22 8	0 8	24 23	1 14	21 43	0 6	12 10	2 36
25	20 49	20 23	3 4	20 48	11 48	2 59	22 21	0 11	24 20	1 14	21 44	0 6	12 9	2 36
26	20 60	20 49	2 10	20 41	12 19	2 54	22 33	0 13	24 17	1 14	21 44	0 7	12 7	2 36
27	21 10	20 19	1 10	19 44	12 51	2 48	22 44	0 15	24 14	1 14	21 45	0 7	12 6	2 36
28	21 21	18 55	0 8	17 55	13 23	2 42	22 55	0 18	24 11	1 14	21 45	0 7	12 5	2 36
29	21 30	16 43	0N56	15 19	13 56	2 35	23 5	0 20	24 8	1 14	21 46	0 7	12 4	2 36
30	21 40	13 46	1 57	12 3	14 30	2 27	23 15	0 23	24 4	1 14	21 47	0 7	12 3	2 35
31	21N49	10N11	2N55	8N11	15N 4	2S19	23N24	0N25	24N 0	1N14	21S48	0S 7	12S 2	2N35

DAY	♅ DECL	♅ LAT	♆ DECL	♆ LAT	♇ DECL	♇ LAT
1	3S 2	0S44	15N12	0N20	20N59	1S58
5	2 58	0 44	15 12	0 20	20 59	1 57
9	2 55	0 45	15 12	0 20	20 59	1 57
13	2 51	0 45	15 11	0 20	20 59	1 56
17	2 48	0 45	15 11	0 20	20 59	1 56
21	2 45	0 45	15 10	0 20	20 59	1 56
25	2 42	0 45	15 9	0 20	20 59	1 55
29	2S40	0S45	15N 8	0N20	20N59	1S55

☽ PHENOMENA			
d	h	m	
1	3	20	☽
8	13	43	○
15	5	46	☾
22	15	48	●
30	20	5	☽
d	h	°	'
5	22	0	
12	5	20S43	
18	17	0	
25	23	20N49	
1	1	0	
7	23	5N 1	
14	2	0	
20	18	5S 2	
28	3	0	

VOID OF COURSE ☽ LAST ASPT		☽ INGRESS		
2	9am11	2	♍	6pm38
4	9pm33	5	♎	3am26
7	5am24	7	♏	8am22
9	1am14	9	♐	10am28
11	3am27	11	♑	11am30
13	8am22	13	♒	1pm 9
15	1pm55	15	♓	4pm24
17	2pm39	17	♈	9pm35
19	2pm32	20	♉	4am42
22	3am53	22	♊	1pm51
24	2pm58	25	♋	1am 8
27	3am47	27	♌	1pm59
29	6am35	30	♍	2am35

d	h	
11	2	PERIGEE
26	22	APOGEE

DAILY ASPECTARIAN

Day	Aspect	Time
1 F	☽⚼♅	0am58
	♆SD	1 26
	☽∠♂	1 33
	☉□☽	3 20
	☽□♄	5 0
	☽⚺♇	6 12
	☽□♀	7 31
	☉☍♄	10pm26
	☽☌♆	10 29
2 S	☽△☿	2am54
	☽∥♆	3 19
	☉∥☽	3 21
	☽∥♀	3 30
	☉∥♆	3 37
	☽⚻♃	3 40
	☿SD	4 14
	♀∥♆	4 51
	☽⚻♅	7 4
	☉∥♀	8 30
	☽✶♂	9 11
	☽∠♇	12pm 7
	☉✶♇	3 6
	☽#♄	10 35
3 Su	☽⚼☿	8am22
	☽⚼♃	9 5
	♂⚼♄	11 41
	☽✶♄	3pm41
	☽✶♇	5 15
	☉△☽	7 24
4 M	☽△♀	0am48
	☽⚺♆	8 34
	☽∥☿	11 22
	☽⚻☿	1pm 7
	☽△♃	1 32
	☽☍♅	4 48
	☽∠♄	7 43
	☽□♂	9 33
5 T	☉⚼☽	1am42
	☽#♅	6 44
	☽⚼♀	7 32
	☽∠♆	12pm 9
	☿□♃	2 34
	☽⚺♄	10 45
6 W	☽□♇	0am34
	☉⚻☽	6 44
	☽∥♅	12pm47
	☽⚻♀	12 57
	☽✶♆	2 46
	☽□♃	7 27
	☽☍☿	8 6
	☽⚻♅	10 36
7 Th	☽△♂	5am24
	☽#☿	6 32
	♀□♆	9 19
8 F	☽⚼♅	0am12
	☽☌♄	2 13
	☽△♇	4 16
	☽⚼♂	7 57
	☉☍☽	1pm43
	☽∥♄	2 50
	☽□♆	5 39
	☽☍♀	8 39
	☽✶♃	10 8
9 S	☽⚻☿	0am18
	☽△♅	1 14
	☽⚼♇	5 10
	☽#♆	7 42
	☽⚻♂	9 54
	♀△♃	2pm12
	♂ ♋	10 44
	☽∠♃	10 47
10 Su	☉#☽	0am12
	☽⚼☿	1 53
	☿⚺♅	2 47
	☽⚺♄	3 29
	☽⚻♇	5 47
	☽#♀	7 21
	♃SR	3pm28
	☉⚻☽	6 26
	☽△♆	6 52
	☽⚺♃	11 17
11 M	☉□♆	0am58
	☽⚻♀	2 18
	☽□♅	2 28
	☽△☿	3 27
	☽∠♄	3 51
	♀✶♅	4 20
	☽☍♂	1pm10
	☽⚼♆	7 25
	☉⚼☽	8 42
12 T	☽✶♄	4am19
	☽⚼♀	5 9
	☽☍♇	6 57
	☿⚺♀	8 18
	☽⚻♆	8pm10
	☉△☽	11 15
13 W	☽☌♃	0am38
	♀∠♇	2 38
	☽✶♅	4 1
	☽□☿	7 32
	☽△♀	8 22
	☽#♀	3pm 8
	☽⚻♂	5 10
	☉△♃	7 44
14 Th	☉#☽	1am 2
	☽∠♅	5 19
	☽□♄	6 10
	☽⚻♇	9 12
	☽⚼♂	7pm50
	☽☍♆	10 50
15 F	☽⚺♃	3am23
	☽#♆	3 48
	☉□☽	5 46
	☽⚺♅	7 4
	☽⚼♇	11 0
	☽✶☿	1pm55
	♀ ♊	4 4
	☽□♀	4 25
	☽∥♄	10 16
	☽△♂	11 3
16 S	☉✶♅	1am13
	☽∠♃	5 27
	☽△♄	9 47
	☽△♇	1pm16
	☽∠☿	6 12
	☽#☿	9 9
17 Su	☿ ♉	1am32
	☽⚻♆	3 23
	☽✶♃	8 0
	☽☌♅	12pm 2
	☽⚼♄	12 19
	☉✶☽	2 39
	♂∠♆	2 46
	☽⚺☿	11 14
18 M	☽∥♅	2am10
	☽✶♀	3 3
	☽⚼♆	6 24
	☽□♂	7 10
	☉∠♇	10 23
	☽⚻♄	3pm19
	☽□♇	7 18
	☉∠☽	8 0
19 T	♄⚼♅	0am 0
	♀∥♇	6 55
	☽#♅	6 58
	☽∠♀	9 19
	☽△♆	9 53
	☽□♃	2pm32
	☽⚺♅	6 57
20 W	☉⚺☽	1am57
	☽☌☿	11 37
	☽⚺♀	4pm15
	☽✶♂	5 32
	☽∥☿	10 32
	☽☍♄	10 47
	☽∠♅	11 9
21 Th	☽✶♇	3am18
	☽#♄	1pm10
	☉ ♊	2 33
	♀⚼♃	3 4
	♀⚺♂	6 21
	☽□♆	6 23
	☽△♃	11 0
	☽∠♂	11 37
22 F	♀#♃	2am47
	☽✶♅	3 53
	☽∠♇	8 4
	☽∥♆	10 13
	☉☌☽	3pm48
23 S	☽⚺☿	3am24
	☽⚼♃	4 1
	☽⚺♂	6 19
	☽☌♀	8 16
	☽⚻♄	8 18
	♀⚻♄	8 31
	☽⚺♇	1pm24
24 Su	☽✶♆	5am 1
	☽⚻♃	9 34
	☽∠☿	12pm40
	☽⚼♄	1 51
	☽□♅	2 58
	♂△♄	5 0
	☿☍♄	10 48
25 M	☿✶♂	4am19
	☉⚺☽	8 22
	☿∠♅	9 17
	☽∠♆	11 6
	♀⚺♇	11 56
	☿#♄	3pm28
	☽△♄	7 52
	☽☌♂	9 32
	☉∥♇	10 21
	☽✶☿	10 47
26 T	☽☌♇	1am33
	☽⚺♀	3 7
	☉∠☽	5pm27
	☽⚺♆	5 33
	☽☍♃	9 54
	☿✶♇	10 5
27 W	☽△♅	3am47
	☽∠♀	1pm11
28 Th	☉✶☽	2am43
	☽□♄	8 34
	☽⚼♅	10 24
	☽⚺♂	2pm 2
	☽⚺♇	2 42
	☽□☿	8 27
	☉⚼♃	9 25
	☽✶♀	11 12
29 F	♂☌♇	3am 8
	☽☌♆	6 35
	☽⚻♃	10 32
	☽∥♆	1pm31
	☽⚻♅	4 44
	☽∥☿	7 19
	☽∠♇	8 58
	☽∠♂	9 56
30 S	☽#♄	11am59
	☽⚼♃	4pm13
	☉□☽	8 5
	☽✶♄	8 18
	☉#♃	8 35
	☉⚻♄	10 45
31 Su	☿∥♆	2am18
	☽✶♇	2 36
	☽✶♂	5 4
	☽△☿	4pm40
	☽□♀	5 5
	☽⚺♆	5 43
	☽△♃	9 5
	♀✶♆	11 35

JUNE 1925

LONGITUDE

DAY	SID. TIME	☉	☽	☽ 12 Hour	MEAN ☊	TRUE ☊	☿	♀	♂	♃	♄	♅	♆	♇
	h m s	° ' "	° ' "	° ' "	° '	° '	° '	° '	° '	° '	° '	° '	° '	° '
1	16 35 50	9♊ 58 38	23♍ 20 53	29♍ 43 32	7♌ 38	6♌ 20R	20♉ 0	20♊ 4	13♋ 59	21♑ 49R	8♏ 54R	25♓ 7	20♌ 3	12♋ 13
2	16 39 47	10 56 6	6♎ 12 25	12♎ 47 57	7 35	6 17	21 41	21 18	14 37	21 45	8 51	25 8	20 4	12 15
3	16 43 43	11 53 33	19 30 25	26 19 58	7 32	6 12	23 24	22 32	15 15	21 40	8 47	25 10	20 5	12 16
4	16 47 40	12 50 59	3♏ 16 34	10♏ 20 1	7 29	6 6	25 10	23 45	15 52	21 36	8 44	25 11	20 6	12 17
5	16 51 36	13 48 23	17 29 57	24 45 47	7 26	5 58	26 58	24 59	16 30	21 32	8 41	25 12	20 7	12 19
6	16 55 33	14 45 47	2♐ 6 46	9♐ 31 58	7 22	5 50	28 48	26 12	17 8	21 27	8 38	25 14	20 8	12 20
7	16 59 29	15 43 10	17 0 21	24 30 47	7 19	5 43	0♊ 41	27 26	17 46	21 22	8 34	25 15	20 9	12 22
8	17 3 26	16 40 32	2♑ 2 7	9♑ 33 10	7 16	5 37	2 36	28 40	18 24	21 17	8 31	25 16	20 11	12 23
9	17 7 23	17 37 53	17 2 53	24 30 15	7 13	5 34	4 33	29 53	19 2	21 12	8 28	25 17	20 12	12 24
10	17 11 19	18 35 13	1♒ 54 24	9♒ 14 38	7 10	5 33D	6 33	1♋ 7	19 40	21 7	8 25	25 18	20 13	12 26
11	17 15 16	19 32 33	16 30 23	23 41 15	7 7	5 33	8 34	2 20	20 18	21 1	8 23	25 19	20 14	12 27
12	17 19 12	20 29 53	0♓ 46 59	7♓ 47 28	7 3	5 34	10 38	3 34	20 56	20 56	8 20	25 20	20 16	12 29
13	17 23 9	21 27 12	14 42 41	21 32 43	7 0	5 35R	12 43	4 47	21 33	20 50	8 17	25 21	20 17	12 30
14	17 27 5	22 24 30	28 17 43	4♈ 57 54	6 57	5 35	14 50	6 1	22 11	20 44	8 14	25 22	20 18	12 32
15	17 31 2	23 21 48	11♈ 33 30	18 4 46	6 54	5 34	16 59	7 14	22 49	20 39	8 12	25 22	20 20	12 33
16	17 34 58	24 19 6	24 31 58	0♉ 55 22	6 51	5 30	19 8	8 28	23 27	20 32	8 9	25 23	20 21	12 34
17	17 38 55	25 16 24	7♉ 15 13	13 31 46	6 48	5 25	21 19	9 41	24 5	20 26	8 7	25 24	20 22	12 36
18	17 42 52	26 13 41	19 45 14	25 55 51	6 44	5 19	23 30	10 55	24 43	20 20	8 5	25 24	20 24	12 37
19	17 46 48	27 10 58	2♊ 3 49	8♊ 9 20	6 41	5 12	25 41	12 8	25 21	20 14	8 3	25 25	20 25	12 39
20	17 50 45	28 8 14	14 12 34	20 13 44	6 38	5 6	27 53	13 22	25 58	20 7	8 0	25 26	20 27	12 40
21	17 54 41	29 5 31	26 13 1	2♋ 10 38	6 35	5 0	0♋ 5	14 35	26 36	20 0	7 58	25 26	20 28	12 42
22	17 58 38	0♋ 2 46	8♋ 6 50	14 1 49	6 32	4 56	2 16	15 49	27 14	19 54	7 57	25 27	20 30	12 43
23	18 2 34	1 0 2	19 55 55	25 49 23	6 28	4 53	4 26	17 2	27 52	19 47	7 55	25 27	20 31	12 45
24	18 6 31	1 57 17	1♌ 42 36	7♌ 35 55	6 25	4 52D	6 36	18 15	28 30	19 40	7 53	25 27	20 33	12 46
25	18 10 27	2 54 31	13 29 44	19 24 31	6 22	4 52	8 45	19 29	29 8	19 33	7 51	25 28	20 35	12 48
26	18 14 24	3 51 45	25 20 44	1♍ 18 52	6 19	4 54	10 52	20 42	29 46	19 26	7 50	25 28	20 36	12 49
27	18 18 21	4 48 58	7♍ 19 30	13 23 9	6 16	4 55	12 57	21 56	0♌ 23	19 19	7 48	25 28	20 38	12 51
28	18 22 17	5 46 11	19 30 25	25 41 51	6 13	4 57	15 2	23 9	1 1	19 11	7 47	25 28	20 40	12 52
29	18 26 14	6 43 24	1♎ 58 1	8♎ 19 29	6 9	4 58R	17 4	24 22	1 39	19 4	7 46	25 28	20 41	12 54
30	18 30 10	7♋ 40 36	14♎ 46 45	21♎ 20 15	6♌ 6	4♌ 57	19♋ 5	25♋ 36	2♌ 17	18♑ 57	7♏ 44	25♓ 28R	20♌ 43	12♋ 55

DECLINATION and LATITUDE

DAY	☉ DECL	☽ DECL	☽ LAT	☽ 12hr DECL	☿ DECL	☿ LAT	♀ DECL	♀ LAT	♂ DECL	♂ LAT	♃ DECL	♃ LAT	♄ DECL	♄ LAT
1	21N57	6N 5	3N45	3N53	15N39	2S11	23N32	0N27	23N57	1N14	21S48	0S 7	12S 1	2N35
2	22 6	1 36	4 26	0S44	16 13	2 2	23 39	0 30	23 52	1 14	21 49	0 8	12 0	2 35
3	22 13	3S 6	4 54	5 28	16 48	1 53	23 46	0 32	23 48	1 14	21 50	0 8	11 59	2 35
4	22 21	7 48	5 6	10 5	17 23	1 43	23 52	0 34	23 44	1 14	21 51	0 8	11 59	2 35
5	22 28	12 15	5 1	14 16	17 58	1 34	23 58	0 37	23 39	1 14	21 52	0 8	11 58	2 34
6	22 35	16 5	4 36	17 40	18 33	1 23	24 2	0 39	23 34	1 14	21 52	0 8	11 57	2 34
7	22 41	18 59	3 51	19 57	19 7	1 13	24 6	0 41	23 29	1 14	21 53	0 8	11 56	2 34
8	22 47	20 35	2 51	20 51	19 40	1 2	24 10	0 43	23 24	1 14	21 54	0 9	11 55	2 34
9	22 52	20 44	1 38	20 15	20 13	0 51	24 12	0 45	23 19	1 14	21 55	0 9	11 54	2 34
10	22 57	19 25	0 20	18 16	20 45	0 40	24 14	0 48	23 14	1 14	21 56	0 9	11 54	2 33
11	23 2	16 50	0S59	15 9	21 16	0 29	24 15	0 50	23 8	1 14	21 57	0 9	11 53	2 33
12	23 6	13 16	2 12	11 13	21 45	0 18	24 16	0 52	23 2	1 14	21 58	0 9	11 52	2 33
13	23 10	9 2	3 16	6 46	22 13	0 7	24 16	0 54	22 56	1 14	21 59	0 9	11 52	2 33
14	23 14	4 27	4 7	2 7	22 39	0N 4	24 15	0 56	22 50	1 14	22 0	0 9	11 51	2 33
15	23 17	0N13	4 43	2N32	23 3	0 14	24 13	0 58	22 44	1 14	22 1	0 10	11 50	2 32
16	23 20	4 47	5 4	6 58	23 25	0 25	24 10	0 60	22 37	1 14	22 2	0 10	11 50	2 32
17	23 22	9 3	5 10	11 1	23 45	0 35	24 7	1 2	22 31	1 14	22 3	0 10	11 49	2 32
18	23 24	12 51	5 0	14 32	24 2	0 45	24 3	1 4	22 24	1 14	22 5	0 10	11 49	2 32
19	23 25	16 3	4 37	17 23	24 17	0 54	23 59	1 5	22 17	1 14	22 6	0 10	11 48	2 31
20	23 26	18 31	4 1	19 26	24 28	1 3	23 54	1 7	22 10	1 13	22 7	0 10	11 48	2 31
21	23 27	20 8	3 15	20 37	24 38	1 11	23 48	1 9	22 3	1 13	22 8	0 11	11 47	2 31
22	23 27	20 51	2 21	20 52	24 44	1 18	23 41	1 11	21 55	1 13	22 9	0 11	11 47	2 31
23	23 27	20 38	1 21	20 11	24 47	1 25	23 34	1 12	21 48	1 13	22 10	0 11	11 47	2 30
24	23 26	19 30	0 17	18 37	24 48	1 31	23 25	1 14	21 40	1 13	22 11	0 11	11 46	2 30
25	23 25	17 32	0N47	16 15	24 46	1 37	23 17	1 15	21 32	1 13	22 12	0 11	11 46	2 30
26	23 24	14 48	1 50	13 12	24 41	1 41	23 7	1 17	21 24	1 13	22 14	0 11	11 46	2 30
27	23 22	11 26	2 49	9 33	24 34	1 45	22 57	1 18	21 16	1 13	22 15	0 11	11 46	2 30
28	23 19	7 33	3 41	5 26	24 24	1 48	22 46	1 20	21 8	1 13	22 16	0 12	11 45	2 29
29	23 17	3 15	4 24	1 1	24 11	1 51	22 35	1 21	20 59	1 13	22 17	0 12	11 45	2 29
30	23N14	1S17	4N55	3S36	23N57	1N52	22N23	1N22	20N50	1N13	22S18	0S12	11S45	2N29

DAY	♅ DECL	♅ LAT	♆ DECL	♆ LAT	♇ DECL	♇ LAT
1	2S38	0S45	15N 7	0N20	20N59	1S55
5	2 36	0 45	15 6	0 20	20 59	1 54
9	2 34	0 46	15 4	0 20	20 59	1 54
13	2 33	0 46	15 3	0 20	20 58	1 54
17	2 32	0 46	15 1	0 20	20 58	1 53
21	2 31	0 46	14 59	0 20	20 58	1 53
25	2 31	0 46	14 57	0 20	20 58	1 53
29	2S30	0S46	14N55	0N20	20N57	1S53

☽ PHENOMENA

d	h	m	
6	21	48	○
13	12	44	☾
21	6	17	●
29	9	43	☽

d	h	° '
2	8	0
8	14	20S51
14	23	0
22	6	20N53
29	17	0

d	h	
4	5	5N 7
10	6	0
16	21	5S10
24	6	0

VOID OF COURSE ☽

LAST ASPT	☽ INGRESS
1 3am21	1 ♎ 12pm31
3 5am52	3 ♏ 6pm22
5 5pm50	5 ♐ 8pm34
7 6pm 8	7 ♑ 8pm45
9 1pm16	9 ♒ 8pm54
11 6am14	11 ♓ 10pm40
13 6pm46	14 ♈ 3am 3
15 11pm34	16 ♉ 10am16
18 10am59	18 ♊ 7pm57
21 6am17	21 ♋ 7am37
23 5pm 5	23 ♌ 8pm31
25 2pm24	26 ♍ 9am22
28 11am34	28 ♎ 8pm15

d	h	
8	4	PERIGEE
23	9	APOGEE

DAILY ASPECTARIAN

Day	Aspect	Time
1 M	☿□♆	0am41
	☽∠♄	1 3
	☽☍♅	3 21
	☿⊻♀	3 47
	☽#♅	6pm40
	☽∠♆	9 54
2 T	☿△♃	0am49
	☽⚼☿	1 0
	☽⊻♄	4 49
	♀⚻♃	8 12
	☉△☽	9 18
	☽□♇	11 1
	☽□♂	4pm 1
	☽∥♅	9 34
3 W	☽✶♆	1am 1
	☽□♃	3 49
	♀∥♂	4 31
	☽△♀	5 52
	☽⚻☿	7 52
	☉⊻♇	9 40
	☽⚻♅	9 58
	☉⚼☽	1pm56
	♀⚼♄	11 39
4 Th	☿✶♅	0am20
	☽☌♄	9 16
	☽⚼♀	10 13
	☽⚼♅	11 46
	☽△♇	3pm19
	☉⚻☽	5 24
	☽△♂	10 16
	☽∥♄	10 23
5 F	☽□♆	4am21
	♀□♅	4 30
	☿∠♇	4 43
	☽✶♃	6 38
	☽△♅	12pm45
	☽⚻♀	1 29
	☽⚼♇	4 12
	☽#♆	5 16
	☽☍☿	5 50
6 S	☽⚼♂	0am 3
	☽∠♃	6 59
	☽⊻♄	10 30
	☿ ♊	3pm23
	☽⚻♇	4 32
	☉☍☽	9 48
7 Su	☽⚻♂	1am17
	☽#☿	1 59
	☽△♆	5 3
	☽⊻♃	6 56
	☽∠♄	10 28
	☽□♅	1pm11
	☽☍♀	6 8
8 M	☽⚻☿	1am 2
	☽⚼♆	5 1
	☽✶♄	10 19
	☿∠♂	2pm39
	☽☍♇	4 33
9 T	☉⚻☽	1am 0
	♀ ♋	2 15
	☽☍♂	3 20
	☽⚼☿	4 38
	☽⚻♆	5 4
	☽☌♃	6 38
	☽#☿	8 48
	☽✶♅	1pm16
	☿⚼♃	7 4
	☽⚻♀	10 35
10 W	☉⚼☽	2am56
	☽△☿	8 47
	☿∥♇	10 28
	☽□♄	10 37
	☽∠♅	1pm45
	☽⚻♇	5 17
	☿⚻♄	9 46
	♂⊻♆	9 49
11 Th	☽⚼♀	1am31
	☉△☽	5 25
	☽☍♆	6 14
	☽⚻♂	6 36
	☽⊻♃	7 29
	☽#♆	12pm38
	☉∥♂	1 34
	☽⊻♅	2 46
	☉✶♆	5 54
	☽⚼♇	6 23
12 F	♂☍♃	0am12
	☽△♀	5 12
	☽∥♄	8 15
	☽∠♃	8 45
	☽⚼♂	9 13
	☉⚻♃	9 56
	☿#♃	11 36
	☽△♄	12pm53
	☽□☿	7 55
	☽△♇	8 9
	☿⊻♇	9 29
13 S	☉⊻♂	7am43
	☽⚻♆	9 47
	♀∠♆	9 53
	☽✶♃	10 41
	☽△♂	12pm36
	☉□☽	12 44
	☽⚼♄	3 2
	☽☌♅	6 46
14 Su	☿∥♂	8am38
	☽∥♅	9 49
	☽⚼♆	12pm38
	☽□♀	3 19
	☽⚻♄	5 53
	☉⚼♄	8 2
15 M	☽□♇	1am49
	☽✶☿	11 56
	☽#♅	12pm 2
	☽△♆	4 12
	☽□♃	4 37
	☉∥☿	5 3
	♀△♄	6 13
	☽□♂	9 53
	☉✶☽	11 34
16 T	☽⊻♅	1am36
	☿✶♆	1pm35
	☿⚻♃	2 50
	☽∠☿	9 50
17 W	☽☍♄	1am39
	☉□♅	3 9
	☽✶♀	5 9
	☽∠♅	6 0
	☉∠☽	6 14
	☽✶♇	10 14
	♃⚻♆	11 51
	☽#♄	5pm 5
	☿⚼♄	7 30
18 Th	☽△♃	1am 7
	☽□♆	1 15
	☿∥♀	1 47
	☽⊻☿	8 50
	☽✶♂	10 9
	☽✶♅	10 59
	☽∠♀	1pm17
	☉⊻☽	1 38
	☽∠♇	3 20
	☽∥♆	3 32
	☿⊻♂	6 40
	☿□♅	9 0
19 F	♂△♅	2am52
	☽⚼♃	6 10
	♀☌♇	10 13
	☽⚻♄	11 45
	☽∠♂	5pm14
	☽⊻♇	8 56
	☽⊻♀	10 7
20 S	☉☌☿	4am51
	♂#♃	8 56
	☽⚻♃	11 40
	☽✶♆	12pm28
	☽⚼♄	5 31
	☽□♅	10 26
	☿ ♋	11 7
21 Su	☽⊻♂	0am49
	☉☌☽	6 17
	☽☌☿	9 31
	☽∠♆	6pm42
	☉ ♋	10 50
	☽△♄	11 39
22 M	☽☌♇	9am22
	☽☌♀	5pm25
	☽☍♃	11 42
23 T	☽⊻♆	1am13
	☽△♅	11 15
	☿∠♆	12pm10
	☽☌♂	5 5
	☉∥♀	10 8
24 W	☉⊻☽	0am33
	☽⊻☿	12pm11
	☽□♄	12 33
	☿△♄	2 9
	☽⚼♅	5 50
	☽⊻♇	10 35
25 Th	♀☍♃	1am11
	☉∠☽	9 45
	☽⚻♃	12pm10
	☽⊻♀	1 33
	☽☌♆	2 24
	♀⊻♆	10 0
	☽∥♆	10 54
26 F	☽⚻♅	0am14
	☽∠☿	1 16
	☽∠♇	5 0
	♂ ♌	9 8
	☽⊻♂	9 23
	☽⚼♃	6pm 3
	☉✶☽	6 34
	☽#♄	9 51
	☿☌♇	10 43
	☽∠♀	11 7
27 S	☽✶♄	0am57
	☽✶♇	10 58
	☽✶☿	1pm27
	☽∠♂	4 49
	☉∠♆	9 9
	☽△♃	11 23
28 Su	☽⊻♆	2am15
	☽∠♄	6 21
	☽✶♀	7 51
	☽☍♅	11 34
	☽✶♂	11pm22
29 M	☽#♅	4am 2
	♂∥♇	5 11
	☽∠♆	7 4
	☉□☽	9 43
	☽⊻♄	10 55
	☽□♇	8pm34
	♀△♅	9 37
	☿☍♃	10 30
30 T	☉△♄	1am33
	☽∥♅	6 22
	☽□♃	7 34
	♀#♃	8 0
	☽□☿	9 17
	☽✶♆	10 54
	♅SR	7pm17
	☽⚻♅	7 28
	☿⊻♆	8 9
	☽□♀	9 40

LONGITUDE

DAY	SID. TIME	☉	☽	☽ 12 Hour	MEAN ☊	TRUE ☊	☿	♀	♂	♃	♄	♅	♆	♇
	h m s	° ' "	° ' "	° ' "	° '	° '	° '	° '	° '	° '	° '	° '	° '	° '
1	18 34 7	8♋ 37 48	28♎ 0 23	4♏ 47 24	6♌ 3	4♌ 56R	21♋ 3	26♋ 49	2♌ 55	18♑ 49R	7♏ 43R	25♓ 28R	20♌ 45	12♋ 57
2	18 38 3	9 34 59	11♏ 41 26	18 42 29	6 0	4 54	23 0	28 2	3 33	18 42	7 42	25 28	20 46	12 58
3	18 42 0	10 32 10	25 50 23	3♐ 4 46	5 57	4 51	24 55	29 16	4 10	18 34	7 41	25 28	20 48	13 0
4	18 45 56	11 29 20	10♐ 25 7	17 50 41	5 53	4 48	26 48	0♌ 29	4 48	18 27	7 41	25 28	20 50	13 2
5	18 49 53	12 26 31	25 20 35	2♑ 53 47	5 50	4 45	28 39	1 42	5 26	18 19	7 40	25 28	20 52	13 3
6	18 53 50	13 23 42	10♑ 29 7	18 5 23	5 47	4 43	0♌ 28	2 55	6 4	18 11	7 39	25 28	20 54	13 5
7	18 57 46	14 20 53	25 41 22	3♒ 15 50	5 44	4 42D	2 14	4 9	6 42	18 4	7 39	25 28	20 56	13 6
8	19 1 43	15 18 3	10♒ 47 42	18 15 57	5 41	4 42	3 59	5 22	7 20	17 56	7 38	25 27	20 57	13 8
9	19 5 39	16 15 14	25 39 42	2♓ 58 17	5 38	4 43	5 42	6 35	7 57	17 48	7 38	25 27	20 59	13 9
10	19 9 36	17 12 26	10♓ 11 9	17 17 55	5 34	4 44	7 23	7 48	8 35	17 41	7 38	25 26	21 1	13 11
11	19 13 32	18 9 37	24 18 24	1♈ 12 32	5 31	4 45	9 1	9 2	9 13	17 33	7 38D	25 26	21 3	13 12
12	19 17 29	19 6 49	8♈ 0 23	14 42 6	5 28	4 46R	10 38	10 15	9 51	17 25	7 38	25 25	21 5	13 14
13	19 21 25	20 4 2	21 17 57	27 48 15	5 25	4 46	12 13	11 28	10 29	17 17	7 38	25 25	21 7	13 15
14	19 25 22	21 1 16	4♉ 13 22	10♉ 33 42	5 22	4 45	13 45	12 41	11 7	17 10	7 38	25 24	21 9	13 17
15	19 29 19	21 58 29	16 49 41	23 1 43	5 19	4 44	15 16	13 54	11 44	17 2	7 38	25 24	21 11	13 18
16	19 33 15	22 55 44	29 10 14	5♊ 15 39	5 15	4 43	16 45	15 7	12 22	16 54	7 38	25 23	21 13	13 20
17	19 37 12	23 52 59	11♊ 18 21	17 18 45	5 12	4 41	18 11	16 20	13 0	16 47	7 39	25 22	21 15	13 21
18	19 41 8	24 50 15	23 17 12	29 14 2	5 9	4 40	19 35	17 33	13 38	16 39	7 39	25 21	21 17	13 23
19	19 45 5	25 47 31	5♋ 9 36	11♋ 4 12	5 6	4 38	20 57	18 47	14 16	16 32	7 40	25 21	21 19	13 24
20	19 49 1	26 44 48	16 58 9	22 51 44	5 3	4 38	22 17	20 0	14 54	16 24	7 41	25 20	21 21	13 26
21	19 52 58	27 42 6	28 45 13	4♌ 38 55	4 59	4 38D	23 35	21 13	15 32	16 17	7 42	25 19	21 23	13 27
22	19 56 54	28 39 24	10♌ 33 7	16 28 6	4 56	4 38	24 51	22 26	16 10	16 9	7 43	25 18	21 25	13 29
23	20 0 51	29 36 42	22 24 10	28 21 38	4 53	4 38	26 4	23 39	16 47	16 2	7 44	25 17	21 27	13 30
24	20 4 48	0♌ 34 1	4♍ 20 51	10♍ 22 10	4 50	4 39	27 15	24 52	17 25	15 55	7 45	25 16	21 29	13 32
25	20 8 44	1 31 21	16 25 56	22 32 32	4 47	4 39	28 23	26 5	18 3	15 47	7 46	25 15	21 32	13 33
26	20 12 41	2 28 41	28 42 24	4♎ 55 54	4 44	4 39R	29 29	27 18	18 41	15 40	7 47	25 14	21 34	13 35
27	20 16 37	3 26 1	11♎ 13 29	17 35 34	4 40	4 39	0♍ 32	28 31	19 19	15 33	7 49	25 12	21 36	13 36
28	20 20 34	4 23 22	24 2 32	0♏ 34 46	4 37	4 39	1 32	29 44	19 57	15 26	7 50	25 11	21 38	13 38
29	20 24 30	5 20 43	7♏ 12 37	13 56 21	4 34	4 39	2 30	0♍ 56	20 35	15 19	7 52	25 10	21 40	13 39
30	20 28 27	6 18 5	20 46 11	27 42 14	4 31	4 39D	3 24	2 9	21 13	15 13	7 54	25 9	21 42	13 41
31	20 32 23	7♌ 15 27	4♐ 44 30	11♐ 52 52	4♌ 28	4♌ 39	4♍ 15	3♍ 22	21♌ 51	15♑ 6	7♏ 55	25♓ 7	21♌ 44	13♋ 42

DECLINATION and LATITUDE

DAY	☉ DECL	☽ DECL	☽ LAT	☽ 12hr DECL	☿ DECL	☿ LAT	♀ DECL	♀ LAT	♂ DECL	♂ LAT	♃ DECL	♃ LAT	♄ DECL	♄ LAT
1	23N10	5S54	5N12	8S11	23N40	1N53	22N10	1N24	20N42	1N13	22S20	0S12	11S45	2N28
2	23 6	10 23	5 12	12 30	23 21	1 54	21 57	1 25	20 33	1 13	22 21	0 12	11 45	2 28
3	23 2	14 28	4 54	16 14	23 1	1 53	21 43	1 26	20 24	1 13	22 22	0 12	11 45	2 28
4	22 57	17 48	4 16	19 4	22 38	1 52	21 28	1 27	20 15	1 12	22 23	0 13	11 45	2 28
5	22 52	20 2	3 20	20 38	22 15	1 50	21 13	1 28	20 5	1 12	22 24	0 13	11 45	2 27
6	22 46	20 53	2 10	20 44	21 49	1 48	20 57	1 29	19 56	1 12	22 25	0 13	11 45	2 27
7	22 41	20 12	0 50	19 18	21 22	1 45	20 41	1 30	19 46	1 12	22 27	0 13	11 45	2 27
8	22 34	18 4	0S34	16 32	20 55	1 42	20 24	1 31	19 36	1 12	22 28	0 13	11 45	2 27
9	22 28	14 45	1 53	12 45	20 26	1 37	20 6	1 31	19 27	1 12	22 29	0 13	11 45	2 26
10	22 20	10 35	3 4	8 19	19 56	1 33	19 48	1 32	19 17	1 12	22 30	0 13	11 45	2 26
11	22 13	5 57	4 1	3 34	19 25	1 27	19 30	1 33	19 7	1 12	22 31	0 14	11 46	2 26
12	22 5	1 9	4 43	1N13	18 53	1 22	19 11	1 33	18 56	1 12	22 32	0 14	11 46	2 26
13	21 57	3N33	5 8	5 48	18 21	1 15	18 51	1 34	18 46	1 11	22 34	0 14	11 46	2 25
14	21 48	7 57	5 17	10 0	17 48	1 9	18 31	1 34	18 35	1 11	22 35	0 14	11 46	2 25
15	21 39	11 55	5 10	13 41	17 15	1 1	18 10	1 34	18 25	1 11	22 36	0 14	11 47	2 25
16	21 30	15 17	4 49	16 42	16 41	0 54	17 49	1 35	18 14	1 11	22 37	0 14	11 47	2 25
17	21 20	17 56	4 15	18 58	16 7	0 46	17 27	1 35	18 3	1 11	22 38	0 14	11 48	2 24
18	21 10	19 47	3 30	20 23	15 32	0 37	17 5	1 35	17 52	1 11	22 39	0 14	11 48	2 24
19	20 60	20 45	2 36	20 53	14 58	0 29	16 42	1 35	17 41	1 11	22 40	0 15	11 48	2 24
20	20 49	20 46	1 37	20 27	14 24	0 19	16 19	1 35	17 30	1 11	22 41	0 15	11 49	2 23
21	20 38	19 53	0 33	19 7	13 49	0 10	15 56	1 35	17 18	1 10	22 42	0 15	11 49	2 23
22	20 26	18 8	0N33	16 57	13 15	0S 0	15 32	1 35	17 7	1 10	22 43	0 15	11 50	2 23
23	20 14	15 35	1 37	14 3	12 41	0 10	15 8	1 34	16 55	1 10	22 44	0 15	11 51	2 23
24	20 2	12 22	2 38	10 33	12 7	0 21	14 43	1 34	16 44	1 10	22 45	0 15	11 51	2 22
25	19 50	8 37	3 32	6 34	11 33	0 31	14 18	1 34	16 32	1 10	22 46	0 15	11 52	2 22
26	19 37	4 27	4 18	2 16	10 60	0 42	13 52	1 33	16 20	1 10	22 47	0 16	11 53	2 22
27	19 24	0 2	4 52	2S13	10 27	0 54	13 27	1 33	16 8	1 10	22 48	0 16	11 53	2 22
28	19 10	4S29	5 13	6 43	9 55	1 5	13 0	1 32	15 56	1 9	22 49	0 16	11 54	2 21
29	18 56	8 55	5 18	11 2	9 24	1 17	12 34	1 31	15 44	1 9	22 50	0 16	11 55	2 21
30	18 42	13 2	5 5	14 54	8 53	1 28	12 7	1 30	15 31	1 9	22 51	0 16	11 56	2 21
31	18N28	16S35	4N35	18S 2	8N24	1S40	11N40	1N30	15N19	1N 9	22S52	0S16	11S56	2N21

DAY	♅ DECL	♅ LAT	♆ DECL	♆ LAT	♇ DECL	♇ LAT
1	2S30	0S46	14N54	0N20	20N57	1S53
5	2 31	0 46	14 52	0 20	20 57	1 52
9	2 31	0 47	14 49	0 20	20 56	1 52
13	2 32	0 47	14 47	0 20	20 56	1 52
17	2 33	0 47	14 44	0 20	20 56	1 52
21	2 35	0 47	14 42	0 20	20 55	1 51
25	2 37	0 47	14 39	0 20	20 55	1 51
29	2S39	0S47	14N36	0N20	20N54	1S51

☽ PHENOMENA	VOID OF COURSE ☽ LAST ASPT	☽ INGRESS
d h m	30 9pm40	1 ♏ 3am33
6 4 54 ○	3 6am13	3 ♐ 6am55
12 21 34 ☾	5 0am12	5 ♑ 7am24
20 21 40 ●	6 11pm38	7 ♒ 6am49
28 20 23 ☽	8 4pm23	9 ♓ 7am 6
	11 1am57	11 ♈ 9am53
d h ° '	12 11pm40	13 ♉ 4pm 5
6 1 20S53	15 4pm36	16 ♊ 1am38
12 6 0	18 4am10	18 ♋ 1pm33
19 13 20N52	20 9pm40	21 ♌ 2am32
27 0 0	23 8am12	23 ♍ 3pm18
	25 5pm15	26 ♎ 2am30
1 12 5N15	27 7pm31	28 ♏ 10am57
7 14 0	30 7am35	30 ♐ 3pm56
14 1 5S17	d h	
21 12 0	6 12 PERIGEE	
28 19 5N18	20 12 APOGEE	

DAILY ASPECTARIAN

Day	Aspect	Time
1 W	☽□♂	9am 7
	☽☌♄	5pm 6
	☉△☽	8 5
	☽⚼♅	9 54
2 Th	☽△♇	2am13
	☽∥♄	7 39
	☽⚹♃	11 52
	☽□♆	3pm32
	☽△☿	10 13
	☉∥☿	10 29
	☽△♅	11 23
	☉⚼☽	11 27
3 F	☽#♆	2am42
	☽⚼♇	3 36
	☽△♀	6 13
	☿△♅	7 2
	☽∠♃	12pm42
	☽△♂	2 25
	♀ ♌	2 31
	☽⚺♄	7 32
4 S	☉⚻☽	1am51
	☽⚼☿	2 34
	☽⚻♇	4 14
	☽⚼♀	8 56
	☽⚺♃	12pm51
	☿#♃	2 51
	☽⚼♂	3 49
	☽△♆	4 50
	☽∠♄	7 44
5 Su	☽□♅	0am12
	☽#♂	0 49
	☽⚻☿	5 59
	☽⚻♀	11 0
	☉☌♇	3pm46
	☽⚻♂	4 43
	☽⚼♆	4 44
	☿ ♌	5 52
	☽⚹♄	7 32
6 M	♀∥♇	1am 2
	☽☍♇	4 6
	☉☍☽	4 54
	☽☌♃	12pm 3
	☽⚻♆	4 28
	☽⚹♅	11 38
7 T	☽#♂	6am57
	☽☍☿	11 44
	☽☍♀	2pm35
	☽☍♂	6 13
	☽□♄	6 58
	☿∥♇	10 25
	☽∠♅	11 27
8 W	☽⚻♇	3am45
	☉⚻☽	7 43
	☽⚺♃	11 22
	♂□♄	11 44
	☽☍♆	4pm23
	☉#♃	7 47
	☽#♆	11 32
	☽⚺♅	11 39
9 Th	☽⚼♇	4am 5
	☉⚼☽	9 49
	☽∠♃	11 37
	☽∥♄	5pm38
	☽⚻☿	6 42
	☽⚻♀	7 39
	☽△♄	7 44
	♀□♄	8 31
	☽⚻♂	9 12
10 F	☿□♄	3am36
	☽△♇	5 2
	☉☍♃	10 24
	☽⚹♃	12pm32
	☉△☽	12 42
	☿∥♀	2 15
	☽⚻♆	6 24
	☽⚼♄	9 6
	☽⚼☿	11 27
	☽⚼♀	11 28
	☽⚼♂	11 50
11 S	☿☌♀	0am 4
	☽☌♅	1 57
	☿☌♂	4 39
	♀☌♂	7 51
	☽∥♅	5pm 8
	☿∥♂	8 28
	☽⚼♆	8 35
	☿⚼♅	8 51
	♄SD	9 16
	☽⚻♄	11 19
12 Su	☽△♂	3am27
	♀⚼♅	3 31
	☽△♀	4 24
	☽△☿	5 19
	☽□♇	9 22
	☽□♃	4pm46
	☽#♅	6 46
	☉□☽	9 34
	♂⚼♅	9 38
	☽△♆	11 40
13 M	☽⚺♅	7am34
	♀∥♂	12pm22
	☿⚺♇	4 24
14 T	☉⚺♆	3am21
	☽☍♄	6 26
	☽∠♅	11 42
	♀⚺♇	12pm 0
	☽□♂	1 44
	☽⚹♇	5 14
	☽□♀	5 47
	☽□☿	8 36
	☽#♄	11 6
15 W	☽△♃	0am24
	☽□♆	8 26
	☉⚹☽	10 47
	☽⚹♅	4pm36
	☽∥♆	7 53
	☽∠♇	10 21
16 Th	☿⚻♃	2am29
	☽⚼♃	5 19
	☽∥☿	9 43
	☽⚻♄	4pm43
	☉∠☽	6 46
	☽∥♀	7 40
17 F	☽∥♂	1am 7
	☽⚹♂	3 34
	☽⚺♇	4 6
	♀⚻♃	7 50
	☽⚻♃	10 49
	☽⚹♀	11 11
	♂⚺♇	2pm 1
	☽⚹☿	3 35
	☽⚹♆	7 57
	☽⚼♄	10 44
18 S	☉⚺☽	3am24
	☽□♅	4 10
	☽∠♂	11 24
	☉△♅	12pm54
	☽∠♀	8 52
19 Su	☽∠☿	1am50
	☽∠♆	2 21
	☽△♄	5 6
	☿☌♆	6 34
	☉∥♇	9 50
	☿∥♆	10 34
	☽☌♇	4pm47
	☽⚺♂	7 33
	☽☍♃	10 51
20 M	☽⚺♀	6am52
	☽⚺♆	8 57
	☽⚺☿	12pm11
	☽△♅	5 0
	☉☌☽	9 40
21 T	♀☌♆	3am33
	☽□♄	6pm13
	☽⚼♅	11 29
	♂⚻♃	11 50
22 W	☽⚺♇	5am58
	☿⚻♅	8 41
	☽∥♂	11 14
	☽⚻♃	11 15
	☽☌♂	12pm 1
	☽☌♆	10 5
23 Th	☽☌♀	2am48
	☽∥♀	4 18
	☽⚻♅	5 48
	☽∥♆	7 18
	☽☌☿	8 12
	☉ ♌	9 45
	☽∠♇	12pm19
	☉⚺☽	3 46
	☽⚼♃	5 11
24 F	☽∥☿	2am 5
	♀∥♆	3 4
	☽#♄	3 29
	☽⚹♄	6 48
	♀⚻♅	7 48
	☿#♄	10 46
	☽⚹♇	6pm18
	☽△♃	10 45
25 S	☉∠☽	0am12
	☽⚺♂	3 22
	☿∠♇	3 47
	☽⚺♆	10 2
	☽∠♄	12pm28
	☽☍♅	5 15
	☽⚺♀	8 58
26 Su	☽⚺☿	1am38
	☉⚹☽	7 53
	☽#♅	10 4
	☽∠♂	10 7
	☿ ♍	11 46
	☽∠♆	3pm10
	☽⚺♄	5 30
27 M	☿⚼♃	0am30
	♀∠♇	1 54
	☽□♇	4 30
	☽∠♀	4 47
	☽□♃	8 6
	☽∠☿	8 50
	☽∥♅	2pm10
	☽⚹♂	4 1
	☽⚹♆	7 31
28 T	☽⚻♅	2am 7
	♀ ♍	5 25
	☽⚹♀	11 30
	♀⚼♃	12pm51
	☽⚹☿	2 50
	☉□☽	8 23
29 W	☽☌♄	1am11
	☽#☿	2 24
	☽⚼♅	5 17
	☽△♇	11 31
	☽⚹♃	2pm20
	☽∥♄	5 14
	☽#♀	6 58
30 Th	☽□♂	0am49
	☽□♆	1 38
	☽△♅	7 35
	☽#♆	9 55
	♀#♄	9 56
	☽⚼♇	1pm41
	☽#♂	3 22
	☽∠♃	4 10
	♂☌♆	7 45
	☽□♀	9 27
	☽□☿	11 8
31 F	☉△☽	4am33
	☽⚺♄	5 23
	☉#☽	2pm36
	☽⚻♇	3 3
	☽⚺♃	5 14
	☉□♄	5 18

AUGUST 1925

LONGITUDE

DAY	SID. TIME	☉	☽	☽ 12 Hour	MEAN ☊	TRUE ☊	☿	♀	♂	♃	♄	♅	♆	♇
	h m s	° ' "	° ' "	° ' "	° '	° '	° '	° '	° '	° '	° '	° '	° '	° '
1	20 36 20	8♌ 12 50	19♐ 7 3	26♐ 26 37	4♌ 25	4♌ 39	5♍ 4	4♍ 35	22♌ 29	14♑ 59R	7♏ 57	25♓ 6R	21♌ 47	13♋ 43
2	20 40 17	9 10 14	3♑ 51 0	11♑ 19 26	4 21	4 40	5 48	5 48	23 7	14 53	7 59	25 4	21 49	13 45
3	20 44 13	10 7 39	18 51 2	26 24 47	4 18	4 40	6 29	7 1	23 45	14 47	8 1	25 3	21 51	13 46
4	20 48 10	11 5 4	3♒ 59 34	11♒ 34 15	4 15	4 40R	7 7	8 13	24 22	14 40	8 4	25 2	21 53	13 48
5	20 52 6	12 2 30	19 7 39	26 38 39	4 12	4 40	7 40	9 26	25 0	14 34	8 6	25 0	21 55	13 49
6	20 56 3	12 59 57	4♓ 6 9	11♓ 29 14	4 9	4 40	8 9	10 39	25 38	14 28	8 8	24 58	21 57	13 50
7	20 59 59	13 57 25	18 47 5	25 59 2	4 5	4 39	8 34	11 51	26 16	14 23	8 11	24 57	22 0	13 52
8	21 3 56	14 54 54	3♈ 4 37	10♈ 3 32	4 2	4 38	8 54	13 4	26 54	14 17	8 13	24 55	22 2	13 53
9	21 7 52	15 52 25	16 55 37	23 40 54	3 59	4 37	9 10	14 17	27 32	14 11	8 16	24 54	22 4	13 54
10	21 11 49	16 49 57	0♉ 19 30	6♉ 51 43	3 56	4 35	9 21	15 29	28 10	14 6	8 19	24 52	22 6	13 56
11	21 15 46	17 47 31	13 17 52	19 38 25	3 53	4 35D	9 26R	16 42	28 48	14 1	8 21	24 50	22 9	13 57
12	21 19 42	18 45 6	25 53 49	2♊ 4 37	3 50	4 35	9 27	17 54	29 26	13 55	8 24	24 48	22 11	13 58
13	21 23 39	19 42 42	8♊ 11 21	14 14 35	3 46	4 36	9 22	19 7	0♍ 4	13 50	8 27	24 46	22 13	14 0
14	21 27 35	20 40 20	20 14 52	26 12 46	3 43	4 37	9 11	20 19	0 42	13 46	8 30	24 45	22 15	14 1
15	21 31 32	21 37 59	2♋ 8 47	8♋ 3 27	3 40	4 38	8 55	21 32	1 21	13 41	8 34	24 43	22 17	14 2
16	21 35 28	22 35 40	13 57 15	19 50 37	3 37	4 40	8 33	22 44	1 59	13 36	8 37	24 41	22 20	14 3
17	21 39 25	23 33 22	25 44 0	1♌ 37 45	3 34	4 41R	8 6	23 57	2 37	13 32	8 40	24 39	22 22	14 5
18	21 43 21	24 31 6	7♌ 32 15	13 27 49	3 31	4 41	7 34	25 9	3 15	13 28	8 44	24 37	22 24	14 6
19	21 47 18	25 28 51	19 24 45	25 23 19	3 27	4 40	6 56	26 22	3 53	13 24	8 47	24 35	22 26	14 7
20	21 51 15	26 26 37	1♍ 23 47	7♍ 26 20	3 24	4 39	6 14	27 34	4 31	13 20	8 51	24 33	22 29	14 8
21	21 55 11	27 24 25	13 31 12	19 38 36	3 21	4 36	5 28	28 46	5 9	13 16	8 54	24 31	22 31	14 10
22	21 59 8	28 22 14	25 48 41	2♎ 1 40	3 18	4 32	4 39	29 59	5 47	13 13	8 58	24 29	22 33	14 11
23	22 3 4	29 20 5	8♎ 17 43	14 37 3	3 15	4 28	3 47	1♎ 11	6 25	13 9	9 2	24 27	22 35	14 12
24	22 7 1	0♍ 17 56	20 59 49	27 26 14	3 11	4 24	2 53	2 23	7 4	13 6	9 6	24 25	22 37	14 13
25	22 10 57	1 15 49	3♏ 56 31	10♏ 30 49	3 8	4 21	1 59	3 35	7 42	13 3	9 10	24 23	22 40	14 14
26	22 14 54	2 13 44	17 9 22	23 52 19	3 5	4 19	1 6	4 47	8 20	13 0	9 14	24 20	22 42	14 15
27	22 18 50	3 11 39	0♐ 39 50	7♐ 32 2	3 2	4 18D	0 14	6 0	8 58	12 58	9 18	24 18	22 44	14 16
28	22 22 47	4 9 36	14 28 58	21 30 38	2 59	4 19	29♌ 24	7 12	9 36	12 55	9 22	24 16	22 46	14 17
29	22 26 44	5 7 34	28 36 59	5♑ 47 48	2 56	4 20	28 39	8 24	10 15	12 53	9 27	24 14	22 48	14 18
30	22 30 40	6 5 34	13♑ 2 49	20 21 37	2 52	4 21	27 58	9 36	10 53	12 51	9 31	24 12	22 51	14 19
31	22 34 37	7♍ 3 35	27♑ 43 41	5♒ 8 19	2♌ 49	4♌ 22R	27♌ 23	10♎ 48	11♍ 31	12♑ 49	9♏ 36	24♓ 9	22♌ 53	14♋ 20

DECLINATION and LATITUDE

DAY	☉ DECL	☽ DECL	☽ LAT	☽ 12hr DECL	☿ DECL	☿ LAT	♀ DECL	♀ LAT	♂ DECL	♂ LAT	♃ DECL	♃ LAT	♄ DECL	♄ LAT
1	18N13	19S14	3N47	20S 7	7N55	1S52	11N13	1N29	15N 7	1N 9	22S52	0S16	11S57	2N20
2	17 58	20 40	2 43	20 52	7 27	2 4	10 45	1 28	14 54	1 9	22 53	0 16	11 58	2 20
3	17 43	20 41	1 27	20 8	7 1	2 17	10 17	1 27	14 41	1 8	22 54	0 16	11 59	2 20
4	17 27	19 12	0 4	17 56	6 36	2 29	9 49	1 25	14 28	1 8	22 55	0 17	12 0	2 19
5	17 11	16 21	1S19	14 30	6 13	2 41	9 20	1 24	14 16	1 8	22 56	0 17	12 1	2 19
6	16 55	12 26	2 36	10 12	5 51	2 53	8 51	1 23	14 3	1 8	22 56	0 17	12 2	2 19
7	16 39	7 50	3 41	5 23	5 30	3 5	8 22	1 22	13 50	1 8	22 57	0 17	12 3	2 19
8	16 22	2 55	4 31	0 26	5 12	3 16	7 53	1 20	13 36	1 7	22 58	0 17	12 4	2 18
9	16 5	1N60	5 2	4N22	4 56	3 28	7 24	1 19	13 23	1 7	22 59	0 17	12 5	2 18
10	15 48	6 39	5 16	8 49	4 42	3 38	6 54	1 17	13 10	1 7	22 59	0 17	12 6	2 18
11	15 30	10 51	5 14	12 44	4 30	3 49	6 25	1 15	12 56	1 7	22 60	0 17	12 7	2 18
12	15 13	14 27	4 56	15 59	4 20	3 59	5 55	1 14	12 43	1 7	23 1	0 17	12 9	2 17
13	14 55	17 20	4 24	18 28	4 14	4 8	5 25	1 12	12 29	1 7	23 1	0 18	12 10	2 17
14	14 36	19 24	3 42	20 6	4 10	4 16	4 54	1 10	12 16	1 6	23 2	0 18	12 11	2 17
15	14 18	20 35	2 51	20 50	4 9	4 24	4 24	1 8	12 2	1 6	23 2	0 18	12 12	2 17
16	13 59	20 51	1 52	20 39	4 11	4 30	3 54	1 6	11 48	1 6	23 3	0 18	12 13	2 16
17	13 40	20 12	0 49	19 32	4 16	4 36	3 23	1 4	11 34	1 6	23 3	0 18	12 15	2 16
18	13 21	18 39	0N16	17 34	4 25	4 39	2 52	1 2	11 20	1 6	23 4	0 18	12 16	2 16
19	13 2	16 17	1 20	14 49	4 36	4 42	2 22	0 60	11 6	1 5	23 4	0 18	12 17	2 16
20	12 42	13 12	2 22	11 26	4 51	4 43	1 51	0 57	10 52	1 5	23 5	0 18	12 19	2 15
21	12 23	9 32	3 18	7 31	5 8	4 42	1 20	0 55	10 38	1 5	23 5	0 18	12 20	2 15
22	12 3	5 25	4 5	3 15	5 29	4 39	0 49	0 53	10 24	1 5	23 6	0 18	12 22	2 15
23	11 43	1 2	4 42	1S13	5 52	4 34	0 18	0 50	10 9	1 4	23 6	0 18	12 23	2 15
24	11 22	3S29	5 5	5 43	6 17	4 27	0S13	0 48	9 55	1 4	23 7	0 19	12 25	2 15
25	11 2	7 55	5 14	10 2	6 44	4 19	0 44	0 45	9 41	1 4	23 7	0 19	12 26	2 14
26	10 41	12 4	5 6	13 58	7 13	4 9	1 15	0 43	9 26	1 4	23 7	0 19	12 27	2 14
27	10 20	15 42	4 41	17 15	7 42	3 56	1 46	0 40	9 11	1 4	23 8	0 19	12 29	2 14
28	9 59	18 34	4 0	19 37	8 12	3 43	2 17	0 37	8 57	1 3	23 8	0 19	12 31	2 14
29	9 38	20 23	3 3	20 49	8 42	3 28	2 48	0 34	8 42	1 3	23 8	0 19	12 32	2 13
30	9 17	20 55	1 54	20 39	9 11	3 11	3 19	0 32	8 27	1 3	23 9	0 19	12 34	2 13
31	8N55	20S 2	0N36	19S 4	9N40	2S54	3S50	0N29	8N13	1N 3	23S 9	0S19	12S35	2N13

DAY	♅ DECL	♅ LAT	♆ DECL	♆ LAT	♇ DECL	♇ LAT
1	2S40	0S47	14N34	0N20	20N54	1S51
5	2 43	0 47	14 32	0 20	20 54	1 51
9	2 46	0 48	14 29	0 20	20 53	1 51
13	2 48	0 48	14 26	0 20	20 53	1 51
17	2 51	0 48	14 23	0 20	20 52	1 50
21	2 55	0 48	14 20	0 20	20 52	1 50
25	2 58	0 48	14 17	0 20	20 52	1 50
29	3S 2	0S48	14N15	0N20	20N51	1S50

☽ PHENOMENA			
d	h	m	
4	11	59	○
11	9	11	☾
19	13	15	●
27	4	46	☽
d	h	° '	
2	12	20S52	
8	14	0	
15	19	20N53	
23	6	0	
29	21	20S55	
4	1	0	
10	8	5S17	
17	18	0	
25	1	5N14	
31	11	0	

VOID OF COURSE ☽ LAST ASPT		☽ INGRESS		
1	9am47	1	♑	5pm47
3	9am49	3	♒	5pm41
5	9am48	5	♓	5pm23
7	10am15	7	♈	6pm46
9	7pm54	9	♉	11pm25
12	7am14	12	♊	7am57
14	9am 1	14	♋	7pm39
16	9pm48	17	♌	8am41
19	1pm15	19	♍	9pm13
21	9pm26	22	♎	8am 6
24	3am 3	24	♏	4pm45
26	12pm48	26	♐	10pm50
29	0am 3	29	♑	2am19
30	6pm12	31	♒	3am41

d	h	
3	22	PERIGEE
16	18	APOGEE

DAILY ASPECTARIAN

Day	Aspect	Time
1 S	☽△♆	4am23
	☽△♂	5 46
	☽∠♄	6 19
	☉⚼☽	7 12
	☽□♅	9 47
2 Su	☿☌♀	0am20
	☽△☿	3 18
	☽△♀	3 25
	☽⚼♆	4 47
	☽✶♄	6 40
	☽⚼♂	7 9
	☉⚻☽	9 8
	☽☍♇	3pm54
	☽☌♃	5 34
	☉⚼♅	10 8
3 M	☽⚼☿	4am23
	☽⚻♆	4 46
	☽⚼♀	5 27
	☽⚻♂	8 6
	☽✶♅	9 49
	♂∥♆	4pm31
	♀✶♄	8 42
4 T	☽⚻☿	5am 8
	☽□♄	6 27
	☽⚻♀	7 17
	☽∠♅	9 32
	☉☍☽	11 59
	☽⚻♇	3pm33
	☽⚺♃	4 49
	☉#☽	5 20
	♂⚻♅	11 45
5 W	☽☍♆	4am28
	☽⚺♅	9 21
	☽☍♂	9 48
	☽#♆	11 54
	☽#♂	2pm15
	☽⚼♇	3 31
	☽∠♃	4 35
	☿✶♄	11 6
6 Th	☽∥♄	2am12
	☽△♄	6 34
	☽☍☿	6 46
	☽☍♀	11 35
	☉⚻☽	3pm29
	☽△♇	3 53
	☽✶♃	4 47
	☽#♀	8 59
	☉⚺♇	9 34
7 F	☽⚻♆	5am21
	☽⚼♄	7 20
	☉⚻♃	9 32
	☽☌♅	10 15
	☽#☿	12pm13
	☽⚻♂	1 4
	☉⚼☽	6 14
8 S	☽∥♅	0am48
	☽⚼♆	6 47
	☽⚻♄	8 51
	☽⚻☿	10 13
	☽⚼♂	3pm57
	♀✶♇	4 31
	☽□♇	6 42
	☽⚻♀	6 54
	☽□♃	7 13
	☉△☽	10 0
	♀△♃	10 20
9 Su	☽#♅	3am49
	☽△♆	9 8
	☽⚼☿	1pm 4
	☽⚺♅	2 9
	☽∥☿	2 9
	☽△♂	7 54
10 M	☽⚼♀	0am20
	☽∥♀	1 15
	☽☍♄	2pm44
	☽△☿	4 45
	☽∠♅	5 32
11 T	☽✶♇	1am14
	☽△♃	1 20
	♂∠♇	5 41
	♂⚼♃	6 46
	☽△♀	7 5
	☽#♄	8 4
	☉□☽	9 11
	☽∥♂	12pm36
	♃☍♇	12 52
	☿SR	1 30
	☽□♆	4 50
	☽✶♅	9 54
	☽∥♆	11 58
12 W	☉∥☽	5am16
	☽⚼♃	5 49
	☽∠♇	5 58
	☽□♂	7 14
	♂ ♍	9pm12
13 Th	☽⚻♄	0am32
	☽□☿	2 17
	☽⚻♃	11 7
	☽⚺♇	11 32
14 F	☽□♀	0am10
	☉✶☽	0 56
	☽✶♆	4 2
	☽⚼♄	6 35
	♂#♄	7 28
	☽□♅	9 1
	☉∥♆	3pm17
	☽✶♂	10 17
15 S	☉⚺♀	9am50
	☉∠☽	9 55
	☽∠♆	10 28
	☿∥♀	11 26
	☽△♄	1pm 5
	☽✶☿	1 21
	♀⚺♆	3 32
	☉☌♆	5 3
	☿✶♄	8 46
	☽☍♃	11 18
16 Su	☽☌♇	0am13
	☽∠♂	6 31
	☽⚺♆	5pm 7
	♀∠♄	6 14
	☽∠☿	6 51
	☉⚺☽	7 10
	☽✶♀	7 57
	☽△♅	9 48
17 M	♀☍♅	1pm36
	☽⚺♂	2 48
18 T	☽⚺☿	0am 3
	♀#♅	0 6
	☉⚻♅	2 22
	☽□♄	2 25
	☽⚼♅	4 12
	☽∠♀	5 54
	☽⚻♃	11 56
	☽⚺♇	1pm18
19 W	☽☌♆	6am 6
	☽⚻♅	10 21
	☉☌☽	1pm15
	☽⚺♀	3 30
	☽∥♆	3 34
	☽⚼♃	5 55
	☽∠♇	7 30
20 Th	☉∥☽	3am46
	☽#♄	6 3
	☽☌♂	6 33
	☽☌☿	9 3
	☽✶♄	2pm51
	☽∥♂	4 39
	☽△♃	11 31
21 F	☽✶♇	1am15
	☉#♄	2 46
	☿☌♂	5 17
	☽⚺♆	5pm39
	☉⚼♃	8 17
	☽∠♄	8 25
	☽☍♅	9 26
	☽∥☿	11 41
22 S	♀ ♎	0am28
	☉⚺☽	5 22
	☽☌♀	8 55
	☽#♅	1pm43
	☽⚺☿	3 56
	☽⚺♂	8 14
	☉∠♇	8 31
	☽∠♆	10 39
23 Su	☽⚺♄	1am25
	☽∥♀	4 25
	☽#♀	6 22
	☽□♃	9 12
	☽□♇	11 13
	☉∠☽	12pm24
	☉ ♍	4 33
	☽∠☿	6 33
	☽∥♅	9 13
24 M	☽∠♂	2am 6
	☽✶♆	3 3
	☿⚺♀	5 47
	☽⚻♅	6 22
	☽#☿	4pm48
	☉✶☽	6 41
	☽✶☿	8 39
	☽⚺♀	11 17
25 T	☽✶♂	7am13
	☉☌☿	9 20
	☽#♂	9 23
	☽☌♄	9 36
	☽⚼♅	9 54
	☉#☽	4pm24
	☽✶♃	4 33
	☽△♇	6 46
26 W	☽∥♄	2am25
	☽∠♀	5 11
	☽□♆	9 56
	☽△♅	12pm48
	☽#♆	2 0
	☽∠♃	7 16
	☽⚼♇	9 33
	☽□☿	11 17
27 Th	♄⚼♅	0am 6
	☉□☽	4 46
	☿ ♌	6 47
	☽✶♀	10 12
	♂✶♄	2pm 4
	☽⚺♄	3 9
	☽□♂	3 11
	☽⚺♃	9 20
	☽⚻♇	11 40
28 F	☿∠♇	3am27
	♀∠♆	11 52
	☽△♆	2pm10
	☽□♅	4 38
	☽∠♄	4 56
29 S	☿∥♂	0am 2
	☽△☿	0 3
	♀∥♅	10 40
	☉△☽	11 40
	☽⚼♆	3pm22
	☽□♀	5 47
	☽✶♄	6 9
	☽△♂	8 16
	☽#♇	9 15
	♀⚺♄	10 22
	☽☌♃	11 41
	☽⚼☿	11 53
30 Su	☽☍♇	2am 6
	☉∥☿	2 36
	☽#♇	4 38
	☿⚼♃	4 46
	☉⚼☽	2pm 7
	☽⚻♆	4 5
	☽✶♅	6 12
	☽⚼♂	9 57
	☽⚻☿	11 28
31 M	☉⚻☽	4pm 9
	☽∠♅	6 26
	☽□♄	7 17
	☿∠♀	10 56
	☽△♀	10 58
	☽⚻♂	11 17

SEPTEMBER 1925

LONGITUDE

DAY	SID. TIME	☉	☽	☽ 12 Hour	MEAN ☊	TRUE ☊	☿	♀	♂	♃	♄	♅	♆	♇
	h m s	° ' "	° ' "	° ' "	° '	° '	° '	° '	° '	° '	° '	° '	° '	° '
1	22 38 33	8♍ 1 37	12♒ 34 45	20♒ 2 6	2♌ 46	4♌ 22R	26♌ 55R	12♎ 0	12♏ 9	12♑ 48R	9♏ 40	24♓ 7R	22♌ 55	14♋ 21
2	22 42 30	8 59 40	27 29 24	4♓ 55 38	2 43	4 21	26 35	13 11	12 48	12 46	9 45	24 5	22 57	14 22
3	22 46 26	9 57 46	12♓ 19 47	19 40 51	2 40	4 17	26 22	14 23	13 26	12 45	9 49	24 2	22 59	14 23
4	22 50 23	10 55 53	26 57 55	4♈ 10 10	2 37	4 12	26 17D	15 35	14 4	12 44	9 54	24 0	23 1	14 24
5	22 54 19	11 54 1	11♈ 16 54	18 17 35	2 33	4 7	26 21	16 47	14 43	12 43	9 59	23 58	23 3	14 25
6	22 58 16	12 52 12	25 11 51	1♉ 59 29	2 30	4 1	26 34	17 59	15 21	12 42	10 4	23 55	23 6	14 26
7	23 2 13	13 50 24	8♉ 40 26	15 14 48	2 27	3 56	26 56	19 10	15 59	12 42	10 9	23 53	23 8	14 27
8	23 6 9	14 48 39	21 42 50	28 4 52	2 24	3 52	27 26	20 22	16 38	12 41	10 14	23 51	23 10	14 28
9	23 10 6	15 46 56	4♊ 21 20	10♊ 32 46	2 21	3 49	28 5	21 34	17 16	12 41D	10 19	23 48	23 12	14 29
10	23 14 2	16 45 14	16 39 45	22 42 52	2 17	3 49D	28 52	22 45	17 55	12 41	10 24	23 46	23 14	14 30
11	23 17 59	17 43 35	28 42 47	4♋ 40 8	2 14	3 49	29 47	23 57	18 33	12 41	10 29	23 44	23 16	14 30
12	23 21 55	18 41 58	10♋ 35 34	16 29 43	2 11	3 51	0♍ 50	25 8	19 11	12 42	10 34	23 41	23 18	14 31
13	23 25 52	19 40 23	22 23 14	28 16 40	2 8	3 52R	1 59	26 20	19 50	12 42	10 40	23 39	23 20	14 32
14	23 29 48	20 38 50	4♌ 10 36	10♌ 5 33	2 5	3 53	3 14	27 31	20 28	12 43	10 45	23 36	23 22	14 33
15	23 33 45	21 37 20	16 2 0	22 0 21	2 2	3 52	4 35	28 42	21 7	12 44	10 51	23 34	23 24	14 33
16	23 37 42	22 35 51	28 0 59	4♍ 4 13	1 58	3 49	6 2	29 54	21 45	12 45	10 56	23 32	23 26	14 34
17	23 41 38	23 34 24	10♍ 10 19	16 19 28	1 55	3 44	7 33	1♏ 5	22 24	12 47	11 2	23 29	23 28	14 35
18	23 45 35	24 32 59	22 31 50	28 47 31	1 52	3 36	9 8	2 16	23 3	12 48	11 7	23 27	23 30	14 35
19	23 49 31	25 31 36	5♎ 6 32	11♎ 28 55	1 49	3 27	10 46	3 28	23 41	12 50	11 13	23 24	23 32	14 36
20	23 53 28	26 30 15	17 54 37	24 23 35	1 46	3 18	12 27	4 39	24 20	12 52	11 19	23 22	23 34	14 37
21	23 57 24	27 28 56	0♏ 55 45	7♏ 31 2	1 42	3 8	14 11	5 50	24 58	12 54	11 25	23 20	23 36	14 37
22	0 1 21	28 27 38	14 9 20	20 50 37	1 39	3 0	15 56	7 1	25 37	12 56	11 30	23 17	23 38	14 38
23	0 5 17	29 26 23	27 34 48	4♐ 21 50	1 36	2 54	17 43	8 12	26 16	12 59	11 36	23 15	23 40	14 38
24	0 9 14	0♎ 25 9	11♐ 11 42	18 4 24	1 33	2 50	19 31	9 23	26 54	13 2	11 42	23 12	23 42	14 39
25	0 13 10	1 23 57	24 59 55	1♑ 58 13	1 30	2 49D	21 20	10 34	27 33	13 5	11 48	23 10	23 43	14 39
26	0 17 7	2 22 46	8♑ 59 18	16 3 7	1 27	2 49	23 9	11 44	28 12	13 8	11 54	23 8	23 45	14 40
27	0 21 4	3 21 38	23 9 32	0♒ 18 23	1 23	2 50R	24 59	12 55	28 51	13 11	12 0	23 5	23 47	14 40
28	0 25 0	4 20 31	7♒ 29 27	14 42 23	1 20	2 50	26 48	14 6	29 29	13 14	12 7	23 3	23 49	14 41
29	0 28 57	5 19 25	21 56 45	29 12 2	1 17	2 48	28 38	15 17	0♎ 8	13 18	12 13	23 1	23 51	14 41
30	0 32 53	6♎ 18 22	6♓ 27 36	13♓ 42 45	1♌ 14	2♌ 44	0♎ 27	16♏ 27	0♎ 47	13♑ 22	12♏ 19	22♓ 58	23♌ 52	14♋ 42

DECLINATION and LATITUDE

DAY	☉ DECL	☽ DECL	☽ LAT	☽ 12hr DECL	☿ DECL	☿ LAT	♀ DECL	♀ LAT	♂ DECL	♂ LAT	♃ DECL	♃ LAT	♄ DECL	♄ LAT
1	8N34	17S45	0S45	16S 9	10N 6	2S36	4S21	0N26	7N58	1N 2	23S 9	0S19	12S37	2N13
2	8 12	14 16	2 3	12 11	10 31	2 17	4 52	0 23	7 43	1 2	23 9	0 19	12 39	2 13
3	7 50	9 54	3 12	7 30	10 53	1 58	5 22	0 20	7 28	1 2	23 9	0 19	12 40	2 12
4	7 28	4 60	4 8	2 28	11 12	1 39	5 53	0 17	7 13	1 2	23 10	0 19	12 42	2 12
5	7 6	0N 4	4 47	2N34	11 29	1 20	6 23	0 13	6 58	1 1	23 10	0 19	12 44	2 12
6	6 44	4 59	5 7	7 18	11 42	1 2	6 54	0 10	6 43	1 1	23 10	0 20	12 45	2 12
7	6 22	9 30	5 10	11 33	11 51	0 44	7 24	0 7	6 28	1 1	23 10	0 20	12 47	2 11
8	5 59	13 26	4 56	15 8	11 57	0 26	7 54	0 4	6 13	1 1	23 10	0 20	12 49	2 11
9	5 37	16 38	4 28	17 55	11 59	0 10	8 24	0 1	5 57	1 0	23 10	0 20	12 51	2 11
10	5 14	18 60	3 48	19 51	11 58	0N 6	8 54	0S 3	5 42	1 0	23 10	0 20	12 52	2 11
11	4 51	20 27	2 59	20 50	11 52	0 21	9 23	0 6	5 27	0 60	23 10	0 20	12 54	2 11
12	4 28	20 59	2 3	20 54	11 43	0 34	9 53	0 9	5 12	0 60	23 10	0 20	12 56	2 11
13	4 5	20 34	1 2	20 1	11 30	0 47	10 22	0 13	4 56	0 59	23 10	0 20	12 58	2 10
14	3 42	19 15	0N 2	18 16	11 14	0 58	10 51	0 16	4 41	0 59	23 10	0 20	12 60	2 10
15	3 19	17 5	1 5	15 42	10 53	1 8	11 20	0 20	4 25	0 59	23 10	0 20	13 2	2 10
16	2 56	14 9	2 7	12 26	10 30	1 17	11 48	0 23	4 10	0 58	23 10	0 20	13 3	2 10
17	2 33	10 35	3 3	8 36	10 4	1 25	12 16	0 27	3 54	0 58	23 10	0 20	13 5	2 10
18	2 10	6 31	3 52	4 20	9 34	1 32	12 44	0 30	3 39	0 58	23 10	0 20	13 7	2 9
19	1 47	2 6	4 30	0S11	9 2	1 38	13 12	0 34	3 23	0 58	23 10	0 20	13 9	2 9
20	1 23	2S29	4 55	4 46	8 28	1 42	13 40	0 37	3 8	0 57	23 10	0 20	13 11	2 9
21	1 0	7 2	5 5	9 13	7 52	1 46	14 7	0 41	2 52	0 57	23 10	0 20	13 13	2 9
22	0 37	11 19	5 0	13 17	7 13	1 49	14 34	0 45	2 37	0 57	23 10	0 21	13 15	2 9
23	0 13	15 7	4 38	16 45	6 33	1 50	15 0	0 48	2 21	0 56	23 9	0 21	13 17	2 9
24	0S10	18 10	4 0	19 20	5 52	1 51	15 26	0 52	2 5	0 56	23 9	0 21	13 19	2 8
25	0 33	20 13	3 8	20 49	5 9	1 52	15 52	0 55	1 50	0 56	23 9	0 21	13 21	2 8
26	0 57	21 5	2 4	21 1	4 25	1 51	16 18	0 59	1 34	0 56	23 9	0 21	13 23	2 8
27	1 20	20 37	0 51	19 52	3 40	1 50	16 43	1 3	1 18	0 55	23 8	0 21	13 25	2 8
28	1 44	18 49	0S25	17 26	2 55	1 48	17 8	1 6	1 3	0 55	23 8	0 21	13 27	2 8
29	2 7	15 47	1 40	13 53	2 9	1 45	17 32	1 10	0 47	0 55	23 8	0 21	13 29	2 8
30	2S30	11S46	2S49	9S29	1N23	1N42	17S56	1S13	0N31	0N54	23S 8	0S21	13S31	2N 8

DAY	♅ DECL	♅ LAT	♆ DECL	♆ LAT	♇ DECL	♇ LAT
1	3S 4	0S48	14N12	0N21	20N51	1S50
5	3 8	0 48	14 10	0 21	20 51	1 50
9	3 12	0 48	14 7	0 21	20 50	1 50
13	3 16	0 48	14 4	0 21	20 50	1 50
17	3 19	0 48	14 2	0 21	20 50	1 50
21	3 23	0 48	13 59	0 21	20 50	1 50
25	3 27	0 48	13 57	0 21	20 50	1 50
29	3S31	0S48	13N54	0N21	20N49	1S50

☽ PHENOMENA	
d h m	
2 19 53	○
10 0 12	☾
18 4 13	●
25 11 51	☽
d h	° '
5 0	0
12 1	20N59
19 11	0
26 4	21S 6
6 15	5S11
13 23	0
21 4	5N 6
27 16	0

VOID OF COURSE ☽ LAST ASPT	☽ INGRESS
1 10pm33	2 ♓ 4am 3
3 7pm 7	4 ♈ 5am 2
6 2am28	6 ♉ 8am28
8 11am20	8 ♊ 3pm39
11 2am21	11 ♋ 2am35
13 8am56	13 ♌ 3pm30
15 2pm50	16 ♍ 3am56
18 4am13	18 ♎ 2pm18
20 10am30	20 ♏ 10pm18
23 3am33	23 ♐ 4am17
25 4am37	25 ♑ 8am37
27 10am 0	27 ♒ 11am29
29 3am 9	29 ♓ 1pm19

d	h	
1	6	PERIGEE
13	7	APOGEE
29	5	PERIGEE

DAILY ASPECTARIAN

Day	Aspect	Time
1 T	☽⊻♃	0am21
	☽⊼♇	2 52
	♀⊻♂	7 3
	♀□♃	3pm42
	☽☍♆	4 40
	☽⊻♅	6 31
	☽☍☿	10 33
	♂△♃	11 2
2 W	☽∠♃	0am27
	☽#♆	0 28
	☽⚼♀	1 14
	☽⚼♇	3 2
	☽∥♄	9 22
	☽#☿	7pm17
	☉☍☽	7 53
	☽△♄	7 54
	☉⚹♄	8 13
3 Th	♀□♇	0am 1
	☽⚹♃	0 41
	☽☍♂	1 53
	☽△♇	3 21
	☽⊼♀	3 39
	☉#☽	11 9
	☽#♂	12pm47
	☽⊼♆	5 28
	☽☌♅	7 7
	☽∥♀	8 10
	☽⚼♄	8 34
	☽⊼☿	10 53
4 F	☿SD	0am33
	☽∥♅	8 54
	♂⚹♇	12pm48
	☽⚼♆	6 32
	☽⊼♄	9 47
5 S	☽⚼☿	0am 8
	☉⊼☽	1 8
	☽□♃	2 26
	☽□♇	5 21
	☽⊼♂	6 8
	☽☍♀	10 17
	☽#♅	2pm51
	♀#♂	6 15
	☉#♀	7 28
	☉△♃	7 53
	☽△♆	8 19
	☽⊻♅	9 47
6 Su	☽△☿	2am28
	☉∥♂	3 11
	☉⚼☽	5 3
	☉∥☽	8 18
	☽∥♂	8 26
	☽⚼♂	9 32
	☽#♀	11 4
7 M	☽∠♅	0am23
	☽☍♄	2 41
	☽△♃	7 19
	☉△☽	10 10
	☽⚹♇	10 33
	☽△♂	2pm 4
	☽∥☿	2 16
	☉⚹♇	3 20
	☽#♄	7 54
	☽⊼♀	9 14
8 T	☽□♆	2am43
	☽⚹♅	3 59
	☽∥♆	4 44
	☿⚼♃	9 42
	☽⚼♃	11 15
	☽□☿	11 20
	☽∠♇	2pm39
9 W	☽⚼♀	4am43
	♃SD	7 18
	☽⊼♄	11 38
	☽⊼♃	4pm11
	☽⊻♇	7 43
10 Th	☉□☽	0am12
	☽□♂	2 36
	♀⚹♆	9 56
	☽⚹♆	1pm 4
	☽△♀	1 24
	☽□♅	2 3
	☿∠♇	4 53
	☽⚼♄	5 29
	♀⊼♅	7 45
11 F	☽⚹☿	2am21
	☿ ♍	5 8
	☽∥♇	11 59
	☽∠♆	7pm20
	☽△♄	11 58
12 S	☽☍♃	4am17
	☽☌♇	7 59
	☽∠☿	11 45
	☽∥♇	2pm54
	☉⚹☽	5 58
	☽⚹♂	6 30
13 Su	☽⊻♆	1am56
	☽△♅	2 34
	☽□♀	8 56
	☉☌♂	11 31
	☽⊻☿	9pm51
14 M	☽∠♂	2am47
	☉∠☽	3 15
	☽⚼♅	8 58
	☿#♀	11 18
	☽□♄	1pm26
	☽⊼♃	5 20
	☽⊻♇	9 1
15 T	☉#♅	1am59
	☽⊻♂	10 48
	☉⊻☽	12pm14
	☽☌♆	2 50
	☽⊼♅	3 4
	☽⚼♃	11 29
16 W	☽∥♆	0am48
	♀ ♏	2 5
	☽∠♇	3 5
	☽⚹♀	4 9
	☽#♄	7 42
	☽#♀	2pm20
	☽☌☿	6 6
	☉⊻♆	9 22
	☉☍♅	9 58
17 Th	☽⚹♄	1am41
	☽∥☿	3 38
	☽△♃	5 6
	♅⊼♆	5 45
	☽⚹♇	8 37
	☽∠♀	12pm46
18 F	☽☌♂	1am 2
	☽☍♅	1 45
	☽⊻♆	1 52
	☉☌☽	4 13
	☽∠♄	6 57
	♂☍♅	2pm11
	☽∥♂	4 40
	☽#♅	5 19
	♂⊻♆	6 3
	☽⊻♀	8 33
	♀∥♄	9 5
19 S	☉∥☽	1am50
	♂#♅	3 6
	☽∠♆	6 29
	☿⚹♄	6 52
	☽⊻♄	11 35
	☽⊻☿	12pm16
	☽□♃	2 34
	☽□♇	5 51
	☉#☽	6 45
	☉∠♄	6 47
20 Su	☽#♂	3am12
	☽∥♅	4 39
	☿△♃	5 56
	☽⊼♅	10 5
	☽⚹♆	10 30
	☽⊻♂	12pm30
	☉⊻☽	5 10
	♀#♆	5 22
	☽∠☿	8 18
21 M	☽#☿	3am57
	☿⚹♇	6 8
	☽☌♀	9 49
	☽⚼♅	1pm26
	☽∠♂	5 17
	☽☌♄	7 11
	☽⚹♃	9 48
	☉∠☽	10 39
22 T	☽△♇	0am51
	☽⚹☿	3 42
	☽∥♄	11 51
	☽△♅	4pm19
	☽#♆	4 21
	☽□♆	5 1
	☽⚹♂	9 32
	☽∥♀	11 10
23 W	☽∠♃	0am43
	♀⚼♅	1 0
	☉⚹☽	3 33
	☽⚼♇	3 39
	☉ ♎	1pm44
	♂∠♄	3 6
	☽⊻♀	8 31
24 Th	☽⊻♄	0am54
	☽⊻♃	3 13
	☽⊼♇	6 2
	☽□☿	4pm42
	☽□♅	8 51
	☽△♆	9 48
25 F	☽∠♀	1am 4
	☽∠♄	3 8
	☽□♂	4 37
	☉□☽	11 51
	☽#♇	12pm26
	☽⚼♆	11 36
	☿☍♅	11 41
26 S	♀☌♄	3am41
	☽⚹♄	5 0
	☽⚹♀	5 7
	☽☌♃	7 4
	☿⊻♆	8 3
	☽☍♇	9 39
	☽#♇	6pm56
	☉#♂	10 50
	☽⚹♅	11 53
27 Su	☽⊼♆	1am 3
	☽△☿	3 31
	♀⚹♃	5 37
	☿#♅	6 4
	☽△♂	10 0
	☉△☽	6pm22
28 M	☽∠♅	0am56
	☿∠♄	4 15
	☽□♄	7 44
	☽⚼☿	8 13
	☽⊻♃	9 36
	♀△♇	11 57
	☽□♀	11 58
	☽⊼♇	11 58
	☽⚼♂	12pm11
	☽∥♀	12 42
	♀∠♂	5 37
	♂ ♎	7 1
	☉⚼☽	9 7
29 T	☉#☿	0am49
	☽⊻♅	1 46
	☽☍♆	3 9
	☽∠♃	10 33
	☽#♆	11 51
	☽⊼☿	12pm38
	☽⚼♇	12 49
	☽⊼♂	2 10
	☽∥♄	2 14
	☿ ♎	6 5
	☉⊼☽	11 44
30 W	☿☌♂	6am50
	☽△♄	9 46
	☽⚹♃	11 28
	☽△♇	1pm38
	☽△♀	6 0

OCTOBER 1925

LONGITUDE

DAY	SID. TIME	☉	☽	☽ 12 Hour	MEAN ☊	TRUE ☊	☿	♀	♂	♃	♄	♅	♆	♇
	h m s	° ' "	° ' "	° ' "	° '	° '	° '	° '	° '	° '	° '	° '	° '	° '
1	0 36 50	7♎ 17 20	20♓ 56 45	28♓ 8 47	1♌ 11	2♌ 37R	2♎ 16	17♏ 38	1♎ 26	13♑ 26	12♏ 25	22♓ 56R	23♌ 54	14♋ 42
2	0 40 46	8 16 21	5♈ 18 4	12♈ 23 51	1 8	2 28	4 4	18 48	2 4	13 30	12 32	22 54	23 56	14 42
3	0 44 43	9 15 23	19 25 25	26 22 10	1 4	2 18	5 52	19 58	2 43	13 34	12 38	22 51	23 58	14 43
4	0 48 39	10 14 27	3♉ 13 37	9♉ 59 24	1 1	2 7	7 39	21 9	3 22	13 39	12 44	22 49	23 59	14 43
5	0 52 36	11 13 34	16 39 18	23 13 14	0 58	1 56	9 25	22 19	4 1	13 43	12 51	22 47	24 1	14 43
6	0 56 33	12 12 43	29 41 17	6♊ 3 38	0 55	1 47	11 11	23 29	4 40	13 48	12 57	22 45	24 3	14 44
7	1 0 29	13 11 54	12♊ 20 35	18 32 33	0 52	1 41	12 55	24 39	5 19	13 53	13 4	22 42	24 4	14 44
8	1 4 26	14 11 7	24 40 2	0♋ 43 35	0 48	1 37	14 40	25 49	5 58	13 59	13 10	22 40	24 6	14 44
9	1 8 22	15 10 23	6♋ 43 49	12 41 23	0 45	1 35D	16 23	26 59	6 37	14 4	13 17	22 38	24 7	14 44
10	1 12 19	16 9 41	18 36 59	24 31 18	0 42	1 35R	18 6	28 9	7 16	14 9	13 24	22 36	24 9	14 44
11	1 16 15	17 9 1	0♌ 25 2	6♌ 18 53	0 39	1 35	19 48	29 19	7 55	14 15	13 30	22 34	24 10	14 44
12	1 20 12	18 8 23	12 13 29	18 9 30	0 36	1 35	21 29	0♐ 29	8 34	14 21	13 37	22 32	24 12	14 45
13	1 24 8	19 7 48	24 7 32	0♍ 8 9	0 33	1 32	23 9	1 38	9 13	14 27	13 44	22 30	24 13	14 45
14	1 28 5	20 7 16	6♍ 11 50	12 19 0	0 29	1 28	24 49	2 48	9 52	14 33	13 51	22 28	24 15	14 45
15	1 32 2	21 6 45	18 30 3	24 45 13	0 26	1 21	26 28	3 57	10 31	14 39	13 57	22 26	24 16	14 45
16	1 35 58	22 6 16	1♎ 4 42	7♎ 28 37	0 23	1 11	28 7	5 7	11 10	14 46	14 4	22 24	24 17	14 45R
17	1 39 55	23 5 50	13 56 57	20 29 36	0 20	0 59	29 44	6 16	11 50	14 53	14 11	22 22	24 19	14 45
18	1 43 51	24 5 26	27 6 24	3♏ 47 7	0 17	0 46	1♏ 21	7 25	12 29	14 59	14 18	22 20	24 20	14 45
19	1 47 48	25 5 3	10♏ 31 26	17 18 59	0 14	0 33	2 58	8 34	13 8	15 6	14 25	22 18	24 21	14 45
20	1 51 44	26 4 43	24 9 24	1♐ 2 17	0 10	0 21	4 34	9 43	13 47	15 14	14 32	22 16	24 23	14 45
21	1 55 41	27 4 25	7♐ 57 16	14 53 59	0 7	0 12	6 9	10 52	14 27	15 21	14 39	22 14	24 24	14 44
22	1 59 37	28 4 8	21 52 8	28 51 26	0 4	0 6	7 43	12 1	15 6	15 28	14 46	22 12	24 25	14 44
23	2 3 34	29 3 53	5♑ 51 40	12♑ 52 41	0 1	0 3	9 17	13 10	15 45	15 36	14 53	22 10	24 26	14 44
24	2 7 31	0♏ 3 40	19 54 21	26 56 33	29♋ 58	0 2D	10 51	14 18	16 25	15 43	15 0	22 9	24 27	14 44
25	2 11 27	1 3 29	3♒ 59 13	11♒ 2 16	29 54	0 2R	12 24	15 27	17 4	15 51	15 7	22 7	24 29	14 44
26	2 15 24	2 3 19	18 5 36	25 9 5	29 51	0 1	13 56	16 35	17 43	15 59	15 14	22 5	24 30	14 43
27	2 19 20	3 3 11	2♓ 12 35	9♓ 15 50	29 48	29♋ 59	15 28	17 43	18 23	16 7	15 21	22 4	24 31	14 43
28	2 23 17	4 3 4	16 18 34	23 20 26	29 45	29 55	16 59	18 51	19 2	16 16	15 28	22 2	24 32	14 43
29	2 27 13	5 2 59	0♈ 21 1	7♈ 19 53	29 42	29 47	18 30	19 59	19 42	16 24	15 35	22 0	24 33	14 43
30	2 31 10	6 2 56	14 16 31	21 10 28	29 39	29 36	20 1	21 7	20 21	16 33	15 42	21 59	24 34	14 42
31	2 35 6	7♏ 2 55	28♈ 1 12	4♉ 48 16	29♋ 35	29♋ 24	21♏ 30	22♐ 15	21♎ 1	16♑ 41	15♏ 49	21♓ 57	24♌ 35	14♋ 42

DECLINATION and LATITUDE

DAY	☉ DECL	☽ DECL	☽ LAT	☽ 12hr DECL	☿ DECL	☿ LAT	♀ DECL	♀ LAT	♂ DECL	♂ LAT	♃ DECL	♃ LAT	♄ DECL	♄ LAT
1	2S54	7S 4	3S47	4S34	0N37	1N39	18S20	1S17	0N15	0N54	23S 7	0S21	13S33	2N 7
2	3 17	2 1	4 30	0N32	0S10	1 35	18 43	1 20	0S 0	0 54	23 7	0 21	13 35	2 7
3	3 40	3N 3	4 55	5 30	0 56	1 31	19 5	1 24	0 16	0 53	23 6	0 21	13 37	2 7
4	4 3	7 51	5 3	10 4	1 43	1 26	19 28	1 28	0 32	0 53	23 6	0 21	13 39	2 7
5	4 27	12 8	4 53	14 2	2 29	1 21	19 49	1 31	0 48	0 53	23 6	0 21	13 41	2 7
6	4 50	15 43	4 28	17 13	3 16	1 16	20 11	1 35	1 3	0 52	23 5	0 21	13 43	2 7
7	5 13	18 28	3 51	19 30	4 2	1 10	20 31	1 38	1 19	0 52	23 5	0 21	13 45	2 7
8	5 36	20 18	3 3	20 50	4 47	1 5	20 52	1 41	1 35	0 52	23 4	0 21	13 47	2 6
9	5 59	21 9	2 8	21 12	5 33	0 59	21 12	1 45	1 50	0 51	23 4	0 21	13 49	2 6
10	6 22	21 1	1 8	20 37	6 17	0 53	21 31	1 48	2 6	0 51	23 3	0 21	13 52	2 6
11	6 44	19 58	0 6	19 6	7 2	0 46	21 50	1 52	2 22	0 51	23 3	0 21	13 54	2 6
12	7 7	18 2	0N56	16 46	7 46	0 40	22 8	1 55	2 38	0 50	23 2	0 22	13 56	2 6
13	7 30	15 19	1 57	13 42	8 29	0 33	22 26	1 58	2 53	0 50	23 1	0 22	13 58	2 6
14	7 52	11 55	2 53	9 59	9 12	0 27	22 43	2 1	3 9	0 50	23 1	0 22	13 60	2 6
15	8 14	7 57	3 41	5 48	9 54	0 20	22 59	2 5	3 25	0 49	23 0	0 22	14 2	2 6
16	8 37	3 33	4 21	1 15	10 36	0 13	23 15	2 8	3 40	0 49	22 59	0 22	14 4	2 6
17	8 59	1S 5	4 47	3S26	11 17	0 7	23 31	2 11	3 56	0 49	22 59	0 22	14 6	2 5
18	9 21	5 47	4 60	8 5	11 57	0S 0	23 45	2 14	4 12	0 48	22 58	0 22	14 8	2 5
19	9 43	10 18	4 56	12 24	12 37	0 7	23 60	2 17	4 27	0 48	22 58	0 22	14 10	2 5
20	10 4	14 22	4 35	16 9	13 16	0 14	24 13	2 20	4 43	0 47	22 57	0 22	14 13	2 5
21	10 26	17 43	3 58	19 3	13 54	0 21	24 26	2 22	4 58	0 47	22 56	0 22	14 15	2 5
22	10 48	20 5	3 7	20 50	14 32	0 28	24 38	2 25	5 14	0 47	22 55	0 22	14 17	2 5
23	11 9	21 15	2 4	21 21	15 8	0 34	24 50	2 28	5 29	0 46	22 54	0 22	14 19	2 5
24	11 30	21 6	0 53	20 31	15 44	0 41	25 1	2 31	5 45	0 46	22 53	0 22	14 21	2 5
25	11 51	19 36	0S21	18 24	16 19	0 48	25 12	2 33	6 0	0 46	22 52	0 22	14 23	2 5
26	12 12	16 54	1 34	15 10	16 53	0 54	25 21	2 36	6 16	0 45	22 51	0 22	14 25	2 5
27	12 32	13 12	2 41	11 3	17 27	1 1	25 30	2 38	6 31	0 45	22 51	0 22	14 27	2 5
28	12 52	8 46	3 39	6 21	17 59	1 7	25 39	2 40	6 46	0 44	22 50	0 22	14 29	2 5
29	13 13	3 52	4 22	1 21	18 31	1 14	25 47	2 43	7 2	0 44	22 49	0 22	14 32	2 5
30	13 33	1N10	4 50	3N40	19 2	1 20	25 54	2 45	7 17	0 44	22 48	0 22	14 34	2 4
31	13S52	6N 6	5S 0	8N26	19S32	1S26	26S 0	2S47	7S32	0N43	22S47	0S22	14S36	2N 4

DAY	♅ DECL	♅ LAT	♆ DECL	♆ LAT	♇ DECL	♇ LAT
1	3S32	0S48	13N53	0N21	20N49	1S50
5	3 36	0 48	13 51	0 21	20 49	1 49
9	3 39	0 48	13 49	0 21	20 49	1 49
13	3 43	0 48	13 47	0 21	20 49	1 49
17	3 46	0 48	13 45	0 21	20 49	1 49
21	3 49	0 48	13 44	0 21	20 49	1 49
25	3 51	0 47	13 42	0 21	20 50	1 49
29	3S54	0S47	13N41	0N22	20N50	1S49

☽ PHENOMENA

d	h	m	
2	5	23	○
9	18	34	☾
17	18	6	●
24	18	38	☽
31	17	17	○

d	h	° '
2	10	0
9	9	21N13
16	18	0
23	9	21S21
29	18	0

d	h	
3	22	5S 3
11	2	0
18	6	5N 0
24	17	0
31	2	5S 0

VOID OF COURSE ☽

LAST ASPT		☽ INGRESS		
1	3am18	1	♈	3pm 6
3	7am50	3	♉	6pm20
5	1pm30	6	♊	0am35
7	10pm52	8	♋	10am33
10	9pm30	10	♌	11pm 9
13	0am12	13	♍	11am44
15	7am32	15	♎	9pm58
17	6pm59	18	♏	5am13
20	0am23	20	♐	10am12
22	11am28	22	♑	1pm58
24	3am49	24	♒	5pm13
26	10am54	26	♓	8pm15
28	9am45	28	♈	11pm24
30	5pm57	31	♉	3am29

d	h	
11	1	APOGEE
25	13	PERIGEE

DAILY ASPECTARIAN

Day	Aspect	Time
1 Th	☽☌♅	3am18
	☽⚻♆	4 56
	☽⚼♄	10 52
	☿∠♀	1pm55
	☿∥♂	4 34
	☽∥♅	4 49
	☽☍♂	6 19
	☉∥☽	6 30
	☿#♂	8 6
	☽⚼♀	9 15
	☽☍☿	9 37
2 F	☉☍☽	5am23
	☽⚼♆	6 8
	☽∥☿	7 35
	☽∥♂	9 2
	☽#♂	10 3
	☽#☿	12pm 9
	☽⚻♄	12 19
	☽□♃	1 57
	☽□♇	3 56
	☉∠♆	4 34
	☉∥♅	5 33
3 S	☽⚻♀	1am 2
	☽#♅	2 33
	☉#☽	3 17
	☽⚺♅	5 54
	☽△♆	7 50
4 Su	☽⚻♂	0am16
	☽∠♅	8 7
	☽⚻☿	9 0
	☉⚻☽	1pm26
	☽☍♄	5 4
	☿∠♆	6 29
	☽△♃	6 40
	☽⚹♇	8 30
5 M	☽⚼♂	4am31
	♀△♅	9 17
	☽#♄	9 50
	☽∥♆	10 49
	☽⚹♅	11 10
	☽☍♀	11 21
	☽□♆	1pm30
	☽⚼☿	4 26
	☉⚼☽	7 0
	☽⚼♃	10 21
6 T	☽∠♇	0am 4
	☽△♂	9 52
	☿∥♅	11 14
	♀□♆	11 44
	☉⚺♄	8pm21
7 W	☽△☿	1am18
	☽⚻♄	1 24
	☉△☽	1 47
	☿⚺♄	2 3
	☽⚻♃	3 0
	☽⚺♇	4 36
	☉☌☿	8 43
	☿□♃	2pm 0
	☉□♃	6 24
	☽□♅	8 5
	♀#♇	9 2
	☽⚹♆	10 52
8 Th	☿□♇	1am 0
	☽⚻♀	2 31
	☽⚼♄	7 0
	☽∥♇	11 29
	☉□♇	1pm21
	♄#♆	9 21
	☽□♂	11 45
9 F	☽∠♆	4am49
	☽⚼♀	11 44
	☽△♄	1pm20
	☽☍♃	2 54
	☽☌♇	4 8
	☉□☽	6 34
	☽□☿	10 46
10 S	☉∥☿	4am33
	☽∥♇	6 42
	☽△♅	8 4
	☽⚺♆	11 16
	☽△♀	9pm30
	♀∠♃	10 37
11 Su	♀⚼♇	8am50
	♀ ♐	2pm11
	☽⚼♅	2 30
	☽⚹♂	4 9
12 M	☽□♄	2am51
	☽⚻♃	4 20
	☽⚺♇	5 6
	☉⚹☽	1pm 3
	☿⚻♅	2 41
	☽⚻♅	8 44
	☽⚹☿	9 45
13 T	♂∠♆	0am 8
	☽☌♆	0 12
	☽∠♂	0 12
	☽#♄	9 59
	☽⚼♃	10 43
	☽∠♇	11 13
	☽∥♆	11 22
	☿⚹♆	3pm34
	☽□♀	4 34
	☉∠☽	9 41
14 W	☽⚺♂	7am37
	☽∠☿	8 14
	☽#☿	2pm14
	☽⚹♄	3 7
	☽△♃	4 30
	☽⚹♇	4 44
	☉#☽	10 27
15 Th	♀∥♃	1am17
	☉⚺☽	5 28
	☽☍♅	7 32
	☽⚺♆	11 6
	☽⚺☿	5pm33
	♃☍♇	7 24
	☽∠♄	8 10
	♇SR	8 29
	☽#♅	10 58
	☽#♂	11 25
16 F	☉⚻♅	6am45
	♂∥♅	7 25
	☽⚹♀	8 20
	☽∠♆	3pm24
	☽☌♂	7 52
17 S	☽⚺♄	0am26
	☽□♇	1 28
	☽□♃	1 43
	☿ ♏	3 52
	☽∥♅	1pm40
	☽∠♀	2 41
	☽⚻♅	3 22
	☽∥♂	3 22
	☉☌☽	6 6
	☽⚹♆	6 59
18 Su	☉⚹♆	6am 3
	☽☌☿	8 42
	☽⚼♅	6pm17
	☽⚺♀	8 12
	☉∥☽	8 30
19 M	☽⚺♂	4am51
	☽☌♄	6 57
	☽△♇	7 28
	☽⚹♃	8 11
	☽∥☿	3pm48
	☽#♆	8 2
	☽△♅	8 42
	☽∥♄	10 59
20 T	☽□♆	0am23
	☉⚺☽	8 37
	☽∠♂	8 29
	☽⚼♇	9 45
	☽∠♃	10 41
	☿#♆	5pm37
	☽⚺☿	8 28
21 W	☽☌♀	5am30
	☉∠☽	7 40
	♂⚺♄	9 3
	♂□♇	10 50
	☽⚺♄	11 40
	☽⚻♇	11 43
	☽⚹♂	11 46
	☽⚺♃	12pm53
	☿∥♄	1 58
	☿⚼♅	4 13
	♄△♇	6 58
22 Th	☽□♅	0am34
	☽∠☿	1 39
	☽△♆	4 23
	☉⚹☽	11 28
	☽#♇	11 55
	☽∠♄	1pm40
	♂□♃	4 50
23 F	☽⚼♆	6am 8
	☽⚹☿	6 36
	☽⚺♀	1pm35
	☽☍♇	3 10
	☽⚹♄	3 33
	☽☌♃	4 48
	☽□♂	5 44
	☉ ♏	10 32
24 S	☽⚹♅	3am49
	☽#♇	6 19
	☽⚻♆	7 47
	♀⚻♇	8 59
	♀⚺♄	4pm15
	☽∠♀	5 26
	☉□☽	6 38
25 Su	☽∠♅	5am19
	♀⚺♃	9 47
	☽□☿	4pm 4
	☽⚻♇	6 16
	☽□♄	7 6
	☽⚺♃	8 23
	☽⚹♀	9 13
	☽△♂	11 20
26 M	☽∥☿	0am 5
	☽⚺♅	6 47
	☽☍♆	10 54
	☿△♇	12pm18
	☽∥♄	4 32
	☽⚼♇	7 46
	☽#♆	9 5
	☿☌♄	9 59
	☽∠♃	10 8
27 T	☉△☽	1am33
	☽⚼♂	2 5
	☉∥☽	3 32
	☿⚹♃	11 21
	☽△♇	9pm17
	☽△♄	10 33
	☽⚹♃	11 55
28 W	☽△☿	1am18
	☽□♀	4 43
	☽⚻♂	4 53
	☉⚼☽	5 2
	♀⚹♂	9 7
	☽∥♂	9 27
	☽☌♅	9 45
	☽⚻♆	2pm 3
	☽∥♅	11 53
29 Th	☽⚼♄	0am24
	☽⚼☿	6 4
	☉⚻☽	8 42
	☉∠♀	11 19
	☽⚼♆	3pm50
30 F	☽□♇	0am45
	☽⚻♄	2 30
	☽□♃	3 59
	☿⚺♂	9 45
	☉#♆	9 46
	☽☍♂	11 6
	☽⚻☿	11 11
	☽△♀	12pm58
	☽#♅	1 12
	☽⚺♅	1 23
	☽△♆	5 57
	♀□♅	6 0
	☉⚼♅	9 52
31 S	☿△♅	7am 8
	☽#♂	7 46
	☽∠♅	3pm48
	☉☍☽	5 17
	☽⚼♀	5 50

LONGITUDE

DAY	SID. TIME	☉	☽	☽ 12 Hour	MEAN ☊	TRUE ☊	☿	♀	♂	♃	♄	♅	♆	♇
	h m s	° ′ ″	° ′ ″	° ′ ″	° ′	° ′	° ′	° ′	° ′	° ′	° ′	° ′	° ′	° ′
1	2 39 3	8♏ 2 55	11♉ 31 17	18♉ 9 54	29♋ 32	29♋ 11R	23♏ 0	23♐ 22	21♎ 40	16♑ 50	15♏ 57	21♓ 56R	24♌ 36	14♋ 42R
2	2 42 59	9 2 57	24 43 53	1♊ 13 5	29 29	28 59	24 29	24 30	22 20	16 59	16 4	21 55	24 36	14 41
3	2 46 56	10 3 2	7♊ 37 26	13 57 0	29 26	28 48	25 57	25 37	22 59	17 8	16 11	21 53	24 37	14 41
4	2 50 53	11 3 8	20 11 58	26 22 35	29 23	28 40	27 25	26 44	23 39	17 17	16 18	21 52	24 38	14 40
5	2 54 49	12 3 17	2♋ 29 11	8♋ 32 13	29 20	28 35	28 52	27 51	24 19	17 27	16 25	21 51	24 39	14 40
6	2 58 46	13 3 27	14 32 11	20 29 38	29 16	28 32	0♐ 18	28 57	24 58	17 36	16 32	21 49	24 40	14 39
7	3 2 42	14 3 40	26 25 11	2♌ 19 29	29 13	28 31D	1 44	0♑ 4	25 38	17 46	16 40	21 48	24 40	14 39
8	3 6 39	15 3 54	8♌ 13 12	14 7 2	29 10	28 31R	3 10	1 10	26 18	17 55	16 47	21 47	24 41	14 38
9	3 10 35	16 4 10	20 1 41	25 57 50	29 7	28 31	4 34	2 16	26 57	18 5	16 54	21 46	24 42	14 38
10	3 14 32	17 4 29	1♍ 56 11	7♍ 57 23	29 4	28 30	5 58	3 22	27 37	18 15	17 1	21 45	24 42	14 37
11	3 18 28	18 4 50	14 2 3	20 10 45	29 0	28 27	7 21	4 28	28 17	18 25	17 8	21 44	24 43	14 37
12	3 22 25	19 5 12	26 24 0	2♎ 42 12	28 57	28 21	8 43	5 34	28 57	18 35	17 16	21 43	24 43	14 36
13	3 26 22	20 5 36	9♎ 5 42	15 34 42	28 54	28 13	10 4	6 39	29 37	18 45	17 23	21 42	24 44	14 35
14	3 30 18	21 6 2	22 9 18	28 49 30	28 51	28 3	11 24	7 44	0♏ 17	18 56	17 30	21 41	24 44	14 35
15	3 34 15	22 6 30	5♏ 35 8	12♏ 25 54	28 48	27 52	12 43	8 49	0 56	19 6	17 37	21 40	24 45	14 34
16	3 38 11	23 6 59	19 21 24	26 21 8	28 45	27 41	14 1	9 54	1 36	19 17	17 44	21 39	24 45	14 33
17	3 42 8	24 7 30	3♐ 24 30	10♐ 30 50	28 41	27 31	15 17	10 58	2 16	19 27	17 51	21 39	24 46	14 33
18	3 46 4	25 8 3	17 39 26	24 49 38	28 38	27 22	16 31	12 3	2 56	19 38	17 59	21 38	24 46	14 32
19	3 50 1	26 8 38	2♑ 0 44	9♑ 12 7	28 35	27 17	17 43	13 6	3 36	19 49	18 6	21 37	24 46	14 31
20	3 53 57	27 9 13	16 23 13	23 33 34	28 32	27 14D	18 53	14 10	4 16	20 0	18 13	21 37	24 47	14 30
21	3 57 54	28 9 50	0♒ 42 47	7♒ 50 31	28 29	27 14	20 0	15 14	4 57	20 11	18 20	21 36	24 47	14 30
22	4 1 51	29 10 28	14 56 34	22 0 44	28 26	27 14	21 5	16 17	5 37	20 22	18 27	21 36	24 47	14 29
23	4 5 47	0♐ 11 7	29 2 55	6♓ 3 2	28 22	27 15R	22 6	17 19	6 17	20 34	18 34	21 35	24 47	14 28
24	4 9 44	1 11 47	13♓ 1 0	19 56 46	28 19	27 14	23 3	18 22	6 57	20 45	18 41	21 35	24 47	14 27
25	4 13 40	2 12 28	26 50 18	3♈ 41 30	28 16	27 12	23 56	19 24	7 37	20 56	18 48	21 34	24 48	14 26
26	4 17 37	3 13 11	10♈ 30 17	17 16 31	28 13	27 7	24 44	20 26	8 17	21 8	18 55	21 34	24 48	14 25
27	4 21 33	4 13 54	24 0 6	0♉ 40 52	28 10	27 0	25 27	21 27	8 58	21 20	19 3	21 34	24 48R	14 24
28	4 25 30	5 14 38	7♉ 18 38	13 53 15	28 6	26 51	26 4	22 28	9 38	21 31	19 10	21 34	24 48	14 24
29	4 29 26	6 15 24	20 24 34	26 52 27	28 3	26 41	26 33	23 29	10 18	21 43	19 17	21 33	24 48	14 23
30	4 33 23	7♐ 16 11	3♊ 16 47	9♊ 37 31	28♋ 0	26♋ 32	26♐ 55	24♑ 29	10♏ 58	21♑ 55	19♏ 24	21♓ 33	24♌ 48	14♋ 22

DECLINATION and LATITUDE

DAY	☉ DECL	☽ DECL	☽ LAT	☽ 12hr DECL	☿ DECL	☿ LAT	♀ DECL	♀ LAT	♂ DECL	♂ LAT	♃ DECL	♃ LAT	♄ DECL	♄ LAT
1	14S12	10N38	4S54	12N41	20S 0	1S32	26S 6	2S49	7S47	0N43	22S46	0S22	14S38	2N 4
2	14 31	14 34	4 31	16 15	20 28	1 37	26 11	2 51	8 2	0 42	22 44	0 22	14 40	2 4
3	14 50	17 43	3 55	18 58	20 55	1 43	26 15	2 53	8 17	0 42	22 43	0 23	14 42	2 4
4	15 9	19 57	3 8	20 42	21 21	1 49	26 19	2 54	8 32	0 42	22 42	0 23	14 44	2 4
5	15 28	21 12	2 14	21 27	21 46	1 54	26 22	2 56	8 47	0 41	22 41	0 23	14 46	2 4
6	15 46	21 26	1 14	21 11	22 9	1 59	26 24	2 57	9 2	0 41	22 40	0 23	14 48	2 4
7	16 4	20 42	0 11	19 59	22 32	2 4	26 26	2 59	9 17	0 40	22 39	0 23	14 50	2 4
8	16 22	19 3	0N51	17 54	22 53	2 8	26 27	3 0	9 32	0 40	22 37	0 23	14 52	2 4
9	16 39	16 35	1 52	15 4	23 14	2 12	26 27	3 1	9 47	0 39	22 36	0 23	14 54	2 4
10	16 56	13 24	2 48	11 35	23 33	2 16	26 27	3 2	10 1	0 39	22 35	0 23	14 57	2 4
11	17 13	9 38	3 37	7 33	23 51	2 20	26 25	3 3	10 16	0 39	22 34	0 23	14 59	2 4
12	17 30	5 22	4 18	3 7	24 7	2 23	26 24	3 4	10 31	0 38	22 32	0 23	15 1	2 4
13	17 46	0 47	4 47	1S35	24 23	2 26	26 21	3 5	10 45	0 38	22 31	0 23	15 3	2 4
14	18 2	3S58	5 1	6 20	24 37	2 29	26 18	3 5	10 60	0 37	22 29	0 23	15 5	2 4
15	18 18	8 40	5 0	10 55	24 50	2 31	26 14	3 6	11 14	0 37	22 28	0 23	15 7	2 4
16	18 34	13 3	4 42	15 2	25 1	2 33	26 10	3 6	11 28	0 36	22 27	0 23	15 9	2 4
17	18 49	16 49	4 6	18 22	25 11	2 34	26 5	3 6	11 42	0 36	22 25	0 23	15 11	2 4
18	19 3	19 38	3 15	20 37	25 20	2 35	25 59	3 6	11 57	0 35	22 24	0 23	15 13	2 4
19	19 18	21 15	2 11	21 33	25 27	2 35	25 53	3 6	12 11	0 35	22 22	0 23	15 15	2 4
20	19 32	21 29	0 58	21 4	25 33	2 34	25 46	3 5	12 25	0 34	22 21	0 23	15 17	2 4
21	19 46	20 19	0S19	19 14	25 37	2 33	25 38	3 5	12 38	0 34	22 19	0 23	15 19	2 4
22	19 59	17 51	1 33	16 12	25 40	2 31	25 30	3 4	12 52	0 34	22 17	0 23	15 20	2 4
23	20 12	14 20	2 42	12 17	25 41	2 29	25 21	3 4	13 6	0 33	22 16	0 23	15 22	2 4
24	20 24	10 4	3 40	7 44	25 41	2 25	25 12	3 3	13 20	0 33	22 14	0 23	15 24	2 4
25	20 37	5 18	4 25	2 50	25 39	2 21	25 2	3 2	13 33	0 32	22 12	0 24	15 26	2 4
26	20 49	0 21	4 54	2N 8	25 36	2 15	24 52	3 0	13 47	0 32	22 11	0 24	15 28	2 4
27	20 60	4N34	5 6	6 56	25 31	2 9	24 41	2 59	13 60	0 31	22 9	0 24	15 30	2 4
28	21 11	9 12	5 1	11 21	25 24	2 1	24 29	2 57	14 13	0 31	22 7	0 24	15 32	2 4
29	21 22	13 21	4 41	15 10	25 16	1 52	24 17	2 55	14 26	0 30	22 5	0 24	15 34	2 4
30	21S32	16N47	4S 6	18N12	25S 7	1S42	24S 5	2S53	14S39	0N30	22S 3	0S24	15S36	2N 4

DAY	♅ DECL	♅ LAT	♆ DECL	♆ LAT	♇ DECL	♇ LAT
1	3S55	0S47	13N40	0N22	20N50	1S49
5	3 57	0 47	13 39	0 22	20 50	1 49
9	3 59	0 47	13 38	0 22	20 50	1 49
13	4 1	0 47	13 38	0 22	20 51	1 49
17	4 2	0 47	13 37	0 22	20 51	1 49
21	4 3	0 47	13 37	0 22	20 52	1 49
25	4 3	0 46	13 37	0 22	20 52	1 48
29	4S 3	0S46	13N37	0N22	20N53	1S48

☽ PHENOMENA	VOID OF COURSE ☽ LAST ASPT	☽ INGRESS
d h m	1 11pm46	2 ♊ 9am44
8 15 13 ☾	4 1pm58	4 ♋ 7pm 6
16 6 58 ●	6 10pm18	7 ♌ 7am16
23 2 6 ☽	9 2pm49	9 ♍ 8pm 7
30 8 11 ○	11 2pm59	12 ♎ 6am52
	14 4am40	14 ♏ 2pm 6
	16 9am16	16 ♐ 6pm13
d h ° ′	18 11am54	18 ♑ 8pm38
5 18 21N28	20 7pm24	20 ♒ 10pm48
13 4 0	22 4pm44	23 ♓ 1am38
19 16 21S34	24 6pm36	25 ♈ 5am32
26 2 0	27 2am44	27 ♉ 10am46
	29 8am 7	29 ♊ 5pm51
7 4 0		
14 10 5N 3	d h	
20 18 0	7 22 APOGEE	
27 5 5S 6	19 20 PERIGEE	

DAILY ASPECTARIAN

1 Su: ☽✶♇ 5am43; ☽☍♄ 8 3; ♂⊼♅ 9 17; ☽△♃ 9 42; ☽∥♆ 6pm 5; ☽✶♅ 6 50; ☽⊼♂ 7 22; ☽☍☿ 11 28; ☽⊼♀ 11 31; ☉#☽ 11 37; ☽□♆ 11 46

2 M: ☽#♄ 0am39; ☿⊻♀ 1 12; ☿□♆ 2 11; ♀△♆ 2 30; ☽∠♇ 9 9; ☉∥♄ 12pm30; ☽⚼♃ 1 35; ☿#♇ 7 21

3 T: ☽⚼♂ 0am43; ☉⊼☽ 4 59; ☽⊻♇ 1pm23; ☽⊼♄ 4 25; ☽⊼♃ 6 19

4 W: ☽□♅ 3am13; ☽△♂ 7 4; ☽✶♆ 8 37; ☉⚼☽ 12pm23; ☽☍♀ 1 58; ☽∥♇ 2 41; ☽⊼☿ 3 55; ☽⚼♄ 9 53

5 Th: ♂✶♆ 12pm34; ☿⚼♇ 1 16; ☽∠♆ 2 14; ☿ ♐ 6 55; ☉△☽ 8 46

6 F: ☽☌♇ 0am15; ☽⚼☿ 1 45; ☽△♄ 4 4; ☽☍♃ 6 15; ☽△♅ 2pm40; ☽⊻♆ 8 27; ☽∥♇ 8 59; ☽□♂ 10 18; ♀ ♑ 10 34

7 S: ☿∥♃ 6am57; ☽⊼♀ 8 10; ☽△☿ 12pm17; ☉△♇ 1 56; ☿∠♃ 7 25; ☽⚼♅ 9 5

8 Su: ☽⊻♇ 1pm 3; ♀∠♄ 2 50; ☉□☽ 3 13; ☽□♄ 5 35; ☽⚼♀ 5 50; ☽⊼♃ 8 0; ☉#☽ 11 26

9 M: ☽⊼♅ 3am31; ☽☌♆ 9 27; ☽#♄ 1pm 6; ☽✶♂ 2 49; ☽∠♇ 7 22; ☽∥♆ 10 23; ☉☌♄ 10 29

10 T: ☽⚼♃ 2am40; ☽△♀ 3 10; ☽□☿ 9 6; ☽#♂ 8pm22; ☽∠♂ 10 26

11 W: ☽✶♇ 1am 8; ☽✶♄ 6 8; ☉✶☽ 8 37; ☽△♃ 8 41; ☉✶♃ 9 36; ☽☍♅ 2pm59; ☽⊻♆ 8 47

12 Th: ☽⊻♂ 5am 8; ☽#♅ 7 17; ☽∠♄ 11 16; ☉∠☽ 3pm52; ☽□♀ 7 1

13 F: ☽∠♆ 1am11; ☽✶☿ 2 2; ☽□♇ 10 10; ♂ ♏ 2pm 2; ☽⊻♄ 3 27; ☽□♃ 6 3; ☉⊻☽ 9 56; ☽⊼♅ 11 9

14 S: ☽∥♅ 0am16; ☽✶♆ 4 40; ☽∠☿ 8 31; ☉△♅ 1pm40; ☽☌♂ 3 21

15 Su: ☽⚼♅ 1am54; ☽✶♀ 6 10; ☽⊻☿ 1pm48; ☽∥♂ 2 32; ☽△♇ 3 42; ♀⚼♆ 8 48; ☽☌♄ 9 11; ☽✶♃ 11 52

16 M: ☽#♆ 3am22; ☽△♅ 3 57; ☉☌☽ 6 58; ☽□♆ 9 16; ☿⊼♇ 10 10; ☽∠♀ 10 18; ☽∥♄ 12pm51; ☽⚼♇ 5 27; ☽⊻♂ 9 59

17 T: ☽∠♃ 1am48; ☽⊻♀ 1pm49; ☉□♆ 3 14; ☉∥☽ 5 34; ☽⊼♇ 6 46; ☽☌☿ 9 54

18 W: ☽∠♂ 0am30; ☽⊻♄ 0 32; ☽⊻♃ 3 21; ☽□♅ 6 39; ☽△♆ 11 54; ☉⊻☽ 1pm28; ☽#♇ 3 52

19 Th: ☽∠♄ 1am49; ☽✶♂ 2 47; ☿⊻♄ 8 38; ☽⚼♆ 12pm57; ☉∠☽ 4 24; ☽☌♀ 8 0; ☽☍♇ 8 52

20 F: ☽✶♄ 3am 5; ☽⊻☿ 4 32; ☽☌♃ 6 7; ♀☍♇ 7 34; ☽✶♅ 8 44; ☽⊼♆ 2pm 3; ☽#♇ 3 50; ☉✶☽ 7 24; ☿∠♂ 8 43

21 S: ☿∥♀ 2am57; ☿⊻♃ 4 49; ☉∥☽ 5 54; ☽□♂ 7 28; ☽∠☿ 7 49; ☽∠♅ 9 54; ☽⊼♇ 11pm13

22 Su: ☽⊻♀ 2am26; ☽□♄ 6 0; ☉⚼♇ 7 10; ☽⊻♃ 9 20; ☽✶☿ 11 14; ☽⊻♅ 11 17; ☿□♅ 11 55; ☽☍♆ 4pm44; ☽∥♄ 5 34; ☉ ♐ 7 36

23 M: ☽⚼♇ 0am43; ☉□☽ 2 6; ☽#♆ 4 21; ☽∠♀ 6 3; ☽∥♂ 6 57; ♂⚼♅ 10 51; ☽∠♃ 11 19; ☽△♂ 1pm 1

24 T: ☽△♇ 2am29; ♀✶♄ 8 30; ☽△♄ 9 54; ☽✶♀ 10 0; ☽✶♃ 1pm35; ☽☌♅ 2 50; ☽⚼♂ 4 16; ☽□☿ 6 36; ☽⊼♆ 8 26

25 W: ☽∥♅ 6am 6; ♂#♆ 6 26; ☉△☽ 10 9; ☽⚼♄ 12pm19; ☽⊼♂ 7 53; ☽⚼♆ 10 45

26 Th: ☿△♆ 1am42; ☽□♇ 6 56; ☉#♇ 7 49; ☉⚼☽ 2pm47; ☽⊼♄ 3 4; ☽□♀ 7 4; ☽□♃ 7 9; ☽⊻♅ 7 38; ♀☌♃ 8 19; ☽#♅ 9 26

27 F: ☽△♆ 1am25; ♀✶♅ 2 37; ☽△☿ 2 44; ♆SR 12pm25; ☉⊼☽ 7 56; ☽∠♅ 10 38

28 S: ☽☍♂ 4am27; ♃✶♅ 4 45; ☽⚼☿ 7 7; ☽✶♇ 12pm55; ☽☍♄ 9 53

29 Su: ☽∥♆ 1am43; ☽✶♅ 2 7; ☽△♃ 2 27; ☽△♀ 6 10; ☽#♂ 7 33; ☽□♆ 8 7; ☽⊼☿ 11 46; ☉∠♃ 1pm34; ☽#♄ 2 58; ☽∠♇ 4 39

30 M: ☽⚼♃ 6am58; ♀⊼♆ 7 23; ☉☍☽ 8 11; ☽⚼♀ 12pm44; ☽⊼♂ 3 23; ☽⊻♇ 9 0

DECEMBER 1925

LONGITUDE

DAY	SID. TIME	☉	☽	☽ 12 Hour	MEAN ☊	TRUE ☊	☿	♀	♂	♃	♄	♅	♆	♇
	h m s	° ' "	° ' "	° ' "	° '	° '	° '	° '	° '	° '	° '	° '	° '	° '
1	4 37 20	8♐ 16 59	15♊ 54 39	22♊ 8 11	27♋ 57	26♋ 24R	27♐ 8R	25♑ 29	11♏ 39	22♑ 7	19♏ 30	21♓ 33D	24♌ 47R	14♋ 21R
2	4 41 16	9 17 48	28 18 16	4♋ 25 2	27 54	26 18	27 12	26 28	12 19	22 19	19 37	21 33	24 47	14 20
3	4 45 13	10 18 38	10♋ 28 44	16 29 40	27 51	26 15	27 6	27 27	13 0	22 31	19 44	21 33	24 47	14 19
4	4 49 9	11 19 30	22 28 10	28 24 39	27 47	26 13D	26 49	28 26	13 40	22 43	19 51	21 33	24 47	14 18
5	4 53 6	12 20 23	4♌ 19 35	10♌ 13 30	27 44	26 13	26 21	29 24	14 20	22 56	19 58	21 34	24 47	14 17
6	4 57 2	13 21 18	16 6 56	22 0 30	27 41	26 15	25 41	0♒ 21	15 1	23 8	20 5	21 34	24 46	14 16
7	5 0 59	14 22 13	27 54 48	3♍ 50 29	27 38	26 16	24 51	1 18	15 41	23 20	20 12	21 34	24 46	14 15
8	5 4 56	15 23 10	9♍ 48 12	15 48 38	27 35	26 17R	23 50	2 15	16 22	23 33	20 18	21 34	24 46	14 14
9	5 8 52	16 24 8	21 52 26	28 0 12	27 31	26 17	22 41	3 10	17 3	23 45	20 25	21 35	24 45	14 12
10	5 12 49	17 25 6	4♎ 12 35	10♎ 30 6	27 28	26 16	21 25	4 6	17 43	23 58	20 32	21 35	24 45	14 11
11	5 16 45	18 26 6	16 53 14	23 22 25	27 25	26 13	20 4	5 0	18 24	24 11	20 38	21 36	24 45	14 10
12	5 20 42	19 27 8	29 57 54	6♏ 39 53	27 22	26 8	18 41	5 55	19 4	24 23	20 45	21 36	24 44	14 9
13	5 24 38	20 28 10	13♏ 28 25	20 23 21	27 19	26 3	17 18	6 48	19 45	24 36	20 52	21 37	24 44	14 8
14	5 28 35	21 29 13	27 24 26	4♐ 31 14	27 16	25 57	16 0	7 41	20 26	24 49	20 58	21 37	24 43	14 7
15	5 32 31	22 30 18	11♐ 43 9	18 59 30	27 12	25 52	14 48	8 33	21 7	25 2	21 5	21 38	24 42	14 6
16	5 36 28	23 31 23	26 19 24	3♑ 41 58	27 9	25 48	13 43	9 24	21 47	25 15	21 11	21 39	24 42	14 5
17	5 40 25	24 32 29	11♑ 6 14	18 31 12	27 6	25 45	12 48	10 15	22 28	25 28	21 18	21 40	24 41	14 3
18	5 44 21	25 33 35	25 55 57	3♒ 19 35	27 3	25 44D	12 4	11 4	23 9	25 41	21 24	21 40	24 41	14 2
19	5 48 18	26 34 41	10♒ 41 19	18 0 25	27 0	25 45	11 31	11 53	23 50	25 55	21 30	21 41	24 40	14 1
20	5 52 14	27 35 48	25 16 20	2♓ 28 37	26 57	25 46	11 8	12 42	24 31	26 8	21 37	21 42	24 39	14 0
21	5 56 11	28 36 56	9♓ 36 53	16 40 57	26 53	25 47	10 57D	13 29	25 12	26 21	21 43	21 43	24 38	13 59
22	6 0 7	29 38 3	23 40 39	0♈ 35 57	26 50	25 48R	10 55	14 15	25 53	26 34	21 49	21 44	24 38	13 57
23	6 4 4	0♑ 39 10	7♈ 26 52	14 13 28	26 47	25 48	11 3	15 0	26 34	26 48	21 55	21 45	24 37	13 56
24	6 8 0	1 40 18	20 55 51	27 34 10	26 44	25 47	11 20	15 44	27 15	27 1	22 1	21 46	24 36	13 55
25	6 11 57	2 41 26	4♉ 8 33	10♉ 39 11	26 41	25 45	11 44	16 28	27 56	27 15	22 7	21 48	24 35	13 54
26	6 15 54	3 42 33	17 6 13	23 29 48	26 37	25 42	12 16	17 10	28 37	27 28	22 13	21 49	24 34	13 53
27	6 19 50	4 43 41	29 50 6	6♊ 7 15	26 34	25 38	12 54	17 50	29 18	27 42	22 19	21 50	24 33	13 51
28	6 23 47	5 44 49	12♊ 21 24	18 32 42	26 31	25 35	13 38	18 30	29 59	27 55	22 25	21 51	24 32	13 50
29	6 27 43	6 45 57	24 41 18	0♋ 47 22	26 28	25 32	14 27	19 9	0♐ 40	28 9	22 31	21 53	24 31	13 49
30	6 31 40	7 47 6	6♋ 51 3	12 52 33	26 25	25 30	15 20	19 46	1 21	28 23	22 37	21 54	24 30	13 48
31	6 35 36	8♑ 48 14	18♋ 52 3	24♋ 49 49	26♋ 22	25♋ 29D	16♐ 17	20♒ 21	2♐ 2	28♑ 36	22♏ 43	21♓ 56	24♌ 29	13♋ 46

DECLINATION and LATITUDE

DAY	☉ DECL	☽ DECL	☽ LAT	☽ 12hr DECL	☿ DECL	☿ LAT	♀ DECL	♀ LAT	♂ DECL	♂ LAT	♃ DECL	♃ LAT	♄ DECL	♄ LAT
1	21S42	19N23	3S20	20N20	24S55	1S30	23S51	2S51	14S52	0N29	22S 1	0S24	15S37	2N 4
2	21 51	21 1	2 25	21 27	24 42	1 17	23 38	2 49	15 5	0 29	21 60	0 24	15 39	2 4
3	22 0	21 38	1 24	21 34	24 28	1 3	23 24	2 46	15 18	0 28	21 58	0 24	15 41	2 4
4	22 9	21 14	0 20	20 41	24 12	0 47	23 9	2 44	15 31	0 28	21 56	0 24	15 43	2 4
5	22 17	19 54	0N44	18 54	23 54	0 30	22 54	2 41	15 43	0 27	21 54	0 24	15 45	2 4
6	22 25	17 42	1 46	16 19	23 34	0 11	22 39	2 38	15 55	0 27	21 52	0 24	15 46	2 4
7	22 32	14 46	2 44	13 3	23 13	0N 8	22 23	2 34	16 8	0 26	21 50	0 24	15 48	2 4
8	22 39	11 13	3 35	9 15	22 50	0 28	22 7	2 31	16 20	0 25	21 48	0 24	15 50	2 4
9	22 45	7 10	4 17	4 60	22 26	0 48	21 50	2 27	16 32	0 25	21 45	0 24	15 52	2 4
10	22 51	2 45	4 49	0 26	22 2	1 9	21 33	2 23	16 44	0 24	21 43	0 24	15 53	2 4
11	22 57	1S54	5 7	4S16	21 37	1 28	21 16	2 19	16 56	0 24	21 41	0 24	15 55	2 5
12	23 2	6 37	5 11	8 55	21 12	1 46	20 58	2 15	17 7	0 23	21 39	0 24	15 57	2 5
13	23 6	11 9	4 57	13 17	20 48	2 3	20 40	2 10	17 19	0 23	21 37	0 25	15 58	2 5
14	23 11	15 16	4 26	17 3	20 26	2 17	20 22	2 5	17 30	0 22	21 35	0 25	15 60	2 5
15	23 14	18 36	3 38	19 53	20 6	2 30	20 4	1 60	17 42	0 22	21 32	0 25	16 2	2 5
16	23 17	20 50	2 34	21 26	19 49	2 40	19 45	1 55	17 53	0 21	21 30	0 25	16 3	2 5
17	23 20	21 40	1 19	21 31	19 34	2 48	19 26	1 49	18 4	0 20	21 28	0 25	16 5	2 5
18	23 22	20 59	0S 1	20 6	19 23	2 53	19 7	1 43	18 15	0 20	21 25	0 25	16 6	2 5
19	23 24	18 52	1 21	17 20	19 16	2 56	18 47	1 37	18 26	0 19	21 23	0 25	16 8	2 5
20	23 26	15 32	2 35	13 31	19 11	2 57	18 27	1 31	18 36	0 19	21 20	0 25	16 9	2 5
21	23 26	11 20	3 38	9 1	19 10	2 57	18 8	1 24	18 47	0 18	21 18	0 25	16 11	2 5
22	23 27	6 36	4 27	4 7	19 12	2 55	17 48	1 17	18 57	0 18	21 15	0 25	16 13	2 5
23	23 27	1 37	4 59	0N52	19 16	2 52	17 28	1 10	19 7	0 17	21 13	0 25	16 14	2 5
24	23 26	3N19	5 14	5 43	19 23	2 47	17 7	1 3	19 17	0 16	21 10	0 25	16 15	2 6
25	23 25	8 1	5 11	10 12	19 32	2 42	16 47	0 55	19 27	0 16	21 8	0 25	16 17	2 6
26	23 24	12 15	4 53	14 9	19 42	2 36	16 27	0 47	19 37	0 15	21 5	0 25	16 18	2 6
27	23 22	15 52	4 21	17 24	19 53	2 29	16 6	0 39	19 46	0 15	21 3	0 25	16 20	2 6
28	23 19	18 43	3 36	19 48	20 6	2 22	15 46	0 30	19 56	0 14	21 0	0 25	16 21	2 6
29	23 17	20 38	2 42	21 14	20 19	2 14	15 26	0 22	20 5	0 13	20 57	0 26	16 23	2 6
30	23 13	21 35	1 41	21 41	20 33	2 6	15 6	0 12	20 14	0 13	20 55	0 26	16 24	2 6
31	23S 9	21N31	0S37	21N 7	20S47	1N58	14S45	0S 3	20S23	0N12	20S52	0S26	16S25	2N 6

DAY	♅ DECL	♅ LAT	♆ DECL	♆ LAT	♇ DECL	♇ LAT
1	4S 3	0S46	13N37	0N22	20N53	1S48
5	4 3	0 46	13 37	0 22	20 53	1 48
9	4 3	0 46	13 38	0 23	20 54	1 48
13	4 2	0 46	13 38	0 23	20 55	1 48
17	4 0	0 45	13 39	0 23	20 55	1 48
21	3 59	0 45	13 40	0 23	20 56	1 47
25	3 57	0 45	13 42	0 23	20 57	1 47
29	3S55	0S45	13N43	0N23	20N57	1S47

☽ PHENOMENA			
d	h	m	
8	12	11	☾
15	19	5	●
22	11	9	☽
30	2	2	○
d	h	° '	
3	2	21N38	
10	14	0	
17	1	21S40	
23	8	0	
30	10	21N41	
4	8	0	
11	17	5N12	
18	0	0	
24	9	5S15	
31	13	0	

VOID OF COURSE ☽ LAST ASPT		☽ INGRESS		
1	9pm51	2	♋	3am19
4	1pm 6	4	♌	3pm13
6	6pm13	7	♍	4am14
9	3am46	9	♎	3pm53
11	2pm30	12	♏	0am 4
13	7pm32	14	♐	4am23
15	9pm21	16	♑	5am59
17	11pm36	18	♒	6am36
20	4am 9	20	♓	7am52
22	5am 5	22	♈	10am57
24	11am12	24	♉	4pm25
26	10pm55	27	♊	0am19
28	11pm40	29	♋	10am27
31	8pm 1	31	♌	10pm27

d	h	
5	18	APOGEE
17	14	PERIGEE

DAILY ASPECTARIAN

Day	Aspect	Time
1	☽⊼♄	6am59
T	♅SD	9 6
	☽□♅	10 53
	☽⊼♃	12pm 9
	☽⚹♆	5 9
	☿∠♂	8 0
	☽⊼♀	8 7
	☽∥♇	9 17
	☿SR	9 36
	☽☍☿	9 51
	☽⚼♂	9 58
2	☽⚼♄	12pm32
W	☿⊻♀	4 37
	☉∥♃	6 20
	☽∠♆	10 37
	☉⊼☽	11 38
3	☽△♂	5am18
Th	☽☌♇	7 38
	☽△♄	6pm41
	☽△♅	10 10
4	☽☍♃	0am31
F	☽⊻♆	4 40
	☽∥♇	8 4
	☽⊼☿	8 29
	☉⚼☽	8 30
	☽☍♀	1pm 6
	♂△♇	9 50
5	♂∥♄	3am32
S	☽⚼♅	4 33
	☽⚼☿	1pm35
	♀ ♒	3 9
	☉△☽	5 51
	☽⊻♇	8 14
	☽□♂	9 37
6	☽□♄	8am 9
Su	☽⊼♅	11 6
	☽#♂	2pm11
	☽⊼♃	2 32
	☉∥♀	2 49
	☽#♄	4 11
	☽☌♆	5 37
	☽△☿	6 13
	☉⊼♇	9 3
7	☿△♆	2am 6
M	☽∠♇	2 42
	☽⊼♀	7 28
	☽∥♆	8 7
	☽⚼♃	9pm26
8	☿⊻♃	5am22
T	☽⚹♇	8 50
	☉∥☿	9 8
	☉□☽	12pm11
	☽⚹♂	1 53
	☽⚼♀	4 5
	☽⚹♄	9 6
	☽☍♅	11 25
9	☽□☿	1am27
W	☽△♃	3 46
	☽⊻♆	5 39
	♀∥♃	7 58
	☽#♅	5pm 8
	☿□♅	8 47
	☽∠♂	8 58
	☽△♀	11 46
10	☽∠♄	2am33
Th	☽∠♆	10 34
	☿⊻♄	2pm33
	☽□♇	6 55
	☿∥♃	7 29
	☉⊻♂	9 18
11	☿∠♀	0am32
F	☽⊻♂	2 58
	☉⚹☽	3 8
	☽⚹☿	5 19
	☽⊻♄	7 2
	☽⊼♅	8 44
	☽∥♅	10 50
	☽□♃	1pm42
	☽⚹♆	2 30
	☉☌☿	4 15
	☿⊻♂	7 21
12	♀#♇	5am13
S	☽∠☿	6 3
	☉∠☽	8 43
	☽□♀	11 25
	☽⚼♅	11 54
	☿#♇	5pm31
	♀∠♅	6 53
13	☽△♇	1am 9
Su	☽⊻☿	6 5
	☉⊻♄	10 22
	☽☌♂	11 28
	☽☌♄	12pm55
	♃⊼♆	1 1
	☉⊻☽	1 6
	☽#♆	2 5
	☽△♅	2 7
	☽□♆	7 25
	☽⚹♃	7 32
14	☽⚼♇	2am53
M	☉□♅	3 15
	☽∥♄	4 48
	☽∥♂	4pm17
	☽⚹♀	6 23
	☽∠♃	9 10
	♂☌♄	10 41
15	☽⊼♇	3am56
T	☽☌☿	4 43
	☽∥♀	12pm19
	☽∥☿	12 44
	☿⊼♇	3 29
	☽⊻♄	3 32
	☽⊻♂	4 14
	☽□♅	4 21
	♂△♅	6 48
	☉☌☽	7 5
	☽∠♀	8 40
	☽△♆	9 21
	☽⊻♃	10 14
16	☽#♇	1am26
W	☽∥♃	1pm27
	☽∠♄	4 9
	☽∠♂	5 50
	☽⚼♆	9 43
	☽⊻♀	10 32
17	☽⊻☿	2am37
Th	☉△♆	3 24
	☽☍♇	4 46
	☽∥♃	2pm23
	☽⚹♄	4 37
	☽⚹♅	5 6
	☽⚹♂	7 17
	☽⊼♆	9 58
	☉⊻☽	11 21
	☽☌♃	11 36
18	☽#♇	1am 0
F	☽∠☿	1 46
	☉⊻♃	3 54
	☿⚹♀	5pm 2
	☽∠♅	5 28
	☽∥☿	8 17
19	☽∥♀	0am46
S	☽⚹☿	1 18
	☉∠☽	1 34
	☽☌♀	2 5
	☽∥♂	3 27
	☽⊼♇	5 26
	♀∥♂	5pm 4
	☽□♄	5 54
	☽⊻♅	6 5
	☽∥♄	8 3
	☽□♂	10 41
	☽☍♆	10 58
20	☿∠♃	0am27
Su	☽⊻♃	1 27
	☉⚹☽	4 9
	♂□♆	4 45
	☽⚼♇	6 11
	☉∠♀	10 5
	☽#♆	11 10
21	♄△♅	1am 6
M	☽□☿	2 14
	☽∠♃	2 59
	☽⊻♀	6 56
	☽△♇	7 23
	♀⊼♇	3pm 4
	☿SD	3 53
	☽☌♅	8 39
	☽△♄	8 47
22	☽⊼♆	1am38
T	☽△♂	4 0
	☽⚹♃	5 5
	☉ ♑	8 37
	☽∠♀	10 13
	☉□☽	11 9
	☽∥♅	12pm44
	☽⚼♄	11 4
23	☽⚼♆	3am49
W	☽△☿	6 28
	☽⚼♂	7 39
	☽□♇	11 28
	♂⚹♃	12pm16
	☽⚹♀	2 10
24	☽⊻♅	1am31
Th	☽⊼♄	1 59
	☽#♅	3 8
	☽△♆	6 37
	☽⚼☿	10 2
	☽□♃	11 12
	☽⊼♂	12pm 2
	☉△☽	9 7
25	☽∠♅	4am53
F	☽⊼☿	2pm35
	☽⚹♇	5 59
26	☽□♀	0am 7
S	☉⚼☽	3 16
	☽⚹♅	8 51
	♂⚼♇	8 56
	☽∥♆	9 2
	♀∥♄	9 23
	☽☍♄	9 41
	☿∠♃	12pm50
	☽□♆	2 0
	☽△♃	7 52
	☽∠♇	10 8
	☽☍♂	10 55
27	☽#♀	1am35
Su	☽#♄	3 27
	☉⊼☽	10 9
28	♂ ♐	0am36
M	☽⚼♃	1 7
	☽☍☿	2 37
	☽⊻♇	2 51
	☿⊼♇	6 8
	☽△♀	12pm35
	☽#♂	2 57
	☽#☿	6 14
	☽□♅	6 30
	☽⊼♄	7 43
	♃#♇	11 36
	☽⚹♆	11 40
29	☽#♃	5am31
T	☽∥♇	5 45
	☽⊼♃	6 56
	☽⊼♂	12pm28
	☉∠♄	7 36
	☽⚼♀	7 38
30	☽⚼♄	1am32
W	☉☍☽	2 2
	☽∠♆	5 16
	☽☌♇	1pm48
	☽⊼☿	6 22
	☽⚼♂	8 7
31	☽⊼♀	3am 9
Th	☽△♅	6 10
	☿∥♃	6 50
	☽△♄	7 47
	☽⊻♆	11 17
	☽∥♇	3pm 8
	☽#☿	3 38
	☉⚼♆	3 49
	☽#♃	5 45
	☿#♇	6 7
	☽☍♃	8 1
	☽#♂	11 10

LONGITUDE

DAY	SID. TIME	☉	☽	☽ 12 Hour	MEAN ☊	TRUE ☊	☿	♀	♂	♃	♄	♅	♆	♇
	h m s	° ' "	° ' "	° ' "	° '	° '	° '	° '	° '	° '	° '	° '	° '	° '
1	6 39 33	9♑ 49 23	0♌ 46 6	6♌ 41 11	26♋ 18	25♋ 29	17♐ 18	20♒ 56	2♐ 44	28♑ 50	22♏ 48	21♓ 57	24♌ 28R	13♋ 45R
2	6 43 29	10 50 31	12 35 23	18 29 5	26 15	25 30	18 22	21 29	3 25	29 4	22 54	21 59	24 27	13 44
3	6 47 26	11 51 40	24 22 40	0♍ 16 34	26 12	25 31	19 29	22 0	4 6	29 18	22 59	22 0	24 26	13 43
4	6 51 23	12 52 49	6♍ 11 14	12 7 11	26 9	25 32	20 39	22 30	4 48	29 32	23 5	22 2	24 25	13 41
5	6 55 19	13 53 58	18 4 56	24 5 1	26 6	25 33	21 50	22 58	5 29	29 45	23 10	22 4	24 24	13 40
6	6 59 16	14 55 8	0♎ 8 1	6♎ 14 30	26 3	25 34	23 4	23 24	6 10	29 59	23 16	22 5	24 22	13 39
7	7 3 12	15 56 17	12 25 3	18 40 13	25 59	25 35R	24 19	23 49	6 52	0♒ 13	23 21	22 7	24 21	13 37
8	7 7 9	16 57 26	25 0 33	1♏ 26 33	25 56	25 35	25 36	24 11	7 33	0 27	23 26	22 9	24 20	13 36
9	7 11 5	17 58 36	7♏ 58 40	14 37 14	25 53	25 34	26 54	24 32	8 15	0 41	23 31	22 11	24 19	13 35
10	7 15 2	18 59 46	21 22 33	28 14 46	25 50	25 34	28 14	24 51	8 56	0 55	23 36	22 13	24 17	13 34
11	7 18 58	20 0 55	5♐ 13 51	12♐ 19 41	25 47	25 33	29 35	25 8	9 38	1 9	23 42	22 15	24 16	13 32
12	7 22 55	21 2 5	19 31 56	26 50 7	25 43	25 33	0♑ 57	25 23	10 19	1 23	23 46	22 17	24 15	13 31
13	7 26 52	22 3 15	4♑ 13 32	11♑ 41 21	25 40	25 32	2 19	25 36	11 1	1 37	23 51	22 19	24 13	13 30
14	7 30 48	23 4 24	19 12 37	26 46 12	25 37	25 32	3 43	25 46	11 42	1 52	23 56	22 21	24 12	13 29
15	7 34 45	24 5 33	4♒ 20 57	11♒ 55 40	25 34	25 32D	5 8	25 54	12 24	2 6	24 1	22 23	24 11	13 28
16	7 38 41	25 6 41	19 29 11	27 0 22	25 31	25 32R	6 34	26 0	13 6	2 20	24 6	22 25	24 9	13 26
17	7 42 38	26 7 49	4♓ 28 12	11♓ 51 49	25 28	25 32	8 0	26 4R	13 47	2 34	24 10	22 27	24 8	13 25
18	7 46 34	27 8 55	19 10 29	26 23 36	25 24	25 32	9 27	26 5	14 29	2 48	24 15	22 30	24 6	13 24
19	7 50 31	28 10 1	3♈ 30 49	10♈ 31 52	25 21	25 32	10 55	26 3	15 11	3 2	24 19	22 32	24 5	13 23
20	7 54 27	29 11 6	17 26 40	24 15 17	25 18	25 32D	12 23	25 59	15 53	3 16	24 23	22 34	24 3	13 21
21	7 58 24	0♒ 12 10	0♉ 57 50	7♉ 34 35	25 15	25 32	13 53	25 53	16 34	3 31	24 28	22 37	24 2	13 20
22	8 2 21	1 13 14	14 5 50	20 31 58	25 12	25 32	15 22	25 44	17 16	3 45	24 32	22 39	24 0	13 19
23	8 6 17	2 14 16	26 53 22	3♊ 10 27	25 9	25 32	16 53	25 32	17 58	3 59	24 36	22 42	23 59	13 18
24	8 10 14	3 15 17	9♊ 23 39	15 33 22	25 5	25 33	18 24	25 18	18 40	4 13	24 40	22 44	23 57	13 17
25	8 14 10	4 16 17	21 40 0	27 43 58	25 2	25 34	19 56	25 2	19 22	4 27	24 44	22 47	23 56	13 15
26	8 18 7	5 17 16	3♋ 45 37	9♋ 45 19	24 59	25 35	21 28	24 43	20 4	4 42	24 48	22 49	23 54	13 14
27	8 22 3	6 18 14	15 43 22	21 40 6	24 56	25 35R	23 1	24 21	20 46	4 56	24 51	22 52	23 53	13 13
28	8 26 0	7 19 11	27 35 47	3♌ 30 42	24 53	25 35	24 35	23 57	21 28	5 10	24 55	22 54	23 51	13 12
29	8 29 56	8 20 8	9♌ 25 7	15 19 17	24 49	25 35	26 9	23 32	22 10	5 24	24 59	22 57	23 49	13 11
30	8 33 53	9 21 3	21 13 27	27 7 53	24 46	25 33	27 44	23 4	22 52	5 38	25 2	23 0	23 48	13 10
31	8 37 50	10♒ 21 57	3♍ 2 51	8♍ 58 36	24♋ 43	25♋ 32	29♑ 20	22♒ 34	23♐ 34	5♒ 53	25♏ 6	23♓ 2	23♌ 46	13♋ 9

DECLINATION and LATITUDE

DAY	☉ DECL	☽ DECL	☽ LAT	☽ 12hr DECL	☿ DECL	☿ LAT	♀ DECL	♀ LAT	♂ DECL	♂ LAT	♃ DECL	♃ LAT	♄ DECL	♄ LAT
1	23S 5	20N28	0N29	19N36	21S 1	1N50	14S25	0N 7	20S32	0N11	20S49	0S26	16S26	2N 6
2	23 0	18 32	1 33	17 16	21 16	1 41	14 5	0 17	20 40	0 11	20 46	0 26	16 28	2 7
3	22 55	15 49	2 34	14 12	21 30	1 32	13 45	0 27	20 49	0 10	20 44	0 26	16 29	2 7
4	22 49	12 27	3 27	10 34	21 44	1 24	13 26	0 38	20 57	0 10	20 41	0 26	16 30	2 7
5	22 43	8 35	4 12	6 30	21 57	1 15	13 6	0 49	21 5	0 9	20 38	0 26	16 32	2 7
6	22 37	4 20	4 47	2 7	22 10	1 6	12 47	0 60	21 13	0 8	20 35	0 26	16 33	2 7
7	22 30	0S 9	5 9	2S27	22 22	0 58	12 28	1 12	21 20	0 8	20 32	0 26	16 34	2 7
8	22 22	4 45	5 18	7 2	22 34	0 49	12 9	1 23	21 28	0 7	20 29	0 26	16 35	2 7
9	22 14	9 16	5 10	11 26	22 44	0 40	11 51	1 36	21 35	0 6	20 26	0 26	16 36	2 7
10	22 6	13 30	4 46	15 25	22 54	0 32	11 33	1 48	21 42	0 6	20 23	0 26	16 37	2 8
11	21 57	17 10	4 5	18 41	23 3	0 24	11 15	2 1	21 49	0 5	20 20	0 26	16 38	2 8
12	21 48	19 55	3 7	20 52	23 11	0 15	10 58	2 14	21 56	0 4	20 17	0 27	16 40	2 8
13	21 39	21 27	1 56	21 40	23 18	0 7	10 41	2 27	22 3	0 3	20 14	0 27	16 41	2 8
14	21 29	21 30	0 35	20 55	23 24	0S 0	10 25	2 41	22 9	0 3	20 11	0 27	16 42	2 8
15	21 18	19 58	0S49	18 40	23 29	0 8	10 9	2 54	22 15	0 2	20 8	0 27	16 43	2 8
16	21 7	17 2	2 9	15 7	23 33	0 16	9 54	3 8	22 21	0 1	20 5	0 27	16 44	2 8
17	20 56	12 59	3 20	10 40	23 36	0 23	9 39	3 23	22 27	0 1	20 2	0 27	16 45	2 9
18	20 44	8 13	4 16	5 41	23 37	0 30	9 26	3 37	22 33	0S 0	19 59	0 27	16 46	2 9
19	20 32	3 7	4 55	0 33	23 37	0 37	9 12	3 52	22 38	0 1	19 56	0 27	16 46	2 9
20	20 20	1N60	5 15	4N29	23 36	0 44	8 60	4 6	22 43	0 1	19 52	0 27	16 47	2 9
21	20 7	6 52	5 17	9 8	23 34	0 51	8 48	4 21	22 48	0 2	19 49	0 27	16 48	2 9
22	19 54	11 16	5 2	13 15	23 30	0 57	8 37	4 36	22 53	0 3	19 46	0 27	16 49	2 9
23	19 40	15 4	4 32	16 40	23 26	1 3	8 27	4 51	22 58	0 4	19 43	0 27	16 50	2 10
24	19 26	18 5	3 50	19 16	23 20	1 9	8 18	5 5	23 2	0 4	19 39	0 28	16 51	2 10
25	19 12	20 14	2 58	20 57	23 12	1 15	8 9	5 20	23 6	0 5	19 36	0 28	16 52	2 10
26	18 57	21 25	1 58	21 39	23 3	1 20	8 2	5 34	23 10	0 6	19 33	0 28	16 52	2 10
27	18 42	21 37	0 55	21 21	22 53	1 25	7 55	5 49	23 14	0 7	19 29	0 28	16 53	2 10
28	18 27	20 50	0N11	20 5	22 42	1 30	7 50	6 3	23 18	0 7	19 26	0 28	16 54	2 10
29	18 11	19 7	1 16	17 57	22 29	1 35	7 45	6 16	23 21	0 8	19 23	0 28	16 54	2 11
30	17 55	16 36	2 17	15 4	22 15	1 39	7 42	6 29	23 24	0 9	19 19	0 28	16 55	2 11
31	17S39	13N23	3N13	11N34	21S59	1S43	7S39	6N42	23S27	0S10	19S16	0S28	16S56	2N11

DAY	♅ DECL	♅ LAT	♆ DECL	♆ LAT	♇ DECL	♇ LAT
1	3S53	0S45	13N44	0N23	20N58	1S47
5	3 50	0 45	13 46	0 23	20 59	1 47
9	3 47	0 45	13 47	0 23	20 59	1 46
13	3 44	0 44	13 49	0 23	21 0	1 46
17	3 40	0 44	13 51	0 23	21 1	1 46
21	3 37	0 44	13 53	0 23	21 2	1 46
25	3 33	0 44	13 55	0 23	21 3	1 45
29	3S28	0S44	13N57	0N24	21N 3	1S45

☽ PHENOMENA

d	h	m	
7	7	23	☾
14	6	35	●ᵉ
20	22	31	☽
28	21	35	○

d	h	° '
6	23	0
13	13	21S40
19	15	0
26	17	21N40

d	h	° '
8	1	5N18
14	10	0
20	14	5S18
27	20	0

VOID OF COURSE ☽

LAST ASPT		☽ INGRESS		
3	0am 7	3	♍	11am26
5	11pm43	5	♎	11pm44
8	1am14	8	♏	9am19
10	6am14	10	♐	3pm 2
12	9am46	12	♑	5pm 9
14	7am33	14	♒	5pm 7
16	10am26	16	♓	4pm48
18	2pm17	18	♈	6pm 4
20	2pm58	20	♉	10pm16
22	9pm29	23	♊	5am55
25	6am28	25	♋	4pm30
27	6pm33	28	♌	4am52
30	7am47	30	♍	5pm49

d	h	
2	11	APOGEE
15	0	PERIGEE
29	16	APOGEE

DAILY ASPECTARIAN

Day	Aspect	Time
1	☽⚼☿	3am25
F	☽△♂	4 13
	☽⚼♅	12pm34
	☉⚻☽	8 7
2	☽⚺♇	2am19
S	☽△☿	12pm59
	♂∥♃	1 24
	☽#♄	6 39
	☽☍♀	6 56
	☽⚻♅	7 10
	☽□♄	9 9
3	☽☌♆	0am 7
Su	♀⚺♅	0 28
	♀#♆	0 37
	☉⚼☽	5 32
	☽∠♇	8 48
	☽⚻♃	10 12
	☽∥♆	3pm13
	☽#♀	4 46
	☽□♂	9 0
4	♂#♇	5am14
M	☉△☽	2pm48
	☽✶♇	3 8
	☽⚼♃	5 11
	☉☍♇	6 38
5	☿□♅	4am37
T	☽☍♅	7 59
	☽□☿	8 22
	☽⚻♀	10 8
	☽✶♄	10 16
	☽⚺♆	12pm36
	♀□♄	2 19
	☽△♃	11 43
6	♃ ♒	1am 2
W	☽#♅	2 48
	☿⚺♄	4 12
	☿✶♀	9 51
	☽✶♂	12pm34
	☽∠♄	4 3
	☽⚼♀	4 46
	☽∠♆	6 4
7	☿△♆	0am42
Th	☽□♇	2 20
	☉□☽	7 23
	☉∥☿	9 40
	☽⚻♅	6pm36
	☽∥♅	7 2
	☽∠♂	7 6
	☽⚺♄	9 1
	☽△♀	10 25
	☽✶♆	10 44
8	☽✶☿	1am14
F	♀☍♆	9 4
	☽□♃	10 21
	☽⚼♅	10pm33
9	☽⚺♂	0am31
S	☽∠☿	7 54
	☽△♇	10 7
	☽∥♀	1pm20
	☉✶☽	7 27
10	☽△♅	1am29
Su	☽#♆	1 46
	☽☌♄	3 57
	☽□♆	5 6
	☽□♀	6 14
	☽⚼♇	12pm32
	☽⚺☿	1 15
	☽✶♃	4 54
	☽∥♄	8 13
	☉∠☽	11 36
11	☿ ♑	7am28
M	☽☌♂	7 50
	☉∥♂	12pm 1
	☽⚻♇	2 1
	☽∠♃	6 42
12	☉⚺☽	2am40
T	☽∥♃	4 6
	☽□♅	4 33
	☽⚺♄	7 2
	☽△♆	7 45
	☿⚺♃	9 24
	☽✶♀	9 46
	☽#♇	2pm21
	☽⚺♃	7 43
	☽☌☿	8 36
13	☉✶♅	6am21
W	☽∠♄	7 30
	☽⚼♆	8 2
	☽∠♀	10 22
	☽⚺♂	11 27
	☽☍♇	2pm52
	☉∥☽	9 56
14	☉∥☽	0am42
Th	☽✶♅	5 0
	☉☌☽	6 35
	☽✶♄	7 33
	☽⚻♆	7 55
	☽⚺♀	10 31
	☽#♇	10 33
	☽∠♂	12pm28
	☽☌♃	8 23
	☉✶♄	10 1
	☽∥♃	10 10
15	☽⚺☿	1am22
F	☉⚻♆	1 57
	☽∠♅	4 49
	☽✶♂	1pm22
	☽⚻♇	2 24
16	☽∥♄	2am 0
S	☽∠☿	3 39
	☽⚺♅	4 41
	☽□♄	7 23
	☽☍♆	7 26
	☉⚺☽	9 37
	☽☌♀	10 26
	♂⚻♇	11 31
	☉#♇	1pm29
	☽⚼♇	2 17
	♄□♆	2 38
	☽#♆	7 16
	☽⚺♃	8 53
	☉⚺♀	10 16
17	☽✶☿	6am20
Su	☉∠☽	11 37
	☽△♇	2pm31
	☽□♂	3 54
	☽∥♀	5 51
	☿⚼♆	6 23
	☿∠♄	8 23
	☽∠♃	9 42
	♀SR	10 1
18	☽☌♅	5am31
M	☽⚻♆	8 10
	☽△♄	8 27
	☽⚺♀	11 28
	☉✶☽	2pm17
	☽∥♅	9 33
	☽✶♃	11 11
19	☿∠♀	2am11
T	☽⚼♆	9 29
	☽⚼♄	9 58
	☽∠♀	12pm51
	☽□☿	2 10
	☽□♇	4 54
	☽△♂	9 7
20	☽#♅	7am49
W	☽⚺♅	9 3
	☽△♆	11 38
	☽⚻♄	12pm18
	☽✶♀	2 58
	☿☍♇	3 26
	☉ ♒	7 13
	☉□☽	10 31
21	☽⚼♂	1am10
Th	☽□♃	4 41
	☽#♀	9 47
	☽∠♅	12pm 6
	☽✶♇	10 33
22	☽△☿	2am41
F	☽⚻♂	6 14
	☽✶♅	4pm 2
	☽∥♆	4 9
	☉∥♃	6 15
	☽□♆	6 30
	☽☍♄	7 38
	☽□♀	9 29
23	☽∠♇	2am40
S	☽⚼☿	10 50
	☉△☽	11 6
	☽#♄	1pm19
	☽△♃	1 49
24	☽⚺♇	7am32
Su	☿⚺♂	7 46
	☉#☽	12pm28
	☽#♃	4 1
	☉⚼☽	6 51
	☽☍♂	7 12
	☽⚼♃	7 34
	☽⚻☿	8 5
25	☽□♅	2am12
M	☽✶♆	4 27
	♂∠♃	4 48
	☉☌♃	5 42
	☽⚻♄	6 5
	☽△♀	6 28
	☉∠♂	6 58
	☿∥♂	10 49
	☽∥♇	1pm57
	♀□♄	6 45
26	☽⚻♃	1am54
T	☉⚻☽	3 20
	☽∠♆	10 16
	☽⚼♀	11 34
	☽⚼♄	12pm 9
	☽☌♇	6 58
	☿✶♅	9 32
27	☽⚻♂	10am48
W	☿⚻♆	1pm 2
	☽△♅	2 28
	☽⚺♆	4 26
	☿⚺♀	4 28
	☽⚻♀	4 53
	☽☍☿	4 57
	☽△♄	6 33
	☽∥♇	7 32
28	☿✶♄	5am27
Th	♀☍♆	6 37
	☉∠♅	2pm26
	☽☍♃	3 40
	☽⚼♂	7 7
	☽⚼♅	9 0
	☽#♃	9 0
	☉☍☽	9 35
29	☽⚺♇	7am38
F	☉#☽	10 57
	☽#♄	9pm20
30	♀⚺♅	3am12
S	☽△♂	3 32
	☽☍♀	3 35
	☽⚻♅	3 36
	♀✶♂	4 5
	♂□♅	4 47
	☽☌♆	5 13
	☽□♄	7 47
	☽∠♇	2pm 4
	☽⚻☿	3 17
	☽∥♆	7 57
31	☽⚻♃	5am51
Su	♂△♆	6 48
	☿ ♒	10 5
	☉⚻☽	4pm11
	☽✶♇	8 23

FEBRUARY 1926

LONGITUDE

DAY	SID. TIME	☉	☽	☽ 12 Hour	MEAN ☊	TRUE ☊	☿	♀	♂	♃	♄	♅	♆	♇
	h m s	° ' "	° ' "	° ' "	° '	° '	° '	° '	° '	° '	° '	° '	° '	° '
1	8 41 46	11♒ 22 50	14♍ 55 28	20♍ 53 44	24♋ 40	25♋ 29R	0♒ 56	22♒ 3R	24♐ 16	6♒ 7	25♏ 9	23♓ 5	23♌ 45R	13♋ 8R
2	8 45 43	12 23 43	26 53 45	2♎ 55 53	24 37	25 26	2 33	21 30	24 58	6 21	25 12	23 8	23 43	13 6
3	8 49 39	13 24 34	9♎ 0 30	15 8 1	24 34	25 24	4 11	20 55	25 40	6 35	25 15	23 11	23 41	13 5
4	8 53 36	14 25 25	21 18 32	27 33 29	24 30	25 22	5 49	20 20	26 22	6 49	25 18	23 13	23 40	13 4
5	8 57 32	15 26 14	3♏ 52 19	10♏ 15 50	24 27	25 20D	7 28	19 44	27 5	7 3	25 21	23 16	23 38	13 3
6	9 1 29	16 27 3	16 44 27	23 18 37	24 24	25 20	9 8	19 7	27 47	7 17	25 24	23 19	23 36	13 2
7	9 5 25	17 27 51	29 58 41	6♐ 44 58	24 21	25 20	10 49	18 30	28 29	7 32	25 27	23 22	23 35	13 1
8	9 9 22	18 28 38	13♐ 37 42	20 36 59	24 18	25 22	12 31	17 52	29 11	7 46	25 30	23 25	23 33	13 0
9	9 13 19	19 29 24	27 42 50	4♑ 55 4	24 15	25 23	14 13	17 15	29 54	8 0	25 32	23 28	23 31	12 59
10	9 17 15	20 30 9	12♑ 13 22	19 37 14	24 11	25 24R	15 56	16 39	0♑ 36	8 14	25 35	23 31	23 30	12 58
11	9 21 12	21 30 53	27 5 56	4♒ 38 37	24 8	25 24	17 40	16 3	1 18	8 28	25 37	23 34	23 28	12 57
12	9 25 8	22 31 36	12♒ 14 13	19 51 34	24 5	25 23	19 25	15 28	2 1	8 42	25 40	23 37	23 26	12 56
13	9 29 5	23 32 17	27 29 24	5♓ 6 23	24 2	25 21	21 11	14 54	2 43	8 56	25 42	23 40	23 25	12 55
14	9 33 1	24 32 57	12♓ 41 14	20 12 43	23 59	25 18	22 57	14 21	3 26	9 10	25 44	23 43	23 23	12 55
15	9 36 58	25 33 35	27 39 44	5♈ 1 19	23 55	25 13	24 45	13 50	4 8	9 24	25 46	23 46	23 21	12 54
16	9 40 54	26 34 11	12♈ 16 43	19 25 21	23 52	25 9	26 33	13 20	4 51	9 38	25 48	23 49	23 19	12 53
17	9 44 51	27 34 46	26 26 54	3♉ 21 10	23 49	25 5	28 22	12 53	5 33	9 52	25 50	23 53	23 18	12 52
18	9 48 48	28 35 19	10♉ 8 12	16 48 10	23 46	25 2	0♓ 11	12 27	6 16	10 5	25 51	23 56	23 16	12 51
19	9 52 44	29 35 50	23 21 23	29 48 15	23 43	25 1D	2 2	12 4	6 58	10 19	25 53	23 59	23 14	12 50
20	9 56 41	0♓ 36 19	6♊ 9 16	12♊ 24 58	23 40	25 1	3 53	11 43	7 41	10 33	25 54	24 2	23 13	12 50
21	10 0 37	1 36 47	18 35 57	24 42 47	23 36	25 2	5 45	11 24	8 23	10 47	25 56	24 5	23 11	12 49
22	10 4 34	2 37 13	0♋ 46 6	6♋ 46 29	23 33	25 3	7 37	11 7	9 6	11 1	25 57	24 9	23 9	12 48
23	10 8 30	3 37 36	12 44 29	18 40 39	23 30	25 5	9 30	10 53	9 49	11 14	25 58	24 12	23 8	12 47
24	10 12 27	4 37 58	24 35 29	0♌ 29 28	23 27	25 6R	11 23	10 42	10 31	11 28	25 59	24 15	23 6	12 47
25	10 16 23	5 38 18	6♌ 23 2	12 16 33	23 24	25 5	13 17	10 33	11 14	11 42	26 0	24 18	23 4	12 46
26	10 20 20	6 38 36	18 10 23	24 4 51	23 20	25 2	15 10	10 26	11 57	11 55	26 1	24 22	23 3	12 45
27	10 24 17	7 38 53	0♍ 0 13	5♍ 56 43	23 17	24 57	17 4	10 22	12 39	12 9	26 2	24 25	23 1	12 44
28	10 28 13	8♓ 39 7	11♍ 54 35	17♍ 54 1	23♋ 14	24♋ 50	18♓ 57	10♒ 20D	13♑ 22	12♒ 22	26♏ 3	24♓ 28	23♌ 0	12♋ 44

DECLINATION and LATITUDE

DAY	☉ DECL	☽ DECL	☽ LAT	☽ 12hr DECL	☿ DECL	☿ LAT	♀ DECL	♀ LAT	♂ DECL	♂ LAT	♃ DECL	♃ LAT	♄ DECL	♄ LAT
1	17S22	9N38	4N 0	7N36	21S42	1S47	7S37	6N54	23S30	0S10	19S12	0S28	16S56	2N11
2	17 5	5 29	4 38	3 18	21 23	1 50	7 37	7 6	23 32	0 11	19 9	0 28	16 57	2 11
3	16 48	1 4	5 3	1S11	21 3	1 53	7 37	7 17	23 35	0 12	19 6	0 28	16 58	2 11
4	16 31	3S27	5 15	5 42	20 42	1 56	7 38	7 27	23 37	0 13	19 2	0 29	16 58	2 12
5	16 13	7 55	5 12	10 4	20 19	1 59	7 40	7 37	23 39	0 14	18 59	0 29	16 59	2 12
6	15 55	12 9	4 54	14 6	19 55	2 1	7 43	7 45	23 40	0 14	18 55	0 29	16 59	2 12
7	15 36	15 55	4 20	17 33	19 29	2 2	7 47	7 53	23 42	0 15	18 52	0 29	16 60	2 12
8	15 18	18 58	3 30	20 7	19 2	2 4	7 51	7 60	23 43	0 16	18 48	0 29	17 0	2 12
9	14 59	20 59	2 27	21 31	18 33	2 5	7 56	8 6	23 44	0 17	18 45	0 29	17 0	2 13
10	14 40	21 41	1 12	21 29	18 3	2 5	8 2	8 11	23 45	0 18	18 41	0 29	17 1	2 13
11	14 20	20 54	0S 9	19 56	17 32	2 5	8 9	8 15	23 45	0 19	18 38	0 29	17 1	2 13
12	14 1	18 36	1 31	16 56	16 59	2 5	8 16	8 18	23 45	0 19	18 34	0 29	17 2	2 13
13	13 41	14 58	2 47	12 45	16 24	2 4	8 23	8 20	23 45	0 20	18 30	0 29	17 2	2 13
14	13 21	10 21	3 51	7 49	15 49	2 3	8 31	8 21	23 45	0 21	18 27	0 30	17 2	2 13
15	13 0	5 11	4 38	2 30	15 11	2 1	8 40	8 22	23 45	0 22	18 23	0 30	17 3	2 14
16	12 40	0N10	5 5	2N48	14 32	1 59	8 48	8 21	23 44	0 23	18 20	0 30	17 3	2 14
17	12 19	5 21	5 13	7 47	13 52	1 57	8 57	8 20	23 44	0 24	18 16	0 30	17 3	2 14
18	11 58	10 5	5 2	12 13	13 11	1 53	9 6	8 18	23 43	0 24	18 12	0 30	17 3	2 14
19	11 37	14 10	4 36	15 55	12 28	1 50	9 15	8 15	23 41	0 25	18 9	0 30	17 3	2 14
20	11 16	17 28	3 56	18 47	11 43	1 45	9 24	8 11	23 40	0 26	18 5	0 30	17 4	2 15
21	10 54	19 52	3 6	20 42	10 58	1 40	9 34	8 7	23 38	0 27	18 1	0 30	17 4	2 15
22	10 33	21 18	2 9	21 38	10 11	1 35	9 43	8 2	23 36	0 28	17 58	0 30	17 4	2 15
23	10 11	21 44	1 7	21 34	9 23	1 29	9 52	7 56	23 34	0 29	17 54	0 31	17 4	2 15
24	9 49	21 10	0 3	20 32	8 34	1 22	10 1	7 50	23 32	0 30	17 50	0 31	17 4	2 15
25	9 27	19 40	1N 1	18 36	7 44	1 15	10 9	7 43	23 29	0 31	17 47	0 31	17 4	2 16
26	9 5	17 20	2 2	15 52	6 52	1 7	10 18	7 36	23 26	0 32	17 43	0 31	17 4	2 16
27	8 42	14 15	2 58	12 29	6 0	0 58	10 26	7 29	23 23	0 32	17 39	0 31	17 4	2 16
28	8S20	10N35	3N46	8N34	5S 8	0S49	10S34	7N21	23S20	0S33	17S36	0S31	17S 4	2N16

DAY	♅ DECL	♅ LAT	♆ DECL	♆ LAT	♇ DECL	♇ LAT
1	3S25	0S44	13N59	0N24	21N 4	1S45
5	3 21	0 44	14 1	0 24	21 5	1 44
9	3 16	0 44	14 3	0 24	21 5	1 44
13	3 11	0 44	14 6	0 24	21 6	1 44
17	3 6	0 44	14 8	0 24	21 7	1 43
21	3 1	0 43	14 10	0 24	21 7	1 43
25	2S56	0S43	14N12	0N24	21N 8	1S43

☽ PHENOMENA				VOID OF COURSE ☽ LAST ASPT		☽ INGRESS		
d	h	m		1	8pm36	2	♎	6am11
5	23	25	☾	4	10am19	4	♏	4pm39
12	17	21	●	6	3pm51	7	♐	0am 2
19	12	36	☽	9	3am50	9	♑	3am50
27	16	51	○	10	9pm38	11	♒	4am37
				12	9pm10	13	♓	3am57
				14	8pm55	15	♈	3am48
d	h	°	'	17	3am48	17	♉	6am 9
3	6	0		19	4am41	19	♊	12pm22
10	0	21S41		21	10am49	21	♋	10pm28
15	23	0		24	2am51	24	♌	11am 0
22	22	21N44		26	3pm57	26	♍	12pm 0
4	8	5N16				d	h	
10	21	0				12	12	PERIGEE
16	22	5S13				25	17	APOGEE
24	1	0						

DAILY ASPECTARIAN

Day	Aspect	Time
1 M	☽⚼☿	2am21
	☽#♀	11 55
	☽⚼♃	12pm41
	☽⚻♀	1 41
	☽☍♅	4 27
	☽⚺♆	5 40
	☽□♂	7 55
	☽⚹♄	8 36
2 T	☉⚼☽	1am 5
	♂⚺♄	8 46
	☉∥♄	11 26
	☽#♅	11 30
	☽△☿	12pm59
	☉⚻♇	4 35
	☽⚼♀	6 12
	☽△♃	7 8
	☿#♇	11 2
	☽∠♆	11 22
3 W	☽∠♄	2am28
	☽□♇	8 0
	☉△☽	9 25
	☽△♀	10pm11
	☽∥♅	11 34
4 Th	☽⚻♅	3am42
	☽⚹♆	4 31
	☽⚺♄	7 43
	☽⚹♂	10 19
	☿☌♃	4pm55
	☽∥♀	10 40
5 F	☽□♃	6am 6
	☽□☿	7 48
	☽⚼♅	8 18
	☿∠♅	11 50
	☽∠♂	4pm16
	☽△♇	5 10
	☉□☽	11 25
6 S	☽□♀	4am10
	☽#♆	11 34
	☽△♅	12pm 4
	☽□♆	12 30
	☽☌♄	3 51
	☽⚼♇	8 30
	☽⚺♂	9 11
	☉∥☽	10 2
7 Su	☽∥♄	7am46
	☽⚹♃	1pm36
	☉☌♀	3 9
	☽⚹☿	9 48
	☽∥♃	10 34
	☽⚻♇	10 55
8 M	☽∥☿	0am34
	☿⚻♇	6 52
	☽⚹♀	7 0
	☉⚹☽	9 0
	☿∥♃	1pm32
	☽∠♃	3 54
	☽□♅	4 49
	☽△♆	4 57
	☽⚺♄	8 20
9 T	☽#♇	1am54
	☽∠☿	2 52
	♂ ♑	3 35
	☽☌♂	3 50
	☽∠♀	7 17
	☉∠☽	12pm 8
	☿∠♂	4 2
	♅⚻♆	5 1
	☽⚺♃	5 21
	☽⚼♆	5 54
	☽∠♄	9 18
10 W	☽☍♇	1am13
	☽⚺☿	6 51
	☽⚺♀	6 54
	☿☌♀	7 16
	☉⚺☽	2pm24
	☽⚻♆	6 12
	☽⚹♅	6 20
	♀∠♂	7 10
	☽#♇	8 46
	☽⚹♄	9 38
11 Th	☽⚺♂	7am 2
	♃∠♅	1pm24
	☽∠♅	6 16
	☽☌♃	6 20
	☉#♆	6 38
	☿∥♄	10 4
12 F	☽∥♃	0am14
	☽⚻♇	1 6
	☽☌♀	4 54
	☽∠♂	7 53
	☽∥♄	11 18
	☽☌☿	12pm47
	☽∥☿	1 45
	☉☌☽	5 21
	☽☍♆	5 36
	☽⚺♅	5 58
	☉☍♆	9 1
	☽□♄	9 10
13 S	☽⚼♇	0am41
	☉⚺♅	3 15
	☽#♆	4 52
	☉∥☽	7 42
	☽⚹♂	8 38
	☽⚺♃	6pm20
14 Su	☽△♇	0am21
	☽⚺♀	2 33
	☿☍♆	5 39
	☽∥♀	8 29
	☿⚺♅	10 35
	☽⚻♆	5pm 3
	☽☌♅	5 42
	☽∠♃	6 38
	☽⚺☿	6 38
	☉⚺☽	8 21
	☽△♄	8 55
15 M	☽∠♀	1am50
	☉□♄	5 0
	☽∥♅	9 11
	☽□♂	11 5
	☿□♄	1pm51
	☽⚼♆	5 27
	☽⚹♃	7 32
	☽⚼♄	9 32
	☽∠☿	10 36
	☉∠☽	10 44
16 T	☉☌☿	0am43
	☽□♇	1 0
	☽⚹♀	1 43
	☽#♅	1pm27
	☿#♆	2 47
	☿⚼♇	5 31
	☽△♆	6 36
	☽⚺♅	7 34
	☽⚻♄	10 56
17 W	♀⚻♇	0am51
	☉⚹☽	2 6
	☽⚹☿	3 48
	☉⚼♇	6 44
	☽△♂	4pm44
	☽#♀	6 38
	☿ ♓	9 30
	☽∠♅	9 50
	☽□♃	11 55
18 Th	☽□♀	4am 2
	☽⚹♇	4 52
	☉#☽	9 46
	☽#☿	3pm 4
	☽⚼♂	9 18
	☽□♆	11 47
	☽∥♆	11 54
19 F	☽⚹♅	1am10
	☽☍♄	4 41
	☽∠♇	8 19
	☉ ♓	9 35
	☉□☽	12pm36
	☽□☿	6 57
	☽#♄	8 39
20 S	☽⚻♂	3am 5
	☽#♃	5 14
	☽△♃	8 34
	☽△♀	10 22
	☽⚺♇	12pm47
	♂⚼♆	5 21
21 Su	☉∥☿	3am18
	☽⚹♆	8 58
	☽□♅	10 49
	☽⚼♃	2pm23
	☽⚻♄	2 26
	☽⚼♀	2 59
	☽∥♇	7 55
22 M	☉△☽	4am 2
	♀☌♃	5 39
	☿∥♀	11 53
	☽∠♆	2pm44
	☽△☿	4 16
	☽☍♂	5 43
	☽⚻♀	8 20
	☽⚼♄	8 25
	☽⚻♃	8 55
23 T	☽☌♇	0am 6
	☿⚹♂	6 15
	☉⚼☽	1pm 0
	☉∥♀	2 51
	☿⚺♀	3 55
	☽⚺♆	8 59
	☽△♅	11 18
24 W	☽∥♇	0am51
	☿⚺♃	1 4
	☽△♄	2 51
	☽⚼☿	4 21
	♀⚺♂	4 43
	♂∠♄	4pm 7
	☿△♇	5 28
	☉⚻☽	10 20
25 Th	☽⚼♅	5am59
	☽☍♀	8 23
	☽⚻♂	10 31
	☽☍♃	11 1
	☽⚺♇	12pm59
	☽⚻☿	4 44
	☽#♃	8 24
	♂⚺♃	10 42
26 F	☽#♄	2am15
	☽☌♆	9 53
	☽⚻♅	12pm38
	☽□♄	3 57
	☽⚼♂	6 57
	☽∠♇	7 25
27 S	☽∥♆	0am11
	♂☍♇	2 47
	☉☍☽	4pm51
	☽⚻♀	8 50
28 Su	☽#♀	0am 4
	☽⚻♃	0 56
	☽⚹♇	1 39
	☽△♂	3 7
	♀SD	4 49
	☉#☽	2pm45
	☽☍☿	4 41
	☽⚺♆	10 7

MARCH 1926

LONGITUDE

DAY	SID. TIME	☉	☽	☽ 12 Hour	MEAN ☊	TRUE ☊	☿	♀	♂	♃	♄	♅	♆	♇
	h m s	° ' "	° ' "	° ' "	° '	° '	° '	° '	° '	° '	° '	° '	° '	° '
1	10 32 10	9♓ 39 20	23♍ 55 10	29♍ 58 13	23♋ 11	24♋ 42R	20♓ 49	10♒ 21	14♑ 5	12♒ 36	26♏ 3	24♓ 32	22♌ 58R	12♋ 43R
2	10 36 6	10 39 31	6♎ 3 19	12♎ 10 40	23 8	24 33	22 40	10 24	14 48	12 49	26 4	24 35	22 56	12 43
3	10 40 3	11 39 40	18 20 25	24 32 46	23 5	24 24	24 30	10 29	15 31	13 2	26 4	24 38	22 55	12 42
4	10 43 59	12 39 48	0♏ 47 57	7♏ 6 10	23 1	24 17	26 18	10 37	16 14	13 16	26 4	24 42	22 53	12 41
5	10 47 56	13 39 54	13 27 43	19 52 51	22 58	24 11	28 4	10 47	16 56	13 29	26 5	24 45	22 52	12 41
6	10 51 52	14 39 59	26 21 53	2♐ 55 6	22 55	24 7	29 47	10 59	17 39	13 42	26 5R	24 48	22 50	12 40
7	10 55 49	15 40 2	9♐ 32 51	16 15 25	22 52	24 5D	1♈ 28	11 14	18 22	13 55	26 5	24 52	22 49	12 40
8	10 59 46	16 40 3	23 3 4	29 56 2	22 49	24 5	3 4	11 30	19 5	14 8	26 4	24 55	22 47	12 40
9	11 3 42	17 40 3	6♑ 54 28	13♑ 58 26	22 46	24 6	4 36	11 48	19 48	14 21	26 4	24 59	22 46	12 39
10	11 7 39	18 40 1	21 7 53	28 22 37	22 42	24 7R	6 4	12 9	20 31	14 34	26 4	25 2	22 44	12 39
11	11 11 35	19 39 58	5♒ 42 16	13♒ 6 20	22 39	24 6	7 26	12 31	21 14	14 47	26 3	25 5	22 43	12 38
12	11 15 32	20 39 53	20 34 5	28 4 39	22 36	24 3	8 42	12 55	21 57	15 0	26 3	25 9	22 41	12 38
13	11 19 28	21 39 45	5♓ 36 59	13♓ 9 58	22 33	23 58	9 52	13 20	22 40	15 13	26 2	25 12	22 40	12 38
14	11 23 25	22 39 37	20 42 19	28 12 50	22 30	23 50	10 56	13 48	23 23	15 26	26 2	25 16	22 38	12 37
15	11 27 21	23 39 26	5♈ 40 16	13♈ 3 29	22 26	23 41	11 52	14 17	24 6	15 39	26 1	25 19	22 37	12 37
16	11 31 18	24 39 13	20 21 31	27 33 31	22 23	23 32	12 41	14 47	24 50	15 51	26 0	25 23	22 36	12 37
17	11 35 15	25 38 58	4♉ 38 51	11♉ 37 8	22 20	23 23	13 22	15 19	25 33	16 4	25 59	25 26	22 34	12 36
18	11 39 11	26 38 41	18 28 8	25 11 49	22 17	23 15	13 55	15 52	26 16	16 16	25 58	25 29	22 33	12 36
19	11 43 8	27 38 21	1♊ 48 22	8♊ 18 4	22 14	23 10	14 19	16 27	26 59	16 29	25 56	25 33	22 32	12 36
20	11 47 4	28 37 59	14 41 21	20 58 43	22 11	23 7	14 36	17 3	27 42	16 41	25 55	25 36	22 30	12 36
21	11 51 1	29 37 35	27 10 47	3♋ 18 12	22 7	23 6D	14 44R	17 40	28 25	16 53	25 54	25 40	22 29	12 36
22	11 54 57	0♈ 37 10	9♋ 21 36	15 2[illegible] 43	22 4	23 6	14 45	18 18	29 8	17 6	25 52	25 43	22 28	12 35
23	11 58 54	1 36 41	21 19 11	27 14 42	22 1	23 6R	14 37	18 58	29 52	17 18	25 50	25 47	22 26	12 35
24	12 2 50	2 36 10	3♌ 8 53	9♌ 2 23	21 58	23 6	14 22	19 39	0♒ 35	17 30	25 49	25 50	22 25	12 35
25	12 6 47	3 35 37	14 55 44	20 49 29	21 55	23 3	14 0	20 20	1 18	17 42	25 47	25 53	22 24	12 35
26	12 10 43	4 35 2	26 44 6	2♍ 40 0	21 52	22 59	13 31	21 3	2 1	17 54	25 45	25 57	22 23	12 35
27	12 14 40	5 34 24	8♍ 37 34	14 37 6	21 48	22 51	12 57	21 47	2 45	18 5	25 43	26 0	22 22	12 35D
28	12 18 37	6 33 44	20 38 52	26 43 4	21 45	22 41	12 18	22 32	3 28	18 17	25 41	26 4	22 21	12 35
29	12 22 33	7 33 2	2♎ 49 50	8♎ 59 18	21 42	22 29	11 34	23 17	4 11	18 29	25 39	26 7	22 20	12 35
30	12 26 30	8 32 19	15 11 30	21 26 31	21 39	22 15	10 48	24 4	4 54	18 40	25 36	26 10	22 18	12 35
31	12 30 26	9♈ 31 33	27♎ 44 19	4♏ 4 55	21♋ 36	22♋ 2	9♈ 59	24♒ 51	5♒ 38	18♒ 52	25♏ 34	26♓ 14	22♌ 17	12♋ 35

DECLINATION and LATITUDE

DAY	☉ DECL	☽ DECL	☽ LAT	☽ 12hr DECL	☿ DECL	☿ LAT	♀ DECL	♀ LAT	♂ DECL	♂ LAT	♃ DECL	♃ LAT	♄ DECL	♄ LAT
1	7S57	6N28	4N25	4N18	4S15	0S39	10S42	7N13	23S16	0S34	17S32	0S31	17S 4	2N16
2	7 34	2 4	4 52	0S12	3 21	0 29	10 49	7 5	23 13	0 35	17 28	0 31	17 4	2 17
3	7 12	2S29	5 6	4 45	2 28	0 18	10 56	6 56	23 9	0 36	17 25	0 32	17 4	2 17
4	6 49	6 59	5 6	9 10	1 34	0 7	11 3	6 47	23 5	0 37	17 21	0 32	17 4	2 17
5	6 26	11 16	4 51	13 16	0 41	0N 5	11 9	6 38	23 0	0 38	17 17	0 32	17 3	2 17
6	6 2	15 7	4 21	16 49	0N11	0 18	11 14	6 29	22 56	0 39	17 14	0 32	17 3	2 17
7	5 39	18 20	3 36	19 36	1 3	0 31	11 20	6 19	22 51	0 40	17 10	0 32	17 3	2 18
8	5 16	20 37	2 39	21 21	1 53	0 44	11 24	6 10	22 46	0 41	17 6	0 32	17 3	2 18
9	4 53	21 45	1 31	21 49	2 42	0 57	11 29	6 0	22 41	0 42	17 3	0 32	17 3	2 18
10	4 29	21 32	0 16	20 52	3 29	1 10	11 32	5 51	22 35	0 43	16 59	0 33	17 2	2 18
11	4 6	19 51	1S 2	18 29	4 14	1 24	11 36	5 41	22 29	0 44	16 55	0 33	17 2	2 18
12	3 42	16 48	2 17	14 50	4 57	1 37	11 38	5 32	22 24	0 45	16 52	0 33	17 2	2 18
13	3 18	12 36	3 23	10 11	5 36	1 51	11 41	5 22	22 17	0 46	16 48	0 33	17 2	2 19
14	2 55	7 36	4 16	4 55	6 13	2 4	11 42	5 12	22 11	0 47	16 45	0 33	17 1	2 19
15	2 31	2 11	4 50	0N34	6 47	2 16	11 43	5 3	22 5	0 48	16 41	0 33	17 1	2 19
16	2 7	3N16	5 4	5 53	7 17	2 28	11 44	4 53	21 58	0 49	16 37	0 33	17 0	2 19
17	1 44	8 23	4 59	10 44	7 43	2 39	11 44	4 43	21 51	0 49	16 34	0 34	16 60	2 19
18	1 20	12 55	4 36	14 53	8 5	2 49	11 44	4 34	21 44	0 50	16 30	0 34	16 60	2 20
19	0 56	16 38	3 58	18 9	8 24	2 59	11 43	4 24	21 37	0 51	16 27	0 34	16 59	2 20
20	0 33	19 25	3 10	20 26	8 38	3 7	11 41	4 15	21 29	0 52	16 23	0 34	16 59	2 20
21	0 9	21 11	2 14	21 41	8 48	3 14	11 39	4 5	21 21	0 53	16 19	0 34	16 58	2 20
22	0N15	21 55	1 13	21 53	8 53	3 20	11 36	3 56	21 14	0 54	16 16	0 34	16 58	2 20
23	0 38	21 36	0 9	21 5	8 54	3 24	11 33	3 47	21 5	0 55	16 12	0 34	16 57	2 20
24	1 2	20 20	0N53	19 21	8 50	3 27	11 29	3 38	20 57	0 56	16 9	0 35	16 56	2 21
25	1 26	18 10	1 53	16 48	8 43	3 28	11 25	3 28	20 49	0 57	16 5	0 35	16 56	2 21
26	1 49	15 15	2 49	13 32	8 31	3 27	11 20	3 19	20 40	0 59	16 2	0 35	16 55	2 21
27	2 13	11 41	3 37	9 43	8 15	3 24	11 15	3 11	20 31	0 60	15 58	0 35	16 55	2 21
28	2 36	7 38	4 16	5 27	7 56	3 20	11 9	3 2	20 22	1 1	15 55	0 35	16 54	2 21
29	2 60	3 13	4 44	0 55	7 33	3 14	11 2	2 53	20 13	1 2	15 51	0 35	16 53	2 21
30	3 23	1S24	4 58	3S43	7 7	3 6	10 55	2 44	20 4	1 3	15 48	0 36	16 53	2 22
31	3N47	6S 1	4N59	8S16	6N40	2N57	10S48	2N36	19S54	1S 4	15S45	0S36	16S52	2N22

DAY	♅ DECL	♅ LAT	♆ DECL	♆ LAT	♇ DECL	♇ LAT
1	2S50	0S43	14N15	0N24	21N 9	1S42
5	2 45	0 43	14 17	0 24	21 9	1 42
9	2 39	0 43	14 19	0 24	21 10	1 41
13	2 34	0 43	14 21	0 24	21 10	1 41
17	2 29	0 43	14 22	0 24	21 11	1 41
21	2 23	0 43	14 24	0 24	21 11	1 40
25	2 18	0 43	14 26	0 24	21 12	1 40
29	2S12	0S43	14N27	0N24	21N12	1S39

☽ PHENOMENA

d	h	m	
7	11	50	☾
14	3	20	●
21	5	12	☽
29	10	0	○

d	h	° '
2	11	0
9	8	21S50
15	10	0
22	5	21N56
29	17	0

d	h	
3	12	5N 8
10	5	0
16	5	5S 4
23	4	0
30	13	5N 1

VOID OF COURSE ☽

LAST ASPT	☽ INGRESS
1 4am15	1 ♎ 12pm 4
3 8am50	3 ♏ 10pm28
5 11pm28	6 ♐ 6am40
8 3am17	8 ♑ 12pm 7
10 8am11	10 ♒ 2pm40
12 8am45	12 ♓ 3pm 4
14 8am29	14 ♈ 2pm52
16 7am49	16 ♉ 4pm 7
18 3pm48	18 ♊ 8pm42
21 5am12	21 ♋ 5am31
23 9am 8	23 ♌ 5pm36
25 10pm 0	26 ♍ 6am37
28 10am45	28 ♎ 6pm27
30 6pm 8	31 ♏ 4am17

d	h	
13	0	PERIGEE
25	5	APOGEE

DAILY ASPECTARIAN

Day	Aspect	Time
1 M	☽☍♅	1am13
	☽⚼♀	2 51
	☽⚹♄	4 15
	☽⚼♃	7 26
	♃⚻♇	1pm 3
	☽#☿	3 20
	☉⚺♀	5 20
	☽#♅	7 57
2 T	☿⚻♆	3am28
	☽∠♆	3 42
	☽△♀	8 35
	☽∠♄	9 49
	☉⚻☽	9 50
	☽□♇	1pm 2
	☽△♃	1 30
	☿‖♅	2 53
	☽□♂	6 10
	☽‖☿	11 57
3 W	☽‖♅	1am40
	☿☌♅	1 52
	☽⚹♆	8 50
	☽⚻♅	12pm14
	☽⚻☿	1 56
	☿∠♀	2 3
	☽⚺♄	2 56
	☉⚼☽	5 28
	☿△♄	8 53
	☉‖☽	11 10
4 Th	☉△♇	0am40
	☽⚼♅	4pm59
	☉⚺♃	6 24
	☽□♀	6 53
	☽△♇	10 32
	☽⚼☿	11 9
	☽‖♀	11 18
5 F	☽□♃	0am 2
	☉△☽	0 25
	☿∠♃	6 31
	☽⚹♂	6 54
	☽□♆	5pm30
	☽#♆	6 29
	☽△♅	9 7
	☽☌♄	11 28
6 S	☽⚼♇	2am24
	☿ ♈	2 57
	♄SR	4 51
	☽△☿	7 13
	☽∠♂	12pm11
	☽‖♄	1 44
	☽‖♃	2 48
7 Su	☽⚹♀	3am 5
	☽⚻♇	5 36
	☽⚹♃	7 58
	☉□☽	11 50
	☽⚺♂	4pm38
	☽△♆	11 32
8 M	☽□♅	3am17
	☽⚺♄	5 17
	☽∠♀	6 10
	☽#♇	8 28
	☽∠♃	10 48
	☽□☿	7pm35
	☿#♅	10 42
9 T	♃‖♄	0am39
	☽⚼♆	1 27
	☽∠♄	7 5
	☽⚺♀	8 32
	☽☍♇	9 46
	☽⚺♃	12pm51
	☉⚹☽	7 35
	☽☌♂	10 56
10 W	☽⚻♆	2am40
	☽⚹♅	6 30
	☽#♇	7 18
	☽⚹♄	8 11
	☉#☿	8pm57
	☉∠☽	10 11
11 Th	☽⚹☿	3am 5
	☿⚼♆	5 0
	☽∠♅	7 9
	♀⚻♇	7 30
	☽⚻♇	11 14
	☽☌♀	11 20
	☽☌♃	2pm56
	☽‖♄	10 30
	☽‖♃	11 36
12 F	☉⚺☽	0am10
	☽⚺♂	2 20
	☽☍♆	3 23
	☽∠☿	5 28
	☽⚺♅	7 21
	☽□♄	8 45
	☽⚼♇	11 17
	☽#♆	2pm44
	♂⚻♆	11 43
13 S	☽∠♂	3am26
	☽‖♀	4 40
	☽⚺☿	7 18
	☽△♇	11 8
	☽⚺♀	12pm39
	☽⚺♃	3 29
	☉⚻♆	11 30
14 Su	☿⚼♄	2am18
	☽⚻♆	3 5
	☉☌☽	3 20
	☽⚹♂	4 30
	☽#☿	5 36
	☽☌♅	7 18
	☽△♄	8 29
	☽∠♀	1pm21
	☽∠♃	3 47
	☉‖☽	10 24
	☽‖♅	10 30
	☉‖♅	11 51
15 M	☽⚼♆	3am 9
	☽⚼♄	8 39
	☽☌☿	10 40
	☽□♇	11 16
	☽⚹♀	2pm29
	☽⚹♃	4 28
	☉#☽	7 16
	☽#♅	8 36
	☿□♇	9 52
16 T	☽△♆	3am42
	☉⚺☽	7 40
	☽□♂	7 49
	☽⚺♅	8 23
	☽⚻♄	9 22
	☉⚹♂	2pm52
	☉☌♅	6 30
	♂⚹♅	8 2
	☽‖☿	8 27
17 W	☉△♄	7am47
	☽∠♅	9 59
	☉∠☽	11 7
	☽⚹♇	1pm43
	♂⚹♄	2 8
	☽⚺☿	3 41
	☽#♀	5 22
	☽□♀	7 13
	☽□♃	8 4
18 Th	☽□♆	7am14
	☽‖♆	8 51
	☽⚹♅	12pm35
	☽☍♄	1 21
	☽△♂	2 43
	☉⚹☽	3 48
	☽∠♇	4 20
	☽∠☿	7 20
	☽#♃	10 37
19 F	♀☌♃	2am 2
	☽#♄	2 35
	☽⚼♂	8pm 1
	☽⚺♇	8 3
	☽⚹☿	11 50
20 S	☽△♃	3am51
	☽△♀	4 42
	☽⚹♆	2pm55
	☽□♅	9 2
	☽⚻♄	9 30
	☽‖♇	11 57
21 Su	☽⚻♂	2am34
	☽#♂	3 5
	☉□☽	5 12
	☉ ♈	9 2
	☽⚼♃	9 22
	☽⚼♀	11 20
	☿SR	12pm56
	☽∠♆	8 14
22 M	☽⚼♄	3am 0
	♂#♇	6 24
	☽☌♇	6 27
	☽□☿	10 41
	☽⚻♃	3pm45
	☽⚻♀	6 58
23 T	☽⚺♆	2am16
	♂ ♒	4 39
	☽△♅	9 4
	☽△♄	9 8
	☽‖♇	9 48
	☽#♂	1pm10
	♄△♅	5 29
	☽☍♂	6 26
	☉∠♃	8 43
	☉△☽	10 47
24 W	☽⚼♅	3pm44
	☽⚺♇	7 14
	☽△☿	10 10
25 Th	☽☍♃	5am44
	☉⚼☽	8 9
	☽#♄	10 56
	☽☍♀	11 43
	☽☌♆	3pm11
	☽#♃	6 0
	☽□♄	10 0
	☽⚻♅	10 24
26 F	☽∠♇	1am43
	☽⚼☿	3 28
	☽‖♆	5 50
	☽⚻♂	11 23
	☉⚻☽	5pm18
27 S	☉#♅	2am 3
	☽#♀	2 49
	☽⚹♇	7 56
	♇SD	8 3
	☽⚻☿	8 14
	☿□♇	1pm47
	♀☍♆	6 20
	☽⚻♃	7 14
	☽⚼♂	7 23
	☽‖☿	10 9
28 Su	☽⚺♆	3am21
	☽⚻♀	3 58
	☽⚹♄	9 56
	☽☍♅	10 45
	☉⚼♆	6pm38
29 M	☉‖☽	1am 2
	☽⚼♃	1 17
	☽△♂	2 49
	☽#♅	5 19
	☽∠♆	8 45
	☉☍☽	10 0
	☽⚼♀	11 21
	☽∠♄	3pm10
	☽☍☿	4 1
	☽□♇	6 58
30 T	☽‖♅	4am 3
	☿⚼♄	5 57
	☽△♃	6 48
	☉#☽	11 15
	☽⚹♆	1pm38
	☽△♀	6 8
	☽⚺♄	7 53
	☽⚻♅	9 7
31 W	☿∠♀	1am59
	☽#☿	3 5
	☉☌☿	6 4
	☽□♂	3pm48
	♀□♄	8 25
	☽⚻☿	9 41

APRIL 1926

LONGITUDE

DAY	SID. TIME	☉	☽	☽ 12 Hour	MEAN ☊	TRUE ☊	☿	♀	♂	♃	♄	♅	♆	♇
	h m s	° ' "	° ' "	° ' "	° '	° '	° '	° '	° '	° '	° '	° '	° '	° '
1	12 34 23	10♈ 30 45	10♏ 28 20	16♏ 54 34	21♋ 32	21♋ 50R	9♈ 9R	25♒ 39	6♒ 21	19♒ 3	25♏ 32R	26♓ 17	22♌ 16R	12♋ 35
2	12 38 19	11 29 55	23 23 37	29 55 33	21 29	21 40	8 19	26 28	7 4	19 14	25 29	26 20	22 15	12 35
3	12 42 16	12 29 3	6♐ 30 26	13♐ 8 21	21 26	21 33	7 30	27 18	7 48	19 26	25 26	26 24	22 14	12 36
4	12 46 12	13 28 10	19 49 27	26 33 50	21 23	21 29	6 43	28 8	8 31	19 37	25 24	26 27	22 14	12 36
5	12 50 9	14 27 15	3♑ 21 41	10♑ 13 8	21 20	21 28D	5 58	29 0	9 14	19 48	25 21	26 30	22 13	12 36
6	12 54 6	15 26 18	17 8 19	24 7 20	21 17	21 28R	5 17	29 51	9 58	19 59	25 18	26 34	22 12	12 36
7	12 58 2	16 25 19	1♒ 10 12	8♒ 16 53	21 13	21 28	4 39	0♓ 44	10 41	20 10	25 15	26 37	22 11	12 36
8	13 1 59	17 24 19	15 27 13	22 40 57	21 10	21 26	4 6	1 37	11 25	20 20	25 12	26 40	22 10	12 36
9	13 5 55	18 23 17	29 57 39	7♓ 16 48	21 7	21 23	3 38	2 31	12 8	20 31	25 9	26 44	22 9	12 37
10	13 9 52	19 22 13	14♓ 37 43	21 59 35	21 4	21 16	3 14	3 25	12 51	20 41	25 6	26 47	22 9	12 37
11	13 13 48	20 21 7	29 21 29	6♈ 42 27	21 1	21 7	2 56	4 20	13 35	20 52	25 3	26 50	22 8	12 38
12	13 17 45	21 19 59	14♈ 1 29	21 17 35	20 58	20 56	2 43	5 15	14 18	21 2	25 0	26 53	22 7	12 38
13	13 21 41	22 18 49	28 29 50	5♉ 37 23	20 54	20 44	2 36D	6 11	15 2	21 12	24 56	26 56	22 6	12 38
14	13 25 38	23 17 38	12♉ 39 34	19 35 50	20 51	20 33	2 34	7 7	15 45	21 22	24 53	27 0	22 6	12 39
15	13 29 35	24 16 24	26 25 48	3♊ 9 18	20 48	20 23	2 37	8 4	16 29	21 32	24 49	27 3	22 5	12 39
16	13 33 31	25 15 8	9♊ 46 16	16 16 52	20 45	20 15	2 45	9 1	17 12	21 42	24 46	27 6	22 5	12 40
17	13 37 28	26 13 50	22 41 19	29 0 2	20 42	20 11	2 58	9 59	17 55	21 52	24 42	27 9	22 4	12 40
18	13 41 24	27 12 30	5♋ 13 30	11♋ 22 14	20 38	20 8	3 16	10 57	18 39	22 2	24 38	27 12	22 3	12 41
19	13 45 21	28 11 8	17 26 53	23 28 5	20 35	20 7	3 39	11 55	19 22	22 11	24 35	27 15	22 3	12 41
20	13 49 17	29 9 43	29 26 32	5♌ 22 54	20 32	20 7	4 6	12 54	20 6	22 21	24 31	27 18	22 3	12 42
21	13 53 14	0♉ 8 16	11♌ 17 54	17 12 11	20 29	20 7	4 37	13 53	20 49	22 30	24 27	27 21	22 2	12 42
22	13 57 10	1 6 47	23 6 25	29 1 14	20 26	20 5	5 13	14 53	21 32	22 39	24 23	27 24	22 2	12 43
23	14 1 7	2 5 16	4♍ 57 13	10♍ 54 53	20 23	20 1	5 52	15 53	22 16	22 48	24 19	27 27	22 1	12 44
24	14 5 4	3 3 43	16 54 45	22 57 13	20 19	19 54	6 35	16 53	22 59	22 57	24 15	27 30	22 1	12 44
25	14 9 0	4 2 8	29 2 39	5♎ 11 20	20 16	19 45	7 22	17 54	23 42	23 6	24 11	27 33	22 1	12 45
26	14 12 57	5 0 30	11♎ 23 30	17 39 18	20 13	19 34	8 12	18 55	24 26	23 14	24 7	27 36	22 0	12 46
27	14 16 53	5 58 51	23 58 46	0♏ 21 57	20 10	19 21	9 5	19 56	25 9	23 23	24 3	27 39	22 0	12 46
28	14 20 50	6 57 10	6♏ 48 46	13 19 7	20 7	19 9	10 1	20 57	25 53	23 31	23 59	27 42	22 0	12 47
29	14 24 46	7 55 27	19 52 50	26 29 46	20 3	18 57	11 1	21 59	26 36	23 40	23 54	27 44	22 0	12 48
30	14 28 43	8♉ 53 42	3♐ 9 42	9♐ 52 26	20♋ 0	18♋ 48	12♈ 3	23♓ 1	27♒ 19	23♒ 48	23♏ 50	27♓ 47	22♌ 0	12♋ 48

DECLINATION and LATITUDE

DAY	☉ DECL	☽ DECL	☽ LAT	☽ 12hr DECL	☿ DECL	☿ LAT	♀ DECL	♀ LAT	♂ DECL	♂ LAT	♃ DECL	♃ LAT	♄ DECL	♄ LAT
1	4N10	10S27	4N45	12S32	6N10	2N46	10S39	2N28	19S44	1S 5	15S41	0S36	16S51	2N22
2	4 33	14 29	4 16	16 17	5 39	2 33	10 31	2 19	19 34	1 6	15 38	0 36	16 51	2 22
3	4 56	17 53	3 34	19 17	5 7	2 20	10 22	2 11	19 24	1 7	15 34	0 36	16 50	2 22
4	5 19	20 25	2 39	21 17	4 35	2 6	10 12	2 3	19 14	1 8	15 31	0 36	16 49	2 22
5	5 42	21 50	1 34	22 4	4 4	1 51	10 2	1 55	19 3	1 9	15 28	0 37	16 48	2 22
6	6 5	21 58	0 23	21 32	3 33	1 35	9 51	1 47	18 53	1 10	15 24	0 37	16 47	2 22
7	6 28	20 44	0S51	19 37	3 3	1 19	9 40	1 40	18 42	1 11	15 21	0 37	16 47	2 23
8	6 50	18 10	2 3	16 26	2 35	1 3	9 28	1 32	18 31	1 12	15 18	0 37	16 46	2 23
9	7 13	14 26	3 8	12 12	2 9	0 46	9 16	1 25	18 20	1 13	15 15	0 37	16 45	2 23
10	7 35	9 46	4 2	7 12	1 45	0 30	9 3	1 17	18 9	1 14	15 12	0 37	16 44	2 23
11	7 57	4 32	4 39	1 48	1 23	0 14	8 50	1 10	17 57	1 15	15 8	0 38	16 43	2 23
12	8 19	0N57	4 58	3N40	1 4	0S 2	8 37	1 3	17 46	1 16	15 5	0 38	16 42	2 23
13	8 41	6 18	4 58	8 50	0 47	0 17	8 23	0 56	17 34	1 17	15 2	0 38	16 41	2 23
14	9 3	11 13	4 39	13 25	0 32	0 31	8 8	0 49	17 22	1 18	14 59	0 38	16 40	2 23
15	9 25	15 25	4 4	17 11	0 21	0 45	7 53	0 43	17 10	1 19	14 56	0 38	16 40	2 23
16	9 46	18 41	3 16	19 57	0 12	0 59	7 38	0 36	16 58	1 21	14 53	0 39	16 39	2 24
17	10 8	20 55	2 20	21 37	0 5	1 11	7 22	0 30	16 46	1 22	14 50	0 39	16 38	2 24
18	10 29	22 3	1 18	22 12	0 2	1 23	7 6	0 23	16 33	1 23	14 47	0 39	16 37	2 24
19	10 50	22 5	0 14	21 42	0 0	1 35	6 50	0 17	16 21	1 24	14 44	0 39	16 36	2 24
20	11 11	21 5	0N49	20 13	0 1	1 45	6 33	0 11	16 8	1 25	14 41	0 39	16 35	2 24
21	11 31	19 9	1 50	17 53	0 5	1 55	6 16	0 5	15 55	1 26	14 39	0 40	16 34	2 24
22	11 52	16 25	2 45	14 48	0 10	2 4	5 58	0S 1	15 42	1 27	14 36	0 40	16 33	2 24
23	12 12	13 1	3 34	11 6	0 18	2 13	5 40	0 6	15 29	1 28	14 33	0 40	16 32	2 24
24	12 32	9 4	4 13	6 55	0 28	2 20	5 22	0 12	15 16	1 29	14 30	0 40	16 31	2 24
25	12 52	4 42	4 42	2 24	0 40	2 27	5 3	0 17	15 2	1 30	14 28	0 40	16 30	2 24
26	13 12	0 4	4 58	2S17	0 54	2 34	4 44	0 23	14 49	1 31	14 25	0 41	16 29	2 24
27	13 31	4S39	5 0	6 59	1 10	2 39	4 25	0 28	14 35	1 32	14 22	0 41	16 28	2 24
28	13 50	9 16	4 47	11 28	1 28	2 44	4 5	0 33	14 22	1 33	14 20	0 41	16 27	2 24
29	14 9	13 33	4 19	15 30	1 47	2 48	3 46	0 38	14 8	1 34	14 17	0 41	16 25	2 24
30	14N28	17S15	3N37	18S48	2N 8	2S51	3S25	0S43	13S54	1S36	14S15	0S41	16S24	2N24

DAY	♅ DECL	♅ LAT	♆ DECL	♆ LAT	♇ DECL	♇ LAT
1	2S 8	0S43	14N28	0N24	21N12	1S39
5	2 3	0 43	14 30	0 24	21 13	1 39
9	1 58	0 43	14 31	0 24	21 13	1 38
13	1 53	0 43	14 32	0 24	21 13	1 38
17	1 48	0 43	14 32	0 24	21 14	1 38
21	1 43	0 43	14 33	0 24	21 14	1 37
25	1 38	0 44	14 33	0 24	21 14	1 37
29	1S34	0S44	14N34	0N24	21N14	1S36

☽ PHENOMENA	VOID OF COURSE ☽ LAST ASPT	☽ INGRESS
d h m	2 6am 3	2 ♐ 12pm 8
5 20 50 ☾	4 3pm47	4 ♑ 6pm 5
12 12 57 ●	6 4pm14	6 ♒ 10pm 1
19 23 23 ☽	8 4pm 7	9 ♓ 0am 4
28 0 17 ○	10 7pm52	11 ♈ 1am 3
	12 1pm22	13 ♉ 2am31
	15 1am 6	15 ♊ 6am21
d h ° '	17 8am30	17 ♋ 1pm55
5 14 22S 5	19 11pm23	20 ♌ 1am 7
11 20 0	22 2am35	22 ♍ 1pm59
18 13 22N12	24 9pm 3	25 ♎ 1am52
26 0 0	27 2am21	27 ♏ 11am19
	29 2pm18	29 ♐ 6pm19
6 7 0		
12 11 5S 0	d h	
19 5 0	10 3 PERIGEE	
26 15 5N 1	21 23 APOGEE	

DAILY ASPECTARIAN

Day	Aspect	Time
1 Th	☉⚻☽	0am 5
	☉⚼♄	0 20
	☽∥♀	1 8
	☽⚼♅	1 32
	☽△♇	3 57
	☽□♃	4pm13
	☉∠♀	7 48
	♀⚺♅	7 58
	☽□♆	9 54
	☽⚼☿	11 52
	☽#♆	11 56
2 F	☽☌♄	3am50
	☽△♅	5 27
	☽□♀	6 3
	☉⚼☽	6 11
	☽∥♃	7 22
	☽⚼♇	7 43
	☽∥♄	3pm56
	☿⚹♂	7 24
3 S	☽△☿	1am42
	☽⚹♂	2 28
	☉□♇	2 40
	☉∥☿	4 53
	☿⚼♆	7 59
	♀⚼♇	8 29
	☽⚻♇	11 1
	☉△☽	11 41
	☽∥♂	12pm21
	☽⚹♃	11 37
4 Su	☽△♆	4am17
	☽∠♂	6 58
	☽⚺♄	9 54
	☽#♇	10 56
	☽□♅	11 51
	☽⚹♀	3pm47
5 M	☽∠♃	2am33
	☽□☿	4 21
	☽⚼♆	6 44
	☽⚺♂	10 52
	☽∠♄	12pm11
	☽☍♇	4 9
	☽∠♀	7 47
	☉□☽	8 50
6 T	♀ ♓	3am58
	☽⚺♃	4 57
	☿∠♃	8 37
	☽⚻♆	8 41
	☽⚹♄	1pm58
	☽⚹♅	4 14
	☽#♇	5 22
	☽⚺♀	11 12
7 W	☽⚹☿	5am39
	☽☌♂	4pm53
	☽∠♅	5 40
	☽⚻♇	7 15
	☽∥♂	9 10
8 Th	☉⚹☽	3am29
	☽∠☿	5 51
	☽☌♃	8 13
	♂∠♅	9 21
	☽∥♄	9 53
	☽☍♆	11 8
	☽□♄	4pm 7
	☽⚺♅	6 39
	☽∥♃	7 12
	☽⚼♇	8 8
	☽#♆	11 32
9 F	☽☌♀	4am28
	☽⚺☿	5 51
	☉∠☽	6 2
	☿#♅	11 17
	♂⚻♇	4pm 8
	☿⚺♀	8 38
	☽△♇	8 44
	☽⚺♂	8 58
10 S	☽∥♀	3am32
	☉⚺☽	8 17
	☉#☽	9 33
	☽⚺♃	10 0
	☽⚻♆	12pm14
	☽△♄	5 0
	☽☌♅	7 52
	☽∠♂	10 40
11 Su	☽☌☿	5am44
	☽⚺♀	8 39
	☽∠♃	10 45
	☽∥♅	11 29
	☽⚼♆	12pm41
	☽#☿	2 41
	☉⚹♃	3 12
	☽⚼♄	5 24
	☽□♇	9 43
12 M	☽∥☿	0am27
	☽⚹♂	0 29
	☽#♅	4 10
	☽∠♀	10 58
	☉#♀	11 35
	☽⚹♃	11 43
	☉☌☽	12pm57
	☽△♆	1 22
	☽⚻♄	6 5
	☉△♆	6 59
	☽⚺♅	9 23
13 T	☽⚺☿	6am52
	☽#♀	9 21
	☉∥☽	12pm13
	☽⚹♀	1 52
	☿SD	9 35
	☽∠♅	10 51
	☽⚹♇	11 59
14 W	☽□♂	5am37
	☽∠☿	8 29
	☽□♃	8pm17
	☽□♆	4 21
	☽∥♆	6 33
	☉⚺☽	7 54
	☽#♃	9 3
	☽☍♄	9 10
15 Th	☽⚹♅	1am 6
	☽∠♇	2 10
	☽#♄	8 17
	☽⚹☿	11 8
	☽#♂	11 16
	☉⚻♄	12pm39
	☽□♀	10 31
16 F	☉∠☽	0am57
	☽⚺♇	5 19
	☽△♂	2pm32
	☽△♃	10 26
	☽⚹♆	10 50
17 S	☿∠♂	2am36
	☽⚻♄	3 47
	☽∥♇	4 41
	☉⚹☽	7 17
	☽□♅	8 30
	♂∥♄	4pm37
	☽□☿	8 7
	☽⚼♂	8 45
	☉⚺♅	11 47
18 Su	☽⚼♃	3am33
	☽∠♆	3 34
	♃☍♆	4 12
	☽⚼♄	8 34
	☽△♀	12pm 8
	☽☌♇	2 35
19 M	☽⚻♂	4am 4
	☽⚺♆	9 9
	☽⚻♃	9 34
	☽△♄	2pm 9
	♀△♇	6 59
	☽△♅	7 40
	☽⚼♀	8 37
	☽∥♇	9 29
	☉□☽	11 23
20 T	☽△☿	9am49
	☉ ♉	8pm36
21 W	☽⚼♅	2am 9
	☽⚺♇	2 52
	☽⚻♀	5 44
	☽⚼☿	5pm48
	☽☍♂	8 36
	☽☌♆	9 49
	☽#♄	11 2
	☽☍♃	11 4
22 Th	☽□♄	2am35
	☽#♂	5 51
	☽⚻♅	8 45
	☽∠♇	9 22
	☽#♃	1pm34
	☽∥♆	1 42
	♂☍♆	4 7
	☉△☽	5 41
	♃#♆	10 52
23 F	☽⚻☿	1am58
	☉∥☽	4 45
	☽⚹♇	3pm39
	♂☌♃	10 34
	☽☍♀	11 56
24 S	☉⚼☽	2am29
	☽⚺♆	10 8
	☽⚻♃	12pm 8
	☽⚻♂	12 50
	☿⚼♆	1 29
	☽⚹♄	2 29
	☽☍♅	9 3
	☽#♀	9 56
25 Su	☉⚻☽	10am35
	♂□♄	2pm28
	☽∠♆	3 32
	☽#♅	4 0
	☽☍☿	5 22
	☽⚼♃	5 51
	☽∠♄	7 38
	☽∥☿	7 57
	☽⚼♂	7 59
26 M	☿∠♃	1am33
	☽□♇	2 38
	☽#☿	5 13
	☽∥♅	8 34
	☽⚻♀	3pm39
	☽⚹♆	8 16
	☽△♃	10 52
	☽∥♀	10 53
	☿⚼♄	11 9
27 T	☽⚺♄	0am 8
	☽△♂	2 21
	♂#♆	3 30
	☽⚻♅	6 56
	☽⚼♀	10pm16
28 W	☉☍☽	0am17
	♂∥♃	4 27
	☽⚻☿	6 25
	☿#♅	9 4
	☽⚼♅	10 53
	☽△♇	11 1
	☉#♂	11pm 1
29 Th	♀⚻♆	0am16
	☽∥♂	3 18
	☽□♆	3 51
	☉#☽	3 57
	☽△♀	4 9
	☽∥♃	4 23
	☽#♆	6 7
	☽□♃	6 56
	☽☌♄	7 17
	☉#♃	8 48
	☽⚼☿	12pm 3
	☽□♂	12 53
	☽△♅	2 18
	☽⚼♇	2 22
	☽∥♄	6 5
30 F	♃□♄	4am42
	☉∥♆	7 7
	☉⚻☽	11 3
	♂⚼♇	4pm29
	♂⚺♅	4 32
	☿□♇	5 7
	☽⚻♇	5 14
	☽△☿	5 15
	♀△♄	5 38
	☿∠♂	6 23
	♀⚺♃	8 32

MAY 1926

LONGITUDE

DAY	SID. TIME	☉	☽	☽ 12 Hour	MEAN ☊	TRUE ☊	☿	♀	♂	♃	♄	♅	♆	♇
	h m s	° ' "	° ' "	° ' "	° '	° '	° '	° '	° '	° '	° '	° '	° '	° '
1	14 32 39	9♉ 51 56	16♐ 37 47	23♐ 25 34	19♋ 57	18♋ 41R	13♈ 8	24♓ 4	28♒ 3	23♒ 56	23♏ 46R	27♓ 50	22♌ 0R	12♋ 49
2	14 36 36	10 50 8	0♑ 15 38	7♑ 7 51	19 54	18 38	14 16	25 6	28 46	24 4	23 42	27 53	22 0	12 50
3	14 40 33	11 48 19	14 2 9	20 58 27	19 51	18 37D	15 26	26 9	29 29	24 11	23 37	27 55	22 0D	12 51
4	14 44 29	12 46 28	27 56 42	4♒ 56 49	19 48	18 37	16 39	27 12	0♓ 13	24 19	23 33	27 58	22 0	12 52
5	14 48 26	13 44 36	11♒ 58 47	19 2 30	19 44	18 37R	17 54	28 16	0 56	24 26	23 29	28 1	22 0	12 53
6	14 52 22	14 42 43	26 7 49	3♓ 14 35	19 41	18 37	19 11	29 20	1 39	24 34	23 24	28 3	22 0	12 53
7	14 56 19	15 40 47	10♓ 22 33	17 31 24	19 38	18 35	20 31	0♈ 23	2 22	24 41	23 20	28 6	22 0	12 54
8	15 0 15	16 38 51	24 40 42	1♈ 50 1	19 35	18 30	21 54	1 27	3 6	24 48	23 15	28 8	22 0	12 55
9	15 4 12	17 36 53	8♈ 58 46	16 6 22	19 32	18 23	23 18	2 32	3 49	24 55	23 11	28 11	22 0	12 56
10	15 8 8	18 34 54	23 12 10	0♉ 15 32	19 29	18 14	24 44	3 36	4 32	25 1	23 6	28 13	22 0	12 57
11	15 12 5	19 32 53	7♉ 15 50	14 12 28	19 25	18 5	26 13	4 41	5 15	25 8	23 2	28 16	22 0	12 58
12	15 16 1	20 30 51	21 4 56	27 52 47	19 22	17 56	27 44	5 46	5 58	25 14	22 57	28 18	22 1	12 59
13	15 19 58	21 28 47	4♊ 35 42	11♊ 13 26	19 19	17 48	29 17	6 51	6 41	25 21	22 53	28 21	22 1	13 0
14	15 23 55	22 26 42	17 45 54	24 13 8	19 16	17 42	0♉ 52	7 56	7 24	25 27	22 48	28 23	22 1	13 1
15	15 27 51	23 24 35	0♋ 35 13	6♋ 52 25	19 13	17 38	2 29	9 2	8 7	25 33	22 44	28 25	22 2	13 2
16	15 31 48	24 22 27	13 5 3	19 13 31	19 9	17 37D	4 9	10 7	8 50	25 38	22 39	28 28	22 2	13 3
17	15 35 44	25 20 17	25 18 17	1♌ 19 54	19 6	17 37	5 50	11 13	9 33	25 44	22 35	28 30	22 2	13 4
18	15 39 41	26 18 5	7♌ 18 57	13 16 2	19 3	17 38	7 34	12 19	10 16	25 49	22 30	28 32	22 3	13 6
19	15 43 37	27 15 52	19 11 47	25 6 52	19 0	17 39R	9 19	13 25	10 59	25 55	22 26	28 34	22 3	13 7
20	15 47 34	28 13 36	1♍ 1 56	6♍ 57 37	18 57	17 39	11 7	14 31	11 42	26 0	22 21	28 36	22 4	13 8
21	15 51 31	29 11 20	12 54 33	18 53 21	18 54	17 38	12 57	15 37	12 25	26 5	22 17	28 38	22 5	13 9
22	15 55 27	0♊ 9 1	24 54 35	0♎ 58 47	18 50	17 35	14 48	16 44	13 8	26 9	22 13	28 40	22 5	13 10
23	15 59 24	1 6 41	7♎ 6 25	13 17 54	18 47	17 30	16 42	17 50	13 50	26 14	22 8	28 42	22 6	13 11
24	16 3 20	2 4 20	19 33 35	25 53 43	18 44	17 24	18 38	18 57	14 33	26 18	22 4	28 44	22 6	13 12
25	16 7 17	3 1 57	2♏ 18 29	8♏ 47 59	18 41	17 16	20 36	20 4	15 16	26 23	21 59	28 46	22 7	13 14
26	16 11 13	3 59 33	15 22 12	22 1 3	18 38	17 9	22 36	21 11	15 58	26 27	21 55	28 48	22 8	13 15
27	16 15 10	4 57 7	28 44 20	5♐ 31 48	18 35	17 2	24 38	22 18	16 41	26 31	21 51	28 50	22 8	13 16
28	16 19 6	5 54 40	12♐ 23 7	19 17 55	18 31	16 56	26 42	23 25	17 23	26 34	21 46	28 52	22 9	13 17
29	16 23 3	6 52 13	26 15 47	3♑ 16 15	18 28	16 53	28 47	24 33	18 6	26 38	21 42	28 53	22 10	13 19
30	16 27 0	7 49 44	10♑ 18 53	17 23 14	18 25	16 51D	0♊ 54	25 40	18 48	26 41	21 38	28 55	22 11	13 20
31	16 30 56	8♊ 47 15	24♑ 28 53	1♒ 35 27	18♋ 22	16♋ 51	3♊ 2	26♈ 48	19♓ 31	26♒ 44	21♏ 34	28♓ 57	22♌ 12	13♋ 21

DECLINATION and LATITUDE

DAY	☉ DECL	☽ DECL	☽ LAT	☽ 12hr DECL	☿ DECL	☿ LAT	♀ DECL	♀ LAT	♂ DECL	♂ LAT	♃ DECL	♃ LAT	♄ DECL	♄ LAT
1	14N47	20S 6	2N41	21S 8	2N31	2S54	3S 5	0S47	13S40	1S37	14S12	0S42	16S23	2N24
2	15 5	21 51	1 36	22 15	2 55	2 56	2 44	0 52	13 26	1 38	14 10	0 42	16 22	2 24
3	15 23	22 18	0 24	22 1	3 21	2 58	2 23	0 56	13 12	1 39	14 8	0 42	16 21	2 25
4	15 41	21 23	0S49	20 26	3 48	2 59	2 2	1 0	12 58	1 40	14 5	0 42	16 20	2 25
5	15 58	19 9	2 1	17 34	4 16	2 59	1 41	1 5	12 43	1 41	14 3	0 43	16 19	2 25
6	16 15	15 44	3 6	13 39	4 46	2 59	1 19	1 9	12 29	1 42	14 1	0 43	16 18	2 25
7	16 32	11 22	3 60	8 56	5 17	2 58	0 57	1 12	12 14	1 43	13 59	0 43	16 17	2 25
8	16 49	6 23	4 39	3 44	5 49	2 56	0 35	1 16	11 60	1 44	13 56	0 43	16 16	2 25
9	17 6	1 2	5 0	1N40	6 22	2 54	0 13	1 20	11 45	1 45	13 54	0 43	16 15	2 25
10	17 22	4N19	5 3	6 55	6 56	2 51	0N10	1 23	11 30	1 46	13 52	0 44	16 14	2 24
11	17 38	9 24	4 48	11 45	7 31	2 48	0 32	1 27	11 15	1 47	13 50	0 44	16 12	2 24
12	17 53	13 56	4 15	15 54	8 7	2 44	0 55	1 30	11 0	1 48	13 48	0 44	16 11	2 24
13	18 8	17 38	3 29	19 7	8 44	2 39	1 18	1 33	10 45	1 50	13 46	0 44	16 10	2 24
14	18 23	20 21	2 33	21 17	9 22	2 35	1 41	1 36	10 30	1 51	13 45	0 45	16 9	2 24
15	18 38	21 57	1 30	22 19	10 1	2 29	2 4	1 39	10 15	1 52	13 43	0 45	16 8	2 24
16	18 52	22 24	0 24	22 13	10 40	2 23	2 27	1 42	9 60	1 53	13 41	0 45	16 7	2 24
17	19 6	21 46	0N41	21 4	11 19	2 16	2 50	1 44	9 45	1 54	13 40	0 45	16 6	2 24
18	19 20	20 8	1 44	18 59	11 60	2 9	3 14	1 47	9 29	1 55	13 38	0 46	16 5	2 24
19	19 33	17 38	2 42	16 6	12 41	2 2	3 37	1 49	9 14	1 56	13 36	0 46	16 4	2 24
20	19 46	14 25	3 32	12 35	13 22	1 54	4 1	1 52	8 59	1 57	13 35	0 46	16 3	2 24
21	19 59	10 37	4 14	8 33	14 3	1 46	4 24	1 54	8 43	1 58	13 33	0 46	16 2	2 24
22	20 11	6 23	4 45	4 8	14 44	1 37	4 48	1 56	8 28	1 59	13 32	0 47	16 1	2 24
23	20 23	1 49	5 3	0S32	15 26	1 28	5 11	1 58	8 12	2 0	13 31	0 47	15 60	2 24
24	20 35	2S54	5 8	5 16	16 7	1 18	5 35	1 59	7 57	2 1	13 29	0 47	15 58	2 24
25	20 46	7 37	4 58	9 54	16 48	1 9	5 59	2 1	7 41	2 2	13 28	0 47	15 57	2 24
26	20 57	12 6	4 32	14 12	17 29	0 59	6 22	2 3	7 26	2 3	13 27	0 48	15 56	2 24
27	21 8	16 8	3 51	17 52	18 9	0 48	6 46	2 4	7 10	2 4	13 26	0 48	15 55	2 23
28	21 18	19 23	2 56	20 38	18 49	0 38	7 10	2 5	6 54	2 5	13 25	0 48	15 54	2 23
29	21 28	21 34	1 50	22 11	19 27	0 27	7 33	2 7	6 39	2 6	13 24	0 48	15 53	2 23
30	21 37	22 27	0 36	22 22	20 5	0 16	7 57	2 8	6 23	2 7	13 23	0 49	15 52	2 23
31	21N47	21S55	0S41	21S 6	20N41	0S 6	8N20	2S 9	6S 7	2S 8	13S22	0S49	15S52	2N23

DAY	♅ DECL	♅ LAT	♆ DECL	♆ LAT	♇ DECL	♇ LAT
1	1S32	0S44	14N34	0N24	21N14	1S36
5	1 28	0 44	14 34	0 24	21 14	1 36
9	1 24	0 44	14 34	0 24	21 14	1 36
13	1 20	0 44	14 33	0 24	21 14	1 35
17	1 16	0 44	14 33	0 24	21 14	1 35
21	1 13	0 44	14 32	0 24	21 14	1 34
25	1 10	0 44	14 31	0 24	21 14	1 34
29	1S 7	0S44	14N30	0N24	21N14	1S34

☽ PHENOMENA			VOID OF COURSE ☽ LAST ASPT	☽ INGRESS
d	h	m		
5	3	13 ☾	1 9pm14	1 ♑ 11pm33
11	22	56 ●	4 0am 2	4 ♒ 3am32
19	17	49 ☽	6 9pm20	6 ♓ 6am32
27	11	49 ○	8 5am49	8 ♈ 8am55
			10 3am 7	10 ♉ 11am34
			12 12pm48	12 ♊ 3pm46
			14 7pm53	14 ♋ 10pm53
d	h	° '	17 6am22	17 ♌ 9am20
2	20	22S19	19 5pm49	19 ♍ 9pm54
9	5	0	22 7am28	22 ♎ 10am 4
15	22	22N24	24 12pm51	24 ♏ 7pm42
23	9	0	27 0am10	27 ♐ 2am14
30	3	22S28	29 4am31	29 ♑ 6am24
			31 7am33	31 ♒ 9am19
3	8	0		
9	16	5S 4	d h	
16	9	0	7 6	PERIGEE
23	20	5N 8	19 18	APOGEE
30	11	0		

DAILY ASPECTARIAN

Day	Aspect	Time
1 S	☽△♆	9am29
	☽⚺♄	12pm32
	☽⚹♃	1 1
	☽#♇	1 32
	☽□♀	2 12
	☉⚼☽	3 39
	☿#♀	6 25
	☽□♅	7 49
	☽⚹♂	9 14
2 Su	☽⚼♆	11am46
	☽∠♄	2pm39
	☽∠♃	3 30
	☉△☽	7 50
	☽☍♇	9 56
3 M	☽∠♂	0am49
	☽□☿	2 39
	♆SD	1pm20
	☽⚻♆	1 45
	☽⚹♄	4 29
	♂ ♓	5 3
	☽⚺♃	5 42
	☽⚹♀	10 38
4 T	☽⚹♅	0am 2
	☉⚹♇	2 12
	☽#♇	2 14
	☽⚺♂	4 6
	☉∠♅	5 0
	♀☌♅	6pm 1
5 W	☽⚻♇	1am32
	☽∠♅	1 46
	☽∠♀	2 22
	☉□☽	3 13
	☽⚹☿	11 4
	♀∥♅	3pm13
	☽☍♆	5 0
	☽□♄	7 25
	☽∥♄	8 25
	☉#☽	8 55
	☽☌♃	9 20
6 Th	☽⚼♇	2am59
	☉#♄	3 12
	☽⚺♅	3 16
	☽⚺♀	5 50
	☽#♆	6 53
	☽☌♂	9 49
	☽∥♃	10 4
	☽∠☿	2pm59
	♀ ♈	3 13
	☽∥♂	7 18
7 F	☽△♇	4am15
	☉⚹☽	9 33
	☽⚺☿	6pm50
	☽⚻♆	7 30
	☽△♄	9 38
8 S	☽⚺♃	0am12
	☿△♆	1 49
	☽#☿	2 21
	☽☌♅	5 49
	☽☌♀	12pm17
	☉∠☽	12 32
	☽⚺♂	2 52
	☽⚼♆	8 40
	☿⚻♄	10 7
	☽∥♅	10 25
	☽⚼♄	10 40
9 Su	☽∠♃	1am35
	☽∥♀	3 56
	☽#♀	5 13
	☽□♇	6 40
	☽#♅	10 47
	☉⚺☽	3pm37
	☽∠♂	5 27
	☉∠♀	7 4
	☽△♆	9 58
	☽⚻♄	11 50
10 M	☽☌☿	2am55
	☽⚹♃	3 7
	☿⚹♃	5 0
	☽⚺♅	8 33
	☽∥☿	1pm38
	☽⚺♀	7 12
	☽⚹♂	8 21
11 T	☽#♂	8am54
	☽⚹♇	9 52
	☽∠♅	10 24
	☉☌☽	10pm56
	☽#♃	11 19
	☽∠♀	11 24
12 W	☽□♆	1am38
	☽☍♄	3 17
	☽∥♆	3 42
	☽□♃	7 23
	☿⚺♅	9 7
	☽∠♇	12pm12
	☽⚹♅	12 48
	☽⚺☿	1 15
	♀⚺♂	1 33
	☽#♄	1 51
13 Th	♀#♅	2am13
	♀⚼♆	3 44
	☽□♂	3 59
	☉∥☽	4 12
	☽⚹♀	4 25
	☿ ♉	10 54
	☉□♆	1pm25
	☽⚺♇	3 16
	☽∠☿	8 1
	♀⚼♄	9 20
14 F	☽⚹♆	7am54
	☉☍♄	8 21
	☽⚻♄	9 18
	☉⚺☽	9 23
	☽∥♇	11 14
	☽△♃	2pm25
	☽□♅	7 53
15 S	☽⚹☿	4am 9
	☿#♂	6 30
	☽∠♆	12pm18
	☽⚼♄	1 34
	☽△♂	3 17
	☉∠☽	4 13
	☽□♀	5 42
	☽⚼♃	7 13
	☽☌♇	11 57
16 Su	♀∠♃	12pm29
	☽⚺♆	5 32
	☽△♄	6 39
	☽⚼♂	10 25
17 M	☉⚹☽	0am 4
	☽⚻♃	0 51
	☽△♅	6 22
	☽∥♇	9 24
	☉□♃	10 51
18 T	☽□☿	0am34
	☽⚻♂	6 20
	☉∥☽	7 47
	☽△♀	11 6
	☽⚺♇	11 40
	☽⚼♅	12pm35
	♀□♇	5 19
19 W	☽☌♆	5am48
	☽□♄	6 31
	☽#♄	12pm24
	☽☍♃	1 43
	☉□☽	5 49
	☽∠♇	6 6
	☽⚻♅	7 4
	☽⚼♀	8 37
	☉∠♇	9 32
	☽∥♆	11 11
20 Th	☽#♃	5am38
	☽∥☿	5 55
	☿#♃	7 26
	☉⚹♅	9 46
	☿⚹♂	12pm44
	☽☍♂	10 56
21 F	☽△☿	0am 5
	☽⚹♇	0 29
	☿⚹♇	2 42
	☽⚻♀	6 0
	☿∠♅	9 11
	☽#♂	11 44
	☿∥♆	4pm46
	☽⚺♆	6 23
	☽⚹♄	6 40
	☉ ♊	8 15
22 S	♂△♇	1am25
	☽⚻♃	2 29
	☽☍♅	7 28
	☽∥♀	7 48
	☉△☽	11 15
	☽⚼☿	11 28
	☽∠♆	11pm59
23 Su	☽∠♄	0am 3
	☽#♅	3 15
	☽⚼♃	8 4
	♄□♆	11 33
	☽□♇	11 48
	☽⚻♂	1pm50
	☽∥♅	3 19
	☉⚼☽	6 51
	☿#♄	7 1
	☽⚻☿	9 55
	☽☍♀	10 44
24 M	☽⚺♄	4am44
	☽⚹♆	4 51
	☿⚺♀	8 55
	☽△♃	12pm51
	☽#♀	2 50
	☽⚻♅	5 23
	☽⚼♂	7 58
25 T	☽∥♂	0am22
	☉⚻☽	1 27
	☿☍♄	4pm 5
	☿□♆	6 19
	☽△♇	8 8
	☽⚼♅	9 9
26 W	☽△♂	1am 9
	☽∥♃	7 36
	☽⚻♀	11 28
	☽☌♄	11 45
	☽□♆	12pm13
	☽#♆	1 55
	♀⚻♄	2 48
	☽☍☿	3 22
	☽□♃	8 1
	♀△♆	8 32
	☽∥♄	10 41
	☽⚼♇	11 10
27 Th	☽△♅	0am10
	☉☍☽	11 49
	☉∥♇	1pm31
	♀#♂	2 40
	☽⚼♀	4 27
	☽#☿	5 57
	☿□♃	10 33
28 F	☽⚻♇	1am35
	☽□♂	9 10
	☽⚺♄	4pm11
	☽△♆	4 57
	☿∠♇	6 34
	☽#♇	7 10
	☽△♀	8 47
	☉#☽	10 17
29 S	☽⚹♃	0am38
	☿⚹♅	1 16
	☽□♅	4 31
	☽⚻☿	5 5
	☿ ♊	1pm51
	☽∠♄	5 46
	☽⚼♆	6 40
	☉⚻☽	7 28
30 Su	☽∠♃	2am21
	☽☍♇	5 8
	☽⚼☿	11 9
	☽⚹♂	3pm 9
	☽⚹♄	7 5
	☽⚻♆	8 8
	☉⚼☽	10 45
	♀⚹♃	10 45
31 M	☉#☽	2am12
	☽⚺♃	3 50
	☽□♀	4 15
	☽⚹♅	7 33
	☽#♇	10 27
	☽#☿	1pm12
	☽△☿	5 1
	☽∠♂	5 49
	☿∥♇	10 38

JUNE 1926

LONGITUDE

DAY	SID. TIME	☉	☽	☽ 12 Hour	MEAN ☊	TRUE ☊	☿	♀	♂	♃	♄	♅	♆	♇
	h m s	° ′ ″	° ′ ″	° ′ ″	° ′	° ′	° ′	° ′	° ′	° ′	° ′	° ′	° ′	° ′
1	16 34 53	9♊ 44 44	8♒ 42 33	15♒ 49 51	18♋ 19	16♋ 52	5♊ 12	27♈ 56	20♓ 13	26♒ 47	21♏ 29R	28♓ 59	22♌ 13	13♋ 23
2	16 38 49	10 42 13	22 57 3	0♓ 3 54	18 15	16 54	7 22	29 3	20 55	26 50	21 25	29 0	22 14	13 24
3	16 42 46	11 39 41	7♓ 10 8	14 15 32	18 12	16 55R	9 33	0♉ 11	21 38	26 53	21 21	29 2	22 15	13 25
4	16 46 42	12 37 8	21 19 50	28 22 50	18 9	16 55	11 45	1 19	22 20	26 55	21 17	29 3	22 16	13 27
5	16 50 39	13 34 34	5♈ 24 17	12♈ 23 57	18 6	16 53	13 57	2 28	23 2	26 58	21 13	29 5	22 17	13 28
6	16 54 35	14 32 0	19 21 34	26 16 52	18 3	16 50	16 9	3 36	23 44	27 0	21 9	29 6	22 18	13 29
7	16 58 32	15 29 26	3♉ 9 35	9♉ 59 27	18 0	16 46	18 21	4 44	24 26	27 2	21 5	29 7	22 19	13 31
8	17 2 29	16 26 50	16 46 12	23 29 35	17 56	16 41	20 32	5 53	25 8	27 3	21 2	29 9	22 20	13 32
9	17 6 25	17 24 14	0♊ 9 24	6♊ 45 26	17 53	16 37	22 43	7 1	25 49	27 5	20 58	29 10	22 21	13 33
10	17 10 22	18 21 38	13 17 35	19 45 45	17 50	16 33	24 52	8 10	26 31	27 6	20 54	29 11	22 22	13 35
11	17 14 18	19 19 0	26 9 54	2♋ 30 5	17 47	16 30	27 0	9 19	27 13	27 7	20 50	29 12	22 23	13 36
12	17 18 15	20 16 22	8♋ 46 21	14 58 54	17 44	16 29D	29 7	10 27	27 54	27 8	20 47	29 13	22 24	13 38
13	17 22 11	21 13 43	21 7 57	27 13 46	17 41	16 29	1♋ 12	11 36	28 36	27 9	20 43	29 15	22 26	13 39
14	17 26 8	22 11 3	3♌ 16 41	9♌ 17 6	17 37	16 30	3 15	12 45	29 17	27 9	20 40	29 16	22 27	13 41
15	17 30 4	23 8 23	15 15 28	21 12 14	17 34	16 32	5 16	13 54	29 59	27 10	20 36	29 17	22 28	13 42
16	17 34 1	24 5 41	27 7 56	3♍ 3 6	17 31	16 34	7 16	15 3	0♈ 40	27 10R	20 33	29 18	22 30	13 43
17	17 37 58	25 2 59	8♍ 58 19	14 54 10	17 28	16 35	9 13	16 13	1 21	27 10	20 29	29 18	22 31	13 45
18	17 41 54	26 0 16	20 51 15	26 50 10	17 25	16 35R	11 8	17 22	2 2	27 10	20 26	29 19	22 32	13 46
19	17 45 51	26 57 32	2♎ 51 30	8♎ 55 49	17 21	16 35	13 0	18 31	2 43	27 9	20 23	29 20	22 34	13 48
20	17 49 47	27 54 47	15 3 42	21 15 38	17 18	16 34	14 51	19 41	3 24	27 9	20 20	29 21	22 35	13 49
21	17 53 44	28 52 1	27 32 7	3♏ 53 32	17 15	16 33	16 39	20 50	4 4	27 8	20 17	29 22	22 37	13 51
22	17 57 40	29 49 15	10♏ 20 13	16 52 26	17 12	16 31	18 25	22 0	4 45	27 7	20 14	29 22	22 38	13 52
23	18 1 37	0♋ 46 29	23 30 20	0♐ 13 56	17 9	16 28	20 9	23 9	5 26	27 6	20 11	29 23	22 40	13 54
24	18 5 33	1 43 41	7♐ 3 12	13 57 56	17 6	16 27	21 50	24 19	6 6	27 4	20 8	29 23	22 41	13 55
25	18 9 30	2 40 54	20 57 49	28 2 27	17 2	16 25	23 29	25 29	6 46	27 3	20 6	29 24	22 43	13 57
26	18 13 27	3 38 6	5♑ 11 18	12♑ 23 44	16 59	16 24D	25 6	26 39	7 26	27 1	20 3	29 24	22 44	13 58
27	18 17 23	4 35 18	19 39 5	26 56 35	16 56	16 24	26 40	27 48	8 7	26 59	20 0	29 25	22 46	14 0
28	18 21 20	5 32 29	4♒ 15 30	11♒ 35 3	16 53	16 25	28 12	28 58	8 46	26 57	19 58	29 25	22 47	14 1
29	18 25 16	6 29 41	18 54 28	26 13 2	16 50	16 25	29 42	0♊ 9	9 26	26 55	19 56	29 26	22 49	14 3
30	18 29 13	7♋ 26 52	3♓ 30 8	10♓ 45 10	16♋ 47	16♋ 26	1♌ 9	1♊ 19	10♈ 6	26♒ 52	19♏ 53	29♓ 26	22♌ 51	14♋ 4

DECLINATION and LATITUDE

DAY	☉ DECL	☽ DECL	☽ LAT	☽ 12hr DECL	☿ DECL	☿ LAT	♀ DECL	♀ LAT	♂ DECL	♂ LAT	♃ DECL	♃ LAT	♄ DECL	♄ LAT
1	21N55	19S58	1S56	18S30	21N15	0N 5	8N43	2S10	5S51	2S 9	13S21	0S49	15S51	2N23
2	22 4	16 46	3 4	14 47	21 48	0 16	9 7	2 10	5 36	2 10	13 21	0 49	15 50	2 23
3	22 12	12 36	4 0	10 14	22 19	0 26	9 30	2 11	5 20	2 11	13 20	0 50	15 49	2 23
4	22 19	7 45	4 42	5 10	22 48	0 36	9 53	2 12	5 4	2 12	13 19	0 50	15 48	2 22
5	22 26	2 32	5 6	0N 8	23 14	0 46	10 16	2 12	4 48	2 13	13 19	0 50	15 47	2 22
6	22 33	2N46	5 12	5 22	23 38	0 55	10 39	2 12	4 33	2 14	13 18	0 50	15 46	2 22
7	22 40	7 53	4 59	10 16	23 60	1 4	11 1	2 13	4 17	2 15	13 18	0 51	15 45	2 22
8	22 46	12 32	4 30	14 37	24 19	1 12	11 24	2 13	4 1	2 16	13 18	0 51	15 44	2 22
9	22 51	16 30	3 47	18 9	24 35	1 20	11 46	2 13	3 45	2 17	13 17	0 51	15 43	2 22
10	22 56	19 34	2 52	20 42	24 48	1 27	12 8	2 13	3 30	2 18	13 17	0 51	15 43	2 22
11	23 1	21 34	1 49	22 9	24 59	1 34	12 30	2 13	3 14	2 19	13 17	0 52	15 42	2 21
12	23 6	22 27	0 42	22 28	25 6	1 39	12 52	2 12	2 58	2 20	13 17	0 52	15 41	2 21
13	23 10	22 13	0N26	21 41	25 11	1 45	13 14	2 12	2 43	2 21	13 17	0 52	15 40	2 21
14	23 13	20 55	1 31	19 54	25 13	1 49	13 35	2 12	2 27	2 22	13 17	0 53	15 40	2 21
15	23 16	18 41	2 32	17 16	25 13	1 52	13 56	2 11	2 11	2 23	13 17	0 53	15 39	2 21
16	23 19	15 41	3 26	13 57	25 10	1 55	14 17	2 11	1 56	2 24	13 17	0 53	15 38	2 21
17	23 21	12 4	4 10	10 5	25 5	1 57	14 37	2 10	1 40	2 24	13 18	0 53	15 37	2 20
18	23 23	7 59	4 44	5 48	24 57	1 59	14 57	2 9	1 25	2 25	13 18	0 54	15 37	2 20
19	23 25	3 33	5 7	1 15	24 47	1 59	15 17	2 8	1 9	2 26	13 18	0 54	15 36	2 20
20	23 26	1S 5	5 15	3S26	24 36	1 59	15 37	2 7	0 54	2 27	13 19	0 54	15 35	2 20
21	23 27	5 47	5 10	8 5	24 22	1 58	15 57	2 6	0 39	2 28	13 19	0 54	15 35	2 20
22	23 27	10 21	4 49	12 31	24 7	1 57	16 16	2 5	0 23	2 29	13 20	0 55	15 34	2 19
23	23 27	14 35	4 12	16 29	23 50	1 55	16 34	2 4	0 8	2 30	13 21	0 55	15 34	2 19
24	23 26	18 12	3 21	19 40	23 31	1 52	16 53	2 3	0N 7	2 30	13 21	0 55	15 33	2 19
25	23 25	20 53	2 16	21 46	23 11	1 48	17 11	2 1	0 22	2 31	13 22	0 56	15 33	2 19
26	23 24	22 19	1 2	22 30	22 50	1 44	17 28	1 60	0 37	2 32	13 23	0 56	15 32	2 19
27	23 22	22 18	0S18	21 44	22 27	1 39	17 45	1 58	0 53	2 33	13 24	0 56	15 32	2 18
28	23 20	20 47	1 37	19 29	22 4	1 34	18 2	1 57	1 8	2 34	13 25	0 56	15 31	2 18
29	23 17	17 52	2 51	15 58	21 39	1 28	18 19	1 55	1 22	2 35	13 26	0 57	15 31	2 18
30	23N14	13S50	3S52	11S31	21N14	1N21	18N35	1S53	1N37	2S35	13S27	0S57	15S30	2N18

DAY	♅ DECL	♅ LAT	♆ DECL	♆ LAT	♇ DECL	♇ LAT
1	1S 5	0S45	14N29	0N24	21N13	1S34
5	1 3	0 45	14 28	0 24	21 13	1 33
9	1 1	0 45	14 27	0 24	21 13	1 33
13	0 59	0 45	14 25	0 24	21 13	1 33
17	0 58	0 45	14 23	0 24	21 12	1 32
21	0 57	0 45	14 22	0 24	21 12	1 32
25	0 56	0 45	14 20	0 24	21 12	1 32
29	0S55	0S46	14N17	0N24	21N11	1S32

☽ PHENOMENA				VOID OF COURSE ☽ LAST ASPT	☽ INGRESS
d	h	m		2 11am11	2 ♓ 11am53
3	8	9	☾	4 1pm10	4 ♈ 2pm46
10	10	8	●	6 1pm16	6 ♉ 6pm29
18	11	14	☽	8 10pm12	8 ♊ 11pm43
25	21	13	○	11 5am45	11 ♋ 7am15
				13 4pm 1	13 ♌ 5pm29
				16 0am 4	16 ♍ 5am49
d	h	° ′		18 4pm59	18 ♎ 6pm19
5	11	0		21 2am44	21 ♏ 4am40
12	7	22N30		23 10am30	23 ♐ 11am35
19	18	0		25 2pm18	25 ♑ 3pm18
26	12	22S30		27 4pm 4	27 ♒ 5pm 1
				29 1pm 6	29 ♓ 6pm14
5	20	5S12		d h	
12	15	0		1 6 PERIGEE	
20	3	5N16		16 12 APOGEE	
26	19	0		28 10 PERIGEE	

DAILY ASPECTARIAN

Day	Aspect	Time
1 T	⊙△☽	1am52
	☽⚻♇	7 53
	☽∠♅	8 53
	☽⚺♂	8pm24
	☽□♄	9 26
	☽☍♆	10 47
	♀⚺♅	10 49
2 W	☽∥♄	5am53
	☽☌♃	6 35
	☽⚼♇	9 12
	☽⚺♅	10 13
	☽✶♀	11 11
	☽#♆	1pm44
	♂△♄	3 35
	⊙∥☿	3 53
	♀ ♉	8 0
	☽∥♃	8 3
3 Th	☽□☿	4am47
	⊙□☽	8 9
	☽△♇	10 36
	☽#♀	2pm30
	☽∠♀	2 46
	♂⚻♆	9 35
	☽△♄	11 56
4 F	☽⚻♆	1am35
	☽☌♂	1 47
	☽⚺♃	9 33
	☽∥♂	1pm 7
	☽☌♅	1 10
	⊙☌☿	4 41
	☽⚺♀	6 31
	☿⚺♇	6 36
	⊙⚺♇	9 8
5 S	☽⚼♄	1am23
	☽⚼♆	3 13
	☽∥♅	6 42
	☽∠♃	11 16
	☽□♇	1pm51
	⊙✶☽	3 4
	☽#♅	4 9
	☽✶☿	5 26
6 Su	☽⚻♄	3am 5
	☽△♆	5 5
	☽#♂	7 47
	☽⚺♂	7 58
	☽✶♃	1pm16
	☽⚺♅	4 56
	⊙∠☽	6 59
7 M	☽∠☿	0am24
	☽☌♀	3 1
	☽∠♂	11 36
	☽∥♀	5pm19
	☽✶♇	6 15
	☽∠♅	7 20
	⊙⚺☽	11 23
8 T	☽#♃	4am17
	☿⚻♄	5 11
	☽☍♄	7 33
	☿∠♀	7 46
	☽⚺☿	8 1
	☽□♆	9 56
	☽∥♆	11 1
	☽✶♂	3pm45
	☽□♃	6 26
	☽#♄	6 57
	☿✶♆	7 54
	☽∠♇	9 6
	☽✶♅	10 12
9	☽⚺♀	1pm40
10 Th	☽⚺♇	0am32
	⊙☌☽	10 8
	☽⚻♄	2pm 3
	☽✶♆	4 54
	☽∥♇	6 35
	☽∠♀	8 10
	♂⚺♃	8 43
11 F	☿△♃	1am19
	☽△♃	1 48
	☽☌☿	1 54
	☽□♂	2 5
	☿□♂	3 29
	☽□♅	5 45
	☽⚼♄	6pm17
	☽∠♆	9 22
12 S	☿□♅	1am15
	☽✶♀	3 34
	☽⚼♃	6 30
	☽☌♇	9 23
	☿ ♋	10 8
	⊙⚻♄	11 56
	☽△♄	11pm12
13 Su	⊙⚺☽	0am12
	☽⚺♆	2 33
	♀#♃	3 59
	☽⚻♃	11 51
	☽△♂	3pm36
	☽△♅	4 1
	☽∥♇	7 44
	♂☌♅	11 3
	☽⚺☿	11 56
14 M	⊙✶♆	6am50
	⊙∠☽	8 28
	♀✶♇	7pm39
	☽⚺♇	8 51
	☽□♀	8 59
	☽⚼♅	10 1
	☽⚼♂	11 24
15 T	♂ ♈	0am51
	☿⚼♄	3 51
	♀∠♅	7 53
	☽□♄	10 44
	☽∠☿	12pm10
	☽☌♆	2 35
	⊙✶☽	5 19
16 W	☽☍♃	0am 4
	☽#♄	0 23
	☿∠♆	2 53
	☽∠♇	3 14
	☽⚻♅	4 23
	☽⚻♂	7 36
	♀∥♆	8 9
	♃SR	8 36
	☽∥♀	8 56
	☽∥♆	9 1
	☽#♃	4pm17
17 Th	☽✶☿	0am35
	♀∠♂	7 6
	☽✶♇	9 41
	☽△♀	4pm13
	☽✶♄	11 10
18 F	☽⚺♆	3am24
	⊙□☽	11 14
	☽⚻♃	12pm39
	☿⚼♃	1 7
	☽☍♅	4 59
	☽☍♂	11 42
19 S	☽⚼♀	1am27
	⊙△♃	4 55
	☽∠♄	4 59
	☽∠♆	9 19
	☿☌♇	10 22
	☽#♂	1pm13
	☽#♅	1 33
	☽⚼♃	6 19
	♂∥♅	7 8
	☽□♇	9 35
	♀#♄	9 59
	☽∥♂	11 7
	☽∥♅	11 19
	☽□☿	11 31
20 Su	☽⚻♀	9am52
	☽⚺♄	10 10
	♀☍♄	1pm 3
	☽✶♆	2 35
	☽△♃	11 14
21 M	⊙△☽	2am44
	☽⚻♅	3 28
	⊙□♅	12pm33
	☽⚻♂	1 2
22	⊙ ♋	4am30
T	☽△♇	6 31
	☽⚼♅	7 26
	⊙⚼☽	8 54
	♀□♆	1pm34
	♂⚼♄	4 2
	☽∥♃	4 40
	☽△☿	5 3
	☽☌♄	6 2
	☽⚼♂	6 9
	☽□♆	10 29
	☽#♆	10 34
	☽☍♀	11 19
23 W	☿△♄	0am33
	☽∥♄	6 1
	☽□♃	6 25
	☽⚼♇	9 39
	☽△♅	10 30
	☽#♀	1pm45
	⊙⚻☽	1 56
	☽△♂	10 15
	☽⚼☿	11 34
24 Th	⊙∥☿	5am56
	☽⚻♇	11 57
	☿⚺♆	12pm30
	☽⚺♄	10 31
25 F	☽△♆	2am59
	☽#♇	3 50
	☽⚻☿	4 51
	☽⚻♀	8 21
	☽✶♃	10 18
	☽□♅	2pm18
	⊙☍☽	9 13
	☽∠♄	11 46
26 S	☽□♂	3am57
	☽⚼♆	4 16
	♀□♃	7 33
	♂⚼♆	11 6
	☽∠♃	11 21
	☽⚼♀	11 42
	☽☍♇	2pm38
27 Su	☽✶♄	0am35
	☿⚻♃	4 51
	♂#♅	5 0
	☽⚻♆	5 8
	⊙⚼♄	10 6
	☽⚺♃	12pm 3
	☽☍☿	12 54
	☽△♀	2 35
	☽✶♅	4 4
	☽#♇	7 17
28 M	♀∠♇	1am 2
	⊙⚻☽	2 15
	☽✶♂	7 45
	♀✶♅	9 13
	☽⚻♇	4pm 1
	☽∠♅	4 39
	☿△♅	7 39
	♀ ♊	9 5
	☽#♀	9 6
29 T	☽□♄	1am40
	⊙⚼☽	4 32
	☿ ♌	5 2
	☽☍♆	6 26
	☽∠♂	9 31
	☽☌♃	1pm 6
	☽∥♄	2 41
	☽⚼♇	4 41
	☽⚺♅	5 17
	☽⚻☿	7 41
	☽□♀	8 4
	☽#♆	9 34
30 W	☽∥♃	2am 2
	☿∥♇	2 19
	⊙△☽	6 59
	⊙∠♆	10 19
	☽⚺♂	11 27
	☿✶♀	3pm52
	☽△♇	5 33
	☽⚼☿	11 15

LONGITUDE

DAY	SID. TIME	☉	☽	☽ 12 Hour	MEAN ☊	TRUE ☊	☿	♀	♂	♃	♄	♅	♆	♇
	h m s	° ' "	° ' "	° ' "	° '	° '	° '	° '	° '	° '	° '	° '	° '	° '
1	18 33 9	8♋ 24 4	17♓ 57 37	25♓ 7 5	16♋ 43	16♋ 27	2♌ 33	2♊ 29	10♈ 46	26♒ 50R	19♏ 51R	29♓ 26	22♌ 52	14♋ 6
2	18 37 6	9 21 16	2♈ 13 13	9♈ 15 47	16 40	16 27R	3 56	3 39	11 25	26 47	19 49	29 26	22 54	14 8
3	18 41 2	10 18 28	16 14 35	23 9 30	16 37	16 27	5 16	4 49	12 4	26 44	19 47	29 26	22 56	14 9
4	18 44 59	11 15 40	0♉ 0 29	6♉ 47 31	16 34	16 26	6 33	6 0	12 44	26 40	19 45	29 26	22 58	14 11
5	18 48 56	12 12 53	13 30 37	20 9 50	16 31	16 26	7 48	7 10	13 23	26 37	19 43	29 26R	22 59	14 12
6	18 52 52	13 10 5	26 45 14	3♊ 16 55	16 27	16 25	9 0	8 21	14 2	26 33	19 41	29 26	23 1	14 14
7	18 56 49	14 7 18	9♊ 44 58	16 9 31	16 24	16 25	10 9	9 31	14 40	26 30	19 39	29 26	23 3	14 15
8	19 0 45	15 4 32	22 30 41	28 48 35	16 21	16 25D	11 16	10 42	15 19	26 26	19 38	29 26	23 5	14 17
9	19 4 42	16 1 45	5♋ 3 21	11♋ 15 9	16 18	16 25	12 20	11 53	15 57	26 22	19 36	29 26	23 7	14 18
10	19 8 38	16 58 59	17 24 8	23 30 29	16 15	16 25	13 20	13 4	16 36	26 17	19 35	29 26	23 8	14 20
11	19 12 35	17 56 13	29 34 25	5♌ 36 9	16 12	16 25R	14 18	14 14	17 14	26 13	19 34	29 26	23 10	14 21
12	19 16 31	18 53 27	11♌ 35 55	17 34 2	16 8	16 25	15 13	15 25	17 52	26 8	19 32	29 25	23 12	14 23
13	19 20 28	19 50 42	23 30 47	29 26 31	16 5	16 25	16 4	16 36	18 29	26 3	19 31	29 25	23 14	14 24
14	19 24 25	20 47 56	5♍ 21 37	11♍ 16 29	16 2	16 25	16 52	17 47	19 7	25 59	19 30	29 25	23 16	14 26
15	19 28 21	21 45 10	17 11 33	23 7 18	15 59	16 24	17 37	18 58	19 44	25 53	19 29	29 24	23 18	14 28
16	19 32 18	22 42 25	29 4 13	5♎ 2 48	15 56	16 23	18 17	20 9	20 21	25 48	19 28	29 24	23 20	14 29
17	19 36 14	23 39 39	11♎ 3 36	17 7 10	15 52	16 22	18 54	21 20	20 58	25 43	19 27	29 23	23 22	14 31
18	19 40 11	24 36 54	23 14 4	29 24 48	15 49	16 22D	19 27	22 32	21 35	25 37	19 27	29 23	23 24	14 32
19	19 44 7	25 34 9	5♏ 39 57	12♏ 0 0	15 46	16 22	19 56	23 43	22 12	25 32	19 26	29 22	23 26	14 34
20	19 48 4	26 31 24	18 25 25	24 56 37	15 43	16 22	20 21	24 54	22 48	25 26	19 26	29 21	23 28	14 35
21	19 52 0	27 28 40	1♐ 33 56	8♐ 17 37	15 40	16 23	20 41	26 6	23 24	25 20	19 25	29 20	23 30	14 37
22	19 55 57	28 25 56	15 7 49	22 4 31	15 37	16 24	20 57	27 17	24 0	25 14	19 25	29 20	23 32	14 38
23	19 59 54	29 23 12	29 7 37	6♑ 16 48	15 33	16 25	21 7	28 28	24 36	25 7	19 25	29 19	23 34	14 40
24	20 3 50	0♌ 20 29	13♑ 31 39	20 51 32	15 30	16 26R	21 14R	29 40	25 12	25 1	19 25D	29 18	23 36	14 41
25	20 7 47	1 17 46	28 15 42	5♒ 43 15	15 27	16 26	21 15	0♋ 52	25 47	24 55	19 25	29 17	23 38	14 43
26	20 11 43	2 15 4	13♒ 13 11	20 44 25	15 24	16 25	21 11	2 3	26 22	24 48	19 25	29 16	23 40	14 44
27	20 15 40	3 12 22	28 15 50	5♓ 46 19	15 21	16 23	21 2	3 15	26 57	24 41	19 25	29 15	23 42	14 46
28	20 19 36	4 9 41	13♓ 14 50	20 40 23	15 18	16 21	20 48	4 27	27 31	24 35	19 25	29 14	23 45	14 47
29	20 23 33	5 7 2	28 2 8	5♈ 19 23	15 14	16 19	20 29	5 39	28 6	24 28	19 26	29 13	23 47	14 49
30	20 27 29	6 4 23	12♈ 31 33	19 38 16	15 11	16 17	20 5	6 50	28 40	24 21	19 26	29 12	23 49	14 50
31	20 31 26	7♌ 1 45	26♈ 39 16	3♉ 34 28	15♋ 8	16♋ 16D	19♌ 36	8♋ 2	29♈ 14	24♒ 14	19♏ 27	29♓ 11	23♌ 51	14♋ 51

DECLINATION and LATITUDE

DAY	☉ DECL	☽ DECL	☽ LAT	☽ 12hr DECL	☿ DECL	☿ LAT	♀ DECL	♀ LAT	♂ DECL	♂ LAT	♃ DECL	♃ LAT	♄ DECL	♄ LAT
1	23N11	9S 2	4S39	6S28	20N48	1N14	18N50	1S52	1N52	2S36	13S28	0S57	15S30	2N17
2	23 7	3 49	5 7	1 9	20 21	1 6	19 6	1 50	2 7	2 37	13 29	0 57	15 30	2 17
3	23 3	1N31	5 17	4N 7	19 54	0 58	19 20	1 48	2 21	2 38	13 31	0 58	15 29	2 17
4	22 58	6 40	5 8	9 6	19 26	0 49	19 35	1 46	2 36	2 38	13 32	0 58	15 29	2 17
5	22 53	11 24	4 42	13 33	18 58	0 40	19 49	1 44	2 50	2 39	13 34	0 58	15 29	2 17
6	22 48	15 31	4 2	17 16	18 30	0 30	20 2	1 42	3 5	2 40	13 35	0 58	15 29	2 16
7	22 42	18 48	3 10	20 4	18 2	0 20	20 15	1 40	3 19	2 40	13 36	0 59	15 29	2 16
8	22 36	21 6	2 9	21 50	17 33	0 10	20 27	1 37	3 33	2 41	13 38	0 59	15 28	2 16
9	22 29	22 19	1 3	22 30	17 5	0S 1	20 39	1 35	3 47	2 42	13 40	0 59	15 28	2 16
10	22 22	22 24	0N 5	22 3	16 37	0 13	20 50	1 33	4 1	2 43	13 41	0 59	15 28	2 15
11	22 15	21 26	1 12	20 34	16 9	0 25	21 1	1 31	4 15	2 43	13 43	0 60	15 28	2 15
12	22 7	19 29	2 15	18 11	15 42	0 37	21 11	1 28	4 29	2 44	13 45	0 60	15 28	2 15
13	21 59	16 42	3 12	15 3	15 15	0 49	21 21	1 26	4 43	2 44	13 47	1 0	15 27	2 15
14	21 50	13 15	3 59	11 20	14 48	1 2	21 30	1 23	4 56	2 45	13 49	1 0	15 27	2 14
15	21 41	9 18	4 37	7 11	14 22	1 15	21 39	1 21	5 10	2 46	13 51	1 1	15 27	2 14
16	21 32	4 60	5 3	2 45	13 57	1 28	21 47	1 18	5 23	2 46	13 53	1 1	15 27	2 14
17	21 23	0 28	5 16	1S51	13 33	1 42	21 54	1 16	5 37	2 47	13 55	1 1	15 27	2 14
18	21 13	4S 9	5 15	6 27	13 10	1 55	22 1	1 13	5 50	2 47	13 57	1 1	15 28	2 13
19	21 2	8 42	4 59	10 54	12 48	2 9	22 8	1 11	6 3	2 48	13 59	1 2	15 28	2 13
20	20 51	13 1	4 29	14 60	12 27	2 23	22 13	1 8	6 16	2 49	14 1	1 2	15 28	2 13
21	20 40	16 50	3 44	18 28	12 8	2 37	22 18	1 5	6 29	2 49	14 3	1 2	15 28	2 13
22	20 29	19 53	2 45	21 2	11 50	2 50	22 23	1 2	6 41	2 50	14 6	1 2	15 28	2 12
23	20 17	21 52	1 34	22 22	11 33	3 4	22 27	0 60	6 54	2 50	14 8	1 2	15 28	2 12
24	20 5	22 30	0 16	22 14	11 19	3 17	22 30	0 57	7 6	2 51	14 10	1 3	15 28	2 12
25	19 53	21 35	1S 5	20 32	11 6	3 30	22 33	0 54	7 19	2 51	14 13	1 3	15 29	2 12
26	19 40	19 8	2 23	17 24	10 56	3 43	22 35	0 51	7 31	2 52	14 15	1 3	15 29	2 11
27	19 27	15 23	3 31	13 7	10 47	3 55	22 36	0 49	7 43	2 52	14 17	1 3	15 29	2 11
28	19 13	10 39	4 24	8 3	10 41	4 6	22 37	0 46	7 55	2 52	14 20	1 3	15 30	2 11
29	18 60	5 22	4 60	2 37	10 37	4 17	22 37	0 43	8 7	2 53	14 22	1 4	15 30	2 10
30	18 46	0N 7	5 15	2N49	10 35	4 26	22 36	0 40	8 18	2 53	14 25	1 4	15 30	2 10
31	18N31	5N28	5S10	7N59	10N36	4S34	22N35	0S37	8N30	2S54	14S27	1S 4	15S31	2N10

DAY	♅ DECL	♅ LAT	♆ DECL	♆ LAT	♇ DECL	♇ LAT
1	0S55	0S46	14N16	0N24	21N11	1S31
5	0 55	0 46	14 14	0 24	21 11	1 31
9	0 56	0 46	14 12	0 24	21 10	1 31
13	0 56	0 46	14 9	0 24	21 10	1 31
17	0 57	0 46	14 7	0 24	21 9	1 31
21	0 58	0 46	14 4	0 24	21 9	1 30
25	0 60	0 46	14 1	0 24	21 9	1 30
29	1S 1	0S47	13N59	0N24	21N 8	1S30

☽ PHENOMENA				VOID OF COURSE ☽ LAST ASPT		☽ INGRESS	
d	h	m					
2	13	3	☾	1	7pm17	1 ♈	8pm14
9	23	7	●	3	6pm10	3 ♉	11pm59
18	2	55	☽	6	4am56	6 ♊	5am57
25	5	13	○	8	1pm12	8 ♋	2pm17
31	19	25	☾	10	11pm43	11 ♌	0am51
				13	5am 7	13 ♍	1pm 8
d	h	°		16	0am39	16 ♎	1am52
2	17	0		18	4am37	18 ♏	1pm 8
9	14	22N30		20	8pm 0	20 ♐	9pm11
17	2	0		23	0am19	23 ♑	1am28
23	22	22S30		25	1am39	25 ♒	2am48
29	23	0		26	9pm49	27 ♓	2am46
				29	1am56	29 ♈	3am13
3	0	5S17		31	4am38	31 ♉	5am47
9	22	0		d	h		
17	11	5N17		14	5	APOGEE	
24	5	0		26	11	PERIGEE	
30	6	5S15					

DAILY ASPECTARIAN

Day	Aspect	Time
1 Th	☽△♄	3am 9
	☽⚻♆	8 15
	☽⚺♃	2pm50
	☽☌♅	7 17
2 F	☽✶♀	2am39
	☽△☿	3 13
	☽⚼♄	4 24
	☽#♂	7 20
	☽⚼♆	9 42
	♂∠♃	12pm14
	☽∥♅	1 2
	☉□☽	1 3
	☽∠♃	4 15
	☽☌♂	4 28
	☽□♇	8 23
	☽#♅	9 20
3 S	☽∥♂	4am 3
	☽⚻♄	6 6
	☽∠♀	6 46
	☽△♆	11 38
	☽✶♃	6pm10
	☿∥♀	7 9
	☽⚺♅	11 0
4 Su	☉⚼♃	9am49
	☽⚺♀	11 36
	☽□☿	12pm45
	☉✶☽	9 30
	☽⚺♂	11 45
5 M	☽✶♇	1am15
	☽∠♅	1 40
	♅SR	4 59
	☽☍♄	11 10
	☽#♃	12pm 7
	☽∥♆	4 2
	☽□♆	5 10
	☽□♃	11 39
	☽#♄	11 46
6 T	☉∠☽	2am48
	☽∠♂	4 23
	☽∠♇	4 33
	☽✶♅	4 56
	♂□♇	7 46
	☽∥☿	6pm37
	☽☌♀	11 32
7 W	☽✶☿	0am50
	☉☌♇	3 25
	☽⚺♇	8 26
	☉⚺☽	8 50
	☽✶♂	9 42
	☽∥♀	3pm17
	☽⚻♄	6 33
8 Th	☽✶♆	1am 5
	☽∥♇	1 7
	☽△♃	7 25
	☽∠☿	7 48
	☽□♅	1pm12
	☉□♂	6 26
	☽⚼♄	11 8
9 F	☽∠♆	5am55
	☽⚼♃	12pm 8
	☽⚺♀	2 37
	☽⚺☿	3 22
	☽☌♇	5 59
	☉∥☽	7 49
	☽□♂	10 20
	☉☌☽	11 7
10 S	☉∥☽	2am18
	☽△♄	4 16
	☽⚺♆	11 18
	☽⚻♃	5pm23
	☽∠♀	11 16
	☽△♅	11 43
11 Su	☿⚺♇	1am23
	♀⚺♇	2 26
	☿⚼♅	3 10
	☽∥♇	3 58
	☽∥♀	5 33
	☿✶♀	6 15
	♀∥♇	8pm57
12 M	☽⚺♇	5am36
	☽⚼♅	5 40
	☽☌☿	7 50
	☽✶♀	8 31
	☿#♄	12pm28
	☽△♂	1 18
	☉△♄	3 57
	☉⚺☽	3 57
	☽□♄	3 57
	☽☌♆	11 26
13 T	☽☍♃	5am 7
	☽#♄	9 9
	☽⚻♅	11 57
	☽∠♇	11 57
	☽∥☿	12pm15
	☽∥♆	6 10
	☽#♃	8 25
	☽⚼♂	9 20
14 W	☉∠☽	0am58
	♂⚻♄	2pm29
	☽✶♇	6 27
15 Th	☽⚺☿	0am54
	☉∥♀	3 34
	☽□♀	4 0
	☽✶♄	4 38
	☽⚻♂	5 26
	☉✶☽	10 2
	♀⚻♄	10 19
	☽⚺♆	12pm24
	☿∥♆	1 49
	☽⚻♃	5 28
	☽∥♂	9 59
16 F	☽☍♅	0am39
	☿#♃	4 1
	♀✶♂	8 34
	☽∠☿	8 58
	☽∠♄	10 50
	☉⚺♆	4pm19
	☽∠♆	6 37
	☽#♅	9 28
	☽⚼♃	11 19
17 S	☽□♇	6am51
	☽∥♅	7 22
	☽✶☿	4pm16
	☽⚺♄	4 35
	☽☍♂	8 37
	☽△♀	10 28
	☿□♄	11 31
18 Su	☽✶♆	0am19
	☉□☽	2 55
	☽△♃	4 37
	☉∥♇	7 27
	☽#♂	9 10
	☽⚻♅	11 55
	♀✶♆	6pm 8
	☉⚻♃	11 1
19 M	☽⚼♀	6am24
	☽⚼♅	4pm25
	☽△♇	4 50
	☽#☿	9 0
20 T	☽☌♄	1am52
	☽□☿	3 40
	☽∥♃	6 3
	☽#♆	6 21
	☽⚻♂	8 28
	☽□♆	9 19
	♀△♃	9 48
	☽□♃	12pm47
	☽⚻♀	1 7
	☽∥♄	2 57
	☉△☽	4 2
	☽△♅	8 0
	☽⚼♇	8 28
21 W	♂△♆	4am 0
	♃#♆	6 11
	☽⚼♂	12pm46
	☉⚼☽	8 49
	☽⚻♇	11 8
22 Th	☉#☽	5am24
	☽⚺♄	7 26
	☽△☿	10 12
	☽#♇	1pm24
	☽△♆	2 32
	☽△♂	3 59
	☽✶♃	5 16
	☉△♅	10 14
	☽☍♀	10 48
23 F	☽□♅	0am19
	☉⚻☽	0 28
	☽∠♄	8 53
	☽⚼☿	11 50
	☉ ♌	3pm25
	☽⚼♆	3 50
	♀□♅	4 44
	♂✶♃	6 1
	☽∠♃	6 15
24 S	☽☍♇	1am54
	♀ ♋	6 42
	☽✶♄	9 39
	♄SD	9 42
	☽⚻☿	12pm38
	☽⚻♆	4 30
	☿SR	5 5
	☽⚺♃	6 37
	☽□♂	7 49
25 Su	☽✶♅	1am39
	☽⚻♀	4 33
	☉☍☽	5 13
	☽#♇	5 33
	☉#☽	7pm27
26 M	☽∠♅	1am41
	☽⚻♇	2 25
	☽⚼♀	6 39
	☽□♄	9 53
	☽☍☿	12pm35
	☽☍♆	4 43
	☽☌♃	6 20
	☉⚺♀	7 42
	☽✶♂	9 49
	☽∥♄	11 23
27 T	☽⚺♅	1am35
	☽⚼♇	2 24
	☽∥♃	5 51
	☽#♆	7 27
	☉⚻☽	8 26
	☽△♀	8 39
	☽∠♂	10pm47
	♀⚼♄	11 35
	☽#☿	11 53
28 W	☽△♇	2am29
	☽△♄	9 59
	☉⚼☽	10 13
	☽⚻☿	11 57
	☽#♂	12pm11
	☽⚻♆	5 2
	☽⚺♃	6 12
	☿∠♀	9 26
29 Th	☽⚺♂	0am 6
	☽☌♅	1 56
	☽⚼♄	10 32
	☽⚼☿	11 57
	☉△☽	12pm29
	☽□♀	1 40
	☽⚼♆	5 47
	☽∠♃	6 44
	☽∥♅	6 58
30 F	☽□♇	3am53
	☽#♅	4 1
	☽⚻♄	11 40
	☽△☿	12pm21
	☽△♆	7 10
	☽✶♃	7 52
	♂⚺♅	10 5
31 S	☽⚺♅	4am21
	☽☌♂	4 38
	☿□♄	7 4
	☽∥♂	3pm 5
	♀∠♆	4 43
	☉□☽	7 25
	♀⚼♃	9 37
	☽✶♀	9 45

AUGUST 1926

LONGITUDE

DAY	SID. TIME	☉	☽	☽ 12 Hour	MEAN ☊	TRUE ☊	☿	♀	♂	♃	♄	♅	♆	♇
	h m s	° ' "	° ' "	° ' "	° '	° '	° '	° '	° '	° '	° '	° '	° '	° '
1	20 35 23	7♌ 59 8	10♉ 23 53	17♉ 7 38	15♋ 5	16♋ 15	19♌ 4R	9♋ 14	29♈ 47	24♒ 6R	19♏ 28	29♓ 10R	23♌ 53	14♋ 53
2	20 39 19	8 56 33	23 45 57	0♊ 19 7	15 2	16 16	18 27	10 26	0♉ 20	23 59	19 28	29 8	23 55	14 54
3	20 43 16	9 53 59	6♊ 47 26	13 11 16	14 58	16 17	17 47	11 38	0 53	23 52	19 29	29 7	23 57	14 56
4	20 47 12	10 51 26	19 31 0	25 46 59	14 55	16 19	17 4	12 51	1 26	23 44	19 30	29 6	24 0	14 57
5	20 51 9	11 48 54	1♋ 59 35	8♋ 9 10	14 52	16 20	16 19	14 3	1 59	23 37	19 31	29 4	24 2	14 59
6	20 55 5	12 46 24	14 16 3	20 20 34	14 49	16 21R	15 32	15 15	2 31	23 29	19 32	29 3	24 4	15 0
7	20 59 2	13 43 54	26 23 1	2♌ 23 39	14 46	16 21	14 45	16 27	3 2	23 22	19 34	29 2	24 6	15 1
8	21 2 58	14 41 26	8♌ 22 45	14 20 34	14 43	16 19	13 58	17 40	3 34	23 14	19 35	29 0	24 8	15 3
9	21 6 55	15 38 59	20 17 19	26 13 14	14 39	16 16	13 12	18 52	4 5	23 6	19 37	28 59	24 11	15 4
10	21 10 52	16 36 32	2♍ 8 35	8♍ 3 36	14 36	16 11	12 29	20 5	4 36	22 59	19 38	28 57	24 13	15 5
11	21 14 48	17 34 7	13 58 31	19 53 38	14 33	16 6	11 48	21 17	5 6	22 51	19 40	28 55	24 15	15 7
12	21 18 45	18 31 43	25 49 15	1♎ 45 40	14 30	16 0	11 10	22 30	5 36	22 43	19 42	28 54	24 17	15 8
13	21 22 41	19 29 19	7♎ 43 16	13 42 23	14 27	15 54	10 38	23 42	6 6	22 35	19 43	28 52	24 19	15 9
14	21 26 38	20 26 57	19 43 29	25 46 58	14 24	15 50	10 10	24 55	6 35	22 27	19 45	28 50	24 22	15 11
15	21 30 34	21 24 36	1♏ 53 20	8♏ 3 3	14 20	15 46	9 48	26 8	7 4	22 20	19 47	28 49	24 24	15 12
16	21 34 31	22 22 16	14 16 38	20 34 37	14 17	15 44D	9 33	27 20	7 33	22 12	19 49	28 47	24 26	15 13
17	21 38 27	23 19 57	26 57 29	3♐ 25 44	14 14	15 44	9 24D	28 33	8 1	22 4	19 52	28 45	24 28	15 15
18	21 42 24	24 17 39	9♐ 59 50	16 40 12	14 11	15 45	9 23	29 46	8 29	21 56	19 54	28 43	24 30	15 16
19	21 46 21	25 15 22	23 27 9	0♑ 20 55	14 8	15 46	9 29	0♌ 59	8 56	21 48	19 56	28 41	24 33	15 17
20	21 50 17	26 13 6	7♑ 21 37	14 29 11	14 4	15 48R	9 42	2 12	9 23	21 40	19 59	28 39	24 35	15 18
21	21 54 14	27 10 51	21 43 24	29 3 51	14 1	15 48	10 3	3 25	9 50	21 33	20 1	28 38	24 37	15 19
22	21 58 10	28 8 38	6♒ 29 55	14♒ 0 47	13 58	15 46	10 32	4 38	10 16	21 25	20 4	28 36	24 39	15 21
23	22 2 7	29 6 25	21 35 25	29 12 40	13 55	15 43	11 8	5 51	10 41	21 17	20 7	28 34	24 42	15 22
24	22 6 3	0♍ 4 14	6♓ 51 13	14♓ 29 43	13 52	15 38	11 52	7 4	11 7	21 9	20 10	28 32	24 44	15 23
25	22 10 0	1 2 5	22 6 47	29 41 6	13 49	15 31	12 43	8 17	11 31	21 2	20 13	28 30	24 46	15 24
26	22 13 56	1 59 57	7♈ 11 29	14♈ 36 52	13 45	15 24	13 41	9 31	11 56	20 54	20 16	28 28	24 48	15 25
27	22 17 53	2 57 51	21 56 25	29 9 29	13 42	15 18	14 46	10 44	12 19	20 47	20 19	28 25	24 50	15 26
28	22 21 50	3 55 46	6♉ 15 38	13♉ 14 41	13 39	15 13	15 57	11 57	12 43	20 39	20 22	28 23	24 53	15 27
29	22 25 46	4 53 44	20 6 35	26 51 28	13 36	15 10	17 14	13 11	13 6	20 32	20 25	28 21	24 55	15 29
30	22 29 43	5 51 44	3♊ 29 38	10♊ 1 27	13 33	15 9D	18 37	14 24	13 28	20 24	20 29	28 19	24 57	15 30
31	22 33 39	6♍ 49 45	16♊ 27 23	22♊ 47 57	13♋ 30	15♋ 10	20♌ 5	15♌ 38	13♉ 50	20♒ 17	20♏ 32	28♓ 17	24♌ 59	15♋ 31

DECLINATION and LATITUDE

DAY	☉ DECL	☽ DECL	☽ LAT	☽ 12hr DECL	☿ DECL	☿ LAT	♀ DECL	♀ LAT	♂ DECL	♂ LAT	♃ DECL	♃ LAT	♄ DECL	♄ LAT
1	18N17	10N23	4S48	12N37	10N39	4S42	22N33	0S34	8N41	2S54	14S30	1S 4	15S31	2N10
2	18 2	14 41	4 10	16 32	10 45	4 47	22 31	0 31	8 52	2 54	14 33	1 4	15 32	2 9
3	17 46	18 9	3 21	19 32	10 53	4 52	22 28	0 29	9 4	2 55	14 35	1 5	15 32	2 9
4	17 31	20 40	2 22	21 32	11 3	4 54	22 24	0 26	9 15	2 55	14 38	1 5	15 33	2 9
5	17 15	22 8	1 18	22 27	11 15	4 55	22 20	0 23	9 25	2 55	14 40	1 5	15 33	2 9
6	16 59	22 30	0 11	22 16	11 30	4 54	22 15	0 20	9 36	2 55	14 43	1 5	15 34	2 8
7	16 43	21 47	0N55	21 3	11 46	4 51	22 9	0 17	9 47	2 56	14 46	1 5	15 34	2 8
8	16 26	20 4	1 58	18 53	12 4	4 47	22 3	0 14	9 57	2 56	14 48	1 5	15 35	2 8
9	16 9	17 30	2 55	15 56	12 23	4 40	21 56	0 11	10 7	2 56	14 51	1 6	15 36	2 8
10	15 52	14 13	3 45	12 21	12 42	4 32	21 48	0 8	10 17	2 56	14 54	1 6	15 36	2 7
11	15 34	10 22	4 24	8 17	13 3	4 23	21 40	0 6	10 27	2 57	14 56	1 6	15 37	2 7
12	15 17	6 8	4 52	3 55	13 24	4 11	21 31	0 3	10 37	2 57	14 59	1 6	15 38	2 7
13	14 59	1 39	5 8	0S38	13 45	3 58	21 22	0 0	10 47	2 57	15 2	1 6	15 38	2 7
14	14 41	2S55	5 11	5 12	14 6	3 44	21 12	0N 3	10 56	2 57	15 5	1 6	15 39	2 6
15	14 22	7 27	4 59	9 39	14 26	3 29	21 1	0 6	11 5	2 57	15 7	1 6	15 40	2 6
16	14 4	11 46	4 34	13 47	14 46	3 13	20 50	0 8	11 14	2 57	15 10	1 6	15 41	2 6
17	13 45	15 41	3 55	17 25	15 4	2 57	20 38	0 11	11 23	2 57	15 13	1 6	15 42	2 6
18	13 26	18 57	3 2	20 16	15 21	2 40	20 26	0 14	11 32	2 57	15 15	1 7	15 42	2 5
19	13 6	21 19	1 58	22 4	15 36	2 22	20 13	0 16	11 41	2 57	15 18	1 7	15 43	2 5
20	12 47	22 29	0 46	22 33	15 50	2 4	19 59	0 19	11 49	2 57	15 20	1 7	15 44	2 5
21	12 27	22 13	0S32	21 31	16 1	1 47	19 45	0 22	11 58	2 57	15 23	1 7	15 45	2 5
22	12 7	20 26	1 50	18 58	16 11	1 29	19 30	0 24	12 6	2 57	15 26	1 7	15 46	2 4
23	11 47	17 10	3 1	15 5	16 17	1 12	19 15	0 27	12 14	2 57	15 28	1 7	15 47	2 4
24	11 27	12 43	4 1	10 10	16 22	0 55	18 59	0 29	12 22	2 57	15 31	1 7	15 48	2 4
25	11 7	7 28	4 43	4 40	16 23	0 38	18 43	0 32	12 30	2 57	15 33	1 7	15 49	2 4
26	10 46	1 49	5 5	1N 2	16 22	0 22	18 26	0 34	12 37	2 57	15 36	1 7	15 50	2 3
27	10 25	3N49	5 6	6 31	16 18	0 7	18 8	0 36	12 45	2 56	15 38	1 7	15 51	2 3
28	10 4	9 5	4 48	11 29	16 11	0N 7	17 50	0 39	12 52	2 56	15 41	1 7	15 52	2 3
29	9 43	13 43	4 13	15 43	16 0	0 21	17 32	0 41	12 59	2 56	15 43	1 7	15 53	2 3
30	9 22	17 30	3 25	19 2	15 47	0 33	17 13	0 43	13 6	2 56	15 45	1 7	15 54	2 2
31	9N 0	20N18	2S28	21N18	15N30	0N45	16N53	0N46	13N12	2S55	15S48	1S 7	15S56	2N 2

DAY	♅ DECL	♅ LAT	♆ DECL	♆ LAT	♇ DECL	♇ LAT
1	1S 3	0S47	13N57	0N24	21N 8	1S30
5	1 5	0 47	13 54	0 24	21 7	1 30
9	1 7	0 47	13 51	0 24	21 7	1 29
13	1 10	0 47	13 48	0 24	21 6	1 29
17	1 13	0 47	13 45	0 24	21 6	1 29
21	1 16	0 47	13 42	0 24	21 6	1 29
25	1 19	0 47	13 39	0 24	21 5	1 29
29	1S23	0S47	13N36	0N24	21N 5	1S29

☽ PHENOMENA				
d	h	m		
8	13	49	●	
16	16	39	☽	
23	12	38	○	
30	4	41	☾	
d	h	° '		
5	20	22N31		
13	9	0		
20	8	22S34		
26	8	0		
6	4	0		
13	16	5N11		
20	14	0		
26	13	5S 8		

VOID OF COURSE ☽ LAST ASPT		☽ INGRESS		
2	9am49	2	♊	11am25
4	6pm21	4	♋	8pm 8
7	5am15	7	♌	7am13
9	7am53	9	♍	7pm39
12	6am12	12	♎	8am27
14	11am26	14	♏	8pm18
17	3am20	17	♐	5am40
19	9am 7	19	♑	11am24
21	11am16	21	♒	1pm31
23	12pm38	23	♓	1pm14
25	10am 5	25	♈	12pm30
27	4am49	27	♉	1pm25
29	2pm39	29	♊	5pm40

d	h	
10	17	APOGEE
23	20	PERIGEE

DAILY ASPECTARIAN

Day	Aspect	Time
1 Su	☽∥☿	1am24
	☽∠♅	6 41
	☽✶♇	7 59
	♂ ♉	9 15
	☽□☿	2pm49
	☽☍♄	4 13
	☽∥♆	7 32
	☽#♃	11 11
2 M	☽□♆	0am17
	☽□♃	0 24
	☽∠♀	3 21
	☽#♄	5 22
	☽✶♅	9 49
	♃☍♆	9 55
	☽∠♇	11 16
	☽⚺♂	12pm34
	☉∥☽	9 17
3 T	☉✶☽	6am17
	☽⚺♀	10 2
	☽⚺♇	3pm19
	☽∠♂	5 53
	☽✶☿	7 36
	☽⚻♄	11 59
4 W	☽∥♇	5am50
	☽△♃	8 0
	☽✶♆	8 35
	☉∠☽	1pm 9
	☽□♅	6 21
	☽∠☿	10 46
	☽✶♂	11 58
5 Th	☽⚼♄	4am55
	☽∥♀	5 32
	☽⚼♃	12pm46
	☽∠♆	1 45
	♀☌♇	6 53
	☉⚺☽	8 49
6 F	☽☌♇	1am27
	☽☌♀	2 9
	☽⚺☿	2 21
	☿⚺♀	3 29
	☽△♄	10 26
	☽∥♀	2pm23
	☿⚺♇	4 1
	☽⚻♃	6 3
	☽⚺♆	7 27
7 S	☽△♅	5am15
	☉⚼♅	7 11
	☽∥♇	10 57
	☽□♂	1pm54
	☉☌☿	2 3
	☿⚼♅	11 1
8 Su	☉⚺♇	9am 5
	☽☌☿	10 34
	☽⚼♅	11 17
	☽⚺♇	1pm26
	☉☌☽	1 49
	☽⚺♀	8 49
	☽□♄	10 38
9 M	☽☍♃	5am38
	☽☌♆	7 53
	☉∥☽	11 23
	☽#♄	2pm24
	♀△♄	3 2
	☽⚻♅	5 33
	☽#♃	7 23
	☽∠♇	7 50
10 T	☽∥♆	2am29
	☽△♂	5 12
	☽∠♀	6 38
	☽∥☿	8 56
	☽⚺☿	7pm49
	☉#♄	8 40
	☽∥♂	11 31
11 W	☽✶♇	2am19
	☉⚺☽	7 56
	☽✶♄	11 34
	☽⚼♂	12pm58
	☽✶♀	4 30
	☽⚻♃	5 47
	☽⚺♆	8 53
12 Th	☽∠☿	0am41
	♀⚻♃	3 59
	☽☍♅	6 12
	☉∠☽	4pm56
	☽∠♄	5 57
	☉#♃	8 30
	☽⚻♂	8 36
	☽⚼♃	11 44
13 F	☽#♅	2am33
	☿∥♆	3 7
	☽∠♆	3 14
	☽✶☿	5 36
	☉□♄	6 4
	♀⚺♆	12pm38
	☽∥♅	2 51
	☽□♇	2 56
14 S	☽⚺♄	0am 4
	☉✶☽	1 34
	☽△♃	5 22
	☽✶♆	9 13
	☽□♀	11 26
	♀∥♇	1pm 1
	☽⚻♅	5 59
	☉∥☿	9 35
15 Su	☽☍♂	10am30
	☽□☿	3pm 4
	☉☍♃	8 7
	☽#♂	8 51
	☽⚼♅	11 3
16 M	☽△♇	1am49
	☽☌♄	10 36
	☽#♆	11 48
	☉#☽	12pm39
	☽□♃	2 54
	☉□☽	4 39
	☽□♆	7 20
	☽#☿	7 39
	☽∥♃	8 53
	☉∥♆	11 46
17 T	☽∥♄	0am 6
	☽△♀	3 17
	☽△♅	3 20
	♀△♅	3 48
	☽⚼♇	6 7
	☿#♃	2pm 9
	☿SD	4 57
	☽⚻♂	9 9
	☽△☿	10 53
18 W	♀ ♌	4am35
	☉☌♆	5 33
	☽⚼♀	9 27
	☽⚻♇	9 30
	☽#♀	12pm32
	☽⚺♄	5 47
	☽✶♃	9 8
	☽#♇	9 13
19 Th	☽⚼♂	0am53
	☽⚼☿	1 49
	☽△♆	1 55
	☉△☽	3 24
	☽□♅	9 7
	☿#♄	1pm 3
	☽⚻♀	2 21
	☽∠♄	7 56
	☽∠♃	10 50
20 F	☽△♂	3am32
	☽⚼♆	3 46
	☽⚻☿	4 3
	☉⚼☽	6 59
	☽☍♇	1pm23
	☽✶♄	9 11
	☽⚺♃	11 42
21 S	☽⚻♆	4am46
	☉⚻☽	9 34
	☽✶♅	11 16
	☽#♇	5pm 9
	☽☍♀	8 44
22 Su	☉∥♂	1am14
	☽□♂	6 12
	☽☍☿	6 42
	☽#♀	8 38
	☉⚻♅	10 50
	☽∠♅	11 18
	☽⚻♇	2pm 8
	☽□♄	9 40
	☽☌♃	11 31
23 M	☽☍♆	4am54
	☽#☿	5 8
	☽∥♄	8 5
	☽∥♃	9 46
	☽⚺♅	10 57
	☉☍☽	12pm38
	☽⚼♇	1 50
	☽#♆	7 19
	☉ ♍	10 15
24 T	☽⚻♀	0am22
	☽#♂	1 42
	☉#☽	6 30
	☽✶♂	6 52
	☉∠♇	7 57
	☽⚻☿	8 19
	☽△♇	1pm25
	☽△♄	8 59
	☽⚺♃	10 18
25 W	☽⚼♀	2am 1
	☽⚻♆	4 12
	☽∠♂	7 10
	☽⚼☿	9 27
	☽☌♅	10 5
	☉⚻☽	3pm 7
	☿⚼♅	6 54
	☽⚼♄	8 54
	☽∠♃	9 57
26 Th	☽∥♅	2am 1
	☽△♀	4 4
	☽⚼♆	4 13
	☽⚺♂	7 51
	☽△☿	11 17
	☽□♇	1pm20
	☽#♅	1 21
	☉⚼☽	5 0
	☽⚻♄	9 19
	☽✶♃	10 6
27 F	☽△♆	4am49
	☽⚺♅	10 45
	☿⚺♇	2pm12
	☉△☽	7 45
28 S	☉∥☽	4am30
	☽□♀	10 43
	☽☌♂	11 24
	☽∠♅	12pm13
	☽✶♇	3 52
	☽□☿	6 25
	☽∥♂	7 49
	♀□♂	9 37
	☽∥♆	11 23
29 Su	☽☍♄	0am33
	☽□♃	0 44
	♀⚼♅	3 22
	☽□♆	8 33
	☿#♄	11 56
	☽#♃	12pm 6
	☽∥☿	1 3
	☽#♄	1 8
	♃□♄	2 31
	☽✶♅	2 39
	♂∠♅	3 21
	☽∠♇	6 33
	☽∥♀	10 6
30 M	☿#♃	1am48
	☉□☽	4 41
	☽⚺♂	6pm56
	♀⚺♇	9 45
	☽⚺♇	10 13
	☽✶♀	10 17
31 T	☿☍♃	2am56
	☽△♃	7 10
	☿□♄	7 21
	☽⚻♄	7 44
	☽✶☿	7 47
	☽∥♇	9 5
	☽✶♆	4pm13
	☽□♅	10 26

LONGITUDE

DAY	SID. TIME h m s	☉ ° ' "	☽ ° ' "	☽ 12 Hour ° ' "	MEAN ☊ ° '	TRUE ☊ ° '	☿ ° '	♀ ° '	♂ ° '	♃ ° '	♄ ° '	♅ ° '	♆ ° '	♇ ° '
1	22 37 36	7♍ 47 48	29♊ 3 41	5♋ 15 10	13♋ 26	15♋ 11	21♌ 38	16♌ 51	14♉ 11	20♒ 10R	20♏ 36	28♓ 15R	25♌ 1	15♋ 32
2	22 41 32	8 45 53	11♋ 22 57	17 27 35	13 23	15 12R	23 15	18 5	14 31	20 3	20 39	28 12	25 4	15 33
3	22 45 29	9 44 0	23 29 34	29 29 23	13 20	15 12	24 56	19 18	14 51	19 56	20 43	28 10	25 6	15 34
4	22 49 25	10 42 9	5♌ 27 30	11♌ 24 19	13 17	15 9	26 40	20 32	15 11	19 49	20 47	28 8	25 8	15 35
5	22 53 22	11 40 20	17 20 12	23 15 29	13 14	15 5	28 27	21 46	15 30	19 42	20 51	28 6	25 10	15 36
6	22 57 19	12 38 33	29 10 27	5♍ 5 22	13 10	14 57	0♍ 16	22 59	15 48	19 36	20 54	28 3	25 12	15 37
7	23 1 15	13 36 47	11♍ 0 27	16 55 56	13 7	14 48	2 7	24 13	16 5	19 29	20 59	28 1	25 14	15 38
8	23 5 12	14 35 3	22 51 59	28 48 49	13 4	14 37	3 59	25 27	16 22	19 23	21 3	27 59	25 16	15 38
9	23 9 8	15 33 21	4♎ 46 35	10♎ 45 30	13 1	14 25	5 52	26 41	16 38	19 16	21 7	27 56	25 19	15 39
10	23 13 5	16 31 40	16 45 45	22 47 36	12 58	14 14	7 46	27 55	16 54	19 10	21 11	27 54	25 21	15 40
11	23 17 1	17 30 1	28 51 17	4♏ 57 5	12 55	14 3	9 41	29 9	17 9	19 4	21 15	27 52	25 23	15 41
12	23 20 58	18 28 24	11♏ 5 19	17 16 22	12 51	13 55	11 35	0♍ 23	17 23	18 58	21 20	27 49	25 25	15 42
13	23 24 54	19 26 49	23 30 36	29 48 27	12 48	13 50	13 30	1 37	17 37	18 52	21 24	27 47	25 27	15 43
14	23 28 51	20 25 15	6♐ 10 21	12♐ 36 46	12 45	13 47	15 24	2 51	17 49	18 47	21 29	27 45	25 29	15 43
15	23 32 48	21 23 43	19 8 10	25 44 58	12 42	13 46D	17 18	4 5	18 1	18 41	21 33	27 42	25 31	15 44
16	23 36 44	22 22 12	2♑ 27 36	9♑ 16 25	12 39	13 47R	19 11	5 19	18 13	18 36	21 38	27 40	25 33	15 45
17	23 40 41	23 20 43	16 11 42	23 13 34	12 36	13 47	21 3	6 33	18 23	18 31	21 43	27 38	25 35	15 46
18	23 44 37	24 19 16	0♒ 22 3	7♒ 36 58	12 32	13 46	22 55	7 47	18 33	18 26	21 48	27 35	25 37	15 46
19	23 48 34	25 17 50	14 57 59	22 24 30	12 29	13 43	24 46	9 2	18 42	18 21	21 53	27 33	25 39	15 47
20	23 52 30	26 16 26	29 55 43	7♓ 30 39	12 26	13 37	26 36	10 16	18 50	18 16	21 57	27 30	25 41	15 48
21	23 56 27	27 15 3	15♓ 8 7	22 46 45	12 23	13 28	28 25	11 30	18 58	18 12	22 2	27 28	25 43	15 48
22	0 0 23	28 13 43	0♈ 25 11	8♈ 1 57	12 20	13 18	0♎ 14	12 45	19 5	18 7	22 8	27 25	25 45	15 49
23	0 4 20	29 12 25	15 35 40	23 5 6	12 16	13 7	2 1	13 59	19 10	18 3	22 13	27 23	25 47	15 50
24	0 8 16	0♎ 11 8	0♉ 29 7	7♉ 46 51	12 13	12 57	3 47	15 13	19 15	17 59	22 18	27 21	25 49	15 50
25	0 12 13	1 9 54	14 57 37	22 1 0	12 10	12 49	5 33	16 28	19 19	17 55	22 23	27 18	25 51	15 51
26	0 16 10	2 8 42	28 56 48	5♊ 45 2	12 7	12 43	7 17	17 42	19 23	17 52	22 29	27 16	25 53	15 51
27	0 20 6	3 7 32	12♊ 25 52	18 59 38	12 4	12 39	9 1	18 57	19 25	17 48	22 34	27 13	25 55	15 52
28	0 24 3	4 6 24	25 26 48	1♋ 47 55	12 1	12 38D	10 43	20 11	19 27	17 45	22 39	27 11	25 56	15 52
29	0 27 59	5 5 19	8♋ 3 34	14 14 24	11 57	12 38R	12 25	21 26	19 27R	17 42	22 45	27 9	25 58	15 53
30	0 31 56	6♎ 4 16	20♋ 21 4	26♋ 24 15	11♋ 54	12♋ 38	14♎ 6	22♍ 41	19♉ 27	17♒ 39	22♏ 51	27♓ 6	26♌ 0	15♋ 53

DECLINATION and LATITUDE

DAY	☉ DECL	☽ DECL	☽ LAT	☽ 12hr DECL	☿ DECL	☿ LAT	♀ DECL	♀ LAT	♂ DECL	♂ LAT	♃ DECL	♃ LAT	♄ DECL	♄ LAT
1	8N39	22N 1	1S26	22N27	15N11	0N56	16N33	0N48	13N19	2S55	15S50	1S 7	15S57	2N 2
2	8 17	22 37	0 20	22 31	14 48	1 5	16 13	0 50	13 25	2 54	15 52	1 8	15 58	2 2
3	7 55	22 8	0N44	21 30	14 23	1 14	15 52	0 52	13 32	2 54	15 55	1 8	15 59	2 2
4	7 33	20 38	1 47	19 32	13 55	1 22	15 30	0 54	13 38	2 54	15 57	1 8	16 0	2 1
5	7 11	18 14	2 43	16 45	13 24	1 28	15 9	0 56	13 43	2 53	15 59	1 8	16 2	2 1
6	6 49	15 5	3 33	13 17	12 51	1 34	14 46	0 58	13 49	2 53	16 1	1 8	16 3	2 1
7	6 27	11 20	4 13	9 17	12 15	1 38	14 24	0 60	13 55	2 52	16 3	1 8	16 4	2 1
8	6 4	7 9	4 42	4 56	11 38	1 42	14 1	1 2	14 0	2 51	16 5	1 8	16 5	2 0
9	5 42	2 40	4 59	0 23	10 59	1 45	13 37	1 3	14 5	2 51	16 7	1 8	16 7	2 0
10	5 19	1S56	5 3	4S14	10 19	1 47	13 13	1 5	14 10	2 50	16 9	1 8	16 8	1 60
11	4 56	6 30	4 53	8 43	9 37	1 48	12 49	1 7	14 15	2 49	16 11	1 8	16 9	1 60
12	4 34	10 53	4 30	12 56	8 53	1 48	12 25	1 8	14 20	2 49	16 13	1 7	16 11	1 60
13	4 11	14 53	3 54	16 40	8 9	1 48	11 60	1 10	14 24	2 48	16 14	1 7	16 12	1 59
14	3 48	18 18	3 6	19 43	7 24	1 47	11 34	1 11	14 29	2 47	16 16	1 7	16 13	1 59
15	3 25	20 54	2 7	21 49	6 38	1 45	11 9	1 13	14 33	2 46	16 18	1 7	16 15	1 59
16	3 2	22 26	0 60	22 44	5 52	1 43	10 43	1 14	14 37	2 45	16 20	1 7	16 16	1 59
17	2 39	22 41	0S13	22 16	5 5	1 40	10 17	1 16	14 41	2 44	16 21	1 7	16 18	1 59
18	2 15	21 30	1 27	20 21	4 18	1 37	9 50	1 17	14 44	2 43	16 23	1 7	16 19	1 58
19	1 52	18 52	2 37	17 2	3 31	1 34	9 23	1 18	14 48	2 42	16 24	1 7	16 20	1 58
20	1 29	14 55	3 39	12 32	2 43	1 29	8 56	1 19	14 51	2 41	16 25	1 7	16 22	1 58
21	1 6	9 56	4 26	7 11	1 56	1 25	8 29	1 20	14 54	2 40	16 27	1 7	16 23	1 58
22	0 42	4 19	4 54	1 24	1 8	1 20	8 2	1 21	14 57	2 39	16 28	1 7	16 25	1 58
23	0 19	1N31	5 1	4N23	0 21	1 15	7 34	1 22	14 60	2 37	16 29	1 7	16 26	1 57
24	0S 4	7 9	4 47	9 48	0S26	1 10	7 6	1 23	15 3	2 36	16 30	1 7	16 28	1 57
25	0 28	12 15	4 16	14 30	1 13	1 4	6 38	1 24	15 5	2 35	16 32	1 7	16 29	1 57
26	0 51	16 32	3 29	18 17	2 0	0 58	6 9	1 24	15 7	2 33	16 33	1 7	16 31	1 57
27	1 15	19 46	2 33	20 58	2 46	0 52	5 41	1 25	15 9	2 32	16 34	1 7	16 32	1 57
28	1 38	21 53	1 30	22 29	3 32	0 46	5 12	1 26	15 11	2 30	16 35	1 7	16 34	1 56
29	2 1	22 48	0 24	22 50	4 18	0 40	4 43	1 26	15 13	2 29	16 35	1 7	16 35	1 56
30	2S25	22N35	0N41	22N 4	5S 3	0N33	4N14	1N26	15N15	2S27	16S36	1S 6	16S37	1N56

DAY	♅ DECL	♅ LAT	♆ DECL	♆ LAT	♇ DECL	♇ LAT
1	1S25	0S47	13N34	0N24	21N 5	1S29
5	1 29	0 47	13 31	0 24	21 4	1 29
9	1 33	0 47	13 28	0 24	21 4	1 28
13	1 36	0 47	13 26	0 25	21 4	1 28
17	1 40	0 47	13 23	0 25	21 3	1 28
21	1 44	0 47	13 20	0 25	21 3	1 28
25	1 48	0 47	13 18	0 25	21 3	1 28
29	1S52	0S47	13N15	0N25	21N 3	1S28

☽ PHENOMENA d	h	m	
7	5	45	●
15	4	27	☽
21	20	19	○
28	17	48	☾

d	h	° '
2	1	22N37
9	14	0
16	16	22S45
22	18	0
29	7	22N51

d	h	
2	8	0
9	19	5N 3
16	20	0
22	20	5S 1
29	9	0

VOID OF COURSE ☽ LAST ASPT		☽ INGRESS		
31	10pm26	1	♋	1am49
3	9am20	3	♌	1pm 1
5	3pm55	6	♍	1am41
8	10am17	8	♎	2pm23
11	0am38	11	♏	2am16
13	8am 8	13	♐	12pm22
15	3pm28	15	♑	7pm37
17	7pm22	17	♒	11pm23
19	5pm14	20	♓	0am 7
21	8pm19	21	♈	11pm20
23	4pm24	23	♉	11pm13
25	9pm 5	26	♊	1am51
28	3am15	28	♋	8am35
30	1pm21	30	♌	7pm11

d	h	
6	20	APOGEE
21	6	PERIGEE

DAILY ASPECTARIAN

Day	Aspect	Time
1 W	☽∠♂	0am14
	☽∠♀	5 59
	☽⚼♃	11 43
	☽⚼♄	12pm44
	☽∠☿	4 54
	☉✶☽	6 25
	☽∠♆	9 24
2 Th	☽✶♂	6am22
	☽☌♇	8 13
	☽⊻♀	2pm43
	♀#♄	4 4
	☽⚻♃	4 59
	☽△♄	6 26
	♀#♃	9 6
3 F	☿☌♆	2am21
	☉∠☽	2 42
	☽⊻♆	3 13
	☽⊻☿	3 21
	♂∥♆	3 56
	☽△♅	9 20
	♀☍♃	11 14
	☽∥♇	6pm21
4 S	♀□♄	5am 5
	☿∥♂	11 19
	☉⊻☽	11 31
	☽⚼♅	3pm27
	☿∥♆	6 15
	☿⚻♅	7 25
	☽□♂	8 10
	☽⊻♇	8 28
5 Su	☽☍♃	4am45
	☽□♄	7 9
	♂✶♇	8 29
	☽☌♀	10 0
	☽☌♆	3pm55
	☽#♄	5 14
	☽#♃	5 29
	☿ ♍	8 33
	☽⚻♅	9 44
6 M	☽∥♀	2am24
	☽☌☿	2 37
	☽∠♇	2 55
	☿∠♇	4 35
	☽∥♂	8 17
	☽∥♆	10 32
	☽∥☿	5pm22
7 T	☉☌☽	5am45
	☽✶♇	9 22
	☽△♂	10 33
	☽⚻♃	5pm 1
	☽✶♄	8 18
	♀☌♆	8 29
8 W	♀∥♂	0am31
	☽⊻♆	4 53
	☽⊻♀	5 49
	☉∥☽	6 25
	♃∥♄	6 59
	☽☍♅	10 17
	☽⚼♂	5pm33
	☽⚼♃	11 0
9 Th	☉✶♇	2am30
	☽⊻☿	2 37
	☽∠♄	2 42
	☽#♅	5 55
	♀∥♆	9 9
	☽∠♆	11 8
	☽∠♀	3pm26
	☽□♇	9 49
	☽∥♅	10 5
	☉⊻☽	11 29
	♀⚻♅	11 48
10 F	☽⚻♂	0am17
	☽△♃	4 45
	☽⊻♄	8 51
	☉△♂	12pm24
	☽∠☿	2 12
	☉#☽	4 23
	☽✶♆	5 7
	☽⚻♅	10 3
11 S	☽✶♀	0am38
	☉∠☽	7 48
	☽#☿	2pm29
	♀ ♍	4 37
12 Su	☽✶☿	1am 9
	☽⚼♅	3 22
	♀∠♇	6 16
	☽#♀	8 3
	☽△♇	8 58
	☉⚻♃	11 7
	☽☍♂	12pm27
	☽#♆	2 59
	☽□♃	3 9
	☉✶☽	3 32
	☽☌♄	7 56
	☽#♂	8 56
13 M	☽□♆	3am43
	☽△♅	8 8
	☽∥♄	8 46
	☽∥♃	9 5
	☽⚼♇	1pm44
	☽□♀	5 5
14 T	☿✶♇	4am 8
	☽⚻♇	5pm46
	☽□☿	8 4
	☽⚻♂	9 56
	☽✶♃	11 11
15 W	☽#♇	1am56
	☉✶♄	4 18
	☽⊻♄	4 26
	☉□☽	4 27
	☿△♂	10 18
	☽△♆	11 37
	☽□♅	3pm28
	☿⚻♃	4 54
16 Th	☽⚼♂	1am21
	☽∠♃	2 0
	☽△♀	5 34
	☽∠♄	7 25
	☽⚼♆	2pm16
	☽☍♇	11 15
17 F	☽△♂	3am49
	☽⊻♃	3 57
	☿✶♄	8 48
	☽✶♄	9 29
	☽△☿	9 35
	☽⚼♀	10 2
	♂□♃	11 54
	☉△☽	1pm 6
	☽⚻♆	4 1
	☽✶♅	7 22
18 S	☽#♇	5am 3
	☽⚻♀	1pm25
	☽⚼☿	2 19
	☉⚼☽	3 51
	☽∠♅	8 4
19 Su	☽⚻♇	1am20
	☽☌♃	5 26
	☽□♂	6 6
	☉⊻♆	9 3
	☉#♅	10 2
	☽□♄	11 12
	☿⊻♆	11 44
	☉☌☿	2pm42
	☽∥♃	3 39
	☽∥♄	4 0
	☽☍♆	5 14
	☉⚻☽	5 47
	☽⚻☿	5 59
	☽⊻♅	8 9
20 M	☽#♂	0am20
	☽⚼♇	1 23
	☽#♆	8 1
	☿☍♅	11 36
	☽☍♀	5pm47
21 T	☽△♇	1am 3
	☽⊻♃	4 47
	☉☍♅	5 3
	☿#♅	5 46
	☽✶♂	6 4
	☽#♀	6 59
	☽△♄	10 54
	☽⚻♆	4pm39
	☽☌♅	7 18
	☉☍☽	8 19
	☿ ♎	8 57
	☽☍☿	11 40
22 W	☽∠♃	4am14
	☽∠♂	5 48
	☽∥♅	10 34
	☽⚼♄	10 38
	☽#☿	3pm10
	☉#☽	3 57
	☽⚼♆	4 20
	☉∥☽	7 23
	☽∥☿	7 46
	☽⚻♀	9 12
23 Th	☽□♇	0am22
	☽#♅	1 3
	☉∥☿	1 52
	☽✶♃	3 55
	☽⊻♂	5 45
	☽⚻♄	10 40
	☿⚼♃	1pm30
	☉#☿	1 31
	☽△♆	4 24
	☽⊻♅	6 54
	☉ ♎	7 27
	☉⚻☽	11 29
	☽⚼♀	11 32
	☽∥♀	11 46
24 F	☽⚻☿	6am 9
	☿⚼♂	6 38
	♀✶♇	11 54
	☽∠♅	7pm33
25 S	☽✶♇	1am30
	☉⚼☽	2 11
	☽△♀	2 47
	☽□♃	4 59
	☽∥♆	5 24
	☽☌♂	7 26
	☽⚼☿	10 50
	☽☍♄	12pm43
	☽∥♂	3 26
	☿∥♅	6 3
	☽□♆	6 39
	☽✶♅	9 5
	☽#♄	11 55
26 Su	☽#♃	0am 7
	☿∠♄	2 46
	♀⚻♃	2 54
	☽∠♇	3 20
	☉△☽	6 3
	☉⚼♃	4pm35
	☽△☿	4 55
27 M	☽⊻♇	6am15
	♀△♂	9 21
	☽△♃	9 46
	☽⊻♂	12pm49
	☽∥♇	12 56
	☽□♀	1 11
	☽⚻♄	6 45
28 T	☽✶♆	0am56
	☿∠♆	3 8
	☽□♅	3 15
	☉⚼♂	8 25
	☉∥♅	1pm31
	☽⚼♃	1 45
	☽∠♂	5 4
	☉□☽	5 48
	♃∥♄	10 35
	☽⚼♄	11 24
29 W	☽∠♆	5am39
	♂SR	5 50
	☿#♀	8 3
	☽□☿	9 47
	☽☌♇	3pm13
	☽⚻♃	6 42
	☽✶♂	10 14
30 Th	♀✶♄	3am27
	☽△♄	4 58
	☽✶♀	5 7
	☽⊻♆	11 13
	☽△♅	1pm21

OCTOBER 1926

LONGITUDE

DAY	SID. TIME	☉	☽	☽ 12 Hour	MEAN ☊	TRUE ☊	☿	♀	♂	♃	♄	♅	♆	♇
	h m s	° ' "	° ' "	° ' "	° '	° '	° '	° '	° '	° '	° '	° '	° '	° '
1	0 35 52	7♎ 3 16	2♌ 24 33	8♌ 22 37	11♋ 51	12♋ 37R	15♎ 46	23♍ 55	19♉ 26R	17♒ 36R	22♏ 56	27♓ 4R	26♌ 2	15♋ 53
2	0 39 49	8 2 17	14 19 2	20 14 19	11 48	12 33	17 25	25 10	19 24	17 34	23 2	27 2	26 4	15 54
3	0 43 45	9 1 21	26 8 59	2♍ 3 29	11 45	12 27	19 3	26 25	19 21	17 31	23 8	26 59	26 5	15 54
4	0 47 42	10 0 27	7♍ 58 12	13 53 29	11 41	12 18	20 40	27 39	19 17	17 29	23 13	26 57	26 7	15 54
5	0 51 39	10 59 36	19 49 38	25 46 53	11 38	12 7	22 17	28 54	19 12	17 27	23 19	26 55	26 9	15 55
6	0 55 35	11 58 46	1♎ 45 28	7♎ 45 31	11 35	11 53	23 53	0♎ 9	19 7	17 26	23 25	26 52	26 10	15 55
7	0 59 32	12 57 58	13 47 13	19 50 38	11 32	11 39	25 27	1 24	19 0	17 24	23 31	26 50	26 12	15 55
8	1 3 28	13 57 13	25 55 55	2♏ 3 9	11 29	11 24	27 2	2 39	18 53	17 23	23 37	26 48	26 14	15 56
9	1 7 25	14 56 29	8♏ 12 27	14 23 55	11 26	11 12	28 35	3 53	18 44	17 22	23 43	26 45	26 15	15 56
10	1 11 21	15 55 47	20 37 43	26 54 1	11 22	11 2	0♏ 8	5 8	18 35	17 21	23 49	26 43	26 17	15 56
11	1 15 18	16 55 8	3♐ 13 0	9♐ 34 57	11 19	10 54	1 40	6 23	18 25	17 20	23 55	26 41	26 18	15 56
12	1 19 14	17 54 30	16 0 5	22 28 45	11 16	10 50	3 11	7 38	18 14	17 19	24 2	26 39	26 20	15 56
13	1 23 11	18 53 54	29 1 15	5♑ 37 56	11 13	10 48D	4 41	8 53	18 3	17 19	24 8	26 37	26 22	15 56
14	1 27 8	19 53 20	12♑ 19 7	19 5 8	11 10	10 48R	6 11	10 8	17 50	17 19D	24 14	26 34	26 23	15 57
15	1 31 4	20 52 47	25 56 14	2♒ 52 39	11 7	10 48	7 40	11 23	17 37	17 19	24 21	26 32	26 25	15 57
16	1 35 1	21 52 17	9♒ 54 28	17 1 42	11 3	10 47	9 9	12 38	17 23	17 19	24 27	26 30	26 26	15 57
17	1 38 57	22 51 48	24 14 10	1♓ 31 34	11 0	10 44	10 36	13 53	17 8	17 20	24 33	26 28	26 27	15 57R
18	1 42 54	23 51 20	8♓ 53 24	16 18 57	10 57	10 38	12 3	15 8	16 53	17 20	24 40	26 26	26 29	15 57
19	1 46 50	24 50 54	23 47 22	1♈ 17 37	10 54	10 30	13 29	16 23	16 37	17 21	24 46	26 24	26 30	15 57
20	1 50 47	25 50 31	8♈ 48 34	16 18 57	10 51	10 20	14 54	17 38	16 20	17 22	24 53	26 22	26 31	15 57
21	1 54 43	26 50 9	23 47 34	1♉ 13 12	10 47	10 9	16 19	18 53	16 3	17 23	24 59	26 20	26 33	15 56
22	1 58 40	27 49 49	8♉ 34 43	15 51 9	10 44	9 58	17 42	20 8	15 45	17 25	25 6	26 18	26 34	15 56
23	2 2 37	28 49 31	23 1 43	0♊ 5 49	10 41	9 49	19 5	21 24	15 26	17 27	25 13	26 16	26 35	15 56
24	2 6 33	29 49 16	7♊ 3 2	13 53 10	10 38	9 43	20 27	22 39	15 8	17 28	25 19	26 14	26 36	15 56
25	2 10 30	0♏ 49 2	20 36 14	27 12 22	10 35	9 39	21 48	23 54	14 48	17 30	25 26	26 12	26 38	15 56
26	2 14 26	1 48 51	3♋ 41 53	10♋ 5 12	10 32	9 37D	23 7	25 9	14 29	17 33	25 33	26 11	26 39	15 56
27	2 18 23	2 48 42	16 22 49	22 35 20	10 28	9 37	24 26	26 24	14 8	17 35	25 39	26 9	26 40	15 56
28	2 22 19	3 48 35	28 43 22	4♌ 47 34	10 25	9 37R	25 43	27 39	13 48	17 38	25 46	26 7	26 41	15 55
29	2 26 16	4 48 31	10♌ 48 38	16 47 12	10 22	9 37	26 59	28 55	13 27	17 41	25 53	26 5	26 42	15 55
30	2 30 12	5 48 28	22 43 57	28 39 30	10 19	9 36	28 14	0♏ 10	13 7	17 44	26 0	26 4	26 43	15 55
31	2 34 9	6♏ 48 27	4♍ 34 28	10♍ 29 24	10♋ 16	9♋ 32	29♏ 27	1♏ 25	12♉ 46	17♒ 47	26♏ 7	26♓ 2	26♌ 44	15♋ 54

DECLINATION and LATITUDE

DAY	☉ DECL	☽ DECL	☽ LAT	☽ 12hr DECL	☿ DECL	☿ LAT	♀ DECL	♀ LAT	♂ DECL	♂ LAT	♃ DECL	♃ LAT	♄ DECL	♄ LAT
1	2S48	21N18	1N43	20N18	5S48	0N26	3N45	1N27	15N16	2S25	16S37	1S 6	16S39	1N56
2	3 11	19 5	2 39	17 40	6 32	0 20	3 15	1 27	15 17	2 23	16 38	1 6	16 40	1 56
3	3 35	16 4	3 28	14 19	7 16	0 13	2 46	1 27	15 18	2 21	16 38	1 6	16 42	1 56
4	3 58	12 25	4 8	10 24	7 59	0 6	2 16	1 28	15 19	2 19	16 39	1 6	16 43	1 55
5	4 21	8 17	4 37	6 5	8 42	0S 1	1 47	1 28	15 20	2 17	16 39	1 6	16 45	1 55
6	4 44	3 48	4 55	1 30	9 24	0 8	1 17	1 28	15 20	2 15	16 40	1 6	16 47	1 55
7	5 7	0S51	4 59	3S11	10 5	0 15	0 47	1 28	15 21	2 13	16 40	1 6	16 48	1 55
8	5 30	5 31	4 50	7 48	10 46	0 22	0 17	1 28	15 21	2 11	16 41	1 6	16 50	1 55
9	5 53	10 2	4 27	12 10	11 26	0 29	0S13	1 27	15 21	2 9	16 41	1 6	16 52	1 55
10	6 16	14 11	3 52	16 4	12 5	0 36	0 42	1 27	15 20	2 6	16 41	1 6	16 53	1 55
11	6 39	17 47	3 4	19 19	12 44	0 43	1 12	1 27	15 20	2 4	16 41	1 5	16 55	1 54
12	7 2	20 36	2 7	21 39	13 22	0 50	1 42	1 27	15 19	2 1	16 41	1 5	16 56	1 54
13	7 24	22 25	1 2	22 52	13 59	0 57	2 12	1 26	15 19	1 59	16 41	1 5	16 58	1 54
14	7 47	23 1	0S 8	22 49	14 36	1 4	2 42	1 26	15 18	1 56	16 41	1 5	16 60	1 54
15	8 9	22 16	1 19	21 22	15 11	1 11	3 12	1 25	15 17	1 53	16 41	1 5	17 1	1 54
16	8 31	20 8	2 27	18 35	15 46	1 18	3 42	1 24	15 15	1 51	16 41	1 5	17 3	1 54
17	8 54	16 43	3 28	14 35	16 20	1 24	4 12	1 24	15 14	1 48	16 41	1 5	17 5	1 54
18	9 16	12 12	4 17	9 37	16 54	1 31	4 41	1 23	15 12	1 45	16 40	1 5	17 7	1 53
19	9 38	6 53	4 49	4 2	17 26	1 37	5 11	1 22	15 11	1 42	16 40	1 5	17 8	1 53
20	9 59	1 7	5 1	1N48	17 58	1 43	5 40	1 21	15 9	1 39	16 39	1 4	17 10	1 53
21	10 21	4N42	4 53	7 30	18 28	1 49	6 10	1 20	15 7	1 36	16 39	1 4	17 12	1 53
22	10 42	10 11	4 25	12 41	18 58	1 55	6 39	1 19	15 5	1 33	16 38	1 4	17 13	1 53
23	11 4	14 59	3 41	17 2	19 26	2 1	7 8	1 18	15 3	1 30	16 38	1 4	17 15	1 53
24	11 25	18 48	2 44	20 17	19 54	2 6	7 37	1 17	15 0	1 26	16 37	1 4	17 17	1 53
25	11 46	21 28	1 39	22 20	20 20	2 12	8 6	1 16	14 58	1 23	16 36	1 4	17 18	1 53
26	12 7	22 52	0 31	23 6	20 46	2 17	8 34	1 15	14 55	1 20	16 36	1 4	17 20	1 52
27	12 27	23 2	0N36	22 41	21 10	2 21	9 3	1 14	14 52	1 16	16 35	1 4	17 22	1 52
28	12 48	22 3	1 40	21 10	21 34	2 26	9 31	1 12	14 50	1 13	16 34	1 3	17 23	1 52
29	13 8	20 4	2 38	18 44	21 56	2 30	9 59	1 11	14 47	1 10	16 33	1 3	17 25	1 52
30	13 28	17 14	3 29	15 33	22 16	2 34	10 27	1 10	14 44	1 6	16 32	1 3	17 27	1 52
31	13S48	13N42	4N10	11N44	22S36	2S37	10S55	1N 8	14N41	1S 3	16S31	1S 3	17S29	1N52

DAY	♅ DECL	♅ LAT	♆ DECL	♆ LAT	♇ DECL	♇ LAT
1	1S53	0S47	13N14	0N25	21N 3	1S28
5	1 57	0 47	13 12	0 25	21 3	1 28
9	2 1	0 47	13 10	0 25	21 3	1 28
13	2 4	0 47	13 8	0 25	21 3	1 28
17	2 7	0 47	13 6	0 25	21 3	1 27
21	2 11	0 47	13 4	0 25	21 3	1 27
25	2 13	0 47	13 2	0 25	21 3	1 27
29	2S16	0S47	13N 1	0N25	21N 3	1S27

☽ PHENOMENA

d	h	m	
6	22	13	●
14	14	28	☽
21	5	15	○
28	10	57	☾

d	h	° '
6	20	0
13	23	23S 1
20	5	0
26	15	23N 7

d	h	
6	20	4N59
13	21	0
20	2	5S 1
26	11	0

VOID OF COURSE ☽

LAST ASPT	☽ INGRESS
2 11pm53	3 ♍ 7am49
5 8pm24	5 ♎ 8pm29
8 2am28	8 ♏ 7am59
10 11am37	10 ♐ 5pm54
12 7pm36	13 ♑ 1am47
15 1am 3	15 ♒ 7am 3
17 3am40	17 ♓ 9am30
19 4am10	19 ♈ 9am56
21 5am15	21 ♉ 10am 1
23 6am 2	23 ♊ 11am50
25 10am58	25 ♋ 5pm 8
27 9pm40	28 ♌ 2am31
30 12pm25	30 ♍ 2pm43

d	h	
4	1	APOGEE
19	15	PERIGEE
31	15	APOGEE

DAILY ASPECTARIAN

Day	Aspect	Time
1 F	☿□♇	1am53
	☽∥♇	3 13
	☉*☽	10 10
	☽∠♀	2pm38
	☽⚼♅	7 23
	☉∠♄	11 49
2 S	☉#♀	1am47
	☿△♃	2 9
	☽⊻♇	3 12
	☽☍♃	6 33
	☽*☿	7 17
	☽□♂	10 16
	♀⊻♆	5pm38
	☽□♄	5 49
	☉∠☽	7 17
	☽#♄	7 27
	☽#♃	7 51
	☽☌♆	11 53
3 Su	☽⊻♀	0am36
	☽⚻♅	1 42
	☿⚻♂	4 18
	☽∥♂	5 20
	☽∠♇	9 39
	♀☍♅	10 47
	☽∠☿	6pm36
	☽∥♆	7 5
4 M	☉⊻☽	4am30
	♀#♅	3pm48
	☽*♇	4 5
	☽⚻♃	7 13
	☽#☿	10 2
	☽△♂	10 45
5 T	☉∠♆	3am49
	☽⊻☿	5 43
	☽*♄	7 6
	☽⊻♆	12pm46
	☽☍♅	2 13
	☿⊻♄	4 40
	☉#☽	7 30
	☽☌♀	8 24
	♀ ♎	9 8
6 W	☽⚼♃	1am20
	☽⚼♂	4 40
	☽#♅	9 32
	☽∠♄	1pm26
	☽∥♀	2 39
	☽∠♆	6 51
	☉☌☽	10 13
	☽#♀	11 44
7 Th	☽□♇	4am14
	☽∥♅	5 50
	☽△♃	7 9
	☽⚻♂	10 14
	☿*♆	11 33
	♀⚼♃	6pm59
	☽⊻♄	7 25
	☿⚻♅	8 32
	☉∥☽	11 57
8 F	☽*♆	0am35
	☽⚻♅	1 42
	☽☌☿	2 28
	☽⊻♀	2pm39
	♀⚼♂	9 24
9 S	☽⚼♅	6am52
	☽∥☿	9 16
	☉⊻☽	2pm11
	☽△♇	2 58
	☽□♃	5 41
	☽#♆	5 47
	☽☍♂	8 8
	☿ ♏	9 59
	☽∠♀	10 57
10 Su	☉□♇	0am 5
	☽☌♄	6 10
	☽#♂	7 12
	☽□♆	10 51
	☽△♅	11 37
	☽∥♃	4pm 8
	☽∥♄	5 40
	☽⚼♇	7 41
	☽⊻☿	8 39
	☉∠☽	9 20
11 M	☽*♀	6am38
	☉△♃	9 54
	☿#♆	3pm21
	☽⚻♇	11 53
12 T	☽*♃	2am27
	☉*☽	3 50
	☽⚻♂	4 6
	☽∠☿	4 35
	☽#♇	4 42
	☉⚻♂	6 43
	☽⊻♄	2pm58
	♀∥♅	5 18
	☽△♆	7 7
	☽□♅	7 36
13 W	♀∠♄	5am10
	☽∠♃	6 0
	☽⚼♂	7 12
	☽*☿	11 37
	☽∠♄	6pm27
	☽□♀	7 42
	☽⚼♆	10 20
14 Th	♃SD	4am50
	☽☍♇	6 27
	☽⊻♃	8 52
	☽△♂	9 38
	☉□☽	2pm28
	☽*♄	9 12
15 F	♀∠♆	0am28
	☽⚻♆	0 49
	☽*♅	1 3
	☿#♂	3 23
	☽#♇	3pm28
	☽□☿	10 33
16 S	☽∠♅	2am42
	☽△♀	5 3
	♂□♃	6 0
	☽⚻♇	10 11
	☽□♂	12pm23
	☽☌♃	12 29
	☉△☽	9 33
	☽∥♄	9 49
17 Su	☽∥♃	0am15
	☽□♄	0 32
	☽∥☿	1 58
	☽☍♆	3 40
	☽⊻♅	3 41
	♅⚻♆	5 35
	☽⚼♀	8 23
	☽#♂	8 32
	♇SR	8 54
	☽⚼♇	11 3
	☿⚼♅	2pm 2
	☿∥♃	2 18
	☽#♆	7 38
	☉⚼☽	11 56
18 M	☽△☿	5am40
	☿∥♄	9 57
	☽⚻♀	11 1
	☽△♇	11 24
	☽*♂	12pm41
	☉∥☽	12 44
	☽⊻♃	1 39
	♀□♇	3 30
	☉⊻♄	9 54
19 T	☽△♄	1am35
	☉⚻☽	1 49
	♀⚻♂	3 32
	☽☌♅	4 10
	☽⚻♆	4 21
	☽∥♀	6 38
	☽⚼☿	8 18
	☽∠♂	12pm17
	☽∠♃	1 42
	♀△♃	6 47
	☽∥♅	7 44
20 W	☽⚼♄	1am43
	☽⚼♆	4 21
	☽⚻☿	10 45
	☽□♇	11 24
	☽⊻♂	11 48
	☉⚻♅	12pm18
	☽#♅	1 30
	☽*♃	1 42
	☽☍♀	3 24
	☉*♆	4 50
	☿△♇	5 40
	☿☍♂	8 12
21 Th	☽⚻♄	1am56
	☽⊻♅	4 5
	☽△♆	4 27
	☉☍☽	5 15
	☽#♀	6 48
	♂*♇	8 22
	☿□♃	6pm53
22 F	☉#☽	2am38
	☽∠♅	4 28
	☽☌♂	11 35
	☽*♇	12pm 9
	☽∥♆	1 53
	☽□♃	2 38
	☽☍☿	4 41
	☽⚻♀	8 59
23 S	☽∥♂	0am21
	☽☍♄	3 43
	☽*♅	5 28
	☽□♆	6 2
	☽#♃	9 32
	☉⚻☽	10 35
	☽∠♇	1pm26
	☽#♄	1 31
24 Su	☽⚼♀	1am 8
	☉ ♏	4 19
	☽#☿	10 15
	☽⊻♂	1pm52
	☉⚼☽	2 45
	☽⊻♇	3 38
	☽△♃	6 26
	☽∥♇	7 26
25 M	☽⚻☿	2am23
	☽△♀	6 35
	☽⚻♄	8 50
	☽□♅	10 9
	☽*♆	10 58
	☽∠♂	4pm22
	☉△☽	8 12
	☽⚼♃	9 51
26 T	♀⊻♄	8am17
	☽⚼☿	9 15
	☽⚼♄	12pm59
	☽∠♆	2 59
	☿#♇	5 1
	♀⚻♅	7 12
	☽*♂	7 49
	☽☌♇	11 8
27 W	☽⚻♃	2am20
	♀*♆	5 7
	☽△☿	5pm26
	☽△♄	6 9
	☽△♅	6 54
	☽⊻♆	8 0
	☽□♀	9 40
28 Th	☿☌♄	0am58
	☽#☿	5 55
	☿△♅	7 17
	☉□☽	10 57
	☽∥♇	1pm24
	☉#♆	4 6
	☿□♆	6 27
29 F	☽⚼♅	0am33
	☽□♂	5 9
	☽⊻♇	10 15
	☽☍♃	1pm51
	♀ ♏	8 51
	☽#♄	10 21
30 S	☽#♃	5am 8
	☽□♄	6 40
	☽⚻♅	6 43
	☽☌♆	8 5
	♄△♅	10 46
	☽□☿	12pm25
	☽∠♇	4 34
	☽*♀	4 50
	☽∥♂	5 40
	☉#☽	11 30
31 Su	☽∥♆	4am22
	☉*☽	4 57
	☿ ♐	11 1
	☽#♀	3pm11
	☽△♂	4 7
	☽*♇	10 58

NOVEMBER 1926

LONGITUDE

DAY	SID. TIME	☉	☽	☽ 12 Hour	MEAN ☊	TRUE ☊	☿	♀	♂	♃	♄	♅	♆	♇
	h m s	° ' "	° ' "	° ' "	° '	° '	° '	° '	° '	° '	° '	° '	° '	° '
1	2 38 6	7♏ 48 29	16♍ 24 49	22♍ 21 11	10♋ 13	9♋ 26R	0♐ 38	2♏ 40	12♉ 24R	17♒ 50	26♏ 14	26♓ 0R	26♌ 45	15♋ 54R
2	2 42 2	8 48 33	28 18 56	4♎ 18 25	10 9	9 17	1 48	3 56	12 3	17 54	26 21	25 59	26 46	15 54
3	2 45 59	9 48 39	10♎ 19 55	16 23 43	10 6	9 7	2 55	5 11	11 42	17 58	26 27	25 57	26 47	15 53
4	2 49 55	10 48 46	22 29 58	28 38 50	10 3	8 55	4 0	6 26	11 21	18 2	26 34	25 56	26 48	15 53
5	2 53 52	11 48 56	4♏ 50 25	11♏ 4 45	10 0	8 44	5 2	7 42	11 0	18 6	26 41	25 54	26 49	15 53
6	2 57 48	12 49 8	17 21 52	23 41 46	9 57	8 34	6 1	8 57	10 39	18 10	26 48	25 53	26 50	15 52
7	3 1 45	13 49 21	0♐ 4 28	6♐ 29 55	9 53	8 26	6 56	10 12	10 18	18 15	26 55	25 51	26 50	15 52
8	3 5 41	14 49 36	12 58 8	19 29 6	9 50	8 21	7 48	11 28	9 58	18 19	27 2	25 50	26 51	15 51
9	3 9 38	15 49 53	26 2 53	2♑ 39 30	9 47	8 18D	8 36	12 43	9 38	18 24	27 9	25 49	26 52	15 51
10	3 13 35	16 50 12	9♑ 19 2	16 1 35	9 44	8 17	9 19	13 58	9 18	18 29	27 17	25 48	26 53	15 50
11	3 17 31	17 50 32	22 47 14	29 36 6	9 41	8 17	9 57	15 14	8 59	18 35	27 24	25 46	26 53	15 49
12	3 21 28	18 50 53	6♒ 28 17	13♒ 23 52	9 38	8 18R	10 29	16 29	8 40	18 40	27 31	25 45	26 54	15 49
13	3 25 24	19 51 16	20 22 52	27 25 16	9 34	8 19	10 54	17 44	8 22	18 46	27 38	25 44	26 55	15 48
14	3 29 21	20 51 40	4♓ 30 58	11♓ 39 46	9 31	8 18	11 12	19 0	8 4	18 51	27 45	25 43	26 55	15 48
15	3 33 17	21 52 5	18 51 21	26 5 19	9 28	8 15	11 22R	20 15	7 47	18 57	27 52	25 42	26 56	15 47
16	3 37 14	22 52 31	3♈ 21 8	10♈ 38 9	9 25	8 10	11 23	21 30	7 30	19 3	27 59	25 41	26 56	15 46
17	3 41 10	23 52 59	17 55 39	25 12 48	9 22	8 4	11 15	22 46	7 14	19 10	28 6	25 40	26 57	15 46
18	3 45 7	24 53 28	2♉ 28 47	9♉ 42 43	9 19	7 57	10 57	24 1	6 59	19 16	28 13	25 39	26 57	15 45
19	3 49 4	25 53 59	16 53 46	24 1 10	9 15	7 50	10 28	25 17	6 44	19 23	28 21	25 38	26 57	15 44
20	3 53 0	26 54 31	1♊ 4 13	8♊ 2 22	9 12	7 45	9 49	26 32	6 30	19 30	28 28	25 37	26 58	15 43
21	3 56 57	27 55 5	14 55 9	21 42 16	9 9	7 41	9 0	27 47	6 17	19 36	28 35	25 37	26 58	15 43
22	4 0 53	28 55 41	28 23 33	4♋ 58 58	9 6	7 38D	8 1	29 3	6 4	19 44	28 42	25 36	26 58	15 42
23	4 4 50	29 56 17	11♋ 28 37	17 52 43	9 3	7 38	6 53	0♐ 18	5 53	19 51	28 49	25 35	26 59	15 41
24	4 8 46	0♐ 56 56	24 11 35	0♌ 25 37	8 59	7 39	5 38	1 34	5 41	19 58	28 56	25 35	26 59	15 40
25	4 12 43	1 57 36	6♌ 35 18	12 41 9	8 56	7 41	4 18	2 49	5 31	20 6	29 3	25 34	26 59	15 39
26	4 16 39	2 58 18	18 43 45	24 43 42	8 53	7 42	2 56	4 4	5 22	20 14	29 11	25 34	26 59	15 39
27	4 20 36	3 59 1	0♍ 41 39	6♍ 38 11	8 50	7 43R	1 35	5 20	5 13	20 21	29 18	25 33	26 59	15 38
28	4 24 33	4 59 46	12 33 59	18 29 38	8 47	7 43	0 16	6 35	5 5	20 29	29 25	25 33	26 59	15 37
29	4 28 29	6 0 32	24 25 44	0♎ 22 53	8 44	7 41	29♏ 3	7 51	4 58	20 38	29 32	25 32	26 59R	15 36
30	4 32 26	7♐ 1 20	6♎ 21 36	12♎ 22 23	8♋ 40	7♋ 38	27♏ 58	9♐ 6	4♉ 52	20♒ 46	29♏ 39	25♓ 32	27♌ 0	15♋ 35

DECLINATION and LATITUDE

DAY	☉ DECL	☽ DECL	☽ LAT	☽ 12hr DECL	☿ DECL	☿ LAT	♀ DECL	♀ LAT	♂ DECL	♂ LAT	♃ DECL	♃ LAT	♄ DECL	♄ LAT
1	14S 7	9N40	4N40	7N29	22S54	2S40	11S22	1N 6	14N38	0S59	16S29	1S 3	17S30	1N52
2	14 27	5 14	4 58	2 55	23 11	2 43	11 49	1 5	14 35	0 56	16 28	1 3	17 32	1 52
3	14 46	0 34	5 4	1S49	23 27	2 45	12 16	1 3	14 32	0 52	16 27	1 3	17 34	1 52
4	15 5	4S11	4 55	6 32	23 41	2 47	12 42	1 2	14 28	0 48	16 26	1 3	17 35	1 52
5	15 23	8 51	4 33	11 5	23 54	2 48	13 8	0 60	14 25	0 45	16 24	1 2	17 37	1 51
6	15 42	13 13	3 58	15 14	24 5	2 48	13 34	0 58	14 22	0 41	16 23	1 2	17 39	1 51
7	15 60	17 5	3 10	18 45	24 14	2 48	13 60	0 56	14 19	0 38	16 21	1 2	17 40	1 51
8	16 17	20 11	2 11	21 23	24 22	2 47	14 25	0 54	14 16	0 34	16 20	1 2	17 42	1 51
9	16 35	22 18	1 5	22 55	24 28	2 45	14 50	0 53	14 13	0 31	16 18	1 2	17 44	1 51
10	16 52	23 13	0S 6	23 11	24 32	2 42	15 14	0 51	14 10	0 27	16 16	1 2	17 45	1 51
11	17 9	22 48	1 17	22 4	24 34	2 38	15 38	0 49	14 7	0 24	16 15	1 2	17 47	1 51
12	17 26	21 1	2 26	19 39	24 34	2 33	16 2	0 47	14 4	0 20	16 13	1 2	17 49	1 51
13	17 43	17 58	3 27	16 1	24 31	2 27	16 25	0 45	14 2	0 17	16 11	1 1	17 50	1 51
14	17 59	13 50	4 17	11 26	24 27	2 20	16 48	0 43	13 59	0 14	16 9	1 1	17 52	1 51
15	18 14	8 52	4 51	6 10	24 19	2 12	17 10	0 40	13 57	0 10	16 7	1 1	17 54	1 51
16	18 30	3 22	5 7	0 31	24 10	2 2	17 32	0 38	13 55	0 7	16 5	1 1	17 55	1 51
17	18 45	2N21	5 4	5N11	23 57	1 50	17 53	0 36	13 52	0 4	16 3	1 1	17 57	1 51
18	18 60	7 56	4 41	10 35	23 42	1 37	18 14	0 34	13 50	0 1	16 1	1 1	17 58	1 51
19	19 14	13 3	4 0	15 19	23 23	1 22	18 35	0 32	13 49	0N 3	15 59	1 1	18 0	1 51
20	19 28	17 22	3 5	19 8	23 1	1 6	18 55	0 29	13 47	0 6	15 56	1 1	18 2	1 51
21	19 42	20 36	2 0	21 46	22 36	0 48	19 14	0 27	13 45	0 9	15 54	1 1	18 3	1 50
22	19 56	22 36	0 50	23 7	22 8	0 29	19 33	0 25	13 44	0 12	15 52	1 0	18 5	1 50
23	20 9	23 18	0N21	23 10	21 37	0 9	19 51	0 23	13 43	0 15	15 49	1 0	18 7	1 50
24	20 21	22 45	1 29	22 2	21 4	0N11	20 9	0 20	13 42	0 18	15 47	1 0	18 8	1 50
25	20 34	21 4	2 31	19 53	20 30	0 31	20 26	0 18	13 41	0 20	15 44	1 0	18 10	1 50
26	20 46	18 28	3 25	16 53	19 55	0 52	20 43	0 16	13 41	0 23	15 42	1 0	18 11	1 50
27	20 57	15 7	4 10	13 13	19 20	1 11	20 59	0 13	13 40	0 26	15 39	0 60	18 13	1 50
28	21 8	11 12	4 43	9 5	18 46	1 29	21 14	0 11	13 40	0 29	15 37	0 60	18 14	1 50
29	21 19	6 52	5 4	4 35	18 14	1 45	21 29	0 9	13 40	0 31	15 34	0 60	18 16	1 50
30	21S29	2N15	5N12	0S 7	17S46	1N60	21S43	0N 6	13N41	0N34	15S31	0S60	18S17	1N50

DAY	♅ DECL	♅ LAT	♆ DECL	♆ LAT	♇ DECL	♇ LAT
1	2S18	0S47	13N 0	0N26	21N 4	1S27
5	2 20	0 47	12 59	0 26	21 4	1 27
9	2 22	0 46	12 58	0 26	21 4	1 27
13	2 24	0 46	12 57	0 26	21 5	1 27
17	2 26	0 46	12 57	0 26	21 5	1 27
21	2 27	0 46	12 56	0 26	21 6	1 26
25	2 28	0 46	12 56	0 26	21 6	1 26
29	2S28	0S46	12N56	0N26	21N 7	1S26

☽ PHENOMENA

d	h	m	
5	14	35	●
12	23	2	☽
19	16	21	○
27	7	15	☾

d	h	° '
3	3	0
10	5	23S14
16	14	0
23	1	23N18
30	11	0

d	h	
2	22	5N 4
9	22	0
16	8	5S 8
22	17	0
30	3	5N12

VOID OF COURSE ☽

LAST ASPT		☽ INGRESS		
1	8pm 0	2	♎	3am23
4	8am25	4	♏	2pm38
6	6pm 2	6	♐	11pm52
9	1am29	9	♑	7am11
11	8am12	11	♒	12pm42
13	12pm28	13	♓	4pm22
15	3pm 4	15	♈	6pm28
17	2pm52	17	♉	7pm54
19	7pm31	19	♊	10pm10
21	9pm26	22	♋	2am55
24	9am13	24	♌	11am10
26	9pm 9	26	♍	10pm36
29	10am24	29	♎	11am14

d	h	
16	14	PERIGEE
28	10	APOGEE

DAILY ASPECTARIAN

Day	Aspect	Time
1 M	☽∠♀	2am51
	☽⚼♃	2 54
	☿⚻♇	5 23
	☉∠☽	2pm 6
	☽☍♅	7 19
	☽✶♄	8 0
	☽⚺♆	8 53
	☽⚻♂	9 32
2 T	☽✶☿	7am42
	☉#♂	8 48
	☽⚻♃	9 14
	☽⚺♀	12pm33
	☽#♅	3 4
	☉⚺☽	10 52
3 W	☽∠♄	2am15
	☽⚼♂	2 38
	☽∠♆	2 53
	☽□♇	11 0
	☽∥♅	2pm36
	☽△♃	3 10
	☽∠☿	4 27
4 Th	☉⚻♅	2am43
	☽⚼♅	6 41
	☽⚺♄	8 2
	☽✶♆	8 25
	☉☍♂	9 31
	♀#♆	3pm28
5 F	☽⚺☿	0am24
	☽☌♀	6 7
	♂∠♅	6 59
	☽☍♂	11 32
	☽⚻♅	11 39
	☉☌☽	2pm35
	☽△♇	9 9
	☽#♆	10 37
6 S	☽□♃	1am32
	☽∥♀	2 16
	♄□♆	4 58
	☽#♂	6 41
	☽△♅	4pm 5
	☉∥☽	4 12
	☽□♆	5 55
	☽☌♄	6 2
	☽∥♃	7 12
7 Su	☽⚻♇	1am28
	♀☍♂	1 34
	☽∥♄	4 8
	♀⚻♅	12pm17
	☽☌☿	1 46
	♀#♂	4 32
	☽⚼♂	6 35
	☽⚺♀	8 55
8 M	☉∥♃	2am40
	☉⚺☽	3 43
	☽⚼♇	5 19
	☽#♇	8 35
	☽✶♃	9 56
	☽⚻♂	9pm29
	☽□♅	11 34
9 T	☉△♇	0am16
	☽△♆	1 29
	☽⚺♄	2 2
	☽∠♀	3 21
	☉∠☽	9 24
	☽∠♃	1pm26
	☿⚼♂	11 37
	☽△♂	11 59
10 W	☽⚺☿	0am 0
	☽⚻♆	4 36
	☽∠♄	5 21
	☽✶♀	9 11
	☽☍♇	11 39
	☉✶☽	2pm32
	☽⚺♃	4 29
11 Th	☽∠☿	3am59
	☽✶♅	5 16
	☽⚼♆	7 14
	☽✶♄	8 12
	♀△♇	11 20
	☉□♃	7pm14
	☽#♇	11 25
12 F	☽□♂	3am44
	☽✶☿	7 12
	☽∠♅	7 25
	♀∥♃	10 37
	☽⚼♇	4pm 9
	☽□♀	7 1
	☽☌♃	9 12
	☉□☽	11 2
13 S	☽∥♄	0am51
	☉∥☽	1 35
	☽∥♀	8 52
	☽⚺♅	9 7
	☽☍♆	11 8
	☽∥♃	11 9
	☽□♄	12pm28
	☉∥♄	12 51
	☽⚻♇	5 43
	♀□♃	9 7
	☽#♂	11 12
14 Su	☽#♆	4am33
	☽✶♂	5 51
	☽□☿	11 23
	☽△♇	6pm53
15 M	☽⚺♃	0am10
	☽△♀	2 32
	☉△☽	5 23
	☽∠♂	6 24
	☽☌♅	11 20
	☽⚼♆	1pm24
	☽△♄	3 4
	☿SR	3 13
16 T	☽∠♃	1am10
	☽∥♅	3 58
	☽⚻♀	5 42
	☽⚺♂	6 43
	☉⚻☽	8 0
	☽△☿	1pm 9
	☽⚻♆	2 9
	☽⚻♄	4 0
	☽□♇	8 26
17 W	☽#♅	0am19
	☽✶♃	2 3
	♀∥♄	4 26
	☽⚼♀	8 43
	☉⚼☽	10 32
	☽⚺♅	12pm44
	☽⚻☿	1 28
	☽△♆	2 52
	☽⚼♄	4 55
18 Th	☽☌♂	7am20
	☽∠♅	1pm33
	☽⚼☿	1 39
	☉△♅	5 51
	☽✶♇	10 4
	☽∥♆	11 26
19 F	☽∥♂	3am52
	☽□♃	4 12
	♀△♅	6 49
	☽✶♅	2pm44
	☽☍♀	3 31
	☽#♃	3 33
	☉☍☽	4 21
	☽□♆	5 0
	☽☍♄	7 31
	☽∠♇	11 24
20 S	☉□♆	1am18
	☽#♄	4 21
	♀□♆	8 15
	☽⚺♂	9 11
	☽#♀	11 33
	☽☍☿	2pm17
	☉#☽	3 47
21 Su	☽⚺♇	1am23
	☽∥♇	4 39
	☽△♃	8 21
	☽∠♂	11 4
	☉☌♀	12pm26
	♀☌♄	4 42
	☉☌♄	5 52
	☽#☿	6 20
	☽□♅	6 58
	☽✶♆	9 26
22 M	☽⚼♄	0am34
	☉⚼☽	1 3
	☽⚼♀	1 18
	☽⚻♃	11 38
	☽✶♂	1pm47
	☽⚼☿	4 12
	♀ ♐	6 12
23 T	☽∠♆	0am56
	☉ ♐	1 28
	☽⚻♄	4 25
	☉⚻☽	7 1
	♀⚻♇	7 12
	☽☌♇	7 52
	☽⚻♀	7 56
	☽⚼♃	3pm53
	☉⚻♇	5 30
	☽⚻☿	5 51
	☿⚼♂	10 45
	☿#♇	10 56
24 W	☽△♅	2am39
	☽⚺♆	5 21
	☽△♄	9 13
	☉△☽	2pm10
	☽△♀	3 48
	☽△☿	7 59
	☽□♂	9 56
	☉∥☿	10 2
	☽∥♇	11 42
25 Th	☿∥♀	1am41
	☉#☽	4 59
	☽#♀	5 58
	☽⚻♅	7 49
	☽#☿	7 58
	☿☌♀	1pm38
	☽⚺♇	5 52
	☉☌☿	11 40
26 F	☽#♄	2am13
	☽☍♃	3 1
	☽⚼♅	1pm40
	☉∥♀	2 53
	☽☌♆	4 32
	☽#♃	8 25
	☽□♄	9 9
	♀⚼♂	10 4
	☽∠♇	11 52
27 S	☽□☿	1am36
	☉□☽	7 15
	☽△♂	9 2
	☽∥♂	9 14
	☽□♀	10 28
	♀#♇	11 32
	☽∥♆	1pm47
	☿⚻♇	5 28
	☉#♇	7 47
28 Su	☉⚼♂	1am56
	☿ ♏	5 28
	☽✶♇	6 10
	☽⚻♂	3pm 4
	☿☌♄	3 6
	☽⚼♃	4 13
	☿∥♄	10 50
29 M	☽☍♅	2am15
	☽⚺♆	5 10
	☽✶☿	8 31
	☽✶♄	10 24
	☽⚼♂	9pm 2
	☽⚻♃	10 48
	☽#♅	10 53
	♆SR	11 6
30 T	☉✶☽	1am27
	☽✶♀	6 7
	☽∠♆	11 14
	☽∠☿	12pm12
	☽∠♄	4 41
	☽□♇	6 21
	☽∥♅	11 54

DECEMBER 1926

LONGITUDE

DAY	SID. TIME	☉	☽	☽ 12 Hour	MEAN ☊	TRUE ☊	☿	♀	♂	♃	♄	♅	♆	♇
	h m s	° ' "	° ' "	° ' "	° '	° '	° '	° '	° '	° '	° '	° '	° '	° '
1	4 36 22	8♐ 2 9	18♎ 25 42	24♎ 31 56	8♋ 37	7♋ 34R	27♏ 3R	10♐ 22	4♉ 47R	20♒ 54	29♏ 46	25♓ 32R	26♌ 59R	15♋ 34R
2	4 40 19	9 3 0	0♏ 41 25	6♏ 54 25	8 34	7 29	26 18	11 37	4 42	21 3	29 53	25 32	26 59	15 33
3	4 44 15	10 3 52	13 11 10	19 31 47	8 31	7 24	25 45	12 53	4 38	21 12	0♐ 0	25 31	26 59	15 32
4	4 48 12	11 4 46	25 56 21	2♐ 24 52	8 28	7 20	25 23	14 8	4 35	21 20	0 7	25 31	26 59	15 31
5	4 52 8	12 5 40	8♐ 57 17	15 33 29	8 25	7 17	25 12D	15 23	4 33	21 29	0 15	25 31D	26 59	15 30
6	4 56 5	13 6 36	22 13 18	28 56 34	8 21	7 14	25 13	16 39	4 32	21 39	0 22	25 31	26 59	15 29
7	5 0 2	14 7 32	5♑ 43 2	12♑ 32 27	8 18	7 13D	25 23	17 54	4 31D	21 48	0 29	25 31	26 59	15 28
8	5 3 58	15 8 30	19 24 35	26 19 9	8 15	7 14	25 42	19 10	4 32	21 57	0 36	25 31	26 58	15 27
9	5 7 55	16 9 28	3♒ 15 55	10♒ 14 37	8 12	7 15	26 10	20 25	4 33	22 7	0 43	25 32	26 58	15 26
10	5 11 51	17 10 27	17 15 1	24 16 54	8 9	7 16	26 46	21 41	4 35	22 17	0 50	25 32	26 58	15 25
11	5 15 48	18 11 27	1♓ 20 1	8♓ 24 9	8 5	7 17	27 28	22 56	4 37	22 26	0 57	25 32	26 57	15 24
12	5 19 44	19 12 27	15 29 5	22 34 34	8 2	7 18R	28 17	24 12	4 41	22 36	1 3	25 32	26 57	15 23
13	5 23 41	20 13 27	29 40 21	6♈ 46 8	7 59	7 18	29 10	25 27	4 45	22 46	1 10	25 33	26 57	15 21
14	5 27 37	21 14 28	13♈ 51 39	20 56 33	7 56	7 17	0♐ 8	26 43	4 50	22 56	1 17	25 33	26 56	15 20
15	5 31 34	22 15 30	28 0 29	5♉ 3 3	7 53	7 15	1 11	27 58	4 56	23 7	1 24	25 34	26 56	15 19
16	5 35 31	23 16 32	12♉ 3 54	19 2 35	7 50	7 13	2 16	29 13	5 2	23 17	1 31	25 34	26 55	15 18
17	5 39 27	24 17 34	25 58 44	2♊ 51 58	7 46	7 11	3 25	0♑ 29	5 9	23 28	1 38	25 35	26 55	15 17
18	5 43 24	25 18 37	9♊ 41 54	16 28 13	7 43	7 10	4 37	1 44	5 17	23 38	1 45	25 35	26 54	15 16
19	5 47 20	26 19 41	23 10 40	29 49 0	7 40	7 9	5 51	3 0	5 26	23 49	1 51	25 36	26 53	15 15
20	5 51 17	27 20 45	6♋ 23 5	12♋ 52 50	7 37	7 9D	7 7	4 15	5 35	24 0	1 58	25 37	26 53	15 13
21	5 55 13	28 21 50	19 18 15	25 39 22	7 34	7 9	8 25	5 31	5 44	24 11	2 5	25 37	26 52	15 12
22	5 59 10	29 22 55	1♌ 56 21	8♌ 9 25	7 30	7 9	9 44	6 46	5 55	24 22	2 11	25 38	26 51	15 11
23	6 3 6	0♑ 24 1	14 18 49	20 24 54	7 27	7 10	11 5	8 1	6 6	24 33	2 18	25 39	26 51	15 10
24	6 7 3	1 25 8	26 28 3	2♍ 28 44	7 24	7 11	12 27	9 17	6 17	24 44	2 24	25 40	26 50	15 9
25	6 11 0	2 26 15	8♍ 27 25	14 24 38	7 21	7 11	13 50	10 32	6 30	24 55	2 31	25 41	26 49	15 7
26	6 14 56	3 27 22	20 20 56	26 16 52	7 18	7 12	15 14	11 48	6 43	25 7	2 37	25 42	26 48	15 6
27	6 18 53	4 28 31	2♎ 13 4	8♎ 10 6	7 15	7 12	16 39	13 3	6 56	25 18	2 44	25 43	26 47	15 5
28	6 22 49	5 29 40	14 8 34	20 9 3	7 11	7 12	18 5	14 18	7 10	25 30	2 50	25 44	26 46	15 4
29	6 26 46	6 30 49	26 12 8	2♏ 18 21	7 8	7 12	19 31	15 34	7 24	25 42	2 57	25 45	26 46	15 2
30	6 30 42	7 31 58	8♏ 28 14	14 42 12	7 5	7 12	20 58	16 49	7 39	25 54	3 3	25 47	26 45	15 1
31	6 34 39	8♑ 33 9	21♏ 0 42	27♏ 24 3	7♋ 2	7♋ 12	22♐ 26	18♑ 5	7♉ 55	26♒ 6	3♐ 9	25♓ 48	26♌ 44	15♋ 0

DECLINATION and LATITUDE

DAY	☉ DECL	☽ DECL	☽ LAT	☽ 12hr DECL	☿ DECL	☿ LAT	♀ DECL	♀ LAT	♂ DECL	♂ LAT	♃ DECL	♃ LAT	♄ DECL	♄ LAT
1	21S39	2S30	5N 7	4S52	17S22	2N12	21S57	0N 4	13N41	0N36	15S28	0S60	18S19	1N50
2	21 49	7 14	4 47	9 32	17 2	2 22	22 10	0 1	13 42	0 39	15 26	0 59	18 20	1 50
3	21 58	11 46	4 14	13 54	16 46	2 30	22 22	0S 1	13 43	0 41	15 23	0 59	18 22	1 50
4	22 7	15 53	3 27	17 43	16 36	2 36	22 34	0 3	13 44	0 43	15 20	0 59	18 23	1 50
5	22 15	19 21	2 29	20 44	16 29	2 40	22 45	0 6	13 45	0 45	15 17	0 59	18 25	1 50
6	22 23	21 52	1 22	22 41	16 27	2 42	22 55	0 8	13 47	0 48	15 14	0 59	18 26	1 50
7	22 30	23 11	0 8	23 21	16 29	2 42	23 4	0 11	13 49	0 50	15 11	0 59	18 28	1 50
8	22 37	23 9	1S 7	22 35	16 35	2 41	23 13	0 13	13 51	0 52	15 7	0 59	18 29	1 50
9	22 44	21 41	2 19	20 27	16 43	2 39	23 22	0 15	13 53	0 54	15 4	0 59	18 31	1 50
10	22 50	18 54	3 23	17 4	16 55	2 36	23 29	0 18	13 56	0 56	15 1	0 59	18 32	1 50
11	22 55	14 59	4 16	12 42	17 8	2 32	23 36	0 20	13 58	0 58	14 58	0 59	18 34	1 50
12	23 1	10 14	4 53	7 37	17 24	2 27	23 42	0 22	14 1	0 59	14 54	0 58	18 35	1 50
13	23 5	4 55	5 13	2 9	17 40	2 22	23 47	0 25	14 4	1 1	14 51	0 58	18 36	1 50
14	23 10	0N39	5 14	3N26	17 59	2 16	23 52	0 27	14 7	1 3	14 48	0 58	18 38	1 50
15	23 13	6 10	4 55	8 49	18 18	2 9	23 55	0 29	14 11	1 4	14 44	0 58	18 39	1 50
16	23 17	11 21	4 19	13 43	18 38	2 2	23 58	0 32	14 15	1 6	14 41	0 58	18 40	1 50
17	23 20	15 53	3 28	17 49	18 58	1 55	24 1	0 34	14 18	1 8	14 37	0 58	18 42	1 50
18	23 22	19 30	2 26	20 54	19 18	1 48	24 2	0 36	14 22	1 9	14 34	0 58	18 43	1 50
19	23 24	21 60	1 17	22 46	19 39	1 40	24 3	0 38	14 27	1 11	14 30	0 58	18 44	1 50
20	23 25	23 13	0 4	23 21	19 59	1 32	24 3	0 41	14 31	1 12	14 26	0 58	18 46	1 50
21	23 26	23 10	1N 7	22 40	20 19	1 25	24 3	0 43	14 36	1 13	14 23	0 58	18 47	1 50
22	23 27	21 54	2 13	20 52	20 39	1 17	24 1	0 45	14 40	1 15	14 19	0 58	18 48	1 50
23	23 27	19 36	3 12	18 7	20 59	1 9	23 59	0 47	14 45	1 16	14 15	0 58	18 49	1 50
24	23 26	16 28	4 1	14 39	21 18	1 1	23 56	0 49	14 50	1 17	14 11	0 58	18 51	1 50
25	23 26	12 42	4 38	10 38	21 36	0 53	23 53	0 51	14 55	1 18	14 7	0 57	18 52	1 50
26	23 24	8 29	5 4	6 14	21 53	0 45	23 48	0 53	15 1	1 20	14 3	0 57	18 53	1 51
27	23 22	3 57	5 16	1 37	22 10	0 37	23 43	0 55	15 6	1 21	13 59	0 57	18 54	1 51
28	23 20	0S44	5 15	3S 6	22 26	0 29	23 37	0 57	15 12	1 22	13 55	0 57	18 56	1 51
29	23 17	5 27	4 60	7 47	22 41	0 21	23 31	0 59	15 18	1 23	13 51	0 57	18 57	1 51
30	23 14	10 3	4 31	12 14	22 55	0 14	23 24	1 1	15 23	1 24	13 47	0 57	18 58	1 51
31	23S10	14S20	3N49	16S17	23S 8	0N 6	23S16	1S 2	15N29	1N25	13S43	0S57	18S59	1N51

DAY	♅ DECL	♅ LAT	♆ DECL	♆ LAT	♇ DECL	♇ LAT
1	2S28	0S46	12N56	0N26	21N 7	1S26
5	2 29	0 45	12 56	0 26	21 7	1 26
9	2 28	0 45	12 57	0 26	21 8	1 26
13	2 28	0 45	12 57	0 27	21 9	1 26
17	2 27	0 45	12 58	0 27	21 10	1 25
21	2 25	0 45	12 59	0 27	21 10	1 25
25	2 24	0 45	13 0	0 27	21 11	1 25
29	2S22	0S44	13N 1	0N27	21N12	1S25

☽ PHENOMENA				VOID OF COURSE ☽ LAST ASPT		☽ INGRESS		
d	h	m		1	4pm48	1	♏	10pm40
5	6	12	●	4	1am57	4	♐	7am32
12	6	47	☽	6	8am30	6	♑	1pm53
19	6	9	○	8	11am17	8	♒	6pm22
27	4	59	☾	10	5pm 4	10	♓	9pm44
				12	11pm 6	13	♈	0am33
				14	11pm55	15	♉	3am23
d	h	° '		17	1am37	17	♊	7am 0
7	11	23S21		19	6am41	19	♋	12pm20
13	21	0		21	11am57	21	♌	8pm17
20	11	23N21		24	0am43	24	♍	7am 3
27	20	0		26	10am50	26	♎	7pm31
				29	1am 6	29	♏	7am29
				31	10am44	31	♐	4pm50
7	3	0						
13	13	5S16			d h			
20	1	0			12 14 PERIGEE			
27	10	5N17			26 7 APOGEE			

DAILY ASPECTARIAN

1 W
☿□♆ 1am30
☽△♃ 4 56
☉∠☽ 9 53
☽⚻♅ 1pm57
☽∠♀ 3 10
☽⚺☿ 3 54
☽⚹♆ 4 48
☽⚺♄ 10 26

2 Th
☽☍♂ 7am43
☉⚺☽ 5pm32
☽⚼♅ 6 56
♄ ♐ 10 35
☽⚺♀ 11 21

3 F
☽△♇ 4am27
☽#♆ 6 30
☽#♂ 11 1
☿△♅ 1pm 4
☽□♃ 3 18
☽∥♃ 8 35
☽☌☿ 10 59
☽△♅ 11 13

4 S
☽□♆ 1am57
☽∥☿ 4 19
☽☌♄ 7 50
☽⚼♇ 8 29
☽⚻♂ 3pm57
☽∥♄ 4 53

5 Su
♀⚻♇ 2am 3
☉☌☽ 6 12
☿SD 11 14
☽⚻♇ 11 53
☽☌♀ 12pm55
♅SD 1 58
☽#♇ 3 49
☽⚼♂ 7 10
☽⚹♃ 10 57

6 M
☽⚺☿ 5am23
☽□♅ 5 54
☉∥☽ 7 36
☽△♆ 8 30
☽⚺♄ 2pm39
☽∥♀ 7 43
☽△♂ 9 54
♄⚼♇ 10 1

7 T
☽∠♃ 1am56
♂SD 2 21
☽∠☿ 8 23
☽⚼♆ 11 1
☿△♅ 11 50
☉⚺☽ 3pm57
☽☍♇ 5 6
☽∠♄ 5 17
☽∥♀ 9 43
☽⚺♀ 11 32

8 W
☽⚺♃ 4am29
♀⚼♂ 7 2
☉⚻♇ 7 7
☉∥☽ 10 34
☽⚹♅ 10 37
☽⚹☿ 11 17
☽⚻♆ 1pm 8
☽⚹♄ 7 33
☉∠☽ 8 5

9 Th
☽□♂ 2am13
☽∠♀ 4 5
☽#♇ 5 40
☽∠♅ 12pm29
☽⚻♇ 8 52
☉⚹☽ 11 52

10 F
☽∥♄ 2am28
☿□♆ 6 58
☽⚹♀ 8 18
☽☌♃ 8 41
☽∥☿ 12pm15
♀⚹♃ 1 4
☽⚺♅ 2 8
☽☍♆ 4 34
☽□☿ 5 4
☽⚼♇ 10 24
☽□♄ 11 20

11 S
☽∥♃ 0am 7
☽#♂ 5 23
☽⚹♂ 5 37
☽#♆ 10 43
☽△♇ 11pm49

12 Su
☉□☽ 6am47
☽∠♂ 7 8
☉⚼♂ 11 59
☽⚺♃ 12pm11
☽□♀ 4 10
☽☌♅ 5 1
☽⚻♆ 7 23
☽△☿ 11 6

13 M
♀□♅ 1am47
☽△♄ 2 33
☽⚺♂ 8 38
☽∥♅ 10 39
☽∠♃ 1pm52
☿ ♐ 8 38
☽⚼♆ 8 45

14 T
☽⚼☿ 2am20
☽□♇ 2 30
☽⚼♄ 4 9
♀△♆ 4 18
☿⚼♇ 4 37
☽#♅ 7 46
☉△☽ 1pm29
☽⚹♃ 3 35
☽⚺♅ 7 50
☽△♆ 10 10
☽△♀ 11 55

15 W
☿☌♄ 5am36
☽⚻♄ 5 49
☽⚻☿ 5 50
☽☌♂ 11 53
☉⚼☽ 5pm 0
☽∠♅ 9 26

16 Th
☉⚹♃ 0am15
☿∥♄ 3 40
☽⚼♀ 4 4
☽⚹♇ 5 33
☽∥♆ 8 7
♀ ♑ 2pm49
☽∥♂ 3 4
☽#♃ 4 59
☽□♃ 7 35
☉⚻☽ 8 51
☽⚹♅ 11 18

17 F
☽□♆ 1am37
☽∠♇ 7 28
☽⚻♀ 8 37
☽☍♄ 9 55
☽☍☿ 2pm12
☽⚺♂ 4 10
☽#♄ 6 7
☽#☿ 10 17

18 S
♀⚺♄ 0am 4
☉□♅ 6 37
☽⚺♇ 9 50
☽∥♇ 2pm35
☿⚻♂ 2 48
☽∠♂ 7 0

19 Su
☽△♃ 1am10
☽□♅ 4 22
☉☍☽ 6 9
☽⚹♆ 6 41
♂#♃ 9 42
☉△♆ 1pm 6
☽⚻♄ 3 51
☽☍♀ 7 41
☽⚹♂ 10 30

20 M
☽⚻☿ 1am29
☽⚼♃ 4 53
☽∠♆ 10 8
☽☌♇ 4pm20
☽⚼♄ 7 47

21 T
♀△♂ 5am 6
☽⚼☿ 8 38
☽⚻♃ 9 20
☽△♅ 11 57
☽⚺♆ 2pm17

22 W
☉⚻☽ 6 40
☽△♄ 0am29
☽□♂ 7 46
☽∥♇ 8 42
☽⚻♀ 10 21
☽#☿ 12pm26
☉ ♑ 2 34
☽⚼♅ 4 50
☽△☿ 4 54

23 Th
☽⚺♇ 1am40
☉⚼☽ 2 19
☽#♄ 6 28
☿#♇ 3pm 9
☽⚼♀ 7 9
☽☍♃ 8 30
☽⚻♅ 10 24

24 F
☽☌♆ 0am43
☽∠♇ 7 19
♀∠♃ 10 13
☽∥♂ 10 34
☉△☽ 10 48
☽□♄ 11 58
☽#♃ 3pm11
☽△♂ 7 59
☽∥♆ 10 12

25
☉⚺♄ 2am 5
☽△♀ 4 41
☽□☿ 12pm17
☽⚹♇ 1 25
☿⚻♇ 9 45

26 Su
♀⚼♆ 0am11
☽⚼♂ 2 48
☽⚻♃ 9 48
☽☍♅ 10 50
☽⚺♆ 1pm 2

27 M
☽⚹♄ 1am 3
☉□☽ 4 59
☽#♅ 8 5
☽⚻♂ 9 42
☽⚼♃ 4pm34
☽∠♆ 7 15

28 T
☽□♀ 0am22
☽□♇ 1 50
☽∠♄ 7 27
☽∥♅ 8 17
☽⚹☿ 8 56
♀☍♇ 2pm 8
☽△♃ 10 59
☽⚻♅ 11 7

29 W
☽⚹♆ 1am 6
♃⚺♅ 8 4
☽⚺♄ 1pm22
☽∠☿ 6 30
☉⚹☽ 10 1
☽☍♂ 10 23

30 Th
☉△♂ 3am51
☽⚼♅ 4 28
☽△♇ 12pm35
☽#♆ 4 28
☽⚹♀ 5 49
☽∥♃ 8 29

31 F
♀∠♄ 1am39
☽⚺☿ 3 2
☉∥☿ 8 36
☉∠☽ 5 12
☽#♂ 7 11
☿∥♀ 8 49
☽△♅ 9 1
☿⚼♂ 9 33
☽□♃ 9 42
☽□♆ 10 44
☽⚼♇ 4pm48
☽☌♄ 10 51

JANUARY 1927

LONGITUDE

DAY	SID. TIME	☉	☽	☽ 12 Hour	MEAN ☊	TRUE ☊	☿	♀	♂	♃	♄	♅	♆	♇
	h m s	° ' "	° ' "	° ' "	° '	° '	° '	° '	° '	° '	° '	° '	° '	° '
1	6 38 35	9♑ 34 19	3♐ 52 29	10♐ 26 13	6♋ 59	7♋ 13	23♐ 54	19♑ 20	8♉ 11	26♒ 18	3♐ 16	25♓ 49	26♌ 43R	14♋ 59R
2	6 42 32	10 35 30	17 5 16	23 49 38	6 56	7 13	25 23	20 35	8 27	26 30	3 22	25 51	26 42	14 57
3	6 46 29	11 36 41	0♑ 39 10	7♑ 33 37	6 52	7 13R	26 53	21 51	8 45	26 42	3 28	25 52	26 40	14 56
4	6 50 25	12 37 52	14 32 37	21 35 42	6 49	7 13	28 22	23 6	9 2	26 54	3 34	25 53	26 39	14 55
5	6 54 22	13 39 3	28 42 21	5♒ 51 56	6 46	7 13	29 53	24 22	9 20	27 6	3 40	25 55	26 38	14 54
6	6 58 18	14 40 14	13♒ 3 48	20 17 16	6 43	7 12	1♑ 23	25 37	9 39	27 19	3 46	25 56	26 37	14 52
7	7 2 15	15 41 25	27 31 37	4♓ 46 11	6 40	7 11	2 54	26 52	9 58	27 31	3 52	25 58	26 36	14 51
8	7 6 11	16 42 35	12♓ 0 19	19 13 27	6 36	7 10	4 26	28 8	10 17	27 44	3 58	26 0	26 35	14 50
9	7 10 8	17 43 45	26 25 1	3♈ 34 36	6 33	7 9	5 58	29 23	10 37	27 57	4 4	26 1	26 34	14 48
10	7 14 5	18 44 54	10♈ 41 49	17 46 23	6 30	7 8D	7 30	0♒ 38	10 57	28 9	4 10	26 3	26 32	14 47
11	7 18 1	19 46 2	24 48 3	1♉ 46 40	6 27	7 8	9 3	1 54	11 17	28 22	4 15	26 5	26 31	14 46
12	7 21 58	20 47 10	8♉ 42 8	15 34 24	6 24	7 9	10 36	3 9	11 38	28 35	4 21	26 7	26 30	14 45
13	7 25 54	21 48 18	22 23 25	29 9 10	6 21	7 10	12 10	4 24	12 0	28 48	4 27	26 9	26 29	14 43
14	7 29 51	22 49 25	5♊ 51 42	12♊ 31 1	6 17	7 11	13 44	5 39	12 22	29 1	4 32	26 10	26 27	14 42
15	7 33 47	23 50 31	19 7 9	25 40 7	6 14	7 12	15 19	6 55	12 44	29 14	4 38	26 12	26 26	14 41
16	7 37 44	24 51 37	2♋ 9 56	8♋ 36 39	6 11	7 13R	16 54	8 10	13 6	29 27	4 43	26 14	26 25	14 40
17	7 41 40	25 52 42	15 0 16	21 20 50	6 8	7 12	18 30	9 25	13 29	29 40	4 48	26 16	26 23	14 38
18	7 45 37	26 53 46	27 38 24	3♌ 53 2	6 5	7 11	20 6	10 40	13 52	29 53	4 54	26 19	26 22	14 37
19	7 49 34	27 54 50	10♌ 4 48	16 13 50	6 2	7 9	21 43	11 56	14 16	0♓ 7	4 59	26 21	26 20	14 36
20	7 53 30	28 55 53	22 20 16	28 24 18	5 58	7 5	23 20	13 11	14 39	0 20	5 4	26 23	26 19	14 35
21	7 57 27	29 56 56	4♍ 26 9	10♍ 26 4	5 55	7 1	24 58	14 26	15 3	0 34	5 9	26 25	26 17	14 34
22	8 1 23	0♒ 57 58	16 24 23	22 21 27	5 52	6 57	26 36	15 41	15 28	0 47	5 14	26 27	26 16	14 32
23	8 5 20	1 59 0	28 17 39	4♎ 13 27	5 49	6 54	28 15	16 56	15 52	1 1	5 19	26 30	26 14	14 31
24	8 9 16	3 0 1	10♎ 9 18	16 5 43	5 46	6 51	29 55	18 11	16 17	1 14	5 24	26 32	26 13	14 30
25	8 13 13	4 1 2	22 3 19	28 2 35	5 42	6 49	1♒ 35	19 27	16 43	1 28	5 29	26 34	26 11	14 29
26	8 17 9	5 2 2	4♏ 4 10	10♏ 8 38	5 39	6 48D	3 16	20 42	17 8	1 41	5 34	26 37	26 10	14 28
27	8 21 6	6 3 1	16 16 36	22 28 40	5 36	6 49	4 57	21 57	17 34	1 55	5 38	26 39	26 8	14 26
28	8 25 3	7 4 0	28 45 25	5♐ 7 21	5 33	6 50	6 40	23 12	18 0	2 9	5 43	26 42	26 7	14 25
29	8 28 59	8 4 59	11♐ 34 58	18 8 40	5 30	6 52	8 22	24 27	18 26	2 23	5 47	26 44	26 5	14 24
30	8 32 56	9 5 56	24 48 45	1♑ 35 25	5 27	6 53R	10 6	25 42	18 53	2 37	5 52	26 47	26 4	14 23
31	8 36 52	10♒ 6 53	8♑ 28 44	15♑ 28 36	5♋ 23	6♋ 53	11♒ 50	26♒ 57	19♉ 20	2♓ 51	5♐ 56	26♓ 49	26♌ 2	14♋ 22

DECLINATION and LATITUDE

DAY	☉ DECL	☽ DECL	☽ LAT	☽ 12hr DECL	☿ DECL	☿ LAT	♀ DECL	♀ LAT	♂ DECL	♂ LAT	♃ DECL	♃ LAT	♄ DECL	♄ LAT
1	23S 6	18S 4	2N55	19S40	23S20	0S 1	23S 7	1S 4	15N35	1N26	13S39	0S57	19S 0	1N51
2	23 2	21 0	1 49	22 5	23 31	0 9	22 57	1 6	15 42	1 27	13 35	0 57	19 1	1 51
3	22 56	22 51	0 36	23 16	23 41	0 16	22 47	1 8	15 48	1 27	13 31	0 57	19 2	1 51
4	22 51	23 20	0S41	23 1	23 49	0 23	22 36	1 9	15 54	1 28	13 27	0 57	19 3	1 51
5	22 45	22 20	1 56	21 16	23 57	0 30	22 25	1 11	16 1	1 29	13 22	0 57	19 5	1 51
6	22 38	19 52	3 6	18 9	24 3	0 36	22 13	1 12	16 8	1 30	13 18	0 57	19 6	1 51
7	22 32	16 9	4 4	13 55	24 8	0 43	21 60	1 14	16 14	1 31	13 14	0 57	19 7	1 51
8	22 24	11 28	4 47	8 53	24 12	0 49	21 46	1 15	16 21	1 31	13 9	0 57	19 8	1 51
9	22 16	6 11	5 11	3 25	24 14	0 56	21 32	1 17	16 28	1 32	13 5	0 57	19 9	1 51
10	22 8	0 37	5 16	2N11	24 16	1 2	21 17	1 18	16 35	1 33	13 0	0 57	19 10	1 51
11	21 60	4N56	5 2	7 35	24 15	1 7	21 2	1 19	16 42	1 33	12 56	0 57	19 11	1 52
12	21 50	10 9	4 30	12 33	24 14	1 13	20 46	1 20	16 49	1 34	12 51	0 57	19 12	1 52
13	21 41	14 47	3 43	16 48	24 11	1 18	20 29	1 22	16 56	1 34	12 47	0 57	19 12	1 52
14	21 31	18 35	2 45	20 7	24 7	1 23	20 12	1 23	17 4	1 35	12 42	0 56	19 13	1 52
15	21 21	21 22	1 38	22 19	24 2	1 28	19 54	1 24	17 11	1 36	12 38	0 56	19 14	1 52
16	21 10	22 58	0 28	23 18	23 55	1 33	19 36	1 25	17 18	1 36	12 33	0 56	19 15	1 52
17	20 59	23 19	0N43	23 2	23 46	1 37	19 17	1 26	17 26	1 37	12 28	0 56	19 16	1 52
18	20 47	22 27	1 50	21 35	23 37	1 41	18 57	1 26	17 33	1 37	12 24	0 56	19 16	1 52
19	20 35	20 28	2 51	19 8	23 25	1 45	18 37	1 27	17 41	1 38	12 19	0 56	19 18	1 52
20	20 23	17 35	3 43	15 52	23 13	1 48	18 16	1 28	17 48	1 38	12 14	0 56	19 18	1 52
21	20 10	13 59	4 25	11 59	22 59	1 52	17 55	1 29	17 56	1 38	12 9	0 56	19 19	1 52
22	19 57	9 52	4 54	7 41	22 43	1 54	17 34	1 29	18 3	1 39	12 5	0 56	19 20	1 53
23	19 44	5 25	5 10	3 7	22 26	1 57	17 11	1 30	18 11	1 39	11 60	0 56	19 21	1 53
24	19 30	0 47	5 13	1S34	22 7	1 59	16 49	1 30	18 18	1 39	11 55	0 56	19 22	1 53
25	19 16	3S55	5 3	6 14	21 47	2 1	16 26	1 31	18 26	1 40	11 50	0 56	19 22	1 53
26	19 1	8 30	4 39	10 43	21 25	2 3	16 2	1 31	18 33	1 40	11 45	0 56	19 23	1 53
27	18 46	12 50	4 2	14 52	21 2	2 4	15 38	1 31	18 41	1 40	11 40	0 56	19 24	1 53
28	18 31	16 44	3 14	18 27	20 37	2 5	15 14	1 31	18 49	1 41	11 35	0 56	19 25	1 53
29	18 15	19 58	2 14	21 15	20 11	2 5	14 49	1 32	18 56	1 41	11 30	0 56	19 25	1 53
30	17 59	22 15	1 6	22 57	19 43	2 5	14 24	1 32	19 4	1 41	11 25	0 56	19 26	1 53
31	17S43	23S19	0S 9	23S19	19S14	2S 4	13S58	1S32	19N12	1N42	11S20	0S56	19S26	1N54

DAY	♅ DECL	♅ LAT	♆ DECL	♆ LAT	♇ DECL	♇ LAT
1	2S20	0S44	13N 2	0N27	21N12	1S25
5	2 18	0 44	13 4	0 27	21 13	1 24
9	2 15	0 44	13 6	0 27	21 14	1 24
13	2 12	0 44	13 7	0 27	21 15	1 24
17	2 9	0 44	13 9	0 27	21 16	1 24
21	2 6	0 44	13 11	0 27	21 16	1 23
25	2 2	0 43	13 13	0 28	21 17	1 23
29	1S58	0S43	13N16	0N28	21N18	1S23

☽ PHENOMENA		
d h m		
3 20 28	●	
10 14 44	☽	
17 22 27	○	
26 2 5	☾	
d h °		
3 20 23S21		
10 3 0		
16 19 23N21		
24 4 0		
31 6 23S22		
3 11 0		
9 18 5S17		
16 9 0		
23 17 5N14		
30 21 0		

VOID OF COURSE ☽ LAST ASPT	☽ INGRESS
2 5pm 2	2 ♑ 10pm51
4 7pm18	5 ♒ 2am10
6 12pm 0	7 ♓ 4am 6
9 5am26	9 ♈ 6am 0
11 6am13	11 ♉ 8am56
13 11am33	13 ♊ 1pm31
15 6pm53	15 ♋ 7pm59
17 10pm27	18 ♌ 4am31
20 7am50	20 ♍ 3pm10
22 11pm55	23 ♎ 3am27
25 8am17	25 ♏ 3pm54
27 8pm 4	28 ♐ 2am21
30 3am30	30 ♑ 9am12

d	h	
7	3	PERIGEE
23	3	APOGEE

DAILY ASPECTARIAN

Day	Aspect	Time
1 S	☽∠♀	0am56
	☉∥♀	3 14
	☽∥♄	6 52
	☽⚻♂	8 4
	☉⚺☽	11 18
	☽⚻♇	8pm11
2 Su	☽#♇	2am 2
	☽⚺♀	6 54
	☿□♅	7 28
	☽⚼♂	11 35
	☽□♅	3pm35
	☽☌☿	4 34
	☽*♃	4 57
	☽△♆	5 2
	☿*♃	8 40
	☿△♆	8 49
	♃☍♆	9 39
	☽∥♀	11 4
3 M	☉⚼♆	1am28
	☉∥☽	1 57
	☉∠♃	2 31
	☽⚺♄	4 56
	☽△♂	2pm20
	☽⚼♆	7 4
	☽∠♃	7 24
	☉☌☽	8 28
4 T	☽☍♇	0am38
	☽∠♄	6 55
	☽☌♀	3pm58
	☉∥☽	4 50
	☽*♅	7 18
	☽⚻♆	8 31
	☽⚺♃	9 16
	☽∥♀	10 34
5 W	☿ ♑	1am58
	☽⚺☿	2 12
	☽*♄	8 23
	☽#♇	12pm28
	☽□♂	6 11
	☽∠♅	8 28
6 Th	☉⚺☽	2am53
	☽⚻♇	3 0
	☉☍♇	4 38
	☽∥♄	5 39
	☽∠☿	6 10
	♀*♅	6 21
	♀⚻♆	6pm54
	☽⚺♅	9 25
	☽☍♆	10 28
	☽⚺♀	10 49
	☽#♂	11 31
	☽☌♃	12 0
7 F	☽⚼♇	3am51
	☉∠☽	5 38
	☽*☿	9 58
	☽□♄	10 35
	♀⚺♃	2pm56
	☽∥♃	3 42
	☽#♆	4 10
	☿⚺♄	4 10
	☽*♂	9 4
8 S	☽∠♀	2am 2
	☽△♇	4 41
	☉*☽	8 25
	♃#♆	7pm52
	☽∠♂	10 37
	☽☌♅	11 20
9 Su	☽⚻♆	0am14
	☽⚺♃	2 35
	☽*♀	5 26
	♀ ♒	11 49
	☽△♄	12pm54
	☽∥♅	4 59
	☽□☿	5 57
10 M	☽⚺♂	0am26
	☽⚼♆	1 25
	☽∠♃	4 13
	♀#♇	5 5
	☽□♇	6 55
	♂∠♅	8 1
	☉∠♄	10 40
	☽#♅	12pm14
	☽⚼♄	2 28
	☉□☽	2 44
11 T	☽⚺♅	2am12
	☽△♆	2 57
	☽*♃	6 13
	☽□♀	1pm25
	☽⚻♄	4 24
12 W	☽△☿	3am45
	☽∠♅	4 12
	☽☌♂	5 15
	☽*♇	10 32
	☽#♃	1pm23
	☿⚼♆	1 30
	☽∥♆	2 59
	☿△♂	8 34
	☉△☽	10 53
13 Th	♀*♄	0am49
	☽*♅	6 40
	☽□♆	7 14
	☽⚼☿	9 35
	☽□♃	11 33
	☽∠♇	1pm 0
	☽∥♂	1 18
	☽☍♄	9 36
	☽△♀	11 36
14 F	☉⚼☽	3am49
	☽#♄	4 45
	☿∠♃	4 51
	☽#♀	11 29
	☽⚺♂	12pm 3
	☿☍♇	2 28
	☽⚺♇	3 56
	☽⚻☿	4 8
	☽∥♇	10 44
	☉#☽	11 45
15 S	☽⚼♀	5am39
	☉⚻☽	9 22
	☉#♇	12pm13
	☽□♅	1 2
	☽*♆	1 23
	☽∠♂	4 16
	☽△♃	6 53
16 Su	☽⚻♄	4am46
	☽⚻♀	12pm23
	☽∠♆	5 13
	♃⚼♇	9 2
	☽*♂	9 3
	☽☌♇	11 19
	☽⚼♃	11 22
17 M	♀∥♄	0am43
	☽☍☿	7 33
	☽⚼♄	9 8
	☉*♅	9 41
	☉⚻♆	11 42
	☿∠♄	8pm43
	☽△♅	9 27
	☽⚺♆	9 34
	☉☍☽	10 27
18 T	☽⚻♃	4am24
	♃ ♓	11 44
	♀∠♅	12pm32
	☽△♄	2 3
	☽∥♇	3 45
	♅⚻♆	9 26
	☉#☽	10 47
19 W	☽⚼♅	2am28
	☽☍♀	4 0
	☽□♂	8 25
	☽⚺♇	8 48
	☽#♄	10 36
	☽#♀	6pm13
	♂*♇	7 39
	☽∥♂	10 30
20 Th	☽⚻☿	2am16
	☽☌♆	7 50
	☽⚻♅	8 1
	☉⚻☽	2pm15
	☽∠♇	2 18
	☽☍♃	4 8
	♀#♂	11 44
21 F	☉ ♒	1am12
	☽□♄	1 26
	♀⚻♇	2 23
	☽∥♆	4 52
	☽#♃	11 13
	☽⚼☿	12pm49
	♀□♂	5 41
	☉⚺♃	6 29
	☿⚻♆	7 7
	☽*♇	8 15
	☿*♅	9 45
	☽△♂	10 2
	☽⚻♀	10 23
	☉⚼☽	11 2
22 S	☽⚺♆	7pm51
	☽☍♅	8 21
	☽△☿	11 55
23 Su	☽⚼♂	5am25
	☽⚻♃	5 36
	☉△☽	8 10
	☽⚼♀	8 15
	☽*♄	2pm19
	☽#♅	5 28
24 M	☿ ♒	1am13
	☽∠♆	2 8
	☽□♇	8 46
	☽⚼♃	12pm31
	☽⚻♂	12 51
	☉∥♄	12 59
	☽∥♅	2 23
	☽△♀	6 8
	☽∠♄	8 49
	☿⚺♃	9 58
25 T	☽*♆	8am17
	☽⚻♅	9 5
	☽△♃	7pm11
	☽□☿	10 9
26 W	☉□☽	2am 5
	☽⚺♄	2 58
	☿#♇	8 24
	☉*♄	1pm27
	☽⚼♅	2 56
	☽∥♃	5 27
	☽△♇	8 26
27 Th	☽#♆	2am20
	☽☍♂	2 36
	☉#♂	5 12
	☿*♄	10 3
	☽□♀	12pm12
	☽∥♀	3 13
	☽□♆	6 59
	☽△♅	8 4
28 F	☽⚼♇	1am15
	☽□♃	6 32
	☉∥☽	11 30
	☽☌♄	1pm11
	☉☌☿	2 3
	☽#♂	3 18
	☉*☽	4 58
	☽*☿	5 9
	☽∥♄	7 25
29 S	☽∥☿	1am38
	☽⚻♇	5 10
	☽#♇	12pm34
	☽⚻♂	12 58
	☉∠☽	10 37
30 Su	☽∠☿	0am35
	☽*♀	1 44
	☽△♆	2 13
	☽□♅	3 30
	♀☍♆	6 48
	☽*♃	2pm 2
	☿∥♄	2 16
	☽⚼♂	4 33
	☽⚺♄	7 34
	♀⚺♅	9 24
	☿∠♅	11 49
31 M	☿#♂	1am38
	☉⚺☽	3 3
	☽⚼♆	4 24
	☽∠♀	6 34
	☽⚺☿	6 35
	☽☍♇	10 5
	☽∠♃	4pm17
	☽△♂	7 8
	☽∠♄	9 21

FEBRUARY 1927

LONGITUDE

DAY	SID. TIME	☉	☽	☽ 12 Hour	MEAN ☊	TRUE ☊	☿	♀	♂	♃	♄	♅	♆	♇
	h m s	° ' "	° ' "	° ' "	° '	° '	° '	° '	° '	° '	° '	° '	° '	° '
1	8 40 49	11♒ 7 49	22♑ 34 44	29♑ 46 43	5♋ 20	6♋ 52R	13♒ 35	28♒ 12	19♉ 47	3♓ 4	6♐ 1	26♓ 52	26♌ 0R	14♋ 21R
2	8 44 45	12 8 45	7♒ 3 55	14♒ 25 33	5 17	6 50	15 20	29 27	20 14	3 18	6 5	26 54	25 59	14 20
3	8 48 42	13 9 39	21 50 41	29 18 17	5 14	6 45	17 6	0♓ 42	20 41	3 32	6 9	26 57	25 57	14 19
4	8 52 38	14 10 31	6♓ 47 14	14♓ 16 22	5 11	6 40	18 52	1 57	21 9	3 47	6 13	27 0	25 56	14 17
5	8 56 35	15 11 23	21 44 33	29 10 45	5 8	6 34	20 39	3 12	21 37	4 1	6 17	27 2	25 54	14 16
6	9 0 32	16 12 13	6♈ 34 1	13♈ 53 31	5 4	6 28	22 27	4 27	22 5	4 15	6 21	27 5	25 52	14 15
7	9 4 28	17 13 2	21 8 37	28 18 50	5 1	6 24	24 15	5 42	22 33	4 29	6 25	27 8	25 51	14 14
8	9 8 25	18 13 49	5♉ 23 52	12♉ 23 31	4 58	6 22	26 3	6 56	23 2	4 43	6 28	27 11	25 49	14 13
9	9 12 21	19 14 35	19 17 48	26 6 47	4 55	6 21D	27 51	8 11	23 31	4 57	6 32	27 14	25 47	14 12
10	9 16 18	20 15 19	2♊ 50 39	9♊ 29 40	4 52	6 21	29 40	9 26	23 59	5 11	6 35	27 17	25 46	14 11
11	9 20 14	21 16 1	16 4 8	22 34 22	4 48	6 23	1♓ 28	10 41	24 29	5 26	6 39	27 19	25 44	14 10
12	9 24 11	22 16 42	29 0 42	5♋ 23 28	4 45	6 24R	3 16	11 56	24 58	5 40	6 42	27 22	25 42	14 9
13	9 28 7	23 17 22	11♋ 43 0	17 59 35	4 42	6 24	5 4	13 10	25 27	5 54	6 46	27 25	25 41	14 8
14	9 32 4	24 18 0	24 13 29	0♌ 24 56	4 39	6 22	6 50	14 25	25 57	6 9	6 49	27 28	25 39	14 7
15	9 36 1	25 18 36	6♌ 34 10	12 41 22	4 36	6 18	8 36	15 40	26 27	6 23	6 52	27 31	25 37	14 7
16	9 39 57	26 19 10	18 46 41	24 50 17	4 33	6 11	10 20	16 54	26 57	6 37	6 55	27 34	25 35	14 6
17	9 43 54	27 19 43	0♍ 52 17	6♍ 52 51	4 29	6 2	12 2	18 9	27 27	6 52	6 58	27 37	25 34	14 5
18	9 47 50	28 20 15	12 52 8	18 50 16	4 26	5 52	13 42	19 24	27 57	7 6	7 1	27 41	25 32	14 4
19	9 51 47	29 20 45	24 47 28	0♎ 43 56	4 23	5 41	15 18	20 38	28 27	7 21	7 3	27 44	25 30	14 3
20	9 55 43	0♓ 21 13	6♎ 39 55	12 35 43	4 20	5 31	16 52	21 53	28 58	7 35	7 6	27 47	25 29	14 2
21	9 59 40	1 21 40	18 31 38	24 28 4	4 17	5 22	18 22	23 7	29 28	7 49	7 8	27 50	25 27	14 1
22	10 3 36	2 22 6	0♏ 25 26	6♏ 24 12	4 14	5 15	19 46	24 21	29 59	8 4	7 11	27 53	25 25	14 1
23	10 7 33	3 22 30	12 24 52	18 28 0	4 10	5 10	21 6	25 36	0♊ 30	8 18	7 13	27 56	25 24	14 0
24	10 11 30	4 22 53	24 34 9	0♐ 43 55	4 7	5 8D	22 20	26 50	1 1	8 33	7 16	27 59	25 22	13 59
25	10 15 26	5 23 15	6♐ 57 57	13 16 49	4 4	5 7	23 27	28 5	1 32	8 47	7 18	28 3	25 20	13 58
26	10 19 23	6 23 35	19 41 9	26 11 30	4 1	5 8	24 27	29 19	2 3	9 2	7 20	28 6	25 19	13 58
27	10 23 19	7 23 54	2♑ 48 22	9♑ 32 10	3 58	5 8R	25 20	0♈ 33	2 35	9 16	7 22	28 9	25 17	13 57
28	10 27 16	8♓ 24 11	16♑ 23 11	23♑ 21 36	3♋ 54	5♋ 8	26♓ 4	1♈ 47	3♊ 6	9♓ 31	7♐ 24	28♓ 12	25♌ 16	13♋ 56

DECLINATION and LATITUDE

DAY	☉ DECL	☽ DECL	☽ LAT	☽ 12hr DECL	☿ DECL	☿ LAT	♀ DECL	♀ LAT	♂ DECL	♂ LAT	♃ DECL	♃ LAT	♄ DECL	♄ LAT
1	17S26	22S57	1S25	22S11	18S43	2S 3	13S32	1S32	19N19	1N42	11S15	0S56	19S27	1N54
2	17 10	21 3	2 37	19 32	18 11	2 2	13 6	1 31	19 27	1 42	11 10	0 56	19 28	1 54
3	16 52	17 42	3 40	15 34	17 37	1 60	12 39	1 31	19 34	1 42	11 5	0 56	19 28	1 54
4	16 35	13 11	4 29	10 36	17 2	1 57	12 12	1 31	19 42	1 42	10 60	0 56	19 29	1 54
5	16 17	7 52	4 60	5 2	16 25	1 54	11 45	1 31	19 49	1 43	10 55	0 56	19 29	1 54
6	15 59	2 8	5 10	0N46	15 47	1 51	11 17	1 30	19 57	1 43	10 50	0 56	19 30	1 54
7	15 41	3N37	4 60	6 24	15 7	1 47	10 49	1 30	20 4	1 43	10 45	0 56	19 30	1 54
8	15 22	9 4	4 31	11 35	14 26	1 42	10 21	1 29	20 12	1 43	10 39	0 56	19 31	1 55
9	15 3	13 55	3 47	16 2	13 44	1 36	9 52	1 29	20 19	1 43	10 34	0 56	19 31	1 55
10	14 44	17 56	2 51	19 34	13 0	1 30	9 23	1 28	20 27	1 43	10 29	0 56	19 32	1 55
11	14 25	20 56	1 48	22 0	12 16	1 24	8 54	1 27	20 34	1 43	10 24	0 56	19 32	1 55
12	14 5	22 47	0 40	23 15	11 30	1 16	8 25	1 26	20 41	1 44	10 19	0 56	19 33	1 55
13	13 46	23 25	0N29	23 16	10 43	1 8	7 56	1 25	20 49	1 44	10 13	0 56	19 33	1 55
14	13 26	22 50	1 35	22 7	9 56	0 60	7 26	1 24	20 56	1 44	10 8	0 56	19 34	1 55
15	13 5	21 8	2 35	19 55	9 8	0 50	6 56	1 23	21 3	1 44	10 3	0 56	19 34	1 56
16	12 45	18 29	3 28	16 52	8 19	0 40	6 26	1 22	21 10	1 44	9 57	0 56	19 34	1 56
17	12 24	15 4	4 10	13 7	7 30	0 29	5 56	1 21	21 17	1 44	9 52	0 56	19 35	1 56
18	12 3	11 3	4 41	8 53	6 41	0 18	5 26	1 20	21 24	1 44	9 47	0 56	19 35	1 56
19	11 42	6 39	4 59	4 21	5 53	0 6	4 55	1 19	21 31	1 44	9 41	0 56	19 35	1 56
20	11 21	2 1	5 5	0S20	5 5	0N 7	4 24	1 17	21 38	1 44	9 36	0 56	19 36	1 56
21	10 60	2S41	4 57	5 1	4 17	0 21	3 54	1 16	21 44	1 44	9 31	0 56	19 36	1 56
22	10 38	7 19	4 36	9 33	3 31	0 34	3 23	1 14	21 51	1 44	9 25	0 57	19 36	1 57
23	10 16	11 42	4 3	13 46	2 47	0 49	2 52	1 13	21 58	1 44	9 20	0 57	19 36	1 57
24	9 54	15 42	3 19	17 30	2 5	1 3	2 21	1 11	22 4	1 44	9 15	0 57	19 37	1 57
25	9 32	19 6	2 24	20 31	1 25	1 18	1 50	1 10	22 10	1 44	9 9	0 57	19 37	1 57
26	9 10	21 42	1 22	22 36	0 47	1 33	1 19	1 8	22 17	1 44	9 4	0 57	19 37	1 57
27	8 48	23 13	0 12	23 30	0 13	1 47	0 47	1 6	22 23	1 44	8 58	0 57	19 37	1 57
28	8S25	23S26	0S60	22S60	0N18	2N 2	0S16	1S 4	22N29	1N44	8S53	0S57	19S37	1N57

DAY	♅ DECL	♅ LAT	♆ DECL	♆ LAT	♇ DECL	♇ LAT
1	1S55	0S43	13N17	0N28	21N19	1S23
5	1 50	0 43	13 20	0 28	21 19	1 22
9	1 46	0 43	13 22	0 28	21 20	1 22
13	1 41	0 43	13 24	0 28	21 21	1 22
17	1 36	0 43	13 26	0 28	21 21	1 21
21	1 31	0 43	13 29	0 28	21 22	1 21
25	1S26	0S43	13N31	0N28	21N23	1S21

☽ PHENOMENA				VOID OF COURSE ☽ LAST ASPT		☽ INGRESS	
d	h	m		1	7am11	1 ♒	12pm22
2	8	54	●	3	6am36	3 ♓	1pm 7
8	23	54	☽	5	8am34	5 ♈	1pm20
16	16	18	○	7	7am50	7 ♉	2pm51
24	20	43	☾	9	5pm26	9 ♊	6pm55
				11	8pm56	12 ♋	1am51
d	h	° '		14	6am19	14 ♌	11am11
6	9	0		16	4pm53	16 ♍	10pm16
13	0	23N25		19	7am43	19 ♎	10am31
20	10	0		21	1pm57	21 ♏	11pm 9
27	16	23S31		24	6am42	24 ♐	10am35
				26	3pm33	26 ♑	6pm56
6	0	5S10		28	8pm18	28 ♒	11pm14
12	14	0					
19	22	5N 5		d	h		
27	4	0		4	1	PERIGEE	
				19	18	APOGEE	

DAILY ASPECTARIAN

Day	Aspect	Time
1 T	☽⚻♆	5am43
	☽⚹♅	7 11
	☽⚺♀	10 16
	☿⚻♇	10 24
	♀#♆	1pm17
	☽⚺♃	5 44
	☉∠♅	6 5
	☽#♇	9 29
	♀⚼♇	9 41
	☽⚹♄	10 23
2 W	♂#♄	3am 7
	☽∠♅	7 56
	☉☌☽	8 54
	♀ ♓	10 34
	☽⚻♇	11 49
	☽#♂	12pm11
	☽∥♄	12 30
	☽☌☿	3 18
	☽□♂	10 4
3 Th	☽∥☿	0am35
	☉∥☽	5 12
	☽☍♆	6 36
	☽⚺♅	8 15
	☽⚼♇	12pm 0
	☽☌♀	3 32
	☽☌♃	7 6
	☽□♄	11 5
	☽#♆	11 22
4 F	☉⚻♇	2am41
	☽∥♀	5 7
	☽∥♃	10 22
	☽△♇	12pm 1
	☉⚺☽	12 42
	☽⚺☿	10 1
	☽⚹♂	11 47
5 S	☽⚻♆	6am41
	☽☌♅	8 34
	☉∥☿	9 28
	☉∠☽	2pm38
	☿□♂	5 21
	♀☌♃	7 15
	☽⚺♃	8 10
	☽⚺♀	8 14
	☽△♄	11 38
6 Su	☽∠♂	0am52
	☽∥♅	1 19
	☽∠☿	1 39
	☽⚼♆	7 1
	☽□♇	12pm35
	☽#♅	4 22
	☉⚹☽	5 0
	☽∠♃	9 12
	☽∠♀	11 11
7 M	☽⚼♄	0am27
	☽⚺♂	2 26
	♀∥♃	4 40
	☽⚹☿	5 55
	☽△♆	7 50
	☽⚺♅	10 3
	♀□♄	2pm28
	☿☍♆	8 55
	☽⚹♃	10 49
8 T	☽⚻♄	1am50
	☽⚹♀	2 54
	☽#♀	5 31
	☽#♃	7 24
	☽∠♅	11 41
	☽⚹♇	3pm 9
	☿⚺♅	3 26
	☽∥♆	9 6
	☽#☿	11 10
	☉□☽	11 54
9 W	☉#☽	5am53
	☽☌♂	7 40
	☽□♆	11 24
	☿#♆	12pm 2
	☽⚹♅	2 2
	☽□☿	5 26
	☽∠♇	5 28
	☿⚼♇	5 44
10 Th	☽□♃	4am18
	☿ ♓	4 28
	☽☍♄	6 46
	☽#♄	11 44
	☽□♀	1pm 8
	☽∥♂	8 21
	☽⚺♇	8 32
11 F	☽∥♇	4am11
	☉△☽	10 23
	☽⚺♂	4pm 9
	☽⚹♆	5 50
	☽□♅	8 56
12 S	☽△☿	9am18
	☽△♃	12pm46
	☽⚻♄	2 33
	☉⚼☽	4 55
	☽∠♂	9 30
	☽∠♆	10 1
13 Su	☽△♀	3am 5
	☽☌♇	4 37
	♂□♆	10 13
	☿☌♃	1pm11
	☿∥♃	5 2
	☽⚼♃	5 57
	♀△♇	6 24
	☽⚼☿	6 38
	☽⚼♄	7 19
	☿□♄	11 40
14 M	☉⚻☽	0am 9
	☉#♆	1 1
	☽⚺♆	2 45
	☽⚹♂	3 28
	☽△♅	6 19
	☽⚼♀	11 11
	☽∥♇	9pm38
	☽⚻♃	11 38
15 T	☽△♄	0am35
	☽∥♂	0 57
	☽⚻☿	4 37
	☉☍♆	7 10
	☽⚼♅	11 43
	☽⚺♇	2pm46
	☽#♄	3 7
	☽⚻♀	7 53
16 W	☽☌♆	1pm28
	☉☍☽	4 18
	☽□♂	4 53
	☽⚻♅	5 31
	☽∠♇	8 26
17 Th	☉□♂	5am26
	☉⚺♅	7 25
	♂⚹♅	9 39
	☽∥♆	10 2
	☽☍♃	12pm12
	☽□♄	12 13
	♃□♄	12 24
	♂∥♇	4 4
	☉#☽	5 43
18 F	☽☍☿	1am55
	☽⚹♇	2 24
	☿△♇	5 25
	☽#♃	7 17
	☽☍♀	2pm39
	☉⚼♇	5 4
19 S	☽⚺♆	1am27
	☽#☿	4 56
	☽☍♅	5 57
	☽△♂	7 43
	☉⚻☽	10 3
	☽#♀	10 12
	☉ ♓	3pm35
20 Su	☽⚹♄	0am53
	☽⚻♃	1 54
	☽#♅	2 28
	♂∠♇	3 28
	☽∠♆	7 42
	☽□♇	2pm54
	☽⚼♂	3 26
	☽∥♅	6 4
	☉⚼☽	7 13
	☽⚻☿	11 37
21 M	☽∥♀	5am36
	☽∥☿	7 4
	☽∠♄	7 20
	☽⚼♃	8 52
	☽⚻♀	10 21
	☽⚹♆	1pm57
	☽⚻♅	6 52
	☽⚻♂	11 5
22 T	♂ ♊	0am43
	☉△☽	4 16
	☽⚼☿	9 51
	☽∥♃	11 6
	☽⚺♄	1pm36
	☿∥♀	3 7
	☽△♃	3 38
	☉∥☽	4 36
	☽⚼♀	7 58
	♀⚻♆	8 11
23 W	☽⚼♅	1am 3
	☽△♇	3 9
	☽#♆	10 26
	☽△☿	7pm 8
24 Th	☽□♆	1am34
	☽△♀	4 56
	☽△♅	6 42
	☽⚼♇	8 36
	☽☍♂	1pm 6
	☉□☽	8 43
	☿∥♅	11 9
	♀☌♅	11 21
25 F	☽☌♄	0am38
	☽□♃	3 33
	☽∥♄	4 6
	☽⚻♇	1pm18
	♀∥♅	7 9
	☽#♇	8 34
26 S	☽#♂	7am46
	☉∥♃	9 5
	☽□☿	9 29
	☽△♆	10 22
	♀ ♈	1pm17
	☽□♅	3 33
	☽□♀	7 31
	☿⚻♆	10 47
	☉□♄	11 6
	☽⚻♂	11 35
27 Su	☽⚺♄	8am10
	☉⚹☽	8 52
	☽⚹♃	11 44
	☽⚼♆	1pm18
	☽☍♇	7 44
	☿#♀	11 15
28 M	☽⚼♂	3am 6
	☽∠♄	10 22
	☉∠☽	1pm 0
	☽∠♃	2 12
	☽⚻♆	3 12
	☽⚹☿	5 21
	☽#♂	7 0
	☽⚹♅	8 18

MARCH 1927

LONGITUDE

DAY	SID. TIME	☉	☽	☽ 12 Hour	MEAN ☊	TRUE ☊	☿	♀	♂	♃	♄	♅	♆	♇
	h m s	° ' "	° ' "	° ' "	° '	° '	° '	° '	° '	° '	° '	° '	° '	° '
1	10 31 12	9♓ 24 27	0♒ 27 23	7♒ 40 19	3♋ 51	5♋ 5R	26♓ 39	3♈ 2	3♊ 38	9♓ 45	7♐ 25	28♓ 16	25♌ 14R	13♋ 56R
2	10 35 9	10 24 41	14 59 56	22 25 35	3 48	5 0	27 6	4 16	4 10	10 0	7 27	28 19	25 12	13 55
3	10 39 5	11 24 54	29 56 21	7♓ 31 7	3 45	4 52	27 23	5 30	4 42	10 14	7 29	28 22	25 11	13 54
4	10 43 2	12 25 4	15♓ 8 36	22 47 25	3 42	4 43	27 30R	6 44	5 14	10 29	7 30	28 26	25 9	13 54
5	10 46 59	13 25 13	0♈ 26 5	8♈ 3 12	3 39	4 32	27 29	7 58	5 46	10 43	7 31	28 29	25 7	13 53
6	10 50 55	14 25 20	15 37 23	23 7 28	3 35	4 22	27 18	9 12	6 18	10 58	7 33	28 32	25 6	13 53
7	10 54 52	15 25 25	0♉ 32 25	7♉ 51 26	3 32	4 14	26 58	10 26	6 50	11 12	7 34	28 36	25 4	13 52
8	10 58 48	16 25 28	15 3 59	22 9 42	3 29	4 8	26 30	11 40	7 23	11 27	7 35	28 39	25 3	13 52
9	11 2 45	17 25 28	29 8 29	6♊ 0 22	3 26	4 4	25 54	12 54	7 55	11 41	7 36	28 42	25 1	13 51
10	11 6 41	18 25 27	12♊ 45 34	19 24 26	3 23	4 3D	25 12	14 8	8 28	11 56	7 37	28 46	25 0	13 51
11	11 10 38	19 25 23	25 57 21	2♋ 24 49	3 19	4 3R	24 24	15 22	9 1	12 10	7 38	28 49	24 58	13 50
12	11 14 34	20 25 17	8♋ 47 20	15 5 27	3 16	4 3	23 32	16 35	9 33	12 24	7 38	28 53	24 57	13 50
13	11 18 31	21 25 9	21 19 39	27 30 28	3 13	4 2	22 37	17 49	10 6	12 39	7 39	28 56	24 55	13 50
14	11 22 27	22 24 59	3♌ 38 23	9♌ 43 48	3 10	3 59	21 39	19 3	10 39	12 53	7 39	28 59	24 54	13 49
15	11 26 24	23 24 47	15 47 9	21 48 46	3 7	3 53	20 42	20 16	11 12	13 8	7 40	29 3	24 52	13 49
16	11 30 21	24 24 32	27 48 58	3♍ 48 2	3 4	3 44	19 44	21 30	11 45	13 22	7 40	29 6	24 51	13 48
17	11 34 17	25 24 15	9♍ 46 11	15 43 39	3 0	3 32	18 49	22 43	12 19	13 36	7 40	29 10	24 49	13 48
18	11 38 14	26 23 57	21 40 35	27 37 9	2 57	3 18	17 57	23 57	12 52	13 51	7 40R	29 13	24 48	13 48
19	11 42 10	27 23 35	3♎ 33 31	9♎ 29 50	2 54	3 3	17 8	25 10	13 25	14 5	7 40	29 16	24 47	13 48
20	11 46 7	28 23 12	15 26 17	21 23 2	2 51	2 49	16 24	26 24	13 58	14 19	7 40	29 20	24 45	13 47
21	11 50 3	29 22 48	27 20 17	3♏ 18 18	2 48	2 36	15 45	27 37	14 32	14 33	7 40	29 23	24 44	13 47
22	11 54 0	0♈ 22 21	9♏ 17 21	15 17 45	2 45	2 25	15 12	28 50	15 5	14 48	7 39	29 27	24 43	13 47
23	11 57 56	1 21 53	21 19 52	27 24 8	2 41	2 18	14 44	0♉ 3	15 39	15 2	7 39	29 30	24 41	13 47
24	12 1 53	2 21 22	3♐ 30 59	9♐ 40 55	2 38	2 13	14 23	1 16	16 13	15 16	7 38	29 34	24 40	13 47
25	12 5 50	3 20 50	15 54 28	22 12 10	2 35	2 11D	14 7	2 29	16 46	15 30	7 38	29 37	24 39	13 47
26	12 9 46	4 20 17	28 34 36	5♑ 2 19	2 32	2 11R	13 58	3 42	17 20	15 44	7 37	29 40	24 38	13 47
27	12 13 43	5 19 41	11♑ 35 52	18 15 43	2 29	2 11	13 54D	4 55	17 54	15 58	7 36	29 44	24 37	13 47
28	12 17 39	6 19 4	25 2 17	1♒ 55 54	2 25	2 10	13 57	6 8	18 28	16 12	7 35	29 47	24 35	13 47D
29	12 21 36	7 18 25	8♒ 56 43	16 4 45	2 22	2 7	14 4	7 21	19 2	16 26	7 34	29 51	24 34	13 47
30	12 25 32	8 17 44	23 19 47	0♓ 41 24	2 19	2 2	14 18	8 34	19 36	16 40	7 33	29 54	24 33	13 47
31	12 29 29	9♈ 17 1	8♓ 8 57	15♓ 41 31	2♋ 16	1♋ 54	14♓ 36	9♉ 47	20♊ 10	16♓ 54	7♐ 32	29♓ 58	24♌ 32	13♋ 47

DECLINATION and LATITUDE

DAY	☉ DECL	☽ DECL	☽ LAT	☽ 12hr DECL	☿ DECL	☿ LAT	♀ DECL	♀ LAT	♂ DECL	♂ LAT	♃ DECL	♃ LAT	♄ DECL	♄ LAT
1	8S 3	22S11	2S11	20S60	0N45	2N16	0N15	1S 2	22N35	1N44	8S48	0S57	19S37	1N58
2	7 40	19 27	3 15	17 34	1 8	2 30	0 46	1 0	22 41	1 44	8 42	0 57	19 38	1 58
3	7 17	15 22	4 8	12 55	1 27	2 43	1 18	0 58	22 47	1 44	8 37	0 57	19 38	1 58
4	6 54	10 14	4 45	7 23	1 41	2 55	1 49	0 56	22 53	1 44	8 31	0 57	19 38	1 58
5	6 31	4 26	5 1	1 25	1 50	3 6	2 20	0 54	22 59	1 44	8 26	0 57	19 38	1 58
6	6 8	1N36	4 56	4N34	1 55	3 16	2 51	0 52	23 4	1 44	8 20	0 57	19 38	1 58
7	5 45	7 26	4 31	10 10	1 55	3 24	3 22	0 50	23 10	1 44	8 15	0 57	19 38	1 58
8	5 22	12 43	3 49	15 3	1 50	3 30	3 53	0 47	23 15	1 43	8 9	0 57	19 38	1 59
9	4 58	17 9	2 54	18 58	1 40	3 35	4 24	0 45	23 20	1 43	8 4	0 57	19 38	1 59
10	4 35	20 31	1 50	21 45	1 26	3 38	4 55	0 43	23 25	1 43	7 58	0 57	19 38	1 59
11	4 11	22 40	0 43	23 17	1 8	3 39	5 26	0 40	23 31	1 43	7 53	0 57	19 38	1 59
12	3 48	23 35	0N25	23 33	0 46	3 38	5 57	0 38	23 35	1 43	7 48	0 57	19 38	1 59
13	3 24	23 14	1 30	22 38	0 21	3 34	6 27	0 35	23 40	1 43	7 42	0 58	19 38	1 59
14	3 1	21 46	2 30	20 39	0S 6	3 29	6 57	0 33	23 45	1 43	7 37	0 58	19 38	1 60
15	2 37	19 19	3 21	17 46	0 35	3 22	7 28	0 30	23 50	1 43	7 31	0 58	19 38	1 60
16	2 13	16 3	4 3	14 10	1 6	3 13	7 58	0 27	23 54	1 43	7 26	0 58	19 38	1 60
17	1 50	12 9	4 34	10 1	1 37	3 3	8 28	0 25	23 58	1 43	7 20	0 58	19 37	1 60
18	1 26	7 47	4 53	5 30	2 8	2 52	8 57	0 22	24 3	1 42	7 15	0 58	19 37	2 0
19	1 2	3 10	4 59	0 48	2 39	2 39	9 27	0 19	24 7	1 42	7 9	0 58	19 37	2 0
20	0 39	1S35	4 52	3S57	3 8	2 25	9 56	0 16	24 11	1 42	7 4	0 58	19 37	2 0
21	0 15	6 17	4 32	8 35	3 37	2 11	10 25	0 14	24 14	1 42	6 59	0 58	19 37	2 1
22	0N 9	10 48	4 0	12 55	4 3	1 56	10 54	0 11	24 18	1 42	6 53	0 58	19 37	2 1
23	0 33	14 55	3 18	16 47	4 28	1 41	11 22	0 8	24 22	1 42	6 48	0 58	19 36	2 1
24	0 56	18 29	2 25	20 0	4 50	1 25	11 51	0 5	24 25	1 42	6 42	0 58	19 36	2 1
25	1 20	21 18	1 25	22 21	5 10	1 10	12 19	0 2	24 28	1 41	6 37	0 58	19 36	2 1
26	1 43	23 8	0 19	23 36	5 28	0 55	12 46	0N 1	24 32	1 41	6 32	0 59	19 36	2 1
27	2 7	23 46	0S50	23 35	5 43	0 40	13 14	0 4	24 35	1 41	6 26	0 59	19 35	2 1
28	2 31	23 4	1 58	22 11	5 56	0 25	13 41	0 7	24 37	1 41	6 21	0 59	19 35	2 2
29	2 54	20 56	3 1	19 21	6 6	0 11	14 8	0 10	24 40	1 41	6 15	0 59	19 35	2 2
30	3 17	17 27	3 55	15 14	6 14	0S 3	14 34	0 13	24 43	1 41	6 10	0 59	19 34	2 2
31	3N41	12S46	4S35	10S 5	6S19	0S16	15N 0	0N16	24N45	1N40	6S 5	0S59	19S34	2N 2

DAY	♅ DECL	♅ LAT	♆ DECL	♆ LAT	♇ DECL	♇ LAT
1	1S21	0S43	13N33	0N28	21N23	1S20
5	1 15	0 43	13 35	0 28	21 24	1 20
9	1 10	0 43	13 38	0 28	21 25	1 19
13	1 5	0 43	13 40	0 28	21 25	1 19
17	0 59	0 43	13 42	0 28	21 26	1 19
21	0 54	0 43	13 43	0 28	21 26	1 18
25	0 48	0 42	13 45	0 28	21 27	1 18
29	0S43	0S42	13N47	0N28	21N27	1S18

☽ PHENOMENA	VOID OF COURSE ☽ LAST ASPT	☽ INGRESS
d h m	2 4pm25	3 ♓ 0am 6
3 19 25 ●	4 8pm55	4 ♈ 11pm19
10 11 3 ☽	6 3pm 9	6 ♉ 11pm 7
18 10 24 ○	8 11pm15	9 ♊ 1am29
26 11 35 ☾	11 5am19	11 ♋ 7am30
	13 2pm51	13 ♌ 4pm52
	15 6pm 4	16 ♍ 4am22
d h ° '	18 3pm18	18 ♎ 4pm49
5 18 0	21 0am37	21 ♏ 5am21
12 5 23N36	23 4pm13	23 ♐ 5pm 7
19 16 0	26 2am 4	26 ♑ 2am39
27 0 23S46	28 8am19	28 ♒ 8am39
	30 2am 0	30 ♓ 10am53
5 6 5S 2	d h	
11 15 0	4 10 PERIGEE	
18 23 4N59	18 22 APOGEE	
26 7 0		

DAILY ASPECTARIAN

Day	Aspect	Time
1 T	☽⚹♀	4am42
	☽△♂	5 31
	☽#♇	8 23
	☉☌♃	10 54
	☽⚹♄	11 37
	☽⚺♃	3pm41
	☉⚺☽	3 57
	☽∠☿	7 8
	♀⚹♂	8 37
	☽∠♅	9 15
	☽⚻♇	10 14
	☽∥♄	10 46
2 W	☽∠♀	7am32
	☿#♅	12pm40
	☽☍♆	4 25
	☽⚺☿	7 52
	☽⚺♅	9 30
	☽⚼♇	10 22
3 Th	♀#♅	0am16
	☽□♂	7 49
	☽#♆	8 51
	☽⚺♀	9 35
	☽□♄	11 57
	☿∥♀	1pm48
	☽☌♃	4 33
	☉☌☽	7 25
	☽△♇	10 3
4 F	☽∥♃	7am24
	☿SR	7 36
	☉∥☽	2pm58
	♀△♄	3 12
	☽⚻♆	3 41
	☽☌☿	7 23
	☽☌♅	8 55
5 S	☽#♀	7am43
	☽⚹♂	8 42
	☽#☿	10 10
	☉△♇	11 5
	☽△♄	11 11
	☽∥♅	12pm43
	☽☌♀	12 55
	☽⚼♆	3 15
	☽⚺♃	4 29
	☽□♇	9 14
	☉⚺☽	9 57
	☽#♅	10 34
6 Su	☽∥☿	1am18
	☽∥♀	5 33
	☽∠♂	9 25
	☽⚼♄	11 5
	☽△♆	3pm 9
	☽∠♃	4 51
	♀⚼♆	5 5
	☉#☽	5 22
	☽⚺☿	6 21
	☽⚺♅	8 50
	☉∠☽	11 48
7 M	☽#♃	3am28
	☽⚺♂	10 43
	☽⚻♄	11 32
	☽⚺♀	5pm47
	☽⚹♃	5 51
	☽∠☿	6 15
	♀⚺♃	6 35
	☽∠♅	9 37
	☽⚹♇	9 59
8 T	☉⚹☽	2am27
	☽∥♆	4 32
	♂☍♄	9 16
	☽□♆	4pm54
	☽⚹☿	6 40
	☽∠♀	9 39
	☽⚹♅	11 15
	☽∠♇	11 30
9 W	☽☍♄	2pm50
	☉#♀	2 59
	☽☌♂	4 2
	☽#♄	4 52
	♀□♇	6 30
	☽□♃	10 29
10	☽⚺♇	1am57
Th	☽⚹♀	2 42
	☿⚻♆	6 46
	☽∥♇	8 26
	☉□☽	11 3
	☽□☿	9pm19
	☽⚹♆	10 11
11 F	☿#♅	0am30
	☽□♅	5 19
	☽⚻♄	9pm49
12 S	☽⚺♂	1am31
	☽∠♆	2 11
	☽△♃	7 0
	☽☌♇	9 35
	☽□♀	4pm30
13 Su	☉△☽	0am12
	☽△☿	2 19
	☽⚼♄	2 33
	☽⚺♆	6 57
	☽∠♂	7 40
	☽⚼♃	12pm31
	☉☌☿	2 42
	☽△♅	2 51
14 M	☽∥♇	4am 3
	☽⚼☿	5 30
	☽△♄	7 54
	☉⚼☽	8 6
	☽⚹♂	2pm29
	☽⚻♃	6 37
	☽⚺♇	8 5
	☽⚼♅	8 32
	☽#♄	9 21
15 T	♀#♃	2am24
	☿⚺♀	4 38
	☽⚻☿	9 3
	☽△♀	9 56
	☉⚻☽	4pm34
	☽☌♆	6 4
	☿∥♅	7 57
16 W	☽∠♇	1am59
	☽⚻♅	2 35
	☉⚻♆	10 21
	☽∥♆	2pm52
	☽⚼♀	7 25
	☽□♄	7 46
	♀⚼♄	10 54
17 Th	☽□♂	5am22
	☉∥☿	5 33
	☽☍♃	7 53
	☽⚹♇	8 7
	☽☍☿	4pm59
	☽∥♀	6 24
	♃△♇	7 39
18 F	♄SR	0am50
	☽#♃	2 56
	☽⚻♀	5 6
	☽⚺♆	6 18
	☉☍☽	10 24
	☽☍♅	3pm18
	♀△♆	4 29
19 S	☽#☿	2am22
	☉∥♅	6 21
	☽⚹♄	8 18
	☽#♅	11 19
	☉#☽	11 45
	☽∠♆	12pm33
	♂⚺♇	4 8
	☉∥☽	7 36
	☽∥♅	8 38
	☽□♇	8 40
	☽△♂	8 54
	☽⚻♃	9 42
20 Su	☽⚻☿	1am50
	☽∥☿	8 45
	☽∠♄	2pm35
	☽⚹♆	6 46
21 M	☉☌♅	0am14
	☽☍♀	0 37
	♂□♃	1 47
	☽∥♃	3 30
	☽⚻♅	4 9
	☉⚻☽	4 29
	☽⚼♃	4 33
	☽⚼♂	4 38
	☽⚼☿	6 33
	☉ ♈	2pm59
	☽⚺♄	8 44
22 T	☽#♀	0am39
	☿□♂	2 23
	☽△♇	8 59
	☽⚼♅	10 21
	☽△♃	11 13
	☽△☿	11 21
	☽⚻♂	12pm10
	♀⚺♅	12 39
	☉⚼☽	1 15
	☿☌♃	1 30
	☽#♆	4 49
	☿∠♀	7 23
	♀ ♉	10 57
	♀∠♃	11 26
23 W	☽□♆	6am38
	☽⚼♇	2pm43
	☽△♅	4 13
	☉#♅	5 31
	☽⚻♀	7 7
	☉△☽	9 32
	♀∠♂	9 49
24 Th	☽☌♄	8am 2
	☽∥♄	8 39
	☽⚻♇	7pm55
	☽□☿	8 38
	☽□♃	11 13
25 F	☽#♇	1am30
	☽☍♂	1 44
	☽⚼♀	3 21
	☽△♆	4pm36
26 S	☽□♅	2am 4
	☽△♀	10 32
	☉□☽	11 35
	☽⚺♄	4pm43
	☽⚼♆	8 23
27 Su	☿SD	2am32
	☽☍♇	3 57
	☽⚹☿	4 11
	☽⚹♃	8 2
	☽⚻♂	11 51
	☽∠♄	7pm41
	☽⚻♆	11 13
28 M	♀∥♆	5am 0
	☽∠☿	6 52
	☽⚹♅	8 19
	☽∠♃	10 56
	☽⚼♂	3pm16
	♇SD	4 10
	☉⚺♀	7 1
	☽#♇	7 27
	☉⚹☽	9 0
	☽□♀	9 2
	☽⚹♄	9 40
29 T	♀⚻♄	4am10
	☉△♄	6 12
	☽⚻♇	8 9
	☽⚺☿	8 46
	☽∠♅	9 59
	☽∥♄	10 26
	☽⚺♃	12pm49
	☿∥♃	4 33
	☽△♂	5 36
	☉∠☽	11 56
30 W	☽☍♆	2am 0
	☽⚼♇	8 54
	☽⚺♅	10 46
	☽#♀	2pm 6
	☽#♆	7 11
	☽□♄	11 0
31 Th	☉⚺☽	1am56
	☽⚹♀	2 50
	☉⚼♆	5 57
	☽△♇	8 58
	☽☌☿	10 31
	☽☌♃	2pm 8
	♅ ♈	5 34
	☽□♂	7 49

APRIL 1927

LONGITUDE

DAY	SID. TIME	☉	☽	☽ 12 Hour	MEAN ☊	TRUE ☊	☿	♀	♂	♃	♄	♅	♆	♇
	h m s	° ' "	° ' "	° ' "	° '	° '	° '	° '	° '	° '	° '	° '	° '	° '
1	12 33 25	10♈ 16 16	23♓ 18 0	0♈ 57 5	2♋ 13	1♋ 44R	14♓ 59	10♉ 59	20♊ 44	17♓ 8	7♐ 30R	0♈ 1	24♌ 31R	13♋ 47
2	12 37 22	11 15 30	8♈ 37 21	16 17 19	2 10	1 33	15 27	12 12	21 19	17 22	7 29	0 4	24 30	13 47
3	12 41 19	12 14 41	23 55 29	1♉ 30 27	2 6	1 22	15 59	13 25	21 53	17 36	7 27	0 8	24 29	13 47
4	12 45 15	13 13 50	9♉ 0 58	16 26 0	2 3	1 13	16 35	14 37	22 27	17 50	7 26	0 11	24 28	13 47
5	12 49 12	14 12 57	23 44 41	0♊ 56 26	2 0	1 6	17 15	15 50	23 2	18 4	7 24	0 14	24 27	13 47
6	12 53 8	15 12 2	8♊ 0 54	14 57 56	1 57	1 1	17 59	17 2	23 36	18 17	7 22	0 18	24 26	13 47
7	12 57 5	16 11 5	21 47 37	28 30 8	1 54	1 0D	18 47	18 14	24 11	18 31	7 20	0 21	24 25	13 48
8	13 1 1	17 10 5	5♋ 5 53	11♋ 35 17	1 51	0 59	19 37	19 27	24 45	18 45	7 18	0 24	24 24	13 48
9	13 4 58	18 9 3	17 58 52	24 17 13	1 47	1 0R	20 31	20 39	25 20	18 58	7 16	0 28	24 23	13 48
10	13 8 54	19 7 59	0♌ 30 56	6♌ 40 36	1 44	0 59	21 28	21 51	25 54	19 12	7 14	0 31	24 22	13 48
11	13 12 51	20 6 53	12 46 49	18 50 9	1 41	0 57	22 28	23 3	26 29	19 25	7 12	0 34	24 22	13 49
12	13 16 48	21 5 44	24 51 8	0♍ 50 17	1 38	0 52	23 31	24 15	27 4	19 39	7 10	0 38	24 21	13 49
13	13 20 44	22 4 32	6♍ 48 2	12 44 48	1 35	0 45	24 36	25 27	27 38	19 52	7 7	0 41	24 20	13 49
14	13 24 41	23 3 19	18 40 58	24 36 51	1 31	0 35	25 44	26 39	28 13	20 5	7 5	0 44	24 19	13 50
15	13 28 37	24 2 4	0♎ 32 44	6♎ 28 52	1 28	0 23	26 54	27 50	28 48	20 18	7 2	0 47	24 19	13 50
16	13 32 34	25 0 46	12 25 28	18 22 44	1 25	0 11	28 6	29 2	29 23	20 32	6 59	0 51	24 18	13 51
17	13 36 30	25 59 26	24 20 49	0♏ 19 54	1 22	29♊ 58	29 21	0♊ 14	29 58	20 45	6 57	0 54	24 17	13 51
18	13 40 27	26 58 5	6♏ 20 8	12 21 41	1 19	29 47	0♈ 37	1 25	0♋ 33	20 58	6 54	0 57	24 17	13 52
19	13 44 23	27 56 42	18 24 44	24 29 29	1 16	29 38	1 56	2 37	1 8	21 11	6 51	1 0	24 16	13 52
20	13 48 20	28 55 16	0♐ 36 9	6♐ 45 0	1 12	29 31	3 17	3 48	1 43	21 24	6 48	1 3	24 16	13 53
21	13 52 16	29 53 49	12 56 19	19 10 26	1 9	29 27	4 40	4 59	2 18	21 37	6 45	1 6	24 15	13 53
22	13 56 13	0♉ 52 21	25 27 41	1♑ 48 29	1 6	29 26D	6 5	6 10	2 53	21 50	6 42	1 9	24 15	13 54
23	14 0 10	1 50 50	8♑ 13 12	14 42 17	1 3	29 26	7 32	7 21	3 28	22 2	6 39	1 12	24 14	13 54
24	14 4 6	2 49 18	21 16 8	27 55 7	1 0	29 27	9 0	8 32	4 3	22 15	6 35	1 15	24 14	13 55
25	14 8 3	3 47 45	4♒ 39 37	11♒ 29 54	0 57	29 28R	10 31	9 43	4 38	22 28	6 32	1 18	24 13	13 55
26	14 11 59	4 46 10	18 26 10	25 28 29	0 53	29 27	12 3	10 54	5 14	22 40	6 29	1 22	24 13	13 56
27	14 15 56	5 44 33	2♓ 36 48	9♓ 50 52	0 50	29 24	13 37	12 5	5 49	22 53	6 25	1 24	24 13	13 57
28	14 19 52	6 42 55	17 10 17	24 34 26	0 47	29 20	15 13	13 16	6 24	23 5	6 22	1 27	24 13	13 57
29	14 23 49	7 41 14	2♈ 2 30	9♈ 33 31	0 44	29 13	16 51	14 26	7 0	23 18	6 18	1 30	24 12	13 58
30	14 27 45	8♉ 39 33	17♈ 6 23	24♈ 39 52	0♋ 41	29♊ 5	18♈ 31	15♊ 37	7♋ 35	23♓ 30	6♐ 14	1♈ 33	24♌ 12	13♋ 59

DECLINATION and LATITUDE

DAY	☉ DECL	☽ DECL	☽ LAT	☽ 12hr DECL	☿ DECL	☿ LAT	♀ DECL	♀ LAT	♂ DECL	♂ LAT	♃ DECL	♃ LAT	♄ DECL	♄ LAT
1	4N 4	7S12	4S57	4S13	6S22	0S29	15N26	0N19	24N47	1N40	5S59	0S59	19S34	2N 2
2	4 27	1 9	4 58	1N56	6 23	0 41	15 51	0 22	24 50	1 40	5 54	0 59	19 33	2 2
3	4 50	4N59	4 38	7 56	6 21	0 53	16 16	0 25	24 52	1 40	5 49	0 59	19 33	2 2
4	5 14	10 45	3 58	13 22	6 17	1 4	16 41	0 28	24 53	1 40	5 43	0 60	19 33	2 2
5	5 36	15 45	3 3	17 53	6 11	1 15	17 5	0 31	24 55	1 39	5 38	0 60	19 32	2 3
6	5 59	19 42	1 58	21 13	6 3	1 24	17 29	0 34	24 57	1 39	5 33	0 60	19 32	2 3
7	6 22	22 23	0 49	23 13	5 53	1 34	17 52	0 37	24 58	1 39	5 28	0 60	19 31	2 3
8	6 45	23 43	0N22	23 52	5 41	1 42	18 15	0 40	24 59	1 39	5 22	0 60	19 31	2 3
9	7 7	23 42	1 29	23 14	5 27	1 51	18 37	0 43	25 1	1 39	5 17	1 0	19 31	2 3
10	7 30	22 29	2 30	21 28	5 11	1 58	18 59	0 47	25 1	1 38	5 12	1 0	19 30	2 3
11	7 52	20 13	3 22	18 45	4 54	2 5	19 21	0 50	25 2	1 38	5 7	1 0	19 30	2 3
12	8 14	17 5	4 5	15 16	4 35	2 11	19 42	0 53	25 3	1 38	5 2	1 0	19 29	2 3
13	8 36	13 18	4 36	11 12	4 15	2 17	20 2	0 56	25 3	1 38	4 57	1 1	19 29	2 4
14	8 58	9 0	4 55	6 44	3 52	2 22	20 22	0 59	25 4	1 38	4 52	1 1	19 28	2 4
15	9 20	4 24	5 2	2 1	3 29	2 27	20 41	1 2	25 4	1 37	4 46	1 1	19 28	2 4
16	9 41	0S23	4 55	2S47	3 4	2 31	21 0	1 5	25 4	1 37	4 41	1 1	19 27	2 4
17	10 3	5 10	4 35	7 31	2 37	2 34	21 19	1 8	25 4	1 37	4 36	1 1	19 27	2 4
18	10 24	9 48	4 4	12 0	2 9	2 37	21 36	1 11	25 3	1 37	4 31	1 1	19 26	2 4
19	10 45	14 6	3 20	16 4	1 40	2 39	21 54	1 14	25 3	1 36	4 26	1 1	19 25	2 4
20	11 6	17 53	2 28	19 30	1 9	2 41	22 10	1 16	25 2	1 36	4 21	1 2	19 25	2 4
21	11 26	20 55	1 27	22 6	0 37	2 42	22 26	1 19	25 2	1 36	4 16	1 2	19 24	2 4
22	11 47	23 1	0 21	23 39	0 4	2 43	22 42	1 22	25 1	1 36	4 11	1 2	19 24	2 4
23	12 7	23 58	0S47	23 59	0N30	2 43	22 57	1 25	24 60	1 35	4 7	1 2	19 23	2 4
24	12 27	23 39	1 54	22 59	1 5	2 42	23 11	1 28	24 58	1 35	4 2	1 2	19 22	2 4
25	12 47	21 58	2 57	20 38	1 41	2 41	23 24	1 30	24 57	1 35	3 57	1 2	19 22	2 5
26	13 7	18 59	3 52	17 1	2 19	2 40	23 37	1 33	24 55	1 35	3 52	1 2	19 21	2 5
27	13 26	14 48	4 34	12 20	2 57	2 38	23 50	1 36	24 54	1 34	3 47	1 3	19 20	2 5
28	13 46	9 40	4 59	6 49	3 37	2 35	24 1	1 38	24 52	1 34	3 42	1 3	19 20	2 5
29	14 5	3 52	5 6	0 50	4 17	2 32	24 13	1 41	24 50	1 34	3 38	1 3	19 19	2 5
30	14N24	2N14	4S51	5N16	4N59	2S28	24N23	1N43	24N47	1N34	3S33	1S 3	19S18	2N 5

DAY	♅ DECL	♅ LAT	♆ DECL	♆ LAT	♇ DECL	♇ LAT
1	0S39	0S43	13N48	0N28	21N27	1S17
5	0 33	0 43	13 49	0 28	21 27	1 17
9	0 28	0 43	13 50	0 28	21 28	1 17
13	0 23	0 43	13 51	0 28	21 28	1 16
17	0 18	0 43	13 52	0 28	21 28	1 16
21	0 13	0 43	13 53	0 28	21 28	1 16
25	0 8	0 43	13 54	0 28	21 28	1 15
29	0S 3	0S43	13N54	0N28	21N28	1S15

☽ PHENOMENA			
d	h	m	
2	4	24	●
9	0	21	☽
17	3	36	○
24	22	21	☾
d	h	°	'
2	4	0	
8	12	23N52	
15	22	0	
23	6	24S	1
29	15	0	
1	13	5S	0
7	16	0	
15	0	5N	2
22	8	0	
28	20	5S	6

VOID OF COURSE ☽ LAST ASPT		☽ INGRESS		
31	7pm49	1	♈	10am31
3	0am52	3	♉	9am36
5	1am10	5	♊	10am25
7	4am40	7	♋	2pm43
9	5am35	9	♌	11pm 0
12	4am39	12	♍	10am19
14	8pm17	14	♎	10pm54
17	3am36	17	♏	11am20
19	11am33	19	♐	10pm49
21	9pm41	22	♑	8am36
24	1am49	24	♒	3pm43
26	9am52	26	♓	7pm38
28	9am44	28	♈	8pm44
30	11am16	30	♉	8pm29

d	h	
1	22	PERIGEE
15	1	APOGEE
30	7	PERIGEE

DAILY ASPECTARIAN

Day	Aspect	Time
1 F	☽⊼♆	1am54
	☽∥☿	3 24
	☽∠♀	4 35
	☽∥♃	5 0
	☽☌♅	10 34
	☉#☽	11 49
	☽△♄	10pm13
2 S	☽⚼♆	1am22
	☽∥♅	2 3
	☉☌☽	4 24
	☽⚺♀	6 5
	☽#♅	6 51
	☽□♇	8 4
	☽⚺☿	11 3
	☽⚺♃	1pm54
	☽✶♂	8 39
	☽⚼♄	9 41
	☉∥☽	11 25
3 Su	☽△♆	0am52
	☽#♃	3 17
	☽#☿	5 27
	♀✶♇	7 22
	☽⚺♅	9 51
	☽∠☿	11 37
	☽∠♃	1pm57
	☽∠♂	9 24
	☽⊼♄	9 27
4 M	☉⚺☽	7am17
	☽✶♇	7 42
	☽☌♀	9 52
	☽∠♅	10 0
	♀∠♅	11 46
	☽✶☿	12pm49
	☉□♇	1 30
	☽∥♆	2 11
	☽✶♃	2 31
	☽⚺♂	10 46
5 T	☽□♆	1am10
	☉#♃	1 28
	☽∥♀	8 5
	☽∠♇	8 23
	☉∠☽	9 47
	☽✶♅	10 52
	☽#♄	10pm46
	☽☍♄	10 54
6 W	☉#☿	2am37
	☽⚺♇	9 58
	☿☌♃	1pm11
	☉✶☽	1 22
	☽∥♇	2 17
	☽⚺♀	5 7
	☽□♃	6 7
	☽□☿	6 20
7 Th	☽☌♂	4am26
	☽✶♆	4 40
	♀✶♃	6 48
	♂✶♆	9 46
	☽□♅	3pm25
	☽∠♀	10 41
8 F	☽⊼♄	4am 3
	☽∠♆	7 56
	☿✶♀	1pm45
	☽☌♇	4 8
9 S	☉□☽	0am21
	☽△♃	1 54
	☽△☿	5 12
	☽✶♀	5 35
	☽⚼♄	8 7
	☽⚺♆	12pm11
	☽⚺♂	2 40
	☿∥♃	10 39
10 Su	☽△♅	0am 0
	☉⚺♃	1 58
	☽⚼♃	7 17
	☽∥♇	12pm 3
	☽⚼☿	12 37
	☽△♄	1 3
	☽∠♂	9 19
11 M	☽⚺♇	2am 2
	☽⚼♅	5 33
	☽#♄	6 7
	☽∥♀	6 33
	♀#♄	10 5
	☽⊼♃	1pm25
	☉△☽	3 50
	☽⊼☿	9 4
	☽□♀	10 40
	☽☌♆	10 59
12 T	♀□♆	1am56
	☽✶♂	4 39
	☽∠♇	7 57
	☽⊼♅	11 38
	☿⊼♆	6pm19
	☽∥♆	8 39
13 W	☉⚼☽	0am36
	☽□♄	0 38
	☉⚼♄	1 1
	☽✶♇	2pm11
14 Th	☉∥☽	0am12
	☽☍♃	2 54
	☉⊼☽	9 38
	☽⚺♆	11 24
	☽☍☿	3pm48
	☽△♀	5 55
	☽□♂	8 17
	☽#♃	10 3
15 F	☽☍♅	0am30
	☽#☿	5 6
	☉△♆	6 42
	☽✶♄	1pm 4
	☽∠♆	5 42
	♀∠♇	8 8
	☽#♅	8 30
	☽∥♅	11 41
16 S	☽□♇	2am52
	☽⚼♀	3 36
	☽∥☿	12pm16
	♀⚺♂	1 40
	☽⊼♃	4 38
	☽∠♄	7 11
	♀ ♊	7 26
	☽∥♃	9 12
	☽✶♆	11 53
17 Su	♂ ♋	1am29
	☉☍☽	3 36
	☽⊼☿	11 12
	☽△♂	11 50
	☿ ♈	12pm24
	♀∥♇	12 58
	☽⊼♀	1 6
	☽⊼♅	1 11
	♀✶♅	2 4
	☿□♂	9 26
	☽⚼♃	11 15
18 M	☽⚺♄	1am 7
	☉#☽	3 27
	☿☌♅	6 15
	☽△♇	2pm59
	♂□♅	6 10
	☽⚼♅	7 12
	☽⚼♂	7 15
	☽⚼☿	8 43
	☽#♆	10 40
19 T	☽△♃	5am34
	☽□♆	11 33
	☉⊼☽	8pm25
	☽⚼♇	8 37
20 W	☽△♅	0am53
	☽⊼♂	2 17
	☽△☿	5 54
	☽☍♀	6 55
	☽∥♄	11 15
	☽☌♄	12pm 3
21 Th	☽⊼♇	1am50
	☉ ♉	2 32
	☉⚼☽	4 6
	☽#♇	5 18
	☽□♃	4pm57
	☽#♀	6 36
	☿∥♅	6 43
	☽△♆	9 41
22 F	☉⚺♅	7am22
	☿✶♀	8 49
	☿△♄	9 55
	♀☍♄	10 9
	☽□♅	10 49
	☿#♅	10 58
	☉△☽	11 5
	☽☍♂	2pm42
	☽⚺♄	9 4
	☽⊼♀	10 14
	☽□☿	10 33
23 S	☽⚼♆	1am53
	☽☍♇	10 32
24 Su	☽∠♄	0am35
	☽✶♃	1 49
	☿⚼♆	3 37
	☽⚼♀	4 31
	☽⊼♆	5 22
	☽#♀	7 42
	☽✶♅	6pm 2
	☉□☽	10 21
	☽⊼♂	11 58
25 M	☽✶♄	3am17
	☽#♇	4 47
	☽∠♃	5 1
	☽△♀	9 44
	☽✶☿	11 34
	☽⊼♇	4pm14
	☽∠♅	8 25
	☽∥♄	9 27
26 T	☽⚼♂	3am12
	☽⚺♃	7 21
	☽☍♆	9 52
	☽∠☿	4pm28
	☽⚼♇	5 51
	☽⚺♅	9 59
27 W	☽#♆	4am31
	☉✶♂	4 32
	☿□♇	4 57
	☽△♂	5 33
	☉✶☽	5 35
	☽□♄	6 18
	☉#☽	6 19
	☉⊼♄	3pm44
	☽□♀	5 3
	☽△♇	6 45
	☽⚺☿	8 25
	♂⊼♄	10 23
28 Th	☿#♃	2am57
	☉∠☽	7 54
	☽☌♃	9 44
	☉∥♆	10 13
	☽⊼♆	11 24
	♀⚺♇	2pm19
	☽#☿	10 29
	☽☌♅	11 8
29 F	☽∥♃	0am57
	☽△♄	6 47
	☽□♂	8 14
	☉⚺☽	9 38
	☽⚼♆	11 26
	☽∥♅	3pm 5
	☽#♅	3 25
	☉∠♃	6 55
	☽□♇	7 2
	☽✶♀	9 26
30 S	☽☌☿	2am31
	☽#♃	5 7
	☽⚼♄	6 32
	☽⚺♃	10 17
	☽△♆	11 16
	☽∥☿	12pm16
	☽⚺♅	11 2
	☽∠♀	11 16

MAY 1927

LONGITUDE

DAY	SID. TIME h m s	☉ ° ' "	☽ ° ' "	☽ 12 Hour ° ' "	MEAN ☊ ° '	TRUE ☊ ° '	☿ ° '	♀ ° '	♂ ° '	♃ ° '	♄ ° '	♅ ° '	♆ ° '	♇ ° '
1	14 31 42	9♉ 37 50	2♉ 12 42	9♉ 43 38	0♋ 37	28♊ 58R	20♈ 12	16♊ 47	8♋ 10	23♓ 42	6♐ 11R	1♈ 36	24♌ 12R	14♋ 0
2	14 35 39	10 36 5	17 11 27	24 35 6	0 34	28 52	21 55	17 58	8 46	23 54	6 7	1 39	24 12	14 0
3	14 39 35	11 34 18	1♊ 53 38	9♊ 6 19	0 31	28 47	23 40	19 8	9 21	24 6	6 3	1 42	24 12	14 1
4	14 43 32	12 32 30	16 12 36	23 12 7	0 28	28 44D	25 27	20 18	9 57	24 18	5 59	1 45	24 12	14 2
5	14 47 28	13 30 40	0♋ 4 43	6♋ 50 25	0 25	28 44	27 16	21 28	10 32	24 30	5 55	1 47	24 11	14 3
6	14 51 25	14 28 47	13 29 22	20 1 52	0 22	28 45	29 6	22 38	11 8	24 42	5 51	1 50	24 11D	14 4
7	14 55 21	15 26 53	26 28 17	2♌ 49 7	0 18	28 46	0♉ 59	23 48	11 43	24 53	5 47	1 53	24 11	14 5
8	14 59 18	16 24 57	9♌ 4 53	15 16 10	0 15	28 47R	2 53	24 58	12 19	25 5	5 43	1 56	24 12	14 6
9	15 3 15	17 22 59	21 23 32	27 27 35	0 12	28 47	4 49	26 7	12 55	25 16	5 39	1 58	24 12	14 7
10	15 7 11	18 20 59	3♍ 28 55	9♍ 28 6	0 9	28 46	6 47	27 17	13 30	25 28	5 35	2 1	24 12	14 7
11	15 11 8	19 18 57	15 25 41	21 22 13	0 6	28 43	8 46	28 26	14 6	25 39	5 31	2 3	24 12	14 8
12	15 15 4	20 16 54	27 18 11	3♎ 14 1	0 3	28 38	10 48	29 35	14 42	25 50	5 27	2 6	24 12	14 9
13	15 19 1	21 14 48	9♎ 10 9	15 6 56	29♊ 59	28 32	12 51	0♋ 44	15 17	26 2	5 22	2 8	24 12	14 10
14	15 22 57	22 12 41	21 4 44	27 3 50	29 56	28 25	14 55	1 53	15 53	26 13	5 18	2 11	24 12	14 11
15	15 26 54	23 10 32	3♏ 4 29	9♏ 6 55	29 53	28 19	17 1	3 2	16 29	26 24	5 14	2 13	24 13	14 12
16	15 30 50	24 8 22	15 11 19	21 17 52	29 50	28 13	19 8	4 11	17 5	26 34	5 10	2 16	24 13	14 13
17	15 34 47	25 6 10	27 26 42	3♐ 37 58	29 47	28 8	21 17	5 20	17 41	26 45	5 5	2 18	24 13	14 15
18	15 38 43	26 3 57	9♐ 51 48	16 8 19	29 43	28 5	23 27	6 28	18 17	26 56	5 1	2 21	24 14	14 16
19	15 42 40	27 1 42	22 27 39	28 49 56	29 40	28 4D	25 37	7 37	18 52	27 6	4 56	2 23	24 14	14 17
20	15 46 37	27 59 27	5♑ 15 20	11♑ 44 0	29 37	28 4	27 48	8 45	19 28	27 17	4 52	2 25	24 15	14 18
21	15 50 33	28 57 10	18 16 5	24 51 46	29 34	28 5	0♊ 0	9 53	20 4	27 27	4 48	2 27	24 15	14 19
22	15 54 30	29 54 52	1♒ 31 12	8♒ 14 33	29 31	28 7	2 11	11 1	20 40	27 37	4 43	2 30	24 16	14 20
23	15 58 26	0♊ 52 33	15 1 58	21 53 31	29 28	28 8	4 23	12 9	21 16	27 47	4 39	2 32	24 16	14 21
24	16 2 23	1 50 13	28 49 16	5♓ 49 13	29 24	28 9R	6 34	13 17	21 52	27 57	4 34	2 34	24 17	14 22
25	16 6 19	2 47 52	12♓ 53 14	20 1 10	29 21	28 9	8 44	14 24	22 28	28 7	4 30	2 36	24 17	14 24
26	16 10 16	3 45 29	27 12 42	4♈ 27 26	29 18	28 7	10 53	15 31	23 4	28 17	4 25	2 38	24 18	14 25
27	16 14 12	4 43 6	11♈ 44 51	19 4 18	29 15	28 5	13 1	16 39	23 40	28 27	4 21	2 40	24 19	14 26
28	16 18 9	5 40 42	26 25 5	3♉ 46 21	29 12	28 2	15 8	17 46	24 16	28 36	4 16	2 42	24 19	14 27
29	16 22 6	6 38 17	11♉ 7 17	18 26 59	29 8	27 59	17 13	18 53	24 53	28 46	4 12	2 44	24 20	14 29
30	16 26 2	7 35 51	25 44 34	2♊ 59 12	29 5	27 57	19 16	19 59	25 29	28 55	4 7	2 46	24 21	14 30
31	16 29 59	8♊ 33 24	10♊ 10 9	17♊ 16 42	29♊ 2	27♊ 55	21♊ 17	21♋ 6	26♋ 5	29♓ 4	4♐ 3	2♈ 48	24♌ 22	14♋ 31

DECLINATION and LATITUDE

DAY	☉ DECL	☽ DECL	☽ LAT	☽ 12hr DECL	☿ DECL	☿ LAT	♀ DECL	♀ LAT	♂ DECL	♂ LAT	♃ DECL	♃ LAT	♄ DECL	♄ LAT
1	14N42	8N14	4S17	11N 3	5N41	2S24	24N33	1N46	24N45	1N33	3S28	1S 3	19S18	2N 5
2	15 1	13 42	3 25	16 7	6 24	2 19	24 42	1 48	24 43	1 33	3 24	1 3	19 17	2 5
3	15 19	18 16	2 19	20 7	7 7	2 14	24 50	1 50	24 40	1 33	3 19	1 4	19 16	2 5
4	15 36	21 37	1 7	22 47	7 52	2 8	24 58	1 53	24 37	1 33	3 14	1 4	19 16	2 5
5	15 54	23 34	0N 7	24 0	8 37	2 2	25 5	1 55	24 34	1 32	3 10	1 4	19 15	2 5
6	16 11	24 5	1 19	23 49	9 22	1 55	25 12	1 57	24 31	1 32	3 5	1 4	19 14	2 5
7	16 28	23 14	2 24	22 21	10 8	1 48	25 17	1 59	24 27	1 32	3 1	1 4	19 14	2 5
8	16 45	21 13	3 21	19 51	10 55	1 40	25 22	2 1	24 24	1 32	2 56	1 5	19 13	2 5
9	17 2	18 16	4 7	16 30	11 41	1 32	25 27	2 3	24 20	1 31	2 52	1 5	19 12	2 5
10	17 18	14 35	4 40	12 32	12 28	1 23	25 30	2 5	24 16	1 31	2 48	1 5	19 11	2 5
11	17 34	10 23	5 2	8 8	13 15	1 15	25 33	2 7	24 12	1 31	2 43	1 5	19 11	2 5
12	17 49	5 48	5 10	3 26	14 2	1 5	25 36	2 9	24 8	1 30	2 39	1 5	19 10	2 5
13	18 5	1 2	5 5	1S23	14 49	0 56	25 37	2 10	24 4	1 30	2 35	1 5	19 9	2 5
14	18 20	3S48	4 46	6 12	15 35	0 46	25 38	2 12	23 59	1 30	2 31	1 6	19 8	2 5
15	18 34	8 32	4 15	10 49	16 21	0 36	25 38	2 13	23 55	1 30	2 26	1 6	19 8	2 5
16	18 49	13 1	3 32	15 5	17 7	0 25	25 38	2 15	23 50	1 29	2 22	1 6	19 7	2 5
17	19 3	17 1	2 39	18 46	17 51	0 15	25 37	2 16	23 45	1 29	2 18	1 6	19 6	2 5
18	19 17	20 20	1 38	21 39	18 34	0 4	25 35	2 17	23 40	1 29	2 14	1 6	19 5	2 5
19	19 30	22 43	0 31	23 31	19 16	0N 6	25 32	2 19	23 35	1 28	2 10	1 7	19 5	2 5
20	19 43	23 60	0S39	24 10	19 57	0 17	25 29	2 20	23 29	1 28	2 6	1 7	19 4	2 5
21	19 56	23 59	1 48	23 29	20 36	0 27	25 25	2 21	23 24	1 28	2 2	1 7	19 3	2 5
22	20 8	22 38	2 53	21 28	21 13	0 37	25 20	2 21	23 18	1 28	1 58	1 7	19 2	2 5
23	20 20	19 59	3 49	18 12	21 48	0 47	25 15	2 22	23 12	1 27	1 55	1 7	19 2	2 5
24	20 32	16 10	4 34	13 53	22 21	0 57	25 9	2 23	23 6	1 27	1 51	1 8	19 1	2 5
25	20 44	11 23	5 3	8 43	22 51	1 6	25 3	2 24	23 0	1 27	1 47	1 8	19 0	2 5
26	20 55	5 54	5 14	3 0	23 19	1 15	24 56	2 24	22 54	1 26	1 43	1 8	18 59	2 5
27	21 5	0 2	5 5	2N57	23 44	1 23	24 48	2 24	22 47	1 26	1 40	1 8	18 59	2 5
28	21 16	5N54	4 36	8 47	24 7	1 30	24 40	2 25	22 41	1 26	1 36	1 9	18 58	2 5
29	21 26	11 32	3 50	14 7	24 27	1 37	24 31	2 25	22 34	1 26	1 33	1 9	18 57	2 5
30	21 35	16 29	2 48	18 35	24 44	1 44	24 21	2 25	22 27	1 25	1 29	1 9	18 56	2 5
31	21N44	20N24	1S36	21N52	24N59	1N49	24N11	2N25	22N20	1N25	1S26	1S 9	18S56	2N 5

DAY	♅ DECL	♅ LAT	♆ DECL	♆ LAT	♇ DECL	♇ LAT
1	0S 1	0S43	13N54	0N28	21N29	1S15
5	0N 3	0 43	13 54	0 28	21 29	1 14
9	0 8	0 43	13 54	0 28	21 28	1 14
13	0 12	0 43	13 54	0 28	21 28	1 14
17	0 15	0 43	13 53	0 28	21 28	1 13
21	0 19	0 43	13 53	0 28	21 28	1 13
25	0 22	0 43	13 52	0 28	21 28	1 13
29	0N25	0S44	13N51	0N28	21N28	1S12

☽ PHENOMENA

d	h	m	
1	12	40	●
8	15	27	☽
16	19	3	○
24	5	34	☾
30	21	6	●

d	h	° '
5	21	24N 5
13	5	0
20	12	24S10
27	0	0

d	h	° '
4	22	0
12	3	5N10
19	11	0
26	2	5S14

VOID OF COURSE ☽

LAST ASPT	☽ INGRESS
2 11am22	2 ♊ 8pm53
4 6pm19	4 ♋ 11pm52
6 8pm59	7 ♌ 6am39
9 10am20	9 ♍ 5pm 3
12 5am 7	12 ♎ 5am27
14 6am17	14 ♏ 5pm52
16 10pm38	17 ♐ 4am58
19 8am53	19 ♑ 2pm11
21 8pm54	21 ♒ 9pm16
23 4pm 9	24 ♓ 2am 2
26 1am48	26 ♈ 4am38
27 8pm35	28 ♉ 5am51
30 5am18	30 ♊ 7am 2

d	h	
12	13	APOGEE
28	8	PERIGEE

DAILY ASPECTARIAN

Day	Aspect	Time
1 Su	☽⚻♄	6am18
	☽*♂	9 54
	☽∠♃	10 30
	☉☌☽	12pm40
	☿⚼♄	1 11
	☽*♇	6 52
	☽∠♅	11 7
2 M	☽∥♆	0am57
	☽⚺♀	1 21
	♀∥♂	1 24
	☉∥☽	6 46
	☽⚺☿	8 41
	☽*♃	11 2
	☽∠♂	11 6
	☽□♆	11 22
	♂∠♆	5pm31
	☽∠♇	7 16
	☽*♅	11 40
3 T	☽#♄	6am16
	☿⚺♃	6 33
	☽☍♄	6 52
	☿△♆	7 3
	♃⚻♆	10 58
	☽∠☿	12pm52
	☽⚺♂	12 57
	☉⚺☽	5 20
	☽⚺♇	8 18
	☽∥♇	10 42
4 W	☽☌♀	7am38
	☽*♆	1pm43
	☽□♃	2 6
	☽*☿	6 19
	☉∠☽	9 2
5 Th	☽□♅	3am 2
	☽⚻♄	10 18
	☉*♇	1pm31
	☽∠♆	4 13
	☽☌♂	7 31
6 F	♆SD	0am 4
	☽☌♇	1 3
	☉*☽	1 57
	☿ ♉	11 29
	☽⚼♄	1pm27
	☽⚺♀	6 30
	☽⚺♆	7 44
	☽△♃	8 59
7 S	♀*♆	8am 8
	☽□☿	10 0
	☽△♅	10 15
	☿⚺♅	11 41
	☽△♄	5pm35
	☽∥♇	9 31
8 Su	☽∠♀	1am52
	☽⚼♃	1 58
	♀□♃	3 4
	☽⚺♂	6 34
	☽⚺♇	9 43
	☉∠♅	1pm15
	☽⚼♅	3 17
	☉□☽	3 27
	☽#♄	5 3
9 M	☽☌♆	5am32
	☽⚻♃	7 47
	☉∥☽	7 57
	☿⚻♄	9 55
	☽*♀	10 20
	☽∠♂	1pm34
	☽∠♇	3 18
	☽⚻♅	9 3
10 T	☽∥♆	4am 6
	☽□♄	4 11
	☽△☿	7 55
	☽∥☿	10 26
	☽*♂	9pm11
	☽*♇	9 24
11 W	♂☌♇	1am38
	☉△☽	8 33
	☽⚺♆	5pm43
	☿∥♆	7 49
	☽⚼☿	8 19
	☽☍♃	9 0
12 Th	☿∠♃	0am37
	☽□♀	5 7
	♀ ♋	8 34
	☽☍♅	9 44
	☽#♃	4pm10
	☽*♄	4 22
	☉⚼☽	5 34
13 F	☽∠♆	0am 4
	☽∥♅	4 9
	☽#♅	6 6
	☽⚻☿	8 59
	☽□♇	10 7
	☽□♂	1pm 0
	☿*♇	3 33
	☽∥♃	5 40
	☽∠♄	10 27
14 S	☉⚻☽	2am28
	☽*♆	6 17
	♀□♅	6 18
	☽⚻♃	10 27
	☿*♂	3pm31
	☽⚻♅	10 18
	☽△♀	11 55
15 Su	☿∠♅	2am23
	☽⚺♄	4 16
	☽⚼♃	4pm45
	☽△♇	10 6
16 M	☿∠♀	1am 7
	☉□♆	1 58
	☽△♂	3 55
	☽⚼♅	4 6
	☽#♆	5 1
	☽⚼♀	8 40
	☽☍☿	9 25
	☽□♆	5pm43
	☉☍☽	7 3
	♀⚻♄	7 11
	☽△♃	10 38
17 T	☽⚼♇	3am30
	☉#♄	5 18
	☽#☿	7 2
	☽△♅	9 28
	☽⚼♂	10 40
	☽∥♄	2pm23
	☽☌♄	2 43
	☉#☽	3 7
	☽⚻♀	4 49
18 W	☽⚻♇	8am26
	☿□♆	8 43
	☽#♇	10 13
	☽⚻♂	4pm52
	☿#♄	5 20
19 Th	☉*♃	2am21
	☽△♆	3 21
	☽⚻☿	7 11
	☽□♃	8 53
	☉⚻☽	9 19
	☉∥☿	11 49
	☽#♂	12pm25
	☿*♃	5 46
	☽□♅	6 42
	☽⚺♄	11 17
20 F	☉☌☿	3am40
	☽☍♀	7 6
	☽⚼♆	7 24
	♀∠♆	10 32
	♂⚼♄	2pm 5
	☉⚼☽	3 27
	☿∠♇	4 31
	☽☍♇	4 45
	☽⚼☿	4 48
21 S	☿ ♊	0am 4
	☽∠♄	2 46
	☽☍♂	3 27
	☉∠♇	9 15
	☽⚻♆	10 54
	☽#♂	2pm24
	☽*♃	4 54
	☉△☽	8 54
22 Su	☽△☿	1am26
	☽*♅	1 45
	☉ ♊	2 8
	☿*♅	3 24
	☽*♄	5 42
	☿∥♇	10 10
	☽#☿	11 40
	☽#♇	12pm 0
	☽⚻♀	6 27
	☽∠♃	8 0
	☉#☽	9 29
	☽⚻♇	10 48
23 M	☿☍♄	2am50
	☽∠♅	4 24
	☽∥♄	6 43
	☽⚻♂	11 25
	☽☍♆	4pm 9
	☽⚺♃	10 30
	☽⚼♀	10 59
24 T	☽⚼♇	0am57
	☿∠♂	4 42
	☉□☽	5 34
	☽⚺♅	6 27
	☽□♄	9 49
	☽#♆	12pm 2
	☽⚼♂	2 24
	☽□☿	3 41
	☉*♅	6 52
	♀☌♇	11 51
25 W	☽△♇	2am33
	☽△♀	2 46
	☿∥♂	6 4
	☽△♂	4pm48
	☽⚻♆	7 9
26 Th	☽☌♃	1am48
	☽☌♅	9 0
	☉*☽	11 37
	☽△♄	11 53
	☉☍♄	3pm24
	☽∥♃	5 21
	☽⚼♆	8 0
	☽#♅	10 33
27 F	☽∥♅	1am44
	☽*☿	2 27
	☽□♇	4 25
	☽#♃	6 46
	☽□♀	8 42
	☽⚼♄	12pm23
	☉∠☽	1 58
	☿⚺♇	4 12
	☽□♂	8 21
	☽△♆	8 35
28 S	♂⚺♆	1am57
	☽⚺♃	3 36
	☽∠☿	7 4
	☽⚺♅	10 16
	☽⚻♄	12pm45
	☉⚺☽	4 10
29 Su	☿∥♀	3am14
	☽∠♃	4 22
	☉∥♇	5 21
	☽*♇	5 30
	♀⚼♄	6 28
	☽∥♆	10 44
	☽∠♅	10 51
	☽⚺☿	11 36
	☽*♀	1pm45
	☽□♆	9 42
	☽*♂	11 33
30 M	☽*♃	5am18
	☽∠♇	6 13
	☽*♅	11 39
	☽☍♄	1pm49
	☽#♄	2 8
	☽∠♀	4 37
	☿⚺♀	7 13
	☉☌☽	9 6
31 T	☽∠♂	1am36
	☽⚺♇	7 20
	☽∥♇	8 23
	☉∥☽	11 27
	☽∥♂	3pm41
	☽⚺♀	8 6
	☽☌☿	9 55

JUNE 1927

LONGITUDE

DAY	SID. TIME	☉	☽	☽ 12 Hour	MEAN ☊	TRUE ☊	☿	♀	♂	♃	♄	♅	♆	♇
	h m s	° ' "	° ' "	° ' "	° '	° '	° '	° '	° '	° '	° '	° '	° '	° '
1	16 33 55	9♊ 30 57	24♊ 18 21	1♋ 14 37	28♊ 59	27♊ 55D	23♊ 16	22♋ 13	26♋ 41	29♓ 13D	3♐ 59R	2♈ 50	24♌ 22D	14♋ 32D
2	16 37 52	10 28 28	8♋ 5 15	14 50 4	28 56	27 55	25 12	23 19	27 17	29 22	3 54	2 51	24 23	14 34
3	16 41 48	11 25 57	21 29 3	28 2 15	28 53	27 56	27 6	24 25	27 54	29 31	3 50	2 53	24 24	14 35
4	16 45 45	12 23 26	4♌ 29 54	10♌ 52 16	28 49	27 58	28 58	25 31	28 30	29 40	3 45	2 55	24 25	14 36
5	16 49 42	13 20 53	17 9 43	23 22 40	28 46	27 59	0♋ 47	26 36	29 6	29 48	3 41	2 56	24 26	14 38
6	16 53 38	14 18 20	29 31 37	5♍ 37 5	28 43	28 0	2 33	27 42	29 42	29 56	3 37	2 58	24 27	14 39
7	16 57 35	15 15 44	11♍ 39 38	17 39 48	28 40	28 0R	4 17	28 47	0♌ 19	0♈ 5	3 32	2 59	24 28	14 40
8	17 1 31	16 13 8	23 38 10	29 35 20	28 37	28 0	5 58	29 52	0 55	0 13	3 28	3 1	24 29	14 42
9	17 5 28	17 10 31	5♎ 31 49	11♎ 28 12	28 34	27 59	7 37	0♌ 57	1 31	0 21	3 24	3 2	24 30	14 43
10	17 9 24	18 7 53	17 25 0	23 22 43	28 30	27 58	9 12	2 2	2 8	0 29	3 19	3 4	24 31	14 45
11	17 13 21	19 5 13	29 21 48	5♏ 22 43	28 27	27 57	10 46	3 6	2 44	0 36	3 15	3 5	24 32	14 46
12	17 17 17	20 2 33	11♏ 25 49	17 31 29	28 24	27 55	12 16	4 10	3 21	0 44	3 11	3 7	24 33	14 47
13	17 21 14	20 59 52	23 40 1	29 51 39	28 21	27 54	13 43	5 14	3 57	0 51	3 7	3 8	24 35	14 49
14	17 25 11	21 57 10	6♐ 6 37	12♐ 25 4	28 18	27 54	15 8	6 18	4 34	0 59	3 3	3 9	24 36	14 50
15	17 29 7	22 54 27	18 47 7	25 12 49	28 14	27 54D	16 30	7 21	5 10	1 6	2 59	3 10	24 37	14 52
16	17 33 4	23 51 44	1♑ 42 12	8♑ 15 16	28 11	27 54	17 49	8 25	5 47	1 13	2 55	3 11	24 38	14 53
17	17 37 0	24 49 0	14 51 57	21 32 10	28 8	27 54	19 5	9 27	6 23	1 19	2 51	3 13	24 40	14 55
18	17 40 57	25 46 16	28 15 48	5♒ 2 43	28 5	27 54	20 18	10 30	7 0	1 26	2 47	3 14	24 41	14 56
19	17 44 53	26 43 31	11♒ 52 45	18 45 44	28 2	27 54R	21 28	11 32	7 36	1 33	2 43	3 15	24 42	14 58
20	17 48 50	27 40 46	25 41 29	2♓ 39 47	27 59	27 55	22 35	12 34	8 13	1 39	2 39	3 16	24 44	14 59
21	17 52 46	28 38 1	9♓ 40 25	16 43 9	27 55	27 54	23 39	13 36	8 49	1 45	2 35	3 17	24 45	15 1
22	17 56 43	29 35 16	23 47 43	0♈ 53 51	27 52	27 54	24 40	14 38	9 26	1 51	2 31	3 17	24 46	15 2
23	18 0 40	0♋ 32 30	8♈ 1 15	15 9 36	27 49	27 54D	25 37	15 39	10 3	1 57	2 28	3 18	24 48	15 4
24	18 4 36	1 29 44	22 18 33	29 27 43	27 46	27 54	26 31	16 40	10 39	2 3	2 24	3 19	24 49	15 5
25	18 8 33	2 26 58	6♉ 36 42	13♉ 45 5	27 43	27 54	27 22	17 40	11 16	2 8	2 21	3 20	24 51	15 7
26	18 12 29	3 24 13	20 52 25	27 58 14	27 40	27 55	28 9	18 40	11 53	2 14	2 17	3 20	24 52	15 8
27	18 16 26	4 21 27	5♊ 2 5	12♊ 3 29	27 36	27 55	28 52	19 40	12 30	2 19	2 14	3 21	24 54	15 10
28	18 20 22	5 18 41	19 2 2	25 57 18	27 33	27 56R	29 31	20 40	13 6	2 24	2 10	3 22	24 55	15 11
29	18 24 19	6 15 55	2♋ 48 55	9♋ 36 34	27 30	27 56	0♌ 6	21 39	13 43	2 29	2 7	3 22	24 57	15 13
30	18 28 15	7♋ 13 9	16♋ 19 59	22♋ 58 59	27♊ 27	27♊ 56	0♌ 37	22♌ 37	14♌ 20	2♈ 34	2♐ 4	3♈ 23	24♌ 59	15♋ 14

DECLINATION and LATITUDE

DAY	☉ DECL	☽ DECL	☽ LAT	☽ 12hr DECL	☿ DECL	☿ LAT	♀ DECL	♀ LAT	♂ DECL	♂ LAT	♃ DECL	♃ LAT	♄ DECL	♄ LAT
1	21N53	22N60	0S20	23N45	25N10	1N54	23N60	2N25	22N13	1N25	1S22	1S10	18S55	2N 4
2	22 2	24 8	0N56	24 9	25 20	1 58	23 48	2 25	22 5	1 24	1 19	1 10	18 54	2 4
3	22 10	23 49	2 6	23 9	25 26	2 1	23 36	2 24	21 58	1 24	1 16	1 10	18 53	2 4
4	22 17	22 12	3 8	20 58	25 31	2 4	23 24	2 24	21 50	1 24	1 13	1 10	18 53	2 4
5	22 25	19 30	3 60	17 50	25 32	2 6	23 11	2 23	21 42	1 23	1 9	1 10	18 52	2 4
6	22 32	15 59	4 38	13 59	25 32	2 7	22 57	2 22	21 34	1 23	1 6	1 11	18 51	2 4
7	22 38	11 52	5 3	9 39	25 30	2 7	22 43	2 21	21 26	1 23	1 3	1 11	18 50	2 4
8	22 44	7 21	5 15	4 60	25 25	2 6	22 28	2 20	21 18	1 22	1 0	1 11	18 50	2 4
9	22 50	2 36	5 13	0 11	25 19	2 5	22 13	2 19	21 10	1 22	0 57	1 11	18 49	2 4
10	22 55	2S15	4 58	4S39	25 10	2 3	21 57	2 18	21 1	1 22	0 54	1 12	18 48	2 4
11	22 60	7 2	4 30	9 22	25 0	2 0	21 41	2 17	20 53	1 21	0 52	1 12	18 48	2 3
12	23 4	11 37	3 50	13 47	24 49	1 57	21 25	2 15	20 44	1 21	0 49	1 12	18 47	2 3
13	23 9	15 49	2 58	17 42	24 36	1 52	21 7	2 13	20 35	1 21	0 46	1 12	18 46	2 3
14	23 12	19 24	1 58	20 54	24 22	1 47	20 50	2 12	20 26	1 20	0 43	1 13	18 46	2 3
15	23 16	22 8	0 50	23 7	24 7	1 42	20 32	2 10	20 17	1 20	0 41	1 13	18 45	2 3
16	23 18	23 47	0S21	24 8	23 50	1 35	20 13	2 8	20 7	1 20	0 38	1 13	18 44	2 3
17	23 21	24 9	1 33	23 49	23 33	1 28	19 55	2 6	19 58	1 19	0 36	1 14	18 44	2 3
18	23 23	23 8	2 40	22 7	23 14	1 21	19 35	2 3	19 48	1 19	0 33	1 14	18 43	2 3
19	23 24	20 45	3 40	19 6	22 55	1 12	19 16	2 1	19 39	1 19	0 31	1 14	18 43	2 2
20	23 26	17 10	4 28	14 59	22 36	1 3	18 56	1 58	19 29	1 18	0 29	1 14	18 42	2 2
21	23 26	12 35	5 1	10 1	22 15	0 54	18 35	1 55	19 19	1 18	0 27	1 15	18 41	2 2
22	23 27	7 18	5 16	4 29	21 55	0 43	18 15	1 52	19 9	1 18	0 24	1 15	18 41	2 2
23	23 27	1 36	5 12	1N19	21 34	0 33	17 54	1 49	18 59	1 17	0 22	1 15	18 40	2 2
24	23 26	4N13	4 49	7 4	21 12	0 21	17 32	1 46	18 48	1 17	0 20	1 15	18 40	2 2
25	23 26	9 50	4 7	12 27	20 51	0 9	17 10	1 43	18 38	1 17	0 18	1 16	18 39	2 1
26	23 24	14 54	3 11	17 8	20 29	0S 3	16 48	1 39	18 27	1 16	0 17	1 16	18 39	2 1
27	23 23	19 7	2 3	20 49	20 8	0 16	16 26	1 36	18 17	1 16	0 15	1 16	18 38	2 1
28	23 21	22 11	0 49	23 12	19 47	0 30	16 4	1 32	18 6	1 16	0 13	1 17	18 38	2 1
29	23 18	23 52	0N27	24 10	19 26	0 43	15 41	1 28	17 55	1 15	0 11	1 17	18 37	2 1
30	23N15	24N 6	1N40	23N42	19N 5	0S58	15N18	1N24	17N44	1N15	0S10	1S17	18S37	2N 1

DAY	♅ DECL	♅ LAT	♆ DECL	♆ LAT	♇ DECL	♇ LAT
1	0N27	0S44	13N50	0N28	21N28	1S12
5	0 30	0 44	13 49	0 28	21 27	1 12
9	0 32	0 44	13 48	0 28	21 27	1 12
13	0 34	0 44	13 46	0 28	21 27	1 11
17	0 36	0 44	13 45	0 28	21 26	1 11
21	0 38	0 44	13 43	0 28	21 26	1 11
25	0 39	0 44	13 41	0 28	21 26	1 10
29	0N40	0S45	13N39	0N28	21N25	1S10

☽ PHENOMENA				VOID OF COURSE ☽ LAST ASPT		☽ INGRESS		
d	h	m						
7	7	49	☽	1	8am35	1	♋	9am50
15	8	19	○☍	3	2pm54	3	♌	3pm38
22	10	30	☾	5	2pm 4	6	♍	0am56
29	6	32	●☌	7	7am49	8	♎	12pm50
				10	2pm19	11	♏	1am16
				13	1am46	13	♐	12pm16
d	h	° '		15	10am55	15	♑	8pm52
2	7	24N11		17	8am23	18	♒	3am 5
9	13	0		20	3am41	20	♓	7am25
16	18	24S11		22	1am35	22	♈	10am29
23	7	0		24	7am31	24	♉	12pm54
29	16	24N11		26	12pm58	26	♊	3pm26
				28	10am13	28	♋	7pm 4
1	6	0						
8	9	5N16			d	h		
15	17	0			9	5	APOGEE	
22	7	5S17			24	10	PERIGEE	
28	15	0						

DAILY ASPECTARIAN

1 W	☽⚹♆	0am 7
	☽⚺♂	4 17
	☽□♃	8 35
	☿⚹♆	1pm49
	☽□♅	2 48
	☽∥♀	3 5
	☽⚻♄	4 41
2 Th	☽∠♆	2am18
	☉⚺☽	4 33
	☉∥♂	5 34
	☽☌♇	11 32
	☽⚼♄	7pm13
	♀⚺♆	11 45
3 F	☽∥♀	5am15
	☽⚺♆	5 20
	☽☌♀	5 50
	☉∠☽	9 46
	☽⚺☿	12pm 0
	☽☌♂	12 18
	☽△♃	2 54
	☿⚺♂	3 2
	☽△♅	9 2
	☽△♄	10 37
	☉∥☽	11 0
4 S	☽∥♂	3am59
	☽∥♇	7 29
	☿□♃	9 56
	☿ ♋	1pm39
	☉⚹☽	4 7
	☽⚺♇	7 9
	☽⚼♃	7 26
	☽∠☿	8 54
5 Su	☽⚼♅	1am30
	☽#♄	4 44
	☽☌♆	2pm 4
	☽⚺♀	8 4
6 M	☽∠♇	0am15
	☽⚺♂	0 22
	☽⚻♃	0 49
	☿□♅	5 45
	☽⚻♅	6 47
	☽⚹☿	6 57
	☽□♄	7 59
	☉⚺♇	8 54
	♃ ♈	10 13
	♂ ♌	11 36
	♂△♃	12pm 1
	☽∥♆	1 0
	☿⚻♄	2 0
	♂∥♇	9 22
7 T	☉∠♂	3am27
	☽∠♀	4 40
	☉∥♀	5 46
	☽⚹♇	6 2
	☽∠♂	7 41
	☉□☽	7 49
8 W	☽⚺♆	1am43
	♀ ♌	2 52
	♀△♃	8 41
	☽☍♃	1pm25
	☽⚹♀	1 50
	☽⚹♂	3 28
	☽☍♅	6 58
	☽⚹♄	7 43
9 Th	☽□☿	4am52
	☽∠♆	8 2
	☽#♃	8 14
	☽∥♅	10 12
	☽#♅	3pm35
	☽∥♃	5 26
	☽□♇	6 36
10 F	☉△☽	1am34
	☽∠♄	1 49
	☿∠♆	4 50
	♀☌♂	5 15
	☽⚹♆	2pm19
	♀△♅	11 40
11 S	☽⚻♃	2am31
	♀△♄	3 10
	☽□♂	7 6
	☽⚻♅	7 27
	☽⚺♄	7 43
	☽□♀	8 12
	☉⚼☽	10 14
	♂△♅	2pm21
	♂△♄	6 15
	♀∥♇	8 50
12 Su	☽△☿	1am52
	☽△♇	6 38
	☽⚼♃	8 34
	☽#♆	11 58
	☽⚼♅	1pm10
	☉⚻☽	6 21
	♄△♅	7 17
13 M	☽□♆	1am46
	☽⚼☿	11 4
	☽⚼♇	11 56
	☽△♃	2pm 3
	☽☌♄	6 10
	☽△♅	6 19
	☿☌♇	6 49
	☽∥♄	7 20
	☽△♂	8 53
14 T	☽△♀	0am24
	☽#♂	7 41
	☽#♀	10 21
	☽⚻♇	4pm36
	☽#♇	4 59
	☽⚻☿	7 12
15 W	☽⚼♂	2am43
	☽⚼♀	7 17
	☉☍☽	8 19
	☽△♆	10 55
	☉#☽	2pm39
	☽□♃	11 5
16 Th	☽#☿	0am53
	☿⚼♄	1 40
	☽⚺♄	2 12
	☽□♅	2 44
	☽⚻♂	7 50
	☽⚻♀	1pm21
	☽⚼♆	2 33
	♀∥♂	3 26
	☉⚹♆	7 57
	♃#♅	9 55
17 F	☽☍♇	0am 5
	☽∠♄	5 21
	☽☍☿	8 23
	☉∥☿	2pm10
	☽⚻♆	5 37
	☉⚻☽	7 14
	☉#☽	8 24
	☽#☿	10 7
18 S	☽⚹♃	5am40
	☽⚹♄	7 58
	☽⚹♅	8 48
	☽☍♂	4pm 9
	☽#♇	6 19
	☽☍♀	11 21
	☉⚼☽	11 43
19 Su	☽⚻♇	5am23
	☽∠♃	8 12
	☽#♂	8 41
	☽∠♅	11 7
	☽#♀	12pm 2
	☽∥♄	2 36
	☽⚻☿	6 11
	☽☍♆	10 20
20 M	☉△☽	3am41
	☽⚼♇	7 25
	☽⚺♃	10 20
	☽□♄	11 55
	☽⚺♅	1pm 2
	♀#♄	4 41
	☽#♆	6 28
	☽⚼☿	10 7
	☽⚻♂	10 29
21 T	☽⚻♀	7am14
	☽△♇	9 7
	☉∠♀	10 4
22 W	☽⚼♂	1am 8
	☽△☿	1 35
	☽⚻♆	1 39
	☿⚺♆	2 40
	♀⚺♇	9 49
	☉ ♋	10 22
	☉□☽	10 30
	☽⚼♀	10 37
	☽☌♃	1pm42
	☽△♄	2 41
	☽☌♅	4 3
23 Th	☽⚼♆	3am 0
	☽△♂	3 34
	☽#♅	3 57
	☽∥♃	5 4
	☽#♃	8 4
	☿∥♇	8 57
	☽∥♅	9 12
	☽□♇	11 51
	☽△♀	1pm48
	☽⚼♄	3 48
24 F	☽△♆	4am13
	☽□☿	7 31
	♀⚼♃	10 6
	☉□♃	3pm22
	☽⚺♃	4 27
	☉⚹☽	4 31
	☽⚻♄	4 52
	☽⚺♅	6 29
	♂#♄	8 59
	☉⚻♄	9 28
25 S	☽□♂	8am11
	☽⚹♇	2pm19
	♀⚼♅	3 58
	☽∠♃	5 49
	☽∥♆	5 51
	☉∠☽	7 32
	☽∠♅	7 43
	☽□♀	8 0
	☉□♅	10 23
26 Su	☽□♆	6am46
	♃△♄	9 13
	☽∥♀	9 20
	☽⚹☿	12pm58
	☽∠♇	3 42
	☽∥♂	6 55
	☽☍♄	7 15
	☽⚹♃	7 21
	☽#♄	8 54
	☽⚹♅	9 8
	☉⚺☽	10 46
27 M	☽∥☿	6am16
	☽⚹♂	1pm20
	☽∠☿	3 51
	☽∥♇	5 0
	☽⚺♇	5 22
28 T	☽⚹♀	3am 2
	☽⚹♆	10 13
	☉∥☽	1pm44
	☽∠♂	4 29
	☽⚺☿	7 2
	☿ ♌	7 34
	☽⚻♄	10 47
	☽□♃	11 25
29 W	☽□♅	0am59
	☉☌☽	6 32
	☽∠♀	7 17
	☽∠♆	12pm38
	☽⚺♂	8 15
	☽☌♇	10 2
30 Th	☽⚼♄	1am18
	☽⚺♀	12pm15
	☽⚺♆	3 39
	☉∥☽	8 30

LONGITUDE

DAY	SID. TIME	☉	☽	☽ 12 Hour	MEAN ☊	TRUE ☊	☿	♀	♂	♃	♄	♅	♆	♇
	h m s	° ′ ″	° ′ ″	° ′ ″	° ′	° ′	° ′	° ′	° ′	° ′	° ′	° ′	° ′	° ′
1	18 32 12	8♋ 10 23	29♋ 33 26	6♌ 3 18	27♊ 24	27♊ 55R	1♌ 4	23♌ 36	14♌ 57	2♈ 38	2♐ 0R	3♈ 23	25♌ 0	15♋ 16
2	18 36 9	9 7 36	12♌ 28 37	18 49 31	27 20	27 54	1 27	24 34	15 34	2 42	1 57	3 23	25 2	15 17
3	18 40 5	10 4 49	25 6 10	1♍ 18 50	27 17	27 52	1 45	25 31	16 11	2 47	1 54	3 24	25 4	15 19
4	18 44 2	11 2 2	7♍ 27 50	13 33 34	27 14	27 50	1 59	26 28	16 48	2 51	1 51	3 24	25 5	15 20
5	18 47 58	11 59 15	19 36 27	25 36 59	27 11	27 49	2 8	27 25	17 25	2 54	1 48	3 24	25 7	15 22
6	18 51 55	12 56 27	1♎ 35 39	7♎ 33 2	27 8	27 48	2 13R	28 21	18 1	2 58	1 46	3 25	25 9	15 24
7	18 55 51	13 53 39	13 29 40	19 26 8	27 5	27 47D	2 13	29 17	18 38	3 1	1 43	3 25	25 10	15 25
8	18 59 48	14 50 51	25 23 2	1♏ 20 56	27 1	27 47	2 8	0♍ 12	19 15	3 5	1 40	3 25	25 12	15 27
9	19 3 44	15 48 3	7♏ 20 26	13 22 4	26 58	27 48	1 58	1 6	19 52	3 8	1 38	3 25R	25 14	15 28
10	19 7 41	16 45 14	19 26 22	25 33 51	26 55	27 49	1 44	2 0	20 29	3 11	1 35	3 25	25 16	15 30
11	19 11 38	17 42 26	1♐ 44 58	8♐ 0 7	26 52	27 51	1 25	2 54	21 7	3 13	1 33	3 25	25 18	15 31
12	19 15 34	18 39 38	14 19 39	20 43 50	26 49	27 52	1 3	3 47	21 44	3 16	1 30	3 25	25 19	15 33
13	19 19 31	19 36 50	27 12 51	3♑ 46 50	26 46	27 53R	0 36	4 39	22 21	3 18	1 28	3 25	25 21	15 34
14	19 23 27	20 34 2	10♑ 25 46	17 9 36	26 42	27 52	0 6	5 31	22 58	3 20	1 26	3 24	25 23	15 36
15	19 27 24	21 31 14	23 58 7	0♒ 51 5	26 39	27 51	29♋ 32	6 22	23 35	3 22	1 24	3 24	25 25	15 37
16	19 31 20	22 28 27	7♒ 48 5	14 48 43	26 36	27 49	28 56	7 12	24 12	3 24	1 22	3 24	25 27	15 39
17	19 35 17	23 25 40	21 52 27	28 58 45	26 33	27 45	28 18	8 2	24 49	3 26	1 20	3 24	25 29	15 41
18	19 39 14	24 22 53	6♓ 7 0	13♓ 16 37	26 30	27 42	27 38	8 51	25 27	3 27	1 18	3 23	25 31	15 42
19	19 43 10	25 20 7	20 27 1	27 37 39	26 26	27 38	26 57	9 39	26 4	3 28	1 17	3 23	25 33	15 44
20	19 47 7	26 17 22	4♈ 48 0	11♈ 57 35	26 23	27 36	26 16	10 26	26 41	3 29	1 15	3 22	25 35	15 45
21	19 51 3	27 14 37	19 6 1	26 12 57	26 20	27 34D	25 36	11 13	27 18	3 30	1 13	3 22	25 37	15 47
22	19 55 0	28 11 53	3♉ 18 6	10♉ 21 15	26 17	27 34	24 57	11 59	27 56	3 31	1 12	3 21	25 39	15 48
23	19 58 56	29 9 11	17 22 13	24 20 50	26 14	27 35	24 20	12 44	28 33	3 31	1 11	3 21	25 41	15 50
24	20 2 53	0♌ 6 29	1♊ 17 1	8♊ 10 39	26 11	27 36	23 45	13 28	29 10	3 31R	1 9	3 20	25 43	15 51
25	20 6 49	1 3 48	15 1 38	21 49 54	26 7	27 38R	23 14	14 11	29 48	3 31	1 8	3 19	25 45	15 53
26	20 10 46	2 1 8	28 35 20	5♋ 17 52	26 4	27 38	22 47	14 53	0♍ 25	3 31	1 7	3 18	25 47	15 54
27	20 14 43	2 58 29	11♋ 57 22	18 33 45	26 1	27 37	22 24	15 34	1 3	3 31	1 6	3 18	25 49	15 56
28	20 18 39	3 55 51	25 6 56	1♌ 36 49	25 58	27 35	22 6	16 15	1 40	3 30	1 5	3 17	25 51	15 57
29	20 22 36	4 53 13	8♌ 3 20	14 26 26	25 55	27 30	21 54	16 54	2 18	3 29	1 4	3 16	25 53	15 59
30	20 26 32	5 50 36	20 46 8	27 2 27	25 52	27 25	21 47D	17 32	2 55	3 28	1 4	3 15	25 55	16 0
31	20 30 29	6♌ 48 0	3♍ 15 27	9♍ 25 18	25♊ 48	27♊ 18	21♋ 46	18♍ 9	3♍ 33	3♈ 27	1♐ 3	3♈ 14	25♌ 57	16♋ 2

DECLINATION and LATITUDE

DAY	☉ DECL	☽ DECL	☽ LAT	☽ 12hr DECL	☿ DECL	☿ LAT	♀ DECL	♀ LAT	♂ DECL	♂ LAT	♃ DECL	♃ LAT	♄ DECL	♄ LAT
1	23N12	22N58	2N46	21N55	18N45	1S12	14N55	1N19	17N33	1N15	0S 8	1S17	18S36	2N 0
2	23 8	20 37	3 42	19 4	18 26	1 27	14 31	1 15	17 22	1 14	0 7	1 18	18 36	2 0
3	23 4	17 20	4 26	15 25	18 7	1 42	14 7	1 10	17 10	1 14	0 5	1 18	18 35	2 0
4	22 59	13 21	4 56	11 10	17 49	1 57	13 44	1 6	16 59	1 14	0 4	1 18	18 35	1 60
5	22 54	8 54	5 12	6 34	17 32	2 13	13 19	1 1	16 47	1 13	0 3	1 19	18 35	1 60
6	22 49	4 11	5 15	1 46	17 16	2 28	12 55	0 56	16 35	1 13	0 2	1 19	18 34	1 59
7	22 43	0S39	5 4	3S 5	17 1	2 43	12 31	0 50	16 24	1 12	0 1	1 19	18 34	1 59
8	22 37	5 28	4 40	7 50	16 48	2 59	12 6	0 45	16 12	1 12	0N 1	1 19	18 34	1 59
9	22 31	10 7	4 4	12 20	16 35	3 13	11 42	0 39	15 60	1 12	0 1	1 20	18 33	1 59
10	22 24	14 27	3 16	16 26	16 24	3 28	11 17	0 33	15 48	1 11	0 2	1 20	18 33	1 59
11	22 17	18 15	2 19	19 53	16 15	3 41	10 52	0 27	15 35	1 11	0 3	1 20	18 33	1 58
12	22 9	21 18	1 14	22 28	16 7	3 54	10 27	0 21	15 23	1 11	0 4	1 21	18 32	1 58
13	22 1	23 21	0 4	23 56	16 1	4 7	10 3	0 15	15 11	1 10	0 5	1 21	18 32	1 58
14	21 52	24 11	1S 8	24 4	15 56	4 18	9 38	0 8	14 58	1 10	0 5	1 21	18 32	1 58
15	21 44	23 36	2 18	22 46	15 53	4 28	9 13	0 2	14 45	1 10	0 6	1 22	18 32	1 58
16	21 34	21 34	3 22	20 3	15 52	4 37	8 48	0S 5	14 33	1 9	0 6	1 22	18 32	1 57
17	21 25	18 13	4 14	16 7	15 52	4 44	8 23	0 12	14 20	1 9	0 6	1 22	18 31	1 57
18	21 15	13 47	4 51	11 14	15 54	4 50	7 58	0 19	14 7	1 8	0 7	1 23	18 31	1 57
19	21 5	8 32	5 10	5 44	15 58	4 54	7 33	0 27	13 54	1 8	0 7	1 23	18 31	1 57
20	20 54	2 50	5 10	0N 5	16 3	4 56	7 8	0 34	13 41	1 8	0 7	1 23	18 31	1 56
21	20 43	2N59	4 51	5 51	16 10	4 57	6 43	0 42	13 28	1 7	0 7	1 23	18 31	1 56
22	20 32	8 38	4 14	11 17	16 17	4 56	6 18	0 50	13 15	1 7	0 7	1 24	18 31	1 56
23	20 20	13 47	3 22	16 5	16 26	4 54	5 53	0 58	13 1	1 7	0 7	1 24	18 31	1 56
24	20 8	18 10	2 19	19 58	16 36	4 49	5 29	1 7	12 48	1 6	0 7	1 24	18 31	1 56
25	19 56	21 29	1 8	22 40	16 47	4 44	5 4	1 15	12 34	1 6	0 6	1 25	18 31	1 55
26	19 43	23 32	0N 5	24 2	16 59	4 36	4 40	1 24	12 21	1 5	0 6	1 25	18 31	1 55
27	19 30	24 12	1 17	24 0	17 11	4 27	4 16	1 33	12 7	1 5	0 6	1 25	18 31	1 55
28	19 17	23 29	2 24	22 38	17 24	4 17	3 52	1 42	11 53	1 5	0 5	1 26	18 31	1 55
29	19 3	21 31	3 22	20 7	17 37	4 6	3 28	1 51	11 40	1 4	0 4	1 26	18 31	1 54
30	18 49	18 30	4 9	16 41	17 51	3 53	3 5	2 0	11 26	1 4	0 4	1 26	18 31	1 54
31	18N35	14N42	4N43	12N35	18N 4	3S40	2N42	2S10	11N12	1N 3	0N 3	1S26	18S31	1N54

DAY	♅ DECL	♅ LAT	♆ DECL	♆ LAT	♇ DECL	♇ LAT
1	0N40	0S45	13N38	0N28	21N25	1S10
5	0 40	0 45	13 35	0 28	21 24	1 10
9	0 40	0 45	13 33	0 28	21 24	1 10
13	0 40	0 45	13 31	0 28	21 23	1 9
17	0 40	0 45	13 28	0 28	21 23	1 9
21	0 39	0 45	13 25	0 28	21 23	1 9
25	0 38	0 45	13 23	0 28	21 22	1 9
29	0N36	0S46	13N20	0N28	21N22	1S 8

☽ PHENOMENA			
d	h	m	
7	0	53	☽
14	19	23	○
21	14	44	☾
28	17	37	●
d	h	°	′
6	21	0	
14	2	24S11	
20	12	0	
26	23	24N12	
5	16	5N16	
13	1	0	
19	12	5S13	
25	22	0	

VOID OF COURSE ☽ LAST ASPT		☽ INGRESS		
29	10pm 2	1	♌	0am49
3	0am52	3	♍	9am27
4	3pm33	5	♎	8pm48
7	11pm38	8	♏	9am17
10	11am26	10	♐	8pm37
12	8pm34	13	♑	5am 7
15	9am19	15	♒	10am31
17	6am 7	17	♓	1pm43
19	10am22	19	♈	3pm58
21	2pm44	21	♉	6pm24
23	8pm10	23	♊	9pm46
25	7pm 0	26	♋	2am31
27	6pm35	28	♌	9am 1
30	9am53	30	♍	5pm42

d	h	
7	0	APOGEE
19	12	PERIGEE

DAILY ASPECTARIAN

1 F	☽☌☿	2am53
	☽△♄	4 30
	☽△♃	5 42
	☽△♅	7 3
	☿#♄	11 8
	♂⚺♇	12pm50
	☽∥♇	4 57
	☉⚺☽	5 13
2 S	☽⚺♇	5am19
	☽☌♂	6 7
	☽⚼♃	9 56
	☽⚼♅	11 11
	♀☌♆	12pm 5
	☽#♄	3 27
	☽∥☿	6 14
	☉∠♆	11 26
	☽☌♆	11 55
	☉∠☽	11 57
3 Su	☽☌♀	0am52
	☽∥♂	1 5
	☽∠♇	10 5
	☿△♄	11 55
	☽□♄	1pm 6
	☽⚺☿	1 8
	☽⚻♃	2 55
	☽⚻♅	4 4
	☽∥♀	9 38
	☽∥♆	10 34
4 M	☉⚹☽	7am37
	♀∥♆	7 42
	☽⚹♇	3pm33
	☽∠☿	7 3
	☽⚺♂	7 24
5 T	☽⚺♆	11am 1
	☽⚺♀	4pm56
	♂⚼♃	9 30
6 W	☽⚹♄	0am20
	☽⚹☿	1 15
	☽☍♃	2 46
	☽∠♂	3 2
	☽☍♅	3 39
	☿SR	10 51
	♂⚼♅	3pm 3
	☽∠♆	5 17
	☽∥♅	5 25
	☽#♃	8 41
	☽∥♃	8 48
7 Th	☽#♅	0am 4
	☉□☽	0 53
	☽∠♀	1 43
	☽□♇	3 54
	☽∠♄	6 29
	☽⚹♂	10 58
	♀ ♍	6pm55
	☽⚹♆	11 38
8 F	♀∠♇	6am46
	☽⚹♀	10 29
	☽⚺♄	12pm36
	☽□☿	1 24
	☉☌♇	3 25
	☽⚻♃	3 32
	☽⚻♅	4 9
9 S	☽#♀	7am45
	♅SR	12pm34
	♀□♄	1 20
	☽△♇	4 12
	☉△☽	6 15
	☿⚺♀	6 23
	☽#♆	6 47
	☉⚼♄	7 58
	☽⚼♃	9 30
	☽⚼♅	9 59
10 Su	☽□♂	2am11
	☽#♂	7 40
	☽#☿	11 23
	☽□♆	11 26
	☿△♄	1pm47
	☽⚼♇	9 37
	☽△☿	11 23
	☽☌♄	11 37
11 M	☉⚼☽	2am 0
	☽∥♄	2 4
	☽□♀	2 23
	☽△♃	2 51
	☽△♅	3 12
	♀⚻♃	9 19
	♀⚻♅	2pm 2
12 T	☽#♇	0am50
	☽⚻♇	2 18
	☽⚼☿	3 8
	☉#☽	7 56
	☉⚻☽	8 47
	☽△♂	2pm33
	☽△♆	8 34
13 W	☽⚻☿	5am59
	☽⚺♄	7 46
	☉∠♀	9 37
	☽□♃	11 10
	☽□♅	11 19
	☽△♀	2pm31
	☽⚼♂	7 21
	☽⚼♆	11 55
14 Th	☿ ♋	3am51
	☽☍♇	9 15
	☽∠♄	10 41
	☽⚼♀	7pm 7
	☉☍☽	7 23
	☽⚻♂	11 18
15 F	☽⚻♆	2am33
	☽☍☿	9 19
	☽⚹♄	12pm55
	☽⚹♃	4 24
	☽⚹♅	4 25
	♃☌♅	9 26
	☽⚻♀	10 54
	☉#☽	12 0
16 S	☽#♇	1am38
	☽⚻♇	1pm27
	☽∠♅	6 6
	☽∠♃	6 9
	☽∥♄	10 9
17 Su	☉⚻☽	2am49
	☉∥♇	4 47
	☽☍♂	5 13
	☽☍♆	6 7
	☽⚻☿	10 22
	☽#☿	1pm13
	☽⚼♇	2 53
	☽□♄	3 56
	☽⚺♅	7 25
	☽⚺♃	7 31
	☽#♂	10 14
18 M	☽#♆	1am34
	♂☌♆	2 55
	☽☍♀	4 51
	☉⚼☽	5 52
	☽⚼☿	10 25
	☽△♇	4pm 5
19 T	☽#♀	4am39
	☉⚺♆	5 32
	☽⚻♆	8 33
	☉△☽	8 45
	☽⚻♂	9 49
	☽△☿	10 22
	☿⚺♂	4pm19
	☽△♄	6 4
	☽☌♅	9 37
	☽☌♃	9 48
	☉☌☿	11 42
20 W	☽#♅	9am 1
	☽⚼♆	9 43
	☽⚻♀	10 0
	☽#♃	11 12
	☽⚼♂	12pm 4
	☽∥♃	12 10
	☿∠♀	1 42
	☽∥♅	2 20
	☽□♇	6 24
	☽⚼♄	7 10
	☿⚺♆	11 24
21 Th	☉⚺♂	4am33
	♂∥♆	4 50
	☽□☿	10 28
	☽△♆	11 1
	☽⚼♀	12pm41
	☽△♂	2 29
	☽∥♀	2 36
	☉□☽	2 44
	☽⚻♄	8 26
22 F	☽⚺♅	0am 5
	☽⚺♃	0 21
	☽△♀	3pm37
	☽∥♂	8 24
	☽⚹♇	9 21
	☽∥♆	10 5
23 S	☽∠♅	1am40
	☽∠♃	1 58
	☽⚹☿	11 29
	☽□♆	2pm20
	☽∥☿	2 29
	☽□♂	8 10
	☉ ♌	9 17
	☉⚹☽	9 49
	☽∠♇	11 15
	☽☍♄	11 47
24 Su	☽#♄	2am13
	☽⚹♅	3 33
	☽⚹♃	3 53
	☉∥☽	12pm29
	☽∠☿	12 31
	♃SR	1 8
	☽□♀	10 26
	☽∥♇	11 2
25 M	☽⚺♇	1am30
	☉△♄	1 45
	☉∠☽	1 58
	♂ ♍	7 48
	☽⚺☿	2pm 0
	☽⚹♆	7 0
26 T	☽⚹♂	3am26
	☽⚻♄	4 30
	☉⚺☽	6 36
	☽□♅	8 25
	☽□♃	8 48
	♂∠♇	7pm19
	☽∠♆	9 56
27 W	♂□♄	2am 3
	☽⚹♀	6 55
	☽☌♇	7 13
	☽⚼♄	7 30
	☽∠♂	7 47
	☉△♅	7 54
	♀⚹♇	1pm10
	☉△♃	1 20
	☽☌☿	6 35
28 Th	☽⚺♆	1am22
	☽△♄	11 1
	☽∠♀	11 55
	☽⚺♂	12pm43
	☽△♅	3 5
	☽△♃	3 29
	☉☌☽	5 37
29 F	☽∥♇	1am25
	☽⚺♇	2pm56
	☽⚺♀	5 31
	☽⚼♅	7 13
	☽⚼♃	7 38
	☉∥☽	9 36
	☽#♄	11 53
30 S	☽⚺☿	1am56
	☽∥☿	4 12
	☽☌♆	9 53
	♂⚻♅	12pm17
	☿SD	3 40
	☽∠♇	7 40
	☽□♄	7 44
	♂⚻♃	8 29
	☽⚻♅	11 57
31 Su	☽⚻♃	0am23
	☽☌♂	0 35
	☉#♄	6 5
	☽∠☿	6 51
	☉⚺☽	7 28
	☽∥♆	7 59
	♄⚼♇	4pm 8
	☽∥♂	8 35

AUGUST 1927

LONGITUDE

DAY	SID. TIME	☉	☽	☽ 12 Hour	MEAN ☊	TRUE ☊	☿	♀	♂	♃	♄	♅	♆	♇
	h m s	° ' "	° ' "	° ' "	° '	° '	° '	° '	° '	° '	° '	° '	° '	° '
1	20 34 25	7♌ 45 24	15♍ 32 9	21♍ 36 15	25♊ 45	27♊ 11R	21♋ 51	18♍ 44	4♍ 10	3♈ 26R	1♐ 2R	3♈ 13R	26♌ 0	16♋ 3
2	20 38 22	8 42 49	27 37 54	3♎ 37 28	25 42	27 4	22 3	19 19	4 48	3 24	1 2	3 12	26 2	16 5
3	20 42 18	9 40 15	9♎ 35 20	15 31 59	25 39	26 59	22 21	19 52	5 26	3 22	1 2	3 11	26 4	16 6
4	20 46 15	10 37 41	21 27 53	27 23 36	25 36	26 55	22 45	20 23	6 3	3 20	1 1	3 10	26 6	16 7
5	20 50 11	11 35 9	3♏ 19 42	9♏ 16 46	25 32	26 53D	23 16	20 54	6 41	3 18	1 1D	3 8	26 8	16 9
6	20 54 8	12 32 36	15 15 26	21 16 20	25 29	26 52	23 53	21 22	7 19	3 16	1 1	3 7	26 10	16 10
7	20 58 5	13 30 5	27 20 5	3♐ 27 19	25 26	26 53	24 37	21 50	7 56	3 13	1 1	3 6	26 13	16 12
8	21 2 1	14 27 35	9♐ 38 37	15 54 34	25 23	26 54	25 27	22 16	8 34	3 11	1 2	3 5	26 15	16 13
9	21 5 58	15 25 5	22 15 40	28 42 21	25 20	26 55R	26 23	22 40	9 12	3 8	1 2	3 3	26 17	16 14
10	21 9 54	16 22 36	5♑ 14 59	11♑ 53 49	25 17	26 55	27 26	23 2	9 50	3 5	1 2	3 2	26 19	16 16
11	21 13 51	17 20 8	18 38 57	25 30 23	25 13	26 53	28 34	23 23	10 28	3 1	1 3	3 0	26 21	16 17
12	21 17 47	18 17 42	2♒ 27 56	9♒ 31 16	25 10	26 49	29 48	23 41	11 6	2 58	1 3	2 59	26 24	16 19
13	21 21 44	19 15 16	16 39 54	23 53 9	25 7	26 43	1♌ 8	23 58	11 43	2 54	1 4	2 57	26 26	16 20
14	21 25 41	20 12 51	1♓ 10 16	8♓ 30 19	25 4	26 35	2 32	24 13	12 21	2 50	1 5	2 56	26 28	16 21
15	21 29 37	21 10 28	15 52 21	23 15 21	25 1	26 27	4 2	24 26	12 59	2 46	1 5	2 54	26 30	16 23
16	21 33 34	22 8 6	0♈ 38 20	8♈ 0 20	24 57	26 19	5 36	24 37	13 37	2 42	1 6	2 53	26 32	16 24
17	21 37 30	23 5 45	15 20 31	22 38 8	24 54	26 12	7 15	24 46	14 15	2 38	1 7	2 51	26 35	16 25
18	21 41 27	24 3 26	29 52 33	7♉ 3 20	24 51	26 8	8 57	24 53	14 53	2 33	1 9	2 49	26 37	16 26
19	21 45 23	25 1 8	14♉ 10 8	21 12 45	24 48	26 6D	10 43	24 57	15 31	2 29	1 10	2 48	26 39	16 28
20	21 49 20	25 58 53	28 11 6	5♊ 5 13	24 45	26 5	12 32	25 0R	16 9	2 24	1 11	2 46	26 41	16 29
21	21 53 16	26 56 39	11♊ 55 10	18 41 6	24 42	26 6	14 24	24 59	16 48	2 19	1 13	2 44	26 43	16 30
22	21 57 13	27 54 27	25 23 13	2♋ 1 42	24 38	26 6R	16 18	24 57	17 26	2 13	1 14	2 42	26 46	16 31
23	22 1 9	28 52 16	8♋ 36 44	15 8 31	24 35	26 6	18 13	24 52	18 4	2 8	1 16	2 40	26 48	16 33
24	22 5 6	29 50 7	21 37 13	28 2 59	24 32	26 3	20 10	24 45	18 42	2 3	1 17	2 38	26 50	16 34
25	22 9 3	0♍ 48 0	4♌ 25 57	10♌ 46 11	24 29	25 58	22 8	24 36	19 20	1 57	1 19	2 37	26 52	16 35
26	22 12 59	1 45 54	17 3 48	23 18 50	24 26	25 50	24 7	24 24	19 59	1 51	1 21	2 35	26 55	16 36
27	22 16 56	2 43 50	29 31 20	5♍ 41 23	24 23	25 39	26 6	24 10	20 37	1 45	1 23	2 33	26 57	16 37
28	22 20 52	3 41 47	11♍ 49 3	17 54 24	24 19	25 27	28 5	23 54	21 15	1 39	1 25	2 31	26 59	16 38
29	22 24 49	4 39 46	23 57 34	29 58 42	24 16	25 14	0♍ 4	23 35	21 54	1 33	1 27	2 29	27 1	16 40
30	22 28 45	5 37 46	5♎ 57 59	11♎ 55 40	24 13	25 2	2 3	23 14	22 32	1 26	1 30	2 27	27 3	16 41
31	22 32 42	6♍ 35 48	17♎ 52 1	23♎ 47 25	24♊ 10	24♊ 52	4♍ 1	22♍ 51	23♍ 11	1♈ 20	1♐ 32	2♈ 24	27♌ 6	16♋ 42

DECLINATION and LATITUDE

DAY	☉ DECL	☽ DECL	☽ LAT	☽ 12hr DECL	☿ DECL	☿ LAT	♀ DECL	♀ LAT	♂ DECL	♂ LAT	♃ DECL	♃ LAT	♄ DECL	♄ LAT
1	18N20	10N21	5N 3	8N 2	18N17	3S26	2N19	2S20	10N58	1N 3	0N 2	1S27	18S31	1N54
2	18 5	5 40	5 9	3 15	18 30	3 11	1 56	2 30	10 44	1 3	0 1	1 27	18 31	1 53
3	17 50	0 49	5 2	1S37	18 42	2 56	1 34	2 40	10 29	1 2	0 0	1 27	18 32	1 53
4	17 35	4S 1	4 41	6 24	18 54	2 40	1 12	2 50	10 15	1 2	0S 1	1 28	18 32	1 53
5	17 19	8 43	4 9	10 59	19 4	2 24	0 50	3 1	10 1	1 1	0 2	1 28	18 32	1 53
6	17 3	13 8	3 26	15 11	19 14	2 8	0 29	3 12	9 46	1 1	0 3	1 28	18 32	1 52
7	16 47	17 6	2 33	18 50	19 22	1 52	0 8	3 23	9 32	1 1	0 4	1 28	18 32	1 52
8	16 30	20 23	1 32	21 43	19 29	1 36	0S12	3 34	9 17	1 0	0 6	1 29	18 33	1 52
9	16 13	22 48	0 25	23 36	19 35	1 20	0 32	3 45	9 3	0 60	0 7	1 29	18 33	1 52
10	15 56	24 5	0S45	24 14	19 38	1 4	0 51	3 56	8 48	0 59	0 8	1 29	18 33	1 52
11	15 39	24 2	1 54	23 28	19 40	0 49	1 10	4 8	8 34	0 59	0 10	1 30	18 34	1 51
12	15 21	22 31	2 59	21 13	19 39	0 34	1 28	4 19	8 19	0 59	0 12	1 30	18 34	1 51
13	15 3	19 34	3 54	17 36	19 36	0 19	1 45	4 31	8 4	0 58	0 13	1 30	18 34	1 51
14	14 45	15 21	4 36	12 52	19 31	0 5	2 2	4 43	7 49	0 58	0 15	1 30	18 35	1 51
15	14 27	10 11	5 0	7 20	19 23	0N 8	2 18	4 55	7 34	0 57	0 17	1 31	18 35	1 50
16	14 8	4 24	5 4	1 24	19 13	0 21	2 33	5 6	7 19	0 57	0 19	1 31	18 36	1 50
17	13 49	1N36	4 48	4N34	18 60	0 33	2 48	5 18	7 4	0 57	0 21	1 31	18 36	1 50
18	13 30	7 28	4 14	10 14	18 44	0 44	3 1	5 30	6 49	0 56	0 23	1 31	18 36	1 50
19	13 11	12 50	3 25	15 15	18 25	0 54	3 14	5 42	6 34	0 56	0 25	1 32	18 37	1 49
20	12 52	17 26	2 23	19 21	18 4	1 3	3 26	5 54	6 19	0 55	0 27	1 32	18 37	1 49
21	12 32	20 59	1 15	22 19	17 39	1 11	3 37	6 6	6 4	0 55	0 29	1 32	18 38	1 49
22	12 12	23 18	0 4	23 58	17 13	1 19	3 46	6 18	5 48	0 54	0 32	1 32	18 39	1 49
23	11 52	24 16	1N 6	24 14	16 44	1 25	3 55	6 29	5 33	0 54	0 34	1 33	18 39	1 48
24	11 32	23 53	2 12	23 12	16 12	1 31	4 3	6 41	5 18	0 54	0 36	1 33	18 40	1 48
25	11 12	22 13	3 9	20 58	15 39	1 36	4 10	6 52	5 2	0 53	0 39	1 33	18 40	1 48
26	10 51	19 29	3 56	17 46	15 3	1 39	4 15	7 3	4 47	0 53	0 41	1 33	18 41	1 48
27	10 30	15 52	4 31	13 49	14 26	1 42	4 19	7 14	4 31	0 52	0 44	1 33	18 41	1 48
28	10 9	11 39	4 53	9 22	13 47	1 44	4 22	7 24	4 16	0 52	0 46	1 34	18 42	1 47
29	9 48	7 1	5 1	4 36	13 6	1 46	4 24	7 34	4 0	0 51	0 49	1 34	18 43	1 47
30	9 27	2 10	4 56	0S17	12 24	1 46	4 24	7 43	3 45	0 51	0 52	1 34	18 43	1 47
31	9N 6	2S44	4N38	5S 8	11N41	1N46	4S24	7S52	3N29	0N51	0S55	1S34	18S44	1N47

DAY	♅ DECL	♅ LAT	♆ DECL	♆ LAT	♇ DECL	♇ LAT
1	0N35	0S46	13N18	0N28	21N21	1S 8
5	0 33	0 46	13 15	0 28	21 21	1 8
9	0 31	0 46	13 12	0 28	21 20	1 8
13	0 28	0 46	13 9	0 28	21 20	1 8
17	0 26	0 46	13 6	0 28	21 19	1 8
21	0 23	0 46	13 3	0 28	21 19	1 7
25	0 20	0 46	12 60	0 28	21 18	1 7
29	0N17	0S46	12N57	0N28	21N18	1S 7

☽ PHENOMENA	VOID OF COURSE ☽ LAST ASPT	☽ INGRESS
d h m	1 12pm41	2 ♎ 4am44
5 18 5 ☽	4 9am25	4 ♏ 5pm16
13 4 37 ○	6 9pm46	7 ♐ 5am14
19 19 55 ☾	9 7am32	9 ♑ 2pm23
27 6 46 ●	11 6pm58	11 ♒ 7pm46
	13 4pm14	13 ♓ 10pm 5
	15 2pm 6	15 ♈ 10pm58
d h ° '	17 6pm34	18 ♉ 0am12
3 4 0	19 9pm24	20 ♊ 3am 9
10 11 24S14	22 4am54	22 ♋ 8am19
16 18 0	24 5am47	24 ♌ 3pm39
23 5 24N18	26 7pm 0	27 ♍ 0am56
30 11 0	28 11pm16	29 ♎ 12pm 3
1 23 5N 9	d h	
9 9 0	3 18 APOGEE	
15 17 5S 5	15 16 PERIGEE	
22 1 0	31 11 APOGEE	
29 2 5N 1		

DAILY ASPECTARIAN

1 M	☽⚹♇	1am 1
	☉∥☿	2 38
	☽☌♀	6 38
	☽⚹☿	12pm41
	☉∠☽	3 31
	☽⚺♆	8 48
2 T	☿#♄	2am47
	☽⚹♄	6 48
	☽☍♅	11 8
	☽☍♃	11 32
	☽⚺♂	3pm 9
	☽∥♀	8 3
3 W	☉⚹☽	0am11
	☽∥♅	1 16
	☽∠♆	2 59
	☽∥♃	4 2
	☽#♃	4 4
	☽#♅	6 50
	☽#♀	10 57
	☽∠♄	1pm 0
	☽□♇	1 10
	☽⚺♀	9 43
	☽∠♂	11 7
4 Th	☽□☿	2am43
	☽⚹♆	9 25
	☽⚺♄	7pm21
	☽⚻♅	11 37
	☽⚻♃	11 57
5 F	☽∠♀	5am24
	☽#♂	6 28
	☽⚹♂	7 9
	☉□☽	6pm 5
	♄SD	6 57
	♀∥♅	8 3
6 S	☽#♆	0am33
	☽△♇	1 50
	☽⚼♅	5 43
	☽⚼♃	5 59
	☽⚹♀	12pm41
	☽△☿	6 16
	☽□♆	9 46
	☉#☽	10 5
7 Su	♀#♃	4am33
	☽☌♄	7 15
	☽⚼♇	7 36
	☽∥♄	9 53
	☽△♅	11 17
	☽△♃	11 30
	♀∥♃	3pm51
	☽#☿	4 36
	☽□♂	9 49
8 M	☽⚼☿	1am40
	☽#♇	8 17
	☉△☽	10 0
	☽⚻♇	12pm37
	☿⚺♆	9 17
	♀#♅	10 57
9 T	☽□♀	0am46
	☽△♆	7 32
	☽⚻☿	8 21
	☽⚺♄	4pm17
	☉⚼☽	4 22
	☽□♅	7 58
	☽□♃	8 3
	☉⚺♇	9 6
10 W	☽△♂	8am42
	☽⚼♆	11 0
	☽∠♄	7pm23
	☽☍♇	7 49
	☉⚻☽	9 30
11 Th	☽△♀	8am29
	♃☌♅	11 13
	☽⚼♂	12pm29
	☽⚻♆	1 30
	☉⚼♃	4 13
	☉⚼♅	4 23
	☽☍☿	6 58
	☽⚹♄	9 35
12 F	☽⚹♃	0am51
	☽⚹♅	0 53
	☿ ♌	3 43
	☽⚼♀	10 49
	☽#♇	11 3
	☽⚻♂	3pm20
	☿△♄	10 55
	☽⚻♇	11 27
	☽#☿	11 45
13 S	☽∠♃	2am 3
	☽∠♅	2 9
	☉☍☽	4 37
	☽∥♄	6 18
	☽⚻♀	12pm22
	☽☍♆	4 14
	☽□♄	11 51
14 Su	☽⚼♇	0am18
	☽⚻☿	2 29
	☽⚺♃	2 43
	☽⚺♅	2 53
	☉#☽	3 13
	☿△♃	4 44
	☿△♅	6 20
	☽#♆	10 46
	☽☍♂	7pm 6
15 M	☽△♇	0am49
	☽⚼☿	5 44
	☉⚻☽	9 13
	☽#♂	11 33
	☽☍♀	2pm 6
	☽⚻♆	5 19
16 T	☽△♄	0am46
	☽☌♃	3 21
	☽☌♅	3 38
	☽∥♀	7 7
	☽△☿	9 5
	☉⚼☽	11 19
	☽#♅	3pm51
	☽∥♃	4 15
	☽⚼♆	5 49
	☽#♃	6 56
	☽∥♅	7 19
	☽⚻♂	10 8
17 W	☽⚼♄	1am17
	☽□♇	1 46
	☽#♀	4 58
	☉△☽	1pm40
	☽⚻♀	3 39
	☽△♆	6 34
	☽∥♂	9 24
18 Th	☽⚼♂	0am 1
	☽⚻♄	2 7
	☽⚺♃	4 26
	☽⚺♅	4 54
	☿#♄	9 22
	☿∠♀	1pm17
	☽⚼♀	4 51
	☽□☿	5 20
	♃#♅	7 16
	☉⚺♀	10 17
19 F	☽∥♆	1am 7
	☉∥☽	1 34
	☽△♂	2 24
	☽⚹♇	3 54
	☽∠♃	5 35
	☽∠♅	6 9
	☉∥♆	8 44
	☽△♀	6pm29
	☉□☽	7 55
	☽□♆	9 24
20 S	☽∥☿	3am24
	☽☍♄	5 13
	☽∠♇	5 44
	☽#♄	7 15
	☽⚹♃	7 16
	☽⚹♅	7 56
	♀SR	11 38
	♂⚹♇	12pm40
	☉☌♆	6 19
21 Su	☽∥♇	2am42
	☽⚹☿	5 5
	☽⚺♇	8 8
	☽□♂	9 4
	☽□♀	11pm13
22 M	☽⚹♆	2am29
	☿⚺♇	2 55
	☉⚹☽	4 54
	☽⚻♄	10 35
	☿⚼♃	11 7
	☽□♃	12pm16
	☽∠☿	12 29
	☽□♅	1 12
	☿⚼♅	5 19
	☿⚺♂	9 9
23 T	☽∠♆	5am52
	☉∠☽	10 26
	☽⚼♄	2pm 6
	☽☌♇	2 37
	☽⚹♂	6 18
	☽⚺☿	8 50
24 W	☉ ♍	4am 6
	☽⚹♀	5 47
	☽⚺♆	9 45
	☉⚺☽	4pm36
	☽△♄	6 7
	☽△♃	7 21
	☽△♅	8 34
	☽∠♂	11 49
25 Th	☽∥♇	8am59
	☽∠♀	9 38
	☉□♄	1pm22
	☉∠♇	7 53
	☽⚺♇	11 7
	☽⚼♃	11 36
26 F	☽⚼♅	0am59
	☉⚻♃	1 56
	☿⚺♀	3 8
	☽#♄	5 44
	☽⚺♂	5 53
	☽⚺♀	1pm51
	☽☌☿	4 7
	☽☌♆	7 0
	☉⚻♅	7 32
27 S	☽□♄	3am38
	☽∠♇	4 5
	☽⚻♃	4 18
	☽⚻♅	5 51
	☉☌☽	6 46
	☽∥☿	10 7
	☿☌♆	10 24
	♀#♂	3pm21
	☽∥♆	4 48
28 Su	☉∥☽	8am33
	☽⚹♇	9 31
	☽☌♂	7pm40
	☿ ♍	11 8
	☽☌♀	11 16
29 M	☿∥♆	5am22
	☽⚺♆	6 7
	☽#♀	12pm58
	☽⚺☿	2 36
	♃△♄	2 56
	☽☍♃	3 0
	☽⚹♄	3 0
	☽∥♂	3 47
	☿⚻♃	4 57
	☽☍♅	4 57
	☿□♄	5 6
	☿∠♇	7 26
	☉⚺☽	11 16
30 T	☿⚻♅	4am42
	☽#♃	6 18
	☽∥♅	9 19
	☽#♅	11 51
	☽∠♆	12pm18
	☽∥♃	2 58
	♀☌♂	4 20
	☽∠♄	9 18
	☽□♇	9 38
31 W	☽∠☿	2am48
	☽#♂	3 33
	☽∥♀	8 12
	☉∠☽	8 14
	☽⚺♀	9 45
	☽⚺♂	11 22
	☽⚹♆	6pm46

LONGITUDE

DAY	SID. TIME	☉	☽	☽ 12 Hour	MEAN ☊	TRUE ☊	☿	♀	♂	♃	♄	♅	♆	♇
	h m s	° ' "	° ' "	° ' "	° '	° '	° '	° '	° '	° '	° '	° '	° '	° '
1	22 36 38	7♍ 33 51	29♎ 42 13	5♏ 36 53	24♊ 7	24♊ 44R	5♍ 59	22♍ 25R	23♍ 49	1♈ 13R	1♐ 34	2♈ 22R	27♌ 8	16♋ 43
2	22 40 35	8 31 56	11♏ 31 54	17 27 50	24 3	24 38	7 55	21 58	24 28	1 6	1 37	2 20	27 10	16 44
3	22 44 32	9 30 2	23 25 14	29 24 45	24 0	24 35	9 51	21 29	25 6	1 0	1 40	2 18	27 12	16 45
4	22 48 28	10 28 10	5♐ 26 59	11♐ 32 38	23 57	24 34D	11 46	20 58	25 45	0 53	1 42	2 16	27 14	16 46
5	22 52 25	11 26 19	17 42 21	23 56 47	23 54	24 34R	13 40	20 26	26 23	0 46	1 45	2 14	27 17	16 47
6	22 56 21	12 24 30	0♑ 16 35	6♑ 42 19	23 51	24 34	15 32	19 52	27 2	0 38	1 48	2 12	27 19	16 48
7	23 0 18	13 22 42	13 14 31	19 53 36	23 48	24 33	17 24	19 18	27 41	0 31	1 51	2 9	27 21	16 49
8	23 4 14	14 20 55	26 39 52	3♒ 33 27	23 44	24 30	19 14	18 42	28 19	0 24	1 54	2 7	27 23	16 50
9	23 8 11	15 19 11	10♒ 34 22	17 42 21	23 41	24 24	21 4	18 5	28 58	0 16	1 57	2 5	27 25	16 51
10	23 12 7	16 17 27	24 56 59	2♓ 17 37	23 38	24 15	22 52	17 29	29 37	0 9	2 1	2 3	27 27	16 52
11	23 16 4	17 15 46	9♓ 43 22	17 13 12	23 35	24 5	24 39	16 51	0♎ 16	0 1	2 4	2 0	27 29	16 52
12	23 20 1	18 14 6	24 45 53	2♈ 20 9	23 32	23 54	26 25	16 14	0 54	29♓ 54	2 7	1 58	27 32	16 53
13	23 23 57	19 12 28	9♈ 54 39	17 28 4	23 29	23 43	28 9	15 37	1 33	29 46	2 11	1 56	27 34	16 54
14	23 27 54	20 10 52	24 59 13	2♉ 26 59	23 25	23 34	29 53	15 1	2 12	29 38	2 14	1 53	27 36	16 55
15	23 31 50	21 9 18	9♉ 50 28	17 8 58	23 22	23 27	1♎ 36	14 25	2 51	29 30	2 18	1 51	27 38	16 56
16	23 35 47	22 7 45	24 21 57	1♊ 29 7	23 19	23 23	3 17	13 51	3 30	29 22	2 22	1 49	27 40	16 57
17	23 39 43	23 6 16	8♊ 30 19	15 25 36	23 16	23 21D	4 57	13 17	4 9	29 14	2 26	1 46	27 42	16 57
18	23 43 40	24 4 49	22 15 5	28 59 2	23 13	23 21R	6 37	12 45	4 48	29 6	2 29	1 44	27 44	16 58
19	23 47 36	25 3 24	5♋ 37 46	12♋ 11 38	23 9	23 21	8 15	12 14	5 27	28 58	2 33	1 41	27 46	16 59
20	23 51 33	26 2 0	18 41 1	25 6 21	23 6	23 20	9 52	11 46	6 6	28 50	2 37	1 39	27 48	16 59
21	23 55 30	27 0 40	1♌ 27 58	7♌ 46 15	23 3	23 17	11 29	11 19	6 46	28 42	2 42	1 37	27 50	17 0
22	23 59 26	27 59 21	14 1 31	20 14 5	23 0	23 10	13 4	10 54	7 25	28 34	2 46	1 34	27 52	17 1
23	0 3 23	28 58 5	26 24 12	2♍ 32 5	22 57	23 1	14 38	10 31	8 4	28 26	2 50	1 32	27 54	17 1
24	0 7 19	29 56 50	8♍ 37 57	14 41 58	22 54	22 49	16 12	10 11	8 43	28 18	2 54	1 29	27 56	17 2
25	0 11 16	0♎ 55 38	20 44 16	26 45 0	22 50	22 36	17 44	9 52	9 22	28 10	2 59	1 27	27 58	17 3
26	0 15 12	1 54 28	2♎ 44 18	8♎ 42 18	22 47	22 22	19 16	9 36	10 2	28 2	3 3	1 25	28 0	17 3
27	0 19 9	2 53 19	14 39 11	20 35 6	22 44	22 8	20 46	9 23	10 41	27 54	3 8	1 22	28 2	17 4
28	0 23 5	3 52 13	26 30 16	2♏ 24 55	22 41	21 56	22 16	9 12	11 21	27 46	3 13	1 20	28 4	17 4
29	0 27 2	4 51 8	8♏ 19 21	14 13 54	22 38	21 47	23 45	9 3	12 0	27 39	3 17	1 17	28 6	17 5
30	0 30 59	5♎ 50 6	20♏ 8 55	26♏ 4 52	22♊ 35	21♊ 40	25♎ 12	8♍ 57	12♎ 40	27♓ 31	3♐ 22	1♈ 15	28♌ 7	17♋ 5

DECLINATION and LATITUDE

DAY	☉ DECL	☽ DECL	☽ LAT	☽ 12hr DECL	☿ DECL	☿ LAT	♀ DECL	♀ LAT	♂ DECL	♂ LAT	♃ DECL	♃ LAT	♄ DECL	♄ LAT
1	8N44	7S30	4N 8	9S48	10N57	1N46	4S21	8S 1	3N13	0N50	0S57	1S34	18S45	1N46
2	8 22	12 1	3 27	14 7	10 13	1 44	4 18	8 9	2 58	0 50	1 0	1 34	18 46	1 46
3	8 1	16 6	2 37	17 56	9 27	1 42	4 13	8 16	2 42	0 49	1 3	1 35	18 46	1 46
4	7 39	19 35	1 39	21 3	8 41	1 40	4 7	8 22	2 26	0 49	1 6	1 35	18 47	1 46
5	7 17	22 17	0 36	23 15	7 55	1 37	3 59	8 28	2 11	0 48	1 9	1 35	18 48	1 45
6	6 54	23 57	0S30	24 21	7 8	1 33	3 51	8 32	1 55	0 48	1 12	1 35	18 49	1 45
7	6 32	24 24	1 37	24 7	6 21	1 29	3 41	8 36	1 39	0 47	1 15	1 35	18 50	1 45
8	6 10	23 28	2 41	22 27	5 34	1 25	3 30	8 39	1 23	0 47	1 18	1 35	18 50	1 45
9	5 47	21 5	3 38	19 22	4 47	1 20	3 18	8 42	1 7	0 47	1 21	1 36	18 51	1 45
10	5 25	17 20	4 22	14 60	3 59	1 15	3 5	8 43	0 51	0 46	1 24	1 36	18 52	1 44
11	5 2	12 25	4 51	9 37	3 12	1 10	2 51	8 43	0 36	0 46	1 27	1 36	18 53	1 44
12	4 39	6 40	5 0	3 37	2 25	1 4	2 36	8 42	0 20	0 45	1 31	1 36	18 54	1 44
13	4 16	0 30	4 49	2N37	1 38	0 59	2 20	8 41	0 4	0 45	1 34	1 36	18 55	1 44
14	3 53	5N41	4 17	8 39	0 51	0 53	2 4	8 38	0S12	0 44	1 37	1 36	18 56	1 43
15	3 30	11 29	3 28	14 6	0 4	0 46	1 47	8 35	0 28	0 44	1 40	1 36	18 57	1 43
16	3 7	16 30	2 27	18 38	0S42	0 40	1 30	8 30	0 44	0 43	1 43	1 36	18 57	1 43
17	2 44	20 27	1 18	21 58	1 28	0 33	1 12	8 25	0 60	0 43	1 46	1 36	18 58	1 43
18	2 21	23 8	0 6	23 56	2 13	0 26	0 55	8 19	1 16	0 42	1 50	1 36	18 59	1 43
19	1 58	24 24	1N 4	24 31	2 59	0 19	0 37	8 12	1 32	0 42	1 53	1 36	19 0	1 42
20	1 35	24 17	2 9	23 44	3 43	0 12	0 19	8 5	1 47	0 41	1 56	1 36	19 1	1 42
21	1 11	22 52	3 7	21 44	4 28	0 5	0 2	7 57	2 3	0 41	1 59	1 36	19 2	1 42
22	0 48	20 21	3 53	18 44	5 12	0S 2	0N16	7 48	2 19	0 41	2 3	1 37	19 3	1 42
23	0 25	16 56	4 29	14 57	5 55	0 9	0 33	7 38	2 35	0 40	2 6	1 37	19 4	1 42
24	0 1	12 49	4 51	10 35	6 38	0 17	0 50	7 29	2 51	0 40	2 9	1 37	19 5	1 41
25	0S22	8 16	4 60	5 52	7 20	0 24	1 6	7 18	3 7	0 39	2 12	1 37	19 6	1 41
26	0 46	3 25	4 55	0 57	8 2	0 31	1 22	7 8	3 23	0 39	2 15	1 37	19 7	1 41
27	1 9	1S31	4 37	3S58	8 43	0 39	1 37	6 56	3 39	0 38	2 19	1 37	19 9	1 41
28	1 32	6 23	4 8	8 44	9 23	0 46	1 52	6 45	3 55	0 38	2 22	1 37	19 10	1 41
29	1 56	11 0	3 28	13 11	10 3	0 54	2 6	6 33	4 11	0 37	2 25	1 37	19 11	1 40
30	2S19	15S15	2N38	17S10	10S42	1S 1	2N19	6S22	4S26	0N37	2S28	1S37	19S12	1N40

DAY	♅ DECL	♅ LAT	♆ DECL	♆ LAT	♇ DECL	♇ LAT
1	0N14	0S46	12N55	0N28	21N18	1S 7
5	0 11	0 46	12 52	0 28	21 17	1 7
9	0 7	0 46	12 49	0 28	21 17	1 7
13	0 3	0 46	12 46	0 28	21 17	1 7
17	0S 0	0 46	12 43	0 28	21 16	1 6
21	0 4	0 46	12 41	0 28	21 16	1 6
25	0 8	0 46	12 38	0 29	21 16	1 6
29	0S12	0S46	12N35	0N29	21N16	1S 6

☽ PHENOMENA

d	h	m	
4	10	45	☽
11	12	54	○
18	3	30	☾
25	22	11	●

d	h	° '
6	20	24S25
13	2	0
19	10	24N31
26	17	0

d	h	° '
5	13	0
11	23	5S 0
18	2	0
25	4	4N60

VOID OF COURSE ☽

LAST ASPT		☽ INGRESS	
31	6pm46	1 ♏	0am36
3	7am37	3 ♐	1pm10
5	6pm23	5 ♑	11pm29
8	3am 3	8 ♒	5am50
10	4am 7	10 ♓	8am16
12	8am 4	12 ♈	8am18
14	4am12	14 ♉	8am 3
16	8am21	16 ♊	9am29
18	12pm 6	18 ♋	1pm50
20	6pm50	20 ♌	9pm13
23	2am56	23 ♍	7am 2
25	2pm41	25 ♎	6pm30
28	3am10	28 ♏	7am 6
30	4pm10	30 ♐	7pm54

d	h	
12	18	PERIGEE
27	23	APOGEE

DAILY ASPECTARIAN

1 Th	☽⚻♃	3am 3
	☽⊻♄	3 49
	☽⚻♅	5 24
	☉#☽	5 55
	☽∠♀	3pm 6
	☽*☿	3 15
	☽#☿	3 36
	☉*☽	5 23
	☽∠♂	7 34
2 F	☽#♆	4am57
	☽⚼♃	9 10
	☽△♇	10 32
	☽⚼♅	11 43
	☉☌☿	3pm11
	☽*♀	8 16
3 S	☽*♂	3am34
	☽□♆	7 37
	☽△♃	3pm 0
	☽☌♄	4 32
	☽⚼♇	4 41
	☽△♅	5 42
	☽∥♄	5 59
4 Su	☉□☽	10am45
	☽#♇	2pm12
	☽□☿	2 43
	☽⚻♇	10 12
5 M	☽□♀	5am 3
	☽□♂	5pm33
	☽△♆	6 23
	♄⚼♇	9 55
6 T	☽□♃	0am41
	☽⊻♄	2 52
	☽□♅	3 35
	♂⊻♆	11 1
	☉∥☿	1pm13
	☿*♇	4 21
	☽⚼♆	10 22
7 W	☉△☽	0am16
	☽☍♇	6 29
	☽∠♄	6 34
	☽△☿	8 44
	☽△♀	10 28
	☿☌♀	6pm41
8 Th	☽⚻♆	1am16
	☽△♂	3 3
	☉⚼☽	5 3
	♂#♃	6 28
	☽*♃	6 28
	☽*♄	9 10
	☽*♅	9 29
	☽⚼♀	11 44
	☽⚼☿	3pm 9
	☽#♇	10 24
9 F	☽⚼♂	6am 0
	☽∠♃	7 51
	☉⚻☽	8 35
	☽⚻♇	10 34
	☽∠♅	10 55
	☽⚻♀	12pm 7
	☽∥♄	3 7
	☽⚻☿	8 5
10 S	☽☍♆	4am 7
	☽⚻♂	7 59
	☽⊻♃	8 26
	♄△♅	8 37
	☽⚼♇	11 18
	☽⊻♅	11 34
	☽□♄	11 35
	☉*♇	2pm16
	♂ ♎	2 19
	♂☍♃	4 31
	☉☌♀	5 52
	☽#♆	10 19
	♀*♇	11 18
11 Su	♃ ♓	3am35
	☽☍♀	10 58
	☽△♇	11 28
	☉☍☽	12pm54
	☿#♀	3 49
12 M	☽☍☿	2am57
	☽⚻♆	4 23
	☽☌♃	8 4
	☉#☽	8 28
	☽☍♂	10 10
	☽☌♅	11 23
	☽△♄	11 42
	☿⊻♆	3pm37
	☽∥♀	4 37
	☽#☿	7 1
	☽∥♃	7 57
13 T	♂∥♅	0am51
	☽#♅	1 42
	☽#♂	1 44
	☿#♃	1 57
	☽∥♂	2 4
	☽∥♅	2 7
	☽⚼♆	4 13
	☽∥☿	7 16
	☽#♃	7 59
	☽⚻♀	8 43
	♂#♅	10 22
	☽#♀	10 27
	☽□♇	11 7
	☽⚼♄	11 35
	♂☍♅	12pm57
	☉⚻☽	3 48
	☉∥☽	5 21
	☿☍♃	8 46
14 W	♂*♄	1am25
	☿ ♎	1 38
	☽△♆	4 12
	☽⊻♃	7 24
	☽⚼♀	7 46
	☽⚻☿	8 53
	☽⊻♅	11 4
	☽⚻♄	11 43
	☽⚻♂	12pm 8
	☿#♂	2 57
	☉⚼☽	5 35
15 Th	☿∥♅	1am32
	☿#♅	2 59
	☿☍♅	3 32
	☽∥♆	5 39
	☽△♀	7 13
	☽∠♃	7 34
	♀∥♃	8 21
	☿*♄	10 23
	☽∠♅	11 28
	☽*♇	11 39
	☽⚼☿	12pm33
	☽⚼♂	1 47
	☉△☽	8 0
16 F	☿∥♂	1am32
	☿☌♂	5 5
	☽□♆	5 33
	☽*♃	8 21
	☽*♅	12pm31
	☽∠♇	12 47
	☽☍♄	1 33
	☽#♄	2 6
	☽△♂	4 11
	☽△☿	5 6
	☿∥♀	6 11
17 S	☽∥♇	6am14
	☽□♀	7 57
	♀∥♂	9 7
	☿∥♃	10 32
	☽⊻♇	2pm41
18 Su	☉#☿	2am42
	☉□☽	3 30
	☽*♆	9 47
	☽□♃	12pm 6
	☽□♅	4 53
	☽⚻♄	6 24
	☽□♂	11 40
19 M	☉#♃	4am32
	☽□☿	5 27
	☽*♀	11 39
	☽∠♆	1pm 5
	☉#♂	4 9
	☽☌♇	8 51
	☽⚼♄	10 1
20 T	☽∠♀	2pm35
	☉*☽	2 53
	♂∥♃	4 23
	☽⊻♆	5 7
	☽△♃	6 50
	♀∥♅	8 44
	☿⊻♀	10 2
21 W	☽△♅	0am16
	☽△♄	2 20
	♀#♅	8 31
	☽*♂	10 37
	☽∥♇	4pm16
	☽⊻♀	6 10
	☿∠♆	8 54
	☉⊻♆	8 55
	☉∠☽	9 50
	☽*☿	9 53
	☽⚼♃	11 8
22 Th	☽⚼♅	4am54
	☽⊻♇	5 46
	☽#♄	9 41
	☉☍♃	12pm38
	☽∠♂	5 8
	☉∥♀	7 6
23 F	☽☌♆	2am56
	☽⚻♃	3 56
	☉⊻☽	5 27
	☽∠☿	7 15
	☽⚻♅	10 0
	☽∠♇	11 0
	☽□♄	12pm40
	☉#♅	6 16
24 S	☽⊻♂	0am11
	☽∥♆	1 0
	☉ ♎	1 18
	☽☌♀	2 58
	☉∥♅	8 54
	☿□♇	1pm 5
	☽*♇	4 39
	☽⊻☿	5 10
25 Su	☿∠♄	4am 1
	☽#☿	4 4
	☉☍♅	12pm17
	♀⊻♂	12 50
	☽⊻♆	2 28
	☽☍♃	2 41
	☽☍♅	9 21
	☉☌☽	10 11
26 M	☽#♂	0am11
	☽*♄	0 39
	☽#♃	5 37
	♃⚻♆	6 9
	☽∥♀	9 31
	☉#☽	12pm 0
	☽⊻♀	1 33
	☽☌♂	3 32
	☽#♅	3 52
	☽∥♅	5 26
	☽∠♆	8 43
	☉∥☽	10 5
27 T	☽#♀	0am33
	☽∥♃	3 56
	☽□♇	4 52
	☉*♄	6 30
	☽∠♄	7 5
	☽∥♂	11 3
	☽☌☿	2pm10
	☽∠♀	7 23
28 W	☽⚻♃	2am33
	☽*♆	3 10
	☽⚻♅	9 46
	☽⊻♄	1pm42
	☉⊻☽	4 19
	☽∥☿	6 2
29 Th	☽*♀	1am28
	☿∠♀	4 38
	☽⊻♂	7 55
	☽#♆	8 37
	☽⚼♃	8 41
	☽⚼♅	4pm 7
	☽△♇	5 47
	☉#♀	11 49
30 F	☉∠☽	1am31
	☉∥♃	10 27
	☽⊻☿	11 39
	☽△♃	2pm44
	☽∠♂	4 4
	☽□♆	4 10
	♂∠♆	5 44
	☽△♅	10 20
	♀#♃	10 32

OCTOBER 1927

LONGITUDE

DAY	SID. TIME	☉	☽	☽ 12 Hour	MEAN ☊	TRUE ☊	☿	♀	♂	♃	♄	♅	♆	♇
	h m s	° ' "	° ' "	° ' "	° '	° '	° '	° '	° '	° '	° '	° '	° '	° '
1	0 34 55	6♎ 49 5	2♐ 2 12	8♐ 1 26	22♊ 31	21♊ 36R	26♎ 39	8♍ 53R	13♎ 19	27♓ 23R	3♐ 27	1♈ 13R	28♌ 9	17♋ 6
2	0 38 52	7 48 6	14 3 8	20 7 53	22 28	21 34D	28 5	8 51D	13 59	27 15	3 32	1 10	28 11	17 6
3	0 42 48	8 47 9	26 16 20	2♑ 29 5	22 25	21 34	29 30	8 52	14 38	27 7	3 37	1 8	28 13	17 6
4	0 46 45	9 46 14	8♑ 46 48	15 10 6	22 22	21 35R	0♏ 53	8 56	15 18	27 0	3 42	1 5	28 15	17 7
5	0 50 41	10 45 21	21 39 34	28 15 42	22 19	21 34	2 16	9 1	15 57	26 52	3 47	1 3	28 16	17 7
6	0 54 38	11 44 29	4♒ 58 58	11♒ 49 41	22 15	21 32	3 38	9 9	16 37	26 45	3 52	1 1	28 18	17 7
7	0 58 34	12 43 39	18 47 59	25 53 52	22 12	21 27	4 58	9 19	17 17	26 37	3 58	0 58	28 20	17 8
8	1 2 31	13 42 51	3♓ 7 6	10♓ 27 14	22 9	21 20	6 18	9 31	17 57	26 30	4 3	0 56	28 21	17 8
9	1 6 28	14 42 4	17 53 33	25 25 8	22 6	21 11	7 36	9 45	18 37	26 23	4 8	0 54	28 23	17 8
10	1 10 24	15 41 20	3♈ 0 52	10♈ 39 24	22 3	21 1	8 53	10 1	19 16	26 16	4 14	0 51	28 25	17 8
11	1 14 21	16 40 37	18 19 22	25 59 16	22 0	20 52	10 8	10 20	19 56	26 8	4 19	0 49	28 26	17 9
12	1 18 17	17 39 57	3♉ 37 42	11♉ 13 17	21 56	20 44	11 22	10 40	20 36	26 2	4 25	0 47	28 28	17 9
13	1 22 14	18 39 19	18 44 52	26 11 23	21 53	20 37	12 34	11 2	21 16	25 55	4 30	0 44	28 30	17 9
14	1 26 10	19 38 42	3♊ 32 5	10♊ 46 24	21 50	20 34	13 45	11 26	21 56	25 48	4 36	0 42	28 31	17 9
15	1 30 7	20 38 9	17 53 57	24 54 35	21 47	20 32D	14 54	11 52	22 36	25 41	4 42	0 40	28 33	17 9
16	1 34 3	21 37 37	1♋ 48 22	8♋ 35 25	21 44	20 33	16 1	12 19	23 16	25 35	4 48	0 38	28 34	17 9
17	1 38 0	22 37 8	15 16 4	21 50 41	21 41	20 33R	17 5	12 48	23 56	25 29	4 53	0 36	28 36	17 9
18	1 41 56	23 36 41	28 19 43	4♌ 43 37	21 37	20 34	18 8	13 18	24 37	25 22	4 59	0 33	28 37	17 9R
19	1 45 53	24 36 17	11♌ 2 54	17 18 3	21 34	20 32	19 8	13 50	25 17	25 16	5 5	0 31	28 39	17 9
20	1 49 50	25 35 55	23 29 35	29 37 56	21 31	20 29	20 4	14 24	25 57	25 11	5 11	0 29	28 40	17 9
21	1 53 46	26 35 34	5♍ 43 32	11♍ 46 49	21 28	20 23	20 58	14 59	26 37	25 5	5 17	0 27	28 41	17 9
22	1 57 43	27 35 16	17 48 8	23 47 48	21 25	20 15	21 48	15 35	27 18	24 59	5 23	0 25	28 43	17 9
23	2 1 39	28 35 1	29 46 8	5♎ 43 23	21 21	20 5	22 35	16 13	27 58	24 54	5 29	0 23	28 44	17 9
24	2 5 36	29 34 47	11♎ 39 49	17 35 37	21 18	19 55	23 17	16 52	28 38	24 48	5 36	0 21	28 45	17 9
25	2 9 32	0♏ 34 35	23 31 1	29 26 12	21 15	19 45	23 55	17 32	29 19	24 43	5 42	0 19	28 47	17 9
26	2 13 29	1 34 26	5♏ 21 21	11♏ 16 42	21 12	19 36	24 27	18 13	29 59	24 38	5 48	0 17	28 48	17 9
27	2 17 25	2 34 18	17 12 26	23 8 49	21 9	19 30	24 53	18 55	0♏ 40	24 34	5 54	0 15	28 49	17 9
28	2 21 22	3 34 13	29 6 7	5♐ 4 36	21 6	19 25	25 14	19 39	1 21	24 29	6 1	0 13	28 50	17 8
29	2 25 19	4 34 9	11♐ 4 37	17 6 33	21 2	19 23D	25 27	20 23	2 1	24 25	6 7	0 11	28 51	17 8
30	2 29 15	5 34 7	23 10 45	29 17 42	20 59	19 22	25 33R	21 8	2 42	24 20	6 14	0 9	28 52	17 8
31	2 33 12	6♏ 34 7	5♑ 27 52	11♑ 41 43	20♊ 56	19♊ 23	25♏ 30	21♍ 55	3♏ 23	24♓ 16	6♐ 20	0♈ 8	28♌ 54	17♋ 8

DECLINATION and LATITUDE

DAY	☉ DECL	☽ DECL	☽ LAT	☽ 12hr DECL	☿ DECL	☿ LAT	♀ DECL	♀ LAT	♂ DECL	♂ LAT	♃ DECL	♃ LAT	♄ DECL	♄ LAT
1	2S42	18S55	1N42	20S29	11S21	1S 8	2N32	6S10	4S42	0N36	2S31	1S36	19S13	1N40
2	3 6	21 50	0 40	22 57	11 58	1 16	2 43	5 58	4 58	0 36	2 34	1 36	19 14	1 40
3	3 29	23 49	0S25	24 23	12 35	1 23	2 54	5 45	5 14	0 35	2 37	1 36	19 15	1 40
4	3 52	24 39	1 30	24 36	13 12	1 30	3 5	5 33	5 30	0 35	2 40	1 36	19 16	1 40
5	4 16	24 13	2 33	23 29	13 47	1 37	3 14	5 21	5 45	0 34	2 43	1 36	19 17	1 39
6	4 39	22 25	3 29	20 59	14 22	1 44	3 22	5 8	6 1	0 34	2 46	1 36	19 19	1 39
7	5 2	19 14	4 16	17 11	14 55	1 51	3 30	4 56	6 17	0 33	2 49	1 36	19 20	1 39
8	5 25	14 50	4 48	12 14	15 28	1 57	3 37	4 44	6 32	0 33	2 52	1 36	19 21	1 39
9	5 48	9 25	5 2	6 26	16 0	2 4	3 43	4 32	6 48	0 32	2 54	1 36	19 22	1 39
10	6 11	3 20	4 56	0 9	16 31	2 10	3 48	4 20	7 3	0 32	2 57	1 36	19 23	1 39
11	6 33	3N 2	4 29	6N11	17 1	2 16	3 52	4 8	7 19	0 31	2 60	1 36	19 24	1 38
12	6 56	9 14	3 43	12 8	17 30	2 22	3 56	3 56	7 35	0 31	3 3	1 36	19 25	1 38
13	7 19	14 50	2 41	17 16	17 58	2 28	3 58	3 44	7 50	0 30	3 5	1 35	19 27	1 38
14	7 41	19 24	1 30	21 13	18 25	2 33	4 0	3 33	8 5	0 30	3 8	1 35	19 28	1 38
15	8 4	22 40	0 14	23 44	18 50	2 38	4 1	3 21	8 21	0 29	3 10	1 35	19 29	1 38
16	8 26	24 26	0N60	24 45	19 14	2 43	4 1	3 10	8 36	0 29	3 13	1 35	19 30	1 38
17	8 48	24 42	2 8	24 18	19 37	2 48	4 0	2 59	8 51	0 28	3 15	1 35	19 31	1 37
18	9 10	23 34	3 8	22 33	19 59	2 52	3 59	2 48	9 7	0 28	3 17	1 35	19 33	1 37
19	9 32	21 15	3 57	19 43	20 19	2 55	3 57	2 37	9 22	0 27	3 20	1 35	19 34	1 37
20	9 54	17 59	4 33	16 4	20 38	2 58	3 54	2 26	9 37	0 27	3 22	1 34	19 35	1 37
21	10 16	13 60	4 56	11 48	20 55	3 1	3 50	2 16	9 52	0 26	3 24	1 34	19 36	1 37
22	10 37	9 30	5 5	7 8	21 10	3 3	3 45	2 6	10 7	0 26	3 26	1 34	19 37	1 37
23	10 59	4 42	5 1	2 14	21 23	3 4	3 40	1 56	10 22	0 25	3 28	1 34	19 39	1 37
24	11 20	0S15	4 44	2S44	21 35	3 5	3 34	1 46	10 37	0 24	3 30	1 34	19 40	1 36
25	11 41	5 11	4 15	7 36	21 44	3 4	3 27	1 36	10 52	0 24	3 32	1 34	19 41	1 36
26	12 2	9 56	3 35	12 12	21 51	3 3	3 20	1 27	11 6	0 23	3 33	1 33	19 42	1 36
27	12 22	14 21	2 45	16 22	21 56	3 1	3 12	1 17	11 21	0 23	3 35	1 33	19 44	1 36
28	12 43	18 13	1 47	19 54	21 57	2 58	3 3	1 8	11 36	0 22	3 37	1 33	19 45	1 36
29	13 3	21 22	0 45	22 37	21 57	2 54	2 54	0 60	11 50	0 22	3 38	1 33	19 46	1 36
30	13 23	23 37	0S21	24 20	21 52	2 48	2 44	0 51	12 5	0 21	3 40	1 33	19 47	1 36
31	13S43	24S46	1S26	24S54	21S45	2S41	2N34	0S42	12S19	0N21	3S41	1S32	19S48	1N35

DAY	♅ DECL	♅ LAT	♆ DECL	♆ LAT	♇ DECL	♇ LAT
1	0S14	0S46	12N34	0N29	21N16	1S 6
5	0 18	0 46	12 32	0 29	21 16	1 6
9	0 21	0 46	12 29	0 29	21 16	1 6
13	0 25	0 46	12 27	0 29	21 16	1 6
17	0 28	0 46	12 25	0 29	21 16	1 5
21	0 32	0 46	12 23	0 29	21 16	1 5
25	0 35	0 46	12 22	0 29	21 16	1 5
29	0S38	0S46	12N20	0N29	21N17	1S 5

☽ PHENOMENA

d	h	m	
4	2	2	☽
10	21	15	○
17	14	32	☾
25	15	38	●

d	h	° '
4	4	24S41
10	13	0
16	16	24N46
23	23	0
31	11	24S54

d	h	
2	15	0
9	5	5S 3
15	4	0
22	5	5N 6
29	16	0

VOID OF COURSE ☽

LAST ASPT		☽ INGRESS		
3	7am 2	3	♑	7am13
5	9am24	5	♒	3pm 7
7	4pm 6	7	♓	6pm50
9	1pm25	9	♈	7pm15
11	3pm52	11	♉	6pm18
13	3pm47	13	♊	6pm12
15	6pm20	15	♋	8pm50
17	6pm33	18	♌	3am 7
20	10am 7	20	♍	12pm43
22	2pm17	23	♎	0am28
25	12pm28	25	♏	1pm 9
27	11pm28	28	♐	1am48
30	11am12	30	♑	1pm23

d	h	
11	3	PERIGEE
25	2	APOGEE

DAILY ASPECTARIAN

1 S	☽⚼♇	0am 7
	☽∥♄	2 11
	☽☌♄	2 52
	☉⚹☽	10 27
	☿⚻♃	11 11
	☽□♀	1pm41
	☽#♇	6 41
	☽∠☿	9 49
	☽⚹♂	11 50
2 Su	☿⚹♆	1am46
	♀SD	2 56
	☽⚻♇	6 2
	☿#♆	10pm20
3 M	☽□♃	1am38
	☉⚺♀	2 10
	☽△♆	3 46
	☽⚹☿	7 2
	☿ ♏	8 39
	☽□♅	9 22
	☽⚺♄	2pm16
4 T	☽△♀	0am17
	☉□☽	2 2
	☿⚻♅	3 20
	☽⚼♆	8 25
	☽□♂	12pm54
	☽☍♇	3 37
	☽∠♄	6 41
5 W	☽⚼♀	4am21
	☽⚹♃	9 24
	☽⚻♆	12pm 3
	☽⚹♅	4 57
	☽□☿	9 20
	☽⚹♄	10 1
6 Th	☿⚺♄	4am36
	☽⚻♀	7 24
	☽#♇	9 52
	☽∠♃	11 45
	☉△☽	12pm45
	♂□♇	6 25
	☽∠♅	7 10
	☽⚻♇	9 9
	☽△♂	9 17
	☽∥♄	11 27
7 F	☽⚺♃	1pm 6
	☉∠♆	3 5
	☽☍♆	4 6
	☉⚼☽	4 10
	☽⚺♅	8 24
	☽∥☿	9 11
	☽⚼♇	10 22
	☽⚼♂	11 42
8 S	☽□♄	1am33
	☽△☿	5 44
	☽☍♀	10 38
	☽#♆	10 51
	☉⚻☽	6pm30
	☽△♇	10 47
9 Su	☽⚻♂	1am12
	☽⚼☿	8 13
	☽∥♂	10 9
	☽☌♃	1pm25
	☉∥☽	1 40
	☽⚻♆	4 44
	☽☌♅	8 36
	♂∠♄	10 12
	☽#♀	10 14
10 M	☽∥♃	1am26
	☽△♄	1 55
	☽⚻☿	10 2
	☽∥♅	11 11
	☽⚻♀	11 14
	☽#♅	2pm 0
	☽⚼♆	4 21
	☉☍☽	9 15
	☽□♇	10 9
	☽#♃	11 52
11 T	☽⚼♄	1am34
	☽☍♂	2 38
	☽∥♀	3 12
	☿⚹♀	5 5
	☽⚼♀	11 12
	☉□♇	11 23
	☽⚺♃	12pm 9
	☉#☽	2 19
	☽△♆	3 52
	☽#♂	5 7
	☿⚼♃	5 53
	☽⚺♅	7 32
12 W	☽⚻♄	1am15
	☽△♀	11 23
	☽∠♃	11 36
	☽☍☿	1pm18
	☽∥♆	1 24
	☽∠♅	7 12
	☽⚹♇	9 27
	☉⚻☽	11 50
13 Th	☽⚻♂	4am14
	☽⚹♃	11 28
	☽□♆	3pm47
	☽#☿	5 34
	☽⚹♅	7 22
	☽∠♇	9 44
	☉∠♄	10 50
14 F	☽#♄	0am22
	☽☍♄	1 46
	☉⚼☽	1 58
	☽⚼♂	5 53
	☽∥♇	12pm25
	☽□♀	1 30
	☽⚻☿	6 29
	☽⚺♇	10 44
15 S	☉△☽	5am 1
	☽△♂	8 26
	☽□♃	1pm15
	☿⚼♅	3 55
	☽⚹♆	6 20
	☽□♅	9 57
	☽⚼☿	10 29
16 Su	☽⚻♄	5am18
	☿∥♄	5pm20
	☽⚹♀	7 22
	☽∠♆	8 58
17 M	☿△♇	1am29
	☽☌♇	3 26
	☽△☿	3 36
	☽⚼♄	8 29
	☉∥♂	11 8
	☉□☽	2pm32
	☽□♂	4 43
	☽△♃	6 33
	☽∠♀	11 57
18 T	☽⚺♆	0am33
	☽△♅	4 9
	☽△♄	12pm35
	☽⚼♃	10 32
	♇SR	11 14
	♂⚻♃	11 51
	☽∥♇	11 52
19 W	☽⚺♀	5am35
	☽#☿	6 50
	☽⚼♅	8 33
	☽⚺♇	11 43
	☽#♄	1pm 4
	☉⚻♃	2 43
	☽□☿	4 49
20 Th	☽⚻♃	3am15
	☉⚹☽	4 28
	☽⚹♂	5 4
	☽☌♆	10 7
	☽⚻♅	1pm38
	☽∠♇	4 58
	☽□♄	11 8
21 F	☉☌♂	2am11
	☽∥♆	8 52
	☽∠♂	12pm22
	☉∠☽	12 40
	☉#☽	6 39
	☽☌♀	7 20
	☽#♂	9 1
	☽⚹♇	10 43
22 S	☽⚹☿	8am35
	☿#♇	10 58
	☽☍♃	2pm17
	☽⚺♂	8 10
	☉⚺☽	9 24
	☽⚺♆	9 55
23 Su	☽☍♅	1am14
	☉⚹♆	3 41
	☽∥♀	5 9
	☽#♃	5 59
	☽⚹♄	11 38
	☽∠☿	4pm45
	☽#♅	8 4
24 M	☽∥♅	1am31
	♂⚹♆	4 12
	☽∠♆	4 14
	☉ ♏	10 7
	♀⚹♇	10 34
	☽□♇	11 6
	☽⚺♀	11 8
	♀#♃	11 39
	☽#♀	3pm43
	☽∥♃	3 50
	☉⚻♅	5 54
	☽∠♄	6 14
25 T	☽⚺☿	0am50
	☽⚻♃	2 26
	☽⚹♆	10 41
	☽☌♂	12pm28
	☽⚻♅	1 45
	☉☌☽	3 38
	☽∠♀	7 23
26 W	♂ ♏	0am21
	☽⚺♄	0 55
	☽∥♂	6 30
	☿△♃	8 23
	☽⚼♃	8 37
	♂⚻♅	9 54
	☉∥☽	12pm 1
	☽#♆	12 50
	☽⚼♅	8 3
	☉#♆	10 24
	☽△♇	11 52
27 Th	☽⚹♀	3am41
	☽△♃	2pm45
	☽☌☿	3 59
	☽□♆	11 28
28 F	☽△♅	2am14
	☽⚺♂	4 47
	☽⚼♇	6 6
	☉⚺☽	9 48
	☽∥♄	10 55
	☽☌♄	2pm 0
	☽#♇	11 9
29 S	☽∥☿	5am 6
	☽⚻♇	12pm 3
	☽∠♂	12 31
	☉∠☽	6 23
	☽□♀	7 42
30 Su	☽□♃	2am16
	☽⚺☿	4 40
	☿SR	5 24
	☽△♆	11 12
	☽□♅	1pm39
	☉⚺♄	5 42
	☽⚹♂	7 43
31 M	♂#♆	0am 9
	☽⚺♄	1 42
	☉⚹☽	2 19
	☽∠☿	9 37
	☽⚼♆	4pm13
	☽☍♇	10 21

NOVEMBER 1927

LONGITUDE

DAY	SID. TIME	☉	☽	☽ 12 Hour	MEAN ☊	TRUE ☊	☿	♀	♂	♃	♄	♅	♆	♇
	h m s	° ' "	° ' "	° ' "	° '	° '	° '	° '	° '	° '	° '	° '	° '	° '
1	2 37 8	7♏ 34 8	17♑ 59 46	24♑ 22 32	20♊ 53	19♊ 25	25♏ 19R	22♍ 42	4♏ 3	24♓ 12R	6♐ 27	0♈ 6R	28♌ 55	17♋ 7R
2	2 41 5	8 34 11	0♒ 50 31	7♒ 24 11	20 50	19 26R	24 59	23 30	4 44	24 9	6 33	0 4	28 56	17 7
3	2 45 1	9 34 15	14 3 58	20 50 13	20 46	19 26	24 29	24 19	5 25	24 5	6 40	0 2	28 57	17 7
4	2 48 58	10 34 21	27 43 11	4♓ 42 58	20 43	19 25	23 50	25 9	6 6	24 2	6 46	0 1	28 58	17 6
5	2 52 54	11 34 29	11♓ 49 34	19 2 44	20 40	19 22	23 1	26 0	6 47	23 59	6 53	29♓ 59	28 59	17 6
6	2 56 51	12 34 38	26 22 4	3♈ 46 59	20 37	19 17	22 3	26 51	7 28	23 56	7 0	29 57	28 59	17 6
7	3 0 48	13 34 48	11♈ 16 38	18 50 1	20 34	19 12	20 58	27 43	8 9	23 53	7 6	29 56	29 0	17 5
8	3 4 44	14 35 1	26 26 0	4♉ 3 18	20 31	19 7	19 45	28 36	8 50	23 51	7 13	29 54	29 1	17 5
9	3 8 41	15 35 15	11♉ 40 36	19 16 34	20 27	19 3	18 28	29 30	9 31	23 48	7 20	29 53	29 2	17 4
10	3 12 37	16 35 30	26 49 56	4♊ 19 33	20 24	18 59	17 9	0♎ 24	10 12	23 46	7 27	29 52	29 3	17 4
11	3 16 34	17 35 48	11♊ 44 24	19 3 39	20 21	18 58D	15 49	1 19	10 53	23 44	7 33	29 50	29 3	17 3
12	3 20 30	18 36 7	26 16 40	3♋ 23 1	20 18	18 58	14 32	2 14	11 34	23 43	7 40	29 49	29 4	17 3
13	3 24 27	19 36 29	10♋ 22 27	17 14 53	20 15	18 59	13 21	3 11	12 15	23 41	7 47	29 47	29 5	17 2
14	3 28 23	20 36 52	24 0 25	0♌ 39 17	20 12	19 0	12 16	4 7	12 57	23 40	7 54	29 46	29 6	17 1
15	3 32 20	21 37 17	7♌ 11 47	13 38 19	20 8	19 1	11 21	5 5	13 38	23 39	8 1	29 45	29 6	17 1
16	3 36 17	22 37 44	19 59 24	26 15 30	20 5	19 2R	10 36	6 2	14 19	23 38	8 8	29 44	29 7	17 0
17	3 40 13	23 38 13	2♍ 27 11	8♍ 35 0	20 2	19 2	10 3	7 1	15 1	23 37	8 15	29 43	29 7	16 59
18	3 44 10	24 38 43	14 39 29	20 41 11	19 59	19 0	9 41	8 0	15 42	23 37	8 22	29 42	29 8	16 59
19	3 48 6	25 39 15	26 40 37	2♎ 38 17	19 56	18 58	9 31D	8 59	16 24	23 37D	8 29	29 40	29 8	16 58
20	3 52 3	26 39 49	8♎ 34 37	14 30 6	19 52	18 55	9 32	9 59	17 5	23 37	8 36	29 39	29 9	16 57
21	3 55 59	27 40 25	20 25 5	26 19 57	19 49	18 51	9 44	10 59	17 47	23 37	8 43	29 39	29 9	16 57
22	3 59 56	28 41 3	2♏ 15 3	8♏ 10 39	19 46	18 48	10 6	12 0	18 29	23 37	8 50	29 38	29 9	16 56
23	4 3 52	29 41 42	14 7 4	20 4 31	19 43	18 44	10 37	13 1	19 10	23 38	8 57	29 37	29 10	16 55
24	4 7 49	0♐ 42 22	26 3 15	2♐ 3 29	19 40	18 42	11 15	14 3	19 52	23 38	9 4	29 36	29 10	16 54
25	4 11 46	1 43 4	8♐ 5 25	14 9 15	19 37	18 41	12 1	15 5	20 34	23 39	9 11	29 35	29 10	16 53
26	4 15 42	2 43 48	20 15 13	26 23 29	19 33	18 40D	12 54	16 7	21 16	23 41	9 18	29 34	29 11	16 53
27	4 19 39	3 44 32	2♑ 34 18	8♑ 47 53	19 30	18 41	13 52	17 10	21 57	23 42	9 25	29 34	29 11	16 52
28	4 23 35	4 45 18	15 4 29	21 24 20	19 27	18 42	14 54	18 13	22 39	23 44	9 32	29 33	29 11	16 51
29	4 27 32	5 46 5	27 47 43	4♒ 14 54	19 24	18 43	16 1	19 16	23 21	23 45	9 39	29 33	29 11	16 50
30	4 31 28	6♐ 46 53	10♒ 46 10	17♒ 21 45	19♊ 21	18♊ 44	17♏ 12	20♎ 20	24♏ 3	23♓ 47	9♐ 47	29♓ 32	29♌ 11	16♋ 49

DECLINATION and LATITUDE

DAY	☉ DECL	☽ DECL	☽ LAT	☽ 12hr DECL	☿ DECL	☿ LAT	♀ DECL	♀ LAT	♂ DECL	♂ LAT	♃ DECL	♃ LAT	♄ DECL	♄ LAT
1	14S 2	24S42	2S29	24S11	21S34	2S33	2N23	0S34	12S34	0N20	3S43	1S32	19S50	1N35
2	14 22	23 20	3 26	22 9	21 19	2 23	2 11	0 26	12 48	0 20	3 44	1 32	19 51	1 35
3	14 41	20 40	4 14	18 52	21 1	2 11	1 59	0 18	13 2	0 19	3 45	1 32	19 52	1 35
4	14 60	16 47	4 49	14 27	20 38	1 57	1 46	0 10	13 16	0 19	3 46	1 31	19 53	1 35
5	15 19	11 53	5 8	9 6	20 11	1 42	1 33	0 3	13 30	0 18	3 47	1 31	19 55	1 35
6	15 37	6 10	5 9	3 6	19 40	1 25	1 19	0N 4	13 44	0 17	3 48	1 31	19 56	1 35
7	15 55	0N 2	4 48	3N12	19 5	1 7	1 5	0 11	13 58	0 17	3 49	1 31	19 57	1 35
8	16 13	6 21	4 8	9 25	18 27	0 48	0 50	0 18	14 11	0 16	3 50	1 30	19 58	1 35
9	16 31	12 20	3 10	15 4	17 47	0 28	0 35	0 25	14 25	0 16	3 50	1 30	19 59	1 34
10	16 48	17 33	1 58	19 43	17 4	0 7	0 20	0 32	14 39	0 15	3 51	1 30	20 1	1 34
11	17 5	21 33	0 39	23 0	16 22	0N14	0 4	0 38	14 52	0 15	3 52	1 30	20 2	1 34
12	17 22	24 4	0N40	24 43	15 40	0 34	0S13	0 44	15 5	0 14	3 52	1 29	20 3	1 34
13	17 39	24 57	1 55	24 48	15 1	0 53	0 30	0 50	15 18	0 13	3 52	1 29	20 4	1 34
14	17 55	24 17	3 1	23 25	14 24	1 11	0 47	0 56	15 31	0 13	3 53	1 29	20 5	1 34
15	18 11	22 15	3 54	20 50	13 52	1 27	1 4	1 2	15 44	0 12	3 53	1 29	20 7	1 34
16	18 26	19 10	4 35	17 19	13 24	1 41	1 22	1 7	15 57	0 12	3 53	1 28	20 8	1 34
17	18 41	15 17	5 1	13 8	13 2	1 54	1 41	1 12	16 10	0 11	3 53	1 28	20 9	1 34
18	18 56	10 51	5 13	8 30	12 46	2 4	1 59	1 17	16 23	0 11	3 53	1 28	20 10	1 34
19	19 11	6 5	5 11	3 37	12 35	2 12	2 18	1 22	16 35	0 10	3 53	1 28	20 11	1 33
20	19 25	1 8	4 56	1S21	12 29	2 19	2 37	1 27	16 48	0 9	3 53	1 27	20 12	1 33
21	19 39	3S50	4 28	6 17	12 28	2 24	2 57	1 32	16 60	0 9	3 52	1 27	20 14	1 33
22	19 52	8 41	3 49	10 60	12 32	2 27	3 16	1 36	17 12	0 8	3 52	1 27	20 15	1 33
23	20 6	13 14	2 59	15 20	12 40	2 28	3 36	1 40	17 24	0 8	3 51	1 27	20 16	1 33
24	20 18	17 18	2 2	19 6	12 52	2 28	3 56	1 44	17 36	0 7	3 51	1 26	20 17	1 33
25	20 31	20 43	0 58	22 6	13 6	2 28	4 17	1 48	17 48	0 7	3 50	1 26	20 18	1 33
26	20 43	23 14	0S 9	24 7	13 24	2 26	4 37	1 52	17 59	0 6	3 49	1 26	20 19	1 33
27	20 54	24 42	1 16	24 58	13 44	2 23	4 58	1 55	18 11	0 5	3 49	1 26	20 20	1 33
28	21 6	24 56	2 21	24 34	14 6	2 19	5 19	1 59	18 22	0 5	3 48	1 25	20 22	1 33
29	21 17	23 53	3 20	22 52	14 29	2 15	5 40	2 2	18 33	0 4	3 47	1 25	20 23	1 33
30	21S27	21S33	4S10	19S56	14S54	2N10	6S 1	2N 5	18S44	0N 4	3S46	1S25	20S24	1N33

DAY	♅ DECL	♅ LAT	♆ DECL	♆ LAT	♇ DECL	♇ LAT
1	0S40	0S46	12N19	0N29	21N17	1S 5
5	0 42	0 46	12 18	0 29	21 17	1 5
9	0 45	0 46	12 17	0 30	21 17	1 5
13	0 47	0 45	12 16	0 30	21 18	1 4
17	0 49	0 45	12 15	0 30	21 18	1 4
21	0 50	0 45	12 14	0 30	21 19	1 4
25	0 51	0 45	12 14	0 30	21 19	1 4
29	0S52	0S45	12N14	0N30	21N20	1S 4

☽ PHENOMENA

d	h	m	
2	15	16	☽
9	6	36	○
16	5	28	☾
24	10	9	●

d	h	° '
7	0	0
13	1	24N57
20	5	0
27	17	24S60

d	h	° '
5	12	5S11
11	12	0
18	9	5N14
25	21	0

VOID OF COURSE ☽

LAST ASPT		☽ INGRESS		
1	1pm27	1	♒	10pm27
4	2am 9	4	♓	3am56
6	5am49	6	♈	5am54
8	4am 5	8	♉	5am37
10	4am50	10	♊	5am 4
12	5am56	12	♋	6am16
14	10am23	14	♌	10am49
16	5pm31	16	♍	7pm14
19	6am 1	19	♎	6am41
21	5pm44	21	♏	7pm26
24	7am 5	24	♐	7am54
26	6pm10	26	♑	7pm 1
29	3am16	29	♒	4am 7

d	h	
8	15	PERIGEE
21	7	APOGEE

DAILY ASPECTARIAN

1 T	☽∠♄	6am33
	☽△♀	9 27
	☽✶♃	11 38
	☽✶☿	1pm27
	☉∠♀	3 42
	☽⚻♆	8 28
	☽✶♅	10 35
2 W	☿⋕♇	3am42
	☽□♂	7 32
	☽✶♄	10 32
	☉⚼♃	1pm 4
	☽⚼♀	2 54
	☽∠♃	3 5
	☉□☽	3 16
	♀☍♃	5 42
	☽⋕♇	7 19
	☽∥☿	9 5
3 Th	☽∠♅	1am44
	☿✶♀	2 52
	☽⚻♇	5 25
	☽∥♄	5 31
	☿△♃	4pm42
	☽□☿	5 35
	☽⚺♃	5 37
	☽⚻♀	7 15
4 F	☽☍♆	2am 9
	☽⚺♅	3 57
	☽⚼♇	7 32
	☉∥☽	8 43
	♅ ♓	10 23
	☽△♂	3pm 4
	☽□♄	3 37
	☽∥♂	4 52
	☽⋕♆	10 7
	☉△☽	11 33
5 S	♂⚺♄	4am23
	☽△♇	8 47
	☿∥♄	12pm34
	☽⚼♂	5 18
	☽△☿	5 25
	☽☌♃	8 2
6 Su	☽☍♀	0am50
	☉⚼☽	2 7
	☽⚻♆	4 16
	☽☌♅	5 49
	☽∥♃	9 16
	☽⚼☿	4pm 6
	☽△♄	5 17
	☽⚻♂	6 45
	☽⋕♀	7 34
	☽∥♅	9 6
7 M	☽⋕♅	2am37
	☽∥♀	3 49
	☉⚻☽	3 56
	☽⚼♆	4 21
	☽□♇	9 13
	☽⚻☿	2pm15
	☽⋕♃	2 21
	☽⚼♄	5 18
	☽⚺♃	7 56
8 T	♂⚼♃	0am39
	☽⚻♀	3 38
	☽△♆	4 5
	☽⚺♅	5 28
	☉⚼♅	7 33
	♀⋕♅	9 27
	♀⚺♆	11 25
	☽⚻♄	5pm 6
	☽∠♃	7 30
	☽☍♂	8 26
	☽∥♆	11 45
9 W	☽⚼♀	4am43
	☽∠♅	5 3
	☉☍☽	6 36
	☽✶♇	8 30
	☽⋕♂	9 28
	☽☍☿	9 52
	♀☍♅	10 3
	♀ ♎	1pm26
	☽✶♃	7 9
	☉⋕☽	8 3
	☽⋕☿	9 56
10 Th	☿△♇	1am36
	☽□♆	3 32
	☽✶♅	4 50
	☉☌☿	5 42
	☽△♀	6 4
	☉∥☿	6 33
	☽∠♇	8 21
	☉△♇	11 6
	☽⋕♄	1pm51
	☽☍♄	5 10
	☿∠♀	6 43
	☽∥♇	10 10
	☽⚻♂	10 32
11 F	☽⚻☿	6am 8
	☽⚺♇	8 41
	☉⚻☽	10 18
	☿⚼♅	6pm43
	☽□♃	7 43
12 S	☽⚼♂	0am31
	☽✶♆	4 42
	☽⚼☿	5 3
	☽□♅	5 56
	☽□♀	10 46
	☉⚼☽	1pm20
	☿∥♂	3 48
	☽⚻♄	7 30
13 Su	☽△♂	3am26
	☽△☿	4 46
	☽∠♆	6 27
	☽☌♇	11 37
	☿☌♂	2pm36
	☉△☽	5 28
	☽⚼♄	10 0
	☽△♃	11 24
14 M	♀∥♅	0am24
	☽⚺♆	9 10
	☽△♅	10 23
	☽✶♀	7pm47
15 T	☽△♄	1am32
	☽⚼♃	2 41
	☽□☿	7 16
	☽∥♇	8 14
	☽□♂	12pm40
	☽⚼♅	2 4
	☽⋕♄	5 17
	☽⚺♇	6 20
16 W	☽∠♀	2am10
	☉⋕☽	4 33
	☉□☽	5 28
	☽⚻♃	6 57
	♂⚼♅	1pm45
	☽☌♆	5 31
	☽⚻♅	6 41
	☽⋕♂	7 8
	☽∠♇	11 6
	☉△♃	11 39
17 Th	☽⚺♀	9am42
	☽□♄	11 27
	☽⋕☿	1pm23
	☽✶☿	2 25
	☽∥♆	4 43
18 F	☽✶♂	2am12
	☽✶♇	4 36
	♀✶♄	10 8
	☽☍♃	5pm51
	☽∠☿	7 42
	☉✶☽	9 45
19 S	☽⚺♆	4am57
	☽☍♅	6 1
	☿SD	9 27
	☽∠♂	10 5
	☽⋕♃	10 45
	☿⚺♀	12pm38
	☽⋕♀	5 16
	♃SD	6 49
	♂△♇	7 27
20 Su	☽✶♄	0am 2
	☽⋕♅	1 28
	☽⚺☿	1 58
	☽☌♀	3 6
	☉∠☽	6 50
	☽∥♅	9 27
	☽∠♆	11 17
	☽□♇	4pm57
	☽⚺♂	6 19
	☽∥♀	7 21
21 M	☽∥♃	0am10
	☽⚻♃	6 29
	☽∠♄	6 45
	☉⚺☽	4pm 6
	☽✶♆	5 44
	☽⚻♅	6 41
22 T	☉□♆	11am19
	☽⚼♃	12pm54
	☽⚺♄	1 27
	☽☌☿	4 34
	☽⋕♆	6 36
	☽∥☿	8 48
	☽⚺♀	9 34
	☉△♅	10 4
23 W	☽⚼♅	1am 0
	☽△♇	5 38
	☉ ♐	7 14
	☽☌♂	10 49
	♀∥♃	5pm41
	☽△♃	7 9
	☉∥♄	9 15
24 Th	☽∥♂	1am59
	♀∠♆	2 53
	☽□♆	6 14
	☽∠♀	6 33
	☽△♅	7 5
	☉☌☽	10 9
	☽⚼♇	11 41
	☽∥♄	8pm48
	☉∥☽	10 20
25 F	☽☌♄	2am11
	☉⚼♇	4 2
	☽⋕♇	5 5
	☽⚺☿	8 22
	☽✶♀	3pm 7
	☽⚻♇	5 22
26 S	☽⚺♂	2am 5
	☽□♃	6 43
	☽∠☿	4pm10
	♀□♇	5 12
	☽△♆	5 25
	☽□♅	6 10
27 Su	☉⚺☽	2am28
	☽∠♂	8 58
	☽⚺♄	1pm19
	☿⚼♅	4 11
	☽⚼♆	10 18
	☽✶☿	11 39
28 M	☽☍♇	3am22
	☽□♀	6 30
	☉∠☽	9 39
	☽✶♂	3pm11
	☽✶♃	4 25
	☽∠♄	6 4
29 T	☽⚻♆	2am36
	☽✶♅	3 16
	☉⋕♇	7 55
	♂△♃	2pm29
	☉✶☽	4 4
	☿△♇	4 29
	☽∠♃	8 22
	☽✶♄	10 10
30 W	☉∥☽	0am46
	☽⋕♇	1 43
	☽∠♅	6 52
	☽∥♄	8 43
	☽⚻♇	11 0
	☽□☿	12pm53
	☽△♀	6 52
	☽∥♂	6 54
	☽⚺♃	11 38

DECEMBER 1927

LONGITUDE

DAY	SID. TIME	☉	☽	☽ 12 Hour	MEAN ☊	TRUE ☊	☿	♀	♂	♃	♄	♅	♆	♇
	h m s	° ' "	° ' "	° ' "	° '	° '	° '	° '	° '	° '	° '	° '	° '	° '
1	4 35 25	7♐ 47 42	24♒ 1 55	0♓ 46 51	19♊ 18	18♊ 44	18♏ 25	21♎ 24	24♏ 45	23♓ 50	9♐ 54	29♓ 32R	29♌ 11	16♋ 48R
2	4 39 21	8 48 32	7♓ 36 45	14 31 40	19 14	18 45R	19 42	22 28	25 27	23 52	10 1	29 31	29 11R	16 47
3	4 43 18	9 49 22	21 31 39	28 36 36	19 11	18 45	21 1	23 33	26 9	23 55	10 8	29 31	29 11	16 46
4	4 47 15	10 50 13	5♈ 46 20	13♈ 0 29	19 8	18 44	22 21	24 38	26 52	23 57	10 15	29 30	29 11	16 45
5	4 51 11	11 51 5	20 18 39	27 40 12	19 5	18 43	23 44	25 43	27 34	24 0	10 22	29 30	29 11	16 44
6	4 55 8	12 51 59	5♉ 4 26	12♉ 30 32	19 2	18 43	25 7	26 49	28 16	24 4	10 29	29 30	29 11	16 43
7	4 59 4	13 52 53	19 57 34	27 24 34	18 58	18 42	26 32	27 55	28 58	24 7	10 36	29 30	29 11	16 42
8	5 3 1	14 53 47	4♊ 50 31	12♊ 14 26	18 55	18 42	27 59	29 1	29 41	24 11	10 43	29 30	29 11	16 41
9	5 6 57	15 54 43	19 35 22	26 52 26	18 52	18 42D	29 26	0♏ 7	0♐ 23	24 15	10 51	29 30D	29 11	16 40
10	5 10 54	16 55 40	4♋ 4 52	11♋ 12 2	18 49	18 42	0♐ 53	1 14	1 5	24 19	10 58	29 30	29 10	16 39
11	5 14 51	17 56 38	18 13 26	25 8 43	18 46	18 42R	2 22	2 21	1 48	24 23	11 5	29 30	29 10	16 38
12	5 18 47	18 57 36	1♌ 57 42	8♌ 40 20	18 43	18 42	3 51	3 28	2 30	24 27	11 12	29 30	29 10	16 37
13	5 22 44	19 58 36	15 16 40	21 46 54	18 39	18 42	5 20	4 35	3 13	24 32	11 19	29 30	29 9	16 36
14	5 26 40	20 59 36	28 11 21	4♍ 30 24	18 36	18 42	6 50	5 42	3 55	24 36	11 26	29 30	29 9	16 35
15	5 30 37	22 0 38	10♍ 44 29	16 54 8	18 33	18 41D	8 21	6 50	4 38	24 41	11 33	29 30	29 9	16 34
16	5 34 33	23 1 41	22 59 53	29 2 20	18 30	18 41	9 51	7 58	5 21	24 46	11 40	29 31	29 8	16 32
17	5 38 30	24 2 44	5♎ 2 2	10♎ 59 37	18 27	18 42	11 22	9 6	6 3	24 52	11 47	29 31	29 8	16 31
18	5 42 26	25 3 49	16 55 38	22 50 42	18 24	18 42	12 53	10 14	6 46	24 57	11 54	29 31	29 7	16 30
19	5 46 23	26 4 54	28 45 22	4♏ 40 9	18 20	18 43	14 25	11 23	7 29	25 3	12 1	29 32	29 7	16 29
20	5 50 20	27 6 0	10♏ 35 33	16 32 4	18 17	18 44	15 57	12 32	8 12	25 9	12 8	29 32	29 6	16 28
21	5 54 16	28 7 7	22 30 6	28 30 2	18 14	18 45	17 29	13 41	8 55	25 15	12 15	29 33	29 6	16 27
22	5 58 13	29 8 15	4♐ 32 14	10♐ 37 0	18 11	18 46	19 1	14 50	9 38	25 21	12 22	29 33	29 5	16 25
23	6 2 9	0♑ 9 23	16 44 34	22 55 9	18 8	18 46R	20 33	15 59	10 21	25 27	12 29	29 34	29 4	16 24
24	6 6 6	1 10 32	29 8 55	5♑ 25 59	18 4	18 46	22 6	17 8	11 4	25 34	12 36	29 35	29 4	16 23
25	6 10 2	2 11 41	11♑ 46 25	18 10 17	18 1	18 45	23 39	18 18	11 47	25 40	12 43	29 36	29 3	16 22
26	6 13 59	3 12 51	24 37 35	1♒ 8 18	17 58	18 43	25 12	19 27	12 30	25 47	12 49	29 36	29 2	16 20
27	6 17 55	4 14 0	7♒ 42 24	14 19 50	17 55	18 41	26 45	20 37	13 13	25 54	12 56	29 37	29 1	16 19
28	6 21 52	5 15 10	21 0 32	27 44 25	17 52	18 38	28 19	21 47	13 56	26 1	13 3	29 38	29 0	16 18
29	6 25 49	6 16 20	4♓ 31 24	11♓ 21 25	17 49	18 36	29 53	22 57	14 39	26 9	13 10	29 39	29 0	16 17
30	6 29 45	7 17 30	18 14 22	25 10 9	17 45	18 34	1♑ 27	24 7	15 23	26 16	13 16	29 40	28 59	16 16
31	6 33 42	8♑ 18 39	2♈ 8 39	9♈ 9 45	17♊ 42	18♊ 33D	3♑ 2	25♏ 17	16♐ 6	26♓ 24	13♐ 23	29♓ 41	28♌ 58	16♋ 14

DECLINATION and LATITUDE

DAY	☉ DECL	☽ DECL	☽ LAT	☽ 12hr DECL	☿ DECL	☿ LAT	♀ DECL	♀ LAT	♂ DECL	♂ LAT	♃ DECL	♃ LAT	♄ DECL	♄ LAT
1	21S37	18S 3	4S48	15S54	15S19	2N 5	6S22	2N 8	18S55	0N 3	3S45	1S24	20S25	1N33
2	21 47	13 32	5 11	10 57	15 45	1 59	6 43	2 11	19 6	0 2	3 43	1 24	20 26	1 33
3	21 56	8 13	5 17	5 20	16 12	1 53	7 5	2 13	19 16	0 2	3 42	1 24	20 27	1 33
4	22 5	2 21	5 3	0N42	16 39	1 46	7 26	2 16	19 27	0 1	3 41	1 24	20 28	1 32
5	22 13	3N46	4 30	6 48	17 6	1 40	7 48	2 18	19 37	0 1	3 39	1 23	20 29	1 32
6	22 21	9 46	3 39	12 37	17 33	1 33	8 10	2 20	19 47	0S 0	3 38	1 23	20 30	1 32
7	22 29	15 17	2 33	17 43	17 60	1 26	8 31	2 22	19 57	0 1	3 36	1 23	20 31	1 32
8	22 36	19 52	1 16	21 41	18 27	1 18	8 53	2 24	20 7	0 1	3 35	1 23	20 32	1 32
9	22 42	23 7	0N 5	24 10	18 53	1 11	9 14	2 26	20 16	0 2	3 33	1 22	20 33	1 32
10	22 48	24 48	1 24	24 60	19 18	1 4	9 36	2 27	20 26	0 3	3 31	1 22	20 34	1 32
11	22 54	24 48	2 37	24 13	19 43	0 56	9 58	2 29	20 35	0 3	3 29	1 22	20 35	1 32
12	22 59	23 16	3 38	22 1	20 8	0 49	10 19	2 30	20 44	0 4	3 27	1 21	20 36	1 32
13	23 4	20 29	4 25	18 43	20 31	0 42	10 41	2 31	20 53	0 4	3 25	1 21	20 37	1 32
14	23 9	16 45	4 58	14 38	20 54	0 34	11 2	2 32	21 1	0 5	3 23	1 21	20 38	1 32
15	23 12	12 23	5 14	10 3	21 16	0 27	11 23	2 33	21 10	0 6	3 21	1 21	20 39	1 32
16	23 16	7 37	5 17	5 9	21 37	0 19	11 45	2 34	21 18	0 6	3 18	1 20	20 40	1 32
17	23 19	2 40	5 5	0 9	21 57	0 12	12 6	2 34	21 26	0 7	3 16	1 20	20 41	1 32
18	23 21	2S21	4 40	4S49	22 16	0 5	12 27	2 35	21 34	0 8	3 14	1 20	20 42	1 32
19	23 23	7 15	4 3	9 37	22 34	0S 2	12 47	2 35	21 42	0 8	3 11	1 20	20 43	1 32
20	23 25	11 54	3 16	14 5	22 52	0 9	13 8	2 35	21 50	0 9	3 9	1 19	20 44	1 32
21	23 26	16 8	2 21	18 3	23 8	0 16	13 29	2 36	21 57	0 9	3 6	1 19	20 45	1 32
22	23 27	19 47	1 18	21 18	23 22	0 23	13 49	2 35	22 4	0 10	3 3	1 19	20 46	1 32
23	23 27	22 36	0 11	23 39	23 36	0 30	14 9	2 35	22 11	0 11	3 1	1 19	20 47	1 32
24	23 27	24 24	0S57	24 51	23 49	0 36	14 29	2 35	22 18	0 11	2 58	1 18	20 48	1 32
25	23 26	24 59	2 4	24 47	24 0	0 42	14 48	2 35	22 24	0 12	2 55	1 18	20 49	1 32
26	23 25	24 15	3 6	23 23	24 10	0 49	15 8	2 34	22 31	0 13	2 52	1 18	20 50	1 32
27	23 23	22 12	3 59	20 42	24 19	0 55	15 27	2 34	22 37	0 13	2 49	1 18	20 50	1 32
28	23 21	18 55	4 40	16 52	24 27	1 1	15 45	2 33	22 43	0 14	2 46	1 17	20 51	1 32
29	23 18	14 36	5 6	12 8	24 33	1 6	16 4	2 32	22 48	0 15	2 43	1 17	20 52	1 32
30	23 15	9 29	5 15	6 43	24 38	1 12	16 22	2 31	22 54	0 15	2 40	1 17	20 53	1 32
31	23S11	3S50	5S 7	0S54	24S42	1S17	16S40	2N30	22S59	0S16	2S36	1S17	20S54	1N32

DAY	♅ DECL	♅ LAT	♆ DECL	♆ LAT	♇ DECL	♇ LAT
1	0S52	0S45	12N14	0N30	21N20	1S 4
5	0 53	0 45	12 14	0 30	21 21	1 3
9	0 53	0 45	12 14	0 30	21 22	1 3
13	0 53	0 44	12 15	0 31	21 22	1 3
17	0 52	0 44	12 16	0 31	21 23	1 3
21	0 51	0 44	12 16	0 31	21 24	1 3
25	0 50	0 44	12 18	0 31	21 25	1 2
29	0S48	0S44	12N19	0N31	21N26	1S 2

☽ PHENOMENA	VOID OF COURSE ☽ LAST ASPT	☽ INGRESS
d h m	1 9am11	1 ♓ 10am37
2 2 15 ☽	3 1pm31	3 ♈ 2pm20
8 17 32 ○	5 2pm28	5 ♉ 3pm47
16 0 4 ☾	7 3pm22	7 ♊ 4pm11
24 4 14 ●	9 4pm21	9 ♋ 5pm11
31 11 22 ☽	11 7pm38	11 ♌ 8pm32
	14 1am49	14 ♍ 3am25
d h ° '	16 12pm57	16 ♎ 1pm55
4 9 0	19 0am43	19 ♏ 2am31
10 12 25N 0	21 2pm 6	21 ♐ 2pm59
17 13 0	24 0am50	24 ♑ 1am38
24 23 24S59	26 9am12	26 ♒ 9am55
31 16 0	28 2pm44	28 ♓ 4pm 0
	30 7pm46	30 ♈ 8pm19
2 19 5S17	d h	
8 23 0	7 1 PERIGEE	
15 16 5N18	18 22 APOGEE	
23 4 0		
30 1 5S15		

DAILY ASPECTARIAN

1 Th	☽□♂	1am22
	☽☍♆	9 11
	☽⚺♅	9 46
	☽∥☿	1pm44
	☽⚼♇	1 47
	☽⚼♀	11 44
2 F	☉□☽	2am15
	☽□♄	4 13
	☽#♆	6 8
	♆SR	8 57
	☽△♇	3pm52
	☽△☿	11 2
3 S	☽⚻♀	3am44
	☽☌♃	4 4
	☽∥♀	4 29
	☉☌♄	8 15
	☽△♂	8 16
	♀⚻♃	8 19
	☽⚻♆	12pm58
	☽☌♅	1 31
	☽∥♃	6 39
4 Su	☽⚼☿	2am54
	☽∥♅	5 48
	☽△♄	7 30
	☉△☽	9 3
	☽⚼♂	10 37
	☽#♅	12pm43
	☽⚼♆	1 57
	♀∠♄	3 15
	☽□♇	6 9
	☽#♃	11 35
5 M	☿△♃	5am 3
	☽⚺♃	6 4
	☽⚻☿	6 10
	☽⚼♄	8 19
	☽☍♀	9 32
	☉⚼☽	11 27
	☽⚻♂	12pm25
	☽△♆	2 28
	☽⚺♅	2 58
	☽#♀	5 0
6 T	☽∠♃	6am28
	☽⚻♄	8 49
	☽∥♆	10 21
	☉⚻☽	1pm30
	☽∠♅	3 12
	☽⚹♇	6 46
7 W	☽⚹♃	6am43
	♂□♆	7 12
	☽☍☿	11 44
	☽⚻♀	1pm50
	☽□♆	2 51
	☽#☿	3 0
	☽☍♂	3 14
	☽⚹♅	3 22
	♂△♅	5 51
	☽∠♇	6 54
8 Th	☽#♂	1am35
	♀⚹♆	3 38
	☽#♄	4 15
	☽☍♄	9 37
	☽∥♇	9 44
	♀⚻♅	10 28
	♂ ♐	11 1
	☽⚼♀	4pm 6
	☉☍☽	5 32
	☽⚺♇	7 13
	☿□♆	7 54
	☉#☽	8 1
	♀ ♏	9 26
9 F	☿△♅	1am 7
	☽□♃	7 41
	☿ ♐	9 26
	♀⚺♂	3pm44
	☽⚹♆	3 49
	☽□♅	4 21
	☉⚻♇	5 34
	☽⚻☿	6 4
	♅SD	6 24
	☽⚻♂	6 45
	☽△♀	6 50
10 S	☿☌♂	6am17
	☽⚻♄	11 42
	☿⚼♇	12pm16
	☽∠♆	5 3
	♂⚼♇	6 36
	☽☌♇	9 16
	☽⚼♂	9 25
	☽⚼☿	10 21
	☿⚺♀	10 37
	☉⚻☽	11 29
11 Su	♂∥♄	1am52
	☽△♃	10 43
	☽⚼♄	1pm45
	☽⚺♆	7 3
	☽△♅	7 38
12 M	☽△♂	1am 1
	☉#☽	2 50
	☽□♀	2 54
	☽△☿	3 46
	☉⚼☽	3 51
	☽⚼♃	1pm29
	☽△♄	4 43
	☽∥♇	5 16
	☽#♂	9 12
	☽⚼♅	10 34
	☽#♄	10 58
	☽#☿	11 45
13 T	☽⚺♇	2am25
	☿∥♄	6 52
	☉△☽	9 23
	☽⚻♃	5pm14
14 W	☽☌♆	1am49
	☽⚻♅	2 29
	☽∠♇	6 24
	☽□♂	11 32
	☿∥♂	1pm10
	☽⚹♀	3 43
	☽□☿	6 44
15 Th	☽∥♆	0am42
	☽□♄	1 35
	☽#♀	4 48
	☿#♇	7 48
	☽⚹♇	11 19
	☽∠♀	11pm56
16 F	☉□☽	0am 4
	☽☍♃	3 32
	☽⚺♆	12pm11
	☉∠♀	12 28
	☽☍♅	12 57
	♂#♇	2 17
	☽#♃	9 4
17 S	☽⚹♂	2am11
	☿☌♄	7 6
	☽#♅	8 36
	☽⚺♀	9 3
	♀#♆	11 25
	☽⚹♄	1pm44
	☽⚹☿	2 38
	☽∥♅	4 54
	♀⚼♃	5 24
	☽∠♆	6 19
	☉□♃	9 8
	☽□♇	11 8
18 Su	☽∥♃	4am15
	☽∠♂	10 27
	☽⚻♃	4pm24
	☉⚹☽	6 3
	☽∠♄	8 26
19 M	☽⚹♆	0am43
	☽∠☿	1 32
	☽⚻♅	1 34
	♀⚺♄	2pm48
	☽⚺♂	6 50
	☽⚼♃	11 5
20 T	☽#♆	2am 1
	☽⚺♄	3 9
	☉∠☽	3 20
	☽☌♀	4 20
	☽∥♀	7 18
	☽⚼♅	7 59
	☿⚻♇	8 0
	☽△♇	11 50
	☽⚺☿	12pm24
21 W	☽△♃	5am32
	☉⚺☽	12pm17
	☽□♆	1 10
	☽△♅	2 6
	☽⚼♇	5 50
	♀⚼♅	6 21
	☉△♆	10 41
22 Th	☉∥☿	7am26
	☽∥♄	7 37
	☉□♅	9 59
	☽☌♂	10 41
	☽#♇	12pm51
	☽☌♄	3 35
	☽∥♂	7 41
	☉ ♑	8 19
	☽⚺♀	10 21
	☽⚻♇	11 20
23 F	☽☌☿	8am29
	♀△♇	8 38
	☉∥☽	9 30
	☽∥☿	1pm 4
	☽□♃	5 3
	☽△♆	11 50
24 S	☽□♅	0am50
	☉☌☽	4 14
	☽∠♀	6 18
25 Su	☽⚺♂	0am 0
	☽⚺♄	1 47
	☽⚼♆	4 16
	☽☍♇	8 36
	☽⚹♀	1pm26
26 M	☽∥☿	1am11
	☽⚺☿	1 12
	☽⚹♃	2 10
	☽∠♂	5 37
	☽∠♄	5 57
	☽⚻♆	8 7
	☽⚹♅	9 12
	☿□♃	9 47
	☉∥☽	11 49
	♂☌♄	1pm 0
	☉⚺☽	5 8
	☽∥♂	8 15
27 T	☽∠♃	5am51
	☽#♇	6 28
	☽∠☿	8 20
	☽⚹♄	9 34
	☽⚹♂	10 33
	☽∥♄	10 53
	☽∠♅	12pm32
	☽⚻♇	3 34
	☉∠☽	10 32
28 W	☽□♀	1am31
	☽⚺♃	9 2
	☿△♆	10 29
	☽☍♆	2pm14
	☽⚹☿	2 44
	☽⚺♅	3 23
	☽∥♀	4 53
	☽⚼♇	6 17
	☿□♅	8 26
29 Th	☿ ♑	1am48
	☉⚹☽	3 20
	☽#♆	11 7
	☽□♄	3pm17
	☽□♂	6 44
	☽△♇	8 34
30 F	☽△♀	11am 7
	☽☌♃	2pm 2
	☽⚻♆	6 33
	☽☌♅	7 46
31 S	☽□☿	1am42
	♂⚻♇	4 32
	☽∥♃	5 5
	☉□☽	11 22
	☽∥♅	12pm26
	☽⚼♀	3 11
	☽#♅	6 47
	☽△♄	7 20
	☽⚼♆	8 9
	☽□♇	12 0

LONGITUDE

DAY	SID. TIME	☉	☽	☽ 12 Hour	MEAN ☊	TRUE ☊	☿	♀	♂	♃	♄	♅	♆	♇
	h m s	° ' "	° ' "	° ' "	° '	° '	° '	° '	° '	° '	° '	° '	° '	° '
1	6 37 38	9♑ 19 48	16♈ 13 17	23♈ 19 3	17♊ 39	18♊ 34	4♑ 36	26♏ 28	16♐ 49	26♓ 32	13♐ 30	29♓ 42	28♌ 57R	16♋ 13R
2	6 41 35	10 20 57	0♉ 26 51	7♉ 36 22	17 36	18 34	6 11	27 38	17 33	26 40	13 36	29 43	28 56	16 12
3	6 45 31	11 22 7	14 47 18	21 59 14	17 33	18 36	7 47	28 49	18 16	26 48	13 43	29 45	28 55	16 10
4	6 49 28	12 23 15	29 11 43	6♊ 24 16	17 30	18 37	9 22	0♐ 0	18 59	26 56	13 50	29 46	28 54	16 9
5	6 53 24	13 24 24	13♊ 36 17	20 47 12	17 26	18 38R	10 58	1 11	19 43	27 5	13 56	29 47	28 53	16 8
6	6 57 21	14 25 32	27 56 23	5♋ 3 12	17 23	18 37	12 35	2 22	20 26	27 13	14 3	29 49	28 52	16 7
7	7 1 18	15 26 40	12♋ 7 3	19 7 20	17 20	18 36	14 12	3 33	21 10	27 22	14 9	29 50	28 51	16 5
8	7 5 14	16 27 49	26 3 33	2♌ 55 14	17 17	18 32	15 49	4 44	21 54	27 31	14 15	29 51	28 50	16 4
9	7 9 11	17 28 56	9♌ 42 3	16 23 42	17 14	18 28	17 27	5 55	22 37	27 40	14 22	29 53	28 48	16 3
10	7 13 7	18 30 4	23 0 3	29 31 4	17 10	18 23	19 5	7 6	23 21	27 49	14 28	29 54	28 47	16 2
11	7 17 4	19 31 11	5♍ 56 48	12♍ 17 26	17 7	18 18	20 43	8 18	24 5	27 58	14 34	29 56	28 46	16 0
12	7 21 0	20 32 19	18 33 14	24 44 32	17 4	18 14	22 22	9 29	24 49	28 7	14 41	29 58	28 45	15 59
13	7 24 57	21 33 26	0♎ 51 47	6♎ 55 27	17 1	18 10	24 2	10 41	25 32	28 17	14 47	29 59	28 44	15 58
14	7 28 53	22 34 33	12 56 7	18 54 20	16 58	18 8D	25 42	11 53	26 16	28 26	14 53	0♈ 1	28 42	15 57
15	7 32 50	23 35 41	24 50 43	0♏ 45 56	16 55	18 8	27 22	13 4	27 0	28 36	14 59	0 3	28 41	15 55
16	7 36 47	24 36 48	6♏ 40 36	12 35 23	16 51	18 9	29 3	14 16	27 44	28 46	15 5	0 5	28 40	15 54
17	7 40 43	25 37 54	18 30 55	24 27 49	16 48	18 10	0♒ 44	15 28	28 28	28 56	15 11	0 7	28 38	15 53
18	7 44 40	26 39 1	0♐ 26 41	6♐ 28 5	16 45	18 12	2 26	16 40	29 12	29 6	15 17	0 8	28 37	15 52
19	7 48 36	27 40 7	12 32 32	18 40 30	16 42	18 13R	4 8	17 52	29 56	29 16	15 23	0 10	28 36	15 50
20	7 52 33	28 41 13	24 52 22	1♑ 8 29	16 39	18 13	5 50	19 4	0♑ 40	29 27	15 29	0 12	28 34	15 49
21	7 56 29	29 42 18	7♑ 29 4	13 54 19	16 35	18 11	7 33	20 17	1 25	29 37	15 35	0 14	28 33	15 48
22	8 0 26	0♒ 43 23	20 24 16	26 58 55	16 32	18 7	9 16	21 29	2 9	29 48	15 40	0 16	28 31	15 47
23	8 4 23	1 44 27	3♒ 38 7	10♒ 21 40	16 29	18 1	10 59	22 41	2 53	29 59	15 46	0 19	28 30	15 45
24	8 8 19	2 45 31	17 9 16	24 0 33	16 26	17 54	12 42	23 54	3 37	0♈ 10	15 52	0 21	28 28	15 44
25	8 12 16	3 46 33	0♓ 55 6	7♓ 52 26	16 23	17 46	14 25	25 6	4 21	0 20	15 57	0 23	28 27	15 43
26	8 16 12	4 47 35	14 52 4	21 53 33	16 20	17 38	16 8	26 19	5 6	0 32	16 3	0 25	28 25	15 42
27	8 20 9	5 48 35	28 56 22	6♈ 0 8	16 16	17 32	17 51	27 31	5 50	0 43	16 8	0 27	28 24	15 41
28	8 24 5	6 49 35	13♈ 4 26	20 8 57	16 13	17 27	19 34	28 44	6 35	0 54	16 13	0 30	28 22	15 39
29	8 28 2	7 50 33	27 13 23	4♉ 17 31	16 10	17 25D	21 15	29 56	7 19	1 5	16 19	0 32	28 21	15 38
30	8 31 58	8 51 30	11♉ 21 10	18 24 11	16 7	17 24	22 56	1♑ 9	8 3	1 17	16 24	0 35	28 19	15 37
31	8 35 55	9♒ 52 26	25♉ 26 27	2♊ 27 51	16♊ 4	17♊ 25	24♒ 35	2♑ 22	8♑ 48	1♈ 28	16♐ 29	0♈ 37	28♌ 18	15♋ 36

DECLINATION and LATITUDE

DAY	☉ DECL	☽ DECL	☽ LAT	☽ 12hr DECL	☿ DECL	☿ LAT	♀ DECL	♀ LAT	♂ DECL	♂ LAT	♃ DECL	♃ LAT	♄ DECL	♄ LAT
1	23S 7	2N 5	4S40	5N 3	24S44	1S22	16S57	2N29	23S 4	0S16	2S33	1S17	20S54	1N32
2	23 3	7 58	3 55	10 47	24 45	1 27	17 15	2 28	23 9	0 17	2 30	1 16	20 55	1 32
3	22 58	13 29	2 56	15 59	24 45	1 32	17 31	2 26	23 14	0 18	2 26	1 16	20 56	1 32
4	22 52	18 17	1 45	20 17	24 43	1 36	17 48	2 25	23 18	0 18	2 23	1 16	20 57	1 32
5	22 46	21 59	0 28	23 20	24 40	1 40	18 4	2 23	23 22	0 19	2 19	1 16	20 58	1 32
6	22 40	24 17	0N51	24 50	24 35	1 44	18 19	2 22	23 26	0 20	2 16	1 15	20 58	1 32
7	22 33	24 59	2 5	24 43	24 29	1 48	18 35	2 20	23 30	0 20	2 12	1 15	20 59	1 32
8	22 26	24 4	3 11	23 4	24 21	1 51	18 49	2 18	23 33	0 21	2 8	1 15	20 60	1 32
9	22 18	21 45	4 4	20 9	24 12	1 54	19 4	2 17	23 36	0 22	2 4	1 15	21 0	1 32
10	22 10	18 18	4 43	16 15	24 1	1 57	19 18	2 15	23 39	0 22	2 1	1 15	21 1	1 32
11	22 2	14 3	5 5	11 44	23 49	1 59	19 31	2 13	23 42	0 23	1 57	1 14	21 2	1 32
12	21 53	9 19	5 12	6 50	23 35	2 1	19 44	2 10	23 44	0 24	1 53	1 14	21 3	1 32
13	21 43	4 19	5 5	1 47	23 20	2 3	19 56	2 8	23 47	0 24	1 49	1 14	21 3	1 32
14	21 33	0S45	4 44	3S16	23 3	2 4	20 8	2 6	23 49	0 25	1 45	1 14	21 4	1 32
15	21 23	5 44	4 11	8 9	22 45	2 5	20 20	2 4	23 51	0 26	1 41	1 14	21 5	1 32
16	21 13	10 29	3 27	12 44	22 25	2 6	20 31	2 1	23 52	0 26	1 37	1 13	21 5	1 32
17	21 1	14 52	2 35	16 52	22 3	2 6	20 41	1 59	23 53	0 27	1 33	1 13	21 6	1 32
18	20 50	18 42	1 35	20 21	21 40	2 6	20 51	1 56	23 54	0 28	1 28	1 13	21 6	1 32
19	20 38	21 48	0 31	23 0	21 15	2 5	21 0	1 54	23 55	0 28	1 24	1 13	21 7	1 32
20	20 26	23 57	0S36	24 36	20 49	2 4	21 9	1 51	23 56	0 29	1 20	1 13	21 8	1 32
21	20 13	24 57	1 43	24 57	20 21	2 2	21 17	1 49	23 56	0 30	1 15	1 12	21 8	1 32
22	20 0	24 37	2 45	28 57	19 52	1 60	21 25	1 46	23 56	0 30	1 11	1 12	21 9	1 33
23	19 47	22 55	3 41	21 34	19 21	1 57	21 32	1 43	23 56	0 31	1 7	1 12	21 9	1 33
24	19 33	19 54	4 25	17 57	18 49	1 53	21 38	1 40	23 56	0 32	1 2	1 12	21 10	1 33
25	19 19	15 44	4 55	13 18	18 15	1 49	21 44	1 38	23 55	0 32	0 58	1 12	21 10	1 33
26	19 4	10 41	5 7	7 55	17 40	1 44	21 49	1 35	23 54	0 33	0 53	1 11	21 11	1 33
27	18 50	5 2	5 2	2 5	17 3	1 39	21 54	1 32	23 53	0 34	0 48	1 11	21 11	1 33
28	18 34	0N54	4 38	3N53	16 26	1 33	21 58	1 29	23 51	0 34	0 44	1 11	21 12	1 33
29	18 19	6 48	3 57	9 39	15 47	1 26	22 1	1 26	23 50	0 35	0 39	1 11	21 12	1 33
30	18 3	12 22	3 1	14 55	15 7	1 19	22 4	1 23	23 48	0 36	0 34	1 11	21 13	1 33
31	17S47	17N16	1S55	19N22	14S26	1S10	22S 6	1N20	23S46	0S36	0S30	1S11	21S13	1N33

DAY	♅ DECL	♅ LAT	♆ DECL	♆ LAT	♇ DECL	♇ LAT
1	0S47	0S44	12N20	0N31	21N26	1S 2
5	0 45	0 43	12 21	0 31	21 27	1 2
9	0 43	0 43	12 23	0 31	21 28	1 2
13	0 40	0 43	12 25	0 31	21 29	1 1
17	0 37	0 43	12 27	0 31	21 30	1 1
21	0 34	0 43	12 29	0 31	21 30	1 1
25	0 30	0 43	12 31	0 32	21 31	1 1
29	0S26	0S43	12N33	0N32	21N32	1S 0

☽ PHENOMENA			
d	h	m	
7	6	8	○
14	21	14	☾
22	20	19	●
29	19	26	☽
d	h	° '	
6	22	24N59	
13	20	0	
21	6	24S60	
27	20	0	
5	8	0	
11	23	5N12	
19	11	0	
26	5	5S 8	

VOID OF COURSE ☽ LAST ASPT		☽ INGRESS		
1	9pm27	1	♉	11pm15
4	0am57	4	♊	1am20
6	3am 9	6	♋	3am28
8	6am38	8	♌	6am53
10	10am38	10	♍	12pm54
12	10pm17	12	♎	10pm18
15	7am46	15	♏	10am27
17	9pm17	17	♐	11pm 7
20	8am54	20	♑	9am49
22	5pm20	22	♒	5pm28
24	7pm44	24	♓	10pm25
26	9pm21	27	♈	1am48
29	1am54	29	♉	4am43
31	4am52	31	♊	7am47

d	h	
3	23	PERIGEE
15	19	APOGEE
29	11	PERIGEE

DAILY ASPECTARIAN

1 Su	☽△♂	1am 4
	♀△♃	1 31
	☽#♃	1 53
	☉∥♂	8 0
	☽⚺♃	5pm35
	☽⚻♀	6 51
	☽⚼♄	8 53
	☽△♆	9 27
	☽⚺♅	10 47
2 M	☽⚼♂	3am42
	☽△☿	10 50
	☉△☽	5pm51
	☽∥♆	6 50
	☽∠♃	6 58
	☽⚻♄	10 12
	☽∠♅	11 56
3 T	♀□♆	1am59
	☽✶♇	2 19
	☽⚻♂	6 6
	☽⚼☿	2pm58
	♀△♅	7 14
	☽✶♃	8 12
	☉⚼☽	8 46
	☽#♀	9 11
	☽□♆	11 30
4 W	♀ ♐	0am 6
	☽✶♅	0 57
	☽☍♀	1 27
	☽∠♇	3 15
	☽#♄	4pm27
	☽⚻☿	7 4
	☽∥♇	7 57
	♀⚼♇	11 8
	☉⚻☽	11 39
5 Th	☽☍♄	0am33
	☽⚺♇	4 13
	☉#☽	6 25
	☽☍♂	10 45
	☉⚼♆	10 58
	☽#♂	12pm51
	☉⚺♄	1 56
	☽□♃	10 46
6 F	☽✶♆	1am33
	☽□♅	3 9
	☽#☿	5 3
	☽⚻♀	8 7
	☿⚼♆	6pm50
	☿⚺♄	11 17
7 S	☽∠♆	2am57
	☽⚻♄	3 30
	☽☍☿	4 1
	☉☍☽	6 8
	☽☌♇	6 47
	☽⚼♀	12pm 2
	☉☍♇	2 54
	☽⚻♂	4 23
	☽#☿	7 6
8 Su	☽△♃	2am33
	☿☍♇	3 41
	☽⚺♆	4 49
	☽⚼♄	5 37
	☽#♂	6 33
	☽△♅	6 38
	☽△♀	4pm38
	☉#☽	7 0
	☽⚼♂	8 6
9 M	☉☌☿	1am28
	☽∥♇	2 15
	☽⚼♃	5 21
	☽#♄	5 45
	☽△♄	8 25
	☽⚼♅	9 18
	☽⚺♇	11 21
	☉⚻☽	3pm 8
	☽⚻☿	3 51
	☽#♀	6 5
10 T	☽△♂	0am41
	☽⚻♃	8 57
	☽☌♆	10 38
	☽⚻♅	12pm45
	☽∠♇	2 47
	☉⚼☽	9 6
	☽⚼☿	11 31
11 W	☽□♀	4am53
	☽∥♆	8 37
	☿∥♂	10 30
	☽□♄	4pm30
	☽✶♇	7 4
12 Th	☉△☽	4am11
	☽△☿	8 32
	☽□♂	12pm54
	☽☍♃	6 51
	☽⚺♆	7 48
	☽☍♅	10 17
13 F	♅ ♈	8am57
	☽#♃	12pm 0
	☽#♅	5 20
	☽✶♀	9 39
	☽∥♅	11 31
14 S	☽∠♆	1am32
	☽✶♄	3 57
	☽∥♃	4 41
	☽□♇	6 2
	☉#♇	10 28
	☿⚺♂	2pm46
	☉□☽	9 14
15 Su	☽✶♂	4am39
	☽□☿	5 57
	☽∠♀	7 17
	☽⚻♃	7 43
	☽✶♆	7 46
	♃⚻♆	10 13
	☽∠♄	10 30
	☽⚻♅	10 34
	☿⚻♆	6pm35
	☿✶♃	7 37
16 M	☽#♆	10am24
	☿∠♀	11 8
	☽∠♂	1pm 6
	☿ ♒	1 35
	☽⚼♃	2 36
	☿✶♅	2 58
	☉∥♄	3 17
	☿∠♄	3 45
	☽⚼♅	5 5
	☽⚺♀	5 9
	☽⚺♄	5 12
	♀☌♄	5 47
	☽△♇	6 41
17 T	♂△♆	5am23
	♀⚻♇	8 3
	☉✶☽	3pm41
	♂□♃	7 49
	☽□♆	8 21
	☽△♃	9 17
	☽⚺♂	9 21
	☉∥♀	10 57
	☽△♅	11 23
18 W	☽⚼♇	0am50
	☽✶☿	4 37
	☿#♇	9 58
	☉∥☽	2pm49
	☽∥♀	4 48
	☽∥♄	6 5
	☽∥☿	7 52
	☽#♇	9 21
19 Th	☉∠☽	0am16
	♂ ♑	2 2
	☽☌♄	5 37
	☽⚻♇	6 27
	☿∥♄	7 34
	♂□♅	8 4
	☿∥♀	10 23
	☽☌♀	11 34
	☽∠☿	2pm57
	♀∥♄	7 39
	☉⚻♆	9 18
	☽∥♂	11 42
20 F	☽△♆	7am 5
	☉⚺☽	7 58
	☽□♃	8 54
	☽□♅	10 15
	☽☌♂	11 48
	☉✶♃	9pm39
21 S	☽⚺☿	0am 8
	☉ ♒	6 57
	☽⚼♆	11 19
	☉∥☿	11 57
	☉✶♅	1pm 3
	☽⚺♄	3 13
	☽☍♇	3 29
	☉∠♄	10 40
22 Su	☽⚺♀	2am11
	☽∥♂	12pm 5
	☽⚻♆	2 46
	☽✶♃	5 20
	☽✶♅	6 0
	☽∠♄	6 48
	☉☌☽	8 19
	♀#♇	8 35
	♄⚻♇	9 48
	☽⚺♂	10 34
23 M	♃ ♈	2am53
	☽∠♀	7 57
	☽∥♀	11 52
	☽#♇	12pm24
	☽☌☿	3 0
	☽∥♄	3 9
	☽∠♃	8 26
	☽∠♅	8 48
	☽⚻♇	9 30
	☽✶♄	9 42
24 T	☉∥☽	2am26
	☽∠♂	2 43
	☽∥☿	8 0
	☽✶♀	12pm56
	☽☍♆	7 44
	☽⚺♃	10 59
	☽⚺♅	11 4
	☽⚼♇	11 39
25 W	☉⚺☽	5am20
	☽✶♂	6 17
	♃☌♅	6 50
	☿∠♅	1pm41
	☿∠♃	2 21
	☽#♆	3 40
	☿⚻♇	5 51
	☿✶♄	10 34
26 Th	☽△♇	1am25
	☽□♄	2 2
	☽⚺☿	2 29
	☉∠☽	9 4
	☽□♀	9pm21
	☽⚻♆	11 5
27 F	☉⚺♂	2am19
	☽☌♅	2 35
	☽☌♃	3 3
	☽∠☿	7 34
	☽□♂	12pm22
	☉✶☽	12 35
	♀△♆	5 7
	☽∥♃	5 21
	☽∥♅	6 32
	☽#♅	10 12
	☽#♃	11 19
28 S	☽⚼♆	0am30
	☽□♇	4 23
	☽△♄	5 23
	☽✶☿	12pm30
29 Su	♀ ♑	1am13
	☽△♆	1 54
	☽△♀	5 2
	☽⚺♅	5 38
	☽⚺♃	6 39
	☽⚼♄	6 59
	♀□♅	12pm14
	☽△♂	6 5
	☉□☽	7 26
30 M	☽∥♆	0am52
	♀□♃	3 2
	☿∠♂	3 26
	☽∠♅	7 12
	☽✶♇	7 15
	☽∠♃	8 30
	☽⚻♄	8 39
	☽⚼♀	8 56
	☽#☿	11 25
	☽⚼♂	9pm 3
	☽□☿	10 20
31 T	☉#☽	2am40
	☽□♆	4 52
	☽∠♇	8 48
	☽✶♅	8 52
	☽✶♃	10 27
	☽⚻♀	12pm57

FEBRUARY 1928

LONGITUDE

DAY	SID. TIME	☉	☽	☽ 12 Hour	MEAN ☊	TRUE ☊	☿	♀	♂	♃	♄	♅	♆	♇
	h m s	° ' "	° ' "	° ' "	° '	° '	° '	° '	° '	° '	° '	° '	° '	° '
1	8 39 52	10♒ 53 20	9♊ 28 15	16♊ 27 32	16♊ 1	17♊ 26R	26♒ 12	3♑ 34	9♑ 33	1♈ 40	16♐ 34	0♈ 39	28♌ 16R	15♋ 35R
2	8 43 48	11 54 13	23 25 32	0♋ 22 4	15 57	17 26	27 48	4 47	10 17	1 52	16 39	0 42	28 15	15 34
3	8 47 45	12 55 5	7♋ 16 54	14 9 47	15 54	17 24	29 21	6 0	11 2	2 3	16 44	0 44	28 13	15 33
4	8 51 41	13 55 56	21 0 24	27 48 28	15 51	17 19	0♓ 51	7 13	11 46	2 15	16 49	0 47	28 11	15 31
5	8 55 38	14 56 45	4♌ 33 39	11♌ 15 39	15 48	17 12	2 17	8 26	12 31	2 27	16 54	0 50	28 10	15 30
6	8 59 34	15 57 33	17 54 8	24 28 54	15 45	17 3	3 39	9 39	13 16	2 39	16 59	0 52	28 8	15 29
7	9 3 31	16 58 20	0♍ 59 41	7♍ 26 23	15 41	16 52	4 55	10 52	14 1	2 52	17 4	0 55	28 6	15 28
8	9 7 27	17 59 6	13 48 54	20 7 16	15 38	16 40	6 7	12 5	14 45	3 4	17 8	0 58	28 5	15 27
9	9 11 24	18 59 50	26 21 34	2♎ 31 58	15 35	16 30	7 11	13 18	15 30	3 16	17 13	1 0	28 3	15 26
10	9 15 21	20 0 34	8♎ 38 45	14 42 14	15 32	16 21	8 9	14 31	16 15	3 29	17 17	1 3	28 2	15 25
11	9 19 17	21 1 16	20 42 50	26 41 2	15 29	16 14	8 59	15 44	17 0	3 41	17 22	1 6	28 0	15 24
12	9 23 14	22 1 57	2♏ 37 23	8♏ 32 26	15 26	16 9	9 39	16 57	17 45	3 54	17 26	1 9	27 58	15 23
13	9 27 10	23 2 37	14 26 50	20 21 15	15 22	16 7D	10 11	18 10	18 30	4 6	17 30	1 11	27 57	15 22
14	9 31 7	24 3 16	26 16 20	2♐ 12 47	15 19	16 7	10 33	19 24	19 15	4 19	17 34	1 14	27 55	15 21
15	9 35 3	25 3 54	8♐ 11 18	14 12 33	15 16	16 7R	10 44R	20 37	20 0	4 32	17 38	1 17	27 53	15 20
16	9 39 0	26 4 30	20 17 13	26 25 55	15 13	16 7	10 46	21 50	20 45	4 45	17 42	1 20	27 51	15 19
17	9 42 56	27 5 6	2♑ 39 13	8♑ 57 37	15 10	16 6	10 36	23 3	21 30	4 58	17 46	1 23	27 50	15 18
18	9 46 53	28 5 40	15 21 33	21 51 19	15 7	16 2	10 17	24 17	22 15	5 11	17 50	1 26	27 48	15 18
19	9 50 50	29 6 13	28 27 8	5♒ 9 4	15 3	15 56	9 47	25 30	23 0	5 24	17 54	1 29	27 46	15 17
20	9 54 46	0♓ 6 44	11♒ 57 0	18 50 44	15 0	15 47	9 9	26 43	23 45	5 37	17 57	1 32	27 45	15 16
21	9 58 43	1 7 14	25 49 51	2♓ 53 49	14 57	15 37	8 22	27 57	24 31	5 50	18 1	1 35	27 43	15 15
22	10 2 39	2 7 42	10♓ 1 57	17 13 31	14 54	15 25	7 29	29 10	25 16	6 3	18 5	1 38	27 41	15 14
23	10 6 36	3 8 9	24 27 38	1♈ 43 26	14 51	15 13	6 30	0♒ 24	26 1	6 17	18 8	1 41	27 40	15 13
24	10 10 32	4 8 34	9♈ 0 3	16 16 37	14 47	15 3	5 28	1 37	26 46	6 30	18 11	1 44	27 38	15 13
25	10 14 29	5 8 57	23 32 24	0♉ 46 44	14 44	14 55	4 23	2 51	27 32	6 43	18 15	1 48	27 36	15 12
26	10 18 25	6 9 17	7♉ 59 2	15 8 55	14 41	14 50	3 18	4 4	28 17	6 57	18 18	1 51	27 35	15 11
27	10 22 22	7 9 36	22 16 2	29 20 13	14 38	14 47	2 14	5 18	29 2	7 10	18 21	1 54	27 33	15 10
28	10 26 18	8 9 54	6♊ 21 21	13♊ 19 24	14 35	14 47	1 12	6 31	29 48	7 24	18 24	1 57	27 31	15 10
29	10 30 15	9♓ 10 9	20♊ 14 25	27♊ 6 27	14♊ 32	14♊ 47	0♓ 14	7♒ 45	0♒ 33	7♈ 38	18♐ 27	2♈ 0	27♌ 30	15♋ 9

DECLINATION and LATITUDE

DAY	☉ DECL	☽ DECL	☽ LAT	☽ 12hr DECL	☿ DECL	☿ LAT	♀ DECL	♀ LAT	♂ DECL	♂ LAT	♃ DECL	♃ LAT	♄ DECL	♄ LAT
1	17S30	21N11	0S43	22N40	13S45	1S 1	22S 8	1N17	23S43	0S37	0S25	1S10	21S14	1N33
2	17 14	23 49	0N32	24 36	13 3	0 52	22 8	1 13	23 41	0 38	0 20	1 10	21 14	1 33
3	16 57	24 59	1 44	24 59	12 21	0 41	22 9	1 10	23 38	0 38	0 15	1 10	21 15	1 33
4	16 39	24 36	2 50	23 51	11 38	0 29	22 8	1 7	23 35	0 39	0 10	1 10	21 15	1 33
5	16 21	22 46	3 44	21 21	10 56	0 17	22 7	1 4	23 31	0 40	0 5	1 10	21 15	1 33
6	16 4	19 41	4 26	17 47	10 14	0 4	22 5	1 1	23 27	0 40	0 1	1 10	21 16	1 33
7	15 45	15 40	4 52	13 25	9 34	0N 9	22 3	0 58	23 24	0 41	0N 4	1 10	21 16	1 33
8	15 27	11 2	5 3	8 33	8 54	0 24	21 60	0 54	23 19	0 42	0 9	1 9	21 16	1 34
9	15 8	6 1	4 59	3 27	8 16	0 39	21 56	0 51	23 15	0 42	0 14	1 9	21 17	1 34
10	14 49	0 53	4 41	1S41	7 41	0 54	21 52	0 48	23 10	0 43	0 20	1 9	21 17	1 34
11	14 30	4S13	4 11	6 41	7 7	1 10	21 47	0 45	23 5	0 44	0 25	1 9	21 17	1 34
12	14 10	9 6	3 30	11 25	6 37	1 26	21 41	0 41	23 0	0 44	0 30	1 9	21 18	1 34
13	13 50	13 38	2 40	15 43	6 10	1 43	21 35	0 38	22 55	0 45	0 35	1 9	21 18	1 34
14	13 31	17 39	1 44	19 25	5 47	1 59	21 28	0 35	22 49	0 46	0 40	1 9	21 18	1 34
15	13 10	20 59	0 42	22 21	5 28	2 15	21 21	0 32	22 43	0 46	0 45	1 8	21 19	1 34
16	12 50	23 28	0S22	24 19	5 13	2 30	21 13	0 28	22 37	0 47	0 50	1 8	21 19	1 34
17	12 29	24 52	1 27	25 7	5 3	2 45	21 4	0 25	22 31	0 48	0 56	1 8	21 19	1 34
18	12 8	25 2	2 29	24 36	4 58	2 58	20 55	0 22	22 24	0 48	1 1	1 8	21 20	1 34
19	11 47	23 49	3 25	22 41	4 58	3 10	20 45	0 19	22 18	0 49	1 6	1 8	21 20	1 34
20	11 26	21 13	4 11	19 26	5 2	3 21	20 34	0 16	22 11	0 50	1 12	1 8	21 20	1 35
21	11 5	17 21	4 43	15 0	5 11	3 30	20 23	0 12	22 3	0 50	1 17	1 8	21 20	1 35
22	10 43	12 26	4 60	9 43	5 25	3 36	20 11	0 9	21 56	0 51	1 22	1 8	21 20	1 35
23	10 22	6 45	4 57	3 43	5 42	3 41	19 59	0 6	21 48	0 52	1 28	1 8	21 21	1 35
24	9 60	0 39	4 35	2N26	6 3	3 43	19 46	0 3	21 40	0 52	1 33	1 7	21 21	1 35
25	9 38	5N29	3 56	8 28	6 26	3 43	19 32	0S 0	21 32	0 53	1 38	1 7	21 21	1 35
26	9 15	11 19	3 1	13 60	6 51	3 41	19 18	0 3	21 23	0 54	1 44	1 7	21 21	1 35
27	8 53	16 28	1 56	18 42	7 18	3 37	19 3	0 6	21 15	0 54	1 49	1 7	21 21	1 35
28	8 31	20 39	0 44	22 17	7 46	3 31	18 48	0 9	21 6	0 55	1 55	1 7	21 22	1 35
29	8S 8	23N34	0N29	24N30	8S14	3N23	18S32	0S12	20S57	0S56	2N 0	1S 7	21S22	1N35

DAY	♅ DECL	♅ LAT	♆ DECL	♆ LAT	♇ DECL	♇ LAT
1	0S23	0S42	12N35	0N32	21N33	1S 0
5	0 19	0 42	12 37	0 32	21 33	0 60
9	0 15	0 42	12 39	0 32	21 34	0 59
13	0 10	0 42	12 41	0 32	21 35	0 59
17	0 6	0 42	12 44	0 32	21 36	0 59
21	0 1	0 42	12 46	0 32	21 36	0 58
25	0N 4	0 42	12 49	0 32	21 37	0 58
29	0N10	0S42	12N51	0N32	21N38	0S58

☽ PHENOMENA	VOID OF COURSE ☽ LAST ASPT	☽ INGRESS
d h m	2 8am31	2 ♋ 11am22
5 20 11 ○	4 2pm24	4 ♌ 3pm53
13 19 5 ☾	6 6pm41	6 ♍ 10pm10
21 9 41 ●	8 6am20	9 ♎ 7am 4
28 3 21 ☽	11 2pm37	11 ♏ 6pm42
	14 3am19	14 ♐ 7am32
	16 2pm44	16 ♑ 6pm54
d h ° '	18 6pm 7	19 ♒ 2am47
3 6 25N 2	21 3am13	21 ♓ 7am 6
10 4 0	23 2am43	23 ♈ 9am 9
17 15 25S 7	25 6am58	25 ♉ 10am42
24 3 0	27 12pm 9	27 ♊ 1pm 8
	29 4pm24	29 ♋ 5pm 5
1 14 0		
8 5 5N 4	d h	
15 16 0	12 16 APOGEE	
22 9 5S 1	24 11 PERIGEE	
28 15 0		

DAILY ASPECTARIAN

1 W	☽⚻♂	0am 8
	☽#♄	0 22
	☉△☽	2 37
	☽∥♇	2 43
	☽#♀	7 20
	♃∥♅	10 16
	☽⚺♇	10 28
	☽☍♄	12pm16
	☽#♂	10 18
2 Th	☉⚼☽	6am29
	☿☍♆	6 44
	☽⚹♆	8 18
	☽△☿	8 31
	☽□♅	12pm37
	☽□♃	2 48
	☿#♆	3 37
	☽☍♀	9 33
3 F	☽☍♂	6am54
	☽∠♆	10 20
	☿ ♓	10 23
	☉⚻☽	10 36
	☽⚼☿	1pm50
	☽☌♇	2 24
	☽⚻♄	4 36
	☿⚼♇	6 53
	☿⚺♅	11 0
4	☽⚺♆	12pm39
S	☽#♂	3 48
	☽△♅	5 20
	☽⚼♄	7 14
	☽⚻☿	7 28
	☽△♃	8 12
5 Su	☿⚺♃	3am34
	☽#♀	5 52
	☽⚻♀	7 37
	☽∥♇	10 24
	☽#♄	12pm46
	☉⚻♇	1 2
	☽⚻♂	3 7
	☽⚺♇	7 38
	♂⚼♆	8 2
	☉☍☽	8 11
	☽⚼♅	8 18
	☉∠♅	9 48
	☽△♄	10 19
	☽⚼♃	11 33
6 M	☽⚼♀	1pm34
	☽☌♆	6 41
	☽⚼♂	8 6
	☽∠♇	11 2
	☉#☽	11 31
	☽⚻♅	11 51
7 T	☉⚹♄	2am13
	☽⚻♃	3 31
	☽☍☿	8 4
	☽∥♆	3pm57
	☽△♀	8 22
8 W	☽△♂	1am54
	☉∠♃	2 23
	☽⚹♇	3 6
	☽□♄	6 20
	☉⚻☽	8 37
	☽#☿	11 51
	♀⚼♆	7pm18
	♂☍♇	9 55
9 Th	♃#♅	1am 9
	☽⚺♆	3 16
	☽☍♅	9 3
	☽☍♃	1pm40
	☉⚼☽	4 12
	☽⚻☿	10 57
10 F	☽∥♃	2am33
	☽#♅	3 3
	☽∥♅	5 9
	☽#♃	5 44
	☽∠♆	8 39
	☽□♀	12pm56
	☽□♇	1 24
	☽□♂	4 5
	☽⚹♄	5 15
	♀☍♇	5 33
11 S	☉△☽	0am40
	☽⚼☿	6 59
	☽∥☿	12pm46
	♂⚺♄	12 49
	☽⚹♆	2 37
	☽⚻♅	9 0
	☽∠♄	11 37
12 Su	☽⚻♃	2am37
	♀⚺♄	9 59
	☽△☿	2pm59
	☽#♆	6 50
13 M	♀#♇	0am22
	☉∥☽	1 7
	☽△♇	1 52
	☽⚼♅	3 34
	☽⚺♄	6 15
	☽⚹♀	8 27
	☽⚹♂	8 47
	☽⚼♃	9 38
	♀☌♂	4pm29
	☉□☽	7 5
14 T	☽□♆	3am19
	☽⚼♇	8 14
	☽△♅	10 5
	☽△♃	4pm32
	☽∠♂	5 10
	☽∠♀	6 15
15 W	☽∥♄	2am41
	☽∥♀	2 51
	☽#♇	5 5
	☽□☿	5 8
	♀∥♄	6 1
	☽⚻♇	2pm13
	☿SR	2 44
	☽∥♂	3 7
	☽☌♄	6 53
16 Th	☽⚺♂	0am58
	☽⚺♀	3 22
	☉#♆	7 32
	☉⚹☽	12pm19
	☽△♆	2 44
	☽□♅	9 33
17 F	☽□♃	4am29
	☽⚹☿	2pm46
	☉☍♆	5 14
	☽⚼♆	7 14
	☉∠☽	7 25
	☽☍♇	11 53
18 S	☽⚺♄	4am37
	☽☌♂	1pm30
	☿∠♀	2 17
	☽∠☿	5 37
	☽☌♀	6 7
	☽⚻♆	10 47
19 Su	☉⚺☽	1am16
	☽⚹♅	5 28
	☽∠♄	8 1
	☽⚹♃	12pm38
	☽∥♂	4 10
	☽⚺☿	7 19
	☽#♇	9 7
	☉ ♓	9 20
	☽∥♄	11 11
20 M	☉⚼♇	3am32
	☽∥♀	4 55
	☽⚻♇	5 47
	☿∠♂	6 22
	☽∠♅	8 2
	☽⚹♄	10 30
	☽∠♃	3pm18
	♀⚻♆	7 36
	☽⚺♂	9 37
21 T	☽☍♆	3am13
	☽⚺♀	3 57
	☽⚼♇	7 31
	☉☌☽	9 41
	☽⚺♅	9 49
	☉⚺♅	11 41
	☽⚺♃	5pm13
	☽☌☿	7 59
	☽#♆	10 25
22 W	☽∠♂	0am24
	☽∠♀	7 33
	☉#☽	8 0
	☽△♇	8 41
	☽□♄	1pm28
	♀ ♒	4 15
23 Th	☽⚹♂	2am43
	☽∥☿	3 58
	☿⚺♃	4 28
	☽⚻♆	5 17
	☽⚹♀	10 42
	☽☌♅	11 59
	☉⚺☽	3pm24
	☽⚺☿	6 34
	☽☌♃	7 49
	☽#♃	8 33
24 F	☽#♅	2am19
	♀⚹♅	2 31
	☽∥♅	2 44
	☽⚼♆	5 59
	☽∥♃	8 40
	♂#♇	8 45
	☽□♇	10 14
	☽△♄	3pm13
	☉☌☿	3 15
	☽∠☿	5 37
	☉∠☽	5 59
25 S	♂⚻♆	2am26
	☽#☿	4 3
	☽△♆	6 43
	☽□♂	6 58
	♀∠♄	8 10
	☽⚺♅	1pm44
	☉#☽	3 48
	☿⚺♀	4 1
	☽⚼♄	4 9
	☽⚹☿	4 44
	☽□♀	4 52
	☉⚹☽	8 43
	☽⚺♃	10 15
26 Su	♂∥♄	5am50
	☽∥♆	6 38
	☽⚹♇	12pm 3
	☽∠♅	2 55
	☽⚻♄	5 21
	☽∠♃	11 50
27 M	☉⚺♃	0am25
	☿⚺♅	7 10
	☽□♆	8 57
	☽△♂	12pm 9
	☽#♀	1 14
	☽∠♇	1 25
	☽□☿	3 46
	☽⚹♅	4 26
28 T	☽△♀	0am18
	☽⚹♃	1 49
	☽#♂	2 57
	☉□☽	3 21
	☽#♄	4 57
	♂ ♒	6 30
	☽∥♇	6 55
	☽⚺♇	3pm10
	☽⚼♂	3 23
	☿⚺♂	7 27
	☽☍♄	8 52
	♀⚹♃	9 14
	☉∥☿	9 21
29 W	☿⚼♇	2am 8
	☽⚼♀	4 47
	☿ ♒	6 25
	☽⚹♆	12pm39
	☽△☿	4 24
	☽⚻♂	7 7
	☽□♅	8 42
31	☉#☽	2am40

MARCH 1928

LONGITUDE

DAY	SID. TIME	☉	☽	☽ 12 Hour	MEAN ☊	TRUE ☊	☿	♀	♂	♃	♄	♅	♆	♇
	h m s	° ' "	° ' "	° ' "	° '	° '	° '	° '	° '	° '	° '	° '	° '	° '
1	10 34 12	10♓ 10 22	3♋ 55 37	10♋ 41 59	14♊ 28	14♊ 46R	29♒ 20R	8♒ 58	1♒ 19	7♈ 51	18♐ 29	2♈ 4	27♌ 28R	15♋ 8R
2	10 38 8	11 10 33	17 25 39	24 6 39	14 25	14 43	28 33	10 12	2 4	8 5	18 32	2 7	27 26	15 8
3	10 42 5	12 10 42	0♌ 45 1	7♌ 20 46	14 22	14 38	27 51	11 25	2 49	8 19	18 35	2 10	27 25	15 7
4	10 46 1	13 10 49	13 53 50	20 24 11	14 19	14 29	27 16	12 39	3 35	8 33	18 37	2 13	27 23	15 6
5	10 49 58	14 10 53	26 51 45	3♍ 16 25	14 16	14 17	26 48	13 52	4 20	8 46	18 39	2 17	27 22	15 6
6	10 53 54	15 10 56	9♍ 38 7	15 56 47	14 13	14 4	26 27	15 6	5 6	9 0	18 42	2 20	27 20	15 5
7	10 57 51	16 10 57	22 12 23	28 24 54	14 9	13 50	26 13	16 19	5 52	9 14	18 44	2 23	27 18	15 5
8	11 1 47	17 10 56	4♎ 34 24	10♎ 40 57	14 6	13 36	26 5D	17 33	6 37	9 28	18 46	2 27	27 17	15 4
9	11 5 44	18 10 53	16 44 43	22 45 55	14 3	13 24	26 4	18 47	7 23	9 42	18 48	2 30	27 15	15 4
10	11 9 41	19 10 48	28 44 50	4♏ 41 49	14 0	13 14	26 9	20 0	8 8	9 56	18 50	2 33	27 14	15 3
11	11 13 37	20 10 42	10♏ 37 16	16 31 39	13 57	13 8	26 19	21 14	8 54	10 10	18 52	2 37	27 12	15 3
12	11 17 34	21 10 34	22 25 29	28 19 20	13 53	13 4	26 36	22 27	9 40	10 24	18 54	2 40	27 11	15 2
13	11 21 30	22 10 25	4♐ 13 49	10♐ 9 35	13 50	13 2D	26 58	23 41	10 25	10 39	18 55	2 43	27 9	15 2
14	11 25 27	23 10 13	16 7 17	22 7 39	13 47	13 2R	27 24	24 55	11 11	10 53	18 57	2 47	27 8	15 2
15	11 29 23	24 10 0	28 11 21	4♑ 19 4	13 44	13 2	27 56	26 8	11 57	11 7	18 58	2 50	27 6	15 1
16	11 33 20	25 9 46	10♑ 31 30	16 49 14	13 41	13 1	28 31	27 22	12 43	11 21	19 0	2 54	27 5	15 1
17	11 37 16	26 9 29	23 12 52	29 42 52	13 38	12 59	29 11	28 36	13 28	11 35	19 1	2 57	27 3	15 1
18	11 41 13	27 9 11	6♒ 19 37	13♒ 3 21	13 34	12 53	29 55	29 49	14 14	11 50	19 2	3 0	27 2	15 0
19	11 45 10	28 8 51	19 54 10	26 51 58	13 31	12 46	0♓ 42	1♓ 3	15 0	12 4	19 3	3 4	27 1	15 0
20	11 49 6	29 8 29	3♓ 56 28	11♓ 7 13	13 28	12 36	1 33	2 17	15 46	12 18	19 4	3 7	26 59	15 0
21	11 53 3	0♈ 8 5	18 23 31	25 44 32	13 25	12 25	2 26	3 31	16 32	12 33	19 5	3 11	26 58	15 0
22	11 56 59	1 7 39	3♈ 9 16	10♈ 36 36	13 22	12 14	3 23	4 44	17 18	12 47	19 5	3 14	26 57	14 59
23	12 0 56	2 7 11	18 5 24	25 34 28	13 19	12 4	4 23	5 58	18 3	13 1	19 6	3 18	26 55	14 59
24	12 4 52	3 6 42	3♉ 2 42	10♉ 29 3	13 15	11 56	5 25	7 12	18 49	13 16	19 7	3 21	26 54	14 59
25	12 8 49	4 6 9	17 52 38	25 12 40	13 12	11 52	6 30	8 25	19 35	13 30	19 7	3 24	26 53	14 59
26	12 12 45	5 5 35	2♊ 28 36	9♊ 39 59	13 9	11 49D	7 37	9 39	20 21	13 45	19 7	3 28	26 51	14 59
27	12 16 42	6 4 59	16 46 34	23 48 14	13 6	11 49	8 46	10 53	21 7	13 59	19 8	3 31	26 50	14 59
28	12 20 39	7 4 20	0♋ 44 58	7♋ 36 52	13 3	11 50R	9 58	12 7	21 53	14 14	19 8R	3 35	26 49	14 59
29	12 24 35	8 3 38	14 24 6	21 6 52	12 59	11 50	11 11	13 20	22 39	14 28	19 8	3 38	26 48	14 59D
30	12 28 32	9 2 55	27 45 24	4♌ 19 58	12 56	11 48	12 27	14 34	23 25	14 43	19 8	3 42	26 47	14 59
31	12 32 28	10♈ 2 9	10♌ 50 49	17♌ 18 11	12♊ 53	11♊ 45	13♓ 45	15♓ 48	24♒ 11	14♈ 57	19♐ 8	3♈ 45	26♌ 45	14♋ 59

DECLINATION and LATITUDE

DAY	☉ DECL	☽ DECL	☽ LAT	☽ 12hr DECL	☿ DECL	☿ LAT	♀ DECL	♀ LAT	♂ DECL	♂ LAT	♃ DECL	♃ LAT	♄ DECL	♄ LAT
1	7S45	25N 3	1N39	25N13	8S41	3N13	18S16	0S15	20S47	0S56	2N 6	1S 7	21S22	1N35
2	7 23	25 1	2 43	24 27	9 8	3 3	17 59	0 18	20 38	0 57	2 11	1 7	21 22	1 36
3	6 60	23 32	3 37	22 18	9 33	2 51	17 42	0 21	20 28	0 58	2 17	1 7	21 22	1 36
4	6 37	20 47	4 19	19 1	9 57	2 38	17 24	0 24	20 18	0 58	2 22	1 7	21 22	1 36
5	6 14	17 3	4 46	14 53	10 19	2 25	17 6	0 26	20 8	0 59	2 28	1 6	21 22	1 36
6	5 50	12 34	4 59	10 8	10 39	2 11	16 47	0 29	19 58	0 59	2 33	1 6	21 22	1 36
7	5 27	7 38	4 57	5 4	10 57	1 57	16 28	0 32	19 47	1 0	2 39	1 6	21 23	1 36
8	5 4	2 28	4 40	0S 8	11 13	1 43	16 8	0 35	19 36	1 1	2 44	1 6	21 23	1 36
9	4 40	2S43	4 11	5 15	11 27	1 28	15 48	0 37	19 25	1 1	2 50	1 6	21 23	1 36
10	4 17	7 44	3 31	10 8	11 39	1 14	15 27	0 40	19 14	1 2	2 56	1 6	21 23	1 36
11	3 54	12 26	2 43	14 37	11 48	1 0	15 6	0 42	19 3	1 3	3 1	1 6	21 23	1 36
12	3 30	16 40	1 47	18 32	11 55	0 47	14 44	0 45	18 51	1 3	3 7	1 6	21 23	1 37
13	3 6	20 14	0 47	21 44	12 0	0 33	14 22	0 47	18 39	1 4	3 12	1 6	21 23	1 37
14	2 43	22 60	0S16	24 1	12 3	0 21	14 0	0 50	18 27	1 4	3 18	1 6	21 23	1 37
15	2 19	24 46	1 20	25 13	12 4	0 8	13 37	0 52	18 15	1 5	3 24	1 6	21 23	1 37
16	1 55	25 22	2 20	25 11	12 3	0S 4	13 14	0 54	18 3	1 6	3 29	1 6	21 23	1 37
17	1 32	24 40	3 16	23 49	12 1	0 16	12 51	0 56	17 50	1 6	3 35	1 6	21 23	1 37
18	1 8	22 37	4 3	21 6	11 56	0 27	12 27	0 58	17 38	1 7	3 40	1 6	21 23	1 37
19	0 44	19 15	4 38	17 6	11 49	0 38	12 3	1 1	17 25	1 7	3 46	1 5	21 23	1 37
20	0 20	14 42	4 58	12 3	11 41	0 48	11 38	1 3	17 12	1 8	3 52	1 5	21 23	1 37
21	0N 3	9 12	5 0	6 11	11 31	0 58	11 14	1 5	16 59	1 9	3 57	1 5	21 23	1 37
22	0 27	3 4	4 42	0N 8	11 19	1 7	10 49	1 6	16 45	1 9	4 3	1 5	21 23	1 38
23	0 51	3N19	4 5	6 29	11 5	1 16	10 23	1 8	16 32	1 10	4 9	1 5	21 23	1 38
24	1 14	9 33	3 11	12 28	10 50	1 24	9 57	1 10	16 18	1 10	4 14	1 5	21 23	1 38
25	1 38	15 11	2 4	17 40	10 33	1 32	9 31	1 12	16 4	1 11	4 20	1 5	21 23	1 38
26	2 1	19 51	0 50	21 43	10 15	1 39	9 5	1 13	15 50	1 11	4 25	1 5	21 23	1 38
27	2 25	23 14	0N26	24 22	9 56	1 46	8 39	1 15	15 36	1 12	4 31	1 5	21 22	1 38
28	2 48	25 6	1 39	25 27	9 34	1 53	8 12	1 17	15 22	1 12	4 37	1 5	21 22	1 38
29	3 12	25 24	2 45	24 58	9 12	1 59	7 45	1 18	15 7	1 13	4 42	1 5	21 22	1 38
30	3 35	24 12	3 39	23 6	8 48	2 4	7 18	1 19	14 53	1 14	4 48	1 5	21 22	1 38
31	3N59	21N42	4N22	20N 3	8S23	2S 9	6S51	1S21	14S38	1S14	4N54	1S 5	21S22	1N38

DAY	♅ DECL	♅ LAT	♆ DECL	♆ LAT	♇ DECL	♇ LAT
1	0N11	0S42	12N51	0N32	21N38	0S58
5	0 16	0 42	12 54	0 32	21 39	0 57
9	0 21	0 42	12 56	0 32	21 39	0 57
13	0 27	0 42	12 58	0 32	21 40	0 57
17	0 32	0 42	12 60	0 32	21 40	0 56
21	0 38	0 42	13 2	0 32	21 41	0 56
25	0 43	0 42	13 4	0 32	21 41	0 56
29	0N49	0S42	13N 5	0N32	21N41	0S55

☽ PHENOMENA

d	h	m	
6	11	27	○
14	15	20	☾
21	20	30	●
28	11	55	☽

d	h	° '
1	11	25N13
8	11	0
15	23	25S22
22	12	0
28	17	25N28
6	8	4N60
13	18	0
20	14	5S 2
26	16	0

VOID OF COURSE ☽

LAST ASPT		☽ INGRESS		
1	7pm53	2	♌	10pm38
5	0am56	5	♍	5am52
6	5pm19	7	♎	3pm 5
9	8pm57	10	♏	2am31
12	9am39	12	♐	3pm25
14	11pm27	15	♑	3am34
17	5am55	17	♒	12pm31
19	12pm14	19	♓	5pm20
21	1am 8	21	♈	6pm54
23	2pm 8	23	♉	7pm 6
25	2pm43	25	♊	7pm54
27	5pm12	27	♋	10pm42
29	1am 2	30	♌	4am 5

d	h	
11	11	APOGEE
23	11	PERIGEE

DAILY ASPECTARIAN

1	☽□♃	7am 4
Th	☽⚻♀	9 49
	☉△☽	11 57
	☽∠♆	3pm 7
	☽⚼☿	5 26
	☽☌♇	7 53
2	♂⚹♅	1am38
F	☽⚻♄	1 59
	☉⚼☽	5pm 0
	☽⚺♆	5 58
	☽⚻☿	7 0
3	☽△♅	2am35
S	☽☍♂	4 0
	☽⚼♄	5 9
	☽△♃	2pm 1
	☽∥♇	5 31
	☿☍♆	6 37
	☽#♄	7 38
	☽☍♀	9 28
	☉⚻☽	10 34
4	♂∠♄	1am11
Su	☽⚺♇	2 13
	☽#♂	3 39
	☽⚼♅	6 9
	☽△♄	8 44
	☽⚼♃	6pm 9
	☽#♀	11 41
	☽☍☿	11 54
5	☽☌♆	0am56
M	☽∠♇	6 2
	☽⚻♅	10 10
	☽⚻♂	2pm54
	☉△♇	9 46
	☽∥♆	10 18
	☽⚻♃	10 47
	♀⚻♇	11 50
6	☽#☿	8am57
T	☉⚺♀	9 9
	☽⚹♇	10 21
	☉☍☽	11 27
	☽⚻♀	11 30
	☽□♄	5pm19
	☽⚼♂	9 15
7	☽⚻☿	7am37
W	☽⚺♆	9 50
	☉#☽	11 2
	☽⚼♀	7pm36
	☽☍♅	7 49
	♀∠♅	9 50
	☽∥♃	10 46
8	☽△♂	4am16
Th	☽☍♃	9 48
	☽∥♅	9 48
	☽⚼☿	12pm44
	☽#♅	1 0
	☽∠♆	3 8
	☿SD	4 47
	☽□♇	8 40
9	♀⚹♄	0am32
F	☽#♃	0 34
	☉⚻☽	3 7
	☽⚹♄	4 6
	☽△♀	4 30
	☉∥☽	8 34
	☉□♄	3pm25
	☽△☿	6 43
	☽⚹♆	8 57
10	☽⚻♅	7am43
S	☽∠♄	10 17
	☉⚼☽	11 58
	☽□♂	8pm16
	☽∥☿	8 29
	☽⚻♃	11 4
11	☽#♆	2am44
Su	☽△♇	8 59
	☽∥♀	1pm34
	☽⚼♅	2 16
	☽⚺♄	4 48
	☉△☽	9 13
12	☽□♀	0am 4
M	☽⚼♃	6 12
	☽□☿	8 44
	☽□♆	9 39
	☽∥♂	1pm22
	☽⚼♇	3 29
	☉#♃	7 8
	☽△♅	8 56
13	☽∥♄	9am 2
T	♂⚹♃	10 1
	☿☍♆	10 29
	☽#♇	11 24
	☽△♃	1pm14
	☽⚹♂	1 24
	☽⚻♇	9 48
14	☽☌♄	5am40
W	☉□☽	3pm20
	☽⚹♀	7 30
	☽∠♂	9 23
	☽△♆	9 52
	♀∠♃	11 26
	☽⚹☿	11 27
15	☽□♅	9am 9
Th	♀☍♆	6pm30
16	☽□♃	1am37
F	☽⚼♆	2 59
	☽∠♀	3 55
	☽⚺♂	4 27
	☽∠☿	6 2
	☽☍♇	8 34
	♀#♆	2pm53
	☽⚺♄	4 7
17	☉⚹☽	5am55
S	☽⚻♆	7 6
	☽⚺♀	10 59
	☽⚺☿	11 40
	☽⚹♅	5pm59
	☽∠♄	7 51
	☉⚻♆	9 12
18	☿ ♓	2am45
Su	☿⚼♇	2 56
	♀ ♓	3 26
	♀⚼♇	3 33
	☿☌♀	4 33
	☽#♇	7 45
	☽∥♄	9 55
	☽⚹♃	10 0
	☉∠☽	11 13
	☽☌♂	2pm55
	☽⚻♇	3 26
	♃⚼♆	6 48
	☽∠♅	8 47
	☽⚹♄	10 31
19	♂⚻♇	0am 2
M	☉#♅	8 52
	☽∥♂	10 53
	☽☍♆	12pm14
	☽∠♃	12 33
	☉⚺☽	3 16
	☽⚼♇	5 20
	☽☌☿	7 41
	☿∥♀	8 27
	☽☌♀	8 56
	☽⚺♅	10 37
20	☽#♆	7am40
T	☽∥☿	1pm59
	☽⚺♃	2 12
	☽∥♀	2 50
	♀⚺♅	5 13
	☽△♇	6 25
	☉ ♈	8 45
	☽⚺♂	8 46
21	☽□♄	1am 8
W	☽⚻♆	1pm58
	☿⚺♅	8 2
	☽#♃	8 17
	☉☌☽	8 30
	☽∠♂	10 32
22	☽☌♅	0am 8
Th	☽⚺☿	0 24
	☽⚺♀	2 47
	☽#♅	9 3
	☉#☽	9 16
	☉∥♅	1pm 3
	☽∥♅	2 1
	☉∥☽	2 5
	☽⚼♆	2 7
	☽☌♃	3 45
	☽□♇	7 2
	☽⚹♂	11 57
23	☽△♄	1am37
F	☽∠☿	2 13
	☽∥♃	3 8
	☽∠♀	5 1
	♂∠♅	7 58
	☽△♆	2pm 8
24	☉⚺☽	0am 7
S	☽⚺♅	0 30
	☽#♀	1 33
	☽⚼♄	1 43
	☽⚹☿	4 7
	☽#☿	5 0
	☉☌♅	6 7
	☽⚹♀	7 17
	♂⚹♄	9 10
	☽∥♆	2pm33
	☽⚺♃	4 47
	☽⚹♇	7 18
25	☽∠♅	0am52
Su	☽⚻♄	2 2
	☉∠☽	2 9
	☽□♂	2 56
	☽#♂	3 58
	☽□♆	2pm43
	☽∠♃	5 43
	☽∠♇	7 52
26	☽⚹♅	1am39
M	☉⚹☽	4 40
	☽□☿	9 18
	☽#♄	9 37
	☽∥♇	11 46
	☽□♀	1pm 6
	☽⚹♃	7 12
	☽⚺♇	8 58
27	☉∠♂	3am37
T	☽☍♄	4 0
	☽△♂	7 49
	☽⚹♆	5pm12
28	☽□♅	4am57
W	☽⚼♂	11 21
	☉□☽	11 55
	☽△☿	5pm44
	☽∠♆	7 23
	♄SR	8 35
	☽△♀	9 55
29	☽□♃	0am 7
Th	☽☌♇	1 2
	☽⚻♄	8 26
	☽⚻♂	3pm40
	☽⚺♆	10 14
	☽⚼☿	11 23
30	♀⚺♃	3am30
F	☽⚼♀	3 38
	♀△♇	8 8
	☽△♅	10 52
	☽⚼♄	11 38
	☉△☽	10pm23
31	☽∥♇	0am 8
S	☽#♄	2 38
	♃□♇	3 8
	☽⚻☿	5 59
	☽⚺♇	7 40
	☽△♃	7 46
	☽⚻♀	10 9
	☽⚼♅	2pm46
	☽△♄	3 24
	☿△♇	10 27

APRIL 1928

LONGITUDE

DAY	SID. TIME	☉	☽	☽ 12 Hour	MEAN ☊	TRUE ☊	☿	♀	♂	♃	♄	♅	♆	♇
	h m s	° ' "	° ' "	° ' "	° '	° '	° '	° '	° '	° '	° '	° '	° '	° '
1	12 36 25	11♈ 1 21	23♌ 42 16	0♍ 3 18	12♊ 50	11♊ 38R	15♓ 4	17♓ 1	24♒ 57	15♈ 12	19♐ 7R	3♈ 48	26♌ 44R	14♋ 59
2	12 40 21	12 0 30	6♍ 21 26	12 36 49	12 47	11 29	16 25	18 15	25 43	15 26	19 7	3 52	26 43	14 59
3	12 44 18	12 59 37	18 49 35	24 59 51	12 44	11 19	17 48	19 29	26 28	15 41	19 7	3 55	26 42	14 59
4	12 48 14	13 58 42	1♎ 7 44	7♎ 13 20	12 40	11 8	19 13	20 42	27 14	15 55	19 6	3 59	26 41	14 59
5	12 52 11	14 57 45	13 16 47	19 18 12	12 37	10 57	20 40	21 56	28 0	16 9	19 5	4 2	26 40	14 59
6	12 56 8	15 56 46	25 17 45	1♏ 15 37	12 34	10 48	22 8	23 10	28 46	16 24	19 5	4 5	26 39	15 0
7	13 0 4	16 55 44	7♏ 12 2	13 7 15	12 31	10 40	23 37	24 23	29 32	16 38	19 4	4 9	26 38	15 0
8	13 4 1	17 54 42	19 1 35	24 55 22	12 28	10 35	25 9	25 37	0♓ 18	16 53	19 3	4 12	26 37	15 0
9	13 7 57	18 53 37	0♐ 49 0	6♐ 42 56	12 24	10 33D	26 42	26 51	1 4	17 7	19 2	4 15	26 36	15 0
10	13 11 54	19 52 30	12 37 39	18 33 40	12 21	10 32	28 16	28 5	1 50	17 22	19 1	4 19	26 36	15 1
11	13 15 50	20 51 21	24 31 33	0♑ 31 53	12 18	10 33	29 52	29 18	2 36	17 36	18 59	4 22	26 35	15 1
12	13 19 47	21 50 11	6♑ 35 19	12 42 26	12 15	10 34	1♈ 30	0♈ 32	3 22	17 51	18 58	4 25	26 34	15 1
13	13 23 43	22 49 0	18 53 54	25 10 20	12 12	10 35R	3 9	1 46	4 8	18 5	18 57	4 29	26 33	15 2
14	13 27 40	23 47 46	1♒ 32 18	8♒ 0 23	12 9	10 35	4 50	2 59	4 54	18 20	18 55	4 32	26 32	15 2
15	13 31 37	24 46 30	14 35 1	21 16 35	12 5	10 33	6 32	4 13	5 40	18 34	18 53	4 35	26 32	15 2
16	13 35 33	25 45 13	28 5 21	5♓ 1 25	12 2	10 29	8 16	5 27	6 26	18 49	18 52	4 39	26 31	15 3
17	13 39 30	26 43 54	12♓ 4 41	19 14 56	11 59	10 24	10 2	6 40	7 12	19 3	18 50	4 42	26 30	15 3
18	13 43 26	27 42 34	26 31 40	3♈ 54 14	11 56	10 18	11 49	7 54	7 58	19 18	18 48	4 45	26 30	15 4
19	13 47 23	28 41 11	11♈ 21 45	18 53 12	11 53	10 11	13 38	9 8	8 44	19 32	18 46	4 48	26 29	15 4
20	13 51 19	29 39 47	26 27 25	4♉ 3 7	11 50	10 6	15 28	10 22	9 30	19 46	18 44	4 51	26 28	15 5
21	13 55 16	0♉ 38 21	11♉ 39 4	19 13 58	11 46	10 2	17 20	11 35	10 16	20 1	18 42	4 55	26 28	15 5
22	13 59 12	1 36 53	26 46 39	4♊ 16 4	11 43	9 59D	19 14	12 49	11 2	20 15	18 40	4 58	26 27	15 6
23	14 3 9	2 35 23	11♊ 41 17	19 1 35	11 40	9 59	21 9	14 3	11 48	20 29	18 37	5 1	26 27	15 6
24	14 7 5	3 33 51	26 16 24	3♋ 25 22	11 37	9 59	23 6	15 16	12 34	20 44	18 35	5 4	26 26	15 7
25	14 11 2	4 32 17	10♋ 28 15	17 25 0	11 34	10 1	25 4	16 30	13 20	20 58	18 32	5 7	26 26	15 8
26	14 14 59	5 30 40	24 15 40	1♌ 0 26	11 30	10 2R	27 4	17 44	14 5	21 12	18 30	5 10	26 26	15 8
27	14 18 55	6 29 2	7♌ 39 32	14 18 17	11 27	10 3	29 6	18 57	14 51	21 27	18 27.	5 13	26 25	15 9
28	14 22 52	7 27 21	20 42 1	27 6 8	11 24	10 2	1♉ 9	20 11	15 37	21 41	18 24	5 16	26 25	15 10
29	14 26 48	8 25 38	3♍ 25 59	9♍ 41 59	11 21	10 0	3 13	21 24	16 23	21 55	18 22	5 19	26 25	15 10
30	14 30 45	9♉ 23 53	15♍ 54 28	22♍ 3 50	11♊ 18	9♊ 56	5♉ 19	22♈ 38	17♓ 9	22♈ 9	18♐ 19	5♈ 22	26♌ 24	15♋ 11

DECLINATION and LATITUDE

DAY	☉ DECL	☽ DECL	☽ LAT	☽ 12hr DECL	☿ DECL	☿ LAT	♀ DECL	♀ LAT	♂ DECL	♂ LAT	♃ DECL	♃ LAT	♄ DECL	♄ LAT
1	4N22	18N10	4N50	16N 6	7S56	2S13	6S23	1S22	14S23	1S15	4N59	1S 5	21S22	1N39
2	4 45	13 52	5 3	11 30	7 28	2 17	5 55	1 23	14 8	1 15	5 5	1 5	21 22	1 39
3	5 8	9 3	5 2	6 30	6 58	2 20	5 28	1 24	13 53	1 16	5 10	1 5	21 22	1 39
4	5 31	3 56	4 46	1 19	6 28	2 23	4 60	1 25	13 38	1 16	5 16	1 5	21 22	1 39
5	5 54	1S17	4 18	3S52	5 56	2 26	4 31	1 26	13 22	1 17	5 22	1 5	21 21	1 39
6	6 17	6 24	3 38	8 52	5 23	2 28	4 3	1 27	13 7	1 17	5 27	1 5	21 21	1 39
7	6 39	11 15	2 49	13 32	4 49	2 29	3 35	1 28	12 51	1 18	5 33	1 5	21 21	1 39
8	7 2	15 40	1 53	17 40	4 13	2 30	3 6	1 29	12 35	1 18	5 38	1 5	21 21	1 39
9	7 24	19 29	0 52	21 6	3 37	2 30	2 37	1 30	12 19	1 19	5 44	1 5	21 21	1 39
10	7 47	22 30	0S11	23 40	2 59	2 30	2 9	1 30	12 3	1 19	5 49	1 5	21 21	1 39
11	8 9	24 35	1 15	25 13	2 20	2 30	1 40	1 31	11 47	1 20	5 55	1 5	21 20	1 40
12	8 31	25 33	2 16	25 35	1 41	2 29	1 11	1 31	11 31	1 20	6 0	1 5	21 20	1 40
13	8 53	25 17	3 12	24 40	0 60	2 27	0 42	1 32	11 15	1 21	6 6	1 5	21 20	1 40
14	9 14	23 44	4 1	22 28	0 18	2 25	0 13	1 32	10 58	1 21	6 11	1 5	21 20	1 40
15	9 36	20 54	4 38	19 1	0N25	2 22	0N16	1 32	10 42	1 21	6 17	1 5	21 20	1 40
16	9 57	16 52	5 2	14 27	1 9	2 19	0 45	1 33	10 25	1 22	6 22	1 5	21 19	1 40
17	10 19	11 47	5 9	8 56	1 54	2 15	1 14	1 33	10 9	1 22	6 28	1 5	21 19	1 40
18	10 40	5 55	4 57	2 47	2 40	2 11	1 43	1 33	9 52	1 23	6 33	1 5	21 19	1 40
19	11 1	0N26	4 25	3N40	3 26	2 7	2 12	1 33	9 35	1 23	6 39	1 5	21 19	1 40
20	11 21	6 53	3 34	10 0	4 14	2 1	2 41	1 33	9 18	1 24	6 44	1 5	21 18	1 40
21	11 42	12 59	2 28	15 46	5 2	1 56	3 10	1 33	9 1	1 24	6 50	1 5	21 18	1 40
22	12 2	18 17	1 11	20 30	5 50	1 50	3 39	1 32	8 44	1 24	6 55	1 5	21 18	1 40
23	12 23	22 21	0N 9	23 49	6 40	1 43	4 8	1 32	8 27	1 25	7 0	1 5	21 18	1 40
24	12 43	24 51	1 28	25 29	7 30	1 36	4 36	1 32	8 10	1 25	7 6	1 5	21 17	1 40
25	13 2	25 40	2 39	25 27	8 20	1 28	5 5	1 31	7 52	1 26	7 11	1 5	21 17	1 41
26	13 22	24 51	3 38	23 54	9 11	1 20	5 33	1 31	7 35	1 26	7 16	1 5	21 17	1 41
27	13 41	22 37	4 24	21 3	10 3	1 12	6 2	1 30	7 18	1 26	7 22	1 5	21 17	1 41
28	14 0	19 15	4 55	17 15	10 54	1 3	6 30	1 30	7 0	1 27	7 27	1 5	21 16	1 41
29	14 19	15 4	5 11	12 45	11 45	0 53	6 58	1 29	6 43	1 27	7 32	1 5	21 16	1 41
30	14N38	10N20	5N11	7N50	12N37	0S44	7N26	1S28	6S25	1S27	7N37	1S 5	21S16	1N41

DAY	♅ DECL	♅ LAT	♆ DECL	♆ LAT	♇ DECL	♇ LAT
1	0N53	0S42	13N 6	0N32	21N42	0S55
5	0 58	0 42	13 8	0 32	21 42	0 55
9	1 3	0 42	13 9	0 32	21 42	0 55
13	1 9	0 42	13 10	0 32	21 42	0 54
17	1 14	0 42	13 11	0 32	21 42	0 54
21	1 19	0 42	13 12	0 32	21 42	0 54
25	1 24	0 42	13 13	0 32	21 43	0 53
29	1N29	0S42	13N13	0N32	21N43	0S53

☽ PHENOMENA	VOID OF COURSE ☽ LAST ASPT	☽ INGRESS
d h m	1 5am43	1 ♍ 11am54
5 3 39 ○	3 1am24	3 ♎ 9pm47
13 8 9 ☾	6 7am28	6 ♏ 9am28
20 5 25 ●	8 3pm26	8 ♐ 10pm20
26 21 42 ☽	11 10am38	11 ♑ 10am57
	13 8am 9	13 ♒ 9pm 7
d h ° '	15 9pm15	16 ♓ 3am20
4 18 0	17 11am17	18 ♈ 5am40
12 7 25S36	20 5am25	20 ♉ 5am36
18 22 0	21 11pm29	22 ♊ 5am 9
25 0 25N40	24 0am17	24 ♋ 6am14
	26 5am51	26 ♌ 10am12
	28 10am42	28 ♍ 5pm29
2 10 5N 4	d h	
9 20 0	8 0 APOGEE	
16 21 5S 9	20 19 PERIGEE	
22 21 0		
29 12 5N13		

DAILY ASPECTARIAN

1 Su	☽☍♂	2am29
	☿⚺♃	2 40
	☉⚼☽	4 44
	☽☌♆	5 43
	☽∠♇	11 52
	☽⚼♃	12pm30
	☉⚼♆	5 9
	☽⚻♅	7 13
	☽#♂	10 32
2 M	☽∥♆	3am54
	☉⚻☽	11 46
	☽⚹♇	4pm34
	♀□♄	4 50
	☽⚻♃	5 47
	☽☍☿	9 47
3 T	☽□♄	0am33
	☽☍♀	1 24
	☉∥♃	3 21
	♂☍♆	7 1
	☉#♀	9 13
	☽#☿	10 53
	♀#♃	12pm16
	☽⚺♆	3 19
	☽⚻♂	3 52
	☉∥☽	5 8
	☽∥♃	5 54
	☽#♀	6 34
	☿□♄	9 59
4 W	☽☍♅	5am37
	☽∥♅	1pm40
	☽∠♆	8 48
	☽#♅	10 32
	☽⚼♂	11 25
5 Th	☉□♇	0am42
	☉#☿	0 59
	☽□♇	3 24
	☉☍☽	3 39
	☽☍♃	5 51
	☽⚹♄	11 34
	☽∥♀	1pm49
	☽⚻☿	4 46
	☽⚻♀	7 14
	☽#♃	7 24
	☽∥☿	7 38
	☿#♃	9 28
	♂#♆	9 36
	☉#☽	11 21
6 F	☽⚹♆	2am43
	☽△♂	7 28
	☉☌♃	2pm41
	☽∠♄	5 40
	☽⚻♅	5 48
7 S	☽⚼☿	3am18
	☽⚼♀	4 57
	☽∥♂	7 54
	☽#♆	9 56
	♂ ♓	2pm27
	♂⚼♇	2 27
	☽△♇	3 49
	☽⚻♃	7 33
	☉⚻☽	9 32
8 Su	☽⚺♄	0am 2
	☽⚼♅	0 21
	☽△☿	2pm20
	☽△♀	2 59
	☽□♆	3 26
	♀⚻♆	7 21
	☽⚼♇	10 21
	☿⚻♆	10 40
9 M	☽□♂	0am33
	☽⚼♃	2 43
	☉△♄	3 14
	☉⚼☽	6 50
	☽△♅	7 2
	☿☌♀	10 51
	☽∥♄	1pm57
	☽#♇	4 54
10 T	☽⚻♇	4am50
	☽△♃	9 47
	☽☌♄	12pm53
	☉△☽	3 58
11 W	♂∠♃	0am10
	☿ ♈	1 55
	☽△♆	4 6
	☽□♀	10 38
	☽□☿	12pm21
	♀ ♈	1 35
	☽⚹♂	5 13
	☽□♅	7 42
12 Th	♀#♅	2am57
	☽⚼♆	9 45
	☽☍♇	4pm31
	☿#♅	6 56
	☽□♃	10 25
13 F	☽⚺♄	0am 5
	☽∠♂	0 29
	☉□☽	8 9
	♂⚺♅	11 31
	☽⚻♆	2pm36
	☿☌♅	7 37
14 S	☿⚺♂	1am51
	☽⚹♀	3 0
	☽∠♄	4 26
	☽⚹♅	5 36
	☽⚺♂	6 40
	☽⚹☿	7 4
	☿∥♀	8 2
	☿#♀	10 20
	☽#♇	6pm 8
	☽∥♄	8 57
15 Su	☽⚻♇	0am49
	☽⚹♃	7 18
	♀☌♅	7 33
	☽⚹♄	7 44
	☽∠♅	9 2
	☽∠♀	9 10
	☽∠☿	2pm17
	☉⚹☽	7 36
	☽☍♆	9 15
16 M	☿∥♅	1am54
	☽⚼♇	3 25
	♃△♄	4 24
	☽∠♃	10 6
	☽⚺♅	11 23
	☽⚺♀	1pm57
	☽☌♂	3 15
	☉#♂	5 37
	☽#♆	5 48
	☉△♆	6 28
	☽⚺☿	8 3
	☉∠☽	11 22
	♀∥♅	11 55
17 T	☽△♇	5am 0
	☉#☽	5 57
	☽∥♂	7 23
	☽□♄	11 17
	☽⚺♃	11 52
	☿⚼♆	7pm43
	☽#♃	9 34
	☽⚻♆	11 57
18 W	☉⚺☽	2am 4
	♀⚺♂	3 25
	☽#☿	11 7
	☽☌♅	1pm25
	☽#♀	2 53
	☽#♅	5 41
	☽⚺♂	7 33
	☽☌♀	8 6
19 Th	☽⚼♆	0am12
	☽∥♅	3 8
	☽☌☿	4 8
	☽□♇	5 56
	☽∥♀	7 5
	☽△♄	11 47
	☽∥☿	12pm40
	☽☌♃	1 14
	☿□♇	6 54
	☽∠♂	8 44
	☽∥♃	11 27
20 F	☽△♆	0am 2
	☉☌☽	5 25
	☉ ♉	8 17
	☽#♂	8 51
	☽⚼♄	11 28
	☽⚺♅	1pm19
	☉∥☽	6 25
	♀⚼♆	9 37
	☽⚹♂	9 42
	☽⚺♀	11 53
21 S	☽∥♆	0am53
	☽⚹♇	5 26
	☽⚺☿	10 16
	☽⚻♄	11 8
	☽∠♅	1pm 7
	☽⚺♃	1 27
	☿△♄	4 58
	☽□♆	11 29
22 Su	☽∠♀	1am48
	☽∠♇	5 19
	☉⚺☽	8 17
	☽⚹♅	1pm10
	☽∠☿	1 42
	☽∠♃	1 49
	☿☌♃	2 38
	☽#♄	4 53
	☽∥♇	7 34
23 M	☽□♂	0am11
	☽⚹♀	4 11
	☽⚺♇	5 35
	☉∠☽	10 20
	☿∥♃	11 1
	☽☍♄	11 18
	☽⚹♃	2pm39
	☽⚹☿	5 54
	♀□♇	8 57
24 T	☽⚹♆	0am17
	☉⚼♄	0 24
	☉⚹☽	1pm 9
	☿#♂	2 4
	☽□♅	2 50
25 W	☽∠♆	1am39
	☽△♂	5 12
	☽☌♇	8 2
	☽□♀	11 25
	☉∥♆	12pm48
	☽⚻♄	1 55
	☉⚺♅	3 6
	☿△♆	4 18
	☽□♃	6 32
26 Th	☽⚺♆	3am50
	☽□☿	5 51
	☽⚼♂	9 6
	♀△♄	2pm33
	☽⚼♄	4 25
	☽△♅	7 34
	♂#♃	7 42
	☉□☽	9 42
27 F	☽∥♇	7am13
	♂△♇	9 20
	☽#♄	10 26
	☿ ♉	10 35
	☽⚺♇	1pm43
	☽⚻♂	1 59
	☿∠♂	2 11
	☽△♄	7 45
	☽△♀	10 56
	☽⚼♅	11 12
28 S	☽△♃	1am52
	☽☌♆	10 42
	♀#♂	3pm42
	☽∠♇	5 48
	☽△☿	11 31
29 Su	☿⚼♄	1am34
	☽⚻♅	3 37
	☉∥☽	3 43
	☽⚼♀	6 18
	☽⚼♃	6 47
	☽∥♆	9 39
	☉△☽	10 22
	♀☌♃	12pm18
	☽∥☿	2 27
	☽⚹♇	10 36
30 M	☿⚺♅	0am38
	☽☍♂	2 34
	☽□♄	4 39
	☽⚼☿	10 22
	♀∥♃	11 35
	☽⚻♃	12pm25
	☽∥♀	12 40
	☽∥♃	12 45
	☽⚻♀	2 35
	☿∥♆	5 13
	☉⚼☽	6 0
	☽#♂	7 45
	☽⚺♆	8 31

LONGITUDE

DAY	SID. TIME	☉	☽	☽ 12 Hour	MEAN ☊	TRUE ☊	☿	♀	♂	♃	♄	♅	♆	♇
	h m s	° ' "	° ' "	° ' "	° '	° '	° '	° '	° '	° '	° '	° '	° '	° '
1	14 34 41	10♉ 22 7	28♍ 10 25	4♎ 14 31	11♊ 15	9♊ 51R	7♉ 26	23♈ 52	17♓ 55	22♈ 23	18♐ 16R	5♈ 25	26♌ 24R	15♋ 12
2	14 38 38	11 20 18	10♎ 16 27	16 16 31	11 11	9 46	9 34	25 5	18 40	22 37	18 13	5 28	26 24	15 13
3	14 42 34	12 18 27	22 14 58	28 12 3	11 8	9 41	11 43	26 19	19 26	22 51	18 10	5 31	26 24	15 13
4	14 46 31	13 16 35	4♏ 8 2	10♏ 3 9	11 5	9 37	13 52	27 33	20 12	23 5	18 6	5 34	26 24	15 14
5	14 50 28	14 14 40	15 57 40	21 51 49	11 2	9 34	16 2	28 46	20 58	23 19	18 3	5 37	26 23	15 15
6	14 54 24	15 12 45	27 45 54	3♐ 40 9	10 59	9 32D	18 12	0♉ 0	21 43	23 33	18 0	5 40	26 23	15 16
7	14 58 21	16 10 48	9♐ 34 55	15 30 31	10 56	9 32	20 22	1 13	22 29	23 47	17 57	5 42	26 23D	15 17
8	15 2 17	17 8 49	21 27 17	27 25 38	10 52	9 32	22 32	2 27	23 15	24 1	17 53	5 45	26 23	15 18
9	15 6 14	18 6 48	3♑ 25 56	9♑ 28 39	10 49	9 33	24 41	3 41	24 0	24 15	17 50	5 48	26 23	15 19
10	15 10 10	19 4 46	15 34 14	21 43 9	10 46	9 35	26 49	4 54	24 46	24 29	17 46	5 51	26 23	15 20
11	15 14 7	20 2 44	27 55 54	4♒ 12 58	10 43	9 37	28 56	6 8	25 32	24 43	17 42	5 53	26 24	15 20
12	15 18 3	21 0 39	10♒ 34 51	17 2 0	10 40	9 38R	1♊ 2	7 21	26 17	24 56	17 39	5 56	26 24	15 21
13	15 22 0	21 58 33	23 34 51	0♓ 13 47	10 36	9 38	3 6	8 35	27 3	25 10	17 35	5 59	26 24	15 22
14	15 25 57	22 56 26	6♓ 59 5	13 50 57	10 33	9 38	5 8	9 49	27 48	25 24	17 31	6 1	26 24	15 23
15	15 29 53	23 54 18	20 49 28	27 54 35	10 30	9 36	7 7	11 2	28 34	25 37	17 27	6 4	26 24	15 24
16	15 33 50	24 52 9	5♈ 6 3	12♈ 23 30	10 27	9 35	9 5	12 16	29 19	25 51	17 23	6 6	26 25	15 26
17	15 37 46	25 49 58	19 46 20	27 13 50	10 24	9 33	10 59	13 29	0♈ 5	26 4	17 20	6 9	26 25	15 27
18	15 41 43	26 47 46	4♉ 45 4	12♉ 19 1	10 21	9 32	12 51	14 43	0 50	26 18	17 16	6 11	26 25	15 28
19	15 45 39	27 45 33	19 54 32	27 30 24	10 17	9 31	14 41	15 57	1 35	26 31	17 11	6 14	26 26	15 29
20	15 49 36	28 43 19	5♊ 5 24	12♊ 38 23	10 14	9 30D	16 27	17 10	2 21	26 45	17 7	6 16	26 26	15 30
21	15 53 32	29 41 3	20 8 14	27 33 58	10 11	9 30	18 10	18 24	3 6	26 58	17 3	6 19	26 26	15 31
22	15 57 29	0♊ 38 46	4♋ 54 45	12♋ 9 53	10 8	9 31	19 51	19 38	3 51	27 11	16 59	6 21	26 27	15 32
23	16 1 26	1 36 28	19 18 54	26 21 27	10 5	9 32	21 28	20 51	4 36	27 24	16 55	6 23	26 27	15 33
24	16 5 22	2 34 7	3♌ 17 21	10♌ 6 36	10 2	9 32	23 2	22 5	5 22	27 37	16 51	6 25	26 28	15 35
25	16 9 19	3 31 46	16 49 19	23 25 42	9 58	9 33R	24 33	23 18	6 7	27 50	16 47	6 28	26 28	15 36
26	16 13 15	4 29 23	29 56 5	6♍ 20 51	9 55	9 33	26 0	24 32	6 52	28 3	16 42	6 30	26 29	15 37
27	16 17 12	5 26 58	12♍ 40 25	18 55 17	9 52	9 33	27 24	25 45	7 37	28 16	16 38	6 32	26 30	15 38
28	16 21 8	6 24 32	25 5 55	1♎ 12 50	9 49	9 33	28 45	26 59	8 22	28 29	16 34	6 34	26 30	15 39
29	16 25 5	7 22 4	7♎ 16 32	13 17 31	9 46	9 32	0♋ 3	28 13	9 7	28 42	16 29	6 36	26 31	15 41
30	16 29 2	8 19 35	19 16 16	25 13 13	9 42	9 32	1 17	29 26	9 52	28 55	16 25	6 38	26 32	15 42
31	16 32 58	9♊ 17 5	1♏ 8 50	7♏ 3 30	9♊ 39	9♊ 32D	2♋ 28	0♊ 40	10♈ 37	29♈ 7	16♐ 21	6♈ 40	26♌ 32	15♋ 43

DECLINATION and LATITUDE

DAY	☉ DECL	☽ DECL	☽ LAT	☽ 12hr DECL	☿ DECL	☿ LAT	♀ DECL	♀ LAT	♂ DECL	♂ LAT	♃ DECL	♃ LAT	♄ DECL	♄ LAT
1	14N56	5N16	4N37	2N40	13N28	0S34	7N54	1S28	6S 7	1S28	7N43	1S 5	21S15	1N41
2	15 14	0 4	4 30	2S32	14 18	0 24	8 22	1 27	5 50	1 28	7 48	1 5	21 15	1 41
3	15 32	5S 5	3 51	7 36	15 6	0 13	8 50	1 26	5 32	1 28	7 53	1 5	21 15	1 41
4	15 50	10 2	3 2	12 23	15 58	0 3	9 17	1 25	5 14	1 29	7 58	1 5	21 14	1 41
5	16 7	14 37	2 6	16 42	16 46	0N 8	9 44	1 24	4 57	1 29	8 3	1 5	21 14	1 41
6	16 24	18 37	1 4	20 22	17 33	0 18	10 11	1 23	4 39	1 29	8 8	1 5	21 14	1 41
7	16 41	21 54	0S 0	23 12	18 18	0 29	10 38	1 22	4 21	1 29	8 13	1 5	21 13	1 41
8	16 58	24 16	1 5	25 3	19 2	0 39	11 4	1 20	4 3	1 30	8 19	1 5	21 13	1 41
9	17 14	25 32	2 8	25 44	19 45	0 49	11 30	1 19	3 45	1 30	8 24	1 5	21 13	1 41
10	17 30	25 37	3 6	25 11	20 25	0 59	11 56	1 18	3 28	1 30	8 29	1 5	21 12	1 41
11	17 46	24 27	3 57	23 23	21 3	1 9	12 22	1 16	3 10	1 30	8 34	1 5	21 12	1 41
12	18 1	22 2	4 37	20 22	21 39	1 18	12 47	1 15	2 52	1 31	8 39	1 6	21 12	1 41
13	18 16	18 27	5 4	16 15	22 12	1 27	13 12	1 14	2 34	1 31	8 43	1 6	21 11	1 41
14	18 31	13 50	5 16	11 12	22 43	1 35	13 37	1 12	2 16	1 31	8 48	1 6	21 11	1 41
15	18 45	8 23	5 10	5 25	23 11	1 42	14 2	1 11	1 58	1 31	8 53	1 6	21 11	1 41
16	18 60	2 21	4 46	0N49	23 37	1 49	14 26	1 9	1 40	1 32	8 58	1 6	21 10	1 41
17	19 13	4N 0	4 2	7 10	23 60	1 55	14 50	1 7	1 22	1 32	9 3	1 6	21 10	1 41
18	19 27	10 16	3 1	13 14	24 20	2 1	15 13	1 6	1 4	1 32	9 8	1 6	21 9	1 41
19	19 40	16 1	1 47	18 32	24 38	2 5	15 36	1 4	0 47	1 32	9 13	1 6	21 9	1 41
20	19 53	20 45	0 24	22 37	24 54	2 9	15 59	1 2	0 29	1 32	9 17	1 6	21 9	1 41
21	20 5	24 3	0N59	25 4	25 7	2 12	16 21	1 0	0 11	1 32	9 22	1 6	21 8	1 41
22	20 18	25 38	2 16	25 44	25 18	2 14	16 43	0 58	0N 7	1 32	9 27	1 6	21 8	1 41
23	20 29	25 25	3 24	24 41	25 26	2 16	17 4	0 56	0 25	1 33	9 31	1 6	21 8	1 41
24	20 41	23 35	4 16	22 9	25 32	2 17	17 25	0 54	0 43	1 33	9 36	1 6	21 7	1 41
25	20 52	20 27	4 53	18 31	25 36	2 16	17 46	0 52	1 0	1 33	9 41	1 6	21 7	1 41
26	21 3	16 23	5 13	14 5	25 39	2 15	18 6	0 50	1 18	1 33	9 45	1 7	21 6	1 41
27	21 13	11 41	5 17	9 11	25 39	2 14	18 25	0 48	1 36	1 33	9 50	1 7	21 6	1 41
28	21 23	6 38	5 6	4 2	25 37	2 11	18 45	0 46	1 54	1 33	9 54	1 7	21 6	1 41
29	21 33	1 25	4 41	1S11	25 34	2 7	19 3	0 44	2 11	1 33	9 59	1 7	21 5	1 41
30	21 42	3S46	4 4	6 19	25 29	2 3	19 21	0 42	2 29	1 33	10 3	1 7	21 5	1 41
31	21N51	8S47	3N18	11S11	25N23	1N58	19N39	0S40	2N46	1S33	10N 7	1S 7	21S 4	1N41

DAY	♅ DECL	♅ LAT	♆ DECL	♆ LAT	♇ DECL	♇ LAT
1	1N31	0S42	13N13	0N32	21N43	0S53
5	1 35	0 42	13 13	0 32	21 43	0 52
9	1 40	0 42	13 13	0 32	21 42	0 52
13	1 44	0 42	13 13	0 32	21 42	0 52
17	1 48	0 42	13 13	0 32	21 42	0 51
21	1 52	0 42	13 12	0 32	21 42	0 51
25	1 55	0 42	13 12	0 32	21 42	0 51
29	1N58	0S42	13N11	0N32	21N41	0S51

☽ PHENOMENA		
d h m		
4 20 12 ○		
12 20 51 ☾		
19 13 14 ●☌		
26 9 12 ☽		
d h ° '		
2 0 0		
9 14 25S44		
16 9 0		
22 9 25N45		
29 7 0		
7 0 0		
14 5 5S16		
20 7 0		
26 18 5N18		

VOID OF COURSE ☽ LAST ASPT	☽ INGRESS
30 4am39	1 ♎ 3am36
3 9am 8	3 ♏ 3pm38
5 9pm12	6 ♐ 4am33
8 9am55	8 ♑ 5pm 9
11 2am19	11 ♒ 3am58
13 5am 6	13 ♓ 11am35
15 1pm50	15 ♈ 3pm30
17 10am42	17 ♉ 4pm26
19 1pm14	19 ♊ 3pm57
21 11am11	21 ♋ 3pm58
23 2pm 1	23 ♌ 6pm17
25 8pm28	26 ♍ 0am 7
28 8am 2	28 ♎ 9am37
30 7pm50	30 ♏ 9pm40

d	h	
5	5	APOGEE
19	6	PERIGEE

DAILY ASPECTARIAN

Day	Aspect	Time
1 T	♂□♄	10am24
	☽☌♅	2pm24
	☽∥♅	5 16
	☽✶☿	10 16
2 W	☽∠♆	2am15
	☉✶☽	2 19
	☽#♅	7 25
	☽□♇	9 53
	☽✶♄	3pm49
	☽✶♂	5 57
3 Th	☽☌♃	1am15
	♀△♆	1 33
	☽∥♂	1 59
	☽✶♆	8 21
	☽☌♀	9 8
	☉☌☿	12pm 6
	☽#♃	1 36
	☉∥☿	6 4
	☽#♀	7 50
	☽∠♄	9 56
4 F	☽Q♂	2am18
	☽⊼♅	2 55
	☿✶♇	3pm17
	☽#♆	4 27
	☉☍☽	8 12
	☽△♇	10 33
5 S	☽☍☿	0am11
	☽✶♄	4 14
	☉∥☽	9 14
	☽⊻♅	9 30
	☽△♂	10 52
	☽⊼♃	3pm16
	☽#☿	3 28
	☽∥☿	9 12
	☿⊼♄	9 49
6 Su	♀ ♉	0am 4
	☉✶♇	1 19
	☽⊼♀	5 4
	☽⊻♇	5 5
	☽△♅	4pm 6
	☽∥♄	6 30
	☽#♃	10 21
	☽#♇	10 23
7 M	☿∠♅	3am50
	☽⊼♇	11 33
	♅SD	12pm35
	☉⊼☽	2 32
	☽⊻♀	3 0
	☽☌♄	4 50
8 T	☽⊼☿	2am39
	☽□♂	3 51
	☽△♃	5 16
	♀#♄	8 7
	☽△♆	9 55
	☿✶♂	12pm16
	☉⊼♄	5 17
	☿⊻♃	6 35
	☉☍☽	11 19
9 W	☽△♀	0am33
	☽□♅	4 44
	♂⊻♃	11 7
	☽⊻☿	3pm 4
	☽⊻♆	3 47
	☿□♆	7 9
	☽☍♇	11 31
10 Th	☽⊼♄	4am17
	☉△☽	7 27
	☽□♃	5pm41
	☽✶♂	7 4
	♀✶♅	7 6
	☽⊼♆	9 2
11 F	☽△☿	2am19
	☿#♄	5 56
	☽∠♄	9 5
	☿ ♊	12pm 8
	☽✶♀	3 13
	☿∠♇	4 10
	☽□♀	5 18
	☉∠♅	10 0
12 S	☽∠♂	1am24
	☽#♇	2 29
	☽#☿	2 30
	☿∥♇	2 33
	♂✶♃	3 30
	☽∥♄	6 17
	☽⊼♇	8 55
	☽✶♄	1pm 4
	☽⊼♃	7 14
	☉□☽	8 51
13 Su	♀∥♆	0am48
	☉∥☽	0 57
	☽⊼♃	2 56
	☽☍♆	5 6
	☽⊼♂	6 39
	☽⊻♇	12pm16
	☽□☿	8 9
	☽⊻♅	10 18
14 M	☽∥♆	0am57
	☽#♀	2 53
	☽✶♀	5 27
	☽∠♄	6 5
	☿✶♅	10 56
	☽△♇	2pm41
	☽⊼♄	6 15
	☽#♃	9 57
15	☉✶☽	5am37
T	☽⊼♃	8 16
	☽⊼♆	9 28
	☽∠♀	9 41
	☽☌♂	1pm50
	♂∥♅	3 32
16 W	☽☌♅	1am40
	☽#♅	2 9
	☽∥♂	2 42
	☽✶☿	7 33
	☉∠☽	8 25
	☽⊻☿	10 24
	☽⊻♀	12pm52
	☽∥♂	2 33
	☽⊼♅	3 41
	☽□♇	4 58
	☽△♄	8 3
	♂ ♈	9 36
17 Th	☿∠♃	1am13
	☉⊻♃	7 46
	☽☌♃	10 18
	☉⊼☽	10 26
	☽△♆	10 42
	☽∠♆	11 27
	☉☌♆	2pm34
	☽⊼♂	5 26
	☽#♃	7 29
	☽⊼♀	8 3
18 F	☽⊻♅	2am17
	☽∥♆	11 54
	♃△♆	1pm38
	☽⊼☿	2 37
	☽✶♃	2 45
	☿✶♇	5 0
	☽⊻♀	5 11
	☽∠♂	6 29
	☽⊼♄	7 44
	☽∥♀	10 1
19 S	☽∠♅	2am 5
	☽□♆	10 18
	☽⊻♃	10 36
	☽⊼♃	10 54
	☉☌☽	1pm14
	☽∠♇	4 43
	☉∥☽	6 48
	☽✶☿	7 25
	♀✶♄	11 7
20 Su	☽⊻♅	1am53
	☽#♄	2 20
	☽∥♇	5 49
	♀∠♂	8 46
	☿#♄	8 58
	☽∠♃	10 44
	☽⊻♇	4pm35
	☽#♃	7 5
	☽☌☿	8 26
	☽⊻♀	8 58
21 M	☉ ♊	7am53
	☽✶♆	10 11
	☽⊻♃	11 11
	☿⊻♃	11 53
	☽✶♀	2pm42
	☉⊻☽	4 32
	☉∠♇	9 12
	☽☌♂	10 10
	☽∠♀	11 29
22 T	☽□♅	2am22
	☽⊻♆	10 49
	☽⊼♀	5pm40
	☉∠☽	7 6
	☽⊼♄	7 59
	☽∥☿	11 35
23 W	☽⊼♀	2am51
	☽⊻☿	4 6
	♀∠♅	10 46
	☽⊻♆	12pm11
	☽△♃	2 1
	☽⊻♄	9 30
	☉☌☽	10 39
24 Th	☽△♂	3am50
	☽△♅	5 30
	☽∠☿	9 23
	☽∥♇	3pm26
	☽#♄	7 32
	☉∥☽	9 22
	☽⊼♇	9 47
	☽△♄	11 55
25 F	☽⊻♂	8am14
	☽⊼♅	8 26
	♂#♅	11 42
	☽□♀	12pm59
	☽∥♀	3 8
	☽⊼♆	3 49
	☽☌☿	5 36
	☽△♃	8 28
26 S	☽∠♇	1am16
	☉⊼♄	7 57
	☿⊼♆	8 9
	☉□☽	9 12
	☽⊼♅	12pm19
	☽⊼♂	1 47
	☽∥☿	4 34
27 Su	☽#♃	1am10
	☽✶♇	5 41
	☽□♄	7 33
	☽∥♃	8 50
	♀⊻♆	2pm31
	☿⊻♃	6 11
28 M	☽⊻☿	2am45
	☽△♀	4 6
	☉✶♅	4 7
	♂∥♅	5 47
	☽⊼♃	6 45
	☽□☿	8 2
	☽∥♂	8pm40
	☽∥♅	9 28
	☽☍♅	10 39
	☿✶♄	11 3
29 T	☉△☽	0am12
	☽⊼♄	3 54
	☽∠♆	8 27
	☿⊻♃	11 36
	☽⊻☿	1pm11
	☽#♅	3 40
	☽□♇	4 49
	☽#♂	5 36
	☽✶♄	6 18
	☉∥♇	9 45
30 W	☉☍☽	8am53
	♀ ♊	11 1
	☽✶♆	2pm39
	☽⊻♀	7 50
	☽⊼♀	10 54
31 Th	☽∠♄	0am24
	☽□♅	1 7
	☽△♆	2 57
	☽#♃	6 44
	☽⊼♃	11 14
	☉⊼☽	5pm59
	☽⊼♂	8 31
	☽#♆	10 22

JUNE 1928

LONGITUDE

DAY	SID. TIME	☉	☽	☽ 12 Hour	MEAN ☊	TRUE ☊	☿	♀	♂	♃	♄	♅	♆	♇
	h m s	° ' "	° ' "	° ' "	° '	° '	° '	° '	° '	° '	° '	° '	° '	° '
1	16 36 55	10♊ 14 34	12♏ 57 38	18♏ 51 34	9♊ 36	9♊ 32	3♋ 35	1♊ 53	11♈ 21	29♈ 20	16♐ 16R	6♈ 42	26♌ 33	15♋ 44
2	16 40 51	11 12 1	24 45 39	0♐ 40 13	9 33	9 32	4 39	3 7	12 6	29 33	16 12	6 44	26 34	15 46
3	16 44 48	12 9 28	6♐ 35 33	12 31 56	9 30	9 32	5 39	4 21	12 51	29 45	16 7	6 46	26 35	15 47
4	16 48 44	13 6 53	18 29 38	24 28 56	9 27	9 32R	6 35	5 34	13 35	29 58	16 3	6 48	26 36	15 48
5	16 52 41	14 4 18	0♑ 30 4	6♑ 33 18	9 23	9 32	7 27	6 48	14 20	0♉ 10	15 58	6 49	26 37	15 50
6	16 56 37	15 1 41	12 38 54	18 47 6	9 20	9 32	8 16	8 1	15 5	0 22	15 54	6 51	26 37	15 51
7	17 0 34	15 59 5	24 58 11	1♒ 12 25	9 17	9 31	9 0	9 15	15 49	0 34	15 50	6 53	26 38	15 53
8	17 4 31	16 56 27	7♒ 30 5	13 51 28	9 14	9 30	9 41	10 29	16 34	0 46	15 45	6 55	26 39	15 54
9	17 8 27	17 53 49	20 16 50	26 46 29	9 11	9 29	10 17	11 42	17 18	0 58	15 41	6 56	26 40	15 55
10	17 12 24	18 51 10	3♓ 20 39	9♓ 59 36	9 7	9 28	10 49	12 56	18 2	1 10	15 36	6 58	26 41	15 57
11	17 16 20	19 48 30	16 43 32	23 32 37	9 4	9 28D	11 17	14 9	18 47	1 22	15 32	6 59	26 43	15 58
12	17 20 17	20 45 51	0♈ 26 55	7♈ 26 30	9 1	9 28	11 40	15 23	19 31	1 34	15 27	7 1	26 44	16 0
13	17 24 13	21 43 10	14 31 16	21 41 2	8 58	9 28	11 59	16 37	20 15	1 46	15 23	7 2	26 45	16 1
14	17 28 10	22 40 29	28 55 31	6♉ 14 18	8 55	9 29	12 14	17 50	20 59	1 57	15 19	7 4	26 46	16 2
15	17 32 6	23 37 48	13♉ 36 48	21 2 20	8 52	9 30	12 24	19 4	21 43	2 9	15 14	7 5	26 47	16 4
16	17 36 3	24 35 7	28 30 5	5♊ 59 11	8 48	9 31R	12 29R	20 18	22 27	2 20	15 10	7 6	26 48	16 5
17	17 40 0	25 32 25	13♊ 28 36	20 57 20	8 45	9 31	12 30	21 31	23 11	2 32	15 5	7 7	26 50	16 7
18	17 43 56	26 29 43	28 24 20	5♋ 48 37	8 42	9 30	12 26	22 45	23 55	2 43	15 1	7 9	26 51	16 8
19	17 47 53	27 27 1	13♋ 9 12	20 25 17	8 39	9 29	12 18	23 59	24 39	2 54	14 57	7 10	26 52	16 10
20	17 51 49	28 24 17	27 36 8	4♌ 41 11	8 36	9 27	12 6	25 12	25 23	3 5	14 53	7 11	26 53	16 11
21	17 55 46	29 21 33	11♌ 40 0	18 32 21	8 33	9 25	11 49	26 26	26 6	3 16	14 48	7 12	26 55	16 13
22	17 59 42	0♋ 18 49	25 18 6	1♍ 57 19	8 29	9 22	11 29	27 40	26 50	3 27	14 44	7 13	26 56	16 14
23	18 3 39	1 16 4	8♍ 30 9	14 56 54	8 26	9 20	11 5	28 53	27 34	3 38	14 40	7 14	26 58	16 16
24	18 7 35	2 13 18	21 17 56	27 33 42	8 23	9 18	10 38	0♋ 7	28 17	3 48	14 36	7 15	26 59	16 17
25	18 11 32	3 10 31	3♎ 44 43	9♎ 51 33	8 20	9 18D	10 8	1 21	29 0	3 59	14 32	7 16	27 0	16 19
26	18 15 29	4 7 44	15 54 46	21 54 58	8 17	9 18	9 36	2 34	29 44	4 9	14 28	7 17	27 2	16 20
27	18 19 25	5 4 56	27 52 44	3♏ 48 41	8 13	9 19	9 2	3 48	0♉ 27	4 20	14 24	7 18	27 3	16 22
28	18 23 22	6 2 8	9♏ 43 23	15 37 23	8 10	9 21	8 27	5 2	1 10	4 30	14 20	7 18	27 5	16 23
29	18 27 18	6 59 20	21 31 14	27 25 26	8 7	9 23	7 51	6 16	1 53	4 40	14 16	7 19	27 7	16 25
30	18 31 15	7♋ 56 31	3♐ 20 25	9♐ 16 39	8♊ 4	9♊ 24R	7♋ 15	7♋ 29	2♉ 36	4♉ 50	14♐ 12	7♈ 20	27♌ 8	16♋ 26

DECLINATION and LATITUDE

DAY	☉	☽		☽ 12hr	☿		♀		♂		♃		♄	
	DECL	DECL	LAT	DECL	DECL	LAT	DECL	LAT	DECL	LAT	DECL	LAT	DECL	LAT
1	21N60	13S28	2N22	15S38	25N16	1N52	19N56	0S38	3N 4	1S33	10N12	1S 7	21S 4	1N41
2	22 8	17 39	1 21	19 30	25 7	1 45	20 13	0 35	3 21	1 33	10 16	1 7	21 4	1 41
3	22 16	21 9	0 16	22 35	24 57	1 37	20 29	0 33	3 39	1 33	10 20	1 7	21 3	1 41
4	22 23	23 46	0S50	24 42	24 46	1 29	20 44	0 31	3 56	1 33	10 25	1 7	21 3	1 41
5	22 30	25 21	1 54	25 42	24 34	1 20	20 59	0 29	4 13	1 33	10 29	1 7	21 2	1 41
6	22 36	25 44	2 54	25 27	24 21	1 10	21 13	0 26	4 30	1 33	10 33	1 8	21 2	1 41
7	22 43	24 51	3 46	23 57	24 7	0 59	21 27	0 24	4 47	1 33	10 37	1 8	21 2	1 41
8	22 48	22 44	4 29	21 14	23 53	0 47	21 40	0 22	5 5	1 33	10 41	1 8	21 1	1 40
9	22 54	19 28	4 60	17 26	23 38	0 35	21 53	0 19	5 22	1 33	10 45	1 8	21 1	1 40
10	22 59	15 11	5 15	12 43	23 23	0 22	22 5	0 17	5 39	1 33	10 49	1 8	21 0	1 40
11	23 3	10 4	5 15	7 16	23 7	0 9	22 16	0 15	5 55	1 33	10 53	1 8	21 0	1 40
12	23 8	4 21	4 56	1 20	22 51	0S 5	22 27	0 12	6 12	1 33	10 57	1 8	20 60	1 40
13	23 11	1N44	4 20	4N49	22 34	0 20	22 37	0 10	6 29	1 33	11 1	1 8	20 59	1 40
14	23 15	7 53	3 26	10 52	22 18	0 35	22 46	0 7	6 46	1 33	11 5	1 8	20 59	1 40
15	23 18	13 44	2 19	16 24	22 1	0 51	22 55	0 5	7 2	1 33	11 9	1 9	20 59	1 40
16	23 20	18 51	1 1	20 60	21 45	1 7	23 3	0 3	7 19	1 33	11 13	1 9	20 58	1 40
17	23 22	22 47	0N22	24 11	21 29	1 23	23 10	0 0	7 35	1 33	11 17	1 9	20 58	1 40
18	23 24	25 9	1 43	25 39	21 12	1 40	23 17	0N 2	7 51	1 32	11 20	1 9	20 57	1 40
19	23 25	25 42	2 55	25 19	20 57	1 57	23 23	0 5	8 7	1 32	11 24	1 9	20 57	1 39
20	23 26	24 30	3 55	23 18	20 41	2 13	23 29	0 7	8 23	1 32	11 28	1 9	20 57	1 39
21	23 27	21 46	4 39	19 57	20 26	2 30	23 33	0 9	8 39	1 32	11 31	1 9	20 56	1 39
22	23 27	17 53	5 6	15 39	20 12	2 46	23 37	0 12	8 55	1 32	11 35	1 9	20 56	1 39
23	23 27	13 15	5 15	10 45	19 58	3 2	23 41	0 14	9 11	1 31	11 38	1 10	20 56	1 39
24	23 26	8 10	5 8	5 33	19 45	3 17	23 43	0 16	9 27	1 31	11 42	1 10	20 55	1 39
25	23 25	2 54	4 47	0 15	19 33	3 31	23 45	0 19	9 42	1 31	11 45	1 10	20 55	1 39
26	23 23	2S22	4 13	4S57	19 22	3 45	23 46	0 21	9 58	1 31	11 49	1 10	20 55	1 39
27	23 21	7 28	3 29	9 55	19 12	3 57	23 47	0 23	10 13	1 31	11 52	1 10	20 54	1 39
28	23 19	12 16	2 36	14 30	19 3	4 8	23 47	0 26	10 28	1 30	11 55	1 10	20 54	1 38
29	23 16	16 36	1 37	18 32	18 55	4 18	23 46	0 28	10 43	1 30	11 59	1 10	20 54	1 38
30	23N13	20S17	0N33	21S50	18N48	4S27	23N44	0N30	10N58	1S30	12N 2	1S11	20S53	1N38

DAY	♅		♆		♇	
	DECL	LAT	DECL	LAT	DECL	LAT
1	2N 1	0S43	13N10	0N32	21N41	0S50
5	2 3	0 43	13 9	0 32	21 41	0 50
9	2 6	0 43	13 7	0 32	21 40	0 50
13	2 8	0 43	13 6	0 32	21 40	0 50
17	2 10	0 43	13 4	0 32	21 40	0 49
21	2 12	0 43	13 2	0 32	21 39	0 49
25	2 13	0 43	13 1	0 32	21 39	0 49
29	2N14	0S43	12N58	0N32	21N38	0S48

☽ PHENOMENA				VOID OF COURSE ☽ LAST ASPT		☽ INGRESS		
d	h	m		2	3am40	2	♐	10am38
3	12	14	○	4	4pm14	4	♑	11pm 0
11	5	51	☾	6	6am17	7	♒	9am41
17	20	42	●	9	11am50	9	♓	5pm55
24	22	48	☽	11	5am51	11	♈	11pm13
				13	8pm26	14	♉	1am46
d	h	° '		15	9pm16	16	♊	2am24
5	19	25S45		17	9pm29	18	♋	2am35
12	17	0		19	8pm 4	20	♌	4am 3
18	19	25N45		22	4am40	22	♍	8am27
25	13	0		23	2pm30	24	♎	4pm43
				26	10pm20	27	♏	4am17
				29	11am23	29	♐	5pm14
3	6	0						
10	11	5S17		d	h			
16	18	0		1	8	APOGEE		
23	2	5N15		16	14	PERIGEE		
30	12	0		28	20	APOGEE		

DAILY ASPECTARIAN

Day	Aspect	Time
1 F	☽△♇	5am40
	♂⚼♆	6 27
	☽⚺♄	6 41
	☽⚼☿	12pm35
	☽⚼♅	5 50
2 S	☽□♆	3am40
	☽⚼♂	5 5
	☽⚻♃	9 53
	☽⚼♇	12pm13
	☽#♀	6 29
	☽☍♀	6 55
	☽⚻☿	9 54
	☽∥♄	11 16
3 Su	☽△♅	0am21
	☽#♇	4 15
	☉#☽	9 33
	☉☍☽	12pm14
	☽△♂	1 29
	☽⚼♃	4 46
	☽⚻♇	6 35
	☽☌♄	7 7
4 M	♃ ♉	4am50
	☿□♅	5 57
	☽#☿	11 33
	☽△♆	4pm14
	☽△♃	11 19
5 T	♀⚹♅	0am34
	♀#♄	5 34
	☽□♅	12pm34
	☽⚻♀	1 53
	☽☍☿	2 46
	☽⚼♆	9 59
6 W	☉⚻☽	5am 4
	☽□♂	5 4
	☉⚹♂	5 36
	☽☍♇	6 17
	☽⚺♄	6 20
	☉∠♃	10 50
	♄⚻♇	11 45
	☿⚺♀	12pm16
	☉☍♄	8 18
	☉⚺♇	9 12
	☽⚼♀	10 27
7 Th	♂△♄	0am10
	♂□♇	1 51
	☽⚻♆	3 14
	☽□♃	10 58
	☽∠♄	11 12
	☽#☿	11 15
	☉⚼☽	12pm32
	♃⚼♄	10 11
	☽⚹♅	10 52
	☉#☽	11 23
8 F	♀∥♇	0am37
	☽⚻☿	4 21
	☽△♀	6 14
	☽#♀	8 11
	☽#♇	8 42
	☽∥♄	1pm34
	☽⚹♄	3 28
	☽⚻♇	3 51
	☽⚹♂	6 7
	☉△☽	7 12
9 S	☽∠♅	3am 5
	☽⚼☿	9 40
	☽☍♆	11 50
	☽⚼♇	7pm38
	☽⚹♃	7 59
	☽∠♂	11 25
10 Su	☽⚺♅	6am34
	☽#♆	10 6
	☽△☿	1pm59
	☽□♀	6 59
	☽#♃	8 23
	☽□♄	9 53
	☽△♇	10 39
	☽∠♃	11 22
11 M	☽⚺♂	3am50
	☉∥☿	4 5
	☉□☽	5 51
	☽#♂	4pm47
	☽⚻♆	5 33
12 T	♀☍♄	1am20
	☽⚺♃	1 57
	☿∠♆	3 52
	☽#♅	8 51
	☽☌♅	11 17
	♀⚺♇	12pm 8
	☽⚼♆	7 18
	☽□☿	7 38
	☿∥♀	9 53
13 W	☽△♄	1am27
	☽∥♅	1 35
	☽□♇	2 31
	♀∠♃	3 30
	☽⚹♀	3 51
	☽☌♂	10 8
	☉⚹☽	12pm55
	☽∥♂	7 23
	☽△♆	8 26
14 Th	☽⚼♄	2am16
	☽☌♃	5 3
	☽∠♀	7 1
	☽∥♃	1pm 3
	☽⚺♅	1 22
	☉∠☽	3 20
	☽∥♆	9 16
	☽⚹☿	10 0
15 F	☽⚻♄	2am37
	☽⚹♇	3 58
	☽⚺♀	9 37
	☽∠♅	1pm42
	☽⚺♂	1 47
	☉⚺☽	5 17
	☽□♆	9 16
	☽∠☿	10 22
16 S	☽∠♇	4am 9
	☽⚺♃	6 14
	☿∥♇	7 36
	☽#♄	11 51
	☽⚹♅	1pm49
	☽∠♂	3 6
	☽∥☿	3 37
	☽∥♇	4 12
	☿SR	4 12
	☽⚺☿	10 26
17 Su	☽☍♄	2am35
	☽∥♀	3 7
	☽⚺♇	4 14
	☉∥☽	4 41
	☽∠♃	6 35
	☽☌♀	2pm 4
	☽⚹♂	4 24
	☉☌☽	8 42
	☽⚹♆	9 29
18 M	☽⚹♃	7am 4
	☉⚹♆	9 3
	☽□♅	2pm12
	☽∠♆	9 53
	☽☌☿	10 37
	☿#♄	11 17
19 T	☽⚻♄	2am56
	☽☌♇	4 58
	☉∥♀	11 49
	☽⚺♀	7pm36
	☽□♂	8 4
	☽⚺♆	10 48
20 W	☉⚺☽	1am27
	☽⚼♄	3 49
	♀⚹♂	8 25
	☽□♃	9 24
	☽∥♀	10 4
	☉∥☽	10 40
	☽△♅	4pm18
	☿∠♆	4 59
	☽∠♀	11 33
21 Th	☽⚺☿	0am16
	☽∥♇	0 46
	☉∠☽	5 2
	☽△♄	5 26
	☽#♄	5 39
	☽⚺♇	7 56
	☽∥☿	9 31
	♀⚹♆	9 34
	☉ ♋	4pm 7
	☽⚼♅	6 30
22 F	☽∠☿	2am 3
	☽△♂	2 54
	☽☌♆	2 56
	♂△♆	3 29
	☽⚹♀	4 40
	☉⚹☽	9 43
	☽∠♇	10 43
	☽△♃	2pm56
	☽⚻♅	9 40
23 S	☽∥♆	1am 6
	☽⚹☿	4 38
	☽∥♃	7 42
	☽⚼♂	7 59
	☽□♄	11 25
	☽⚹♇	2pm30
	☽∥♂	6 23
	☽⚼♃	7 12
	♀ ♋	9 43
24 Su	☽⚺♆	10am54
	☽⚻♂	2pm13
	☽□♀	6 49
	☉□☽	10 48
25 M	☽⚻♃	0am28
	☽∥♅	3 5
	☽☍♅	6 54
	☽□☿	12pm 1
	♂⚼♄	3 53
	☽∠♆	4 17
	☽⚹♄	9 8
	☽#♅	11 22
26 T	☉⚹♃	0am49
	☽□♇	0 51
	♂ ♉	9 4
	☽⚹♆	10pm20
27 W	☽∠♄	3am 3
	☽☍♂	5 31
	♀⚹♃	11 56
	☽☍♃	1pm14
	☽△♀	1 22
	☽#♂	2 17
	☉△☽	3 51
	☽⚻♅	7 5
	☽△☿	9 32
	☽#♃	10 11
28 Th	☽#♆	3am47
	☽⚺♄	9 19
	☽△♇	1pm35
	☽⚼♀	11 24
29 F	☉⚼☽	1am 2
	☽⚼♅	1 37
	☽⚼☿	2 34
	☉□♅	8 21
	☽□♆	11 23
	☉☌☿	1pm14
	☽#☿	2 5
	☽⚼♇	8 9
	☿□♅	8 48
	♀□♅	8 50
	☿☌♀	8 50
	☽⚻♂	10 24
30 S	☽⚻♃	3am 4
	☽∥♄	4 27
	☽⚻☿	7 31
	☽△♅	8 4
	☽⚻♀	9 21
	☉⚻☽	10 7
	☽#♇	10 19
	☽☌♄	9pm47
	☉#☽	11 53

LONGITUDE

DAY	SID. TIME	☉	☽	☽ 12 Hour	MEAN ☊	TRUE ☊	☿	♀	♂	♃	♄	♅	♆	♇
	h m s	° ' "	° ' "	° ' "	° '	° '	° '	° '	° '	° '	° '	° '	° '	° '
1	18 35 11	8♋ 53 42	15♐ 14 29	21♐ 14 17	8♊ 1	9♊ 24R	6♋ 39R	8♋ 43	3♉ 19	5♉ 0	14♐ 8R	7♈ 20	27♌ 10	16♋ 28
2	18 39 8	9 50 53	27 16 21	3♑ 20 56	7 58	9 23	6 5	9 57	4 2	5 10	14 4	7 21	27 11	16 30
3	18 43 4	10 48 4	9♑ 28 15	15 38 30	7 54	9 20	5 33	11 10	4 44	5 19	14 0	7 21	27 13	16 31
4	18 47 1	11 45 14	21 51 48	28 8 17	7 51	9 16	5 3	12 24	5 27	5 29	13 57	7 22	27 15	16 33
5	18 50 58	12 42 25	4♒ 28 0	10♒ 51 3	7 48	9 11	4 36	13 38	6 10	5 38	13 53	7 22	27 16	16 34
6	18 54 54	13 39 36	17 17 26	23 47 11	7 45	9 5	4 12	14 52	6 52	5 48	13 50	7 23	27 18	16 36
7	18 58 51	14 36 47	0♓ 20 20	6♓ 56 53	7 42	9 0	3 52	16 5	7 35	5 57	13 46	7 23	27 20	16 37
8	19 2 47	15 33 58	13 36 52	20 20 16	7 39	8 55	3 36	17 19	8 17	6 6	13 43	7 23	27 21	16 39
9	19 6 44	16 31 10	27 7 6	3♈ 57 23	7 35	8 52	3 24	18 33	8 59	6 15	13 39	7 23	27 23	16 40
10	19 10 40	17 28 22	10♈ 51 6	17 48 13	7 32	8 50D	3 18D	19 47	9 41	6 24	13 36	7 23	27 25	16 42
11	19 14 37	18 25 34	24 48 42	1♉ 52 28	7 29	8 50	3 16	21 1	10 23	6 32	13 33	7 24	27 27	16 44
12	19 18 33	19 22 47	8♉ 59 21	16 9 10	7 26	8 51	3 20	22 14	11 5	6 41	13 30	7 24R	27 29	16 45
13	19 22 30	20 20 1	23 21 38	0♊ 36 22	7 23	8 53	3 29	23 28	11 47	6 49	13 26	7 24	27 30	16 47
14	19 26 27	21 17 15	7♊ 52 56	15 10 47	7 19	8 53R	3 43	24 42	12 29	6 58	13 23	7 24	27 32	16 48
15	19 30 23	22 14 30	22 29 17	29 47 42	7 16	8 53	4 3	25 56	13 10	7 6	13 20	7 24	27 34	16 50
16	19 34 20	23 11 45	7♋ 5 18	14♋ 21 15	7 13	8 50	4 28	27 10	13 52	7 14	13 18	7 23	27 36	16 51
17	19 38 16	24 9 1	21 34 46	28 45 3	7 10	8 45	4 59	28 24	14 33	7 22	13 15	7 23	27 38	16 53
18	19 42 13	25 6 18	5♌ 51 22	12♌ 53 6	7 7	8 39	5 35	29 38	15 15	7 30	13 12	7 23	27 40	16 54
19	19 46 9	26 3 34	19 49 40	26 40 40	7 4	8 32	6 16	0♌ 51	15 56	7 37	13 9	7 23	27 42	16 56
20	19 50 6	27 0 51	3♍ 25 50	10♍ 5 0	7 0	8 24	7 3	2 5	16 37	7 45	13 7	7 22	27 44	16 57
21	19 54 3	27 58 8	16 38 11	23 5 30	6 57	8 17	7 55	3 19	17 18	7 52	13 4	7 22	27 46	16 59
22	19 57 59	28 55 26	29 27 11	5♎ 43 36	6 54	8 11	8 53	4 33	17 59	7 59	13 2	7 22	27 48	17 1
23	20 1 56	29 52 44	11♎ 55 9	18 2 23	6 51	8 8	9 55	5 47	18 40	8 6	12 59	7 21	27 50	17 2
24	20 5 52	0♌ 50 2	24 5 50	0♏ 6 7	6 48	8 6D	11 3	7 1	19 20	8 13	12 57	7 21	27 52	17 4
25	20 9 49	1 47 20	6♏ 3 53	11 59 47	6 45	8 6	12 16	8 15	20 1	8 20	12 55	7 20	27 54	17 5
26	20 13 45	2 44 40	17 54 29	23 48 37	6 41	8 6	13 34	9 29	20 41	8 26	12 53	7 20	27 56	17 7
27	20 17 42	3 41 59	29 42 51	5♐ 37 48	6 38	8 7R	14 56	10 43	21 21	8 33	12 51	7 19	27 58	17 8
28	20 21 38	4 39 19	11♐ 34 4	17 32 11	6 35	8 8	16 23	11 57	22 2	8 39	12 49	7 18	28 0	17 10
29	20 25 35	5 36 40	23 32 41	29 35 59	6 32	8 6	17 54	13 11	22 42	8 45	12 47	7 17	28 2	17 11
30	20 29 32	6 34 1	5♑ 42 30	11♑ 52 33	6 29	8 3	19 30	14 25	23 21	8 51	12 45	7 17	28 4	17 13
31	20 33 28	7♌ 31 23	18♑ 6 24	24♑ 24 13	6♊ 25	7♊ 57	21♋ 10	15♌ 39	24♉ 1	8♉ 57	12♐ 44	7♈ 16	28♌ 6	17♋ 14

DECLINATION and LATITUDE

DAY	☉ DECL	☽ DECL	☽ LAT	☽ 12hr DECL	☿ DECL	☿ LAT	♀ DECL	♀ LAT	♂ DECL	♂ LAT	♃ DECL	♃ LAT	♄ DECL	♄ LAT
1	23N 9	23S10	0S32	24S14	18N43	4S34	23N42	0N32	11N13	1S29	12N 5	1S11	20S53	1N38
2	23 5	25 2	1 36	25 32	18 39	4 40	23 39	0 34	11 28	1 29	12 8	1 11	20 53	1 38
3	23 1	25 43	2 37	25 36	18 36	4 44	23 35	0 37	11 43	1 29	12 11	1 11	20 52	1 38
4	22 56	25 9	3 31	24 23	18 35	4 46	23 31	0 39	11 57	1 29	12 14	1 11	20 52	1 38
5	22 50	23 18	4 16	21 55	18 35	4 47	23 26	0 41	12 11	1 28	12 17	1 11	20 52	1 37
6	22 45	20 15	4 49	18 19	18 36	4 47	23 20	0 43	12 26	1 28	12 20	1 12	20 52	1 37
7	22 39	16 9	5 8	13 46	18 39	4 45	23 13	0 45	12 40	1 28	12 23	1 12	20 51	1 37
8	22 32	11 13	5 10	8 30	18 43	4 41	23 6	0 47	12 54	1 27	12 26	1 12	20 51	1 37
9	22 26	5 40	4 56	2 44	18 48	4 36	22 58	0 49	13 8	1 27	12 29	1 12	20 51	1 37
10	22 18	0N15	4 24	3N15	18 54	4 30	22 50	0 51	13 21	1 26	12 31	1 12	20 51	1 37
11	22 11	6 15	3 37	9 12	19 2	4 23	22 41	0 53	13 35	1 26	12 34	1 12	20 50	1 36
12	22 3	12 3	2 35	14 45	19 10	4 14	22 31	0 55	13 48	1 26	12 37	1 13	20 50	1 36
13	21 55	17 17	1 23	19 33	19 19	4 5	22 20	0 56	14 2	1 25	12 39	1 13	20 50	1 36
14	21 46	21 33	0 5	23 11	19 29	3 55	22 9	0 58	14 15	1 25	12 42	1 13	20 50	1 36
15	21 37	24 27	1N13	25 18	19 40	3 43	21 57	0 60	14 28	1 24	12 44	1 13	20 50	1 36
16	21 27	25 42	2 27	25 39	19 51	3 31	21 45	1 2	14 40	1 24	12 47	1 13	20 49	1 36
17	21 17	25 11	3 30	24 17	20 3	3 19	21 31	1 3	14 53	1 23	12 49	1 13	20 49	1 35
18	21 7	22 60	4 19	21 23	20 14	3 6	21 18	1 5	15 6	1 23	12 51	1 14	20 49	1 35
19	20 57	19 29	4 52	17 20	20 26	2 52	21 3	1 6	15 18	1 22	12 54	1 14	20 49	1 35
20	20 46	15 1	5 7	12 32	20 37	2 38	20 48	1 8	15 30	1 22	12 56	1 14	20 49	1 35
21	20 35	9 57	5 4	7 18	20 49	2 24	20 33	1 9	15 42	1 21	12 58	1 14	20 49	1 35
22	20 23	4 36	4 47	1 54	20 59	2 10	20 17	1 11	15 54	1 21	13 0	1 14	20 49	1 34
23	20 11	0S47	4 16	3S26	21 10	1 55	19 60	1 12	16 6	1 20	13 2	1 15	20 48	1 34
24	19 59	6 2	3 34	8 33	21 19	1 41	19 43	1 14	16 18	1 20	13 4	1 15	20 48	1 34
25	19 46	10 58	2 44	13 17	21 27	1 26	19 25	1 15	16 29	1 19	13 6	1 15	20 48	1 34
26	19 33	15 28	1 47	17 30	21 34	1 12	19 6	1 16	16 40	1 18	13 8	1 15	20 48	1 34
27	19 20	19 22	0 45	21 2	21 40	0 57	18 47	1 17	16 51	1 18	13 10	1 15	20 48	1 33
28	19 6	22 29	0S19	23 42	21 44	0 43	18 28	1 18	17 2	1 17	13 12	1 16	20 48	1 33
29	18 53	24 39	1 22	25 19	21 46	0 30	18 8	1 19	17 13	1 17	13 14	1 16	20 48	1 33
30	18 38	25 42	2 22	25 45	21 46	0 16	17 48	1 20	17 24	1 16	13 15	1 16	20 48	1 33
31	18N24	25S29	3S17	24S52	21N44	0S 3	17N27	1N21	17N34	1S15	13N17	1S16	20S48	1N33

DAY	♅ DECL	♅ LAT	♆ DECL	♆ LAT	♇ DECL	♇ LAT
1	2N15	0S43	12N57	0N32	21N38	0S48
5	2 15	0 44	12 55	0 32	21 37	0 48
9	2 16	0 44	12 53	0 32	21 37	0 48
13	2 16	0 44	12 50	0 32	21 36	0 48
17	2 16	0 44	12 48	0 32	21 36	0 47
21	2 15	0 44	12 45	0 32	21 35	0 47
25	2 14	0 44	12 42	0 32	21 35	0 47
29	2N13	0S44	12N39	0N32	21N34	0S47

☽ PHENOMENA	VOID OF COURSE ☽ LAST ASPT	☽ INGRESS
d h m	1 11pm50	2 ♑ 5am24
3 2 49 ○	3 1pm43	4 ♒ 3pm32
10 12 16 ☾	6 6pm29	6 ♓ 11pm23
17 4 36 ●	8 7am18	9 ♈ 5am 4
24 14 38 ☽	11 4am30	11 ♉ 8am49
	13 6am53	13 ♊ 11am 0
	15 8am22	15 ♋ 12pm20
d h ° '	17 12pm29	17 ♌ 2pm 6
3 1 25S44	19 1pm50	19 ♍ 5pm53
9 23 0	21 10pm55	22 ♎ 1am 2
16 5 25N44	24 7am32	24 ♏ 11am48
22 20 0	26 8pm26	27 ♐ 0am35
30 8 25S46	29 8am56	29 ♑ 12pm47
	31 11am54	31 ♒ 10pm34
7 16 5S11		
14 2 0	d h	
20 9 5N 8	14 15 PERIGEE	
27 17 0	26 12 APOGEE	

DAILY ASPECTARIAN

Day	Aspect	Time
1 Su	☽⚻♇	2am28
	☽#♀	5 32
	☽⚼♂	6 33
	☽⚼♃	9 39
	☉☌♀	3pm33
	☽△♆	11 50
2 M	☽△♂	2pm10
	☽△♃	3 46
	☽☍☿	4 38
	☽□♅	7 52
3 T	☉☍☽	2am49
	☽☍♀	3 41
	☽⚼♆	5 22
	☿⚹♃	7 55
	☽⚺♄	8 47
	☽☍♇	1pm43
	☿⚹♂	3 50
	♀∠♆	8 48
4 W	♂☌♃	1am22
	☽⚻♆	10 19
	☉∠♆	12pm41
	☽∠♄	1 28
	☽#♀	10 40
5 Th	☽⚻☿	0am14
	☽□♃	2 14
	☽□♂	3 23
	☉#☽	4 23
	♀⚻♄	4 44
	☽⚹♅	5 28
	♂∥♃	11 49
	☽#♇	2pm13
	☉⚻☽	4 42
	☽⚹♄	5 35
	☽⚻♀	7 1
	☽∥♄	7 47
	☽⚻♇	10 42
6 F	☽⚼☿	3am26
	☉⚻♄	3 58
	☽∠♅	9 24
	☽#☿	10 12
	♂⚺♅	5pm19
	☽☍♆	6 29
	☉⚼☽	10 34
7 S	☽⚼♀	1am31
	☽⚼♇	2 20
	☽△☿	6 16
	☽⚹♃	10 19
	♀☌♇	10 34
	☽⚺♅	12pm47
	☽⚹♂	1 52
	☽#♆	4 13
	☽#♂	4 32
	☽#♃	6 26
	♂∥♆	11 12
8 Su	☽□♄	0am10
	☉△☽	3 46
	☽△♇	5 26
	☽△♀	7 18
	☽∠♃	1pm30
	☽∠♂	6 10
9 M	☽⚻♆	0am28
	☉☌♇	4 0
	☽□☿	10 56
	☽#♅	1pm55
	☽⚺♃	4 11
	☽☌♅	5 59
	☽⚺♂	9 52
10 T	☽⚼♆	2am43
	☽△♄	4 44
	☽∥♅	8 3
	☽□♇	10 7
	☉□☽	12pm16
	☽□♀	4 53
	☿SD	7 21
11 W	☽△♆	4am30
	☽⚼♄	6 20
	☽⚹☿	2pm24
	☽☌♃	8 5
	☽⚺♅	9 19
12	☽∥♃	2am27
Th	☽∥♆	3 28
	☽☌♂	3 42
	☽⚻♄	7 31
	☽∥♂	8 2
	☽⚹♇	1pm 1
	☽∠☿	3 47
	☉⚹☽	6 37
	☽∠♅	10 24
	♅SR	10 34
13 F	☽⚹♀	0am12
	☽□♆	6 53
	☽∥☿	11 8
	☽∠♇	1pm58
	☽⚺☿	5 1
	☽#♄	7 28
	☉∠☽	9 11
	☽⚺♃	10 28
	☽⚹♅	11 12
14 S	☽∥♇	0am25
	☉∥☽	1 25
	☽∠♀	3 16
	☽∥♀	3 54
	☽⚺♂	7 56
	☽☍♄	9 2
	☽⚺♇	2pm42
	☽∠♃	11 21
	☉⚺☽	11 34
15 Su	☉∥♇	1am29
	♂⚻♄	5 25
	☽⚺♀	6 11
	☽⚹♆	8 22
	☽∠♂	9 48
	☽☌☿	7pm33
16 M	☽⚹♃	0am14
	☽□♅	0 30
	♀⚺♆	8 44
	☽∠♆	9 7
	☽⚻♄	10 13
	☽⚹♂	11 45
	♃∥♆	12pm52
	♀∥♇	3 55
	☽☌♇	4 10
	♀⚼♄	9 11
17 T	♃⚺♅	4am19
	☉☌☽	4 36
	☽⚺♆	10 9
	☽⚼♄	11 7
	☽☌♀	12pm29
	☽⚺☿	11 30
18 W	☽△♅	2am36
	☽□♃	2 49
	♀ ♌	7 16
	☽∥♇	10 34
	☽△♄	12pm30
	☽∥♀	1 30
	☉∥☽	2 28
	☽#♄	3 46
	☽□♂	4 54
	☽∥☿	6 30
	☽⚺♇	6 58
19 Th	☽∠☿	2am39
	☽⚼♅	4 27
	☉⚺☽	11 44
	☽☌♆	1pm50
	☉#♄	5 24
	☽∠♇	9 22
	☽⚺♀	9 22
	☽∥♂	9 38
	♀#♄	11 19
20 F	☽⚹☿	6am57
	☽⚻♅	7 5
	☽△♃	7 50
	☉∥☿	8 56
	☿□♅	9 8
	☿∥♀	9 49
	☽∥♃	10 2
	☽∥♆	10 57
	♂⚹♇	12pm29
	☉∥♀	2 27
	☉∠☽	4 44
	☽□♄	5 28
	☉⚺♆	6 38
	☿⚹♃	10 18
	☿#♄	11 59
21 S	☽⚹♇	0am39
	☽△♂	1 17
	☉⚼♄	2 26
	☽∠♀	3 27
	☽⚼♃	11 41
	☽⚺♆	8pm51
	☉⚹☽	10 55
22 Su	☽⚼♂	7am 7
	☽∥♅	10 29
	☽⚹♀	10 49
	☽☍♅	3pm 9
	☽⚻♃	4 31
	☽□☿	7 45
23 M	☽∠♆	1am47
	☽⚹♄	2 5
	☉ ♌	3 3
	☽#♅	6 35
	☽□♇	10 3
	☽⚻♂	2pm 0
24 T	♀△♅	6am21
	☽⚹♆	7 32
	☽∠♄	7 40
	☉□☽	2pm38
25 W	♀□♃	1am41
	☽⚻♅	2 34
	☽☍♃	4 37
	☽□♀	4 55
	☽#♆	8 54
	☽#♃	11 7
	☿⚻♄	11 57
	☿∠♆	12pm13
	☽⚺♄	1 49
	☽△☿	2 4
	☽△♇	10 23
26 Th	☿∥♇	2am 3
	☽☍♂	5 59
	☽#♂	7 18
	☽⚼♅	8 58
	☽□♆	8pm26
	☽#♀	8 29
	☉#☽	11 48
27 F	☽⚼☿	0am30
	☽⚼♇	4 56
	☉△☽	8 48
	☽∥♄	10 15
	☽△♅	3pm24
	☽#♇	4 15
	☽#☿	5 22
	☽⚻♃	6 3
28	☽△♀	0am51
S	☽☌♄	2 31
	♂∠♅	9 50
	☽⚻☿	11 5
	☽⚻♇	11 16
	☿☌♇	12pm36
	♀△♄	4 34
	☉⚼☽	5 39
	☽⚻♂	10 12
29 Su	☽⚼♃	0am24
	☽△♆	8 56
	☽⚼♀	10 14
30 M	☉⚻☽	1am49
	☽□♅	3 4
	☽⚼♂	5 28
	☽△♃	6 10
	☽⚺♄	1pm40
	☽⚼♆	2 21
	☉△♅	5 37
	♀∥♂	6 16
	☽⚻♀	6 45
	☽☍♇	10 20
31 T	☽☍☿	6am45
	☽△♂	11 54
	☽∠♄	6pm15
	☽⚻♆	7 3

AUGUST 1928

LONGITUDE

DAY	SID. TIME	☉	☽	☽ 12 Hour	MEAN ☊	TRUE ☊	☿	♀	♂	♃	♄	♅	♆	♇
	h m s	° ' "	° ' "	° ' "	° '	° '	° '	° '	° '	° '	° '	° '	° '	° '
1	20 37 25	8♌ 28 45	0♒ 46 7	7♒ 12 6	6♊ 22	7♊ 49R	22♋ 53	16♌ 52	24♉ 41	9♉ 2	12♐ 42R	7♈ 15R	28♌ 8	17♋ 16
2	20 41 21	9 26 9	13 42 8	20 16 5	6 19	7 39	24 40	18 6	25 20	9 8	12 41	7 14	28 10	17 17
3	20 45 18	10 23 34	26 53 48	3♓ 35 3	6 16	7 29	26 31	19 20	26 0	9 13	12 39	7 13	28 13	17 19
4	20 49 14	11 20 59	10♓ 19 32	17 7 1	6 13	7 19	28 24	20 34	26 39	9 18	12 38	7 12	28 15	17 20
5	20 53 11	12 18 25	23 57 10	0♈ 49 44	6 10	7 10	0♌ 19	21 48	27 18	9 23	12 37	7 11	28 17	17 21
6	20 57 7	13 15 53	7♈ 44 24	14 40 58	6 6	7 3	2 17	23 2	27 57	9 27	12 36	7 10	28 19	17 23
7	21 1 4	14 13 22	21 39 11	28 38 54	6 3	6 59	4 17	24 16	28 36	9 32	12 35	7 9	28 21	17 24
8	21 5 1	15 10 52	5♉ 39 56	12♉ 42 10	6 0	6 57D	6 18	25 30	29 15	9 36	12 34	7 8	28 23	17 26
9	21 8 57	16 8 23	19 45 30	26 49 47	5 57	6 57	8 20	26 44	29 53	9 41	12 33	7 6	28 26	17 27
10	21 12 54	17 5 57	3♊ 54 55	11♊ 0 44	5 54	6 57R	10 22	27 58	0♊ 32	9 45	12 32	7 5	28 28	17 28
11	21 16 50	18 3 32	18 7 2	25 13 33	5 51	6 57	12 26	29 12	1 10	9 48	12 32	7 4	28 30	17 30
12	21 20 47	19 1 7	2♋ 20 0	9♋ 25 59	5 47	6 55	14 29	0♍ 26	1 48	9 52	12 31	7 3	28 32	17 31
13	21 24 43	19 58 45	16 31 5	23 34 49	5 44	6 50	16 32	1 40	2 26	9 56	12 31	7 1	28 34	17 33
14	21 28 40	20 56 24	0♌ 36 38	7♌ 36 0	5 41	6 43	18 35	2 54	3 4	9 59	12 30	7 0	28 37	17 34
15	21 32 36	21 54 4	14 32 22	21 25 13	5 38	6 33	20 37	4 8	3 42	10 2	12 30	6 58	28 39	17 35
16	21 36 33	22 51 45	28 14 4	4♍ 58 31	5 35	6 21	22 38	5 22	4 19	10 5	12 30	6 57	28 41	17 37
17	21 40 30	23 49 28	11♍ 38 14	18 13 1	5 31	6 9	24 39	6 36	4 56	10 8	12 30D	6 55	28 43	17 38
18	21 44 26	24 47 12	24 42 44	1♎ 7 23	5 28	5 58	26 38	7 50	5 33	10 10	12 30	6 54	28 45	17 39
19	21 48 23	25 44 57	7♎ 27 5	13 42 3	5 25	5 48	28 37	9 4	6 10	10 12	12 30	6 52	28 48	17 40
20	21 52 19	26 42 43	19 52 35	25 59 4	5 22	5 41	0♍ 34	10 18	6 47	10 15	12 30	6 50	28 50	17 42
21	21 56 16	27 40 30	2♏ 2 0	8♏ 1 55	5 19	5 37	2 30	11 33	7 24	10 17	12 31	6 49	28 52	17 43
22	22 0 12	28 38 19	13 59 23	19 55 4	5 16	5 34	4 25	12 47	8 0	10 18	12 31	6 47	28 54	17 44
23	22 4 9	29 36 9	25 49 36	1♐ 43 41	5 12	5 34	6 18	14 1	8 36	10 20	12 32	6 45	28 57	17 45
24	22 8 5	0♍ 34 0	7♐ 38 0	13 33 14	5 9	5 34	8 11	15 15	9 12	10 21	12 32	6 43	28 59	17 47
25	22 12 2	1 31 53	19 30 4	25 29 10	5 6	5 33	10 1	16 29	9 48	10 22	12 33	6 42	29 1	17 48
26	22 15 59	2 29 46	1♑ 31 9	7♑ 36 34	5 3	5 31	11 51	17 43	10 24	10 23	12 34	6 40	29 3	17 49
27	22 19 55	3 27 41	13 45 58	19 59 47	5 0	5 27	13 39	18 57	10 59	10 24	12 35	6 38	29 5	17 50
28	22 23 52	4 25 38	26 18 23	2♒ 42 1	4 56	5 20	15 26	20 11	11 35	10 25	12 36	6 36	29 8	17 51
29	22 27 48	5 23 35	9♒ 10 52	15 44 59	4 53	5 10	17 11	21 25	12 10	10 25	12 37	6 34	29 10	17 52
30	22 31 45	6 21 34	22 24 17	29 8 35	4 50	4 59	18 56	22 39	12 45	10 25R	12 38	6 32	29 12	17 54
31	22 35 41	7♍ 19 35	5♓ 57 36	12♓ 50 55	4♊ 47	4♊ 47	20♍ 39	23♍ 53	13♊ 19	10♉ 25	12♐ 39	6♈ 30	29♌ 14	17♋ 55

DECLINATION and LATITUDE

DAY	☉ DECL	☽ DECL	☽ LAT	☽ 12hr DECL	☿ DECL	☿ LAT	♀ DECL	♀ LAT	♂ DECL	♂ LAT	♃ DECL	♃ LAT	♄ DECL	♄ LAT
1	18N 9	23S57	4S 3	22S42	21N39	0N 9	17N 5	1N22	17N44	1S15	13N18	1S16	20S48	1N32
2	17 54	21 9	4 38	19 19	21 33	0 21	16 43	1 23	17 55	1 14	13 20	1 17	20 48	1 32
3	17 39	17 13	4 58	14 54	21 23	0 32	16 21	1 23	18 4	1 13	13 21	1 17	20 48	1 32
4	17 23	12 22	5 3	9 41	21 11	0 43	15 58	1 24	18 14	1 13	13 23	1 17	20 48	1 32
5	17 7	6 51	4 51	3 55	20 57	0 53	15 35	1 25	18 24	1 12	13 24	1 17	20 48	1 32
6	16 51	0 56	4 21	2N 5	20 39	1 2	15 11	1 25	18 33	1 11	13 26	1 17	20 48	1 31
7	16 34	5N 6	3 36	8 3	20 19	1 10	14 47	1 26	18 43	1 10	13 27	1 18	20 48	1 31
8	16 17	10 56	2 38	13 40	19 57	1 17	14 22	1 26	18 52	1 10	13 28	1 18	20 48	1 31
9	16 0	16 14	1 30	18 35	19 32	1 23	13 58	1 26	19 1	1 9	13 29	1 18	20 49	1 31
10	15 43	20 41	0 16	22 28	19 5	1 29	13 32	1 27	19 10	1 8	13 30	1 18	20 49	1 31
11	15 25	23 54	0N59	24 57	18 35	1 34	13 7	1 27	19 18	1 7	13 31	1 18	20 49	1 30
12	15 8	25 36	2 11	25 50	18 3	1 38	12 41	1 27	19 27	1 7	13 32	1 19	20 49	1 30
13	14 50	25 38	3 14	25 1	17 29	1 41	12 14	1 27	19 35	1 6	13 33	1 19	20 49	1 30
14	14 31	23 60	4 4	22 38	16 54	1 43	11 48	1 27	19 43	1 5	13 34	1 19	20 49	1 30
15	14 13	20 56	4 40	18 57	16 17	1 45	11 21	1 27	19 51	1 4	13 35	1 19	20 49	1 30
16	13 54	16 45	4 58	14 21	15 38	1 46	10 53	1 27	19 59	1 3	13 35	1 19	20 50	1 29
17	13 35	11 49	4 60	9 11	14 58	1 46	10 26	1 27	20 6	1 2	13 36	1 20	20 50	1 29
18	13 16	6 28	4 45	3 43	14 17	1 45	9 58	1 26	20 14	1 1	13 37	1 20	20 50	1 29
19	12 57	0 59	4 17	1S45	13 35	1 44	9 30	1 26	20 21	1 1	13 37	1 20	20 50	1 29
20	12 37	4S26	3 37	7 2	12 52	1 42	9 2	1 26	20 28	0 60	13 38	1 20	20 50	1 29
21	12 17	9 34	2 48	11 59	12 9	1 40	8 33	1 25	20 35	0 59	13 38	1 21	20 51	1 28
22	11 57	14 16	1 52	16 25	11 24	1 37	8 4	1 25	20 42	0 58	13 38	1 21	20 51	1 28
23	11 37	18 23	0 51	20 11	10 39	1 34	7 35	1 24	20 49	0 57	13 39	1 21	20 51	1 28
24	11 17	21 46	0S11	23 8	9 54	1 30	7 6	1 23	20 55	0 56	13 39	1 21	20 52	1 28
25	10 56	24 15	1 13	25 6	9 8	1 26	6 37	1 23	21 1	0 55	13 39	1 21	20 52	1 27
26	10 35	23 39	2 13	25 55	8 22	1 21	6 7	1 22	21 8	0 54	13 39	1 22	20 52	1 27
27	10 14	25 51	3 8	25 27	7 36	1 16	5 37	1 21	21 14	0 53	13 39	1 22	20 53	1 27
28	9 53	24 44	3 54	23 41	6 50	1 11	5 7	1 20	21 19	0 52	13 39	1 22	20 53	1 27
29	9 32	22 19	4 31	20 38	6 4	1 5	4 37	1 19	21 25	0 51	13 39	1 22	20 53	1 27
30	9 11	18 40	4 53	16 26	5 18	0 60	4 7	1 18	21 31	0 50	13 39	1 22	20 54	1 26
31	8N49	13S59	5S 0	11S19	4N32	0N53	3N37	1N17	21N36	0S49	13N39	1S23	20S54	1N26

DAY	♅ DECL	♅ LAT	♆ DECL	♆ LAT	♇ DECL	♇ LAT
1	2N12	0S44	12N37	0N32	21N34	0S47
5	2 10	0 45	12 34	0 32	21 33	0 46
9	2 8	0 45	12 31	0 32	21 33	0 46
13	2 6	0 45	12 28	0 32	21 32	0 46
17	2 4	0 45	12 25	0 32	21 32	0 46
21	2 1	0 45	12 22	0 32	21 31	0 46
25	1 58	0 45	12 19	0 32	21 31	0 45
29	1N55	0S45	12N16	0N32	21N30	0S45

☽ PHENOMENA

d	h	m	
1	15	31	○
8	17	24	☾
15	13	49	●
23	8	22	☽
31	2	34	○

d	h	° '
6	4	0
12	12	25N50
19	4	0
26	16	25S56

3	19	5S 3
10	5	0
16	14	5N 1
23	20	0
30	22	5S 0

VOID OF COURSE ☽

LAST ASPT		☽ INGRESS		
3	2am22	3	♓	5am35
5	6am 9	5	♈	10am33
7	11am32	7	♉	2pm19
9	2pm45	9	♊	5pm22
11	5pm34	11	♋	8pm 4
13	1am45	13	♌	10pm57
16	0am48	16	♍	3am 8
17	10am57	18	♎	9am53
20	5pm41	20	♏	7pm57
23	8am22	23	♐	8am29
25	7pm 6	25	♑	8pm59
27	11am 5	28	♒	6am57
30	12pm 8	30	♓	1pm31

d	h	
10	17	PERIGEE
23	7	APOGEE

DAILY ASPECTARIAN

Day	Aspect	Time
1	♀⊻♇	7am40
W	☽✶♅	12pm 4
	☉□♃	3 24
	☽□♃	3 30
	☉☍☽	3 31
	☿∥♇	8 37
	☽#♇	9 0
	☽#☿	9 1
	☽✶♄	10 7
	☉∥♂	11 26
2	☽∥♄	2am24
Th	☽⊼♇	6 34
	☽☍♀	8 54
	☿✶♂	1pm40
	☽∠♅	3 33
	☽#♂	7 26
	☉#☽	9 32
	☽□♂	10 18
	☽⊼☿	11 12
3	☽☍♆	2am22
F	☽#♀	5 3
	☽⚼♇	9 44
	☿⚼♄	2pm28
	☽⊻♅	6 27
	☽#♃	7 19
	☿⊻♆	10 4
	☽✶♃	10 10
	☽#♆	11 1
4	☉⊼☽	1am57
S	☽□♄	4 5
	☽⚼☿	6 20
	☽△♇	12pm24
	☽⊼♀	7 52
	☿ ♌	8 0
5	☽∠♃	0am45
Su	☽✶♂	6 9
	☉⚼☽	6 18
	♀⚼♅	7 17
	☉△♄	7 34
	☽⊼♆	7 35
	☿#♄	12pm12
	☽△☿	12 57
	☽#♅	7 4
	☽☌♅	11 0
6	☽⚼♀	0am34
M	☽⊻♃	2 59
	☽△♄	8 23
	☽∠♂	9 27
	☽⚼♆	9 40
	☉△☽	10 16
	☽∥♅	12pm17
	♂□♆	2 17
	☽□♇	4 41
7	☽△♀	4am56
T	☽⚼♄	10 9
	☽△♆	11 32
	☽⊻♂	12pm30
8	☽□☿	1am15
W	☽⊻♅	2 30
	☽☌♃	6 46
	☽∥♆	6 56
	☿△♅	9 46
	☽∥♃	11 8
	☽⊼♄	11 45
	☽∥♀	2pm 6
	☉□☽	5 24
	☽✶♇	8 4
	☉∥☽	10 56
9	☽∠♅	3am59
Th	♂ ♊	4 10
	☽□♀	12pm58
	☽□♆	2 45
	☽∥♂	2 49
	☽∥☿	3 35
	☿□♃	4 23
	☽☌♂	6 0
	☿∥♂	8 47
	☽∠♇	9 33
10	☽#♄	0am50
F	♀∥♃	1 57
	☽✶♅	5 21
	☽∥♇	5 34
	☉⊻♇	9 37
	♀☌♆	9 52
	☽⊻♃	9 54
	☽✶☿	12pm46
	☽☍♄	2 34
	☽⊻♇	10 57
	☉✶☽	11 54
11	☿△♄	1am11
S	☽∠♃	11 21
	♀ ♍	3pm29
	☽✶♆	5 34
	☽∠☿	6 22
	☽✶♀	8 30
	☽⊻♂	11 4
12	☉∠☽	3am 3
Su	☽□♅	7 57
	♀∥♆	11 2
	☽✶♃	12pm47
	☽⊼♄	5 13
	☽∠♆	7 0
13	☽⊻☿	0am 2
M	☽∠♀	0 17
	☽∠♂	1 38
	☽☌♇	1 45
	♂∠♇	4 16
	☉⊻☽	6 18
	☿⊻♇	11 58
	♀∠♇	5pm16
	☽⚼♄	6 42
	☽⊻♆	8 34
14	☽⊻♀	4am19
T	☽✶♂	4 24
	♀□♂	6 20
	☽△♅	10 56
	☽□♃	4pm10
	☽∥♇	7 57
	☽△♄	8 28
15	☽#♄	0am42
W	☉⚼♅	1 42
	☽⊻♇	5 19
	☽∥♂	6 33
	☽☌☿	12pm26
	☽⚼♅	12 57
	☉☌☽	1 49
	☿⚼♅	3 52
16	☽☌♆	0am48
Th	☉☌☿	5 5
	☽∥☿	6 35
	☽∠♇	7 47
	☽□♂	11 21
	☽☌♀	2pm 0
	☉∥☽	3 9
	☽⊼♅	3 30
	☽∥♃	3 40
	☽∥♆	9 12
	☽△♃	9 16
	☉∥♃	10 56
17	♄SD	0am19
F	☽□♄	1 34
	♀⊼♅	5 59
	☽∥♀	6 57
	☽✶♇	10 57
18	☉⊻☽	0am 9
S	☽⚼♃	0 51
	☽⊻☿	4 15
	☽⊻♆	7 34
	☽∥♅	7pm21
	☽△♂	9 26
	☽☍♅	10 53
	☿∥♃	10 57
19	☿☌♆	2am14
Su	☽⊻♀	3 26
	☽⊼♃	5 18
	☉∠☽	6 51
	☽✶♄	9 41
	☽∠♆	12pm13
	☽#♅	1 17
	☽∠☿	2 3
	☿ ♍	4 59
	☽□♇	7 44
	♀△♃	10 43
20	♂✶♅	2am 3
M	☽⚼♂	3 56
	☽∠♀	11 52
	☉✶☽	2pm36
	☽∠♄	3 1
	☉∥☿	3 25
	☿∥♆	4 27
	☽✶♆	5 41
	☉∥♆	5 44
	☽#♀	7 34
21	☽✶☿	1am 7
T	☿∠♇	2 42
	☽⊼♅	9 32
	☽#☿	11 6
	☽⊼♂	11 18
	☉#☽	12pm41
	☽#♆	1 58
	☽☍♃	4 33
	♀□♄	6 58
	☽#♃	8 38
	☽⊻♄	9 2
	☽✶♀	9 16
22	☉☌♆	6am54
W	☽△♇	7 36
	☽⚼♅	3pm45
23	☿⊼♅	5am38
Th	☽□♆	6 21
	☉□☽	8 22
	☉ ♍	9 54
	♂#♄	10 3
	☽⚼♇	2pm 7
	☽∥♄	4 53
	☽#♂	5 7
	☽#♇	9 56
	☽△♅	10 10
24	☽□☿	1am18
F	☽☍♂	3 22
	☽⊼♃	5 32
	☽☌♄	9 57
	☽□♀	5pm12
	☿□♂	7 47
	☽⊼♇	8 34
25	☿△♃	4am39
S	☽⚼♃	11 48
	☽△♆	7pm 6
	♂⊻♃	11 40
26	☉△☽	2am 6
Su	♀✶♇	2 6
	☉∠♇	8 9
	☿□♄	9 36
	☽□♅	10 7
	☽△♃	5pm27
	☽⊼♂	6 20
	☽⊻♄	9 42
	☽△☿	11 44
27	☽⚼♆	0am38
M	☽☍♇	7 52
	☉⚼☽	9 49
	☽△♀	11 5
28	☽⚼♂	0am32
T	☽∠♄	2 26
	☽⊼♆	5 20
	☽⚼☿	9 0
	☉⊼☽	4pm26
	☽⚼♀	6 21
	☽✶♅	7 11
29	☽□♃	2am16
W	☽△♂	5 43
	☽#♇	6 0
	☽✶♄	6 18
	☽#♂	6 27
	☿✶♇	9 32
	☽∥♄	10 17
	☽⊼♇	3pm52
	☽⊼☿	4 49
	♂☍♄	7 27
	☽∠♅	10 27
	♂∥♇	10 39
30	☽⊼♀	0am29
Th	☉⊼♅	4 12
	♃SR	9 20
	☽☍♆	12pm 8
	☽⚼♇	6 39
31	☽⊻♅	0am57
F	☽#♃	1 33
	☉☍☽	2 34
	☽✶♃	7 47
	☽#♆	7 56
	☽□♄	11 41
	☽□♂	1pm22
	☽△♇	8 47

LONGITUDE

DAY	SID. TIME	☉	☽	☽ 12 Hour	MEAN ☊	TRUE ☊	☿	♀	♂	♃	♄	♅	♆	♇
	h m s	° ' "	° ' "	° ' "	° '	° '	° '	° '	° '	° '	° '	° '	° '	° '
1	22 39 38	8♍ 17 37	19♓ 48 2	26♓ 48 25	4♊ 44	4♊ 35R	22♍ 20	25♍ 7	13♊ 54	10♉ 25R	12♐ 41	6♈ 28R	29♌ 16	17♋ 56
2	22 43 34	9 15 41	3♈ 51 27	10♈ 56 33	4 41	4 24	24 1	26 21	14 28	10 25	12 42	6 26	29 19	17 57
3	22 47 31	10 13 47	18 3 6	25 10 31	4 37	4 16	25 40	27 35	15 2	10 24	12 44	6 24	29 21	17 58
4	22 51 27	11 11 55	2♉ 18 19	9♉ 26 2	4 34	4 10	27 18	28 49	15 36	10 23	12 46	6 22	29 23	17 59
5	22 55 24	12 10 4	16 33 18	23 39 49	4 31	4 8	28 55	0♎ 3	16 9	10 22	12 47	6 20	29 25	18 0
6	22 59 21	13 8 16	0♊ 45 21	7♊ 49 44	4 28	4 7D	0♎ 30	1 17	16 43	10 21	12 49	6 18	29 27	18 1
7	23 3 17	14 6 30	14 52 50	21 54 34	4 25	4 7R	2 5	2 31	17 16	10 20	12 51	6 15	29 30	18 2
8	23 7 14	15 4 46	28 54 51	5♋ 53 37	4 22	4 7	3 38	3 45	17 49	10 18	12 53	6 13	29 32	18 3
9	23 11 10	16 3 4	12♋ 50 46	19 46 12	4 18	4 5	5 10	4 59	18 21	10 16	12 56	6 11	29 34	18 4
10	23 15 7	17 1 24	26 39 47	3♌ 31 18	4 15	4 0	6 41	6 13	18 54	10 14	12 58	6 9	29 36	18 5
11	23 19 3	17 59 46	10♌ 20 35	17 7 21	4 12	3 52	8 11	7 27	19 26	10 12	13 0	6 7	29 38	18 6
12	23 23 0	18 58 10	23 51 23	0♍ 32 24	4 9	3 42	9 40	8 41	19 58	10 9	13 3	6 4	29 40	18 6
13	23 26 56	19 56 36	7♍ 10 8	13 44 21	4 6	3 30	11 7	9 55	20 29	10 7	13 5	6 2	29 42	18 7
14	23 30 53	20 55 4	20 14 52	26 41 30	4 2	3 18	12 33	11 9	21 0	10 4	13 8	6 0	29 45	18 8
15	23 34 50	21 53 34	3♎ 4 11	9♎ 22 52	3 59	3 7	13 58	12 23	21 32	10 1	13 10	5 57	29 47	18 9
16	23 38 46	22 52 6	15 37 37	21 48 33	3 56	2 57	15 22	13 37	22 2	9 58	13 13	5 55	29 49	18 10
17	23 42 43	23 50 39	27 55 51	3♏ 59 50	3 53	2 49	16 45	14 51	22 33	9 54	13 16	5 53	29 51	18 11
18	23 46 39	24 49 14	10♏ 0 50	15 59 17	3 50	2 45	18 6	16 5	23 3	9 51	13 19	5 50	29 53	18 11
19	23 50 36	25 47 52	21 55 38	27 50 26	3 47	2 42D	19 26	17 19	23 33	9 47	13 22	5 48	29 55	18 12
20	23 54 32	26 46 30	3♐ 44 16	9♐ 37 46	3 43	2 42	20 45	18 32	24 2	9 43	13 25	5 46	29 57	18 13
21	23 58 29	27 45 11	15 31 33	21 26 19	3 40	2 42	22 2	19 46	24 32	9 39	13 29	5 43	29 59	18 13
22	0 2 25	28 43 53	27 22 45	3♑ 21 31	3 37	2 42R	23 17	21 0	25 0	9 35	13 32	5 41	0♍ 1	18 14
23	0 6 22	29 42 37	9♑ 23 18	15 28 45	3 34	2 42	24 32	22 14	25 29	9 30	13 35	5 38	0 3	18 15
24	0 10 19	0♎ 41 23	21 38 30	27 53 7	3 31	2 39	25 44	23 28	25 57	9 25	13 39	5 36	0 5	18 15
25	0 14 15	1 40 10	4♒ 13 5	10♒ 38 49	3 28	2 35	26 55	24 42	26 25	9 21	13 42	5 34	0 7	18 16
26	0 18 12	2 38 59	17 10 37	23 48 42	3 24	2 28	28 4	25 56	26 53	9 16	13 46	5 31	0 9	18 16
27	0 22 8	3 37 50	0♓ 33 6	7♓ 23 43	3 21	2 20	29 11	27 10	27 20	9 10	13 50	5 29	0 11	18 17
28	0 26 5	4 36 43	14 20 18	21 22 27	3 18	2 10	0♏ 15	28 24	27 47	9 5	13 54	5 26	0 13	18 18
29	0 30 1	5 35 38	28 29 37	5♈ 41 6	3 15	2 1	1 18	29 38	28 14	9 0	13 57	5 24	0 15	18 18
30	0 33 58	6♎ 34 34	12♈ 56 9	20♈ 13 52	3♊ 12	1♊ 53	2♏ 18	0♏ 51	28♊ 40	8♉ 54	14♐ 1	5♈ 22	0♍ 17	18♋ 19

DECLINATION and LATITUDE

DAY	☉ DECL	☽ DECL	☽ LAT	☽ 12hr DECL	☿ DECL	☿ LAT	♀ DECL	♀ LAT	♂ DECL	♂ LAT	♃ DECL	♃ LAT	♄ DECL	♄ LAT
1	8N28	8S29	4S50	5S31	3N46	0N47	3N 6	1N16	21N41	0S48	13N38	1S23	20S54	1N26
2	8 6	2 29	4 22	0N37	2 60	0 40	2 36	1 15	21 46	0 47	13 38	1 23	20 55	1 26
3	7 44	3N43	3 38	6 47	2 14	0 34	2 5	1 13	21 51	0 45	13 38	1 23	20 55	1 26
4	7 22	9 47	2 40	12 38	1 29	0 27	1 34	1 12	21 56	0 44	13 37	1 23	20 56	1 25
5	6 60	15 20	1 32	17 48	0 44	0 19	1 4	1 10	22 1	0 43	13 37	1 24	20 56	1 25
6	6 38	20 2	0 18	21 57	0S 1	0 12	0 33	1 9	22 5	0 42	13 36	1 24	20 56	1 25
7	6 15	23 32	0N57	24 45	0 46	0 5	0 2	1 7	22 10	0 41	13 36	1 24	20 57	1 25
8	5 53	25 34	2 7	25 59	1 30	0S 3	0S29	1 6	22 14	0 40	13 35	1 24	20 57	1 25
9	5 30	25 59	3 10	25 34	2 13	0 11	0 60	1 4	22 18	0 38	13 34	1 24	20 58	1 24
10	5 8	24 46	4 0	23 36	2 56	0 18	1 31	1 2	22 22	0 37	13 33	1 25	20 58	1 24
11	4 45	22 6	4 37	20 18	3 39	0 26	2 2	1 1	22 26	0 36	13 32	1 25	20 59	1 24
12	4 22	18 14	4 57	15 58	4 21	0 34	2 32	0 59	22 30	0 35	13 31	1 25	20 59	1 24
13	3 59	13 32	5 1	10 57	5 3	0 42	3 3	0 57	22 33	0 33	13 30	1 25	20 60	1 24
14	3 36	8 17	4 49	5 33	5 44	0 50	3 34	0 55	22 37	0 32	13 29	1 25	21 0	1 23
15	3 13	2 47	4 22	0 1	6 24	0 58	4 5	0 53	22 40	0 31	13 28	1 26	21 1	1 23
16	2 50	2S44	3 43	5S25	7 4	1 6	4 35	0 51	22 43	0 29	13 27	1 26	21 1	1 23
17	2 27	8 2	2 54	10 33	7 43	1 14	5 6	0 49	22 46	0 28	13 26	1 26	21 2	1 23
18	2 4	12 58	1 58	15 14	8 22	1 22	5 36	0 47	22 49	0 27	13 25	1 26	21 3	1 23
19	1 40	17 20	0 57	19 16	8 60	1 80	6 7	0 45	22 52	0 25	13 23	1 26	21 3	1 22
20	1 17	20 60	0S 6	22 31	9 37	1 38	6 37	0 42	22 55	0 24	13 22	1 26	21 4	1 22
21	0 54	23 47	1 8	24 49	10 13	1 45	7 7	0 40	22 58	0 22	13 20	1 27	21 4	1 22
22	0 30	25 33	2 8	26 1	10 48	1 53	7 37	0 38	23 0	0 21	13 19	1 27	21 5	1 22
23	0 7	26 10	3 3	25 60	11 23	2 1	8 7	0 35	23 3	0 20	13 17	1 27	21 5	1 22
24	0S16	25 30	3 51	24 42	11 56	2 8	8 36	0 33	23 5	0 18	13 16	1 27	21 6	1 21
25	0 40	23 34	4 29	22 7	12 29	2 15	9 6	0 31	23 7	0 17	13 14	1 27	21 7	1 21
26	1 3	20 22	4 54	18 20	13 0	2 22	9 35	0 28	23 10	0 15	13 12	1 27	21 7	1 21
27	1 27	16 2	5 5	13 30	13 31	2 29	10 4	0 26	23 12	0 13	13 11	1 27	21 8	1 21
28	1 50	10 45	4 58	7 50	13 60	2 36	10 33	0 23	23 14	0 12	13 9	1 28	21 9	1 21
29	2 13	4 47	4 34	1 38	14 28	2 42	11 1	0 21	23 16	0 10	13 7	1 28	21 9	1 20
30	2S37	1N34	3S51	4N46	14S55	2S49	11S30	0N18	23N18	0S 9	13N 5	1S28	21S10	1N20

DAY	♅ DECL	♅ LAT	♆ DECL	♆ LAT	♇ DECL	♇ LAT
1	1N53	0S45	12N14	0N32	21N30	0S45
5	1 49	0 45	12 11	0 32	21 30	0 45
9	1 46	0 45	12 8	0 32	21 29	0 45
13	1 42	0 45	12 5	0 32	21 29	0 45
17	1 39	0 45	12 2	0 32	21 29	0 44
21	1 35	0 45	11 59	0 32	21 29	0 44
25	1 31	0 45	11 56	0 32	21 29	0 44
29	1N27	0S45	11N54	0N32	21N28	0S44

☽ PHENOMENA	
d h m	
6 22 35	☾
14 1 21	●
22 2 58	☽
29 12 43	○
d h ° '	
2 10 0	
8 18 26N 2	
15 12 0	
23 0 26S10	
29 18 0	
6 6 0	
12 17 5N 1	
19 22 0	
27 3 5S 5	

VOID OF COURSE ☽ LAST ASPT	☽ INGRESS
1 9am59	1 ♈ 5pm27
3 7pm 4	3 ♉ 8pm 7
5 9pm48	5 ♊ 10pm43
8 1am 3	8 ♋ 1am52
9 9am 3	10 ♌ 5am50
12 10am28	12 ♍ 11am 2
14 1am28	14 ♎ 6pm13
17 3am47	17 ♏ 4am 5
19 4pm16	19 ♐ 4pm23
22 2am58	22 ♑ 5am16
24 8am43	24 ♒ 4pm 2
26 9pm21	26 ♓ 11pm 2
28 11pm32	29 ♈ 2am31

d	h	
4	17	PERIGEE
20	2	APOGEE

DAILY ASPECTARIAN

Day	Aspect	Time
1 S	☉#☽	0am 5
	☽☍☿	4 57
	♀⚼♃	5 54
	☽∠♃	9 37
	☽☍♀	9 59
	☽⚻♆	4pm15
	☽#☿	9 41
	☽#♀	11 30
2 Su	☽#♅	2am23
	☽☌♅	4 21
	☉⚻☽	9 50
	☽⚺♃	11 6
	☽△♄	3pm 1
	☽‖♅	4 46
	☽⚼♆	5 44
	☽‖♀	6 8
	☽⚹♂	6 42
	☽‖☿	6 52
	☿⚼♃	8 10
	☽□♇	11 51
3 M	☉△♃	4am11
	♀‖♅	11 16
	☿‖♅	12pm27
	☉⚼☽	12 58
	☽⚻☿	2 29
	☉‖☽	2 51
	☿‖♀	2 53
	☽⚼♄	4 20
	☽⚻♀	5 34
	☽△♆	7 4
	☽∠♂	9 0
4 T	☽⚺♅	6am49
	☽‖♆	10 3
	♀⚺♆	11 27
	☽☌♃	1pm35
	☉△☽	4 4
	☽‖♃	4 15
	☽⚻♄	5 39
	☽⚼☿	6 59
	☽⚼♀	9 13
	♀ ♎	11 6
	☽⚺♂	11 18
5 W	☽⚹♇	2am26
	☿⚺♆	7 47
	☽∠♅	8 2
	☉□♄	3pm56
	☿ ♎	4 20
	☽□♆	9 48
	☽△☿	11 32
6 Th	☽△♀	0am58
	☽∠♇	3 50
	☽#♄	5 29
	☽‖♇	9 0
	☽⚹♅	9 22
	☿#♀	10 5
	☽‖♂	1pm16
	☽⚺♃	4 16
	☽☍♄	8 32
	☉□☽	10 35
7 F	☽☌♂	4am14
	☽⚺♇	5 23
	☽∠♃	5pm49
8 S	☽⚹♆	1am 3
	☿☌♀	8 37
	☽□♀	9 7
	☽□☿	9 7
	☿#♅	9 14
	♂⚺♇	10 44
	☽□♅	12pm32
	☽⚹♃	7 33
9 Su	☽⚻♄	0am 8
	☽∠♆	2 59
	☉⚹☽	5 58
	☽☌♇	9 3
	☽⚺♂	9 56
	☿☍♅	3pm37
	♀☍♅	10 45
10 M	☽⚼♄	2am17
	☽⚺♆	5 9
	☉∠☽	10 5
	♀#♅	10 45
	☽∠♂	1pm10
	☽△♅	4 34
	☽⚹♀	6 23
	☽⚹☿	7 44
	☽‖♂	9 32
	☽□♃	11 45
11 T	☉⚹♇	2am26
	☽‖♇	4 14
	☽△♄	4 43
	☽#♄	7 37
	☽⚺♇	1pm44
	☉⚺☽	2 36
	☽⚹♂	4 46
	☽⚼♅	7 2
	☽∠♀	11 39
12 W	☉#☿	0am18
	☽∠☿	1 37
	☿⚻♃	7 55
	☽☌♆	10 28
	☽∠♇	4pm39
	☽⚻♅	9 57
13 Th	☽‖♃	0am 7
	♀⚻♃	3 47
	☽△♃	5 21
	☽⚺♀	5 31
	☽‖♆	6 51
	☽⚺☿	8 5
	☽□♄	10 50
	☽⚹♇	8pm 5
14 F	☉#♀	0am56
	☉☌☽	1 21
	☽□♂	1 28
	☉□♂	4 46
	☽⚼♃	8 56
	☽#☿	9 59
	☿⚹♄	9 59
	☽⚺♆	5pm46
	☽#♀	6 52
	☉‖☽	9 59
15 S	☽‖♅	4am49
	☽☍♅	5 27
	☽⚻♃	1pm10
	☿∠♆	2 8
	♀⚹♄	4 6
	☽#♅	7 19
	☽⚹♄	7 21
	☽☌♀	7 41
	☽∠♆	10 25
	☽☌☿	11 26
16 Su	☉#☽	0am26
	☽□♇	4 55
	☽‖♀	9 9
	☽△♂	12pm59
	☉⚺☽	3 17
	☽‖☿	10 20
17 M	♀∠♆	0am 4
	☽∠♄	0 40
	☽⚹♆	3 47
	☽⚻♅	3pm41
	☽#♆	7 14
	☽⚼♂	7 54
	☉∠☽	11 35
	☽☍♃	11 40
18 T	☉⚼♃	0am36
	☿□♇	1 35
	☽#♃	2 18
	☽⚺♄	6 39
	☽⚺♀	1pm35
	☽△♇	4 27
	☽⚺☿	6 19
	☽⚼♅	9 44
19 W	☽⚻♂	3am25
	☉‖♅	3 53
	☉⚹☽	8 33
	☽□♆	4pm16
	♀□♇	5 32
	☽⚼♇	10 56
	☽∠♀	11 33
20 Th	☽‖♄	0am27
	☽#♇	3 37
	☽△♅	4 6
	☽∠☿	4 35
	☽⚻♃	12pm 7
	☽#♂	3 48
	☽☌♄	7 49
21 F	♂∠♃	5am21
	☽⚻♇	5 29
	☽⚹♀	9 38
	♆ ♍	12pm 7
	☽⚹☿	2 46
	☽⚼♃	6 23
	☽☍♂	7 1
22 S	☉□☽	2am58
	☽△♆	5 19
	☽□♅	4pm35
23 Su	☽△♃	0am13
	☉ ♎	7 6
	☽⚺♄	8 20
	☉⚺♆	8 37
	☽⚼♆	11 11
	☽☍♇	5pm25
24 M	☿#♆	0am37
	☽□♀	3 55
	☿△♂	7 23
	☽⚻♂	8 38
	☽□☿	8 43
	☽∠♄	1pm31
	☽⚻♆	4 14
	☉△☽	6 47
25 T	☽⚹♅	2am31
	☽#♂	3 51
	☽□♃	9 31
	☽⚼♂	1pm56
	☽#♇	4 36
	☽⚹♄	5 44
	☽‖♄	7 4
26 W	☉⚼☽	0am56
	☽⚻♇	2 0
	☽∠♅	6 3
	☿#♃	8 57
	☿∠♄	3pm59
	☽△♀	5 23
	☽△♂	6 6
	☽△☿	9 21
	☽☍♆	11 21
27 Th	☉#♅	2am23
	☽⚼♇	4 49
	♀△♂	5 18
	☉⚻☽	5 50
	☽⚺♅	8 38
	☽‖☿	10 54
	☽#♃	1pm30
	☽⚹♃	3 0
	☿ ♏	6 13
	☽#♆	7 2
	☽⚼♀	10 13
	☿⚹♆	10 57
	☽□♄	11 14
28 F	☽‖♀	0am48
	☽⚼☿	1 42
	☽△♇	6 46
	♀∠♄	10 14
	☽∠♃	4pm29
	☉☍♅	7 26
	☽□♂	11 32
29 S	☽⚻♀	2am 4
	☽⚻♆	2 56
	☽⚻☿	5 3
	♀ ♏	7 18
	☉‖☽	9 12
	☽☌♅	11 30
	♀⚹♆	12pm23
	☉☍☽	12 43
	☽#♅	12 43
	☽⚺♃	5 22
	☽‖♅	11 31
30 Su	☽△♄	1am48
	☽⚼♆	3 52
	☉#☽	4 10
	☽□♇	8 51
	♀#♆	7pm31

OCTOBER 1928

LONGITUDE

DAY	SID. TIME	☉	☽	☽ 12 Hour	MEAN ☊	TRUE ☊	☿	♀	♂	♃	♄	♅	♆	♇
	h m s	° ' "	° ' "	° ' "	° '	° '	° '	° '	° '	° '	° '	° '	° '	° '
1	0 37 54	7♎ 33 33	27♈ 33 23	4♉ 53 48	3♊ 8	1♊ 46R	3♏ 16	2♏ 5	29♊ 6	8♉ 48R	14♐ 5	5♈ 19R	0♍ 18	18♋ 19
2	0 41 51	8 32 34	12♉ 14 15	19 33 55	3 5	1 42	4 10	3 19	29 31	8 42	14 10	5 17	0 20	18 19
3	0 45 48	9 31 37	26 52 7	4♊ 8 14	3 2	1 41D	5 2	4 33	29 56	8 36	14 14	5 14	0 22	18 20
4	0 49 44	10 30 42	11♊ 21 46	18 32 21	2 59	1 41	5 50	5 47	0♋ 21	8 30	14 18	5 12	0 24	18 20
5	0 53 41	11 29 50	25 39 41	2♋ 43 35	2 56	1 42	6 35	7 0	0 45	8 23	14 22	5 10	0 26	18 21
6	0 57 37	12 29 0	9♋ 43 58	16 40 46	2 53	1 42R	7 15	8 14	1 9	8 17	14 27	5 7	0 27	18 21
7	1 1 34	13 28 13	23 34 1	0♌ 23 43	2 49	1 42	7 52	9 28	1 32	8 10	14 31	5 5	0 29	18 21
8	1 5 30	14 27 28	7♌ 9 57	13 52 45	2 46	1 40	8 23	10 42	1 55	8 3	14 36	5 2	0 31	18 22
9	1 9 27	15 26 45	20 32 13	27 8 22	2 43	1 35	8 50	11 56	2 18	7 57	14 41	5 0	0 33	18 22
10	1 13 23	16 26 4	3♍ 41 15	10♍ 10 55	2 40	1 29	9 10	13 9	2 40	7 50	14 45	4 58	0 34	18 22
11	1 17 20	17 25 26	16 37 22	23 0 39	2 37	1 22	9 25	14 23	3 1	7 42	14 50	4 55	0 36	18 22
12	1 21 17	18 24 49	29 20 46	5♎ 37 45	2 34	1 14	9 33R	15 37	3 22	7 35	14 55	4 53	0 38	18 23
13	1 25 13	19 24 15	11♎ 51 39	18 2 33	2 30	1 6	9 33	16 51	3 43	7 28	15 0	4 51	0 39	18 23
14	1 29 10	20 23 43	24 10 32	0♏ 15 44	2 27	1 0	9 27	18 4	4 3	7 20	15 5	4 48	0 41	18 23
15	1 33 6	21 23 13	6♏ 18 20	12 18 32	2 24	0 55	9 12	19 18	4 23	7 13	15 10	4 46	0 42	18 23
16	1 37 3	22 22 45	18 16 36	24 12 51	2 21	0 53	8 48	20 32	4 42	7 5	15 15	4 44	0 44	18 23
17	1 40 59	23 22 19	0♐ 7 38	6♐ 1 20	2 18	0 52D	8 17	21 45	5 0	6 58	15 20	4 41	0 45	18 23
18	1 44 56	24 21 55	11 54 26	17 47 24	2 14	0 52	7 36	22 59	5 18	6 50	15 25	4 39	0 47	18 23
19	1 48 52	25 21 33	23 40 46	29 35 6	2 11	0 54	6 47	24 13	5 36	6 42	15 31	4 37	0 48	18 23R
20	1 52 49	26 21 12	5♑ 30 59	11♑ 29 3	2 8	0 56	5 51	25 26	5 52	6 34	15 36	4 35	0 50	18 23
21	1 56 46	27 20 54	17 29 56	23 34 14	2 5	0 57R	4 47	26 40	6 9	6 26	15 42	4 33	0 51	18 23
22	2 0 42	28 20 37	29 42 37	5♒ 55 40	2 2	0 57	3 38	27 54	6 24	6 18	15 47	4 30	0 53	18 23
23	2 4 39	29 20 21	12♒ 13 59	18 38 4	1 59	0 56	2 24	29 7	6 39	6 10	15 53	4 28	0 54	18 23
24	2 8 35	0♏ 20 8	25 8 25	1♓ 45 17	1 55	0 54	1 8	0♐ 21	6 54	6 2	15 58	4 26	0 55	18 23
25	2 12 32	1 19 56	8♓ 29 1	15 19 42	1 52	0 51	29♎ 53	1 34	7 8	5 54	16 4	4 24	0 57	18 23
26	2 16 28	2 19 46	22 17 16	29 21 33	1 49	0 47	28 40	2 48	7 21	5 46	16 10	4 22	0 58	18 23
27	2 20 25	3 19 37	6♈ 32 8	13♈ 48 28	1 46	0 43	27 31	4 1	7 34	5 38	16 15	4 20	0 59	18 22
28	2 24 21	4 19 30	21 9 49	28 35 20	1 43	0 39	26 29	5 15	7 46	5 30	16 21	4 18	1 0	18 22
29	2 28 18	5 19 25	6♉ 3 59	13♉ 34 42	1 40	0 37	25 36	6 28	7 57	5 21	16 27	4 16	1 2	18 22
30	2 32 14	6 19 23	21 6 23	28 37 54	1 36	0 35D	24 52	7 42	8 7	5 13	16 33	4 14	1 3	18 22
31	2 36 11	7♏ 19 22	6♊ 8 10	13♊ 36 12	1♊ 33	0♊ 35	24♎ 20	8♐ 55	8♋ 17	5♉ 5	16♐ 39	4♈ 12	1♍ 4	18♋ 22

DECLINATION and LATITUDE

DAY	☉ DECL	☽ DECL	☽ LAT	☽ 12hr DECL	☿ DECL	☿ LAT	♀ DECL	♀ LAT	♂ DECL	♂ LAT	♃ DECL	♃ LAT	♄ DECL	♄ LAT
1	3S 0	7N55	2S53	10N59	15S20	2S54	11S58	0N15	23N20	0S 7	13N 3	1S28	21S10	1N20
2	3 23	13 53	1 43	16 36	15 44	2 60	12 26	0 13	23 21	0 5	13 1	1 28	21 11	1 20
3	3 47	19 3	0 26	21 12	16 6	3 5	12 53	0 10	23 23	0 4	12 59	1 28	21 12	1 20
4	4 10	23 1	0N52	24 27	16 27	3 10	13 20	0 7	23 25	0 2	12 57	1 28	21 12	1 20
5	4 33	25 28	2 6	26 5	16 46	3 14	13 47	0 5	23 27	0 0	12 55	1 28	21 13	1 19
6	4 56	26 15	3 11	26 1	17 3	3 17	14 14	0 2	23 28	0N 2	12 53	1 28	21 14	1 19
7	5 19	25 23	4 3	24 22	17 17	3 20	14 40	0S 1	23 30	0 3	12 50	1 28	21 15	1 19
8	5 42	23 1	4 41	21 21	17 30	3 22	15 6	0 4	23 31	0 5	12 48	1 28	21 15	1 19
9	6 5	19 26	5 3	17 17	17 40	3 24	15 31	0 7	23 33	0 7	12 46	1 29	21 16	1 19
10	6 28	14 56	5 8	12 27	17 47	3 24	15 57	0 9	23 34	0 9	12 44	1 29	21 17	1 19
11	6 51	9 51	4 58	7 10	17 51	3 24	16 21	0 12	23 36	0 11	12 41	1 29	21 17	1 18
12	7 13	4 26	4 33	1 40	17 52	3 23	16 46	0 15	23 37	0 13	12 39	1 29	21 18	1 18
13	7 36	1S 5	3 55	3S49	17 50	3 20	17 10	0 18	23 38	0 15	12 36	1 29	21 19	1 18
14	7 58	6 30	3 6	9 5	17 44	3 16	17 33	0 21	23 40	0 17	12 34	1 29	21 19	1 18
15	8 21	11 35	2 10	13 58	17 34	3 10	17 56	0 24	23 41	0 18	12 32	1 29	21 20	1 18
16	8 43	16 11	1 8	18 15	17 20	3 3	18 19	0 26	23 42	0 21	12 29	1 29	21 21	1 18
17	9 5	20 7	0 4	21 47	17 1	2 55	18 41	0 29	23 44	0 23	12 27	1 29	21 22	1 17
18	9 27	23 13	1S 0	24 24	16 38	2 44	19 3	0 32	23 45	0 25	12 24	1 29	21 22	1 17
19	9 49	25 19	2 2	25 58	16 11	2 32	19 24	0 35	23 47	0 27	12 21	1 29	21 23	1 17
20	10 10	26 18	2 58	26 21	15 38	2 18	19 44	0 38	23 48	0 29	12 19	1 29	21 24	1 17
21	10 32	26 4	3 48	25 29	15 2	2 2	20 5	0 41	23 49	0 31	12 16	1 29	21 24	1 17
22	10 53	24 35	4 28	23 23	14 22	1 45	20 24	0 43	23 51	0 33	12 14	1 29	21 25	1 17
23	11 15	21 53	4 57	20 6	13 39	1 26	20 43	0 46	23 52	0 35	12 11	1 29	21 26	1 16
24	11 36	18 2	5 12	15 44	12 55	1 6	21 2	0 49	23 54	0 38	12 8	1 29	21 27	1 16
25	11 57	13 11	5 11	10 27	12 9	0 46	21 20	0 52	23 55	0 40	12 6	1 29	21 27	1 16
26	12 17	7 32	4 52	4 28	11 24	0 25	21 37	0 55	23 57	0 42	12 3	1 29	21 28	1 16
27	12 38	1 18	4 15	1N55	10 40	0 4	21 54	0 57	23 59	0 45	12 1	1 29	21 29	1 16
28	12 58	5N10	3 20	8 22	9 59	0N15	22 10	1 0	24 0	0 47	11 58	1 29	21 30	1 16
29	13 18	11 29	2 11	14 27	9 22	0 34	22 26	1 3	24 2	0 49	11 55	1 28	21 30	1 16
30	13 38	17 12	0 52	19 41	8 50	0 52	22 41	1 6	24 4	0 52	11 53	1 28	21 31	1 15
31	13S58	21N51	0N31	23N37	8S23	1N 8	22S55	1S 8	24N 6	0N54	11N50	1S28	21S32	1N15

DAY	♅ DECL	♅ LAT	♆ DECL	♆ LAT	♇ DECL	♇ LAT
1	1N25	0S45	11N52	0N32	21N28	0S44
5	1 21	0 45	11 50	0 32	21 28	0 44
9	1 18	0 45	11 48	0 33	21 28	0 43
13	1 14	0 45	11 45	0 33	21 28	0 43
17	1 10	0 45	11 43	0 33	21 29	0 43
21	1 7	0 45	11 41	0 33	21 29	0 43
25	1 4	0 45	11 39	0 33	21 29	0 43
29	1N 1	0S45	11N38	0N33	21N29	0S42

☽ PHENOMENA

d	h	m	
6	5	6	☾
13	15	57	●
21	21	6	☽
28	22	44	○

d	h	° '
5	23	26N16
12	19	0
20	8	26S22
27	5	0

d	h	
3	8	0
9	20	5N 8
17	1	0
24	10	5S14
30	15	0

VOID OF COURSE ☽

LAST ASPT		☽ INGRESS	
1	2am35	1 ♉	4am 0
2	9am58	3 ♊	5am10
4	4am56	5 ♋	7am21
6	2pm54	7 ♌	11am18
8	2pm 5	9 ♍	5pm14
11	3am17	12 ♎	1am15
13	3pm57	14 ♏	11am29
16	5am 4	16 ♐	11pm44
19	3am44	19 ♑	12pm51
21	9pm 6	22 ♒	0am34
23	6am54	24 ♓	8am50
25	5pm17	26 ♈	1pm 5
28	8am 6	28 ♉	2pm16
29	7pm38	30 ♊	2pm11

d	h	
1	22	PERIGEE
17	20	APOGEE
30	2	PERIGEE

DAILY ASPECTARIAN

Day	Aspect	Time
1 M	☽⚼♄	2am31
	☽✶♂	2 35
	☽△♆	4 30
	☽☍♀	8 5
	☽☍☿	9 57
	☽⚺♅	12pm39
	☽∥♆	3 36
	☽#♀	5 22
	☉⚻☽	5 32
	☽☌♃	6 16
	☽∥♃	8 22
2 T	☽⚻♄	3am10
	☉⚻♃	3 32
	☽∠♂	3 50
	☽#☿	8 43
	☽✶♇	9 58
	☽∠♅	1pm 8
	☉⚼☽	7 52
3 W	♂ ♋	3am47
	♀#♃	4 54
	☽⚺♂	5 12
	☿⚻♅	5 41
	☽□♆	5 47
	☽∠♇	10 40
	☽#♄	12pm 2
	♀⚻♅	1 4
	☽∥♇	1 41
	☽✶♅	1 47
	☽⚻♀	1 51
	☽⚻☿	2 17
	☽⚺♃	7 16
	☉△☽	10 29
4 Th	☽∥♂	3am 7
	☿☌♀	3 9
	♂✶♆	3 18
	☽☍♄	4 56
	☽⚺♇	11 40
	☽⚼☿	4pm45
	☽⚼♀	5 15
	☽∠♃	8 12
5 F	☽✶♆	8am 6
	☽☌♂	8 53
	☽□♅	4pm 7
	☽△☿	7 33
	☽△♀	9 11
	☽✶♃	9 32
6 S	♀☍♃	0am48
	☉□☽	5 6
	☽⚻♄	8 11
	☽∠♆	9 54
	☽☌♇	2pm54
7 Su	☽⚼♄	10am31
	☿☍♃	11 12
	☽⚺♆	12pm11
	☽⚺♂	2 25
	☽∥♂	7 52
	☽△♅	8 14
8 M	☽□♃	1am34
	☽□☿	2 15
	☉✶♄	3 43
	☽□♀	6 56
	☽∥♇	11 12
	☽#♄	12pm38
	☽△♄	1 22
	☉✶☽	2 5
	☽∠♂	5 58
	☽⚺♇	8 4
	☽⚼♅	11 2
9 T	☉∠♆	2am26
	☽#☿	9 39
	☽☌♆	6pm16
	☽#♀	7 23
	☉∠☽	7 31
	☽✶♂	10 4
	☽∠♇	11 25
10 W	☽⚻♅	2am20
	☽△♃	7 34
	☽✶☿	10 21
	☽∥♃	10 48
	☽∥♆	3pm10
	☽✶♀	7 23
	☽□♄	8 38
11 Th	☉⚺☽	1am37
	☽✶♇	3 17
	♀⚺♄	9 25
	☽⚼♃	11 19
	☉#☽	12pm33
	☽∠☿	2 50
	☉□♇	11 4
12 F	☽⚺♆	2am27
	☽∠♀	2 40
	☽□♂	7 54
	☽☍♅	10 32
	☽∥♅	1pm51
	☿SR	2 36
	☽⚻♃	3 36
	☽⚺☿	7 34
13 S	☽#♅	0am37
	☽✶♄	6 7
	☽∠♆	7 22
	☽⚺♀	10 44
	☽□♇	12pm39
	☉☌☽	3 57
14 Su	♀△♇	6am 3
	☉∥☽	7 18
	☿∥♀	8 20
	☽∠♄	11 43
	☽✶♆	12pm51
	☽△♂	8 3
	☽⚻♅	8 57
15 M	☽#♆	0am44
	☽☍♃	1 48
	♀⚼♂	2 2
	☽#♃	4 38
	☽☌☿	5 37
	♀⚼♅	8 52
	☽⚺♄	5pm52
16 T	☽△♇	0am13
	♂□♅	2 26
	☽⚼♅	2 55
	☽⚼♂	2 56
	☽☌♀	5 4
	☽∥☿	6 7
	☉⚺☽	9 3
	☽∥♀	1pm42
17 W	☽□♆	1am17
	☽⚼♇	6 38
	☽∥♄	8 49
	☽△♅	9 16
	☽#♇	9 39
	☽⚻♂	10 11
	☽⚻♃	1pm46
	☽⚺☿	3 44
	☉∠☽	6 20
18 Th	☽#♂	5am 9
	☽☌♄	7 14
	☽⚻♇	1pm13
	☽⚼♃	8 1
	☽∠☿	8 25
19 F	☽⚺♀	1am13
	☿☍♃	2 49
	☉✶☽	3 44
	♇SR	11 59
	☽△♆	2pm30
	☽□♅	10 7
	☿△♂	11 27
20 S	☽✶☿	0am36
	☽☍♂	0 44
	☽△♃	2 6
	☽∠♀	11 2
	☽⚺♄	8pm23
	☽⚼♆	8 43
21 Su	☽☍♇	1am46
	☿⚻♅	5 16
	♂✶♃	5pm40
	☽✶♀	8 4
	☉□☽	9 6
22 M	☽∠♄	2am 6
	☽⚻♆	2 16
	☽□☿	6 54
	☽#♂	7 40
	☽✶♅	9 15
	☽□♃	12pm35
	☽⚻♂	1 11
23 T	☽#♇	2am53
	☽∥♄	3 12
	☽✶♄	6 54
	☽∥♀	7 22
	☽⚻♇	11 32
	☽∠♅	1pm31
	☉ ♏	3 55
	♀ ♐	5 13
	☽⚼♂	5 56
	☉⚺♀	10 50
24 W	☿∠♄	3am 0
	☿✶♆	4 6
	☉#♆	4 44
	☿⚺♀	7 39
	☉☌☿	8 33
	☽△☿	9 57
	☉△☽	10 12
	☽□♀	10 25
	☽☍♆	10 31
	♀□♆	11 27
	☉✶♆	2pm25
	☽⚼♇	2 55
	☽⚺♅	4 46
	☉∠♄	4 55
	☽✶♃	7 28
	☽△♂	9 34
	☿ ♎	9 46
25 Th	☿#♃	1am41
	☉∥☿	4 28
	☽#♃	4 55
	☉∥☽	5 14
	☽∥☿	5 25
	☽#♆	6 49
	☉#♃	9 35
	☽⚼☿	10 18
	♀∥♄	10 43
	♀#♇	12pm27
	☽□♄	1 22
	☉⚼☽	2 48
	☿#♆	3 40
	☽△♇	5 17
	☽∠♃	9 25
26 F	☽⚻☿	10am 0
	♀⚼♇	11 19
	☽⚻♆	2pm43
	☉⚻☽	6 15
	☽△♀	7 26
	☽☌♅	8 21
	☽⚺♃	10 30
27 S	☽#♅	1am 0
	☽□♂	1 43
	♀△♅	5 56
	♄#♇	7 44
	☽∥♅	8 41
	☽⚼♆	3pm35
	☽△♄	4 7
	☽□♇	7 28
	☽⚼♀	10 23
	☉⚻♅	11 27
28 Su	♀⚻♃	4am18
	☽☍☿	8 6
	☽△♆	3pm54
	☽#☿	4 28
	☽⚼♄	4 33
	☽⚺♅	9 8
	☉☍☽	10 44
	☽☌♃	10 52
29 M	☽∥♆	0am33
	☉☍♃	0 42
	☽⚻♀	0 43
	☽∥♃	1 42
	☽✶♂	3 3
	☉#☽	7 41
	☽⚻♄	4pm42
	☽✶♇	7 38
	☽∠♅	9 2
30 T	☽∠♂	3am15
	☽⚻☿	5 46
	♀⚻♂	9 41
	☽□♆	3pm52
	☽∠♇	7 33
	☽✶♅	8 55
	☽∥♇	9 53
	☽#♄	10 7
	☽⚺♃	10 20
31 W	☉⚻☽	2am 2
	☽⚺♂	3 29
	☽☍♀	4 52
	☽⚼☿	4 59
	☿∠♀	5 53
	☽#♀	7 27
	☽∥♂	3pm58
	☽☍♄	5 2
	☽⚺♇	7 41
	☽∠♃	10 17

LONGITUDE

DAY	SID. TIME	☉	☽	☽ 12 Hour	MEAN ☊	TRUE ☊	☿	♀	♂	♃	♄	♅	♆	♇
	h m s	° ' "	° ' "	° ' "	° '	° '	° '	° '	° '	° '	° '	° '	° '	° '
1	2 40 8	8♏ 19 23	21♊ 1 7	28♊ 22 10	1♊ 30	0♊ 35	23♎ 59R	10♐ 9	8♋ 27	4♉ 57R	16♐ 45	4♈ 10R	1♍ 5	18♋ 21R
2	2 44 4	9 19 26	5♋ 38 46	12♋ 50 26	1 27	0 37	23 49D	11 22	8 35	4 49	16 51	4 9	1 6	18 21
3	2 48 1	10 19 32	19 56 52	26 57 53	1 24	0 38	23 51	12 36	8 43	4 41	16 57	4 7	1 7	18 21
4	2 51 57	11 19 40	3♌ 53 25	10♌ 43 32	1 20	0 39R	24 4	13 49	8 50	4 33	17 3	4 5	1 8	18 20
5	2 55 54	12 19 49	17 28 19	24 7 58	1 17	0 39	24 27	15 2	8 56	4 25	17 10	4 3	1 9	18 20
6	2 59 50	13 20 1	0♍ 42 44	7♍ 12 53	1 14	0 38	24 59	16 16	9 2	4 17	17 16	4 1	1 10	18 19
7	3 3 47	14 20 15	13 38 41	20 0 26	1 11	0 36	25 41	17 29	9 6	4 9	17 22	4 0	1 11	18 19
8	3 7 44	15 20 30	26 18 27	2♎ 33 1	1 8	0 34	26 29	18 42	9 10	4 1	17 29	3 58	1 12	18 19
9	3 11 40	16 20 48	8♎ 44 26	14 52 57	1 5	0 32	27 25	19 56	9 13	3 53	17 35	3 57	1 13	18 18
10	3 15 37	17 21 8	20 58 50	27 2 20	1 1	0 30	28 27	21 9	9 15	3 45	17 41	3 55	1 13	18 18
11	3 19 33	18 21 29	3♏ 3 43	9♏ 3 11	0 58	0 29	29 33	22 22	9 17	3 38	17 48	3 53	1 14	18 17
12	3 23 30	19 21 52	15 1 1	20 57 25	0 55	0 28	0♏ 45	23 35	9 17R	3 30	17 54	3 52	1 15	18 17
13	3 27 26	20 22 17	26 52 38	2♐ 46 57	0 52	0 27D	2 0	24 49	9 17	3 23	18 1	3 50	1 16	18 16
14	3 31 23	21 22 44	8♐ 40 37	14 33 56	0 49	0 27	3 18	26 2	9 16	3 15	18 7	3 49	1 16	18 15
15	3 35 19	22 23 12	20 27 14	26 20 50	0 45	0 28	4 40	27 15	9 14	3 8	18 14	3 48	1 17	18 15
16	3 39 16	23 23 42	2♑ 15 8	8♑ 10 30	0 42	0 28	6 3	28 28	9 11	3 1	18 21	3 46	1 18	18 14
17	3 43 13	24 24 13	14 7 24	20 6 15	0 39	0 29	7 29	29 41	9 7	2 54	18 27	3 45	1 18	18 13
18	3 47 9	25 24 45	26 7 34	2♒ 11 51	0 36	0 29	8 56	0♑ 54	9 3	2 47	18 34	3 44	1 19	18 13
19	3 51 6	26 25 19	8♒ 19 36	14 31 21	0 33	0 30	10 25	2 7	8 57	2 40	18 41	3 43	1 19	18 12
20	3 55 2	27 25 54	20 47 38	27 8 58	0 30	0 30	11 54	3 20	8 51	2 33	18 48	3 42	1 20	18 11
21	3 58 59	28 26 30	3♓ 35 50	10♓ 8 39	0 26	0 30	13 25	4 33	8 44	2 27	18 54	3 40	1 20	18 11
22	4 2 55	29 27 7	16 47 50	23 33 40	0 23	0 30	14 56	5 46	8 36	2 20	19 1	3 39	1 21	18 10
23	4 6 52	0♐ 27 46	0♈ 26 20	7♈ 25 53	0 20	0 30	16 28	6 59	8 27	2 14	19 8	3 38	1 21	18 9
24	4 10 48	1 28 25	14 32 15	21 45 11	0 17	0 30	18 0	8 12	8 17	2 8	19 15	3 37	1 22	18 8
25	4 14 45	2 29 6	29 4 15	6♉ 28 50	0 14	0 30	19 33	9 25	8 6	2 2	19 22	3 36	1 22	18 7
26	4 18 42	3 29 48	13♉ 58 8	21 31 13	0 11	0 31R	21 6	10 38	7 55	1 56	19 29	3 36	1 22	18 7
27	4 22 38	4 30 31	29 6 39	6♊ 44 15	0 7	0 31	22 39	11 50	7 43	1 50	19 36	3 35	1 22	18 6
28	4 26 35	5 31 15	14♊ 21 46	21 58 16	0 4	0 31	24 13	13 3	7 30	1 45	19 43	3 34	1 23	18 5
29	4 30 31	6 32 1	29 32 32	7♋ 3 26	0 1	0 30	25 46	14 16	7 16	1 39	19 49	3 33	1 23	18 4
30	4 34 28	7♐ 32 48	14♋ 29 58	21♋ 51 17	29♉ 58	0♊ 29	27♏ 20	15♑ 28	7♋ 1	1♉ 34	19♐ 56	3♈ 33	1♍ 23	18♋ 3

DECLINATION and LATITUDE

DAY	☉ DECL	☽ DECL	☽ LAT	☽ 12hr DECL	☿ DECL	☿ LAT	♀ DECL	♀ LAT	♂ DECL	♂ LAT	♃ DECL	♃ LAT	♄ DECL	♄ LAT
1	14S17	24N59	1N51	25N54	8S 1	1N23	23S 9	1S11	24N 8	0N57	11N47	1S28	21S32	1N15
2	14 36	26 21	3 2	26 21	7 46	1 35	23 22	1 13	24 10	0 59	11 45	1 28	21 33	1 15
3	14 55	25 55	4 0	25 5	7 37	1 46	23 34	1 16	24 12	1 2	11 42	1 28	21 34	1 15
4	15 14	23 52	4 43	22 19	7 33	1 55	23 46	1 19	24 14	1 5	11 40	1 28	21 35	1 15
5	15 33	20 29	5 8	18 25	7 35	2 2	23 57	1 21	24 16	1 7	11 37	1 28	21 35	1 15
6	15 51	16 9	5 16	13 43	7 41	2 8	24 7	1 23	24 18	1 10	11 35	1 28	21 36	1 15
7	16 9	11 10	5 8	8 32	7 53	2 12	24 17	1 26	24 21	1 13	11 32	1 28	21 37	1 14
8	16 27	5 50	4 45	3 5	8 8	2 15	24 26	1 28	24 23	1 15	11 29	1 27	21 38	1 14
9	16 44	0 21	4 9	2S23	8 26	2 16	24 34	1 31	24 26	1 18	11 27	1 27	21 38	1 14
10	17 1	5S 4	3 22	7 42	8 48	2 17	24 42	1 33	24 28	1 21	11 25	1 27	21 39	1 14
11	17 18	10 15	2 26	12 41	9 12	2 16	24 49	1 35	24 31	1 24	11 22	1 27	21 40	1 14
12	17 35	14 60	1 25	17 10	9 38	2 14	24 55	1 37	24 34	1 26	11 20	1 27	21 40	1 14
13	17 51	19 9	0 20	20 56	10 6	2 12	25 0	1 39	24 36	1 29	11 17	1 27	21 41	1 14
14	18 7	22 31	0S46	23 51	10 36	2 9	25 5	1 41	24 39	1 32	11 15	1 26	21 42	1 14
15	18 22	24 55	1 49	25 43	11 7	2 5	25 9	1 43	24 42	1 35	11 13	1 26	21 42	1 14
16	18 38	26 14	2 48	26 26	11 39	2 1	25 12	1 45	24 46	1 38	11 10	1 26	21 43	1 13
17	18 53	26 21	3 40	25 56	12 11	1 56	25 14	1 47	24 49	1 41	11 8	1 26	21 44	1 13
18	19 7	25 14	4 23	24 13	12 44	1 51	25 16	1 49	24 52	1 44	11 6	1 26	21 44	1 13
19	19 22	22 56	4 55	21 31	13 17	1 45	25 17	1 51	24 55	1 47	11 4	1 25	21 45	1 13
20	19 36	19 31	5 14	17 26	13 50	1 39	25 17	1 52	24 59	1 50	11 2	1 25	21 46	1 13
21	19 49	15 7	5 18	12 36	14 23	1 33	25 16	1 54	25 2	1 53	10 60	1 25	21 46	1 13
22	20 2	9 54	5 5	7 2	14 56	1 27	25 15	1 56	25 6	1 56	10 58	1 25	21 47	1 13
23	20 15	4 3	4 36	0 57	15 29	1 20	25 13	1 57	25 9	1 59	10 56	1 25	21 48	1 13
24	20 28	2N13	3 49	5N24	16 1	1 14	25 10	1 59	25 13	2 2	10 54	1 24	21 48	1 13
25	20 40	8 33	2 46	11 39	16 33	1 7	25 6	1 60	25 17	2 5	10 52	1 24	21 49	1 13
26	20 52	14 36	1 31	17 21	17 4	1 0	25 2	2 1	25 20	2 8	10 50	1 24	21 50	1 12
27	21 3	19 51	0 8	22 1	17 35	0 53	24 57	2 2	25 24	2 11	10 49	1 24	21 50	1 12
28	21 14	23 48	1N16	25 9	18 5	0 46	24 51	2 3	25 28	2 14	10 47	1 23	21 51	1 12
29	21 25	26 1	2 35	26 25	18 35	0 39	24 45	2 4	25 31	2 17	10 45	1 23	21 52	1 12
30	21S35	26N19	3N41	25N46	19S 3	0N32	24S38	2S 5	25N35	2N20	10N44	1S23	21S52	1N12

DAY	♅ DECL	♅ LAT	♆ DECL	♆ LAT	♇ DECL	♇ LAT
1	0N58	0S45	11N37	0N33	21N29	0S42
5	0 56	0 45	11 35	0 33	21 30	0 42
9	0 53	0 45	11 34	0 33	21 30	0 42
13	0 51	0 44	11 33	0 33	21 31	0 42
17	0 49	0 44	11 32	0 34	21 31	0 42
21	0 47	0 44	11 32	0 34	21 32	0 41
25	0 46	0 44	11 31	0 34	21 32	0 41
29	0N45	0S44	11N31	0N34	21N33	0S41

☽ PHENOMENA

d	h	m	
4	14	7	☾
12	9	36	●
20	13	36	☽
27	9	6	○

d	h	° '
2	6	26N25
9	2	0
16	14	26S27
23	16	0
29	16	26N26
6	0	5N16
13	7	0
20	18	5S18
27	2	0

VOID OF COURSE ☽

LAST ASPT	☽ INGRESS
1 4am44	1 ♋ 2pm41
3 6am44	3 ♌ 5pm14
5 1pm 5	5 ♍ 10pm42
7 8am48	8 ♎ 7am 5
10 4pm17	10 ♏ 5pm53
12 9am36	13 ♐ 6am21
15 3pm26	15 ♑ 7pm26
17 10pm27	18 ♒ 7am40
20 1pm36	20 ♓ 5pm20
22 4am 0	22 ♈ 11pm14
24 7am55	25 ♉ 1am31
26 12pm38	27 ♊ 1am24
28 8am30	29 ♋ 0am44

d	h	
14	8	APOGEE
27	13	PERIGEE

DAILY ASPECTARIAN

Day	Aspect	Time
1 Th	☉△♂	3am23
	☉⚼☽	4 1
	☽△☿	4 44
	☽⚹♆	4pm29
	☽□♅	9 31
	☽⚹♃	10 38
2 F	☽☌♂	4am56
	☉△☽	6 35
	☿SD	7 41
	☽⚻♀	10 26
	☽∠♆	5pm30
	☽⚻♄	6 54
	☽☌♇	9 17
3 S	☽□☿	6am44
	☽⚼♀	2pm21
	☽⚺♆	7 12
	☽∥♂	8 45
	☽⚼♄	8 47
4 Su	☽△♅	0am20
	☽#♀	0 46
	☽□♃	1 8
	☽⚺♂	8 44
	☉□☽	2pm 7
	☽#♄	5 0
	☽∥♇	5 35
	☽△♀	7 13
	☽△♄	11 26
5 M	☽⚺♇	1am32
	☽⚼♅	2 50
	☽∠♂	11 43
	☽⚹☿	1pm 5
	♃∥♆	7 19
6 T	☽☌♆	0am50
	☉#☽	1 26
	☽∠♇	4 48
	☽⚻♅	6 5
	☽△♃	6 30
	☽⚹♂	3pm28
	☽∠☿	6 7
	♀☌♄	9 33
	☽∥♆	10 7
	☽∥♃	10 18
7 W	☉⚹☽	1am25
	☽□♄	7 4
	☽□♀	8 0
	☽⚹♇	8 48
	☽⚼♃	10 16
	♀#♂	12pm43
	☽#☿	2 17
	♀⚻♇	4 15
8 Th	☽⚺☿	0am23
	♀⚼♃	5 31
	☉∠☽	8 25
	☽⚺♆	9 24
	♃⚺♅	11 4
	☽⚻♃	2pm41
	☽☍♅	2 43
	☽∥♅	9 38
9 F	☽□♂	0am56
	☽#♅	5 24
	☽∠♆	2pm37
	☉⚺☽	4 12
	☽⚹♄	5 27
	☽□♇	6 42
10 S	☽⚹♀	0am22
	☉⚺♄	9 2
	☽☌☿	4pm17
	☽∥☿	6 33
	☽⚹♆	8 21
	☉△♇	10 15
	☽∠♄	11 28
11 Su	☽☍♃	1am 7
	☽⚻♅	1 39
	☽#♃	5 24
	☽#♆	6 23
	☿ ♏	9 6
	☽∠♀	9 36
	☉⚼♅	12pm23
	☽△♂	12 28
12	♂SR	4am14
M	☽⚺♄	5 53
	☽△♇	6 34
	☽⚼♅	7 45
	☉☌☽	9 36
	☿⚹♆	9 53
	☉∥☽	3pm28
	☽⚼♂	6 45
	☽⚺♀	7 20
13 T	☽□♆	8am55
	☽⚺☿	11 41
	☽⚼♇	12pm58
	☽⚻♃	1 5
	☽△♅	2 8
	☽#♇	4 12
	☽∥♄	5 33
	☿∠♄	8 25
	☿☍♃	11 10
14 W	☽⚻♂	1am12
	☿⚻♅	9 0
	♃⚼♄	1pm39
	☽⚼♃	7 19
	☽☌♄	7 26
	☽⚻♇	7 30
	☽#♂	9 21
	☽∠☿	10 10
15 Th	♄⚻♇	2am12
	☽∥♀	3 6
	☿#♃	4 11
	☉⚺☽	4 18
	☽☌♀	3pm26
	☿#♆	7 30
	☽△♆	10 3
16 F	☽△♃	1am32
	☽□♅	3 5
	☽⚹☿	8 45
	☉∠☽	1pm36
	☽☍♂	1 58
	☉⚼♂	5 45
17 S	☽⚼♆	4am23
	♀ ♑	6 9
	☽☍♇	8 14
	☽⚺♄	8 47
	☉⚹☽	10pm27
	☽∥♀	11 35
18 Su	☿△♂	1am46
	☽#♂	4 39
	♀△♆	8 7
	☽⚻♆	10 16
	☽⚺♀	10 30
	☽□♃	1pm 2
	☽∠♄	2 50
	☽⚹♅	2 59
19	☽⚻♂	1am13
M	☽□☿	4 36
	☽∥♄	9 6
	♀△♃	9 50
	☽#♇	10 46
	☽∠♀	6pm49
	☽⚻♇	7 2
	☽∠♅	8 0
	☽⚹♄	8 9
	☉∥☽	11 32
20 T	☽⚼♂	5am44
	♀□♅	6 50
	☉□☽	1pm36
	☽☍♆	7 49
	☽⚹♃	9 53
	☽⚼♇	11 13
21 W	☽⚺♅	0am 8
	☽⚹♀	1 57
	☽∥☿	3 14
	☽△♂	9 20
	☽#♆	4pm52
	☽#♃	7 20
	☽△☿	8 14
22 Th	☽∠♃	0am58
	☽△♇	2 26
	☽□♄	4 0
	☉ ♐	1pm 1
23 F	☉△☽	0am 3
	☽⚻♆	1 35
	☽⚼☿	2 0
	☽⚺♃	3 5
	☽☌♅	5 30
	☽□♀	12pm18
	☽#♅	12 40
	♀#♂	1 32
	☽□♂	1 34
	☽∥♅	6 32
	☉□♆	9 15
24 S	♀☍♂	1am27
	☿△♇	2 2
	☽⚼♆	3 3
	☉⚼☽	3 29
	☽□♇	6 0
	☽⚻☿	6 29
	☽△♄	7 55
	☿⚼♅	9 30
	☉⚻♃	2pm12
	☿⚺♄	8 50
25 Su	☽△♆	3am44
	☽☌♃	4 47
	☉⚻☽	5 57
	☽⚺♅	7 21
	☽⚼♄	8 39
	☽∥♃	8 54
	☽∥♆	11 31
	☽⚹♂	2pm26
	☉⚼♇	2 59
	☽△♀	6 11
26 M	☉△♅	2am15
	☽⚹♇	6 35
	☽∠♅	7 21
	☽⚻♄	8 50
	☽#☿	11 55
	☽☍☿	12pm38
	☽∠♂	2 1
	☽⚼♀	8 6
27 T	☿⚼♂	0am45
	☽□♆	3 33
	☽⚺♃	4 16
	☽∠♇	6 16
	☉#☽	6 44
	☽⚹♅	7 1
	☉☍☽	9 6
	☽∥♇	9 16
	☽#♄	11 1
	☽⚺♂	1pm21
	☽⚻♀	9 45
28 W	☽∠♃	3am44
	☽⚺♇	5 51
	☽☍♄	8 30
	☽#♀	8 43
	☽∥♂	4pm14
	☽⚻☿	5 20
29 Th	☽⚹♆	2am56
	☽⚹♃	3 21
	☽□♅	6 23
	☉⚻☽	11 58
	☽☌♂	12pm 8
	☉⚻♂	1 56
	☽⚼☿	8 5
	☉#♇	8 34
30 F	☽☍♀	1am43
	☽∠♆	3 4
	☽☌♇	5 46
	☽⚻♄	8 56
	☽∥♂	1pm56
	☉⚼☽	2 7
	♀⚼♆	6 5
	☽△☿	11 36

DECEMBER 1928

LONGITUDE

DAY	SID. TIME	☉	☽	☽ 12 Hour	MEAN ☊	TRUE ☊	☿	♀	♂	♃	♄	♅	♆	♇
	h m s	° ' "	° ' "	° ' "	° '	° '	° '	° '	° '	° '	° '	° '	° '	° '
1	4 38 24	8♐ 33 37	29♋ 6 42	6♌ 15 44	29♉ 55	0♊ 28R	28♏ 54	16♑ 41	6♋ 46R	1♉ 29R	20♐ 3	3♈ 32R	1♍ 23	18♋ 2R
2	4 42 21	9 34 26	13♌ 18 5	20 13 36	29 51	0 28	0♐ 27	17 53	6 29	1 24	20 10	3 31	1 23	18 1
3	4 46 17	10 35 17	27 2 18	3♍ 44 20	29 48	0 27D	2 1	19 6	6 12	1 20	20 18	3 31	1 23R	18 0
4	4 50 14	11 36 10	10♍ 19 59	16 49 35	29 45	0 27	3 35	20 18	5 55	1 15	20 25	3 30	1 23	17 59
5	4 54 11	12 37 4	23 13 34	29 32 24	29 42	0 27	5 9	21 31	5 36	1 11	20 32	3 30	1 23	17 58
6	4 58 7	13 37 59	5♎ 46 34	11♎ 56 36	29 39	0 28	6 43	22 43	5 17	1 7	20 39	3 29	1 23	17 57
7	5 2 4	14 38 55	18 2 59	24 6 15	29 36	0 29	8 17	23 55	4 58	1 3	20 46	3 29	1 23	17 56
8	5 6 0	15 39 53	0♏ 6 51	6♏ 5 17	29 32	0 30	9 50	25 7	4 38	0 59	20 53	3 29	1 23	17 55
9	5 9 57	16 40 52	12 1 58	17 57 19	29 29	0 32	11 24	26 20	4 17	0 55	21 0	3 29	1 23	17 54
10	5 13 53	17 41 52	23 51 42	29 45 28	29 26	0 33R	12 58	27 32	3 56	0 52	21 7	3 28	1 23	17 53
11	5 17 50	18 42 53	5♐ 38 58	11♐ 32 27	29 23	0 32	14 32	28 44	3 34	0 49	21 14	3 28	1 22	17 52
12	5 21 46	19 43 55	17 26 14	23 20 34	29 20	0 31	16 6	29 56	3 12	0 46	21 21	3 28	1 22	17 51
13	5 25 43	20 44 58	29 15 41	5♑ 11 49	29 17	0 29	17 40	1♒ 8	2 49	0 43	21 28	3 28D	1 22	17 50
14	5 29 40	21 46 1	11♑ 9 14	17 8 9	29 13	0 26	19 15	2 19	2 26	0 40	21 35	3 28	1 21	17 49
15	5 33 36	22 47 5	23 8 50	29 11 31	29 10	0 22	20 49	3 31	2 3	0 38	21 42	3 28	1 21	17 48
16	5 37 33	23 48 9	5♒ 16 30	11♒ 24 5	29 7	0 18	22 23	4 43	1 40	0 36	21 50	3 28	1 21	17 47
17	5 41 29	24 49 15	17 34 34	23 48 17	29 4	0 14	23 58	5 55	1 16	0 34	21 57	3 29	1 20	17 45
18	5 45 26	25 50 20	0♓ 5 36	6♓ 26 52	29 1	0 11	25 32	7 6	0 53	0 32	22 4	3 29	1 20	17 44
19	5 49 22	26 51 25	12 52 28	19 22 47	28 57	0 9	27 7	8 17	0 29	0 31	22 11	3 29	1 19	17 43
20	5 53 19	27 52 31	25 58 9	2♈ 38 54	28 54	0 8D	28 42	9 29	0 5	0 29	22 18	3 29	1 19	17 42
21	5 57 15	28 53 38	9♈ 25 21	16 17 41	28 51	0 9	0♑ 17	10 40	29♊ 42	0 28	22 25	3 30	1 18	17 41
22	6 1 12	29 54 44	23 16 4	0♉ 20 32	28 48	0 10	1 53	11 51	29 18	0 27	22 32	3 30	1 18	17 39
23	6 5 9	0♑ 55 50	7♉ 30 58	14 47 8	28 45	0 12	3 28	13 2	28 55	0 27	22 39	3 31	1 17	17 38
24	6 9 5	1 56 57	22 8 37	29 34 50	28 42	0 13R	5 4	14 13	28 31	0 26	22 46	3 31	1 16	17 37
25	6 13 2	2 58 4	7♊ 5 0	14♊ 38 13	28 38	0 13	6 40	15 24	28 8	0 26D	22 53	3 32	1 16	17 36
26	6 16 58	3 59 11	22 13 22	29 49 18	28 35	0 11	8 16	16 35	27 45	0 26	23 0	3 33	1 15	17 35
27	6 20 55	5 0 18	7♋ 24 45	14♋ 58 26	28 32	0 7	9 53	17 46	27 23	0 26	23 7	3 33	1 14	17 33
28	6 24 51	6 1 26	22 29 8	29 55 42	28 29	0 3	11 30	18 56	27 1	0 26	23 14	3 34	1 13	17 32
29	6 28 48	7 2 34	7♌ 17 6	14♌ 32 32	28 26	29♉ 57	13 7	20 7	26 39	0 27	23 21	3 35	1 13	17 31
30	6 32 45	8 3 42	21 41 20	28 43 4	28 23	29 51	14 44	21 17	26 18	0 28	23 28	3 36	1 12	17 30
31	6 36 41	9♑ 4 50	5♍ 37 30	12♍ 24 34	28♉ 19	29♉ 46	16♑ 22	22♒ 27	25♊ 57	0♉ 29	23♐ 35	3♈ 37	1♍ 11	17♋ 28

DECLINATION and LATITUDE

DAY	☉ DECL	☽ DECL	☽ LAT	☽ 12hr DECL	☿ DECL	☿ LAT	♀ DECL	♀ LAT	♂ DECL	♂ LAT	♃ DECL	♃ LAT	♄ DECL	♄ LAT
1	21S44	24N46	4N31	23N23	19S31	0N25	24S30	2S 6	25N39	2N23	10N42	1S23	21S53	1N12
2	21 54	21 41	5 4	19 41	19 58	0 18	24 21	2 7	25 43	2 26	10 41	1 22	21 53	1 12
3	22 3	17 28	5 17	15 3	20 24	0 11	24 12	2 8	25 46	2 28	10 39	1 22	21 54	1 12
4	22 11	12 31	5 13	9 53	20 49	0 4	24 2	2 8	25 50	2 31	10 38	1 22	21 55	1 12
5	22 19	7 10	4 53	4 26	21 13	0S 3	23 51	2 9	25 54	2 34	10 37	1 21	21 55	1 12
6	22 27	1 40	4 19	1S 4	21 36	0 10	23 39	2 9	25 57	2 37	10 36	1 21	21 56	1 12
7	22 34	3S47	3 34	6 26	21 58	0 17	23 27	2 9	26 1	2 40	10 35	1 21	21 56	1 12
8	22 41	9 0	2 41	11 29	22 19	0 23	23 14	2 10	26 4	2 42	10 34	1 21	21 57	1 11
9	22 47	13 51	1 41	16 5	22 39	0 30	23 1	2 10	26 8	2 45	10 33	1 20	21 57	1 11
10	22 53	18 9	0 37	20 2	22 58	0 36	22 47	2 10	26 11	2 48	10 32	1 20	21 58	1 11
11	22 58	21 43	0S28	23 11	23 15	0 42	22 32	2 10	26 14	2 50	10 31	1 20	21 58	1 11
12	23 3	24 23	1 32	25 19	23 32	0 49	22 17	2 10	26 17	2 53	10 30	1 19	21 59	1 11
13	23 8	25 59	2 32	26 21	23 47	0 55	22 1	2 9	26 20	2 55	10 29	1 19	21 59	1 11
14	23 12	26 24	3 26	26 9	24 1	1 0	21 44	2 9	26 23	2 57	10 29	1 19	21 60	1 11
15	23 15	25 35	4 11	24 43	24 14	1 6	21 27	2 8	26 26	2 60	10 28	1 19	22 0	1 11
16	23 18	23 34	4 45	22 8	24 25	1 12	21 10	2 8	26 28	3 2	10 28	1 18	22 1	1 11
17	23 21	20 26	5 7	18 30	24 36	1 17	20 51	2 7	26 30	3 4	10 27	1 18	22 1	1 11
18	23 23	16 20	5 14	13 59	24 45	1 22	20 32	2 6	26 33	3 6	10 27	1 18	22 2	1 11
19	23 25	11 27	5 7	8 45	24 52	1 27	20 13	2 5	26 35	3 8	10 27	1 17	22 2	1 11
20	23 26	5 56	4 43	3 0	24 58	1 32	19 53	2 4	26 37	3 10	10 27	1 17	22 3	1 11
21	23 27	0N 0	4 3	3N 3	25 3	1 36	19 33	2 3	26 38	3 12	10 27	1 17	22 3	1 11
22	23 27	6 7	3 9	9 9	25 7	1 41	19 12	2 2	26 40	3 13	10 27	1 16	22 4	1 11
23	23 27	12 7	2 1	14 57	25 9	1 45	18 50	2 1	26 41	3 15	10 27	1 16	22 4	1 11
24	23 26	17 36	0 44	20 1	25 10	1 49	18 28	1 59	26 43	3 16	10 27	1 16	22 5	1 11
25	23 25	22 7	0N38	23 51	25 9	1 52	18 6	1 58	26 44	3 18	10 27	1 15	22 5	1 10
26	23 23	25 11	1 58	26 2	25 6	1 55	17 43	1 56	26 45	3 19	10 27	1 15	22 5	1 10
27	23 21	26 23	3 9	26 15	25 3	1 58	17 20	1 54	26 45	3 20	10 28	1 15	22 6	1 10
28	23 19	25 38	4 7	24 34	24 57	2 1	16 56	1 53	26 46	3 21	10 28	1 15	22 6	1 10
29	23 16	23 5	4 47	21 15	24 51	2 3	16 32	1 51	26 47	3 22	10 28	1 14	22 7	1 10
30	23 12	19 8	5 8	16 47	24 42	2 5	16 7	1 48	26 47	3 23	10 29	1 14	22 7	1 10
31	23S 8	14N14	5N 9	11N35	24S32	2S 6	15S43	1S46	26N47	3N24	10N30	1S14	22S 7	1N10

DAY	♅ DECL	♅ LAT	♆ DECL	♆ LAT	♇ DECL	♇ LAT
1	0N44	0S44	11N31	0N34	21N33	0S41
5	0 43	0 44	11 31	0 34	21 34	0 41
9	0 43	0 43	11 31	0 34	21 35	0 40
13	0 43	0 43	11 32	0 34	21 36	0 40
17	0 43	0 43	11 32	0 35	21 36	0 40
21	0 44	0 43	11 33	0 35	21 37	0 40
25	0 45	0 43	11 34	0 35	21 38	0 40
29	0N46	0S43	11N35	0N35	21N39	0S39

☽ PHENOMENA			
d	h	m	
4	2	32	☾
12	5	6	●
20	3	44	☽
26	19	55	○
d	h	° '	
6	7	0	
13	20	26S25	
21	0	0	
27	3	26N24	
3	6	5N18	
10	14	0	
18	0	5S14	
24	13	0	
30	14	5N11	

VOID OF COURSE ☽ LAST ASPT	☽ INGRESS
30 11pm36	1 ♌ 1am29
2 12pm 1	3 ♍ 5am17
4 8pm26	5 ♎ 12pm53
7 12pm56	7 ♏ 11pm46
10 8am18	10 ♐ 12pm30
12 8am 2	13 ♑ 1am30
14 1pm20	15 ♒ 1pm36
17 3pm11	17 ♓ 11pm49
20 7am12	20 ♈ 7am16
22 9am58	22 ♉ 11am25
23 4pm39	24 ♊ 12pm40
26 8am32	26 ♋ 12pm17
27 4pm 6	28 ♌ 12pm 7
30 7am39	30 ♍ 2pm13

d	h	
11	9	APOGEE
26	3	PERIGEE

DAILY ASPECTARIAN

Day	Aspect	Time
1 S	☽#♀	2am49
	☽⚺♆	3 48
	☽□♃	3 57
	☽△♅	7 24
	☽⚼♄	10 3
	☽⚺♂	12pm36
	☿ ♐	4 58
	☉△☽	5 8
	☽#♄	10 37
	☉#☽	10 38
	☉∥♄	11 5
2 Su	☽∥♇	0am45
	♀☍♇	2 34
	♃△♆	5 49
	☽⚺♇	8 9
	☽⚻♀	8 41
	☽⚼♅	9 1
	☽#☿	9 25
	☽△♄	12pm 1
	☿⚻♃	1 51
	☽∠♂	1 56
	☿□♆	2 15
3 M	☽△♃	7am37
	☽☌♆	7 46
	☽□☿	10 5
	☽∠♇	10 40
	☽⚻♅	11 35
	☽⚼♀	1pm55
	☿⚼♇	2 57
	☽⚹♂	4 7
	♆SR	8 55
	☿△♅	10 47
4 T	♀⚺♄	2am18
	☉□☽	2 32
	☽∥♆	4 36
	☽∥♃	8 38
	☽⚼♃	10 52
	☽⚹♇	2pm 9
	☽□♄	6 52
	☽△♀	8 26
5 W	☿⚻♂	5am52
	☽⚻♃	3pm 4
	☽⚺♆	3 32
	☽☍♅	7 35
	☿#♇	10 14
	☽□♂	11 5
6 Th	☽⚹☿	2am 4
	☽∥♅	4 9
	☽#♅	10 28
	☉⚹☽	4pm42
	☽∠♆	8 43
	☿∥♄	9 59
	☽□♇	11 47
7 F	☽⚹♄	5am25
	☽∠☿	11 54
	☽□♀	12pm56
8 S	☉∠☽	1am12
	☽☍♃	1 44
	☽⚹♆	2 32
	☽⚻♅	6 45
	☉⚼♃	7 5
	☽#♃	7 26
	☽△♂	8 48
	☽∠♄	11 42
	☽#♆	12pm10
	☿∠♀	6 49
	☽⚺☿	10 32
9 Su	☉⚺☽	10am18
	☽△♇	11 53
	☽⚼♅	1pm 3
	☽⚼♂	2 16
	☉∥☿	2 45
	☿∥♀	4 11
	☉∥♀	5 6
	☽⚺♄	6 22
10 M	☉⚻♇	4am22
	☽⚹♀	8 18
	☽⚻♃	2pm12
	☽□♆	3 17
	☽⚼♇	6 21
	☽△♅	7 34
	☽⚻♂	7 53
	☽#♇	11 0
11 T	☽∥♄	1am58
	☽∥♀	5 59
	♂□♅	6 3
	☉∥☽	10 30
	☽∥☿	2pm14
	☽∠♀	6 19
	☿⚼♃	6 57
	☽⚼♃	8 37
	☽☌☿	8 52
12 W	☽⚻♇	0am50
	♀ ♒	1 26
	☉☌☽	5 6
	☽☌♄	8 2
	♀□♃	4pm 6
13 Th	♀∥♄	2am14
	☿⚻♇	2 25
	☽△♃	2 56
	☽⚺♀	4 12
	☽△♆	4 15
	♀⚻♆	4 43
	☽☍♂	6 59
	☽□♅	8 31
	☉☌♄	7pm17
	☽#♂	11 0
14 F	☽#♂	1am18
	♀⚻♂	1 45
	☽⚼♆	10 26
	♀#♇	12pm 1
	☽☍♇	1 20
	☽⚺☿	6 39
	☽⚺♄	9 6
	♀⚹♅	11 2
	☉⚺☽	11 13
15 S	☿☌♄	2pm46
	☽□♃	2 49
	☽∥☿	4 0
	☽⚻♆	4 16
	☽⚻♂	5 7
	☽⚹♅	8 27
	☽☌♀	10 47
16 Su	☉∥☽	2am17
	☽∠♄	3 5
	☽∠☿	4 45
	☉∠☽	7 33
	☽∥♄	12pm48
	☽#♇	3 52
	♂⚹♆	7 58
	☽∥♀	8 53
	☽⚼♂	9 33
17 M	☽⚻♇	0am21
	☽∠♅	1 45
	☽⚹♄	8 31
	☽⚹☿	2pm 4
	☉⚹☽	3 11
	♀∠♄	11 10
18 T	☽⚹♃	0am50
	☽△♂	1 27
	☽☍♆	2 21
	☽⚼♇	5 0
	☽⚺♅	6 25
	☉☌☿	12pm47
	☽⚺♀	2 35
	♂⚹♃	10 14
	☽#♆	11 32
19 W	☽#♃	4am31
	☽∠♃	4 52
	☽△♇	8 56
	☽□♄	5pm17
	☽∠♀	9 2
20 Th	☉□☽	3am44
	♂ ♊	5 24
	☽□☿	5 36
	☽□♂	7 12
	☽⚺♃	8 8
	☽⚻♆	9 36
	☽☌♅	1pm31
	☿☍♂	4 47
	☿ ♑	7 37
	☽#♅	9 5
21 F	☽⚹♀	2am24
	☿△♃	2 43
	☽∥♅	2 53
	☽⚼♆	12pm 0
	☉☍♂	1 36
	☽□♇	2 22
	☿△♆	3 14
	☽△♄	10 44
22 S	☉ ♑	2am 4
	☽⚹♂	9 58
	☉△☽	12pm 9
	☽☌♃	12 11
	☉△♃	12 39
	☽△♆	1 35
	☽△☿	4 25
	☽∥♃	5 11
	☽⚺♅	5 19
	☽∥♆	9 44
23 Su	☽⚼♄	0am14
	☿□♅	0 38
	☉△♆	8 14
	☽□♀	9 56
	☽∠♂	10 17
	♀⚼♂	1pm16
	☉⚼☽	2 55
	☽⚹♇	4 39
	☽∠♅	6 6
	☽⚼☿	8 13
24 M	☽⚻♄	1am 1
	☽#♀	3 54
	☽⚺♂	10 2
	☽⚺♃	1pm22
	☽□♆	2 42
	☽∠♇	4 51
	☉⚻☽	4 57
	☽⚹♅	6 20
	☽∥♇	9 4
	☽⚻☿	11 16
	☽#♄	11 47
25 T	☉#☽	8am38
	☽∠♃	1pm15
	☉□♅	1 27
	☽△♀	2 20
	☽⚺♇	4 40
	♃SD	8 37
	☽#☿	11 17
26 W	☽☍♄	1am15
	☽☌♂	8 32
	☽⚹♃	12pm58
	☽⚹♆	2 15
	☽⚼♀	4 1
	☽□♅	5 54
	♀⚻♇	7 55
	☉☍☽	7 55
27 Th	☽☍☿	4am23
	☽∠♆	2pm 0
	☽☌♇	4 6
	♀∠♅	4 23
	☽⚻♀	5 50
28 F	☽⚻♄	1am13
	☽⚺♂	7 7
	☽#☿	8 28
	☽□♃	12pm50
	☽⚺♆	2 6
	☽△♅	5 56
	☉#☽	10 40
	☉⚻☽	11 34
29 S	☽⚼♄	1am46
	☽#♄	6 38
	☽∠♂	7 1
	☽∥♇	9 33
	☽⚻☿	10 50
	☽⚺♇	4pm57
	☽⚼♅	6 47
	☽☍♀	11 15
30 Su	☉⚼☽	2am31
	☽△♄	3 3
	☽⚹♂	7 39
	☽△♃	3pm 1
	☽⚼☿	3 35
	☽☌♆	4 16
	☽#♀	4 32
	☽∠♇	6 30
	☽⚻♅	8 28
	☿⚼♆	9 25
31 M	☉△☽	6am35
	☽∥♆	11 53
	☿☍♇	4pm13
	☽∥♃	4 44
	☽⚼♃	5 31
	☽⚹♇	9 4
	☽△☿	9 45

LONGITUDE

DAY	SID. TIME	☉	☽	☽ 12 Hour	MEAN ☊	TRUE ☊	☿	♀	♂	♃	♄	♅	♆	♇
	h m s	° ' "	° ' "	° ' "	° '	° '	° '	° '	° '	° '	° '	° '	° '	° '
1	6 40 38	10♑ 5 59	19♍ 4 23	25♍ 37 15	28♉ 16	29♉ 42R	17♑ 59	23♒ 37	25♊ 36R	0♉ 30	23♐ 42	3♈ 38	1♍ 10R	17♋ 27R
2	6 44 34	11 7 8	2♎ 3 31	8♎ 23 43	28 13	29 40D	19 37	24 47	25 17	0 31	23 49	3 39	1 9	17 26
3	6 48 31	12 8 18	14 38 22	20 48 5	28 10	29 39	21 15	25 57	24 57	0 33	23 56	3 40	1 8	17 25
4	6 52 27	13 9 27	26 53 31	2♏ 55 19	28 7	29 40	22 54	27 6	24 39	0 34	24 3	3 41	1 7	17 23
5	6 56 24	14 10 37	8♏ 54 8	14 50 35	28 3	29 42	24 32	28 16	24 21	0 36	24 10	3 42	1 6	17 22
6	7 0 20	15 11 47	20 45 18	26 38 51	28 0	29 43R	26 10	29 25	24 4	0 39	24 16	3 43	1 5	17 21
7	7 4 17	16 12 57	2♐ 31 48	8♐ 24 39	27 57	29 43	27 49	0♓ 35	23 47	0 41	24 23	3 44	1 4	17 20
8	7 8 14	17 14 7	14 17 52	20 11 51	27 54	29 42	29 27	1 44	23 31	0 44	24 30	3 46	1 3	17 18
9	7 12 10	18 15 18	26 6 58	2♑ 3 32	27 51	29 38	1♒ 5	2 52	23 16	0 46	24 37	3 47	1 2	17 17
10	7 16 7	19 16 28	8♑ 1 50	14 2 4	27 48	29 32	2 42	4 1	23 1	0 49	24 43	3 48	1 1	17 16
11	7 20 3	20 17 38	20 4 27	26 9 8	27 44	29 24	4 19	5 10	22 48	0 53	24 50	3 50	1 0	17 14
12	7 24 0	21 18 47	2♒ 16 12	8♒ 25 47	27 41	29 14	5 55	6 18	22 35	0 56	24 57	3 51	0 58	17 13
13	7 27 56	22 19 56	14 37 58	20 52 48	27 38	29 4	7 31	7 26	22 23	1 0	25 3	3 53	0 57	17 12
14	7 31 53	23 21 5	27 10 23	3♓ 30 49	27 35	28 53	9 5	8 35	22 12	1 3	25 10	3 54	0 56	17 11
15	7 35 49	24 22 12	9♓ 54 10	16 20 36	27 32	28 45	10 37	9 42	22 1	1 7	25 16	3 56	0 55	17 9
16	7 39 46	25 23 19	22 50 13	29 23 13	27 29	28 38	12 8	10 50	21 52	1 11	25 23	3 58	0 53	17 8
17	7 43 43	26 24 26	5♈ 59 46	12♈ 40 5	27 25	28 33	13 36	11 57	21 43	1 16	25 29	3 59	0 52	17 7
18	7 47 39	27 25 31	19 24 22	26 12 49	27 22	28 32D	15 1	13 5	21 35	1 20	25 36	4 1	0 51	17 6
19	7 51 36	28 26 36	3♉ 5 36	10♉ 2 52	27 19	28 32	16 24	14 12	21 28	1 25	25 42	4 3	0 49	17 4
20	7 55 32	29 27 40	17 4 40	24 11 1	27 16	28 32R	17 42	15 18	21 21	1 30	25 48	4 5	0 48	17 3
21	7 59 29	0♒ 28 43	1♊ 21 46	8♊ 36 42	27 13	28 32	18 55	16 25	21 16	1 35	25 55	4 7	0 47	17 2
22	8 3 25	1 29 45	15 55 24	23 17 20	27 9	28 31	20 3	17 31	21 11	1 40	26 1	4 9	0 45	17 1
23	8 7 22	2 30 46	0♋ 41 49	8♋ 7 59	27 6	28 27	21 6	18 37	21 7	1 46	26 7	4 11	0 44	16 59
24	8 11 18	3 31 46	15 34 53	23 1 28	27 3	28 20	22 1	19 43	21 4	1 51	26 13	4 13	0 42	16 58
25	8 15 15	4 32 45	0♌ 26 37	7♌ 49 15	27 0	28 11	22 48	20 49	21 2	1 57	26 19	4 15	0 41	16 57
26	8 19 12	5 33 44	15 8 16	22 22 45	26 57	28 1	23 26	21 54	21 0	2 3	26 25	4 17	0 40	16 56
27	8 23 8	6 34 41	29 31 50	6♍ 34 51	26 54	27 49	23 56	22 59	20 59D	2 9	26 31	4 19	0 38	16 55
28	8 27 5	7 35 37	13♍ 31 20	20 20 59	26 50	27 39	24 15	24 3	20 59	2 16	26 37	4 21	0 37	16 53
29	8 31 1	8 36 33	27 3 40	3♎ 39 28	26 47	27 30	24 23R	25 8	21 0	2 22	26 43	4 23	0 35	16 52
30	8 34 58	9 37 28	10♎ 8 35	16 31 23	26 44	27 24	24 20	26 12	21 2	2 29	26 49	4 26	0 33	16 51
31	8 38 54	10♒ 38 23	22♎ 48 20	28♎ 59 57	26♉ 41	27♉ 20	24♒ 6	27♓ 15	21♊ 4	2♉ 36	26♐ 55	4♈ 28	0♍ 32	16♋ 50

DECLINATION and LATITUDE

DAY	☉ DECL	☽ DECL	☽ LAT	☽ 12hr DECL	☿ DECL	☿ LAT	♀ DECL	♀ LAT	♂ DECL	♂ LAT	♃ DECL	♃ LAT	♄ DECL	♄ LAT
1	23S 4	8N49	4N54	6N 1	24S21	2S 8	15S17	1S44	26N47	3N25	10N30	1S13	22S 8	1N10
2	22 59	3 12	4 23	0 23	24 8	2 8	14 52	1 42	26 47	3 25	10 31	1 13	22 8	1 10
3	22 54	2S23	3 40	5S 6	23 53	2 9	14 26	1 39	26 47	3 26	10 32	1 13	22 8	1 10
4	22 48	7 45	2 49	10 18	23 37	2 9	13 59	1 36	26 47	3 26	10 33	1 12	22 9	1 10
5	22 42	12 43	1 51	15 1	23 19	2 8	13 33	1 34	26 46	3 27	10 34	1 12	22 9	1 10
6	22 35	17 10	0 48	19 9	23 0	2 7	13 6	1 31	26 46	3 27	10 35	1 12	22 9	1 10
7	22 28	20 55	0S15	22 29	22 39	2 5	12 38	1 28	26 45	3 27	10 36	1 11	22 10	1 10
8	22 20	23 49	1 18	24 53	22 17	2 3	12 11	1 25	26 45	3 28	10 37	1 11	22 10	1 10
9	22 12	25 41	2 18	26 11	21 53	2 0	11 43	1 21	26 44	3 28	10 38	1 11	22 10	1 10
10	22 4	26 23	3 12	26 17	21 28	1 57	11 15	1 18	26 43	3 28	10 40	1 11	22 11	1 10
11	21 55	25 51	3 57	25 7	21 1	1 53	10 47	1 14	26 42	3 28	10 41	1 10	22 11	1 10
12	21 46	24 5	4 33	22 46	20 33	1 48	10 18	1 11	26 41	3 27	10 43	1 10	22 11	1 10
13	21 36	21 10	4 56	19 19	20 4	1 43	9 49	1 7	26 41	3 27	10 44	1 10	22 11	1 10
14	21 26	17 14	5 5	14 57	19 33	1 37	9 20	1 3	26 40	3 27	10 46	1 9	22 12	1 10
15	21 15	12 29	4 60	9 52	19 1	1 30	8 51	0 60	26 39	3 27	10 47	1 9	22 12	1 10
16	21 4	7 7	4 39	4 16	18 29	1 22	8 22	0 56	26 38	3 26	10 49	1 9	22 12	1 10
17	20 53	1 20	4 3	1N38	17 55	1 13	7 52	0 51	26 37	3 26	10 51	1 8	22 12	1 10
18	20 41	4N37	3 13	7 35	17 21	1 4	7 23	0 47	26 36	3 25	10 53	1 8	22 13	1 10
19	20 29	10 29	2 12	13 18	16 47	0 54	6 53	0 43	26 35	3 25	10 55	1 8	22 13	1 10
20	20 16	15 58	1 1	18 27	16 12	0 42	6 23	0 38	26 34	3 24	10 57	1 8	22 13	1 10
21	20 3	20 41	0N15	22 38	15 38	0 30	5 53	0 34	26 33	3 24	10 59	1 7	22 13	1 10
22	19 50	24 13	1 32	25 25	15 4	0 17	5 23	0 29	26 32	3 23	11 1	1 7	22 13	1 10
23	19 36	26 9	2 43	26 26	14 31	0 3	4 53	0 24	26 31	3 22	11 3	1 7	22 14	1 10
24	19 22	26 14	3 43	25 35	13 59	0N12	4 22	0 19	26 30	3 22	11 5	1 6	22 14	1 10
25	19 8	24 26	4 28	22 53	13 29	0 28	3 52	0 15	26 29	3 21	11 7	1 6	22 14	1 10
26	18 53	20 60	4 55	18 48	13 1	0 44	3 22	0 9	26 28	3 20	11 10	1 6	22 14	1 10
27	18 38	16 21	5 2	13 43	12 35	1 1	2 51	0 4	26 27	3 19	11 12	1 6	22 14	1 10
28	18 23	10 57	4 51	8 6	12 13	1 19	2 21	0N 1	26 26	3 18	11 15	1 5	22 14	1 10
29	18 7	5 12	4 24	2 17	11 53	1 36	1 50	0 6	26 26	3 17	11 17	1 5	22 15	1 10
30	17 51	0S36	3 43	3S26	11 38	1 54	1 20	0 12	26 25	3 17	11 20	1 5	22 15	1 10
31	17S35	6S12	2N52	8S52	11S26	2N11	0S49	0N18	26N24	3N16	11N22	1S 4	22S15	1N10

DAY	♅ DECL	♅ LAT	♆ DECL	♆ LAT	♇ DECL	♇ LAT
1	0N47	0S43	11N36	0N35	21N40	0S39
5	0 49	0 42	11 38	0 35	21 41	0 39
9	0 51	0 42	11 40	0 35	21 41	0 39
13	0 54	0 42	11 41	0 35	21 42	0 38
17	0 57	0 42	11 43	0 35	21 43	0 38
21	0 60	0 42	11 45	0 35	21 44	0 38
25	1 3	0 42	11 47	0 36	21 45	0 38
29	1N 7	0S42	11N50	0N36	21N46	0S37

☽ PHENOMENA

d	h	m	
2	18	45	☾
11	0	28	●
18	15	15	☽
25	7	9	○

d	h	° '
2	14	0
10	2	26S24
17	5	0
23	13	26N26
29	21	0
6	18	0
14	3	5S 5
20	19	0
26	21	5N 3

VOID OF COURSE ☽

LAST ASPT	☽ INGRESS
1 11am41	1 ♎ 8pm 9
4 0am28	4 ♏ 6am10
6 12pm49	6 ♐ 6pm50
8 8pm55	9 ♑ 7am51
11 0am28	11 ♒ 7pm33
13 8pm 8	14 ♓ 5am22
16 5am 5	16 ♈ 1pm 7
18 3pm15	18 ♉ 6pm37
20 1am 9	20 ♊ 9pm44
22 4pm32	22 ♋ 10pm52
24 7am12	24 ♌ 11pm17
26 6pm54	27 ♍ 0am48
28 11pm23	29 ♎ 5am19
31 8am 0	31 ♏ 1pm57

d	h	
7	16	APOGEE
23	12	PERIGEE

DAILY ASPECTARIAN

Day	Aspect	Time
1 T	♀*♄	1am54
	☽□♄	8 32
	☽⚻♀	9 7
	☽□♂	11 41
	☽⚻♃	9pm 6
	☽⚺♆	10 18
2 W	☽☍♅	2am59
	♀△♂	7 59
	☽∥♅	10 15
	☽⚼♀	4pm 9
	☽#♅	5 9
	☉□☽	6 45
3 Th	☽∠♆	2am54
	☽□♇	5 22
	☽□☿	2pm53
	☽*♄	6 19
	☽△♂	7 40
4 F	☽△♀	0am28
	☽☍♃	7 20
	☽*♆	8 23
	☽#♃	1pm16
	☽⚻♅	1 32
	☿⚺♄	6 9
	☽#♆	6 32
	☿⚻♂	9 44
5 S	☽∠♄	0am31
	☽⚼♂	0 53
	☽∥♀	3 49
	♂☍♄	11 13
	☉*☽	11 39
	☽△♇	5pm 5
	☽⚼♅	7 51
6 Su	☽⚻♂	6am34
	☽⚺♄	7 14
	♀ ♓	12pm 2
	☽*☿	12 49
	☽□♀	7 35
	☽⚻♃	8 13
	☉⚼♆	8 35
	☽□♆	9 1
	☉∠☽	9 4
	☽⚼♇	11 35
7 M	♀*♃	2am20
	☽△♅	2 28
	☽#♇	5 38
	☽∥♄	9 22
	♀☍♆	10 7
	☉∥☽	11 19
	☽∥☿	11 53
	☉∥☿	6pm48
8 T	☽∠☿	0am21
	☉☍♇	1 35
	☽⚼♃	2 55
	☽⚻♇	6 6
	☉⚺☽	6 33
	☿∥♄	7 0
	☿ ♒	8 9
	♀⚼♇	11 50
	☽☍♂	6pm21
	☿□♃	7 23
	☽☌♄	8 55
	☿⚻♆	11 20
9 W	♀#♆	2am54
	☉∥♄	5 15
	☽△♃	9 27
	☽△♆	9 55
	☿#♇	11 2
	☽⚺☿	11 36
	☽*♀	3pm 6
	☽□♅	3 30
	♀⚺♅	7 23
10 Th	☽⚼♆	3pm55
	☿*♅	4 36
	☽☍♇	6 23
11 F	☽∠♀	0am12
	☉☌☽	0 28
	♀#♃	4 21
	☽⚻♂	5 17
	☽⚺♄	9 29
	☽□♃	9pm22
	☽⚻♆	9 28
12 S	☉∠♀	1am48
	☽*♅	3 6
	☽☌☿	8 11
	☉#♇	8 17
	☽⚺♀	8 40
	☽⚼♂	10 11
	♃△♆	12pm22
	☽∠♄	3 4
	☽∥♄	4 31
	☽#♇	8 7
	☿⚺♀	8 16
	☉∥☽	8 45
	☿⚼♂	10 15
13 Su	☉⚻♂	0am58
	☽⚻♇	4 56
	☽∠♅	8 11
	☽∥☿	8 28
	☽△♂	2pm39
	☉⚺☽	4 5
	☽*♄	8 8
14 M	☽☍♆	7am 7
	☽*♃	7 24
	☽⚼♇	9 28
	☽⚺♅	12pm46
	☿∠♄	6 8
	☉∠☽	10 55
	☽☌♀	11 36
15 T	☽⚺☿	1am31
	☽#♆	3 37
	☽#♃	7 46
	☽∠♃	11 39
	☽△♇	1pm29
	☽∥♀	6 4
	☽□♂	10 13
	☉⚺♄	11 44
16 W	☽□♄	4am42
	☉*☽	5 5
	☽∠☿	8 53
	☽⚻♆	2pm43
	☽⚺♃	3 22
	☽☌♅	8 22
17 Th	☽#♅	1am35
	☽∥♅	9 15
	☽⚺♀	11 42
	☽*☿	3pm18
	☽⚼♆	5 41
	☽□♇	7 54
18 F	☽*♂	3am48
	☽#♀	10 19
	☽△♄	11 0
	☉□☽	3pm15
	☽∠♀	4 37
	☽△♆	8 4
	☽☌♃	9 4
19 S	☽⚺♅	1am40
	☽∥♃	1 48
	☽∥♆	5 17
	☽∠♂	5 47
	☿⚻♇	12pm 9
	☽⚼♄	1 13
	☽*♀	8 44
	☽*♇	11 57
20 Su	☽#☿	0am59
	☽□☿	1 9
	☽∠♅	3 24
	☽⚺♂	7 11
	☉ ♒	12pm42
	☽⚻♄	2 50
	☉#☽	8 37
	☉△☽	10 25
	☽□♆	11 2
21 M	☽⚺♃	0am22
	☽∠♇	1 6
	♀∠♃	3 57
	☿∠♅	4 0
	☽*♅	4 34
	☽∥♇	6 14
	☉⚻♆	6 55
	☽#♄	9 18
	♀△♇	1pm 5
22 T	☉⚼☽	1am 0
	☽∠♃	1 14
	☽⚺♇	1 46
	☽⚼♀	2 49
	☉□♃	4 35
	☽△♆	7 16
	☽☌♂	8 32
	☽☍♅	4pm32
23 W	☽*♆	0am 3
	☿△♂	0 36
	☽*♃	1 44
	☉⚻☽	3 9
	☽□♅	5 38
	☽⚼♆	9 18
24 Th	☽∠♆	0am12
	☽☌♇	2 14
	☽△♀	7 12
	☽⚺♂	8 49
	☽⚻♆	10 58
	☉*♅	4pm39
	☽⚻♄	5 17
25 F	☽⚺♆	0am23
	☽□♃	2 28
	♀□♂	4 40
	☽△♅	6 11
	☉☍☽	7 9
	☽∠♂	9 4
	☽⚼♀	9 25
	☽#♄	4pm24
	☽⚼♄	5 51
	☽∥♇	7 26
26 S	☽⚺♇	2am57
	☽⚼♅	6 52
	☽⚻♂	9 42
	☉⚼♂	10 14
	☽⚻♀	12pm 7
	☉∥☽	12 12
	☽☍♆	2 17
	☽△♄	6 54
27 Su	☽⚼♆	1am52
	☽∠♇	4 1
	☽△♃	4 29
	☽⚻♅	8 9
	♀□♄	8 18
	♂SD	12pm 1
	☉⚻☽	12 56
	☽#☿	6 16
	☽∥☿	8 20
	☽∥♃	10 48
28 M	☿⚺♀	5am 9
	☽*♇	5 53
	☽⚼♅	6 36
	☽☍♂	1pm 9
	☉⚼☽	5 18
	☽⚻♆	7 10
	☽☍♀	8 13
	☽□♄	11 23
29 T	☿#♆	5am 6
	☿SR	5 39
	☽⚻♄	6 22
	☽⚻♃	9 43
	☽☍♅	1pm23
	☽#♀	3 12
	☽∥♅	4 51
	☽#☿	10 30
	☉△☽	10 57
30 W	☽#♅	2am13
	☽∥♀	2 49
	☿*♅	9 24
	☽∠♆	10 9
	☽⚼♇	12pm36
	♀⚼♄	3 25
	☽△♂	8 39
31 Th	☽△♆	2am25
	☽*♄	8 0
	☿#♃	8 23
	☽⚻♀	9 25
	☽*♆	2pm38
	☽☍♃	7 13
	☽∥♄	10 48
	☽∥♀	11 28
	☽#♃	11 57

FEBRUARY 1929

LONGITUDE

DAY	SID. TIME	☉	☽	☽ 12 Hour	MEAN ☊	TRUE ☊	☿	♀	♂	♃	♄	♅	♆	♇
	h m s	° ' "	° ' "	° ' "	° '	° '	° '	° '	° '	° '	° '	° '	° '	° '
1	8 42 51	11♒ 39 16	5♏ 6 53	11♏ 9 47	26♉ 38	27♉ 19D	23♒ 40R	28♓ 19	21♊ 7	2♉ 43	27♐ 0	4♈ 30	0♍ 30R	16♋ 49R
2	8 46 47	12 40 9	17 9 21	23 6 16	26 34	27 19R	23 4	29 22	21 10	2 50	27 6	4 33	0 29	16 48
3	8 50 44	13 41 1	29 1 16	4♐ 55 2	26 31	27 19	22 18	0♈ 25	21 15	2 57	27 12	4 35	0 27	16 46
4	8 54 41	14 41 52	10♐ 48 14	16 41 31	26 28	27 18	21 24	1 27	21 20	3 4	27 17	4 38	0 26	16 45
5	8 58 37	15 42 42	22 35 28	28 30 40	26 25	27 15	20 22	2 29	21 26	3 12	27 23	4 40	0 24	16 44
6	9 2 34	16 43 32	4♑ 27 36	10♑ 26 43	26 22	27 10	19 15	3 30	21 32	3 20	27 28	4 43	0 22	16 43
7	9 6 30	17 44 20	16 28 23	22 32 55	26 19	27 2	18 5	4 32	21 39	3 28	27 34	4 45	0 21	16 42
8	9 10 27	18 45 7	28 40 34	4♒ 51 30	26 15	26 51	16 53	5 32	21 47	3 36	27 39	4 48	0 19	16 41
9	9 14 23	19 45 53	11♒ 5 49	17 23 33	26 12	26 38	15 42	6 33	21 55	3 44	27 44	4 50	0 17	16 40
10	9 18 20	20 46 37	23 44 42	0♓ 9 10	26 9	26 24	14 33	7 33	22 4	3 52	27 50	4 53	0 16	16 39
11	9 22 16	21 47 21	6♓ 36 53	13 7 40	26 6	26 10	13 28	8 32	22 14	4 1	27 55	4 56	0 14	16 38
12	9 26 13	22 48 2	19 41 25	26 17 58	26 3	25 58	12 29	9 31	22 24	4 9	28 0	4 58	0 13	16 37
13	9 30 10	23 48 42	2♈ 57 10	9♈ 38 54	26 0	25 48	11 36	10 30	22 35	4 18	28 5	5 1	0 11	16 36
14	9 34 6	24 49 21	16 23 6	23 9 43	25 56	25 41	10 50	11 28	22 46	4 27	28 10	5 4	0 9	16 35
15	9 38 3	25 49 58	29 58 41	6♉ 50 3	25 53	25 38	10 11	12 25	22 58	4 36	28 14	5 7	0 8	16 34
16	9 41 59	26 50 33	13♉ 43 50	20 40 5	25 50	25 36D	9 41	13 22	23 10	4 45	28 19	5 10	0 6	16 33
17	9 45 56	27 51 6	27 38 48	4♊ 40 2	25 47	25 36R	9 18	14 18	23 23	4 54	28 24	5 12	0 4	16 32
18	9 49 52	28 51 38	11♊ 43 43	18 49 47	25 44	25 36	9 3	15 14	23 37	5 4	28 29	5 15	0 2	16 31
19	9 53 49	29 52 8	25 58 4	3♋ 8 17	25 40	25 34	8 55D	16 9	23 51	5 13	28 33	5 18	0 1	16 30
20	9 57 45	0♓ 52 36	10♋ 20 4	17 32 58	25 37	25 30	8 54	17 4	24 5	5 23	28 38	5 21	29♌ 59	16 29
21	10 1 42	1 53 2	24 46 23	1♌ 59 40	25 34	25 23	9 0	17 58	24 20	5 33	28 42	5 24	29 57	16 29
22	10 5 39	2 53 26	9♌ 12 3	16 22 47	25 31	25 13	9 13	18 51	24 36	5 43	28 46	5 27	29 56	16 28
23	10 9 35	3 53 49	23 31 2	0♍ 36 3	25 28	25 1	9 31	19 43	24 52	5 53	28 51	5 30	29 54	16 27
24	10 13 32	4 54 10	7♍ 37 7	14 33 36	25 25	24 49	9 55	20 35	25 8	6 3	28 55	5 33	29 52	16 26
25	10 17 28	5 54 28	21 24 59	28 10 53	25 21	24 37	10 24	21 26	25 25	6 13	28 59	5 36	29 51	16 25
26	10 21 25	6 54 46	4♎ 51 2	11♎ 25 21	25 18	24 27	10 58	22 16	25 42	6 23	29 3	5 39	29 49	16 25
27	10 25 21	7 55 2	17 53 52	24 16 44	25 15	24 19	11 36	23 5	26 0	6 34	29 7	5 43	29 47	16 24
28	10 29 18	8♓ 55 16	0♏ 34 15	6♏ 46 49	25♉ 12	24♉ 14	12♒ 19	23♈ 54	26♊ 18	6♉ 44	29♐ 11	5♈ 46	29♌ 46	16♋ 23

DECLINATION and LATITUDE

DAY	☉ DECL	☽ DECL	☽ LAT	☽ 12hr DECL	☿ DECL	☿ LAT	♀ DECL	♀ LAT	♂ DECL	♂ LAT	♃ DECL	♃ LAT	♄ DECL	♄ LAT
1	17S18	11S25	1N55	13S50	11S19	2N28	0S19	0N23	26N23	3N15	11N25	1S 4	22S15	1N10
2	17 1	16 6	0 54	18 12	11 16	2 43	0N11	0 29	26 23	3 14	11 27	1 4	22 15	1 10
3	16 43	20 6	0S 9	21 47	11 17	2 58	0 42	0 35	26 22	3 13	11 30	1 4	22 15	1 10
4	16 26	23 15	1 11	24 27	11 22	3 10	1 12	0 41	26 21	3 12	11 33	1 3	22 15	1 10
5	16 8	25 24	2 10	26 4	11 31	3 21	1 42	0 47	26 21	3 11	11 36	1 3	22 15	1 10
6	15 50	26 25	3 3	26 29	11 44	3 30	2 12	0 53	26 20	3 10	11 39	1 3	22 15	1 10
7	15 31	26 13	3 49	25 39	11 59	3 36	2 42	0 59	26 19	3 9	11 42	1 3	22 15	1 10
8	15 13	24 45	4 25	23 34	12 17	3 40	3 12	1 6	26 19	3 8	11 45	1 2	22 16	1 10
9	14 54	22 5	4 49	20 19	12 36	3 42	3 42	1 12	26 18	3 7	11 48	1 2	22 16	1 10
10	14 34	18 19	4 60	16 5	12 57	3 41	4 12	1 19	26 18	3 6	11 51	1 2	22 16	1 10
11	14 15	13 39	4 55	11 3	13 18	3 38	4 41	1 25	26 17	3 5	11 54	1 2	22 16	1 10
12	13 55	8 18	4 35	5 26	13 40	3 33	5 11	1 32	26 17	3 4	11 57	1 1	22 16	1 10
13	13 35	2 30	3 60	0N30	14 1	3 26	5 40	1 39	26 17	3 2	11 60	1 1	22 16	1 10
14	13 15	3N30	3 11	6 30	14 21	3 17	6 9	1 45	26 16	3 1	12 3	1 1	22 16	1 10
15	12 55	9 26	2 11	12 16	14 41	3 8	6 38	1 52	26 16	3 0	12 6	1 1	22 16	1 10
16	12 34	14 59	1 2	17 31	14 59	2 57	7 6	1 59	26 15	2 59	12 10	1 0	22 16	1 10
17	12 13	19 49	0N11	21 52	15 16	2 46	7 35	2 6	26 15	2 58	12 13	1 0	22 16	1 10
18	11 52	23 36	1 24	24 58	15 32	2 33	8 3	2 13	26 15	2 57	12 16	0 60	22 16	1 10
19	11 31	25 56	2 33	26 29	15 46	2 21	8 31	2 20	26 14	2 56	12 20	0 60	22 16	1 10
20	11 10	26 35	3 33	26 14	15 59	2 8	8 59	2 28	26 14	2 55	12 23	0 59	22 16	1 10
21	10 49	25 26	4 19	24 12	16 9	1 55	9 26	2 35	26 13	2 54	12 27	0 59	22 16	1 10
22	10 27	22 36	4 49	20 39	16 19	1 42	9 53	2 42	26 13	2 53	12 30	0 59	22 16	1 11
23	10 5	18 24	5 0	15 55	16 26	1 30	10 20	2 50	26 13	2 52	12 34	0 59	22 16	1 11
24	9 43	13 15	4 53	10 26	16 32	1 17	10 47	2 57	26 12	2 51	12 37	0 59	22 16	1 11
25	9 21	7 31	4 29	4 34	16 36	1 4	11 13	3 5	26 12	2 50	12 41	0 58	22 16	1 11
26	8 59	1 35	3 50	1S22	16 39	0 52	11 39	3 12	26 11	2 49	12 44	0 58	22 16	1 11
27	8 36	4S15	2 60	7 4	16 40	0 40	12 4	3 20	26 11	2 48	12 48	0 58	22 16	1 11
28	8S14	9S46	2N 2	12S21	16S40	0N28	12N29	3N27	26N10	2N46	12N52	0S58	22S16	1N11

DAY	♅ DECL	♅ LAT	♆ DECL	♆ LAT	♇ DECL	♇ LAT
1	1N 9	0S41	11N51	0N36	21N47	0S37
5	1 13	0 41	11 54	0 36	21 47	0 37
9	1 18	0 41	11 56	0 36	21 48	0 37
13	1 22	0 41	11 58	0 36	21 49	0 36
17	1 27	0 41	12 1	0 36	21 50	0 36
21	1 31	0 41	12 3	0 36	21 50	0 36
25	1N36	0S41	12N 6	0N36	21N51	0S35

☽ PHENOMENA	VOID OF COURSE ☽ LAST ASPT	☽ INGRESS
d h m	2 11am15	3 ♐ 1am59
1 14 11 ☾	5 9am47	5 ♑ 3pm 1
9 17 55 ●	7 0am27	8 ♒ 2am35
17 0 23 ☽	10 7am42	10 ♓ 11am43
23 18 59 ○	12 3pm10	12 ♈ 6pm41
	14 8pm56	15 ♉ 0am 2
d h ° '	17 0am23	17 ♊ 4am 2
6 8 26S30	19 4am21	19 ♋ 6am45
13 10 0	20 11am56	21 ♌ 8am41
19 21 26N36	23 10am47	23 ♍ 10am59
26 6 0	25 1pm30	25 ♎ 3pm15
	27 10pm27	27 ♏ 10pm54
2 21 0	d h	
10 5 4S60	4 8 APOGEE	
16 20 0	20 7 PERIGEE	
23 2 5N 0		

DAILY ASPECTARIAN

Day	Aspect	Time
1	☽⚼♂	1am59
F	☽#♆	2 5
	☉∠♄	9 15
	☽∠♄	1pm48
	☉□☽	2 11
	☽⚼♀	5 52
	☽△♇	11 16
2	☉∥☽	4am46
S	☽⚼♅	4 50
	☽⚻♂	8 9
	☽□☿	11 15
	♀ ♈	2pm34
	☽⚺♄	8 16
3	♀⚻♆	0am59
Su	☽□♆	2 54
	☽△♀	3 6
	☽⚼♇	5 35
	☽⚻♃	8 4
	☽△♅	11 22
	☽#♇	12pm 0
	☽∥♄	3 39
4	♀∥♅	0am15
M	☿△♂	1 31
	☉⚹☽	8 41
	☽⚻♇	12pm 7
	☽⚼♃	2 58
	☽⚹☿	7 52
	☽☍♂	9 37
5	☽☌♄	9am47
T	☿#♃	12pm20
	☿∠♅	2 45
	☽△♆	3 47
	☉∠☽	5 59
	♀⚺♃	7 10
	☽#♂	7 58
	☽△♃	9 42
	☽□♀	9 54
	☽∠☿	11 37
	☉⚻♇	11 51
6	☽□♅	0am30
W	☿∠♀	8 12
	☿#♆	5pm17
	☽#♂	9 8
	☽⚼♆	9 46
7	☽☍♇	0am27
Th	☉⚺☽	2 44
	☽⚺☿	2 54
	☉☌☿	3 42
	♀☌♅	5 32
	☽⚻♂	10 20
	☽⚺♄	9pm59
8	☽⚻♆	3am11
F	☿⚻♇	4 2
	☽□♃	9 40
	☽⚹♅	11 55
	☽⚹♀	2pm29
	☽⚼♂	3 53
	☽∥♄	10 38
9	☉∠♅	1am50
S	☽#♇	2 0
	☽∠♄	3 10
	☽☌☿	8 2
	☽⚻♇	10 36
	☽∠♅	4pm41
	☉☌☽	5 55
	☽△♂	8 48
	☽∠♀	9 33
10	☽⚹♄	7am42
Su	☽☍♆	12pm11
	☽⚼♇	2 46
	☽⚹♃	7 7
	☽⚺♅	8 52
	☉∥☽	8 55
11	☽∥☿	1am31
M	☽⚺♀	3 50
	☽#♆	7 53
	☽#♃	8 5
	☽⚺☿	11 43
	☿∠♄	12pm 9
	☉△♂	12 27
	☽△♇	6 24
	☽∠♃	11 1
12	☽□♂	4am59
T	☉⚺☽	6 8
	♃∥♆	8 25
	☉∥☿	8 58
	☽#♀	12pm 3
	☽∠☿	1 13
	☽□♄	3 10
	☽⚻♆	7 1
13	☽⚺♃	2am27
W	☽☌♅	3 43
	☽#♅	4 32
	☉∠☽	11 22
	☽☌♀	2pm34
	☽⚹☿	2 37
	☿⚹♀	3 0
	☽∥♅	3 31
	☽⚼♆	9 49
14	☽□♇	0am21
Th	☽⚹♂	11 28
	☽∥♀	11 33
	☉⚹☽	4pm 8
	☽△♄	8 56
15	☽△♆	0am15
F	☽☌♃	8 11
	☽⚺♅	9 1
	☽∥♆	10 50
	☽∥♃	11 25
	☉#☽	1pm56
	☽∠♂	2 11
	☽□☿	5 11
	☽⚼♄	11 17
	☽⚺♀	11 19
16	☽#☿	0am 4
S	☽⚹♇	4 53
	☽∠♅	11 10
	☽⚺♂	4pm34
17	☉□☽	0am23
Su	☉#♃	0 26
	☽⚻♄	1 18
	☽∠♀	3 3
	☽□♆	4 8
	☽∠♇	6 39
	☽∥♇	11 48
	☽⚺♃	12pm33
	☽⚹♅	12 58
	☉⚹♄	2 7
	☉#♆	2 14
	☽#♄	2 37
	♀⚼♆	7 7
	☽△☿	7 30
18	☽⚹♀	6am21
M	☽⚺♇	8 6
	☽∠♃	2pm14
	☽☌♂	8 23
	☽⚼☿	8 34
19	☉ ♓	3am 7
T	☉☍♆	3 21
	☽☍♄	4 21
	☽∥♂	5 25
	☿⚼♂	5 34
	☽⚹♆	6 46
	☉△☽	7 2
	♀□♇	9 6
	♆ ♌	11 13
	☿SD	2pm11
	☽⚹♃	3 39
	☽□♅	3 40
	♃⚺♅	6 2
	☽⚻☿	9 37
20	☽∠♆	7am43
W	☉⚼☽	9 55
	☽☌♇	10 14
	☽∥♂	11 55
	☽□♀	11 56
	☉⚼♇	2pm26
	☽⚺♂	11 16
21	☽⚻♄	6am34
Th	☽⚺♆	8 36
	☉⚻☽	12pm42
	☽△♅	5 44
	☽□♃	6 7
22	☽☍☿	0am 1
F	☽∠♂	0 40
	☽#♄	2 12
	☽∥♇	4 53
	☽⚼♄	7 41
	☽⚺♇	12pm 8
	☉#♀	4 33
	☽△♀	5 12
	☽⚼♅	6 54
23	☽⚹♂	2am19
S	☽△♄	9 4
	☽#☿	9 23
	☽☌♆	10 47
	☽∠♇	1pm26
	☉☍☽	6 59
	☽⚼♀	8 17
	☽⚻♅	8 27
	☽△♃	9 16
24	☽∥♃	2am40
Su	☽⚻☿	4 5
	☽∥♆	5 0
	☽∥♀	9 47
	☽⚹♇	3pm15
	☉#☽	3 59
	☉⚺♅	4 23
	☽⚼♃	11 39
25	☽⚻♀	0am 2
M	☿⚼♂	0 58
	☽□♂	7 13
	☽⚼☿	7 20
	☉⚹♃	8 52
	☽□♄	1pm30
	☽⚺♆	2 57
	☽∥♅	11 51
26	☽☍♅	1am28
T	☽⚻♃	2 50
	☉⚻☽	4 3
	☽△☿	11 43
	☽#♅	1pm 8
	☽∠♆	6 14
	☽□♇	9 13
27	♀∥♆	2am26
W	☉⚼☽	10 14
	☽☍♀	10 25
	☽△♂	3pm37
	☉∥☽	5 32
	☽⚹♄	9 19
	☉∠♀	9 23
	☽⚹♆	10 27
28	☽⚻♅	10am 4
Th	☽#♆	10 56
	☽☍♃	12pm 6
	☽#♀	1 49
	☽#♃	2 39
	☉△☽	5 37
	☽⚼♂	9 21

LONGITUDE

DAY	SID. TIME	☉	☽	☽ 12 Hour	MEAN ☊	TRUE ☊	☿	♀	♂	♃	♄	♅	♆	♇
	h m s	° ' "	° ' "	° ' "	° '	° '	° '	° '	° '	° '	° '	° '	° '	° '
1	10 33 14	9♓ 55 28	12♏ 54 53	18♏ 59 0	25♉ 9	24♉ 12R	13♒ 5	24♈ 42	26♊ 36	6♉ 55	29♐ 15	5♈ 49	29♌ 44R	16♋ 23R
2	10 37 11	10 55 39	24 59 47	0♐ 57 52	25 6	24 11D	13 54	25 28	26 55	7 6	29 18	5 52	29 42	16 22
3	10 41 8	11 55 49	6♐ 53 57	12 48 42	25 2	24 11R	14 47	26 14	27 14	7 17	29 22	5 55	29 41	16 21
4	10 45 4	12 55 57	18 42 49	24 36 59	24 59	24 11	15 43	26 59	27 34	7 28	29 25	5 58	29 39	16 21
5	10 49 1	13 56 4	0♑ 31 54	6♑ 28 12	24 56	24 10	16 42	27 43	27 54	7 39	29 29	6 2	29 38	16 20
6	10 52 57	14 56 9	12 26 29	18 27 20	24 53	24 6	17 44	28 25	28 14	7 50	29 32	6 5	29 36	16 19
7	10 56 54	15 56 12	24 31 15	0♒ 38 42	24 50	24 0	18 48	29 7	28 35	8 1	29 36	6 8	29 34	16 19
8	11 0 50	16 56 14	6♒ 50 2	13 5 32	24 46	23 52	19 54	29 48	28 56	8 13	29 39	6 11	29 33	16 18
9	11 4 47	17 56 14	19 25 26	25 49 50	24 43	23 41	21 3	0♉ 27	29 17	8 24	29 42	6 15	29 31	16 18
10	11 8 43	18 56 12	2♓ 18 44	8♓ 52 5	24 40	23 30	22 13	1 5	29 39	8 36	29 45	6 18	29 30	16 17
11	11 12 40	19 56 8	15 29 42	22 11 21	24 37	23 18	23 26	1 42	0♋ 1	8 47	29 48	6 21	29 28	16 17
12	11 16 37	20 56 2	28 56 45	5♈ 45 30	24 34	23 8	24 41	2 17	0 23	8 59	29 51	6 25	29 26	16 16
13	11 20 33	21 55 54	12♈ 37 16	19 31 37	24 31	22 59	25 57	2 51	0 46	9 11	29 53	6 28	29 25	16 16
14	11 24 30	22 55 43	26 28 10	3♉ 26 32	24 27	22 54	27 15	3 24	1 8	9 23	29 56	6 31	29 23	16 15
15	11 28 26	23 55 33	10♉ 26 22	17 27 23	24 24	22 51D	28 35	3 55	1 32	9 35	29 59	6 35	29 22	16 15
16	11 32 23	24 55 19	24 29 18	1♊ 31 54	24 21	22 50	29 56	4 25	1 55	9 47	0♑ 1	6 38	29 20	16 15
17	11 36 19	25 55 2	8♊ 35 1	15 38 28	24 18	22 51	1♓ 19	4 53	2 19	9 59	0 3	6 41	29 19	16 14
18	11 40 16	26 54 44	22 42 8	29 45 53	24 15	22 52R	2 43	5 19	2 43	10 11	0 6	6 45	29 18	16 14
19	11 44 12	27 54 23	6♋ 49 34	13♋ 53 1	24 12	22 52	4 9	5 44	3 7	10 23	0 8	6 48	29 16	16 14
20	11 48 9	28 54 0	20 56 3	27 58 25	24 8	22 50	5 37	6 7	3 32	10 36	0 10	6 52	29 15	16 13
21	11 52 6	29 53 35	4♌ 59 51	12♌ 0 1	24 5	22 45	7 5	6 28	3 57	10 48	0 12	6 55	29 13	16 13
22	11 56 2	0♈ 53 7	18 58 34	25 55 6	24 2	22 39	8 35	6 47	4 22	11 1	0 14	6 58	29 12	16 13
23	11 59 59	1 52 37	2♍ 49 12	9♍ 40 28	23 59	22 31	10 7	7 4	4 47	11 13	0 16	7 2	29 10	16 13
24	12 3 55	2 52 5	16 28 30	23 12 56	23 56	22 22	11 40	7 19	5 12	11 26	0 17	7 5	29 9	16 13
25	12 7 52	3 51 30	29 53 27	6♎ 29 48	23 52	22 14	13 14	7 32	5 38	11 39	0 19	7 9	29 8	16 13
26	12 11 48	4 50 54	13♎ 1 48	19 29 20	23 49	22 7	14 50	7 43	6 4	11 51	0 20	7 12	29 7	16 12
27	12 15 45	5 50 16	25 52 24	2♏ 11 5	23 46	22 1	16 27	7 51	6 30	12 4	0 22	7 16	29 5	16 12
28	12 19 41	6 49 35	8♏ 25 31	14 35 57	23 43	21 58	18 5	7 57	6 57	12 17	0 23	7 19	29 4	16 12
29	12 23 38	7 48 53	20 42 43	26 46 12	23 40	21 57D	19 45	8 1	7 23	12 30	0 24	7 22	29 3	16 12
30	12 27 34	8 48 9	2♐ 46 50	8♐ 45 8	23 37	21 58	21 26	8 3R	7 50	12 43	0 25	7 26	29 2	16 12D
31	12 31 31	9♈ 47 23	14♐ 41 38	20♐ 36 56	23♉ 33	21♉ 59	23♓ 8	8♉ 2	8♋ 17	12♉ 56	0♑ 26	7♈ 29	29♌ 0	16♋ 12

DECLINATION and LATITUDE

DAY	☉ DECL	☽ DECL	☽ LAT	☽ 12hr DECL	☿ DECL	☿ LAT	♀ DECL	♀ LAT	♂ DECL	♂ LAT	♃ DECL	♃ LAT	♄ DECL	♄ LAT
1	7S51	14S47	0N60	17S 2	16S38	0N17	12N54	3N35	26N10	2N45	12N55	0S57	22S16	1N11
2	7 28	19 6	0S 4	20 57	16 34	0 6	13 19	3 43	26 9	2 44	12 59	0 57	22 16	1 11
3	7 5	22 34	1 7	23 57	16 29	0S 5	13 42	3 51	26 8	2 43	13 3	0 57	22 16	1 11
4	6 42	25 4	2 7	25 55	16 22	0 15	14 6	3 58	26 8	2 42	13 7	0 57	22 16	1 11
5	6 19	26 27	3 1	26 42	16 14	0 25	14 29	4 6	26 7	2 41	13 10	0 57	22 16	1 11
6	5 56	26 38	3 47	26 15	16 5	0 35	14 52	4 14	26 6	2 40	13 14	0 56	22 16	1 11
7	5 33	25 33	4 24	24 33	15 54	0 44	15 14	4 21	26 6	2 39	13 18	0 56	22 16	1 11
8	5 10	23 14	4 50	21 39	15 41	0 53	15 36	4 29	26 5	2 38	13 22	0 56	22 16	1 11
9	4 46	19 46	5 2	17 39	15 27	1 1	15 57	4 37	26 4	2 37	13 26	0 56	22 16	1 11
10	4 23	15 18	4 59	12 45	15 12	1 9	16 18	4 45	26 3	2 36	13 30	0 56	22 16	1 11
11	3 59	10 2	4 41	7 10	14 55	1 17	16 38	4 52	26 2	2 35	13 33	0 55	22 16	1 11
12	3 36	4 11	4 6	1 8	14 37	1 24	16 58	5 0	26 1	2 34	13 37	0 55	22 16	1 11
13	3 12	1N57	3 17	5N 3	14 18	1 31	17 17	5 8	25 60	2 33	13 41	0 55	22 16	1 11
14	2 48	8 6	2 16	11 4	13 57	1 37	17 35	5 15	25 59	2 32	13 45	0 55	22 16	1 11
15	2 25	13 55	1 6	16 35	13 35	1 43	17 53	5 23	25 58	2 31	13 49	0 55	22 15	1 11
16	2 1	19 3	0N 9	21 14	13 12	1 49	18 10	5 30	25 56	2 30	13 53	0 55	22 15	1 11
17	1 37	23 7	1 23	24 39	12 47	1 54	18 27	5 38	25 55	2 29	13 57	0 54	22 15	1 12
18	1 14	25 48	2 33	26 31	12 21	1 58	18 43	5 45	25 53	2 28	14 1	0 54	22 15	1 12
19	0 50	26 49	3 33	26 41	11 54	2 3	18 58	5 52	25 52	2 27	14 5	0 54	22 15	1 12
20	0 26	26 6	4 21	25 7	11 25	2 6	19 12	5 59	25 50	2 26	14 9	0 54	22 15	1 12
21	0 3	23 44	4 52	22 1	10 55	2 10	19 26	6 6	25 49	2 25	14 13	0 54	22 15	1 12
22	0N21	19 59	5 6	17 40	10 24	2 13	19 39	6 13	25 47	2 24	14 17	0 54	22 15	1 12
23	0 45	15 9	5 1	12 28	9 52	2 15	19 51	6 19	25 45	2 24	14 21	0 53	22 15	1 12
24	1 8	9 38	4 40	6 43	9 18	2 17	20 2	6 26	25 43	2 23	14 25	0 53	22 15	1 12
25	1 32	3 46	4 3	0 47	8 44	2 19	20 12	6 32	25 41	2 22	14 29	0 53	22 15	1 12
26	1 56	2S10	3 14	5S 4	8 8	2 20	20 21	6 38	25 39	2 21	14 34	0 53	22 15	1 12
27	2 19	7 53	2 16	10 36	7 31	2 21	20 29	6 43	25 37	2 20	14 38	0 53	22 15	1 12
28	2 43	13 10	1 13	15 35	6 53	2 21	20 36	6 49	25 35	2 19	14 42	0 53	22 15	1 12
29	3 6	17 50	0 7	19 52	6 13	2 21	20 42	6 54	25 32	2 18	14 46	0 52	22 15	1 12
30	3 29	21 41	0S58	23 15	5 33	2 20	20 47	6 58	25 30	2 17	14 50	0 52	22 15	1 12
31	3N53	24S34	2S 0	25S36	4S51	2S19	20N50	7N 2	25N27	2N16	14N54	0S52	22S15	1N12

DAY	♅ DECL	♅ LAT	♆ DECL	♆ LAT	♇ DECL	♇ LAT
1	1N41	0S41	12N 8	0N36	21N52	0S35
5	1 46	0 41	12 10	0 36	21 52	0 35
9	1 52	0 41	12 12	0 36	21 53	0 35
13	1 57	0 41	12 15	0 36	21 53	0 34
17	2 2	0 41	12 17	0 36	21 54	0 34
21	2 8	0 40	12 19	0 36	21 54	0 34
25	2 13	0 40	12 21	0 36	21 55	0 33
29	2N18	0S40	12N22	0N36	21N55	0S33

☽ PHENOMENA	VOID OF COURSE ☽ LAST ASP'T	☽ INGRESS
d h m	2 9am27	2 ♐ 10am 3
3 11 9 ☾	4 10pm10	4 ♑ 10pm55
11 8 37 ●	7 9am33	7 ♒ 10am44
18 7 42 ☽	9 7pm15	9 ♓ 7pm44
25 7 47 ○	12 1am36	12 ♈ 1am52
	14 5am59	14 ♉ 5am 6
	16 8am15	16 ♊ 9am24
d h ° '	18 11am11	18 ♋ 12pm24
5 15 26S43	20 2pm37	20 ♌ 3pm27
12 16 0	22 5pm40	22 ♍ 7pm 5
19 2 26N50	23 11pm32	25 ♎ 0am12
25 15 0	27 6am 5	27 ♏ 7am50
	29 4pm30	29 ♐ 6pm26
1 22 0		
9 8 5S 3	d h	
15 21 0	4 5 APOGEE	
22 6 5N 6	17 14 PERIGEE	
29 2 0		

DAILY ASPECTARIAN

Day	Aspect	Time
1 F	☽□☿	0am21
	♀∥♃	1 29
	☽∠♄	2 38
	☽△♇	6 49
	☽∥☿	9 41
	☽⚼♅	3pm43
2 S	☽⊼♀	1am 1
	☽⊼♂	3 57
	☽⊻♄	8 42
	☽□♆	9 27
	☿∠♄	11 51
	☽⚼♇	12pm48
	☽#♇	6 35
	☽∥♄	9 36
	☽△♅	10 0
3 Su	☽⊼♃	0am47
	☽⚼♀	9 24
	☉□☽	11 9
	☽∗☿	5pm23
	☽⊼♇	7 11
4 M	☽⚼♃	7am44
	☿⊼♇	3pm 7
	☽#♂	3 59
	☽△♀	5 55
	☽☍♂	6 30
	☽☌♄	9 52
	☽△♆	10 10
5 T	☽∠☿	2am36
	☽□♅	11 9
	♀∗♂	11 33
	☽△♃	2pm36
6 W	☽⚼♆	4am18
	☉∗☽	5 26
	☽☍♇	7 45
	☽⊻☿	11 34
	☽#♂	3pm 9
	♄△♆	5 48
7 Th	☽⊼♂	8am12
	☉△♇	8 57
	☽□♀	9 33
	☽⊼♆	9 53
	☽⊻♄	9 59
	☉∠☽	1pm41
	♀△♆	3 28
	♀△♄	6 17
	☽∗♅	10 45
8 F	☽□♃	2am41
	☿#♀	3 39
	♀ ♉	7 30
	☽∥♄	7 35
	☽#♇	10 20
	☽⚼♂	1pm59
	☽∠♄	3 1
	☽⊼♇	6 6
	☉⊻☽	8 57
9 S	☽☌☿	3am22
	☽∠♅	3 26
	☿∠♅	4 16
	♂∗♆	2pm41
	☽☍♆	6 48
	☽△♂	6 56
	☽∗♄	7 15
	☽#♀	7 23
	☽∗♀	9 37
	☽⚼♇	10 7
10 Su	☽∥☿	0am33
	☽⊻♅	7 21
	♂☍♄	7 55
	☽#♃	8 30
	☽∗♃	11 40
	☽#♆	2pm24
	♂ ♋	11 19
11 M	☽△♇	1am25
	☽∠♀	2 16
	☉☌☽	8 37
	☽∠♃	3pm 4
	☽⊻☿	3 39
12 T	☽⊼♆	0am52
	☽□♄	1 36
	☉∥☽	2 30
	☽□♂	2 37
	☽⊻♀	6 10
	☽#♅	8 53
	☽☌♅	1pm12
	☽⊻♃	5 54
	☽∠☿	8 47
	☽∥♅	11 58
13 W	☽⚼♆	3am 7
	☉#☽	4 32
	☽□♇	6 20
	☉⊻☽	5pm25
14 Th	☽∗☿	1am29
	☽△♆	5 1
	☽△♄	5 59
	☽∗♂	8 16
	☿#♃	11 0
	☽☌♀	12pm24
	☽∥♆	4 56
	☽⊻♅	5 21
	☉∠☽	9 13
	☽☌♃	10 30
	☽#☿	10 39
	☽∥♃	11 35
15 F	☽⚼♄	7am47
	☽∗♇	9 56
	☽∠♂	10 43
	☿☍♆	1pm42
	♄ ♑	1 51
	☽∠♅	7 7
	☽∥♀	7 21
	☉∠♃	7 42
16 S	☉#♅	0am15
	☉∗☽	0 48
	☿ ♓	1 8
	☿∗♄	1 29
	☽□♆	8 15
	☽⊼♄	9 27
	☽□☿	10 17
	☽∠♇	11 30
	☽⊻♂	1pm 1
	☽∥♇	4 1
	☽⊻♀	5 30
	☽#♄	6 16
	☽∗♅	8 46
	☿⚼♇	10 40
17 Su	☽⊻♃	2am25
	☽⊻♇	1pm 1
	☽∠♀	7 50
	☿△♂	11 49
18 M	☽∥♂	1am17
	☿#♆	3 10
	☽∠♃	4 17
	☉□☽	7 42
	☽∗♆	11 11
	☽☍♄	12pm36
	☽☌♂	5 31
	☽△☿	6 57
	☽∗♀	10 6
	☽□♅	11 58
19 T	☽∗♃	6am 9
	☽∠♆	12pm38
	☽☌♇	3 59
	☽⚼☿	11 23
20 W	☽∥♂	3am49
	☉⊼♆	8 8
	☿∗♀	10 54
	☽⊻♆	2pm 9
	☉△☽	2 37
	☽⊼♄	3 47
	☿⊻♅	9 7
	☽⊻♂	10 8
21 Th	☽□♀	2am34
	☉ ♈	2 36
	☽△♅	3 18
	☽⊼☿	4 0
	☉□♄	7 38
	☽□♃	10 6
	☽#♄	10 28
	☽∥♇	12pm40
	☽⚼♄	5 32
	☉⚼☽	6 16
	☽⊻♇	7 15
22 F	☽∠♂	0am41
	☽∥♀	1 44
	☽⚼♅	5 12
	☽☌♆	5pm40
	☽△♄	7 32
	♀⊻♅	7 57
	☽∠♇	9 12
	☉⊼☽	10 14
23 S	☽∗♂	3am32
	☽∥♃	3 35
	☽⊼♅	7 23
	☽△♀	7 34
	☽∥♆	12pm33
	☽☍☿	2 24
	☽△♃	2 57
	☿∗♃	7 53
	☽∗♇	11 32
24 Su	☽#☿	1am31
	☽⚼♀	10 34
	☽⚼♃	6pm 3
	☽⊻♆	10 38
25 M	☽□♄	0am46
	☽∥♅	6 13
	☉☍☽	7 47
	☉∥☽	8 26
	☽□♂	10 47
	☽☍♅	1pm15
	☽⊼♀	2 5
	☽⊼♃	9 48
	☉#☽	10 58
26 T	☽#♅	0am19
	☽∠♆	1 59
	☽⊼☿	3 48
	☽□♇	5 53
	☉∥♅	8pm17
	☿△♇	8 28
	☽∥☿	10 34
27 W	☽∗♆	6am 5
	☽∗♄	8 32
	☽⚼☿	12pm10
	☽#♆	8 10
	☉⊼☽	8 39
	☽△♂	9 2
	☽⊼♅	9 51
	☽☍♀	11 5
28 Th	☉□♂	5am 6
	☽#♃	7 34
	☽☍♃	7 37
	☉☌♅	12pm36
	☽∠♄	1 34
	☽△♇	3 8
	☽△☿	9 47
	♂□♅	11 13
29 F	☽⚼♅	3am18
	☽⚼♂	3 26
	☉⚼☽	4 31
	☉⊻♀	5 9
	☽□♆	4pm30
	☽#♀	5 43
	☽⊻♄	7 17
	☽⚼♇	8 51
30 S	☽#♇	1am44
	♀SR	3 0
	☽∥♄	4 7
	☽△♅	9 23
	☽⊼♂	10 33
	☽⊼♀	10 34
	♀∗♂	11 14
	♇SD	11 56
	☉△☽	1pm12
	☽⊼♃	8 23
	☿∠♀	10 31
31 Su	☽⊼♇	3am 3
	☽#♂	9 55
	☽⚼♀	4pm50
	☽□☿	8 3
	☉#☿	9 12

APRIL 1929

LONGITUDE

DAY	SID. TIME	☉	☽	☽ 12 Hour	MEAN ☊	TRUE ☊	☿	♀	♂	♃	♄	♅	♆	♇
	h m s	° ' "	° ' "	° ' "	° '	° '	° '	° '	° '	° '	° '	° '	° '	° '
1	12 35 28	10♈ 46 35	26♐ 31 39	2♑ 26 24	23♉ 30	22♉ 1	24♓ 52	7♉ 58R	8♋ 44	13♉ 9	0♑ 27	7♈ 33	28♌ 59R	16♋ 12
2	12 39 24	11 45 46	8♑ 21 51	14 18 37	23 27	22 2R	26 37	7 53	9 11	13 22	0 28	7 36	28 58	16 12
3	12 43 21	12 44 55	20 17 22	26 18 42	23 24	22 1	28 24	7 44	9 39	13 36	0 29	7 39	28 57	16 12
4	12 47 17	13 44 2	2♒ 23 13	8♒ 31 28	23 21	22 0	0♈ 12	7 34	10 7	13 49	0 30	7 43	28 56	16 12
5	12 51 14	14 43 7	14 43 57	21 1 7	23 18	21 56	2 1	7 20	10 35	14 2	0 30	7 46	28 55	16 13
6	12 55 10	15 42 10	27 23 18	3♓ 50 48	23 14	21 51	3 52	7 5	11 3	14 16	0 30	7 50	28 54	16 13
7	12 59 7	16 41 12	10♓ 23 45	17 2 15	23 11	21 46	5 45	6 47	11 31	14 29	0 31	7 53	28 53	16 13
8	13 3 4	17 40 12	23 46 13	0♈ 35 30	23 8	21 40	7 39	6 26	11 59	14 43	0 31	7 57	28 52	16 13
9	13 7 0	18 39 9	7♈ 29 47	14 28 42	23 5	21 35	9 34	6 4	12 28	14 56	0 31R	8 0	28 51	16 13
10	13 10 57	19 38 5	21 31 45	28 38 21	23 2	21 31	11 31	5 39	12 57	15 10	0 31	8 3	28 50	16 13
11	13 14 53	20 36 59	5♉ 47 53	12♉ 59 41	22 58	21 28	13 29	5 12	13 25	15 23	0 31	8 7	28 49	16 14
12	13 18 50	21 35 51	20 13 4	27 27 22	22 55	21 28D	15 28	4 43	13 54	15 37	0 31	8 10	28 48	16 14
13	13 22 46	22 34 40	4♊ 41 57	11♊ 56 14	22 52	21 28	17 29	4 13	14 24	15 50	0 31	8 13	28 47	16 14
14	13 26 43	23 33 27	19 9 39	26 21 45	22 49	21 29	19 31	3 40	14 53	16 4	0 30	8 17	28 46	16 15
15	13 30 39	24 32 13	3♋ 32 7	10♋ 40 26	22 46	21 31	21 35	3 7	15 23	16 18	0 30	8 20	28 45	16 15
16	13 34 36	25 30 56	17 46 23	24 49 45	22 43	21 32R	23 39	2 32	15 52	16 32	0 29	8 23	28 45	16 15
17	13 38 32	26 29 37	1♌ 50 23	8♌ 48 6	22 39	21 32	25 45	1 56	16 22	16 46	0 28	8 27	28 44	16 16
18	13 42 29	27 28 15	15 42 49	22 34 26	22 36	21 31	27 51	1 19	16 52	16 59	0 28	8 30	28 43	16 16
19	13 46 26	28 26 51	29 22 52	6♍ 8 3	22 33	21 29	29 58	0 41	17 22	17 13	0 27	8 33	28 43	16 17
20	13 50 22	29 25 25	12♍ 49 55	19 28 27	22 30	21 26	2♉ 5	0 3	17 52	17 27	0 26	8 37	28 42	16 17
21	13 54 19	0♉ 23 57	26 3 35	2♎ 35 18	22 27	21 23	4 13	29♈ 25	18 22	17 41	0 25	8 40	28 41	16 18
22	13 58 15	1 22 27	9♎ 3 34	15 28 23	22 23	21 20	6 21	28 48	18 53	17 55	0 24	8 43	28 41	16 18
23	14 2 12	2 20 54	21 49 48	28 7 50	22 20	21 17	8 29	28 10	19 23	18 9	0 22	8 46	28 40	16 19
24	14 6 8	3 19 20	4♏ 22 36	10♏ 34 11	22 17	21 16	10 36	27 34	19 54	18 23	0 21	8 49	28 40	16 19
25	14 10 5	4 17 44	16 42 44	22 48 28	22 14	21 15D	12 42	26 58	20 25	18 37	0 20	8 53	28 39	16 20
26	14 14 1	5 16 6	28 51 37	4♐ 52 26	22 11	21 15	14 47	26 23	20 56	18 51	0 18	8 56	28 39	16 21
27	14 17 58	6 14 27	10♐ 51 15	16 48 25	22 8	21 16	16 50	25 50	21 27	19 5	0 17	8 59	28 38	16 21
28	14 21 55	7 12 46	22 44 21	28 39 28	22 4	21 18	18 52	25 18	21 58	19 19	0 15	9 2	28 38	16 22
29	14 25 51	8 11 3	4♑ 34 15	10♑ 29 12	22 1	21 19	20 52	24 48	22 29	19 33	0 13	9 5	28 37	16 23
30	14 29 48	9♉ 9 19	16♑ 24 50	22♑ 21 44	21♉ 58	21♉ 20	22♉ 49	24♈ 20	23♋ 0	19♉ 47	0♑ 11	9♈ 8	28♌ 37	16♋ 23

DECLINATION and LATITUDE

DAY	☉ DECL	☽ DECL	☽ LAT	☽ 12hr DECL	☿ DECL	☿ LAT	♀ DECL	♀ LAT	♂ DECL	♂ LAT	♃ DECL	♃ LAT	♄ DECL	♄ LAT
1	4N16	26S21	2S57	26S48	4S 8	2S17	20N53	7N 6	25N25	2N15	14N58	0S52	22S15	1N12
2	4 39	26 56	3 45	26 46	3 24	2 15	20 54	7 10	25 22	2 14	15 2	0 52	22 15	1 12
3	5 2	26 17	4 25	25 29	2 40	2 12	20 54	7 12	25 19	2 14	15 6	0 52	22 14	1 12
4	5 25	24 23	4 53	23 0	1 54	2 9	20 53	7 15	25 16	2 13	15 10	0 52	22 14	1 12
5	5 48	21 20	5 9	19 24	1 7	2 5	20 50	7 17	25 13	2 12	15 14	0 51	22 14	1 12
6	6 11	17 13	5 10	14 49	0 19	2 1	20 46	7 18	25 10	2 11	15 18	0 51	22 14	1 13
7	6 34	12 13	4 55	9 26	0N30	1 56	20 40	7 18	25 7	2 10	15 23	0 51	22 14	1 13
8	6 56	6 31	4 24	3 28	1 20	1 51	20 33	7 18	25 3	2 9	15 27	0 51	22 14	1 13
9	7 19	0 21	3 37	2N49	2 10	1 46	20 25	7 17	24 60	2 8	15 31	0 51	22 14	1 13
10	7 41	5N59	2 36	9 6	3 2	1 39	20 15	7 16	24 56	2 7	15 35	0 51	22 14	1 13
11	8 3	12 8	1 25	15 1	3 54	1 33	20 4	7 14	24 52	2 7	15 39	0 51	22 14	1 13
12	8 25	17 42	0 7	20 8	4 47	1 25	19 51	7 11	24 48	2 6	15 43	0 51	22 14	1 13
13	8 47	22 16	1N12	24 3	5 40	1 18	19 37	7 7	24 44	2 5	15 47	0 50	22 14	1 13
14	9 9	25 26	2 26	26 24	6 34	1 10	19 21	7 2	24 40	2 4	15 51	0 50	22 14	1 13
15	9 31	26 55	3 31	26 58	7 28	1 1	19 4	6 57	24 36	2 3	15 55	0 50	22 14	1 13
16	9 52	26 35	4 22	25 46	8 23	0 52	18 46	6 50	24 32	2 3	15 59	0 50	22 14	1 13
17	10 13	24 34	4 56	22 60	9 18	0 42	18 27	6 43	24 28	2 2	16 3	0 50	22 14	1 13
18	10 35	21 6	5 13	18 56	10 12	0 33	18 6	6 36	24 23	2 1	16 7	0 50	22 14	1 13
19	10 56	16 33	5 11	13 58	11 7	0 23	17 45	6 27	24 18	2 0	16 11	0 50	22 14	1 13
20	11 16	11 15	4 53	8 25	12 1	0 12	17 23	6 18	24 14	1 59	16 15	0 50	22 14	1 13
21	11 37	5 32	4 19	2 36	12 54	0 2	16 60	6 7	24 9	1 58	16 19	0 49	22 14	1 13
22	11 57	0S21	3 32	3S15	13 47	0N 9	16 36	5 57	24 4	1 58	16 23	0 49	22 14	1 13
23	12 18	6 6	2 35	8 53	14 39	0 20	16 12	5 45	23 58	1 57	16 27	0 49	22 14	1 13
24	12 38	11 33	1 32	14 4	15 29	0 31	15 47	5 33	23 53	1 56	16 31	0 49	22 14	1 13
25	12 57	16 26	0 25	18 37	16 19	0 41	15 23	5 21	23 48	1 55	16 35	0 49	22 14	1 13
26	13 17	20 36	0S42	22 20	17 6	0 52	14 58	5 8	23 42	1 55	16 39	0 49	22 14	1 13
27	13 36	23 50	1 46	25 4	17 52	1 2	14 33	4 55	23 37	1 54	16 43	0 49	22 14	1 13
28	13 56	26 0	2 46	26 39	18 36	1 12	14 9	4 41	23 31	1 53	16 47	0 49	22 13	1 13
29	14 14	26 60	3 38	27 1	19 18	1 22	13 45	4 27	23 25	1 52	16 51	0 49	22 13	1 13
30	14N33	26S45	4S20	26S 9	19N58	1N31	13N21	4N13	23N19	1N51	16N55	0S49	22S13	1N14

DAY	♅ DECL	♅ LAT	♆ DECL	♆ LAT	♇ DECL	♇ LAT
1	2N23	0S40	12N24	0N36	21N55	0S33
5	2 28	0 40	12 25	0 36	21 56	0 33
9	2 33	0 40	12 27	0 36	21 56	0 32
13	2 39	0 40	12 28	0 36	21 56	0 32
17	2 44	0 40	12 29	0 36	21 56	0 32
21	2 49	0 40	12 30	0 36	21 56	0 31
25	2 54	0 41	12 31	0 36	21 56	0 31
29	2N59	0S41	12N31	0N36	21N56	0S31

☽ PHENOMENA	
d h m	
2 7 29	☾
9 20 33	●
16 14 9	☽
23 21 48	○
d h ° '	
1 23 26S56	
9 1 0	
15 8 27N 0	
21 23 0	
29 7 27S 3	
5 14 5S11	
12 2 0	
18 10 5N14	
25 9 0	

VOID OF COURSE ☽ LAST ASPT	☽ INGRESS
1 4am59	1 ♑ 7am 3
3 6pm56	3 ♒ 7pm18
6 2am49	6 ♓ 4am52
7 10am31	8 ♈ 10am58
10 12pm18	10 ♉ 2pm17
12 2pm13	12 ♊ 4pm13
14 4pm 1	14 ♋ 6pm 5
16 2pm 9	16 ♌ 8pm51
18 10pm49	19 ♍ 1am 6
20 9am27	21 ♎ 7am14
23 1pm 1	23 ♏ 3pm35
25 11pm34	26 ♐ 2am16
28 11am56	28 ♑ 2pm43

d h	
1 1	APOGEE
12 21	PERIGEE
28 19	APOGEE

DAILY ASPECTARIAN

Day	Aspect	Time
1 M	☽⚼♃	3am22
	☽△♆	4 59
	☽☌♄	7 59
	☽□♅	10pm27
	☽△♀	11 1
2 T	☽☍♂	1am44
	☉□☽	7 29
	☽△♃	10 18
	☽⚼♆	11 17
	☽☍♇	3pm49
3 W	☿∠♃	3am 0
	☿⊼♆	7 17
	☿#♅	7 20
	♀⊻♅	8 42
	☽#♂	2pm26
	☽⊼♆	5 12
	☽⚹☿	6 56
	☽⊻♄	8 16
	☿ ♈	9 21
4 Th	☉⊻♃	2am34
	☿□♄	3 53
	☉⚼♆	4 41
	☽□♀	9 57
	☽⚹♅	10 28
	☽⊼♂	3pm40
	☽∥♄	5 43
	☽#♇	7 57
	☽□♃	10 38
	☉⚹☽	11 58
5 F	☽∠♄	1am28
	☽⊼♇	2 50
	☽#♀	3 20
	☽∠☿	5 9
	☽∠♅	3pm23
	☽⚼♂	9 23
6 S	☽☍♆	2am49
	☽⚹♄	5 49
	☉∠☽	6 41
	☽⚼♇	7 7
	☽#♃	9 31
	☉□♇	12pm26
	☽⊻☿	2 4
	☽⚹♀	5 33
	☽⊻♅	7 24
	☽#♆	11 3
7 Su	☽△♂	2am 6
	☽⚹♃	7 32
	☽△♇	10 31
	☿⊻♀	11 10
	☉⊻☽	12pm16
	☽∠♀	7 58
	☉#☽	10 24
8 M	☿☌♅	3am51
	☽⊼♆	8 57
	☽∠♃	10 38
	☽□♄	11 52
	☽#♅	3pm35
	☽#☿	5 51
	☽⊻♀	9 35
9 T	☽☌♅	0am52
	☽☌☿	4 9
	☽□♂	8 51
	☽⚼♆	10 54
	☿∥♅	11 0
	☽∥♅	11 3
	☽∥☿	11 4
	☽⊻♃	12pm59
	☽□♇	2 59
	♄SR	4 7
	☉☌☽	8 33
10 W	☉∥☽	6am56
	☽△♆	12pm18
	☽△♄	3 9
	☽☌♀	11 2
	☿□♂	11 7
11 Th	☽∥♆	1am20
	☽⊻♅	3 53
	☿⚼♆	4 1
	☽⚹♂	1pm 9
	♃⚼♄	1 41
	☽⊻☿	2 51
	☽∥♃	2 56
	☽⚼♄	4 12
	☽☌♃	4 14
	☽⚹♇	5 23
	♂∠♆	6 44
12 F	☿⊻♃	1am55
	☉⊻☽	2 27
	☽∠♅	4 55
	☿□♇	9 8
	☽∥♀	10 1
	☽□♆	2pm13
	☽∠♂	2 54
	☽⊼♄	5 4
	☽∠♇	6 16
	☽∠☿	7 44
	☽∥♇	10 0
	☽⊻♀	11 13
	☽#♄	11 48
13 S	☉∠☽	5am 7
	☽⚹♅	5 52
	☽⊻♂	4pm39
	☽∥♂	5 11
	☽⊻♃	6 47
	☽⊻♇	7 9
	☽∠♀	11 13
14	☽⚹☿	0am42
Su	☉⚹☽	7 51
	☽⚹♆	4pm 1
	♃⚹♇	6 51
	☽☍♄	6 55
	☽∠♃	8 12
	☽⚹♀	11 19
15 M	☽□♅	8am 5
	☽∠♆	5pm11
	☽☌♂	8 40
	☽☌♇	9 26
	☽⚹♃	9 51
16 T	☽□☿	11am44
	☉□☽	2pm 9
	☽⊻♆	6 41
	♂☌♇	6 59
	☽⊼♄	9 40
17 W	☽□♀	0am 9
	☽∥♂	0 55
	☽△♅	11 26
	☉☌☿	4pm 0
	☽#♄	5 4
	☽∥♇	6 56
	☽⚼♄	11 34
18 Th	☽⊻♇	0am58
	☽⊻♂	2 5
	☽□♃	2 16
	☿△♆	9 51
	♂⚹♃	11 3
	☽⚼♅	1pm41
	☉∥☿	4 4
	☽∥♀	5 38
	☉△☽	10 13
	☽☌♆	10 49
19 F	☿ ♉	0am24
	☽△☿	1 14
	☽∥♃	1 43
	☽△♄	1 53
	☽△♀	2 13
	☽∠♇	3 22
	☿△♄	5 25
	☽∠♂	5 30
	☿☌♀	6 17
	☉△♆	6 21
	♀△♄	9 19
	☽⊼♅	4pm23
	☽∥♆	6 35
	☽∥☿	9 9
	☉∥☽	11 54
20 S	♀ ♈	2am 6
	☉⚼☽	3 6
	☽⚼♀	3 49
	☽⚹♇	6 14
	☽△♃	8 29
	☽⚼☿	9 9
	☉☌♀	9 25
	☽⚹♂	9 27
	☿∥♆	12pm57
	☉ ♉	2 11
21 Su	☉△♄	0am21
	☽⊻♆	4 49
	☽⊼♀	5 53
	☽□♄	7 59
	☉⊼☽	8 37
	☽∥♅	11 3
	☽⚼♃	12pm24
	☽⊼☿	5 58
	☽☍♅	11 22
22 M	♀△♆	4am32
	☽∠♆	8 37
	☽#♅	10 19
	♀∥♃	10 53
	☽□♇	1pm34
	☽⊼♃	4 55
	☽□♂	7 11
23 T	☿⊻♅	3am25
	☽☍♀	11 31
	☽⚹♆	1pm 1
	☉∥♆	3 13
	☽⚹♄	4 16
	☉☍☽	9 48
24 W	☽#♆	4am30
	☉#☽	5 25
	☿∥♀	5 45
	☽⊼♅	8 39
	☽☍☿	2pm32
	☽#♀	6 57
	☽∠♄	9 18
	☽#☿	11 12
	☽△♇	11 15
25 Th	☽#♃	0am47
	☽☍♃	3 49
	☽△♂	7 36
	☿∥♃	8 54
	☽⚼♅	2pm11
	☽⊼♀	7 19
	☽□♆	11 34
26 F	☽⊻♄	2am52
	☽⚼♇	4 57
	☿⚼♄	5 59
	☽#♇	9 4
	☽∥♄	11 9
	☉⊼☽	1pm55
	☽⚼♂	2 45
	☿⚹♇	6 17
	☽△♅	8 13
	☽#♂	10 7
	☽⚼♀	11 58
27 S	☽⊼♇	11am 6
	☽⊼☿	2pm34
	☽⊼♃	4 56
	☽⊼♂	10 21
	☉⚼☽	10 50
28 Su	☽△♀	4am59
	☿☌♃	6 5
	☉∥♀	7 27
	☽△♆	11 56
	☽☌♄	3pm11
	☽⚼♃	11 58
29 M	☽⚼☿	3am 9
	☉△☽	7 59
	☽□♅	9 12
	☽⚼♆	6pm21
	☉⊻♅	11 31
	☽☍♇	11 57
30 T	☿⚹♂	3am 9
	☽△♃	6 57
	☽☍♂	1pm54
	☿⊻♀	3 22
	☽△☿	3 24
	☽□♀	3 24
	☿∠♅	4 54

MAY 1929

LONGITUDE

DAY	SID. TIME	☉	☽	☽ 12 Hour	MEAN ☊	TRUE ☊	☿	♀	♂	♃	♄	♅	♆	♇
	h m s	° ' "	° ' "	° ' "	° '	° '	° '	° '	° '	° '	° '	° '	° '	° '
1	14 33 44	10♉ 7 33	28♑ 20 26	4♒ 21 33	21♉ 55	21♉ 21	24♉ 44	23♈ 54R	23♋ 32	20♉ 1	0♑ 9R	9♈ 11	28♌ 37R	16♋ 24
2	14 37 41	11 5 46	10♒ 25 38	16 33 16	21 52	21 21R	26 36	23 30	24 3	20 16	0 7	9 14	28 36	16 25
3	14 41 37	12 3 57	22 45 0	29 1 21	21 49	21 21	28 25	23 8	24 35	20 30	0 5	9 17	28 36	16 26
4	14 45 34	13 2 6	5♓ 22 49	11♓ 49 48	21 45	21 20	0♊ 10	22 49	25 7	20 44	0 3	9 20	28 36	16 26
5	14 49 30	14 0 15	18 22 40	25 1 39	21 42	21 19	1 53	22 31	25 38	20 58	0 0	9 23	28 36	16 27
6	14 53 27	14 58 22	1♈ 46 55	8♈ 38 29	21 39	21 19	3 32	22 17	26 10	21 12	29♐ 58	9 26	28 36	16 28
7	14 57 24	15 56 27	15 36 15	22 39 57	21 36	21 18	5 7	22 4	26 42	21 26	29 56	9 29	28 36	16 29
8	15 1 20	16 54 30	29 49 12	7♉ 3 27	21 33	21 17	6 38	21 54	27 15	21 41	29 53	9 32	28 35	16 30
9	15 5 17	17 52 33	14♉ 22 3	21 44 11	21 29	21 17D	8 6	21 47	27 47	21 55	29 50	9 35	28 35D	16 31
10	15 9 13	18 50 34	29 8 58	6♊ 35 28	21 26	21 17	9 30	21 42	28 19	22 9	29 48	9 38	28 35	16 32
11	15 13 10	19 48 33	14♊ 2 41	21 29 39	21 23	21 18	10 50	21 39D	28 51	22 23	29 45	9 41	28 35	16 32
12	15 17 6	20 46 31	28 55 26	6♋ 19 8	21 20	21 18	12 6	21 39	29 24	22 38	29 42	9 43	28 35	16 33
13	15 21 3	21 44 27	13♋ 39 58	20 57 16	21 17	21 18R	13 17	21 41	29 57	22 52	29 39	9 46	28 36	16 34
14	15 24 59	22 42 21	28 10 29	5♌ 19 12	21 14	21 18	14 25	21 45	0♌ 29	23 6	29 36	9 49	28 36	16 35
15	15 28 56	23 40 13	12♌ 23 5	19 21 59	21 10	21 18	15 29	21 52	1 2	23 20	29 33	9 52	28 36	16 36
16	15 32 53	24 38 3	26 15 48	3♍ 4 33	21 7	21 17D	16 28	22 1	1 35	23 34	29 30	9 54	28 36	16 37
17	15 36 49	25 35 52	9♍ 48 21	16 27 19	21 4	21 17	17 23	22 11	2 8	23 49	29 26	9 57	28 36	16 38
18	15 40 46	26 33 39	23 1 40	29 31 39	21 1	21 18	18 14	22 24	2 41	24 3	29 23	10 0	28 36	16 40
19	15 44 42	27 31 24	5♎ 57 29	12♎ 19 28	20 58	21 18	19 0	22 39	3 14	24 17	29 20	10 2	28 37	16 41
20	15 48 39	28 29 8	18 37 52	24 52 56	20 55	21 19	19 41	22 56	3 47	24 31	29 16	10 5	28 37	16 42
21	15 52 35	29 26 50	1♏ 4 57	7♏ 14 10	20 51	21 19	20 18	23 15	4 20	24 45	29 13	10 7	28 37	16 43
22	15 56 32	0♊ 24 31	13 20 50	19 25 12	20 48	21 20R	20 51	23 35	4 53	25 0	29 9	10 10	28 38	16 44
23	16 0 28	1 22 10	25 27 30	1♐ 27 59	20 45	21 20	21 19	23 58	5 27	25 14	29 6	10 12	28 38	16 45
24	16 4 25	2 19 48	7♐ 26 52	13 24 26	20 42	21 20	21 42	24 22	6 0	25 28	29 2	10 14	28 39	16 46
25	16 8 22	3 17 25	19 20 54	25 16 33	20 39	21 19	22 0	24 48	6 34	25 42	28 58	10 17	28 39	16 47
26	16 12 18	4 15 1	1♑ 11 41	7♑ 6 35	20 35	21 17	22 13	25 15	7 7	25 56	28 55	10 19	28 40	16 49
27	16 16 15	5 12 36	13 1 36	18 57 4	20 32	21 15	22 22	25 44	7 41	26 10	28 51	10 21	28 40	16 50
28	16 20 11	6 10 9	24 53 23	0♒ 50 57	20 29	21 13	22 26R	26 14	8 15	26 24	28 47	10 24	28 41	16 51
29	16 24 8	7 7 42	6♒ 50 12	12 51 37	20 26	21 11	22 26	26 46	8 48	26 38	28 43	10 26	28 41	16 52
30	16 28 4	8 5 14	18 55 39	25 2 50	20 23	21 9	22 21	27 19	9 22	26 52	28 39	10 28	28 42	16 54
31	16 32 1	9♊ 2 45	1♓ 13 39	7♓ 28 38	20♉ 20	21♉ 8D	22♊ 12	27♈ 53	9♌ 56	27♉ 6	28♐ 35	10♈ 30	28♌ 43	16♋ 55

DECLINATION and LATITUDE

DAY	☉ DECL	☽ DECL	☽ LAT	☽ 12hr DECL	☿ DECL	☿ LAT	♀ DECL	♀ LAT	♂ DECL	♂ LAT	♃ DECL	♃ LAT	♄ DECL	♄ LAT
1	14N52	25S16	4S52	24S 5	20N35	1N40	12N58	3N59	23N13	1N51	16N59	0S48	22S13	1N14
2	15 10	22 37	5 11	20 54	21 10	1 48	12 36	3 44	23 7	1 50	17 2	0 48	22 13	1 14
3	15 28	18 55	5 17	16 43	21 42	1 56	12 15	3 30	23 0	1 49	17 6	0 48	22 13	1 14
4	15 45	14 18	5 8	11 42	22 12	2 3	11 54	3 16	22 54	1 48	17 10	0 48	22 13	1 14
5	16 3	8 56	4 42	6 1	22 39	2 9	11 34	3 1	22 47	1 48	17 14	0 48	22 13	1 14
6	16 20	2 59	4 1	0N 8	23 4	2 14	11 15	2 47	22 40	1 47	17 18	0 48	22 13	1 14
7	16 37	3N18	3 5	6 28	23 26	2 19	10 58	2 33	22 34	1 46	17 21	0 48	22 13	1 14
8	16 54	9 36	1 56	12 39	23 46	2 23	10 41	2 19	22 27	1 46	17 25	0 48	22 13	1 14
9	17 10	15 33	0 38	18 15	24 4	2 26	10 26	2 5	22 19	1 45	17 29	0 48	22 13	1 14
10	17 26	20 41	0N44	22 48	24 19	2 28	10 11	1 52	22 12	1 44	17 33	0 48	22 13	1 14
11	17 42	24 32	2 3	25 50	24 32	2 29	9 58	1 39	22 5	1 43	17 36	0 48	22 13	1 14
12	17 57	26 41	3 14	27 3	24 43	2 29	9 46	1 26	21 57	1 43	17 40	0 48	22 13	1 14
13	18 12	26 55	4 12	26 20	24 51	2 28	9 35	1 13	21 50	1 42	17 44	0 47	22 13	1 14
14	18 27	25 18	4 52	23 53	24 58	2 27	9 25	1 1	21 42	1 41	17 47	0 47	22 13	1 14
15	18 42	22 6	5 14	20 2	25 3	2 24	9 16	0 49	21 34	1 40	17 51	0 47	22 13	1 14
16	18 56	17 43	5 16	15 12	25 5	2 20	9 9	0 37	21 26	1 40	17 55	0 47	22 13	1 14
17	19 10	12 32	5 1	9 45	25 6	2 16	9 2	0 25	21 18	1 39	17 58	0 47	22 13	1 14
18	19 24	6 54	4 30	4 0	25 5	2 10	8 57	0 14	21 10	1 38	18 2	0 47	22 13	1 14
19	19 37	1 5	3 46	1S48	25 3	2 4	8 52	0 4	21 1	1 38	18 5	0 47	22 13	1 14
20	19 50	4S39	2 52	7 27	24 59	1 56	8 49	0S 7	20 53	1 37	18 9	0 47	22 13	1 14
21	20 2	10 8	1 50	12 43	24 53	1 48	8 47	0 17	20 44	1 36	18 12	0 47	22 13	1 14
22	20 15	15 9	0 44	17 25	24 46	1 39	8 45	0 26	20 36	1 36	18 16	0 47	22 13	1 14
23	20 27	19 30	0S23	21 23	24 38	1 28	8 45	0 36	20 27	1 35	18 19	0 47	22 13	1 14
24	20 38	23 1	1 28	24 23	24 28	1 17	8 45	0 45	20 18	1 34	18 23	0 47	22 13	1 14
25	20 49	25 30	2 29	26 19	24 17	1 5	8 47	0 53	20 9	1 33	18 26	0 47	22 13	1 14
26	21 0	26 50	3 23	27 2	24 5	0 52	8 49	1 2	19 60	1 33	18 29	0 47	22 13	1 14
27	21 11	26 56	4 8	26 31	23 51	0 38	8 52	1 10	19 50	1 32	18 33	0 47	22 13	1 14
28	21 21	25 48	4 43	24 47	23 37	0 23	8 56	1 18	19 41	1 31	18 36	0 47	22 13	1 14
29	21 31	23 30	5 6	21 57	23 22	0 8	9 0	1 25	19 31	1 31	18 39	0 46	22 13	1 14
30	21 40	20 9	5 15	18 7	23 6	0S 8	9 5	1 32	19 22	1 30	18 43	0 46	22 13	1 14
31	21N49	15S53	5S11	13S27	22N49	0S25	9N11	1S39	19N12	1N29	18N46	0S46	22S13	1N14

DAY	♅ DECL	♅ LAT	♆ DECL	♆ LAT	♇ DECL	♇ LAT
1	3N 1	0S41	12N31	0N36	21N56	0S31
5	3 6	0 41	12 32	0 36	21 56	0 30
9	3 10	0 41	12 32	0 36	21 56	0 30
13	3 15	0 41	12 32	0 36	21 56	0 30
17	3 19	0 41	12 31	0 36	21 55	0 29
21	3 23	0 41	12 31	0 36	21 55	0 29
25	3 27	0 41	12 30	0 36	21 55	0 29
29	3N30	0S41	12N29	0N36	21N55	0S29

☽ PHENOMENA			
d	h	m	
2	1	26	☾
9	6	7	●
15	20	56	☽
23	12	50	○
31	16	13	☾
d	h	°	
6	11	0	
12	15	27N 3	
19	5	0	
26	14	27S 3	
2	31	6 S	
9	11	0	
15	15	5N17	
22	16	0	
30	4	5S16	

VOID OF COURSE ☽ LAST ASPT		☽ INGRESS		
30	3pm24	1	♒	3am19
3	12pm37	3	♓	1pm51
5	8pm48	5	♈	8pm51
8	0am 6	8	♉	0am18
9	11pm 6	10	♊	1am22
12	1am15	12	♋	1am45
13	3pm25	14	♌	3am 3
16	5am39	16	♍	6am34
18	11am41	18	♎	12pm53
20	8pm23	20	♏	9pm54
23	6am21	23	♐	9am 4
25	7pm23	25	♑	9pm35
28	3am 7	28	♒	10am18
30	7pm 7	30	♓	9pm38

d	h	
7	20	PERIGEE
26	8	APOGEE

DAILY ASPECTARIAN

Day	Aspect	Time
1 W	☽⚻♆	0am33
	☽⚺♄	3 37
	♀□♂	9 28
	☽#♂	8pm 4
	☽✱♅	9 39
2 Th	☉□☽	1am26
	☽∥♄	2 56
	☽#♇	4 59
	♀∥♆	5 6
	☽#☿	8 54
	☽∠♄	9 10
	☽⚻♇	11 44
	☽□♃	7pm34
3 F	☽✱♀	0am43
	☿□♆	2 32
	☽∠♅	2 58
	☽⚻♂	3 40
	☽#♃	9 51
	☿∥♇	11 7
	☽☍♆	11 12
	☽□☿	12pm37
	☽✱♄	1 58
	☽⚼♇	4 34
	☉#☽	5 18
	☿ ♊	9 35
	☿⚻♄	10 15
4 S	☿#♄	1am17
	☽∠♀	4 26
	☽⚺♅	7 25
	☽#♆	8 17
	☽⚼♂	9 12
	☽#♀	11 51
	☉✱☽	3pm22
	☿∠♇	5 51
	☽△♇	8 29
5 Su	♄ ♐	3am57
	☽✱♃	4 47
	☿∥♂	5 59
	☽⚺♀	7 22
	☽△♂	1pm38
	☽⚻♆	6 22
	☉∠☽	8 33
	☽□♄	8 48
	☽#♅	11 28
	☉⚼♄	11 52
6 M	☽✱☿	3am29
	☽∠♃	7 54
	☽☌♅	1pm26
	☽⚼♆	8 33
	☽∥♅	11 24
7 T	☉⚺☽	0am37
	☽□♇	1 30
	☽∠☿	8 37
	☽⚺♃	10 6
	☽☌♀	10 52
	☉✱♇	1pm36
	☽□♂	7 32
	☽△♆	9 57
8 W	☽△♄	0am 6
	☿∠♀	3 58
	☽∥♀	4 4
	☽∥♆	11 32
	☽⚺☿	12pm35
	♀⚺♃	2 58
	☽⚺♅	4 8
9 Th	☽⚼♄	0am46
	☽✱♇	3 30
	☉☌☽	6 7
	☉∥☽	7 27
	☽∥♃	8 36
	☽⚺♀	12pm 0
	☽☌♃	12 29
	☽∠♅	4 40
	♂#♄	8 54
	☽✱♂	10 36
	☽□♆	11 6
	♆SD	11 45
10 F	☽⚻♄	1am 2
	☿✱♅	2 25
	☽∠♇	3 50
	☽∥♇	6 50
	☽∥♂	8 11
	☽#♄	8 31
	♂⚺♆	12pm 6
	☽∠♀	12 8
	☉∥♃	1 12
	☽✱♅	4 57
	☽☌☿	6 20
	☽∠♂	11 41
	☽∥☿	12 0
11 S	☽⚺♇	4am 1
	☉⚺☽	9 56
	☽✱♀	12pm15
	☽⚺♃	1 40
	♀SD	3 4
	☽✱♆	11 28
12 Su	☽⚺♂	0am48
	☽☍♄	1 15
	♂∥♇	5 13
	☉∠☽	11 54
	♂⚻♄	12pm 9
	☽∠♃	2 22
	☽□♅	5 36
	☉⚺♀	10 30
	☽⚺☿	11 20
	☽∠♆	11 53
13 M	♂ ♌	2am33
	☽☌♇	4 47
	☽□♀	1pm16
	☉✱☽	2 15
	☽✱♃	3 25
14 T	☽⚺♆	0am42
	☽∠☿	2 15
	☽⚻♄	2 22
	☽∥☿	3 1
	☽☌♂	4 1
	☉☌♃	12pm59
	☽△♅	7 41
	☽#♄	11 17
15 W	☽∥♇	1am 5
	☽∥♂	3 22
	☽⚼♄	3 41
	☽✱☿	5 43
	☽⚺♇	7 15
	☽△♀	4pm30
	☉∥☽	6 8
	☽□♃	7 13
	☉□☽	8 56
	☽⚼♅	9 37
	☽∥♃	11 3
16 Th	☿⚺♇	4am 3
	☽☌♆	4 6
	☽△♄	5 39
	☿∠♂	6 51
	☉∠♅	7 3
	☽∠♇	9 27
	☽⚺♂	9 45
	☽⚼♀	7pm15
17 F	☽∥♆	0am 4
	☽⚻♅	0 15
	☽✱♇	12pm21
	☽∠♂	1 48
	☽□☿	2 38
	☽∥♀	3 18
	☽⚻♀	10 50
18 S	☽△♃	1am54
	☉△☽	7 2
	☽⚺♆	10 18
	☽□♄	11 41
	☽∥♅	2pm43
	☽✱♂	6 40
19 Su	☽⚼♃	6am22
	☽☍♅	7 42
	☉⚼☽	1pm24
	☽∠♆	2 27
	☽#♅	6 31
	☽□♇	8 18
20 M	☽△☿	2am 8
	☉□♆	3 18
	☽☍♀	8 27
	☽⚻♃	11 31
	☽#♀	5pm56
	☉⚻♄	6 31
	☽✱♆	7 14
	☽✱♄	8 23
	☉⚻☽	8 34
21 T	☽□♂	6am38
	☽⚼☿	8 38
	☽#♆	11 3
	☉ ♊	1pm48
	☽⚻♅	5 43
22 W	☽∠♄	1am35
	☽△♇	6 41
	☽⚻☿	3pm26
	☽#♃	4 57
	♃∠♅	8 40
	☽⚻♀	8 55
	☽⚼♅	11 29
	☽☍♃	11 32
23 Th	☉∥♂	0am22
	☽#♂	5 39
	☉#☽	6 10
	☽□♆	6 21
	☽⚺♄	7 13
	☉∠♇	9 45
	☽⚼♇	12pm35
	☉☍☽	12 50
	☽#♇	3 47
	☽∥♄	5 57
	☽△♂	8 57
24 F	☽⚼♀	4am 0
	☽△♅	5 38
	☽#☿	11 53
	☽⚻♇	6pm49
25 S	☽⚼♂	4am42
	☽☍☿	5 29
	☽△♀	11 27
	☽⚻♃	1pm 7
	☽△♆	6 51
	☽☌♄	7 23
26 Su	☿∠♂	6am30
	☉⚻☽	6 45
	☽⚻♂	12pm37
	☽□♅	6 34
	☽⚼♃	8 10
27 M	☽⚼♆	1am18
	☽☍♇	7 43
	☉⚼☽	3pm50
	☽⚻☿	7 2
28 T	☽□♀	2am50
	☽△♃	3 7
	☽⚻♆	7 38
	☽⚺♄	7 48
	☿SR	9 16
	♀⚺♃	2pm 8
29 W	☉△☽	0am38
	☽⚼☿	1 11
	☽#☿	1 15
	☽☍♂	4 7
	☽✱♅	7 12
	♄△♆	8 35
	☽∥♄	10 3
	☽#♇	12pm16
	☽∠♄	1 37
	☉#☽	2 25
	☽⚻♇	7 59
30 Th	☽#♂	4am59
	☽△☿	6 39
	☽#♃	8 29
	☽∠♅	12pm52
	☽□♃	3 52
	☽✱♀	5 13
	☽✱♄	6 54
	☽☍♆	7 7
31 F	☽⚼♇	1am20
	☉∥♇	3pm 5
	☉□☽	4 13
	☽#♆	4 34
	☽⚻♂	5 28
	☽⚺♅	5 49
	☽∠♀	11 22

JUNE 1929

LONGITUDE

DAY	SID. TIME	☉	☽	☽ 12 Hour	MEAN ☊	TRUE ☊	☿	♀	♂	♃	♄	♅	♆	♇
	h m s	° ' "	° ' "	° ' "	° '	° '	° '	° '	° '	° '	° '	° '	° '	° '
1	16 35 58	10♊ 0 15	13♓ 48 16	20♓ 13 3	20♉ 16	21♉ 8	21♊ 58R	28♈ 29	10♌ 30	27♉ 20	28♐ 31R	10♈ 32	28♌ 43	16♋ 56
2	16 39 54	10 57 45	26 43 26	3♈ 19 48	20 13	21 8	21 41	29 6	11 4	27 34	28 27	10 35	28 44	16 57
3	16 43 51	11 55 14	10♈ 2 30	16 51 46	20 10	21 9	21 20	29 44	11 38	27 48	28 23	10 37	28 45	16 59
4	16 47 47	12 52 41	23 47 42	0♉ 50 19	20 7	21 11	20 55	0♉ 23	12 12	28 2	28 18	10 39	28 46	17 0
5	16 51 44	13 50 9	7♉ 59 27	15 14 44	20 4	21 12R	20 28	1 4	12 47	28 16	28 14	10 41	28 46	17 1
6	16 55 40	14 47 35	22 35 42	0♊ 1 37	20 1	21 12	19 59	1 45	13 21	28 30	28 10	10 42	28 47	17 3
7	16 59 37	15 45 1	7♊ 31 38	15 4 44	19 57	21 12	19 28	2 27	13 55	28 44	28 6	10 44	28 48	17 4
8	17 3 33	16 42 26	22 39 47	0♋ 15 33	19 54	21 10	18 55	3 11	14 30	28 58	28 2	10 46	28 49	17 5
9	17 7 30	17 39 51	7♋ 50 48	15 24 18	19 51	21 7	18 22	3 55	15 4	29 12	27 57	10 48	28 50	17 7
10	17 11 27	18 37 14	22 54 53	0♌ 21 31	19 48	21 4	17 48	4 40	15 39	29 26	27 53	10 50	28 51	17 8
11	17 15 23	19 34 37	7♌ 43 17	14 59 29	19 45	21 0	17 15	5 26	16 13	29 39	27 49	10 51	28 52	17 10
12	17 19 20	20 31 58	22 9 35	29 13 15	19 41	20 57	16 43	6 12	16 48	29 53	27 44	10 53	28 53	17 11
13	17 23 16	21 29 18	6♍ 10 17	13♍ 0 41	19 38	20 55	16 12	7 0	17 23	0♊ 7	27 40	10 55	28 54	17 13
14	17 27 13	22 26 38	19 44 36	26 22 16	19 35	20 54D	15 43	7 48	17 58	0 20	27 35	10 56	28 55	17 14
15	17 31 9	23 23 56	2♎ 54 2	9♎ 20 18	19 32	20 54	15 17	8 37	18 33	0 34	27 31	10 58	28 56	17 15
16	17 35 6	24 21 13	15 41 30	21 58 9	19 29	20 55	14 53	9 27	19 7	0 47	27 27	10 59	28 57	17 17
17	17 39 2	25 18 30	28 10 42	4♏ 19 40	19 26	20 57	14 33	10 17	19 42	1 1	27 22	11 1	28 59	17 18
18	17 42 59	26 15 46	10♏ 25 31	16 28 43	19 22	20 58R	14 17	11 8	20 17	1 14	27 18	11 2	29 0	17 20
19	17 46 56	27 13 1	22 29 40	28 28 48	19 19	20 59	14 4	12 0	20 52	1 28	27 13	11 4	29 1	17 21
20	17 50 52	28 10 16	4♐ 26 29	10♐ 23 3	19 16	20 58	13 56	12 52	21 28	1 41	27 9	11 5	29 2	17 23
21	17 54 49	29 7 30	16 18 48	22 14 3	19 13	20 55	13 52D	13 45	22 3	1 55	27 4	11 6	29 3	17 24
22	17 58 45	0♋ 4 44	28 9 2	4♑ 4 1	19 10	20 50	13 53	14 38	22 38	2 8	27 0	11 7	29 5	17 26
23	18 2 42	1 1 57	9♑ 59 14	15 54 54	19 7	20 44	13 58	15 32	23 13	2 21	26 56	11 9	29 6	17 27
24	18 6 38	1 59 10	21 51 15	27 48 32	19 3	20 37	14 8	16 26	23 49	2 34	26 51	11 10	29 7	17 29
25	18 10 35	2 56 22	3♒ 46 58	9♒ 46 49	19 0	20 29	14 23	17 21	24 24	2 48	26 47	11 11	29 9	17 30
26	18 14 31	3 53 35	15 48 22	21 51 56	18 57	20 22	14 43	18 17	24 59	3 1	26 42	11 12	29 10	17 32
27	18 18 28	4 50 48	27 57 51	4♓ 6 28	18 54	20 15	15 7	19 13	25 35	3 14	26 38	11 13	29 12	17 33
28	18 22 25	5 48 0	10♓ 18 11	16 33 23	18 51	20 10	15 36	20 9	26 11	3 27	26 34	11 14	29 13	17 35
29	18 26 21	6 45 12	22 52 32	29 16 4	18 47	20 7	16 10	21 6	26 46	3 40	26 29	11 15	29 15	17 36
30	18 30 18	7♋ 42 24	5♈ 44 25	12♈ 18 1	18♉ 44	20♉ 6D	16♊ 48	22♉ 3	27♌ 22	3♊ 53	26♐ 25	11♈ 16	29♌ 16	17♋ 38

DECLINATION and LATITUDE

DAY	☉ DECL	☽ DECL	☽ LAT	☽ 12hr DECL	☿ DECL	☿ LAT	♀ DECL	♀ LAT	♂ DECL	♂ LAT	♃ DECL	♃ LAT	♄ DECL	♄ LAT
1	21N58	10S51	4S51	8S 6	22N31	0S41	9N18	1S45	19N 2	1N29	18N49	0S46	22S13	1N13
2	22 6	5 14	4 17	2 15	22 13	0 59	9 25	1 52	18 52	1 28	18 52	0 46	22 13	1 13
3	22 14	0N48	3 28	3N53	21 54	1 16	9 33	1 58	18 42	1 27	18 56	0 46	22 13	1 13
4	22 21	6 59	2 25	10 3	21 35	1 33	9 41	2 3	18 32	1 27	18 59	0 46	22 13	1 13
5	22 28	13 2	1 12	15 54	21 16	1 51	9 50	2 9	18 21	1 26	19 2	0 46	22 13	1 13
6	22 35	18 33	0N 8	20 57	20 57	2 8	9 60	2 14	18 11	1 25	19 5	0 46	22 13	1 13
7	22 41	23 2	1 29	24 44	20 38	2 24	10 10	2 19	18 0	1 25	19 8	0 46	22 13	1 13
8	22 47	25 59	2 44	26 45	20 20	2 40	10 20	2 23	17 50	1 24	19 11	0 46	22 13	1 13
9	22 53	27 1	3 49	26 47	20 2	2 55	10 31	2 28	17 39	1 23	19 14	0 46	22 13	1 13
10	22 58	26 3	4 37	24 51	19 44	3 10	10 42	2 32	17 28	1 23	19 17	0 46	22 13	1 13
11	23 2	23 15	5 5	21 18	19 28	3 23	10 53	2 36	17 17	1 22	19 20	0 46	22 13	1 13
12	23 7	19 4	5 13	16 35	19 13	3 35	11 5	2 39	17 6	1 21	19 23	0 46	22 13	1 13
13	23 10	13 56	5 2	11 8	18 59	3 47	11 18	2 43	16 55	1 21	19 26	0 46	22 13	1 13
14	23 14	8 16	4 35	5 21	18 46	3 56	11 30	2 46	16 43	1 20	19 29	0 46	22 13	1 13
15	23 17	2 25	3 53	0S31	18 35	4 5	11 43	2 49	16 32	1 19	19 32	0 46	22 13	1 13
16	23 20	3S24	3 1	6 13	18 25	4 12	11 56	2 52	16 21	1 19	19 35	0 46	22 13	1 13
17	23 22	8 56	2 1	11 34	18 17	4 18	12 9	2 54	16 9	1 18	19 37	0 46	22 13	1 13
18	23 24	14 3	0 57	16 23	18 11	4 22	12 23	2 56	15 57	1 17	19 40	0 46	22 13	1 13
19	23 25	18 32	0S 8	20 30	18 7	4 25	12 36	2 59	15 45	1 17	19 43	0 46	22 13	1 12
20	23 26	22 14	1 13	23 44	18 4	4 26	12 50	3 1	15 33	1 16	19 46	0 46	22 13	1 12
21	23 27	24 58	2 14	25 55	18 4	4 27	13 4	3 2	15 21	1 16	19 48	0 46	22 13	1 12
22	23 27	26 34	3 8	26 56	18 5	4 26	13 18	3 4	15 9	1 15	19 51	0 46	22 13	1 12
23	23 27	26 58	3 55	26 42	18 7	4 24	13 32	3 5	14 57	1 14	19 54	0 46	22 13	1 12
24	23 26	26 8	4 31	25 15	18 12	4 20	13 47	3 7	14 45	1 14	19 56	0 46	22 13	1 12
25	23 25	24 6	4 56	22 40	18 18	4 16	14 1	3 8	14 32	1 13	19 59	0 46	22 13	1 12
26	23 23	20 59	5 7	19 5	18 25	4 11	14 15	3 9	14 20	1 12	20 1	0 46	22 13	1 12
27	23 22	16 58	5 6	14 39	18 34	4 4	14 30	3 9	14 7	1 12	20 4	0 46	22 13	1 12
28	23 19	12 10	4 50	9 33	18 44	3 57	14 44	3 10	13 55	1 11	20 6	0 46	22 13	1 12
29	23 17	6 48	4 20	3 57	18 56	3 49	14 59	3 10	13 42	1 10	20 9	0 46	22 13	1 12
30	23N13	1S 2	3S36	1N57	19N 8	3S40	15N13	3S11	13N29	1N10	20N11	0S46	22S13	1N11

DAY	♅ DECL	♅ LAT	♆ DECL	♆ LAT	♇ DECL	♇ LAT
1	3N33	0S41	12N29	0N36	21N54	0S28
5	3 36	0 41	12 28	0 36	21 54	0 28
9	3 38	0 41	12 26	0 36	21 53	0 28
13	3 41	0 42	12 25	0 35	21 53	0 28
17	3 43	0 42	12 23	0 35	21 53	0 27
21	3 45	0 42	12 22	0 35	21 52	0 27
25	3 47	0 42	12 20	0 35	21 52	0 27
29	3N48	0S42	12N18	0N35	21N51	0S27

☽ PHENOMENA				VOID OF COURSE ☽ LAST ASPT		☽ INGRESS		
d	h	m		2	3am 8	2	♈	5am58
7	13	57	●	4	8am29	4	♉	10am35
14	5	15	☽	6	10am 1	6	♊	11am57
22	4	15	○	8	9am44	8	♋	11am35
30	3	54	☾	10	10am39	10	♌	11am25
				12	11am26	12	♍	1pm20
				14	2pm 9	14	♎	6pm39
d	h	°	'	17	1am33	17	♏	3am33
2	21	0		19	1pm 6	19	♐	3pm 3
9	0	27N	1	22	1am53	22	♑	3am45
15	10	0		23	3pm 9	24	♒	4pm24
22	20	26S60		27	2am25	27	♓	3am59
30	4	0		29	6am46	29	♈	1pm22
5	22	0						
11	22	5N13		d	h			
18	21	0		8	4	PERIGEE		
26	9	5S 8		22	13	APOGEE		

DAILY ASPECTARIAN

Day	Aspect	Time
1 S	♀△♄	1am 4
	♂△♅	1 49
	☽△♇	5 53
	☽#♀	6 43
	♀△♆	9 30
	☉⚹♅	1pm57
	☽□☿	2 55
	☽⚼♂	10 45
	♂∥♃	11 18
	☿#♄	11 48
2 Su	☽⚹♃	1am35
	☽□♄	3 8
	☽⚻♆	3 40
	☽⚺♀	4 33
	☉∥☿	6 21
	☉⚹♂	6 30
	☽#♅	6 47
	☉#♄	9pm47
	☿∥♇	12 0
3 M	☽☌♅	1am 1
	☽△♂	2 57
	☉⚹☽	3 35
	☽∠♃	4 58
	☽⚼♆	6 33
	♀ ♉	9 47
	☽∥♅	10 47
	☽□♇	12pm13
	☽⚹☿	7 12
4 T	☽⚺♃	7am22
	☉∠☽	7 29
	☽△♄	7 40
	☽△♆	8 29
	☽∥♀	10 49
	☽☌♀	11 48
	☽∠☿	7pm56
	♃⚻♄	9 22
	☽∥♆	9 38
5 W	☽⚺♅	4am28
	☽□♂	8 15
	☽⚼♄	8 39
	☉⚺☽	10 22
	☽⚹♇	2pm56
	♂⚼♄	5 15
	☽⚺☿	7 54
	☽∥♂	10 20
6 Th	☽∥♃	2am35
	☽∠♅	5 3
	☽⚻♄	8 58
	☽☌♃	9 42
	☽□♆	10 1
	☽∥☿	11 13
	☽∠♇	3pm16
	☽⚺♀	3 29
	☽∥♇	5 12
	☽#♄	7 2
	☉∥☽	9 48
7 F	☽⚹♅	5am 7
	♃□♆	7 28
	☽⚹♂	10 34
	☉☌☽	1pm57
	☽⚺♇	3 10
	☽∠♀	4 33
	☽☌☿	6 17
8 S	☽☍♄	8am26
	☽⚹♆	9 44
	☉⚺♇	9 52
	☽⚺♃	10 7
	☽∠♂	11 13
	☿∠♀	1pm52
	☽⚹♀	5 27
9 Su	☽□♅	4am42
	☽∠♆	9 31
	☽∠♃	10 14
	☉☌☿	11 5
	☽⚺♂	11 55
	☽☌♇	2pm45
	☽⚺☿	4 7
	☉⚺☽	4 40
10 M	☽⚻♄	7am57
	☽⚺♆	9 34
	☽⚹♃	10 39
	☽∠☿	3pm24
	☉∠☽	6 30
	☽□♀	8 2
11 T	☉∥☽	1am24
	☿⚺♇	3 46
	☽△♅	5 10
	☽#♄	6 38
	☽⚼♄	8 20
	☽∥♇	8 36
	☿∥♃	10 4
	☽☌♂	2pm38
	☽⚹☿	3 12
	☽⚺♇	3 38
	☉⚹☽	9 4
	☿⚹♂	10 3
	☽∥♃	10 21
	☽∥☿	11 11
12 W	☽⚼♅	6am19
	☽△♄	9 25
	☽∥♂	9 57
	☽☌♆	11 26
	♃ ♊	12pm20
	☽□♃	1 21
	♂⚺♇	4 34
	☽∠♇	5 8
13 Th	☽△♀	1am32
	☽∥♆	6 35
	☽⚻♅	8 19
	☽∥♀	10 58
	☽□☿	5pm 3
	☽⚹♇	7 30
	☽⚺♂	8 40
14 F	☉□☽	5am15
	☽⚼♀	5 52
	☽□♄	2pm 9
	☽⚺♆	4 41
	☽∥♅	6 44
	☽△♃	7 37
15 S	☽∠♂	1am15
	☽⚻♀	11 23
	☽☍♅	3pm 5
	☽∠♆	8 42
	☽△☿	10 31
16 Su	☽⚼♃	0am11
	☽#♅	1 20
	☽□♇	3 2
	☽⚹♂	6 52
	☉△☽	5pm58
	☉∠♀	6 30
	☽⚹♄	10 26
17 M	☽⚹♆	1am33
	☽⚼☿	2 37
	☽⚻♃	5 38
	☽#♀	3pm29
	☽#♆	3 54
	♀⚺♅	9 17
18 T	♀∥♆	0am33
	☽⚻♅	1 13
	☽☍♀	1 30
	☉⚼☽	1 48
	☽∠♄	3 40
	☽⚻☿	7 30
	☽#♂	9 20
	☽△♇	1pm43
	☽□♂	8 36
	☽#☿	9 36
19 W	☉☍♄	0am 5
	♀⚼♄	5 50
	☽⚼♅	7 9
	☽#♃	7 10
	☽⚺♄	9 25
	☉⚻☽	10 17
	☽□♆	1pm 6
	☽☍♃	6 21
	☽⚼♇	7 50
	☽#♇	9 22
	☽∥♄	11 52
20 Th	☉#☽	9am33
	☽△♅	1pm26
	☽⚻♀	6 22
	☽☍☿	7 4
	☉⚹♆	10 17
21 F	☽⚻♇	2am13
	☿⚺♀	3 26
	☿SD	8 27
	☽△♂	12pm14
	☽☌♄	9 41
	☉ ♋	10 1
22 S	☽△♆	1am53
	☽⚼♀	3 15
	☉☍☽	4 15
	☽⚻♃	8 14
	☽⚼♂	8pm14
23 Su	☽□♅	2am21
	☽⚻☿	8 10
	☽⚼♆	8 21
	☽△♀	12pm 9
	♃∠♇	12 22
	☽☍♇	3 9
	☽⚼♃	3 11
24 M	☽⚻♂	4am 9
	☽⚺♄	10 1
	☽⚻♆	2pm41
	☽⚼☿	2 58
	☉⚺♃	7 13
	☽△♃	9 59
	☉⚻☽	10 10
25 T	♀⚹♇	4am 4
	☉#☽	6 3
	☽⚹♅	2pm49
	☽∥♄	3 28
	☽∠♄	3 53
	☽#♇	6 1
	☽△☿	9 45
26 W	☽⚻♇	3am26
	♀∥♂	4 12
	☽□♀	5 19
	☽#♃	6 11
	☉⚼☽	6 39
	☽#☿	3pm20
	☽☍♂	7 5
	☽∠♅	8 34
	☽⚹♄	9 24
27 Th	☽☍♆	2am25
	☽⚼♇	9 0
	☽□♃	10 29
	☽#♀	12pm10
	☉△☽	2 34
	☽#♂	3 17
	☽#♆	11 24
28 F	☽⚺♅	1am48
	♂⚼♅	2 20
	☽□☿	10 38
	♂△♄	1pm53
	☽△♇	1 59
	☽⚹♀	8 22
29 S	☽□♄	6am46
	☽⚻♂	7 41
	☽⚻♆	11 59
	☽#♅	12pm36
	☽⚹♃	8 30
30 Su	☽∠♀	2am36
	☉□☽	3 54
	☽☌♅	10 7
	☽⚼♂	12pm41
	☽⚼♆	3 36
	☽∥♅	7 26
	☽⚹☿	9 16
	☽□♇	9 40

JULY 1929

LONGITUDE

DAY	SID. TIME	☉	☽	☽ 12 Hour	MEAN ☊	TRUE ☊	☿	♀	♂	♃	♄	♅	♆	♇
	h m s	° ' "	° ' "	° ' "	° '	° '	° '	° '	° '	° '	° '	° '	° '	° '
1	18 34 14	8♋ 39 37	18♈ 57 16	25♈ 42 31	18♉ 41	20♉ 7	17♊ 31	23♉ 1	27♌ 57	4♊ 6	26♐ 21R	11♈ 16	29♌ 18	17♋ 40
2	18 38 11	9 36 50	2♉ 34 3	9♉ 32 3	18 38	20 8	18 19	23 59	28 33	4 18	26 16	11 17	29 19	17 41
3	18 42 7	10 34 3	16 36 35	23 47 32	18 35	20 8R	19 11	24 57	29 9	4 31	26 12	11 18	29 21	17 43
4	18 46 4	11 31 16	1♊ 4 40	8♊ 27 31	18 32	20 8	20 7	25 56	29 45	4 44	26 8	11 19	29 22	17 44
5	18 50 0	12 28 30	15 55 25	23 27 31	18 28	20 6	21 8	26 55	0♍ 21	4 56	26 4	11 19	29 24	17 46
6	18 53 57	13 25 43	1♋ 2 46	8♋ 40 0	18 25	20 1	22 13	27 55	0 57	5 9	26 0	11 20	29 26	17 47
7	18 57 54	14 22 57	16 17 52	23 55 1	18 22	19 55	23 22	28 55	1 33	5 21	25 56	11 20	29 27	17 49
8	19 1 50	15 20 11	1♌ 30 7	9♌ 1 50	18 19	19 47	24 36	29 55	2 9	5 34	25 51	11 21	29 29	17 50
9	19 5 47	16 17 25	16 29 3	23 50 43	18 16	19 39	25 54	0♊ 55	2 45	5 46	25 47	11 21	29 31	17 52
10	19 9 43	17 14 39	1♍ 6 6	8♍ 14 35	18 12	19 31	27 15	1 56	3 21	5 58	25 43	11 22	29 33	17 54
11	19 13 40	18 11 52	15 15 49	22 9 41	18 9	19 25	28 41	2 57	3 58	6 11	25 40	11 22	29 34	17 55
12	19 17 36	19 9 6	28 56 12	5♎ 35 36	18 6	19 21	0♋ 11	3 59	4 34	6 23	25 36	11 22	29 36	17 57
13	19 21 33	20 6 20	12♎ 8 12	18 34 28	18 3	19 19D	1 45	5 1	5 10	6 35	25 32	11 22	29 38	17 58
14	19 25 30	21 3 34	24 54 55	1♏ 10 8	18 0	19 19	3 22	6 3	5 47	6 47	25 28	11 23	29 40	18 0
15	19 29 26	22 0 47	7♏ 20 44	13 27 20	17 57	19 20	5 3	7 5	6 23	6 59	25 24	11 23	29 41	18 1
16	19 33 23	22 58 1	19 30 33	25 30 59	17 53	19 20R	6 47	8 7	6 59	7 11	25 21	11 23	29 43	18 3
17	19 37 19	23 55 15	1♐ 29 14	7♐ 25 49	17 50	19 20	8 35	9 10	7 36	7 22	25 17	11 23R	29 45	18 5
18	19 41 16	24 52 29	13 21 15	19 16 1	17 47	19 17	10 26	10 13	8 13	7 34	25 13	11 23	29 47	18 6
19	19 45 12	25 49 44	25 10 30	1♑ 5 6	17 44	19 12	12 19	11 16	8 49	7 46	25 10	11 23	29 49	18 8
20	19 49 9	26 46 59	7♑ 0 8	12 55 53	17 41	19 4	14 16	12 20	9 26	7 57	25 7	11 23	29 51	18 9
21	19 53 5	27 44 14	18 52 37	24 50 32	17 38	18 53	16 15	13 24	10 3	8 8	25 3	11 23	29 53	18 11
22	19 57 2	28 41 30	0♒ 49 48	6♒ 50 37	17 34	18 41	18 15	14 28	10 39	8 20	25 0	11 22	29 55	18 12
23	20 0 59	29 38 46	12 53 6	18 57 25	17 31	18 29	20 18	15 32	11 16	8 31	24 57	11 22	29 57	18 14
24	20 4 55	0♌ 36 3	25 3 41	1♓ 12 4	17 28	18 16	22 22	16 36	11 53	8 42	24 53	11 22	29 59	18 15
25	20 8 52	1 33 21	7♓ 22 45	13 35 54	17 25	18 5	24 27	17 41	12 30	8 53	24 50	11 21	0♍ 1	18 17
26	20 12 48	2 30 39	19 51 44	26 10 31	17 22	17 57	26 33	18 46	13 7	9 4	24 47	11 21	0 3	18 18
27	20 16 45	3 27 58	2♈ 32 31	8♈ 58 2	17 18	17 51	28 40	19 51	13 44	9 15	24 44	11 21	0 5	18 20
28	20 20 41	4 25 19	15 27 24	22 0 58	17 15	17 48	0♌ 46	20 56	14 21	9 26	24 41	11 20	0 7	18 22
29	20 24 38	5 22 40	28 39 3	5♉ 22 1	17 12	17 47D	2 53	22 1	14 58	9 37	24 39	11 20	0 9	18 23
30	20 28 34	6 20 2	12♉ 10 9	19 3 41	17 9	17 47R	4 59	23 7	15 35	9 47	24 36	11 19	0 11	18 25
31	20 32 31	7♌ 17 26	26♉ 2 48	3♊ 7 33	17♉ 6	17♉ 47	7♌ 5	24♊ 13	16♍ 12	9♊ 58	24♐ 33	11♈ 18	0♍ 13	18♋ 26

DECLINATION and LATITUDE

DAY	☉ DECL	☽ DECL	☽ LAT	☽ 12hr DECL	☿ DECL	☿ LAT	♀ DECL	♀ LAT	♂ DECL	♂ LAT	♃ DECL	♃ LAT	♄ DECL	♄ LAT
1	23N10	4N57	2S40	7N57	19N22	3S31	15N27	3S11	13N16	1N 9	20N14	0S45	22S13	1N11
2	23 6	10 54	1 33	13 46	19 36	3 21	15 42	3 11	13 3	1 9	20 16	0 45	22 13	1 11
3	23 2	16 30	0 19	19 3	19 51	3 10	15 56	3 11	12 50	1 8	20 18	0 45	22 13	1 11
4	22 57	21 20	0N59	23 19	20 6	2 59	16 10	3 10	12 37	1 7	20 21	0 45	22 12	1 11
5	22 52	24 56	2 14	26 6	20 22	2 47	16 24	3 10	12 24	1 7	20 23	0 45	22 12	1 11
6	22 46	26 48	3 21	26 60	20 38	2 35	16 38	3 9	12 10	1 6	20 25	0 45	22 12	1 11
7	22 40	26 40	4 15	25 51	20 54	2 23	16 51	3 9	11 57	1 5	20 27	0 45	22 12	1 11
8	22 34	24 33	4 50	22 50	21 10	2 10	17 5	3 8	11 43	1 5	20 30	0 45	22 12	1 11
9	22 27	20 45	5 5	18 22	21 26	1 58	17 18	3 7	11 30	1 4	20 32	0 45	22 12	1 10
10	22 20	15 45	4 59	12 57	21 41	1 45	17 31	3 6	11 16	1 4	20 34	0 45	22 12	1 10
11	22 13	10 2	4 35	7 3	21 55	1 31	17 44	3 4	11 2	1 3	20 36	0 45	22 12	1 10
12	22 5	4 2	3 56	1 1	22 9	1 18	17 57	3 3	10 49	1 2	20 38	0 45	22 12	1 10
13	21 57	1S57	3 5	4S52	22 21	1 5	18 10	3 2	10 35	1 2	20 40	0 45	22 12	1 10
14	21 48	7 41	2 7	10 24	22 32	0 52	18 22	3 0	10 21	1 1	20 42	0 45	22 12	1 10
15	21 39	12 58	1 4	15 23	22 42	0 39	18 34	2 59	10 7	1 1	20 44	0 45	22 12	1 10
16	21 30	17 38	0S 1	19 41	22 50	0 26	18 46	2 57	9 52	0 60	20 46	0 45	22 12	1 10
17	21 20	21 31	1 4	23 7	22 57	0 14	18 57	2 55	9 38	0 59	20 48	0 45	22 12	1 9
18	21 10	24 28	2 4	25 33	23 1	0 2	19 8	2 53	9 24	0 59	20 50	0 45	22 13	1 9
19	20 59	26 20	2 59	26 49	23 3	0N10	19 19	2 51	9 10	0 58	20 52	0 46	22 13	1 9
20	20 48	27 0	3 45	26 53	23 2	0 21	19 29	2 49	8 55	0 57	20 54	0 46	22 13	1 9
21	20 37	26 26	4 22	25 41	22 60	0 32	19 39	2 47	8 41	0 57	20 55	0 46	22 13	1 9
22	20 26	24 39	4 47	23 19	22 54	0 42	19 49	2 44	8 26	0 56	20 57	0 46	22 13	1 9
23	20 14	21 44	4 60	19 55	22 46	0 52	19 59	2 42	8 12	0 56	20 59	0 46	22 13	1 9
24	20 2	17 52	4 59	15 37	22 35	1 1	20 8	2 40	7 57	0 55	21 1	0 46	22 13	1 8
25	19 49	13 12	4 45	10 38	22 22	1 9	20 16	2 37	7 43	0 54	21 2	0 46	22 13	1 8
26	19 36	7 57	4 16	5 9	22 6	1 16	20 24	2 34	7 28	0 54	21 4	0 46	22 13	1 8
27	19 23	2 17	3 35	0N39	21 47	1 22	20 32	2 32	7 13	0 53	21 6	0 46	22 13	1 8
28	19 10	3N36	2 42	6 32	21 26	1 28	20 40	2 29	6 58	0 53	21 7	0 46	22 13	1 8
29	18 56	9 27	1 39	12 17	21 2	1 33	20 47	2 26	6 43	0 52	21 9	0 46	22 13	1 8
30	18 42	15 1	0 30	17 36	20 36	1 37	20 53	2 23	6 28	0 51	21 10	0 46	22 13	1 7
31	18N27	19N59	0N44	22N 6	20N 8	1N41	20N59	2S20	6N13	0N51	21N12	0S46	22S13	1N 7

DAY	♅ DECL	♅ LAT	♆ DECL	♆ LAT	♇ DECL	♇ LAT
1	3N49	0S42	12N17	0N35	21N51	0S26
5	3 50	0 42	12 14	0 35	21 50	0 26
9	3 51	0 42	12 12	0 35	21 50	0 26
13	3 51	0 42	12 9	0 35	21 49	0 26
17	3 51	0 43	12 7	0 35	21 48	0 25
21	3 51	0 43	12 4	0 35	21 48	0 25
25	3 50	0 43	12 1	0 35	21 47	0 25
29	3N49	0S43	11N59	0N35	21N47	0S25

☽ PHENOMENA

d	h	m	
6	20	47	●
13	16	5	☽
21	19	21	○
29	12	56	☾

d	h	° '
6	10	26N60
12	16	0
20	1	27S 1
27	9	0

d	h	° '
3	6	0
9	5	5N 5
16	0	0
23	11	5S 1
30	10	0

VOID OF COURSE ☽

LAST ASPT		☽ INGRESS		
1	6pm20	1	♉	7pm32
3	9pm44	3	♊	10pm14
5	9pm27	5	♋	10pm21
7	9pm18	7	♌	9pm37
9	9pm24	9	♍	10pm10
11	6pm 5	12	♎	1am54
14	9am 7	14	♏	9am45
16	8pm30	16	♐	9pm 0
19	9am27	19	♑	9am48
21	7pm21	21	♒	10pm20
24	9am39	24	♓	9am39
26	3pm15	26	♈	7pm13
28	4pm48	29	♉	2am25
30	10am53	31	♊	6am43

d	h	
6	13	PERIGEE
19	16	APOGEE

DAILY ASPECTARIAN

Day	Aspect	Time
1 M	☽∠♃	0am15
	☿⚺♇	4 32
	☽⚺♀	7 47
	☽△♄	1pm 3
	☽△♂	4 41
	☽△♆	6 20
2 T	☽∠☿	1am22
	☽⚺♃	3 3
	☽∥♆	5 37
	☽∥♂	8 36
	☉⚹☽	1pm 1
	☽⚼♄	2 53
	☽⚺♅	3 0
	☽∥♀	9 17
3 W	☽⚹♇	1am51
	☽⚺☿	4 36
	♂☌♆	8 16
	☽☌♀	2pm56
	☽⚻♄	3 55
	☉∠☽	3 59
	☽∠♅	4 10
	☽∥☿	4 58
	☽∥♃	6 34
	☉□♅	6 39
	☽□♆	9 12
	☽□♂	9 44
4	☽∠♇	2am43
Th	☽∥♇	2 51
	♀⚻♄	4 31
	☽#♄	5 2
	☽☌♃	6 2
	♀∠♅	9 16
	☉∥☽	9 23
	♂ ♍	10 4
	☽⚹♅	4pm37
	☉⚺☽	6 6
5 F	☿∥♃	1am39
	☽⚺♇	2 57
	☽☌☿	8 56
	☽☍♄	4pm 3
	♂∥♆	5 37
	☽⚺♀	6 42
	☽⚹♆	9 27
	☽⚹♂	11 50
6 S	☽⚺♃	6am33
	☽□♅	4pm12
	☽∠♀	7 59
	☉☌☽	8 47
	☽∠♆	9 6
7 Su	☽∠♂	0am25
	☉∠♆	1 56
	☽☌♇	2 23
	☽∠♃	6 29
	☽⚺☿	12pm 6
	♀□♆	1 25
	☽⚻♄	3 6
	☽⚺♆	8 48
	☽⚹♀	9 18
8 M	☽⚺♂	1am 4
	♀ ♊	2 0
	☽⚹♃	6 33
	☉∥☽	1pm59
	☽∠☿	2 7
	☽⚼♄	2 52
	☽△♅	3 43
	☽#♄	3 45
	☽∥♇	5 59
	☽∥☿	8 28
	☿☍♄	10 13
	☉⚺☽	11 40
9 T	☽∥♃	1am 7
	☽⚺♇	2 15
	♂∠♇	4 48
	☽△♄	3pm 8
	☽⚼♅	4 8
	☽∥♀	4 16
	☽⚹☿	4 57
	☽☌♆	9 24
10 W	☽□♀	1am30
	☉∠☽	2 3
	☽∠♇	3 0
	☽☌♂	3 56
	☽□♃	8 17
	☿∥♇	2pm18
	☽∥♆	3 12
	☉☌♇	4 48
	☽⚻♅	5 19
	☽∥♂	7 45
	♀∠♇	11 4
11 Th	☉#♄	0am38
	☽⚹♇	4 36
	☉⚹☽	5 27
	☿⚹♆	2pm36
	☽□♄	6 5
	☉∥☿	7 38
	☿ ♋	9 8
12 F	☽∥♅	0am43
	☽⚺♆	1 11
	☽□☿	2 31
	☿#♄	7 6
	☽△♀	9 50
	☽⚺♂	10 37
	☽△♃	1pm38
	☽☍♅	10 36
13 S	☉∠♂	4am24
	☽∠♆	4 38
	☽#♅	7 47
	♀□♂	9 0
	☽□♇	10 53
	☽∠♂	3pm45
	☽⚼♀	4 0
	☉□☽	4 5
	☽⚼♃	5 57
	☉∥♇	9 27
14 Su	☽⚹♄	1am 3
	☉∠♀	4 46
	☽⚹♆	9 7
	☽#♂	11 17
	☽△☿	6pm48
	☽#♆	8 4
	♀☌♃	9 5
	☽⚹♂	10 1
	☉∠♃	10 54
	☽⚻♃	11 16
	☽⚻♀	11 26
15 M	☽∠♄	5am58
	☽⚻♅	7 55
	☽△♇	9pm 5
16 T	☿⚹♂	4am15
	☽⚼☿	5 19
	☿⚺♃	5 57
	☽#♀	6 47
	☉△☽	7 30
	♂□♃	10 44
	☽⚺♄	11 36
	☽⚼♅	1pm44
	☽#♃	7 6
	☽□♆	8 30
	☉#☽	10 46
17 W	☽#♇	2am 2
	☽⚼♇	3 13
	☽∥♄	4 57
	♅SR	6 22
	☽#☿	10 52
	☽☍♃	12pm 5
	☽□♂	1 1
	☉⚼☽	4 20
	☽⚻☿	4 57
	☽☍♀	5 1
	☿⚺♀	5 51
	☽△♅	8 0
18 Th	☉⚻♄	8am17
	☽⚻♇	9 39
	☿□♅	12pm 9
	☽☌♄	11 59
19 F	☉⚻☽	1am27
	♀⚹♅	2 28
	☽△♆	9 27
	☉∥♃	2pm14
20 S	☽⚻♃	1am57
	☽△♂	5 11
	☿∠♆	7 16
	☽□♅	8 51
	☽⚻♀	11 51
	☽⚼♆	3pm55
	☽☍☿	5 37
	☽☍♇	10 35
21	☽⚼♃	8am43
Su	☽⚺♄	12pm22
	☽⚼♂	1 4
	☉☍☽	7 21
	☽⚼♀	8 59
	☽⚻♆	10 10
	☿☌♇	11 24
22 M	☽△♃	3pm12
	☽#☿	4 2
	☽∠♄	6 11
	☽∥♄	8 37
	☽⚻♂	8 37
	☽⚹♅	9 0
	☽#♇	11 37
23 T	♂⚻♅	3am51
	☽#♃	5 6
	☽△♀	5 44
	☉⚺♆	7 49
	☉ ♌	8 54
	☉#☽	10 33
	☽⚻♇	10 35
	☽#♀	11 9
	☉∥♀	5pm23
	☽⚻☿	5 38
	☽⚹♄	11 40
24 W	☽∠♅	2am33
	☽☍♆	9 39
	☉⚻☽	11 44
	♆ ♍	3pm 7
	☽⚼♇	4 2
	☿∠♃	4 53
25 Th	☽□♃	2am58
	☿⚻♄	4 17
	☽⚼☿	4 50
	☽#♆	5 37
	☽⚺♅	7 41
	☽☍♂	10 24
	♀⚺♇	1pm45
	☿#♄	2 2
	☉⚼☽	7 8
	☽△♇	9 2
	☽□♀	9 42
26 F	☽#♂	2am11
	☽□♄	9 20
	☽△☿	3pm15
	☽#♅	5 32
	☽⚻♆	7 22
27 S	☿∥♇	0am 0
	☿∠♂	1 6
	☉△☽	1 52
	☽⚹♃	12pm43
	☿ ♌	3 12
	☿⚺♆	4 22
	☽☌♅	4 24
	☽⚻♂	9 52
	☽⚼♆	11 22
28 Su	☽∥♅	0am57
	☽□♇	5 20
	☽⚹♀	10 55
	☽∥♂	1pm12
	☽∠♃	4 37
	☽△♄	4 48
	☿∥♃	5 36
29 M	☽⚼♂	2am29
	☽△♆	2 42
	☽□☿	8 59
	☽∥♆	10 37
	☿∥♀	11 33
	☉□☽	12pm56
	☽∠♀	4 14
	☽⚼♄	7 30
	☽⚺♃	7 46
	☽⚺♅	10 30
30 T	☽△♂	6am15
	☽⚹♇	10 53
	☉∥☽	4pm33
	☽⚺♀	8 36
	☽⚻♄	9 27
31 W	☽∠♅	0am27
	☽∥☿	0 43
	☉☌☿	4 25
	☽∥♀	5 36
	☽∥♃	6 44
	☽□♆	7 6
	♀☍♄	7 11
	☽∥♇	10 0
	☽∠♇	12pm32
	☽#♄	12 41
	☉⚹☽	8 20
	☽⚹☿	9 48
	☽☌♃	11 44

AUGUST 1929

LONGITUDE

DAY	SID. TIME	☉	☽	☽ 12 Hour	MEAN ☊	TRUE ☊	☿	♀	♂	♃	♄	♅	♆	♇
	h m s	° ' "	° ' "	° ' "	° '	° '	° '	° '	° '	° '	° '	° '	° '	° '
1	20 36 28	8♌ 14 51	10♊ 17 52	17♊ 33 31	17♉ 3	17♉ 45R	9♌ 10	25♊ 19	16♍ 50	10♊ 8	24♐ 31R	11♈ 18R	0♍ 15	18♋ 28
2	20 40 24	9 12 17	24 54 6	2♋ 19 1	16 59	17 42	11 14	26 25	17 27	10 19	24 28	11 17	0 17	18 29
3	20 44 21	10 9 44	9♋ 47 29	17 18 32	16 56	17 35	13 17	27 31	18 4	10 29	24 26	11 16	0 19	18 31
4	20 48 17	11 7 12	24 51 4	2♌ 23 52	16 53	17 27	15 19	28 38	18 42	10 39	24 23	11 15	0 21	18 32
5	20 52 14	12 4 41	9♌ 55 39	17 25 9	16 50	17 16	17 19	29 44	19 19	10 49	24 21	11 15	0 24	18 33
6	20 56 10	13 2 11	24 51 10	2♍ 12 36	16 47	17 5	19 18	0♋ 51	19 57	10 59	24 19	11 14	0 26	18 35
7	21 0 7	13 59 42	9♍ 28 30	16 38 8	16 44	16 55	21 16	1 58	20 34	11 8	24 17	11 13	0 28	18 36
8	21 4 3	14 57 14	23 40 57	0♎ 36 40	16 40	16 46	23 12	3 5	21 12	11 18	24 15	11 12	0 30	18 38
9	21 8 0	15 54 47	7♎ 25 7	14 6 24	16 37	16 40	25 7	4 12	21 50	11 28	24 13	11 11	0 32	18 39
10	21 11 57	16 52 20	20 40 44	27 8 28	16 34	16 36	27 0	5 20	22 27	11 37	24 11	11 10	0 34	18 41
11	21 15 53	17 49 55	3♏ 30 6	9♏ 46 9	16 31	16 35D	28 52	6 27	23 5	11 46	24 9	11 8	0 36	18 42
12	21 19 50	18 47 30	15 57 15	22 4 4	16 28	16 35R	0♍ 42	7 35	23 43	11 55	24 7	11 7	0 39	18 43
13	21 23 46	19 45 7	28 7 14	4♐ 7 26	16 24	16 34	2 31	8 43	24 21	12 4	24 6	11 6	0 41	18 45
14	21 27 43	20 42 44	10♐ 5 20	16 1 34	16 21	16 33	4 18	9 51	24 59	12 13	24 4	11 5	0 43	18 46
15	21 31 39	21 40 22	21 56 46	27 51 28	16 18	16 30	6 4	10 59	25 36	12 22	24 3	11 4	0 45	18 48
16	21 35 36	22 38 1	3♑ 46 14	9♑ 41 31	16 15	16 25	7 48	12 7	26 14	12 31	24 2	11 2	0 47	18 49
17	21 39 32	23 35 42	15 37 46	21 35 20	16 12	16 17	9 31	13 16	26 52	12 39	24 1	11 1	0 50	18 50
18	21 43 29	24 33 24	27 34 35	3♒ 35 44	16 9	16 6	11 12	14 24	27 31	12 48	23 59	10 59	0 52	18 52
19	21 47 26	25 31 6	9♒ 39 1	15 44 36	16 5	15 53	12 52	15 33	28 9	12 56	23 58	10 58	0 54	18 53
20	21 51 22	26 28 50	21 52 37	28 3 7	16 2	15 40	14 31	16 42	28 47	13 4	23 58	10 56	0 56	18 54
21	21 55 19	27 26 36	4♓ 16 12	10♓ 31 52	15 59	15 27	16 8	17 51	29 25	13 12	23 57	10 55	0 58	18 55
22	21 59 15	28 24 23	16 50 10	23 11 6	15 56	15 15	17 44	19 0	0♎ 3	13 20	23 56	10 53	1 1	18 57
23	22 3 12	29 22 11	29 34 44	6♈ 1 5	15 53	15 6	19 18	20 9	0 42	13 28	23 55	10 52	1 3	18 58
24	22 7 8	0♍ 20 1	12♈ 30 14	19 2 18	15 50	15 0	20 51	21 18	1 20	13 35	23 55	10 50	1 5	18 59
25	22 11 5	1 17 52	25 37 22	2♉ 15 37	15 46	14 56	22 23	22 28	1 59	13 43	23 54	10 48	1 7	19 0
26	22 15 1	2 15 46	8♉ 57 12	15 42 17	15 43	14 55D	23 53	23 37	2 37	13 50	23 54	10 47	1 10	19 2
27	22 18 58	3 13 41	22 31 4	29 23 41	15 40	14 55R	25 21	24 47	3 16	13 57	23 54	10 45	1 12	19 3
28	22 22 55	4 11 38	6♊ 20 15	13♊ 20 50	15 37	14 55	26 49	25 57	3 54	14 4	23 54	10 43	1 14	19 4
29	22 26 51	5 9 37	20 25 25	27 33 53	15 34	14 54	28 15	27 6	4 33	14 11	23 54D	10 41	1 16	19 5
30	22 30 48	6 7 38	4♋ 45 59	12♋ 1 20	15 30	14 51	29 39	28 17	5 11	14 18	23 54	10 40	1 19	19 6
31	22 34 44	7♍ 5 41	19♋ 19 27	26♋ 39 40	15♉ 27	14♉ 46	1♎ 2	29♋ 27	5♎ 50	14♊ 25	23♐ 54	10♈ 38	1♍ 21	19♋ 7

DECLINATION and LATITUDE

DAY	☉ DECL	☽ DECL	☽ LAT	☽ 12hr DECL	☿ DECL	☿ LAT	♀ DECL	♀ LAT	♂ DECL	♂ LAT	♃ DECL	♃ LAT	♄ DECL	♄ LAT
1	18N13	23N55	1N56	25N22	19N38	1N43	21N 5	2S17	5N58	0N50	21N13	0S46	22S13	1N 7
2	17 58	26 24	3 3	26 58	19 6	1 45	21 10	2 14	5 43	0 49	21 15	0 46	22 13	1 7
3	17 42	27 3	3 58	26 38	18 32	1 46	21 14	2 11	5 28	0 49	21 16	0 46	22 13	1 7
4	17 27	25 43	4 38	24 21	17 57	1 46	21 18	2 8	5 13	0 48	21 18	0 46	22 13	1 7
5	17 11	22 33	4 58	20 23	17 20	1 46	21 22	2 5	4 58	0 48	21 19	0 46	22 13	1 7
6	16 55	17 55	4 58	15 12	16 42	1 45	21 25	2 2	4 42	0 47	21 20	0 46	22 13	1 6
7	16 38	12 18	4 38	9 17	16 3	1 44	21 28	1 58	4 27	0 46	21 22	0 46	22 13	1 6
8	16 21	6 12	4 1	3 5	15 23	1 41	21 30	1 55	4 12	0 46	21 23	0 46	22 13	1 6
9	16 4	0S 1	3 11	3S 4	14 42	1 39	21 31	1 52	3 56	0 45	21 24	0 46	22 14	1 6
10	15 47	6 2	2 12	8 53	14 1	1 36	21 32	1 48	3 41	0 45	21 26	0 46	22 14	1 6
11	15 30	11 37	1 9	14 11	13 19	1 32	21 33	1 45	3 25	0 44	21 27	0 46	22 14	1 6
12	15 12	16 34	0 3	18 46	12 36	1 28	21 33	1 41	3 10	0 43	21 28	0 46	22 14	1 5
13	14 54	20 44	1S 1	22 29	11 53	1 23	21 32	1 38	2 54	0 43	21 29	0 46	22 14	1 5
14	14 36	23 58	2 1	25 11	11 9	1 18	21 31	1 34	2 39	0 42	21 30	0 46	22 14	1 5
15	14 17	26 7	2 55	26 46	10 25	1 13	21 29	1 31	2 23	0 42	21 31	0 46	22 14	1 5
16	13 59	27 6	3 42	27 7	9 41	1 7	21 27	1 27	2 7	0 41	21 33	0 46	22 14	1 5
17	13 40	26 49	4 19	26 13	8 57	1 1	21 24	1 24	1 52	0 40	21 34	0 46	22 14	1 4
18	13 20	25 18	4 45	24 6	8 13	0 55	21 20	1 20	1 36	0 40	21 35	0 46	22 14	1 4
19	13 1	22 38	4 58	20 54	7 28	0 48	21 16	1 17	1 20	0 39	21 36	0 46	22 15	1 4
20	12 42	18 55	4 58	16 44	6 44	0 41	21 12	1 13	1 4	0 39	21 37	0 46	22 15	1 4
21	12 22	14 21	4 44	11 49	5 60	0 34	21 7	1 9	0 49	0 38	21 38	0 46	22 15	1 4
22	12 2	9 8	4 16	6 20	5 16	0 27	21 1	1 6	0 33	0 37	21 38	0 46	22 15	1 3
23	11 42	3 28	3 35	0 31	4 32	0 19	20 55	1 2	0 17	0 37	21 39	0 46	22 15	1 3
24	11 22	2N27	2 43	5N25	3 48	0 12	20 48	0 58	0 1	0 36	21 40	0 46	22 15	1 3
25	11 1	8 21	1 40	11 13	3 5	0 4	20 41	0 55	0S15	0 36	21 41	0 47	22 15	1 3
26	10 40	13 59	0 32	16 37	2 22	0S 4	20 33	0 51	0 30	0 35	21 42	0 47	22 16	1 3
27	10 20	19 3	0N40	21 16	1 39	0 12	20 24	0 48	0 46	0 34	21 43	0 47	22 16	1 3
28	9 59	23 12	1 51	24 48	0 57	0 21	20 15	0 44	1 2	0 34	21 44	0 47	22 16	1 3
29	9 37	26 2	2 57	26 52	0 15	0 29	20 5	0 40	1 18	0 33	21 44	0 47	22 16	1 2
30	9 16	27 14	3 52	27 8	0S26	0 38	19 55	0 37	1 34	0 33	21 45	0 47	22 16	1 2
31	8N55	26N34	4N34	25N32	1S 7	0S46	19N44	0S33	1S50	0N32	21N46	0S47	22S16	1N 2

DAY	♅ DECL	♅ LAT	♆ DECL	♆ LAT	♇ DECL	♇ LAT
1	3N49	0S43	11N56	0N35	21N46	0S25
5	3 47	0 43	11 53	0 35	21 46	0 24
9	3 46	0 43	11 50	0 35	21 45	0 24
13	3 44	0 43	11 47	0 35	21 44	0 24
17	3 42	0 43	11 44	0 35	21 44	0 24
21	3 39	0 44	11 41	0 35	21 43	0 23
25	3 37	0 44	11 38	0 35	21 43	0 23
29	3N34	0S44	11N35	0N36	21N43	0S23

☽ PHENOMENA

d	h	m	
5	3	40	●
12	6	2	☽
20	9	43	○
27	20	2	☾

d	h	° '
2	20	27N 5
9	0	0
16	7	27S 9
23	14	0
30	4	27N15
5	12	5N 0
12	1	0
19	12	5S 0
26	11	0

VOID OF COURSE ☽

LAST ASPT	☽ INGRESS
2 2am39	2 ♋ 8am16
3 1pm56	4 ♌ 8am11
5 11pm 8	6 ♍ 8am23
8 0am58	8 ♎ 10am56
10 1pm45	10 ♏ 5pm22
12 4pm 5	13 ♐ 3am45
15 7am51	15 ♑ 4pm21
17 11pm52	18 ♒ 4am50
20 9am43	20 ♓ 3pm46
22 1pm24	23 ♈ 0am47
24 8pm53	25 ♉ 7am55
27 5am34	27 ♊ 1pm 3
29 2pm34	29 ♋ 4pm 4
30 11pm40	31 ♌ 5pm27

d	h	
3	21	PERIGEE
16	3	APOGEE
31	23	PERIGEE

DAILY ASPECTARIAN

Day	Aspect	Time
1 Th	☽⚹♅	1am39
	☿⚼♄	3 54
	☽□♂	11 17
	☿⚹♃	12pm17
	☽⚺♇	1 30
	☉∠☽	10 47
	☽☍♄	11 18
2 F	☿△♅	0am36
	☽∠☿	2 30
	☽☌♀	2 39
	☿∠♀	4 35
	☉⚼♄	6 18
	☽⚹♆	8 45
3 S	☉⚺☽	0am38
	☽⚺♃	1 7
	☽□♅	2 22
	☽⚺☿	6 27
	☽∠♆	8 51
	☉⚹♃	9 37
	☽⚹♂	1pm47
	☽☌♇	1 56
	♂⚹♇	5 30
	♀∥♃	6 14
	☽⚻♄	11 16
4 Su	☽∠♃	1am17
	☉△♅	3 22
	☽⚺♀	6 29
	☽⚺♆	8 46
	☽∠♂	2pm40
	☽⚼♄	11 5
5 M	☽⚹♃	1am26
	☽#♄	1 56
	☽△♅	2 6
	☉☌☽	3 40
	☽∥♇	4 35
	♀ ♋	5 40
	☽∥♀	6 41
	☽∥♃	6 59
	☽∠♀	8 19
	☉∥☿	10 25
	☽☌☿	1pm39
	☽⚺♇	1 51
	♀⚹♆	2 34
	☿⚺♇	3 10
	☽⚺♂	3 43
	☽△♄	11 8
6 T	☽⚼♅	2am14
	☉∥☽	4 48
	☽∥☿	6 12
	☽☌♆	9 6
	☽⚹♀	10 35
	☿⚺♂	11 31
	☽∠♇	2pm17
7 W	☽∥♆	1am47
	☽□♃	2 48
	☽⚻♅	2 53
	☉⚺☽	8 6
	♃⚹♅	9 36
	☽⚹♇	3pm22
	☽☌♂	7 33
	☽⚺☿	11 2
8 Th	☽□♄	0am58
	☽∥♂	8 3
	☽∥♅	9 22
	☉∠☽	11 40
	☽⚺♆	11 50
	☿△♄	12pm50
	☽□♀	5 48
9 F	☽∠☿	5am36
	☽☍♅	6 43
	☽△♃	7 19
	☿⚼♅	1pm22
	☽∠♆	2 38
	☽#♅	2 45
	☽#♂	2 50
	☉⚹☽	4 29
	♂∥♅	4 53
	☽□♇	8 19
10 S	☽⚺♂	3am27
	☽⚹♄	6 28
	☽⚼♃	11 9
	☽⚹☿	1pm45
	☽⚹♆	6 30
11 Su	☽#♆	0am54
	☽△♀	6 12
	☽#☿	6 53
	☽∠♂	9 13
	☽∠♄	10 47
	☽⚻♅	2pm38
	☿ ♍	2 48
	☽⚻♃	4 4
	☉#☽	5 25
	☉⚺♇	10 16
	☿☌♆	11 14
12 M	☽△♇	5am26
	☉□☽	6 2
	☽⚼♀	2pm22
	♂□♄	3 2
	☽⚺♄	4 2
	☽⚹♂	4 5
	☽⚼♅	7 59
13 T	☿∥♆	3am 1
	☽#♃	5 0
	☽□♆	5 7
	☽#♀	5 16
	☽#♇	6 43
	☽∥♄	10 12
	☽□☿	10 19
	☽⚼♇	11 16
	☿∠♇	4pm44
	☽⚻♀	11 28
14 W	☽△♅	2am 0
	♀∥♃	4 10
	☽☍♃	4 22
	☽⚻♇	5pm36
	☉△☽	11 24
15 Th	♀□♅	1am31
	☽☌♄	4 16
	☽□♂	7 51
	☽△♆	5pm56
16 F	☉⚼☽	8am31
	♀⚺♃	9 25
	☽△☿	9 34
	☽□♅	2pm41
	☽⚻♃	5 55
	☽☍♀	6 43
17 S	☽⚼♆	0am24
	☽☍♇	6 29
	☉△♄	10 9
	☽⚺♄	4pm50
	☉⚻☽	5 26
	☽⚼☿	8 49
	☿⚻♅	8 57
	☽△♂	11 52
18 Su	☽⚼♃	0am27
	☽⚻♆	6 35
	☽∠♄	10pm40
19 M	☿□♃	0am59
	☽⚹♅	2 35
	☽∥♄	2 49
	☽#♇	6 26
	☽△♃	6 33
	☽⚼♂	7 16
	☽#♃	7 19
	☽⚻☿	7 21
	♀∠♆	7 36
	☽#♀	9 42
	☉⚼♅	10 53
	☽⚻♀	12pm49
	☽⚻♇	6 11
20 T	☽⚹♄	4am 3
	☽∠♅	7 53
	☉☍☽	9 43
	☽⚻♂	2pm 8
	☽☍♆	5 38
	☽⚼♀	8 59
	☽⚼♇	11 20
21 W	☉#☽	10am 7
	☽#♆	12pm38
	☽⚺♅	12 42
	☽□♃	5 17
	♂ ♎	9 52
	♀☌♇	10 56
22 Th	☽☍☿	1am56
	☽△♇	4 0
	☽△♀	4 30
	☽□♄	1pm24
	☿⚹♇	6 47
	☽#☿	6 55
	☽#♅	11 17
	☉⚻☽	11 35
23 F	☽☍♂	2am12
	☽⚻♆	2 45
	☉∥♆	2 53
	☽#♂	1pm34
	♂⚺♆	2 5
	☽∥♂	2 37
	☉ ♍	3 42
	☽☌♅	8 56
24 S	☽⚹♃	2am 1
	☽∥♅	4 44
	☽∥☿	4 54
	☉⚼☽	5 37
	☿∥♅	6 16
	☽⚼♆	6 36
	☽□♇	11 55
	☽⚻☿	5pm19
	☽□♀	5 42
	☉☌♆	7 28
	☽△♄	8 53
25 Su	☽∠♃	5am39
	☿⚹♀	5 47
	☽△♆	9 59
	☉∥☽	10 30
	☉△☽	11 4
	☽⚻♂	12pm 4
	☽∥♆	1 43
	☽⚼☿	11 51
	☽⚼♄	11 54
26 M	☿□♄	0am22
	☽⚺♅	3 15
	♀⚻♄	5 47
	☽⚺♃	8 46
	☽⚼♂	4pm 8
	☽⚹♇	5 54
	♃∥♇	11 18
27 T	☉⚺♂	2am17
	☽⚻♄	2 25
	☽⚹♀	4 20
	☽△☿	5 34
	☽∠♅	5 38
	☽∥♀	6 53
	☽∥♇	2pm36
	☽∥♃	2 39
	☽□♆	3 10
	☽#♄	5 58
	☽△♂	7 36
	☉□☽	8 2
	☽∠♇	8 5
	☉∠♇	8 47
	☿#♂	9 53
28 W	☽⚹♅	7am30
	☽∠♀	8 37
	☽☌♃	1pm21
	☽⚺♇	9 44
29 Th	♄SD	0am58
	☽☍♄	5 50
	☽⚺♀	12pm14
	☽□☿	2 34
	☽⚹♆	6 14
30 F	☽□♂	0am44
	☉⚹☽	2 25
	☿ ♎	6 1
	☽□♅	9 44
	☽⚺♃	3pm52
	☽∠♆	7 6
	♀∠♃	11 13
	☽☌♇	11 40
31 S	☉∠☽	4am51
	☿⚺♆	5 37
	☽⚻♄	7 29
	♀ ♌	11 24
	☽∠♃	4pm36
	☽☌♀	5 58
	☽⚺♆	7 41
	☽⚹☿	9 5

SEPTEMBER 1929

LONGITUDE

DAY	SID. TIME h m s	☉ ° ' "	☽ ° ' "	☽ 12 Hour ° ' "	MEAN ☊ ° '	TRUE ☊ ° '	☿ ° '	♀ ° '	♂ ° '	♃ ° '	♄ ° '	♅ ° '	♆ ° '	♇ ° '
1	22 38 41	8♍ 3 45	4♌ 1 11	11♌ 23 10	15♉ 24	14♉ 38R	2♎ 24	0♌ 37	6♎ 29	14♊ 31	23♐ 54	10♈ 36R	1♍ 23	19♋ 9
2	22 42 37	9 1 52	18 44 36	26 4 32	15 21	14 29	3 43	1 47	7 8	14 37	23 54	10 34	1 25	19 10
3	22 46 34	10 0 0	3♍ 21 58	10♍ 35 56	15 18	14 19	5 2	2 58	7 47	14 43	23 55	10 32	1 27	19 11
4	22 50 30	10 58 10	17 45 38	24 50 18	15 15	14 10	6 19	4 8	8 26	14 49	23 55	10 30	1 30	19 12
5	22 54 27	11 56 21	1♎ 49 22	8♎ 42 25	15 11	14 2	7 34	5 19	9 5	14 55	23 56	10 28	1 32	19 13
6	22 58 24	12 54 34	15 29 12	22 9 38	15 8	13 56	8 47	6 30	9 44	15 1	23 57	10 26	1 34	19 14
7	23 2 20	13 52 49	28 43 46	5♏ 11 48	15 5	13 53	9 58	7 40	10 23	15 6	23 57	10 24	1 36	19 15
8	23 6 17	14 51 5	11♏ 34 4	17 50 59	15 2	13 52D	11 8	8 51	11 2	15 11	23 58	10 22	1 38	19 16
9	23 10 13	15 49 23	24 3 3	0♐ 10 50	14 59	13 52	12 16	10 2	11 41	15 16	23 59	10 20	1 41	19 17
10	23 14 10	16 47 43	6♐ 14 55	12 15 59	14 56	13 53R	13 21	11 13	12 20	15 21	24 1	10 17	1 43	19 18
11	23 18 6	17 46 4	18 14 38	24 11 34	14 52	13 54	14 24	12 25	13 0	15 26	24 2	10 15	1 45	19 19
12	23 22 3	18 44 26	0♑ 7 25	6♑ 2 49	14 49	13 53	15 25	13 36	13 39	15 31	24 3	10 13	1 47	19 20
13	23 25 59	19 42 50	11 58 23	17 54 40	14 46	13 50	16 23	14 47	14 18	15 35	24 4	10 11	1 49	19 21
14	23 29 56	20 41 16	23 52 13	29 51 32	14 43	13 45	17 19	15 59	14 58	15 39	24 6	10 9	1 51	19 21
15	23 33 53	21 39 44	5♒ 53 1	11♒ 57 5	14 40	13 38	18 11	17 10	15 37	15 43	24 8	10 6	1 53	19 22
16	23 37 49	22 38 13	18 4 1	24 14 5	14 36	13 30	19 1	18 22	16 17	15 47	24 9	10 4	1 56	19 23
17	23 41 46	23 36 44	0♓ 27 28	6♓ 44 18	14 33	13 21	19 47	19 34	16 57	15 51	24 11	10 2	1 58	19 24
18	23 45 42	24 35 16	13 4 38	19 28 29	14 30	13 12	20 29	20 46	17 36	15 54	24 13	10 0	2 0	19 25
19	23 49 39	25 33 51	25 55 49	2♈ 26 32	14 27	13 4	21 8	21 58	18 16	15 58	24 15	9 57	2 2	19 25
20	23 53 35	26 32 27	9♈ 0 31	15 37 38	14 24	12 58	21 43	23 10	18 56	16 1	24 17	9 55	2 4	19 26
21	23 57 32	27 31 5	22 17 45	29 0 42	14 21	12 53	22 12	24 22	19 35	16 4	24 19	9 53	2 6	19 27
22	0 1 28	28 29 46	5♉ 46 21	12♉ 34 33	14 17	12 52D	22 38	25 34	20 15	16 6	24 21	9 50	2 8	19 28
23	0 5 25	29 28 29	19 25 13	26 18 12	14 14	12 51	22 57	26 46	20 55	16 9	24 24	9 48	2 10	19 28
24	0 9 21	0♎ 27 14	3♊ 13 27	10♊ 10 52	14 11	12 52	23 12	27 59	21 35	16 11	24 26	9 45	2 12	19 29
25	0 13 18	1 26 1	17 10 21	24 11 50	14 8	12 54	23 20R	29 11	22 15	16 13	24 29	9 43	2 14	19 30
26	0 17 15	2 24 50	1♋ 15 9	8♋ 20 11	14 5	12 54R	23 22	0♍ 23	22 55	16 15	24 31	9 41	2 16	19 30
27	0 21 11	3 23 42	15 26 43	22 34 28	14 1	12 53	23 16	1 36	23 35	16 17	24 34	9 38	2 18	19 31
28	0 25 8	4 22 36	29 43 7	6♌ 52 17	13 58	12 51	23 4	2 49	24 16	16 19	24 37	9 36	2 20	19 31
29	0 29 4	5 21 33	14♌ 1 30	21 10 15	13 55	12 47	22 45	4 1	24 56	16 20	24 40	9 33	2 22	19 32
30	0 33 1	6♎ 20 31	28♌ 17 59	5♍ 24 6	13♉ 52	12♉ 42	22♎ 18	5♍ 14	25♎ 36	16♊ 21	24♐ 43	9♈ 31	2♍ 24	19♋ 32

DECLINATION and LATITUDE

DAY	☉ DECL	☽ DECL	☽ LAT	☽ 12hr DECL	☿ DECL	☿ LAT	♀ DECL	♀ LAT	♂ DECL	♂ LAT	♃ DECL	♃ LAT	♄ DECL	♄ LAT
1	8N33	24N 4	4N58	22N12	1S48	0S55	19N33	0S29	2S 6	0N31	21N46	0S47	22S17	1N 2
2	8 11	19 59	5 2	17 29	2 27	1 4	19 21	0 26	2 22	0 31	21 47	0 47	22 17	1 2
3	7 49	14 43	4 46	11 47	3 7	1 13	19 8	0 22	2 38	0 30	21 48	0 47	22 17	1 2
4	7 27	8 43	4 13	5 34	3 45	1 21	18 55	0 19	2 53	0 30	21 48	0 47	22 17	1 1
5	7 5	2 24	3 24	0S45	4 23	1 30	18 42	0 15	3 9	0 29	21 49	0 47	22 17	1 1
6	6 43	3S52	2 25	6 53	4 60	1 39	18 28	0 12	3 25	0 28	21 50	0 47	22 18	1 1
7	6 21	9 47	1 20	12 32	5 36	1 48	18 13	0 8	3 41	0 28	21 50	0 47	22 18	1 1
8	5 58	15 7	0 12	17 30	6 11	1 56	17 58	0 5	3 57	0 27	21 51	0 47	22 18	1 1
9	5 36	19 40	0S54	21 36	6 46	2 5	17 43	0 2	4 13	0 27	21 51	0 47	22 18	1 0
10	5 13	23 17	1 57	24 41	7 19	2 13	17 26	0N 2	4 29	0 26	21 52	0 47	22 19	1 0
11	4 50	25 49	2 54	26 38	7 51	2 22	17 10	0 5	4 45	0 25	21 52	0 47	22 19	1 0
12	4 27	27 9	3 42	27 21	8 22	2 30	16 53	0 8	5 1	0 25	21 53	0 47	22 19	0 60
13	4 4	27 14	4 21	26 48	8 52	2 38	16 35	0 11	5 16	0 24	21 53	0 47	22 19	0 60
14	3 42	26 4	4 48	25 2	9 21	2 46	16 17	0 15	5 32	0 23	21 53	0 47	22 19	0 60
15	3 18	23 42	5 3	22 6	9 48	2 53	15 59	0 18	5 48	0 23	21 54	0 48	22 20	0 59
16	2 55	20 15	5 5	18 10	10 14	3 1	15 40	0 21	6 4	0 22	21 54	0 48	22 20	0 59
17	2 32	15 53	4 53	13 23	10 38	3 8	15 20	0 24	6 20	0 22	21 54	0 48	22 20	0 59
18	2 9	10 45	4 26	7 58	11 0	3 14	15 0	0 27	6 35	0 21	21 55	0 48	22 20	0 59
19	1 46	5 4	3 45	2 5	11 21	3 21	14 40	0 30	6 51	0 20	21 55	0 48	22 21	0 59
20	1 23	0N56	2 52	3N59	11 39	3 26	14 19	0 33	7 7	0 20	21 55	0 48	22 21	0 59
21	0 59	7 0	1 49	9 58	11 55	3 32	13 58	0 36	7 22	0 19	21 56	0 48	22 21	0 58
22	0 36	12 51	0 38	15 36	12 9	3 36	13 37	0 39	7 38	0 19	21 56	0 48	22 22	0 58
23	0 13	18 10	0N36	20 30	12 20	3 40	13 15	0 41	7 53	0 18	21 56	0 48	22 22	0 58
24	0S11	22 35	1 48	24 20	12 28	3 43	12 52	0 44	8 9	0 17	21 56	0 48	22 22	0 58
25	0 34	25 44	2 55	26 44	12 33	3 45	12 30	0 47	8 24	0 17	21 56	0 48	22 22	0 58
26	0 58	27 19	3 52	27 27	12 35	3 47	12 6	0 49	8 40	0 16	21 57	0 48	22 23	0 58
27	1 21	27 7	4 36	26 21	12 33	3 47	11 43	0 52	8 55	0 16	21 57	0 48	22 23	0 57
28	1 44	25 8	5 2	23 32	12 28	3 46	11 19	0 54	9 11	0 15	21 57	0 48	22 23	0 57
29	2 8	21 34	5 10	19 17	12 18	3 43	10 55	0 57	9 26	0 14	21 57	0 48	22 23	0 57
30	2S31	16N44	4N59	13N58	12S 4	3S39	10N31	0N59	9S41	0N14	21N57	0S48	22S24	0N57

DAY	♅ DECL	♅ LAT	♆ DECL	♆ LAT	♇ DECL	♇ LAT
1	3N32	0S44	11N32	0N36	21N42	0S23
5	3 28	0 44	11 29	0 36	21 42	0 23
9	3 25	0 44	11 26	0 36	21 41	0 22
13	3 22	0 44	11 23	0 36	21 41	0 22
17	3 18	0 44	11 20	0 36	21 41	0 22
21	3 14	0 44	11 17	0 36	21 41	0 22
25	3 11	0 44	11 15	0 36	21 40	0 22
29	3N 7	0S44	11N12	0N36	21N40	0S21

☽ PHENOMENA			
d	h	m	
3	11	48	●
10	22	57	☽
18	23	16	○
26	2	7	☾
d	h	°	'
5	9	0	
12	14	27S21	
19	20	0	
26	9	27N27	
1	17	5N 3	
8	4	0	
15	15	5S 6	
22	12	0	
28	22	5N10	

VOID OF COURSE ☽ LAST ASPT		☽ INGRESS		
2	8am27	2	♍	6pm27
4	10am27	4	♎	8pm51
6	3pm15	7	♏	2am21
8	2pm45	9	♐	11am39
11	11am41	11	♑	11pm45
13	5pm 2	14	♒	12pm17
16	11am52	16	♓	11pm 7
18	11pm16	19	♈	7am31
21	4am 4	21	♉	1pm46
23	2pm 2	23	♊	6pm25
25	12pm31	25	♋	9pm52
27	2pm23	28	♌	0am28
29	7pm14	30	♍	2am52

d	h	
12	19	APOGEE
28	1	PERIGEE

DAILY ASPECTARIAN

Day	Aspect	Time
1 Su	☽✶♂	4am12
	☉⊻☽	7 3
	☽⚼♄	7 57
	☽△♅	10 41
	☽#♄	11 34
	☽∥♃	2pm27
	☽∥♇	2 53
	♀⊻♆	4 14
	☽✶♃	5 13
	☿∥♂	6 9
	☽∠☿	11 58
2 M	☽⊻♇	0am41
	☽∥♀	3 20
	☽∠♂	5 48
	☽△♄	8 27
	☽⚼♅	11 8
	☽☌♆	8pm50
	☽⊻♀	11 16
3 T	☽∠♇	1am21
	☽⊻☿	3 1
	☽⊻♂	7 39
	☉☌☽	11 48
	☽⊼♅	11 52
	☉⊼♅	12pm44
	☽∥♆	1 6
	☿#♅	2 16
	☽□♃	7 1
4 W	☽✶♇	2am26
	☽∠♀	2 32
	☉∥☽	5 9
	☽□♄	10 27
	☽#☿	5pm12
	☽∥♅	7 57
	☽#♂	9 16
	☽⊻♆	11 29
5 Th	☽✶♀	6am38
	☽☌☿	10 59
	☽☌♂	1pm17
	☽☍♅	3 3
	☉⊻☽	7 4
	☽∥♂	10 12
	☽#♅	10 26
	☽△♃	11 9
6 F	☽∠♆	1am56
	♂#♅	3 16
	☽∥☿	4 58
	☽□♇	6 43
	☉#☽	10 40
	☽✶♄	3pm15
7 S	☉∠☽	0am18
	♂☍♅	0 34
	☽⚼♃	2 33
	☽✶♆	5 19
	☽#♆	7 14
	☿☍♅	8 25
	☽□♀	6pm21
	☉#☿	6 31
	☽∠♄	7 5
	☿☌♂	7 7
	☽⊼♅	9 43
	☽⊻♂	10 56
	☽⊻☿	11 6
8 Su	♀⚼♄	2am25
	☉✶☽	6 47
	☽⊼♃	6 57
	☉□♃	9 6
	☽#♀	1pm42
	☽△♇	2 45
	☽⊻♄	11 53
9 M	☽⚼♅	2am29
	☽∠♂	5 26
	♀△♅	5 38
	☽∠☿	6 53
	☽#♇	12pm35
	☽#♃	1 42
	☽□♆	2 59
	☽∥♄	4 49
	☽⚼♇	8 7
10 T	☽△♅	8am 1
	☽△♀	11 0
	☽✶♂	12pm51
	☽✶☿	3 33
	☽☍♃	6 19
	☉□☽	10 57
11 W	☽⊼♇	2am 9
	☉#♂	3 24
	☽☌♄	11 41
	☽⚼♀	8pm34
12 Th	♀✶♂	2am16
	☿△♃	2 29
	☽△♆	3 22
	☉✶♇	2pm42
	☽□♅	8 23
13 F	☽□♂	5am 0
	☽⊼♀	6 20
	☽⊼♃	7 21
	☽□☿	9 41
	☽⚼♆	9 49
	☿∠♆	11 32
	☽☍♇	2pm54
	♀✶♃	4 59
	☉△☽	5 2
14 S	☽⊻♄	0am28
	☽⚼♃	1pm40
	☽⊼♆	4 2
	☉∥♅	10 33
15 Su	☉⚼☽	1am41
	♂△♃	3 57
	☽∠♄	6 26
	☽✶♅	8 20
	☽∥♄	10 26
	☽#♃	1pm26
	☽#♇	2 54
	☽△♃	7 31
	☽△♂	8 19
16 M	☽☍♀	0am39
	☽△☿	1 58
	☽⊼♇	2 35
	☉⊼☽	9 40
	☿□♇	11 36
	☽✶♄	11 52
	☽∠♅	1pm34
	♀⊻♇	8 38
17 T	♂∠♆	0am42
	☽#♀	2 52
	☽☍♆	2 53
	☽⚼♂	3 0
	☽⚼♇	7 33
	☽⚼☿	8 47
	☿✶♀	11 4
	☉□♄	2pm33
	☽⊻♅	6 11
	☽#♆	9 25
	☽∥☿	10 55
18 W	☽□♃	5am20
	☽⊼♂	8 58
	☽△♇	11 54
	☽⊼☿	2pm39
	☽⊼♀	3 53
	☽∥♂	4 58
	☽□♄	8 53
	☿#♆	9 41
	☉☍☽	11 16
19 Th	☽#♅	7am17
	☽⊼♆	11 16
	☉#☽	2pm13
	☽⚼♀	10 18
20 F	☉∥☽	1am38
	☽☌♅	1 39
	☽∥♅	9 8
	☽✶♃	12pm44
	☽⚼♆	2 38
	♂□♇	6 48
	☽□♇	6 53
	☽☍♂	6 53
	♀△♄	11 7
	☽☍☿	11 50
21 S	☽#♂	1am33
	☽△♄	3 38
	☽△♀	4 4
	♀⚼♅	9 55
	☉⊼☽	10 4
	☽∠♃	3pm42
	☽∥♆	5 24
	☽△♆	5 32
	☽#☿	8 55
22 Su	☽∥♀	3am 3
	☽⚼♄	6 21
	☽⊻♅	7 9
	☉⚼☽	2pm40
	☽⊻♃	6 15
23 M	☽✶♇	0am 5
	☽⊼♂	2 45
	☽⊼☿	6 18
	☽⊼♄	8 42
	☽∠♅	9 21
	☉ ♎	12pm53
	☽□♀	2 2
	☽∥♇	6 34
	☉△☽	6 50
	☽∥♃	8 6
	☽□♆	10 13
	☽#♄	10 42
24 T	☽∠♇	2am11
	☽⚼♂	6 6
	☽⚼☿	8 41
	☽✶♅	11 14
	☿#♀	8pm37
	☽☌♃	10 22
25 W	☽⊻♇	3am58
	☽△♂	9 7
	☽△☿	10 34
	☽☍♄	12pm31
	♀ ♍	4 14
	☿SR	6 26
	☉⊻♆	8 16
	☽✶♀	10 24
26 Th	☽✶♆	1am43
	☉□☽	2 7
	☽□♅	2pm14
	☿☌♂	2 25
27 F	☽⊻♃	1am25
	☽∠♀	2 8
	☽∠♆	3 8
	☽☌♇	6 51
	☽□☿	1pm 1
	♀☌♆	2 13
	☽□♂	2 23
	☽⊼♄	3 24
28 S	☽∠♃	2am41
	☽⊻♆	4 24
	☽⊻♀	5 40
	♀∥♆	6 51
	☉✶☽	8 23
	♂✶♄	1pm45
	☽△♅	4 32
	☽⚼♄	4 39
	☽#♄	7 15
	☽∥♃	9 51
	☽∥♇	11 25
29 Su	☽✶♃	3am53
	☽⊻♇	9 15
	♀∠♇	10 7
	☉∠☽	11 25
	☽✶☿	2pm13
	☽⚼♅	5 39
	☽△♄	5 56
	☽✶♂	7 14
30 M	☽☌♆	6am56
	☽∠♇	10 33
	☽☌♀	12pm49
	☉⊻☽	2 37
	☽∠☿	2 38
	☽⊼♅	6 56
	☽#☿	8 55
	☽∠♂	9 52
	☽∥♆	11 26

OCTOBER 1929

LONGITUDE

DAY	SID. TIME	☉	☽	☽ 12 Hour	MEAN ☊	TRUE ☊	☿	♀	♂	♃	♄	♅	♆	♇
	h m s	° ' "	° ' "	° ' "	° '	° '	° '	° '	° '	° '	° '	° '	° '	° '
1	0 36 57	7♎ 19 32	12♍ 28 1	19♍ 29 7	13♉ 49	12♉ 37R	21♎ 43R	6♍ 27	26♎ 16	16♊ 22	24♐ 46	9♈ 29R	2♍ 26	19♋ 33
2	0 40 54	8 18 35	26 26 53	3♎ 20 48	13 46	12 31	21 1	7 40	26 57	16 23	24 49	9 26	2 28	19 33
3	0 44 50	9 17 40	10♎ 10 26	16 55 28	13 42	12 27	20 11	8 53	27 37	16 24	24 52	9 24	2 29	19 34
4	0 48 47	10 16 47	23 35 38	0♏ 10 48	13 39	12 24	19 15	10 6	28 18	16 24	24 56	9 21	2 31	19 34
5	0 52 44	11 15 56	6♏ 40 56	13 6 6	13 36	12 23D	18 14	11 19	28 58	16 24R	24 59	9 19	2 33	19 35
6	0 56 40	12 15 7	19 26 27	25 42 15	13 33	12 23	17 7	12 33	29 39	16 24	25 3	9 16	2 35	19 35
7	1 0 37	13 14 20	1♐ 53 50	8♐ 1 34	13 30	12 24	15 58	13 46	0♏ 20	16 24	25 6	9 14	2 37	19 35
8	1 4 33	14 13 35	14 5 57	20 7 28	13 27	12 26	14 47	14 59	1 0	16 24	25 10	9 12	2 39	19 36
9	1 8 30	15 12 52	26 6 40	2♑ 4 9	13 23	12 27	13 37	16 13	1 41	16 23	25 14	9 9	2 40	19 36
10	1 12 26	16 12 10	8♑ 0 29	13 56 18	13 20	12 29R	12 29	17 26	2 22	16 22	25 17	9 7	2 42	19 36
11	1 16 23	17 11 30	19 52 13	25 48 50	13 17	12 29	11 26	18 40	3 3	16 21	25 21	9 4	2 44	19 37
12	1 20 19	18 10 52	1♒ 46 45	7♒ 46 33	13 14	12 28	10 29	19 53	3 44	16 20	25 25	9 2	2 45	19 37
13	1 24 16	19 10 16	13 48 45	19 53 54	13 11	12 26	9 39	21 7	4 25	16 19	25 29	9 0	2 47	19 37
14	1 28 13	20 9 42	26 2 25	2♓ 14 44	13 7	12 23	8 59	22 21	5 6	16 17	25 33	8 57	2 49	19 37
15	1 32 9	21 9 9	8♓ 31 10	14 52 1	13 4	12 20	8 29	23 34	5 47	16 15	25 38	8 55	2 50	19 37
16	1 36 6	22 8 38	21 17 27	27 47 34	13 1	12 17	8 10	24 48	6 28	16 13	25 42	8 53	2 52	19 38
17	1 40 2	23 8 9	4♈ 22 25	11♈ 1 55	12 58	12 14	8 2D	26 2	7 9	16 11	25 46	8 50	2 54	19 38
18	1 43 59	24 7 42	17 45 56	24 34 15	12 55	12 12	8 5	27 16	7 50	16 8	25 51	8 48	2 55	19 38
19	1 47 55	25 7 17	1♉ 26 32	8♉ 22 28	12 52	12 11D	8 19	28 30	8 32	16 6	25 55	8 46	2 57	19 38
20	1 51 52	26 6 54	15 21 37	22 23 32	12 48	12 11	8 44	29 44	9 13	16 3	26 0	8 43	2 58	19 38
21	1 55 48	27 6 33	29 27 45	6♊ 33 49	12 45	12 11	9 18	0♎ 58	9 54	16 0	26 5	8 41	3 0	19 38R
22	1 59 45	28 6 14	13♊ 41 13	20 49 30	12 42	12 12	10 0	2 12	10 36	15 57	26 9	8 39	3 1	19 38
23	2 3 42	29 5 58	27 58 15	5♋ 7 1	12 39	12 13	10 51	3 26	11 17	15 53	26 14	8 37	3 2	19 38
24	2 7 38	0♏ 5 44	12♋ 15 27	19 23 12	12 36	12 14	11 49	4 41	11 59	15 50	26 19	8 34	3 4	19 38
25	2 11 35	1 5 32	26 29 55	3♌ 35 21	12 33	12 14R	12 54	5 55	12 41	15 46	26 24	8 32	3 5	19 38
26	2 15 31	2 5 23	10♌ 39 13	17 41 17	12 29	12 14	14 4	7 9	13 22	15 42	26 29	8 30	3 7	19 38
27	2 19 28	3 5 15	24 41 20	1♍ 39 8	12 26	12 13	15 20	8 23	14 4	15 38	26 34	8 28	3 8	19 37
28	2 23 24	4 5 10	8♍ 34 29	15 27 13	12 23	12 13	16 39	9 38	14 46	15 34	26 39	8 26	3 9	19 37
29	2 27 21	5 5 7	22 17 8	29 4 2	12 20	12 12	18 2	10 52	15 28	15 29	26 44	8 24	3 10	19 37
30	2 31 17	6 5 6	5♎ 47 47	12♎ 28 14	12 17	12 11	19 28	12 7	16 9	15 24	26 50	8 22	3 12	19 37
31	2 35 14	7♏ 5 7	19♎ 5 13	25♎ 38 40	12♉ 13	12♉ 11	20♎ 56	13♎ 21	16♏ 51	15♊ 19	26♐ 55	8♈ 20	3♍ 13	19♋ 37

DECLINATION and LATITUDE

DAY	☉ DECL	☽ DECL	☽ LAT	☽ 12hr DECL	☿ DECL	☿ LAT	♀ DECL	♀ LAT	♂ DECL	♂ LAT	♃ DECL	♃ LAT	♄ DECL	♄ LAT
1	2S55	11N 2	4N30	7N59	11S45	3S33	10N 6	1N 1	9S56	0N13	21N57	0S48	22S24	0N57
2	3 18	4 51	3 44	1 41	11 23	3 26	9 41	1 4	10 12	0 13	21 57	0 48	22 24	0 57
3	3 41	1S29	2 47	4S35	10 55	3 16	9 15	1 6	10 27	0 12	21 57	0 48	22 25	0 56
4	4 4	7 36	1 41	10 30	10 23	3 5	8 50	1 8	10 42	0 11	21 57	0 48	22 25	0 56
5	4 28	13 16	0 31	15 50	9 48	2 52	8 24	1 10	10 57	0 11	21 57	0 48	22 25	0 56
6	4 51	18 13	0S39	20 22	9 9	2 37	7 58	1 12	11 12	0 10	21 57	0 48	22 25	0 56
7	5 14	22 16	1 45	23 54	8 26	2 20	7 31	1 14	11 26	0 10	21 57	0 48	22 26	0 56
8	5 37	25 14	2 45	26 17	7 42	2 2	7 5	1 15	11 41	0 9	21 57	0 49	22 26	0 56
9	5 60	27 1	3 37	27 26	6 57	1 43	6 38	1 17	11 56	0 8	21 57	0 49	22 26	0 55
10	6 23	27 31	4 19	27 18	6 12	1 23	6 11	1 19	12 11	0 8	21 57	0 49	22 27	0 55
11	6 45	26 46	4 50	25 55	5 29	1 2	5 43	1 20	12 25	0 7	21 57	0 49	22 27	0 55
12	7 8	24 47	5 9	23 22	4 47	0 42	5 16	1 22	12 40	0 7	21 56	0 49	22 27	0 55
13	7 31	21 42	5 14	19 46	4 9	0 21	4 48	1 23	12 54	0 6	21 56	0 49	22 27	0 55
14	7 53	17 38	5 5	15 16	3 36	0 2	4 20	1 25	13 8	0 5	21 56	0 49	22 28	0 55
15	8 15	12 44	4 42	10 2	3 7	0N17	3 52	1 26	13 23	0 5	21 56	0 49	22 28	0 55
16	8 38	7 12	4 5	4 15	2 43	0 34	3 24	1 27	13 37	0 4	21 56	0 49	22 28	0 54
17	8 60	1 13	3 14	1N52	2 25	0 50	2 56	1 28	13 51	0 4	21 55	0 49	22 29	0 54
18	9 22	4N58	2 11	8 2	2 13	1 5	2 27	1 30	14 5	0 3	21 55	0 49	22 29	0 54
19	9 44	11 4	0 59	13 58	2 7	1 18	1 59	1 31	14 19	0 2	21 55	0 49	22 29	0 54
20	10 5	16 44	0N18	19 17	2 6	1 29	1 30	1 31	14 33	0 2	21 54	0 49	22 29	0 54
21	10 27	21 35	1 34	23 34	2 10	1 39	1 2	1 32	14 46	0 1	21 54	0 49	22 30	0 54
22	10 48	25 11	2 46	26 25	2 20	1 47	0 33	1 33	14 60	0 1	21 54	0 49	22 30	0 54
23	11 9	27 13	3 47	27 33	2 33	1 53	0 4	1 34	15 13	0S 0	21 53	0 49	22 30	0 53
24	11 31	27 26	4 34	26 52	2 51	1 59	0S25	1 34	15 27	0 1	21 53	0 49	22 31	0 53
25	11 52	25 51	5 5	24 26	3 13	2 3	0 54	1 35	15 40	0 1	21 53	0 49	22 31	0 53
26	12 12	22 38	5 16	20 32	3 38	2 5	1 23	1 35	15 53	0 2	21 52	0 49	22 31	0 53
27	12 33	18 9	5 9	15 32	4 5	2 7	1 52	1 36	16 6	0 2	21 52	0 49	22 31	0 53
28	12 53	12 44	4 44	9 48	4 35	2 7	2 21	1 36	16 19	0 3	21 51	0 49	22 32	0 53
29	13 13	6 46	4 2	3 41	5 7	2 7	2 50	1 36	16 32	0 4	21 51	0 49	22 32	0 53
30	13 33	0 35	3 8	2S31	5 41	2 6	3 19	1 36	16 45	0 4	21 50	0 49	22 32	0 52
31	13S53	5S33	2N 4	8S31	6S16	2N 4	3S47	1N37	16S57	0S 5	21N50	0S49	22S32	0N52

DAY	♅ DECL	♅ LAT	♆ DECL	♆ LAT	♇ DECL	♇ LAT
1	3N 5	0S44	11N10	0N36	21N40	0S21
5	3 1	0 44	11 8	0 36	21 40	0 21
9	2 57	0 44	11 5	0 36	21 40	0 21
13	2 54	0 44	11 3	0 36	21 40	0 21
17	2 50	0 44	11 1	0 36	21 41	0 20
21	2 46	0 44	10 59	0 37	21 41	0 20
25	2 43	0 44	10 57	0 37	21 41	0 20
29	2N40	0S44	10N55	0N37	21N41	0S20

☽ PHENOMENA	VOID OF COURSE ☽ LAST ASPT	☽ INGRESS
d h m	1 9pm10	2 ♎ 6am10
2 22 20 ●	4 9am 1	4 ♏ 11am40
10 18 5 ☽	6 0am16	6 ♐ 8pm19
18 12 6 ○	8 10pm13	9 ♑ 7am50
25 8 21 ☾	10 11pm28	11 ♒ 8pm26
	13 11pm 3	14 ♓ 7am40
	16 8am12	16 ♈ 4pm 2
d h ° '	18 2pm19	18 ♉ 9pm29
2 18 0	20 7am18	21 ♊ 0am55
9 22 27S32	23 2am 2	23 ♋ 3am24
17 5 0	24 12pm24	25 ♌ 5am55
23 15 27N34	27 3am15	27 ♍ 9am 9
30 2 0	29 7am55	29 ♎ 1pm39
	31 2pm26	31 ♏ 8pm 2
5 11 0	d h	
12 21 5S14	10 15 APOGEE	
19 19 0	22 22 PERIGEE	
26 3 5N17		

DAILY ASPECTARIAN

Day	Aspect	Time
1 T	☿∠♀	3am21
	☽∥♀	4 0
	☽#♂	4 10
	♀#♂	5 38
	☽□♃	6 40
	☉#♅	10 21
	☽*♇	12pm 7
	☽⚺☿	3 6
	☽□♄	9 10
2 W	☽⚺♂	0am54
	☉#☽	5 32
	☽∥♅	6 45
	☽⚺♆	10 29
	☿#♆	11 54
	☽⚺♀	9pm30
	☉☌☽	10 20
	☽☍♅	10 38
3 Th	☉☍♅	2am23
	☽#♅	6 3
	☉∥☽	9 5
	♀⚻♅	9 43
	☽△♃	11 4
	☽∠♆	1pm 3
	☿∥♂	2 52
	☿□♇	4 11
	☽☌☿	4 42
	☽□♇	4 45
4 F	☽*♄	2am26
	☽∠♀	3 1
	☽#♀	4 39
	☽☌♂	9 1
	☽∥☿	10 27
	☽∥♂	1pm24
	☽⚼♃	2 15
	☽#♆	2 41
	☽*♆	4 21
	☉⚺♀	5 59
5 S	☽⚻♅	4am53
	☽∠♄	6 11
	☉⚺☽	9 16
	☽*♀	9 35
	♃SR	9 55
	☿∠♆	2pm24
	♂#♆	5 16
	☽⚻♃	6 14
	☽⚺☿	7 57
6 Su	☽△♇	0am16
	☽⚼♅	9 13
	☽⚺♄	10 47
	♂ ♏	12pm27
	☿△♃	3 1
	☉∠☽	4 17
	☽#♇	8 5
	☽⚺♂	8 46
	☽#♃	9 54
	☽∠☿	10 21
7 M	☽∥♄	1am 8
	☽□♆	1 24
	☽⚼♇	5 16
	☽△♅	2pm20
	☿⚺♀	10 0
8 T	☉*☽	0am17
	☽*☿	1 15
	☽□♀	1 58
	☽∠♂	4 1
	☽☍♃	4 33
	☉☌☿	6 13
	☽⚻♇	10 57
	♂⚼♃	1pm35
	☽☌♄	10 13
9 W	♀□♃	3am20
	☽*♂	11 54
	☽△♆	1pm15
	☉#♀	6 15
	☉∥☿	8 25
	♀∠♂	8 50
10 Th	☽□♅	2am14
	☿#♀	2 44
	☉△♃	4 0
	☽□☿	8 18
	♂*♆	12pm21
	☽⚻♃	4 54
	☉□☽	6 5
	☽⚼♆	7 40
	☽△♀	9 17
	☽☍♇	11 28
11 F	☽⚺♄	11am 8
	☉∠♆	1pm25
	♀*♇	6 37
	☽⚼♃	11 6
12 S	☽⚻♆	1am58
	☽□♂	4 9
	☽⚼♀	6 56
	☽*♅	2pm28
	☽△☿	4 15
	☽∠♄	5 22
	☽∥♄	6 46
	☽#♃	10 22
13 Su	☽#♇	0am 9
	☽△♃	4 55
	☉□♇	10 52
	☽⚻♇	11 27
	☉△☽	11 30
	☽⚻♀	3pm59
	☽∠♅	7 57
	☽⚼☿	8 11
	☽*♄	11 3
14 M	☿☍♅	1am27
	☽☍♆	1pm 7
	☽⚼♇	4 34
	☽△♂	6 28
	☉⚼☽	7 6
	☽∥♂	9 10
	☽⚻☿	11 57
15 T	☽⚺♅	0am45
	☽#♆	7 40
	☽□♃	2pm34
	☿#♅	3 1
	☉∥☽	6 24
	☽△♇	8 54
16 W	☽⚼♂	0am21
	☉⚻☽	1 43
	☽☍♀	7 11
	☽□♄	8 12
	☽#♀	4pm42
	☽#♅	5 38
	♀□♄	6 35
	☽∥☿	7 4
	☽⚻♆	9 18
17 Th	♀∥♅	5am 2
	☽⚻♂	5 18
	☿SD	5 22
	☽☍☿	6 37
	☽☌♅	8 2
	☽#☿	1pm40
	☽∥♀	2 59
	☽∥♅	3 43
	☽*♃	9 7
18 F	☽⚼♆	0am16
	☽□♇	3 18
	☉☍☽	12pm 6
	☿⚺♂	12 6
	☽△♄	2 19
	☿#♀	4 11
	☉#☽	6 19
	☽⚻♀	6 22
	☽∠♃	11 24
	☽∥♆	11 45
19 S	☽△♆	2am37
	♂⚻♅	7 44
	☽⚻☿	12pm14
	☽⚺♅	12 38
	☽☍♂	12 54
	☽#♂	2 1
	☽⚼♄	4 29
	☉*♄	8 57
	☽⚼♀	10 49
	☿☍♅	11 54
20 Su	☽⚺♃	1am11
	♀ ♎	5 12
	☽*♇	7 18
	☽∠♅	2pm14
	☽⚼☿	2 50
	☽⚻♄	6 14
	☉⚻☽	7 43
21 M	☽∥♇	0am34
	☽∥♃	1 51
	♇SR	1 58
	☽△♀	2 47
	☽#♄	5 19
	☽□♆	5 59
	☽∠♇	8 44
	☽*♅	3pm32
	☽△☿	5 27
	☽⚻♂	6 32
	☉⚼☽	10 57
22 T	☽☌♃	3am47
	☽⚺♇	10 0
	☉#♆	10 59
	♀⚺♆	4pm 9
	☽⚼♂	9 2
	☽☍♄	9 4
	♂∠♄	9 54
23 W	☉△☽	2am 2
	☽*♆	8 32
	☽□♀	10 3
	☿#♅	2pm59
	☽□♅	5 49
	☉ ♏	9 42
	☽□☿	11 13
	☽△♂	11 31
24 Th	☽⚺♃	5am59
	☽∠♆	9 47
	☿⚺♂	10 39
	☽☌♇	12pm24
	☉⚼♃	4 38
	☽⚻♄	11 50
25 F	☽∠♃	7am11
	☉□☽	8 21
	☽⚺♆	11 10
	☽*♀	5pm28
	☽△♅	8 21
26 S	☽#♄	0am44
	☽⚼♄	1 25
	☽∥♃	4 35
	☽□♂	4 52
	☽∥♇	5 39
	☽*☿	6 23
	☽*♃	8 34
	☽⚺♇	3pm19
	☽∠♀	9 33
	☽⚼♅	9 54
27 Su	☉*♆	1am 6
	♀☍♅	1 24
	☽△♄	3 15
	☿△♃	5 23
	☽#♂	9 5
	☽∠☿	10 43
	☽☌♆	2pm35
	☉*☽	3 36
	☽∠♇	5 8
	☉#☽	11 25
	☽⚻♅	11 45
28 M	☽⚺♀	2am 1
	☽∥♆	7 29
	☽*♂	11 22
	☽□♃	12pm 7
	☽⚺☿	3 40
	♀#♅	4 2
	☽*♇	7 18
	☉∠☽	7 49
29 T	♂⚻♃	0am45
	☿∠♆	2 31
	☽#☿	5 55
	☽□♄	7 55
	☽#♀	2pm13
	☽∠♂	3 16
	☽∥♅	3 59
	☽⚺♆	7 21
30 W	☉⚺☽	0am33
	☿□♇	2 32
	☽☍♅	4 35
	☽#♅	12pm30
	☽☌♀	12 32
	☽∥♀	4 24
	☽△♃	5 12
	☽⚺♂	7 43
	☽∠♆	10 25
31 Th	☽□♇	0am57
	☽∥☿	3 9
	☽☌☿	3 48
	☽*♄	2pm26
	☽⚼♃	8 30
	☽#♆	10 1

NOVEMBER 1929

LONGITUDE

DAY	SID. TIME	☉	☽	☽ 12 Hour	MEAN ☊	TRUE ☊	☿	♀	♂	♃	♄	♅	♆	♇
	h m s	° ' "	° ' "	° ' "	° '	° '	° '	° '	° '	° '	° '	° '	° '	° '
1	2 39 11	8♏ 5 10	2♏ 8 29	8♏ 34 39	12♉ 10	12♉ 10R	22♎ 26	14♎ 36	17♏ 33	15♊ 14R	27♐ 0	8♈ 18R	3♍ 14	19♋ 36R
2	2 43 7	9 5 15	14 57 8	21 16 0	12 7	12 10D	23 59	15 51	18 16	15 9	27 6	8 16	3 15	19 36
3	2 47 4	10 5 22	27 31 20	3♐ 43 15	12 4	12 10	25 32	17 5	18 58	15 4	27 11	8 14	3 16	19 36
4	2 51 0	11 5 30	9♐ 51 59	15 57 44	12 1	12 10R	27 7	18 20	19 40	14 58	27 17	8 12	3 17	19 35
5	2 54 57	12 5 41	22 0 49	28 1 33	11 58	12 10	28 42	19 35	20 22	14 53	27 23	8 10	3 19	19 35
6	2 58 53	13 5 53	4♑ 0 20	9♑ 57 35	11 54	12 10	0♏ 18	20 49	21 4	14 47	27 28	8 8	3 20	19 35
7	3 2 50	14 6 6	15 53 46	21 49 23	11 51	12 10	1 55	22 4	21 47	14 41	27 34	8 6	3 21	19 34
8	3 6 46	15 6 21	27 44 59	3♒ 41 6	11 48	12 10	3 31	23 19	22 29	14 35	27 40	8 4	3 22	19 34
9	3 10 43	16 6 38	9♒ 38 19	15 37 12	11 45	12 10D	5 8	24 34	23 12	14 28	27 46	8 3	3 22	19 33
10	3 14 40	17 6 56	21 38 22	27 42 23	11 42	12 10	6 45	25 48	23 54	14 22	27 52	8 1	3 23	19 33
11	3 18 36	18 7 16	3♓ 49 50	10♓ 1 15	11 39	12 10	8 23	27 3	24 37	14 15	27 57	7 59	3 24	19 33
12	3 22 33	19 7 36	16 17 9	22 38 0	11 35	12 11	10 0	28 18	25 19	14 9	28 3	7 58	3 25	19 32
13	3 26 29	20 7 59	29 4 10	5♈ 36 1	11 32	12 11	11 37	29 33	26 2	14 2	28 10	7 56	3 26	19 31
14	3 30 26	21 8 23	12♈ 13 44	18 57 28	11 29	12 12	13 14	0♏ 48	26 45	13 55	28 16	7 54	3 27	19 31
15	3 34 22	22 8 48	25 47 13	2♉ 42 50	11 26	12 13	14 50	2 3	27 27	13 48	28 22	7 53	3 27	19 30
16	3 38 19	23 9 14	9♉ 44 4	16 50 30	11 23	12 13R	16 27	3 18	28 10	13 41	28 28	7 51	3 28	19 30
17	3 42 15	24 9 43	24 1 38	1♊ 16 46	11 19	12 13	18 3	4 33	28 53	13 33	28 34	7 50	3 29	19 29
18	3 46 12	25 10 13	8♊ 35 9	15 55 56	11 16	12 12	19 39	5 48	29 36	13 26	28 40	7 48	3 29	19 28
19	3 50 9	26 10 44	23 18 14	0♋ 41 7	11 13	12 11	21 15	7 3	0♐ 19	13 19	28 47	7 47	3 30	19 28
20	3 54 5	27 11 17	8♋ 3 40	15 25 3	11 10	12 9	22 51	8 18	1 2	13 11	28 53	7 46	3 31	19 27
21	3 58 2	28 11 52	22 44 27	0♌ 1 11	11 7	12 7	24 27	9 33	1 45	13 3	29 0	7 44	3 31	19 26
22	4 1 58	29 12 29	7♌ 14 40	14 24 27	11 4	12 5	26 2	10 49	2 28	12 56	29 6	7 43	3 32	19 26
23	4 5 55	0♐ 13 7	21 30 11	28 31 37	11 0	12 4D	27 37	12 4	3 11	12 48	29 12	7 42	3 32	19 25
24	4 9 51	1 13 47	5♍ 28 40	12♍ 21 16	10 57	12 4	29 12	13 19	3 54	12 40	29 19	7 41	3 33	19 24
25	4 13 48	2 14 28	19 9 29	25 53 24	10 54	12 5	0♐ 47	14 34	4 38	12 32	29 26	7 40	3 33	19 23
26	4 17 44	3 15 12	2♎ 33 12	9♎ 9 1	10 51	12 6	2 22	15 49	5 21	12 24	29 32	7 39	3 33	19 23
27	4 21 41	4 15 56	15 41 4	22 9 33	10 48	12 8	3 56	17 5	6 5	12 16	29 39	7 38	3 34	19 22
28	4 25 38	5 16 42	28 34 39	4♏ 56 35	10 45	12 9R	5 31	18 20	6 48	12 8	29 45	7 37	3 34	19 21
29	4 29 34	6 17 30	11♏ 15 30	17 31 34	10 41	12 10	7 5	19 35	7 31	12 0	29 52	7 36	3 34	19 20
30	4 33 31	7♐ 18 19	23♏ 44 58	29♏ 55 49	10♉ 38	12♉ 9	8♐ 39	20♏ 50	8♐ 15	11♊ 52	29♐ 59	7♈ 35	3♍ 34	19♋ 19

DECLINATION and LATITUDE

DAY	☉ DECL	☽ DECL	☽ LAT	☽ 12hr DECL	☿ DECL	☿ LAT	♀ DECL	♀ LAT	♂ DECL	♂ LAT	♃ DECL	♃ LAT	♄ DECL	♄ LAT
1	14S13	11S21	0N55	14S 3	6S52	2N 1	4S16	1N37	17S10	0S 6	21N49	0S49	22S33	0N52
2	14 32	16 34	0S15	18 54	7 29	1 58	4 45	1 37	17 22	0 6	21 49	0 49	22 33	0 52
3	14 51	20 59	1 24	22 49	8 7	1 54	5 14	1 36	17 34	0 7	21 48	0 49	22 33	0 52
4	15 10	24 22	2 28	25 38	8 45	1 49	5 42	1 36	17 46	0 7	21 48	0 49	22 33	0 52
5	15 28	26 36	3 23	27 14	9 23	1 45	6 11	1 36	17 58	0 8	21 47	0 49	22 34	0 52
6	15 47	27 33	4 10	27 32	10 2	1 40	6 39	1 36	18 10	0 9	21 46	0 49	22 34	0 52
7	16 5	27 12	4 44	26 34	10 40	1 34	7 8	1 35	18 22	0 9	21 46	0 49	22 34	0 51
8	16 22	25 38	5 7	24 25	11 18	1 29	7 36	1 35	18 33	0 10	21 45	0 49	22 34	0 51
9	16 40	22 56	5 17	21 11	11 56	1 23	8 4	1 34	18 45	0 10	21 44	0 49	22 35	0 51
10	16 57	19 13	5 13	17 3	12 34	1 17	8 31	1 33	18 56	0 11	21 44	0 49	22 35	0 51
11	17 14	14 41	4 55	12 8	13 12	1 10	8 59	1 33	19 7	0 12	21 43	0 49	22 35	0 51
12	17 31	9 27	4 23	6 37	13 48	1 4	9 27	1 32	19 18	0 12	21 42	0 48	22 35	0 51
13	17 47	3 41	3 37	0 40	14 25	0 57	9 54	1 31	19 29	0 13	21 42	0 48	22 35	0 51
14	18 3	2N24	2 39	5N30	15 1	0 51	10 21	1 30	19 39	0 13	21 41	0 48	22 36	0 51
15	18 19	8 34	1 30	11 36	15 36	0 44	10 48	1 29	19 49	0 14	21 40	0 48	22 36	0 51
16	18 34	14 31	0 14	17 17	16 10	0 37	11 14	1 28	19 60	0 14	21 39	0 48	22 36	0 50
17	18 49	19 50	1N 5	22 7	16 44	0 30	11 40	1 27	20 10	0 15	21 38	0 48	22 36	0 50
18	19 4	24 4	2 21	25 37	17 17	0 23	12 6	1 26	20 20	0 16	21 38	0 48	22 36	0 50
19	19 18	26 45	3 28	27 24	17 49	0 17	12 32	1 25	20 29	0 16	21 37	0 48	22 36	0 50
20	19 32	27 33	4 22	27 14	18 20	0 10	12 58	1 24	20 39	0 17	21 36	0 48	22 37	0 50
21	19 46	26 25	4 58	25 11	18 50	0 3	13 23	1 22	20 48	0 17	21 35	0 48	22 37	0 50
22	19 59	23 32	5 14	21 32	19 20	0S 4	13 48	1 21	20 57	0 18	21 34	0 48	22 37	0 50
23	20 12	19 15	5 11	16 43	19 48	0 10	14 12	1 19	21 6	0 19	21 33	0 48	22 37	0 50
24	20 25	13 60	4 50	11 7	20 16	0 17	14 36	1 18	21 15	0 19	21 32	0 48	22 37	0 50
25	20 37	8 9	4 12	5 7	20 43	0 24	14 60	1 16	21 24	0 20	21 31	0 47	22 37	0 49
26	20 49	2 4	3 21	0S60	21 8	0 30	15 23	1 15	21 32	0 20	21 30	0 47	22 38	0 49
27	21 0	4S 1	2 21	6 58	21 33	0 37	15 46	1 13	21 40	0 21	21 30	0 47	22 38	0 49
28	21 11	9 49	1 14	12 33	21 56	0 43	16 9	1 11	21 48	0 22	21 29	0 47	22 38	0 49
29	21 22	15 8	0 5	17 32	22 18	0 49	16 31	1 10	21 56	0 22	21 28	0 47	22 38	0 49
30	21S32	19S44	1S 3	21S42	22S40	0S55	16S53	1N 8	22S 4	0S23	21N27	0S47	22S38	0N49

DAY	♅ DECL	♅ LAT	♆ DECL	♆ LAT	♇ DECL	♇ LAT
1	2N37	0S44	10N54	0N37	21N41	0S20
5	2 34	0 43	10 52	0 37	21 42	0 19
9	2 32	0 43	10 51	0 37	21 42	0 19
13	2 29	0 43	10 50	0 37	21 43	0 19
17	2 27	0 43	10 49	0 37	21 43	0 19
21	2 25	0 43	10 48	0 37	21 44	0 19
25	2 23	0 43	10 48	0 38	21 45	0 18
29	2N22	0S43	10N47	0N38	21N45	0S18

☽ PHENOMENA			
d	h	m	
1	12	1	●
9	14	10	☽
17	0	14	○
23	16	5	☾
d	h	° '	
6	6	27S35	
13	15	0	
19	22	27N34	
26	8	0	
1	19	0	
9	5	5S17	
16	4	0	
22	8	5N16	
29	2	0	

VOID OF COURSE ☽ LAST ASPT	☽ INGRESS
2 8am49	3 ♐ 4am47
5 3pm25	5 ♑ 3pm57
7 1pm58	8 ♒ 4am33
10 12pm24	10 ♓ 4pm30
12 10pm18	13 ♈ 1am43
15 4am31	15 ♉ 7am19
17 8am28	17 ♊ 9am53
19 8am58	19 ♋ 10am53
21 9am40	21 ♌ 11am58
23 1pm16	23 ♍ 2pm32
25 6pm30	25 ♎ 7pm23
28 2am14	28 ♏ 2am40
29 5pm45	30 ♐ 12pm 8

d	h	
7	11	APOGEE
19	6	PERIGEE

DAILY ASPECTARIAN

Day	Aspect	Time
1 F	☽⚹♆	2am 2
	☉⚻♅	4 48
	☽⚻♅	11 26
	♀△♃	11 36
	☉☌☽	12pm 1
	☉∥☽	1 34
	☽∠♄	6 34
2 S	☽⚻♃	0am23
	☽⚺♀	1 52
	☽∥♂	4 11
	☽☌♂	6 38
	☽△♇	8 49
	☽⚼♅	3pm46
	☽⚺☿	7 38
	☽⚺♄	11 21
3 Su	☽#♇	4am29
	☽#♃	5 10
	☽∠♀	9 49
	☽∥♄	10 12
	☽□♆	11 9
	☽⚼♇	1pm42
	☽△♅	8 44
	♂△♇	9 32
	♀∠♆	11 14
4 M	☉⚺☽	2am37
	☿⚹♄	2 45
	☽∠☿	5 4
	☽☍♃	9 58
	☽⚹♀	6pm36
	☽⚻♇	7 11
	☽⚺♂	8 32
5 T	♀□♇	0am11
	☉∠♄	7 25
	☽☌♄	10 47
	☉∠☽	11 4
	☽⚹☿	3pm25
	☿⚼♃	4 39
	☿ ♏	7 29
	☽△♆	10 38
6 W	☽∠♂	4am25
	☽□♅	8 18
	♀⚺♂	11 10
	☉⚹☽	8pm 2
	☽⚻♃	9 34
7 Th	☽⚼♆	4am58
	☿#♆	7 11
	☽☍♇	7 26
	☉⚻♃	12pm32
	☽⚹♂	12 40
	☽□♀	1 58
	☿⚹♆	9 32
	☽⚺♄	11 49
8 F	☽⚼♃	3am40
	☽⚻♆	11 21
	☽□☿	1pm31
	♂⚼♅	7 9
	☽⚹♅	8 48
9 S	☽∥♄	2am33
	☽∠♄	6 19
	☽#♃	8 24
	☽#♇	8 36
	☽△♃	9 37
	☉□☽	2pm10
	☽⚻♇	7 51
10 Su	☽∥♂	1am37
	☽∠♅	2 43
	☽□♂	4 46
	☽△♀	9 12
	☉∥☽	11 46
	☽⚹♄	12pm24
	☿⚻♅	6 19
	☽☍♆	11 10
11 M	☽⚼♇	1am23
	☽∥☿	6 20
	☽⚺♅	8 3
	☽△☿	10 9
	♃∥♇	11 17
	☽⚼♀	5pm41
	☽#♆	5 53
	♀⚹♄	6 51
	☽□♃	7 57
12 T	☽∥♀	0am 0
	☉△☽	5 51
	☽△♇	6 9
	☉△♇	9 37
	♀⚼♃	2pm48
	☽△♂	6 1
	☽⚼☿	6 47
	☽□♄	10 18
13 W	☽⚻♀	0am59
	☽#♅	4 49
	☽⚻♆	8 2
	♀ ♏	8 35
	☉⚼☽	12pm 4
	☽☌♅	4 12
	☽⚼♂	11 5
14 Th	☽∥♅	0am17
	☿∠♄	0 33
	☽⚻☿	2 2
	☽⚹♃	3 0
	☿⚻♃	9 34
	☽⚼♆	11 6
	☽□♇	12pm58
	☉⚻☽	5 7
15 F	♀#♆	1am33
	☽⚻♂	3 4
	☽△♄	4 31
	☽∠♃	5 11
	☽∥♆	8 53
	☽#♀	9 28
	☽☍♀	11 56
	☽△♆	1pm17
	☉⚼♅	5 2
	☽⚺♅	8 48
16 S	♀⚹♆	3am13
	☽⚼♄	6 22
	☽⚺♃	6 37
	☽#☿	7 52
	♂⚺♄	11 43
	☽☍☿	12pm46
	☽⚹♇	4 26
	☉#☽	6 50
	☽∠♅	10 1
17 Su	☉☍☽	0am14
	☽#♂	1 42
	☽⚻♄	7 35
	☽☍♂	8 28
	☽∥♃	9 20
	☽∥♇	9 50
	☽#♄	2pm50
	☽□♆	3 38
	☽∠♇	5 16
	☽⚻♀	7 1
	☿△♇	9 18
	☽⚹♅	10 44
18 M	☽☌♃	7am52
	♂ ♐	1pm29
	☽⚺♇	5 45
	☽⚻☿	8 16
	☽⚼♀	9 47
19 T	☉⚻☽	5am 1
	☽☍♄	8 58
	☽⚻♂	11 59
	♀⚻♅	1pm44
	☽⚹♆	4 35
	☿⚼♅	10 41
	☽□♅	11 31
	☽⚼☿	11 37
20 W	☽△♀	0am26
	☉⚼☽	7 13
	☽⚺♃	8 17
	☽⚼♂	1pm40
	☽∠♆	5 4
	☽☌♇	6 35
21 Th	☽△☿	3am 9
	☽∠♃	8 41
	☉△☽	9 40
	☽⚻♄	10 23
	☽△♂	3pm38
	☽⚺♆	5 49
	☉⚺♄	9 7
22 F	☽△♅	0am47
	☽#♄	5 44
	☽□♀	6 32
	☽⚹♃	9 26
	☽∥♇	10 52
	☽⚼♄	11 34
	☽∥♃	11 52
	☽#♂	2pm41
	☉ ♐	6 48
	☉#☽	7 22
	☽⚺♇	8 28
	☽#☿	9 27
23 S	☽⚼♅	2am 2
	♂□♆	11 43
	☽□☿	11 47
	♀⚻♃	12pm45
	☽△♄	1 16
	☉□☽	4 5
	☽☌♆	8 39
	☽□♂	9 8
	☽#♀	9 33
	☽∠♇	10 8
24 Su	☿⚺♄	1am51
	☽⚻♅	3 49
	☿ ♐	12pm 7
	☽□♃	12 26
	☽∥♆	1 21
	☉∥☿	2 45
	☽⚹♀	3 4
	♂⚼♇	4 9
	♀∠♄	8 58
25 M	☽⚹♇	0am25
	☽□♄	6pm30
	♂#♃	7 23
	☽∠♀	8 33
	☽∥♅	10 45
	☽⚹☿	11 36
26 T	☉⚹☽	1am22
	☽⚺♆	1 49
	☽⚹♂	5 22
	☉□♆	7 12
	☽☍♅	9 14
	☽#♅	5pm28
	☽△♃	5 47
	☿□♆	6 15
	☿#♃	9 2
27 W	☉⚼♇	2am15
	☽⚺♀	2 51
	☽∠♆	5 19
	☿⚼♇	6 25
	☽□♇	6 48
	☽∠☿	6 51
	☉∠☽	7 11
	☽∠♂	10 35
	☿∥♂	12pm 1
	☿#♇	12 39
	♂#♇	1 53
	☉☌☿	2 2
	☽⚼♃	9 19
28 Th	☽⚹♄	2am14
	☽#♆	4 11
	☽⚹♆	9 24
	☉⚺☽	1pm44
	☽⚺☿	2 56
	☽⚺♂	4 28
	☽⚻♅	5 2
	♀△♇	7 13
29 F	☽⚻♃	1am24
	♂△♅	2 14
	☽∠♄	6 58
	☽∥♀	7 21
	☿△♅	7 43
	☉#♃	11 53
	☿☌♂	12pm32
	☽△♇	3 27
	☽☌♀	5 45
	☽⚼♅	9 44
	☿∥♄	9 56
30 S	♄ ♑	4am26
	☉△♅	6 23
	☽#♃	10 16
	☉∥☽	11 25
	☽⚺♄	12pm12
	☽#♇	12 21
	☽∥♂	2 53
	☽∥♄	6 15
	☽□♆	7 7
	☽∥☿	8 30
	☽⚼♇	8 33

DECEMBER 1929

LONGITUDE

DAY	SID. TIME	☉	☽	☽ 12 Hour	MEAN ☊	TRUE ☊	☿	♀	♂	♃	♄	♅	♆	♇
	h m s	° ' "	° ' "	° ' "	° '	° '	° '	° '	° '	° '	° '	° '	° '	° '
1	4 37 27	8♐ 19 10	6♐ 4 17	12♐ 10 30	10♉ 35	12♉ 7R	10♐ 13	22♏ 6	8♐ 59	11♊ 44R	0♑ 6	7♈ 34R	3♍ 35	19♋ 18R
2	4 41 24	9 20 1	18 14 36	24 16 47	10 32	12 3	11 48	23 21	9 42	11 35	0 12	7 33	3 35	19 17
3	4 45 20	10 20 54	0♑ 17 12	6♑ 16 3	10 29	11 59	13 22	24 36	10 26	11 27	0 19	7 32	3 35	19 16
4	4 49 17	11 21 48	12 13 35	18 10 4	10 25	11 53	14 56	25 52	11 10	11 19	0 26	7 32	3 35	19 15
5	4 53 13	12 22 43	24 5 48	0♒ 1 6	10 22	11 47	16 30	27 7	11 54	11 11	0 33	7 31	3 35	19 14
6	4 57 10	13 23 38	5♒ 56 22	11 52 2	10 19	11 42	18 4	28 22	12 37	11 3	0 40	7 30	3 35R	19 13
7	5 1 7	14 24 34	17 48 32	23 46 23	10 16	11 38	19 38	29 38	13 21	10 55	0 47	7 30	3 35	19 12
8	5 5 3	15 25 32	29 46 5	5♓ 48 14	10 13	11 35	21 12	0♐ 53	14 5	10 46	0 53	7 29	3 35	19 11
9	5 9 0	16 26 29	11♓ 53 23	18 2 9	10 10	11 34D	22 46	2 9	14 49	10 38	1 0	7 29	3 35	19 10
10	5 12 56	17 27 27	24 15 6	0♈ 32 50	10 6	11 34	24 20	3 24	15 33	10 30	1 7	7 29	3 35	19 9
11	5 16 53	18 28 26	6♈ 55 55	13 24 52	10 3	11 35	25 54	4 39	16 18	10 22	1 14	7 28	3 35	19 8
12	5 20 49	19 29 26	20 0 8	26 42 7	10 0	11 37	27 28	5 55	17 2	10 14	1 21	7 28	3 35	19 7
13	5 24 46	20 30 26	3♉ 31 2	10♉ 27 2	9 57	11 38R	29 2	7 10	17 46	10 6	1 28	7 28	3 34	19 6
14	5 28 42	21 31 26	17 30 6	24 39 59	9 54	11 38	0♑ 37	8 26	18 30	9 58	1 35	7 27	3 34	19 5
15	5 32 39	22 32 28	1♊ 56 18	9♊ 18 25	9 50	11 36	2 11	9 41	19 14	9 51	1 42	7 27	3 34	19 4
16	5 36 36	23 33 30	16 45 32	24 16 37	9 47	11 32	3 45	10 56	19 59	9 43	1 49	7 27	3 34	19 3
17	5 40 32	24 34 32	1♋ 50 33	9♋ 26 3	9 44	11 27	5 19	12 12	20 43	9 35	1 56	7 27D	3 33	19 2
18	5 44 29	25 35 35	17 1 47	24 36 27	9 41	11 20	6 54	13 27	21 28	9 28	2 3	7 27	3 33	19 0
19	5 48 25	26 36 39	2♌ 8 47	9♌ 37 39	9 38	11 13	8 28	14 43	22 12	9 20	2 11	7 27	3 32	18 59
20	5 52 22	27 37 44	17 2 4	24 21 13	9 35	11 7	10 2	15 58	22 57	9 13	2 18	7 27	3 32	18 58
21	5 56 18	28 38 49	1♍ 34 33	8♍ 41 39	9 31	11 2	11 36	17 14	23 41	9 5	2 25	7 28	3 32	18 57
22	6 0 15	29 39 55	15 42 19	22 36 33	9 28	10 59	13 9	18 29	24 26	8 58	2 32	7 28	3 31	18 56
23	6 4 12	0♑ 41 2	29 24 27	6♎ 6 16	9 25	10 58D	14 43	19 44	25 11	8 51	2 39	7 28	3 30	18 55
24	6 8 8	1 42 9	12♎ 42 22	19 13 6	9 22	10 58	16 16	21 0	25 55	8 44	2 46	7 28	3 30	18 53
25	6 12 5	2 43 17	25 38 57	2♏ 0 22	9 19	10 59	17 48	22 15	26 40	8 37	2 53	7 29	3 29	18 52
26	6 16 1	3 44 26	8♏ 17 49	14 31 45	9 16	11 0R	19 20	23 31	27 25	8 30	3 0	7 29	3 29	18 51
27	6 19 58	4 45 35	20 42 35	26 50 44	9 12	10 59	20 51	24 46	28 10	8 24	3 7	7 30	3 28	18 50
28	6 23 54	5 46 45	2♐ 56 33	9♐ 0 22	9 9	10 57	22 21	26 2	28 55	8 17	3 14	7 30	3 27	18 48
29	6 27 51	6 47 55	15 2 29	21 3 8	9 6	10 51	23 50	27 17	29 40	8 11	3 21	7 31	3 27	18 47
30	6 31 47	7 49 6	27 2 33	3♑ 0 56	9 3	10 43	25 17	28 33	0♑ 25	8 5	3 29	7 31	3 26	18 46
31	6 35 44	8♑ 50 17	8♑ 58 27	14♑ 55 16	9♉ 0	10♉ 33	26♑ 42	29♐ 48	1♑ 10	7♊ 59	3♑ 36	7♈ 32	3♍ 25	18♋ 45

DECLINATION and LATITUDE

DAY	☉ DECL	☽ DECL	☽ LAT	☽ 12hr DECL	☿ DECL	☿ LAT	♀ DECL	♀ LAT	♂ DECL	♂ LAT	♃ DECL	♃ LAT	♄ DECL	♄ LAT
1	21S42	23S25	2S 8	24S52	22S60	1S 1	17S14	1N 6	22S11	0S23	21N26	0S47	22S38	0N49
2	21 52	25 60	3 5	26 50	23 19	1 7	17 35	1 4	22 19	0 24	21 25	0 47	22 38	0 49
3	22 1	27 20	3 54	27 32	23 37	1 12	17 55	1 2	22 26	0 25	21 24	0 47	22 38	0 49
4	22 9	27 23	4 31	26 56	23 53	1 18	18 15	1 0	22 32	0 25	21 23	0 46	22 38	0 49
5	22 17	26 10	4 57	25 7	24 9	1 23	18 35	0 58	22 39	0 26	21 22	0 46	22 38	0 48
6	22 25	23 48	5 10	22 13	24 23	1 28	18 54	0 56	22 45	0 26	21 21	0 46	22 38	0 48
7	22 32	20 25	5 10	18 23	24 36	1 33	19 12	0 54	22 51	0 27	21 20	0 46	22 38	0 48
8	22 39	16 10	4 56	13 47	24 47	1 38	19 30	0 52	22 57	0 27	21 19	0 46	22 39	0 48
9	22 45	11 15	4 29	8 35	24 57	1 42	19 47	0 50	23 3	0 28	21 18	0 46	22 39	0 48
10	22 51	5 48	3 49	2 55	25 6	1 47	20 4	0 48	23 8	0 29	21 17	0 46	22 39	0 48
11	22 57	0N 2	2 57	3N 2	25 14	1 51	20 20	0 45	23 14	0 29	21 16	0 45	22 39	0 48
12	23 2	6 3	1 55	9 3	25 20	1 54	20 36	0 43	23 18	0 30	21 15	0 45	22 39	0 48
13	23 7	12 0	0 44	14 52	25 24	1 58	20 51	0 41	23 23	0 30	21 14	0 45	22 39	0 48
14	23 11	17 34	0N32	20 5	25 28	2 1	21 5	0 39	23 28	0 31	21 13	0 45	22 39	0 48
15	23 14	22 19	1 48	24 14	25 30	2 4	21 19	0 36	23 32	0 31	21 12	0 45	22 39	0 48
16	23 17	25 45	2 59	26 49	25 30	2 6	21 32	0 34	23 36	0 32	21 11	0 45	22 39	0 48
17	23 20	27 24	3 58	27 28	25 29	2 8	21 44	0 32	23 40	0 33	21 10	0 44	22 39	0 47
18	23 22	27 0	4 41	26 3	25 26	2 10	21 56	0 29	23 43	0 33	21 9	0 44	22 39	0 47
19	23 24	24 37	5 4	22 47	25 22	2 12	22 8	0 27	23 47	0 34	21 8	0 44	22 39	0 47
20	23 26	20 36	5 6	18 7	25 16	2 13	22 18	0 25	23 50	0 34	21 7	0 44	22 38	0 47
21	23 26	15 24	4 49	12 32	25 9	2 13	22 28	0 22	23 53	0 35	21 6	0 44	22 38	0 47
22	23 27	9 32	4 14	6 28	25 0	2 13	22 37	0 20	23 55	0 35	21 5	0 43	22 38	0 47
23	23 27	3 22	3 25	0 17	24 50	2 13	22 46	0 17	23 57	0 36	21 4	0 43	22 38	0 47
24	23 26	2S47	2 26	5S46	24 38	2 12	22 54	0 15	23 59	0 36	21 3	0 43	22 38	0 47
25	23 25	8 39	1 22	11 25	24 25	2 11	23 1	0 12	24 1	0 37	21 2	0 43	22 38	0 47
26	23 24	14 3	0 15	16 30	24 10	2 9	23 7	0 10	24 3	0 37	21 2	0 43	22 38	0 47
27	23 22	18 46	0S52	20 49	23 54	2 6	23 13	0 7	24 4	0 38	21 1	0 42	22 38	0 47
28	23 19	22 38	1 55	24 11	23 37	2 3	23 18	0 5	24 5	0 39	21 0	0 42	22 38	0 47
29	23 16	25 27	2 52	26 25	23 18	1 59	23 23	0 3	24 6	0 39	20 59	0 42	22 38	0 47
30	23 13	27 5	3 40	27 26	22 57	1 54	23 26	0 0	24 6	0 40	20 59	0 42	22 38	0 47
31	23S 9	27S27	4S19	27S 9	22S36	1S48	23S29	0S 2	24S 7	0S40	20N58	0S42	22S37	0N47

DAY	♅ DECL	♅ LAT	♆ DECL	♆ LAT	♇ DECL	♇ LAT
1	2N21	0S43	10N47	0N38	21N46	0S18
5	2 20	0 42	10 47	0 38	21 47	0 18
9	2 19	0 42	10 47	0 38	21 47	0 17
13	2 19	0 42	10 48	0 38	21 48	0 17
17	2 19	0 42	10 48	0 38	21 49	0 17
21	2 19	0 42	10 49	0 38	21 50	0 17
25	2 20	0 42	10 50	0 39	21 51	0 17
29	2N21	0S42	10N51	0N39	21N52	0S16

☽ PHENOMENA	
d h m	
1 4 49	●
9 9 42	☽
16 11 38	○
28 2 28	☾
30 23 42	●
d h	° '
3 13	27S32
11 0	0
17 7	27N30
23 13	0
30 19	27S29
6 12	5S12
13 14	0
19 14	5N 8
26 5	0

VOID OF COURSE ☽ LAST ASPT	☽ INGRESS
1 11am 0	2 ♑ 11pm26
5 6am51	5 ♒ 11am58
7 4am13	8 ♓ 0am28
10 0am10	10 ♈ 10am58
12 3pm 6	12 ♉ 5pm50
14 2am40	14 ♊ 8pm49
16 11am38	16 ♋ 9pm 5
18 3am 7	18 ♌ 8pm35
20 6pm45	20 ♍ 9pm22
22 4pm 5	23 ♎ 1am 3
25 2am 2	25 ♏ 8am12
27 0am19	27 ♐ 6pm12
30 3am22	30 ♑ 5am56

d h	
5 5	APOGEE
17 12	PERIGEE

DAILY ASPECTARIAN

Day	Aspect	Time
1 Su	☽△♅	2am56
	☉☌☽	4 49
	☽☌♂	6 4
	♀⚼♅	8 52
	☽☌☿	9 22
	☉⋕♇	9 22
	☽☍♃	11 0
	☿☍♃	9pm10
2 M	☽⚻♇	2am 4
	☽⚺♀	11 20
3 T	☽☌♄	0am 4
	☽△♆	6 37
	☉☌♂	7 12
	☽□♅	2pm33
	☽∠♀	8 56
	☽⚺♂	9 43
	☉⚺☽	10 6
	☽⚻♃	10 11
	☉☍♃	11 3
4 W	♂☍♃	4am16
	☽⚺☿	6 17
	☽⚼♆	12pm51
	☽☍♇	2 11
	♂∥♄	10 10
5 Th	☽⚼♃	4am11
	☽∠♂	6 2
	☽⚹♀	6 51
	☉∠☽	7 16
	☽⚺♄	1pm12
	☽∠☿	5 17
	☽⚻♆	7 14
	☽∥☿	7 24
6 F	☽⚹♅	3am10
	♆SR	7 26
	☽∥♂	7 54
	☽∥♄	8 58
	☉∥☽	10 13
	☽△♃	10 13
	☽⚹♂	2pm25
	☽⋕♇	3 3
	☉⚹☽	4 30
	☿⚻♇	5 38
	☽⋕♃	6 4
	☽∠♄	7 51
7 S	☽⚻♇	2am49
	☽⚹☿	4 13
	☽∥♀	6 50
	♀ ♐	7 4
	☽∠♅	9 26
	☉∥♄	9pm59
8 Su	♀⚺♄	0am 5
	☽⚹♄	2 16
	☽□♀	2 29
	☽☍♆	7 36
	☽⚼♇	8 47
	☽⚺♅	3pm19
	☽□♃	9 34
9 M	☽⋕♆	2am 7
	☽□♂	6 6
	☉□☽	9 42
	☽△♇	2pm11
10 T	☽□☿	0am10
	♀□♆	3 29
	☽□♄	1pm12
	♀⚼♇	2 15
	☽⋕♅	2 26
	☽⚻♆	5 43
	☽△♀	7 17
11 W	☽☌♅	1am 0
	☽⚹♃	6 19
	☽∥♅	9 9
	☉⚻♇	3pm24
	☽△♂	6 17
	☽⚼♆	9 25
	☽□♇	10 24
	☉△☽	11 0
12 Th	☽⚼♀	1am49
	☽∠♃	9 18
	☽△☿	3pm 6
	☽∥♆	7 2
	☽△♄	8 23
	☽⚼♂	10 37
13 F	☽△♆	0am 6
	☉⚼☽	3 44
	♀△♅	5 34
	☽⚺♅	6 51
	☽⚻♀	6 58
	☽⚺♃	11 18
	☿ ♑	2pm42
	☽⚼☿	8 24
	☽⚼♄	10 27
14 S	☽⚻♂	1am47
	☽⚹♇	2 40
	☉⚻☽	7 16
	☽∠♅	8 19
	♀⋕♃	12pm43
	☿☌♄	4 10
	☽∥♃	5 49
	☽⋕♀	6 7
	♂⚻♇	6 24
	☽∥♇	9 8
	☽⚻♄	11 37
15 Su	☽⚻☿	0am27
	☽⋕♄	1 54
	☽□♆	2 40
	♀☍♃	2 46
	☽∠♇	3 28
	☉⋕☽	5 35
	☽⋕♂	7 30
	☽⚹♅	9 0
	☽☌♃	12pm45
	☽☍♀	1 46
	☿△♆	9 5
	☽⋕☿	9 46
16 M	☽⚺♇	3am39
	☽☍♂	5 25
	☉☍☽	11 38
17 T	☽☍♄	0am 9
	☽⚹♆	2 42
	♅SD	4 30
	☽☍☿	6 8
	☽□♅	8 52
	♀⋕♇	9 19
	☽⚺♃	12pm 8
	☽⚻♀	5 50
18 W	☽∠♆	2am24
	☽☌♇	3 7
	☽⚻♂	7 22
	☿□♅	8 34
	☽∠♃	11 40
	☉⚻☽	2pm33
	☽⋕☿	6 1
	☽⚼♀	7 46
19 Th	☽⚻♄	0am 3
	☽⚺♆	2 14
	☽⋕♂	5 45
	☉⋕☽	8 10
	☽△♅	8 30
	☽⚼♂	8 31
	☽⚻☿	11 19
	☽⚹♃	11 26
	☿⚻♃	12pm22
	☽⋕♄	12 51
	☽⋕♀	3 10
	☉⚼☽	4 19
	☽∥♇	5 28
	☽∥♃	9 17
	☽△♀	10 6
20 F	☽⚼♄	0am26
	☽⚺♇	3 9
	☽⚼♅	8 53
	☽△♂	10 12
	☽⚼☿	2pm42
	☉△☽	6 45
21 S	☽△♄	1am25
	☽☌♆	3 16
	☽∠♇	3 59
	☽⚻♅	9 55
	☽□♃	12pm34
	☽∥♆	6 54
	☽△☿	7 4
22 Su	♀∥♄	2am46
	☽□♀	5 17
	☽⚹♇	5 34
	☉ ♑	7 54
	♀⚻♇	8 24
	☽□♂	4pm 5
23 M	☉□☽	2am28
	☽∥♅	4 2
	☽□♄	5 50
	☽⚺♆	7 19
	☽☍♅	2pm28
	☽△♃	4 49
	☽⋕♅	10 13
24 T	☽□☿	7am25
	☽∠♆	10 39
	☽□♇	11 22
	☽⚹♀	4pm58
	☽⚼♃	8 14
25 W	☽⚹♂	2am 2
	☉☌♄	4 21
	☽⋕♆	9 24
	☿⚼♆	10 38
	☽⚹♄	1pm48
	☉⚹☽	2 32
	☽⚹♆	2 48
	☿☍♇	4 29
	☉△♆	5 52
	☽⚻♅	10 27
26 Th	☽⚻♃	0am24
	☽∠♀	0 28
	☽∠♂	8 26
	☿∥♂	10 33
	☽∠♄	6pm55
	☽△♇	8 21
	☉∠☽	9 59
27 F	☽⚹☿	0am19
	☽⚼♅	3 29
	☽⚺♀	8 51
	☽⋕♃	1pm10
	☽⚺♂	3 33
	☽⋕♇	6 40
	☽∥♄	11 59
28 S	☽⚺♄	0am36
	☽□♆	1 1
	☽⚼♇	1 42
	☉∥♀	3 24
	☉∥☽	5 1
	☽∥♀	5 5
	☉⚺☽	6 7
	☽∥☿	6 39
	☽△♅	9 2
	☽∠☿	9 56
	☽☍♃	10 29
	☽∥♂	11 15
	☿⚼♃	2pm13
	☿∥♀	6 48
29 Su	☉∥☿	1am36
	☽⚻♇	7 28
	♂ ♑	10 46
	♄△♆	3pm28
	☉□♅	4 59
	☽⚺☿	7 59
30 M	☽☌♀	3am22
	☉⚻♃	5 38
	☽☌♂	7 13
	☽△♆	12pm49
	☽☌♄	1 3
	☽□♅	9 6
	☿∥♄	10 0
	☽⚻♃	10 1
	☉☌☽	11 42
31 T	♀ ♑	3am44
	☽⚼♆	7pm 2
	☽☍♇	7 42

JANUARY 1930

LONGITUDE

DAY	SID. TIME	☉	☽	☽ 12 Hour	MEAN ☊	TRUE ☊	☿	♀	♂	♃	♄	♅	♆	♇
	h m s	° ' "	° ' "	° ' "	° '	° '	° '	° '	° '	° '	° '	° '	° '	° '
1	6 39 41	9♑ 51 27	20♑ 51 33	26♑ 47 28	8♉ 56	10♉ 21R	28♑ 5	1♑ 4	1♑ 55	7♊ 53R	3♑ 43	7♈ 33	3♍ 24R	18♋ 43R
2	6 43 37	10 52 38	2♒ 43 12	8♒ 38 56	8 53	10 9	29 26	2 19	2 40	7 47	3 50	7 34	3 23	18 42
3	6 47 34	11 53 49	14 34 55	20 31 23	8 50	9 57	0♒ 43	3 35	3 25	7 42	3 57	7 34	3 22	18 41
4	6 51 30	12 54 59	26 28 40	2♓ 27 6	8 47	9 46	1 57	4 50	4 11	7 36	4 4	7 35	3 21	18 40
5	6 55 27	13 56 9	8♓ 27 4	14 29 1	8 44	9 38	3 7	6 6	4 56	7 31	4 11	7 36	3 21	18 38
6	6 59 23	14 57 19	20 33 24	26 40 44	8 41	9 33	4 11	7 21	5 41	7 26	4 18	7 37	3 20	18 37
7	7 3 20	15 58 29	2♈ 51 36	9♈ 6 32	8 37	9 30	5 10	8 37	6 27	7 21	4 25	7 38	3 19	18 36
8	7 7 16	16 59 38	15 26 8	21 51 0	8 34	9 29D	6 2	9 52	7 12	7 16	4 32	7 39	3 18	18 35
9	7 11 13	18 0 46	28 21 40	4♉ 58 41	8 31	9 30R	6 47	11 7	7 57	7 12	4 39	7 41	3 17	18 33
10	7 15 10	19 1 54	11♉ 42 30	18 33 28	8 28	9 30	7 24	12 23	8 43	7 7	4 46	7 42	3 15	18 32
11	7 19 6	20 3 2	25 31 48	2♊ 37 35	8 25	9 29	7 51	13 38	9 28	7 3	4 53	7 43	3 14	18 31
12	7 23 3	21 4 9	9♊ 50 41	17 10 44	8 22	9 25	8 8	14 54	10 14	6 59	5 0	7 44	3 13	18 29
13	7 26 59	22 5 16	24 37 10	2♋ 9 8	8 18	9 19	8 15R	16 9	11 0	6 55	5 7	7 46	3 12	18 28
14	7 30 56	23 6 22	9♋ 45 34	17 25 12	8 15	9 10	8 10	17 25	11 45	6 52	5 14	7 47	3 11	18 27
15	7 34 52	24 7 27	25 6 36	2♌ 48 16	8 12	9 0	7 53	18 40	12 31	6 48	5 20	7 48	3 10	18 26
16	7 38 49	25 8 32	10♌ 28 39	18 6 16	8 9	8 48	7 25	19 56	13 17	6 45	5 27	7 50	3 8	18 24
17	7 42 46	26 9 37	25 39 47	3♍ 8 3	8 6	8 38	6 45	21 11	14 2	6 42	5 34	7 51	3 7	18 23
18	7 46 42	27 10 41	10♍ 30 6	17 45 16	8 2	8 29	5 55	22 26	14 48	6 39	5 41	7 53	3 6	18 22
19	7 50 39	28 11 44	24 53 6	1♎ 53 24	7 59	8 22	4 55	23 42	15 34	6 37	5 48	7 55	3 5	18 21
20	7 54 35	29 12 48	8♎ 46 9	15 31 33	7 56	8 19	3 48	24 57	16 20	6 34	5 54	7 56	3 3	18 19
21	7 58 32	0♒ 13 51	22 9 56	28 41 44	7 53	8 17D	2 35	26 13	17 6	6 32	6 1	7 58	3 2	18 18
22	8 2 28	1 14 53	5♏ 7 29	11♏ 27 46	7 50	8 17R	1 19	27 28	17 52	6 30	6 8	8 0	3 1	18 17
23	8 6 25	2 15 55	17 43 10	23 54 19	7 47	8 17	0 2	28 43	18 38	6 28	6 14	8 2	2 59	18 16
24	8 10 21	3 16 57	0♐ 1 48	6♐ 6 12	7 43	8 16	28♑ 46	29 59	19 24	6 27	6 21	8 3	2 58	18 14
25	8 14 18	4 17 59	12 8 4	18 7 55	7 40	8 12	27 33	1♒ 14	20 10	6 25	6 28	8 5	2 56	18 13
26	8 18 15	5 18 59	24 6 11	0♑ 3 17	7 37	8 5	26 26	2 30	20 56	6 24	6 34	8 7	2 55	18 12
27	8 22 11	6 19 59	5♑ 59 35	11 55 25	7 34	7 56	25 26	3 45	21 42	6 23	6 41	8 9	2 54	18 11
28	8 26 8	7 20 58	17 51 1	23 46 38	7 31	7 43	24 33	5 0	22 28	6 22	6 47	8 11	2 52	18 9
29	8 30 4	8 21 57	29 42 29	5♒ 38 42	7 28	7 29	23 49	6 16	23 14	6 22	6 53	8 13	2 51	18 8
30	8 34 1	9 22 54	11♒ 35 28	17 32 54	7 24	7 14	23 13	7 31	24 0	6 21	7 0	8 15	2 49	18 7
31	8 37 57	10♒ 23 50	23♒ 31 10	29♒ 30 24	7♉ 21	6♉ 59	22♑ 47	8♒ 46	24♑ 47	6♊ 21D	7♑ 6	8♈ 18	2♍ 48	18♋ 6

DECLINATION and LATITUDE

DAY	☉ DECL	☽ DECL	☽ LAT	☽ 12hr DECL	☿ DECL	☿ LAT	♀ DECL	♀ LAT	♂ DECL	♂ LAT	♃ DECL	♃ LAT	♄ DECL	♄ LAT
1	23S 5	26S32	4S46	25S37	22S13	1S42	23S31	0S 5	24S 7	0S41	20N57	0S41	22S37	0N46
2	23 0	24 26	5 0	22 58	21 49	1 35	23 33	0 7	24 7	0 41	20 56	0 41	22 37	0 46
3	22 55	21 16	5 2	19 21	21 25	1 27	23 34	0 10	24 6	0 42	20 56	0 41	22 37	0 46
4	22 49	17 14	4 50	14 57	20 59	1 17	23 34	0 12	24 5	0 42	20 55	0 41	22 37	0 46
5	22 43	12 31	4 26	9 56	20 34	1 7	23 33	0 14	24 4	0 43	20 54	0 41	22 37	0 46
6	22 37	7 15	3 49	4 29	20 8	0 56	23 31	0 17	24 3	0 43	20 54	0 40	22 37	0 46
7	22 30	1 38	3 2	1N15	19 42	0 44	23 29	0 19	24 1	0 44	20 53	0 40	22 36	0 46
8	22 22	4N10	2 4	7 5	19 16	0 31	23 26	0 21	23 59	0 44	20 53	0 40	22 36	0 46
9	22 14	9 59	0 59	12 49	18 51	0 16	23 23	0 24	23 57	0 45	20 52	0 40	22 36	0 46
10	22 6	15 32	0N12	18 7	18 27	0 1	23 18	0 26	23 55	0 45	20 52	0 39	22 36	0 46
11	21 57	20 31	1 24	22 39	18 4	0N15	23 13	0 28	23 52	0 46	20 51	0 39	22 36	0 46
12	21 48	24 28	2 33	25 54	17 43	0 32	23 7	0 31	23 49	0 46	20 51	0 39	22 35	0 46
13	21 38	26 55	3 35	27 26	17 24	0 50	23 1	0 33	23 46	0 47	20 50	0 39	22 35	0 46
14	21 28	27 27	4 23	26 56	17 7	1 9	22 54	0 35	23 43	0 47	20 50	0 39	22 35	0 46
15	21 18	25 54	4 52	24 23	16 54	1 27	22 46	0 37	23 39	0 48	20 50	0 38	22 35	0 46
16	21 7	22 26	5 1	20 7	16 43	1 46	22 37	0 39	23 35	0 48	20 49	0 38	22 34	0 46
17	20 56	17 29	4 48	14 37	16 35	2 4	22 28	0 41	23 31	0 49	20 49	0 38	22 34	0 46
18	20 44	11 34	4 16	8 25	16 30	2 22	22 18	0 44	23 27	0 49	20 49	0 38	22 34	0 46
19	20 32	5 13	3 28	1 60	16 29	2 38	22 7	0 46	23 22	0 50	20 48	0 37	22 34	0 46
20	20 19	1S11	2 29	4S19	16 30	2 53	21 56	0 48	23 17	0 50	20 48	0 37	22 34	0 46
21	20 7	7 20	1 24	10 14	16 35	3 6	21 44	0 50	23 12	0 51	20 48	0 37	22 33	0 45
22	19 53	12 58	0 17	15 33	16 41	3 16	21 31	0 51	23 6	0 51	20 48	0 37	22 33	0 45
23	19 40	17 55	0S50	20 4	16 49	3 24	21 18	0 53	23 0	0 52	20 48	0 36	22 33	0 45
24	19 26	21 59	1 52	23 39	16 59	3 30	21 4	0 55	22 54	0 52	20 48	0 36	22 32	0 45
25	19 11	25 2	2 48	26 8	17 11	3 33	20 49	0 57	22 48	0 53	20 48	0 36	22 32	0 45
26	18 57	26 55	3 36	27 24	17 23	3 34	20 34	0 59	22 42	0 53	20 48	0 36	22 32	0 45
27	18 42	27 33	4 15	27 23	17 35	3 32	20 18	1 0	22 35	0 53	20 48	0 36	22 32	0 45
28	18 26	26 54	4 41	26 7	17 48	3 28	20 2	1 2	22 28	0 54	20 48	0 35	22 31	0 45
29	18 11	25 2	4 56	23 41	18 1	3 23	19 45	1 4	22 20	0 54	20 48	0 35	22 31	0 45
30	17 55	22 5	4 58	20 14	18 14	3 16	19 27	1 5	22 13	0 55	20 48	0 35	22 31	0 45
31	17S38	18S11	4S47	15S57	18S26	3N 8	19S 9	1S 7	22S 5	0S55	20N49	0S35	22S30	0N45

DAY	♅ DECL	♅ LAT	♆ DECL	♆ LAT	♇ DECL	♇ LAT
1	2N22	0S41	10N52	0N39	21N52	0S16
5	2 23	0 41	10 53	0 39	21 53	0 16
9	2 25	0 41	10 55	0 39	21 54	0 16
13	2 27	0 41	10 57	0 39	21 55	0 15
17	2 30	0 41	10 58	0 39	21 56	0 15
21	2 32	0 41	11 0	0 39	21 57	0 15
25	2 35	0 40	11 2	0 39	21 58	0 15
29	2N39	0S40	11N 5	0N39	21N59	0S14

☽ PHENOMENA

d	h	m	
8	3	11	☽
14	22	21	○
21	16	7	☾
29	19	8	●

d	h	° '
7	7	0
13	18	27N31
19	19	0
27	0	27S33

d	h	
2	15	5S 3
9	20	0
15	21	5N 1
22	6	0
29	15	4S59

VOID OF COURSE ☽

LAST ASPT	☽ INGRESS
1 4pm30	1 ♒ 6pm30
2 10am11	4 ♓ 7am 5
5 8pm11	6 ♈ 6pm28
8 5am53	9 ♉ 2am59
10 1pm50	11 ♊ 7am35
11 9pm 9	13 ♋ 8am35
14 10pm21	15 ♌ 7am37
15 7pm51	17 ♍ 6am57
19 6am 5	19 ♎ 8am45
21 8am12	21 ♏ 2pm25
23 11pm54	23 ♐ 11pm56
24 3pm55	26 ♑ 11am53
28 12pm45	29 ♒ 0am35
29 7pm 8	31 ♓ 12pm59

d	h	
1	16	APOGEE
15	0	PERIGEE
28	16	APOGEE

DAILY ASPECTARIAN

Day	Aspect	Time
1 W	☽⚼♃	4am 4
	☽☌☿	4pm30
	☿#♇	8 36
	☽⚺♀	11 6
	☽⚺♂	11 54
2 Th	☽⚻♆	1am21
	☽⚺♄	2 16
	☽∥♂	2 49
	☽∥♀	7 26
	☽⚹♅	9 49
	☽△♃	10 11
	☿ ♒	10 25
	☉∥☽	12pm 4
	☽∥♄	2 37
	♀☌♂	4 37
	☉⚺☽	6 4
	☽#♇	7 52
	♀△♆	8 9
	♂△♆	10 27
	☽∥☿	10 56
3 F	☽#♃	2am15
	♀☌♄	7 46
	☽⚻♇	8 16
	☽∠♂	8 17
	☽∠♄	8 54
	☽∠♀	9 2
	☽∠♅	4pm 9
	♂☌♄	7 46
4 S	☉∠☽	3am10
	♃⚹♅	3 28
	☿#♃	4 16
	☽⚺☿	12pm12
	☽☍♆	1 48
	☽⚼♇	2 24
	☽⚹♄	3 23
	☽⚹♂	4 30
	☽⚹♀	6 45
	☽□♃	10 9
	☽⚺♅	10 19
5 Su	☿⚻♆	4am55
	☽#♆	7 37
	☉⚹☽	11 55
	☽△♇	8pm11
	☽∠☿	9 3
6 M	☉∥♄	0am 0
	♀⚻♃	1 26
	☿⚺♄	2 56
	♀□♅	5 13
	☽#♅	8pm49
7 T	☽⚻♆	0am52
	☽□♄	3 2
	☽⚹☿	4 48
	☽□♂	7 20
	☽⚹♃	8 35
	☽☌♅	9 12
	☽□♀	12pm16
	☽∥♅	4 45
8 W	♂⚻♃	2am 5
	☉□☽	3 11
	☽⚼♆	5 22
	☽□♇	5 53
	☽∠♃	12pm42
	♂□♅	2 52
9 Th	☽∥♆	3am55
	☉⚼♆	6 5
	☽△♆	8 55
	☽△♄	11 30
	☉☍♇	12pm30
	☿△♃	1 44
	☽⚺♃	3 53
	☽□☿	4 0
	☽⚺♅	4 52
	☽△♂	6 22
10 F	☽△♀	1am19
	☽⚹♇	11 56
	☽#☿	12pm34
	☉△☽	1 50
	☽⚼♄	2 13
	☿⚹♅	3 31
	☽∠♅	7 11
	☽⚼♂	10 5
11 S	☽∥♃	1am49
	☉#♇	5 42
	☽⚼♀	5 48
	☉#☽	7 38
	☽∥♇	7 42
	☽#♄	11 41
	☽□♆	1pm 0
	☽∠♇	1 28
	☽#♀	3 10
	☽⚻♄	3 54
	☉⚼☽	5 16
	☽☌♃	7 18
	☽#♂	7 34
	☽⚹♅	8 31
	☽△☿	9 9
12 Su	☽⚻♂	0am40
	☽⚻♀	9 3
	☽⚺♇	2pm 6
	☉⚻☽	7 38
	☉⚼♃	8 23
	☽⚼☿	9 48
13 M	☿SR	1am51
	☽⚹♆	1pm38
	☽☍♄	4 48
	☽⚺♃	7 28
	☽□♅	8 53
	☽⚻☿	9 31
14 T	☽☍♂	3am18
	☽☍♀	1pm 3
	☽∠♆	1 10
	☽☌♇	1 35
	♀⚼♆	2 28
	☽∠♃	6 52
	♀☍♇	7 27
	☉☍☽	10 21
15 W	☿⚹♅	4am32
	☽⚺♆	12pm32
	☽⚻♄	4 5
	☽#♂	5 5
	☽⚹♃	6 11
	☽☍☿	7 22
	☽△♅	7 51
	☽#♀	10 56
	☽#♄	11 13
16 Th	☽∥♇	2am45
	☽⚻♂	4 37
	♀∥♄	6 50
	☉#☽	7 19
	☽∥♃	8 31
	☽⚺♇	12pm28
	☽⚼♄	3 50
	☽⚻♀	4 14
	☽⚼♅	7 31
17 F	☉⚻☽	0am51
	☿△♃	1 37
	☽#☿	3 54
	☽⚼♂	5 42
	♀⚼♃	9 35
	☽☌♆	11 58
	☽∠♇	12pm23
	☉#♃	2 0
	☽△♄	4 4
	☽⚻☿	4 56
	☽□♃	5 44
	☽⚼♀	6 32
	☽⚻♅	7 43
18 S	☽∥♆	2am16
	☉⚼☽	2 58
	☿⚺♄	5 18
	☽△♂	7 29
	☽⚹♇	1pm 0
	☽⚼☿	4 11
	☽△♀	9 47
19 Su	☉△☽	6am 5
	☽∥♅	10 3
	☽⚺♆	2pm 2
	☽△☿	3 59
	☽□♄	6 56
	☽△♃	8 9
	♀#♇	9 22
	☽☍♅	10 32
20 M	☽#♅	5am 7
	☽□♂	2pm15
	☿⚻♆	3 6
	☽∠♆	4 31
	☽□♇	5 0
	☉ ♒	6 33
	☽⚼♃	10 51
21 T	☽□♀	8am12
	☽#♆	3pm22
	☉□☽	4 7
	☽□☿	5 31
	☽⚹♆	8 3
22 W	☉☌☿	0am40
	☽⚹♄	1 54
	☽⚻♃	2 35
	♂⚼♆	4 37
	☽⚻♅	5 26
	♂☍♇	12pm49
	☽∥☿	6 10
23 Th	☿ ♑	0am32
	☽△♇	1 2
	☽⚹♂	1 52
	☽∠♄	6 52
	☉∥☽	9 7
	☽⚼♅	10 19
	☿☌♀	12pm22
	☽#♃	4 22
	☉⚻♆	4 40
	☽∥♀	6 21
	☽⚹☿	9 44
	☽#♇	11 50
	☽⚹♀	11 54
24 F	♀ ♒	0am22
	☽∥♄	3 46
	☽□♆	5 47
	☽#♂	6 11
	☽⚼♇	6 19
	☉⚹☽	7 0
	☽∠♂	9 11
	☽⚺♄	12pm36
	☽☍♃	12 39
	☽△♅	3 55
	♃⚻♄	5 0
25 S	☽∠☿	0am46
	♀#♃	1 54
	☽∠♀	9 10
	☽⚻♇	12pm 9
	☉∠☽	3 41
	☽⚺♂	5 10
26 Su	☽⚺☿	4am19
	♀⚻♆	7 57
	♂⚼♃	2pm26
	☽△♆	5 45
	☽⚺♀	6 56
27 M	☉⚺☽	0am45
	☽⚻♃	0 47
	☉△♃	1 10
	☽☌♄	1 24
	☽□♅	4 23
	☉⚺♄	9 3
	♂∥♄	11 17
28 T	☽⚼♆	0am 2
	☽☍♇	0 37
	☽⚼♃	7 7
	☽☌♂	10 0
	☽☌☿	12pm45
	☉⚹♅	8 28
29 W	♀△♃	1am51
	☽⚻♆	6 20
	☉∥☿	8 19
	☿☌♂	9 54
	♀⚺♄	1pm 6
	☽△♃	1 26
	☽⚺♄	2 39
	☽☌♀	2 49
	☽⚹♅	5 15
	☉☌☽	7 8
	☽∥♄	8 57
	☽∥♂	11 2
30 Th	☽#♇	0am39
	☽#♃	8 27
	☽⚻♇	1pm 7
	♀⚹♅	2 30
	☽∥♀	6 6
	☽∠♄	9 8
	☽⚺☿	10 33
	☽∥☿	10 42
	☽∠♅	11 33
31 F	☽⚺♂	2am42
	☉∥☽	3 15
	♃SD	9 21
	♂#♇	4pm31
	☽☍♆	6 32
	☽⚼♇	7 9

FEBRUARY 1930

LONGITUDE

DAY	SID. TIME	☉	☽	☽ 12 Hour	MEAN ☊	TRUE ☊	☿	♀	♂	♃	♄	♅	♆	♇
	h m s	° ' "	° ' "	° ' "	° '	° '	° '	° '	° '	° '	° '	° '	° '	° '
1	8 41 54	11♒ 24 46	5♓ 30 47	11♓ 32 30	7♉ 18	6♉ 46R	22♑ 28R	10♒ 2	25♑ 33	6♊ 21	7♑ 12	8♈ 20	2♍ 46R	18♋ 5R
2	8 45 50	12 25 40	17 35 47	23 40 54	7 15	6 35	22 19D	11 17	26 19	6 21	7 19	8 22	2 45	18 4
3	8 49 47	13 26 33	29 48 10	5♈ 57 55	7 12	6 27	22 17	12 32	27 5	6 22	7 25	8 24	2 43	18 2
4	8 53 44	14 27 24	12♈ 10 33	18 26 30	7 8	6 23	22 22	13 48	27 52	6 22	7 31	8 26	2 41	18 1
5	8 57 40	15 28 14	24 46 13	1♉ 10 12	7 5	6 21D	22 35	15 3	28 38	6 23	7 37	8 29	2 40	18 0
6	9 1 37	16 29 3	7♉ 38 57	14 12 57	7 2	6 21R	22 54	16 18	29 25	6 24	7 43	8 31	2 38	17 59
7	9 5 33	17 29 50	20 52 38	27 38 27	6 59	6 21	23 19	17 34	0♒ 11	6 25	7 49	8 34	2 37	17 58
8	9 9 30	18 30 35	4♊ 30 42	11♊ 29 37	6 56	6 20	23 49	18 49	0 57	6 27	7 55	8 36	2 35	17 57
9	9 13 26	19 31 20	18 35 16	25 47 32	6 53	6 17	24 25	20 4	1 44	6 29	8 1	8 39	2 33	17 56
10	9 17 23	20 32 2	3♋ 6 8	10♋ 30 32	6 49	6 12	25 5	21 19	2 30	6 30	8 7	8 41	2 32	17 55
11	9 21 19	21 32 43	18 0 0	25 33 32	6 46	6 4	25 49	22 35	3 17	6 33	8 13	8 44	2 30	17 54
12	9 25 16	22 33 23	3♌ 10 0	10♌ 48 4	6 43	5 53	26 37	23 50	4 3	6 35	8 19	8 46	2 29	17 53
13	9 29 13	23 34 1	18 26 19	26 3 19	6 40	5 42	27 29	25 5	4 50	6 37	8 24	8 49	2 27	17 52
14	9 33 9	24 34 37	3♍ 37 39	11♍ 8 2	6 37	5 32	28 24	26 20	5 37	6 40	8 30	8 51	2 25	17 51
15	9 37 6	25 35 12	18 33 20	25 52 36	6 34	5 23	29 22	27 35	6 23	6 43	8 36	8 54	2 24	17 50
16	9 41 2	26 35 46	3♎ 5 7	10♎ 10 27	6 30	5 16	0♒ 23	28 51	7 10	6 46	8 41	8 57	2 22	17 49
17	9 44 59	27 36 18	17 8 18	23 58 41	6 27	5 12	1 26	0♓ 6	7 56	6 49	8 47	9 0	2 20	17 48
18	9 48 55	28 36 49	0♏ 41 42	7♏ 17 39	6 24	5 11D	2 32	1 21	8 43	6 52	8 52	9 2	2 19	17 47
19	9 52 52	29 37 19	13 46 58	20 10 9	6 21	5 11	3 39	2 36	9 30	6 56	8 57	9 5	2 17	17 46
20	9 56 48	0♓ 37 47	26 27 46	2♐ 40 27	6 18	5 11R	4 49	3 51	10 16	7 0	9 3	9 8	2 15	17 45
21	10 0 45	1 38 15	8♐ 48 51	14 53 35	6 14	5 11	6 1	5 6	11 3	7 4	9 8	9 11	2 14	17 44
22	10 4 42	2 38 41	20 55 17	26 54 36	6 11	5 9	7 15	6 21	11 50	7 8	9 13	9 14	2 12	17 43
23	10 8 38	3 39 5	2♑ 52 4	8♑ 48 16	6 8	5 5	8 30	7 36	12 37	7 12	9 18	9 17	2 10	17 42
24	10 12 35	4 39 28	14 43 42	20 38 48	6 5	4 59	9 47	8 51	13 24	7 17	9 23	9 20	2 9	17 42
25	10 16 31	5 39 50	26 34 0	2♒ 29 40	6 2	4 50	11 6	10 6	14 10	7 21	9 28	9 23	2 7	17 41
26	10 20 28	6 40 10	8♒ 26 5	14 23 32	5 59	4 39	12 26	11 21	14 57	7 26	9 33	9 26	2 5	17 40
27	10 24 24	7 40 28	20 22 15	26 22 25	5 55	4 28	13 47	12 36	15 44	7 31	9 38	9 29	2 4	17 39
28	10 28 21	8♓ 40 45	2♓ 24 11	8♓ 27 42	5♉ 52	4♉ 16	15♒ 10	13♓ 51	16♒ 31	7♊ 36	9♑ 43	9♈ 32	2♍ 2	17♋ 38

DECLINATION and LATITUDE

DAY	☉ DECL	☽ DECL	☽ LAT	☽ 12hr DECL	☿ DECL	☿ LAT	♀ DECL	♀ LAT	♂ DECL	♂ LAT	♃ DECL	♃ LAT	♄ DECL	♄ LAT
1	17S22	13S34	4S23	11S 2	18S38	2N59	18S50	1S 8	21S57	0S56	20N49	0S34	22S30	0N45
2	17 5	8 23	3 47	5 38	18 49	2 49	18 31	1 10	21 49	0 56	20 49	0 34	22 30	0 45
3	16 48	2 50	2 60	0N 2	18 60	2 38	18 11	1 11	21 40	0 56	20 49	0 34	22 29	0 45
4	16 30	2N55	2 4	5 48	19 10	2 27	17 51	1 12	21 32	0 57	20 50	0 34	22 29	0 45
5	16 12	8 39	1 1	11 28	19 19	2 16	17 30	1 14	21 23	0 57	20 50	0 33	22 29	0 45
6	15 54	14 11	0N 7	16 46	19 27	2 5	17 9	1 15	21 13	0 58	20 50	0 33	22 29	0 45
7	15 36	19 12	1 16	21 26	19 35	1 53	16 47	1 16	21 4	0 58	20 51	0 33	22 28	0 45
8	15 17	23 24	2 23	25 3	19 41	1 41	16 25	1 17	20 54	0 58	20 51	0 33	22 28	0 45
9	14 58	26 20	3 24	27 13	19 46	1 30	16 2	1 18	20 44	0 59	20 52	0 33	22 28	0 45
10	14 39	27 38	4 13	27 32	19 50	1 18	15 39	1 19	20 34	0 59	20 52	0 33	22 27	0 45
11	14 20	26 58	4 47	25 53	19 53	1 7	15 15	1 20	20 24	0 60	20 53	0 32	22 27	0 45
12	14 0	24 20	5 1	22 20	19 55	0 56	14 51	1 21	20 13	1 0	20 54	0 32	22 27	0 45
13	13 40	19 57	4 54	17 16	19 56	0 45	14 27	1 22	20 2	1 0	20 54	0 32	22 26	0 45
14	13 20	14 19	4 26	11 10	19 56	0 34	14 2	1 23	19 51	1 1	20 55	0 31	22 26	0 45
15	12 60	7 55	3 40	4 35	19 54	0 24	13 37	1 23	19 40	1 1	20 56	0 31	22 26	0 45
16	12 39	1 15	2 41	2S 4	19 51	0 14	13 11	1 24	19 29	1 1	20 56	0 31	22 25	0 45
17	12 19	5S17	1 34	8 23	19 47	0 4	12 46	1 24	19 17	1 2	20 57	0 31	22 25	0 45
18	11 58	11 21	0 24	14 8	19 42	0S 6	12 19	1 25	19 5	1 2	20 58	0 31	22 24	0 45
19	11 37	16 43	0S46	19 4	19 35	0 15	11 53	1 25	18 53	1 2	20 59	0 30	22 24	0 45
20	11 15	21 10	1 51	23 0	19 27	0 24	11 26	1 26	18 41	1 3	20 59	0 30	22 24	0 45
21	10 54	24 32	2 49	25 52	19 18	0 33	10 59	1 26	18 28	1 3	21 0	0 30	22 23	0 45
22	10 32	26 46	3 38	27 24	19 8	0 41	10 31	1 26	18 16	1 3	21 1	0 30	22 23	0 45
23	10 10	27 42	4 18	27 42	18 56	0 49	10 3	1 26	18 3	1 4	21 2	0 29	22 23	0 45
24	9 48	27 21	4 45	26 43	18 43	0 57	9 35	1 27	17 50	1 4	21 3	0 29	22 22	0 45
25	9 26	25 46	5 1	24 32	18 29	1 4	9 7	1 27	17 37	1 4	21 4	0 29	22 22	0 45
26	9 4	23 2	5 3	21 17	18 13	1 11	8 39	1 27	17 23	1 5	21 5	0 29	22 22	0 45
27	8 42	19 19	4 52	17 9	17 56	1 18	8 10	1 27	17 10	1 5	21 6	0 29	22 21	0 45
28	8S19	14S48	4S28	12S17	17S38	1S24	7S41	1S26	16S56	1S 5	21N 7	0S28	22S21	0N45

DAY	♅ DECL	♅ LAT	♆ DECL	♆ LAT	♇ DECL	♇ LAT
1	2N41	0S40	11N 6	0N40	21N60	0S14
5	2 45	0 40	11 9	0 40	22 1	0 14
9	2 49	0 40	11 11	0 40	22 1	0 14
13	2 53	0 40	11 13	0 40	22 2	0 13
17	2 57	0 40	11 16	0 40	22 3	0 13
21	3 2	0 40	11 18	0 40	22 4	0 13
25	3N 7	0S40	11N21	0N40	22N 4	0S12

☽ PHENOMENA	
d h m	
6 17 26	☽
13 8 39	○
20 8 45	☾
28 13 33	●
d h ° '	
3 12 0	
10 4 27N39	
16 4 0	
23 5 27S45	
5 22 0	
12 4 5N 1	
18 8 0	
25 16 5S 4	

VOID OF COURSE ☽ LAST ASPT	☽ INGRESS
2 6pm20	3 ♈ 0am23
5 7am44	5 ♉ 9am49
7 4am30	7 ♊ 4pm 8
9 2am43	9 ♋ 6pm56
11 1pm 6	11 ♌ 7pm 1
13 11am24	13 ♍ 6pm14
14 10pm49	15 ♎ 6pm51
17 7pm57	17 ♏ 10pm45
19 7am27	20 ♐ 6am49
21 4am43	22 ♑ 6pm13
24 6am 0	25 ♒ 6am57
26 2pm 3	27 ♓ 7pm13

d	h	
12	13	PERIGEE
25	0	APOGEE

DAILY ASPECTARIAN

Day	Aspect	Time
1 S	☽□♃	1am40
	☽*♄	3 24
	☽∠☿	3 50
	☽⚺♅	5 38
	☿∥♀	9 39
	☽⚺♀	10 3
	☽∠♂	10 42
	☽#♆	11 37
	☉⚺☽	12pm49
2 Su	☽△♇	0am55
	☽*☿	9 15
	☿SD	5pm48
	☽*♂	6 20
	☽∠♀	7 4
	☉∠☽	9 6
3 M	☽#♅	0am28
	☽⚻♆	5 40
	☽*♃	12pm47
	☽□♄	2 56
	☽☌♅	4 46
	☽∥♅	11 15
4 T	☽*♀	3am28
	☉*☽	4 46
	☽⚼♆	10 33
	☽□♇	11 11
	☽∠♃	5pm36
	☽□☿	7 47
5 W	☽□♂	7am44
	☽∥♆	10 39
	☽△♆	2pm45
	☽⚺♃	9 42
6 Th	☽△♄	0am 8
	☽⚺♅	1 36
	☉#☽	7 27
	☽#♀	12pm51
	☉□☽	5 26
	☽□♀	5 26
	☉☌♀	5 40
	♂ ♒	6 21
	☽*♇	6 47
7 F	☽#☿	1am57
	☽⚼♄	3 30
	☽△☿	4 30
	☽∠♅	4 48
	♀⚻♇	7 38
	☽∥♃	8 45
	☽#♂	9 35
	☉⚻♇	10 54
	☽∥♇	3pm25
	☽△♂	5 27
	☽#♄	6 6
	☽□♆	8 40
	☽∠♇	9 17
8 S	☽☌♃	3am21
	☽⚻♄	5 55
	♂#♃	6 41
	☽*♅	7 4
	☽⚼☿	7 45
	☽⚼♂	8pm42
	☽⚺♇	10 54
9 Su	☉△☽	1am41
	☽△♀	2 43
	☽⚻☿	10 10
	☽⚻♂	10pm58
	☽*♆	11 4
10 M	♂⚻♆	0am45
	☉⚼☽	4 15
	☽⚺♃	5 33
	☽⚼♀	5 43
	☽☍♄	8 12
	☽□♅	9 5
	☽∠♆	11pm13
	☽☌♇	11 50
11 T	☽∠♃	5am39
	☉⚻☽	6 3
	☽⚻♀	7 56
	☽☍☿	1pm 6
	♀∠♄	1 12
	♀∠♅	10 47
	☽⚺♆	10 55
12 W	☽☍♂	1am29
	☽*♃	5 23
	☽⚻♄	8 8
	☽△♅	8 50
	☽#♄	11 24
	☽∥♇	1pm36
	☽∥♃	7 26
	☉∠♄	7 46
	☽⚺♇	11 6
	☽#♂	11 36
13 Th	☽#☿	0am 7
	☉∠♅	6 7
	☽⚼♄	7 52
	☽⚼♅	8 29
	☉☍☽	8 39
	☽☍♀	11 24
	☿∥♂	2pm17
	☽⚻☿	3 10
	☽☌♆	10 5
	☽∠♇	10 45
14 F	☽#♀	1am 9
	☽⚻♂	3 20
	☉#☽	4 1
	☽□♃	4 51
	☽△♄	7 49
	☽⚻♅	8 22
	☽∥♆	11 45
	☽⚼☿	4pm44
	☽*♇	10 49
15 S	☽⚼♂	4am53
	♂△♃	10 44
	☉⚻☽	12pm23
	☿ ♒	3 9
	☽⚻♀	4 15
	☽∥♅	5 55
	☽△☿	7 7
	☽⚺♆	10 48
16 Su	☽△♃	6am13
	☽△♂	7 17
	☽□♄	9 31
	☽☍♅	9 57
	☽#♅	3pm17
	☉⚼☽	3 33
	☽⚼♀	8 6
	♀ ♓	10 12
17 M	☽∠♆	0am21
	☽□♇	1 9
	☽⚼♃	8 13
	☿⚻♆	7pm26
	☉△☽	7 57
	☽#♆	11 42
18 T	☽△♀	1am18
	☉∥☽	2 26
	☽*♆	2 55
	☽□☿	3 37
	☽∥♀	3 49
	♂⚺♄	5 9
	♂*♅	10 32
	☽⚻♃	11 17
	☽*♄	3pm 0
	☽⚻♅	3 16
	☽□♂	3 33
	♀☍♆	6 4
19 W	♀⚼♇	3am 9
	☽△♇	7 27
	☉ ♓	9 0
	☽∥♂	10 35
	☽∥☿	2pm26
	☽∠♄	7 20
	☽⚼♅	7 31
	☉#♆	9 17
	☽#♃	10 56
20 Th	☽#♇	5am37
	♀#♆	7 2
	☽∥♄	7 49
	☉□☽	8 45
	☽□♆	11 9
	☽⚼♇	12pm 8
	☽□♀	3 54
	☽*☿	5 55
	☽☍♃	8 32
21 F	☽⚺♄	0am38
	☽△♅	0 43
	☽*♂	4 43
	☉☍♆	1pm39
	☽⚻♇	5 38
	☉∥♀	8 5
	☿△♃	9 36
22 S	☉⚼♇	1am47
	☽∠☿	2 57
	♄□♅	8 7
	☽∠♂	12pm40
	♀□♃	3 47
	☽△♆	10 36
23 Su	☉*☽	1am44
	☽⚻♃	8 49
	☽*♀	10 42
	☽⚺☿	12pm46
	☽□♅	1 1
	☽☌♄	1 6
	☿*♅	3 9
	☿⚺♄	4 4
	☽⚺♂	9 6
24 M	☽⚼♆	4am53
	☽☍♇	6 0
	♀⚺♅	9 25
	♀*♄	10 54
	☉∠☽	10 55
	☽⚼♃	3pm24
	☽∠♀	8 41
25 T	☽⚻♆	11am12
	☉⚺☽	8pm 6
	☽△♃	9 58
26 W	☽*♅	2am 0
	☽⚺♄	2 16
	☽∥♄	4 47
	☽⚺♀	6 35
	☽#♇	6 45
	☽☌☿	9 4
	☽#♃	1pm13
	☽☌♂	2 3
	☽⚻♇	6 33
	☉□♃	7 56
27 Th	☽∠♅	8am15
	☽∥☿	8 17
	☽∠♄	8 35
	☽∥♂	12pm33
	☽☍♆	11 16
28 F	☽⚼♇	0am28
	☽□♃	10 23
	☉☌☽	1pm33
	☽⚺♅	2 10
	☽*♄	2 33
	☽#♆	4 10
	☉⚺♅	9 21
	☉*♅	8 28

MARCH 1930

LONGITUDE

DAY	SID. TIME	☉	☽	☽ 12 Hour	MEAN ☊	TRUE ☊	☿	♀	♂	♃	♄	♅	♆	♇
	h m s	° ' "	° ' "	° ' "	° '	° '	° '	° '	° '	° '	° '	° '	° '	° '
1	10 32 17	9♓ 41 0	14♓ 33 6	20♓ 40 28	5♉ 49	4♉ 6R	16♒ 34	15♓ 6	17♒ 18	7♊ 42	9♑ 47	9♈ 35	2♍ 0R	17♋ 38R
2	10 36 14	10 41 13	26 49 57	3♈ 1 38	5 46	3 58	17 59	16 21	18 5	7 47	9 52	9 38	1 59	17 37
3	10 40 11	11 41 24	9♈ 15 42	15 32 17	5 43	3 52	19 26	17 36	18 51	7 53	9 56	9 41	1 57	17 36
4	10 44 7	12 41 34	21 51 35	28 13 49	5 39	3 49D	20 54	18 51	19 38	7 59	10 1	9 44	1 55	17 36
5	10 48 4	13 41 41	4♉ 39 13	11♉ 8 3	5 36	3 48	22 23	20 6	20 25	8 5	10 5	9 47	1 54	17 35
6	10 52 0	14 41 46	17 40 37	24 17 12	5 33	3 49	23 53	21 21	21 12	8 11	10 10	9 50	1 52	17 34
7	10 55 57	15 41 50	0♊ 58 5	7♊ 43 31	5 30	3 50	25 24	22 36	21 59	8 18	10 14	9 54	1 50	17 34
8	10 59 53	16 41 51	14 33 44	21 28 53	5 27	3 51R	26 57	23 51	22 46	8 24	10 18	9 57	1 49	17 33
9	11 3 50	17 41 50	28 29 4	5♋ 34 13	5 24	3 51	28 30	25 5	23 33	8 31	10 22	10 0	1 47	17 33
10	11 7 46	18 41 47	12♋ 44 12	19 58 42	5 20	3 48	0♓ 5	26 20	24 20	8 38	10 26	10 3	1 45	17 32
11	11 11 43	19 41 41	27 17 16	4♌ 39 15	5 17	3 44	1 41	27 35	25 7	8 45	10 30	10 6	1 44	17 32
12	11 15 40	20 41 33	12♌ 3 54	19 30 18	5 14	3 38	3 19	28 50	25 54	8 52	10 34	10 10	1 42	17 31
13	11 19 36	21 41 24	26 57 27	4♍ 24 16	5 11	3 32	4 57	0♈ 4	26 41	8 59	10 37	10 13	1 41	17 31
14	11 23 33	22 41 12	11♍ 49 39	19 12 31	5 8	3 26	6 36	1 19	27 28	9 6	10 41	10 16	1 39	17 30
15	11 27 29	23 40 57	26 31 53	3♎ 46 51	5 5	3 20	8 17	2 34	28 15	9 14	10 45	10 20	1 38	17 30
16	11 31 26	24 40 41	10♎ 56 39	18 0 42	5 1	3 16	9 59	3 48	29 1	9 22	10 48	10 23	1 36	17 29
17	11 35 22	25 40 23	24 58 34	1♏ 50 0	4 58	3 14D	11 42	5 3	29 48	9 30	10 52	10 26	1 35	17 29
18	11 39 19	26 40 4	8♏ 34 54	15 13 20	4 55	3 14	13 26	6 18	0♓ 35	9 38	10 55	10 30	1 33	17 29
19	11 43 15	27 39 42	21 45 30	28 11 42	4 52	3 15	15 12	7 32	1 22	9 46	10 58	10 33	1 32	17 28
20	11 47 12	28 39 19	4♐ 32 20	10♐ 47 53	4 49	3 17	16 59	8 47	2 9	9 54	11 1	10 36	1 30	17 28
21	11 51 8	29 38 54	16 58 53	23 5 54	4 45	3 19	18 47	10 1	2 56	10 2	11 4	10 40	1 29	17 28
22	11 55 5	0♈ 38 28	29 9 31	5♑ 10 22	4 42	3 19R	20 36	11 16	3 43	10 11	11 7	10 43	1 27	17 28
23	11 59 2	1 37 59	11♑ 9 4	17 6 11	4 39	3 19	22 27	12 30	4 30	10 20	11 10	10 46	1 26	17 27
24	12 2 58	2 37 29	23 2 20	28 58 3	4 36	3 17	24 19	13 45	5 17	10 28	11 13	10 50	1 25	17 27
25	12 6 55	3 36 57	4♒ 53 53	10♒ 50 20	4 33	3 14	26 12	14 59	6 4	10 37	11 16	10 53	1 23	17 27
26	12 10 51	4 36 23	16 47 49	22 46 47	4 30	3 10	28 6	16 14	6 51	10 46	11 18	10 57	1 22	17 27
27	12 14 48	5 35 47	28 47 35	4♓ 50 32	4 26	3 5	0♈ 2	17 28	7 38	10 55	11 21	11 0	1 20	17 27
28	12 18 44	6 35 10	10♓ 55 55	17 3 56	4 23	3 0	1 59	18 43	8 25	11 5	11 23	11 4	1 19	17 27
29	12 22 41	7 34 30	23 14 48	29 28 37	4 20	2 56	3 57	19 57	9 12	11 14	11 26	11 7	1 18	17 26
30	12 26 37	8 33 49	5♈ 45 30	12♈ 5 32	4 17	2 52	5 56	21 11	9 59	11 24	11 28	11 10	1 17	17 26
31	12 30 34	9♈ 33 5	18♈ 28 44	24♈ 55 8	4♉ 14	2♉ 50	7♈ 57	22♈ 26	10♓ 46	11♊ 33	11♑ 30	11♈ 14	1♍ 15	17♋ 26D

DECLINATION and LATITUDE

DAY	☉ DECL	☽ DECL	☽ LAT	☽ 12hr DECL	☿ DECL	☿ LAT	♀ DECL	♀ LAT	♂ DECL	♂ LAT	♃ DECL	♃ LAT	♄ DECL	♄ LAT
1	7S56	9S39	3S52	6S55	17S19	1S30	7S12	1S26	16S42	1S 6	21N 8	0S28	22S21	0N45
2	7 34	4 5	3 5	1 12	16 58	1 36	6 42	1 26	16 28	1 6	21 9	0 28	22 20	0 45
3	7 11	1N43	2 8	4N38	16 36	1 41	6 13	1 26	16 13	1 6	21 10	0 28	22 20	0 45
4	6 48	7 32	1 4	10 23	16 13	1 46	5 43	1 25	15 59	1 6	21 12	0 28	22 20	0 45
5	6 25	13 9	0N 5	15 48	15 48	1 50	5 13	1 25	15 44	1 7	21 13	0 27	22 19	0 45
6	6 2	18 18	1 14	20 36	15 22	1 55	4 43	1 24	15 30	1 7	21 14	0 27	22 19	0 45
7	5 38	22 40	2 21	24 26	14 55	1 58	4 13	1 24	15 15	1 7	21 15	0 27	22 19	0 45
8	5 15	25 54	3 22	26 58	14 26	2 2	3 43	1 23	14 59	1 7	21 16	0 27	22 19	0 45
9	4 52	27 38	4 12	27 52	13 57	2 5	3 13	1 22	14 44	1 8	21 18	0 27	22 18	0 45
10	4 28	27 37	4 48	26 54	13 26	2 7	2 42	1 21	14 29	1 8	21 19	0 26	22 18	0 44
11	4 5	25 43	5 7	24 6	12 54	2 10	2 12	1 21	14 13	1 8	21 20	0 26	22 18	0 44
12	3 41	22 4	5 5	19 40	12 20	2 11	1 41	1 20	13 58	1 8	21 21	0 26	22 17	0 44
13	3 18	16 58	4 43	14 0	11 45	2 13	1 10	1 19	13 42	1 8	21 23	0 26	22 17	0 44
14	2 54	10 52	4 2	7 35	11 9	2 14	0 40	1 18	13 26	1 9	21 24	0 26	22 17	0 44
15	2 31	4 13	3 6	0 50	10 32	2 14	0 9	1 17	13 10	1 9	21 25	0 26	22 16	0 44
16	2 7	2S31	1 58	5S48	9 54	2 14	0N22	1 15	12 54	1 9	21 27	0 25	22 16	0 44
17	1 43	8 59	0 45	11 60	9 14	2 14	0 52	1 14	12 37	1 9	21 28	0 25	22 16	0 44
18	1 20	14 50	0S29	17 26	8 33	2 13	1 23	1 13	12 21	1 9	21 29	0 25	22 16	0 44
19	0 56	19 49	1 39	21 54	7 51	2 12	1 54	1 12	12 4	1 9	21 31	0 25	22 15	0 44
20	0 32	23 43	2 42	25 13	7 8	2 10	2 24	1 10	11 48	1 10	21 32	0 25	22 15	0 44
21	0 8	26 24	3 36	27 15	6 24	2 7	2 55	1 9	11 31	1 10	21 34	0 24	22 15	0 44
22	0N15	27 45	4 19	27 56	5 38	2 4	3 25	1 7	11 14	1 10	21 35	0 24	22 15	0 44
23	0 39	27 47	4 49	27 19	4 51	2 1	3 56	1 6	10 57	1 10	21 36	0 24	22 14	0 44
24	1 3	26 32	5 7	25 27	4 3	1 57	4 26	1 4	10 40	1 10	21 38	0 24	22 14	0 44
25	1 26	24 5	5 12	22 29	3 15	1 53	4 57	1 3	10 23	1 10	21 39	0 24	22 14	0 44
26	1 50	20 37	5 3	18 33	2 25	1 48	5 27	1 1	10 5	1 10	21 41	0 24	22 14	0 44
27	2 13	16 18	4 42	13 51	1 34	1 43	5 57	0 59	9 48	1 10	21 42	0 23	22 14	0 44
28	2 37	11 16	4 7	8 34	0 42	1 37	6 27	0 57	9 30	1 10	21 44	0 23	22 13	0 44
29	3 0	5 45	3 20	2 51	0N11	1 31	6 57	0 56	9 13	1 11	21 45	0 23	22 13	0 44
30	3 24	0N 6	2 23	3N 4	1 5	1 24	7 26	0 54	8 55	1 11	21 47	0 23	22 13	0 44
31	3N47	6N 3	1S18	8N59	1N59	1S16	7N56	0S52	8S37	1S11	21N48	0S23	22S13	0N44

DAY	♅ DECL	♅ LAT	♆ DECL	♆ LAT	♇ DECL	♇ LAT
1	3N11	0S40	11N23	0N40	22N 5	0S12
5	3 16	0 39	11 26	0 40	22 6	0 12
9	3 22	0 39	11 28	0 40	22 6	0 12
13	3 27	0 39	11 30	0 40	22 7	0 11
17	3 32	0 39	11 32	0 40	22 7	0 11
21	3 37	0 39	11 35	0 40	22 8	0 11
25	3 43	0 39	11 37	0 40	22 8	0 11
29	3N48	0S39	11N38	0N40	22N 8	0S10

☽ PHENOMENA			
d	h	m	
8	4	0	☽
14	18	59	○
22	3	13	☾
30	5	47	●
d	h	° '	
2	17	0	
9	12	27N52	
15	15	0	
22	12	27S56	
30	0	0	
4	22	0	
11	10	5N 8	
17	14	0	
24	21	5S12	

VOID OF COURSE ☽ LAST ASPT	☽ INGRESS
1 6am 2	2 ♈ 6am 9
3 9pm56	4 ♉ 3pm19
6 12pm43	6 ♊ 10pm16
9 0am 3	9 ♋ 2am35
11 0am32	11 ♌ 4am26
12 11pm31	13 ♍ 4am54
14 6pm59	15 ♎ 5am44
16 11am 6	17 ♏ 8am46
19 11am56	19 ♐ 3pm24
21 4am 8	22 ♑ 1am40
24 3am 3	24 ♒ 2pm 5
25 10pm44	27 ♓ 2am24
28 12pm44	29 ♈ 1pm 0
31 8am 9	31 ♉ 9pm24

d	h	
12	20	PERIGEE
24	17	APOGEE

DAILY ASPECTARIAN

Day	Aspect	Time
1	☽☌♀	1am13
S	☉*♄	2 41
	☽⚺☿	4 28
	☽⚺♂	5 45
	☽△♇	6 2
	☉∥☽	8 5
	♂⚻♇	10 6
	☽∥♀	11 48
	☿⚻♇	5pm52
2	☿☌♂	3am19
Su	☽#♅	3 38
	☽⚻♆	9 57
	☽∠♂	12pm54
	☽∠☿	1 29
	☽*♃	9 20
3	♀△♇	0am 2
M	☽☌♅	0 49
	☽□♄	1 18
	☉⚺☽	5 3
	☽∥♅	6 15
	☽⚼♆	2pm39
	☽□♇	3 55
	☽#♀	5 3
	☽⚺♀	5 41
	☽*♂	7 31
	☉#☽	9 8
	☽*☿	9 56
4	☽∠♃	2am 8
T	☉∠☽	11 56
	☽∥♆	4pm28
	☽△♆	6 52
5	☽∠♀	0am55
W	☽⚺♃	6 25
	☿∥♂	8 6
	☽⚺♅	9 33
	☽△♄	10 7
	☽#☿	11 5
	☽#♂	11 11
	♀⚺♂	4pm28
	☉*☽	6 6
	☽*♇	11 49
6	☽□♂	6am49
Th	☽*♀	7 23
	☽□☿	12pm43
	☽∠♅	1 3
	☽⚼♄	1 39
	☽∥♃	3 37
	☿∠♅	3 41
	☽∥♇	8 35
	☿∠♄	9 8
	☽#♄	9 53
7	☽□♆	1am33
F	☽∠♇	2 51
	☽☌♃	1pm 6
	☽*♅	3 53
	☽⚻♄	4 30
8	☉□☽	4am 0
S	☽⚺♇	5 12
	☽△♂	3pm 3
	♀#♅	5 11
	☽□♀	5 38
	☉△♇	8 22
9	☽△☿	0am 3
Su	☽*♆	5 36
	☽⚺♃	5pm 5
	☽⚼♂	5 59
	☽□♅	7 30
	☽☍♄	8 8
	☿ ♓	10 40
10	☽⚼☿	4am24
M	☽∠♆	6 40
	☽☌♇	7 58
	☉△☽	10 37
	☽∠♃	6pm 9
	☽⚻♂	8 14
	♂∠♅	11 48
11	☽△♀	0am32
T	☿☍♆	0 38
	☽⚺♆	7 14
	☽⚻☿	8 4
	☿⚼♇	12pm24
	♂∠♄	12 52
	☉⚼☽	12 56
	☽*♃	6 47
	☽△♅	8 55
	☽⚻♄	9 34
	☽#♄	10 45
	☽∥♇	11 43
12	☽⚼♀	3am 7
W	☽∥♃	3 41
	☽⚺♇	8 48
	☉⚻☽	2pm55
	☉#♅	3 27
	☽⚼♅	9 11
	☽⚼♄	9 51
	♀ ♈	10 34
	☽☍♂	11 31
13	☽⚻♀	5am29
Th	☽☌♆	7 36
	☽∠♇	8 57
	☿#♆	10 5
	☽#♂	1pm49
	☽☍☿	2 29
	☽□♃	7 34
	☽⚻♅	9 28
	☽∥♆	9 34
	☽△♄	10 9
	☽#☿	10 47
14	♀⚻♆	6am19
F	☽*♇	9 13
	☉☍☽	6pm59
15	☽∥♅	2am35
S	☽⚻♂	2 59
	☉#☽	6 26
	☽⚺♆	8 25
	☽☍♀	10 55
	☽∥♀	2pm25
	☿□♃	2 33
	☽#♀	3 37
	☽△♃	9 19
	☽⚻☿	10 10
	☉∥☽	10 37
	☽☍♅	11 3
	☽□♄	11 46
16	☽#♅	3am35
Su	☽⚼♂	5 31
	☿⚺♅	5 47
	☽∠♆	9 35
	☽□♇	11 6
	☿*♄	11 54
	☽⚼♃	11pm 9
17	☽∥☿	0am54
M	☉⚻☽	1 18
	☽⚼☿	3 26
	♂ ♓	5 55
	☽△♂	8 57
	☽#♆	10 10
	☽*♆	11 32
	☽∥♂	1pm55
	☽⚻♀	7 30
	☉#♀	10 27
18	☽⚻♃	1am54
T	☽⚻♅	3 27
	☽*♄	4 13
	☉⚼☽	6 0
	☽△☿	10 6
	☽△♇	4pm 7
19	☽⚼♀	1am36
W	♂☍♆	4 38
	☽⚼♅	7 5
	☽∠♄	7 52
	☽#♃	9 41
	☉△☽	11 56
	☽#♇	1pm22
	☽∥♄	2 10
	☽□♆	6 15
	☽□♂	7 10
	☽⚼♇	8 4
20	☿△♇	6am32
Th	☽△♀	9 1
	♂⚼♇	9 33
	☽☍♃	10 23
	☽△♅	11 41
	☽⚺♄	12pm29
	♂#♆	6 52
21	♀*♃	0am22
F	☽⚻♇	0 56
	☽□☿	4 8
	☉ ♈	8 30
	♀☌♅	12pm56
	♀□♄	9 9
22	☉□☽	3am13
S	☽△♆	4 34
	☽*♂	9 44
	♀∥♅	10 47
	☉⚻♆	7pm15
	☽⚻♃	10 19
	☽□♅	11 14
23	☽☌♄	0am 2
Su	☽□♀	3 3
	☽⚼♆	10 38
	☽☍♇	12pm42
	☿#♀	4 59
	☽∠♂	6 2
24	☽*☿	3am 3
M	☽⚼♃	4 59
	☿#♅	10 38
	☽⚻♆	4pm55
	☉*☽	9 10
25	☽⚺♂	2am32
T	☽△♃	11 43
	☽*♅	12pm 9
	☽⚺♄	12 54
	☽∥♄	1 41
	☽#♇	2 19
	☽∠☿	3 8
	☽#♃	5 23
	☽*♀	10 44
26	☽⚻♇	1am18
W	♀⚼♆	2 33
	☉∠☽	6 9
	☉#☿	11 12
	☽∠♅	6pm25
	☽∠♄	7 7
	♀□♇	11 30
	☿ ♈	11 36
27	☽⚺☿	2am56
Th	☽☍♆	5 3
	☽⚼♇	7 15
	☽∠♀	8 8
	☉⚺☽	2pm41
	☿⚻♆	3 59
	☽☌♂	6 43
	♃*♅	6 55
	☽#♆	10 22
28	☽⚺♅	0am15
F	☽□♃	0 18
	☽*♄	0 54
	☽∥♂	8 19
	☽△♇	12pm44
	☽⚺♀	4 54
	☽#♀	7 20
29	☽#♅	8am 4
S	☉#☽	10 39
	☽⚻♆	3pm28
	☽#☿	7 51
30	☽☌☿	0am24
Su	☽∥☿	4 41
	☉☌☽	5 47
	☽⚺♂	8 32
	☽☌♅	10 19
	☽*♃	10 49
	☽□♄	10 51
	♃⚻♄	1pm46
	☉∥☽	2 14
	☽∥♅	3 5
	☽⚼♆	7 50
	☽□♇	10 3
31	☉∥♅	3am51
M	☽☌♀	8 9
	☽∥♀	8 23
	☽#♂	10 2
	☽∠♂	2pm26
	☽∠♃	3 13
	♂⚺♅	3 35
	♀#♂	9 12
	☽∥♆	11 12
	♇SD	11 34
	☽△♆	11 40
	♂*♄	11 50

APRIL 1930

LONGITUDE

DAY	SID TIME	☉	☽	☽ 12 Hour	MEAN ☊	TRUE ☊	☿	♀	♂	♃	♄	♅	♆	♇
	h m s	° ' "	° ' "	° ' "	° '	° '	° '	° '	° '	° '	° '	° '	° '	° '
1	12 34 31	10♈ 32 19	1♉ 24 45	7♉ 57 33	4♉ 11	2♉ 49D	9♈ 58	23♈ 40	11♓ 32	11♊ 43	11♑ 32	11♈ 17	1♍ 14R	17♋ 26
2	12 38 27	11 31 32	14 33 32	21 12 41	4 7	2 50	12 1	24 54	12 19	11 53	11 34	11 21	1 13	17 26
3	12 42 24	12 30 42	27 55 0	4♊ 40 26	4 4	2 51	14 4	26 8	13 6	12 3	11 36	11 24	1 12	17 26
4	12 46 20	13 29 49	11♊ 29 0	18 20 38	4 1	2 52	16 8	27 23	13 53	12 13	11 38	11 28	1 11	17 26
5	12 50 17	14 28 55	25 15 18	2♋ 12 56	3 58	2 54	18 12	28 37	14 40	12 23	11 39	11 31	1 9	17 27
6	12 54 13	15 27 59	9♋ 13 25	16 16 37	3 55	2 55R	20 17	29 51	15 27	12 33	11 41	11 34	1 8	17 27
7	12 58 10	16 27 0	23 22 19	0♌ 30 17	3 51	2 55	22 21	1♉ 5	16 14	12 44	11 42	11 38	1 7	17 27
8	13 2 6	17 25 58	7♌ 40 11	14 51 37	3 48	2 54	24 26	2 19	17 0	12 54	11 44	11 41	1 6	17 27
9	13 6 3	18 24 54	22 4 8	29 17 12	3 45	2 52	26 30	3 33	17 47	13 5	11 45	11 45	1 5	17 27
10	13 10 0	19 23 48	6♍ 30 15	13♍ 42 39	3 42	2 51	28 33	4 47	18 34	13 16	11 46	11 48	1 4	17 27
11	13 13 56	20 22 40	20 53 45	28 2 55	3 39	2 49	0♉ 35	6 1	19 21	13 26	11 47	11 51	1 3	17 28
12	13 17 53	21 21 29	5♎ 9 31	12♎ 12 57	3 36	2 48	2 36	7 15	20 7	13 37	11 48	11 55	1 2	17 28
13	13 21 49	22 20 17	19 12 41	26 8 14	3 32	2 47D	4 34	8 29	20 54	13 48	11 49	11 58	1 1	17 28
14	13 25 46	23 19 2	2♏ 59 13	9♏ 45 22	3 29	2 47	6 31	9 43	21 41	13 59	11 50	12 2	1 0	17 28
15	13 29 42	24 17 46	16 26 27	23 2 25	3 26	2 47	8 25	10 57	22 27	14 10	11 51	12 5	1 0	17 29
16	13 33 39	25 16 28	29 33 16	5♐ 59 6	3 23	2 48	10 16	12 11	23 14	14 21	11 51	12 8	0 59	17 29
17	13 37 35	26 15 8	12♐ 20 6	18 36 34	3 20	2 48	12 4	13 24	24 1	14 33	11 52	12 12	0 58	17 29
18	13 41 32	27 13 46	24 48 50	0♑ 57 18	3 17	2 49	13 49	14 38	24 47	14 44	11 52	12 15	0 57	17 30
19	13 45 29	28 12 23	7♑ 2 26	13 4 45	3 13	2 50	15 30	15 52	25 34	14 56	11 53	12 18	0 56	17 30
20	13 49 25	29 10 57	19 4 45	25 3 1	3 10	2 50R	17 7	17 6	26 20	15 7	11 53	12 22	0 56	17 31
21	13 53 22	0♉ 9 30	1♒ 0 7	6♒ 56 37	3 7	2 50	18 39	18 19	27 7	15 19	11 53R	12 25	0 55	17 31
22	13 57 18	1 8 2	12 53 7	18 50 11	3 4	2 50	20 8	19 33	27 53	15 30	11 53	12 28	0 54	17 32
23	14 1 15	2 6 32	24 48 22	0♓ 48 14	3 1	2 50	21 32	20 47	28 40	15 42	11 53	12 32	0 54	17 32
24	14 5 11	3 5 0	6♓ 50 15	12 54 54	2 57	2 50D	22 52	22 0	29 26	15 54	11 53	12 35	0 53	17 33
25	14 9 8	4 3 27	19 2 38	25 13 49	2 54	2 50	24 6	23 14	0♈ 13	16 6	11 52	12 38	0 52	17 33
26	14 13 4	5 1 52	1♈ 28 47	7♈ 47 47	2 51	2 50	25 16	24 27	0 59	16 18	11 52	12 41	0 52	17 34
27	14 17 1	6 0 15	14 11 1	20 38 37	2 48	2 50	26 21	25 41	1 45	16 30	11 52	12 45	0 51	17 35
28	14 20 58	6 58 36	27 10 38	3♉ 47 3	2 45	2 50R	27 21	26 54	2 32	16 42	11 51	12 48	0 51	17 35
29	14 24 54	7 56 56	10♉ 27 46	17 12 39	2 42	2 50	28 16	28 8	3 18	16 54	11 50	12 51	0 50	17 36
30	14 28 51	8♉ 55 14	24♉ 1 27	0♊ 53 52	2♉ 38	2♉ 50	29♉ 6	29♉ 21	4♈ 4	17♊ 7	11♑ 50	12♈ 54	0♍ 50	17♋ 37

DECLINATION and LATITUDE

DAY	☉ DECL	☽ DECL	☽ LAT	☽ 12hr DECL	☿ DECL	☿ LAT	♀ DECL	♀ LAT	♂ DECL	♂ LAT	♃ DECL	♃ LAT	♄ DECL	♄ LAT
1	4N10	11N51	0S 8	14N37	2N54	1S 8	8N25	0S50	8S20	1S11	21N50	0S23	22S13	0N44
2	4 34	17 14	1N 4	19 40	3 50	0 60	8 54	0 48	8 2	1 11	21 51	0 22	22 12	0 44
3	4 57	21 53	2 14	23 49	4 46	0 51	9 23	0 46	7 44	1 11	21 53	0 22	22 12	0 44
4	5 20	25 25	3 17	26 40	5 42	0 42	9 52	0 44	7 26	1 11	21 54	0 22	22 12	0 44
5	5 43	27 32	4 10	27 57	6 39	0 32	10 20	0 41	7 8	1 11	21 55	0 22	22 12	0 44
6	6 5	27 56	4 49	27 27	7 36	0 22	10 49	0 39	6 50	1 11	21 57	0 22	22 12	0 44
7	6 28	26 32	5 11	25 11	8 32	0 11	11 17	0 37	6 32	1 11	21 58	0 22	22 12	0 44
8	6 51	23 25	5 14	21 18	9 28	0 0	11 44	0 35	6 13	1 11	21 60	0 22	22 12	0 44
9	7 13	18 51	4 58	16 8	10 23	0N11	12 12	0 33	5 55	1 11	22 1	0 21	22 11	0 44
10	7 36	13 12	4 23	10 5	11 18	0 22	12 39	0 30	5 37	1 11	22 3	0 21	22 11	0 44
11	7 58	6 51	3 31	3 32	12 12	0 33	13 6	0 28	5 18	1 11	22 4	0 21	22 11	0 44
12	8 20	0 12	2 27	3S 7	13 4	0 44	13 32	0 26	5 0	1 11	22 6	0 21	22 11	0 44
13	8 42	6S23	1 14	9 32	13 55	0 55	13 58	0 23	4 42	1 11	22 7	0 21	22 11	0 44
14	9 4	12 32	0S 1	15 21	14 44	1 6	14 24	0 21	4 23	1 11	22 9	0 21	22 11	0 44
15	9 25	17 57	1 15	20 19	15 32	1 17	14 50	0 18	4 5	1 11	22 10	0 20	22 11	0 44
16	9 47	22 23	2 23	24 10	16 17	1 28	15 15	0 16	3 46	1 11	22 12	0 20	22 11	0 44
17	10 8	25 37	3 22	26 44	17 1	1 38	15 39	0 13	3 28	1 11	22 13	0 20	22 11	0 44
18	10 29	27 31	4 10	27 56	17 42	1 47	16 4	0 11	3 9	1 11	22 15	0 20	22 11	0 44
19	10 50	28 1	4 45	27 45	18 20	1 56	16 28	0 8	2 51	1 10	22 16	0 20	22 11	0 44
20	11 11	27 10	5 8	26 16	18 57	2 5	16 51	0 6	2 32	1 10	22 17	0 20	22 11	0 44
21	11 32	25 5	5 17	23 38	19 30	2 13	17 14	0 3	2 13	1 10	22 19	0 20	22 11	0 44
22	11 52	21 56	5 12	20 0	20 1	2 20	17 37	0 1	1 55	1 10	22 20	0 20	22 11	0 44
23	12 13	17 52	4 54	15 33	20 30	2 26	17 59	0N 2	1 36	1 10	22 22	0 19	22 11	0 44
24	12 33	13 4	4 23	10 27	20 56	2 31	18 21	0 5	1 18	1 10	22 23	0 19	22 11	0 44
25	12 53	7 42	3 39	4 51	21 19	2 36	18 42	0 7	0 59	1 10	22 24	0 19	22 11	0 44
26	13 12	1 56	2 45	1N 2	21 40	2 39	19 3	0 10	0 40	1 10	22 26	0 19	22 11	0 44
27	13 32	4N 2	1 41	7 2	21 58	2 42	19 23	0 12	0 22	1 10	22 27	0 19	22 11	0 44
28	13 51	9 59	0 31	12 52	22 14	2 44	19 43	0 15	0 3	1 9	22 28	0 19	22 11	0 44
29	14 10	15 38	0N42	18 14	22 27	2 44	20 2	0 18	0N15	1 9	22 30	0 19	22 11	0 44
30	14N29	20N38	1N55	22N47	22N38	2N44	20N21	0N20	0N34	1S 9	22N31	0S18	22S11	0N44

DAY	♅ DECL	♅ LAT	♆ DECL	♆ LAT	♇ DECL	♇ LAT
1	3N52	0S39	11N40	0N40	22N 9	0S10
5	3 57	0 39	11 41	0 40	22 9	0 10
9	4 3	0 39	11 43	0 40	22 9	0 10
13	4 8	0 39	11 44	0 40	22 9	0 9
17	4 13	0 39	11 45	0 40	22 9	0 9
21	4 18	0 39	11 46	0 40	22 9	0 9
25	4 24	0 39	11 47	0 40	22 9	0 9
29	4N29	0S39	11N48	0N40	22N 9	0S 8

☽ PHENOMENA			
d	h	m	
6	11	25	☽
13	5	49	○☍
20	22	9	☾
28	19	9	●☌
d	h	°	'
5	17	28N	0
12	1	0	
18	21	28S	2
26	8	0	
1	3	0	
7	16	5N15	
14	0	0	
21	4	5S17	
28	10	0	

VOID OF COURSE ☽ LAST ASPT		☽ INGRESS		
2	5am12	3	♊	3am43
5	6am22	5	♋	8am11
6	9pm59	7	♌	11am 9
9	8am35	9	♍	1pm11
10	9pm15	11	♎	3pm17
13	5am49	13	♏	6pm45
15	11am37	16	♐	0am50
18	5am 7	18	♑	10am 8
20	3pm37	20	♒	9pm59
22	4pm34	23	♓	10am24
25	10am52	25	♈	9pm10
27	6am19	28	♉	5am 9
30	10am14	30	♊	10am26

d	h	
9	11	PERIGEE
21	13	APOGEE

DAILY ASPECTARIAN

Day	Aspect	Time
1 T	♂□♃	6am52
	☉☌☿	1pm 1
	☿☌♅	3 58
	☉⊻☽	6 3
	☽⊻♅	6 9
	☽⊻☿	6 32
	☽△♄	6 34
	☿□♄	6 45
	☽⊻♃	7 5
	☉☌♅	7 20
	☽⚹♂	7 41
	☿⚹♃	10 23
2 W	☉□♄	1am 6
	☿∥♅	1 32
	☽⚹♇	5 12
	☿⊻♂	5 56
	☉⚹♃	10 26
	☽⊻♀	8pm30
	☽∠♅	9 17
	☽⚼♄	9 39
	☉∠☽	11 13
	☽∥♃	12 0
3 Th	☽∥♇	1am34
	☽#♄	1 55
	☽∠☿	2 25
	☽□♆	5 50
	☉∥☿	7 44
	☽∠♇	8 3
	♀∠♃	8pm25
	☽⚹♅	11 57
4 F	☽⊼♄	0am15
	☿⚼♆	0 34
	☽☌♃	1 18
	☽∠♀	1 43
	☉⚹☽	3 48
	☽□♂	4 28
	☽⚹☿	9 34
	☽⊻♇	10 26
	☿□♇	3pm14
5 S	☽⚹♀	6am22
	☿#♂	9 17
	☽⚹♆	10 10
	☉⊻♂	9pm33
6 Su	♀ ♉	2am58
	☽□♅	4 1
	☽☍♄	4 12
	☽⊻♃	5 45
	☽△♂	11 12
	☉□☽	11 25
	☽∠♆	11 45
	☽☌♇	1pm59
	☉⚼♆	4 7
	☽□☿	9 59
7 M	♀△♆	0am44
	☉#♂	1 59
	☽∠♃	7 26
	♀∠♂	7 32
	☽⊻♆	1pm 1
	☽⚼♂	1 58
	☽□♀	2 12
	♀∥♆	10 27
8 T	☉□♇	0am24
	☽△♅	6 44
	☽⊼♄	6 48
	☽#♄	7 9
	☽∥♇	7 23
	☽∥♃	8 11
	☽⚹♃	8 51
	♂△♇	1pm43
	☽⊻♇	4 19
	☽⊼♂	4 28
	☉△☽	5 29
9 W	♄□♅	5am44
	☽⚼♅	7 48
	☽⚼♄	7 48
	☽△☿	8 35
	☽☌♆	2pm58
	☽∠♇	5 16
	☉⚼☽	8 14
	☿∠♃	8 17
	☽△♀	8 52
10 Th	☽∥♀	2am 1
	☽∥♆	5 45
	☽∥☿	6 26
	☽△♄	8 47
	☽⊼♅	8 51
	☿∥♆	11 16
	☽□♃	11 23
	☽⚼☿	1pm40
	☿ ♉	5 6
	☽⚹♇	6 15
	☉∥☽	8 7
	☽☍♂	9 15
	☉⊼☽	11 4
11 F	☽⚼♀	0am13
	☿△♆	5 33
	☽#♂	5 52
	☽∥♅	9 58
	☽⊻♆	5pm 3
	☽⊼☿	6 57
12 S	☽⊼♀	3am53
	☽□♄	11 19
	☽☍♅	11 32
	☽△♃	2pm35
	☽#♅	3 40
	☽∥♂	6 2
	☽∠♆	6 31
	☽□♇	9 0
13 Su	☽⊼♂	3am 5
	☿∥♀	3 12
	☉☍☽	5 49
	☉#☽	9 21
	☽⚼♃	4pm53
	☽⚹♆	8 31
	☽#♆	8 47
14 M	☿∠♂	3am25
	☽⚼♂	6 55
	☽☍☿	7 16
	♃∥♇	7 35
	☽#♀	8 31
	☽#☿	10 55
	☽☍♀	1pm 8
	☽⚹♄	3 44
	☽⊼♅	4 8
	♂#♅	4 45
	☽⊼♃	7 51
15 T	☽△♇	1am53
	☽△♂	11 37
	♃#♄	12pm 6
	☉⊼☽	3 28
	♀△♄	5 44
	☽∠♄	7 1
	☽⚼♅	7 31
	☽#♇	10 33
	☽∥♄	10 44
	☽#♃	10 48
	♀⊻♅	11 14
16 W	☽□♆	2am38
	☽⚼♇	5 27
	☿△♄	9pm15
	☉⚼☽	9 46
	☽⊻♄	11 6
	☽⊼☿	11 25
	☽△♅	11 44
17 Th	☿⊻♅	1am47
	☽⊼♀	2 16
	☽☍♃	4 17
	☽⊼♇	9 51
	☽□♂	11pm56
18 F	♀⊻♃	2am18
	☉△☽	5 7
	☽⚼☿	9 3
	☽⚼♀	10 28
	☽△♆	11 59
	☿⊻♃	2pm45
19 S	☽☌♄	9am37
	☽□♅	10 31
	☽⊼♃	3pm57
	☽⚼♆	5 42
	☽△☿	7 27
	☽△♀	7 34
	☽☍♇	8 52
	☿☌♀	10 55
20 Su	☿⚹♇	6am10
	♀⚹♇	8 13
	☽⚹♂	3pm37
	☉ ♉	8 6
	☉□☽	10 9
	☽⚼♃	10 35
	☽⊼♆	11 50
21 M	☉∠♃	4am45
	♄SR	2pm32
	☉∥♆	5 12
	☉△♆	6 25
	☽#♃	9 18
	☽⊻♄	9 59
	☽∥♄	10 21
	☽#♇	10 31
	☽⚹♅	11 10
22 T	☽∠♂	0am 0
	☽△♃	5 23
	☽⊼♇	9 22
	☽#☿	10 36
	☽□♀	2pm59
	☽□☿	4 34
	☽#♀	11 24
23 W	☽∠♄	4am10
	☽∠♅	5 29
	☽⊻♂	8 15
	☽☍♆	12pm10
	☽⚼♇	3 28
	☉⚹☽	3 53
24 Th	☉#☽	2am18
	☽#♆	5 57
	☽⚹♄	9 57
	☽⊻♅	11 24
	♂ ♈	5pm28
	☽□♃	6 9
	☽△♇	9 6
25 F	☉∠☽	0am 2
	☽⚹♀	9 2
	☽⚹☿	10 52
	☽#♅	1pm52
	♂⊼♆	8 20
	☽⊼♆	10 50
	☽☌♂	10 59
26 S	☽∥♂	5am24
	☉⊻☽	7 20
	☽#♂	10 1
	☽∠♀	4pm45
	☽∠☿	6 14
	☽□♄	7 39
	☽☌♅	9 18
27 Su	☽∥♅	1am36
	☽⚼♆	3 7
	☽⚹♃	4 23
	☽□♇	6 19
	☿⚼♄	11 45
	☿∥♇	4pm38
	☿#♄	7 28
	♀⚼♄	10 52
	☽⊻♀	11 27
28 M	☽⊻☿	0am21
	☽△♆	6 41
	☽∥♆	7 30
	☽∠♃	8 22
	☽⊻♂	10 20
	☿∠♅	12pm 1
	☉∥☽	5 10
	♀∠♅	6 13
	☉☌☽	7 9
29 T	☽△♄	2am27
	☽⊻♅	4 17
	☿∥♃	6 40
	☿☌♀	8 57
	☽⊻♃	11 38
	☽⚹♇	12pm42
	☽∠♂	2 46
	☽∥♀	10 24
30 W	☽⚼♄	4am54
	☽∠♅	6 49
	☽∥♇	8 20
	☽#♄	8 31
	☽☌☿	9 24
	☽☌♀	10 14
	☽∥♃	10 30
	☽∥☿	11 31
	☽□♆	11 53
	♀ ♊	12pm37
	☽∠♇	2 59
	☽⚹♂	6 32

MAY 1930

LONGITUDE

DAY	SID. TIME	☉	☽	☽ 12 Hour	MEAN ☊	TRUE ☊	☿	♀	♂	♃	♄	♅	♆	♇
	h m s	° ' "	° ' "	° ' "	° '	° '	° '	° '	° '	° '	° '	° '	° '	° '
1	14 32 47	9♉ 53 30	7♊ 49 36	14♊ 48 16	2♉ 35	2♉ 50R	29♉ 51	0♊ 35	4♈ 51	17♊ 19	11♑ 49R	12♈ 57	0♍ 50R	17♋ 37
2	14 36 44	10 51 45	21 49 26	28 52 43	2 32	2 49	0♊ 30	1 48	5 37	17 31	11 48	13 0	0 49	17 38
3	14 40 40	11 49 57	5♋ 57 40	13♋ 3 53	2 29	2 48	1 4	3 2	6 23	17 44	11 47	13 4	0 49	17 39
4	14 44 37	12 48 8	20 10 55	27 18 24	2 26	2 47	1 32	4 15	7 9	17 56	11 45	13 7	0 49	17 39
5	14 48 33	13 46 16	4♌ 25 57	11♌ 33 14	2 23	2 46D	1 56	5 28	7 55	18 9	11 44	13 10	0 48	17 40
6	14 52 30	14 44 22	18 39 54	25 45 41	2 19	2 46	2 14	6 41	8 41	18 21	11 43	13 13	0 48	17 41
7	14 56 27	15 42 27	2♍ 50 17	9♍ 53 26	2 16	2 46	2 26	7 55	9 27	18 34	11 41	13 16	0 48	17 42
8	15 0 23	16 40 29	16 54 53	23 54 25	2 13	2 47	2 33R	9 8	10 13	18 47	11 40	13 19	0 48	17 43
9	15 4 20	17 38 30	0♎ 51 47	7♎ 46 44	2 10	2 48	2 36	10 21	10 59	18 59	11 38	13 22	0 48	17 44
10	15 8 16	18 36 28	14 39 5	21 28 36	2 7	2 49	2 33	11 34	11 45	19 12	11 37	13 25	0 48	17 44
11	15 12 13	19 34 25	28 15 4	4♏ 58 18	2 3	2 50R	2 25	12 47	12 31	19 25	11 35	13 28	0 48	17 45
12	15 16 9	20 32 21	11♏ 38 7	18 14 23	2 0	2 49	2 13	14 0	13 17	19 38	11 33	13 31	0 47D	17 46
13	15 20 6	21 30 15	24 46 59	1♐ 15 49	1 57	2 48	1 56	15 13	14 3	19 51	11 31	13 33	0 47	17 47
14	15 24 2	22 28 7	7♐ 40 52	14 2 10	1 54	2 46	1 36	16 26	14 48	20 4	11 29	13 36	0 48	17 48
15	15 27 59	23 25 58	20 19 46	26 33 47	1 51	2 44	1 12	17 39	15 34	20 17	11 27	13 39	0 48	17 49
16	15 31 56	24 23 47	2♑ 44 25	8♑ 51 55	1 48	2 40	0 44	18 52	16 20	20 30	11 24	13 42	0 48	17 50
17	15 35 52	25 21 36	14 56 33	20 58 41	1 44	2 37	0 15	20 5	17 5	20 43	11 22	13 45	0 48	17 51
18	15 39 49	26 19 23	26 58 43	2♒ 57 6	1 41	2 34	29♉ 43	21 17	17 51	20 56	11 20	13 47	0 48	17 52
19	15 43 45	27 17 9	8♒ 54 18	14 50 51	1 38	2 32	29 9	22 30	18 36	21 10	11 17	13 50	0 48	17 53
20	15 47 42	28 14 53	20 47 18	26 44 13	1 35	2 30D	28 35	23 43	19 22	21 23	11 15	13 53	0 48	17 54
21	15 51 38	29 12 37	2♓ 42 12	8♓ 41 50	1 32	2 30	28 0	24 56	20 7	21 36	11 12	13 56	0 49	17 56
22	15 55 35	0♊ 10 20	14 43 43	20 48 27	1 28	2 30	27 26	26 8	20 53	21 49	11 9	13 58	0 49	17 57
23	15 59 31	1 8 1	26 56 36	3♈ 8 41	1 25	2 32	26 52	27 21	21 38	22 3	11 7	14 1	0 49	17 58
24	16 3 28	2 5 41	9♈ 25 13	15 46 37	1 22	2 33	26 20	28 33	22 24	22 16	11 4	14 3	0 50	17 59
25	16 7 25	3 3 21	22 13 16	28 45 27	1 19	2 34R	25 50	29 46	23 9	22 29	11 1	14 6	0 50	18 0
26	16 11 21	4 0 59	5♉ 23 20	12♉ 7 0	1 16	2 35	25 22	0♋ 59	23 54	22 43	10 58	14 8	0 50	18 1
27	16 15 18	4 58 36	18 56 23	25 51 18	1 13	2 34	24 58	2 11	24 39	22 56	10 55	14 11	0 51	18 2
28	16 19 14	5 56 13	2♊ 51 27	9♊ 56 21	1 9	2 32	24 36	3 24	25 24	23 10	10 52	14 13	0 51	18 4
29	16 23 11	6 53 48	17 5 26	24 18 2	1 6	2 28	24 18	4 36	26 9	23 23	10 48	14 16	0 52	18 5
30	16 27 7	7 51 22	1♋ 33 21	8♋ 50 35	1 3	2 23	24 5	5 48	26 54	23 37	10 45	14 18	0 52	18 6
31	16 31 4	8♊ 48 55	16♋ 8 53	23♋ 27 24	1♉ 0	2♉ 18	23♉ 55	7♋ 1	27♈ 39	23♊ 50	10♑ 42	14♈ 20	0♍ 53	18♋ 7

DECLINATION and LATITUDE

DAY	☉ DECL	☽ DECL	☽ LAT	☽ 12hr DECL	☿ DECL	☿ LAT	♀ DECL	♀ LAT	♂ DECL	♂ LAT	♃ DECL	♃ LAT	♄ DECL	♄ LAT
1	14N47	24N37	3N 2	26N 6	22N46	2N42	20N39	0N23	0N52	1S 9	22N32	0S18	22S11	0N44
2	15 5	27 10	3 59	27 49	22 52	2 39	20 57	0 26	1 11	1 9	22 34	0 18	22 11	0 44
3	15 23	28 1	4 42	27 45	22 55	2 36	21 14	0 28	1 29	1 8	22 35	0 18	22 11	0 44
4	15 41	27 1	5 9	25 51	22 56	2 31	21 30	0 31	1 48	1 8	22 36	0 18	22 12	0 44
5	15 59	24 16	5 16	22 19	22 55	2 24	21 46	0 33	2 6	1 8	22 37	0 18	22 12	0 44
6	16 16	20 3	5 4	17 30	22 51	2 17	22 1	0 36	2 24	1 8	22 39	0 18	22 12	0 44
7	16 33	14 43	4 34	11 45	22 45	2 9	22 16	0 38	2 43	1 8	22 40	0 18	22 12	0 44
8	16 50	8 39	3 47	5 28	22 37	1 59	22 30	0 41	3 1	1 7	22 41	0 17	22 12	0 44
9	17 6	2 13	2 47	1S 2	22 27	1 48	22 44	0 44	3 19	1 7	22 42	0 17	22 12	0 44
10	17 22	4S16	1 39	7 25	22 15	1 36	22 56	0 46	3 37	1 7	22 43	0 17	22 12	0 44
11	17 38	10 28	0 25	13 22	22 1	1 24	23 8	0 49	3 56	1 7	22 45	0 17	22 13	0 44
12	17 54	16 6	0S48	18 37	21 45	1 10	23 20	0 51	4 14	1 6	22 46	0 17	22 13	0 44
13	18 9	20 53	1 58	22 52	21 27	0 55	23 31	0 53	4 32	1 6	22 47	0 17	22 13	0 44
14	18 24	24 34	3 0	25 56	21 8	0 39	23 41	0 56	4 50	1 6	22 48	0 17	22 13	0 44
15	18 38	26 57	3 52	27 38	20 47	0 23	23 50	0 58	5 7	1 5	22 49	0 17	22 13	0 44
16	18 53	27 57	4 32	27 56	20 25	0 6	23 59	1 1	5 25	1 5	22 50	0 16	22 14	0 44
17	19 7	27 34	4 59	26 52	20 2	0S11	24 7	1 3	5 43	1 5	22 51	0 16	22 14	0 44
18	19 20	25 52	5 12	24 35	19 38	0 28	24 15	1 5	6 1	1 5	22 52	0 16	22 14	0 44
19	19 34	23 3	5 12	21 16	19 14	0 46	24 22	1 7	6 18	1 4	22 53	0 16	22 14	0 44
20	19 47	19 16	4 58	17 5	18 49	1 3	24 28	1 10	6 36	1 4	22 54	0 16	22 15	0 44
21	19 59	14 44	4 31	12 13	18 25	1 21	24 33	1 12	6 53	1 4	22 55	0 16	22 15	0 44
22	20 12	9 35	3 53	6 51	18 0	1 38	24 37	1 14	7 11	1 3	22 56	0 16	22 15	0 44
23	20 24	4 1	3 3	1 6	17 37	1 54	24 41	1 16	7 28	1 3	22 57	0 16	22 15	0 44
24	20 35	1N51	2 3	4N49	17 14	2 10	24 45	1 18	7 45	1 2	22 58	0 16	22 16	0 44
25	20 47	7 47	0 56	10 43	16 53	2 25	24 47	1 20	8 2	1 2	22 59	0 15	22 16	0 44
26	20 58	13 34	0N15	16 18	16 33	2 39	24 49	1 22	8 19	1 2	22 60	0 15	22 16	0 44
27	21 8	18 52	1 28	21 14	16 14	2 52	24 50	1 24	8 36	1 1	23 0	0 15	22 16	0 44
28	21 18	23 19	2 38	25 4	15 57	3 4	24 50	1 26	8 53	1 1	23 1	0 15	22 17	0 44
29	21 28	26 27	3 39	27 24	15 42	3 15	24 50	1 28	9 10	1 0	23 2	0 15	22 17	0 44
30	21 38	27 53	4 27	27 53	15 30	3 24	24 49	1 29	9 26	1 0	23 3	0 15	22 17	0 44
31	21N47	27N24	4N58	26N27	15N19	3S33	24N47	1N31	9N43	0S60	23N 4	0S15	22S18	0N44

DAY	♅ DECL	♅ LAT	♆ DECL	♆ LAT	♇ DECL	♇ LAT
1	4N31	0S39	11N48	0N40	22N 9	0S 8
5	4 36	0 39	11 49	0 40	22 9	0 8
9	4 40	0 39	11 49	0 40	22 9	0 8
13	4 45	0 39	11 49	0 40	22 9	0 7
17	4 49	0 39	11 49	0 40	22 8	0 7
21	4 53	0 39	11 48	0 40	22 8	0 7
25	4 57	0 40	11 48	0 39	22 8	0 7
29	5N 1	0S40	11N47	0N39	22N 7	0S 6

☽ PHENOMENA

d	h	m	
5	16	53	☽
12	17	30	○
20	16	22	☾
28	5	37	●

d	h	° '
2	23	28N 1
9	8	0
16	5	27S59
23	17	0
30	6	27N57

d	h	° '
4	21	5N16
11	8	0
18	11	5S14
25	19	0

VOID OF COURSE ☽

LAST ASPT	☽ INGRESS
1 4pm33	2 ♋ 1pm54
3 7pm45	4 ♌ 4pm32
5 11pm28	6 ♍ 7pm11
8 3am14	8 ♎ 10pm30
10 8am 7	11 ♏ 3am 7
12 5pm30	13 ♐ 9am39
14 11pm55	15 ♑ 6pm40
18 5am14	18 ♒ 6am 4
20 4pm22	20 ♓ 6pm34
23 0am52	23 ♈ 5am56
25 1am49	25 ♉ 2pm16
27 10am11	27 ♊ 7pm 7
29 3pm54	29 ♋ 9pm26
31 7pm55	31 ♌ 10pm45

d	h	
4	19	PERIGEE
19	8	APOGEE
31	6	PERIGEE

DAILY ASPECTARIAN

1 Th	☉⚺☽	3am50
	♀□♆	4 50
	☿ ♊	5 30
	☽⚻♄	6 51
	☽✶♅	8 52
	☽☌♃	4pm33
	☽⚺♇	4 50
2 F	☉∠☽	7am23
	☿□♆	1pm11
	♃⚺♇	1 43
	☽✶♆	3 17
	☽⚺☿	3 23
	♀∠♇	4 27
	☽⚺♀	6 34
	☉△♄	10 39
3 S	☽□♂	0am45
	☽☍♄	9 49
	☉✶☽	10 39
	☽□♅	12pm 2
	☽∠♆	4 38
	☽∠☿	5 40
	☽☌♇	7 45
	☽⚺♃	8 10
	☽∠♀	10 17
4 Su	☉⚺♅	8am 5
	☽⚺♆	5pm54
	☽✶☿	7 40
	☽∠♃	9 48
5 M	☽✶♀	1am55
	☽△♂	6 13
	☽∥☿	8 40
	☽∥♃	10 13
	☽⚻♄	12pm17
	☽#♄	12 42
	☽∥♇	12 58
	☽∥♀	2 14
	☽△♅	2 46
	☉□☽	4 53
	☽⚺♇	10 21
	☽✶♃	11 28
6 T	☽⚼♂	8am59
	♀∥♇	12pm 9
	☽⚼♄	1 36
	☽⚼♅	4 13
	☉∥☽	4 35
	♀#♄	5 1
	☽☌♆	8 32
	☽□☿	11 19
	☽∠♇	11 46
7 W	☽□♀	9am26
	☽∥♆	11 46
	☽⚻♂	11 54
	☽△♄	3pm 3
	☿∥♃	3 15
	☽⚻♅	5 49
	☉△☽	11 34
8 Th	☽✶♇	1am22
	☽□♃	3 14
	☿∥♀	7 38
	☽∥♅	2pm57
	☽∥♂	8 7
	♀∥♃	9 22
	☿SR	10 22
	☽⚺♆	11 53
9 F	☉✶♇	2am 9
	☽△☿	3 0
	☉⚼☽	3 19
	☽△♀	6pm 5
	☽☍♂	6 38
	☽□♄	6 41
	♂□♄	7 42
	☽#♂	9 30
	☽☍♅	9 49
10 S	♀⚻♄	0am51
	☽#♅	1 38
	☽∠♆	2 0
	☿#♄	4 56
	☽⚼☿	5 3
	☽□♇	5 26
	☉⚻☽	7 28
	☽△♃	8 7
	♀✶♂	9 52
	☿∥♇	11 22
	☉⚺♃	7pm 3
	☽⚼♀	11 5
11 Su	☽✶♆	4am32
	☽#♆	5 30
	☽⚻☿	7 20
	☽⚼♃	11 11
	♀✶♅	1pm56
	☽✶♄	11 51
12 M	☽⚻♂	3am10
	☽⚻♅	3 24
	☽⚻♀	4 43
	♂☌♅	7 43
	☉#☽	8 55
	☽△♇	11 10
	♆SD	11 55
	☽⚻♃	2pm47
	☉☍☽	5 30
13 T	☽#☿	3am 4
	☽∠♄	3 11
	☽⚼♅	7 0
	☽#♇	7 25
	☽∥♄	7 52
	☽⚼♂	8 22
	☽□♆	11 7
	☽#♃	11 28
	☽☍☿	12pm56
	☽⚼♇	2 52
	☽#♀	5 9
	♂∥♅	6 57
14 W	☽⚺♄	7am 9
	☽△♅	11 14
	☽△♂	2pm20
	☽☍♀	6 20
	☽⚻♇	7 12
	☽☍♃	11 55
15 Th	♀⚺♇	3am28
	☉⚻☽	6 28
	♂⚼♆	7 8
	☿∠♂	12pm30
	☽△♆	8 13
	☽⚻☿	8 15
	☿□♆	9 17
16 F	☉⚼☽	2pm10
	☽☌♄	4 57
	☽□♅	9 37
17 S	☽⚼☿	0am34
	☽⚼♆	1 42
	☽□♂	4 33
	☽☍♇	5 47
	☿ ♉	10 47
	☽⚻♀	11 21
	☽⚻♃	11 42
	♀☌♃	3pm32
	☉△☽	10 34
18 Su	☉⚼♄	0am10
	♂□♇	0 45
	☽△☿	5 14
	☽⚻♆	7 40
	☉∥☿	11 23
	☽#♀	2pm18
	☽⚼♃	6 21
	☽⚼♀	8 51
19 M	☽#♃	1am 9
	☽⚺♄	4 48
	☽∥♄	5 38
	☽#♇	6 19
	☽✶♅	10 0
	☿∠♅	12pm19
	☽⚻♇	6 10
	☽✶♂	8 56
	☉#☽	9 13
20 T	☽△♃	1am13
	☽#☿	2 50
	☉☌☿	5 10
	☽△♀	6 35
	☽∠♄	10 58
	☽□☿	2pm59
	☉□☽	4 22
	☽∠♅	4 23
	☉∠♅	4 33
	☽☍♆	8 12
21 W	☽⚼♇	0am27
	☽∠♂	5 11
	☽#♆	1pm57
	☽✶♄	4 56
	☉ ♊	7 42
	☽⚺♅	10 29
22 Th	☽△♇	6am22
	☽#♂	10 3
	☽⚺♂	12pm57
	☽□♃	2 15
	☉□♆	4 10
	☿⚺♀	5 28
	☽#♅	8 11
	☽✶☿	11 52
23 F	☽□♀	0am52
	☽⚻♆	7 31
	☉✶☽	8 48
	♂✶♃	6pm22
24 S	☽□♄	3am 6
	☽∠☿	3 29
	☽☌♅	8 48
	☽⚼♆	12pm 6
	☽∥♅	12 31
	☿⚼♄	2 11
	☉∠☽	3 38
	☽□♇	4 9
	☉∠♇	10 37
25 Su	☽✶♃	0am30
	☽∥♂	1 5
	☽☌♂	1 49
	♀ ♋	4 37
	☽⚺☿	6 25
	☽✶♀	3pm14
	☽△♆	3 47
	☽∥♆	4 30
	♀✶♆	9 18
	☉⚺☽	9 20
26 M	☽∠♃	4am14
	☽△♄	9 55
	☽∥☿	12pm21
	☽⚺♅	3 37
	☽∠♀	8 38
	☽✶♇	10 26
27 T	☿⚺♂	6am32
	☽⚺♃	7 4
	☽☌☿	10 11
	☽⚺♂	10 29
	☉∥☽	11 58
	☽⚼♄	12pm 3
	☽∥♇	4 57
	☽∠♅	5 46
	☽#♄	5 49
	☽□♆	8 35
	☽∥♃	10 12
28 W	☽∠♇	0am21
	☽⚺♀	1 0
	☉☌☽	5 37
	☽∥♀	10 15
	☽⚻♄	1pm30
	☽∠♂	1 30
	☽✶♅	7 15
29 Th	☽⚺♇	1am39
	☽☌♃	10 39
	☽⚺☿	11 48
	☽✶♂	3pm54
	☽✶♆	10 52
30 F	☽☌♀	7am38
	☉⚺☽	11 6
	☽∠☿	12pm14
	☽☍♄	3 5
	☽□♅	9 1
	☽∠♆	11 34
31 S	☽☌♇	3am15
	☿⚺♃	4 55
	☽✶☿	12pm39
	☽⚺♃	12 50
	☉∠☽	1 28
	☽□♂	7 55

JUNE 1930

LONGITUDE

DAY	SID. TIME	☉	☽	☽ 12 Hour	MEAN ☊	TRUE ☊	☿	♀	♂	♃	♄	♅	♆	♇
	h m s	° ' "	° ' "	° ' "	° '	° '	° '	° '	° '	° '	° '	° '	° '	° '
1	16 35 0	9♊ 46 27	0♌ 45 19	8♌ 1 55	0♉ 57	2♉ 13R	23♉ 49D	8♋ 13	28♈ 24	24♊ 4	10♑ 38R	14♈ 23	0♍ 54	18♋ 9
2	16 38 57	10 43 57	15 16 33	22 28 40	0 54	2 9	23 48	9 25	29 9	24 18	10 35	14 25	0 54	18 10
3	16 42 54	11 41 26	29 37 50	6♍ 43 44	0 50	2 7	23 51	10 37	29 54	24 31	10 31	14 27	0 55	18 11
4	16 46 50	12 38 53	13♍ 46 8	20 44 55	0 47	2 6D	23 59	11 50	0♉ 39	24 45	10 28	14 29	0 56	18 13
5	16 50 47	13 36 20	27 40 2	4♎ 31 29	0 44	2 7	24 11	13 2	1 23	24 58	10 24	14 31	0 56	18 14
6	16 54 43	14 33 45	11♎ 19 21	18 3 43	0 41	2 8	24 28	14 14	2 8	25 12	10 20	14 33	0 57	18 15
7	16 58 40	15 31 9	24 44 40	1♏ 22 20	0 38	2 9R	24 49	15 26	2 53	25 26	10 16	14 35	0 58	18 17
8	17 2 36	16 28 32	7♏ 56 50	14 28 15	0 34	2 9	25 14	16 38	3 37	25 39	10 13	14 37	0 59	18 18
9	17 6 33	17 25 54	20 56 40	27 22 10	0 31	2 8	25 44	17 50	4 21	25 53	10 9	14 39	1 0	18 19
10	17 10 30	18 23 15	3♐ 44 48	10♐ 4 38	0 28	2 4	26 18	19 2	5 6	26 7	10 5	14 41	1 1	18 21
11	17 14 26	19 20 35	16 21 41	22 36 2	0 25	1 58	26 56	20 13	5 50	26 21	10 1	14 43	1 2	18 22
12	17 18 23	20 17 55	28 47 44	4♑ 56 52	0 22	1 50	27 38	21 25	6 35	26 34	9 57	14 45	1 3	18 24
13	17 22 19	21 15 14	11♑ 3 33	17 7 55	0 19	1 42	28 25	22 37	7 19	26 48	9 53	14 47	1 4	18 25
14	17 26 16	22 12 32	23 10 9	29 10 29	0 15	1 32	29 15	23 49	8 3	27 2	9 49	14 49	1 5	18 26
15	17 30 12	23 9 50	5♒ 9 10	11♒ 6 32	0 12	1 24	0♊ 9	25 0	8 47	27 16	9 45	14 50	1 6	18 28
16	17 34 9	24 7 7	17 2 56	22 58 49	0 9	1 16	1 7	26 12	9 31	27 29	9 40	14 52	1 7	18 29
17	17 38 5	25 4 24	28 54 36	4♓ 50 49	0 6	1 11	2 8	27 23	10 15	27 43	9 36	14 54	1 8	18 31
18	17 42 2	26 1 40	10♓ 48 1	16 46 46	0 3	1 7	3 13	28 35	10 59	27 57	9 32	14 55	1 9	18 32
19	17 45 59	26 58 57	22 47 39	28 51 20	0 0	1 6D	4 22	29 46	11 43	28 11	9 28	14 57	1 10	18 34
20	17 49 55	27 56 12	4♈ 58 25	11♈ 9 33	29♈ 56	1 6	5 34	0♌ 58	12 27	28 24	9 24	14 59	1 11	18 35
21	17 53 52	28 53 28	17 25 19	23 46 20	29 53	1 6	6 50	2 9	13 10	28 38	9 19	15 0	1 12	18 37
22	17 57 48	29 50 44	0♉ 13 7	6♉ 46 7	29 50	1 7R	8 9	3 20	13 54	28 52	9 15	15 1	1 14	18 38
23	18 1 45	0♋ 47 59	13 25 41	20 12 4	29 47	1 6	9 31	4 31	14 38	29 6	9 11	15 3	1 15	18 40
24	18 5 41	1 45 15	27 5 23	4♊ 5 31	29 44	1 4	10 57	5 42	15 21	29 19	9 6	15 4	1 16	18 41
25	18 9 38	2 42 30	11♊ 12 15	18 25 8	29 40	0 59	12 27	6 54	16 5	29 33	9 2	15 5	1 18	18 43
26	18 13 34	3 39 45	25 43 29	3♋ 6 30	29 37	0 52	13 59	8 5	16 48	29 47	8 57	15 7	1 19	18 44
27	18 17 31	4 37 0	10♋ 33 11	18 2 24	29 34	0 43	15 35	9 16	17 32	0♋ 1	8 53	15 8	1 20	18 46
28	18 21 28	5 34 15	25 32 58	3♌ 3 40	29 31	0 34	17 14	10 27	18 15	0 14	8 49	15 9	1 22	18 47
29	18 25 24	6 31 29	10♌ 33 19	18 0 47	29 28	0 25	18 56	11 37	18 58	0 28	8 44	15 10	1 23	18 49
30	18 29 21	7♋ 28 43	25♌ 25 6	2♍ 45 27	29♈ 25	0♉ 17	20♊ 41	12♌ 48	19♉ 41	0♋ 42	8♑ 40	15♈ 11	1♍ 25	18♋ 50

DECLINATION and LATITUDE

DAY	☉ DECL	☽ DECL	☽ LAT	☽ 12hr DECL	☿ DECL	☿ LAT	♀ DECL	♀ LAT	♂ DECL	♂ LAT	♃ DECL	♃ LAT	♄ DECL	♄ LAT
1	21N55	25N 2	5N10	23N14	15N11	3S40	24N44	1N33	9N59	0S59	23N 4	0S15	22S18	0N44
2	22 4	21 4	5 2	18 36	15 4	3 46	24 41	1 34	10 16	0 59	23 5	0 15	22 18	0 43
3	22 12	15 54	4 35	12 60	15 0	3 51	24 37	1 36	10 32	0 58	23 6	0 14	22 19	0 43
4	22 19	9 57	3 52	6 49	14 58	3 55	24 32	1 37	10 48	0 58	23 6	0 14	22 19	0 43
5	22 26	3 37	2 56	0 24	14 59	3 58	24 27	1 39	11 4	0 57	23 7	0 14	22 19	0 43
6	22 33	2S47	1 50	5S55	15 1	3 60	24 21	1 40	11 20	0 57	23 8	0 14	22 20	0 43
7	22 40	8 58	0 40	11 53	15 5	4 0	24 14	1 41	11 35	0 57	23 8	0 14	22 20	0 43
8	22 46	14 39	0S31	17 14	15 12	3 60	24 7	1 43	11 51	0 56	23 9	0 14	22 20	0 43
9	22 51	19 36	1 40	21 43	15 20	3 58	23 58	1 44	12 6	0 56	23 9	0 14	22 21	0 43
10	22 56	23 34	2 42	25 6	15 30	3 56	23 50	1 45	12 22	0 55	23 10	0 14	22 21	0 43
11	23 1	26 19	3 35	27 12	15 42	3 53	23 40	1 46	12 37	0 55	23 10	0 14	22 21	0 43
12	23 6	27 44	4 17	27 55	15 55	3 49	23 30	1 47	12 52	0 54	23 11	0 14	22 22	0 43
13	23 10	27 45	4 47	27 15	16 10	3 44	23 19	1 48	13 7	0 54	23 11	0 13	22 22	0 43
14	23 13	26 26	5 3	25 19	16 26	3 39	23 8	1 48	13 22	0 53	23 12	0 13	22 22	0 43
15	23 16	23 55	5 5	22 16	16 44	3 32	22 56	1 49	13 36	0 52	23 12	0 13	22 23	0 43
16	23 19	20 24	4 55	18 20	17 2	3 25	22 43	1 50	13 51	0 52	23 12	0 13	22 23	0 43
17	23 21	16 5	4 31	13 41	17 22	3 18	22 29	1 50	14 5	0 51	23 13	0 13	22 23	0 43
18	23 23	11 9	3 56	8 31	17 42	3 10	22 15	1 51	14 19	0 51	23 13	0 13	22 24	0 43
19	23 25	5 46	3 10	2 58	18 4	3 1	22 1	1 51	14 33	0 50	23 13	0 13	22 24	0 43
20	23 26	0 6	2 15	2N49	18 26	2 52	21 46	1 51	14 47	0 50	23 14	0 13	22 25	0 42
21	23 27	5N43	1 13	8 37	18 48	2 42	21 30	1 52	15 1	0 49	23 14	0 13	22 25	0 42
22	23 27	11 29	0 5	14 15	19 11	2 32	21 14	1 52	15 15	0 49	23 14	0 13	22 25	0 42
23	23 27	16 55	1N 5	19 24	19 34	2 21	20 57	1 52	15 28	0 48	23 14	0 12	22 26	0 42
24	23 26	21 41	2 14	23 42	19 57	2 10	20 39	1 52	15 41	0 47	23 14	0 12	22 26	0 42
25	23 25	25 22	3 17	26 40	20 20	1 59	20 21	1 52	15 55	0 47	23 15	0 12	22 26	0 42
26	23 24	27 31	4 8	27 53	20 43	1 47	20 3	1 51	16 8	0 46	23 15	0 12	22 27	0 42
27	23 22	27 45	4 45	27 7	21 5	1 36	19 44	1 51	16 20	0 46	23 15	0 12	22 27	0 42
28	23 20	25 59	5 2	24 23	21 27	1 24	19 24	1 51	16 33	0 45	23 15	0 12	22 28	0 42
29	23 17	22 22	4 58	20 1	21 48	1 12	19 4	1 50	16 45	0 44	23 15	0 12	22 28	0 42
30	23N14	17N21	4N34	14N28	22N 8	0S60	18N44	1N50	16N58	0S44	23N15	0S12	22S28	0N42

DAY	♅ DECL	♅ LAT	♆ DECL	♆ LAT	♇ DECL	♇ LAT
1	5N 4	0S40	11N46	0N39	22N 7	0S 6
5	5 7	0 40	11 45	0 39	22 7	0 6
9	5 10	0 40	11 44	0 39	22 6	0 6
13	5 13	0 40	11 43	0 39	22 6	0 5
17	5 15	0 40	11 41	0 39	22 5	0 5
21	5 18	0 40	11 40	0 39	22 4	0 5
25	5 20	0 40	11 38	0 39	22 4	0 5
29	5N21	0S40	11N36	0N39	22N 3	0S 4

☽ PHENOMENA

d	h	m	
3	21	57	☽
11	6	12	○
19	9	1	☾
26	13	47	●

d	h	° '
5	14	0
12	12	27S55
20	0	0
26	15	27N54

d	h	° '
1	2	5N10
7	13	0
14	17	5S 6
22	2	0
28	8	5N 3

VOID OF COURSE ☽

LAST ASPT		☽ INGRESS		
3	0am29	3	♍	0am37
4	7pm14	5	♎	4am 4
7	1am15	7	♏	9am30
9	9am20	9	♐	4pm56
11	7pm36	12	♑	2am21
14	1pm 7	14	♒	1pm39
16	9pm33	17	♓	2am12
19	10am52	19	♈	2pm15
21	11pm15	21	♉	11pm36
23	9am18	24	♊	5am 1
26	6am43	26	♋	6am58
27	1pm11	28	♌	7am 7
29	3pm17	30	♍	7am29

d	h	
16	1	APOGEE
28	3	PERIGEE

DAILY ASPECTARIAN

1 Su	☽⚺♆	0am14
	☽∥♀	2 13
	☿∠♀	11 37
	☽∥♃	12pm54
	☽⚺♀	1 25
	☽∠♃	1 56
	☉⚹☽	3 56
	☽⚻♄	4 15
	☽#♄	5 22
	☽∥♇	6 24
	☿SD	6 40
	☉∥☽	6 51
	☉⚻♄	8 23
	☽△♅	10 34
2 M	☽⚺♇	4am49
	☉∥♇	8 59
	☽□☿	2pm15
	☽⚹♃	3 17
	☽∠♀	4 39
	☽⚼♄	5 7
	♀☍♄	10 2
	☽⚼♅	11 42
3 T	☽△♂	0am29
	☽☌♆	2 10
	♂ ♉	3 16
	☽∥☿	3 49
	☽∠♇	6 1
	☽∥♆	4pm56
	☽△♄	6 22
	☽⚹♀	8 22
	☽∥♂	8 52
	☉□☽	9 57
	☉#♄	10 32
4 W	☽⚻♅	1am14
	☽⚼♂	3 24
	☽⚹♇	7 38
	♂△♆	9 19
	☽△☿	5pm31
	☽∥♅	6 24
	☽□♃	7 14
5 Th	☽⚺♆	5am43
	☽⚻♂	6 52
	☽⚼☿	8pm38
	☽□♄	10 16
	☉⚹♅	11 50
6 F	☽□♀	5am40
	☽☍♅	5 46
	☉△☽	6 12
	♀□♅	6 44
	☽∠♆	8 15
	☽#♅	8 57
	☽□♇	12pm22
7 S	☽⚻☿	0am 8
	☽△♃	1 15
	☉⚺♀	8 50
	♀∠♆	10 53
	☽#♂	11 15
	☉⚼☽	11 16
	☽⚹♆	11 17
	☽#♆	11 23
	♂∥♆	2pm21
	☽☍♂	3 37
	☿⚼♄	10 48
8 Su	☽#☿	2am30
	☽⚹♄	4 8
	☽⚼♃	5 4
	☽⚻♅	12pm19
	☉⚻☽	4 57
	☽△♀	5 37
	☽△♇	7 7
9 M	☽∠♄	7am48
	☽☍☿	9 20
	☽⚻♃	9 23
	♀☌♇	10 6
	☿⚺♃	11 29
	☽#♇	2pm21
	☽∥♄	3 54
	☽⚼♅	4 20
	☽□♆	6 50
	☉#☽	7 39
	☽#♃	9 14
	☉⚺♇	10 55
	☽⚼♇	11 14
10 T	☽⚼♀	0am35
	☽#♀	1 50
	☽⚻♂	2 43
	☽⚺♄	11 57
	☽△♅	8pm51
11 W	☽⚻♇	3am52
	☉☍☽	6 12
	☽⚻♀	8 12
	☽⚼♂	9 8
	☽☍♃	7pm36
	☽⚻☿	9 37
12 Th	☽△♆	4am23
	☽△♂	4pm10
	☽☌♄	9 42
13 F	☽⚼☿	4am58
	☽□♅	7 22
	☽⚼♆	9 53
	☉∥♃	11 22
	☽☍♇	2pm35
	☉∥♀	3 15
	♀∥♃	4 16
	☉⚻☽	9 55
14 S	☽☍♀	1am25
	☽⚻♃	7 52
	☽△☿	1pm 7
	☿∠♅	3 45
	☽⚻♆	3 50
	☿ ♊	8 9
15 Su	☉#☽	4am51
	☽#♃	5 27
	☉⚼☽	6 35
	☽□♂	7 48
	☽#♀	7 56
	☽⚺♄	9 12
	☽∥♄	11 16
	☽#♇	1pm16
	☽⚼♃	2 36
	☽⚹♅	7 35
	☿□♆	11 59
16 M	☽⚻♇	2am55
	♂△♄	4 41
	☽∠♄	3pm20
	☉△☽	3 33
	☽#☿	5 45
	☽⚻♀	8 35
	☽△♃	9 33
17 T	☽∠♅	2am 0
	☽☍♆	4 30
	☽□☿	7 10
	♀⚺♃	8 16
	☽⚼♇	9 19
	☽#♂	9 36
	♀#♄	10 8
	☉∠♂	7pm12
	☽⚹♄	9 28
	☽#♆	9 33
18 W	☽⚹♂	0am24
	☽⚼♀	6 12
	☿∠♇	6 53
	☽⚺♅	8 18
	☽△♇	3pm33
	♀∥♇	5 44
19 Th	☽#♅	2am 9
	♀ ♌	4 39
	☽∠♂	8 16
	☉□☽	9 1
	☽□♃	10 52
	☽△♀	3pm17
	☽⚻♆	4 35
20 F	☽⚹☿	1am17
	♀⚺♆	4 41
	☽□♄	8 32
	☽⚺♂	3pm22
	☉☌♃	3 35
	☽☌♅	7 22
	☽⚼♆	9 41
	☽∥♅	10 13
21 S	☽□♇	2am16
	☽∠☿	9 18
	☽⚹♃	9pm27
	♂∠♃	10 18
	☉⚹☽	11 15
22 Su	☽∥♆	0am44
	☽△♆	1 52
	☉ ♋	3 53
	☽□♀	6 18
	☽⚺☿	4pm10
	☽△♄	4 24
	☽∥♂	5 6
	☿⚻♄	6 19
23 M	☽∠♃	1am13
	☽☌♂	2 16
	☽⚺♅	2 53
	☉∠☽	4 33
	☽⚹♇	9 18
	☉⚹♆	11 33
	☽∥☿	1pm53
	♂⚺♅	2 16
	☽∥♀	6 44
	☽⚼♄	6 51
24 T	☽∥♇	2am 8
	☽⚺♃	3 55
	☽#♄	4 16
	☽∠♅	5 8
	☽□♆	7 12
	☉⚺☽	8 36
	☽∥♃	9 7
	☉∥☽	10 18
	☽∠♇	11 20
	☽⚹♀	4pm 5
	☽⚻♄	8 22
25 W	☿∥♀	0am53
	☽☌☿	2 19
	☽⚹♅	6 30
	☽⚺♂	8 33
	☽⚺♇	12pm30
	☽∠♀	7 17
26 Th	☽☌♃	6am43
	☽⚹♆	9 6
	☽∠♂	10 24
	☉☌☽	1pm47
	♀⚻♄	4 48
	☿⚹♅	5 16
	☽☍♄	9 20
	☽⚺♀	9 45
	♃ ♋	10 42
27 F	☽□♅	7am21
	☽⚺☿	9 3
	☽∠♆	9 17
	☽⚹♂	11 44
	☽☌♇	1pm11
28 S	☽⚺♃	7am37
	☽⚺♆	9 18
	☽∠☿	12pm 1
	☉⚺☽	5 6
	♂⚹♇	6 43
	☉∥☽	6 45
	☽∥♃	7 2
	☽⚻♄	9 6
	☿⚺♇	10 23
	☽#♄	11 30
29 Su	☿⚺♂	0am54
	☽∥♇	1 44
	☽☌♀	1 52
	☽∥☿	2 53
	☽△♅	7 26
	☽∠♃	8 1
	☽⚺♇	1pm19
	☽□♂	2 14
	☽⚹☿	3 17
	☽∥♀	5 32
	☿∥♇	6 18
	☉∥♃	6 31
	☉∠☽	6 54
	☽⚼♄	9 10
30 M	☽∥♂	1am38
	☽⚼♅	7 48
	☽⚹♃	8 46
	☽☌♆	9 48
	☽∠♇	1pm48
	☉⚹☽	9 11
	☽△♄	9 38
	☽∥♆	11 21

LONGITUDE

DAY	SID. TIME	☉	☽	☽ 12 Hour	MEAN ☊	TRUE ☊	☿	♀	♂	♃	♄	♅	♆	♇
	h m s	° ' "	° ' "	° ' "	° '	° '	° '	° '	° '	° '	° '	° '	° '	° '
1	18 33 17	8♋ 25 56	10♍ 1 10	17♍ 11 49	29♈ 21	0♉ 12R	22♊ 29	13♌ 59	20♉ 24	0♋ 56	8♑ 35R	15♈ 12	1♍ 26	18♋ 52
2	18 37 14	9 23 9	24 17 6	1♎ 16 54	29 18	0 9	24 20	15 10	21 7	1 9	8 31	15 13	1 28	18 53
3	18 41 10	10 20 22	8♎ 11 13	15 0 12	29 15	0 9D	26 14	16 20	21 50	1 23	8 26	15 14	1 29	18 55
4	18 45 7	11 17 34	21 44 3	28 23 3	29 12	0 9R	28 10	17 31	22 33	1 37	8 22	15 15	1 31	18 57
5	18 49 3	12 14 46	4♏ 57 32	11♏ 27 50	29 9	0 9	0♋ 9	18 41	23 16	1 50	8 18	15 16	1 32	18 58
6	18 53 0	13 11 58	17 54 17	24 17 15	29 6	0 8	2 10	19 52	23 58	2 4	8 13	15 17	1 34	19 0
7	18 56 57	14 9 9	0♐ 37 1	6♐ 53 52	29 2	0 5	4 13	21 2	24 41	2 17	8 9	15 17	1 35	19 1
8	19 0 53	15 6 21	13 8 5	19 19 52	28 59	29♈ 59	6 18	22 12	25 24	2 31	8 4	15 18	1 37	19 3
9	19 4 50	16 3 32	25 29 24	1♑ 36 53	28 56	29 50	8 24	23 22	26 6	2 45	8 0	15 19	1 39	19 4
10	19 8 46	17 0 44	7♑ 42 26	13 46 12	28 53	29 39	10 32	24 32	26 48	2 58	7 56	15 19	1 40	19 6
11	19 12 43	17 57 56	19 48 18	25 48 53	28 50	29 26	12 40	25 42	27 31	3 12	7 51	15 20	1 42	19 8
12	19 16 39	18 55 8	1♒ 48 5	7♒ 46 3	28 46	29 12	14 49	26 52	28 13	3 25	7 47	15 20	1 44	19 9
13	19 20 36	19 52 20	13 43 0	19 39 8	28 43	28 59	16 59	28 2	28 55	3 39	7 43	15 21	1 45	19 11
14	19 24 33	20 49 32	25 34 43	1♓ 30 4	28 40	28 48	19 8	29 12	29 37	3 52	7 38	15 21	1 47	19 12
15	19 28 29	21 46 45	7♓ 25 31	13 21 30	28 37	28 39	21 17	0♍ 22	0♊ 19	4 5	7 34	15 22	1 49	19 14
16	19 32 26	22 43 59	19 18 26	25 16 49	28 34	28 32	23 25	1 31	1 1	4 19	7 30	15 22	1 51	19 16
17	19 36 22	23 41 13	1♈ 17 12	7♈ 20 8	28 31	28 29	25 33	2 41	1 43	4 32	7 26	15 22	1 53	19 17
18	19 40 19	24 38 27	13 26 15	19 36 9	28 27	28 28D	27 40	3 50	2 25	4 45	7 22	15 22	1 54	19 19
19	19 44 15	25 35 43	25 50 29	2♉ 9 52	28 24	28 27R	29 46	4 59	3 7	4 59	7 18	15 22	1 56	19 20
20	19 48 12	26 32 59	8♉ 34 55	15 6 10	28 21	28 27	1♌ 50	6 9	3 48	5 12	7 14	15 23	1 58	19 22
21	19 52 8	27 30 16	21 44 9	28 29 13	28 18	28 26	3 53	7 18	4 30	5 25	7 9	15 23R	2 0	19 23
22	19 56 5	28 27 34	5♊ 21 39	12♊ 21 33	28 15	28 23	5 55	8 27	5 11	5 38	7 6	15 23	2 2	19 25
23	20 0 2	29 24 52	19 28 49	26 43 11	28 11	28 17	7 55	9 36	5 53	5 51	7 2	15 23	2 4	19 27
24	20 3 58	0♌ 22 12	4♋ 4 5	11♋ 30 46	28 8	28 9	9 54	10 45	6 34	6 5	6 58	15 22	2 6	19 28
25	20 7 55	1 19 32	19 2 17	26 37 25	28 5	27 59	11 51	11 53	7 15	6 18	6 54	15 22	2 8	19 30
26	20 11 51	2 16 53	4♌ 14 52	11♌ 53 13	28 2	27 48	13 46	13 2	7 57	6 31	6 50	15 22	2 10	19 31
27	20 15 48	3 14 15	19 31 3	27 6 58	27 59	27 38	15 40	14 11	8 38	6 44	6 46	15 22	2 12	19 33
28	20 19 44	4 11 37	4♍ 39 42	12♍ 8 9	27 56	27 29	17 32	15 19	9 19	6 57	6 43	15 22	2 14	19 34
29	20 23 41	5 8 59	19 31 24	26 48 45	27 52	27 23	19 22	16 27	10 0	7 9	6 39	15 21	2 16	19 36
30	20 27 37	6 6 22	3♎ 59 45	11♎ 4 8	27 49	27 19	21 11	17 35	10 40	7 22	6 35	15 21	2 18	19 37
31	20 31 34	7♌ 3 46	18♎ 1 49	24♎ 52 54	27♈ 46	27♈ 18D	22♌ 58	18♍ 44	11♊ 21	7♋ 35	6♑ 32	15♈ 20	2♍ 20	19♋ 39

DECLINATION and LATITUDE

DAY	☉ DECL	☽ DECL	☽ LAT	☽ 12hr DECL	☿ DECL	☿ LAT	♀ DECL	♀ LAT	♂ DECL	♂ LAT	♃ DECL	♃ LAT	♄ DECL	♄ LAT
1	23N11	11N25	3N53	8N14	22N27	0S47	18N23	1N49	17N10	0S43	23N15	0S12	22S29	0N42
2	23 7	4 60	2 58	1 44	22 44	0 35	18 1	1 48	17 22	0 42	23 15	0 12	22 29	0 42
3	23 3	1S30	1 54	4S41	23 0	0 23	17 39	1 47	17 34	0 42	23 15	0 12	22 29	0 41
4	22 58	7 47	0 44	10 46	23 15	0 12	17 17	1 46	17 45	0 41	23 15	0 11	22 30	0 41
5	22 53	13 35	0S26	16 13	23 27	0 0	16 54	1 45	17 57	0 40	23 15	0 11	22 30	0 41
6	22 48	18 39	1 33	20 51	23 37	0N11	16 31	1 44	18 8	0 40	23 15	0 11	22 30	0 41
7	22 42	22 48	2 34	24 27	23 45	0 22	16 7	1 43	18 19	0 39	23 15	0 11	22 31	0 41
8	22 36	25 48	3 27	26 49	23 50	0 32	15 43	1 42	18 30	0 38	23 14	0 11	22 31	0 41
9	22 29	27 31	4 9	27 52	23 53	0 42	15 19	1 40	18 41	0 38	23 14	0 11	22 32	0 41
10	22 22	27 52	4 39	27 31	23 53	0 52	14 54	1 39	18 51	0 37	23 14	0 11	22 32	0 41
11	22 15	26 52	4 56	25 53	23 51	1 0	14 29	1 37	19 1	0 36	23 14	0 11	22 32	0 41
12	22 7	24 38	4 60	23 6	23 45	1 8	14 4	1 36	19 12	0 36	23 14	0 11	22 33	0 41
13	21 59	21 21	4 50	19 22	23 37	1 16	13 38	1 34	19 22	0 35	23 13	0 11	22 33	0 41
14	21 50	17 12	4 28	14 53	23 27	1 22	13 12	1 32	19 31	0 34	23 13	0 11	22 33	0 40
15	21 41	12 25	3 55	9 50	23 13	1 28	12 45	1 30	19 41	0 33	23 13	0 10	22 34	0 40
16	21 32	7 10	3 11	4 25	22 57	1 33	12 19	1 28	19 50	0 33	23 12	0 10	22 34	0 40
17	21 22	1 36	2 18	1N14	22 38	1 38	11 52	1 26	19 60	0 32	23 12	0 10	22 34	0 40
18	21 12	4N 6	1 19	6 57	22 17	1 41	11 24	1 24	20 9	0 31	23 12	0 10	22 35	0 40
19	21 2	9 46	0 14	12 32	21 54	1 44	10 57	1 21	20 17	0 30	23 11	0 10	22 35	0 40
20	20 51	15 13	0N53	17 45	21 29	1 46	10 29	1 19	20 26	0 30	23 11	0 10	22 35	0 40
21	20 40	20 8	1 60	22 18	21 2	1 47	10 1	1 16	20 35	0 29	23 10	0 10	22 36	0 40
22	20 29	24 11	3 2	25 45	20 33	1 48	9 33	1 14	20 43	0 28	23 10	0 10	22 36	0 40
23	20 17	26 56	3 55	27 41	20 2	1 48	9 4	1 11	20 51	0 27	23 10	0 10	22 36	0 39
24	20 5	27 57	4 34	27 44	19 30	1 47	8 36	1 8	20 59	0 27	23 9	0 10	22 37	0 39
25	19 52	26 59	4 57	25 45	18 56	1 46	8 7	1 5	21 6	0 26	23 8	0 10	22 37	0 39
26	19 40	24 2	4 58	21 53	18 22	1 44	7 38	1 3	21 14	0 25	23 8	0 9	22 37	0 39
27	19 26	19 23	4 39	16 34	17 46	1 42	7 9	0 59	21 21	0 24	23 7	0 9	22 38	0 39
28	19 13	13 31	3 60	10 19	17 9	1 38	6 39	0 56	21 28	0 23	23 7	0 9	22 38	0 39
29	18 59	6 59	3 5	3 37	16 31	1 35	6 10	0 53	21 35	0 23	23 6	0 9	22 38	0 39
30	18 45	0 15	1 60	3S 5	15 53	1 31	5 40	0 50	21 42	0 22	23 5	0 9	22 38	0 39
31	18N31	6S19	0N49	9S26	15N13	1N26	5N10	0N46	21N48	0S21	23N 5	0S 9	22S39	0N39

DAY	♅ DECL	♅ LAT	♆ DECL	♆ LAT	♇ DECL	♇ LAT
1	5N22	0S40	11N35	0N39	22N 3	0S 4
5	5 23	0 41	11 32	0 39	22 2	0 4
9	5 24	0 41	11 30	0 39	22 2	0 4
13	5 25	0 41	11 28	0 39	22 1	0 4
17	5 25	0 41	11 25	0 39	22 0	0 3
21	5 25	0 41	11 22	0 39	21 60	0 3
25	5 25	0 41	11 20	0 39	21 59	0 3
29	5N25	0S41	11N17	0N39	21N58	0S 3

☽ PHENOMENA			
d	h	m	
3	4	3	☽
10	20	1	○
18	23	29	☾
25	20	42	●
d	h	° '	
2	18	0	
9	18	27S54	
17	7	0	
24	1	27N58	
30	1	0	
4	15	0	
11	19	4S60	
19	5	0	
25	14	5N 0	
31	16	0	

VOID OF COURSE ☽ LAST ASPT		☽ INGRESS		
2	0am 6	2	♎	9am47
4	1pm39	4	♏	2pm56
6	12pm 5	6	♐	10pm50
8	7pm26	9	♑	8am50
11	4pm22	11	♒	8pm23
14	8am43	14	♓	8am58
16	10am 4	16	♈	9pm26
18	11pm29	19	♉	7am55
21	11am 2	21	♊	2pm40
22	5pm 6	23	♋	5pm23
25	0am44	25	♌	5pm19
26	5pm28	27	♍	4pm35
29	0am 7	29	♎	5pm18
31	9am54	31	♏	9pm 5

d	h	
13	14	APOGEE
26	10	PERIGEE

DAILY ASPECTARIAN

1 T	☿#♄	2am37
	☉☍♄	3 38
	☽⚺♀	7 12
	☽⚻♅	8 40
	☽✶♇	2pm50
	☽△♂	6 20
	☽∥♅	10 37
2 W	☽□☿	0am 6
	♀△♅	1 14
	☽∠♀	11 0
	☽□♃	11 59
	☽⚺♆	12pm20
	☽⚼♂	9 31
3 Th	☽□♄	0am26
	♀∠♃	1 9
	☉∥☿	3 2
	♀∥♂	3 57
	☉□☽	4 3
	♃✶♆	12pm 3
	☽☍♅	12 26
	☽∠♆	2 39
	☽#♅	2 39
	☽✶♀	3 44
	☽□♇	7 0
4 F	☿∥♃	0am36
	☽⚻♂	1 33
	☽△☿	1pm39
	☽#♆	3 16
	☽✶♆	5 43
	☽△♃	6 11
	☿ ♋	10 11
5 S	♂⚼♄	0am56
	♀⚺♇	5 55
	☽✶♄	6 6
	☽#♀	2pm 9
	☉△☽	2 31
	☿✶♆	4 43
	☽⚻♅	7 5
	☽#♂	9 12
	☽⚼☿	10 22
	☽⚼♃	10 24
	☿☌♃	10 36
6 Su	☽△♇	2am 3
	☽□♀	4 2
	☽∠♄	9 56
	☽☍♂	12pm 5
	☽#♇	7 5
	☉⚼☽	8 59
	☽∥♄	10 9
	☉#☽	11 22
	☽⚼♅	11 23
7 M	☽□♆	1am51
	☽#♃	3 2
	☽⚻♃	3 15
	☽⚼♇	6 30
	☽#☿	6 52
	☽⚻☿	8 14
	☽⚺♄	2pm19
8 T	☉⚻☽	4am 8
	☽△♅	4 11
	☉□♅	4 58
	☽⚻♇	11 29
	☉#♄	3pm 6
	♀⚼♄	4 49
	☽△♀	7 26
	☿☍♄	7 32
	☿∠♀	11 7
9 W	☽⚻♂	1am16
	☽△♆	12pm 5
	☽☍♃	2 29
	☉∠♆	3 11
10 Th	☽☌♄	0am26
	☽⚼♀	4 0
	☽☍☿	6 47
	☽⚼♂	8 37
	☽□♅	3pm 5
	☽⚼♆	5 48
	☉☍☽	8 1
	☿∠♂	9 22
	☽☍♇	10 39
11 F	☽⚻♀	1pm 3
	☽△♂	4 22
	☽⚻♆	11 51
12 S	☽⚻♃	3am19
	☿□♅	5 47
	☉☌♇	6 5
	☽#☿	7 23
	☽#♃	11 8
	☽⚺♄	11 58
	☽∥♄	3pm58
	☉∥♇	4 49
	☽#♇	7 35
	☉#☽	7 42
	☿∠♆	9 33
13 Su	☽✶♅	3am18
	☽⚻☿	8 3
	☽⚼♃	10 9
	☽⚻♇	11 4
	☽#♂	11 35
	☉⚻☽	1pm32
	☽∠♄	6 5
14 M	☿☌♇	0am51
	☽☍♀	8 8
	☽□♂	8 43
	☽∠♅	9 41
	☽☍♆	12pm37
	♂ ♊	12 55
	♀ ♍	4 35
	☽△♃	5 7
	☽⚼♇	5 31
	☽⚼☿	9 10
	♀□♂	10 9
	☽#♀	10 14
	☉⚼☽	10 35
	♀⚼♅	11 59
15 T	☽✶♄	0am18
	☿∥♃	0 39
	♂∠♅	1 12
	☽#♆	4 37
	☉☌☿	10 3
	☽⚺♅	4pm 3
	☽△♇	11 54
16 W	♀☌♆	7am 0
	☉△☽	7 29
	☽#♅	7 37
	☽△☿	10 4
17 Th	☽✶♂	0am55
	☽⚻♆	1 11
	☽⚻♀	3 4
	☿#♄	4 44
	♂□♆	5 38
	☽□♃	6 35
	☽□♄	12pm 7
	♀∥♆	11 57
18 F	☽☌♅	3am47
	☽∥♅	5 34
	☽⚼♆	6 47
	☽∠♂	8 14
	♀∠♇	10 9
	☽□♇	11 28
	☽⚼♀	11 35
	☿∥♇	6pm 6
	☉□☽	11 29
	♀✶♃	11 43
19 S	☿ ♌	2am44
	☽∥♀	4 40
	☽∥♆	6 59
	☽□☿	8 56
	☽△♆	11 36
	☽⚺♂	2pm35
	☽✶♃	5 35
	☽△♀	7 1
	☽△♄	9 30
20 Su	☿⚺♆	1am34
	☽⚺♅	12pm30
	☽✶♇	7 46
	♂∠♇	8 2
	♀△♄	9 19
	☽∠♃	9 36
21 M	☽⚼♄	0am45
	☽∥♂	2 26
	☉∥☽	2 44
	☽∥☿	4 21
	☉∥♂	6 46
	☽∥♇	10 15
	☿✶♂	10 53
	☉✶☽	11 2
	☽#♄	1pm49
	☽∠♅	3 19
	♅SR	4 8
	☽∥♃	5 19
	☿∥♂	5 35
	☽□♆	6 12
	☿⚺♃	8 15
	☽∠♇	10 22
	☽☌♂	11 41
22 T	☽⚺♃	0am29
	☽✶☿	1 8
	☽⚻♄	2 58
	☉∥☿	5 16
	☽□♀	5 47
	☿⚻♄	1pm34
	☉∠☽	2 52
	☽✶♅	5 6
	♂⚺♃	10 46
	☽⚺♇	11 56
23 W	☽∠☿	6am38
	☉ ♌	2pm42
	☉⚺☽	5 34
	☽✶♆	8 48
24 Th	☽☌♃	3am18
	☽⚺♂	4 15
	☽☍♄	4 40
	☽⚺☿	10 50
	☽✶♀	11 39
	♂⚻♄	12pm30
	☽□♅	6 10
	☽∠♆	8 58
25 F	☽☌♇	0am44
	☿⚺♀	1 9
	☽∠♂	5 21
	☽∠♀	1pm26
	☉☌☽	8 42
	☽⚺♆	8 43
	☉⚺♆	8 56
26 S	☽⚺♃	3am36
	☽⚻♄	4 3
	☽∥♃	5 19
	☽✶♂	6 5
	☽#♄	8 7
	☽∥♇	11 31
	☽⚺♀	2pm55
	☽∥♂	2 55
	☽☌☿	5 5
	☽△♅	5 28
	☿△♅	8 9
	☉∥☽	11 43
27 Su	☽⚺♇	0am 3
	☽⚼♄	3 32
	☽∠♃	3 32
	♃☍♄	3 56
	☽∥☿	7 54
	☽⚼♅	5pm 9
	☽☌♆	8 7
	☉⚺☽	11 12
	☽∠♇	11 51
28 M	♀⚻♅	0am56
	☽△♄	3 16
	☽✶♃	3 42
	☽□♂	7 48
	☽∥♆	8 25
	☽⚻♅	5pm13
	☽☌♀	6 35
	☽⚺☿	11 43
29 T	☽✶♇	0am 7
	☉∠☽	1 6
	☿⚺♇	3 0
	☽∥♀	3 11
	☽∥♅	5 37
	☽⚺♆	9pm 8
30 W	☉✶☽	3am49
	☽∠☿	4 14
	☽□♄	4 22
	☿⚼♄	5 17
	☽□♃	5 47
	☉⚻♄	11 27
	☽△♂	11 54
	♀∥♅	12pm35
	☿∠♃	6 8
	☽☍♅	7 21
	☽#♀	8 0
	☽#♅	8 34
	☽∠♆	10 47
31 Th	☽⚺♀	1am19
	☽□♇	2 49
	☽✶☿	9 54
	☽⚼♂	3pm22
	☉⚺♃	4 48
	☽#♆	7 14
	♀✶♇	7 57

AUGUST 1930

LONGITUDE

DAY	SID. TIME	☉	☽	☽ 12 Hour	MEAN ☊	TRUE ☊	☿	♀	♂	♃	♄	♅	♆	♇
	h m s	° ' "	° ' "	° ' "	° '	° '	° '	° '	° '	° '	° '	° '	° '	° '
1	20 35 31	8♌ 1 11	1♏ 37 37	8♏ 16 17	27♈ 43	27♈ 18R	24♌ 43	19♍ 52	12♊ 2	7♋ 48	6♑ 28R	15♈ 20R	2♍ 22	19♋ 40
2	20 39 27	8 58 35	14 49 19	21 17 10	27 40	27 18	26 27	20 59	12 42	8 0	6 25	15 19	2 24	19 42
3	20 43 24	9 56 1	27 40 18	3♐ 59 11	27 37	27 17	28 9	22 7	13 23	8 13	6 22	15 19	2 26	19 43
4	20 47 20	10 53 27	10♐ 14 19	16 26 8	27 33	27 14	29 49	23 15	14 3	8 26	6 18	15 18	2 28	19 45
5	20 51 17	11 50 54	22 35 3	28 41 29	27 30	27 8	1♍ 28	24 22	14 43	8 38	6 15	15 18	2 30	19 46
6	20 55 13	12 48 22	4♑ 45 45	10♑ 48 11	27 27	27 0	3 5	25 30	15 23	8 51	6 12	15 17	2 32	19 48
7	20 59 10	13 45 50	16 49 3	22 48 37	27 24	26 49	4 40	26 37	16 3	9 3	6 9	15 16	2 35	19 49
8	21 3 6	14 43 20	28 47 5	4♒ 44 39	27 21	26 36	6 14	27 44	16 43	9 15	6 6	15 15	2 37	19 51
9	21 7 3	15 40 50	10♒ 41 31	16 37 50	27 17	26 23	7 46	28 51	17 23	9 28	6 3	15 14	2 39	19 52
10	21 11 0	16 38 22	22 33 47	28 29 34	27 14	26 11	9 16	29 57	18 3	9 40	6 0	15 14	2 41	19 54
11	21 14 56	17 35 54	4♓ 25 23	10♓ 21 27	27 11	26 0	10 45	1♎ 4	18 43	9 52	5 58	15 13	2 43	19 55
12	21 18 53	18 33 28	16 18 1	22 15 25	27 8	25 51	12 12	2 11	19 22	10 4	5 55	15 12	2 45	19 56
13	21 22 49	19 31 3	28 13 56	4♈ 13 57	27 5	25 45	13 38	3 17	20 2	10 16	5 52	15 11	2 47	19 58
14	21 26 46	20 28 39	10♈ 15 54	16 20 14	27 2	25 42	15 2	4 23	20 41	10 28	5 50	15 10	2 50	19 59
15	21 30 42	21 26 17	22 27 25	28 38 0	26 58	25 41D	16 24	5 29	21 20	10 40	5 47	15 8	2 52	20 1
16	21 34 39	22 23 56	4♉ 52 30	11♉ 11 30	26 55	25 41	17 44	6 35	22 0	10 52	5 45	15 7	2 54	20 2
17	21 38 35	23 21 37	17 35 33	24 5 11	26 52	25 42R	19 3	7 40	22 39	11 4	5 43	15 6	2 56	20 3
18	21 42 32	24 19 20	0♊ 40 54	7♊ 23 7	26 49	25 42	20 19	8 46	23 18	11 15	5 41	15 5	2 58	20 5
19	21 46 29	25 17 4	14 12 12	21 8 21	26 46	25 40	21 34	9 51	23 57	11 27	5 39	15 4	3 1	20 6
20	21 50 25	26 14 50	28 11 37	5♋ 21 55	26 43	25 36	22 47	10 56	24 36	11 39	5 37	15 2	3 3	20 7
21	21 54 22	27 12 38	12♋ 38 55	20 2 4	26 39	25 30	23 57	12 1	25 14	11 50	5 35	15 1	3 5	20 9
22	21 58 18	28 10 27	27 30 36	5♌ 3 33	26 36	25 23	25 6	13 6	25 53	12 2	5 33	15 0	3 7	20 10
23	22 2 15	29 8 17	12♌ 39 45	20 17 54	26 33	25 15	26 12	14 10	26 31	12 13	5 31	14 58	3 9	20 11
24	22 6 11	0♍ 6 9	27 56 37	5♍ 34 30	26 30	25 7	27 17	15 15	27 10	12 24	5 29	14 57	3 12	20 13
25	22 10 8	1 4 3	13♍ 10 10	20 42 22	26 27	25 0	28 18	16 19	27 48	12 35	5 28	14 55	3 14	20 14
26	22 14 4	2 1 58	28 10 1	5♎ 32 10	26 23	24 55	29 17	17 23	28 26	12 46	5 26	14 54	3 16	20 15
27	22 18 1	2 59 54	12♎ 48 8	19 57 26	26 20	24 53D	0♎ 14	18 26	29 4	12 57	5 25	14 52	3 18	20 16
28	22 21 58	3 57 52	26 59 48	3♏ 55 7	26 17	24 52	1 7	19 30	29 42	13 8	5 24	14 50	3 21	20 18
29	22 25 54	4 55 51	10♏ 43 29	17 25 8	26 14	24 53	1 58	20 33	0♋ 20	13 19	5 22	14 49	3 23	20 19
30	22 29 51	5 53 51	24 0 23	0♐ 29 38	26 11	24 54R	2 45	21 36	0 57	13 30	5 21	14 47	3 25	20 20
31	22 33 47	6♍ 51 53	6♐ 53 24	13♐ 12 10	26♈ 8	24♈ 54	3♎ 29	22♎ 39	1♋ 35	13♋ 40	5♑ 20	14♈ 45	3♍ 27	20♋ 21

DECLINATION and LATITUDE

DAY	☉ DECL	☽ DECL	☽ LAT	☽ 12hr DECL	☿ DECL	☿ LAT	♀ DECL	♀ LAT	♂ DECL	♂ LAT	♃ DECL	♃ LAT	♄ DECL	♄ LAT
1	18N16	12S24	0S23	15S11	14N34	1N21	4N40	0N43	21N55	0S20	23N 4	0S 9	22S39	0N38
2	18 1	17 45	1 31	20 4	13 54	1 16	4 10	0 39	22 1	0 19	23 3	0 9	22 39	0 38
3	17 46	22 8	2 33	23 55	13 13	1 10	3 40	0 36	22 7	0 18	23 3	0 9	22 40	0 38
4	17 30	25 24	3 26	26 33	12 32	1 4	3 10	0 32	22 12	0 17	23 2	0 9	22 40	0 38
5	17 15	27 23	4 9	27 52	11 51	0 57	2 40	0 28	22 18	0 17	23 1	0 9	22 40	0 38
6	16 58	28 1	4 39	27 49	11 10	0 50	2 10	0 24	22 23	0 16	23 1	0 9	22 40	0 38
7	16 42	27 17	4 56	26 27	10 28	0 43	1 39	0 20	22 28	0 15	22 60	0 8	22 41	0 38
8	16 25	25 19	5 1	23 54	9 47	0 36	1 9	0 16	22 33	0 14	22 59	0 8	22 41	0 38
9	16 8	22 14	4 52	20 21	9 5	0 28	0 38	0 12	22 38	0 13	22 58	0 8	22 41	0 37
10	15 51	18 15	4 30	15 59	8 24	0 20	0 8	0 8	22 42	0 12	22 58	0 8	22 41	0 37
11	15 34	13 34	3 57	11 1	7 43	0 11	0S22	0 3	22 47	0 11	22 57	0 8	22 42	0 37
12	15 16	8 22	3 13	5 39	7 2	0 3	0 53	0S 1	22 51	0 10	22 56	0 8	22 42	0 37
13	14 58	2 51	2 21	0 1	6 21	0S 6	1 23	0 6	22 55	0 10	22 55	0 8	22 42	0 37
14	14 40	2N49	1 21	5N40	5 41	0 15	1 54	0 10	22 59	0 9	22 54	0 8	22 42	0 37
15	14 22	8 29	0 17	11 14	5 0	0 24	2 24	0 15	23 2	0 8	22 53	0 8	22 43	0 37
16	14 3	13 55	0N49	16 29	4 21	0 33	2 55	0 19	23 6	0 7	22 53	0 8	22 43	0 37
17	13 44	18 55	1 54	21 9	3 41	0 42	3 25	0 24	23 9	0 6	22 52	0 8	22 43	0 36
18	13 25	23 10	2 56	24 54	3 3	0 52	3 55	0 29	23 12	0 5	22 51	0 7	22 43	0 36
19	13 6	26 18	3 49	27 20	2 24	1 1	4 25	0 34	23 15	0 4	22 50	0 7	22 44	0 36
20	12 46	27 57	4 31	28 7	1 47	1 11	4 55	0 39	23 17	0 3	22 49	0 7	22 44	0 36
21	12 27	27 47	4 57	26 57	1 10	1 21	5 25	0 44	23 20	0 2	22 48	0 7	22 44	0 36
22	12 7	25 39	5 5	23 52	0 34	1 31	5 55	0 49	23 22	0 1	22 47	0 7	22 44	0 36
23	11 47	21 40	4 51	19 5	0S 2	1 40	6 25	0 54	23 24	0 0	22 46	0 7	22 44	0 36
24	11 26	16 12	4 17	13 4	0 36	1 50	6 55	0 59	23 26	0N 1	22 45	0 7	22 45	0 35
25	11 6	9 46	3 24	6 20	1 10	2 0	7 24	1 4	23 28	0 2	22 44	0 7	22 45	0 35
26	10 45	2 51	2 18	0S38	1 42	2 10	7 54	1 9	23 29	0 3	22 43	0 7	22 45	0 35
27	10 25	4S 4	1 4	7 24	2 14	2 20	8 23	1 15	23 31	0 4	22 42	0 7	22 45	0 35
28	10 4	10 35	0S12	13 36	2 44	2 29	8 52	1 20	23 32	0 5	22 41	0 7	22 45	0 35
29	9 42	16 23	1 24	18 56	3 13	2 39	9 21	1 25	23 33	0 6	22 40	0 7	22 46	0 35
30	9 21	21 13	2 30	23 12	3 40	2 48	9 50	1 31	23 34	0 7	22 39	0 6	22 46	0 35
31	8N60	24S52	3S27	26S12	4S 6	2S57	10S18	1S36	23N34	0N 8	22N38	0S 6	22S46	0N35

DAY	♅ DECL	♅ LAT	♆ DECL	♆ LAT	♇ DECL	♇ LAT
1	5N24	0S41	11N15	0N39	21N58	0S 2
5	5 23	0 42	11 12	0 39	21 57	0 2
9	5 22	0 42	11 9	0 39	21 57	0 2
13	5 20	0 42	11 5	0 39	21 56	0 2
17	5 18	0 42	11 2	0 39	21 56	0 1
21	5 16	0 42	10 59	0 39	21 55	0 1
25	5 14	0 42	10 56	0 39	21 54	0 1
29	5N11	0S42	10N53	0N39	21N54	0S 1

☽ PHENOMENA			
d	h	m	
1	12	27	☽
9	10	58	○
17	11	31	☾
24	3	37	●
30	23	57	☽
d	h	° '	
5	23	28S 1	
13	12	0	
20	10	28N 7	
26	10	0	
7	20	5S 1	
15	6	0	
21	21	5N 5	
27	20	0	

VOID OF COURSE ☽ LAST ASPT	☽ INGRESS
3 1am 2	3 ♐ 4am25
5 3am51	5 ♑ 2pm35
7 9pm40	8 ♒ 2am27
9 2pm20	10 ♓ 3pm 3
12 7am21	13 ♈ 3am32
14 9pm50	15 ♉ 2pm38
17 11am31	17 ♊ 10pm46
19 8pm28	20 ♋ 3am 2
21 7pm50	22 ♌ 3am58
23 10pm43	24 ♍ 3am14
26 1am57	26 ♎ 2am58
28 4am53	28 ♏ 5am11
29 5pm17	30 ♐ 11am 5

d	h	
9	19	APOGEE
23	20	PERIGEE

DAILY ASPECTARIAN

1 F	☽⚹♆	1am20
	☽∠♀	6 21
	☽#☿	8 15
	☽⚹♄	8 42
	☽△♃	11 19
	☉□☽	12pm27
	♂∥♇	12 42
	☽⊼♂	7 53
2 S	☽⊼♅	0am56
	☉#☽	1 17
	☽△♇	9 3
	☽∠♄	12pm12
	☽⚹♀	12 33
	☽⚼♃	3 29
	☽#♇	10 55
	☽#♂	11 50
3 Su	☽□☿	1am 2
	☽∥♄	3 20
	☽⚼♅	5 0
	☽#♃	5 52
	☽□♆	9 4
	☽⚼♇	1pm26
	☽⊻♄	4 29
	☽⊼♃	8 27
4 M	☉△☽	1am22
	☿ ♍	2 39
	☿⚼♅	7 2
	☽☍♂	7 47
	☽△♅	9 48
	☽⊼♇	6pm29
5 T	☽□♀	3am51
	☉⚼☽	9 5
	☿☌♆	3pm47
	☽△♆	7 35
	☽△☿	8 9
	♂⚹♅	8 14
	☿∥♆	11 19
6 W	☽☌♄	2am51
	☽☍♃	8 15
	☉⊼☽	5pm22
	☽□♅	8 55
	☽⊼♂	10 23
7 Th	☽⚼♆	1am31
	☿∠♇	2 22
	☽☍♇	6 1
	☽⚼☿	6 34
	☽△♀	9pm40
	☿△♄	10 5
8 F	☽⚼♂	6am16
	☽⊼♆	7 43
	☉△♅	1pm10
	☽⊻♄	2 41
	☽⊼☿	5 14
	☽#♃	6 52
	☽∥♄	8 55
	☽#♂	9 21
	☽⊼♃	9 28
9 S	☽#♇	1am56
	☽⚼♀	7 2
	☽⚹♅	9 11
	☉☍☽	10 58
	☽△♂	2pm20
	♂#♄	6 12
	☽⊼♇	6 35
	☽∠♄	8 52
10 Su	♀ ♎	0am54
	☽⚼♃	4 20
	☿⚹♃	7 18
	☉#☽	1pm29
	☽∠♅	3 29
	☽⊼♀	4 31
	☽☍♆	8 32
11 M	☽⚼♇	1am 0
	☽⚹♄	3 6
	☽△♃	11 12
	☽#♆	11 35
	☽☍☿	2pm36
	☽⊻♅	9 46
12 T	☉⊼☽	4am57
	☽□♂	6 33
	☽#☿	6 47
	☽△♇	7 21
	♀⊻♆	12pm59
	☽#♅	1 18
	♂⊻♇	9 33
13 W	♂∥♃	1am11
	☽∥♀	5 43
	☽⊼♆	9 9
	☽☍♀	11 7
	☉⊻♇	11 28
	☉⚼☽	1pm39
	☽□♄	3 13
	☽#♀	7 43
14 Th	☽□♃	0am25
	☿⊼♅	2 14
	☉⚼♄	8 29
	☽☌♅	9 40
	☽∥♅	10 35
	☽⊼☿	10 37
	☽∥☿	10 46
	☿∥♅	12pm29
	☽⚼♆	2 59
	☉⚹♂	4 26
	☽□♇	7 12
	☽⚹♂	9 42
	☉△☽	9 50
15 F	♀□♄	6am31
	☽∥♆	11 12
	☽⚼☿	7pm25
	☽△♆	8 12
16 S	☉∥☽	0am34
	☽△♄	1 40
	☽⊼♀	3 34
	☽∠♂	4 16
	☽⚹♃	11 34
	☽⊻♅	7pm21
17 Su	☽△☿	3am 0
	☽⚹♇	4 35
	☿#♀	5 45
	☽⚼♄	5 46
	☽⊻♂	9 51
	☽⚼♀	10 16
	☉□☽	11 31
	☽∠♃	3pm51
	☽∥♇	4 26
	☿⚹♇	7 21
	☽#♄	9 14
	☽∥♃	10 1
	☽∠♅	10 55
18 M	☽∥♂	0am14
	☽□♆	4 8
	☽∠♇	7 54
	☽⊼♄	8 56
	☽△♀	3pm42
	☽⊻♃	7 7
19 T	☽⚹♅	1am29
	☽⊻♇	10 14
	☽□☿	1pm57
	☽☌♂	5 36
	☉⚹☽	8 28
20 W	☽⚹♆	8am10
	☉∠♃	12pm21
	☽☍♄	12 22
	♀#♅	5 0
	♀□♃	7 5
	☽☌♃	10 39
	☽□♀	10 53
	☉∠☽	11 14
21 Th	☽□♅	3am51
	☽∠♆	8 52
	☽☌♇	12pm12
	☽⚹☿	7 50
	☽⊻♂	9 17
22 F	☉⊻☽	1am 8
	☽⊻♆	8 57
	☽⊼♄	12pm45
	☽∥♂	2 47
	☉∠♀	4 34
	☽∥♃	6 13
	☽#♄	6 24
	☽∠☿	9 32
	☽∠♂	10 7
	☽∥♇	10 45
	☽⊻♃	11 17
23 S	☽⚹♀	2am33
	☽△♅	3 37
	☽⊻♇	11 51
	☽⚼♄	12pm19
	☿□♂	5 20
	♀☍♅	5 25
	☉⚼♅	8 8
	☉ ♍	9 27
	☽⚹♂	10 48
	☽⊻☿	10 52
	☽∠♃	11 8
24 Su	☽⚼♅	3am 8
	☉☌☽	3 37
	☽∠♀	3 53
	☽☌♆	8 16
	☽∠♇	11 27
	☽△♄	11 51
	♃#♄	1pm41
	☉∥☽	6 57
	☽∥♆	7 48
	☽⚹♃	11 4
25 M	☽⊼♅	2am46
	☽⊻♀	5 22
	☽#♀	7 44
	☽⚹♇	11 15
	☉∥♆	12pm 8
	☽∥♅	3 48
26 T	☽□♂	0am27
	☽☌☿	1 57
	☽#☿	3 39
	☉⊻☽	6 43
	☽⊻♆	8 19
	☽□♄	11 49
	☽∥☿	4pm59
	☿ ♎	6 5
	♀∠♆	8 53
27 W	☽□♃	0am15
	☽☍♅	3 26
	☽#♅	4 4
	☉☌♆	7 56
	☽∠♆	9 14
	☉∠☽	9 20
	☽☌♀	10 12
	☽□♇	12pm33
	☽∥♀	4 55
	☉#☽	10 5
28 Th	☽#♆	1am11
	☽△♂	4 53
	☽⊻☿	7 36
	☽⚹♆	11 2
	♂ ♋	11 28
	☉⚹☽	1pm 0
	☽⚹♄	2 34
	♀□♇	6 29
29 F	☽△♃	4am41
	☽⊼♅	7 17
	☽⚼♂	8 38
	☉∠♇	9 40
	☉#♀	10 22
	☉△♄	10 46
	☽∠☿	11 53
	☽△♇	5pm17
	☽∠♄	5 20
	☽⊻♀	7 13
30 S	☽#♇	3am58
	☽⚼♃	8 24
	☽#♃	8 33
	☽∥♄	9 15
	☽⚼♅	10 39
	☽⊼♂	1pm31
	☽#♂	2 30
	☽⚹☿	5 12
	☽□♆	5 31
	☽⊻♄	9 5
	☽⚼♇	9 6
	☿⊻♆	11 7
	☉□☽	11 57
31 Su	☽∠♀	1am33
	☽⊼♃	1pm 5
	☽△♅	2 56

LONGITUDE

DAY	SID. TIME	☉	☽	☽ 12 Hour	MEAN ☊	TRUE ☊	☿	♀	♂	♃	♄	♅	♆	♇
	h m s	° ' "	° ' "	° ' "	° '	° '	° '	° '	° '	° '	° '	° '	° '	° '
1	22 37 44	7♍ 49 56	19♐ 26 29	25♐ 36 53	26♈ 4	24♈ 54R	4♎ 9	23♎ 41	2♋ 12	13♋ 51	5♑ 19R	14♈ 43R	3♍ 29	20♋ 22
2	22 41 40	8 48 1	1♑ 43 54	7♑ 48 3	26 1	24 51	4 45	24 43	2 50	14 1	5 19	14 42	3 32	20 23
3	22 45 37	9 46 7	13 49 49	19 49 40	25 58	24 46	5 17	25 45	3 27	14 12	5 18	14 40	3 34	20 25
4	22 49 33	10 44 14	25 48 0	1♒ 45 13	25 55	24 40	5 45	26 47	4 4	14 22	5 17	14 38	3 36	20 26
5	22 53 30	11 42 23	7♒ 41 40	13 37 41	25 52	24 32	6 8	27 48	4 41	14 32	5 17	14 36	3 38	20 27
6	22 57 27	12 40 34	19 33 32	25 29 28	25 49	24 24	6 26	28 49	5 18	14 42	5 16	14 34	3 41	20 28
7	23 1 23	13 38 46	1♓ 25 45	7♓ 22 35	25 45	24 17	6 39	29 50	5 54	14 52	5 16	14 32	3 43	20 29
8	23 5 20	14 36 59	13 20 11	19 18 45	25 42	24 10	6 46R	0♏ 50	6 31	15 2	5 16	14 30	3 45	20 30
9	23 9 16	15 35 15	25 18 30	1♈ 19 38	25 39	24 5	6 47	1 50	7 7	15 11	5 15D	14 28	3 47	20 31
10	23 13 13	16 33 32	7♈ 22 22	13 26 59	25 36	24 2	6 42	2 50	7 44	15 21	5 15	14 26	3 49	20 32
11	23 17 9	17 31 51	19 33 44	25 42 54	25 33	24 0D	6 30	3 49	8 20	15 31	5 15	14 24	3 51	20 33
12	23 21 6	18 30 12	1♉ 54 49	8♉ 9 48	25 29	24 0	6 12	4 48	8 56	15 40	5 16	14 22	3 54	20 34
13	23 25 2	19 28 35	14 28 14	20 50 30	25 26	24 2	5 48	5 46	9 32	15 49	5 16	14 20	3 56	20 35
14	23 28 59	20 27 1	27 16 57	3♊ 48 0	25 23	24 3	5 16	6 45	10 8	15 58	5 16	14 18	3 58	20 36
15	23 32 55	21 25 28	10♊ 24 0	17 5 16	25 20	24 4R	4 38	7 42	10 43	16 7	5 17	14 15	4 0	20 36
16	23 36 52	22 23 58	23 52 4	0♋ 44 36	25 17	24 5	3 54	8 40	11 19	16 16	5 17	14 13	4 2	20 37
17	23 40 49	23 22 30	7♋ 42 59	14 47 10	25 14	24 4	3 3	9 36	11 54	16 25	5 18	14 11	4 4	20 38
18	23 44 45	24 21 4	21 57 0	29 12 10	25 10	24 2	2 8	10 33	12 29	16 34	5 19	14 9	4 7	20 39
19	23 48 42	25 19 40	6♌ 32 10	13♌ 56 21	25 7	23 58	1 9	11 29	13 4	16 42	5 19	14 7	4 9	20 40
20	23 52 38	26 18 19	21 23 53	28 53 50	25 4	23 55	0 6	12 24	13 39	16 51	5 20	14 4	4 11	20 41
21	23 56 35	27 16 59	6♍ 25 7	13♍ 56 37	25 1	23 51	29♍ 2	13 19	14 14	16 59	5 21	14 2	4 13	20 41
22	0 0 31	28 15 42	21 27 9	28 55 36	24 58	23 48	27 57	14 14	14 48	17 7	5 23	14 0	4 15	20 42
23	0 4 28	29 14 26	6♎ 20 53	13♎ 42 2	24 55	23 46	26 54	15 8	15 23	17 15	5 24	13 57	4 17	20 43
24	0 8 24	0♎ 13 12	20 58 14	28 8 50	24 51	23 45D	25 53	16 1	15 57	17 23	5 25	13 55	4 19	20 43
25	0 12 21	1 12 1	5♏ 13 18	12♏ 11 21	24 48	23 46	24 57	16 54	16 31	17 31	5 26	13 53	4 21	20 44
26	0 16 18	2 10 51	19 2 49	25 47 42	24 45	23 47	24 7	17 46	17 5	17 38	5 28	13 50	4 23	20 45
27	0 20 14	3 9 43	2♐ 26 7	8♐ 58 20	24 42	23 48	23 24	18 38	17 39	17 46	5 30	13 48	4 25	20 45
28	0 24 11	4 8 37	15 24 41	21 45 35	24 39	23 49	22 50	19 29	18 12	17 53	5 31	13 46	4 27	20 46
29	0 28 7	5 7 32	28 1 32	4♑ 13 2	24 35	23 50R	22 25	20 19	18 46	18 0	5 33	13 43	4 29	20 47
30	0 32 4	6♎ 6 30	10♑ 20 39	16♑ 24 56	24♈ 32	23♈ 50	22♍ 10D	21♏ 9	19♋ 19	18♋ 7	5♑ 35	13♈ 41	4♍ 31	20♋ 47

DECLINATION and LATITUDE

DAY	☉ DECL	☽ DECL	☽ LAT	☽ 12hr DECL	☿ DECL	☿ LAT	♀ DECL	♀ LAT	♂ DECL	♂ LAT	♃ DECL	♃ LAT	♄ DECL	♄ LAT
1	8N38	27S12	4S12	27S52	4S30	3S 6	10S46	1S42	23N35	0N 9	22N37	0S 6	22S46	0N34
2	8 16	28 10	4 44	28 7	4 52	3 15	11 15	1 47	23 35	0 10	22 36	0 6	22 46	0 34
3	7 55	27 45	5 3	27 3	5 13	3 23	11 42	1 53	23 35	0 11	22 35	0 6	22 46	0 34
4	7 33	26 2	5 8	24 44	5 31	3 31	12 10	1 58	23 35	0 12	22 34	0 6	22 47	0 34
5	7 11	23 11	5 0	21 23	5 47	3 39	12 38	2 4	23 35	0 13	22 33	0 6	22 47	0 34
6	6 48	19 22	4 39	17 10	6 1	3 46	13 5	2 10	23 35	0 14	22 33	0 6	22 47	0 34
7	6 26	14 48	4 6	12 18	6 11	3 52	13 32	2 15	23 34	0 15	22 32	0 6	22 47	0 34
8	6 4	9 40	3 23	6 57	6 19	3 58	13 58	2 21	23 34	0 16	22 31	0 6	22 47	0 33
9	5 41	4 9	2 30	1 19	6 24	4 2	14 25	2 27	23 33	0 17	22 30	0 6	22 47	0 33
10	5 18	1N34	1 29	4N26	6 25	4 6	14 51	2 33	23 32	0 19	22 29	0 5	22 47	0 33
11	4 56	7 17	0 24	10 5	6 23	4 9	15 16	2 38	23 31	0 20	22 28	0 5	22 48	0 33
12	4 33	12 49	0N43	15 26	6 17	4 10	15 42	2 44	23 30	0 21	22 27	0 5	22 48	0 33
13	4 10	17 56	1 49	20 15	6 8	4 10	16 7	2 50	23 28	0 22	22 26	0 5	22 48	0 33
14	3 47	22 21	2 52	24 12	5 54	4 9	16 32	2 56	23 27	0 23	22 25	0 5	22 48	0 33
15	3 24	25 45	3 47	26 58	5 36	4 6	16 56	3 1	23 25	0 24	22 24	0 5	22 48	0 33
16	3 1	27 49	4 31	28 14	5 14	4 1	17 21	3 7	23 23	0 25	22 23	0 5	22 48	0 32
17	2 38	28 13	5 0	27 45	4 48	3 54	17 44	3 13	23 21	0 26	22 22	0 5	22 48	0 32
18	2 15	26 48	5 13	25 24	4 18	3 46	18 8	3 18	23 19	0 28	22 21	0 5	22 48	0 32
19	1 51	23 34	5 6	21 20	3 45	3 35	18 31	3 24	23 17	0 29	22 20	0 5	22 48	0 32
20	1 28	18 45	4 38	15 52	3 8	3 23	18 54	3 30	23 15	0 30	22 19	0 4	22 49	0 32
21	1 5	12 44	3 51	9 25	2 30	3 8	19 16	3 36	23 12	0 31	22 18	0 4	22 49	0 32
22	0 41	5 58	2 48	2 27	1 49	2 52	19 38	3 41	23 10	0 32	22 17	0 4	22 49	0 32
23	0 18	1S 5	1 34	4S34	1 8	2 35	19 59	3 47	23 7	0 34	22 16	0 4	22 49	0 31
24	0S 5	7 57	0 15	11 12	0 27	2 16	20 21	3 52	23 4	0 35	22 15	0 4	22 49	0 31
25	0 29	14 15	1S 3	17 5	0N13	1 57	20 41	3 58	23 1	0 36	22 14	0 4	22 49	0 31
26	0 52	19 39	2 15	21 55	0 51	1 37	21 2	4 3	22 58	0 37	22 13	0 4	22 49	0 31
27	1 15	23 53	3 17	25 29	1 27	1 17	21 21	4 9	22 55	0 38	22 12	0 4	22 49	0 31
28	1 39	26 45	4 8	27 39	1 59	0 57	21 41	4 14	22 52	0 40	22 12	0 4	22 49	0 31
29	2 2	28 10	4 44	28 20	2 27	0 37	21 60	4 19	22 49	0 41	22 11	0 4	22 49	0 31
30	2S26	28S 9	5S 7	27S37	2N50	0S18	22S18	4S25	22N45	0N42	22N10	0S 3	22S49	0N31

DAY	♅ DECL	♅ LAT	♆ DECL	♆ LAT	♇ DECL	♇ LAT
1	5N 9	0S42	10N50	0N39	21N54	0S 1
5	5 6	0 42	10 47	0 39	21 53	0 0
9	5 3	0 42	10 44	0 39	21 53	0 0
13	5 0	0 42	10 41	0 39	21 53	0N 0
17	4 57	0 42	10 38	0 39	21 52	0 0
21	4 53	0 42	10 35	0 40	21 52	0 1
25	4 50	0 42	10 32	0 40	21 52	0 1
29	4N46	0S42	10N29	0N40	21N52	0N 1

☽ PHENOMENA

d	h	m	
8	2	48	○
15	21	13	☾
22	11	42	●
29	14	58	☽

d	h	° '
2	5	28S12
9	17	0
16	18	28N17
22	20	0
29	11	28S20
3	22	5S 8
11	9	0
18	3	5N13
24	5	0

VOID OF COURSE ☽

LAST ASPT	☽ INGRESS
1 9am 0	1 ♑ 8pm36
4 2am 9	4 ♒ 8am28
6 8pm28	6 ♓ 9pm 7
8 2pm24	9 ♈ 9am22
11 1am56	11 ♉ 8pm18
13 11am31	14 ♊ 5am 1
15 9pm13	16 ♋ 10am43
18 4am17	18 ♌ 1pm19
19 12pm15	20 ♍ 1pm46
22 11am42	22 ♎ 1pm44
23 11pm36	24 ♏ 3pm 8
26 8am31	26 ♐ 7pm35
28 1pm34	29 ♑ 3am49

d	h	
5	22	APOGEE
21	5	PERIGEE

DAILY ASPECTARIAN

1 M	☽⊼♇	1am48
	♀#♆	3 17
	☽⚹♀	9 0
2 T	☽☍♂	2am17
	☽△♆	3 33
	☽□☿	6 15
	☽☌♄	7 3
	☉△☽	3pm12
	☿#♅	6 16
3 W	☿□♄	0am21
	☽☍♃	0 44
	☽□♅	1 39
	♂⚹♆	4 51
	☽⚼♆	9 30
	☽☍♇	1pm11
	☉⚼☽	11 52
4 Th	☽□♀	2am 9
	☽⊼♆	3pm47
	☽⊼♂	5 35
	☽⊻♄	7 7
	☽△☿	8 45
	☽#♂	9 5
5 F	☽∥♄	2am50
	☽#♃	4 22
	♃□♅	8 8
	☽#♇	8 48
	☉⊼☽	8 50
	☽⚹♅	1pm56
	☽⊼♃	2 2
	♂☍♄	11 4
6 S	☽∠♄	1am26
	☽⚼♂	1 34
	☽⊼♇	1 50
	☽⚼☿	3 53
	☽∠♅	8pm11
	☽△♀	8 28
	☽⚼♃	8 48
7 Su	♀ ♏	4am 6
	☽☍♆	4 37
	☽∥♀	5 41
	☽⚹♄	7 44
	☽⚼♇	8 11
	☽△♂	9 31
	☽⊼☿	10 39
	☉#☿	11 18
	☽#♆	7pm 7
	☉⊼♅	9 16
8 M	☽⊻♅	2am20
	☉☍☽	2 48
	☽△♃	3 27
	☽⚼♀	5 29
	☿□♂	10 38
	☉⚹♃	12pm13
	☽△♇	2 24
	☽∥☿	2 29
	☿SR	4 35
	☉#☽	4 59
	☽#♅	8 8
9 T	☽⊼♀	2pm11
	☽⊼♆	4 56
	☽□♄	7 48
	☽☍☿	10 41
	♄SD	11 51
10 W	☽□♂	0am44
	☽☌♅	1pm54
	☽∥♅	2 31
	☉∥☽	2 42
	☽□♃	3 57
	☉∥♅	5 23
	☉⊼☽	7 41
	☽#☿	8 15
	☽⚼♆	10 37
11 Th	♀⚹♆	1am 5
	☽□♇	1 56
	☽∥♆	2pm39
12 F	☉⚼☽	3am19
	☽△♆	3 50
	☽☍♀	6 1
	☽△♄	6 26
	☽⊼☿	8 1
	♀⚹♄	11 25
	☽⚹♂	2pm 8
	☽#♀	2 24
	☽⊻♅	11 44
13 S	☿⊻♀	0am19
	☽⚹♃	2 35
	☉△☽	10 13
	☽⚼♄	10 55
	☽⚼☿	11 28
	☽⚹♇	11 31
	☽∠♂	7pm48
	☽∥♇	9 11
	☿□♄	11 52
14 Su	☽∥♃	0am23
	☽#♄	2 47
	☉⚹♇	3 34
	☽∠♅	3 43
	☽∥♂	6 51
	☽∠♃	6 53
	☽□♆	12pm20
	☽△☿	2 2
	☽⊼♄	2 42
	☽∠♇	3 17
	☽⊼♀	6 44
15 M	☽⊻♂	0am36
	☽⚹♅	6 55
	☽⊻♃	10 24
	☽⊻♇	6pm16
	☿⊻♆	7 45
	☉□☽	9 13
	☽⚼♀	11 36
16 T	☿#♅	3pm53
	☽□☿	4 28
	☽⚹♆	5 44
	☽☍♄	7 51
17 W	☽△♀	3am27
	☽☌♂	7 26
	☽□♅	10 57
	☽☌♃	2pm54
	☽∠♆	7 15
	☽☌♇	9 50
18 Th	☉⚹☽	4am17
	☽⚹☿	3pm45
	☽⊻♆	8 5
	☽⊼♄	10 1
19 F	☽∥♂	1am41
	☽#♄	4 20
	☉∠☽	6 36
	☽∥♃	6 57
	☽□♀	8 34
	☽∥♇	9 19
	☽⊻♂	11 2
	☽△♅	12pm15
	☽∠☿	2 33
	☽⊻♃	4 37
	☽⚼♄	10 18
	☽⊻♇	10 50
	☽#♀	11 26
20 S	☿ ♍	2am13
	☉⊻☽	8 24
	☽∠♂	12pm 4
	☽⚼♅	12 15
	☽⊻☿	1 0
	♂□♅	4 21
	☽∠♃	4 52
	☽☌♆	8 29
	☽△♄	10 18
	☽∠♇	10 50
21 Su	☽∥♆	7am52
	☿∠♀	8 29
	☽⚹♀	11 43
	☽⊼♅	12pm 7
	☽⚹♂	12 57
	☽⚹♃	5 0
	♀⊼♅	6 1
	☉☌☿	8 21
	☽⚹♇	10 48
22 M	☽∥♅	3am45
	☽☌☿	9 44
	☉☌☽	11 42
	☽∠♀	1pm18
	☽#☿	3 39
	☉∥☽	7 1
	☽⊻♆	8 39
	☉#☽	9 29
	☽□♄	10 27
23 T	☽∥☿	0am11
	☽☍♅	12pm23
	☽#♅	1 0
	☽⊻♀	3 17
	☽□♂	3 22
	☽□♃	6 1
	☉ ♎	6 37
	♀△♂	6 49
	☽∠♆	9 15
	☽□♇	11 36
24 W	☽⊻☿	7am41
	☉∥☿	8 12
	☽#♆	9 32
	☉⊻☽	4pm39
	☽⚹♆	10 31
25 Th	☽⚹♄	0am23
	☽∠☿	7 39
	☽⊼♅	2pm54
	♀△♃	7 46
	☽△♂	8 24
	☉∠☽	8 28
	☽△♃	9 30
	☽☌♀	9 36
26 F	☉#☿	1am39
	☽∠♄	2 31
	☽△♇	3 0
	☽∥♀	7 38
	☽⚹☿	8 31
	☽#♇	11 40
	☽#♃	1pm40
	☽∥♄	5 15
	☽⚼♅	5 26
	☽#♂	5 57
27 S	☽⚼♂	0am24
	☽⚼♃	0 36
	☉⚹☽	1 26
	☽□♆	3 38
	☽⊻♄	5 36
	☽⚼♇	6 5
	♂☌♃	6 26
	☽△♅	8pm55
28 Su	☽⊼♃	4am42
	☽⊼♂	5 30
	☉⊻♆	7 47
	☽⊻♀	8 13
	☽⊼♇	10 7
	☽□☿	1pm34
	♀#♇	1 44
	♂#♄	7 55
29 M	♀∠♄	7am 5
	☉□♄	10 47
	☽△♆	12pm33
	♀#♃	1 28
	♀△♇	1 29
	☽☌♄	2 39
	☉□☽	2 58
	☽∠♀	3 10
30 T	☉∠♀	5am 2
	☽□♅	6 34
	♂∠♆	9 12
	☽☍♃	3pm33
	☽⚼♆	6 13
	☽☍♂	6 37
	☽☍♇	8 43
	☿SD	10 58
	☽⚹♀	10 58
	☽△☿	11 18

OCTOBER 1930

LONGITUDE

DAY	SID. TIME	☉	☽	☽ 12 Hour	MEAN ☊	TRUE ☊	☿	♀	♂	♃	♄	♅	♆	♇
	h m s	° ' "	° ' "	° ' "	° '	° '	° '	° '	° '	° '	° '	° '	° '	° '
1	0 36 0	7♎ 5 29	22♑ 26 26	28♑ 25 44	24♈ 29	23♈ 49R	22♍ 6	21♏ 57	19♋ 52	18♋ 14	5♑ 37	13♈ 38R	4♍ 33	20♋ 48
2	0 39 57	8 4 29	4♒ 23 21	10♒ 19 50	24 26	23 48	22 11	22 45	20 25	18 21	5 39	13 36	4 35	20 48
3	0 43 53	9 3 32	16 15 38	22 11 15	24 23	23 46	22 27	23 33	20 58	18 28	5 41	13 34	4 37	20 49
4	0 47 50	10 2 36	28 7 6	4♓ 3 36	24 20	23 44	22 53	24 19	21 30	18 34	5 44	13 31	4 39	20 49
5	0 51 47	11 1 42	10♓ 1 5	15 59 53	24 16	23 42	23 29	25 5	22 3	18 40	5 46	13 29	4 41	20 50
6	0 55 43	12 0 50	22 0 19	28 2 37	24 13	23 40	24 13	25 49	22 35	18 47	5 48	13 26	4 42	20 50
7	0 59 40	13 0 0	4♈ 7 2	10♈ 13 46	24 10	23 39	25 6	26 33	23 7	18 53	5 51	13 24	4 44	20 50
8	1 3 36	13 59 12	16 22 59	22 34 52	24 7	23 39D	26 6	27 15	23 38	18 58	5 54	13 22	4 46	20 51
9	1 7 33	14 58 26	28 49 32	5♉ 7 8	24 4	23 39	27 13	27 57	24 10	19 4	5 56	13 19	4 48	20 51
10	1 11 29	15 57 42	11♉ 27 48	17 51 38	24 0	23 39	28 26	28 38	24 41	19 10	5 59	13 17	4 50	20 52
11	1 15 26	16 57 1	24 18 45	0♊ 49 15	23 57	23 39	29 44	29 17	25 12	19 15	6 2	13 14	4 51	20 52
12	1 19 22	17 56 21	7♊ 23 17	14 0 54	23 54	23 40	1♎ 7	29 56	25 43	19 20	6 5	13 12	4 53	20 52
13	1 23 19	18 55 44	20 42 14	27 27 20	23 51	23 40	2 34	0♐ 33	26 14	19 25	6 8	13 9	4 55	20 52
14	1 27 16	19 55 9	4♋ 16 16	11♋ 9 4	23 48	23 41	4 4	1 9	26 44	19 30	6 11	13 7	4 57	20 53
15	1 31 12	20 54 37	18 5 41	25 6 4	23 45	23 41R	5 37	1 44	27 15	19 35	6 15	13 5	4 58	20 53
16	1 35 9	21 54 7	2♌ 10 5	9♌ 17 31	23 41	23 41D	7 12	2 17	27 45	19 39	6 18	13 2	5 0	20 53
17	1 39 5	22 53 39	16 28 4	23 41 23	23 38	23 41	8 49	2 49	28 14	19 43	6 22	13 0	5 2	20 53
18	1 43 2	23 53 14	0♍ 56 58	8♍ 14 17	23 35	23 41	10 27	3 19	28 44	19 47	6 25	12 57	5 3	20 53
19	1 46 58	24 52 50	15 32 42	22 51 31	23 32	23 41	12 7	3 48	29 13	19 51	6 29	12 55	5 5	20 53
20	1 50 55	25 52 29	0♎ 9 58	7♎ 27 19	23 29	23 41	13 47	4 16	29 42	19 55	6 32	12 53	5 6	20 53
21	1 54 51	26 52 10	14 42 45	21 55 31	23 26	23 41R	15 28	4 42	0♌ 11	19 59	6 36	12 50	5 8	20 53
22	1 58 48	27 51 53	29 4 55	6♏ 10 18	23 22	23 41	17 10	5 6	0 40	20 2	6 40	12 48	5 9	20 53R
23	2 2 45	28 51 38	13♏ 11 7	20 6 55	23 19	23 41	18 51	5 28	1 8	20 5	6 44	12 46	5 11	20 53
24	2 6 41	29 51 26	26 57 22	3♐ 42 14	23 16	23 40	20 33	5 49	1 36	20 8	6 48	12 43	5 12	20 53
25	2 10 38	0♏ 51 14	10♐ 21 25	16 54 58	23 13	23 40	22 15	6 8	2 4	20 11	6 52	12 41	5 14	20 53
26	2 14 34	1 51 5	23 22 58	29 45 41	23 10	23 39	23 56	6 25	2 31	20 14	6 56	12 39	5 15	20 53
27	2 18 31	2 50 58	6♑ 3 24	12♑ 16 32	23 6	23 37	25 37	6 40	2 58	20 16	7 0	12 37	5 17	20 53
28	2 22 27	3 50 52	18 25 30	24 30 51	23 3	23 37	27 18	6 52	3 25	20 19	7 5	12 34	5 18	20 53
29	2 26 24	4 50 48	0♒ 33 5	6♒ 32 48	23 0	23 36D	28 59	7 3	3 52	20 21	7 9	12 32	5 19	20 53
30	2 30 20	5 50 45	12 30 34	18 27 0	22 57	23 36	0♏ 39	7 12	4 18	20 23	7 14	12 30	5 21	20 53
31	2 34 17	6♏ 50 44	24♒ 22 41	0♓ 18 13	22♈ 54	23♈ 37	2♏ 19	7♐ 18	4♌ 44	20♋ 24	7♑ 18	12♈ 28	5♍ 22	20♋ 53

DECLINATION and LATITUDE

DAY	☉	☽		☽ 12hr	☿		♀		♂		♃		♄	
	DECL	DECL	LAT	DECL	DECL	LAT	DECL	LAT	DECL	LAT	DECL	LAT	DECL	LAT
1	2S49	26S46	5S15	25S37	3N 9	0N 0	22S36	4S30	22N42	0N44	22N 9	0S 3	22S49	0N30
2	3 12	24 11	5 10	22 31	3 22	0 18	22 54	4 35	22 38	0 45	22 8	0 3	22 49	0 30
3	3 36	20 36	4 52	18 30	3 30	0 33	23 11	4 40	22 34	0 46	22 7	0 3	22 49	0 30
4	3 59	16 12	4 21	13 46	3 34	0 48	23 27	4 45	22 31	0 47	22 7	0 3	22 49	0 30
5	4 22	11 11	3 38	8 30	3 32	1 1	23 44	4 50	22 27	0 49	22 6	0 3	22 49	0 30
6	4 45	5 43	2 46	2 52	3 25	1 13	23 59	4 55	22 23	0 50	22 5	0 3	22 49	0 30
7	5 8	0N 1	1 46	2N55	3 13	1 23	24 14	4 59	22 19	0 51	22 4	0 3	22 49	0 30
8	5 31	5 50	0 40	8 42	2 58	1 32	24 29	5 4	22 15	0 53	22 4	0 3	22 49	0 30
9	5 54	11 31	0N29	14 14	2 38	1 40	24 43	5 8	22 11	0 54	22 3	0 2	22 49	0 29
10	6 17	16 49	1 37	19 15	2 15	1 46	24 56	5 12	22 6	0 56	22 2	0 2	22 49	0 29
11	6 40	21 28	2 42	23 27	1 48	1 51	25 9	5 16	22 2	0 57	22 2	0 2	22 49	0 29
12	7 2	25 10	3 40	26 32	1 19	1 55	25 21	5 20	21 58	0 58	22 1	0 2	22 49	0 29
13	7 25	27 33	4 26	28 10	0 47	1 57	25 33	5 24	21 53	0 60	22 0	0 2	22 49	0 29
14	7 47	28 22	4 59	28 7	0 12	1 59	25 44	5 28	21 49	1 1	21 60	0 2	22 49	0 29
15	8 10	27 26	5 16	26 19	0S24	1 60	25 55	5 31	21 45	1 3	21 59	0 2	22 49	0 29
16	8 32	24 46	5 14	22 50	1 2	1 60	26 5	5 34	21 40	1 4	21 59	0 2	22 49	0 29
17	8 54	20 33	4 53	17 57	1 41	1 59	26 15	5 37	21 36	1 6	21 58	0 2	22 49	0 28
18	9 16	15 4	4 13	11 59	2 21	1 57	26 23	5 40	21 31	1 7	21 58	0 1	22 49	0 28
19	9 38	8 43	3 16	5 20	3 2	1 55	26 32	5 43	21 26	1 9	21 57	0 1	22 49	0 28
20	10 0	1 52	2 7	1S36	3 43	1 52	26 39	5 45	21 22	1 10	21 57	0 1	22 49	0 28
21	10 22	5S 2	0 50	8 24	4 26	1 48	26 46	5 47	21 17	1 12	21 57	0 1	22 49	0 28
22	10 43	11 37	0S30	14 40	5 8	1 44	26 53	5 49	21 12	1 13	21 56	0 1	22 49	0 28
23	11 4	17 29	1 46	20 3	5 51	1 40	26 58	5 51	21 8	1 15	21 56	0 1	22 49	0 28
24	11 26	22 19	2 54	24 14	6 33	1 35	27 3	5 52	21 3	1 16	21 55	0 1	22 49	0 28
25	11 47	25 49	3 51	27 1	7 16	1 30	27 7	5 53	20 58	1 18	21 55	0 1	22 49	0 28
26	12 7	27 50	4 34	28 17	7 58	1 25	27 11	5 53	20 54	1 19	21 55	0 1	22 49	0 27
27	12 28	28 20	5 2	28 2	8 40	1 20	27 14	5 53	20 49	1 21	21 55	0 0	22 48	0 27
28	12 48	27 23	5 15	26 25	9 22	1 14	27 16	5 53	20 44	1 23	21 54	0 0	22 48	0 27
29	13 9	25 9	5 14	23 37	10 4	1 8	27 17	5 52	20 40	1 24	21 54	0 0	22 48	0 27
30	13 29	21 51	4 60	19 51	10 45	1 2	27 17	5 51	20 35	1 26	21 54	0 0	22 48	0 27
31	13S48	17S40	4S32	15S20	11S25	0N55	27S17	5S50	20N30	1N28	21N54	0N 0	22S48	0N27

DAY	♅		♆		♇	
	DECL	LAT	DECL	LAT	DECL	LAT
1	4N44	0S42	10N28	0N40	21N52	0N 1
5	4 40	0 42	10 25	0 40	21 52	0 2
9	4 37	0 42	10 22	0 40	21 52	0 2
13	4 33	0 42	10 20	0 40	21 52	0 2
17	4 29	0 42	10 18	0 40	21 52	0 2
21	4 25	0 42	10 15	0 40	21 52	0 3
25	4 22	0 42	10 13	0 40	21 52	0 3
29	4N19	0S42	10N11	0N40	21N53	0N 3

☽ PHENOMENA	VOID OF COURSE ☽ LAST ASPT	☽ INGRESS
d h m	30 11pm18	1 ♒ 3pm10
7 18 56 ○	3 3pm47	4 ♓ 3am48
15 5 12 ☾	6 8am 5	6 ♈ 3pm52
21 21 48 ●	8 2pm39	9 ♉ 2am15
29 9 22 ☽	11 9am40	11 ♊ 10am30
	12 8pm34	13 ♋ 4pm30
	15 4pm13	15 ♌ 8pm20
d h ° '	17 11am28	17 ♍ 10pm26
7 0 0	19 11pm13	19 ♎ 11pm44
13 23 28N22	21 9pm48	22 ♏ 1am33
20 6 0	23 1pm21	24 ♐ 5am24
26 20 28S22	26 1am11	26 ♑ 12pm27
	28 8pm22	28 ♒ 10pm54
	29 11pm59	31 ♓ 11am23
1 3 5S16	d h	
8 14 0	3 9 APOGEE	
15 10 5N17	19 8 PERIGEE	
21 15 0	31 2 APOGEE	
28 10 5S17		

DAILY ASPECTARIAN

1 W	☿⚹♀	4am11
	♀#♂	6 7
	♀∥♄	5pm48
2 Th	☽⚻♆	0am23
	☽⚺♄	2 33
	☽⚼☿	5 45
	☉△☽	8 7
	☽∥♀	8 39
	☽∥♄	9 53
	☽#♂	11 21
	☽#♃	2pm30
	☽#♇	4 14
	☉#☿	4 45
	♂☌♇	5 20
	☽⚹♅	6 33
3 F	☽⚻♃	4am30
	☽∠♄	9 0
	☽⚻♇	9 13
	☽⚻♂	9 58
	☽⚻☿	12pm58
	☽□♀	3 47
	☉⚼☽	5 13
4 S	☽∠♅	0am49
	☽⚼♃	11 7
	☽☍♆	1pm13
	☽⚹♄	3 25
	☽⚼♇	3 34
	☽⚼♂	5 44
5 Su	☉⚻☽	2am13
	☽#♆	3 29
	☽⚺♅	6 56
	☽△♃	5pm30
	☉#♅	6 17
	☽△♇	9 40
6 M	☽△♂	1am12
	☉∥☽	3 51
	☽#♅	4 31
	☽☍☿	4 43
	☽△♀	8 5
	☽#☿	10 2
7 T	☽⚻♆	1am14
	☽□♄	3 25
	☉☍♅	9 20
	☽∥☿	12pm42
	☽⚼♀	3 29
	☽☌♅	6 8
	☉☍☽	6 56
	☽∥♅	7 2
	☉#☽	10 38
8 W	☽□♃	5am 4
	☽⚼♆	6 35
	☽□♇	8 39
	☽□♂	2pm39
	☽∥♆	7 7
	☽⚻☿	8 35
	☽⚻♀	10 14
9 Th	☽△♆	11am25
	♀⚼♅	12pm10
	☽△♄	1 37
10 F	☽⚺♅	3am24
	☽⚼☿	4 6
	☿⚹♀	7 54
	☉⚻☽	9 9
	☽⚹♃	2pm31
	☽⚹♇	5 36
	☽⚼♄	5 54
11 S	☽⚹♂	1am43
	☽∥♇	2 14
	♂∥♃	3 2
	☽∥♂	3 12
	☽∥♃	3 12
	☿ ♎	4 45
	☽∠♅	7 14
	☽#♄	8 0
	☽☍♀	9 40
	☽△☿	11 10
	☉⚼☽	3pm13
	☽∠♃	6 24
	☽□♆	7 26
	☽∠♇	9 14
	☽⚻♄	9 37
12 Su	☽#♀	1am40
	♀ ♐	2 45
	☽∠♂	6 17
	☽⚹♅	10 30
	☉△☽	8pm34
	☽⚺♃	9 41
13 M	☽⚺♇	0am18
	♂∥♇	9 35
	☽⚺♂	10 13
	☉□♃	12pm54
	☽⚻♀	6 16
	☽□☿	11 35
14 T	☉∠♆	0am38
	☽⚹♆	1 11
	☽☍♄	3 22
	☿⚺♆	2pm 1
	☽□♅	3 22
	☽⚼♀	9 32
	☉□♇	11 15
15 W	☽☌♃	2am34
	☽∠♆	3 14
	☽☌♇	4 47
	☉□☽	5 12
	☿□♄	10 1
	☽#♀	2pm32
	☽☌♂	4 13
16 Th	☽△♀	0am12
	☽⚺♆	4 47
	☽⚻♄	7 0
	☽⚹☿	9 33
	☽#♄	12pm 6
	☽∥♃	4 45
	☽∥♇	5 20
	☽△♅	6 13
	☽∥♂	6 40
17 F	☽⚺♃	5am27
	☽⚺♇	7 21
	☽⚼♄	8 10
	☉⚹☽	11 28
	☽∠☿	1pm45
	☽⚼♅	7 4
	☽⚺♂	8 13
18 S	☽□♀	4am 3
	☽∠♃	6 22
	☽☌♆	6 47
	☽∠♇	8 8
	☽△♄	9 3
	☉∠☽	2pm 1
	☽⚺☿	5 39
	☽∥♆	6 19
	☽⚻♅	7 42
	☉#☽	8 50
	☽∠♂	9 45
19 Su	☽⚹♃	7am 6
	☽⚹♇	8 46
	☿☍♅	11 17
	☽∥♅	3pm 5
	☉⚺☽	4 26
	☽#☿	6 11
	☽⚹♂	11 13
20 M	☽⚹♀	6am57
	☽⚺♆	8 9
	☽□♄	10 32
	♂ ♌	2pm44
	☉#♆	5 12
	☽☍♅	8 54
	☽∥☿	9 36
	☽#♅	9 51
	☿#♅	11 56
21 T	☽☌☿	1am25
	☽∠♀	8 32
	☽□♃	8 47
	☽∠♆	9 2
	☽□♇	10 16
	☽#♆	6pm50
	♀⚼♃	7 33
	☉∥☽	8 24
	☉☌☽	9 48
22 W	☽□♂	2am45
	♀□♆	3 54
	☽⚹♆	10 18
	☽⚺♀	10 28
	☽⚹♄	12pm54
	♇SR	1 40
	☽⚻♅	11 16
23 Th	☽⚺☿	11am11
	☽△♃	12pm 0
	☽△♇	1 21
	☽∠♄	2 54
	☽#♂	5 15
	☿□♃	6 3
	☿∠♆	7 6
	☽#♇	9 32
	☽#♃	9 50
24 F	☽⚼♅	1am21
	☽∥♄	2 57
	☉ ♏	3 26
	☿∠♀	4 43
	☿□♇	4 51
	♀⚼♇	5 22
	☉⚺☽	5 33
	☽△♂	8 32
	☽⚼♃	2pm38
	☽□♆	2 43
	☽⚼♇	3 56
	☽☌♀	4 11
	☽∠☿	5 32
	☽⚺♄	5 39
25 S	☽△♅	4am14
	☉∠☽	10 53
	☽⚼♂	12pm43
	☽∥♀	1 44
	☽⚻♃	6 7
	☽⚻♇	7 21
26 Su	☽⚹☿	1am11
	☉⚹☽	5pm20
	☽⚻♂	5 53
	☽△♆	10 30
27 M	☽⚺♀	1am11
	☽☌♄	1 50
	☉□♂	5 17
	♃∠♆	6 0
	☽□♅	12pm37
28 T	☽∥♀	1am46
	☽⚼♆	3 41
	☽☍♃	3 43
	☽☍♇	4 50
	☽∠♀	6 53
	☽□☿	8pm22
29 W	☿#♆	4am28
	☽☍♂	6 52
	☉□☽	9 22
	☽⚻♆	9 34
	☉⚹♆	11 42
	☽⚹♀	1pm11
	☽⚺♄	1 18
	☿ ♏	2 35
	☽∥♄	5 43
	☽#♃	11 38
	☽#♇	11 47
	☽⚹♅	11 59
30 Th	☽#♂	7am54
	☽⚻♃	3pm56
	☽⚻♇	4 55
	☽∠♄	7 46
31 F	☽∠♅	6am14
	☉⚺♀	11 41
	☉⚹♄	11 56
	☉∥☽	6pm14
	☽△☿	6 42
	☽⚻♂	9 44
	☽☍♆	10 17
	☽⚼♃	10 22
	☽⚼♇	11 16

LONGITUDE

DAY	SID. TIME	☉	☽	☽ 12 Hour	MEAN ☊	TRUE ☊	☿	♀	♂	♃	♄	♅	♆	♇
	h m s	° ' "	° ' "	° ' "	° '	° '	° '	° '	° '	° '	° '	° '	° '	° '
1	2 38 14	7♏ 50 45	6♓ 14 10	12♓ 11 6	22♈ 51	23♈ 38	3♏ 59	7♐ 22	5♌ 10	20♋ 26	7♑ 23	12♈ 26R	5♍ 23	20♋ 52R
2	2 42 10	8 50 47	18 9 30	24 9 54	22 47	23 40	5 38	7 23R	5 35	20 27	7 28	12 24	5 24	20 52
3	2 46 7	9 50 51	0♈ 12 43	6♈ 18 22	22 44	23 41	7 17	7 22	6 0	20 28	7 32	12 22	5 26	20 52
4	2 50 3	10 50 56	12 27 12	18 39 29	22 41	23 42R	8 55	7 19	6 25	20 29	7 37	12 20	5 27	20 52
5	2 54 0	11 51 4	24 55 29	1♉ 15 20	22 38	23 43	10 33	7 13	6 49	20 30	7 42	12 18	5 28	20 51
6	2 57 56	12 51 13	7♉ 39 11	14 7 2	22 35	23 42	12 10	7 5	7 13	20 30	7 47	12 16	5 29	20 51
7	3 1 53	13 51 23	20 38 53	27 14 40	22 32	23 40	13 47	6 55	7 37	20 31	7 52	12 14	5 30	20 51
8	3 5 49	14 51 36	3♊ 54 12	10♊ 37 20	22 28	23 38	15 24	6 42	8 0	20 31R	7 57	12 12	5 31	20 50
9	3 9 46	15 51 51	17 23 50	24 13 27	22 25	23 35	17 0	6 26	8 23	20 31	8 2	12 10	5 32	20 50
10	3 13 43	16 52 7	1♋ 5 54	8♋ 0 52	22 22	23 31	18 36	6 9	8 45	20 31	8 8	12 8	5 33	20 49
11	3 17 39	17 52 26	14 58 6	21 57 18	22 19	23 28	20 11	5 48	9 7	20 30	8 13	12 6	5 34	20 49
12	3 21 36	18 52 46	28 58 10	6♌ 0 27	22 16	23 25	21 47	5 26	9 29	20 29	8 18	12 4	5 35	20 48
13	3 25 32	19 53 9	13♌ 3 54	20 8 16	22 12	23 24D	23 22	5 2	9 51	20 29	8 24	12 2	5 36	20 48
14	3 29 29	20 53 33	27 13 20	4♍ 18 52	22 9	23 24	24 56	4 35	10 12	20 27	8 29	12 1	5 37	20 47
15	3 33 25	21 53 59	11♍ 24 38	18 30 24	22 6	23 25	26 31	4 7	10 32	20 26	8 35	11 59	5 38	20 47
16	3 37 22	22 54 27	25 35 54	2♎ 40 51	22 3	23 27	28 5	3 37	10 52	20 25	8 40	11 57	5 38	20 46
17	3 41 18	23 54 57	9♎ 44 56	16 47 49	22 0	23 28R	29 38	3 5	11 12	20 23	8 46	11 56	5 39	20 46
18	3 45 15	24 55 29	23 49 8	0♏ 48 30	21 57	23 29	1♐ 12	2 33	11 31	20 21	8 52	11 54	5 40	20 45
19	3 49 12	25 56 2	7♏ 45 30	14 39 44	21 53	23 28	2 45	1 59	11 50	20 19	8 58	11 53	5 40	20 44
20	3 53 8	26 56 37	21 30 48	28 18 20	21 50	23 25	4 19	1 24	12 8	20 17	9 3	11 51	5 41	20 44
21	3 57 5	27 57 14	5♐ 2 1	11♐ 41 33	21 47	23 21	5 51	0 48	12 26	20 14	9 9	11 50	5 42	20 43
22	4 1 1	28 57 52	18 16 44	24 47 26	21 44	23 15	7 24	0 12	12 44	20 12	9 15	11 48	5 42	20 42
23	4 4 58	29 58 31	1♑ 13 35	7♑ 35 14	21 41	23 8	8 57	29♏ 35	13 0	20 9	9 21	11 47	5 43	20 42
24	4 8 54	0♐ 59 12	13 52 28	20 5 31	21 38	23 2	10 29	28 59	13 17	20 6	9 27	11 45	5 43	20 41
25	4 12 51	1 59 54	26 14 39	2♒ 20 15	21 34	22 56	12 1	28 23	13 33	20 3	9 33	11 44	5 44	20 40
26	4 16 47	3 0 37	8♒ 22 43	14 22 32	21 31	22 51	13 34	27 47	13 48	19 59	9 39	11 43	5 44	20 39
27	4 20 44	4 1 21	20 20 16	26 16 28	21 28	22 48	15 5	27 13	14 3	19 55	9 46	11 42	5 45	20 39
28	4 24 41	5 2 7	2♓ 11 45	8♓ 6 46	21 25	22 47D	16 37	26 39	14 17	19 52	9 52	11 40	5 45	20 38
29	4 28 37	6 2 53	14 2 8	19 58 33	21 22	22 47	18 9	26 6	14 30	19 48	9 58	11 39	5 46	20 37
30	4 32 34	7♐ 3 40	25♓ 56 38	1♈ 57 2	21♈ 18	22♈ 49	19♐ 40	25♏ 35	14♌ 44	19♋ 43	10♑ 4	11♈ 38	5♍ 46	20♋ 36

DECLINATION and LATITUDE

DAY	☉ DECL	☽ DECL	☽ LAT	☽ 12hr DECL	☿ DECL	☿ LAT	♀ DECL	♀ LAT	♂ DECL	♂ LAT	♃ DECL	♃ LAT	♄ DECL	♄ LAT
1	14S 8	12S50	3S53	10S13	12S 5	0N49	27S15	5S47	20N26	1N29	21N54	0N 0	22S48	0N27
2	14 27	7 30	3 4	4 42	12 44	0 42	27 13	5 45	20 21	1 31	21 54	0 0	22 48	0 27
3	14 46	1 51	2 6	1N 3	13 23	0 36	27 10	5 42	20 17	1 33	21 54	0 0	22 48	0 27
4	15 5	3N58	1 2	6 53	14 1	0 29	27 6	5 38	20 12	1 35	21 54	0 1	22 47	0 26
5	15 24	9 46	0N 7	12 34	14 38	0 22	27 1	5 34	20 8	1 36	21 54	0 1	22 47	0 26
6	15 42	15 16	1 16	17 50	15 15	0 16	26 55	5 29	20 3	1 38	21 54	0 1	22 47	0 26
7	16 0	20 13	2 23	22 23	15 50	0 9	26 47	5 24	19 59	1 40	21 54	0 1	22 47	0 26
8	16 18	24 16	3 24	25 51	16 25	0 2	26 39	5 18	19 55	1 42	21 54	0 1	22 47	0 26
9	16 36	27 4	4 14	27 53	16 60	0S 5	26 30	5 11	19 51	1 44	21 54	0 1	22 46	0 26
10	16 53	28 17	4 50	28 14	17 33	0 11	26 19	5 4	19 46	1 45	21 54	0 1	22 46	0 26
11	17 10	27 45	5 10	26 49	18 5	0 18	26 8	4 56	19 42	1 47	21 54	0 1	22 46	0 26
12	17 27	25 28	5 12	23 43	18 37	0 25	25 55	4 47	19 38	1 49	21 55	0 2	22 46	0 26
13	17 43	21 37	4 56	19 12	19 7	0 31	25 42	4 38	19 34	1 51	21 55	0 2	22 45	0 25
14	17 59	16 31	4 21	13 37	19 37	0 38	25 27	4 28	19 31	1 53	21 55	0 2	22 45	0 25
15	18 15	10 32	3 30	7 18	20 6	0 44	25 11	4 17	19 27	1 55	21 56	0 2	22 45	0 25
16	18 30	3 60	2 27	0 38	20 33	0 50	24 54	4 6	19 23	1 57	21 56	0 2	22 45	0 25
17	18 46	2S43	1 14	6S 3	20 60	0 56	24 36	3 54	19 20	1 59	21 56	0 2	22 44	0 25
18	19 0	9 17	0S 2	12 23	21 26	1 2	24 18	3 41	19 16	2 1	21 57	0 2	22 44	0 25
19	19 15	15 19	1 17	18 3	21 50	1 8	23 58	3 28	19 13	2 3	21 57	0 3	22 44	0 25
20	19 29	20 31	2 27	22 41	22 14	1 14	23 38	3 15	19 10	2 5	21 58	0 3	22 44	0 25
21	19 43	24 32	3 27	26 2	22 36	1 20	23 16	3 1	19 7	2 7	21 58	0 3	22 43	0 25
22	19 56	27 10	4 15	27 54	22 57	1 25	22 55	2 47	19 4	2 9	21 59	0 3	22 43	0 25
23	20 9	28 14	4 48	28 12	23 17	1 31	22 32	2 32	19 1	2 11	21 59	0 3	22 43	0 24
24	20 22	27 48	5 6	27 3	23 36	1 36	22 10	2 17	18 58	2 14	21 60	0 3	22 42	0 24
25	20 34	25 58	5 10	24 36	23 54	1 41	21 47	2 1	18 56	2 16	22 0	0 3	22 42	0 24
26	20 46	22 59	4 59	21 7	24 11	1 45	21 24	1 46	18 54	2 18	22 1	0 4	22 42	0 24
27	20 58	19 3	4 35	16 49	24 26	1 50	21 1	1 30	18 51	2 20	22 2	0 4	22 41	0 24
28	21 9	14 26	3 60	11 54	24 40	1 54	20 38	1 15	18 49	2 22	22 2	0 4	22 41	0 24
29	21 19	9 16	3 14	6 33	24 53	1 58	20 15	0 59	18 47	2 25	22 3	0 4	22 41	0 24
30	21S30	3S46	2S20	0S55	25S 4	2S 2	19S52	0S44	18N46	2N27	22N 4	0N 4	22S40	0N24

DAY	♅ DECL	♅ LAT	♆ DECL	♆ LAT	♇ DECL	♇ LAT
1	4N16	0S42	10N10	0N41	21N53	0N 3
5	4 13	0 42	10 8	0 41	21 53	0 4
9	4 10	0 42	10 7	0 41	21 54	0 4
13	4 7	0 42	10 6	0 41	21 54	0 4
17	4 5	0 42	10 5	0 41	21 55	0 4
21	4 2	0 42	10 4	0 41	21 56	0 5
25	4 0	0 41	10 3	0 41	21 56	0 5
29	3N59	0S41	10N 3	0N41	21N57	0N 5

☽ PHENOMENA

d	h	m	
6	10	28	○
13	12	28	☾
20	10	21	●
28	6	18	☽

d	h	° '
3	8	0
10	5	28N19
16	14	0
23	5	28S16
30	16	0

d	h	° '
4	22	0
11	15	5N14
17	23	0
24	18	5S10

VOID OF COURSE ☽

LAST ASPT		☽ INGRESS		
2	5am25	2	♈	11pm35
4	4pm13	5	♉	9am38
7	0am21	7	♊	4pm59
8	2pm45	9	♋	10pm 5
11	10am 8	12	♌	1am46
13	7pm39	14	♍	4am42
16	4am43	16	♎	7am27
17	6pm45	18	♏	10am37
20	10am21	20	♐	3pm 1
21	1pm39	22	♑	9pm42
25	4am 0	25	♒	7am23
27	1pm16	27	♓	7pm33
29	11pm19	30	♈	8am 7

d	h	
15	7	PERIGEE
27	23	APOGEE

DAILY ASPECTARIAN

1 S	☽□♀	2am17
	☽⚹♄	2 20
	☽∥☿	3 7
	☉△☽	3 33
	☽#♆	12pm16
	☽⚺♅	12 27
	♂⚺♆	1 35
	☿⚹♆	8 42
	☿□♂	11 1
2 Su	♀SR	3am51
	☽△♃	4 36
	☽⚼♂	5 1
	☽△♇	5 25
	☽⚼☿	5 44
	☉⚼☽	12pm24
	☽#♅	1 56
3 M	☿⚺♀	1am24
	☿⚹♄	4 4
	☽⚻♆	10 17
	☽△♂	11 48
	☽△♀	2pm 2
	☽□♄	2 31
	☽⚻☿	4 3
	☉⚻☽	8 36
	☽☌♅	11 45
4 T	☽∥♅	1am 2
	☽⚼♆	3pm28
	☽□♃	3 32
	☽□♇	4 13
	☽⚼♀	6 53
5 W	☽∥♆	1am37
	☉⚻♅	10 13
	♀△♂	6pm31
	☽△♆	7 56
	☽⚻♀	10 58
	☽□♂	11 9
	☽#☿	11 53
6 Th	☽△♄	0am15
	☿⚻♅	1 19
	☉#☽	2 6
	☽⚺♅	8 32
	☽☍☿	9 35
	☉☍☽	10 28
	☽∥♂	10pm47
	☽⚹♃	11 45
7 F	☽⚹♇	0am21
	☉☌☿	2 49
	☽⚼♄	4 5
	☽∥♇	9 11
	☽∥♃	9 12
	☽∠♅	11 56
	☉∥☿	1pm37
	☽#♄	2 23
	♃∠♆	7 32
	♂⚻♄	8 37
8 S	☽∠♃	2am53
	☽□♆	2 54
	♃SR	3 19
	☽∠♇	3 28
	☽☍♀	4 55
	☽⚻♄	7 18
	☽⚹♂	7 32
	☽⚹♅	2pm45
	☽#♀	6 22
	☉⚻☽	9 5
	☽⚻☿	11 12
9 Su	☽⚺♃	5am29
	☽⚺♇	6 2
	☽∠♂	10 49
10 M	☉⚼☽	1am27
	☽⚼☿	4 55
	☽⚹♆	7 45
	☽⚻♀	8 34
	☽☍♄	12pm16
	☽⚺♂	1 39
	☽□♅	7 4
	♀⚼♇	11 31
11 T	☿△♃	4am40
	☉△☽	5 23
	☿△♇	9 22
	☽☌♃	9 30
	☽∠♆	9 38
	☽⚼♀	9 47
	☽☌♇	10 2
	☽△☿	10 8
	♀□♆	3pm 9
	☽#♀	7 59
	♀⚼♃	8 29
12 W	☽△♀	10am43
	☽⚺♆	11 17
	☽⚻♄	4pm 1
	☽#♄	5 43
	☽☌♂	6 23
	☽△♅	10 16
	☽∥♃	10 25
	☽∥♇	10 28
13 Th	☿∠♄	0am35
	☽∥♂	10 23
	☽#☿	11 17
	☉□☽	12pm28
	☽⚺♃	12 34
	☽⚺♇	1 7
	☉△♃	1 50
	☽⚼♄	5 38
	☉#☽	5 54
	☿#♂	7 23
	☽□☿	7 39
	☉△♇	9 34
	☽⚼♅	11 39
14 F	☽□♀	12pm 4
	☽∠♃	1 55
	☽☌♆	2 12
	☽∠♇	2 29
	☽△♄	7 11
	☽⚺♂	10 29
15 S	☽⚻♅	0am58
	☽∥♆	1 40
	☿⚼♅	7 7
	☽⚹♃	3pm14
	☽⚹♇	3 50
	☉⚹☽	7 6
	☽∥♅	11 40
16 Su	☽∠♂	0am29
	☽⚹☿	4 43
	☽⚹♀	1pm 6
	☽⚺♆	5 2
	☉∠♄	8 7
	☽□♄	10 19
	☉∠☽	10 28
17 M	☽⚹♂	2am32
	☽☍♅	3 42
	☽#♅	4 52
	☿ ♐	5 31
	☽∠☿	9 22
	☽∠♀	1pm41
	☽□♃	6 5
	☽∠♆	6 36
	☽□♇	6 45
18 T	☉⚺☽	2am 2
	☽#♆	3 2
	☽⚺☿	2pm16
	☽⚺♀	2 24
	☿☌♀	3 11
	☽⚹♆	8 24
	☉#♂	9 28
19 W	☽⚹♄	2am 6
	♂△♅	2 56
	☿#♇	5 11
	☽⚻♅	7 8
	☿#♃	7 11
	☽□♂	7 14
	☽#♂	5pm21
	☉∥☽	6 34
	☉⚼♅	9 49
	☽△♃	9 50
	☽△♇	10 37
20 Th	☽∠♄	4am31
	☽#♇	7 36
	☽#♃	7 49
	☽⚼♅	9 24
	☽∥☿	10 15
	☉☌☽	10 21
	☽∥♄	12pm13
	☿⚼♃	2 40
	☽∥♀	4 18
	☽☌♀	4 45
	☿□♆	9 28
	☿⚼♇	9 50
21 F	☽⚼♃	0am22
	☽□♆	1 11
	☽⚼♇	1 13
	☽☌☿	1 40
	☽⚺♄	7 28
	☿∥♄	7 55
	☽△♅	12pm13
	☽△♂	1 39
	☿∥♀	10 32
	♆∠♇	11 27
22 S	☽⚻♃	3am30
	☽⚻♇	4 27
	♀ ♏	7 44
	♀∥♄	12pm53
	☽⚼♂	5 51
	☉☌♀	6 17
	☽⚺♀	9 4
	☉⚺☽	9 27
23 Su	☉ ♐	0am35
	☿⚺♄	6 46
	☽△♆	8 28
	☽☌♄	3pm29
	☽⚺☿	4 37
	☽□♅	7 57
	☽⚻♂	10 50
24 M	☽∠♀	0am12
	☉∠☽	4 25
	♀#♃	10 11
	☽☍♃	11 57
	☽☍♇	1pm 8
	☽⚼♆	1 14
	♀#♇	2 13
	☿△♅	7 31
25 T	☽∠☿	1am45
	☽⚹♀	4 0
	☉⚹☽	12pm22
	☽∥☿	4 2
	☽⚻♆	6 45
26 W	☽∥♄	1am57
	☽⚺♄	2 35
	☿△♂	4 27
	☽#♃	6 22
	☽⚹♅	6 39
	☽#♇	6 52
	☽☍♂	11 4
	☽∥♀	11 26
	☽⚹☿	11 53
	☉∥☽	1pm29
	☽⚻♃	11 10
27 Th	☽⚻♇	0am37
	☽#♂	1 8
	☉∥♀	2 9
	☽∠♄	9 1
	☽∠♅	12pm50
	☽□♀	1 16
	☉⚼♃	8 7
	♀⚼♅	10 55
28 F	☽⚼♃	5am23
	☉□☽	6 18
	☽⚼♇	6 57
	☽☍♆	7 13
	☉⚼♇	1pm52
	☽⚹♄	3 41
	☉□♆	5 7
	☽⚺♅	7 11
	☽#♆	8 32
29 S	☽⚻♂	0am58
	☽□☿	9 32
	☽△♃	11 34
	☽△♇	1pm16
	☽#♅	11 6
	☽△♀	11 19
30 Su	☿⚻♃	0am52
	☽⚼♂	7 42
	☿⚻♇	2pm35
	☽⚻♆	7 35
	♀∠♄	8 31

DECEMBER 1930

LONGITUDE

DAY	SID. TIME	☉	☽	☽ 12 Hour	MEAN ☊	TRUE ☊	☿	♀	♂	♃	♄	♅	♆	♇
	h m s	° ' "	° ' "	° ' "	° '	° '	° '	° '	° '	° '	° '	° '	° '	° '
1	4 36 30	8♐ 4 28	8♈ 0 21	14♈ 7 11	21♈ 15	22♈ 50	21♐ 11	25♏ 6R	14♌ 56	19♋ 39R	10♑ 11	11♈ 37R	5♍ 46	20♋ 35R
2	4 40 27	9 5 17	20 18 3	26 33 24	21 12	22 51R	22 42	24 38	15 8	19 35	10 17	11 36	5 46	20 34
3	4 44 23	10 6 7	2♉ 53 39	9♉ 19 5	21 9	22 50	24 13	24 12	15 19	19 30	10 24	11 35	5 47	20 33
4	4 48 20	11 6 57	15 49 56	22 26 16	21 6	22 48	25 43	23 49	15 30	19 25	10 30	11 34	5 47	20 32
5	4 52 16	12 7 49	29 8 4	5♊ 55 10	21 3	22 43	27 13	23 27	15 40	19 20	10 37	11 33	5 47	20 31
6	4 56 13	13 8 42	12♊ 47 18	19 44 3	20 59	22 36	28 42	23 8	15 49	19 15	10 43	11 33	5 47	20 30
7	5 0 10	14 9 37	26 44 55	3♋ 49 18	20 56	22 28	0♑ 11	22 51	15 58	19 9	10 50	11 32	5 47	20 29
8	5 4 6	15 10 32	10♋ 56 32	18 5 52	20 53	22 18	1 40	22 37	16 6	19 4	10 56	11 31	5 47R	20 28
9	5 8 3	16 11 28	25 16 37	2♌ 28 4	20 50	22 10	3 7	22 25	16 14	18 58	11 3	11 30	5 47	20 27
10	5 11 59	17 12 25	9♌ 39 33	16 50 29	20 47	22 3	4 34	22 15	16 21	18 52	11 10	11 30	5 47	20 26
11	5 15 56	18 13 24	24 0 20	1♍ 8 41	20 44	21 58	6 0	22 8	16 27	18 46	11 16	11 29	5 47	20 25
12	5 19 52	19 14 23	8♍ 15 14	15 19 43	20 40	21 55D	7 25	22 4	16 32	18 40	11 23	11 29	5 47	20 24
13	5 23 49	20 15 24	22 22 0	29 21 59	20 37	21 55	8 48	22 2D	16 37	18 34	11 30	11 28	5 47	20 23
14	5 27 46	21 16 25	6♎ 19 37	13♎ 14 55	20 34	21 56	10 10	22 3	16 41	18 28	11 37	11 28	5 47	20 22
15	5 31 42	22 17 28	20 7 53	26 58 31	20 31	21 56R	11 30	22 6	16 44	18 21	11 44	11 28	5 47	20 21
16	5 35 39	23 18 32	3♏ 46 50	10♏ 32 49	20 28	21 55	12 48	22 11	16 46	18 14	11 50	11 27	5 46	20 20
17	5 39 35	24 19 36	17 16 23	23 57 29	20 24	21 53	14 4	22 19	16 48	18 8	11 57	11 27	5 46	20 19
18	5 43 32	25 20 42	0♐ 36 1	7♐ 11 50	20 21	21 47	15 16	22 29	16 49R	18 1	12 4	11 27	5 46	20 18
19	5 47 28	26 21 49	13 44 47	20 14 45	20 18	21 38	16 25	22 41	16 49	17 54	12 11	11 27	5 45	20 17
20	5 51 25	27 22 55	26 41 34	3♑ 5 7	20 15	21 27	17 30	22 55	16 48	17 46	12 18	11 27	5 45	20 15
21	5 55 21	28 24 3	9♑ 25 19	15 42 7	20 12	21 15	18 30	23 12	16 46	17 39	12 25	11 27D	5 45	20 14
22	5 59 18	29 25 11	21 55 31	28 5 37	20 9	21 2	19 25	23 30	16 44	17 32	12 32	11 27	5 44	20 13
23	6 3 15	0♑ 26 19	4♒ 12 30	10♒ 16 25	20 5	20 50	20 14	23 51	16 41	17 24	12 39	11 27	5 44	20 12
24	6 7 11	1 27 28	16 17 38	22 16 28	20 2	20 40	20 56	24 13	16 37	17 17	12 46	11 27	5 43	20 11
25	6 11 8	2 28 36	28 13 21	4♓ 8 44	19 59	20 32	21 30	24 37	16 32	17 9	12 53	11 27	5 43	20 9
26	6 15 4	3 29 45	10♓ 3 10	15 57 12	19 56	20 27	21 55	25 3	16 26	17 2	13 0	11 27	5 42	20 8
27	6 19 1	4 30 54	21 51 29	27 46 38	19 53	20 24	22 11R	25 31	16 20	16 54	13 7	11 27	5 42	20 7
28	6 22 57	5 32 3	3♈ 43 22	9♈ 42 21	19 49	20 24D	22 16	26 0	16 13	16 46	13 14	11 28	5 41	20 6
29	6 26 54	6 33 12	15 44 17	21 49 54	19 46	20 24R	22 11	26 31	16 5	16 38	13 21	11 28	5 40	20 4
30	6 30 50	7 34 21	27 59 50	4♉ 14 43	19 43	20 23	21 53	27 3	15 56	16 30	13 28	11 28	5 40	20 3
31	6 34 47	8♑ 35 29	10♉ 35 9	17♉ 1 38	19♈ 40	20♈ 22	21♑ 24	27♏ 37	15♌ 46	16♋ 22	13♑ 35	11♈ 29	5♍ 39	20♋ 2

DECLINATION and LATITUDE

DAY	☉ DECL	☽ DECL	☽ LAT	☽ 12hr DECL	☿ DECL	☿ LAT	♀ DECL	♀ LAT	♂ DECL	♂ LAT	♃ DECL	♃ LAT	♄ DECL	♄ LAT
1	21S40	1N58	1S19	4N51	25S14	2S 5	19S30	0S29	18N44	2N29	22N 5	0N 4	22S40	0N24
2	21 49	7 43	0 14	10 34	25 23	2 8	19 9	0 13	18 43	2 32	22 6	0 4	22 39	0 24
3	21 58	13 20	0N54	15 59	25 30	2 11	18 48	0N 2	18 42	2 34	22 6	0 5	22 39	0 24
4	22 7	18 31	2 1	20 51	25 36	2 14	18 28	0 16	18 41	2 36	22 7	0 5	22 39	0 23
5	22 15	22 56	3 3	24 45	25 41	2 16	18 9	0 30	18 40	2 39	22 8	0 5	22 38	0 23
6	22 23	26 14	3 56	27 20	25 44	2 17	17 51	0 44	18 40	2 41	22 9	0 5	22 38	0 23
7	22 30	28 0	4 36	28 13	25 45	2 19	17 34	0 58	18 39	2 43	22 10	0 5	22 37	0 23
8	22 37	27 58	4 60	27 15	25 46	2 19	17 17	1 11	18 39	2 46	22 11	0 5	22 37	0 23
9	22 44	26 5	5 5	24 29	25 44	2 20	17 2	1 23	18 39	2 48	22 12	0 5	22 36	0 23
10	22 50	22 31	4 51	20 12	25 42	2 20	16 48	1 36	18 40	2 51	22 13	0 6	22 36	0 23
11	22 56	17 36	4 19	14 46	25 37	2 19	16 35	1 47	18 40	2 53	22 14	0 6	22 35	0 23
12	23 1	11 45	3 32	8 35	25 32	2 18	16 23	1 58	18 41	2 56	22 15	0 6	22 35	0 23
13	23 5	5 21	2 31	2 3	25 25	2 16	16 12	2 9	18 42	2 58	22 16	0 6	22 34	0 23
14	23 10	1S15	1 22	4S31	25 16	2 13	16 2	2 19	18 43	3 1	22 17	0 6	22 34	0 23
15	23 13	7 43	0 10	10 49	25 6	2 10	15 54	2 29	18 44	3 3	22 18	0 6	22 33	0 23
16	23 17	13 46	1S 3	16 32	24 55	2 6	15 46	2 38	18 46	3 6	22 19	0 6	22 33	0 22
17	23 20	19 5	2 11	21 23	24 43	2 1	15 40	2 47	18 48	3 9	22 20	0 7	22 32	0 22
18	23 22	23 23	3 11	25 4	24 29	1 55	15 34	2 55	18 50	3 11	22 21	0 7	22 32	0 22
19	23 24	26 25	3 59	27 23	24 14	1 49	15 30	3 3	18 53	3 14	22 22	0 7	22 31	0 22
20	23 25	27 59	4 34	28 11	23 58	1 41	15 26	3 10	18 55	3 16	22 23	0 7	22 31	0 22
21	23 26	28 1	4 55	27 30	23 42	1 32	15 24	3 17	18 58	3 19	22 24	0 7	22 30	0 22
22	23 27	26 37	5 2	25 26	23 24	1 22	15 22	3 24	19 2	3 21	22 25	0 7	22 30	0 22
23	23 27	23 58	4 54	22 14	23 6	1 12	15 21	3 30	19 5	3 24	22 26	0 7	22 29	0 22
24	23 26	20 17	4 32	18 9	22 48	0 59	15 21	3 35	19 9	3 27	22 27	0 8	22 28	0 22
25	23 25	15 50	3 60	13 24	22 29	0 46	15 22	3 41	19 13	3 29	22 29	0 8	22 28	0 22
26	23 24	10 50	3 17	8 11	22 11	0 32	15 23	3 45	19 17	3 32	22 30	0 8	22 27	0 22
27	23 22	5 27	2 25	2 40	21 53	0 16	15 25	3 50	19 21	3 34	22 31	0 8	22 27	0 22
28	23 20	0N 9	1 27	2N59	21 35	0N 1	15 28	3 54	19 26	3 37	22 32	0 8	22 26	0 21
29	23 17	5 49	0 25	8 38	21 19	0 19	15 32	3 58	19 31	3 40	22 33	0 8	22 25	0 21
30	23 14	11 24	0N40	14 5	21 3	0 38	15 36	4 1	19 36	3 42	22 34	0 9	22 25	0 21
31	23S10	16N40	1N45	19N 6	20S49	0N57	15S40	4N 4	19N41	3N45	22N35	0N 9	22S24	0N21

DAY	♅ DECL	♅ LAT	♆ DECL	♆ LAT	♇ DECL	♇ LAT
1	3N58	0S41	10N 3	0N42	21N57	0N 5
5	3 57	0 41	10 2	0 42	21 58	0 6
9	3 56	0 41	10 2	0 42	21 59	0 6
13	3 55	0 41	10 3	0 42	22 0	0 6
17	3 54	0 41	10 3	0 42	22 1	0 6
21	3 54	0 40	10 4	0 42	22 2	0 7
25	3 55	0 40	10 5	0 42	22 3	0 7
29	3N55	0S40	10N 6	0N42	22N 4	0N 7

☽ PHENOMENA			
d	h	m	
6	0	40	○
12	20	7	☾
20	1	24	●
28	3	59	☽
d	h	°	'
7	12	28N13	
13	19	0	
20	13	28S12	
27	23	0	
2	5	0	
8	19	5N 5	
15	3	0	
21	22	5S 2	
29	9	0	

VOID OF COURSE ☽ LAST ASPT		☽ INGRESS		
2	5am15	2	♉	6pm32
4	2pm 5	5	♊	1am32
6	5am19	7	♋	5am32
8	7pm16	9	♌	7am53
10	8pm54	11	♍	10am 4
12	11pm26	13	♎	1pm 5
15	4am 5	15	♏	5pm19
17	9am 9	17	♐	10pm55
20	1am24	20	♑	6am12
22	3am 9	22	♒	3pm44
24	4pm28	25	♓	3am36
27	7am44	27	♈	4pm30
29	12pm26	30	♉	3am52

d	h	
10	2	PERIGEE
25	20	APOGEE

DAILY ASPECTARIAN

1 M	☉△☽	0am 9
	☽⚼♀	3 58
	☽□♄	4 19
	☽☌♅	7 6
	☽∥♅	8 19
	☽△♂	1pm49
	☽□♃	10 37
2 T	☽□♇	0am31
	☽⚼♆	0 55
	☽△☿	5 15
	☉⚼☽	7 55
	☽⚻♀	8 3
	☽∥♆	9 47
	☉#♇	10pm39
	☿⚺♀	11 55
3 W	☽△♆	5am24
	☉⚺♄	7 44
	♀#♂	8 4
	☽⚼☿	1pm21
	☽△♄	2 7
	☉⚻☽	2 36
	☽⚺♅	4 11
	☽□♂	11 23
	☽#♀	11 50
4 Th	☉#♃	0am27
	☽∥♂	0 51
	☽✶♃	6 29
	☽✶♇	8 33
	☉△♅	10 37
	☽☍♀	2pm 5
	☽⚼♄	5 39
	☽∥♇	6 16
	☽∥♃	7 11
	☽∠♅	7 24
	☉#☽	7 46
	☽⚻☿	8 9
	☽#♄	10 10
5 F	☽∠♃	9am 9
	☽∠♇	11 17
	☽□♆	11 46
	☽#☿	7pm31
	☽⚻♄	8 22
	☽✶♅	9 50
6 S	☉☍☽	0am40
	☽✶♂	5 19
	☽⚺♃	11 5
	☽⚺♇	1pm19
	☽⚻♀	5 28
	☿ ♑	8 57
7 Su	☽☍☿	6am32
	☽∠♂	7 15
	☿⚼♂	2pm 3
	☽✶♆	3 19
	☽⚼♀	6 29
	☉∥♄	9 58
	☽☍♄	12 0
8 M	☽□♅	0am58
	☉⚻☽	7 39
	☽⚺♂	8 45
	☽☌♃	1pm32
	☽☌♇	3 57
	☽∠♆	4 30
	☽△♀	7 16
	♆SR	8 9
9 T	☉△♂	1am 3
	☽#☿	2 54
	☉⚼☽	10 37
	☽⚻☿	2pm34
	☽⚺♆	5 32
	☉#☽	10 14
	☽#♄	11 32
10 W	☽∥♃	1am40
	☽⚻♄	2 32
	☽∥♇	2 52
	☽△♅	3 4
	☽☌♂	11 15
	☉△☽	1pm34
	☽⚺♃	3 18
	☽⚺♇	6 0
	☽⚼☿	6 25
	☽∥♂	7 13
	☿△♆	8 21
	☽□♀	8 54
11 Th	☽⚼♄	3am50
	☽⚼♅	4 10
	☽#♀	4 35
	☉⚻♃	11 48
	☽∠♃	4pm19
	☿∠♀	6 16
	☽∠♇	7 11
	☽☌♆	7 50
	☽△☿	10 26
12 F	☽△♄	5am21
	☽⚻♅	5 28
	☽∥♆	6 32
	☽⚺♂	2pm 8
	☽✶♃	5 34
	♄□♅	6 49
	☉□☽	8 7
	☽✶♇	8 37
	☽✶♀	11 26
13 S	☉⚻♇	3am 2
	☽∥♅	5 14
	♀SD	6 35
	☽∠♂	3pm56
	☽⚺♆	11 3
14	☽∠♀	1am15
Su	☽□☿	7 22
	☽☍♅	8 54
	☽□♄	9 14
	☽#♅	9 45
	☽✶♂	6pm 2
	☉⚺♀	7 2
	☽□♃	8 55
	☿□♅	11 10
15 M	☽□♇	0am23
	☽∠♆	1 8
	☽⚺♀	3 27
	☉✶☽	4 5
	☿☌♄	4 24
	☽#♆	8 58
16 T	☽✶♆	3am31
	☽∥♀	8 26
	☉∠☽	8 41
	☽⚻♅	1pm37
	☽✶♄	2 25
	☽✶☿	5 40
	☽#♂	10 36
	☽□♂	11 9
17 W	☽△♃	1am31
	☽△♇	5 26
	☽☌♀	9 9
	☉⚺☽	1pm43
	☽#♇	3 37
	☽⚼♅	4 29
	☽#♃	5 32
	☽∠♄	5 33
	☽∥♄	6 40
	☽∠☿	11 20
	☉∥☽	11 51
18 Th	☽⚼♃	4am20
	☽∥☿	7 1
	☽⚼♇	8 31
	☽□♆	9 23
	♂SR	1pm40
	☽△♅	7 46
	☽⚺♄	9 6
19 F	☽⚺☿	5am22
	☽△♂	5 39
	☽⚻♃	7 35
	☿⚻♂	8 33
	☽⚻♇	12pm 2
	☽⚺♀	4 50
20 S	☉☌☽	1am24
	☿☍♃	5 46
	☽⚼♂	9 34
	☽△♆	5pm 2
	☽∠♀	9 37
21 Su	☽□♅	3am51
	☽☌♄	5 46
	♅SD	10 27
	☽⚻♂	2pm 1
	☽☍♃	3 36
	☽☌☿	6 47
	☉∥☿	8 26
	☽☍♇	8 42
	☽⚼♆	9 42
22 M	☽✶♀	3am 9
	☉ ♑	1pm40
	☉⚺☽	3 55
	☿☍♇	10 57
23 T	☽⚻♆	3am 0
	☉∥☽	3 46
	☽∥☿	6 47
	☽∥♄	10 25
	☽#♃	10 37
	☽#♇	1pm16
	☽✶♅	2 20
	☿⚼♆	4 27
	☽⚺♄	4 53
24 W	☉∠☽	0am22
	☽☍♂	0 38
	☽⚻♃	1 57
	☉⚼♂	3 26
	☽#♂	6 26
	☽⚻♇	7 46
	☽⚺☿	9 48
	♃#♄	1pm46
	☽□♀	4 28
	☽∠♅	8 25
	☽∠♄	11 18
25 Th	☿#♃	0am58
	☿∥♄	2 3
	☽∥♀	2 23
	☽⚼♃	7 53
	☉✶☽	9 26
	☽⚼♇	2pm 2
	☽☍♆	3 10
	☽∠☿	5 26
26 F	☽⚺♅	2am51
	☽#♆	3 27
	☽✶♄	6 3
	☿#♇	10 13
	☽⚻♂	12pm53
	☽△♃	2 2
	☽△♇	8 28
27 S	☽✶☿	0am40
	☽#♅	6 39
	☽△♀	7 44
	☽⚼♂	7pm 0
	☿SR	11 46
28 Su	☉△♆	3am27
	☽⚻♆	3 56
	☉□☽	3 59
	☽⚼♀	3pm14
	☽☌♅	3 31
	☽∥♅	3 58
	☽□♄	7 13
	♀⚼♅	9 40
29 M	☽△♂	0am40
	☽□♃	1 46
	☽□♇	8 32
	☽⚼♆	9 43
	☽□☿	12pm26
	☽∥♆	6 20
	☽⚻♀	10 6
30 T	☽△♆	2pm41
	☽#♀	7 14
	☉△☽	7 55
31 W	☽⚺♅	1am41
	☽△♄	5 40
	☽□♂	9 32
	☽✶♃	10 41
	☽∥♂	3pm19
	☽✶♇	5 30
	☽△☿	7 4
	☽#☿	8 1

Time Zones of the World

STANDARD TIME NAME	ABBREV	MERIDIAN	h m
GREENWICH	GMT	0°W	0
WEST AFRICA	WAT	15	1
AZORES	AT	30	2
BRAZIL ZONE 2		45	3
NEWFOUNDLAND	NST	52°W 30'	3:30
ATLANTIC	AST	60	4
EASTERN	EST	75	5
CENTRAL	CST	90	6
MOUNTAIN	MST	105	7
PACIFIC	PST	120	8
YUKON	YST	135	9
ALASKA-HAWAII	AHST	150	10
HAWAIIAN	HST	157°W 30'	10:30
NOME	NT	165	11
BERING	BST	165	11
INT'L DATE LINE		180°W	12

STANDARD TIME NAME	ABBREV	MERIDIAN	h m
CENTRAL EUROPEAN	CET	15°E	1
MIDDLE EUROPE	MET	15	1
EASTERN EUROPEAN	EET	30	2
BAGHDAD	BT	45	3
USSR ZONE 3		60	4
USSR ZONE 4		75	5
INDIAN	IST	82°E 30'	5:30
USSR ZONE 5		90	6
NORTH SUMATRA	NST	97°E 30'	6:30
SOUTH SUMATRA	SST	105	7
JAVA	JT	112°E 30'	7:30
CHINA COAST	CCT	120	8
JAPAN	JST	135	9
SOUTH AUSTRALIA	SAST	142°E 30'	9:30
GUAM	CST	150	10
		165	11
NEW ZEALAND	NZT	180°E	12

Solar-Sidereal Time Correction

	0h	1h	2h	3h	4h	5h	6h	7h	8h	9h	10h	11h	12h	13h	14h	15h	16h	17h	18h	19h	20h	21h	22h	23h	
MIN	m s	m s	m s	m s	m s	m s	m s	m s	m s	m s	m s	m s	m s	m s	m s	m s	m s	m s	m s	m s	m s	m s	m s	m s	MIN
0	0 0	0 10	0 20	0 30	0 39	0 49	0 59	1 9	1 19	1 29	1 39	1 48	1 58	2 8	2 18	2 28	2 38	2 48	2 57	3 7	3 17	3 27	3 37	3 47	0
1	0 0	0 10	0 20	0 30	0 40	0 49	0 59	1 9	1 19	1 29	1 39	1 49	1 58	2 8	2 18	2 28	2 38	2 48	2 58	3 7	3 17	3 27	3 37	3 47	1
2	0 0	0 10	0 20	0 30	0 40	0 50	0 59	1 9	1 19	1 29	1 39	1 49	1 59	2 8	2 18	2 28	2 38	2 48	2 58	3 8	3 17	3 27	3 37	3 47	2
3	0 0	0 10	0 20	0 30	0 40	0 50	0 60	1 9	1 19	1 29	1 39	1 49	1 59	2 9	2 18	2 28	2 38	2 48	2 58	3 8	3 18	3 27	3 37	3 47	3
4	0 1	0 11	0 20	0 30	0 40	0 50	0 60	1 10	1 20	1 29	1 39	1 49	1 59	2 9	2 19	2 29	2 38	2 48	2 58	3 8	3 18	3 28	3 37	3 47	4
5	0 1	0 11	0 21	0 30	0 40	0 50	0 60	1 10	1 20	1 30	1 39	1 49	1 59	2 9	2 19	2 29	2 39	2 48	2 58	3 8	3 18	3 28	3 38	3 48	5
6	0 1	0 11	0 21	0 31	0 40	0 50	1 0	1 10	1 20	1 30	1 40	1 49	1 59	2 9	2 19	2 29	2 39	2 49	2 58	3 8	3 18	3 28	3 38	3 48	6
7	0 1	0 11	0 21	0 31	0 41	0 50	1 0	1 10	1 20	1 30	1 40	1 50	1 59	2 9	2 19	2 29	2 39	2 49	2 59	3 8	3 18	3 28	3 38	3 48	7
8	0 1	0 11	0 21	0 31	0 41	0 51	1 0	1 10	1 20	1 30	1 40	1 50	1 60	2 9	2 19	2 29	2 39	2 49	2 59	3 9	3 18	3 28	3 38	3 48	8
9	0 1	0 11	0 21	0 31	0 41	0 51	1 1	1 10	1 20	1 30	1 40	1 50	1 60	2 10	2 19	2 29	2 39	2 49	2 59	3 9	3 19	3 28	3 38	3 48	9
10	0 2	0 11	0 21	0 31	0 41	0 51	1 1	1 11	1 20	1 30	1 40	1 50	1 60	2 10	2 20	2 29	2 39	2 49	2 59	3 9	3 19	3 29	3 38	3 48	10
11	0 2	0 12	0 22	0 31	0 41	0 51	1 1	1 11	1 21	1 31	1 40	1 50	2 0	2 10	2 20	2 30	2 40	2 49	2 59	3 9	3 19	3 29	3 39	3 49	11
12	0 2	0 12	0 22	0 32	0 41	0 51	1 1	1 11	1 21	1 31	1 41	1 50	2 0	2 10	2 20	2 30	2 40	2 50	2 59	3 9	3 19	3 29	3 39	3 49	12
13	0 2	0 12	0 22	0 32	0 42	0 51	1 1	1 11	1 21	1 31	1 41	1 51	2 0	2 10	2 20	2 30	2 40	2 50	2 60	3 9	3 19	3 29	3 39	3 49	13
14	0 2	0 12	0 22	0 32	0 42	0 52	1 1	1 11	1 21	1 31	1 41	1 51	2 1	2 10	2 20	2 30	2 40	2 50	2 60	3 10	3 19	3 29	3 39	3 49	14
15	0 2	0 12	0 22	0 32	0 42	0 52	1 2	1 11	1 21	1 31	1 41	1 51	2 1	2 11	2 20	2 30	2 40	2 50	2 60	3 10	3 20	3 29	3 39	3 49	15
16	0 3	0 12	0 22	0 32	0 42	0 52	1 2	1 12	1 21	1 31	1 41	1 51	2 1	2 11	2 21	2 30	2 40	2 50	3 0	3 10	3 20	3 30	3 39	3 49	16
17	0 3	0 13	0 23	0 32	0 42	0 52	1 2	1 12	1 22	1 32	1 41	1 51	2 1	2 11	2 21	2 31	2 40	2 50	3 0	3 10	3 20	3 30	3 40	3 49	17
18	0 3	0 13	0 23	0 33	0 42	0 52	1 2	1 12	1 22	1 32	1 42	1 51	2 1	2 11	2 21	2 31	2 41	2 51	3 0	3 10	3 20	3 30	3 40	3 50	18
19	0 3	0 13	0 23	0 33	0 43	0 52	1 2	1 12	1 22	1 32	1 42	1 52	2 1	2 11	2 21	2 31	2 41	2 51	3 1	3 10	3 20	3 30	3 40	3 50	19
20	0 3	0 13	0 23	0 33	0 43	0 53	1 2	1 12	1 22	1 32	1 42	1 52	2 2	2 11	2 21	2 31	2 41	2 51	3 1	3 11	3 20	3 30	3 40	3 50	20
21	0 3	0 13	0 23	0 33	0 43	0 53	1 3	1 12	1 22	1 32	1 42	1 52	2 2	2 12	2 21	2 31	2 41	2 51	3 1	3 11	3 21	3 30	3 40	3 50	21
22	0 4	0 13	0 23	0 33	0 43	0 53	1 3	1 13	1 22	1 32	1 42	1 52	2 2	2 12	2 22	2 31	2 41	2 51	3 1	3 11	3 21	3 31	3 40	3 50	22
23	0 4	0 14	0 23	0 33	0 43	0 53	1 3	1 13	1 23	1 32	1 42	1 52	2 2	2 12	2 22	2 32	2 41	2 51	3 1	3 11	3 21	3 31	3 41	3 50	23
24	0 4	0 14	0 24	0 34	0 43	0 53	1 3	1 13	1 23	1 33	1 43	1 52	2 2	2 12	2 22	2 32	2 42	2 52	3 1	3 11	3 21	3 31	3 41	3 51	24
25	0 4	0 14	0 24	0 34	0 44	0 53	1 3	1 13	1 23	1 33	1 43	1 53	2 2	2 12	2 22	2 32	2 42	2 52	3 2	3 11	3 21	3 31	3 41	3 51	25
26	0 4	0 14	0 24	0 34	0 44	0 54	1 3	1 13	1 23	1 33	1 43	1 53	2 3	2 12	2 22	2 32	2 42	2 52	3 2	3 12	3 21	3 31	3 41	3 51	26
27	0 4	0 14	0 24	0 34	0 44	0 54	1 4	1 13	1 23	1 33	1 43	1 53	2 3	2 13	2 22	2 32	2 42	2 52	3 2	3 12	3 22	3 31	3 41	3 51	27
28	0 5	0 14	0 24	0 34	0 44	0 54	1 4	1 14	1 23	1 33	1 43	1 53	2 3	2 13	2 23	2 32	2 42	2 52	3 2	3 12	3 22	3 32	3 41	3 51	28
29	0 5	0 15	0 24	0 34	0 44	0 54	1 4	1 14	1 24	1 33	1 43	1 53	2 3	2 13	2 23	2 33	2 42	2 52	3 2	3 12	3 22	3 32	3 42	3 51	29
30	0 5	0 15	0 25	0 34	0 44	0 54	1 4	1 14	1 24	1 34	1 43	1 53	2 3	2 13	2 23	2 33	2 43	2 52	3 2	3 12	3 22	3 32	3 42	3 52	30
31	0 5	0 15	0 25	0 35	0 45	0 54	1 4	1 14	1 24	1 34	1 44	1 54	2 3	2 13	2 23	2 33	2 43	2 53	3 3	3 12	3 22	3 32	3 42	3 52	31
32	0 5	0 15	0 25	0 35	0 45	0 55	1 4	1 14	1 24	1 34	1 44	1 54	2 4	2 13	2 23	2 33	2 43	2 53	3 3	3 13	3 22	3 32	3 42	3 52	32
33	0 5	0 15	0 25	0 35	0 45	0 55	1 5	1 14	1 24	1 34	1 44	1 54	2 4	2 14	2 23	2 33	2 43	2 53	3 3	3 13	3 23	3 32	3 42	3 52	33
34	0 6	0 15	0 25	0 35	0 45	0 55	1 5	1 15	1 24	1 34	1 44	1 54	2 4	2 14	2 24	2 33	2 43	2 53	3 3	3 13	3 23	3 33	3 42	3 52	34
35	0 6	0 16	0 25	0 35	0 45	0 55	1 5	1 15	1 25	1 34	1 44	1 54	2 4	2 14	2 24	2 34	2 43	2 53	3 3	3 13	3 23	3 33	3 43	3 52	35
36	0 6	0 16	0 26	0 35	0 45	0 55	1 5	1 15	1 25	1 35	1 44	1 54	2 4	2 14	2 24	2 34	2 44	2 53	3 3	3 13	3 23	3 33	3 43	3 53	36
37	0 6	0 16	0 26	0 36	0 46	0 55	1 5	1 15	1 25	1 35	1 45	1 54	2 4	2 14	2 24	2 34	2 44	2 54	3 3	3 13	3 23	3 33	3 43	3 53	37
38	0 6	0 16	0 26	0 36	0 46	0 56	1 5	1 15	1 25	1 35	1 45	1 55	2 5	2 14	2 24	2 34	2 44	2 54	3 4	3 14	3 23	3 33	3 43	3 53	38
39	0 6	0 16	0 26	0 36	0 46	0 56	1 6	1 15	1 25	1 35	1 45	1 55	2 5	2 15	2 24	2 34	2 44	2 54	3 4	3 14	3 24	3 33	3 43	3 53	39
40	0 7	0 16	0 26	0 36	0 46	0 56	1 6	1 16	1 25	1 35	1 45	1 55	2 5	2 15	2 25	2 34	2 44	2 54	3 4	3 14	3 24	3 34	3 43	3 53	40
41	0 7	0 17	0 26	0 36	0 46	0 56	1 6	1 16	1 26	1 35	1 45	1 55	2 5	2 15	2 25	2 35	2 44	2 54	3 4	3 14	3 24	3 34	3 44	3 53	41
42	0 7	0 17	0 27	0 36	0 46	0 56	1 6	1 16	1 26	1 36	1 45	1 55	2 5	2 15	2 25	2 35	2 45	2 54	3 4	3 14	3 24	3 34	3 44	3 54	42
43	0 7	0 17	0 27	0 37	0 46	0 56	1 6	1 16	1 26	1 36	1 46	1 55	2 5	2 15	2 25	2 35	2 45	2 55	3 4	3 14	3 24	3 34	3 44	3 54	43
44	0 7	0 17	0 27	0 37	0 47	0 57	1 6	1 16	1 26	1 36	1 46	1 56	2 6	2 15	2 25	2 35	2 45	2 55	3 5	3 15	3 24	3 34	3 44	3 54	44
45	0 7	0 17	0 27	0 37	0 47	0 57	1 7	1 16	1 26	1 36	1 46	1 56	2 6	2 16	2 25	2 35	2 45	2 55	3 5	3 15	3 25	3 34	3 44	3 54	45
46	0 8	0 17	0 27	0 37	0 47	0 57	1 7	1 17	1 26	1 36	1 46	1 56	2 6	2 16	2 26	2 35	2 45	2 55	3 5	3 15	3 25	3 35	3 44	3 54	46
47	0 8	0 18	0 27	0 37	0 47	0 57	1 7	1 17	1 27	1 36	1 46	1 56	2 6	2 16	2 26	2 36	2 45	2 55	3 5	3 15	3 25	3 35	3 45	3 54	47
48	0 8	0 18	0 28	0 37	0 47	0 57	1 7	1 17	1 27	1 37	1 46	1 56	2 6	2 16	2 26	2 36	2 46	2 55	3 5	3 15	3 25	3 35	3 45	3 55	48
49	0 8	0 18	0 28	0 38	0 47	0 57	1 7	1 17	1 27	1 37	1 47	1 56	2 6	2 16	2 26	2 36	2 46	2 56	3 5	3 15	3 25	3 35	3 45	3 55	49
50	0 8	0 18	0 28	0 38	0 48	0 57	1 7	1 17	1 27	1 37	1 47	1 57	2 6	2 16	2 26	2 36	2 46	2 56	3 6	3 15	3 25	3 35	3 45	3 55	50
51	0 8	0 18	0 28	0 38	0 48	0 58	1 8	1 17	1 27	1 37	1 47	1 57	2 7	2 17	2 26	2 36	2 46	2 56	3 6	3 16	3 26	3 35	3 45	3 55	51
52	0 9	0 18	0 28	0 38	0 48	0 58	1 8	1 18	1 27	1 37	1 47	1 57	2 7	2 17	2 27	2 36	2 46	2 56	3 6	3 16	3 26	3 36	3 45	3 55	52
53	0 9	0 19	0 28	0 38	0 48	0 58	1 8	1 18	1 28	1 37	1 47	1 57	2 7	2 17	2 27	2 37	2 46	2 56	3 6	3 16	3 26	3 36	3 46	3 55	53
54	0 9	0 19	0 29	0 38	0 48	0 58	1 8	1 18	1 28	1 38	1 47	1 57	2 7	2 17	2 27	2 37	2 47	2 56	3 6	3 16	3 26	3 36	3 46	3 56	54
55	0 9	0 19	0 29	0 39	0 48	0 58	1 8	1 18	1 28	1 38	1 48	1 57	2 7	2 17	2 27	2 37	2 47	2 57	3 6	3 16	3 26	3 36	3 46	3 56	55
56	0 9	0 19	0 29	0 39	0 49	0 58	1 8	1 18	1 28	1 38	1 48	1 58	2 7	2 17	2 27	2 37	2 47	2 57	3 7	3 16	3 26	3 36	3 46	3 56	56
57	0 9	0 19	0 29	0 39	0 49	0 59	1 9	1 18	1 28	1 38	1 48	1 58	2 8	2 17	2 27	2 37	2 47	2 57	3 7	3 17	3 26	3 36	3 46	3 56	57
58	0 10	0 19	0 29	0 39	0 49	0 59	1 9	1 19	1 28	1 38	1 48	1 58	2 8	2 18	2 28	2 37	2 47	2 57	3 7	3 17	3 27	3 37	3 46	3 56	58
59	0 10	0 20	0 29	0 39	0 49	0 59	1 9	1 19	1 29	1 38	1 48	1 58	2 8	2 18	2 28	2 38	2 47	2 57	3 7	3 17	3 27	3 37	3 47	3 56	59
60	0 10	0 20	0 30	0 39	0 49	0 59	1 9	1 19	1 29	1 39	1 48	1 58	2 8	2 18	2 28	2 38	2 48	2 57	3 7	3 17	3 27	3 37	3 47	3 57	60

Diurnal Motion Logarithms, 0 to 24 Hours/Degrees

HOURS OR DEGREES

MINUTES OF TIME OR ARC	0	1	2	3	4	5	6	7	8	9	10	11	12	13	14	15	16	17	18	19	20	21	22	23	MINUTES OF TIME OR ARC
0	INFINITE	1.38021	1.07918	.90309	.77815	.68124	.60206	.53511	.47712	.42597	.38021	.33882	.30103	.26627	.23408	.20412	.17609	.14976	.12494	.10146	.07918	.05799	.03779	.01848	0
1	3.15836	1.37303	1.07558	.90068	.77635	.67980	.60086	.53408	.47622	.42517	.37949	.33816	.30043	.26571	.23357	.20364	.17564	.14934	.12454	.10108	.07882	.05765	.03746	.01817	1
2	2.85733	1.36597	1.07200	.89829	.77455	.67836	.59965	.53305	.47532	.42436	.37877	.33750	.29983	.26516	.23305	.20316	.17519	.14891	.12414	.10070	.07846	.05730	.03713	.01785	2
3	2.68124	1.35902	1.06846	.89591	.77276	.67692	.59846	.53202	.47442	.42356	.37805	.33685	.29922	.26460	.23253	.20267	.17474	.14849	.12373	.10032	.07810	.05696	.03680	.01754	3
4	2.55630	1.35218	1.06494	.89354	.77097	.67549	.59726	.53100	.47352	.42276	.37733	.33619	.29862	.26405	.23202	.20219	.17429	.14806	.12333	.09994	.07774	.05662	.03647	.01723	4
5	2.45939	1.34545	1.06145	.89119	.76920	.67406	.59607	.52997	.47262	.42197	.37661	.33554	.29802	.26349	.23151	.20171	.17384	.14764	.12293	.09956	.07738	.05627	.03615	.01691	5
6	2.38021	1.33882	1.05799	.88885	.76743	.67264	.59488	.52895	.47173	.42117	.37589	.33489	.29743	.26294	.23099	.20123	.17339	.14722	.12253	.09918	.07702	.05593	.03582	.01660	6
7	2.31326	1.33229	1.05456	.88652	.76567	.67122	.59370	.52793	.47083	.42038	.37517	.33424	.29683	.26239	.23048	.20076	.17294	.14679	.12213	.09880	.07666	.05559	.03549	.01629	7
8	2.25527	1.32585	1.05115	.88420	.76391	.66981	.59251	.52692	.46994	.41958	.37446	.33359	.29623	.26184	.22997	.20028	.17249	.14637	.12173	.09842	.07630	.05524	.03516	.01597	8
9	2.20412	1.31951	1.04777	.88190	.76216	.66840	.59134	.52591	.46905	.41879	.37375	.33294	.29563	.26129	.22945	.19980	.17204	.14595	.12133	.09804	.07594	.05490	.03484	.01566	9
10	2.15836	1.31326	1.04442	.87961	.76042	.66700	.59016	.52489	.46817	.41800	.37303	.33229	.29504	.26074	.22894	.19932	.17159	.14553	.12094	.09766	.07558	.05456	.03451	.01535	10
11	2.11697	1.30710	1.04109	.87733	.75869	.66560	.58899	.52389	.46728	.41721	.37232	.33164	.29445	.26019	.22843	.19884	.17114	.14510	.12054	.09729	.07522	.05422	.03418	.01504	11
12	2.07918	1.30103	1.03779	.87506	.75696	.66421	.58782	.52288	.46640	.41642	.37161	.33099	.29385	.25964	.22792	.19837	.17070	.14468	.12014	.09691	.07486	.05388	.03386	.01472	12
13	2.04442	1.29504	1.03451	.87281	.75524	.66282	.58665	.52187	.46552	.41564	.37090	.33035	.29326	.25909	.22741	.19789	.17025	.14426	.11974	.09653	.07450	.05353	.03353	.01441	13
14	2.01223	1.28913	1.03126	.87056	.75353	.66143	.58549	.52087	.46464	.41485	.37019	.32970	.29267	.25854	.22690	.19742	.16980	.14384	.11935	.09616	.07414	.05319	.03321	.01410	14
15	1.98227	1.28330	1.02803	.86833	.75182	.66005	.58433	.51987	.46376	.41407	.36949	.32906	.29208	.25800	.22640	.19694	.16936	.14342	.11895	.09578	.07379	.05285	.03288	.01379	15
16	1.95424	1.27755	1.02482	.86611	.75012	.65868	.58317	.51888	.46288	.41329	.36878	.32842	.29148	.25745	.22589	.19647	.16891	.14300	.11855	.09540	.07343	.05251	.03256	.01348	16
17	1.92791	1.27187	1.02164	.86390	.74843	.65730	.58202	.51788	.46201	.41251	.36808	.32777	.29090	.25690	.22538	.19599	.16847	.14258	.11816	.09503	.07307	.05217	.03223	.01317	17
18	1.90309	1.26627	1.01848	.86170	.74674	.65594	.58087	.51689	.46113	.41173	.36737	.32713	.29031	.25636	.22488	.19552	.16802	.14217	.11776	.09465	.07272	.05183	.03191	.01286	18
19	1.87961	1.26074	1.01535	.85951	.74506	.65457	.57972	.51590	.46026	.41095	.36667	.32649	.28972	.25582	.22437	.19505	.16758	.14175	.11736	.09428	.07236	.05149	.03158	.01254	19
20	1.85733	1.25527	1.01223	.85733	.74339	.65321	.57858	.51491	.45939	.41017	.36597	.32585	.28913	.25527	.22386	.19457	.16714	.14133	.11697	.09390	.07200	.05115	.03126	.01223	20
21	1.83614	1.24988	1.00914	.85517	.74172	.65186	.57744	.51392	.45852	.40940	.36527	.32522	.28854	.25473	.22336	.19410	.16669	.14091	.11658	.09353	.07165	.05081	.03093	.01192	21
22	1.81594	1.24455	1.00607	.85301	.74006	.65051	.57630	.51294	.45766	.40863	.36457	.32458	.28796	.25419	.22286	.19363	.16625	.14049	.11618	.09316	.07129	.05047	.03061	.01161	22
23	1.79663	1.23928	1.00303	.85087	.73841	.64916	.57516	.51196	.45679	.40785	.36387	.32394	.28737	.25365	.22235	.19316	.16581	.14008	.11579	.09278	.07094	.05014	.03029	.01130	23
24	1.77815	1.23408	1.00000	.84873	.73676	.64782	.57403	.51098	.45593	.40708	.36318	.32331	.28679	.25311	.22185	.19269	.16537	.13966	.11539	.09241	.07058	.04980	.02996	.01100	24
25	1.76042	1.22894	0.99699	.84661	.73512	.64648	.57290	.51000	.45507	.40631	.36248	.32267	.28621	.25257	.22135	.19222	.16493	.13925	.11500	.09204	.07023	.04946	.02964	.01069	25
26	1.74339	1.22386	0.99401	.84450	.73348	.64514	.57178	.50903	.45421	.40555	.36179	.32204	.28562	.25203	.22084	.19175	.16449	.13883	.11461	.09166	.06987	.04912	.02932	.01038	26
27	1.72700	1.21884	0.99105	.84239	.73185	.64381	.57065	.50805	.45335	.40478	.36109	.32141	.28504	.25149	.22034	.19128	.16405	.13842	.11421	.09129	.06952	.04878	.02899	.01007	27
28	1.71120	1.21388	0.98810	.84030	.73023	.64249	.56953	.50708	.45250	.40401	.36040	.32077	.28446	.25095	.21984	.19081	.16361	.13800	.11382	.09092	.06916	.04845	.02867	.00976	28
29	1.69596	1.20897	0.98518	.83822	.72861	.64117	.56841	.50612	.45164	.40325	.35971	.32014	.28388	.25041	.21934	.19035	.16317	.13759	.11343	.09055	.06881	.04811	.02835	.00945	29
30	1.68124	1.20412	0.98227	.83614	.72700	.63985	.56730	.50515	.45079	.40249	.35902	.31951	.28330	.24988	.21884	.18988	.16273	.13717	.11304	.09018	.06846	.04777	.02803	.00914	30
31	1.66700	1.19932	0.97939	.83408	.72539	.63853	.56619	.50419	.44994	.40173	.35833	.31888	.28272	.24934	.21834	.18941	.16229	.13676	.11265	.08981	.06810	.04744	.02771	.00884	31
32	1.65321	1.19457	0.97652	.83203	.72379	.63722	.56508	.50322	.44909	.40097	.35765	.31826	.28214	.24881	.21785	.18895	.16185	.13635	.11226	.08943	.06775	.04710	.02739	.00853	32
33	1.63985	1.18988	0.97367	.82998	.72220	.63592	.56397	.50226	.44825	.40021	.35696	.31763	.28157	.24827	.21735	.18848	.16141	.13593	.11187	.08906	.06740	.04676	.02706	.00822	33
34	1.62688	1.18523	0.97084	.82795	.72061	.63462	.56287	.50131	.44740	.39945	.35627	.31700	.28099	.24774	.21685	.18802	.16098	.13552	.11148	.08869	.06705	.04643	.02674	.00791	34
35	1.61429	1.18064	0.96803	.82592	.71903	.63332	.56177	.50035	.44656	.39869	.35559	.31638	.28042	.24720	.21635	.18755	.16054	.13511	.11109	.08832	.06670	.04609	.02642	.00761	35
36	1.60206	1.17609	0.96524	.82391	.71745	.63202	.56067	.49940	.44571	.39794	.35491	.31575	.27984	.24667	.21586	.18709	.16010	.13470	.11070	.08796	.06634	.04576	.02610	.00730	36
37	1.59016	1.17159	0.96246	.82190	.71588	.63073	.55957	.49845	.44487	.39719	.35422	.31513	.27927	.24614	.21536	.18662	.15967	.13429	.11031	.08759	.06599	.04542	.02578	.00699	37
38	1.57858	1.16714	0.95971	.81991	.71432	.62945	.55848	.49750	.44403	.39643	.35354	.31451	.27869	.24561	.21487	.18616	.15923	.13388	.10992	.08722	.06564	.04509	.02546	.00669	38
39	1.56730	1.16273	0.95697	.81792	.71276	.62816	.55739	.49655	.44320	.39568	.35286	.31389	.27812	.24508	.21437	.18570	.15880	.13347	.10953	.08685	.06529	.04475	.02514	.00638	39
40	1.55630	1.15836	0.95424	.81594	.71120	.62688	.55630	.49560	.44236	.39493	.35218	.31326	.27755	.24455	.21388	.18523	.15836	.13306	.10914	.08648	.06494	.04442	.02482	.00607	40
41	1.54558	1.15404	0.95154	.81397	.70966	.62561	.55522	.49466	.44152	.39419	.35150	.31264	.27698	.24402	.21339	.18477	.15793	.13265	.10876	.08611	.06459	.04409	.02450	.00577	41
42	1.53511	1.14976	0.94885	.81201	.70811	.62434	.55414	.49372	.44069	.39344	.35083	.31203	.27641	.24349	.21289	.18431	.15749	.13224	.10837	.08575	.06424	.04375	.02419	.00546	42
43	1.52489	1.14553	0.94617	.81006	.70658	.62307	.55306	.49278	.43986	.39269	.35015	.31141	.27584	.24296	.21240	.18385	.15706	.13183	.10798	.08538	.06389	.04342	.02387	.00516	43
44	1.51491	1.14133	0.94352	.80811	.70504	.62180	.55198	.49184	.43903	.39195	.34948	.31079	.27527	.24244	.21191	.18339	.15663	.13142	.10760	.08501	.06354	.04308	.02355	.00485	44
45	1.50515	1.13717	0.94088	.80618	.70352	.62054	.55091	.49091	.43820	.39121	.34880	.31017	.27470	.24191	.21142	.18293	.15620	.13101	.10721	.08464	.06319	.04275	.02323	.00455	45
46	1.49560	1.13306	0.93825	.80425	.70200	.61929	.54984	.48998	.43738	.39046	.34813	.30956	.27413	.24138	.21093	.18247	.15576	.13061	.10682	.08428	.06284	.04242	.02291	.00424	46
47	1.48626	1.12898	0.93565	.80234	.70048	.61803	.54877	.48905	.43655	.38972	.34746	.30894	.27357	.24086	.21044	.18201	.15533	.13020	.10644	.08391	.06250	.04209	.02259	.00394	47
48	1.47712	1.12494	0.93305	.80043	.69897	.61678	.54770	.48812	.43573	.38899	.34679	.30833	.27300	.24033	.20995	.18155	.15490	.12979	.10605	.08355	.06215	.04175	.02228	.00363	48
49	1.46817	1.12094	0.93048	.79853	.69746	.61554	.54664	.48719	.43491	.38825	.34612	.30772	.27244	.23981	.20946	.18110	.15447	.12938	.10567	.08318	.06180	.04142	.02196	.00333	49
50	1.45939	1.11697	0.92791	.79663	.69596	.61429	.54558	.48626	.43409	.38751	.34545	.30710	.27187	.23928	.20897	.18064	.15404	.12898	.10528	.08282	.06145	.04109	.02164	.00303	50
51	1.45079	1.11304	0.92537	.79475	.69447	.61306	.54452	.48534	.43327	.38678	.34478	.30649	.27131	.23876	.20848	.18018	.15361	.12857	.10490	.08245	.06111	.04076	.02133	.00272	51
52	1.44236	1.10914	0.92283	.79287	.69298	.61182	.54347	.48442	.43245	.38604	.34411	.30588	.27075	.23824	.20800	.17973	.15318	.12817	.10452	.08209	.06076	.04043	.02101	.00242	52
53	1.43409	1.10528	0.92032	.79101	.69149	.61059	.54241	.48350	.43164	.38531	.34345	.30527	.27018	.23772	.20751	.17927	.15275	.12776	.10413	.08172	.06041	.04010	.02069	.00212	53
54	1.42597	1.10146	0.91781	.78915	.69002	.60936	.54136	.48258	.43082	.38458	.34278	.30466	.26962	.23720	.20702	.17881	.15232	.12736	.10375	.08136	.06006	.03977	.02038	.00181	54
55	1.41800	1.09766	0.91532	.78729	.68854	.60813	.54031	.48167	.43001	.38385	.34212	.30406	.26906	.23668	.20654	.17836	.15190	.12695	.10337	.08099	.05972	.03944	.02006	.00151	55
56	1.41017	1.09390	0.91285	.78545	.68707	.60691	.53927	.48076	.42920	.38312	.34146	.30345	.26850	.23616	.20605	.17790	.15147	.12655	.10298	.08063	.05937	.03911	.01974	.00121	56
57	1.40249	1.09018	0.91039	.78361	.68561	.60569	.53823	.47984	.42839	.38239	.34080	.30284	.26794	.23564	.20557	.17745	.15104	.12615	.10260	.08027	.05903	.03878	.01943	.00091	57
58	1.39493	1.08648	0.90794	.78179	.68415	.60448	.53719	.47893	.42758	.38166	.34014	.30224	.26738	.23512	.20509	.17700	.15061	.12574	.10222	.07991	.05868	.03845	.01911	.00060	58
59	1.38751	1.08282	0.90551	.77996	.68269	.60327	.53615	.47803	.42677	.38094	.33948	.30163	.26683	.23460	.20460	.17654	.15019	.12534	.10184	.07954	.05834	.03812	.01880	.00030	59
60	1.38021	1.07918	0.90309	.77815	.68124	.60206	.53511	.47712	.42597	.38021	.33882	.30103	.26627	.23408	.20412	.17609	.14976	.12494	.10146	.07918	.05799	.03779	.01848	.00000	60

HOW THIS BOOK WAS MADE

The calculations for *The American Ephemeris* were performed by Astro Computing Services (ACS) on a 64-kilobyte Interdata 7/16 computer with a 10-megabyte disk auxiliary memory. The planetary data was obtained from the U.S. Naval Observatory on magnetic tape in the form of heliocentric rectangular coordinates for the mean equinox and equator of 1950. They were then transformed to the mean equinox and ecliptic *of date*, referred to the true ecliptic of date by adding nutation in longitude, and corrected for light time to give the apparent positions of the planets. The positions in this ephemeris are fundamentally the same as those in the *American Ephemeris and Nautical Almanac* (published by the U.S. Naval Observatory) and the *Astronomical Ephemeris* (published by the Royal Greenwich Observatory), which are used by navigators and astronomers throughout the world.

SO ENTSTAND DIESES BUCH

Die Berechnungen für das amerikanische astrologische Almanach *The American Ephemeris* wurden von den Astro Computing Services (ACS) mit einem 64-Kilobyte Interdata 7/16-Computer mit 10-Megabyte Zusatzbandspeicher durchgeführt. Die planetarischen Daten wurden vom Observatorium der U.S. Navy auf Magnetband in der Form heliozentrischer rechtwinkliger Koordinaten für das mittlere Äquinoktium und den Äquator im Jahre 1950 beschafft. Sie wurden dann auf das mittlere Äquinoktium und die Ekliptik *des Tages* übertragen, durch Hinzurechnung der Nutation in Bezug auf Länge auf die wahre Ekliptik des Tages bezogen und in Bezug auf Lichtzeit korrigiert, um die scheinbaren Positionen der Planeten anzugeben. Die Stellungen der Himmelskörper in dieser Gestirnstafel entsprechen im wesentlichen den Positionen, die im *American Ephemeris and Nautical Almanac* (vom Observatorium der U.S. Navy herausgegeben) und im *Astronomical Ephemeris* (vom Royal Greenwich Observatory veröffentlicht) verzeichnet und weltweit von Navigatoren und Astronomen verwendet werden.

COMMENT CE LIVRE A ETAIT PRODIUT

Les calculs pour *The American Ephemeris* ont été faits par Astro Computing Services (ACS) sur un ordinateur 64-kilobyte Interdata 7/16 avec un disque auxiliare de mémoire 10-megabyte. Les renseignements planétaires ont été fournis par l'Observatoire Naval des États-Unis, sur bande magnétique sous forme d'un héliocentrique rectangulaire coordiné pour l'équinoxe moyen et l'équateur de 1950. De là, ils furent transformés à l'équinoxe moyen et écliptique *du jour*, ramenés au vrai écliptique du jour en ajoutant la nutation en longitude, avec correction de lumière (temps précis), pour donner les positions apparentes des planètes. Les positions dans cette éphéméride sont fondamentalement les mêmes que celles indiquées dans le *American Ephemeris and Nautical Almanac* (publié par l'Observatoire Naval des États-Unis), et le *Astronomical Ephemeris* (publié par l'Observatoire Royal de Greenwich), qui sont utilisés par les navigateurs et les astronomes du monde entier.

COMO ESTE LIBRO SE LOGRO HACER

Los calculos del *Efemeride Americano* se realizaron por Astro Computing Services (ASC) en una 64 kilobyte Interdata 7/16 computadora con una 10 megabyte disk memoria auxiliar. Los datos planetarios se obtenieron del Observatorio Naval de los E.U. en sinta magnetica en forma de coordenadas rectangulares heliocéntricas para el equinoccio y ecuador medio de 1950. Entonces se tranformaron hacia la ecliptica verdadera *del dia*, sumando la nutación en longitude y corregido para tiempo de luz con el objeto de dar posiciones apparentes de los planetas. Las posiciones en estas efemerides son fundamentalmente las mismas que aquellas en las *Efemerides Americanas y Almanaque Nautico* (publicadas por el Observatorio Naval de los E.U.) y las *Efemerides Astronomicas* (publicadas por el Observatorio Real de Greenwich) que, mundialmente, son utilizadas por navegantes y astronomos.